Kohlhammer

Bundesberggesetz (BBergG)

Kommentar

2., erweiterte und überarbeitete Auflage

Erläutert von

Reinhart Piens
Rechtsanwalt, Essen

Dr. jur. Hans-Wolfgang Schulte
Rechtsanwalt, Mülheim a. d. Ruhr
Honorarprofessor für Bergrecht an der
Technischen Universität Berlin

Dr. jur. Stephan Graf Vitzthum †
Rechtsanwalt, Aachen
Honorarprofessor für Bergrecht an der
Rheinisch-Westfälischen
Technischen Hochschule Aachen

Verlag W. Kohlhammer

Verlag W. Kohlhammer
Alle Rechte vorbehalten
© 2013 W. Kohlhammer GmbH Stuttgart
Umschlag: Gestaltungskonzept Peter Horlacher
Gesamtherstellung: W. Kohlhammer Druckerei GmbH + Co. KG, Stuttgart
Printed in Germany

ISBN: 978-3-17-022977-8

Vorwort

Das Bundesberggesetz hat in jüngster Zeit auf europäischer Ebene besonderes Lob erfahren: In der Veröffentlichung des Expertenberichts zur Rohstoffinitiative der Europäischen Union wurde es als „European Best Practice" für die Umsetzung von Genehmigungsverfahren in der Rohstoffgewinnung hervorgehoben. Diese Auszeichnung verstärkt die Motivation von Verlag und Autoren, die Besonderheiten des Bundesberggesetzes in einer neuen Kommentierung darzustellen. 30 Jahre nach Erscheinen der ersten Auflage des Kommentars ist es an der Zeit, in einer Überarbeitung die zwischenzeitlichen Entwicklungen des Bergrechts zu dokumentieren. Es soll nachgezeichnet werden, wie Rechtsprechung, Schrifttum und die Praxis von Behörden und Unternehmen das Bergrecht an vielfältige Änderungen des europäischen und nationalen Rechts und gewandelte gesellschaftliche Auffassungen angepasst haben. Hierfür wurden die über zahlreiche Quellen verstreuten und dem Rechtsanwender nicht immer zugänglichen Informationen erfasst und ausgewertet. Zu berücksichtigen waren in diesem Zusammenhang in besonderem Maße die deutlich verstärkten Einflüsse des europäischen Rechts sowie des Umwelt- und Planungsrechts auf Inhalt und Anwendung des deutschen Bergrechts. In die Zeit seit der Erstkommentierung bis heute fällt auch die deutsche Wiedervereinigung. Die damit verbundenen Folgen für die bergrechtliche Situation in den neuen Bundesländern werden ebenfalls dargestellt.

Die Neuauflage erscheint in einer Zeit, in der infolge der Energiewende andere Methoden der Energiegewinnung gesucht und erprobt werden. Bergrechtliche Fragen beim Abbau von heimischen Rohstoffen aller Art, bei der Sanierung von ehemaligen Bergbauflächen und beim Altbergbau sind in den Vordergrund getreten, während der Steinkohlenbergbau seine ehemals dominante Stellung in der praktischen Anwendung des Bergrechts weitgehend verloren hat. Auch diese Entwicklungen greift die Kommentierung auf und begleitet sie. Somit hat der vorliegende Kommentar nicht nur äußerlich ein neues Gesicht erhalten, sondern wurde auch inhaltlich weitgehend neu überarbeitet. Die Kommentierung berücksichtigt rechtliche Änderungen bis Mai 2013.

Unser Mitautor Professor Dr. Stephan Graf Vitzthum ist vor dem Erscheinen der zweiten Auflage verstorben. Sein Manuskript für eine Neuauflage, das er uns unmittelbar vor seinem Tod überlassen hat, haben wir verwendet. Dafür sind wir dankbar und erinnern uns anlässlich des Erscheinens dieser Neuauflage gern an die fruchtbare Zusammenarbeit in der Vergangenheit.

Essen/Mülheim a. d. Ruhr   Reinhart Piens   Hans-Wolfgang Schulte

Inhalt

Vorwort   V
Abkürzungsverzeichnis   XV
Literaturverzeichnis   XXI

ERSTER TEIL   Einleitende Bestimmungen   1

§ 1   Zweck des Gesetzes   1
§ 2   Sachlicher und räumlicher Geltungsbereich   9
§ 3   Bergfreie und grundeigene Bodenschätze   27
§ 4   Begriffsbestimmungen   55
§ 5   Anwendung des Verwaltungsverfahrensgesetzes und des
      Verwaltungskostengesetzes   68

ZWEITER TEIL   Bergbauberechtigungen   72

Erstes Kapitel   Bergfreie Bodenschätze   72

Erster Abschnitt   Erlaubnis, Bewilligung, Bergwerkseigentum . . .   72
§ 6   Grundsatz   72
§ 7   Erlaubnis   75
§ 8   Bewilligung   80
§ 9   Bergwerkseigentum   87
§ 10   Antrag   94
§ 11   Versagung der Erlaubnis   95
§ 12   Versagung der Bewilligung   104
§ 13   Versagung der Verleihung von Bergwerkseigentum   108
§ 14   Vorrang   112
§ 15   Beteiligung anderer Behörden   116
§ 16   Form, Inhalt und Nebenbestimmungen   118
§ 17   Entstehung des Bergwerkseigentums   128
§ 18   Widerruf   131
§ 19   Aufhebung der Erlaubnis und Bewilligung   136
§ 20   Aufhebung von Bergwerkseigentum   137
§ 21   Beteiligung an der Aufsuchung   140
§ 22   Übertragung und Übergang der Erlaubnis und Bewilligung   141
§ 23   Veräußerung von Bergwerkseigentum   144

Zweiter Abschnitt   Vereinigung, Teilung und Austausch von Berg-
                  werkseigentum   147
§ 24   Zulässigkeit der Vereinigung   147
§ 25   Voraussetzungen der Vereinigung   147
§ 26   Genehmigung der Vereinigung, Berechtsamsurkunde . . .   148
§ 27   Wirkung der Vereinigung   149
§ 28   Teilung   150
§ 29   Austausch   151

Dritter Abschnitt   Feldes- und Förderabgabe   152
§ 30   Feldesabgabe   152
§ 31   Förderabgabe   154

§ 32   Feststellung, Erhebung und Änderung der Feldes- und Förderabgabe 159

Vierter Abschnitt   Fundanzeige 161
§ 33   Anzeige und Entschädigung 161

Zweites Kapitel   Grundeigene Bodenschätze 162
§ 34   Inhalt der Befugnis zur Aufsuchung und Gewinnung
grundeigener Bodenschätze 162

Drittes Kapitel   Zulegung 165
§ 35   Voraussetzungen 165
§ 36   Verfahren 168
§ 37   Entschädigung 171
§ 38   Inhalt der Zulegung, Aufhebung, Förderabgabe 172

DRITTER TEIL   Aufsuchung, Gewinnung und Aufbereitung . . . 174

Erstes Kapitel   Allgemeine Vorschriften über die Aufsuchung und
Gewinnung 174

Erster Abschnitt   Aufsuchung 174
§ 39   Einigung mit dem Grundeigentümer, Zustimmung anderer
Behörden, Entschädigung 174
§ 40   Streitentscheidung 177
§ 41   Gewinnung von Bodenschätzen bei der Aufsuchung . . . 178

Zweiter Abschnitt   Gewinnung 179
§ 42   Mitgewinnung von Bodenschätzen bei der Gewinnung
bergfreier Bodenschätze 179
§ 43   Mitgewinnung von Bodenschätzen bei der Gewinnung
grundeigener Bodenschätze 184
§ 44   Hilfsbaurecht 185
§ 45   Mitgewinnung von Bodenschätzen bei Anlegung von
Hilfsbauen 186
§ 46   Hilfsbau bei Bergwerkseigentum 187
§ 47   Benutzung fremder Grubenbaue 187

Dritter Abschnitt   Verbote und Beschränkungen 189
§ 48   Allgemeine Verbote und Beschränkungen 189
§ 49   Beschränkung der Aufsuchung auf dem Festlandsockel und
innerhalb der Küstengewässer 205

Zweites Kapitel   Anzeige, Betriebsplan 208
§ 50   Anzeige 208
§ 51   Betriebsplanpflicht 211
§ 52   Betriebspläne für die Errichtung und Führung des Betriebes 221
§ 53   Betriebsplan für die Einstellung des Betriebes, Betriebschronik 266
§ 54   Zulassungsverfahren 285
§ 55   Zulassung des Betriebsplanes 311
§ 56   Form und Inhalt der Zulassung, Sicherheitsleistung 394
Anhang zu § 56   Außerbergrechtliche Anforderungen an bergbauliche Vorhaben 450
§ 57   Abweichungen von einem zugelassenen Betriebsplan . . . 645
§ 57 a   Planfeststellungsverfahren, Umweltverträglichkeitsprüfung 647

§ 57 b   Vorzeitiger Beginn, Vorbescheide, Teilgenehmigungen,
          Vorrang   663
§ 57 c   Ermächtigung   671

Drittes Kapitel   Verantwortliche Personen   676
§ 58   Personenkreis   676
§ 59   Beschäftigung verantwortlicher Personen   687
§ 60   Form der Bestellung und Abberufung verantwortlicher
          Personen, Namhaftmachung   693
§ 61   Allgemeine Pflichten   697
§ 62   Übertragbarkeit bestimmter Pflichten und Befugnisse . . .   702

Viertes Kapitel   Sonstige Bestimmungen für den Betrieb   709
§ 63   Rißwerk   709
§ 64   Markscheider   711

**VIERTER TEIL   Ermächtigungen zum Erlass von Bergverordnun-
                  gen**   715
§ 65   Anzeige, Genehmigung, allgemeine Zulassung, Prüfung . .   715
§ 66   Schutzmaßnahmen, Wiedernutzbarmachung, Fachkunde .   715
§ 67   Technische und statistische Unterlagen, Markscheidewesen   717
§ 68   Erlaß von Bergverordnungen   717

FÜNFTER TEIL   Bergaufsicht   736
§ 69   Allgemeine Aufsicht   736
§ 70   Allgemeine Aufsichtsbefugnisse, Auskunfts- und Duldungs-
          pflichten   754
§ 71   Allgemeine Anordnungsbefugnis   757
§ 72   Verhinderung unerlaubter Tätigkeiten, Sicherstellung . . .   783
§ 73   Untersagung der Beschäftigung verantwortlicher Personen   786
§ 74   Hilfeleistung, Anzeigepflicht   788

SECHSTER TEIL   Berechtsamsbuch, Berechtsamskarte   790
§ 75   Anlegung und Führung des Berechtsamsbuchs und der
          Berechtsamskarte   790
§ 76   Einsicht   791

**SIEBENTER TEIL   Bergbau und Grundbesitz, öffentliche Ver-
                    kehrsanlagen**   792

Erstes Kapitel   Grundabtretung   792

**Erster Abschnitt   Zulässigkeit und Voraussetzungen der Grund-
                     abtretung**   792
§ 77   Zweck der Grundabtretung   792
§ 78   Gegenstand der Grundabtretung   804
§ 79   Voraussetzungen für die Zulässigkeit der Grundabtretung .   808
§ 80   Grundabtretungsbegünstigter und -pflichtiger   818
§ 81   Umfang der Grundabtretung   818
§ 82   Ausdehnung der Grundabtretung   825
§ 83   Sinngemäße Anwendung von Vorschriften   833

Zweiter Abschnitt   Entschädigung   833
§ 84   Entschädigungsgrundsätze   833
§ 85   Entschädigung für den Rechtsverlust   838
§ 86   Entschädigung für andere Vermögensnachteile, Mitver-
          schulden   841
§ 87   Behandlung der Rechte der Nebenberechtigten   845
§ 88   Schuldübergang bei Entziehung des Eigentums an Grund-
          stücken   847
§ 89   Entschädigungsleistung   848
§ 90   Wertänderungen, Veränderungen, Begründung neuer
          Rechtsverhältnisse   853

Dritter Abschnitt   Vorabentscheidung, Ausführung und
                    Rückgängigmachen der Grundabtretung   857
§ 91   Vorabentscheidung   857
§ 92   Ausführung der Grundabtretung   859
§ 93   Hinterlegung   865
§ 94   Geltendmachung der Rechte an der Hinterlegung, Vertei-
          lungsverfahren   866
§ 95   Lauf der Verwendungsfrist   868
§ 96   Aufhebung der Grundabtretung   869

Vierter Abschnitt   Vorzeitige Besitzeinweisung   873
§ 97   Voraussetzungen   873
§ 98   Besitzeinweisungsentschädigung   875
§ 99   Zustandsfeststellung   876
§ 100   Wirksamwerden und Rechtsfolgen der vorzeitigen Besitz-
          einweisung, Sicherheitsleistung   877
§ 101   Aufhebung und Änderung der vorzeitigen Besitzeinweisung   878
§ 102   Entschädigung bei Aufhebung oder Änderung der vorzeiti-
          gen Besitzeinweisung   878

Fünfter Abschnitt   Kosten, Zwangsvollstreckung, Verfahren   . . .   879
§ 103   Kosten   879
§ 104   Vollstreckbarer Titel   880
§ 105   Verfahren   881
§ 106   Benachrichtigungen   887

Zweites Kapitel   Baubeschränkungen   887
§ 107   Festsetzung von Baubeschränkungsgebieten   887
§ 108   Wirkung der Festsetzung   889
§ 109   Entschädigung   891

Drittes Kapitel   Bergschaden   892

Erster Abschnitt   Anpassung   892
§ 110   Anpassungspflicht   892
§ 111   Sicherungsmaßnahmen   910
§ 112   Verlust des Ersatzanspruchs   919
§ 113   Bauwarnung   924

Zweiter Abschnitt   Haftung für Bergschäden   936

Erster Unterabschnitt   Allgemeine Bestimmungen   936
§ 114   Bergschaden   936
Anhang zu § 114 Bergschäden im Beitrittsgebiet   970
§ 115   Ersatzpflicht des Unternehmers   975

§ 116   Ersatzpflicht des Bergbauberechtigten   980
§ 117   Umfang der Ersatzpflicht, Verjährung, Rechte Dritter . . .   983
§ 118   Mitwirkendes Verschulden   999
§ 119   Mitwirkung eines Dritten   1004
§ 120   Bergschadensvermutung   1006
§ 121   Verhältnis zu anderen Vorschriften   1013

Zweiter Unterabschnitt   Bergschadensausfallkasse   1017
§ 122   Ermächtigung   1017
§ 123   Durchführungsverordnung   1023

Dritter Abschnitt   Bergbau und öffentliche Verkehrsanlagen   . . .   1024
§ 124   Öffentliche Verkehrsanlagen   1024

Vierter Abschnitt   Beobachtung der Oberfläche   1042
§ 125   Messungen   1042

ACHTER TEIL   Sonstige Tätigkeiten und Einrichtungen   1046

§ 126   Untergrundspeicherung   1046
§ 127   Bohrungen   1051
§ 128   Alte Halden   1052
§ 129   Versuchsgruben, Bergbauversuchsanstalten   1056
§ 130   Hohlraumbauten (aufgehoben)   1057
§ 131   Hauptstellen für das Grubenrettungswesen   1057

NEUNTER TEIL   Besondere Vorschriften für den Festlandsockel .   1061

§ 132   Forschungshandlungen   1061
§ 133   Unterwasserkabel und Transit-Rohrleitungen   1065
§ 134   Überwachung und Vollziehung von Verwaltungsakten,
           Zusammenwirken   1067
§ 135   Kostenermächtigung   1069
§ 136   Zuständigkeiten für sonstige Verwaltungsaufgaben   1070
§ 137   Übergangsregelung   1070

ZEHNTER TEIL   Bundesprüfanstalt, Sachverständigenausschuss,
                          Durchführung   1072

Erstes Kapitel   Bundesprüfanstalt für den Bergbau   1072
§ 138   Errichtung   1072
§ 139   Aufgaben   1072
§ 140   Inanspruchnahme, Gebühren   1072

Zweites Kapitel   Sachverständigenausschuss, Durchführung   1074
§ 141   Sachverständigenausschuß Bergbau   1074
§ 142   Zuständige Behörden   1075
§ 143   Verwaltungsvorschriften   1076

ELFTER TEIL   Rechtsweg, Bußgeld- und Strafvorschriften   1078

§ 144   Klage vor den ordentlichen Gerichten   1078
§ 145   Ordnungswidrigkeiten   1079
§ 146   Straftaten   1082

§ 147   Erforschung von Straftaten   1084
§ 148   Tatort, Gerichtsstand   1085

ZWÖLFTER TEIL   Übergangs- und Schlussbestimmungen   1087

Erstes Kapitel   Alte Rechte und Verträge   1087
§ 149   Voraussetzungen für die Aufrechterhaltung alter Rechte und
        Verträge   1087
§ 150   Ausnahme von der Bergfreiheit von Bodenschätzen   1101
§ 151   Bergwerkseigentum   1102
§ 152   Aufrechterhaltene Rechte und Verträge zur Aufsuchung,
        Forschungshandlungen   1104
§ 153   Konzessionen, Erlaubnisse und Verträge zur Gewinnung .   1105
§ 154   Bergwerke, Bergwerksberechtigungen und Sonderrechte .   1106
§ 155   Dingliche Gewinnungsrechte   1107
§ 156   Aufrechterhaltene Rechte und Verträge über grundeigene
        Bodenschätze   1108
§ 157   Grundrenten   1109
§ 158   Erbstollengerechtigkeiten   1110
§ 159   Alte Rechte und Aufsuchung zu wissenschaftlichen Zwe-
        cken   1110
§ 160   Enteignung alter Rechte und Verträge   1111
§ 161   Ausdehnung von Bergwerkseigentum auf aufgehobene
        Längenfelder   1113
§ 162   Entscheidung, Rechtsänderung   1114

Zweites Kapitel   Auflösung und Abwicklung der bergrechtlichen
                  Gewerkschaften   1115
§ 163   Auflösung und Umwandlung   1115
§ 164   Abwicklung   1115
§ 164 a Überleitung   1116
§ 165   Fortgeltendes Recht   1116

Drittes Kapitel   Sonstige Übergangs- und Schlussvorschriften . . .   1119
§ 166   Bestehende Hilfsbaue   1119
§ 167   Fortgeltung von Betriebsplänen und Anerkennungen . . .   1119
§ 168   Erlaubnisse für Transit-Rohrleitungen   1121
§ 168 a Genehmigungen im Bereich der Erweiterung des Küsten-
        meeres   1121
§ 168 b Vorhandene Unterwasserkabel   1121
§ 169   Übergangszeit bei Unterstellung unter die Bergaufsicht,
        eingestellte Betriebe   1122
§ 170   Haftung für verursachte Schäden   1125
§ 170 a Verjährung bei Bergschäden   1127
§ 171   Eingeleitete Verfahren   1127
§ 172   Mutungen   1129
§ 173   Zusammenhängende Betriebe   1129
§ 174   Änderungen von Bundesgesetzen   1131
§ 175   Außerkrafttreten von Bundesrecht   1135
§ 176   Außerkrafttreten von Landesrecht, Verweisung   1135
§ 177   Berlin-Klausel   1145
§ 178   Inkrafttreten   1145

Anhang 1 Bergaufsichtsbehörden 1146

Anhang 2 **Verordnung über die Umweltverträglichkeitsprüfung**
bergbaulicher Vorhaben (UVP-V Bergbau) 1148

Stichwortverzeichnis 1153

Abkürzungsverzeichnis

a. A.	anderer Ansicht
aaO	am angegebenen Ort
ABBergV	Allgemeine Bundesbergverordnung
AbfallR	Recht der Abfallwirtschaft (Zeitschrift)
AbfG	Abfallbeseitigungsgesetz v. 11.6.1972 (BGBl, 593)
ABG	Allgemeines Berggesetz für die preußischen Staaten v. 24.6.1865 (PrGS, 705)
AbgrG	Abgrabungsgesetz NRW i. d. F. v. 23.11.1979 (GVBl, 922)
abl.	ablehnend
ABl	Amtsblatt
ABlEG	Amtsblatt der Europäischen Gemeinschaft
Abs.	Absatz
Abschn.	Abschnitt
abw.	abweichend
AbwAG	Abwasserabgabengesetz
AbwV	Abwasserverordnung
AcP	Archiv für die civilistische Praxis
aE	am Ende
aF	alte Fassung
ALR	Allgemeines Landrecht für die preußischen Staaten von 1794
Alt	Alternative
aM	anderer Meinung
AmtlBegr.	Amtliche Begründung
Anh.	Anhang
Anl.	Anlage
Anm.	Anmerkung
AöR	Archiv des öffentlichen Rechts
AtG	Atomgesetz
Aufl.	Auflage
ausf.	ausführlich
AVV	Allgemeine Verwaltungsvorschrift
AZ	Aktenzeichen
BA	Bergamt
BADK	Bundesarbeitsgemeinschaft Deutscher Kommunalversicherer/ Veröffentlichungen
BAnz	Bundesanzeiger
BauGB	Baugesetzbuch
BauO	Bauordnung (der Länder)
BauR	Baurecht (Zeitschrift)
Bay	Bayern
BayVerfGH	Bayerischer Verfassungsgerichtshof
BB	Betriebs-Berater (Zeitschrift)
BBauG	Bundesbaugesetz v. 23.6.1960 (BGBl, 341)
BBergG	Bundesberggesetz
Bbg	Brandenburg
BBodSchG	Bundesbodenschutzgesetz
BergG DDR	Berggesetz der DDR v. 12.5.1969 (GBl Teil I Nr. 5, S. 29)
Begr.	Begründung
BergVO	Bergverordnung
bestr	bestritten
betr.	betrifft/betreffend
Bezreg	Bezirksregierung
BGBl	Bundesgesetzblatt
BGH	Bundesgerichtshof
BImSchG	Bundes-Immissionsschutzgesetz
BImSchV	Bundes-Immissionsschutzverordnung
BM	Bundesministerium
BNatSchG	Bundesnaturschutzgesetz

BR	Bundesrat
BR-Drs	Bundesratsdrucksache
BReg	Bundesregierung
BrKG	Gesetz über die Gesamtplanung im Rheinischen Braunkohlen-gebiet v. 25.4.1950 (GS.NRW, 450)
BT-Drs	Bundestagsdrucksache
Bt-Prot	Stenografische Berichte des Bundestages
Buchholz	Sammel- und Nachschlagewerk der Rspr. des BVerwG hrsg. von Buchholz
BVerfG	Bundesverfassungsgericht
BVerfGE	Sammlung der Senatsentscheidungen des BVerfG
BVerwG	Bundesverwaltungsgericht
BVerwGE	Sammlung der Entscheidungen des BVerwG
B-W	Baden-Württemberg
BWaldG	Bundeswaldgesetz
BWaStrG	Bundeswasserstraßengesetz
BWGZ	Baden-Württembergische Gemeindezeitung (Zeitschrift)
CCS	Carbon Capture and Storage (Abscheidung und Speicherung von Kohlendioxyd)
DB	Der Betrieb (Zeitschrift)
ders.	derselbe
d.h.	das heißt
Diss	Dissertation
DJ	Deutsche Justiz (Zeitschrift)
DÖV	Die öffentliche Verwaltung (Zeitschrift)
DSchG	Denkmalschutzgesetz (der Länder)
DtZ	Deutsch-Deutsche Rechtszeitschrift (Zeitschrift)
DVBl	Deutsches Verwaltungsblatt (Zeitschrift)
DVO	Durchführungsverordnung
DWW	Deutsche Wohnungswirtschaft (Zeitschrift)
E	Entwurf
EG	Europäische Gemeinschaft
EGBGB	Einführungsgesetz zum Bürgerlichen Gesetzbuch
EGOWiG	Einführungsgesetz zum Gesetz über Ordnungswidrigkeiten vom 24.5.1968 (BGBl I, 530), aufgehoben durch Artikel 57 des Gesetzes vom 23.11.2007 (BGBl I, 2614)
EmscherGG	Gesetz über die Emschergenossenschaft (Emschergenossen-schaftsgesetz) v. 7.2.1990 (GVBl NRW 1990, 144)
EGKS	Europäische Gemeinschaft für Kohle und Stahl
Einf	Einführung
EinigungsV	Einigungsvertrag v. 31.8.1990 (BGBl II, 889 ff.)
Einl.	Einleitung
EinwirkungsBergV	Einwirkungsbereichs-Bergverordnung
entspr.	entsprechend
EnWG	Energiewirtschaftsgesetz
ErbbauVO	Erbaurechtsverordnung v. 15.1.1919 (RGBl, 72)
ErftG	Gesetz über die Gründung des Großen Erftverbandes
ErftVG	Gesetz über den Erftverband
ESVG	Sammlung der Entscheidungen des hessischen und des baden-württembergischen VGH
ET.	Energiewirtschaftliche Tagesfragen (Zeitschrift)
EUGH	Gerichtshof der Europäischen Gemeinschaften
EUV	Vertrag über die Europäische Union
EWG	Europäische Wirtschaftsgemeinschaft
f., ff.	folgende; fortfolgende
Festschr.	Festschrift
FFH	Flora-Fauna-Habitat (Richtlinie 92/43/EWG des Rates zur Erhaltung der natürlichen Lebensräume sowie der wildlebenden Pflanzen und Tiere v. 21.5.1992 (ABl L 206, 7)
FlsG	Gesetz zur vorläufigen Regelung der Rechte am Festlandsockel vom 24.7.1964 (BGBl, 467)
FStrG	Bundesfernstraßengesetz
Fn.	Fußnote
GBl	Gesetzblatt

GBO	Grundbuchordnung
gem.	gemäß
GDMB	Gesellschaft für Bergbau, Metallurgie, Rohstoff und Umwelttechnik (Schriftenreihe)
GEP	Gebietsentwicklungsplan
GewArch	Gewerbearchiv (Zeitschrift)
GewO	Gewerbeordnung
GG	Grundgesetz
ggf.	gegebenenfalls
GMBl	Gemeinsames Ministerialblatt
Glückauf	Berg- und Hüttenmännische Zeitschrift Glückauf
GrdstVG	Grundstücksverkehrsgesetz
GrwV	Verordnung zum Schutz des Grundwassers (Grundwasserverordnung)
GS	Gesetzessammlung
GVBl	Gesetz- und Verordnungsblatt
h. A.	herrschende Ansicht
Halbs.	Halbsatz
Hbd	Halbband
Hdb	Handbuch
HdbStR	Handbuch des Staatsrechts der Bundesrepublik Deutschland
Hess (= He)	Hessen
h. M.	herrschende Meinung
HRR	Höchstrichterliche Rechtsprechung
Hrsg.	Herausgeber
IBR	Immobilien & Baurecht (Zeitschrift)
i. d. F.	in der Fassung (von)
i. d. F. d. B.	in der Fassung der Bekanntmachung
i. d. P.	in der Praxis
i. d. R.	in der Regel
i. e. S.	im engeren Sinne
IFG	Informationsfreiheitsgesetz
insb	insbesondere
i. S. von	im Sinne (von)
i. Ü.	im Übrigen
i. V.	in Verbindung (mit)
IWL-Mitt.	Mitteilungen des Institutes für gewerbliche Wasserwirtschaft und Luftreinhaltung e. V.
i. w. S.	im weiteren Sinne
KAG	Kommunalabgabengesetz (der Länder)
Kap	Kapitel
KG	Kammergericht
KohleG	Gesetz zur Anpassung und Gesundung des deutschen Steinkohlenbergbaus (Kohlegesetz) v. 15.5.1968 (BGBl, 365–384)
KommJur	Der Kommunaljurist (Zeitschrift)
KrW-/AbfG	Kreislaufwirtschafts- und Abfallgesetz v. 27.9.1994 (BGBl, 2705)
KrWG	Kreislaufwirtschaftsgesetz
LagerstättenG	Lagerstättengesetz
LBauO	Landesbauordnung (der Länder)
LBEG	Landesamt für Bergbau, Energie und Geologie Niedersachsen
LBGR	Landesamt für Bergbau, Geologie und Rohstoffe Brandenburg-Berlin
LEP	Landesentwicklungsplan
LFoG	Forstgesetz für das Land NordrheinWestfalen
LG NRW	Landschaftsgesetz Nordrhein-Westfalen
LG	Landgericht
LINEG-G	Gesetz über die Linksniederrheinische Entwässerungsgenossenschaft
Lippe-VG	Gesetz über den Lippeverband
lit.	litera (Buchstabe)
LKV	Landes- und Kommunalverwaltung (Zeitschrift)
LM	Lindenmaier-Möhring, Nachschlagewerk des BGH
LOBA	Landesoberbergamt
LS	Leitsatz

LSA	Land Sachsen-Anhalt
LTDrucks	Landtagsdrucksache
LuftVG	Luftverkehrsgesetz
LVG	Landesverwaltungsgericht
LWaldG	Landeswaldgesetz (der Länder)
LWG	Landeswassergesetz (der Länder)
LwG	Landwirtschaftsgesetz (der Länder)
MBl	Ministerialblatt
MDR	Monatsschrift für deutsches Recht
M-V	Mecklenburg-Vorpommern
m. w. N.	mit weiteren Nachweisen
NachbR	Nachbarrechtsgesetz (der Länder)
Nachw	Nachweise
NAGBNatSchG	Niedersächsisches Ausführungsgesetz zum Bundesnaturschutz-gesetz vom 19.2.2010 (NdsGVBl, 104)
n. F.	neue Fassung
NatSchG	Naturschutzgesetz (der Länder)
NatSchVO	Naturschutz-VO
Nds	Niedersachsen
NJ	Neue Justiz (Zeitschrift)
NJW	Neue Juristische Wochenschrift (Zeitschrift)
NJW-RR	NJW-Rechtsprechungs-Report, Zivilrecht (Zeitschrift)
NordÖR	Zeitschrift für öffentliches Recht in Norddeutschland (Zeit-schrift)
NRW	Nordrhein-Westfalen
NUR	Natur und Recht (Zeitschrift)
NVwZ	Neue Zeitschrift für Verwaltungsrecht (Zeitschrift)
NVwZ-RR	Neue Zeitschrift für Verwaltungsrecht – Rechtsprechungs-Report
NWVBl	Nordrhein-Westfälische Verwaltungsblätter (Zeitschrift)
o. a.	oben angegeben
OBA	Oberbergamt
OBG	Ordnungsbehördengesetz (der Länder)
öffentl.	öffentlich
OG	Oberstes Gericht der DDR
OGewV	Verordnung zum Schutz der Oberflächengewässer (Oberflä-chengewässerverordnung)
OLG	Oberlandesgericht
OVG	Oberverwaltungsgericht
OVGE	Amtliche Sammlung der Entscheidungen der Oberverwaltungs-gerichte Lüneburg und Münster
OWiG	Ordnungswidrigkeitengesetz
Plan-UVP	Umweltprüfung für Pläne
PolG	Polizeigesetz (der Länder)
pr.	preußisch(e)
PrGs	Preußische Gesetzessammlung
PrEnteignG	(preußisches) Gesetz über die Enteignung von Grundeigentum v. 11.6.1874 (GS, S. 221)
prOVG	preußisches Oberverwaltungsgericht
prWG	preußisches Wassergesetz v. 7.4.1913 (GS, S. 53)
RAG	Ruhrkohle AG
RB (RekBesch)	Rekursbescheid
RdE	Recht der Energiewirtschaft (Zeitschrift)
Rn	Randnummer
RdW	Recht der Wasserwirtschaft
RegE	Regierungsentwurf
Reg.BKPlG	Gesetz zur Regionalplanung und zur Braunkohlen- und Sanie-rungsplanung in Brandenburg v. 12.12.2002 (GuV 2003, 2)
RG	Reichsgesetzblatt
RGZ	Entscheidungen des Rechtsgerichts in Zivilsachen
Richtl/RL	Richtlinien
ROG	Raumordnungsgesetz
Rh.-Pf.	Rheinland-Pfalz
Rspr	Rechtsprechung

RuhrVG	Gesetz über den Ruhrverband (Ruhrverbandsgesetz v. 7.2.1990, VBlGV NRW S. 366
s.	siehe
S.	Seite
Sa (=Sachs.)	Sachsen
S-A	Sachsen-Anhalt
Saarl	Saarland
Sächs.VBl	Sächsische Verwaltungsblätter (Zeitschrift)
SBl	Sammelblatt
SeeAnlV	Seeanlagenverordnung
SilvesterVO	Verordnung über die Aufsuchung und Gewinnung von mineralischen Bodenschätzen v. 31.12.1942 (RGBl 1943, 17)
s. o.	siehe oben
sog.	sogenannte
SRÜ	Seerechtsübereinkommen der Vereinten Nationen v. 10.12.1982 (BGBl 1994, II, 17.898)
SprengG	Sprengstoffgesetz
str.	strittig, streitig
StrlSchV	Strahlenschutzverordnung
StrWG	Straßen- und Wegegesetz (der Länder)
StuGB	Städte- und Gemeindebund
s. u.	siehe unten
SUP	Strategische Umweltprüfung
TA	Technische Anleitung
Th	Thüringen
Thür.VBl	Thüringer Verwaltungsblätter (Zeitschrift)
TKG	Telekommunikationsgesetz
TreuhG	Gesetz zur Privatisierung und Reorganisation des volkseigenen Vermögens (Treuhandgesetz) vom 17.6.1990 (GBl I, Nr. 33, S. 300)
TWG	Telegraphenwegegesetz i. d. F. v. 24.4.1991 (BGBl, 1053) außer Kraft durch Gesetz v. 25.7.1996 (BGBl, 1120)
Tz	Textziffer
u. a.	unter anderen(m); und andere
UBA	Umweltbundesamt
UIG	Umweltinformationsgesetz
u. H.	unerlaubte Handlung; unter Hinweis auf
UmwHG	Umwelthaftungsgesetz
unstr.	unstreitig
UPR	Umwelt- und Planungsrecht (Zeitschrift)
URG	Umwaltrahmengesetz
URHG	Umwelt-Rechtsbehelfsgesetz
Urt.	Urteil
USchdG	Umweltschadensgesetz
usw.	und so weiter
UTR	Umwelt- und Technikrecht (Sammlung)
UVP	Umweltverträglichkeitsprüfung
UVPG	Umweltverträglichkeitsprüfungsgesetz
UVP-RL	Richtlinie 85/337/EG des Rates v. 27.6.1985 über die Umweltverträglichkeitsprüfung bei bestimmten öffentlichen und privaten Projekten (ABl EG Nr. 175, 40)
VBl BW	Verwaltungsblätter für Baden-Württemberg (Zeitschrift)
VerfGH	Verfassungsgerichtshof
VermG	Gesetz zur Regelung offener Vermögensfragen (Vermögensgesetz)
VersR	Versicherungsrecht (Zeitschrift)
VerwArch	Verwaltungsarchiv (Beilage zur Zeitschrift DVBl)
VerwRespr	Verwaltungsrechtsprechung
VG	Verwaltungsgericht
VGH	Verwaltungsgerichtshof
vgl.	vergleiche
VIZ	Zeitschrift für Vermögens- und Investitionsrecht
VO	Verordnung
Vorb.	Vorbemerkung

V-RL	Richtlinie 79/409 EWG des Rates v. 2.4.1979 über die Erhaltung der wildlebenden Vogelarten (ABl Nr. L 103, 1)
VwGO	Verwaltungsgerichtsordnung
VwVfG	Verwaltungsverfahrensgesetz
VwKostG	Verwaltungskostengesetz
VwV	Verwaltungsvorschrift
VwVG	Verwaltungsvollstreckungsgesetz (der Länder)
WassG	Wassergesetz (der Länder)
WaStrG	Bundeswasserstraßengesetz
W+B	Zeitschrift für Deutsches und Europäisches Wasser-, Abwasser- und Bodenschutzrecht
WHG	Gesetz zur Ordnung des Wasserhaushaltes (Wasserhaushalts- gesetz)
WiA/BT-Drs	Wirtschaftsausschuss des Deutschen Bundestages/Bundestags- drucksache
WiVerw	Wirtschaft und Verwaltung (Vierteljahresbeilage zum Gewer- bearchiv)
WM	Wertpapier-Mitteilungen (Zeitschrift)
WRRL	Wasserrahmenrichtlinie 2000/EG (ABl EG Nr. L 327, S. 1)
WuB	Wasser und Boden (Zeitschrift)
WVG	Gesetz über Wasser- und Bodenverbände (Wasserverbandsgesetz)
ZaöRV	Zeitschrift für ausländisches und öffentliches Recht und Völker- recht
ZAU	Zeitschrift für angewandte Umweltforschung
z. B.	zum Beispiel
ZfB	Zeitschrift für Bergrecht
ZfBR	Zeitschrift für deutsches und internationales Baurecht
ZfW	Zeitschrift für Wasserrecht
ZfW (Sh)	Zeitschrift für Wasserrecht, Sonderheft
ZGB	Zivilgesetzbuch
Ziff	Ziffer
ZIP	Zeitschrift für Wirtschaftsrecht
z. T.	zum Teil
ZUR	Zeitschrift für Umweltrecht
zust.	zustimmend
Zydek	Zydek, Bundesberggesetz, Essen 1980
z. Zt.	zur Zeit

Literaturverzeichnis

Anz, Henning – Bergbauberechtigungen nach dem Bundesberggesetz, Braunkohle 1981, 59 ff.

Attendorn, Thorsten – Die Berücksichtigung von Belangen des Bodendenkmalschutzes in bergrechtlichen Planfeststellungsverfahren mit Umweltverträglichkeitsprüfung, NUR 2006, 756

Attendorn, Thorsten – Wasser- und bodenschutzrechtliche Anforderungen an die Verfüllung von Abgrabungen nach dem Tongrubenurteil II, Abfall-R 2006, 167

Bartsch, Erich – Bergbau und neues Wasserrecht in Nordrhein-Westfalen, ZfW 1962, 141

Battis, Ulrich/Mühlhoff, D. – Denkmalschutz und bergrechtliches Verfahren, NWVBl 1991, 1

Battis, Ulrich/Krautzberger, Michael/Löhr, Rolf Peter – Baugesetzbuch, Kommentar, 11. Auflage, München 2009

Beck, Wolf-Rüdiger/Perling, André – Die Haftung für Bergschäden in den neuen Bundesländern, NJ 2000, 339

Beckmann, Martin – Bergrechtliches Direktionsprinzip und ordnungsrechtliche Verantwortung, ZfB 1992, 120

Beckmann, Martin – Zur ordnungsrechtlichen Verantwortung für die Spätfolgen des Bergbaus in den neuen Bundesländern, UPR 1995, 8

Beckmann, Martin – Berg-, umwelt- und planungsrechtliche Probleme der Wiedernutzbarmachung und Folgenutzung bergbaulicher Flächen und Anlagen, in: Kühne/Schock/Beckmann, Gegenwartsprobleme des Bergrechts, Baden-Baden 1995, 67

Beckmann, Martin – Genehmigungsrechtliche Fragen der Gesundheitsschutz-Bergverordnung beim Einsatz von Abfällen als Bergversatz, ZfB 1999, 12

Beckmann, Martin – Grenzen der Zumutbarkeit der Nachsorgeverantwortung eines Bergwerksunternehmens?, ZUR 2006, 295

Beckmann, Martin/Wissmann, Antje – Zur zeitlichen Begrenzung der Inanspruchnahme für Gefahren und Bergschäden des Altbergbaus, in: Festschrift für Gunther Kühne zum 70. Geburtstag, Frankfurt 2009, 441

Beckmann, Martin – Rechtliche Rahmenbedingungen der Einstellung des Steinkohlenbergbaus an der Ruhr, DÖV 2010, 512

Beckmann, Martin – Bergrechtliche Anforderungen an die Standsicherheit bergbaulicher Anlagen, Baurecht 2010, 2047

Beddies, Dirk – Rechtsfragen im Zusammenhang mit der Einstellung eines Bergwerks, Köln 1995

Beddies, Dirk – Die Entwicklung des bergrechtlichen Grundsatzes „Dulde und liquidiere" und das Urteil des Bundesgerichtshofs vom 19. September 2008 (V ZR 28/08) zu § 906 Abs. 2 Satz 2 BGB, in: Festschrift für Gunther Kühne zum 70. Geburtstag, Frankfurt 2009, 455

Benz, Steen – Rechtliche Rahmenbedingungen für die Nutzung der oberflächennahen Geothermie, 2. Auflage, Berlin 2009

Berkemann, Jörg – Planerische Lenkung des Abbaues von oberflächennahen Bodenschätzen – Zulässigkeit und Grenzen –, DVBl 1989, 625

Berkemann, Jörg – Die Bedeutung des gemeinschaftsrechtlichen Naturschutzes für Bergbauvorhaben, in: Leipziger Schriften zum Umwelt- und Planungsrecht, Band 15, Baden-Baden 2009, 27

Beyer, Stefanie – Die Verantwortung für Gefahren bei der Überplanung und Bebauung risikobehafteter Flächen unter besonderer Berücksichtigung wieder eintretender flurnaher Grundwasserstände infolge der Stilllegung von Bergbaubetrieben, Bochumer Beiträge zum Berg- und Energierecht, Band 44, Stuttgart u.a. 2005

Böhmert, Gerhard – Aktionsgemeinschaft Deutsche Steinkohlenreviere, Düsseldorf 1988

Bohne, Eberhard – Die Umweltverträglichkeit bergbaulicher Vorhaben nach den gesetzesentwürfen der Bundesregierung zur Umsetzung des EG-Richtlinie vom 27.6.1985 (85/337/EWG), ZfB 1989, 93

Boldt, Gerhard/Weller, Herbert – Bundesberggesetz, Berlin u.a. 1984

Boldt, Gerhard/Weller, Herbert – Bundesberggesetz, Ergänzungsband, Berlin 1992

Börner, Bodo – Abwägungsdefizit beim Gesetzgebungsverfahren. Der Regierungsentwurf eines Bundesberggesetzes unter besonderer Berücksichtigung seines Bergschadensrechts,

Veröffentlichungen des Instituts für Energierecht an der Universität zu Köln, Band 43, Düsseldorf und Frankfurt 1978

Brandt, Edmund/Fouquet, Helmut – Umweltrechtliche Probleme des bergmännischen Versatzes von Reststoffen, LKV 1995, 201

Brassert, Herrmann/Gottschalk, Hans – Allgemeines Bergrecht für die Preußischen Staaten, mit Kommentar, 2. Auflage, Bonn 1914

Breuer, Rüdiger – Öffentliches und privates Wasserrecht, 3. Auflage, München 2004

Buerstedde, Wilhelm – Rechtsfragen der Gewässerunterhaltung, Detmold 2006

Cosack, Tilman – Bergrechtliches Zulassungsverfahren und Flora-Fauna-Habitat-Verträglichkeitsprüfung, NUR 2000, 311

Czybulka, Detlef/Stredak, Katrin – Rechtsfragen der marinen Kies- und Sandgewinnung in Nord- und Ostsee, Baden-Baden 2008

Czychowski, Manfred – Kiesabbau und Wasserrecht, DVBl 1976, 132

Czychowski, Manfred/Reinhardt, Michael – Wasserhaushaltsgesetz, Kommentar, 10. Auflage, München 2010

Dallhammer, Wolf-Dieter – Verhältnis von Braunkohlenplänen zu nachfolgenden fachgesetzlichen Zulassungsverfahren – Rechtswirkungen raumordnerischer Vorgaben, in: Leipziger umweltrechtliche Dokumentationen Band 6, Leipzig 2000, 29

Dammert, Bernd – Rechtsvereinheitlichung bei der Bodenschätzegewinnung – Praktische Konsequenzen der Rechtsvereinheitlichung im Spannungsfeld von Bestandsschutz und Neuordnung, in: Leipziger umweltrechtliche Dokumentationen, Band 2, Leipzig 1997, 33

Dammert, Bernd – Rechtsfragen der Energie- und Rohstoffsicherung durch Landesplanung, in: Cottbuser Schriften, Band 5, Cottbus 2007

Dammert, Bernd – Anwendungsfragen des Flächen- und Artenschutzrechts bei Zulassungsentscheidungen für Bergbauvorhaben, in: Leipziger Schriften zum Umwelt- und Planungsrecht, Band 15, Baden-Baden 2009, 31

Danwitz von, Thomas – Bergbau und Umwelt, Bochumer Beiträge zum Berg- und Energierecht, Band 32, Stuttgart 1999

Danwitz von, Thomas – Staatliche Bergaufsicht zwischen privatem Bergschadensrecht, hoheitlicher Gefahrenabwehr und Staatshaftung in den neuen Bundesländern, in: Bochumer Beiträge zum Berg- und Energierecht, Band 29, Stuttgart 1998

Dapprich, Gerhard/Römermann, Klaus – Bundesberggesetz, Köln u. a. 1983

Degenhart, Christoph – Untertageerkundung von Gorleben – ist eine vorgezogene Planfeststellung erforderlich? Energiewirtschaftliche Tagesfragen 1984, 984

Degenhart, Christoph – Braunkohlenplanung unter Gesetzesvorbehalt? – Zum Horno-Urteil des Verfassungsgerichtes Brandenburg, DVBl 1996, 773

Degenhart, Christoph – Rechtsfragen der Braunkohlenplanung für Brandenburg, in: Bochumer Beiträge zum Berg- und Energierecht, Band 25, Stuttgart 1996

Degenhart, Christoph – Rechtsfragen eines Sächsischen Abgrabungsgesetzes, in: Jahrbuch des Umwelt- und Technikrechts, 2000, 211

Degenhart, Christoph – Probleme der Braunkohlenplanung, in: Erbguth/Oebbecke/Rengeling/Schulte (Hrsg.) Planung, Festschrift für Werner Hoppe, 2000, 695

Degenhart, Christoph/Dammert, Bernd/Heggemann, Bernd (Hrsg.) – Dokumentation der 2. Leipziger Bergrechtstagung des Instituts für Umwelt- und Planungsrecht der Universität Leipzig am 14.3.2002, Leipziger Schriften zum Umwelt- und Planungsrecht, Band 3, Baden-Baden 2003

Dietrich, Lars/Elgeti, Till – Rechtliche Implikationen der Aufsuchung und Förderung von unkonventionellem Erdgas, Erdöl Erdgas Kohle, 2011, 311

Drisch, Leo/Schürken, Johannes – Bewertung von Bergschäden uns Setzungsschäden an Gebäuden, Hannover 1995

Dücker von, Hans-Gerd – Die Aktionsgemeinschaft Deutsche Steinkohlenreviere GmbH, Frankfurt 1969

Ebel, Herbert/Weller, Herbert – Allgemeines Berggesetz, 2. Auflage, Berlin 1963

Ebel, Herbert/Weller, Herbert – Allgemeines Berggesetz, Ergänzungsband, Berlin 1969

Ecker, Franz-Rudolf – Noch einmal zur rechtlichen Stellung der Gemeinden beim bergrechtlichen Betriebsplanverfahren, ZfB 1984, 95

Ecker, Franz-Rudolf – Abschlussbetriebsplan und Folgenutzung, Glückauf 1993, 484

Ehricke, Ulrich – Zur Verjährung von Bergschadensansprüchen, in: Festschrift für Gunther Kühne zum 70. Geburtstag, Frankfurt 2009, 484

Erbguth, Wilfried – Verfassungsrechtliche Fragen im Verhältnis Landesplanung und Braunkohlenplanung, DVBl 1982, 1

Erbguth, Wilfried – Die nordrhein-westfälische Braunkohlenplanung und der Parlamentsvorbehalt, VerwA 1995, 32 f.

Erbguth, Wilfried/Schink, Alexander – Gesetz über die Umweltverträglichkeitsprüfung, Kommentar, 2. Auflage München, 1996

Erichsen, Hans-Uwe (Hrsg.) – Allgemeines Verwaltungsrecht, 11. Auflage, Berlin 1998

Ermann – Bürgerliches Gesetzbuch mit Nebengesetzen, Kommentar, 12. Auflage, 2008

Fehling, Michael/Kastner, Berthold/Wahrendorf, Volker – Verwaltungsrecht, Handkommentar, Baden-Baden 2006

Finke, Detlev – Regulierungsschwierigkeiten bei Verkauf bergbaugeschädigter Grundstücke, ZfB 1988, 59

Finke, Detlev – Zur Bergschadensvermutung, ZfB 1988, 52

Finke, Detlev – Zur Abgrenzung zwischen Anpassung und Sicherung im Sinne des Bundesberggesetzes und zur entsprechenden Kostentragung, ZfB 1988, 40

Finkelnburg, Klaus/Dornbert, Matthias/Külpmann, Christoph – Vorläufiger Rechtsschutz im Verwaltungsstreitverfahren, 6. Auflage, München 2011

Finkelnburg, Klaus/Ortloff, Karsten-Michael/Otto, Christian-W. – Öffentliches Baurecht, Band II: Bauordnungsrecht, Nachbarschutz, Rechtsschutz, 6. Auflage, München 2010

Fischer, Thomas – Strafgesetzbuch und Nebengesetze, 58. Auflage, München 2011

Fischer-Hüftle, Peter – Bergbauberechtigungen und naturschutzrechtliche Verordnungen, NUR 1989, 106

Fluck, Jürgen – Legalisierungswirkung bergrechtlicher Zulassungen und öffentlich-rechtliche Verantwortlichkeit für Altlasten, ZfB 1989, 13

Franke, Peter – Funktionswandel der Bergbauberechtigung?, in: Festschrift für Gunther Kühne zum 70. Geburtstag, Frankfurt 2009, 507

Franke, Peter – Rechtliche Rahmenbedingungen für die unkonventionelle Gasgewinnung in Nordrhein-Westfalen, Heft 126 der Schriftenreihe der GDMB, Clausthal-Zellerfeld 2011

French, Gregory A. – Der Tiefseebergbau, Köln 1990

Frenz, Walter – Abfallverwertung im Bergbau, Köln 1998

Frenz, Walter – Bundes-Bodenschutzgesetz, Kommentar, München 2000

Frenz, Walter/Kummermehr, Michael – Rechtliche Fragen zu bergbaubedingten Bodenabsackungen, ZfB 2000, 24

Frenz, Walter/Kummermehr, Michael – Grubengase – ein neues ordnungsrechtliches Phänomen, DVBl 2000, 451

Frenz, Walter – Bergrecht und Nachhaltige Entwicklung, Berlin 2001

Frenz, Walter – Unternehmerverantwortung im Bergbau, Berlin 2003

Frenz, Walter – Bergbau und Gemeinschäden, UPR 2005, 1

Frenz, Walter – Bergbaurelevante Reformmöglichkeiten der Natura 2000-Richtlinie, in: GDMB-Schriftenreihe Band 113, Clausthal-Zellerfeld 2008

Frenz, Walter – Gesundheitsverträglichkeit bei bergbaulichen Vorhaben, NUR 2009, 160

Frenz, Walter – Bergbaubedingter merkantiler Minderwert und Eigentumsgrundrecht, in: Festschrift für Gunther Kühne zum 70. Geburtstag, Frankfurt, 2009, 529

Frenz, Walter – Bergschadenhaftung für einen Grundwasserausstieg in einer Bergbaufolgelandschaft, LKV 2010, 49

Frenz, Walter – Die UVP-Pflichtigkeit von Flözgasbohrungen und Rügemöglichkeiten von Umweltverbänden, Heft 126 der Schriftenreihe der GDMB, Clausthal-Zellerfeld 2011

Freytag, Georg – Der Einsatz von Rückständen im Bergbau an der Nahtstelle von Berg- und Abfallrecht, NUR 1996, 334

Freytag, Klaus – Aktuelle Genehmigungsverfahren im Bereich der Steine-Erden-Industrie der neuen Länder – Bestandsaufnahme aus behördlicher Sicht, in: Leipziger Umweltrechtliche Dokumentationen, Band 2, Leipzig 1997, 57

Freytag, Klaus – Rohstoffsicherung für den Steine- und Erdenbergbau, dargestellt am Beispiel des Landes Brandenburg, Aachen 1997

Freytag, Klaus – Wasserrechtliches Genehmigungsmanagement im Sanierungsbergbau, Glückauf 1998, 97

Freytag, Klaus/Pulz, Karina – Braunkohlentagebau Cottbus-Nord – Kompensationsmaßnahmen außerhalb der Bergbaufolgelandschaft, Glückauf 2007, 474

Freytag, Klaus/Pulz, Karina – Habitatschutz in berg- und umweltrechtlichen Genehmigungsverfahren, GDMB-Schriftenreihe Band 113, Clausthal-Zellerfeld 2008, 9

Frieseke, Albrecht – Bundeswasserstraßengesetz, Kommentar, 5. Auflage Köln u. a. 2004

Fritz, Wolfgang – Wiederherstellung eines nachsorgefreien Wasserhaushaltes, in: Leipziger umweltrechtliche Dokumentationen, Band 6, Leipzig, 2000, 9

Fritz, Wolfgang – Wiedernutzbarmachung der stillgelegten Braunkohlentagebaue in Ostdeutschland, Glückauf 2001, 562

Gaentzsch, Günter – Konkurrenz paralleler Anlagengenehmigungen, NJW 1986, 2787

Gaentzsch, Günter – Die bergrechtliche Planfeststellung, in: Festschrift für Horst Sendler, München 1991, 403

Gaentzsch, Günter – Die Zulassung bergbaulicher Vorhaben im System des Anlagengenehmigungsrechts, in: Kühne/Gaentzsch, Wandel und Beharren im Bergrecht, Veröffentlichungen des Instituts für Energierecht an der Universität zu Köln, Band 68, Baden-Baden 1992

Gaentzsch, Günter – Oberflächeneigentum und Bergbau aus der Sicht der höchstrichterlichen Rechtsprechung, DVBl 1993, 527

Gaentzsch, Günter – Rechtliche Fragen des Abbaues von Kies und Sand, NVwZ 1998, 889

Gassner, Erich/Heugel, Michael – Das neue Naturschutzrecht, München 2010

Gassner, Erich/Winkelbrandt, Arnd/Bernotat, Dirk – UVP und strategische Umweltprüfung, 5. Auflage, Heidelberg 2010

Gelzer, Konrad/Busse, Felix/Fischer, Hartmut – Entschädigungsanspruch aus Enteignung und enteignungsgleichem Eingriff, 3. Auflage, München 2010

Glückert, Jürgen – 10 Jahre Streit um Cappenberg: Bestandsaufnahme des juristischen Ertrags und der offen gebliebenen Fragen, in: Bochumer Beiträge zum Berg- und Energierecht, Band 32, Stuttgart u. a. 1999

Glückert, Jürgen – Sonderbetriebsplan und Sonderbetriebsplanzulassung – Anmerkungen zu einigen offenen Fragen, in: Festschrift für Gunther Kühne zum 70. Geburtstag, Frankfurt 2009, 543

Grigo, Werner/Frische, Andreas/Krüger, Alexandra/Kugel, Jürgen/Mehlberg, Frank – Aufsuchung und Gewinnung von Kohlenwasserstoffen aus unkonventionellen Lagerstätten in NRW, Heft 126 der Schriftenreihe der GDMB, Clausthal-Zellerfeld 2011

Große, Andreas – Zu den Genehmigungsvoraussetzungen für geothermische Anlagen, NVwZ 2004, 809

Große, Andreas – Strom und Wärme aus der Tiefe, ZUR 2009, 535

Gutbrod, Max B./Töpfer, Frank-Rainer – Praxis des Bergrechts, Köln 1996

Hammerstein von, Christian/von Hoff, Stefanie – Bergrechtliche Fragen zur Nutzung und Sicherung von Salzkavernen als Erdgasspeicher, ZfB 2009, 193

Hammerstein von, Christian/von Hoff, Stefanie – Feldesüberschreitende Kohlenwasserstoff-Lagerstätten, in: Festschrift für Gunther Kühne zum 70. Geburtstag, Frankfurt 2009, 575

Heinemann, Gustav W. – Der Bergschaden, 3. Auflage, Berlin 1961

Hellriegel, Mathias – CO_2-freies Kraftwerk: Rechtsrahmen für CO_2-Abscheidungen und -Ablagerung, in: Heft 113 der Schriftenreihe der GDMB, Clausthal-Zellerfeld 2008, 103

Hellriegel, Mathias – CO_2-Abscheidung und -Ablagerung, Teil I: Anwendbarkeit und Anforderungen des geltenden Rechts, RdE 2008, 111

Hellriegel, Mathias – CO_2-freies Kraftwerk: Rechtsrahmen für CO_2-Abscheidungen und -Ablagerung, AbfallR 2008, 94

Herrmann, Martin – Ende der Bergaufsicht, in: Cottbuser Schriften zur Ökosystemgenese und Landschaftsentwicklung, Band 1, Cottbus 2004, 73

Herrmann, Martin – Bergrechtlich bestimmte Wiedernutzbarmachung und Folgenutzung unter den vom Grundwasseranstieg bedingten Risiken, in: Proceedings des Dresdner Grundwasserforschungszentrums, 2011

Himmelmann, Steen/Tünnesen-Harmes, Christian – Umweltrecht in der anwaltlichen Praxis, Bonn, Essen 2008

Hoffmann, Jutta – Deutsche Einigung – bergrechtliche Konsequenzen für die neuen Bundesländer, BB 1991, 1506

Hoffmann, Jutta – Der Einigungsvertrag – rechtliche Grundlage für die Umwandlung ehemals volkseigener hochwertiger Steine- und Erden-Rohstoffe in bergfreie Bodenschätze, BB 1994, 1584

Hoffmann, Jutta – Bergrechtsvereinheitlichung und Bestandschutz für bestehende Bergbauberechtigungen, BB 1996, 1450

Hopf, Bernd – Zur Entsorgung bergbauspezifischer Abfälle, ZfB 1990, 150

Hoppe, Werner – Bergbauberechtigungen als verfassungskräftige Eigentumsposition und ihr Schutz gegenüber Planung, DVBl 1982, 101

Hoppe, Werner – Gelenkfunktion der Braunkohlenplanung zwischen Landesplanung und bergrechtlichem Betriebsplan? UPR 1983, 105

Hoppe, Werner/Beckmann, Martin – Grundeigentumschutz bei heranrückendem Bergbau – Eine Untersuchung zur Reichweite des Bestandsschutzes aus Anlass der Nordwanderung des Bergbaues in Nordrhein-Westfalen, Köln u. a. 1988

Hoppe, Werner – Die Einschränkung bergbaulicher Berechtigungen durch eine Nationalpark-Verordnung – am Beispiel des niedersächsischen Wattenmeeres, DVBl 1987, 757

Hoppe, Werner – Das Spannungsverhältnis von Bergwerkseigentum und Oberflächeneigentum im Lichte des Verfassungsrechts, Berlin 1991

Hoppe, Werner/Spoerr, Wolfgang – Raumordnungs- und Bauplanungsrecht in der bergrechtlichen Planfeststellung, UPR 1999, 246

Hoppe, Werner/Spoerr, Wolfgang – Bergrecht und Raumordnung – Einflüsse des Bau- und Raumordnungsgesetzes 1998 auf bergrechtliche Rechtspositionen und die eigentumsrechtlichen Grenzen, Bochumer Beiträge zum Berg- und Energierecht, Band 31, Stuttgart 1999

Hoppe, Werner (Hrsg.) – Gesetz über die Umweltverträglichkeitsprüfung, 2. Auflage, Köln u. a. 2002

Hoppe, Werner/Bönker, Christian/Grotefels, Susan – Öffentliches Baurecht, 4. Auflage, München 2010

Horneffer, Diez – Bergrecht und Allgemeines Polizeirecht, Dissertation Göttingen, 1969

Hüffer, Uwe – Präventive Maßnahmen im Bergschadensrecht, in: Festschrift für Fabricius, Stuttgart u. a., 1989, 115

Hüffer, Uwe – Eigentum und Schadenssicherung, in: Hüffer/Ipsen/Tettinger (Hrsg.), Festschrift für Fabricius, Stuttgart 1989, 267

Hüffer, Uwe – Erkundung des Salzstockes Gorleben, Bochum 1991

Hüffer, Uwe/Tettinger, Peter J. – Sand und Kies als Gegenstand des Bergwerkseigentums in den neuen Bundesländern, Stuttgart u. a. 1993

Hüffer, Uwe – Oberflächeneigentum und Bergbau, Bochumer Beiträge zum energie- und Bergrecht, Band 19, Stuttgart 1994

Hüffer, Uwe/Tettinger, Peter J. – Braunkohlenabbau in der ehemaligen DDR und Sanierungsverpflichtung, in: Bochumer Forschungsberichte zum Berg- und Energierecht, Band 9, Stuttgart 1994

Isay, Herrmann/Isay, Rudolf – Allgemeines Bergrecht für die preußischen Staaten, 2. Band, Mannheim u. a., 1920

Isay, Rudolf – Allgemeines Berggesetz für die preußischen Staaten, 1. Band, 2. Auflage, Mannheim u. a., 1933

Jankowski, Klaus – Rohstoffgewinnung im Spannungsfeld des Bodenschutzes – dargelegt am Beispiel Nordrhein-Westfalens, NUR 2008, 19

Jarass, Hans D. – Bundesimmissionsschutzgesetz, Kommentar, 8. Auflage, München 2010

Karpen, Ulrich – Grundeigentum und Bergbaurechte nach dem Bundesberggesetz vom 13.8.1990, AöR 1981, 15

Keienburg, Bettina – Die Öffentlichkeitsbeteiligung im Bergrecht, in: Bochumer Beiträge zum Berg- und Energierecht, Band 43, Stuttgart 2004

Keienburg, Bettina – Öffentlichkeitsbeteiligung im Bergrecht, in: Veröffentlichungen des Instituts für Energierecht an der Universität zu Köln, Band 118, Baden-Baden 2005

Keienburg, Bettina – Beschleunigungen der Öffentlichkeitsbeteiligung – Verlangsamung der Umsetzung im Bundesberggesetz, in: Festschrift für Gunther Kühne zum 70. Geburtstag, Frankfurt 2009, 605

Kerkmann, Jochen (Hrsg.) – Naturschutzrecht in der Praxis, Berlin 2007

Keusgen, Andreas – Bergverordnungen über vermessungstechnische und sicherheitliche Unterlagen sowie über Einwirkungsbereiche, ZfB 1983, 95

Keusgen, Andreas – Die Allgemeine Bundesbergverordnung, Glückauf 1996, 41

Keusgen, Andreas – Allgemeine Bundesbergverordnung – Entstehen, Konzeption, Regelungsinhalt, ZfB 1996, 60

Kirchner, Michael – Der Begriff der Wiedernutzbarmachung nach dem Bundesberggesetz und nach dem Abgrabungsgesetz des Landes Nordrhein-Westfalen, ZfB 1984, 333

Kirchner, Michael/Kremer, Eduard – Störerhaftung bei verlassenen Grubenbauten, ZfB 1990, 5

Kirchner, Michael/Kremer, Eduard – Leitung und Beaufsichtigung des Bergbaubetriebs, ZfB 1990, 189

Kirchner, Michael – aktuelle Fragen zum Abschlussbetriebsplan, in: UPR 2010, 16

Klostermann, Rudolf/Thielmann, Hans – Das Allgemeine Berggesetz für die Preußischen Staaten vom 24.6.1865, 6. Auflage, Berlin 1911

Knemeyer, Franz-Ludwig – Polizei- und Ordnungsrecht, 11. Auflage, München 2007

Knöchel, Harald – Die Umweltverträglichkeitsprüfung bei Vorhaben des untertägigen Steinkohlenbergbaus, NWVBl 1992, 117

Knöchel, Harald – Der Abschlussbetriebsplan – Dogmatische Strukturen und Problemfelder der Praxis, ZfB 1996, 44

Knöchel, Harald – Der Bergschaden und seine Bezüge zum öffentlichen Recht, ZfB 1999, 224

Knopp, Günther-Michael – Das neue Wasserhaushaltsrecht, München 2010

Koch, Hans-Joachim/Hendler, Reinhard – Baurecht, Raumordnungs- und Landesplanungsrecht, 4. Auflage, Stuttgart u. a. 2004

Koch, Hans-Joachim – Umweltrecht, 2. Auflage, Köln u. a. 2007

Köhler, Helmut/Meyer, Cedric C. – Abwasserabgabengesetz, Kommentar, 2. Auflage, München 2006

Kolonko, Britta – Naturschutzrecht und Bergrecht – zwei unvereinbare Materien? ZUR 1995, 126

Kolonko, Britta – Anforderungen der naturschutzrechtlichen Eingriffsregelung an einen Abbau von Steinen und Erden: Zur Geltung und Reichweite der Eingriffsregelung bei der Gewinnung oberflächennaher Bodenschätze nach dem Bundesberggesetz, Dissertation Frankfurt 1997

Kopp, Ferdinand O./Schenke, Wolf-Rüdiger – Verwaltungsgerichtsordnung, Kommentar, 17. Auflage, München 2011 (frühere Auflage: zitiert „Kopp")

Kopp, Ferdinand O./Ramsauer, Ulrich – Verwaltungsverfahrensgesetz, Kommentar, 12. Auflage, München 2011 (frühere Auflage: zitiert „Kopp")

Kotulla, Michael – Wasserhaushaltsgesetz, Kommentar, 2. Auflage Stuttgart 2011; 1. Auflage 2003

Kotulla, Michael – Die Auswirkungen des neuen Wasserrechts für den Bergbau, in: Heft 99 der Schriftenreihe des GDMB, Clausthal-Zellerfeld 2004, 71

Kotulla, Michael – Abwasserabgabengesetz, Stuttgart 2005

Kotulla, Michael – Anlagen des Bergwesens und immissionsschutzrechtliche Genehmigungsbedürftigkeit, NUR 2006, 348

Kremer, Eduard – Gemeinschädliche Einwirkungen im Sinne des § 55 Absatz 1 Satz 1 Nr. 9 BBergG, UPR 1999, 135, 250

Kremer, Eduard/Neuhaus, genannt Wever, Peter – Bergrecht, Stuttgart 2000

Krems, Burkhardt – Grundlagen der Gesetzgebungslehre, erörtert anhand neuerer Gesetzgebungsvorhaben, insbes. der Neuregelung des Bergschadensrechts, Berlin 1979

Krüger, Hartmut – Verfassungsrechtlicher Eigentumsschutz für den Bergbau, in: Festschrift für Fritz Fabricius, Stuttgart u. a. 1989, 99

Kühling, Jürgen – Fachplanungsrecht, Düsseldorf 1988

Kühne, Gunther – Zulassung und Ausübung des Bergbaus bei Kollisionen mit anderen öffentlichen Interessen, ZfB 1980, 58

Kühne, Gunther – Die Förderabgabe im Schnittpunkt von Bergrecht und Finanzverfassungsrecht, DB 1982, 1693

Kühne, Gunther – Die Bedeutung der Erfordernisse der Raumordnung und Landesplanung bei bergbaulichen Vorhaben, DVBl 1984, 709

Kühne, Gunther – Verfahrensstufung im bergrechtlichen Betriebsplanverfahren, UPR 1986, 81

Kühne, Gunther – Nochmals: Bergbauliche Berechtigungen und Nationsparkverordnung Niedersächsisches Wattenmeer, DVBl 1987, 1259

Kühne, Gunther – Die Einführung der Umweltverträglichkeitsprüfung im Bergrecht, UPR 1989, 326

Kühne, Gunther – Rechtsfragen der Endlagerung radioaktiver Abfälle aus der Sicht des Bergrechts, ZfB 1991, 283

Kühne, Gunther – Bergbauberechtigungen und Bestandsschutz – Eine rechtsvergleichende Analyse unter besonderer Berücksichtigung des angloamerikanischen Rechts, in: Festschrift für Bodo Börner zum 70. Geburtstag, Köln u. a. 1992, 184

Kühne, Gunther – Entwicklungstendenzen des Bergrechts in Deutschland, in: Kühne/Gaentzsch, Wandel und Beharren im Bergrecht, Veröffentlichungen des Instituts für Energierecht an der Universität zu Köln, Band 68, Baden-Baden 1992

Kühne, Gunther – Bestandsschutz und Verfahrensstufung im Betriebsplanverfahren, UPR 1992, 218

Kühne, Gunther – Bergrechtlicher Rahmenbetriebsplan, Anlagengenehmigungsrecht und Umweltverträglichkeitsprüfung, Schriftenreihe Recht-Technik-Wirtschaft, Band 68, Köln u. a. 1993

Kühne, Gunther – Rechtsfragen der Aufsuchung und Gewinnung von Steinkohlenflözen bei sitzendem Methan, Band 73 der Veröffentlichungen des Instituts für Energierecht an der Universität zu Köln, Baden-Baden 1995

Kühne, Gunther – Bestandsschutz alten Bergwerkseigentums unter besonderer Berücksichtigung des Artikel 14 GG, Veröffentlichungen des Instituts für Energierecht an der Universität zu Köln, Baden-Baden 1998

Kühne, Gunther – Braunkohlenplanung und bergrechtliche Zulassungsverfahren, in: Recht-Technik-Wirtschaft, Band 81, Berlin u. a. 1999

Kühne, Gunter – Braunkohlenplanung und bergbauliche Zulassungsverfahren, Köln 2000

Kühne, Gunther – Eigentumsschutz im Bergrecht, in: Veröffentlichungen des Instituts für Energierecht an der Universität zu Köln, Band 118, Baden-Baden 2005

Kühne, Gunther – Die Teilung des Bergwerkseigentums nach Bodenschätzen, ZfB 2008, 49

Kühne, Gunther – Umweltverträglichkeitsprüfung und Strategische Umweltprüfung: Auswirkungen auf bergrechtliche Zulassungsentscheidungen, in: Leipziger Schriften zum Umwelt- und Planungsrecht, Band 15, Baden-Baden 2009, 11

Kühne, Gunter – Enteignungsentschädigung bei hoheitlichem Entzug von Bodenschätzen zugunsten öffentlicher Verkehrsanlagen, DVBl 2012, 661

Kühne, Gunter – Drei Jahrzehnte Bundesberggesetz – Entwicklungslinien und Ausblick, ZfB 2013, 113 ff.

Kuyumcu, Mahmut – Gewässerschutz bei der Braunkohlensanierung, in: Heft 99 der Schriftenreihe der GDMB, Clausthal-Zellerfeld 2004, 119

Lagoni, Rainer – Haftungsfragen der CO_2-Speicherung im Meeresgrund, ZUR 2008, 293

Lange, Klaus – Grundabtretung und vorzeitige Besitzeinweisung im bergrechtlichen Betriebsplanverfahren, DÖV 1988, 805

Leidinger, Tobias – Energieanlagenrecht, Stuttgart u. a. 2007

Lenz, Ralf – Ordnungsrechtliche Verantwortlichkeit und Haftung für den Grubenwasserwiederanstieg im Steinkohlenbergbau aus der Sicht der Wirtschaft, in: Heft 128 der Schriftenreihe der GDMB, Clausthal-Zellerfeld 2006, 69

Lenz, Ralf – Abscheidung und Speicherung von CO_2 im nationalen und europäischen Umweltrecht, Glückauf 2008, 237

Linke, Bruno – Abgrabungsgesetz des Landes Nordrhein-Westfalen, 2. Auflage Stuttgart 2005

Lorz, Albert/Müller, Markus/Stöckel, Heinz – Naturschutzrecht, Kommentar, 2. Auflage, München 2003

Louis, Hans Walter – Die Auswirkungen des Biodiversitätsschadens nach dem Umweltschadensgesetz, in: GDMB-Schriftenreihe Band 113, Clausthal-Zellerfeld 2008, 51

Luckner, Ludwig – Nachsorge für Tagebaurestseen – Notwendigkeit, Probleme und Lösungsansätze, in: Leipziger umweltrechtliche Dokumentationen, Band 6, Leipzig 2000, 17

Ludwig, Grit – Auswirkungen der H-Richtlinie auf Vorhaben zum Abbau von Bodenschätzen nach dem BBergG, Baden-Baden 2005

Ludwig, Grit – Umweltaspekte im Verfahren nach dem BBergG, ZUR 2012, 150

Manten, Georg – Die Nutzungsüberlassung von Bergbauberechtigungen, UPR 2010, 429

Marder-Bungert, Julia – Umsetzung der EU-Richtlinie über die Bewirtschaftung von Abfällen aus der mineralgewinnenden Industrie und Sicht des Bergbaus, in: Heft 113 der Schriftenreihe der GDMB, Clausthal-Zellerfeld 2008, 95

Marzik, Ulf/Wilrich, Thomas – Bundesnaturschutzgesetz, Kommentar, Baden-Baden 2004

Mäßenhausen von, Hans-Ulrich – Die Stellung des Markscheiders im Bundesberggesetz, Das Markscheidewesen, 1982, 4

Mäßenhausen von, Hans-Ulrich – Rahmenbetriebsplan und Umweltverträglichkeitsprüfung, ZfB 1994, 119

Miesbach, Hermann/Engelhardt, Dieter – Bergrecht, Berlin 1962 (Ergänzungsband, Berlin 1969)

Mißling, Sven – Die Gestaltung des deutschen Ordnungsrahmens für die geologische Speicherung von CO_2, ZUR 2008, 286

Mücke, Manfred – Bergrecht, Berlin 1985

Müggenborg, Hans-Jürgen – Zur Abgrenzung von Berg- und Bodenschutzrecht, NVwZ 2006, 278

Müggenborg, Hans-Jürgen – Bergschadensersatz nach BBergG, NUR 2011, 689

Müggenborg, Hans-Jürgen – Bergschadenshaftung nach DDR-BergG und Unterlassungsansprüche gegen Bergbauvorhaben, NUR 2011, 774

Müggenborg, Hans-Jürgen – Abgrenzungsfragen zwischen Bodenschutz- und Bergrecht, NVwZ 2012, 659

Müggenborg, Hans-Jürgen – Bergbaufolgelandschaften und deren rechtliche Bewältigung, NUR 2013, 316 ff.

Müller, Wolf/Schulz, Paul-Martin – Handbuch Recht der Bodenschätzegewinnung, Baden-Baden 2000

Müller-Erzbach, Rudolf – Das Bergrecht Preußens und des weiteren Deutschlands, Stuttgart 1916/17

Mußgnug, Reinhard – Der Bemessungsmaßstab der Förderabgabe auf Erdgas nach der Niedersächsischen VO über Feldes- und Förderabgaben, ZfB 1993, 168

Neuhaus, genannt Wever, Peter U. – Konkurrierende Anträge auf Erteilung von Bergbauberechtigungen, Glückauf 1994, 617 f.

Neuhaus, genannt Wever, Peter/Beckmann, Martin – Aktuelle Probleme des Drittschutzes im Bergrecht, in: Bochumer Forschungsberichte zum Berg- und Energierecht, Stuttgart 2002

Nicolaus, Helmut – Bergrechtliche Gefahrenvorsorge und Drittschutz bei drohenden Schäden an Energieleitungen im Sanierungsbergbau, ZfB 2002, 125

Nicolaysen, Gerd – Bewilligung und Förderabgabe nach dem BBergG, Stuttgart 1982

Niermann, Ralf Peter – Betriebsplan und Planfeststellung im Bergrecht, Dissertation, Münster 1992

Nisipeanu, Peter – Abwasserrecht, München 1991

Obst, Ulrich/Pulz, Karina – Grundwasserwiederanstieg als Folge der Einstellung des Bergbaus – Problembewältigung in der Verwaltungspraxis, Glückauf 2010, 475

Oldiges, Martin – Organisationsfragen der Gewässerbewirtschaftung, in: Leipziger umweltrechtliche Dokumentationen, Band 6, Leipzig 2000, 95

Oldiges, Martin (Hrsg.) – Perspektiven des Naturschutzes, in: Dokumentation des 7. Leipziger Umweltrechts-Symposiums 2002, Baden-Baden 2003

Oldiges, Martin – Rechtsschutz und Entschädigung bei der Ausweisung von Schutzgebieten im Biotopverband, in: Leipziger Schriften zum Umwelt- und Planungsrecht, Band 4, Baden-Baden 2003, 119

Palandt – Bürgerliches Gesetzbuch, Kommentar, 71. Auflage, 2012

Papier, Hans-Jürgen – Altlasten und polizeiliche Störerhaftung, Köln u. a. 1985

Peters, Heinz-Joachim/Balla, Stefan – Gesetz über die Umweltverträglichkeitsprüfung, Handkommentar, 3. Auflage, Baden-Baden 2006

Peters, Manfred – Die Regelung bergbaulicher Einwirkungen auf das Grundeigentum als Problem der Raumordnung, Dissertation, Bochum 1977

Peters, Wolfgang – Nationalpark-Verordnung „Niedersächsisches Wattenmeer" und bergbauliche Berechtigungen, DVBl 1988, 227

Pfad, Hubert – Rechtsfragen zum Betriebsplan im Bergrecht, Baden-Baden 1981

Piens, Reinhart – Sickerwasser auf Halden, ZfW 1999, 11

Piens, Reinhart – Gewässerunterhaltung nach Ende der Bergaufsicht, in: Cottbuser Schriften zur Ökosystemgenese und Landschaftsentwicklung, Band 1, Cottbus 2004, 83 (zitiert auch als „Bergrecht-Wasserrecht")

Pohl, Armin – Bestandsschutz bergrechtlicher Betriebsplanzulassungen, Dissertation, Göttingen 1996

Pollmann, Heinz J./Wilke, F. Ludwig – Der untertägige Steinkohlenbergbau und seine Auswirkungen auf die Tagesoberfläche, in: Bochumer Beiträge zum Berg- und Energierecht, Band 18/II, Stuttgart 1994

Predeick, Hans-Ulrich – Ordnungsrechtliche Verantwortlichkeit für bergbauliche Anlagen, dargestellt am Beispiel stillgelegter Grubenbaue, Dissertation, Münster 2002

Rasel, Klemens M. – Umweltrechtliche Implikationen im Bundesberggesetz, Aachen 1995

Rausch, Jan-Dirk – Umwelt- und Planungsrecht beim Bergbau, Baden-Baden 1990

Redeker, Konrad/von Oertzen, Hans-Joachim – Verwaltungsgerichtsordnung, Kommentar, 15. Auflage, Stuttgart 2010

Reimnitz, Fritz – Rechtlicher Inhalt und Bedeutung der Regelung des Berechtsamswesens im Regierungsentwurf eines BBergG von 1973, Dissertation Freibug 1976

Reinhardt, Michael – Das wasserhaushaltsgesetzliche System der Eröffnungskontrollen unter Berücksichtigung bergrechtlicher Sachverhaltsgestaltungen, NUR 1999, 134

Reinhardt, Michael – Bergrechtliche Determinanten wasserbehördlicher Entscheidungen, in: Bochumer Beiträge zum Berg- und Energierecht, Band 32, Stuttgart u. a. 1999

Reinhardt, Michael – Neue Entwicklungen im wasserhaushaltsgesetzlichen Bewirtschaftungssystem unter besonderer Berücksichtigung des Bergbaus, NUR 2004, 82

Reinhardt, Michael – Für den Bergbau relevante Schwerpunkte der Wasserrahmenrichtlinie, in: Heft 99 der Schriftenreihe der GDMB, Clausthal-Zellerfeld 2004, 9

Reinhardt, Michael – Wasserrechtliche Aspekte des Wasseranstiegs im Steinkohlenbergbau, Heft 108 der Schriftenreihe GDMB, Clausthal-Zellerfeld 2006, 75

Reinhardt, Michael – Die Bewirtschaftung des Grundwassers nach dem neuen Wasserhaushaltsgesetz, Korrespondenz Abwasser, 2010, 464

Rohlf, Dietwalt/Albers, Wolfgang – Naturschutzgesetz Baden-Württemberg, Stuttgart 2007

Salewski, Ernst-Martin – Die Möglichkeiten markscheiderischer Aussagen über Bodenbewegungen und Lagerstättenverhältnisse als Grundlage für eine bergmännische Planung unter Berücksichtigung der Belange des Landschafts- und Naturschutzes, Dissertation Clausthal 1991

Salje, Peter/Peter, Jörg – Umwelthaftungsgesetz, Kommentar, 2. Auflage, München 2005

Salzwedel, Jürgen – Grundwasserschutz, in: Handwörterbuch des Umweltrechts, Band 1, 2. Auflage 1994

Salzwedel, Jürgen – Garzweiler II im Spannungsfeld zwischen Bergrecht und Wasserrecht, in: Festschrift für Gerhard Feldhaus, Heidelberg 1999, 281

Salzwedel, Jürgen – Raumordnungsziele in berg- und wasserrechtlichen Verfahren, in: Leipziger umweltrechtliche Dokumentationen, Band 6, Leipzig 2000, 61

Salzwedel, Jürgen – Lässt die staatliche Bewirtschaftungsplanung für Gewässer heute noch Raum für den langfristigen Schutz von Investitionen im Bergbau?, in: Leipziger Schriften zum Umwelt- und Planungsrecht, Band 15, Baden-Baden 2009, 51

Sander, Eberhard – Rechtsfragen im Verhältnis von Wasserrecht und Naturschutzrecht, NUR 1986, 317

Schenke, Wolf-Rüdiger – Bergbau contra Oberflächeneigentum und kommunale Selbstverwaltung?, Schriften zum Öffentlichen Recht, Band 653

Schink, Alexander – Planerische Abwägung bei der Festlegung von Vorranggebieten für die Rohstoffnutzung in der Raumordnung, UPR 2012, 369 ff.

Schmidt, Alexander/Zschiesche, Michael/Rosenbaum, Marion – Die naturschutzrechtliche Verbandsklage in Deutschland, Berlin u. a. 2004

Schmidt, Reiner/Kahl, Wolfgang – Umweltrecht, 8. Auflage, München 2010

Schmidt-Aßmann, Eberhard/Schoch, Friedrich – Bergwerkseigentum und Grundeigentum im Betriebsverfahren, in: Bochumer Beiträge zum Berg- und Energierecht, Band 18/I, Stuttgart 1994

Schoch, Friedrich – Bergwerkseigentum und Grundeigentum im Betriebsplanverfahren, in: Kühne/Schoch/Beckmann, Gegenwartsprobleme des Bergrechts, Baden-Baden 1995, 25–62

Schoch, Friedrich – Die Rechtsstellung der Gemeinden bei der bergbaulichen Betriebsplanzulassung, in: Festschrift für Hoppe, 711–721, München 2000

Schröder, Manfred – Die Gefährdung der Steinkohlenbergwerke durch Wasserzuflüsse, Dissertation, Münster 1965

Schürken, Johannes/Finke, Detlev – Bewertung von Bergschäden, 3. Auflage, Isernhagen 2008

Schulte, Hans – Eigentum und öffentliches Interesse, Berlin 1970

Schulte, Hans – Die Tragweite der naturschutzrechtlichen Eingriffsregelung für das Grundeigentum, VerwA 1986, 372

Schulte, Hans – Rechtliche Gegebenheiten und Möglichkeiten der Sicherung des Abbaus oberflächennaher Bodenschätze in der Bundesrepublik Deutschland, Hannover 1986

Schulte, Hans – Bergbau, Umweltrecht, Raumplanung, ZfB 1987, 178

Schulte, Hans – Gemeinschädliche Einwirkungen nach § 55 BBergG, in: Berg- und Energierecht vor den Fragen der Gegenwart, Festschrift für Fabricius, Stuttgart 1989, 149

Schulte, Hans – Entwicklungen im Recht der Bodenschätzegewinnung, in: Jahrbuch Umwelt-Technik-Recht 1990, 101

Schulte, Hans – Bergbau und Grundeigentum, Bochumer Beiträge zum Berg- und Energierecht, Band 12, Stuttgart 1990

Schulte, Hans – Kernfragen des bergrechtlichen Genehmigungsverfahrens, Baden-Baden 1993

Schulte, Hans – Raumplanung und Genehmigung bei der Bodenschätzegewinnung, München 1996

Schulz, Paul-Martin – Bodenschatzgewinnung in Grundwasserschutzgebieten UPR 1999, 199

Schulz, Paul-Martin – Aktuelle Rechtsentwicklungen beim Bergversatz, Glückauf 2000, 18

Schulz, Paul-Martin – Bodenschätzegewinnung in Gebieten zum Schutz des Grundwassers, in: Heft 99 der Schriftenreihe der GDMB, Clausthal-Zellerfeld 2004, 89

Schulze, Falk/Hermann, Andreas/Barth, Regine – Rechtliche Rahmenbedingungen für die Ablagerung von CO_2 in tiefen geologischen Schichten: Vorschläge zur Ausgestaltung des Rechtsrahmens, DVBl 2008, 1417

Schumacher, Jochen/Fischer-Hüftle, Peter – Bundesnaturschutzgesetz Kommentar, Stuttgart 2010

Sellner, Dieter/Reidt, Olaf/Ohms, Martin J. – Immissionsschutzrecht und Industrieanlagen, 3. Auflage, München 2006

Sieder, Frank/Zeitler, Herbert/Dahme, Heinz/Knopp, Günther-Michael – Wasserhaushaltsgesetz Kommentar, Stand 2011

Sladek, Christian – Versatzbergbau zwischen Umwelt- und Bergrecht; Ein Erfahrungsbericht aus der behördlichen Praxis, in: Bochumer Beiträge zum Berg- und Energierecht, Band 32, Stuttgart u. a. 1999

Spieht, Wolf Friedrich/Wolfers, Benedikt – Umfang und Reichweite der Nachsorgepflicht des Bergbauunternehmers bei Stilllegung, ZfB 1997, 269

Spieht, Wolf Friedrich – Wasserrechtliches Planfeststellungsverfahren und bergrechtlicher Abschlussbetriebsplan bei der Flutung von Tagebaurestlöchern, in: Leipziger umweltrechtliche Dokumentationen, Band 6, Leipzig 2000, 77, sowie ZUR 2001, 66

Spieht, Wolf Friedrich/Hong, Mathias – Wiedernutzbarmachung als ausgleichspflichtiger Eingriff? Zum Verhältnis der bergrechtlichen Stilllegung zur naturschutzrechtlichen Eingriffsregelung, ZfB 2001, 183

Spieht, Wolf Friedrich – Gewässerausbau in Tagebaurestflächen, in: Cottbuser Schriften zur Ökosystemgenese und Landschaftsentwicklung Band 1, Cottbus 2004, 53 (zitiert auch als „Bergrecht-Wasserrecht")

Spieht, Wolf Friedrich/Daniels von, Gero – Einstellung der Wasserhaltung von Bergbaubetrieben – Rechtsprechungsüberblick zu den Voraussetzungen und der Haftung für die Folgen, in: Leipziger Schriften zum Umwelt- und Planungsrecht, Band 15, Baden-Baden 2009, 67

Spieht, Wolf Friedrich/Ipsen, Christian – Die Wasserrahmenrichtlinie als neues Damoklesschwert für Genehmigungsprojekte, NVwZ 2013, 391

Stelkens, Paul/Bonk, Heinz Joachim/Sachs, Michael – Verwaltungsverfahrensgesetz, Kommentar, 7. Auflage, München 2008

Stemplewski, Jochen – Rechtsfragen beim Neuaufbrechen abgeschlossener Bergehalden, dargestellt am Beispiel des Ruhrgebietes, ZfB 1982, 200

Stevens, Berthold – Bergrechtliche und umweltrechtliche Genehmigungen für Tagebaue, ZUR 2012, 338

Stiens, Christoph – Der bergrechtliche Betriebsplan, Dissertation Münster, 1995

Störle, Wilhelm – Die zeitliche Begrenzung der Bergaufsicht nach dem geltenden Recht und nach dem Referentenentwurf eines Bundesberggesetzes, Dissertation Münster 1973

Stüer, Bernhard/Wol, Katharina – Abschlussbetriebsplan für den Braunkohlentagebau Ost, LKV 2002, 12

Stüer, Bernhard/Probstfeld, Willi Esch – Die Planfeststellung, München 2003

Stüer, Bernhard – Handbuch des Bau- und Fachplanungsrechts, 4. Auflage, München 2009

Tettinger, Peter J. – Wasserversorgung und behördliche Betriebsplanzulassung, ZfW 1991, 1

Tettinger, Peter. J. – Gewinnung und Aufbereitung von schwefelwasserstoffhaltigem Erdgas auf einer Ferieninsel?, in: Bochumer Beiträge zum Berg- und Energierecht, Band 28, Stuttgart u. a. 1997

Turner, George – Das bergbauliche Berechtsamswesen, Essen 1966

Veröffentlichungen der Akademie für Raumforschung und Landesplanung: Sicherung oberflächennaher Rohstoffe als Aufgabe der Landesplanung, Hannover 1985

Viertel, Berthold – Gewässerausbau und -unterhaltung infolge des Abbaus von Braunkohle, ZfW 2002, 69

Viertel, Berthold – Gewässerschutz im Braunkohlenbergbau, in: Heft 99 der Schriftenreihe der GDMB, Clausthal-Zellerfeld 2004, 133

Viertel, Berthold – Die wasserrechtlichen Regelungen aus der Sicht der Rohstoffwirtschaft, in: Heft 120 der Schriftenreihe der GDMB, 39, Clausthal-Zellerfeld 2010

Vitzthum, Stephan Graf – Bergrecht, in: Handwörterbuch des Umweltrechts (HdUR), Berlin 1994

Vitzthum, Wolfgang Graf – Der Rechtsstatus des Meeresbodens, Berlin 1972

Vitzthum, Wolfgang Graf (Hrsg.) – Handbuch des Seerechts, München 2006

Vitzthum, Wolfgang Graf – Völkerrecht, 5. Auflage, Berlin 2010

Voelkel, Carl – Polizeirecht und Bergpolizei, ZfB 1915, 315

Voelkel, Carl – Grundzüge des preußischen Bergrechts, 2. Auflage, Berlin 1924

Vogelsang, Dieter – Das Bergwerkseigentum und sein Verhältnis zum bürgerlich-rechtlichen Eigentum und zum Staatsvorbehalt, Diss. Münster 1963

Vortmann, Jürgen – Salzabbaugerechtigkeiten, Hannover 1989

Waldhoff, Christian – Wasserentnahmeentgelte und Braunkohlenbergbau, DVBl 2011, 653

Wallerath, Maximilian – Allgemeines Verwaltungsrecht, 6. Auflage, Berlin 2009

Weiss, Ernst-Günter – Die Genehmigungspraxis bei der Verleihung von Grubengasberechtigungen, Glückauf 202, 370

Weller, Herbert – Vom Direktionsprinzip zur Bergaufsicht von heute, ZfB 1965, 218

Weller, Herbert – Das neue Bundesberggesetz und die Braunkohlenplanung, in: Räumliche Planung und Fachplanung, ARL-Arbeitsmaterial Nr. 65; Hannover 1983

Weller, Herbert – Betriebssicherheit und Arbeitsschutz als Gegenstand des Bergrechts, ZfB 1985, 290

Weller, Herbert – Rohstoffsicherung als Grundsatz der Raumordnung, Glückauf 1987, 274

Weller, Herbert – Das Bergrecht im Verhältnis zum allgemeinen Polizei- und Ordnungsrecht, ZfB 1987, 13

Weller, Herbert – Rechtliche Probleme der Untertagedeponie, ZfB 1988, 342

Weller, Herbert – Gefahrenabwehr im Bergbaubetrieb – Betrachtungen zu § 61 BBergG, ZfB 1992, 30

Westermann, Harry – Das Verhältnis zwischen Bergbau und öffentlichen Verkehrsanstalten als Gegenstand rechtlicher und gesetzgeberischer Bewertung, Köln/Opladen 1966

Westermann, Harry – Freiheit des Unternehmers und des Grundeigentümers und ihre Pflichtenbindung im öffentlichen Interesse nach dem Referentenentwurf eines BBergG, Opladen 1973

Westhoff, Wilhelm – Bergbau und Grundbesitz nach dem preußischen Recht – Band 1: Der Bergschaden, Berlin, 1904 – Band 2: Die Grundabtretung – Die öffentlichen Verkehrsanstalten, 1906

Wilde, Marion – Bergschadenhaftung nach DDR-Recht, DtZ 1994, 8

Wilde, Marion – Verhältnis von Bergrecht und Naturschutzrecht, DVBl 1998, 1321

Willecke, Reimund/Turner, George – Grundriss des Bergrechts, 2. Auflage Berlin 1970

Wirtschaftsvereinigung Bergbau – Das Bergbauhandbuch, Essen 1976

Wolf, Mathias – Der Bergbau und die naturschutzrechtliche Kompensationspflicht, ZUR 2006, 524

Wolff, Hans J./Bachof, Otto/Stober, Rolf – Verwaltungsrecht, Band 1, 12. Auflage, München 2007; Band 2, 7. Auflage, München 2010

Zeiler, Horst – Die rechtliche Stellung der Gemeinden beim bergrechtlichen Betriebsplanverfahren, ZfB 1983, 404

Zenker, Peter – Braunkohlen- und Sanierungsplanung im Land Brandenburg, Bergbau 1993, 394

Zenker, Peter – Folgenutzung und Sanierung ehemaliger Tagebaue – Rechtliche Rahmenbedingungen des Sanierungsbergbaus in den neuen Bundesländern, in: Leipziger umweltrechtliche Dokumentationen, Band 2, Leipzig 1997, 123

Ziekow, Jan – Verwaltungsverfahrensgesetz, Kommentar, 2. Auflage, Stuttgart 2010

Zschiedrich, Klaus – Gewässerausbau im Sanierungsbergbau – Stand Lausitz, in: Cottbuser Schriften zur Ökosystemgenese und Landschaftsentwicklung, Band 1, Cottbus 2004, 3

Zydek, Hans – Bundesberggesetz mit amtlicher Begründung und anderen amtlichen Materialien, Essen 1980

Bundesberggesetz (BBergG)

vom 13. August 1980 (BGBl. I S. 1310), zuletzt geändert durch Artikel 15 a des Gesetzes vom 31. Juli 2009 (BGBl. I S. 2585)

ERSTER TEIL   Einleitende Bestimmungen

§ 1   Zweck des Gesetzes

Zweck dieses Gesetzes ist es,
1. zur Sicherung der Rohstoffversorgung das Aufsuchen, Gewinnen und Aufbereiten von Bodenschätzen unter Berücksichtigung ihrer Standortgebundenheit und des Lagerstättenschutzes bei sparsamem und schonendem Umgang mit Grund und Boden zu ordnen und zu fördern,
2. die Sicherheit der Betriebe und der Beschäftigten des Bergbaus zu gewährleisten sowie
3. die Vorsorge gegen Gefahren, die sich aus bergbaulicher Tätigkeit für Leben, Gesundheit und Sachgüter Dritter ergeben, zu verstärken und den Ausgleich unvermeidbarer Schäden zu verbessern.

Übersicht

		Rn
I.	Bergrecht als Sonderrecht	1
1.	Vorbemerkung	1
2.	Bergbauliche Sachgesetzlichkeiten	5
3.	Bergrechtliche Sonderregeln	7
4.	Bergbau und öffentliche Interessen	10
II.	Leitklauseln	12
1.	Vorbemerkung	12
2.	Rohstoffsicherung und Bodenschutz (Nachhaltigkeitsklausel)	13
3.	Arbeits- und Betriebssicherheit (Sicherheitsklausel)	20
4.	Vorsorge und Bergschadensersatz (Bergschadensklausel)	23
III.	Normadressaten und Auslegungsregeln	25
1.	Normadressaten	25
2.	Auslegungsregeln	26

I.   Bergrecht als Sonderrecht

1.   Vorbemerkung

Der **Bergbau**, im ursprünglichen Sinne „Bauen im Berg", übt seit jeher eine besondere Faszination auf die Menschen aus, sei es wegen des technischen und wirtschaftlichen Abenteuers von Aufsuchung, Gewinnung und Aufbereitung der Bodenschätze, sei es wegen ihrer Werthaltigkeit und der wirtschaftlichen **Bedeutung** des Bergbaus und der Rohstoffwirtschaft **für ganze Volkswirtschaften** und deren Entwicklung (vgl. Amtl. Begründung = Zydek, 32, 48).   **1**

Hauptsächlich dieser Gründe wegen war stets auch die **Politik** bemüht, über Staatsvorbehalte an Bodenschätzen und Bergbauberechtigungen oder über Zugangs- und Betriebskontrollen mittelbaren oder unmittelbaren Zugriff oder   **2** zumindest **wirtschaftslenkenden Einfluss** auf die Bodenschätze selbst, ihre Aufsuchung und Gewinnung zu nehmen oder zu halten (Westermann, Freiheit, 15 ff. Anmerkung 2; derselbe, ZfB 106 (1965), 122 ff.; Boldt/Weller, Einl. Rn 1 ff. m. w. N.; Stiens, Der bergrechtliche Betriebsplan, 13 ff.).

3 Auch das **BBergG** vom 13.8.1980 (BGBl I, 1310, in Kraft seit 1.1.1982 (§ 178); zu Entstehungsgeschichte und Gesetzesinhalt s. Weller, Glückauf 1981, 250 ff.; Boldt/Weller, Einl. Rn 36 ff.) basiert in seinem Ordnungscharakter und seiner Regelungsstruktur auf der Umsetzung öffentlicher oder allgemeiner Interessen an Aufsuchung, Gewinnung und Aufbereitung von Bodenschätzen in besonderen Rechtsfolgeanordnungen (Westermann, ZfB 106 (1965), 122 ff.; Stiens, Der bergrechtliche Betriebsplan, 13 f.). So formuliert bereits die Amtl. Begründung: *„Die gesamtwirtschaftliche Bedeutung des Bergbaus und das **Allgemeininteresse** an der Aufsuchung, Gewinnung und Aufbereitung von Bodenschätzen auch aus Gründen der Rohstoffversorgung stehen [...] außer Frage"* (Zydek, 32).

4 Damit ist ein **generelles und abstraktes gesetzgeberisches Interesse** (Westermann, Freiheit, 30; derselbe ZfB 106 (1965) 122 ff.; Stiens, Der bergrechtliche Betriebsplan, 13 ff., 82 ff.; die Rechtsfolgeanordnungen ergeben sich aus den generell-abstrakten Grundprinzipien des Gesetzes (Westermann), die heute allerdings nach der Analyse von Kühne/Gaentzsch, Wandel und Beharren, 56 ff., durch den Begriff der Verhältnismäßigkeit in die Einzelfallgerechtigkeit der Exekutive verlagert worden sind) an einer einheitlichen gesetzlichen Regelung für alle näher definierten bergbaulichen Tätigkeiten charakterisiert. Einen maßgeblichen und umfassenden normativen Ausdruck findet dieses gesetzgeberische Interesse in der **Zweckvorschrift des § 1** und den in ihr für den Bergbau festgeschriebenen **Leitentscheidungen.** Diese geben auch die entscheidenden Hinweise auf den notwendigen **Sonderrechtscharakter** des Bergrechts (die Einzelheiten des Sonderrechtscharakters sind besonders deutlich und auch am ausführlichsten diskutiert im Zusammenhang mit den Normen des Betriebsplanverfahrens, insbesondere des Rahmenbetriebsplans. Die Sachgesetzlichkeiten werden aber auch deutlich bei den Regelungen der Bergbauberechtigungen, des Grundabtretungsverfahrens und des Bergschadensrechts. Grundsätzlich auch Heitmann, ZfB 131 (1990), 179 ff.), der durch die geologischen, technischen, wirtschaftlichen und sicherheitlichen **Sachgesetzlichkeiten** und Zwangsläufigkeiten des Bergbaus begründet und gefordert ist. Zu den Sachgesetzlichkeiten besonders deutlich das BVerwG in dem sog. Moers-Kapellen-Urteil vom 16.3.1989 = BVerwGE 81, 329. Vgl. dazu auch Stiens, Der bergrechtliche Betriebsplan, 8 ff.; Heitmann, ZfB 131 (1990), 179 ff., er nennt diese Feststellungen des BVerwG *„Leitlinien für den Bergbau"* und arbeitet den Zusammenhang von Sachgesetzlichkeit und Sonderrechtscharakter besonders deutlich heraus.

2. Bergbauliche Sachgesetzlichkeiten

5 Diese Sachgesetzlichkeiten spiegelt § 1 als rechtspolitischen Leitgedanken wider, ohne Begründung umsetzbarer, konkreter Rechte und Pflichten, Berechtigungen oder Beschränkungen, Gebote oder Verbote. Zur Verdeutlichung des inneren sachlichen **Zusammenhanges zwischen bergbaulichen Sachgesetzlichkeiten und bergrechtlichen Sonderrechtsnormen** ist das allerdings ausreichend (Kühne, Bergrechtlicher Rahmenbetriebsplan, 47 f.; Schmidt-Aßmann/Schoch, Bergwerkseigentum, 65 ff.; Schulte, Kernfragen, 44 f.; Stiens, Der bergrechtliche Betriebsplan, 8 ff.; Heitmann, ZfB 131 (1990), 179 ff.; Knöchel, VBl NRW 1997, 117 f.; BVerwGE 74, 315, 318; 61, 329, 334; 81, 329 ff.).

6 Dieser innere sachliche Zusammenhang ist nach übereinstimmender Auffassung in Lit. und Rspr. durch folgende Sachgesetzlichkeiten und Zwangsläufigkeiten bestimmt:

- die durch die Lagerstätte vorgegebene und nur in sehr engen Grenzen variable **Standortgebundenheit** bergbaulicher Tätigkeit (§ 1 Nr. 1);
- die **dynamische Vorgehensweise** des Bergbaus, wonach sich Bergbaubetriebe bei ununterbrochener Verringerung der Substanz an Bodenschätzen ständig fortentwickeln und unter dauernder Anpassung an die Lagerstätte verändern. Während bei sonstigen Anlagen der Betrieb der Errichtung eindeutig nachfolgt, sind **beim Bergbau Errichtung und Betrieb** wegen der betriebsplanmäßigen Zulassungserfordernisse sowie der vorbeugenden ständigen Kontrolle **ein- und dasselbe;**
- die **Unvorhersehbarkeit der geologischen Verhältnisse** (ausführlich, insbesondere im Zusammenhang mit der bergbaulichen UVP und Prognosesicherheit, s. Salewski, Die Möglichkeiten markscheiderischer Aussagen, 1 ff.; zusammenfassend hinsichtlich der umfassenden Diskussion m. w. N. s. Stiens, Der bergrechtliche Betriebsplan, 12 f.) und die deshalb erforderliche **ständige Anpassung der bergbaulichen Projekte** an neue Gegebenheiten. Damit ist vor allem die Frage nach Klärung und Rechtfertigung des **Befristungserfordernisses** (kritisch dazu Kühne, Bergrechtlicher Rahmenbetriebsplan, 48; vgl. auch Anmerkung zu § 52 Rn 9) im Betriebsplanverfahren (§ 52) angesprochen;
- die spezifischen, sich aus der Eigenart insbesondere des untertägigen Bergbaus ergebenden Anforderungen an die **Arbeits- und Betriebssicherheit** (§ 1 Nr. 2);
- die besonderen und sich typischerweise in Oberflächenschäden manifestierenden **Auswirkungen auf die Umwelt** (§ 1 Nr. 3) und schließlich
- die historischen Sachgesetzlichkeiten, nämlich die **Rechtsprinzipien** des Gesetzes, die für seinen Aufbau und seine Rechtsfolgeanordnungen bestimmend sind (Westermann, ZfB 106 (1965), 122).

Diese Sachgesetzlichkeiten sowie das generelle und allgemeine öffentliche Interesse am Bergbau und seine gesamtwirtschaftliche Bedeutung erfordern und rechtfertigen die besondere Stellung des Bergrechts im System des Bundesrechts. Diese **Sonderrechts**position ist gekennzeichnet

- als umfassende Regelung
- aller bergbaulichen Tätigkeiten,
- in ihren Voraussetzungen,
- ihrer Durchführung und
- ihren Auswirkungen für Rechtsgüter Dritter (Heitmann, ZfB 131 (1990), 180).

3. Bergrechtliche Sonderregeln

Sie sind charakterisiert durch eigene Rechtsinstitute als Ausdruck des grundsätzlichen Zusammenhanges von bergbaulichen Sachgesetzlichkeiten und bergrechtlichen Normen. Sie sollen im öffentlichen Interesse an der Rohstoffversorgung **7**

- durch **Abspaltung der Bodenschätze von den Verfügungsbefugnissen** des Grundeigentümers mittels einer eigenständigen Rechtsordnung für bergfreie Bodenschätze (**Konzessionssystem**) die Unabhängigkeit des Bergbaus von Inhalt und Grenzen des Grundeigentums gewährleisten,
- Befugnisse zur **Inanspruchnahme** betrieblich notwendiger, fremder Flächen (Recht auf **Grundabtretung**) im Rahmen der grundgesetzlichen Grenzen einräumen,
- die einer fortschreitenden Betriebsweise und ihren Risiken entsprechende **vorbeugende und begleitende Überwachung** der Betriebe bei Planung, Errichtung, Führung und Einstellung (**Betriebsplanverfahren**) durch eine besondere Behörde (Bergbehörde) zur Verfügung stellen,

– durch **Vorsorgemaßnahmen** Gefahren und Schäden für Personen und Sachgüter Dritter aus bergbaulichen Betrieben und ihren Außenwirkungen möglichst gering halten (**Anpassung und Sicherung**) und den **Ausgleich** unvermeidbarer Eingriffe in die Substanz des Grund(Oberflächen)eigentums
verbessern (**Bergschadensvermutung** und **Haftungserweiterung**).

8 Regelungsinhalte und Funktionsweisen dieser **Sonderrechtsnormen** unterscheiden sich zwar in vielerlei Hinsicht von anderen wirtschafts- und verwaltungsrechtlichen Vorschriften, sie unterliegen jedoch den gleichen Auslegungsregeln
und materiell- und verfahrensrechtlichen Grenzen wie solche Normen, mit
denen sie notwendigerweise kollidieren oder in deren Regelungsrahmen das
Bergrecht trotz seines Sonderrechtscharakters eingebunden ist.
Am deutlichsten hat dies die BVerwG im sog. Moers-Kapellen-Urteil vom
16.3.1989 (BVerwGE 81, 329) ausgesprochen. Unter ausdrücklicher Würdigung der besonderen Sachgesetzlichkeiten und Zwangsläufigkeiten des Bergbaus
bei der Auslegung bergrechtlicher Normen muss bei der Anwendung des Bergschadensrechts im Sinne eines „**dulde und liquidiere**" geprüft werden, ob die
damit verbundenen Maßnahmen mit Artikel 14 Absatz 1 GG und dem Grundsatz der Verhältnismäßigkeit vereinbar sind.
Ist das nicht der Fall, müssen die Vorschriften des **BBergG verfassungskonform**
so **ausgelegt** werden, dass „*eine ausnahmslose und völlige Zurückdrängung des
Oberflächeneigentümers zugunsten des Bergbaus und eine Verweisung ausschließlich auf Geldersatz für Bergschäden (i. S. von „dulde und liquidiere")
durch eine Abwägung zweier grundrechtlich geschützter Rechtspositionen abgelöst wird.*"

9 Das **Bergrecht** ist deshalb trotz seiner Besonderheiten kein in sich abgeschlos-
senes, sondern ein **offenes System**, das ganz bewusst das Zusammenwirken mit
privaten und öffentlichen Nachbarnormen sucht und eine **umfassende Regelung**
aller mit dem Bergbau und dem Bergbaubetrieb verbundenen Rechtsverhältnisses **nicht anstrebt**. Lediglich angesprochen ist in § 1 Nr. 1 der sparsame und
schonende Umgang mit Grund und Boden, nicht jedoch geregelt sind dagegen
Umweltschutz- (Schutz von Wasser, Boden, Luft, Natur, Landschaft), Arbeits-
(mit Ausnahme des technischen Arbeitsschutzrechts) und Sozialrecht. Umweltschutzrechtliche Fachgesetze finden allerdings Eingang in das Bergrecht über die
§§ 48, 55 und die UVP-V Bergbau bei bestimmten bergbaulichen Vorhaben.
Begründet ist das darin, dass bergbauliche Tätigkeiten wegen ihrer ständig die
Grundstücksgrenzen überschreitenden Raumbezogenheit und Rauminanspruch-
nahme auf private und öffentliche Rechtsgüter und Interessen stoßen, die bereits
durch außerbergrechtliche Normen geschützt sind. Diese Schutznormen kann
und will das Bergrecht einer gesonderten bergrechtlichen Regelung nicht unterwerfen, weder im Sinne einer Berechtigung zum Eingriff noch im Sinne eines
Verbotes gegenüber anderen Rechtsträgern und ihren Belangen. Das Bergrecht
normiert deshalb in § 48 Absatz 1 Satz 1 mit der Unberührtheitsklausel (Nach
Rausch, Umwelt- und Planungsrecht, 160, liegt der Sinn darin, dass man auf
absolute Beschränkungen, wie etwa die früheren Schürfverbote des ABG, verzichtet hat, s. auch § 48 Rn 4 ff.) ausdrücklich einen **bewussten Verzicht** auf
gesetzesübergreifende Regelungen und sucht, soweit das möglich ist, einen
Ausgleich mit konkurrierenden öffentlichen Interessen durch Vorrangregelungen
in den eigenen Rechtsnormen oder durch Abwägungsgebote und -verfahren zu
schaffen.

4. Bergbau und öffentliche Interessen

10 Dabei sind **absolute Vorrangregelungen** – wie das Moers-Kapellen-Urteil des
BVerwG deutlich gemacht hat –, zur Konfliktlösung jedenfalls bei gleichwerti-

gen grundrechtlich geschützten Rechtspositionen aus verfassungsrechtlichen Gründen nicht zulässig und nicht geeignet. Zwar ist es nach Ansicht des BVerwG unbedenklich, den Betroffenen dann, wenn *„bei Ausführung von Betriebsplänen kleine und mittlere Schäden im üblichen Umfang"* auftreten, *„insoweit allein auf die Bergschadensregelungen der §§ 114 ff BBergG"* zu verweisen. Das ist dann jedoch auch aus der Sicht des BVerwG ein lediglich **relativer Vorrang**, wie er dem Bergbau etwa auch beim Grundabtretungsverfahren unter der Voraussetzung eingeräumt ist, dass die Nutzung des Grund und Bodens oder die Entziehung des Eigentums im Einzelfall dem Wohl der Allgemeinheit dient (§ 79 Absatz 1).

Wesentlich ausgeprägter als solche relativen Vorrangregelungen sind allerdings **11** Normen im Bergrecht, die **Abwägungsgebote** zwischen bergbaulichen und anderen öffentlichen Interessen enthalten. Hiernach müssen nicht nur die bergbaulichen und öffentlichen Interessen im konkreten Fall ermittelt, sondern für die zu treffende Entscheidung auch in einem geordneten Verfahren gegeneinander abgewogen werden. Als besonders markante Beispiele lassen sich anführen:
- § 4 Absatz 4: Beachtung öffentlicher Interessen bei der Wiedernutzbarmachung;
- § 11 Nr. 10: Überwiegende öffentliche Interessen, die eine Aufsuchung im gesamten Feld ausschließen;
- § 23 Absatz 1: Öffentliche Interessen, die einer Veräußerung von Bergwerkseigentum entgegenstehen;
- § 40 Absatz 1: Öffentliches Interesse an der Durchforschung eines Gebietes kann die Zustimmung des Eigentümers bei Benutzung seines Grund und Bodens ersetzen;
- § 48 Absatz 2: Beschränkung von Aufsuchung oder Gewinnung bei entgegenstehenden überwiegenden öffentlichen Interessen;
- § 57 b Absatz 1 Nr. 3: Öffentliches Interesse an einem vorzeitigen Vorhabenbeginn der Planfeststellung im obligatorischen Rahmenbetriebsplanverfahren mit UVP;
- § 124 Absatz 3: Vorrang des Bergbaus gegenüber dem öffentlichen Interesse an einer öffentlichen Verkehrsanlage bei überwiegendem öffentlichen Interesse am Bergbau;
- § 133 Absatz 2: Beschränkung der Versagungsgründe für Errichtung und Betrieb von Transit-Rohrleitungen und Unterwasserkabeln auf die Beeinträchtigung überwiegender öffentlicher Interessen.

Anhand dieser gesetzlichen Beispiele wird deutlich, dass der jeweilige **Konfliktlösungsansatz** nur durch Ermittlung der Sinn- und Regelungszusammenhänge und durch eine sachgerechte Wertung und Auslegung der Normen praktikabel, handhabbar und umsetzbar ist (Boldt/Weller, Erg.-Bd., § 48 Rn 11). Wesentliche Lösungsansätze ergeben sich dabei bereits aus den Leitklauseln in § 1 und ihrer Regelungsmaterie.

II. Leitklauseln

1. Vorbemerkung

Es sind drei **Leitklauseln**, die ausgehend von den bergbaulichen Sachgesetzlich- **12** keiten und unter Beachtung öffentlicher Interessen die Zielvorgaben und Aufgabenstellungen für ein einheitliches Bergrecht formulieren:
- Rohstoffsicherung und Bodenschutz (§ 1 Nr. 1 – **Nachhaltigkeitsklausel**),
- Arbeits- und Betriebssicherheit (§ 1 Nr. 2 – **Sicherheitsklausel**),
- Bergschadensvorsorge und Bergschadensersatz (§ 1 Nr. 3 – **Bergschadensklausel**).

Die Formulierung der Grundentscheidungen in diesen „Leitklauseln" geschieht jedoch nicht im Sinne des Aufstellens konkreter Rechte oder Pflichten, Gebote oder Verbote, sondern als zusammenfassender **Aufgabenkatalog** an das Bergrecht.

Diese Aufgaben sind,
– bergbauliche Tätigkeiten unter Beachtung der Sachgesetzlichkeiten Standortbindung und Lagerstättenschutz zur Sicherung der Rohstoffversorgung zu **ordnen** und zu **fördern**, dabei mit Grund und Boden **sparsam und schonend umzugehen**,
– die Sicherheit der Betriebe und der Beschäftigten zu **gewährleisten**,
– die Vorsorge gegen Gefahren aus bergbaulicher Tätigkeit zu **verstärken** und den Ausgleich unvermeidbarer Schäden zu **verbessern**.

Im Einzelnen bedeutet das:

2.   Rohstoffsicherung und Bodenschutz (Nachhaltigkeitsklausel)

13   Die **Sicherung der Rohstoffversorgung** war als politisches Ziel beim Erlass des BBergG von besonderer Aktualität und ist es heute immer noch. Denn die Abhängigkeit hochindustrialisierter Volkswirtschaften bei der Energie- und Rohstoffversorgung war durch aktuelle Ereignisse wie die Ölkrisen nachdrücklich verdeutlicht worden und hatte in staatlichen Vorkehrungen zur Versorgungssicherheit, insbesondere bei Erdöl und Erdgas, ihren Ausdruck gefunden (Zydek, 32). Ein Ausfluss dieser Maßnahmen war auch die erstmalige Vereinheitlichung des Bergrechts auf Bundesebene. Mit dem Gebot der Rohstoffsicherung in § 1 Nr. 1 ist allerdings noch kein umsetzbarer Rechtsbegriff, sondern lediglich ein **politischer Begriff** gefunden als Bewertungsgrundlage und Begründung für die generelle gesetzgeberische Entscheidung (Westermann, Freiheit, 30; ähnlich Kühne, ZfB 121 (1980), 58 ff.: Bewertungsmaßstab für die Wahl des Systems und seiner tragenden Institutionen; laut Westermann, aaO, stehen dem konkrete öffentliche Interessen als Entscheidungsgrundlagen für einzelne Normen gegenüber).

14   Eine konkrete Norm ist demgegenüber die sog. **Rohstoffsicherungsklausel des § 48 Absatz 1 Satz 2** (Stiens, Der bergrechtliche Betriebsplan, 97 ff. m. w. N.). Hiernach ist – bei Anwendung von Vorschriften, die andere Rechtsgüter oder öffentliche Interessen schützen – darauf zu achten, dass Aufsuchung und Gewinnung von Bodenschätzen so wenig wie möglich beeinträchtigt werden. Die gebotene Abwägung divergierender Interessen bei bergbaulichen Vorhaben zielt darauf ab, dem Bergbau die Möglichkeit eines gewissen Vorrangs mit der Begründung zu verschaffen (Boldt/Weller, § 48 Rn 4), dass die Sicherheit der Energie- und Rohstoffversorgung ein von der jeweiligen Politik des Gemeinwesens unabhängiges *„absolutes"* Gemeinschaftsgut darstellt (so BVerfGE 30, 292, BVerwG, ZfB 1998, 144 m. W. N.), wonach die Vorrangregelung nicht absolut ist. *„Die Vorschrift will im gesamtwirtschaftlichen Interesse die heimische Rohstoffversorgung sicherstellen. Erst daraus begründet sich eine gesetzgeberische Bewertungsvorgabe."* S. auch § 48 Rn 12 ff.).

15   Das allgemeine Rohstoffsicherungsgebot ist nur realisierbar unter Beachtung der bergbaulichen Sachgesetzlichkeit **Standortbindung**. Dabei bleibt allerdings offen, ob dies die absolute Standortbindung der Lagerstätte oder auch die relative Standortbindung bergbaulicher Betriebsanlagen und -einrichtungen ist. Hierfür spricht, dass die bergbaulichen Haupttätigkeiten Aufsuchung und Gewinnung in untrennbarem Zusammenhang mit der Standortbindung an die Lagerstätte stehen (Westermann, Freiheit, 17). Das BBergG bestätigt dies auch in verschiedenen konkreten Rechtsnormen, wie z. B. den §§ 79, 107–109, 110 und 111.

Um den mit der Dynamik der Betriebe verbundenen Substanzverzehr der Lager- **16** stätten (Zydek, 49; Westermann, aaO) in sinnvollen und planmäßigen Bahnen zu halten, begründet das BBergG ein besonderes, konkretes öffentliches Interesse an einem bundesweiten Lagerstättenschutz für alle vom BBergG erfassten Bodenschätze. Als konkrete Normbeispiele seien genannt: §§ 11 Nr. 9, 12 Absatz 1 Satz 1, 55 Absatz 1 Nr. 4.
Dieser **Lagerstättenschutz** (vgl. dazu besonders Kühne, Rechtsfragen, 90 ff.) ist allerdings auf solche Vorhaben beschränkt, die ihrem Umfang nach genau bekannt sind, in der Landes- und Regionalplanung bereits Berücksichtigung gefunden haben und wenigstens zur Aufsuchung anstehen. Ein **längerfristiger Lagerstättenschutz** ist durch das BBergG nicht vorgesehen, auch nicht auf der Basis von Ergebnissen der Übersichtsprospektion nach § 4 Absatz 1 Satz 2. Das BBergG ordnet diese Aufgabe vielmehr der **landes- und regionalpolitischen Raumordnung und Landesplanung** zu, in NRW z. B. vorrangig den Landes-entwicklungsplänen (zu den unterschiedlichen Planungsformen und -inhalten in den verschiedenen Bundesländern s. ausführlich. Schulte, Bodenschätzegewin-nung, 276). S. hierzu auch den Anhang zu § 56 Rn 436 ff.

Gleichberechtigt neben dem Lagerstättenschutz ist der **schonende Umgang mit** **17** **Grund und Boden** (Gesetz zur Änderung des BBergG vom 12.2.1990 = BGBl I, 215) in die erste Leitklausel aufgenommen worden. Angestoßen wurde diese Erweiterung durch das Bodenschutzkonzept der BReg. (BT-Drs 10/2977) und den Katalog der „Maßnahmen zum Bodenschutz" (BT-Drs 11/1625), die beide auf dem international-rechtlich begründeten Gedanken der **Nachhaltigkeit** der Entwicklung basieren. Ein vorläufiges Ende haben die politischen Aktivitäten mit dem **BBodSchG** (BBodSchG vom 1.3.1998, BGBl I, 502) gefunden, das am 1.3.1998 in Kraft getreten ist. Danach gilt für das **Verhältnis** von **Bergrecht** und **Bodenschutzrecht** künftig folgender Grundsatz:

Nach § 3 Absatz 1 Nr. 10 BBodSchG ist das gegenseitige Verhältnis so geregelt, **18** dass das **BBodSchG** auf schädliche Bodenveränderungen und Altlasten **nur Anwendung** findet, **soweit** Vorschriften des **BBergG** und der aufgrund dieses Gesetzes erlassenen **RechtsVO** über die Errichtung, Führung und Einstellung eines Betriebs Einwirkungen auf den Boden **nicht regeln.** Danach gehen die Vorschriften des BBergG für bergbauliche Betriebe denen des BBodSchG grund-sätzlich vor. S. im Einzelnen den Anhang zu § 56 Rn 79 ff.

Wichtig für die künftige Entwicklung des Bergrechts ist, dass aufgrund des jetzt **19** zwischen Berg- und Bodenschutzrecht gefundenen Verhältnisses anerkannt ist, dass das Bergrecht dem Gedanken des **„sustainable development"** bereits in dieser Leitklausel und in weiteren bergbauspezifischen Regelungen Rechnung trägt. Solche Konkretisierungen sind
– die Normen des **Konzessionssystems** (§§ 11 Nr. 3, 8; 12 Absatz 1 Nr. 4);
– die Verbote und Beschränkungen aussprechenden Vorschriften der **Rohstoff-sicherungsklausel** in § 48 Absatz 1 Satz 1;
– die Regeln des **Betriebsplans** wie etwa §§ 55 Absatz 1 Nr. 3, 7, 9, Absatz 2 Nr. 2 sowie 48 Absatz 2 und schließlich
– möglicherweise § 79 für Begleitmaßnahmen bei der **Grundabtretung** zur Sicherung.

3.   Arbeits- und Betriebssicherheit (Sicherheitsklausel)

Die Sicherheitsklausel beruht auf der Tatsache, dass die naturhaften Risiken **20** bergbaulicher Tätigkeit, denen die im Bergbau Beschäftigten und u. U. auch Dritte ausgesetzt sind, **Schutzmaßnahmen** erfordern, deren Veranlassung und Überwachung staatlichen Stellen, meist noch den Bergbehörden, zugeordnet und in bergbauspezifischen sicherheitstechnischen Normen, den BergVO, geregelt sind. Dem trägt das BBergG mit der Sicherheitsklausel des § 1 Nr. 2 zunächst grundsätzlich und programmatisch Rechnung.

21 Darüber hinaus geht das BBergG davon aus, dass die Sicherheit der Beschäftigten und der Betriebe nicht allein durch besondere Vorschriften des sog. **sekundären Bergrechts** wie z. B. die Allgemeine BBergVO vom 23.10.1995 (BGBl, 1466) gewährleistet werden kann, sondern dass die Vorschriften
– des bergbauspezifischen **Betriebsplanverfahrens** (§§ 50 ff.) als Instrumente einer präventiven und laufenden Betriebsüberwachung,
– die damit zusammenhängende **Bergaufsicht** (§§ 69 ff.),
– das Recht der **verantwortlichen Personen** (§§ 58 ff.) und die umfänglichen
– Ermächtigungen zum Erlass von **BergVO** (§ 65 ff.) hinzutreten müssen.

22 Besonders die Ermächtigungen zum Erlass von BergVO und die Vielfalt ihrer Inhalte und Schutzziele lassen erkennen, welche Bedeutung dieses sekundäre Bergrecht für die Sicherheit der bergbaulichen Tätigkeiten entfaltet. Seine Einflussnahme auf den Bergbau in allen seinen Formen ist beachtlich, wie allein die Allgemeine BBergV und die übrigen (s. hierzu § 65–68, Rn 14 ff.) **BBergVO** deutlich machen. Erweiternd und differenzierend kommen nicht nur LBergVO als Durchführungsbestimmungen hinzu (VO und Zuständigkeitsregelungen zu Feldes- und Förderabgaben sind abgedruckt bei Boldt/Weller, Anh. III; auf dem jeweils neuesten Stand jedoch Zydek-Heller, Deutsches Bergrecht, Bergrechtliche Vorschriften des Bundes und der Länder, Essen, 1968 ff.), sondern auch Richtlinien der Europäischen Union, die einen permanenten Umsetzungs- und Anpassungsprozess in erster Linie des sekundären Bergrechts im Interesse der arbeits- und sicherheitlichen Harmonisierungsbestrebungen erforderlich machen. Beispielhaft kann genannt werden die Umsetzung von Richtlinien des Rates der Europäischen Union vom 5.12.1995 und 3.3.1997 zum Arbeits- und Umweltschutz für den Bereich des Bergrechts durch die VO zur Änderung bergrechtlicher VO vom 10.8.1998 (BGBl I, 2093). Geändert bzw. angepasst wurden hierdurch die VO für alle bergbaulichen Bereiche, die BergVO für den Festlandsockel, die BergVO über vermessungstechnische und sicherheitliche Unterlagen und die BergVO über markscheiderische Arbeiten und Beobachtungen der Oberfläche (s. hierzu § 68 Rn 14 ff.) sowie die UVP-V Bergbau (s. hierzu § 57 c Rn 1 ff.).

4.   Vorsorge und Bergschadensersatz (Bergschadensklausel)

23 Die bergbaulichen Tätigkeiten sind durch Einwirkungen auf die Erdoberfläche mit Gefahren und ggf. Schäden für Personen und Sachen verbunden. Das erfordert umfassende Kollisionsregeln zur Vermeidung von Gefahren und Schäden sowie zum Ausgleich von Schäden, die unvermeidbar sind und die der Grundeigentümer zugunsten des Bergbaus dulden muss. Diese Gedanken hat das BBergG mit dem ehrgeizigen Ziel aufgegriffen, nicht nur Schäden durch Vorsorgemaßnahmen zu verhüten, sondern vor allem den Ausgleich von Schäden zu verbessern. Das geschieht durch die materielle Besserstellung des Geschädigten im Wege der Erweiterung der Bergschadenshaftung (§ 114) auf Körperverletzungen und die Beschädigung beweglicher Sachen sowie durch die Erleichterung der Durchsetzung von Ersatzansprüchen mit Hilfe einer Beweislastumkehr, der sog. Bergschadensvermutung (§ 120).

24 Gleichzeitig wird der als unbefriedigend und unproduktiv empfundene Kreislauf von Eingriffsrechten der Bergbautreibenden sowie von Duldungspflichten und Ausgleichsansprüchen der Betroffenen mit Einführung eines z. B. dem Immissionsschutzrecht vergleichbaren Vorsorgegrundsatzes durchbrochen. **Anpas-**

sungs- und **Sicherungsmaßnahmen** und eine besser zu handhabende Bauwarnung (§§ 110 ff.) sollen die Entstehung von Gefährdungen und Bergschäden grundsätzlich vermeiden helfen. Die Grundeigentümer oder Bauherren sollen dabei durch die vom Bergbau zu verlangenden Schadensverhütungsmaßnahmen nicht über die Sozialpflichtigkeit ihres Eigentums hinaus belastet werden. Damit wird dem allgemeinen **Gedanken** eines **nachbarschaftlichen Zusammenlebens mit** einem bergbauspezifischen Inhalt, nämlich einer vertikalen Komponente, erstmals gesetzlich Rechnung getragen (Zydek, 41 ff.).

III. Normadressaten und Auslegungsregeln

1. Normadressaten

§ 1 legt die Aufgabe des BBergG und sein Regelungsprogramm fest. **Norm-** **25**
adressaten im Sinne einer konkreten Begründung von Rechten und Pflichten, Geboten oder Verboten kennt § 1 deshalb nicht. Die Vorschrift richtet sich vielmehr an alle, die Bergbau betreiben, vom Bergbau betroffen sind oder sein können und Ordnungs-, Überwachungs- oder Entscheidungsfunktionen im öffentlichen Interesse hinsichtlich bergbaulicher Tätigkeiten wahrnehmen. Sie sind gehalten, die Grundgedanken dieser Vorschrift als Zielsetzungen ihres Handelns zu beachten, wie dies das BVerwG bekräftigt hat. Danach ist etwa § 1 Nr. 3 ein Auslegungsgebot für § 55 Absatz 1 Satz 1 Nr. 3 dergestalt zu entnehmen, dass **Vorsorge** gegen Gefahren für Leben und Gesundheit Dritter **auch** für **Personen außerhalb** des Betriebes zu treffen ist (BVerwG im sog. Gasspeicher-Urteil = ZfB 133 (1992), 38).

2. Auslegungsregeln

Als Auslegungsregel ist § 1 vor allem dort zu beachten und anzuwenden, wo **26**
Kollisionen zwischen dem allgemeinen Interesse am Bergbau und anderen privaten oder öffentlichen Interessen oder Schutzgütern entstehen. In diesen Fällen sind die in § 1 normierten Leitgedanken, insbesondere auch die der Nr. 1, als Belange des Bergbaus in Abwägungen einzustellen. Das BBergG ordnet dies in den Vorschriften etwa der §§ 11 Nr. 10; 48 Absatz 1, 2; 55 Absatz 2; 79 ff. ausdrücklich an. Dadurch können sich die Leitklauseln über den Wortlaut des § 1 hinaus entfalten und werden in ihrer Bewertung justitiabel. Als Zweck der Ermächtigung für behördliches Handeln, vor allem bei Ermessensentscheidungen, darf die jeweils zuständige Behörde nur in einer der Ermächtigung entsprechenden Weise Gebrauch machen. Tut sie das nicht, über- oder unterschreitet sie ihre Ermessensgrenzen, dann sind der Erlass des Verwaltungsakts, seine Ablehnung oder Unterlassung rechtswidrig (§ 114 VwGO). Außerdem müssen Nebenbestimmungen zu Verwaltungsakten ihre Rechtfertigung im Zweck des Gesetzes und der vom Gesetzgeber gewollten Ordnung der Rechtsmaterie finden (vgl. auch Anmerkung zu § 16 Rn 13 ff.).

§ 2 Sachlicher und räumlicher Geltungsbereich

(1) Dieses Gesetz gilt für
1. **das Aufsuchen, Gewinnen und Aufbereiten von bergfreien und grundeigenen Bodenschätzen einschließlich des Verladens, Beförderns, Abladens, Lagerns und Ablagerns von Bodenschätzen, Nebengestein und sonstigen Massen, soweit es im unmittelbaren betrieblichen Zusammenhang mit dem Aufsuchen, Gewinnen oder Aufbereiten steht und sich nicht aus Absatz 4 etwas anderes ergibt,**

2. das Wiedernutzbarmachen der Oberfläche während und nach der Aufsuchung, Gewinnung und Aufbereitung von bergfreien und grundeigenen Bodenschätzen,
3. Betriebsanlagen und Betriebseinrichtungen (Einrichtungen), die überwiegend einer der in den Nummern 1 oder 2 bezeichneten Tätigkeiten dienen oder zu dienen bestimmt sind.

(2) Dieses Gesetz gilt ferner für
1. das Untersuchen des Untergrundes auf seine Eignung zur Errichtung von Untergrundspeichern,
2. das Errichten und Betreiben von Untergrundspeichern sowie der Einrichtungen, die überwiegend dem Betrieb eines Untergrundspeichers dienen oder zu dienen bestimmt sind,
3. sonstige Tätigkeiten und Einrichtungen,

soweit dies ausdrücklich bestimmt ist.

(3) Dieses Gesetz gilt im Bereich des Festlandsockels der Bundesrepublik Deutschland für die durch die Absätze 1 und 2 Nr. 1 und 2 erfaßten Tätigkeiten und Einrichtungen, für Unterwasserkabel, Transit-Rohrleitungen und für Forschungshandlungen in bezug auf den Festlandsockel. Die völkerrechtlichen Regeln über die Hohe See, die ausschließliche Wirtschaftszone und den Festlandsockel bleiben unberührt.

(4) Dieses Gesetz gilt nicht für das Verladen, Befördern und Abladen von Bodenschätzen, Nebengestein und sonstigen Massen im Sinne des Absatzes 1 Nr. 1
1. im Schienenverkehr der Eisenbahnen des öffentlichen Verkehrs,
2. im Kraftfahrzeugverkehr auf öffentlichen Wegen oder Plätzen,
3. im Schiffsverkehr seewärts der Begrenzung des Küstenmeeres und auf Binnen- und Seewasserstraßen und in den Seehäfen,
4. in Luftfahrzeugen und
5. in Rohrleitungen ab Übergabestation, Einleitung in Sammelleitungen oder letzter Meßstation für den Ausgang, soweit die Leitungen
   a) unmittelbar und ausschließlich der Abgabe an Dritte oder
   b) an andere Betriebe desselben Unternehmens dienen, die nicht zum Aufsuchen, Gewinnen oder Aufbereiten von bergfreien oder grundeigenen Bodenschätzen bestimmt sind.

Übersicht   Rn

I. Vorbemerkung 1
1. Geltungsbereichsstruktur 1
   a) Sachlicher Geltungsbereich 2
   b) Räumlicher Geltungsbereich 6
2. Historische Entwicklung 7

II. Sachlicher Geltungsbereich 10
1. Haupttätigkeiten 10
   a) Grundsätze 10
   b) Aufsuchen 11
   c) Gewinnen 15
   d) Aufbereiten 18
      aa) Regel 18
      bb) Ausnahmen 22
   e) Vorbereitende, begleitende und nachfolgende Tätigkeiten .. 23
   f) Wiedernutzbarmachung 24
      aa) Rekultivierung 24
      bb) Sanierungsbergbau 29
2. Nebentätigkeiten 32
   a) Regel 32
   b) Ausnahmen 35

3. Sondertätigkeiten 42
    a) Untergrundspeicher 42
        aa) Untersuchen des Untergrundes 44
        bb) Exkurs: Speicherrechte 45
        cc) Errichten und Betreiben von Untergrundspeichern 46
    b) Sonstige Tätigkeiten und Einrichtungen 48
4. Einrichtungen 50
    a) Betriebsanlagen und -einrichtungen 50
    b) Auslegungshilfen 51

III. Räumlicher Geltungsbereich 52
1. Staatsgebiet 52
2. Festlandsockel, Küstenmeer und Wirtschaftszone 53
    a) Grundsätze 53
    b) Festlandsockelregime 56
    c) Festlandsockel-Bergverordnung (FlsBergV) 60
3. Meeresbodenbergbaugesetz (MBergG) 62

I. Vorbemerkung

1. Geltungsbereichsstruktur

§ 2 bietet, wenn auch vorrangig als Rahmenvorschrift, eine **umfassende und** **1**
einheitliche Geltungsbereichsregelung für das Bergrecht der Bundesrepublik
Deutschland in sachlicher wie in räumlicher Hinsicht. Dieser Regelungsansatz
war beim Inkrafttreten des BBergG durchaus neu. Denn weder das preuß. ABG
noch die darauf basierenden Folgegesetze der Länder (z. B. in Hessen, Niedersachsen, NRW oder Saarland) haben je eine so umfassende Regelungskompetenz
beanspruchen können oder gar beansprucht. Selbst die vielfältigen Vereinheit-
lichungsversuche des Bergrechts für ganz Deutschland haben zumindest in
sachlicher Hinsicht Vergleichbares nicht angestrebt.

a) Sachlicher Geltungsbereich. Grundsätzliche Einigkeit lässt sich lediglich über **2**
den **sachlichen Geltungsbereich** und damit über den **Gegenstand des Bergrechts**
ermitteln: das Aufsuchen und Gewinnen von bergfreien Bodenschätzen, sofern
nicht darüber hinaus bergrechtliche Normen in besonderen Gesetzen oder VO
auf andere Bodenschätze und/oder andere Tätigkeiten ausdrücklich ausgedehnt
waren (Ebel/Weller, § 1 Anmerkung 23; Zydek, 35). Stets war allerdings –
unabhängig von der jeweiligen Ausdehnung – die sachliche Geltung **tätigkeits-**
und gegenstandsbezogen (Boldt/Weller, § 2 Rn 8 ff.).

Diese Grundstruktur hat das BBergG beibehalten. Es hat die bergbaulichen **3**
Haupttätigkeiten allerdings um Aufbereitung und Wiedernutzbarmachung
erweitert und bergbauliche Tätigkeiten **vorbereitende, begleitende** und ihnen
nachfolgende Tätigkeiten in das Bergrecht aufgenommen. Gleiches gilt für
bergbauspezifische **Sonder- und Nebentätigkeiten** (vgl. Anmerkung unten
Rn 32 ff., 42 ff.), die in den sachlichen Geltungsbereich einbezogen worden sind.

Die maßgeblichen **Gegenstände** sind jetzt **bergfreie und grundeigene Boden-** **4**
schätze und solche **betrieblichen Einrichtungen**, die der Durchführung der
Haupt-, Neben- und Sondertätigkeiten überwiegend und unmittelbar dienen
oder zu dienen bestimmt sind.

Der **Rahmencharakter** des § 2 ist dadurch gekennzeichnet, dass weder die **5**
Tätigkeiten noch die Gegenstände in dieser Vorschrift selbst erläutert sind,
sondern in Nachbarvorschriften wie § 3 (bergfreie und grundeigene Bodenschätze) oder § 4 (Legaldefinitionen der Haupttätigkeiten Aufsuchen, Gewinnen,

Aufbereiten und Wiedernutzbarmachen). Sondertätigkeiten umschreiben die Spezialvorschriften der §§ 126–131.

6   **b) Räumlicher Geltungsbereich.** Hinsichtlich der **räumlichen** Komponente seiner Geltung blieb das deutsche Bergrecht in all seinen historischen Ausformungen, selbst nach Gründung des Deutschen Reiches 1871 und nach Inkrafttreten des BGB sowie anderer für die Materie bedeutsamer Reichsgesetze wegen der in den Artikel 3, 67, 68 EGBGB statuierten landesrechtlichen Vorbehalte, formal stets Landesrecht und damit auf die Landesterritorien beschränkt. Dadurch war das Bergrecht hinsichtlich der eigentumsrechtlichen Zuordnung der Bodenschätze von den §§ 903, 905 BGB unabhängig (H. Schulte, Bodenschätzegewinnung, 292). Auch die sog. SilvesterVO vom 31.12.1942 (RGBl I, 17) war hinsichtlich der Unterwerfung wirtschaftlich bedeutsamer Grundeigentümermineralien unter bergrechtliche Normen sachlich zwar „reichseinheitlich", formal aber lediglich sekundäres Bergrecht. Die „Dokumentation" im BBergG selbst = §§ 174–176 (Änderung und Außerkraftsetzen von Bundes- und Landesrecht) beweist die frühere Zersplitterung des Bergrechts.

2.   Historische Entwicklung

7   Denn selbst der nationalsozialistische Staat brachte trotz seiner zentralistischen Gleichschaltungstendenzen ein einheitliches Bergrecht für das ganze Reich nicht zustande, sondern lediglich einige Partikel (Boldt/Weller, Einl. Rn 16–19, 34: z.B. LagerstättenG und Gesetz zur Erschließung von Bodenschätzen sowie verschiedene VO und Erlasse). Selbst nach dem Krieg änderte sich an der territorialen Zersplitterung nur schrittweise etwas durch das Inkrafttreten einheitlicher Berggesetze in nur noch zwei deutschen Staaten: der **DDR** mit dem BergG (GBl I, 29) vom 12.5.1969 und der **Bundesrepublik Deutschland** mit dem BBergG (BGBl I, 1310) vom 13.8.1980. Danach erstreckte sich das Bergrecht auf das nach der jeweiligen Verfassung der beiden deutschen Staaten definierte gesamte Staatsgebiet einschließlich des jeweiligen Festlandsockels (DDR: Artikel 12 der Verfassung vom 6.4.1968 (GBl I, 199) und § 32 BergG; Bundesrepublik Deutschland: § 2 Absatz 3 BBergG).

8   Die entscheidende räumliche wie sachliche Vereinheitlichung des Geltungsbereichs für das Bergrecht brachte allerdings erst die **Wiedervereinigung** der beiden deutschen Staaten. Im Einigungsvertrag traten die „neuen" Bundesländer der Bundesrepublik Deutschland bei und nach Artikel 8 des Einigungsvertrags wurde das Bundesrecht einschließlich des **BBergG mit bestimmten Maßgaben** sachlich und räumlich auf die Länder der ehemaligen DDR übergeleitet (Anlage I Kapitel V Sachgebiet D Abschnitt III, Anlage II Kapitel V Sachgebiet D Abschnitt II des Einigungsvertrags vom 31.8.1990 (BGBl II, 889, 1003) und des Gesetzes vom 23.9.1990 (BGBl II, 885); dazu Boldt/Weller, Erg.-Bd., 209 ff.; Hoffmann, BB 1991, 1506), s. auch § 3 Rn 23 ff.

9   Den schließlich letzten Einheitsschub für das Bergrecht der Bundesrepublik Deutschland brachte das **Gesetz zur Vereinheitlichung der Rechtsverhältnisse bei Bodenschätzen vom 15.4.1996** (BGBl I, 602). Dieses Gesetz hat die auf dem Einigungsvertrag beruhenden unterschiedlichen rechtlichen Zuordnungen von Bodenschätzen in den alten und neuen Bundesländern für die Zukunft beseitigt und damit nach einer mehr als fünfjährigen Übergangsphase den Prozess der **Herstellung der Rechtseinheit auf dem Gebiet des Bergrechts** zum Abschluss gebracht (Hoffmann, BB 1996, 1450; Weller, Bergbau 1996, 255). Die mit bestimmten historischen Vorgaben und Notwendigkeiten vollzogene Vereinheitlichung (Boldt/Weller, Erg.-Bd., Anh. Rn 1 ff.) des Bergrechts und die nachwirkenden gegenwärtigen wie zukünftigen Rechtswirkungen entfalten sich vor allem bei der Zuordnung von bergfreien und grundeigenen Bodenschätzen in § 3 (vgl. dort Rn 19 ff., 22 f., insbesondere Rn 33 ff.).

II.   Sachlicher Geltungsbereich

1.   Haupttätigkeiten

a) **Grundsätze.** Das Aufsuchen, Gewinnen und Aufbereiten von Bodenschätzen **10** sowie das Wiedernutzbarmachen der für die bergbaulichen Tätigkeiten in Anspruch genommenen Flächen sind **Haupttätigkeiten.** Diese werden zwar erst mittels Legaldefinitionen in § 4 erläutert, müssen aber an dieser Stelle behandelt werden, weil die Haupttätigkeit **Gewinnung, Aufbereitung** und **Wiedernutzbarmachung** durch § 4 ausdrücklich nur um die vorbereitenden, begleitenden und nachfolgenden Tätigkeiten ergänzt und erweitert, damit aber nicht in ihrem Charakter verändert werden (§§ 2 Absatz 2 Satz 1, 4 Absatz 2 Satz 1). Außerdem werden nach einem **Regel-Ausnahmeprinzip in** § 4 – dieses Regel-/Ausnahmeprinzip gilt auch bei den Nebentätigkeiten (unten Rn 32 ff.) für alle im Zusammenhang mit verschiedenen Formen des öffentlichen Verkehrs stehenden Verlade-, Beförderungs- und Lagervorgänge – auch Tätigkeiten aufgeführt, die trotz ihrer sachlichen Vergleichbarkeit in technischer, wirtschaftlicher oder sicherheitlicher Hinsicht weder als Haupt- noch als Nebentätigkeiten angesehen werden und deshalb nicht der Geltung des Bergrechts unterfallen. Beispielhaft sind genannt
- Tätigkeiten der amtlichen geologischen Landesaufnahme bei der **Aufsuchung;**
- bei der **Gewinnung** das Lösen oder Freisetzen von Bodenschätzen in oder an einem Gewässer für dessen Ausbau oder Unterhaltung;
- bei der **Aufbereitung** Tätigkeiten der Weiterverarbeitung und der Nebengewinnung einschließlich der Nutzung von Erdwärme (Hierzu s. Heitmann, ZfB 125 (1984), 140).

Die einzelnen Haupttätigkeiten des Bergbaus, die den sachlichen Geltungsbereich des Bergrechts wesentlich bestimmen, lassen sich wie folgt definieren bzw. umschreiben:

b) **Aufsuchen.** Das Aufsuchen oder die Aufsuchung ist nach der Legaldefinition **11** in § 4 Absatz 1 Satz 1 die unmittelbar oder mittelbar auf die Entdeckung oder Feststellung der Ausdehnung von Bodenschätzen gerichtete Tätigkeit. Das BBergG kennt **drei Arten** der Aufsuchung:
- die zu **gewerblichen** Zwecken,
- die **großräumige** Aufsuchung oder **Übersichtsprospektion** und
- die Aufsuchung zu **wissenschaftlichen Zwecken** (§§ 4 Absatz 1 Satz 2, 7 Absatz 2).

Die **Aufsuchungsformen im Einzelnen:** **12**
Bergwirtschaftlich und damit auch bergrechtlich am bedeutsamsten ist die **Aufsuchung zu gewerblichen Zwecken,** weil ihre Ergebnisse die sachlichen, wirtschaftlichen und rechtlichen **Voraussetzungen** für die nachfolgende Gewinnung und Aneignung der Bodenschätze und damit für den wirtschaftlichen **Erfolg eines jeden Bergbauprojektes** schaffen (§§ 12 Absatz 1, 11 Nr. 1).
Außerdem gewährt nur die gewerbliche Aufsuchung dem Berechtigten **Schutz** vor einer Aufsuchungs- und/oder Gewinnungs**konkurrenz** (§§ 12 Absatz 2, 14) auf den gleichen Bodenschatz im gleichen Aufsuchungs- oder Gewinnungsfeld.

Großräumige Aufsuchung definiert § 4 Absatz 1 Satz 2 als eine mit Hilfe von **13** geophysikalischen oder geochemischen Verfahren durchgeführte Untersuchung, wenn sie auf die **Ermittlung von Kennwerten** beschränkt ist, die großräumige Rückschlüsse auf das **mögliche Vorkommen** von Bodenschätzen zulassen.

14   Die Aufsuchung zu **wissenschaftlichen Zwecken** ist im BBergG nicht ausdrücklich definiert. Doch ist wohl das Fehlen eines unmittelbaren wirtschaftlichen Nutzens ebenso kennzeichnend wie ein notwendiger **Bezug zur Grundlagenforschung**. Aber auch ohne eine positiv-rechtliche Definition im Gesetz bedeutet die Aufnahme des Begriffes die Einbeziehung der damit zusammenhängenden Tätigkeiten in das Bergrecht.

15   c) **Gewinnen.** Das Gewinnen oder die Gewinnung definiert § 4 Absatz 2 als das **Lösen oder Freisetzen von Bodenschätzen** (z. B. durch Sprengen aus dem festen Gebirgsverband, durch Bohrlochbergbau aus großen Teufen bei flüssigen oder gasförmigen Wertstoffen) einschließlich der damit zusammenhängenden vorbereitenden, begleitenden und nachfolgenden Tätigkeiten. **Gewinnung** ist überdies wegen seiner Bedeutung als zentrale bergbauliche Haupttätigkeit auch formal der Kern für eine Vielzahl daraus **abgeleiteter Begriffe** wie Gewinnungsberechtigung, Gewinnungsbetrieb, technische und wirtschaftliche Gewinnbarkeit, Bewilligungs-(Gewinnungs)feld oder Mitgewinnung. Darüber hinaus entwickeln die Rechte zur Gewinnung, wie sie in den §§ 8, 9, 151 definiert sind, **besondere Rechtsfolgen**, die sich aus der Natur der Sache von denen der Aufsuchungsrechte wesentlich unterscheiden. Besonders deutlich ist der Unterschied zwischen Gewinnung und Aufsuchung bei den unterschiedlichen **Nutzungs- und Aneignungsrechten**, den verschiedenen Zeitdimensionen und **Nutzungsrechten für fremde Grundstücke**. So hat der Gewinnungsberechtigte das **ausschließliche Recht, Grundabtretung** verlangen zu können (§ 8 Absatz 1 Nr. 4) und diese ggf. auch in einem besonderen Verwaltungsverfahren durchzusetzen. Der Aufsuchungsberechtigte hingegen muss nach § 39 Absatz 1 den Grundeigentümer und evtl. eine zuständige öffentliche Stelle bereits im Vorfeld eines Betretens des Grundstückes zu Aufsuchungszwecken um eine ausdrückliche Nutzungserlaubnis ersuchen.

16   Schließlich sind das Recht zur Gewinnung und der Gewinnungsvorgang die **Basis für alle Aufbereitungstätigkeiten**, die dem Bergrecht wegen ihres unmittelbaren räumlichen oder betrieblichen Zusammenhangs mit der Gewinnung unterliegen. Dieser Zusammenhang ist für die Einbeziehung der Aufbereitung unverzichtbar, weil das Bergrecht auf ein **selbstständiges, verleihbares Recht zur Aufbereitung** bergbaulich gewonnener Produkte verzichtet hat.

17   Ebenso wie bei der Aufsuchung gibt es bei der Gewinnung eine Vielzahl von **Ausnahmen**, sowohl was das Lösen und Freisetzen von Bodenschätzen angeht als auch im Zusammenhang mit dem Verladen, Befördern und Abladen von Bodenschätzen, also den Nebentätigkeiten der Gewinnung (vgl. Anmerkung unten § 4 Rn 16 ff.).

18   d) **Aufbereiten – aa) Regel.** Die **Legaldefinition** des Aufbereitens oder der Aufbereitung in § 4 ist durch zwei Regelbereiche (**Nr. 1, 2**) und den Gedanken des sachlichen und/oder räumlichen Zusammenhanges der Aufbereitungstätigkeiten mit denen der Gewinnung gekennzeichnet. Aufbereitung ist im **bergtechnischen** Sinne der **Oberbegriff für die Behandlung bergbaulicher Rohstoffe**, um ihnen die für den Verbrauch oder die Weiterverarbeitung geeigneten, gleichmäßigen Eigenschaften zu geben.

19   Man unterscheidet zwischen
   – der **Aufbereitung im engeren Sinne** nach § 4 Absatz 3 Nr. 1. Darunter versteht man das Trennen und Anreichern nach stofflichen Bestandteilen oder geometrischen Abmessungen auf physikalischer oder physikalisch-

chemischer Grundlage. So erfolgt etwa im Steinkohlenbergbau die Aufbereitung der Rohkohle vorwiegend mechanisch durch Nutzung der Schwerkraft bei unterschiedlicher Dichte der zu trennenden Produkte Feinkohle, Mittelgut und Berge sowie durch Flotation in Kombination mit Klassierung, Zerkleinerung und Entwässerung und

– der **Aufbereitung im weiteren Sinne** nach Nr. 2. Das sind vorwiegend che-   **20**
mische Vorgänge wie Brikettieren, Verschwelen oder Verkoken. Diese Vorgänge sind, um nicht mit der Weiterverarbeitung verwechselt zu werden, expressis verbis bergrechtlich als Aufbereitung gekennzeichnet. Im Einzelnen fallen hierunter Aufbereitungsvorgänge wie
– das **Brikettieren** durch Umformen von Feinkohle mit oder ohne Zusatz von Bindemittel mit Hilfe von Druck und Temperatur zu Stücken gleicher Abmessung,
– das **Verschwelen** zur Gewinnung von Schwelkoks, Schwelteer und brennbaren Schwelgasen; das geschieht durch Erhitzen von bitumenhaltigen Stoffen wie etwa Braunkohle, Steinkohle oder Ölschiefer unter Luftabschluss auf eine Temperatur von max. 600 °C sowie
– die sonstigen **Verfahren**, insbesondere zur **Umwandlung der Kohle** in Koks, Gas und flüssige Produkte durch Verkoken, Vergasen, Verflüssigen und Verlösen.

Aufbereitungsbetriebe beider Aufbereitungsformen müssen entweder in einem   **21**
unmittelbaren betrieblichen Zusammenhang mit der Gewinnung des aufbereitenden Unternehmers stehen (z. B. Kokerei mit Steinkohlengewinnung, Brikettieren mit Braunkohlengewinnung durch jeweils den gleichen Unternehmer) oder in **unmittelbarem räumlichen Zusammenhang** mit dem Ort der Gewinnung der entsprechenden Bodenschätze (z. B. Klassieren, Mischen, Brechen, Sieben oder Flotieren unmittelbar auf der Schachtanlage).

bb) Ausnahmen. Von der Aufbereitung sind ausdrücklich **ausgenommen Wei-   **22**
terverarbeitung und Nebengewinnung.** Grundgedanke (Boldt/Weller, § 2 Rn 5) dieses Abtrennens ist das Vermeiden einer unterschiedlichen rechtlichen Zuordnung sachlich zusammengehöriger Betriebsteile. Für die bergrechtliche Zuordnung eines Betriebsvorganges zur Aufbereitung ist das **Schwergewicht der unternehmerischen Tätigkeit entscheidend.** Je nachdem, wo es liegt, handelt es sich um bergrechtliche Aufbereitung oder vom Bergrecht nicht erfasste Weiterverarbeitung im Sinne einer sonstigen Bearbeitung oder Verarbeitung von Bodenschätzen. Vergleichbares gilt, wenn die Aufbereitung im Zusammenhang mit der Herstellung anderer Erzeugnisse (Nebengewinnung) stattfindet (z. B. Kokereien) (Boldt/Weller, aaO).

e) Vorbereitende, begleitende und nachfolgende Tätigkeiten. Den Haupttätig-   **23**
keiten Gewinnen und Aufbereiten ordnet § 4 Absatz 2 Satz 1, Absatz 3. Nr. 1 als bergrechtlich relevant auch **vorbereitende, begleitende und nachfolgende Tätigkeiten** (Zydek, 80) zu. Darunter sind beispielhaft zu verstehen:
– bei der **Gewinnung** der Aufschluss einer Lagerstätte, die Auffahrung einer Strecke, der Grubenausbau, die Grubenbewetterung, die Wasserhaltung, der Versatz eines nicht mehr genutzten Baues oder das Anlegen und Betreiben einer Außenkippe einschließlich des Transports. Dies alles sind Tätigkeiten, die nicht in erster Linie auf die Gewinnung gerichtet sind, ohne die aber Gewinnung sinnvoll nicht stattfinden kann. Der Begriff des Gewinnens ist rein tätigkeitsbezogen. Wenn der Inhaber einer Bewilligung Betonreste beseitigen und Sand von Trümmern trennen muss, um auf einem ehemaligen Militärgelände Sand zu gewinnen, sind das vorbereitende Tätigkeiten, die vom Begriff mit umfasst werden (VG Potsdam, ZfB 1996, 320; s. auch § 4 Rn 16 ff.).

– bei der **Aufbereitung** sind das Vorgänge wie etwa Sieberei und Bergevorabscheidung, Vermahlen, Flotieren, Eindicken oder Bergeverbringung, aber
auch Probenahmen und Gewichtskontrollen, Tätigkeiten mithin, die neben
der Aufbereitung im engeren Sinne auch den Absatz der aufbereiteten
Produkte oder deren Weitergabe an Be- oder Verarbeitungsbetriebe ermöglichen (Zydek, 83 f.).

24   **f) Wiedernutzbarmachung – aa) Rekultivierung.** Schon vor dem Inkrafttreten
des BBergG war die Rücksichtnahme auf die Erdoberfläche durch Sicherung
und Ordnung der Obenflächennutzung und Gestaltung der Landschaft während
des Bergwerksbetriebs und nach dem Abbau (§ 196 Absatz 2 ABG NRW) (zur
Entstehungsgeschichte s. Ebel/Weller, § 196 Anmerkung 3 f.) im Bergrecht als
Verpflichtung des Unternehmers fest verankert. Zum Begriff Rekultivierung s.
§ 55 Rn 215; zum Begriff Wiedernutzbarmachung ausführlich § 55 Rn 211,
227 ff.

25   Der jetzt im BBergG verwendete Begriff der **Wiedernutzbarmachung** versteht
darunter die ordnungsgemäße Gestaltung der vom Bergbau in Anspruch genommenen Oberfläche **unter Beachtung des öffentlichen Interesses** (§ 4 Absatz 4).
Damit ist die Bedeutung der Wiedernutzbarmachung in Anspruch genommener
Oberflächen als integrierender Bestandteil bergbaulicher Tätigkeit unter Beachtung eines gezielteren vorsorgenden Umweltschutzes gekennzeichnet. Allerdings
ist mit dem Begriff der Wiedernutzbarmachung **nicht** in jedem Fall die **Wiederherstellung** des vor Beginn des Abbaus bestehenden Zustandes der Oberfläche
gemeint. Der Begriff umfasst vielmehr vorrangig erforderliche Vorkehrungen
und Maßnahmen für die nach dem Abbau oder nach der Einstellung eines
bergbaulichen Betriebs geplanten **Folgenutzungen** zu landwirtschaftlichen, forstwirtschaftlichen Zwecken oder zu Erholungszwecken. Es muss also nicht die
gleiche, sondern eine sinnvolle Nutzung mit der Wiedernutzbarmachung
erreicht werden.

26   Diese Zielsetzung belegt auch § 55 Absatz 1 Satz 1 Nr. 7, der die Zulassung des
Betriebsplans davon abhängig macht, dass die erforderliche **Vorsorge zur Wiedernutzbarmachung** der Oberfläche in dem nach den Umständen gebotenen
Ausmaß getroffen ist und dies mit den zur Zulassung eingereichten Unterlagen
belegt wird.

27   **Wiedernutzbarmachung** verläuft zeitlich und sachlich **parallel** zu den Haupt-
aktivitäten Aufsuchung, Gewinnung und Aufbereitung. Nur soweit aus der
Natur der Sache nicht möglich, kann sie auch nach Einstellung des Betriebes
und Abschluss der Arbeiten durchgeführt werden. Aber auch in diesem Fall ist
sie integrierender Bestandteil dieses Betriebsabschnitts, also etwa der Arbeiten
im Rahmen eines Abschlussbetriebsplans.

28   Die dem BBergG zugrunde liegende Form der **Wiedernutzbarmachung** ist entscheidend **geprägt** durch **Großtagebaue**, etwa im rheinischen Braunkohlenrevier,
und durch den Strukturwandel des Steinkohlenbergbaus im Ruhrrevier einschließlich der „politischen" Entscheidungen über die Nordwanderung. Alle
damit zusammenhängenden Maßnahmen sind unter die Legaldefinition des § 4
Absatz 4 zu fassen („[...] ordnungsgemäße Gestaltung unter Beachtung des
öffentlichen Interesses").

29   **bb) Sanierungsbergbau.** Ganz neue Aspekte der Wiedernutzbarmachung bzw.
der Wiederherstellung bergbaulich genutzter Flächen brachte die deutsche Wiedervereinigung und der aus ihr resultierende sog. Stilllegungs- und Sanierungsbergbau. Dieser Begriff umfasste nach DDR-Bergrecht sowohl die Rekultivierung und Wiedernutzbarmachung als auch die Verwahrung von untertägigem

Bergbau. Heute wird darunter die Summe aller Maßnahmen zusammengefasst, die zur endgültigen Einstellung eines Bergwerksbetriebs erforderlich sind. Sanierungsbergbau umfasst damit nicht nur bergrechtlich abzusichernde Tatbestände, sondern auch solche des Wasser-, Immissions- und Abfallrechts. Weitere parallele Genehmigungsverfahren zum Abschlussbetriebsplan können sich aus forst-, denkmalschutz- oder straßenrechtlichen Vorschriften ergeben. Das alles wird in den neuen Bundesländern landesplanerisch begleitet. (Vgl. dazu Zenker, Glückauf 1996, 405; Gatzweiler-Gräbner, Glückauf 1996, 411; Mayer, ZfB 135 (1996), 289; Dokumentation des BM für Wirtschaft (BMWi), Nr. 335, 1993; 370, 1995 mit Fachlit.) Zu den Begriffen „Sanierungsbergbau" und „Stilllegungsbergbau", dem Umfang der Braunkohlentagebausanierung in Brandenburg und Sachsen und zu der Sanierung des Uranerzbergbaus s. Anhang § 56 Rn 444 ff., 482 ff. und § 53 Rn 86 ff., 90 ff.; § 55 Rn 218 f.

Aus der Unterschiedlichkeit der notwendigen Stilllegungs- und Sanierungsmaß- **30** nahmen dieser beiden bergbaulichen Großprojekte ergab sich der Zwang, die Regelungen des BBergG, wie vor allem das Haupt- und Abschlussbetriebsplanverfahren in der für die ehemalige DDR geltenden Fassung des Einigungsvertrags, gezielt durch spezielle **Regelungen anderer Rechtsgebiete zu ergänzen.** Bei der Wismutsanierung sind es vor allem das WismutG vom 16.5.1991 (BGBl II, 1138–1144) (i.d.F. vom 21.11.1996 (BGBl I, 1178)), das BImSchG, das UmwelthaftungsG, das AtomG, die StrahlenschutzVO und die nach dem Einigungsvertrag fortgeltenden Bestimmungen der VO über die Gewährleistung von Atomsicherheit und Strahlenschutz der ehemaligen DDR (Näheres s. § 53 Rn 90 ff.).

Die **Braunkohlensanierung** z.B. in Brandenburg (zum verfahrenstechnischen **31** und finanziellen Umfang dieses Projekts und der entsprechenden Bund/Länder-Vereinbarung s. Talent, Braunkohle, 51 (1999), 55 ff.) beruht auf dem Gesetz zur Einführung der Regionalplanung und der Braunkohlen- und Sanierungsplanung im Land Brandenburg vom 13.5.1993 (Zenker, Glückauf 132 (1996), 405 ff.), in Sachsen auf dem sächs. LPlG (vgl. Schulte, Bodenschätzegewinnung, 276 ff.). In beiden Gesetzen legen die Sanierungspläne Ziele der Raumordnung und Landesplanung fest. Der Braunkohlenausschuss ist nach beiden Gesetzen Träger der Sanierungsplanung. Durch Beschluss des Braunkohlenausschusses werden die Sanierungspläne festgestellt und mittels RechtsVO der LReg. für verbindlich erklärt (kritisch zu dieser Vorgehensweise und insgesamt zu den Problemen von Regionalplanung und bergbaulichen Vorhaben s. Schulte, Bodenschätzegewinnung, 276 ff.). Näheres § 53 Rn 86 ff.; Anhang § 56 Rn 444 ff., 482 ff.; § 55 Rn 218 f.

2. Nebentätigkeiten

a) Regel. Allgemein bloß als Nebentätigkeiten bezeichnete Betriebsvorgänge wie **32** **Verladen, Befördern, Abladen, Lagern und Ablagern** von Bodenschätzen, Nebengestein und sonstigen Massen sind zentrale und unverzichtbare Bestandteile jeder bergbaulichen Haupttätigkeit (§ 2 Absatz 1 Nr. 1) und deshalb notwendiger Gegenstand des Bergrechts. Ihre Unverzichtbarkeit für alle Haupttätigkeiten ergibt sich daraus, dass die Nebentätigkeiten stets in einem unmittelbaren betrieblichen Zusammenhang mit ihnen stehen. Besonders deutlich ist das bei der nicht ausdrücklich genannten Wiedernutzbarmachung. Sie muss nicht nur zeitgleich mit den übrigen Haupttätigkeiten stattfinden, sondern kann auch ohne Nebentätigkeiten (z.B. Verkippungsvorgänge) als Grundlage der Landschaftsgestaltung (Goergen, Lagerstättenkunde, 229; unten Rn 34) sinnvoll nicht betrieben werden.

Der räumliche Anwendungsbereich der Nebentätigkeiten i. S. d. § 2 Absatz 1 ist das Betriebsgelände der Grube, in der das Nebengestein gefördert wurde (BVerwG vom 19.4.2000 – 4 C13.98 – Buchholz 406.27 zu § 2 Nr. 2). Der **unmittelbare betriebliche Zusammenhang** wird nicht infrage gestellt, wenn die Einrichtung auf einem 1 km vom Hauptgelände entfernten Betriebsgrundstück vorhanden ist (OVG Saarland, ZfB 1990, 50). Der unmittelbare Zusammenhang kann auch über Zwischen- und Fremdgrundstücke hergestellt werden. Ein **räumlicher Zusammenhang** ist nicht **erforderlich** (OVG Saarland, ZfB 2007, 136; VG Saarland, ZfB 2007, 204, 212 und ZfB 2007, 177, 185 betrifft 30 km vom Bergwerk entfernte Bergehalde; OVG Brandenburg v. 10.3.2008 – OVG 11-N-59.05 betrifft langen privaten Zuweg zum Förderplatz).

33   Die **Lade-, Transport- und Lagerungsvorgänge** sind als den Haupttätigkeiten zugeordnete „Unterstützungsvorgänge" so vielfältig – sie reichen vom Abräumen des Deckgebirges in der Braunkohle bis zum Bergeversatz mittels Abfällen unter Tage –, dass sie weder in einer noch in mehreren Legaldefinitionen erfasst werden können. Beispielhafte Hinweise auf einzelne Vorgänge und ihre Darstellung einschließlich des notwendigen und unmittelbaren betrieblichen Zusammenhangs mit den Haupttätigkeiten müssen zur Verdeutlichung des vom BBergG Gewollten ausreichen.
– So kann das **Verladen und Befördern** auf Bahnen oder Lkw ebenso wie auf Transportbändern und anderen denkbaren, im Bergbau eingesetzten Transportmitteln über und unter Tage erfolgen. Der **Verladevorgang** selbst kann über besondere Laderampen, etwa bei der Haldenauffahrung, aus unterfahrbaren Silos oder direkt mit den Arbeitfahrzeugen wie Radladern im Tagebau geschehen.
– Die Unterscheidung zwischen **Lagern und Ablagern** ist durch die im bergbaulichen Betriebsablauf notwendigen zeitlich unterschiedlichen Phasen der Gewinnung, Aufbereitung und Wiedernutzbarmachung bestimmt (z. B. Zwischenlagerung der Rohkohle zur Aufbereitung, Endlagerung/Ablagerung des Abraumes oder der Waschberge auf einer Halde). Die als Bergeversatz dienende **Ablagerung von Abfällen** (grundsätzlich zu den europäischen und deutschen Rechtsfragen s. Frenz, Abfallverwertung, Köln u. a. 1998; VGH BW vom 20.10.1998 = ZfB 140 (1999), 25 ff. (Mischkunststoffe aus dem Dualen System Deutschland im Einsatz als Bergeversatz) gehört nur dann als Ablagerung sonstiger Massen in den sachlichen Geltungsbereich des **Bergrechts**, wenn es sich um **Abfälle zur Verwertung** handelt und das Ablagern derartiger Massen sachlich in einem unmittelbaren betrieblichen Zusammenhang mit dem Aufsuchen, Gewinnen und Aufbereiten von Bodenschätzen steht. Dabei kann eine funktionale Zuordnung ohne räumliche Unmittelbarkeit ausreichen. Das BBergG findet hingegen **keine Anwendung**, wenn es sich bei den Massen um **Abfälle zur Beseitigung** handelt, weil es sich dann um eine Untertagedeponie ohne sachlichen Zusammenhang mit Gewinnung oder Aufbereitung handeln wird. Näheres hierzu § 55 Rn 191 ff.

34   Die **Bedeutung der Verlade-, Transport- und Lagerungstätigkeiten** ist besonders augenfällig bei der bergmännisch-wirtschaftlichen Planung und Durchführung von **Tagebauen**. Hier sind die **Hauptverfahrensgänge neben dem Lösen** das Laden, der Transport und die Verkippung (einschließlich Landschaftsgestaltung und Rekultivierung) (Goergen, Lagerstättenkunde, 107; Bsp. und w. N. bei Boldt/Weller, § 2 Rn 16 ff.) und damit entscheidende Bestandteile eines jeden Bergbauprojekts. Aber auch im untertägigen Bergbau spielen die Transportsysteme als Einrichtungen, Anlagen und Vorkehrungen zur Fortbewegung von Fördergut und Material – ebenso natürlich von Personen – für die Umsetzung der Mechanisierung und der wachsenden Sicherheitsanforderungen eine entscheidende Rolle.

b) **Ausnahmen.** Die wesentlichen Ausnahmen, d. h. die Nichteinbeziehung von **35** vergleichbaren Vorgängen in das Bergrecht, werden in § 2 Absatz 4 ausführlich beschrieben, wobei in Nr. 1–4 das **maßgebliche Kriterium** des Verladens, Beförderns und Abladens ist, dass es im **Zusammenhang mit dem öffentlichen Verkehr** und im Rahmen der für ihn existierenden besonderen **Normen** stattfindet. In dieses öffentlich-rechtliche Ordnungsgefüge greift das BBergG – so seine grundsätzliche Philosophie etwa in § 48 – nicht mit eigenen Geltungsbereichsanordnungen oder speziellen Regeln ein. Ausdrücklich bestätigt dies das VG Leipzig mit Urt. v. 1.10.1998 = ZfB 139 (1998), 331 ff.; ferner OVG Bautzen, ZfB 1998, 205, 211; ZfB 2012, 243, 245; VG Leipzig, ZfB 1998, 53, 59; ZfB 2011, 64, 69; ZfB 2012, 286, 302; VG Koblenz, ZfB 1984, 470, 477. Danach enthält das BBergG keine Reglementierung des bergbaulichen Transportverkehrs auf öffentlichen Straßen. Daraus folgt, dass Fragen und Auswirkungen der Straßenbenutzung durch den bergbaulichen Verkehr bei der Betriebsplanzulassung ausdrücklich außen vor zu bleiben haben und somit auch nicht als öffentliche Belange der Betriebsplanzulassung entgegengehalten werden können (für den Verkehr und etwaige negative Auswirkungen gelten allein die Vorschriften des Straßenrechts (FStrG, sächs. StrG)). Selbst dann nicht, wenn Verladen, Befördern und Abladen im öffentlichen Verkehr sachlich einen unmittelbarem betrieblichen Zusammenhang mit den bergbaulichen Haupttätigkeiten bilden. In einer solchen Situation kommt es im Idealfall zu einem geordneten Nebeneinander etwa von Eisenbahn- und Bergrecht. Soweit das BBergG nach § 2 Absatz 4 Nr. 2 keine Anwendung findet, ist auch die Inanspruchnahme einer solchen Verkehrsfläche im Wege der bergrechtlichen Grundabtretung nicht zulässig (OVG NRW, ZfB 1986, 370). Da der Verkehr auf **öffentlich gewidmeten** Straßen von und zur Betriebsstätte nicht dem BBergG unterliegt, kommt ein Sonderbetriebsplan für den LKW-Verkehr nicht in Betracht (VG Gelsenkirchen, ZfB 1984, 243; ähnlich VG Gelsenkirchen, ZfB 1982, 91 ff.). Andererseits ist jedoch der Verkehr auf **nicht öffentlichen Straßen** oder jeglicher Fahrzeugverkehr außerhalb des engeren Betriebsgeländes nicht vom Geltungsbereich des BBergG ausgeschlossen (OVG, ZfB 1998, 35; OVG Brandenburg v. 10.3.2008 – OVG 11/N 59.05; VG Frankfurt/Oder v. 14.10.2003 – 7 K 549/99). Insofern kann die Rahmenbetriebsplanzulassung für einen Kiessandbetrieb auch den grundhaften Ausbau einer vorhandenen privaten Zuwegung erfassen. Auch kann eine Gemeinde sich nicht mit Erfolg gegen die Erteilung einer Bewilligung wenden mit der Begründung, die Leistungsfähigkeit von Zufahrtsstraßen reiche nicht aus für den Transport der Bodenschätze. Nach den Straßengesetzen der Länder sind hierfür Ausbau- und Mehrkostenerstattungsregelungen vorgesehen (OVG NRW, ZfB 1995, 315; OVG Bautzen, ZfB 1998, 204; ZfB 1998, 211; ZfB 1997, 314; VG Greifswald, ZfB 2007, 55). Besteht eine dem Standard des Außenbereichs entsprechende wegemäßige Erschließung, ist die gemeindliche Planungshoheit durch die Betriebsplanzulassung eines Tagebaues nicht verletzt (VG Köln, ZfB 1998, 222, 227), ebenso nicht, wenn die Betriebszeiten eines Steinbruches erweitert werden und dadurch erhöhtes Verkehrsaufkommen mit zusätzlichen Lärm- und Staubbelästigungen befürchtet werden (VG Leipzig, ZfB 2011, 70, 73; VG Regensburg, ZfB 2010, 282).

Die öffentlichen Verkehrsbereiche sind wie folgt umschrieben:

– Schienenverkehr der **Eisenbahnen des öffentlichen Verkehrs**; nicht jedoch der **36** Grubenanschlussbahnen. Für sie gelten Bergrecht und LEisenbahnG nebeneinander, soweit sich aus dem BBergG nichts anderes ergibt.

– Kraftfahrzeugverkehr auf **öffentlichen Wegen und Plätzen**; d. h. auf Flächen, **37** die dem öffentlichen Verkehr gewidmet sind (Bsp. in § 2 LStrG NRW bzw. §§ 1, 2 BFStrG; zum Begriff „Umfang und Rechtsnatur der Widmung von Straßen und Wegen" s. Salzwedel in Badura (Hrsg.), BesVwR, 1995, Rn 15 ff., 23 ff.).

– Schiffsverkehr **seewärts der Begrenzung des Küstenmeeres (Hohe See)**, auf **38** **Binnen- und Seewasserstraßen und in den Seehäfen.**

- Die Freiheit des Schiffsverkehrs auf **Hoher See** ist in seinen Grundsätzen im SRÜ der Vereinten Nationen vom 10.12.1982 in Artikel 87 Absatz 1 lit. a) und Artikel 90 geregelt (BGBl II, 1994, 1799 = SRÜ). Der nationale Gesetzgeber hat hier keine Kompetenzen.
- Für die **Binnen- und Seewasserstraßen** ist das WaStrG vom 23.5.2007 (BGBl I, 962) maßgebend. Neben den Binnenwasserstraßen sind nach der Legaldefinition des § 1 Absatz 2 WaStrG Seewasserstraßen „die Flächen zwischen der Küstenlinie bei mittlerem Hochwasser oder der seewärtigen Begrenzung der Binnenwasserstraßen und der seewärtigen Begrenzung des Küstenmeeres" (zum Begriff sowie zur staats- und völkerrechtlichen Bedeutung des Küstenmeeres s. Vitzthum in Vitzthum (Hrsg.), Völkerrecht, 426). Seewasserstraßen sind also keine einzelnen Fahrrinnen, sondern die gesamten mit Wasser bedeckten Flächen der Küstengewässer im Geltungsbereich des GG.
- Die Schifffahrt in den **Seehäfen** wird gleichfalls durch das WaStrG geordnet, soweit nicht völkerrechtliche Regeln, insbesondere des SRÜ, ihnen vorgehen.

39 - Für Binnenhäfen, vor allem aber für die sog. Stich- und **Zechenhäfen** gelten besondere Regeln (Boldt/Weller, § 2 Rn 17). Die Bergaufsicht endet für die Zechenhäfen an der Kaimauer und ist damit auf die landseitigen Anlagen beschränkt.

40 - Bei der Benutzung von **Luftfahrzeugen** im Sinne der Definition von § 1 Absatz 2 LuftVG.

41 - Bei **Rohrleitungen**, die **nicht** ausschließlich **betriebsintern** sind, aber auch nicht notwendigerweise **öffentlichen Charakter** haben. Der betriebsinterne Charakter endet dort, wo die Beförderungsfunktionen von Rohrleitungen aus dem System des Aufsuchungs-, Gewinnungs- oder Aufbereitungsbetriebs unmittelbar **und** ausschließlich auf andere Netze übergehen. Das können Leitungsnetze fremder Dritter, also etwa auch öffentliche Sammelleitungen, oder Leitungen anderer nicht bergbaulicher Betriebe des gleichen Unternehmens sein. Bergbauliche Betriebe des gleichen Unternehmens unterliegen dem Bergrecht, auch wenn sie eigene Rohrleitungen betreiben. Sind die Betriebe des gleichen Unternehmens nicht bergbauliche Betriebe, so kommt es für die Geltung des Bergrechts darauf an (Boldt/Weller, § 2 Rn 18), dass die Übergabe nicht unmittelbar und ausschließlich an diesen Betrieb erfolgt. Für die Geltung des Bergrechts ist also das entscheidende Kriterium die nicht **ausschließliche und unmittelbare Abgabe an Dritte.** Maßgebliche räumlich-technische Grenze für die Geltung des Bergrechts sind die Übergabestation, die Einleitung in Sammelleitungen oder die letzte Messstation für den Ausgang.

3. Sondertätigkeiten

42 a) **Untergrundspeicher.** Neben den Haupttätigkeiten, ihren vorbereitenden, begleitenden und nachfolgenden Komponenten und den Nebentätigkeiten gilt das BBergG für speziell in seinen Geltungsbereich einbezogene Tätigkeiten einschließlich deren betrieblichen Einrichtungen. Als solche „Sondertätigkeiten" nennt § 2 Absatz 2 Nr. 1, 2 zwei Tätigkeiten, nämlich
- das **Untersuchen** des Untergrundes auf seine **Eignung** sowie
- die Errichtung und der Betrieb von **Untergrundspeichern.**
Zweifel kann das Verhältnis von § 2 Absatz 1 zu § 2 Absatz 2 auslösen: Absatz 2 ist gegenüber Absatz 1 nicht die speziellere und abschließende Vorschrift, sondern erweitert („[...] gilt ferner [...]") den Geltungsbereich des Absatz 1, ohne ihn für Untergrundspeicher auszuschließen, soweit die Voraussetzungen des Absatz 1 ohnehin schon gegeben sind (für Geltung des Betriebsplanverfahrens für Untergrundspeicher gemäß § 2 Absatz 1: BVerwG, ZfB 1996, 278 = NVwZ 1996, 907 = DVBl 1996, 253). Die besondere Funktion

des Absatz 2 liegt ferner darin, als Sonderregelung für Untergrundspeicher die nach Absatz 1 an sich uneingeschränkte Anwendung der Vorschriften des BBergG zu beschränken („[...] soweit das ausdrücklich bestimmt ist"). Umfang und Bedeutung der Einbeziehung dieser Tätigkeiten in das Bergrecht erschließen sich allerdings ebenso wie die in § 2 Absatz 1 Nr. 3 genannten sonstigen Tätigkeiten und Einrichtungen erst vollständig aus dem **Zusammenhang mit den §§ 4, 126.**

Denn nach der Legaldefinition in § 4 Absatz 9 ist ein **Untergrundspeicher** jede **43** Anlage zur unterirdischen behälterlosen Speicherung von Gasen, Flüssigkeiten und festen Stoffen mit Ausnahme von Wasser. Die Besonderheit dieser „bergbaulichen" Tätigkeit setzt sich also aus zwei Elementen zusammen. Es muss eine **Speicherung** zum späteren Wiedernutzbarmachen der gespeicherten Güter sein, nicht also eine endgültige Lagerung etwa als untertägige Verbringung von Reststoffen. Daneben muss die Speicherung **behälterlos** sein, darf also weder in festen Behältern erfolgen noch in unterirdischen Hohlräumen (Boldt/Weller, § 2 Rn 29).

aa) **Untersuchen des Untergrundes.** Die erste der Sondertätigkeiten ist die **44** **Untersuchung** des Untergrundes auf seine Eignung als Vorstufe der Errichtung und des Betriebs. Sie ist deshalb ausdrücklich genannt, um sie von der gewerblichen Aufsuchung, z. B. beim Aussolen von Salzlagerstätten zur späteren Errichtung von Kavernenspeichern, abzugrenzen. § 126 Absatz 2 zeigt hierfür eine Auslegungsregel, die den Vorrang der gewerblichen Aufsuchung sicherstellen soll. Danach handelt es sich um eine Untersuchung des Untergrundes auf seine Eignung zur Errichtung von Untergrundspeichern nur dann, wenn damit keine Aufsuchung im Sinne der Legaldefinition verbunden ist. Liegt dieser Regelfall vor, braucht der Untersuchende keine besondere Berechtigung für sein Tun, wie etwa bei der Aufsuchung.
Gasspeicherung: Die Gasspeicherung wird nicht vom Salzabbaurecht der Salzgewinnungsgesellschaft gedeckt. Das Recht zur Gas- oder Mineralölspeicherung ist selbst kein Bergbaurecht und auch nicht von anderen Bergbaurechten mit umfasst (BGH WM 1981, 129, 130); soweit der Speicher in der Tiefe weit in fremde Grundstücksbereiche reicht, muss sich das Speicherunternehmen gegenüber zivilrechtlichen Ansprüchen der Grundstückseigentümer absichern (v. Hammerstein/Hoff, ZfB 2009, 200).

bb) **Exkurs: Speicherrechte.** In der **DDR war die Rechtslage anders und blieb es 45 dem Grunde nach** auch in den neuen Bundesländern bis zum Inkrafttreten des Gesetzes zur Vereinheitlichung der Rechtsverhältnisse von Bodenschätzen vom 15.4.1996 (BGBl I, 602). Hier gab es die sog. **Speicherrechte** (§ 5 Berggesetz DDR), die selbstständig und gleichberechtigt neben den Untersuchungs- und Gewinnungsrechten bestanden. Sie umfassten ein allein dem Staat zustehendes Recht zur unterirdischen behälterlosen Speicherung von Gasen und Flüssigkeiten natürlichen und künstlichen Ursprungs (§ 1 c Berggesetz DDR). Um die Weitergeltung bestehender Speicherrechte sicherzustellen und eine künftige Begründung in den neuen Bundesländern zu ermöglichen, wurde im Einigungsvertrag bestimmt, dass geologische Formationen und Gesteine der Erdkruste in den Beitrittsländern, die sich zur unterirdischen behälterlosen Speicherung eigneten, als bergfreie Bodenschätze im Sinne des § 3 Absatz 3 BBergG fortgalten, damit dem Grundeigentum entzogen und Gegenstand von besonderen Aufsuchungs- und Gewinnungsrechten waren (Boldt/Weller, Erg.-Bd., 226; Weller, Bergbau 1996, 255). Demgegenüber war und ist die Einbeziehung in das Bergrecht allein auf die Anwendung bestimmter, in § 126 Absatz 1 genannter Vorschriften (§§ 39, 40, 48, 50–74, 77–104, 108–131), die betriebsplanmäßige Besonderheit des § 126 Absatz 1 Satz 2 und wie bei den anderen in § 2 Absatz 2 Nr. 3 genannten sonstigen Tätigkeiten und Einrichtungen auf Sicherheits- und Publikationsaspekte begrenzt.

46   **cc) Errichten und Betreiben von Untergrundspeichern.** Die für die behälterlose unterirdische Speicherung genutzten **technischen Verfahren** (Boldt/Weller, § 2 Rn 30, 909, u. H. auf Führer, Bergbau 1983, 416) sind die Kavernen- und die Aquifer- (Poren- oder Antiklima-)Speicher. Untergrundspeicher i. S. von § 4 Absatz 9, und § 126 sind Speicher für Erdgas in ehemaligen Erdöl-/Erdgasfeldern, in Aquifer-Speichern (Porenspeichern) und ehemaligen Salzkavernen (Kavernenspeicher). Grundsätzlich bestehen verschiedene technische **Möglichkeiten, Energie zu speichern:** Pumpspeicherwerke als Wasserkraftwerke, Druckluftspeicherkraftwerke, in denen zur Speicherung von Strom in unterirdischen Kavernen Luft komprimiert und dort als Druckenergie gespeichert wird. Ferner Akkumulatoren und Wasserstoffspeicher (Wieser, ZuR 2011, 241).
Von diesen Energiespeichern sind die **Druckluftspeicherwerke** als Untergrundspeicher i. S. von § 4 Absatz 9 einzuordnen (Wieser, aaO, S. 244 im Anschluss an Boldt/Weller, § 2 Rn 28). Für sie gilt daher nach Maßgabe des § 126 Absatz 1 das BBergG ebenso wie für **Geothermie** und **Erdgasspeicherung. Nicht** unter den Begriff Speicherung i. S. von §§ 126 Absatz 1, 4 Absatz 9 fällt die **dauerhafte Verbringung von CO$_2$** in unterirdische Speicher (Wieser, aaO; Schulze/Herrmann/Barth, DVBl 2008, 1417, 1419, Pielow, GDMB-Schriftenreihe, Heft 124, 2011, S. 19; s. auch § 55 Rn 106 zu CO$_2$ als Abfall; zur Untergrundspeicherung von CO$_2$ s. § 126 Rn 14).

47   Das Errichten und Betreiben von Untergrundspeichern einschließlich der Einrichtungen, die überwiegend dem Betrieb zu dienen bestimmt sind (§§ 2 Absatz 2 Nr. 2, 126 Absatz 1 Satz 1), ist bezüglich der Anwendung des Bergrechts wie die Eignungsuntersuchung zu behandeln. Zu den **technischen und rechtlichen Aspekten** eines Untergrundspeichers, seiner Errichtung und seines Betriebs (Errichtung und Erstbefüllung) im Rahmenbetriebsplanverfahren hat das BVerwG anschaulich in seinem Gasspeicher-Urteil vom 13.12.1991 (ZfB 133 (1992), 38) Stellung genommen. Auch die Vorinstanzen geben informative und ausführliche Erläuterungen zur Speicherungstechnik (VerwG Berlin vom 18.5.1988 = ZfB 1989, 127; OVG Berlin vom 23.5.1990 = ZfB 1990, 200; im Übrigen ausführlich s. Boldt/Weller, §§ 2 Rn 28, 126 Rn 3 f.).

48   **b) Sonstige Tätigkeiten und Einrichtungen.** Zu den sonstigen Tätigkeiten und Einrichtungen (vgl. Anmerkung zu §§ 126 ff.) (Absatz 2 Nr. 3), die gleichfalls eine bergrechtliche Zuordnung begründen, gehören neben der Untergrundspeicherung die Errichtung und der Betrieb von Anlagen zur **Lagerung, Sicherstellung oder Endlagerung radioaktiver Stoffe** im Sinne des AtomG (§ 126 Absatz 3), **Bohrungen** von mehr als 100 m Tiefe und die dazu gehörenden Betriebseinrichtungen (§ 127), der **Rückbau von alten Halden** zur Gewinnung von bergfreien oder grundeigenen Bodenschätzen aus früherem Bergbau (§ 128), **Versuchsgruben** und Bergbauversuchsanstalten (§ 129) und die Hauptstellen für das **Grubenrettungswesen** (§ 131).

49   Diesen Tätigkeiten und Einrichtungen ist ihr bergmännischer Charakter mit einem gewissen Sicherheitsrisiko für Beschäftigte und Dritte gemeinsam. Deshalb ordnen §§ 126–131 an, dass die Vorschriften für die Betriebspläne, die verantwortlichen Personen und die Bergaufsicht Anwendung finden müssen. Die §§ 129, 131 geben überdies VO-Ermächtigungen an den BM für Wirtschaft zur Regelung der Sachgebiete Versuchsgruben, Bergbauversuchsanstalten und Hauptstellen für das Grubenrettungswesen.

4.   Einrichtungen

50   **a) Betriebsanlagen und -einrichtungen.** In den Geltungsbereich des BBergG fallen solche Betriebsanlagen und -einrichtungen, zusammenfassend „Einrichtungen" genannt, die der Aufsuchung, Gewinnung, Aufbereitung und dem Wiedernutzbarmachen **überwiegend dienen oder zu dienen** bestimmt sind. Das BBergG hat sie freilich weder definiert noch gar aufgezählt – weder einzeln noch in Gruppen – sondern es dem Rechtsanwender überlassen, durch Auslegung des **unbestimmten Rechtsbegriffs** „**überwiegend**" dienen oder zu dienen bestimmt sein zu ermitteln, wann die Einrichtung dem Geltungsbereich des BBergG zuzurechnen ist. Eine darüber hinausgehende begriffliche Festlegung wäre auch gar nicht möglich, weil die Einrichtungen sowohl nach der jeweiligen betrieblichen und zeitlichen Phase eines Vorhabens als auch nach den verschiedenen Bergbauzweigen so unterschiedlich sind, dass sie sich nicht nach einem einheitlichen Schema definieren lassen.

Bei einer Feuerungsanlage für Holzgas, die der Entwässerung und Trocknung des gewonnenen Quarzsandes dient, handelt es sich um eine Einrichtung i. S. von § 2 Absatz 1 Nr. 3 (OVG NRW, ZfB 2004, 220).

b) Auslegungshilfen. Es gibt aber Auslegungshilfen für die Zuordnung von **51** Einrichtungen zum Bergrecht in Zweifelsfällen (Boldt/Weller, § 2 Rn 24 ff.).
– Der Tatbestand des „**Dienens**" einer Einrichtung für bergbauliche Tätigkeiten kann sowohl durch die **Funktion** als auch durch die **Produktion** der Einrichtung erfüllt sein; bekanntestes Beispiel sind die sog. Zechenkraftwerke, die Strom und Wärme (Produktion) überwiegend für einen bergbaulichen Betrieb (Funktion) liefern.

Eine **Betriebsanlage, die überwiegend den in § 2 Absatz 1 Nr. 1 oder Nr. 2 bezeichneten Tätigkeiten dient,** kann ein auf dem Betriebsgelände einer Steinkohlenzeche befindliches **Kraftwerk** sein, wenn es mehr als 50 % des erzeugten Stroms („überwiegend") an die Zeche abgibt. Ebenso, wenn die bei der Verbrennung in einem Kraftwerk erzeugte Wärme genutzt wird, um Kohlenstaub in den vorhandenen Produktionsanlagen herzustellen. Anders, wenn 90 % des erzeugten Stroms in das öffentliche Netz eingespeist werden und nur 10 % an das Bergwerk geliefert werden (Frenz, UPR 2012, 55, Kremer/Wever, Rn 71). Werden im Kraftwerk nahezu gleichgewichtig Ersatzbrennstoffe neben Braunkohle eingesetzt, spricht viel dafür, dass die Genehmigungsgrundlage vom Bergrecht zum BImschG wechselt. Die „Plattform" des Bergrechts gemäß § 1 Nr. 1 BBergG wird verlassen, das genehmigungsrechtliche Regime für die Änderung durch Zugabe gleichwichtiger Ersatzbrennstoffe ist das BImschG (Frenz, aaO, S. 58).
– Der Begriff des überwiegenden Dienens kann zur Ermittlung der Zuordnung durch den Begriff des **unmittelbaren** Dienens bei den Haupttätigkeiten ergänzt werden. Beispiel: Der Produktionsbetrieb eines Bergbauzulieferers unterfällt dem Bergrecht selbst dann nicht, wenn die hergestellten Geräte und Maschinen überwiegend im Bergbau eingesetzt werden. Die von diesem Betrieb hergestellten Einrichtungen und technischen Arbeitsgeräte unterliegen aber dem Bergrecht dann, wenn sie in einem dem Bergrecht unterliegenden Betriebsbereich eingesetzt werden und damit diesem Betrieb unmittelbar dienen. Zu Einrichtungen, die **technische Arbeitsmittel** im Sinne des Gesetzes über technische Arbeitsmittel (GerätesicherheitG) vom 24.6.1968 i. d. F. vom 6.1.2004 (BGBl, 2) sind, s. § 174 Rn 8.
– Bei **baulichen Anlagen** gelten Berg- und Baurecht nebeneinander, soweit nicht die Geltung des Baurechts ausdrücklich ausgeschlossen ist (z. B. bei Abgrabungen).

III. Räumlicher Geltungsbereich

1. Staatsgebiet

52 Das BBergG ging bei seiner Entstehung von der üblichen räumlichen Geltung eines Bundesgesetzes aus, nämlich dem **Geltungsbereich des GG** der damaligen Bundesrepublik Deutschland, und von ihrem Staatsgebiet (*„Staatsgebiet als der Raum, in dessen Grenzen der Staat seine territoriale Souveränität ausübt, über den er frei verfügt, dessen Entwicklung er organisiert und in dem er vorrangig seine Rechtsordnung geltend macht."* – vgl. Vitzthum in Vitzthum (Hrsg.), Völkerrecht, 405). Dieser räumliche Geltungsbereich – der nicht ausdrücklich genannt, noch wesentlich durch die Grenzen zu den Nachbarländern gekennzeichnet wird –, ist mit dem Einigungsvertrag vom 31.8.1990 (BGBl II, 889), dem Beitritt der DDR zur Bundesrepublik Deutschland, sowie durch das Inkrafttreten des GG in den Beitrittsländern (BGBl III, Gliederungs-Nr. 100-1) und die Überleitung von Bundesrecht (Kapitel III Artikel 8 des Einigungsvertrags) auf das neu entstandene **Staatsgebiet der Bundesrepublik Deutschland** im Rahmen seiner völkerrechtlich abgesicherten Grenzen ausgedehnt worden (über die sachlichen Veränderungen für den Bergbau vgl. Anlage I Kapitel V Sachgebiet D Abschnitt III Nr. 1, Anlage II Kapitel V Sachgebiet D Abschnitt II des Einigungsvertrags vom 3.8.1990: BGBl II, 889, 1003).
Einer besonderen textlichen Erwähnung hat diese Erweiterung des räumlichen Geltungsbereichs im BBergG nicht bedurft.

2. Festlandsockel, Küstenmeer und Wirtschaftszone

53 a) **Grundsätze.** Die Rechte, Hoheitsbefugnisse und Pflichten der Küstenstaaten wurden im **Seerechtsübereinkommen der Vereinten Nationen** vom 10.12.1982 (SRÜ) geregelt, das in deutsches Recht umgesetzt wurde (BGBl 1994 II, 1798). Danach ist das Meer in verschiedene Zonen eingeteilt worden, in denen die Staaten unterschiedliche Befugnisse haben: Das **Küstenmeer** (12 Seemeilen) ist Hoheitsgewässer des Küstenstaates, es wird im deutschen Recht gemeinsam mit dem auf das Festland anschließenden „innere(n) Gewässer" als **„Küstengewässer"** bezeichnet (Czybulka, NUR 2011, 304). Anschließend folgt die **Ausschließliche Wirtschaftszone** (AWZ = 200 Seemeilen), in der der Küstenstaat noch besondere Rechte und Hoheitsbefugnisse hat (Artikel 56 SRÜ), insbesondere auch zum Zwecke der Erforschung, Ausbeutung, Erhaltung und Bewirtschaftung von natürlichen Ressourcen. Der **Festlandsockel** kann über die 200-Meilen-Grenze hinausgehen auf bis zu 350 Seemeilen von den Basislinien aus gemessen (Artikel 76 Absatz 6 SRÜ). Nach Artikel 77 Absatz 2 SRÜ hat der Küstenstaat das souveräne und ausschließliche Recht zum Zwecke der Erforschung und Ausbeutung seiner natürlichen Ressourcen auf dem Festlandsockel. Absatz 3 Satz 1 legt die räumliche und sachliche Geltung des Bergrechts zusätzlich im **Festlandsockel der Bundesrepublik Deutschland** fest. Absatz 3 Satz 2 stellt diese Geltung allerdings mit Recht unter den Vorbehalt der Unberührtheit völkerrechtlicher Regeln über die Hohe See und den Festlandsockel selbst. Das gilt auch für die **ausschließliche Wirtschaftszone**, weil sie wie der Festlandsockel **Nichtstaatsgebiet** ist und die Bundesrepublik Deutschland zwar eine **Nutzungs-, nicht aber** eine **Gebietshoheit** besitzt. Diese Nutzungshoheit hat sie als Küstenstaat aufgrund der völkerrechtlichen Regeln des sog. **Festlandsockelregimes und der Regeln über die ausschließliche Wirtschaftszone.** Sie räumen dem Küstenstaat souveräne Rechte zur Erforschung dieser „Funktionshoheitsräume", ihres Grundes und Untergrundes und zur Ausbeutung der natürlichen Ressourcen ein (Artikel 76 ff. SRÜ).
Außerdem regeln diese Normen die Verlegung von Unterwasserkabeln und Transit-Rohrleitungen sowie die Errichtung und den Betrieb künstlicher Inseln,

sei es zur Meeresforschung, zur Kommunikation oder zu bergbaulicher Forschung oder Bodenschätzegewinnung.

Zur Anwendbarkeit nationaler und internationaler Regelungen auf die Erdgasgewinnung aus dem deutschen Festlandsockel: Krieger, DVBl 2002, 300 ff.; zu Rechtsfragen der marinen Kies- und Sandgewinnung in Nord- und Ostsee: Czybulka/Stredak, Baden-Baden, 2008. Zu Rechtsgrundlagen der maritimen Raumordnung insbesondere im Küstenmeer (sog. 12-Seemeilen-Zone) und der deutschen ausschließlichen Wirtschaftszone (AWZ) in Nord- und Ostsee: Erbguth, DÖV 2011, 371 ff.; Rainer Wolf, ZUR 2005, 176 ff.; ferner VO über die Raumordnung in der AWZ-Nordsee (vom 21.9.2009, BGBl, 3107) und VO über die Raumordnung in der AWZ-Ostsee (vom 10.12.2009, BGBl, 3861); zum Abbau von Bodenschätzen in deutschen Meeresgewässern BT-Drs 16/7596 und Uwe Jenisch, NordÖR 2010, 373.

Keiner ausdrücklichen Regelung im BBergG oder eines Hinweises auf das **54** Völkerrecht bedurfte es für eine mögliche bergbauliche Nutzung des **Küstenmeeres** als maritimem **Teil des Staatsgebiets**. Denn zusammen mit inneren Gewässern und den Archipelgewässern bildet das Küstenmeer das sog. **Aquitorium** (Vitzthum in Vitzthum (Hrsg.), Völkerrecht, 421) eines Staates. Gemäß Artikel 2 Absatz 1 und 2 SRÜ erstreckt sich die Souveränität eines Küstenstaates jenseits seines Landgebietes und seiner inneren Gewässer „auf einen angrenzenden Meeresstreifen. [...] Diese Souveränität erstreckt sich sowohl auf den Luftraum über dem Küstenmeer als auch auf den Meeresboden und Meeresuntergrund des Küstenmeers", es besteht also eine sog. vertikale Rechtseinheit. Die Bundesrepublik Deutschland dehnte ihr Küstenmeer in Nord- und Ostsee am 19.10.1994 (Proklamation der BReg. = BGBl I, 3444) auf die zulässigen 12 sm aus. Hinsichtlich der zu diesem Zeitpunkt bestehenden Rechte und Erlaubnisse gilt § 168 a BBergG. Der Beitritt der neuen Bundesländer am 3.10.1990 ist in ihrem gegebenen territorialen und aquitorialen Bestand erfolgt, also einschließlich des bereits im Jahre 1984 von der DDR auf 12 sm erweiterten Küstenmeeres. Das BBergG gilt demnach uneingeschränkt für bergbauliche Tätigkeiten auf dem Meeresboden und im Meeresuntergrund des Küstenmeeres (besondere völkerrechtliche Regeln gelten für die Achtung der Rechte anderer Staaten, vor allem der friedlichen Durchfahrt, s. dazu Artikel 2 Absatz 3, Artikel 17 ff. SRÜ).

Von besonderer Bedeutung für bergbauliche Aktivitäten ist die **ausschließliche** **55** **Wirtschaftszone** als „ressourcenorientierter Raum sui generis" in Angrenzung an das Küstenmeer. Die Wirtschaftszone ist ein Institut der neueren Seerechtsentwicklung und insbesondere im Hinblick auf die völkerrechtliche Ordnung der Fischerei entstanden. In diesem Meeresbereich übt der Küstenstaat einzelne Rechte und Hoheitsbefugnisse aus. Seine Rechte bezüglich des Meeresbodens und -untergrundes sind nach Teil VI SRÜ, also den Festlandsockelregelungen, auszuüben (Artikel 56 Absatz 3). Das gewährleistet eine einheitliche Ordnung für den Festlandsockel, den Meeresboden sowie den Untergrund der ausschließlichen Wirtschaftszone (Vitzthum in Vitzthum (Hrsg.), Völkerrecht, 432, 434 Anmerkung 147).

b) **Festlandsockelregime.** Als **Festlandsockel** wird nach Artikel 76 SRÜ der **56** Meeresboden angesehen, der sich über die gesamte natürliche Verlängerung des küstenstaatlichen Landgebietes bis zur äußeren Kante des Kontinentalrandes erstreckt. Dieser besteht aus Sockel, Abhang und Anstieg. Die Außengrenze des Festlandsockels erstreckt sich nach SRÜ entsprechend dem Regime über die ausschließliche Wirtschaftszone zunächst bis zu deren äußerster seewärtigen Grenze 200 sm. Darüber hinaus kann er bis max. 350 sm von der Basis oder 100 sm von der 2500-m-Tiefenlinie reichen (Artikel 76 Absatz 6, 7, 8 SRÜ).

57   Die **Gewässer über dem Festlandsockel** bleiben auch nach dem SRÜ Hohe See im engeren Sinne oder sind, soweit vom Küstenstaat erklärt, bis max. zur 250-sm-Linie ausschließliche Wirtschaftszone mit entsprechenden küstenstaatlichen Rechten und Befugnissen (zu Einzelheiten der unterschiedlichen Regime vgl. Vitzthum in Vitzthum (Hrsg.), Völkerrecht, 430).

58   Auf dem Festlandsockel selbst haben **alle Staaten,** wenn auch unter Einschränkungen, das **Recht, unterseeische Rohrleitungen und Kabel zu verlegen** (Artikel 74 SRÜ). Demgegenüber hat der Küstenstaat nach Artikel 81 SRÜ „das ausschließliche Recht, Bohrarbeiten auf dem Festlandsockel zu genehmigen und zu regeln", also auch Bohrungen für wissenschaftliche Zwecke.

59   Die **sachliche Geltung des Bergrechts** im Gebiet des Festlandsockelregimes erstreckt sich auf alle bergrechtlichen **Haupttätigkeiten** einschließlich der Wiedernutzbarmachung. Sie umfasst die Tätigkeiten im Zusammenhang mit der Untersuchung des Untergrundes auf seine Eignung für Untergrundspeicher und die Errichtung und den Betrieb von Untergrundspeichern. Die für den Betrieb aller dieser Tätigkeiten notwendigen Einrichtungen sind ebenso eingeschlossen wie Errichtung und Betrieb von Unterwasserkabeln, Transit-Rohrleitungen (§ 133 ff.) und wissenschaftliche Forschungshandlungen in Bezug auf den Festlandsockel, soweit sie offensichtlich zur Aufsuchung von Bodenschätzen ungeeignet sind (§ 132).

60   c) **Festlandsockel-Bergverordnung (FlsBergV).** Der Ausführung von Tätigkeiten im Festlandsockel und ihrer Aufsicht dient die FlsBergV vom 21.3.1989 (BGBl I, 554; zuletzt geändert durch Artikel 15 des Gesetzes vom 29.7.2009 (BGBl, 2424). Sie ist nach dem Einigungsvertrag seit dem 1.1.1994 in ganz Deutschland in Kraft.

61   Die FlsBergV hat folgende **Regelungsschwerpunkte:** Sie gilt für Aufsuchung, Gewinnung und Aufbereitung von Bodenschätzen im Bereich des Festlandsockels (§ 1) und enthält Vorschriften
– über **Arbeits- und Gesundheitsschutz** und die Gestaltung von Arbeitsplätzen und Unterkünften auf Plattformen sowie die notwendigen Sicherheitsvorkehrungen bei Arbeiten auf und von Plattformen aus (§§ 2–18),
– für Aufsuchung und Gewinnung von Bodenschätzen mittels **Bohrungen** (§§ 19–25),
– für Maßnahmen zum **Schutz des Meeres** einschließlich des Meeresgrundes (§§ 26–34),
– für Maßnahmen zur Abwehr von Gefahren für die Sicherheit und **Leichtigkeit des Schiffs- und Luftverkehrs** sowie zum Schutz von **Unterwasserkabeln** (§§ 35–39) und
– Schlussvorschriften wie Prüfung von Betriebseinrichtungen, Betriebsanweisungen und sicherheitliche Unterlagen Anzeigepflichten, Ordnungswidrigkeiten und **Verantwortlichkeiten** (§§ 40–49).

3.   Meeresbodenbergbaugesetz (MBergG)

62   Obgleich nicht Bergrecht im engeren Sinne, ist das MBergG hier erwähnenswert. Denn das **SRÜ** von 1982, das 1994 für Deutschland durch seinen Beitritt zu den Vertragsstaaten in Kraft getreten ist, regelt neben den einzelnen Nutzungszonen des Meeres (Küstenmeer, ausschließliche Wirtschaftszone, Festlandsockel und Hohe See mit Meeresboden und Meeresuntergrund) auch die Nutzungsformen, u. a. den Meeresbodenbergbau. Aufgrund der Verpflichtung in Artikel 139 Absatz 1 SRÜ, Artikel 4 Absatz 4 Anlage III müssen die **Vertragsstaaten** im Rahmen ihrer Rechtssysteme **dafür sorgen,** dass Prospektoren und von diesen befürwortete Vertragsnehmer **Prospektion, Erforschung und Ausbeutung** von

Bodenschätzen des Meeresbodens und des Meeresuntergrundes jenseits der Grenzen nationaler Hoheitsbefugnisse, im sog. Gebiet (Area) also, in Einklang mit den Vorschriften des SRÜ, des Durchführungsabkommens, der von der Internationalen Meeresbodenbehörde erlassenen Bestimmungen und des jeweiligen Vertrages durchführen (zur Begründung des MBergG s. ZfB 134 (1995), 252). Dieser Verpflichtung ist die Bundesrepublik Deutschland am 6.6.1995 mit einem **ArtikelG** zur Ausführung des SRÜ der Vereinten Nationen vom 10.12.1982 sowie des Übereinkommens vom 28.7.1994 zur Durchführung des XI. Teils des SRÜ nachgekommen (**AusführungsG SRÜ 1982/1994**).

Artikel 9 dieses Gesetzes enthält das MBergG. Dieses Gesetz (BGBl I, 778, 782) **63** regelt in 13 Paragraphen die folgenden, für bergbauliche Aktivitäten wesentlichen Sachbereiche:
– **Zweck des Gesetzes** (Einhaltung der Übereinkommen, Sicherheit der Beschäftigten und der Betriebsanlagen, Schutz der Meeresumwelt, Vorsorge gegen Gefahren aus Prospektion und Tätigkeiten für Leben, Gesundheit und Sachgüter Dritter, Aufsicht über Prospektion und andere Tätigkeiten (§ 1),
– **Begriffsbestimmungen**, u. a. Gebiet, Bodenschätze, Tätigkeiten im Gebiet, Behörde, Prospektor, Antragsteller, Vertragsnehmer, Vertrag (§ 2),
– **Zugangsbedingungen** (§ 4),
– **Verantwortlichkeiten** der Prospektoren und Vertragsnehmer (§ 5),
– **Verantwortliche Personen** (§ 6),
– **Ermächtigung** zum Erlass von BergVO (§ 7),
– **Bergaufsicht** (§ 8) und
– Kosten, Bußgeld-, Straf- und Übergangsvorschriften (§§ 10–13).

Die Vorschriften des MBergG stehen für die angesprochenen Projekte selbst- **64** ständig neben denen des BBergG. Denn das „Gebiet", in dem dieses Gesetz völkerrechtlich begründete Rechte auf Bodenschätze und die daraus gewonnenen Rohstoffe in deutsches Recht transformiert, umfasst den Meeresboden und den Meeresuntergrund **jenseits der Grenzen nationaler Hoheitsbefugnisse**. Insofern fallen auch diese Regeln als eigenständiges Ordnungs- und Schutzkonzept unter das Unberührtheitsgebot des BBergG, wenn auch aus anderen Gründen.

§ 3 Bergfreie und grundeigene Bodenschätze

(1) Bodenschätze sind mit Ausnahme von Wasser alle mineralischen Rohstoffe in festem oder flüssigem Zustand und Gase, die in natürlichen Ablagerungen oder Ansammlungen (Lagerstätten) in oder auf der Erde, auf dem Meeresgrund, im Meeresuntergrund oder im Meerwasser vorkommen.

(2) Grundeigene Bodenschätze stehen im Eigentum des Grundeigentümers. Auf bergfreie Bodenschätze erstreckt sich das Eigentum an einem Grundstück nicht.

(3) Bergfreie Bodenschätze sind, soweit sich aus aufrechterhaltenen alten Rechten (§§ 149 bis 159) oder aus Absatz 4 nichts anderes ergibt:

Actinium und die Actiniden, Aluminium, Antimon, Arsen, Beryllium, Blei, Bor, Caesium, Chrom, Eisen, Francium, Gallium, Germanium, Gold, Hafnium, Indium, Iridium, Kadmium, Kobalt, Kupfer, Lanthan und die Lanthaniden, Lithium, Mangan, Molybdän, Nickel, Niob, Osmium, Palladium, Phosphor, Platin, Polonium, Quecksilber, Radium, Rhenium, Rhodium, Rubidium, Ruthenium, Scandium, Schwefel, Selen, Silber, Strontium, Tantal, Tellur, Thallium, Titan, Vanadium, Wismut, Wolfram, Yttrium, Zink, Zinn, Zirkonium – gediegen und als Erze außer in Raseneisen –, Alaun- und Vitriolerzen –; Kohlenwasserstoffe nebst den bei ihrer Gewinnung anfallenden Gasen; Stein- und Braunkohle nebst den im Zusammenhang mit ihrer Gewinnung auftretenden Gasen; Graphit; Stein-, Kali-, Magnesia- und Borsalze nebst den mit diesen Salzen in der gleichen Lagerstätte auftretenden Salzen; Sole; Flußspat und Schwerspat.

Als bergfreie Bodenschätze gelten:
1. **alle Bodenschätze im Bereich des Festlandsockels und,**
2. **soweit sich aus aufrechterhaltenen alten Rechten (§§ 149 bis 159) nichts anderes ergibt,**
   a) **alle Bodenschätze im Bereich der Küstengewässer sowie**
   b) **Erdwärme und die im Zusammenhang mit ihrer Gewinnung auftretenden anderen Energien (Erdwärme).**

(4) Grundeigene Bodenschätze im Sinne dieses Gesetzes sind nur, soweit sich aus aufrechterhaltenen alten Rechten (§§ 149 bis 159) nichts anderes ergibt:
1. **Basaltlava mit Ausnahme des Säulenbasaltes; Bauxit; Bentonit und andere montmorillonitreiche Tone; Dachschiefer; Feldspat, Kaolin, Pegmatitsand; Glimmer; Kieselgur; Quarz und Quarzit, soweit sie sich zur Herstellung von feuerfesten Erzeugnissen oder Ferrosilizium eignen; Speckstein, Talkum; Ton, soweit er sich zur Herstellung von feuerfesten, säurefesten oder nicht als Ziegeleierzeugnisse anzusehenden keramischen Erzeugnissen oder zur Herstellung von Aluminium eignet; Traß;**
2. **alle anderen nicht unter Absatz 3 oder Nummer 1 fallenden Bodenschätze, soweit sie untertägig aufgesucht oder gewonnen werden.**

Übersicht   Rn

I.   Begriffe und Definitionen   1
1.   Vorbemerkung   1
2.   Mineralien, mineralische Bodenschätze, mineralische Rohstoffe   3
3.   Bodenschätze und Lagerstätten   6
4.   Wasser   9

II.   Rechtliche Zuordnungsformen für Bodenschätze   10
1.   Vorbemerkung   10
2.   Der echte Staatsvorbehalt   13
3.   Der unechte Staatsvorbehalt   14
4.   Berg(bau)freiheit   15
5.   Exkurs: Volkseigentum   16
6.   Geschichtliche Entwicklung   17

III.   Grundsätze der Zuordnungsformen im BBergG   19
1.   Vorbemerkung   19
2.   Bergfreiheit und Konzessionssystem   20
3.   Fiktion der Bergfreiheit   21
4.   Eigentumsrechtliche Fragen der Zuordnung   22
       a)   BBergG   22
       b)   Exkurs: Die Besonderheiten des Rechts der Bodenschätze in den
            Gebieten der ehemaligen DDR   23
            aa) Das Recht der Bodenschätze in der ehemaligen DDR   24
            bb) Begründung von Bergwerkseigentum der Treuhandanstalt   27
            cc) Das Recht der Bodenschätze nach dem Einigungsvertrag   30
            dd) Das Recht der Bodenschätze nach dem Gesetz zur Vereinheitlichung
                der Rechtsverhältnisse bei Bodenschätzen (GVRB)   31

IV.   Bergfreie Bodenschätze   33
1.   Vorbemerkung   33
2.   Bergfreie Bodenschätze   34
3.   Fingierte bergfreie Bodenschätze   44
4.   Festlandsockel   45
5.   Küstengewässer   46
6.   Erdwärme und ihre Gewinnung   47

V.   Grundeigene Bodenschätze   53
1.   Vorbemerkung   53
2.   Grundeigene Bodenschätze   56
3.   Untertägige Aufsuchung und Gewinnung   68

4. Nichtbergrechtliche Grundeigentümerbodenschätze   70
   a) Grundeigentümerbodenschätze im Einzelnen   73
   b) Anzuwendende Vorschriften   76
   c) Zusammenfassende Gesichtspunkte   79

I. Begriffe und Definitionen

1. Vorbemerkung

§ 3 definiert zunächst den **Begriff des Bodenschatzes** und konkretisiert damit die **1**
sachliche Geltungsbereichsaussage des § 2, wonach das BBergG für das Aufsuchen, Gewinnen und Aufbereiten von bergfreien und grundeigenen Bodenschätzen gilt. Eine rechtliche Zuordnung der Bodenschätze zu Bergfreiheit oder
Grundeigentum erfolgt an dieser Stelle allerdings noch nicht. Vielmehr wird
zunächst eine eher **naturwissenschaftlich-geologische Aussage** zum Bodenschatz
als wesentlichem Gegenstand des Bergrechts gegeben. Damit weicht das BBergG
von früheren BergG, z. B. dem pr. ABG von 1865 (§ 1) und den nach dem
Zweiten Weltkrieg in meist westdeutschen Bundesländern geltenden unterschiedlichen Fassungen dieses Gesetzes ab (die Bundesländer im Geltungsbereich
des ABG sind dokumentiert bei Ebel/Weller, II B 1 ff. (473 ff.)).
Das BVerwG (BVerwGE 85, 223, 228) hat den **Begriff** wie folgt beschrieben:
Bodenschätze sind *„Schätze des Bodens, nicht der Boden selbst. Es muss sich in
besonderer Weise um abbauwürdige, in bestimmter Hinsicht wertvolle Stoffe
handeln."* Daraufhin hat es Sand und Kies im Bereich der Küstengewässer als
durchaus üblichen **Meeresgrund** angesehen, der **kein Bodenschatz** ist (Hüffer/
Tettinger, Bochumer Forschungsberichte, Heft 7, 1993, S. 7).

Die **Begründung** liegt im Vereinheitlichungsgedanken des BBergG: das Auf-   **2**
suchen, Gewinnen und Aufbereiten möglichst aller in Deutschland vorkom-
menden Bodenschätze in seinen Geltungsbereich einzubeziehen. Damit soll der
Ausnahmekatalog, der bis dahin außerordentlich vielfältig, unstrukturiert und
umfangreich war, so schmal wie möglich gehalten werden. Aus diesem Grund
steht die Definition des Bodenschatzes am Anfang. Die rechtliche Zuordnung in
bergfreie und grundeigene, aufrechterhaltene und neue, echte und fiktive Bodenschätze ist erst in den Absätzen 3 und 4 und dort nicht allgemein, sondern
enumerativ vollzogen.

2. Mineralien, mineralische Bodenschätze, mineralische Rohstoffe

Das bisherige moderne deutsche Bergrecht hatte, maßgeblich basierend auf dem   **3**
ABG, den Begriff des **Minerals** oder der Mineralien zur Umschreibung seines
Gegenstands verwandt: *„Die nachstehend bezeichneten Mineralien sind vom
Verfügungsrecht des Grundeigentümers ausgeschlossen [...]"* (§ 1 Absatz 1 ABG
NRW) und *„Soweit nicht durch Gesetz oder Verordnung Ausnahmen vorgese-
hen sind, steht die Aufsuchung und Gewinnung folgender Mineralien nur dem
Staate zu: [...]"* (§ 2 Absatz 1 ABG NRW).
Außerdem war damit bereits die rechtliche Zuordnung der Bodenschätze durch
Ausschluss des Grundeigentümers und Festlegung eines Staatsvorbehalts entschieden. Ebenso wie der im ABG verwandte Rechtsbegriff der Mineralien
erfasste der in der sog. SilvesterVO vom 31.12.1942 benutzte Begriff des
mineralischen Bodenschatzes nur solche *„nutzbaren Bestandteile der Erdrinde"*
(Isay I, 89), die nach der Entscheidung des jeweiligen Gesetzgebers dem sonst
berechtigten Grundeigentümer entzogen waren. Beide Begriffe waren somit in
dem jeweiligen gesetzlichen Zusammenhang von vornherein Rechtsbegriffe für
die Nutzung bestimmter Bodenschätze durch bestimmte Aneignungsberechtigte.

4 **Mineralogisch** hingegen sind Mineralien homogene, amorphe, kristalline oder kristallisierte natürliche Bestandteile der starren Erdrinde von zuweilen organischem Ursprung (Kohle), meist jedoch anorganischer Artikel Fast alle sind bei normalen Bedingungen fest, nur wenige (z. B. Quecksilber) sind flüssig (Ebel/Weller, § 1 Anmerkung 2).

5 Der **Begriff der mineralischen Rohstoffe** schließlich, der bisher im Bergrecht nicht verwendet wurde, ist eine Sammelbezeichnung für unbearbeitete Naturerzeugnisse mineralischer Herkunft, die im Produktionsprozess einer Umwandlung unterliegen, indem sie entweder verbraucht werden – etwa durch Verbrennung – oder stofflich in ein Zwischen- oder Fertigprodukt eingehen. Dazu gehören
(1) natürliche Brennstoffe,
(2) Erze der Eisen- und Nichteisenmetalle und
(3) nichtmetallische mineralische Rohstoffe.
Schließlich kommt den mineralischen Rohstoffen ein gewisser Handels- oder Marktwert zu (Boldt/Weller, § 3 Rn 4 m. w. N.; Kegel, Bergbauhandbuch 1994, 23 ff.). Das BBergG enthält erstmals in § 3 Absatz 1 diesen Begriff zur Erläuterung des Bodenschatzbegriffs.

3. Bodenschätze und Lagerstätten

6 Als **Bodenschätze** werden in § 3 Absatz 1 alle mineralischen Rohstoffe zusammengefasst, die in **Lagerstätten** in oder auf der Erde, auf dem Meeresgrund, im Meeresuntergrund oder Meerwasser vorkommen, unabhängig von ihrem Aggregatzustand: fest (etwa als Kohle, Erze), flüssig (vor allem als Erdöl, aber auch als Quecksilber) oder als Gas (Erdgas oder Methan). Als Lagerstätten werden ausdrücklich genannt alle **natürlichen Ablagerungen** oder **Ansammlungen** nutzbarer Minerale und Gesteine, die nach Größe und Inhalt für eine wirtschaftliche Gewinnung in Betracht kommen können.

7 In Abgrenzung zu Mineral- und Gesteinskörpern, die zu klein oder zu arm sind, um jemals abbauwürdig zu sein (Vorkommen), nennt man sie **nutzbare Lagerstätten** (Pohl, Lagerstättenlehre, 1). Das Verhältnis des Gehalts eines Stoffes in der Lagerstätte zu seinem durchschnittlichen Gehalt in der Kruste nennt man Anreicherungsfaktor; er bestimmt den Wert der Nutzbarkeit der Lagerstätte (zum Vorgang dieser Anreicherung, also der Lagerstättenbildung, s. Pohl, Lagerstättenlehre, aaO).

8 Bedeutsam in der Legaldefinition der **Bodenschätze** ist für die räumliche Geltung des Bergrechts der Hinweis auf die **unterschiedlichen Örtlichkeiten** von Lagerstätten. Er ist die Grundlage dafür, alle Rohstoffvorkommen der Erdrinde, auch solche auf dem Meeresgrund und im -untergrund des Küstenmeeres, des Festlandsockels oder der ausschließlichen Wirtschaftszone sowie in der Wassersäule der Küstengewässer als Gegenstände bergrechtlicher Regelungen zu erfassen. Auf diese Weise werden Raum und Gegenstand des Bergrechts im Sinne des § 2 verbunden. Gleichzeitig trägt das Bergrecht damit dem technischen Fortschritt des Bergbaus Rechnung und hält Optionen für die Entwicklung etwa des Meeresbergbaus im „Gebiet" offen (z. B. French, Der Tiefseebergbau, 1990, m. w. N.; Vitzthum (Hrsg.), Rechtsstatus des Meeresbodens, 97 ff.).

4. Wasser

9 Ausdrücklich ausgenommen vom Begriff des Bodenschatzes und von einer bergrechtlichen Normierung ist das Wasser (Boldt/Weller, § 3 Rn 5; zur Diskussion im Zusammenhang mit Erdwärme vgl. Heitmann, ZfB 125 (1984), 356,

361: Bei Erdwärme sind bergrechtl. relevant nur der Energieinhalt und ggf. noch die Bohrtätigkeit, nicht jedoch das Wasser; deshalb fallen **Heil- und Badebetriebe** nicht unter das Bergrecht; s. auch § 3 Rn 51), obgleich es grundsätzlich als Bodenschatz zu gelten hat. Grund für diese Ausnahme ist auch hier eine Art Unberührtheitsklausel, um durch Zurückhaltung eigener Regelungen nicht lösbare Überschneidungen zwischen Berg- und Wasserrecht zu vermeiden (Amtl. Begründung, BT-Drs 8/1315, 76 = Zydek, 69). Überdies wird den Rechten und Interessen des Bergbaus an Wassernutzungen im WHG selbst Rechnung getragen: § 19 Absatz 2, 3 WHG sieht vor, dass die Erlaubnis für eine im Betriebsplan vorgesehene Benutzung eines Gewässers von der Bergbehörde im Einvernehmen mit der für das Wasser zuständigen Behörde zu erteilen ist.

Die Ausnahme des Wassers vom bergrechtlichen Begriff des Bodenschatzes bedeutet aber nicht, dass grundsätzlich auch mineralische Rohstoffe, die Wasser enthalten (wie z. B. die **Sole**), keine Bodenschätze im Sinne des BBergG sind. Andererseits sind **Heilwässer**, die Mineralstoffe lediglich in gelöster Form enthalten, keine Bodenschätze im Sinne des § 3 Absatz 1.

Die Einrichtung und der Betrieb geothermischer Anlagen unterliegen, insbesondere bei hydrothermalen Systemen, grundsätzlich dem Wasserrecht (s. auch Anhang § 56 Rn 575). Beträgt der **Salzgehalt** allerdings mehr als **5 Prozent**, ist die mit der Bohrung geförderte Flüssigkeit nicht als Wasser, sondern als **Sole** zu qualifizieren (Große, ZUR 2009, 539, RdErlass des Min. für Umwelt, Natur und Forsten S.-H. vom 14.1.1999, ABl S. 18). Sole gehört gemäß § 3 Absatz 3 zu den bergfreien Bodenschätzen. Es findet nicht Wasserrecht, sondern Bergrecht Anwendung.

II. Rechtliche Zuordnungsformen für Bodenschätze

1. Vorbemerkung

Die Legaldefinition des Bodenschatzes nach § 3 Absatz 1 enthält noch keine für **10** jegliche bergbauliche Tätigkeit unverzichtbare **Zuordnung der Bodenschätze zu einem Aneignungsberechtigten**. Deshalb gilt, solange nicht spezielle Normen wie etwa das Bergrecht etwas anderes anordnen, die allgemeine Rechtssituation, d. h. in Deutschland die Rechtsordnung des GG und BGB mit den jeweiligen Einschränkungen und Überlagerungen durch öffentliche Nutzungsordnungen. Bodenschätze sind also bei dieser Ausgangssituation grundsätzlich dem einzelnen Grundeigentümer zugeordnet (Artikel 14 GG, § 903 BGB).

Dabei konnte es aber der Gesetzgeber des BBergG genauso wenig wie seine **11** Vorgänger belassen, weil dann Bergbau in jeder Form unmöglich wäre (H. Schulte, Eigentum, 275 ff.; Westermann, Freiheit, 14). Die rechtliche Zuordnung der Bodenschätze ist deshalb von jeher eine der wesentlichen Aufgaben des Bergrechts in der Bundesrepublik Deutschland. Wegen des öffentlichen Interesses am Bergbau (§ 1 Nr. 1) muss die Entscheidung getroffen werden, ob die in bzw. unter dem Grundeigentum anstehenden Bodenschätze *„Gegenstand des Grundeigentums"* mit der Maßgabe des ausschließlichen Gewinnungsrechts beim Grundeigentümer bleiben sollen oder nicht (Westermann, Freiheit, 13 ff., 19).

Wird diese Entscheidung zulasten des Grundeigentümers getroffen, so werden **12** diese **Bodenschätze vom Willen des Grundeigentümers** – also für den Bergbau – **frei** (Isay I, Einl., 3; die Herausnahme von Bodenschätzen aus dem Grundeigentum erfolgt nach Schulte, JZ 1984, 297 f., weil das öffentliche Interesse am Gewinnen von Bodenschätzen am besten durch private Unternehmertätigkeit unabhängig vom Belieben des Grundeigentümers durchgeführt wird; Beschluss des BVerwG vom 15.10.1998 = ZfB 139 (1998), 330) und damit **berg(bau)frei.** Rechtstechnisch geschieht das durch die Abspaltung des Bodenschatzes vom Verfügungsrecht des Grundeigentümers (Westermann, Freiheit, 19; Hoffmann, BB 1994, 1585). Damit aber ist die Zuordnungsaufgabe des Bergrechts erst teilweise gelöst. Es müssen in einem zweiten Schritt die dem Grundeigentümer entzogenen und somit herrenlosen Bodenschätze (Turner, ZfB 108 (1967), 45 ff.) einem neuen Aneignungsberechtigten zugeordnet werden. Denn die bergfreien Mineralien sind von dem sonst gültigen allgemeinen Aneignungsrecht herrenloser Sachen ausgenommen (Westermann, Freiheit, 13; Anz, Braunkohle 1981, 60). Die deshalb erforderliche Neuzuordnung kann in verschiedenen Formen erfolgen: als echter oder unechter Staatsvorbehalt, als Volkseigentum oder als Konzessionsrecht für Aufsuchung und Gewinnung bergfreier Bodenschätze.

2.   Der echte Staatsvorbehalt

13   Den echten Staatsvorbehalt, der etwa noch in Artikel 2 des Bay. BergG von 1967 vorzufinden war, kennzeichnete ein **unmittelbares Aneignungsrecht** des **Staates** für die dem Grundeigentümer entzogenen Bodenschätze. Der Staat hatte also die unmittelbare, eine Verleihung an ihn weder voraussetzende noch zulassende Befugnis zur Aufsuchung und Gewinnung des ihm vorbehaltenen Minerals mit der **Möglichkeit, Dritten die Ausübung dieser Tätigkeiten und Rechte** zu erlauben. Ein echter Staatsvorbehalt schließt somit jegliche Verleihung an den Staat aus (Ebel/Weller, § 2 Anmerkung 1 b m. w. N.; Westermann, Freiheit, 24; Zydek, ZfB 101 (1960), 75).

3.   Der unechte Staatsvorbehalt

14   Unechter Staatsvorbehalt, wie ihn etwa das Gesetz zur Änderung berggesetzlicher Vorschriften vom 24.9.1937 in das ABG eingefügt hat, gibt zwar auch dem Staat das ausschließliche Recht zur Aufsuchung und Gewinnung von bestimmten Mineralien, doch ist dieses Recht dem **Staat nur mit der Maßgabe vorbehalten,** dass er es sich in jedem Einzelfall **erst verleihen lassen muss.** Erst mit der Verleihung erwirbt der Staat die Bergbauberechtigung, deren Form und Inhalt sich aus den allgemeinen Regeln des Bergrechts ergeben und über die er wie beim echten Staatsvorbehalt verfügen kann (Miesbach-Engelhard, 17, 96; Westermann, Freiheit, 25; Ebel/Weller, § 2 Anmerkung 1 a).

4.   Berg(bau)freiheit

15   Die Bergbaufreiheit im Sinne des ABG galt für die Aufsuchung und Gewinnung bestimmter Mineralien, deren Freierklärung vom volkswirtschaftlichen Standpunkt aus gerechtfertigt erschien (sog. bergbaufreie oder verleihbare Mineralien). An ihnen konnte jeder im Wege des Schürfens (§§ 3 ff. ABG NRW) und Mutens (§§ 12 ABG NRW) Bergwerkseigentum erlangen. Der Fund schaffte bei Erfüllung der sonstigen gesetzlich festgelegten Voraussetzungen einen Anspruch auf Verleihung des Bergwerkseigentums gegenüber dem Staat (§§ 22 ff. ABG NRW) (vgl. Ebel/Weller, § 1 Anmerkung 3 a; Anz, Braunkohle 1981, 60 ff.; Boldt/Weller, Einl. Anmerkung 6 § 3 Rn 7; Westermann, Freiheit, 23, spricht von einer Bergbaufreiheit im doppelten Sinne, weil der Erwerb des Bergwerkseigentums und die bergbauliche Tätigkeit vom Ermessen des Staats unabhängig gemacht sind).

5.   Exkurs: Volkseigentum

16   Eine besondere Ausformung staatlichen Zugriffs auf Bodenschätze stellte in der jüngsten deutschen Geschichte das **Bergrecht der DDR** mit dem BergG vom

12.6.1969 dar, dessen in der Präambel erklärter Zweck die *„Mehrung des gesellschaftlichen Reichtums"* durch die *„Nutzung der mineralischen Rohstoffe"* war. Nach § 3 Berggesetz DDR waren mineralische Rohstoffe, deren Nutzung von volkswirtschaftlicher Bedeutung war, Bodenschätze und – unabhängig vom Grundeigentum – Volkseigentum. Die sog. Untersuchungs-, Gewinnungs- und Speicherrechte standen dem Staat zu und wurden grundsätzlich durch staatliche Organe oder volkseigene Betriebe ausgeübt (§ 5 Berggesetz DDR). Die staatlichen Organe konnten das Gewinnungsrecht genossenschaftlichen oder anderen sozialistischen Einrichtungen übertragen (Übersicht bei Boldt/ Weller, Einl. Rn 126 ff.; derselbe, Erg.-Bd., Anh. 215 ff. (218 f.); zur jüngsten Entwicklung im Zuge der Wiedervereinigung vgl. Hoffmann, BB 1991, 1506 ff., BB 1994, 1584 ff., BB 1996, 1450 ff.). S. auch zu den Besonderheiten des Rechts der Bodenschätze in den Gebieten der ehemaligen DDR: Exkurs Rn 23–25.

6.   Geschichtliche Entwicklung

All diese **Zuordnungsformen** hat es im Laufe der geschichtlichen Entwicklung **17** des Bergrechts in der Bundesrepublik Deutschland gegeben (zusammenfassende Übersicht s. Hoffmann, BB 1994, 1585 m. w. N.); sie sind – vor allem Staatsvorbehalt und Bergbaufreiheit – hier eher **idealtypisch dargestellt** und haben sich in der bergbaulichen Realität vielfach in völlig andere Richtungen als vorgesehen entwickelt. Das gilt vor allem für das auf dem Gedanken der Bergbaufreiheit basierende **Bergwerkseigentum**. Bei ihm führte bereits relativ früh die vom Gesetzgeber gewollte, rein formale Ordnungsfunktion des Staats bei der Entstehung des Bergwerkseigentums zu nicht gewollten Ergebnissen. Denn es wurden Mutungen ausgebracht und Bergwerksfelder aus reiner Vorratswirtschaft erworben. Auch der Zuschnitt der Bergwerksfelder entsprach nicht der Intention des Gesetzgebers von einem freien Zugang zu den Bodenschätzen. *„Es wurde daher eine Erweiterung des Staatseinflusses angestrebt, der als Mittel einer planenden Ordnung im allgemeinen Interesse, insbesondere zur Verhinderung und/oder Bekämpfung von Monopolen im Kohle- und Salzbergbau, eingesetzt werden sollte. Die Regelung (die lex Gamp vom 5.7.1905) sollte zwar kein Staatsmonopol im Kohle- und Salzbergbau anbahnen, wohl aber sollte sie die Bergbauproduktion des Staates als Mittel zur Förderung des Gemeinwohls angemessen verstärken. Zunächst wurde eine Mutungssperre ausgebracht, anschließend dann der Staatsvorbehalt in unterschiedlicher Form (wieder)eingeführt."* (Westermann, Freiheit, 24; Boldt/Weller, Einl. Rn 12 ff.).

Betrachtet man die geschilderten Zuordnungsformen – mit Ausnahme des **18** untergegangenen und seit dem RechtsvereinheitlichungsG von 1996 auch nicht mehr nachwirkenden Volkseigentums – im Hinblick auf das Konzessionssystem des BBergG von ihren Funktionen her, so ergibt sich Folgendes: Die Bergbauberechtigungen des bis zum Inkrafttreten des BBergG jeweils geltenden Landesbergrechts hatten einerseits eine eigentumsrechtliche, überwiegend dem **Privatrecht** zuzuordnende Komponente, im System der Bergbaufreiheit deutlich beim Bergwerkseigentum; im System des echten Staatsvorbehalts andererseits war die vorherrschende Funktion des Bergrechts, das Verhältnis von Staat und Rechtsinhaber so zu regeln, dass dem Staat eine die Bergwirtschaft ordnende Aufgabe zustand. Sie sollte eine dem Gemeinwohl und den Interessen der Volkswirtschaft verpflichtete Aufsuchung und Gewinnung von Bodenschätzen gewährleisten (Vgl. Anz, Braunkohle 1981, 60). Beide Funktionsweisen fließen zusammen in die Bergbauberechtigungen des BBergG (§§ 6–38) ein und sollen ihnen im Spannungsfeld von Privatnützigkeit und öffentlichem Interesse ausreichende Bestandskraft verleihen.

III. Grundsätze der Zuordnungsformen im BBergG

1. Vorbemerkung

19 Unter den verschiedenen Zuordnungsformen hat sich das BBergG in dem Sinne für die **Bergfreiheit** entschieden, als sich auf bestimmte – enumerativ und abschließend genannte – Bodenschätze „das Eigentum an einem Grundstück nicht erstreckt" (§ 3 Absatz 2 Satz 2). Diese bergfreien Bodenschätze sind dem Grundeigentümer entzogen und stehen deshalb nicht mehr in seinem Verfügungsrecht. Das ist die klassische Definition der Berg(bau)freiheit, wenn auch **eingebunden in ein Konzessionssystem** (Näheres s. Anz, aaO, 59 ff.; Hoffmann, BB 1994, 1585; Anmerkung zu § 6 Rn 1 ff.), das im öffentlichen Interesse den Zugang zu den bergfreien Bodenschätzen regelt, also ein **Verbot mit Erlaubnisvorbehalt** (§§ 6 ff.) konstituiert. Deshalb sind bisweilen nicht ganz grundlos Zweifel an dieser Form der Bergfreiheit geäußert worden (so z.B. Schulte, ZfB 119 (1978), 414 ff.). Soweit Bodenschätze dem Katalog der bergfreien nicht angehören, verbleiben sie nach der Intention des BBergG beim Grundeigentum. Hinsichtlich ihrer Nutzung sind sie allerdings – soweit in § 3 Absatz 4 katalogisiert – der bergtechnischen, arbeitssicherheitlichen und rechtlichen Aufsicht und Kontrolle durch das BBergG und die zuständige Behörde unterworfen.

2. Bergfreiheit und Konzessionssystem

20 Die vom Gesetzgeber gewählte Verbindung von Bergbaufreiheit und Konzessionssystem ist also ein **Mittelweg aus Komponenten zweier Zuordnungsformen**: Einerseits nämlich gibt das Gesetz dem Bergbauwilligen sowohl beim Erteilungsverfahren für Bergbauberechtigungen als auch bei der Ausübung dieser Rechte innerhalb des Betriebsplanverfahrens einen **Rechtsanspruch** auf Erteilung bzw. Verleihung der **Berechtigungen und** auf **Zulassung des Betriebsplans**. Damit garantiert das BBergG dem Antragsteller einen Zugriff auf die Bodenschätze und rettet so die Bergbaufreiheit in ihrer wesentlichen Komponente. Andererseits räumt das Gesetz allerdings dem Staat die Möglichkeit ein, bei Vorliegen von entgegenstehenden öffentlichen Allgemeininteressen den Antragsteller mittels Geltendmachung von **Versagungsgründen** von bergbaulicher Tätigkeit auszuschließen. Insoweit bewahrt das Gesetz dem Staat einen Teil des Einflusses, der im bisherigen Recht für den Staatsvorbehalt kennzeichnend war (Kühne, ZfB 121 (1980), 59; Zydek, 94–96; Anz, Braunkohle 1981, 60 ff.).

3. Fiktion der Bergfreiheit

21 Eine von diesen Grundsätzen abweichende Besonderheit legt das BBergG für die Bodenschätze im **Festlandsockel** und, soweit sich aus aufrechterhaltenen Rechten nichts anderes ergibt, für alle Bodenschätze im Bereich der **Küstengewässer** und für die **Erdwärme** fest. Nach den für die Nutzung des Festlandsockels geltenden völkerrechtlichen Regeln hat ausschließlich der jeweilige Küstenstaat Verfügungs- und Aneignungsrechte für die Naturschätze des Meeresgrundes und -untergrundes. Deshalb ist eine Abspaltung vom privaten Eigentum im Sinne der Bergfreiheit nicht möglich (die völkerrechtlichen Regelungen kommen nach Zydek, ZfB 101 (1960), 75, dem echten Staatsvorbehalt sehr nahe). Der gleiche Grundgedanke gilt für die Küstengewässer und die Erdwärme. Der Gesetzgeber hat sich deshalb für diese Bodenschätze einer **Fiktion** der Bergfreiheit (§ 3 Absatz 3 Satz 2) bedient. Diese Fiktion hat für die fingierten bergfreien Bodenschätze allerdings die gleichen Rechtswirkungen wie die echte Bergbaufreiheit. Denn sie ermöglicht dem Bergbauwilligen den Zugriff auf diese Bodenschätze unter den gleichen Bedingungen in Abwägung mit den in den §§ 6 ff., 50 ff. geschützten öffentlichen Interessen.

4. Eigentumsrechtliche Fragen der Zuordnung

a) BBergG. Soweit das BBergG mit der Zuordnung der Bodenschätze nach § 3   **22**
Absatz 3 und 4 bis dahin geltendes Recht fortgeschrieben hat, sind nach übereinstimmender Auffassung in Rspr. und Schrifttum keine eigentumsrechtlichen
Fragen etwa im Sinne einer entschädigungspflichtigen Enteignung entstanden
(Amtl. Begründung = Zydek, 68, u. H. auf BVerwG = ZfB 98 (1957), 46 ff.; zum
WHG vgl. BVerfG = NJW 1982, 745, 752; BVerwG, UPR 2012, 267; zusammenfassend schließlich Karpen, AöR 1981, 15 ff.). Nur dort, wo das BBergG
grundeigene Bodenschätze für bergfrei erklärt und sie damit der Verfügungsbefugnis des Grundeigentümers entzogen hat, wurde die Frage eines enteignenden Eingriffs bzw. einer Schrankenbestimmung oder Sozialbindung des Grundeigentums neu gestellt. Aber auch bei dieser Konstellation ging die Amtl.
Begründung davon aus, dass ein enteignender Eingriff nur dann gegeben sein
kann, *„wenn im Einzelfall der Ausschluß des Verfügungsrechts über den bloßen
Entzug hinausgehende Wirkungen hat [...]".* Für diesen Fall allerdings hat § 149
Vorsorge für überzuleitende Rechte und Verträge getroffen (zu möglichen
eigentumsrechtlichen Fragen der Aufrechterhaltung von bereits bestehendem
Bergwerkseigentum im Rahmen des Konzessionssystems vgl. § 151 Rn 8 ff.).

b) Exkurs: Die Besonderheiten des Rechts der Bodenschätze in den Gebieten der   **23**
ehemaligen DDR. Das Recht der Bodenschätze in den Gebieten der ehemaligen
DDR hat in der Vergangenheit verschiedene Phasen erlebt:

aa) Das Recht der Bodenschätze in der ehemaligen DDR. Nach dem Befehl   **24**
N. 110 vom 22.10.1945 des Obersten Chefs der **sowjetischen Militäradministration** in Deutschland und weiteren Befehlen N. 124 vom 30.10.1945, N. 126
vom 31.10.1945, N. 154 und N. 181 vom 21.5.1946 waren die Länder der
ehemaligen sowjetischen Besatzungszone ermächtigt, Gesetze und Verordnungen u. a. über die wesentlichen Bergbaubetriebe mit Zubehör und die bedeutsamsten Bodenschätze zu erlassen. Alle Länder in der DDR haben daraufhin die
Bergbaubetriebe und die Bodenschätze in Volkseigentum überführt (Nachweise
über die Landesregelungen bei Hoffmann, BB 1991, 1506 Fn. 10). Damit hatten
die Länder die ausschließliche Aneignungsbefugnis an den bedeutsamen Bodenschätzen.

Durch Artikel 25 der **DDR-Verfassung** vom 7.10.1949 wurde das Gebot der   **25**
Überführung in Volkseigentum an allen Bodenschätzen, allen wirtschaftlich
nutzbaren Naturkräften sowie den zu ihrer Nutzbarmachung bestimmten
Betrieben des Bergbaus fixiert und durch die Verfassung der DDR vom 6.4.1968
i. d. F. des Änderungsgesetzes vom 7.10.1974 (GBl I, S. 432) für das gesamte
Gebiet der DDR bestätigt. Die mineralischen Rohstoffe, deren Nutzung von
volkswirtschaftlicher Bedeutung war, waren der Verfügungsgewalt über das
Eigentum an Grund und Boden entzogen (Artikel 12 Absatz 1 DDR Verf
1968/74). Sie waren aufgezählt in § 1 der 1. DVO vom 12.5.1969 (GBl II
S. 257) und später in § 1 der 3. DVO vom 12.8.1976 (GBl I, 403), allerdings
nicht abschließend („insbesondere"). Hochwertige Minerale, Gesteine, Tone,
Sand, Sand- und Kalksteine waren Rohstoffe von volkswirtschaftlicher Bedeutung.

Das **Berggesetz der DDR** vom 12.5.1969 (GBl I, S. 29) nahm diese Vorgaben   **26**
auf. Allein dem Staat stand gemäß § 5 Absatz 1 Berggesetz DDR das Untersuchungs-, Gewinnungs- und Speicherrecht zu (echter Staatsvorbehalt), nach § 5
Absatz 2 Berggesetz DDR wurden diese Rechte durch staatliche Organe oder
volkseigene Betriebe im Rahmen der betrieblichen Pläne auf der Grundlage der
staatlichen Plankennziffern ausgeübt. Eine Ausnahmeregelung ergab § 6 Berggesetz DDR. Vom Staatsvorbehalt an Gewinnungsrechten abweichend sollten

am 12.6.1969 bestehende Gewinnungsrechte an mineralischen Rohstoffen unberührt bleiben, d. h. die durch die Ländergesetze von 1946/47 und die Verfassungen 1949/1968/1974 nicht erfassten Rechtspositionen. Allerdings verlor § 6 Berggesetz DDR durch Umwandlung der Bergbaubetriebe in volkseigene Betriebe mehr und mehr an praktischer Bedeutung (Hoffmann, BB 1991, 1507 Fn. 17). Unabhängig von der Zuordnung der Rechtsträgerschaft wurden durch §§ 1, 2 Berggesetz DDR sämtliche mineralischen Rohstoffe vom Bergrecht erfasst, nicht nur die „Bodenschätze" i. S. von § 3 Berggesetz DDR. Die Begriffe „bergfreie" Bodenschätze i. S. von § 3 Absatz 3 BBergG und „grundeigene" Bodenschätze i. S. von § 3 Absatz 4 BBergG spielten keine Rolle (Boldt/Weller, Ergänzungsband, Anhang Rn 3).

Zur Rechtsentwicklung der Zuordnung von **Kies- und Sandabbau in den neuen Bundesländern** vor Konstituierung des ehemaligen DDR (1945–1949), zur weiteren verfassungsrechtlichen, berg- und eigentumsrechtlichen Entwicklung dieser Bodenschätze in der ehemaligen DDR bis zum Regelungsgehalt der VO über die Verleihung von Bergwerkseigentum vom 15.8.1990 (GBl I, S. 1071) und deren Übernahme in den Einigungsvertrag s. ausführlich Hüffer/Tettinger, Sand und Kies als Gegenstand des Bergwerkseigentums in den neuen Bundesländern, S. 46 ff.

27 **bb) Begründung von Bergwerkseigentum der Treuhandanstalt.** In der Phase der Auflösung der DDR wurde durch die **4. Durchführungsbestimmung** vom 14.3.1990 (GBl, 289) zur sog. **Joint-Venture-VO** vom 14.1.1990 (GBl S. 10) die Übertragung von Bergbauberechtigungen auf neu gegründete Ost-West-Gemeinschaftsunternehmen geregelt. Zur Übertragung war die Zustimmung der noch bestehenden staatlichen Vorratskommission für nutzbare Ressourcen der Erdkruste beim Ministerrat erforderlich. Die 4. Durchführungsbestimmung enthielt jedoch keine Ermächtigung zur Verleihung der Übertragung von Gewinnungsrechten an Joint-Venture-Unternehmen (VG Frankfurt/Oder, 13.8.1992 – 6 D 94/92).

28 Durch das **Treuhandgesetz** vom 17.6.1990 (GBl, 300) und die VO zur Umwandlung von volkseigenen Kombinaten, Betrieben und Einrichtungen in Kapitalgesellschaften (sog. **Umwandlungs-VO** vom 1.3.1990 (GBl I, 107)) wurde zwar das in Rechtsträgerschaft befindliche Vermögen und der Grund und Boden in das Eigentum von Kapitalgesellschaften überführt, nicht aber die staatsvorbehaltenen Bergrechte (§ 1 Absatz 5 TreuhG), deren Rechtsträger nach §§ 3, 5 Absatz 1 Berggesetz DDR noch der Staat war. Mit **Übergang des Vermögens** oder der Rechtsträgerschaft der volkseigenen Betriebe nach § 11 Absatz 2 TreuhG am 1.7.1990 fand **kein gleichzeitiger Übergang der bergrechtlichen Gewinnungsrechte** statt. Die volkseigenen Betriebe waren nur befugt, gemäß § 5 Absatz 2 Berggesetz DDR das staatliche Gewinnungsrecht an den volkseigenen Bodenschätzen entsprechend jährlich zugeteilter Plankennziffern auszuüben (VG Leipzig, ZfB 1995, 137, 143). Zunächst wurden also mit Wirkung vom 1.7.1990 alle ehemals volkseigenen Bergbaubetriebe kraft Gesetzes in Kapitalgesellschaften umgewandelt.

29 Auf der Grundlage von § 33 Absatz 2 Berggesetz DDR hat der damalige **Ministerrat der DDR** mit der **VO** vom 15.8.1990 über die **Verleihung von Bergwerkseigentum** eine Rechtsgrundlage für die Begründung, Übertragung und Ausübung von Bergbauberechtigungen geschaffen (GBl DDR I, 1071 = ZfB 1992, 64). Auf deren Grundlage wurde der Treuhandanstalt Bergwerkseigentum an damals volkseigenen Bodenschätzen verliehen. Mit der Verleihung galten das Untersuchungs-, Gewinnungs- und Speicherrecht des Staats als erloschen (§ 3 Absatz 3 der VO). In Analogie zu §§ 9 Absatz 8, Absatz 1 BBergG wurde in § 1 Absatz 3 der Verleihungs-VO der Inhalt des Bergwerkseigentums und die Rechtsstellung der Bergwerkseigentümer neu definiert. Durch die Umwandlung wurde zwar der Wechsel von volkseigenen in bergfreie Bodenschätze eingeleitet, die Aufhebung des Volkseigentums erfolgte aber erst mit dem Inkrafttreten des Einigungsvertrags nach den darin festgelegten Maßgaben (Hoffmann, BB 1991, 1508).

cc) Das Recht der Bodenschätze nach dem Einigungsvertrag. Durch Kapitel V **30** Sachgebiet D Abschnitt III Nr. 1 Buchstabe a des Einigungsvertrags vom 31.8.1990 (BGBl II, 889) wurden die ehemals **volkseigenen** Bodenschätze i.S. von § 3 Berggesetz DDR in **bergfreie** Bodenschätze gemäß § 3 Absatz 3 BBergG umgewandelt, die anderen mineralischen Rohstoffe i.S. von § 2 Berggesetz DDR wurden zu grundeigenen Bodenschätzen i.S. von § 3 Absatz 4 BBergG. Ferner: Ehemals staatliche Bergbauberechtigungen, die Dritten übertragen worden sind (alte Rechte) wurden aufrechterhalten nach fristgerechter Anmeldung und Bestätigung durch die zuständige Behörde. Sie gelten nach Bestätigung als Bewilligungen i.S. von § 8 BBergG oder als Bergwerkseigentum i.S. von § 151 BBergG fort. (Einzelheiten: Weller, Bergbau 11.1990, 496; Hoffmann, BB 1991, 1506; BB 1994, 1584; BB 1996, 1450; Kühne, Entwicklungstendenzen des Bergrechts in Deutschland, Baden-Baden 1992, S. 45 ff.; Hüffer-Tettinger, Sand und Kies als Gegenstand des Bergwerkseigentums in den neuen Bundesländern, Bochumer Berichte 1993; Palm, BB-Beilage zu Heft 32/1990, S. 11).
Nach dem Einigungsvertrag in Verbindung mit der durch ihn aufrecht erhaltenen Verleihungs-VO vom 15.8.1990 galten **hochwertige Kiese und Kiessande**, Tone, Quarzsande, sog. hochwertige Hartgesteine, Kalksteine zur Herstellung von Zement u. a. als unter Bestandsschutz stehende **bergfreie Bodenschätze.** Die Aufsuchung, Gewinnung und Aufbereitung dieser und aller anderen Bodenschätze wurden also in den neuen Bundesländern mit Wirkung vom 3.10.1990 den **berggesetzlichen Betriebs- und Überwachungsvorschriften** unterstellt. Für die Aufsuchung und Gewinnung der in der Anlage zur Verleihungs-VO vom 15.8.1990 bezeichneten Bodenschätze, die jetzt bergfrei waren, wurde außerdem gemäß § 6 BBergG eine **Bergbauberechtigung** erforderlich. Die aufgrund der VO über die Verleihung von Bergwerkseigentum v. 15.8.1990 (GBl DDR I, 1071) an die Treuhandanstalt nach dem 31.12.1989 und vor dem 3.10.1990 als Bergwerkseigentum verliehenen Gewinnungsrechte mussten als **alte Rechte** i.S. von § 151 **bestätigt** werden und hatten insoweit Bestandsschutz (Kapitel V, Sachgeb. D Abschnitt III, Nr 1 Buchstabe d der Anlage 1 zu Artikel 8 des EV). Der Einigungsvertrag durfte das der Treuhandanstalt vor der deutschen Einigung verliehene Bergwerkseigentum an hochwertigen Kiesen und Kiessanden aufrechterhalten und damit die Gewinnung dieser – nur im Beitrittsgebiet bergfreien – Bodenschätze den Grundeigentümern der betroffenen Flächen vorenthalten (BVerwG, DÖV 1994, 33 = DtZ 1994, 44 = DVBl 1993, 1146). Dem steht nicht entgegen, dass im Bereich der alten Bundesländer Kiese und Sande nicht bergfrei sind, oder dass das Bergwerkseigentum nach der durch den Einigungsvertrag übergeleiteten „Verleihungs-VO" vom 15.8.1990 nur an die Treuhandanstalt verliehen und übertragen werden konnte. Der Bestätigung steht ferner nicht entgegen, wenn an denselben Bergwerksfeldern schon vorher ein ebenfalls zu bestätigendes Gewinnungsrecht übertragen worden ist. Denn die „Verleihungs-VO" vom 15.8.1990 hat keine dem § 13 Nr. 1 BBergG entsprechende Ausschlussregelung getroffen (BVerwG, aaO). Die **Klage** eines Grundstückseigentümers **gegen die Bestätigung ist unzulässig** (VG Meiningen, ZfB 2001, 321; VG Halle, ZfB 1996, 83). Durch die Bestätigung des Bergwerkseigentums wird noch nicht eine Abbaufläche für einen bergbaulichen Zweck freigegeben, insbesondere kann nicht auf das Grundeigentum zugegriffen werden (VG Chemnitz, ZfB 1995, 99). Ohne Belang ist auch, ob sich auf dem von der Bestätigung umfassten Gebiet ein Bodenschatz befindet, der die Anforderungen der Verleihungs-VO vom 15.8.1990 erfüllt (VG Meiningen, aaO). Die Regelung, Kiese und Kiessande durch den Einigungsvertrag als bergfrei zu qualifizieren, ist **verfassungs-**

rechtlich weder unter dem Gesichtspunkt des Artikel 14 GG noch des Artikel 3 Absatz 1 GG zu beanstanden (BVerwGE 94, 23 = DVBl 1993, 1146; BVerwG, GewArch 1996, 327 = ZfB 1996, 132 = BVerwG, NUR 1999, 327; BVerfG, ZfB 1997, 283; Kühne/Beddies, JZ 1994,201; VG Leipzig, ZfB 1996, 180, 184; ZfB 1994, 143; ZfB 1995, 137; VG Weimar, ZfB 1995, 59 66; ZfB 1994, 299). Ebenso verstößt die Erhebung einer Förderabgabe gemäß § 31 für die Gewinnung von Kiesen und Kiessanden, die gemäß Einigungsvertrag bergfrei waren, nicht gegen den Gleichheitssatz der Artikel 3 Absatz 1 GG (BVerwG, NUR 1999, 327 = ZfB 1999, 123); s. auch § 31 Rn 1. Ebenso nicht, dass diese Mineralien, nachdem sie 1996 zu grundeigenen Bodenschätzen geworden sind, nicht mit einer Förderabgabe belegt sind (BVerwG, aaO). Ein Grundstückseigentümer kann nicht mit Erfolg geltend machen, ihm stünden die in seinem Grundstück vorhandenen Kiese und Kiessande als Eigentum zu, weil die Verleihungs-VO vom 15.8.1990 verfassungswidrig sei. Die VO und das Berggesetz der DDR von 1969 sind irreversibles vorkonstitutionelles Recht. Artikel 14 GG gilt nicht für Maßnahmen, die vor Inkrafttreten des GG im Gebiet der ehemaligen DDR vollzogen wurden. Mit dem Inkrafttreten der VO vom 15.8.1990 war die Veränderung des Eigentumsinhalts vollzogen. Der Rechtsvorgang war nach der früheren Rechtslage bereits im Zeitpunk des Beitrittes abgeschlossen (BVerwG, NUR 1996, 528 m. w. N.).

31   dd) **Das Recht der Bodenschätze nach dem Gesetz zur Vereinheitlichung der Rechtsverhältnisse bei Bodenschätzen (GVRB).** Durch Gesetz vom 15.4.1996 (BGBl, 602 = ZfB 1996, 100) waren die in Anlage I, Kapitel V Sachgeb. D, Abschnitt III Nr. 1 Buchstabe A des Einigungsvertrags aufgeführten „Maßgaben" nicht mehr anzuwenden. Dadurch sind die in den neuen Ländern zunächst als bergfreie Bodenschätze übergeleiteten hochwertigen Steine-Erden-Rohstoffe dem Eigentum am Grund und Boden zugeordnet. Sie sind grundeigene Bodenschätze i. S. von § 3 Absatz 4 oder nach den öffentlich-rechtlichen Vorschriften der Länder zu behandelnde sog. Grundeigentümerbodenschätze. Von erheblicher praktischer Bedeutung ist die **Ausnahmeregelung** des § 2 GVBR. Sie gewährt Bestandsschutz. Bodenschätze, auf die sich Bergbauberechtigungen, Gewinnungs- oder Speicherrechte beziehen, bleiben innerhalb des Feldes während der Geltungsdauer der Berechtigung bergfrei. Demnach gibt es in den neuen Bundesländern folgende **Klassifizierungen:** Zunächst die einheitlich im gesamten Bundesgebiet bergfreien Bodenschätze gemäß § 3 Absatz 3 (klassische Bodenschätze), die von der Vereinheitlichungsregelung 1996 nicht berührt werden, weil sie schon vorher vereinheitlicht waren. **Ferner** die unter Bestandsschutz stehenden bergfreien Bodenschätze gemäß Katalog der VO vom 15.8.1990, Anlage zur VO. Ihre rechtliche Behandlung richtet sich weiter nach den Besonderheiten des Einigungsvertrags, qualitativ nach den Merkmalen der VO vom 15.8.1990. Grundeigentümer haben auf diese Bodenschätze keinen Zugriff, solange die Bergbauberechtigung besteht. **Des Weiteren** die grundeigenen Bodenschätze gemäß § 3 Absatz 4 die zunächst im neuen Bundesgebiet bergfrei waren, durch das GVRB grundeigene Bodenschätze wurden (z. B. Feldspatgestein, Quarz, Quarzit, Bentonit, Ton zur Herstellung von feinkeramischen Erzeugnissen und Aluminium). Abweichend bleiben diese Bodenschätze bergfrei, sofern sich dort der Bestandsschutz darauf erstreckt. **Darüber hinaus** unter Bestandsschutz stehende grundeigene Bodenschätze (minderwertige Sande und Kiese), die Gegenstand eines als Bewilligung aufrechterhaltenen Rechts sind (altes Recht gemäß Buchstabe „e" des Einigungsvertrags). Sie sind wie grundeigene Bodenschätze gemäß § 3 Absatz 4 zu behandeln, obwohl sie in den alten Bundesländern zu den sog. Grundeigentümerbodenschätzen außerhalb des Bergrechts gehören. **Schließlich** die Grundeigentümerbodenschätze, die in § 3 Absatz 3 und 4 nicht aufgeführt sind und nach Landesrecht zu behandeln sind (Einzelheiten zur Klassifizierung: Hoffmann, BB 1996, 1450 ff.).

Aus der **Rechtsprechung**: Der Anspruch auf Erteilung einer Erlaubnis zum Aufsuchen von Kiesen und Kiessanden ist mit Inkrafttreten des GVRB entfallen (OVG Bautzen, ZfB 1996, 149, 150). Die Beseitigung des gesetzlichen Anspruchs auf Erteilung einer Erlaubnis durch das GVRB verstößt nicht gegen Artikel 14 Absatz 1 GG (OVG Bautzen, aaO). Es bestehen keine Anhaltspunkte, dass das GVRB aus verfassungsrechtlichen Gründen bereits früher erlassen werden musste (OVG Bautzen, ZfB 1996, 148, 149). Kein Anspruch auf Erteilung einer Bewilligung aufgrund einer bis zum 31.12.1996 befristeten Erlaubnis zur Aufsuchung von Kiesen und Kiessanden zur Herstellung von Betonzuschlagsstoffen. Anhängige Bewilligungsanträge können nach Inkrafttreten des GVRB nicht mehr zur Neuerteilung einer Bergbauberechtigung führen (VG Leipzig, ZfB 2001, 59; OVG Bautzen, ZfB 2000, 153, 158, zweifelnd BVerwG, ZfB 150), ebenso kein Anspruch auf Verleihung von Bergwerkseigentum für den Bodenschatz „Quarzporphyr zur Herstellung von Schotter und Splitt" aufgrund einer hierauf erteilten Bewilligung, nachdem das GVRB in Kraft trat (VG Weimar, ZfB 2001, 322; ebenso VG Leipzig, ZfB 2000, 164, 167 für den Bodenschatz „tonige Gesteine zur Herstellung von Mauerklinkern und Hartbrandziegeln"). Erteilte, aber noch nicht bestandskräftige Bewilligungen und Gesteine zur Herstellung von Werk- und Dekorsteinen („Sandstein") sind gemäß § 2 Absatz 1 GVRB bestandsgeschützt (OVG Weimar, ZfB 2003, 68 m. w. N.); § 2 Absatz 2 Satz 2 GVRB ordnet zwar zugunsten eines Erlaubnisinhabers die Bergfreiheit auch für nach Inkrafttreten des GVRB zu erteilende Bewilligungen an. Hierdurch soll der mit erheblichem finanziellem Aufwand bis zur Entdeckung abbauwürdiger Bodenschätze verbundene Besitzstand des Erlaubnisinhabers geschützt werden (VG Leipzig, ZfB 2000, 164, 167 f.), nicht jedoch der Inhaber einer Bewilligung, der Bergwerkseigentum anstrebt (VG Weimar, ZfB 2001, 322, 327; OVG Bautzen, ZfB 2001, 58 61; § 2 Absatz 2 Satz 2 GVRB erweitert zwar die Dauer der Bergfreiheit für die nach Inkrafttreten des GVRB noch zu erteilenden Bewilligungen zugunsten des Erlaubnisinhabers, befreit aber nicht von den Anforderungen des § 2 Absatz 1 GVRB. Mithin hängt die Verlängerung der Bergfreiheit gemäß § 2 Absatz 2 Satz 2 GVRB davon ab, ob eine Erlaubnis bei Inkrafttreten des GVRB am 23.4.1996 bestanden hat (OVG Magdeburg, ZfB 2001, 64). Das GVRB hat nichts daran geändert, dass die Pflicht zur Wiedernutzbarmachung nach dem Abbau beim Bergbauunternehmer verbleibt. Der Grundeigentümer hat keinen Anspruch darauf, dass ihm das Recht zur Verfüllung einer Kiesgrube zugewiesen wird (VG Potsdam, ZfB 1997, 50). Eine Bergbauberechtigung, die nach § 2 Absatz 1 GVRB aufrechterhalten wurde, kann gemäß § 2 Absatz 3 GVRB i. V. mit § 18 Absatz 2, Absatz 3 BBergG mit **verkürzten Fristen widerrufen werden**, wenn die Aufsuchung oder Gewinnung nicht durch Einreichung eines Betriebsplans – ebenfalls in verkürzten Fristen – aufgenommen wurde. Sofern es sich um ein planfeststellungsbedürftiges Vorhaben handelt, müsste der Betriebsplan die besonderen Voraussetzungen der §§ 52 Absatz 2 a, 57 b BBergG erfüllen (VG Chemnitz, ZfB 2000, 72). Für den Widerruf müssten die materiellen Anforderungen des § 18 Absatz 2 und Absatz 3 eingehalten werden.

Ein etwa **bestehendes bergrechtliches Altrecht** vor 1945 konnte der Verleihung **32** eines Gewinnungsrechts gemäß VO vom 15.8.1990 ebenso wenig entgegenstehen wie es den Übergang der Rechtsträgerschaft des VEB an die Treuhandanstalt gemäß § 11 Absatz 2 TreuhG verhindern konnte. Die Rechte der Alteigentümer wurden vielmehr den **Regelungen des Vermögensrechts** (§§ 6 VermG; 1 URüV) vorbehalten. Hiernach kann eine Rückübertragung des Unternehmens mit allen vermögenswerten Rechten, die im Zeitpunkt der Rückübertragung bestehen, beansprucht werden. Zu den vermögenswerten Rechten gehört auch das Bergwerkseigentum als öffentlich-rechtliche Konzession (VG Leipzig, ZfB 1995, 137, 144). Zu Ansprüchen gemäß VermG bei der entschädigungslosen Enteignung von Bodenschätzen auf der Grundlage des Brandenburgischen Bodenschätzegesetzes vom 28.6.1947 (GVBl Mark Brandenburg, 15) s. BVerwG, LKV 2012, 558.

IV. Bergfreie Bodenschätze

1. Vorbemerkung

33 Das BBergG geht bei der **Abspaltung der bergfreien Bodenschätze** vom Grundeigentum (§ 3 Absatz 3) und bei der Unterstellung der dem **Grundeigentümer verbleibenden Bodenschätze** unter seine Geltung (§ 3 Absatz 4) nach dem **Enumerationsprinzip** vor. Danach bleiben alle Bodenschätze, die nicht als bergfreie oder grundeigene ausdrücklich und abschließend in § 3 genannt sind, Grundeigentümermineralien, die bei ihrer Aufsuchung und Gewinnung dem Bergrecht nicht unterliegen, sondern speziellen Normen, wie etwa dem Abgrabungsrecht der Länder, dem Bauplanungs- und Bauordnungs-, dem Immissionsschutz- oder dem Forstrecht (vgl. Anmerkung zu Rn 53 ff.; vor allem aber zu den vielfältigen Rechtsfragen dieser „Abgrabungen" in den verschiedenen Bundesländern s. Schulte, Bodenschätzegewinnung, 386 ff.).
Die Einteilung der Bodenschätze in bergfreie und grundeigene steht unter einem partiellen Bestandsvorbehalt; die gesetzliche Neuzuordnung von Bodenschätzen, auf die sich aufrechterhaltene Berechtigungen beziehen, darf während der Dauer ihres Bestands keine rechtsändernde Wirkung mit sich bringen (§ 150).
§ 3 Absatz 3 enthält eine **dreifache Regelung:** Zunächst werden in § 3 Absatz 3 Satz 1 bestimmte Mineralien benannt, die zu den bergfreien Bodenschätzen zu zählen sind. Dann werden in Satz 2 diejenigen Bodenschätze genannt, die ungeachtet der Tatsache, dass sie im Katalog nicht aufgeführt sind, als bergfreie Bodenschätze gelten (Festlandsockel, Küstengewässer, Erdwärme u. a.). Schließlich wird für die katalogisierten Bodenschätze des § 3 Absatz 3 Satz 1 die Ausnahme gemacht, wenn sich aus den aufrechterhaltenen Rechten (§§ 149–159) etwas anderes ergibt (Hüffer/Tettinger, aaO, S. 8): dann haben diese Rechte Vorrang.

2. Bergfreie Bodenschätze

34 Die Zuordnung von Bodenschätzen zur Bergfreiheit und damit ihre Abspaltung von der Verfügungsbefugnis des jeweiligen Grundeigentümers unterlag in der deutschen Bergrechtsentwicklung unterschiedlichen Vorgaben: der volkswirtschaftlichen Bedeutung, der Standortgebundenheit oder ihrer Wertigkeit aufgrund der fehlenden Reproduzierbarkeit. Daran schließt das BBergG an. Aufsuchung und Gewinnung der bergfreien Bodenschätze sollen unabhängig vom Willen des jeweiligen Grundeigentümers, ohne Rücksicht auf Eigentumsgrenzen und unter Beachtung und ggf. Sicherstellung öffentlicher Interessen erfolgen (Zydek, 94; Hoffmann, BB 1994, 1585 ff.).

35 Die abschließende Zusammenstellung der bergfreien Bodenschätze auf der Basis dieser Grundsätze ist so erfolgt, dass sich **fünf Gruppen von bergfreien Bodenschätzen** in § 3 Absatz 3 ermitteln lassen.
Die **erste Gruppe** bilden alphabetisch gegliedert solche **metallischen Bodenschätze** (Actinium bis Zirkonium), die gediegen und als Erze vorkommen (zu diesen Begriffen s. Boldt/Weller, § 3 Rn 12 ff., m.H. auf erstmals aufgenommene, bis dahin grundeigene Bodenschätze Fluss- und Schwerspat). Die verwendete Terminologie dieser Aufzählung hält sich an das periodische System der Elemente. Die hierunter zusammengefassten Metalle lassen sich gliedern in
– Eisen und Stahlmetalle wie Eisen, Mangan, Chrom, Nickel, Kobalt, Molybdän, Wolfram und Vanadium,

- Edelmetalle wie Gold, Silber und Platinmetalle,
- Buntmetalle wie Kupfer, Blei, Zink und Zinn,
- Leichtmetalle wie Aluminium und Magnesium und schließlich,
- Metalle für Sonderzwecke, etwa Quecksilber, Antimon, Arsen, Wismut, Titan, Lanthanieden (seltene Erden), Uran, Niob und Tantal, Lithium und Beryllium (Pohl, Lagerstättenlehre, 112 ff., der auch Bauwürdigkeitsgrenzen und Anforderungen an die wirtschaftliche Gewinnbarkeit der Erze darlegt).

Das für die Bodenschätze des § 3 Absatz 3 erforderliche Tatbestandsmerkmal „[...] gediegen und als Erze –" ist auslegungsbedürftig. Der Begriff des Erzes ist nicht primär naturwissenschaftlich, sondern ökonomisch bestimmt. Er hängt von der Wirtschaftlichkeit des Abbaus ab, unterliegt demnach je nach Ressourcenknappheit einem Wandel (OVG Koblenz, ZfB 2010, 150, 158).

Ausdrücklich von der **Bergfreiheit ausgenommen** sind **Raseneisenerze**, also oberflächennahe eisenhaltige Ablagerungen, sowie **Alaunerze** (Alaune sind Doppelsulfate mit ein- und dreiwertigen Metallen) und **Vitriolerze** (Vitriole sind als im Wasser lösliche Sulfate zweiwertiger Schwermetalle wie Zink, Eisen und Kupfer zu verstehen). Vitriolerze wurden früher zur Herstellung von Schwefelsäure verwendet (Boldt/Weller, § 3 Rn 19 f.). Sofern diese Bodenschätze Gegenstand eines aufrechterhaltenen Rechts nach § 149 sind, bleiben sie nach § 150 Absatz 2 bergfreie Bodenschätze.

Nicht genannt in § 3 Absatz 3 sind bei den Metallen die **chemischen Elemente der 3. Gruppe des Periodensystems** – mit Ausnahme der Actiniden und der Lanthanoiden. Diese Elemente, z. B. Scandium, Lanthan, Cer, Europium, Erbium und Ytterbium werden als **Seltene Erden** bezeichnet, und werden in vielen modernen Schlüsseltechnologien eingesetzt. Sie werden ganz überwiegend in China gefördert, in Deutschland werden Vorhaben im Raum Leipzig erforscht.

Die **wirtschaftliche Bedeutung** dieser Gruppe bergfreier metallischer Boden-   **36** schätze beruht auf der Abhängigkeit der deutschen Wirtschaft von ihrer Verfügbarkeit, die inzwischen allerdings maßgeblich durch die Notwendigkeit von Importen bestimmt wird, sodass diese Bodenschätze im Geltungsbereich des BBergG nicht mehr eine so entscheidende Rolle wie etwa Stein- und Braunkohle oder Kali und Salz spielen. So werden Metallerze fast zu 100 % und Vorstoffe zur Stahlveredelung wie Chrom, Kobalt, Mangan, Molybdän, Nickel, Tantal, Niob, Titan, Vanadium und Wolfram zu 90 % (als Erze und Ferrolegierungen) importiert, anders dagegen bei Schwefel, bei dem die Bundesrepublik den gesamten Eigenbedarf selbst decken kann (Bundesanstalt für Geowissenschaften und Rohstoffe – BGR –, Rohstoffsituation 2009).

Die **zweite Gruppe** der bergfreien Bodenschätze in § 3 Absatz 3 bilden mit den   **37** **Kohlenwasserstoffen** chemische Verbindungen, die nur aus Kohlenstoff und Wasserstoff bestehen. Die wirtschaftlich bedeutsamsten sind Energierohstoffe wie **Erdöl und Erdgas**. Zu den Kohlenwasserstoffen sind aber auch zu rechnen Bitumen, bituminöse Gesteine, Erdwachs und Ölschiefer, soweit dieser sich zur Extraktion von Kohlenwasserstoffen eignet. Außerdem gehören hierzu die bei der Gewinnung von Kohlenwasserstoffen anfallenden Gase und gasförmigen Stoffe, ohne dass diese allerdings Gegenstand einer eigenen Bergbauberechtigung sein können (Boldt/Weller, § 3 Rn 21).
In dieser Gruppe ist Deutschland zu 97 % bei Mineralöl, 84 % bei Erdgas importabhängig (BGR, aaO).

Da die Abspaltung bergfreier Bodenschätze vom Grundeigentum wegen ihrer   **38** volkswirtschaftlichen Bedeutung erfolgt ist – ein allgemeines **Wertermittlungskriterium** wie etwa bei den metallischen Bodenschätzen aber nicht vorhanden ist –, muss die Werthaltigkeit im Einzelfall feststehen bzw. festgestellt werden können. Aus diesem Grund sieht § 12 Absatz 1 Nr. 3 als eine Voraussetzung für die Erteilung einer Gewinnungsberechtigung vor, dass der **Bodenschatz** technisch gewinnbar sein muss. Ist diese technische Gewinnbarkeit im konkreten Fall nicht feststellbar, so muss aufgrund dieser Auslegungsregel die Bergfreiheit des Bodenschatzes verneint werden (Boldt/Weller, § 3 Rn 22).

39 Die **dritte Gruppe** bergfreier Bodenschätze bilden **Stein- und Braunkohle** (zum wirtschaftlich-technischen Stand vgl. Bergbauhandbuch 1994, 149 ff., 181 ff.; Lübke/van de Loo/Wedig/Verschuur, Glückauf 2010, 180, und Glückauf 2009, 198 – Steinkohle; Eickhoff, Glückauf 2007, 388; Maaßen/Schiffer, Glückauf 2010, 250 – Braunkohle; Hartung, Glückauf 2008, 655 – Rohstoffe; Kroker, Glückauf 1996, 457 m. w. N.) und die bei ihrer Gewinnung auftretenden Gase sowie Graphit. In dieser Gruppe besteht eine Importabhängigkeit von fast 100 % bei Graphit, 72 % bei Steinkohle, aber nur 0,6 % bei Braunkohle, die den Eigenbedarf in Deutschland nahezu deckt (BGR, aaO). Die Aufnahme der Gase in das BBergG ist neu und deshalb vorgenommen worden, weil ihre Gewinnung zwangsläufig Voraussetzung oder Folge des Abbaus von Stein- und Braunkohle ist und insoweit eine Kollision mit den Verfügungsrechten des Grundeigentümers vermieden werden sollte. Zu den hier maßgeblichen Gasen zählen nicht nur gasförmige Kohlenwasserstoffe, sondern auch gasförmige Stoffe wie Schwefelwasserstoff, Stickstoffgas, Kohlenmonoxyd oder Kohlendioxid (Zydek, 70 f.). Die betreffenden Gase erhalten, sofern es sich nicht um selbstständig gewinnbare Kohlenwasserstoffe handelt, die Qualität bergfreier Bodenschätze erst dadurch, dass sie im Zusammenhang mit der Gewinnung von Stein- und Braunkohle gelöst werden (Boldt/Weller, § 3 Rn 24). Das bedeutet nicht, dass sie räumlich und zeitlich mit der Gewinnung anfallen müssen, sondern sie können auch nach der Gewinnung und in einer gewissen räumlichen Entfernung vom eigentlichen Gewinnungsort auftreten. Voraussetzung ist allerdings, dass ihr Auftreten im Zusammenhang mit Betriebshandlungen steht, die der Gewinnung von Stein- oder Braunkohle dienen (Boldt/Weller, aaO).

40 Grubengas (Flözgas)

Nach § 3 Absatz 3 Satz 1, 3. Gruppe gehört zu den bergfreien Bodenschätzen „Steinkohle nebst den im Zusammenhang mit ihrer Gewinnung auftretenden Gasen". Die Verwaltungspraxis hat das so ausgelegt, dass das kohlegebundene Gas nicht schon auf der Ebene der Bergbauberechtigung, sondern erst mit der konkreten Gewinnung der Steinkohle zugeordnet wird (Franke, Heft 126 der Schriftenreihe der GDMB, 2011, S. 11 m. w. N.). Dadurch soll im Interesse der Rohstoffgewinnung eine Sperrposition durch nicht ausgeübte Bergbauberechtigungen verhindert werden.
Grubengas besteht chemisch vornehmlich zu 90–95 % aus **Methan** sowie in geringem Umfang aus Stickstoff, CO_2 und höheren Kohlenwasserstoffen (Preuße, Glückauf 2002, 346, 347). Bei genügend hohem Methangehalt kann es in Gasmotoren energetisch genutzt werden. Durch Blockheizkraftwerke können Strom und Wärme erzeugt werden. Hierzu gibt es lagerstättenbedingt verschiedene Verfahren: Die Nutzung von Grubengas aus unverritzten Kohlenlagerstätten (CBM = coal bed methane), die Absaugung von Grubengas aus aktiven Bergwerken aus Sicherheitsgründen (CSM = coal seam methane) und die Gasaustritte aus stillgelegten Bergwerken (CMM = coal mine methane). Näheres bei Fasold, Glückauf 2002, 353 ff.; Preuße, Glückauf 2002, 347 ff.; Wörsdörfer, Glückauf 2002, 360 ff.; Röhner, Glückauf 2002, 365 ff. Das in den Steinkohlenflözen beisitzende Methan-Grubengas ist als **Kohlenwasserstoff ein bergfreier Bodenschatz** i. S. von § 3 Absatz 3 Satz 1 Gruppe 2 (Frenz/Kummermehr, DVBl 2000, 451, 455; Frenz, DÖV 2006, 718; Gahlen/Weiß, Glückauf 2001, 532, 536; Röhner, Glückauf 2002, 365, 368; Weiß, Glückauf 2002, 370).
In Bereichen des aktiven Bergbaus ist Grubengas ein „beibrechendes Mineral" und steht damit im Aneignungsrecht des Inhabers der Bewilligung oder Berg-

werkseigentümers. In stillgelegten Grubenfeldern ist der Tatbestand des beibrechenden Minerals hinfällig. Zur Grubengas-Gewinnung muss eine eigenständige Bergbauberechtigung beantragt werden (Röhner, Glückauf 2002, 368). Die Bergbauberechtigungen werden für einen bestimmten Erdkörper („Feld"), begrenzt von geraden Linien an der Oberfläche und von Lotrechten nach der Teufe, erteilt (z. B. „Grubengasfeld X"). Die Berechtigung kann nur erteilt werden, wenn die Aufsuchung oder Gewinnung anderer mit Berechtigung gewonnener Bodenschätze nicht schwerwiegend und vom Grundsatz her gefährdet wird (Weiß, Glückauf 2002, 365, 372). Die Nutzung des Grubengases bedarf außer der Gewinnungsberechtigung der Betriebsplanzulassung und – im Falle des Einsatzes von Blockheizkraftwerken – der BImSchG-Genehmigung für die Einrichtung und den Betrieb der Energieumwandlungsanlage. In diesem immissionsschutzrechtlichen Genehmigungsverfahren, das nach den Ländergesetzen meistens nicht von den Bergbehörden durchgeführt wird, ist eine standortbezogene UVP-Vorprüfung (Anhang zu 4. BImSchV, Ziff 1.4. Spalte 2) durchzuführen, außerdem stellen sich baugenehmigungsrechtliche Fragen (Weiß, aaO, S. 373). Zur Frage, ob für Grubengas eine Förderabgabe zu entrichten ist, § 31 Rn 12. Zur Frage der ordnungsrechtlichen Verantwortlichkeit für Austreten von Grubengas aus stillgelegten Grubenschächten: Frenz/Kummermehr, DVBl 2000, 451, VG Gelsenkirchen, ZfB 2005, 69, 74. Zur Grubengasgewinnung und Sicherheitsvorschriften: § 55 Rn 54, VG Düsseldorf ZfB 2010, 261, 270 ff.

Unkonventionelle Lagerstätten und Gasgewinnung: Als unkonventionell werden Lagerstätten bezeichnet, aus denen das Erdgas einer Förderbohrung nicht ohne weitere technische Maßnahmen in ausreichender Menge strömt. Es kommt entweder nicht in freier Gasphase im Gestein vor oder das Speichergestein ist nicht ausreichend durchlässig. Nicht konventionelle Erdgasvorkommen sind Gase in dichten Gesteinen, Kohleflözgas, Aquifergas und Gashydrat. Je nach dem Trägergestein werden sie als „Tightgas" oder „Shale Gas" bezeichnet, d. h. Erdgas aus dichten Sand- oder Kalksteinen bzw. aus Tonsteinen. Erdgas wird mit anderen Kohlenwasserstoffverbindungen, z. B. Erdöl, im Katalog des § 3 Absatz 3 unter dem Begriff **„Kohlenwasserstoffe** nebst den bei ihrer Gewinnung anfallenden Gasen" zusammengefasst und gehört zu den bergfreien Bodenschätzen. Kohlenwasserstoffe sind alle Verbindungen des Kohlenstoffes mit Wasserstoff (Franke in Heft 126 der Schriftenreihe der GDMB, 2011, S. 11 m. w. N.; Grigo/Frische/Krüger/Kugel/Mehlberg, ebenda, S. 23; Kühne, Rechtsfragen der Aufsuchung und Gewinnung von Steinkohlenflözen beisitzendem Methangas, Baden-Baden, 1994, S. 26 ff.).

Für die **Aufsuchung** bedarf es daher einer Erlaubnis gemäß § 6, für die **Gewinnung** einer Bewilligung gemäß § 8 oder des Bergwerkseigentums (§ 9). Beide sind an Abgrenzungen durch das Bergwerksfeld untertage geknüpft. Zusätzlich sind für die Aufsuchungs- und Gewinnungsmaßnahmen bergrechtliche Betriebsplanzulassungen und wasserrechtliche Erlaubnisse erforderlich.

Das Betriebsplanverfahren wird dadurch entlastet, dass die **wasserwirtschaftlichen Fragen im wasserrechtlichen Erlaubnisverfahren** zu prüfen sind. Bei Überschneidungen bedarf es enger Abstimmung der Verfahren: die Verrohrung und Zementeinfassung von Bohrungen hat bergrechtlich-sicherheitstechnische, aber auch Gewässer- und Lagerschutz-Gründe (§§ 19 Absatz 1 und 5, 29 BVOT), hierzu Franke, Heft 126 der Schriftenreihe der GDMB, 2011, S. 12 ff. Die wasserrechtliche Erlaubnispflicht kann sich dadurch ergeben, dass durch die **Verrohrung und Zementierung der Bohrung** feste Stoffe in grundwasserführenden Schichten eingebracht werden und diese wasserwirtschaftlich relevant sind (s. Grigo, Frische, Krüger, Kugel, Mehlberg in Heft 126 der Schriftenreihe der GDMB, 2011, S. 35 ff.). Ebenso kann sich aber lediglich eine wasserrechtliche **Anzeigepflicht** gemäß § 49 Absatz 1 WHG ergeben, sofern die Anforderungen gemäß § 49 Absatz 1 Satz 2 WHG für eine Erlaubnis nicht vorliegen (Grigo u. a., aaO, S. 36 f.). Wasserrechtlichen Bezug haben außer der Bohrung auch

andere Verfahrensabschnitte der unkonventionellen Gasgewinnung, z.B. das **Herstellen und Betreiben des Bohrplatzes** und die **Beseitigung der** nicht mehr verwendbaren **Spülung** (Grigo u.a., aaO, S. 34 ff.).
Eine weitere Entlastung erfährt das Betriebsplanverfahren durch die **Tiefbohr-Verordnungen der Bundesländer,** die unmittelbar für die Unternehmer und verantwortlichen Personen gelten und durch Hinweise der Nebenbestimmungen in Sonderbetriebsplänen Verbindung zur Durchführung der Maßnahme erhalten.
Zum Einfluss des Bergbaus und möglicher unkonventioneller Gasgewinnung auf die oberflächennahe Wasserwirtschaft: Grün, Teichgräber, Jakobs in Heft 126 der Schriftenreihe der GDMB, 2011, S. 83 ff., zu UVP-Pflichtigkeit von Flözgasbohrungen und Rügemöglichkeiten von Umweltverbänden: Frenz, ebenda, S. 77 ff. S. auch die ausführliche Darstellung der Umweltauswirkungen und der bestehenden rechtlichen Regelungen von Fracking bei der Aufsuchung und Gewinnung von Erdgas aus unkonventionellen Lagerstätten im Gutachten des Umweltbundesamts, August 2012 sowie die **Mindestanforderungen** an Betriebspläne, Prüfkriterien und Genehmigungsablauf für **hydraulische Bohrlochbehandlungen** des Landesamts für Bergbau, Energie und Geologie Clausthal-Zellerfeld vom 31.10.2012, hierzu Anhang § 56 Rn 564.

41   **Graphit** ist ein reiner Kohlenstoff, der technisch gewinnbar ist, wenn der Kohlenstoffgehalt des Minerals mindestens 7–10 % beträgt. Das bedeutendste Graphitvorkommen lag bei Kropfmühl in Bayern.

42   Die **vierte Gruppe** umfasst verschiedene **Salze und Sole**, wobei den Kali- und Steinsalzen als wirtschaftlich unverzichtbaren Rohstoffen für die chemische Industrie – etwa bei der Erzeugung von Soda, Chlor und Natronlauge, aber auch bei der Herstellung von mineralischen Stoffen für die weltweit maßgeblichen landwirtschaftlichen Düngemittel (Kali) – eine besondere volkswirtschaftliche Bedeutung besonders in Deutschland als Förder- und Verarbeitungsstandort zukommt (zu den modernen Gewinnungs- und Aufbereitungstechniken vgl. Bergbauhandbuch 1994: Kali 223 ff., Salze 239 ff.). Bei der gleichfalls in dieser Gruppe genannten Sole ist nur die gemeint, die in natürlichen Ablagerungen oder Ansammlungen im Erdboden, also in Lagerstätten, vorkommt. Deshalb fällt Wasser, das zur Aussolung einer Salzlagerstätte künstlich eingebacht wird, selbst dann nicht unter diesen Begriff, wenn es mit Salz gesättigt ist (Boldt/Weller, § 3 Rn 27; zur Technik der Solegewinnung vgl. Bergbauhandbuch 1994, 244).
Die Bedeutung zeigt sich dadurch, dass die Bundesrepublik Deutschland in der 4. Gruppe einen Selbsterzeugungsgrad von 94 % bei Steinsalz und 100 % bei Kochsalz hat.

43   Die Gruppe **Fluss- und Schwerspat** stellt einen Fall von Neuzuordnung durch das BBergG dar. Denn mit Ausnahme von Schwerspat im früheren Reg.Bez. Rheinhessen waren diese Bodenschätze bis zum Inkrafttreten des BBergG im gesamten Bundesgebiet grundeigen. Das BBergG geht demgegenüber davon aus, dass die zunehmende volkswirtschaftliche Bedeutung dieser Bodenschätze, etwa von Flussspat in der Chemie und bei Aluminium, von Schwerspat als Baurohstoff im Strahlenschutz sowie in der chemischen Industrie (Gummi, Papier, Kunststoff), die Gleichstellung mit den bis dahin schon bergfreien Bodenschätzen rechtfertigt. Außerdem kommen beide Bodenschätze häufig zusammen mit Erzen vor (Flussspat etwa mit Quarz und Schwerspat), sodass für einen sinnvollen und planmäßigen Abbau die Unabhängigkeit von möglichen Grundstücksgrenzen wesentlich ist (Zydek, 71; Boldt/Weller, § 3 Rn 29 f.).

3. Fingierte bergfreie Bodenschätze

Die Fiktion der Bergfreiheit hat der Gesetzgeber für solche Bodenschätze   **44** gewählt, bei denen er die Abspaltung vom Grundeigentum mangels eines konkreten Eigentümers nicht vollziehen konnte und für die er, wie etwa im Festlandsockel, wegen des völkerrechtlichen Regelungszusammenhangs eine endgültige Entscheidung über Eigentumsverhältnisse am Meeresgrund und -untergrund nicht treffen konnte.

4. Festlandsockel

Denn nach Artikel 2 der Festlandsockelkonvention übt der jeweilige Küstenstaat   **45** Hoheitsrechte hinsichtlich der Erforschung des Festlandsockels und der Ausbeutung seiner Naturschätze aus. Wer allerdings angesichts des föderalistischen Systems in der Bundesrepublik Deutschland als „Küstenstaat" zu gelten hat, ist – wie die Übergangsregelung des § 137 wegen der Feldes- und Förderabgaben deutlich macht – zwischen Bund und Ländern umstritten.

5. Küstengewässer

Vergleichbares gilt für die Küstengewässer, die allerdings erst im Laufe des   **46** Gesetzgebungsverfahrens einbezogen wurden (Boldt/Weller, § 3 Rn 31). Denn die Zuordnung dieses Gebiets zum Staatsgebiet der Bundesrepublik Deutschland ist zwar, soweit die Zwölfmeilenzone des Küstenmeeres, seines Meeresgrundes und -untergrundes und die Wassersäule darüber betroffen sind, unumstritten. Hinsichtlich der landwärts der Basislinie und der 12-sm-Grenze liegenden Meeresteile, insbesondere im Bereich der Nordseeinseln, ist die Zuordnungsproblematik für die Bodenschätze weiter virulent. Auch hier allerdings wollte der Gesetzgeber keine eventuelle spätere Verhandlungen zwischen Bund und Ländern präjudizierende Regelung treffen. Deshalb sind die Bodenschätze auch hier lediglich bergfrei geltende, gleichwohl jedoch alle in den Geltungsbereich des BBergG einbezogen, sodass jede Aufsuchung und Gewinnung einer Bergbauberechtigung nach § 6 bedarf.
Durch das BBergG ist die Rechtslage über die privaten Nutzungsbefugnisse im **Bereich der Seewasserstraßen** grundlegend geändert worden. Kies und Sand gelten danach als **bergfreie Bodenschätze**, gleichgültig welcher Art der Sand und Kies sind. Das folgt aus § 3 Absatz 3 Satz 2 Nr. 2 a, d. h. das Eigentum als solches vermittelt im Bereich der Küstengewässer überhaupt keine Befugnisse mehr zur Aufsuchung und Gewinnung. Für diesen Bereich ist eine Abgrenzung zwischen grundeigenen Bodenschätzen und sonstigen Rohstoffen, wie sie § 3 Absatz 4 Nr. 1 trifft, unerheblich (BVerwG, ZfB 1991, 111 ff., 122).

6. Erdwärme und ihre Gewinnung

Durch § 3 Absatz 3 Satz 2 Nr. 2 b sind erstmals Erdwärme und die im Zusam-   **47** menhang mit ihrer Gewinnung auftretenden kinetischen Energien als bergfrei geltende Bodenschätze dem Bergrecht unterstellt worden. Nach dem RegE für das BBergG sollten ursprünglich nur einige bestimmte Vorschriften über den bergbaulichen Betrieb für anwendbar erklärt werden. Auf Veranlassung des BR ist der Gesetzgeber darüber hinausgegangen und hat die **Erdwärme als berg-freien Bodenschatz fingiert**, um ihre Nutzung dem beliebigen Zugriff von jedermann zu entziehen (Zydek, 60).
Bei der Anwendung des Bergrechts auf **Geothermieanlagen** ist allerdings zu unterscheiden: Nach § 4 Absatz 2 Nr. 1 findet das Bergrecht keine Anwendung, wenn Erdwärme aus Anlass oder im Zusammenhang mit der baulichen Nutzung, z. B. für die Beheizung **eines Grundstücks** gelöst oder freigesetzt wird (Große, NVwZ 2004, 810 und ZUR 2009, 536; Ehricke, UPR 2009, 282). Es

fehlt wegen der Sondervorschrift am Gewinnen i. S. von § 2 Absatz 1 Nr. 1. Wenn allerdings Erdwärme gewonnen wird, um damit auf anderen oder **mehreren Grundstücken**, die nicht im unmittelbaren oder betrieblichen Zusammenhang mit dem Gewinnungsgrundstück stehen, genutzt zu werden, ist das BBergG anwendbar. Ebenso ist es anzuwenden, wenn die Förderung von Erdwärme zur Erzeugung von Strom oder Fernwärme dienen soll und in allgemeine Versorgungsnetze eingespeist wird (Ehricke, aaO) oder bei Schrägbohrungen über mehrere Grundstücke oder bei Weiterleiten von gefördertem Thermalwasser auf andere Grundstücke (Bolle/Jung, Glückauf 2004, 576). Werden Geothermiebohrungen zur Einleitung von Wärmeenergie in den Boden verwendet, um diese zu speichern und später wieder zu entnehmen, findet Bergrecht zunächst keine Anwendung. Die Untergrundspeicherung i. S. von § 4 Absatz 9 erfasst nicht die Erdwärme. Wenn jedoch Geothermiebohrungen tiefer als 100 m in den Boden eindringen, sind sie gemäß § 127 der Bergbehörde anzuzeigen. Sie entscheidet, ob es eines Betriebsplans gemäß § 51 ff. bedarf. Die Abgrenzung ist insbesondere erforderlich für die Frage, ob es einer bergrechtlichen Bewilligung für die Gewinnung bedarf, ob eine Betriebsplanpflicht besteht und die Bergschadenshaftung gemäß §§ 114 ff. zutrifft (hierzu Ehricke, aaO S. 286 ff.). Zu Geothermie s. Neu/Gedzius, Glückauf 2009, 60; Große, ZUR 2009, 536). **Geothermie** ist jede in Form von Wärme gespeicherte Energie unterhalb der festen Erdoberfläche. Zu Geothermie und Wasserrecht s. Anhang zu § 56 Rn 565. Durch die Regelung des § 4 Absatz 3 Satz 2 ist klargestellt, dass die Nutzung von Erdwärme i. S. des **Verbrauchs** der Weiterverarbeitung gleichzustellen ist. Die damit verbundenen Tätigkeiten unterfallen nicht dem Bergrecht (Benz, Rechtliche Rahmenbedingungen für die Nutzung der oberflächennahen Geothermie, S. 27). Zu den Anforderungen nach §§ 22 BImSchG, 88 der BVOT NRW und zum Prüfungsinhalt gemäß §§ 55, 48 Absatz 2 zur Wahrung überwiegender öffentlicher Interessen bei Betriebsplänen für Geothermiebohrungen s. Bolle/Jung, Glückauf 2004, 574 ff.; Benz, aaO, S. 47 ff. Die Sonderregelung des § 4 Absatz 2 Nr. 1 gilt nicht für die der Gewinnung von Erdwärme vorausgehende **Aufsuchung**. Sie ist uneingeschränkt dem BBergG unterworfen. Zur Erlaubniserteilung und Feldergröße bei Geothermie s. § 16 Rn 11. Um die Voraussetzungen der Ausnahme des § 4 Absatz 2 Halbs. 2 Nr. 1 von der bergrechtlichen Bewilligungspflicht zu erreichen, kann eine Nebenbestimmung erlassen werden , wonach die Erdwärmebohrungen über ihre gesamte Bohrstrecke von allen Grundstücksgrenzen wenigstens 5 m entfernt sein müssen (VGH Kassel, ZfB 2012, 245; Hess. Erlass vom 25.3.2010,Staatsanzeiger 2010,1150). Zur Erdwärmetechnik (Erdwärmesonden, -kollektoren, Grundwasser-Wärmepumpen, Spiralkollektoren), allgemeinen Zulassungsgrundlagen nach Berg- und Wasserrecht, erforderlichen Prüfungen in Schutzgebieten, Vorranggebieten und Gebieten des Altbergbaus s. Leitfaden Erdwärmenutzung in Niedersachsen des Umweltministeriums Nds, 2006.

Weitere Literatur:
Zu Geothermie im System der Energieträger: Frenz, GDMB-Schriftenreihe, Heft 123, 2010, S. 9 ff.; zu bergbehördliche und energiewirtschaftliche Aspekte sowie Einsatz von öffentlichen Fördermitteln bei Geothermieprojekten in NRW: Nörthen/Weiß, aaO, S. 101 ff.; zu Geothermie in NRW-Förderung, Potenziale und Projekte: Thien, aaO, S. 119 ff.; zu Bergbehördliches Genehmigungsmanagement für Geothermiebohrungen: Grigo, aaO, S. 123 ff.: Zusammenfassend Limpens, DVBl 2010, 1489; zu Strom und Wärme aus der Tiefe: Große, ZUR 2009, 535; zu Bergrecht und Erdwärme – Gesichtspunkte zur Bemessung von Erlaubnis- und Bewilligungsfeldern: Schulz, Geothermische Energie 40, 9 f.

48   Gleichwohl führt dies nicht zu einer vollständigen und umfassenden Anwendung des Bergrechts. Sie ist vielmehr beschränkt auf die **Untersuchung des Untergrundes**, auf seine Eignung zur Gewinnung von Erdwärme und auf den Betrieb zur **Gewinnung** dieser Wärme. Für die Herrichtung der Bohrplatzes und den Bohrkeller zum Abteufen von Bohrungen zwecks Aufsuchen von Erdwärme gilt gemäß § 3 Absatz 3 Nr. 2 Buchstabe b i. V. m. § 2 Absatz 1 Nr. 3 Bergrecht (VGH München, ZfB 2013, 150, 155). Die **Nutzung** dagegen ist nach § 4 Absatz 3 Satz 2 letzter Halbs. als **Weiterverarbeitung** gekennzeichnet und damit vom Bergrecht ausgenommen.

Gleiches gilt für Betriebe, die bei Inkrafttreten des BBergG bereits Erdwärme **49** gewonnen und zu Bade- und Heilzwecken genutzt haben (§ 169 Absatz 2 Satz 2). Soweit Bergrecht allerdings anwendbar ist, gelten vor allem §§ 39 (Einigung mit dem Grundeigentümer), 40 (Streitentscheidung), 48 (Allgemeine Verbote und Beschränkungen), 50 (Anzeige und Betriebsplanverfahren) bis 74 (Hilfeleistung) sowie 77 (Grundabtretung) bis 104 (Vollstreckbare Titel).

Bergrecht gilt zusammenfassend demnach **nicht** für folgende Formen der **Nutz-** **50** **barmachung von Erdwärme**:
– für am 1.1.1982 bereits bestehende Gewinnungsbetriebe von Erdwärme zu Heil- oder Badezwecken (§ 169 Absatz 2);
– für Bade- und Heilbetriebe, die nach dem 1.1.1982 ihren Betrieb aufgenommen haben (§ 4 Absatz 3); sie gelten als Weiterverarbeitung und als solche fallen sie nicht unter die Geltung des Bergrechts. Einer Bergbauberechtigung bedarf es daher auch nicht (Heitmann, ZfB 125 (1984), 354, 362);
– aus § 4 Absatz 2 Nr. 1 lässt sich herleiten, dass auch das Beheizen eines Gebäudes mit durch Wärmepumpe geförderter Erdwärme keine bergrechtliche Gewinnung ist und somit weder einer Bergbauberechtigung noch eines Betriebsplans bedarf. Der Versuch, den Geltungsumfang des Bergrechts für Erdwärme mittels einer Temperaturbegrenzung zu definieren, hat sich noch nicht durchsetzen können (vgl. dazu Heitmann, ZfB 125 (1984), aaO; Weller, ZfB 125 (1984), aaO).

Da Erdwärme nicht unmittelbar, sondern nur mit Hilfe eines natürlich vorhan- **51** denen oder künstlich eingeführten Wärmeträgers gewonnen werden kann, wird gemeinhin das **Gewinnungsrecht** für **Erdwärme** vom **Recht des Wärmeträgers** abgegrenzt (Boldt/Weller, § 3 Rn 33–37). Besondere Fragen entstehen dann, wenn der Wärmeträger Wasser ist. Dann sind das **WHG** und die **LWG** zu beachten, die das **Bergrecht** nach § 127 Absatz 2 unberührt lässt. Aus dieser Konstellation ergeben sich folgende **Abgrenzungsfragen**:
– Wird Erdwärme im Zusammenhang mit der Nutzung von Grundwasser **zur Trinkwasserversorgung** gewonnen, so ist das kein bergrechtlich relevanter Sachverhalt, sondern ein ausschließlich durch das Wasserrecht bestimmter Vorgang. *„Wer nur die reine Wassernutzung ohne jede Absicht zur Wärmenutzung will und betreibt, soll nicht dem Bergrecht, sondern dem Wasserrecht unterliegen"* (Heitmann, ZfB 125 (1984), 440, 449). Einer Bewilligung nach § 6 bedarf es insoweit nicht.
– Auch das Gewinnen von Erdwärme zu Bade- und Heilzwecken (**Thermalwasser**) unterliegt grundsätzlich dem Wasserrecht (§ 2 Absatz 2 WHG), allerdings mit der Ermächtigung für die Bundesländer, sie als kleine Gewässer vom WHG auszunehmen. Das ist in Baden-Württemberg (§§ 1 Absatz 3, 38–42 Bad-WürttbgWG) geschehen für die Solquellen i. S. von § 3 Absatz 3 BBergG. Durch § 53 WHG ist bundesrechtlich der Heilquellenschutz eingeführt worden. Der Heilquellenschutz erstreckt sich auf Wasser- und Gasvorkommen, die aufgrund ihrer chemischen Zusammensetzung, ihrer physikalischen Eigenschaften oder der Erfahrung nach geeignet sind, Heilzwecken zu dienen. Maßgeblich für die Einordnung als Heilquelle sind die chemische Zusammensetzung (Mineralquelle) und die physikalische Beschaffenheit (Thermalquelle) des Wassers oder Gases. Das Wasser oder das Gas dienen Heilzwecken, wenn sie objektiv dazu geeignet sind, z. B. durch überdurchschnittlich hohe natürliche Temperatur von mehr als 20 °C. Nicht entschei-

dend ist, ob es tatsächlich zu Heilzwecken genutzt wird oder eine Nutzung beabsichtigt ist. Gemäß § 53 Absatz 2 WHG i. V. mit Landesrecht kann eine Heilquelle durch konstitutiven staatlichen Anerkennungsakt besonders geschützt werden, allerdings sind parallel dazu die wasserrechtlichen Erlaubnisse bzw. Bewilligungen erforderlich. In Analogie zu Wasserschutzgebieten können Heilquellenschutzgebiete festgesetzt werden (§§ 53 Absatz 5 i. V. mit 51 Absatz 2 WHG). Bergrecht ist auf solche Betriebe nicht anzuwenden, denn Thermalwasser ist nicht Wasser im Sinne des § 3 Absatz 1 und fällt somit unter die Ausnahmeregelung (so auch Heitmann, ZfB, aaO). Allerdings anders: Thermalsole (mineralisiertes Thermalwasser) ist gemäß § 3 ein bergfreier Bodenschatz. Erschließung und Nutzung unterliegen den Bestimmungen des BBergG. Die Anwendung als Heilwasser setzt zusätzlich eine Einstufung und eine staatliche Anerkennung voraus; s. auch § 3 Rn 9.

– Wird Erdwärme zur Nutzung als Wärmeenergie in größerem Umfang gewonnen, so ist dieser Vorgang zumindest auch bergrechtlich zu beurteilen. Es gelten in diesem Fall Bergrecht und Wasserrecht nebeneinander mit der Konsequenz, dass für Aufsuchen und Gewinnen wegen des Energiebezugs Bergbauberechtigungen erforderlich sind und Betriebsplanpflicht besteht. Daneben bedarf das Nutzen des Erdwärmevorkommens der wasserrechtlichen Erlaubnis; s. auch § 3 Rn 40, 47 ff.

52 Weil die Bodenschätze im Bereich der Küstengewässer und die Erdwärme erstmals aufgrund des BBergG als bergfreie Bodenschätze gelten, musste – anders als etwa bei den Bodenschätzen im Festlandsockel – die Fortgeltung der in alten Rechten und Verträgen enthaltenen Zuordnung ausdrücklich angeordnet werden. Das bezweckt § 3 Absatz 3 Satz 2 Nr. 2 erster Halbs.

V.   Grundeigene Bodenschätze

1.   Vorbemerkung

53 § 3 Absatz 4 Nr. 1 zählt enumerativ, aber nicht abschließend die **grundeigenen Bodenschätze** im Sinne des BBergG auf. Damit unterliegen diese Bodenschätze, auch wenn sie im Verfügungsrecht des Grundeigentums verblieben sind, bei ihrer Aufsuchung, Gewinnung und Aufbereitung den wesentlichen Ordnungsnormen des BBergG (§ 34). Im Vergleich zu den bergfreien Bodenschätzen ist die Aufzählung der grundeigenen Bodenschätze allerdings nicht abschließend. Denn auch in § 3 nicht ausdrücklich genannte grundeigene Bodenschätze unterliegen dann dem Bergrecht, wenn sie **untertägig aufgesucht oder gewonnen** werden (§ 3 Absatz 4 Nr. 2). Katalog und Zusatz stehen unter dem Vorbehalt der Aufrechterhaltung früherer Zuordnungen für die Dauer ihrer Geltung (§§ 149–159).

54 Der Katalog der **grundeigenen Bodenschätze** orientiert sich an der sog. **SilvesterVO** (RGBl I 1943, 17; abgedruckt auch bei Ebel/Weller, Teil III Nr. 26 (871 ff.)) und § 214 ABG, sowohl hinsichtlich der Auswahl der Bodenschätze wie auch der sachlichen Begründung ihrer Einbeziehung in das BBergG. Mit der SilvesterVO wurde eine rechtliche Entwicklung fortgesetzt, die mit dem preußischen Gesetz über die Beaufsichtigung von unterirdischen Mineralgewinnungsbetrieben und Tiefbohrungen begonnen und i. d. P. gezeigt hatte, dass der Kreis der dem Bergrecht unterstellten Steine- und Erden-Betriebe zu eng war, um gravierende Abgrenzungsprobleme zwischen Berg- und Gewerberecht zu verhindern. Hierunter litt vor allem der westdeutsche Tonbergbau. Dazu kam, dass die Grundeigentümer nicht immer bereit oder in der Lage waren, ihre Flächen durch Gewinnung der Bodenschätze selbst zu nutzen oder Dritten zu solchen

Bedingungen zu überlassen, die einen Raubbau ausschlossen. Negativbedingungen waren zu hohe Entgelte oder der Zwang zur Übernahme von sonstigen Leistungen wie Garantiesummen, Sicherheiten oder Beschäftigung des Grundeigentümers. Derartige Probleme hatten sich besonders bei der Gewinnung von Fluss- und Feldspat, Bauxit und Magnesia ergeben (Ebel/Weller, aaO, § 1 Rn 1). Die SilvesterVO sollte diesen Mängeln abhelfen, indem sie Aufsuchung und Gewinnung bestimmter, dem Grundeigentümer belassener Mineralien und den Abbau von Steinen und Erden den volkswirtschaftlich günstigeren Bedingungen des Bergrechts unterstellte und sie gleichzeitig im Interesse des Gemeinwohls einer stärkeren Kontrolle durch die Bergaufsicht unterwarf. Darüber hinaus gestattete die VO in § 3 die Zusammenfassung unterschiedlicher Grundstücke und Betriebe aus volkswirtschaftlichen und bergaufsichtlichen Gründen zu einheitlichen Betrieben im Sinne des Bergrechts. Das war bei dem häufig äußert zerstreuten Grundbesitz für die Bedeutung des Bergbaus und für die Entwicklung der einzelnen Betriebe von erheblicher Wichtigkeit (Ebel/Weller, aaO, § 3 Rn 1 ff.).
Was den Umfang der in die sog. SilvesterVO aufgenommenen grundeigenen Bodenschätze betraf, waren dies neben den wichtigsten feuerfesten und keramischen Rohstoffen einige bedeutsame chemische sowie sonstige Rohstoffe, die in wichtigen Verbrauchsindustrien wie Kautschuk, Papier, Pharmazeutik, Sprengstoff und Benzinsythese von Bedeutung sind (Ebel/Weller, aaO, § 1 Rn 1).

Zur Frage, wann ein im Eigentum des Grundeigentümers stehender Bodenschatz **55** als Wirtschaftsgut entsteht und ob dieses Wirtschaftsgut dem Betriebs- oder Privatvermögen zuzuordnen ist, d.h. zur ertragssteuerlichen Behandlung von grundeigenen Bodenschätzen s. BMF-Schreiben vom 7.10.1998 in BB 1998, 2406.

2. Grundeigene Bodenschätze

Zu den grundeigenen Bodenschätzen des BBergG (Ebel/Weller, aaO, § 1 Rn 2 ff.; **56** Boldt/Weller, § 3 Rn 41 ff.) sind folgende erläuternde Hinweise zu geben:
– **Basaltlava** sind Ergussgesteine des Tertiär und jüngerer Epochen und wegen **57** der raschen Abkühlung des Lavagesteins mit relativ wenig eingesprengten Kristallen versehen. Basaltlava kommt ausschließlich linksrheinisch vor und war schon vor Inkrafttreten des BBergG dem Bergrecht unterworfen. Der von der Geltung des Bergrechts ausgenommene Säulenbasalt ist eher rechtsrheinisch anzutreffen und war schon vor dem BBergG dem Bergrecht unterstellt.
– **Bauxit** ist ein wichtiger Rohstoff zur Aluminiumherstellung. Es handelt sich **58** um ein Umwandlungsprodukt tonerdehaltiger Eruptivgesteine; Bauxit ist von Eisenoxiden rötlich gefärbt.
– **Bentonit und Bleicherden** sind Tone, deren Hauptbestandteil Monmorillonit **59** ist. Sie finden als Spülzusatz für Tiefbohrungen, als Formsandbinder und zur Reaktivierung von Formsandgemischen in Gießereien sowie als Katalysator und Regenerierungsmittel der chemischen Industrie Verwendung.
Dachschiefer findet vielfältige Verwendung in der Bauindustrie; seine wichtigsten Vorkommen finden sich im Rheinischen Schiefergebirge, vor allem im Sauerland. Soweit Dachschiefer Gegenstand eines nach §§ 149 ff. aufrechterhaltenen Rechts ist, zählt er zu den bergfreien Bodenschätzen des Absatz 3.
– **Feldspat** (alkalihaltige Tonerdesilikate) wird in der keramischen Industrie, in **60** der keramischen Schleifscheiben- und Wandplattenindustrie als Flussmittel und zur Herstellung von Glasuren und Emaille verwendet. Er kommt in Bayern, der Pfalz und im Saarland vor. Zum Bergbau auf Feldspat wird der Abbau gang- und stockförmiger Pergmatite gerechnet, die in Graniten und Gneisen des Fichtelgebirges und des Oberpfälzer Waldes eingelagert sind.

Pergmatitsande sind Massenrohstoffe für die chemische und die keramische Industrie.

61   – **Kaolin** tritt in beachtlichen Vorkommen in der Oberpfalz, am Mittelrhein und im Westerwald auf. Die Kaolinproduktion findet in der keramischen Industrie, der Papierindustrie und in der chemischen Industrie Verwendung.

62   – **Glimmer**: Hierunter versteht man hydroxyl- und alkali-, häufig auch fluorhaltige Tonerdesilikate, die nach einer Fläche ausgezeichnet spaltbar sind. Sie werden zu elektrischen Isolierungen oder als Fenster für Schmelzöfen verarbeitet.

63   – **Kieselgur** zeichnet sich durch große Leichtigkeit, hohes Aufsaugevermögen, gute Filterleistung sowie geringe Wärme- und Schall-Leitfähigkeit aus und wird als Filterhilfsmittel, Füllstoff für Papier, Gummi und Farben sowie in der kosmetischen und pharmazeutischen Industrie verwendet.

64   – **Quarz** (Siliciumdioxid SiO_2) ist ein Gemengteil vieler Gesteine, findet sich aber auch als Edelkristall. Quarzit ist ein feinkörniges, sehr widerstandsfähiges Gestein, das vorwiegend Quarz enthält.

Quarzite kommen in der Natur als Fels- und Findlingsquarzite oder als Quarzsande vor. An Quarzsanden sind bedeutsam Kleb- und Formsand, die häufig in derselben Lagerstätte, jedoch in verschiedener Ausbildung vorkommen. Quarz und Quarzit fallen unter das BBergG, soweit sie sich zur Herstellung von feuerfesten Erzeugnissen oder Ferrosilizium eignen. Danach ist das Vorkommen grundsätzlich als geeignet i. S. von § 3 Absatz 4 anzusehen, wenn es sich um eine präquartärzeitliche Lagerstätte handelt. Bei quartärzeitlichen Lagerstätten ist hingegen in der Regel davon auszugehen, dass das Vorkommen zur Herstellung feuerfester Erzeugnisse ungeeignet ist. Die Seger-Kegel-Methode, die dazu erforderlichen Proben in der unverritzten Lagerstätte und die Untersuchungen auf Kosten des Antragstellers durch einen Sachverständigen sind nur in Zweifelsfällen anzuwenden (die Eignungskriterien hat neben der Seger-Kegel-Methode – vgl. dazu Weller, ZfB 125 (1994), 163 f. – der Länderauschuss Bergbau im Jahre 1985 in seiner 23. Sitzung festgelegt, veröffentlichte Festlegung = ZfB 138 (1997), 245); auf die tatsächliche Verwendung kommt es nicht an (OVG NRW 1986, 358, 365). Die Eignung ist nicht nur im natürlichen Zustand gegeben, sondern auch dann, wenn sich die in dieser Bestimmung genannten Eignungsvoraussetzungen durch Aufbereitung schaffen lassen (BVerwG, ZfB 138 (1997), 134). Die Eignung ist nach objektiven Gesichtspunkten zu beurteilen (OVG Koblenz, DVBl 2011, 47, 49) und liegt dann vor, wenn der Schmelzpunkt von Quarzsanden (Kleb- und Formsand) in der Gesamtheit ihrer einzelnen Bestandteile bei 1850 °C oder höher liegt. Zu den feuerfesten Erzeugnissen gehören vorrangig Gießereiformen; bei Ferrosilizium handelt es sich um Eisen-Silizium-Legierungen, die als Desoxidationsmittel und Lösungsmittel in der Eisenhüttenindustrie gebraucht werden.

65   – **Speckstein und Talkum** sind Magnesiumsilicate ähnlicher Zusammensetzung. Talkum wird in der keramischen, kosmetischen und pharmazeutischen Industrie, Speckstein vor allem zur Herstellung von feuerfesten Isolatoren eingesetzt.

66   – **Tone**, die sich zur Herstellung feuer- und säurefester oder keramischer Erzeugnisse, von Tonerde und Emaille eignen, werden unter der Bezeichnung „Spezialtone" zusammengefasst. Aluminiumtone kommen als Substitut für den teurer und knapper werdenden Rohstoff Bauxit zur Anwendung. Die in diesen Tonen enthaltenen Aluminiumbestandteile gehören nicht zu den bergfreien Bodenschätzen. Außerdem gilt das Gesetz nach § 169 Absatz 2 Satz 2 nicht für Betriebe, in denen bereits bei Inkrafttreten des Gesetzes Ziegeleierzeugnisse aus „Spezialtonen" hergestellt wurden.

67   – **Trass**: Hierunter versteht man einen kaliarmen, sauren vulkanischen Tuffstein, der vor allem in der Eifel abgebaut wird und der in der Baustoffindustrie Verwendung findet.

3. Untertägige Aufsuchung und Gewinnung

Unabhängig von ihrer Einordnung in Absatz 4 Nr. 1 werden entsprechend **68** herkömmlicher landesrechtlicher Übung solche Bodenschätze den grundeigenen gleichgestellt und umfassend (d. h. unter Geltung der öffentlich-rechtlichen Vorschriften des Betriebs, unter Einbeziehung der Vorschriften über Mitgewinnung, Zulegung, Grundabtretung und über das Bergschadensrecht) in die Geltung des Bergrechts einbezogen (Boldt/Weller, § 3 Rn 54), die **untertägig aufgesucht oder gewonnen** werden (zum Vorläufer vgl. § 1 des Gesetzes über die Beaufsichtigung unterirdischer Mineralgewinnungsbetriebe und Tiefbohrungen vom 18.12.1933, abgedruckt bei Ebel/Weller, 455 ff., mit Ausführungsanweisung vom 15.1.1934).

Diese Art der Aufsuchung und Gewinnung beeinflusst also die Rechtsposition **69** der Grundeigentümer vor allem wegen der Unabdingbarkeit des Absatz 4 Nr. 2 insoweit, als die untertägige Aufsuchung und Gewinnung von Grundeigentümerbodenschätzen auch dann dem Bergrecht unterliegt, wenn sie in unmittelbarem Zusammenhang mit einer übertägigen Aufsuchung der Gewinnung erfolgt. Über den möglichen Einschluss übertägiger Betriebe wegen der Untrennbarkeit der Arbeits- und Betriebsvorgänge gibt § 173 Absatz 1 Auskunft. § 3 Absatz 4 Nr. 2 kommt schließlich, das macht der Wortlaut deutlich, nur dann zur Anwendung, wenn es sich bei den aufzusuchenden oder zu gewinnenden Bodenschätzen nicht um bergfreie – Absatz 3 – oder grundeigene i.S. von Absatz 4 Nr. 1 handelt.

4. Nichtbergrechtliche Grundeigentümerbodenschätze

Obgleich die sonstigen, nicht unter § 3 Absatz 4 fallenden grundeigenen Boden- **70** schätze (sog. Grundeigentümerbodenschätze) nicht Gegenstand des BBergG sind, ist ihre Bedeutung für die Bau- und Rohstoffwirtschaft der Bundesrepublik Deutschland nicht unbeachtlich. Das gilt vor allem im Zuge der Wiedervereinigung. Sie brachte die Einbeziehung nahezu aller „grundeigenen" Bodenschätze der neuen Bundesländer in die Bergfreiheit sowie unter Bergwerkseigentum und Bergaufsicht. Das geschah mit dem Argument, für den Aufschwung Ost müsse gewährleistet werden, dass die weitere Ausbeutung vor allem von **Kies- und Sandfeldern** nicht ins Stocken geraten und die Aufschließung neuer Felder nicht verzögert werden dürfe (BVerwG = ZfB 134 (1993), 202 ff.). Dies aber hätte nach übereinstimmender Meinung (Nachweis bei Hoffmann, BB 1994, 1589) ein Rückfall der hochwertigen Steine-Erden-Rohstoffe in das Grundeigentum mit sich gebracht und damit weittragende Folgen für die Volkswirtschaft (zum Gedanken der Sozialpflichtigkeit dieses Vorgangs s. Hoffmann, BB 1994, aaO), besonders für die Bauindustrie. Andererseits ist zwischenzeitlich erkennbar, dass der Abbau von Kiesen und Sanden unter Bergaufsicht nicht nur gerechtfertigt, sondern in hohem Maße geboten war und positive wirtschaftliche Auswirkungen mit sich gebracht hat (in dieser Richtung neben Hoffmann, BB 1.994.1585 ff., auch Schulte, Bodenschätzegewinnung, 298 f.). Das sind im Wesentlichen folgende (in Anlehnung an die Zusammenstellung bei Hoffmann, BB 1994, 1590):
– Die Anwendung des BBergG auf einen so bedeutsamen wirtschaftlichen **71** Bereich wie die Bauwirtschaft gewährleistete eine geordnete, von Grundstücksgrenzen unabhängige Nutzung der Rohstoffe bei schonendem Umgang mit Grund und Boden unter Bergaufsicht.
– Die zügige Privatisierung der betriebsbezogenen Lagerstätten nach dem Privatisierungskonzept der Treuhandanstalt erlaubte, wirtschaftlich tragfähige Kapazitäten zu erhalten. Der Verkauf von Bergwerkseigentum konnte an solche Unternehmen erfolgen, die die besten Voraussetzungen für einen

zukünftigen sinnvollen, ordnungsgemäßen und effizienten Abbau dieser Rohstoffe boten.
– Die Zuordnung der hochwertigen Sande und Kiese unter die öffentlich-rechtliche Ordnung des BBergG erlaubte eine optimale Ressourcennutzung unter Berücksichtigung regionaler Bedürfnisse. Aufgrund des außerordentlich hohen Transportkostenanteils am Warenwert Sand und Kies und aus Gründen des Umweltschutzes war es im allgemeinen öffentlichen Interesse geboten, Lagerstätten vorrangig in Verbrauchernähe zu nutzen.
– Der Abbau von Kiesen und Sanden als oberflächennahe Bodenschätze stellte nicht selten einen Eingriff in Natur und Landschaft dar. Gerade deshalb war die bergrechtliche Aufsicht unabhängig von den Grundstücksgrenzen und Grundeigentümerinteressen im Sinne des Gemeinwohls geboten. Nach Beendigung des planmäßigen Abbaus war andererseits eine von den zufälligen Grundstücksgrenzen unabhängige großflächige Wiedernutzbarmachung möglich und im öffentlichen Interesse auch geboten.

72 Diesen Gesichtspunkten trägt das Gesetz zur Vereinheitlichung der Rechtsverhältnisse bei Bodenschätzen vom 15.4.1996 insoweit Rechnung, als es die grundeigenen Bodenschätze lediglich für die Zukunft wieder freigibt. Soweit die Bodenschätze auch danach nicht unter die Klassifikation des § 3 fallen, also **nichtbergrechtliche** oder sog. **Grundeigentümerbodenschätze** sind, wurden sie nach bereits bisher in den alten Bundesländern praktizierten privaten oder öffentlich-rechtlichen Regelungen des Bundes und/oder der Länder hinsichtlich ihrer Aufsuchungs- und Gewinnungsvorgänge recht unterschiedlich behandelt (Boldt/Weller, § 3 Rn 2; Schulte, Bodenschätzegewinnung, 296 ff., der den Begriff *„Nichtbergrechtliche Bodenschätze"* benutzt). Aufsuchung und Gewinnung dieser Bodenschätze folgt materiell-rechtlich unterschiedlichen Rechtsvorschriften, je nach dem, um welche Art der Bodenschätze es sich handelt und wie sich die Methode ihrer Gewinnung bzw. das angewandte Abbauverfahren darstellt
Bei der beabsichtigten Nutzung eines Steinbruchgrundstücks zum Abbau von grundeigenen Bodenschätzen, deren Zulassung die Belange von Natur und Landschaft auch ohne die Bestimmungen einer Landschaftschutzgebiets-VO entgegenstehen, handelt es sich nicht um eine eigentumsrechtlich verfestigte Rechtsposition i.S. von Artikel 14 Absatz 1 GG. Es besteht, solange eine Ausnahmegenehmigung nach der Landschaftsschutz-VO nicht erteilt wurde, lediglich eine zukünftige Erwerbschance (VGH Kassel, NUR 2005, 408).

73 a) **Grundeigentümerbodenschätze im Einzelnen.** Es handelt sich bei den nichtbergrechtlichen Bodenschätzen im Anschluss an die Zusammenstellung bei Schulte (Schulte, Bodenschätzegewinnung, 296) um Kiese und Sande (Herstellung von Beton und anderen Baustoffen), Natursteine (Straßen-, Wege- und Wasserbau), Naturwerksteine (Bauindustrie, Grabmäler), Kali-, Kalkmergel- und Dolomitgesteine (Herstellung von Branntkalken, Zement und feuerfesten Erzeugnissen), Gips- und Anhydrit (Wandbauplatten, Zement, Gipsmörtel, Putz und Stuck), Bims (Leichtbaustoffe), Ton (Ziegeleiprodukte, keramische Erzeugnisse) und andere mehr.
Sand- und Kiesvorkommen sind in § 3 nicht ausdrücklich benannt. In § 3 Absatz 4 Nr. 2 wird keine Bodenschätze umfassende Regelung getroffen. Die Bodenschätze, die **über Tage** aufgesucht werden, d.h. im Regelfall Kies und Sand, werden in Bezug auf die eigentumsrechtliche Zuordnung vom BBergG nicht erfasst, wie sich aus dem Umkehrschluss aus § 3 Absatz 4 Nr. 2 ergibt (Boldt/Weller, § 3 Rn 2; Berkemann, DVBl 1989, 625; Hüffer/Tettinger, Bochumer Forschungsberichte zum Berg- und Energierecht, Heft 7, S. 9. Nach den zivilrechtlichen Bestimmungen (§§ 903 ff. BGB) stehen diese Bodenschätze dem Grundeigentümer zu (BGHZ 90, 3, 9; 87, 66, 78 f.; 84, 223, 226 ff., anders noch BGHZ 60, 126 ff.).

Die Abgrenzungsschwierigkeiten zum Bergrecht (§ 3 Absatz 4 Nr. 1) sind wegen des begrifflichen Auseinanderklaffens von Eignung und Verwendung vor allem bei quarzhaltigen Sanden und Tonen, die sich zur Herstellung von feuerfesten Erzeugnissen eignen („Spezialtone" und Quarzsand), vielfältig und bekannt. So kommt es nicht selten vor, dass z. B. die Gewinnung von Ton, der zur Herstellung von Ziegeleierzeugnissen verwendet wird, dem Bergrecht unterliegt, nämlich dann, wenn es sich um Spezialton mit der notwendigen Eignung (Schmelzpunkt bei mindestens 1850 °C) zur Herstellung von feuerfesten Erzeugnissen handelt (Boldt/Weller, § 3 Rn 50, 52; Schulte, aaO). **74**

Neben den materiell-rechtlichen Abgrenzungsschwierigkeiten sind in einem wesentlich stärkeren Maße die für die Gewinnung dieser Bodenschätze und Abbauverfahren erforderlichen Genehmigungen und Genehmigungsverfahren problematisch. Sie sind bezüglich ihrer bundes- und landesrechtlichen Genehmigungsvorbehalte und Verfahrenskonstellationen für die alten Bundesländer in der gebotenen Abgrenzung zum Bergrecht (BBergG) umfassend, kenntnisreich und kritisch analysiert (Schulte, Bodenschätzegewinnung, 299 ff., 381). **75**

b) Anzuwendende Vorschriften. Einige der durch das Nebeneinander von Abgrabungs-, Bau-, Naturschutz-, Wasser-, Immissionsschutz-, Abfall-, Forst – und Denkmalschutzrecht gekennzeichnete Verfahren für derartige Abgrabungen aufgeworfenen Fragen (dazu Schulte, Bodenschätzegewinnung, 299 ff.) sollen auch an dieser Stelle in einem Kommentar zum BBergG erwähnt werden, um einige – nur beispielhafte – Hinweise auf die Komplexität des Verhältnisses von bergrechtlicher und nichtbergrechtlicher Bodenschätzegewinnung in Deutschland zu geben. Im Übrigen s. ausführlich Anhang § 56 Rn 1 ff. **76**

Die Gewinnung von bergfreien (z. B. Eisen, Kohlenwasserstoffe, Stein- und Kalisalze) und grundeigenen Bodenschätzen (z. B. Basaltlava, Dachschiefer, Quarz, Ton, soweit sie zur Herstellung feuerfester Erzeugnisse geeignet sind) unterliegt der Bergaufsicht und bedarf der Zulassung eines Betriebsplans nach §§ 51 ff. **77**

Für die Gewinnung grundeigener Bodenschätze wie Kies und Sand, gelegentlich auch Lehm und Ton (Ziegeleiton), hat Folgendes zu gelten: **78**
–   Erfolgt die Gewinnung durch **Nassbaggerung** (unter dem Grundwasserspiegel) mit unmittelbar anschließender Wiederverfüllung oder durch **Trockenbaggerung** unter grundwasserführenden Schichten, so ist eine Erlaubnis nach § 8 WHG oder eine Bewilligung nach § 8 WHG (s. auch Anhang § 56 Rn 573) erforderlich. Diese Arbeiten sind nämlich geeignet, dauernd oder in einem nicht unerheblichen Ausmaß schädliche Veränderungen der physikalischen, chemischen oder biologischen Beschaffenheit des Wassers herbeizuführen;
–   bleiben beim Abbau von Kies und Sand **auf Dauer Wasserflächen** zurück bzw. werden bestehende Wasserflächen wesentlich umgestaltet, so ist ein wasserrechtliches **Planfeststellungsverfahren** nach § 68 WHG i. V. mit den entsprechenden landesrechtlichen Vorschriften (z. B. §§ 100–104 LWG NRW) durchzuführen. Es umfasst naturgemäß (§ 75 Absatz 1 VwVfG) auch die nach anderen Rechtsbereichen wie Bau- und Naturschutzrecht erforderlichen Erlaubnisse und Genehmigungen;
–   werden für die Gewinnung von grundeigenen Bodenschätzen in Steinbrüchen (z. B. Kalkstein, Dolomit, Diabas, Grauwacke, Totenstein) **Sprengstoffe** eingesetzt (§ 2 Absatz 1 Ziff. 2.1 der4. BImSchVO), so ist eine vereinfachte Genehmigung nach § 19 BImSchG erforderlich. Die Genehmigung schließt andere behördliche Entscheidungen ein mit Ausnahme von Planfeststellungen, Zulassung bergrechtlicher Betriebspläne, Zustimmungen sowie behörd-

lichen Entscheidungen wasser- oder atomrechtlicher Art (§ 13 BImSchG) (Anhang § 56 Rn 188);

– für die Gewinnung von Kies und Sand, Lehm und Ziegelei-Ton, die im Verfügungsrecht des Grundeigentümers stehen, nicht aber dem Bergrecht unterliegen und für deren Gewinnung keine Sprengstoffe verwendet werden, bedarf es etwa in NRW einer Genehmigung nach dem **AbgrabungsG** (§§ 3– 10) (Anhang § 56 Rn 70), in Brandenburg einer Baugenehmigung nach der BauabgrabungsVO (§ 2 Absatz 1 Satz 3 Nr. 1).

79 c) **Zusammenfassende Gesichtspunkte.** Die vorgenannten Rechts- und Gesetz-materien, von denen eine Bodenschätzegewinnung betroffen sein kann, enthalten für diesen Fall nicht nur fachspezifische materielle Anforderungen an die Gewin-nungsvorhaben, sondern richten ggf. auch fachspezifische Genehmigungsvor-behalte und damit eigene Genehmigungsverfahren ein (Übersicht bei Schulte, Bodenschätzegewinnung, 299 f.). Das führt – wenn auch nicht unbedingt in diesem Umfang bei den Grundeigentümerbodenschätzen – zu Erscheinungen, die mit den Stichworten parallele Genehmigungsverfahren, Konzentrationswir-kung, Öffnungsklauseln, unterschiedliche Prüfungs- und Entscheidungskom-petenzen, Aufteilung von Kernkompetenzen, differierende Bindungswirkung bei Entscheidungs- und Prüfungskompetenzen und schließlich sog. *„vagabun-dierende"* Zulassungsvoraussetzungen gekennzeichnet sind (ders., 304 ff.).

80 Sie sind sprechender Ausdruck für die Komplexität materiell-rechtlicher Anfor-derungen an Gewinnungsvorhaben. Diese ist begründet in der Vielfalt der Einwirkungen solcher Vorhaben auf Wasser, Boden, Natur, Landschaft, Luft und in den komplexen Folgen für die natürlichen Kreisläufe und die Vernetzung des Naturhaushalts.

81 De lege lata sind, wie etwa für die Verfahrensgestaltung und Behördenorgani-sation belegt worden ist, Vereinfachungen und Vereinheitlichungen kaum in Sicht (ders., aaO). De lege ferenda hätte mit dem RechtsbereinigungsG von 1996 eine bundesrechtliche Chance bestanden, die genehmigungs- und eigentums-rechtliche Gleichbehandlung aller Bodenschätze herbeizuführen, wie das der erste RegE des BBergG von 1975 bereits vorgesehen hatte und wie es bis 1996 in den neuen Bundesländern mit gutem Erfolg praktiziert worden war. Diese Rechtsvereinheitlichung ist jedoch nicht erfolgt, sodass die bekannten Problem-felder insbesondere der **unterschiedlichen Zuordnung der Bodenschätze wei-terbestehen:**

– die nicht mehr sinnvoll erscheinenden diffizilen Unterschiede zwischen Normal- und Spezialton, zwischen Normal- und Quarzsand sowie bei Basalt,

– die infolge des Verbrauchs und umweltrechtlicher Standortschwierigkeiten erschwerte Zugänglichkeit aller Lagerstätten und die dadurch prekär gewor-dene Abhängigkeit der Bauindustrie von der Bodenschätzegewinnung,

– die damit gleichzeitig verstärkt in den Blick rückende volkswirtschaftliche Bedeutung auch der bislang nicht bergrechtlichen Bodenschätze,

– die unterschiedslose Behandlung aller Bodenschätze in der Raumordnung, Landes- und Bauleitplanung,

– die durch eine Rechtsvereinheitlichung zumindest indizierte Vereinheitli-chung von Behördenkompetenzen für alle Gewinnungsvorhaben. Die Umweltprobleme sind teilweise ähnlich, teilweise identisch, sodass die Län-der auch ohne Bergrechtsänderung gewisse Vereinheitlichungen herbeiführ-ren könnten, vor allem durch Konzentration der Zulassungsverfahren für jede Bodenschätzegewinnung bei einer Behörde (zum Vorstehenden ausführ-lich Schulte, Bodenschätzegewinnung, 296 ff.).

§4 Begriffsbestimmungen

(1) Aufsuchen (Aufsuchung) ist die mittelbar oder unmittelbar auf die Entdeckung oder Feststellung der Ausdehnung von Bodenschätzen gerichtete Tätigkeit mit Ausnahme
1. der Tätigkeiten im Rahmen der amtlichen geologischen Landesaufnahme,
2. der Tätigkeiten, die ausschließlich und unmittelbar Lehr- oder Unterrichtszwecken dienen und
3. des Sammelns von Mineralien in Form von Handstücken oder kleinen Proben für mineralogische oder geologische Sammlungen.

Eine großräumige Aufsuchung ist eine mit Hilfe von geophysikalischen oder geochemischen Verfahren durchgeführte Untersuchung, wenn sie auf die Ermittlung von Kennwerten beschränkt ist, die großräumige Rückschlüsse auf das mögliche Vorkommen von Bodenschätzen zulassen.

(2) Gewinnen (Gewinnung) ist das Lösen oder Freisetzen von Bodenschätzen einschließlich der damit zusammenhängenden vorbereitenden, begleitenden und nachfolgenden Tätigkeiten; ausgenommen ist das Lösen oder Freisetzen von Bodenschätzen.
1. in einem Grundstück aus Anlaß oder im Zusammenhang mit dessen baulichen oder sonstiger städtebaulicher Nutzung und
2. in oder an einem Gewässer als Voraussetzung für dessen Ausbau oder Unterhaltung.

(3) Aufbereiten (Aufbereitung) ist das
1. Trennen oder Anreichern von Bodenschätzen nach stofflichen Bestandteilen oder geometrischen Abmessungen auf physikalischer oder physikalisch-chemischer Grundlage einschließlich der damit zusammenhängenden vorbereitenden, begleitenden und nachfolgenden Tätigkeiten,
2. Brikettieren, Verschwelen, Verkoken, Vergasen, Verflüssigen und Verlösen von Bodenschätzen,

wenn der Unternehmer Bodenschätze der aufzubereitenden Art in unmittelbarem betrieblichem Zusammenhang selbst gewinnt oder wenn die Bodenschätze in unmittelbarem räumlichem Zusammenhang mit dem Ort ihrer Gewinnung aufbereitet werden. Eine Aufbereitung liegt nicht vor, wenn eine Tätigkeit im Sinne des Satzes 1 mit einer sonstigen Bearbeitung oder Verarbeitung von Bodenschätzen (Weiterverarbeitung) oder mit der Herstellung anderer Erzeugnisse (Nebengewinnung) durchgeführt wird und das Schwergewicht der Tätigkeit nicht bei der Aufbereitung liegt; die Nutzung von Erdwärme ist einer Weiterverarbeitung gleichzustellen.

(4) Wiedernutzbarmachung ist die ordnungsgemäße Gestaltung der vom Bergbau in Anspruch genommenen Oberfläche unter Beachtung des öffentlichen Interesses.

(5) Unternehmer ist eine natürliche oder juristische Person oder Personenhandelsgesellschaft, die eine der in § 2 Abs. 1 Nr. 1 und 2 bezeichneten Tätigkeiten auf eigene Rechnung durchführt oder durchführen läßt.

(6) Gewinnungsberechtigung ist das Recht zur Gewinnung von bergfreien oder grundeigenen Bodenschätzen.

(7) Feld einer Erlaubnis, Bewilligung oder eines Bergwerkseigentums ist ein Ausschnitt aus dem Erdkörper, der von geraden Linien an der Oberfläche und von lotrechten Ebenen nach der Tiefe begrenzt wird, soweit nicht die Grenzen des Geltungsbereichs dieses Gesetzes einen anderen Verlauf erfordern.

(8) Gewinnungsbetrieb sind Einrichtungen zur Gewinnung von bergfreien und grundeigenen Bodenschätzen.

(9) Untergrundspeicher ist eine Anlage zur unterirdischen behälterlosen Speicherung von Gasen, Flüssigkeiten und festen Stoffen mit Ausnahme von Wasser.

(10) Transit-Rohrleitung ist eine Rohrleitung, die vom Festlandsockel oder vom Gebiet eines anderen Staates in den Festlandsockel der Bundesrepublik Deutschland führt oder diesen durchquert.

Übersicht   Rn

I.   Grundsätze der Begriffsbestimmungen   1
1.   Entwicklung   1
2.   Systematik   4
3.   Gliederung: Übersicht   7
     a) Tätigkeitsbezogene Begriffe   8
     b) Betriebs- und anlagenspezifische Begriffe   9
     c) Normative Begriffe 10

II. Tätigkeitsbezogene Begriffsbestimmungen 11
1.   Aufsuchen 11
     a) Regel 11
     b) Ausnahme 15
2.   Gewinnen 16
     a) Regel 16
     b) Ausnahme 17
3.   Aufbereiten 23
     a) Regel 23
     b) Ausnahme 33
4.   Wiedernutzbarmachung 36
5.   Vorbereitende, begleitende und nachfolgende Tätigkeiten 37

III. Betriebs- und anlagenspezifische Begriffsbestimmungen 38
1.   Feldesbegriff 38
2.   Gewinnungsbetrieb 39
3.   Untergrundspeicher 40
4.   Transit-Rohrleitung 41

IV. Normative Begriffsbestimmungen 42
1.   Unternehmer 42
2.   Gewinnungsberechtigung 48

I. Grundsätze der Begriffsbestimmungen

1. Entwicklung

1 § 4 definiert, heutiger Gesetzgebungspraxis (z. B. §§ 3 BImSchG, § 3 KrWG, § 3 WHG) entsprechend, eine Reihe von Zentralbegriffen des Bergrechts in sog. **Legaldefinitionen.** Der Sinn derartiger Definitionen ist es, eine **einheitliche Anwendung** der mit diesen Begriffen angestrebten Regelungsinhalte sicherzustellen und die Problematik der Auslegung unbestimmter Rechtsbegriffe möglichst einzugrenzen. So kann die **Handhabung des Gesetzes vereinfacht** und **vereinheitlicht** werden, je nachdem wie umfassend die im jeweiligen Begriff verwendeten Regelungselemente die Definition tragen und damit den angesprochenen Sachverhalt abdecken. Darüber hinaus übernehmen die Legaldefinitionen eine weitere bedeutsame Funktion für die Anwendbarkeit des Gesetzes, indem sie die sachliche Geltungsbereichsstruktur des § 2 konkretisieren (Zydek, 52). Andererseits schaffen sie aber mit dem immer wieder angewandten Regel/Ausnahme-Prinzip neue offene Fragen, die der Gesetzesanwender ohne Hilfestellung seitens der Definitionen unter Zuhilfenahme der üblichen Auslegungsregeln im Einzelfall beantworten muss.

2 In den landesrechtlichen **Vorläufern** des **BBergG** hat es derartig umfassende **Begriffsbestimmungen nicht** gegeben. Sie waren allenfalls technischen Abhandlungen über Entwicklungen im Umfeld bergbaulicher Tätigkeiten (z. B. Transit-Rohrleitung, Untergrundspeicher, Endlager radioaktiver Abfälle), juristischen Kommentaren oder dem Völkerrecht zu entnehmen. So wurden für den ABG-Rechtskreis der Begriff der **Aufsuchung** nur im Zusammenhang mit dem Begriff des Schürfens (ABG § 3; Ebel/Weller, § 3 Anmerkung 2), der der **Gewinnung** und des Gewinnungsrechts ausschließlich im Zusammenhang mit dem durch das Bergwerkseigentum verliehenen Aneignungsrecht (ABG § 50; Ebel/Weller, § 50 Anmerkung 2) und der der **Aufbereitung** bzw. des Rechts zur Aufbereitung nur im Zusammenhang mit § 51 ABG (Ebel/Weller, § 51 Anmerkung 2 D) erläutert und definiert. Lediglich die **Wiedernutzbarmachung** oder Rekultivierung hatte in der ABG NRW-Fassung (§ 196 Absatz 2 Alt. 6) eine konkrete Definition erfahren als *„Sicherung und Ordnung der Oberflächennutzung und Gestaltung der Landschaft während des Bergwerksbetriebs und nach dem Abbau"* (zur Auslegung und Entwicklung s. Ebel/Weller, § 196 Anmerkung 3 f.).

Spezielle Betriebe, Anlagen, Einrichtungen und **Nutzungsarten** wie Untergrund-   **3** speicher (Führer, Bergbau 1983, 416 ff.), Transit-Rohrleitungen (Pellens, Natur und Recht 1996, 281 ff.), die Nutzung der Erdwärme etwa zum Heizen (Heitmann, ZfB, 125 (1984), 440) und die Methangasgewinnung (Kühne, Rechtsfragen, 17 ff.) sind erst im Laufe der letzten Jahrzehnte wirtschaftlich und technisch so entwickelt worden, dass ihre volkswirtschaftliche Bedeutung, aber auch ihre Sicherheits- und Umweltaspekte (Hans Schulte, ZfB 128 (1987), 178), die Aufnahme in das BBergG erforderlich machten und rechtfertigten. Diese Entwicklung ist bisher weder technisch noch wirtschaftlich oder rechtlich abgeschlossen. Neue Aspekte ergeben sich ständig etwa aus Fragen der Endlagerung radioaktiver Abfälle (Weller, ZfB 126 (1985), 188; Kühne, ZfB 132 (1991), 283 ff.) oder der Abfallverwertung im Bergbau (Frenz, Abfallverwertung, 21 ff., der besonders auf den europäischen Rechtsrahmen für eine derartige Tätigkeit aufmerksam macht), aber auch aus den rechtlichen Vereinheitlichungsbestrebungen der Europäischen Union.

2.   Systematik

So ausgiebig sich der Gesetzgeber mit der Fülle der Definitionen beschäftigt hat,   **4** so wenig hat er Auskunft darüber gegeben, welche Gesichtspunkte ihn zur Aufnahme gerade dieser Begriffe in den § 4 bewogen haben. Denn neben den hier zusammengefassten Begriffen enthält das Gesetz eine Vielzahl weiterer Definitionen, die zum Teil für die Anwendung des Gesetzes wesentlich bedeutsamer sind, als die in § 4 genannten. Dazu zählen Begriffe wie verantwortliche Personen (§ 58), Betrieb (§§ 50, 114, 169, 173) oder Bergbaubetrieb (§ 114). Die Amtliche Begründung gibt keinen ausdrücklichen Hinweis auf **Auswahlkriterien**, sondern erwähnt lediglich, dass § 4 *„alle nicht mit dem Begriff des Bodenschatzes zusammenhängenden"* wesentlichen Definitionen enthalte (Zydek, 79). Wenn das in dem Sinne gemeint ist, dass der Begriff für die Zuordnung der Bodenschätze zu bergfreien oder grundeigenen unbeachtlich ist, führt das nicht weiter.

Außerdem sind die Begriffe in § 4 unterschiedlich scharf konturiert und lassen   **5** sich deshalb nur grob nach drei Ordnungskriterien sortieren:
- als **tätigkeitsbezogene** (Aufsuchen, Gewinnen, Aufbereiten und Wiedernutzbarmachen),
- als **betriebs- und anlagenspezifische** (Feldesbegriff, Gewinnungsbetrieb, Untergrundspeicher, Transit-Rohrleitung) und
- als eher **normative** (Gewinnungsberechtigung und Unternehmer).

Ihre Bedeutung für die Anwendung des Gesetzes ist recht unterschiedlich; das machen besonders die tätigkeitsbezogenen Begriffe deutlich. Sie beherrschen trotz ihrer ausführlichen Ausnahmekasuistik (§ 4 Absatz 1 Nr. 1, 2, 3, Absatz 2 Nr. 1, 2, Absatz 3 Satz 2) das BBergG als Zentralpunkte aller maßgebenden Regelungskomplexe wie etwa Betriebsplanpflicht, Grundabtretung oder Bergschadensrecht. Auch der **Unternehmerbegriff** geht weit über eine bloße Betriebsbezogenheit hinaus. Denn der Unternehmer hat im Rahmen seiner bergbaulichen Tätigkeit nicht nur sein eigenes, sondern auch das öffentliche Interesse zu beachten und muss ggf. für Schäden aus dessen Verletzung haften.

6 Demgegenüber haben Begriffe wie **Gewinnungsbetrieb** oder **Gewinnungsberechtigung** keine besondere Aussagekraft, sie wirken eher wie die kleinsten gemeinsamen Nenner einer Vielzahl von unterschiedlichen Regelungsaspekten. Die **Gewinnungsberechtigung** umfasst so verschiedene Rechte wie die Bewilligung (§§ 8, 12), das Bergwerkseigentum neu (§§ 9, 13) und alt (§ 151) zur Gewinnung von bergfreien ebenso wie das Grundeigentum (§§ 903 BGB, 34 BBergG) zur Gewinnung von grundeigenen Bodenschätzen. Die Bedeutung des Begriffs **Gewinnungsbetrieb** schließlich ist deshalb schwer zu ermitteln, weil er weder als Oberbegriff für die Einrichtungen nach § 2 Absatz 1 Nr. 3 gelten kann noch eine besondere Rolle im Betriebsplanverfahren (§§ 51 ff.) oder im Bergschadensrecht (§ 114 Bergbaubetrieb) spielt. Lediglich im Grundabtretungsverfahren entfaltet er eine Funktion, indem er auch für die Gewinnung und Aufbereitung von grundeigenen Bodenschätzen die Grundabtretung zulässt (§§ 77 ff.).

3. Gliederung: Übersicht

7 Jede **systematisierende** und die Begriffsbestimmungen in den Gesamtkontext des Gesetzes einordnende **Gliederung** muss willkürlich erscheinen und Kritik hervorrufen. Dies umso mehr, als das Beziehungsgeflecht der Legaldefinitionen mit den übrigen einleitenden Bestimmungen der §§ 1–3 außerordentlich vielfältig und vielschichtig ist. So bleibt etwa der sachliche Geltungsbereich ohne die tätigkeitsbezogenen Begriffsbestimmungen ebenso unverständlich wie ohne die Zuordnung der Bodenschätze. Der Begriff des Bodenschatzes, selbst zentraler Begriff des § 4, erschließt sich nicht ohne die umfassende Definition in § 2. Und schließlich ist das Regel-Ausnahme-System der §§ 2, 4 i.d.P. nur mühsam zu verifizieren und umzusetzen. So kommt es auch, dass die wesentlichen Begriffe bereits bei Auslegung und Kommentierung des Geltungsbereichs (§ 2) besprochen worden sind. Deshalb ist die folgende Gliederungsübersicht kurz gehalten, weil sie durch Verweise auf die Erläuterungen zu § 2 ergänzt und vervollständigt wird.

8 a) **Tätigkeitsbezogene Begriffe.** Die Begriffe (Vgl. Gliederung in Haupt-, Neben- und Sondertätigkeiten in Anmerkung zu § 2 Rn 10 ff., 32 ff., 42 ff.) in § 4 Absatz 1–4 erläutern und definieren die zentralen bergbaulichen Tätigkeiten des **Aufsuchens, Gewinnens, Aufbereitens und Wiedernutzbarmachens** in ihren Erscheinungsformen als Haupttätigkeiten einschließlich vielfältiger Neben- oder Hilfstätigkeiten. Daneben werden als **Ausnahmen** von Aufsuchung, Gewinnung und Aufbereitung solche Tätigkeiten angesprochen, die zwar ihrem äußeren Erscheinungsbild nach bergbauliche Tätigkeiten sein können (wie z. B. das Lösen oder Freisetzen von Bodenschätzen in oder an einem Gewässer), wegen eines anderen räumlichen, betrieblichen oder rechtlichen Zusammenhangs oder technisch-wirtschaftlichen Vorrangs (Stichwort z. B. Weiterverarbeitung und Nebengewinnung) aber nicht in das Bergrecht einbezogen worden sind. Schließlich können die tätigkeitsspezifischen Begriffe trotz ihrer konkreten Regeldefinitionen nicht gänzlich auf **unbestimmte Rechtsbegriffe** (z. B. ordnungsgemäße Gestaltung im öffentlichen Interesse) verzichten. Das gilt auch für die vielfältigen **Ausnahmeregelungen** (z. B. Ausbau und Unterhaltung eines Gewässers). Dadurch wird der Wert selbst dieser weitgehend abschließenden Definitionen für die Gesetzanwendung erheblich eingeschränkt.

b) Betriebs- und anlagenspezifische Begriffe. Die unter diesem Zuordnungsele- **9** ment zusammengefassten Begriffsbestimmungen der Absatz 7–10 sind sehr unterschiedlich gewichtet, sodass ihre gemeinsame Zusammenfassung unter dieser Begriffskategorie durchaus kritisch betrachtet werden kann. Zunächst aber folgender **Überblick:**

– Mit dem in Absatz 7 genannten **Begriff des Feldes** ist das sog. Geviertfeld (§ 161 Absatz 2 Satz 1) gemeint, der das sog. Längenfeld abgelöst hat. Der Begriff des Feldes, der für die Grundeigentümermaterialen durch den des Grundstücks im zivilrechtlichen Sinn gebildet wird, spielt eine entscheidende Rolle für den Umfang der Bergbauberechtigungen und als Nachweis des Vorliegens der Voraussetzungen für die betriebsplanmäßige Zulassung eines Vorhabens.

– Der Begriff des **Gewinnungsbetriebs** wird entscheidend durch die Bezugnahme auf Einrichtungen im Sinne des § 2 Absatz 1 Nr. 3, also Betriebsanlagen und -einrichtungen, bestimmt. Das ist wegen der Betriebsplanpflicht für alle Gewinnungsbetriebe (§ 51) nicht unproblematisch. Denn Einrichtung im Sinne dieses Begriffs kann ein Strebvortrieb ebenso sein wie auch das Einsetzen einer neuen Abbaumaschine. Hier muss aus Sinn und Zweck des Betriebsplanverfahrens eine Einschränkung bzw. Konzentration möglich sein (§ 51 Rn 25 ff.).

– Rein technischer Natur sind die anlagenspezifischen Begriffe des **Untergrundspeichers** und der **Transit-Rohrleitung** in Absatz 9, 10. Sie legen fest, welche Merkmale diese Anlagen erfüllen müssen, um in das Bergrecht aufgenommen zu werden. Damit konkretisieren sie auch den sachlichen Geltungsbereich des Gesetzes.

c) Normative Begriffe. Die Zusammenfassung des **Unternehmerbegriffs** und der **10** Definition der **Gewinnungsberechtigung** unter dem hier gewählten Ordnungsbegriff ist, vor allem wegen der unterschiedlichen definitorischen Reichweite beider Begriffe, durchaus fragwürdig. Denn während die Gewinnungsberechtigung zentraler Begriff nur bei den allgemeinen (§§ 42 ff.) Vorschriften über die Gewinnung ist, muss der Unternehmerbegriff als entscheidend für die wirtschaftlichen wie rechtlichen Voraussetzungen und Folgen der gesamten bergbaulicher Tätigkeit angesehen werden. Das machen die Regelungen der §§ 50 ff., 58 ff., 63 ff. deutlich. Als normativ sind beide Begriffe bezeichnet, weil sie ihre Wirkung nach außen ausschließlich aus privat-, gesellschafts- oder bergrechtlichen Regelungsvorgaben beziehen. Das unterscheidet sie ganz wesentlich von den tätigkeits-, anlagen- oder betriebsbezogenen Begriffen, deren Wirkung auf einem wirtschaftlichen/technischen Vorgang beruht.

II.   Tätigkeitsbezogene Begriffsbestimmungen

1.   Aufsuchen

a) Regel. Der Begriff des **Aufsuchens (Aufsuchung)** im Sinne einer mittelbar **11** oder unmittelbar auf die Entdeckung oder Feststellung der Ausdehnung von Bodenschätzen gerichteten Tätigkeit (**Absatz 1**) ist mit dem BBergG an die Stelle des **Schürfens** im Sinne etwa des § 3 Absatz 1 ABG NRW getreten. Da das Schürfen als das Aufsuchen verleihbarer, aber noch nicht verliehener Mineralien auf ihrer natürlichen Lagerstätte in der Absicht, die Verleihung zu beantragen (Ebel/Weller, § 2 Anmerkung 2), interpretiert wurde, waren wegen dieser beschränkten Zielrichtung die rechtlichen Anforderungen an die Schürfarbeiten wesentlich lockerer als sie im **BBergG** an die Aufsuchung gestellt werden (vgl. entsprechende Anmerkung zu §§ 6, 7, 11, 51 ff.).

12 Die Aufsuchung im Sinne des BBergG ist nicht durch die Finalität dieser Tätigkeit bestimmt. Zweck und subjektive Zielsetzung der Aufsuchung spielen also
keine Rolle. Dadurch kann neben der **gewerblichen** auch die Aufsuchung zu
wissenschaftlichen Zwecken, vor allem in der Form **großräumiger Aufsuchung**
(Absatz 1 Satz 2) Gegenstand des BBergG sein. So ist die gleichmäßige und
gleichwertige Anwendung des BBergG auf alle Formen der Aufsuchung gewährleistet. Sachgerechte Besonderheiten ergeben sich mangels Konkurrenzsituation
aus dem Nebeneinander von gewerblicher und wissenschaftlicher Aufsuchung
(§ 7 Absatz 2) oder von Gewinnung, wissenschaftlicher und großräumiger
Aufsuchung (§ 8 Absatz 3) im jeweils gleichen Feld.
Das **Aufsuchen** dient lediglich der Entdeckung oder Feststellung der Ausdehnung von Bodenschätzen. Dabei ist die Frage nach dem **wirtschaftlichen Bedarf**
von Granulit und seiner Gewinnung **nicht entscheidungserheblich** (OVG Bautzen, ZfB 2005, 60).
Auch die Erkundung eines Salzstockes, bei der es nicht auf die Gewinnung von
Salz, sondern auf die Prüfung der Eignung für ein Endlager für radioaktive
Abfälle ankommt, ist unter dem Begriff „Aufsuchen" einzuordnen. Der Zweck
des BBergG besteht nicht allein in der Sicherung der Rohstoffversorgung,
sondern auch in der Gewährleistung der Sicherheit der Beschäftigten (§ 1 Nr. 2)
und der Gefahrenvorsorge (§ 1 Nr. 3). Insoweit wird in den Schutzbereich des
BBergG eingegriffen und darf in im Untergrund lagernde bergfreie Bodenschätze
nicht ohne bergbauliche Berechtigung eingegriffen werden (OVG Lüneburg, ZfB
2004, 12, 24).
Das BBergG verwendet einen **objektiven tätigkeitsbezogenen Aufsuchungsbegriff**, d.h. maßgebend ist die Art der vorgesehenen Aufsuchungstätigkeiten.
Die subjektive Zielrichtung der Aufsuchung ist nicht entscheidend. Es kommt
nicht darauf an, ob der aufgesuchte Bodenschatz (z.B. Sole bei Erkundung einer
Speicherstätte) später auch gewonnen werden soll.

13 Neben diesen Aufsuchungsformen gibt es Besonderheiten bei **Forschungshandlungen** im Bereich des Festlandsockels (§ 132) und beim Untersuchen **alter
Halden** (§ 128) auf das Vorhandensein mineralischer Rohstoffe. Im ersten Fall
gilt, dass Forschungshandlungen nicht als Aufsuchung angesehen werden, wenn
sie als **Grundlagenforschung** keine verwertbaren Ergebnisse für die Feststellung
von Bodenschätzen bezwecken oder erbringen. Sind hingegen Forschungshandlungen **nicht offensichtlich ungeeignet** zur Entdeckung oder Feststellung der
Ausdehnung von Bodenschätzen, so werden sie als Aufsuchung gewertet, auch
wenn eine Aufsuchung tatsächlich mit ihnen nicht bezweckt ist (§ 132 Absatz 1
Satz 2). Insoweit wird der Aufsuchungsbegriff für diesen Sonderfall noch erweitert. Für den zweiten Fall gilt: Obwohl die evtl. in alten Halden noch enthaltenen
mineralischen Rohstoffe mangels Lagerstättenqualität der Halde keine Bodenschätze im Sinne des § 3 Absatz 1 sind, ist die Untersuchung solcher Halden auf
grundeigene oder bergfreie Bodenschätze aus früherer Aufsuchung, Gewinnung
oder Aufbereitung Aufsuchung im Sinne des § 4 (§ 128). Auch hier wurde der
Aufsuchungsbegriff erweitert.

14 Wissenschaftliche Aufsuchung ist zunächst ausdrücklich an der Form **großräumiger Aufsuchung** (Übersichtsprospektion) festgemacht und begrifflich als eine
„mit Hilfe von geophysikalischen oder geochemischen Verfahren durchgeführte
Untersuchung" bestimmt, die auf „die Ermittlung von Kennwerten beschränkt
ist, die großräumige Rückschlüsse auf das mögliche Vorkommen von Bodenschätzen zulassen" (§ 4 Absatz 1 Satz 2). Die Beschränkung auf die Ermittlung
von Kennwerten ist notwendig, um das Nebeneinander dieses Aufsuchungsrechts
mit anderen Aufsuchungs- oder mit Gewinnungsrechten zu ermöglichen (§§ 7
Absatz 2, 8 Absatz 3, 9 Absatz 1 Satz 2). Der Antragsteller für ein derartiges
Aufsuchungsrecht muss sich verpflichten, gewerbliche Aufsuchungs- oder
Gewinnungsberechtigte im selben Feld und bei demselben Bodenschatz an der

Aufsuchung gegen Übernahme eines angemessenen Teils der Aufwendungen zu beteiligen (§ 11 Nr. 5). Alle anderen Formen der wissenschaftlichen Aufsuchung lassen sich nur im Rückschluss auf die Ausnahmen der Nrn. 1–3 ermitteln.

b) Ausnahme. Die in Absatz 1 Nrn. 1–3 genannten **Ausnahmen** vom Aufsuchungsbegriff sind eng zu fassen, um die Kontrolle über die wissenschaftliche Aufsuchung nicht allzu sehr einzuschränken. So ist die **amtliche geologische Landesaufnahme** nur dann keine Aufsuchung, wenn sie ausschließlich der Erstellung amtlicher Kartenwerke dient. Alle anderen wissenschaftlichen Aufsuchungstätigkeiten, auch der geologischen Landesämter (zu deren Funktion s. Boldt/Weller, § 4 Rn 3) und anderer wissenschaftlicher Institutionen, sind hingegen Aufsuchung. Tätigkeiten, die ausschließlich und unmittelbar **Lehr-** oder **Unterrichtszwecken** dienen, sind gleichfalls keine Aufsuchung; das gilt nur dann nicht, wenn etwa im Rahmen von wissenschaftlichen Arbeiten Forschungstätigkeiten erforderlich sind, die denen einer Aufsuchung zu wissenschaftlichen Zwecken gleichkommen. Bei dem letzten Ausnahmetatbestand des **Sammelns von Mineralien** ist unbeachtlich, ob das Sammeln gewerbsmäßig oder für eigene Zwecke erfolgt (zum Suchen und Sammeln von Fossilien s. Boldt/ Weller, aaO). Keine Aufsuchung ist schließlich die Untersuchung des Untergrundes auf seine Eignung zur Errichtung von **Untergrundspeichern,** falls dies der alleinige Zweck der Untersuchungen ist (§ 126 Absatz 2). **15**

2. Gewinnen

a) Regel. Als **Gewinnen (Gewinnung)** definiert Absatz 2 das Lösen und Freisetzen von Bodenschätzen – in welcher Form auch immer – einschließlich der damit zusammenhängenden vorbereitenden, begleitenden und nachfolgenden Tätigkeiten. Dies sind etwa der Aufschluss eines Grubenfeldes, die Aus- und Vorrichtung, der Grubenbau, die Wasserhaltung oder die Grubenbewetterung (Zydek, 80). Hinzu treten Tätigkeiten wie das Verladen, Befördern, Abladen, Lagern und Ablagern von Bodenschätzen, Nebengestein und sonstigen Massen, soweit es in unmittelbarem Zusammenhang mit der Gewinnung erfolgt (§ 2 Absatz 1 Nr. 1; ausführlich zum Gewinnungsbegriff und den damit zusammenhängenden Fragen s. § 2 Rn 15 ff.). **16**

b) Ausnahme. Wegen des umfassenden Bedeutungsgehalts des Gewinnungsbegriffs ist es zur Lösung von Zuordnungsfragen wichtig, die Ausnahmen vom Gewinnungsbegriff gezielt zu betrachten. Denn die ausschließlich tätigkeitsbezogene, nicht finale Bestimmung des Gewinnungsbegriffs kann zu vielfältigen Überschneidungen mit Tätigkeiten führen, die zwar auch Bodenschätze lösen oder freisetzen, nicht aber um sie zu gewinnen (§§ 8, 9), sondern aus anderen Zwecken (Zydek, 81). **17**

Als derartige Zwecke sieht der Gesetzgeber die **bauliche oder sonstige städtebauliche Nutzung von Grundstücken** an (Nr. 1). Dazu sind zu rechnen Baugruben für Gebäude, Straßen, Bahnen oder Kanäle, wobei es unerheblich ist, ob von über oder unter Tage her gebaut wird. Unter sonstiger städtebaulicher Nutzung sind vor allem Maßnahmen im Sinne des § 9 BBauG zu verstehen. Sie gehen über die rein bauliche Nutzung hinaus. Als Beispiel mag das viel zitierte Ausbaggern einer Fläche zur Herstellung eines Teiches in einer Parkanlage gelten. **18**

Nicht dagegen sind hierunter solche Maßnahmen zu subsumieren, die als „Nutzung im Bereich des Städtebaus" zu verstehen sind, wie die Entnahme von Sand und Kies aus gemeindlichen Gruben. **19**

Eine Besonderheit im Zusammenhang mit dem Ausnahmetatbestand der Nr. 1 bildet die **Erdwärme** (dazu im Einzelnen ausführlich s. Anmerkung zu § 3 **20**

Rn 47 ff.). Ihre **Nutzung** etwa durch Wärmepumpen im Zusammenhang mit der baulichen Nutzung eines Grundstücks ist **keine Gewinnung**. Denn Freisetzung und Nutzung der Erdwärme sind in einem solchen Fall als abhängige Funktion der baulichen Nutzung zu sehen. Insoweit bedarf die Nutzung weder einer Aufsuchungs- oder Gewinnungsberechtigung noch einer betriebsplanmäßigen Zulassung. Allenfalls eine Anzeigepflicht kann gegenüber der zuständigen Behörde bestehen, wenn die Nutzung mit Bohrungen von mehr als 100 m verbunden ist (§ 127).

21 Eine **Gewinnung** im Sinne des Absatz 2 Satz 1 erster Halbs. kann dann angenommen werden, wenn die gewonnene Wärme über die Grenzen des einzelnen Grundstücks hinaus genutzt werden soll, etwa durch Errichtung einer zentralen Heizanlage oder wenn die Nutzung der Erdwärme im Verhältnis zur baulichen Nutzung überwiegt.

22 Als weitere Ausnahme vom Begriff der Gewinnung gelten nach Nr. 2 Tätigkeiten, die Bodenschätze **in oder an einem Gewässer** als Voraussetzung für dessen **Ausbau** oder **Unterhaltung** freisetzen oder lösen. Unter Gewässern im Sinne dieser Vorschrift sind nicht nur öffentliche Sachen im Sondergebrauch im Sinne des Wasserrechts, sondern auch alle Binnen- und Seewasserstraßen, also öffentliche Sachen im Gemeingebrauch, entsprechend dem Wasserstraßen- und Wasserwegerecht zu verstehen. Auch Schifffahrtswege im Bereich des Festlandsockels und der Küstengewässer fallen hierunter (zum Begriff des Gewässers s. Salzwedel, Artikel Wasserrecht, HdUR, 2726; Breuer, Wasserrecht, 5 ff.; s. auch Anhang § 56 Rn 560 ff., 588 ff.). Zum Ausbau von Gewässern rechnet die Herstellung, Beseitigung oder wesentliche Umgestaltung eines Gewässers oder seiner Ufer; ein solcher Ausbau bedarf einer Planfeststellung (Salzwedel, aaO, 2733; Anhang § 56 Rn 705 ff.). Unterhaltung, vor allem von Wasserstraßen, ist die Erhaltung des ordnungsgemäßen Zustands für den Wasserabfluss und die Erhaltung der Schiffbarkeit (§ 8 Absatz 1 WaStrG).
Für den Abbau von Sand ist Bergrecht anzuwenden, auch wenn ein Zusammenhang mit einem parallel geplanten **Ausbau eines Tiefseehafens** und der Ausspülung der neuen Hafenfläche besteht. Denn die Ausnahmeregelung gemäß § 4 Absatz 2 Nr. 2 greift nicht, wenn die Herstellung der Sandgrube nur eine unvermeidbare Folge der Sandgewinnung ist, d. h. die Sandgewinnung nicht zeitlich, örtlich und funktionsmäßig unmittelbar mit dem Hafen- und Fahrrinnenausbau zusammenhängt (VG Oldenburg, NUR 2008, 888 = ZfB 2008, 296; Jade-Weser-Port).

3. Aufbereiten

23 **a) Regel.** Die in Absatz 3 getroffene Begriffsbestimmung des **Aufbereitens** (vgl. dazu ergänzend § 2 Rn 18 ff.) (**Aufbereitung**) ist von dem Gedanken getragen, dass es in dem bis zum Inkrafttreten des BBergG geltenden Bergrecht keine klare Abgrenzung mehr zwischen Aufbereitung, Weiterverarbeitung und Nebengewinnung gab. In der Amtl. Begründung wird vor allem auf eine VO vom 22.1.1938 (VO über die polizeiliche Beaufsichtigung bergbaulicher Nebengewinnungs- und Weiterverarbeitungsanlagen durch die Bergbehörden) verwiesen; in ihr werden nach Vorstellung des Gesetzgebers typische **Aufbereitungsvorgänge** der Weiterverarbeitung zugeordnet und umgekehrt (zur Kasuistik der Entwicklung bis hin zum BBergG s. Ebel/Weller, §§ 54, Anmerkung 2 d, 196 Anmerkung 3 c, 148 Anmerkung 4 b; Boldt/Weller, § 4 Rn 9 f. m. w. N.).

24 Aufbereitung von Bodenschätzen sind zunächst **Verfahren auf physikalischer oder physikalisch-chemischer Grundlage** (Nr. 1). Hierbei sollen die einzelnen Mineralbestandteile nicht verändert werden und auch der Aggregatzustand der Komponenten unbeeinflusst bleiben. Die Aufbereitungsvorgänge spielen sich also in der festen Phase ab und beruhen auf den physikalischen Eigenschaften der mineralischen Rohstoffe. Zweck dieser Aufbereitungsmaßnahmen wie Sieberei und Bergevorabscheidung, aber auch Entschlämmen, Mahlen oder Flotieren etwa bei Steinkohle zur Herstellung von gewaschener Feinkohle, Mittelgut oder Flotationskonzentrat, ist das Anreichern und/oder Trennen von Bodenschätzen nach stofflichen Bestandteilen oder nach geometrischen Abmessungen wie Korngröße oder Platten (zu den Aufbereitungstechniken in den verschiedenen Bergbauzweigen vgl. Bergbauhandbuch, 155, 218, 229, 253, 272).

Trennen und Anreichern nach **stofflichen Bestandteilen** ist also immer dann   **25** erforderlich, wenn die gewonnenen Bodenschätze verschiedene Mineralarten in einer wechselnden Gemengelage enthalten. In diesen Fällen kommt es darauf an, die verkaufsfähigen Bestandteile von den nicht verwertbaren zu trennen und sie zu **Konzentraten** des jeweiligen Minerals anzureichern, z.B. Flussspat- oder Zinkblendekonzentrat. Im Steinkohlenbergbau ist dieses Produkt die sog. **verwertbare Förderung.** Trennen und Anreichern nach **geometrischen Abmessungen** dient der Vergleichmäßigung von Bodenschätzen, deren Mineralart zwar identisch ist, die jedoch in dem vorgefundenen Gemisch zahlreicher Korngrößen kein verkaufsfähiges Produkt darstellen. Um die dafür erforderlichen eng begrenzten Korngrößenbereiche zu erreichen, ist eine Trennung nach Korngrößen oder anderen geometrischen Abmessungen durch Sieben, Brechen oder andere Verfahren nötig (Zydek, 84; Boldt/Weller § 4 Rn 13; Bischoff u.a, Bergbaulexikon, 32 f.).

Die in Nr. 2 genannte Gruppe von Aufbereitungsverfahren ist dadurch gekenn-   **26** zeichnet, dass sie auf **chemischen Prozessen** (Übersicht s. Boldt/Weller, § 4 Rn 15 ff.) beruhen. Dabei werden unterschiedliche Verfahren zusammengefasst, von der herkömmlichen und kaum mehr verwendeten Brikettierung von Stein- und Braunkohle bis zum Verflüssigen.
Zu den **Verfahren im Einzelnen:**
– **Brikettieren** als das Umformen von Stein- oder Braunkohle (Feinkohle)   **27** durch Vereinigung der nutzbaren Teile dieser Bodenschätze zu raucharm brennendem Heizmaterial gleicher Abmessung wird zunehmend auf Heißbrikettierung oder die Verwendung von Lauge umgestellt. Der Zusatz von Bindemitteln wie z.B. Pech entfällt zunehmend (Bischoff u.a., Bergbaulexikon, 87).
– **Verschwelen und Verkoken** dienen der Gewinnung von Koks. Im Falle des   **28** Verschwelens durch Erhitzung von bitumenhaltigen Stoffen wie etwa Braun- oder Steinkohle unter Luftabschluss auf eine Temperatur von max. 600 °C (sog. Tieftemperatur-Verkokung). Verkokung im herkömmlichen Verständnis ist die trockene Destillation bei 800 °C (Mitteltemperatur-Verkokung) oder < 1.000 °C (Hochtemperatur-Verkokung) in Koksöfen, die zu Batterien zusammengefasst sind. Die eingesetzte Kohle muss aufbereitete Kohle sein und das der angestrebten Koksqualität entsprechende Erweichungsverhalten und Backvermögen besitzen (Bischoff u.a., aaO, 212, 369; Bergbauhandbuch, 156 f.).
– Den Aufbereitungsvorgängen **Vergasen und Verflüssigen** von Stein- und   **29** Braunkohle, die der Herstellung von Gas und Öl dienen, wurde vor allem nach der ersten Erdölkrise wieder erhebliche Bedeutung zugemessen, nachdem die technischen Verfahren, vor allem der Verflüssigung, nach dem Weltkrieg zunächst ein Schattendasein geführt hatten. **Vergasungsverfahren** lassen sich nach den strömungsbedingten Zuständen des Vergasungsstoffes unterscheiden. Allen diesen Verfahren ist gemeinsam, dass Voraussetzung zur Herstellung von Gas mit hohem Heizwert ein hoher Methangehalt ist. In der Erprobung war in den 70/80er Jahren eine Technologie der Vergasung in einem Hochtemperaturreaktor; sie hat sich allerdings nicht durchsetzen können. Die Verfahren der **Kohleverflüssigung** beruhen auf der Spaltung

großer, wasserstoffarmer Kohlemoleküle mit dem Ziel, kleine wasserstoffreiche Moleküle durch Wasserstoffanlagerung (Hydrierung) zu erzeugen.

30 – Unter **Verlösen** schließlich ist das Trennen von Salzen durch Flotation, Elektrostatik und andere Löseverfahren wie z. B. das Heißlöseverfahren zu verstehen. Zwar fallen Elektrostatik und Flotation als physikalische und physikalisch-chemische Verfahren unter Nr. 1 der Aufbereitungsvorgänge, das Verlösen im engeren Sinne dagegen nutzt die unterschiedliche Wasserlöslichkeit der einzelnen Bestandteile aus und muss deshalb wegen der stattfindenden chemischen Umsetzungen unter Nr. 2 eingeordnet werden (zu den unterschiedlichen Verfahren vgl. Bergbauhandbuch, 229 ff.).

31 Alle vorgenannten Aufbereitungsverfahren und die zu ihrer Umsetzung erforderlichen Tätigkeiten bedürfen zur Qualifizierung als Aufbereitung im Sinne des BBergG **zusätzlicher Merkmale:**

32 Es muss entweder eine **betriebliche und unternehmerische Identität** oder ein unmittelbarer **räumlicher Zusammenhang** zwischen dem Gewinnungs- und dem Aufbereitungsbetrieb für die aufzubereitenden Bodenschätze bestehen. Diese Forderung nach der betrieblichen oder räumlichen Übereinstimmung zwischen Gewinnung und Aufbereitung ist darin begründet, dass Aufbereitungsanlagen als Betriebe oder Einrichtungen einer der Gewinnung nachfolgenden Tätigkeit keiner eigenen bergbaulichen Berechtigung wie Aufsuchung oder Gewinnung bedürfen. Ihren **bergrechtlichen Charakter, insbesondere** die Betriebsplanpflicht, entlehnen die Aufbereitungsanlagen und -vorgänge allein aus der Gewinnungsberechtigung. Dabei ist es gleichgültig, ob diese Gewinnungsberechtigung dem Grundeigentum entspringt oder für bergfreie Bodenschätze mittels einer öffentlich-rechtlichen Konzession vergeben bzw. verliehen wird.

33 **b) Ausnahme.** Mit den verschiedenen Aufbereitungsvorgängen sind häufig weitere Stufen der Be- oder Verarbeitung von Bodenschätzen, die **Weiterverarbeitung** oder die Herstellung anderer Erzeugnisse, die **Nebengewinnung,** verbunden. Weil diese Tätigkeiten relativ weit von den spezifisch bergbaulichen Tätigkeiten entfernt sind und grundsätzlich nicht dem Bergrecht unterliegen, andererseits aber zusammenhängende Betriebe rechtlich nicht auseinander dividiert werden sollen, sieht § 4 Absatz 3 Satz 2 erster Halbs. vor, dass für die Entscheidung der **ganzheitlichen Zuordnung** eines Betriebs zur Aufbereitung oder zur Weiterverarbeitung/Nebengewinnung das **Schwergewicht der unternehmerischen Tätigkeit** entscheidend sein soll (zu Abgrenzungsfragen und Spezialfällen s. Boldt/Weller, § 4 Rn 17). Eine Aufmischungsanlage in einem Kiessandtagebau stellt eine mit der Aufbereitung unmittelbar zusammenhängende Weiterverarbeitung dar, deren Schwergewicht in der Aufbereitung liegt, wenn mehr als 50 % der Zuschlagstoffe aus dem Tagebau stammen (VG Leipzig, ZfB 2012, 286, 296).

34 Die Ermittlung dieses Schwergewichts muss sich in der Realität nach den betrieblichen Gegebenheiten richten. Besonders häufig tritt diese Abgrenzungsproblematik bei Kokereien auf, weil dort neben der Verkokung in erheblichem Umfang Nebenprodukte wie Gas, Teer, Benzol und Ammoniak anfallen. Gleichwohl liegt hier das Schwergewicht anerkanntermaßen bei der Aufbereitung.

35 Eine Sonderregelung trifft Absatz 3 Satz 2 zweiter Halbs. für die **Nutzung der Erdwärme.** Er stellt sie der Weiterverarbeitung gleich und bringt damit zum Ausdruck, dass diese Tätigkeit im Gegensatz zur Untersuchung des Untergrundes und der Gewinnung von Erdwärme grundsätzlich nicht als Aufsuchung oder Gewinnung im Sinne des BBergG zu qualifizieren ist. Auf diese Weise wird verhindert, Heil- und Badebetriebe auf der Grundlage heißer Quellen in das BBergG einzubeziehen (BT-Drs 8/1315, 189 = ZfB 1981, 289).

4. Wiedernutzbarmachung

Eine besondere Bedeutung spielt im Rahmen der tätigkeitsbezogenen Begriffs- **36**
bestimmungen die **Wiedernutzbarmachung** (vgl. insbesondere § 2 Rn 24 ff.) der
vom Bergbau während und nach seiner Tätigkeit in Anspruch genommenen
Oberfläche. Denn abgesehen davon, dass sie über die Betriebsplanzulassung
(§ 55 Absatz 1 Satz 1 Nr. 7, Absatz 2 Satz 1 Nr. 3) materiell-rechtliche **Vorsor-**
gekriterien für den laufenden Betrieb aufstellt, **sichert** sie zudem bei einzustellenden Betrieben über den Abschlussbetriebsplan die ordnungsgemäße Gestaltung der in Anspruch genommenen Flächen (§§ 53, 55 Absatz 2 Satz 1 Nr. 3)
unter Beachtung des öffentlichen Interesses. Dies macht deutlich, dass mit dem
Begriff Wiedernutzbarmachung ein laufender Prozess gemeint ist, in dessen
Verlauf sehr unterschiedliche Anforderungen an den Unternehmer zu stellen
sind. Um dies dem Gesetzesanwender, insbesondere der zuständigen Behörde, zu
ermöglichen, hat der Gesetzgeber die Wiedernutzbarmachung unter die Beachtung des **öffentlichen Interesses** gestellt (vgl. insbesondere § 2 Rn 24 ff.). Einzelheiten zur Wiedernutzbarmachung s. § 55 Rn 209 ff.

5. Vorbereitende, begleitende und nachfolgende Tätigkeiten

Unter den hier zusammengefassten **ergänzenden Tätigkeiten** (vgl. auch Anmer- **37**
kung zu § 2 Rn 23) bei der Gewinnung und Teilen der Aufbereitung sind sehr
unterschiedliche Vorgänge zu verstehen. Während bei der **Gewinnung** alle
Vorgänge erfasst sind, die in einem entsprechenden Zusammenhang mit dem
Lösen und Freisetzen von Bodenschätzen stehen – wie etwa Aufschluss eines
Gewinnungsfeldes, Aus- und Vorrichtung, Grubenausbau, Wasserhaltung, Grubenbewetterung und Transporte –, sind bei der **Aufbereitung** nur solche ergän-
zenden Tätigkeiten gemeint, die zum Aufbereitungsvorgang des **Trennens und**
Anreicherns zu zählen sind, indem sie ihn nicht nur vorbereiten, sondern auch
begleiten und ihm ggf. nachfolgen. Hierzu gehören alle Maßnahmen und
Vorkehrungen, die erforderlich sind, um Trenn- und Anreicherungsverfahren
zweckentsprechend durchzuführen und sie zu einem technisch einwandfreien
Gesamtbetrieb zu verbinden. Beispiele: das Beschicken der Maschinen, die
Entstaubung, die Entwässerung von Erzeugnissen, die Klärung des Aufberei-
tungswassers, Gewichtskontrollen sowie Tätigkeiten, die den Absatz aufberei-
teter Produkte oder deren Weitergabe an Be- oder Verarbeitungsbetriebe ermöglichen (Amtl. Begründung = Zydek, 84 f.).

III. Betriebs- und anlagenspezifische Begriffsbestimmungen

1. Feldesbegriff

Der Feldesbegriff umschreibt den **Bereich**, für den **Bergbauberechtigungen** zur **38**
Aufsuchung (Erlaubnis § 11 Nr. 2) oder Gewinnung (Bewilligung und Bergwerkseigentum §§ 12 Absatz 1 Nr. 2, 13 Nr. 3) von bergfreien Bodenschätzen
erteilt werden. Wegen der damit verbundenen Bereichsbegrenzung enthält
Absatz 7 nicht nur eine Begriffsbestimmung, sondern auch eine **materiell-recht-**
liche Regelung über die **Feldbegrenzung** (Boldt/Weller, § 4 Rn 23). Denn der mit
dem Feld gekennzeichnete Ausschnitt aus dem Erdkörper wird von geraden
Linien an der Oberfläche und von lotrechten Ebenen nach der Tiefe begrenzt,
soweit nicht die Grenzen des Geltungsbereichs des BBergG einen anderen, etwa
nicht geradlinigen Verlauf erforderlich machen. Die Erfüllung der in Absatz 7
geforderten Form und Begrenzung des Feldes ist Voraussetzung bzw. **Ver-**
sagungsgrund für die Erteilung der Bergbauberechtigung. Bei dem Recht des
Grundeigentümers auf Gewinnung von nichtbergfreien Bodenschätzen ist das
Feld das Grundeigentum (§ 34).

2. Gewinnungsbetrieb

39 Dieser Begriff dient nach der Amtl. Begründung (Zydek, 87) primär gesetzes-technischen Zwecken. So soll für die Zukunft aus Vereinheitlichungsgründen auf spezielle, bei der Gewinnung von grundeigenen Bodenschätzen verwendete Betriebsbegriffe wie Gruben, Brüche, Gräbereien ebenso verzichtet werden, wie auf den im klassischen Bergbau benutzten Begriff des Bergwerks. In einem Gewinnungsbetrieb in diesem Sinne darf auch aufgesucht werden, ein Auf-suchungsbetrieb dagegen fällt nicht hierunter, selbst wenn Bodenschätze mit-gewonnen werden müssen, wie es etwa § 40 vorsieht.

3. Untergrundspeicher

40 Als Untergrundspeicher (Vgl. auch § 2 Rn 42 ff.; § 126 Rn 1 ff.). bestimmt Absatz 9 nur solche Anlagen, die der unterirdischen **behälterlosen Speicherung** von Gasen, Flüssigkeiten und festen Stoffen mit Ausnahme von Wasser dienen. Da sowohl Gas als auch Flüssigkeiten und feste Stoffe erfasst werden, hat der Gesetzgeber auf eine besondere Definition des jeweiligen Aggregatzustandes verzichtet. Deshalb sind auch andere Arten von unterirdischer behälterloser Speicherung, z. B. in stillgelegten Bergwerken, in dafür geeigneten Fällen mög-lich. Zu den Gasen zählt auch Pressluft. **Keine Untergrundspeicherung** im Sinne dieser Vorschrift ist die unterirdische Speicherung von Stoffen in **festen Behäl-tern** und von Stoffen, die nicht mit dem Zweck der späteren Wiederverwendung eingelagert werden. Für eine derartige Endlagerung ist die Frage der Abfall-beseitigung bzw. -verwertung und die dadurch vorgegebene Art der Vorhaben-genehmigung für die Anlage im Einzelfall zu prüfen (Zydek, 57; Frenz, Abfall-verwertung, 30 ff.; Boldt/Weller, §§ 2 Rn 29 ff., 4 Rn 18).
Die Zulassung von **röhrengebundenen Erdgasspeichern**, die – in Gestalt von unterirdisch verbauten und parallel angeordneten Rohrleitungen – häufig auf dem Betriebsgelände oder nahebei liegen und über eine eigene Zu- und Ablei-tung verfügen, aber technisch und räumlich von der „allgemeinen Versorgungs-leitung" getrennt sind, erfolgt nicht nach BBergG oder nach § 4 Absatz 1 BImSchG (Wahlhäuser, UPR 2011, 262). Auch § 43 EnWG ist nicht einschlägig, da Gasversorgungsleitungen dadurch charakterisiert sind, dass sie der Lieferung von Gas an Andere dienen. Anzuwenden ist daher § 20 i. V. mit Nr. 19.5 Anlage 1 UVPG (Wahlhäuser, aaO). Nicht anzuwenden auf Erdgasröhrenspei-cher ist die VO über Gashochdruckleitungen (OVG NRW, ZUR 2008, 434).

4. Transit-Rohrleitung

41 Der hier in Absatz 10 verwendete Begriff ergänzt und konkretisiert die Geltungs-bereichsaussage in § 2 Absatz 3 Satz 1 und die Genehmigungserfordernisse für Errichtung und Betrieb von Transit-Rohrleitungen und Unterwasserkabeln in § 133. Die Definition ist nicht neu, sondern stammt aus der Amtl. Begründung des ÄnderungsG zum G über die vorläufige Regelung der Rechte am Festland-sockel vom 2.1.1974 (BT-Drs 7/1963, zit. bei Zydek, 88). Völkerrechtliche Rechtsgrundlage und Nachbarschaftsnorm für aneinandergrenzende Staaten bildet das SRÜ mit seinen dem Küstenstaat eingeräumten Rechten, insbesondere Artikel 81, 80 i. V. mit Artikel 60, 78 II, 79.
Zu den rechtlichen Rahmenbedingungen der sog. Ostsee-Pipeline: Wolf, ZuR 2007, 24 ff.; Kim, NUR 2009, 170 ff,; Abromeit, ZuR 2007, 354 ff.; ferner § 133 Rn 2 ff.

IV. Normative Begriffsbestimmungen

1. Unternehmer

Der Begriff des Unternehmers spielt im BBergG eine nicht unerhebliche Rolle, **42**
weil er Anknüpfungspunkt für alle Rechte und Pflichten ist, die sich aus den
Besonderheiten bergbaulicher Tätigkeiten ergeben. Denn Unternehmer im Sinne
des Absatz 5 sind nur solche natürlichen oder juristischen Personen oder Personenhandelsgesellschaften, die eine oder mehrere in § 2 Absatz 1 Nr. 1, 2
bezeichneten **bergbaulichen Tätigkeiten** auf eigene Rechnung ausüben oder
ausüben lassen. Damit bezweckte der Gesetzgeber, bei verbundenen Unternehmen im Sinne des Aktienrechts – wie bei der seinerzeit weitgehend bergbau-
bestimmten Ruhrkohle AG (RAG) – sicherzustellen, dass die herrschende oder
leitende, also die den Betrieb maßgeblich beeinflussende Gesellschaft, und nicht
etwa eine bloße Betriebsführungsgesellschaft Unternehmer ist. Ferner soll die im
Bergbau häufig anzutreffende Tätigkeit von sog. Bergbauspezialgesellschaften,
wie etwa beim Abteufen von Schächten, im Interesse einer klaren Zuordnung
der Verantwortlichkeit zwischen Auftraggeber und -nehmer sichergestellt werden (Zydek, 87).

Das ist im Interesse einer wirtschaftlich-technisch effektiven, nach innen und **43**
außen geordneten und sicherheitlich einwandfreien Betriebsführung dringend
geboten. Denn der **Unternehmer ist die zentrale Person** im Betriebsplanverfahren
(§§ 50 ff.), bei den verantwortlichen Personen (§§ 58 ff.), im Grundabtretungsverfahren (§§ 77 ff.) und im Bergschadensrecht (§§ 114). Allerdings muss wegen
der gravierenden Veränderungen im Bergbau, auch im Zusammenhang mit der
Wiedervereinigung, die Frage gestellt werden, ob dieser Unternehmerbegriff eine
abschließende rechtliche Festlegung sein kann oder eher eine Leitlinie darstellt.
Letzteres muss wohl verneint werden, weil nach Aussage der Amtl. Begründung
Ziel des Unternehmerbegriffs eine **klare Zuordnung der Verantwortung** für
betriebliche und unternehmerische Vorhaben und ihre Abläufe sein muss (Zy-
dek, 87). Ob das allerdings tatsächlich erreicht ist, unterliegt einigen Zweifeln.
Denn zunächst ist nicht eindeutig:
– Gilt die finanzielle Verantwortung „**auf eigene Rechnung**" nur für das **44**
  Selbstdurchführen oder auch für das Durchführenlassen?
  Zweck des Zusatzes war, die finanzielle und wirtschaftliche Trägerschaft als
  wesentliches Indiz für die Unternehmereigenschaft herauszustellen (Pfadt,
  Betriebsplan, 142), die finanzielle Verantwortung sollte Voraussetzung für
  die bergrechtliche sein. Daraus kann immerhin geschlossen werden, dass
  weder das Durchführen noch das Durchführenlassen auf **fremde Rechnung**
  den Unternehmerbegriff trägt. Das entspricht auch dem ehemaligen Recht
  des ABG in NRW. Schon dort wurde als Unternehmer derjenige verstanden,
  für dessen Rechnung der Betrieb geführt wurde und der in der Lage war, die
  wirtschaftlichen, planerischen und organisatorischen Voraussetzungen für
  Sicherheit und Ordnung des Bergwerksabtriebes zu schaffen (Weller, ZfB
  106 (1965), 437, 441; Zydek, 276). Diese Umschreibung kann das Durchführen und Durchführenlassen umfassen.
– Reicht das Durchführen jeder der in § 2 Absatz 1 Nr. 1, 2 genannten **Tätig- 45**
  keiten für die Unternehmereigenschaft aus, nachdem es früher darauf
  ankam, dass der Unternehmer den **Betrieb führte**?
  Auch hier wird man im Rückgriff auf das bis zum Inkrafttreten des BBergG
  geltende Recht feststellen, dass eine tätigkeitsbezogene atomisierte Einzel-
  verantwortung keinesfalls dem Zweck des Gesetzes entsprechen kann. Der
  Unternehmerbegriff des § 4 Absatz 5 fordert vielmehr eine betriebs- und
  unternehmensbezogene **Gesamtverantwortung** mit Delegationsbefugnis.
  Nur durch eine derartige Auslegung wird auch eine vom Gesetzgeber nicht

gewollte Doppelverantwortung zwischen einem auftraggebenden, betriebs-
führenden Bergbauunternehmen und einer beauftragten Unternehmerfirma/
Bergbauspezialgesellschaft vermieden.

46 Zuordnungs- und Abgrenzungsfragen stellen sich auch bei **Konzerngesellschaf-
ten** und sog. **Unternehmerfirmen:**
- **Konzerntöchter oder verbundene Unternehmen,** die Bergbau im eigenen
Namen und für eigene Rechnung führen, aber über entsprechende Unter-
nehmensverträge rechtlich und finanziell abgesichert sind, gelten als Unternehmer im Sinne der ersten Alternative.
- Bestehen hingegen zwischen Mutter- und Tochtergesellschaft Betriebs- und
Geschäftsführungsverträge, nach denen die Tochter **im Namen und für
Rechnung** der Mutter Betriebe und Geschäfte führt, so bleibt gleichwohl
die Mutter Unternehmer, der Tätigkeiten auf eigene Rechnung durchführt
und nicht etwa durchführen lässt. Denn die Tochter verpflichtet die Mutter
unmittelbar aufgrund des Vertretungsverhältnisses; nicht sie führt durch,
sondern die Mutter.
- Werden Töchter zwar im eigenen Namen und auf **eigene Rechnung,** aber
aufgrund eines Betriebs- und Geschäftsführungsvertrags tätig, dann sind sie
Unternehmer, weil die Mutter zwar durchführen lässt, aber nicht auf eigene
Rechnung. Denn die Tochter begründet zunächst selbst Rechte und Pflichten
in finanzieller Hinsicht für sich. Erst aufgrund des Unternehmensvertrags
oder aktienrechtlicher Vorschriften wird das Ergebnis abgeführt oder ausgeglichen.

47 - Keine Unternehmer sind **Bergbauspezialgesellschaften.** Ihre Rechtsstellung
ist dadurch gekennzeichnet, dass sie meist aufgrund von Werkverträgen in
einem Bergbaubetrieb tätig sind und Erfolg oder Misserfolg solcher Verträge
in erster Linie sie trifft, sie also auf eigene Rechnung tätig werden. Für das
Durchführen der in § 2 Absatz 1 Nr. 1, 2 genannten Tätigkeiten haben sie
allerdings **keine** ausreichende **Gesamtverantwortung.** Denn diese setzt Über-
schaubarkeit, Einflussmöglichkeit, Kontrollbefugnisse und Durchgriffsrech-
te voraus, die Spezialgesellschaften oder Unternehmerfirmen im Gesamtbetrieb oder -unternehmen nicht besitzen.

2.   Gewinnungsberechtigung

48 Dieser Begriff dient ausschließlich der gesetzestechnischen Vereinfachung (Zydek, 87) und wird deshalb in den §§ 35, 42, 44, 47 verwendet; Vorschriften
also, die sich mit allgemeinen Grundsätzen der Aufsuchung und Gewinnung
sowohl bergfreier wie auch grundeigener Bodenschätze beschäftigen. Deshalb ist
es für die **Gewinnungsberechtigung** unerheblich, worauf sie basiert, auf diesem
Gesetz, auf alten Rechten oder Verträgen, auf dinglichen Rechten oder dem
Grundeigentum. Neben dem Begriff Gewinnungsberechtigung kennt das Gesetz
den Begriff der **Bergbauberechtigung.** Sie umfasst nach der Legaldefinition in
§ 116 Absatz 1 die Berechtigung zur Aufsuchung und Gewinnung. Den gleichen
Inhalt hat der Begriff **Berechtigung** in § 55 Absatz 1 Satz 2 Nr. 1.

§ 5   Anwendung des Verwaltungsverfahrensgesetzes und des Verwal-
tungskostengesetzes

**Auf die Ausführung dieses Gesetzes und der auf Grund dieses Gesetzes
erlassenen Rechtsverordnungen sind, soweit in diesem Gesetz nichts anderes
bestimmt ist, das Verwaltungsverfahrensgesetz und das Verwaltungskostengesetz anzuwenden.**

Übersicht

Rn

I.   Bedeutung der Vorschrift   1
II.   Verfahrensgrundsätze   4
1.   Vorbemerkung   4
2.   Rechtsgrundsätze des Verwaltungsverfahrens   6
3.   Spezialvorschriften des BBergG   7
III. Verwaltungskostengesetz   8

I. Bedeutung der Vorschrift

Auf die Verfahren, mit denen das BBergG und seine Rechtsverordnungen **1** ausgeführt und in der Realität umgesetzt werden, sind das **VwVfG** und das **VwKostG des Bundes** anzuwenden, soweit das BBergG selbst keine eigenständigen Verfahren bestimmt. Damit wird den wesentlichen Grundgedanken des modernen Rechtsstaats (Badura in Erichsen (Hrsg.), AllgVerwR, §§ 33 Rn 29 ff., 37 Rn 1 ff.; Kopp, VwVfG, Vorbem. § 1 Rn 42 für die Organe der Europäischen Union), der **Gesetzmäßigkeit der Verwaltung** und der Legitimation des Verwaltungshandelns durch **Verfahren** (VwVfG vom 25.5.1976 i.d.F. der Bekanntmachung vom 23.1.2003 (BGBl I, 102) ebenso Rechnung getragen, wie dem Gedanken der **Subsidiarität** dieser Verfahren gegenüber den im Spezialgesetz (BBergG) selbst geregelten Verfahrensvorschriften. Der **Vorrang inhaltsgleicher oder entgegenstehender Vorschriften** des Spezialgesetzes gegenüber dem VwVfG ergibt sich bereits aus § 1 Absatz 1 VwVfG, sodass der Hinweis in § 5 BBergG lediglich der Klarstellung dient.

Nach § 1 Absatz 3 VwVfG gilt das VwVfG des Bundes für die Ausführung von **2** Bundesrecht durch die Länder allerdings dann nicht, wenn die öffentlich-rechtliche Verwaltungstätigkeit der Behörden landesrechtlich durch ein VwVfG geregelt ist. Da sämtliche Länder eigene VwVfG erlassen haben (vgl. im Einzelnen Ziekow, VwVfG, § 1 Rn 13), findet für das Verfahren der Landesbehörden grundsätzlich Landesverfahrensrecht Anwendung. Lediglich soweit ein VwVfG des Landes keine Regelung enthält, gilt ergänzend das VwVfG des Bundes. Der Vorbehalt nach § 1 Absatz 3 VwVfG gilt nur gegenüber dem VwVfG, nicht auch gegenüber sonstigem Verwaltungsverfahrensrecht des Bundes. Besondere bundesrechtliche Rechtsvorschriften gehen somit nach Artikel 31 GG auch den VwVfG der Länder vor. Der **Vorrang** der besonderen Verfahrensregeln des **BBergG** gilt daher auch gegenüber dem **Landesverfahrensrecht**.

Als **Ergebnis** ist hiernach festzuhalten: **3**
– Anzuwenden bei der Verwaltungstätigkeit der **Landesbehörden** zur Ausführung des BBergG ist das VwVfG des jeweiligen Bundeslandes (LVwVfG).
– Spezialvorschriften des BBergG (z.B. im Bereich des Betriebsplanverfahrens) gehen den Vorschriften des LVwVfG vor.
– Ergeben sich Abweichungen zwischen VwVfG und LVwVfG in der Form einer Regelungslücke, kann ein Rückgriff auf das VwVfG des Bundes infrage kommen (vgl. § 1 Absatz 3 VwVfG des Bundes: „soweit").

II. Verfahrensgrundsätze

1. Vorbemerkung

4 Jedes Verwaltungshandeln ist das Ergebnis eines **Verwaltungsverfahrens** (vgl. Badura in Erichsen (Hrsg.), AllgVerwR, §§ 33, 34, 37), d. h. eines Prozesses der Informationsverarbeitung. Im Verwaltungsverfahren sind der Sachverhalt aufzuklären, die zu seiner Regelung geltenden Rechtssätze zu ermitteln und auszulegen, der Sachverhalt darunter zu subsumieren, eine Entscheidung zu treffen und bekanntzugeben sowie diese i. d. R. zu vollziehen (Badura in Erichsen (Hrsg.), AllgVerwR, § 34 Rn 1 ff.). Einleitung und Ablauf von Verwaltungsverfahren werden bestimmt durch die unterschiedlichen **Verwaltungszwecke**, denen das Verfahren dient. So unterschiedlich die durch das materielle Recht geordneten Verfahrensergebnisse oder sonstigen Verfahrensziele sind, so vielfältig muss die Ausgestaltung der einzelnen Verfahren oder Verfahrenskombinationen sein (Wolff/Bachof, III, § 156 I). Da diese Vielfältigkeit gleichzeitig auch nur eine **begrenzte Prozessualisierung** des Verwaltungshandelns zulässt, ist das moderne Verwaltungsverfahren vom zentralen Grundsatz der **Nichtförmlichkeit** geprägt (Badura in Erichsen (Hrsg.), AllgVerwR, § 34 Rn 4).

5 Das ist auch das Grundprinzip der VwVfG des Bundes und der Länder. Soweit weder VwVfG noch BBergG ein besonderes Verfahren vorschreiben, darf die zuständige Behörde das Verfahren den Erfordernissen des Einzelfalls entsprechend gestalten. Dabei ist auf einfache, zweckmäßige und rasche Durchführung zu achten (§ 10 VwVfG). Die am Verfahren Beteiligten sind gehalten, zu einer entsprechenden Verfahrensgestaltung beizutragen.

2. Rechtsgrundsätze des Verwaltungsverfahrens

6 Daneben beherrschen u. a. folgende, auch für die Anwendung des BBergG maßgeblichen **Rechtsgrundsätze** (Badura in Erichsen (Hrsg.), AllgVerwR, § 37 Rn 1 ff.) das Verwaltungsverfahren:
– Soweit nicht eine bestimmte Form vorgeschrieben ist oder sich aus der Natur des Verwaltungsakts ergibt, herrscht für Verwaltungsakte **Formfreiheit** (§ 37 Absatz 2 VwVfG). Mündlich erteilte Verwaltungsakte sind bei entsprechendem unverzüglichen Verlangen und einem berechtigten Interesse des Betroffenen schriftlich zu bestätigen (§ 37 Absatz 2 Satz 2 VwVfG).
– Nach dem in § 24 VwVfG niedergelegten **Untersuchungsgrundsatz** muss die Behörde den für ihre Entscheidung maßgeblichen Sachverhalt von Amts wegen ermitteln. Sie bestimmt Art und Umfang der Ermittlungen; sie hat alle für den Einzelfall bedeutsamen Umstände zu berücksichtigen. Die Herrschaft des Untersuchungsgrundsatzes schließt eine Mitwirkungslast der Beteiligten als Obliegenheit bei der Ermittlung des Sachverhalts nicht aus (Badura in Erichsen (Hrsg.), AllgVerwR, 502 f.).
– Vor dem Erlass eines Verwaltungsakts, der in Rechte des Betroffenen eingreift und dadurch seine Rechtsstellung beeinträchtigt, ist ihm **Recht auf Gehör** zu gewähren (§ 28 VwVfG), um nicht nur seine subjektiven Rechte und Belange zu wahren, sondern auch um im Interesse der öffentlichen Verwaltung Fehler bei der Tatsachenermittlung zu vermeiden.
– Daneben sind zu erwähnen das Recht auf **Akteneinsicht** (§ 29 VwVfG; s. auch § 56 Rn 139 ff.), die **Auskunfts-** und **Beratungspflicht** der Behörde (§§ 25, 71 c VwVfG) und der **Beschleunigungsgrundsatz** i. S. von § 10 Satz 2 VwVfG (Badura in Erichsen (Hrsg.), AllgVerwR, § 37 Rn 17 ff., Rn 24, Rn 6 ff.).

3. Spezialvorschriften des BBergG

Zulässigkeit und Umfang von **Nebenbestimmungen** im Sinne des § 36 VwVfG   **7**
bei Bergbauberechtigungen und im Betriebsplanverfahren werden in Spezialvorschriften gesondert behandelt (§§ 16 Rn 13 ff.; 56 Rn 112 ff.); ebenso wie die
Voraussetzungen für die **Rücknahme** rechtswidriger und für den **Widerruf**
rechtmäßiger Verwaltungsakte im Sinne der §§ 48, 49 VwVfG (vgl. § 18 Rn 4 ff.
m. w. N.).

III. Verwaltungskostengesetz

§ 5 erklärt neben dem VwVfG auch das **VwKostG** des Bundes vom 23.6.1970 in   **8**
der jeweils gültigen Fassung auf die Ausführung des BBergG für anwendbar,
weil nach § 1 Absatz 2 VwKostG dessen Anwendbarkeit ausdrücklich in einem
Gesetz mit Zustimmung des BR normiert sein muss. Auch hinsichtlich der
Länderzuständigkeit enthält das VwKostG eine dem VwVfG vergleichbare
Regelung. Danach bleibt das landesrechtliche Gebührenwesen unberührt.

Das VwKostG gilt für die Kosten (zum Kostenbegriff s. Badura in Erichsen   **9**
(Hrsg.), AllgVerwR, § 38 Rn 16 ff.) (Gebühren und Auslagen) öffentlich-rechtlicher Verwaltungszuständigkeit der Behörden des Bundes und der Länder. Es
enthält neben den allgemeinen Grundsätzen für Kostenordnungen allgemeine
kostenrechtliche Vorschriften, u. a. über Gebührenbemessungen und die Erhebung von Auslagen. Weder das VwKostG noch das BBergG enthalten eine
Ermächtigung für die Regelung gebührenpflichtiger Tatbestände oder zum
Erlass von Vorschriften über Kosten für den Bereich der landeseigenen Verwaltung. Deshalb haben die Länder nach dem Inkrafttreten des BBergG eigene
Gebührenregelungen für Maßnahmen zur Ausführung des BBergG erlassen
(Boldt/Weller, § 5 Rn 4 m. w. N.). Die Kostenregelung für Amtshandlungen
von Bundesbehörden ergibt sich aus § 135.

ZWEITER TEIL   Bergbauberechtigungen

ERSTES KAPITEL   Bergfreie Bodenschätze

ERSTER ABSCHNITT   Erlaubnis, Bewilligung, Bergwerkseigentum

§ 6   Grundsatz

Wer bergfreie Bodenschätze aufsuchen will, bedarf der Erlaubnis, wer bergfreie Bodenschätze gewinnen will, der Bewilligung oder des Bergwerkseigentums. Diese Berechtigungen können nur natürlichen und juristischen Personen und Personenhandelsgesellschaften erteilt oder verliehen werden.

Übersicht   Rn

I.   Grundsätze des Konzessionssystems   1
1.   Vorbemerkung   1
2.   Verbot mit Erlaubnisvorbehalt   2
3.   Bergbaufreiheit und Konzessionssystem   3

II.   Rechtsnatur der Bergbauberechtigungen   5
1.   Privat- und öffentlich-rechtliche Aspekte der Berechtigungen   5
2.   Abgrenzungsfragen   6
3.   Personenbezogenheit   8

I.   Grundsätze des Konzessionssystems

1.   Vorbemerkung

1 Aufsuchen und Gewinnen von bergfreien Bodenschätzen erklärt § 6 kategorisch für erlaubnis- bzw. bewilligungspflichtig, macht sie also von einer öffentlich-rechtlichen Genehmigung abhängig. Für die gleichfalls dem BBergG unterworfenen grundeigenen Bodenschätze bleibt es hingegen grundsätzlich beim Eigentum als dem Aufsuchungs- und Gewinnungsrecht (§ 34). Die Genehmigungspflicht des § 6 ist die logische Konsequenz der in § 3 vorgenommenen Abspaltung der bergfreien Bodenschätze vom Eigentum an einem Grundstück (§ 3 Absatz 2). Aus der Sicht des Eigentumsrechts sind sie damit herrenlose Sachen (Turner, ZfB 108 (1967) 45, 48; Karpen, AöR, 1981, 18) geworden, auf die nach den allgemeinen sachenrechtlichen Vorschriften grundsätzlich ein **freies Aneignungsrecht** für den Finder (Schürfer) besteht. Davon weicht das BBergG ab, indem es den Begriff der Berg(bau)freiheit, den es in § 3 Absatz 2 ausdrücklich konstatiert, durch die §§ 6ff. so mit der Wahrung öffentlicher Interessen verknüpft, dass dadurch das freie Aneignungsrecht für bergfreie Bodenschätze obsolet wird. An seine Stelle tritt die **öffentlich-rechtliche Erlaubnispflicht**, deren Nichtbeachtung eine Ordnungswidrigkeit im Sinne des § 145 Absatz 1 Nr. 1 darstellt und deren Fehlen der zuständigen Behörde nach § 72 Absatz 1 das Recht gibt, jede Tätigkeit zu untersagen.

2.   Verbot mit Erlaubnisvorbehalt

2 Das damit eingeführte **Konzessionssystem** (Zydek, 96) ist rechtstechnisch ein **Verbot mit Erlaubnisvorbehalt**, des Näheren **ein präventives Verbot** (BVerfGE 20, 157; BVerfG = NJW 1982, 748, 752) zur vorbeugenden Kontrolle einer an sich erlaubten Tätigkeit durch die zuständige Behörde (Wolff/Bachof, I, § 46

Rn 36 ff.; kritisch dazu Schulte, ZfB 119 (1978), 414, 420; Westermann, Freiheit, 31; Rittner, DB Beilage 7/1972). Dieses präventive Verbot, das nach Wolff/Bachof eine Schranke hochzieht, die den Weg versperrt, ist abzugrenzen gegen das repressive Verbot mit **Befreiungsvorbehalt**, bei dem der Gesetzgeber eine Tätigkeit i. d. R. als sozialschädlich ansieht und nur durch Ausnahmebewilligungen oder Dispense im Einzelfall aufhebt (Wolff/Bachof, I, § 46 Rn 44; zur wasserwirtschaftlichen Benutzungsordnung s. Breuer, ZfW 1979, 78 ff.). Die Ausnahmebewilligung und der Dispens erlauben im Gegensatz zum präventiven Verbot also lediglich, *„über einen Zaun zu steigen"*.

3. Bergbaufreiheit und Konzessionssystem

Das Zusammenspiel von **Berg(bau)freiheit und Konzessionssystem** ist mithin **3** prägendes Prinzip des vom BBergG verfolgten Zwecks: die Trennung der bergfreien Bodenschätze vom Grundeigentum einerseits und ein Rechtsinstitut andererseits, das
– das **Aneignungsrecht herrenloser Bodenschätze** ausschließt und gleichzeitig
– die mit der Bergfreiheit bezweckte **Unabhängigkeit** des Bergbaus **vom Willen** des jeweiligen **Grundeigentümers** und von der Beschränkung durch **Grundstücksgrenzen**
– bei gleichzeitiger **Sicherstellung der öffentlichen Interessen** gewährleistet (Zydek, 94).

Die Wahrung der öffentlichen Interessen zielt wie auch bei anderen Konzessions- **4** systemen (Wolff/Bachof, I, §§ 43 Rn 50 ff., 46 Rn 43; II, § 104) vor allem darauf ab, unter den **Konzessionsbewerbern** denjenigen **auszuwählen**, der die beste technische Erfahrung besitzt und eine ausreichende finanzielle Ausstattung nachweisen kann (Ebel/Weller, § 2 Anmerkung 1 a; im Übrigen s. § 11, Nr. 3, 7, § 12 Absatz 1). Außerdem gibt die mit dem Konzessionssystem verbundene **Lenkung** eine fortdauernde **Überwachung** des Konzessionsinhabers und die Möglichkeit der **Anpassung** der Berechtigungen an die sich wandelnden Rechts- und tatsächlichen Verhältnisse. Deshalb erhält der Antragsteller mit der Erteilung einer **bergbaulichen Berechtigung** zunächst auch **lediglich** einen **Rechtstitel** (Zydek, 94), der ihn zur Ausübung der in der Berechtigung genannten Rechte und Tätigkeiten nur nach Vorliegen weiterer, besonders auf die Ausübung gerichteter Berechtigungen ermächtigt.

II. Rechtsnatur der Bergbauberechtigungen

1. Privat- und öffentlich-rechtliche Aspekte der Berechtigungen

Die mit dem Konzessionssystem eingeführten **Bergbauberechtigungen** Erlaubnis, **5** Bewilligung und Bergwerkseigentum sind rechtstechnisch und nach der allgemeinen verwaltungsrechtlichen Terminologie **mitwirkungsbedürftige Verwaltungsakte** (Wolff/Bachof, I, § 46 Rn 31 ff.; Karpen, AöR, 1981, 18). Die auf ihnen beruhenden Rechte lassen sich verwaltungsrechtlich für das Aufsuchungsrecht als schlichte und für die Gewinnungsrechte Bewilligung und Bergwerkseigentum als gesteigerte Sondernutzung kennzeichnen (Karpen, AöR, 1981, 18). Ihr Inhalt hingegen ist maßgeblich zivilrechtlich ausgestaltet (z. B. Recht der Aneignung, der Mitgewinnung), der öffentlich-rechtliche „Mantel" betrifft vorrangig den Verleihungs- und Erteilungsakt der Rechte und die staatlichen Überwachungsfunktionen. Die öffentlich-rechtliche Entstehungsweise der Bergbauberechtigungen (§§ 11, 12, 13) hat deshalb keinen entscheidenden Einfluss auf die Qualifizierung dieser Rechte als private oder öffentliche und auf die Stellung des Berechtigten zum Grundeigentum. Die öffentlich-rechtlichen Komponenten der Bergbauberechtigungen bedeuten daher eine Schwäche der Rechte allenfalls gegenüber öffentlichen Eingriffen wie etwa durch die §§ 16, 18, 19, nicht aber gegenüber anderen privaten Rechten (Schulte, ZfB 119 (1978), 414, 418; so im Ergebnis auch Nicolaysen, Bewilligung, 24 ff.).

2. Abgrenzungsfragen

6 Wegen der terminologischen Gleichheit der für die Bergbauberechtigungen gewählten Begriffe „Erlaubnis" und „Bewilligung" mit denen des **Wasserrechts** (§§ 8 ff. WHG) wurde anfangs vermutet, dass es Anlass zu Verwechslungen geben werde. Das hat sich nicht bewahrheitet, weil sachliche Bedeutung und rechtliche Ausformung der Institute in beiden Rechtskreisen völlig unterschiedlich sind. So sind im Wasserrecht Erlaubnis und Bewilligung subjektiv-öffentliche Rechte, die besondere Rechte für Private begründen. Diese Rechte und ihre Ausübung sind eigentlich Teil des öffentlichen Sachenrechts und damit grundsätzlich einem Träger öffentlicher Verwaltung vorbehalten. Beide Berechtigungen begründen deshalb nur bestimmte **Nutzungsrechte** für öffenlich-rechtliche Sondernutzungen mit unterschiedlichem Bestandsschutz (Breuer, Wasserrecht, 25 ff., Rn 157; derselbe ZfW 1979/80, 79 ff. (87 ff.); BVerfG = NJW 1982, 747). Demnach sind nicht Gegenstand und Umfang der erlaubten oder bewilligten Gewässerbenutzung das entscheidende Kriterium zur Abgrenzung beider Berechtigungsformen untereinander, sondern die **Art der gewährten Rechtsstellung** (Breuer, Wasserrecht, Rn 182; derselbe ZfW, aaO; BVerfGE 41, 58; Nicolaysen, Bewilligung, 25).

7 Demgegenüber haben **Erlaubnis und Bewilligung im BBergG** eine andere Funktion und Bedeutung (im Einzelnen dazu s. Anmerkung zu §§ 8, 9, 10). Sie begründen keine Nutzungs-, sondern **Aneignungs- und Tätigkeitsrechte**, die nicht Ausfluss eines staatsvorbehaltenen Bereichs sind. Sie sind in ihrem Kernbereich und mit der Rechtsstellung, die sie ihren Inhabern Dritten gegenüber einräumen, **privater Natur** (Boldt/Weller, § 6 Rn 14 m. w. N.; Hoppe, DVBl 1982, 105; kritisch Nicolaysen, Bewilligung, 26 ff.). Daran ändert auch die Tatsache nichts, dass ihre Erteilung bzw. Verleihung ebenso wie ihre Ausübung einer öffentlich-rechtlich bestimmten Zweckbindung unterworfen sind. Schließlich ist der Bestandsschutz für vermögenswerte private Rechte aus der **Eigentumsgarantie des Artikel 14 GG** im Falle der Aufsuchungs- und Gewinnungsrechte im Wesentlichen gleich ausgeformt (Karpen, AöR, 1981, 22 f.; Anz, Braunkohle 1981, 61 f.). Die Berechtigungen des BBergG können also in keiner Weise mit solchen Berechtigungen gleichgesetzt werden, die lediglich den Zugang zu einer Benutzungsordnung für eine öffentliche Sache gewähren. Näher liegt vielmehr ein Vergleich mit dem Jagdausübungsrecht, das nach der Rspr. gleichfalls ein vermögenswertes privates Recht darstellt (Boldt/Weller, § 6 Rn 14 BGHZ 84, 261, 264 = DVBl 1982, 1090).

3. Personenbezogenheit

8 Erlaubnis, Bewilligung und Bergwerkseigentum sind trotz des **personenbezogenen** Einschlags („wer bergfreie Bodenschätze [...]" und § 11 Nr. 6 i. V. mit §§ 12, 13) und der Genehmigungspflicht bei Übertragung von Rechten oder bei der Beteiligung Dritter (§§ 22, 23) **keine** reinen **Personalkonzessionen** (Wolff/Bachof, III, § 135 Rn 30 ff.). Zu ihrer Erteilung bzw. Verleihung müssen nämlich auch sachliche Voraussetzungen erfüllt werden, die nach gewerbe- oder anlagerechtlichen Grundsätzen bei **betriebsbezogenen Erlaubnissen üblich** sind (vgl. dazu Wolff/Bachof, III, § 135 Rn 34 ff., 26 ff.).

9 Grundsätzlich kann **jedermann** Bergbauberechtigungen erwerben, soweit er die persönlichen und sachlichen Voraussetzungen erfüllt. Satz 2 bestimmt zwar, dass

Erlaubnis, Bewilligung und Bergwerkseigentum nur **natürlichen** und **juristischen Personen oder Personenhandelsgesellschaften** erteilt bzw. verliehen werden können. Diese Aussage ist lt. Amtl. Begründung (Zydek, 97) jedoch erforderlich, weil bei der Anwendung allgemeiner gewerberechtlicher Grundsätze Personenhandelsgesellschaften sonst nicht Inhaber einer Bergbauberechtigung werden könnten.

Die Möglichkeit der Erteilung von Erlaubnis oder Bewilligung oder die Verleihung von Bergwerkseigentum an **nichtrechtsfähige Vereine** und **BGB-Gesellschaften** ist dagegen ausgeschlossen. **Konsortien** oder **Argen** können mangels eigener Rechtspersönlichkeit nicht Inhaber von Bergbauberechtigungen sein. Etwas anderes kann nur gelten, wenn natürliche oder juristische Personen Mitglieder eines Konsortiums oder einer Arge sind und ihnen eine Berechtigung **gemeinschaftlich erteilt** wird (vgl. § 22 Absatz 1 „Beteilung Dritter", § 23 „Veräußerung von Miteigentumsanteilen"). **10**

Bei **ausländischen Unternehmen**, die natürliche oder juristische Personen sind, ist für die Erteilung der Berechtigungen nicht maßgeblich, ob sie einen Firmensitz im Inland haben. Eine Genehmigung, vergleichbar etwa § 12 GewO, ist nicht erforderlich (Boldt/Weller, § 6 Rn 18). **11**

§ 7 Erlaubnis

(1) Die Erlaubnis gewährt das ausschließliche Recht, nach den Vorschriften dieses Gesetzes in einem bestimmten Feld (Erlaubnisfeld)
1. die in der Erlaubnis bezeichneten Bodenschätze aufzusuchen,
2. bei planmäßiger Aufsuchung notwendigerweise zu lösende oder freizusetzende Bodenschätze zu gewinnen und das Eigentum daran zu erwerben,
3. die Einrichtungen im Sinne des § 2 Abs. 1 Nr. 3 zu errichten und zu betreiben, die zur Aufsuchung der Bodenschätze und zur Durchführung der damit nach § 2 Abs. 1 Nr. 1 und 2 im Zusammenhang stehenden Tätigkeiten erforderlich sind.
Bei einer Erlaubnis zur großräumigen Aufsuchung gilt Satz 1 mit den sich aus § 4 Abs. 1 Satz 2 ergebenden Einschränkungen.

(2) Eine Erlaubnis zur Aufsuchung zu gewerblichen Zwecken schließt die Erteilung einer Erlaubnis zur großräumigen Aufsuchung sowie einer oder mehrerer Erlaubnisse zur Aufsuchung zu wissenschaftlichen Zwecken, eine Erlaubnis zur großräumigen Aufsuchung die Erteilung einer oder mehrerer Erlaubnisse zur Aufsuchung zu wissenschaftlichen Zwecken für dasselbe Feld nicht aus.

Übersicht

		Rn
I.	Vorbemerkung	1
1.	Recht auf die Erlaubnis	2
2.	Recht aus der Erlaubnis	3
II.	Rechte und Befugnisse aus der Erlaubnis	5
1.	Ausschließlichkeit	5
2.	Aufsuchungsrecht	7
	a) Aufsuchung zu gewerblichen Zwecken	8
	b) Großräumige Aufsuchung	10
	c) Aufsuchung zu wissenschaftlichen Zwecken	11
3.	Gewinnungs-, Aneignungs- und Betriebsrecht	12
	a) Gewinnungsrecht	12
	b) Aneignungsrecht	13
	c) Betriebsrecht	14

4.   Verhältnis des Erlaubnisinhabers zu fremdem Grundeigentum   15
5.   Rechtsnatur und Bestandsschutz   18

I.   Vorbemerkung

1 § 7 regelt den **normativen Inhalt** der Erlaubnis als Recht zur Aufsuchung von bergfreien Bodenschätzen. Dieses **Recht aus der Erlaubnis** ist nicht identisch mit dem **Recht auf die Erlaubnis**, dessen Inhalt und Umfang § 11 regelt (Rittner, DB Beilage 7/1972, 5; Westermann, Freiheit, 31 ff.; Reimnitz, Diss., 128 ff.; a. A. Nicolaysen, Bewilligung, 27; auch Anmerkung zu § 11 Rn 1 ff.). Denn das Recht aus der Erlaubnis gewährt ein **materielles Recht**, das Recht auf die Erlaubnis strukturiert mit verschiedenen Voraussetzungen und Versagungsgründen ein Verwaltungsverfahren, an dessen Ende im positiven Fall das Recht aus der Erlaubnis steht.

In den neuen Bundesländern ist der Anspruch auf Erteilung einer Erlaubnis zur Aufsuchung von Kiesen und Kiessanden mit Inkrafttreten des Gesetzes zur Vereinheitlichung der Rechtsverhältnisse bei Bodenschätzen vom 15.4.1996 BGBl entfallen (OVG Bautzen, ZfB 1996, 149; ebenso OVG Magdeburg, ZfB 2002, 64; VG Leipzig, ZfB 2001, 59, für Bewilligung VG Weimar, ZfB 2001, 322, für Bergwerkseigentum). Kiese und Kiessande sind seitdem keine bergfreien Bodenschätze mehr.

1.   Recht auf die Erlaubnis

2 Das Recht **auf** die Erlaubnis ist deshalb wegen seiner sachlichen, technischen und persönlichen Voraussetzungen (Versagungsgründe) sowie wegen des einzuhaltenden Erteilungsverfahrens und des anschließenden Erteilungsakts als ein **gebundener, mitwirkungsbedürftiger begünstigender Verwaltungsakt** zu klassifizieren und als solcher dem öffentlichen Recht als subjektiv-öffentliches Recht in der Form einer Einräumungsberechtigung zuzuordnen (Wolff/Bachof, I, § 43; II, Rn 55 ff.; § 46 Rn 14 ff., 30 ff.; Reimnitz, Diss., 128).

2.   Recht aus der Erlaubnis

3 Über die Rechtsnatur des Rechts **aus** der Erlaubnis gibt das BBergG keine positive Auskunft. Lediglich der allgemeine Teil der Amtl. Begründung (Zydek, 41) deutet global an, dass es sich bei dem Recht aus der Erlaubnis um ein Recht im Rahmen eines ausschließlich öffentlich-rechtlich gestalteten Konzessionssystems handele. Ob deshalb das Recht selbst und die auf ihm basierenden Befugnisse **privater oder öffentlich-rechtlicher Natur** sind, wird von der Lit. nicht zweifelsfrei und eindeutig beantwortet (Hoppe, DVBl 1982, 104; Westermann, Freiheit, 42; Karpen, AöR, 1981, 23 ff.).

4 Diese **Unentschiedenheit** resultiert zunächst daher, dass die Erlaubnis keinen Verweis auf die Anwendbarkeiten des BGB, insbesondere das Eigentums- und Grundstücksrecht, wie das sowohl bei der Bewilligung (§ 8 Absatz 2) als auch beim Bergwerkseigentum (§§ 9 Absatz 1 zweiter Halbs., 151) der Fall ist, enthält. Gleichwohl deuten Sach- und Sinnzusammenhang sowie der Zweck der Erlaubnis, ihre Ausgestaltung als ausschließliches Recht (§ 7 Absatz 1 Satz 1) und die durch sie verliehenen Aneignungs- und Nutzungsrechte auch gegenüber privaten Dritten auf eine **eigentumsähnliche Position** mit dem dazugehörigen Schutz (Reimnitz, Diss., 135; Rittner, DB Beilage 7/1972, 5 ff.; Westermann, Freiheit, 42 ff., 47) hin. Verstärkt wird dieser Schluss durch die gleichen Aufhebungs- und Widerrufsgründe von Erlaubnis und Bewilligung (dazu § 18 Rn 9 ff.), trotz der unterschiedlichen Rechtsinhalte.

Die – auch private Rechte begründende – **Erlaubnis gemäß** § 7 fällt in den **Schutzbereich des Artikel 14 GG** (BVerfGE 77, 130, 36; BGH, VersR 2005, 1085 = NUR 2005, 426 = ZfB 2005, 79).

II. Rechte und Befugnisse aus der Erlaubnis

1. Ausschließlichkeit

Die Rechte aus der Erlaubnis sind **ausschließliche Rechte**, d. h. der Inhaber kann **5** zunächst jeden privaten Dritten von seiner Rechtsposition ausschließen. Damit hat nur der Rechtsinhaber die Befugnis zur Ausübung der in der Erlaubnis enthaltenen Rechte. Die für die Erteilung der Erlaubnis zuständige Behörde darf deshalb auch keinem Dritten innerhalb des Erlaubnisfelds die gleiche Berechtigung einräumen. Der Erlaubnisinhaber hat ein subjektiv-öffentliches Recht, dass dies nicht geschieht (Boldt/Weller, § 7 Rn 5 m. H. auf die Einschränkung des Absatz 2 zugunsten wissenschaftlicher Aufsuchung und Übersichtsprospektion).

§ 7 gewährt bestimmte, für jeden Aufsuchenden erforderliche Rechte und Befug- **6** nisse. Für diese Rechte und Befugnisse und ihre Anwendung gelten nach § 7 Absatz 1 Nr. 1–3 die folgenden Grundsätze:

2. Aufsuchungsrecht

Das Aufsuchungsrecht gibt dem Erlaubnisinhaber die Befugnis, in einem **7** bestimmten Bereich der Erdoberfläche (Erlaubnisfeld) jede mittelbar oder unmittelbar auf die Entdeckung oder Feststellung der Ausdehnung bergfreier Bodenschätze gerichtete Tätigkeit auszuüben. Aufgesucht werden dürfen allerdings nur bergfreie Bodenschätze, die in der Erlaubnisurkunde ausdrücklich bezeichnet sind. Strittig ist, ob gemäß § 7 Absatz 1 Nr. 1 Erkundungsmaßnahmen für **CO_2-Speicherstätten** im Wege von Aufsuchungserlaubnissen gestattet werden können (verneinend Schulz/Hermann/Barth, DVBl 2008, 1417, 1419; zweifelnd Kohls/Kahle ZuR 2009, 126, bejahend Much, ZuR 2007, 133, Schulz/Hermann/Barth, aaO S. 1419 bei Ablagerung im Zusammenhang mit der Förderung von Erdöl und Erdgas, wohl auch Hellriegel RdE 2008, 319, 321). Zur Frage, ob auf die unterirdische Ablagerung das Recht der Untergrundspeicherung gemäß § 126 anwendbar ist, s. § 126 Rn 14. Für die Aufsuchung gibt es verschiedene Formen, die unterschiedlich intensiv geregelt sind.

a) Aufsuchung zu gewerblichen Zwecken. Da das Aufsuchen in aller Regel der **8** **erste Schritt zur Gewinnung** ist und Aufsuchung und Gewinnung meist nur verschiedene Entwicklungsstufen eines einheitlichen wirtschaftlich-technischen Vorgangs zur Aneignung und Verwertung der bergfreien Bodenschätzen sind, steht die sog. Aufsuchung zu gewerblichen Zwecken (Absatz 2 Satz 1) im Vordergrund der Regelung des § 7.

Wegen ihrer Nähe zur Gewinnung muss das Gesetz dem sachlichen Zusammen- **9** hang beider Vorgänge zueinander auch normativ Rechnung tragen. § 12 Absatz 2 räumt daher dem erfolgreichen (fündigen) **Erlaubnisinhaber** eine **bessere Rechtsposition** bei dem Antrag auf ein Gewinnungsrecht einräumt als einem Antragsteller, der nicht aufgesucht hat. Das gilt allerdings nur bei der gewerblichen Aufsuchung (vgl. § 12 Rn 9); die Erlaubnisformen der großräumigen Aufsuchung und der Aufsuchung zu wissenschaftlichen Zwecken entfalten keine vergleichbare Besserstellung des Aufsuchenden.

10   b) **Großräumige Aufsuchung.** Zwar hat der Inhaber einer **Erlaubnis zur groß-räumigen Aufsuchung** (Übersichtsprospektion) im Sinne des § 4 Absatz 1 Satz 2 dem Grunde nach die gleichen Rechte und Befugnisse wie der Inhaber einer Erlaubnis zu gewerblichen Zwecken, doch können diese Rechte und Befugnisse nur im Rahmen der engen Definition dieses Aufsuchungbegriffes geltend gemacht werden (§ 7 Absatz 1 Satz 2) (vgl. dazu § 4 Rn 11 ff.). Sie sind daher in ihrer Wirkung beschränkt.

11   c) **Aufsuchung zu wissenschaftlichen Zwecken.** Die Aufsuchung zu **wissenschaftlichen Zwecken** ist trotz ihrer Nähe zur Grundlagenforschung und gegen einen starken publizistischen Widerstand (Westermann, Freiheit, 34) in gleicher Weise erlaubnispflichtig gemacht worden wie die übrigen Aufsuchungsformen. Das ist aus heutiger Sicht auch nicht zu beanstanden, weil die Erteilung der Erlaubnisse in allen Aufsuchungsformen lediglich einen Rechtstitel hervorbringt, der zur eigentlichen Ausführung der Aufsuchungsarbeiten noch nicht berechtigt. Insofern führt die bloße Erlaubnispflicht noch nicht zu einer vorbeugenden Kontrolle oder gar Regulierung wissenschaftlicher Tätigkeit (zu dem Zweck der Aufsuchung s. § 4 Rn 11 ff.).

3.   Gewinnungs-, Aneignungs- und Betriebsrecht

12   a) **Gewinnungsrecht.** Neben dem ausschließlichen Aufsuchungsrecht hat der Erlaubnisinhaber als entscheidende Rechtsposition zunächst ein **Gewinnungs-** (zum Gewinnungsrecht bei Aufsuchung s. § 41 Rn 1–4) und **Aneignungsrecht** für solche bergfreien Bodenschätze, die er bei planmäßiger Aufsuchung notwendigerweise lösen oder freisetzen muss. Notwendigerweise freizusetzen oder zu lösen sind Bodenschätze immer dann, wenn dies aus bergtechnischen, sicherheitstechnischen oder aus anderen Gründen erforderlich ist (§ 41).

13   b) **Aneignungsrecht.** Das Recht, Eigentum an herrenlosen, grundsätzlich aber nicht aneignungsfähigen bergfreien Bodenschätzen zu erwerben, die bei der Aufsuchung notwendigerweise anfallen, ist ebenso wie das Gewinnungsrecht nicht auf die in der Erlaubnisurkunde genannten Bodenschätze beschränkt. Eine Erweiterung i. S. von § 41 ist zulässig. Ob das im Einzelfall sinnvoll und möglich ist und welchen Umfang eine Erweiterung dann hat, entscheidet die zuständige Behörde auf Antrag des Unternehmers. Dieser Entscheidungszwang rechtfertigt sich aus der Notwendigkeit, Aufsuchung und Gewinnung zwar streng voneinander abzugrenzen, gleichzeitig aber eine möglichst umfassende Kenntnis über Gehalt und Ausdehnung der Bodenschätze und Lagerstätten für eine evtl. später in Angriff zu nehmende Gewinnung zu erhalten (s. dazu § 41 Rn 1 ff.).

14   c) **Betriebsrecht.** Um Aufsuchungstätigkeiten planmäßig und möglichst erfolgreich durchzuführen, gibt die Erlaubnis dem Inhaber das zusätzliche Recht, die erforderlichen **Betriebsanlagen und -einrichtungen** (hierzu vgl. § 2 Rn 50 ff.) **errichten und betreiben** zu dürfen. Das gilt auch für Einrichtungen, die der Wiedernutzbarmachung in Anspruch genommener Flächen und Grundstücke dienen (§§ 2 Absatz 1 Nr. 3, 39 Absatz 3).

4.   Verhältnis des Erlaubnisinhabers zu fremdem Grundeigentum

15   Will der Aufsuchungsberechtigte nicht nur auf seinem eigenen Grund und Boden aufsuchen, sondern **fremde Grundstücke** (vor allem zu Fragen der Wiedernutzbarmachung und evtl. Entschädigungen, s. § 39 Rn 6 ff.) hierfür **in Anspruch nehmen,** so ist das nicht im Kernbereich des Rechts und der Befugnisse aus der Erlaubnis enthalten. Die Aufsuchung auf fremden Grundstücken ist vielmehr in den §§ 39–41 gesondert geregelt. Im Einzelnen sind nach diesen „Allgemeinen Vorschriften über die Aufsuchung" folgende Grundsätze zu beachten:

Im Falle der Inanspruchnahme eines fremden Grundstücks für Aufsuchungsarbeiten und einer dadurch zu besorgenden Beeinträchtigung der Grundstücksoberfläche ist die Benutzung von der **vorherigen Zustimmung** des **Grundeigentümers** oder sonstigen Nutzungsberechtigten abhängig (§ 39 Absatz 1 Nr. 1). Kommt eine Einigung zwischen Aufsuchendem und Grundeigentümer oder Nutzungsberechtigten (Mieter, Pächter, Nießbraucher) nicht zustande, so kann die erforderliche **Zustimmung** unter bestimmten Voraussetzungen durch die Entscheidung der zuständigen Behörde **ersetzt** werden (§ 40 Absatz 1). In einem solchen Fall müssen allerdings **öffentliche Interessen**, wie z. B. die Durchforschung des Bundesgebiets nach nutzbaren Lagerstätten, die Aufsuchung auf gerade diesem Grundstück erfordern. Soweit Aufsuchungsarbeiten unter Gebäuden, Betriebsgrundstücken, Gärten oder eingefriedeten Hofräumen vorgenommen werden sollen, bedarf es für die behördliche Ersetzungsbefugnis sogar **überwiegender öffentlicher Interessen** (§ 40 Absatz 1 Satz 2). **16**

Bei Grundstücken, die durch Gesetz oder aufgrund von Gesetzen **öffentlichen Zwecken gewidmet** sind, ist neben der Zustimmung des Grundeigentümers (Ausnahme: Absatz 2 Satz 1 Nr. 1) die jeweilige Zustimmung der zur Wahrung des Widmungszwecks zuständigen Behörden erforderlich, es sei denn, die Widmung umfasst Tätigkeiten, die nicht betroffen sind oder der Aufsuchung dienen oder ihr zu dienen bestimmt sind. Einer Zustimmung der Widmungsbehörde ist auch dann nicht erforderlich, wenn die Nutzung des Grundstücks einer besonderen behördlichen Erlaubnis, Genehmigung oder Zustimmung bedarf (Absatz 2 Nr. 2 a, b). **17**

5. Rechtsnatur und Bestandsschutz

Ausschließlichkeit und Aneignungsbefugnis sind zwar starke Indizien für die Zuordnung des Rechts aus der Erlaubnis zum **Privatrecht**, nach überwiegend h. M. reichen sie jedoch nicht aus, um einen ausschließlich privatrechtlichen Charakter dieses Rechts zu begründen (Westermann, Freiheit, 42 ff.; Rittner, DB Beilage 7/1972; Karpen, AöR, 1981, 23 ff.; Schulte, ZfB 119 (1978), 418; lediglich Reimnitz, Diss., 135, qualifiziert die Erlaubnis als subjektives Privatrecht). Vielmehr ist als mittlerweile gesichert festzuhalten: Das Recht aus der Erlaubnis ist ein **subjektiv-öffentliches Recht**, allerdings mit starken privatrechtlichen Komponenten, die darauf abzielen, Privatrecht zu gestalten und die Rechtsposition des Erlaubnisinhabers in ein ausgewogenes Verhältnis zu den Rechten und Interessen Dritter, besonders der Grundeigentümer, zu bringen (Schulte, ZfB 119 (1978), 418). **18**

Für den **Bestandsschutz** des Rechts aus der Erlaubnis spielt im Übrigen die Einordnung in das öffentliche oder private Recht keine entscheidende Rolle. Zwar schützt nach der Rspr. des BVerfG und der BVerwG (Jarass/Pieroth, Kommentar zum GG, Artikel 14 Rn 7 ff.; Karpen, AöR, 1981, 23; Sachs, GG-Kommentar, Artikel 14 Rn 21 ff.) Artikel 14 GG jedes **vermögenswerte Recht bürgerlich-rechtlicher Natur**, Vermögenswerte, die auf öffentlich-rechtlichen Positionen beruhen, sollen dagegen einen vergleichbaren Schutz nur dann erfahren, wenn sie einer bürgerlich-rechtlichen Eigentümerposition entsprechen oder ihr nahekommen. Außerdem sollte die zu schützende Rechtsposition auf eigener Leistung beruhen, nicht lediglich auf staatlicher Gewährung. Das ist bei der Erlaubnis immer dann der Fall, wenn der Inhaber mehr getan hat, als bloß den Antrag auf die Ereilung des Aufsuchungsrechts zu stellen, nämlich auch **Arbeits- und Kapitaleinsatz** erbracht hat. Ein solcher Einsatz verstärkt und **19** erfüllt die mit der staatlichen „Gewährung" zur Verfügung gestellte „Rechtposition" des Erlaubnisinhabers zu einem vermögenswerten Recht (Hoppe, DVBl 1982, 104 f.).

20 Für die Bewertung der **öffentlich-rechtlichen Seite** der aus der Erlaubnis fließenden Befugnisse gilt hinsichtlich ihres Rechts- und Bestandsschutzes Folgendes: Wird die Erteilung einer Erlaubnis versagt, so ist hiergegen mit einer Verpflichtungsklage vorzugehen; sind der Erlaubnis Nebenbestimmungen beigefügt, so können sie, soweit es sich um Auflagen handelt, selbstständig mit einer Anfechtungsklage angegriffen werden; Gleiches gilt für nachträgliche Auflagen und für alle anderen Eingriffsakte der öffentlichen Hand, etwa durch Rücknahme oder Widerruf des Rechts aus der Erlaubnis (vgl. dazu § 18 Rn 6, 9).

§ 8   Bewilligung

(1) Die Bewilligung gewährt das ausschließliche Recht, nach den Vorschriften dieses Gesetzes
1. **in einem bestimmten Feld (Bewilligungsfeld) die in der Bewilligung bezeichneten Bodenschätze aufzusuchen, zu gewinnen und andere Bodenschätze mitzugewinnen sowie das Eigentum an den Bodenschätzen zu erwerben,**
2. **die bei Anlegung von Hilfsbauen zu lösenden oder freizusetzenden Bodenschätze zu gewinnen und das Eigentum daran zu erwerben,**
3. **die erforderlichen Einrichtungen im Sinne des § 2 Abs. 1 Nr. 3 zu errichten und zu betreiben,**
4. **Grundabtretung zu verlangen.**

(2) Auf das Recht aus der Bewilligung sind, soweit dieses Gesetz nichts anderes bestimmt, die für Ansprüche aus dem Eigentum geltenden Vorschriften des bürgerlichen Rechts entsprechend anzuwenden.

(3) Die Bewilligung schließt die Erteilung einer Erlaubnis zur großräumigen Aufsuchung sowie einer oder mehrerer Erlaubnisse zur Aufsuchung zu wissenschaftlichen Zwecken für dasselbe Feld nicht aus.

Übersicht   Rn

I.   Vorbemerkung   1
1.   Systematische Stellung   1
2.   Verhältnis zum Eigentum   3
3.   Rechtsnatur   5

II.   Einzelrechte und Befugnisse   7
1.   Ausschließlichkeit   7
2.   Aufsuchungsrecht   9
3.   Gewinnungs- und Aneignungsrecht   10
4.   Mitgewinnungsrecht   11
5.   Betriebs- und Hilfsbaurecht   13
6.   Grundabtretungsrecht   15
7.   Weitere Befugnisse   20

I.   Vorbemerkung

1.   Systematische Stellung

1 Die **Bewilligung**, eines der beiden **Gewinnungsrechte des BBergG** für bergfreie Bodenschätze, kennt ebenso wie die Erlaubnis als Aufsuchungsrecht ein Recht **auf** die Bewilligung (§ 12) und ein Recht **aus** der Bewilligung (§ 8). Während das

Recht auf die Bewilligung erst bei Nichtvorliegen der in § 12 i. V. mit § 11 abschließend genannten Versagungsgründe einen **Rechtsanspruch** auf Erteilung begründet, formuliert § 8 den sachlichen Inhalt des bei Umsetzung des Rechtsanspruchs entstehenden Rechtstitels. So scheint zwar zeitlich und logisch das Recht auf die Bewilligung Vorrang vor dem Recht aus der Bewilligung zu haben und rechtliche Voraussetzung für die Entstehung der Bewilligung und der in ihr gebündelten Rechte und Befugnisse zu sein. Doch maßgeblich ist, dass nicht nur aus gesetzestechnischen, sondern aus sachlichen Gründen der Inhalt der Bewilligung „vor die Klammer gezogen" ist und damit dem Erteilungsverfahren **vorgeht**. Für Aufsuchung und Bergwerkseigentum gilt das gleichermaßen (§ 7 i. V. mit §§ 11, 9 i. V. mit § 13). Alle drei Berechtigungsformen sind von der Grundregel des Konzessionssystems (§ 6) und dem Antragserfordernis für das Erteilungs- bzw. Verleihungsverfahren (§ 10) eingerahmt.

Die Bewilligung war, bevor ihr im Gesetzgebungsverfahren das Bergwerkseigen- **2** tum (§§ 9, 13) an die Seite gestellt wurde, das allein vorgesehene Gewinnungsrecht für bergfreie Bodenschätze (Zydek, 90, 96). Deshalb hatte der Gesetzgeber, um sich nicht zu weit vom Bergwerkseigentum des ABG (vgl. etwa §§ 50, 54 ff. ABG NRW mit Erläuterungen von Ebel/Weller, §§ 50 Anmerkung 2, 54 Anmerkung 1, 2) zu entfernen, sie diesem in den wesentlichen Einzelbefugnissen weitgehend nachgebildet. So unterscheidet beide Rechte nurmehr das Fehlen des Verweises bei der Bewilligung auf die Anwendbarkeit der **für Grundstücke geltenden Vorschriften** des BGB und damit ihre mangelnde Beleihbarkeit. Die **Gleichstellung mit dem Grundeigentum** im Sinne des § 50 Absatz 2 ABG NRW bleibt demnach auch im BBergG (§§ 9 Absatz 1 Satz 1 zweiter Halbs., 151) **allein dem Bergwerkseigentum** vorbehalten.

2. Verhältnis zum Eigentum

Nach Absatz 2 sind auf das Recht aus der Bewilligung allein die für **Ansprüche** **3** **aus dem Eigentum** geltenden Vorschriften des BGB **entsprechend anzuwenden**, sofern das BBergG nichts anderes bestimmt. Damit stehen dem Inhaber der Bewilligung gegenüber privaten Dritten Ansprüche aus den §§ 985 ff. BGB wegen Entziehung des Eigentums ebenso wie die Klage auf Unterlassung (§ 1004 BGB) von Eingriffen zu. Weiter kommen zugunsten des Bewilligungsinhabers die Vorschriften der §§ 904 (Eingriffe in fremdes Eigentum), 906, 907 (nachbarrechtliche Ansprüche gegen den Grundeigentümer), 226, 826 (Ersatzpflicht des Grundeigentümers gegenüber dem Bergbauberechtigten) und schließlich 812, 823 (Ansprüche aus Bereicherung und unerlaubter Handlung) in Betracht (Boldt/Weller, § 8 Rn 4 m. w. N.).
Die Bewilligung zur Gewinnung umfasst grundsätzlich nicht das Recht, den Eigentümern der Feldgrundstücke eine dem Gewinnungsberechtigten nachteilige Benutzung der Grundstücksoberfläche (z. B. Verlegung einer Ölfernleitung) zu verbieten (BGHZ 146, 98 = ZfB 2001, 227 = DVBl 2001, 368). Die Nutzung der Grundstücksoberfläche ist nach wie vor eine Befugnis des Grundstückseigentümers, es sei denn, der Bewilligungsberechtigte hat sich zusätzliche Rechte einräumen lassen, z. B. freihändig oder durch Grundabtretung. Anders, wenn jeweils für sich gesehen zulässiger Grundeigentümer-Abbau und Bergbau auf verliehenes Mineral an demselben Ort des Grubenfeldes aufeinandertreffen. Diese Fälle sind nach dem Prioritätsgrundsatz zu lösen (BGH ZfB 2001, 81 = III ZR 242/98).

Die Anwendbarkeit dieser Ansprüche aus dem Eigentum dient der **Durchsetzung** **4** **der Ausschließlichkeit** des Rechts aus der Bewilligung und dem damit bezweckten Schutz des Rechtsinhabers gegenüber Dritten. Allerdings gelten die **Vorschriften des BGB nur subsidiär** („soweit dieses Gesetz nichts anderes be-

stimmt") und nur **entsprechend** („entsprechend anwendbar"). Alle übrigen
Rechtsbeziehungen des Rechts aus der Bewilligung, sein sachlicher und rechtlicher Bestand einschließlich der Einzelrechte und Befugnisse sowie seine Übertragbarkeit und Vererbbarkeit (§§ 16, 18, 22) richten sich allein nach den
Vorschriften des BBergG (zur Notwendigkeit der Verweisung auf Eigentums-
vorschriften des BGB wegen des öffentl.-rechtl. Charakters der Bewilligung vgl.
Nicolaysen, Bewilligung, 27).

3. Rechtsnatur

5 Da lediglich die mit den §§ 985 ff. BGB zusammenhängenden Ansprüche aus
dem Eigentum auf das **Recht aus** der Bewilligung anwendbar sind, nicht aber
weitere Teile des Sachenrechts – sei es des Fahrnis- oder des Liegenschafts-
rechts –, ist **das Recht aus der Bewilligung nicht beleihbar.** Auch ein Pfandrecht
nach §§ 1273 ff. BGB lässt sich an diesem Recht nicht bestellen. Eine **Übertragung** des Rechts aus der Bewilligung selbst kennt das BBergG nicht, weil das
Recht aus der Bewilligung lediglich ein **Teil** der öffentlich-rechtlichen Rechtsposition „Bewilligung" ist, nicht am zivilrechtlichen Rechtsverkehr teilnimmt
und auch nicht einer zivilrechtlichen Vollstreckung unterworfen werden kann
(Rittner, DB Beilage 7/1972, 6; Reimnitz, Diss., 165 ff.; zur Frage der Verpachtung des Rechts aus der Bewilligung vgl. § 22 Rn 5). Ebenso wenig kann das
Recht aus der Bewilligung Bestandteile oder Zubehör haben (Westermann,
Freiheit, 49 f.).

6 Diese Verwertungs- und Verfügungsbeschränkungen lassen erkennen, dass der
Gesetzgeber mit der Bewilligung bewusst **kein dingliches Recht** schaffen wollte,
sondern ein subjektiv-öffentliches (Amtliche Begründung = Zydek, 102) mit
entsprechender öffentlicher Zweckbindung. Eine solche Zweckbindung hatte
auch schon den echten Staatsvorbehalt in Anlehnung an das Recht der öffentlichen Sachen gekennzeichnet (Zydek, ZfB 99 (1958), 187; aus der Zweckbindung öffentlicher Sachen wird der Schluss gezogen, dass an diesen zwar
bürgerlich-rechtliches Eigentum besteht, es sich jedoch insoweit nicht entfalten
kann als die Erfüllung öffentlicher Aufgaben entgegensteht). Für die Bergbauberechtigungen des BBergG bedeutet dieser öffentlich-rechtliche **Zweckbin-
dungsvorbehalt,** dass sie in Entstehung, Bestand und Veränderung stets einem
Zustimmungs- oder Genehmigungserfordernis im **öffentlichen Interesse** und
zum Schutz öffentlicher Interessen unterliegen. Selbst dort, wo das Gesetz dem
Berechtigungsinhaber privatrechtliche und eigentumsähnliche Befugnisse einräumt, sind diese nur im Rahmen der mit dem Konzessionssystem vorgegebenen
Zweckbindung zu nutzen (zur Abgrenzung von einer öffentlich-rechtlichen
Nutzungsordnung des Boden- oder Wasserrechts vgl. Schulte, ZfB 119 (1978),
422; Karpen, AöR, 1981, 18; BVerfG = NJW 1982, 747; Nicolaysen, Bewilligung, 26; Westermann, Freiheit, 46: Dem bergfreien Mineral fehlt es an einer
Zuordnung der Nutzung an die Allgemeinheit).

II. Einzelrechte und Befugnisse

1. Ausschließlichkeit

7 Die Bewilligung gewährt ihrem Inhaber das ausschließliche Recht, die in der
Bewilligung bezeichneten Bodenschätze aufzusuchen, zu gewinnen, Eigentum an
ihnen zu erwerben und die erforderlichen betrieblichen Einrichtungen und
Anlagen zu errichten und zu betreiben. Nach der gesetzlich angeordneten
Ausschließlichkeit darf die Bewilligung grundsätzlich **nur vom Inhaber ausgeübt**
werden, soweit nicht die Ausschließlichkeit selbst durch Absatz 3 eingeschränkt

ist. Das ist der Fall bei der Erteilung von Erlaubnissen zur großräumigen Aufsuchung oder zu wissenschaftlichen Zwecken im Bewilligungsfeld, weil ein Interessenkonflikt nicht entsteht. Die Einschränkung der Ausschließlichkeit gilt hingegen konsequenterweise nicht bei Erlaubnissen zu gewerblichen Zwecken, die neben der Bewilligung im gleichen Feld und auf die gleichen Bodenschätze beantragt werden. In einem solchen Fall behält die Ausschließlichkeit ihre abwehrende Funktion und ihren rechtlichen Bestand (Boldt/Weller, § 8 Rn 6).

Neben dem **Ausschluss anderer Berechtigungen** im gleichen Feld und auf die **8** gleichen Bodenschätze, also dem Schutz gegenüber konkurrierenden dritten Bergbautreibenden, entfaltet die Ausschließlichkeit **auch die Verpflichtung für den Grundeigentümer,** die zur Nutzung des Gewinnungsrechts erforderlichen Tätigkeiten und Einrichtungen auf oder unter seinem Grundstück zu dulden (Amtliche Begründung = Zydek, 102; Ebel/Weller, § 54 Anmerkung 1, 2; ausführlich Boldt/Weller, § 8 Rn 7 m. w. N. und Bezugnahme auf das vorher geltende Landesrecht; im Übrigen s. Voraufl. vor § 110 Rn 2 ff. (Grundzüge des bisherigen Rechts), Rn 12 ff. (Notwendigkeit einer bergrechtlichen Kollisionsregelung)). Diese **Duldungspflicht des Grundeigentümers** verwehrt es ihm, sich mit Unterlassungsansprüchen nach §§ 903, 1004 BGB gegen Einwirkungen des Bergbaubetriebs zur Wehr zu setzen. Zu den Einwirkungen zählen neben Schäden oder Nutzungsbeschränkungen an Grundstücken selbst auch der Entzug des Grundwassers oder Quellwassers auf Grundstücken durch den Abbau oder die Beeinträchtigung von Oberflächenwässern (Ebel/Weller, § 54 Anmerkung 2 c; Boldt/Weller, § 8 Rn 10 m. w. N.). Der Grundeigentümer verfügt in all diesen Fällen als Kompensationsmöglichkeit lediglich über die vom BBergG zur Verfügung gestellten Ansätze einer nachbarrechtlichen Kollisionsregelung mit schadensvorbeugenden Anpassungs-, Sicherungs- oder Baubeschränkungsmaßnahmen (§§ 110 ff.) oder schadensausgleichenden Bergschadensersatzmaßnahmen (§§ 114 ff.).

2. Aufsuchungsrecht

Neben dem zentralen Recht der Gewinnung im Sinne des Lösens oder Freiset- **9** zens von bergfreien Bodenschätzen umfasst die Bewilligung auch das Recht zur Aufsuchung der in ihr bezeichneten Bodenschätze innerhalb des Gewinnungsfeldes. Dieses Aufsuchungsrecht soll die Ausdehnung der zu gewinnenden Bodenschätze (§ 4 Absatz 1) ermitteln helfen. So bewirkt das Aufsuchungsrecht zweierlei: die umfassende Untersuchung des Untergrunds im Bewilligungsfeld ohne zusätzliche Erlaubnis und den Ausschluss gleichzeitiger, anderweitiger gewerblicher Aufsuchung auf den gleichen Bodenschatz im gleichen Feld (Boldt/Weller, § 8 Rn 11).

3. Gewinnungs- und Aneignungsrecht

Das **Gewinnen** im Sinne der Begriffsbestimmung in § 4 Absatz 2 ist zwar **10** vorrangig ein tatsächlicher Vorgang (Lösen und Freisetzen von Bodenschätzen), hat jedoch weitgehende **sachenrechtliche Folgen.** Denn das Lösen der Bodenschätze aus ihrer Lagerstätte ist, wenn es mit natürlichem Besitzwillen erfolgt, **Besitzerwerb** im Sinne der §§ 854, 855 BGB. Dieser Besitzerwerb hat, sofern er auf herrenlose bewegliche Sachen gerichtet ist, als gesetzliche Folge den **Eigentumserwerb,** ist also grundsätzlich Aneignung der gewonnenen Bodenschätzen **i. S. von § 958 BGB.** Diese Aneignung und damit der Eigentumserwerb an herrenlosen bergfreien Bodenschätzen wäre aber gesetzlich verboten, wenn nicht § 8 Absatz 1 Nr. 1 das Aneignungsrecht ausdrücklich und als privates Recht (zu dieser Rechtslage insgesamt: Zydek, ZfB 99 (1958), 185; Karpen, AöR, 1981, 25 m. H. auf das Aneignungsrecht des Bergwerkseigentums; Turner, Berechtsamswesen, 291; derselbe, ZfB 108 (1967), 53; BGHZ 17, 228) begründete.

Inhalt der Bewilligung von Kohlenwasserstoffen. Wenn sich die Grenzen der Bewilligungsfelder häufig, insbesondere bei **Erdöl, Erdgas** und anderen Kohlenwasserstoffen, aber auch bei **Sole** und **Erdwärme**, nicht mit den Grenzen der Lagerstätte decken, lässt sich der Inhalt der Bewilligung und die daraus folgende Rechtsstellung auf § 8 Absatz 1 Nr. 1 nur durch Auslegung ermitteln. Denn in mehreren benachbarten Bewilligungsfeldern befindet sich eine Gesamtmenge von Kohlenwasserstoffen, in jedem einzelnen Feld ein Teil dieser Gesamtmenge, der innerhalb der Lagerstätte wandert (ausführlich v. Hammerstein, Festschrift für Kühne, S. 575). Nach einer Ansicht soll die Auslegung des Bewilligungsinhalts des § 8 Absatz 1 Nr. 1 in diesen Fällen ergeben, dass das sog. **Bohrloch- oder Sondenprinzip** gilt. Danach muss die Gewinnung, also die Bohrung, „in einem bestimmten Feld" erfolgen. Der Inhaber der Bewilligung muss keine Rücksicht darauf nehmen, ob das geförderte Öl oder Gas aus seinem Feld stammt, seinem ursprünglichen Anteil an der Lagerstätte entspricht, oder aus einem Nachbarfeld stammt (Mössner in: Festschrift für Thieme, S. 1023, 1030 ff.). Nach anderer, wohl überwiegender Ansicht gilt richtiger das **Lagerstättenprinzip.** Danach darf der Bewilligungsinhaber nur eine Menge fördern, die dem auf sein Feld entfallenden Anteil an den gewinnbaren Reserven der Lagerstätte entspricht (Kühne, DVBl 2002, 1117 f.; v. Hammerstein, Festschrift für Kühne, S. 575, 582 m. w. N.). Eine Zuvielförderung ist durch die Bewilligung nicht gedeckt und kann durch Verfügung der Bergbehörde gemäß § 72 unterbunden werden. Zu den Ansprüchen zwischen den Feldesnachbarn bei Zuvielförderung, Ausgleichs- und Ersatzansprüchen für entstandene Fördermehrkosten und zur **Förderabgabenpflicht bei feldesüberschreitender Lagerstätte** s. v. Hammerschmidt, Festschrift für Kühne, S. 575, 583 ff.

4. Mitgewinnungsrecht

11 Vergleichbar ist die Rechtslage für das dem Bewilligungsinhaber zustehende Recht, andere bergfreie als die ihm verliehenen und/oder grundeigenen (zur Rechtslage bei Eigentumserwerb an mitgewonnenen, nicht bergfreien Bodenschätzen vgl. Boldt/Weller, § 8 Rn 14) Bodenschätze bei seinem Gewinnungsvorgang mitzugewinnen. Auch das **Mitgewinnungsrecht** ist ein Aneignungsrecht (Turner, ZfB 108 (1967), 67 ff.), wenn auch mit dem Vorbehalt, dass der Mitgewinnungsberechtigte auf Verlangen eines evtl. anderen Aneignungsberechtigten die mitgewonnenen Bodenschätze wieder herausgeben muss (zum schuldrechtlichen Herausgabeanspruch nach § 42 Absatz 2 s. § 42 Rn 7 ff. und Boldt/Weller, §§ 3 Rn 13, 42 Rn 11–13).

12 Wegen dieser Besonderheit ist das Mitgewinnungsrecht selbst weder seiner Funktion noch seinem Inhalt nach in § 8 geregelt. Diese Aufgabe hat § 42 (Mitgewinnung von Bodenschätzen bei der Gewinnung bergfreier Bodenschätze) übernommen. Danach darf der Gewinnungsberechtigte andere Bodenschätze mitgewinnen, „[...] soweit [...] sie bei planmäßiger Durchführung der Gewinnung aus berg- oder sicherheitstechnischen Gründen nur gemeinschaftlich gewonnen werden können." (Absatz 1). Das kann allerdings ein Herausgaberecht ggf. gegen Erstattung der Aufwendungen und ein nicht unkompliziertes Ausgleichsverfahren zwischen den Beteiligten (Absatz 2 ff.) nach sich ziehen (vgl. dazu Anmerkung zu § 42 Rn 7 ff.).

5. Betriebs- und Hilfsbaurecht

13 Das Recht, die für die bergbauliche Gewinnung erforderlichen **Einrichtungen** im Sinne des § 2 Absatz 1 Satz 3 zu errichten und zu betreiben (zum Begriff der Einrichtungen vgl. § 2 Rn 50 f. m. w. N.), ist Ausübung des Aneignungsrechts und daher diesem als Hilfsrecht zuzuordnen. Es ist seiner Rechtsnatur nach als privates Recht zu kennzeichnen (Reimnitz, Diss., 135).

Das Recht, **Hilfsbaue** anzulegen, ist zwar kein Kernbestandteil der Bewilligung **14** und deshalb auch nicht hier, sondern in § 44 näher umschrieben. Danach sind **Hilfsbaue** unterirdische Anlagen außerhalb seines Gewinnungsfelds, die der technischen oder wirtschaftlichen Verbesserung eines Gewinnungsbetriebs, insbesondere der Wasserlösung oder Wetterführung, zu dienen bestimmt sind. Für die dabei im fremden Feld gewonnenen Bodenschätze hat der Bewilligungsinhaber gleichfalls ein Aneignungsrecht (ausführlich zum Hilfsbaurecht, vor allem der evtl. Schadensersatzpflicht des Berechtigten (§ 44 Absatz 2), s. § 44 Rn 4).

6. Grundabtretungsrecht

Der Bewilligungsinhaber hat bei besonderem und nachweisbarem Interesse an **15** einer **sinnvollen und planmäßigen Nutzung** seiner Lagerstätte das Recht, auf die **Erdoberfläche** fremder Grundstücke – auch gegen den Willen des Grundeigentümers – **zugreifen zu dürfen**. Dieses über die gewinnungsspezifischen Rechte in eigenen oder auch fremden Feldern hinausgehende Recht der **Grundabtretung** ist im Gesetzgebungsverfahren erst nach langen Diskussionen zugunsten der Gewinnungsberechtigten, vor allem hinsichtlich der Braunkohle, durchgesetzt worden (Zydek, 103).

Der **Zugriff** (zum Gegenstand der Grundabtretung in § 78 vgl. Rn 3 ff.) auf das **16** fremde Grundeigentum kann sowohl im gänzlichen Abbau der über einer Lagerstätte befindlichen Oberflächenschichten bestehen als auch in der Errichtung von Betriebsgebäuden, Aufbereitungsanlagen oder dem Auffahren von Halden. Der Zugriff kann zudem in einem bloßen vorübergehenden Nutzungsrecht wie in einer vollständigen und endgültigen Enteignung erfolgen. In jedem Fall handelt es sich um eine Grundabtretung, die der Bewilligungsinhaber als wesentlichen Bestandteil seines Gewinnungsrechts nach § 8 Absatz 1 Nr. 4 verlangen darf und ggf. in einem förmlichen Verwaltungsverfahren durchsetzen kann.

Den **Zweck der Grundabtretung** (vgl. § 77 Rn 1 f., 4 ff.) selbst legt § 77 wie folgt **17** fest:
Der Zugriff auf das Grundstück – gesetzestechnisch seine **Benutzung** – muss für die Errichtung oder Führung eines Gewinnungs- oder Aufbereitungsbetriebs mit seinen betrieblichen Einrichtungen im Sinne des § 2 Absatz Nr. 3 **notwendig** (vgl. § 77 Rn 27 ff.) sein. Das ist nur dann der Fall, wenn das Vorhaben einer technisch und wirtschaftlich sachgemäßen Betriebsplanung oder Betriebsführung entspricht und die Bereitstellung von Grundstücken des Unternehmens für diesen Zweck nicht möglich oder deshalb nicht zumutbar ist, weil die Nutzung der Grundstücke für die Führung des Gewinnungs- oder Aufbereitungsbetriebs unerlässlich ist (§ 77 Absatz 2).

Das **Grundabtretungsrecht** ist wesentlicher Inhalt der Bewilligung und damit **18** auch Bestandteil der mit der Bewilligung eingeräumten öffentlich-rechtlichen Rechtsposition. Damit ist aber auch die Auffassung ausgeräumt, die Grundabtretung stelle eine privatrechtliche, nachbarrechtliche Kollisionsregel (so etwa Hans Schulte, ZfB 122 (1981), 161 ff.) dar. Nach ganz h.M. ist die Grundabtretung trotz einer „*rechtsdogmatischen Inkonsequenz*" des Gesetzgebers, eine **Enteignung zugunsten Privater** und damit eine öffentlich-rechtliche Rechtsposition (Karpen, AöR, 1981, 28 ff.; Hans Schulte, NJW 1981, 92 ff.; derselbe Eigentum, 85 ff.; Palm, ZfB 122 (1981), 416 ff.; das Gesetz selbst hat in § 79 Absatz 1 exemplarisch öffentliche Interessen aufgeführt, die eine Enteignung rechtfertigen können, weil sie das Wohl der Allgemeinheit repräsentieren können: die Versorgung des Marktes mit Rohstoffen, die Erhaltung von Arbeitsplätzen im Bergbau oder die Verbesserung der Wirtschaftsstruktur. Kritiker haben mit Recht diese *„Rechtfertigungsgründe"* als *„unvermittelte Umsetzung von Wirtschaftspolitik in Enteignung zugunsten Privater"* gekennzeichnet; vgl. Hans Schulte, ZfB 119 (1978), 427). Die vom Gesetzgeber angeordneten enteignungsrechtlichen Folgen der Grundabtretung verlangen auch die Anwendung der verfassungsrechtlichen Grundsätze des Artikel 14 GG, sodass im konkreten **Einzelfall** ein rechtfertigendes, öffentliches Interesse im enteignungsrechtlichen Sinne (Hans Schulte, NJW 1981, 92; Palm, ZfB 122 (1981), 416 ff.) (**Wohl der Allgemeinheit**) nachgewiesen sein muss. Das **allgemeine** öffentliche **Interesse am Bergbau** etwa im Sinne der Rohstoffsicherung des § 1 Nr. 1 **reicht** für die Zulässigkeit der Grundabtretung **nicht** aus.

19 Mit der Erteilung der Bewilligung allein ist deshalb die Grundabtretung rechtlich noch nicht zulässig. Der Berechtigungsinhaber hat vielmehr zunächst nur die Bestätigung, dass er als Privater privates Grundeigentum in Anspruch nehmen kann, wenn im Einzelfall bestimmte, am Wohl der Allgemeinheit zu messende Voraussetzungen erfüllt sind und die gesetzlich angeordnete Verfahrensstufung (§ 79 Absatz 2) eingehalten wird (im Einzelnen s. dazu § 79 Rn 13 ff.; zum Grundabtretungsvertrag vgl. Palm, ZfB 122 (1981), 416 ff.).

7.   Weitere Befugnisse

20 **Verhältnis Gewinnungsberechtigung-Betriebsplan:** Gemäß § 55 Absatz 1 Satz 1 Nr. 1 ist der Nachweis der Gewinnungsberechtigung Voraussetzung für den Anspruch auf Betriebsplanzulassung. Eine Gewinnungsberechtigung ist nicht erforderlich für die Zulassung eines Rahmenbetriebsplans (BVerwGE 123, 247, 253; OVG NRW, ZfB 2008, 126). Die bergrechtliche Bewilligung ist aber nicht geeignet, im Hinblick auf das spätere Betriebsplanverfahren Bindungswirkung zu erzeugen (VG Greifswald, ZfB 2005, 244) dahingehend, dass ein Anspruch auf Zulassung besteht. Sie besagt nichts darüber, ob die Gewinnung mit den besonderen Zulassungsvoraussetzungen vereinbar ist (VG Magdeburg, ZfB 2008, 62). Andererseits ist das Betriebsplanverfahren nicht dazu da, durch Grundsatzfragen, die im Berechtigungsverfahren bereits zu prüfen waren, diese infrage zu stellen oder zu korrigieren. Das Betriebsplanverfahren dient auch nicht zur Prüfung, ob einer Übertragung der bergrechtlichen Bewilligung gemäß § 22 Absatz 1 durch die Bergbehörde zuzustimmen ist (Hans. OLG, ZfB 2004, 299). Im Übrigen folgt aus § 116 Absatz 1, dass der Inhaber der Bewilligung und der Unternehmer i.S. des Bergrechts (§ 51 Absatz 1, S. 1) nicht identisch sein müssen (Hans. OLG aaO).

21 Die Klage einer **Gemeinde gegen die Erteilung einer Bewilligung** zum Abbau von Sandstein ist unzulässig. Die Bewilligung berührt die Substanz des Oberflächeneigentums weder tatsächlich noch rechtlich (OVG Weimar, ZfB 2003, 68; VG Magdeburg, ZfB 2009, 62 mit Hinweis auf BVerwG, ZfB 1998, 328). Die Erteilung der Bewilligung hat keine enteignungsrechtliche Vorwirkung. Der Grundstückseigentümer kann im späteren Grundabtretungsverfahren die Rechtmäßigkeit des Vorhabens infrage stellen (OVG Weimar, aaO).

22 Die bestandskräftig erteilte **Bewilligung** ist – wie das Oberflächeneigentum – **eigentumsrechtlich geschützt** (OVG Koblenz, ZfB 2007, 135; BVerfGE, ZfB 2008, 85 unter Hinweis auf BVerfGE 77, 130, 136).

§ 9 Bergwerkseigentum

(1) Bergwerkseigentum gewährt das ausschließliche Recht, nach den Vorschriften dieses Gesetzes die in § 8 Abs. 1 Nr. 1 bis 4 bezeichneten Tätigkeiten und Rechte auszuüben; auf das Recht sind die für Grundstücke geltenden Vorschriften des Bürgerlichen Gesetzbuchs entsprechend anzuwenden, soweit dieses Gesetz nichts anderes bestimmt. § 8 Abs. 3 gilt entsprechend.

(2) Eine Vereinigung eines Grundstücks mit einem Bergwerkseigentum sowie die Zuschreibung eines Bergwerkseigentums als Bestandteil eines Grundstücks oder eines Grundstücks als Bestandteil eines Bergwerkseigentums ist unzulässig.

Übersicht   Rn

I. Vorbemerkung 1
1. Entstehungsgeschichte 1
2. Inhaltsübersicht 2

II. Formen des Bergwerkseigentums 5
1. Bergwerkseigentum des ABG 5
2. Bergwerkseigentum des BBergG 7
3. Vorbehalt des Gesetzes 9
4. Anwendbarkeit der Grundstücksvorschriften des BGB 13

III. Einzelbefugnisse 21
1. Rechte und Befugnisse aus der Bewilligung 21
2. Recht auf Grundabtretung 23
3. Bergwerkseigentum und schuldrechtliche Verträge 24
4. Dauer, Veräußerbarkeit und Vererblichkeit 26

IV. Geltungsbereich: Geltung im Festlandsockel und Küstenmeer 28

I. Vorbemerkung

1. Entstehungsgeschichte

Das **Bergwerkseigentum** als Berechtigungsform für die Gewinnung bergfreier **1** Bodenschätze war im BBergG ursprünglich nicht vorgesehen. Es passte wegen seines vorwiegend privatrechtlichen Charakters angeblich nicht in das öffentlich-rechtliche Konzessionssystem. Erst der *„[...] nachdrücklich vorgetragene Wunsch der Bergbauwirtschaft, die Bergbauberechtigung beleihungsfähig auszugestalten [...]"* (BT-Drs 8/1315 = Zydek, 96, 104), hat dann dazu geführt, *„[...] die aus dem Konzessionssystem fließende Befugnis in ein Recht [...]"* zu überführen, *„[...] auf das die für Grundstücke geltenden Regeln Anwendung finden und das damit eintragungs- und beleihungsfähig wird."* Wegen der damit aufgenommenen engen sachlichen Verknüpfung mit dem Bergwerkseigentum des ABG (vgl. etwa §§ 50, 54 ABG NRW; Zydek, 104) behielt man für diese Gewinnungsberechtigung die Terminologie **Bergwerkseigentum** bei, ohne ihr allerdings den vollständig gleichen Inhalt zu geben.

2. Inhaltsübersicht

Denn dieses **neue** Bergwerkseigentum unterscheidet sich, wie die Überleitungs- **2** vorschrift des § 151 deutlich macht, von dem bis zum Inkrafttreten des BBergG geltenden **übergeleiteten Bergwerkseigentum** in folgenden wesentlichen Punkten:
– es ist zeitlich begrenzt (§ 16 Absatz 5),

– es ist nachträglich beschränkbar, rücknehmbar bzw. widerrufbar (§§ 16 Absatz 3, 18 Absatz 4) und
– es unterliegt grundsätzlich der Förderabgabe (§ 31 Absatz 1 Satz 2).

3 Daneben aber gibt auch das neue Bergwerkseigentum seinem Inhaber ein **ausschließliches Recht,** „nach den Vorschriften dieses Gesetzes" **die verliehenen Bodenschätze** im Bergwerksfeld **aufzusuchen, zu gewinnen und sich anzueignen** sowie die übrigen Rechte und Tätigkeiten auszuüben, die ihm nach § 8 Absatz 1 Nr. 1–4 mit der Bewilligung als Verleihungsvoraussetzung (vgl. dazu § 13 Rn 2; Ebel/Weller, § 13 Rn 1) für das Bergwerkseigentum bereits gewährt waren. Es sind dies die Mitgewinnung nicht verliehener Bodenschätze, die Anlegung von Hilfsbauen in fremden Feldern, das Einrichten und Betreiben von Gewinnungsanlagen und Vorrichtungen über und unter Tage und die Inanspruchnahme fremden Grundeigentums für betriebliche Zwecke im Wege der Grundabtretung.

4 Dieser Strauß von Einzelrechten und Befugnissen führt bis heute zu der rechtsdogmatischen Auffassung, das Bergwerkseigentum stelle weder in der alten noch in der neuen Form ein Vollrecht wie das Sacheigentum dar, sondern lediglich den Inbegriff einzelner im Bergrecht – also sowohl im ABG wie im BBergG – normierter Rechte und Befugnisse, *„die dem gemeinsamen Zwecke der bergmännischen Produktion dienen"* (so dem Sinn nach schon das RG in seinen Urteilen vom 21.4.1906 = ZfB 18 (1907), 117, vom 17.2.1915 = ZfB 56 (1915), 403; das Zitat entstammt dem Urteil BGHZ 17, 223, 228). Wie immer man den Rechtscharakter des Bergwerkseigentums beurteilt, so ist es, was den Schutz der eingeräumten Rechtsposition angeht, privaten vermögenswerten Rechten ohne Abstriche gleichgestellt (z. B. Hoppe, DVBl 1982, 101 ff.).

II.   Formen des Bergwerkseigentums

1.   Bergwerkseigentum des ABG

5 Trotz seiner Entstehung durch einen konstitutiven Hoheitsakt – die Verleihung – war Kern des Bergwerkseigentums im ABG das **ausschließliche und absolute Recht,** sich herrenlose Bodenschätze anzueignen. Dieses Aneignungsrecht war privat-rechtlicher Natur (Turner, Berechtsamswesen, 178; Westermann, Freiheit, 22; ausdrücklich auch das RG = ZfB 69 (1928), 246), es ließ sich als **dingliches Recht** an herrenlosen Mineralien interpretieren, wenn man die Möglichkeit von dinglichen Rechten an herrenlosen Sachen überhaupt unterstellte (Westermann, Sachenrecht, 1966, 7 ff.; Staudinger, III 1, Einl. Rn 34; Bauer, Sachenrecht, 1973, 279: dingliches Nutzungsrecht; ähnlich BGHZ 57, 375, 388: Bergwerkseigentum als ein vom Grundstückseigentum abgespaltenes Nutzungsrecht). Darüber hinaus waren – jedenfalls so die gängige Interpretation – **Bergwerkseigentum und Grundeigentum** durch § 50 Absatz 2 ABG ausdrücklich **gleichgestellt** (Westermann, ZfB 106 (1965), 130; Ebel/Weller, § 50 Anmerkung 2 c) mit der Folge, dass das Bergwerkseigentum nicht nur den gleichen Schutz gegenüber Eingriffen privater Dritter oder der hohen Hand, sondern auch die gleiche rechtliche Wertung wie das Grundeigentum genoss (Westermann, ZfB, aaO).

6 Soweit bestehendes **Bergwerkseigentum** in das BBergG **übergeleitet** worden ist, gibt es allerdings **Differenzierungen** zum früheren Recht sowohl in Form wie in Inhalt. Das übergeleitete Bergwerkseigentum erhält nämlich nicht nur die Form des Rechts nach § 9, sondern ist auch durch den Verweis in § 9 Absatz 1 Satz 1 erster Halbs. hinsichtlich der Einzelrechte und Befugnisse inhaltlich nahezu identisch mit der Bewilligung (§ 8 Absatz 1 Nr. 1–4) und damit dem neuen Bergwerkseigentum bis auf die in § 151 genannten Ausnahmen beinahe näher als dem alten.

2. Bergwerkseigentum des BBergG

Eine rechtliche Würdigung des **neuen Bergwerkseigentums** muss aus seiner **7** besonderen, andersartigen Natur als der des bisherigen heraus erfolgen. Denn bewusst abweichend vom ABG ist das Bergwerkseigentum des § 9 als **Bestandteil eines Konzessionssystems** konzipiert, aus dessen öffentlich-rechtlich bestimmter Systematik sich wesentliche Besonderheiten ergeben. Es sind dies im Einzelnen:

Für den Antrag auf Verleihung des Bergwerkseigentums reicht es nicht aus, **8** Inhaber eines Aufsuchungsrechts und Entdecker eines bergfreien Bodenschatzes zu sein. Der Antragsteller muss vielmehr bereits **Inhaber einer Bewilligung** nach § 8 für die beantragten Bodenschätze und das beantragte Feld sein.
Mit der Einbindung in das Konzessionssystem kann der Bergwerkseigentümer **nicht mehr** in der gleichen Weise wie bisher rechtsgeschäftlich **frei über** sein **Bergwerkseigentum verfügen** (§ 23). Im Übrigen unterliegt das Bergwerkseigentum insbesondere hinsichtlich seiner Entstehung und seines Erlöschens (Boldt/Weller, § 9 Rn 4 ff.) allen Beschränkungen und besonderen Regelungen, denen auch andere öffentlich konzessionierte Nutzungsrechte (z. B. Breuer, ZfW 1979, 78 ff.; Erichsen in Erichsen (Hrsg.), AllgVerwR, § 29) unterliegen.

3. Vorbehalt des Gesetzes

Das Bergwerkseigentum steht ebenso wie die Bewilligung, auf der es basiert, **9** unter dem ausdrücklichen Vorbehalt (ausführlich s. Boldt/Weller, § 9 Rn 3), dass das BBergG bezüglich seiner inhaltlichen Bestimmung und rechtlichen Qualifikation nichts anderes bestimmt. Dieser **Gesetzesvorbehalt** (dazu BVerwG, ZfB 1998, 140, 145) bedeutet im Einzelnen:

Die **Entstehung und Beendigung** des Bergwerkseigentums sind ausschließlich **10** durch das BBergG geregelt. **Entstehungstatbestände** sind die Verleihung (§§ 13 Nr. 1, 17 Absatz 1 Satz 1, Absatz 2), die Vereinigung (§§ 24–27) und die Teilung (§ 28 i. V. mit §§ 25–27) von Bergwerksfeldern sowie der Austausch von Feldesteilen (§ 29 i. V. mit §§ 25–27). Die Zulegung nach §§ 35 ff. hingegen ist kein Entstehungsgrund, weil das Recht des grenzüberschreitenden Abbaus nach § 38 Absatz 1 einer Bewilligung gleichgestellt ist.

Als Beendigungs- bzw. Erlöschenstatbestände sieht das BBergG vor: **11**
– den Antrag auf Aufhebung bei der zuständigen Behörde (§ 20),
– die Rücknahme des Bergwerkseigentums nach § 48 VwVfG i. V. mit § 5 BBergG,
– den allgemeinen Widerruf nach § 49 VwVfG und die besonderen bergrechtlichen Widerrufsgründe nach § 18 und
– das Erlöschen mit Fristablauf nach § 16 Absatz 5, soweit nicht ein Verlängerungsantrag gestellt und die Verlängerung ausgesprochen ist.
Das durch staatliche Verleihung eingeräumte Gewinnungsrecht steht unter dem Vorbehalt der Anforderungen des § 124 (BVerwG, aaO).

Die **Wirksamkeit der Übertragung** des Bergwerkseigentums hängt von einer **12** behördlichen Genehmigung (§ 23) ab und wenn nur ein **Teil** des Bergwerkseigentums **veräußert** werden soll, muss das Feld zunächst nach § 28 in selbstständige Teile geteilt werden.

4. Anwendbarkeit der Grundstücksvorschriften des BGB

13 Neben dem Gesetzesvorbehalt sind die für Grundstücke geltenden Vorschriften des BGB entsprechend anzuwenden. Es bedarf deshalb einer intensiven Nachfrage, was diese Anwendungsregel für das Bergwerkseigentum dieses Gesetzes bedeutet. Sie kann die bloß formelle Anwendbarkeit dieser Vorschriften begründen (so Nicolaysen, Bewilligung, 28, der die Verweisung als bloßes *„Handhabungsinstrument"* interpretiert und keinerlei sachliche Konsequenzen daraus ziehen will) oder eine materielle Bewertung realisieren, die auch diesem neuen Bergwerkseigentum in der Sozialordnung eine vergleichbare Stellung einräumt wie dem Grundeigentum (Westermann, ZfB 106 (1965), 130). Für Letzteres kann vor allem sprechen (Westermann, aaO), dass dadurch die Möglichkeiten erweitert würden, das Bergwerkseigentum dem Zweck des Gesetzes entsprechend so in das Raum- und Nachbarrecht einzufügen, wie dies angesichts des raumbezogenen Charakters der bergbaulichen Tätigkeiten im Interesse aller Beteiligten erforderlich ist. Ob sich dieser Gedanke in der bergbaulichen und bergrechtlichen Realität hat durchsetzen lassen, bedarf noch des Nachweises (vgl. Hans Schulte, Bodenschätzegewinnung, 276 ff.; hinsichtlich der Konflikte mit gemeindlicher Planungshoheit s. Schmidt-Aßmann/Schoch, Bergwerkseigentum, 27 Anmerkung 8 m. a. N.; Hoppe/Spoerr, Das Verhältnis von Bergrecht und Raumordnung, Rechtsgutachten 1999, 87 ff., 172 ff.).

14 Gesichert ist hingegen die Feststellung, dass das Bergwerkseigentum mit Bezugnahme auf die Grundstücksvorschriften wie ein dingliches Recht behandelt wird, im Grundbuch eintragbar ist (maßgeblich hierfür sind landesrechtliche Vorschriften über die Führung des Grundbuches sowie die Vorschriften der §§ 873 Absatz 1, 891, 892 BGB; vgl. auch Boldt/Weller, § 9 Rn 7) und damit wie das Grundeigentum zur Sicherung von Realkrediten, besonders Grundpfandrechten wie Hypotheken, Grund- und Rentenschulden, dienen kann. Weiter folgt aus der Anwendbarkeit dieser Vorschriften, dass dadurch sowohl die wirtschaftlich-organisatorische Einheit eines Bergbauunternehmens wie auch sein rechtlicher Zusammenhang hergestellt werden (so anschaulich Westermann, Freiheit, 49 ff.; RG vom 14.9.1939 = ZfB 80/81 (1939/40), 145; mit der Bewilligung ist das wegen des fehlenden Bezugs auf Grundstücksrechte nicht möglich).

15 So kann das Bergwerkseigentum, obwohl selbst keine Sache im Sinne des § 90 BGB, sondern ein unkörperliches Recht, ähnlich wie das Erbbaurecht **Bestandteile und Zubehör** haben. Die Grubenbaue sowie der Schacht und die unterirdischen Zugangsstrecken eines Bergwerks sind danach **wesentliche Bestandteile** des Bergwerkseigentums und teilen, ohne Gegenstand besonderer Rechte sein zu können, dessen rechtliches Schicksal (§§ 93, 94 BGB) (so RGZ 161, 203 = ZfB 80/81 (1939/40), 145) ausführlich zu Schächten und Grubenbauen als wesentliche Bestandteile sowie zur Zustandshaftung s. § 71 Rn 58 ff.

16 Zu den **Bestandteilen** des Bergwerkseigentums können **beispielhaft** auch die folgenden Tagesanlagen zählen: Betriebsgebäude, Dampfkessel, Fördermaschinen, Pumpen, Wasserhaltungsanlagen (RGZ 61, 181 = ZfB 47 (1906), 249) auf fremden Grundstücken und Gleisanlagen; sie sind damit gleichzeitig **Haftungsobjekte** für die Grundpfandgläubiger (RGZ, aaO; RG vom 7.10.1916 = ZfB 58 (1917), 108). Wesentliche Bestandteile sind nach § 46 auch die sog. Hilfsbaue, d. h. außerhalb des eigenen Bergwerksfeldes unterirdisch errichtete Anlagen (§ 44).

17 Zum **Zubehör** des Bergwerkseigentums gehören alle beweglichen Sachen, die seinem wirtschaftlichen Zweck dienen oder zu dienen bestimmt und ihm räumlich zugeordnet sind (§ 97). Hierzu zählen nach Lehre (zusammenfassend s.

Boldt /Weller, § 9 Rn 10) und Rspr. (RG vom 7.10.1916 = ZfB, aaO) die nicht
fest eingebauten Maschinen, Fahrzeuge, Werkzeuge, Instrumente und Grubenbahnen.

Wesentliche Bestandteile und Zubehör kann der Bergwerkseigentümer auch in   **18**
einem **fremden Bergwerksfeld** oder in fremden Grundstücken haben (RGZ 12,
270; RGZ 61, 188 = ZfB 47 (1906), 2; RG vom 7.10.1916 = ZfB 58 (1917),
108). Aus der Bestandteils- oder Zubehöreigenschaft zum Bergwerkseigentum
folgt, dass auch alle übrigen für Bestandteile und Zubehör geltenden Vorschriften des BGB (§§ 311 c, 311 b Absatz 1, 926, 1062, 1120) und der ZPO (§ 864)
anzuwenden sind (zusammenfassend s. Boldt/Weller, § 9 Rn 10).
Die Eigentumsübertragung einer Bergehalde als Zubehör zum Bergwerkseigentum (BGH, ZfB 1954, 444; ZfB 1955, 298, 30; pr. OVG, ZfB 1880, 388, 390)
bedarf der Form des § 311 c, 311 b BGB (früher § 313 BGB: VG Aachen, ZfB
1984, 245, 251). Das gilt auch, wenn Bergbauberechtigung und Grundstückseigentum in einer Hand sind.
Kein Bestandteil oder Zubehör des zur Gewinnung berechtigenden Bergwerkseigentums sind Kokereien und andere Aufbereitungsanlagen. Diese Anlagen sind
durch den Verweis auf § 8 Absatz 1 Nr. 1 nicht erfasst, da sie nicht den
Gewinnungsbegriff erfüllen.

Damit sind die Voraussetzungen für die **wirtschaftliche und rechtliche Einheit**   **19**
des Bergbaubetriebs gelegt, selbst wenn § 9 Absatz 2 ausdrücklich verbietet,
Bergwerkseigentum als Bestandteil einem Grundstück oder ein Grundstück als
Bestandteil einem Bergwerkseigentum zuzuschreiben. Denn die für die wirtschaftliche Einheit des Betriebs erforderliche gemeinsame dingliche Belastung
von Bergwerks- und Grundeigentum wird dadurch nicht ausgeschlossen (Amtliche Begründung, BT-Drs 8/1315, 86 = Zydek, 104).

Im Übrigen finden die für Grundstücke geltenden Vorschriften des BGB nur   **20**
soweit Anwendung, als das BBergG nichts anderes bestimmt und die **Vorschrif-**
ten des BGB dem Inhalt des Bergwerkseigentums angepasst werden können und
ihm nicht widersprechen. Unter diesem Aspekt sind anwendbar (Ebel/Weller,
§ 50 Anmerkung 2 c; Boldt/Weller, § 9 Rn 3 ff.):
- die Vorschriften über Einigung (Auflassung) und Eintragung von Rechtsänderungen an Grundstücken (§§ 873–902, 925 BGB),
- die Vorschriften über die Belastung mit dinglichen Rechten wie Hypotheken,
  Dienstbarkeiten oder Vorkaufsrechten,
- die Formvorschrift des § 311 b Absatz 1 BGB bei der Verpflichtung zur
  Veräußerung oder zum Erwerb von Bergwerkseigentum,
- die Vorschriften des formellen und materiellen Grundbuchrechts, der
  Zwangsvollstreckung und -versteigerung (§§ 864 ZPO), allerdings ohne
  die gewonnenen Mineralien und
- die Vorschriften über die freiwillige Gerichtsbarkeit und den dinglichen
  Gerichtsstand (§ 24 ZPO) (im Einzelnen dazu s. Willeke-Turner, Grundzüge,
  9 ff.; Isay, I, § 50 Rn 8 ff.).
Neben der ausdrücklichen Nichtanwendbarkeit des § 890 Absatz 2 BGB über
die Zuschreibung kommen auch die Vorschriften über den Inhalt und Verlust
des Grundeigentums (§§ 905–924, 928 BGB) nicht zur Anwendung.

III. Einzelbefugnisse

1. Rechte und Befugnisse aus der Bewilligung

21 Die dem Bergwerkseigentum zugeordneten Einzelbefugnisse und ihre rechtliche Charakterisierung unterscheiden sich nicht von denen der Bewilligung (vgl. deshalb § 8 Rn 7 ff., Boldt/Weller, § 9 Rn 2), weil das **Bergwerkseigentum seine Rechte aus der Bewilligung als Verleihungsvoraussetzung** bezieht. Neben der entsprechenden Anwendung der Grundstücksvorschriften des BGB, durch die dem Bergwerkseigentum seine grundstücksgleiche Position verliehen wird, sind auch die mit der Bewilligung für entsprechend anwendbar erklärten Rechte aus dem Eigentum (zur Bedeutung dieser Verweisung vgl. Boldt/Weller, § 8 Rn 4 f.) auf das Bergwerkseigentum anzuwenden, ohne dass dies im Gesetz ausdrücklich erwähnt ist (Boldt/Weller, § 9 Rn 2). Desgleichen besteht die Ausschließlichkeitsbeschränkung des § 8 Absatz 1 Satz 2 auch für das Bergwerkseigentum, weil in einem Bergwerksfeld für denselben Bodenschatz eine Erlaubnis zur großräumigen Aufsuchung oder zur Aufsuchung zu wissenschaftlichen Zwecken bestehen kann. Ausgeschlossen ist das wie bei der Bewilligung für eine Aufsuchung zu gewerblichen Zwecken.

22 Die dem Bergwerkseigentum zugrunde liegende **Bewilligung erlischt** nach § 17 Absatz 1 Satz 3 mit der Entstehung des Bergwerkseigentums für den Bereich des Bergwerksfeldes.

2. Recht auf Grundabtretung

23 Ebenso wie bei der Bewilligung spielt das Recht, Grundabtretung verlangen zu können, beim Bergwerkseigentum eine besondere Rolle. Zwischenzeitlich ist auch hier die Diskussion darüber ausgestanden, ob dieses Recht im Zusammenhang mit dem Bergwerkseigentum eine andere Bewertung erfahren müsse als bei der Bewilligung, nämlich keine enteignende Norm, sondern eine nachbarrechtliche Kollisionsregelung sei (so insbesondere Hans Schulte, Eigentum, 18 ff., 275 ff.; auch Boldt/Weller, vor § 77 Rn 1 ff. (Literatur-Übersicht, historischer Abriss)). Die Entscheidung des Gesetzgebers, für den jeweils konkreten Eingriff eine Einzelfallentscheidung vorzusehen, bedeutet auch hier einen **Vorbehalt zugunsten des Wohls der Allgemeinheit** und verbietet es, aus dem Grundabtretungsrecht als solchem bereits eine dem Grundabtretungszweck entsprechende gesetzliche Inhalts- und Schrankenbestimmung des Grundeigentums abzuleiten.

3. Bergwerkseigentum und schuldrechtliche Verträge

24 Das Bergwerkseigentum kann wie ein Grundstück **Gegenstand schuldrechtlicher Verträge** wie Kauf, Tausch oder Pacht sein. Für **Kaufverträge** gilt die Formvorschrift des § 311 b Absatz 1 BGB (zu den weiteren Voraussetzungen vgl. § 23 Rn 3 ff.). Besondere Bedeutung haben in der Praxis die Vorschriften über die **Grundstückspacht** (§§ 581 ff. BGB). Sie kommen immer dann zur Anwendung, wenn ein Bergwerkseigentümer einem Dritten vertraglich das Recht einräumt, die verliehenen Bodenschätze für eigene Rechnung aufgrund eines **Pachtvertrags** zu gewinnen. In der Rspr. hat das RG in seinem Urteil vom 27.1.1932 = ZfB 73 (1932), 469, lange die Auffassung vertreten, die Bergwerkspacht sei ein landesrechtlich geregeltes Rechtsverhältnis. Durch den Pachtvertrag sei dem Pächter das ausschließliche Aneignungsrecht mit Wirkung gegenüber jedermann, selbst gegenüber dem Bergwerkseigentümer, also ein dingliches Recht übertragen. Diese Auffassung hat sich jedoch nicht durchgesetzt und wurde von der Literatur weitgehend abgelehnt, z. B. von Isay, I, § 50 Rn 38 ff.; so jetzt auch Boldt/Weller, § 9 Rn 11.

Da das BBergG keine eigenen Vorschriften über die Bergwerkspacht enthält, **25**
gelten in diesem Fall die allgemeinen Vorschriften des BGB. Danach kann dem
Pächter das dem Bergwerkseigentümer zustehende **Aneignungsrecht nur zur
Ausübung** übertragen werden. Anderenfalls würde dem Bergwerkseigentümer
nur ein schuldrechtlicher Anspruch gegenüber dem Pächter verbleiben, was dem
Charakter der Pacht widersprechen würde. Allerdings ist unbestritten, dass der
Pachtvertrag dingliche Wirkung für die vom Pächter gewonnenen Bodenschätze
hat und auf den Eigentumserwerb die Vorschriften der §§ 956, 957 BGB
jedenfalls analog Anwendung finden (Ebel/Weller, § 50 Anmerkung 2 g; Isay,
I, § 50 Rn 39 ff.; im Übrigen § 22 Rn 5). Ein Pachtvertrag liegt allerdings dann
nicht vor, wenn der Gewinnungsberechtigte Bodenschätze gegen Entgelt an den
Bergwerkseigentümer abgibt; hier muss von einem **Werkvertrag** ausgegangen
werden.

4. Dauer, Veräußerbarkeit, Vererblichkeit

Das im BBergG begründete Bergwerkseigentum ist abweichend von dem des **26**
ABG und dem daraus her- und übergeleiteten Bergwerkseigentum **zeitlich** auf
eine für die **Durchführung** der **Gewinnung angemessene Frist** begrenzt, die die
Dauer von 50 Jahren nur überschreiten darf, soweit das mit Rücksicht auf die
für die Gewinnung üblicherweise erforderlichen Investitionen notwendig ist.
Eine **Verlängerung** bis zur voraussichtlichen Erschöpfung des Vorkommens bei
ordnungs- und planmäßiger Gewinnung ist zulässig (§ 16 Absatz 5).

Das Bergwerkseigentum ist anders als die Bewilligung (vgl. § 22 Rn 10 ff.) nach **27**
den allgemeinen Grundsätzen des Erbrechts **frei vererblich**. Wegen seiner Ein-
bindung in das Konzessionssystem ist es allerdings nicht frei veräußerbar (§ 23);
auch Dritte sind nicht ohne Weiteres an ihm zu beteiligen (zu beidem vgl. § 23
Rn 2 ff.).
Das Bergwerkseigentum beruht, insbesondere durch die Aufsuchung, auf dem
Einsatz von Kapital und Leistung und ist daher **als Eigentum** i. S. von Artikel 14
Absatz 1 GG grundrechtlich geschützt (BVerfGE 77, 136 = ZfB 1988, 88; 2008,
85; BVerwGE 106, 290 = ZfB 1998, 131 = NVwZ 1998, 1180; VG Saarland,
ZfB 2007, 194; Hoppe, Bergbauberechtigungen, DVBl 1982, 104 ff.; derselbe
DVBl 1987, 758, 762 f.; Kühne, FS Börner S. 565, 570 f.; Papier in Maunz/
Dürig, Komm zum GG, Artikel 14 Rn 203; Franke, FS Kühne, S. 520 m. w. N.).
Dessen Eingriffsintensität wird einerseits durch die Eindimensionalität der Berg-
bauberechtigung erhöht: Sofern die Nutzungsmöglichkeit eingeschlossen wird,
wird das Bergbaueigentum vollständig entwertet (Hoppe, aaO, S. 106; Kühne,
Wandel und Beharren im Bergrecht, S. 45, 90; Stiens, Der bergrechtliche
Betriebsplan, S. 11; Franke, aaO S. 521). Andererseits wird das Abwägungs-
gewicht der Bergbauberechtigung dadurch vermindert, dass die Gewinnung
unter dem Vorbehalt der Zulassung der erforderlichen Betriebspläne steht
(Hahn, ZfB 1985, 196; Franke, aaO, S. 521).

IV. Geltungsbereich: Geltung im Festlandsockel und Küstenmeer

Erstmals mit dem BBergG werden die Gewinnungsrechte Bewilligung und Berg- **28**
werkseigentum auf den Bereich des **Festlandsockels** und des **Küstenmeeres**
ausgedehnt. Dadurch wird die Rechtsposition des Bergbauunternehmers gegenüber dem früher geltenden Recht aus dem vorläufigen Festlandsockelgesetz
wesentlich verstärkt. So wird insbesondere die Dauer der Gewinnungsrechte,
die mit Verlängerung max. sechs Jahre betragen hatte, durch das BBergG nach
§ 16 Absatz 5 entsprechend verlängert.

§ 10   Antrag

Erlaubnis und Bewilligung werden nur auf Antrag erteilt, Bergwerkseigentum nur auf Antrag verliehen. Der Antrag ist schriftlich bei der zuständigen Behörde zu stellen.

1 Die Erteilungen von Erlaubnis und Bewilligung sind ebenso wie die Verleihung von Bergwerkseigentum **mitwirkungsbedürftige Verwaltungsakte** (Wolff/Bachof, II, § 46 Rn 31 ff.; Karpen, AöR, 1981, 19). Die zuständige Behörde wird deshalb **nur aufgrund eines schriftlichen Antrags** (Badura in Erichsen (Hrsg.), Allg-VerwR, § 34 Rn 4 ff.) als Voraussetzung sowohl für ihre Verfahrenshandlungen wie für ihre Sachentscheidung tätig. Bei der Entscheidung über das Tätigwerden aufgrund des Antrags gelten, weil § 10 kein eigenes Verfahren normiert, grundsätzlich die allgemeinen Regeln über das **nichtförmliche Verwaltungsverfahren** (Kopp, VwVfG, Vorbem. § 9 Rn 4, 7).

2 Über den **Inhalt des Antrags** und die mit ihm einzureichenden **Unterlagen** braucht § 10 keine eigenständige Aussage zu machen. Denn formeller wie materieller Prüfungsumfang der Berechtigungen ergeben sich aus den §§ 11–13. Die in § 10 geforderte **Schriftform** ist in jedem Falle durch einen Schriftsatz mit eigenhändiger Unterschrift des Antragstellers bzw. juristischen Personen des Vertretungsberechtigten (BVerwGE 13, 141), gewahrt. Bei telegraphischer oder fernschriftlicher Antragstellung auch schon dann, wenn der Name des Absenders angegeben ist (Kopp, VwVfG, § 22 Rn 15).

3 Die zuständige Behörde hat bei ihrer Entscheidung über den Antrag von der ihr vorgelegten inhaltlichen Fassung auszugehen; ggf. notwendige Berichtigungen kann sie nach § 25 VwVfG anregen. Der Antragsteller seinerseits hat bis zum Schluss des Verfahrens die Möglichkeit, den **Antrag zu ändern oder zurücknehmen**. Im ersten Fall darf die Behörde dann nur noch über den geänderten Antrag entscheiden, im letzteren muss sie das Verfahren einstellen und kann allenfalls noch über die Kosten entscheiden.

4 **Anträge** auf **Erlaubnis und Bewilligung** werden in ihren wesentlichen Grundelementen (§ 11 Nr. 1, 6–10) identisch sein; Unterschiede ergeben sich allenfalls aus differenzierenden Sachgesetzlichkeiten bei Aufsuchung und Gewinnung. Deshalb ist davon auszugehen, dass die Anträge die folgenden **Aussagen** zu enthalten haben:
– Name, Beruf und Anschrift des **Antragstellers**; bei juristischen Personen und Personenhandelsgesellschaften der nach Gesetz, Satzung oder Gesellschaftsvertrag zur Vertretung berechtigten Personen;
– die genaue Bezeichnung der **Bodenschätze**, die aufgesucht und/oder gewonnen werden sollen und für die Gewinnung die **Stellen der Entdeckung** nach Lage und Tiefe (§§ 11 Nr. 1, 12 Absatz 1 Nr. 1);
– eine Karte oder einen Lageriss, die der UnterlagenVO entsprechen und das **Feld** darstellen, das den Anforderungen des § 4 Absatz 7 entspricht;
– den besonderen Nachweis der technischen **Gewinnbarkeit** für die Bewilligung (§ 12 Absatz 1 Satz 3);
– Vorlage eines **Arbeitsprogramms**, aus dem sich ergibt, dass die Aufsuchungsarbeiten hinsichtlich Art, Umfang und Zweck ausreichend, die Gewinnungsarbeiten mit den eingesetzten Geräten durchführbar sind und die Arbeiten in beiden Fällen in einem angemessenen Zeitraum erfolgen werden (§§ 11 Nr. 3, 12 Absatz 1 Nr. 4);
– Angaben über Art und Weise der **Finanzierung** (§ 11 Nr. 7).
Für das **Verfahren zur Erteilung von Erlaubnissen und Bewilligungen** wurden in einigen Bundesländern Richtlinien erlassen (z.B. NRW vom 17.3.1993, MBl S. 720). Einzureichen sind vom Antragsteller u.a. Bezeichnung der Bodenschät-

ze (§ 11 Nr. 1); Darstellung der Erlaubnisfelder (§ 4 Absatz 7) nach den Vorgaben der Unterlagen BergV; Verpflichtung zum Bericht über die Aufsuchungsergebnisse (§ 11 Nr. 4); Arbeitsprogramm (§ 11 Nr. 3) und Nachweis der technischen Leistungsfähigkeit; Angaben zur finanziellen Leistungsfähigkeit § 11 Nr. 7). Ebenso das Muster über Angaben zur Erlaubnis und Bewilligung im Hess. Erlass vom 23.9.2008 (St.Anz. Hessen, S. 2640 = ZfB 2009,75).

Für den Antrag auf Verleihung von **Bergwerkseigentum** sind neben den besonderen Nachweisen einer gültigen **Bewilligung** (§ 13 Nr. 1) und der Glaubhaftmachung einer in Zukunft **wirtschaftlichen Gewinnung** im gesamten beantragten Feld (§ 13 Nr. 2) folgende allgemeine Unterlagen vorzulegen: **5**
– eine genaue Bezeichnung der **Bodenschätze**, für die das Bergwerkseigentum verliehen werden soll (§ 13 Nr. 4 a);
– ein von einem anerkannten Markscheider nach den Erfordernissen der UnterlagenVO angefertigter Lageriss mit dem beantragten **Feld** in zweifacher Ausfertigung (§ 13 Nr. 4 b);
– der **Name** des zu verleihenden Bergwerkseigentums (§ 13 Nr. 4 c);
– Beschreibung von Art und Umfang der **Erschließung** des Vorkommens unter Angabe der geologisch-lagerstättenkundlichen Merkmale (§ 13 Nr. 4 d).

Zu den **inhaltlichen Kriterien**, nach denen die einzelnen Antragsunterlagen im **6**
Erteilungs- oder Verleihungsverfahren unter Berücksichtigung aller übrigen, vor allem durch die öffentlichen Interessen geprägten Voraussetzungen zu werten sind, wird auf die **Anmerkungen in den §§ 11, 12, 13** verwiesen.

Zwischen **Bewilligung** und **Bergwerkseigentum** bestehen u. a. folgende recht- **7**
liche **Unterschiede**: Eine Bewilligung kann schon gemäß § 18 Absatz 1 widerrufen werden, das Bergwerkseigentum gemäß § 18 Absatz 4 nur bei langjähriger Unterbrechung der regelmäßigen Gewinnung unter Wahrung von Formvorschriften. Weitere Unterschiede ergeben sich bei der Aufhebung der Berechtigungen auf Antrag des Begünstigten gemäß § 19 bzw. gemäß § 20 sowie bei den Versagungsgründen (§ 12 bzw. 13). Der Erlass von Nebenbestimmungen zur Verleihung von Bergwerkseigentum ist – anders als bei der Bewilligung – in § 16 nicht geregelt und deshalb wohl unzulässig (Boldt/Weller § 16 Rn 8 ff.).

§ 11 Versagung der Erlaubnis

Die Erlaubnis ist zu versagen, wenn
1. der Antragsteller die Bodenschätze, die aufgesucht werden sollen, nicht genau bezeichnet,
2. das Feld, in dem aufgesucht werden soll, nicht dem § 4 Abs. 7 entspricht oder in einer Karte in einem nicht geeigneten Maßstab oder nicht entsprechend den Anforderungen einer Bergverordnung nach § 67 eingetragen ist,
3. der Antragsteller nicht ein Arbeitsprogramm vorlegt, in dem insbesondere dargelegt ist, daß die vorgesehenen Aufsuchungsarbeiten hinsichtlich Art, Umfang und Zweck ausreichend sind und in einem angemessenen Zeitraum erfolgen,
4. der Antragsteller sich nicht verpflichtet, die Ergebnisse der Aufsuchung unverzüglich nach ihrem Abschluss, spätestens beim Erlöschen der Erlaubnis, der zuständigen Behörde auf Verlangen bekanntzugeben,
5. der Antragsteller sich nicht verpflichtet, auf Verlangen der zuständigen Behörde
   a) bei einer Aufsuchung zu wissenschaftlichen Zwecken den Inhabern einer Erlaubnis zur Aufsuchung zu gewerblichen Zwecken,
   b) bei einer großräumigen Aufsuchung den Inhabern einer Erlaubnis zur Aufsuchung zu gewerblichen Zwecken oder einer Bewilligung oder den Bergwerkseigentümern,

6. **Tatsachen die Annahme rechtfertigen, daß der Antragsteller, bei juristischen Personen und Personenhandelsgesellschaften die nach Gesetz, Satzung oder Gesellschaftsvertrag zur Vertretung berechtigten Personen, die erforderliche Zuverlässigkeit nicht besitzen,**
7. **bei einer Erlaubnis zur Aufsuchung zu gewerblichen Zwecken oder zur großräumigen Aufsuchung der Antragsteller nicht glaubhaft macht, daß die für eine ordnungsgemäße Aufsuchung und der damit nach § 2 Abs. 1 Nr. 1 und 2 im Zusammenhang stehenden Tätigkeiten erforderlichen Mittel aufgebracht werden können,**
8. **eine sinnvolle und planmäßige Aufsuchung und Gewinnung von bergfreien oder grundeigenen Bodenschätzen gefährdet würde,**
9. **Bodenschätze beeinträchtigt würden, deren Schutz im öffentlichen Interesse liegt oder**
10. **überwiegende öffentliche Interessen die Aufsuchung im gesamten zuzuteilenden Feld ausschließen.**

Übersicht

	Rn
I. Vorbemerkung	1
1. Rechtsanspruch auf die Erlaubnis	1
2. Entscheidungsprogramm	3
II. Versagungsgründe	6
1. Gliederung der Versagungsgründe	6
2. Versagungsgründe im Einzelnen	7
a) Ordnung	7
b) Transparenz	8
c) Solidität	16
d) Schutz öffentlicher Interessen	18
III. Spezielle Wirkungen der Versagungsgründe	22
1. Vorrang	22
2. Bedeutung für Bewilligung und Bergwerkseigentum	24
3. Prüfungsumfang	27

I.   Vorbemerkung

1.   Rechtsanspruch auf die Erlaubnis

1 Während die §§ 6, 10 den grundsätzlichen Antrags- und Genehmigungsvorbehalt für alle Berechtigungen des BBergG formulieren und § 7 den sachlichrechtlichen Inhalt der Erlaubnis festlegt, normiert § 11 die sog. **Versagungsgründe** für die Erlaubnis. Es sind negativ formulierte Voraussetzungen für die Erteilung einer Bergbauberechtigung. Sie gelten, obgleich in § 11 zunächst nur für die Erlaubnis formuliert, – jedenfalls partiell – auch für die Bewilligung (§ 12 Absatz 1 erster Halbs.) und das neue Bergwerkseigentum (§ 13 Nr. 1: Antragsteller muss Inhaber einer Bewilligung sein).

2 Das **BBergG** verfährt also **ähnlich wie das WHG**, indem es **nicht positiv Erteilungs-** bzw. **Zulassungsvoraussetzungen** anordnet, sondern **negativ Versagungsgründe** formuliert. Allerdings zieht § 11 hieraus anders als § 12 WHG (nach Boldt/Weller, § 11 Rn 1; u. H. auf Kühne, ZfB 121 (1980), 60, enthält § 6 WHG a. F. gerade einen Ausschluss des Rechtsanspruchs) eine positive rechtliche Konsequenz. Während nämlich dort dem Antragsteller selbst bei Fehlen jeglichen Versagungsgrundes ein Rechtsanspruch auf Erteilung der Befugnis zur Nutzung des Wassers nicht entsteht (BVerfG, NJW 1982, 747 f.; Breuer, Wasserrecht, Rn 359), räumt § 11 dem Antragsteller einen **Rechtsanspruch auf Erteilung der Erlaubnis** ein, falls keiner der gesetzlich genannten Versagungsgründe erfüllt ist (so die überwiegende Auffassung: Westermann, Freiheit, 35 f.; Karpen, AöR, 1981, 19; Hoppe, DVBl 1982, 103; Amtliche Begründung = Zydek, 110, 121). Darüber hinaus soll eine Berechtigung auch zu versagen sein, wenn für die beantragten Bodenschätze und das beantragte Feld bereits eine andere Bergbauberechtigung besteht (Boldt/Weller, § 11 Rn 3 mit Hinweis auf die Ausschließlichkeit der Berechtigungen).

2. Entscheidungsprogramm

Damit steht der zuständigen Behörde für die Erteilung der Erteilung ein **Ermessen nicht** zu (Karpen, AöR, 1981, 19: *„Das BBergG sagt es zwar nirgends ausdrücklich; jedoch wird man mit der Begründung aus der Enumeration der Versagungsgründe in den §§ 11, 12, 13 BBergG einen Rückschluß auf § 14 sowie für Bewilligung und Verleihung aus dem durch die erfolgreiche Aufsuchung geschaffenen Vertrauenstatbestand folgern dürfen, daß der Bergbehörde ein Ermessen nicht mehr eingeräumt ist"*; vgl. auch Boldt/Weller, § 11 Rn 1). Die Erlaubniserteilung ist ein *„gebundener Verwaltungsakt"* (Wolff/Bachof/Stober, II, § 46 Rn 14 ff.). Allein die in den Versagungsgründen enthaltenen **unbestimmten Rechtsbegriffe** (Hans Schulte, NJW 1981, 95; Wolff/Bachof/Stober, I, § 31 Rn 8; Ule, BImSchG, § 3 Rn 17–32) räumen der zuständigen Behörde einen **Beurteilungsspielraum** ein, der in Lehre und Rspr. (Hans Schulte, aaO, 91; derselbe ZfB 119 (1978), 420 ff.; BVerwGE, 39, 204) als Abwägungs- oder Einschätzungsprärogative bezeichnet wird. Ausschlaggebend ist deren Bedeutung für die **gerichtliche** Nachprüfbarkeit der Entscheidung über die Erlaubniserteilung. **3**

Von einer **Einschätzungsprärogative der Verwaltung** spricht man, **4**
– wenn und soweit der Gegenstand des unbestimmten Rechtsbegriffs von einer Ermessens-(Zweckmäßigkeits-)Entscheidung oder von Planungen bzw. Zukunftserwartungen der verantwortlichen Behörde abhängt, etwa im Zusammenhang mit dem Begriff der Wirtschaftlichkeit oder eines dringenden öffentlichen Bedürfnisses;
– wenn die Eignung – Nichtzuverlässigkeit – von Personen für ein bestimmtes Amt oder eine sonstige bestimmte Tätigkeit aufgrund persönlichen Eindrucks an charakterlichen Eigenschaften, der Befähigung, der Gewandtheit u. ä. sowie von Zukunftserwartungen mit zu beurteilen ist;
– wenn und soweit die Entscheidung einer Verwaltungsbehörde auf dem höchstpersönlichen Fachurteil z. B. über den Wert persönlicher Leistungen oder über eine persönliche Eignung aufgrund eines zwar objektiven, aber außerrechtlichen (d. h. pädagogischen, charakterologischen, ästhetischen, wissenschaftlichen) Maßstabes seitens eines gesetzlich zu diesem Zweck gebildeten sachverständigen Organs oder Amts beruht und
– wenn schließlich andere Arten behördlicher Einschätzungen innerhalb gerichtlich feststehender Toleranz gerichtlich unwiderlegbar und deshalb vom Gericht hinzunehmen sind (so zusammengefasst die Darstellung bei Wolff/Bachof, I, § 31 Rn 20).

In derartigen Fällen ist nach der Rspr. die **gerichtliche Überprüfung** allerdings **auf die Fragen beschränkt,** ob **5**
– eine Abwägung überhaupt stattgefunden hat,
– in die Abwägung die Belange eingestellt worden sind, die nach Lage der Dinge in sie eingestellt werden mussten,
– die Bedeutung der betroffenen Belange erkannt und der Ausgleich zwischen ihnen in einer Weise vorgenommen worden ist, die zur objektiven Gewichtigkeit einzelner Belange nicht außer Verhältnis stand.

II. Versagungsgründe

1. Gliederung der Versagungsgründe

6   Die in § 11 aufgeführten Versagungsgründe sind gegliedert in Vorschriften
  – zur Ordnung (Nr. 1, 2),
  – zur Transparenz (Nr. 3, 4, 5) und
  – zur Solidität (Nr. 5, 6, 7) der bergbaulichen Tätigkeit
    sowie
  – zum Schutz öffentlicher Interessen (Nr. 8, 9, 10) vor möglichen schädigenden
    Einflüssen durch den Bergbau.

2. Versagungsgründe im Einzelnen

7   a) **Ordnung.** Ein maßgeblicher Versagungsgrund ist die Nichteinhaltung
bestimmter gesetzlicher Ordnungskriterien. Die Ordnungsvorschriften, die sie
benennen (Nr. 1, 2) gelten als Voraussetzungen für die genaue **Festlegung des**
Aufsuchungs**gegenstandes** (Bodenschätze) (Amtl. Begründung = Zydek, 110:
Erlaubnis kann nur für bestimmte Bodenschätze erteilt werden) und Aufsuchungs**ortes** (Begrenzung des Feldes) (Feldesbegriff wie in § 4 Absatz 7; vgl.
Erläuterungen dort Rn 9, 38) in der auszustellenden Erlaubnisurkunde. Beides
spielt eine maßgebliche Rolle zur Vermeidung von Konkurrenz- und Über-
schneidungssituationen mit anderen Berechtigten bei den gleichen Bodenschätzen. Ergänzt werden diese eher formalen Vorschriften durch die Vorrangregelung des § 14.
Die mit den Antragsunterlagen vorzulegende **Karte** (Nr. 2) entspricht nur dann
den geforderten Merkmalen einer BergVO nach § 67 (§ 3 VO über vermessungstechnische und sicherheitliche Unterlagen vom 11.11.1982), wenn ihr die
amtliche Karte einer Landesvermessung oder des Liegenschaftskatasters auch
für die Darstellung politischer Grenzen in der jeweils neuesten Ausgabe zugrunde liegt. Die Karte soll den Maßstab 1:25.000, 1:50.000 oder 1:100.000 haben.
Bei dem Aufsuchungsfeld sind die Feldeseckpunkte in Gauß-Krügerschen-Koor-
dinaten festzulegen; eine Ausnahme ist nur zulässig, wenn ein anderes Koor-
dinatensystem als ausschließliches von der Landesvermessung benutzt wird und
eine Umrechnung auf Gauß-Krüger unzumutbar ist.
Der **Flächeninhalt des Feldes** ist aus den Koordinaten der Eckpunkte unter
Berücksichtigung der Projektionsverzerrung zu berechnen und auf volle Qua-
dratmeter abzurunden.
Die Karten müssen als „Titel" die Art der Berechtigung, die Bezeichnung der
Bodenschätze, den Flächeninhalt des Feldes, den Maßstab und den Ausfer-
tigungsvermerk eines Markscheiders oder öffentlich bestellten Vermessungs-
ingenieurs enthalten (zu Einzelheiten s. UnterlagenBergVO = BGBl I, 1553).

8   b) **Transparenz.** Die zweite Gruppe der Zulassungsvoraussetzungen für die
Erteilung einer Erlaubnis soll die Transparenz der bergbaulichen Tätigkeit
gegenüber der Behörde sichern. Es sind
  – das Arbeitsprogramm (Nr. 3),
  – die Offenlegungs- und Mitteilungspflicht des Unternehmers hinsichtlich
    seiner Aufsuchungsergebnisse (Nr. 4) und
  – die Pflicht, fremde Unternehmen im gleichen Feld und hinsichtlich des
    gleichen Bodenschatzes unter bestimmten Voraussetzungen an der Auf-
    suchung teilnehmen zu lassen (Nr. 5).

9   Während die **Vorlage des Arbeitsprogramms obligatorisch** ist, hängt die Einhaltung der Verpflichtungen nach Nr. 4, 5 von einem ausdrücklichen **Verlangen**
der zuständigen **Behörde** ab.

Im Einzelnen gilt für die Transparenzvorschriften Folgendes: **10**
Das **Arbeitsprogramm** soll der zuständigen Behörde die Kontrollmöglichkeit
darüber geben, ob die Aufsuchung sinnvoll und planmäßig abläuft. Inhalt und
Umfang des Arbeitsprogramms müssen dem konkreten Aufsuchungsvorhaben
entsprechen und hierfür sachlich und zeitlich (§ 16 Absatz 4) ausreichend sein.
Soweit nicht der gesamte Umfang der Aufsuchungsarbeiten mit einem einzigen
Arbeitsprogramm abzudecken ist, können Nachträge verlangt werden, die aber
keinem festen Rhythmus unterliegen. Eine Nachtragspflicht ist vielmehr anhand
der Erfordernisse und Gegebenheiten des Aufsuchungsbetriebs im Einzelfall
zwischen Behörde und Unternehmer abzustimmen (vergleichbar etwa dem
Gedanken des § 25 VwVfG; auch Boldt/Weller, § 11 Rn 6). Die Erlaubnis
zum Aufsuchen von unkonventionellen Gaslagerstätten kann nicht mit der
Begründung versagt oder widerrufen werden, die Fracking-Methode sei aus
technischen und wasserrechtlichen Gründen nicht zu realisieren (Karrenstein,
ZfB 2012, 227 ff.). Für die Aufsuchungsberechtigung kommt es nicht darauf an,
ob das Erdgas sich großräumig angesammelt hat oder in vielen kleinen Ein-
schlüssen vorkommt. Das Arbeitsprogramm gemäß § 11 Nr. 3 erfordert keine
Details, sondern soll der Behörde einen Gesamtüberblick über das Vorhaben
verschaffen (Karrenstein, aaO, S. 231). Dadurch soll insbesondere im Interesse
des Lagerstättenschutzes die Blockade von Feldesteilen durch nicht ausgeübte
Erlaubnisse verhindert werden.
Dem Arbeitsprogramm kommt besondere Bedeutung zu. Dies zeigt sich an der
Regelung des § 14 Absatz 2, wonach bei konkurrierenden Anträgen nicht die
zeitliche Priorität entscheidet, sondern das Arbeitsprogramm mit der besseren
Erwartungen an eine sinnvolle und planmäßige Aufsuchung (BVerwG, ZfB
2011, 108). Das wird auch durch § 18 Absatz 2 evident, wonach eine nicht
ordnungsgemäße Aufsuchungstätigkeit zum Widerruf der Erlaubnis führen
kann (BVerwG, aaO).

Während das Arbeitsprogramm der Behörde die Beurteilung des Aufsuchungs- **11**
vorhabens ermöglichen soll, dient die **Offenlegungspflicht** in Nr. 3 der Prüfung
von **Aufsuchungsergebnissen**. Die bei der Aufsuchung gewonnenen Erkenntnisse
und Fakten sind so offenzulegen, dass die Behörde eine eigenständige Bewertung
der Aufsuchungsergebnisse vornehmen kann. Die Offenlegung hat auf **Verlangen** der Behörde unmittelbar nach Abschluss der Arbeiten zu erfolgen. Das
Verlangen steht im Ermessen der Behörde und kann sich auf Aufsuchungs-
abschnitte mit einiger Abgeschlossenheit beziehen. Das Verlangen kann bereits
mit der Erlaubniserteilung – etwa als Auflage – angeordnet werden. Ist das der
Fall, so kann die Offenlegungs- und Mitteilungspflicht, wenn der Unternehmer
ihr nicht nachkommt, im Wege des Verwaltungszwangs durchgesetzt werden.
Wird die Auflage nicht befolgt, kann die Erlaubnis nach § 18 Absatz 1 widerrufen werden.

Die Weitergabe von Aufsuchungsdaten oder von Bewertungen der Aufsuchungs- **12**
ergebnisse an andere Behörden im Wege der Amtshilfe (Artikel 35 GG; § 4
VwVfG), insbesondere an die geologischen Landesämter, ist grundsätzlich
zulässig, es sei denn, es besteht Grund zu der Annahme, die Daten könnten in
einer dem Zweck des Gesetzes widersprechenden Weise verwertet werden.

Nach Erlöschen der Erlaubnis dürfen die Aufsuchungsergebnisse Dritten **13**
zugänglich gemacht werden, sofern der Dritte ein berechtigtes Interesse daran
geltend machen kann und dieses Interesse mit dem Zweck des Gesetzes in
Einklang steht. Zu denken ist insbesondere daran, dass der Dritte weitere
Aufsuchungsarbeiten im gleichen Feld durchführen will.

Die **Verpflichtungserklärung** des Antragstellers in Nr. 5 soll Dritte an der Auf- **14**
suchung beteiligen, wenn daraus keine Konkurrenzsituation mit Nachteilen für

den Aufsuchungsberechtigten entstehen kann. Die zuständige Behörde kann ein Verlangen gemäß § 11 Nr. 5 deshalb nur aussprechen, wenn ein Berechtigter (z. B. der Erlaubnisinhaber zur gewerblichen Aufsuchung oder der Inhaber einer Bewilligung bzw. des Bergwerkseigentums) fristgemäß bei einer Aufsuchung zu wissenschaftlichen Zwecken oder bei einer großräumigen Aufsuchung für sich einen entsprechenden Antrag stellt und glaubhaft macht, die Mittel zur Übernahme eines angemessenen Teils der Aufsuchungskosten i. S. von § 11 Nr. 5 aufbringen zu können (§ 21 Absatz 2 Satz 1). Wird der Antrag nicht fristgemäß (sechs Wochen nach Mitteilung der Möglichkeit durch die zuständige Behörde) gestellt, liegt es gleichwohl im Ermessen der Behörde, ein Verlangen auszusprechen (§ 21 Absatz 2 Satz 2).

15   Eine Verpflichtung zur Weitergabe hat der Antragsteller nicht abzugeben, wenn seine Aufsuchungstätigkeit zwar wissenschaftlichen Zwecken, aber gleichzeitig der Entwicklung neuer Aufsuchungsmethoden oder Geräte dient, deren Auswertungsinteresse allein ihm zustehen soll (§ 11 Nr. 5 zweiter Halbs.).

16   c) **Solidität.** Die Solidität des antragstellenden Unternehmers im Sinne des § 4 Absatz 5 beruht nach Ansicht des Gesetzgebers auf der **Zuverlässigkeit seines Personals** und auf seiner **Kreditwürdigkeit.** Zur **Glaubhaftmachung** der Kreditwürdigkeit (Nr. 7) wird die zuständige Behörde unter Berücksichtigung des Einzelfalles Angaben zur finanziellen Situation des Unternehmens, wie die Vorlage von Finanzierungsplänen sowie die Zusage von Banken oder anderen Geldgebern, z. B. von Muttergesellschaften, verlangen dürfen. Denn der glaubhaften Darlegung der finanziellen Situation kommt nicht nur für den Versagungsgrund der Nr. 7 Bedeutung zu, sondern auch für die Entscheidung über die Größe des beantragten Feldes wie für eine Vorrangentscheidung konkurrierender Berechtigungen nach § 14 Absatz 2.
Die **Verpflichtungserklärung** gemäß § 11 Nr. 4 und die **Glaubhaftmachung** nach § 11 Nr. 7 sind notwendige Antragsbestandteile. Die Vorlage von Unterlagen erst im Klageverfahren zur Klärung der Frage, ob der Antragsteller zur reibungslosen Abwicklung einer Aufsuchung des Bodenschatzes finanziell in der Lage ist, ist verspätet (VG Neustadt, ZfB 2011, 131).

17   Eine **Zuverlässigkeitsprüfung des Personals** (Nr. 6) erfolgt nur dann, wenn konkrete Tatsachen die Annahme fehlender Zuverlässigkeit rechtfertigen. Dieser negative, aus dem Gewerberecht entlehnte Zuverlässigkeitsbegriff zwingt die Behörde, alle ihr aus der Vergangenheit bekannten Tatsachen daraufhin zu prüfen, ob sie den Schluss auf eine mangelnde Zuverlässigkeit der verantwortlichen Person (§ 58) in der Zukunft und gerade für seine Tätigkeit im Bergbau rechtfertigen (BVerwGE, 24, 38, 40; ausführlich m. w. N. s. Landmann-Rohmer, GewO, I, § 35 Nr. 28-2; Stober, NJW 1982, 806; noch deutlicher als bei der Erlaubnis ist die tätigkeitsbezogene Zuverlässigkeitsprüfung beim Betriebsplanverfahren nach § 55 Absatz 1 Satz 1 Nr. 2). Kommt die Behörde zum Ergebnis, dass die Zuverlässigkeit der verantwortlichen Person fehlt, so kann dies zur Versagung der Erlaubnis oder zu ihrer Erteilung nur unter Auflagen führen. Bei erst nach Erlaubniserteilung auftretender Unzuverlässigkeit sind Rücknahme und Widerruf nach § 18 Absatz 1 denkbar. Der Versagungsgrund des § 11 Nr. 6 hat keine drittschützende Wirkung (VG Leipzig, ZfB 1996, 180).

18   d) **Schutz öffentlicher Interessen.** Die schutzwürdigen öffentlichen Interessen in dieser Gruppe von Versagungsgründen können **tätigkeits-** (Aufsuchung/Gewinnung), **sach- und zeit-** (Lagerstättenschutz) sowie **raumbezogen** (Feld) sein.

19   – Die Gewährleistung einer **sinnvollen und planmäßigen Aufsuchung und Gewinnung** (Nr. 8) von bergfreien und grundeigenen Bodenschätzen (Kühne, Rechtsfragen, 98 ff.) soll neben der Entscheidung über den Zuschnitt des Feldes auch dem Gedanken der Nachhaltigkeit und des sparsamen Umgangs mit Rohstoffen Rechnung tragen, Raubbau verhindern und die Basis für die Zulassung entsprechender Betriebspläne bilden. Daneben sollen Beeinträchtigungen von Aufsuchung und Gewinnung anderer als der im Erlaubnisantrag genannten Bodenschätze verhindert werden.

– **Lagerstättenschutz** (Nr. 9) als öffentliches Interesse hat einen volkswirtschaftlichen und einen zeitlich-räumlichen Aspekt. Der Lagerstättenbegriff des BBergG und damit die Schutzwürdigkeit erstreckt sich nur auf bekannte Vorkommen, bei denen ein öffentliches Schutzinteresse grundsätzlich bereits besteht (Boldt/Weller, § 55 Rn 22; zum Meinungsstand s. Kühne, Rechtsfragen, 93 f., der hinsichtlich der Beurteilung der Schutzwürdigkeit zwischen absoluter Schutz**un**würdigkeit und relativer Schutzwürdigkeit unterscheidet). Deshalb kann sich der Lagerstättenschutz erst bei einem konkreten Zugriff auf solche bekannten Vorkommen entfalten, die im Interesse der Rohstoffsicherung landesplanerisch als Vorranggebiete für die Mineralgewinnung ausgewiesen sind (Boldt/Weller, § 55 Rn 22; Kühne, Rechtsfragen, 93). Mögliche Konkurrenzsituationen mit öffentlichen Interessen an sinnvoller und planmäßiger Aufsuchung und Gewinnung sind nach der gesetzgeberischen Wertung in § 1 Nr. 1 zu entscheiden (zum Lagerstättenschutz im Verleihungs- und im Betriebsplanverfahren s. Kühne, Rechtsfragen, 105, § 55 Rn 43 f.).   **20**

Der Schutz der überwiegenden öffentlichen Interessen (Nr. 10) (Kühne, Rechtsfragen, 81 ff., 97 f.; Kloepfer, Umweltrecht, Rn 95 ff. (685 ff.)) ist durch den Verweis auf das **gesamte zuzuteilende Feld** notwendigerweise auf den Raum bezogen (Westermann, Freiheit, 39; Hans Schulte, ZfB 119 (1978), 420 ff.; Rittner, DB Beilage 7/1972, 8; VG Greifswald, ZfB 2005, 243), ohne dass es sich um *„[...] räumlich spezialisierte öffentliche Interessen [...]"* handeln muss. Vielmehr müssen die entgegenstehenden öffentlichen Interessen   **21**
– einen Bezug zu dem in Betracht kommenden Feld haben,
– sich auf das gesamte zuzuteilende Feld erstrecken,
– gegenüber den volkswirtschaftlich-bergbaulichen Interessen überwiegen und
– die Aufsuchung ausschließen (Amtl. Begründung = Zydek, 111 f.; ausführlich zum Begriff *„Ausschluss"* s. Boldt/Weller, § 11 Rn 14; Kloepfer, Umweltrecht, Rn 96 (686); Kühne, Rechtsfragen, 84 f., 97 f.).
Das wird etwa dann der Fall sein, wenn das beantragte Feld zur Gänze innerhalb eines militärischen Schutzbereichs oder eines Naturschutzgebiets liegt und für diese Bereiche absolute Veränderungsverbote bestehen. Anders zu beurteilen ist der Sachverhalt, wenn das gesamte beantragte Erlaubnisfeld sich mit einem Wasserschutzgebiet deckt. Dadurch ist noch kein überwiegendes öffentliches Interesse indiziert, sondern eine Einzelfallabwägung (Bewertungsgesichtspunkte, die der Abwägung zugrunde zu legen sind, können § 48 Absatz 1 Satz 2 entnommen werden) der bergbaulichen Belange und der zu erwartenden Beeinträchtigungen bei den öffentlichen Belangen vorzunehmen. Überdecken sich die in Betracht kommenden Bereiche nur teilweise mit dem Erlaubnisfeld, so liegt ein Versagungsgrund nach Nr. 10 nicht vor.
Durch den Versagungsgrund des § 11 Nr. 10 soll erreicht werden, dass bereits im Verfahren der Erteilung von Bergbauberechtigungen eine Abwägung mit öffentlichen Interessen vorgenommen wird, obwohl eine echte Kollision erst mit der Ausübung der Berechtigung eintreten könnte (Wilde, DVBl 1998, 1322; VG Gera, ZfB 1996, 175).
Zu den **öffentlichen Interessen** gehören insbesondere Belange des Naturschutzes und der Landschaftspflege. Inwieweit in Naturschutzgebieten Bergbauberechtigungen zu erteilen sind, ist umstritten. Einerseits wird vertreten, dass in Schutzgebiets-VOen im Normalfall Befreiungsmöglichkeiten geregelt werden, die erst im Betriebsplanverfahren zu prüfen sind. Daher würden NaturschutzVOen die Aufsuchung und Gewinnung nicht von vornherein „ausschließen" i. S. von § 11 Nr. 10. Die Bergbauberechtigung sei zu erteilen (Boldt/Weller § 11 Rn 14;

Hoppe, DVBl 1987, 757, 760; VG Greifswald, ZfB 2005, 249 unter Hinweis auf OVG Bautzen, ZfB 1998, 210). Dem wird entgegengehalten, Naturschutz-VOen einschließlich der Befreiungsmöglichkeiten seien schon im Erteilungsverfahren zu prüfen. Allerdings könne und müsse die Bergbehörde insoweit nur prüfen, ob die Befreiungsvoraussetzungen vorliegen. Über die Befreiung wird dabei nicht entschieden, sondern nur festgestellt, dass naturschutzrechtliche Interessen der Gewinnung nicht entgegenstehen (VGH Mannheim, ZfB 1989, 57, 66 = NUR 1993, 28; Fischer/Hüftle, NUR 1989, 108; Schulte, ZfB 1989, 82; Kühne, DVBl 1987, 1259, 1261; VG Weimar, ZfB 1995, 225; Wilde, DVBl 1998, 1322; Kolonko, ZuR 1995, 128).

Die Naturschutz-VO muss sich nicht über das gesamte Berechtigungsfeld erstrecken. Der Begriff „im gesamten Feld" macht deutlich, dass die öffentlichen Interessen so hochwertig sein müssen, dass sie den Abbau im gesamten Feld ausschließen (VGH Mannheim aaO; VG Greifswald, aaO; Fischer/Hüftle aaO). Nach dem **Zusammenarbeiterlass** v. 5.4.2000 (Sächs. ABl 2001, 19) in **Sachsen** (ZfB 2002, 334) ist eine Bewilligung im Regelfall zu versagen, wenn das Bewilligungsfeld mehr als 80 % im Schutzgebiet liegt. Sie kann in der Regel nicht versagt werden, wenn weniger als 80 % des Feldes im Schutzgebiet liegt. Gründe des Gemeinwohls, die für eine naturschutzrechtliche Befreiung und damit gegen einen Vorrang der Naturschutzinteressen i.S. von §§ 11 Nr. 10, 12 Absatz 1 Satz 1, sprechen, können sich aus § 4 Absatz 1 Satz 2 ergeben. Danach ist bei Anwendung von Rechtsvorschriften, die gemäß § 48 Absatz 1 Satz 1 in bergrechtlichen Verfahren unberührt bleiben, dafür zu sorgen, dass die Gewinnung von Bodenschätzen so wenig wie möglich beeinträchtigt wird. Zu diesen unberührten Rechtsvorschriften gehören die Normen des Naturschutzrechts (VGH Mannheim, VBl BW 1988, 398, 402 m.w.N. OVG NRW, NRWVBl 1996, 19). Andererseits kommt der sog. Rohstoffsicherungsklausel des § 48 Absatz 1 Satz 2 kein absoluter Vorrang zu (VG Weimar, ZfB 1995, 235 f. m.w.N.; Knöchel in Festschrift für Kühne, S. 599 ff. m.w.N. VG Gera, ZfB 1996, 175; VGH Mannheim, ZfB 1989, 57). Einzelheiten s. § 48 Rn 12 ff. Im Übrigen zu Bergbauberechtigung und Naturschutz s. Anhang § 56 Rn 325, zu Befreiung von Ge- und Verboten Anhang § 56 Rn 352 ff., zur Beteiligung von Naturschutzverbänden Anhang § 56 Rn 394 ff., 216, zum Widerruf der Berechtigung bei Verstößen gegen FFH-RL oder V-RL Anhang § 56 Rn 345; zum naturschutzrechtlichen Eingriff bei Erteilung einer Bewilligung oder Erlaubnis Anhang § 56 Rn 225, 241.

Weitere überwiegende **öffentliche Interessen** i.S. von § 11 Nr. 10 können im Einzelfall sein: Belange der Raumordnung und Landesplanung (s. auch Anhang § 56 Rn 412 ff.) des Fremdenverkehrs, des Gewässerschutzes (s. auch Anhang § 56 Rn 549 ff.), des Straßenverkehrs, der Rohstoff- und Energiepolitik (s. VG Weimar ZfB 1995, 225). Im Erlaubnis- oder Bewilligungsverfahren kommt die zwingende Durchführung eines Raumzuordnungsverfahrens nicht in Betracht. Für ein Ruhenlassen der Berechtigungsverfahren bis zum Abschluss eines Raumzuordnungsverfahrens fehlt jede Rechtsgrundlage (VG Weimar, ZfB 1996, 151; ZfB 1996, 225).

Ein Versagungsgrund wegen überwiegender öffentlicher Interessen i.S. von § 11 Nr. 10 liegt nur vor, wenn sich diese Interessen auf das **ganze Bewilligungsfeld**, jedenfalls auf einen ganz wesentlichen Teil, beziehen (OVG Bautzen, ZfB 1998, 205 f.; Boldt/Weller § 11 Rn 14). Kein öffentliches Interesse i.S. von § 11 Nr. 10 ist die **Planungshoheit der Gemeinden**. Sie ist im Regelfall nicht geeignet, das Aufsuchen und Gewinnen im gesamten Bewilligungsfeld auszuschließen (OVG Bautzen, aaO). Keine öffentlichen Interessen sind betroffen, wenn **Ausnahmen oder Befreiungen** ein bestehendes Verbot beseitigen können (OVG Bautzen, aaO).

Die Frage, ob die dem Bergbau entgegenstehenden öffentlichen Interessen die Belange des Bergbaus überwiegen, ist richterlich voll nachprüfbar (VG Leipzig, ZfB 1995, 48, 53). Zum öffentlichen Interesse i.S. von § 48 s. Rn 33 ff. zu § 48.

III. Spezielle Wirkungen der Versagungsgründe

1. Vorrang

§ 11 trifft zwar keine ausdrückliche Vorrangregelung, berücksichtigt aber **22**
Anträge auf Erteilung einer Erlaubnis, deren **Rechtsgrund alte Rechte und
Verträge** sind:
So hat der Antrag eines aus einem erloschenen Recht oder Vertrag Berechtigten
während der Geltung Vorrang vor allen anderen Anträgen (§ 152 Absatz 2
Satz 4). Dabei ist unbeachtlich, ob die alte Berechtigung aus Gründen ihres
Fristablaufs erloschen ist oder – soweit unbefristet – aufgrund des Gesetzes. Eine
Erlaubnis zur gewerblichen Aufsuchung kann nicht erteilt werden, soweit und
solange alte Rechte und Verträge für denselben Bodenschatz und ein bestimmtes
Gebiet nicht erloschen sind. Denn **aufrechterhaltenen Rechten und Verträgen**
kommt die **gleiche Ausschließlichkeit** zu wie den neuen.

Das gilt wegen der anderen Zielsetzung nicht für die Aufsuchung zu wissen- **23**
schaftlichen Zwecken und die großräumige Aufsuchung, selbst im gleichen Feld
nicht (§ 159). Sie ist allerdings in einem solchen Falle auf die Ermittlung von
Kennwerten i. S. von § 4 Absatz 1 Satz 2 beschränkt.

2. Bedeutung für Bewilligung und Bergwerkseigentum

Die Versagungsgründe der Erlaubnis gelten in nahezu ihrem gesamten Umfang **24**
auch für die Prüfung der „Erteilungsvoraussetzungen" einer Bewilligung (§ 12
Absatz 1 Satz 1) und mittelbar auch für die Verleihung des Bergwerkseigentums.
Denn die Verleihung des Bergwerkseigentums setzt den Bestand einer Bewilligung und deren Nachweis voraus. Außerdem stehen die Versagungsgründe in
einem sachlichen Zusammenhang mit der Zulässigkeit nachträglicher Auflagen
bei allen Berechtigungen (§ 16 Absatz 3), dem Widerrufsgrund des nächträg-
lichen Eintritts von Versagungsgründen (§ 18 Absatz 1) und den Voraussetzungen für Übertragung von Erlaubnis und Bewilligung (§ 22).

Da die Versagungsgründe des § 11 überdies nicht eine bloß formale Prüfung **25**
anordnen, sondern auch die künftige Ausübung der Bergbauberechtigungen im
konkreten Betrieb prognostisch mit berücksichtigen (§ 11 Nr. 6–10 i. V. mit § 12
Absatz 1 Satz 1), ist von Bedeutung der Umfang einer präjudizierenden Vorwirkung für nachfolgende Betriebsplanzulassungen. Außerdem ist angesichts
des Entscheidungsprogramms auch für den Rahmenbetriebsplan und die Ergebnisse paralleler und gestufter Verfahren etwa nach BImSchG, BNatSchG,
BauGB, AtomG oder entsprechenden Landesgesetzen (vgl. Anmerkung zu § 3
Rn 61 ff. m. w. H.) zu klären, welche Bedeutung den geprüften und verneinten
Versagungsgründen hinsichtlich der Ergebnisaussichten in diesen Verfahren
zukommen können (so Anz, Braunkohle, 1981, 69; Westermann, Freiheit, 41;
Schulte, Kernfragen, 26 ff.; Altenberg – Urteil BVerwGE 74, 315 = NJW 1987,
1713 = DVBl 1986, 1273, s. auch Anhang zu § 56 Rn 80, 141 ff., 218 ff.).

Zu § 11 Nr. 10 hat Westermann bereits im Gesetzgebungsverfahren (Wester- **26**
mann, Freiheit, 41; aber auch Hoppe, DVBl 1982, 104) die folgende Feststellung
getroffen: Eine *„[...] raumordnerische Entscheidung sollte immer vor der betreffenden Maßnahme – hier Beginn des Bergbaus – fallen, spätere Anpassung einer
ins Werk gesetzten Tätigkeit an die raumordnerischen Erfordernisse oder gar ein
Aufgeben der Tätigkeit sind erfahrungsgemäß sehr viel schwerer durchsetzbar
als eine Verhinderung des Beginns. Angesichts des hohen Kapitalaufwands, den
der Bergbau erfordert, ist es auch unbedingt erforderlich, dem Unternehmen so
früh wie möglich Sicherheit dafür zu geben, dass seine Absichten der Raum-*

ordnung entsprechen. " Kühne, Rechtsfragen, 84, geht davon aus, dass damit verhindert werden soll, dass der Antragsteller in nutzlose Planungsaufwendungen bereits vor dem eigentlichen Betriebsplanverfahren getrieben wird; so dem Sinn nach auch der Beschluss des BVerwG vom 15.10.1998 (4 B 94/98) = ZfB 139 (1998), 330, der ausdrücklich darauf hinweist, dass es i. d. R. erst auf der zweiten Stufe des Bergbaus (Betriebsplanverfahren) zu einer Kollision zwischen gemeindlichen und bergbaulichen Interessen kommen kann; vgl. auch Hahn, ZfB 126 (1985), 194 ff.: Abwägungsbeachtlichkeit von Bergbauberechtigungen im gemeindlichen Planungsprozess erst, wenn Betriebsplan zugelassen ist.

3. Prüfungsumfang

27   Mit einer gewissen Sicherheit lässt sich feststellen, dass sich die **Prüfung** der Versagungsgründe bei den Berechtigungen **auf Fragestellungen konzentriert,** die sich offensichtlich aus dem Konzessionssystem ergeben. Das sind Ordnung und Förderung der sinnvollen und planmäßigen Aufsuchung und Gewinnung von bergfreien und grundeigenen Bodenschätzen zur Sicherung der Rohstoffversorgung unter Beachtung der absoluten Standortbindung und des Lagerstättenschutzes. Diese **wirtschaftspolitischen Grundsatzfragen** sind im Erteilungsbzw. Verleihungsverfahren vorab in der Weise ggf. positiv zu beantworten, dass sie im Betriebsplanverfahren selbst keiner erneuten Prüfung unterzogen werden müssen, gerade weil zum Teil gleiche Prüfinhalte dort wiederkehren. Nur soweit dadurch neue Abwägungs- und Entscheidungsvorgänge gefordert werden, muss das bis dahin Entschiedene ggf. modifiziert werden. Sonst sollte der Unternehmer seine Planungen und seine Investitionsentscheidungen auf die Ergebnisse des Erteilungsverfahrens stützen dürfen, die unter Einschluss anderer Behörden zustande gekommen sind. Das Verfahren über Erteilung und Verleihung von Bergbauberechtigungen muss also zu Ergebnissen führen, die dem Unternehmer in Folgeverfahren – auch solchen anderer Spezialgesetze – die erneute Abwägung seiner Rechtsposition mit entgegenstehenden öffentlichen Interessen erspart.

28   Die positive Bewertung des Gesetzgebers für diesen Grundgedanken ergibt sich z. B. aus § 13 Nr. 2. Hiernach ist für den Antrag auf Verleihung des Bergwerkseigentums lediglich die Glaubhaftmachung erforderlich, dass in der Zukunft mit einer wirtschaftlichen Gewinnung auf der zu verleihenden Lagerstätte zu rechnen ist. Damit verzichtet der Gesetzgeber auf besondere Eingriffsrechte und vertraut der wirtschaftlichen Prognose des Unternehmers (Anz, Braunkohle, 1981, 62; zur Sicherung der Bergbauberechtigungen vor gegenläufigen Planungsentscheidungen s. Hoppe, DVBl 1982, 101 ff.; Erbguth, DVBl 1982, 1 ff.).

§ 12   Versagung der Bewilligung

(1) Für die Versagung der Bewilligung gilt § 11 Nr. 1 und 6 bis 10 entsprechend. Die Bewilligung ist ferner zu versagen, wenn
1. **nicht die Stellen, an denen die Bodenschätze entdeckt worden sind, nach Lage und Tiefe in einem Lageriß genau angegeben werden,**
2. **das Feld, in dem gewonnen werden soll, nicht dem § 4 Abs. 7 entspricht oder in einem Lageriß nicht entsprechend den Anforderungen einer Bergverordnung nach § 67 eingetragen ist,**
3. **der Antragsteller nicht nachweist, daß die entdeckten Bodenschätze nach ihrer Lage und Beschaffenheit gewinnbar sind,**
4. **der Antragsteller kein Arbeitsprogramm vorlegt, aus dem insbesondere hervorgeht, daß die technische Durchführung der Gewinnung und die danach erforderlichen Einrichtungen unter und über Tage ausreichend sind und die Gewinnung in einer angemessenen Zeit erfolgt.**

(2) Entdeckt der Inhaber einer Erlaubnis zur Aufsuchung zu gewerblichen Zwecken die in dieser Erlaubnis bezeichneten Bodenschätze im Erlaubnisfeld, so darf die von ihm beantragte Bewilligung nur aus Gründen des Absatzes 1 und nur versagt werden, wenn die Tatsachen, die die Versagung rechtfertigen, erst nach der Erteilung der Erlaubnis eingetreten sind.

Übersicht   Rn

I.   Vorbemerkung   1
1.   Gliederung der Vorschrift   1
2.   Rechtsanspruch auf die Bewilligung   2

II. Versagungsgründe   3
1.   Versagungungsgründe in Analogie zur Erlaubnis   3
2.   Bewilligungsspezifische Versagungsgründe   4
     a) Fundstellen der Bodenschätze   5
     b) Feld und Risswerk   7
     c) Technische Gewinnbarkeit   9
     d) Arbeitsprogramm 10

III. Versagungsgründe nach Fündigkeit 11
1.   Vertrauenstatbestand 11
2.   Einschränkung der Versagungsgründe 13

I. Vorbemerkung

1. Gliederung der Vorschrift

Ebenso wie bei der Erlaubnis sind bei der Bewilligung die Erteilungsvoraus-   **1** setzungen für die Gewinnungsberechtigung negativ als Versagungsgründe gefasst, und zwar
– über die **entsprechende Anwendung** bestimmter Normen der Erlaubnis (§ 11 Nr. 1, 6–10) und
– als **bewilligungsspezifische** zusätzliche Gründe in § 12.

2. Rechtsanspruch auf die Bewilligung

Wie in § 11 ist deshalb davon auszugehen, dass die genannten und in Bezug   **2** genommenen Versagungsgründe abschließend sind und einen **Rechtsanspruch** auf Erteilung der Bewilligung auch dann begründen (Amtl. Begründung = Zydek, 121), wenn der Antragsteller noch nicht Inhaber einer Erlaubnis ist. Ist er es gleichwohl, etwa als Inhaber einer Erlaubnis zu gewerblichen Zwecken, und wird er fündig, so darf sein Anspruch auf die Erteilung einer beantragten Bewilligung nur in ganz bestimmten Fällen versagt werden (Absatz 2) (vgl. auch Boldt/Weller, § 12 Rn 1, 9).
Dem **Anspruch auf Erteilung einer Bewilligung** nach §§ 8, 12 Absatz 2 bleibt der Schutz des Eigentums aus Artikel 14 GG versagt (BVerfG, ZfB 2008, 85). Dies gilt selbst dann, wenn dem Antragsteller zuvor eine Erlaubnis zum Aufsuchen desselben Bodenschatzes erteilt worden war. Bei rechtswidriger Versagung der Bewilligung besteht daher kein Entschädigungsanspruch aus enteignungsgleichem Eingriff oder nach landesrechtlichen Gesetzen zur Regelung von Entschädigungsansprüchen (BGH, NJW 2005, 748 = NUR 2005, 424 = VersR 2005, 1083 = ZfB 2005, 79). Der Anspruch auf Erteilung der Berechtigung ergibt sich nicht aus Artikel 14 GG, sondern aus der in Artikel 2 Absatz 1 und Artikel 12 GG verfassungsrechtlich garantierten Unternehmer- und Berufsfreiheit (BGH, ZfB 2005, 79 = NJW 2005, 750; Boldt/Weller § 6 Rn 13). Geschützt durch den Anspruch auf Bewilligung wird der künftige Erwerb, nicht das

Erworbene. Anderes gilt für den Eigentumsschutz der erteilten Bewilligung (BVerfG aaO; BVerfGE 77, 130, 136; s. auch § 8 Rn 22).

Das Verhältnis von bestehenden und nach den §§ 149 ff. übergeleiteten neu zu erteilenden Berechtigungen ist nach den Grundsätzen der Ausschließlichkeit zu interpretieren (Ausführlich dazu Boldt/Weller, § 12 Rn 2 f.). Danach ist die Erteilung einer Bewilligung dann ausgeschlossen, wenn für den fraglichen Bodenschatz in dem beantragten Feld bereits eine Bergbauberechtigung besteht, es sei denn, sie gilt ausschließlich wissenschaftlichen Zwecken oder der Übersichtsprospektion.

II. Versagungsgründe

1. Versagungsgründe in Analogie zur Erlaubnis

3 § 12 Absatz 1 Satz 1 bezieht einen wesentlichen Teil seiner Versagungsgründe aus denen der Erlaubnis; sie gelten für die Bewilligung entsprechend und werden durch § 12 nicht verändert oder den Besonderheiten des Gewinnungsrechts angepasst. Entsprechend anwendbar sind einige der Ordnungs- und Soliditätsnormen (§ 11 Nr. 1, 6; vgl. dazu § 11 Rn 7, 16 ff.), daneben zur Gänze die dem Schutz öffentlicher Interessen dienenden Vorschriften (Nr. 8–10; im Einzelnen dazu § 11 Rn 18 ff.). Wegen des mit der Erteilung der Berechtigungen insgesamt verfolgten Schutzzwecks hat der Gesetzgeber mit ihnen auch hier ebenso wie bei der Erlaubnis bereits eine Güter- und Interessenabwägung angeordnet, die eigentlich erst bei der Aufnahme des konkreten Betriebs und bei der Installation der Betriebseinrichtungen erforderlich wäre (umfassend hierzu Kühne, Rechtsfragen, 81 ff.).

2. Bewilligungsspezifische Versagungsgründe

4 Neben den aus § 11 entsprechend anzuwendenden enthält § 12 **vier eigenständige Versagungsgründe**, um der notwendigen Differenzierung zwischen Aufsuchung und Gewinnung Rechnung zu tragen. Es sind dies folgende Versagungsgründe:
– Bestimmung der **Fundstelle** der Bodenschätze (Nr. 1);
– Darstellung des **Gewinnungsfeldes** (Nr. 2);
– Nachweis der **technischen Gewinnbarkeit** (Nr. 3);
– Vorlage eines gewinnungs- und vorhabenbezogenen **Arbeitsprogramms** (Nr. 4).

Zu diesen bewilligungsspezifischen Versagungsgründen ist im Einzelnen Folgendes zu bemerken:

5 a) **Fundstellen der Bodenschätze.** Entscheidende Voraussetzung für die Erteilung einer Bewilligung ist die **Entdeckung** der Bodenschätze, für die ein Gewinnungsrecht beantragt wird. Die Stelle ihrer Entdeckung (Fundstelle) (der Begriff ergibt sich aus § 6 UnterlagenBergVO; diese ist abgedruckt bei Boldt/Weller, Anh. II, 1149 ff.) ist deshalb durch Anschluss an Festpunkte der Landesvermessung genau zu bestimmen. Die Koordinaten einer Fundstelle dürfen von Gauß-Krüger nur abweichen bei einem ausschließlich für die Landesvermessung benutzten System und der Unzumutbarkeit der Umrechnung in Gauß-Krügersche-Koordinaten. Die zu einer Fundstelle gehörende Geländehöhe kann einer Karte des Liegenschaftskatasters, der Deutschen Grundkarte im Maßstab 1:5000 oder der topographischen Karte im Maßstab 1:25.000 entnommen werden. Abweichungen etwa zwischen Fundstelle und Bohrlochansatzpunkt sind zu bestimmen und soweit wie möglich in den Lagerissen darzustellen.

Die **Lage von Fundstellen** soll gesondert in einem Maßstab, der nicht kleiner als   **6**
1:5000 sein darf, dargestellt werden. In dieser Darstellung sind bei übertägigen
Fundstellen die nächstgelegenen Tagesgegenstände und bei untertägigen die
nächstgelegenen Grubenbaue einzutragen (im Einzelnen § 5 UnterlagenBerg-
VO).

b) Feld und Risswerk. Die Anforderungen an den **Zuschnitt**, insbesondere die   **7**
Begrenzung **des Feldes**, entsprechen denen des § 4 Absatz 7 und sind dort und
bei § 11 Nr. 2 ausführlich erläutert (§§ 4 Rn 38 ff.; 11 Rn 7; vgl. auch Boldt/
Weller, §§ 4 Rn 23, 11 Rn 5). Im Unterschied zu früheren landesrechtlichen
Regelungen gibt es für das Bewilligungsfeld keine flächenmäßige Begrenzung
(Maximalfeld). Die **Größe** des **Feldes** legt vielmehr der **Antragsteller** fest und sie
richtet sich nach dem Umfang der vorgesehenen Gewinnung (Boldt/Weller, § 12
Rn 6).

Allerdings erfordert der Antrag auf Erteilung einer Bewilligung einen **Lageriss** in   **8**
Form eines sog. **Verleihungsrisses** als topographische Unterlage (Hierzu s.
Anmerkung § 63 Rn 1 ff.; Boldt/Weller, § 63 Rn 4 ff.). Der Lageriss ist **Bestand-
teil des Risswerks**, das neben dem Grubenbild auch noch sonstige Unterlagen
wie Risse, Karten und Pläne enthält (§ 63 Absatz 2), die in der Unterlagen-
BergVO näher erläutert sind.

c) Technische Gewinnbarkeit. Der in Nr. 3 verlangte Nachweis, dass die ent-   **9**
deckten Bodenschätze nach ihrer Lage und Beschaffenheit technisch zu gewinnen sind, will nach der Amtl. Begründung (Zydek, 117) die Diskussion über die
sog. **Bauwürdigkeit** (Ebel/Weller, § 15 Anmerkung 4; Boldt/Weller, § 12 Rn 5:
Als solche war in erster Linie die wirtschaftliche Verwertbarkeit (absolute
Bauwürdigkeit) zu verstehen, d. h. eine nachgewiesene Menge und Beschaffenheit, dass *„eine zur wirtschaftlichen Verwertung führende bergmännische
Gewinnung des Minerals möglich"* erschien) für das BBergG beenden. Deshalb
wird lediglich der **Nachweis der technischen Gewinnbarkeit durch konkrete
Beweismittel wie Urkunden und Analysen** gefordert, **nicht** der einer **wirtschaftlichen Verwertbarkeit**. An den technischen Gewinnbarkeitsnachweis sind
wesentlich geringere Anforderungen zu stellen, als dies bei der Bauwürdigkeit
etwa nach § 15 Absatz 1 ABG NRW der Fall war. Ganz bewusst überlässt damit
das BBergG alle mit der Wirtschaftlichkeit der Gewinnung und der Verwertbarkeit der Bodenschätze zusammenhängenden Fragen der Beurteilung und
Markteinschätzung des Unternehmers (Amtl. Begründung = Zydek, 117).

d) Arbeitsprogramm. Das Arbeitsprogramm, das nach Nr. 4 verlangt wird,   **10**
muss gezielte, gerade für die Durchführung dieser Gewinnung maßgebliche
Aussagen machen. Das werden in erster Linie Aussagen über die **technische
Durchführung** der Gewinnung sein, die dabei benötigten und einzusetzenden
Betriebsanlagen und -einrichtungen unter und über Tage in dem für die Durchführung des geplanten Vorhabens ausreichenden Umfang sowie ein **Zeitplan**. Er
soll der Bewilligungsbehörde die Möglichkeit zur Überprüfung geben, ob der
Zeitrahmen für das Vorhaben angemessen und ausreichend ist. Maßgeblich ist
der Zeitrahmen, den § 16 Absatz 5 vorgibt.

III. Versagungungsgründe nach Fündigkeit

1. Vertrauenstatbestand

Weil Erlaubnis und Bewilligung bei zweckgerichteter Betrachtungsweise zwar   **11**
unterschiedliche, aber gleichwohl aufeinander bezogene Stufen eines einheitli-

chen Entwicklungsvorgangs bergbaulicher Tätigkeit sind, wird mit der Erlaubniserteilung und einer darauf basierenden erfolgreichen Aufsuchung ein **Vertrauenstatbestand** (Westermann, Freiheit, 37; Karpen, AöR, 1981, 19; Hoppe, DVBl 1982, 106) für den **fündigen Aufsuchungsberechtigten** geschaffen, der ihm im Bewilligungsverfahren Kapital und Arbeit des Aufsuchungsverfahrens „gutschreibt". Allerdings ist die Bewilligung zur Gewinnung nicht notwendig mit der Aufsuchungserlaubnis verbunden und nimmt an deren eigentumsrechtlichen Schutz nicht teil. Es besteht keine gesicherte Anwartschaft. Der Betreiber kann trotz eingeschränkter Prüfungsbefugnis der Bergbehörde nur eine von der Einhaltung zahlreicher Bedingungen abhängige öffentlich-rechtliche Konzession anstreben (BGH, NUR 2005, 426 = NJW 2005, 751).

12 Denn nach **Absatz 2** darf in einem derartigen Fall die **Bewilligung** nur aus den **abschließend genannten Versagungsgründen und nur** dann versagt werden, wenn die eine Versagung rechtfertigenden Tatsachen **nach Erteilung** der Erlaubnis eingetreten sind.

2. Einschränkung der Versagungsgründe

13 Das bedeutet:
- Sind der zuständigen Behörde **keine neuen Tatsachen bekannt**, die zur Versagung der Erlaubnis hätten führen müssen, so sind die Prüfergebnisse des Erlaubnisverfahrens für den Rechtsanspruch auf Erteilung der Bewilligung präjudizierend; die Bewilligung kann dann aus bewilligungsspezifischen Gründen nicht mehr versagt werden.
- Sind inzwischen **Tatsachen bekanntgeworden**, die bereits eine Versagung der Erlaubnis gerechtfertigt hätten, so ist ihre Versagungswirkung durch die erfolgreiche Aufsuchungstätigkeit geheilt; für die Versagung der Erteilung einer Bewilligung können diese Versagungsgründe nicht mehr verwertet werden.

14 Nach Erteilung einer Erlaubnis eingetretene neue Tatsachen i.S. von § 12 Absatz 2, die zur Versagung der Bewilligung führen können, liegen grundsätzlich auch vor, wenn neue Programme, Pläne usw. erarbeitet und in Kraft gesetzt werden (VG Gera, ZfB 1996, 172, 179), die hinreichend konkrete planerische Ziele vorgeben.

§ 13   Versagung der Verleihung von Bergwerkseigentum

Die Verleihung von Bergwerkseigentum ist zu versagen, wenn
1. der Antragsteller nicht Inhaber einer Bewilligung für die Bodenschätze und das Feld ist, für die er die Verleihung des Bergwerkseigentums beantragt (Bergwerksfeld),
2. der Antragsteller nicht glaubhaft macht, daß in Zukunft mit einer wirtschaftlichen Gewinnung im gesamten beantragten Feld zu rechnen ist,
3. das Feld, in dem gewonnen werden soll, nicht dem § 4 Abs. 7 entspricht oder seine Begrenzung an der Oberfläche nach der horizontalen Projektion eine Fläche von mehr als 25 Quadratkilometer umfassen soll,
4. folgende Angaben und Unterlagen des Antragstellers nicht oder nicht vollständig vorliegen:
   a) die genaue Bezeichnung der Bodenschätze, für die das Bergwerkseigentum verliehen werden soll,
   b) die Eintragung des Feldes, für das die Verleihung des Bergwerkseigentums beantragt ist, in einem Lageriß in zweifacher Ausfertigung, der von einem anerkannten Markscheider oder einem öffentlich bestellten Vermessungsingenieur angefertigt worden ist und der den Anforderungen einer Bergverordnung nach § 67 entspricht,

    c) **der Name des zu verleihenden Bergwerkseigentums,**
    d) **die Beschreibung von Art und Umfang der Erschließung des Vorkommens unter Angabe der geologisch-lagerstättenkundlichen Merkmale.**

Übersicht   Rn

I.	Verhältnis zur Bewilligung	1
II.	Wirtschaftliche Gewinnung	4
III.	Sonstige Versagungsgründe	8
IV.	Bedeutung der Versagungsgründe	10

I.   Verhältnis zur Bewilligung

Für die Entstehung des Bergwerkseigentums sind trotz eines umfänglichen **1** **Verleihungs**vorgangs (§ 17) die **Voraussetzungen** gleichfalls in die Form von Versagungsgründen gekleidet. Sie weichen allerdings von denen der §§ 11, 12 insoweit ab, als die mit der Verleihung des Bergwerkseigentums angestrebte „stärkere Rechtsposition" Verleihungsvoraussetzungen mit höheren Anforderungen an den Antragsteller festlegt (Amtl. Begründung = Zydek, 121: Er muss vor allem dafür Sorge tragen, dass die Beleihungsfähigkeit des Bergwerkseigentums sichergestellt ist). So muss der Antragsteller bereits **Inhaber einer Bewilligung** für die gleichen Bodenschätze im gleichen Feld sein, und er muss glaubhaft machen, dass im gesamten beantragten Feld in Zukunft mit einer **wirtschaftlichen Gewinnung** zu rechnen ist.

Für das neue Bergwerkseigentum (§ 9) verlangt das BBergG als integralen **2** Bestandteil des Konzessionssystems die **Existenz einer gültigen Bewilligung** in der Person des Antragstellers als entscheidende Zulassungsvoraussetzung. Sie muss auf die gleichen Bodenschätze im gleichen Feld (Bergwerksfeld) gerichtet sein. Diese Inhaberschaft der Bewilligung stellt sich zunächst als **rein formale Voraussetzung** des Antrags dar und sagt nichts darüber aus, ob und ggf. welche Gewinnungsarbeiten mit welchem technischen und/oder wirtschaftlichen Erfolg bereits stattgefunden haben. Es besteht nämlich von Gesetzes wegen **weder** ein **sachlicher noch** ein **kausaler Zusammenhang** zwischen einer **wirtschaftlichen Leistung** auf Basis der Bewilligung unter eventuellem Einsatz von Kapital und Arbeit und dem Anspruch auf **Verleihung von Bergwerkseigentum.** Das lässt sich der Entstehungsgeschichte des Bergwerkseigentums im Gesetzgebungsverfahren des BBergG entnehmen: BT-Drs 8/3965, 134 = Zydek, 121 f. Die Amtl. Begründung hatte für die Beleihungsfähigkeit des Bergwerkseigentums noch den Nachweis durch einen im begehrten Feld bereits erfolgreich geführten Betrieb verlangt; das ist im WiA/BT abgelehnt worden m. H. darauf, dass die Beleihbarkeit der Privatrechtssphäre zuzuordnen und auf dieser Ebene auch zu lösen sei.

Da der Gesetzgeber insoweit kein öffentliches Steuerungsinteresse hatte, ist bei **3** den Voraussetzungen für die Verleihung des Bergwerkseigentums auf die erneute Prüfung der objektiven gemeinwohlbezogenen Versagungsgründe (Kühne, Rechtsfragen, 81 ff.) im Sinne öffentlicher Interessen wie bei Erlaubnis oder Bewilligung verzichtet worden. Eine anderweitige Berücksichtigung derartiger Versagungsgründe im Sinne eines Weiterwirkens ist auch nicht möglich etwa durch Nebenbestimmungen bei Erteilung der Bewilligung selbst (§ 36 Absatz 1 VwVfG) oder durch nachträgliche Nebenbestimmungen (§ 16 Absatz 3). Denn mit der bei Verleihung des Bergwerkseigentums erlöschenden Bewilligung gehen wegen ihrer Abhängigkeit von der Bewilligung auch ihr zugeordnete Nebenbestimmungen unter.

II. Wirtschaftliche Gewinnung

4   Wegen des bewusst ausgeklammerten notwendigen Zusammenhangs von wirtschaftlich nachprüfbaren Ergebnissen der Bewilligungstätigkeit und einer Zukunftsprognose daraus für das Bergwerkseigentum ist der entsprechende Versagungsgrund auf das **Glaubhaftmachen einer künftigen wirtschaftlichen Gewinnung im gesamten Feld** beschränkt. Damit ist der **Nachweis** entfallen, dass *„[...] die Bodenschätze aufgrund ihrer Art, Lage, Menge und Beschaffenheit, der technischen Möglichkeiten ihrer Gewinnung und Aufbereitung [...]"* in einem bereits geführten Betrieb wirtschaftlich gewonnen werden und das den Schluss auf eine auch wirtschaftliche Gewinnung in der Zukunft zulässt (Amtl. Begründung = Zydek, 122). Im Vergleich zum Gewinnbarkeitserfordernis des § 12 Absatz 1 Nr. 3 stellt dieser Versagungsgrund wegen seiner Wirtschaftlichkeitsbetrachtung wesentlich strengere Anforderungen an den Antragsteller. Denn er muss nicht nur durch Vorlage von überprüfbaren Fakten glaubhaft machen, dass die Bodenschätze nach ihrer Art, Lage, Menge und Beschaffenheit **wirtschaftlich im Sinne einer betrieblichen Rentabilität** zu gewinnen und aufzubereiten sind und er hierfür auch die technischen Möglichkeiten besitzt, sondern er muss diese betriebliche Rentabilität für das gesamte beantragte Feld und für eine zur Durchführung der Gewinnung angemessene Dauer (§ 16 Absatz 5) in der Zukunft **glaubhaft machen**. Hierfür kann sich der Antragsteller aller Beweismittel bedienen, um die tatsächliche Behauptung glaubhaft zu machen (Baumbach-Lauterbach, ZPO, § 294 Anmerkung 1 ff.: Glaubhaftmachung ist ein geringerer Grad der Beweisführung. Beweis ist eine an Sicherheit grenzende Wahrscheinlichkeit, Glaubhaftmachung ist eine überwiegende Wahrscheinlichkeit) (§ 294 ZPO).

5   Der im Zusammenhang mit der wirtschaftlichen Gewinnbarkeit verwandte Begriff der **betrieblichen Rentabilität** kann wegen der Abkehr des BBergG vom Bauwürdigkeitsprinzip (Isay I, § 15 Rn 7; ausführlich zu beiden Arten der Bauwürdigkeit s. Ebel/Weller, § 15 Anmerkung 4) weder mit dem Begriff der absoluten (§ 15 Absatz 1 Nr. 1 ABG NRW) noch mit dem der relativen oder ökonomischen Bauwürdigkeit verglichen werden, obwohl er mit Letzterem als *„Rentabilität des Abbaus"* (Ebel/Weller, aaO) durchaus verglichen werden kann. Eine wesentliche Differenz besteht allerdings darin, dass die relative Bauwürdigkeit nach übereinstimmender Auffassung in Lit. und Rspr. nicht Voraussetzung für die Verleihbarkeit des Bergwerkseigentums war, *„[...] weil der Gesetzgeber die Bergbehörde mit der Prüfung der Frage, ob nach den örtlichen Verhältnissen der Abbau lohnend erscheint, nicht belasten wollte"* (Ebel/Weller, aaO; Boldt/Weller, § 13 Rn 3 f.).

6   Demnach geht das BBergG einen **Mittelweg**, indem es den Wirtschaftlichkeitsnachweis als Glaubhaftmachung zwar flexibler hält, die positive Wirtschaftlichkeitsprognose der Zukunft aber zur Vorraussetzung für die Verleihungsfähigkeit macht. Hier darf allerdings nicht allein auf die künftige Wirtschaftlichkeit des Gewinnungsvorgangs abgestellt werden, sondern auch die **Verwertung** der gewonnenen Bodenschätze muss in die Wirtschaftlichkeits- und Rentabilitätsprognose einbezogen werden.

7   Die Forderung, dass sich die Glaubhaftmachung künftiger Wirtschaftlichkeit auf **das gesamte beantragte Feld** beziehen muss, ist nicht nur für die korrekte Festlegung des Bergwerksfeldes (§ 17 Absatz 2 Nr. 3 i.V. mit § 13 Nr. 1, 3) von Bedeutung, sondern auch wesentlicher Bestandteil der Wirtschaftlichkeitsprognose. Denn für die verleihende Behörde muss aufgrund der Unterlagen und Aussagen wahrscheinlich im Sinne der Glaubhaftmachung erkennbar sein, dass sich auch etwa unterschiedliche Mineralgehalte einer Lagerstätte im beantragten

Feld nicht so negativ auf die künftige Gewinnung auswirken, dass die Wirtschaftlichkeit des Projekts insgesamt gefährdet ist. Eine maßgebliche Hilfe bei der Prognose sollen und können dabei die nach Nr. 4 d einzureichenden Unterlagen leisten, die Auskunft über Art und Umfang der **Erschließung** des Vorkommens unter Angabe geologisch-lagerstättenkundlicher Merkmale geben sollen. Der Begriff der Erschließung ist nicht gesetzesspezifisch, sondern hier deshalb als technischer Begriff gewählt, um die bis zur Prüfung vorgenommenen Aufsuchungs- und Gewinnungstätigkeiten und ihre Ergebnisse zusammenfassen zu können. Vgl. auch Boldt/Weller, § 13 Rn 3 f: Bestandteil der Glaubhaftmachung.

III. Sonstige Versagungsgründe

Die übrigen, in Nr. 3, 4 aufgeführten Versagungsgründe   **8**
– Feldeszuschnitt und -darstellung im ordnungsgemäß gefertigten Lageriss,
– genaue Bezeichnung der Bodenschätze,
– Name des Bergwerkseigentums und
– Beschreibung von Art und Umfang der Erschließung
dienen vorrangig der Erfüllung von Verleihungsvoraussetzungen nach Nr. 2. Die Nr. 4 a und b stimmen mit den entsprechenden Anforderungen bei Erlaubnis und Bewilligung (§§ 11, 12) überein.

Der in Nr. 3 gefasste Versagungsgrund des **Feldeszuschnitts** verlangt, dass das   **9**
Feld den Anforderungen entsprechen muss, die auch für das Erlaubnis- und Bewilligungsfeld gelten. Abweichend hiervon ist allerdings, wie schon im vor dem BBergG geltenden Recht, die flächenmäßige Ausdehnung des Bergwerksfeldes auf **25 Quadratkilometer zu begrenzen**. Das ist eine Konsequenz aus der Gestaltung des Bergwerkseigentums als grundstücksgleiches Recht. Um allerdings den Anforderungen eines modernen bergbaulichen Betriebs zu entsprechen, ist **Feldesgröße** gegenüber dem früheren Recht erheblich **heraufgesetzt** worden (Amtl. Begründung, BT-Drs 8/1315, 89 = Zydek, 122). Die Nennung des **Namens**, den das **Bergwerkseigentum** führen soll, dient ausschließlich seiner grundbuchlichen Behandlung (Amtl. Begründung, BT-Drs 8/1315, 89 = Zydek, aaO).

IV. Bedeutung der Versagungsgründe

Die Versagungsgründe der §§ 11–13 haben eine doppelte Bedeutung: **10**
– sie bewirken zunächst, dass die beantragten Berechtigungen bei Vorliegen auch nur **eines** dieser Gründe nicht oder nur mit Nebenbestimmungen erteilt oder verliehen werden dürfen. Die Versagungsgründe sind also – positiv gewendet – **Erteilungs- oder Verleihungsvoraussetzungen**;
– sie können nach § 18 Absatz 1 als **Widerrufsgründe** für Erlaubnis oder Bewilligung ohne Rücksicht darauf dienen, ob der Berechtigungsinhaber den Widerrufsgrund bewusst herbeigeführt oder veranlasst hat oder ob der Grund ohne sein Zutun entstanden ist.

Eine derartige, objektive Festlegung gesetzlicher Gründe für oder gegen die   **11**
Zulassung, den Beginn, die Fortdauer oder das Ende bergbaulicher Tätigkeit beruht auf dem **Grundgedanken** des BBergG, dass hierfür nicht das Verhalten des Antragsstellers maßgebend sein soll, sondern Schutz und Wahrung öffentlicher Interessen. Sie sollen, sofern sie objektiv-gemeinwohlbezogene und nicht subjektiv-antragstellerbezogene Versagungsgründe sind, von jeder subjektiven Einflussnahme möglichst freigestellt sein (so bereits Westermann, Freiheit, 37; auch Kühne, Rechtsfragen, 82, der die Versagungsgründe in objektiv-gemein-

wohlbezogene und subjektiv-antragstellerbezogene unterteilt und ihre besondere Funktion – etwa die vorzeitige Interessenabwägung zugunsten des Antragstellers – im Berechtsamswesen erläutert).

12 Trotz dieser grundsätzlichen **Objektivierung** der **Versagungsgründe** bleibt den zuständigen Behörden wegen der zahlreich verwendeten **unbestimmten Rechtsbegriffe** ein relativ weiter **Abwägungs- und Einschätzungsspielraum,** der die Nachprüfbarkeit von Zulassungs- oder Widerrufsentscheidungen einschränkt. Das gilt durchgängig für die Versagungsgründe aller Berechtigungen, wird aber bei den Versagungsgründen der §§ 11 Nr. 10, 13 Nr. 2 am auffälligsten. Denn während im ersten Fall eine Interessenabwägung stattfindet und nur dieser Abwägungsvorgang nachprüfbar ist, wird im zweiten Fall der Behörde bei der Entscheidung über das Glaubhaftmachen der künftigen wirtschaftlichen Gewinnung im gesamten beantragten Feld eine nicht überprüfbare Einschätzungsprärogative (Wolff/Bachof/Stober, I, § 31 Rn 20) eingeräumt. Deshalb muss der Umfang der Nachprüfbarkeit in jedem Einzelfall von dem überprüfenden Gericht festgestellt werden. Generelle Aussagen zum Umfang der Nachprüfbarkeit von Entscheidungen über Versagungsgründe lassen sich nicht treffen.

§ 14   Vorrang

(1) Dem Inhaber einer Erlaubnis zur Aufsuchung zu gewerblichen Zwecken hat die zuständige Behörde unverzüglich den Inhalt jedes Antrags mitzuteilen, den ein Dritter auf Erteilung einer Bewilligung für ein bestimmtes, ganz oder teilweise innerhalb der Erlaubnis gelegenes Feld und für einen bestimmten der Erlaubnis unterliegenden Bodenschatz gestellt hat. Stellt der Inhaber der Erlaubnis innerhalb von drei Monaten nach Zugang der Mitteilung ebenfalls einen Antrag auf Erteilung einer Bewilligung, so hat sein Antrag, soweit er sich auf das innerhalb seiner Erlaubnis gelegene Feld bezieht, Vorrang vor allen übrigen Anträgen auf Erteilung einer Bewilligung für denselben Bodenschatz.

(2) In allen anderen Fällen hat bei Anträgen auf Erteilung einer Erlaubnis oder Bewilligung, bei denen Versagungsgründe nach § 11 oder § 12 nicht gegeben sind, der Antrag den Vorrang, in dem das Arbeitsprogramm zusammen mit der Voraussetzung, die nach § 11 Nr. 7 für Erlaubnis oder Bewilligung glaubhaft zu machen ist, den Anforderungen einer sinnvollen und planmäßigen Aufsuchung oder Gewinnung am besten Rechnung trägt; dabei sind die sonstigen bergbaulichen Tätigkeiten des Antragstellers zu berücksichtigen. § 12 Abs. 2 bleibt unberührt.

Übersicht   Rn

I. **Grundsätze**   1
1. Bedeutung der Vorrangregelung   1
2. Vorrangregelung im ABG   2
    a) Findervorrecht   3
    b) Mutungsvorrecht   4
II. **Vorrangregelung im BBergG**   5
1. Regelungsalternativen   5
    a) Vorrang durch zeitliche Priorität   6
    b) Vorrang durch qualitative Antragsüberlegenheit   9
2. Rechtswirkung von Vorrangentscheidungen   13

I.   Grundsätze

1.   Bedeutung der Vorrangregelung

Abweichend von der früheren Regelung des ABG, etwa i. d. F. des Landes NRW, **1**
versucht § 14 eine möglichst **umfassende und systematische Vorrangregelung** bei
konkurrierenden Anträgen auf Erteilung von Bergbauberechtigungen für die
gleichen Bodenschätze im gleichen Feld zu finden. Die rechtliche und wirtschaftliche Bedeutung der mit dieser Regelung verbundenen Fragestellung wurde besonders deutlich in den 90er Jahren. Da stellten sich mit Aufsuchung und
Gewinnung von in Steinkohlenflözen beisitzendem Methangas neue Fragen zur
bergrechtlichen Einordnung dieses Gases als Bodenschatz im Sinne des BBergG
und zum Vorrang von Berechtigungsanträgen in bereits verliehenen Steinkohlen-
feldern (Kühne, Rechtsfragen, 63 ff., der die gesetzlichen Vorrangregelungen des
§ 14 BBergG einer neuen sachlich und begrifflich differenzierten Sichtweise
zugänglich macht).

2.   Vorrangregelung im ABG

Vor dem Inkrafttreten des BBergG gab das ABG dem Inhaber einer Auf-   **2**
suchungs- und Gewinnungsberechtigung in zwei Fällen **Vorrechte gegenüber**
dritten **Antragstellern**, den Mutern. Es waren dies das **Finder-** (§ 24) und das
Mutungsvorrecht (§ 55) (Kühne, Rechtsfragen, 68–74 m. w. N. über die Entstehung der Vorschriften und ihre Anwendung i. d. P.). Diese Vorrechte des
Aufsuchungs-/Gewinnungsberechtigten dienten *„[...] im wesentlichen der Siche-*
rung der Berechtsamsanwartschaft aus planvoller Schürftätigkeit und der
Bewältigung bestimmter Störungssituationen im Zusammenhang mit dem
Zusammenvorkommen von Bodenschätzen [...]" (Kühne, Rechtsfragen,
75 m. H. darauf, dass diese Vorrangregelung praktische Gründe hatte, z. B.
Nachweisschwierigkeiten, und nicht der Ausnutzung eines Wissensvorsprungs
der Berechtigten dienen sollte).

a) Findervorrecht. Das Findervorrecht in § 24 ABG hatte folgenden Wortlaut: **3**

„(1) Wer auf eigenem Grund und Boden oder in seinem eigenen Grubengebäude
oder durch Schürfarbeiten, welche nach den Vorschriften der §§ 3 bis 10 unternom-
men worden sind, ein Mineral (§ 1) auf seiner natürlichen Ablagerung entdeckt, hat
als Finder ein Vorrecht vor anderen, nach dem Zeitpunkt eines Fundes eingelegten
Mutungen.
(2) Der Finder muß jedoch innerhalb einer Woche nach Ablauf des Tages der
Entdeckung Mutung einlegen, widrigenfalls sein Vorrecht erlischt."

Dieses Vorrecht diente, soweit auch bei Gelegenheit der planmäßigen Aufsuchungstätigkeit gemachte Funde einbezogen waren, im Wesentlichen praktischen Gründen, nämlich der Vermeidung von Nachweisschwierigkeiten (Kühne,
aaO).

b) Mutungsvorrecht. Das Mutungsvorrecht des § 55 ABG lautete wie folgt: **4**

„(1) Auf Mineralien, welche mit dem in der Verleihungsurkunde benannten Mineral
innerhalb der Grenzen des Feldes in einem solchen Zusammenhang vorkommen,
daß dieselben nach der Entscheidung des Oberbergamtes aus bergtechnischen oder
bergpolizeilichen Gründen gemeinschaftlich gewonnen werden müssen, hat der
Bergwerkseigentümer in seinem Felde vor jedem Dritten ein Vorrecht zum Muten.
(2) Legt ein Dritter auf solche Mineralien Mutung ein, so wird dieselbe dem Berg-
werkseigentümer mitgeteilt. Letzterer muß alsdann binnen vier Wochen nach Ablauf
des Tages der Mitteilung Mutung einlegen, widrigenfalls sein Vorrecht erlischt."

II. Vorrangregelung im BBergG

1. Regelungsalternativen

5 Das BBergG hat in seiner Vorrangregelung als erstes bewusst das Mutungsvorrecht des § 55 ABG mit der Begründung (Zydek, 210) abgeschafft, die neuen Regelungen z. B. des Mitgewinnungsrechts in § 42 deckten die bisherige Vorrangregelung ausreichend ab. Denn das BBergG regelt die bisherigen **Vorrechte als Vorrang in zwei Fallkonstellationen** wie folgt:

– Absatz 1: Der **Inhaber einer Erlaubnis** zu gewerblichen Zwecken bekommt, gleichgültig ob er bereits fündig im Sinne des § 12 Absatz 2 ist oder nicht, Konkurrenz von einem Antragsteller für eine Bewilligung auf den gleichen Bodenschatz im Erlaubnisfeld; § 14 Absatz 1 ist nur anzuwenden, wenn ein Dritter einen Antrag auf Erteilung einer Bewilligung für ein bestimmtes, ganz oder teilweise innerhalb des Erlaubnis gelegenes Feld und für einen bestimmten, der Erlaubnis unterliegenden Bodenschatz gestellt hat. Dies setzt eine bestehende Erlaubnis für die Aufsuchung dieses Bodenschatzes voraus, § 14 Absatz 1 ist also nicht mehr anwendbar nach Ablauf einer Erlaubnis (VG Cottbus, ZfB 2011, 48, 55).

– Absatz 2: **Mehrere Antragsteller** konkurrieren um die Erteilung einer Erlaubnis zu gewerblichen Zwecken oder einer Bewilligung auf den gleichen Bodenschatz im gleichen Feld.

§ 14 Absatz 2 betrifft nur das Verhältnis gleichartiger Anträge zueinander, d. h. mehrere Anträge auf Erteilung je einer Erlaubnis nach § 7 oder mehrere Anträge auf Bewilligung nach § 8. In diesem Rahmen vermittelt § 14 Absatz 2 Drittschutz (VG Chemnitz, ZfB 1995, 107; OVG Bautzen, ZfB 1996, 204). Eine analoge Anwendung für Anträge auf Erlaubnis und Bewilligung scheidet aus.

6 **a) Vorrang durch zeitliche Priorität.** Der **erste Fall** ist im Sinne einer zeitlichen Priorität zugunsten des Erlaubnisinhabers gelöst. Voraussetzung dafür ist allerdings, dass der Erlaubnisinhaber binnen drei Monaten nach Zugang der Benachrichtigung durch die zuständige Behörde über einen fremden Bewilligungsantrag selbst einen Bewilligungsantrag stellt und dieser Antrag sich auf das innerhalb der Erlaubnis liegende Feld bezieht. Bei Vorliegen beider Voraussetzungen hat der Erlaubnisinhaber dann ein Vorrecht vor jedem anderen Bewilligungsantrag auf denselben Bodenschatz in diesem Feld.

7 Allerdings ist der so gewährte Vorrang lediglich ein **Prüfungsvorrang**, d. h. er kann zu einer vorrangigen Erteilung einer Bewilligung nur dann führen, wenn keiner der Versagungsgründe des § 12 i. V. mit § 11 Nr. 1, 6–10 dies verhindert. Eine unmittelbar materielle Bedeutung kommt dem Vorrang des Absatz 1 deshalb für einen Erlaubnisinhaber, der einen Bewilligungsantrag stellt, nicht zu.

8 Ein Vorrangproblem liegt dann nicht vor, wenn auf den gleichen Bodenschatz im Erlaubnisfeld ein weiterer Erlaubnisantrag zu gewerblichen Zwecken gestellt wird. Denn in diesem Falle greift der Ausschließlichkeitscharakter der bereits bestehenden Erlaubnis im Sinne des § 7 Absatz 1.

9 **b) Vorrang durch qualitative Antragsüberlegenheit.** Die Fallkonstellation in Absatz 2 umfasst Konkurrenzsituationen zwischen gleichzeitigen Erlaubnis- und Bewilligungsanträgen, deren Antragsteller noch nicht Berechtigungsinhaber sind. Deshalb installiert das Gesetz eine behördliche Vorprüfung zur Entscheidung darüber, welcher Antrag in die materielle Prüfung des Vorrangs (zur ursprünglich zeitlichen Priorität auch dieser Fälle vgl. § 14 Absatz 1 RegE, Zydek, 124) aufgenommen wird. Das kann zunächst nur der Antrag sein, bei dem Versagungsgründe der §§ 11, 12 nicht vorliegen.

Als weitere sachliche Voraussetzung für eine positive Entscheidung über den **10** Vorrang verlangt Absatz 2 Satz 1 außerdem die Aussage der zuständigen Behörde darüber, welcher Antrag unter Berücksichtigung des eingereichten Arbeitsprogramms und des vorgelegten Finanzierungskonzepts den Anforderungen einer sinnvollen und planmäßigen Aufsuchung oder Gewinnung am besten Rechnung trägt. Bei der Prüfung sind die sonstigen bergbaulichen Tätigkeiten des Antragstellers zu berücksichtigen (Kühne, Rechtsfragen, 79, nennt dies Vorrang kraft qualitativer Antragsüberlegenheit). Dabei ist eine Abwägung anzustellen, die sowohl erfolgsfördernde (z. B. Verbesserung der Kenntnisse über die Lagerstätte) als auch erfolgshemmende (z. B. Verschlechterung der Marktstrukturen, des Wettbewerbs) einbezieht. S. auch VG Leipzig, ZfB 1994, 143 ff., Neuhaus genannt Wever, Glückauf 1994, 617 f.

Diese Vorrangentscheidung gilt nach Absatz 2 Satz 2 ausdrücklich nicht für den **11** in § 12 Absatz 2 geregelten Vorrang des fündigen Erlaubnisinhabers. Er braucht sich der Prüfung seines Vorrangs vor einem Bewilligungsantrag nicht zu unterwerfen, sofern nicht nach der Erlaubniserteilung Tatsachen eingetreten sind, die eine Versagung rechtfertigen. Ist das nicht der Fall, so ist der Vorrang kraft gesetzlicher Anordnung gegeben.

Auf eine Vorrangregelung für die Verleihung von Bergwerkseigentum durfte das **12** Gesetz systemimmanent verzichten. Denn nur ein Bewilligungsinhaber kann nach § 13 Nr. 1 erfolgversprechend den Antrag auf Verleihung von Bergwerkseigentum stellen; in seinem Falle hat eine Vorrangentscheidung insoweit schon stattgefunden, sodass eine weitere überflüssig ist. Auch bei konkurrierenden Anträgen auf Verleihung von Erlaubnis und Bewilligung für den gleichen Bodenschatz und das gleiche Feld ist eine gesonderte Vorrangregelung überflüssig. Denn in diesem Falle geht die Gewinnung der Aufsuchung schon aus der Natur der Sache vor (Amtl. Begründung = Zydek, 124).

2. Rechtswirkung von Vorrangentscheidungen

Die Vorrangregelungen nach Absatz 1, 2 unterscheiden sich somit nicht nur **13** hinsichtlich der Kriterien, an denen das Gesetz die Entscheidung festmacht (zeitlicher Vorrang = Absatz 1 und sachlich/qualitativer Vorrang = Absatz 2), sondern auch hinsichtlich ihrer Rechtsfolgen:
Nach Absatz 1 entscheidet die zuständige Behörde lediglich über den Vorrang des Antragstellers, nicht jedoch darüber, ob der vorrangige Antragsteller dann auch tatsächlich die beantragte Berechtigung erhält.
Demgegenüber werden mit der qualifizierten **Vorrangentscheidung nach Absatz 2** auch die sachlichen und rechtlichen Voraussetzungen für die Erteilung der beantragten Berechtigung erfüllt. Insoweit ist die Vorrangentscheidung auch die materielle Entscheidung über den Antrag. Daran ändert auch die Tatsache nichts, dass wesentliche Versagungsgründe in Absatz 1 bereits geprüft worden sind, weil hier bereits ein Erlaubnisinhaber vorhanden ist.

Bei der gemäß § 14 Absatz 2 durchzuführenden Vorrangentscheidung kommt **14** der Behörde kein Ermessen zu, sie hat aber einen Beurteilungsspielraum (OVG Magdeburg, ZfB 1994, 230, 232; VG Chemnitz, ZfB 1996, 156, 162 ff.; VG Gera, ZfB 1996, 309, 314).

§ 15 Beteiligung anderer Behörden

Die zuständige Behörde hat vor der Entscheidung über den Antrag den Behörden Gelegenheit zur Stellungnahme zu geben, zu deren Aufgaben die Wahrnehmung öffentlicher Interessen im Sinne des § 11 Nr. 10 gehört.

Übersicht   Rn

I.   Vorbemerkung   1

II.   Verfahrensposition der Behörden   2

III. Funktion der Berücksichtigung öffentlicher Interessen   3

IV.   Antrag auf Verleihung von Bergwerkseigentum   7

V.   Beteiligung der Gemeinden   8

I. Vorbemerkung

1 Die Besonderheit dieser Vorschrift über die Behördenbeteiligung in Form einer Stellungnahme bereits im **Erteilungsverfahren für Bergbauberechtigungen** (BT-Drs 8/1315, 87 = Zydek, 111) liegt darin, dass sie der zuständigen Behörde mit der Beteiligungsentscheidung **die Abwägung** zwischen volkswirtschaftlich bergbaulichen Belangen und anderen öffentlichen Interessen in einem Stadium „auferlegt", in dem eine echte Kollision noch gar nicht entstehen kann. Denn zu diesem Zeitpunkt werden Rechte erst begründet, nicht aber auch i. d. P. umgesetzt und angewendet. Wegen dieser **Besonderheit** – etwa im Vergleich zu anderen Genehmigungen, Erlaubnissen oder Planfeststellungen – wurde die Versagung von Bergbauberechtigungen unter Berufung auf öffentliche Interessen im Sinne des § 11 Nr. 10 von (besonders) „[...] *gravierenden Voraussetzungen abhängig gemacht [...]*" (Zydek, 11; Kühne, Rechtsfragen, 81 ff.; ausführlich auch § 11 Rn 18 ff., unten Rn 3).

II. Verfahrensposition der Behörden

2 In § 15 wird die zuständige Behörde verpflichtet, anderen Behörden dann Gelegenheit zur Stellungnahme über einen Berechtigungsantrag zu geben, wenn und soweit die Wahrnehmung besonders definierter öffentlicher Interessen zur Aufgabe dieser Behörden gehört. Die zuständige Behörde muss demnach zunächst darüber entscheiden, ob öffentliche Interessen und welche im Sinne des § 11 Nr. 10 durch einen Antrag überhaupt berührt sein können und welche Behörde als die für die Wahrung dieser öffentlichen Interessen zuständige in das Erteilungsverfahren einzubeziehen ist. Die damit begründete **Anhörungspflicht** macht die angesprochenen Behörden allerdings **nicht** zu **Beteiligten** im Sinne des § 13 Absatz 1 Nr. 2 VwVfG, sondern lediglich zu **Anhörungsberechtigten** im Sinne des § 13 Absatz 3 VwVfG.

III. Funktion der Berücksichtigung öffentlicher Interessen

3 Gelegenheit zur Stellungnahme ist nach der Zweckrichtung dieser Vorschrift nur solchen Behörden zu geben, die nach Überzeugung der zuständigen Behörde **öffentliche Interessen des § 11 Nr. 10** wahrzunehmen haben. Das sind öffentlichen Interessen, die
– einen Bezug zu dem **gesamten** in Betracht kommenden **Feld** haben,
– gegenüber den volkswirtschaftlich bergbaulichen Interessen **überwiegen** und

– Aufsuchung und/oder Gewinnung im gesamten zuzuteilenden Feld **ausschließen** (Zydek, 111; Kühne, Rechtsfragen, 84 ff., 88 ff.; vgl. auch das Menzenschwand-Urteil des VGH BW vom 9.6.1988 (6 S 2972/84) = ZfB 130 (1989), 57 ff. mit Anmerkung Hans Schulte, 82 ff.). Die Amtl. Begründung verweist beispielhaft auf Erfordernisse des Naturschutzes und der Landschaftspflege, der Raumordnung und Landesplanung, des Verkehrs und des Gewässerschutzes. Dem Interesse einer möglichst umfassenden und lückenlosen Berücksichtigung dieser öffentlichen Interessen dient die in § 15 vorgesehene Anhörung anderer Behörden (Zydek, 111 f.; außerdem Kopp/Ramsauer, VwVfG, § 13 Rn 54 ff.).

Allerdings ist die zuständige Behörde auch **nur** verpflichtet, **Stellungnahmen**   **4**
gerade zu den öffentlichen Interessen des **§ 11 Nr. 10** bei ihrer Entscheidung zu **berücksichtigen.** Stellungnahmen anderer Träger öffentlicher Interessen kann sie berücksichtigen, soweit sie dies nach ihrem pflichtgemäßen Ermessen im Antragsverfahren für zweckmäßig hält.

Behörden, die **nicht** nach § 15 **beteiligt** worden sind, steht hiergegen kein   **5**
Rechtsmittel zu, weil sie im Antragsverfahren keine eigenständige Rechtsposition haben. Sie können deshalb keine Betroffenheit in eigenen Rechten oder rechtlichen Interessen geltend machen. Ihre Anhörung liegt ausschließlich bei der im öffentlichen Interesse entscheidenden zuständigen Behörde und dient nur deren besserer und umfassenderer Information (Kopp/Ramsauer, VwVfG, § 13 Rn 55).

Der vom Gesetzgeber für diese **frühzeitige Interessenabwägung** gegebenen   **6**
Begründung ist folgender ergänzender Gedanke hinzugefügt (Kühne, Rechtsfragen, 84 f.) worden:
Die Vorverlagerung der Abwägung bei der Entscheidung über den Versagungsgrund des § 11 Nr. 10 diene dem Ziel, Bergbauberechtigungen, deren spätere Ausübung schon im Zeitpunkt des Verleihungsverfahrens wegen entgegenstehender öffentlicher Interessen ausgeschlossen (*„im gesamten zuzuteilenden Feld"*, *„ausschließen"*) erscheine, gar nicht erst zur Entstehung zu bringen. Das schone insbesondere auch die Vermögensinteressen des Antragstellers, der anderenfalls in nutzlose Planungsaufwendungen hineingetrieben werde. Das ist auch im Hinblick auf die Beteiligung der verantwortlichen Behörde zur Wahrung öffentlicher Interessen sinnvoll.

IV. Antrag auf Verleihung von Bergwerkseigentum

Dem entspricht es auch, dass die Verpflichtung der zuständigen Behörde nach   **7**
§ 15 **nicht** im Verleihungsverfahren **für Bergwerkseigentum** nach den §§ 13, 17 besteht. Denn § 13 normiert gegenüber den Versagungsgründen bei Erlaubnis und Bewilligung eigenständige abschließende Versagungsgründe, die weder einen unmittelbaren noch einen mittelbaren Bezug zu § 11 Nr. 10 haben. Zudem ist Verleihungsvoraussetzung des Bergwerkseigentums der Bestand einer Bewilligung und insoweit hat die Verleihungsbehörde hinreichend Gelegenheit, die Übereinstimmung des Vorhabens mit den öffentlichen Interessen des § 11 Nr. 10 im Bewilligungsverfahren zu prüfen und ihnen ggf. durch Nebenbestimmungen Rechnung zu tragen. Darüber hinaus bleiben für die Wahrung öffentlicher Interessen und Belange das Betriebsplanverfahren und das Recht der zuständigen Behörde, die Gewinnung auch aufgrund eines Bergwerkseigentums nach § 48 Absatz 2 zu beschränken oder zu untersagen.

V. Beteiligung der Gemeinden

8 Differenziert betrachtet dies BVerwG, NVwZ 1999, 876 = ZfB 1998, 328: Danach gehören zu den Behörden, deren Aufgabe die Wahrnehmung öffentlicher Interessen i. S. des § 11 Nr. 10 ist, und denen deshalb nach § 15 vor der Entscheidung über die Verleihung einer Bergbauberechtigung Gelegenheit zur Stellungnahme zu geben ist, auch die Gemeinde, insbesondere im Hinblick auf Belange des Städtebaus. Das besondere Recht, das bei Nichtbeachtung verletzt sein kann, muss die Gemeinde allerdings dartun. Da § 15 auf § 11 Nr. 10 verweist, der ausdrücklich öffentliche Interessen anspricht, die die Aufsuchung „im gesamten zuzuteilenden Feld ausschließen", ist eine Kommune nach dem Wortlaut des § 15 nur zu beteiligen, wenn sie öffentliche Interessen „im gesamten zuzuteilenden Feld" vertritt (Attendorn, ZUR 2011, 567, zur Beteiligung beim Fracking). Eine einvernehmliche Beteiligung der Kommune ist jedoch nicht ausgeschlossen, wenn die Bewilligungsfelder die Gemeindegrenzen überschreiten. Nicht ausdrücklich geregelt ist in § 15, ob zu den Behörden, die um eine Stellungnahme ersucht werden müssen, auch die **Gemeinden** als Selbstverwaltungskörperschaften und Planungsträger zu zählen sind. Diese Frage ist zu verneinen, weil die Gemeinden insoweit keine Behörden sind und ihre Beteiligung ausdrücklich erst im Betriebsplanverfahren (§ 54 Absatz 2) stattfinden soll. Für eine frühere Beteiligung besteht insofern auch aus Sicht des Gesetzgebers kein Bedürfnis.

Mit der Rüge mangelnder Beteiligung gemäß § 15 allein kann die Gemeinde eine Verletzung eigener Rechte i. S. von § 42 Absatz 2 VwGO nicht geltend machen (BVerwG, NUR 1999, 318 = NVwZ 1999, 876; OVG Bautzen, ZfB 1998, 205, 208; VG Leipzig, ZfB 1994, 151; VG Weimar, ZfB 1995, 152; ZfB 1995, 228). Die bloße **Anhörung von Gemeinden** im Bewilligungsverfahren führt nicht dazu, dass diesen Drittschutz eingeräumt wird. Sie dient der Ermittlung, ob öffentliche Interessen vorliegen i. S. von § 11 Nr. 10. Der Vorschrift des § 11 Nr. 10 kommt kein Drittschutz zu.

§ 16   Form, Inhalt und Nebenbestimmungen

(1) Erlaubnis und Bewilligung bedürfen der Schriftform; die elektronische Form ist ausgeschlossen. Sie sind für ein bestimmtes Feld und für bestimmte Bodenschätze zu erteilen. Das gleiche gilt für Bergwerkseigentum. Die Erlaubnis ist als Erlaubnis zur Aufsuchung zu gewerblichen oder zu wissenschaftlichen Zwecken oder als Erlaubnis zur großräumigen Aufsuchung zu bezeichnen.

(2) Ein Erlaubnisfeld kann abweichend vom Antrag festgesetzt werden, soweit dies erforderlich ist, um eine Gefährdung der Wettbewerbslage der Bodenschätze aufsuchenden Unternehmen abzuwehren oder die Aufsuchung von Lagerstätten zu verbessern.

(3) Die nachträgliche Aufnahme, Änderung oder Ergänzung von Auflagen ist zulässig, wenn sie
1. für den Unternehmer und für Einrichtungen der von ihm betriebenen Art wirtschaftlich vertretbar und
2. nach den allgemein anerkannten Regeln der Technik erfüllbar sind und soweit dies zur Wahrung der in den §§ 11 und 12 Abs. 1 bezeichneten Rechtsgüter und Belange erforderlich ist.

(4) Die Erlaubnis ist auf höchstens fünf Jahre zu befristen. Sie soll um jeweils drei Jahre verlängert werden, soweit das Erlaubnisfeld trotz planmäßiger, mit der zuständigen Behörde abgestimmter Aufsuchung noch nicht ausreichend untersucht werden konnte.

(5) Die Bewilligung oder das Bergwerkseigentum wird für eine der Durchführung der Gewinnung im Einzelfalle angemessene Frist erteilt oder verliehen.

Dabei dürfen fünfzig Jahre nur überschritten werden, soweit dies mit Rücksicht auf die für die Gewinnung üblicherweise erforderlichen Investitionen notwendig ist. Eine Verlängerung bis zur voraussichtlichen Erschöpfung des Vorkommens bei ordnungs- und planmäßiger Gewinnung ist zulässig.

Übersicht   Rn

I.   Form- und Inhaltsvorschriften 1
1.   Regelungsgrundsätze 1
2.   Erteilung von Erlaubnis und Bewilligung 4
3.   Verleihung von Bergwerkseigentum 12

II.   Nebenbestimmungen 13
1.   Erteilung von Erlaubnis und Bewilligung 13
2.   Nachträgliche Nebenbestimmungen 23
    a) Allgemeine Grundsätze 23
    b) Nachträgliche Auflagen 24
3.   Ausnahme für Bergwerkseigentum 32

III.   Geltungsdauer der Berechtigungen 35
1.   Erlaubnis 35
2.   Bewilligung und Bergwerkseigentum 37

I. Form- und Inhaltsvorschriften

1. Regelungsgrundsätze

§ 16 ist eine Vorschrift, die bestimmte, zwar nicht abschließende, aber für alle **1** Bergbauberechtigungen geltende Regeln zu **Inhalt** und **Form** sowie zu **Fristen** und **Nebenbestimmungen** sozusagen vor die Klammer der Einzelregelungen zu den Berechtigungen zieht. Das gilt bis auf die Regelung für die abweichende Festlegung (Absatz 2) des **Erlaubnisfeldes**. Sie ist wegen des Bezugs auf die Wettbewerbslage der Aufsuchungsbetriebe und die Verbesserung der Lagerstättenexploration ein ausgesprochener **Fremdkörper** und wäre in den sachlichen Vorschriften über die Erlaubnis (§§ 7, 11) besser aufgehoben und systematisch zutreffender geregelt.

Auch die Hinweise zur erforderlichen Schriftform des **Bergwerkseigentums** und **2** die Bezeichnung des Feldes und der Bodenschätze sind überflüssig angesichts der §§ 13, 17 und können, die Geltungsdauer (Absatz 5) ausgenommen, nicht ohne die Ergänzung durch §§ 13, 17 gelesen und interpretiert werden. Eine Bergbauberechtigung kann in einer **einzigen Berechtsamsurkunde** auf mehrere bestimmte **Bodenschätze** erteilt werden, z. B. Verleihung auf Blei, Zink, Schwefelkies, Eisenerz (ZfB 1868, 207) oder auf Eisenerz, Kupfererz, Braunstein, Schwefelkies, Schwerspat (ZfB 1882, 128). Dies ergibt sich aus §§ 16 Absatz 1 Satz 2, 11 Nr. 1 („Bodenschätze") i. V. mit 12 Absatz 1 Satz 1 BBergG, 34 Nr. 5 ABG („Mineralien") (hierzu Kühne, ZfB 2008, 49; Boldt/Weller, § 11 Rn 4).

Hinsichtlich der **Nebenbestimmungen** bei den Bergbauberechtigungen Erlaubnis **3** und Bewilligung wird eine bergrechtsimmanente Regelung nur für die **nachträgliche** Aufnahme, Änderung oder Ergänzung von **Auflagen** getroffen. Die Anwendung von Nebenbestimmungen auf die Bergbauberechtigungen außerhalb dieser Regelung müssen dem VwVfG (z. B. § 5 VwVfG) entnommen werden. Das BBergG enthält insoweit keine eigenen Regelungen.

2. Erteilung von Erlaubnis und Bewilligung

4 Erlaubnis und Bewilligung werden durch die zuständige Behörde (die „zuständige Behörde" ist in den Ländern unterschiedlich geregelt; s. die Zuständigkeiten in den VOen der Landesregierungen über die Bestimmungen der zuständigen Behörden nach dem BBergG – jeweils gültige Fassung –, vgl. Zydek-Heller, Deutsches Bergrecht, 1998; Bd. II, III, unter den entsprechenden Ordnungsziffern) erteilt und bedürfen zu ihrer gültigen Entstehung der **Schriftform** (zu den Formvorschriften bei Entstehung des Bergwerkseigentums vgl. § 17 Rn 5 ff.). Eine Erteilung auf „andere Weise" (§ 37 Absatz 1 VwVfG) ist nicht rechtsgültig. Die **Schriftform** ist gewahrt, wenn die entscheidende Behörde erkennbar ist und die Unterschrift oder Namenswiedergabe des Behördenleiters, seines Vertreters oder Beauftragten auf der Urschrift der Erlaubnis- oder Bewilligungsurkunde enthalten sind (zum Fehlen der Schriftform und ihren Folgen s. § 56 Rn 4 f.).

5 Zur **Wirksamkeit** von Erlaubnis und Bewilligung bedarf es zudem nach § 43 VwVfG der **Bekanntgabe** gegenüber dem Antragsteller im Sinne einer wissentlichen und willentlichen **Eröffnung** des Verwaltungsakts durch die zuständige Behörde (Kopp/Ramsauer, VwVfG, §§ 41 Rn 6 ff., 29; 43 Rn 34). Erst mit der wirksamen Bekanntgabe laufen auch die Rechtsbehelfsfristen.

6 Werden Erlaubnis- oder Bewilligungsurkunde **durch die Post übermittelt,** so gelten sie mit dem dritten Tag nach Aufgabe bei der Post als bekanntgegeben; es sei denn, sie sind nicht oder zu einem späteren Zeitpunkt zugegangen. Bestehen **Zweifel** über den Zugang und/oder seinen Zeitpunkt, so ist die Behörde hinsichtlich der Gültigkeit des Zugangs und des richtigen Zeitpunkts nachweispflichtig (§ 14 Absatz 2 VwVfG).

7 Die **Erteilungen** von Erlaubnis und Bewilligung sind **gebundene, mitwirkungsbedürftige Verwaltungsakte** i. S. von §§ 35 VwVfG und 42 VwGO. Sie sind gleichzeitig **begünstigende** Verwaltungsakte i. S. von § 48 Absatz 1 VwVfG, **nicht** jedoch **Verwaltungsakte mit Doppelwirkung,** die den Antragsteller begünstigen und Dritte belasten. Denn die Erteilung von Erlaubnis und Bewilligung erfolgt unbeschadet privater Rechte Dritter. Insbesondere **Grundstückseigentümer** sind im Erteilungsverfahren unbeteiligte Dritte, sodass eine im Erteilungsverfahren getroffene Entscheidung für sie keine klagebegründende Wirkung entfalten kann (Willeke-Turner, Grundriß, 103); das Thema entfaltet seine eigentliche Brisanz erst im Betriebsplanverfahren und dort bereits im Vorfeld bei der Beteiligungsfähigkeit einzelner Grundeigentümer sowie der Gemeinden. Vgl. dazu ausführlich § 54 Rn 108 f. und 29 ff.

8 Für die nach § 37 VwVfG geforderte **inhaltliche Bestimmtheit** der Entscheidung sorgen die Vorschriften des BBergG und der jeweils konkrete Berechtigungsantrag. Er muss mit schriftlichen und zeichnerischen Darlegungen die maßgeblichen inhaltlichen Kriterien für die Prüfung der Versagungsgründe formulieren. Deshalb sind die in § 16 Absatz 1 Satz 1–3 angesprochenen Gesichtspunkte auch eher marginal und ein bloß formales Mindestprogramm zur Kennzeichnung des **Feldes,** der **Bodenschätze** und des zu verwendenden **Aufsuchungsbegriffs.** Letzteres ist geboten, um die verschiedenen Erscheinungsformen zu verdeutlichen und auf die aus den Aufsuchungsformen resultierenden Konkurrenzsituationen oder zulässigen Überschneidungen klarzustellen.

9 Eine selbstständige sachliche und damit für die **inhaltliche Bestimmtheit,** aber auch für die **Form** der Entscheidung maßgebliche Bestimmung ist die in Absatz 4, 5 geregelte **Dauer** der jeweiligen Berechtigung (Boldt/Weller, § 16 Rn 2, 12 ff.; die Befristung ist wesentliches Merkmal der Bergbauberechtigung im Rahmen des öffentlich-rechtlichen Konzessionssystem. Das verbietet der

Behörde die Festlegung der Geltungsdauer etwa in einer Nebenbestimmung). Sie ist wesentlicher Bestandteil der Entscheidung und muss in der Erteilungsurkunde selbst fixiert werden.

Erlaubnis und Bewilligung müssen aber außer den bergrechtsimmanenten auch **10** den allgemeinen öffentlich-rechtlichen **Anforderungen** des § 37 Absatz 1 VwVfG an die **inhaltliche Bestimmtheit** des Erteilungsakts entsprechen. Für den Adressaten müssen **Zweck, Sinn und Inhalt** der Entscheidung so vollständig, klar und unzweideutig erkennbar sein, dass er sein Verhalten danach richten kann. Erlaubnis und Bewilligung müssen überdies erkennen lassen, auf welchen Sachverhalt sie sich beziehen und was sie dem Antragsteller versagen oder gewähren. Neben dem **Erklärungsinhalt** muss also auch der **Regelungsgehalt** hinreichend klar, verständlich und widerspruchsfrei sein (Kopp/Ramsauer, VwVfG, § 37 Rn 5 ff.). Der Charakter von Erlaubnis und Bewilligung als Verwaltungsakt muss überdies deutlich erkennbar und der Adressat des Verwaltungsakts bestimmbar sein.

Neben der Sortierung der unterschiedlichen Erlaubnisformen und ihrer Inhalte **11** gibt Absatz 2 der zuständigen Behörde auch die Möglichkeit, das **Erlaubnisfeld abweichend** von dem **Erlaubnisantrag** festzusetzen. „Ordnungspolitisch" erklärter Zweck dieser Regelung war es, einerseits Monopolstellungen bei der Aufsuchung und damit verbundene Wettbewerbsverzerrungen zu vermeiden und andererseits die Möglichkeit zu haben, durch eine Begrenzung des Erlaubnisfeldes eine Verbesserung der Lagerstättenprospektion zu erreichen (Amtl. Begründung = Zydek, 129).

Für die erforderliche und zulässige **Feldesgröße für Geothermie** haben sich Maßstäbe in der Praxis entwickelt: Das Feld muss einerseits so groß sein, dass Geothermie in ausreichender Menge gewonnen werden kann. Andererseits darf die Größe nicht so bemessen sein, dass konkurrierende Aufsuchungs- und Gewinnungsinteressen längerfristig verhindert werden; Erlaubnisfelder für die Aufsuchung von Geothermie sind in der Praxis 50 km^2 bis 250 km^2, Bewilligungsfelder deutlich kleiner (Große, ZuR 2009, 537, unter Hinweis auf Schulz, Geothermische Energie 40, 9 f.).

Die Bergbehörde kann gemäß § 16 Absatz 2 abweichend vom Antrag eine andere Feldergröße festsetzen, sofern dafür die Voraussetzungen vorliegen. Wegen des eindeutigen Wortlauts ist § 16 Absatz 2 aber nur auf den Erlaubnisantrag, nicht auf den Antrag auf Bewilligung anzuwenden.

Ist eine Bergbauberechtigung erteilt, können wegen der Ausschließlichkeit des Aufsuchungs- und Gewinnungsrechts weitere Geothermieprojekte in unterschiedlichen Tiefen desselben Feldes nicht zugelassen werden. *„Im Geviertfeldsystem des § 161 Abs. 2 Satz 1 ist die Erteilung getrennter Gewinnungsberechtigungen für die in unterschiedlicher Tiefe betriebenen Vorhaben ausgeschlossen"* (Franke, FS-Kühne S. 515 m. w. N.). Zu Geotermie s. auch § 3 Rn 47, § 4 Rn 20; Anhang § 56 Rn 565.

3. Verleihung von Bergwerkseigentum

Für das **Bergwerkseigentum** und seine Verleihung gelten grundsätzlich die **12** gleichen formalen und inhaltlichen Festlegungen wie bei Erlaubnis und Bewilligung: Schriftform, Feldes- und Bodenschatzbezeichnung sowie Dauer der Berechtigung.

Die **Rechtswirkungen** sind jedoch anders, weil durch die Entscheidung über die Berechtigung allein das Bergwerkseigentum noch nicht entsteht. Das geschieht erst mit der Verleihung nach § 17 Absatz 1 Satz 1 durch Zustellung der Berechtsamsurkunde. Erst dann erlischt auch die dem Bergwerkseigentum zugrunde liegende Bewilligung. Die Entscheidung über das Bergwerkseigentum im Sinne des § 16 lässt also **lediglich eine Anwartschaft** (Boldt/Weller, § 16 Rn 4, Anmerkung zu § 17 Rn 4) darauf entstehen. Mit dem Wirksamwerden (§ 43 Absatz 1 VwVfG) dieser Entscheidung ist andererseits die **Behörde** derart an den Inhalt ihrer Entscheidung **gebunden**, dass sie nicht mehr anderweitig über den Regelungsbereich verfügen und der Antragsteller dadurch einen Rechtsanspruch auf Zustellung der entsprechenden Berechtsamsurkunde erfolgreich geltend machen kann (Boldt/Weller, § 16 Rn 4).

II.   Nebenbestimmungen

1.   Erteilung von Erlaubnis und Bewilligung

13   Als gebundene begünstigende Verwaltungsakte, auf deren Erlass ein Rechtsanspruch besteht, dürfen Erlaubnis und Bewilligung mit **Nebenbestimmungen nur** versehen werden, wenn diese gesetzlich zugelassen sind oder sicherstellen sollen, dass Erteilungsvoraussetzungen (§§ 11, 12) erfüllt oder Versagungsgründe ausgeräumt werden (§ 36 VwVfG).

14   Das grundsätzliche Erfordernis **gesetzlicher Zulassung** folgt daraus, dass die Nebenbestimmung den Anspruch auf Erlass des Verwaltungsakts grundsätzlich beschränkt. Das ist der Verwaltung aber nur kraft gesetzlicher Ermächtigung gestattet. **Anders** verhält es sich nur dort, wo eine Nebenbestimmung der **Sicherstellung gesetzlich** vorgesehener **Voraussetzungen** dient. Denn hier räumt die Nebenbestimmung gerade anspruchsversagende Gründe aus.

15   Als mögliche **Arten von Nebenbestimmungen** und ihre rechtlichen Wirkungen (beispielhafte Darstellungen bei Kopp/Ramsauer, VwVfG, § 36 Rn 13–39; Wolff/Bachof/Stober, II, § 47 Rn 3 ff.) sind stichwortartig Folgende zu nennen:
–   **Bedingungen** sind nach § 36 Absatz 2 Nr. 2 VwVfG Bestimmungen, nach denen der Eintritt oder Wegfall einer Begünstigung oder Belastung von dem ungewissen Eintritt eines zukünftigen Ereignisses abhängt. Derartige Bestimmungen sind zwar grundsätzlich bei der Erteilung von Bergbauberechtigungen zulässig, doch nur in Ausnahmefällen gerechtfertigt, weil der Unternehmer mit der Berechtigung zum Schutz seiner künftigen Investitionen gerade eine sichere Rechtsposition erhalten soll.
–   **Auflagen** i. S. von § 36 Absatz 2 Nr. 4 VwVfG sind Bestimmungen, die einem begünstigten Unternehmer ein Tun, Dulden oder Unterlassen vorschreiben. Sie sind selbstständige Verwaltungsakte, können gleichzeitig mit dem zu ergänzenden Verwaltungsakt (§ 36 Absatz 2 Nr. 4 VwVfG) oder nachträglich (§ 16 Absatz 3) erlassen werden und sind selbstständig mit Rechtsmitteln angreifbar.
–   Unter **Befristung** versteht § 36 Absatz 2 Nr. 1 VwVfG eine Nebenbestimmung, nach der eine Begünstigung oder Belastung zu einem bestimmten Zeitpunkt beginnt, endet oder für einen bestimmten Zeitraum gilt. Keine Befristung allerdings ist die Geltungsdauer der Bergbauberechtigungen, da sie mit dem erteilenden Verwaltungsakt selbst als dessen wesentlicher Inhalt festgelegt wird (Kopp/Ramsauer, VwVfG, § 36 Rn 16).
–   § 36 Absatz 2 Nr. 3 VwVfG räumt mit dem sog. **Widerrufsvorbehalt** der Behörde die Befugnis ein, bei Vorliegen bestimmter Umstände oder nach allgemeinen Grundsätzen von Ermessensentscheidungen den mit dem Vorbehalt versehenen Verwaltungsakt ganz oder teilweise zu widerrufen und dadurch seine Wirksamkeit zu beenden (§ 49 Absatz 2 Nr. 1 VwVfG). Konstitutive Bedeutung kann einem Widerrufsvorbehalt allerdings nur dann zukommen, wenn dadurch der Widerruf etwa einer Berechtigung an andere, engere oder weitere Voraussetzungen gebunden wird als die gesetz-

liche Regelung (§ 18) dies vorsieht. Zulässig ist ein solcher Widerrufsvorbehalt allerdings nur, wenn die gesetzlichen Widerrufsgründe nicht abschließend sind, anderenfalls könnte sich die zuständige Behörde mit dem Widerrufsvorbehalt unzulässigerweise einen weiteren Aufhebungsgrund schaffen (BVerwGE 45, 235, 241).
– Keine Rolle spielt im Bergrecht wegen der systemimmanenten gesetzlichen Regelungen der §§ 16 Absatz 3, 56 Absatz 1 der **Vorbehalt nachträglicher Auflagen** (§ 36 Absatz 2 Nr. 3 VwVfG).

Wegen des im Bergrecht geltenden Subsidiaritäts- und Spezialitätsprinzips (§ 5) **16** gilt für die **Beifügung von Nebenbestimmungen** bereits anlässlich von Entscheidungen über die Erteilung von Bergbauberechtigungen Folgendes: Erlaubnis und Bewilligung können grundsätzlich unter Auflagen, Bedingungen und ggf. zusätzlichen Befristungen erteilt werden, sofern dabei die gesetzlichen Voraussetzungen des § **36 Absatz 1** VwVfG beachtet werden. Einem Verwaltungsakt, auf dessen Erlass ein Rechtsanspruch besteht, dürfen nur dann und nur soweit Nebenbestimmungen beigefügt werden als sie die **Erfüllung der gesetzlichen Voraussetzungen** für den Erlass des Verwaltungsakts sicherstellen. Damit soll im Interesse des Antragstellers erreicht werden, dass bei Fehlen bestimmter Voraussetzungen der Erlass eines Verwaltungsakts nicht gänzlich abgelehnt wird, sondern über Beifügung von Nebenbestimmungen **Hinderungsgründe ausgeräumt werden** und der Verwaltungsakt erlassen werden kann (beispielhaft Kopp/Ramsauer, VwVfG, § 36 Rn 39, 51 ff.; zum sog. Koppelungsverbot beim Erlass von Nebenbestimmungen s. Wolff/Bachof/Stober, I, § 30 Rn 10).
Zu Nebenbestimmungen in der Zulassung des Betriebsplans s. § 56 Rn 112 ff.

Die **Entscheidung** darüber, ob die Behörde von dieser Möglichkeit des § 36 **17** Absatz 1 VwVfG Gebrauch macht, steht grundsätzlich in ihrem **Ermessen** (§ 40 VwVfG), soweit nicht besondere Rechtsvorschriften etwas anderes anordnen. Bei der Ausübung des Ermessens darf die Behörde allerdings **keine** dem Zweck des Verwaltungsakts **zuwiderlaufenden Nebenbestimmungen** erlassen. Sofern sie erlassen werden, müssen sie mit dem Verwaltungsakt insoweit in einem Zusammenhang stehen, als sie die Schaffung oder Beseitigung von Umständen zum Ziel haben, deren Fehlen oder Vorhandensein die Verwaltung zwingen oder im Rahmen des Ermessens berechtigen würde, die Regelung in der Hauptsache zu versagen oder mit einem Inhalt zu versehen, der für den Betroffenen ungünstiger ist.

Nebenbestimmungen zu **begünstigenden Verwaltungsakten** sind, sofern sie nicht **18** deren gesetzliche Voraussetzungen sicherstellen sollen, nur dann zulässig, wenn und soweit sie der **Verhinderung, Beseitigung oder Minderung von Nachteilen** dienen, die der Allgemeinheit oder einem Einzelnen entstehen oder bereits erstanden sind. Zwischen dem Verwaltungsakt und den zu besorgenden oder zu beseitigenden Nachteilen muss ein adäquater **Kausalzusammenhang** bestehen (BVerwGE 41, 186).

Nebenbestimmungen müssen, gleichgültig ob selbstständige Verwaltungsakte **19** oder nicht, **inhaltlich** so **hinreichend bestimmt sein** (§ 37 Absatz 1 VwVfG), dass der Antragsteller aus ihnen zweifelsfrei entnehmen kann, was er tun oder lassen soll, weil sonst die Nebenbestimmung unbestimmt ist und damit rechtswidrig sein kann. Das ist der Fall,
– wenn die Versagungsgründe der §§ 11, 12 lediglich wiederholt werden oder
– unbestimmte Rechtsbegriffe wie „angemessen", „ausreichend", „erforderlich", „vorübergehend" oder „zumutbar" verwendet werden, die eines Werturteils zu ihrer Konkretisierung bedürfen.

20 Eine besondere **Begründung** wird bei den meisten Nebenbestimmungen entbehrlich sein (§ 39 Absatz 2 VwVfG), außerdem kann sie erforderlichenfalls nachgeholt werden (§ 47 Absatz 1 Nr. 2 VwVfG). Da Nebenbestimmungen der Erlaubnis oder Bewilligung hinzugefügt werden, gilt die Schriftform (§ 16 Absatz 1 Satz 1) auch für sie und eine evtl. Begründung.

21 Hinsichtlich der selbstständigen **Anfechtbarkeit von Nebenbestimmungen** gilt:
– **Bedingungen und Befristungen** sind unselbstständige Teile der jeweiligen Genehmigung und können daher nur zusammen mit dieser angefochten werden (BVerwGE 29, 261 ff., 265).
– **Auflagen und** Widerrufs- oder Auflagen**vorbehalte** sind hingegen selbstständig anfechtbare Verwaltungsakte (BVerwGE 36, 145 ff., 154; zur sog. modifizierenden Auflage s. Ule, BImSchG, § 12 Rn 13; Kopp/Ramsauer, VwVfG, § 36 Rn 35 ff.). Eine Anfechtungsklage gegen eine Berechtigung, die mit einer Auflage, einem Widerrufs- oder Auflagenvorbehalt versehen ist, stellt gleichzeitig eine Verpflichtungsklage auf Erteilung einer Berechtigung **ohne** diese Nebenbestimmung dar. Gegen die Ablehnung einer beantragten Auflage kann vom Antragsteller mit einer allgemeinen Leistungs- oder Verpflichtungsklage auf Erteilung vorgegangen werden.

22 Die **Nichtigkeit einer Nebenbestimmung** ist grundsätzlich auf diese beschränkt (§ 44 Absatz 1, 2, 4 VwVfG); es sei denn, der nichtige Teil ist so wesentlich, dass die Behörde die Bergbauberechtigung ohne ihn gar nicht erteilt hätte. Das ist dann der Fall, wenn
– der von der Nichtigkeit berührte Teil eines Verwaltungsakts für sich allein keinen Bestand haben kann, weil er in jedem Fall unvollständig bleibt oder
– sich aus dem Inhalt des Verwaltungsakts ergibt, dass er von der Behörde nur als untrennbare Einheit gewollt war (OVG Münster = DVBl 1959, 78 Nr. 33).

2.   Nachträgliche Nebenbestimmungen

23 a) **Allgemeine Grundsätze.** Grundsätzlich ist die **nachträgliche** Anordnung, Ergänzung oder Änderung von **Nebenbestimmungen,** soweit gesetzlich nichts anderes vorgesehen ist, nur dann zulässig, wenn
– sie im ursprünglichen Verwaltungsakt nach § 36 Absatz 2 Nr. 5 VwVfG oder in Analogie dazu aufgrund von § 36 Absatz 2 Nr. 3 VwVfG **vorbehalten wurde** oder
– die Voraussetzungen eines **Widerrufs** nach § 49 VwVfG, einer **Rücknahme** nach § 48 VwVfG oder einer **Abänderung** des Verwaltungsakts im Wiederaufnahmeverfahren nach § 51 VwVfG vorliegen.
Eine derartige, nachträgliche Anordnung, Änderung oder Ergänzung von Nebenbestimmungen bedeutet sachlich immer eine **teilweise Aufhebung des ursprünglichen** Verwaltungsakts verbunden mit einem teilweisen **Neuerlass** eines Verwaltungsakts mit teilweise **anderem Inhalt.** Für beides müssen deshalb Gründe für die rechtmäßige Ausübung eines Widerrufs- oder Rücknahmerechts **und** für den Erlass eines neuen Verwaltungsakts erfüllt sein.

24 b) **Nachträgliche Auflagen.** Das BBergG hat in § 16 Absatz 3 nur die **nachträgliche** Aufnahme, Änderung und Ergänzung von **Auflagen** geregelt und ausdrücklich zugelassen. Es legt die rechtlichen Voraussetzungen abschließend fest, nach denen allein die nachträgliche Aufnahme, Änderung oder Ergänzung von Auflagen zu Erlaubnis und Bewilligung zulässig sind. Andere nachträgliche Nebenbestimmungen wie Befristung, Bedingung, Widerrufs- oder Auflagenvorbehalt können deshalb nicht auf § 16 Absatz 3 gestützt werden. Für sie gelten die allgemeinen Grundsätze.

Die **Voraussetzungen,** auf die eine nachträgliche Auflage, ihre Änderung oder   **25** Ergänzung gestützt werden darf, entstammen Rechtsgedanken des früheren § 25 Absatz 3 Satz 3 GewO und des § 17 Absatz 2 Satz 2 BImSchG. Sie bestimmen, dass Aufnahme, Änderung oder Ergänzung
– von Auflagen für den Unternehmer und Einrichtungen der von ihm betriebenen Art **wirtschaftlich vertretbar,**
– nach den allgemein anerkannten Regeln der **Technik erfüllbar** und
– zur Wahrung der in den §§ 11, 12 bezeichneten Rechtsgüter und Belange **erforderlich** sein müssen. Zur umfassenden Interpretation der Begriffe „wirtschaftliche Vertretbarkeit" und „technische Erfüllbarkeit" vgl. § 56 Rn 245 ff., 252 ff.; Boldt/Weller, BBergG, §§ 16 Rn 5 ff., 56 Rn 16 ff.).

Neben der wirtschaftlichen Vertretbarkeit und technischen Erfüllbarkeit nach-   **26** träglicher Auflagen, ihrer Änderung oder Ergänzung ist deren **Erforderlichkeit** von Bedeutung, die Frage also, ob der mit den §§ 11, 12 verfolgte Zweck des Gesetzes auch ohne diese Maßnahme erreicht werden kann oder nicht. Für die Beantwortung ist entscheidend, ob die Maßnahme hierfür **objektiv geeignet** ist. Ist sie das nicht, kann sie auch nicht erforderlich (zum Begriff der Erforderlichkeit, der aus dem Polizeirecht stammt, etwa § 51 prPVG, OVG Lüneburg = DVBl 1957, 275 ff.) sein.

Andererseits muss klar sein, dass **nicht** jede geeignete Maßnahme auch **erfor-**   **27** **derlich** ist. Vielmehr ist unter mehreren Maßnahmen nur die erforderlich, ohne die der Zweck der gesetzlichen Vorschrift nicht erreicht werden kann. Maßnahmen, durch die der Zweck des Gesetzes auch erreicht werden kann, die aber mehr verlangen als dafür unerlässlich ist (Übermaß), sind nicht erforderlich. Nicht erforderlich sind daher Auflagen, die eine zeitlich unbegrenzte Maßnahme treffen, wenn eine zeitlich begrenzte genügt oder eine sachlich umfassende, wo eine sachlich eingeschränkte ausreicht (Ule, BImSchG, § 12 Rn 8).

Der Begriff der Erforderlichkeit ist ein **Rechtsbegriff,** dessen Inhalt und Umfang   **28** von den Verwaltungsgerichten nachgeprüft werden kann. Er ist jedoch ein unbestimmter Rechtsbegriff, dessen Anwendung auf den Einzelfall ein ergänzendes Werturteil der Behörde erforderlich macht. In Grenzfällen kann das dazu führen, dass mehr als eine der möglichen Entscheidungen vetretbar und deshalb als rechtmäßig anzusehen ist.

Objektiv nicht geeignet sind Maßnahmen, die etwas **tatsächlich** und **rechtlich**   **29** **Unmögliches verlangen,** wobei wirtschaftliches Unvermögen mit tatsächlicher Unmöglichkeit nicht gleichgesetzt werden darf. Rechtlich unmöglich ist für einen Unternehmer auch eine Handlung, zu der er privatrechtlich nicht befugt ist oder zu der er der Zustimmung eines Dritten bedarf, es sei denn, die Erteilung dieser Zustimmung kann objektiv vorausgesetzt werden. **Ungeeignet** ist eine Maßnahme hingegen **nicht** schon dann, wenn durch sie eine Gefahr nicht vollständig, sondern nur teilweise abgewehrt wird (Ule, aaO). Das gilt auch für die Beseitigung von Versagungsgründen im Erteilungsverfahren.

Aufnahme, Änderung oder Ergänzung von nachträglichen Auflagen liegt im   **30** **Ermessen** der zuständigen Behörde. Sie kann darüber entscheiden, **ob** sie die Auflage erlassen, ändern oder ergänzen will (Erschließungsermessen) **und welche** Maßnahme sie trifft (Auswahlermessen). Hierbei muss sie nach § 40 VwVfG die gesetzlichen Grenzen des Ermessens einhalten. Das sind neben der Vermeidung von Ermessensüber- oder -unterschreitungen die Einhaltung des Gleichheitsgrundsatzes besonders in Fällen der Selbstbindung der Verwaltung durch Verwaltungsvorschriften, die Beachtung der Grundsätze der Sozialstaatlichkeit und Verhältnismäßigkeit (Stelkens/Bonk/Leonhardt, VwVfG, § 40 Rn 27; Kopp/Ramsauer, VwVfG, Vorbem. § 40 Rn 41 ff.).

31   **Rechtsmittel** gegen die Aufnahme, Änderung oder Ergänzung einer nachträglichen Auflage ist der **Widerspruch** nach § 68 VwGO, sofern er nicht landesrechtlich entfallen ist. Wird diesem nicht abgeholfen und lehnt auch die Widerspruchsbehörde die Aufhebung ab (§ 73 VwGO), so kann der Unternehmer **Anfechtungsklage** erheben (§§ 42, 74 VwGO) oder – bei Vorliegen der entsprechenden Voraussetzungen – auch **Untätigkeitsklage** (§ 75 Absatz 1 Satz 1 VwGO). Widerspruch und Anfechtungsklage haben eine aufschiebende Wirkung (§ 80 Absatz 1 VwGO). Ordnet die zuständige Behörde sofortige Vollziehung nach § 80 Absatz 2 Nr. 4 VwGO an, so kann der Unternehmer hiergegen mit dem Wiederherstellungsantrag nach § 80 Absatz 5 VwGO hinsichtlich der aufschiebenden Wirkung oder der Anfechtungsklage vorgehen (Redecker-von Oertzen, VwGO, § 80 Rn 55 ff.; OVG Münster, DVBl 1972, 461 ff.). S. Rechtsmittel im Betriebsplanverfahren § 56 Rn 172 ff.

3.   Ausnahme für Bergwerkseigentum

32   Die systematische Stellung des **Absatz 3** mit seiner sachlichen Nähe zu Erlaubnis und Bewilligung legt den Schluss nahe, dass die nachträgliche Aufnahme, Änderung oder Ergänzung von Auflagen nur für die Berechtigungen gelten soll, **nicht** jedoch für das **Bergwerkseigentum**. Ein weiteres Argument hierfür ist, dass die Wahrung der in den §§ 11, 12 Absatz 1 bezeichneten Rechtsgüter und Belange bei den Verleihungsvoraussetzungen für das Bergwerkseigentum nach § 13 keine Rolle spielt. Damit fehlt es für nachträgliche Auflagen an der Erforderlichkeit und so an einer der kumulativ erforderlichen Zulässigkeitsvoraussetzungen.

33   Eine andere Beurteilung ergibt sich, wenn **Nebenbestimmungen gleichzeitig mit der Verleihung** von Bergwerkseigentum angeordnet werden. So kann durchaus etwa ein **Auflagenvorbehalt** i. S. von § 36 Absatz 2 Nr. 5 VwVfG mit der Verleihung verbunden werden, um die Erfüllung der Verleihungsvoraussetzungen nach § 13 sicherzustellen. Für die Zulässigkeit von unmittelbar mit der Verleihung des Bergwerkseigentums verbundenen **Auflagen** spricht auch, dass diese selbstständig als hoheitliche Anordnungen zu diesem hinzutreten, ohne die Rechtswirksamkeit oder -natur des Bergwerkseigentums als beleihungs- und eintragungsfähiges, grundstücksgleiches Recht zu beeinträchtigen.

34   Bei **Bedingungen und/oder Befristungen** ist Folgendes zu beachten: Befristungen können die gesetzliche Regelung der Geltungsdauer von Berechtigungen einschließlich des Bergwerkseigentums nicht aus den Angeln heben (Boldt/Weller, § 16 Rn 2, 12 ff.). Für **Bedingungen** gilt der Rechtsgedanke des § 925 Absatz 2 BGB. Danach könnte das Bergwerkseigentum unter einer Bedingung nicht rechtswirksam entstehen und als bedingtes Recht nicht als Realkreditobjekt dienen. Der eigentliche normative Sinn des Bergwerkseigentums ist, für die Finanzierung ein Beleihungsprojekt zur Verfügung zu stellen. Das ist durch bedingtes Bergwerkseigentum nicht möglich.

III.   Geltungsdauer der Berechtigungen

1.   Erlaubnis

35   Alle Bergbauberechtigungen des BBergG sind, soweit nicht aus bisherigem Recht übergeleitet, zeitlich in ihrer **Geltungsdauer begrenzt**. Diese zeitliche Begrenzung ist Teil der inhaltlichen Bestimmtheit der Bergbauberechtigungen und orientiert sich an der wirtschaftlichen Bedeutung des Vorhabens und dem Schwierigkeitsgrad seiner technischen Durchführung. Sie ist ein wesentlicher Bestandteil des

Konzessionssystems und verbietet die Festlegung einer Befristung etwa durch eine Nebenbestimmung.

Die **Erlaubnis** ist in jeder ihrer möglichen Erscheinungsformen auf höchstens **36** **fünf Jahre** befristet, darf danach aber um **jeweils drei Jahre** verlängert werden, soweit das Erlaubnisfeld trotz planmäßiger Aufsuchung wegen komplizierter Aufsuchungsverhältnisse noch nicht ausreichend untersucht werden konnte (der ursprüngliche Entwurf (= Zydek, 129, 130) hatte nur zwei Verlängerungen um max. fünf Jahre zugelassen). Damit kann die Erlaubnis so lange aufrechterhalten bleiben, bis das Feld ausreichend untersucht ist. Eine bergrechtliche Erlaubnis zur Aufsuchung soll **verlängert** werden, wenn die bisherige Aufsuchungstätigkeit dem vom Inhaber der Erlaubnis nach § 11 Nr. 3 vorgelegten **Arbeitsprogramm** entsprochen hat. Nur dann liegt eine planmäßige mit der Behörde abgestimmte Aufsuchung i. S. von § 16 Absatz 4 Satz 2 vor (BVerwG, ZfB 2011, 106; VGH Mannheim, ZfB 2010, 176, 182 = ZUR 2010, 423). Änderungen, die die Auswirkungen auf die Umsetzung des Arbeitsprogramms haben, können berücksichtigt werden, bedürfen aber der ausdrücklichen, nicht nur stillschweigenden Zustimmung der Bergbehörde (Große, ZUR 2010, 427).
Unerheblich für die Verlängerung sind: die Vergütungsbedingungen für Geothermie nach dem EEG, die Förderung nach dem Marktanreizprogramm, die geologischen Verhältnisse, die Verfügbarkeit von Bohrtechnik. Fehlt es an den Voraussetzungen des § 16 Absatz 2 Satz 4, kann nur nochmals ein neuer Antrag auf Erlaubnis gestellt werden, der bei konkurrierenden Anträgen nach den Anforderungen des § 14 Absatz 2 Satz 1 zu prüfen ist (Große, ZUR 2010, 427). Eine Verlängerung der Bewilligung ist nicht mehr zulässig, wenn bei Anragstellung die Bewilligung bereits abgelaufen und gemäß § 43 Absatz 2 VwVfG nicht mehr wirksam ist. Eine Verlängerung der Frist des § 16 Absatz 5 Satz 1 durch die Bergbehörde ist unzulässig, da es sich um eine gesetzliche Frist handelt (VG Leipzig ZfB 2011, 75).
§ 16 Absatz 4 Satz 2 regelt die **Voraussetzungen** für die Verlängerung **nicht abschließend**. Daneben sind die Versagungsgründe des § 11 zu beachten, soweit sie nicht durch die erstmalige Erteilung der Erlaubnis verbraucht sind (BVerwG, ZfB 2011, 109).
Das **Arbeitsprogramm** ist nicht unabänderlich. **Unwesentliche Abweichungen** vom ursprünglichen Programm sind von der anfänglichen Zustimmung der Bergbehörde anlässlich der Erlaubniserteilung gedeckt (BVerwG, aaO). Bei **wesentlichen Abweichungen** ist die Zustimmung der Bergbehörde erforderlich, um die Anforderungen des § 16 Absatz 4 Satz 2 zu erfüllen. Die Zustimmung zur Abweichung ist eine Ermessensentscheidung, kein gebunder Verwaltungsakt. Bei Verweigerung kann dagegen nicht gesondert geklagt werden (BVerwG, aaO).

2. Bewilligung und Bergwerkseigentum

Die Geltungsdauer von Bewilligung (§ 8) und Bergwerkseigentum (§ 9) ist zwar **37** nicht auf eine bestimmte Jahreszahl fixiert, aber in einen zeitlichen Rahmen bis zu **50 Jahren** eingebunden. Diesen Rahmen hält der Gesetzgeber grundsätzlich für angemessen, um die vorgesehene Gewinnung im Einzelfall durchzuführen und auch abzuschließen. Doch auch dieser Zeitrahmen darf unter zwei, vom Unternehmer zu begründenden Gesichtspunkten ausgedehnt werden,
– wenn und soweit die bis dahin getätigten, erforderlichen und üblichen **Investitionen** dies notwendig machen, womit sichergestellt werden soll, dass die Investitionsentscheidungen des Unternehmens nicht durch Zeitbegrenzungen seitens der Aufsichtsbehörden unterlaufen werden (die Beurteilung der Üblichkeit liegt nicht im freien Ermessen der Behörde, sondern ist

an vergleichbaren Investitionsentscheidungen des Unternehmens zu messen) und
- wenn dies bei ordnungs- und planmäßiger Gewinnung für die Dauer bis zur voraussichtlichen **Erschöpfung des Vorkommens** sinnvoll erscheint.

38 **Keine Befristung** ist wegen der damit verbundenen eigentumsrechtlichen Fragen für aufrechterhaltenes Bergwerkseigentum der §§ 149, 151 vorgesehen. Das ist in § 151 Absatz 1 erster Halbs. expressis verbis festgelegt, indem das Bergwerkseigentum als **nicht befristetes, ausschließliches und grundstücksgleiches** Gewinnungsrecht nach den Vorschriften des BBergG gewährt wird (zu den Einzelheiten vgl. § 151 Rn 4 ff.).

39 **Vergaberechtliche Pflichten:** Eine besondere außerbergrechtliche Pflicht trifft **Unternehmen, die nach dem BBergG berechtigt sind, Erdöl, Gas, Kohle oder andere Festbrennstoffe aufzusuchen oder zu gewinnen.** Nach § 129 b GWB sind sie verpflichtet, bei Vergabe von Liefer-, Bau- oder Dienstleistungen oberhalb der festgelegten Schwellenwerte den Grundsatz der Nichtdiskriminierung und der wettbewerbsorientierten Auftragsvergabe zu beachten. Sie müssen interessierte Unternehmen ausreichend informieren und bei der Auftragsvergabe objektive Kriterien zugrunde legen (ZfB 2009, 142). Nach § 129 b Absatz 2 GWB können sie von dieser Pflicht befreit werden.

§ 17   Entstehung des Bergwerkseigentums

(1) Bergwerkseigentum entsteht mit der Zustellung der Berechtsamsurkunde an den Antragsteller. Die Zustellung ist erst zulässig, wenn die Entscheidung über die Verleihung unanfechtbar geworden ist. Mit der Entstehung des Bergwerkseigentums erlischt die Bewilligung für den Bereich des Bergwerksfeldes.

(2) Die Berechtsamsurkunde besteht aus der Urkunde über die Verleihung (Verleihungsurkunde) und einer Ausfertigung des Lagerisses, den die zuständige Behörde mit dem Inhalt der Entscheidung über die Verleihung in Übereinstimmung zu bringen hat. Die Verleihungsurkunde muß enthalten
1. den Namen und Wohnort des Berechtigten (Bergwerkseigentümers),
2. den Namen des Bergwerkseigentums,
3. die genaue Angabe der Größe und Begrenzung des Bergwerksfeldes unter Verweisung auf den Lageriß,
4. die Namen der Gemeinden, in denen das Bergwerkseigentum liegt,
5. die Bezeichnung der Bodenschätze, für die das Bergwerkseigentum gilt,
6. Datum der Urkunde, Siegel und Unterschrift.

(3) Die zuständige Behörde ersucht das Grundbuchamt um Eintragung des Bergwerkseigentums im Grundbuch. Dem Ersuchen ist eine beglaubigte Abschrift der Berechtsamsurkunde beizufügen.

(4) Das Grundbuchamt hat die zuständige Behörde von der Eintragung eines neuen Bergwerkseigentümers zu benachrichtigen.

Übersicht   Rn

I.   Regelungsgrundsatz   1
II.   Entscheidung über die Verleihung   3
III. Entstehung des Bergwerkseigentums   5
IV.   Die Berechtsamsurkunde   8
V.   Eintragungsersuchen   10

I. Regelungsgrundsatz

§ 17 regelt die Besonderheiten der Entstehung des **Bergwerkseigentums** als **1** grundstücksgleiches, eintragungs- und beleihungsfähiges Gewinnungsrecht. In ihrem Regelungsgehalt entspricht die Vorschrift dem früheren Landesrecht (Vgl. etwa §§ 31 ff. ABG NRW). Anders jedoch als dieses sagt § 17 zu dem eigentlichen Verfahren der Verleihung nichts aus. Er legt vielmehr das **Schwergewicht** der Regelung auf den **Entstehungsvorgang** für das Bergwerkseigentum (Absatz 1), auf den **notwendigen Inhalt** des Entstehungsdokuments „**Berechtsamsurkunde**" (Absatz 2) und auf den **Eintragungs**vorgang im **Berggrundbuch** (Absatz 3).

Vier **Regelungsaspekte** sind dabei zu unterscheiden: **2**
– Die **Entscheidung über die Verleihung** des Bergwerkseigentums;
– der **Entstehungsgrund** und der **Entstehungszeitpunkt** des Bergwerkseigentums;
– die **inhaltlichen Anforderungen** an die Verleihungsurkunde;
– die **formellen Anforderungen** an die Entstehung.

II. Entscheidung über die Verleihung

Vor der rechtswirksamen Entstehung des Bergwerkseigentums liegt zunächst die **3** **Entscheidung** über die **Verleihung**. Sie ist ein begünstigender Verwaltungsakt, auf den ein Rechtsanspruch besteht und der mangels einer besonderen Regelung im BBergG nach den Vorgaben der §§ 35 ff. VwVfG zu beurteilen ist. Daran ändert auch Absatz 2 Satz 2 nichts, weil er lediglich besondere Gesichtspunkte für die inhaltliche Gestaltung der Verleihungsurkunde festlegt. Soweit die allgemeinen Vorschriften des VwVfG Anwendung finden, gilt das für die Erteilung von Erlaubnis und Bewilligung Gesagte entsprechend (vgl. § 16 Rn 10).

Rechtswirksamkeit erlangt die Entscheidung über die Verleihung **erst mit der** **4** **Bekanntgabe** an den Antragsteller (§ 41 VwVfG). Über die Form der Bekanntmachung sagt § 17 nichts. Es gelten die allgemeinen Vorschriften der §§ 37, 41 VwVfG. Deshalb ist davon auszugehen, dass die Entscheidung über die Verleihung ebenso wie die Erteilung von Erlaubnis und Bewilligung nur schriftlich erfolgen darf, da anderenfalls der Eintritt der Unanfechtbarkeit nicht überprüft werden kann (Absatz 1 Satz 2).

III. Entstehung des Bergwerkseigentums

Rechtswirkung für die Entstehung des Bergwerkseigentums erlangt die Verlei- **5** hung nämlich erst dann, wenn die Entscheidung über sie unanfechtbar geworden ist. **Unanfechtbarkeit** bedeutet, vergleichbar der formellen Rechtskraft gerichtlicher Entscheidungen, dass in der durch den Verwaltungsakt geregelten Sache nach den dafür maßgeblichen Vorschriften – vor allem der VwGO – keine weiteren Rechtsbehelfe mehr gegeben sind. Das ist dann der Fall, wenn alle in Betracht kommenden Rechtsbehelfe ausgeschöpft oder die dafür vorgesehenen Fristen (vgl. §§ 70, 73, 74 VwGO) von den Betroffenen nicht eingehalten worden sind. **Unanfechtbarkeit ist zu unterscheiden** von der materiellen **Bestandskraft** eines Verwaltungsakts, nach der die Behörde und die Beteiligten grundsätzlich abschließend an die getroffene Regelung gebunden sind und eine Aufhebung oder Änderung nicht mehr im Rahmen normaler Rechtsbehelfe, sondern nur noch nach Maßgabe besonderer gesetzlicher Bestimmungen möglich ist (Kopp/Ramsauer, VwVfG, Vorbem. zu § 43 Rn 29 ff.).

6 Das **Bergwerkseigentum entsteht** als grundstücksgleiches und eintragungsfähiges Recht nicht bereits mit der Bekanntgabe der Entscheidung über die Verleihung oder Eintragung im Grundbuch, sondern **erst mit der Zustellung** der Berechtsamsurkunde an den Antragsteller (Absatz 1 Satz 1). Mit dem Gebot, dass die Berechtsamsurkunde zugestellt werden muss, wird klargestellt, dass hierfür nur die **förmlichen Zustellungsarten** der VwZG infrage kommen (§ 41 Absatz 5 VwVfG) und die Arten der Bekanntmachung des § 41 VwVfG hier nicht zum Zuge kommen (Kopp/Ramsauer, VwVfG, § 41 Rn 9, 29 ff.).

7 Die **Zustellung** selbst besteht in der Übergabe eines Schriftstücks in Urschrift, Ausfertigung oder beglaubigter Abschrift oder im Vorlegen der Urschrift. Zugestellt werden kann durch die Post oder durch die Behörde. Soll durch Post zugestellt werden, so ist die Zustellung durch den Postbediensteten zu beurkunden und die Zustellungsurkunde an die Behörde zurückzuleiten. Bei Zustellung durch die Post mittels eines eingeschriebenen Briefs gilt dieser mit dem dritten Tag nach der Aufgabe bei der Post als zugestellt; im Zweifel hat die Behörde den Zugang des Schriftstücks und den Zeitpunkt des Zugangs nachzuweisen. Bei Zustellung durch die Behörde gegen Empfangsbekenntnis händigt die Behörde das Schriftstück dem Empfänger aus. Dieser hat ein mit dem Datum der Aushändigung versehenes Empfangsbekenntnis zu unterschreiben. Welche Form der Zustellung die zuständige Behörde wählt, steht in ihrem Ermessen (Badura in Erichsen (Hrsg.), AllgVerwR, § 38 Rn 22 ff.).

IV. Die Berechtsamsurkunde

8 Sie besteht aus der Verleihungsurkunde und einem Lageriss. Die Verleihungsurkunde muss vergleichbar dem früheren Recht (vgl. etwa § 34 ABG NRW) mindestens Aussagen über den Berechtigungsinhaber, die Größe und Begrenzung des Bergwerksfeldes und die Bezeichnung der Bodenschätze, für die das Bergwerkseigentum gilt, enthalten. Außerdem müssen die Namen der Gemeinden, in denen das Bergwerkseigentum liegt, sowie der Name des Bergwerkseigentums selbst angegeben werden. Die Verleihungsurkunde muss außerdem ein bestimmtes Datum enthalten sowie mit Siegel und Unterschrift versehen sein (Absatz 2 Satz 2 Nr. 1–6).

9 Ist die vollständige Berechtsamsurkunde ordnungsgemäß zugestellt, so **entsteht das Bergwerkseigentum** mit dem **Zeitpunkt der Zustellung**. Gleichzeitig **erlischt** die dem Bergwerkseigentum zugrunde liegende **Bewilligung** (Absatz 2 Satz 3) von Gesetzes wegen. Eines besonderen Aufhebungsakts bedarf es nicht. Dieses Erlöschen ist erforderlich, damit das Bergwerkseigentum als alleinige Berechtigung vollständig an die Stelle der Bewilligung treten kann (nach Boldt/Weller, § 17 Rn 3, erlischt die Bewilligung nur im Umfang des neuen Bergwerksfeldes).

V. Eintragungsersuchen

10 Weil das Bergwerkseigentum mit der Zustellung **außerhalb des Grundbuches entsteht**, ist die zuständige Behörde verpflichtet, das Grundbuchamt, in dessen Bezirk das Bergwerksfeld liegt, um Eintragung des Bergwerkseigentums zu ersuchen. Dem Ersuchen ist eine beglaubigte Abschrift der Berechtsamsurkunde beizufügen. Hierbei reicht eine amtliche Beglaubigung im Sinne des § 33 VwVfG aus.

11 Da aus dem Grundbuch ersichtlich sein muss, für welchen Zeitraum das eingetragene Bergwerkseigentum gilt, muss die Verleihungsbehörde dem Grundbuchamt mit dem Eintragungsersuchen Beginn und Ende des Bergwerkseigentums zur Kenntnis geben. Nach Ablauf der Geltungsdauer wird das Bergwerkseigentum als gegenstandslos von Amts wegen nach § 84 GBO gelöscht. Wird die Geltungsdauer des Bergwerkseigentums entsprechend § 16 Absatz 5 Satz 3 verlängert, so ist dies dem Grundbuchamt umgehend mitzuteilen, damit die Löschung unterbleibt (Boldt/Weller, § 17 Rn 7).

Die Benachrichtigungspflicht des Grundbuchamts gemäß § 17 Absatz 4 über **12** neu eingetragenes Bergwerkseigentum ist mit Gesetz vom 18.6.1997 eingefügt worden (Justizmitteilungsgesetz, BGBl, 1439). Zur grundbuchmäßigen Behandlung von Bergwerkseigentum s. §§ 97 JustG NRW und 44 JustG Sachsen, ferner Rn 4 zu §§ 175 und 176.

§ 18 Widerruf

(1) Erlaubnis und Bewilligung sind zu widerrufen, wenn nachträglich Tatsachen eintreten, die zur Versagung hätten führen müssen.

(2) Die Erlaubnis ist ferner zu widerrufen, wenn aus Gründen, die der Erlaubnisinhaber zu vertreten hat, die Aufsuchung nicht innerhalb eines Jahres nach Erteilung der Erlaubnis aufgenommen oder die planmäßige Aufsuchung länger als ein Jahr unterbrochen worden ist; die zuständige Behörde kann die Frist aus wichtigem Grunde um jeweils ein weiteres Jahr verlängern. Die Erlaubnis kann widerrufen werden, wenn der Erlaubnisinhaber für einen der Erlaubnis unterliegenden Bodenschatz keine Bewilligung beantragt, obwohl die Voraussetzungen für deren Erteilung vorliegen und eine von der zuständigen Behörde für die Antragstellung gesetzte angemessene Frist verstrichen ist.

(3) Die Bewilligung ist ferner zu widerrufen, wenn die Gewinnung nicht innerhalb von drei Jahren nach Erteilung der Bewilligung aufgenommen oder wenn die regelmäßige Gewinnung länger als drei Jahre unterbrochen worden ist. Dies gilt nicht, solange Gründe einer sinnvollen technischen oder wirtschaftlichen Planung des Bewilligungsinhabers es erfordern, daß die Gewinnung im Bewilligungsfeld erst zu einem späteren Zeitpunkt aufgenommen oder wiederaufgenommen wird oder wenn sonstige Gründe für die Unterbrechung vorliegen, die der Bewilligungsinhaber nicht zu vertreten hat.

(4) Das Bergwerkseigentum ist zu widerrufen, wenn die regelmäßige Gewinnung länger als zehn Jahre unterbrochen worden ist. Absatz 3 Satz 2 ist entsprechend anzuwenden. Die zuständige Behörde hat die im Grundbuch eingetragenen dinglich Berechtigten von der Entscheidung über einen Widerruf des Bergwerkseigentums schriftlich zu unterrichten. Sie ersucht das Grundbuchamt um die Löschung des Bergwerkseigentums, wenn der Widerruf wirksam geworden ist.

Übersicht

		Rn
I.	Vorbemerkung	1
1.	Aufhebung von begünstigenden Verwaltungsakten	1
2.	Terminologie	3
II.	Aufhebung von Bergbauberechtigungen	4
1.	Ausgangspunkt	4
2.	Rücknahme nach VwVfG	6
3.	Widerruf nach BBergG	9
	a) Obligatorische und nicht obligatorische Widerrufsgründe	10
	b) Ausnahme vom Widerrufszwang	12
	c) Widerruf von Bergwerkseigentum	13
4.	Nebeneinander von Widerruf nach BBergG und VwVfG	14

I.   Vorbemerkung

1.   Aufhebung von begünstigenden Verwaltungsakten

1   § 18 ist die bergrechtliche Sonderregelung für den **Widerruf** von Bergbauberechtigungen als rechtmäßige begünstigende Verwaltungsakte im Sinne des
VwVfR (§ 49 Absatz 2 VwVfG). Erlaubnis, Bewilligung und Bergwerkseigentum begründen als begünstigende Verwaltungsakte für den Inhaber das Recht
auf ein bestimmtes Tätigwerden. Diese Rechtsposition kann nach den rechtsstaatlichen Regeln des VerwR und VwVfR nicht ohne Weiteres beseitigt werden,
wenn der sie begründende Verwaltungsakt unanfechtbar ist. Verwaltungsakte
erlangen mit ihrer Bekanntgabe bzw. Zustellung an die Betroffenen oder Begünstigten nach §§ 41, 43 VwVfG **äußere Wirksamkeit** und nach Ablauf der Rechtsbehelfsfristen auch Unanfechtbarkeit. Damit verbunden ist im Interesse der
Rechtssicherheit, des Rechtsfriedens und des Rechtsschutzes der Betroffenen
auch eine erhöhte, der Rechtskraft gerichtlicher Urteile zum Teil vergleichbare
Bestandskraft (Kopp/Ramsauer, VwVfG, § 48 Rn 1 f., Wolff/Bachof/Stober, II,
§ 51 Rn 1 ff., 36 ff.).

2   Nach §§ 48, 49 VwVfG ist jedoch unter bestimmten Voraussetzungen eine
Durchbrechung der Wirksamkeit bzw. **Bestandskraft** eines Verwaltungsakts
aus Gründen des öffentlichen Interesses oder des Interesses Betroffener zulässig.
Soweit neben diesen allgemeinen Regeln **spezialgesetzliche Vorschriften** erweiternd oder einschränkend besondere Aufhebungsgründe normieren, muss
jeweils geprüft werden, ob sie die allgemeinen Gründe der §§ 48, 49 VwVfG
ausdrücklich oder stillschweigend ausschließen oder ob sie nur den für ihren
spezialgesetzlichen Bereich bestehenden Besonderheiten durch Erweiterung oder
Einschränkung der allgemeinen Aufhebungsgründe Rechnung tragen wollen,
ohne diese im Übrigen aufzuheben (Kopp/Ramsauer, VwVfG, § 48 Rn 33; vgl.
auch unten Rn 13).

2.   Terminologie

3   Terminologisch ist festgeschrieben, dass **Widerruf** die Aufhebung eines rechtmäßigen (§ 48 VwVfG) und **Rücknahme** die eines rechtswidrigen Verwaltungsakts (§ 49 VwVfG) ist. **Aufhebung** ist der **Oberbegriff** sowohl für Rücknahme
und Widerruf als auch für die Beseitigung des Verwaltungsakts im Vor- und
Klageverfahren (§§ 43 Absatz 2, 46, 50, 113 Absatz 1 Satz 1 VwGO). Bezüglich
der Voraussetzungen für die Aufhebbarkeit differenzieren die §§ 48, 49 VwVfG
zwischen belastenden und begünstigenden Verwaltungsakten, wobei Rücknahme und Widerruf begünstigender Verwaltungsakte naturgemäß wegen des Vertrauensschutzes an engere Voraussetzungen gebunden sind (vgl. §§ 48 Absatz 1
Satz 2, Absatz 2; 49 Absatz 2 VwVfG).

II.   Aufhebung von Bergbauberechtigungen

1.   Ausgangspunkt

4   § 18 **regelt ausdrücklich** nur den **Widerruf** von Bergbauberechtigungen, **nicht**
dagegen ihre **Rücknahme.** Zwar sah der RegE eine Rücknahmeregelung in § 18
Absatz 1 (BT-Drs 8/1315, 90 = Zydek, 138) vor, doch haben BR und WiA/BT
(zusammenfassend Zydek, 140 f.) die Streichung der Rücknahmevorschrift
zugunsten der differenzierteren Regelung des VwVfG durchgesetzt. Als Begründung wurde darauf hingewiesen, dass § 48 VwVfG anders als die vorgesehene

Vorschrift keine Rechtspflicht für eine Rücknahme begründe und außerdem einen Ausgleich des Vertrauensschadens vorsehe.

Nachdem § 18 keine eigenständige Regelung für die Rücknahme von Berg-   5 bauberechtigungen vorsieht, sie andererseits aber auch nicht ausschließt, müssen hierfür die allgemeinen Grundsätze des § 48 VwVfG über die Rücknahme rechtswidriger Verwaltungsakte Geltung finden.

2. Rücknahme nach VwVfG

Hiernach können die Berechtigungen des BBergG (Besonderes gilt für aufrecht-   6 erhaltene Rechte i. S. der §§ 149 ff.; vgl. dazu Anmerkung unten Rn 16 ff., § 160 Rn 1 f.) als begünstigende Verwaltungsakte, die ein Recht begründen, bei Rechtswidrigkeit grundsätzlich ganz oder teilweise mit Wirkung für die Zukunft oder die Vergangenheit zurückgenommen werden (§ 48 Absatz 1 Satz 2 VwVfG). Eine Einschränkung der Rücknahme ergibt sich aus § 48 Absatz 3, wonach die Behörde dem Betroffenen auf Antrag den Vermögensnachteil auszugleichen hat, den dieser dadurch erleidet, dass er auf den Bestand des Verwaltungsakts vertraut hat. Das gilt jedoch nur dann, wenn sein Vertrauen unter Abwägung mit dem öffentlichen Interesse an der Aufhebung schutzwürdig ist.

Die Rücknahme selbst ist ohne eine solche Abwägung des Vertrauens mit dem   7 öffentlichen Interesse an der Rücknahme zulässig. Das Ermessen der zurücknehmenden Behörde (§ 48 Absatz 1 Satz 1 VwVfG) wird nicht durch einen Vertrauenstatbestand (Absatz 2 Satz 1) eingeschränkt. Erst als Ausgleich für den insoweit nicht gewährten Bestandsschutz ist auf Antrag dem Betroffenen der Vermögensnachteil, den er durch sein Vertrauen auf den Bestand des Verwaltungsakts erlitten hat, auszugleichen. Für den Antrag ist keine Form vorgeschrieben. Der Anspruch des § 4 Absatz 3 VwVfG ist auf Geldersatz gerichtet.

Zu ersetzen ist das Vertrauensinteresse, das allerdings auf das Bestandsinteresse   8 (§ 48 Absatz 3 Satz 3 VwVfG) beschränkt ist. Weitere Voraussetzung für die Durchsetzung des Anspruchs ist die Schutzwürdigkeit des Vertrauens (Wolff/ Bachof/Stober, II, § 51 Rn 66 ff.; Erichsen in Erichsen (Hrsg.) AllgVerwR, § 17 Rn 8 ff.). Nach § 48 Absatz 4 VwVfG ist für die Rücknahme begünstigender Verwaltungsakte eine Jahresfrist bestimmt. Ihr Lauf beginnt erst mit der Kenntnis der Behörde von den Tatsachen, die die Rücknahme rechtfertigen. Sie berechnet sich also nicht vom Erlass des Verwaltungsakts an (Stelkens/Bonk/ Leonhardt, § 48 Rn 48; Erichsen in Erichsen, AllgVerwR, § 17 Rn 25 ff.).

3. Widerruf nach BBergG

Für den Widerruf von Erlaubnis, Bewilligung und Bergwerkseigentum trifft § 18   9 zunächst eine differenzierte eigenständige Regelung. Sie unterscheidet zwischen den für die einzelnen Berechtigungen zulässigen Widerrufsgründen und differenziert daneben zwischen obligatorischem Widerruf im Sinne eines Widerrufszwangs und der Ermessensentscheidung der Behörde beim Widerruf.

a) Obligatorische und nicht obligatorische Widerrufsgründe. Nach § 18 Ab-   10 satz 1 sind dies
– der nachträgliche Eintritt von Tatsachen, die zur Versagung im Sinne der §§ 11, 12 hätten führen müssen und die nicht durch nachträgliche Auflagen im Sinne des § 16 Absatz 3 auszuräumen waren. Bei dem Vorliegen dieser Widerrufsgründe ist die Behörde zum Widerruf verpflichtet (Absatz 1 Satz 1);

- eine vom Berechtigungsinhaber zu vertretende **Nichtaufnahme der Auf-
suchungs- oder Gewinnungstätigkeit** innerhalb **bestimmter Fristen** oder
eine länger dauernde **Unterbrechung.** Die Nichtaufnahmefrist beträgt bei
der Aufsuchung ein Jahr, bei der Gewinnung drei Jahre. Die Unterbrechungen dürfen nicht länger als ein oder drei Jahre andauern. Nichtaufnahme
und Unterbrechung muss der Unternehmer zu vertreten haben. Trotz des
Widerrufszwangs liegt es weiter im Ermessen der zuständige Behörde, die
Fristen aus wichtigem Grunde um jeweils ein weiteres Jahr zu verlängern
(Absatz 2 Satz 1). Damit ist der Widerrufsgrund zunächst beseitigt.

11   Als weiteren, allerdings **nicht obligatorischen** Widerrufsgrund kennzeichnet
§ 18 im Falle der Erlaubnis das **Nichtbeantragen einer Bewilligung** nach angemessener Fristsetzung durch die zuständige Behörde und trotz Vorliegens aller
für die Erteilung der Bewilligung notwendigen Voraussetzungen (Absatz 2
Satz 2). In diesem Fall steht es im Ermessen der zuständigen Behörde, von der
Widerrufsmöglichkeit Gebrauch zu machen oder nicht (zur Begründung für
diesen Widerrufsgrund s. Zydek, 139).

12   **b) Ausnahme vom Widerrufszwang.** Die **obligatorischen Widerrufsgründe** bei
Erlaubnis und Bewilligung sind nur dann für die zuständige Behörde **nicht
zwingend,** wenn Gründe einer sinnvollen technischen oder wirtschaftlichen
Planung für die Aufnahme der Gewinnung einen späteren Zeitpunkt oder eine
längere Unterbrechung erfordern oder wenn der Bewilligungsinhaber die Unterbrechung nicht zu vertreten hat (Absatz 3 Satz 2).

13   **c) Widerruf von Bergwerkseigentum.** Für das **Bergwerkseigentum** nach § 9
sieht § 18 Absatz 4 lediglich **einen zwingenden Widerrufsgrund** vor. Er ist
dann gegeben, wenn die **regelmäßige Gewinnung** länger als zehn Jahre **unterbrochen** ist und nicht Gründe einer sinnvollen technischen oder wirtschaftlichen
Planung eine längere Unterbrechung rechtfertigen oder die Unterbrechungs-
gründe vom Bewilligungsinhaber nicht zu vertreten sind. Bergrechtliche Widerrufsgründe, bei denen die zuständige Behörde ihr Ermessen ausüben kann, sind
in § 18 für das Bergwerkseigentum nicht vorgesehen.
Bei der Berechnung der 10-Jahresfrist nach § 18 Absatz 4 Satz 1 ist die **Dauer
der** vor Verleihung des Bergwerkseigentums bestehenden **Bewilligung nicht
einzubeziehen.** Bergwerkseigentum und Bewilligung sind unterschiedliche Rechte (OVG Bautzen, ZfB 2011, 39).

4.   Nebeneinander von Widerruf nach BBergG und VwVfG

14   Keine Regelung enthält das BBergG für das **Nebeneinander von speziellen**
Widerrufsgründen des § 18 und **allgemeinen Widerrufsgründen** in § 49 VwVfG.
Zwar ist in der Amtl. Begründung (Zydek, 138) angedeutet, dass die allgemeinen Widerrufs- und Rücknahmegründe des VwVfG durch § 18 nicht berührt
werden. Diese Bemerkung stammt jedoch aus der Begründung des RegEs, der
Rücknahme- und Widerrufsgründe nebeneinander angeordnet hatte. Für den
vorgesehenen besonderen Rücknahmegrund des § 18 a.F. („[...] Erlaubnis und
Bewilligung sind zurückzunehmen, wenn ihre Erteilung hätte versagt werden
müssen [...]“) sollte damit nur den für das bergbauliche Konzessionssystem
geltenden Besonderheiten durch Erweiterung und Verschärfung (Rücknahme-
pflicht) der allgemeinen Rücknahmegründe Rechnung getragen werden. Die
übrigen Rücknahmegründe waren dadurch nicht ausgeschlossen (Zydek, 140).

15   Ob die **Widerrufsgründe** gelten können, ist allerdings fraglich, weil § 18 eine
differenzierte bergbauspezifische und möglicherweise abschließende Regelung
gefunden hat. Dafür spricht, dass § 151 **Absatz 2 Nr. 2** für aufrechterhaltenes

Bergwerkseigentum nur die Anwendbarkeit des § 18 ausschließt. Wäre der Gesetzgeber von einem Nebeneinander der §§ 18 BBergG und 49 VwVfG ausgegangen, so hätte er auch die Anwendbarkeit des § 49 VwVfG in den Ausschluss einbeziehen müssen, weil anderenfalls aufrechterhaltenes Bergwerkseigentum nach § 49 VwVfG widerrufen werden könnte. Dafür, dass dies nicht gewollt ist, spricht auch § 160, der eine Aufhebung aufrechterhaltener Rechte durch die zuständige Behörde nur gegen Entschädigung zulässt. Damit ist die Anwendbarkeit des § 49 VwVfG für diese Rechte ausgeschlossen. Denn der Begriff der Aufhebung in § 160 Absatz 1 ist als Oberbegriff für Rücknahme und Widerruf zu verstehen (Wolff/Bachof/Stober, II, § 51 Rn 36 f.). Deshalb gelten die vorstehenden Gesichtspunkte auch für die Frage, ob die aufrechterhaltenen Berechtigungen nach § 48 VwVfG zurückgenommen werden können. Auch das muss verneint werden.

Aus dieser **Spezialregelung für aufrechterhaltene Berechtigungen** kann aber   **16** nicht auch der Rückschluss auf den abschließenden Charakter der Widerrufsgründe des § 18 für neue Berechtigungen gezogen werden. Vielmehr muss Folgendes gelten:
- Für **aufrechterhaltene Rechte gelten weder** § 18 BBergG noch §§ 48, 49 VwVfG. Sie können grundsätzlich nicht zurückgenommen oder widerrufen werden; es sei denn, die §§ 151 ff. treffen hier eine besondere Regelung.
- Für die **Berechtigungen nach dem BBergG** einschließlich Bergwerkseigentum nach § 9 gelten §§ 18 BBergG und 49 VwVfG nebeneinander. Dabei wird dem Berechtigungsinhaber lediglich bei Anwendung der Widerrufsmöglichkeiten nach § 49 Absatz 2 Nr. 3, 4, 5 VwVfG ein Vertrauensschutz eingeräumt werden, weil er in allen anderen Fällen, insbesondere in denen des § 18, mit der Möglichkeit des Widerrufs rechnen musste oder die Tatsachen, die den Widerruf auslösen, in seiner Sphäre liegen (Stelkens/Bonk/Leonhardt, § 49 Rn 10).

Bei Widerruf von Bergwerkseigentum nach § 18 Absatz 4 ist die Jahresfrist des § 49 VwVfG nicht anzuwenden (VG Chemnitz v 30.4.2008 – 2 K 24/08; OVG Bautzen, ZfB 2011, 39).

Neben § 18 ist danach der Widerruf nach § 49 VwVfG zulässig, wenn   **17**
- eine mit der Berechtigung verbundene **Auflage** vom Begünstigten **nicht** oder **nicht innerhalb** einer ihm **gesetzten Frist** (zur Frage, ob vor dem Widerruf die Vollstreckung der Auflage versucht werden muss, vgl. Stelkens/Bonk/Leonhardt, § 49 Rn 13) erfüllt wird (Absatz 2 Nr. 2);
- durch **nachträgliche Änderung** solcher **tatsächlichen Verhältnisse**, die den Erlass des Verwaltungsakts getragen haben, die Aufrechterhaltung des Verwaltungsakts zu einer Gefährdung des öffentlichen Interesses wird (Absatz 2 Nr. 3);
- bei einer **nachträglichen Änderung der Rechtslage** aufgrund einer geänderten Rechtsvorschrift der Begünstigte von der Begünstigung noch keinen Gebrauch gemacht oder aufgrund des Verwaltungsakts noch keine Leistung empfangen hat und ohne den Widerruf das öffentliche Interesse gefährdet würde (Absatz 2 Nr. 4);
- schwere **Nachteile für das Gemeinwohl** (zu den Widerrufsgründen des § 49 im Einzelnen vgl. Stelkens/Bonk/Leonhardt, § 49 Rn 10–17; Kopp/Ramsauer, VwVfG, § 49 Rn 25, 61) zu verhüten oder zu beseitigen sind (Absatz 2 Nr. 5).

Sowohl in den Fällen des § 18 BBergG wie in denen der §§ 48, 49 VwVfG   **18** bestimmt sich das **Wirksamwerden der Aufhebung** nach den Grundsätzen über das Wirksamwerden von Verwaltungsakten (Stelkens/Bonk/Leonhardt, §§ 48 Rn 31–33, 49 Rn 19). Danach wird der aufgehobene Verwaltungsakt mit dem Wirksamwerden der Aufhebung unwirksam. Das Verfahren über die Aufhebung ist ein selbstständiges Verwaltungsverfahren im Sinne des § 9 VwVfG und nicht nur eine Fortsetzung des Verfahrens, das zum Erlass des Verwaltungsakts geführt hat. Auch auf das neue Verfahren sind die Verfahrensvorschriften des VwVfG anzuwenden, insbesondere §§ 28 (Anhörung), 39 (Begründung) (Kopp/Ramsauer, § 48 Rn 77 m. w. N.). Wirksamkeit der Aufhebung und Unwirksamkeit der aufgehobenen Berechtigung gelten von dem Zeitpunkt an, in dem der Widerruf dem Betroffenen bekanntgegeben worden ist (§ 43 Absatz 1 VwVfG).

§ 19   Aufhebung der Erlaubnis und Bewilligung

(1) Eine Erlaubnis oder Bewilligung ist auf Antrag ihres Inhabers ganz oder teilweise aufzuheben. Der Antrag ist schriftlich oder zur Niederschrift bei der zuständigen Behörde zu stellen.

(2) Mit der Bekanntgabe der Aufhebung im amtlichen Veröffentlichungsblatt der zuständigen Behörde erlischt die Erlaubnis oder Bewilligung in dem Umfang, in dem sie aufgehoben wird.

1   Nach dem **früheren Bergrecht** konnte der Bergwerkseigentümer auf seine Berechtigung **verzichten** (z. B. § 161 ABG NRW). Ein solcher Verzicht wurde mit der Aufhebung des Bergwerkseigentums durch die zuständige Behörde – in diesem Fall das frühere LOBA – wirksam (§ 160 ABG NRW). Ein Rechtsanspruch auf Aufhebung bestand allerdings nicht, vielmehr durfte das LOBA die Aufhebung versagen, wenn dies im öffentlichen Interesse geboten erschien. Das war zwar nicht ausdrücklich im ABG normiert, ergab sich jedoch aus dem Sinn und Zweck der in den §§ 161 ff. ABG getroffenen Regelung (Ebel/Weller, § 161 Anmerkung 4 m. w. N.).

2   Den Verzicht gibt es nicht mehr, demgegenüber haben die Inhaber einer Erlaubnis oder einer Bewilligung aber nach Stellung eines Aufhebungsantrags einen **Rechtsanspruch auf Aufhebung** der Berechtigungen (§ 19 Absatz 1 Satz 1). Öffentliche Interessen, die ggf. der Aufhebung entgegenstehen könnten, kann die zuständige Behörde nicht geltend machen. Dem ordnungsgemäß schriftlich gestellten Antrag ist vielmehr stets stattzugeben. Der Gesetzgeber hat sich bei dieser Regelung von der Überlegung leiten lassen, dass es aus den in § 18 Absatz 2, 3 festgelegten Fristen für eine Aufhebung wenig sinnvoll ist, den Inhaber einer Erlaubnis oder Bewilligung gegen seinen Willen an einer Berechtigung festzuhalten (Zydek, 142).

3   Der **schriftlich** oder zur Niederschrift bei der zuständigen Behörde zu stellende **Antrag** kann auf die **vollständige** oder **teilweise Aufhebung** einer Erlaubnis oder Bewilligung gerichtet sein. Bei einem Antrag auf teilweise Aufhebung hat die zuständige Behörde zu prüfen, ob für den vom Antrag nicht erfassten Teil der Erlaubnis oder Bewilligung ein Widerruf nach § 18 Absatz 1 in Betracht kommt, weil etwa im verbleibenden Teilgebiet die in § 12 Absatz 1 Satz 1 i. V. mit § 11 Nr. 9 genannten Voraussetzungen nicht mehr gegeben sind (Zydek, 142).

4   Die **Aufhebung** ist im amtl. Veröffentlichungsblatt der zuständigen Behörde **bekannt zu machen** (Absatz 2). Mit der Bekanntmachung erlöschen Erlaubnis oder Bewilligung in dem Umfang, in dem sie aufgehoben werden. Der maßgebliche Zeitpunkt ist die Bekanntgabe der Aufhebung. Damit ist der Zeitpunkt des Erlöschens der Berechtigung genau festgelegt.

5   § 19 kann nur die **Rechtsfolgen** für die aufgehobene Berechtigung selbst festlegen. Sie erlischt und hört damit in dem Umfang auf zu existieren, in dem sie aufgehoben wurde. Keine Regelung trifft demgegenüber § 19 für Folgewirkungen berechtigender wie verpflichtender Art aus einer aufgehobenen Berechti-

gung, die bereits ausgeübt worden ist. Sie ergeben sich aus anderen Vorschriften des BBergG, insbesondere aus denen des Betriebsplanverfahrens (§§ 50 ff.) und Bergschadensrechts (§§ 110 ff.), aber auch aus allgemeinen Vorschriften etwa des bürgerlichen oder öffentlichen Rechts. Denn mit der Aufhebung einer Berechtigung können nicht ohne Weiteres alle Rechte oder Pflichten, die sich aus ihrer Ausübung ergeben haben, gleichfalls erlöschen (vgl. Anmerkung zu § 20 Rn 10).

§ 20   Aufhebung von Bergwerkseigentum

(1) Das Bergwerkseigentum ist auf Antrag des Bergwerkseigentümers aufzuheben. Eine teilweise Aufhebung ist nicht zulässig.

(2) Die zuständige Behörde hat den im Grundbuch eingetragenen dinglich Berechtigten schriftlich mitzuteilen, daß ein Antrag auf Aufhebung des Bergwerkseigentums vorliegt. Die Mitteilung muß den Hinweis auf das sich aus Absatz 3 ergebende Antragsrecht sowie darauf enthalten, daß mit der Aufhebung das Bergwerkseigentum erlischt. Die Mitteilung ist im Bundesanzeiger und im amtlichen Veröffentlichungsblatt der zuständigen Behörde bekanntzumachen.

(3) Innerhalb von drei Monaten nach Bekanntmachung der Mitteilung kann jeder dinglich Berechtigte die Zwangsversteigerung des Bergwerkseigentums beantragen. Ein vollstreckbarer Titel ist für den Antrag und die Durchführung der Zwangsversteigerung nicht erforderlich.

(4) Wird die Zwangsversteigerung nicht innerhalb der Frist des Absatzes 3 Satz 1 beantragt oder führt das Zwangsversteigerungsverfahren nicht zur Erteilung des Zuschlages, so hebt die zuständige Behörde das Bergwerkseigentum auf; anderenfalls gilt der Antrag nach Absatz 1 als erledigt. Die Entscheidung über die Aufhebung ist dem Bergwerkseigentümer und den im Grundbuch eingetragenen dinglich Berechtigten zuzustellen. Die Gemeinde, in deren Gebiet das Bergwerksfeld liegt, ist von der Entscheidung zu unterrichten.

(5) Ist das Bergwerkseigentum erloschen, so ersucht die zuständige Behörde das Grundbuchamt um die Löschung.

Nach dem ABG war neben der **Aufhebung des Bergwerkseigentums von Amts wegen** (§§ 156–160 ABG NRW), die „antragsgemäße" Aufhebung, der **Verzicht**, zwar möglich, aber nicht in jedem Fall durchsetzbar (Ebel/Weller, § 161 Anmerkung 4). Die zuständige Behörde konnte die Aufhebung ablehnen, wenn ihr öffentliche Interessen entgegenstanden.   **1**

Als entgegenstehende öffentliche Interessen haben Rspr. und Lehre etwa angesehen: **2**
– erhebliche **Beitragsrückstände** eines Bergwerks **bei** öffentlich-rechtlichen **Wasserverbänden** (Urteil VG Gelsenkirchen vom 28.2.1967 (3 K 724/66) – unveröffentlicht –),
– nicht geregelte **Forderungen Dritter** auf Nutzungsentschädigung (§§ 137 ff. ABG) oder auf Bergschadensersatz (Miesbach-Engelhardt, Bergrecht, Artikel 218 Anmerkung 1 b).
Bei der bisherigen Situation war allerdings bereits als wesentliche Veränderung zu berücksichtigen, dass in einigen Bundesländern die Bergschadenshaftung auch dann bestehenblieb, wenn der Schaden erst nach Aufhebung des Bergwerkseigentums eintrat (§ 160 Absatz 2 ABG NRW i. d. F. vom 11.6.1968 = ZfB 109 (1968), 375).

Demgegenüber stellt § 20 ebenso wie § 19 für die Aufhebung des neuen Bergwerkseigentums darauf ab, dass bei Vorliegen eines ordnungsgemäßen schrift-   **3** lichen Antrags ein **Rechtsanspruch** des Bergwerkseigentümers **auf Aufhebung** besteht („[...] ist aufzuheben [...]"). Diesem Rechtsanspruch dürfen öffentliche Interessen, die seine Durchsetzung verhindern könnten, nicht entgegengehalten werden.

4 Hierauf hat der Gesetzgeber ausdrücklich mit der Begründung verzichtet (Zydek, 144),
  – dass bei einem Verzicht auf das Bergwerkseigentum bereits vor Inkrafttreten des BBergG in einigen Ländern die Haftung für Bergschäden, die erst nach dem Verzicht auftreten, geregelt war und durch § 114 für die Zukunft positiv im Interesse des Geschädigten gelöst ist und
  – anderen öffentlichen Interessen, wie z. B. Beseitigung von Gefahren für die persönliche Sicherheit oder den öffentlichen Verkehr, ausdrücklich Rechnung getragen wird. Das geschieht durch die Regelungen des Abschlussbetriebsplans (§ 53) und durch die Ausdehnung der Verantwortlichkeiten des Unternehmers und des Bergbauberechtigten (§ 58 Absatz 2) auch auf die Zeit nach Erlöschen der Bergbauberechtigung.

5 Die **Aufhebung** nach Absatz 4 wird nicht schon mit dem Antrag an die zuständige Behörde, sondern erst **mit der Bekanntgabe** der Aufhebungsentscheidung an den Antragsteller (§ 43 VwVfG) **wirksam**. Die Aufhebungsentscheidung der zuständigen Behörde ist als Verwaltungsakt mit Doppelwirkung (§ 80 a VwGO) anzusehen, weil sie den antragstellenden Bergwerkseigentümer begünstigt und dingliche Gläubiger des Bergwerkseigentümers belastet. Sie ist insoweit auch bezüglich ihres belastenden Teils verwaltungsgerichtlich anfechtbar (Erichsen in Erichsen (Hrsg.), AllgVerwR, § 19 Rn 1 ff.).

6 Die in Absatz 1 Satz 2 festgelegte **Unzulässigkeit** einer nur **teilweisen Aufhebung** ist nicht absolut, sondern nur relativ, soweit ihr ein Teilungsverfahren nach § 28 vorausgehen kann. Nur wenn die Teilung hiernach nicht zulässig (dazu s. § 28 Rn 6) ist, darf auch die gewünschte Teilaufhebung nicht ausgesprochen werden. Entsteht dagegen durch die erfolgte gültige Teilung neues Bergwerkseigentum an selbstständigen Bergwerksfeldern, so kann die beantragte Aufhebung des neu gegründeten „Teil"bergwerkseigentums ausgesprochen werden.

7 Da das Hauptargument für die Einführung des Bergwerkseigentums seine dem Grundeigentum vergleichbare Eintragungs- und Beleihungsfähigkeit war, müssen die aus dem Grundbuch ersichtlichen **dinglich Berechtigten** (zu den dinglichen Berechtigungen vgl. § 20 Absatz 2 ff.; Boldt/Weller, § 20 Rn 4 ff.) an dem Bergwerkseigentum bei Aufhebung geschützt werden. Diesem Schutz dienen die Absätze 2, 3, 4. Danach muss die zuständige Behörde den dinglich Berechtigten schriftlich Mitteilung von dem Aufhebungsantrag machen. Diese Mitteilung muss den Hinweis enthalten, dass das Bergwerkseigentum mit der Aufhebung erlischt. Außerdem muss die Mitteilung die dinglich Berechtigten darauf aufmerksam machen, dass innerhalb von drei Monaten nach Bekanntmachung der Mitteilung im BAnz. und im amtl. VBl der zuständigen Behörde jeder dinglich Berechtigte die **Zwangsversteigerung** in das Bergwerkseigentum auch **ohne vollstreckbaren Titel** beantragen kann (Absatz 3).

8 Wird innerhalb der dreimonatigen Frist **kein Antrag** gestellt oder führt das Zwangsversteigerungsverfahren **nicht zur Erteilung des Zuschlags**, dann hebt die zuständige Behörde das Bergwerkseigentum antragsgemäß auf und stellt die Entscheidung über die Aufhebung den dinglich Berechtigten und dem Bergwerkseigentümer zu. Außerdem ist die Gemeinde, in deren Gebiet das Bergwerksfeld liegt, u. a. wegen möglicher Bergschadensfolgen zu unterrichten. Kommt es dagegen zu einem Zwangsversteigerungsverfahren und einem Zuschlag, dann gilt der Aufhebungsantrag als erledigt (Absatz 4 Satz 1 zweiter Halbs.).

Ist das **Bergwerkseigentum durch Zustellung der Aufhebungsentscheidung erlo-	9
schen**, ersucht die zuständige Behörde das Grundbuchamt um die Löschung des
Bergwerkseigentums (Absatz 5) im Berggrundbuch. Das Ersuchen gemäß § 38
GBO hat in der Form des § 29 Absatz 3 GBO zu erfolgen, d.h. es ist zu
unterschreiben und mit Siegel oder Stempel zu versehen.

Die **Rechtsfolgen** der Aufhebung des Bergwerkseigentums im Einzelnen sind	10
sehr unterschiedlich:
1. Die **Haftung für Bergschäden** war in § 148 ABG NRW an das Bergwerkseigentum und ist auch in § 116 an die Bergbauberechtigung geknüpft. Nach
   dem System des Bergschadensrechts ist für die Fortgeltung der Bergschadenshaftung nach Aufhebung des Bergwerkseigentums zu unterscheiden:
   a) Für Bergschäden, die **vor dem 1.1.1982 verursacht** worden sind, gelten
      nach § 170 die landesrechtlichen Vorschriften fort. Die Bestimmung des
      § 170 enthält eine Rechtsvoraussetzungsverweisung (§ 170 Rn 6),
      sodass die **landesrechtlichen Bergschadensregelungen** in vollem Umfang
      anzuwenden sind. Soweit diese landesrechtlichen Vorschriften das Beste-
      hen der Bergschadenshaftung vom Fortbestand des Bergwerkseigentums
      abhängig machen, erlischt die Haftung mit Aufhebung des Bergwerks-
      eigentums. Soweit für die Länder NRW, Rheinland-Pfalz und Hessen die
      Bergschadenshaftung auch nach der Aufhebung des Bergwerkseigentums
      fortbestand, gelten diese Regelungen für vor dem 1.1.1982 verursachte
      Schäden im Sinne des § 114 weiter. Diese Grundsätze gelten, auch wenn
      das Bergwerkseigentum durch gesetzliches Erlöschen – etwa nach § 149
      Absatz 5 – endet.
   b) Bei Bergschäden, die **nach dem 1.1.1982** verursacht worden sind, gilt die
      Haftung des Bergbauberechtigten gemäß § 116 Absatz 1 auch, wenn die
      Bergbauberechtigung bei Verursachung des Bergschadens bereits erlo-
      schen war oder sie mit Rückwirkung aufgehoben wurde.
2. Die **öffentlich-rechtlichen Unternehmer-Verpflichtungen** bleiben nach Einstellung des Betriebs auch dann bestehen, wenn die Bergbauberechtigung
   erloschen ist (§ 58 Absatz 2). An die Stelle des Inhabers der erloschenen
   Berechtigung tritt der frühere Inhaber dieser Berechtigung. Er ist dann
   verantwortliche Person im Sinne des § 58 Absatz 1 Nr. 1.
3. Die **Betriebsplanpflicht** gilt auch für die Einstellung eines Betriebs, wenn die
   Bergbauberechtigung aufgehoben wurde (§ 51 Absatz 1 Satz 3).
4. Im **Wasserverbandsrecht** sind das „Bergwerk" (§ 6 Absatz 1 Nr. 1 EmscherG)
   oder der „Eigentümer der Bergwerke" (z. B. § 2 Nr. 1 LINEG-G; § 6 Nr. 5
   LippeG) Adressaten für Beitragsveranlagungen, wenn ihnen im Sinne des
   Veranlagungsprinzips Vorteile durch Verbandsmaßnahmen entstanden sind
   oder sie Schädigungen veranlasst haben. Dabei wird der Begriff „Bergwerk"
   (VG Düsseldorf, Urt. v. 2.5.1968 (1 K 3419/65); Beschluss OVG Münster
   vom 3.11.1966 (VII B 317/66) – beides unveröffentlicht –) weitgehend als
   Bergwerkseigentum verstanden. Dementsprechend wird auch ein **stillgelegtes
   Bergwerk zu Verbandsbeiträgen** veranlagt, soweit sie Folgelasten vergange-
   nen Abbaus betreffen. In Erfüllung und zur Sicherstellung des genossenschaftlichen Schadens- und Vorteilsprinzips hatte das **Gesetz zur Änderung wasser-
   verbandsrechtlicher Vorschriften NRW** vom 1.12.1981 (GVBl, 698) die
   WasserverbandsG der nordrhein-westfälischen Verbände ergänzt. Dadurch
   war klargestellt, dass die Beitragshaftung von Bergwerkseigentum und Bewilligungen nicht erlischt, wenn diese aufgehoben oder widerrufen werden bzw.
   erlöschen (zur Begründung s. LT-Drs 9/1116 vom 19.10.1981). Diese Regelung ist auch in die derzeit geltenden Wasserverbandsgesetze NRW aufgenommen worden, z. B. § 5 Absatz 1 Satz 3 EmscherGG vom 22.3.1990 (GuV,
   144), § 6 Absatz 1 Satz 3 LippeVG vom 7.2.1990 (GuV, 162), § 6 Absatz 1
   Satz 4 ErftVG vom 15.12.1992 (GuV, 77). In § 6 Absatz 1 Satz 1 ErftVG ist
   außerdem noch konkretisiert worden, dass Mitglieder des Verbands die

jeweiligen Eigentümer der Braunkohlenbergwerke sind, und zwar der unverritzten Felder, der betriebenen Bergwerke einschließlich Brikettfabriken, Elektrizitätswerke, Wasserförderanlagen und Einrichtungen i. S. von § 2 Absatz 1 Nr. 3 BBergG und der stillgelegten Bergwerke.

5. Nach Änderung des § 18 Absatz 3 OBG NRW können **ordnungsbehördliche Maßnahmen** bei Gefahren, die von einer herrenlosen Sache ausgehen, gegen denjenigen gerichtet werden, der das Eigentum an der Sache aufgehoben hat. Diese Bestimmung ist auf Bergwerkseigentum, das aufgehoben wurde, entsprechend anzuwenden (§ 71 Rn 70).

6. Mit der Aufhebung durch die zuständige Behörde **erlischt das Bergwerkseigentum**. Die Löschung im Grundbuch hat keine konstitutive Wirkung mehr. Zugleich mit dem Erlöschen des Bergwerkseigentums erlöschen die auf ihm ruhenden dinglichen Belastungen. Es erlöschen auch die mit dem Bergwerkseigentum verbundenen Berechtigungen, z. B. Bergschadenverzichte in Form von Grunddienstbarkeiten.

7. Das Bergwerkseigentum ist kein aus dem Eigentum am Grundstück herausgelöstes oder abgespaltenes Recht. Es geht mit der Aufhebung nicht in dem oben liegenden Grundstück auf. Die körperlichen Sachen, wie z. B. **Bergwerkseinrichtungen**, werden nach Aufhebung des Bergwerkseigentums zunächst **herrenlos**. Eine andere Rechtslage entsteht, wenn sich der Grundstückseigentümer herrenlose Teile des früheren Bergwerkseigentums aneignet (VG Arnsberg, ZfB 1988, 218; ZfB 1988, 222; VG Braunschweig, ZfB 2007, 32; VG Braunschweig, ZfB 2009, 209 m. w. N.). Zur Haftung für Grubenbaue, Schächte nach Aufhebung des Bergwerkseigentums § 71 Rn 57 ff.

11 Die **Aufhebungs**möglichkeit **nach** § 20 gilt nicht nur für das neue Bergwerkseigentum nach § 9, sondern **auch für aufrechterhaltenes Bergwerkseigentum** nach § 151, weil dieses Bergbaueigentum „nach Maßgabe der Vorschriften des Gesetzes" aufrechterhalten bleibt und die Anwendbarkeit des § 20 im Gegensatz zu den §§ 18, 31 in § 151 Absatz 2 nicht ausdrücklich ausgeschlossen ist.

12 Ein Verzicht auf das Bergwerkseigentum entsprechend § 928 Absatz 1 BGB durch Verzichtserklärung gegenüber dem Grundbuchamt und entsprechender Eintragung ins Grundbuch ist wegen der speziellen Regelung des § 20 ausgeschlossen (Boldt/Weller, § 20 Rn 1; Habighorst, ZfB 2000, 238).

§ 21 Beteiligung an der Aufsuchung

(1) Die zuständige Behörde hat
1. **den Inhalt einer Erlaubnis zur Aufsuchung zu wissenschaftlichen Zwecken jedem Inhaber einer Erlaubnis zur Aufsuchung zu gewerblichen Zwecken und**
2. **den Inhalt einer Erlaubnis zur großräumigen Aufsuchung jedem Inhaber einer Erlaubnis zur Aufsuchung zu gewerblichen Zwecken oder einer Bewilligung und jedem Bergwerkseigentümer**

unverzüglich mitzuteilen, wenn sich die Felder dieser Berechtigungen mit dem Feld der Erlaubnis zur Aufsuchung zu wissenschaftlichen Zwecken oder der Erlaubnis zur großräumigen Aufsuchung hinsichtlich desselben Bodenschatzes ganz oder teilweise überdecken.

(2) Die zuständige Behörde hat ein Verlangen im Sinne des § 11 Nr. 5 zu stellen, wenn einer der Berechtigten bis zum Ablauf von sechs Wochen nach Zugang der Mitteilung gemäß Absatz 1 für sich einen entsprechenden Antrag stellt und glaubhaft macht, daß er die zur Übernahme des angemessenen Teils der Aufwendungen gemäß § 11 Nr. 5 erforderlichen Mittel aufbringen kann. Nach Ablauf dieser Frist kann die Behörde bei Vorliegen der übrigen Voraus-

setzungen des Satzes 1 ein Verlangen stellen, wenn die Entscheidung des Berechtigten über seine Beteiligung vorher nicht möglich war und für den verpflichteten Antragsteller im Zeitpunkt des Verlangens die Beteiligung noch zumutbar ist.

Nach § 11 Nr. 5, den Absatz 2 aufgreift, muss sich der **Antragsteller** einer nicht **1** gewerblichen, d. h. großräumigen oder wissenschaftlichen, Erlaubnis dazu **verpflichten**, auf Verlangen der zuständigen Behörde die **Inhaber von gewerblichen Aufsuchungs- oder Gewinnungsrechten** gegen angemessenen Aufwendungsersatz **an der Aufsuchung zu beteiligen**, wenn deren Felder hinsichtlich derselben Bodenschätze von dem beantragten Feld ganz oder teilweise überdeckt werden. Der Verwirklichung dieser Verpflichtung durch die zuständige Behörde dient § 21.

Dabei ist Folgendes **Verfahren** vorgesehen: **2**
Absatz 1 legt zunächst der zuständigen Behörde bestimmte Mitteilungspflichten auf
– gegenüber gewerblichen Aufsuchungsberechtigten über das Vorliegen einer wissenschaftlichen Aufsuchungsberechtigung;
– gegenüber gewerblichen Aufsuchungs- und Gewinnungsberechtigten über die Erteilung einer großräumigen Aufsuchungsberechtigung.
Die Mitteilung der zuständigen Behörde ist damit die tatsächliche Voraussetzung für die Kenntnis sich überschneidender Berechtigungen auf die gleichen Bodenschätze im gleichen Feld.

Nach Zugang der Mitteilung haben zur Beteiligung Berechtigte **sechs Wochen** **3** Zeit, einen **Antrag auf Beteiligung** an der Aufsuchung zu stellen, der dann ein entsprechendes Verlangen der Behörde auslöst. Eine **Verlängerung** der Frist ist nur möglich, wenn die **Entscheidung** eines Antragsberechtigten über seine Beteiligung **vorher nicht möglich** war und für den **Verpflichteten** die Beteiligung im Zeitpunkt des Verlangens **noch zumutbar** ist. Weitere Voraussetzungen für das auf den Antrag des Berechtigten auszusprechende Verlangen der Behörde ist, dass der **Berechtigte glaubhaft macht**, die zur **angemessenen Aufwandsentschädigung** erforderlichen Mittel aufbringen zu können.

Spricht die zuständige Behörde ihr **Verlangen** bei Vorliegen aller Voraus- **4** setzungen gegenüber dem Inhaber einer nicht gewerblichen Aufsuchungsberechtigung **wirksam** aus, so hat dieser den **Berechtigten** oder einen Vertreter **an der Aufsuchung zu beteiligen.**

§ 22 Übertragung und Übergang der Erlaubnis und Bewilligung

(1) Die Übertragung der Erlaubnis oder Bewilligung auf einen Dritten oder die Beteiligung Dritter an einer Erlaubnis oder Bewilligung ist nur mit Zustimmung der zuständigen Behörde zulässig. Die Zustimmung darf nur versagt werden, wenn
1. bei einer Übertragung eine der Voraussetzungen des § 11 Nr. 4 bis 10, auch in Verbindung mit § 12 Abs. 1 Satz 1, oder
2. bei einer Beteiligung eine der Voraussetzungen des § 11 Nr. 4 bis 7, auch in Verbindung mit § 12 Abs. 1 Satz 1,

vorliegt. Die Zustimmung bedarf der Schriftform.

(2) Mit dem Tode des Inhabers einer Erlaubnis oder Bewilligung geht das Recht auf die Erben über. Bis zur Dauer von zehn Jahren nach dem Erbfall darf es von einem Nachlaßinsolvenzverwalter, Nachlaßpfleger oder Testamentsvollstrecker ausgeübt werden. Die in Satz 1 und 2 bezeichneten Personen haben der zuständigen Behörde unverzüglich den Erbfall anzuzeigen. Die Rechtsfolgen nach Satz 1 oder Satz 2 treten nicht ein für Erben oder in Satz 2 genannte Verfügungsberechtigte, in deren Person ein Versagungsgrund nach § 11 Nr. 6, auch in Verbindung mit § 12 Abs. 1 Satz 1, gegeben ist. Die Sätze 1 bis 3 gelten für sonstige Fälle der Gesamtrechtsnachfolge entsprechend.

1   **Erlaubnis und Bewilligung** sind grundsätzlich **übertragbare, an die Person des Inhabers gebundene Rechtspositionen.** Diese Bindung und die sachlichen und strukturellen Eigenarten des Konzessionssystems (§ 6) fordern bei jeder Veränderung der Rechtsposition auch die Beachtung öffentlicher Interessen. Deshalb bedarf jeder Inhaber einer Erlaubnis oder Bewilligung zu deren **Übertragung** auf einen Dritten oder zur **Beteiligung** eines Dritten der **Zustimmung** der zuständigen Behörde. Auf die Zustimmung besteht ein **Rechtsanspruch.** Die zuständige Behörde darf die Zustimmung nur versagen, wenn bestimmte Versagungsgründe der §§ 11, 12 in der Person dessen, auf den übertragen oder der beteiligt werden soll, vorliegen oder der Übertragung bzw. Beteiligung objektiv entgegenstehen (Absatz 1 Satz 2 Nr. 1, 2).
Als **Übertragung** der Berechtigung ist die vollständige Auswechslung des Berechtigten durch Veräußerung anzusehen, als **Beteiligung Dritter** die Erweiterung des Kreises der Berechtigten, etwa durch gesellschaftsrechtliche Teilhaber. In analoger Anwendung wird auch die **Überlassung des Rechts zur Nutzung** durch einen Dritten als *„Übertragung"* anzusehen sein (Manten, UPR 2010, 429 ff., 430; Boldt-Weller § 22 Rn 1).

2   Damit wird der **Dritte,** der neuer Inhaber einer Berechtigung oder an ihr beteiligt werden soll, weitgehend dem **gleichen materiellen Prüfprogramm** unterworfen wie der ursprüngliche Antragsteller. Denn Versagungsgründe der §§ 11, 12, die hiernach unberücksichtigt bleiben dürfen (Absatz 1 Satz 2 Nr. 1), beziehen sich ausschließlich auf die Bezeichnung der Bodenschätze, die kartenmäßige Darstellung des Feldes und die Vorlage des Arbeitsprogramms. Alle anderen Versagungsgründe dürfen weder in der Person des Übernehmenden (**Zuverlässigkeit:** § 11 Nr. 6) vorliegen noch objektiv (**öffentliche Interessen:** § 11 Nr. 8–10) gegeben sein. Dadurch soll der neue Berechtigungsinhaber oder der an einer Berechtigung zu Beteiligende von Anfang an in die wirtschaftsordnende Funktion des Konzessionssystems eingebunden und so jedes Umgehen der Erlaubnisvorbehalte durch formlose Übertragung oder Beteiligung verhindert werden (kritisch dazu s. Westermann, Freiheit, 69 ff.).

3   Selbst wenn bei einer bloßen **Beteiligung** die für die Zustimmung zu prüfenden Versagungsgründe enger gefasst sind als bei der Übertragung, muss auch hier der Dritte den **Mittelnachweis** nach § 11 Nr. 7 führen, die erforderliche **Zuverlässigkeit** besitzen (§ 11 Nr. 6) und daneben diejenigen Verpflichtungen gegenüber der zuständigen Behörde eingehen, die der **sinnvollen und planmäßigen Aufsuchung** dienen bzw. den möglichst vollständigen Abbau der nutzbaren Bodenschätze gewährleisten (Nr. 4, 5).

4   Die für die Zustimmung zu prüfenden **Versagungsgründe** sind ebenso wie bei der Antragstellung einer Berechtigung **abschließend.** Aus anderen Gründen darf deshalb die Zustimmung nicht versagt werden. Die Beifügung von Nebenbestimmungen (z.B. von Auflagen), die einzelne Versagungsgründe ausräumen können, ist aus den gleichen Gründen wie aus zu § 16 genannten möglich (vgl. Anmerkung zu § 16 Rn 13 ff.).
Im Falle der **Nutzungsüberlassung** ist fraglich, ob für die Erteilung der Zustimmung analog § 22 Absatz 1 die Versagungsgründe gemäß § 22 Absatz 1 Satz Nr. 1 („Übertragung") oder die engeren des § 22 Absatz 1 Satz 2 Nr. 2 („Beteiligung") anzuwenden sind. Da bei der Nutzungsüberlassung die Identität des Inhabers der Berechtigung sich nicht ändert, er bei nachträglichen Versagungsgründen (§§ 16 Absatz 3, 18) weiterhin verantwortlich bleibt, spricht viel dafür,

dass nur die Voraussetzungen des § 11 Nr. 4–7 zu prüfen sind (Manten, UPR 2010, 429, 431).

Über die **rechtsgeschäftliche Form der Übertragung oder Beteiligung** sagt § 22 **5** nichts aus. Er lässt insoweit den Parteien freie Hand, im Rahmen der zulässigen Rechtsgeschäfte jede mögliche Form zu wählen, gleichgültig ob damit in jedem Fall eine angemessene Gegenleistung verbunden ist oder nicht. Zu denken ist demnach an Kauf, Tausch oder Pacht.

Im Rahmen der Übertragung einer Erlaubnis oder Bewilligung kann jedoch **6** anders als beim **Bergwerkseigentum** (§ 23) fraglich sein, ob die Einräumung einer bloßen Ausübungsberechtigung, etwa in der Form der **Rechtspacht,** zustimmungsbedürftig ist. Man wird das nach der Intention des § 22 dann bejahen müssen, wenn der Pächter damit die volle Rechtsinhaberschaft erhält und alle zum Inhalt der Berechtigung gehörenden Rechte und Befugnisse einschließlich des gegenüber Dritten wirkenden Aneignungsrechts rechtswirksam ausüben kann. Außerdem muss er über das Recht in jeder nach dem BBergG zulässigen Weise verfügungsberechtigt sein.
Der zivilrechtliche Überlassungsvertrag wird mit seinem Abschluss wirksam. § 22 Absatz 1 betrifft lediglich den aus der Bergbauberechtigung „herausgelösten" Rechtsübergang. Der „Empfänger" der Nutzungsüberlassung wird erst mit Erteilung der behördlichen Zustimmung Nutzungsberechtigter (Manten, UPR 2010, 429, 432). Jedoch kann die behördliche Zustimmung schon vor Abschluss des zivilrechtlichen Überlassungsvertrags erfolgen.

Ein besonderer Fall der Berechtigungsübertragung ist die sog. **Unternehmens-** **7** **pacht** (Ebel/Weller, § 50 Anmerkung 2 g; Isay, I, § 50 Rn 36 ff.), bei der ein ganzer Bergwerksbetrieb einschließlich der Berechtigungen verpachtet wird und der Pächter Sachbesitz an den Tagesanlagen erhält. Der Pachtvertrag hat dingliche Wirkung für die vom Pächter gewonnenen Mineralien. Auf den Eigentumserwerb an den Mineralien finden die §§ 956, 957 BGB zwar nicht direkt, aber analog Anwendung. Hiernach erwirbt der Pächter das Eigentum an den gewonnenen Mineralien mit der Besitzergreifung. Solange der Pachtvertrag besteht und der Pächter sich in dem ihm überlassenen Pachtbesitz befindet, kann der Verpächter die Aneignungserlaubnis nicht widerrufen (§ 956 Absatz 1 Satz 2 BGB). Diese an dem Bergwerkseigentum des ABG entwickelten Grundsätze müssen auch für die Verpachtung eines auf der Basis einer Erlaubnis oder Bewilligung geführten Betriebs gelten.

Eine **Beteiligung** im Sinne des § 22 liegt nur vor, wenn echte **gesellschaftsrecht-** **8** **liche Teilhaberrechte** eingeräumt werden, nicht jedoch bei einem bloß finanziellen Engagement. Auch im Falle der Beteiligung muss also dem neu Hinzukommenden ein echtes Beteiligungsrecht an der Ausübung der Berechtigung eingeräumt werden.

Die Zustimmung ist schriftlich zu erteilen, jede andere Form (§ 37 Absatz 2 **9** VwVfG) ist dadurch ausgeschlossen. Im Übrigen gelten hinsichtlich der Bestimmtheit der Zustimmung und ihrer Form als begünstigender Verwaltungsakt die allgemeinen Vorschriften des § 37 VwVfG.

Als **personenbezogene Rechte** gehen Erlaubnis und Bewilligung beim Tode des **10** Inhabers **auf den Erben über** (Absatz 2). Neben bzw. anstelle des Erben sind **Ausübungs- bzw. Verfügungsberechtigte** der übergegangenen Erlaubnis oder Bewilligung die Vertreter des Erben oder des Nachlasses kraft Amtes; sie rücken allerdings nicht in die Erbenstellung, d. h. die volle Rechtsinhaberschaft, ein, sondern nur soweit, wie ihr Amt als Konkursverwalter, Nachlasspfleger oder Testamentsvollstrecker dies zulässt. Außerdem ist ihre Verfügungsberechtigung gesetzlich auf zehn Jahre begrenzt, ohne Verlängerungsmöglichkeit. Die Dauer dieser Verfügungsberechtigung gilt allerdings auch dann, wenn zwischenzeitlich das Recht selbst verlängert wird.

11 Sowohl der Erbe als auch die Verfügungsberechtigten kraft Amtes müssen den **Erbfall** der Behörde ohne schuldhaftes Zögern schriftlich **anzeigen**. Sie prüft sodann anhand der ihr bekannten Tatsachen, ob der Erbe bzw. die Verfügungsberechtigten die erforderliche Zuverlässigkeit im Sinne der §§ 11 Absatz 1 Nr. 6, 12 Absatz 1 Satz 1 besitzen. Rechtfertigen die der Behörde bekannten Tatsachen die Annahme, dass dies nicht der Fall ist, so ist die **Behörde berechtigt, den Rechtsübergang auf den Erben zu versagen** oder die Rechtsausübung der Verfügungsberechtigten zu verweigern. In einem solchen Fall hört jedoch die Berechtigung mit der Bekanntgabe des versagenden Verwaltungsakts nicht auf zu existieren. Sie besteht vielmehr weiter fort, ist lediglich nicht auf die Person des Erben oder Ausübungsberechtigten übergegangen, hat also keinen Berechtigten.

12 Was für den Erbfall gilt, ist in gleicher Weise für andere Formen der **Gesamtrechtsnachfolge** (etwa Gesellschaft, Gemeinschaft) vorgesehen (Absatz 2 Satz 5).

13 Gegen die Versagung des Rechtsübergangs oder der Ausübungsberechtigung stehen den Betroffenen Widerspruch und Anfechtungsklage zu.
Die **Klage** eines Grundstückseigentümers **gegen die Übertragung** der Bewilligung für Kies und Kiessand ist unzulässig. Die Zustimmung nach § 22 ist nicht drittschützend (VG Schwerin, ZfB 2007, 58; VG Magdeburg, ZfB, 2009, 59, 62 m. w. N.).
Zu den vom Antragsteller vorzulegenden Unterlagen hat das **Sächs. Oberbergamt** ein **Merkblatt** (Stand November 2008) herausgegeben. Hierzu gehören auch Unterlagen, mit denen gemäß § 11 Nr. 7 i. V. mit § 12 Absatz 1 glaubhaft gemacht wird, dass der Erwerber in der Lage ist, die für die Gewinnungsarbeiten erforderlichen finanziellen Mittel aufzubringen.

§ 23   Veräußerung von Bergwerkseigentum

(1) Die rechtsgeschäftliche Veräußerung von Bergwerkseigentum und der schuldrechtliche Vertrag hierüber bedürfen der Genehmigung der zuständigen Behörde. Die Genehmigung darf nur versagt werden, wenn der Veräußerung Gründe des öffentlichen Interesses entgegenstehen.

(2) Die Genehmigung kann auch vor der Beurkundung des Rechtsgeschäfts erteilt werden. Sie gilt als erteilt, wenn sie nicht innerhalb von zwei Monaten nach Eingang des Antrags versagt wird. Hierüber hat die zuständige Behörde auf Verlangen ein Zeugnis zu erteilen.

1 Im Gegensatz zum Erlaubnis- und Bewilligungsinhaber bedarf der Bergwerkseigentümer (§§ 9, 151) für den Fall der rechtsgeschäftlichen Veräußerung seiner Berechtigung nicht nur der Einhaltung der schuld- und sachenrechtlichen Vorschriften für Grundstücksveräußerungen, sondern auch der nachträglichen **Genehmigung der Veräußerungsvorgänge** durch die zuständige Behörde.

2 Diese gegenüber dem früher geltenden Recht (Ebel/Weller, § 50 Anmerkung 2 i; Isay I, § 50 Rn 11, 12) **neu eingefügte Genehmigungspflicht** erstreckt sich sowohl auf die rechtsgeschäftliche Veräußerung selbst (§§ 873, 925 BGB) als auch auf den schuldrechtlichen Vertrag hierüber (§ 311 b Absatz 1 BGB i. V. etwa mit §§ 433 oder 515 BGB). Um die Genehmigung zu erlangen, muss sie schriftlich unter Vorlage der Veräußerungsdokumente beantragt werden.

Das Sächs. Oberbergamt hat ein Merkblatt (Stand: Nov. 2008) herausgegeben, das die vom Antragsteller vorzulegenden Unterlagen vorgibt. Im vorzulegenden Übertragungsvertrag muss insbesondere geregelt werden, dass der künftige Inhaber in alle sich aus der bergrechtlichen Bewilligung ergebenden Rechte und Pflichten eintritt.
Die Genehmigungspflicht bezüglich Kaufvertrag und Auflassung betrifft sowohl das nach dem BBergG neu begründete als auch das nach §§ 149 Absatz 1 Nr. 1, 151 übergeleitete Bergwerkseigentum (OVG NRW, ZfB 2011, 29, 32). Das Erfordernis der Genehmigung ist eine **zulässige Inhalts- und Schrankenbestimmung** des Eigentums i. S. von Artikel 14 Absatz 1 Satz 2 GG (OVG NRW, aaO m. w. N.). **§ 23 Absatz 1** genügt auch den allgemeinen rechtsstaatlichen **Bestimmtheitsgrundsatzes** gemäß Artikel 20 Absatz 3 GG. Der Begriff des öffentlichen Interesses ist auslegungsbedürftig und auslegungsfähig. Er unterliegt als unbestimmter Rechtsbegriff der vollen gerichtlichen Nachprüfung (OVG NRW, aaO, S. 33, a. A. Westermann, Freiheit des Unternehmers, S. 69 ff.).

Auf die Erteilung der Genehmigung besteht ein **Rechtsanspruch.** Sie ist deshalb **3**
zu erteilen, wenn der Veräußerung keine Gründe des öffentlichen Interesses entgegenstehen (Absatz 1 Satz 2) (kritisch zu diesem weit gefassten Versagungsgrund u. H. auf BVerfGE 21, 306; Westermann, Freiheit).

Was in diesem Zusammenhang entgegenstehende **Gründe des öffentlichen Inte-** **4**
resses sein können, sagt § 23 selbst nicht. Aus der Entstehungsgeschichte dieser Vorschrift (BT-Drs 8/1315, 93; BT-Drs 8/3965, 135) lässt sich aber ermitteln, dass die zu beachtenden öffentlichen Belange und Interessen einen **konkreten Bezug zum Inhalt des Bergwerkseigentums** (z. B. Feld oder Bodenschatz) haben und gerade der Veräußerung entgegenstehen müssen (VG Arnsberg, ZfB 1997, 171; ZfB 2008, 199; Habighorst, ZfB 2000, 230 ff.; Boldt/Weller § 23 Rn 4). Der RegE hatte als Beispiel erwähnt, dass die Veräußerung einer für sinnvolle und planmäßige Gewinnung von Bodenschätzen erforderlichen Struktur des Bergwerksfeldes widersprechen müsse (BT-Drs 8/1315 = Zydek, 151). Die damit bezweckte Überwachung der Veräußerungsgeschäfte sollte der Zersplitterung des Feldesbesitzes begegnen (Zydek, 152). Westermann (Westermann, Freiheit, 69) hielt schon seinerzeit dagegen, dass durch eine Veräußerung die Feldeseinteilung selbst nicht geändert werde. Die Person des Inhabers sei für die objektiv bestimmte Gewinnungsmöglichkeit und dafür, ob sie mehr oder weniger rationell betrieben werde, nicht entscheidend. Die Veräußerung eines ganzen Feldes könne durchaus rationalisierend, aber auch entgegengesetzt wirken. Auf den Gesetzgeber haben diese Überlegungen keine Wirkung gehabt.
Die Gründe des **öffentlichen Interesses,** die einer Veräußerung entgegenstehen könnten, umfassen alle relevanten Umstände, die bei der Erteilung einer Bewilligung zu prüfen sind. Zunächst bestand in Literatur (Boldt/Weller, § 23 Rn 4, Piens/Schulte/Graf Vitzthum, Voraufl., § 23 Rn 4) und Rechtsprechung (VG Arnsberg, ZfB 2008, 196; ZfB 1997, 171, 187) Einvernehmen, dass eine Versagung nur erfolgen darf, wenn durch die Veräußerung eine sinnvolle und planmäßige Gewinnung des Bodenschatzes gefährdet wird oder ein anderer **konkreter Bezug zum Inhalt des Bergwerkseigentums besteht.** Mit dem Hinweis, dass eine solche konkrete Absicht des Gesetzgebers keinen Anhaltspunkt im Gesetzestext hat (BVerfGE 54, 277, 297 f.), ist der Begriff des „öffentlichen Interesses" i. S. von § 23 Absatz 1 Satz 2 erweitert ausgelegt worden. Eine Versagung der Genehmigung kann auch ausgesprochen werden, wenn der Erwerber seine **finanzielle Leistungsfähigkeit,** auch hinsichtlich der Mittel für die Wiedernutzbarmachung der Oberfläche, nicht darlegen kann. Dies kann durch Vorlage aktueller Bilanzen, Bankauskünfte, Kreditzusagen u. a. geschehen (zur Glaubhaftmachung nach § 11 Nr. 7 für die Erteilung einer Erlaubnis, Bewilligung s. Runderl. NRW v. 17.3.1993, MBl S. 720). Die Vorlage eines

Handelsregister-Auszugs reicht nicht (OVG NRW, ZfB 2011, 29, 38). Der Nachweis der finanziellen Leistungsfähigkeit ist gerechtfertigt auch im Hinblick auf die aus dem Bergwerkseigentum resultierenden Verpflichtungen. Zu den öffentlichen Interessen gehören betriebs- und betreiberbezogene Kriterien des § 11, z.B. mangelnde Zuverlässigkeit, unzureichendes bergbauliches Konzept des Erwerbers (Habighorst, ZfB 2000, 230, 243), ferner auch die Sicherstellung öffentlicher Lasten aus dem Bergwerkseigentum, z.B. Steuern, Abgaben, Wassernutzungsentgelt, Wasserverbandsbeiträge. Keine öffentlichen Interessen i.S. von § 23 Absatz 1 Satz 2 sind naturschutzrechtliche Belange (VG Weimar, ZfB 2000, 333, 339; ZfB 2001, 333, 337).

5   Für die **Genehmigung sind zwei Formen** möglich:
    – Die ausdrückliche schriftliche Genehmigung und
    – die Genehmigung durch Verstreichenlassen einer Zweimonatsfrist seit Antragstellung. In diesem Fall wird die Erteilung der Genehmigung fingiert (Absatz 2 Satz 2).
    Geht die zuständige Behörde den zweiten Weg, so muss sie dem Veräußerer auf Verlangen ein Zeugnis über die so erteilte Genehmigung ausstellen (Absatz 2 Satz 3).

6   Einer weiteren Vereinfachung und Erleichterung des Genehmigungsvorgangs dient die Anordnung, dass die **Genehmigung** bereits **vor der Beurkundung** des Rechtsgeschäfts erteilt werden kann (vgl. § 2 Absatz 1 Satz 3 GrdstVG).

7   Keine Aussage trifft § 23 darüber, ob auch eine **Beteiligung** am Bergwerkseigentum oder die teilweise Veräußerung genehmigungspflichtig ist. Während für Ersteres aus dem Schweigen des Gesetzes die **Genehmigungsfreiheit** zu folgern ist, bedurfte Letzteres keiner ausdrücklichen Regelung. Denn **vor** der **Teilübertragung** hat stets ein **Teilungsverfahren** nach § 28 stattzufinden, in dem die gleichen Kriterien wie bei der Übertragung (Vermeidung der Feldeszersplitterung) zu prüfen sind und **möglicherweise bereits** hier die Prüfung zu einer **Versagung** führen kann (vgl. Anmerkung zu § 28 Rn 6).

8   Die **Verpachtung des Bergwerkseigentums** ist **genehmigungsfrei**, weil sie eine Veräußerung weder im Sinne des früheren Rechts noch nach dem BBergG darstellt (vgl. Anmerkung zu § 9 Rn 10 ff.; Isay I, § 50 Rn 36 ff.; Ebel/Weller, § 50 Anmerkung 2 g). **Gleiches** gilt für alle Formen der **dinglichen Belastung** des **Bergwerkseigentums** wie Nießbrauch, beschränkt persönliche oder Grunddienstbarkeiten oder die Begründung von Grundpfandrechten (Isay I, § 50 Rn 17).

9   **Bergwerkseigentum** ist, da § 23 keine anderweitige Regelung trifft, **frei vererbbar**. Die Verfügungsbeschränkungen für Verfügungsberechtigte i.S. von § 22 Absatz 2 Satz 2 gelten für das Bergwerkseigentum nicht.
    Keine rechtsgeschäftliche Übertragung ist auch der Zuschlag in der Zwangsversteigerung oder die formwechselnde Umwandlung. Dagegen dürfte die Zuordnung von Bergwerkseigentum auf der Grundlage eines verschmelzenden oder spaltenden Umwandlungsbeschlusses genehmigungspflichtig sein (Habighorst, ZfB 2000, 233).

ZWEITER ABSCHNITT   **Vereinigung, Teilung und Austausch von Bergwerkseigentum**

§ 24   Zulässigkeit der Vereinigung

Bergwerksfelder dürfen vereinigt werden, wenn sie aneinandergrenzen und das Bergwerkseigentum auf die gleichen Bodenschätze verliehen ist.

Wie schon das frühere Recht unter dem Begriff **Konsolidation** (z. B. §§ 41–49   **1** ABG NRW) geht auch das BBergG davon aus, dass die Vereinigung von Bergwerksfeldern (§§ 24–27) aus technischen und wirtschaftlichen Gründen erforderlich werden kann und daher zulässig und möglich sein muss. § 24 erklärt daher eine **Vereinigung dann für zulässig,**
– wenn die Felder aneinandergrenzen und
– das Bergwerkseigentum auf die gleichen Bodenschätze verliehen ist.

In der zweiten Voraussetzung liegt eine Klarstellung und **Einschränkung gegen-**   **2** **über dem bisherigen Recht.** Danach war es nämlich zulässig, Bergwerke, die auf verschiedene Mineralien verliehen waren, zu vereinigen. Dann blieben für den Umfang des Gewinnungsrechts an den unterschiedlichen Mineralien die bisherigen Feldesgrenzen maßgebend. Der Gegenstand des neuen Bergwerkseigentums war also nicht für das ganze Feld einheitlich (Völkel, Grundzüge, 119; Ebel/Weller, § 41 Anmerkung 1).

Die **Vereinigung** beruht auf **freier Entschließung** des oder der beteiligten Berg-   **3** werkseigentümer. Dabei ist allerdings der für die Vereinigung von Grundstücken zugelassene Weg des § 890 BGB einzuhalten (§ 27 Absatz 2). Die Vereinigung ist ausdrücklich ausgeschlossen zwischen neuem und altem Bergwerkseigentum (§ 151 Absatz 2 Nr. 4).

Von der Vereinigung i. S. von § 24 ist zudem zu unterscheiden die **tatsächliche**   **4** **organisatorische Vereinigung** mehrerer Bergwerke zu einer neuen Verwaltungseinheit. Durch sie wird die rechtliche **Selbstständigkeit** der einzelnen **Bergwerksfelder** nicht aufgehoben, selbst wenn sie hinsichtlich des Betriebs und der Verwaltung als einheitliche Anlage behandelt werden (Ebel/Weller, § 41 Anmerkung 1 a. E.).

§ 25   Voraussetzungen der Vereinigung

Zur Vereinigung sind erforderlich
1. **eine notariell beurkundete Einigung der beteiligten Bergwerkseigentümer oder eine entsprechende Erklärung des Alleineigentümers über die Vereinigung; dabei sind die Namen des neuen Bergwerkseigentums und des neuen Bergwerkseigentümers, bei mehreren Bergwerkseigentümern auch der Anteil oder die sonstigen Rechtsverhältnisse an dem neuen Bergwerkseigentum anzugeben;**
2. **zwei Ausfertigungen eines Lagerisses des neuen Bergwerksfeldes, der den Anforderungen einer Bergverordnung nach § 67 entspricht;**
3. **bei dinglicher Belastung des Bergwerkseigentums eine notariell beurkundete Vereinbarung zwischen den dinglich Berechtigten und den beteiligten Bergwerkseigentümern darüber, daß und in welcher Weise, insbesondere in welcher Rangordnung, die Belastungen auf das neue Bergwerkseigentum (§ 27 Abs. 1) übergehen sollen;**
4. **die Genehmigung nach § 26.**

Die **Voraussetzungen für die Vereinigung** entsprechen im Wesentlichen dem   **1** früher geltenden Recht (z. B. §§ 42–44 ABG NRW). Danach war die Vereini-

gung nur unter Beachtung von **drei wesentlichen Gesichtspunkten** (§§ 42, 43 ABG NRW) zulässig.
Es bedurfte der Vorlage
– des notariell beurkundeten sog. **Konsolidationsakts** und
– eines **Lagerisses** des vereinigten Feldes sowie
– einer notariell beurkundeten **Vereinbarung** darüber, in welcher Weise und Rangfolge **dingliche Belastungen** auf das neue Bergwerkseigentum übergehen sollten.
Diese Grundsätze übernimmt § 25, ergänzt sie allerdings in Nr. 4 um das Genehmigungserfordernis durch Hinweis auf § 26.

2 Die **Form** des Konsolidationsakts hängt davon ab, ob ein oder mehrere Bergwerkseigentümer an ihm beteiligt sind. Ist Letzteres der Fall, so bedarf es einer **notariell beurkundeten Einigung**, während ansonsten die entsprechende **Erklärung** des Alleineigentümers ausreicht. Auch diese muss notariell beurkundet sein.

3 Die **Einigung** bzw. die Erklärung (Konsolidationsakt) **muss enthalten:**
– den Namen des neuen Bergwerkseigentums und des neuen Bergwerkseigentümers,
– bei mehreren Bergwerkseigentümern auch ihren Anteil oder ihre sonstigen Rechtsverhältnisse am neuen Bergwerkseigentum (Nr. 1).

4 Bestehen **dingliche Rechte** am Bergwerkseigentum, so muss zur Wahrung dieser Rechte und Regelung ihres Übergangs auf das neue Bergwerkseigentum eine notariell beurkundete **Vereinbarung** zwischen den dinglich Berechtigten und den beteiligten Bergwerkseigentümern darüber vorgelegt werden, dass und in welcher Weise, insbesondere in welcher Rangordnung, die Belastungen auf das neue Bergwerkseigentum übergehen sollen. Dabei ist nur die Belastung des neuen Bergwerkseigentums als Ganzes zulässig.

5 Als letzte Voraussetzung für die Vereinigung (Nr. 4) ist schließlich die **Genehmigung** der zuständigen Behörde nach § 26 erforderlich. Sie ist darin begründet, dass mit der privatrechtlichen Vereinigung von Bergwerksfeldern eine Änderung der durch staatlichen Erteilungs- oder Verleihungsakt begründeten Rechtsposition verbunden ist. Sie bedarf zum Wirksamwerden der Genehmigung durch die nach Landesrecht zuständige Behörde.

§ 26 Genehmigung der Vereinigung, Berechtsamsurkunde

(1) Die Genehmigung darf nur versagt werden, wenn
1. die Vereinigung unzulässig ist,
2. die in § 25 Nr. 1 bis 3 bezeichneten Urkunden und die Verleihungsurkunden oder die nach § 154 Abs. 2 ausgestellten Urkunden nicht oder nicht vollständig vorgelegt werden oder
3. der Vereinigung Gründe des öffentlichen Interesses entgegenstehen.

(2) Die Genehmigung wird mit der Urkunde nach § 25 Nr. 1, einer Ausfertigung des Lagerisses nach § 25 Nr. 2, den Verleihungs- oder den nach § 154 Abs. 2 ausgestellten Urkunden zu einer einheitlichen Berechtsamsurkunde verbunden.

1 § 26 zählt **abschließend** die **Gründe** auf, nach denen die für eine Vereinigung nach § 25 Nr. 4 erforderliche **Genehmigung, versagt werden darf** (zum bisherigen Recht vgl. § 41 ABG NRW: Bestätigung des Oberbergamts). Danach ist der Rechtsanspruch auf Erteilung der Genehmigung nur dann begründet, wenn
– die grundsätzliche Zulässigkeit der Vereinigung i. S. von § 24 (Aneinandergrenzen der Felder und Verleihung auf den gleichen Bodenschatz) gegeben ist,

- die erforderlichen Urkunden nach § 25 Nr. 1–3, insbesondere die Einigung der Eigentümer oder die Erklärung des Alleineigentümers, die Lagerissausfertigungen und die Vereinbarung über die dinglichen Rechte vorliegen und schließlich
- die ursprünglichen Verleihungsurkunden oder bei der Vereinigung von aufrechterhaltenem Bergwerkseigentum die bei der Aufrechterhaltung nach § 154 Absatz 2 ausgestellte Urkunde (Ersatzurkunde) beigebracht sind.

Außerdem dürfen der Vereinigung, obgleich sie auf einem freien Entschluss der **2** betreffenden Bergwerkseigentümer beruht, **Gründe des öffentlichen Interesses nicht entgegenstehen** (§ 26 Absatz 1 Nr. 3). Gründe des öffentlichen Interesses müssen einen Bezug zum vereinigten Feld haben. Sie stehen beispielsweise dann entgegen, wenn durch die Vereinigung die Ausübung anderer Bergbauberechtigungen in unzumutbarer Weise beeinträchtigt würde, etwa bei vollständiger oder teilweiser Umschließung durch die zu vereinigenden Felder (Amtl. Begründung = Zydek, 156; Boldt/Weller, § 26 Rn 2).

Spricht die zuständige Behörde die **Genehmigung** aus, so wird sie mit der **3** notariellen Einigung bzw. der Erklärung des Alleineigentümers, einer Ausfertigung des Lagerisses und den Verleihungsurkunden des neuen oder des übergeleiteten Bergwerkseigentums zu einer einheitlichen **Berechtsamsurkunde** verbunden. Diese Berechtsamsurkunde wird Grundlage für die Eintragung des neuen Bergwerkseigentums im Grundbuch, dem Berechtsamsbuch und der Berechtsamskarte (§ 75 Absatz 2 Nr. 2, Absatz 3 Nr. 2).

§ 27   Wirkung der Vereinigung

(1) Mit der Zustellung der Berechtsamsurkunde an den Antragsteller entsteht unter Erlöschen des bisherigen Bergwerkseigentums neues Bergwerkseigentum an dem einheitlichen Bergwerksfeld mit den sich aus der Vereinbarung nach § 25 Nr. 3 ergebenden dinglichen Belastungen.

(2) Ist die Vereinigung wirksam geworden, so ersucht die zuständige Behörde das Grundbuchamt um Berichtigung des Grundbuches. Dem Ersuchen ist eine beglaubigte Abschrift der Berechtsamsurkunde beizufügen.

§ 27 Absatz 1 regelt **Wirksamwerden und Rechtsfolgen** der Vereinigung. **1** Danach wird die **Vereinigung wirksam**, wenn die Berechtsamsurkunde für das vereinigte Bergwerkseigentum dem Antragsteller **zugestellt** ist (zur Zustellung vgl. Anmerkung zu § 17 Rn 6 f.). Das hat zur **Folge**, dass mit dem Zeitpunkt der Zustellung das **bisherige** Bergwerkseigentum an den vereinigten Feldern **erlischt** und **neues Bergwerkseigentum** an einem einheitlichen Feld **entsteht**. Die Zustellung ist somit **konstitutiv** für die Entstehung des neuen Bergwerkseigentums (Boldt/Weller, § 27 Rn 1). Gleichzeitig mit der Entstehung des neuen Bergwerkseigentums werden auch die nach § 25 Nr. 3 vereinbarten Belastungen an dem neuen Bergwerkseigentum wirksam.

Da mit dem **Wirksamwerden der Vereinigung** das **Grundbuch** unrichtig wird, **2** ersucht die zuständige Behörde das Grundbuchamt (das ist das örtlich zuständige Grundbuchamt; zu Sonderfällen s. Boldt/Weller, aaO, Rn 2) um **Berichtigung**. Der Inhalt der Berichtigung ergibt sich aus der dem Ersuchen beigefügten beglaubigten Abschrift der Berechtsamsurkunde. Für die Rechtswirkungen der Vereinigung ist diese Eintragung jedoch nicht konstitutiv, weil das Wirksamwerden sich außerhalb des Grundbuchs vollzieht.

§ 28　Teilung

Ein Bergwerksfeld kann in selbständige Teile geteilt werden, wenn die Teile dem § 4 Abs. 7 entsprechen und durch die Teilung eine Feldeszersplitterung, insbesondere eine Erschwerung der sinnvollen und planmäßigen Gewinnung von Bodenschätzen nicht zu befürchten ist. Die §§ 25 bis 27 gelten mit der Maßgabe entsprechend, daß die in § 25 Nr. 1 und 2 bezeichneten Urkunden für jeden Teil des Bergwerksfeldes erforderlich sind; mit Ausnahme der Lagerisse für die Teilung ist jedoch eine Urschrift nebst der erforderlichen Zahl von Ausfertigungen oder beglaubigten Abschriften der Urkunden ausreichend.

1 Die **reale Feldesteilung** (vgl. etwa § 51 ABG NRW) als Teilung eines Bergwerksfeldes in zwei oder mehrere selbstständige Bergwerksfelder unterlag **früher** der **Bestätigung** durch das **Oberbergamt** und durfte nur aus überwiegenden Gründen des öffentlichen Interesses versagt werden. Bei bestätigter Teilung entstand neues Bergwerkseigentum, und zwar ebenso wie bei der Verleihung oder Vereinigung außerhalb des Grundbuches (Ebel/Weller, § 51 Anmerkung 1; Boldt/Weller, § 28 Rn 4).

2 Demgegenüber trifft § 28 **eine differenziertere Regelung**, indem er die **Gründe des öffentlichen Interesses,** die der Teilung entgegenstehen können, in die **Zulässigkeitsvoraussetzungen** aufnimmt und das für die Vereinigung von Bergwerksfeldern geregelte Verfahren auch der Feldesteilung zugrunde legt. Dadurch sind auch die Rechtswirkungen der Teilung klar geregelt.

3 Wie die Vereinigung (§ 24) und auch der Austausch (§ 29) ist die Teilung auf neues oder altes Bergwerkseigentum (§ 151) beschränkt. Eine **Teilung von Bewilligungfeldern** ist **nicht** vorgesehen.

4 Tatbestandsmäßige Voraussetzungen für die **Teilung,** d.h. die **Zerlegung eines** einheitlichen **Bergwerksfeldes in mehrere** selbstständige **neue Felder,** sind das Bestehenbleiben der Feldeseigenschaft im Sinne des § 4 Absatz 7 sowie die Vermeidung einer Feldeszersplitterung und der zu befürchtenden Erschwerung einer sinnvollen und planmäßigen Gewinnung von Bodenschätzen (§ 28 Satz 1).

5 Bei der **Einleitung und Durchführung** des Teilungsverfahrens müssen die gleichen **Urkunden wie bei der Vereinigung** (§ 25) vorgelegt werden (im Einzelnen s. § 25 Rn 1 ff.). Auch die Teilung bedarf der Genehmigung. Der einzige Unterschied zum Vereinigungsverfahren ist, dass die **Lagerisse für die neuen Felder** bezüglich jeden neuen Feldes im Original vorgelegt werden müssen (§ 28 Satz 2).

6 Die zuständige Behörde hat die Teilung zu genehmigen, wenn die erforderlichen Urkunden nebst der ursprünglichen Verleihungsurkunde oder der Urkunde nach § 154 Absatz 2 vollständig vorgelegt sind. Außerdem dürfen die in § 28 Satz 1 genannten Gründe der Feldeszersplitterung mit negativen Folgen für eine sinnvolle und planmäßige Aufsuchung und Gewinnung der Genehmigung nicht entgegenstehen. Dann hat der Antragsteller einen Rechtsanspruch auf die Genehmigung.

7 Hat die zuständige Behörde festgestellt, dass die Teilung nicht versagt werden darf, so spricht sie die Genehmigung aus und stellt dem Antragsteller die neuen Berechtsamsurkunden zu. Mit der Zustellung erlischt das ursprüngliche Bergwerkseigentum und neues Bergwerkseigentum entsteht an den Feldesteilen. Diese neuen Bergwerksfelder sind ggf. dinglich entsprechend der Vereinbarung nach § 25 Nr. 3 belastet. Nach Wirksamwerden der Teilung ersucht die zuständige Behörde das Grundbuchamt auf Berichtigung des Grundbuches. Es fügt diesem Antrag beglaubigte Abschriften der Berechtsamsurkunden für die neuen Bergwerksfelder bei.

Die Teilung ist auf den Fall einer räumlichen Teilung von Bergwerkseigentum   **8**
zugeschnitten. Eine **Teilung nach Bodenschätzen** ist gemäß § 28 nicht zulässig,
da der Bergriff „Bergwerksfeld" eindeutig räumlich festgelegt ist (schon frühere
Rekursbescheide ZfB 1868, 207; ZfB 1882, 128; Boldt/Weller § 28 Rn 1; Kühne
ZfB 2008, 50). Allerdings kann eine Teilung nach Bodenschätzen bei Bergwerkseigentum, das auf mehr als einen Bodenschatz verliehen wurde, durch
Lückenausfüllung im Wege der Analogie erreicht werden (Kühne, ZfB 2008, 49,
51 ff.). Voraussetzung ist, dass die nach Teilung vorhandenen Berechtigungen
auf die jeweiligen Bodenschätze auch getrennt hätten verliehen werden können.
Ferner darf durch die Teilung nach Bodenschätzen die planmäßige Gewinnung
von Bodenschätzen nicht erschwert werden (§ 28 Satz 1).

§ 29   Austausch

**Der Austausch von Teilen von Bergwerksfeldern ist zulässig, wenn die aus-
zutauschenden Teile jeweils an das Bergwerksfeld angrenzen, mit dem sie
durch den Austausch vereinigt werden sollen, durch den Austausch eine
Feldeszersplitterung, insbesondere eine Erschwerung der sinnvollen und planmäßigen Gewinnung von Bodenschätzen, nicht zu befürchten ist, die auszutauschenden Teile dem § 4 Abs. 7 entsprechen und das Bergwerkseigentum auf
die gleichen Bodenschätze verliehen ist. Die §§ 25 bis 27 sind mit folgender
Maßgabe entsprechend anzuwenden:**
1. **Die Namen des am Austausch beteiligten Bergwerkseigentums bleiben
   bestehen.**
2. **Die in § 25 Nr. 1 und 2 bezeichneten Urkunden sind für jeden am Austausch
   beteiligten Teil der Bergwerksfelder erforderlich.**
3. **Mit Ausnahme der Lagerisse für den Austausch ist neben jeweils einer
   Urschrift die erforderliche Zahl von Ausfertigungen oder beglaubigten
   Abschriften der Urkunden ausreichend.**

Die bis zum Inkrafttreten des BBergG geltende landesrechtliche Regelung ergab   **1**
sich aus § 51 Absatz 1 ABG. Danach war bei einem **Austausch** von Feldesteilen
zunächst bei beiden in Betracht kommenden Bergwerksfeldern eine **reale Feldesteilung** vorzunehmen, sodass die beiden auszutauschenden Feldesteile je ein
selbstständiges Bergwerksfeld bildeten. Danach waren diese Austauschfelder
mit den Stammfeldern, denen sie zugeschlagen werden sollten, zu vereinigen
(Ebel/Weller, § 51 Anmerkung 2).

Hieran knüpft § 29 an. Nach Satz 1 ist der **Austausch** ebenso wie nach bishe-   **2**
rigem Recht **nur zulässig**, wenn die auszutauschenden **Feldesteile** an das **künftige
Stammfeld** angrenzen, **selbst ein Feld** im Sinne des § 4 Absatz 7 **bilden** und auf
die **gleichen Bodenschätze** verliehen sind wie in dem Feld, mit dem sie vereinigt
werden sollen. Außerdem darf der Austausch nicht zu einer Feldeszersplitterung
führen, die eine sinnvolle und planmäßige Gewinnung von Bodenschätzen
gefährden könnte.

Der **Austausch** richtet sich, da er **Teilung und Vereinigung gleichzeitig** enthält,   **3**
mit gewissen Modifikationen nach den §§ 25–27. Das bedeutet:
– Wie schon bisher werden i. d. P. das Teilungs- und das Vereinigungsverfahren
  in einem Akt zusammengefasst.
– Durch den Austausch wird der abgetrennte Feldesteil von seiner bisherigen
  dinglichen Belastung befreit; er wird aber der dinglichen Belastung des
  neuen Feldes, mit dem er vereinigt wird, unterworfen.
– Mit der Rechtswirksamkeit des Austausches (§ 2 Absatz 1) geht das
  ursprüngliche Bergwerkseigentum an den ausgetauschten Teilen unter. An
  diesen Teilen entsteht **neues, allerdings abgeleitetes Bergwerkseigentum,** das

mit dem schon vorhandenen Bergwerkseigentum des Stammfeldes zusammengefasst wird (Amtl. Begründung = Zydek, 162).

4 Als **Besonderheiten des Austausches** gegenüber dem Vereinigungs- und dem Teilungsverfahren schreibt § 29 Satz 2 vor, dass
- die Namen der Stammfelder bestehenbleiben;
- die notariell beurkundete Einigung der beteiligten Bergwerkseigentümer oder die entsprechende Erklärung des Alleineigentümers sowie die Lagerisse für jeden am Austausch beteiligten Teil der Bergwerksfelder erforderlich sind;
- die Lagerisse für alle beteiligten Bergwerksfelder in Urschrift vorzulegen sind. Für die übrigen Nachweise reichen jeweils eine Urschrift und die entsprechende Anzahl von Ausfertigungen oder beglaubigte Abschriften der Urkunden aus.

DRITTER ABSCHNITT   Feldes- und Förderabgabe

§ 30   Feldesabgabe

(1) Der Inhaber einer Erlaubnis zur Aufsuchung zu gewerblichen Zwecken hat jährlich eine Feldesabgabe zu entrichten.

(2) Die Feldesabgabe ist an das Land zu entrichten, in dem das Erlaubnisfeld liegt; § 137 bleibt unberührt.

(3) Die Feldesabgabe beträgt im ersten Jahr nach der Erteilung fünf Euro je angefangenen Quadratkilometer und erhöht sich für jedes folgende Jahr um weitere fünf Euro bis zum Höchstbetrag von fünfundzwanzig Euro je angefangenen Quadratkilometer. Auf die Feldesabgabe sind die im Erlaubnisfeld in dem jeweiligen Jahr für die Aufsuchung gemachten Aufwendungen anzurechnen.

Übersicht   Rn

I.   Vorbemerkung: Die Abgabenregelung des BBergG   1
II.   Grundgedanken der Feldesabgabe   3
III.   Feststellung, Erhebung und Änderung der Feldesabgabe   5
IV.   Besonderheiten im Festlandsockel   8

I.   Vorbemerkung: Die Abgabenregelung des BBergG

1 Mit Einführung der **Regelungen über Feldes- und Förderabgaben** hat der Gesetzgeber in wirtschaftlicher wie in rechtlicher Hinsicht **Neuland** betreten. Denn nicht nur die Frage der Wirtschaftlichkeit der Aufsuchung und Gewinnung bergfreier Bodenschätze als Basis für die Erhebung solcher Abgaben war umstritten, sondern auch und vor allem die Rechtsnatur und die Auswirkungen der Förderabgabe auf das System der **Finanzverfassung** der Bundesrepublik Deutschland, insbesondere auf den **Finanzausgleich** unter den Ländern (vgl. grundsätzlich Urteil BVerfG vom 2.6.1986 = ZfB 128 (1987), 42 ff.; Lerche/ Pestalozza, Die bergrechtliche Förderabgabe, 50 ff., 70 ff.). Denn den Ländern können hieraus sehr unterschiedliche Einnahmen (in Niedersachsen betraf der Umfang der Förderabgabe im Zeitpunkt des vorgenannten Urteils beinahe 2 Mio. DM = BVerfG, aaO, 44, während andere Länder nahezu leer ausgehen) zufließen, was zu Streitigkeiten unter den Ländern geführt hat. Aber auch die Rechtsnatur der Feldesabgabe ist in der Diskussion über die neuen Abgaben als

Verwaltungs- oder Verleihungsgebühren, als Steuern oder sonstige Abgaben nicht unumstritten (ausführlich bei Boldt/Weller, vor § 30 Rn 4 ff. m. w. N.).

Im Gegensatz zum früheren Bergrecht (Willecke, Glückauf 1981, 1338 ff.; Boldt/ **2** Weller, vor § 30 Rn 1 ff.) enthält das BBergG erstmals für beide Abgabenformen eine **normative Regelung** anstelle der nach überwiegender Auffassung bisher **privatrechtlich organisierten** Abgabenverträge (ausführlich und zusammenfassend s. Boldt/Weller, vor § 30 Rn 2 f.) zwischen Staat und Bergbauunternehmer. Die innere Systematik dieser gesetzlichen Regelung ist im Wesentlichen der von Konzessionen für Erdöl und Erdgas vergleichbar (kritisch zur bisherigen Auslegung der Förderzinsregelungen s. Nicolaysen, Bewilligung, 20 ff. (35): *„[...] Entgelt für ein wirtschaftlich verwertbares vermögenswertes Substrat [...]“*). Berechtigte sind weiterhin die Länder, in denen die Felder liegen und mithin die Bodenschätze gewonnen werden. Sie haben das Recht, BergVOen zu erlassen, mit denen sie der jeweiligen wirtschaftlichen Lage entsprechende Ausnahmeregelungen treffen können.

II. Grundgedanken der Feldesabgabe

Der Inhaber einer gewerblichen **Aufsuchungserlaubnis** hat jährlich eine sog. **3** **Feldesabgabe** an das Bundesland zu entrichten, in dem sein Erlaubnisfeld liegt (Absatz 1, 2). Die Erhebung der Feldesabgabe erfolgt als **öffentlich-rechtliche Verleihungsgebühr** (Amtl. Begründung = Zydek, 163, 167). Begründet wird dies damit, dass die Feldesabgabe an eine staatliche Leistung anknüpft, die nicht nur in der Erteilung der Erlaubnis als solcher besteht, sondern vor allem in der Zulassung, eine sich nicht erlaubte Tätigkeit ausüben und hierbei ausschließlich Rechte für sich in Anspruch nehmen zu dürfen. Bei der Erlaubnis für die Aufsuchung zu gewerblichen Zwecken ist dies vor allem der **Ausschluss Dritter** und die wenigstens teilweise **Aneignungsbefugnis des Aufsuchenden** an planmäßig mitgewonnenen Bodenschätzen (Amtl. Begründung, aaO). Bei Bewilligung und beim Bergwerkseigentum sind es der absolute Ausschluss Dritter sowie eine uneingeschränkte ausschließliche Aneignungsbefugnis und die damit verbundene Sicherung einer wirtschaftlichen Position.

Die **Feldesabgabe** ist nur für solche Erlaubnisse zu entrichten, die aufgrund des **4** BBergG (§ 7) neu erteilt werden, **nicht** jedoch **für alte Aufsuchungsrechte und -verträge**, die nach den §§ 149 ff. als Erlaubnis im Sinne des § 7 für die Bodenschätze, die Zeit und den Bereich, für die sie aufrechterhalten bleiben, fortgelten. In diesen Fällen wird **kein neues Recht** erteilt, sondern ein bestehendes gesetzlich aufrechterhalten und in das Konzessionssystem des BBergG überführt, ohne seinen Inhalt zu verändern (§ 152 Absatz 1).

III. Feststellung, Erhebung und Änderung der Feldesabgabe

Die nach **§ 32 Absatz 1 und 2 zuerst erlassenen** VOen über die Feldes- und **5** Förderabgaben (Nds. GVBl 1981, 413; Bay. GVBl 1981, 566; GBl BW 1982, 368 ff.; GVBl Rh.-Pf., 1982, 271; Hess. GVBl 1982, 111 M) sahen übereinstimmend vor, dass für die Erhebung und Entrichtung von Feldesabgaben aufgrund von aufrechterhaltenen Rechten und Verträgen das **Kalenderjahr als Erhebungszeitraum** und der 1.1.1982 als Beginn des ersten Jahres im Sinne des § 30 Absatz 3 Satz 1 anzusehen ist. Diese Auffassung ist vertretbar, soweit den aufrechterhaltenen Rechten und Verträgen bereits bei ihrer Aufrechterhaltung eine vergleichbare **hoheitliche Abgabepflicht**, etwa aufgrund des echten Staatsvorbehaltes, zugrunde lag und lediglich die Erhebung dieser Abgabe in privatrechtliche Formen gekleidet war. In allen anderen Fällen ist eine Festsetzung von Feldesabgaben erst dann möglich, wenn aufrechterhaltene Rechte oder Verträge erloschen bzw. abgelaufen sind und als Erlaubnis im Sinne des § 7 neu erteilt werden.

6 **Bemessungsgrundlage** (Absatz 3) für die Erhebung der Feldesabgabe ist die Größe des Feldes; maßgebend für die Höhe der Feldesabgabe ist die Dauer der Erlaubnisnutzung. Die Feldesabgabe beträgt im ersten Jahr fünf Euro pro Quadratkilometer des Erlaubnisfeldes und erhöht sich für jedes folgende Jahr um weitere fünf Euro bis zum Höchstbetrag von fünfundzwanzig Euro pro Quadratkilometer (Absatz 3).

7 Entscheidend ist, dass auf die Feldesabgabe die im Erlaubnisfeld in dem jeweiligen Jahr für die Aufsuchung gemachten **Aufwendungen anzurechnen** sind. Die Feldesabgabe soll dem Staat also nicht in erster Linie zusätzliche Finanzmittel zuführen, sondern die Unternehmen veranlassen, ihre Aufsuchungsarbeiten zu intensivieren. Deshalb sind nunmehr genaue Aufzeichnungen über die Aufwendungen pro Feld zu machen, die den Oberbergämtern eine Nachprüfung ermöglichen sollen.

IV. Besonderheiten im Festlandsockel

8 Für den **Festlandsockel** gilt hinsichtlich der Feldesabgabe § 137, d. h. bis zur vorgesehenen endgültigen Regelung der Hoheitsrechte am Festlandsockel sind die Länder Abgabengläubiger, an deren Küstengewässer die Erlaubnisfelder angrenzen. Für die Zuordnung der einzelnen Felder zum Gebiet des jeweiligen Landes ist das Äquidistanzprinzip maßgebend (vgl. Anmerkung zu § 137 Rn 3; Boldt/Weller, vor § 30 Rn 7).

§ 31   Förderabgabe

(1) Der Inhaber einer Bewilligung hat jährlich für die innerhalb des jeweiligen Jahres aus dem Bewilligungsfeld gewonnenen oder mitgewonnenen bergfreien Bodenschätze eine Förderabgabe zu entrichten. Gleiches gilt für den Bergwerkseigentümer. Eine Förderabgabe ist nicht zu entrichten, soweit die Bodenschätze ausschließlich aus gewinnungstechnischen Gründen gewonnen und nicht wirtschaftlich verwertet werden. Satz 3 gilt nicht für die Errichtung eines Untergrundspeichers.

(2) Die Förderabgabe beträgt zehn vom Hundert des Marktwertes, der für im Geltungsbereich dieses Gesetzes gewonnene Bodenschätze dieser Art innerhalb des Erhebungszeitraums durchschnittlich erzielt wird. Für Bodenschätze, die keinen Marktwert haben, stellt die zuständige Behörde nach Anhörung sachverständiger Stellen den für die Förderabgabe zugrunde zu legenden Wert fest.

(3) § 30 Abs. 2 gilt entsprechend.

Übersicht   Rn

I.   Zweck und Rechtsnatur der Förderabgabe   1

II.   Ausnahmen   5

III. Feststellung, Erhebung, Änderung der Förderabgabe   6

IV.   Marktwertermittlung und Befreiungstatbestände der Länder   11

V.   Übergangsregelung für den Festlandsockel   14

I. Zweck und Rechtsnatur der Förderabgabe

Nach den bis zum Inkrafttreten des BBergG üblichen Förderzinsregelungen **1**
(Überblick bei Willeke, Glückauf 1981, 1338; BVerfG vom 24.6.1986 = ZfB
128 (1987, 58 f.) waren Abgaben für die Gewinnung der dem Staat vorbehaltenen bergfreien Bodenschätze zu entrichten, wenn sie ihre Grundlage in einem
Konzessionsvertrag bzw. einer landesrechtlichen Erlaubnis hatten. Demgegenüber legt das BBergG die Grundlage für den umfassenden rechtlichen Rahmen
der **Förderabgabe als hoheitliche Abgabe** (§§ 31, 32). Danach ist die Förderabgabe von **allen Gewinnungsberechtigten** aufgrund dieses Gesetzes zu entrichten. Ausgenommen hiervon sind nur Bergwerkseigentümer, die ihr Recht vor
dem Inkrafttreten des BBergG erlangt haben (§ 151 Absatz 2 Satz 2). Bei aufrechterhaltenen Rechten und Verträgen knüpft das Gesetz daran an, ob die
Rechte als Bewilligung im Sinne des BBergG aufrechterhalten worden sind oder
nicht. Bergwerkseigentum nach § 151, insbesondere Bergwerkseigentum in den
neuen Bundesländern, unterliegt nicht dem Förderzins (Anlage I Kapitel V,
Sachgeb. D, Abschnitt III. Nr. 1 d (4) Nr. 2 Einigungsvertrag; Gutbrod/Töpfer,
Praxis des Bergrechts, Rn 242).
Die Heranziehung zur Förderabgabe ist schon rechtmäßig, wenn der Abgabepflichtige von einer ihm erteilten bestandskräftigen bergrechtlichen Bewilligung
Gebrauch gemacht hat und den dort bezeichneten Bodenschatz aus dem Bewilligungsfeld gewonnen hat. Ob der bezeichnete Bodenschatz tatsächlich bergfrei
ist, ist wegen der Bestandskraft der Bewilligung für die Heranziehung zu einer
Förderabgabe nicht mehr nachzuprüfen (BVerwG ZfB 2004, 126 = LKV 2004,
363). Für die Reichweite der deutschen Förderabgabenregelung im Grenzbereich
zum Ausland ist unerheblich, welcher innerstaatlich Berechtigte an welcher Stelle
aus dem Grenzbereich Erdöl oder Erdgas gefördert hat. Für das innerdeutsche
Abgabenverhältnis ist das sog. Bohrlochprinzip durch einen Aufteilungsgrund-
satz ersetzt (BVerwGE 115, 274 = ZfB 2002, 152 = NVwZ 2002, 718).
Die Erhebung einer Förderabgabe gemäß § 31 für die Gewinnung von **Kiesen
und Kiessanden**, die **aufgrund des Einigungsvertrags** in den neuen Bundesländern als bergfreie Bodenschätze galten, verstößt nicht gegen den Gleichheitssatz des Artikel 3 Absatz 1 GG. Der gesetzliche Abgabetatbestand für die
Erhebung von Förderabgaben für die Gewinnung von bergfreien Bodenschätzen
in den neuen Bundesländern ist mit dem Einigungsvertrag am 3.10.1990 entstanden. Ist eine zur genauen Höhe der Abgabe erforderliche landesrechtliche
Förderabgaben-VO erst später erlassen und mit Wirkung zum 3.10.1990 in
Kraft gesetzt worden, verstößt das nicht gegen das verfassungsrechtliche Rückwirkungsverbot (BVerwG ZfB 1999, 123 = LKV 1999, 272). S. auch § 3 Rn 16,
30.
Der Abgabetatbestand des § 31 Absatz 1 Satz 1 ist nur erfüllt, wenn bergfreie
Bodenschätze, deren Gewinnung durch die erteilte Bewilligung rechtlich erst
möglich wird, tatsächlich gewonnen werden. Dem steht nicht entgegen, dass die
Förderabgabe als Verleihungsgebühr verstanden wird. Erst die Gewinnung der
Bodenschätze rechtfertigt eine Teilhabe des Staates (OVG Magdeburg, ZfB
2001, 66). Die Gewinnung nur grundeigener Bodenschätze i. S. von § 3 Absatz 2
Satz 1 genügt für die Erhebung der Förderabgabe nicht.

Nach der Amtl. Begründung (Zydek, 163) wird die Förderabgabe ebenso wie **2**
die Feldesabgabe ihrer **Rechtsnatur** nach als **öffentlich-rechtliche Verleihungsgebühr** erhoben. S. Mußgnug, ZfB 1994, 168, 172 Anmerkung 17. Zweifel am
Gebührencharakter der Förderabgabe sind nicht berechtigt, VG Magdeburg,
ZfB 2001, 64, 67: *„Es findet in Gestalt der Bewilligung die Zuordnung eines
hohen Vermögenswertes statt, woraufhin deren Inhaber als Gegenleistung die
Förderabgabe zu leisten hat"* mit Verweis auf BVerwG, LKV 1999, 272 = ZfB
1999, 122. Ferner OVG Schleswig-Holstein, ZfB 1994, 286, 292 m. w. N.; OVG

Magdeburg, ZfB 2002, 55; Gutbrod/Töpfer, Praxis des Bergrechts, Rn 239. Kritisch hierzu bereits Schulte, NJW 1981, 91, der den Besteuerungscharakter hervorhebt und die Amtl. Begründung wegen der wirtschaftslenkenden Funktion der Abgabe für verfehlt hält; anders Kühne, DB 1982, 1693 ff., der für die Schaffung einer bundeseinheitlichen Ausgleichsabgabe mit besonderem Verwendungszweck plädiert.

Die Förderabgabe ist **keine Verwaltungsgebühr.** Sie soll nicht den einmaligen staatlichen Entscheidungsprozess über die Verleihung des Bergrechts abgelten, sie ist auch **keine Benutzungsgebühr,** weil das Ausbeuten des Bodens keine Nutzung staatlicher Einrichtungen ist. Sie wurde vielmehr in der Literatur zunächst als Verleihungsgebühr angesehen (BT-Drs 8) 1315, 95; Nicolaysen, S. 33; Kirchhof, DVBl 1987, 555; a.A. Kisker, Der bergrechtliche Förderzins im bundesstaatlichen Finanzausgleich 1983, S. 28).

Nach der Rspr. des BVerfG (BVerfGE 20, 257 (269); 50, 217; ZfB 128 (1986), 42 ff., vom 16.4.1986) kann diese Charakterisierung der Förderabgabe als Gebühr für eine staatliche Gegenleistung nicht aufrechterhalten bleiben. Denn das **BVerfG** bezeichnet als **Gebühren** nur solche öffentlich-rechtlichen Geldleistungen, die *„aus Anlaß individuell zurechenbarer öffentlicher Leistungen dem Gebührenschuldner durch eine öffentlich-rechtliche Norm oder sonstige hoheitliche Maßnahme auferlegt werden und dazu bestimmt sind, in Anknüpfung an diese Leistung deren Kosten ganz oder teilweise zu decken"* (dadurch unterscheidet sich die Gebühr regelmäßig von der Steuer; vgl. dazu Patzig, DöV 1981, 729, 733; Ipsen, DVBl 1976, 653 ff.; Friauf, Der bundesstaatliche Finanzausgleich, JA 1984, 618, 627).

Strittig war, ob der Förderzins des § 31 in den **horizontalen Finanzausgleich** nach Artikel 107 Absatz 2 Satz 1 und 2 GG berücksichtigt werden muss. Verneinend u. a. Klein in Benda/Maihofer/Vogel, Handbuch des Verfassungsrechts 1984, S. 887; Lerche/Pestalozza, Die bergrechtliche Förderabgabe im System des horizontalen Finanzausgleichs, 1984, S. 37–64, da der Begriff der auszugleichenden unterschiedlichen „Finanzkraft", in Artikel 107 Absatz 2 Satz 1 GG nicht erfüllt sei. Bejahend u. a. Maunz/Dürig, GG, Artikel 107, Rn 48 f.; Birk in AK GG, Artikel 107, Rn 9; Kisker, aaO 39–43; Donner, ZRP 1985, 327, 331: Der Begriff der „Finanzkraft" ist weitergehend als der der „Steuerkraft". Diese Ansicht hat sich im **Finanzausgleichsgesetz** v. 20.12.2001 (BGBl, 3955) durchgesetzt. Nach § 7 Absatz 2 FAG werden den Steuereinnahmen der Länder die Aufkommen aus der Förderabgabe nach § 31 BBergG hinzugesetzt.

3   Um diesen Grundsätzen in etwa zu entsprechen, ergänzt die Amtl. Begründung ihre Gebührenaussage dahin, dass der Inhaber der Gewinnungsberechtigung aus staatlicher Leistung das absolute Ausschließungsrecht gegenüber Dritten sowie eine uneingeschränkte Aneignungsbefugnis an den gewonnenen und mitgewonnenen Bodenschätzen erlangt. Das diene der Sicherung seiner wirtschaftlichen Position.

4   Nun hat das BVerfG in seiner Entscheidung von 1986 nicht nur den Gebührencharakter verneint, sondern darüber hinaus zur **Rechtsnatur der Förderabgabe** festgestellt, sie sei als **weitere Abgabe** zu den Steuern hinzugetreten. Sie sei nicht Ausdruck einer Vermögensumschichtung im Sinne eines Entgelts für die Aufgabe einer eigentumsartigen Sachherrschaft des jeweiligen Landes an seinen Bodenschätzen. *„Sie stellt eine nicht nur einmalige Einnahme des betreffenden Landes dar, die diesem eine Teilhabe am wirtschaftlichen Erfolg des Förderunternehmens verschafft, die ein Gut der Allgemeinheit – als solches sind die zunächst in niemandes Eigentum stehenden Bodenschätze (§ 3 Abs. 1, 3) anzusehen – nach Maßgabe einer ihnen nach öffentlichem Recht verliehenen Befugnis wirtschaftlich verwerten dürfen"* (BVerfG, ZfB 128 (1987), 53, u. H. auf Friauf, aaO).

II. Ausnahmen

Aber auch diese Einordnung der Förderabgabe in das staatliche Abgabensystem   **5**
und ihre Einbindung in den Finanzausgleich durfte den Gesetzgeber nicht
hindern in § 31 Absatz 1 Satz 3 **Ausnahmen** von der Förderabgabe dann vorzusehen, wenn Bodenschätze ausschließlich aus gewinnungstechnischen Gründen gewonnen und nicht wirtschaftlich verwertet werden können. So unterliegt
abgefackeltes Erdölgas, das wirtschaftlich nicht verwertbar ist, auch nicht der
Förderabgabe. Die ursprünglich gleichfalls vorgesehene Freistellung für das bei
der Aussohlung von Kavernen zur Schaffung von **Untergrundspeichern** (Absatz 1 Satz 4) anfallende **Salz** ist auf Vorschlag des BR aufgehoben worden, und
zwar aus Gründen der Gleichbehandlung (Zydek, 171; ausführlich Boldt/Weller,
§ 31 Rn 3). Die Abgabenpflicht gilt allerdings dann nicht, wenn der Untergrundspeicher hergestellt wird, ohne dass dazu eine Bewilligung oder ein Bergwerkseigentum erforderlich ist. Außerdem gilt natürlich die Freistellungsmög-
lichkeit nach § 32 Absatz 2 Nr. 1.

III. Feststellung, Erhebung, Änderung der Förderabgabe

Der gesetzliche **Regelsatz** für die Förderabgabe beträgt nach Absatz 2 Satz 1   **6**
zehn vom Hundert des Marktwertes, der für im Bundesgebiet gewonnene
Bodenschätze dieser Art innerhalb des jeweiligen Erhebungsjahres durchschnittlich erzielt wird. Die **Feststellung** der Höhe dieses **Marktwertes** bzw. des
bisweilen herangezogenen sog. Bemessungsmaßstabes für bestimmte, nicht
marktgängige Bodenschätze obliegt nach den **LandesVO** über die Feldes- und
Förderabgaben jeweils nach Landesrecht zuständigen Behörden.
Für die Erstellung von Massenbilanzen zur Prüfung der den Förderabgaben
zugrunde liegenden Angaben hat das Bergamt Stralsund eine Richtlinie vom
31.3.2003 erlassen, die auch in anderen Bundesländern entsprechend anwendbar ist.

Der **Abgabenpflichtige hat** ihnen die für die Errechnung des Marktwertes oder   **7**
der Bemessungsgrundlage erforderlichen Angaben zu machen, insbesondere **die
marktwertbildenden Erlöse, Mengen und Preise mitzuteilen. Auskunftspflichtig**
sind auch nicht abgabenpflichtige natürliche oder juristische Personen, die
Naturgas verkaufen, Verkaufsprodukte aus Rohsalz herstellen, Industriesalz
aus Steinsalz oder Sole herstellen, Graphit oder Urankonzentrat importieren
(vgl. beispielshaft §§ 10 hess. VO; 12 bay. VO; 14 schles.-hol. VO, § 8 nds. VO).

Hinsichtlich der Begriffsdefinition des „**Erlöses**" sind unterschiedliche Regeln   **8**
getroffen worden. Während die bay. VO von den Erlösen nur MwSt. sowie
Skonti und Rabatte ausnimmt, werden nach den Vorschriften in Niedersachsen
und Schleswig-Holstein auch Transportkosten mit zu den Erlösen gezählt.

Die Auslegung des Begriffes „**Marktwert**" der im Geltungsbereich des BBergG   **9**
gewonnenen Bodenschätze (Absatz 2 Satz 1, § 32 Absatz 2 Satz 2) und damit
die **Marktwertbestimmung** sind strittig (Bücker, ZfB 123 (1982), 86; Boldt/
Weller, § 31 Rn 5 f.). Während die entsprechenden LänderVOen davon ausgehen, dass bei der Bestimmung des Marktwerts auf das aus dem Mineral
hergestellte „Produkt der niedrigsten Handelsstufe" abzustellen ist, wird andererseits (Grandpierre, Nachrichten 1982, 50) die Auffassung vertreten, dass der
Marktwert am Gewinnungsort maßgebend sei, also an der Rasenhängebank
oder am Bohrlochkopf. Aufbereitungs- und Transportkosten sind danach von
dem erzielten Erlös abzusetzen. Denn die Förderabgabe ist nach dieser Meinung
das Entgelt ausschließlich für die Überlassung des Gewinnungsrechts. **Wert-**

erhöhende Maßnahmen, die im Anschluss an die Gewinnung erfolgten, beruhen danach nicht auf dem vom Staat verliehenen Gewinnungsrecht, sondern auf der freien wirtschaftlichen Betätigung des aufbereitungs- und transportbetreibenden Unternehmers. Hierfür könne der Staat keine Abgabe, außer in Form einer Steuer, verlangen.

10 § 31 Absatz 1 spricht in der Tat vom Bodenschatz und nicht von einem Verkaufsprodukt; die früheren Förderzinsregelungen gingen bei festen Bodenschätzen i. d. R. vom Gewicht des geförderten Bodenschatzes aus, bei Erdöl und Erdgas diente als Bemessungsgrundlage meistens der für das Produkt erzielte Marktpreis ab Bohrloch.

IV. Marktwertermittlung und Befreiungstatbestände der Länder

11 Dieser Auffassung sind die **Länder** nicht gefolgt, sondern sie haben von der Möglichkeit Gebrauch gemacht, durch RechtsVO (zum Stand der VO: Zydek/ Heller, Deutsches Bergrecht, Bd. II, III Gliederungsziff. 2.1) für bestimmte Zeiträume und für bestimmte Bodenschätze oder in bestimmten Gebieten die **Förderabgabe zu erhöhen, zu ermäßigen oder ganz zu erlassen oder einen anderen Bewertungsmaßstab** zu wählen (§ 32 Absatz 2). Das gilt vorrangig für Begünstigungstatbestände mit der Folge, dass wirtschaftlich gesehen die generelle Berücksichtigung der Aufbereitungs- oder Veredlungskosten im Rahmen der Marktwertfeststellung stattfindet.

12 Die **Bundesländer** haben sehr unterschiedliche **Verordnungen** über die Förderabgabe erlassen, die häufig aktualisiert werden. Die Unterschiede bestehen vor allem hinsichtlich der Bodenschätze, für die eine Förderabgabe zu entrichten ist (z. B. Erdöl, Kalisalz, Steinsalz, Sole, Uran, NE-Metallerze, Ölschiefer, Kiese, Kiessande, Quarze je nach Bundesland), hinsichtlich der Höhe der Förderabgabe, Berechnung des Marktwertes, und der Befreiungstatbestände. Zur Förderabgabepflicht für Quarz- und Spezialsande in den neuen Bundesländern s. VG Potsdam, ZfB 1996, 318. Zur Förderabgabe für die Gewinnung von Gesteinen zur Herstellung von Werk- und Dekostoffen aus Sandstein in Sachsen-Anhalt, VG Halle, ZfB 2006, 205 ff. Da § 31 Absatz 2 Satz 1 die Marktwertermittlung hinsichtlich des maßgeblichen Marktes nur teilweise, die Ermittlungsmethode überhaupt nicht geregelt hat, können die Bundesländer bei geeigneten Bodenschätzen auf den **Exportmarkt** und die Außenhandelsstatistik abstellen (VG Halle, ZfB 2006, 208). Praktikabel kann auch der Gesamtmarkt oder der absatzbezogene Binnenmarkt sein.
Die Förderabgabe ist auch für gewonnenes oder mitgewonnenes Grubengas zu entrichten. Nach landesrechtlichen Verordnungen kann der Abgabepflichtige von der Förderabgabe befreit werden, soweit durch die Gewinnung eine Gefahr für die öffentliche Sicherheit und Ordnung abgewehrt wird (z. B. § 14 Absatz 6 FFVO NRW = ZfB 1999, 3). Der Befreiungstatbestand ist erfüllt, wenn Grubengas gewonnen wird, um konkret festgestellte Gefahren für Gesundheit und Eigentum abzuwehren. Dasselbe muss gelten, wenn eine Gefahr zwar nicht eingetreten ist, aber jederzeit eintreten kann, weil Grubengas unterhalb des Erdbodens liegt, ohne dass sein Austreten, z. B. durch stillgelegte Schächte oder Diffundieren an der Erdoberfläche, konkret vorhersehbar ist (Frenz, DÖV 2006, 718; Gehlen/Weiß, Glückauf 2001, 536).

13 Die Zuführung zu **Rückstellungen** für Aufwendungen für die Beseitigung von Anlagen in einem Erdölfeld, die jährlichen Unterhaltungskosten einschließlich Abschreibungen für die betrieblichen Anlagen sowie die anteilige Vermögens- und Gewerbekapitalsteuer sind „**Feldesbehandlungskosten**" und abgabemin-

dernd zu berücksichtigen (OVG Schleswig-Holstein, ZfB 1994, 286, 289 ff.; anders Beschl. OVG Schleswig-Holstein, ZfB 1991, 293). Soweit die Abgabe am Verkaufspreis orientiert wird, sind darin Steuern enthalten. Nach Auffassung in der Literatur (Mußgnug, ZfB 1993, 168) ist das unzulässig, weil dadurch ein Zuschlag zu der jeweiligen Steuer erhoben werde.

V. Übergangsregelung für den Festlandsockel

Nach dem in Absatz 3 enthaltenen Hinweis auf § 30 Absatz 2 steht die **Förder-**   **14**
abgabe dem Land zu, in dem das Bewilligungs- oder Bergwerksfeld liegt. Soweit es sich um Förderabgaben für die Gewinnung von Bodenschätzen aus dem Festlandsockel handelt, gilt die in § 137 getroffene **Übergangsregelung** (zur Begründung dieser Übergangsregelung: Zydek, 522 ff.), wonach bis zu einer endgültigen Regelung der Rechte am Festlandsockel die Förderabgabe den Ländern zusteht, an deren Küstengewässer das Bewilligungs- oder Bergwerksfeld im Bereich des Festlandsockels angrenzt. Maßgebend hierfür ist das sog. Äquidistanzprinzip (§ 137 Absatz 1 Satz 2).

§ 32   Feststellung, Erhebung und Änderung der Feldes- und Förderabgabe

(1) Die Landesregierungen werden ermächtigt, durch Rechtsverordnung die zur Durchführung der §§ 30 und 31 erforderlichen Vorschriften über die Feststellung des Marktwertes und des Wertes nach § 31 Abs. 2 Satz 2 sowie über die Erhebung und Bezahlung der Feldes- und Förderabgabe zu erlassen. Natürliche und juristische Personen können zur Erteilung von Auskünften verpflichtet werden, soweit dies zur Festsetzung des Marktwertes erforderlich ist.

(2) Die Landesregierungen werden ermächtigt, durch Rechtsverordnung für einen bestimmten Zeitraum
1. Erlaubnisse, Bewilligungen und Bergwerkseigentum auf bestimmte Bodenschätze oder in bestimmten Gebieten von der Feldes- und Förderabgabe zu befreien,
2. für Erlaubnisse auf bestimmte Bodenschätze oder in bestimmten Gebieten einen von § 30 Abs. 3 Satz 1 abweichenden Betrag und eine andere Staffelung festzusetzen,
3. für Bewilligungen und Bergwerkseigentum auf bestimmte Bodenschätze oder in bestimmten Gebieten einen von § 31 Abs. 2 abweichenden Vomhundertsatz oder Bemessungsmaßstab festzusetzen,

soweit dies zur Anpassung an die bei Inkrafttreten dieses Gesetzes geltenden Regelungen geboten, zur Abwehr einer Störung des gesamtwirtschaftlichen Gleichgewichts, zur Abwehr einer Gefährdung der Wettbewerbslage der aufsuchenden oder gewinnenden Unternehmen, zur Sicherung der Versorgung des Marktes mit Rohstoffen, zur Verbesserung der Ausnutzung von Lagerstätten oder zum Schutz sonstiger volkswirtschaftlicher Belange erforderlich ist oder soweit die Bodenschätze im Gewinnungsbetrieb verwendet werden. Dabei dürfen die Abgaben höchstens auf das Vierfache des sich aus § 30 Abs. 3 Satz 1 oder § 31 Abs. 2 Satz 1 ergebenden Beträge erhöht werden.

(3) Die Landesregierungen können die Ermächtigung nach den Absätzen 1 und 2 durch Rechtsverordnung auf andere Stellen übertragen.

Zur Durchführung der in den §§ 30 und 31 getroffenen Abgabenregelung   **1**
ermächtigt § 32 die LReg. zum Erlass von **RechtsVO** (ursprünglich war der BM für Wirtschaft als VO-Geber vorgesehen; die Länder setzten jedoch im BR und Vermittlungsausschuss ihre eigene Ermächtigung durch, dazu s. Zydek, 177), mit denen für bestimmte **Zeiträume** und für bestimmte **Bodenschätze** oder in bestimmten **Gebieten** die **Förderabgabe** erhöht, ermäßigt, ganz erlassen oder

ein **anderer Bemessungsmaßstab** festgesetzt werden kann. Damit soll den Bedürfnissen nach unterschiedlicher Handhabung für die verschiedenen Bodenschätze Rechnung getragen werden.

2   Das kommt auch in den **Voraussetzungen für** den **Erlass** der VO zum Ausdruck. Sie zielen vor allem auf eine Förderung des Bergbaus, wie sie im Zweck des Gesetzes (§ 1 Nr. 1) angesprochen ist. So kann eine besondere Festsetzung der Förderabgabe geboten sein, wenn dies zur Abwehr einer Gefährdung der Wettbewerbslage der gewinnenden Unternehmen, zur Sicherung der Versorgung des Marktes mit Rohstoffen oder zur Verbesserung der Ausnutzung von Lagerstätten erforderlich ist.

3   Daneben sind als **weitere Voraussetzungen** vorgesehen
–   die Anpassung an die bei Inkrafttreten des Gesetzes geltenden Regelungen,
–   die Abwehr einer Störung des gesamtwirtschaftlichen Gleichgewichts und
–   der Schutz sonstiger volkswirtschaftlicher Belange (§ 32 Absatz 1 Satz 1).

4   Die für eine abweichende Bemessung oder für die Änderung des Grundbetrages und der Staffelung in Absatz 2 Satz 1 vorgesehenen maßgeblichen Gründe umfassen folgende Fallgruppen:
–   Die **Anpassung an vorgefundene Förderzinsregelungen**, seien sie privat- oder öffentlich-rechtlicher Natur. Damit soll ein wirtschaftlicher Nachteil für die Länder gegenüber der bei Inkrafttreten des BBergG geltenden Rechtslage vermieden werden.
–   Die Gefahr einer Störung des wirtschaftlichen Gleichgewichts im Sinne des **StabilitätsG** (BGBl I, 582 ff.) von 1967. Eine solche Störung liegt vor, wenn die in § 1 dieses Gesetzes genannten Faktoren nicht mehr in der vom Gesetz gebotenen Weise einander zugeordnet sind.
–   Des weiteren sind Abweichungen zulässig, wenn anderenfalls die ausreichende **Versorgung** mit Rohstoffen und die angestrebte Verbesserung der **Lagerstättenausnutzung** wegen der Feldes- und Förderabgabe beeinträchtigt würden.
–   Die letzte Gruppe schließlich betrifft den Fall des **Eigenverbrauchs der gewonnenen Rohstoffe** im Gewinnungsbetrieb. Hier ist wegen der fehlenden wirtschaftlichen Verwertung ggf. eine Änderung bzw. Befreiung geboten.

5   § 32 Absatz 2 letzter Satz soll auch die Möglichkeit geben, die sog. **Marktlagengewinne** – auch „windfall-profits" genannt – der inländischen Erdöl- und Erdgasindustrie **abzuschöpfen**, die sich im Anschluss an die Monopolstellung der OPEC und die beiden Erdölkrisen erheblich erhöht hatten. In der parlamentarischen Beratung war man sich zwar über die Möglichkeit zur Erhöhung der Förderabgabe einig, doch wäre das Gesetz beinahe noch an der Entscheidung über die Frage gescheitert, wem die Abschöpfungsbefugnisse zustehen sollten, dem Bund oder den Ländern. Im Vermittlungsausschuss konnten die Länder zwar durchsetzen, dass ihnen das Recht der VO für die Feldes- und Förderabgaben (§ 32) zuerkannt wurde (Zydek, 175), ohne damit auch eine sachgerechte Lösung für die Abschöpfung von Marktlagengewinnen zu erzielen (kritisch Kühne, DB 1982, 1693 ff.; Nicolaysen, Bewilligung, 43).

6   Im Übrigen haben die **Länder** in ihren RechtsVOen die Entstehungstatbestände für die Abgabenansprüche, die Form, den Inhalt und den Zeitpunkt der Abgabeerklärungen sowie das Verfahren zur Feststellung des Wertes von Bodenschätzen festgelegt, die keinen Marktwert haben. Sie haben damit die **Ermächtigungen des § 32 im Wesentlichen ausgeschöpft.**

7   § 32 Absatz 2 verpflichtet den VO-Geber nicht, einen **Befreiungstatbestand** für (Härte)-Fälle zu begründen, in denen die Erhebung der Förderabgabe die Wettbewerbslage nur einzelner Unternehmen gefährdet. Zweifelhaft erscheint auch, ob §§ 31 und 32 dem VO-Geber Raum für die Schaffung eines solchen Befreiungstatbestands oder für Vergünstigungen über die in § 32 Absatz 2 genannten Tatbestände hinaus lässt (BVerwG, ZfB 1999, 123 = LKV 1999, 272 = NUR 1999, 327).

Beispiele für **Länder-Verordnungen:**   **8**
Bayern: VO vom 22.12.1998 (GVBl, 1050) mit Änderung vom 8.6.2001 (GVBl, 338); Brandenburg: VO vom 26.1.2006 (GVBl II, Nr. 3, 30, zuletzt geändert am 16.6.2010 (GVBl II Nr. 30); Hessen: VO vom 13.12.2004 (GVBl, 454), zuletzt geändert am 3.9.2009 (GVBl, 387); Niedersachsen: VO vom 10.12.2010 (Nds. GVBl, 564); Nordrhein-Westfalen: VO vom 14.12.1998 (GVBl NRW, 22), zuletzt geändert 11.12.2009 (GVBl NRW, 830); Mecklenburg-Vorpommern: VO vom 2.2.1993 (GVOBl M-V, 117), zuletzt geändert 5.8.2010 (GVOBl M-V, 445), Rheinland-Pfalz: VO vom 23.9.1986 (GVBl, 271), zuletzt geändert 5.8.2010 (GVOBl M-V, 445); Sachsen: VO vom 20.6.2012 (Sächs. GVBl, 442); Sachsen-Anhalt: VO vom 18.11.1998 (GVBl LSA 1996, 348), zuletzt geändert 8.2.2010 (GVBl LSA, 43); Thüringen: VO vom 23.8.2005 (GVBl, 332) i.d.F. vom 30.7.2010 (GVBl, 304).
Die für die Erhebung zuständigen Landesämter haben Formulare für die Befreiung von der Förderabgaben-Voranmeldung, für die Förderabgabenvorausmeldung (vierteljährlich) und für die Förderabgabenerklärung zum 31.7. herausgegeben (z. B. Sächsisches Oberbergamt).

VIERTER ABSCHNITT   Fundanzeige

§ 33   Anzeige und Entschädigung

(1) Wer einen bergfreien Bodenschatz entdeckt, ohne zu seiner Aufsuchung oder Gewinnung berechtigt zu sein, und der zuständigen Behörde die Entdeckung unverzüglich anzeigt, kann von demjenigen, der auf Grund dieser Anzeige eine Bewilligung für den Bodenschatz erhält, Ersatz der Aufwendungen verlangen, die ihm im Zusammenhang mit der Entdeckung entstanden sind. Dies gilt nicht, wenn der Bodenschatz unter Verstoß gegen § 6 entdeckt worden oder die Lagerstätte dieses Bodenschatzes bereits bekannt ist.

(2) Die Anzeige muß Angaben über den Zeitpunkt der Entdeckung, den Fundort mit Bezeichnung des Grundstücks, der Gemeinde und des Kreises sowie eine Beschreibung der Art und Beschaffenheit des Fundes enthalten. Die zuständige Behörde hat den Anzeigenden unverzüglich von der Erteilung einer Bewilligung zu benachrichtigen.

Im Bergrecht der Länder gab es keine vergleichbare Vorschrift. Sie ist Ausdruck   **1**
des Bestrebens einer bundeseinheitlichen Rohstoffpolitik, die einer möglichst umfassenden Entdeckung und Nutzung heimischer Lagerstätten im Interesse der Rohstoffversorgung (§ 1 Nr. 1) dienen soll.

Diese Vorschrift über **Fundanzeige** und **Entschädigung** von **Aufwendungen** ist   **2**
nur anwendbar, wenn der Finder eine Aufsuchungs- oder Gewinnungsberechtigung besitzt, die sich gerade nicht auf den zufällig entdeckten Bodenschatz erstreckt („[...] ohne zu seiner Aufsuchung oder Gewinnung berechtigt zu sein [...]").

Wenn der Finder seine Entdeckung der zuständigen Behörde ohne schuldhaftes   **3**
Zögern anzeigt und daraufhin ein Dritter eine Bewilligung für diesen Boden-

schatz beantragt und erhält, so kann der **Finder von dem Bewilligungsinhaber Ersatz** für die bei der Entdeckung entstandenen **Aufwendungen** verlangen (Absatz 1 Satz 1); es sei denn, er hat rechtswidrig unter Verstoß gegen § 6 aufgesucht oder die Lagerstätte war bereits bekannt (Absatz 1 Satz 2). Zwischen Anzeige des Finders und Erteilung einer Bewilligung muss ein **Kausalzusammenhang** bestehen. Danach ist der Aufwendungsersatz nur gerechtfertigt, wenn die Gewinnung des Bodenschatzes gesichert ist.

4 Die **Fundanzeige** muss nach Absatz 2 Satz 1 enthalten
   – den **Zeitpunkt** der Entdeckung und
   – den **Fundort** mit Bezeichnung des Grundstücks, der Gemeinde und des Kreises sowie eine Beschreibung der Art und Beschaffenheit des Fundes.
Eines Nachweises der Aufsuchungsberechtigung bedarf es nicht, ihr Bestehen prüft die zuständige Behörde von Amts wegen.

5 Da der **Aufwendungsersatzanspruch** erst entsteht, wenn die Bewilligung erteilt worden ist, verpflichtet Absatz 2 Satz 2 die zuständige Behörde zur unverzüglichen Benachrichtigung des Finders über die Erteilung. Der Aufwendungsersatz umfasst alle **Kosten, die im Zusammenhang mit der Entdeckung** entstanden sind. Der Finder kann also dem Dritten nicht nur die Kosten der bergmännischen Arbeiten, die zur Entdeckung geführt haben, sondern ggf. auch die Kosten für wissenschaftliche Analysen der Bodenschätze oder Verwaltungskosten in Rechnung stellen. Der Finder hat insoweit gegen den Bewilligungsinhaber einen **gesetzlichen Erstattungsanspruch**, der jedoch der Höhe nach zwischen den Parteien auszuhandeln ist. Den Nachweis über die entstandenen Kosten hat der Anspruchsberechtigte zu führen. Streitigkeiten über den Grund und die Höhe des Erstattungsanspruchs sind vor den ordentlichen Gerichten auszutragen.

ZWEITES KAPITEL   Grundeigene Bodenschätze

§ 34   Inhalt der Befugnis zur Aufsuchung und Gewinnung grundeigener Bodenschätze

Für die Befugnis des Grundeigentümers, bei der Aufsuchung und Gewinnung grundeigener Bodenschätze nach Maßgabe dieses Gesetzes andere Bodenschätze mitzugewinnen, das Eigentum daran zu erwerben, Hilfsbaue anzulegen und fremde Grubenbaue zu benutzen, gelten,
1. **soweit sich dies nicht schon aus dem Inhalt des Grundeigentums und**
2. **soweit sich nicht aus den §§ 149 bis 158 etwas anderes**
3. **ergibt, § 7 Abs. 1 und die §§ 8 und 9 mit der Maßgabe entsprechend, daß an die Stelle des Erlaubnis-, Bewilligungs- und Bergwerksfeldes das Grundstück tritt, auf das sich das Grundeigentum bezieht.**

Übersicht   Rn

I. Bedeutung der Vorschrift   1
1. Inhalt   1
2. Textgeschichte   4

II. Ausschluss von Abwehrbefugnissen Dritter   5

III. Befugnisse im Einzelnen   7
1. Aufsuchung und Gewinnung   7
2. Aufbereitung 11

I.   Bedeutung der Vorschrift

1.   Inhalt

Das **BBergG** gilt für die Aufsuchung, Gewinnung und Aufbereitung aller in § 3   **1**
genannten bergfreien **und** grundeigenen Bodenschätze (§ 2 Absatz 1 Nr. 1). Eine
derart umfassende Geltungsanordnung macht es notwendig, auch die **Auf-
suchungs- und Gewinnungsbefugnis des Grundeigentümers** den Berechtigungen
auf bergfreie Bodenschätze soweit gleichzustellen, wie die bergmännischen
Tätigkeiten von Aufsuchung und Gewinnung dies erfordern. § 34 ist insofern
eine **zentrale Vorschrift** für das Recht der grundeigenen Bodenschätze, weil erst
aufgrund der Gleichstellung mit dem Recht der bergfreien Bodenschätze
bestimmte Institute des Bergrechts auch für die Aufsuchung und Gewinnung
grundeigener Bodenschätze angewendet werden können. In diesem Punkte geht
das BBergG über das bisherige Bergrecht hinaus und bewirkt die notwendige
Klarstellung. Dies gilt insbesondere im Hinblick darauf, dass die Rechtsposition
des bergbautreibenden Grundeigentümers auch durch Begründung einer Duldungspflicht Dritter, die grundsätzlich Abwehransprüche nach § 1004 BGB
ausschließt, gefestigt wird (unten Rn 5).

Auszugehen ist von einem gesicherten Grundbestand an Rechten und Befug-   **2**
nissen aus dem Grundeigentum. Denn das Recht des Grundeigentümers, auf
seinem Grundstück die grundeigenen Bodenschätze aufsuchen, gewinnen und
die dazu erforderlichen Einrichtungen schaffen zu dürfen, ist Inhalt seiner
Rechtsposition (§§ 903, 905 BGB). Hierzu gehören auch die aus dem Grundeigentum fließenden Abwehransprüche gegenüber Dritten (§ 1004 BGB). Dies
besagt der Hinweis in Nr. 1 zum Inhalt des Grundeigentums. Einschränkungen
können sich aufgrund alter Rechte und Verträge ergeben (Nr. 2).

Die mit dem Grundeigentum verbundenen Rechte und Befugnisse reichen jedoch   **3**
nicht in jedem Fall für eine sinnvolle und planmäßige Aufsuchung und Gewinnung grundeigener Bodenschätze aus. Um dem **Grundeigentümer in seiner
Funktion als Bergbautreibender** eine vergleichbare Rechtsposition einzuräumen,
wie sie der Erlaubnis- und Bewilligungsinhaber sowie der Bergwerkseigentümer
besitzt, erklärt § 34 unter ausdrücklichem Hinweis auf das **Mitgewinnungs-** und
das **Hilfsbaurecht** sowie auf das **Recht zur Benutzung fremder Grubenbaue**
(bergbauliche Annexrechte) § 7 Absatz 1 und die §§ 8 und 9 mit der Maßgabe
für anwendbar, dass anstelle des jeweiligen Feldes das Grundstück tritt, auf das
sich das Grundeigentum bezieht.

2.   Textgeschichte

In der Fassung des Regierungsentwurfs zu dessen § 33 fehlte der Hinweis auf die   **4**
bergrechtlichen Annexrechte. Formuliert war eine vollständige Gleichsetzung
von Grundstück und Bergwerksfeld (BT-Drs 8/1315, 19 (zu § 33) = Zydek, 181)
durch entsprechende Anwendung der für den Inhalt der Bergbauberechtigungen
geltenden §§ 7 Absatz 1, 8 und 9 auf das Grundstück. Mit dem Hinweis auf die
bergrechtlichen Annexrechte sollte nach den Vorstellungen des Bundesrats das
Gewollte klargestellt werden (BT-Drs 8/1315, 19 (Regierungsentwurf), 177
(Bundesrat), 191 (Gegenäußerung der Bundesregierung) = Zydek, 181 f.).
Jedoch ist mit diesen Änderungsvorschlägen, denen die Bundesregierung im
Ergebnis – wenn auch mit Modifikationen – zustimmte, im Wortlaut der
Norm das weitere Anliegen untergegangen, die Rechtsposition des bergbautrei-
benden Grundstückseigentümers gegenüber Dritten durch Begründung einer
Duldungspflicht abzusichern (vgl. nachstehend Rn 5 f.); die Bedeutung der Vor-
schrift scheint sich nach ihrem Wortlaut auf die Erweiterung der Grundeigen-

tümerbefugnisse um die zitierten Annexrechte zu beschränken. Das ist jedoch nicht zutreffend.

II. Ausschluss von Abwehrbefugnissen Dritter

5 Mit Hilfe einer rechtlichen **Gleichsetzung von Grundstück und Bergwerksfeld** werden dem Grundeigentümer nicht nur die Befugnisse aus den bergbaulichen Annexrechten zugestanden. Vielmehr hat er auch das Recht, für Zwecke seines Bergbaus „die erforderlichen Einrichtungen im Sinne des § 2 Absatz 1 Nr. 3 zu errichten und zu betreiben" (§ 8 Absatz 1 Nr. 3 für die Bewilligung) (ebenso für das Bergwerkseigentum in § 9 Absatz 1 durch Verweisung auf § 8. Sinngemäß identisch, wenn auch in anderer Formulierung, § 7 Absatz 1 Nr. 3 für die Erlaubnis). Mit dieser Formulierung bringt das BBergG, wie an anderer Stelle erläutert worden ist (vgl. § 8 Rn 8), zum Ausdruck, dass das Recht zur Errichtung und zum Betrieb der zur Aufsuchung und Gewinnung erforderlichen Einrichtungen im Sinne des § 2 Absatz 1 Nr. 3 die Befugnis einschließt, fremdes Grundeigentum einschließlich baulicher Anlagen und Zubehör schädigen zu dürfen, ohne dass der Betroffene berechtigt wäre, hiergegen mit der Abwehrklage nach § 1004 BGB vorzugehen. Die Absicherung der Rechtsposition auch des Grundeigentümers gegenüber Dritten durch **Begründung einer Duldungspflicht** gegenüber den Folgen des Bergbaus, nicht allerdings bei unmittelbaren Grundstücksbenutzungen, war erklärtes Ziel des Gesetzgebers (Amtl. Begründung, BT-Drs 8/1315, 97 = Zydek, 181). Als Ausgleich für den Rechtsverlust erhält der Betroffene einen Bergschadensersatzanspruch (Hüffer, Eigentum und Schadensrisiko, Festschrift Fabricius, 267 ff.).

6 Die **praktischen Auswirkungen** dieser Gleichsetzung von Grundstück und Bergwerksfeld bestehen darin, dass Auswirkungen des untertägigen Abbaus grundeigener Bodenschätze von Betroffenen ebenso geduldet werden müssen wie Immissionen solcher Betriebe, die über das Maß des § 906 BGB hinausgehen. Als Ausgleich erhalten die Betroffenen bei Vorliegen der entsprechenden Voraussetzungen einen Ersatzanspruch nach § 114. Nach den von der Rechtsprechung des BVerwG entwickelten Grundsätzen ist im Rahmen des Betriebsplanverfahrens zu prüfen, ob sich schwerwiegende Eingriffe in das Eigentum Dritter durch geeignete Maßnahmen vermeiden lassen (vgl. § 48 Rn 53 ff.).

III. Befugnisse im Einzelnen

1. Aufsuchung und Gewinnung

7 Die Verweisung auf die Rechte und Befugnisse in den Berechtigungen für bergfreie Bodenschätze bedeutet für Aufsuchung und Gewinnung grundeigener Bodenschätze im Einzelnen:

8 Für die **Aufsuchung**
- neben der Ausschließlichkeit des aus dem Grundeigentum fließenden Rechts zur Aufsuchung und dem damit verbundenen Ausschluss von Abwehransprüchen Dritter nach § 1004 BGB,
- ein eingeschränktes Mitgewinnungs- und Aneignungsrecht im Sinne des § 7 Absatz 1 Nr. 2 auch für fremde grundeigene und bergfreie Bodenschätze,

9 Für die **Gewinnung**
- die Bestätigung der Ausschließlichkeit des dem Grundeigentümer grundsätzlich zustehenden Gewinnungsrechts einschließlich des Ausschlusse von Abwehransprüchen Dritter nach § 1004 BGB,

- ein Mitgewinnungsrecht entsprechend § 8 Absatz 1 Nr. 1 i. V. mit §§ 43, 42 sowie das damit verbundene Aneignungsrecht sowohl für bergfreie wie fremde grundeigene Bodenschätze,
- ein Hilfsbaurecht mit Aneignungsrecht für bergfreie und fremde grundeigene Bodenschätze (§§ 8 Absatz 1 Nr. 2, 9 Absatz 1 i. V. mit §§ 44–46),
- das Recht der Benutzung fremder Grubenbaue (§ 47) und
- das Recht, die Grundabtretung verlangen zu können (§§ 8 Absatz 1 Nr. 4, 9 Absatz 1 i. V. mit §§ 77 ff.).

Mit der Aufsuchung und Gewinnung grundeigener Bodenschätze in unmittel-   **10**
barem betrieblichen Zusammenhang ausgeübte **Nebentätigkeiten** i. S. von § 2 Absatz 1 Nr. 1 sind ebenfalls Bestandteil der erweiterten Rechtsposition des Grundeigentümers (§ 34, § 7 Absatz 1 Satz 1 Nr. 3, § 8 Absatz 1 Nr. 3 i. V. mit § 2 Absatz 1 Nr. 1 und 3). Das Gleiche gilt für Maßnahmen der **Wiedernutzbarmachung der Oberfläche**, da auch diese in einem engen betrieblichen Zusammenhang mir der Aufsuchung und Gewinnung stattfinden und üblicherweise im Betriebsplanverfahren festgesetzt werden.

2. Aufbereitung

Das Recht, die gewonnenen oder **mitgewonnenen Bodenschätze aufzubereiten**,   **11**
ist Bestandteil der Rechtsposition des Grundeigentümers. Errichtung und Betrieb der Aufbereitungsanlagen sind den gleichen Regeln unterworfen wie die Aufbereitungsanlagen für bergfreie Bodenschätze. Das folgt aus der rechtlichen Gleichstellung des Grundstücks mit dem Bergwerksfeld und der gesetzlichen Anordnung, wonach der Grundeigentümer über § 34 berechtigt ist, entsprechend § 8 Absatz 1 Nr. 3 die erforderlichen Einrichtungen i. S. von § 2 Absatz 1 Nr. 3 zu errichten und zu betreiben (vgl. oben Rn 5 f.). Zu diesen Einrichtungen gehören auch die Aufbereitungsanlagen des § 4 Absatz 3, soweit sie vom Geltungsbereich des BBergG erfasst sind, nebst den entsprechenden **Nebentätigkeiten** wie Verladen, Befördern usw. von Bodenschätzen, Nebengestein und sonstigen Massen, soweit diese Vorgänge in unmittelbarem Zusammenhang mit der Aufbereitung stattfinden (vgl. § 2 Absatz 1 Nr. 1).

Dass die Überschrift des § 34, die nur von der Befugnis zur Aufsuchung und   **12**
Gewinnung spricht, die Aufbereitung nicht erfasst, ist unerheblich. Dem eindeutigen Wortlaut der Norm ist der Wille des Gesetzgebers zu einer vollständigen normativen Übereinstimmung in der Behandlung der grundeigenen mit den bergfreien Bodenschätzen zu entnehmen. Eine abweichende und insoweit inhaltlich unrichtige Überschrift vermag an dieser Bewertung nichts zu ändern.

DRITTES KAPITEL   Zulegung

§ 35   Voraussetzungen

Die zuständige Behörde kann auf Antrag dem Inhaber einer Gewinnungsberechtigung durch Zulegung das Recht erteilen, den Abbau eines Bodenschatzes aus dem Feld seiner Gewinnungsberechtigung (Hauptfeld) in das Feld einer benachbarten fremden Gewinnungsberechtigung, die sich auf den gleichen Bodenschatz bezieht, fortzuführen (grenzüberschreitender Abbau), wenn
1. der Antragsteller nachweist, daß er sich ernsthaft um eine Einigung über den grenzüberschreitenden Abbau zu angemessenen Bedingungen, erfor-

derlichenfalls unter Angebot geeigneter Abbaumöglichkeiten innerhalb der eigenen Gewinnungsberechtigungen, bemüht hat,

2. aus bergwirtschaftlichen oder bergtechnischen Gründen ein grenzüberschreitender Abbau geboten ist,

3. Gründe des Allgemeinwohls, insbesondere die Versorgung des Marktes mit Bodenschätzen oder andere gesamtwirtschaftliche Gründe, einen grenzüberschreitenden Abbau erfordern,

4. nicht damit gerechnet werden muß, daß die in dem Feld der benachbarten Berechtigung anstehenden Bodenschätze von einem anderen Gewinnungsbetrieb auch ohne Zulegung ebenso wirtschaftlich gewonnen werden,

5. Bodenschätze, deren Schutz im öffentlichen Interesse liegt, durch die Zulegung nicht beeinträchtigt werden,

6. folgende Angaben und Unterlagen des Antragstellers vorliegen:

   a) Ein Lageriß mit genauer Eintragung des Hauptfeldes und des Feldes der fremden Berechtigung unter besonderer Kennzeichnung des zuzulegenden Feldesteiles,

   b) eine Darstellung der zur bergwirtschaftlichen und bergtechnischen Beurteilung der Zulegung bedeutsamen tatsächlichen Verhältnisse,

   c) Angaben über das im Hauptfeld durchgeführte sowie über das im Feld der fremden Berechtigung beabsichtigte Arbeitsprogramm, insbesondere über die technische Durchführung der Gewinnung, die danach erforderlichen Einrichtungen unter und über Tage und den Zeitplan,

   d) glaubhafte Angaben darüber, daß die für eine ordnungsgemäße Durchführung des grenzüberschreitenden Abbaus und der damit nach § 2 Abs. 1 Nr. 1 und 2 im Zusammenhang stehenden Tätigkeiten erforderlichen Mittel aufgebracht werden können,

   e) Angaben über Verwendung und Absatz der durch den grenzüberschreitenden Abbau zu gewinnenden Bodenschätze,

   f) eine Begründung zu dem Vorliegen der in den Nummern 3 und 4 bezeichneten Voraussetzungen.

1 Das 3. Kapitel des 2. Teils befasst sich in den §§ 35–38 mit der **Zulegung als dem besonderen Recht zum grenzüberschreitenden Abbau.** Das BBergG greift damit den Rechtsgedanken der sog. ZulegungsVO (Ebel/Weller,s. 837 ff.) auf, die bereits bei Inkrafttreten des einheitlichen Bergrechts Bundesrecht war, und führt sie fort. An der Zulässigkeit der Übernahme der VO in Bundesrecht bestanden nie Zweifel. Die Übernahme erfolgte mit der Veröffentlichung im BGBl III, 1963, Folge 69, 11, § 44 des Gesetzes zur Förderung der Rationalisierung im Steinkohlenbergbau vom 29.7.1963 = BT-Drs 4/1080, 34.

2 Der in § 1 Absatz 1 der VO vom 25.3.1938 (RGBl, 345; Ebel/Weller, aaO) verankerte Grundgedanke war:

„Wenn allgemeinwirtschaftliche Gründe es erfordern, daß ein bergmännisch richtig geführter Abbau aus dem Felde einer Bergbauberechtigung (Hauptfeld) in das Feld einer angrenzenden fremden Bergbauberechtigung gleicher oder anderer Art fortschreitet, so wird deren Feld ganz oder teilweise dem Hauptfelde zugelegt."

Die Zulegung stellt eine besondere Form der Enteignung dar und unterliegt damit strengen Voraussetzungen (BVerwG, ZfB 2009, 46, 49 = NUR 2009, 48 = DVBl, 2009, 182). Sie betrifft das Gewinnungsrecht im Gegensatz zur Grundabtretung, die das Grundstück betrifft. Bei grundeigenen Bodenschätzen muss der Unternehmer, wenn er über die Grenzen seines Grundstücks hinaus abbauen will, sich zunächst die Bergbauberechtigung mit Hilfe der Zulegung verschaffen. Anschließend kann er sich mit Hilfe des Grundabtretungsverfahrens die Nutzung des Grundstückes beschaffen (Beckmann/Wittmann, ZfB 2009, 32).

3 § 35 Satz 1 bestätigt die **Zulegung als Recht zum grenzüberschreitenden Abbau.** Grenzüberschreitender Abbau ist die Fortführung des Abbaus desselben Bodenschatzes aus dem Feld einer bestimmten Gewinnungsberechtigung (Hauptfeld) in das einer unmittelbar benachbarten fremden Gewinnungsberechtigung (Zulagefeld) (zur Unmittelbarkeit der Nachbarschaft: VG Saarlouis = ZfB 124 (1983), 438, 445). Da das Recht zum grenzüberschreitenden Abbau nicht zum Inhalt der Gewinnungsberechtigungen gehört, wird es nur auf schriftlichen Antrag des Rechtsinhabers und nur unter bestimmten Voraussetzungen erteilt.

Die **Rechtsnatur** der an der Zulegung beteiligten **Gewinnungsberechtigungen** im   **4** Haupt- und Zulagefeld ist wie schon nach früherem Recht (§ 1 Absatz 3 ZulegungsVO) **bedeutungslos**. Zulässige Gewinnungsberechtigungen sind alle einer bergbehördlicher Aufsicht unterliegenden Rechte, die Aufsuchung und Gewinnung von Bodenschätzen zum Gegenstand haben (Willeke-Turner, Grundriß, 883; Ebel/Weller, § 1 Anmerkung 4 ZulegungsVO).

Im Gegensatz zur Vereinigung und Teilung von Bergwerksfeldern und zum   **5** Austausch von Feldesteilen, die auf dem freien Willen der Beteiligten beruhen, ist die **Zulegung die zwangsweise Vereinigung** von Bergwerksfeldern oder Feldesteilen. Deshalb wird sie auch nach h. M. als **Enteignung** charakterisiert (Samel, ZfB 106 (1965), 249; Ebel/Weller, § 1 Anmerkung 2 ZulegungsVO s. 838; Schulte, Eigentum, 293; BVerwG, NUR 2009, 48 Rn 18 = ZfB 2009, 49; Beckmann/Wittmann, ZfB 2009, 32 ff.).

Wegen dieses enteignungsrechtlichen Charakters der Zulegung sind ihre **Zuläs-**   **6** **sigkeitsvoraussetzungen** so ausgestaltet, dass im Einzelfall das erforderliche konkrete Gemeinwohlinteresse – wie auch bei der Grundabtretung (§ 79 Absatz 1) – nachgewiesen sein muss.

Die **Zulässigkeitsvoraussetzungen** im Einzelnen: **7**
– Da die Enteignung stets nur das letzte Mittel sein darf, um einen dem allgemeinen Wohl dienenden Zweck zu erreichen, muss sich der Antragsteller **zunächst ernsthaft um eine Einigung** zum grenzüberschreitenden Abbau unter angemessenen Bedingungen, erforderlichenfalls mit dem Angebot geeigneter Abbaumöglichkeiten im eigenen Feld **bemüht haben**. Die Ernsthaftigkeit der Einigungsbemühungen ist nachzuweisen. Die Einigung braucht nicht alle Gesichtspunkte der Zulegung zu umfassen. Sie ist eine privatrechtliche Vereinbarung (BGH = ZfB 105 (1964), 228), auch wenn sie vor der zuständigen Behörde (§ 36 Nr. 3) abgeschlossen wird (a. A. Palm, ZfB 122 (1981), 421).
– Kommt eine Einigung nicht zustande, so müssen für die behördliche Anordnung **wirtschaftliche oder bergtechnische** Gründe den grenzüberschreitenden Abbau gebieten und Gründe des Allgemeinwohls, insbesondere die Versorgung des Marktes mit Rohstoffen, ihn erfordern (Nr. 2, 3). Die **Gründe des Allgemeinwohls** sind in § 35 Nr. 3 nicht abschließend benannt. Die Sicherung der Versorgung des Marktes aus inländisch zu gewinnenden Bodenschätzen unter sinnvollem und planmäßigem Abbau der Lagerstätte ist ein Belang des Allgemeinwohles, der die Enteignung grundsätzlich rechtfertigen kann (BVerwG, ZfB 2009, 50 Rn 20). Nicht jede Gewinnung von Bodenschätzen dient allerdings dem Gemeinwohl. Im Rahmen einer Abwägung ist zu prüfen, ob das öffentliche Interesse an der Gewinnung gerade des bestimmten Bodenschatzes zur Versorgung des Marktes mit Rohstoffen so gewichtet ist, dass es den Zugriff auf privates Eigentum erfordert. Ferner ist zu prüfen, ob andere gewichtigere Allgemeinwohlinteressen der Gewinnung des Bodenschatzes an dieser Stelle entgegenstehen (BVerwG aaO; Beckmann/ Wittmann, ZfB 2009, 37 f.). Die Versorgung des Rohstoffmarktes ist ein Belang des Gemeinwohles, wenn eine mittel- bis langfristige Prognose ergibt, dass der Tagebau einen Beitrag zur Versorgung der heimischen Industrie mit dem Bodenschatz leistet, auch wenn aktuell kurzfristig andere Abbaubetriebe den benötigten Bodenschatz liefern können (BVerwG, aaO Rn 50). Die

Rohstoffsicherungsklausel des § 48 Absatz 1 Satz 2 allein schafft nicht den
Vorrang der Gewinnung vor anderen öffentlichen Interessen. Ins Gewicht
fällt bei der Abwägung der öffentlichen Interessen, ob Arbeitsplätze erhalten
werden können durch die Fortführung des Betriebes im Zulegungsfeld
(BVerwG aaO Rn 52).
– Es darf in absehbarer Zukunft **keine wirtschaftliche Abbaualternative** von
einem anderen Feld aus geben (Nr. 4).
– Im öffentlichen Interesse geschützte Bodenschätze dürfen durch die Zulegung nicht beeinträchtigt werden (Nr. 5).

8   Zur Prüfung der in den Nr. 1–5 genannten Voraussetzungen und für die Entscheidung über ihr Vorliegen muss der Antragsteller seinem Antrag folgende
Angaben und **Unterlagen** (Nr. 6) beifügen:

9   – Eine Darlegung, dass **Gründe des Allgemeinwohls** den grenzüberschreitenden Abbau erfordern und es keine wirtschaftliche Abbaualternative von
einem anderen Feld aus gibt; außerdem werden Angaben über Verwendung
und Absatz der im Zulagefeld zu gewinnenden Bodenschätze (Nr. 6 f., Nr. 3)
verlangt;
– daneben Angaben zum bisherigen **Arbeitsprogramm** im Hauptfeld und über
das beabsichtigte im Zulagefeld einschließlich seiner technischen Durchführung und eines Zeitplans (Nr. 6 c);
– glaubhaft gemachte Angaben über die Finanzierung des grenzüberschreitenden Abbaus und die ggf. erforderliche Wiedernutzbarmachung (Nr. 6 d) und
– schließlich eine **Darstellung** der zur bergwirtschaftlichen und bergtechnischen Beurteilung der Zulegung bedeutsamen **tatsächlichen Verhältnisse**
einschließlich eines Lagerisses mit genauer Eintragung des Haupt- und
Zulagefeldes unter besonderer Kennzeichnung des zuzulegenden Feldesteiles
(Nr. 6 b und a).

10 Sind alle Voraussetzungen des § 35 erfüllt, so **kann** die Behörde den Antrag der
Zulegung **positiv entscheiden**. Die h. M. sieht in dem Wort „kann" eine Befug-
nisnorm: der Behörde wird nicht ein Ermessensspielraum eingeräumt, sondern
sie ist verpflichtet, bei Vorliegen der gesetzlichen Voraussetzungen die Zule-
gungsentscheidung zu erlassen. Es handelt sich um eine gebundene Entscheidung
(BVerwG, ZfB 2009, 46 Rn 44 = DVBl 2009, 182 = NUR 2009, 48; Beckmann/
Wittmann, ZfB 2009, 42; a. A. noch Voraufl. Piens/Schulte/Graf Vitzthum § 35
Rn 12; Kremer/Wever, Rn 99; Samel, ZfB 1965, 247, 255 zu § 2 der Zulegungs-
VO von 1938).
Der Beschluss über die Zulegung und seine Begründung müssen Haupt- und
Zulagefeld hinreichend genau bezeichnen (OVG Münster = ZfB 104 (1963),
365 ff.; OVG Saarlouis = ZfB 124 (1983), 438, 445). Die **Rechtswirkungen** einer
positiven Entscheidung ergeben sich aus § 38 (vgl. Anmerkung zu § 38 Rn 1 ff.).

§ 36   Verfahren

**Auf das Verfahren sind die Vorschriften über das förmliche Verwaltungsver-
fahren nach Teil V Abschnitt 1 des Verwaltungsverfahrensgesetzes mit folgender Maßgabe anzuwenden:**
1. **Beteiligter ist auch, wem ein Recht zur Gewinnung in dem Feld der fremden
   Berechtigung zusteht, sowie der Inhaber eines dinglichen Rechts an der
   fremden Berechtigung. Liegt die fremde Berechtigung ganz oder teilweise
   im Bezirk einer anderen zuständigen Behörde, so ist auch diese zu laden.**
2. **Von Amts wegen ist ein Vertreter auch zu bestellen für Mitberechtigte, wenn
   sie der Aufforderung der zuständigen Behörde, einen gemeinsamen Vertreter zu bestellen, innerhalb der ihnen gesetzten Frist nicht nachgekommen sind.**

3. In der mündlichen Verhandlung ist auf eine Einigung hinzuwirken. Kommt eine Einigung zustande, so ist diese in der Verhandlungsniederschrift zu beurkunden. Auf die Beurkundung sind die §§ 3 bis 13 und 16 bis 26 des Beurkundungsgesetzes vom 28. August 1969 (BGBl. I S. 1513), zuletzt geändert durch Gesetz vom 20. Februar 1980 (BGBl. I S. 157), entsprechend anzuwenden. Die Niederschrift über die Einigung steht einer notariellen Beurkundung der Einigung gleich. Eine Auflassung kann die zuständige Behörde nicht entgegennehmen.

4. Kommt eine Einigung nicht zustande, so entscheidet die zuständige Behörde über den Antrag. Das Recht zum grenzüberschreitenden Abbau ist für ein bestimmtes Feld, für bestimmte Bodenschätze und zeitlich beschränkt zu erteilen. § 16 Absatz 3 gilt entsprechend.

An die Stelle der Vorschriften über das förmliche Verwaltungsverfahren nach Teil V Abschnitt 1 des Verwaltungsverfahrensgesetzes treten die entsprechenden Vorschriften der Verwaltungsverfahrensgesetze der Länder, soweit dies landesrechtlich angeordnet ist.

Über die **Zulegung** kann wegen ihrer enteignenden Wirkungen nicht in einem **1** formlosen (§ 10 VwVfG), sondern nur in einem **förmlichen Verfahren** entschieden werden. Da das BBergG kein eigenes förmliches Verfahren für die Entscheidung über einen Zulegungsantrag kennt, bedarf es der in § 36 Satz 1 getroffenen Anordnung, das förmliche Verwaltungsverfahren nach Teil V Abschnitt 1 des VwVfG anzuwenden. Weil ein Zulegungsverfahren überdies von den Landesbehörden durchgeführt wird, ist wegen § 1 Absatz 3 VwVfG der klarstellende Hinweis auf die VwVfG der Länder in Satz 2 im Grunde überflüssig. Er ist jedoch hilfreich für die Auslegung der Anwendungsvorschrift des § 5 (vgl. § 5 Rn 1 ff.).

Das VwVfG des Bundes und die der Länder haben folgende, im Wesentlichen **2** übereinstimmende **Grundsätze** für das **förmliche Verfahren** festgelegt:
- Ist für ein förmliches Verfahren wie in § 35 ein verfahrenseinleitender **Antrag 3** vorgesehen, so ist er **schriftlich** oder zur Niederschrift der Behörde zu stellen (§ 64 VwVfG).
- Sofern im förmlichen Verfahren **Zeugen** oder **Sachverständige** gehört wer- **4** den, sind sie zur Aussage bzw. zur Erstattung von Gutachten **verpflichtet** (§ 65 VwVfG). Dies gilt allerdings **nicht** für **Beteiligte**, für sie bleibt es bei der in § 26 Absatz 1, 2 VwVfG geregelten Mitwirkung, sofern nicht spezialgesetzliche Vorschriften darüber hinausgehende Pflichten begründen (§ 65 VwVfG) (Stelkens/Bonk/Sachs, § 65 Rn 2).
- **Beteiligten** im Sinne des § 13 VwVfG ist Gelegenheit zu geben, sich vor der **5** Entscheidung **zu äußern**. Ihnen ist außerdem Gelegenheit zu geben, der **Vernehmung** von Zeugen und Sachverständigen und der **Einnahme des Augenscheins beizuwohnen** und hierbei sachdienliche Fragen zu stellen; ein schriftliches Gutachten soll ihnen zugänglich gemacht werden (§ 66 VwVfG). Damit ist eine über § 28 hinausgehende Pflicht zur Anhörung der Beteiligten und eine besondere Form des rechtlichen Gehörs durch Einräumung von Rechten bezüglich der im förmlichen Verfahren enthaltenen Beweiserhebungen angeordnet.
- Im förmlichen Verfahren gilt der Grundsatz der **obligatorischen mündlichen 6 Verhandlung**. Hierzu sind die Beteiligten rechtzeitig zu laden. Mit der Ladung ist darauf hinzuweisen, dass bei Ausbleiben eines Beteiligten auch ohne ihn verhandelt und entschieden werden kann (§ 67 Absatz 1 Satz 1–3 VwVfG). Eine Ausnahme vom Erfordernis der mündlichen Verhandlung ist nur möglich, wenn einer der in § 66 Absatz 2 VwVfG vorgesehenen Gründe vorliegt.
- Für die **mündliche Verhandlung** ist nach § 68 VwVfG ein **bestimmter Verlauf 7** vorgesehen. Danach hat der Verhandlungsleiter die Sache mit den Beteiligten

zu erörtern. Er hat darauf hinzuwirken, dass unklare Anträge erläutert, sachdienliche Anträge gestellt, ungenügende Angaben ergänzt sowie alle für die Feststellung des Sachverhalts wesentlichen Erklärungen abgegeben werden. Über die mündliche Verhandlung ist eine Niederschrift zu fertigen und vom Verhandlungsleiter zu unterschreiben.

8 – Die das Verfahren beendende **Entscheidung** muss unter Würdigung des Gesamtergebnisses des Verfahrens ergehen. Es gilt der Grundsatz der freien Beweiswürdigung. Soweit die Behörde das förmliche Verfahren mit einem Verwaltungsakt abschließt, ist dieser schriftlich zu erlassen, schriftlich zu begründen und den Beteiligten zuzustellen (§ 69 Absatz 1 und 2 Satz 1 VwVfG).

9 – Da die Pflichten der Behörde im förmlichen Verfahren und die für sie bestehenden verbesserten Mittel zur Erforschung des Sachverhalts eine erhöhte Gewähr für die Rechtmäßigkeit und Zweckmäßigkeit der Entscheidung bieten, ist das **Vorverfahren nach § 68 Absatz 1 VwGO** vor Erhebung einer Klage nicht erforderlich (§ 70 VwVfG).

10 Diese in den Vorschriften der §§ 64–71 **VwVfG** niedergelegten **Verfahrensgrundsätze** schließen allerdings nicht aus, dass auch alle übrigen Vorschriften des VwVfG auf das förmliche Verfahren anwendbar bleiben, soweit sie nicht eindeutig durch die Vorschriften über das förmliche Verfahren verdrängt werden. Gleiches gilt auch für spezialgesetzliche Regelungen, die zulässigerweise das förmliche Verwaltungsverfahren modifizieren können (Stelkens/Bonk/Strauss, § 63 Rn 8).

11 Derartige **spezialgesetzliche Modifizierungen** legt § 36 Satz 1 fest.

12 Zunächst wird der **Kreis der Beteiligten** (§ 13 VwVfG) **erweitert.** Beteiligte sind danach auch alle Personen, die im Zulagefeld eine Berechtigung, ggf. auch für die Gewinnung anderer Bodenschätze, haben sowie die Inhaber von solchen dinglichen Rechten, durch die die Berechtigung am Zulagefeld belastet wird. Daneben ist, allerdings ohne dadurch Beteiligteneigenschaft zu erlangen, die zuständige Behörde zu laden, in deren Amtsbezirk die fremde Berechtigung ggf. ganz oder teilweise liegt.

13 Ergänzend zu § 16 VwVfG ist von Amts wegen ein **Vertreter** auch **für Mitberechtigte** zu bestellen, wenn sie der Aufforderung zur Bestellung eines gemeinsamen Vertreters nicht innerhalb der ihnen gesetzten Frist nachgekommen sind (Nr. 2). Die Mitberechtigung darf sich allerdings nur auf das Zulagefeld beziehen (so schon § 7 Absatz 3 ZulegungsVO; vgl. Ebel/Weller, § 7 Anmerkung 4 ZulegungsVO).

14 In der **obligatorischen mündlichen Verhandlung** ist auf eine **Einigung hinzuwirken.** Insoweit stellt Nr. 3 eine enteignungsrechtlich gebotene Ergänzung zu § 67 VwVfG dar. Kommt eine solche Einigung zustande, so ist sie in der Verhandlungsniederschrift nach den Grundsätzen des BeurkundungsG (BeurkundungsG i.d.F. vom 28.8.1969 = BGBl I, 1513; i.d.F. vom 22.6.1998 = BGBl I, 1474, 1484) vom 28.8.1969 zu beurkunden. Damit steht sie der notariellen Beurkundung bis auf die Tatsache gleich, dass die zuständige Behörde eine Auflassung nicht entgegennehmen kann. Sie kann jedoch die Verpflichtung der Beteiligten zur Auflassung bindend beurkunden.

15 Für den Fall einer **Entscheidung durch die Behörde** wegen Nichtzustandekommens der Einigung ist die Zulegung für ein bestimmtes Feld, für bestimmte Bodenschätze und zeitlich beschränkt zu erteilen. Die Begrenzung ergibt sich im Rahmen der für die Berechtigungen vorgesehenen Fristen vor allem aus wirtschaftlichen Gesichtspunkten einer sinnvollen Gewinnung.

Der in Nr. 4 aufgenommene **Hinweis auf § 16 Absatz 3** erweitert die Befugnis **16** der zuständigen Behörde zur nachträglichen Aufnahme, Änderung oder Ergänzung von Auflagen auf das mit der Zulegungsentscheidung entstehende Recht zum **grenzüberschreitenden Abbau.** Ohne den Verweis wäre das nur nach den allgemeinen Vorschriften des Verwaltungsverfahrensrechts (§ 36 VwVfG) möglich, weil § 16 Absatz 3 eine spezielle Regelung ausschließlich für Bergbauberechtigungen gibt.

§ 37   Entschädigung

(1) Für die Erteilung des Rechts zum grenzüberschreitenden Abbau hat der Berechtigte eine Entschädigung an den Inhaber der fremden Berechtigung zu leisten. Kommt eine Einigung nicht zustande, so ist die Entschädigung in der Entscheidung über die Erteilung des Rechts zum grenzüberschreitenden Abbau festzusetzen.

(2) Die Entschädigung wird für den durch den grenzüberschreitenden Abbau eintretenden Rechtsverlust und für andere dadurch eintretende Vermögensnachteile geleistet. Soweit zur Zeit der Entscheidung Nutzungen gezogen werden, ist von dem Maß ihrer Beeinträchtigung auszugehen. Hat der Entschädigungsberechtigte Maßnahmen getroffen, um die Nutzungen zu steigern, und ist nachgewiesen, daß die Maßnahmen die Nutzungen nachhaltig gesteigert hätten, so ist dies zu berücksichtigen. Die Entschädigung ist auf Verlangen des Inhabers der fremden Berechtigung in wiederkehrenden Leistungen zu zahlen. Ist die fremde Berechtigung mit dinglichen Rechten Dritter belastet, so gelten die Artikel 52 und 53 des Einführungsgesetzes zum Bürgerlichen Gesetzbuch entsprechend.

§ 37 legt die **Entschädigung** für den mit der Zulegung verbundenen **enteignen-** **1** **den Eingriff** in die fremde Gewinnungsberechtigung dem Grunde nach fest. Die Entschädigung soll einen angemessenen Ausgleich für den durch die Entziehung des Gewinnungsrechts eingetretenen Wertverlust darstellen. § 37 koppelt die Festsetzung der Entschädigung allerdings derart an das Ergebnis des Einigungsversuches, dass bei seinem Scheitern die Entschädigung dem Grunde und der Höhe nach in der behördlichen Zulegungsentscheidung zu treffen ist. Eine Vorabentscheidung wie etwa bei der Grundabtretung (§ 91) ist demnach nicht möglich. Die **Festsetzung der Entschädigung** ist vielmehr **Bestandteil der Zulegungsentscheidung.**

Die in Absatz 2 getroffene **Entschädigungsregelung** ist an den zu **Artikel 14** **2** **Absatz 3 GG** entwickelten Rechtsgedanken ausgerichtet (zusammenfassend dargestellt bei Maunz/Dürig/Herzog, Kommentar zum GG, Artikel 14 Rn 438 ff.).
– Grundsätzlich ist der eingetretene **Vermögensschaden** angemessen auszugleichen.
– Dieser Grundgedanke ist dann zu modifizieren, wenn im Zeitpunkt des Entstehens der Entschädigungspflicht **bereits Nutzen** aus der fremden Berechtigung **gezogen** wird, z.B. durch Gewinnung von Bodenschätzen. Dann ist bei der Bemessung der Entschädigung von dem **Maß der Beeinträchtigung** dieser Nutzungen auszugehen. Eine für die Zukunft zu erwartende **Verbesserung der Nutzungen** ist demgegenüber nur dann zu berücksichtigen, wenn bereits getroffene Maßnahmen (z.B. Aus- und Vorrichtung, Rationalisierung) **nachweisbar** zu einer nachhaltigen Steigerung der Nutzung geführt hätten (Satz 3) (Amtl. Begründung = Zydek, 194).

Die Entschädigung ist in Geld zu leisten. Nur auf Verlangen des Entschädigungs- **3** berechtigten ist die Entschädigung als Rente zu zahlen.

4 **Dinglich Berechtigte** an der betroffenen Berechtigung haben, soweit ihr Recht durch die Zulegung beeinträchtigt wird, an dem Entschädigungsanspruch dieselben Rechte, die ihnen im Falle des Erlöschens ihres Rechts durch die Zwangsversteigerung an dem Erlöse zustehen (Artikel 52 EGBGB). Auf den Entschädigungsanspruch finden nach Artikel 53 EGBGB, der nach Absatz 2 Satz 4 für entsprechend anwendbar erklärt wird, die Vorschriften des § 1128 BGB Anwendung, sodass die Entschädigung befreiend nur mit Zustimmung der Grundpfandgläubiger geleistet werden kann.

5 Für **Streitigkeiten** über die Entschädigung ist nach § 144 Absatz 1 der ordentliche Rechtsweg gegeben. Die Klage ist innerhalb eines Monats, beginnend mit der Zustellung der Zulegungsentscheidung, zu erheben. Die Monatsfrist ist eine Notfrist im Sinne der ZPO (§ 144 Absatz 3 Satz 3). Einzelheiten hierzu bei Beckmann/Wittmann, ZfB 2009, 34; Boldt/Weller, § 144 Rn 2–4.

§ 38   Inhalt der Zulegung, Aufhebung, Förderabgabe

(1) Für das Recht zum grenzüberschreitenden Abbau gelten die §§ 8, 15, 16 Abs. 5 und § 18 Abs. 1 und 3 entsprechend. § 31 gilt in dem Umfang entsprechend, in dem er für den Inhaber der fremden Berechtigung gelten würde.

(2) Das Recht darf erst ausgeübt werden, wenn der Berechtigte
1. die Entschädigung geleistet oder
2. bei einer Entschädigung in wiederkehrenden Leistungen die erste Rate und für die übrigen Raten angemessene Sicherheit geleistet hat.

1 § 38 regelt i. V. mit § 36 Satz 1 Nr. 4 die **Rechtswirkungen der Zulegung.** Durch die Erteilung des Rechts zum grenzüberschreitenden Abbau wird die Gewinnungsberechtigung des Hauptfeldes nicht verändert, sie wird vor allem nicht in ihrem Geltungsbereich ausgedehnt. Die rechtliche Selbstständigkeit aller beteiligten Gewinnungsberechtigungen bleibt vielmehr erhalten. **Die Ausübung** der Gewinnungsberechtigung für das Nachbarfeld wird jedoch in dem durch die Entscheidung festgelegten Umfang auf den Inhaber der Gewinnungsberechtigung des Hauptfeldes übertragen (Amtl. Begründung = Zydek, 191; Ebel/Weller, S. 838).

2 Die so entstandene **Ausübungsberechtigung** wird nach § 38 Absatz 1 der **Bewilligung** weitgehend **gleichgestellt:**

3 – Sie ist ein **ausschließliches,** jedem Dritten gegenüber wirkendes **Recht,** das zu seiner Wirksamkeit nicht der Eintragung im Grundbuch bedarf und dem Ausübungsberechtigten die Einzelbefugnisse des § 8 einräumt (vgl. § 8 Rn 7 ff.).

4 – Mit der Anwendbarkeit des § 15 ist vor der Entscheidung über den Antrag **den** Behörden Gelegenheit zur Stellungnahme zu geben, zu deren Aufgaben die Wahrnehmung öffentlicher Interessen nach § 11 Nr. 10 gehört. Diese Anhörung muss jedoch im förmlichen Verfahren erfolgen, weil der Antragsteller anderenfalls keine nachhaltige Gelegenheit hat, die Bedenken dieser Behörden auszuräumen.

5 – Für die **Befristung** des Ausübungsrechts gilt die zeitliche Beschränkung auf 50 Jahre mit der Verlängerungsmöglichkeit unter Berücksichtigung der getätigten Investitionen oder bis zur voraussichtlichen Erschöpfung des Vorkommens (§ 16 Absatz 5).

6 – Die Ausübungsberechtigung muss bzw. kann **widerrufen** werden, wenn die in § 18 Absatz 1 und 3 genannten Widerrufsgründe vorliegen; daneben gelten die allgemeinen Widerrufs- und Rücknahmegründe der §§ 48, 49 VwVfG.

Hatte der Berechtigungsinhaber im Zulagefeld **Förderabgaben** im Sinne des § 31   **7**
zu leisten, so trifft diese Verpflichtung auch den neuen Berechtigten. Er soll
allerdings nicht mehr belastet werden als sein Rechtsvorgänger. Deshalb darf die
Förderabgabe nur in dem Umfang erhoben werden, in dem der bisherige
Inhaber der Berechtigung zu ihr verpflichtet war (§ 38 Absatz 1 Satz 2).

Absatz 2 dient der Absicherung des Entschädigungsberechtigten. Das Recht zum   **8**
grenzüberschreitenden Abbau darf danach erst ausgeübt werden, wenn die
Entschädigung bei einmaliger Leistung in Geld ganz oder bei einer Verrentung
die ersten Rate gezahlt und für die weiteren Raten eine angemessene Sicherheit,
etwa durch Stellung einer Bankbürgschaft, geleistet worden ist.

DRITTER TEIL Aufsuchung, Gewinnung und Aufbereitung

ERSTES KAPITEL Allgemeine Vorschriften über die Aufsuchung und Gewinnung

ERSTER ABSCHNITT Aufsuchung

§ 39 Einigung mit dem Grundeigentümer, Zustimmung anderer Behörden, Entschädigung

(1) Wer zum Zwecke der Aufsuchung ein fremdes Grundstück benutzen will, hat vor Beginn der Aufsuchung
1. die Zustimmung des Grundeigentümers und der sonstigen Nutzungsberechtigten und,
2. wenn das Grundstück durch Gesetz oder auf Grund eines Gesetzes einem öffentlichen Zweck gewidmet ist, auch die Zustimmung der für die Wahrung dieses Zweckes zuständigen Behörde

einzuholen. § 905 Satz 2 des Bürgerlichen Gesetzbuchs bleibt unberührt.

(2) Bei einem unter Absatz 1 Satz 1 Nr. 2 fallenden Grundstück ist
1. die Zustimmung nach Absatz 1 Satz 1 Nr. 1 nicht erforderlich, wenn das Grundstück ausschließlich dem öffentlichen Zweck dient, dem es gewidmet ist,
2. die Zustimmung nach Absatz 1 Satz 1 Nr. 2 nicht erforderlich, wenn
   a) sich Art und Form der Tätigkeit, die der Aufsuchung dient oder zu dienen bestimmt ist, nicht von den Tätigkeiten unterscheidet, die im Rahmen der Widmung ausgeübt werden dürfen oder von der Widmung nicht betroffen sind oder
   b) für die Zulassung der Tätigkeit nach den Vorschriften, auf denen die Widmung beruht, eine besondere behördliche Erlaubnis, Genehmigung oder Zustimmung vorgesehen und diese von der dafür zuständigen Behörde erteilt worden ist.

(3) Der Aufsuchungsberechtigte hat nach Abschluß der Aufsuchungsarbeiten den früheren Zustand fremder Grundstücke wiederherzustellen, es sei denn, daß die Aufrechterhaltung der Einwirkungen auf die Grundstücke nach Entscheidung der zuständigen Behörde für spätere Gewinnungsarbeiten zulässig ist oder die zuständige Behörde zur Wiedernutzbarmachung der Oberfläche eine Abweichung von dem früheren Zustand angeordnet hat.

(4) Der Aufsuchungsberechtigte hat dem Grundeigentümer und den sonstigen Nutzungsberechtigten für die durch die Aufsuchungsarbeiten entstandenen, nicht durch Wiederherstellung des früheren Zustandes oder andere Maßnahmen nach Absatz 3 ausgeglichenen Vermögensnachteile Ersatz in Geld zu leisten. Der Ersatzanspruch haftet den Inhabern von dinglichen Rechten, mit denen das Grundstück belastet ist, in entsprechender Anwendung der Artikel 52 und 53 des Einführungsgesetzes zum Bürgerlichen Gesetzbuch.

(5) Zur Sicherung ihrer Ansprüche aus den Absätzen 3 und 4 können der Grundeigentümer und sonstige Nutzungsberechtigte eine angemessene Sicherheitsleistung verlangen.

Übersicht

Rn

I.   Grundgedanken 1

II.   Nutzung fremder Grundstücke 3

III. Vertragliche Nutzung 7

IV.   Entschädigung 9

I.   Grundgedanken

Die Vorschriften des 3. Teils (§§ 39–64) befassen sich – aufbauend auf den   **1** vorausgehenden Grundsätzen der Bergbauberechtigungen – mit deren Ausübung in Aufsuchung, Gewinnung und Aufbereitung. Einleitend dazu geben die §§ 39–41 allgemeine Vorschriften zur Aufsuchung, nämlich
- für das Verhältnis von Aufsuchungsberechtigtem und fremdem Grundstückseigentümer für Fälle der Aufsuchung in einem solchen fremden Grundstück (§§ 39, 40) und
- eine gegenüber dem Mitgewinnungsrecht in § 7 Absatz 1 Nr. 2 eingeschränkte Regelung der Gewinnung von Bodenschätzen bei der Aufsuchung (§ 41).

Dabei wollen die §§ 39 und 40 – wie schon das frühere Landesrecht (z. B. §§ 4–   **2** 9 ABG NRW; dazu ausführlich die Kommentierung von Ebel/Weller, §§ 4–8) etwa in NRW – dem Aufsuchungsberechtigten ein **Recht auf Benutzung fremder Grundstücke** für seine Tätigkeit einräumen, um ihn so weitestgehend von Beschränkungen durch Grundstücksgrenzen freizustellen. Weil ein derartiges Benutzungsrecht die Möglichkeiten des Grundeigentümers zur eigenen Nutzung seines Grundstücks beschränkt, ist sie nur gegen Zahlung einer **Vergütung** (im Falle der gütlichen Nutzungseinräumung) oder einer **Entschädigung** (im Falle der behördlichen Anordnung) gesetzlich zulässig. Dieser dem Enteignungsrecht entnommene Grundsatz gilt allerdings dann nicht, wenn die Aufsuchungsarbeiten in einer solchen Tiefe vorgenommen werden, dass der Grundeigentümer an einem Benutzungsverbot für sein Grundstück kein wirtschaftliches und damit auch kein rechtliches Interesse mehr haben kann (§ 905 Satz 2 BGB).

II.   Nutzung fremder Grundstücke

Für das zur Nutzung fremder Grundstücke einzuschlagende **Verfahren** und seine   **3** rechtlichen sowie wirtschaftlichen Wirkungen gilt Folgendes:

Der Aufsuchungsberechtigte muss **vor** Beginn von Aufsuchungstätigkeiten in   **4** einem fremden Grundstück die **Zustimmung des Grundeigentümers** oder eines anderen Nutzungsberechtigten wie des Mieters, Pächters oder Erbbauberechtigten (Absatz 1 Satz 1 Nr. 1) eingeholt haben. Dieses Zustimmungserfordernis gilt für **alle Formen der Aufsuchung** nach § 7.

Ist privates Grundeigentum durch eine öffentliche Zweckbindung, wie z. B. eine   **5** **Widmung** (vgl. Wolff/Bachof/Stober, Band 2, § 76; Papier in Erichsen (Hrsg.), AllgVerwR, § 42 Rn 2 ff.), überlagert, dann ist neben der Zustimmung des Grundeigentümers, der auch ein Träger der öffentlichen Verwaltung sein kann, auch die **Zustimmung** der für die Wahrung des Widmungszwecks **zuständigen Behörde erforderlich** (Absatz 1 Satz 1 Nr. 2). Das wird in der Mehrzahl der Fälle der Unterhaltungspflichtige sein.

Von den in Absatz 1 genannten Grundsätzen des **Zustimmungserfordernisses**   **6** gibt es **Ausnahmen** (Absatz 2) für die Fälle, dass
1. die Widmung eine ausschließlich öffentliche Zweckbindung erzeugt, die eine Zustimmung des Grundeigentümers entbehrlich macht (Absatz 2 Nr. 1);
2. der Widmungszweck und das Aufsuchungsinteresse sich inhaltlich so decken, dass der
   a) Widmungszweck die Aufsuchung ohne Beeinträchtigung zulässt (Absatz 2 Nr. 2 a)

b) jede Tätigkeit im Widmungsbereich einer besonderen Erlaubnis, Genehmigung oder Zustimmung bedarf und diese erteilt ist (Absatz 2 Nr. 2 b).

III. Vertragliche Nutzung

7 Wird die Zustimmung erteilt, so wird das **Benutzungsrecht** des Aufsuchungberechtigten **durch Vertrag** begründet und entspricht dem dinglichen Nutzungsrecht eines Grundbesitzers. Besitzt dieser nur aufgrund eines Schuldverhältnisses (z. B. Miete oder Pacht), so entsteht auch das Benutzungsrecht nur schuldrechtlich (Isay, I, § 5 Rn 14). **Die Rechtsnatur des Benutzungsrechts,** das dem Aufsuchungsberechtigten von der zur Wahrung der öffentlichen Zweckbestimmung von Grundstücken zuständigen Behörde eingeräumt wird, hängt von der jeweiligen Zweckbestimmung des benutzten Grundstücks ab (Wolff/Bachof-Stober, Band 2, § 77 Rn 21 ff.).

8 Wird die **Zustimmung nicht** erteilt, so greift das Verfahren der **Streitentscheidung** nach § 40 Platz.

IV. Entschädigung

9 Nach Beendigung der Aufsuchungstätigkeiten muss der frühere **Zustand des Grundstücks** im Sinne einer gleichwertigen Nutzbarkeit **wiederhergestellt** werden. Hiervon kann allerdings durch Entscheidung der zuständigen Behörde abgesehen werden, wenn dies wegen anschließender bergmännischer Gewinnungsarbeiten wirtschaftlich nicht sinnvoll wäre oder die zuständige Behörde für die Wiedernutzbarmachung der Oberfläche eine vom früheren Zustand des Grundstücks abweichende Nutzung anordnet.

10 Die in Absatz 4 getroffene **Entschädigungsregelung** entspricht weitgehend dem früheren Landesrecht wie z. B. § 6 ABG NRW und den Grundabtretungsregelungen der §§ 137 ff. ABG. Danach sind alle **Vermögensnachteile,** die nicht durch die Wiederherstellung des Grundstücks oder andere Maßnahmen des Absatz 3 ausgeglichen sind, **in Geld** zu ersetzen. Diese Entschädigung stellt sich als Ersatz für entzogene Nutzungen oder für Wertminderungen des Grundstücks dar. Zum Begriff „Vermögensnachteil" vgl. § 86 Rn 3 ff.; diese Vorschrift ist aus verfassungsrechtlichen Gründen der Enteignungsentschädigung (§ 39 Absatz 4) nachgebildet. (Das ABG NRW nahm in § 7 ausdrücklich auf die Vorschriften der Grundabtretung und ihrer Entschädigungsregelung Bezug). Die mögliche Anordnung der Wiedernutzbarmachung durch die Bergbehörde wird von der Amtl. Begründung (Zydek, 203) nicht als Abweichung von der bisherigen Entschädigungsregelung angesehen.

11 Der **Ersatzanspruch haftet den Inhabern von dinglichen Rechten,** mit denen das Grundstück u. U. belastet ist, in entsprechender Anwendung der Artikel 52, 53 EGBGB (Absatz 4 Satz 2) (es gilt insoweit das zu § 37 Rn 4 Gesagte).

12 Zur **Sicherung** ihrer Wiederherstellungs- und/oder Entschädigungs**ansprüche** können der Grundeigentümer und andere Nutzungsberechtigte eine angemessene **Sicherheitsleistung** verlangen. Für eine solche gelten, anders als nach § 56 Absatz 2, die §§ 232 ff. BGB.

§ 40   Streitentscheidung

(1) Wird die nach § 39 Abs. 1 Satz 1 Nr. 1 erforderliche Zustimmung versagt, so kann sie auf Antrag durch eine Entscheidung der zuständigen Behörde ersetzt werden, wenn öffentliche Interessen, insbesondere die Durchforschung nach nutzbaren Lagerstätten, die Aufsuchung erfordern. Wenn unter Gebäuden, auf Betriebsgrundstücken, in Gärten oder eingefriedeten Hofräumen aufgesucht werden soll, kann die Zustimmung nur aus überwiegenden öffentlichen Interessen durch eine Entscheidung der zuständigen Behörde ersetzt werden.

(2) Die zuständige Behörde entscheidet auf Antrag auch über die Höhe des Entschädigungsanspruchs (§ 39 Abs. 4) oder der Sicherheit (§ 39 Abs. 5), wenn eine Einigung hierüber nicht zustande kommt; die Kosten des Verfahrens trägt der Aufsuchungsberechtigte. Erst wenn der Ersatz geleistet oder eine Sicherheit hinterlegt ist, darf die Aufsuchung begonnen oder fortgesetzt werden.

Geben Grundstückseigentümer oder sonstige Nutzungsberechtigte die erforder- **1** liche **Zustimmung** zur Benutzung ihres Grundstücks **nicht**, so soll dies – wie schon nach Landesrecht etwa § 8 ABG NRW – nicht zu einer Blockade der Aufsuchungsarbeiten führen dürfen.
Mit der Zulassung eines bergrechtlichen **Betriebsplans** wird nicht auch über die Zulässigkeit der **Inanspruchnahme** eines benötigten Grundstücks entschieden (BVerwG, NVwZ 1991, 992 = ZfB 1991, 140; VerfG Brandenburg, ZfB 2002, 45 betrifft Grundabtretung). Diese Überlegungen lassen sich auf die Streitentscheidung gemäß § 40 übertragen (VG Stade v. 19.3.1992 – 3 B 10/92; VG Chemnitz, ZfB 1998, 236; VG Schwerin, ZfB 2007, 41, 45; OVG Bautzen, ZfB 2005, 56, 60). Die Rechte des Eigentümers und die Pflichten des Aufsuchungsberechtigten werden allein im Verfahren gemäß § 40 Absatz 1 i. V. mit § 39 Absatz 3–5 geregelt.

Deshalb gibt § 40 Absatz 1 Satz 1 der **zuständigen Behörde** das Recht, auf **2** Antrag eines der Beteiligten die vom Grundeigentümer verweigerte **Zustimmung zu ersetzen.** Bei einer solchen Streitentscheidung handelt es sich nicht um eine Ermessensentscheidung der Behörde, sondern um eine gebundene Entscheidung, auf deren Erlass der Aufsuchungsberechtigte bei Erfüllung der gesetzlichen Tatbestands einen Rechtsanspruch hat. Da diese Zustimmungsersetzung ein hoheitlicher Eingriff in die Rechte des Grundeigentümers oder der Nutzungsberechtigten ist, darf sie nur erfolgen, wenn **öffentliche Interessen,** insbesondere die Durchforschung des Grundstücks nach nutzbaren Lagerstätten, die Aufsuchungsarbeiten **erfordern.** Dass ein solches generelles öffentliches Interesse an der Aufsuchung von Bodenschätzen und der Durchforschung nach nutzbaren Lagerstätten (§§ 1 Nr. 1, 40 Absatz 1 Satz 1) ausreicht, bejaht ausdrücklich das VG Chemnitz (ZfB 1996, 236, 244). Ein darüber hinausgehendes, insbesondere ein überwiegend öffentliches, Interesse an der Aufsuchung ist danach nicht erforderlich. Die Interessen des Grundstückseigentümers haben in einer Güterabwägung Berücksichtigung zu finden. Diese Güterabwägung ist aufgrund einer verfassungskonformen Auslegung des BBergG erforderlich, weil nach Auffassung des Gerichts anderenfalls der Eigentumsschutz nach Artikel 14 Absatz 1 Satz 2 GG völlig verdrängt werde (so auch VG Schwerin, ZfB 2007, 46; Boldt/Weller § 40 Rn 3). Primär hat die Behörde stets zu prüfen und zu beachten, dass der Eigentümer nicht schwer und unerträglich belastet wird. Dabei sind Einwendungen des Grundeigentümers gegen einen späteren Gewinnungsbetrieb bei der Güterabwägung grundsätzlich unbeachtlich.
Unbeachtlich ist demnach der Einwand, auf lange Sicht seien ausreichend Lagerstätten (hier Granulit) vorhanden, wenn die Zustimmungsentscheidung das Aufsuchen von Bodenschätzen betrifft. Denn dabei handelt es sich um Gesichtspunkte der Gewinnung (OVG Bautzen, ZfB 2005, 60, 63).

Andererseits können die Rohstoffsicherungsklausel des § 48 Absatz 1 Satz 2, § 1 und ein landesplanerisch ausgewiesenes Vorbehaltsgebiet für den Abbau oberflächennaher Rohstoffe ein öffentliches Interesse an Aufsuchungsarbeiten markieren (OVG Bautzen, ZfB 2005, 60, 63).

3 Etwas anderes muss gelten bei einer Aufsuchung unter **Gebäuden**, auf **Betriebsgrundstücken**, in Gärten oder in eingefriedeten Hofräumen. In solch einem Fall verstärkt das Gesetz den Schutz des Grundeigentümers oder Nutzungsberechtigten soweit, dass nur **überwiegende öffentliche Interessen** an der Aufsuchung eine Ersetzung der Zustimmung rechtfertigen können. Die zuständige Behörde muss dann eine Abwägung der widerstreitenden Interessen vornehmen, um feststellen zu können, ob die angeführten öffentlichen Interessen tatsächlich überwiegen.

4 Ebenfalls nur auf **Antrag** kann die zuständige Behörde in der Zustimmungsersetzung gleichzeitig **die Höhe des Entschädigungsanspruchs** und ggf. eine angemessene Sicherheitsleistung festlegen (Absatz 2 Satz 1). Bis zur Antragstellung bleibt es bei der freien Einigungsmöglichkeit der Parteien.

5 Die Tatsache, dass mit der Aufsuchung erst begonnen oder sie erst dann fortgesetzt werden kann, wenn Ersatz geleistet oder die Sicherheit hinterlegt ist, birgt nicht notwendigerweise die Gefahr einer Blockierung der Aufsuchungsarbeiten. Dafür spricht der Rechtsgedanke des § 9 ABG NRW, dessen Anwendung durch § 40 nicht ausdrücklich ausgeschlossen wird. Danach wird durch das Beschreiten des Rechtsweges (§ 144) der Beginn oder die Fortsetzung der Aufsuchungsarbeiten dann nicht gehindert, wenn die Entschädigung an den Berechtigten gezahlt oder die Sicherheitsleistung hinterlegt ist (Willeke-Turner, Grundriß, 61; zur sofortigen Vollziehung des Benutzungsbeschlusses s. Ebel/Weller, § 8 Anmerkung 1).

6 Das Grundstücksbenutzungsrecht, das dem Aufsuchungsberechtigten durch den Ersetzungsbeschluss der zuständigen Behörde zugesprochen werden kann, hat stets **dinglichen** Charakter, um gegen jeden Nachfolger im Besitz zu wirken. Es stellt eine Belastung des Eigentums dar, die einer Grunddienstbarkeit ähnlich ist. Es ist daher auch vererblich und veräußerlich. Geschützt ist es nicht nur durch die Rechtsbehelfe des Besitzers (§§ 859, 862 BGB), sondern auch durch mögliche Klagen aufgrund des Rechts selbst (§§ 823, 1004 BGB) (vgl. dazu Isay, I, § 5 Rn 14; Willeke-Turner; Grundriß, 61).

§ 41   Gewinnung von Bodenschätzen bei der Aufsuchung

Der Aufsuchungsberechtigte hat das Recht, Bodenschätze zu gewinnen, soweit die Bodenschätze nach der Entscheidung der zuständigen Behörde bei planmäßiger Durchführung der Aufsuchung aus bergtechnischen, sicherheitstechnischen oder anderen Gründen gewonnen werden müssen. Das Recht des Aufsuchungsberechtigten, andere als bergfreie Bodenschätze in eigenen Grundstücken zu gewinnen, bleibt unberührt.

1 Die Erlaubnis gewährt nach § 7 Absatz 1 Nr. 2 nicht nur das Recht zur **Aufsuchung** bestimmter Bodenschätze, sondern auch das Recht, die bei planmäßiger Aufsuchung **notwendigerweise** zu lösende oder freizusetzende **Bodenschätze zu gewinnen** und das Eigentum daran zu erwerben. Nach Auffassung des Gesetzgebers kann allerdings die Entscheidung, ob im Rahmen der Aufsuchung Bodenschätze notwendigerweise gelöst oder freigesetzt werden müssen, nicht dem Inhaber einer Erlaubnis allein überlassen bleiben. Denn dann fehle die

Kontrolle darüber, ob bei der Aufsuchung ggf. Tätigkeiten ausgeübt werden, bei denen die Gewinnung überwiegt (Zydek, 207).

§ 41 legt deshalb fest, dass bei der Aufsuchung nur solche Bodenschätze **2** gewonnen werden dürfen, die nach der **Entscheidung der zuständigen Behörde** bei planmäßiger Durchführung der Aufsuchung aus bergtechnischen, sicherheitlichen oder anderen Gründen gewonnen werden müssen. Als andere Gründe kommen etwa lagerstättenkundliche Erfordernisse in Betracht (Boldt/Weller, § 41 Rn 1; Zydek, 207).

Das **Gewinnungsrecht** des Erlaubnisinhabers geht nicht nur auf die in der **3** Erlaubnis bezeichneten Bodenschätze, sondern erstreckt sich vielmehr auch auf andere **bergfreie** oder **grundeigene Bodenschätze.** Das gilt selbstverständlich auch für einen Aufsuchungsberechtigten, der auf seinen eigenen Grundstücken aufsucht. Er ist insoweit wegen seines Eigentums bei der Aufsuchung grundeigener Bodenschätze von einer ausdrücklichen Berechtigung freigestellt. § 41 Satz 2 hat deshalb nur klarstellende Bedeutung.

Wegen des Bezugs von § 34 (grundeigene Bodenschätze) zu § 7 Absatz 1 gilt die **4** Gewinnungsberechtigung bei der Aufsuchung auch für den Grundeigentümerbergbau. Das **Gewinnungsrecht des Grundeigentümers** ist deshalb nicht auf seine oder fremde grundeigene Bodenschätze beschränkt, sondern kann sich mit behördlicher Entscheidung auch auf bergfreie Bodenschätze erstrecken.

ZWEITER ABSCHNITT Gewinnung

§ 42 Mitgewinnung von Bodenschätzen bei der Gewinnung bergfreier Bodenschätze

(1) Bei der Gewinnung bergfreier Bodenschätze hat der Gewinnungsberechtigte das Recht, innerhalb des Feldes seiner Gewinnungsberechtigung andere Bodenschätze mitzugewinnen, soweit sie nach der Entscheidung der zuständigen Behörde bei planmäßiger Durchführung der Gewinnung aus bergtechnischen oder sicherheitstechnischen Gründen nur gemeinschaftlich gewonnen werden können. Andere an diesen Bodenschätzen Berechtigte hat der Gewinnungsberechtigte von der Entscheidung nach Satz 1 unverzüglich in Kenntnis zu setzen.

(2) Der Gewinnungsberechtigte hat die Herausgabe
1. mitgewonnener bergfreier Bodenschätze, für die Aneignungsrechte Dritter bestehen, und
2. mitgewonnener nicht bergfreier Bodenschätze

dem jeweils anderen Berechtigten gegen Erstattung der für die Gewinnung und eine erforderliche Aufbereitung gemachten Aufwendungen und einer für die Gewinnung zu zahlenden Förderabgabe anzubieten und diese Bodenschätze auf Verlangen herauszugeben. Der andere Berechtigte kann die Herausgabe nur innerhalb von zwei Monaten nach Kenntnisnahme nach Absatz 1 Satz 2 verlangen. Die bis zu dem Zeitpunkt des Verlangens mitgewonnenen Bodenschätze unterliegen nicht der Herausgabepflicht. Das gleiche gilt, wenn
1. die Trennung der mitgewonnenen Bodenschätze von den übrigen Bodenschätzen nicht möglich oder wegen der damit verbundenen Aufwendungen nicht zumutbar ist oder
2. die mitgewonnenen Bodenschätze zur Sicherung des eigenen Betriebes des Gewinnungsberechtigten oder in diesem Betrieb zur Sicherung der Oberfläche verwendet werden.

Können herauszugebende Bodenschätze nicht voneinander getrennt werden oder ist eine Trennung wegen der damit verbundenen Aufwendungen nicht

zumutbar und stehen sie mehreren anderen Berechtigten zu, so hat der Gewinnungsberechtigte jedem dieser Berechtigten einen seiner Berechtigung entsprechenden Anteil herauszugeben.

(3) Ist dem jeweils anderen Berechtigten die Übernahme herauszugebender Bodenschätze nicht zumutbar, so kann er für diese Bodenschätze von dem Gewinnungsberechtigten einen angemessenen Ausgleich in Geld verlangen, soweit der Gewinnungsberechtigte die Bodenschätze verwerten kann. Die Aufwendungen für die Gewinnung und eine erforderliche Aufbereitung sowie eine für die Gewinnung zu zahlende Förderabgabe sind anzurechnen.

(4) Auf Antrag des Gewinnungsberechtigten oder eines anderen Berechtigten entscheidet die zuständige Behörde über die Unmöglichkeit oder Unzumutbarkeit der Trennung der Bodenschätze und die Größe der Anteile.

Übersicht   Rn

I.   Grundgedanken   1

II. Mitgewinnungsrecht   3

III. Herausgaberecht   7

IV. Streitentscheidung   12

I. Grundgedanken

1 Die allgemeinen Vorschriften über die Gewinnung (§§ 42–47) konkretisieren die den Bergbautreibenden mit ihren Berechtigungen eingeräumten Einzelbefugnisse:

- Das **Mitgewinnungs-** und **Aneignungsrecht** für nicht verliehene Bodenschätze (§§ 8 Absatz 1 Nr. 1, 9 Absatz 1, 34, 151 Absatz 1 Nr. 2 i. V. mit §§ 42, 43),
- das **Hilfsbaurecht** einschließlich des Mitgewinnungsrechts bei Anlegung von Hilfsbauen (§§ 8 Absatz 1 Nr. 2, 9 Absatz 1, 34, 151 Absatz 1 Nr. 3 i. V. mit §§ 45, 46) und
- das Recht zur **Benutzung fremder untertägiger Grubenbaue** (§ 47), das – ohne unmittelbaren Bezug zu den Berechtigungen – in einem sachlichen Zusammenhang mit dem Hilfsbaurecht steht. Denn mit dem Benutzungsrecht soll die Anlegung weiterer Grubenbaue durch einen Hilfsbauberechtigten vermieden werden (Boldt/Weller, § 47 Rn 1).

2 Als Grundsatz haben die §§ 8 Absatz 1 Nr. 1, 9 Absatz 1, 151 Absatz 1 Nr. 2 festgelegt, dass Gewinnungsberechtigte auch das Recht haben sollen, innerhalb ihres Feldes solche bergfreie und grundeigene **Bodenschätze mitzugewinnen** und sich **anzueignen**, die ihrer eigenen Berechtigung nicht unterliegen. Ist für diese Bodenschätze bereits ein Berechtigter vorhanden, so sind diesem auf sein Verlangen die mitgewonnenen Bodenschätze gegen Ersatz der bei der Mitgewinnung gemachten Aufwendungen herauszugeben.
§ 42 Absatz 1 Satz 1 gibt keine Berechtigung zur Mitgewinnung, sondern setzt diese vielmehr voraus. Die Entscheidung der Behörde ist lediglich eine Konkretisierung dieses Rechts („soweit"). Sie attestiert dem Antragsteller, dass eine Gewinnung seines Bodenschatzes nur gemeinschaftlich mit einem anderen Bodenschatz möglich ist. Diese Entscheidung soll den Antragsteller vor zivilrechtlichen Unterlassungsansprüchen schützen (OVG Koblenz, DVBl 2009, 1526).

II. Mitgewinnungsrecht

Es ist der **Zweck** des **Mitgewinnungsrechts,** Bergbau nicht dadurch zu behindern 　**3**
oder gar zu verhindern, dass ihm noch nicht verliehene Bodenschätze im Wege
stehen. Denn dieses Hindernis wird nicht schon durch die Aufnahme des
Mitgewinnungsrechts in die Berechtigung (§§ 8 Absatz 1 Nr. 1, 9 Absatz 1
erster Halbs.) beseitigt, sondern erst durch eine entsprechende **Entscheidung**
der zuständigen Behörde. Sie legt fest, dass bei Durchführung der Gewinnung
aus bergtechnischen oder sicherheitlichen Gründen die **verliehenen und die**
fremden Bodenschätze nur gemeinschaftlich gewonnen werden können. Voraussetzungen und Folgen dieser behördlichen Entscheidung regeln §§ 42, 43.
Das Mitgewinnungsrecht ist als **Schrankenbestimmung** i.S. von Artikel 14
Absatz 1 Satz 2 GG anzusehen. Es belastet andere Bergbauberechtigungen, seien
es solche auf bergfreie oder grundeigene Bodenschätze oder auch auf Grundeigentümerbodenschätze, die nicht dem BBergG unterfallen (Kühne ZfB 1985,
178, 182).
Das Mitgewinnungsrecht bezweckt die Sicherung der Ausübung des Gewinnungsrechts in berg- und sicherheitstechnischer Hinsicht, nicht die Befriedigung
wirtschaftlicher Bedürfnisse des Gewinnungsberechtigten.

Anders als das frühere Landesrecht (dazu vgl. Ebel/Weller, § 54 Anmerkung B1, 　**4**
B2, C1; Willeke-Turner, Grundriß, 95 ff.; Schulte, Eigentum, 295 ff.) (z.B. §§ 56,
57 ABG NRW) trifft § 42 **keine unterschiedliche Regelung** für das Mitgewinnungsrecht auf **bergfreie und grundeigene Bodenschätze.** Vielmehr stellt insoweit § 43 den Grundeigentümer hinsichtlich des Mitgewinnungsrechts anderen
Berechtigten ausdrücklich gleich. Das ist die Konsequenz aus der in § 34
angeordneten Gleichstellung von Gewinnungsberechtigungen auf bergfreie
und grundeigene Bodenschätze.

Klarstellend gegenüber dem früheren Recht muss jetzt das **Mitgewinnungsrecht** 　**5**
in jedem Einzelfall **konkretisiert** werden. Die **Entscheidung** hierüber liegt, ebenso wie beim Gewinnungsrecht des Aufsuchungsberechtigten nicht beim Berechtigungsinhaber, sondern bei der **zuständigen Behörde** (§ 42 Absatz 1 Satz 1).
Begründet wird dies damit, dass durch die Ausübung des Mitgewinnungsrechts
fremde Gewinnungsberechtigungen berührt werden können (Zydek, 110; Boldt/
Weller, § 42 Rn 2, 7).
Voraussetzung für die zulässige Mitgewinnung eines anderen Bodenschatzes
durch den Bergwerkseigentümer ist ein ernsthaft auf die Förderung des verliehenen Minerals gerichteter Betrieb. Bergbau, der ausschließlich darauf gerichtet wird, Grundeigentümerbodenschätze zu gewinnen, ist im Gegensatz dazu
unzulässige Rechtsausübung (BGH, ZfB 2001, 81 = DVBl 2001, 36).

Hat die zuständige Behörde die Entscheidung über das Mitgewinnungsrecht 　**6**
getroffen, so muss der dann **Mitgewinnungsberechtigte andere,** bereits vor ihm
Berechtigte zur Wahrung deren Rechte ohne schuldhaftes Verzögern von dieser
Entscheidung in **Kenntnis** setzen (Absatz 1 Satz 2).

III. Herausgaberecht

Da das Mitgewinnungsrecht nicht der Gewinnerzielung, sondern ausschließlich 　**7**
bergtechnischen und sicherheitstechnischen Gesichtspunkten dienen und nur aus
diesen Gründen eingeräumt (im Einzelnen s. Boldt/Weller, § 42 Rn 6) werden
darf, sieht das Gesetz einen **Vermögensausgleich** in Form einer begrenzten
Herausgabepflicht dann vor, wenn und soweit Aneignungsrechte Dritter durch
die Mitgewinnung berührt werden. Diese haben dann gegen den Gewinnungs-

berechtigten einen obligatorischen Anspruch auf Herausgabe und Übereignung der mitgewonnenen Bodenschätze oder auf Ausgleich in Geld (Boldt/Weller, § 42 Rn 12 m. w. H. auf eine Entscheidung des BGH zum früheren Recht = ZfB 96 (1955), 298).

8 Er **verpflichtet** den Mitgewinnungsberechtigten zur **Herausgabe** (Boldt/Weller, § 42 Rn 11–13) mitgewonnener Bodenschätze gegen Erstattung der Aufwendungen für Gewinnung, Aufbereitung und die Übernahme der Förderabgabe. Allerdings muss der Herausgabeberechtigte sein Herausgabeverlangen innerhalb von zwei Monaten nach Unterrichtung durch den Gewinnungsberechtigten stellen. Die bis dahin von diesem gewonnenen Bodenschätze kann er nicht herausverlangen (Absatz 2 Satz 2).

9 **Ausnahmen** von der **Herausgabepflicht** bestehen, wenn
– die Trennung der mitgewonnenen Bodenschätze technisch nicht möglich oder wirtschaftlich nicht zumutbar ist (Absatz 2 Satz 4 Nr. 1) oder
– der Mitgewinnungsberechtigte die Bodenschätze zur Sicherung des eigenen Betriebs oder der Oberfläche verwendet (Absatz 2 Satz 4 Nr. 2).
Das **Eigenverwendungsrecht** gemäß § 42 Absatz 2 Satz 4 Nr. 2 besteht nach seinem Wortlaut unabhängig von betrieblichen Erfordernissen des Gewinnungsberechtigten und ohne Rücksicht auf den Wert mitgewonnener Bodenschätze. Sofern hierbei die verfassungsrechtlichen Grenzen der Verhältnismäßigkeit überschritten würden, ist in verfassungskonformer Auslegung eine Einschränkung geboten. Bei sehr hohem Wert der mitgewonnenen Bodenschätze ist aus verfassungsrechtlichen Gründen dem anderen Berechtigten ein Herausgabeanspruch zu gewähren (Kühne, ZfB 1985, 186).

10 Sind **mehrere Herausgabeberechtigte** vorhanden und ist die Trennung der mitgewonnenen Bodenschätze technisch nicht möglich oder wirtschaftlich unzumutbar, dann sieht Absatz 2 Satz 5 eine **anteilige Herausgabe** vor. Als **Kriterien** hierfür nennt die Amtl. Begründung (Zydek, 211) den gebietsmäßigen Anteil der Berechtigten, das Gewichts-, Volumen- oder Wertverhältnis der Anteile der einzelnen Bodenschätze an allen mitgewonnenen, nicht getrennt **herauszugebenden Bodenschätzen**.

11 Einer weiteren Ausnahme gegenüber dem früheren Recht trägt Absatz 3 Rechnung. Er sieht vor, dass es Fälle geben kann, in denen der Herausgabeberechtigte ausdrücklich auf sein **Herausgaberecht verzichtet**, weil er z. B. mit den mitgewonnenen Bodenschätzen nichts anfangen kann. Für diesen Fall soll er einen **angemessenen Ausgleich in Geld** dann verlangen können, wenn der Mitgewinnungsberechtigte seinerseits die Bodenschätze verwerten kann. Auf den Ausgleichsanspruch sind die Gewinnungs- und die erforderlichen Aufbereitungskosten (das war früher strittig: Willecke-Turner, Grundriß, 95; Ebel/Weller, § 54 Anmerkung B1) anzurechnen.

IV. Streitentscheidung

12 Entsteht zwischen dem Gewinnungs- und den Herausgabeberechtigten **Streit** über die Unmöglichkeit oder Unzumutbarkeit der Trennung von Bodenschätzen und über die Größe der Anteile, so **entscheidet** auf Antrag einer der Parteien die **zuständige Behörde** (Absatz 4). Sowohl diese Entscheidung als auch die nach Absatz 1 unterliegt als Verwaltungsakt den in der VwGO vorgesehenen Anfechtungsmöglichkeiten, sofern der Kläger zur Überzeugung des Gerichts vortragen kann, in den eigenen Rechten verletzt zu sein (§ 42 Absatz 2 VwGO).

Gegen eine **unbefugte Mitgewinnung,** die eine Eigentumserlangung des Gewin-   **13**
nungsberechtigten ausschließt, stehen dem jeweils anderen Berechtigten die
Mittel des bürgerlichen Rechts zur Verfügung (ausführlich s. Boldt/Weller,
§ 42 Rn 18).

Stoßen Grundeigentümer-Abbau und Bergbau auf verliehenes Material an   **14**
derselben Stelle des Grubenfeldes zusammen, ohne dass ein getrennter Abbau
möglich ist, kommt regelmäßig dem zeitlich früher aufgenommenen **Betrieb** der
Vorrang zu (BGH, ZfB 2001, 81 = DVBl 2001, 361).

Ein Abbauunternehmen, das aufgrund einer bergrechtlichen Bewilligung berech-   **15**
tigt ist, einen bergfreien Bodenschatz (z. B. Gold) zu gewinnen, und dies notwendig nur unter Mitgewinnung eines grundeigenen Bodenschatzes (z. B.
Quarzkies) kann, ist noch nicht berechtigt, fremde Grundstücke im Wege der
Grundabtretung dafür in Anspruch zu nehmen. Voraussetzung ist, dass zuvor
eine Entscheidung gemäß § 42 ergangen ist und die Voraussetzungen der §§ 77–
79 vorliegen (VG Neustadt/Weinstr., ZfB 2008, 210).
Allerdings betrifft die Mitgewinnungsentscheidung gemäß § 42 Absatz 1 nur die
bergtechnische und sicherheitstechnische Prüfung der Lagerstätte. Sie hat nicht
die Wirtschaftlichkeit des Gewinnungsbetriebs zu beurteilen (BVerwG, ZfB
2010, 137, 139 = UPR 2010, 396). Eine bestandskräftige Entscheidung über
die Mitgewinnung entfaltet daher **keine Tatbestandswirkung im Grundabtre-**
tungsverfahren. Ob das Gewinnungsvorhaben einer technisch und wirtschaftlich sachgemäßen Betriebsplanung oder Betriebsführung entspricht und ob es
dem Wohl der Allgemeinheit dient, ist vielmehr im Grundabtretungsverfahren
umfassend zu prüfen, ohne dass ein Ausschnitt dieser Prüfung in bindender
Weise durch die Erteilung der Bewilligung bzw. in der Mitgewinnungsentscheidung vorweggenommen ist (BVerwG aaO; anders noch OVG Koblenz, DVBl
2009, 260 LS). Denn die Mitgewinnungsentscheidung bezieht sich nicht auf
einen künftigen Gewinnungsbetrieb, sondern auf die Lagerverhältnisse, während Gegenstand der Grundabtretung das Grundstück, nicht der Bodenschatz
ist.
Bei der Entscheidung nach § 42 müssen die Belange des Grundstückseigentümers noch nicht einbezogen werden. Sie erweist sich nämlich rechtlich als bloße
Ergänzung der Bewilligung, die ebenfalls keine Bindungswirkung für spätere
Grundstücksnutzungen oder Grundabtretungsverfahren erzeugt.
Bei grundeigenen Bodenschätzen hat die Mitgewinnungsentscheidung auch
keine eigentumsübertragende Funktion. Der mitgewonnene Bodenschatz bleibt
dem Eigentümer erhalten, er hat einen Herausgabeanspruch gemäß § 42
Absatz 2 (BVerwG, aaO; OVG Koblenz, ZfB 2007, 135), der sich unter
den Voraussetzungen des § 43 Absatz 3 in einen Geldanspruch umwandeln
kann.

Einem **Eigentümer** grundeigener Bodenschätze, der sich gegen die Entscheidung   **16**
über die Mitgewinnung gemäß § 42 Absatz 1 zugunsten eines Bergbauunternehmers wendet, steht hiergegen die **Klagebefugnis** zu (OVG Koblenz vom
12.8.2009 – 1 A 11.256/08; OVG Koblenz v. 9.10.2008 – 1 A 10.231/08,
ZfB 2010, 150, 157f.). Obwohl die Mitgewinnungsentscheidung nicht die
Beurteilung der Wirtschaftlichkeit des Gewinnungsbetriebs zu prüfen hat
(BVerwG, ZfB 2010, 136), binden den Eigentümer die Ergebnisse der berg-
und sicherheitstechnischen Prüfung im späteren Grundabtretungsverfahren.

Exkurs: Kollisionen mehrerer Bergbauberechtigungen:

Die Vorschriften der §§ 42, 43 über die Mitgewinnung kommen nur zur An-   **17**
wendung bei sog. **beibrechenden Bodenschätzen,** d. h. wenn sie nach Entschei-

dung der Bergbehörde so zusammenhängen, dass sie aus bergtechnischen und sicherheitlichen Gründen gemeinschaftlich gewonnen werden müssen. Die §§ 44–46 gewähren zwar ein **Hilfsbaurecht**, das aber nicht gilt, wenn ein Hilfsbau im Feld einer anderen Gewinnungsberechtigung errichtet werden soll, aber die andere Gewinnung gefährdet würde. Sofern diese Sonderregelungen nicht greifen, kommt bei Kollisionen mehrerer Bergbauberechtigungen der allgemeine Grundsatz zur Anwendung, dass der **Bergbauberechtigte** befugt ist, **alle erforderlichen Vorrichtungen** unter und über Tage zur Aufsuchung und Gewinnung des Bodenschatzes **zu treffen** (Weller, ZfB 1990, 111, 114). Ein Bergbauberechtigter kann die Flöze eines anderen durchteufen, um an seinen Bodenschatz zu gelangen (RGZ, ZfB 1897, 354; Rekurs Besch., ZfB 1912, 425). Die Befugnis zur Förderung von Mineralien ist nicht mit der Beschränkung verbunden, dass mit der Förderung oder Herrichtung der betrieblichen Anlagen innezuhalten ist, wenn schädliche Einwirkungen auf Nachbarfelder zu besorgen sind (RG, ZfB 1915, 403, 411 unter Verweis auf RGZ 72, 303 = ZfB 1910, 621; ähnlich RGZ 161, 203 = ZfB 1939/40, 145 ff.). **Nachbarrechtliche Vorschriften** finden auf das Verhältnis zwischen Bergwerkseigentümern untereinander und zu Schürfern und Mutern **keine Anwendung** (Weller, ZfB 1990, 115 m. w. N.). Ansprüche eines Bergbautreibenden gegenüber einem anderen Berechtigten, dessen Aktivitäten den Betrieb des Bergbautreibenden beeinträchtigt oder zu beeinträchtigen droht, können aus § 9 Absatz 1 BBergG i. V. mit § 1004 BGB bzw. 8 Absatz 1 BBergG i. V. mit § 1004 BGB nicht hergeleitet werden. Die Rechtsprechung hat den Grundsatz entwickelt, dass ein Bergbautreibender **störende Einwirkungen** auf sein Recht, die durch den normgemäßen Betrieb eines anderen Berechtigten verursacht werden, **zu dulden** hat (Weller, aaO, 117 m. w. N.; RG, ZfB 1910, 621, 627 betrifft Wassereinbruch aus Nachbarbergwerk; RG, ZfB 1.915.403 betrifft Versiegen einer Solquelle durch Grubenbaue im Nachbarsalzbergwerk; RGZ 161, 203 betrifft Beschädigung eines Schachtes durch Betrieb des Nachbarbergwerks).

In **bergbehördlichen Zulassungsverfahren** sind Beeinträchtigungen von Bodenschätzen in § 11 Nr. 8 (Versagung oder Erteilung einer Bergbauberechtigung) und § 55 Absatz 1 Satz 1 Nr. 4 i. V. mit § 1 Nr. 1 (Lagerstättenschutz) sowie § 55 Absatz 1 Satz 1 Nr. 8 (Gefährdung der Sicherheit eines zulässigerweise bereits geführten Betriebes) zu prüfen. Wird durch das betriebsplanmäßig zuzulassende Vorhaben in unverhältnismäßiger Weise die grundrechtlich geschützte Rechtsposition eines anderen Bergbauberechtigten beeinträchtigt, hat die Bergbehörde außerdem in verfassungskonformer Anwendung des § 48 Absatz 2 den Schutz dieses Rechts in die Abwägung einzubeziehen und dem Dritten Gelegenheit zu geben, im Verfahren die für die Beurteilung der Verhältnismäßigkeit erheblichen Einwendungen vorzubringen (Weller aaO, S. 133).

§ 43 Mitgewinnung von Bodenschätzen bei der Gewinnung grundeigener Bodenschätze

Bei der Gewinnung grundeigener Bodenschätze gilt für die Mitgewinnung bergfreier Bodenschätze § 42 entsprechend.

1 Das Gewinnungsrecht des Grundeigentümers ist nach § 34 hinsichtlich der Einzelbefugnisse der Bewilligung und dem Bergwerkseigentum gleichgestellt. Deshalb hat auch der **Grundeigentümer** ein **Mitgewinnungs- und Aneignungsrecht** für bergfreie und fremde grundeigene Bodenschätze, soweit nicht nach § 42, der entsprechend anzuwenden ist, ein Herausgabeanspruch besteht.

2 Die entsprechende Anwendung des § 42 bedeutet, dass ein Mitgewinnungsrecht nur dann besteht, wenn nach Entscheidung der zuständigen Behörde diese Bodenschätze bei planmäßiger Durchführung der Gewinnung aus bergtechnischen oder sicherheitstechnischen Gründen nur gemeinschaftlich gewonnen werden können (Boldt/Weller, §§ 42 Rn 6; 43 Rn 2).

Nach h. M. ist § 43 im Hinblick auf den Gleichheitsgrundsatz sinngemäß auf die **3** Mitgewinnung bei Ausnutzung der Bodenschätze anzuwenden (z. B. Kalkstein), die zwar dem Grundeigentümer gehören, aber keine grundeigenen i. S. des BBergG sind (Boldt/Weller § 43 Rn 1; Kühne ZfB 1985, 183). Der Grundstückseigentümer ist beim Abbau von **Grundeigentümerbodenschätzen** berechtigt, nach Maßgabe des § 42 bergfreie Mineralien mitzugewinnen. Die §§ 34 und 43 gelten entsprechend (BGH, ZfB 2001, 81 = DVBl 2001, 363 = NJW – RR 2001, 447).

§ 44   Hilfsbaurecht

(1) Der Gewinnungsberechtigte hat das Recht, außerhalb des Feldes seiner Gewinnungsberechtigung unterirdische Anlagen zu errichten, die der technischen oder wirtschaftlichen Verbesserung seines Gewinnungsbetriebes, insbesondere der Wasserlösung oder Wetterführung, zu dienen bestimmt sind (Hilfsbaue). Dies gilt nicht, wenn ein Hilfsbau im Feld einer anderen Gewinnungsberechtigung errichtet werden soll und dadurch die Gewinnung des anderen Gewinnungsberechtigten gefährdet oder wesentlich beeinträchtigt würde.

(2) Der Hilfsbauberechtigte hat für den Schaden, der dem anderen Gewinnungsberechtigten durch den Hilfsbau entsteht, Ersatz in Geld zu leisten.

Oft ist es nicht zu vermeiden, dass ein Gewinnungsberechtigter (Bewilligungs- **1** inhaber, Bergwerkseigentümer, Grundeigentümer) die Grenzen seines Feldes überschreiten muss, um Anlagen (Stollen, Schächte, Strecken) unter Tage zu schaffen, die dem Betrieb im eigenen Feld dienen sollen. Solche im freien oder in einem fremden Feld unterirdisch errichtete und benutzte Anlagen nennt das Bergrecht seit jeher **Hilfsbaue** (Ebel/Weller, § 60 Anmerkung 2; Willeke-Turner, Grundriß, 97).

Das **Recht, Hilfsbaue anzulegen** (zur Geschichte des Hilfsbaurechts s. Boldt/ **2** Weller, § 44 Rn 1), ergibt sich jetzt als Teil- und Einzelbefugnis unmittelbar aus den Gewinnungsberechtigungen der §§ 8 Absatz 1 Nr. 2, 9 Absatz 1, 34, 151 Absatz 1 Nr. 3. Anders als das frühere Recht (z. B. § 60 Absatz 1 ABG NRW) mit seiner unbeschränkten Befugnis darf der Gewinnungsberechtigte jetzt das Recht **im freien Feld** ebenso wie in einem **fremden** nur dann ausüben, wenn für den Hilfsbau ein besonderes Bedürfnis besteht, weil dadurch nachweislich die **technische oder wirtschaftliche Verbesserung eines Gewinnungsbetriebs**, insbesondere hinsichtlich der Wasserlösung oder Wetterführung erreicht werden kann (§ 44 Absatz 1 Satz 1). Der damit auch für Hilfsbaue im freien Feld geforderte besondere Nachweis war im früheren Recht lediglich bei Hilfsbauen im fremden Feld vorgesehen (z. B. § 60 Absatz 2 ABG NRW) (dazu s. Willeke-Turner, Grundriß, 98; Ebel/Weller, § 60 Anmerkung 3). Insofern hat das BBergG die im ABG angelegte strenge Trennung zwischen Hilfsbau im freien und im fremden Feld beseitigt und damit zu einer Vereinheitlichung beigetragen.

Die Voraussetzungen für das **Hilfsbaurecht im fremden Feld** sind im Wesentli- **3** chen die gleichen geblieben. Hilfsbaue müssen nicht nur der technischen und wirtschaftlichen **Verbesserung des Gewinnungsbetriebs** dienen, sondern es darf durch sie auch **nicht** die **Gewinnung** des **anderen** Gewinnungsberechtigten **gefährdet** oder wesentlich **beeinträchtigt** werden (§ 60 ABG NRW sprach von Störung oder Gefährdung).

4 Unwesentliche Behinderungen oder Beeinträchtigungen können demnach das Anlegen von Hilfsbauen in Feldern fremder Gewinnungsberechtigter nicht ausschließen. Entstehen aber trotz prognostizierter Gefahrlosigkeit und nicht zu erwartender Schädlichkeit dem anderen Gewinnungsberechtigten durch die Errichtung und die Benutzung des Hilfsbaus **Schäden**, etwa durch Erschwerung seiner eigenen Gewinnung oder durch Beschädigung von Grubenbauen, so hat der Hilfsbauberechtigte hierfür **Ersatz in Geld** zu leisten (Absatz 2).

5 Der Umfang dieses **Ersatzanspruchs** bemisst sich nach dem **Bergschadensersatzanspruch** (Boldt/Weller, § 44 Rn 7) der §§ 114 ff. Daneben begründet § 44 Absatz 2 abweichend von § 114 Absatz 2 Nr. 2 eine Haftung für Schäden an einem anderen Gewinnungsbetrieb (Boldt/Weller, aaO; zur Rechtsnatur der Haftung als Gefährdungshaftung s. unten § 114 Rn 2; Schulte, Eigentum, 295). Auch soweit durch den Hilfsbau anderen als dem Inhaber der fremde Gewinnungsberechtigung ein Schaden entsteht, richtet sich dessen Regulierung nach den Regeln über den Bergschaden.

---

§ 45   Mitgewinnung von Bodenschätzen bei Anlegung von Hilfsbauen

(1) Der Hilfsbauberechtigte hat das Recht, alle Bodenschätze mitzugewinnen, die nach der Entscheidung der zuständigen Behörde bei ordnungsgemäßer Anlegung eines Hilfsbaues gelöst werden müssen. Andere an diesen Bodenschätzen Berechtigte hat er von der Entscheidung nach Satz 1 unverzüglich in Kenntnis zu setzen.

(2) Bergfreie Bodenschätze, für die Aneignungsrechte Dritter bestehen, und fremde nicht bergfreie Bodenschätze hat der Hilfsbauberechtigte den anderen Berechtigten unentgeltlich herauszugeben, wenn diese es innerhalb eines Monats nach Kenntnisnahme nach Absatz 1 Satz 2 verlangen. § 42 Abs. 2 Satz 3 bis 5 und Abs. 4 gilt entsprechend.

1 Die beim ordnungsgemäßen **Anlegen von Hilfsbauen** notwendigerweise **zu lösenden Bodenschätze** darf der Hilfsbauberechtigte **mitgewinnen** (Absatz 1 Satz 1). Über die ordnungsgemäße Anlegung eines Hilfsbaues entscheidet die zuständige Behörde.

2 Der Hilfsbauberechtigte hat allerdings **andere Berechtigte** von der Entscheidung der zuständigen Behörde über die Berechtigung zur Anlegung des Hilfsbaues und das Mitgewinnungsrecht unverzüglich in **Kenntnis zu setzen** und ihnen die mitgewonnenen **Bodenschätze unentgeltlich herauszugeben,** wenn sie dies innerhalb eines Monats verlangen. Diese Herausgabepflicht richtet sich nach § 42 Absatz 2 Satz 3, 4 und 5. Auf das dort Gesagte kann verwiesen werden.

3 Darüber hinaus erklärt Absatz 2 Satz 2 auch § 42 Absatz 4 für entsprechend anwendbar. Danach ist auf Antrag des Gewinnungs- oder eines anderen Berechtigten die zuständige Behörde verpflichtet, bei **mehreren Berechtigten** über Unmöglichkeit oder Unzumutbarkeit einer Trennung von Bodenschätzen oder über die Größe der einzelnen Anteile zu entscheiden.

4 Des weiteren muss die Bergbehörde auch den Fall entscheiden, dass der andere Gewinnungsberechtigte oder Grundeigentümer seine **Verpflichtung zur Duldung** des Hilfsbaues **bestreitet.** Insoweit wird sie allerdings als Widerspruchsbehörde tätig, denn die Entscheidung über das Hilfsbau- und Mitgewinnungsrecht wird als Verwaltungsakt mit Doppelwirkung (Redeker/von Oertzen, §§ 80 Rn 5 a, 80 a Rn 1 ff.; Erichsen in Erichsen (Hrsg.), AllgVerwR, § 19 Rn 2 ff.) verstanden werden müssen, gegen den dem anderen Gewinnungsberechtigten ein Widerspruchsrecht zusteht, wenn er die Verletzung eigener Rechte vortragen kann.

§46 Hilfsbau bei Bergwerkseigentum

Ein Hilfsbau, der auf Grund von Bergwerkseigentum rechtmäßig angelegt worden ist, gilt als dessen wesentlicher Bestandteil. Eine Eintragung in das Grundbuch ist nicht erforderlich.

§ 46 bestätigt den Rechtszustand des früheren Landesrechts (z. B. § 60 Absatz 3 **1** ABG NRW). Danach ist ein Hilfsbau **wesentlicher Bestandteil** (§§ 93, 94 BGB) des Bergwerkseigentums, aber auch nur dieses, aufgrund dessen er angelegt ist. Das gilt allerdings nicht nur für übergeleitetes, altes Bergwerkseigentum im Sinne des § 151, sondern auch und in gleicher Weise für neues Bergwerkseigentum, das nach diesem Gesetz verliehen worden ist (§§ 9, 13).

Als wesentliche Bestandteile **teilen** die Hilfsbaue das rechtliche **Schicksal des** **2** **Bergwerkseigentums**, aufgrund dessen sie angelegt sind, und können **nicht** **Gegenstand besonderer Rechte** sein. Sie stehen aber Dritten gegenüber unter dem gleichen Schutz wie das Bergwerkseigentum selbst. Dem Bergwerkseigentümer gegenüber, in dessen Feld sich der Hilfsbau befindet, genießt er den Schutz des § 1004 BGB.

Die **Bestandteilseigenschaft** der Hilfsbaue **entsteht** kraft Gesetzes mit ihrer **3** Herstellung und Inbesitznahme durch den Berechtigten, **ohne** dass es der **Eintragung** des Rechts in das **Grundbuch** bedarf (Satz 2). Es ist auch so wirksam gegenüber dem öffentlichen Glauben des Grundbuchs (§ 60 Absatz 3 Satz 2 ABG NRW). Die Eintragung ins Grundbuch ist aber zulässig, wenn der Hilfsbau in Besitz genommen ist (Ebel/Weller, § 60 Anmerkung 7 m. w. N.).

Der **Hilfsbau verliert seine Bestandteilseigenschaft** zwangsläufig mit dem Untergang **4** des Bergwerkseigentums oder wenn die rechtliche Grundlage des Hilfsbaus nicht mehr vorhanden ist (Boldt/Weller, § 46 Rn 1). Bei einer Veräußerung des Bergwerkseigentums geht das Recht an dem Hilfsbau ohne Weiteres auf den Erwerber über. Bei einer Zwangsversteigerung des belasteten Bergwerks bleibt das Hilfsbaurecht bestehen, auch wenn es nicht im Grundbuch eingetragen ist.

§47 Benutzung fremder Grubenbaue

(1) Der Gewinnungsberechtigte hat das Recht, fremde unter Tage errichtete Baue (Grubenbaue) zu benutzen, wenn
1. die Voraussetzungen des § 44 Abs. 1 Satz 1 vorliegen und
2. er einen angemessenen Teil der Aufwendungen für die Errichtung und Unterhaltung der zu benutzenden Grubenbaue übernimmt.

Satz 1 gilt nicht für Grubenbaue, die für andere Zwecke als die Aufsuchung oder Gewinnung bergfreier oder grundeigener Bodenschätze benutzt werden.

(2) Ist eine zweckmäßige Benutzung nach Absatz 1 Satz 1 nur bei entsprechender Veränderung der Grubenbaue möglich und wird dadurch die Gewinnung durch den anderen Berechtigten nicht gefährdet oder wesentlich beeinträchtigt, so ist dieser verpflichtet, die Veränderung nach eigener Wahl entweder selbst vorzunehmen oder zu dulden. Die Aufwendungen für die Veränderung trägt der Gewinnungsberechtigte. Die Übernahme von Aufwendungen nach Absatz 1 Satz 1 Nr. 2 entfällt, wenn der Grubenbau vom anderen Berechtigten nicht mehr benutzt wird; in diesem Fall trägt der Gewinnungsberechtigte die Aufwendungen für die Unterhaltung allein.

(3) Für den durch die Benutzung entstehenden Schaden hat der Gewinnungsberechtigte dem anderen Berechtigten Ersatz in Geld zu leisten.

(4) In Streitfällen entscheidet auf Antrag die zuständige Behörde über das Recht zur Benutzung.

1   Obwohl das frühere Bergrecht dem Gewinnungsberechtigten einen Anspruch auf die **Benutzung fremder Grubenbaue** nicht ausdrücklich eingeräumt hatte, wurde *„dem Bergwerkseigentümer die Befugnis zur Benutzung fremder unter Tage errichteter Baue (Grubenbaue)"* deshalb gleichwohl zugestanden, weil die Benutzung fremder Grubenbaue im Verhältnis zur „Anlage" von Hilfsbauen einen weniger schwerwiegenden Eingriff darstellt (Willeke-Turner, Grundriß, 97). Das muss um so mehr gelten, wenn mit der bloßen Benutzung fremder Grubenbaue der gleiche Zweck erreicht werden kann wie mit dem Anlegen von Hilfsbauen.

2   Um dies zu fördern und den **Gewinnungsberechtigten** gleichzeitig von der Ausübung eines Hilfsbaurechts ebenso wie von der Unsicherheit etwaiger Vereinbarungen unabhängig zu machen, räumt ihm § 47 ein **eigenständiges Benutzungsrecht** ein (Zydek, 220). Wie beim Hilfsbaurecht handelt es sich bei dem Benutzungsrecht um einen aus öffentlichem Recht begründeten Anspruch des Gewinnungsberechtigten gegen den über die Grubenbaue Verfügungsberechtigten. Das kann ein anderer Gewinnungsberechtigter oder ein Grundeigentümer sein (Boldt/Weller, § 47 Rn 1). Mit diesem Benutzungsrecht **korrespondiert eine Duldungspflicht** des über die Grubenbaue Verfügungsberechtigten (anderer Berechtigter), wenn die Voraussetzungen für die Benutzung (Absatz 1) erfüllt sind.

3   **Voraussetzung** für das Recht, fremde Grubenbaue zu benutzen, ist, dass eine solche Benutzung der **technischen oder wirtschaftlichen Verbesserung eines Gewinnungsbetriebs,** insbesondere der Wasserlösung oder Wetterführung, dient. Außerdem muss der Benutzungsberechtigte sich bereit erklären, einen angemessenen Teil der Aufwendungen für Errichtung und Unterhaltung der benutzten Grubenbaue zu übernehmen. Die Angemessenheit der Übernahme von anteiligen Aufwendungen hat sich nach dem Ausmaß der Benutzungen zu richten.

4   **Kein Benutzungsrecht** steht dem Gewinnungsberechtigten dagegen an fremden **Grubenbauen** zu, die im Zeitpunkt des Benutzungswunsches (Zydek, 220) bereits **anderen als bergbaulichen Zwecken** dienen (Absatz 1 Satz 2). Gedacht ist dabei insbesondere an die Verwendung früherer Bergwerke für Verteidigungszwecke oder zur Abfallbeseitigung (zur Abfallbeseitigung s. umfassend § 55 Rn 112 ff., 150 ff., 168 ff.; ferner Schade, Erzmetall, 53 (2000), 147 ff. m. w. N.; Arbeitsausschuss Abfallverwertung und -beseitigung unter Tage der GDMB, Erzmetall, 53 (2000), 159 ff.), nicht jedoch auch an solche Grubenbaue, in denen im Zeitpunkt des Benutzungswunschs kein Betrieb umgeht.

5   Für **abgeworfene Grubenbaue** bestimmt Absatz 2 Satz 3, dass zwar deren Unterhaltungskosten allein von dem Benutzungsberechtigten zu tragen sind, dieser jedoch abweichend von Absatz 1 Satz 1 Nr. 2 **nicht** mehr zur **Beteiligung an den Errichtungskosten** herangezogen werden kann.

6   Sind dagegen die **Grubenbaue** in einem für die Zwecke des Benutzungsberechtigten **nicht ausreichenden Zustand,** steht dem anderen Berechtigten (Verfügungsberechtigter über die Grubenbaue) ein **Wahlrecht** zu, ob er die Herrichtung der Grubenbaue selbst vornimmt oder eine Veränderung durch den Benutzungsberechtigten duldet (Absatz 2 Satz 1). Herrichtung und spätere Benutzung sollen allerdings nur dann zugelassen werden, wenn dadurch die Gewinnung des anderen Berechtigten nicht gefährdet oder wesentlich beeinträchtigt wird. Die **Kosten für** die Herrichtung der Grubenbaue trägt in jedem Fall der benutzende Gewinnungsberechtigte.

7   Entsteht durch die Benutzung gleichwohl ein **Schaden,** so hat der Benutzungsberechtigte dem anderen Berechtigten den Schaden **in Geld zu ersetzen** (Absatz 3). Der Umfang des Ersatzes richtet sich wie beim Hilfsbaurecht nach den Grundsätzen des Bergschadensrechts.

Entsteht **Streit** zwischen den Beteiligten über das Benutzungsrecht selbst und/ **8** oder die Angemessenheit der mit seiner Ausübung verbundenen Aufwendungen, so entscheidet auf Antrag eines der Beteiligten die zuständige Behörde (Absatz 4). Für die Anfechtung einer solchen Entscheidung ist der Verwaltungsrechtsweg gegeben. Bei Streit über die Schadensersatzpflicht sind die ordentlichen Gerichte zuständig.

DRITTER ABSCHNITT   Verbote und Beschränkungen

§ 48   Allgemeine Verbote und Beschränkungen

(1) Unberührt bleiben Rechtsvorschriften, die auf Grundstücken solche Tätigkeiten verbieten oder beschränken, die ihrer Art nach der Aufsuchung oder Gewinnung dienen können, wenn die Grundstücke durch Gesetz oder auf Grund eines Gesetzes einem öffentlichen Zweck gewidmet oder im Interesse eines öffentlichen Zwecks geschützt sind. Bei Anwendung dieser Vorschriften ist dafür Sorge zu tragen, daß die Aufsuchung und Gewinnung so wenig wie möglich beeinträchtigt werden.

(2) In anderen Fällen als denen des Absatzes 1 und des § 15 kann, unbeschadet anderer öffentlich-rechtlicher Vorschriften, die für die Zulassung von Betriebsplänen zuständige Behörde eine Aufsuchung oder eine Gewinnung beschränken oder untersagen, soweit ihr überwiegende öffentliche Interessen entgegenstehen. Soweit die öffentlichen Interessen zugleich den Schutz von Rechten Dritter umfassen, kann die für die Zulassung von Betriebsplänen zuständige Behörde den Plan auslegen, wenn voraussichtlich mehr als 300 Personen betroffen sind oder der Kreis der Betroffenen nicht abschließend bekannt ist. § 73 Abs. 3, 4 und 5 Satz 1 und 2 Nr. 1, 2 und 4 Buchstabe b des Verwaltungsverfahrensgesetzes ist mit der Maßgabe entsprechend anzuwenden, daß an die Stelle der Gemeinde die zuständige Behörde tritt. Verspätet erhobene Einwendungen sind ausgeschlossen. Hierauf ist in der Bekanntmachung hinzuweisen.

Übersicht   Rn

I. Entstehungsgeschichte der Norm 1

II. Grundsätzliches zu § 48 3

III. Die Vorschrift des § 48 Absatz 1 Satz 1 („Unberührtheitsklausel") 4

IV. Die Vorschrift des § 48 Absatz 1 Satz 2 („Rohstoffsicherungsklausel") . . 12

V. Der Anwendungsbereich des § 48 Absatz 2 20
1. Anwendungsbereich im Betriebsplanverfahren 20
2. Anwendungsbereich im Abschlussbetriebsplanverfahren 22
3. Anwendungsbereich für Aufbereitungsbetriebe 23
4. Anwendung nach der Betriebsplanzulassung 24
5. § 48 Absatz 2 als Befugnisnorm zur Berücksichtigung außerbergrechtlicher Belange 27
6. Grenzen der Anwendung des § 48 Absatz 2 Satz 1 28
7. Entgegenstehende überwiegende öffentliche Interessen 33
8. Belange zugunsten des Abbauvorhabens 64
9. Verfahrensvorschriften des § 48 Absatz 2 67

I.   Entstehungsgeschichte der Norm

1   **§ 48 Absatz 1 Satz 1** (sog. Unberührtheitsklausel) hat seine Vorstücke, abgesehen von den z. B. in den Landesberggesetzen (z. B. § 4 ABG NRW) enthaltenen Schürfverboten des bisherigen Rechts, in § 53 des ersten Regierungsentwurfs (BR-Drs 350/75) von 1975 und in § 47 des Reg.-Entwurfs (BT-Drs 8/1315, 23 = Zydek, 222. Zur Auslegung dieser Vorschrift vgl. Kühne, ZfB Bd. [1980], 58 ff.). Beide Entwürfe enthielten jeweils zu § 47 nur einen einzigen der geltenden Unberührtheitsklausel entsprechenden Satz. Im Laufe des Gesetzgebungsverfahrens ist die Abwägungsvorschrift des Satzes 2 (Rohstoffsicherungsklausel) hinzugekommen.

2   Diese Ergänzung hängt zusammen mit der ebenfalls im Laufe des Gesetzgebungsverfahrens angefügten Vorschrift des **Absatzes 2** des § 48 (heute: Absatz 2 Satz 1). Hintergrund waren folgende Entwicklungen im Gesetzgebungsverfahren: Zu den Voraussetzungen für die Zulassung des Betriebsplans gehörte nach § 54 Absatz 1 Satz 1 Nr. 8 RegE, dass dem *„Betrieb überwiegende öffentliche Interessen, insbesondere im Hinblick auf gemeinschädliche Einwirkungen, nicht entgegenstehen"*. Der Bundesrat hatte vorgeschlagen, den Schutz vor gemeinschädlichen Einwirkungen als Nr. 8 der Zulassungsvoraussetzungen zu belassen und als Nr. 8 a einen weiteren zusätzlichen Belang aufzunehmen, wonach *„dem Betrieb andere öffentlich-rechtliche Vorschriften sowie überwiegende öffentliche Interessen nicht entgegenstehen"* durften (BT-Drs 8/1315, Stellungnahme des Bundesrates, aaO S. 79 zu Nr. 34 [§ 54 RegE]). Die Bundesregierung hatte diesem Vorschlag, der als zusätzliches Hindernis für eine Betriebsplanzulassung neben dem Entgegenstehen überwiegender öffentlicher Interessen nunmehr zusätzlich entgegenstehende *„andere öffentlich-rechtliche Vorschriften"* vorsah, zugestimmt (BT-Drs 8/1315, S. 192). Bei dieser Änderung waren offensichtlich die Konsequenzen für die Bedeutung der Unberührtheitsklausel in § 47 RegE nicht bedacht worden, weil hiernach solche entgegenstehenden Vorschriften nicht nur unberührt blieben, sondern bereits im Betriebsplanverfahren zu berücksichtigen waren und die Zulassung eines Betriebsplans verhindern konnten. Die sich daraus im Gesetzgebungsverfahren ergebenden Meinungsunterschiede zu der Frage, ob es sich bei § 47 um eine Vorschrift mit lediglich deklaratorischer oder konstitutiver Wirkung handle, und die Forderungen nach einem Abwägungsgebot für den Fall der Annahme einer konstitutiven Wirkung wurden vom Wirtschaftsausschuss des Deutschen Bundestages aufgegriffen und mit dem Vorschlag nach einer Ergänzung um einen Satz 2 in Absatz 1 und Hinzufügung eines Absatzes 2 beantwortet, wobei Letzterer seine endgültige Fassung erst im Verfahren vor dem Vermittlungsausschuss erhielt, nachdem auf Wunsch des Bundesrates in § 11 die Nr. 10 angefügt und der § 15 wieder in das Gesetz aufgenommen worden war (BT-Drs 8/4331 = ZfB 1981, 338).

II.   Grundsätzliches zu § 48

3   Die beiden Absätze des § 48 haben inhaltlich nichts miteinander zu tun: § 48 Absatz 1 Satz 1 stellt die **Unberührtheit von Rechtsvorschriften** fest, die auf bestimmten geschützten Grundstücken Tätigkeiten verbieten, die der Aufsuchung und Gewinnung dienen können. Im zweiten Satz legt die „**Rohstoffsicherungsklausel**" fest, dass bei Anwendung dieser „unberührt bleibenden" Rechtsvorschriften dafür zu sorgen ist, dass Aufsuchungs- und Gewinnungsmaßnahmen so wenig wie möglich beeinträchtigt werden. **Absatz 2** gilt für „**andere Fälle** als die des Absatzes 1". Die Vorschrift berechtigt die Bergbehörde, eine Aufsuchung oder Gewinnung zu beschränken oder zu untersagen. Zwar wird der Absatz 1 im Wortlaut des Absatzes 2 erwähnt, dient

aber der Abgrenzung und nicht der Verbindung. Absatz 2 stellt eine Eingriffsermächtigung für die Bergbehörde aus, die davon abhängt, dass es um andere
Fälle als die des Absatzes 1 geht und dass überwiegende öffentliche Interessen
der Aufsuchung oder Gewinnung entgegenstehen.

III. Die Vorschrift des § 48 Absatz 1 Satz 1

Die **Unberührtheitsklausel** des § 48 Absatz 1 Satz 1 hat eine **Entstehungs-**   **4**
geschichte, die zu ihrem Verständnis beiträgt. Sie war bereits in § 53 des
Regierungsentwurfs von 1975 in ähnlicher Formulierung enthalten (BR-Drs
350/75) und auch in dem § 47 des Regierungsentwurfs von 1977 (BT-Drs 8/
1315) übernommen (zur Auslegung dieser Vorschrift Kühne, ZfB 1980, 58 ff.).
Zweck der Vorschrift sollte sein, dass die früheren absoluten Schürfverbote des
§ 4 Absatz 1 ABG nicht mehr aufrecht erhalten werden müssen, weil sie in einer
Vielzahl anderer Bestimmungen bereits geregelt waren (BR-Drs 350/75, S. 114).
Die Schürfverbote des § 4 Absatz 1 ABG bezogen sich auf öffentliche Plätze,
Straßen, Eisenbahnen, Deiche, Friedhöfe. Das BBergG sollte hierzu keine Regelungen mehr treffen. Das sollte durch die Unberührtheitsklausel ausgedrückt
werden.
Angesichts dieser Vorgeschichte dürfte die Klausel nicht als Kollisionsnorm in
dem Sinne zu verstehen sein, dass bei überschneidenden Regelungen einer der
Vorzug zugewiesen wird (Kühne, ZfB 1980, 58, 63). Denn in § 48 Absatz 1
Satz 1 wird ein Sachverhalt, der sich mit einem anderen überschneiden könnte,
gar nicht geregelt. Es ist daher richtiger, die Unberührtheitsklausel als **umfas-**
senden Regelungsverzicht, als *„eigentlich entbehrliche Rechtsnorm"* (Rausch,
Umwelt- und Planungsrecht im Bergbau, S. 165) mit deklaratorischem Charakter anzusehen. Ihre Funktion liegt darin, als Brückenpfeiler zur Rohstoffsicherungsklausel des § 48 Absatz 1 Satz 2 („bei Anwendung dieser Vorschriften") und als Abgrenzung zur Gemeinwohlklausel des § 48 Absatz 2 Satz 1 ([...]
„in anderen Fällen" [...]) zu dienen.

Der Regelungsverzicht des § 48 Absatz 1 Satz 1 bezieht sich auf alle **Grund-**   **5**
stücke mit rechtlich verbindlicher, räumlich konkretisierter **öffentlicher Zweck-**
bestimmung oder Unterschutzstellung. Er schließt alle Tätigkeiten ein, die ihrer
Art nach der Aufsuchung und Gewinnung dienen können. Damit sind Tätigkeiten gemeint, die üblicherweise oder gelegentlich mit der Aufsuchung und
Gewinnung verbunden sind, z.B. Eingriffe in den Boden, Errichtung von
Anlagen, Abholzen von Wald, Trockenlegung von Gewässern oder Abpumpen
von Grundwasser.
Als **Grundstücke** sind nicht nur die katastermäßig vermessenen, sondern die
durch Ge- und Verbote geschützten Flächen einschließlich Gewässer zu verstehen (H. Schulte, ZfB 1987, 178, 194; Rausch, aaO, S. 173).

Rechtsvorschriften i.S. von § 48 Absatz 1 Satz 1 sind nur solche, die auf   **6**
bestimmten gewidmeten oder geschützten Grundstücken, die der Aufsuchung
oder Gewinnung dienen können, bergbauliche Tätigkeiten verbieten oder
beschränken. Aus dieser Zweckbeziehung folgt, dass Rechtsvorschriften in
diesem Sinne nur Gesetze, Verordnungen und Satzungen sind (Rausch, aaO,
S. 168 mit Bezug auf BT-Drs 8/1315, S. 104 = Zydek, 322). Soweit Wege, Plätze,
Straßen, Wasserstraßen **dem öffentlichen Verkehr gewidmet** oder militärische
Schutzbereiche angeordnet sind, erfolgt das aufgrund von Gesetzen und damit
von Rechtsvorschriften i.S. von § 48 Absatz 1 Satz 1.

Als **Anwendungsfälle** des § 48 Absatz 1 Satz 1 wurden außer den öffentlichen   **7**
Verkehrsanlagen angesehen: **Natur- und Landschaftsschutzgebiete** (schon BT-

Drs 8/1315, S. 104 = Zydek, 224; ferner VG Freiburg, ZfB 1985, 108, 120; VGH Mannheim, VBlBW 1988, 398 = ZfB 1989, 57, 67; OVG Bautzen, NUR 1999, 344; VG Aachen, ZfB 2003, 89; ZfB 1989, 217; OVG NRW, NWVBl 1996, 19 = ZfB 1995, 304; Boldt/Weller, § 48 Rn 2; Rausch, Umwelt- und Planungsrecht im Bergbau, S. 182 f.; s. auch Anhang § 56 Rn 346 ff.). Dabei spielt es keine Rolle, ob die Gebiete durch Rechts-VO (Naturschutz- oder Landschaftsschutzgebiete) oder Satzung (z. B. Landschaftspläne NRW) rechtsverbindlich werden.

8 Bei der Abwägung zwischen Rohstoffsicherung und Landschaftsschutz-VO ist zu berücksichtigen, dass Natur- und Landschaftsschutz ebenfalls standortgebunden sind (OVG Bautzen, NUR 1999, 344). Andererseits muss bei der Würdigung der sich gegenüberstehenden Interessen das Verhältnismäßigkeitsgebot beachtet werden. Der Verordnungsgeber ist gehalten, vor Unterschutzstellung eine grundsätzliche Bewertung gegenläufiger Interessen einschließlich des Eigentümerinteresses vorzunehmen (VG Aachen, ZfB 1989, 217, 220). Die erforderliche Bewertung wird nicht durch eine Ausnahmeregelung ersetzt, die daran gebunden ist, dass der Charakter des Gebiets oder der Schutzzweck der Verordnung nicht durch den Eingriff verändert wird. Die Abwägung wird auch nicht durch eine Befreiungsmöglichkeit ersetzt, sofern die Befreiung nur in Betracht kommt, wenn das Wohl der Allgemeinheit sie erfordert, d. h. ein überwiegendes Ausbeutungsinteresse aus Gründen des Allgemeinwohls festgestellt wird (VG Aachen, aaO).

9 **Weitere Anwendungsfälle:** Festgesetzte Grabungsschutzgebiete nach Denkmalrecht; Heilquellenschutzgebiete (§§ 53 Absatz 5, 52 Absatz 1 WHG); festgesetzte Überschwemmungsgebiete (§ 78 Absatz 1 WHG); Wasserschutzgebiete (VG Arnsberg, ZfB 2012, 49, 55), bei denen allerdings die schützende Wirkung nicht schon durch § 52 Absatz 1 WHG, sondern erst von der Wasserschutzgebiets-VO ausgeht; die Vorschriften des § 9 Absatz 1 BWaldG (Umwandlungsgenehmigung; OVG Greifswald, ZfB 2000, 32, 37; VG Greifswald, ZfB 2007, 301; Frenz, Bergrecht und Nachhaltige Entwicklung, S. 46).; Schutzwald-VO (OVG Brandenburg, LKV 2000, 496, 500). Zur Rohstoffsicherung in der Raumordnung und Landesplanung s. Anhang § 56 Rn 413, 425 f., 444 ff.

10 Typische Anwendungsfälle des § 48 Absatz 1 Satz 1 sind **Bebauungspläne** (BVerwGE 74, 318 = ZfB 1987, 60 – Altenberg; VG Freiburg, ZfB 1990, 323; im Einzelnen s. Anhang § 56 Rn 53). Bergbauliche Vorhaben, die den Festsetzungen des Bebauungsplans widersprechen, sind unzulässig. Ebenso kann § 48 Absatz 1 Satz 1 anwendbar sein auf Fälle des § 34 BauGB (unbeplanter Innenbereich), § 35 BauGB (Außenbereich) und § 14 BauGB (Veränderungssperre). Auch sie können für den Bergbau verbietend oder untersagend wirken (H. Schulte, ZfB 1987, 178, 194; Rausch, aaO, S. 172 f.). Für die Anwendung des § 48 Absatz 1 Satz 1 ist es unerheblich, ob im Einzelfall durch die Möglichkeiten des § 31 BauGB (Ausnahme und Befreiungen vom Bebauungsplan) oder § 35 Absatz 1 Nr. 3 BauGB (Zulässigkeit im Außenbereich) das bergbauliche Vorhaben zulässig ist.

11 **Kein Grundstücksschutz** i. S. von § 48 Absatz 1 Satz 1 geht von einer wasserrechtlichen Erlaubnis, Genehmigung oder Planfeststellung aus, obwohl sie „für ein Grundstück erteilt" sein können (§ 8 Absatz 4 WHG).

IV. Die Vorschrift des § 48 Absatz 1 Satz 2

12 Die Vorschrift des § 48 Absatz 1 Satz 2 wird allgemein als „**Rohstoffsicherungs-klausel**" bezeichnet. Vom Wortlaut her gilt sie für die „Anwendung", d. h. die

Subsumtion der Rechtsvorschriften i. S. von § 48 Absatz 1 Satz 1, die bergbauliche Tätigkeiten verbieten oder beschränken. Über den Wortlaut hinaus wurde die Frage diskutiert, ob § 48 Absatz 1 Satz 2 lediglich bei der Gesetzesanwendung oder auch **beim Erlass von Rechtsvorschriften** nutzbar gemacht werden kann (H. Schulte, ZfB 1987, 178, 193; Boldt/Weller, § 48 Rn 6; Hoppe, BVBl 1987, 757, 761 f.). Für Letzteres könnte sprechen, insbesondere bei Verordnungen das Interesse an der Rohstoffsicherung schon bei deren Erlass möglichst frühzeitig zu prüfen und festzuschreiben. Indes belegt außer dem Wortlaut des § 48 Absatz 1 Satz 2 auch der systematische Zusammenhang, dass die Bestimmung nicht für den Erlass von Rechtsvorschriften anzuwenden ist (BVerwG, TfB 1995, 277 = NUR 1996, 86; OVG NRW, ZfB 1995, 304 = NWVBl 1996, 19; OVG Brandenburg, LKV 2000, 500; Rausch, Umwelt- und Planungsrecht beim Bergbau, S. 196; Knöchel, Festschrift Kühne, S. 603; Kühne, DVBl 1987, 1259; 1262 ff.). Denn in Satz 1 und Satz 2 des § 48 wird vorausgesetzt, dass „Vorschriften" bereits bestehen, d. h. erlassen sind.

Im Ergebnis bedeutet das jedoch nicht, dass bei der Aufstellung von Bebauungs- **13** plänen oder Schutzgebietsverordnungen die bergbaulichen Belange nicht zu berücksichtigen sind. Bei Bebauungsplänen ist § 1 Absatz 6 Nr. 8 BauGB zu beachten, bei Verordnungen ergibt sich durch den grundgesetzlichen Eigentumsschutz der Bergbauberechtsame und das hohe, in §§ 1 Nr. 1, 48 Absatz 1 Satz 2, 79 Absatz 1 ausgedrückte öffentliche Interesse an einer sicheren Rohstoffversorgung ein abwägungserheblicher Belang von bedeutendem Gewicht. S. hierzu auch Anhang § 56 Rn 355 ff.; auch Kolonko, ZUR 1995, 127: Anwendung des Verhältnismäßigkeitsgrundsatzes; Kühne, DVBl 1987, 1262. Da die Prüfung, ob im Einzelfall ein Bergbauvorhaben gemäß § 48 Absatz 1 Satz 2 zugelassen werden kann, dem behördlichen Vollzug überlassen ist, muss für die Verordnung notwendigerweise vorausgesetzt werden, dass sie eine Prüfung durch die anwendende Behörde überhaupt ermöglicht und nicht ein absolutes Verbot aufstellt (Bbg VerfG, LKV 1998, 395, 398 = DVBl 1999, 34).

Vielfach diskutiert ist auch **die Bedeutung der Rohstoffsicherungsklausel.** Im **14** Schrifttum wurde teilweise zunächst die Auffassung vertreten, § 48 Absatz 1 Satz 2 sei als weitreichende **generelle Vorrangklausel** zugunsten der Rohstoffgewinnung zu verstehen (Hoppe, DVBl 1987, 757; Peters, DVBl 1988, 228). Damit wären die Interessen des Bergbaus bei Abwägung öffentlicher Interessen immer unüberwindbar. Diese Ansicht hat sich nicht durchgesetzt. Stattdessen finden sich Formulierungen wie: Die Abwägung der Interessen sei *„mit Priorität"* für den Bergbau durchzuführen (Boldt/Weller, § 48 Rn 4); dem Interesse an der Gewinnung sei *„jedenfalls grundsätzlich der Vorrang"* einzuräumen (BVerwGE 81, 329, 339; OVG Koblenz, ZfB 2007, 283, 290); *„dass im Zweifel die bergbaulichen Interessen den Vorrang haben"* (Knöchel, Festschrift Kühne, S. 603); den Belangen des Bergbaus *„ein starkes Gewicht"* zukomme (VGH Mannheim, NUR 1989, 134), *„schafft einen relativen Vorrang"* des Bergbaus (Rausch, aaO S. 202), *„positives Optimierungsgebot mit Priorität für den Bergbau"* (Wilde, DVBl 1998, 1326), *„verleiht dem Bergbau ein bestimmtes Gewicht, jedoch keinen absoluten Vorrang"* (VG Greifswald, ZfB 2007, 301).

Zusammenfassend folgt aus der Rohstoffsicherungsklausel, dass dem Abbau- **15** vorhaben der Vorrang einzuräumen ist, wenn nicht die anderen öffentlichen Belange und Schutzinteressen mindestens ebenso gewichtig sind wie das – gesetzlich besonders herausgehobene – Interesse der Allgemeinheit an der Rohstoffsicherung (BVerwGE 74, 315, 318 f.; OVG Koblenz, ZfB 2006, 170; VG Greifswald, ZfB 2007, 298). Die Belange der Rohstoffsicherung sind somit im Rahmen der Abwägung mit anderen öffentlichen Belangen angemessen zu berücksichtigen (OVG Greifswald, ZfB 2000, 32, 37 f.). Die Vorschrift des § 48 Absatz 1 Satz 2 wirkt demnach auch im Rahmen der Abwägung überwiegender öffentlicher Interessen i. S. von § 48 Absatz 2 Satz 1. Zur Rohstoff-sicherungsklausel im Rahmen von § 11: S. § 11 Rn 21.

16 Inhaltlich steht die Rohstoffsicherungsklausel im Kontext mit dem Gemeinwohl-belang einer gesicherten Rohstoffversorgung in Deutschland. In einer Indus-triegesellschaft ist die Sicherung der Rohstoffversorgung und das Interesse an einer gesicherten Stromversorgung – mit den Worten des Bundesverfassungs-gerichts – so allgemein wie das Interesse am täglichen Brot (BVerfGE 91, 186, 206 = NJW 1995, 381). Die Gewährleistung der Energie- und Rohstoffver-sorgung – auch und gerade durch die Nutzung heimischer Rohstoffe – stellt ein **Gemeinschaftsinteresse höchsten Rangs** dar (BVerfGE 66, 248, 258 = NJW 1984, 1872; BVerfGE 30, 292, 323 f. = NJW 1971, 1255), ein von der jeweiligen Politik des Gemeinschaftswesens unabhängiges, absolutes Gemeinschaftsgut (VG Weimar, ZfB 1995, 236). Die Sicherstellung der Energieversorgung ist eine öffentliche Aufgabe von größter Bedeutung, weil die Energieversorgung als Bestandteil der Daseinsvorsorge eine Leistung ist, derer der Einzelne zur Sicherung einer menschenwürdigen Existenz unumgänglich bedarf (BVerwGE 117, 138, 140; OVG Berlin-Brandenburg, ZfB 2007, 259; OVG Brandenburg, ZfB 2000, 297, 305 f.; OVG NRW, ZfB 2008, 101, 110). Erforderlich ist die Energieversorgung, wenn es *„vernünftigerweise geboten ist"*, den anstehenden Bodenschatz in dem vom Betriebsplan erfassten Bereich zur Sicherung der Rohstoff- bzw. Energieversorgung abzubauen (OVG NRW, aaO). (**Speziell zum Steinkohlenbergbau:** BVerfGE 91, 186, 206 = NJW 1995, 381; OVG NRW ZfB 2008, 110; OVG Saarland, ZfB 2006, 287, 301. **Speziell zum Braunkohlenbergbau:** VerfGH NRW, NWVBl 1997, 333 ff. = NVwZ-RR 1998, 473 = ZfB 1997, 300; Sächs. VerfGH, LKV 2000, 491; LKV 2006, 170; Heuersdorf; VerfG Brandenburg, LVerfGE 8, 97 ff. = LKV 1998, 395; OVG Brandenburg, ZfB 2000, 297, 306 = LKV 2001, 174.)

17 Diese Gewichtung behält auch im Zeichen der **Liberalisierung der Strommärkte** ihre grundsätzliche Bedeutung (OVG Brandenburg, ZfB 2000, 297, 308 = LKV 2001, 174; ZfB 2007, 259, 270; VerfGH Sachsen, ZfB 2006, 139, 143 f.; ZfB 2000, 267, 291; OVG NRW, ZfB 2008, 114), denn es verbleibt das Bedürfnis nach einer Energiesicherung gerade auch durch heimische Rohstoffe. Die beson-dere Bedeutung der Energieversorgung durch heimische fossile Energieträger wird auch nicht dadurch reduziert, dass im Hinblick auf den **Klimaschutz** Verbesserungen der Energieeffizienz, Energiesparprogramme und verstärkter Einsatz der erneuerbaren Energien gefordert sind (OVG NRW, aaO). Ebenso kann dem Gewicht der heimischen Energieversorgung nicht entgegengehalten werden, Braunkohle habe einen geringen energetischen Wirkungsgrad für die Verstromung (OVG Brandenburg, ZfB 2000, 309), die Förderung und Ener-gienutzung der Steinkohle werde staatlich subventioniert und insofern bestehe kein öffentliches Interesse an ihrer Gewinnung (OVG NRW, DVBl 1989, 1013 = ZfB 1990, 33; ZfB 2003, 275, 280; ZfB 2005, 166; OVG Saarland, ZfB 1994, 22; ZfB 1994, 217; ZfB 1996, 226) oder die aktuelle politische Situation und der Weltmarkt erfordere keine Sicherung heimischer Energie (OVG Saarland, ZfB 2006, 287, 301).

18 Für die Prüfung des öffentlichen Interesses an einer sicheren heimischen Roh-stoffversorgung kommt es nicht darauf an, ob der Rohstoff ausgerechnet unter-halb oder im Bereich eines von den Gewinnungsmaßnahmen betroffenen Grundstücks benötigt wird (OVG NRW, ZfB 2008, 135). Ebenso nicht, ob angesichts Überkapazität eines Bergwerks oder Kraftwerks dieser Betrieb ohne Versorgungsengpässe stillgelegt werden könnte. Die Sicherung der Energiever-sorgung ist nicht vom einzelnen Betrieb abhängig, sondern durch langfristig geordneten und planmäßigen Lagerstättenabbau (OVG Brandenburg, ZfB 2000, 309; ZfB 2007, 270) zu gewährleisten. Zum Allgemeinwohlinteresse an der Versorgung des Marktes mit Torf: VG Schwerin ZfB 2007, 51, 56. Es reicht aus, dass ein Markt für Torf besteht. Es muss nicht die Abbaumöglichkeit als einzige und letzte in der Lage sein, die Versorgung des Markts mit Torf zu decken.

§ 48 Absatz 1 Satz 2 ist **nicht anwendbar** auf die Aufsuchung und Gewinnung   **19** von Bodenschätzen, die nicht der Energieversorgung, sondern zur Herstellung von feuerfesten Erzeugnissen (z. B. Quarzsandkies) dienen (OVG NRW, ZfB 1996, 19 = NWVBl 1996, 21). Ebenso besteht kein Vorrang bergbaulicher Belange aus § 48 Absatz 1 Satz 2 gegenüber den Erfordernissen der Raumordnung und Regionalplanung (Erbguth, VerwArch. 1996, 259, 275; VGH Mannheim, ZfB 1989, 57, 75; VG Greifswald, ZfB 2007, 297) und kann § 48 Absatz 1 Satz 2 im Rahmen eines Abschlussbetriebsplans keine Rolle mehr spielen (OVG Koblenz, ZfB 2008, 154). § 48 Absatz 1 Satz 2 begründet kein grundsätzliches Verbot, in einer Landschaftsschutz-VO den Abbau vorhandener Bodenschätze auszuschließen (BVerwG, ZfB 1995, 270). Jedoch muss eine Ausnahme- und Befreiungsregelung vorgesehen werden. Ein genereller Vorrang der Rohstoffgewinnung ist auch deshalb nicht berechtigt, weil auch Natur- und Landschaftsschutz standortgebunden sind (OVG Bautzen, NUR 1999, 344).

V.   Der Anwendungsbereich des § 48 Absatz 2

1.   Anwendungsbereich im Betriebsplanverfahren

Unter Hinweis auf die Stellung des § 48 im Gesetz – außerhalb des 2. Kapitels   **20** betreffend den Betriebsplan – und auf die Entstehungsgeschichte der Norm wurde zunächst die Ansicht vertreten, § 48 Absatz 2 könne im Betriebsplanverfahren keine Geltung beanspruchen. Die Beschränkung und Untersagung bedürfe eines besonderen Verwaltungsakts, der selbstständig anfechtbar sei (Boldt/Weller, § 55 Rn 51). Der Katalog des § 55 formuliere die Zulassungsvoraussetzungen für einen Betriebsplan abschließend.

Hiergegen sprachen aber bereits sehr früh nach Erlass des Gesetzes Auffassun-   **21** gen, die auf die Frage der Verhältnismäßigkeit und verfahrensökonomische Gesichtspunkte hinwiesen (Piens u. a. Vorauflage § 55 Rn 3; H. Schulte, NJW 1981, 88, 94; Kühne, DVBl 1984, 713): Es sei nicht sinnvoll, dass die Bergbehörde einen Betriebsplan, dem überwiegende öffentliche Interessen entgegenstehen, zunächst gemäß § 55 zulassen müsse, um ihn anschließend gemäß § 48 Absatz 2 Satz 1 zu widerrufen. Es sei notwendig, § 48 Absatz 2 und § 55 miteinander zu koppeln. Dem schloss sich die Rechtsprechung (BVerwGE 74, 315, 323 – Altenberg – = ZfB 1987, 66; BVerwGE 81, 329 = ZfB 1989, 199 = NVwZ 1989, 1157; BVerwG, ZfB 1989, 210; ZfB 1991, 140; OVG NRW, ZfB 2006, 32, 52 – Walsum; BVerwG, ZfB 2006, 159 – Garzweiler II; ZfB 2006, 311 – Gemeinde gegen Bergwerk Walsum; ZfB 2006, 319 – Grundeigentümer gegen Bergwerk Walsum; VG Saarland, ZfB 1987, 384; VG Aachen, ZfB 1988, 227) und die Literatur an (Seibert, DVBl 1986, 1278; H. Schulte, ZfB 1987, 186; Hoppe, Nationalparkverordnung, s. 54; Kühne, JuS 1988, 436; Rausch, Umwelt- und Planungsrecht beim Bergbau, S. 213; Boldt/Weller, Ergänzungsband § 48 Rn 5; Kremer/Neuhaus genannt Wever, Rn 253; Ludwig, S. 77; Beckmann, DÖV 2010, 512; Knöchel, Festschrift für Kühne, 599 ff.). § 48 Absatz 2 begründet nicht nur eine eigenständige Anordnungsbefugnis – etwa parallel zu § 71 –, sondern ergänzt die Voraussetzung des § 55 Absatz 1. Dies ist heute allgemeine Auffassung.

2. Anwendungsbereich im Abschlussbetriebsplanverfahren

22   Da nach dem Wortlaut des § 48 Absatz 2 Satz 1 die Bergbehörde nur die Aufsuchung und Gewinnung beschränken oder untersagen kann, könnte zweifelhaft sein, ob die Vorschrift auch für Abschlussbetriebspläne gilt, in denen die Wiedernutzbarmachung der Oberfläche im Vordergrund steht. Jedoch ist in der Rechtsprechung (BVerwG, ZfB 2005, 161 = ZfW 2006, 17) geklärt, dass die öffentlichen Interessen i. S. von § 48 Absatz 2 Satz 1 auch im Abschlussbetriebsplanverfahren zu prüfen sind (Beckmann, DÖV 2010, 512). Dies schon deshalb, weil die Rohstoffsicherungsklausel des § 48 Absatz 1 Satz 2 keine Rolle bei der Einstellung des Betriebs mehr spielt und die entgegenstehenden überwiegenden Interessen ein besonderes Gewicht erhalten. Im Übrigen kann die Wiedernutzbarmachung als nachfolgende Tätigkeit i. S. des Begriffes „Gewinnen" i. S. von § 4 Absatz 2 verstanden werden.

3. Anwendungsbereich für Aufbereitungsbetriebe

23   Nach dem Wortlaut des § 48 Absatz 2 Satz 1 gilt die Beschränkungs- oder Untersagungsermächtigung nur für die Aufsuchung und Gewinnung, nicht für die Aufbereitung. Da § 48 Absatz 2 Satz 1 eine behördliche Eingriffsermächtigung gegenüber dem Aufsuchungs- oder Gewinnungsberechtigten gewährt, muss sie aus verfassungsrechtlichen Gründen eindeutig und bestimmt sein. Aufbereitung ist nach § 2 Nr. 1 und § 4 Absatz 3 ein anderer Rechtsbegriff als Aufsuchung und Gewinnung und wegen seiner zahlreichen Varianten nicht mehr als Teil des Gewinnungsprozesses anzusehen. Eine entsprechende Anwendung des § 48 Absatz 2 Satz 1 verbietet sich daher. Ein praktisches Bedürfnis ist in den meisten Fällen hierfür auch nicht gegeben, soweit die übertägigen Aufbereitungsanlagen nach dem BImSchG genehmigt werden müssen.

4. Anwendung nach der Betriebsplanzulassung

24   Da § 48 Absatz 2 Satz 1 die materiellen Zulassungsvoraussetzungen des § 55 erweitert, muss diese Erweiterung auch für die Tatbestandsvoraussetzungen des § 56 Absatz 1 und des § 71 gelten. Außerbergrechtliche überwiegende öffentlich-rechtliche Interessen können demnach zu der **nachträglichen** Aufnahme, Änderung oder Ergänzung von **Auflagen** gemäß § 56 Absatz 1 Satz 2 (Beckmann, DÖV 2010, 517) und zu **Anordnungen gemäß** § 71 **Absatz 1** führen, sofern die weiteren Voraussetzungen gegeben sind. Eine eigenständige Entscheidung gemäß § 48 Absatz 2 Satz 1 kommt in diesen Fällen nicht in Betracht, da §§ 56 Absatz 1 Satz 2 und 71 Absatz 1 spezielle Regelungen sind.

25   Ausdrücklich ausgeschlossen werden spätere Entscheidungen aufgrund von § 48 Absatz 2 Satz 1 für die Fälle, in denen ein **bergrechtliches Planfeststellungsverfahren** stattgefunden hat (§ 57 a Absatz 5). Nach der umfassenden Prüfung des § 48 Absatz 2 Satz 1 im Planfeststellungsverfahren besteht für die weitere Entscheidung der Bergbehörde im Anschluss an das Planverfahren, aber bezogen auf dasselbe Vorhaben, kein Grund mehr. Die Konzentrationswirkung der Planfeststellung erfasst auch die Voraussetzungen und Folgen des § 48 Absatz 2 Satz 1.

26   Ausgeschlossen von der Konzentrationswirkung sind gemäß § 57 a Absatz 5 die in § 48 Absatz 2 Satz 2 genannten Fällen des Schutzes von Rechten Dritter. Wenn sich also später herausstellt, dass ein zugelassenes Vorhaben zu einer unverhältnismäßigen Beeinträchtigung des Oberflächeneigentums führen kann, ist trotz Planfeststellungsbeschluss eine behördliche Entscheidung gemäß § 48 Absatz 2 Satz 1 in Form einer nachträglichen Auflage oder Anordnung zulässig (Boldt/Weller, Ergänzungsband § 48 Rn 8).

5. § 48 Absatz 2 als Befugnisnorm zur Berücksichtigung
    außerbergrechtlicher Belange

Die Bergbehörde hat bei ihrer auf § 48 Absatz 2 Satz 1 gestützten Entscheidung   **27**
trotz des Wortlauts („kann") kein Ermessen. Es handelt sich lediglich um eine
sog. Befugnisnorm (BVerwGE 74, 315 = ZfB 1987, 60, 67 = DVBl 1986, 1273;
BVerwG, NVwZ 2005, 954 = ZfB 2005, 161; – Ton-Tagebau Fortuna – = UPR
2005, 353; UPR 2006, 451; BVerwG, ZfB 2006, 161 – Garzweiler – s. auch
§ 51 Rn 7; VG Freiburg, ZfB 1990, 321; Rausch, Umwelt- und Planungsrecht
S. 206). Beim Vorliegen überwiegender öffentlicher Interessen ist ein rechtswidriger Zustand erreicht, der es nicht mehr zulässt, dass die Behörde zusätzlich
noch ihr Ermessen ausübt, **ob** sie tätig wird. Das Ermessen beschränkt sich
darauf, dass die Behörde die Aufsuchung oder Gewinnung völlig untersagt oder
– aus Gründen der Verhältnismäßigkeit – nur beschränkt (s. Rn 18).

6. Grenzen der Anwendung des § 48 Absatz 2 Satz 1

Der Anwendung des § 48 Absatz 2 Satz 1 sind **mehrere Grenzen** gesetzt: **28**
Nach dem Wortlaut der Vorschrift gilt sie nur „**in anderen Fällen als denen des
Absatzes 1**". Sie gilt also nicht für bergbauliche Tätigkeiten, die sich auf im
öffentlichen Interesse geschützte Grundstücke beziehen und zu deren Durchführung eine Befreiung von den in § 48 Absatz 1 angesprochenen Schutzvorschriften erforderlich ist (Boldt/Weller, Ergänzungsband § 48 Rn 3). Dies ist
konsequent, denn auf den Grundstücken i. S. des § 48 Absatz 1, d. h. Bebau-
ungsplanflächen und umweltrechtlichen Schutzgebieten, ist Bergbau ohne die
Erteilung einer Befreiung von den die Flächen schützenden Vorschriften nicht
möglich. Die Befreiungen sind aber fachgesetzlich ausgestaltet und der Entscheidung von Fachbehörden zugewiesen, sodass darüber hinaus noch ein
weiterer Schutz öffentlicher Interessen durch § 48 Absatz 2 Satz 1 erforderlich
ist (Rausch, Umwelt- und Planungsrecht im Bergbau S. 206 f.).

Nach dem Wortlaut des § 48 Absatz 2 Satz 1 gilt diese Vorschrift ferner nur „**in**   **29**
anderen Fällen als denen des § 15". Sie gilt also nicht in Antragsverfahren über
die Erteilung von Bergbauberechtigungen, in denen die Berücksichtigung öffentlicher Interessen nach Maßgabe des § 11 Nr. 10 erfolgt und schon durch die
Beteiligung anderer Behörden, die die öffentlichen Interessen wahrzunehmen
haben, gemäß § 15 sichergestellt ist. Auch insofern soll eine Doppelprüfung
öffentlicher Interessen nicht erfolgen.

Schließlich gilt die Befugnisnorm des § 48 Absatz 2 Satz 1 „**unbeschadet anderer**   **30**
öffentlich-rechtlicher Vorschriften". Damit wird der Anwendungsbereich der
Vorschrift eingegrenzt: Die Befugnis zur Beschränkung oder Untersagung und
die Anwendung des § 48 Absatz 2 Satz 1 sind nur insoweit gegeben, wie nicht
bereits eine andere öffentlich-rechtliche Vorschrift eine spezielle Behörde mit der
Wahrnehmung der zu schützenden öffentlichen Interessen betraut hat
(BVerwGE 74, 315 = ZfB 1987, 60, 67; Boldt/Weller, Ergänzungsband § 48
Rn 3; Rausch, aaO S. 207; Kremer/Neuhaus genannt Wever, Rn 253; Frenz,
Bergrecht und Nachhaltige Entwicklung, S. 73).

Eine „spezielle Behörde" ist in diesem Sinne auch dann mit der Wahrnehmung   **31**
der zu schützenden öffentlichen Interessen betraut, wenn aufgrund von Zuständigkeitsregelungen die **Bergbehörde** diese „**spezielle Behörde**" ist. Denn es
verbleibt in diesem Falle aufgrund des materiellen Rechts bei verschiedenen
Verfahren mit unterschiedlichem Inhalt (Rausch, aaO S. 221).

Auch wenn die Berücksichtigung der öffentlichen Belange nicht in einem   **32**
Genehmigungsverfahren der speziellen Behörde erfolgt, sondern sie erst im

Nachhinein und nicht schon im Genehmigungsverfahren eingreifen kann, ist die Anwendung von § 48 Absatz 2 Satz 1 ausgeschlossen. Das folgt daraus, dass § 48 Absatz 2 Satz 1 sich von seinem Wortlaut her eigentlich nur auf die nachträgliche Untersagung und Beschränkung bezieht (Frenz, aaO S. 73).

7. Entgegenstehende überwiegende öffentliche Interessen

33 Nach der Formulierung des Gesetzes ist auf der Tatbestandsseite eine Abwägung zwischen den widerstreitenden Interessen zu treffen: Es ist einerseits das für die Aufsuchung oder Gewinnung sprechende öffentliche Interesse des Unternehmers einschließlich der für seinen Betrieb sprechenden öffentlichen Interessen zu ermitteln und zu gewichten in Abwägung andererseits mit den gegen das Bergbauvorhaben sprechenden öffentlichen Interessen. Dabei müssen aufgrund der „Unbeschadet-Klausel" öffentliche Interessen, die durch andere öffentlich-rechtliche Vorschriften bereits anderen Behörden zur Prüfung zugewiesen wurden, außen vor bleiben. Ebenso müssen die öffentlichen Interessen unberücksichtigt bleiben, für die in § 55 spezielle Regelungen getroffen wurden. Denn § 48 Absatz 2 Satz 1 ist nicht Grundlage für die Berücksichtigung solcher Belange, die § 55 enumerativ aufzählt (VG Weimar, ZfB 1996, 328; Frenz, Bergrecht und Nachhaltige Entwicklung S. 77; Ludwig, Auswirkungen der FFH-RL S. 78; Boldt/Weller, Ergänzungsband § 48 Rn 9; OVG Lüneburg, ZfB 2008, 265; VG Oldenburg, ZfB 2008, 306).

34 Überwiegen die der Aufsuchung oder Gewinnung entgegenstehenden öffentlichen Interessen, muss die Behörde tätig werden. Wegen des Charakters des § 48 Absatz 2 Satz 1 als **Befugnisnorm** kann die Behörde **nicht mehr entscheiden, ob sie tätig wird.** Ein **Ermessen** unter Anwendung des Verhältnismäßigkeitsgrundsatzes hat die Bergbehörde nur in Bezug auf die **Art und Weise ihrer Tätigkeit:** Im Betriebsplanverfahren hat sie die Wahl zwischen Nebenbestimmungen und im Extremfall Versagung, bei nachträglichen Anordnungen zwischen Beschränkung oder Untersagung (s. Rn 14). Nach dem Gesetzeswortlaut steht im Übrigen fest, dass es nicht ausreicht, wenn öffentliche Interessen entgegenstehen: Sie müssen auch überwiegend sein.

35 Die abwägende Entscheidung zwischen widerstreitenden öffentlichen Interessen gemäß § 48 Absatz 2 Satz 1 bedeutet nicht, dass eine umfassende fachplanerische Abwägung im Betriebsplanverfahren ermöglicht oder gefordert wird. Die Betriebsplanentscheidung bleibt eine **gebundene Entscheidung,** auf sie besteht ein Rechtsanspruch, sofern überwiegende öffentliche Interessen nicht entgegenstehen (BVerwG, NVwZ 1991, 993 = ZfB 1991, 140, 143; ZfB 1995, 278, 287; ZfB 2006, 161 – Garzweiler II; VG Greifswald, ZfB 2007, 295; VG Weimar, ZfB 1996, 330; VG Freiburg, ZfB 1990, 314, 321; Frenz, Bergrecht und Nachhaltige Entwicklung S. 78 m. w.N.; Beyer, Verantwortung, S. 131; Schmidt-Assmann/Schoch, S. 158; s. auch § 51 Rn 4).

36 Die nach § 48 Absatz 2 gebotene Abwägung unterliegt nicht den Grundsätzen der planerischen Gestaltungsfreiheit. Sie entspricht der gerichtlich voll überprüfbaren Abwägung im Rahmen eines unbestimmten Tatbestandsmerkmals (BVerwG, ZfB 2006, 161; VG Weimar, ZfB 1996, 193; VGH Mannheim, ZfB 1989, 57, 67; VG Greifswald, ZfB 2007, 295).

37 Der **Begriff der entgegenstehenden öffentlichen Interessen** ist weit gefasst (OVG Lüneburg, ZfB 2008, 265; BVerwG, ZfB 2006, 159; VG Oldenburg, ZfB 2008, 306). Was das bedeutet, ist allerdings in der Rechtsprechung nicht eindeutig: § 48 Absatz 2 erweitere die Befugnisse der Bergbehörde auf die außerbergrechtlichen Vorschriften, *„aber nur insoweit, als sie Verbote oder Beschränkungen für* *das Vorhaben aussprechen"* (BVerwG, ZfB 1991, 140, 144 = NVwZ 1991, 993). Oder es sollen als überwiegende öffentliche Interessen nur solche in Betracht kommen, die *„in öffentlich-rechtlichen Vorschriften konkretisiert sind, indem sie Tätigkeiten verbieten oder beschränken, die ihrer Art nach der Aufsuchung oder Gewinnung von Bodenschätzen dienen könnten"* (BVerwG, ZfB 1995, 278, 287 = BVerwGE 100, 1, 16). In anderen Entscheidungen werden jedoch öffentliche Interessen berücksichtigt, die nicht in ausdrücklichen Verbotsnormen verankert sind: Die *„abfallrechtlichen Grundpflichten der Erzeuger und Besitzer von Abfällen"* (BVerwG, ZfB 2005, 156, 161 = BVerwGE 123, 254) oder *„die Anforderungen des Bodenschutzrechts"* (BVerwG aaO) oder die *„Ziele der Raumordnung"* (BVerwG, ZfB 2006, 156, 160 – Garzweiler II – = BVerwGE 126, 210), die *„Interessen der vom Tagebau unmittelbar betroffenen Grundstückseigentümer"* (BVerwG, ZfB 2006, 159), das *„öffentliche Interesse an der Findung eines Standorts zur Endlagerung radioaktiver Abfälle"* (OVG Lüneburg, ZfB 2008, 266). Die durch Artikel 28 Absatz 2 GG garantierte kommunale Selbstverwaltung wurde zu den Rechtsgütern gezählt, deren Schutz ein öffentliches Interesse i. S. von § 48 Absatz 2 ist (BVerwG, ZfB 2006, 306, 311 = NVwZ 2007, 702 = BVerwGE 127, 259 Tz 30), wenn sie unverhältnismäßig beeinträchtigt wird.

Die Rechtsprechung zum öffentlichen Interesse i. S. von § 48 Absatz 2 Satz 1 hat **38** die Tendenz zur Relativierung struktureller und dogmatischer Festlegungen bis hin zur Verengung auf Einzelfallentscheidungen (kritisch hierzu Kühne in: Wandel und Beharren im Bergrecht S. 58 f.). Die ursprüngliche Forderung der Rechtsprechung nach der Notwendigkeit explizierter Verbotsnormen ist mehr und mehr aufgegeben worden. Es ist daher sinnvoll, das öffentliche Interesse in Ergänzung zu den oben genannten Fällen anhand von **Beispielen** zu umgrenzen.

Zu den gesetzlich normierten öffentlichen Belangen, die in § 48 Absatz 2 Satz 1 **39** zu berücksichtigen sind, gehören für die nach dem BImSchG nicht genehmigungsbedürftigen Anlagen die Gebote des § 22 BImSchG (BVerwGE 74, 315, 324 = ZfB 1987, 60 = NJW 1987, 1713 – Altenberg; OVG Brandenburg, ZfB 2005, 20, 23; OVG NRW, ZfB 2008, 144; VG Weimar, ZfB 1996, 328; VG Stade, ZfB 2004, 249; VG Kassel, ZfB 2004, 71; Heitmann, ZfB 1990, 186; H. Schulte, ZfB 1987, 207; Kühne/Gaentzsch, Wandel und Beharren im Bergrecht, S. 30 f.; Frenz, Bergrecht und Nachhaltige Entwicklung, S. 74). **Immissionsschutzrechtliche Gesichtspunkte** für nicht genehmigungspflichtige Bergbauanlagen sind demnach gemäß § 48 Absatz 2 Satz 1 im Betriebsplanverfahren zu berücksichtigen. Im Einzelnen s. Anhang § 56 Rn 213 ff.

Das Gleiche gilt für das **Bauplanungsrecht.** Nach § 48 Absatz 2 Satz 1 hat die **40** Bergbehörde bei bergbaulichen Vorhaben, die nicht den bergaufsichtlichen Genehmigungsverfahren unterstehen, über die bauplanungsrechtlichen Voraussetzungen des Vorhabens bei der Betriebsplanzulassung mit zu entscheiden (BVerwG, ZfB 1889, 210, 215 = NVwZ 1989, 1157 mit Anmerkung H. Schulte, S. 1138; NVwZ-RR 2002, 8; VGH Kassel, ZfB 2001, 40 ff. = NVwZ-RR 2001, 301; VG Ansbach, ZfB 2007, 292; VG Freiburg, ZfB 1990, 318).

Das bedeutet: Soweit die bauplanungsrechtliche Abwägung zugunsten der berg- **41** baulichen Nutzung ausfällt, kann sie durch Abwägung im Rahmen des § 48 Absatz 2 nicht umgestoßen werden. Denn § 48 Absatz 2 kann den bergbaufremden Interessen keine höhere Durchsetzungskraft verleihen als § 35 BauGB (Kühne, DVBl 1984, 713).

Geht die rein bauplanungsrechtliche Wertung gegen das bergbauliche Vorhaben **42** aus, kann die Anwendung des § 48 Absatz 1 Satz 2 und seiner Ausstrahlung auf die öffentlichen Interessen i. S. von § 48 Absatz 2 zu einem für den Bergbau günstigeren Endergebnis führen (Kühne, aaO).

43 Unterliegen ein untertägig ausgeführtes Bergbauvorhaben und seine übertägigen Auswirkungen dem Bauplanungsrecht nicht (s. Anhang § 56 Rn 14, 37 ff.), gehen die nach § 35 BauGB einzustellenden Abwägungselemente in die Abwägung nach § 48 Absatz 2 ein.

44 Auch die **Ziele der Raumordnung** können über § 48 Absatz 2 Satz 1 in das Betriebsplanverfahren als öffentliche Interessen eingebracht werden (BVerwG, ZfB 2006, 156, 160; OVG NRW, ZfB 2008, 122; ZfB 2008, 144; OVG Greifswald, ZfB 2001, 199; OVG Bautzen, ZfB 1997, 321; VGH Mannheim, NUR 1989, 135 = ZfB 1989, 57; VG Wiesbaden, ZfB 2001, 76; VG Weimar, ZfB 1995, 225, 231; VG Leipzig, ZfB 1993, 48, 56; Kühne, Braunkohlenplanung und bergrechtliche Zulassungsverfahren, S. 29 ff., und DVBl 1984, 709, 712; H. Schulte, ZfB 1987, 220). Zwar gehören Raumordnungsziele in den Raumordnungsplänen nicht zu den Rechtsnormen, die Gewinnungstätigkeiten auf bestimmten Grundstücken unmittelbar verbieten oder beschränken. Dennoch ergibt sich aus der Entstehungsgeschichte des § 48 Absatz 2 Satz 1, dass diese Vorschrift als Raumordnungsklausel angesehen werden muss (ausführlich Kühne, DVBl 1984, 709, 711; VGH Mannheim, aaO 75; a. A. Hoppe, UPR 1983, 105, 110; Weller, Band 65 der Materialien der Akademie für Raumforschung und Landesplanung Hannover, 1983, S. 44; Degenhart, Rechtsfragen der Braunkohlenplanung für Brandenburg, S. 35; derselbe, DVBl 1996, 773, 775; Hess VGH, ZfB 2001, 48 = NVwZ-RR 2001, 302). Hierzu ausführlich auch Anhang § 56 Rn 424 ff.

45 Ein Versagungsgrund für ein bergbauliches Vorhaben kann ein Ziel der Raumordnung nur sein, wenn es in einem rechtswirksam zustande gekommen, für verbindlich erklärten Landesentwicklungsplan und/oder einem Regionalplan gleicher Qualität konkret ausgewiesen ist und in einem solchen Plan den Vorrang gegenüber dem Bergbau erhalten hat (VGH Mannheim, NUR 1989, 135 = ZfB 1989, 57, 75; VG Dessau, LKV 2002, 480 = NUR 2002, 110; VGH Kassel, NVwZ-AR 2001, 302). Allerdings enthält § 48 Absatz 2 keine strikte Zielbindung, die über die Bindungswirkung nach § 35 Absatz 3 BauGB hinausgeht. Die Ausweisung muss das Ergebnis einer überörtlichen und oberflächlichen gesamtplanerischen Interessenabwägung sein und muss über das hinausgehen, was bereits in § 35 Absatz 2 und Absatz 3 BauGB für den Außenbereich gesetzlich vorgegeben ist (BVerwG, NJW 1984, 1367; NVwZ 1991, 161; NVwZ 1998, 960; VGH Kassel, NWvZ-RR 2001, 302 m. w. N.). Einzelheiten s. Anhang § 56 Rn 423.

46 **Grundsätze der Raumordnung** können kein überwiegendes öffentliches Interesse i. S. von § 48 Absatz 2 Satz 1 darstellen (VG Dessau, LKV 2002, 481= NUR 2002, 111), ebenso nicht eine Biosphärenreservats-VO (VG Dessau aaO).

47 **Ziele der Braunkohlenpläne** sind im Betriebsplanverfahren nicht nur abwägend zu berücksichtigen (so Erbguth, Verw.Arch. 1996, 258, 271), sondern verbindlich zu beachten (Kühne, aaO S. 32). Einzelheiten s. Anhang § 56 Rn 444 ff., 414, 419; OVG NRW aaO S. 122 und 144.

48 Andererseits: Fehlt es an einer verbindlichen Braunkohlenplanung, fehlt es regelmäßig auch an hinreichend konkretisierten öffentlichen Belangen, die dem Vorhaben gegenüber § 48 Absatz 2 Satz 1 entgegengehalten werden könnten (OVG Brandenburg, ZfB 2000, 297, 315; Degenhart, Rechtsfragen der Braunkohlenplanung für Brandenburg, S. 36). Aus dem Fehlen einer verbindlichen Braunkohlenplanung ist nicht zu schließen, dass das Vorhaben einer geordneten räumlichen Entwicklung zuwiderläuft und ihm deshalb überwiegend öffentliche Interessen entgegenstehen.

Ein weiterer Anwendungsfall des § 48 Absatz 2 Satz 1 ist das **Denkmalrecht.**   **49**
Sofern darüber nicht in einem eigenen fachlichen Genehmigungsverfahren oder im Rahmen von § 55 Absatz 1 Satz 1 Nr. 9 zu entscheiden ist, werden die denkmalschutzrechtlichen Fragen über § 48 Absatz 2 Satz 1 in das Betriebsplanverfahren transferiert (OVG NRW, ZfB 2008. 143; Attendorn, NUR 2006, 757 m. w. N.; Battis/Mühlhoff, DVBl 1991, 1, 4). Einzelheiten s. Anhang § 56 Rn 111 ff.

Nach der Rechtsprechung sind auch die **Anforderungen des Bodenschutzes** mit   **50**
Hilfe von § 48 Absatz 2 Satz 1 im Betriebsplanverfahren zu prüfen (BVerwG, ZfB 2005, 156, 161 = NVwZ 2005, 954 – Tontagebau „Fortuna" –; OVG NRW, ZfB 2008, 143; VG Magdeburg, ZfB 2008, 200; OVG Koblenz, ZfB 2008, 147, 154). Insofern stellt § 48 Absatz 2 Satz 1 zwar keine Anforderungen an die Verwendung bergbaufremder Abfälle, durch die schädliche Einwirkungen auf den Boden hervorgerufen werden. Er stellt aber das zur Berücksichtigung der bodenschutzrechtlichen Anforderungen erforderliche Verfahren, jedenfalls, soweit die Subsidiaritätsklausel des § 3 Absatz 1 Nr. 10 BBodSchG nicht greift, bereit. Einzelheiten s. Anhang § 56 Rn 79 ff.

Als öffentliche Interessen kommen auch **die Belange des Naturschutzes** in   **51**
Betracht. Für **Eingriffe** in Natur und Landschaft gilt allerdings schon § 17 Absatz 1 BNatschG, wonach die erforderlichen Entscheidungen in der Betriebsplanzulassung getroffen werden müssen (so genanntes Huckepack-Verfahren). Der Transmission über § 48 Absatz 2 Satz 1 bedarf es nicht (Wolf, ZUR 2006, 525; s. auch Anhang § 56 Rn 270 ff.).

Für andere Erfordernisse des Naturschutzes und der Landschaftspflege steht   **52**
§ 48 Absatz 2 Satz 1 zur Verfügung, sofern dessen Voraussetzungen gegeben sind (Frenz, Glückauf 2010, 105; derselbe in: Bergrecht und Nachhaltige Entwicklung, S. 74 m. w. N.; Rausch, Umwelt- und Planungsrecht beim Bergbau, S. 229; Wolf, ZUR 2006, 524 m. w. N.; H. Schulte, ZfB 1987, 178, 208; Boldt/Weller, Erg. Band Rn 10). **Beispiele hierzu:** Ludwig, Auswirkungen der FFH-RL, S. 78 hinsichtlich FFH-Verträglichkeitsprüfung, hierzu auch BVerwG, UPR 2013, 107; OVG Berlin-Brandenburg, ZfB 2007, 259 ff.; Freytag/Pulz/Neumann, Glückauf 2007, 474 ff.; VG Koblenz, ZfB 1999, 53 ff. hinsichtlich einstweiliger Sicherstellung als Naturschutzgebiet; OVG NRW, ZfB 2008, 118 hinsichtlich indirekter Einwirkungen, z. B. Beeinflussung des Grundwasserstandes durch ein außerhalb des Schutzgebietes durchgeführtes Vorhaben; OVG NRW, ZfB 2008, 121 betreffend Belange des Schutzes des Waldes; VGH Mannheim, ZfB 1989, 67 betreffend absolute Veränderungssperre im Abbaugebiet durch Normen des Natur- und Landschaftsschutzes. Einzelheiten zum Natur- und Landschaftsschutz s. Anhang § 56 Rn 228 ff.

In die Prüfung des § 48 Absatz 2 Satz 1 sind auch die Belange der **Grund-**   **53**
eigentümer einzubeziehen, deren **Grundstücke** für die Verwirklichung des Vorhabens **unmittelbar in Anspruch genommen werden müssen.** Die Zulassung eines Rahmenbetriebsplans enthält die Feststellung, dass die beabsichtigte Gewinnung von Braunkohle nicht aus überwiegenden öffentlichen Interessen, also auch nicht unter Berücksichtigung des Schutzes des unmittelbar betroffenen Eigentums, zu beschränken oder zu untersagen ist (BVerwG, ZfB 2006, 156, 160 – Garzweiler II – BVerwGE 126, 205, 211; OVG NRW, ZfB 2008, 109 = DVBl 2008, 452; a. A. noch BVerwG, ZfB 1991, 140, 142 = NVwZ 1991, 993; OVG Brandenburg, ZfB 2000, 297, 304; OVG NRW, ZfB 2005, 304; zweifelnd Kühne in Leipziger Schriften Band 15, S. 16).

54   Bereits erheblich früher hatte die Rechtsprechung entschieden, dass das öffentliche Interesse i. S. von § 48 Absatz 2 Satz 1 auch dann berührt ist, wenn Maßnahmen des Bergbaus das **Grundstückseigentum in schwerer und unerträglicher Weise beschädigen** (BVerwGE 81, 329 = ZfB 1989, 199 – Moers-Kapellen – = DVBl 1989, 663 mit Anmerkung von Beckmann = NWvZ 1989, 1157 mit Anmerkung von Schulte S. 1139; BVerwGE 89, 246, 248 ff. = ZfB 1992, 38 = NVwZ 1992, 980 – Gasspeicher-Urteil; BVerwG ZfB 2010, 134 – Bergwerk West; OVG NRW, ZfB 1990, 33, 37; OVG Saarland, ZfB 2008, 270, 278; VG Karlsruhe, ZfB 1990, 336, 338; VG Gelsenkirchen, ZfB 1995, 125; ZfB 1992, 284, 288; ZfB 1992, 294; ZfB 1992, 143, 148; VG Stade, ZfB 1992, 63; VG Saarland, ZfB 2003, 293, 300 m. w. N; ZfB 1995, 334; ZfB 1997, 55; VG Dresden, ZfB 2012, 73, 76; VG Düsseldorf, ZfB 2010, 191 – Sonderbetriebsplan Abbaueinwirkungen. S. auch § 52 Rn 51 ff.).

55   Wenn schwerwiegende, über das normale Bild von Bergschäden hinausgehende Folgen, z. B. der Totalverlust von Gebäuden, Gebäude in Unstetigkeitszonen, Gesamtschieflage von mehr als 35 mm/m; Gebäude mit sensiblen Konstruktionen (ausführlich Wiesner, ZfB 1992, 194 ff.; Lange ZfB 1992, 188 ff.; Kriterienkatalog des Arbeitskreises Rechtsfragen im Länderausschuss Bergbau, ZfB 1995, 345) im Rahmen des Bergbaus unvermeidbar sind oder doch wenigstens in einem hohen Grade wahrscheinlich sind, kann die Bergbehörde den Schutz des Grundrechts der Oberflächeneigentümer aus § 14 Absatz 1 GG nicht unbeachtet lassen. **Insoweit ist § 48 Absatz 2 Satz 1 nachbarschützend.** Die Vorschrift ist verfassungsgemäß so auszulegen, dass in diesen Fällen der Grundrechtsschutz zugunsten des Eigentümers in geeigneter Weise und in dem erforderlichen Umfang sowohl formell als auch materiell gewährleistet wird, wenn nur dadurch eine unverhältnismäßige Beeinträchtigung des durch Artikel 14 GG geschützten Oberflächeneigentums vermieden werden kann. Die Bergbehörde muss im Einzelfall die Interessen des betroffenen Grundeigentümers mit den berechtigten Belangen des Bergbaus abwägen und den Betriebsplan erforderlichenfalls beschränken oder versagen (BVerwG, ZfB 2006, 156, 159).

56   Die Bergbehörde ist durch § 48 Absatz 2 Satz 1 aber **nicht veranlasst**, die Auswirkungen des beabsichtigten Bergbaus, bezogen auf die einzelnen möglicherweise betroffenen Grundstücke **bereits im Rahmenbetriebsplanverfahren** zu ermitteln und zu prüfen, ob unverhältnismäßig schwere Beeinträchtigungen am Oberflächeneigentum drohen. Sie kann sowohl im obligatorischen als auch im fakultativen Rahmenbetriebsplan durch eine Nebenbestimmung die Prüfung der Schwere der bergbaubedingten Einwirkungen auf das Grundeigentum in einen Sonderbetriebsplan verweisen (BVerwG, UPR 2010, 391 = ZUR 2010, 433; BVerwGE 127, 272 = ZfB 2006, 318 f. = NVwZ 2007, 704; VG Saarland, ZfB 2003, 293, 303; ZfB 1995, 202 m. w. N.; OVG Saarland, ZfB 1993, 218; Gaentzsch, Festschrift Sendler, S. 403). Mit Einwendungen im Sonderbetriebsplanverfahren sind dann Oberflächeneigentümer gemäß § 57 a Absatz 5 nicht ausgeschlossen, unabhängig davon, ob sie im Verfahren über die Zulassung des Rahmenbetriebsplans Einwendungen erhoben haben (BVerwG, ZUR 2010, 433 = UPR 2010, 391; anders OVG NRW, ZfB 2005, 312 zur Präklusion von Einwendungen gegen die Standsicherheit von Deichen).

57   **Umgekehrt gilt:** § 48 Absatz 2 Satz 1 ermächtigt die Bergbehörde nur dann, die Zulassung eines Betriebsplans nach Abwägung der gegenteiligen Belange zu verweigern oder einzuschränken, wenn Schäden am Oberflächeneigentum drohen, die über kleine oder mittlere Bergschäden hinausgehen (VG Gelsenkirchen, ZfB 1990, 53; ZfB 1992, 292, 294; ZfB 1995, 127; ZfB 1995, 132; OVG Saarland, ZfB 1998, 171; OVG NRW, ZfB 1985, 215; OVG Lüneburg, ZfB 1987, 367; VG Düsseldorf, ZfB 1992, 267 im Anschluss an BVerwG, NJW 1989, 1159; VG Stade, ZFB 1991, 224; Kühne, JZ 1990, 139; Beckmann, DVBl

1989, 671). Aus § 48 Absatz 2 Satz 1 ergibt sich folglich keine zwingende Beteiligung jedes Oberflächeneigentümers in der Nähe bergbaulicher Vorhaben (VG Stade aaO). Einzelheiten zur Beteiligung von Grundeigentümern s. § 52 Rn 51, 63 f.; § 54 Rn 108 ff.; § 56 Rn 32.

Ein besonderes **Beteiligungsrecht** lässt sich auch **nicht** aus den **durch Änderungs-** **58** **gesetz** vom 12.2.1990 (BGBl, 215; BT-Drs 11/5601, 15 f. = ZfB 1990, 109) eingefügten § 48 Absatz 2 Sätze 2 bis 5 entnehmen (VG Stade ZfB 1991, 222 f.; VG Saarland, ZfB 2003, 293, 305; OVG Saarland, ZfB 2005, 207, 222). Diese Beteiligungsvorschriften setzen eine Eigentümerbetroffenheit durch schwere und unerträgliche Schäden voraus und schaffen kein Recht auf eingeständige Verfahrensbeteiligung oder Beteiligungspflicht durch die Bergbehörde.

§ 48 Absatz 2 Satz 2 schafft **kein neues Beteiligungsermessen** der Bergbehörde. **59** Er setzt eine aus den Grundsätzen der Rspr. des BVerwG (ZfB 1991, 140; ZfB 1989, 199 = NVwZ 1989, 1197) abzuleitende Beteiligungspflicht voraus. D. h. es müssen mindestens erhebliche Schäden durch das im jeweiligen Betriebsplanverfahren beschriebene Vorhaben für die Oberflächeneigentümer zu erwarten sein (VG Stade, ZfB 1991, 213, 224).

Öffentliches Interesse i. S. von § 48 Absatz 2 Satz 1 kann auch das **Selbstver-** **60** **waltungsrecht der Kommunen** in Form der Planungshoheit sein. Vorausgesetzt ist, dass durch das Bergbauvorhaben nachhaltig eine hinreichend bestimmte gemeindliche Planung gestört oder wegen dessen Großräumigkeit wesentliche Teile des Gemeindegebietes einer durchsetzbaren eigenen Planung entzogen werden und der entsprechende Eingriff unverhältnismäßig ist (OVG NRW, ZfB 2006, 32, 54 m. w. N. – Deiche Walsum – VG Cottbus, ZfB 2003, 117). Jedoch kann der Schutz der gemeindlichen Planungshoheit gemäß § 48 Absatz 2 Satz 1 nicht weiter reichen als der Schutz der gemeindlichen Planungshoheit allgemein und insbesondere im Fachplanungsrecht (BVerwG, ZfB 1994, 215 = DVBl 1994, 1152; OVG Bautzen, ZfB 2005, 58 betreffend Aufsuchungsbetriebsplan; OVG Brandenburg, ZfB 1995, 203 betreffend Drittschutz gemäß § 54 Absatz 2; VG Aachen, ZfB 2003, 103 betreffend Landschaftsplanungsrecht).

Im Rahmen des § 48 Absatz 2 Satz 1 sind nicht die **Belange** zu prüfen und **61** abzuarbeiten, **die in anderen Verfahren geprüft werden,** die mangels einer Konzentrationswirkung der Betriebsplanzulassung nach anderen öffentlich-rechtlichen Vorschriften erforderlich sind (BVerwGE 126, 205, 209 = ZfB 2006, 156, 159; OVG NRW, ZfB 2008, 101, 124). Dazu gehört z. B. das wasserrechtliche Verfahren.

Erfolgte eine **Prüfung öffentlicher Interessen** bereits gemäß § 11 **bei der Ertei-** **62** **lung der Bergbauberechtigung,** kann eine Ablehnung der Betriebsplanzulassung nicht mehr auf diese geprüften Belange des § 11 gestützt werden (Frenz, Bergrecht und Nachhaltige Entwicklung, S. 76). Etwa entgegenstehende öffentliche Interessen sollen möglichst früh bereits auf der Ebene der Bergbauberechtigung geprüft werden.

Keine öffentlichen Interessen i. S. von § 48 Absatz 2 Satz 1 sind außerbergrecht- **63** liche, insbesondere umweltschutzrechtliche Belange, die nicht ihre Verfestigung in öffentlichen Verboten oder Beschränkungen gefunden haben. Die öffentlichen Interessen müssen aus rechtsstaatlichen Gründen rechtlich geregelt sein (BVerwG, ZfB 1991, 140, 143; Boldt/Weller, Erg. Band § 48 Rn 9; BVerwG, DVBl 1996, 258 = ZfB 1995, 287; VG Weimar, ZfB 1996, 328; VG Lüneburg, ZfB 2005, 246, 256; Knöchel, Festschrift Kühne, S. 602 „Parlamentsgesetz"; Bohne, ZfB 1989, 112; a. A. Frenz, Bergrecht und Nachhaltige Entwicklung,

S. 75 f.). Dies folgt aus der prinzipiellen Funktion des § 48 Absatz 2 Satz 1 als
Beschränkungs- und Versagungsnorm. Sie begrenzt die Ausübung der mit ver-
fassungsmäßigem Eigentumsschutz ausgestatteten Bergbauberechtigung und ist
deshalb an das verfassungsrechtliche Bestimmtheitsgebot von Eingriffsnormen
gebunden. Eine klare Konturierung des öffentlichen Interesses auf solche Belange, die durch rechtliche Ver- oder Gebote fundamentiert sind, ist ferner wegen
des Charakters der Zulassung als gebundener Verwaltungsakt erforderlich. Die
Gründe zur Versagung der bergrechtlichen Zulassung müssen für den Unternehmer vorhersehbar und für das Gericht eindeutig nachvollziehbar sein.
Politische Ansichten, Parteiprogramme, Koalitionsvereinbarungen, das „Klima-
schutzpaket" der Bundesregierung vom 5.12.2007, internationale Vereinbarungen zum Klimaschutz, z. B. Kyoto-Protokoll vom Dezember 1997, Entscheidung
des Rates der EU vom 25.4.2002 (ABl EG L 130, S. 1, 19; hierzu OVG NRW,
ZfB 2008, 114; kritisch Verheyen, ZUR 2010, 403 ff.) sind keine öffentlichen
Interessen i. s. von § 48 Absatz 2 Satz 1; ebenso nicht die Entziehung der landwirtschaftlichen Bodennutzung (OVG Magdeburg, ZfB 2007, 140; VG Halle,
ZfB 2009, 227 zu § 15 LwG LSA).

8.   **Belange zugunsten des Abbauvorhabens**

64 In die Abwägung der Bergbehörde, ob überwiegende öffentliche Interessen der
Zulassung des Betriebsplans entgegenstehen, sind die **zugunsten des Abbauvorhabens sprechenden Belange** einzubeziehen. Dazu gehört die **grundrechtlich
geschützte Position des Bergbaueigentümers** (VG Saarland, ZfB 1994, 31), den
Bodenschatz abbauen zu dürfen (Boldt/Weller, Erg. Band § 48 Rn 12). Ebenso
ist zu berücksichtigen, dass durch Beschränkung oder Untersagung der Gewinnung bzw. der Betriebsplanzulassung **Arbeitsplätze** aufgegeben werden müssen
(OVG NRW, ZfB 1990, 33; ZfB 1990, 39; ZfB 2008, 115 f.; OVG Saarland,
ZfB 2006, 287, 302; VG Saarland, ZfB 1994, 31; OVG Brandenburg, ZfB
2000, 297, 315; ZfB 2005, 21). Ins Gewicht fällt auch, dass durch § 1 Nr. 1 und
§ 48 Absatz 1 Satz 2 („**Rohstoffsicherungsklausel"**) der Aufsuchung und
Gewinnung von Bodenschätzen schon von Gesetzes wegen besondere Bedeutung
zuerkannt wird.

65 Die **Sicherstellung der Energieversorgung** eines Staates ist eine öffentliche Auf-
gabe von größter Bedeutung. Die Energieversorgung ist als Bestandteil der
Daseinsvorsorge eine Leistung, derer der Einzelne zur Sicherung einer men-
schenwürdigen Existenz unumgänglich bedarf (BVerwGE 117, 140; OVG NRW,
ZfB 2008, 101, 110; OVG Berlin-Brandenburg, ZfB 2007, 259, 270; OVG
Brandenburg, ZfB 2000, 297, 305 f. = LKV 2001, 174 m. w. N.; SächsVerfGH,
ZfB 2000, 267 = SächsVBl 2000, 239, 245; SächsVerfGH, ZfB 2006, 143; VG
Saarland, ZfB 1994, 31). Die Zielsetzung des § 1 Nr. 1 und des § 48 Absatz 1
Satz 2 bezieht sich darauf, die deutsche Rohstoffversorgung zu sichern. Es
kommt daher für die Beurteilung der energiepolitischen Erforderlichkeit nicht
darauf an, ob ohne das Vorhaben in der gesamten Bundesrepublik Deutschland
oder einem erheblichen Teilgebiet sozusagen *„die Lichter ausgehen"* (VerfGH
Brandenburg, EuGRZ 1998, 698, 704; VerfGH NRW, ZfB 1997, 300; OVG
NRW, ZfB 2008, 111; OVG Brandenburg, ZfB 2007, 259, 270). Einzelheiten
zur Rohstoffsicherungsklausel s. § 48 Rn 12 ff.

66 § 57 a Absatz 5 letzter Halbsatz schließt für unanfechtbare Zulassungen obligatorischer Rahmenbetriebspläne aufsichtliche Maßnahmen zur Beschränkung
oder Untersagung der Aufsuchung oder Gewinnung aus entgegenstehenden
bergrechtsexternen überwiegenden öffentlichen Interessen i. S. von § 48
Absatz 2 Satz 1 aus. Allerdings bleibt die Bergbehörde zu Entscheidungen
nach § 48 Absatz 2 befugt, soweit es um den Schutz von Rechten Dritter geht,

die zugleich öffentliche Interessen darstellen (z. B. Lärmschutz gemäß § 22 BImSchG, besonders schwere Bergschäden: Gaentzsch, Festschrift Sendler, 403, 416). S. auch § 57a Rn 44, 52 ff.

9. Verfahrensvorschriften des § 48 Absatz 2

Die Verfahrensvorschriften des § 48 Absatz 2 Satz 2 bis 5 sind Auswirkungen der Rechtsprechung zum Drittschutz bei Bergschäden von erheblichem Gewicht und kommen nur in diesem Rahmen zu Anwendung. **67**

§ 48 Absatz 2 Satz 2 gibt der Bergbehörde ein **Verfahrensermessen.** Für die Anwendung der Vorschrift reicht es aus, wenn eine der beiden Voraussetzungen – mehr als 300 von schweren Bergschäden Betroffene oder Kreis der Betroffenen nicht abschließend bekannt – vorliegt. Liegen beide Voraussetzungen nicht vor, erfolgt anstelle der öffentlichen eine individuelle Bekanntmachung des Vorhabens an die Betroffenen. Ihnen ist gemäß § 28 VwVfG Gelegenheit zur Äußerung zu geben. **68**

§ 48 Absatz 2 Satz 3 bestimmt die Einzelheiten der Auslegung. Sie richten sich nach den dort enumerativ aufgeführten Regelungen des § 73 VwVfG. Die Zuständigkeit für die Durchführung des **Auslegungsverfahrens** liegt **bei der Bergbehörde** anstelle der nach § 73 VwVfG zuständigen Gemeinde. **69**

Durch die Bezugname auf § 73 VwVfG ergibt sich folgender Ablauf des Betriebsplanverfahrens, soweit öffentliche Interessen zugleich den Schutz von Grundeigentümerbelangen umfassen: Die Betriebsplanunterlagen sind einen Monat zur Einsicht bei der Bergbehörde auszulegen. Vor der Auslegung ist dies mindestens eine Woche vorher ortsüblich bekannt zu machen und darauf hinzuweisen, dass verspätet erhobene Einwendungen ausgeschlossen sind (§ 48 Absatz 2 Satz 5). Bis zwei Wochen nach Ablauf der Auslegungsfrist können **Einwendungen** von den Eigentümern erhoben werden, deren Grundstücke durch die betriebsplanmäßige Maßnahme voraussichtlich schwer und unerträglich beeinträchtigt werden. **70**

Dieselben Regeln sind **analog** anzuwenden, wenn statt der Planauslegung eine **Einzelbeteiligung** der Betroffenen durchgeführt wird (Boldt/Weller, Erg. Band § 48 Rn 20). Wenn das in § 48 Absatz 2 Satz 2 vorgeschriebene Auslegungsverfahren nicht durchgeführt wurde, kann das nicht zur Aufhebung des Zulassungsbescheids führen. Dies hat, wie aus § 48 Absatz Satz 4 deutlich wird, lediglich zur Folge, dass die Präklusionswirkung entfällt (VG Gelsenkirchen ZfB 1992, 216, 220). **71**

§ 49 Beschränkung der Aufsuchung auf dem Festlandsockel und innerhalb der Küstengewässer

Im Bereich des Festlandsockels und der Küstengewässer ist die Aufsuchung insoweit unzulässig, als sie
1. den Betrieb oder die Wirkung von Schiffahrtsanlagen oder -zeichen,
2. das Legen, die Unterhaltung oder den Betrieb von Unterwasserkabeln oder Rohrleitungen sowie ozeanographische oder sonstige wissenschaftliche Forschungen mehr als nach den Umständen unvermeidbar,
3. die Benutzung der Schiffahrtswege, die Schiffahrt oder den Fischfang unangemessen
4. die Pflanzen- und Tierwelt sowie die Gewässer als Bestandteil des Naturhaushalts unangemessen

beeinträchtigt.

1 Während § 48 (Absatz 1) einen ausdrücklichen bergrechtlichen Regelungsverzicht normiert, zielt § 49 auf die **Beseitigung** eines bergrechtlichen **Regelungsdefizits**. Dieses bestand im Fehlen innerstaatlicher Vorschriften für den sachlichen und räumlichen Geltungsbereich des Bergrechts, der von völkerrechtlichen Regeln normativ überlagert war: Festlandsockel und Küstengewässer. Das Fehlen innerstaatlicher Vorschriften führte dazu, dass der Küstenstaat Maßnahmen zur Beschränkung von Aufsuchungstätigkeiten nach der **Genfer Konvention über den Festlandsockel** (Festlandsockelkonvention i. d. F. vom 29.4.1958, insbesondere Artikel 4, 5; jetzt auch Teil VI SRÜ der Vereinten Nationen vom 30.4.1982; Vitzthum in Vitzthum (Hrsg.), Völkerrecht, 434 ff.) im Interesse anderer Meeresnutzer nicht durchsetzen konnte (Zydek, 223).

2 So zunächst nach Artikel 4 der Festlandsockelkonvention. Hiernach „[...] darf der Küstenstaat (zwar) das Legen und die Unterhaltung von Unterwasserkabeln oder Unterwasserleitungen auf dem Festlandsockel nicht behindern; seine Rechte, angemessene Maßnahmen zur Erforschung des Festlandsockels und zur Ausbeutung seiner Naturschätze zu treffen, bleiben unberührt."

3 Sodann bestimmt Artikel 5 Absatz 1, dass „die Erforschung des Festlandsockels und die Ausbeutung seiner Naturschätze ... die Schiffahrt, den Fischfang und die Erhaltung des lebenden Reichtums des Meeres nicht ungerechtfertigt behindern und grundlegende ozeanographische oder sonstige wissenschaftliche Forschungen nicht beeinträchtigen (dürfen), deren Ergebnisse zur Veröffentlichung bestimmt sind" (Hoog, Die Genfer Seerechtskonferenzen, Dokument, 113).

4 Es sind diese Grundsätze eines **geordneten Nebeneinanders** von Bergbau und anderen Meeresnutzungen im Festlandsockel und im Küstenmeer, die § 49 mit der Maßgabe übernimmt, dass bei Nutzungskonflikten nach einer angemessenen Lösung zu suchen ist. Erst wenn diese sich im Wege einer Interessenabwägung der unterschiedlichen Nutzungsansprüche nicht finden lässt, soll der Bergbau zurücktreten müssen. Das drückt der Begriff der **Unangemessenheit** aus. Er impliziert allerdings im Interessse der Rohstoffversorgung und -sicherung, dass gewisse unvermeidbare und nicht unangemessene Beeinträchtigungen der übrigen Nutzungen durch bergbauliche Tätigkeiten zulässig sind. Erst wenn diese Grenzen überschritten sind, können Unangemessenheit und damit Unzulässigkeit bergbaulicher Tätigkeit festgestellt werden.

5 Der Begriff „Unangemessenheit" gibt deshalb der zuständigen Behörde erst dann das Recht, bergbauliche Tätigkeit zu beschränken oder ganz zu untersagen, wenn die Unangemessenheit feststeht. Bei einschränkenden Maßnahmen hat die Behörde ein vernünftiges Verhältnis zwischen Anlass, Zweck und Ausmaß der zu treffenden Regelung zu beachten.

6 Im Gegensatz zu § 48 regelt § 49 **nur die Beschränkung der Aufsuchung**, obwohl Artikel 5 Festlandsockelkonvention ganz eindeutig von der Gewinnung spricht. Diese Einschränkung ist jedoch deshalb vertretbar, weil Aufsuchung stets die Vorstufe der Gewinnung ist und es deshalb bei einer Beschränkung der Aufsuchung entweder gar nicht oder nur in ebenso beschränkter Weise zur Gewinnung kommt. Auch kann die Aufsuchung wegen ihres weniger stationären Charakters größere Nutzungskonflikte hervorrufen als die Gewinnung.

7 Die **Nutzungskonflikte**, die vermieden oder durch Abwägung für verschiedene Nutzungsarten vertretbar gelöst werden sollen, sind im Einzelnen:

8 – Das in Nr. 1 geregelte uneingeschränkte Verbot jeder Aufsuchungstätigkeit, im Interesse der Gewährleistung der Sicherheit für die **Schifffahrt**. Eine Güter- bzw. Interessenabwägung lässt diese Vorschrift nicht zu.

- Tätigkeiten des Legens, Unterhaltens und des Betriebs von **Unterwasserkabel** 9
  und **Rohrleitungen** sowie **Forschungshandlungen** (Nr. 2) dürfen zwar grundsätzlich beeinträchtigt werden, aber nur soweit das nach den Umständen
  unvermeidbar ist.
- Anhand des Grundsatzes der Unangemessenheit fordert Nr. 3 eine Abwä- 10
  gung im Einzelfall zwischen bergbaulicher Nutzung und anderen Nutzungen
  im Festlandsockel und im Küstenmeer wie **Schifffahrt und Fischfang**. Nur
  wenn diese Abwägung zu Lasten des Bergbaus ausgeht, ist dieser unzulässig.
- Die Fassung der Nr. 3 hat 1990 (Gesetz zur Änderung des BBergG vom 11
  12.2.1990 = BGBl I, 215) eine Textänderung durch Streichung des Begriffes
  „Erhaltung der lebenden Meeresschätze" erfahren. Der ursprüngliche
  Schutzgedanke ist in einer neuen Nr. 4 erweitert worden. Dadurch werden
  die bisherigen Beschränkungen des Bergbaus um den **Schutz von Tieren und
  Pflanzen** sowie des **Meeres selbst** erweitert, um so den Schutzzielen der
  Festlandsockelkonvention zeitgemäß Geltung zu verschaffen. Im Interesse
  der Rohstoffsicherung sollen nur unangemessene Beeinträchtigungen dieser
  Schutzgüter die Aufsuchung verhindern dürfen. Bei der Anwendung des
  unbestimmten Rechtsbegriffes „unangemessen" ist nicht nur auf das Maß
  der Beeinträchtigung abzustellen, sondern auch die volkswirtschaftliche
  Bedeutung der Exploration zu berücksichtigen (Boldt/Weller, § 49 Rn 3,
  Erg.-Bd., § 49 Rn 3).

Ob § 49 allerdings große **praktische Bedeutung** zukommt, ist zweifelhaft. Denn 12
alle Aufsuchungsbetriebe unterliegen nach § 51 Absatz 1 Satz 1 grundsätzlich
der Betriebsplanpflicht. Der Betriebsplan für einen Aufsuchungsbetrieb im Festlandsockel oder Küstengewässer ist nur dann zuzulassen, wenn die Voraussetzungen des § 55 Absatz 1 Nr. 10–13 vorliegen. Diese Voraussetzungen sind
jedoch insbesondere wegen Nr. 10 und 13 erheblich strenger als die in § 49 für
Beschränkung von Aufsuchungsbetrieben genannten Gründe. So verbietet etwa
§ 55 Nr. 10 anders als Nr. 1 in § 49 **jede Beeinträchtigung von Schifffahrtsanlagen oder -zeichen**. Nr. 13 verlangt über den § 49 hinaus die Sicherstellung,
dass sich schädigende Einwirkungen auf das Meer auf ein möglichst geringes
Maß beschränken.

Eine andere Bewertung des Verhältnisses zwischen §§ 49 und 55 kann sich 13
allenfalls daraus ergeben, dass die Zulassungsgründe in § 55 kumulativ erfüllt
sein müssen, während die Beschränkungsgründe in § 49 alternativ vorliegen
können. Insoweit können, selbst wenn alle Voraussetzungen in § 55 erfüllt sind,
zusätzliche Beschränkungsanordnungen aufgrund des § 49 immer noch angeordnet werden. Hier und selbst dann, wenn ein Beschränkungstatbestand im
Sinne des § 49 erst nach Betriebsplanzulassung eingetreten ist, stellt sich die
Frage, ob dafür nicht das speziellere Beschränkungsmittel der nachträglichen
Aufnahme, Änderung oder Ergänzung von Auflagen im Sinne des § 56 Absatz 1
Satz 2 anzuwenden ist. Das wird man bejahen müssen, weil die Anwendung des
§ 56 Absatz 1 Satz 2 als Durchbrechung des mit der Betriebsplanzulassung
gesetzten Vertrauensschutzes nur ausnahmsweise und unter bestimmten Voraus-
setzungen zulässig ist.

Solch einer beschränkten Zulässigkeit von Eingriffen in den Bestandsschutz 14
eines Betriebsplans entspricht § 49 in keiner Weise. Außerdem enthält § 49
keine über die in § 55 Absatz 1 Satz 1 Nr. 10–13 abschließend geregelten
Zulassungsvoraussetzungen hinausgehende **eigene Beschränkungsgesichtspunk-
te**, nach denen unabhängig von der Betriebsplanzulassung Eingriffe zugunsten
anderer Meeresnutzungen zulässig wären. Auch nachträgliche Beschränkungen
der Bergbauberechtigungen sind über § 49 nicht zulässig, da anderenfalls § 16
Absatz 3 unterlaufen würde. So kann § 49 allenfalls eine Bedeutung für übergeleitete Betriebspläne (§§ 167, 168) bekommen.

15 § 49 hat **unmittelbare normative Wirkung,** ist aber nicht nach § 145 selbstständig bußgeldbewehrt (Boldt/Weller, § 49 Rn 3).

ZWEITES KAPITEL   Anzeige, Betriebsplan

§ 50   Anzeige

(1) Der Unternehmer hat der zuständigen Behörde die Errichtung und Aufnahme
1. eines Aufsuchungsbetriebes,
2. eines Gewinnungsbetriebs und
3. eines Aufbereitungsbetriebs

rechtzeitig, spätestens zwei Wochen vor Beginn der beabsichtigten Tätigkeit anzuzeigen; in der Anzeige ist der Tag des Beginns der Errichtung oder der Aufnahme des Betriebes anzugeben. Zum Betrieb gehören auch die in § 2 Abs. 1 bezeichneten Tätigkeiten und Einrichtungen. Die Pflicht zur Anzeige entfällt, wenn ein Betriebsplan nach § 52 eingereicht wird.

(2) Absatz 1 gilt für die Einstellung des Betriebes mit Ausnahme der in § 57 Abs. 1 Satz 1 und Absatz 2 bezeichneten Fälle entsprechend. § 57 Abs. 1 Satz 2 bleibt unberührt.

(3) Unternehmer, deren Betrieb nicht nach § 51 der Betriebsplanpflicht unterliegt, haben der Anzeige über die Errichtung oder die Aufnahme eines Gewinnungsbetriebs einen Abbauplan beizufügen, der alle wesentlichen Einzelheiten der beabsichtigten Gewinnung, insbesondere
1. die Bezeichnung der Bodenschätze, die gewonnen werden sollen,
2. eine Karte in geeignetem Maßstab mit genauer Eintragung des Feldes, in dem die Bodenschätze gewonnen werden sollen,
3. Angaben über das beabsichtigte Arbeitsprogramm, die vorgesehenen Einrichtungen unter und über Tage und über den Zeitplan,
4. Angaben über Maßnahmen zur Wiedernutzbarmachung der Oberfläche während des Abbaues und über entsprechende Vorsorgemaßnahmen für die Zeit nach Einstellung des Betriebes

enthalten muß. Wesentliche Änderungen des Abbauplanes sind der zuständigen Behörde unverzüglich anzuzeigen.

1 Durch die Verpflichtung des Bergbauunternehmers zur **Anzeige** der Errichtung oder der Einstellung von Aufsuchungs-, Gewinnungs- oder Aufbereitungsbetrieben wird der Bergbehörde die Kenntnis von betrieblichen Maßnahmen für die Durchführung ihrer Aufgaben vermittelt.

2 Das Gesetz unterscheidet zwischen den **einfachen** Anzeigen des Absatz 1 und Absatz 2 und den **qualifizierten** des Absatz 3, die nur in Betracht kommen, wenn der Betrieb nicht betriebsplanpflichtig gemäß § 51 ist.

3 Als **anzeigepflichtige Maßnahmen** kommen nach § 50 in Betracht
– die Errichtung (Absatz 1)
– die Aufnahme (Absatz 1)
– die wesentliche Änderung des Abbauplans (Absatz 3)
– die Einstellung, wobei hier noch zwischen der geplanten, geregelten Stilllegung (Absatz 2) und der unvorhergesehenen, notfallbedingten Stilllegung i. S. von § 57 Absatz 1 Satz 2 zu unterscheiden ist. Bei ersterer ist eine vorherige, bei letzterer eine nachträgliche Anzeige erforderlich.

Die betrieblichen Maßnahmen müssen Aufsuchungsbetriebe i. S. von § 4 **4**
Absatz 1, Gewinnungsbetriebe i. S. von § 4 Absatz 8 i. V. mit § 4 Absatz 2
oder Aufbereitungsbetriebe i. S. von § 4 Absatz 3 betreffen, wobei als „Betrieb"
die erweiterte Definition des § 2 Absatz 1 maßgebend ist.

Die Anzeige ist für die **Errichtung** und die **Aufnahme** der Betriebe einzureichen. **5**
Im Gegensatz dazu sind Betriebspläne nur für die Errichtung aufzustellen. Der
Gesetzgeber will durch die Anzeigepflicht der Betriebsaufnahme erreichen, dass
der Beginn bergbaulicher Tätigkeit auch dann der Bergbehörde zur Kenntnis
gelangt, wenn ein Betrieb aufgenommen wird, ohne zuvor von dem Unternehmer errichtet worden zu sein (z. B. Betriebsübernahme).

Verpflichtet zur Anzeige ist der **Unternehmer** i. S. von § 4 Absatz 5. Er kann **6**
diese Verpflichtung gemäß § 62 Nr. 1 nicht delegieren. Das wird damit begründet, dass die Errichtung und Aufnahme eine Reihe von Rechtsfolgen auslösen
wie etwa die Verpflichtung zur Beschäftigung verantwortlicher Personen gemäß
§ 58 Absatz 1, die Zuständigkeit der Bergbehörde gemäß § 69, die Betriebsplanpflicht gemäß § 51, sodass diese Anzeige dem Unternehmer vorbehalten
worden ist. Ob das sinnvoll war, erscheint insofern zweifelhaft, als die Pflicht zur
Erstellung von Betriebsplänen zu recht delegierbar ist.

Die Verletzung der Anzeigepflicht ist gemäß § 145 Absatz 1 Nr. 4 bzw. Nr. 5 **7**
eine **Ordnungswidrigkeit.**

Dem Unternehmer obliegen außer der Anzeigepflicht nach § 50 noch eine Reihe **8**
anderer Anzeigen an die Bergbehörde. Sie stehen **nebeneinander** und sind jeweils
bei Erfüllung der Voraussetzungen zusätzlich zu erfüllen. Abweichungen vom
Betriebsplan sind gemäß § 57 Absatz 1 Satz 2, besondere Betriebsereignisse
gemäß § 74 Absatz 3 Nr. 1 und 2, bestimmte Arbeiten sowie die Errichtung,
Herstellung und Inbetriebnahme bestimmter Einrichtungen oder die Vornahme
von Änderungen gemäß VO i. S. von § 65 Nr. 1, die Bestellung, Änderung oder
das Ausscheiden verantwortlicher Personen gemäß § 60 Absatz 2, die Aufrechterhaltung von alten Bergbauberechtigungen und Verträgen gemäß § 149, und
die Unterstellung früher nicht unter Bergaufsicht stehender Betriebe gemäß
§ 169 Absatz 1 Nr. 1 anzuzeigen.

Auch die **Anzeigepflichten aus anderen Gesetzen** (z. B. § 14 SprengG für die **9**
Aufnahme von Betrieben, die mit explosionsgefährlichen Stoffen umgehen, bzw.
die Beistellung oder Abrufung von verantwortlichen Personen, § 67 Absatz 2
BImSchG für genehmigungsbedürftige Anlagen, die nach früherem Recht keiner
Genehmigung bedürfen, § 35 Absatz 4 KrWG i. V. mit § 15 Absatz 1 BImSchG
bei planfeststellungsbedürftigen Abfallanlagen, § 40 KrWG bei Stilllegung von
Deponien, soweit diese Vorschriften nicht gemäß § 2 Absatz 2 Nr. 7 KrWG in
den der Bergaufsicht unterstehenden Betrieben ausgeschlossen sind, § 15
Absatz 1 BImSchG bei Änderung genehmigungsbedürftiger Anlagen, sofern
nicht der Ausschlusstatbestand des § 4 Absatz 2 BImSchG greift, ferner die
landesrechtlichen Anzeigepflichten im Wasser-, Abfall-, Naturschutz- und Bauordnungsrecht, neuerdings auch die Informationspflicht gemäß § 4 UmSchG bei
eingetretenen oder bevorstehenden Umweltschäden bestehen selbstständig
neben der Anzeigepflicht nach § 50.

Die Anzeige ist spätestens zwei Wochen vor Beginn der beabsichtigten Tätigkeit **10**
einzureichen. Entscheidend ist der Zugang bei der Bergbehörde. Bei Stilllegungen ist der Termin der Einstellung des Gewinnungsbetriebs maßgebend, nicht
der „Beginn der Stilllegungsmaßnahmen" i. S. der Richtlinien über die Gewährung von Beihilfen für Arbeitnehmer des Steinkohlenbergbaus, die von Maßnahmen i. S. von Artikel 56 § 2 des Montanunionvertrags betroffen werden

(BAnz. Nr. 34 vom 19.2.1970), d. h. nicht der letzte Tag des Arbeitsverhältnisses bezogen auf den ersten von der Stilllegungsmaßnahme betroffenen entlassenen Arbeitnehmer.

11 Die Anzeigepflicht entfällt, wenn ein Betriebsplan nach § 52 eingereicht wird. Damit ist in erster Linie der Hauptbetriebsplan i. S. von § 52 Absatz 1 gemeint, aber auch der Rahmenbetriebsplan und der Sonderbetriebsplan gemäß Absatz 2. Allerdings kann für diese Letzteren nicht entscheidend sein, dass sie „auf Verlangen der zuständigen Behörde" eingereicht wurden. Der Zweck des § 50 Absatz 1 Satz 3, die umfassende Kenntnis der Bergbehörde von betrieblichen Vorhaben auf andere Artikel als durch eine Anzeige, wird durch jeden Betriebsplan erreicht, nicht nur durch von der Bergbehörde verlangte.

12 Bei Einstellung eines Betriebes ist ein Abschlussbetriebsplan gemäß § 53 Absatz 1 aufzustellen. Obwohl diese Vorschrift in § 50 nicht erwähnt ist, wird man annehmen müssen, dass bei Betriebseinstellungen auch dieser Betriebsplan die Anzeigepflicht aufhebt. Die „entsprechende" Anwendung des Absatz 1 auf die Fälle der Betriebseinstellung des Absatz 2 muss so verstanden werden, dass das Einreichen eines Abschlussbetriebsplans gemäß § 53 insoweit an die Stelle des dort wörtlich erwähnten „Betriebsplans nach § 52" treten muss (wohl auch BT-Drs 8/1315, 105 = Zydek, 231). Es besteht kein einleuchtender Grund, Abschlussbetriebsplänen insoweit nicht die gleichen Wirkungen wie anderen Betriebsplänen zuzubilligen. Damit ergibt sich im Gegensatz zu der früher durch § 71 Absatz 1 ABG NRW bestimmten Rechtslage, dass bei Einstellungen des Bergwerksbetriebs die Pflicht zur Anzeige 3 Monate vor der Stilllegung neben dem Abschlussbetriebsplan entfallen ist.

13 Die Anzeigepflicht tritt zunächst neben die Betriebsplanpflicht. Sie entfällt erst, wenn ein Betriebsplan eingereicht wurde. Allerdings muss der Betriebsplan innerhalb derselben Frist eingereicht werden, wie sie für die Anzeige besteht. Es dürfte nicht ausreichen, wenn die Frist zum Einreichen der Anzeige versäumt wurde und danach der Betriebsplan eingereicht wird. Man wird vielmehr die Frist des § 50 Absatz 1 Satz 1 (zwei Wochen vor Beginn der Tätigkeit) auch für die Erfüllung des § 50 Absatz 1 Satz 3 voraussetzen müssen.

14 Ein Betriebsplan, der nicht die Voraussetzungen der §§ 51 ff. erfüllt, kann als Anzeige i. S. von § 50 umgedeutet werden (Ebel/Weller, § 67, 1 g).

15 Einer qualifizierten Anzeigepflicht unterstehen diejenigen Betriebe, für die Betriebspläne nach § 51 nicht einzureichen sind. Während bei den übrigen Betrieben die Anzeige als wesentlicher Bestandteil nur den Tag des Beginns der Betriebsaufnahme oder -einrichtung zu enthalten hat, muss hier ein Abbauplan beigefügt werden. Im Gegensatz zu den betriebsplanpflichtigen Betrieben bedürfen hier auch wesentliche Änderungen des Abbauplans der unverzüglichen Anzeige.

16 Der Betriebsplanpflicht unterliegen nicht die besonderen Aufsuchungsbetriebe des § 51 Absatz 2 oder die nach § 51 Absatz 3 auf Antrag von der Bergbehörde befreiten Betriebe von geringer Gefährlichkeit und Bedeutung. Nun schließt allerdings § 51 Absatz 3 Satz 2 die Möglichkeit, sich von der Betriebsplanpflicht befreien zu lassen, gerade für die anzeigenpflichtigen Tatbestände „Errichtung" und „Einstellung des Betriebes" in § 50 aus. Die Befreiung bleibt nach § 51 Absatz 3 nur für das Führen des Betriebes möglich. Die Betriebe des § 51 Absatz 3 haben daher für die Errichtung und Einstellung einen Betriebsplan vorzulegen. Insoweit entfällt ihre Anzeigepflicht gemäß § 50 Absatz 1 Satz 3. Für wesentliche Änderungen des Abbauplans aber besteht für diese Betriebe eine Anzeigepflicht gemäß § 50 Absatz 3.

Für Betriebe im Bereich des Festlandsockels besteht stets Betriebsplanpflicht, da **17** wegen § 51 Absatz 3 Satz 2 eine Befreiung hiervon nicht möglich ist. Eine qualifizierte Anzeigepflicht entfällt. Sofern aufgrund einer Verordnung gemäß § 65 Nr. 2 bestimmte Arbeiten unter Befreiung von der Betriebsplanpflicht nur einer Genehmigung bedürfen, ist eine qualifizierte Anzeigepflicht nach § 50 Absatz 3 schon vom Wortlaut her nicht gegeben, weil er sich nur auf Fälle des § 51 beschränkt.

Nach § 127 Absatz 1 sind die §§ 50 ff. bei bestimmten Bohrungen entsprechend **18** anzuwenden. Als Bohrung wird hier der technische Vorgang verstanden, nicht die Nutzung des geschaffenen Bohrloches. Bei Bohrungen sind im Rahmen der Anzeige- und Betriebsplanpflicht die für Aufsuchungsbetriebe maßgebenden Anforderungen zu stellen. Die Anzeigepflicht gilt gemäß § 128 auch für das Aufsuchen und Gewinnen mineralischer Rohstoffe in Halden.

Die Anzeige erzeugt in Umweltgesetzen unterschiedliche Wirkungen: Nach § 2 **19** Absatz 3 Nr. 1 UVPG ist die Anzeige keine behördliche Entscheidung, die eine Umweltverträglichkeitsprüfung auslöst. Nach § 17 Absatz 1 BNatSchG ist eine Anzeige jedoch Grundlage für die Verpflichtung des Verursachers eines Eingriffs, vermeidbare Beeinträchtigung von Natur und Landschaft zu unterlassen. Die Bergbehörde als für die Entgegennahme der Anzeige zuständige Behörde trifft gemäß § 17 Absatz 1 BNatSchG die Entscheidung über die Eingriffsregelung im Benehmen mit der Naturschutzbehörde. Landesrechtlich kann eine weitergehende Form der Beteiligung oder die Entscheidung durch die Naturschutzbehörde vorgesehen sein.

Zuständige Behörde für die Entgegennahme der Anzeige ist die Bergbehörde, **20** d. h. die durch die landesrechtlichen Zuständigkeitsverordnungen bestimmte Behörde.

§ 51 Betriebsplanpflicht

(1) Aufsuchungsbetriebe, Gewinnungsbetriebe und Betriebe zur Aufbereitung dürfen nur auf Grund von Plänen (Betriebsplänen) errichtet, geführt und eingestellt werden, die vom Unternehmer aufgestellt und von der zuständigen Behörde zugelassen worden sind. Zum Betrieb gehören auch die in § 2 Abs. 1 bezeichneten Tätigkeiten und Einrichtungen. Die Betriebsplanpflicht gilt auch für die Einstellung im Falle der Rücknahme, des Widerrufs oder der Aufhebung einer Erlaubnis, einer Bewilligung oder eines Bergwerkseigentums sowie im Falle des Erlöschens einer sonstigen Bergbauberechtigung.

(2) Absatz 1 gilt nicht für einen Aufsuchungsbetrieb, in dem weder Vertiefungen in der Oberfläche angelegt noch Verfahren unter Anwendung maschineller Kraft, Arbeiten unter Tage oder mit explosionsgefährlichen oder zum Sprengen bestimmten explosionsfähigen Stoffen durchgeführt werden.

(3) Die zuständige Behörde kann Betriebe von geringer Gefährlichkeit und Bedeutung auf Antrag des Unternehmers ganz oder teilweise oder für einen bestimmten Zeitraum von der Betriebsplanpflicht befreien, wenn der Schutz Beschäftigter und Dritter und das Wiedernutzbarmachen der Oberfläche nach diesem Gesetz und der auf Grund dieses Gesetzes erlassenen Rechtsverordnungen auch ohne Betriebsplanpflicht sichergestellt werden können. Dies gilt nicht für die Errichtung und die Einstellung des Betriebes und für Betriebe im Bereich des Festlandsockels.

Übersicht

	Rn
I. Grundsätzliches	1
II. Besonderheiten des Betriebsplanverfahrens	4
III. Verhältnis Betriebsplan – Bergbauberechtigung	20
IV. Betriebsplanpflichtige Betriebe und Maßnahmen	23
1. Betriebsplanpflichtige Betriebe	24
2. Betriebsplanpflichtige Maßnahmen	33
V. Betriebsplanpflichtige Personen	39
VI. Betriebsplan – Voranfrage	45
VII. Ausnahme für Alt-Betriebsplanzulassungen	46
VIII. Analoge Anwendung der Betriebsplanpflicht in sonstigen Bereichen	47
IX. Zuständigkeit	49

I. Grundsätzliches

1 Die in § 51 festgelegte Betriebsplanpflicht des Unternehmers ist eines der wichtigsten Instrumente der **präventiven** und laufenden **Betriebskontrolle** durch die Bergbehörde. Sie ist ein Teil des gesamten staatlichen Überwachungssystems des Bergbaus, das mit der Erteilung der Bergbauberechtigung gemäß §§ 6 ff. beginnt, sich über die Möglichkeit zu Verboten und Beschränkungen gemäß § 48, zu Anordnungen gemäß § 71, zur Untersagung der Fortsetzung der bergbaulichen Tätigkeit gemäß § 72 oder der Beschäftigung einzelner Personen gemäß § 73 bis hin zum Erlass von Bergverordnungen gemäß §§ 65 ff. erstreckt.

2 Der Gesetzgeber hat in der Betriebsplanpflicht ein schon im ABG geregeltes, schon vor dessen Geltung durch bestehende Übung praktiziertes (Isay, § 67 Rn 1) und aus dem französischen Bergrecht (hier wurden die Konzessionen seit einer Ministerial-Instruktion aus dem Jahre 1810 mit Betriebsbestimmungen versehen, die in dem sog. Lastenheft – Cahier des charges – aufgezeichnet waren, Horneffer, Bergrecht und Allgemeines Polizeirecht, Diss. 1969, 84) entwickeltes Institut übernommen (zur Entwicklung im rechts- und linksrheinischen Preußen vgl. Pfadt, Rechtsfragen zum Betriebsplan im Bergrecht, 23), das für das Bergrecht typisch war und die Besonderheiten des Bergbaubetriebs berücksichtigte. Dieser Betrieb ist nämlich dadurch gekennzeichnet, dass er sich bei ununterbrochener Verringerung der Substanz an Bodenschätzen räumlich ständig fortentwickelt und unter dauernder Anpassung an die Erfordernisse der Lagerstätte verändert (BT-Drs 8/1315, 105 = Zydek, 232). Für diese dynamische, von der Lagerstätte diktierte Betriebsweise ist es notwendig, dass sich die Betriebsgenehmigung dem fortschreitenden Betrieb anpasst. Einmalige, auf statische Betriebsweise ausgerichtete Genehmigungen würden diesem Anspruch nicht gerecht. Wenn auch der Unternehmer durch die Bergbauberechtigung das Recht erhält, die Bodenschätze aufzusuchen und zu gewinnen, ist es ihm dennoch verboten, von dieser Berechtigung Gebrauch zu machen, bevor nicht der Betriebsplan aufgestellt und von der zuständigen Behörde zugelassen worden ist. Die positive Entscheidung der Bergbehörde beseitigt das Verbot und stellt sich daher als begünstigender Verwaltungsakt in Form einer Erlaubnis dar (OVG Saarland, ZfB 116 (1975), 358, 361). Einzelheiten zur Rechtsnatur der Zulassung § 56, Rn 6–39. Rechtlich ist das Betriebsplanverfahren als umfassender staatlicher **Erlaubnisvorbehalt** einzuordnen (Weller, Glückauf 1981, 250, 253).

3 Das BBergG hat das Betriebsplanverfahren von zwei Verankerungen gelöst, an die es bisher gebunden war: aus der Zuständigkeit der Bergbehörde leitete sich durch die Verbindung zwischen § 67 ABG und § 196 ABG der Maßstab für die materiellen Gesichtspunkte ab, die im Betriebsplanverfahren zu prüfen waren. Veränderungen des Zuständigkeitskataloges bedeuteten Veränderungen der zu prüfenden Gesichtspunkte. In Zukunft hat der Umfang der Bergaufsicht nur noch die Bedeutung der Zuständigkeit der Bergbehörde. Das Betriebsplanverfahren war ferner an den Bergwerksbesitzer und damit an wirksam begründetes Bergwerkseigentum gebunden. Das ist durch § 51 Absatz 1 Satz 3 weggefallen sofern der Betrieb eingestellt werden soll.

II. Besonderheiten des Betriebsplanverfahrens

Lässt man die durch § 52 Absatz 2 a, 57 a bis c eingeführte Planfeststellung für **4** bestimmte bergrechtliche Rahmenbetriebspläne zunächst einmal außer Betracht, sind die **Besonderheiten des Betriebsplanverfahrens** folgende: Es werden nur die in § 55 genannten öffentlich-rechtlichen Gesichtspunkte geprüft: Gefahrenschutz nach den allgemein anerkannten Regeln der Arbeitssicherheit, Einhaltung der geltenden Arbeitsvorschriften, Schutz der Oberfläche, Wiedernutzbarmachung der Oberfläche, Vorsorge dafür, dass die verantwortlichen Personen die erforderliche Eignung haben. Die Auseinandersetzung mit allen anderen öffentlichen Belangen wird entweder dem privat-rechtlichen Mechanismus oder anderen öffentlich-rechtlichen Verfahren (H. Schulte, NJW 1981, 88, 94) überlassen. Die Gründe des § 55 lassen sich zum Teil als vom Gesetz konkretisiertes öffentliches Interesse kennzeichnen, der unbestimmte Begriff des öffentlichen Interesses ist dadurch eingeschränkt und justiziabel gemacht (Westermann, Freiheit des Unternehmers). Zusätzlich sind im Zulassungsverfahren öffentliche Interessen und anderweitige öffentliche Vorgaben, sofern sie nicht Gegenstand eines weiteren selbstständigen Genehmigungsverfahrens sind, zu prüfen. Dies folgt aus § 48 Absatz 2, der die Befugnisse der Bergbehörde im Betriebsplanzulassungsverfahren in soweit erweitert (BVerwG, NVwZ 1989, 1162 und 1157; NVwZ 1991, 992 = ZfB 1989, 199; VGH Kassel, ZfB 2001, 47; OVG Koblenz, DVBl 2011, 47 f.; Einzelheiten hierzu § 48). Dies betrifft vor allem das Bauplanungsrecht, soweit eine Baugenehmigung nicht erforderlich ist (BVerwG 1989, 672 = ZfB 1989, 210; OVG NRW, ZfB 1995, 317), und das Imissionsschutzrecht bei nichtgenehmigungsbedürftigen Anlagen (BVerwG, NJW 1987, 1714 f. = DVBl 1986, 1275; VG Weimar ZfB 1996, 328).

Sofern die in §§ 55 und 48 Absatz 2 bezeichneten Erfordernisse und Belange **5** sichergestellt sind, besteht ein Anspruch auf **Betriebsplanzulassung** (Westermann aaO, S. 71; Weller, Glückauf 1981, 253; Kühne, ZfB 1980, 58). Die Betriebsplanzulassung ist eine **gebundene Kontrollerlaubnis**, die ein präventives Gebot mit Erlaubnisvorbehalt aufhebt (BVerwG, 74, 315 = DVBl 1986, 1273 = ZfB 1987, 60 f.; BVerwG, 81, 332 = DVBl 1989, 663 = ZfB 1989, 199; BVerwG, DVBl 1989, 672 = ZfB 1989, 210; BVerwG, ZfB 1991, 143; OVG Berlin, ZfB 1990, 209; VG Stade, ZfB 1991, 223 und ZfB 1992, 62; VG Koblenz, ZfB 1984, 474; VG Potsdam, ZfB 1997, 54; VG Lüneburg, ZfB 1994, 171; VGH Kassel, ZfB 2001, 47; Kühne, UPR 1989, 327; Niermann, S. 54 ff.; Schmidt-Aßmann/Schoch, S. 157).

Nichts anderes gilt aufgrund des § 48 Absatz 2. Er erweitert zwar die Befugnisse **6** der Bergbehörde auf Anwendung außerbergrechtlicher Vorschriften, aber nur in soweit, als sie Verbote oder Beschränkungen für das Vorhaben aussprechen (BVerwG, ZfB 1991, 143; VGH Kassel, ZfB 2001, 46; Schmidt-Aßmann/Schoch, S. 160, a. A. Kühling, Fachplanungsrecht Rn 66 und 377).

Das Gleiche gilt für die Zulassung des obligatorischen Rahmenbetriebsplans **7** gemäß § 52 Absatz 2 a BVerwG, ZfB 2006, 311 und 318.

8   Ein Erlaubnisverfahren mit Rechtsanspruch auf Erteilung der Erlaubnis ist verfassungsrechtlich geboten, wenn das Verfahren die Ausübung grundrechtlich gesicherter Rechtspositionen (z. B. Bergwerkseigentum) zum Gegenstand hat (Boldt/Weller § 51 Rn 2). Die präventive Prüfung mit der Möglichkeit des Verbots dient der Feststellung, ob eine rechtmäßige Grundrechtsausübung beabsichtigt ist (BVerfGE 58, 300 = NJW 1982, 752).

9   Die Zulassung des Betriebsplans hat eine **Doppelnatur**: Sie ist einerseits rechtsgestaltender Verwaltungsakt, soweit darin das Verbot aufgehoben wird, mit der Verwirklichung des beabsichtigten Vorhabens zu beginnen. Sie ist andererseits ein feststellender Verwaltungsakt, der die Unbedenklichkeitsbescheinigung enthält, dass die besonderen gesetzlichen Voraussetzungen für die Zulassungen des Betriebsplans erfüllt sind und keine anderen öffentlichen Interessen, soweit sie nach § 48 Absatz 2 zu prüfen sind, entgegen stehen (OVG Berlin, ZfB 1990, 209; VG Lüneburg, ZfB 1994, 171; Niermann, S. 55; Schmidt-Aßmann/Schoch, S. 166; so schon Vorauflage § 56 Rn 10 ff.).

10 Ein wesentliches Element der Betriebsplanzulassung ist, dass sie nur einen bestimmten Zeitabschnitt in den Blick nimmt. Wegen der Ungewissheit, die naturgegeben mit der Gewinnung von Bodenschätzen verbunden ist, haben Zulassungen nur eine Geltungsdauer, in der die Zulassungsvoraussetzungen überschaubar prognostiziert werden können.

11 Die §§ 51 Absatz 1 und 52 Absatz 1 unterwerfen das „Errichten" und „Führen" des Betriebs der Betriebsplanpflicht. Dabei geht das Gesetz davon aus, dass es sich nicht um zwei Phasen, etwa die Errichtungs- oder Bauphase und die Betriebs- oder Nutzungsphase handelt. Errichten und Führen eines Bergbaubetriebs gehen vielmehr ineinander über und laufen parallel nebeneinander (Gaentzsch, in: Wandel und Beharren, S. 21). Das „Errichten", etwa das Abteufen eines Schachtes, das Auffahren von Strecken, ist gleichermaßen Gewinnungshandlung wie das „Führen" des Betriebes. Insofern genehmigt die Betriebsplanzulassung einen zusammenhängenden zwangsläufigen Prozess für einen bestimmten Zeitraum, sie ist eine **Prozessgenehmigung**.

12 Das unterscheidet sie von anderen außerbergrechtlichen Genehmigungen, bei denen schon bei der Errichtung der zu genehmigenden Anlage beachtet werden muss, dass sie auch betrieben werden. Bei der Errichtungsgenehmigung muss deshalb schon über die Rechtmäßigkeit des späteren Betriebes bzw. der späteren Nutzung entschieden werden (Gaentzsch, aaO, S. 21).

13 Das Betriebsplanverfahren ist ein **Auftragsverfahren** i. S. von § 22 Satz 2 Nr. 2 VwVfG. Liegt ein Antrag vor, kann die Behörde nicht nach pflichtgemäßem Ermessen entscheiden, ob und wann sie das Betriebsplanverfahren durchführt. Für das Verfahren gelten der Untersuchungsgrundsatz, die Betreuungspflicht durch die Behörde und die Mitwirkungslast der Betroffenen gemäß §§ 24–26 VwVfG.

14 Das Betriebsplanverfahren ist **kein förmliches Verfahren** i. S. von §§ 63 ff. VwVfG. Das BBergG hat für Betriebsplanverfahren weder eine Verpflichtung zur Anhörung vor der Entscheidung noch eine mündliche Verhandlung angeordnet. Dasselbe galt schon für die Betriebsplanverfahren nach früherem ABG (VG Gelsenkirchen = Glückauf 1981, 1511).

15 Das Betriebsplanverfahren ist **kein Planfeststellungsverfahren** i. S. von §§ 72 ff. VwVfG. Der Bergbaubetrieb ist auf kurzfristige behördliche Entscheidungen angewiesen. Sowohl die Produktion als auch die Grubensicherheit erfordern ein flexibles Verfahren. Das starre System des Planfeststellungsverfahren wäre auch bei Kleinbetrieben zu langwierig und risikoreich, sodass der Gesetzgeber sich bewusst gegen die Ausgestaltung des Betriebsplanverfahrens als Planfeststellungsverfahren entschieden hat (Protokoll der 13. Sitzung der Arbeitsgruppe BBergG des BT-Ausschusses Wirtschaft, S. 106).

Die Betriebsplanzulassung ist **keine Planungsentscheidung** (BVerwG, ZfB 1991, **16** 143 = NVwZ 1991, 992; BVerwG, NVwZ 2005, 955 und ZfB 2006, 311 = NVwZ 2007, 705; OVG NRW, NUR 2006, 804 = ZfB 2005, 310 und OVG NRW, NUR 2006, 321 = ZfB 2006, 49; OVG Koblenz, DVBl 2011, 48; s. § 56 Rn 13; Schmidt-Aßmann/Schoch, S. 158 m. w.N). Sie bedarf – auch im Falle des § 52 Absatz 2 a – keiner Planrechtfertigung (OVG Lüneburg, NUR 2005, 604). Der allgemeine Grundsatz der Problembewältigung gilt im Betriebsplanverfahren nicht. Auch § 48 Absatz 2 ermächtigt die Bergbehörde nicht zu einer planerischen oder fachplanerischen Entscheidung, bei der die bergbaulichen Interessen des Unternehmers, die gemäß § 55 einschlägigen öffentlichen Interessen und aller sonstigen einschlägigen Interessen im Sinne einer planerischen Abwägung zu berücksichtigen wären (BVerwG, aaO). Zwar „kann" die Bergbehörde nach § 48 Absatz 2 die Gewinnung beschränken oder untersagen, soweit ihr überwiegend öffentliche Interessen entgegenstehen. Die Vorschrift öffnet jedoch nicht ein behördliches Ermessen, sondern enthält lediglich eine Befugnisnorm (VG Lüneburg, ZfB 1994, 171; VGH Kassel, ZfB 2001, 47; OVG NRW, NUR 2006, 323 = ZfB 2006, 52; Gaentzsch, NVwZ 1998, 892, s. auch § 48 Rn 27). Eine Betriebsplanzulassung wird daher nicht bereits deshalb rechtswidrig, weil die Behörde bei ihrer Entscheidung Eigentümer nicht angehört hat, die ein Recht zur Verfüllung einer Kies- und Sandabbaugrube beanspruchen und deren Belange unermittelt und unberücksichtigt geblieben sind (VG Potsdam, ZfB 1997, 54). Ebenso wenig wird eine Betriebsplanzulassung dadurch rechtswidrig, weil die Bergbehörde Abbaualternativen nicht untersucht hat (OVG NRW, ZfB 2005, 171) oder weil – unbeschadet einer möglichen Heilung nach § 45 Absatz 1 Nr. 3 VwVfG – ein Verfahrensfehler vorliegt (OVG NRW, UPR 2006, 161 (LS) = ZfB 2006, 49; OVG Bautzen, ZfB 1998, 202, ZfB 1997, 325).

Das Betriebsplanverfahren hat demzufolge keine Konzentrationswirkung wie **17** etwa das Planfeststellungsverfahren oder die Genehmigung nach § 13 BImSchG (Schulte, NJW 1981, 88, 94; BVerwG, ZfB 1987, 63; VG Saarland, ZfB 1987, 384; VGH Kassel, ZfB 2001, 46; Zeiler, ZfB 1983, 409; Boldt/Weller, vor § 50 Rn 8 ff.; Gaentzsch, NVwZ 1998, 892). Es ersetzt andere behördliche Entscheidungen nicht. Umgekehrt sind Betriebspläne auch für solche Maßnahmen einzureichen, die nach anderen gesetzlichen Vorschriften genehmigungspflichtig durch andere Behörden sind. Das gilt nicht in weitgehendem Maße für die obligatorische Planfeststellung. Allerdings enthält § 57 b Absatz 3 Satz 3 eine Ausnahmevorschrift zu § 75 Absatz 1 Satz 1 VwVfG. Sind für Folgemaßnahmen nach anderen Vorschriften Planfeststellungsverfahren vorgesehen, ist insoweit das Verfahren nach den anderen Vorschriften durchzuführen. Die Frage der Konzentration des Rahmenbetriebsplans stellt sich insoweit nicht. So sind die erforderlichen Maßnahmen des Hochwasserschutzes durch Deichbau nach § 67 Absatz 2 Satz 2 WHG gesondert durch wasserrechtliches Planfeststellungsverfahren der zuständigen Wasserbehörde durchzuführen (BVerwG, ZfB 2006, 313 = ZfB 2008, 23; OVG NRW, NUR 2006, 325) dabei kommt es allein auf die Planfeststellungsfähigkeit an, nicht darauf, ob ein Planfeststellungs- oder Genehmigungsverfahren durchgeführt wird (OVG NRW, aaO) oder ob es sich um notwendige oder nicht notwendige Folgemaßnahmen handelt (BVerwG, aaO).

Außerdem ist bedauerlicherweise das von den Bergbauunternehmern lebhaft **18** gewünschte und im Interesse der auf kurzfristige Entscheidungen angewiesenen Betriebe notwendige Entscheidungsrecht der Bergbehörde nach 3 Monaten (früher § 68 Absatz 3 ABG NRW) nicht übernommen worden, sodass auch aus diesem Grunde eine längere Verfahrensdauer zu befürchten ist.

19   Besonderheiten gegenüber den einfachen („fakultativen") Betriebsplanarten weist der obligatorische Rahmenbetriebsplan auf. Seine Zulassung ist bei UVP-pflichtigen Abbauvorhaben als Planfeststellungsbeschluss konzipiert. Dies mit der bergrechtlichen Besonderheit, dass die Genehmigungswirkung und die Gestaltungswirkung des Planfeststellungsbeschlusses gemäß § 75 VwVfG durch §§ 52 Absatz 2 a, 57 a und durch § 57 a Absatz 4 Satz 2 BBergG eingeschränkt sind. Der Planfeststellungsbeschluss hat aber im Gegensatz zu den „einfachen" Betriebsplanarten eine – allerdings begrenzte – Konzentrationswirkung (vgl. § 51 Rn 17; § 52 Absatz 2 a Rn 131 f.). Im Übrigen gelten keine Besonderheiten im Vergleich zu den anderen Betriebsplanarten. Insbesondere ist die Zulassung, auch soweit über sie gemäß § 52 Absatz 2 a durch Planfeststellung zu entscheiden ist, eine gebundene Entscheidung ohne planerischen Gestaltungsspielraum der Planfeststellungsbehörde (BVerwG, ZfB 2006, 311 und ZfB 2006, 318). Das allgemeine und drittschützende fachplanerische Abwägungsgebot gilt für die bergrechtliche Planfeststellung nicht (s. § 51 Rn 7; § 52 Absatz 2 a Rn 136). Die rechtliche Zulassungsform eines Betriebsplans als Rahmen-, Haupt- oder Sonderbetriebsplan ist kein maßgebliches Kriterium für die Anwendbarkeit der UVP-V Regeln und damit der UVP-Pflicht. Die Verpflichtung zur Durchführung der UVP bestimmt sich allein nach den sachlichen Voraussetzungen des § 1 Nr. 1–9 UVP-V Bergbau (OVG Lüneburg, NUR 2009, 58 = NdsVBl 2009, 111).

III.   Verhältnis Betriebsplan – Bergbauberechtigung

20   Das Verhältnis des Betriebsplans zu den Bergbauberechtigungen ist unter zwei Gesichtspunkten von Interesse:

21   Die Berechtigungen gewähren grundsätzlich nur die Aufsuchung und Gewinnung von Bodenschätzen, geben aber nicht das Recht, diese Arbeiten tatsächlich durchführen und die Anlagen betreiben zu können. Aus den Berechtigungen geht nicht hervor, unter welchen Voraussetzungen der Inhaber seine Berechtigung ausüben darf (Pfadt, Rechtsfragen zum Betriebsplan im Bergrecht, S. 126). Die Betriebsplanzulassung ergänzt demnach die statische Bergbauberechtigung und gibt ihr die dynamischen Möglichkeiten. Durch die Bewilligung wird noch kein die kommunale Planungshoheit betreffender Teil des Vorhabens vorab und mit Bindungswirkung für das Betriebsplanzulassungsverfahren entschieden (OVG Bautzen, ZfB 1998, 211). Der Inhaber der Bewilligung und der betriebsplanpflichtige Unternehmer müssen nicht identisch sein. Es reicht aus, wenn der Unternehmer vertraglich die Bewilligung ausüben darf.

22   Schon bei der Erteilung der Bergbauberechtigung ist entscheidend, dass ihr überwiegende öffentliche Interessen nicht entgegenstehen (§ 11 Nr. 10 für die Erlaubnis, § 12 Absatz 1 Satz 1 für die Bewilligung und damit gemäß § 13 Nr. 1 für das Bergwerkseigentum). Es stellt sich damit für das auch mit öffentlichen Interessen (§§ 48 Absatz 2, 55) befasste Betriebsplanverfahren die Frage nach dem Verhältnis der jeweils zu berücksichtigenden öffentlichen Interessen. Im Betriebsplanverfahren muss die Bergbehörde die durch die Bergbauberechtigung geschaffene Rechtsposition hinnehmen. Das Verfahren ist nicht dazu da, durch Grundsatzfragen, die im Berechtigungsverfahren bereits zu prüfen waren, diese Erteilung wieder infrage zu stellen oder zu korrigieren. Auch das durch die §§ 149 ff. BBergG aufrechterhaltene Bergwerkseigentum darf inhaltlich nicht durch Grundsatzentscheidungen im Betriebsplanverfahren eingeengt werden

(Westermann, Freiheit des Unternehmers, S. 71). Zwar ist das Gewinnungsrecht von vornherein damit belastet, dass seine Ausübung der Betriebsplanpflicht gemäß § 51 unterliegt, doch muss die Betriebsplanzulassung das erteilte Gewinnungsrecht respektieren und darf nur der Bestimmung der Ausübung des dem Grundsatz nach feststehenden Rechts dienen (Westermann aaO, S. 72). Grundsatzfragen über das Verhältnis von Raumrecht und Gewinnungsrecht gehören nicht in das Betriebsplanverfahren. Im Betriebsplanverfahren wird die Bewilligung nicht mehr infrage gestellt. Es dient nicht dazu, zu überprüfen ob einer vorausgegangenen Übertragung der Berechtigung gemäß § 22 Absatz 1 zuzustimmen ist (HanseatOLG, ZfB 2004, 299).

IV. Betriebsplanpflichtige Betriebe und Maßnahmen

23 Betriebsplanpflicht besteht für bestimmte Betriebe und bestimmte Betriebshandlungen.

1. Betriebsplanpflichtige Betriebe

24 Betriebsplanpflichtige Betriebe sind die **Aufsuchungsbetriebe** i. S. von § 4 Absatz 1. Allerdings ist hier die Ausnahme des § 51 Absatz 2 zu beachten, wonach eine Betriebsplanpflicht für die dort näher beschriebenen Aufsuchungsbetriebe kraft Gesetzes entfällt, ohne dass es eines Antrags des Unternehmers bedarf. Bei diesen Betrieben treten die besonderen Gefahren oder Beeinträchtigungen des typischen Bergbaubetriebs nicht auf. Hierzu zählen: Handbohrungen, geoelektrische oder geochemische Verfahren, Anfertigung von Luftaufnahmen, Seismik (auch bei Durchführung mit KfZ), ferner Tätigkeiten, bei denen zum Eingraben von Gegenständen nur wenig Erdreich abgegraben und wieder aufgeschüttet wird. Keine gesetzliche Befreiung besteht, wenn Vertiefungen in der Oberfläche z. B. Löcher, Schürfgräben angelegt werden.

25 Betriebsplanpflichtige Betriebe sind ferner alle **Gewinnungsbetriebe** i. S. von § 4 Absatz 8, i. V. mit Absatz 2 und alle **Aufbereitungsbetriebe** i. S. von § 4 Absatz 3 einschließlich Vergasen und Verflüssigen von Kohle. Dadurch wird insbesondere das betriebsinterne Verladen, Befördern, Lagern betriebsplanpflichtig, nicht jedoch das Verladen, Befördern und Abladen von Bodenschätzen, Nebengestein und sonstigen Massen, sofern sie in der in § 2 Absatz 4 genannten Weise vorgenommen werden (Hoppe, DVBl 1982, 101; Sondermann, Braunkohle 1982, 14). Dabei gehören alle in § 2 Absatz 1 bezeichneten Tätigkeiten zum Betrieb, also auch das Verladen, Befördern, Lagern, soweit es im unmittelbaren betrieblichen Zusammenhang mit dem Aufsuchen, Gewinnen, Aufbereiten geschieht. Betriebsplanpflichtig ist das Niederbringen einer Thermalwasserbohrung, das Verlegen einer Thermalwasserleitung und der erforderlichen Stromkabel (AG Freiburg, ZfB 122 (1981), 463, 464), sowie die Wiedernutzbarmachung der Erdoberfläche während und nach der bergbaulichen Tätigkeit.

26 Betriebsplanpflichtig sind die Betriebe der **Grubenanschlussbahn** (so schon Erlass in ZfB 55 (1914), 298), Energieerzeugungsanlagen im Bergwerksbetrieb, soweit sie der Eigenerzeugung dienen, Versorgungsleitungen auf dem Betriebsgrundstück bis zur Übergabestation, Rohrleitungen die nicht durch § 2 Absatz 4 Nr. 5 von der Geltung des BBergG ausgeschlossen sind, Zechenhäfen, Werksstraßen, Betriebe zum Verkoken, Verflüssigen und Verölen von Bodenschätzen gemäß § 4 Absatz 3 Nr. 2.

27 Eine Ausnahme von der Betriebsplanpflicht für fast alle Betriebe – nicht für die im Festlandsockel – macht § 51 Absatz 3, wenn der Unternehmer eines Betriebes von geringer Gefährlichkeit und Bedeutung einen Antrag auf Befreiung stellt und die Bergbehörde ihn genehmigt. Allerdings müssen auch bei diesen Betrieben die Errichtung und die Stilllegung betriebsplanmäßig zugelassen werden, sodass die Befreiung nur für das Führen des Betriebes ausgesprochen werden kann. Die Regelung des § 51 Absatz 3 hat ihr Vorbild wohl in § 6 Absatz 2 Buchstabe b der VO über die Aufsuchung und Gewinnung mineralischer Bodenschätze v. 31.12.1942 (RGBl 1943, 17), die durch § 175 Nr. 4 aufgehoben ist.

28   Für die Beurteilung der **geringen Gefährlichkeit** sind insbesondere die Lagerstättenverhältnisse und das Abbauverfahren maßgebend. Die **geringe Bedeutung** des Betriebes richtet sich in erster Linie nach seiner Größe (Krämer/Wever S. 48). Bei der Beurteilung hat die Behörde hinsichtlich der tatbestandlichen Voraussetzungen einen Beurteilungsspielraum (Krämer/Wever aaO), hinsichtlich der Erteilung der Ausnahme jedoch keinen Ermessensspielraum (Boldt/Weller § 51 Rn 6; a. A. Krämer/Wever, aaO). § 51 Absatz 3 („kann") ist eine Befugnisnorm ähnlich § 48 Absatz 2. Beispiel für § 51 Absatz 3: kein Betriebsplan für Tonabbau zur Gefahrenabwehr (OVG Magdeburg, NUR 2012, 505, 508).

29   Sofern Kraft Gesetzes oder durch Verwaltungsakt der Unternehmer von der Betriebsplanpflicht befreit ist, bleibt die Pflicht zur Anzeige nach § 50 Absatz 3.

30   Nach dem Runderlass in Thüringen vom 19.2.1993 (ZfB 1993, 321) müssen bei der Befreiung von der Betriebsplanpflicht die öffentlichen Interessen gesichert bleiben. Vor der Befreiung sind daher die betroffenen Behörden zu hören (Ziffer 3 Punkt 3 des Erlasses). Diese Regelung geht über die Vorgaben des § 51 Absatz 3 hinaus und ist deshalb nicht unbedenklich.

31   Die Befreiung bezieht sich auf sachlich und räumlich abgegrenzte Teile des Betriebes, nicht auf einzelne Betriebsplanarten (100. Sitzung des Länderausschusses Bergbau, 28.2.1992 im Anschluss an BVerwG, ZfB 1992, 46). Allerdings kann eine zeitbestimmte Befreiung nach Abschluss eines Errichtungsbetriebsplans für die **Gewinnung von Erdwärme** erteilt werden, da die Förderung von Erdwärme keine Gefahren mit sich bringt und Hauptbetriebspläne mit 2-jähriger Laufzeit nicht sachgerecht sind (Heitmann, ZfB 1984, 460).

32   Eine weitere Ausnahme von der Betriebsplanpflichtigkeit kann durch VO gemäß § 65 Nr. 2 insofern gemacht werden, als für bestimmte Maßnahmen statt des Betriebsplans eine Genehmigung einzuholen ist, hierzu s. auch § 52 Absatz 5: Unter Umständen genügt ein Antrag auf Genehmigung.

2. Betriebsplanpflichtige Maßnahmen

33   sind das Errichten, Führen und Einstellen der Betriebe. Sie stehen nebeneinander und bedürfen der betriebsplanmäßigen Zulassung unabhängig davon, ob eine von ihnen bereits zugelassen ist. Die genannten betrieblichen Maßnahmen sind Sammelbegriffe; das Führen eines Betriebes setzt sich aus einer erheblichen Zahl einzelner Handlungen zusammen. Der Eigenart des Betriebsplanverfahrens als eines Instrumentes **kontinuierlicher Betriebsüberwachung durch die Behörde** entspricht es, dass nicht die Gesamtmaßnahme „Führen des Betriebes", sondern die Vielzahl der Einzelmaßnahmen betriebsplanpflichtig ist. Insofern spielt es keine Rolle, ob die Einzelmaßnahme außerhalb des Gewinnungsbetriebs bzw. außerhalb der Bergaufsicht genehmigungspflichtig wäre oder nicht. In den Bergbaubetrieben sind wegen der besonderen Gefährlichkeit und wegen der besonderen ständigen Betriebsaufsicht viele Maßnahmen betriebsplanpflichtig, die in anderen Betrieben genehmigungsfrei sind.

Das Betriebsplanverfahren unterscheidet sich durch die **Vielzahl der zuzulassen-** **34** **den Maßnahmen** grundsätzlich von anderen Genehmigungsverfahren, in denen ein dauerhafter Sachverhalt – z. b. nach § 4 BImSchG der Betrieb einer Anlage, nach § 8 WHG die Benutzung eines Gewässers – durch eine einmalige Genehmigung sanktioniert wird.

Allerdings bedarf auch die Betriebsplanpflicht bergbaulicher Maßnahmen der **35** Einschränkung. Denn es muss vermieden werden, dass der Unternehmer in unvergleichlich größerem Maße an behördliche Genehmigungen gebunden ist als Unternehmer anderer gewerblicher Betriebe. Auch im Bergwerksbetrieb gibt es viele Maßnahmen, die nicht **betriebsplanfähig** sind. Zur Begrenzung bieten sich zwei Gesichtspunkte an:

Betriebspläne sind für die „Führung" von Betrieben einzureichen. Es muss sich **36** demnach um Maßnahmen von einiger Bedeutung für den Gewinnungsbetrieb handeln. Untergeordnete Tätigkeiten, deren Zusammenhang zum Gewinnungsbetrieb nur zufällig ist und die in jedem anderen nicht bergmännischen Betrieb selbstverständlich und ohne behördliche Überwachung ausgeführt werden können, gehören nicht zur Führung des Betriebes (z. B. Malerarbeiten, Maurer- und Instandsetzungsarbeiten, Reinigung).

Die Betriebsplanpflicht dient dem Zweck, der Bergbehörde die Möglichkeit **37** laufender Betriebsüberwachung insbesondere im Hinblick auf die in § 55 genannten Gesichtspunkte zu geben. Es würde dem Zweck widersprechen, wenn man Betriebspläne auch für bergmännische Maßnahmen fordern würde, die diese von der Bergbehörde allein zu prüfenden Gesichtspunkte überhaupt nicht berühren können. Auf der gleichen Linie liegt es, wenn der Bundesgesetzgeber als Ziel eines modernen Betriebsplanverfahrens ansieht, dass es auf die Darstellung und Prüfung allein des für die Errichtung oder Führung des Betriebes wesentlichen Funktions- und Organisationszusammenhangs ankommt (BT-Drs 8/1315, 106 = Zydek, 237).

Diese Gesichtspunkte gelten für alle Arten von Betriebsplänen, dass sodass sie **38** dazu dienen sollten, auch das Unwesen von Sonderbetriebsplänen einzudämmen.

V. Betriebsplanpflichtige Personen

Der Betriebsplan muss vom **Unternehmer** aufgestellt werden. Er ist auch für die **39** Aufstellung verantwortlich, wenn die Arbeiten von selbstständigen Unternehmerfirmen im Bergwerksbetrieb durchgeführt werden (Ebel/Weller, § 67, 1).

Keine Unternehmer (hierzu s. § 4 Rn 42) sind bloße Betriebsführungsgesell- **40** schaften, auch nicht Tochtergesellschaften, die im Namen und für Rechnung der Muttergesellschaft handeln, auch nicht Bergbauspezialgesellschaften, die sich ausschließlich mit dem Abteufen und Schächten befassen (Kirchner/Kremer ZfB 1990, 189, 194), wohl Tochtergesellschaften, die im eigenen Namen und für eigene Rechnung handeln unabhängig von der Muttergesellschaft.

Aus § 51 Absatz 1 ergibt sich, dass vorrangig der Unternehmer sein bergbauli- **41** ches Vorhaben definiert und die Bergbehörde allenfalls mittelbar darauf Einfluss nehmen kann (VG Oldenburg, ZfB 2008, 301; Kremer/Wever, Rn 159). Allerdings ist Voraussetzung für die Betriebsplanpflicht, dass die Maßnahme der Bergaufsicht i. S. von § 69 Absatz 1 unterliegt. Das trifft nicht zu z. B. bei Gas-oder Ölleitungen Dritter, die nicht der betrieblichen Tätigkeit des Bergbauunternehmers dienen (§ 2 Absatz 1 Ziff. 3).

42 Der Unternehmer ist betriebsplanpflichtig auch für fremde Anlagen, die auf dem Bergwerksgelände errichtet oder gehalten werden (Kabel, Leitungen, Transformatorenhaus).

43 Der Unternehmer kann die Pflicht, Betriebspläne aufzustellen, nach § 62 Nr. 1 auf verantwortliche Personen übertragen.

44 Ausnahmsweise war durch landesgesetzliche Regelung eine Körperschaft des öffentlichen Rechts, die **„Gemeinschaftskasse zur Sicherung der Rekultivierung im Rheinischen Braunkohlengebiet"**, betriebsplanpflichtig im Rahmen ihres Aufgabenbereichs, der Rekultivierung von durch Abbau des Braunkohlenbergbaues beeinträchtigten Geländes. Die Betriebsplanvorschriften fanden hier im Verhältnis zwischen zwei Trägern öffentlicher Gewalt Anwendung (Pfadt, Rechtsfragen zum Betriebsplan im Bergrecht, S. 62). Inzwischen ist die Gemeinschaftskasse aufgelöst (Gesetz v. 16.2.1982, GVBl 74).

VI. Betriebsplan – Voranfrage

45 Der vom Unternehmer einzureichende Betriebsplan ist das einzige Mittel, um die Zulassungsfähigkeit eines bergbaulichen Vorhabens und die Bedingungen bzw. Auflagen in Erfahrung zu bringen. Der Unternehmer hat keinen Anspruch auf Bescheidung einer Voranfrage, ob und unter welchen Sicherheitsvorkehrungen ein Abbau von Steinkohle unter einer Raffinerie zugelassen werden kann (OVG Münster, ZfB 119 (1978), 224).

VII. Ausnahme für Alt-Betriebsplanzulassungen

46 Eine Ausnahme von der Betriebsplanpflicht gemäß § 51 macht § 167 Absatz 1 Nr. 1 für die am **1.1.1982** zugelassenen Betriebspläne für die Dauer ihrer Laufzeit. Sie gelten weiter, bei zeitlich unbeschränkten Betriebsplänen schafft das BBergG keine Beschränkung.

VIII. Analoge Anwendung der Betriebsplanpflicht in sonstigen Bereichen

47 Betriebsplanpflicht ist außerdem angeordnet worden für
– Untersuchungen des Untergrundes auf seine Eignung für die Untergrundspeicherung (§ 126 Absatz 1)
– Untergrundspeicher (§ 126 Absatz 1)
– Anlagen zur Lagerung, Sicherstellung oder Endlagerung radioaktiver Stoffe (§ 126 Absatz 3)
– bestimmte Bohrungen und die dazugehörigen Betriebseinrichtungen (§ 127)
– Aufsuchen und Gewinnen mineralischer Rohstoffe in verlassenen Halden (§ 128)
– Versuchsgruben (§ 129 Absatz 1)
– bergbauliche Ausbildungsstätten in bestimmten Fällen (§ 129 Absatz 1)
– Besucherbergwerke, Besucherhöhlen (§ 129 Absatz 1)
– Maßnahmen an unterirdischen Hohlraumbauten (§ 130).

48 Die Betriebsplanpflicht besteht auch für den Bereich des Festlandsockels (§ 51 Absatz 3 Satz 2), indem sogar insofern eine Verschärfung eintritt, als Ausnahmen von der Betriebsplanpflicht, die im Festlandsbereich nach § 51 Absatz 3 Satz 1 möglich sind, hier gesetzlich ausgeschlossen sind. Betriebsplanpflichtig sind schließlich Untersuchungen des Untergrundes auf seine Eignung zur Gewinnung von Erdwärme und Betriebe zur Gewinnung von Erdwärme (§ 3 Absatz 3 Nr. 2 b).

IX. Zuständigkeit

Zuständig für die Durchführung des Betriebsplanverfahrens nach §§ 51–57 sind die nach Landesrecht zuständigen Bergbehörden, die – Stand 1.1.2013 – im Anhang I aufgeführt sind (s. auch Überblick über die Bergbehörden in Deutschland – Stand 2000 – bei Kremer/Wever, Anhang I). **49**

§ 52 Betriebspläne für die Errichtung und Führung des Betriebes

(1) Für die Errichtung und Führung eines Betriebes sind Hauptbetriebspläne für einen in der Regel zwei Jahre nicht überschreitenden Zeitraum aufzustellen. Eine Unterbrechung des Betriebes für einen Zeitraum bis zu zwei Jahren gilt als Führung des Betriebes, eine längere Unterbrechung nur dann, wenn sie von der zuständigen Behörde genehmigt wird.

(2) Die zuständige Behörde kann verlangen, daß
1. für einen bestimmten längeren, nach den jeweiligen Umständen bemessenen Zeitraum Rahmenbetriebspläne aufgestellt werden, die allgemeine Angaben über das beabsichtigte Vorhaben, dessen technische Durchführung und voraussichtlichen zeitlichen Ablauf enthalten müssen;
2. für bestimmte Teile des Betriebes oder für bestimmte Vorhaben Sonderbetriebspläne aufgestellt werden.

(2a) Die Aufstellung eines Rahmenbetriebsplanes ist zu verlangen und für dessen Zulassung ein Planfeststellungsverfahren nach Maßgabe der §§ 57 a und 57 b durchzuführen, wenn ein Vorhaben nach § 57 c einer Umweltverträglichkeitsprüfung bedarf. Die zuständige Behörde soll mit dem Unternehmer auf der Grundlage des Verlangens Gegenstand, Umfang und Methoden der Umweltverträglichkeitsprüfung sowie sonstige für die Durchführung dieser Prüfung erhebliche Fragen erörtern; hierzu können andere Behörden, Sachverständige und Dritte hinzugezogen werden. Anforderungen eines vorsorgenden Umweltschutzes, die sich bei der Umweltverträglichkeitsprüfung ergeben und über die Zulassungsvoraussetzungen des § 55 sowie der auf das Vorhaben anwendbaren Vorschriften in anderen Gesetzen hinausgehen, sind dabei öffentliche Interessen im Sinne des § 48 Abs. 2.

(2b) Für Vorhaben einschließlich notwendiger Folgemaßnahmen, die wegen ihrer räumlichen Ausdehnung oder zeitlichen Erstreckung in selbständigen Abschnitten oder Stufen durchgeführt werden, kann der Rahmenbetriebsplan nach Absatz 2a Satz 1 entsprechend den Abschnitten oder Stufen aufgestellt und zugelassen werden, es sei denn, daß dadurch die erforderliche Einbeziehung der erheblichen Auswirkungen des gesamten Vorhabens auf die Umwelt ganz oder teilweise unmöglich wird. Für Vorhaben, die einem besonderen Verfahren im Sinne des § 54 Abs. 2 Satz 3 unterliegen, finden Absatz 2a, § 11 Absatz 1 Wasserhaushaltsgesetz und § 17 Absatz 10 Bundesnaturschutzgesetz und entsprechende Vorschriften über Verfahren zur Durchführung der Umweltverträglichkeitsprüfung in anderen Rechtsvorschriften keine Anwendung, wenn in diesem Verfahren die Durchführung einer Umweltverträglichkeitsprüfung gewährleistet ist, die den Anforderungen dieses Gesetzes entspricht. Das Ergebnis dieser Umweltverträglichkeitsprüfung ist bei Zulassungen, Genehmigungen oder sonstigen behördlichen Entscheidungen über die Zulässigkeit des Vorhabens nach Maßgabe der dafür geltenden Vorschriften zu berücksichtigen.

(2c) Die Absätze 2a und 2b gelten auch für die wesentliche Änderung eines Vorhabens im Sinne des Absatzes 2a Satz 1, wenn die Änderung erhebliche Auswirkungen auf die Umwelt haben kann.

(3) Für Arbeiten und Einrichtungen, die von mehreren Unternehmen nach einheitlichen Gesichtspunkten durchgeführt, errichtet oder betrieben werden müssen, haben die beteiligten Unternehmer auf Verlangen der zuständigen Behörde gemeinschaftliche Betriebspläne aufzustellen.

(4) Die Betriebspläne müssen eine Darstellung des Umfanges, der technischen Durchführung und der Dauer des beabsichtigten Vorhabens sowie den Nachweis enthalten, daß die in § 55 Abs. 1 Satz 1 Nr. 1 und 3 bis 13 bezeichneten Voraussetzungen erfüllt sind. Sie können verlängert, ergänzt und abgeändert werden.

(5) Für bestimmte Arbeiten und Einrichtungen, die nach einer auf Grund dieses Gesetzes erlassenen Rechtsverordnung einer besonderen Genehmigung bedürfen oder allgemein zuzulassen sind, kann in Haupt- und Sonderbetriebsplänen an Stelle der nach Absatz 4 Satz 1 erforderlichen Darstellung und Nachweise der Nachweis treten, daß die Genehmigung oder Zulassung vorliegt oder beantragt ist.

Übersicht   Rn

I.   Besonderheiten des Bergbaubetriebs und Betriebsplanverfahren   1
II.   Hauptbetriebsplan   8
III.   Rahmenbetriebsplan 17
IV.   Sonderbetriebsplan 45
1.   Beispiele 47
2.   Richtlinien Betriebsplanverfahren 48
3.   Sonderbetriebsplan „Bergehalden" 49
4.   Sonderbetriebspläne „Abbaueinwirkungen" und „Anhörung" 51
5.   Sonderbetriebsplan „Abbau" 66
6.   Sonderbetriebsplan „Folgen des Grundwasseranstiegs" 70
7.   Sonderbetriebsplan „Einstellung der Wasserhaltung" 81
8.   Anforderungen an Sonderbetriebspläne, Verhältnis zum
       Hauptbetriebsplan 82
V.   Einzelbetriebsplan 92
VI.   Gemeinschaftlicher Betriebsplan 93
VII.   Inhalt des Betriebsplans 95
VIII. Verlängerung, Ergänzung, Abänderung 103
IX.   Befreiung von der Betriebsplanpflicht 118
X.   Betriebsplan-Richtlinien 120

Hinweis: Zur Kommentierung von § 52 Absatz 2a–Absatz 2c (Rn 122–178) siehe die gesonderte Übersicht auf S. 248f.

I.   Besonderheiten des Bergbaubetriebs und Betriebsplanverfahren

1   Vorbemerkung: Aus den §§ 52, 53 ergibt sich das System der Betriebsplanarten. Für die Errichtung und Führung der Betriebe wird zwischen Hauptbetriebsplänen, Rahmenbetriebsplänen und Sonderbetriebsplänen unterschieden, für die Einstellung des Betriebes muss ein Abschlussbetriebsplan aufgestellt werden. Das BBergG knüpft damit an frühere Regelungen an (§ 67 Absatz 2 ABG Saarl., § 67 Absatz 2 ABG).

2   Die **Besonderheiten des bergbaulichen Abbaubetriebs** machen es erforderlich, dass zu seiner behördlichen Überwachung ein besonderes Rechtsverfahren zur

Verfügung gestellt wird. Während außerbergbauliche Anlagen und ihr Betrieb ortsgebunden statisch, längerfristig voraussehbar und planbar sind, bringt der örtlich fortschreitende Bergbau oft neue technische Anforderungen und sicherheitliche Erkenntnisse mit sich (Einzelheiten Salewski, Diss. Clausthal 1991). Der Abbau bedarf daher der fortlaufenden Überwachung und ständigen Anpassung des rechtlichen Instrumentariums. Langfristige Planung ist bei dieser dynamischen Betriebsweise nur als Grobplanung möglich (Ludwig, Auswirkungen S. 44; BVerwGE 89, 251 = ZfB 1992, 42; Gaentzsch, Festschrift für Sendler S. 410 und in Kühne/Gaentzsch, Wandel S. 20; VG Stade, ZfB 1991, 65; Kremer/Wever, Rn 158). Der Betrieb befindet sich in einer ständigen Planungs- und Realisierungsphase, die sich kontinuierlich aneinander reiben (Knöchel, NWVBl 1991, 117). Errichtungs- und Betriebsphase sind ineinander verschoben: mit jedem Fortschreiten des Abbaus findet zugleich – jedenfalls teilweise – eine Neuerrichtung statt (Kühne in Leipziger Schriften zum Umwelt- und Planungsrecht, 2009, Band 15, S. 11, 13 und DVBl 2006, 662; Gaentzsch, in Kühne/Gaentzsch, Wandel S. 21 f.). Als weitere bergbauliche Besonderheit kommt eine erhebliche Prognoseunsicherheit hinzu (BVerwGE 89, 254 = ZfB 1992, 42; OVG NRW, NUR 2006, 803; VG Cottbus, ZfB 2006, 2002; Knöchel, NWVBl 1992, 117; Gaentzsch, aaO S. 20), die sich auch durch die Entwicklung neuer technischer Hilfsmittel nicht wesentlich geändert hat. Gebunden ist der Bergbau ferner an die Lagerstätte, deren Abbauwürdigkeit und -fähigkeit sich erst im Laufe des Abbauverfahrens zeigt. Wie andere Großvorhaben ist die Gewinnung von Bodenschätzen durch einen hohen Investitionsaufwand und das typischerweise deutlich verzögerte Erreichen der Rentabilitätsschwelle belastet, sodass die Genehmigungen eine gewisse Investitionssicherheit und Verlässlichkeit bieten müssen.

Diesen Besonderheiten tatsächlicher Art trägt das Betriebsplanzulassungsverfahren Rechnung. Es ist von mehreren Grundzügen gekennzeichnet und in unterschiedlichen Betriebsplanarten aufgefächert, die die Eigentümlichkeiten des jeweiligen Abbaubetriebs erfassen. **3**

Ein **Grundzug des Betriebsplanverfahrens** ist, dass dem besonderen Gefährdungspotenzial der einzelnen Betriebshandlungen dadurch entsprochen wird, dass prinzipiell **alle Aktivitäten** vor ihrer Realisierung einer **Zulassung bedürfen.** **4**

Ein anderer **Grundzug** ist, dass das Verfahren für die Zulassungen so ausgestattet ist, dass sowohl den Unsicherheiten und Risiken des Planungsprozesses abgestuft Rechnung getragen werden kann, als auch eine jederzeitige **flexible Anpassung der Planung** an sich verändernde Bedingungen möglich bleibt (Pollmann/Wilke, S. 216). Das führt dazu, dass selbst beim Rahmenbetriebsplan nicht das Gesamtvorhaben in den Blick zu nehmen ist, sondern sich das Verfahren auf eine bestimmte Phase des Errichtens und Führens des Bergbaubetriebs beschränken kann (BVerwG, 89, 252 = NVwZ 1992, 981 = ZfB 1992, 42). **5**

Ein **dritter Grundzug** ist seine *„strukturelle Bipolarität"* (Kühne UPR 1992, 218 ff.). Betriebsplan und Zulassung sind als eine zweiseitige, fortlaufende Verständigungssuche zwischen Bergbauunternehmern und Behörde zu verstehen (Schmidt-Aßmann/Schoch, Bochumer Beiträge S. 151). Der Unternehmer stellt den Betriebsplan auf, die Behörde lässt ihn zu. Der Betriebsplan enthält beschreibende, vorschlagende, feststellende und normative Elemente, die dem Gebot von Antrags- und Entscheidungsbestimmtheit genügen müssen. Denn die Behörde macht sich, soweit sie nicht Nebenbestimmungen festlegt, den Betriebsplan für ihre Zulassungsentscheidung zu eigen. Insbesondere bei den Angaben, die unmittelbar die Rechtsphäre Dritter betreffen, ist der Bestimmtheitsgrundsatz besonders zu beachten. Bei den Angaben, die nur den Unternehmer und sein **6** (technisches) Vorhaben betreffen, dürfte eine „inter partes" – Bestimmtheit ausreichen.

7   Diesen objektiven Gegebenheiten des Bergbaus entspricht das Betriebsplanverfahren mit dem sachlich, zeitlich und räumlich unterschiedlichen Geltungsbereichen der verschiedenen Betriebsplantypen und den Abhängigkeiten dieser Typen untereinander (Pollmann/Wilke, S. 217; Kühne, UPR 1986, 81 ff: „*Verfahrensstufung*", „*horizontale Verfahrensaufteilung*").

II. Hauptbetriebsplan

8   Hauptbetriebspläne sind für die Errichtung und Führung eines Betriebes aufzustellen. Im Steinkohlenbergbau gehen diese Tatbestände ineinander über. Sofern sich allerdings die Errichtung des Betriebes von der Führung des Betriebes faktisch trennen lässt, wie etwa bei der Errichtung und Erstbefüllung eines Untergrundspeichers und dessen späteren Betrieb, sind Hauptbetriebspläne nicht nur für den Betrieb, sondern auch für die Errichtung des Speichers aufzustellen (BVerwG, ZfB 1992, 38 = NVwZ 1992, 993 f. – Erdgasspeicher).

9   Hauptbetriebspläne sind die wichtigste Form der verschiedenen Betriebsplanarten. Sie sollen in bestimmten Zeitabständen – in der Regel zwei Jahre – einen Überblick über die geplanten Arbeiten und Anlagen vermitteln. Dabei gilt der Zweijahreszeitraum nur als Regel, die länger- oder kürzerfristige Ausnahmen zulässt. Nach Fristablauf verliert der Betriebsplan seine Gültigkeit. Er muss entweder gemäß § 52 Absatz 4 Satz 2 verlängert oder gemäß § 51 Absatz 1 neu aufgestellt werden. In der sehr kurzen Befristung der Hauptbetriebspläne zeigt sich ein wesentlicher Unterschied zu den anderen Betriebsplänen und zu den immissionsschutzrechtlichen Genehmigungen: Während die Genehmigung nach § 12 Absatz 2 BImSchG nur auf Antrag befristet erteilt werden kann (Sellner, Immissionsschutz und Industrieanlagen, Rn 230), sind die Sonderbetriebspläne und die Rahmenbetriebspläne auf längere Zeiträume befristet. Die Zwei-Jahres-frist verpflichtet den Unternehmer nicht zur Durchführung der betriebsplan-pflichtigen Maßnahmen innerhalb dieser Frist, sondern erfasst nur die Planungs-vorstellung.

10   Der Hauptbetriebsplan ist die **zentrale Betriebsplanart**. Anders als Sonder- und Rahmenbetriebspläne, deren Aufstellung die Bergbehörde verlangen kann, ist die Beantragung der Hauptbetriebsplanzulassung ausschließlich Sache des Unternehmers. Sonderbetriebspläne können weder allein noch in Verbindung mit Rahmenbetriebsplänen den Hauptbetriebsplan ersetzen (BVerwG, ZfB 1992, 46 = NVwZ 1992, 981 – Gasspeicher); Die Bergbehörde kann den Unternehmer nicht von der Verpflichtung, einen Hauptbetriebsplan vorzulegen, befreien. Erfolgt dennoch eine ausdrückliche oder konkludente Befreiung in der Zulassung des Rahmenbetriebsplans, ist diese Zulassung in soweit (teilweise) rechtswidrig. Ein Hauptbetriebsplan kann nicht eine UVP-Pflicht auslösen. Das einzig hierfür gesetzlich vorgesehene bergrechtliche Verfahren ist der Rahmen-betriebsplan (VG Dessau, ZfB 1999, 266).

11   Ein Antrag des Unternehmers, zugleich einen Rahmenbetriebsplan und einen Hauptbetriebsplan zuzulassen, ist nicht zulässig. Er ist im Zweifel dahin auszulegen, dass nur ein Hauptbetriebsplan vorgelegt wird. Andererseits enthält das BBergG keine Regelung, dass ein Hauptbetriebsplan nur zugelassen werden kann, wenn zuvor ein Rahmenbetriebsplan zugelassen wurde. Das gilt sowohl für den fakultativen (BVerwG, NVwZ 1996, 912 = ZfB 1995, 288) als auch für den obligatorischen Rahmenbetriebsplan (VG Dessau ZfB 1999, 266; Stüer/

Hönig, DVBl 2000, 1198). Das bergrechtliche Prüfprogramm für den Hauptbetriebsplan ergibt sich ausschließlich aus §§ 55, 48 Absatz 2.

Aus dem Wortlaut der Regelungen zum Sonderbetriebsplan („bestimmte Teile"　**12**
in § 52 Absatz 2 Nr. 2) und Rahmenbetriebsplan („beabsichtigtes Vorhaben" in
§ 52 Absatz 2 Nr. 1 und „Abschnitte oder Stufen" in § 52 Absatz 2 b) folgt, dass
der Hauptbetriebsplan die Gesamtheit des Bergwerkbetriebs für den Zweijahreszeitraum behandeln soll.

Hauptbetriebspläne im Steinkohlenbergbau haben insbesondere zu **enthalten:**　**13**
allgemeine Beschreibung des Betriebszustandes und der -entwicklung (Bergbauberechtigung, Tagessituation), Umweltschutz (Abfall, Gewässer-, Boden-, Emissionsschutz), Wiedernutzbarmachung der Oberfläche, Arbeitssicherheit, Darstellung des technischen Betriebszustandes und der technischen Betriebsentwicklung
(Schächte, Bergehalden, Stromversorgung, Wasser- und Energie, Verwaltungen,
Arbeitsstätten, Sozialeinrichtungen u. a., Grubenbaue, Strecken, Abbauverfahren, Strebe, Transport, Bewetterung u. a.) beabsichtigte Sonderbetriebspläne.
Hierzu im Einzelnen: Richtlinien des Landesoberbergamts NRW zur Hand-
habung des Betriebsplanverfahrens vom 31.8.1999 (SBl LOBA A7 Anlage 1,
Gliederung bei Pollmann/Wilke, Anlage 2 S. 269 ff.). Für den Nichtkohlenberg-
bau enthält die Mustergliederung Angaben zu lagerkundlichen Verhältnissen,
Entwicklung des Tagebaus, Tagebaubetrieb, Tagesanlagen, Einrichtungen des
Brand- und Explosionsschutzes, Arbeits- und Gesundheitsschutz, Wasser- und
Emissionsschutz, Abfälle, Altlasten, und zur Wiedernutzbarmachung der
Betriebsflächen (Richtlinien aaO, Anlage 8).

Die Zulassung des Hauptbetriebsplans muss **befristet** werden, andernfalls ist sie　**14**
rechtswidrig. Die Frist von 2 Jahren begründet sich aus der Unsicherheit der
bergbaulichen Prognosen, insbesondere den sich ändernden geologischen Verhältnissen. Die kurze Frist soll der Bergbehörde eine fortlaufende Kontrolle des
Betriebes ermöglichen (VG Neustadt, ZfB 1997, 223). Nach Ablauf der Frist
wird der Hauptbetriebsplan gegenstandslos. Zur Weiterführung des Betriebes
bedarf es einer neuen Zulassung. Auch bei einer „Verlängerung" der Haupt-
betriebsplanfrist ist erneut zu prüfen, ob die Zulassungsvoraussetzung der
§§ 55, 48 Absatz 2 vorliegen (BVerwG, DVBl 1996, 253 = ZfB 1995, 278,
285; VG Neustadt, ZfB 1997, 223; VG Magdeburg, ZfB 2002, 81). Die zeitlich
beendete Zulassung hat keine Bindungswirkung mehr für eine weitere Zulassung (a. A. Kühne, Bergrechtlicher Rahmenbetriebsplan, S. 33). Es besteht kein
Bestandsschutz derart, dass die neue Zulassung auf Vertrauensschutz gegründet
werden kann. Nach Fristablauf besteht ein Feststellungsinteresse auf Rechtswidrigkeit des Hauptbetriebsplans nicht mehr, da eine Wiederholungsgefahr
nicht gegeben ist. Ein Verlängerungsantrag bedarf einer erneuten Prüfung der
Zulassungsvoraussetzungen (VG Neustadt, ZfB 1997, 223; VG Magdeburg,
ZfB 2002, 81). Allerdings dürfte bei unverändertem Sachverhalt ein verdichteter
Anspruch auf weitere Zulassung durch die Bergbehörde bestehen.

Hauptbetriebspläne haben **Gestattungswirkung** für den Abbau. Für bestimmte　**15**
Teilbereiche, für die Sonderbetriebspläne aufgestellt werden müssen, kann aus
der Zulassung nur die grundsätzliche Zulassung gefolgert werden, vorbehaltlich
einer Detailplanung und vertiefenden Darstellung in Sonderbetriebsplänen (Poll-
mann/Wilke S. 229). Soweit für Teilbereiche keine Sonderbetriebspläne gefordert werden, sind diese Bereiche endgültig gestattet. Im Übrigen zur Wirkung der
Zulassung des Hauptbetriebsplans § 56 Rn 48–51.

Eine Besonderheit enthält § 52 Absatz 1 Satz 2, der eine Unterbrechung des　**16**
Betriebes für bis zu zwei Jahre als „Führung des Betriebes" fingiert. Hierdurch
wird eine Abgrenzung zur Einstellung des Betriebes und dadurch notwendigen

Aufstellung eines Abschlussbetriebsplans erreicht. Während der Unterbrechungszeit gilt der Hauptbetriebsplan und seine Nebenbestimmungen weiter bzw. besteht Betriebsplanpflicht nach § 52, nicht nach § 53.

III. Rahmenbetriebsplan

17   Er soll die in den Hauptbetriebsplänen kettenmäßig darzustellenden Vorhaben in einen größeren Zusammenhang einbetten. Seine **Funktion** ist es, die vielfältigen bergbaulichen Tätigkeiten, die durch Haupt- und Sonderbetriebspläne zu gestatten sind, zu koordinieren (BVerwGE, 89, 252). Mit seiner Hilfe soll ein bruchloser Übergang von einem Hauptbetriebsplan zum nachfolgenden überprüft werden, ferner Maßnahmen mit zwangsläufig längerer Zeitdauer als der begrenzten Zwei-Jahresfrist des Hauptbetriebsplans erfasst und die langfristigen Entwicklungsplanungen des Abbaus beschrieben werden (Pollmann/Wilke S. 220). Durch den Rahmenbetriebsplan soll der Unternehmer veranlasst werden, sich ein allgemeines Konzept zu machen, um die komplexen Sachverhalte zu erfassen (**Rationalisierungsfunktion**). Er soll aber auch der Behörde Gelegenheit geben, sich einen Überblick über die Planungen zu verschaffen und die einzelnen Tatbestände des Zulassungsprogramms der §§ 55, 48 Absatz 2 rahmenmäßig zu bewerten (**Schutzfunktion**, Einzelheiten Schmidt-Aßmann/Schoch S. 178 ff.).

18   Die Vorschriften über die Zulassung von Rahmenbetriebsplänen ermöglichen, jedenfalls soweit sie den untertägigen Steinkohlenabbau betreffen, keinen Entzug des Grundeigentums. Sie stellen sich vielmehr als Inhalts- und Schrankenbestimmung i. S. von Artikel 14 Absatz 1 Satz 2 GG dar. Einer Entschädigungsregelung bedarf es daher nicht, die Vorschrift ist nicht verfassungswidrig (OVG NRW, ZfB 2009, 264).

19   Mit dem Gesetz zur Änderung des BBergG vom 12.2.1990 (BGBl, 215) wurde die **Umweltverträglichkeitsprüfung** in das Betriebsplanverfahren integriert. Die UVP wurde auf der Stufe des Rahmenbetriebsplans verankert, weil Umweltauswirkungen eines Vorhabens möglichst vorzeitig darzustellen und zu beurteilen sind. Wegen seiner Funktion, einen Überblick über das Vorhaben für einen längeren Zeitraum zu verschaffen, ist der Rahmenbetriebsplan für die UVP besonders geeignet (Himmelmann/Tünessen-Harmes, UPR 2002, 214; Ludwig, S. 48, Kühne, Leipziger Schriften, Band 15, 2009, S. 11, 13).

20   In der Praxis werden im **Braunkohlentagebergbau** in NRW und Sachsen vor allem fakultative Rahmenbetriebspläne vorzulegen sein: nach Landesrecht ist die UVP-Prüfung auf der Ebene der Braunkohlenplanung durchzuführen (§§ 45, 14, 15 LPlG NRW, 6 Absatz 1 Satz 4 Sächs. PlG, hierzu Kühne, Leipziger Schriften, Band 15, 2009, S. 11, 24). Auf der Stufe des Rahmenbetriebsplans findet eine UVP-Prüfung nicht mehr statt (§§ 52 Absatz 2 b Satz 2 i. V. mit 54 Absatz 2 Satz 3). Anders ist die Rechtslage in Brandenburg und Sachsen-Anhalt. Die Braunkohlen- und Sanierungspläne (§ 4 UVPG – Brandenburg i. V. mit Anlage 2 Nr. 1.3.4 zu § 12 RegBkPlG) und die regionalen Teilgebietsentwicklungspläne (§§ 8 Absatz 1, 3 Absatz 8 LPlG LSA) sind zwar SUP-pflichtig (Kühne aaO); das ersetzt aber nicht die UVP-Pflicht, die daher im obligatorischen Rahmenbetriebsplanverfahren abzuarbeiten ist.

21   Seither unterscheidet das BBergG den einfachen (**fakultativen**) Rahmenbetriebsplan und den qualifizierten (**obligatorischen**) Rahmenbetriebsplan. Bei ersterem kann die zuständige Behörde die Aufstellung verlangen (§ 52 Absatz 2 Nr. 1), bei letzterem ist sie verpflichtet, die Aufstellung zu verlangen (§ 52 Absatz 2 a).

Rahmenbetriebspläne sind nach dem Wortlaut des Gesetzes auf Verlangen der **22** zuständigen Behörde aufzustellen. § 52 regelt indes nur die Pflicht zur Aufstellung von Rahmenbetriebsplänen („[...] sind"). Das schließt nicht aus, dass der Unternehmer ohne Pflichtigkeit einen Rahmenbetriebsplan vorlegt und die Bergbehörde hierüber zu entscheiden hat. Das ist inzwischen allgemeine Auffassung (Kühne, UPR 1986, 84; Boldt/Weller, § 52 Rn 6; BVerwG, ZfB 1995, 285 = NVwZ 1996, 909; OVG Lüneburg, ZfB 1990, 24; VG Berlin, ZfB 1989, 132; Ludwig, S. 46).

Gesetzlich ausdrücklich vorgegeben ist als **Voraussetzung** für die Aufstellung **23** eines einfachen Rahmenbetriebsplan lediglich, dass die Bergbehörde ihn verlangen kann. Hinzukommen muss aus der systematischen Stellung und der Funktion des Rahmenbetriebsplans, dass ein zeitlich längerfristiger Koordinierungsbedarf von Haupt- oder Sonderbetriebsplänen aus der Sicht der Bergbehörde besteht (BVerwG, NVwZ 1992, 981 – Erdgasspeicher).

Das **Verlangen der Bergbehörde** muss sich auf einen bestimmten längeren **24** Zeitraum beziehen. Der längere Zeitraum hängt von den Umständen des Einzelfalls ab, in der Praxis zwischen 10 und 20 Jahren (Müller/Schulz, Rn 356; Pollmann/Wilke, S. 221; Ludwig, S. 46; anders Kremer/Wever, Rn 169: „nicht unter fünf und kaum über 20 Jahre"). Im Steinkohlenbergbau werden durch die neueren Rahmenbetriebspläne 15 Jahre abgedeckt.

Die gesetzliche Vorgabe eines „**bestimmten**" **Zeitraumes** bedeutet, dass im **25** Rahmenbetriebsplan der längere Zeitraum seiner Geltung durch genauere Zeitangabe zu bestimmen ist (BVerwG, ZfB 1992, 46 = NVwZ 1992, 980). Mittelbare Angaben, z. B. durch die Angabe der zugelassenen Maßnahme, oder ungefähre Angaben reichen nicht. Das ergibt sich schon aus der Notwendigkeit, dass Betriebspläne der Verlängerung und Neubescheidung bedürfen, wenn ihre Zeit abgelaufen ist. Allerdings haben die zeitliche Geltungsdauer oder das Fehlen bestimmter Angaben keine drittschützende Wirkung zu Gunsten betroffener Nachbarn (BVerwG, aaO; OVG NRW, ZfB 1995, 314). Eine fehlende Zeitbestimmung kann durch Nachtragsbescheid geheilt werden.

Zu den Voraussetzungen der Zulassung eines Rahmenbetriebsplans gehört auch **26** das allgemeine verwaltungsrechtliche **Sachbescheidungsinteresse.** §§ 52 Absatz 2 a schränken zwar das Recht des Bergbautreibenden nicht ein, die ihm für sein Vorhaben zweckmäßig erscheinenden Betriebspläne beantragen zu dürfen (BVerwG, NVwZ 1996, 909 = ZfB 1995, 284). §§ 52 Absatz 2 a, regeln nur eine Befugnis der Bergbehörde, die Vorlage bestimmter Pläne verlangen zu können oder zu müssen. Jedoch kann ein Rahmenbetriebsplan nicht zugelassen werden, wenn der Behörde bekannt ist oder es sich ihr aufdrängen muss, dass das bergbauliche Vorhaben so, wie es in dem Rahmenbetriebsplan beschrieben ist, nach den Maßstäben der § 55 Absatz 1, 48 Absatz 2 nicht ausgeführt werden dürfte und später Haupt- oder Sonderbetriebspläne nicht zulassungsfähig sind (BVerwG, NVwZ 1992, 982; z.B. auch im Verfahren nach § 31 WHG a. F.; BVerwG, ZfB 1994, 333 und BVerwG, 61, 130 f: *„Wenn klar ist, dass die Genehmigung ersichtlich nutzlos wäre"* bzw. bei *„schlechterdings nicht ausräumbarem Hindernis"*; OVG NRW, ZfB 1994, 366 m.w.N.). Beispiele hierfür: Bergbauberechtigung wird zweifellos nicht erteilt, Grunderwerb für Steine- und Erdenbetrieb wird mit Sicherheit scheitern, Sicherheitsfragen werden bis zur Zulassung des Hauptbetriebsplans nicht gelöst (BVerwG, aaO). Für die Zulassung des Rahmenbetriebsplans ist ausreichend, dass diese Hemmnisse nicht unüberwindbar sind und nicht ausgeschlossen ist, dass sie auf rechtlichem oder tatsächlichem Wege beseitigt werden können (ähnlich VG Berlin, Urt. v. 18.5.1988, AZ A88/87, S. 32, 38 – Gasspeicher 1. Instanz = ZfB 1989, 132). Die **Erschließung** muss für die Rahmenbetriebsplan-Zulassung technisch mög-

lich, aber noch nicht konkret rechtlich gesichert sein. Das gilt auch für Grundstücke außerhalb des Bewilligungsfeldes, die zum Abtransport von Bodenschätzen oder Abraum benötigt werden (OVG Bautzen vom 26.9.2008, AZ 4 B 773/06 mit Hinweis auf §§ 77 ff., 2 Absatz 1 Nr. 1–3 BBergG und BVerwGE 87, 241, 252 = ZfB 1991, 140 ff. – Frimmersdorf).
Die ältere Rechtsprechung (VG Gelsenkirchen, Glückauf, 1981, 1511; OVG NRW, ZfB 1973, 332; OVG NRW, 1982, 250 = Glückauf 1982, 240 insofern auch Piens/Schulte/Graf Vitzthum, 1. Auflage § 52 Rn 8) wonach die Zivilrechtslage im Betriebsplanverfahren nicht zu prüfen war, ist demnach mit der oben dargestellten Maßgabe überholt.

27   Ein fakultativer Rahmenbetriebsplan kann nicht bei der Einstellung des Betriebes verlangt oder vom Unternehmer eingereicht werden. **Rahmenabschlussbetriebspläne** sind vom BBergG nicht vorgesehen; § 52 Absatz 2 Nr. 1 bezieht sich nur auf die Errichtung und Führung eines Betriebes (Kremer/Wever, Rn 220 f.; Knöchel, ZfB 1996, 50, anderer Ansicht Beddies, S. 116, nicht thematisiert in BVerwG, ZfB 1995, 294, dem ein Sachverhalt mit Rahmenabschlussbetriebsplan zugrunde lag).

28   Inhaltlich sind für den fakultativen Rahmenbetriebsplan **allgemeine Angaben** über das beabsichtigte Vorhaben, Angaben über dessen technische Durchführung und voraussichtlichen zeitlichen Ablauf vorgegeben. Außerdem müssen die Voraussetzungen des § 52 Absatz 4 S. 1 erfüllt sein, insbesondere die Nachweise, dass die in § 55 Absatz 1 Satz 1 Nr. 1, Nrn. 3 bis 13 bezeichneten Voraussetzungen gegeben sind. Diese Anforderungen an den Rahmenbetriebsplan sind allein im öffentlichen Interesse und nicht drittschützend (VG Gelsenkirchen, ZfB 1987, 94).
Schon der Wortlaut „allgemeine Angaben" zeigt, dass im fakultativen Rahmenbetriebsplan keine Einzelheiten in vollendeter Planungsschärfe beschrieben werden. Jedenfalls ist ein geringerer Konkretisierungsgrad als im Hauptbetriebsplan erforderlich. Es kann in der Regel nur um Eckwerte, Margen und Tendenzen gehen. Die Angaben müssen aber, wie § 52 Absatz 4 Satz 1 zeigt, immerhin einen solchen Genauigkeitsgrad besitzen, dass die Behörde das von ihr zu beachtende Prüfprogramm abarbeiten kann (Schmidt-Aßmann/Schoch, S. 182); dies allerdings insbesondere im untertägigen Bereich mit der Einschränkung der naturgegebenen Planungs- und Programmunsicherheit im Hinblick auf langfristige Aussagen.

29   Der **Muster-Rahmenbetriebsplan für Nichtkohlenbergbau** (Richtlinie LOBA NRW v. 31.8.1999 – AZ11-1-7-27, Anlage 7) sieht im Wesentlichen folgende Gliederungspunkte vor:
Übersicht über das Vorhaben (Geologie, Hydrologie, Raumordnungsziele, Schutzgebiete, Altlasten), Beschreibung des Vorhabens (Größe und Grenze des Gewinnungsvorhabens, anfallende Abraummenge, zeitlicher Ablauf der Gewinnung), allgemeine Angaben zur Betriebsplanung, Tagesanlagen, Infrastruktur (Transportwege, Energie, Wasser, Grundwasserverhältnisse), Emissionsschutz, Entsorgung von Abfällen, Wiedernutzbarmachung.

30   Im **Steinkohlenbergbau** sind folgende Gliederungspunkte üblich: Berechtsame, Geologie der Lagerstätte, Übersicht über das Vorhaben, Ausrichtung, übertägige Betriebsanlagen (Schächte, Verkehrsanbindung, Versorgung, Entsorgung, Bergeanfall und Verbleib, Emissionen, Immissionen), Auswirkungen des Vorhabens auf die Tagesoberfläche (Beschreibung, Raumordnung und Landesplanung, hydrologische Verhältnisse, Landboden) und Nutzung, Auswirkungen des Abbaus auf die Tagesoberfläche, Einwirkungsbereiche, Auswirkung auf die Hydrologie, Ausgleichs- und Ersatzmaßnahmen bei Eingriffen in Natur und Landschaft (Nachweis bei Pollmann/Wilke, S. 220 und Anlage 3).

Der Rahmenbetriebsplan über das **Abteufen eines neuen Schachtes** wird Anga- **31**
ben über die Grundgedanken der Planung, über die Lage des Planungsraumes
und die Berechtsamsverhältnisse, über die bisherigen Aufschlussergebnisse und
Lagerstättenverhältnisse, eine Darstellung der bergtechnischen Planung und der
Funktion der Schächte, Angaben über Betriebseinrichtungen, bauliche Anlagen,
Versorgungs- und Entsorgungspläne, Verkehrsplanung, zu Umwelt- und Land-
schaftsschutzgesichtspunkten und zur Einordnung des Vorhabens in die regionale und überregionale Planung enthalten müssen.

Abzugrenzen sind die allgemeinen Angaben im Sinne § 52 Absatz 2 Nr. 1 von **32**
den für **obligatorische Rahmenbetriebspläne** erforderlichen Angaben gemäß
§ 57a Absatz 2, § 2 UVP-V Bergbau. Diese im Hinblick auf Planfeststellung
und Konzentrationswirkung vorgeschriebenen **besonderen Angaben** sind für
den fakultativen Rahmenbetriebsplan nicht gefordert.

In einem Rahmenbetriebsplan, auch in einem UVP-pflichtigen, müssen die **33**
Auswirkungen von **Bergsenkungen** auf konkrete Grundstücke nicht im Einzelnen ermittelt werden. Es reicht für den Schutzgut Mensch, Teilbereich Wohnen
aus, wenn die zu erwartenden Bergsenkungen zeitlich, räumlich und höhen-
mäßig differenziert dargestellt werden (OVG NRW, ZfB 2009, 265 – Bergwerk
West). Bei der **Alternativenprüfung** sind vom Vorhabenträger nach § 57a
Absatz 2 Satz 3 nur Angaben zu *„geprüften Vorhabensalternativen"* und keine
umfassende Alternativenprüfung zu verlangen (VG Oldenburg, ZfB 2008, 296,
302 = NUR 2008, 887 – JadeWeser Port – m.w.N. Boldt/Weller, Erg. Bd zu § 52
Rn 6). In der Zulassung eines obligatorischen Rahmenbetriebsplans kann in
rechtlich zulässiger Weise der Hinweis auf zwingend vorzulegende nachfolgende
Sonderbetriebspläne „Abbaueinwirkungen auf das Oberflächeneigentum" ergehen. Die Rahmenbetriebsplan-Zulassung enthält dann insoweit keine Entscheidung. Sämtliche das Oberflächeneigentums betreffenden Abbaueinwirkungen,
insbesondere auch solche (hoch-)wasserwirtschaftlicher Art, sind dann in nachfolgenden Sonderbetriebsplanverfahren zu prüfen (OVG NRW, DVBl 2009,
1530 LS. = UPR 2010, 160 LS). S. auch § 57a Rn 14ff.

Ein Rückschluss vom Gegenstand und notwendigen Inhalt eines planfeststel- **34**
lungsbedürftigen Rahmenbetriebsplans auf Gegenstand und Inhalt eines nicht-
planfeststellungsbedürftigen Rahmenbetriebsplans ist nicht zulässig (BVerwGE
89, 246, 248ff. = ZfB 1992, 38 – Gasspeicher –; VG Saarland, ZfB 2003, 124,
129; Gaentzsch, Festschrift für Sendler, 1991, S. 403), ebenso wenig der umge-
kehrte Schluss. Der qualitative Unterschied ergibt sich vor allem durch die
Konzentrationswirkung und die Beteiligung der Öffentlichkeit (hierzu Begründ.
in BT-Drs 11/415, S. 12). Der obligatorische Rahmenbetriebsplan muss deshalb
über den bergbaulichen Bereich hinaus Angaben zu weiteren Umweltauswirkungen des Gesamtvorhabens machen und in seinen Aussagen konkreter sein als
der fakultative Rahmenbetriebsplan. Er muss auch Angaben zu den konzentrierten weiteren Genehmigungen enthalten. Zum Verhältnis zu Sonderbetriebsplänen s. § 52 Rn 87ff.

Einschränkungen für die Angaben nach § 52 Absatz 1 Nr. 1 ergeben sich aus **35**
Zweck und Wirkung der Rahmenbetriebsplanzulassung. Da die Zulassung nicht
bereits einen Eingriff in fremde Bergbauberechtigungen ermöglicht, setzt sie
nicht voraus, dass die **Bergbauberechtigung** i.S. von § 55 Absatz 1 Nr. 1 schon
für das gesamte vom Rahmenbetriebsplan erfasste Feld nachgewiesen wird
(BVerwG, NVwZ 1996, 910; OVG Lüneburg, ZfB 1990, 28; VG Lüneburg,
ZfB 2005, 254; Niermann, 146 m.w.N.). Fehlt der Nachweis, kann die Rahmenbetriebsplanzulassung mit der Nebenbestimmung versehen werden, dass er
im Hauptbetriebsplan zu erbringen ist. Dies gilt jedenfalls, solange offen ist, ob
der Unternehmer sich die Berechtigung durch Vertrag, Zulegung gemäß § 35ff.,

Grundabtretung gemäß § 77 ff. oder auf sonstige Weise beschaffen kann (VG Lüneburg, ZfB 2004, 254; VG Stade, ZfB 1992, 61; VG Stade, ZfB 1987, 373). Steht fest, dass der Unternehmer die Berechtigungen nicht erhalten wird, darf die Zulassung nicht ausgesprochen werden (BVerwG, aaO).

36 Der Rahmenbetriebsplan muss auch **nicht** alle für die **Sicherheit** der Errichtung und des Betriebes wesentlichen Fragen regeln (BVerwG, ZfB 1992, 48 = UPR 1992, 237; VG Koblenz, ZfB 1999, 138).Aus der Natur der Sache heraus lassen sich auch die Voraussetzungen für die Regelungsbereiche **Entsorgung** (§ 55 Absatz 1 Nr. 6) und Vorsorge zur **Wiedernutzbarmachung** (§ 55 Absatz 1 Nr. 7) im Rahmenbetriebsplan noch nicht erfassen (Kühne, DVBl 2006, 666; Schmidt-Aßmann/Schoch, S. 191). Rekultivierungsmaßnahmen sind hier noch nicht zu treffen (VG Gelsenkirchen, ZfB 1985, 107).
Maßgebender Zeitpunkt für das Vorliegen einer hinreichenden Erschließung zu den Betriebsanlagen ist nicht der Zeitpunkt des Erlasses des Rahmenbetriebsplans, sondern der des Abbau freigegebenen Hauptbetriebsplans (OVG Berlin-Brandenburg v. 10.3.2006 – OVG 11 N 59.05).

37 Nach § 52 Absatz 2 Nr. 1 haben sich die Angaben auf das „beabsichtigte **Vorhaben**" zu beziehen. Dies betrifft nicht zwangsläufig das „Gesamtvorhaben", also den gesamten Abbauvorgang und die gesamte Betriebsphase. Die Zulassungsentscheidungen erfolgen schon nach dem Gesetzeswortlaut in Zeitabschnitten (BVerwG, ZfB 1992, 42). In Phasen, in denen mehrere koordinationsbedürftige Tätigkeiten anfallen, kommen mehrere Rahmenbetriebspläne für jeweils abgeschlossene Sachbereiche in Betracht (Ludwig, S. 47; Kremer/Wever, Rn 171; Boldt/Weller, Ergänzungsband § 52 Rn 21; a. A. Brauner, NUR 1994, 23). **Beispiele aus der Praxis:** Rahmenbetriebspläne für Abteufen eines Wetterschachtes, Außenschachtanlage (VG Gelsenkirchen, ZfB 1985, 352 ff., ZfB 1990, 325), Zulassung von Bergehalden (Erlass NRW in MinBl 1984, 931 = ZfB 1985, 367 und Erlass Saarland vom 2.1.1990 in Gem. MinBl S. 21 = ZfB 1991, 228), Errichtung eines Absinkweihers (BVerwG, ZfB 2002, 60) zur Untersuchung eines Salzstockes (VG Stade, 1987, 361 und OVG Lüneburg, ZfB 1990, 19), Rahmenbetriebsplan Braunkohlentagebau (VG Aachen, ZfB 2000, 57), Abbau und Rekultivierung Quarzsandtagebau (VG Neustadt, ZfB 70 und VGH Kassel, NVwZ-RR 2001, 300), Abbau der Flöze 1 bis 4 oberhalb der 8. Sohle des Westfeldes eines Bergwerks (VG Saarland, ZfB 2000, 169 und 182) für eine Erdgasproduktionsbohrung (VG Stade, ZfB 2004, 247), Steinbruch (VG Chemnitz, ZfB 1996, 151), Wetterschacht (VG Gelsenkirchen, ZfB 1991, 153), Abbau und Aufschluss im Nordfeld Zeitraum 2000 bis 2005 (OVG, NRW ZfB 1990, 40 und 33), zum Abbau von Ton (VG Freiburg, ZfB 1990, 314), zur Trennung von Errichtung und Erstbefüllung eines Gasspeichers vom Betrieb (BVerwG, ZfB 1992, 38, 41).

38 Der Gegenstand des fakultativen Rahmenbetriebsplans unterscheidet sich in so fern vom Begriff des Vorhabens in § 52 Absatz 2 a Satz 1, mit dem das UVP-pflichtige Bergbauvorhaben als Ganzes gemeint ist und nicht gegenständlich oder zeitlich begrenzte Teilabschnitte (OVG NRW, ZfB 2005, 44 f.; BVerwG, ZfB 2006, 28 f.).

39 Der vom Unternehmer aufgestellte Rahmenbetriebsplan wird von der Bergbehörde nach den Gesichtspunkten der §§ 55, 48 Absatz 2 Satz 1 mit Ausnahme von § 55 Absatz 1 Satz 1 Nr. 2 geprüft (§ 55 Absatz 1 Satz 2).

40 Erfüllt ein Rahmenbetriebsplan diese gesetzlichen Zulassungsvoraussetzungen nicht, darf die Zulassung gleichwohl nicht ohne weiteres abgelehnt werden. Lassen sich die Zulassungsvoraussetzungen dadurch schaffen, dass der Betriebsplan inhaltlich beschränkt oder mit Nebenbestimmungen versehen wird, muss die Behörde diesen Weg als milderes Mittel gehen (BVerwG, ZfB 1995, 290; VG Lüneburg, ZfB 2005, 257).

Bei der Zulassung eines Rahmenbetriebsplans steht der Bergbehörde **kein** **41** **Planungsermessen** zu. Auch der Grundsatz der Problembewältigung ist auf das Betriebsplanverfahren nicht anzuwenden (BVerwG, ZfB 2001, 257; ZfB 2006, 311; ZfB 2006, 318; OVG NRW, ZfB 1988, 377 f.; VG Aachen, ZfB 2003, 92; hierzu auch § 51 Rn 16; § 52 Rn 135).

Die Grundsätze über die Planrechtfertigung sind auch beim obligatorischen **42** Rahmenbetriebsplan nicht anzuwenden (OVG Lüneburg, ZfB 2005, 36 m. w. N.; VG Kassel, ZfB 2004, 68).

Ein zugelassener Rahmenbetriebsplan kann **geändert oder angepasst** werden **43** durch behördliches Verlangen auf Änderung des Rahmenbetriebsplans, durch behördliches Verlangens auf einen neuen Rahmenbetriebsplan, durch Änderungsantrag des Unternehmers und durch nachträgliche Auflagen gemäß § 56 Absatz 1 Satz 2, Absatz 3 zur Zulassung des Rahmenbetriebsplans. Wenn die Behörde Änderungen verlangt, wird sie die Begrenzungen gemäß § 56 Absatz 1 Satz 2 (entsprechend) beachten müssen.

Ein zugelassener Rahmenbetriebsplan **endet nach Ablauf seiner Befristung** **44** (BVerwG, ZfB 1992, 46). Seine Regelungen werden (noch) nicht „obsolet" durch Zulassung eines Sonderbetriebsplans, soweit dessen Regelungen reichen (anders OVG NRW, ZfB 1982, 250 für das Verhältnis von planerischem Rahmenbetriebsplan zum Einzelbetriebsplan nach früherem Recht). Dadurch würde der Zusammenhang des beabsichtigten Vorhabens verloren gehen und nur noch auf den Rest-Rahmen beschränkte nachträgliche Nebenbestimmungen möglich bleiben.

IV. Sonderbetriebsplan

Sonderbetriebspläne behandeln besondere Arbeiten und Anlagen, die sich nicht **45** für die Aufnahme in den Hauptbetriebsplan eignen. In ihnen sind Maßnahmen mit eigenständiger Bedeutung zu behandeln, die zwar Ausfluss des Hauptbetriebsplans sind, sich aber nicht auf zwei Jahre begrenzen lassen. In der Praxis werden beispielsweise in Sonderbetriebsplänen behandelt: Errichtung einer kleinen oder mittleren Seilfahrtsanlage, Errichtung von Sprengstofflagern, Abbau unter den Kanälen oder anderen Wasserstraßen (vgl. Muster für Sonderbetriebsplan „*Abbau unter dem Rhein*" in Anlage 1 der Richtlinie des LOBA NRW für die Handhabung des Betriebsplanverfahrens beim Abbau unter Schifffahrtsstraßen, Muster für Sonderbetriebsplan „*Abbau unter anderen Schifffahrtsstraßen, Kanälen*" in Anlage 2 der o. a. Richtlinie), Errichtung eines Lärmschutzwalles, Zulassung eines Bohrturmes im Erdölbergbau, Zulassung eines Fahrzeuges im Kalibergwerk, Maßnahmen der Ersatzwasserbeschaffung im Braunkohlebergbau, Verhallen und Abdecken eines stillgelegten Tagesschachtes (Muster und Inhalt vgl. Richtlinie LOBA NRW v. 5.11.1979, ZfB 1980, 117 in der Fassung vom 14.3.1983, Ziffer 8.2.1 und Ziffer 8.2.2). Bohrungen zur Erforschung der Lagerstätte, wasserwirtschaftliche Maßnahmen, Rekultivierungsmaßnahmen.

Sonderbetriebsplanzulassungen können **gestattende Wirkung** haben (OVG **46** Lüneburg, ZfB 2002, 312, 321; Kühne, UPR 1986, 81; Glückert, Festschrift für Kühne, S. 543, 555; Schmidt-Aßmann/Schoch, S. 196; a. A. Stiens, der bergrechtliche Betriebsplan, S. 60 ff.; Ludwig, Auswirkungen der FFH-RL,

S. 49 Fn. 187), wenn der Unternehmer sie für eigenständige Maßnahmen und Arbeiten benötigt. Wird im Sonderbetriebsplan nur ein Konzept, ein System oder die Einwirkung des Abbaus auf die Tagesoberfläche behandelt, hat die Zulassung nur Feststellungswirkung. Erst ein weiterer Sonderbetriebsplan und dessen Zulassung zieht daraus nur die Folge, indem er die konkreten Maßnahmen, Arbeiten und Abbaue gestattet (Glückert, aaO, S. 551 f.).

1. Beispiele

47   Beispiele für Sonderbetriebspläne, mit denen sich die Rechtsprechung zu befassen hatte: Sonderbetriebsplan zur Verfüllung von Schächten (VG Gelsenkirchen, ZfB 1987, 86), zur Errichtung und Betrieb einer Salzhalde (VG Stade, ZfB 1987, 361), zur Räumung des Geländes für den Bau einer Zufahrtstraße, zum Bau der Straße und zu Boden- und Pflanzarbeiten (VG Stade, aaO), zu Bohrungen um Verbreitung radioaktiver Erze festzustellen (VGH, HBW, ZfB 1995, 317), zur Wiedernutzbarmachung einer Abraumkippe (OVG Lüneburg, ZfB 2005, 287), Bohrung zur Untersuchung der Braunkohlenlagerstätte (BVerwG, NVwZ 1991, 992 = ZfB 1991, 140), Verfüllung eines Tonsteintagebaues (VG Dessau, ZfB 2004, 149), Abbau unter dem Rhein 2005 (OVG, ZfB 2005, 312), Abbau Bauhöhe 91 des Flözes L/K (OVG NRW, ZfB 2005, 183), oder des Flözes Robert, Bauhöhe RO67 (VG Gelsenkirchen, ZfB 1992, 292). Abbau unter dem Rhein 2003 und Standsicherheit der Deiche (OVG NRW, ZfB 2005, 174 und 166), wettertechnische Sondermaßnahmen beim Teufen im Salinar (VG Stade, ZfB 1991, 215), Sicherheitsmaßnahmen beim Herstellen von Untersuchungsbohrungen (VG Stade, aaO), Sonderbetriebsplan *„Ruhen der Bergaufsicht von Gebäuden mit Lagerflächen"*, für das Abteufen des Schachtes A (mit zusätzlichem Rahmenbetriebsplan für das Abteufen des Seilfahrtschachtes A als Hauptseil- und Materialförderschacht, VG Gelsenkirchen, ZfB 1984, 240: die Zulassung des Sonderbetriebsplans *„Abteufen des Schachtes"* hat keine präjudizielle Wirkung für den Rahmenbetriebsplan Frischwetter- und Seilfahrtschacht oder für weitere Sonderbetriebspläne, ferner auch VG Gelsenkirchen, ZfB 1990, 325), zur Herrichtung des Bohrplatzes und für das Niederbringen einer Erdölbohrung (VG Sigmaringen, ZfB 1990, 67), für das Aufhauen und Einrichten eines Strebs, für Abbau der Bauhöhe 80 Flöz B (VG Düsseldorf, ZfB 2004, 291), für das Auffahren eines Untersuchungsstollens (VG Karlsruhe, ZfB 1990, 336), für das Auffahren von Grubenbauen in gebirgsschlaggefährdeten Bereichen (Pollmann/Wilke, S. 219).

2. Richtlinien Betriebsplanverfahren

48   Welche Varianten die Sonderbetriebspläne inzwischen entwickelt haben, ergibt sich andeutungsweise aus Nr. 4 der Anlage 1 (Hauptbetriebsplan) der **Richtlinien** der früheren LOBA NRW über die **Handhabung des Betriebsplanverfahrens** vom 31.8.1999 (AZ 11.1-7-27, A7). Dort sind 49 Arten von Sonderbetriebsplänen aufgelistet. Welche Auswüchse das Sondertriebsplan(un)wesen inzwischen beherrschen, ergibt sich beispielhaft aus den sog. Gorleben-Urteil des Bundesverwaltungsgerichts. Damals waren innerhalb von 7 Jahren *„mehrere hundert Sonderbetriebspläne zugelassen und ausgeführt"* (ZfB 1995, 282), im Falle „Erdgasspeicher" immerhin 45 nebst 10 Nachträgen (ZfB 1992, 39).

3. Sonderbetriebsplan „Bergehalden"

49   **Sonderbetriebspläne** werden für das Anlegen, die Erweiterung und die wesentliche Änderung von **Bergehalden** verlangt. Hierfür wurden Richtlinien entwickelt (in NRW der gemeinsame Runderlass betreffend Zulassung von Bergehalden im Bereich der Bergaufsicht vom 13.7.1984 – MinBl 931 = ZfB 1984,

366, im Saarland vom 2.1.1990, gemäß MinBl Saarland, 21 = ZfB 1991, 228). In ihnen wird geregelt, welche Angaben und Nachweise der Sonderbetriebsplan enthalten muss, welche Behörden gemäß § 54 Absatz 2 zu beteiligen sind (nach damaliger Organisationslage immerhin 15) oder als sachverständige Stellen anzuhören sind (damals 7) und welche Gesichtspunkte im Betriebsplanverfahren zu prüfen sind. Insbesondere die Lagerstättenverhältnisse, Mehrkosten beim Versatz gegenüber Bruchbau, Größe und Höhe der Halde, ihre Eingliederung in die Umgebung und das Landschaftsbild, Einwirkungen der Halde auf Wasser, Boden, Luft und Klima sowie Auswirkungen auf den Naturhaushalt, Transportwege und -mittel, spätere Nutzung der Halde. Die Sicherung von Standorten für größere Halden (mehr als 2, 5 Mio. m³) erfolgt in Regionalplänen (früher Gebietsentwicklungsplänen), ihre Größe soll den Bedarf von etwa 10 Jahren decken. Sie sollen möglichst als landschaftsgerechte Landschaftsbauwerke gestaltet werden. Für die Errichtung der Halde ist außer der Zulassung des Sonderbetriebsplans eine wasserrechtliche Erlaubnis gemäß §§ 8, 9 Absatz 2 Nr. 2 WHG erforderlich, in der die Einwirkungen der Halde auf das Grundwasser geregelt und begrenzt werden. Werden die von der Halde abfließenden oder austretenden Wässer gesammelt oder in ein Gewässer eingeleitet, ist außerdem eine Erlaubnis nach §§ 8, 9 Absatz 1 Nr. 4 WHG zu beantragen. Der Imissionsschutz für Halden betrifft Maßnahmen zur Einschränkung von Staubemissionen und von Lärmemissionen des Betriebes auf der Halde und durch die eingesetzten Maschinen, Geräte und Einrichtungen. Für das Verladen, Befördern und Abladen des Haldenmaterials im Kraftfahrzeugverkehrs auf öffentlichen Wegen können jedoch keine Imissionsschutz-Regelungen im *„Sonderbetriebsplan Bergehalden"* getroffen werden (§ 2 Absatz 4 Nr. 2 BBergG; VG Gelsenkirchen, ZfB 1984, 243, ZfB1982, 96; VG Koblenz, ZfB 1984, 477).

Die erforderliche Vorsorge zur Wiedernutzbarmachung der Haldenoberfläche **50** wird ebenfalls in ihren Grundzügen vom Sonderbetriebsplan Bergehalden erfasst. Die Wiedernutzbarmachung als solche kann Gegenstand des Abschlussbetriebsplans oder von jährlichen weiteren Sonderbetriebsplänen *„Wiedernutzbarmachung der Haldenoberfläche"* sein. Zur Rekultivierung von Bergehalden: Neu/Hinterhölzel/Scherbeck/Hafenstein, Glückauf 2001, 568, zur Gestaltung der Oberfläche bei Berghalden: § 55 Rn 262.

4. Sonderbetriebspläne „Abbaueinwirkungen" und „Anhörung"

Die bergrechtliche Praxis hat als Konsequenz aus dem sog. Moers-Kapellen-Urteil **51** (BVerwG, ZfB 1989, 199 ff.) den Sonderbetriebsplan *„Abbaueinwirkungen auf das Oberflächeneigentum"* (auch *„Auswirkungen des Abbaus der Flöze XY auf die Tagesoberfläche"* VG Düsseldorf, ZfB 1992, 267, im Saarland *„Anhörung der Oberflächeneigentümer"*) entwickelt. Dieses Sonderbetriebsplanverfahren ist das *„geeignete Verfahren"* im Sinne dieses Urteils, in dem Oberflächeneigentümern, die von schweren Bergschäden betroffen sein können, Gehör verschafft wird (OVG Saarland, ZfB 1993, 219 zur Zulässigkeit des Verfahrens; OVG Saarland, ZfB 1994, 22; ZfB 1996, 226; ZfB 1997, 47; ZfB 2005, 200; ZfB 2005, 220, die letzteren allerdings nach Erledigungserklärung unwirksam gemäß BVerwG, ZfB 2006, 155 f., ferner OVG NRW, ZfB 2003, 283; Knöchel, ZfB 1993, 133 und Bochumer Beiträge, 69 ff.; Knof Bochumer Beiträge, 55 ff.).

Der Zulassung eines Sonderbetriebsplans *„Anhörung der Oberflächeneigen-* **52** *tümer"* steht nicht entgegen, dass vorher ein obligatorischer **Rahmenbetriebsplan** mit UVP (OVG Saarland, ZfB 2005, 218, allerdings nach Erledigungserklärung unwirksam gemäß BVerwG, ZfB 2006, 155) oder ein fakultativer Rahmenbetriebsplan zugelassen wurde (OVG Saarland, ZfB 1993, 218; Kühne/ Ehricke, Entwicklungslinien des Bergrechts, 2008, 48). Es ist vom BBergG nicht

vorgegeben, die Belange der Oberflächeneigentümer in einen bestimmten Typ der gesetzlich vorgegebenen Betriebsplanarten zu prüfen. Die Belange können im Rahmenbetriebsplan ausgeklammert und einem Sonderbetriebsplan vorbehalten werden (BVerwG, ZfB 2006, 319; OVG NRW, ZfB 2003, 278; Kühne, DVBl 2010, 875 m. w. N.; a. A. Niederstadt, NVWZ 2004, 1095). Das gilt für die Interessen von Grundstückseigentümern, die schwere Bergschäden befürchten müssen, ebenso wie für Auswirkungen des Bergbaus auf öffentliche Einrichtungen (Kanalisation, Ver- und Entsorgungsleitungen), die ebenfalls aufgrund detaillierter Abbauplanungen in Sonderbetriebsplänen geprüft werden (OVG NRW, ZfB 2003, 279; ZfB 2003, 284). Der Sonderbetriebsplan *„Abbaueinwirkungen auf das Oberflächeneigentum"* ist abzugrenzen vom Rahmenbetriebsplan, der sich nach der Rspr. gerade nicht auf Eigentümerbelange bezieht (Frenz, NVwZ 2012, 1221, 1222). Allerdings ist der Sonderbetriebsplan *„Abbaueinwirkungen"* in **Beziehung zum Hauptbetriebsplan** zu bringen. Für den Fall einer Änderung der Abbauführung infolge bergbaulicher Sachgesetzlichkeiten wird in der Praxis häufig im Hauptbetriebsplan eine Nebenbestimmung zur Vorlage des Sonderbetriebsplans „Abbaueinwirkungen" aufgenommen, wodurch die Gestattungswirkung des Hauptbetriebsplans eingeschränkt wird. Wegen des verfassungsrechtlichen Gebotes der Prüfung von schweren und unerträglichen Abbaueinwirkungen auf das Grundeigentum wird man die Nebenbestimmung in der Regel nicht als Auflage, sondern als **Bedingung zum Hauptbetriebsplan** ansehen (Frenz, aaO, S. 1223). Diese Bedingung ist aufschiebend, wenn bereits bei Zulassung des Hauptbetriebsplans schwerwiegende Abbaueinwirkungen auf das Eigentum zu erwarten sind. Sie ist auflösend, wenn sie Vorsorge gegen schwerwiegende Einwirkungen durch zukünftige Abbauänderungen trifft (Frenz, aaO, 1223).
Die Zulassung eines Sonderbetriebsplans kann bereits **vor dem Hauptbetriebsplan** oder gleichzeitig beantragt werden, wenn die Angaben zum Abbau und zu den Abbaueinwirkungen deckungsgleich sind (a. A. wohl Frenz aaO). Sofern die Nebenbestimmung zur Vorlage eines Sonderbetriebsplans sich auf andere Sachverhalte und nicht auf „Abbaueinwirkungen auf das Oberflächeneigentum" bezieht, kommt in der Regel eine **Auflage** in Betracht, die die Wirksamkeit der Zulassung des Hauptbetriebsplans nicht in Frage stellt, sondern selbstständig durchgesetzt werden kann.

53 Ein vorausgegangener Planfeststellungsbeschluss zum obligatorischen Rahmenbetriebsplan schließt die zulässige Geltendmachung von Belangen besonders schwer betroffener Eigentümer nicht aus. Die **Präklusionswirkung** des § 57a Absatz 5 ist durch den Zusatz „außer in den in § 48 Abs. 2 Satz 2 genannten Fällen des Schutzes von Rechten Dritter" **aufgehoben** (OVG Saarland, ZfB 2005, 220).

54 In der Praxis kann zwischen Rahmenbetriebsplan und Sonderbetriebsplan „Anhörung" eine Verbindung durch Aufnahme einer Nebenbestimmung in der Zulassung des Rahmenbetriebsplans hergestellt werden. Sie kann etwa lauten: *„Für die Anhörung und Beteiligung der von dem geplanten Abbau möglicherweise betroffenen Oberflächeneigentümer ist ein Sonderbetriebsplan vorzulegen, der einen Planungszeitraum von ... Jahren beinhalten soll"* (VG Saarland, ZfB 1995, 213). Diese Regelung beschwert nicht etwa den Eigentümer, sondern allenfalls den Bergbauunternehmer (VG Saarland, ZfB 2003, 303 m. w. N.; OVG Saarland, ZfB 1996, 226).

55 Der Sonderbetriebsplan *„Abbau-Einwirkungen"* enthält unter anderem **folgende Angaben**: Beschreibung des Abbauvorhabens mit Kenndaten der Flöze (Zeit, Lage, gebaute Mächtigkeit, Teufel, Mächtigkeit des Deckenbildes, Versatzart), Auswirkungen auf die Tagesoberfläche (Einwirkungsbereich gemäß § 6 der Einwirkungsbereichs-Bergverordnung, zu erwartende Bodenbewegungen nach

Abbau hinsichtlich Senkungen, Zerrungen) Prognose, ob die Eigentumsbeeinträchtigungen an der Tagesoberfläche oberhalb kleinerer und mittlerer Schäden
im üblichen Umfang liegen. Beizufügen ist eine sog. „Erweiterte Markscheider-
Erklärung", das heißt eine Stellungnahme des insoweit gemäß § 64 Absatz 2
Satz 1 weisungsfreien Markscheiders zu den erwartenden Bodenbewegungen
mit Angabe zu den Objekten, bei denen Beeinträchtigungen von *„einigem
Gewicht"* zu erwarten sind (Betriebsplan – Richtlinie des LOBA, NRW vom
31.8.1999, Anlage 3, SBl LOBA, NRW A7).

Ausgehend vom sog. „Moers-Kapellen-Urteil" sind für den Steinkohlebergbau   **56**
drei Kriterien entwickelt worden, die zur Beteiligung des Oberflächeneigentümers führen sollen: die Lage des Grundstücks im Bereich vorhandener oder zu
erwartender Unstetigkeitszonen, zu erwartende Gebäudeschieflagen von mehr
als 35 mm/m, sowie besonders gelagerte Einzelfälle, z.b. vorgeschädigte oder
sensibel konstruierte Gebäude (OVG Saarland, ZfB 1994, 27; Wiesner, ZfB
1992, 197; Kremer/Wever, Rn 207, Hinweise des Länderausschusses Bergbau;
AK Rechtsfragen in ZfB 1995, 345). Die zu erwartenden Senkungen des
Gebäudes und die Schieflagen können nach Maßgabe des in der Einwirkungsbereichs-BBergV festgelegten Verfahrens im Voraus ermittelt werden (VG Saarland, 1994, 40).

In der Zulassung des Sonderbetriebsplans *„Anhörung"* bzw. *„Einwirkungen"*   **57**
sind die erhobenen **Einwendungen** der Oberflächeneigentümer zu **behandeln
und zu bewerten**, ob Schäden von großem Gewicht zu erwarten sind. Die
Senkung als lotrechte Bewegungskomponente gehört grundsätzlich nicht zu
den schadenswirksamen Bodenbewegungen (OVG Saarland, ZfB 2001, 292M;
ZfB 1994, 217; VG Saarland, ZfB 2003, 306; ZfB 1995, 337). Abzustellen ist
vielmehr in erster Linie auf das Maß der entstehenden Schieflage eines Gebäudes
(OVG Saarland, ZfB 1994, 217; VG Saarland, ZfB 2003, 306). Eine prognostizierte Schieflage von 5 mm/m lässt nicht erwarten, dass Schäden von
einigem Gewicht entstehen werden (VG Saarland, aaO), sondern erst eine
maximale Gesamtschieflage von 30 mm/m (OVG Saarland, ZfB 2001, 293).
Schwerwiegende Beeinträchtigungen können auch durch Zerrungen, Pressungen
oder Kürzungen hervorgerufene Gefügelockerungen bewirken, nicht jedoch
schon Zerrungen von 5 mm/m und Pressungen von 7 mm/m (VG Saarland,
aaO, S. 309), keine schweren Schäden von einigem Gewicht sind zu erwarten bei
einer Schieflage von 6 mm/m, Zerrungen 0, 3 mm/m, Pressungen von 4, 7 mm/m
und Senkungen von 1, 90 m (VG Saarland, ZfB 1995, 337).

Bei den Anforderungen an die **Prognose** ist zu berücksichtigen, dass es zu den   **58**
Sachgesetzlichkeiten des untertägigen Bergbaus gehört, Ort, Art und Ausmaß
der in Folge Abbaus zu erwartenden Gebäudeschäden nicht im Voraus bestimmen zu können. Die Prognoseunsicherheit führt jedoch nicht dazu, dass die
Zulassung des Bergbaus auf der Grundlage von Prognosen unzulässig wären
(VG Saarland, ZfB 2003, 306). Die gerichtliche Kontrolle einer solchen Prognose ist aber lediglich in Grenzen möglich. Sie beschränkt sich darauf, ob der
Sachverhalt in den Grenzen der Erkennbarkeit angemessen und zutreffend
ermittelt wurde und korrekte Methoden der Vorausschau angewandt wurden
(OVG Saarland, ZfB 2001, 291; ZfB 2004, 128; ZfB 2008, 270, 282; VG
Saarland, ZfB 2010, 284, 290). Für den Fall einer von der Prognose abweichenden zukünftigen Entwicklung kann die Bergbehörde in Nebenbestimmungen zur Betriebsplanzulassung ausdrücklich zusätzliche Anordnungen gemäß
§ 71 vorbehalten (OVG Saarland, ZfB 2008, 270, 284).

Sind schwerwiegende Beeinträchtigungen des Oberflächeneigentums, die nicht   **59**
als Gemeinschaden einzustufen sind, durch den geplanten Abbau unvermeidbar
oder jedenfalls mit Wahrscheinlichkeit zu erwarten, hat die Bergbehörde abzu-

wägen, ob der Abbau zu beschränken oder zu unterlassen ist oder zugelassen werden kann oder mit Auflagen zugelassen werden kann. Maßstab ist der **Grundsatz der Verhältnismäßigkeit.** Ist der zu erwartende Schaden größer als der Vorteil aus der Gewinnung der Bodenschätze oder überwiegt das (öffentliche) Interesse, den Schaden zu vermeiden, das (öffentliche) Interesse an der Gewinnung der Bodenschätze, kann der Abbau nicht, jedenfalls nur mit schadensmindernden Auflagen zugelassen werden.

60 Bei der Ermittlung des Gewinnungsvorteils kann der Verkaufspreis der aufbereiteten Kohle (OVG Saarland, ZfB 1994, 29 f.) als Maßstab genommen werden. Dieser Wert bleibt so lange erhalten, als diese Mengen der abbauwürdigen Kohle – ob subventioniert oder nicht – abgesetzt werden können. Die Tatsache, dass der Steinkohlenbergbau aus energiepolitischen Gründen subventioniert wird, spielt insofern keine Rolle.

61 Bei Schäden von erheblichem Gewicht ist am Maßstab der Verhältnismäßigkeit auch zu prüfen, ob **Vermeidungsmaßnahmen** für den Bergbauunternehmer **zumutbar** sind. Als bergtechnische Maßnahmen kommen hier in Betracht: Änderung der Abbaurichtung, der Verhiebrichtung, von Abbaugeschwindigkeit, Abbauführung, Blasversatz statt Bruchbau, Regulierung der Streblänge, der Baulänge (im Einzelnen eingehend Weber/Wildhagen in Bergbau 1996, 356 ff., 392 ff., 440 ff.; Lange, ZfB 1992, 188 ff.; Gilles, Markscheiderwesen 1988, 25). Weitere Maßnahmen: Baugrundstabilisierung, Baukonstruktion, Entspannungsbohrungen. Sofern diese Maßnahmen im Einzelfall technisch machbar sind, können sie dem Bergbauunternehmer nur auferlegt werden, wenn sie zumutbar sind. Insbesondere zusätzliche Maßnahmen unter Tage wie Blasversatz oder Begrenzung der Abbaugeschwindigkeit werden häufig wegen der hohen Zusatzkosten unzumutbar sein (Knöchel, ZfB 1993, 135). Bei der Zumutbarkeitsprüfung ist auch das zivilrechtliche Verhältnis zwischen Unternehmer und Oberflächeneigentümer einzubeziehen. Bergschadenverzichte schließen daher eine rechtliche Betroffenheit des Eigentümers und eine bergbehördliche Auflage von Schutzmaßnahmen aus (Knöchel, Bochumer Beiträge, 71 a. A. Knof, Bochumer Beiträge, 60 für schuldrechtlichen Verzicht und Bergschadenssicherungen), jedenfalls im Umfang des Verzichts.

62 Eine Beteiligung im Sonderbetriebsplanverfahren ist nicht geboten bei denjenigen Grundstückseigentümern, bei denen Schäden voraussichtlich nicht oder nur gering entstehen oder die Abwägung ergibt, dass sie technisch und unter Zumutbarkeitsgesichtspunkten vermeidbar sind (Hoppe in Bochumer Beiträge, S. 35; Gaentzsch, Bochumer Beiträge, S. 32; VG Düsseldorf, ZfB 1992, 269) und bei denjenigen, die nur mittlere und kleine Bergschäden erleiden (Hüfer FS Fabrizius, S. 118; Kühne JZ 1990, 139; Schmidt-Aßmann, Bochumer Beiträge, 110 f.). Soweit lediglich kleine und mittlere, insbesondere reparable Schäden zu erwarten sind, ist die Zulassung des Sonderbetriebsplans *„Einwirkungen auf das Oberflächeneigentum"* zu erteilen. Denn der Zweck des Sonderbetriebsplans ist, dem Schutz des Eigentums in Bezug auf die Substanzgarantie des Artikels 14 Absatz 1 GG Rechnung zu tragen. Diese wird aber bei kleinen und mittleren Bergschäden nicht betroffen (ständige Rechtsprechung und weitaus herrschende Meinung, a. A. wohl nur Beyer, S. 139; Schenke S. 31 ff.). S. auch § 48 Rn 54 ff.

63 Der durch ein bergbauliches Vorhaben schwerbetroffene Oberflächeneigentümer kann **Rechtsschutz** allein durch Anfechtung der Zulassung des Sonderbetriebsplans *„Anhörung"* bzw. *„Abbaueinwirkung"* erlangen. Diese Zulassung schließt die Berücksichtigung seiner Betroffenheit durch bergbauliche Einwirkungen speziell ab (OVG Saarland, ZfB 1997, 47; ZfB 1993, 219; VG Saarland, ZfB 1995, 212; ZfB 1994, 31; BVerwG, ZfB 1998, 30 für fakultativen Rah-

menbetriebsplan, OVG Saarland, ZfB 2005, 205 für obligatorischen Rahmenbetriebsplan).

Die Anfechtungsbefugnis eines Oberflächeneigentümers gegen die Zulassung **64**
eines Anhörungsbetriebsplans richtet sich nach der Schwere des Eingriffs in
das Eigentum (Näheres § 56 Rn 64, 191 ff.). Allerdings kann wegen der rechtsdogmatischen Verankerung des Sonderbetriebsplans *„Abbaueinwirkungen"* nur
der grundeigentumsbezogene Schaden Gegenstand des Sonderbetriebsplans und
von Einwendungen des Eigentümers sein. Eine Gemeinde kann sich nicht darauf
berufen, die Betriebsplanzulassung enthalte keine Schutzvorkehrungen zu Gunsten ihrer gemeindlichen Einrichtungen (OVG NRW, ZfB 2003, 283; VG Regensburg, ZfB 1995, 145), der Kanalisation, des Dorfgemeinschaftshauses. Ein
Grundstückseigentümer kann nicht geltend machen, durch die Zulassung des
Sonderbetriebsplans werde weiteren Immissionen durch den Betrieb des För-
derschachtes Vorschub geleistet. Grundeigentümern, die nur von kleinen oder
mittleren Bergschäden betroffen sind, fehlt die Klagebefugnis gegen den Sonderbetriebsplan *„Anhörung"* (VG Düsseldorf, ZfB 1992, 269), jedenfalls verletzt
die Zulassung sie nicht in ihren Rechten (VG Gelsenkirchen, ZfB 1992, 287
betreffend Rahmenbetriebsplan, ZfB 1992, 294 betreffend Sonderbetriebsplan,
ferner VG Stade, ZfB 1991, 222; Beckmann, DVBl 1989, 671; Kühne, JZ 1990,
139).

Verfahrensrechtlich ist zu bedenken, dass die Ermittlung der Kriterien und der **65**
betroffenen Grundstückseigentümer nicht gemäß § 52 Absatz 4 durch Nachweise des Unternehmers erfolgen kann, da dort nur die Voraussetzungen des § 55
angesprochen sind, nicht die des § 48 Absatz 2 Satz 1, die Grundlage für die
Einbeziehung schwerer Schäden in ein Sonderbetriebsplanverfahren sind. Stattdessen gilt der Amtsermittlungsgrundsatz des § 24 VwVfG, wobei der Bergbauunternehmer nach § 26 VwVfG mitwirken soll (Knof, Bochumer Beiträge S. 58).
Bei Ermittlung der am Verfahren zu beteiligenden Eigentümer müssen die Einwirkungen und die Eigentumsgrenzen parzellenscharf erfasst werden.

5. Sonderbetriebsplan „Abbau"

Der durch die Bergbehörde zugelassene Sonderbetriebsplan *„Anhörung"* bzw. **66**
„Einwirkungen" gibt dem Unternehmer (noch) nicht das Recht, den geplanten
Abbau durchzuführen. Dies folgt erst aus der Zulassung eines weiteren **Sonderbetriebsplans** *„Abbau"* (oder *„Abbau in Flöz Albert, Bauhöhe Ro 67"*), in dem
alle betriebs- und sicherheitstechnischen Einzelheiten für den Abbau festgelegt
werden (Kremer/Wever, Rn 201). Im Sonderbetriebsplan *„Abbau"* werden die
Belange schwer betroffener Oberflächeneigentümer nicht erneut thematisiert.

Sonderbetriebsplan *„Abbau"* und Sonderbetriebsplan *„Anhörung"* stehen in **67**
einem konvexen Verhältnis mit Abschichtungswirkung zueinander (Schmidt-
Aßmann/Schoch, Bochumer Beiträge, S. 202). Sie werden gestaffelt beantragt
und zugelassen, sind jedoch zwei Seiten eines einheitlichen Planungs- und
Entscheidungsprozesses. Schadensmindernde Maßnahmen werden nur im
betriebsexternen Teil, dem Sonderbetriebsplan *„Anhörung"* festgelegt. Spätere
Änderungen der Sach- und Rechtslage können nur unter Beachtung der
Bestandskraft des Sonderbetriebsplans *„Anhörung"* und des § 56 Absatz 1
Satz 2 in den Sonderbetriebsplan *„Abbau"* aufgenommen werden.

Eine Anfechtung der Zulassung des Sonderbetriebsplans *„Abbau"* ist nicht mehr **68**
zulässig, wenn der Eigentümer versäumt hat, seine Rechte im Sonderbetriebsplanverfahren *„Anhörung"* bzw. *„Einwirkungen"* geltend zu machen (Knöchel,
ZfB 1993, 136 mit Verweis auf BVerwG, NVwZ 1989, 1162 = ZfB 1989, 210).

69 Die Sonderbetriebsplanzulassung Abbau (Flöz Albert) erledigt sich nicht mit der
Beendigung des Abbaus einschließlich mit der Verfüllung der Stollen (VG
Gelsenkirchen, ZfB 1992, 147; ZfB 1992, 294; a. A. Pollmann/Wilke, S. 219).
Erst der Abschlussbetriebsplan führt gemäß § 53 Absatz 1 zur Einstellung des
Betriebes. Bis er zugelassen ist, sind nachträgliche Ergänzungen, Änderungen des
Sonderbetriebsplans und Anfechtungsklagen von Oberflächeneigentümern
zulässig, sofern sie nicht präkludiert sind.

6.   Sonderbetriebsplan „Folgen des Grundwasseranstiegs"

70 Die bergbauliche Praxis hat im Sanierungsbergbau ferner den **Sonderbetriebsplan „Folgen des Grundwasseranstiegs"** entwickelt. Bedingt durch die Entnahme von Braunkohle, Kiesen, Sanden oder Tonen wurde ein Massendefizit
geschaffen, es entstanden Tagebaurestlöcher. Die Einstellung des Gewinnungsbetriebs und der betriebsbedingten Grundwasserabsenkungsmaßnahmen führt
naturgegeben zu einer Füllung der Tagebaurestlöcher mit aufsteigendem Grundwasser. Hinzu kommt unter Umständen noch eine Flutung mit abgeleitetem
Oberflächenwasser. Zu Rechtsfragen des Braunkohle-Sanierungsbergbaus s.
§ 53 Rn 86.

71 Der bei Einstellung des Gewinnungsbetriebs erforderliche **Abschlussbetriebsplan**
regelt alle mit der technischen Durchführung der Betriebseinstellung verbundenen Fragen und den Nachweis der Zulassungsvoraussetzungen. Dazu gehört
auch die Sicherstellung der Wiederherstellung der Oberfläche gemäß § 55
Absatz 1 Nr. 7. Die vom einzustellenden Tagebaubetrieb in Anspruch genommene Fläche wird durch das ansteigende Grundwasser zwangsläufig durch das
Entstehen des Tagebausees wieder nutzbar gemacht. Das Abschlussbetriebsplanverfahren ist damit „Mutterverfahren" für die Wiedernutzbarmachung und die
Wiederherstellung des Gewässers.

72 Ergänzend dazu ist das **wasserrechtliche Planfeststellungsverfahren** zur Herstellung eines Gewässers gemäß § 68 Absatz 1 WHG und der **Sonderbetriebsplan
„Folgen des Grundwasseranstiegs"** zu verstehen (hierzu Spieth, Leipziger
umweltrechtliche Dokumentationen, Band 6, S. 77 ff. und Cottbuser Schriften,
Band 1, Bergrecht-Wasserrecht S. 53 ff. sowie ZUR 2001, 66 ff.).

73 Die Inhalte des **wasserrechtlichen Verfahrens** sind nur Teilvorhaben des gesamten Sanierungsprozesses. Sie beziehen sich auf die mit der Gewässerherstellung
speziell verbundenen Fragen (Gestaltung der Seen und der Ufer, Anbindung an
die Vorflut, Gewässerqualität, Wassermenge u. a.). Wasserrechtliches- und bergrechtliches Verfahren sind jedoch miteinander verzahnt und überschneiden sich
teilweise. Für die Abschlussbetriebsbetriebsplan-Zulassung muss nachgewiesen
werden, ob das gemeinschädliche Einwirken nicht zu erwarten sind. Anhaltspunkte dafür sind die Vorschriften der § 12 Absatz 1 Nr. 1 und 9 Absatz 2 Nr. 2
WHG, wonach schädliche Veränderungen des Gewässers zu vermeiden sind. Ist
die Schwelle der Beeinträchtigung des wasserwirtschaftlichen „Wohls der Allgemeinheit" i. S. von § 3 Nr. 10 (früher § 6 WHG a. F.) WHG überschritten, sind
zugleich gemeinschädliche Einwirkungen im Sinne § 55 Absatz 1 Nr. 9 zu
erwarten (BVerwGE, 100, 34 f. = ZfB 1995, 295). Damit wird im Abschlussbetriebsplan bereits eine wesentliche Grundentscheidung auch im Hinblick auf
wasserwirtschaftliche Belange getroffen (Spieth, aaO, S. 89). Die Entscheidung
über das „Ob" des Gewässerausbaus ist mit der bergrechtlichen Zulassung
bereits getroffen.

74 Der planerische Koordinierungsbedarf für die Entstehung eines Gewässers ist
hinsichtlich der bereits durch den Betriebsplan vorgegebenen Komponenten Ufer,

Gewässersohle, Gewässerfläche, Endwasserspiegelstand, Grundwasserflurabstände im wasserrechtlichen Verfahren nicht mehr gegeben. Die Einzelheiten des der Wasserbehörde verbleibenden Bewirtschaftungsermessens für das „Wie" des Gewässerausbaus hängt davon ab, in welchem Umfang in der bergrechtlichen Erstgenehmigung insofern schon Entscheidungen vorweg genommen wurden.

In dieses Zulassungssystem ist der **Sonderbetriebsplan** *„Folgen des Grundwas-*   **75** *seranstiegs"* eingebunden. Ziel des Betriebsplans ist es, mögliche gemeinschädliche Auswirkungen und mögliche schwere Bergschäden, die über kleine und mittlere Schäden hinausgehen und eine Verletzung der Eigentums-Substanzgarantie des Artikel 14 Absatz 1 GG zur Folge haben (hierzu § 52 Rn 51 ff., § 53 Rn 88), im Rahmen von Prognosen und Alternativen rechtzeitig zu ermitteln und nach Möglichkeit auszuschließen. Der räumliche Geltungsbereich dieses Betriebsplans entspricht der Größe des bergbaubedingt entstandenen Grundwasserabsenkungstrichters zum Zeitpunkt der Betriebseinstellung. Auf der Grundlage von hydrogeologischen Modellen und Prognoseberechnungen werden die räumlichen und zeitlichen Grundwasserwiederanstiege und deren Auswirkungen dargestellt. Das bedeutet, dass im Betriebsplanverfahren die Auswirkungen des Wiederanstiegs des Grundwassers zu bewerten sind. Dazu ist eine Einordnung der Auswirkungen in betriebsbedingte Gemeinschäden, nicht betriebsbedingte Gemeinschäden, Vernässungen von Infrastruktur und von Flächen sowie sonstige nachteilige Beeinträchtigungen notwendig. Ferner sind die zu erwartenden nachteiligen Auswirkungen zu beschreiben, die kritischen Grundwasserflurabstände und der Zeitpunkt anzugeben, an dem die Beeinträchtigungen eintreten werden. Daraus sind die notwendigen Gegenmaßnahmen abzuleiten. Soweit nichtbetriebsbedingte Gemeinschäden oder Beeinträchtigungen vorliegen, sind die Angaben im Betriebsplan nicht verpflichtend, sondern nur nachrichtlich.

Der Sonderbetriebsplan wird in den vom Grundwasserwiederanstieg betreffen-   **76** den Gemeinden im Rahmen einer Anhörung zum Zulassungsverfahren öffentlich einen Monat lang ausgelegt und anschließend erörtert (§ 48 Absatz 2 Sätze 2–5). Durch die Öffentlichkeitsbeteiligung ist den vom Grundwasseranstieg betroffenen Grundstückseigentümern die Möglichkeit zu Einwendungen und Anregungen im Sonderbetriebsplanverfahren gegeben. Es behandelt diese Thematik ausschließlich und abschließend. Es gilt die Präklusionsvorschrift des § 48 Absatz 2 Satz 4 für verspätet gehobene Einwendungen.

Die **Folgerungen** aus der Beantragung des Sonderbetriebsplanverfahrens, aus   **77** etwaigen Einwendungen von Betroffenen und Bewertung von Prognosen über die Auswirkungen des Grundwasserwiederanstiegs für die Zulassung des Sonderbetriebsplans und die Verantwortlichkeit des Bergbauunternehmers sind am Maßstab des sog. **Rammelsbergurteils** des Bundesverwaltungsgerichts (BVerwGE, 100, 40 = ZfB 1995, 298) zu ziehen. Danach ist der Bergbauunternehmer bei der Einstellung seines Betriebes nur für *„die Abwehr von Risiken, die aus dem Bergwerksbetrieb herrühren"* zur Nachsorge verpflichtet. *„Gefahren dagegen, die im Zeitpunkt der Betriebsbeendigung zwar manifest werden, ihre Ursache aber nicht in der vorangegangenen Bergbautätigkeit haben"*, hat der Bergbauunternehmer nicht im Abschlussbetriebsplan zu verantworten. Schäden, die auf bloßen Wiederanstieg des Grundwassers zurückgehen, sind keine betriebsbedingten Schäden. Sie sind naturbedingt. Die natürlichen, vorbergbaulichen Verhältnisse stellen sich wieder ein. Das Baugrundrisiko des Grundstückseigentümers wird wieder evident. (ausführlich Spieht/von Daniels, Leipziger Schriften zum Umwelt- u. Planungsrecht 2009, 67 m. w. N.; Spieth/Wolfers, ZfB 1997, 273 ff.; Spieth, Grundsatzfragen S. 81; Knöchel, ZfB 1996, 52 und in Frenz/Preuße, Spätfolgen S. 103, 108; Beyer Verantwortung S. 107 und in Bergschäden und Altlasten S. 21 ff.; Kühne, DVBl

2006, 1221; Spieth/Appel, LKV 2007, 501 m. w. N. Oberstes Gericht (Ostberlin), ZfB 1964, 245; OLG Hamburg, ZfW 1990, 485; OVG Lüneburg, NordÖR 2012, 47; VG Halle v. 2.3.2006 – AZ 3A35/04HAL – bestätigt von OVG LSA NUR 2008, 578 – 2L187/06 – VG Dessau v. 25.10.2006 – AZ 1 A 290/05DE – zum Baugrundrisiko bei Staatshaftung für ein Baugebiet mit Grundwasseranstieg im Braunkohlenabbaugebiet LG Düsseldorf BADK – Inf. 2005, 195; OLG Düsseldorf v. 18.12.2002 – AZ18U88/02 = BADK – Inf. 2004, 110, bestätigt vom BGH am 29.4.2004 – III ZR31/03; OLG Düsseldorf BADK – Inf. 2004, 183 anderer Ansicht zur Bergschadenschadenshaftung bei Grundwasserwiederanstieg; Frenz, NUR 2006, 661 ff. = Glückauf 2007, 245 ff. und LKV 2010, 49; Terwiesche, ZFW 2007, 3).

78 Zu den Folgen des Grundwasserwiederanstiegs, die nicht betriebsbedingt sind und nicht durch Abschluss – oder Sonderbetriebsplan zu erfassen sind, gehören z. B. Vernässungsschäden durch Wiedereinstellung natürlicher Grundwasserflurabstände (Spieht Leipziger umweltrechtliche Dokumentationen, Band 6, 92; Spieht/Wolfers, ZfB 1997, 273), ansteigendes Grundwasser dringt in nicht gegen Grundwasseranstieg gesicherte bauliche Anlagen ein (Beyer, S. 108 unter Hinweis auf RG, ZfB 1939/40, 362), eine zwischenzeitlich angelegte Deponie wird durch Ansteigen des Grubenwasser ausgewaschen (Beyer, S. 108), eine Altlast gerät durch den Wiederanstieg von Grundwasser auf vorbergbauliche Verhältnisse in Bewegung (Knöchel, ZfB 1996, 52). Durch das Ende der Wasserhaltung kommen auch Hebungen der Tagesfläche, der oberirdische Austritt von Wasser oder Methangas, eine Mineralisierung von Grundwasser oder eine Beeinträchtigung der Standsicherheit alter Schächte in Betracht (Lenz in Wasseranstieg im Steinkohlenbergbau, GDMB-Schriftenreihe Heft 108 S. 69, zu Auswirkungen des Grubenwasseranstiegs auf die Tagesoberfläche auch Sroka/Preuße/Holzheim, ebenda S. 57 ff., zu Schadensentwicklung im Erkelenzer Steinkohlenrevier nach Beendigung der Grubenwasserhaltung: Baglikow ebenda S. 9 ff.

79 **Weitere Folgerungen** für die Entscheidung der Bergbehörde über die Zulassung des Abschlussbetriebsplans und des Sonderbetriebsplans *„Grundwasseranstieg"* trotz Einwendungen betroffener Grundstückseigentümer ergeben sich aus dem sog. Moers-Kapellen-Urteil (BVerwG, 81, 329 = NVwZ 1989, 1157 = ZfB 1989, 199). Danach hat der Grundstückseigentümer einen auf § 48 Absatz 2 gestützten Anspruch, bei zu erwartenden schweren Schäden am Verfahren der Betriebsplanzulassung beteiligt und – materiell rechtlich – in seinem Eigentum gegenüber unverhältnismäßigen Beeinträchtigungen durch den Bergbau geschützt zu werden. Sind nur kleine und mittlere Schäden im üblichen Umfang zu erwarten, sind die Betroffenen – verfahrensrechtlich – im Betriebsplanverfahren nicht zu beteiligen und – materiellrechtlich – auf den Ausgleich des Bergschadenrechts verwiesen.

80 Aber auch bei *„schweren Schäden vom Ausmaß eines Gemeinschadens"* *(BVerwG, aaO)* ist die Zulassung des Abschluss- oder Sonderbetriebsplans möglich. Der Grundstückseigentümer hat keinen Anspruch auf Unterlassung dieser schweren Schäden schlechthin, sondern auf angemessene Berücksichtigung seiner Rechtsposition in einer abwägenden Entscheidung am Maßstab des Verhältnismäßigkeitsgebots (Gaentzsch, Oberflächeneigentum und Bergbau, S. 48; Kühne, DVBl 2006, 1220; Frenz, Unternehmerverantwortung S. 18). Etwas anderes ergibt sich auch nicht, wenn man § 55 Absatz 1 Satz 1 Nr. 3 für den Sachgüterschutz außerhalb des Betriebs mobilisieren möchte. Der Personen- und Sachgüterschutz dieser Vorschrift erfasst nur den innerbetrieblichen Bereich (BVerwG, DVBl 2005, 925; Boldt-Weller; § 55 Rn 14; Niermann, S. 188 ff.; Stüer/Wolff, LKV 2002, 13, a. A. noch BVerwG, 89, 246 = ZfB 1992, 40; OVG Berlin, ZfB 1990, 212; VG Berlin = ZfB 1989, 135; Frenz, Unternehmerverantwortung, S. 30 *„jedenfalls für Abschlussbetriebsplan"*). Im Übrigen ist im § 55 Absatz 2 Nr. 1 das Wort „Sachgüter" (§ 55 Absatz 1 Nr. 1) nicht mehr enthalten und somit Sachgüterschutz über diese Vorschrift nicht im Abschlussbetriebsplan sicherzustellen (Kühne, DVBl 2006, 1220). Zu den Folgen des Grundwasseranstiegs im untertägigen **Steinkohlenbergbau** und den Auswirkungen auf die Tagesoberfläche, Schächte, Trinkwassergewinnung und auf Methanaustritte sowie zum sog. Boxmodell: Fischer/Wildhagen, in Glückauf, 2007, 280 ff. m. w. N.; Baglikow in Markseidewesen 2003, 45 ff.; Sroka/Preuße/Holzheim in Heft 108 der Schriftenreihe des GDMB, S. 57 ff. Ferner hierzu § 53 Rn 74 und § 114 Rn 17.

7. Sonderbetriebsplan „Einstellung der Wasserhaltung"

Im Sanierungsbergbau werden *„Sonderbetriebspläne zur Einstellung der Wasserhaltung"* aufgestellt, die den zeitlichen Ablauf und die erforderlichen technischen Maßnahmen bei der Flutung der Grube erfassen. Allerdings ist eine Abgrenzung zum Abschlussbetriebsplan und zu etwa erforderlichen wasserrechtlichen Verfahren geboten: Abschlussbetriebspläne können verändert werden durch nachträgliche Auflagen unter den Voraussetzungen des § 56 Absatz 1 Satz 2, durch Widerruf unter den Voraussetzungen des § 49 Absatz 2 VwVfG oder durch eine Anordnung nach § 71, wenn in dem zugelassenen Abschlussbetriebsplan vorgesehene Maßnahmen nicht vollständig durchgeführt werden (Franke in Spätfolgen, S. 94). Sofern diese Bestimmungen nicht greifen, können ihre Voraussetzungen nicht durch das Verlangen nach einem Sonderbetriebsplan in Ergänzung eines zugelassenen Abschlussbetriebsplans umgangen werden. Ähnliches gilt im Verhältnis zum Wasserrecht. Das wasserrechtliche Verfahren ist insofern das spezielle für die Anforderungen des Wasserhaushaltes. Im Sonderbetriebsplan *„Einstellung der Wasserhaltung"* dürfen sich daher nicht die selben Bestimmungen wiederfinden wie im wasserrechtlichen Verfahren, andererseits dürfen sich die Bestimmungen in beiden Verfahren auch nicht widersprechen.   **81**

8. Anforderungen an Sonderbetriebspläne, Verhältnis zum Hauptbetriebsplan

Die Zulassung eines Sonderbetriebsplans ist ebenfalls nur von den Voraussetzungen der §§ 55, 48 Absatz 2 abhängig, nicht etwa davon, dass bei einem Vorhaben mit planerischem Gewicht (z. B. Abteufen eines Schachtes) zuvor ein Rahmenbetriebsplan eingereicht und zugelassen ist. Die Zulassung des Sonderbetriebsplans ohne Rahmen- oder Hauptbetriebsplan ist nicht rechtswidrig (s. § 52 Rn 86). Unabhängig davon kann die Bergbehörde von ihrem Ermessen auf Verlangen eines Rahmenbetriebsplans Gebrauch machen (vgl. Rn 22). Sonderbetriebspläne können nur für bestimmte Teile des Betriebes oder für bestimmte Vorhaben verlangt werden. Dabei muss es sich um technische Maßnahmen handeln, bei denen die Prüfung der Bergbehörde nach den Gesichtspunkten des § 55 einen Sinn hat. Das ist nicht der Fall für rechtliche oder verwaltungsmäßige Folgewirkungen einer betrieblichen Maßnahme, wie z. B. auf Einhaltung von gesetzlichen Bestimmungen, nachträglich erlassener Verordnungen oder Richtlinien.   **82**

Im Gesetzgebungsverfahren hat es erhebliche Diskussionen über den Sonderbetriebsplan und darüber gegeben, ob er nicht nur in Fällen besonderer Gefahren für die Sicherheit der Beschäftigten in Betracht kommen könne. Man hat sich für eine uneingeschränkte Beibehaltung des Instituts des Sonderbetriebsplans ausgesprochen. Wenn damit die vom Bergbau geforderte Konzentration auf den Hauptbetriebsplan nicht eingetreten ist, hat diese Regelung für ihn auch Vorteile: die zeitliche Beschränkung des Hauptbetriebsplans entfällt, der Haupt-   **83** betriebsplan bleibt spezifisch bergtechnisch und damit weitgehend vom Beteiligungsverfahren nach § 54 Absatz 2 befreit, das mehr in Sonderbetriebsplanverfahren anzuwenden ist. Die gewünschte Abmagerung der Zahl der Sonderbetriebsplanverfahren muss mit Hilfe der zu § 51 Rn 33 ff. vorgetragenen Gesichtspunkte erfolgen.

84 Außerdem ist hier noch auf Folgendes hinzuweisen: Das System des Betriebsplanverfahrens geht davon aus, dass der Betriebsplan grundsätzlich vom Unternehmer in eigener Verantwortung aufgestellt wird. Das Verlangen der Bergbehörde nach § 52 Absatz 2 ist in diesem System ein Ausnahmefall. Diese ausnahmsweise Befugnis der Bergbehörde darf nicht dazu führen, in den Betriebsablauf einzugreifen. Es bleibt Sache des Unternehmers, die Art und den Ablauf der bergbaulichen Arbeiten und damit den Inhalt und die Art des Betriebsplans selbst zu bestimmen. Das Betriebsplanverfahren, insbesondere das Verlangen nach Sonder- und Rahmenbetriebsplänen, kann nicht dazu führen, Anordnungen nach § 71 zu ersetzen.

85 Mit der in § 52 Absatz 1 und 2 getroffenen Regelung ist es nicht vereinbar, konzeptionell wesentliche Teile eines Bergbauvorhabens mit Sonderbetriebsplänen anstelle des Hauptbetriebsplans zur Zulassung zu stellen. Eine Aufspaltung in eine Vielzahl von Sonderbetriebsplänen würde dazu führen, dass die Betriebsteile nicht in ihrem sicherheitlichen Zusammenhang beurteilt würden und eine effektive Betriebskontrolle erschwert würde (OVG Berlin, ZfB 1990, 223). Die Notwendigkeit, Hauptbetriebspläne zur Zulassung einzureichen, entfällt nicht, wenn der Unternehmer auf der Grundlage eines zugelassenen Rahmenbetriebsplans die Zulassung von Sonderbetriebsplänen betreibt, die sämtliche Teile des Vorhabens erfassen.

86 Dies zwingt allerdings nicht zu dem Schluss, dass die Gestattung von Teilvorhaben durch eine Sonderbetriebsplanzulassung **ohne zugelassenen Hauptbetriebsplan** unwirksam oder rechtswidrig wäre. Zugelassene Sonderbetriebspläne enden nicht und ihre Gestattungswirkung entfällt nicht dadurch, dass ein Hauptbetriebsplan endet und ein neuer nicht zugelassen wird (Glückert, Festschrift für Kühne, S. 543, 555). Dem BBergG ist nicht zu entnehmen, dass ein Sonderbetriebsplan nur gelte, wenn zuvor oder gleichzeitig ein entsprechender Hauptbetriebsplan aufgestellt sei (OVG Lüneburg, ZfB 2002, 320; Schmidt-Aßmann/Schoch, S. 199 schon Vorauflage; Piens/Schulte/Graf Vitzthum, § 52 Rn 9 a. A.; H. Schulte Kernfragen, S. 68 f., OVG Berlin, ZfB 1990, 223) Sonderbetriebspläne sind nicht bloße Annexe zum Hauptbetriebsplan. Anders als Hauptbetriebspläne sind Sonderbetriebspläne gesetzlich nicht ausdrücklich zu befristen. Ein auf zwei Jahre befristeter Hauptbetriebsplan könnte daher keine Trägerfunktion für einen Sonderbetriebsplan haben. Das schließt es aber nicht aus, die Zulassung von Sonderbetriebsplänen an bereits zugelassene oder noch vorzulegende Hauptbetriebspläne zu koppeln oder zu befristen, sofern die Bergbehörde das für erforderlich hält.

87 Die Gestattung von Teilvorhaben durch einen Sonderbetriebsplan (zunächst) ohne **Rahmenbetriebsplan** ist weder unwirksam noch rechtswidrig (OVG Lüneburg, aaO).

88 Mit Bestandskraft des obligatorischen Rahmenbetriebsplans sind **Einwendungen gegen einen Sonderbetriebsplan** ausgeschlossen. Einwendungen, die gegen ein Vorhaben geltend gemacht werden oder werden können, sollen einmal – und zwar im Rahmen des Planfeststellungsverfahrens – geprüft und abschließend behandelt werden (Gaentzsch, Festschrift, S. 416; OVG NRW, ZfB 2006, 166 unter Hinweis auf § 57 a Absatz 5). Anders ist die Rechtslage beim Sonderbetriebsplan *„Abbaueinwirkung"* bzw. *„Anhörung"* (hierzu § 52 Rn 51).

Für einen Sonderbetriebsplan, der sich im Rahmen eines durch fakultativen **89**
Rahmenbetriebsplans zugelassenen Gesamtvorhabens hält, bedarf es nicht der
Zulassung mit UVP, wenn für das Gesamtvorhaben bereits keine UVP-Pflicht
bestand (VG Saarland, ZfB 2007, 195 f.; OVG Saarland, ZfB 2008, 274).

Die Bindungswirkung der Zulassung eines obligatorischen Rahmenbetriebs- **90**
plans schließt es aus, dass in nachfolgenden Haupt- und Sonderbetriebsplänen
eine erneute UVP-Prüfung stattfinden muss (Gaentzsch, Festschrift für H.
Sendler, 1991, S. 403, 417). Allerdings stellt § 57 a Absatz 5 die Bindungswirkung unter den Vorbehalt, dass über die sich auf die nachfolgenden Betriebspläne beziehenden Einwendungen entschieden worden ist oder bei rechtzeitiger
Geltendmachung hätte entschieden werden müssen (Kühne, Leipziger Schriften,
2009, Band 15, S. 11, 19). Streitig ist, ob eine Verlagerung vom Rahmenbetriebsplan in den Sonderbetriebsplan, d. h. in eine Prüfphase besserer Beur-
teilungstiefe zulässig ist (so Kühne, aaO; a. A. VG Saarland, ZfB 2003, 124,
128 f. betrifft Anhörungs- und Rahmenbetriebsplan; Himmelmann/Tünnesen-
Harmes, UPR 2002, 213). Richtig ist jedenfalls, dass § 57 a Absatz 5 die
Vermeidung von Doppelprüfungen in mehreren Verfahren bezweckt. Auch folgt
aus deren Ausschluss von Einwendungen gemäß § 57 a Absatz 5, dass in den
nachfolgenden, die bestandskräftige Feststellung lediglich verfestigenden Zulassungen nur noch geltend gemacht werden kann, in technischen Einzelheiten sei
nicht die erforderliche Vorsorge getroffen worden, der Sonderbetriebsplan halte
die allgemeinen Vorgaben des Rahmenbetriebsplans nicht ein oder der geänderte
Stand der Wissenschaft und Technik erfordere nunmehr eine grundlegend
andere Beurteilung (OVG NRW, ZfB 2006, 168).

Die Rechtswirkungen der **Rahmenbetriebs-Planfeststellung** erstrecken sich **91**
gemäß § 57 a Absatz 5 auf das nachfolgende **Hauptbetriebsplanverfahren**.
Sofern die Planfeststellung an einem **Abwägungsmangel** leidet, kann die Behörde
nicht darauf verweisen, dass sie ihn im Hauptbetriebsplanverfahren heilen
werde. Dies muss insbesondere gelten, wenn die Behörde den Sachverhalt und
die Interessen Dritter im Planfeststellungsbeschluss schon abschließend bewerten
wollte (VG Cottbus v. 13.7.2007, 3 K 54/03). Anders ist es, wenn es sich um
neue Tatsachen handelt. Anders auch, wenn die Voraussetzungen für die Heilung der rechtswidrigen Planfeststellung in einem **Planergänzungsverfahren**
gemäß § 75 Absatz 1 a VwVfG vorliegen (VG Cottbus, aaO).

V. Einzelbetriebsplan

In der früheren Praxis gab es noch den Einzelbetriebsplan (Nr. 2.3 der über- **92**
holten Richtl. des LOBA NRW für die Handhabung des Betriebsplanverfahrens
v. 20.3.1972, früher SBl LOBA A 7), in dem die regelmäßig wiederkehrenden
Betriebsvorgänge im Rahmen des Hauptbetriebsplans ausführlich darzustellen
waren. Sie ergänzten den Hauptbetriebsplan und behandelten solche Arbeiten
und Anlagen, für die im Hauptbetriebsplan die erforderlichen Einzelangaben
nicht gemacht wurden. Das BBergG erwähnt sie nicht mehr. Da es sich die
Konzentration auf die Darstellung und Prüfung aller für die Errichtung und
Führung des Betriebes wesentlichen Funktions- und Organisationszusammen-
hänge zum Ziel gemacht hat (BT-Drs 8/1315, 106 = Zydek, 237), muss man
davon ausgehen, dass die Darstellung der Arten von Betriebsplänen in § 52
abschließend ist und der Einzelbetriebsplan weggefallen ist. Sachverhalte, die
Einzelbetriebsplänen geregelt wurden, können jedoch in Sonderbetriebsplänen
behandelt werden, wenn die Voraussetzungen hierfür vorliegen.

VI. Gemeinschaftlicher Betriebsplan

93 Der gemeinschaftliche Betriebsplan i. S. von § 52 Absatz 3 kommt nur in Betracht, wenn mehrere Unternehmer an den bergbaulichen Arbeiten und Einrichtungen beteiligt sind. Er unterscheidet sich insofern von dem Betriebsplan, der zwei Betriebe desselben Unternehmers betrifft. Das Verlangen der Bergbehörde auf einen gemeinsamen Betriebsplan ist auch hier nicht ausschließliche Voraussetzung. In der Praxis werden gemeinschaftliche Betriebspläne in Betracht kommen für Wiedernutzbarmachung größerer Flächen, Verlegung von Verkehrs- und Versorgungsanlagen, Zentralhalden und Erzielung eines gleichmäßig hohen Kippniveaus, Schaffung geordneter Vorflutverhältnisse in einem größeren Bereich, Verteilung des Abraumes auf ausgekohlte Tagebauer verschiedener selbstständiger Unternehmer (Ebel/Weller, § 67, 1 i) Betrieb von Teileinheiten bergbaulicher Vorhaben durch verschiedene Unternehmer, z. B. Gewinnung von Quarz, Kies und anschließende Aufbereitung (Kremer/Wever, Rn 212). Erforderlich ist, dass es sich jeweils um Unternehmer im Sinne des § 4 Absatz 5 handelt, d. h. die bergbauliche Tätigkeiten auf eigene Rechnung ausführen oder ausführen lassen. Mehrere Bergwerke als selbstständige Einheiten eines Unternehmens können keine gemeinschaftlichen Betriebspläne einreichen.

94 Gemeinschaftliche Betriebspläne können für alle Betriebsplanarten aufgestellt werden. Das gilt auch für Abschlussbetriebspläne, obwohl § 53 als deren Rechtsgrundlage dem § 52 Absatz 3 systematisch nachgeordnet ist (Kremer/Wever, Rn 214).

VII. Inhalt des Betriebsplans

95 Der notwendige Inhalt eines jeden Betriebsplans sind die Darstellung von Umfang, technischer Durchführung, Dauer des Vorhabens und der Zulassungsvoraussetzungen des § 55 mit Ausnahme der Tatsachen des § 55 Absatz 1 Nr. 2 (Zuverlässigkeit u. a. vom Unternehmer und verantwortlichen Personen), erforderlichenfalls auch die Anforderungen des § 48 Absatz 2 Satz 1, die allerdings nicht in allen Stufen des Betriebsplansystems wiederholt werden müssen (hierzu § 48 Rn 25). Die früheren, inzwischen abgelösten **Richtlinien** des LOBA NRW **zur Handhabung des Betriebsplanverfahrens** (vom 20.11.1981, Glückauf 1982, 46) geben Anhaltspunkte und Einblick in die Anforderung im Steinkohlenbergbau, die auch heute noch maßgebend sind, insbesondere hinsichtlich der erforderlichen Auszüge aus dem Grubenbild, parallel-perspektivischen Darstellung, Zeichnungen, Tabellen, Kataloge, Berechnungen oder Verzeichnisse. Soweit die beigefügten Unterlagen eine ausreichende Prüfung nach §§ 55, 48 Absatz 2 erlauben, kann auf einen Text verzichtet werden. Alle Anlagen waren mit einem Zugehörigkeitsvermerk zu versehen und von dem für den Inhalt Verantwortlichen zu unterzeichnen.

Zu den **Grubenbildauszügen** heißt es: Grubenbildauszüge müssen für den dargestellten Bereich hinsichtlich Vollständigkeit und Lagegenauigkeit mit den entsprechenden Darstellungen im Grubenbild übereinstimmen. Das gilt für alle Rissarten des Grubenbildes, wie Abbau-, Sohlen-, Seiger- und Schnittrisse.

96 Grubenbildauszüge als Anlagen zu Betriebsplänen, die das Auffahren von Grubenbauen oder das Herstellen von Bohrlöchern betreffen, müssen auch folgende Darstellungen enthalten:
– Geplante Grubenbaue und Bohrlöcher, die als solche zu kennzeichnen sind,
– Grenzen der Schutzbereiche um Standwasser,
– Abbaukanten und Festpfeiler, in deren Einwirkungsbereich Grubenbaue aufgefahren werden sollen,

– sämtliche Grubenbaue desselben oder eines anderen Bergwerksbetriebs im Umkreis von mindestens 100 m um geplante Grubenbaue oder Bohrlöcher.

Sofern außerhalb des 100-m-Bereiches vorhandene Grubenbaue die in § 55   **97**
BBergG genannten Rechtsgüter beeinflussen können, sind die Betriebsplanunterlagen entsprechend zu ergänzen.
Bei **Wetterführungsplänen** müssen die Darstellungen der Grubenbaue den Eintragungen im Grubenbild entsprechen. In Wetterführungsplänen müssen die offenen Grubenbaue vollständig eingetragen sein; das gilt nicht für den Nichtkohlenbergbau, soweit die offenen Wetterwege nicht mehr befahrbar sind. Die Übereinstimmung des Grubenbildauszuges mit dem Grubenbild innerhalb des dargestellten Bereiches und die Vollständigkeit des Grubenbildauszuges sind durch den für die Anfertigung und Nachtragung des Grubenbildes verantwortlichen Markscheider (grubenbildführender Markscheider) auf dem Grubenbildauszug durch Unterschrift zu bestätigen.

Der Inhalt der Betriebspläne und Mustergliederungen für Betriebspläne für   **98**
Tagebau und dazugehörigen Tagesanlagen können der Betriebsplanrichtlinie für Tagebau des sächsischen Oberbergamts vom 30.12.1996 (sächs. Abl 1997, Sonderdruck Nr. 4, S. 183) entnommen werden.

Die Angabe über die Dauer **des** Vorhabens bedeutet nicht, dass der Betriebsplan   **99**
in dieser Zeit ausgeführt sein muss. Nur verliert nach Zeitablauf der Betriebsplan seine Gültigkeit und muss verlängert werden. Soweit es sich bei den Voraussetzungen des § 55 Absatz 1 um generelle Zulassungsvoraussetzungen handelt, wird ein einmaliger Nachweis und eine Bezugnahme auf diesen Nachweis ausreichend sein. Der in § 52 Absatz 4 dargestellte Inhalt des Betriebsplans gilt für alle Betriebsplanarten des § 52, wobei Umfang und Gewichtigkeit der Nachweise jeweils unterschiedlich sein kann.

Das Gebot, wonach Dauer und Umfang des beabsichtigten Vorhabens im   **100**
Betriebsplan darzustellen sind, dient nicht dem Schutz der Eigentümer von Grundstücken, auf denen das Vorhaben durchgeführt werden soll (OVG Bautzen, ZfB 2003, 59). Es soll der Bergbehörde eine sachgemäße Prüfung des Vorhabens ermöglichen. Das gilt auch, wenn in Ausführung des Betriebsplans ein Grundabtretungsverfahren durchgeführt werden soll (OVG NRW, ZfB 1990, 64).

Der vom Unternehmer aufzustellende Betriebsplan muss den Nachweis enthal-   **101**
ten, dass die Voraussetzungen der Zulassung erfüllt sind. Im Gegensatz zum früheren Recht, wonach umgekehrt die Bergbehörde den vorgelegten Betriebsplan nur versagen konnte, wenn er gegen die Voraussetzungen des § 196 ABG verstieß, liegt jetzt die Nachweispflicht beim Unternehmer. Im Betriebsplanverfahren ist z.B. nachzuweisen, dass gemeinschädliche Einwirkungen nicht zu erwarten sind.

§ 52 Absatz 4 schafft keine Beweispflicht für den Bergbauunternehmer (H.   **102**
Schulte, ZfB 1987, 187). Aus § 55 Absatz 1 folgt vielmehr, dass der Unternehmer einen Anspruch auf Zulassung des Betriebsplans hat, wenn er die für die Beurteilung seines Vorhabens notwendigen Unterlagen beibringt. Damit verbunden ist nicht die Beweisführungslast, d.h. die subjektive Beweislast. Die Behörde hat vielmehr die Verantwortung für die Unbedenklichkeit des Vorhabens und kann daher im Rahmen des § 24 VwVfG selbst Beweise erheben (Amtsermittlung, ähnl. § 13 der 9. BImSchV).

VIII. Verlängerung, Ergänzung, Abänderung

103   § 52 Absatz 4 Satz 2 eröffnet die Möglichkeit der Verlängerung, Ergänzung oder Abänderung von Betriebsplänen, um hierdurch sich ständig an veränderte betriebliche und zeitliche Abläufe anzupassen.

104   Verlängerungen betreffen die zeitliche Dauer des Betriebsplans, ohne dass der Inhalt geändert wird.

105   Ergänzungen betreffen den Inhalt des Betriebsplans, der aufrechterhalten, aber erweitert wird.

106   Die **Ergänzung** eines Tagebaues und einer beanspruchten Abbaufläche von weniger als 10 Hektar durch eine Erweiterung auf insgesamt mehr als 10 Hektar Abbaufläche dürfte die UVP-Pflicht des Vorhabens auslösen, jedenfalls dann, wenn eine Erweiterung des Vorhabens von Anfang an beabsichtigt oder wegen der Größe der Berechtigungsfläche nahe lag (VG Chemnitz, ZfB 1996, 154; Kremer/Wever, Rn 280 a. A.; VG Dessau, ZfB 1999, 265 f.). Insofern ist gemäß § 52 Absatz 2 a die Aufstellung eines UVP-Pflichtigen Rahmenbetriebsplans zu verlangen, eine Ergänzung des fakultativen Rahmenbetriebsplans kommt nicht in Betracht, weil es sich um unterschiedliche Betriebsplanarten handelt. Eine andere Rechtslage könnte sich ergeben, wenn das Ursprungsvorhaben weitgehend realisiert ist und nicht mehr zur „beanspruchten Abbaufläche" i. S. von § 1 Ziffer 1 b (aa) der UVP-V Bergbau gehört.

107   Sofern die Zulassung eines fakultativen Rahmenbetriebsplans lediglich verlängert werden soll, ist für das Verlängerungsverfahren das (neue) Recht der §§ 52 Absatz 2 a, 57 c nicht anzuwenden, wenn das Gesamtvorhaben vor dem 1.9.1990 mit einer Zulassungsentscheidung schon abgeschlossen und die Ausführung des Vorhabens schon in Angriff genommen worden ist (BVerwG, ZfB 1995, 282 – Gorleben – in Auslegung von Artikel 2 Satz 2 des 2. Bergrechtsänderungsgesetztes vom 12.2.1990 – BGBl, 215; VG Aachen, ZfB 2000, 64; OVG Saarland, ZfB 1998, 192; VG Lüneburg, ZfB 1994, 183). Dies folgt aus dem Verständnis, dass Vorhaben i. S. des § 52 Absatz 2 a das Gesamtvorhaben ist (BVerwG, ZfB 2002, 195 und DVBl 2002, 1498 = NVWZ 2002, 1237; OVG NRW, ZfB 2005, 44 m. w. N.; OVG Brandenburg, ZfB 2001, 257). Ist mit der Ausführung des Gesamtvorhabens teilweise begonnen, fallen die weiteren Abschnitte auch bei Verlängerung der Zulassung nicht unter § 52 Absatz 2 a Satz 1. S. auch § 52 Absatz 2 c Rn 160, 165.

108   Abänderungen lassen auch den bisherigen Inhalt des Betriebsplans nicht unberührt.

109   Zwar gilt insofern die gleiche rechtliche Behandlung wie bei erstmaligen Betriebsplänen. Für Form und Inhalt der wiederum erforderlichen Zulassung gelten gemäß § 56 Absatz 3 auch hier die Vorschriften der §§ 56 Absatz 1 und Absatz 2.

110   Gleichwohl erscheint es als unbegründete Überspitzung, die Verlängerung ihrem Wesen nach als Neuerteilung anzusehen und mit dieser Begründung die gleichen verfahrensrechtlichen und materiellen Anforderungen wie für Neuerteilungen zu verlangen. Die gesetzliche Regelung einer Verlängerung unabhängig von der ohnehin bestehenden Möglichkeit eines neuen Verfahrens kann nur den Sinn haben, die Weitergeltung unter erleichterten Voraussetzungen zuzulassen (VG Karlsruhe, DVBl 1981, 232 betrifft Planfeststellungsbeschluss). Die Überprüfung der zu verlängernden Zulassung beschränkt sich daher auf wesentliche Änderungen der Sach- und Rechtslage der Zulassung.

Der Unternehmer kann hinsichtlich der Darstellung des Inhaltes und der not- **111**
wendigen Nachweise auf den bereits eingereichten Betriebsplan Bezug nehmen
und sich auf die Schilderung der neuen Tatsachen beschränken.

Die gesetzlich vorgesehene Möglichkeit der **Verlängerung** berücksichtigt die **112**
bergbautypische Unvorhersehbarkeit der geologischen Verhältnisse (*„Sachgesetzlichkeit"* i. S. von BVerwG, ZfB 1989, 199) und die prinzipielle Prognoseunsicherheit des Bergbaus (BVerwG, ZfB 1992, 52, Kühne Bergrechtlicher Rahmenbetriebsplan, 54; Knöchel, NWVBl 1992, 117 f.). Dies rechtfertigt eine
verfahrensökonomische zweckmäßige Einschränkung des Prüfprogramms. Der
Unternehmer muss nicht den Plan, soweit er noch nicht ausgeführt ist, in allen
Einzelheiten erneut darstellen. Die Behörde muss nicht nochmals das gesamte
Prüfprogramm durchlaufen, obwohl sich gegenüber der Ausgangsprüfung
nichts geändert hat (VG Lüneburg, ZfB 1994, 169). Zu prüfen ist nur das
„*Ob*" einer Verlängerung und das „*Wie Lange*" (OVG Koblenz, ZfB 1991,
203). Der Betriebsplan bleibt der gleiche, er wird nur zeitlich gestreckt. Prü-
fungsgegenstand für das „*Ob*" und „*Wie lange*" ist nur die Verlängerung.

Eine Verlängerung darf nur versagt werden, wenn sich die Sach- oder Rechtslage **113**
inzwischen verändert hat oder wenn sich herausstellt, dass die ursprüngliche
Zulassung rechtswidrig war. Der Bergbehörde steht kein Verlängerungsermessen
zu. Das Wort „können" in § 52 Absatz 4 Satz 2 spricht eine Befugnis aus. Die
Behörde hat, wenn die Voraussetzungen vorliegen, dem Verlängerungsantrag zu
entsprechen. Dafür spricht, dass die Aufsuchung und Gewinnung von Bodenschätzen ausdrücklich durch das BBergG gefördert werden (Heitmann, ZfB
1987, 28 f.), dass ein Vertrauensschutz für den Unternehmer durch die Erst-
zulassung hergestellt wurde und dass die mit erheblichem Kapitaleinsatz auf-
gebauten Bergbauberechtigungen und -anlagen bei Ablehnung der Verlängerung
in ihrem eigentumsrechtlich geschützten Kern betroffen werden (OVG Lüneburg, ZfB 1994, 169 ff.). Eine Verlängerung eines Rahmenbetriebsplans darf
nicht versagt werden, wenn der Unternehmer noch nicht für das gesamte Gebiet,
für die der Betriebsplan zugelassen werden soll, die erforderliche Gewinnungsberechtigung nachweisen kann (OVG Lüneburg, ZfB 2004, 26).

Eine Gemeinde, die im Verfahren auf Zulassung des Erstbetriebsplans beteiligt **114**
war, ist in dem Verfahren der Verlängerung i. d. R. nicht nochmals gemäß § 54
Absatz 2 zu beteiligen. Durch die Verlängerung wird sie nicht erneut betroffen
(OVG Bautzen, ZfB 2005, 62).

Eine Verlängerung kommt für alle Betriebsplanarten in Betracht, mit Ausnahme **115**
von Abschlussbetriebsplänen. Sie sind kraft Gesetzes unbefristet, unbeschadet
der Möglichkeit, durch Nebenbestimmungen für einzelne Maßnahmen Fristen
festzusetzen.

Die Einreichung des Betriebsplans muss gemäß § 54 Absatz 1 vor Beginn der **116**
Arbeiten erfolgen.

§ 52 Absatz 4 Satz 2 regelt nur die Veränderungen des bereits zugelassenen **117**
Betriebsplans durch den Unternehmer. Ihm obliegt es nach § 51 Absatz 1, den
Betriebsplan aufzustellen und damit auch zu verändern. Nicht geregelt ist hier
der Eingriff der Bergbehörde in bereits zugelassene Betriebspläne (§ 56 Absatz 1
Satz 2 und § 56 Rn 227 ff.).

IX. Befreiung von der Betriebsplanpflicht

118 Nach § 65 Nr. 2 können bestimmte Arbeiten durch Verordnung unter Befreiung von der Betriebsplanpflicht einer Genehmigung unterworfen werden, nach § 65 Nr. 3 können bestimmte Stoffe und Einrichtungen allgemein zugelassen werden. Für diese Fälle sieht § 52 Absatz 5 eine Erleichterung der Nachweise und Darstellungen in den Betriebsplänen durch Nachweis der Genehmigung oder Zulassung oder der entsprechenden Anträge vor. Nun fragt man sich, wieso es eines eingeschränkten Nachweises gemäß § 52 Absatz 5 überhaupt bedarf, wenn nach § 65 Nr. 2 die Genehmigung unter Befreiung von der Betriebsplanpflicht vorgesehen werden kann. Man wird die Vorschrift des § 52 Absatz 5 nur sinnvoll dahin interpretieren können, dass sie in den Fällen anzuwenden ist, in denen die Verordnung zwar die Genehmigung, nicht aber gleichzeitig die Befreiung von der Betriebsplanpflicht zugelassen hat.

119 Umgekehrt steht durch §§ 65 Nr. 2, 52 Absatz 5 auch fest, dass die nach den Verordnungen erforderlichen Genehmigungen durch den Betriebsplan nicht ersetzt werden (BT-Drs 8/1315, 108 = Zydek, 240).

X. Betriebsplan-Richtlinien

120 Das frühere LOBA NRW hatte Richtlinien herausgegeben, um eine einheitliche Handhabung des Betriebsplanverfahrens zu gewährleisten (Richtlinien vom 31.8.1999 – AZ11.1 – 7 – 27, die die früheren Richtlinien vom 20.11.1984 – Glückauf 1982, 45 ff. abgelöst haben). Sie enthalten Gliederungen für Hauptbetriebsplan Steinkohlenbergbau, Sonderbetriebsplan für Abbaubetriebe, Sonderbetriebsplan Abbaueinwirkungen auf das Oberflächeneigentum, Betriebsplan Bohrungen, Abschlussbetriebsplan für Untertagebetriebe des Steinkohlenbergbaus, für Tagesanlagen von Steinkohlenbergwerken und für Kokereien. Ferner Gliederungen für Rahmenbetriebsplan Nichtkohlenbergbau, Hauptbetriebsplan Nichtkohlenbergbau, Abschlussbetriebsplan Nichtkohlenbergbau (Tagebau – bzw. Untertagebaubetriebe mit Tagesanlagen). S. auch **Richtlinien des sächsischen Oberbergamts** zur Erarbeitung und Zulassung von Betriebsplänen für Tagebau und dazugehörige Tagesanlagen vom 30.12.1996 (Sonderdruck Sächsisches Abl Nr. 4/1997) mit Gliederungen für Aufsuchungsbetriebsplan, fakultativen sowie obligatorischen Rahmenbetriebsplan, Hauptbetriebsplan, Sonderbetriebspläne *„Errichtung und Betrieb einer Aufbereitungsanlage"*, Sprengwesen und Abschlussbetriebsplan (Nachweis auch bei Storm/Bunge, Handbuch der UVP, Kennzahl 9268).

121 Den Richtlinien kommt kraft Organisationsgewalt zwar Bindungswirkung für den **Innenbereich** zu, sie haben jedoch **keine** mit **Außenwirkung** versehene Selbstbindungskraft der Verwaltung.

Übersicht zu § 52 Absatz 2 a–Absatz 2 c   Rn

I.   Allgemeines 122

II.   Das Verhältnis zwischen UVPG und BBergG 123

III.   Grundsätzliches zur Vorschrift des § 52 Absatz 2 a 125
1.   Ausschließlichkeit des UVP-Rahmenbetriebsplans 125
2.   Ausschließlichkeit der Vorhaben der UVP-V Bergbau 127
3.   Die Unterschiede Planfeststellung – obligatorischer Rahmenbetriebsplan . 128
4.   Die Unterschiede fakultativer – obligatorischer Rahmenbetriebsplan . . . 145

IV.   Die Vorschrift des § 52 Absatz 2 a   150
1.   Verlangen der Bergbehörde   150
2.   Erörterungstermin   151
3.   Anforderungen des vorsorgenden Umweltschutzes   152
V.   Die Vorschrift des § 52 Absatz 2 b   153
1.   Vorbemerkung   153
2.   Abschnitts- und stufenweise Zulassung (§ 52 Absatz 2 b Satz 1)   154
3.   Ausnahme von § 52 Absatz 2 a bei Doppelprüfung (§ 52 Absatz 2 b Satz 2)   155
4.   Die Regelung des § 52 Absatz 2 b Satz 3   159
VI.   Die Vorschrift des § 52 Absatz 2 c   160
1.   Wesentliche Änderung   160
2.   Änderung von Vorhaben i. S. von § 52 Absatz 2 a und UVP-Vorprüfung .   161
3.   Nachteilige Umwelteinwirkungen   164
4.   Erweiterung von Vorhaben   165
5.   Änderung von nicht UVP-pflichtigen Anlagen   166
6.   Wesentliche Änderung bei vorzeitiger Stilllegung   167
7.   Änderung vor Abschluss des UVP-Verfahrens   168
8.   Drittschutz   169
VII.   Übergangsregelung und Ausschluss der Vorschriften zum UVP-Rahmenbetriebsplan   170
1.   Übergangsregelung gemäß Artikel 2 des Bergrechtsänderungsgesetzes von
1990   170
2.   Übergangsregelung gemäß Einigungsvertrag für das Beitrittgebiet   175

I. Allgemeines

Die Vorschrift ist durch das Gesetz zur Änderung des BBergG vom 12.2.1990 **122** (BGBl, 215) eingeführt worden, das die **EU-RL über die Umweltverträglichkeitsprüfung** bei bestimmten öffentlichen und privaten Projekten (ABl Nr. L 175/40 vom 5.7.1985) fachspezifisch für den Bereich des Bergbaus in innerstaatliches Recht umsetzt. Zweck der Vorschrift ist die Verankerung des Planfeststellungsverfahrens in das BBergG mit den Modalitäten, dass einerseits eine Entscheidungskonzentration und Öffentlichkeitsbeteiligung stattfindet, andererseits auch den Besonderheiten der bergbaulichen Betriebe (hierzu ausführlich Knöchel, NWVBl 1992, 117 f.; Kühne, DVBl 2006, 662 und in Leipziger Schriften zum Umwelt- und Planungsrecht, Bd. 15, 2009, 13, Hoppe/Beckmann, UVPG; § 18 Rn 18) und des Betriebsplanverfahrens Rechnung getragen wird (BT-Drs 11/4015, 1, 9).

II. Das Verhältnis zwischen UVPG und BBergG

Im engen Zusammenhang mit § 52 Absatz 2 a steht § 18 UVPG, wonach bei **123** bergbaulichen Vorhaben, sofern sie UVP-pflichtig sind, die **UVP im Planfeststellungsverfahren nach dem BBergG** durchgeführt wird und die §§ 5–14 UVPG keine Anwendung finden. Hierdurch werden UVP und BBergG harmonisiert. Die Subsidiarität des UVPG ergibt sich außerdem schon aus § 4 UVPG, wonach das Fachrecht das UVPG verdrängt, wenn und soweit es gleichlautende oder weitergehende Anforderungen an die Durchführung einer UVP enthält (Hoppe/ Appold, UVPG, § 4 Rn 2; Peters/Balla, Gesetz über die UVP, Handkommentar, 3. Auflage § 4 Rn 4). Zu diesem Fachrecht zählen insbesondere das BBergG, die 9. BImSchV und das AtG. Allerdings geht § 18 UVPG als für das bergrechtliche Verfahren spezielle Regelung weiter als die allgemeine Vorrangvorschrift des § 4 UVPG, denn für bergbauliche Vorhaben findet das Planfeststellungsverfahren nach dem BBergG Anwendung, ohne dass es auf die Vorrangvoraussetzungen des § 4 UVPG ankommt. Dafür spricht auch, dass das UVPG und die UVP-Vorschriften des BBergG zeitgleich erlassen wurden. Sie sollten parallel Unterschiedliches regeln: das UVPG einerseits die Vorhaben i.S. von §§ 1, 2 Absatz 2, V. Anlage 3 und ihre Auswirkungen auf die Umwelt, das BBergG andererseits die bergbaulichen Vorhaben i.S. der UVP-V Bergbau und deren Umweltauswirkungen, und zwar speziell im Hinblick auf die sachlich-fachlichen Besonderheiten und abschließend (a.A. wohl Hoppe/Beckmann, UVPG, § 18 Rn 6, die allerdings nach differenzierender Prüfung aller Vorschriften des UVPG zu dem Ergebnis kommen, dass das BBergG nur in wenigen Regelungen davon abweicht). Vermittelnd wird in § 18 Satz 2 UVPG das Ergebnis eines politischen Kompromisses gesehen, wonach die materiellen UVP-Inhalte primär dem UVPG, die Verfahrensschritte und Zulassungsentscheidungen dem BBergG zugeordnet worden sind (Bohne, ZfB 1989, 104). Hierzu kritisch, aber wenig sachbezogen: („*Ressortegoismus*", Steinberg, DVBl 1988, 996; Jarass, NUR 1991, 202, zustimmend zur bergrechtlichen Sonderregelung Gaentzsch, Festschrift Sendler, 403, 413 ff.).

124 Wenn also durch die Brückenregelung des § 18 Satz 2 UVPG die §§ 5–14 keine Anwendung finden, weil stattdessen die speziellen bergrechtlichen Verfahrensvorschriften der §§ 52 Absatz a–c, 57 a–c BBergG gelten, so wird umgekehrt dadurch festgestellt, dass jedenfalls die §§ 1–4, 15–25 UVPG auch für bergbauliche Planfeststellungen einschlägig sein können. Das gilt für § 1 UVPG, weil der Zweck des Gesetzes insofern über die Zweckbestimmung des § 1 BBergG hinausgeht. Das gilt auch für die Schutzgüter des § 2 Absatz 1 Satz 2 UVPG (unstr. s. Erbguth/Schink, § 18 Rn 7 c; Bohne, ZfB 1989, 104; Hoppe/Beckmann, § 18 Rn 8) sowie die Voraussetzungen für eine UVP gemäß § 3 a bis 3 f. UVPG, insbesondere wenn anhand von Größen- und Leistungswerten eine UVP-Pflicht festgestellt werden muss. Keine Bedeutung für das bergrechtliche Verfahren hat § 2 Absatz 2 UVPG, weil insofern § 52 Absatz 2 c und die abschließende Aufzählung der bergbaulichen Vorhaben in der UVP-V Bergbau Vorrang haben. § 2 Absatz 3 UVPG wird durch § 52 Absatz 2 a Satz 1 BBergG verdrängt. § 3 Absatz 1 UVPG hat nur eine eingeschränkte Bedeutung, da die Vorhaben des § 1 UVP-V Bergbau im Regelfall stets UVP-pflichtig sind und die Einteilung in allgemeine und standortbezogene Vorprüfung grundsätzlich unerheblich ist (s. auch Anlage 1 Nr. 15 – Bergbau, es sei denn, es wird in der Vorhabensliste des § 1 UVP-V Bergbau ausdrücklich anderes geregelt). Die §§ 15, 17, 19, 20–23 spielen für bergbauliche Vorhaben keine Rolle (Hoppe/Beckmann, § 18 Rn 8; Erbguth/Schink, aaO, Rn 7 d), dagegen kann § 16 UVPG Anwendung finden, falls dem bergbaulichen Vorhaben ein Raumordnungsverfahren mit UVP vorausgeht. Die §§ 11, 12 UVPG über die zusammenfassende Darstellung, Bewertung und Berücksichtigung der Umweltauswirkungen sind sinngemäß in § 57 a Absatz 4 Satz 3 BBergG angesprochen, jedenfalls über die nicht verdrängte Vorschrift des § 2 Absatz 1 Satz 2 UVPG sichergestellt (Hoppe/Beckmann, aaO, Rn 6).

III. Grundsätzliches zur Vorschrift des § 52 Absatz 2 a

1. Ausschließlichkeit des UVP-Rahmenbetriebsplans

125 Sofern das bergbauliche Vorhaben einer Umweltverträglichkeitsprüfung bedarf, weil es in der UVP-V Bergbau numerativ aufgezählt wird, ist **ein Rahmenbetriebsplan zur Zulassung im Planfeststellungsverfahren** aufzustellen und bei der Bergbehörde einzureichen. Dem Gesetzgeber erschien der Rahmenbetriebsplan als geeigneter Ansatzpunkt für die UVP, weil er für einen längeren Zeitraum Angaben über das beabsichtigte Vorhaben, dessen technische Durchführung und voraussichtlichen Ablauf enthält und die nachfolgenden Einzelbetriebspläne und Teilmaßnahmen absteckt (BT-Drs 11/4015, 7 = ZfB 1990, 91; Bohne, ZfB 1989, 104). Gleichzeitig sollten die an wechselnden lagerstättenmäßigen und bergtechnischen Gegebenheiten orientierten **Haupt- und Sonderbetriebspläne von der UVP entlastet** werden und sollte ihre notwendige Flexibilität erhalten bleiben (v. Mäßenhausen, ZfB 1994, 131 m.w.N.; Schmidt, Glückauf 1989, 302 ff.; Molkenbur, Zeitschrift für angewandte Umweltforschung 1992, 207, 216; Kühne, DVBl 2006, 662 ff.; UPR 1989, 327 und Leipziger Schriften Band 2009, 13). S. auch § 57a Rn 44.

Aus den Motiven des Gesetzgebers, wonach *„[…] eine Entlastung des in der* **126** *Regel alle zwei Jahre stattfindenden Hauptbetriebsplanverfahrens und aller anderen Betriebsplanverfahren, für die der Rahmen insofern ein für allemal festgelegt ist […]"* (BT-Drs 11/4015 ZfB 1990, 92) konnte geschlossen werden, dass die UVP-Prüfung bergrechtlich ausschließlich im Rahmenbetriebsplan angesiedelt ist (Knöchel, ZfB 1996, 50 für Abschlussbetriebsplan) und auch ein Rahmenabschlussbetriebsplan nicht zulässig ist (h.M. Kremer/Neuhaus genannt Wever, Rn 221 m.w.N.; Ludwig, Auswirkungen der FFH-RL, S. 51; s. auch § 53 Rn 7).
Neuerdings hat die Rspr. (OVG Lüneburg, NUR 2009, 60; nachfolgend Elgeti/ Dietrich, NUR 2009, 461; Beckmann, DÖV 2010, 516) darauf verwiesen, dass § 1 UVP-V Bergbau an das jeweils konkrete Vorhaben anknüpft **unabhängig davon, in welcher Form vom Betriebsplan es zugelassen wird.** Folgt man dieser Ansicht, kommt es für die UVP-Pflicht bei Betriebseinstellungen und Abschlussbetriebsplänen darauf an, ob die Tatbestände des § 1 Nr. 1–9 UVP-V Bergbau erfüllt werden. Da Stilllegungsmaßnahmen nicht mehr der Gewinnung i.S. von § 1 Nr. 1 und Nr. 2 UVP-V Bergbau zuzurechnen sind (OVG Lüneburg, aaO), kommt es darauf an, ob „sonstige betriebsplanpflichtige Vorhaben" i.S. von § 1 Nr. 9 UVP-V Bergbau vorliegen, d.h. ob sie in der Liste der Anlage 1 zum UVPG aufgeführt sind. Soweit dort als Maßnahme die „Errichtung und Betrieb" einer Anlage genannt ist, wird deren Stilllegung davon nicht erfasst und ist nicht UVP-pflichtig (OVG Lüneburg, aaO). Selbst wenn die UVP-Pflicht im Einzelfall unabhängig von der Art des Betriebsplans sein sollte, bleibt es dabei, dass grundsätzlich der Rahmenbetriebsplan das geeignete Gerüst für die UVP-Pflicht ist und die UVP-Prüfung in gestuften Verfahren nur einmal durchgeführt wird (Bayr. VGH, ZfB 2012, 240, 243; OVG Bautzen, ZfB 2011, 244).

2. Ausschließlichkeit der Vorhaben der UVP-V Bergbau

Aus § 52 Absatz 2 Satz 1 ergibt sich ferner, dass eine UVP-Prüfung nur für die **127** **Anlagen** in Betracht kommt, die **in der UVP-V Bergbau abschließend genannt** sind (s. § 57c Rn 1 ff.). Für die übrigen Anlagen bleibt es bei den anderen Betriebsplanarten, ggf. auch bei einem fakultativen Rahmenbetriebsplan gemäß § 52. Es ist unzulässig, Maßnahmen, die nicht der Planfeststellungspflicht unterliegen, durch Planfeststellungsbeschluss zuzulassen (OVG NRW, NWVBl 2011, 70, 73 = ZfW 2011, 104 ff.). Ebenso bietet § 78 VwVfG keine Handhabe, ein einziges Planfeststellungsverfahren durchzuführen, wenn über ein Vorhaben von unterschiedlichen Behörden zum Teil im Planfeststellungsverfahren, zum Teil in anderen Zulassungsverfahrn zu entscheiden ist (OVG NRW, aaO).

3. Die Unterschiede Planfeststellung – obligatorischer Rahmenbetriebsplan

Für die Zulassung eines Rahmenbetriebsplans gemäß § 52 Absatz 2a ist ein **128** „Planfeststellungsverfahren" durchzuführen. Es ist **keine Planfeststellung im herkömmlichen Sinne,** sondern verschafft nur den Laufsteg, das Verfahrensregime des Planfeststellungsrechts in das Bergrecht zu übernehmen, um hier eine

Beteiligung der Öffentlichkeit und UVP-Pflichten zu installieren. Der Begriff „Planfeststellungsverfahren" in § 52 Absatz 2 a ist daher als *terminologischer Missgriff* angesehen worden (Ramsauer, NVwZ 2008, 949). Er weist im Vergleich zum Planfeststellungsverfahren klassischer Art einige **Besonderheiten** auf:

129 Das **bergrechtliche Verfahren** erstreckt sich auf die **Errichtung und Führung eines Betriebes**, d. h. auf den Bau der Bergbauanlage und deren nachfolgenden Betrieb als Ganzes, letztlich sogar auf die Vorsorge zur Wiedernutzbarmachung im Falle der Betriebseinstellung. Das herkömmliche Planfeststellungsverfahren beschränkt sich auf die Errichtung und Änderung einschließlich Erweiterung der Anlage, wobei der Betrieb zwar ebenfalls in das Prüfprogramm einbezogen wird, aber eher in seinem Bezug zur technischen Anlage. Der spätere sichere und nicht umweltstörende Betrieb wird durch Anforderungen an die Anlagenerrichtung gewährleistet (Gaentzsch, Festschr. Sendler, S. 410).

130 Die bergrechtliche Entscheidung über die Planfeststellung (§ 57 a Absatz 4) hat **keine Gestattungswirkung**. Sie gibt die Errichtung des Vorhabens nicht frei. Sie hat, wie der fakultative Rahmenbetriebsplan, allein feststellende Wirkung (s. auch § 56 Rn 30, v. Mäßenhausen, ZfB 1994, 130; Kühne, DVBl 2006, 670; Erbguth/Schink, § 18 Rn 2, Rn 8; Hoppe/Beckmann, § 18 Rn 27; VG Kassel, ZfB 2004, 70; OVG NRW, ZfB 2009, 261, 275; Boldt/Weller, Erg.band § 57 a Rn 77). S. auch § 56 Rn 74.
Insoweit bleiben Haupt- und Sonderbetriebspläne notwendig, um mit den bergbaulichen Tätigkeiten beginnen zu können (Erbguth/Schink, § 18 Rn 8 *„Plan mit Vorbehaltscharakter"*, Gaentzsch in Kühne/Gaentzsch, Wandel und Beharren im Bergrecht, S. 37; Ludwig, Auswirkungen, S. 61; BT-Drs 11/4015, S. 7, 10 ff.). Hierdurch ist sichergestellt, dass das System des bergrechtlichen Betriebsplanverfahrens mit seinem stufenweisen Ansatz, der den *„wechselnden lagerstättenmäßigen und bergtechnischen Gegebenheiten in besonderer Weise Rechnung"* (BT-Drs 11/4015, S. 7) trägt, nicht verändert wird. Erst diesen nachfolgenden Betriebsplanzulassungen kommt Gestattungswirkung zu (s. § 56 Rn 75 f.; § 52 Rn 15, 46.
Anstelle der Planfeststellungsbeschlüssen herkömmlicher Art eingebundenen Gestattungswirkung erzeugt die Entscheidung im obligatorischen Rahmenbetriebsplanverfahren nur die Feststellung der Zulässigkeit des Vorhabens für alle von ihm umfassten öffentlichen Belange, ausgenommen die Zulässigkeit eventuell notwendiger Folgemaßnahmen i. S. von § 57 b Absatz 3 Satz 3, für die andere Fachgesetze eine Planfeststellung vorsehen.

131 Im Gegensatz zum allgemein in §§ 75 ff. VwVfG geregelten Planfeststellungsbeschluss hat die Zulassung des obligatorischen Rahmenbetriebsplans nur eine **eingeschränkte Konzentrationswirkung**. Sie erstreckt sich zwar umfassend in **horizontaler Richtung**. Alle sonst erforderlichen Genehmigungen, Erlaubnisse, Bewilligungen, Zustimmungen sowie Entscheidungen über Ausnahmen und Befreiungen sind eingeschlossen, und zwar nicht nur, soweit damit die Umweltverträglichkeit festgestellt wird, sondern mit ihrem vollen materiellen Entscheidungsprogramm (Gaentzsch in Kühne/Gaentzsch, Wandel und Beharren, S. 38). Die Bergbehörde muss im Gegenzug gemäß § 57 a Absatz 4 das gesamte für die eingeschlossenen Genehmigungen geltende Recht prüfen (Gaentzsch, Festschr. Sendler, S. 414; Hoppe/Beckmann, § 18 Rn 25; Ludwig, Auswirkungen, S. 60), und zwar ergänzend zu den Zulassungsvoraussetzungen der §§ 55, 48 Absatz 2 Satz 1.
Beispiel: In einer Zulassung eines Rahmenbetriebsplans für die Errichtung und den Betrieb einer **Gasbetriebsanlage für einen Erdgasspeicher** können konzentriert sein: die Genehmigungen gemäß §§ 4, 6 BImSchG für Heizkesselanlagen und Gasturbinen, die Emissionsgenehmigung gemäß § 4 Absatz 1 Treibhausgas-

Emissionshandelsgesetz, die wasserrechtliche Erlaubnis zur Entnahme und Einleitungen von Grundwasser, die wasserrechtliche Erlaubnis zur Einleitung von Oberflächenwasser, die Baugenehmigung, die Genehmigung für die Aufschüttung des Geländes, die Genehmigung nach Denkmalschutzgesetz und die Ausnahmegenehmigung zur Deichbenutzung. Ausnahmen von der sog. horizontalen Konzentrationswirkung ergeben sich allerdings aus § 57 b Absatz 3 Satz 3 (andere Planfeststellungsverfahren) und § 2 (§§ 9 b AtG i. V. m. § 126 Absatz 3 BBergG), in denen andere Verfahren Vorrang haben.

Die **vertikale Konzentrationswirkung** (Kühne, Öffentlichkeitsbeteiligung und **132** Eigentumsschutz im Bergrecht, S. 50: zutreffender *„Bindungswirkung"*), d. h. die Abhandlung aller Genehmigungsbelange von der ersten bis zur letzten Ausführungsstufe, ist im bergrechtlichen Planfeststellungsverfahren dagegen begrenzt. Die Zulassung schließt die auf den folgenden Stufen erforderlichen Entscheidungen über Betriebspläne nicht ein. **Ausnahmsweise** erstreckt sich die Rechtswirkung der Zulassung des Rahmenbetriebsplans aber auf die Haupt-, Sonder- oder Abschlussbetriebspläne, wenn über Einwendungen im Planfeststellungsbeschluss entschieden wurde oder bei rechtzeitiger Geltendmachung von Einwendungen hätte entschieden werden können (§ 57 a Absatz 5). Diese Ausnahme erstreckt sich auch auf die Voraussetzungen des § 48 Absatz 2. Sie sind nicht bei jedem weiteren notwendigen Betriebsplan gesondert zu prüfen (§ 57 a Absatz 5, 2. Halbs.; BT-Drs 11/4015, S. 12 = ZfB 1990, 97; Boldt/Weller, Erg.band, § 57 a Rn 78).

Eine **Ausnahme von der Ausnahme** macht § 57 a Absatz 5 Halbs. 2, wenn nur durch eine nachträgliche Entscheidung über die ergänzenden Haupt- oder Sonderbetriebspläne eine unverhältnismäßige Beeinträchtigung des Oberflächeneigentums vermieden werden kann. In diesem letzteren Fall ist die Bergbehörde bei einer späteren Entscheidung nicht an die Rechtwirkungen der vorausgegangenen Rahmenbetriebsplan-Zulassung gebunden.

Andererseits ist die Zulassung des obligatorischen Rahmenbetriebsplans nicht **133** folgenlos für die nachgeordneten Betriebspläne. Denn angesichts des erheblichen Prüfaufwandes ist es nicht zu rechtfertigen, wenn die UVP-Zulassung ohne Auswirkungen auf die vertikale Detailebene bliebe. Dem wird in der Literatur zu Recht Rechnung getragen: Die obligatorische Rahmenbetriebsplanzulassung führe dazu, dass *„die Machbarkeit (Durchführbarkeit) des Vorhabens selbst nicht mehr in Frage"* gestellt werden könne (Kühne, Öffentlichkeitsbeteiligung und Eigentumsschutz im Bergrecht, S. 51), er sei eine *„umfassende und abschließende Feststellung, dass das Bergbauvorhaben in umweltrechtlicher Hinsicht den öffentlich-rechtlichen Vorschriften entspricht"* (Gaentzsch, Festschr. Sendler, S. 415), sie äußere *„für die nachfolgenden Haupt- und Sonderbetriebspläne vertikale Bindungswirkung"* (Kühne, DVBl 2006, 665), sie habe in Bezug auf die späteren Betriebspläne die Wirkung eines **Konzeptvorbescheides** (v. Mäßenhausen ZfB 1994, 130), die Zulassung nähere sich *„einer vorbescheidsähnlichen Definitivregelung"* (Ludwig, Auswirkungen der FFH-RL, S. 65 m. w. N.) bzw. ihre Wirkungen gingen *„aufgrund des hohen Detailreichtums noch über die eines Vorbescheides hinaus"* (Ludwig, aaO, m. w. N.). Alle diese kreativen Formulierungen führen auf dasselbe hinaus: dass durch die Entscheidung über den UVP-pflichtigen Betriebsplan Teilaspekte des Vorhabens vorab entschieden sind. Im Wesentlichen werden durch die Zulassung des obligatorischen Rahmenbetriebsplans folgende Bindungen für nachträgliche Betriebspläne vorgegeben:
– Vor allem wird die Umweltverträglichkeit und die Vereinbarkeit des Vorhabens mit den öffentlichen Interessen bestätigt
– Die bergrechtlichen Anforderungen des § 55 Absatz 1 sind, vorbehaltlich Detailprüfungen aufgrund nachfolgender Betriebspläne, im Grundsatz erfüllt. Abweichende Ergebnisse bedürfen einer besonderen Begründung und neuer, nicht vorhersehbarer Tatsachen

- Im Umfang der konzentrierten Entscheidungen besteht Bindungswirkung
- Auch die Auswirkungen des Vorhabens auf die Planungshoheit einer Gemeinde sollten im Rahmenbetriebsplan letztverbindlich betrachtet werden (OVG NRW ZfB 2003, 279). Dazu gehören allerdings nicht bergbauliche Einwirkungen auf Gemeindeeinrichtungen, Kanalisation, Versorgungseinrichtungen.

134 Die Entscheidung über die Planfeststellung (§ 57a Absatz 4) ist, wie die über den fakultativen Rahmenbetriebsplan, eine **gebundene Kontrollerlaubnis** (BVerwG, ZfB 2012, 236; BVerwG, ZfB 2006, 306, 311 Rn 28 = NVwZ 2007, 701 = ZuR 2007, 199 = ZfW 2008, 20; ZfB 2006, 314, 317 = NVwZ 2007, 704, 705 = ZfW 2008, 25, 26; OVG NRW, ZfB 2005, 32, 49 m. w. N.; ZuR 2006, 488 = ZfB 2006, 49 = NUR 2006, 801, 802 = NWVBl 2006, 336; OVG Saarland, ZfB 2005, 188, 201; OVG Koblenz, ZfB 2011, 124; Kühne, UPR 1989, 326, 327; DVBl 2006, 662, 664; v. Mäßenhausen, ZfB 1994, 178; Gaentzsch, Festschr. Sendler, 403, 404, 421; Niermann, Betriebsplan und Planfeststellung im Bergrecht, 1992, S. 98 ff.; Hoppe/Beckmann, UVPG, § 18 Rn 26; Erbguth/Schink, UVPG § 18 Rn 15). Diese grundsätzliche Einordnung des Rahmenbetriebsplans sollte sich nämlich durch die Verankerung der UVP-Pflicht auf der Entscheidungsstufe des Rahmenbetriebsplans nicht ändern (BT-Drs 11/4015, S. 12 = ZfB 1990, 96). Im Übrigen ergibt sich die Rechtsfolge schon aus der Anwendung des § 55 Absatz 1.

135 Aus der Einstufung als gebundene Kontrollerlaubnis ohne planerischen Spielraum folgt, dass der Bergbehörde **weder ein Planungsermessen noch ein Versagungsermessen** zusteht (BVerwGE 100, 1, 10 = NUR 1996, 288 = ZfB 1995, 278, 287 OVG NRW, ZfB 2005, 294, 310; OVG Koblenz, ZfB 2011, 124; Erbguth/Schink, § 18 Rn 15; Gaentzsch, Festschr. Sendler, 421 s. auch § 52 Rn 41).

136 Das allgemeine und drittschützende **Abwägungsgebot** gilt für die bergrechtliche Planfeststellung **nicht.** Die Bergbehörde hat nicht über die Zulassung nach umfassender Abwägung der für und gegen das Vorhaben sprechenden Gründe zu entscheiden (BVerwG, ZfB 2006, 306, 310; ZfB 2006, 315, 318 = ZfW 2008, 26; OVG NRW, NUR 2006, 801, 804; Kühne, DVBl 2006, 665 und schon UPR 1989, 327). Damit sind auch die **Grundsätze über Abwägungsfehler** und ihre Folgen nicht anwendbar, soweit sie auf die Kontrolle der – der Bergbehörde nicht zustehenden – Gestaltungsspielräume bezogen werden (Niermann, Betriebsplan und Planfeststellung, S. 107 ff., Erbguth/Schink, § 18 Rn 15 m. w. N.). S. grundsätzlich zum Thema: Betriebsplanzulassung ist keine Planungsentscheidung: § 51 Rn 16.

137 Ebensowenig ist der **Grundsatz der Planrechtfertigung** anzuwenden (Niermann, aaO; Erbguth/Schink, aaO Rn 16; BT-Drs 11/4015, S. 12 = ZfB 1990, 96; VG Kassel, ZfB 2004, 70; s. auch § 52 Rn 42; v. Mäßenhausen, ZfB 1994, 129; Kühne, UPR 1989, 327; OVG Lüneburg, ZfB 2005, 36).
Eine Planfeststellung trägt zwar nach st. Rspr. ihre Rechtfertigung nicht in sich selbst, sondern bedarf der Rechtfertigung (Kopp/Ramsauer, VwVfG, § 74 Rn 30 m. w. N.). Gefragt wird, ob das konkrete Vorhaben *„vernünftigerweise geboten ist"*. Die Planrechtfertigung stellt ein der Abwägung vorgeschaltetes Prüfungselement dar, und ist kumulativ neben der Abwägung eigenständig zu prüfen und gerichtlich nachprüfbar (Einzelheiten bei Jarass, NUR 2004, 69 ff., de Witt, LKV 2006, 5 ff.). Zu prüfen sind die beiden Elemente der Planrechtfertigung: die Zielkonformität, d. h. ob mit dem Vorhaben ein Zweck verfolgt wird, der mit den Zielen des Fachgesetzes (BBergG) in Einklang steht, und die Eignung des Vorhabens, zur Förderung des Zieles beizutragen. Für diese konkrete Bedarfsprüfung steht der Behörde ein Prognosespielraum zu, es findet nur

eine Grobprüfung statt (Jarass aaO, m. w. N.). Für das obligatorische Rahmen-betriebsplanverfahren fehlen wesentliche Fundamente der Planrechtfertigung. Die Zulassung hat keine Gestattungswirkung. Sie ist vor allem eine gebundene Erlaubnis, bei der **planerische Elemente keine Rolle** spielen.

Für die bergrechtliche Planfeststellung kommt ferner eine **Alternativenprüfung** **138** nicht in Betracht (Boldt/Weller, Erg.band, § 52 Rn 46 m. w. N.; BVerwG, NVwZ 2006, 1171; VG Oldenburg, ZfB 2008, 296, 302 m. w. N.). Schon das UVPG schreibt eine Alternativenprüfung durch den Projektträger bzw. die Zulassungsbehörde nicht vor – und zwar weder eine Standort- noch eine Konzeptalternative (h. M. Hoppe/Beckmann, UVPG, § 12 Rn 42 ff. m. w. N.; Peters/Balla, Gesetz über die UVP, § 2 Rn 40; a. A. Erbguth/Schink § 2 Rn 23). Die UVP-RL verlangt Alternativen von Projekten nicht. Sie sind nur darzustellen, wenn der Projektträger sie von sich aus geprüft hat (h. M., so auch Erbguth/Schink, aaO, § 2 Rn 23, Hoppe/Beckmann, aaO, § 12 Rn 45 m. w. N.). Auch § 12 UVPG verlangt eine Bewertung der Umweltauswirkungen und Berücksichtigung des Ergebnisses bei der Entscheidung (nur) „nach Maßgabe der geltenden Gesetze". Damit sind im Rahmen der UVP nur solche Alternativen zu bewerten, die nach dem jeweiligen Fachrecht in die Prüfung einzubeziehen sind (Hoppe/Beckmann, aaO, § 12 Rn 50). Soweit das Fachrecht als Planfest-stellungsentscheidung ausgestaltet ist, müssen alle von dem Vorhaben betroffe-nen privaten und öffentlichen Belange abgewogen werden. Damit sind auch Alternativen abwägungsrelevant. Ist im Fachrecht eine Kontrollerlaubnis vor-gesehen, auf deren Erteilung bei Vorliegen gesetzlicher Voraussetzungen ein Rechtsanspruch besteht, können Alternativen diesen Anspruch nicht infrage stellen. So ist die Rechtslage nach dem BergG. Der Bergbauunternehmer hat den Betriebsplan gemäß §§ 51, 52 Absatz 2 a aufzustellen, die erforderlichen Angaben gemäß §§ 57 a Absatz 2, 55 Absatz 1, 48 Absatz 2 Satz 1 zu machen und den Betriebsplan gemäß § 54 Absatz 1 einzureichen, die Bergbehörde den Betriebsplan bei Vorliegen der Voraussetzungen zuzulassen. Das bergrechtliche Fachgesetz bestätigt diese Auffassung: Nach § 57 a Absatz 2 Satz 3 sind Anga-ben in dem Rahmenbetriebsplan (Antrag) des Unternehmers nur zu den geprüf-ten, d. h. vom Unternehmer veranlassten, Vorhabenalternativen zu machen, § 2 Absatz 2 UVP-V Bergbau ergänzt das dahin, dass eine Übersicht über die wichtigsten **vom Unternehmer geprüften** Vorhabensalternativen gefordert wird. Das Fachrecht hat also klargestellt, dass die Verantwortung für Standort, Konzept, Planung, Bau und Betrieb des Projektes nebst Alternativlösungen der Unternehmer trägt und der Behörde die rechtliche Kontrolle obliegt, ohne dass sie ihre eigene Planung an die Stelle vom Unternehmer vorgelegten stellen kann. Dies ist angesichts der Standortgebundenheit des Bergbaus, der tech-nischen Komplexität und der Finanzierungslast des Unternehmers auch sachge-recht. Etwas anderes kann sich allerdings ergeben, wenn spezielles Fachrecht, das in der UVP-Rahmenbetriebsplanzulassung konzentriert wird, eine Alternativen-prüfung fordert, d. h. insbesondere die FFH-Verträglichkeitsprüfung (§ 34 Absatz 3 Ziff. 2 BNatschG) oder die Eingriffsregelung (§ 15 Absatz 1 BNatschG, hierzu Schink, NUR 2003, 852).

Während das Planfeststellungsverfahren im Regelfall das Vorhaben insgesamt **139** unter Beachtung des Gebotes der Problembewältigung (s. Kopp/Ramsauer § 74 Rn 26) und der **Einheitlichkeit der Planung** (Gaentzsch, Festschr. Sendler, S. 418: *„Dogma von der Unteilbarkeit von Planungsentscheidungen"*) vom Standort über das Anlagenkonzept bis zur Baufreigabe erfasst und in einer Entscheidung, dem Planfeststellungsbeschluss zusammenfasst (Gaentzsch, aaO, S. 410), ist die Zulassung des **obligatorischen Rahmenbetriebsplans** der **Beginn eines mehrfach gestuften Genehmigungsverfahrens.**

140 Gemäß § 75 Absatz 1 Satz 2 VwVfG hat der Planfeststellungsbeschluss herkömmlicher Art die Wirkung, alle öffentlich-rechtlichen Rechtsbeziehungen zwischen dem Projektträger und den durch das Vorhaben in ihren Rechten betroffenen Dritten zu gestalten und sämtliche Ansprüche auf Unterlassung, Beseitigung oder Änderung der Anlagen bzw. auf Unterlassung der Benutzung auszuschließen (**Gestaltungswirkung**). Diese Wirkung hat die Zulassung des obligatorischen Rahmenbetriebsplans nicht. Sie hat weder Einfluss auf Nachbarrechts-, Anpassungs-, Bergschadens- oder Grundabtretungsansprüche. Denn gemäß § 57 a Absatz 4 Satz 2 bestimmt sich das Verhältnis zwischen Unternehmer und dem Betroffenen nach den Vorschriften des BBergG, d. h. z. B. §§ 77 ff.; 110 ff., 114 ff. (Boldt/Weller, Erg.band § 57 a Rn 51).

141 Die Zulassung eines Rahmenbetriebsplans hat im Gegensatz zum Planfeststellungsbeschluss allgemeiner Art (hierzu Kopp/Ramsauer § 75 Rn 12 ff.) **keine enteignungsrechtliche Vorwirkung** (BVerwG, ZfB 2008, 249, 251 im Anschluss an BVerwG, ZfB 1991, 129 und ZfB 2006, 156 = BVerwGE 126, 205 Rn 26; OVG NRW, ZfB 2005, 294, 302 f. mit Verweis auf BVerwG, ZfB 1991, 140 und ZfB 1991, 129). Im Falle der enteignungsrechtlichen Vorwirkung würde für das spätere Enteignungs- (Grundabtretungs-)Verfahren verbindlich feststehen, dass das planfestgestellte Vorhaben verwirklicht werden kann, dem Wohl der Allgemeinheit dient und eine Enteignung rechtfertigt (Kopp/Ramsauer, aaO). Die enteignungsrechtliche Vorwirkung setzt voraus, dass sie spezialgesetzlich durch das BBergG angeordnet ist. Das ist nicht der Fall. Diese für den fakultativen Rahmenbetriebsplan von der Rechtsprechung entwickelten Grundsätze (s. § 56 Rn 67, 35) gelten gleichermaßen für den obligatorischen, s. aber Fallgestaltung § 57 b, Rn 16.

142 Davon zu unterscheiden ist, dass die bestandskräftige Zulassung beider Arten von Rahmenbetriebsplan **Bindungswirkung für das Grundabtretungsverfahren** haben kann. Zwar verlangt die Feststellung, ob die Grundabtretung dem Wohl der Allgemeinheit i. S. von § 79 Absatz 1 dient, eine umfassende Gesamtabwägung der für und gegen das Bergbauvorhaben sprechenden Belange. Hinsichtlich der Teilmenge, in denen die Voraussetzungen für die Zulassung des Rahmenbetriebsplans und der Grundabtretung deckungsgleich sind, tritt jedoch Bindungswirkung ein und erfolgt keine erneute Prüfung im Grundabtretungsverfahren (BVerwG, ZfB 2008, 249, 251; OVG NRW, ZfB 2005, 294, 302 f.; s. § 56 Rn 79 f.).

143 Nach § 74 Absatz 6 VwVfG kann die zuständige Behörde unter den dort genannten Voraussetzungen anstelle eines Planfeststellungsverfahrens ein **Plangenehmigungsverfahren** durchführen. Diese Vorschrift ist auf das Verfahren nach § 52 Absatz 2 a nicht anzuwenden (Keienburg in Kühne/Ehricke, Öffentlichkeitsbeteiligung und Eigentumsschutz im Bergrecht (S. 17 m. w. N.). Das würde nämlich dazu führen, dass der obligatorische Rahmenbetriebsplan ohne Öffentlichkeitsbeteiligung durchgeführt werden könnte (Kopp/Ramsauer, § 74 Rn 155), obwohl die Beteiligung der Öffentlichkeit ein ganz wesentlicher Zweck des Gesetzes zur Änderung des BBergG vom 12.2.1990 war (BT-Drs 11/4015, ZfB 1990, 89). Im Übrigen sind die Genehmigungsarten für bergbauliche Vorhaben in den §§ 52 ff. abschließend und geschlossen geregelt, sodass eine Plangenehmigung i. S. von § 74 Absatz 6 VwVfG keinen zusätzlichen Sinn machen würde.

144 Nach § 74 Absatz 7 VwVfG entfallen Planfeststellung und Plangenehmigung in **Fällen unwesentlicher Bedeutung**, d. h. bei den dort in Ziff. 1 und Ziff. 2 genannten Sachverhalten. Diese Vorschrift kollidiert mit der speziellen bergrechtlichen Regelung des § 52 Absatz 2 a, wonach die Bergbehörde die Aufstellung eines Rahmenbetriebsplans in den dort vorgegebenen Fällen zu ver-

langen hat. Diese spezielle Vorschrift führt zum Ausschluss des § 74 Absatz 6
VwVfG. Die UVP-Pflichtigkeit eines Bergbauvorhabens wird ausschließlich
durch die UVP-V Bergbau i. V. mit § 57 c bestimmt, die schon aufgrund ihrer
Ermächtigungsnorm nur Vorhaben erfasst, die erhebliche Auswirkungen auf die
Umwelt haben können (§ 57 c Nr. 1) und insofern wesentliche Gesichtspunkte
der Entbehrlichkeit von Planfeststellung i. S. von § 74 Absatz 7 VwVfG bereits
berücksichtigt hat.

4.   Die Unterschiede fakultativer – obligatorischer Rahmenbetriebsplan

Das UVP-Rahmenbetriebsplanverfahren und das fakultative Rahmenbetriebs-   **145**
planverfahren gemäß § 52 Absatz 2 Nr. 1 unterscheiden sich nicht nur durch die
UVP-Pflicht und die damit verbundene Öffentlichkeitsbeteiligung. Die **wichtigs-**
ten Unterschiede sind folgende:

Nach § 52 Absatz 2 Nr. 1 **kann** die Behörde die Aufstellung eines Rahmen-   **146**
betriebsplans verlangen. Diese Ermessensausübung steht ihr nach § 52
Absatz 2 a Satz 1 nicht zu: Die Aufstellung des obligatorischen Rahmenbetriebsplans **ist zu verlangen.**

Während der fakultative Rahmenbetriebsplan sich auf einen räumlich und   **147**
zeitlich abgegrenzten Teil eines Bergbauvorhabens beschränken kann, muss
der obligatorische Rahmenbetriebsplan sich mit dem **Gesamtvorhaben** befassen
(Boldt/Weller, Erg.band § 52 Rn 21; BVerwG, ZfB 1995, 278; auch BVerwG,
NUR 2005, 416; ZfB 2006, 28 f.; OVG NRW, ZfB 2005, 44 f.).
Während für die nicht UVP-pflichtigen Vorhaben durchaus mehrere Rahmenbetriebspläne für jeweils abgegrenzte Teile eines Gesamtvorhabens aufgestellt
werden können, muss sich bei UVP-pflichtigen das Verfahren auf eines konzentrieren.

Beim Verfahren gemäß § 52 Absatz 2 Nr. 1 werden (nur) „allgemeine Angaben"   **148**
über das beabsichtigte Vorhaben gefordert. Diese Angaben beziehen sich auf das
Prüfprogramm der Bergbehörde gemäß §§ 55, 48 Absatz 2 Satz 1, wobei insbesondere je nach Projekt ein erheblicher naturschutzfachlicher Nachweisauf-
wand anfallen kann. Im obligatorischen Rahmenbetriebsplanverfahren **reichen**
die allgemeinen Angaben nicht aus. Sie müssen in ihren Aussagen konkreter,
UVP-tauglich sein. Sie müssen auch inhaltlich umfassender sein, nämlich Angaben zu den konzentrierten Genehmigungssachverhalten enthalten (Boldt/Weller,
Erg.band § 57 a Rn 15 ff.; Gaentzsch, Festschr. Sendler, S. 415; Wandel und
Beharren im Bergrecht, S. 37; Kühne, DVBl 2006, 666, genauer und detailliert:
Knöchel, NWVBl 1992, 119 f.). Der UVP-Rahmenbetriebsplan kann in Bezug
auf die bergrechtlichen Vorgaben so konkrete Angaben enthalten, dass bei
späteren Betriebsplänen kein eigenständiger Entscheidungsspielraum mehr
besteht (v. Mäßenhausen, ZfB 1994, 130).
Je dichter das Angabenangebot, desto stärker ist die Bindungswirkung für
spätere behördliche Entscheidungen.

Im Gegensatz zum einfachen Rahmenbetriebsplan wurde für das UVP-pflichtige   **149**
Verfahren die Möglichkeit in § 52 Absatz 2 b geschaffen, es in selbstständigen
Abschnitten oder Stufen durchzuführen. Dies wird ergänzt durch die Zulassung
des vorzeitigen Beginns gemäß § 57 b Absatz 1. Außerdem können die in den
horizontal konzentrierten Genehmigungsverfahren enthaltenen Möglichkeiten
des **Vorbescheides** und der **Teilgenehmigung** gemäß § 57 b Absatz 2 genutzt
werden.

IV. Die Vorschrift des § 52 Absatz 2 a

1. Verlangen der Bergbehörde

150 Nach § 52 Absatz 2 a Satz 1 beginnt das Planfeststellungsverfahren mit dem Verlangen der Bergbehörde, einen (obligatorischen) Rahmenbetriebsplan aufzustellen. Die Bergbehörde ist zum Verlangen verpflichtet, wenn das Vorhaben UVP-pflichtig gemäß UVP-V Bergbau ist. Unabhängig vom behördlichen Verlangen kann der Bergwerksbetreiber – wie beim fakultativen Rahmenbetriebsplan – das Planfeststellungsverfahren auch von sich aus einleiten. Das **Verlangen** der Bergbehörde **ist ein gebundener Verwaltungsakt.** Liegen die Voraussetzungen der UVP-Pflichtigkeit vor, muss die Bergbehörde ihn erlassen. Sie stellt damit fest, dass das Vorhaben der UVP-Pflicht unterliegt und ein Rahmenbetriebsplan nach den Bestimmungen der §§ 52 Absatz 2 a, 57 a und b abzuwickeln ist (VG Lüneburg 1994, 153 ff., 168). Das Verlangen hat für Haupt- und Sonderbetriebspläne eine **Schrankenfunktion:** sie öffnet sich erst, wenn der Rahmenbetriebsplan oder der vorzeitige Beginn (§ 57 b Absatz 1) zugelassen ist. Gegen den Verlangensbescheid ist **Anfechtungsklage** zulässig, wenn der Bergbauunternehmer meint, sein Vorhaben sei nicht UVP-pflichtig. Da die Entscheidung noch nicht im förmlichen Planfeststellungsverfahren ergeht, findet § 74 Absatz 1 Satz 2 VwVfG keine Anwendung. Die Entscheidung nach § 52 Absatz 2 a Satz 1 ist also weder zu begründen (§ 69 Absatz 2 Satz 1 VwVfG) noch kann – landesrechtlich andere Regelungen sind vorbehalten – auf das **Vorverfahren** gemäß § 70 VwVfG i. V. mit § 68 VwGO verzichtet werden (Boldt/Weller, Erg.band § 57 a Rn 85). Dasselbe gilt gemäß § 52 Absatz 2 c für die Anforderung einer Änderung des Planfeststellungsbeschlusses bei wesentlicher Änderung eines Vorhabens.

2. Erörterungstermin

151 Im Anschluss an das Verlangen der Bergbehörde, ein Planfeststellungsverfahren durchzuführen, soll mit dem Unternehmer ein Erörterungstermin gemäß § 52 Absatz 2 a Satz 2 stattfinden („**Scoping-Termin**"). Er ist der erste Teil des bergrechtlichen Rahmenbetriebsplanverfahrens und nicht diesem vorgelagert. Im Übrigen entspricht er § 5 UVPG. Er hat das Ziel, mit dem Unternehmer Gegenstand, Umfang, Methode der UVP und sonstige prüfungserhebliche Fragen zu erörtern. Die Unterrichtung erfolgt vorbehaltlich weiterer Erkenntnisse, ihre Grundlagen sind die vom Unternehmer vorgetragenen Fakten zum Vorhaben, sie schafft kein schutzwürdiges Vertrauen des Unternehmers, dass weitere Unterlagen und Details nicht angefordert werden (Hoppe/Haneklaus, UVPG, § 5 Rn 23). Die Unterrichtung ist **kein Verwaltungsakt**, sondern ein nicht gesondert anfechtbarer **Verfahrensrealakt** (Hoppe/Haneklaus, aaO). Hinzugezogen werden können Sachverständige, Gemeinden, betroffene Bürger, Bürgerinitiativen oder Verbände als Dritte, ferner Behörden, deren Aufgabenbereich betroffen ist.

3. Anforderungen des vorsorgenden Umweltschutzes

152 Eine Besonderheit ergibt sich aus § 52 Absatz 2 a Satz 3, wonach Anforderungen eines vorsorgenden Umweltschutzes als öffentliche Interessen i. S. von § 48 Absatz 2 zu berücksichtigen sind. Der Zweck der Vorschrift ergibt sich aus der Begründung: *„Es soll sichergestellt werden, dass herausragend wichtige Belange, die noch nicht in Form von Rechtsvorschriften verfestigt sind und damit noch keine Bindungswirkung als Rechtsnormen entfalten können, die sich aber in dem umfassenden und aufwendigen Planfeststellungs- und Prüfverfahren als besonders beachtenswert ergeben, auch materiell einer vertretbaren Lösung –*

z. B. in Form einer Auflage – zugeführt werden können" (BT-Drs 11/4015, S. 10 = ZfB 1990, 94). Damit wollte der Gesetzgeber der Pflicht aus dem Artikel 9 der UVP-RL nachkommen, die in einer UVP *„eingeholten Angaben [...] im Rahmen des Genehmigungsverfahrens zu berücksichtigen"*. Da in Deutschland fast alle wichtigen Anforderungen eines vorsorgenden Umweltschutzes gesetzlich geregelt sind, kommt dieser Auffangbestimmung **kaum praktische Bedeutung** zu. In rechtlicher Hinsicht ist festzuhalten, dass der Charakter der Zulassungsentscheidung als Kontrollerlaubnis hierdurch nicht beeinflusst wird, dass der Rechtsanspruch auf Zulassung gemäß §§ 55, 48 Absatz 2 Satz 1 bei Erfüllung der Zulassungsvoraussetzungen nicht infrage gestellt ist und schließlich, dass etwaige Anforderungen des vorsorgenden Umweltschutzes i. S. von § 52 Absatz 2 a Satz 3 nur ein Element der im Rahmen des § 48 Absatz 2 Satz 1 zu beurteilenden und abzuwägenden öffentlichen Interessen sind. Dass sie zugleich überwiegende Interesse i. S. von § 48 Absatz 2 Satz 1 sind, ist in § 52 Absatz 2 a Satz 3 nicht vorgegeben und kann sich nur nach Abwägung mit anderen Belangen ergeben (ähnlich Hoppe/Beckmann, UVPG, § 18 Rn 26).

V.   Die Vorschrift des § 52 Absatz 2 b

1.   Vorbemerkung

§ 52 Absatz 2 b Satz 1 sieht die Möglichkeit vor, den Rahmenbetriebsplan bei   **153** größeren Bergbauvorhaben **stufen- oder abschnittsweise** aufzustellen und zuzulassen. § 52 Absatz 2 b Sätze 2 und 3 sieht zur Vermeidung von Doppelprüfungen eine **Ausnahme von der Pflicht des § 52 Absatz 2 a** vor, einen obligatorischen Rahmenbetriebsplan aufzustellen. Dies betrifft **landesrechtliche Verfahren** i. S. von § 54 Absatz 2 Satz 3, in denen insbesondere die Abbaugrenzen und Haldenflächen festgelegt sind und genehmigt werden und eine UVP stattfindet, z. B. im Braunkohleplanverfahren NRW (s. hierzu Anhang § 56 Rn 457 ff., 473; hierzu v. Mäßenhausen, ZfB 1994, 119, 138 f.).

2.   Abschnitts- und stufenweise Zulassung (§ 52 Absatz 2 b Satz 1)

Das **abschnitts- oder stufenweise Zulassungsverfahren** ist gerechtfertigt ange-   **154** sichts der zeitlichen Dauer und inhaltlichen Komplexität moderner Bergbaugroßvorhaben. Vergleichbare Vorschriften sind §§ 7, 8 BImSchG und §§ 18, 19 AtVfV. Ergänzt werden die Abschnitts- oder Stufenzulassungen durch die Möglichkeiten, die § 57 b Absatz 1 und Absatz 2 für Teilgenehmigungen, vorzeitigen Beginn und Vorbescheide eröffnet.
Die Zulassungsbehörde hat gemäß § 52 Absatz 2 b zu prüfen, ob die abschnittsoder stufenweise Zulassung die erforderliche Einbeziehung der erheblichen Umweltauswirkungen des Gesamtvorhabens ganz oder teilweise unmöglich macht. Das Gesamtvorhaben muss also hinsichtlich seiner Umweltauswirkungen stets auch bei abschnittsweisen und stufenmäßigen Zulassungen im Blick bleiben.
Die **Abschnittsbildung ist eine der Möglichkeiten**, die der Bergbauunternehmer im Steinkohlenbergbau hat, um den zunächst unsicheren Prognosen über die Abbauwürdigkeit der Flöze und die Auswirkungen des Abbaus auf die Oberfläche klarere Konturen zu geben. Die Bergbehörde hat ferner die Möglichkeit, einen Regelungsvorbehalt gemäß § 74 Absatz 3 VwVfG anzusprechen oder nach § 36 Absatz 2 Nr. 4 i. V. mit Nr. 2 VwVfG vorzugehen, indem sie für den Fall des noch ungewissen Abbaues schon jetzt die Folgemaßnahmen durch eine Auflage vorschreibt (Knöchel, NWVBl 1992, 120).

3.   Ausnahme von § 52 Absatz 2 a bei Doppelprüfung
(§ 52 Absatz 2 b Satz 2)

155 Nach § 52 Absatz 2 b Satz 2 findet unter den dort genannten Voraussetzungen weder ein UVP-pflichtiges Rahmenbetriebsplanverfahren noch ein UVP-Verfahren für eine wasserrechtliche Erlaubnis oder Beteiligung gemäß § 11 Absatz 1 WHG noch ein UVP-Verfahren für einen naturschutzrechtlichen Eingriff i. S. von § 17 Absatz 10 BNatSchG statt. Ein **wasserrechtlicher Planfeststellungsbeschluss zur Nassauskiesung** entspricht den Anforderungen des § 52 Absatz 2 b Satz 2, sodass eine weitere Planfeststellung nicht erforderlich ist. Der wasserrechtliche Beschluss kann in das Bergrecht mittels fakultativen Rahmenbetriebsplan übernommen werden, wenn sich durch fortlaufende Untersuchungen erweist, dass der abzubauende Quarzkies wegen seiner Feuerfesteignung als Bodenschatz i. S. von § 3 Absatz 4 einzustufen ist. Die Bergbehörde kann davon absehen, die Auswirkungen des Abbaus bezogen auf die einzelnen Grundstückseigentümer erneut zu prüfen (OVG Koblenz, ZfB 2011, 119 ff., 124). Die **UVP-Prüfung** ist **abschließend in das Verfahren gemäß § 54 Absatz 2 Satz 3 vorverlagert**. Dies ist auch von praktischer Bedeutung in den Bundesländern, in denen besondere Braunkohlenpläne aufgestellt werden.

156 In **Nordrhein-Westfalen** werden gemäß § 27 Absatz 1 LPlG für die Vorhaben zum Abbau von Braunkohle, die nach der UVP-V Bergbau UVP-pflichtig sind, die Umweltprüfung und die UVP-Prüfung in einem gemeinsamen Verfahren durchgeführt. Dieses muss sowohl den Anforderungen an eine UVP nach Maßgabe des BBergG als auch den Anforderungen an eine planungsrechtliche Umweltprüfung i. S. von § 9 ROG entsprechen. Der Bergbautreibende hat dafür die Unterlagen beizubringen, die mindestens die in § 57 a Absatz 2 Satz 2 und 3 BBergG, § 2 UVP-V Bergbau geforderten Angaben enthalten müssen (§ 27 Absatz 4 LPlG NRW). Dasselbe gilt für wesentliche Änderungen des Vorhabens. Diese Systematik erfüllt die Anforderungen der §§ 52 Absatz 2 b i. V. m. 54 Absatz 2 Satz 3 BBergG. Ein obligatorisches Rahmenbetriebsplanverfahren mit UVP findet nicht mehr statt (Kühne, ZfB 2003, 78, 97; Leipziger Schriften, Band 15 S. 11, 24; VG Aachen, ZfB 2001, 311; ZfB 2003, 104; ZfB 2006, 179, 194).

157 In **Sachsen** unterliegen nach § 5 SächsLPlG die **Braunkohlenpläne** als **Teilregionalpläne** denselben Anforderungen wie Regionalpläne. Die Umweltprüfung wird in § 2 Absatz 2 SächsLPlG vorausgesetzt und ergibt sich für Regionalpläne d. h. für Raumordnungspläne betreffend die Teilräume von Ländern (§ 8 Absatz 1 Nr. 2 ROG), aus § 9 ROG. Die in § 6 Absatz 1 Satz 6 SächsPlG a. F. 2001 enthaltene Verknüpfung zwischen UVP im Braunkohlenplanverfahren und UVP-Rahmenbetriebsplanverfahren für Neuvorhaben zum Abbau von Braunkohle (s. hierzu Kühne, aaO, S. 25) ist im SächsLPlG 2010 nicht mehr enthalten. Die Anforderungen der §§ 52 Absatz 2 b Satz 2 i. V. mit 54 Absatz 2 Satz 3 an eine Ausnahme von der UVP-Rahmenbetriebsplanpflicht sind nicht mehr erfüllt.

158 In **Brandenburg** haben die **Braunkohlen- und Sanierungspläne** einen **eigenen Charakter** im Verhältnis zu den Regionalplänen gemäß § 2 LPlG. Für Regionalpläne ergibt sich die Umweltprüfung aus § 2 a LPlG, für Braunkohlen- und Sanierungspläne aus § 4 Absatz 1 BbgUVPG i. V. mit Anlage 2, Ziff. 1.34 (zu §§ 12 ff. Reg.BkPlG). Die Bergbauunternehmen müssen zwar die gemäß § 18 Absatz 4 RekBkPlG erforderlichen Angaben zur Beurteilung der ökologischen Verträglichkeit des Abbau- oder Sanierungsverfahrens machen. Diese Angaben müssen aber nicht den Anforderungen des BBergG entsprechen. Die Ausnahmeregelung vom obligatorischen Rahmenbetriebsplan gemäß § 52 Absatz 2 b

Satz 2 gilt insofern nicht (Kühne, aaO, S. 25; OVG Brandenburg, ZfB 2001, 257, 272; Fouquet, ZuR 1994, 193).

4. Die Regelung des § 52 Absatz 2 b Satz 3

entspricht dem § 12 UVPG mit dem Unterschied, dass nicht nur die „geltenden   **159**
Gesetze", sondern die **„geltenden Vorschriften"**, d. h. auch Verordnungen als
Entscheidungsgrundlagen zu berücksichtigen sind (Bohne, ZfB 1989, 93, 107).
Ergänzt wird § 52 Absatz 2 b Satz 3 durch § 57 a Absatz 4.

VI. Die Vorschrift des § 52 Absatz 2 c

1. Wesentliche Änderung

Nach § 52 Absatz 2 c gilt das Verlangen zur Aufstellung eines UVP-Rahmen-   **160**
betriebsplans auch für **wesentliche Änderungen eines UVP-pflichtigen Vorhabens**, wenn die Änderung erhebliche Auswirkungen auf die Umwelt haben
kann. Der Begriff „wesentliche Änderungen" wird weder im BBergG noch im
UVPG definiert. In § 76 Absatz 2 und 3 VwVfG findet man die Formulierung
„Planänderung von unwesentlicher Bedeutung", zu deren Auslegung auf die
Definition in § 74 Absatz 7 VwVfG zurückgegriffen werden kann (Kopp/Rams-
auer § 76 Rn 2 b). Danach könnten Änderungen als wesentlich eingestuft werden, wenn – positiv ausgedrückt – **andere öffentliche** Belange wesentlich berührt
werden oder Rechte anderer beeinflusst werden. Zur Beurteilung können dafür
jedenfalls **nur die Belange oder Rechte** herangezogen werden, die zum **Prüfprogramm** des obligatorischen Rahmenbetriebsplanverfahrens gehören. Auch
muss die dynamische Betriebsweise des Bergbaus berücksichtigt werden.
Danach kann von einer „wesentlichen Änderung" nur gesprochen werden,
wenn eine Abweichung von der zugelassenen Gesamtkonzeption vorgesehen
ist (Boldt/Weller, Erg.band § 52 Rn 81). Denn beim Untertagebau sind ständige
Anpassungen an die Geologie und an die aktuellen Betriebsverhältnisse, an
Wetterverhältnisse, Wassereinbrüche und Maschinenausfälle unvermeidbar
und mit langdauernden Genehmigungsverfahren nicht zu beherrschen (ähnlich
Boldt/Weller, aaO). Der Begriff „wesentliche Änderung" definiert sich nicht
allein schon dadurch, dass „erhebliche Auswirkungen" auf die Umwelt durch
die Änderung hervorgerufen werden können. Denn diese Voraussetzungen
stehen kumulativ nebeneinander: nur wenn beide vorliegen, kommt ein Ände-
rungs-Rahmenbetriebsplanverfahren mit UVP in Betracht, anderenfalls kann es
bei den herkömmlichen Betriebsplanverfahren für die Änderung verbleiben.

2. Änderung von Vorhaben i. S. von § 52 Absatz 2 a und UVP-Vorprüfung

§ 52 Absatz 2 c gilt nur, wenn „ein Vorhaben i. S. von § 52 Abs. 2 a" wesentlich   **161**
geändert wird, **nicht** jedoch für Änderungen von Vorhaben, die zunächst nicht
UVP-pflichtig waren, deren Änderung jedoch „in die **UVP-Pflicht hinein-
wächst".** § 52 Absatz 2 c erfasst also die Fälle, die in § 3 e UVPG geregelt sind.
Da § 3 e UVPG in § 18 Satz 2 UVPG nicht für bergbauliche Vorhaben ausgeschlossen ist, findet die Vorschrift im Rahmen des § 52 Absatz 2 c Anwendung. Danach entscheidet über die UVP-Pflicht des Änderungsvorhabens, ob
das Gesamtvorhaben, sofern es in § 1 UVP-V Bergbau nach Größen- oder
Leistungswerten bemessen ist, diese Größen- oder Leistungswerte erreicht oder
überschreitet. Ist das Vorhaben in § 1 UVP-V Bergbau nicht nach Größen- oder
Leistungswerten bemessen, kommt es darauf an, ob eine **Vorprüfung des Einzelfalles** die Möglichkeit erheblicher nachteiliger Umweltauswirkungen des Änderungsvorhabens ergibt. Objekt der Vorprüfung ist die Änderungsanlage selbst

(Hoppe/Dienes, UVPG, § 3 b Rn 12; OVG NRW, NUR 2009, 204 ff. = UPR 2009, 268 m. w. N.; Dippel/Deifuß, NVwZ 2004, 1177, 1179; Peters/Balla, UVPG, § 3 e Rn 4; BT-Drs 14/4599, S. 95; Steinberg/Steinwachs, NVwZ 2002, 1155).

162 Eine **UVP-Vorprüfung** kann entsprechend § 45 Absatz 1 und Absatz 2 VwVfG bis zum Abschluss der letzten Tatsacheninstanz im gerichtlichen Verfahren **nachgeholt** werden (BVerwG, NUR 2008, 857, 860 m. w. N. = NVwZ 2008, 1349). Ergibt allerdings die nachgeholte Vorprüfung, dass eine Umweltverträglichkeitsprüfung hätte durchgeführt werden müssen, kann diese **UVP-Prüfung** **nicht** im gerichtlichen Verfahren **nachgeholt** werden.

163 Wenn eine UVP-Prüfung nach dem Ergebnis der Vorprüfung unterbleiben soll, ist dies gemäß § 3 a Satz 2 UVPG **bekannt zu geben.** Unterbleibt die Bekanntmachung, führt dies nicht zur Rechtswidrigkeit der Betriebsplanzulassung (BVerwG aaO). Nach § 3 c Absatz 6 UVPG sind die Durchführung und das Ergebnis der Vorprüfung zu **dokumentieren** (OVG NRW, DVBl 2009, 452 – GKW Veltheim; Leitfaden BMU zur Vorprüfung des Einzelfalles – Endfassung 14.8.2003). Zur allgemeinen Vorprüfung nach UVPG: Beckmann, DVBl 2004, 791 ff.; Schink, NVwZ 2004, 1182 ff.

3.   Nachteilige Umwelteinwirkungen

164 Bei der Betriebsplanzulassung der Änderung ist hinsichtlich zu erwartender **nachteiliger Umwelteinwirkungen nicht die gesamte Anlage** erneut in den Blick zu nehmen (OVG NRW, aaO). Allerdings erstreckt sich die Vorprüfung, welche Umweltauswirkungen von der Änderungsanlage ausgehen, auch auf den schon vorhandenen genehmigten Anlagenbestand. Bei der Vorprüfung hat die Genehmigungsbehörde einen gerichtlich nur begrenzt überprüfbaren Beurteilungs- und Prognosespielraum (OVG NRW, NWVBl 2007, 154 = NUR 2007, 218; Beckmann, DVBl 2004, 791, 799; Schink, NVwZ 2004, 1186.

4.   Erweiterung von Vorhaben

165 Dem Wortlaut des § 52 Absatz 2 c nach gilt die Vorschrift für Änderungen des Vorhabens. Darunter sind auch **Erweiterungen** zu verstehen, wenn das Vorhaben nicht eine technisch und rechtlich abtrennbare Anlage beinhaltet (Stüer, Handbuch, Rn 2285 für bauliche Anlagen i. S. von § 29 BauGB; zu Verlängerung, Ergänzung, Abänderung von Betriebsplänen s. § 52 Rn 103 ff.). Abtrennbare Ergänzungsanlagen sind, ohne die Vermittlung des § 52 Absatz 2 c, eigenständig daraufhin zu beurteilen, ob sie nach § 52 Absatz 2 a UVP-pflichtig sind.

5.   Änderung von nicht UVP-pflichtigen Anlagen

166 Dem Wortlaut nach gilt § 52 Absatz 2 c nicht für Fälle, in denen ein **bisher nicht UVP-pflichtiges Vorhaben geändert** werden soll. Insofern ist für die Beurteilung der UVP-Pflicht § 52 Absatz 2 a maßgebend. Die Änderungen sind im Übrigen in § 36 Absatz 3 UVPG geregelt. Führt die Änderung zu einer Überschreitung des Wertes für die Anlage, wird nur die Änderungsanlage in die UVP-Vorprüfung eingestellt. Allerdings zählen zu deren Umweltbelastungen auch die Vorbelastungen aus der bestehenden Anlage (Peters/Balla, aaO § 3 b Rn 9, 12).

6.   Wesentliche Änderung bei vorzeitiger Stilllegung

167 Kein Anwendungsfall des § 52 Absatz 2 c ist es in der Regel, wenn ein durch obligatorischen Rahmenbetriebsplan zugelassenes Vorhaben vorzeitig stillgelegt wird. Die Verkürzung des Zeitraumes durch eine vorzeitige Betriebsaufgabe ist nicht zwingend eine wesentliche Änderung i. S. von § 52 Absatz 2 c (Beckmann, DÖV 2010, 516). Wird eine Anlage stillgelegt, erlischt der Rahmenbetriebsplan für die Errichtung und Führung des Betriebes. An seine Stelle tritt der Abschlussbetriebsplan als spezielle Zulassung für die Einstellung des Beriebes (Beckmann, aaO).

Die Änderungen der Betriebszeiten eines Steinbruchbetriebs sind keine wesentliche Änderungen (VG Leipzig, ZfB 2011, 67; ZfB 2011, 73). Die Verkleinerung eines Abbaugebietes im Braunkohlentagebau um etwa ein Drittel bezogen auf den ursprünglichen Rahmenbetriebsplan ist keine wesentliche Änderung i. S. von § 52 Absatz 2 c (VG Aachen, ZfB 2003, 104, ZfB 2003, 78, 98). Die Erweiterung der Fläche einer im Bau befindlichen Deponie um das Doppelte ist keine Änderung, sondern die Planung einer neuen Deponie (BVerwG, NVwZ 1992, 789; Maus, NVwZ 2012, 1277, 1278). Keine Änderung i. S. von § 52 Abs. 2 c ist die Modifikation einer mit planfestgestellten Folgemaßnahme, wenn der Änderungsbedarf nicht mehr aus dem Hauptvorhaben selbst resultiert (Maus, aaO). Die Änderung eines Planfeststellungsbeschlusses berührt nicht dessen bereits eingetretene Bestandskraft (BVerwG, DVBl 2012, 1164 m. w. N. und NVwZ 2008, 561). Er ist nur im Hinblick auf die Änderungen angreifbar, es sei denn, ein Eigentümer ist durch die Änderungen erstmalig vom Planfestellungsbeschluss betroffen (Maus, NVwZ 2012, 1277 ff.).

7. Änderung vor Abschluss des UVP-Verfahrens

Soll ein durch Planfeststellung zuzulassender Rahmenbetriebsplan **vor**   **168**
Abschluss des anhängigen Verfahrens **nach erfolgter Auslegung geändert** werden, findet statt § 52 Absatz 2 c der § 73 Absatz 8 VwVfG Anwendung (Boldt/ Weller, Erg.band § 57 a Rn 79).

8. Drittschutz

Die Vorschrift des § 52 Absatz 2 a Satz 1 vermittelt **keinen Drittschutz**, sofern   **169**
die Bergbehörde sie nicht beachtet hat (OVG Bautzen, ZfB 1997, 314, 319; VG Chemnitz, ZfB 1996, 151, 154; VG Aachen, ZfB 2003, 78).

VII. Übergangsregelung und Ausschluss der Vorschriften zum UVP-Rahmenbetriebsplan

1. Übergangsregelung gemäß Artikel 2 des Bergrechtsänderungsgesetzes von 1990

Nach Artikel 2 Satz 2 des Änderungsgesetzes vom 12.2.1990 sind am 1.8.1990   **170**
bereits begonnene Betriebsplanverfahren nach dem bis dahin geltenden Recht zu Ende zu führen, d. h. ohne UVP. **Begonnen** sind Betriebsplanverfahren, wenn der **Antrag bei der Bergbehörde** eingereicht ist. Fraglich ist, ob die Vorschrift mit der EU-UVP-RL vereinbar ist. Zweifel daran bestehen, als durch Artikel 2 Satz 2 des Änderungsgesetzes Vorhaben, die nach der in Artikel 12 Absatz 1 UVP-RL vorgesehenen Umsetzungsfrist, d. h. nach dem 3.8.1988, begonnen werden sind, von der UVP-Pflicht freigestellt werden (Hoppe/Beckmann, UVPG, § 18 Rn 50; Erbguth/Schink § 18 Rn 5 b, § 22 Rn 3 b unter Verweis auf EuGH in DVBl 1994, 1126 = NVwZ 1994, 1093).

War über die Zulassung eines Bergbauvorhabens nach früherem Recht nicht nur   **171**
im Betriebsplanverfahren, sondern auch in einem **Verfahren mit Öffentlichkeitsbeteiligung** – z. B. gemäß § 10 BImSchG für Zechenkraftwerke (v. Mäßenhau-

sen, ZfB 1994, 134; Kolmer, NVwZ 1990, 736, 738) –, wurden die begonnenen Verfahren nach den früheren Vorschriften zu Ende geführt, sofern das Vorhaben am 1.8.1990 bereits öffentlich bekannt gemacht worden war (Artikel 2 S. 1 Bergrechtsänderungsgesetz). War das Verfahren noch nicht öffentlich bekannt gemacht, ist ein begonnenes Verfahren nach den neuen UVP-Rahmenbetriebsplan-Vorschriften fortzuführen.

172 Ein UVP-Verfahren ist nicht erforderlich für Vorhaben, die **vor dem** Inkrafttreten des Bergrechtsänderungsgesetzes am **1.8.1990 begonnen** wurden (BVerwG, ZfB 1995, 278, 282; OVG Saarland, ZfB 1994, 217; ZfB 2008, 270, 276; OVG NRW, ZfB 2005, 294, 310; NUR 2005, 418; VG Saarland, ZfB 1994, 31, 36 f.; ZfB 1995, 217, 218; ZfB 2007, 177, 195; BVerwG, ZfB 2002, 170; ZfB 2006, 27; ZfB 2009, 46, 53; VG Lüneburg, ZfB 1994, 153, 183 und 248; VG Aachen, ZfB 2003, 104; ZfB 2003, 78, 93; ZfB 2001, 303, 310 f.).

173 Dabei ist als Vorhaben das **Bergbauvorhaben als Ganzes** zu verstehen, der vollständige Prozess der Rohstoffgewinnung aus einem Lagervorkommen. Es sind nicht die nur gegenständlich oder zeitlich begrenzten Teilabschnitte, wie sie Gegenstand eines fakultativen Rahmenbetriebsplans sein können. Ist ein solches Gesamtvorhaben bei Einführung der Planfeststellungspflicht bereits teilweise ausgeführt worden, bedürfen auch die weiteren Abschnitte des Abbaus keiner UVP-Prüfung, so lange sie sich im Rahmen dieses Vorhabens halten (BverwG ZfB 2002, 165, 167 ff. – Cottbus-Nord = NUR 2002, 680 = NVwZ 2002, 1237; ZfB 1995, 278, 282 = NVwZ 1996, 907 – Gorleben; ZfB 2006, 27 ff. = Hambach; OVG NRW, ZfB 2005, 40, 44 = NUR 2005, 416; ZfB 2005, 294, 310; OVG NRW, NUR 2006, 60; OVG Brandenburg, ZfB 2001, 257, 271 ff. – Jaenschwalde; ZfB 1995, 199 ff.; ZfB 2000, 297 ff.).

174 Ein Rahmenbetriebsplanverfahren, das durch Einreichung des Antrags auf Zulassung vor Ablauf der UVP-RL (85/337/EWG)-Umsetzungsfrist am 3.7.1988 eingeleitet worden ist, bedurfte auch dann nicht eines UVP-Verfahrens gemäß § 52 Absatz 2 a, wenn nach Ablauf der Frist die Planunterlagen unter Wahrung der Identität des Vorhabens geändert und zwei Anträge auf Teilzulassung gestellt worden sind (OVG NRW, NUR 2006, 60, 62). Ist das Vorhaben vor dem 3.7.1988 begonnen und bedurfte es deshalb keines UVP-Rahmenbetriebsplans, gilt das auch für alle später erforderlichen weiteren Betriebspläne, z. B. Sonderbetriebspläne (OVG Saarland, ZfB 2008, 274; VG Saarland, ZfB 2007, 189, 195 m. w. N.). Ist ein Vorhaben durch fakultativen Rahmenbetriebsplan gemäß § 52 Absatz 2 Nr. 1 zugelassen und aufgrund konkretisierender Haupt- und Sonderbetriebspläne teilweise umgesetzt worden, kann die Behörde nach Ablauf der Befristung des Rahmenbetriebsplans nicht einen UVP-pflichtigen Rahmenbetriebsplan gemäß § 52 Absatz 2 a verlangen. Vielmehr besteht ein Rechtsanspruch auf Zulassung der Verlängerung des ursprünglichen Rahmenbetriebsplans, wenn Versagungsgründe gemäß §§ 55, 48 Absatz 2 nicht vorliegen (BVerwG, NVwZ 1996, 907 = ZfB 1995, 278, 284; VG Lüneburg, ZfB 1994, 183). Liegen die Voraussetzungen für die Notwendigkeit einer UVP-Prüfung nicht vor, weil die Übergangsregelung des Bergrechtsänderungsgesetzes von 1990 oder §§ 52 Absatz 2 b Satz 2 i. V. mit 54 Absatz 2 Satz 3 greifen, gilt das auch für wesentliche Änderungen des Vorhabens i. S. von § 52 Absatz 2 c (VG Aachen, ZfB 2006, 179, 194; ZfB 2003, 104).

2. Übergangsregelung gemäß Einigungsvertrag für das Beitrittsgebiet

175 Nach Anlage I Kapitel V Sachgebiet D Abschnitt III Nr. 1 Buchstabe b Doppelbuchst. bb des Einigungsvertrags gilt für das Beitrittsgebiet eine besondere

Übergangsregelung hinsichtlich der UVP-Pflicht von bergbaulichen Vorhaben. Danach gilt § 52 Absatz 2 a nicht für Vorhaben, bei denen das Verfahren zur Zulassung des Betriebes, **insbesondere** zur Genehmigung eines **technischen Betriebsplans**, am Tage des Beitritts, d. h. am 3.10.1990, bereits begonnen war. Grund für diese Sonderregelung war, dass die Übergangsregelung des Artikel 2 BBergGÄndG nicht tauglich war, weil sie an begonnene Verfahren in der Weise anknüpfte, dass diese grundsätzlich nach bisherigen Vorschriften zu Ende geführt werden sollten. Einschlägige bergrechtliche Vorschriften der ehemaligen DDR wurden aber aufgehoben durch den Einigungsvertrag bzw. galten – z. B. bei laufenden technischen Betriebsplänen – maximal bis 31.12.1991, sodass sie keinen Anknüpfungspunkt mehr bieten konnten (v. Mäßenhausen, ZfB 1994, 119, 136; s. auch Kühne, Bergrechtlicher Rahmenbetriebsplan, Anlagengenehmigungsrecht und UVP, 1993, S. 71 f.; Zenker, bergbau 1994, 98 ff.; Weller, ZAP-DDR, Fach 7, S. 89, 92, derselbe ZfB 1994, 1, 3 ff.; Kremer, LKV 1994, 434 ff.; Burckhardt, ZfB 1994, 8 ff.).

Erfasst wurden von der Befreiung von der UVP-Pflicht durch den Einigungs- **176** vertrag alle Vorhaben, die **nach Maßgabe** des seinerzeit geltenden **DDR-Rechts bereits begonnen** waren (OVG Brandenburg, ZfB 1995, 199 ff.; ZfB 2000, 297 ff.; ZfB 2001, 274; v. Mäßenhausen, ZfB 1994, 137 m. w. N.). Der Beginn eines Vorhabens ist nicht nur durch den im Einigungsvertrag erwähnten technischen Betriebsplan fixiert. Die gemäß §§ 9, 16 Berggesetz DDR, § 32 der 1. DVO zum Berggesetz DDR (GBl II, 1969, S. 257) und §§ 4, 5 ABAO 122/4 (Arbeits- und Brandschutzanordnung 122/1 vom 5.10.1993) zu genehmigenden technischen Betriebspläne waren der letzte Akt verschiedener für Bergbauvorhaben erforderlicher staatlicher Genehmigungen (v. Mäßenhausen, ZfB 1994, 138). Sie waren verknüpft mit einer Reihe anderer Genehmigungen, die teilweise außerhalb des Bergrechts im Bereich der staatlichen Investitionsplanung und -verteilung lagen (OVG Brandenburg, ZfB 2001, 276). Hierzu gehörten: Die Aufnahme in den Staatsplan Investitionen, so dann das Verfahren zur Standortbestätigung und -genehmigung nach der VO über die Standortverteilung der Investitionen vom 30.8.1972 (GBl II, 573 i. d. F. v. 1.2.1979, GBl I, 57), danach das Verfahren zur Aufgabenstellung oder Grundsatzentscheidung nach der VO über die Vorbereitung und Durchführung von Investitionen vom 30.11.1988 (GBl I, 287), daneben auch die Festsetzung von Bergbauschutzgebieten gemäß § 11 Berggesetz DDR i. V. m. §§ 10 f. 1. DVO zum Berggesetz DDR und §§ 2 f. 3. DVO zum Berggesetz DDR. Nach der Investitionsvorbereitungs-VO und für die Festsetzung der Bergbauschutzgebiete waren Unterlagen zu den Umweltauswirkungen vorzulegen und wurden geprüft (OVG Brandenburg aaO; v. Mäßenhausen aaO). Wegen dieses stufenweisen und miteinander eng verzahnten staatlichen Prüfungsverfahrens ist es sachgerecht, den Beginn des Vorhabens i. S. der Überleitungsvorschrift des Einigungsverfahrens nicht erst bei der Einreichung des technischen Betriebsplans (VG Weimar, ZfB 1994, 53 ff.), sondern bereits bei der Einleitung des ersten staatlichen Prüfungsakts zu fixieren (OVG Brandenburg, aaO, Weller, ZfB 1994, 1 ff.; Burckhardt, ZfB 1994, 8, 12; v. Mäßenhausen, aaO; Hoppe/Beckmann, UVPG, § 18 Rn 51; a. A. Erbguth/Schink; UVPG, § 18 Rn 5 d für das Bergbauschutzgebietsverfahren gemäß § 11 Berggesetz DDR).

Diese Auslegung der UVP-Übergangsvorschrift des Einigungsvertrags ist mit **177** europäischem Recht, insbesondere der UVP-RL vereinbar (BVerwG ZfB 2002, 165, 168; OVG Brandenburg, ZfB 2001, 276; v. Mäßenhausen, aaO; Hoppe/ Beckmann, aaO).

Ein Bergbauvorhaben ist auch dann in allen Teilen begonnen i. S. der Über- **178** gangsvorschrift des Einigungsvertrags, wenn ein Teil der Vorräte zu DDR-Zeiten als blockiert ausgewiesen wurde, weil die Grundwasserproblematik nicht geklärt war (VG Leipzig, ZfB 2008, 157, 163). Für den Bestandsschutz ist es nicht bedeutungsvoll, ob Teilvorhaben bereits realisiert oder konkretisiert waren, sondern nur, ob mit dem Vorhaben begonnen wurde.

§ 53 Betriebsplan für die Einstellung des Betriebes, Betriebschronik

(1) Für die Einstellung eines Betriebes ist ein Abschlußbetriebsplan aufzustellen, der eine genaue Darstellung der technischen Durchführung und der Dauer der beabsichtigten Betriebseinstellung, den Nachweis, daß die in § 55 Abs. 1 Satz 1 Nr. 3 bis 13 und Absatz 2 bezeichneten Voraussetzungen erfüllt sind, und in anderen als den in § 55 Abs. 2 Satz 1 Nr. 3 genannten Fällen auch Angaben über eine Beseitigung der betrieblichen Anlagen und Einrichtungen oder über deren anderweitige Verwendung enthalten muß. Abschlußbetriebspläne können ergänzt und abgeändert werden.

(2) Dem Abschlußbetriebsplan für einen Gewinnungsbetrieb ist eine Betriebschronik in zweifacher Ausfertigung beizufügen. Diese muß enthalten
1. den Namen des Gewinnungsbetriebes mit Bezeichnung der Gemeinde und des Kreises, in denen der Betrieb liegt,
2. Name und Anschrift des Unternehmers und, wenn dieser nicht zugleich Inhaber der Gewinnungsberechtigung ist, auch Name und Anschrift des Inhabers dieser Berechtigung,
3. die Bezeichnung der gewonnenen Bodenschätze nebst vorhandenen chemischen Analysen, bei Kohlen- und Kohlenwasserstoffen unter Angabe des Heizwertes, eine Beschreibung der sonst angetroffenen Bodenschätze unter Angabe der beim Betrieb darüber gewonnenen Kenntnisse sowie Angaben über Erschwerungen des Betriebes in bergtechnischer und sicherheitstechnischer Hinsicht,
4. die Angaben über den Verwendungszweck der gewonnenen Bodenschätze,
5. eine Beschreibung der technischen und wirtschaftlichen Betriebsverhältnisse und, soweit ein Grubenbild nicht geführt wurde, eine zeichnerische Darstellung des Betriebes,
6. die Angaben des Tages der Inbetriebnahme und der Einstellung des Gewinnungsbetriebes sowie der Gründe für die Einstellung,
7. eine lagerstättenkundliche Beschreibung der Lagerstätte nebst einem Verzeichnis der Vorräte an Bodenschätzen einschließlich der Haldenbestände,
8. eine Darstellung der Aufbereitungsanlagen (Art, Durchsatzleistung und Ausbringung an Fertigerzeugnissen nebst vorhandenen chemischen Analysen (Angabe des Metallgehaltes in den Abgängen)),
9. eine Darstellung der Verkehrslage und der für den Abtransport der Verkaufserzeugnisse wesentlichen Verhältnisse des Gewinnungsbetriebes.

Satz 1 gilt nicht bei Gewinnungsbetrieben, die in Form von Tagebauen betrieben wurden, es sei denn, daß der Lagerstätte nach Feststellung der zuständigen Behörde noch eine wirtschaftliche Bedeutung für die Zukunft zukommen kann.

Übersicht

Rn

I. Zweck des Abschlussbetriebsplans 1
II. Verhältnis zu anderen Betriebsplänen 5
III. Grundzüge und Inhalt des Abschlussbetriebsplans 9
1. Grundzüge 9
2. Inhalt 19
IV. Beseitigung von Betriebsanlagen 34
V. Grubenbaue und Schächte 46
VI. Zivilrechtliche Ansprüche 56
VII. Aufteilung Untertage-, Übertage-, Abschlussbetriebspläne 58

VIII. Folgen der Durchführung des Abschlussbetriebsplans 62
IX. Betriebschronik 64
X. Wirkungen der Zulassung 70
XI. Rechtsfolgen der Einstellung der Wasserhaltung im Steinkohlenbergbau . 73
XII. Braunkohle-Sanierungsbergbau in den neuen Bundesländern 86
XIII. Sanierungsmaßnahmen des früheren Uranbergbaus 90
XIV. Zusammenfassende Würdigung des Abschlussbetriebsplans 97
XV. Rechtsschutz, Verwirkung 98

I. Zweck des Abschlussbetriebsplans

Das BBergG misst, mehr als ABG – das bei Stilllegungen ursprünglich nur eine **1**
Anzeige gemäß § 71 Absatz 1 ABG vorsah – oder die Ergänzungen durch die
Länder (in NRW und im Saarland war die übliche Praxis eines Abschlussbetriebsplans durch § 71 Absatz 3 ABG auch gesetzlich festgeschrieben worden), dem Abschlussbetriebsplan eine wichtige und selbstständige Bedeutung
bei. Es geht davon aus, dass ein ohne besondere Vorkehrungen eingestellter und
keiner Kontrolle mehr unterliegender Betrieb besondere Gefahrenquellen für
Personen und Sachgüter schaffen könnte. Dagegen soll der Abschlussbetriebsplan das geeignete Mittel sein und die präventive Prüfung der Behörde ermöglichen. Allerdings ist die früher nach § 71 Absatz 1 ABG erforderliche Still-
legungsanzeige, die neben dem Abschlussbetriebsplan einzureichen war,
weggefallen (vgl. § 50 Rn 3).

Ein Abschlussbetriebsplan ist auch erforderlich, wenn der Betrieb einer **anderen** **2**
Zweckbestimmung zugeführt werden soll (z. B. Besucherbergwerk gemäß § 129
Absatz 1, früheres Gasgewinnungsfeld soll als Untergrundspeicher genutzt werden; Salzbergwerk als Erdgasspeicher). Gilt für den neuen Zweck Bergrecht, ist
in sofern ein neuer Betriebsplan vorzulegen.

Abschlussbetriebspläne sind auch einzureichen für Bergbaubetriebe in den **3**
neuen Bundesländern, die vor dem 3.10.1990 endgültig ihre Produktion eingestellt haben.

Das folgt aus Anlage I Kapitel V, Sachgebiet D Abschnitt III Nr. 1 h, aa des **4**
Einigungsvertrags. Er macht hiervon lediglich für vor dem 3.10.1990 genehmigte und vor dem Beitritt bereits abgeschlossene Betriebseinstellungen eine
Ausnahme (Anlage II Kapitel V Sachgebiet D Abschnitt III Nr. 1 b, hierzu auch
Knöchel, ZfB 1996, 49). § 169, der nur Übergangsregelungen bei Inkrafttreten
des BBergG am 1.1.1982 trifft, und die Tatsache, dass sich die Betriebe der
ehemaligen DDR auf eine Wiedernutzbarmachung nicht schon während der
damaligen Produktionszeit einrichten konnten, können an dieser Rechtslage
nichts ändern (Knöchel, aaO; a. A. Beckmann V EnergR 74, 71 ff.). Eine
endgültige Einstellung i. S. d. Einigungsvertrags liegt nicht vor, wenn
Sanierungsarbeiten, Wiedernutzbarmachung, z. B. Rückbau einer Bohrschlamm-
anlage, Nachsorge, Wasserhaltung, Abbruch von Betriebsgebäuden noch nicht
abgeschlossen sind (VG Magdeburg, ZfB 2001, 225, OVG Magdeburg, ZfB
2001, 220). Ein Bergbaubetrieb ist erst dann endgültig eingestellt, wenn die
erforderlichen Abschlussarbeiten durchgeführt sind.

II.   Verhältnis zu anderen Betriebsplänen

5   Der Abschlussbetriebsplan tritt im BBergG als selbstständige Betriebsplanart neben Haupt-, Sonder- und Rahmenbetriebsplan auf. Er ist für alle Arten eines Betriebes, d. h. für Aufsuchungs-, Gewinnungs- und Aufbereitungsbetriebe aufzustellen, wie sich aus einem Vergleich der Formulierungen des Absatz 1 und Absatz 2 ergibt. Nur für Gewinnungsbetriebe gilt das Erfordernis der Betriebschronik.

6   Ausgenommen von der Abschlussbetriebsplanpflicht sind die Aufsuchungsbetriebe i. S. von § 51 Absatz 2.

7   Neben dem Abschlussbetriebsplan wird ein Hauptbetriebsplan, der die Errichtung und Führung des Betriebes beinhaltet, nicht erforderlich. Das gilt auch für die Rahmenbetriebspläne. Insbesondere solche gemäß §§ 52 Absatz 2 a, 57 a scheiden aus, weil die UVP-V Bergbau (v. 13.7.1990, BGBl, 120) für Stilllegungsvorhaben eine UVP-Pflicht nicht vorsieht. Aber auch fakultative Rahmenabschlussbetriebspläne kennt das BBergG nicht. Zwar lag dem sog. Rammelsberg-Verfahren ein „**Rahmenabschlussbetriebsplan**" zugrunde und wurde von den Gerichten nicht beanstandet (OVG Lüneburg, ZfB 1994, 277, BVerwG ZfB 1995, 291). Hierzu bestand rechtlich auch kein Anlass. Entscheidend ist, dass der Inhalt des Abschlussbetriebsplans speziell und abschließend in § 53 geregelt ist, dass § 55 Absatz 2 die Voraussetzung für die Zulassung des Abschlussbetriebsplans deutlich trennt von denen in Absatz 1 für die Zulassung des Rahmenbetriebsplans und dass dem Abschlussbetriebsplan das Element zeitlicher Befristung des Rahmenbetriebsplans fehlt (Knöchel, ZfB 1996, 50; Kremer/Wever Rn 221; Ludwig, Auswirkungen, S. 103; Beyer, Verantwortung, S. 103; a. A. Beddies, S. 116; Frenz, Unternehmerverantwortung, S. 76). Allerdings sind in der Praxis **Sonderbetriebspläne** in Ergänzung des Abschlussbetriebsplans üblich. Hierzu ist nichts einzuwenden, da § 52 Absatz 2 Nr. 2 für Sonderbetriebspläne keine speziellen inhaltlichen Vorgaben macht.

8   Bei Einstellung des Betriebes ist **die Änderung** eines obligatorischen **Rahmenbetriebsplans** für den Gewinnungsbetrieb nicht erforderlich, wenn das Bergwerk abweichend von der planfestgestellten Rahmenbetriebsplanung vorzeitig eingestellt wird. Der Abschlussbetriebsplan ist das spezielle Genehmigungsmedium für Betriebsstilllegungen, die Betriebsphase ist abgeschlossen und damit auch der Inhalt des Rahmenbetriebsplans.

III.   Grundzüge und Inhalt des Abschlussbetriebsplans

1.   Grundzüge

9   Die Pflicht, einen Abschlussbetriebsplan aufzustellen, ergibt sich schon aus § 51 Absatz 1, die Vorschrift des § 53 konkretisiert diese Pflicht, indem sie den Inhalt des Abschlussbetriebsplans festlegt. Auslösende betriebliche Handlung ist die Einstellung des Betriebes oder eines Teiles des Betriebes.

10   Die Einstellung des Betriebes und damit der Abschlussbetriebsplan ist **nicht UVP-pflichtig**. Sie ist nicht „Gewinnung" (§ 1 Nr. 1 UVP-V Bergbau) von Bodenschätzen oder die Änderung des Gewinnungsvorhabens und damit auch nicht die Fortsetzung eines UVP-pflichtigen Bauvorhabens. Die Einstellung des Betriebes und ihrer notwendigen Folgeregelungen sind auch keine „sonstigen betriebsplanpflichtigen Vorhaben, soweit diese [...] nicht unter die Nr. 1–8 fallen" i. S. von § 1 Nr. 9 UVP-V Bergbau. Denn dazu müsste die weitere

Voraussetzung erfüllt sein, dass das Vorhaben oder die Maßnahmen in der Liste der Anlage 1 zum UVPG aufgeführt sind. Es ist z. B. bei einem Hohlraum eines ehemaligen Salzbergwerks, der mit Wasser geflutet werden soll, nicht der Fall (OVG Lüneburg, NUR 2008, 60). Im Übrigen ist die Wiedernutzbarmachung der Oberfläche kein neuer Eingriff in die Umwelt, sondern eine Maßnahme, die die Folgen des Eingriffs begrenzen und vermindern soll (BVerwG, ZfW 2006, 18).

Ein Abschlussbetriebsplan hat **keine Konzentrationswirkung** (OVG Bautzen, **11** NUR 1996, 623). Allerdings ist zu beachten: die bergrechtliche Entscheidung im Abschlussbetriebsplan greift im Umfang ihrer Gestattung den parallelen und nachfolgenden Verfahren vor. Insofern tritt eine gewisse Vorbindung des bergrechtlichen Verfahrens gegenüber dem wasserrechtlichen Verfahren ein (s. auch Anh. § 56 Rn 673, 726).

Abschlussbetriebsplanpflichtig ist der letzte Bergwerksunternehmer. Er muss in **12** seinen Betriebsplan auch betriebsplanpflichtige Restverpflichtungen der früheren Bergwerksunternehmer einbeziehen.

Ein Abschlussbetriebsplan ist nicht schon aufzustellen, wenn ein einzelner **13** Abbaubetrieb eines Untertagebergwerks stillgelegt wird. Es kommt darauf an, dass der Gewinnungsbetrieb stillgelegt wird. Es bedarf auch keines Abschlussbetriebsplans, wenn einzelne Parzellen nicht mehr betrieblich genutzt werden, solange nicht der Betrieb insgesamt stillgelegt wird.

Gemäß § 53 Absatz 1 Satz 2 können Abschlussbetriebspläne **ergänzt und abge- 14 ändert** werden. Dieses Recht steht dem Bergbauunternehmer, nicht der Behörde zu.

Die Behörde ist auf dem Weg gemäß § 56 Absatz 1 Satz 2 und die Bestimmun- **15** gen des VwVfG angewiesen. Erweist sich die in einen bestandskräftig zugelassenen Abschlussbetriebsplan vorgesehene Maßnahme zum Schutze Dritter vor Gefahren für Leben und Gesundheit nach Einstellung des Betriebes nachträglich als undurchführbar, kann die Bergbehörde gemäß § 56 Absatz 1 Satz 2 eine nachträgliche Auflage erlassen. Die allgemeinen landesrechtlichen Regelungen über Rücknahme und Widerruf von Verwaltungsakten treten in soweit zurück (OVG Bautzen, ZfB 2001, 217; Boldt/Weller § 56 Rn 16, 23; zum Verhältnis von §§ 22 ff. BImSchG zu §§ 48, 49 VwVfG s. VGH Mannheim, NJW 1988, 2552). Das führt allerdings dazu, dass eine bestandskräftige Zulassung des Abschlussbetriebsplans keinen Vertrauensschutz genießt, wie er bei Rücknahme oder Widerruf eines Verwaltungsakts in unterschiedlichem Umfang zu beachten ist. Ein Vertrauen darauf, dass die Bergbehörde von ihrer Befugnis gemäß § 56 Absatz 1 Satz 2 keinen Gebrauch macht, kann die Bestandskraft des Abschlussbetriebsplans nicht gewährleisten (OVG Bautzen, aaO). Andererseits würden im Falle des Widerrufs des Abschlussbetriebsplans die Risiken bestehen, dass der zugelassene Abschlussbetriebsplan insgesamt davon betroffen ist, dass Vermögensnachteile des Bergbauunternehmers zu ersetzen sind und eine Sicherheitsleistung nicht mehr zulässig, ggf. zurück zu geben ist.

§ 56 Absatz 1 Satz 2 geht auch der bergrechtlichen Generalklausel des § 71 vor, **16** soweit die Schutzziele des § 55 mit Hilfe des Betriebsplanverfahrens verwirklicht werden (OVG Bautzen aaO).

Allerdings kann der Unternehmer nach § 71 Absatz 1 **verpflichtet werden**, einen **17** **Abschlussbetriebsplan vorzulegen**. Hierbei ist der Verhältnismäßigkeitsgrundsatz zu beachten. Die Anordnung muss geeignet, erforderlich und angemessen sein. Ein Maßstab für die Angemessenheit können die Voraussetzungen des § 56

Absatz 1 Satz 2 für nachträgliche Anordnungen sein. Bei Gefahren für Leben und Gesundheit ist es allerdings fraglich, ob die Zulassung von bergrechtlichen Anordnungen von der wirtschaftlichen Vertretbarkeit i. S. von § 56 Absatz 1 Satz 2 Ziff. 1 abhängig gemacht werden kann. In diesen Fällen erscheint es angemessener, § 17 Absatz 2 BImSchG für nachträgliche Anordnungen entsprechend anzuwenden.

18 Ein Abschlussbetriebsplan kann **mit Sicherheitsleistungen** zugelassen werden. Sie können erforderlich werden, wenn nachträgliche Anordnungen gemäß § 56 Absatz 1 Satz 2 nicht ausreichend sind. Mit der Sicherheitsleistung kann der Zeitraum bis zum Vollzug des Abschlussbetriebsplans erfasst werden, sofern das erforderlich und nicht unverhältnismäßig ist (VG Meiningen, ZfB 2007, 209).

2. Inhalt

19 Der Inhalt des Abschlussbetriebsplans besteht aus bis zu fünf Teilen:
- Darstellung der technischen Durchführung
- Darstellung der Dauer der beabsichtigten Betriebseinstellung
- Nachweis der Erfüllung der Voraussetzungen des § 55 Absatz 1 Satz 1 Nr. 3 bis 13
- Nachweis der Erfüllung der Voraussetzungen des § 55 Absatz 2, wobei bei Betrieben außerhalb des Festlandsockels und der Küstengewässer Angaben über die Beseitigung der betrieblichen Anlagen und Einrichtungen oder über ihre anderweitige Verwendung genügen.
- bei Gewinnungsbetrieben (ausgenommen die in Absatz 2 Satz 3 genannten Tagebaue) das Beifügen einer Betriebschronik, die wiederum aus den in Absatz 2 Satz 2 Nr. 1–9 genannten Teilen besteht.

20 Zur **Gliederung eines Abschlussbetriebsplans** für Tagesanlagen von Steinkohlenbergwerken und Kokereien: Anlage 6 der Betriebsplan-Richtlinie des früheren LOBA NRW v. 31.8.1999 (AZ 11.1-7-27, SBl Bezirksreg. Arnsberg A7), zur Gliederung des Abschlussbetriebsplans für Untertagebetriebe des Steinkohlenbergbaus: dort Anlage 5, zur Gliederung eines Abschlussbetriebsplans für Tagebaue und Tagesanlagen Anlage 6 der Betriebsplan-Richtlinien für Tagebaue des Sächsischen Oberbergamts v. 30.12.1996 (ABl 1997, Sonderdruck Nr. 4, 185).

21 In dem Abschlussbetriebsplan soll auch auf das **Abschlussrisswerk** gemäß § 10 Absatz 2 Marksch.BergV eingegangen werden, das sämtliche für die Nachfahren wichtige Informationen enthalten muss.

22 Dabei sind die vorgenannten Teile des Abschlussbetriebsplans vergleichbar mit dem Inhalt eines Betriebsplans nach § 52 Absatz 4, eine Besonderheit ist vor allem die beizufügende **Betriebschronik.** Hierzu s. Rn 64 ff.

23 Die nachzuweisende Erfüllung der Voraussetzungen des § 55 Absatz 1 Satz 1 Nr. 3 bis 13 wird durch § 55 Absatz 2 in einigen Punkten modifiziert: neben den in Nr. 3 aufgenommenen Vorsorgegrundsatz gegen Gefahren für Leben und Gesundheit und den Grundsatz des Schutzes für Sachgüter, Beschäftigte und Dritte im Betrieb tritt nach Stilllegung der Schutz Dritter vor Gefahren, die auch nach Einstellung des Betriebes auftreten (§ 55 Absatz 2 Nr. 1). Anstelle der **Vorsorge** zur Wiedernutzbarmachung gemäß Nr. 7 ist jetzt die **Sicherstellung** der Wiedernutzbarmachung der vom eingestellten Betrieb in Anspruch genommenen Fläche gefordert (§ 55 Absatz 2 Nr. 2), bei betrieblichen Einrichtungen im Bereich des Festlandsockels und der Küstengewässer auch die Sicherstellung ihrer vollständigen Beseitigung (§ 55 Absatz 2 Nr. 3).

Diese Modifizierung des § 55 Absatz 1 durch § 55 Absatz 2 gilt für die Zeit **24** nach Stilllegung des Betriebes. Der Abschlussbetriebsplan enthält aber auch bergmännische Maßnahmen, die erforderlich sind, um die Stilllegung einzuleiten, vorzubereiten und bergmännisch ordnungsgemäß abzuwickeln. Hier fragt sich, ob auch für diese Arbeiten § 55 Absatz 1 Nr. 3 durch § 55 Absatz 2 Nr. 1 abgelöst werden soll. Das würde bedeuten, dass gerade für diese mit erheblichen Gefahren verbundenen bergmännischen Vorbereitungsmaßnahmen der Stilllegung die Schutzvorschrift der Nr. 3 für Sachgüter, Beschäftigte und Dritte im Betrieb nicht anzuwenden wäre. Dieses Ergebnis kann vom Gesetzgeber nicht gewollt sein, sodass die „entsprechende" Anwendung des Absatz 1 Nr. 3, wie sie § 55 Absatz 2 vorsieht, nur dahin zu verstehen ist: bis zur Einstellung des Betriebes gilt § 55 Absatz 1 Nr. 3, nach Einstellung des Betriebes § 55 Absatz 2 Nr. 1. Beide Vorschriften müssen daher im Abschlussbetriebsplan daraufhin geprüft werden, ob die Erfüllung ihrer Voraussetzungen nachgewiesen ist.

Im Abschlussbetriebsplan zu berücksichtigen sind Verordnungen, die gemäß **25** § 66 Nr. 7 zur Verhütung von Gefahren für Leben und Gesundheit Dritter oder gemäß § 66 Nr. 8 über Vorsorge- und Durchführungsmaßnahmen zur Wiedernutzbarmachung der Oberfläche erlassen werden.

Im Abschlussbetriebsplanverfahren sind auch entgegenstehende überwiegende **26** öffentliche Interessen i. S. von § 48 Absatz 2 Satz 1 zu beachten. Zwar können nach dem Wortlaut des § 48 Absatz 2 Satz 1 nur Einschränkungen der Aufsuchung und Gewinnung beschränkt oder untersagt werden. Jedoch ist hier die Gewinnung im umfassenden Sinne einschließlich nachfolgender Tätigkeiten (§ 4 Absatz 2) zu verstehen. Dies wird vom BVerwG u. a. damit begründet, dass die Rohstoffsicherung gemäß § 48 Absatz 1 Satz 2 für den Abschlussbetriebsplan keine Rolle mehr spielt, sondern die überwiegenden öffentlichen Interessen größeres Gewicht haben (BVerwG, ZfB 2005, 161 = NVwZ 2005, 955 – Tagebau Fortuna; OVG Koblenz, ZfB 2008, 154; Kühne, DVBl 2006, 1220; Beyer, Verantwortung für Gefahren, S. 131, a. A. noch BVerwG, ZfB 1987, 60 = NJW 1987, 1713, VG Saarland, ZfB 1993, 307).

Mit der Anwendung des § 48 Absatz 2 Satz 1 im Abschlussbetriebsplanverfah- **27** ren ist auch der Weg geöffnet, **Eigentümer**, deren Grundstücke durch die technische Durchführung der Einstellung **schwere Beeinträchtigungen** zu erwarten haben und überwiegendes öffentliches Interesse geltend machen können, in das **Verfahren einzubeziehen** (Frenz, Unternehmerverantwortung S. 62).

Allerdings ist die Verfahrensbeteiligung einzuschränken auf die schwere Eigen- **28** tumsbeeinträchtigungen, die aus dem stillzulegenden Bergwerksbetrieb herrühren. „*Gefahren, die im Zeitpunkt der Betriebsbeendigung zwar manifest werden, ihre Ursache aber nicht in der vorangegangenen Bergbautätigkeit haben*" (BVerwGE 100, 31 = DVBl 1996, 295, 263), können nicht in den Abschlussbetriebsplan aufgenommen und dem Unternehmer zur Beseitigung auferlegt werden. Diese Gefahren, insbesondere solche, die eine Folge der Wiedereinstellung des vorbergbaulichen oder sich selbst regulierenden Wasserpegels sind, nachdem die Pumpen eines Tagebaubetriebs eingestellt wurden, geben keinen Grund zur Beteiligung der Betroffenen im Abschlussbetriebsplanverfahren (Kühne, DVBl 2006, 1221; Spieht, Grundsatzfragen 1999, 81; Spieht/Wolfers, ZfB 1997, 273 ff.; Spieht in Bergrecht-Wasserrecht, S. 56 ff. m. w. N.; Viertel in Fünftes Brandenburgisches Markscheiderforum 2002 m. w. N., a. A. Terwiesche, ZfW 2007, 9 gestützt auf § 55 Absatz 1 Satz 1 Nr. 3; Frenz, NUR 2006, 684; Ders. in Unternehmensverantwortung, S. 59 ff., 62; der die Wasserhaltung – technisch unzutreffend und kausal überzogen – als einen „*Gesamtvorgang*" darstellt, der ein „*bergbauspezifisches Gefahrenpotenzial*" verursache). Soweit durch den Wiederanstieg des Grundwassers das vorbergbauliche Niveau erreicht werden soll oder wird, fehlt es an der dem Bergbaubetrieb zurechenbaren Kausalität.

29 Wenn unverhältnismäßige Beeinträchtigungen des Oberflächeneigentums den Begriff der „öffentlichen Interessen" (§ 48 Absatz 2 Satz 1) erreichen (Kühne in Öffentlichkeitsbeteiligung und Eigentumsschutz im Bergbau, S. 44 im Anschluss an BVerwG, ZfB 1989, 210 ff. = DVBl 1989, 672 f. und BVerwG, ZfB 1989, 199 = DVBl 1989, 663 ff.) und betroffene Eigentümer im parallel zum Abschlussbetriebsplan eingereichten Sonderbetriebsplan *„Folgen des Grundwasseranstiegs"* (s. hierzu § 52 Rn 70, 75 f. und § 53 Rn 89) angehört wurden, gilt die Präklusionswirkung des § 48 Absatz 2 Satz 4.

30 Inhalt des Abschlussbetriebsplans ist auch die Dauer der Betriebseinstellung. Aus § 52 Absatz 1 folgt die Abgrenzung zur Betriebsunterbrechung, die keines Abschlussbetriebsplans bedarf. Danach liegt eine Einstellung nicht vor, wenn der Betrieb für weniger als zwei Jahre, nach Genehmigung der Bergbehörde auch darüber hinaus, nicht geführt wird.

31 Aus dem Geflecht von § 52 Absatz 1 Satz 2 und § 53 Absatz 1 folgt, dass spätestens zwei Jahre nach Beendigung des Produktionsbetriebs der Abschlussbetriebsplan vorzulegen ist, nicht erst, wenn eine Nachnutzung feststeht.

32 Beim Abschlussbetriebsplan ist zwischen dem **räumlichen** und dem **sachlichen** **Geltungsbereich** zu unterscheiden. Während der räumliche sich auf den Bereich der unmittelbar vom Bergbau in Anspruch genommenen Fläche als Wiedernutzbarmachungsbereich erstrecken kann, werden in sachlicher Hinsicht auch darüber hinausgehende Folgen des ehemaligen Gewinnungsbetriebs behandelt. Soweit in Sachsen darüber hinaus die Ermittlung, Beschreibung und Bewertung der Folgen des Grundwasserwiederanstiegs in Sonderbetriebsplänen *„Folgen des Grundwasserwiederanstiegs"* behandelt werden, geschieht das aufgrund einer besonderen Rahmenvereinbarung, um eine Sonder-Finanzierungsgrundlage der öffentlichen Hand zu gewinnen und ohne Anerkennung des Bergwerksunternehmers für die rechtliche Verantwortung für nichtbetriebsbedingte Folgen des Grundwasserwiederanstiegs (hierzu auch § 52 Rn 70, 75).

33 Von der Dauer der beabsichtigten Betriebseinstellung zu unterscheiden ist die Frist zur Erfüllung des Abschlussbetriebsplans. § 53 sieht, im Gegensatz zu § 52 Absatz 4 Satz 2, nur vor, dass Abschlussbetriebspläne ergänzt und abgeändert, nicht dass sie verlängert werden können. Doch kann der zugelassene Betriebsplan insofern abgeändert werden, als die Dauer der beabsichtigten Betriebseinstellung verlängert werden kann, wohl auch insofern, als der Beginn der Einstellung oder die Beendigung einer im Abschlussbetriebsplan vorgesehenen Maßnahme verschoben wird. Auch können die **Arbeiten**, die der Abschlussbetriebsplan vorsieht, **befristet** werden. Das BBergG sieht Zeiträume nur bei den Hauptbetriebsplänen des § 52 Absatz 1 und bei den Rahmenbetriebsplänen des § 52 Absatz 2 Nr. 1 vor, allenfalls über § 52 Absatz 4 (Dauer des Vorhabens) noch bei Sonderbetriebsplänen.

IV. Beseitigung von Betriebsanlagen

34 Inhalt des Abschlussbetriebsplans sind auch Angaben über eine Beseitigung der betrieblichen Anlagen und Einrichtungen oder über deren anderweitige Verwendung. Voraussetzung hierfür ist, dass es sich nicht um betriebliche Einrichtungen im Bereich des Festlandsockels und der Küstengewässer handelt. Diese sind nämlich nach § 55 Absatz 2 Nr. 3 vollständig zu beseitigen, sodass hier

Angaben über die Beseitigung oder anderweitige Verwendung nicht genügen. Aus dem Umkehrschluss aus § 55 Absatz 2 Nr. 3 folgt für alle anderen betrieblichen Anlagen, dass das BBergG für sie keine Beseitigungspflicht des Unternehmers festlegt. Es werden nur „Angaben" über die Beseitigung, die einen vorherigen freien Entschluss des Unternehmers voraussetzen, verlangt. Vielmehr wird außerdem eine anderweitige Verwendung der Gebäude ausdrücklich zugelassen.

Das BBergG befindet sich damit im Einklang mit der bisherigen Rechtsprechung **35** und dem BauGB. Nach der Rechtsprechung haben die Bergbehörden im Abschlussbetriebsplanverfahren zwar über den **Abbruch übertägiger Gebäude** und die Rekultivierung des Geländes zu entscheiden, wenn der Abbruch allein aus bauplanerischen Gründen erforderlich wird (VG Gelsenkirchen, ZfB 119 (1978), 443, 445; OVG Münster, ZfB 118 (1977), 361, 363, das insofern das Urteil OVG Münster, ZfB 114 (1973), 315, 318, wonach für Abbruchverfügungen die Bauaufsichtsbehörde zuständig ist, weil sie schon die Errichtung der baulichen Anlagen zu genehmigen hatte, nicht mehr billigt). Aber es ist sachgerecht, wenn die Bergbehörde den Abschlussbetriebsplan zulässt, ohne den Abbruch zu gewerblichen Zwecken nutzbarer Steingebäude zur Auflage zu machen oder anzuordnen, wenn damit nur der Zweck verfolgt wird, die Errichtung anderer gewerblicher Gebäude freier planen zu können (VG Gelsenkirchen, ZfB 119 (1978), 441, 448). Die Zuständigkeit der Bergbehörde zieht nicht zwangsläufig ihre Entscheidung nach sich, dass abzubrechen ist. Denn die Bergbehörde ist an die allgemeinen baurechtlichen Grundsätze gebunden.

Demnach ist die Verpflichtung zum Abriss eines genehmigungspflichtigen, **36** zustimmungs- oder anzeigepflichtigen Vorhabens regelmäßig nur dann zulässig, wenn dieses **formell und materiell illegal** ist und auch nicht für einen bestimmten Zeitraum materiell legal war (BVerwG, BauR 2002, 1523; Hoppe/Bönker/ Grotefels § 15 Rn 88). Die formelle Legalität bewirkt, dass die behördliche Erlaubnis ihre Wirkung hat, auch wenn sie baurechtswidrig erteilt wurde. Eine Abrissverfügung gegen eine materiell rechtmäßige bauliche Anlage widerspräche dem Eigentumsgewährleistung und dem Verhältnismäßigkeitsgrundsatz. Wenn eine Anlage keiner baurechtlichen Genehmigung bedarf, stellt sich die Frage der formellen Legalität nicht. Es ist nur die materielle Illegalität entscheidend für die Zulässigkeit einer Abrissverfügung oder einer entsprechenden Nebenbestimmung im Abschlussbetriebsplan (zu allem auch Fischer, NVwZ 2004, 105 m. w. N.). Für die Beurteilung der formellen und materiellen Baurechtswidrigkeit ist die Rechtslage entscheidend, die im Zeitpunkt der Errichtung oder Änderung des Baues galt (BVerwGE 3, 351).

Rückbau- und Entsiegelungsgebote statuiert auch § 179 Absatz 1 BauGB nur in **37** engen gesetzlichen Grenzen. Insbesondere muss das Rückbaugrundstück im Geltungsbereich eines Bebauungsplans liegen und müssen Vermögensnachteile angemessen entschädigt werden. Im Übrigen besteht nicht eine aktive Abbruchverpflichtung, sondern nur eine passive Duldungspflicht mit Recht der Selbstvornahme. Diese positiv-rechtlichen Maßstäbe geben eine Messlatte ab, mit der eine bergrechtliche Abbruchverpflichtung – auch unter dem Gesichtspunkt der Wiedernutzbarmachung der Oberfläche – nicht zu vereinbaren ist (im Ergebnis Boldt/Weller § 53 Fn. 47; Knöchel, ZfB 1996, 46; Glückauf 1998, 21, VG Saarland, ZfB 1993, 305; Ecker, Glückauf 1993, 487, VG Gelsenkirchen, ZfB 1978, 446, a. A. teilweise Kühne, ZfB 2001, 28; Klinkhardt, ZfB 1969, 71).

Insbesondere ist auch den Ansichten von Klinkhardt (ZfB aaO) nicht zu folgen **38** (hiergegen schon VG Gelsenkirchen aaO), der zu folgenden Ergebnissen kam:
– Die Bergbehörde könne vom Bergwerksbesitzer den Abbruch sämtlicher Betriebsanlagen fordern, die die zukünftige Verwendung des Zechengeländes

erschweren. Die Gemeinden hätten einen Anspruch darauf, dass die Bergbehörden bei der Zulassung des Abschlussbetriebsplans dem Bergwerksbesitzer aufgeben kann, sein Betriebsgelände in einen der kommunalen
Bauleitplanung gemäßen Zustand zu versetzen.
– Die Gemeinden könnten gegen die Zulassung eines Abschlussbetriebsplans,
der dies nicht berücksichtigt, Verwaltungsklage erheben.

39   Richtig ist lediglich Klinkhardts Erkenntnis, dass ein Anspruch der Gemeinde
gegen den Bergwerksbesitzer, alte Betriebsanlagen zu beseitigen und das Zechengelände zu rekultivieren, aus dem Bergrecht nicht besteht (aaO, 73).

40   In Abschlussbetriebsplänen früherer Praxis wurde oft zwischen bergbautypischen und allgemein nutzbaren baulichen Anlagen unterschieden. Die Abgrenzung ist ohnehin im Einzelfall problematisch und nach dem BBergG überholt.

41   Dennoch werden – abgesehen von denkmalschützender Verwendung – die
bergbautypischen Anlagen (z. B. Schachtbauwerke, Fördermaschinen, Kohlen-
wäsche, Lüftergebäude, Kühltürme u. a.) vom Unternehmer im Regelfall zum
Abbruch vorgesehen. Bergbauuntypische Anlagen (Verwaltung, Werkstätten,
Magazine, u. U. Gleisanlagen, Elektroanlagen, Waschkaue) bleiben je nach
Erhaltungszuständen und Wiederverwendung häufig bestehen (Beispiele bei
Kühne, ZfB 2001, 33).

42   Soweit Abbruch von betrieblichen Anlagen vorgesehen ist, muss nach dem
Gesichtspunkt der Wiedernutzbarmachung nicht das Fundament beseitigt werden. In der Praxis hat sich ein Abbruch bis 50 cm unter der Oberfläche als
ausreichendes Maß erwiesen.

43   Für die Anlagen, die abgebrochen werden sollen, wird in der Praxis ein
besonderer **Abbruchbetriebsplan** erstellt, der Teil des Abschlussbetriebsplans
ist. In weiteren Teilen des Abschlussbetriebsplans können Gefährdungsabschätzung und Sanierungsplan für Altlasten oder der Abschluss von Halden behandelt werden.

44   Abzubrechen sind jedenfalls solche Anlagen, von denen Gefahren für die
Gesundheit und die Sicherheit von Personen ausgehen (OVG NRW, ZfB 1965,
496; ZfB 1973, 319).

45   In den **Landesbauordnungen** gibt es zunehmend spezielle Befugnisnormen zur
Beseitigung von baulichen **Anlagen**, die „nicht genutzt werden und **im Verfall
begriffen sind**" (z. B. § 74 Absatz 2 BbgBauO; § 54 NdsBauO; § 82 RhPfBauO;
82 a SaarlBauO). Diese Ermächtigung zur Anordnung von Abbruch oder Beseitigung betrifft Anlagen, bei denen eine konkrete Gefahr noch nicht vorliegt, die
aber erfahrungsgemäß im weiteren Verfallprozess zu erwarten ist (Einzelheiten:
Guckelberger, NVwZ 2010, 743 ff.).

V.   Grubenbaue und Schächte

46   Im Abschlussbetriebsplan ist auch Sorge zu tragen für den Schutz der Oberfläche
im Interesse der persönlichen Sicherheit (§§ 53 Absatz 1, 55 Absatz 1 Nr. 5).
Damit sind die Sicherheitsmaßnahmen für Schächte und Grubenbaue des stillgelegten Bergwerks angesprochen.

47   Grubenbaue, unterirdische Strecken und Schächte sind wesentliche Bestandteile
des Bergwerkseigentums (RG, ZfB 80/81 (1939/1940), 145, 146–148; OVG

Münster, ZfB 114 (1973), 429, 436; VG Gelsenkirchen, Glückauf 1976, 1253). Für das nach § 149 Absatz 1 Nr. 1 aufrechterhaltene Bergwerkseigentum hat sich hieran nichts geändert. Die Stilllegung hebt den Zusammenhang zum Bergwerkseigentum ebenso wenig auf (OVG Münster, ZfB 114 (1973), 429, 437) wie das Verfüllen des Schachtes.

Die Bergbehörde wird die Maßnahmen zur Sicherheit vor abgeworfenen Gru-   **48** benbauen und nicht mehr benutzten Schächten grundsätzlich im Abschlussbetriebsplan regeln. Nach § 27 der BVOSt sind Tagesschächte, sonstige zu Tage austretende Grubenbaue und Bohrlöcher, die abgeworfen werden sollen, so dauerstandsicher zu verfüllen, dass von den Grubenbauen keine Gefahren ausgehen können. Nach § 26 BVOSt müssen aufgegebene Grubenbaue an den Zugängen durch explosionsfeste Dämme gesichert werden. Hierzu hat die Bezirksreg. Arnsberg als Bergbehörde **Richtlinien über das explosionsfeste Abdämmen von aufgegebenen Grubenbauen** v. 13.1.2008 (Samml. A 2.15 – AZ 83.18.8 – 2000 – 12) erlassen. Einzelheiten über das Verfüllen und Abdecken von Tagesschächten enthalten die **Richtlinien** des früheren LOBA NRW v. 5.11.1979 (Erl. in Glückauf 1980, 142 = ZfB 1980, 105) in der Fassung v. 14.3.1983. Darin werden auch die Anforderungen an das Füllgut, das Einbringen des Füllgutes, wettertechnische Maßnahmen, Untersuchung des Ausgasungsverhältnisses und die Sicherung der Tagesoberfläche geregelt.

Verfüllte Schächte müssen grundsätzlich abgedeckt werden. Für die Abdeck-   **49** platte und ihren Aufleger hat sich die Bergbehörde die erforderliche Baugenehmigung vorlegen zu lassen. In Ausnahmefällen kann statt der Verfüllung ein Schachtpfropfen im Bereich des obersten Schachtzugangs eingesetzt werden. Dann ist nur der Schacht oberhalb des Pfropfens zu verfüllen. Dafür ist eine Ausnahmebewilligung der Bergbehörde erforderlich (§ 58 Absatz 1 BVOSt).

Bei abgeworfenen oder vorübergehend nicht betriebenen Schächten sind Maß-   **50** nahmen gegen Gefahren durch Methan-/Luftgemische erforderlich (Richtlinien des ehemaligen LOBA NRW v. 15.12.1980 – 18.33 Methan 1 – 13, Sammlung A 2.26).

Sofern eine Regelung im Abschlussbetriebsplan nicht erfolgte, bleibt der Berg-   **51** behörde im Falle der Einstellung des Betriebes ohne zugelassenen Abschlussbetriebsplan die Möglichkeit der Anordnung nach § 71 Absatz 3, im Übrigen nach Absatz 1. Hierbei waren in der Vergangenheit die Zuständigkeit der Bergbehörde (vgl. § 69 Rn 34 ff.), die Störeigenschaft und die Angemessenheit der Maßnahme Gegenstand des Streites.

Für die **Zuständigkeit** der Bergbehörde ist § 69 Absatz 2 maßgebend. Zur   **52** **Störeigenschaft** (vgl. grundsätzlich § 71 Rn 44 ff.) hat die Rechtsprechung deutlich gemacht, dass sowohl Bergwerkseigentümer (als Zustandsstörer) als auch Bergwerksbesitzer (als Handlungsstörer) verantwortlich sein können (OVG Münster, ZfB 105 (1964), 100, 102; 114 (1973), 429, 436) und dass es nicht ermessenswidrig ist, wenn die Bergbehörde sich an den Zustandsstörer wendet, obwohl der gefährliche Zustand durch den Handlungsstörer herbeigeführt wurde (OVG Münster, aaO, 437).

Die **anzuordnenden Maßnahmen** sind in einer sehr kasuistischen **Rechtspre-**   **53** **chung** überprüft worden. Danach ist die Anordnung zum Einbau einer Stahlbetonplatte nicht ermessensfehlerhaft, da Zäune eine zu kurze Lebensdauer haben und häufig zerstört werden (OVG Münster, ZfB 114 (1973), 429, 435; VG Arnsberg, Glückauf 1976, 1201). Die Anordnung zur Errichtung eines 2 m hohen Maschendrahtzaunes wurde ebenso als rechtmäßig angesehen (VG Gelsenkirchen, Glückauf 1974, 715) wie das Verfüllen eines nicht mehr benutzten

Tagesschachtes, weil eine Umzäunung der Grubenöffnungen durch Kinder leicht zerstört werden kann (OVG Koblenz, ZfB 107 (1966), 334, 337, VG Arnsberg, ZfB 123 (1982), 112, 115). Rechtmäßig ist die Anordnung, die Abdeckplatte eines nicht verfüllten Schachtes zu entfernen, den Schacht zu verfüllen und danach wieder abzudecken (VG Arnsberg, ZfB 1988, 222) sowie in einer Abdeckplatte eine Kontroll- und Nachfüllöffnung anzubringen und angetroffene Hohlräume im Schacht zu verfüllen (VG Arnsberg, ZfB 1988, 218 und ZfB 1988, 199) oder einen verfüllten Maschinenschacht durch vier Bohrungen zu stabilisieren und den Erfolg nachzuweisen (VG Düsseldorf, ZfB 1991, 296), oder die Anordnung, einen mit Holz und Matten abgedeckten Schacht zu verfüllen (OVG NRW, ZfB 1984, 374), oder einen Tagesbruch zu verfüllen (OVG NRW, ZfB 1986, 380; VG Arnsberg, ZfB 1991, 148; OVG NRW, ZfB 2006, 61), einen verfüllten und mit 1, 50 Meter hohen Mauerkragen sowie Stacheldrahtzaun versehenen Schacht zusätzlich mit Stahlbetonplatten abzudecken (VG Gelsenkirchen, ZfB 1987, 90), ebenso einen Tagesbruch zu verfüllen, der bereits durch Stacheldraht und Warnschilder abgesichert ist und auf einer zusätzlich eingezäunten Wiese gefallen war (VG Arnsberg, Glückauf 1992, 563, anders noch für den selben Sachverhalt Urt. 5K768/71). Rechtmäßig ist, den Schacht eines stillgelegten Kalibergwerks mit einer dauerhaft kontrollierten Gasabführungseinrichtung auszurüsten (VGH Mannheim, NUR 2000, 511 = NVwZ-RR 2000, 589), oder einen bereits mehrfach erfolglos verfüllten Schacht erneut zu verfüllen, mit einem Stopfen zu verschließen und Niveauunterschiede mit Schotter aufzufüllen (VG Braunschweig, ZfB 2007, 32); oder einen mit Lockermassen verfüllten Schacht mit Baustoffen und Zementinjektion zu stabilisieren (VG Gelsenkirchen, ZfB 2005, 234).

54 Der Zustand, dass Füllsäulen bei anderen Schächten abgerutscht sind, rechtfertigt allerdings noch nicht einen allgemeinen Gefahrensatz, dass Füllgut in verlassenen Schächten grundsätzlich überprüft werden muss (VG Arnsberg, ZfB 1988, 198). Zu rechtlichen Fragen bergbaubedingter Bodenabsackungen s. Frenz, ZfB 2000, 24 ff.; zur Gefahrenabwehr im Bergrecht im Bereich der ehemaligen DDR s. von Danwitz, Bochumer Beiträge, Bd. 29 (1998).

55 Zu unbestimmt ist die Anordnung, den Schacht in einem Umkreis von 12 m vom Schachtmittelpunkt zu umzäunen, wenn Art und Höhe des Zaunes nicht festgesetzt wurden (VG Gelsenkirchen, Glückauf 1971, 1009). Wenn die Gefahr für die öffentliche Sicherheit allerdings durch einen Zaun beseitigt werden kann, ist der Bergwerkseigentümer nicht verpflichtet, Schachtkopfsicherungen einzubauen (LG Bochum im unveröff. Urt. v. 14.1.1976 – 4 0 310/75). Es ist auch nicht rechtsfehlerhaft, wenn die Bergbehörde den Abbruch einer überdeckenden Halle zum Anlass nimmt, die Schachtabdeckung zu verlangen, obwohl das Grundstück seit langem an einen Bergbaufremden veräußert wurde und der Schacht über 50 Jahre außer Betrieb ist (VG Gelsenkirchen, Glückauf 1974, 715). Zur Erfüllung seiner Verkehrssicherungspflicht ist der Unternehmer verpflichtet, einen Schacht jedenfalls abzusperren und durch Hinweisschilder zu kennzeichnen (OLG Köln, ZfB (1964), 381).

VI. Zivilrechtliche Ansprüche

56 Zivilrechtlich trifft den Bergwerksbesitzer (Unternehmer) hinsichtlich der von ihm gebauten Schächte die **allgemeine Verkehrssicherungspflicht** neben der Haftung für Bergschäden (OLG Köln aaO). Dabei entlastet ihn nicht die Prüfung durch die Bergbehörde im Abschlussbetriebsplan. Er muss dennoch Hinweisschilder aufstellen und geeignete Sicherungsmaßnahmen treffen. Diese Haftung tritt neben die des Grundstückseigentümers für den verkehrssicheren Zustand seines Grundstücks.

Eine Gemeinde, die einen Schacht verfüllt und mit einer Schachtkopfsicherung   **57**
versieht, hat gegen den Bergwerkseigentümer keinen Anspruch auf Erstattung
der Kosten nach den Grundsätzen der Geschäftsführung ohne Auftrag, wenn
das Grundstück mit einem Bergschadenverzicht belastet ist (LG Bochum im
unveröff. Urt. v. 14.1.1976 – 4 0 310/75).

VII. Aufteilung Untertage-, Übertage-, Abschlussbetriebspläne

In der Praxis ist es üblich, den Abschlussbetriebsplan **aufzuteilen** in den für   **58**
untertägige und den für **übertägige** Maßnahmen, da die von ihnen berührten
Behörden unterschiedlich sind. Diese Praxis kann weiterhin beibehalten werden.
Zwar ist nach § 53 Absatz 1 ein Abschlussbetriebsplan aufzustellen, das schließt
aber nicht aus, ihn in Teilen aufzustellen.

Bei einem Steinkohlenbergwerk wird zunächst ein Abschlussbetriebsplan für den   **59**
untertägigen Bereich einschließlich Schachtverfüllung und -sicherung aufgestellt
und durchgeführt, daran anschließend ein Abbruchbetriebsplan für den
Abbruch der Tagesanlagen (Kirchner, UPR 2010, 163). Erst danach wird der
eigentliche Abschlussbetriebsplan mit Gefährdungsabschätzung, Altlastenbe-
handlung und Wiedernutzbarmachung eingereicht. Es handelt sich rechtlich
um Teile eines einheitlichen Betriebsplans (Knöchel, ZfB 1996, 50). **Teil-
abschlussbetriebspläne** sind also rechtlich zulässig und in der Praxis üblich. In
sofern kann das gesamte Stilllegungsverfahren durch zeitliche Abschnitte dyna-
misiert werden (z. B. Wasserhaltung, Bergehalde, Tagesbetrieb). Allerdings muss
die Zulassung des Teilabschlussbetriebsplans vor der (Teil-)Stilllegungsmaßnah-
me erfolgen. Ein Teilabschlussbetriebsplan wird z. B. gefordert, wenn im Rahmen der Wiedernutzbarmachung Abdeckungen und Begrünungsmaßnahmen
vorgesehen sind, da diese Maßnahmen längere Laufzeiten benötigen. Ergänzend
sind Einzelabschnitte des Schüttphasenplans in Form von zeitlich befristeten
Sonderbetriebsplänen darzustellen (Thür. Kali-Haldenrichtlinie, Thür. Staatsanzeiger 2002, 1539).

Die Zulassung eines Abschlussbetriebsplans ist keine einmalige endgültige Ent-   **60**
scheidung. In der Praxis wird sie im Laufe der Abschlussarbeiten ergänzt (VG
Leipzig, LKV 2006, 47: *„13. Ergänzung"*) durch weitere Zulassungen. Bekannt
geworden ist in der Praxis, z. B. die 113. Ergänzung zum Abschlussbetriebsplan
für das Tagebaurestloch Nachterstedt (Glückauf 2010, 591).

Nach Kirchner (UPR 2010, 161, 163) sind **mehrere Schritte des Abschluss-**   **61**
betriebsplans praktikabel: Im übertägigen Bereich wird die Verfahrensfläche
räumlich beschrieben, die planerischen Ausweisungen dargestellt, die betrieblichen Einrichtungen erfasst, die Geschichte des Gewinnungsbetriebs chronik-
artig berichtet. Im **ersten Schritt** werden erste orientierende Untersuchungen zur
Gefährdungsabschätzung vorgelegt, die nach Beteiligung der zuständigen Behörden gemäß § 54 Absatz 2 als **erste Ergänzung** in form von Sanierungsmaßnahmen in Bezug auf die künftige Nutzung weiterentwickelt werden. Danach
werden Detailuntersuchungen von der Bergbehörde angeordnet, die schließlich
zur **zweiten Ergänzung** des Abschlussbetriebsplans durch den Unternehmer
führen. In der Planergänzung werden dann – u. U. nach erneuter Anhörung
der betroffenen Behörden – die erforderlichen Maßnahmen zur Gefahrenabwehr, zur Überwachung (z. B. Grundwassermonitoring, Bodenmanagement)
sowie landschaftliche Endgestaltung, Naturschutzausgleich und -ersatz abschließend festgelegt.

VIII. Folgen der Durchführung des Abschlussbetriebsplans

62 Die Durchführung des Abschlussbetriebsplans ist gemäß § 69 Absatz 2 maßgebendes Kriterium für das Ende der Bergaufsicht. Damit verbinden sich zahlreiche Rechtsfragen insbesondere in den Fällen, in den an die bergrechtliche Verpflichtung zur Wiedernutzbarmachung noch nicht endgültig erfüllt ist, eine vorzeitige Folgenutzung eines privaten Erwerbers oder einer Kommune jedoch angestrebt wird. Ähnlich, wenn die Folgenutzer andere örtliche Voraussetzungen erwarten als der bergrechtliche Begriff der Wiedernutzbarmachung sie erfordert oder der Folgenutzer die Wiedernutzbarmachung selbst durchführen möchte (Knöchel ZfB 1996, 56 ff.). Denkbar ist, dass der Bergbauunternehmer nach einander zwei Abschlussbetriebspläne einreicht: einen, der Mindeststandards enthält und den Umfang des Kostenrisikos des Bergbaus ermittelt, einen zweiten ihn ablösenden, in dem die tatsächlich durchzuführenden Maßnahmen des Folgenutzers zugelassen werden und der vom Folgenutzer im Auftrage des Bergbauunternehmers abgearbeitet wird.

63 Die Einreichung, Genehmigung und Abwicklung des Abschlussbetriebsplans hat nach § 58 Absatz 2 den Übergang der bergrechtlichen Verantwortung auch auf den Inhaber der Aufsuchungs- und Gewinnungsberechtigung zur Folge. Denn damit ist der Betrieb eingestellt i.S. von § 58 Absatz 2 (VG Regensburg, ZfB 1992, 298).

IX. Die Betriebschronik

64 Die Betriebschronik muss die in Absatz 2 Nr. 1–9 im Einzelnen aufgeführten Angaben enthalten. Dabei muss der allgemeine Grundsatz gelten, dass der Unternehmer diese Angaben nur im Rahmen des Zumutbaren machen kann. Sofern die Angaben bzw. Unterlagen nicht vorhanden sind, darf die tatsächliche oder wirtschaftliche Unmöglichkeit der Beschaffung nicht dazu führen, den Abschlussbetriebsplan wegen **Unvollständigkeit** der Betriebschronik nicht zuzulassen. Auch der Umfang der Darstellungen und Unterlagen muss sich an dem Zweck der Bestimmung ausrichten.

65 Die Betriebschronik ist dem Abschlussbetriebsplan nur „beizufügen", wird also nicht bei der Zulassung überprüft. Der Abschlussbetriebsplan kann unabhängig von der Betriebschronik zugelassen werden (Boldt/Weller § 53 Rn 8; Kremer/Wever, Rn 218). Wird die Betriebschronik nicht beigefügt, kann das nach § 145 Absatz 1 Nr. 7 eine Ordnungswidrigkeit sein.

66 Die Betriebschronik ist nach § 53 Absatz 2 Satz 3 bei **Gewinnungsbetrieben im Tagebau** nur beizufügen, wenn die zuständige Bergbehörde ausdrücklich feststellt, dass der Lagerstätte noch eine wirtschaftliche Bedeutung für die Zukunft zukommen kann. Diese Feststellung ist ein – anfechtbarer- Verwaltungsakt.

67 Zweck der Betriebschronik ist, Kenntnisse über die zukünftige wirtschaftliche Bedeutung der Lagerstätte zu erhalten, Kenntnis über zu erwartende Bergschäden und über die Nutzbarkeit der Oberfläche des aufgegebenen Betriebsgeländes zu gewinnen. Sie dient der Information der Bergbehörde.

68 Von der Betriebschronik zu unterscheiden ist die **Abschlussdokumentation**, die dem stillgelegten Betrieb – je nach der Praxis der Bergbehörden – durch den Abschlussbetriebsplan zusätzlich abverlangt wird. Sie kann als Bericht des Unternehmers über die durchgeführten Abschlussarbeiten angesehen werden. Unterschiedlich von der Betriebschronik ist auch das **Risswerk**, das mit der

Einreichung des Abschlussbetriebsplans, nach landesrechtlichen Vorgaben bis zum Zeitpunkt der Beendigung der Bergaufsicht, vollständig nachgetragen sein muss (§ 10 Absatz 2 Ziff. 2 Marksch.-BV).

In Nr. 8 werden Aufbereitungsanlagen genannt, obwohl die Betriebschronik nur **69** für den Gewinnungsbetrieb aufzustellen ist. Man wird daher als Aufbereitungsanlage im Sinne der Nr. 8 nur diejenige verstehen können, die nicht zu einem selbstständigen Aufbereitungsbetrieb i. S. von § 4 Absatz 3 gehört.

X. Wirkungen der Zulassung

Die Zulassung des Abschlussbetriebsplans hat – wie andere Betriebsplanzulas- **70** sungen – **keine Konzentrationswirkung.** Sonstige Genehmigungen, wie baurechtliche Abbruchgenehmigungen (die Zuständigkeit der Bergbehörde verneinend OVG NRW, ZfB 1973, 318; **bejahend OVG NRW,** ZfB 1977, 363; VG Gelsenkirchen, ZfB 1978, 440 m. w. N.), wasserrechtliche Genehmigungen oder Planfeststellungen (Spieht, Leipziger umweltrechtliche Dokumentation, Band 6, S. 78 ff., derselbe in Cottbuser Schriften, Band 1 „Bergrecht-Wasserrecht", S. 53 ff.; Knöchel, ZfB 1996, 50, s. auch Anh. § 56 Rn 723), forstrechtliche Genehmigungen (bejahend Giesen, ZfB 1989, 186, verneinend Spieht in Bergrecht-Wasserrecht, S. 64 für Wiedernutzbarmachung, ebenso Gutbrod/Töpfer, Rn 337) müssen parallel eingeholt werden.

Die Zulassung eines Abschlussbetriebsplans hat die **Gestattungswirkung,** sie **71** steht in sofern der eines Hauptbetriebsplans gleich (Ludwig, Auswirkungen, S. 51).

Mit der Zulassung des Abschlussbetriebsplans verliert eine Unterlassungsanord- **72** nung gemäß § 72 ihre Wirkung, ohne dass sie ausdrücklich befristet ist. Bis zur Zulassung des Abschlussbetriebsplans gilt i. d. R., dass die **formelle Illegalität** ausreicht, eine Unterlassungsanordnung auszusprechen (VGH Kassel, NUR 1999, 342).

XI. Rechtsfolgen der Einstellung der Wasserhaltung im Steinkohlenbergbau

Die Stilllegung des Betriebes hat nicht nur im **Braunkohlentagebau die Ein-** **73** **stellung der Wasserhaltung,** des Pumpbetriebs für das Grundwasser zur Folge. Zum Sonderbetriebsplan *„Einstellung der Wasserhaltung"* s. § 52 Rn 81, zum *„Sonderbetriebsplan Folgen des Grundwasseranstiegs"* s. § 52 Rn 70, 75; § 53 Rn 29, 32, 88.

Auch im **untertägigen Steinkohlenbergbau** wird durch die Einstellung eines **74** Gewinnungsbetriebs häufig zugleich die Wasserhaltung der Zeche eingestellt. Bei dem Zutagetreten von **Grubenwasser aus früheren Untertagebauen** stellt sich die Frage, ob der Bergbauunternehmer dauerhaft (BVerwG, NVwZ 1996, 712, 716 – Rammelsberg –) für alle Zeiten (OVG Lüneburg, NVwZ 1995, 1026; Heuwels, NVwZ 1995, 972) und *„bis zum jüngsten Tag"* (Kremer/ Neuhaus genannt Wever, Rn 250) mit den Sicherungskosten für austretendes Grubenwasser belastet werden kann. Nach der früher h. M. (sog. **Quellwassertheorie**) wurde das aus einem stillgelegten Bergwerk austretende Grubenwasser nicht als Teil der berg- oder wasserrechtlichen Verantwortung des Unternehmers angesehen, weil es als ein natürlicher Vorgang verstanden wurde (Wolfers/ Ademer, DVBl 2010, 22 ff. m. w. N.). Seit dem o. a. Rammelsberg-Urteil wurden die Grenzen der bergrechtlichen Nachsorgehaftung stärker konturiert: Es wird zwar festgestellt, dass die Nachsorgepflicht des Unternehmers nicht durch die Stilllegung des Bergbaubetriebs beendet ist. Es wird aber auch festgehalten, dass den Unternehmer **keine Ewigkeitshaftung** trifft (OVG Lüneburg, aaO; Kremer/ Neuhaus genannt Wever, aaO; Wolfers/Ademer, aaO; Beyer, S. 109 f.). Aus dem Rammelsberg-Urteil, das hierfür die Grundlage gibt, folgen zwei wesentliche Einschränkungen der Unternehmer-Haftung: Sie gilt nur für die Abwehr von solchen **Risiken**, die **aus dem Bergwerksbetrieb** herrühren (hierzu Spieht/Wolfers, ZfB 1997, 269, 272). Die Nachsorgepflicht ist außerdem begrenzt durch den **Verhältnismäßigkeitsgrundsatz**, der im Einzelfall zu konkretisieren ist. Anhaltspunkte hierfür bei Wolfers/Ademer, DVBl 2010, 22, 24 ff.

75 Durch Einstellung der Wasserhaltung wird das Gleichgewichtsverhältnis im Gesamtwasseraufkommen empfindlich gestört. Den benachbarten Feldern fließen die Grubenwasser in vermehrtem Maße zu. Die Bergbehörde hat hier grundsätzlich keine Möglichkeiten, den stilllegenden Unternehmer zum Weiterbetrieb seiner Wasserhaltung zu veranlassen. Wie die Erfahrung bei Zechenstilllegungen gezeigt hat, können die erhöhten Wasserzuflüsse im Regelfall durch eine verstärkte Wasserhaltung in der beeinträchtigten Nachbarzeche aufgefangen werden, sodass sie keine Gefahr für die Sicherheit eines zulässigerweise bereits geführten Betriebes i. S. von § 55 Absatz 1 Nr. 8 sind (Schröder, Die Gefährdung der Steinkohlenbergwerke durch Wasserzuflüsse aus stillgelegten Nachbarbergwerken als Rechtsproblem, Diss. Münster 1965, 36).

76 **Anordnungen nach** § 71 kann die Bergbehörde nicht gegen den Stillleger als Störer richten.

77 Eine **Verhaltenshaftung** gemäß § 17 OBG NRW ist zu verneinen, weil die Unterlassung der Wasserhaltung nur dann eine Störung im ordnungsrechtlichen Sinne darstellt, wenn eine Rechtspflicht zum Handeln bestehen würde. Diese Pflicht gibt es unter benachbarten Bergbautreibenden nicht, weil wegen der Natur des Bergbaus Nachbarn im Bergwerkseigentum die sich aus dem Nebeneinanderbestehen notwendig ergebenden Gefahren hinnehmen müssen (RGZ 161, 203, 208). Handeln und Unterlassen innerhalb der eigenen Berechtigung werden nicht dadurch widerrechtlich, dass schädliche Einwirkungen auf Nachbarfelder vorauszusehen sind (RGZ 72, 303; RG 1915, 528).

78 Auch eine **Zustandshaftung** des stilllegenden Bergwerkseigentümers ist nicht gegeben. Soweit dem Nachbarwerk Wasser zufließt, das ihm schon eher zugeflossen wäre, wenn der Stillleger es nicht während der Betriebsdauer gehoben hätte, fehlt es schon an der Verursachung durch den stilllegenden Unternehmer. Die Stilllegung hat die Gefahr, die in dem Betrieb des Nachbarbergwerks selbst liegt, erst akut gemacht. Bei den Mehrmengen, die durch den Abbau der stilllegenden Zeche erst zusätzlich gelöst worden sind, wird eine Zustandshaftung im Regelfall ausscheiden, weil zwei nebeneinanderliegende Bergwerke sich gegenseitig stören und diese Störung grundsätzlich dulden müssen (Lantzke, ZfB 101 (1960), 78).

79 Eine Ausnahme wird man nur machen können, wenn wegen der besonderen Gegebenheiten unter den Nachbarn ein Ausgleichsanspruch aus dem Rechtsverhältnis nachbarlicher Gemeinschaft besteht (hierzu Schröder, die Gefahrdung der Steinkohlenbergwerke durch Wasserzuflüsse, Diss. Münster 1965, 23, 32). Im Regelfall jedoch werden die Voraussetzungen hierfür, die nachfolgend näher beschrieben werden, nicht vorliegen.

80 Die Bergbehörde kann dann zwar gemäß § 19 OBG gegen den Stillleger als Nichtstörer vorgehen. Allerdings setzt das voraus, dass der von den Zuflüssen bedrohte Nachbar weder technisch noch wirtschaftlich in der Lage ist, ein Bergwerk selbst zu schützen. Dem Stillleger kann dabei jedoch nur aufgegeben werden, den Schacht offen zu halten, zur Verfügung zu stellen und die Pumpeinrichtungen nicht zu entfernen. Über das unbedingt notwendige Maß des Eingriffs würde es hinausgehen, dem Stillleger die Wasserhaltung selbst aufzuerlegen.

Gemäß § 43 Absatz 1 OBG hat der Nichtstörer einen Anspruch auf Ersatz des Schadens, der ihm durch die Maßnahmen der Bergbehörden entstanden ist, d. h. auf Ersatz der zur Erfüllung der bergbehördlichen Anordnung gemachten Aufwendungen.   **81**

Zivilrechtlich bestehen keine **Ansprüche des Nachbarn** gegen den Stillleger auf **Unterlassung** der Beeinträchtigung seines Bergwerkseigentums durch die Aufgabe der Wasserhaltungsmaßnahmen. Ein Anspruch aus § 1004 Absatz 1 BGB scheitert daran, dass eine allgemeine Rechtspflicht zum Schutze des Bergwerkseigentums eines Nachbarn nicht besteht, sodass die Stilllegung die tatbestandlichen Voraussetzungen dieser Vorschrift nicht erfüllt. Aus früheren Abbaumaßnahmen lässt sich der Anspruch ebenfalls nicht herleiten, selbst wenn diese erst das Zufließen von Wasser in die Nachbargrube bewirkt haben. Denn insoweit ist der Anspruch durch § 1004 Absatz 2 BGB ausgeschlossen: jeder Bergwerkseigentümer hat Beeinträchtigungen durch Abbaumaßnahmen des Nachbarn zu dulden (RGZ 161, 203, 208). Dieser Gesichtspunkt liegt auch dem § 114 Absatz 2 Nr. 2 zugrunde.   **82**

Eine Ausnahme kann nur gelten, wenn der Stillleger Betriebspläne oder Anordnungen der Bergbehörde nicht beachtet (Lantzke, ZfB 101 (1960), 78, 85) oder in rücksichtsloser Weise allgemeine oder individuelle Belange nur geringwertiger eigener Vorteile wegen außer Acht lässt (RGZ aaO) oder die Grenzen seines Rechts überschreitet.   **83**

Ein **Schadensersatzanspruch des Nachbarn** gegen den Stillleger ist ebenfalls grundsätzlich nicht gegeben. Ein Bergschadensanspruch aus § 114 Absatz 1 scheidet wegen § 114 Absatz 2 Nr. 2 aus, ein Anspruch aus § 823 Absatz 1 BGB, weil der Bergbauunternehmer rechtmäßig handelt, solange er abbaut oder wenn er seinen Betrieb stilllegt (Schröder, aaO, S. 20), ein Ausgleichsanspruch aus § 906 Absatz 2 Satz 2 BGB, weil diese Vorschrift auf das Verhältnis zweier Bergwerkseigentümer nicht angewendet werden kann (RGZ 72, 303, 305 Lantzke, aaO, 82). Ein Ausgleichsanspruch kann lediglich in den oben beispielsweise genannten besonders gelegenen Einzelfällen aus dem Gesichtspunkt des nachbarlichen Gemeinschaftsverhältnisses, der auch auf Kollisionsfragen zwischen benachbarten Bergwerken anzuwenden ist und zu einem angemessenen Ausgleich – nicht etwa zum vollen Ersatz – von Schäden und widerstreitenden Interessen führen (Schröder aaO, 29).   **84**

Dieses Verständnis der Rechtslage liegt auch dem sog. **Erblastenvertrag** zwischen der Bundesrepublik und der (damaligen) Ruhrkohle AG v. 18.7.1969 zugrunde. Danach hat der Bund die Aufwendungen für Wasserhaltungsmaßnahmen aus Anlass von Stilllegungsaltfällen und die Mehraufwendungen für Wasserhaltungsmaßnahmen für neue Stilllegungen nach Maßgabe der Vertragsbestimmungen übernommen.   **85**

XII. Braunkohle-Sanierungsbergbau in den neuen Bundesländern

86 Hier ist der Abschlussbetriebsplan in ein **mehrstufiges** staatliches **Verfahren** eingebettet. Auf der Stufe des Raumordnungsverfahrens wurden **Sanierungsrahmenpläne** (Sachsen) gemäß § 4 Absatz 4 LPlG, **Sanierungspläne** (Brandenburg) gemäß § 12 Absatz 1 RegPlG oder Teilgebietsentwicklungsprogramme (Sachsen-Anhalt) gemäß § 8 Absatz 1 LPlG erlassen. Sie enthalten raumordnerische Zielsetzungen für die Bergbaufolgelandschaften, wo bedeutsame Fließgewässer oder Seen entstehen sollen und welche Flächennutzungsarten der Landesplanung zugrunde gelegt worden sind (Kuyumcu, Bergbau und Gewässerschutz, S. 119, 127; Luckner, Leipziger umweltrechtliche Dokumente, Band 6, S. 17 ff.). Zu Raumordnungszielen im Recht der Braunkohlenplanung Degenhart, Leipziger Schriften Bd. 3 S. 21 ff. zur Entwicklung der Braunkohlenplanung im Revier Westsachen s. Berkner, ebenda, S. 31 ff. m. w. N.; allgemein hierzu Kühne, Braunkohlenplanung und bergrechtliche Zulassungsverfahren, 1999, 21 ff., derselbe DVBl 1984, 709 ff.

87 Dabei werden auf dieser Stufe schon wichtige Vorgaben gemacht, die teils als Rechtsverordnung verbindlich gemacht (§ 19 RegPlG Brbg), teils als Satzung erlassen werden (§ 7 Absatz 1 LPlG Sa) mit der Maßgabe, dass Betriebspläne mit dem Braunkohlenplan in Einklang zu bringen sind (§ 4 Absatz 5 LPlG Sa). Zur Bindungswirkung der Sanierungs-/Braunkohlepläne gemäß § 4 Absatz 5 LPlG Sa (früher § 8 Absatz 6 Satz 2 LPlG Sa) s. Dallhammer in Leipziger umweltrechtliche Dokumente, Band 6, 33, Berkner, ebenda, S. 47; auch Dallhammer, Leipziger Schriften Bd. 3 S. 48. Die Vorgaben aus den Plänen betreffen u. a. die örtlichen Grenzen der Grundwasserbeeinflussung, die Grundzüge der Wiedernutzbarmachung der Oberfläche und der anzustrebenden Landschaftsentwicklung im Rahmen der Wiedernutzbarmachung (§ 4 Absatz 4 Nr. 1 und Nr. 4 LPlG Sa) oder die Oberflächengestaltung, Rekultivierung, Renaturierung sowie die Wiederherstellung eines ausgeglichenen Wasserhaushaltes (§ 12 Absatz 3 Lit. B RegplG Brbg).

88 Die **zweite Stufe** ist der **Abschlussbetriebsplan**, in seiner Folge Sonderbetriebspläne, auch der Sonderbetriebsplan *„Folgen des Grundwasseranstiegs"* (hierzu s. § 52 Rn75; § 53 Rn 29, 32, 73).

89 Die **dritte Stufe** ist das **Wasserrechtsverfahren** (§§ 9 Absatz 1, Absatz 2, 68 WHG), je nach Einzelfall mit UVP-Pflicht verbunden. Auf dieser Stufe werden Gewässerbenutzungen und Gewässerausbau in ihren Details geregelt. Einbezogen in diese Stufe ist die „Huckepack"-Prüfung der naturschutzrechtlichen Anforderung, insbesondere der Eingriffsregelung. Soweit ein Planfeststellungsbeschluss nach § 68 Absatz 1 WHG ergeht, entfaltet er zwar eine Konzentrationswirkung i. S. von § 75 Absatz 1 VwVfG. Davon ist jedoch nicht das Gesamtvorhaben der Einstellung des Braunkohlentagebaus umfasst. Es bleibt daher dabei, dass auch ein Abschlussbetriebsplan erforderlich ist. Zum Verhältnis der beiden Verfahren: Salzwedel in Festschrift für Feldhaus, 1999, 281 ff., derselbe in Leipziger umweltrechtliche Dokumente, Band 6, S. 61 ff.; Dallhammer, ebenda, S. 29 ff.; Spieht, ebenda, S. 77 ff.; sowie Anh. § 56 Rn 669 ff., 723, 726 ff. Den wasserrechtlichen Verfahren zur Herstellung der Tagebaurestseen sind die Auswirkungen des Wiederanstiegs von Grundwasser zugrunde zu legen, die im Sonderbetriebsplan *„Folgen des Grundwasserwiederanstiegs"* bereits geprüft und entschieden wurden. Eine erneute Prüfung findet nicht statt. Zum Sonderbetriebsplan *„Einstellung der Wasserhaltung"* s. § 52 Rn 81, zum Sonderbetriebsplan *„Folgen des Grundwasseranstiegs"* s. § 52 Rn 70, 75. Zu Bergschadenshaftung für einen Grundwasseranstieg Frenz, LKV 2010, 49 ff. = Heft 120 der Schriftenreihe der GDMB (2010), S. 9 ff., dagegen jedoch a. A.die h. M.: keine Bergschadenshaftung, s. § 114 Rn 17.

XIII. Sanierungsmaßnahmen des früheren Uranbergbaus

Eine Besonderheit ergibt sich ferner bei den Sanierungsmaßnahmen des ehema-   **90**
ligen Uranbegbaus. Durch das sog. Wismut-Gesetz v. 12.12.1991 (BGBl II,
1138) ist aus der früheren Sowjetisch-Deutschen Aktiengesellschaft Wismut
(SDAG Wismut) die Wismut GmbH im Wege der formwechselnden Umwandlung entstanden. Aufgabe der Gesellschaft ist, die Stilllegung und Sanierung der
Hinterlassenschaften des früheren Uranbergbaues in Sachsen und Thüringen
durchzuführen. Einzelheiten hierzu bei Mager, ZfB 1996, 289 m. w. N., Rengeling, NUR 1999, 421; Rieger/Erler, ZfB 2005, 264 ff.; Paul/Jakubik/Hagen, 10.
Dresdener Grundwasserforschungstage 2005, 115 ff.; Schürer, ebenda, S. 63 ff.;
Mann, 12. Dresdner Grundwasserforschungstage 2009, 197 ff.

Die frühere SDAG Wismut hatte durch völkerrechtliche Abkommen von 1954   **91**
und 1962 zwischen der DDR und der UdSSR das Recht erhalten, Uranerz auf
dem Gebiet der DDR zu suchen, zu erkunden, zu gewinnen und aufzubereiten.
Durch Umsetzung der Abkommen in staatliches DDR-Recht war davon auszugehen, dass der SDAG die aus dem Völkerrecht hervorgegangene Bergbauberechtigung zustand (Mager, ZfB 1996, 296). Die Bergbauberechtigung
bestand gemäß § 151, 149 Absatz 1 BBergG als aufrecht erhaltenes Bergwerkseigentum fort. Artikel 5 § 1 des Wismut-Gesetzes bestätigt das. Die Eintragung
in das Berggrundbuch hatte deklaratorischen Charakter.

Gleichermaßen wurde die Wismut GmbH Eigentümer von Grundstücken und   **92**
Gebäuden, wenn sie ehemals in Volkseigentum gestanden und in sofern im
Grundbuch eingetragen oder am 30.6.1990 zur unbefristeten und unbegrenzten
Nutzung überlassen waren (Artikel 6 § 1 Wismut-Gesetz). Diese Grundstücke
unterliegen nicht der Restitution nach Artikel 21 III, 22 I Satz 7 Einigungs-V
(BVerwG LKV 2000, 251).

Die **Sanierungtätigkeit** betrifft im untertägigen Bereich das Entsorgen und   **93**
Abwerfen offener Grubenbaue, den Bau von Absperrbauwerken, die Verwahrung offener Tagesschächte, Verfüllung tagesnaher Grubenbaue und die Flutung
von Grubenhohlräumen. Im obertägigen Bereich erfasst der Sanierungsbergbau
die Umlagerung von Halden in Tagebaulöcher oder auf Ersatzstandorte, die
Haldensanierung, Profilierung, Abdeckung und Begrünung an Ort und Stelle,
den Abbruch von Gebäuden und Betriebsanlagen, die Verwahrung von industriellen Absetzanlagen einschl. Landschaftsgestaltung, Sickerwasserfassung und
Monitoring. Ferner muss das bei der Sanierung anfallende kontaminierte Wasser
gefasst und speziellen Wasserbehandlungsanlagen gereinigt werden.

Für diese Maßnahmen mussten etwa 6.500 Strahlenschutz-, berg- und wasser-   **94**
rechtliche Genehmigungen und Zulassungen eingeholt werden (Rieger/Erler
2005, 267). In einzelnen Fällen bei Haldenumlegungen oder Tagebauverfüllun-
gen mussten Planfeststellungsbeschlüsse gemäß § 52 Absatz 2 a bzw. nach
Abfallrecht gemäß § 35 Absatz 2 KrWG erwirkt werden.

Die **strahlenschutzrechtlichen Vorschriften** finden neben den bergrechtlichen   **95**
Anwendung. Während gemäß § 3 Absatz 3 der Strahlenschutz-VO (BGBl,
1714) eine **strahlenschutzrechtliche Genehmigung** im Recht der Bundesrepublik
(alte Bundesländer) nicht erforderlich ist beim Aufsuchen, Gewinnen und Aufbereiten von radioaktiven Bodenschätzen, wenn hierauf die Vorschriften des
BBergG Anwendung finden, gilt das gemäß § 89 a der Strahlenschutz-VO in
Beitrittsgebieten nicht. An die Stelle der Strahlenschutz-VO treten die VO über
die Gewährleistung von Atomsicherheit und Strahlenschutz (**VOAS**) der DDR v.
11.10.1984 (GBl I, Nr. 30 S. 341) nebst Durchführungsbestimmung v.

11.10.1984 (GBl I Nr. 30, S. 348) sowie die Anordnung zur Gewährleistung des Strahlenschutzes bei Halden und industriellen Absetzanlagen und bei der Verwendung darin abgelagerter Materialien (**Haldenanordnung, AOHM**) v. 17.11.1980 (GBl I Nr. 34, S. 347), die durch Artikel 9 Absatz 2 i. V. mit Anlage II Kapitel XII, Abschnitt III Nr. 2 und 3 des Einigungsvertrags aufrecht erhalten sind. Die VOAS ist in soweit Grundlage für die Erteilung von strahlenschutzrechtlichen Genehmigungen beim Umgang mit radioaktiven Stoffen, die über der dort genannten Freigrenze von 0, 2 Bq/g Radium liegen. Die Haldenanordnung regelt, dass Arbeiten an Halden und industriellen Absetzanlagen genehmigungsbedürftig sind (§ 1 Absatz 1 und Absatz 2 AOHM). Die Wirksamkeit der Strahlenschutzmaßnahmen ist nach § 9 AOHM regelmäßig zu kontrollieren, erforderlichenfalls von den Verantwortlichen nach Abstimmung mit den Behörden geeignete Maßnahmen festzusetzen und durchzuführen (Kremser, NVwZ 2000, 525; Schürer, Dresdener Grundwasserforschungstage 2005, 65; Rieger/Erler, ZfB 2004, 272). Die Fortgeltung des Strahlenschutzrechts der DDR verstößt weder gegen Artikel 2 Absatz 2 GG (Recht auf Leben und körperliche Unversehrtheit) noch gegen Artikel 3 Absatz 1 GG (Gleichheit vor dem Gesetz). Die Einführung eines förmlichen Verfahrens mit Öffentlichkeitsbeteiligung war ebenfalls nicht geboten, da bei Sanierungsmaßnahmen großen Umfangs hohe Investitionen zur raschen Beseitigung des unerwünschten Zustandes erforderlich sind und ein vorsorgender Grundrechtsschutz der Bürger im Wege der Öffentlichkeitsbeteiligung nicht gefordert werden kann. Die Sanierung von Altlasten ist nicht mit den Zielvorstellungen des Vorsorgeprinzips zu messen (BVerfG, NVwZ 2000, 309; Kremser, NVwZ 2000, 526; Rieger/Erler, ZfB 2004, 273).

96   Wegen der Besonderheiten des ehemaligen Uranbergbaus tritt das Ende der Bergaufsicht gemäß § 69 Absatz 2 erst nach Beendigung aller Arbeiten aus dem Abschlussbetriebsplan und dem Nachweis ein, dass die strahlenschutzrechtlichen Pflichten erfüllt sind und keine strahlenschutzrechtlichen Gefahren mehr eintreten können (Richtlinie des Sächs. Oberbergamts, Sächs. Abl Nr. 38 v. 18.9.2003). Eine Besonderheit gilt für rechtsgeschäftliche Eigentumsübertragung von Grundstücken, die der Haldenanordnung unterliegen. Bei Veräußerungen kann gemäß § 2 AOHM vertraglich mit Bestätigung durch die Strahlenschutzbehörde geregelt werden, dass der Strahlenschutz gewährleistet bleibt. Dann gehen alle strahlenschutzrechtlichen Verpflichtungen aus rechtskräftigen Bescheiden, insbesondere Nachsorgepflichten, auf den Erwerber über.

XIV. Zusammenfassende Würdigung des Abschlussbetriebsplans

97   Der Abschlussbetriebsplan hat sich als robustes und zugleich praktisch flexibles Instrument zur Bewältigung der mit Betriebsstilllegungen verbundenen Problemen bewährt. Das gilt auch für die Wasserhaltung in stillgelegten untertägigen und obertägigen Bereichen. Zwar ist der Abschlussbetriebsplan nicht UVP-pflichtig (OVG Lüneburg, NUR 2009, 60; VG Lüneburg, ZfB 2007, 302, 306, s. auch § 53 Rn 10), ohne Öffentlichkeitsbeteiligung und ohne Alternativenprüfung. Er hat aber andererseits keine Konzentrationswirkung. Wo überwiegende öffentliche Belange zur Wirkung gebracht werden müssen, ist § 48 Absatz 2 Satz 1 ein ausreichendes Mittel, wo gemeinschädliche Einwirkungen zu befürchten sind, ist § 55 Absatz 1 Nr. 9 zur Stelle. Wo UVP-Pflichtigkeit geboten ist, können Teile eines Einstellungsvorhabens nach nicht konzentrierten außerbergrechtlichen Vorschriften UVP-pflichtig sein (z.B. Tagebauseen, Bergehalden), wo die Interessen Dritter berührt werden, sind sie nach § 54 Absatz 2, in besonderen Fällen gemäß § 48 Absatz 2 Satz 1 zu beteiligen. Wo raumbezogene Alternativen für die Stilllegung und lokale Folgenutzungen zu bewältigen sind, steht dafür die Raum- und Bauleitplanung zur Verfügung, die über § 48

Absatz 2 Satz 1 oder die Wiedernutzbarmachungspflicht den Abschlussbetriebs-plan beeinflusst.

XV. Rechtsschutz, Verwirkung

Da die Zulassung des Abschlussbetriebsplans Dritten im Regelfall nicht bekannt **98** gemacht wird, gilt für Rechtsbehelfe weder die Monatsfrist des § 70 VwGO noch die Jahresfrist des § 58 Absatz 2 VwGO. Der Rechtsbehelf kann aber **verwirkt** sein (VG Saarlouis, ZfB 2000, 581; VG Arnsberg, ZfB 1997, 571). Das ist i. d. R. nach Ablauf eines Jahres, nachdem der Dritte sichere Kenntnis vom Verwaltungsakt erlangt hat oder hätte erlangen können (VG Dessau, LKV 2006, 47). Das gilt auch für die Verwirkung des Rechts auf vorläufigen Rechtsschutz.

§ 54 Zulassungsverfahren

(1) Der Unternehmer hat den Betriebsplan, dessen Verlängerung, Ergänzung oder Abänderung vor Beginn der vorgesehenen Arbeiten zur Zulassung ein-zureichen.

(2) Wird durch die in einem Betriebsplan vorgesehenen Maßnahmen der Auf-gabenbereich anderer Behörden oder der Gemeinden als Planungsträger berührt, so sind diese vor der Zulassung des Betriebsplanes durch die zustän-dige Behörde zu beteiligen. Die Landesregierungen können durch Rechtsver-ordnung eine weitergehende Beteiligung der Gemeinden vorschreiben, wenn in einem Betriebsplan Maßnahmen zur Lagerung oder Ablagerung von Boden-schätzen, Nebengestein oder sonstigen Massen vorgesehen sind. Satz 2 gilt nicht bei Gewinnungsbetrieben, die im Rahmen eines Planes geführt werden, in dem insbesondere die Abbaugrenzen und Haldenflächen festgelegt sind und der auf Grund eines Bundes- oder Landesgesetzes in einem besonderen Planungsverfahren genehmigt worden ist.

Übersicht

		Rn
I.	Das Zulassungsverfahren	1
II.	Änderungen des Betriebsplans	3
III.	Beteiligung anderer Behörden	6
IV.	Beteiligung der Gemeinden	29
1.	ABG	29
2.	Planungsträger	32
3.	Verschweigungsfrist	56
4.	Beteiligungsrecht aus anderen Vorschriften	64
V.	Sonstige Beteiligungen	104
VI.	Verfahrensrecht	118

I. Das Zulassungsverfahren

Das Zulassungsverfahren beginnt mit der Einreichung des Betriebsplans durch **1** den Unternehmer. Sie muss so rechtzeitig vor Beginn der Arbeiten erfolgen, dass der Bergbehörde die ordnungsgemäße Prüfung der Zulassungsvoraussetzungen und die nach Absatz 2 vorgesehene Beteiligung anderer Behörden oder der Gemeinden als Planungsträger möglich ist. Die Verfahrensdauer geht demnach zu Lasten des Unternehmers. Leider wurde die der Verfahrensbeschleunigung dienende frühere Vorschrift des § 68 Absatz 3 ABG NRW, wonach die Bergbehörde nach eigenem Ermessen entscheiden konnte, wenn innerhalb von 3 Monaten ein Einvernehmen mit den anderen Behörden nicht erreicht wurde, trotz der Forderung der Bergbauwirtschaft nicht wieder aufgenommen. Sie wurde aus dem Regierungsentwurf – die Frist war sogar auf 1 Monat verkürzt – gestrichen, weil sie entbehrlich sei (Zydek, 248), was nur bedeuten kann, dass die Bergbehörde sich ohnehin bemühen muss, den Vorstellungen des Regierungsentwurfs Rechnung zu tragen. Die unbedingt notwendige Beschleunigung der Verfahren ergibt sich aus den Besonderheiten des ständig fortschreitenden, mit wechselnd neuen Situationen konfrontierten Bergbaus und dem Zweck des Betriebsplans als laufendes Betriebsführungs- und Überwachungsinstrument ohnehin.

2 Die Verwaltungspraxis des Zulassungsverfahrens wird durch **Richtlinien** kanalisiert (in NRW z. Z. Richtl. des ehemaligen LOBA für die Handhabung des Betriebsplanverfahrens v. 31.8.1999 – AZ 11.1-7-2, Richtl. Zur Zulassung von Rahmenbetriebsplänen im Nichtkohlenbergbau v. 29.11.1993 – AZ 01.21.1-13.6, Richtl. Betriebsplangliederungen für den Bereich des Braunkohlenbergbaus v. 12.11.2002 – AZ 82.11.1-2001-2). Sie sind herausgegeben, um eine einheitliche Handhabung des Verfahrens zu gewährleisten. Sie haben daher zunächst Bindungswirkung für den Innenbereich. Da die Richtlinien lediglich Weisungen zur Auslegung von Tatbestandsmerkmalen enthalten, die Zulassung des Betriebsplans keine Ermessensentscheidung der Bergbehörde ist, ist den Richtlinien keine anspruchsbegründende Außenwirkung aus dem Gesichtspunkt der Selbstbindung der Verwaltung zuzusprechen (Pfadt, Rechtsfragen zum Betriebsplan im Bergrecht, 49). Diese kommt nur den Ermessensrichtlinien zu. Das hat für den Unternehmer zur Folge, dass die Richtlinien für ihn nur reflektierend wirken, ohne seine Rechte und Pflichten unmittelbar zu bestimmen (BVerwGE 34, 278, 281).

II. Änderungen des Betriebsplans

3 Nach § 54 Absatz 1 bedürfen auch Verlängerungen, Ergänzungen oder Abänderungen des Betriebsplans der Zulassung. Das Gesetz hat als Bezugspunkt für die Ergänzungen oder Abänderungen den Betriebsplan fixiert, ohne ausdrücklich festzustellen, wann eine Ergänzung oder Abänderung des Betriebsplans durch Änderung des Aufsuchungs-, Gewinnungs- oder Aufbereitungsbetriebs veranlasst wird. Das ist deshalb für den Unternehmer misslich, weil das Recht zur Verlängerung, Ergänzung und Abänderung des Betriebsplans gleichzeitig wegen § 51 Absatz 1 zur Pflicht des Unternehmers bei entsprechenden Veränderungen wird.

4 Die bergrechtliche Regelung unterscheidet sich von den anderen Wirtschaftsverwaltungsgesetzen. Nach § 7 Absatz 1 AtG bedarf beispielsweise der Genehmigung, wer „die Anlage oder ihren Betrieb wesentlich verändert", nach § 35 Absatz 1 KrWG bedarf die wesentliche Änderung einer Abfallbeseitigungsanlage oder ihres Betriebes der BImSchG-Genehmigung, bei Deponien die wesentliche Änderung der Anlage oder ihres Betriebes der Planfeststellung nach § 35 Absatz 2 KrWG; nach § 15 Absatz 1 BImSchG bedarf die wesentliche Änderung der Lage, Beschaffenheit oder des Betriebs einer genehmigungsbedürftigen Anlage der Genehmigung. Dabei wird für den Begriff der „Wesentlichkeit" darauf abgestellt, ob eine Änderung *„Anlass zu einer erneuten Überprüfung gibt, weil sie mehr als nur offensichtlich unerhebliche Auswirkungen auf das Sicherheitsniveau der Anlage haben kann."* (BVerwG, NJW 1958, 1011 zu § 25 Absatz 1 GewO; BVerwG, NJW 1977, 1932 und NJW 1978, 64, 65 zu § 15 Absatz 1 BImSchG; Ossenbühl, DVBl 1981, 65). Zum Begriff der Wesentlichkeit i. S. von § 67 Absatz 2 s. Anhang § 56 Rn 705.

Das Attribut der „wesentlichen" Änderung fehlt in der berggesetzlichen Rege- **5**
lung, vielmehr ergibt sich aus § 51 Absatz 1, dass alle Maßnahmen, die zum
Führen des Betriebes gehören, betriebsplanpflichtig sind und aus § 52 Absatz 4,
Satz 1, dass Betriebsplaninhalte der Umfang, die technische Durchführung, die
Dauer des Vorhabens und die Zulassungsvoraussetzungen des § 55 Absatz 1
Nr. 1, 3 bis 13 sind. Obwohl dem Berggesetz die Begrenzung auf „wesentliche"
Änderungen fehlt, folgt daraus nicht, dass sämtliche betrieblichen Änderungen,
d. h. auch die unwesentlichen, eine Änderung des Betriebsplans nach sich ziehen.
Aus dem Zusammenhang von §§ 51 und 54 Absatz 4 Satz 1 folgt
vielmehr, dass Änderungen den Betriebsplaninhalt des § 52, Absatz 4 Satz 1
betreffen und dem Begriff der „Betriebsführung" (vgl. § 51 Rn 33) zugeordnet
werden müssen. Dadurch wird zwar noch nicht erreicht, dass nur „wesentliche"
Maßnahmen wie in den genannten Gesetzen zu einer Änderung oder Ergänzung
des Betriebsplans führen. Man kommt auch nicht einmal zu einer Gleichstellung
mit dem für das gewerbliche Änderungsverfahren von der Rechtsprechung
entwickelten Grundsatz, dass die Möglichkeit eines Einflusses auf die Genehmigungsvoraussetzungen ausreicht und es nicht darauf ankommt, ob und in
welchem Ausmaß derartige Auswirkungen von der geplanten Veränderung
tatsächlich zu erwarten sind (BVerwG, NJW 1958, 1011). Man kann aber
daraus folgern, dass nur solche betrieblichen Maßnahmen zu Änderungen des
Betriebsplans führen müssen, die den betriebsplanmäßig geprüften Regelungsinhalt durch ihre Bedeutung, ihr Gewicht und Ausmaß verändern.

III. Beteiligung anderer Behörden

Andere Behörden sind vor der Zulassung im Betriebsplanverfahren zu betei- **6**
ligen, wenn ihr Aufgabenbereich berührt wird.

Diese Beteiligungsnorm spricht das aus, was an sich schon durch die Zuständig- **7**
keit mehrerer Behörden für Verwaltungsverfahren verschiedener Art begründet
ist: das Recht der beteiligten Behörde, sich als mit zuständige Behörde in das
Verfahren einzuschalten, wenn in ihren Zuständigkeitsbereich fallende Gegenstände behandelt werden (Pfadt, Rechtsfragen zum Betriebsplan im Bergrecht,
82). Die wesentlichste Aussage betrifft daher die Intensität des Zusammen-
wirkens.

Die Voraussetzung für die Mitwirkung anderer Behörden ist aus der bisherigen **8**
Verwaltungspraxis (Begründung zum Gesetz zur Änderung berggesetzlicher
Vorschriften NRW vom 25.4.1950, ZfB 91 (1950), 190) und aus § 68 Absatz 3
ABG NRW übernommen. Sie entspricht § 10 Absatz 5 BImSchG und § 73
Absatz 2 VwVfG, wo für die Einschaltung anderer Behörden ebenfalls voraus-
gesetzt ist, dass ihr Aufgabenbereich durch das Vorhaben „berührt" wird.

Man wird sich daher bei der Auslegung des Begriffes „berührt" auf die dort **9**
gefundenen Ergebnisse berufen können. Danach sind „berührt" alle Behörden,
die für ein Teilproblem, das sich im Zusammenhang mit dem betriebsplanmäßig
beantragten Aufsuchungs-, Gewinnungs- oder Aufbereitungsbetrieb stellt,
zuständig sind (Stich, BImSchG, § 10 Rn 24). Es sind ferner alle Behörden, die
neben der Betriebsplanzulassung eine selbstständige Entscheidung in Bezug auf
den Betrieb zu treffen haben oder für die Durchführung der öffentlich-rechtlichen Vorschriften zuständig sind, die bei den vorgesehenen Maßnahmen
zusätzlich zum BBergG Anwendung finden (Sellner, Immissionsschutzrecht
und Industrieanlagen, Rn 148). Letzteres ist die Folge aus § 48 Absatz 2 und
seiner Bedeutung als Tor zum Betriebsplanverfahren (vgl. § 55 Rn 360).

10 Der Begriff der von den Maßnahmen in ihrem Aufgabenbereich berührten Behörde deckt sich nicht mit dem des Trägers öffentlicher Belange i. S. von § 4 Absatz 1 BauGB – er umfasst auch privatrechtliche Organisationen (Stellen) – und nicht mit demjenigen, dessen rechtliches Interesse durch den Ausgang eines Verwaltungsverfahrens i. S. von § 13 Absatz 2 VwVfG berührt werden kann.

11 Zum **Begriff der Behörde** vgl. die Legaldefinition in § 1 Absatz 4 VwVfG.

12 Je nach Lage des Einzelfalles kommen als einzuschaltende **Behörden** beispielsweise in Betracht: die für die Landesplanung und Raumordnung zuständigen Landesbehörden, die Bauaufsichtsbehörde, die Wasserbehörde, die für die Abfallbeseitigung zuständige Behörde, die Forstbehörde, die untere Landschaftsbehörde, Straßenbaubehörde, Straßenverkehrsbehörde, Standortgemeinde als Behörde, nicht jedoch als Planungsträger – hierfür gilt die 2. Alternative – (vgl. zur Vielfalt der einzuschaltenden Behörden auch die Begründung zu § 68 Absatz 3 ABG NRW, ZfB 91 (1950), 190).
Zu den **Behörden** sind auch nach der grundsätzlichen Privatisierung zu zählen: die Deutsche Bundespost Telekom, soweit das Fernmeldenetz oder der Fernmeldebaudienst betroffen sind (OLG Nürnberg, NJW 1994, 2032), das Eisenbahnbundesamt (§ 3 EVerkVerwG) und die Deutsche Bahn AG (§ 1 Absatz 1 AEG, § 3 Absatz 2 Nr. 2 BENeuglG), die DN Netz AG, DB Regio AG und DB Fernverkehr AG, soweit ihre öffentlich-rechtlichen Aufgaben betroffen sind, insbesondere hinsichtlich Bau und Betrieb der Schienen- und Verkehrsanlagen. Behörden i. S. der Beteiligungsvorschrift sind die Industrie- und Handelskammer, die Handwerkskammer, der örtlich zuständige Deichverband, die sondergesetzlichen Wasserverbände in NRW, die öffentlichen Wasserversorger, Wasserversorgungsverbände, die Gewässerunterhaltungsverbände, staatliche Umweltämter, Landkreise, Landesbetriebe, die zwar rechtlich selbstständig, organisatorisch abgesonderte Teile der Landesverwaltung sind. Keine Behörden sind Vereine, auch wenn sie gemeinnützige oder ideelle Aufgaben wahrnehmen. Zur Sonderstellung anerkannter Naturschutzverbände s. Rn 107 und Anh. § 56 Rn 394 ff. In der Praxis werden in umfangreichen Rahmenbetriebsplanverfahren auch je nach Ermessensentscheidung der Behörde Institutionen beteiligt, die der Bergbehörde ein umfassendes Bild über die für die Zulassung des Betriebsplans maßgebenden Gesichtspunkte geben können, z. B. Landwirtschaftsvereine e. V., Landes-/Kreisjägerschaft e. V., Sportfischereiverband e. V. (Boldt/Weller § 54 Rn 12), Leitungseigentümer.

13 Grundlegend geändert hat sich die Folge, die aus dem Berühren des Aufgabenbereichs anderer Behörden zu ziehen ist. Während nach § 68 Absatz 3 ABG NRW die Bergbehörde stets Einspruch gegen den Betriebsplan einzulegen, das Einvernehmen mit der Fachaufsichtsbehörde herzustellen hatte und nach drei Monaten selbst entscheiden konnte, fehlt in der bundesberggesetzlichen Regelung sowohl das Erfordernis des Einvernehmens als auch das Recht zur eigenen Entscheidung nach einer bestimmten Frist.

14 Statt des „Einvernehmens" ist jetzt die „**Beteiligung**" gefordert, ohne dass festgelegt wurde, was hierunter zu verstehen ist. Aus dem Unterschied der Sätze 1 („beteiligen") und 2 („weitergehende Beteiligung") des Absatz 2 ist nur zu entnehmen, dass die Beteiligung eine vergleichsweise schwache Form der Mitwirkung sein soll. Da der Gesetzgeber die teilweise in anderen Gesetzen gebräuchlichen Ausdrücke „Zustimmung" (z. B. § 36 Absatz 1 BauGB), „im Benehmen" (z. B. § 37 Absatz 2 Satz 3 BauGB), „im Einvernehmen" (z. B. §§ 14 Absatz 2, 19 Absatz 4, 36 Absatz 1 BauGB und früher § 68 Absatz 3 ABG NRW) oder „Stellungnahme" (z. B. § 10 Absatz 5 BImSchG) nicht verwendet hat, folgt hieraus, dass etwas anderes gemeint sein soll. Materiell scheiden damit

die völlige Willensübereinstimmung zwischen Bergbehörde und Beteiligungsbehörde (so für das „Einvernehmen" nach § 36 BauGB, BVerwGE 11, 200), die
bloße Fühlungnahme zwischen den Behörden (so für das „Benehmen" VGH
Bad.-Württ., VerwRspr 4, 402) und eine nicht mit Bindungswirkung ausgestattete Erklärung der Beteiligungsbehörde über ihre Rechtsansicht (so für die
„Stellungnahme" nach § 10 Absatz 5 BImSchG und für die ihr ähnelnde „Anhörung" Gusy, BauR 1978, 336) für die Ausfüllung des Begriffes „Beteiligung"
aus.

Anknüpfungspunkt können aber die Beteiligungsvorschriften im BauGB sein. **15**
Das Gesetz kennt die Beteiligung der Träger öffentlicher Belange (§ 4 Absatz 1
BauGB) sowie die vorgezogene (§ 3 Absatz 1 BauGB) und die förmliche (§ 3
Absatz 2 BauGB) Beteiligung der Bürger.
Die Beteiligung wird dort verstanden als ein Sammelbegriff, der der Ausfüllung
bedarf. Sie bedeutet Mitteilung des Vorhabens und Entgegennahme, Prüfung
und auf Verlangen Erörterung der vorgetragenen Wünsche (Grauvogel, Kohl-
hammer-Kommentar zum BauGB, § 2 V. 4 a). Man wird diese Begriffsbestimmung auf § 54 Absatz 2 übertragen können. Der Bundesgesetzgeber ging bei der
Aufnahme dieses Begriffes in Anlehnung an das BBauG davon aus, dass die
„Beteiligung" sich deutlich abheben sollte vom Einvernehmen zwischen Bergbehörde und Beteiligungsbehörde (BT-Drs 8/1315, 109 = Zydek, 246: unzulässige Misch-**Verwaltung** zwischen Bundes- und Landesbehörden). Er musste sich
auf eine weniger qualifizierte Mitwirkung anderer Behörden auch **deshalb**
beschränken, weil das Betriebsplanverfahren nicht als Planfeststellungsverfahren
ausgestaltet wurde und eine Lösung der von den Beteiligungsbehörden im
Betriebsplanverfahren vorgetragenen öffentlich-rechtlichen Gesichtspunkte gar
nicht zu erwarten ist, sondern daneben laufenden anderen Verfahren vorbehalten bleibt.

Zur Beteiligung i. S. von § 54 Absatz 2 genügen also: Mitteilung des einge- **16**
reichten Betriebsplans, Entgegennahme, Prüfung und erforderlichenfalls Erörterung (VG Gelsenkirchen, ZfB 1993, 298) der vorgetragenen Gesichtspunkte,
Anregungen, Bedenken und Wünsche. Die Mitteilung des Betriebsplans, d. h. der
Beginn der Beteiligung kann auf verschiedene Weise geschehen: Durch Überlassung einer Ausfertigung des Betriebsplans nebst Anlagen, durch Überlassung
eines Auszuges aus dem Betriebsplan (VG Saarland, ZfB 1987, 383; VG
Weimar, ZfB 1994, 61) oder einer brieflichen Unterrichtung über den Inhalt
des Betriebsplans. Im Einzelfall kann es sogar genügen, der beteiligten Behörde
Einsicht in die sie betreffenden Teile des Betriebsplans zu gewähren (VG Saarland, ZfB 1987, 378, VG Weimar, ZfB 1994, 61; VG Chemnitz, ZfB 1996, 153;
Ecker, ZfB 1984, 99; Boldt/Weller § 54 Rn 10, a. A. Christner, ZfB 1992, 257)
oder die Behörde *in die Erörterung* des Betriebsplans *einzubeziehen* (VG
Chemnitz, ZfB 1995, 41; VG Gelsenkirchen, ZfB 1993, 298) oder ihr in sonstiger Art und Weise Gelegenheit zur Stellungnahme zu geben.

Allerdings ist nicht ausreichend, wenn ein Betriebsplan mit einer vorgesehenen **17**
5-jährigen Laufzeit zwar den beteiligten Behörden zugesandt wird, aber die
Bergbehörde eine 7-jährige Laufzeit genehmigt. Eine Erheblichkeitsgrenze derart, dass eine 7-jährige Laufzeit die Belange der Behörde nicht gewichtiger
berührt als eine 5-Jährige, gibt es im Beteiligungsverfahren nicht (OVG Koblenz,
ZfB 1991, 203; a. A. VG Koblenz, ZfB 1991, 208).

Festzuhalten ist, dass über **Art und Umfang der Beteiligung** mehrere Gesichts- **18**
punkte entscheidend sind. Auf der Betriebsplanseite richtet sie sich nach den
vorgelegten Antragsunterlagen und dem Antrag des Unternehmers einerseits
und der beabsichtigten Betriebsplanzulassungsentscheidung einschließlich
Nebenbestimmungen der Bergbehörde andererseits. Auf der Beteiligtenseite ist

die gesetzliche Aufgabe und Fachkompetenz der jeweiligen Behörde ein wichtiger Maßstab für Art und Umfang ihrer Beteiligung. Jedoch müssen gesetzliche Aufgabe und Fachkompetenz in Einklang stehen mit dem für die Betriebsplanzulassung abschließend vorgegebenen Prüfungskatalog der §§ 55 Absatz 1, 48 Absatz 2 Satz 1. Ist diese Kongruenz nicht gegeben, bedarf es keiner Beteiligung einer Behörde, die nicht kongruente Belange vertritt. Ein Auflauf beliebiger, öffentlicher Interessen („Jahrmarkt der Belange") findet in § 54 Absatz 2 keine Stütze.

19 Fehlende Anlagen zum Betriebsplan, etwa eines markscheiderischen Gutachtens, schließen eine ordnungsgemäße Beteiligung nur aus, wenn sie für die Belange gerade der zu beteiligenden Behörde oder Gemeinde von Bedeutung sind (OVG NRW, ZfB 1990, 40). Die Beteiligung berechtigt nicht, Gutachten zu Fragen anzufordern, die zwar öffentliche Belange sind, aber nicht in den Aufgabenbereich der beteiligten und anfordernden Behörde fallen.

20 Durch Einführung des Planfeststellungsverfahrens gemäß § 52 Absatz 2 a ist die formale Rechtsposition der zu beteiligenden Behörden nicht gegenüber den übrigen Betriebsplanverfahren erweitert worden (VG Weimar, ZfB 1994, 57, VG Chemnitz, ZfB 1995, 41, a. A. Christner, ZfB 1992, 254).

21 Die Beteiligung führt folglich zwar zu einer Unterrichtung der anderen Behörden, nicht jedoch dazu, dass die Bergbehörde an deren Stellungnahmen gebunden ist (vgl. Pfadt, Rechtsfragen zum Betriebsplan im Bergrecht, 146: *„unverbindliche Stellungnahme"*). Die Bergbehörde muss vielmehr die Stellungnahme prüfen und im Rahmen ihrer Zuständigkeit ermessensfehlerfrei werten. Nimmt sie irrigerweise an, an die Stellungnahme gebunden zu sein, ist ihre Entscheidung ermessensfehlerhaft (OVG Münster, ZfB 114 (1973), 319, 332; VG Köln, ZfB 117(1976), 345, 352).

22 Zum Grundsatz kann auch jetzt noch festgestellt werden, dass die Bergbehörde nach eigenem Ermessen über Gesichtspunkte entscheidet, die in die Zuständigkeit von anderen Behörden fallen (Pfadt, aaO, 105; VG Gelsenkirchen, ZfB 119 (1978), 441, 446), allerdings mit der Einschränkung, dass dies nicht für die durch gesonderte Verfahren belegten Gesichtspunkte gilt.

23 Die Prüfung der von den Beteiligungsbehörden abgegebenen Äußerungen hat die Bergbehörde mit dem Maßstab der Voraussetzungen der §§ 55, 48 Absatz 2 durchzuführen. Gesichtspunkte, die nicht darunter einzuordnen sind, kann die Bergbehörde nicht berücksichtigen, auch wenn sie von Beteiligungsbehörden vorgetragen wurden. Wenn andererseits die Bergbehörde vorgetragene Gesichtspunkte, die den Rahmen der §§ 55, 48 Absatz 2 nicht sprengen, ohne Wertung außer Acht lässt, kann darin ein zum Ermessensfehler führendes Abwägungsdefizit liegen.

24 Die **Mitwirkungshandlungen** dieser beteiligten Behörden sind **keine** selbstständig **anfechtbaren Verwaltungsakte** dieser Behörden. Das gilt sowohl für den Fall, in dem die Behörde eine Stellungnahme abgibt, die Bergbehörde ihr aber nicht folgt, als auch in dem Fall, in dem die Behörde eine Stellungnahme abgibt, die Bergbehörde sie in die Zulassung übernimmt, nach Meinung des Unternehmers oder Dritter sich ihr aber nicht anschließen durfte. Selbst das früher notwendige Einvernehmen nach § 68 Absatz 3 ABG NRW wurde als interner Verwaltungsvorgang ohne den Charakter eines Verwaltungsakts und ohne selbstständige Anfechtbarkeit angesehen (Ebel/Weller, § 68 Anmerkung 5, Horneffer, Bergrecht und Allgemeines Polizeirecht, Diss. 1969, Göttingen, S. 88; zur Rechtsnatur des „Einvernehmens" grundsätzlich BVerwG, NJW 1968, 905; BGH, DÖV 1971, 319). Umso eher werden seit langem die schwächeren Spielarten des

„Benehmens", der „Anhörung" und der „gutachtlichen Stellungnahme" als verwaltungsinternes Geschehen eingeordnet (Schuegraf, NJW 1966, 177). In diese Kategorie ist die „Beteiligung"ebenfalls einzustufen. Es fehlt ihr an der Außenwirkung und an der Bindung der Aussage für die Bergbehörde.

Fehlt es an der Beteiligung der in ihrem Aufgabenbereich berührten Behörden **25** oder der Gemeinden als Planungsträger, ist die Zulassung des Betriebsplans nicht nichtig. Das folgt einerseits aus § 44 Absatz 3 Nr. 4 VwVfG und andererseits daraus, dass nicht einmal bei den stärkeren Mitwirkungsrechten als der Beteiligung die Rechtsprechung nicht Nichtigkeit, sondern nur Anfechtbarkeit annimmt (BVerwGE 11, 195; Redeker/von Oertzen, VwGO, 7. Auflage § 42 Rn87). Andererseits kann man nicht zu dem Ergebnis kommen, die Verletzung des Beteiligungsgebotes zeige überhaupt keine Wirkungen. Es könnte dann nämlich ohne Folgen verletzt werden (Schuegraf, NJW 1966, 177, 180).

Die Anfechtbarkeit einer Zulassung bei unterbliebener Beteiligung ist nur im **26** Rahmen des § 46 VwVfG gegeben, d. h. zur Verletzung der Verfahrensvorschrift muss hinzukommen, dass eine andere Entscheidung in der Sache hätte getroffen werden können. Insofern ist zu beachten, dass auf die Betriebsplanzulassung wegen § 55 ein Anspruch besteht und ein gebundener Verwaltungsakt vorliegt (VG Gelsenkirchen, ZfB 1985, 96).

Die unterbliebene Beteiligung kann gemäß § 45 Absatz 2 VwVfG bis zum **27** Abschluss eines etwaigen Widerspruchsverfahrens nachgeholt werden (OVG Koblenz, ZfB 1991, 203; VG Freiburg, ZfB 1990, 318; Christner, ZfB 1992, 258; Gutbrod/Töpfer S. 73; Rausch, UPR 1996, 9; Zeiler, ZfB 1983, 412). Mit dem Wortlaut „vor der Zulassung" ist diese weitaus herrschende Ansicht nicht vereinbar (so Kommentar Piens u. a. 1. Auflage § 54 Rn 23). Jedoch sprechen für sie verfahrensökonomische Gründe und der Sinn und Zweck des § 54 Absatz 2 Satz 1, der dahin zu verstehen ist, dass der Bergbehörde jedenfalls solange der Sachverhalt von anderen Behörden oder Gemeinden mitgeteilt werden kann, wie sie Herr des Verfahrens ist und Informationen noch verwerten kann. Bei Anwendung von § 45 Absatz 2 VwVfG ist aber zu bedenken, dass diese Vorschrift nur die formellen, verfahrensrechtlichen Voraussetzungen und Folgen des Nachholens von Verfahrenshandlungen regelt (Kopp, VwVfG, § 45 Rn 8, 17, 34). Hinzukommen muss materiellrechtlich, dass die Bergbehörde die vorgetragenen Gesichtspunkte der anderen Behörde in ihren Prüfkatalog aufnimmt und bewertet.

Prozessual haben weder die Behörde, noch Unternehmer oder Dritte gegen die **28** verwaltungsinternen Aussagen der Behörden ein Klagerecht.

IV. Beteiligung der Gemeinden

1. ABG

Nach dem ABG war eine direkte Beteiligung der Gemeinden nicht vorgesehen. **29** Die Bergbehörden waren zunächst der Auffassung, dass die Gemeinden keine Fachaufsichtsbehörden i. S. von § 68 Absatz 3 ABG NRW seien. Das Einvernehmen mit diesen Fachaufsichtsbehörden sollte die Anhörung der durch Maßnahmen des Bergbautreibenden betroffenen Gemeinden einschließen. Der Regierungspräsident, dem für seinen Bezirk die Kommunalaufsicht obliegt, sollte nach seinem Ermessen die Stellungnahmen der Gemeinden und Kreise einholen (Reiners, Landschaft im Wandel, S. 7).

30 Später ging die Bergbehörde bei lokalen Gesichtspunkten dazu über, die Gemeinden direkt anzuhören, wenn durch die Zulassung eines Betriebsplans die Planungshoheit einer Gemeinde berührt wurde (Reiners, aaO; auch frühere Richtlinien des LOBA für die Handhabung des Betriebsplanverfahrens v. 20.3.1972/12.6.1978, früher SBl A 7, Ziff. 4.2.9: Bergämter übersenden den Betriebsplan der Gemeinde zur Kenntnisnahme. Nach § 72 Absatz 5 ABG Saarland i. d. F. v. 5.7.1967 (ZfB 1968, 270) waren die Gemeinden und Gemeindeverbände auf ihre Anfrage durch das Oberbergamt über die langfristigen Abbauvorhaben des Bergbautreibenden und über wesentliche Änderungen solcher Abbauplanungen zu unterrichten. Bei wesentlichen Planungsänderungen, die frühere Auskünfte des Oberbergamts unrichtig machten, bestand eine Unterrichtungspflicht von Amts wegen (Näheres Ecker, ZfB 1984, 95 f.; Zeiler, ZfB 1983, 405, 409 f.). Obwohl der Wortlaut des § 68 Absatz 3 ABG NRW nur die Beteiligung von Fachbehörden vorsah, waren die spätere Rechtsprechung und Literatur, die lange Zeit kontrovers waren, (offengelassen noch in OVG NRW, ZfB 1975, 249) der Auffassung, dass die Gemeinden im Betriebsplanverfahren zu beteiligen waren. Das wurde teils durch eine verfassungsrechtlich gebotene erweiterte Auslegung des § 68 Absatz 3 ABG NRW (VG Gelsenkirchen, ZfB 1985, 80 betrifft Bergehalde), teils aus der sich unmittelbar aus Artikel 28 Absatz 2 Satz 1 GG ergebenden Planungshoheit in allen örtlichen Angelegenheiten abgeleitet (Pfadt, Rechtsfragen, S. 82; Zeiler, ZfB 1983, 410 und in Rechtsgutachten bergrechtliche Schriftenreihe I/1983, 8). Jedenfalls war anerkannt, dass Gemeinden mit Erfolg die Aufhebung einer das Selbstverwaltungsrecht berührenden Maßnahme begehren konnte, wenn sie bei ihrem Erlass nicht angehört worden sind (OVG NRW, ZfB 1982, 240 m. w. N. = Glückauf 1982, 111; VG Köln, ZfB 1981, 477 = Glückauf 1980, 1250 betrifft Quarzsandabbau).

31 Angesichts dieser Entwicklung war ein besonders heiß umstrittenes Problem im Gesetzgebungsverfahren die Beteiligung der Gemeinden im Betriebsplanverfahren. Im 1. Referentenentwurf (Stand 1.12.1970) war im damaligen § 64 Absatz 9 nur vorgesehen, dass über die Zulassung eines Rahmenbetriebsplans die Gemeinden zu unterrichten sind, in deren Gebiet die vorgesehenen Arbeiten durchgeführt werden sollen. Diese Regelung enthielt auch der Regierungsentwurf von 1977 (BR-Drs 350, 75). In § 53 Absatz 2 des Regierungsentwurfs (BT-Drs 8/1315) findet sich die Lösung, dass die Gemeinden vor der Zulassung zu beteiligen sind, wenn sie als Planungsträger von den vorgesehenen Maßnahmen berührt werden. In der Beschlussempfehlung des Ausschusses für Wirtschaft des Deutschen Bundestages (Drs 8/3965) vom 30.4.1980 ist dann noch die Möglichkeit der weitergehenden Beteiligung hinzugekommen und später Gesetz geworden.

2. Planungsträger

32 Aus § 54 Absatz 2 Satz 1 folgt, dass die Gemeinde in den dort abschließenden Fällen vor der Zulassung des Betriebsplans zu beteiligen ist. Der Umfang und die Form dieser Beteiligung ist dort nicht geregelt. Ausgegangen werden muss vom Zweck der Beteiligung, der Gemeinde Gelegenheit zu geben, auf ihre planerischen Vorstellungen hinzuweisen (OVG Koblenz, ZfB 1991, 202).

33 Die Beteiligung der Gemeinden im Betriebsplanverfahren ist abgestuft: Als Planungsträger sind sie, soweit sie von im Betriebsplan vorgesehenen Maßnahmen berührt werden, zu beteiligen. Dasselbe gilt, soweit sie aufgrund von Gesetzen staatliche Verwaltungsaufgaben als untere Landesbehörde wahrnehmen (z. B. Bauordnungsrecht). Bei Betriebsplänen, die Maßnahmen für Bergehalden vorsehen, können sie durch Rechtsverordnungen der Länder weitergehend beteiligt werden, es sei denn, es handelt sich um Halden auf Flächen, die durch gesetzlich vorgeschriebene Planungsverfahren festgelegt sind. Dabei wird sich die Beteiligung der Gemeinden im Wesentlichen auf den Rahmenbetriebsplan konzentrieren. Allerdings gilt § 54 Absatz 2 Satz 1 nur für den fakultativen Rahmenbetriebsplan. Für den **obligatorischen Rahmenbetriebsplan** ist diese Vorschrift nach der speziellen Regelung des § 57 a Absatz 1 Satz 1 nicht anzuwenden. Die Beteiligung der Gemeinden richtet sich in Ermangelung sonstiger bergrechtlicher Beteiligungsvorschriften nach den allgemeinen Regelungen zur Mitwirkungslast von Behörden bzw. Betroffenen (§ 52 Absatz 2 a Satz 1 BBergG, § 1 Absatz 3, 73 Absatz 2 und 4 VwVfG). Die Gemeinden sind danach zu beteiligen, wenn durch die vorgesehenen Maßnahmen ihr Aufgabenbereich als Planungsträger berührt ist (OVG NRW, ZfB 2006, 48).

Der **Rahmenbetriebsplan für den Steinkohlenbergbau** sollte die Informationen **34** enthalten, die von der Bergbehörde uneingeschränkt an andere Behörden, deren Belange berührt sind, weitergegeben werden. Die für den Abbau geplanten Flözflächen sollten als Gesamtflächen je Flöz ohne Differenzierung nach Bauhöhen dargestellt werden. Dazu gehört eine Darstellung der Berechtsame im Planungsraum, der Tagesschächte, der Übertageanlagen des Bergbaus und sonstige Betriebsflächen im Plangebiet, eine Darstellung der Einwirkungen der geplanten Maßnahmen auf die Tagesoberfläche nach den Anforderungen der Einwirkungsbereich-BergV sowie eine Deckfolie die die Beziehung zwischen zum Abbau vorgesehene Flözen und der Tagesoberfläche wiedergibt.

Die Auslegung des Begriffes „als Planungsträger berührt" muss ansetzen bei der **35** verfassungsmäßig begründeten Planungshoheit der Gemeinde, die Ausgangspunkt für die neue Beteiligungsvorschrift war (BT-Drs 8/3965, S. 137). Dieses Recht zur örtlichen Planung äußert sich unter anderem darin, dass sie der Gemeinde auch Beteiligungsrechte gegenüber allen sie berührenden fremden Planungen gibt (Ernst-Hoppe, Das öffentliche Bau- und Bodenrecht, Raumplanungsrecht, 76). Diese allgemeine Aussage ist in § 54 Absatz 2 verfassungsrechtlich wirksam (Artikel 28 Absatz 2 GG – „im Rahmen der Gesetze"; Artikel 70 ff. GG stehen nicht entgegen BVerf VerwRspr 32, 513, 514 betrifft Fluglärmgesetz) dahin eingeschränkt, dass nicht bei allen, sondern nur bei den sie als Planungsträger berührenden Planungen eine Beteiligung stattfinden muss. In dieser Hinsicht steht das Bergrecht nicht allein. Eine Einschränkung der Planungshoheit ist vom Gesetzgeber immer dann für erforderlich gehalten worden, wenn überörtliche Belange der Allgemeinheit an lokalen Interessen scheitern können. Der Gesetzesvorbehalt in Artikel 28 Absatz 2 Satz 1 GG ist daher in vielen anderen, insbesondere baurechtlichen Vorschriften (z. B. § 1 Absatz 3, Absatz 4–7, § 4 Absatz 1, § 38, § 203 Absatz 2, § 205 Absatz 2 BauGB) ausgeübt worden.

Der Begriff „Planungsträger" findet sich schon in § 7 BauGB, sodass hieran bei **36** der Auslegung des § 54 Absatz 2 angeknüpft werden kann. Er wird dort verstanden als diejenige juristische Person, der kraft Gesetzes eine die Bodennutzung betreffende Planung zukommt. Praktisch sind es diejenigen, die die Planungshoheit ausüben.

Als Planungsträger berührt wird daher die Gemeinde, wenn der zuzulassende **37** Betriebsplan die Planungshoheit der Gemeinde berührt. Dabei wird man das „Berühren" nicht gleichstellen können mit der Beeinträchtigung der Planungshoheit, die im Rahmen der Prüfung der Anfechtungsklage einer Gemeinde gegen die Betriebsplanzulassung eine wesentliche Rolle spielt, insbesondere für die Frage, ob die Gemeinde durch die Zulassung eines Vorhabens in ihren Rechten beeinträchtigt ist. Man wird vielmehr für das Berühren geringe Anforderungen stellen, obwohl im Gegensatz zu § 13 Absatz 2 VwVfG („berührt werden können") es darauf ankommt, dass der Planungsträger tatsächlich berührt wird.

38   Die Beteiligungspflicht wird schon ausgelöst, wenn durch die in einem Betriebsplan vorgesehene Maßnahmen planerische Belange einer Gemeinde auch nur angesprochen werden (Betriebsplan-Richtlinie des früheren LOBA NRW v. 31.8.1999, Ziff. 3.6; Kremer, DÖV 1997, 826). Jedenfalls kommt eine Beteiligung einer Gemeinde schon in Betracht, wenn nicht ausgeschlossen werden kann, dass durch betriebsplanmäßig vorgesehene Tätigkeiten und Einrichtungen die Planungshoheit berührt wird (VG Saarland, ZfB 1987, 382). Der Zweck des Beteiligungsrechts der Gemeinde setzt folglich nicht erst ein, wenn es eine Beeinträchtigung der Planungshoheit abzuwehren gilt (OVG NRW, ZfB 1995, 318 gegen Christner, ZfB 1992, 255).

39   Kollisions- und Berührungsfälle sind in verschiedener Ausgestaltung denkbar: Bergbau und Gemeinde wollen dieselbe Fläche mit unterschiedlichen Nutzungen überplanen, die Planung des Bergbaus hat unmittelbar rechtliche Auswirkungen auf die Beplanung anderer Flächen durch die Gemeinde oder sie hat nur faktische Auswirkungen auf diese Flächen (ähnlich Steinberg, DVBl 1982, 13, 15 für höherstufige staatliche Planungsentscheidungen).

40   Die wesentlichste Ausgestaltung der Planungshoheit der Gemeinde hat sie in § 2 Absatz 1 BauGB durch die Pflicht und das damit korrespondierende Recht zur Aufstellung von Bauleitplänen in eigener Verantwortung erfahren.

41   Da der **Bebauungsplan** die verbindliche, ausführende und eingreifende Festsetzung für die städtebauliche Ordnung ist, wird die Gemeinde von den Maßnahmen nicht berührt, wenn sie dem Bebauungsplan entsprechen, andererseits jedoch berührt, wenn sie ihm widersprechen.

42   Der **Flächennutzungsplan** ist zwar vorbereitend und nur die Gemeinde bindend. Er hat aber auf andere Planungsträger die Wirkung der Anpassungspflicht nach § 7 BauGB. Nun ist die Bergbehörde im Betriebsplanverfahren kein Planungsträger i. S. von § 7 BauGB, doch ist der Flächennutzungsplan Ausdruck der gemeindlichen Planungshoheit mit erheblicher Zukunftsbedeutung (Schütz-Frohberg, BauGB, 3. Auflage, § 5 Anmerkung I 2), die im Betriebsplanverfahren dazu führen muss, dass Gemeinden jedenfalls berührt sind, wenn das bergbauliche Vorhaben dem Flächennutzungsplan nicht entspricht. Das hat nichts damit zu tun, dass die materiellen Wirkungen des Flächennutzungsplans möglicherweise nicht eintreten, weil der Flächennutzungsplan trotz seiner Wirkungen von erheblicher Reichweite (im Einzelnen Battis/Krautzberger/Löhr, § 5 Rn 47) keine Rechtsnormqualität hat und nur der Vorbereitung für den allein außenverbindlichen Bebauungsplan dient. Das Beteiligungsrecht nach § 54 Absatz 2 ist nämlich unabhängig von den Fragen, ob den Vorstellungen der Gemeinde gefolgt werden muss oder ein „öffentlicher Belang" dem bergbaulichen Vorhaben widerspricht.

43   Sofern andererseits das Vorhaben dem Flächennutzungsplan entspricht, ist damit noch nicht eine Beteiligung der Gemeinde im Betriebsplanverfahren ausgeschlossen. Flächennutzungspläne sind grobmaschige Darstellungen der sich aus der beabsichtigten städtebaulichen Entwicklung ergebenden Art der Bodennutzung in den Grundzügen (§ 5 Absatz 1 BauGB). Sie geben keine sichere Auskunft über die planungsrechtliche Zulässigkeit des Einzelvorhabens. Zu beachten ist auch, dass der Gemeinde sogar ein Klagerecht gegen Planungen anderer Planungsträger zugebilligt wurde, wenn diese Planungen zwar dem bestehenden Flächennutzungsplan, nicht aber den inzwischen gewandelten neuen planerischen Entscheidungen der Gemeinde entspricht (BVerwG, DVBl 1971,

187; Grauvogel, Kohlhammer BauGB, § 2, I 1 b). Zur Aufwertung des rechtlichen Stellenwertes des Flächennutzungsplans durch den Gesetzgeber und die Rechtsprechung der letzten Jahre: Mitschang in LKV 2007, 102 ff., zum Rechtsschutz gegen Flächennutzungspläne: Schenke in NVwZ 2007, 134 ff. Berücksichtigt man noch, dass § 54 Absatz 2 lediglich davon spricht, dass die Gemeinde als Planungsträger „berührt", d. h. nicht „betroffen" sein muss, wird man zu dem Ergebnis kommen müssen, dass die Gemeinde auch dann zu beteiligen ist, wenn die vorgesehenen Maßnahmen dem Flächennutzungsplan entsprechen. Dafür spricht schließlich noch, dass Flächennutzungspläne das ganze Gemeindegebiet umfassen (§ 5 Absatz 1 BauGB) und damit auch Haldenflächen abdecken, § 54 Absatz 2 Satz 2 für Halden aber eine „weitergehende Beteiligung" der Gemeinden in Aussicht stellt. Diese Intensivierung der Beteiligung setzt als Grundlage eine Beteiligung im Normalfall voraus.

Von dieser Aussage, die nur die Beteiligung betrifft, ist zu unterscheiden, ob die **44** Bergbehörde den Stellungnahmen der Gemeinden folgen muss. Sie hat hier in ihrer Eigenschaft als bergbauliche Planungsbehörde (OVG Münster, ZfB 114 (1973), 319, 328 betreffend Planungen im Braunkohlenbergbau: VG Köln, ZfB 120 (1979), 243, 252 und Glückauf 1980, 1250; bestätigt OVG Münster Glückauf 1982, 111 = ZfB 123 (1982), 238, betrifft Quarzsandtagebau, allerdings mit der Einschränkung, dass eine materielle Zuständigkeitsübertragung der Planungshoheit durch § 29 Satz 4 BBauG nicht stattgefunden hat, VG Gelsenkirchen, ZfB 119 (1978), 441, 445 betrifft Abbruch aus planerischen Gründen; Bartsch, ZfB 118 (1977), 104, 107; VG Gelsenkirchen in unveröff. Urt. v. 5.3.1981 – 8 K 4471/79 betrifft Bergehalde) selbstständig zu prüfen, welche Wirkungen der bestehende Flächennutzungsplan auf die betriebsplanmäßig vorgesehenen Maßnahmen hat. Dabei wird zu berücksichtigen sein, dass die Frage der Zulässigkeit von übertägigen Vorhaben grundsätzlich von der Baugenehmigungsbehörde im Baugenehmigungsverfahren zu beurteilen ist (VG Köln, ZfB 117 (1976), 345, 350; OVG Münster, Glückauf 1982, 240), während bei allen mit dem Untertagebetrieb zusammenhängenden Vorhaben einschließlich des Schachtstandorts an der Erdoberfläche (VG Köln, ZfB 120 (1979), 243, 252) und bei Bergehalden (Bartsch, aaO 108) die Bergbehörde über die planungsrechtliche Zulassung entscheidet (hierzu Anh. zu § 56 Rn 37).

Hieran hat sich nichts dadurch geändert, dass der Katalog des früheren § 196 **45** ABG nicht mehr Maßstab für die Prüfung des Betriebsplans ist, sondern sich der abschließende Prüfungsinhalt sich aus §§ 55, 48 Absatz 2 Satz 1 ergibt. Allerdings ist die Zulassung des Betriebsplans eine gebundene Entscheidung. Der für Planfeststellungsverfahren von der Rechtsprechung wiederholt betonte Zusammenhang zwischen Beteiligungsrechten und dem Abwägungsgebot, wonach die Belange des Städtebaues, die sich im Flächennutzungsplan konkretisiert haben, mit dem ihnen zukommenden Gewicht in die Abwägung einzustellen sind (BVerwG, DVBl 1969, 362; NVwZ 1984, 793 = ZfB 1984, 466 – Enteignung von Bergschadenverzicht) findet im Betriebsplanverfahren keine Anwendung. Dennoch hat die Bergbehörde im Rahmen des § 48 Absatz 2 Satz 1 die Einwendungen der Gemeinde, die auf ihrer Planungshoheit beruhen und hinreichend bestimmt sind, mit dem ihnen zukommenden Gewicht als öffentliche Interessen i. S. von § 48 Absatz 2 Satz 1 in die Zulassungsentscheidung einzubeziehen (ähnl. Stüer, Hb. des Bau- und Fachplanungsrechts, Rn 147).

Sofern im Gemeindegebiet weder ein Bebauungsplan noch ein Flächennutzungs- **46** plan Aussagen über die Planungsabsichten der Gemeinde an dem vom Bergbaubetrieb erfassten Grundstück machen, ist damit nicht eine Beteiligung der Gemeinde im Betriebsplanverfahren ausgeschlossen. In der Gemeinde können planerische Vorstellungen bestehen, die einer Bauleitplanung nicht bedürfen (BVerwG, DVBl 1970, 577), z. B. an der vorgegebenen Art der Bodennutzung nichts zu ändern. Auch ist die Verfahrensbeteiligung der Gemeinde in Baugenehmigungs- und anderen Verfahren eine Sicherung der Planungshoheit und eine Auswirkung aus § 2 Absatz 1 BauGB (BVerwG, DÖV 1970, 349; Grauvogel, BBauG, § 2 Anmerkung T 1 a), die gerade Ausgangspunkt für § 54 Absatz 2 und dessen obiger Auslegung sind. Die Zulassung eines Betriebsplans kann nämlich im Ergebnis eine Planungsmaßnahme darstellen, indem das geplante Vorhaben gebilligt und in bestimmter Weise über das Grundstück verfügt wird (OVG Münster, ZfB 116 (1975), 245, 250; ZfB 123 (1982), 238, 239).

47   Berührt in ihrer Planungshoheit können Gemeinden auch sein bei Betriebsplänen, die den **Abbau unter Tage** betreffen. Allerdings reicht das Auslösen von Bergschäden an Wohnhäusern, privaten Anlagen oder öffentlichen Einrichtungen allein sicherlich nicht aus, die Beteiligungsvoraussetzungen zu erfüllen. Insofern gelten die Anpassungs-, Duldungs- und Bergschadensersatzvorschriften des BBergG (Ecker, ZfB 1984, 98). Insbesondere ist die **Gemeinde nicht berufen, private Interessen von Grundstückseigentümern** in ihrem Stadtgebiet durchzusetzen (OVG NRW ZfB 1990, 39, 41 betrifft Entwertung von Grundstücken im Absenkungsbereich von Bergwerken; VG Gelsenkirchen, ZfB 1992, 149; VG Cottbus, ZfB 2003, 117). Dennoch kann sich in Sonderfällen der untertägige Abbau dergestalt auf die Erdoberfläche auswirken, dass ausgewiesene oder hinreichend konkretisierte planerische Vorstellungen der Gemeinde vereitelt, zumindestens nachhaltig beeinträchtigt werden (VG Gelsenkirchen aaO; VG Saarland, ZfB 1994, 45; Ecker aaO; VG Saarland, ZfB 1987, 384 für Bruchbau, a. A. noch 1. Auflage Piens u. a. § 54 Rn 39; VG Köln, ZfB 1976, 350; OVG Saarland, Beschl. v. 11.10.1990 – 1 W 83/90, wonach die Planungshoheit bei Betriebsplänen, die Maßnahmen unter Tage betreffen, nicht berührt wird). Infolge großräumiger Versatzbewegungen kann es je nach den örtlichen Voraussetzungen zu Einwirkungen auf die gesamte Erschließungsstruktur der Gemeinde kommen oder zu nachhaltigen Wirkungen auf die Infrastruktur, die als Zwangspunkte den gestalterischen Spielraum der Gemeinde binden (VG Saarland ZfB 1987, 384).

48   Vom Anspruch auf Beteiligung im Betriebsplanverfahren zu unterscheiden ist die Frage, ob die Gemeinde in ihrer Planungshoheit beeinträchtigt oder verletzt ist und ob sie die Verletzung dem Klagewege geltend machen und abwehren kann.

49   Die **weitergehende Beteiligung** der Gemeinden ist auf Betriebspläne über Maßnahmen zur Lagerung der in § 54 Absatz 2 Satz 2 genannten Gegenstände beschränkt. Die Verordnung wird zu berücksichtigen haben, dass die weitergehende Beteiligung nicht zu Ergebnissen führt, die den Zielen der Raumordnung und Landesplanung, insbesondere den Gebietsentwicklungsplänen, widersprechen. Die weitergehende Beteiligung betrifft nur die Rechtsfolge des § 54 Absatz 2 Satz 1, nämlich die Beteiligung mit ihren dargestellten eingeschränkten Wirkungen. Die Verordnung wird jedoch nicht die Voraussetzung des § 54 Absatz 2 Satz 1 erweitern können, d. h. den Gemeinden über ihre Eigenschaft als Planungsträger hinaus im Betriebsplanverfahren Mitwirkungsrecht zubilligen.

50   Ein Bedürfnis zum Erlass einer Rechts-VO nach § 54 Absatz 2 Satz 2 hat sich in keinem Bundesland ergeben. Dies liegt insbesondere daran, dass die Gemeinden in den wesentlichen Planungsverfahren i. S. von § 54 Absatz 2 Satz 3 ohnehin beteiligt werden.

51   Das **Beteiligungsrecht einer Gemeinde** nach § 54 Absatz 2 erschöpft sich darin, dass ihr der zugelassene Betriebsplan zur Kenntnis gebracht und ihr Gelegenheit zur Stellungnahme gegeben wird. Das verfassungsrechtlich gewährleistete Selbstverwaltungsrecht der Gemeinde gewährt keine weitergehenden Verfahrensrechte

(OVG NRW, ZfB 1990, 39 ff. und ZfB 1995, 315 ff., VG Weimar, ZfB 1994, 53 ff.), insbesondere keine selbstständig durchsetzbare Rechtsposition.

Die Regelung des § 54 Absatz 2 und die hier gefundene Auslegung sind ins-   **52** gesamt mit Artikel 28 Absatz 2 GG vereinbar. Diese Vorschrift verbürgt den Gemeinden ohnehin nicht die Selbstverwaltungsrechte in allen Einzelheiten. Gesetzliche Beschränkungen der Selbstverwaltung sind mit Artikel 28 Absatz 2 GG vereinbar, wenn und soweit sie deren Kernbereich unangetastet lassen (BVerfG, NJW 1981, 1659, 1660; st. Rspr. seit BVerfG, NJW 1960, 1755). Ist schon umstritten, ob und in welchem Umfang die Planungshoheit der Gemeinden zum unantastbaren Kernbereich gehört (dagegen BVerfG, BBauBl 1958, 381, 382; zum Meinungsstand BVerfG, NJW 1981, 1660; ferner Sachs, Kommentar zum GG, Artikel 28 Rn 49 ff., BVerfGE 79, 146: *„zum Kernbereich der Selbstverwaltung gehört kein gegenständlich umschriebener Aufgabenbereich"*), so müssen doch Eingriffe in die kommunale Selbstverwaltung die allgemeinen Grundmaßstäbe der Verhältnismäßigkeit, des Gemeinwohlbezuges und des Abwägungsgebotes beachten (Stüer, Hb. des Bau- und Fachplanungsrechts, Rn 142 m. w. N.). Eine Einschränkung der Planungshoheit ist also erlaubt, wenn und soweit bei der vorzunehmenden Güterabwägung sich ergibt, dass schutzwürdige überörtliche Interessen diese Einschränkung erfordern. Als solches Interesse ist das an einer einheimischen Kohleförderung anzusehen und anerkannt.

Die **Ausnahme** des § 54 Absatz 2 Satz 3 von der Erweiterung des Beteiligungs-   **53** rechts nach § 54 Absatz 2 Satz 2 rechtfertigt sich daraus, dass in dem dort beschriebenen genehmigenden Planungsverfahren die Gemeinden bereits an der Erarbeitung beteiligt sind. Erfasst werden durch § 54 Absatz 2 Satz 3 z. B. die **Braunkohlenpläne** in NRW (§§ 26 ff. LPlG NRW), die regionalen **Teilgebietsentwicklungspläne** für Braunkohlenaufschluss- und Abschlussverfahren in Sachsen-Anhalt (§ 8 Absatz 1 LPlG LSA), die **Braunkohlenpläne und Sanierungsrahmenpläne** in Sachsen (§ 5 Absatz 1 LPlG Sa), die **Braunkohlen- und Sanierungspläne** in Brandenburg (§ 12 Bbg Reg BkPlG), bei deren Aufstellung die betroffenen Gemeinden mitwirken (§§ 28 ff. LPlG NRW, §§ 7 Absatz 2, 18 LPlG LSA, § 6 LPlG Sa, § 15 Absatz 1 Bbg Reg BkPlG) und die in besonderen Planungsverfahren genehmigt werden (z. B. § 29 LPlG NRW). Soweit für die oberirdische Gewinnung von Bodenschätzen, Abbaugrenzen oder Haldenflächen in **Regionalplänen** dargestellt werden, die nach Landesrecht ebenfalls unter Mitwirkung der Gemeinde aufgestellt und abschließend genehmigt werden, ist eine weitergehende Beteiligung der Gemeinde gemäß § 54 Absatz 2 Satz 2 ebenfalls nicht erforderlich.

§ 54 Absatz 2 Satz 3 meint ein Planungsverfahren, in dem insbesondere die   **54** Abbaugrenzen und Haldenflächen eines Gewinnungsbetriebs festgelegt und genehmigt werden (VG Aachen, ZfB 2001, 303). Unter Haldenflächen sind Flächen für Aufschüttungen des Braunkohlenbergbaus außerhalb der Abbauflächen zu verstehen. Der Anwendung des § 54 Absatz 2 Satz 3 steht nicht entgegen, dass Haldenflächen im Braunkohlenplan nicht festgelegt werden, weil sie nicht benötigt werden. Ebenso steht nicht entgegen, dass ein im Rahmen des Plans geführter Gewinnungsbetrieb noch nicht vorliegt oder noch nicht in einem besonderen Planungsverfahren genehmigt worden ist. Es reicht aus, dass Tagebauvorhaben dem besonderen Planungsverfahren unterliegen (VG Aachen, ZfB 2003, 97).

Bedeutung erhält § 54 Absatz 2 Satz 3 durch § 52 Absatz 2 a, wonach eine UVP   **55** gemäß § 57 c nicht erforderlich ist, wenn das Vorhaben einem besonderen Verfahren i. S. von § 54 Absatz 2 Satz 3 mit UVP unterliegt. Hierzu gehören die o. a. Braunkohleverfahren (VG Aachen, ZfB 2003, 97).

3. Verschweigungsfrist

56 Die Bergbehörde kann sowohl den zu beteiligenden Behörden als auch der Gemeinde eine angemessene **Verschweigungsfrist** setzen.

57 Eine **Frist** von 6 Wochen dürfte ausreichend und erforderlich sein (OVG NRW, ZfB 1990, 40; Gutbrod/Töpfer, S. 73). Das Betriebsplanverfahren soll im Interesse der Verfahrensbeschleunigung straff geführt werden. Für Planfeststellungsverfahren ist die Einwendungsfrist für die Drittbetroffenen in verfassungsrechtlich zulässiger Weise auf 4 Wochen Auslegungsfrist und 2 Wochen Einwendungsfrist (§ 73 Absatz 3 und Absatz 4 VwVfG) begrenzt (BVerfG, NJW 1982, 2177 zum Atomrecht). Nach § 73 Absatz 3a VwVfG haben die Behörden ihre Stellungnahmen jedenfalls innerhalb von 3 Monaten abzugeben. Diese Frist dürfte auch für Stellungnahmen in Betriebsplanverfahren das äußerste sein und nur bei obligatorischen Rahmenbetriebsplänen i.S. von § 52 Absatz 2a gewährt werden.

58 Schon nach bisheriger Praxis hatte die Bergbehörde die Fachaufsichtsbehörde darauf hingewiesen, dass das Einvernehmen nach bestimmtem Fristablauf unterstellt werde, sofern bis dahin keine anderslautende Äußerung vorliege (Ziff. 4.2.8 der früheren Richtlinien des LOBA NRW für die Handhabung des Betriebsplanverfahrens vom 20.3.1972, SBl LOBA, A 7).

59 Die zu beteiligende Behörde kann auch darauf hingewiesen werden, dass ihre Stellungnahme nur soweit Berücksichtigung finden kann, als sie sich auf die von ihr wahrzunehmenden Belange bezieht (Richtlinien, aaO).

60 **Verfahrensmäßig** ist die Beteiligung der Gemeinden genauso abzuwickeln wie die Beteiligung der Behörden (s. Rn 16).

61 Prozessual ist eine Leistungsklage der Gemeinde mit dem Antrag, die von der Bergbehörde noch **zuzulassenden Betriebspläne im Wortlaut** zu Kenntnis zu bringen, gemäß § 44a Satz 1 VwGO unzulässig. Die Entscheidung der Bergbehörde, der Gemeinde nicht alle Teile der Betriebspläne zur Kenntnis zu bringen, ist eine Verfahrenshandlung (VG Saarland, ZfB 1987, 382). Ein Antrag auf eine einstweilige Anordnung gegen die Bergbehörde, einer Gemeinde alle zugelassenen Betriebspläne „im Wortlaut" zur Kenntnis zu bringen, ist gemäß § 123 VwGO unzulässig (OVG Saarland, ZfB 1985, 75). Anders dagegen ist eine Klage der Gemeinde, ihr die Zulassungen der Betriebspläne im Wortlaut bekannt zu geben, gemäß § 41 Absatz 1 i.V. mit § 13 Absatz 1 VwVfG begründet, wenn die Betriebspläne die Planungshoheit betreffen (VG Saarland, ZfB 1987, 384).

62 Um den Erfordernissen der Beteiligung zu genügen, muss die Bergbehörde einen **Beteiligungswillen** durch Überlassung von Unterlagen zum Ausdruck bringen (VG Freiburg, ZfB 1985, 349). Eine zufällige oder mittelbare Kenntnisnahme der Gemeindebeamten genügt ebenso wenig wie die Bekanntgabe an einen Dritten, z.B. eine Nachbargemeinde (VG Freiburg, ZfB 1985, 345) oder einen Zweckverband, in dem die Gemeinde Mitglied ist.

63 Eine vorschriftsmäßige Beteiligung der Gemeinde ist erfolgt, wenn das **zuständige Organ der Gemeinde** mit dem betriebsplanpflichtigen Vorhaben befasst ist. Das ist bei Angelegenheiten der Planungshoheit oder bei Errichtung einer Bergehalde (VG Gelsenkirchen, ZfB 1985, 83) i.d.R. der Gemeinderat, allenfalls ein entsprechender Ratsausschuss mit Entscheidungskompetenz, nicht jedoch die Stadtverwaltung.

4. Beteiligungsrecht aus anderen Vorschriften

Fraglich ist, ob ein **Beteiligungsrecht** der Gemeinde sich auch aus **anderen**   **64**
Vorschriften ergibt.

Eine **unmittelbare Anwendung des Artikel 28** Absatz 2 Satz 1 GG kommt nicht   **65**
in Betracht, weil § 54 Absatz 2 Satz 1 als gesetzliche Schranke gegenüber dem
verfassungsrechtlich verbürgten Selbstverwaltungsrecht wirkt (Christner, ZfB
1992, 251).

Eine Beteiligung der Gemeinde aufgrund **kommunalen Grundeigentums** unter   **66**
Heranziehung des Artikel 14 Absatz 1 Satz 1 GG ist grundsätzlich auszuschlie-
ßen, weil sich die Gemeinde nicht auf ihr Privateigentum berufen kann, sofern
dem Eigentum jeder Bezug zur Erfüllung gemeindlicher Aufgaben fehlt (OVG
NRW, ZfB 2005, 39; Kühne, NVwZ 2005, 59 m. w. N.; Sachs Komm. GG,
Artikel 14 Rn 17 m. w. N.). Artikel 14 GG als Grundrecht schützt in sofern nicht
das Privateigentum, sondern das Eigentum Privater (BVerfG, NJW 1982, 2173 =
DVBl 1982, 940 – Sasbach, und NVwZ 2002, 1366; BVerfG, DVBl 2008, 594 –
Schacht Konrad; Christner, ZfB 1992, 252; VG Saarland, ZfB 2000, 174;
BVerwGE 97, 151, s. a. § 54 Rn 95 ff.).

Sofern das **Eigentum** durch die Selbstverwaltungsgarantie „*verfassungsrechtlich*   **67**
aufgeladen" ist (Vallendar UPR 2003, 41), wenn kommunale Einrichtungen
(z. B. Betriebshof, Kindergarten, Rathaus) von der Gemeinde auf eigenem
Grundstück betrieben werden (Kühne aaO, OVG NRW, ZfB 2003, 283;
BVerwG, NVwZ 2006, 1059 – Flughafen Schönefeld – Rn 228: „*Aufgewertete
Eigentümerstellung*"), kann diese Aufbesserung nicht weitergehen als die Selbstverwaltungsgarantie. Die ist aber durch Artikel 14 Absatz 1 Satz 2 GG in
verfassungsrechtlich zulässigerweise – „im Rahmen der Gesetze" – begrenzt.

Ein im Vergleich zu § 54 Absatz 2 Satz 1 stärkeres Beteiligungsrecht der   **68**
Gemeinden im Betriebsplanverfahren folgt nicht aus § 13 Absatz 2 VwVfG.
§ 54 Absatz 2 Satz 1 regelt die Voraussetzungen der Beteiligung der Gemeinden
speziell und abschließend. § 13 Absatz 2 VwVfG kommt gemäß § 1 Absatz 1
VwVfG nicht zur Anwendung (Heitmann, ZfB 1984, 464; Ecker, ZfB 1984,
100; a. A. Zeiler, ZfB 1983, 413; Pfadt, Rechtsfragen zum Betriebsplan, S. 86).

Ein **Einvernehmen** gemäß § 36 BauGB zu einem Hauptbetriebsplan für die   **69**
Gewinnung von Quarzsand kommt nicht in Betracht. § 36 Absatz 1 Satz 2
BauGB schließt die Erforderlichkeit des Einvernehmens der Gemeinde bei Vorhaben der in § 29 Absatz 1 BauGB bezeichneten Art, die der Bergaufsicht
unterliegen, ausdrücklich aus (VGH München, NVwZ-RR 2007, 190 = UPR
2007, 160, VG Ansbach, ZfB 2007, 292). Ebenso bedarf die Zulassung eines
Nachtrages zum Sonderbetriebsplan für eine Bergehalde nicht des Einvernehmens der Gemeinde nach § 36 BauGB (VG Saarland, ZfB 2007, 212; OVG
Saarland, ZfB 2007, 137).

Die **Bergbehörde** ist an die Stellungnahme der Gemeinde **nicht gebunden.** Die   **70**
Beteiligung ist kein Einvernehmen. Die Bergbehörde hat eine eigene Entschei-
dungsbefugnis und -verpflichtung unter Beachtung der Voraussetzungen der
§§ 55, 48 (Ecker, ZfB 1984, 99). Die Gemeinden sehen sich daher in erstaunlich
vielen Fällen veranlasst, Rechtsmittel gegen Betriebsplanzulassungen einzulegen
und bergbauliche Vorhaben in ihrem Gemeindegebiet zu verhindern, jedenfalls
durch zusätzliche Auflagen zu erschweren. Dazu reicht das Recht auf Beteiligung gemäß § 54 Absatz 2 Satz 1 als solches nicht aus. Die Verletzung ver-
fahrensrechtlicher Vorschriften vermittelt grundsätzlich keinen Drittschutz
(Kopp, VwGO, § 42 Rn 95 unter Hinweis auf BVerwG, NJW 1992, 256).

Nur ausnahmsweise kann Drittschutz bei den sog. „absoluten" Verfahrensvorschriften gegeben sein, wenn sie eine vom materiellen Recht unabhängige selbstständig durchsetzbare Verfahrensposition begründen. Ein derartiges Gewicht hat § 54 Absatz 2 Satz 1 nicht. Das Recht der Behörden und der Gemeinden auf Beteiligung vermittelt keinen vom materiellen Recht unabhängigen Anspruch (BVerwG, ZfB 1994, 217 = DVBl 1994, 1153 = NUR 1995, 80 in Abwägung zur anderen Rechtslage im Luft-VG nach BVerwG, NVwZ 1988, 731; ferner OVG NRW, ZfB 1990, 40 und ZfB 1995, 318; VG Weimar, ZfB 1994, 57; VG Köln, ZfB 1998, 228; a. A. OVG NRW, ZfB 1982, 240).

71   Hinzukommen muss zur Verletzung des Beteiligungsrechts folglich eine materielle Rechtsposition. Bei Gemeinden kann diese das Recht auf kommunale Selbstverwaltung i. S. von Artikel 28 Absatz 2 GG in Form der **Planungshoheit** sein. Unabhängig vom Recht der Beteiligung der Gemeinden im Betriebsplanverfahren ist nämlich die Frage zu beantworten, ob die Gemeinde in ihrem Recht auf Selbstverwaltung, zu dem auch die Planungshoheit gehört, verletzt ist und damit eine Anfechtungsklage gegen die Zulassung des Betriebsplans Erfolg haben kann. Eine Beeinträchtigung der Planungshoheit kann vorliegen, wenn ein Vorhaben eine hinreichend bestimmte Planung nachhaltig stört, wesentliche Teile des Gemeindegebietes einer durchsetzbaren Planung entzieht, oder wenn kommunale Einrichtungen durch das Vorhaben erheblich beeinträchtigt werden (st. Rspr. BVerwG, NVwZ 1984, 584; UPR 1989, 306 m. w. N.; ZfB 1994, 215 = UPR 1994, 451; ZfB 1998, 328; NVwZ 1997, 904; OVG NRW, ZfB 1995, 312; OVG Brandenburg, ZfB 1995, 201; OVG Bautzen, ZfB 1997, 325 m. w. N.; OVG Bautzen, ZfB 1998, 211; VG Chemnitz, ZfB 1996, 155; VG Saarland ZfB 2000, 176). Dabei ist die Rechtsprechung von dem Grundsatz ausgegangen, dass bei der Auslegung von Normen unter dem Blickwinkel des Drittschutzes die besonderen Sachgesetzlichkeiten des standortgebundenen Bergbaus durch eine nur zurückhaltende Zuerkennung von Abwehrrechten Dritter zu berücksichtigen sind (BVerwG, NWVBl 1995, 96 = ZfB 1994, 215; BVerwG, NWVBl 1989, 1157 = ZfB 1989, 199; VG Gelsenkirchen, ZfB 1996, 170).

72   Ein Eingriff in die Planungshoheit ist nachhaltig, wenn er unmittelbare Auswirkungen gewichtiger Art auf die Planung hat (BVerwG, NVwZ 1984, 584; VG Weimar, ZfB 1994, 60; VG Gelsenkirchen, ZfB 1993, 299). Der Eingriff muss unverhältnismäßig sein. Gemeinden mit Bodenschätzen im Gemeindegebiet unterliegen unter ihrer geografischen und geologischen Lage her einer gewissen Situationsgebundenheit (VerfGH NRW, DVBl 1997, 1111 = ZfB 1997, 300 betrifft Braunkohlenplan; VG Saarland, ZfB 2000, 177 betrifft Betriebsplan; BVerwG, NUR 2002, 340; OVG NRW, ZfB 1990, 42 = DVBl 1989, 1016; OVG NRW, ZfB 2003, 280; ZfB 2006, 32 = NUR 2006, 320; s. auch § 56 Rn 24 ff.). Ein Eingriff in die Planungshoheit ist daher nicht nachhaltig, wenn ein Braunkohlenplan oder ein Rahmenbetriebsplan die vorgefundene Situation einer abbauwürdigen Lagerstätte konkretisiert.

73   Die Rechtsprechung hat außer dem Prinzip der Situationsgebundenheit noch weitere Grundsätze entwickelt, anhand deren die Grenzen der Planungshoheit gezogen werden. Sie hat klar gestellt, dass die Planungshoheit einer Gemeinde nur soweit reicht, wie einzelne Bereiche nicht sondergesetzlich geregelt und besonderen Behörden zur Wahrnehmung zugewiesen sind (VG Gelsenkirchen, ZfB 1992, 148; OVG NRW, ZfB 1990, 41).

74   Sie hat ferner darauf hingewirkt, dass die Gemeinde nicht schon jede – letztlich nicht vermeidbare – faktische Rückwirkung des Bergbaus auf ihre Vorstellungen über die künftige Entwicklung des Gemeindegebietes als Beeinträchtigung ihrer Planungshoheit abwehren kann. Denn dann käme den Gemeinden ein vom Gesetzgeber in dieser Form erkennbar nicht gewolltes Vetorecht gegen Bergbau unterhalb und innerhalb ihres Gemeindegebietes zu (OVG NRW, ZfB 1990, 42). Halten sich die Einwirkungen des Bergbaus im Rahmen des Üblichen, muss die Gemeinde die künftige Entwicklung ihres Gebietes dem umgehenden Bergbau anpassen (OVG NRW aaO). Im obligatorischen Rahmenbetriebsplan müssen bergsenkungsbedingte Einwirkungen auf öffentliche Einrichtungen, Kanalisation nicht abschließend entschieden werden. Hierfür ist ohnehin der Sonderbetriebsplan mit detaillierten Abbauplanungen vorgesehen.

Schließlich hat die Rechtsprechung den Grundsatz festgeschrieben, dass der **75** Schutz des Planungsrechts der Gemeinden im Betriebsplanverfahren nicht weiter geht als der Schutz der gemeindlichen Planungshoheit allgemein (OVG NRW, ZfB 1995, 312; BVerwG, ZfB 1994, 217; VG Köln, ZfB 2000, 333).

Aus diesen Grundsätzen hat sich trotz der ungeheuer vielfältigen **Fallgestaltun- 76 gen** eine erstaunlich einheitliche Rechtsprechung entwickelt mit folgenden Aussagen:

Keine Verletzung der Planungshoheit liegt vor, wenn sich die Gemeinde auf **77 Belange des Wasserhaushaltes** beruft (VG Gelsenkirchen, ZfB 1990, 54; OVG NRW, 1990, 41; VG Gelsenkirchen, ZfB 1992, 148; ZfB 1993, 298; VG Chemnitz, ZfB 1995, 42, ZfB 1995, 102; VG Koblenz, ZfB 2004, 81; OVG Koblenz, NUR 2000, 520) oder darauf, dass Grundwasser durch den Abbau beeinflusst wird (VG Köln, ZfB 2000, 334) oder die Gemeinde im Betriebsplanverfahren beansprucht, dass das Bergbauunternehmen die Mehrkosten der Gewässerunterhaltung zu übernehmen hat oder die durch die Entstehung eines Gewässers entstehenden Unterhaltungskosten (VG Gelsenkirchen, ZfB 1993, 293), ebenso kein Anspruch der Gemeinde auf Neufassung von Nebenbestimmungen des Rahmenbetriebsplans wegen Übergang der Unterhaltungslast auf die Gemeinde (VG Gelsenkirchen aaO), oder wenn die Betriebsplanzulassung keine wasserrechtliche Regelung über die Beeinträchtigung einer Wassergewinnungsanlage enthält, sondern in sofern auf ein Wasserrechtsverfahren verweist (OVG Koblenz, ZfB 1997, 43; VG Koblenz, ZfB 1997, 50), oder wenn die Gemeinde im Rahmenbetriebsplanverfahren die Überwachung und Sicherstellung einer ordnungsgemäßen Abwasserbeseitigung durch das Bergbauunternehmen einfordert (VG Sigmaringen, ZfB 1986, 257, anders u. U. im Hauptbetriebsplanverfahren, wenn er die Zulassung des Abbaus betrifft und die Gemeinde abwasserbeseitigungspflichtig ist). Keine Verletzungen der Planungshoheit, wenn Hochwasserschutz (Deichsicherheit) im Rahmenbetriebsplan nicht geregelt wird, sondern auf das Planfeststellungsverfahren gemäß § 68 Absatz 1 WHG verwiesen wird. Diese Verfahrenstrennung beruht auf § 57 b Absatz 3 Satz 3 (OVG NRW, NUR 2006, 320 ff. = ZfB 2006, 32, 57 – „Walsumer Verständigung", BVerwG ZfB 2006, 313), ebenso nicht, wenn Polderflächen und Überflutungsflächen in Folge von Bergsenkungen vergrößert oder Hochwasserschutzanlagen errichtet oder vergrößert werden müssen (OVG NRW aaO). Ebensowenig betrifft ein Sonderbetriebsplan *„Abbaueinwirkungen auf das Oberflächeneigentum"* die Planungshoheit, weil er nicht die Hochwassergefahr zum Gegenstand hat, sondern diese allein im Sonderbetriebsplan *„Abbau unter dem Rhein"* behandelt wird (OVG NRW, ZfB 2004, 28). Zum fehlenden Einfluss eines Hauptbetriebsplans auf den Bestand von Wassergewinnungsanlagen einer Gemeinde OVG Koblenz, ZfB 1994, 143, zur Klage einer Gemeinde gegen die Planfeststellung einer Sondermülldeponie im Tonabbaugelände, wenn gemeindeeigene Brunnen und ein Freischwimmbad im Kiessee gefährdet sind (Hess. VGH, ZfB 1987, 349). Eine Gemeinde kann nicht den Schutz eines Trinkwasserreservoirs geltend machen, wenn ein Bezug zur eigenen Wasserversorgung nicht besteht (Bayr. VGH, ZfW 2006, 234), oder wenn sie die Aufgabe auf einen Wasser- und Abwasserzweckverband übertragen hat (OVG Weimar, ZfB 2003, 74).

78 Die Gemeinde kann unter Berufung auf die Planungshoheit auch nicht Gesichts-
punkte des **Immissionsschutzes** geltend machen (VG Sigmaringen, ZfB 1986,
253; VG Koblenz, ZfB 1991, 208, ZfB 2004, 81; VG Saarland, ZfB 2000, 177;
VG Cottbus, ZfB 2003, 123 BVerwG, GewArch. 1997, 301; OVG Bautzen, ZfB
1997, 322). Die Gemeinde ist in ihrer Planungshoheit nicht verletzt, wenn sie
Belästigungen von Anwohnern durch Abbau von Bodenschätzen geltend macht
(VG Koblenz, ZfB 2004, 83; OVG Bautzen, ZfB 1997, 322; VG Gelsenkirchen,
ZfB 1985, 91) oder sich gegen den LKW-Verkehr durch den Ort wendet (VG
Freiburg, ZfB 1985, 351) oder gegen höheres Verkehrsaufkommen durch
Quarz- oder Kiesabbau (VG Köln, ZfB 2000, 334, ZfB 1998, 222, 226 f., VG
Cottbus, ZfB 2003, 117; VG Ansbach, ZfB 2007, 291; VG Greifswald, ZfB
2007, 35: Der Transport auf öffentlichen Straßen ist nicht Gegenstand des
Hauptbetriebsplans) oder eine bestimmte Fahrtroute auf öffentlichen Straßen
für Bergetransporte im Betriebsplan festgelegt wissen will (VG Gelsenkirchen,
ZfB 1985, 90) oder bestimmte zeitliche Beschränkungen der Betriebszeit und der
Verladetätigkeit im Rahmenbetriebsplan verlangt (VG Kassel, ZfB 2004, 80 –
Basalttagebau). Anders dagegen, wenn bei einem Abbauvorhaben im Außen-
bereich, über dessen Zulässigkeit die Bergbehörde gemäß § 48 Absatz 2 mit-
zuentscheiden hat, die ausreichende Erschließung nicht gesichert ist (VG Köln,
ZfB 1998, 226 unter Berufung auf BVerwG, NVwZ 1985, 566 und OVG NRW,
ZfB 1985, 315). Hiergegen VG Ansbach, ZfB 2007, 291 und Bayr. VGH, UPR
2007, 159; VG Regensburg, ZfB 2010, 279: Eine Gemeinde kann sich gegenüber der Zulassung eines Hauptbetriebsplans nicht darauf berufen, dass die
Erschließung nicht gesichert ist.

79 Die Gemeinde kann nicht unter dem Titel Planungshoheit **Belange des Land-
schafts- und Naturschutzes** mit Erfolg in das Betriebsplanverfahren einbringen.
Die Wahrnehmung dieser Belange obliegt ebenfalls eigenen Behörden (OVG
NRW, NUR 1991, 88 = ZfB 1990, 39, ZfB 1995, 322; VG Gelsenkirchen, ZfB
1992, 148, ZfB 1993, 298; VG Chemnitz, ZfB 1995, 42 und ZfB 1995, 102;
OVG Weimar, ZfB 1997, 164; OVG Bautzen, ZfB 1998, 212; VG Kassel, ZfB
2004, 76; VG Greifswald, ZfB 2005, 241). Die Planungshoheit ist daher nicht
verletzt, wenn die Gemeinde negative Auswirkungen auf ein Landschaftsschutzgebiet befürchtet (VG Köln, ZfB 2000, 324) oder wenn sie meint, eine naturschutzrechtliche Befreiung sei erforderlich (VG Freiburg, ZfB 1985, 347), oder
vorträgt, das Abbaugebiet nehme als Waldfläche vielfache Schutz- und Erholungsfunktion wahr (VG Kassel aaO), oder die Erteilung einer Bewilligung
beanstandet wegen Verstoßes gegen Landschafts- und Naturschutz (VG Greifswald aaO). Keine Verletzung eigener Rechte, wenn die Gemeinde geltend macht,
eine aus ihrer Sicht vorzugswürdige Ausgleichsmaßnahme sei nicht planfestgestellt worden (VG Karlsruhe, NUR 2010, 74), ebenso nicht, wenn die
Gemeinde sich darauf beruft, eine Planrechtfertigung des Vorhabens sei nicht
gegeben (BVerwG, NVwZ 2007, 833), ein Raumordnungsverfahren sei nicht
durchgeführt worden (BVerwG, NVwZ 2007, 445); das Vorhaben sei mit dem
FFH-Recht nicht vereinbar (VG Neustadt, NUR 2008, 277, 279; OVG NRW,
ZfB 2005, 310); oder mit dem Artenschutz (OVG Koblenz, UPR 2009, 316)
nicht vereinbar (VG Neustadt aaO). Keine Verletzung eigener Rechte, wenn die Verkehrssicherheit einer Bundesstraße sei nicht gewährleistet (VG Neustadt aaO mit Hinweis auf BVerwG, NVwZ-RR 1999, 554). Zur
Anfechtung von Planfeststellungsbeschlüssen durch Gemeinden nach in Kraft-
treten des URG: Ogorek, NVwZ 2010, 401 ff.

80 Eine Verletzung von eigenen Rechten der Gemeinde scheidet aus, soweit sie sich
auf Verstöße gegen das **Abfallrecht** beruft (VG Saarland, ZfB 2000, 177), oder
Belange des Bodenschutzes anspricht (OVG Koblenz, NUR 2000, 520). Das
Gleiche gilt, wenn die Gemeinde **Belange der Forstwirtschaft** vorbringt (VG
Chemnitz, ZfB 1995, 42 und ZfB 1995, 102; VG Gelsenkirchen, ZfB 1990, 56,
und 1992, 148 und ZfB 1993, 298) oder eine Gefährdung für Spaziergänger

und Wanderwege im Abbaugebiet sieht (VG Koblenz, ZfB 1997, 50), oder den Schutz eines Interessentenweges gegen Transport von Kies und Sand verlangt oder Nebenbestimmungen über die Wiederherstellung des Interessentenweges fordert (VG Gelsenkirchen, ZfB 1995, 103) oder Gesichtspunkte zum **Schutz der Landwirtschaft** vorträgt (VG Gelsenkirchen aaO, OVG Koblenz, NUR 2000, 520). Auch wenn die Gemeinde **denkmalschutzrechtliche Belange** geltend macht, ist ihre Planungshoheit nicht verletzt. Selbst wenn die Gemeinde für den Vollzug des Denkmalschutzgesetzes zuständig ist, hat die Gemeinde in sofern keine eigenen Rechte, sondern nur die einer Sonderordnungsbehörde (VG Gelsenkirchen, ZfB 1992, 148 und ZfB 1990, 56).

Die gemeindliche Planungshoheit ist nicht betroffen, wenn die Gemeinde sich **81** auf den **Erholungswert der Landschaft** oder auf eine **Beeinträchtigung des Landschaftsbildes** beruft (VG Sigmaringen, ZfB 1986, 257; OVG Weimar, Beschluss v. 26.2.1997 – 2EO624/96 betrifft Hauptbetriebsplan Basaltabbau) oder die **Gefährdung ihres Status als Kur- und Heilbad** befürchtet (VG Kassel ZfB 2004, 180). Keinen Drittschutz haben nach der st. Rspr. (grundlegend BVerwG, NUR 1996, 466, 478, 480) die Vorschriften über die Durchführung einer **UVP-Prüfung** (BVerwG, NVwZ 1996, 288 und 2003, 209; ZfB 2006, 307, 310; OVG NRW, ZfB 2004, 222; ZfB 2006, 50 = NUR 2006, 320 m. w. N. – ausdrücklich gegen OVG Koblenz, NUR 2005, 474 betreffend Immissions- schutzvorschriften und Windenergieanlagen –; Sächs. OVG, ZfB 1997, 322; VG Saarland, ZfB 1994, 48; VG Aachen, ZfB 2001, 310) oder eine ausreichende Prüfungstiefe. Die UVP-Prüfung dient, ähnlich wie § 73 Absatz 2 VwVfG und § 54 Absatz 2 Satz 1 der Beschaffung von Informationen über das Projekt und seine Auswirkungen auf die Umwelt. Sie ist unselbstständiger Teil des obligatorischen Rahmenbetriebsplanverfahrens (hierzu VerfGH NRW, ZfB 1997, 300 = DVBl 1997, 1107, VG Köln, ZfB 2000, 334). Dies gilt auch noch nach Aufnahme des Artikel 10 a in die RL 85/337/EWG durch die Änderungs- RL 2003/35/EG v. 26.5.2003 (Abl L156/17). Denn die Änderungs-RL hat mangels hinreichender Bestimmtheit keine unmittelbare Geldung (OVG NRW, ZfB 2006, 50). Zu Umfang und Grenzen der Einklagbarkeit von UVP-Fehlern nach dem Umwelt-Rechtsbehelfsgesetz s. Spieht und Appel in NUR 2009, 312 ff.; ferner auch Anhang § 56 Rn 410.

Zusammenfassend ist festzustellen, dass sich eine Gemeinde nicht zum gesamt- **82** verantwortlichen *„Wächter des Umweltschutzes"* erklären kann (BVerwG, DVBl 2003, 213; NUR 2006, 664, NVwZ 1997, 169 = BVerwGE 100, 395; Bayr. VGH, ZfW 2006, 234). Sie kann auch nicht unter Berufung auf Arti- kel 20 a GG Maßnahmen des Umweltschutzes losgelöst von ihrem Kompetenz- bereich an sich ziehen (BVerwG, NUR 2006, 645).

Wenn **raumordnerische Gesichtspunkte** geltend gemacht werden, ist die Pla- **83** nungshoheit der Gemeinde nicht betroffen (VG Kassel, ZfB 2004, 79), ebenso wenig, wenn die Gemeinde sich darauf beruft, dass ein Raumordnungsverfahren durchgeführt werden müsse (VG Chemnitz, ZfB 1996, 155). Zum Verhältnis von Raumordnungsrecht und Bergbau s. Anh. § 56 Rn 411 ff.

Eine **Berufung auf einen Flächennutzungsplan** führt nicht zwangsläufig dazu, **84** dass die gemeindliche Planungshoheit betroffen ist. Zunächst ist zu prüfen, ob die Gemeinde für die Flächennutzungsplanung zuständig ist (betrifft Orts- gemeinde und Verbandsgemeinde, OVG Koblenz v. 6.9.2000 – 7C10.154/99 und VG Koblenz, ZfB 2004, 83 m. w. N.), bejahend für vereinbarte Verwal- tungsgemeinschaften VG Freiburg, ZfB 1990, 321. Eine Gemeinde kann sich nicht ohne eigene Betroffenheit zum Sachverwalter der Rechte benachbarter Gemeinden machen (OVG NRW, ZfB 2003, 276), z. B. wenn ein Abbauvor- haben über die Gemeindegrenzen hinaus geht.

85 Danach ist zu prüfen, ob der Flächennutzungsplan formelle und materielle Mängel hat. Wenn ein Flächennutzungsplan im Außenbereich nicht genehmigt wurde (VG Chemnitz, ZfB 1996, 155) oder die Gemeinde sich auf einen Flächennutzungsplan beruft, der die Abbaufläche als landwirtschaftliche Fläche ausweist (VG Sigmaringen, ZfB 1986, 258) oder andere außenbereichstypische Darstellungen wie Fläche für die Forstwirtschaft oder Landwirtschaft enthält (VG Chemnitz, ZfB 1995, 42; VG Freiburg, ZfB 1985, 350; VG Gelsenkirchen, ZfB 1993, 299), ist ihre Planungshoheit nicht verletzt. Das Gleiche gilt, wenn die Gemeinde zwar Abgrabungsbereiche im Flächennutzungsplan ausweist und i. S. einer hinreichend konkreten Negativaussage Abgrabungen an anderer, als der geplanten Stelle ausschließt, dies aber in den Erläuterungen zum Flächennutzungsplan durch zeitliche Begrenzungen wieder aufweicht (OVG NRW, ZfB 1995, 315 f.). Siehe hierzu ferner VGH München, ZfB 2013, 150, 156: Keine Verletzung der Planungshoheit, wenn auf einer „Fläche für Landwirtschaft" ein Bohrplatz zum Abteufen von Bohrungen zur Aufsuchung von Erdwärme hergerichtet werden soll.

86 Ganz allgemein wurde dem Flächennutzungsplan wegen seiner langfristigen und grobflächigen Darstellung im Rahmenbetriebsplanverfahren, das als Vorstufe zum Hauptbetriebsplan ebenfalls nur allgemein gehaltene Angaben enthält, nicht die Wehrhaftigkeit der Planungshoheit hinsichtlich der Wiedernutzbarmachung von Bergbauflächen zugesprochen (VG Gelsenkirchen, ZfB 1985, 106, ZfB 1990, 56 und NWVBl 1989, 69; VG Chemnitz, ZfB 1996, 155). Anders, wenn im Flächennutzungsplan durch eine hinreichend konkrete Planung Abgrabungskonzentrationszonen (BVerwG, NVwZ 1988, 54 = ZfB 1988, 88) geschaffen wurden, die Abgrabungen an anderer Stelle ausschließen (OVG NRW, ZfB 1995, 312).

87 Sind die Vorstellungen der Gemeinde nicht über den Entwurf eines Flächennutzungsplans im Außenbereich hinausgereift, sind sie noch nicht hinreichend konkret und verplanen den Standort noch nicht anderweitig (OVG Koblenz, ZfB 1991, 204). Bloße Planungsabsichten können noch weniger als ein nicht geltender Flächennutzungsplan dem standortgebundenen Abbau bergfreier Bodenschätze entgegen gehalten werden (VG Chemnitz, ZfB 1995, 102, ZfB 1994, 215; BVerwG, NJW 1980, 1537). Keine Verletzung der Planungshoheit, sofern keine hinreichend konkrete Planung vorliegt (BVerwG, NVwZ 1988, 226; VG Gelsenkirchen, ZfB 1994, 294), bloße Planungsabsichten bestehen (VG Freiburg, ZfB 1990, 323; OVG Koblenz, ZfB 1991, 205; VG Köln, ZfB 2000, 334; OVG Weimar, ZfB 1997, 164 ff. = NVwZ-RR 1997, 559 = NUR 1997, 516) oder das Interesse, sich Planungsmöglichkeiten offen zu halten (VG Chemnitz, ZfB 1995, 102; BVerwG, NVwZ 1997, 904 f.; VG Aachen, ZfB 2001, 307). Die Absicht, den Status eines heilklimatischen Kurortes zu erreichen, genügt nicht (VG Chemnitz, ZfB 1995, 43). Keine Verletzung der Planungshoheit, wenn im Außenbereich öffentliche Belange von der Gemeinde geltend gemacht werden, die keine entgegenstehenden öffentliche Belange i. S. gemeindlicher Planungen sind (VG Freiburg, ZfB 1990, 322). Einzelheiten zum Flächennutzungsplan s. Anh. § 56 Rn 505 ff.

88 Die Gemeinden können sich nicht darauf berufen, die **Sicherheitsleistung** für Rekultivierungsarbeiten sei zu gering bemessen (VG Gelsenkirchen, ZfB 1985, 103), die Rekultivierungsplanung sei unrealistisch (VG Freiburg, ZfB 1985, 341), es bestehe kein öffentliches Interesse an der Steinkohlenförderung (OVG NRW, ZfB 1990, 41, 36; ZfB 2006, 245), z. B. weil die Steinkohlenförderung subventioniert werde. Gemeinden können sich nicht darauf berufen, es hätte statt des fakultativen ein obligatorischer Rahmenbetriebsplan i. S. von § 52 Absatz 2 a, 57 a durchgeführt werden müssen. Der **Verzicht** auf ein Planfeststellungsverfahren verletzt Dritte nicht in ihren Rechten, wenn durch das förmliche Verfahren nicht auch materielle Rechtspositionen gestützt werden (VG Chemnitz, ZfB 1996, 154; Boldt/Weller, Ergänz. Bd., § 57 a Rn 87 m. w. N.).

Keine Verletzung der Planungshoheit, wenn der Rahmenbetriebsplan eine Wie- **89** dernutzbarmachung der Grundstücke vorsieht, die einem Flächennutzungsplan widerspricht (VG Gelsenkirchen, ZfB 1985, 106) oder wenn die Gemeinde Maßnahmen zur Wiedernutzbarmachung schon während des Abbaus verlangt (VG Saarland, ZfB 2003, 136), oder Einfluss auf die Endgestaltung einer Bergehalde geltend macht (OVG Saarland, ZfB 2007, 136; VG Saarland, ZfB 2007, 177).

Die planerischen Ziele einer Gemeinde werden nicht nachhaltig beeinträchtigt, **90** wenn dafür Sorge getragen werden kann, dass sich die Abgrabungsflächen nach dem Abbau sinnvoll in das vorgesehene Nutzungskonzept einfügen (OVG NRW, ZfB 1995, 308). Das Interesse einer Gemeinde, ein Abgrabungsgelände als Badesee zu nutzen, schafft keine schutzwürdige Planungsgrundlage gegen die Zulassung eines Betriebsplans, der die Verfüllung der Restlöcher vorsieht (VG Gelsenkirchen, ZfB 1996, 170), ebenso wenig Befürchtungen, der Fremdenverkehr und die Kurortsfunktion werde beeinträchtigt (VG Karlsruhe, ZfB 1990, 339).

Drittschutz aus Bergrecht kann die Gemeinde weder aus § 55 Absatz 1 Nr. 3, **91** Absatz 1 Nr. 5, noch aus § 55 Absatz 1 Nr. 9 ableiten. Die Gemeinde ist nicht Sachverwalterin der Allgemeinheit oder einzelner Personen, auch wenn Gesundheitsgefahren oder Sachgüterbeschädigungen befürchtet werden (OVG NRW, NUR 2006, 323 = ZfB 2006, 32; VG Gelsenkirchen, ZfB 1990, 56; VG Cottbus, ZfB 2003, 123, allgemein hierzu VGH München, NVwZ 1986, 680; OVG Koblenz, NVwZ 1987 m. w. N.). Sie ist nicht dazu berufen, private Interessen von Grundstückseigentümern in ihrem Gebiet im Betriebsplanverfahren durchzusetzen (OVG NRW, ZfB 1990, 39; VG Gelsenkirchen, ZfB 1992, 149), selbst wenn diese Schäden die Schwelle zum Gemeinschaden überschreitet (BVerwGE 81, 345 = ZfB 1989, 199; OVG Saarland, ZfB 2001, 289; OVG NRW, ZfB 2006, 52; VG Saarland, ZfB 2003, 136 betrifft Totalverlust mehrerer Häuser, Störung der Friedhofsruhe, Behinderung der Gemeindeentwicklung). Diese Entscheidung über das Vorliegen von Gemeinschäden trifft die Bergbehörde im öffentlichen Interesse in eigener Verantwortung. Auch nicht, wenn sie erhöhte Lärm- und Luftbelastung für eine an den Abbaubereich angrenzende Wohnbebauung befürchtet (VG Köln, ZfB 2000, 334) oder meint, die Auswirkung des Bergbaus auf ein Wohngebiet müsste durch die Auflage eines markscheiderischen Gutachtens im Rahmenbetriebsplanverfahren noch geprüft werden (VG Gelsenkirchen, ZfB 1993, 292). Die Gemeinde kann nicht den Schutz der Oberfläche im Interesse der Sicherheit des öffentlichen Verkehrs i. S. von § 55 Absatz 1 Nr. 5 reklamieren, abgesehen davon, ob der öffentliche Verkehr beeinträchtigt werden kann, solange er sich im Rahmen der Widmung der straßen- und verkehrsrechtlichen Vorschriften hält (VG Freiburg, ZfB 1990, 338, hierzu auch VG Gelsenkirchen, ZfB 1985, 88; VG Köln, ZfB 2000, 334; VG Kassel, ZfB 2004, 79; VG Leipzig, ZfB 1998, 59; VG Cottbus, ZfB 2003, 123).

Eine Beeinträchtigung der Planungshoheit liegt ebenfalls nicht vor, wenn durch **92** Abschlussbetriebsplan die ordnungsgemäße Weiterverwendung der Betriebsanlagen vorgesehen ist, die Gemeinde jedoch einen Beschluss zur Aufstellung eines Bebauungsplans zur förmlichen Ausweisung eines Gewerbegebietes gefasst hat (VG Saarland, ZfB 1993, 305) oder die Gemeinde fordert, dass die Auswirkungen des Abbaus auf eine Eisenbahnbrücke einschließlich der Kostenregelung im Rahmenbetriebsplanverfahren geprüft und geregelt werden (VG Gelsenkirchen, ZfB 1993, 292).

93 Die allgemeinen Auswirkungen eines Vorhabens auf die gemeindliche Wirtschafts- und Sozialstruktur, etwa die Blockierung von Ansiedlungen, Abwanderung von Betrieben, kann die Gemeinde ebenfalls nicht als eigene Rechtsbeeinträchtigung geltend machen (VG Saarland, ZfB 2003, 136, 147).

94 Die **Gemeinde kann rechtlich betroffen** sein im Abschlussbetriebsplan oder in Sonderbetriebsplänen, wenn von ihr geforderte Rekultivierungsauflagen oder ein Rekultivierungsplan nicht aufgenommen wurde, anders jedoch im Rahmenbetriebsplanverfahren (VG Gelsenkirchen, ZfB 1985, 106 ff.), ebenso von einem den Abbau von Lavasand zulassenden Hauptbetriebsplan, wenn der Abbau gemeindeeigene Wassergewinnungsanlagen beeinträchtigt (OVG Koblenz, ZfB 1997, 43 mit Hinweis auf BVerwGE 41, 178; 51, 6; 52, 226 f.), bei Einschränkungen von einigem Gewicht bei der Nutzung von gemeindeeigenen Grundstücken in Folge Lavasandabbau (OVG Koblenz aaO, 44) oder wenn sie geltend macht, eine betriebsplanpflichtige Sondermülldeponie im Tonabbaugelände gefährde gemeindeeigene Einrichtungen wie Brunnen für die Trinkwasserversorgung, Kiessee als Freischwimmbad oder Campingplatz (VGH Kassel, ZfB 1987, 349), oder wenn ein Friedhof erheblich beeinträchtigt wird (VG Cottbus, ZfB 2003, 121 f.).

95 Unbeeinflusst von der Frage, ob kommunales Eigentum und der Eigentumsschutz des Artikel 14 GG zur Beteiligung der Gemeinde am Betriebsplanverfahren berechtigt (hierzu Rn 66 f.), stellt sich die Frage, ob sich aus dem kommunalen **Eigentum Rechtschutzgrundlagen** ergeben.

96 Ausgangspunkt für eine Beantwortung ist, dass einer Gemeinde weder innerhalb noch außerhalb des Bereichs der Wahrnehmung öffentlicher Aufgaben das Eigentumsgrundrecht aus Artikel 14 Absatz 1 Satz 1 GG zusteht (BVerfG, NJW 1982, 2175, NVwZ 2002, 1366; BVerwGE 97, 151 = UPR 1995, 192). Als Anknüpfungspunkt für eine subjektiv-rechtliche Betroffenheit der Gemeinde kommt die Eigentumsgarantie des Artikel 14 Absatz 1 Satz 1 GG daher für sich allein nicht in Betracht (OVG Saarland, ZfB 2000, 173; ZfB 1994, 47; ZfB 2003, 147; OVG NRW, NUR 1991, 88; ZfB 2003, 283). Das gilt sowohl für bebaute als auch für unbebaute Grundstücke und unabhängig davon, ob sie im Einwirkungsbereich des zugelassenen Abbaus i. S. der Einwirkungsbereichs-VO liegen oder nicht. Die sog. Moers-Kappellen-Rechtsprechung und ihre praktische Umsetzung im Verwaltungsverfahren gilt insofern für juristische Personen des öffentlichen Rechts, auch für Gemeinden, nicht (Hinweise des Länderausschusses Bergbau zur Umsetzung des Moers-Kappellen-Urteils, Stand 23.10.1992, Ziff. II. 4 = ZfB 1995, 348). Innerhalb der eigens zum Schutz der Grundeigentümer entwickelten Sonderbetriebsplanverfahren *„Abbaueinwirkung auf das Oberflächeneigentum"* und *„Anhörung der Oberflächeneigentümer"* hat daher das Eigentum der Gemeinden keinen Platz (OVG NRW, ZfB 2003, 283; Niederstädt, NVwZ 2004, 1086). Das gilt nach der – umstrittenen (Kühne, JZ 1990, 335) – Rechtsprechung des BVerfG auch für gemischt wirtschaftliche Unternehmen (Stadtwerke GmbH) mit mehrheitlich öffentlicher Beteiligung (BVerfG, NJW 1990, 1783 = JZ 1990, 335; Kühne, NVwZ 2005, 60 m. w. N., a. A. Niederstedt, NVwZ 2004, 1086 eine Gemeinde kann sich damit nicht darauf berufen, dass in einem Sonderbetriebsplan *„Abbaueinwirkungen"* keine konkreten Schutzvorkehrungen zu Gunsten ihrer gemeindlichen Einrichtungen (Kanalisation, Dorfgemeinschaftshaus) aufgenommen wurden (OVG NRW aaO).

97 Allerdings hat die Rspr. kommunalen Gebietskörperschaften zugesprochen, dass sie sich im Rahmen ihres Selbstverwaltungsrechts neben der Planungshoheit auch auf ihr Eigentum berufen können (OVG NRW, ZfB 2006, 169; BVerwG 97, 151 = NVwZ 1995, 598; NVwZ 2006, 1059; VG Saarland, ZfB 2000, 174;

Vallendar UPR 2003, 41 f. m. w. N.). Inhaltlich vermittelt die gemeindliche Selbstverwaltungsbefugnis in diesen Fällen allerdings nur ein Abwehrrecht gegenüber erheblichen Schäden an gemeindlichen Einrichtungen. Dabei kommt es nicht darauf an, ob durch das Abbauvorhaben in die bauliche Anlage von Einrichtungen selbst eingegriffen wird oder ob diese nur in ihrer Funktionsfähigkeit zerstört oder erheblich beeinträchtigt werden. Dabei gilt – wie bei Schäden an Eigentum Privater – dass die Wahrscheinlichkeit unverhältnismäßiger und schwerwiegender Oberflächenschäden (BVerwG, DVBl 1989, 663 ff. = ZfB 1989, 199 ff.) festgestellt werden muss (OVG NRW, ZfB 2006, 169; OVG NRW, ZfB 2006, 56; VG Gelsenkirchen, ZfB 1992, 148: *„In schlechthin unerträglichem Ausmaß in ihrem Selbstverwaltungsrecht beeinträchtigt"*). Bei kleinen oder mittleren Bergschäden verbleibt es in sofern beim Vorrang des Bergrechts, dass die Gemeinde auf den späteren Ersatz von Bergschäden über §§ 110 ff., 114 ff. verweist. Die Verletzung des Selbstverwaltungsrechts in Verbindung mit dem Eigentum setzt die erhebliche Wahrscheinlichkeit voraus, dass an den kommunalen Einrichtungen senkungsbedingt Schäden entstehen, die das typische Maß überschreiten, deren Funktionsfähigkeit erheblich einschränken und in der Summe an der Schwelle zum Gemeinschaden liegen (OVG NRW, ZfB 2006, 56; ZfB 2006, 169). Zu den kommunalen Einrichtungen können gehören: Das kommunale Straßennetz, Ver- und Entsorgungsnetze (Gasleitungsnetz incl. Übernahmestationen, Wasserleitungsnetz, Kanalnetz, Stromversorgung incl. Umspannwerk), Kompostierungs- und Notwasserversorgungsanlagen, Schule, Friedhof, Feuerwehrgerätehaus. Sofern die Gefahren mit Hilfe von Sicherungs- und Kontrollmaßnahmen beherrschbar sind und entsprechende Nebenbestimmungen in die Zulassung aufgenommen wurden, kommt eine Verletzung des Selbstverwaltungsrechts nicht in Betracht (VG Saarland, ZfB 2003, 148).

Im Rahmen der **Verhältnismäßigkeitsprüfung** ist zu bedenken, dass das Gewicht **98** des Eigentums der Kommune je nach Anbindung an die kommunalen Aufgaben sehr unterschiedlich sein kann. Fehlt dem Eigentum jeder Bezug zu kommunalen Aufgaben, ist es von geringerem Gewicht (BVerwG, NVwZ 1995, 601). Je nach Sachlage ist kommunales Eigentum für Maßnahmen des Fachplanungsrechts eher heranzuziehen als Privateigentum (BVerwG, NVwZ 2006, 1059 m. w. N.). Andererseits kann es zur Erfüllung kommunaler Aufgaben unerlässlich sein (Rathaus, Ver- und Entsorgungsanlagen). Immer ist auch die Situationsgebundenheit von Lagerstätte und Abbau einzubeziehen in die Beurteilung der Verhältnismäßigkeit (OVG NRW, ZfB 1990, 42; VG Gelsenkirchen, ZfB 1992, 149; VerfGH NRW, ZfB 1997, 309 f. unter Hinweis auf BVerfGE 76, 123; VG Aachen, ZfB 2001, 314). Allgemein hierzu Bartlsberger, DVBl 2003, 1473 ff.

Ein **Kreis** kann sich nicht auf die Rechte kreisangehöriger Gemeinden berufen, **99** da es sich nicht um seine eigenen Rechte handelt. Er kann sich aber auf das durch Artikel 28 GG geschützte Recht auf Selbstverwaltung berufen, das auch die Landschaftsplanung umfasst (VerfGH NRW, ZfB 1997, 304 = DVBl 1997, 1108; OVG NRW, ZfB 2001, 206 und NUR 1999, 707). Die Kreise haben Planungshoheit insofern, als sie im Rahmen ihrer Landschaftsplanung, d. h. durch Landschaftspläne als Satzungen gemäß § 16 Absatz 2 LG NRW, die künftige Entwicklung des baulichen Außenbereichs im Kreisgebiet steuern und gestalten können (VG Aachen, ZfB 2003, 86). Allerdings wird durch die Zulassung eines fakultativen Rahmenbetriebsplans der Kernbereich des Selbstverwaltungsrechts des Kreises nicht verletzt (OVG NRW, ZfB 1998, 155 m. w. N.; VG Aachen, ZfB 2003, 87). Ein fakultativer Rahmenbetriebsplan entfaltet keine Eingriffswirkung im naturschutzrechtlichen Sinne, denn die Gestattung erfolgt i. d. R. erst im Hauptbetriebsplan (OVG Brandenburg, ZfB 2001, 257 und Beschl. v. 17.7.2000 – 4A94, 99). Auch ein Braunkohlenplan ist gegenüber dem – noch aufzustellenden oder aufgestellten – Landschaftsplan vorrangig (OVG NRW, NUR 1999, 707; VG Aachen, ZfB 2003, 87).

100 **Ämter** im Lande Brandenburg sind keine Gemeindeverbände i. S. von Artikel 97 ff. Bbg-Verfassung. Sie sind auch keine Gebietskörperschaften. Es ist daher ausgeschlossen, dass sie durch Zulassung eines Hauptbetriebsplans in ihren Rechten verletzt werden (VG Cottbus, ZfB 2003, 117, 121).

101 Eine **Kirchengemeinde**, die als Eigentümerin der im Abbaugebiet gelegenen Kirchengrundstücke von einem zugelassenen Tagebau betroffen ist, kann sich nicht auf die zum Selbstverwaltungsrecht gemäß Artikel 28 Absatz 2 GG entwickelten Grundsätzen berufen. Sie hat gegen die Zulassung eines fakultativen Rahmenbetriebsplans kein Klagerecht (VG Aachen, ZfB 2006, 187).

102 Ist die Gemeinde im Rahmenbetriebsplanverfahren beteiligt gewesen, wird sie im Regelfall in den nachfolgenden Haupt- und Sonderbetriebsplänen **nicht erneut zu beteiligen** sein (OVG NRW, ZfB 1990, 43; VG Schwerin, ZfB 1999, 230). Ein Hauptbetriebsplan, der lediglich die technischen Abläufe des Bergbaubetriebs (elektrische Energieversorgung, Wetterführung, Gleisplan, Gasleistungsplan, Wasserhaltung, Feuerlöschplan, Arbeitsschutz, Grubenwehr, Sicherheitswesen u. a.) behandelt, berührt nicht das kommunale Selbstverwaltungsrecht, schon gar nicht verletzt er es (VG Gelsenkirchen, ZfB 1992, 143). Anders kann es sein, wenn der Hauptbetriebsplan eine Abbauerlaubnis beinhaltet. Eine Klagebefugnis gegen einen Rahmenbetriebsplan ist ausgeschlossen, wenn die Gemeinde sie darauf stützt, sie sei bei der Verlängerung eines Hauptbetriebsplans nicht beteiligt worden (VG Gelsenkirchen, ZfB 1985, 103).

103 Während § 54 Absatz 2 die Beteiligung von Behörden oder Gemeinden als Planungsträger regelt, findet sich in § 13 VwVfG eine grundsätzliche Bestimmung derer, die am Verwaltungsverfahren beteiligt sind. Wegen § 1 Absatz 1 VwVfG geht die Regelung des § 54 Absatz 2 der des § 13 VwVfG jedenfalls insoweit vor, als es um die in § 54 Absatz 2 genannten Körperschaften geht (a. A. Pfadt, Rechtsfragen zum Betriebsplan im Bergrecht, 85, 87 und 146). Insoweit enthält § 54 Absatz 2 eine abschließende Regelung, die die Beteiligung anderer nicht genannter Körperschaften ausschließt (so jetzt auch Ecker, ZfB 1984, 100; Christner, ZfB 1992, 254).

V. Sonstige Beteiligungen

104 Die Beteiligung **anderer Personen** und Vereinigungen richtet sich nach § 13 Absatz 2 VwVfG. Die Bergbehörde kann danach von Amtswegen oder auf Antrag diejenigen, deren **rechtliche Interessen** durch den Ausgang des Verfahrens **berührt** werden können, als Beteiligte im Betriebsplanverfahren hinzuziehen.

105 Ein besonderes **Beteiligungsverfahren** der Gemeinden hat sich in der Praxis durch das Sonderbetriebsplanverfahren *„Abbaueinwirkungen auf Einrichtungen der Gemeinde und Gemeindeverbände"* entwickelt. Hintergrund dieses Beteiligungsverfahren ist, dass zwar Kommunen nicht im Sonderbetriebsplanverfahren zur Beteiligung der mit einiger Wahrscheinlichkeit von schweren Bergschäden betroffenen Oberflächeneigentümer zu beteiligen sind (Keienburg, Öffentlichkeitsbeteiligung, S. 11 unter Hinweis auf OVG NRW, ZfB 2003, 283; VG Saarlouis, ZfB 1994, 47; ZfB 2000, 174; ZfB 2003, 148; a. A. Kühne, Öffentlichkeitsbeteiligung, S. 54 ff. und NVwZ 2005, 59), jedoch das OVG Münster (ZfB 2003, 283) darauf Wert legte, dass die über Artikel 28 Absatz 2 GG geschützten kommunalen Belange aus dem Eigentum *„in den Blick zu nehmen sind"*.

106 Im obligatorischen Rahmenbetriebsplanverfahren sind nicht nur die Behörden und Gemeinden als Planungsträger zu beteiligen, sondern gemäß § 73 VwVfG der gemäß § 5 im bergrechtlichen Planfeststellungsverfahren anzuwenden ist, ist die **Öffentlichkeit** zu beteiligen (hierzu Keienburg, Öffentlichkeitsbeteiligung, S. 18 ff.).

Anerkannten (Naturschutz-)Vereinen i. S. von § 63 BNatSchG i. V. mit § 3 URG   **107** ist in Planfestsstellungs- und Plangenehmigungsverfahren oder, soweit es erweiternde landesrechtliche Vorschriften vorsehen, gemäß § 63 Absatz 1 BNatSchG Gelegenheit zur Stellungnahme und zur Einsicht in die einschlägigen Sachverständigengutachten zu geben. Außerdem können sie in den Fällen des § 64 Absatz 1 BNatSchG Rechtsbehelfe nach Maßgabe der VwGO einlegen, ohne in ihren Rechten verletzt zu sein (ausführlich Anh. zu § 56 Rn 396 ff.). Von dem Beteiligungsrecht nach § 54 Absatz 2 werden sie nicht erfasst (VG Saarland, ZfB 2000, 181 ff.).

Oberflächeneigentümer können in besonders gelagerten Fällen im Betriebsplan-   **108** verfahren zu beteiligen sein:

Beim **obligatorischen** Rahmenbetriebsplan folgt ihre Beteiligung schon aus § 73   **109** Absatz 3, 4 VwVfG.

Beim **fakultativen** Rahmenbetriebsplan ist zu unterscheiden, ob er untertägigen   **110** Steinkohlenabbau oder übertägigen Bergbau betrifft.

Im **Steinkohlenbergbau** ist gemäß § 48 Absatz 2 Satz 1 eine Beteiligung geboten,   **111** wenn das Grundstück von Bergschäden in einer Unstetigkeitszone oder von einer Gesamtschieflage von mind. 35 mm/m bedroht ist (s. Wiesner, ZfB 1992, 194 ff.; hierzu auch § 52 Rn 63 ff., § 56 Rn 196 f.). Dabei kann die Prüfung und Entscheidung und damit auch die Anhörung über die Behandlung drohender unverhältnismäßiger Bergschäden auf nachfolgende Sonderbetriebspläne verwiesen werden (OVG NRW, ZfB 2006, 319; BVerwGE 127, 259 – Walsum).

Beim **Tagebau** sind die Grundeigentümer und dinglich Berechtigten, deren   **112** Grundstücke vollständig vom Bergbau in Anspruch genommen werden sollen, wegen der Bindungswirkungen der Zulassung für ein späteres Grundabtretungsverfahren gemäß § 48 Absatz 2 Satz 1 zu beteiligen (BVerwG, ZfB 2006, 156, 159 = BVerwGE 126, 205; OVG NRW, ZfB 2008, 109 = DVBl 2008, 453; anders noch BVerwG, ZfB 1991, 140). Zu beteiligen sind auch die Grundstückseigentümer und dinglich Berechtigten im Bereich der Sicherheitszone und bei abschnittsweisen Rahmenbetriebsplänen die zwangsläufig zukünftigen Eingriffsbetroffenen. Nicht zu beteiligen sind Mieter und Pächter, denn die Anwendung des § 48 Absatz 2 Satz 2 soll die eigentumsrechtlichen Belange wahren.

Vom Tagebau **mittelbar betroffen** sind diejenigen, deren Grundstücke den **Aus-**   **113** **wirkungen** des Tagebaus durch Lärm, Staub oder Grundwasserwiederanstieg ausgesetzt sind. Ein Beteiligungsrecht im Rahmenbetriebsplanverfahren und Drittschutz kann in sofern aus § 55 Absatz 1 Satz 1 Nr. 3 (BVerwG, ZfB 1992, 38 = NVwZ 1992, 980) oder § 48 Absatz 2 Satz 1 (BVerwG, ZfB 1989, 199) hergeleitet werden (VG Cottbus, ZfB 2006, 198, 202). Allerdings dürfte das für den Gesichtspunkt **Lärmschutz** nur in Betracht kommen, wenn zu erwarten ist, dass die Grenze des Gesundheitsschadens durch Lärm (d. h. von über 70 dBA analog TA-Lärm) überschritten wird. Bei Staubeinwirkungen dürften Gesundheitsgefahren durch Grob-Niederschlag nicht ausgehen (Nr. 4.3.1 TA-Luft analog). Im Übrigen gilt für nicht genehmigungsbedürftige Anlagen, dass der Stand der Technik für die Vermeidung von Staubimmissionen eingehalten werden muss.

114 Bei **Grundwasserabsenkungen** wird regelmäßig die Prognose dahin gehen, dass der Tagebau das Grundwasser gleichmäßig und großräumig absenkt und daher schwere Schäden mit dem Ausmaß eines Gemeinschadens nicht auftreten. Ist jedoch nicht auszuschließen, dass ganze Siedlungsbereiche von Totalschäden oder einzelne Häuser von plötzlichen Zusammenbrüchen bedroht sind, sind die Eigentümer auch außerhalb des Abbau-Betriebsbereichs zu beteiligen. Da § 48 Absatz 2 nicht den Gegenstand der Beteiligung (Umfang der Unterlagen) regelt, dürfte es sich empfehlen, insoweit § 73 Absatz 1 Satz 2 VwVfG analog anzuwenden. Für das formelle Verfahren gelten §§ 48 Absatz 2 Satz 2 BBergG i.V. mit 73 Absatz 3–5 VwVfG.

115 Nicht geregelt ist in § 54 die **Beteiligung des Betriebsrates** an Betriebsplänen. Sie beruht auf § 13 Absatz 2 VwVfG (Pfadt, Rechtsfragen zum Betriebsplan im Bergrecht, 87 Fn. 120). Nach § 89 Absatz 1 BetrVG hat der Betriebsrat die für den Arbeitsschutz zuständigen Behörden und die sonstigen Stellen durch Anregung, Beratung und Auskunft zu unterstützen, gemäß § 89 Absatz 2 BetrVG sind die Arbeitgeber und diese Behörden verpflichtet, den Betriebsrat bei allen im Zusammenhang mit dem Arbeitsschutz, dem betrieblichen Umweltschutz und der Unfallverhütung stehenden Besichtigungen und Fragen und bei Unfalluntersuchungen **hinzuzuziehen**. Alle den Arbeitsschutz die Unfallverhütung betreffenden Auflagen sind dem Betriebsrat mitzuteilen. Außerdem hat der Betriebsrat gemäß § 87 Absatz 1 Nr. 7 BetrVG ein Mitbestimmungsrecht bei Regelungen über die Verhütung von Arbeitsunfällen und Berufskrankheiten sowie den Gesundheitsschutz.

116 Obwohl die früher in § 77 Absatz 1 ABG NRW geregelte Befahrungs- und Auskunftspflicht des Betriebsrates nicht in § 70 aufgenommen wurde – sie ergibt sich schon aus § 89 Absatz 1 BetrVG – ist die Anhörung des Betriebsrates bei Betriebsplänen, deren Ausführung sicherheitliche Belange berührt (z.B. Sonderbetriebspläne über neue Abbau- oder Vortriebsverfahren, Einsatz neuartiger maschineller Einrichtungen, Abweichung von geltenden Richtlinien, Erlaubnisse und Ausnahmebewilligungen in Bezug auf Arbeitsschutz und Unfallverhütung) weiterhin geboten (vgl. Richtl. des LOBA NRW v. 22.8.1972, ZfB 114 (1973), 200 = SBl. Nr. A 7, Richtl. v. 22.9.1969 des Saarl. Ministers für Wirtschaft, Verkehr und Landwirtschaft, ZfB 111 (1970), 214; Richtl. Bad-Württ. v. 11.12.1973 = ZfB 115 (1974), 345, 347) und durch § 13 Absatz 2 VwVfG ermöglicht.

117 Die **Richtlinien** regeln, dass die Bergbehörde die Betriebsräte an Befahrungen und Besprechungen beteiligen, die den Arbeitsschutz und die Unfallverhütung betreffen. Sie regeln ferner, dass die Betriebsräte bei Anordnung von Maßnahmen der Bergbehörde zur Abwehr von Unfall- und Gesundheitsgefahren oder zur Rettung Verunglückter oder gefährdeter Personen i.S. von § 74 Absatz 1 BBergG angehört werden. Schließlich wird die Anhörung des Betriebsrates bei Betriebsplänen, Erlaubnissen und Anordnungen der Bergbehörde festgelegt, wenn sie für den Arbeitsschutz und die Unfallverhütung von Bedeutung sind. Einer besonderen Anhörung durch die Bergbehörde bedarf es nicht, wenn auf dem Betriebsplan vermerkt ist, dass der Betriebsrat unterrichtet ist und von ihm keine Bedenken geäußert worden sind. Dasselbe gilt für Änderungen und Ergänzungen von Betriebsplänen.

VI. Verfahrensrecht

118 Soweit das BBergG keine Regelungen über das Zulassungsverfahren enthält, gilt subsidiär gemäß § 5 das VwVfG, und zwar nach dem Grundsatz des Vorranges der Landesverfahrensgesetze in § 1 Absatz 3 VwVfG das des jeweiligen Landes. Liegt ein LVwVfG vor, haben die Landesbehörden nur dieses anzuwenden, ohne dass es darauf ankäme, welcher Art das anzuwendende materielle Recht ist (Meyer-Borgs, VwVfG, 2. Auflage 1982, § 1 Rn 20). Dasselbe gilt von dem VerwKostG der Länder. Danach hat die Bergbehörde die für die Zulassung maßgeblichen Tatsachen von Amts wegen zu ermitteln, hat die in § 26 VwVfG genannten Beweismittel (Auskünfte, Anhörung von Beteiligten und Zeugen, Urkunden, Augenschein) zur Verfügung und soll bei fehlerhaften Anträgen nach § 25 VwVfG auf Ergänzung, Berichtigung oder Klarstellung hinwirken. Obwohl die in § 68 Absatz 2 ABG geregelte Erörterung zwischen Bergbehörde und Bergwerksbesitzer nicht mehr bergrechtlich ausdrücklich vorgesehen ist, ergibt sie sich aus § 25 VwVfG oder, wenn die Bergbehörde den Betriebsplan nur mit Nebenbestimmungen, gegen Sicherheitsleistung oder gar nicht zulassen will, aus § 28 VwVfG (Sondermann, E.T 1981, 612, 613, Richtlinien LOBA NRW v. 20.11.1981, Glückauf 1982, 45, 48).

§ 55   Zulassung des Betriebsplanes

(1) Die Zulassung eines Betriebsplanes im Sinne des § 52 ist zu erteilen, wenn
1. **für die im Betriebsplan vorgesehene Aufsuchung oder Gewinnung von Bodenschätzen die erforderliche Berechtigung nachgewiesen ist,**
2. **nicht Tatsachen die Annahme rechtfertigen, daß**
   a) **der Unternehmer, bei juristischen Personen und Personenhandelsgesellschaften eine der nach Gesetz, Satzung oder Gesellschaftsvertrag zur Vertretung berechtigten Personen, die erforderliche Zuverlässigkeit und, falls keine unter Buchstabe b fallende Person bestellt ist, auch die erforderliche Fachkunde oder körperliche Eignung nicht besitzt,**
   b) **eine der zur Leitung oder Beaufsichtigung des zuzulassenden Betriebes oder Betriebsteiles bestellten Personen die erforderliche Zuverlässigkeit, Fachkunde oder körperliche Eignung nicht besitzt,**
3. **die erforderliche Vorsorge gegen Gefahren für Leben, Gesundheit und zum Schutz von Sachgütern, Beschäftigter und Dritter im Betrieb, insbesondere durch die den allgemein anerkannten Regeln der Sicherheitstechnik entsprechenden Maßnahmen, sowie dafür getroffen ist, daß die für die Errichtung und Durchführung eines Betriebes auf Grund dieses Gesetzes erlassenen oder geltenden Vorschriften und die sonstigen Arbeitsschutzvorschriften eingehalten werden,**
4. **keine Beeinträchtigung von Bodenschätzen, deren Schutz im öffentlichen Interesse liegt, eintreten wird,**
5. **für den Schutz der Oberfläche im Interesse der persönlichen Sicherheit und des öffentlichen Verkehrs Sorge getragen ist,**
6. **die anfallenden Abfälle ordnungsgemäß verwendet oder beseitigt werden,**
7. **die erforderliche Vorsorge zur Wiedernutzbarmachung der Oberfläche in dem nach den Umständen gebotenen Ausmaß getroffen ist,**
8. **die erforderliche Vorsorge getroffen ist, daß die Sicherheit eines nach den §§ 50 und 51 zulässigerweise bereits geführten Betriebes nicht gefährdet wird,**
9. **gemeinschädliche Einwirkungen der Aufsuchung oder Gewinnung nicht zu erwarten sind und**
   bei einem Betriebsplan für einen Betrieb im Bereich des Festlandsockels oder der Küstengewässer ferner,
10. **der Betrieb und die Wirkung von Schiffahrtsanlagen und -zeichen nicht beeinträchtigt werden,**
11. **die Benutzung der Schiffahrtswege und des Luftraumes, die Schiffahrt, der Fischfang und die Pflanzen- und Tierwelt nicht unangemessen beeinträchtigt werden,**
12. **das Legen, die Unterhaltung und der Betrieb von Unterwasserkabeln und Rohrleitungen sowie ozeanographische oder sonstige wissenschaftliche**

**Forschungen nicht mehr als nach den Umständen unvermeidbar beein-
trächtigt werden und**

13. **sichergestellt ist, daß sich die schädigenden Einwirkungen auf das Meer
auf ein möglichst geringes Maß beschränken.**

Satz 1 Nr. 2 gilt nicht bei Rahmenbetriebsplänen.

**(2) Für die Erteilung der Zulassung eines Abschlußbetriebsplanes gilt Absatz 1
Satz 1 Nr. 2 bis 13 mit der Maßgabe entsprechend, daß**

1. **der Schutz Dritter vor den durch den Betrieb verursachten Gefahren für
Leben und Gesundheit auch noch nach Einstellung des Betriebes sowie**

2. **die Wiedernutzbarmachung der Oberfläche in der vom einzustellenden
Betrieb in Anspruch genommenen Fläche und**

3. **im Bereich des Festlandsockels und der Küstengewässer die vollständige
Beseitigung der betrieblichen Einrichtungen bis zum Meeresuntergrund
sichergestellt sein müssen. Soll der Betrieb nicht endgültig eingestellt
werden, so darf die Erfüllung der in Satz 1 genannten Voraussetzungen
nur insoweit verlangt werden, als dadurch die Wiederaufnahme des Betriebes nicht ausgeschlossen wird.**

Übersicht

Rn

I.   Vorbemerkungen und Grundsätze   1
1.   Früheres Recht   1
2.   Grundlegende Änderungen durch das BBergG   2
3.   Entwicklung des § 55 Absatz 1 aus dem klassischen Polizeibegriff   6
4.   Weitere Grundsätze zu § 55 Absatz 1   8

II.   Voraussetzungen für die Zulassung des Betriebsplans   11
1.   Nachweis der Berechtigung   11
2.   Zuverlässigkeit des Unternehmers und der Aufsichtspersonen   17
3.   Gesundheits- und Sachgüterschutz   23
4.   Lagerstättenschutz   64
5.   Schutz der Oberfläche im Interesse der persönlichen Sicherheit und des
    öffentlichen Verkehrs   71
6.   Abfallverwendung und -beseitigung   87
    a)   Entwicklung des Verhältnisses von Bergrecht – Abfallrecht   88
    b)   Bergbauliche Abfälle   101
    c)   Nichtbergbauliche Abfälle   106
    d)   Mischabfälle   108
    e)   Folgen der Bergbauklausel   109
    f)   Einfluss des EU-Rechts   113
    g)   Die Bestimmung des § 55 Absatz 1 Satz 1 Nr. 6 BBergG   128
    h)   Anfall von Abfall im Bergbaubetrieb   138
    i)   Der Begriff „ordnungsgemäß"   140
    j)   Abfallverwendung und -beseitigung   149
    k)   Untertageversatz   150
    l)   Untertage-Deponie   167
    m)   Bergbaufremde Abfälle im Übertagebergbau   178
    n)   Haftungsrecht   207
7.   Vorsorge zur Wiedernutzbarmachung der Oberfläche   209
    a)   Allgemeines zur Wiedernutzbarmachung der Oberfläche   209
    b)   Abgrenzung zu ähnlichen Begriffen   210
        aa)   Wiederherstellung   211
        bb)   Sicherung und Ordnung der Oberflächenbenutzung und Gestaltung
              der Landschaft   213
        cc)   Rekultivierung   215
        dd)   Wiedernutzbarmachung nach Berggesetz DDR   216
        ee)   Herrichtung   217
        ff)   Sanierung   218
        gg)   Nachsorge   221

c) Verfahrensmäßige und inhaltliche Abstufung der Wiedernutzbarmachung im Betriebsplanverfahren 227
d) Voraussetzungen der Wiedernutzbarmachung 235
e) Vorsorge zur Wiedernutzbarmachung 259
f) Nach den Umständen gebotenes Ausmaß 265
8. Sicherheit amderer Betriebe 266
9. Gemeinschaden 274
   a) Entwicklung des Begriffs aus dem ABG 276
   b) Erwartung von Einwirkungen 279
   c) Drittschutz 280
   d) Der Begriff gemeinschädliche Einwirkungen 284
   e) Der Begriff des Erwartens 324
   f) Außenwirkung des Gemeinschadens 325
   g) Abgrenzung zu anderen öffentlich-rechtlichen Interessen 326
   h) Einschreiten gegen gemeinschädliche Einwirkungen 329
10. Betriebe im Bereich des Festlandsockels und der Küstengewässer 333
11. Abschlussbetriebsplan 350
12. Sonstige Zulassungsvoraussetzungen 357
   a) Überwiegende öffentliche Interessen i. S. von § 48 Absatz 2 Satz 1 . . 358
   b) Naturschutz 364
   c) Sachbescheidungsinteresse 365
   d) Subventionierung des Steinkohlenbergbaus 366
   e) Allgemeine Rücksichtnahmepflicht 367
   f) Braunkohlenplan 368
   g) Private Rechte und Interessen 369

I.   Vorbemerkungen und Grundsätze

1.   Früheres Recht

Maßstab für die Prüfung des vorgelegten Betriebsplans waren die Kriterien, die   **1**
für die Ausübung der Bergaufsicht maßgebend waren. Nach § 67 Absatz 2 ABG
(= § 67 Absatz 4 ABG NRW) hatte sich die Prüfung der Bergbehörde auf die in
§ 196 ABG beschriebenen Gesichtspunkte zu beschränken. § 196 Absatz 2 ABG
zählte jedoch diese nicht erschöpfend auf („insbesondere"). Die Zuständigkeit
der Bergbehörde erfasste auch andere Aufgaben, die im Bergwerksbetrieb ihre
Ursache hatten. Die Bergbehörde hatte bei der Betriebsplanzulassung ganz
allgemein darauf zu achten, dass die vom Bergwerksbesitzer beabsichtigten
Maßnahmen keine Gefahr für die öffentliche Sicherheit oder Ordnung darstellen
(Ebel/Weller, § 68 Anmerkung 3). Sie hatte beispielsweise zu prüfen, ob nach
Vorschriften außerhalb des Bergrechts eine Genehmigung erforderlich war und
vorlag. Anderenfalls wurde der Betriebsplan nur vorbehaltlich der Erteilung der
zusätzlichen Genehmigung zugelassen.

2.   Grundlegende Änderungen durch das BBergG

Das BBergG hat die Verknüpfung zwischen Zuständigkeit der Bergaufsicht und   **2**
Zulassungsvoraussetzungen für den Betriebsplan aufgegeben und eigene Kriterien für die Zulassung geschaffen. Der Betriebsplan sollte in der Praxis nicht
länger ausschließlich als ein Instrument der Bergaufsicht angesehen werden (BT-
Drs 8/1315, 110 = Zydek, 252). Stattdessen ist die Aufzählung der Gesichtspunkte des früheren § 196 Absatz 2 ABG bei der Regelung der Zuständigkeit
der Bergaufsicht in § 69 Absatz 1 entfallen.

§ 55 enthält außerdem zwei wesentliche Neuerungen: er sollte die Voraus-   **3**
setzungen für die Zulassung von Betriebsplänen abschließend regeln (§ 55

Rn 357 f.; BT-Drs 8/1315, 109 = Zydek, 252 und Drucksache 8/3965, 138 = Zydek, 260, Sondermann, Energiewirtschaftliche Tagesfragen, 1981, 612, 613, Weller, Glückauf 1981, 250, 253; ZfB 1984, 168; Hoppe, DVBl 1982, 101, 111) und er gibt bei Sicherstellung der als Voraussetzungen normierten Erfordernisse und Belange einen **Rechtsanspruch** („ist zu erteilen") auf Zulassung (s. aus der früheren Literatur schon Kühne, ZfB 121 (1980), 59, Weller, Glückauf 1981, 250, 253; Drucksache 8/3965, aaO, Sondermann, Braunkohle 1982, 14, 16; Boldt/Weller § 55 Rn 4).

4   Die abschließende Aufzählung der Voraussetzungen der Zulassung in § 55 ist durch die Rechtsprechung aufgeweicht worden durch Einbeziehung des § 48 Absatz 2 Satz 1 in den Prüfungskatalog. Dadurch ist inzwischen klar gestellt, dass es einer sinnvollen Gesetzesanwendung widersprechen würde, wenn die Bergbehörde zunächst einen Betriebsplan ohne Einschränkungen zulassen oder verlängern müsste, wenn sie anschließend gemäß § 48 Absatz 2 Satz 1 wegen entgegenstehender überwiegender öffentlicher Interessen die Aufsuchung oder Gewinnung zu beschränken oder zu untersagen hätte (BVerwG, ZfB 1987, 80 = BVerwGE 74, 323; ZfB 1985, 278 = BVerwGE 100, 16; ZfB 2006, 156 = BVerwGE 126, 209; ZfB 2005, 156 = BVerwGE 123, 254; ZfB 2006, 306, 311 = BVerwGE 127, 259 Tz 30). Die Vorschrift des § 48 Absatz 2 Satz 1 erweitert demnach die Befugnisse der Bergbehörde bereits im Betriebsplanverfahren. Dabei ist der Begriff des entgegenstehenden öffentlichen Interesses weit gefasst (OVG Lüneburg, ZfB 2008, 265 = ZUR 2008, 597). Er kann Betreiberpflichten nach § 22 Absatz 1 BImSchG (BVerwG, DVBl 1986, 1273 = DÖV 1987, 293 = BVerwGE 74, 315), abfallrechtliche Grundpflichten und Anforderungen des Bodenschutzrechts BVerwGE 123, 247; OVG Koblenz, NUR 2010, 419; Raumordnungsziele (BVerwG, ZfB 2006, 156 = BVerwGE 126, 205; OVG NRW, ZfB 2008, 122), kommunale Selbstverwaltung (BVerwGE 127, 259 ff.), das öffentliche Interesse an der Errichtung und dem Betrieb eines atomaren Endlagers (OVG Lüneburg, ZfB 2004, 12 und 167 = OVGE 49, 473 = NdsVBl 2004, 184; ZfB 2008, 266), die Interessen von schwer und unerträglich betroffenen Grundeigentümern (BVerwG, ZfB 1989, 199 = BVerwGE 81, 329 mit Bespr. Beckmann, DVBl 1989, 669; H. Schulte, NVwZ 1989, 138; Kühne, JZ 1990, 138; Gaentzsch in Bochumer Beiträge Bd. 19, 45 ff.; BVerwG, ZfB 2006, 318, OVG Saarland, ZfB 1996, 226; ZfB 2001, 287; ZfB 2004, 129; ZfB 2006, 176; ZfB 2008, 278) erfassen. Einzelheiten s. § 48 Rn 11, 21–29. Ferner: Die Anforderungen des Bau- und Bodendenkmalrechts (OVG NRW, ZfB 2008, 121; Attendorn, NUR 2006, 257 m.w.N.), die Belange des Schutzes des Waldes (OVG NRW aaO); auch die Interessen von Eigentümern, deren Grundstücke vom Tagebau unmittelbar in Anspruch genommen werden (BVerwG, ZfB 2006, 156 = BVerwGE 126, 211 Rn 22; OVG NRW, ZfB 2008, 109, anders noch OVG NRW, ZfB 2005, 305; BVerwG, ZfB 1991, 140 = NVwZ 1991, 992 – Probebohrung). Zu rechtsstaatlichen Bedenken gegen eine *„offene Gemeinwohlkausel"* wegen mangelnder Konkretisierung VG Lüneburg, ZfB 2005, 257; Boldt/Weller, Ergänz. Bd. § 48 Rn 10. Die gesetzgeberische Grundentscheidung, dass bei vorliegenden Zulassungsvoraussetzungen ein Anspruch auf Erteilung der Genehmigung besteht, hat sich durch die Einführung des obligatorischen Betriebsplanverfahrens gemäß §§ 52 Absatz 2 a, 57 a nicht geändert. Die Zulassung ist, auch soweit sie einen Rahmenbetriebsplan i. S. von § 52 Absatz 2 a betrifft, eine gebundene Entscheidung ohne planerischen Gestaltungsspielraum der Planfeststellungsbehörde (BVerwG, ZfB 2006, 318; BVerwG, ZfB 2006, 311; OVG Saarland, ZfB 2008, 276). S. auch § 52 Absatz 2 a Rn 134 f.

5   In keinem Fall ist es zulässig, über den Gesichtspunkt der *„Natur der Sache"* (Willecke-Turner, Grundriss des Bergrechts, 2. Auflage, 150, offengelassen OVG Münster, ZfB 114 (1973), 319, 329) eine Erweiterung des Prüfungskataloges des

§ 55 zu schaffen (hiergegen schon für das frühere Recht Pfadt, Rechtsfragen zum Betriebsplan im Bergrecht, 78).

3. Entwicklung des § 55 Absatz 1 aus dem klassischen Polizeibegriff

Der Katalog des § 196 Absatz 2 ABG hatte seine Wurzeln im klassischen **6** Polizeibegriff, wie er aus § 10 II 17 ALR hervorging (hierzu § 69 Rn 1, Isay, Vorbem. zu § 196, Rn 1 ff.). Aus dem ursprünglichen Katalog des § 196 Absatz 2 ABG ergibt sich, dass das Aufsichtsrecht des Staates und damit die Zulassung des Betriebsplans auf die Einhaltung der öffentlichen Sicherheit und Ordnung, also auf sicherheitspolizeiliche Gesichtspunkte, beschränkt war (Willecke, ZfB 113 (1972), 151, 155). Diese ursprüngliche Identität des Polizeibegriffes des ABG mit dem des pr. ALR ging im Laufe der Rechtsentwicklung verloren. Der erste Einbruch war die Aufnahme des „Schutzes der Lagerstätte" in den Katalog. Hier wurde ein Teil der lenkenden Wirtschaftsverwaltung in den Aufgabenkreis der Bergbehörde und damit in das Betriebsplanverfahren aufgenommen. Fortgesetzt wurde das Aufweichen des klassischen Polizeibegriffes durch die Zuweisung der „Sicherung und Ordnung der Oberflächennutzung" und der „Gestaltung der Landschaft". Hier wurden das volkswirtschaftliche Interesse, die betreffenden Grundstücke zu rekultivieren, und das Interesse an einer ästhetischen Gestaltung von Betriebsanlagen und Bergehalden als Gesichtspunkte der Wohlfahrtspflege in das Betriebsplanverfahren aufgenommen (Nebel, ZfB 102 (1961), 411, 415, Wilke, ZfB 110 (1969), 189, 199; Willecke, ZfB 113 (1972), 151, 157). In Bayern kam noch „der Schutz der Allgemeinheit oder der Nachbarschaft vor Gefahren oder vor erheblichen Nachteilen und Belästigungen" (Artikel 243 Absatz 3 Bayr. BG) hinzu, im Saarland wurde in die Prüfung des Betriebsplans noch die ordnungsgemäße Abgrenzung der Aufgaben und Befugnisse der verantwortlichen Personen einbezogen (§ 67 Absatz 3 Saarl. ABG), die über polizeiliche Gesichtspunkte hinausgehen (Wilke, aaO, 193). In Hessen wurde der Bergbehörde schließlich noch die Wahrung der Erfordernisse der Raumordnung und Landesplanung zugeteilt (§ 196 Absatz 2 ABG Hess., Heller-Lehmann, Deutsche Berggesetze, HE 140, S. 37).

Diese Entwicklung ist im Katalog des § 55 Absatz 1 weiter zu verfolgen. Die **7** Nr. 1 (Nachweis der Berechtigung) Nr. 2 (Zuverlässigkeit von Unternehmer und verantwortlicher Personen) Nr. 4 (Beeinträchtigung von Bodenschätzen) Nr. 7 (Vorsorge zur Wiedernutzbarmachung der Oberfläche) und den Meeres- und Meeresanlagenschutz bei Betrieben des Festlandsockels wird man nicht mehr unter den klassischen Polizeibegriff der Abwehr von Gefahren für die öffentliche Sicherheit und Ordnung subsumieren können.

4. Weitere Grundsätze zu § 55 Absatz 1

Die in § 55 aufgezählten Voraussetzungen lassen sich nicht nur an den dar- **8** gestellten polizeirechtlichen, ordnungsrechtlichen Kriterien messen, sondern sind unterscheidbar in bergbauinterne und bergbauexterne Belange (H. Schulte, NJW 1981, 88, 94, Pfadt, Rechtsfragen zum Betriebsplan im Bergrecht, 149). Als bergbauinterne wird man ansehen können: die Bergbauberechtigung als Grundlage des Gewinnungsbetriebs (Nr. 1), die Gewährleistung fachmännischer Durchführung des Betriebes (Nr. 2), Betriebssicherheit und Arbeitsschutz (Nr. 3). Externe Belange dagegen sind Lagerstätten- (Nr. 4), Umwelt- (Nr. 6, Nr. 9) und Oberflächenschutz (Nr. 5), Bodenordnung (Nr. 7), Sicherheit anderer Betriebe (Nr. 8) sowie Meeres- und Meeresanlagenschutz bei Betrieben im Bereich des Festlandsockels.

Die Zulassungsvoraussetzungen gelten grundsätzlich für alle Arten von Betriebs- **9** plänen, allerdings mit der Einschränkung, dass bei Rahmenbetriebsplänen die

Zuverlässigkeit des Unternehmers und des Betriebsleiters nach § 55 Absatz 1 Nr. 2 a und 2 b nicht zu prüfen ist.

10 Das Gesetz unterscheidet neben den allgemeinen Voraussetzungen der Zulassung eines Betriebsplans für die Aufsuchung, Gewinnung und Aufbereitung die besonderen für Betriebspläne der Betriebe im Bereich des Festlandsockels oder der Küstengewässer (hier gelten zusätzlich die Anforderungen nach Nr. 10–13) und für Abschlussbetriebspläne (§ 55 Absatz 2).

II. Voraussetzungen für die Zulassung des Betriebsplans

1. Nachweis der Berechtigung (§ 55 Absatz 1 Satz 1 Nr. 1)

11 Die durch den Betriebsplan zuzulassenden Aufsuchungs- und Gewinnungsmaßnahmen sind nach der Systematik des Gesetzes nur aufgrund von Bergbauberechtigungen möglich. Die Zulassung wird vom Nachweis dieser Berechtigung abhängig gemacht. Insofern prüft die Bergbehörde bei Zulassung des Betriebsplans ausnahmsweise privatrechtliche Rechtsstellungen. Das Erfordernis, eine Berechtigung nachzuweisen, gilt auch für Rahmenbetriebspläne, die der Eigentümer eines Grundstücks für den Abbau von grundeigenen Bodenschätzen (§ 3 Absatz 2) einreicht (OVG Bautzen, ZfB 2000, 159).

12 Als Berechtigung in diesem Sinne sind alle Rechtstitel des 2. Teils des BBergG anzusehen: Erlaubnis, Bewilligung, Bergwerkseigentum alter und neuer Art, Befugnis bei grundeigenen Bodenschätzen, Gewinnungsberechtigung nach Zulegung. Als nachweisbare Berechtigung ist auch das Bergwerkseigentum alter Art anzusehen, solange es nicht angezeigt (§ 149 Absatz 1 b) wurde oder solange es innerhalb der Dreijahresfrist des § 149 Absatz 5 nicht erloschen ist (§ 149 Rn 5).

13 Für den Begriff der „Berechtigung" unerheblich sind bei bergfreien Bodenschätzen die Eigentumsverhältnisse an dem für die Aufsuchungs- und Gewinnungsmaßnahmen benötigten Grundstück. Bei Fremdeigentum ist daher nicht das Einverständnis des Grundeigentümers oder eine Grundabtretung nachzuweisen. Schon nach früherem Recht wurde vorherrschend die Meinung vertreten, dass die Bergbehörde nicht die Frage zu prüfen hatte, ob durch den Betriebsplan Privatrechte Dritter verletzt werden (Isay, § 67, Rn 5; Ebel/Weller § 67, 3; OBA Halle, ZfB 36 (1895), 410, RB, ZfB 48 (1907), 422 und ZfB 72 (1931), 637; a. A. Klostermann-Thielmann, § 67, 6). Nur wenn gleichzeitig ein in § 196 Absatz 2 ABG genanntes öffentliches Interesse vorlag, konnte die Bergbehörde die Zulassung des Betriebsplans von der Klärung der privatrechtlichen Fragen abhängig machen (OVG Münster, ZfB 94 (1953), 362: 2 Betriebspläne, die beide auf den Abbau desselben Bergwerksfeldes gerichtet sind, können aus sicherheitlichen Gründen nicht zugelassen werden, weil mangels Trennung der Wetter- und Wasserführung Gefahren für die im Betrieb Beschäftigten eintreten, schon RB, ZfB 7 (1866) 126: Keine Zulassung, wenn feststeht, dass beabsichtigter Betrieb sich nicht in den Feldergrenzen hält; anders RB, ZfB 14 (1873), 260 wenn Streit über die Grenzen besteht).

14 Der Nachweis der Berechtigung dürfte nicht in jedem Einzelfall eines Betriebsplans erneut notwendig sein. Vielmehr ist für den Nachweis keine Form vorgeschrieben. Es muss daher genügen, wenn der Nachweis einmal geführt wurde und danach darauf Bezug genommen wird (Generalnachweis), um unnötigen Formalismus zu vermeiden.

So wird beim Bergwerkseigentum genügen, auf die Eintragung im Berggrundbuch zu verweisen. Insofern enthält § 149 Absatz 2 Nr. 2 einen allgemeinen Grundsatz (Sondermann, Braunkohle 1982, 14, 15).

§ 55 Absatz 1 Satz 1 Nr. 1 vermittelt in sofern Drittschutz, als der Betriebsplan **15** die Inanspruchnahme von Gewinnungsberechtigungen vorsieht, die dem Antragsteller nicht zustehen (Kühne, ZfB 1991, 288).

Der Nachweis der Berechtigung ist nicht erforderlich bei Betriebsplänen, die das **16** Aufbereiten von Bodenschätzen betreffen. Hauptanwendungsfall für § 55 Absatz 1 Satz 1 Nr. 1 ist der Hauptbetriebsplan.
Aus dem Wortlaut („vorgesehene") folgt, dass ein Nachweis der Gewinnungsberechtigung nicht zu fordern ist, wenn im Rahmenbetriebsplan oder Sonderbetriebsplan keine konkreten Gewinnungsmaßnahmen behandelt werden (Heitmann, Glückauf 1985, 638). Ferner nicht, wenn im Rahmenbetriebsplan nur allgemeine Angaben über ein Gewinnungsvorhaben angesprochen werden. Es genügt im Rahmenbetriebsplan, dass die Berechtigung im Hauptbetriebsplan nachgewiesen wird (BVerwG, DVBl 1996, 257 = ZfB 1995, 286; VG Stade, ZfB 1987, 373 und ZfB 1992, 61; OVG Lüneburg, ZfB 1990, 28; VG Lüneburg, ZfB 2005, 254). Allerdings darf die Rahmenbetriebsplanzulassung nicht vorbehaltlos ausgesprochen werden, weil sonst bei der Zulassung des Hauptbetriebsplans der Nachweis bereits als vorentschieden angesehen werden könnte. Sofern der Unternehmer sich die Berechtigung durch Verwaltungsentscheidung, z. B. Zulegung, oder auf sonstige Weise beschaffen kann, steht der noch fehlende Nachweis der Zulassung des Betriebsplans nicht entgegen; möglicherweise mit entsprechender Nebenbestimmung (OVG Koblenz, DVBl 2011, 47, 50). Ist allerdings ausgeschlossen, dass der Unternehmer die noch fehlende Berechtigung erhalten wird, kann der Betriebsplan nicht zugelassen werden. Aus § 55 Absatz 1 Satz 1 Nr. 1 ist nicht zu folgern, es bestehe eine Verknüpfung, dass der Inhaber der Bewilligung i. S. von § 8 und der betriebsplanpflichtige Unternehmer i. S. von § 51 Absatz 1 Satz 1 identisch sein müssten (Hans. OLG, ZfB 2004, 299). Bei befristeten Berechtigungen kommen nur entsprechend befristete Zulassungen von Betriebsplänen in Betracht (VG Lüneburg, ZfB 1994, 171). Andererseits ist bei einem auf 2 Jahre befristeten Hauptbetriebsplan nur der Nachweis einer 2-jährigen Gewinnungsberechtigung erforderlich (Heitmann, Glückauf 1985, 638).
Für die Zulassung eines Abschlussbetriebsplans ist der Nachweis der Berechtigung nicht gefordert (Heitmann, ZfB 1987, 35; allgemein zum Verhältnis der Gewinnungsberechtigung – Betriebsplan s. § 8 Rn 20).

2. Zuverlässigkeit des Unternehmers und der Aufsichtspersonen (§ 55 Absatz 1 Satz 1 Nr. 2)

Eine Verknüpfung der Verantwortlichkeit von Unternehmer und Aufsichtsper- **17** sonen mit der Betriebsplanzulassung kannte das ABG nicht. § 55 Absatz 1 Nr. 2 zieht die allgemeinen Anforderungen an verantwortliche Personen jetzt in das Betriebsplanverfahren ein.

Während nach den §§ 58, 59, 62 der Unternehmer und die von ihm bestellten **18** verantwortlichen Personen für die Erfüllung der sich aus zugelassenen Betriebsplänen ergebenden Pflichten zu sorgen haben und die erforderliche Zuverlässigkeit, Fachkunde und körperliche Eignung besitzen müssen, wird hier die Qualifikation der Verantwortlichen für die Zulassung vorausgesetzt. Sofern eine Gewähr für die zur Durchführung des Betriebsplans erforderliche Qualifikation nicht besteht, ist es sinnlos, den Betriebsplan zuzulassen. Die Bergbehörde übernimmt durch die Zulassung eine gewisse Mitverantwortung für die Qualifikation der Aufsichtspersonen, die sie nach Aufgabe des früheren Anerkennungsgrundsatzes in den Ländern NRW und Saarland weitgehend nicht mehr hatte.

19 Die Vorverlagerung der Qualifikationsansprüche in das Zulassungsverfahren ist allerdings eingeschränkt. Die Bergbehörde ist weder berechtigt noch verpflichtet, eine grundsätzliche Prüfung durchzuführen. Nur wenn der Behörde Tatsachen bekannt werden, die ausreichende Anhaltspunkte für Unzuverlässigkeit, fehlende Fachkunde oder körperliche Eignung abgeben, ist sie zur Versagung der Zulassung oder zur Zulassung unter Auflagen berechtigt. Der Unternehmer ist nach § 52 Absatz 4 nicht verpflichtet, den Nachweis für die Zuverlässigkeit zu führen.

20 Nr. 2 gilt nicht für Rahmenbetriebspläne, da sie nicht Grundlagen für konkrete betriebliche Maßnahmen sind (§ 55 Absatz 1 Satz 2, VG Freiburg, ZfB 1985, 348; Kühne, UPR 1986, 81 Fn. 3).

21 Leitungs- und Aufsichtspersonen i. S. von §§ 58 Absatz 1 Nr. 2, 55 Absatz 1 Nr. 2 b müssen die erforderliche Zuverlässigkeit, Fachkunde und körperliche Eignung haben, Unternehmer im Regelfall nur die erforderliche Zuverlässigkeit, es sei denn, sie haben keine Leitungs- und Aufsichtspersonen bestellt. Zu den Begriffen Zuverlässigkeit, Fachkunde und körperliche Eignung vgl. § 59, Rn 4 ff.

22 Zweifel an der Zuverlässigkeit müssen sich gerade für die betreffende zuzulassende Maßnahme ergeben. Sie können sich in erster Linie aus Verstößen gegen Arbeitsschutzvorschriften, aber auch aus Verstößen gegen anerkannte Regeln der Technik herleiten.

3.   Gesundheits- und Sachgüterschutz (§ 55 Absatz 1 Nr. 3)

23 Die Prüfung der Bergbehörde erstreckte sich nach den §§ 196 Absatz 2, 67 Absatz 4 ABG im Betriebsplanverfahren auf die „Sicherheit der Baue" und die „Sicherheit des Lebens und der Gesundheit der Arbeiter". Diese mancher Interpretation bedürftigen und überholten Formulierungen hat das BBergG nicht übernommen, wohl aber in § 55 Absatz 1 Nr. 3 den Gedanken dieses aus dem Gesichtspunkt der Abwendung von Gefahren für die Allgemeinheit oder für Einzelne geborenen althergebrachten Grundsatzes bergbehördlicher Tätigkeit (Isay, Vorbem. zu § 196, Rn 2).

24 Die Vorschrift ist sprachlich restlos misslungen, was das Verständnis sehr erschwert. Die in Nr. 3 genannten Aufgaben der Unfallverhütung und des Gesundheitsschutzes sind traditionell die wichtigste Aufgabe der Bergbehörde (Ebel/Weller, § 196, 3 b), sodass man sich hier eine klarere Formulierung anstelle dieses Satzungeheuers gewünscht hätte. Insbesondere das mit einem Komma von dem Wort „Sachgüter" getrennten Anhängsel „Beschäftigter und Dritter im Betrieb" haben die verschiedenen Redaktionen im Laufe der Entwürfe nicht gut getan. Versucht man dennoch eine Ordnung, wird man zu folgendem Ergebnis kommen:

25 Die Prüfung im Betriebsplanverfahren befasst sich damit, ob „Vorsorge" gegen Gefahren für bestimmte Rechtsgüter – Leben, Gesundheit, Sachgüter – und für die Einhaltung bestimmter Vorschriften getroffen ist. Vorsorge bedeutet, dass Maßnahmen zur Verhinderung des Eintritts der Gefahr getroffen wurden (Feldhaus, DÖV 1974, 613, 616: *„Verhindern, daß Gefahrenquellen entstehen"*, ist Zweck der Vorsorge gegen schädliche Umwelteinwirkungen). Dadurch soll nicht etwa erst der Eintritt des Schadens, sondern schon der Eintritt der Gefahr für diese Rechtsgüter vermieden werden. Der Schutz dieser Rechtsgüter ist also sehr weit vorverlagert.

Der bergrechtliche Begriff der **Vorsorge** in Nr. 3 ist allerdings nicht i.s. einer **26** gefahrunabhängigen Risikovorsorge, wie etwa der immissionsschutzrechtliche Vorsorgetatbestand interpretiert wird, zu verstehen. Vorsorge meint hier „Sorge tragen für [...]", d. h. Maßnahmen zum Schutz vor erkennbaren Gefahren für die genannten Rechtsgüter Leben, Gesundheit, Sachgüter von Beschäftigten oder Dritten im Betrieb (Weller, ZfB 1985, 296). Während im RegE 1975 noch „*zu gewährleisten*" war, dass die Schutzmaßnahmen den allgemein anerkannten Regeln der Sicherheitstechnik entsprechen, ist die Gesetz gewordene Fassung „Vorsorge gegen Gefahren [...]" mit Recht weniger stringent. Sie beruht auf der Tatsache, dass es im technischen Bergbaubereich keine absolute Sicherheit gegen Gesundheitsgefahren gibt. Insofern wird im Gesetz nur eine Wahrscheinlichkeitsprognose und keine Gewährleistung von Lebens- und Gesundheitsschutz erwartet (Kühne, DVBl 2010, 874, 881).

Diese Vorsorge muss „erforderlich" sein, d.h. sie muss dem in § 15 OBG **27** verankerten Grundsatz der Verhältnismäßigkeit entsprechen.

Der Gesetzgeber hat einige dieser Vorsorgemaßnahmen in § 55 Absatz 1 Nr. 3 **28** aufgeführt und dadurch die „Erforderlichkeit" der Vorsorgemaßnahme gesetzlich festgeschrieben:
- Maßnahmen entsprechen den allgemein anerkannten Regeln der Sicherheitstechnik
- Maßnahmen, dass die Vorschriften zur Errichtung und Durchführung des Betriebes eingehalten werden
- Maßnahmen, dass die sonstigen Arbeitsschutzvorschriften eingehalten werden. Sie sind kraft gesetzlicher Entscheidung zur Vorsorge „erforderlich", sind es jedoch nicht abschließend und allein. Aus dem Wort „insbesondere" ergibt sich, dass hier nur die wichtigsten Maßnahmen angesprochen sind. Diese anderen Maßnahmen sind dann aber unter dem Kriterium der „Erforderlichkeit" besonders zu messen.

Von mehreren in Betracht kommenden Mitteln zur Vorsorge ist dasjenige zu **29** wählen, das den einzelnen und die Allgemeinheit am wenigsten beeinträchtigt. Auch die geringstmögliche Vorsorgemaßnahme darf nicht zu einem Schaden führen, der zu dem beabsichtigten Erfolg, der Vorsorge gegen die genannten Gefahren, außer Verhältnis steht.

Die geschützten Rechtsgüter sind Leben, Gesundheit und Sachgüter. Sie werden **30** in Nr. 3 in unterschiedlicher Weise behandelt: während für die nicht ersetzbaren Güter Leben und Gesundheit eine „Vorsorge gegen Gefahren", d. h. schon gegen die Wahrscheinlichkeit ihrer Beeinträchtigung, getroffen werden muss und daher die Vorsorge weit vorgezogen ist, ist bei Sachgütern nur eine Vorsorge zum „Schutz" gefordert, nicht zum „Schutz vor Gefahren" für Sachgüter. Die Formulierung unterscheidet sich – so muss unterstellt werden – bewusst von der an anderer Stelle gebrauchten, wonach „Gefahren für Leben, Gesundheit und Sachgüter" zu schützen sind (vgl. § 61 Absatz 1 Nr. 1 a) und der, wo es auf den „Schutz von Leben, Gesundheit und Sachgütern" (vgl. § 71 Absatz 1) ankommt. Wenn mit diesen Formulierungen dasselbe gemeint sein sollte, hätte sich eine einheitliche Fassung angeboten.

Die geschützten Rechtsgüter werden „Beschäftigten und Dritten im Betrieb" **31** zugeordnet. Auch mit dieser Formulierung tut man sich bei der Auslegung schwer. Der Gesetzgeber hat den Begriff des „Dritten" an erstaunlich vielen

Stellen gerade im Dritten und Fünften Teil verwandt. Im Regelfall tritt der Dritte in der Kombination „Beschäftigter oder Dritter" auf (§§ 51 Absatz 3; 57 Absatz 1; 61 Absatz 1 Nr. 1a; 61 Absatz 1 Nr. 2; 71 Absatz 1; 71 Absatz 2; 74 Absatz 1; 74 Absatz 3 Nr. 2), vereinzelt alleine (§§ 55 Absatz 2 Nr. 1, 66 Nr. 7, 69 Absatz 2) und in einem weiteren Ausnahmefall mit dem Zusatz „im Betrieb" auf (§ 66 Nr. 6). Aus diesen unterschiedlichen Formulierungen ergibt sich: Dritte sind alle Rechtspersonen, die nicht Beschäftigte des Unternehmers sind, der den Betriebsplanantrag stellt. Dritte „im Betrieb" sind nur diejenigen, die sich in dem Betrieb, für den der Betriebsplan beantragt wird, aufhalten. Maßgebend ist der Begriff des Aufsuchungs-, Gewinnungs- und Aufbereitungsbetriebs und seiner gesetzlichen Bestimmung in § 2. Bei Tagesanlagen kann hierfür ein Anhaltspunkt die in § 2 Absatz 1 BVOSt NRW geforderte deutliche Abgrenzung des Werksgeländes sein.

32   Als „Dritte im Betrieb" wird man demnach ansehen können: Beschäftigte von Fremdunternehmern, Zulieferanten, Spezialfirmen; Besucher; Angehörige der Bergbehörden.

33   Die andere Auslegung, als zu schützende Rechtsgüter nebeneinander Gefahren für Leben und Gesundheit einerseits und den Schutz von Sachgütern, Beschäftigten und Dritten im Betrieb andererseits zu sehen, würde zwar dem „Komma" zwischen „Sachgütern" und „Beschäftigten" gerechter, nicht aber dem Grundgedanken dieser Vorschrift. Schon der Wortlaut wäre noch unverständlicher, denn es ist kein Grund ersichtlich, warum der Gesetzgeber die Gefahren für Leben und Gesundheit einerseits allgemein und den Schutz der Beschäftigten und Dritten im Betrieb nochmals im besonderen ansprechen sollte. Auch vom Grundsätzlichen her ist der Sachgüterschutz ohne jede Beschränkung auf ihm zugeordnete Subjekte nicht Aufgabe der Bergbehörden oder des Betriebsplans. Das würde der gesetzgeberischen Grundentscheidung der §§ 110 ff., insbesondere über die hinzunehmenden unvermeidbaren Bergbaueinwirkungen, widersprechen.

34   Der außerbetriebliche Sachgüterschutz wird traditionell schadensersatzrechtlich oder durch andere Umweltschutzgesetze (z. B. BImSchG) geregelt, nicht jedoch durch öffentlich-rechtliche Betriebsplanverfahren. Schließlich spricht die Begründung (BT-Drs 8/1315, 110 = Zydek, 254) dafür, dass nur der innerbetriebliche Sachgüterschutz Zweck des § 55 Absatz 1 Nr. 3 ist. Typischer Fall der Bestimmung: Markscheidesicherheitspfeiler, Sicherheitsfesten.

35   **Drittschutz:** Die verunglückte Formulierung der Vorschrift hat dazu geführt, dass in Rechtsprechung und Schrifttum ein beachtliches Bemühen festzustellen ist, ihr **Drittschutz** zuzuerkennen. Dabei ist zu unterscheiden, zwischen den Schutzgütern **Leben und Gesundheit Beschäftigter** und Dritter einerseits und **Sachgütern** anderseits.

36   Soweit Vorsorge gegen Gefahren für Leben und Gesundheit der Beschäftigten und der **auf dem Betriebsgelände** anwesenden Dritten zu treffen ist, hat Nr. 3 unbestritten drittschützenden Charakter.

37   Soweit Vorsorge gegen Gefahren für Leben und Gesundheit von Personen außerhalb des Betriebsgeländes getroffen werden muss, ist dieser Drittschutz auf diesen Personenkreis ausgedehnt worden (BVerwG, DVBl 1989, 663 = NVwZ 1989, 1157 = ZfB 1989, 199 *„könnte drittschützender Charakter in Betracht zu ziehen sein"*; BVerwG, DVBl 1989, 672 = ZfB 1989, 210; ZfB 1992, 38 = BVerwGE 89, 248; OVG Berlin, ZfB 1990, 212; OVG NRW, ZfB 2006, 51; ZfB 2009, 266; OVG Saarland, ZfB 1994, 26; VG Berlin, ZfB 1989, 137 f.; VG Cottbus, ZfB 2006, 201; VG Kassel, ZfB 2004, 76). Eindeutig BVerwG, ZfB

1992, 40: *„Der Staat darf sich bei der Zulassung großtechnischer Vorhaben nicht darauf beschränken, nur die innerbetriebliche Sicherheit durch präventive Kontrolle zu gewährleisten"* (hierzu ferner Beyer, S. 118; a. A. noch für Beschränkung auf betrieblichen Schutz Boldt/Weller § 55 Rn 14; Vorauflage Piens u. a. § 55 Rn 31; Niermann, S. 188 ff.).

Allerdings gibt es tatsächlich Grenzen: Weder das Auftreten von Bergschäden **38** führt generell oder typischer Weise zu einer Erkrankung des betroffenen Oberflächeneigentümers in Folge der mit den Schäden verbundenen Belastungen, noch verursachen Erderschütterungen typischer Weise Gesundheitsschäden (VG Saarland, ZfB 2006, 221; ZfB 2006, 224; ZfB 2006, 227; OVG Saarland, ZfB 1994, 217; ZfB 1998, 198; ZfB 2001, 286 und v. 22.11.2007 – 2 B 181/07; zur Praxis in NRW Welz, Heft 116 der Schriftenreihe GDMB S. 173 ff.).

Die in § 55 Absatz 1 Satz 1 Nr. 3 geforderte Gefahrenvorsorge für die Schutz- **39** güter Leben und Gesundheit bezieht sich auf betriebliche Gefahren im engeren Sinne (BVerwGE 126, 209, Rn 18 = ZfB 2006, 156). Das sind solche, die betriebsbedingt **unmittelbar von dem Abbauvorhaben** ausgehen oder mit diesem unmittelbar zusammenhängen. Es muss ein Zurechnungszusammenhang zwischen Vorhaben und Gefahr liegen, d. h. es wird ein adäquat-kausaler Zusammenhang vorausgesetzt (OVG NRW, ZfB 2009, 271). Lebens- und Gesundheitsgefahren durch Hochwasser sind einem Abbauvorhaben nicht zurechenbar, wenn die Wirkungen des Abbaus, insbesondere Senkungen der Erdoberfläche, nur das Deichhinterland betreffen, nicht aber die Hochwasserschutzeinrichtungen (OVG NRW, ZfB 2009, 261, 266 = DÖV 2010, 46 LS). Eingetretene Senkungen des Geländes bedeuten noch keine Gesundheitsgefahr. Nach einer neueren Ansicht sollen Vorsorgemaßnahmen gemäß § 55 Absatz 1 Nr. 3 auch Lebens- und Gesundheitsgefahren begegnen, die nur **mittelbar durch Abbau verursacht werden** (BVerwG, ZfB 210, 129, 132 Rn 20 = NVwZ 2010, 1034 L; Frenz, NVwZ 2011, 86 und WiVerw 2009, 77, 82, zweifelnd Kühne, DVBl 2010, 874, 879; a. A. OVG NRW, ZfB 2009, 261, das für mittelbare Gefahren § 48 Absatz 2 S. 1 anwendet). Die Vorsorge gegen bergbaulich bedingte Ursachen muss allerdings nicht über die Vorsorge gegenüber natürlichen Ereignissen hinausgehen (Frenz, aaO). Außerdem muss man voraussetzen, dass diese mittelbaren Gefahren für Leben und Gesundheit Dritter bei normalem Geschehensablauf nach allgemeiner Lebenserfahrung wahrscheinlich und vorhersehbar sind (OVG NRW, ZfB 2009, 271; Kühne, DVBl 2010, 874, 883 f.). Der Gesundheitsschutz des § 55 Absatz 1 Nr. 3 geht **über die** im UVP-Rahmenbetriesplanverfahren erforderliche **UVP-Prüfung zum Schutzgut „Mensch" hinaus.** Diese befasst sich damit, ob die Unterlagen zu einer abschließenden UVP-Beurteilung ausreichen (BVerwG, aaO; Frenz, aaO). Nach § 55 Absatz 1 Nr. 3 dagegen werden die Auswirkungen auf die Gesundheit grundstücks- und detailbezogen geprüft. Es findet eine materielle Gesundheitsschutz-Prüfung und Vorsorge statt.

Andererseits können Gefahren für Leben und Gesundheit im Einzelfall drohen **40** bei senkungsbedingten Beschädigungen von Ver- oder Entsorgungsleitungen (OVG Saarland, ZfB 1998, 198), insbesondere Leckagen an Gasleitungen. Insofern kann eine Nebenbestimmung zu Überwachungs- oder Sicherungsmaßnahmen erforderlich werden, um eine Ablehnung des Betriebsplanantrags zu vermeiden.

Im Hinblick auf bergbauverursachte **seismische Erschütterungen** (hierzu Schmitt **41** in Schriftenreihe GDMB Heft 116, 9 ff.; Fischer, ebenda S. 21 ff.; Preuße, ebenda S. 59 ff.; Wittenberg, ebenda S. 69 ff.; Pohl, ebenda S. 81 ff.; Sroka, ebenda S. 105; Fritschen, ebenda S. 127 ff.; Goerke-Mallet, ebenda S. 153 ff.) kann sich die Frage stellen, wie sie im bergrechtlichen Verfahren zu behandeln sind.

42   Ausgangspunkt hierfür muss der Grundsatz sein, dass Aussagen über die Beeinträchtigungen durch ein untertägig geführtes Bergbauvorhaben wegen der Besonderheiten des Bergbaus und der schadensbeeinflussenden Faktoren nur prognostisch getroffen werden können. Der Bergbehörde muss daher bei der Beurteilung der Zulassungsvoraussetzungen ein **weiter Prognosespielraum** zustehen (OVG Saarland, st. Rspr. ZfB 2008, 282; ZfB 1998, 171; ZfB 2001, 291). Im Ausgleich dafür sind Genehmigungsentscheidungen des BBergG mit einer im Vergleich zu anderen Rechtsbereichen geringeren Bindungswirkung ausgestattet (OVG Saarland, ZfB 2008, 284). Nachträgliche Auflagen gemäß § 56 Absatz 1 Satz 2 und Anordnungen gemäß § 71 Absatz 1 und 2 ergänzen das Betriebsplansystem und schaffen eine den geologischen und tektonischen Unwägbarkeiten des Untertagebergbaus angemessene Flexibilität.

43   Hiervon ausgehend kann eine Vorhersage, welche Schäden aufgrund von mit dem Bergbau einhergehenden seismischen Erschütterungen zu erwarten sind, allenfalls typisierend auf der Grundlage von Erfahrungen an anderer Stelle in vergleichbaren Situationen gemacht werden (OVG Saarland, aaO S. 282). Dabei ist zwischen Gefahren für Leben und Gesundheit und Gefahren für Sachgüter sowohl in Bezug auf die rechtlichen Prüfungsvoraussetzungen als auch bei der Intensität des Erfahrungsschatzes zu unterscheiden. Als Rechtsgrundlage für den Gesundheitsschutz werden § 55 Absatz 1 Satz 1 Nr. 3 (Frenz, GDMB – Schriftenreihe Heft 116, 57; Glückauf 2011, 278 mit Bezug auf BVerwG vom 29.4.2010 – 7 C 18/09 = ZfB 2010, 129; Niederstadt, ebenda S. 101; OVG Saarland, ZfB 2001, 296) und § 55 Absatz 1 Satz 1 Nr. 5 (OVG Saarland, ZfB 2008, 277) angesprochen, als Rechtsgrundlage für den Eigentumsschutz § 48 Absatz 2 Satz 1 (Niederstadt, aaO, S. 101; Frenz aaO S. 57; OVG Saarland, ZfB 2008, 278 ff.; ZfB 2001, 286). An die Intensität des Erfahrungsschatzes sind bei Gesundheitsgefahren weniger strenge Anforderungen zu stellen als bei (schweren) Schäden am Oberflächeneigentum. Man konnte davon ausgehen, dass bei einer Schwinggeschwindigkeit von 71 mm/sek (OVG Saarland, ZfB 2008, 284) nicht damit zu rechnen war, dass die Möglichkeit von Personenschäden etwa durch Einsturz von Gebäuden (OVG Saarland, aaO, S. 277) oder durch das Gefühl latenter Bedrohung (OVG Saarland, ZfB 2001, 296) besteht. Nicht jede entfernt liegende Möglichkeit eines Personenschadens ist ausreichend. Die **Gefahrenschwelle** durch von dem Abbauvorhaben ausgehende Erschütterungen oder Erdstöße ist erst **überschritten**, wenn wissenschaftliche Erkenntnisse vorliegen, dass daraus notwendiger- oder typischer Weise (psychische) Gesundheitsbeeinträchtigungen resultieren (OVG Saarland, ZfB 2008, 288 m. w. N.; OVG NRW, ZfB 2009, 267). Es gibt geologische (z. B. Sandsteinanteil oberhalb des Abbaues, abgebaute Flözmächtigkeit) und abbautechnische Kriterien (Durchbauungsgrad, Bauweise, Abbaugeschwindigkeit) für das Auftreten von Erschütterungsereignissen (Kühne, DVBl 2010, 883 m. w. N.). Dem **Bergbauunternehmer** obliegt **nicht** grundsätzlich der **Nachweis**, dass eine Wahrscheinlichkeit nicht besteht, dass bergbauliche Vorhaben könne zu Schäden an Leib und Leben führen (VG Saarland v. 2.7.2009, 5 L 1657/08, überzeugend Kühne, DVBl 2010, 878 gegen Frenz, NUR 2009, 160 ff.; WiVerw 2009, 77 ff., Markscheidewesen 2009, 21 ff.). Nachdem allerdings Erfahrungen mit Schwinggeschwindigkeiten zwischen 71,3 mm/sek und 93,5 mm/sek im Saarland gemacht wurden (Preuße, Schriftenreihe GDMB Heft 116, 59 ff.; Fischer, ebenda S. 21 ff.), wird man sie bei Prognoseentscheidungen mit zu berücksichtigen haben (Frenz, Schriftenreihe GDMB Heft 116, 49 ff. und NUR 2009, 160; Niederstadt, ebenda S. 101 ff.). Dies kann im Einzelfall, in dem lokale Erschütterungsschwerpunkte aufgrund bisheriger Untersuchungen, Gutachten und Forschungsergebnisse nicht auszuschließen sind, erfolgen durch inhaltliche Anreicherungen des Sonderbetriebsplans *„Abbaueinwirkungen"* oder *„Anhörung der Oberflächeneigentümer"* um das Kapitel „Anhörung potenziell gesundheitlich Betroffener" (Frenz aaO, 48 und NUR 2009, 160) oder um eine erweiterte Markscheider-Erklärung (Fischer aaO S. 41). Der Rahmenbetriebsplan „Abbau" dagegen eignet sich weniger für einen präventiven Gesundheitsschutz, weil er noch keine Detailzuschnitte und -planungen enthält (Fischer aaO, 41; OVG Saarland, ZfB 2005, 205; a. A. Frenz aaO S. 48). Zur Beurteilung von erschütterungsbedingten Auswirkungen ist die DIN 4150 – Erschütterungen im Bauwesen – Teile 1–3 – nur begrenzt geeignet. Sie befasst sich nicht mit den Besonderheiten bergbaubedingter Beben (OVG Saarland aaO S. 285; Welz, GDMB Schriftenreihe Bd. 116, 175). Sie nennt lediglich Anhaltswerte – unabhängig von der Ursache der Erschütterung – bei denen von einer erheblichen Belästigung des Menschen nicht auszugehen ist.

Rechtlich nicht begründbar und bei sinnvoller Anwendung des Instrumentariums des Betriebsplanverfahrens nicht erforderlich ist es, die Maßstäbe für die Zulassung des Betriebsplans durch Nachweis des Ausschlusses von Erschütterungsereignissen in Form einer Gesundheitsverträglichkeitsprüfung zu verschärfen (überzeugend Kühne, DVBl 2010, 884 gegen Frenz, NUR 2009, 160 ff.; WiVerw 2009, 77 ff.; Markscheidewesen 2009, 21 ff.). **44**

Zur **zivilrechtlichen Haftung** für Schäden aufgrund Bergbauerschütterungen: Finke GDMB – Schriftenreihe Bd. 116, 141 ff.; Müggenborg, ebenda 165 ff.; LG Saarbrücken, ZfB 2008, 77; BGH, NJW 2009, 762 = VersR 2009, 792). **45**

Ob die Vorsorgepflicht des § 55 Absatz 1 Satz 1 Nr. 3 auch den **Schutz von Sachgütern außerhalb des Betriebes** umfasst, ist in Rechtsprechung und Literatur seit längerem streitig. Die Rechtsprechung hatte sich zunächst der hier vertretenen Auffassung angeschlossen, dass die Vorschrift der Nr. 3 nicht Sachgüter der von bergbaulichen Vorhaben betroffenen Oberflächeneigentümer schützt (OVG NRW, ZfB 1986, 358, 365; BVerwG, DVBl 1989, 663 = ZfB 1989, 199 = NVwZ 1989, 1157; BVerwG, NVwZ 1989, 1162 = ZfB 1989, 210; VG Koblenz, ZfB 1984, 474; OVG Lüneburg, ZfB 1986, 365; OVG NRW, ZfB 2008, 123), jedenfalls nicht vor Schäden, die (noch) nicht die Merkmale des Gemeinschadens erfüllen (BVerwG, ZfB 1991, 142). In einer späteren Entscheidung (BVerwG, ZfB 1992, 41) wurde angedeutet, dass es zweifelhaft sein könnte, ob sich der außerbetriebliche Drittschutz auf die Rechtsgüter Leben und Gesundheit beschränkt. Die Antwort blieb offen, weil sich die Kläger außer auf ihr Eigentum auch auf die Rechtsgüter Leben und Gesundheit beriefen. Selbst wenn man den – für die Entscheidung nicht erheblichen – Gedanken aufgreifen würde, wies die Rechtsprechung darauf hin, dass der Schutz des § 55 Absatz 1 Satz 1 Nr. 3 als Abwehrrecht des Oberflächeneigentümers nicht weiter reichen würde als der über § 48 Absatz 2 Satz 1 zu erwartende Sachgüterschutz (VG Gelsenkirchen, ZfB 1992, 219; ZfB 1995, 133). Im Übrigen müsse das Gebot der Schadensvermeidung durch den Maßstab der Verhältnismäßigkeit relativiert werden (Gaentzsch in Hüffer, Oberflächeneigentum und Bergbau, S. 48, 51 und DVBl 1993, 527; OVG Saarland, ZfB 1998, 200; ZfB 2003, 305). Die Forderung nach Blasversatz statt Bruchversatz oder nach Änderung der Abbauführung im untertägigen Steinkohlenbergbau zur Vermeidung oder Minderung von Sachgüterschäden würde wegen technischer, sicherheitlicher und wirtschaftlicher Bedenken dem Verhältnismäßigkeitsgrundsatz nicht gerecht (OVG Saarland aaO). **46**

Die **nachfolgende Rechtsprechung** hat daher die Anwendung von § 55 Absatz 1 Satz 1 Nr. 3 auf Sachgüter Dritter außerhalb des Betriebes zurecht abgelehnt (BVerwG, NVwZ 2005, 955 = ZfB 2005, 156; OVG NRW, ZfB 2006, 51; ZfB 1990, 44; VG Gelsenkirchen, ZfB 1990, 58; VG Karlsruhe, ZfB 1990, 338; VG Stade, ZfB 1992, 63; VG Kassel, ZfB 2004, 71; OVG Saarland, ZfB 2003, 229; VG Dessau, ZfB 2005, 160; VG Oldenburg, 13.6.2012, 3A 3370/10 Rn 86; VG Arnsberg, ZfB 2012, 49, 57 Rn 68 betr. Grundwasser als Sachgut i. S. von § 55 Absatz 1 Nr. 3 für ein Wasserwerk). **47**

48   Auch in der **Literatur** hat sich die Auffassung durchgesetzt, dass der Schutz von Sachgütern Dritter außerhalb des Betriebes nicht durch § 55 Absatz 1 Satz 1 Nr. 3 erfasst wird (Boldt/Weller § 55 Rn 14; Rausch, S. 45; Niermann, S. 161, 189 f.; Stüer, NUR 1985, 264; Stüer/Wolff, LKV 2002, 13; Schoch, S. 53; Schmidt-Aßmann, S. 114; Kühne, ZfB 1990, 288; DVBl 2010, 879; Weller, ZfB 1985, 296 f.; Frenz, Bergrecht und nachhaltige Entwicklung, S. 51, a. A. Terwiesche, Wasseranstieg, S. 96; Beyer, S. 127; Brauner, NUR 1994, 24 *„zumindestens soweit es um Betrieb von Untergrundspeichern geht"*, Kremer Glückauf 1989, 1358: Funktionsbezogene Auslegung i. S. von *„durch den Betrieb"*, dies ist mit dem Text des Gesetzes jedoch nicht vereinbar). Eine gute Zusammenfassung der Entwicklung des Drittschutzes privater Grundeigentümer im Bergrecht findet man bei Dammert in Leipziger Schriften zum Umwelt- und Planungsrecht, 2003, S. 73 ff.

49   Die **Beteiligung des Grundeigentümers am Betriebsplanverfahren** und der Rechtsschutz vollzieht sich demnach über § 48 Absatz 2 Satz 1, soweit die Rechtsprechung diese Vorschrift hierfür geöffnet hat (§ 55 Rn 4 und § 48 Rn 19 ff., 28). Dies hat zur Folge: Bei schweren Oberflächenschäden besteht kein zwingender Versagungsgrund, sondern ein Abwägungserfordernis (Hoppe, DVBl 1993, 228). Die Nachweise der Voraussetzungen für die Beteiligung des Oberflächeneigentümers sind nicht nach § 52 Absatz 4 zu erbringen, sondern nach dem Amtsermittlungsgrundsatz des § 24 Absatz 1 VwVfG, ggf. unter Mitwirkung des Unternehmers nach § 26 Absatz 2 VwVfG (Knof in Bochumer Beiträge Band 19, S. 58) zu beschaffen. Maßgabe für den Drittschutz des Oberflächeneigentümers ist nicht die *„Vermeidbarkeit der Schäden"* (Gaentzsch in Kühne/Gaentzsch, S. 32), sondern der *„schwerer Oberflächenschaden"* (Hoppe, Bochumer Beiträge Band 19, S. 35), für den die Praxis inzwischen einen handhabbaren Kriterien-Katalog entwickelt hat (Arbeitskreis Rechtsfragen des Länderausschusses Bergbau, ZfB 1995, 345; Knof „Bochumer Beiträge", Bd. 19, S. 57; bestätigend OVG Saarland, ZfB 1998, 171; ZfB 2005, 207; ZfB 2008, 279; VG Saarland, ZfB 2003, 293; ZfB 2007, 189).

50   Allerdings richten sich nachträgliche Auflagen oder Ergänzungen von Auflagen entgegen anderer Ansicht (Knof aaO, S. 63) nicht nach § 36 Absatz 2 VwVfG, sondern auch zur Sicherstellung der Voraussetzungen des § 48 Absatz 2 Satz 1 nach der Spezialvorschrift des § 56 Absatz 1 Satz 2 (für fakultativen Rahmenbetriebsplan: OVG Saarland, ZfB 2008, 284; für Sonderbetriebsplan-"Abbau" OVG NRW, ZfB 2008, 115 mit Hinweis auf BVerwG, ZfB 2006, 156 = BVerwGE 126, 209; s. auch § 56 Rn 116 f.).

51   Aus diesem innerbetrieblichen Sachgüterschutz herausgefallen sind die Sachgüter des Unternehmers. Während der frühere Ausdruck „Sicherheit der Baue" in § 196 Absatz 2 ABG nicht nur die untertägigen betrieblichen Anlagen erfasste (Ebel/Weller, § 196, 3 a), ist jetzt der Unternehmer nicht „Dritter" im Sinne § 55 Absatz 1 Nr. 3 und sind damit seine Sachgüter nicht geschützt. Etwas anderes gilt, wenn die Sachgüter des Unternehmers (z. B. Grubenbaue, Schachtgebäude, Gerüste, Aufbereitungsanlagen) zugleich dem Schutz der Beschäftigten oder Dritter gegen Gefahren für Leben und Gesundheit dienen oder wenn der Schutz von Sachgütern des Unternehmers zu Belangen der Allgemeinheit wird, die in den übrigen Nr. 4–9 geregelt sind.

52   Andererseits ist der Sachgüterschutz gegenüber der bisherigen Rechtslage erweitert, weil er alle Sachgüter umfasst und nicht nur die nach früherem Recht als „Baue" angesehen wurden (Pfadt, Rechtsfragen zum Betriebsplan im Bergrecht, 151).

Zur Vorsorge gegen die bezeichneten Gefahren dienen insbesondere Maßnah- **53**
men, die den allgemein anerkannten Regeln der Sicherheitstechnik entsprechen.
Zu den allgemein anerkannten Regeln der Technik gehören insbesondere auch
die DIN-Normen und VDE-Bestimmungen.

Dazu gehören u. a.: In **Braunkohlentagebauen** die DIN 22.261 für Bagger, **54**
Absetzer und Zusatzgeräte (Dittrich/Dralle, World of Mining 2007, 22); in
untertägigen Bergwerken die EN 14.591 betrifft Explosionsschutz (Fuchs/Blas-
gude Glückauf 2006, 562 f.). Zur Gefahrenvorsorge im Bergbaubetrieb können
die Bergbehörden Richtlinien erlassen, in denen Schwerpunkt von betriebsbedingten Gefahren geregelt werden (z. B. Richtlinie Immissionsschutz in Braunkohlentagebauen des Landesbergamts Brandenburg v. 10.12.2001 – OrdNr. 11/
013). Zur Systematik des Arbeitsschutzrechts im Bergbau: Grigo, Bergbau,
1996, 545 ff.).
Bei Errichtung, Führung und Einstellung des bergbaulichen Betriebes ist die
Gewährleistung der Standsicherheit eine ständige Aufgabe des Bergwerksunternehmers. Sie betrifft die Bergwerksanlagen, unterirdische Grubenbaue, Stollen
und Schächte sowie Tagebaue mit ihren Halden, Kippen, dauerhaft zurück-
bleibenden Restlöchern und Tagebauseen (Beckmann, BauR 2010, 2047 ff.).
Nach § 61 Absatz 1 Satz 2 hat der Unternehmer Maßnahmen und Vorkehrungen zum Schutz von Beschäftigten und Dritten zu treffen, die den allgemein
anerkannten sicherheitstechnischen Regeln entsprechen. Dazu gehören u. a. § 12
Absatz 1 Satz 2 ABergV, wonach **die Standsicherheit von Abraumhalden, Kippen, Absetzbecken** zu gewährleisten ist, § 14 Absatz 2 ABBergV, wonach die
Höhe und Neigungen der Böschungen der Standfestigkeit der Gebirgsschichten
sowie dem Abbauverfahren angepasst sein müssen. § 14 ABergV fordert Vorkehrungen gegen die Gefahr abrutschender Massen, nach Abschluss der Abbaue
muss der Nachweis der geotechnischen Sicherheit erbracht werden (s. Empfehlung „Geotechnisch-markscheiderische Untersuchung und Bewertung von
Tagebaurestlöchern, Halden, Kippen des Altbergbaus" der Deutschen Gesellschaft für Geotechnik e. V. und des Deutschen Markscheidervereins.
Nach der BVO für Braunkohlenbergwerke NRW ist die **Standsicherheit von
Randböschungssystemen** nachzuweisen. Bei Hinweisen auf gefahrbringende
Gebirgs- und Bodenbewegungen sind Maßnahmen zur Gefahrenabwehr zu
treffen, Abbau und Verkippung dürfen nur nach markscheiderischen Angaben
geführt werden. Nach § 3 Absatz 3 der **RL für die Untersuchung der Standsicherheit von Böschungen** der **im Tagebau** betriebenen Braunkohlenbergwerke
NRW sind Böschungen so anzulegen und zu unterhalten, dass die Sicherheit und
die zu schützenden Objekte während der vorgesehenen Standzeit nicht gefährdet
werden. Die Standsicherheitsuntersuchungen sind nach der DIN 1054 (Baugrund) und DIN 4084 (Böschungs- und Geländebruchberechnungen) durchzuführen (Einzelheiten bei Beckmann BauR 2010, 2047 ff.). Ins Betriebsplanverfahren sind die allgemein anerkannten Regeln der Sicherheitstechnik durch
§ 55 Absatz 1 Satz 1 Nr. 3 (BVerwG, ZfB 2010, 129 – Bergwerk West – Beckmann, aaO, S. 2053; a. A. noch OVG NRW, ZfB 2009, 261: § 48 Absatz 2
Satz 1 ist bei Gefahren, die mangels Unmittelbarkeit keine betriebliche Gefahren
sind, anzuwenden) eingebunden.
Für die Zulassung eines Hauptbetriebsplans zur Gewinnung von Grubengas und
zum Betrieb der dazu erforderlichen Anlagen hat die Bezirksregierung Arnsberg
„Grubengasgewinnungs-Richtlinien" vom 13.3.2002 (Bez. Reg. Arnsberg, SBl
Nr. A 2.31) erlassen. Sie werden der Betriebsplanzulassung als Stand der
Technik für Brand- und Explosionsschutz in Form von Nebenbestimmungen
beigefügt (VG Düsseldorf ZfB 2010, 261).
Davon zu unterscheiden sind die **Gasabsauge-Richtlinien** der Bezirksregierung
Arnsberg vom 26.4.1985 (Bez. Reg. Arnsberg, SBl Nr. A 2.18), die ausschließ-
lich dem Schutz der untertägigen Belegschaft dienen. Sie erfassen Bohrlöcher,
Grubenbaue, Gasleitungen, Druckerzeuger und Sicherheitseinrichtungen, nicht

jedoch Anlagen zur Verwertung des Grubengases und abgeworfene oder vorübergehend nicht betriebene Schächte. **Grubengasgewinnungsanlagen,** die – anders als Gasabsaugeanlagen – einem wirtschaftlichen Verwertungszweck dienen (s. auch § 3 Rn 40), bestehen u. a. aus Grubengasleitungen, Verrohrungen des Bohrloches, Verdichter, Ausblaseleitung und Einrichtungen zur Steuerung und Überwachung. Die **Abgrenzung der Geltungsbereiche zwischen BImSchG und BBergG** ist wie folgt: Vom BImSchG werden die letzten zwei Sicherheitsabsperrorgane, die sich in der Grubengasverbraucherleitung in Strömungsrichtung befinden, einschließlich aller nachfolgenden Teile der Grubengasverwertungsanlage erfasst. Das BBergG gilt für die Grubengasgewinnung im engeren Sinne, d. h. die davor befindlichen Rohrleitungen bis zum Anschluss an die Schachtentgasungsleitung bzw. bis zum Bohrlochtiefsten (Bez. Reg. Arnsberg vom 11.2.2011, Sammelbl. A 2.31). Wird das Grubengas über Bohrlöcher gewonnen, ist außerdem die BergV des ehemaligen LOBA NRW für Tiefbohrungen, Tiefspeicher und Gewinnung von Bodenschätzen durch Bohrungen (**Tiefbohr-VO**) vom 31.10.2006 (ABl Arnsberg Nr. 48 – Beilage – in der jeweiligen Fassung zu beachten. Zu den Anforderungen an die Errichtung und den Betrieb von **Baustellen** s. Michler, UPR 2012, 335 ff. (s. auch Anhang § 56 Rn 214). Die Anforderungen ergeben sich aus §§ 22 ff. BImSchG und der **AVV Baulärm** vom 19.8.1970 (Beilage zum BAnz Nr. 160 vom 1.9.1970). Die TA Lärm ist nach Nr. 1 Absatz 2 Buchstabe f auf Baustellen nicht anwendbar, ergänzend aber auf den an- und abfahrenden LKW-Verkehr außerhalb der Baustelle.

55 Die Vorsorge muss sich auch darauf erstrecken, dass die Arbeitsschutzvorschriften eingehalten werden, die der Gesetzgeber aufteilt in die aufgrund des BBergG erlassenen, die aufgrund des BBergG geltenden und die sonstigen.

56 Arbeitsschutzvorschriften sind alle diejenigen, die dem Schutz des Arbeitnehmers dienen. Sie sind so zahlreich und speziell, dass eine Aufzählung in diesem Rahmen nicht möglich ist. Der Arbeitsschutz umfasst die Sachgebiete (Einzelheiten vgl. Mertens, Bundesarbeitsbl. 1982, 36)
– Arbeitsstätten einschließlich Betriebshygiene
– Maschinen, Geräte, technische Anlagen
– gefährliche Arbeitsstoffe und Strahlen
– Arbeitszeitregelungen
– Schutz besonderer Personengruppen (Mutter- und Jugendschutz)
– Arbeitsschutzorganisation im Betrieb

57 **Erlassene Arbeitsschutzvorschriften** i. S. von § 55 Absatz 1 Nr. 3 sind vor allem diejenigen, für die §§ 65–67 die Ermächtigungsgrundlage geschaffen haben. Dazu gehören u. a.: Klima-BergV v. 9.6.1983 (BGBl, 685, hierzu Keusgen, ZfB 1984, 81; Kirchner, Glückauf 1983, 838; VwV zur Klima-BergV des ehemal. LOBA NRW v. 10.10.1985 = ZfB 1987, 886), die Gesundheitsschutz-BergV v. 31.7.1991 (BGBl, 1751), die allgemeine BBergV v. 21.10.1995 (BGBl, 1466, mehrfach geändert 2004, 2005, 2008, zuletzt durch VO v. 24.1.2008, BGBl, 85), BergV über den arbeitssicherheitlichen und betriebsärztlichen Dienst v. 24.10.1997 (ABl Arnsberg 1997, Nr. 46), Elektro-BergV v. 9.5.2000 (ABl Arnsberg 2000, Nr. 32 = ZfB 2001, 1 ff.), ferner die BergV für die Steinkohlenbergwerke (BVOSt), für die Braunkohlenbergwerke (BVOBr) und für die Erzbergwerke, Salzbergwerke und für die Steine- und Erdenbetriebe (BVOESSE) i. d. Fassung v. 1.5.2001 (ABl Arnsberg 2001, Nr. 46 Beilage = ZfB 2003, 3 ff.) auch die Tiefbohrverordnung NRW (BVOT) v. 31.10.2006 (ABl Arnsberg 2006, Nr. 48), Niedersachsen v. 20.9.2006 (ZfB 2006, 255), Saarland v. 15.1.2007 (ZfB 2007, 20) und die BergV für Schacht- und Schrägförderanlagen (BVOS) v. 4.12.2003 (ABl Arnsberg 2004, Nr. 5), in der eine besondere Genehmigung für diese Anlagen vorgeschrieben ist. Einzelheiten hierzu § 68 Rn 1 ff.

Aufgrund des BBergG geltende Arbeitsschutzvorschriften (hierzu Levin, Der **58**
Kompass 1980, 364) sind die, in denen das Gesetz selbst den Schutz regelt (z. B.
§§ 51, 52 Absatz 3–5, 58 ff., 131) und diejenigen, die durch §§ 167 Absatz 1, 76
Absatz 3 weiter fortgelten.

Zu den **sonstigen Arbeitsschutzvorschriften** gehören u. a.: Arbeitsschutzgesetz v.   **59**
7.8.1996 (BGBl, 1246), die Arbeitsstätten-VO v. 12.8.2004 (BGBl, 2179) und
die Betriebssicherheits-VO v. 27.9.2002 (BGBl, 3777), die jedoch nicht in den
Betrieben gelten, die dem BBergG unterliegen (§ 1 Absatz 2 Satz 2 ArbSchG, § 1
Absatz 2 ArbStättVO, § 1 Absatz 4 BetrSichVO) mit der Ausnahme für überwachungsbedürftige Anlagen in Tagesanlagen der Unternehmen des Bergwesens.
Durch die Betriebssicherheits-VO u. a. sind die frühere Dampfkessel-VO, Druck-
behälter-VO, VO über elektrische Anlagen in explosionsgefährdeten Bereichen
und die VO über brennbare Flüssigkeiten außer Kraft getreten. In § 13 ist ein
Erlaubnisvorbehalt für Montage, Betrieb und wesentliche Änderungen der
Bauart oder Betriebsweise der dort genannten Anlagen, insbesondere Dampfkessel und Füllanlagen, vorgesehen.

Arbeitsschutzvorschriften sind ferner das **Geräte- und Produktsicherheitsgesetz**   **60**
v. 6.1.2004 (BGBl, 2), das gemäß § 1 Absatz 2 Nr. 3 GPSG ebenfalls nicht für
Unternehmen des Bergwesens gilt, ausgenommen in deren Tagesanlagen. Es
führt das bisherige Gerätesicherheitsgesetz (GSG v. 11.5.2001, BGBl, 866)
und das Produktsicherheitsgesetz (ProdSG v. 22.4.1997, BGBl, 934) zusammen,
die beide außer Kraft getreten sind. Ferner das Gesetz über Betriebsärzte,
Sicherheitsingenieure und andere Fachkräfte der Arbeitssicherheit v. 12.12.1973
(**Arbeitssicherheitsgesetz**, BGBl, 1885), das gemäß § 17 Absatz 3 nur gilt, soweit
das Bergrecht keine gleichwertigen Regelungen enthält. Schließlich das **Sprengstoffgesetz** v. 10.9.2002 (BGBl, 3518). Es gilt gemäß § 1 Absatz 4 Nr. 3 nicht für
den Umgang mit explosionsgefährlichen Stoffen in den der Bergaufsicht unterliegenden Betrieben mit Ausnahme der genannten §§ 3–16, 19–22, 24 Absatz 1
hinsichtlich der Anleitung zur Verwendung, soweit bergrechtliche Vorschriften
nicht entgegen stehen, sowie ausgenommen der §§ 32 a und 34–39 a. Das Gesetz
sieht in § 7 Absatz 1 eine Erlaubnispflicht zum Umgang mit explosionsgefährlichen Stoffen vor, die auch für Bergbaubetriebe gilt und dem Rahmen des § 55
Absatz 1 Satz 1 Nr. 3 zu prüfen ist.

Nach der **PCB-, PCT-, VC-Verbotsverordnung** v. 18.7.1989 (BGBl, 1482) ist die   **61**
Herstellung, das Inverkehrbringen und Verwenden von dort genannten Stoffen,
Zubereitungen und Erzeugnissen grundsätzlich verboten. Betroffen davon kön-
nen Mineralöl-Zubereitungen und Erzeugnisse in Dieselloks, Grubenstempeln,
Transformatoren oder Schrämmmaschinen sein. Ausreichend für das Verbot ist
bereits der Verdacht von PCB- oder PCT-haltigen Stoffen. Abfälle zur Beseiti-
gung i. S. von § 3 Absatz 26 KrWG sind gemäß § 1 Absatz 2 der VO i. V. mit § 2
Absatz 1 ChemG ausgenommen. Für sie gelten die Pflichten des **§ 2 der PCB
AbfallV** v. 26.6.2000 (BGBl, 932), d. h. sie sind unverzüglich in dafür zugelassenen Anlagen zu entsorgen.

Die Bildschirmarbeits-VO (BGBl 1996, 1841), die aufgrund des Arbeitsschutz-   **62**
gesetzes erlassen wurde, gilt gemäß § 1 Absatz 3 nicht in Betrieben, die dem
BBergG unterliegen. Ähnliches gilt für die **Gefahrstoff-VO** v. 23.12.2004 (BGBl,
3758) und die nachfolgende v. 26.11.2010 (BGBl, 1643), die in Betrieben, die
dem BBergG unterliegen nicht gilt, soweit im BBergG oder in den aufgrund des
BBergG erlassenen Rechtsverordnungen entsprechende Rechtsvorschriften
bestehen (§ 1 Absatz 5 Satz 2 GefStoffV).

Zu den sonstigen Arbeitsschutzvorschriften zählen nicht die **Unfallverhütungs-**   **63**
vorschriften, die aufgrund § 15 SGB VII erlassen werden (Weller ZfB 1985,

298). Nach § 15 Absatz 3 SGB VII besteht das Recht der Unfallversicherungsträger, Unfallverhütungsvorschriften als autonomes Satzungsrecht zu erlassen,
bei unter bergbehördlicher Aufsicht stehenden Unternehmen nicht. Da § 15
Absatz 3 SGB VII nicht für Maßnahmen gilt, die der Unternehmer nach dem
Arbeitssicherheitsgesetz von 1973 zu erfüllen hat, kann sich die Frage stellen, ob
neben den bergbauspezifischen Einsatzzeiten nach der BVOASi auch die der
VBG 122 „Fachkräfte für Arbeitssicherheit" und VBG 123 „Betriebsärzte" für
den Unternehmer gelten. Während die berufsgenossenschaftlichen Regelungen
unternehmensbezogen sind, hat die BVOASi einen betriebsbezogenen Ansatz,
dem im Hinblick auf den betriebsbezogenen Ansatz des BBergG der Vorzug
gebührt. Einzelheiten s. auch Merkblatt des sächs. Oberbergamts zur Einführung der BVOASi (VOAS – Stand 23.9.1998). Erlassene Vorschriften i. S. von
§ 55 Absatz 1 Satz 1 Ziff. 3 sind nicht Vollzugshilfen, Merkblätter, Richtlinien.
Sie konkretisieren allerdings gesetzliche oder verordnungsrechtliche Anforderungen und können im Rahmen von Nebenbestimmungen von Betriebsplanzulassung der Gewährleistung der Arbeitssicherheit dienen und für den Unternehmer verbindlich gemacht werden.

4.   Lagerstättenschutz

64   Seit der Aufnahme des **Lagerstättenschutzes** in das Erdölgesetz vom 12.5.1934
(GS 257) und in das ABG (Ges. v. 9.6.1934, GS 303) kannte das frühere Recht
den Lagerstättenschutz als von der Bergbehörde zu prüfenden Belang, soweit er
im „allgemeinwirtschaftlichen" Interesse liegt. Inhaltlich nichts anderes ist durch
§ 55 Absatz 1 Nr. 4 geregelt, wenn es jetzt auf das „öffentliche Interesse"
ankommt. Auch heute ist die Verhinderung von Raubbau und der Schutz des
wirtschaftlichen Abbaues anderer Bodenschätze die wesentliche Aufgabe dieser
Vorschrift. Ihr Zweck ist nicht die klassische Gefahrenabwehr im Sinne der
Aufrechterhaltung der öffentlichen Sicherheit und Ordnung, sondern „Wohlfahrtspflege", lenkende Verwaltung, Wirtschaftsverwaltung (Willecke, ZfB 113
(1972), 151, 157). Hier geht es allein um den Schutz der Bodenschätze, nicht um
den Schutz der Interessen des Bergwerkseigentümers, Betriebsinhabers, Unternehmers.

65   Gegenstand des Lagerstättenschutz sind Bodenschätze i. S. von § 3 Absatz 1.
Dabei kommt es nicht darauf an, ob für die Bodenschätze bereits eine Bergbauberechtigung erteilt wurde (Weller, ZfB 1990, 130).

66   Der Lagerstättenschutz bezweckt im Hinblick auf die Unwiederbringlichkeit der
Substanz die Wahrnehmung eines öffentlichen Interesses. Er hat daher keine
nachbarschützende Funktion und gewährt **keinen Drittschutz** (Weller aaO,
131).

67   Mit dem Lagerstättenschutz ist nicht vereinbar, wenn der betriebsplanmäßig
vorgesehene Abbau die besten Teile der Lagerstätte herauspickt und der spätere
wirtschaftliche Abbau der Restlagerstätte infrage gestellt wird (Frenz, nachhaltige Entwicklung, S. 28; Kremer/Wever Rn 230 „*Filet-Bergbau*", offengelassen VGH Mannheim, VBlBW 1988, 404).

68   In Stilllegungsbereichen des Steinkohlenbergbaus bilden sich sog. **Wasserpro-
vinzen**, die eine Gefährdung des Nachbarbergwerks auslösen können. Im
Gegensatz zum französischen Recht gilt das naturgemäß aufsteigende Grubenwasser nicht als störend. Das in Betrieb befindliche Nachbarbergwerk muss den
Schutz des eigenen Betriebes sicherstellen. Davon geht auch der sog. Erblastenvertrag zwischen dem Bund und dem Bergbauunternehmen aus (Knöchel ZfB
1996, 52; Stüer/Wolff, LKV 2002, 12). Zu den Auswirkungen des ansteigenden
Grubenwassers auf die Tagesoberfläche s. § 52 Rn 70.

Schon nach § 11 Nr. 9 ist die Erteilung der Bergbauberechtigung zu versagen, **69** wenn Bodenschätze beeinträchtigt wurden, deren Schutz im öffentlichen Interesse liegt. Da die Gründe, die zur Versagung der Bergbauberechtigung nicht ausreichen, im Betriebsplanverfahren nicht zur Versagung der Zulassung führen dürfen (§ 51 Rn 22), wird § 55 Absatz 1 Nr. 4 Bedeutung vor allem bei der Zulassung von Bergbau auf grundeigene Bodenschätze haben, weniger jedoch bei bergfreien (Pfadt, Rechtsfragen zum Betriebsplan im Bergrecht, 153).

Anhaltspunkte dafür, ob die Aufsuchung oder Gewinnung von Bodenschätzen **70** durch andere betriebsplanpflichtige Vorhaben beeinträchtigt oder gefährdet wird, können den **bergrechtlichen Abstandsvorschriften**, z.B. § 224 Absatz 1 der Allgemeinen BergVO über Untertagebetriebe, Tagebaue und Salinen v. 2.2.1996, Nds MBl 337, die gemäß § 176 Absatz 3 BBergG fortgilt (OVG Lüneburg, ZfB 2004, 24), entnommen werden. Sicherheitspfeiler betragen daher mindestens 50 m gegen die Berechtsamsgrenze, 150 m gegen ersoffene Grubenbaue, 300 m gegen ersoffene Grubenbaue im Carnallit oder Anhydrid. In Sicherheitspfeilern dürfen Grubenbaue und Bohrungen nicht hergestellt werden. Ggf. können im Betriebsplanverfahren geophysikalische Untersuchungen aufgegeben werden, um einen angemessenen Sicherheitspfeiler festzulegen (OVG Lüneburg, aaO, 25).

5. **Schutz der Oberfläche im Interesse der persönlichen Sicherheit und des öffentlichen Verkehrs (§ 55 Absatz 1 Satz 1 Nr. 5)**

Die Ausübung des Bergwerkseigentums, der Abbau der Mineralien, führt **71** zwangsläufig dazu, dass die Erdoberfläche beeinträchtigt werden kann (BT-Drs 8/1315, 137 = Zydek, 411). Wären Bergbehörde oder Grundeigentümer befugt, allein wegen der Möglichkeit einer Beeinträchtigung der Oberfläche die bergbaulichen Einwirkungen zu verbieten, wäre Bergbau nicht möglich. Das Verhältnis zwischen Bergbau und Grundeigentum war daher schon nach der Konzeption des ABG unter anderem dadurch gekennzeichnet, dass die Grundeigentümer verpflichtet sind, durch den Bergbaubetrieb verursachte Schäden in vollem Umfang zu dulden (BGH, ZfB 111, (1970), 446, 449 = Staatshaftung = BGHZ 53, 226, 233), wobei gegebenenfalls die völlige Entwertung oder Vernichtung des Eigentums erfolgen kann (RGZ 98, 79). An diese Grundsatzaussage waren auch die Bergbehörden gebunden. Sie waren nicht befugt, im Interesse einzelner Grundeigentümer bergaufsichtliche Anordnungen gegen den Bergbautreibenden zu erlassen und auf diese Weise den Grundeigentümer über das gesetzlich vorgesehene Maß hinaus zu schützen (Miesbach-Engelhardt, Anmerkung 8 zu Artikel 253 bayr. BergG = §§ 196, 196a ABG, wohl auch OVG Münster, ZfB 115 (1974) 443, 447). Ausgehend von dem Polizeibegriff des § 10 II 17 ALR, wonach zu den Aufgaben der Polizei die Erhaltung der öffentlichen Ruhe, Sicherheit und Ordnung sowie die Abwendung der dem Publikum oder einzelnen Mitgliedern drohenden Gefahren gehörte, war der Schutz der Oberfläche grundsätzlich nicht Aufgabe der Bergbehörden.

Sieht man von den gemeinschädlichen Einwirkungen des Bergbaus auf die **72** Oberfläche ab (§ 55 Rn 285 ff.), war dieser Grundsatz lediglich in zwei Ausnahmefällen durchbrochen. Wenn die Beschädigung der Oberfläche den öffentlichen Verkehr oder Personen gefährden, sind die obengenannten Rechtsgüter „öffentliche Sicherheit und Ordnung" (hier: öffentlicher Verkehr) und „dem Publikum oder einzelnen drohende Gefahren" (hier: Gefahr für Personen) betroffen und lösen die Tätigkeit der Bergaufsicht, gegebenenfalls im Betriebsplan verfahren, aus. Im Grunde gilt die Sorge selbst in diesen Fällen nicht dem Schutz der Oberfläche, sondern dem der gefährdeten Personen und des öffentlichen Verkehrs (Isay, § 196, Rn 8). Der Schutz der Oberfläche dient als Mittel zur Erreichung dieses Zwecks.

73 In ihrer Grundaussage ist § 196 Absatz 2 ABG im Wesentlichen wörtlich in § 55 Absatz 1 Nr. 5 übernommen worden. Angesichts der gewandelten Anschauungen über Grundeigentum und Bergbau (hierzu grundlegend BT-Drs 8/1315, 138 = Zydek, 412) muss umso mehr gelten, dass die Bergbehörde sich grundsätzlich nicht um die unvermeidlichen Veränderungen an der Erdoberfläche durch den Bergbau zu kümmern hat, indem sie das ihr gegebene öffentlich-rechtliche Instrumentarium anwendet. Von diesem Grundsatz gibt es weiterhin zwei Ausnahmen: sofern Gefahren für die persönliche Sicherheit und für den öffentlichen Verkehr durch Einwirkungen auf die Oberfläche zu besorgen sind. Dabei müssen nicht beide Ausnahmetatbestände gleichzeitig oder nebeneinander vorliegen. Statt des Verbindungswortes „und" wäre ein „oder" richtiger gewesen (Ebel/Weller § 196, 3 e, OVG Koblenz, ZfB 107 (1966) 334, 337). Nicht nur die persönliche Sicherheit in öffentlichen Verkehrsanstalten ist hier zu besorgen (RB, ZfB 15 (1874), 98).

74 Im Betriebsplanverfahren reicht es aus, wenn für den Schutz der Oberfläche „Sorge getragen" wird. Eine absolute Garantie, dass die Beeinträchtigungen der Oberfläche nicht dennoch zu Gefährdungen von Personen oder öffentlichem Verkehr führen werden, ist dadurch nicht gegeben. Mittels Betriebsplan kann nur Sorge getragen werden für den Schutz der Oberfläche, wenn ausnahmsweise besondere Anhaltspunkte vorliegen, die auf Gefährdungen von Personen oder öffentlichem Verkehr schließen lassen.

75 Nach st. Rspr. der Verwaltungsgerichte im Saarland wird eine drittschützende Wirkung des § 55 Absatz 1 Satz 1 Nr. 5 verneint (OVG Saarland, ZfB 2008, 270, 277; VG Saarland v. 2.7.2009 – 5 L 1657/08; zweifelnd Kühne, DVBl 2010, 879).

76 Oberfläche i. S. der Vorschrift ist, wie sich aus dem Umkehrschluss von § 55 Absatz 2 Satz 1 Nr. 2 ergibt, nicht nur die unmittelbar vom Betrieb in Anspruch genommene Fläche (Beyer, S. 120). Zur Oberfläche gehören auch unterirdische bauliche Anlagen wie Tiefgaragen, Tunnel, Keller (Boldt/Weller § 55 Rn 24; Amtl. Begr. BT-Drs 8/1315, 111), nicht jedoch des Grundwassers. Die Sorge für den Schutz der Oberfläche im Interesse der persönlichen Sicherheit setzt die Gefahr eines Personenschadens voraus. Beispiele: die Gefahren, die von einem nicht oder schlecht verfüllten oder nicht abgedeckten (VG Gelsenkirchen, Glückauf 1974, 715) ehemaligen Schacht ausgehen (OVG Münster, ZfB 114 (1973), 429, 434; VG Arnsberg, Glückauf 1981, 976), die Gefahren, die durch einen unverfüllten Stollen verursachte Veränderungen der Oberfläche bilden (OVG Koblenz, ZfB 107 (1966), 334, 337) oder sonstige verlassene ehemalige Grubenbaue (Runderl. NRW vom 18.3.1977, ZfB 118 (1977), 370), die Gefahren, die durch Reste von Tagesanlagen, z. B. einer Waschkaue, entstehen können (OVG Münster, ZfB 106 (1965), 482, 494), auch die latente Gefahr des oberflächennahen Abbaus für die Erdoberfläche (OVG NRW, ZfB 1985, 213). Der Tagesbruch mit Einbruchsgefahr für eine benachbarte öffentliche Wegefläche erfordert die Anwendung von § 55 Absatz 1 Satz 1 Nr. 5. An das Gewicht der gefährdeten Rechtsgüter sind keine allzu hohen Anforderungen bezüglich Wahrscheinlichkeit des Schadeneintritts zu stellen (OVG NRW, ZfB 1973, 435, ZfW 1986, 380). Zu den Aufgaben der Bergbehörde NRW im Rahmen der Gefahrenabwehr aus verlassenen Grubenbauen s. Hoppe/Notacker, Glückauf 2007, 270 ff.
Die Bergbehörden der Bundesländer haben einen **Leitfaden für das Verwahren von Tagesschächten** erarbeitet, der sich an Unternehmer und die Bergbehörde als Richtschnur für die Behandlung von Betriebsplänen wendet (z. B. Sammelbl. Bez. Reg. Arnsberg Nr. A 2.26). Er gilt für Tagesschächte, die unter Bergaufsicht stehen, kann aber auch für Gefahrenabwehr von verlassenen Grubenbauen gelten, die nicht mehr unter Bergaufsicht stehen. Er soll die Anforderungen

des § 55 Absatz 1 Satz 1 Nr. 5 sicherstellen. Er stellt **Verwahrungsziele** – Sicherung der Tagesoberfläche, Schutz des Grundwassers, der Lagerstätte und anderer Bergbaubetriebe, Gewährleistung der Standsicherheit u. a. – auf und gibt Anforderungen vor, wie sie erreicht werden. Gleichzeitig werden andere einschlägige Richtlinien (z. B. in NRW für das Verfüllen und Abdecken von Tagesschächten v. 5.11.1979 = ZfB 1980, 105; und weitere Rundverfügungen betreffend Gasaustritte, Sicherheitsabstände zwischen Schacht und Gebäuden) aufgehoben.

Der Schutz der Oberfläche oder von Gebäuden und sonstigen baulichen Anlagen gegen Bergschäden ist nicht im Betriebsplanverfahren zu regeln (Rn 47). Insbesondere spielen Privatinteressen des Oberflächeneigentümers in diesem Zusammenhang keine Rolle (so schon Ebel/Weller, § 196, 3 e, RB ZfB 15 (1874), 97). Etwas anderes gilt ausnahmsweise, wenn infolge Abbaueinwirkungen und hinzutretender Umstände (z. B. Erdtreppe, Bruchkante) ein Gebäude einsturzgefährdet ist. **77**

Persönliche Sicherheit i. S. der Vorschrift ist allein die Gefahr des Personenschadens. Nicht hierzu gerechnet wird die Sicherheit im Besitz von sonstigen Rechtsgütern, die Vorsorge gegen Bergschäden aller Art (OVG Koblenz, ZfB 1984, 473; OVG Lüneburg, ZfB 1986, 366; BVerwG, NVwZ 1989, 1157; Stüer/Wolff, LKV 2002, 13; Stüer, NUR 1985, 264), insbesondere nicht an Grundstücken, Wohngebäuden. Schutzzweck ist nur die Veränderung der Erdoberfläche, die eine Gefährdung für Personen bedeutet (Beyer, S. 121). **78**

Durch die 2. Alternative des § 55 Absatz 1 Nr. 5 wird der **öffentliche Verkehr** jeder Art, d. h. auf Schienen, Straßen und Wasserstraßen geschützt. Beispiele: Gefahren für Straßen und Wege durch bergbauliche Einwirkungen (so schon Ebel/Weller § 196, 3 e) oder durch Fundamente eines früheren Waschkauengebäudes, die von einem steilen Abhang auf die Straße abzurutschen drohen (OVG NRW ZfB 1965, 494); die Gefahren für die Schifffahrtsstraßen durch bergbauliche Einwirkungen: Die frühere BVO des OBA Dortmund v. 18.12.1964 (Abl Arnsberg, 530 = ZfB 1966, 174) zum **Schutz der Schifffahrtsstraßen**, wonach in den Schutzbezirken für die westdeutschen Kanäle Abbau nur mit Erlaubnis des OBA betrieben werden durfte, ist gemäß § 176 Absatz 3 Satz 1 i. V. mit §§ 15, 16 Marksch. VO aufgehoben. Nunmehr s. hierzu Runderlass des früheren LOBA NRW über Betriebsplan beim Abbau unter Schifffahrtsstraßen v. 5.10.2000. **79**

Zum öffentlichen Verkehr i. S. von § 55 Absatz 1 Nr. 5 wird man die **Fernmeldeanlagen der Deutschen Bundespost** zählen müssen. Die Begründung zu § 127 Absatz 7 des Entwurfs, der als „öffentliche Verkehrsanlagen" alle ortsfesten Anlagen, die dem öffentlichen Verkehr dienen und gewidmet sind, ansah und im Laufe des Gesetzgebungsverfahrens als entbehrlich gestrichen wurde, stellte das ausdrücklich fest (BT-Drs 8/1315, 149 = Zydek, 472). Materiell hat sich durch die Streichung der Definition nichts geändert (so jetzt auch Kremer/Wever, Rn 233). **80**

Das dürfte auch nach der „Entstaatlichung" des Postsektors und dem Privatisierungsmodell durch Gründung der Deutsche Post AG fortgelten (ähnl. BVerwG, NVwZ 2004, 1352 zur Festsetzung der Flächen für den Gemeinbedarf zu Gunsten der Deutsche Post AG), ferner auch für das „öffentliche Telefonnetz" i. S. von § 3 Ziff. 16 TKG. Auf die Eigentumsverhältnisse kommt es nicht an. Nicht zu den öffentlichen Verkehrsanlagen zählen öffentliche Ver- und Entsorgungsanlagen. **81**

82 Eine wesentliche Rolle im Rahmen der Prüfung des Betriebsplans unter den Gesichtspunkten des § 55 Absatz 1 Nr. 5 spielt das Verhältnis zwischen Bergbau und öffentlichen Verkehrsanlagen, für die das Gesetz im § 124 eine besondere Regelung getroffen hat. Dieses Verhältnis ist lange Zeit Gegenstand heftigen Meinungsstreites gewesen (Kühne, ZfB 107 (1966), 276, Westermann, Das Verhältnis zwischen Bergbau und öffentlichen Verkehrsanstalten als Gegenstand richterlicher und gesetzgeberischer Bewertung, 1966, Vowinckel, ZfB 108 (1967), 261 und dort Fn. 2 Genannten RGZ 28, 344; 58, 147, 148, BGHZ 50, 180, 185; 57, 375, 378; ZfB 119 (1978), 81 = NJW 1977, 1967, OVG Münster, unveröff. Urt. v. 25.5.1981 – 9 A 2560/79). Bei allen Meinungsverschiedenheiten über Umfang, Ausgestaltung und Grundlagen der beiderseitigen Rechte und Pflichten bleibt als Substrat in öffentlich-rechtlicher Hinsicht doch die Erkenntnis, dass die Bergbehörde aus § 196 ABG die Legitimation herleiten könnte, zum Schutze der Oberfläche zugunsten des öffentlichen Verkehrs polizeiliche Anordnungen (z. B. Anwendung besonders aufwendiger Abbauverfahren, Vollversatz, Stehenlassen von Sicherheitspfeilern) zu erlassen (Kühne, ZfB 107 (1966), 276, 281, Vowinckel, ZfB 108 (1967), 261, 317 OVG Münster, aaO).

83 Inzwischen haben sich für die Bewertung des Schutzes der Oberfläche im Interesse des öffentlichen Verkehrs neue Gesichtspunkte ergeben. In tatsächlicher Hinsicht ist festzustellen, dass trotz des immer dichter werdenden Netzes öffentlicher Verkehrsanlagen diese Anlagen bei geeigneten Sicherungsvorkehrungen oder besonderen Schutzmaßnahmen beim Abbau der Bodenschätze in der Regel aufrechterhalten und verkehrssicher betrieben werden können (BT-Drs 8/1315, 148 = Zydek, 469). Die Sorge der Bergbehörde um die Sicherheit des öffentlichen Verkehrs wird sich auf diese Maßnahmen konzentrieren und nicht die Einstellung des Abbaus zur Folge haben können. Eine Ausnahme kann nur im Falle des § 124 Absatz 3 eintreten, wenn der Betrieb der öffentlichen Verkehrsanlage nicht gleichzeitig neben dem Gewinnungsbetrieb durchgeführt werden kann und die übrigen Voraussetzungen dieser Vorschrift vorliegen (OVG Münster, aaO offengel. in BGH ZfB 119 (1978) 81, 85, 86).

84 Der andere Gesichtspunkt folgt aus § 124 selbst, denn bei der „Sorge" für die Sicherheit des öffentlichen Verkehrs ist die gesetzgeberische Grundentscheidung zum Verhältnis zwischen Bergbau und öffentlichen Verkehrsanlagen nicht außer Acht zu lassen. Dieses Verhältnis ist durch das gesetzgeberische Gebot der gegenseitigen Rücksichtnahme bei der Planung und Durchführung der öffentlichen Verkehrsanlage und des Gewinnungsbetriebs bestimmt und durch eine Anpassungspflicht des Trägers der Verkehrsanlage an Beeinträchtigungen der Oberfläche gekennzeichnet. Es wird allerdings auch charakterisiert durch den Vorrang der öffentlichen Verkehrsanlage bei Unvereinbarkeit mit dem Gewinnungsbetrieb und fehlendem überwiegenden öffentlichen Interesse an der Gewinnung der Bodenschätze. So fließen durch § 124 aus der speziellen Regelung vorrangige Gesichtspunkte in die Betriebsplanzulassung ein. Erst wenn trotzdem eine Gefahr für die sichere Durchführung des öffentlichen Verkehrs zu besorgen ist, sind Auflagen aufgrund § 55 Absatz 1 Nr. 5 zu deren Beseitigung zulässig. Ein privatrechtlicher Bergschadenverzicht (Grunddienstbarkeit) schafft für die Bergbehörde keine öffentlich-rechtlichen Bindungen, wie er auch nicht dadurch hinfällig werden kann, weil Bergschäden beseitigt werden müssen, um die Sicherheit des Verkehrs zu gewährleisten (BGH, ZfB 119 (1978), 81, 85 und OLG Hamm unveröff. Urt. v. 17.1.1975, 6 U 250/74 OVG Münster, unveröff. Urt. v. 25.5.1981 – 9 A 2560/79; vgl. Rn 21 zu § 55).

85 Die Bergverordnung über Einwirkungsbereiche gemäß § 67 Nr. 7 legt den Bereich fest, in dem durch untertägige Gewinnungsbetriebe Veränderungen der Oberfläche eintreten, die zu Gefahren für die persönliche Sicherheit oder den öffentlichen Verkehr oder zu Beeinträchtigungen baulicher Anlagen führen können. Sie konkretisiert damit den Bereich, in dem Anlass zur Prüfung des Schutzes der Oberfläche i. S. von § 55 Absatz 1 Nr. 5 im Betriebsplanverfahren gegeben ist, führt aber andererseits nicht dazu, dass der Betriebsplan für den Abbau in diesen Bereichen nicht zulassungsfähig ist. In den Einwirkungsbereichen sind die genannten Gefahren theoretisch denkbar, die Zulassung richtet sich aber nach den tatsächlichen Verhältnissen, den Möglichkeiten wie Notwendigkeiten, aufgrund der konkreten Situation im Einzelfall für den Schutz der Oberfläche Sorge zu tragen.

Die Zulassung des Betriebsplans unter den Gesichtspunkten des § 55 Absatz 1 **86** Nr. 5 hat nach § 124 Absatz 2 eine materiell bedeutsame Folge. Sofern Aufwendungen für die Anpassung und Sicherungsmaßnahmen getroffen wurden zur Verringerung oder Vermeidung von Bergschäden aus einem betriebsplanmäßig zugelassenen Abbau, hat der Träger der öffentlichen Verkehrsanlage diese Kosten zu tragen. Sie hat nach § 110 Absatz 1 außerdem die Folge, dass der Bergbauunternehmer bei Errichtung, Erweiterung oder wesentlichen Veränderungen einer baulichen Anlage das Anpassungsverlangen stellen kann, unter Umständen mit der Kostenfolge des § 114 Absatz 2 Nr. 5.

6. Abfallverwendung und -beseitigung (§ 55 Absatz 1 Satz 1 Nr. 6)

Wegen seiner besonderen praktischen Bedeutung wird das bergbauliche Abfall- **87** recht unter Einbeziehung des § 55 Absatz 1 Satz 1 Nr. 6 in einem Gesamtzusammenhang dargestellt.

a) Entwicklung des Verhältnisses Bergrecht – Abfallrecht. Das Verhältnis von **88** Bergrecht und Abfallrecht hat sich in mehreren Phasen verändert und vollzogen. Das **Abfallbeseitigungsgesetz (AbfG)** v. 7.6.1972 (BGBl, 593) galt gemäß § 1 Absatz 3 Nr. 3 nicht für Abfälle, die beim Aufsuchen, Gewinnen, Aufbereiten und Weiterverarbeiten von Bodenschätzen in den der Bergaufsicht unterstehenden Betrieben anfallen. Diese Abfälle wurden im Bergrecht geregelt, genehmigt wurde ihre Entsorgung im Betriebsplanverfahren, bei genehmigungsbedürftigen Anlagen i. S. der 4. BImSchV zusätzlich im Genehmigungsverfahren nach BImSchG.

Durch das **2. Gesetz zur Änderung des Abfallbeseitigungsgesetzes** v. 4.3.1982 **89** (BGBl, 281) wurde § 1 Absatz 3 Nr. 3 AbfG ergänzt um die Worte „mit Ausnahme des § 12 und der sich hierauf beziehenden Bußgeldvorschriften". Hintergrund war, dass für das Fortbringen von Nebengestein und sonstigen Massen im Kraftfahrzeugverkehr auf öffentlichen Wegen oder Plätzen eine Gesetzeslücke für Genehmigungsverfahren bestand, sodass die Transportgenehmigung des § 12 AbfG auch für Abfälle in den der Bergaufsicht unterstehenden Betrieben erforderlich sein sollte.

Durch das Gesetz über der Vermeidung und Entsorgung von Abfällen (**Abfall-** **90** **gesetz**) v. 27.8.1986 (BGBl, 1410) ist in § 1 Absatz 3 Nr. 3 eine weitere Ausnahme von der Ausnahme aufgenommen worden, weil seither die §§ 5 a (Altöle) und 14 Absatz 1 (Ermächtigung zu Verordnungen für Kennzeichnungspflichten, Rücknahme- und Pfandpflichten hinsichtlich Altöle) ebenfalls von der sog. Bergbauausnahmeklausel ausgenommen wurden. Der Grund war, dass die Altölentsorgung nicht mehr nach dem bisherigen gesonderten Altölgesetz – das gleichzeitig aufgehoben wurde – sondern im Abfallgesetz geregelt wurde (Näheres, auch zur Geltung der Abf-AltölV im Bergbau, Hopf, ZfB 1990, 153).

Kreislaufwirtschafts- und Abfallgesetz: Eine weitere Änderung des Verhältnisses **91** von Bergrecht und Abfallrecht führte § 2 Absatz 2 Nr. 4 des KrW-/AbfG v.

27.9.1994 (BGBl, 2705), das am 7.10.1996 in Kraft getreten ist, ein. Nunmehr galten die Vorschriften dieses Gesetzes nicht für „Abfälle, die beim Aufsuchen, Gewinnen, Aufbereiten und Weiterverarbeiten von Bodenschätzen in den der Bergaufsicht unterstehenden Betrieben anfallen, ausgenommen Abfälle, die nicht unmittelbar und nicht üblicherweise nur bei den im ersten Halbsatz genannten Tätigkeiten anfallen". Diese Vorschrift ist keine *„fragwürdige"* Privilegierung des Bergbaus (so etwas polemisch Kunig/Paetow/Versteyl, KrW-/AbfG 2003, § 2 Rn 38), sondern trägt seinen speziellen Produktionsbedingungen Rechnung, wie beispielsweise den besonderen Sicherheitsanforderungen an den Bergbau, der Notwendigkeit, die Entsorgung der bei den speziellen Betriebsvorgängen anfallenden Abfälle in den Gewinnungsbetrieb zu integrieren, dem unvermeidlichen Anfall großer Mengen Bergematerial und der stetigen räumlichen Verlagerung der Betriebspunkte. Diese Produktionsbedingungen bedürfen einer bergrechtlichen Gesamtbetrachtung und werden daher in Betriebsplänen behandelt und beurteilt. Die Ausnahmeregelung ist europarechtlich unbedenklich (Freytag NUR 1996, 335; Frenz, NUR 2004, 208 und DVBl 2003, 1452 unter Hinweis auf EuGH, NUR 2004, 164). Sie ist durch die RL 2006/21 EG (sog. „Bergbauabfallrichtlinie", s. § 55 Rn 115) und deren Erwägungsgründe weiter verfestigt worden. Insbesondere die Forderungen einer nachhaltigen Bewirtschaftung in der mineralgewinnenden Industrie mit dem Ziel einer verringerten Umweltbelastung, nach Behandlung der zu beseitigenden Abfälle so nah wie möglich am Erzeugungsort und nach Minimierung von Unfallgefahren bei der Bewirtschaftung von bergbaubedingten Abfällen sind nur durch spezielle bergrechtliche Abfallvorschriften zu erfüllen.

92 Die *„missglückte Gesetzesformulierung"* des § 2 Absatz 2 Nr. 4 KrW-/AbfG, deren *„Rechtsbegriffe unbestimmter nicht sein könnten"* (Kremer/Wever, Bergrecht, Rn 235), forderte eine Aufteilung in Abfälle, die unmittelbar üblicherweise nur bei bergbaulichen Tätigkeiten anfallen (**bergbautypische Abfälle**) und solcher Abfälle, die nicht üblicherweise oder unmittelbar nur bei bergbaulichen Tätigkeiten anfallen (**bergbaufremde Abfälle**) heraus. Sie stellte ferner eine Verbindung zu den bergrechtlichen Begriffen Aufsuchen, Gewinnen und Aufbereiten (§ 2 Absatz 1 Nr. 1 und § 4 Absatz 1–3) und Bergaufsicht (§ 69) her, deren Voraussetzungen für die Ausnahmeklausel des § 2 Absatz 2 Nr. 4 KrW-/AbfG vorab zu prüfen sind und vorliegen müssen.

93 Allerdings war nach Inkrafttreten der EU-RL bergbauliche Abfälle (2006/21/EG) zweifelhaft, ob das Merkmal der Bergbauüblichkeit für die Abgrenzung zum allgemeinen Abfallrecht noch taugt. Nach Artikel 2 Absatz 2 lit. a der RL 2006/21/EG kommt es allein darauf an, dass der Abfall **unmittelbar** bei der Aufsuchung, Gewinnung und Aufbereitung sowie bei der Ablagerung von Rohstoffen anfällt. Die Bergbauüblichkeit, so war auch § 2 Absatz 2 Nr. 4 KrW-/AbfG europarechtskonform auszulegen, spielte neben der Unmittelbarkeit keine Rolle mehr (zum Begriff der Unmittelbarkeit § 55 Rn 100).

94 **Kreislaufwirtschaftsgesetz:** Durch § 2 Absatz 2 Ziff 7 KrWG des neuen Gesetzes zur Förderung der Keislaufwirtschaft und Sicherung der umweltverträglichen Bewirtschaftung von Abfällen vom 24.2.2012 (BGBl, 212) werden in Kontinuität zum früheren Abfallrecht **„Abfälle, die unmittelbar beim Aufsuchen, Gewinnen oder Aufbereiten [...], in Betrieben anfallen, die der Bergaufsicht unterstehen"**, vom Geltungsbereich des Gesetzes ausgeschlossen.

95 Hinzugekommen sind zwei Ergänzungen: Für den betrieblichen Bezug des anfallenden Abfalles reicht es aus, dass die Abfälle unmittelbar bei der mit dem Aufsuchen, Gewinnen und Aufbereiten **zusammenhängenden Lagerung** anfallen. Damit sollte klargestellt werden, dass der Anwendungsausschluss auch die vorläufigen Lagerungen umfasst, die den bergbaulichen Haupttätig-

keiten vorangehen oder nachfolgen. Der Anwendungsausschluss gilt auch, wenn Bergbauabfälle aus mehreren Betrieben zentral auf einem einzigen Betriebsgelände, das unter Bergaufsicht steht, entsorgt werden (Begr. BR-Drs 216/11, 166). Dagegen fällt die Entsorgung von Bergbauabfällen auf einer Deponie für Siedlungsabfälle nicht unter die Ausnahmeregelung.

Die zweite Ergänzung betrifft die **Entsorgung** des im Bergbaubetrieb angefallenen Abfalles. Sie muss „**nach dem BBergG und den BergVOen unter Bergaufsicht**" erfolgen. Dadurch wird sichergestellt, dass die Abfälle nicht nur im Bergbaubetrieb anfallen, sondern auch nach den speziellen bergrechtlichen Vorschriften in einem geordneten Verfahren (s. § 22 a ABBergV) entsorgt werden. **96**

Nach § 2 Absatz 2 Ziff 7 des KrW-RegE vom 15.4.2011 (BR-Drs 216/11) war noch eine weitere Ergänzung vorgesehen, die die bis dahin geltende Rechtslage zusätzlich geändert und kompliziert hätte. Die Entsorgung sollte nämlich nur von der Geltung des KrWG ausgenommen und bergrechtlich geregelt werden, wenn sie „*in einer Abfallentsorgungseinrichtung unter Bergaufsicht*" erfolgt. Dies stand nicht im Einklang mit § 22 a ABBergV, der nicht nur für bergbauliche Abfälle gilt, die in Abfallentsorgungseinrichtungen entsorgt werden, sondern auch für Abfallentsorgung zu bergtechnischen und -sicherheitlichen Zwecken oder zur Wiedernutzbarmachung in Abbauhohlräumen verwendet werden. Auf Vorschlag des Bundesrates (Drs 216/11 v. 27.5.2011, S. 2 und BT-Drs 17/6645 v. 20.7.2011, S. 2) wurde der Zusatz „*in einer Abfallentsorgungseinrichtung*" gestrichen, sodass widersprüchliche Doppelregelung vermieden wurde. **97**

Auch die wenig präzise und fachlich kaum zu begründende Einschränkung, dass Abfälle, die „*nicht üblicherweise nur bei den im ersten Halbsatz genannten Tätigkeiten*", d.h. beim Aufsuchen, Gewinnen und Weiterverarbeiten anfallen, nicht unter die Bergbausonderregelung fallen, ist nicht Gesetz geworden. Sie war zunächst noch in dem Referentenentwurf enthalten. **98**

Im **Vergleich** zu Artikel 2 Absatz 2 Buchstabe d der RL 2006/21/EG („**Bergbauabfall-Richtlinie**") ist der Ausschluss in § 2 Absatz 2 Ziff. 7 KrWG enger gefasst. Es werden **nicht alle der EU-Bergbauabfall-RL unterfallenden bergbautypischen Abfälle ausgenommen**, sondern nur die aus den der Bergaufsicht unterstehenden Betrieben. Bergbauabfälle aus nicht bergaufsichtlichen Betrieben, z.B. Kiesgruben, werden nach dem KrWG behandelt, obwohl sie in der Bergbauabfall-RL speziell geregelt sind. Insoweit ist die EU-RL nicht durch § 22 a ABBergV, sondern durch die GewinnungsabfallVO bzw. DepV umgesetzt worden (BR-Drs 216/11, 166). **99**

Geblieben ist der Begriff der „**Unmittelbarkeit**". Er war bisher schon in § 2 Absatz 2 Ziff 4 KrW-AbfG enthalten, und ist in dem Artikel 2 Absatz 2 Buchstabe d der RL 2006/21/EG vorgegeben. Während Artikel 2 Absatz 2 lit. a der RL 2006/21 EG noch die Formulierung enthielt, dass die RL bergbauliche Abfälle nicht für Abfälle gilt, die „*nicht direkt*" auf die bergbauliche Tätigkeit zurückzuführen sind, führt der deutsche Gesetzgeber stattdessen den Begriff „**unmittelbar**" ein. Die geforderte Unmittelbarkeit ist **nicht** mit „**zeitlich unmittelbar**" gleichzusetzen. Das Kriterium soll lediglich ausschließen, dass dem Abfall zwischendurch eine andere Zweckbestimmung, etwa durch Zwischenbehandlung, beigemessen wird (ähnlich OVG Lüneburg, UPR 2011, 36 betrifft Abfalleigenschaft gemäß § 3 Absatz 3 Satz 1 Nr. 2 KrW-AbfG a. F.). Dieser Begriff ist verbunden mit den bergbaulichen Tätigkeiten Aufsuchen, Gewinnen, Aufbereiten, und zwar nicht im Sinne einer Kausalität („durch"), sondern **eines betrieblich-funktionalen Zusammenhanges** („beim"). Maßgebend sind also die spezifischen betrieblichen Arbeitsabläufe und Arbeitsmethoden einschließlich **100** betrieblicher Sicherheitsmaßnahmen, mit denen aufgesucht, gewonnen oder aufbereitet wird. Die Unmittelbarkeit ist bei Teuf- und Bergmaterial, das zur Beseitigung aufgehaldet wird, bei gebrauchten Stahlförderseilen und -gurten, bei nicht mehr verwendbarem Ausbaumaterial gegeben (s. auch Rn 104) nicht dagegen bei Kantinenabfällen, Altölen, Verpackungsmittel.

101 **b) Bergbauliche Abfälle.** Der Begriff „bergbauliche Abfälle" ist im Bergrecht nicht definiert. Zurückzugreifen ist auf den allgemeinen Abfallbegriff des § 3 Absatz 1 KrWG (s. auch § 55 Rn 132, 136). Hiernach sind Abfälle alle Stoffe oder Gegenstände, deren sich der Besitzer entledigt, entledigen will oder entledigen muss. Abgrenzungskriterium zum Gegenstand ist der wesentliche Bestandteil (§§ 93, 94 Absatz 1 BGB). Wegen ihrer festen Verbindung zum Deckgebirge sind Gruben-, Streb-, Ankerausbau, aber auch eingebauter Versatz, Spritzbetonausbau, Wettertüren, Wetterlutten, Schleusen, eingebaute Lüfter, Einrichtungen zur Förderung in Schächten, Einrichtungen zur Sprengstoffbewirtschaftung wie z. B. Silos, Sprengstoffräume, fest eingebaute Waagen, Schaltanlagen, Gleisanlagen, Streckensolen, Fundamente, Bunkeranlagen, eingebaute Krananlagen, keine Gegenstände und kein Abfall.

102 Abzugrenzen ist der Abfallbegriff auch vom **Nebenprodukt** (§ 4 KrWG). Werden neben dem nebenher gewonnenen Bodenschatz andere Bodenschätze gezielt mitgewonnen (§ 42 f. BBergG), stellen diese keinen Abfall dar, sondern ein Mitgewinnungs-Nebenprodukt (Attendorn, NUR 2008, 155). Gleiches gilt für Vortriebs-Berge aus der Gewinnung oder Aufbereitung, die zum Deich- oder Dammbau. Baugrundverbesserungen oder Wege- oder Tiefbaumaßnahmen oder zum Rohrleitungsbau verkauft und eingesetzt werden.

103 Nach der Rechtsprechung des EuGH (DVBl 2003, 1447 – Avesta – Polarit, Einzelheiten § 55 Rn 132) ist das vor der Gewinnung des Bodenschatzes beiseite gelegte Material (Abraum oder Oberboden), das anschließend zur Wiedernutzbarmachung eingesetzt wird, kein Abfall (jetzt auch Begr. zur DepV, BT-Drs 16/10.330, F2). Der Unternehmer benötigt das Material für die Stabilisierung der Grube und der Böschungen sowie für die Wiederherstellung der Oberfläche, die zu seiner bergbaulichen Haupttätigkeit gehört. Damit ist die Verwendung des Materials Teil der Gewinnungstätigkeit. Dasselbe gilt für die in der Vorfeldberäumung anfallenden Abbruchmassen, die sachnotwendig vor dem Lösen der Bodenschätze anfallen und Teil der Gewinnung im i. S. von § 4 Absatz 2 BBergG sind (Stevens, ZUR 2012, 338, 346). Für untertägige Fallkonstellationen gilt das entsprechend, auch wenn dabei der Gesichtspunkt der Wiederherstellung der Oberfläche keine Rolle spielt, z. B. Vortriebs- oder Nebengesteinsberge, die ohne eine Aufbereitung zu durchlaufen, unter oder über Tage zwischengelagert werden, um anschließend wieder als Ersatzmaterial eingesetzt zu werden; ferner geogene Lösungen, Bohrklein, Spüllösungen oder Fegesalze. Im Übrigen gilt die Nebenprodukte-Definition des Artikel 5 Abf. RRL (2008/98/EG in Abl L 312/3) sowie die Abgrenzung zwischen Abfall und Nebenprodukt gemäß § 4 Absatz 1 KrWG.

104 Als **Abfälle, deren Anfall nur im Bergbaubetrieb üblich sind** (zum früheren AbfG 1986 s. Weller, ZfB 1988, 343), richtiger Weise also solche, die bei bergbaulichen Tätigkeiten unmittelbar anfallen, werden vor allem angesehen: Abraummassen, Grob- und Waschberge, Bohrschlämme aus der Erdgas- und Erdölförderung (Kropp, NUR 2003, 527), Aufbereitungsrückstände, Schlämme geogenen Ursprungs aus Wasserhaltungsanlagen, Abfälle, die in schwer zugänglichen Bereichen anfallen oder die in Bergbau spezifischer Weise durch Beimengungen des Bodenschatzes oder von Nebengestein verunreinigt sind (Kremer/Wever, Rn 235), nicht mehr einsatzfähiger Strebausbau, defekte Wassertröge, ausgebaute Wettertüren, unbrauchbar gewordenes Material in Folge Grubenbrand oder Explosion, Feinwaschberge (Flottationsberge), Rückstandssalze und alle erdgas- und erdölspezifische Abfälle, die in der Richtlinie des früheren niedersächs. Oberbergamts für die Entsorgung von Abfällen unter Bergaufsicht v. 16.7.1998 (AZ 22.1-19/98-BIIf2.2.6.1-XVIII) genannt sind.

Aufgehaldete, nicht verwertbare Salze aus dem bergmännisch gewonnenen **105** Rohsalz, sowie REKAL, das **sind aluminiumhaltige Salzschlacken** (Recycling Kali Aluminium) und kalkhaltiges Stabilisat, welches zur Abdeckung und Begrünung auf einer Rückstandshalde aufgebracht wird, sind Abfall (VG Hannover, ZfB 2010, 244, 249, 252). Ebenso OVG Lüneburg, NUR 2011, 886. Die Aufbringung von REKAL-Stabilisat-Gemischen zur Abdeckung einer Salzbergbauhalde ist eine stoffliche Verwertung von Abfällen. Einzelheiten zur Abdeckung und Begrünung von Kalihalden, insbesondere zum Teilabschlussbetriebsplan für Kalihalden und zum Sonderbetriebsplan zum Teilabschlussbetriebsplan s. **Kali-Haldenrichtlinie des Freistaates Thüringen** vom 18.4.2002 (Thür. StAnz 2002, 1539 ff.).

c) **Nichtbergbauliche Abfälle.** Nicht bergbautypisch sind beispielsweise um- **106** fangreiche Erdmassen, wie sie auch beim Aushub für Bauwerke entstehen, Bauschutt aus dem Abriss von Betriebsanlagen, Rückstände aus Feuerungsanlagen und typische Siedlungsabfälle, etwa aus Kantinen, Kauen, Verwaltungen. Nach der Gesetzesänderung sind Hydraulikflüssigkeiten (hierzu Frenz aaO, S. 30, Länderausschuss Bergbau, Abgrenzungspapier vom 12.6.1997, S. 5) nicht mehr von der Geltung des KrW-/AbfG und jetzt des KrWG ausgenommen (so noch § 55 Rn 59 der Vorauflage; Weller, aaO, S. 343; Hopf, ZfB 1990, 156). Solange die Verwertung dieser bergbauuntypischen Abfälle zulässig ist und in unmittelbarem Zusammenhang mit der Gewinnung oder Wiedernutzbarmachung steht, bedarf es **neben der Betriebsplanzulassung keiner** abfall- oder immissionsschutzrechtlichen **Genehmigung** (Stevens, aaO). Anders, wenn sie auf oder außerhalb des Betriebsgeländes ohne weitere Zweckbestimmung dauerhaft abgelagert werden (Stevens, aaO).

Streitig war, ob das bei der CO_2-**Abscheidung** am Kraftwerk anfallende und **107** gegenenfalls abzulagernde CO_2-**Gas als Abfall** einzustufen ist und auf die CO_2-Ablagerung die abfallrechtlichen Grundpflichten anzuwenden sind. Dies wurde einerseits verneint (Lenz, Glückauf 2008, 239; Schulze/Hermann/Barth, DVBl 2008, 1417, 1419; Mißling, ZUR 2008, 290; unklar Much, ZUR 2007, 130, 134, anders dort S. 133 Rn 46). Andererseits wurde es bejaht (Hellriegel, GDMB-Schriftenreihe Heft 113, 105 ff., 109 ff. m. w. N.; Dietrich, CO_2-Abscheidung und Ablagerung im deutschen und europäischen Energieumweltrecht, 2007, S. 140, 159). Durch Artikel 35 der EU-RL 2009/31/EG v. 23.4.2009 (Abl L 140/129) ist die RL 2006/12/EG jedoch insofern geändert worden, als nach dem neuen Artikel 2 Absatz 1 Buchstabe a dieser RL „gasförmige Ableitungen in die Atmosphäre und Kohlendioxid, das für die Zwecke der geologischen Speicherung abgeschieden und transportiert und gemäß RL 2009/31/EG geologisch gespeichert wird" kein Abfall sind. Damit ist Klarheit geschaffen (s. Lenz, aaO, Mißling, aaO) Das wurde in § 2 Absatz 2 Ziff. 15 KrWG übernommen: Das Gesetz gilt nicht für Kohlendioxyd, das für den Zweck der dauerhaften Speicherung abgeschieden, transportiert und in Kohlendioxyd- oder Forschungsspeichern gespeichert wird.

d) **Mischabfälle.** Das Abfallrecht soll auch anzuwenden sein, wenn **Abraum** **108** **oder Bergematerial mit Abfällen vermischt** werden, die nicht unter das sog. Bergbauprivileg fallen, z. B. Rückstände aus Kohlekraftwerken zusammen mit Abraum zur Tagebauverfüllung zu nutzen (Freytag, aaO, 335; Attendorn, NUR 2008, 157). In dieser allgemeinen Aussage wird das nicht zutreffen. Entscheidend dürfte bei vermischten Abfällen das Mengenverhältnis zwischen bergbaulichen und nicht bergbaulichen Abfällen sein für die Zuordnung des Gesamtmaterials. Durch die gewundene Formulierung des § 2 Absatz 2 Nr. 7 KrWG stößt man bei der Anwendungsprüfung auf eine **doppelte Unmittelbarkeit:** Bergrechtlich unterliegen das Verladen, das Befördern, Abladen, Lagern und Abladen von Massen nur insofern den in § 2 Absatz 2 Nr. 7 genannten Tatbeständen des Aufsuchens, Gewinnens und Aufbereitens, als diese begleitenden Tätigkeiten in einem unmittelbaren betrieblichen Zusammenhang ausgeführt werden. Die Errichtung einer Abraum- oder Bergehalde, die Erstellung einer Bohrspülungsdeponie (Kropp, NUR 2003, 527) und die Transporte von Haldenmaterial zur Bergehalde zählen daher zur bergrechtlichen Gewinnung und fallen in die Bergbauvorrangklausel des § 2 Absatz 2 Nr. 7 KrWG. Hinzu kommt durch § 2 Absatz 2 Nr. 7 die abfallrechtliche Unmittelbarkeit: die Abfälle müssen unmittelbar (und üblicherweise) im Bergaufsichtsbetrieb anfallen. Da die Gesetzesformulierung nur eine unmittelbare Beziehung zwischen Anfall und bergrechtlichem Betrieb herstellt, ergibt sich die Frage, ob ein beim Anfall gegebener unmittelbarer Zusammenhang fortbesteht, wenn der Abfall an einen Dritten zur Beseitigung oder Verwertung abgegeben wird. Das hätte die Wirkung, dass die Ausnahmeklausel gilt und KrWG nicht anzuwenden ist. Die Literatur zu § 2 Absatz 2 Nr. 4 a. F. hat sich überwiegend dafür ausgesprochen, aus dem Zweck der nur betriebsbedingten Ausnahmeregelung zu folgern, dass der Bergbauabfall sein Privileg verliert, sobald er den sachlichen Bereich des Bergrechts verlässt (Kunig, aaO § 2 Rn 36; Kropp NUR 2003, 528; Freytag, NUR 1996, 335; zum früheren Recht H. Schulte, ZfB 1987, 175, 203).

109 **e) Folgen der Bergbauklausel.** Die Subsidiarität des KrWG in den Fällen des § 2 Absatz 1 Nr. 7 bedeutet, dass die Vorschriften dieses Gesetzes und der darauf erlassenen Rechtsverordnungen für den Bergbau nicht unmittelbar anzuwenden sind. Das gilt auch für die Vorschriften der §§ 7 Absatz 2 KrW-AbfG a. F. und 29 Absatz 3 KrWG, die sich mit bergbaulichen Sachverhalten befassen. Das trifft ferner zu für die Überlassungspflichten i. S. von § 17, für die Planfeststellung i. S. von § 35 und die Rechts-VO über Anforderungen an Deponien i. S. von § 43 KrWG (früher DepV v. 24.7.2002, BGBl, 2807 und Dep.Verw.V v. 25.7.2005, BGBl, 2252, aufgehoben durch die VO über Deponien und Langzeitlager – DepV – v. 27.4.2009, BGBl, 900). Für das AbfG 1986 bedeutete die Ausnahmeregelung: Keine Planfeststellungen, Genehmigungen, Abfallbeseitigungspläne (H. Schulte, ZfB 1987, 202).

110 § 7 Absatz 2 KrW-/AbfG a. F. ermächtigte zur Rechtsverordnung über Abfälle, die aus bergtechnischen oder bergsicherheitlichen Gründen oder zur Wiedernutzbarmachung in Betrieben eingesetzt werden, die der Bergaufsicht unterliegen. Auf diese Ermächtigungen gründete sich die **VO über den Versatz von Abfällen Untertage** (Versatz V) v. 24.7.2002 (BGBl 2002, 2833 = ZfB 2002, 233). Sie galt demzufolge nicht für Abfälle, die nach § 2 Absatz 2 Nr. 4 KrW-/AbfG a. F. vom Geltungsbereich des Gesetzes ausgenommen sind (Begründung, BT-Drs S. 14/9579, 19). Sie galt auch nicht analog für den Versatz von Abfällen über Tage, etwa für die Verfüllung eines Tagebaues (BVerwG, DVBl 2005, 925). Der Versatz im Tagebau sollte bewusst nicht geregelt werden (BR-Drs 272/02 S. 2).

111 Die frühere Ermächtigung ist mit ihrem Wortlaut nicht in § 10 KrWG übernommen worden. Neu hinzugekommen ist die **Ermächtigung gemäß § 10 Absatz 1 Ziff. 5 KrWG,** Anforderungen an die **Verwertung von mineralischen Abfällen in technischen Bauwerken** zu verordnen. Hierdurch ist der Erlass einer Ersatzbaustoff-VO abgesichert (zum Entwurf s. Stede, UPR 2011, 255, 256). Im Übrigen muss sich die Versatz-V in Zukunft an den allgemeinen Ermächtigungsnormen des § 10 KrWG messen lassen.
Im Rahmen der neuen **Abfallhierarchie** des § 6 Absatz 1 KrWG, die die Rangfolge der Vermeidung und Bewirtschaftung der Abfälle festlegt, wurde der

Bergversatz abgewertet (Frenz, UPR 2012, 210, 212). Während er bisher als stoffliche Verwertung eingestuft wurde, ist er jetzt, gleichgestellt mit der energetischen Verwertung, zwischen der stofflichen Verwertung und Beseitigung angesiedelt. Die materiellen Voraussetzungen ergeben sich weiterhin aus der Versatz-V (Frenz, aaO, dort ebenfalls ausführliche Darstellung der Kriterien des § 6 Absatz 2 KrWG für die Einzelfallbewertung beim Bergversatz, S. 214). Durch § 6 Absatz 1 Nr. 4 KrWG ist nunmehr ausdrücklich anerkannt, dass **Verwertung** auch die (**ober- oder untertägige) Verfüllung eines Raumes** sein kann (Schink, UPR 2012, 201, 205; BR-Drs 216/11, S. 184 f.). Es genügt die Nutzung irgendeiner Beschaffenheit des Stoffes und die Erzielung irgendeines Erfolges, der über die bloße Beseitigung hinausgeht und diese vermeidet (Schink, aaO, m. w. N.).

Nach § 29 Absatz 3 KrWG kann der Abbauberechtigte oder **Unternehmer eines**   **112**
Mineralgewinnungsbetriebs von der zuständigen Behörde **verpflichtet** werden, die **Beseitigung von Abfällen** in freigelegten Bauen seiner Anlage **zu dulden.**
Dabei darf der Vorrang der Mineralgewinnung gegenüber der Abfallbeseitigung nicht beeinträchtigt werden. Diese Duldungspflicht gilt nur im Rahmen des Geltungsbereichs des KrWG, nicht für die nach § 2 Absatz 2 Nr. 7 KrWG ausgenommenen Abfälle, für die das Bergrecht anzuwenden ist. Zwingende Folge von § 2 Absatz 1 Nr. 7 KrWG ist außerdem, dass Landesabfallrecht in diesem Zusammenhang nicht wirkt (H. Schulte, ZfB 1987, 203).

f) Einfluss des EU-Rechts. Die Aufteilung des deutschen Abfallrechts in Abfälle,   **113**
die im Bergbaubetrieb anfallen, und allgemeine Abfälle ist nunmehr auch auf **europäischer Ebene** vollzogen und sanktioniert.

Nach Artikel 2 Absatz 2 lit. d der RL 2008/98/EG v. 19.11.2008 (Abl 2008, L   **114**
312, S. 3) – der sog. **Abfallrahmenrichtlinie** – sind Abfälle, die beim Aufsuchen, Gewinnen, Aufbereiten und Lagern von mineralischen Ressourcen sowie beim Betrieb von Steinbrüchen entstehen und unter die RL 2006/21/EG v. 15.3.2006 (Abl 2006, L 102, S. 15 = ZfB 2008, 1 ff.) über die Bewirtschaftung von Abfällen aus der mineralgewinnenden Industrie fallen, aus dem Anwendungsbereich der Abfallrahmenrichtlinie ausgeschlossen.

Statt der Abfallrahmenrichtlinie gilt die „**Bergbauabfall-Richtlinie**" 2006/21/EG   **115**
als Spezialregelung. D. h. positiv: Der abfallstrombezogene Ansatz dieser Richtlinie erfordert eine doppelte Prüfung: Es muss sich um Abfall i. S. des europäischen Abfallrechts handeln und die Abfälle müssen aus der mineralgewinnenden Industrie stammen.

Der Abfallbegriff im Bergbau hat durch die Rspr. des EuGH in Abgrenzung von   **116**
selbstständig vermarkteten Nebenprodukten der Gewinnungstätigkeit (EuGH DVBl 2002, 827 mit Anmerkung Frenz; ferner Attendorn, NUR 2008, 155; Herbert, NVwZ 2007, 617, 620; Frenz, UPR 2007, 83; Sobotta, ZUR 2007, 188, 192; Petersen, ZUR 2005, 563) und in Abgrenzung von Rückständen, die im Zuge des Gewinnungsverfahrens zur Hohlraumverfüllung verwendet werden (EuGH, DVBl 2003, 1447 mit Anmerkung von Frenz, UPR 2007, 81, 83; Stelter in Schriftenreihe GDMB Heft 111, 45, 48; von Mäßenhausen, AbfR 2004, 50 f.; Attendorn, NUR 2008, 155), klarere Konturen erhalten.

Zur mineralgewinnenden Industrie gehören nicht nur die Betriebe des BBergG,   **117**
sondern auch alle übrigen Betriebe, in denen mineralische Rohstoffe gewonnen werden, gleich ob sie nach WHG, Abgrabungs-, Naturschutz-, Bau-, oder Immissionsschutzrecht zugelassen werden (Attendorn, NUR 2008, 154). Es kommt nicht auf die mineralische Zusammensetzung der Abfälle an, sondern auf deren Herkunft. Typische Abfälle aus der mineralgewinnenden Industrie

sind Berge, schlammartige Abfälle als Aufbereitungsrückstände, taubes Gestein, Deckgebirge, Oberboden (Ziff. 4 der Erwägungen, ZfB 2008, 9). Andererseits ist negativ abzugrenzen: Die RL 2006/21 EG ist nach Artikel 2 Absatz 2 nicht anzuwenden für Abfälle, die zwar bei der Gewinnung von Mineralien oder deren Aufbereitung entstehen, aber nicht unmittelbar mit diesen Tätigkeiten in Zusammenhang stehen, z. B. Nahrungsmittelabfälle, Altöle. Sie gilt ferner nicht für Abfälle aus der Offshoreaufsuchung, -gewinnung und -aufbereitung und für das Einleiten von Wasser und wieder Einleiten von abgepumptem Grundwasser. Abraum und Oberboden, der anschließend ohne Bearbeitung zur Wiedernutzbarmachung eingesetzt wird, sind schon nach Artikel 3 Ziff. 1 der früheren EU-Abfallrahmen-RL 1975/442/EG kein Abfall (s. auch Rn 103).

118 Im Anwendungsbereich der RL 2006/21 EG müssen die Betreiber einen **Abfallbewirtschaftungsplan** (s. auch § 55 Rn 142) für die Minimierung, Behandlung, Verwertung und Beseitigung des mineralischen Abfalls unter Berücksichtigung des Grundsatzes der nachhaltigen Entwicklung aufstellen (Artikel 5 RL). Zur nachhaltigen Entwicklung gehören neben ökologischen und sozialen Aspekten auch ökonomische. Die RL gibt die Ziele und den Inhalt des Bewirtschaftungsplans, der alle 5 Jahre zu überprüfen und ggf. anzupassen ist, in kleinlicher Weise vor (kritisch gegen dieses staatliche Lenken von innerbetrieblichem Verhalten: von Mäßenhausen, DVBl 2005, 824). Für bestimmte Abfallentsorgungseinrichtungen, die in dem Anh. III in der Kat. A eingestuft sind, werden zur Unfallverhütung ein interner **Notfallplan** des Betreibers (Artikel 6 Absatz 3), die Ernennung eines Sicherheitsbeauftragten und ein externer Notfallplan nach Beteiligung der betroffenen Öffentlichkeit gefordert. Nach Artikel 7 dürfen **Abfallentsorgungseinrichtungen** (Artikel 3 Ziff. 15: Bereich, der für die Sammlung oder Ablagerung von mineralischen Abfällen ausgewiesen ist) nur mit **Genehmigung** in Betrieb gehen. Insofern kann auf das Betriebsplanverfahren zurück gegriffen werden, das jedoch hinsichtlich der Angaben im Antrag die Vorgaben des Artikel 7 Absatz 2 RL einhalten muss. Dazu gehören der **Abfallbewirtschaftungsplan, Vorkehrungen zur Sicherheitsleistung** oder etwas Gleichwertigem, Angaben zur UVP. Der Antrag auf Erteilung der Genehmigung muss unabhängig von Art und Größe der Anlage der **Öffentlichkeit bekannt gemacht** werden. Sie hat das Recht, ihre Standpunkte mitzuteilen, die „gebührend" gemäß Artikel 8 Absatz 5 zu berücksichtigen sind. Die nach Artikel 14 geforderte Sicherheitsleistung ist auf die Fläche zu beschränken, die Gegenstand der Genehmigung ist. Sie richtet sich in der Höhe nach den wahrscheinlichen Umweltauswirkungen der Abfallentsorgungseinrichtung. Die RL gilt auch für bis zum 1.5.2008 (Ende der Umsetzungsfrist) stillgelegte Anlage. Für Anlagen, die am 1.5.2008 betrieben werden oder bereits genehmigt sind, gilt eine Übergangsfrist bis 1.5.2012, für die Sicherheitsleistung bis 1.5.2014.

119 Die RL 2006/21 EG ist durch **Änderung** v. 24.1.2008 **der Allgemeinen BergVO** (BGBl, 85 = ZfB 2008, 22) in bundesdeutsches Recht umgesetzt worden. Diese Regelungen gelten für bergbauliche Abfälle abschließend, das allgemeine Abfallrecht ist nicht anwendbar. **Nach § 22 a der Allg. BBergV** hat der Unternehmer für die Entsorgung bergbaulicher Abfälle geeignete Maßnahmen zu treffen, um Auswirkungen auf die Umwelt und sich daraus ergebende Risiken für die menschliche Gesundheit soweit wie möglich zu vermeiden oder zu vermindern. Er hat einen **Abfallbewirtschaftungsplan** mit dem Inhalt, der in Anh. 5 zu § 22 a Absatz 2 der Allg. BBergV vorgegeben ist, aufzustellen, ihn alle 5 Jahre zu überprüfen und anzupassen. Der **Betriebsplan für Abfallentsorgungsanlagen** (zum Begriff Rn 118, 143 und § 22 a Absatz 3 Satz 7 Allg. BBergV) muss zusätzlichen Anforderungen entsprechen, die in Anh. 6 der VO vorgegeben sind.

120 Der Abfallbewirtschaftungsplan enthält das **Abfallwirtschaftskonzept**, Einzelheiten ergeben sich aus Anhang 5 zu § 22 a Absatz 2 ABBergV. Er ist vor

Aufnahme der Tätigkeiten bei der Bergbehörde **anzuzeigen**. Einer Zulassung bedarf er nicht. Die Pflichten aus dem **Betriebsplanverfahren**, in dem die Abfallentsorgung darzustellen ist und die Zulassungsvoraussetzungen des § 55 nachzuweisen sind, **bleiben unberührt**. Allerdings gib es Verwaltungsvereinfachungen: Im Abfallbewirtschaftungsplan kann auf bestehende Betriebspläne verwiesen werden, der Betriebsplan kann gleichzeitig Anzeige des Bewirtschaftungsplans sein.

Nach § 22 a Absatz 3 Satz 4 Allg. BBergV hat der Unternehmer nachzuweisen, **121** dass er in der Lage sein wird, eine **Sicherheitsleistung** oder etwas „Gleichwertiges" (Anh. 7: Konzernbürgschaft, Garantie, sonst. Zahlungsversprechen eines Kreditinstitutes, Rückstellung) zu erbringen. Diese Regelung ist eine spezielle gegenüber der allgemeinen bergrechtlichen Vorschrift des § 56 Absatz 2. Zweifelhaft ist, ob sie mit höherrangigem Gemeinschaftsrecht vereinbar ist (bejahend: von Mäßenhausen/Frenz, Glückauf 2005, 526; Lenz in GDMB-Schriftenreihe 2007, 35, 42; zweifelnd Attendorn, NUR 2008, 163). Nach § 22 a Absatz 3 Satz 4 Allg. BBergV in Verbindung mit Anh. 7 entscheidet die Behörde über Art, Umfang und Höhe der Sicherheit. Diese Ermächtigung erfasst nicht das „Ob", sondern nur das „Wie" der Sicherheitsleistung. Jedenfalls ist dies richtlinienkonform so auszulegen. Mit dem Wortlaut des Artikel 14 Absatz 1 der RL 2006/21/EG („[...] verlangt die zuständige Behörde") ist nicht vereinbar, von einer Sicherheitsleistung abzusehen (ähnl. BVerwG, UPR 2008, 448 betrifft § 32 Absatz 3 KrW-/AbfG a. F., anders Beckmann/Gesterkamp, UPR 2003, 207). Eine Sicherheitsleistung kann ohne Zweifel an der Liquidität des Unternehmens gefordert werden (BVerwG, NVwZ 2008, 681 = DVBl 2008, 678 = DÖV 2008, 820, bestätigt durch BVerfG, NVwZ 2009, 1494; s. auch Hess VGH, DÖV 2010, 47 (LS)). Die **EU-Kommission** hat mit ihrer Entscheidung 2009/335/EG (ABl L 101/25 = ZfB 2009, 89) Leitlinien für die **Festsetzung** der finanziellen **Sicherheitsleitung** im Rahmen der RL 2006/21/EG über die **Bewirtschaftung von Abfällen** aus der Mineral gewinnenden Industrie erlassen. Sie hat mit ihrer Entscheidung 2009/360/EG ferner Anforderungen an die **Charakterisierung der Abfälle** aus der Mineral gewinnenden Industrie (ABl L 110, S. 48 = ZfB 2009, 101) im Rahmen der o. a. RL 2006/21/EG festgelegt. Diese Entscheidung führt in ihrem Anhang technische Anforderungen an die Charakterisierung der Abfälle auf. Zur Erfassung werden benötigt: Geologischer Hintergrund der abzubauenden Lagerstätte, Art des Abfalls und seine vorgesehene Behandlung, geotechnisches Verhalten des Abfalls, geochemisches Verhalten des Abfalls. Das Endergebnis der Charakterisierung ist im Abfallwirtschaftsplan zu berücksichtigen.

Fraglich ist, ob **Rückstellungen** in der Bilanz des Unternehmens ausreichen, wie **122** § 22 a Absatz 3 Allg. BBergV, Anh. 7 sie zulässt. Zwar kann nach Artikel 14 Absatz 1 der RL 2006/21/EG eine finanzielle Sicherheit „oder Gleichwertiges" verlangt werden. Das BVerwG hat aber Rückstellungen nicht als gleichwertig angesehen, weil sie nicht insolvenzfest sind (BVerwG, UPR 2008, 448 = ZUR 2009, 85 betrifft § 19 Absatz 4 Satz 4 DepV a. F. 2002; a. A. noch Bäthge GDMB-Schriftenreihe Bd. 111, 74; Lenz aaO, 42).

Allgemein zur EG-Bergbauabfall-RL und § 22 a ABBergV Herrmann, Procee- **123** dings des DGFZ, Heft 38 (2009), 51 ff. sowie Vollzugshinweise zu § 22 a ABBergV des Landesamts für Bergbau, Energie und Geologie Niedersachsen vom 19.8.2010 (Nr. 21.1 der Sammlung der Rundverfügungen) sowie Vollzugshinweise zu § 22 a ABBergB der Länderarbeitsgemeinschaft Bergbau – Stand 12.11.2009.

Durch Artikel 5 Absatz 5 des Gesetzes zur Neuordnung des Kreislaufwirt- **124** schafts- und Abfallrechts vom 24.2.2012 (BGBl, 212, 248) wurde **§ 22 a der**

ABBergV um einen **Absatz 7** erweitert. Bereits in § 22 a Absatz 6 der ABBergV (Fassung vom 31.7.2009, Artikel 22 des Gesetzes zur Neuregelung des Wasserrechts, BGBl 2009, 2585) wurde festgelegt, dass § 22 a der ABBergV nicht für das Einleiten von Wasser und das Wiedereinleiten von abgepumptem Grubenwasser gilt. Nach § 22 a Absatz 7 ABBergV gilt § 22 a der ABBergV nunmehr auch nicht für **Boden am Ursprungsort**, die dauerhaft mit dem Grund und Boden verbunden sind sowie für **nicht kontaminiertes Bodenmaterial**, das **bei Bauarbeiten ausgehoben** wird und in seinem natürlichen Zustand an dem gleichen Ort für Bauzwecke verwendet wird.

125 Die **(anlagenbezogene) Genehmigungs-/Betriebsplanpflicht** einschließlich der Auslegung der Unterlagen durch die Bergbehörde (Öffentlichkeitsbeteiligung) gemäß § 22 a Absatz 3 Satz 2 Allg. BBergV, das spezielle Verfahrensrecht des § 22 a Absatz 3 Satz 3 Allg. BBergV in Verbindung mit § 48 Absatz 2 Satz 3–5 BBergG sowie der Nachweis der Sicherheitsleistung gemäß § 22 a Absatz 3 Satz 4 Allg. BBergV kommen nur für Abfallentsorgungseinrichtungen i. S. der Definition des § 22 a Absatz 3 Satz 7 in Betracht (s. § 55 Rn 118) z. B. Halden, Absetzteiche. Nicht dazugehören **Abbauhohlräume**, in die bergbauliche Abfälle nach der Gewinnung des Minerals zu bergtechnischen oder sicherheitlichen Zwecken oder zur Wiedernutzbarmachung verbracht werden (§ 22 a Absatz 3 Satz 8 Allg. BBergV). Dabei muss die Ablagerung in ausgebeuteten Abbauhohlräumen untertägig oder übertägig erfolgen, also nicht auf Halden oder dem Gelände von Tagesanlagen (Attendorn, NUR 2008, 160). § 22 a Absatz 3 Satz 8 Allg. BBergV verlangt, dass bergbauliche Abfälle zu den dort genannten Zwecken in Abbauhohlräume „verbracht werden", nicht, dass sie „zurückverbracht" werden in den Hohlraum, aus dem sie stammen (a. A. Attendorn, NUR 2008, 160). Diese Orts- und Materialidentität wird auch von Artikel 10 der RL 2008/21/EG nicht gefordert („Einbringen von mineralischen Abfällen [...] in Abbauhohlräume, die im Tagebau oder Untertagebau entstanden sind"). Artikel 3 Nr. 15 der RL 2008/21/EG definiert nur die „Abfallentsorgungseinrichtung" und nennt Abbauhohlräume, in die Abfall zurückverbracht wird, nur beispielhaft in Abgrenzung zu Halden und Absetzteichen, nicht aber, um sie abschließend zu charakterisieren. Im Übrigen wird sich bei Orts- und Materialidentität zunächst die Frage stellen, ob es sich überhaupt um Abfall im Rechtssinne handelt (hierzu § 55 Rn 103, 115 ff.).

126 Anhängig vom Schadstoffpotenzial der zu entsorgenden Abfälle und dem Gefährdungspotenzial der Abfallentsorgungseinrichtung für Mensch und Umwelt ist zwischen der **einfachen Betriebsplanzulassung** gemäß §§ 55, 48 Absatz 2, der **Betriebsplanzulassung mit zwingend vorgeschriebener Auslegung** des Plans entsprechend § 48 Absatz 2 Satz 3–5 und dem **Planfeststellungsverfahren mit UVP gemäß** § 52 Absatz 2 a, 57 a BBergG i. V. mit § 1 Nr. 4 a UVP-V Bergbau für Einrichtungen der Kat. A zu unterscheiden.

127 Vor dem 1.5.2008 zugelassene Betriebspläne von Abfallentsorgungseinrichtungen gelten fort. Müssen sie nachträglich gemäß § 56 Absatz 1 geändert oder ergänzt werden und ist für das Vorhaben der Entsorgungseinrichtung das bergrechtliche Planfeststellungsverfahren vorgeschrieben, muss gemäß § 52 Absatz 2 c bei wesentlichen Änderungen ein neues Planfeststellungsverfahren durchgeführt werden.

128 g) **Die Bestimmung des** § 55 **Absatz 1 Satz 1 Nr. 6 BBergG.** Durch die Subsidiaritätsklausel des § 2 Absatz 2 Nr. 7 KrWG kommt für Bergbauabfälle dem § 55 Absatz 1 Satz 1 Nr. 6 besondere Bedeutung zu.

129 Erforderlich ist, dass **Abfall im Rechtssinne** vorliegt. Da das BBergG keinen eigenen Abfallbegriff hat, gilt der des § 3 Absatz 1 KrWG, durch den der

Abfallbegriff der früheren RL 75/442/EWG, der sie aufhebenden späteren RL 2006/12/EG v. 5.4.2006 (Abl 2006, L 114/9) und der neuen RL 2008/98/EG v. 19.11.2008 (Abl 2008, 2312/S. 3) in deutsches Recht umgesetzt wurde.

Artikel 3 Ziff. 1 der RL 2008/98/EG definiert als Abfall jeden Stoff oder Gegen-   **130**
stand, dessen sich sein Besitzer entledigt, entledigen will oder entledigen muss.

Voraussetzung für die Geltung des § 55 Absatz 1 Satz 1 Nr. 6 ist ferner, dass die   **131**
Abfalleigenschaft nicht beendet ist. **Das Ende der Abfalleigenschaft** ist berg-
rechtlich nicht geregelt. Es findet daher § 5 Absatz 1 KrWG Anwendung ein-
schließlich der – noch zu erlassenden – Verordnungen gemäß § 5 Absatz 2
KrWG. Diese allgemeine Regelung des Endes der Abfalleigenschaft ist durch
Artikel 6 der novellierten EG-AbfallrahmenRL vom 12.12.2008 (ABl Nr. L 312,
S. 3) vorgegeben. Für das Ende der Abfalleigenschaft muss der Stoff oder Gegenstand ein **Verwertungsverfahren durchlaufen** hat (ausführlich hierzu Giesberts, DVBl 2012, 816 ff.). Aus Artikel 3 Nr. 16 AbfRRL kann der Schluss gezogen werden, dass als Verwertungsverfahren in diesem Sinne auch die Prüfung, Reinigung oder Reparatur von Erzeugnissen angesehen werden können (Reese, NVwZ 2009, 1073, 1076). Entscheidend ist also nicht das technische Verfahren, sondern dass der entstehende Stoff marktfähig ist, die für die Zweckbestimmung relevanten technischen und rechtlichen Anforderungen erfüllt und nicht zu umwelt- oder gesundheitsschädlichen Auswirkungen führt. Zur (früheren) Rechtslage nach der EuGH-Rechtsprechung zum Ende der Abfalleigenschaft: Giesbert/Kleve, DVBl 2008, 678, 681: *„keine zu hohen starren Anforderungen"*. Wird Gips als Versatzmaterial im Bergbau eingesetzt, endet die Abfalleigenschaft durch den Einbau im Rahmen des Bergversatzes (Schink, VerwArch. 1997, 230, 249), ebenso beim Versatz mit Dickstoff mit Beendigung des Verwertungsvorgangs, nicht schon mit dem ersten Behandlungsschritt (VG Halle, ZfB 2012, 97 f. m. w. N.). Wird aus Abfällen ein **neuer Stoff** gewonnen, endet die Anwendung des Abfallrechts nicht schon mit dessen Herstellung, sondern erst, wenn die Schadlosigkeit der Verwertung durch abschließende Verwendung für den anderen Zweck sichergestellt ist (VGH Kassel, NVwZ-RR 2013, 136, 137; BVerwG, NVwZ 2007, 338 Rn 16; EuGH, NVwZ 2005, 306). Zu den Grenzen des Abfallbegriffs: Frenz, NVwZ 2012, 1590 ff.

Europarechtlich sind mehrere **Entscheidungen zum Abfallbegriff** ergangen (z. B.   **132**
EuGH, NVwZ 1991, 660 – E. Zanetti, Beförderung von Salzsäure; EuGH, NVwZ 2000, 1156 – LUWA-Bottems, Holzspäne; EuGH, NVwZ 2004, 1341 – van De Walle – Texaco; EuGH, NVwZ 2005, 306 – Antonio Niselli) Literatur hierzu: Petersen, NVwZ 2004, 34; Schoch, DVBl 2004, 69; Schink, UPR 2003, 121; Begemann, NVwZ 2003, 1205 und NJW 2002, 2613. Für den Bergbau von besonderer Bedeutung ist die **Abgrenzung von Nebenprodukt und Abfall** (EuGH in DVBl 2003, 1447 = NUR 2004, 164 = ZUR 2004, 30 = ZfB 2003, 207 – Avesta Polarit – und EuGH in DVBl 2002, 827 – Palin, Granit, Bruchgestein, mit Anmerkung Frenz, S. 830. Ausführlich hierzu Sobotta, ZUR 2008, 188 ff.; Attendorn, NUR 2008, 155; Herbert, NVwZ 2007, 617, 620; Frenz, UPR 2007, 83; ders. NUR 2004, 207 und UPR 2003, 281, s. auch § 55 Rn 115 ff. Nach der Rechtsprechung des EuGH liegt im Falle von Nebenerzeugnissen nur dann eine Produkt vor, wenn sie unabhängig von jeder Bearbeitung wirtschaftlich einen Warenwert haben und ihre Wiederverwendung nicht nur möglich, sondern ohne vorherige Bearbeitung in Fortsetzung des Gewinnungsverfahrens gewiss ist. Bergbaurückstände, die ohne weitere Behandlung zur Verfüllung von Grubenstollen vorgesehen sind, sind selbst bei Zwischenlagerungen Nebenprodukte (EuGH in Avesta Polarit, aaO; Sobotta, ZUR 2008, 189). Entsprechendes gilt bei in großen Massen anfallendem Abraum von Tagebauen, der entweder sogleich wieder zur Wiedernutzbarmachung eingesetzt

wird (Frenz, UPR 2007, 83 und DVBl 2003, 1451) oder zur Vorbereitung der Wiedernutzbarmachung aufgehaldet wird. Werden Abraummassen vom Bagger auf Förderbänder direkt wieder in die Bereiche transportiert, in denen die Wiedernutzbarmachung im bereits ausgekohlten Bereich beginnt, (Stelter, Schriftenreihe GDMB Heft 111, 52) liegt ebenfalls kein Abfall vor. Nebengestein ist Abfall, wenn es der Unternehmer nicht hauptsächlich zu gewinnen sucht, es also nicht das mit dem Herstellungsverfahren unmittelbar angestrebte Ergebnis ist. Bruchgestein aus einem Steinbruch, das für unbestimmte Zeit bis zu einer möglichen Verwendung gelagert wird, ist daher Abfall (EuGH, DVBl 2002, 827). Sandrückstände bei der Erzaufbereitung, deren Verwendung als Baumaterial oder Kies nicht sicher ist, und das beim Abbau von Chrom nebenbei anfällt, sind Abfall (EuGH in DVBl 2003, 1447); im Einzelnen hierzu Frenz, UPR 2003, 281 und NUR 2004, 207).

133 Die Abfallrahmenrichtlinie 2008/98/EG hat diese Rechtsprechung des EuGH in Artikel 5 aufgegriffen und festgelegt, wann ein Stoff als Nebenprodukt und nicht als Abfall gelten kann.

134 Für den Bergbau von Bedeutung ist, ob die **Einbringung von Schlacke und Asche**, die zu einem speziellen Produkt aufbereitet werden und zur **Sicherung von Hohlräumen** in ein stillgelegtes Salzbergwerk verbracht werden sollen, abfallrechtlich als Beseitigung oder Verwertung einzuordnen ist. Der EuGH (DVBl 2002, 540 = NVwZ 2002, 579 = ZfB 2002, 42 – ASA) stellte klar, dass die Einbringung von Abfällen in ein stillgelegtes Bergwerk nicht zwingend eine Beseitigung darstellt. Eine solche Einbringung ist Verwertung, wenn ihr Hauptzweck darauf gerichtet ist, dass die Abfälle eine sinnvolle Aufgabe erfüllen können, indem sie andere Materialien ersetzen, die für die Aufgabe hätten verwendet werden müssen (s. auch § 55 Rn 151). Eine Vorbehandlung ist nicht erforderlich, die Gefährlichkeit des Abfalls ist kein maßgebliches Abgrenzungskriterium (Schulz, Glückauf 2004, 30). Zur Rechtslage der Verbringung von bergbaulichen Abfällen in Abbauhohlräume nach Artikel 10 der RL 2008/21/EG und § 22 a Absatz 3 Satz 8 der Allg. BBergV s. § 55 Rn 150.

135 Eine eigenständige europarechtliche Bedeutung hat der Begriff der **Abfallbeseitigungsanlage zur Verbrennung oder chemischen Behandlung** (gefährlicher bzw. ungefährlicher) Abfälle. Er ist in Anh. I Nr. 9 und 10 der RL 85/337/EWG des Rates v. 27.6.1985 über die Umweltverträglichkeit bei bestimmten öffentlichen und privaten Projekten (Abl L 175/S. 40), geänderte Fassung durch RL 97/11/EG v. 3.3.1997 (Abl L 73, S. 5) enthalten. Er ist im weiten Sinne so zu verstehen, dass er die Gesamtheit der Vorgänge umfasst, die entweder zur Beseitigung der Abfälle im engen Wortsinne oder zu deren Verwertung führen (EuGH, ZfB 2008, 247 – Feuerungsanlage für Holzgas bei den Nievelsteiner Sandwerken, m. w. N.). Die Nr. 8 der Anlage 1 zu § 3 Absatz 1 Satz 1 UVPG hat dies berücksichtigt. Danach sind Anlagen zur Verwertung oder Beseitigung von Abfällen **UVP-pflichtige Vorhaben**. Für betriebsplanpflichtige Vorhaben im Abfallbereich gelten die Nr. 3, 4 und 4 a des § 1 der UVP-V Bergbau. Im Gegensatz zur „Abfallbeseitigungsanlage" i. S. RL 97/11/EG kommt es in § 1 Nr. 4 a der UVP-V Bergbau auf den Begriff der **Abfallentsorgungseinrichtung** an, der in Artikel 3 Nr. 15 der RL 2006/21/EG v. 15.3.2006 (Abfälle der Mineral gewinnenden Industrie) vorgegeben und definiert ist (hierzu § 55 Rn 118, 119, 143).

136 Die **Rechtsprechung der Bundesrepublik** hatte sich mit dem Abfallbegriff (Grundsätzlich: Bickel, NUR 1992, 361; Seibert, DVBl 1994, 229; Fluck, DVBl 1993, 590 und DVBl 1995, 537; Schink, Verw.Arch. 1997, 230; Kunig, NVwZ 1997, 209; Wolfers NVwZ 1998, 225; Stuttmann, NVwZ 2006, 401) und insbesondere mit der **Abgrenzung zum Produkt** (auch Nebenprodukt, Zwischenprodukt) oder **Wirtschaftsgut** in vielen Entscheidungen zu befassen.

Hierzu auch Vorauflage § 55 Rn 60. Nicht als Abfall wurden angesehen: unbelasteter Bauschutt, unbelasteter Erdaushub (OVG NRW, ZfB 1983, 188), Sande und Kiese ohne Schadstoffgehalt (BVerwGE 96, 80, 83; Müller/Schulz, Recht der Bodenschätzgewinnung, S. 376, Kunig/Paetow/Versteyl § 3 Rn 49; a. A. VGH Kassel, ZfW 1986, 379 und NUR 1991, 495 mit ablehnend Anmerkung v. Kunig). In bergrechtlicher Hinsicht waren von Interesse: der Begriff „Bodenschatz" i. S. des AbgrG NRW schließt den des Abfalles aus (VG Gelsenkirchen, ZfB 1978, 230, 236). Alte Bergehalden, in denen Kohle und Wegebaumaterial enthalten sind, können je nach Konjunktur und wirtschaftlichem Marktwert Wirtschaftsgut (VG Gelsenkirchen, aaO) oder Abfall sein. Erdaushubdeponie in einer Kiesgrube (VGH Kassel, ZfB 1991, 195), Kraftwerksrückstände aus der Rauchgasentschwefelung als Bergbaumörtel sind kein Abfall (OVG Saarland, ZfB 1990, 45, 48); Verfüllung eines Tontagebaus mit Stabilisat aus REA-Gips und Steinkohlenasche unterliegt nicht dem Abfallrecht (BVerwGE 96, 80 = ZfB 1994, 211 = DVBl 1994, 1014 mit Anmerkung Kley); Einsatz von Salzaufbereitungsrückständen, vermischt mit Kunststoffgranulat in einem Salzbergwerk als Verwertung von Abfällen (VG Stuttgart, NUR 1997, 516 = NVwZ-RR 1997, 345 = ZfB 1996, 246) im Gegensatz zum Einsatz von Salzaufbereitungsrückständen, vermischt mit Kunststoffgranulat, in einem Salzbergwerk als Beseitigung von Abfällen, weil das Material sich nicht zur Stabilisierung, zur Bergsicherheit oder zum Feuer- und Explosionsschutz eignet (BVerwG, DVBl 2000, 1351 = NUR 2000, 579 = UPR 2000, 457 und VGH Mannheim NUR 1999, 336 = ZUR 1999, 103 mit Anmerkung v. Schink = ZfB 1999, 25). Filterstäube aus einem Stahlwerk zur Verfüllung von Hohlräumen eines Kalibergwerks (OVG Lüneburg NVwZ-RR 2001, 19 = NUR 2001, 413); Bauschutt im Bergbau zur Geländeauffüllung oder als Bergeversatz (VG Stuttgart DÖV 2000, 967); Genehmigung einer Recyclinganlage zur Herstellung von Untertageversatz im Bergbau (OVG Münster in NVwZ-RR 2000, 671), zinkhaltige Filterstäube als Bergeversatzmaterial (VG Osnabrück ZfB 1999, 139), Asbestzementabfälle zur Auffüllung von Hohlräumen in Braunkohlentagebau (VG Frankfurt NVwZ-RR 2002, 736); Verfüllung von Tontagebau mit mineralischen Reststoffen, unbelastetem Erdaushub und Bauschutt ist Abfallbeseitigung, wenn der Zweck der Verkippung im Wesentlichen darin besteht, einem unrentablen Bergbaubetrieb zur Wirtschaftlichkeit zu verhelfen (VG Dessau, NUR 2004, 474 = ZUR 2004, 300 = ZfB 2004, 149); Verfüllung einer stillgelegten Tontagegrube mit industriellen Reststoffen als Abfall zur Verwertung, weil das Abfallgemisch zum Zwecke der Stabilisierung des Verfüllkörpers, zur Oberflächenabdichtung und zur seitlichen Festigung grundsätzlich geeignet ist (OVG Koblenz, ZfB 2004, 30; BVerwG, DVBl 2005, 923 = ZfW 2006, 14 = NUR 2005, 587 = NVwZ 2005, 954 = ZUR 2005, 429 − „Tagebau Fortuna"); Verfüllung einer entsandeten Fläche mit Aushubboden aus Kanalbaustellen (OVG NRW, ZfB 1983, 188); Wiedernutzbarmachung einer Tontagebaugrube mit Fremdmassen als Abfallverwertung (VG Magdeburg, ZfB 2008, 200); Aufbringen von Sekundärrohstoffen zum Zwecke der „Renaturierung" eines Kupferhüttengeländes als Abfallbeseitigung (VG Halle, ZfB 2008, 289: keine Baugenehmigung, sondern abfallrechtliches Planfeststellungsverfahren erforderlich). Abdeckung einer Salzbergbauhalde mit REKAL-Stabilisat-Gemisch als stoffliche Verwertung (OVG Lüneburg, NUR 2011, 886).

Keine **abfallrechtliche Bedeutung hat die Abgrenzung zum „Reststoff"** (hierzu   **137** Czech, Glückauf 1993, 291; Schade, Glückauf 1996, 371, von Mäßenhausen/Frenz, Glückauf 2005, 525) oder zum „Rückstand" (hierzu Fluck, DVBl 1993, 593; Kremer, Glückauf 1997, 542). Der Begriff „Reststoff" wurde in § 5 Absatz 1 Nr. 3 BImSchG bis zur Änderung durch Artikel 2 des Gesetzes v. 27.9.1994 (BGBl, 2705) zum 7.10.1996 sowie in §§ 1a Absatz 1 Satz 2 und 2 Absatz 3 Satz 1 AbfG a. F. 1986 verwendet und von der ganz überwiegenden Meinung so verstanden, dass er die Regelungen des Abfallrechts verdrängt

(OVG Saarland, ZfB 1990, 48 f., auch noch BVerwGE 96, 80). Das ist seit der Änderung des § 5 Absatz 1 Nr. 3 BImSchG in Parallelität zum § 5 Absatz 3 KrW-/AbfG a. F. (hierzu Frenz, Abfallverwertung im Bergbau, S. 55) gegenstandslos geworden.

138 h) **Anfall von Abfall im Bergbaubetrieb.** Erforderlich ist für die Anwendung des § 55 Absatz 1 Nr. 6, dass die Abfälle im Bergbaubetrieb „anfallen". Sie müssen ihre Entstehung auf den Bergbaubetrieb zurückführen, sind in sofern bergbautypisch. Als anfallende Abfälle werden demnach alle Bergbau spezifischen Abfälle angesehen. Die Eigenschaft als betriebsplanpflichtig „angefallen" geht nicht dadurch verloren, dass der Abfall für eine Zwischenbehandlung vorübergehend das Bergbaugelände verlassen hat (z. B. verbrauchte Gasreinigungsmassen aus Kokereien werden in einem nicht der Bergaufsicht unterstehenden Betrieb abgeröstet und dann auf eine Bergehalde gebracht) oder wenn er das Bergwerksgelände noch nicht endgültig verlassen soll (z. B. Klärschlamm aus einer Kokerei wird zunächst auf dem Bergwerksgelände deponiert und dann auf eine öffentliche Deponie gebracht). Anders, wenn der Abfall abschließend dem nicht unter das BBergG fallenden Verkehr i. S. von § 2 Absatz 4 übergeben wird (so auch H. Schulte, ZfB 1987, 203).

139 Sofern **fremde Abfälle** auf das Gelände, das der Bergaufsicht untersteht, gebracht oder dort gelagert werden, sind sie nicht im Bergaufsichtsbetrieb angefallen. Dennoch kann eine Betriebsplanpflicht für fremde Abfälle in Betracht kommen, denn sie bezieht sich nach § 51 Absatz 1 auf den jeweiligen Betrieb einschließlich der in § 2 Absatz 1 bezeichnete Tätigkeiten und Einrichtungen. Sie ist betriebsbezogen, nicht davon abhängig, wer mit welchen Abfällen Verwertungsmaßnahmen durchführt. Der unmittelbare Anfall von Abfällen im Bergwerksbetrieb ist keine Voraussetzung für die Betriebsplanpflicht (Frenz, Abfallverwertung im Bergbau, S. 30, 50). § 55 Absatz 1 Nr. 6 schafft nicht abschließende Vorgaben für die Pflicht, einen Betriebsplan einzureichen – sie ergibt sich aus § 51 –, sondern stellt die Prüfungsmaßstäbe für den eingereichten Betriebsplan auf.

140 i) **Der Begriff „ordnungsgemäß".** Der Begriff „ordnungsgemäß" in § 55 Absatz 1 Nr. 6 ist nicht definiert. Er findet sich u. a. in §§ 5 Absatz 3 Nr. 2, 22 Absatz 1 Nr. 3 BImSchG und 7 Absatz 3 KrWG. Es spricht viel dafür, als ordnungsgemäße Abfallverwendung oder -beseitigung jedenfalls die anzusehen, die sich nach den bergbauneutralen Kern-Grundsätzen des KrW-/AbfG bzw. KrWG vollzieht (ähnl. Boldt/Weller, § 55 Rn 31; Kremer/Neuhaus, Rn 234; Knopp, S. 529), ohne dass alle Bestimmungen des Gesetzes Anwendung finden. Anderes nämlich würde den besonderen Betriebsbedingungen des Bergbaus und der Ausnahmeregelung des § 2 Absatz 2 Nr. 7 KrWG widersprechen (ähnl. Hopf, ZfB 1990, 158). Zu diesen anwendbaren Grundsätzen gehört, dass der Zweck des § 1 KrWG im Betriebsplanverfahren erreicht wird. Hierzu gehören ferner die Begriffsbestimmungen des § 3, die Grundbegriffe und -pflichten der Verwertung und Beseitigung gemäß §§ 6, 7, 8, 15, sofern in § 22 a ABBergV keine speziellen Regelungen getroffen wurden. Damit dürfte auch § 15 Absatz 2 Ziff. 5 KrWG anzuwenden sein, was insbesondere für die Errichtung von Bergehalden von Bedeutung ist. Zum Hochwertigkeitsnachweis gemäß § 8 Absatz 1 KrWG bei Verwertungsmaßnahmen s. § 55 Rn 157.

141 Bergbautypisch und durch die Bergbauklausel des § 2 Absatz 2 Nr. 7 KrWG vom Geltungsbereich des allgem. Abfallregimes ausgenommen ist, dass Abfall beim Abbau von Bodenschätzen und bei den übrigen bergmännischen Tätigkeiten i. S. von § 2 Absatz 1 BBergG aus **technischen und wirtschaftlichen Gründen nicht in erster Linie vermieden** werden können. Der Grundsatz des § 6 Absatz 1 Nr. 1 KrWG kann daher im Rahmen des § 55 Absatz 1 Nr. 6 keine

Anwendung finden. Stattdessen gilt § 22 a Absatz 1 der Allg. BBergV, wonach geeignete Maßnahmen zu treffen sind, um Auswirkungen auf die Umwelt und sich daraus ergebende Risiken für die menschliche Gesundheit soweit wie möglich zu vermeiden oder zu vermindern.

Zur Ordnungsmäßigkeit der Abfallentsorgung gehört gemäß § 22 a Absatz 2 **142** Allg. BBergV, dass für die Entsorgung von bergbaulichen Abfällen ein **Abfallbewirtschaftungsplan** (s. auch § 55 Rn 118) aufzustellen ist und der Bergbehörde spätestens 2 Wochen vor Aufnahme der Entsorgung anzuzeigen ist. Der Abfallbewirtschaftungsplan ist ein eigenständiges Instrument und lässt die Pflichten aus dem Betriebsplan unberührt. Er ist ein *„unternehmensinternes Papier"*, mit dem der Abfallbewirtschaftung im Bergbaubetrieb mehr Gewicht eingeräumt werden soll (Marder-Bungert, GDMB Heft 113, 99).

Zusätzliche Anforderungen für das Betriebsplanverfahren für die Errichtung, **143** den Betrieb und die Stilllegung von **Abfallentsorgungseinrichtungen**, d. h. Halden, Absetzteiche (Näheres bei Marder-Bungert, GDMB Heft 113, 99, ferner § 55 Rn 118, 119) einschließlich der Wiedernutzbarmachung enthält § 22 a Absatz 3 Allg. BBergV. Sie sind in Anh. 6 der Allg. BBergV konkretisiert. Keine Abfallentsorgungseinrichtung ist das Einleiten von Abwasser in das Grundwasser (VGH Kassel, Beschl. v. 20.3.2013 – AZ 2 B 1716/12; VG Kassel, NUR 2012, 802, 807 – betr. Kaliabwasser).

Für planfeststellungspflichtige Abfallentsorgungseinrichtungen hat der Unter- **144** nehmer eine **Sicherheitsleistung** oder etwas Gleichwertiges zu erbringen (s. § 55 Rn 121, s. auch Anh. § 56, Rn 224).

Abfallentsorgungseinrichtungen, die **vor dem 1.6.2006** die Annahme von Abfäl- **145** len eingestellt haben und deren zugelassene **Stilllegung bis Ende 2010 abge-schlossen** ist, unterliegen gemäß § 22 a Absatz 4 Allg. BBergV nicht den neuen Regelungen. Allerdings gilt auch, soweit das Sonderrecht aus § 22 a Allg.BBergV nicht anzuwenden ist, die allgemeine Betriebsplanpflicht. Aus Artikel 24 Absatz 1 der RL 2006/21/EG folgt ferner, dass die Pflichten gemäß § 22 a Allg. BBergV nicht für die seit 1.5.2008 stillgelegte Abfallsor-gungseinrichtungen gelten (Marder-Bungert, GDMB Heft 113, 102). Aus Arti-kel 12 Absatz 3 der RL 2006/21 EG folgt, dass eine Abfallentsorgungseinrich-tung nur als endgültig stillgelegt angesehen werden kann, wenn die Bergbehörde eine Schlussabnahme vor Ort durchgeführt, alle Betriebsberichte bewertet und die Wiedernutzbarmachung des Areals der Abfallentsorgungseinrichtung bescheinigt und dem Betreiber die Zustimmung zur Stilllegung erteilt hat (Voll-zugshinweise der LAB zu § 22 a ABBergG). Diese Regelung hat allerdings keine Rückwirkung, sondern gilt erst für Stilllegungen nach dem 1.5.2008. Unstreitig ist auch, dass § 22 a ABBergV insgesamt nicht anzuwenden ist, wenn die Abfall-anlage vor dem Inkrafttreten des BBergG am 1.1.1982 bereits stillgelegt war. Für alle übrigen Anfallentsorgungseinrichtungen gilt die Frist bis zum 1.5.2012 für etwa notwendige Nachrüstungen und bis zum 1.5.2014 für Sicherheitsleistun-gen.

Eine Abfallverwertung erfolgt nicht ordnungsgemäß, wenn sie gegen das Ver- **146** kehrsverbot des § 1 Chem.VerbotsV verstößt. Die in § 1 Absatz 2 Nr. 2 Chem. VerbotsV 2005 enthaltene Ausnahme vom Verkehrsverbot für Stoffe, Zubereit-tungen oder Erzeugnisse, die zur *„gemeinwohlverträglichen Abfallbeseitigung"* in den Verkehr gebracht werden, umfasst nicht solche Stoffe, die zum Zwecke der Abfallverwertung in Verkehr gebracht werden (VG Karlsruhe, NVwZ-RR 2002, 270, VG Frankfurt, NVwZ-RR 2002, 736). Die Verwendung asbesthal-tiger Abfälle im Rahmen der Wiedernutzbarmachung eines ehemaligen Tage-baugeländes ist keine ordnungsgemäße Verwertung (OVG Lüneburg, UPR

2006, 37). Ist eine Verwertung nicht ordnungsgemäß, ist sie unzulässig. Es kommt nur noch eine gemeinwohlverträgliche Beseitigung in Betracht (OVG Lüneburg, aaO, S. 38 m. w. N.). Zur ordnungsgemäßen Abfallentsorgung gehört ebenfalls, dass die Grenzwerte der Gesundheits-BergV eingehalten werden (s. auch § 55 Rn 57; § 68 Rn 61 ff.).

147 Ergänzend zu den Anforderungen des § 22 a Allg. BergV gelten die **Vorgaben des Wasserrechts**, die nicht verdrängt werden (Artikel 13 der RL 2006/21/EG) und Maßstab für den Gewässerschutz von Abfallentsorgungseinrichtungen sind (s. Anh. zu § 56 Rn 556 ff.).

148 Die ordnungsgemäße Verwendung oder Beseitigung bergbauspezifischer Abfälle i. S. von § 55 Absatz 1 Satz 1 Nr. 6 ist nicht grundsätzlich und stets von der Erfüllung der **Vorschriften des BBodSchG** abhängig. Zwar hat die Rechtsprechung bei Abschlussbetriebsplänen, die den Einbau bergbaufremder Abfälle zur Verwertung in Tagebauen betreffen, die Anwendung des BBodSchG und der BBodSchV gefordert (BVerwG, ZfB 2005, 156; VG Magdeburg, ZfB 2008, 200, 204; OVG Magdeburg, ZfB 2008, 189; OVG Koblenz, ZfB 2008, 147). Dies aber vor allem deshalb, weil von der Mineralgewinnung unabhängige schädliche Bodenveränderungen typischer Weise erst nach Entlassung des Tagebaus aus der Bergaufsicht auftreten (BVerwG aaO, S. 163) und damit von Regelungen des BBergG nicht erfasst werden. Bergbautypische Abfälle und von ihnen ausgelöste Beeinträchtigungen der Bodenfunktionen dagegen fallen unter die Sperrklausel des § 3 Absatz 1 Ziff. 10 BBodSchG. Ihre ordnungsgemäße Verwendung und Beseitigung wird durch § 55 Absatz 1 Satz 1 Ziff. 6 BBergG i. V. mit § 22 a Allg. BBergV geregelt. Dies folgt auch aus Ziff. 24 der Erwägungsgründe zur RL 2006/21/EG, die durch § 22 a Allg. BBergV umgesetzt wird. Danach ist für eine Betriebsführung zu sorgen, die eine Verschmutzung von Wasser und Boden verhindert. Für die Verschmutzung von Wasser ist „darüber hinaus" die RL 2000/60/EG einzuhalten, für den Bodenschutz ist eine zusätzliche „Darüber-hinaus-Regelung" nicht vorgesehen. Die RL 2006/21/EG ist hinsichtlich Bodenschutz anlässlich der Bewirtschaftung von Abfällen aus der Mineral gewinnenden Industrie abschließend (a. A. Attendorn, NUR 2008, 161). Soweit Abfall im Untertagebergbau verwertet oder beseitigt wird und daher nicht die „obere Schicht der Erdkruste" (§ 2 Absatz 1 BBodSchG) betroffen wird, ist das BBodSchG schon aus diesem Grunde nicht anwendbar und hat keinen Einfluss auf die Ordnungsmäßigkeit i. S. von § 55 Absatz 1 Satz 1 Ziff. 6 BBergG. Zum Bodenschutzrecht bei bergbaufremden Abfällen s. § 55 Rn 178 ff. sowie OVG Magdeburg, NUR 2012, 505 ff.

149 j) **Abfallverwendung und -beseitigung.** Nachdem durch Artikel 11 Ziff. 1 des Gesetzes v. 9.12.2006 zur Beschleunigung von Planverfahren für Infrastrukturmaßnahmen in § 55 Absatz 1 Satz 1 Nr. 6 dem Wort „beseitigt werden" noch das Wort **„verwendet"** hinzugefügt wurde (BGBl, 2833), ist klar gestellt, dass die Vorschrift auch andere abfalltechnische Maßnahmen als die Beseitigung erfasst (zur früheren Problematik Frenz, Abfallverwertung im Bergbau, S. 52).

150 k) **Untertageversatz.** Das Abfallrecht des Bergbaus hat eine neue Dimension gewonnen, weil seit einigen Jahren in **untertägigen Hohlräumen** aus verschiedensten Gründen Abfälle verbracht werden. In der Begründung zur VO über den Versatz von Abfällen unter Tage (BT-Drs 14/8197 = ZfB 2002, 239) heißt es: *„Die Abfallentsorgung in Bergwerken untertage ist ein fester Bestandteil der deutschen Abfallwirtschaft. Neben den drei Untertagedeponien Heilbronn, Herfa-Neurode und Zielitz haben sich in den letzten Jahren eine Reihe von Bergwerken als Entsorger etabliert, die bergbaufremde Abfälle als Versatzmaterial für bergbautechnische und bergsicherheitliche Zwecke einsetzen. Bei den in Untertagedeponien abgelagerten Abfällen handelt es sich überwiegend um* *besonders überwachungsbedürftige Abfälle"* (näheres Fürer, Glückauf 1991, 883; Martens/Laumert, Glückauf 1993, 283; Neu/Hinterhölzl, Glückauf, 1996, 378; Thomanetz, Müll und Abfall 2004, 559). Sofern die Hohlräume in Untertagebauen zur Erfüllung bergtechnischer, bergsicherheitlicher oder bergwirtschaftlicher Zwecke verfüllt werden, wird von **bergmännischem Versatz** gesprochen (Freytag, NUR 1996, 334; Thomanetz, Müll und Abfall 2004, 559; Kremer/Neuhaus, aaO, S. 70) Bei der Untertagedeponien dagegen werden Abfälle – je nach Abfalleigenschaften – vorbehandelt oder nicht vorbehandelt, verpackt oder unverpackt, zum Zwecke der Beseitigung in eine hierfür eingerichtete **Untertagedeponie** verbracht.

Sofern **Versatz i.S. der Nutzung des Materials** zu bergtechnischen oder bergsicherheitlichen Zwecken unter Tage vorliegt, stellt sich die Frage nach der Art des öffentlich-rechtlichen Zulassungsverfahrens. Handelt es sich um eine Beseitigung von Abfall i.S. von § 15 Absatz 1 i.V. mit § 3 Absatz 26 KrWG oder um Verwertung von Abfall i.S. von § 7 Absatz 2–4 i.V. mit § 3 Absatz 23 KrWG? Sind die Vorgänge Abfallbeseitigung, wären seitens des Unternehmers insbesondere die Vorschriften über das abfallrechtliche Planfeststellungsverfahren (§§ 28, 35 ff. KrWG) mit UVP und Öffentlichkeitsbeteiligung nach Nr. 4 der Anlage zu § 3 UVPG (§ 35 Absatz 2 KrWG), die Anforderungen nach § 18 Dep. VO 2009 oder § 7 der Gewinnungsabfall-VO, an die Sicherheitsleistung für die Ablagerungs-Stilllegungs-Nachsorgephase, und die Überlassungspflichten gemäß §§ 17 Absatz 1, Absatz 4 KrWG in Verbindung mit landesrechtlichen Vorschriften zur Überlassung von gefährlichen Abfällen zur Beseitigung einzuhalten. Nach überwiegender Auffassung wird jedoch **Versatz in Form der Nutzung der Stoffe** für sicherheitliche und bergtechnische Zwecke als **stoffliche Verwertung** i.S. von § 14 Absatz 3 KrWG angesehen, sofern der **Hauptzweck** darauf gerichtet ist, dass die Abfälle eine sinnvolle Aufgabe erfüllen, indem sie andere Materialien ersetzen, die für diese Aufgabe hätten verwendet werden können (s. § 55 Rn 136; EuGH, ZfB 2002, 42, 44 = NVwZ 2002, 579 mit Anmerkung von Stengler = „ASA"; EuGH v. 27.2.2003 – Oliehandel Koeweit BV, OVG Lüneburg, NVwZ-RR 2001, 19 betrifft Verfüllung im Kalibergwerk mit Filterstäuben aus Stahlwerken, VG Stuttgart v. 24.3.1997 – AZ 18K1197/95 betrifft Rauchgasrückstände als Versatz, hierzu Fromm Glückauf 1997, 545; VG Stuttgart v. 26.11.1996 in NVwZ-RR 1997, 345 = NUR 1997, 516 mit Anmerkung Freytag betrifft Gemisch aus Salzauflösungsrückständen und DSD-Kunststoffgranulat, aufgehoben vom VGH Mannheim, NUR 1999, 366 = ZfB 1999, 25 und BVerwG, DVBl 2000, 1351 wegen Ungeeignetheit des Materials in Folge fehlender Festigkeit und Tragfähigkeit, ausführlich Frenz, Abfallverwertung im Bergbau, 30 ff., Frenz, ZfB 2000, 216 ferner VG Osnabrück, ZfB 1999, 139; OVG Münster, NUR 1997, 617; Freytag, NUR 1996, 337; Rölleke, Glückauf 1999, 617; Schulz, Glückauf 2000, 187 und Glückauf 2004, 30; Beckmann, ZfB 1999, 16; Klages, ZfW 2004, 16; Wilke, Glückauf 1996, 367; Versmann, ZUR 1995, 187, a.A. Stengler, NVwZ 2000, 645; Versteyl, NVwZ 2000, 1010).

151

Bestätigt wird diese Ansicht nunmehr durch § 14 Absatz 3 Satz 2 KrWG, wonach die sonstige stoffliche Verwertung die Verfüllung einschließt, sofern Abfälle als Ersatz für andere Materialien genutzt werden. Ähnlich auch § 3 Absatz 25 KrWG, wonach die Aufbereitung zu Materialien, die für die Verfüllung bestimmt sind, zwar keine – i.S. von § 6 Absatz 1 Ziff. 3 KrWG vorrangige – Recyclingmaßnahme ist, aber jedenfalls – eine gemäß § 6 Absatz 1 Ziff. 4 KrWG nachrangige – „sonstige Verwertung" ist. Die Verfüllung ist in § 6 Absatz 1 Ziff. 4 KrWG ausdrücklich als „sonstige Verwertung" genannt.

152

Entscheidendes Kriterium ist, dass das Material die erforderlichen Eigenschaften zur Verwertung hat und dadurch geeignet ist, den Verwendungszweck zu

153

erfüllen (BVerwG, DVBl 2005, 924), etwa dadurch, dass das Volumen des Abfalls durch seine Festigkeit geeignet ist, bergtechnische oder bergsicherheitliche Zwecke zu erfüllen (bejaht für REA-Gips vermischt mit Steinkohlenasche BVerwG, UPR 1994, 341; für REKAL-Stabilisat-Gemisch zur Abdeckung einer Salzhalde, OVG Lüneburg, NUR 2011, 886; verneint für Kunststoffgranulat vermischt mit Rückständen aus der Salzaufbereitung BVerwG, UPR 2000, 437). Die Gefährlichkeit oder Ungefährlichkeit des Abfalls spielt dagegen keine Rolle für die Einstufung als Verwertungs- oder Beseitigungsvorgang (EuGH, ZfB 2002, 42 – „ASA"; Petersen, NVwZ 2004, 35; Frenz, DVBl 2002, 545). Ebenso kommt es nicht darauf an, dass das Material wegen seiner stoffspezifischen *„werkstofflichen"* Eigenschaften verwertet wird (so noch VGH Mannheim, ZfB 1999, 25 = NUR 1999, 337). Es reicht aus, dass sein Volumen zum Versatz genutzt wird (BVerwG, DVBl 2005, 924; Frenz ZfB 2000, 224). Es reicht ferner aus, dass Rohstoffe dadurch ersetzt werden, dass überhaupt Abfälle eingesetzt werden, wenn sie auch andere Abfälle und damit zugleich Rohstoffe substituieren. Eine Vorbehandlung ist keine Voraussetzung für eine Verwertung (EuGH, DVBl 2002, 543; Frenz, DVBl 2002, 544).

154   Der **Länderausschuss Bergbau** (LAB) hat **Anforderungen an die stoffliche Verwertung von mineralischen Abfällen als Versatz Untertage** und technische Regeln für den Einsatz von bergbaufremden Abfällen als Versatz (Stand 22.10.1996, wiedergegeben bei Frenz, Abfallverwertung im Bergbau, 93 ff.) erarbeitet, die von der Wirtschaftsministerkonferenz am 21./22.11.1996 gebilligt und den Ländern zur Einführung empfohlen wurden. Sie sind zwar **keine normkonkretisierende Verwaltungsvorschriften** und können damit weder für die Behörden noch für die Gerichte verbindliche Geltung beanspruchen (BVerwG, DVBl 2005, 926 – 2. Tongrubenurteil). Sie geben aber für die Behörden eine Orientierungslinie, soweit sie nicht der später erlassenen Versatz-V widersprechen. Sie sind in einzelnen Bundesländern durch Erlass eingeführt worden.

155   Im **Allgemeinen Teil** wird dargestellt, dass der Versatz vor allem die Aufgaben hat: Brände zu verhüten, das Entstehen gefährlicher Gas- und Staubgemische zu verhindern, die Wetterführung und damit das Grubenklima zu verbessern, Zuflüsse zu verringern oder zu verhindern, ferner die Standsicherheit des Gebirges zu verbessern, Bergschäden und Bodenbewegungen zu mindern und die Abbauverluste der Lagerstätte durch Stützwirkung zu verringern.

156   Zu den allgemeine Anforderungen der Verwertung gehört, dass der Abfall die Funktion des Primärrohstoffes übernimmt, dass er festgelegte Zuordnungswerte einhält und nicht gegen das sog.e „Verdünnungsverbot" verstoßen wird. Die Zugabe von Zuschlagstoffen, um bestimmte versatztechnische Eigenschaften zu erreichen, ist nicht als Verdünnung anzusehen. Die Zuordnungswerte sind hinsichtlich des Umweltschutzes als Orientierungswerte, bezüglich des Arbeitsschutzes als Grenzwerte anzusehen. Zu den von dem Länderausschuss Bergbau aufgestellten Anforderungen gehören die aufgrund des Arbeits- und Gesundheitsschutzes, insbesondere nach der Gefahrstoff-VO, nach § 4 der GesBergV und des ChemG erforderlichen Maßnahmen, Anforderungen aufgrund des Brand- und Explosionsschutzes, an die mechanischen Eigenschaften des Versatzmaterials und an den Umgang mit den Abfällen, an die Abfalluntersuchung und -bewertung, schließlich an die Qualitätssicherung und Dokumentation.

157   Die „Anforderungen" weisen darauf hin, dass bei vorhandenen alternativen Verwendungsmöglichkeiten eine Versatzmaßnahme gemäß § 6 Absatz 1 Ziff. 2–4, 8 KrWG auf **Hochwertigkeit** zu prüfen ist. Den Nachweis hat der Unternehmer zu bringen. Soweit die eingesetzten Abfälle zur Verwertung Gefahrstoffe sind, können ein Umgangsverbot gemäß § 4 Absatz 1 Nr. 1 GesBergV, eine Kennzeichnungspflicht oder eine allgemeine Zulassungspflicht bestehen (Beckmann, ZfB 1999, 12 ff.). Bei besonders überwachungsbedürftigen Abfällen ist die Bestätigung eines **Entsorgungsnachweises** gemäß §§ 3, 5 NachwV neben den Unternehmer- und Betriebsplanpflichten nach dem BBergG gefordert.

Der **Begriff mineralisch** ist nicht so zu verstehen, dass er keinerlei nicht mine- **158** ralische bzw. organische Stoffe enthalten darf. Als mineralische Stoffe können nicht nur solche mit einem TOC-Wert von weniger als 1 Masse-% angesehen werden (OVG Magdeburg, ZfB 2008, 193 zum Begriff „mineralisch" nach LAGA M-20-1997).

Die **Technischen Regeln** enthalten für Abfälle bzw. Abfallgruppen herkunfts- **159** bezogen stoffspezifische Vorgaben, z. B. für Abfälle aus kohlegefeuerten Kraft- werken, Schlacken und Aschen aus thermischen Abfallanlagen, aus Gießereien oder aus dem Baubereich. Zu den in der Praxis gebräuchlichsten Herkunfts- bereichen (s. Freytag, NUR 1996, 334, Anmerkung 3).

In einem dritten Teil der Ausarbeitung des Länderausschusses Bergbau werden **160** Probenahme und Analytik vorgegeben.

Durch die **Artikel-Verordnung über den Versatz von Abfällen untertage** (Ver- **161** satzV) und zur Änderung von Vorschriften zum Abfallverzeichnis v. 24.7.2002 (BGBl 2002, 2833 = ZfB 2002, 233) ist der Bergversatz auf eine neue Rechts- grundlage gestellt worden. Die VersatzV hat ihre Ermächtigungsnorm in § 7, 41 KrW-/AbfG a. F. und § 10 BImSchG. Sie gilt nicht für Abfälle, die nach § 2 Absatz 2 Nr. 7 KrWG von diesem Gesetz ausgenommen wurden, ebenso nicht für radioaktive Abfälle, die zur Lagerung unter Tage verbracht wurden. Sie gilt ferner nicht für den Bohrlochbergbau, sodass Kavernen nicht vom Anwendungs- bereich der VO erfasst werden (Schulze-Rickmann, ZUR 2003, 209). Sie gilt ebenfalls nicht für Produkte, die abfallrechtlichen Beschränkungen nicht unter- liegen, z. B. Bergbauzement, der unter Verwendung von Abfällen hergestellt wurde (a. A. Begemann/Becker, NVwZ 2003, 675). Soweit hieran durch Ver- wendung des Wortes „Versatzmaterial" (§ 2 Ziff. 1 VersatzV) Zweifel aufkommen, sind sie durch verfassungsrechtlich konforme Auslegung der allein abfallrechtlich begründeten Ermächtigungsgrundlage des § 7 Absatz 2 KrW-/AbfG a. F. zu zerstreuen. Die VersatzV gilt nicht für Abfälle zur Beseitigung, weil die Ermächtigung des § 7 Absatz 2 und Absatz 1 KrW-/ AbfG a. F. auf Verwertungsmaßnahmen beschränkt ist. Sie gilt auch nur für den untertägigen Bereich. Eine entsprechende Anwendung auf den übertägigen Versatz ist abzulehnen (BVerwG, DVBl 2005, 925 – 2. Tongrubenurteil, so schon Vorinstanz OVG Koblenz v. 17.12.2002 – 7A10.279/02 in AbfallR 2003, 96; Klages in ZfW 2004, 17). Die VersatzV erfasst folglich nur die sog. **berg- baufremden Abfälle**, die in unter Bergaufsicht stehenden **untertägigen Gruben- bauen als Versatzmaterial** eingesetzt, d. h. verwertet (VG Dessau, ZfB 2004, 149) werden. Dickstoffversatz in sicherheitsgefährdeten lufterfüllten Gruben- bauen ist stoffliche Verwertung unter Tage (VG Halle, ZfB 2012, 97, 98).

§ 3 der VersatzV regelt den Vorrang der Rückgewinnung von Metallen im Abfall **162** gegenüber dem Bergversatz. Hierdurch soll dem Gebot der Hochwertigkeit der Verwertung gemäß § 5 Absatz 2 Satz 2 KrW-/AbfG a. F.; jetzt §§ 6 Absatz 1 Ziff. 2–4, 8 KrWG Nachdruck verliehen werden. Dem Betrieb eines Elektro- stahlwerks kann demnach aufgegeben werden, zinkhaltige Filterstäube nicht dem Bergversatz, sondern einer stofflichen Verwertung im Wege der Rück- gewinnung des Zinkanteils zuzuführen (hierzu Schulz, Glückauf 2004, 32; Frenz, KrW-/AbfG, 3. Auflage, § 5 Rn 30; a. A. noch VG Osnabrück, ZfB 1999, 143 f. vor Erlass der VersatzV und Schulze-Rickmann, ZUR 2003, 210). Aller- dings muss die Rückgewinnung technisch möglich und wirtschaftlich zumutbar sein.

163   § 4 VersatzV legt die stofflichen Anforderungen an die als Versatzmaterial eingesetzten Fälle zur Sicherung der schadlosen Verwertung fest. In der Regel dürfen nur Abfälle, die bestimmte **Grenz- und Zuordnungswerte** einhalten, zum Zwecke der Herstellung von Versatzmaterial bzw. zum unmittelbaren Einsatz als Versatzmaterial verwendet werden. Die Feststoffgrenzwerte in Anlage 2 Tab. 1 entsprechen den Zuordnungswerten der LAGA-Mitteilung 20 (Stand 1997) und beziehen sich auf den unvermischten Abfall. Die Eluatgrenzwerte in der Anlage 2 Tab. 2 entsprechen den Prüfwerten nach Anh. 2 der BBodSchV und beziehen sich auf das Versatzmaterial, d. h. auch auf hergestellte Versatzgemische. Für TOC (> 6 Masse-%) und Glühverlust (> 12 Masse-%) werden Zuordnungswerte festgelegt, die gemäß § 4 Absatz 1 VersatzV ebenfalls – wie Grenzwerte – nicht überschritten werden dürfen, bei denen aber ein behördliches Ermessen „bei durchgeführten Folgekontrollen und festgestellten geringfügigen Schwankungen" (BR-Drs 272/02, Nr. 2). Durch die erste Änderungs-VO v. 12.8.2004 (BGBl, 2190) wurde klargestellt, dass in berechtigten Fällen eine Aussetzung bzw. Überschreitung der Parameter TOC und Glühverlust, die dem Gas- und Brandschutz unter Tage dienen, möglich sein soll.

164   In § 4 Absatz 1 VersatzV wird auch der wasserrechtliche Besorgnisgrundsatz des § 34 WHG a. F. jetzt § 48 WHG n. F. verankert. Der Einsatz des Versatzmaterials darf keine schädliche Verunreinigung des Grundwassers oder von oberirdischen Gewässern oder eine sonstige nachteilige Veränderung der Eigenschaften der Gewässer besorgen lassen.

165   Für den Einsatz von Versatzabfällen im **Salzgestein** werden Ausnahmen von den Grenzwerten der Anlage 2 zugelassen („lex Steinsalz", § 4 Absatz 3 Anlage 4 und Schulze-Rickmann, ZUR 2003, 210), sofern durch Langzeitsicherheitsnachweis der dauerhafte Abschluss der Abfälle von der Biosphäre nachgewiesen wird. Zu den Bedenken, dass diese Ausnahme auf Salzgestein beschränkt ist, s. Schulz, Glückauf 2004, 33 im Anschluss an OVG Münster, NUR 1997, 619 f. Für Abfälle, die im **Kohle- oder Nebengestein** eingesetzt werden, begrenzt § 4 Absatz 2 Nr. 2 VersatzV die Überschreitung von Grenzwerten auf Material aus Kraftwerken und Heizwerken, wenn dessen Stoffgehalte denen des aufnehmenden Gesteins gleichen (Näheres zur „lex Steinkohle": Schulze-Rickmann, ZUR 2003, 210).

166   Die Einhaltung der Anforderung der VersatzV schließt nicht aus, dass daneben weitere Anforderungen, z. B. bergrechtliche oder gefahrstoffrechtliche, zu beachten sind (§ 4 Absatz 5 VersatzV). Das gilt nach der Neufassung der ChemVerbotsV v. 13.6.2003 (BGBl 2003, 868) auch für deren Vorgaben (Klages, ZfW 2004, 18), denn eine ordnungsgemäße Verwertung i. S. von § 7 Absatz 3 Satz 2 KrWG muss auch insofern im Einklang mit den öffentlich-rechtlichen Vorschriften stehen (OVG Lüneburg, LKV 2006, 176, s. a. § 55 Rn 146).

167   l) **Untertage-Deponie.** Von dem Versatz unter Tage als Verwertung ist die untertägige Deponierung von Abfällen als Beseitigung zu unterscheiden.

168   Die **Deponierung im laufenden Betrieb** wirft die Frage nach dem hierfür anzuwendenden Verfahren auf. Einerseits kommt gemäß §§ 35 Absatz 2, KrWG die Planfeststellung mit Umweltverträglichkeitsprüfung und Öffentlichkeitsbeteiligung nach Nr. 4 der Anlage zu § 3 UVPG in Betracht. Deponien i. S. von § 35 Absatz 2 KrWG sind auch Deponien unterhalb der Erdoberfläche und betriebsinterne Abfallbeseitigungsanlagen (§ 3 Absatz 27 KrWG). Andererseits kommt das Betriebsplanverfahren infrage, da die Abfallentsorgung in den Bergwerksbetrieb i. S. von § 1 Absatz 1 BBergG integriert ist. Nach § 75 Absatz 2 VwVfG sind neben der Planfeststellung andere behördliche Entscheidungen nicht erforderlich. Das Betriebsplanverfahren tritt zurück. Alle bergbauspezifischen Fragen wie Wetterführung, Wasserhaltung, Sicherheit, Förderung werden im abfallrechtlichen Planfeststellungsverfahren geprüft und entschieden (für das AbfG 1986: Weller, ZfB 1986, 348).

Die weiteren Voraussetzungen für die Erteilung des Planfeststellungsbeschlusses **169** ergeben sich aus § 36 KrWG.

Erfolgt die **Deponierung im stillgelegten Betrieb**, kann fraglich sein, ob bei **170** Nutzung für betriebsfremde Zwecke die auf der Bergbauberechtigung beruhende Befugnis des Bergwerkseigentümers noch zur weiteren Verfügung über die Grubenbaue reicht (bejahend Weller, ZfB 1988, 354). Verfahrensrechtlich ist das Planfeststellungsverfahren gemäß § 35 Absatz 2 KrWG vorgegeben. Zweifelhaft ist, ob daneben noch das bergrechtliche Betriebsplanverfahren in Betracht kommt (Weller, aaO S. 358 in Analogie zu § 126 Absatz 3 BBergG), jedenfalls hat diese Überlegung wegen § 75 VwVfG keine praktische Bedeutung.

Aufgrund der Abfallgesetze der Länder ist häufig die **Bergbehörde** zuständige **171** Planfeststellungsbehörde, wenn es sich um Betriebe handelt, die der Bergaufsicht unterliegen (§ 46 Absatz 1 Bbg AbfG; § 34 Absatz 2 LabfG NRW; § 1 Absatz 3 AB ZuVo Sachsen; § 32 Absatz 3 AbfG LSA). Diese Zuständigkeit ändert sich nicht, wenn mit Errichtung der Abfallbeseitigungsanlage der betriebliche Zusammenhang zum Abbaubetrieb gelöst wird und das Deponiegelände seine Eigenschaft als Bestandteil des Bergbaubetriebs endgültig verliert (VGH Kassel, NVwZ 1987, 987 = ZfB 1987, 342 und ZfB 1988, 177). Bei einer Untertagedeponie reicht es für die Zuständigkeit der Bergbehörde aus, dass Grubenbaue, die für die Aufnahme von Abfallstoffen vorgesehen sind, gemäß § 69 Absatz 1 und 2 noch unter Bergaufsicht stehen (Weller, aaO, S. 358).

Die Errichtung und der Betrieb zur **Endlagerung radioaktiver Abfälle** in einem **172** Bergwerk bedarf nach § 9 b Absatz 1 AtG der Planfeststellung mit UVP. Die Planfeststellung erstreckt sich nach § 9 b Absatz 5 Nr. 3 AtG nicht auf die Zulässigkeit von Vorhaben nach den Vorschriften des Berg- und Tiefspeicherrechts. Hierüber entscheidet die Bergbehörde in parallelen Betriebsplanverfahren. Bei der Endlagerung sind besondere Sicherheitskriterien einzuhalten (Empfehlung der Reaktorsicherheitskommission in ZfB 1983, 224 ff.).

Zur Frage der Errichtung des Betriebs einer Anlage zur Lagerung, Sicherstellung **173** oder Endlagerung radioaktiver Stoffe s. § 126 Absatz 3 BBergG; zur Frage der Untersuchung des Untergrundes zur Feststellung seiner Eignung für die Endlagerung radioaktiver Stoffe s. Weller, ZfB 1985, 188 ff.; Kühne, DVBl 1985, 207, 209; Hoppe-Bunse, DVBl 1984, 1033, 1038. Zur Anwendung des BBergG auf den Betrieb der Schachtanlage Asse II, in dem schwach- und mittelradioaktive Abfälle eingelagert wurden, s. König/Hoffmann, ZUR 2009, 253 ff.; ebenso zur Frage der bergrechtlichen Zuordnung des Bergwerks als Endlager i. S. von § 9 a AtG (§ 126 Absatz 3 BBergG) und des rechtlichen Verfahrens für die Stilllegung (§§ 23 Absatz 1 Nr. 2, 57 a AtG 2009). Zum Genehmigungsrecht für das Endlager Asse gemäß § 7 StrlSchV und § 96 AtG s. Laske/Ranft/Siemann, Glückauf 2011, 152; zum Endlager Konrad s. Laumert/Kunze/Siemann, Glückauf 2011, 165; OVG Lüneburg, ZUR 2006, 489; BVerwG, NVwZ 2007, 833 und 837 und 841; BVerfG, NVwZ 2010, 114; zum Endlager Morsleben Laumert/Kronemann/Siemann, Glückauf 2011, 159.

Für die Bewirtschaftung der Abfälle aus der **mineralgewinnenden Industrie in** **174** **nicht der Bergaufsicht unterstehenden Betrieben** gilt die **Gewinnungsabfallverordnung** v. 27.4.2009 (BGBl, 900, 947). Sie setzt die RL 2006/21/EG um. Ihr Anwendungsbereich erfasst die Errichtung, den Betrieb, die Stilllegung und die Nachsorge einer Beseitigungsanlage für Gewinnungsabfälle, die Lagerung und

Ablagerung von Gewinnungsabfällen zu Beseitungszwecken sowie die Verwertung von Gewinnungsabfällen zu Bau- und Sanierungszwecken im Abgrabungsbetrieb. **Gewinnungsabfälle** sind solche, die unmittelbar beim Aufsuchen, Gewinnen und Aufbereiten sowie bei der damit zusammenhängenden Lagerung von Bodenschätzen anfallen. Für Unternehmen, die dem **Bergrecht unterfallen**, gilt die **Allg. BBergV**, insbesondere deren § 22 a (s. § 55 Rn 119). Bei Betrieben, in denen sowohl Tätigkeiten unter Bergaufsicht als auch nicht unter Bergaufsicht ausgeübt werden, ist § 173 BBergG zu beachten, wonach die zuständige Behörde bestimmen kann, dass das BBergG auf alle Tätigkeiten angewandt werden kann, soweit die Untrennbarkeit der Arbeits- und Betriebsvorgänge zwischen unter Tage und über Tage das erfordern. Die Gewinnungsabfall-VO gilt nicht für am 1.5.2008 stillgelegte, für am 1.5.2008 in der Stilllegungsphase befindliche und bis zum 31.12.2010 endgültig stillgelegte und gemäß § 1 Absatz 3 Ziff. 2 für zeitweilig – bis zu drei Jahren – gelagerte Gewinnungsabfälle. Beseitigungsanlagen, die am 1.5.2008 zugelassen oder in Betrieb sind, müssen bis 1.5.2012 die Anforderung an das Wohl der Allgemeinheit erfüllen, einen Stabilitätsnachweis erbringen und einen Abfallbewirtschaftungsplan nach Anh. 1 vorlegen. Die Sicherheitsleistung gemäß § 7 der GewinnungsAbfV ist im Rahmen der Übergangsregelung gemäß § 10 bis zum 1.5.2014 zu erbringen (zur Sicherheitsleistung im Abfallrecht s. a. § 55 Rn 181). Dies trifft jedoch nur Betreiber einer Anlage der Kat. A, d. h. die Kriterien für die Einstufung in die Kat. A gemäß Anh. III der RL 2006/21/EG (s. ZfB 2008, 22) erfüllen, insbesondere also Anlagen für gefährliche Abfälle. Die Sicherheitsleistung tritt nicht neben die in § 36 Absatz 3 KrWG, sondern konkretisiert sie.

175 Die GewinnungsAbfV gilt sowohl für die Beseitigung und Lagerung von Gewinnungsabfällen **über Tage und unter Tage**. Den Betreibern von Anlagen der Kat. A obliegt außer der Sicherheitsleistung, ein Konzept zur Vermeidung von schweren Unfällen, ein Sicherheitsmanagement und einen (internen) Notfallplan zu erstellen sowie einen Betriebsbeauftragten für Abfall zu ernennen.

176 Pflicht für alle Gewinnungsbetriebe ist, einen **Abfallbewirtschaftungsplan** aufzustellen. In Abgrabungsbetrieben tritt er formell neben den vom Unternehmer ebenfalls vorzulegenden Abgrabungsplan, kann sich aber inhaltlich teilweise decken. Allerdings ist zu bedenken, dass Gewinnrückstände, die vollständig und unmittelbar für die Wiedernutzbarmachung oder andere Verwendungen vorgesehen sind, als Nebenprodukte verwendet werden können und keine Abfälle i. S. der RL 2006/21/EG sind (Begründung zur DepV, Kapitel F 2; EuGH DVBl 2003, 1447 = ZfB 2003, 207 – Avesta Polarit, s. auch § 55 Rn 132).

177 Gemäß § 8 Absatz 1 GewinnungsAbfV muss für Errichtung, Betrieb und wesentliche Änderungen einer Beseitigungsanlage für Gewinnungsabfälle ein **Antrag** eingereicht werden. Über den Zweck wird nichts ausgesagt. Er ergibt sich bereits aus § 36 KrWG: Die genannten Maßnahmen bedürfen der Planfeststellung bzw. der Plangenehmigung.

178 **m) Bergbaufremde Abfälle im Übertagebergbau.** Sie dienen vor allem den Zwecken der Verfüllung von Gruben und Restlöchern, der Rekultivierung, Wiedernutzbarmachung oder Übertagedeponierung.

179 Bei der Verfüllung von Tagebauen, d. h. ihrer Auffüllung zu bergtechnischen Zwecken oder zur Wiedernutzbarmachung der Oberfläche, werden in der Praxis mehr Sorten von Stoffen verwandt als zum Versatz, z. B. Bauschutt, Bodenaushub, REA-Gips, Kraftwerksreststoffe (Freytag, NUR 1996, 334), Schlacken aus Eisen- und Stahlwerken, Gießereien, mineralische Abfälle aus dem Baubereich.

Bei der Verwertung von Bodenmaterial in Tagebauen sind drei unterschiedliche **180** Anwendungsfälle zu unterscheiden: Die Verwertung in technischen Bauwerken, in der durchwurzelbaren Bodenschicht und unterhalb/außerhalb dieser Bodenschicht (Fröhlich/Schulz, ZfW 2009, 4).

Die **durchwurzelbare Bodenschicht** wird in einen Bereich zwischen 0, 8 m bis 3, **181** 5 m eingegrenzt (Fehlau/Hilger/König, Vollzugshilfe Bodenschutz und Altlastensanierung, § 2 BBodSchV Rn 68). Das Aufbringen und Einbringen von Material zur Herstellung einer durchwurzelbaren Bodenschicht i. S. von § 2 Nr. 11 BBodSchG regelt § 12 Absatz 1 BBodSchV. In und auf Böden dürfen nur Bodenmaterial, unbelastetes Baggergut und Gemische mit Abfällen, die die stofflichen Qualitätsanforderungen der nach § 10 KrWG erlassenen Verordnungen und der Klärschlamm-VO erfüllen, auf- und eingebracht werden.

Für die **Verwertung** von Bodenmaterial **bei technischen Bauwerken** soll in **182** Zukunft die sog. **Ersatzbaustoff-VO** anzuwenden sein (s. § 55 Rn 198). Technische Bauwerke sind Straßen, Wege, Baugruben, Leitungsgräben, Ober- und Unterbau von Flächen, Lärmschutzwälle, Aufschüttungen zur Stabilisierung von Böschungen, Bermen, Baustraßen bei Verfüllungsmaßnahmen. Ausdrücklich ausgenommen sollen vom Anwendungsbereich der Ersatzbaustoff-VO bestimmte Bergbaubereiche wie Halden des Kali- und Steinkohlenbergbaus sowie das Einbringen von mineralischen Abfällen in bergbauliche Hohlräume (i. S. der Versatz-VO) und von mineralischen Ersatzbaustoffen in Gewässer sein. Dies wird mit bergbauspezifischen Einzelentscheidungen und der bestehenden wasserrechtlichen Erlaubnispflicht begründet.

Die **Verwertung** von Bodenmaterial **unterhalb oder außerhalb einer durchwur- 183 zelbaren Bodenschicht** ist bislang durch VO nicht geregelt. Dies soll durch den zukünftigen § 12 a BBodSchV geschehen (s. hierzu Fröhlich/Schulz, ZfW 2009, 5 ff.).

Im Übrigen und zwischenzeitlich werden Verwertungsvorhaben, insbesondere **184** auch die Verfüllung von Abgrabungen und Steinbrüchen, mit Hilfe von anderen Schutzgut bezogenen Vorschriften bewertet (hierzu Bertram, AbfallR 2009, 297 ff., 300).

Der **Länderausschuss Bergbau** hat am 27.10.1998 *„technische Regeln für den* **185** *Einsatz von bergbaufremden Abfällen im Bergbau Übertage (TR-Bergbau)"* verabschiedet (hierzu Röllecke, Glückauf 1999, 670; Schade, Glückauf 1996, 371; Fröhlich/Schulz, ZfW 2000, 221; Asenbaum, Bergbau 2006, 5 ff.), die mehrfach überarbeitet wurden (Stand 30.3.2004). Sie wurden vom Länderausschuss Bergbau den Ländern zur Einführung empfohlen und von diesen – vornehmlich durch Erlass – eingeführt (z. B. Erlass des MVEL NRW v. 21.7.2004 – IV 5- 82-41), anders Erlass Brandenburg v. 22.9.2008 (ABl, S. 1982), in dem die Verwertung mineralischer Abfälle in Tagebauen und Abgrabungen nach der LAGA-M20 und der TR Boden v. 5.10.2004 vorgeschrieben wird (ZfB 2009, 73 f.). Die technischen Regeln gelten für die Bewertung der Schadlosigkeit der Verwertung von bergbaufremden Abfällen auf Salzhalden, in Tagebauen des Braunkohlenbergbaus, auf Bergehalden und in Absetzteichen des Steinkohlenbergbaus und sonstigen bergbaulichen Tagebauen. Als **Verwertungsmaßnahmen** können Abfälle eingesetzt werden, um Böschungen zu sichern, Förder- und Fahrwege anzulegen oder zu unterhalten, eine verbesserte Nutzung der Lagerstätte zu ermöglichen, den Tagebau zur Wiedernutzbarmachung zu verfüllen (BVerwGE, 96, 81 = NVwZ 1994, 897 = 1. Tongrubenurteil), geochemische und hydrochemische Vorgänge positiv zu beeinflussen, verbleibende Tagebau-Restlöcher und Halden zu gestalten, Staubimmissionen und Auslaugvorgänge an Halden zu vermeiden, die Oberfläche für eine künftige Nutzung wieder herzustellen oder gemeinschädliche Einwirkungen zu verhindern.

186 Die in der **TR Bergbau** enthaltenen Empfehlungen haben zwar keinen formalen Rechtsnormcharakter und sind **keine normkonkretisierenden Verwaltungsvorschriften.** Sie können aber als sachverständige Empfehlungen, allgemeine Erfahrungssätze und **antizipierte Sachverständigengutachten** den Verwaltungsgerichten eine Orientierungshilfe geben (OVG Lüneburg, NUR 2011, 886, 890; Weiteres s. Anhang § 56 Rn 96 f.). Die in der TR Bergbau empfohlenen Werte entfalten eine positive Indizwirkung. Im Falle der Einhaltung der Werte **bei Überschreitung** ist eine konkrete Einzelfallprüfung erforderlich. Die Werte sind also keine absoluten Grenzwerte (OVG Lüneburg, aaO). Zum Versatz unter Tage s. Rn 150 ff.

187 In der Praxis der Verwaltung wird eine Maßnahme zur Verfüllung von Tagebauen als **Verwertung** i. S. des KrWG anerkannt, wenn folgende **Kriterien** erfüllt werden (Bertram, AbfallR 2009, 300): Für die Durchführung der Maßnahme ist die Verwendung der mineralischen Abfälle erforderlich. Der Abfall muss primär Rohstoffe ersetzen, die sonst verwendet worden wären. Die Maßnahme würde auch ohne Verwendung von Abfällen durchgeführt werden. Sie muss mit konkretem Ende zeitlich definiert sein und muss kontinuierlich durchgeführt werden. Nach der Rechtsprechung kann nur diejenige Menge an Abfällen als Verwertung angesehen werden, die die entsprechende Menge an primären Rohstoffen substituiert (VG Halle, ZfB 2008, 289 zur Renaturierung einer Halde). Die **Richtlinie** für die **Abdeckung** und Begrünung von **Kalihalden** im Freistaat Thüringen (vom 18.4.2002, Thüringer Staatsanzeiger, S. 1539) enthält eine Liste der zulässigen Abfälle für die Abdeckung der Kalihalden. Zur Abdeckung einer Kalirückstandshalde mit REKAL-Stabilisat-Gemisch OVG Lüneburg, NUR 2011, 886.

188 Die *„Anforderungen"* des Länderausschusses Bergbau legen **Zuordnungswerte** mit den Ergebnissen „uneingeschränkt" (W0 bzw. Z0 nach LAGA), *„eingeschränkt offen"* (W1 bzw. Z1) oder *„eingeschränkt mit definierten technischen Sicherungsmaßnahmen"* (W2 bzw. Z2) verwertbar fest. Aufgrund der Zuordnungswerte erfolgt die Zuweisung zu einem passenden Ablagerungsbereich. Die Ablagerungsorte werden entsprechend der Zuordnungswerte gleichfalls in Klassen eingeteilt. Bei der Einbauklasse W0/Z0 sind keine technischen Sicherungsmaßnahmen erforderlich, weil die Stoffe als unbelastet gelten. Eine Ablagerung im Grundwasser ist zulässig. Bei Belastungen nach Klasse W1/W1.2 gleich Z1/Z1.2 muss ein Sicherheitsabstand oberhalb des Grundwasserspiegels eingehalten und eine mindestens zwei Meter mächtige Bodenschicht aufgebracht werden. Bei W2/Z2-Klassen sind definierte Sicherungsmaßnahmen zu ergreifen (zum Vergleich der Eluat-Werte des LAB mit der DepV und der LAWA-Geringfügigkeitsschwellen mit den LAB-Zuordnungswerten für anorganische Stoffe: Asenbaum, Bergbau 2006, 5, 8, 9). Bedenklich ist die Vorgabe, dass bei „Abfallgemischen die einzelnen Abfälle die jeweiligen Zuordnungswerte nicht überschreiten dürfen" (Ziff. 4 der LAB-Anforderung). Sie dürfte mit europäischen (EuGH, ZfB 2002, 42 – ASA) und bundesrechtlichen Vorgaben (BVerwG, DVBl 2000, 1357 mit zustimmender Anmerkung Versteyl = NUR 2000, 694: *„[...] kein generelles Vermischungsverbot"*; VGH Mannheim, BWGZ 2002, 547; OVG NRW, NUR 1997, 617, 618; VG Osnabrück, ZfB 1999, 139, 143 f.; Schulz, Glückauf 2000, 188; Frenz, Abfallverwertung im Bergbau, S. 47 f.) nicht im Einklang sein. Weder das Getrennthalten noch das Vermischungsverbot gelten absolut: Getrennthalten ist nur geboten, soweit dies zur Erfüllung der Anforderungen der §§ 7 Absatz 2 Satz 2–4 und 8 Absatz 1 KrWG erforderlich ist (§ 9 Absatz 1 KrWG). Ausführlich: Kropp, ZUR 2012, 474, 476 („relatives Getrennthaltungsgebot")Vermischung ist nur bei gefährlichen Abfällen verboten und wenn die Ausnahmen des § 9 Absatz 2 Satz 2 und 3 KrWG nicht zutreffen (§ 9 Absatz 2 KrWG). Soweit die Zuordnungswerte Z2/W2 überschritten werden, kommen nur alternativ eine Trennung der überschießenden Schadstoffe mit umweltverträglicher Entsorgung oder eine ordnungsgemäße Beseitigung des Gesamtabfalls in Betracht.

Spezifische Anforderungen des Bergbaus kommen etwa darin zum Ausdruck, **189** dass bei Salzhalden die Zuordnungswerte für die Parameter elektrische Leitfähigkeit, Chlorid, Sulfat und pH-Wert keine Anwendung finden, soweit dies zweckmäßig ist, z. B. bei Bauschutt als kapillar brechender Schicht. Bei Tagebauen des Braunkohlenbergbaus können abweichend von den LAWA-Grundsätzen auch Abfälle, die die W0-Werte nicht einhalten, in das Grundwasser eingebracht werden, wenn geeignete Maßnahmen zum Schutz des Grundwassers getroffen werden (Fröhlich/Schulz, ZfW 2000, 222; Rölleke, Glückauf 1999, 670, 674).

Die Anforderungen des Länderausschusses Bergbau konkurrieren mit dem sog. **190** LAGA-Papier *„Anforderung an die stoffliche Verwertung von mineralischen Reststoffen/Abfällen – technische Regeln"* (Mitteilung 20 v. 6.11.1997/ 6.11.2003), die nach Empfehlung der Umweltminister v. 12./13.6.1996 beim Verwaltungsvollzug mit zu nutzen sein sollen (hierzu Sladek, Bergbau und Umwelt 1998, 87; Keese, altlasten spektrum 1999, 186; Fröhlich/Schulz, ZfW 2000, 220; Bertram, Wasser und Abfall 2002, 14). Dieses LAGA-Merkblatt ist ebenfalls keine normkonkretisierende Verwaltungsvorschrift. Es kann keine verbindliche Geltung für Verwaltung und Gerichte beanspruchen (BVerwG, DVBl 2005, 926 – 2. Tongrubenurteil), ist auch kein antizipiertes Sachverständigengutachten (Fröhlich/Schulz aaO). Die Technischen Regeln des Länderausschusses Bergbau sind hinsichtlich der Verwertungsklassen etwa deckungsgleich mit denen des LAGA-Merkblattes.

Die **Übertage-Ablagerung (Beseitigung) von Abfällen** im Bergbaubetrieb unter **191** dem Regime des BBergG lässt das KrWG nicht zu (BVerwGE 111, 136 = NVwZ 2000, 1057 = ZfB 2000, 135). Diese Abfälle dürfen nur in dafür zugelassenen Abfallbeseitigungsanlagen behandelt, gelagert oder abgelagert werden (§ 28 Absatz 1 KrWG). Die Wiedernutzbarmachung von Tontagebauen durch Verfüllung mit belasteten mineralischen Abfällen der Zuordnungsklasse Z2 wird in der Regel dazu führen, dass es sich um eine Maßnahme der Abfallbeseitigung handelt (VG Dessau, LKV 2004, 521 = ZfB 2004, 149 = ZUR 2004, 301), insbesondere wenn der Zweck der Verwertung im Wesentlichen darin besteht, einem unrentablen Bergbaubetrieb zur Wirtschaftlichkeit zu verhelfen oder wenn für das Aufbringen von Sekundärrohstoffen zum Zwecke der Renaturierung einer Halde keine (Bau-) Genehmigung vorliegt, kein fachliches Bedürfnis besteht und sie bergrechtlich nicht geboten ist (VG Halle, ZfB 2008, 289). S. aber andere Fallgestaltungen i. S. von „Hauptzwecktheorie" als Abfallverwertung: § 55 Rn 151; auch BVerwG, DVBl 2005, 923. Die Zuordnung der Abfälle kann damit verfahrensrechtliche Konsequenzen haben: Für die Einstufungen Z0, Z1, im Einzelfall ggf. auch Z2 kommt i. d. R. das Betriebsplanverfahren in Betracht, für darüber hinausgehende Qualitäten das Genehmigungsverfahren nach BImSchG bei ortsfesten Abfallbeseitigungsanlagen zur Lagerung oder Behandlung von Abfällen zur Beseitigung (§ 35 Absatz 1 KrWG); bei Deponien i. S. von § 3 Absatz 27 KrWG das Planfeststellungsverfahren nach § 35 Absatz 2 KrWG.

Nach § 1 Nr. 1 a UVP-VBergbau bedarf bei Gewinnung von Steinkohle im **192** Tiefbau die Lagerung von Massen, die einen **Flächenbedarf von 10 ha** und mehr benötigt, der Umweltverträglichkeitsprüfung und des **bergrechtlichen Planfeststellungsverfahrens** gemäß § 52 Absatz 2 a, 57 a. Ein Planänderungsverfahren ist (nur) erforderlich, wenn die ermittelten Kubaturen oder der Flächenbedarf geändert werden. Wird dagegen lediglich der Anteil des auf die Halde aufzubringenden Abdeckmaterials z. B. REKAL-Stabilisat-Gemisch verringert, fehlt es an der planfeststellungspflichtigen Änderung der genehmigten Halde (VG Hannover, ZfB 2010, 248 f.). Eine UVP-Prüfungspflicht gemäß § 1 Nr. 9 UVP-VBergbau für das Abdeckmaterial scheidet ebenfalls aus, da das Abdeckmaterial, selbst wenn es Abfall ist, vom rechtlichen Status der Halde geprägt wird (VG Hannover, aaO, 249).

193 Für **übertägige Deponien** (zur Untertagedeponie s. § 55 Rn 167), die nicht in der Gewinnungsabfall-VO behandelt werden, weil sie nicht von Abfällen aus der mineral- gewinnenden Industrie beschickt werden, gilt die VO über Deponien und Langzeitlager (DepV) v. 27.4.2009 (BGBl, 900). Sie gilt nach § 1 Absatz 3 Ziff. 6 DepV nicht für Deponien zur ausschließlichen Lagerung oder Ablagerung von Abfällen, die unmittelbar und üblicher Weise beim Aufsuchen, Gewinnen, Aufbereiten und Weiterverarbeiten sowie bei der damit zusammenhängenden Lagerung von Bodenschätzen anfallen. Einschlägig für diese Abfälle ist § 22 a der Allg. BBergV (hierzu s. § 55 Rn 119). § 1 Absatz 3 Ziff. 6 DepV erweitert den bisherigen § 1 Absatz 3 Nr. 3 der DepV 2002 insofern, als bisher vom Anwendungsbereich der DepV ausgenommen waren die Lagerung und Ablagerung von „nicht verunreinigten Böden und Steinen aus der Prospektion und dem Abbau, der Behandlung und der Lagerung von Bodenschätzen sowie aus dem Betrieb von Abbaustätten, die der Gewinnung von Steinen und Erden dienen". Die neue Abgrenzung nach § 1 Absatz 3 Ziff. 6 DepV knüpft lückenlos an die Geltung des KrWG gemäß § 2 Absatz 2 Ziff. 7 an. In der DepV werden die Voraussetzungen für die Errichtung, Stilllegung und Nachsorge von Deponien sowie für die Ablagerung von Abfällen auf Deponien (Annahmekriterien und -verfahren) geregelt.

194 Sofern die Sperrwirkung des § 3 Absatz 1 Nr. 10 BBodSchG bei der Zulassung eines Betriebsplans, der die Verfüllung von Abfällen bei Abschlussmaßnahmen gestattet, entfällt (s. § 55 Rn 145), sind die **Anforderungen des Bodenschutzrechts** als überwiegende öffentliche Interessen i. S. von § 48 Absatz 2 neben den abfallrechtlichen Kernpflichten (s. § 55 Rn 140) zu prüfen (BVerwG, ZfB 2005, 156 = DVBl 2005, 925 = NUR 2005, 589 = NVwZ 2005, 956; a. A. OVG Koblenz, ZfB 2003, 37). Nach § 7 BBodSchG ist derjenige, der Verrichtungen auf einem Grundstück durchführt, zur Vorsorge gegen das Entstehen schädlicher Bodenveränderungen (§ 2 Absatz 3 BBodSchG) verpflichtet. Behördliche Anordnungen zur **Durchsetzung der Vorsorgepflicht** dürfen nur getroffen werden, soweit in der gemäß § 8 Absatz 2 BBodSchG erlassenen **BBodSchV** konkrete Anforderungen an diese Verpflichtung festgelegt wurden (VG Magdeburg, ZfB 2008, 204 n. w. N.).

195 Diese VO statuiert die **Bodenwerte**, bei deren Überschreiten unter Berücksichtigung von geogenen oder großflächigen siedlungsbedingten Schadstoffgehalten „i. d. R." (§§ 9 Absatz 1 BBodSchV, 8 Absatz 2 Ziff. 1 BBodSchG) davon auszugehen ist, dass die Besorgnis einer schädlichen Bodenveränderung besteht (**Vorsorgewerte**). I. d. R. zu besorgen ist eine schädliche Bodenveränderung, wenn die Schadstoffgehalte im Boden die Vorsorgewerte des Anh. 2 Nr. 4 überschreiten. Von besonderer Bedeutung für den Bergbau ist § 12 Absatz 2 BBodSchV. Hier werden Festlegungen getroffen, wann das Auf- oder Einbringen von Materialien auf oder in eine durchwurzelbare Bodenschicht oder zur Herstellung einer durchwurzelbaren Bodenschicht im Rahmen von Rekultivierungsarbeiten einschließlich Wiedernutzbarmachung zulässig ist. Zur Anwendung von § 12 BBodSchV auf die Wiedernutzbarmachung von Halden: Rölleke/Hammerschmidt, Bodenschutz 1999, 109. Da das BBodSchG keinen eigen-definierten Begriff der Wiedernutzbarmachung kennt, ist davon auszugehen, dass hier die überlieferten gleichlautenden Begriffe des Bergrechts (§ 4 Absatz 4 BBergG) und des Baurechts (§ 179 Absatz 1 Satz BauGB) angesprochen sind. Die LABO in Zusammenarbeit mit LAB, LAGA und LAWA hat eine **Vollzugshilfe zu § 12 BBodSchV – Stand 11.4.**2002 – erarbeitet, die Anforderungen an die Materialien, Vorgaben für die Widerlegung der Regelvermutung nach § 9 BBodSchV und zu Untersuchungspflichten enthält. Die Prüf-Maßnahme und -vorsorgewerte der BBodSchV können allerdings nicht uneingeschränkt auf bergbauliche Vorhaben, insbesondere die **Wiedernutzbarmachung der Oberfläche**, übertragen werden. Sie sind abhängig davon, wie weit das BBodSchG insgesamt und die VO-Ermächtigungsgrundlage des § 8 Absatz 2 BBodSchG nicht durch § 3 Absatz 1 Nr. 10 BBodSchG und Vorschriften des BBergG gesperrt oder nicht jedenfalls teilweise gesperrt wird. Auf die Wiedernutzbarmachung der Oberfläche bezogen bedeutet das: das Bergrecht bestimmt durch § 55 Absatz 1 Satz 1 Nr. 7, Absatz 2 Nr. 2 i.V. mit Absatz 4 durch die Elemente künftige Nutzung, bergtechnische Erforderlichkeit und Möglichkeit sowie öffentliches Interesse das „Ob" und das „Wie" der Wiedernutzbarmachung. Sofern dabei eine der natürlichen Bodenfunktionen hergestellt werden soll, ist für die Qualitätsmaßstäbe das BBodSchG und § 12 der BBodSchV anzuwenden. Eine Besonderheit gilt auch, soweit Bergverordnungen bodenbezogene Maßstäbe für die Wiedernutzbarmachung regeln (z. B. BVO für Braunkohlenbergwerke in NRW v. 20.2.1970 i. d. F. 20.11.1981). Diese haben Vorrang vor der BBodSchV. Die §§ 7 Satz 2 BBodSchG, 9 Absatz 1 BBodSchV enthalten weitere Grenzen für die uneingeschränkte Übernahme der Vorsorgewerte. Sie sind (nur) anzuwenden, „soweit dies auch im Hinblick auf den Zweck der Nutzung des Grundstückes verhältnismäßig ist". Der **verfassungsmäßige Grundsatz der Verhältnismäßigkeit** findet hier eine einfach gesetzliche Ergänzung und besondere Aufmerksamkeitsgarantie. Auch die Formulierung „**in der Regel**" zwingt zur Prüfung, ob trotz Überschreiten der Vorsorgewerte ausnahmsweise keine Besorgnis einer schädlichen Bodenveränderung besteht (Frenz, BBodSchG § 8 Rn 43 m. w. N.).

Im Rahmen der **Verhältnismäßigkeitsprüfung** können die **technischen Regelwerke LAGA M20** (Fassung v. 6.11.2003) bzw. LAGA 2004 (Stand 5.11.2004) sowie das **LAB-Papier 2004 „Anforderungen an die Verwertung von bergbaufremden Abfällen Übertage"** des Länderausschusses Bergbau (Stand 30.3.2004) zu Hilfe gezogen werden, insbesondere, sofern sie landesrechtlich eingeführt wurden. Zwar ist ihnen normkonkretisierende Wirkung und Bindungswirkung für Gerichte und Verwaltung nicht zuerkannt worden (BVerwG, ZfB 2005, 156 = DVBl 2005, 923 = ZfW 2006, 14 = NVwZ 2005, 954). Sie sind damit aber nicht etwa ein wertloses „Nullum". Sie sind vielmehr immerhin sachverständige Ausarbeitung, in denen unterschiedliche Fachmeinungen zu einem qualitativen Ergebnis zusammen geführt wurden. Auf diese Erkenntnisse kann dabei bei der Einzelfallabwägung gemäß §§ 9 ff. BBodSchV zurückgegriffen werden. Dabei ist angesichts der Konkurrenz der verschiedenen Regelwerke dem LAB-Papier 2004 als dem speziell für bergbauliche Vorhaben gemachten der Vorrang gegenüber den Anderen zu geben. **196**

Aus Wortlaut und Zweck des § 12 Absatz 2 BBodSchV folgt, dass diese Vorschrift keine Regelungen für Verfüllmaterial **unterhalb der durchwurzelbaren Bodenschicht** enthält (VG Magdeburg, ZfB 2008, 200, 204; anders VG Halle, ZfB 2008, 289, 294 mit Hinweis auf Attendorn, AbfallR 2006; Bertram, AbfallR 2007, 37 ff.). Zum Problem der Anwendung des § 12 BBodSchV auf die Verfüllung oberhalb oder unterhalb der durchwurzelbaren Schicht und für Umlagerungen auf dem Tagebaugelände: Fröhlich/Schulz, ZfW 2000, 223 f.; Bertram, AbfallR 2009, 297 ff. **197**

Für den **Einbau von mineralischen Ersatzbaustoffen in technischen Bauwerken** gilt die **Ersatzbaustoff-V** (s. § 55 Rn 182). Als technisches Bauwerk gilt gemäß § 2 Ziff 6 der Ersatzbaustoff-V jede mit dem Boden verbundene Anlage oder **198**

Einrichtung, die unter Verwendung von mineralischen Ersatzbaustoffen (die in § 2 Ziff 9–23 bezeichnet werden, z. B. auch Steinkohlenkesselasche, -flugasche, Braunkohlenflugasche, Bodenaushub aus der Gewinnung und Aufbereitung mineralsicher Bodenschätze, aufbereitetes Baggergut aus Gewässern, das aus Sanden und Kiesen besteht mit einem Feinkornanteil von max. 10 Gewichtsprozent) hergestellt wird und technische Funktionen erfüllt. Für den Bergbau ist von Interesse dass zwar Aufschüttungen zur Stabilisierung von Böschungen und Bermen sowie Baustraßen bei Abgrabungs- und Verfüllungsmaßnahmen von der Ersatzbaustoff-V erfasst werden, jedoch viele andere Tätigkeiten ausgenommen werden (§ 1 Absatz 2 VO): Einbaumaßnahmen als Abfallbeseitigungsmaßnahmen i. S. von §§ 3 Absatz 26, 15 KrWG, insbesondere bei Verfüllungen, unterliegen dem Deponierecht. Die Vorschriften über die Verwertung mineralischer Abfälle auf Deponien und in Bergbaubetrieben unter Tage gemäß Versatz-V werden von der Ersatzbaustoff-V nicht berührt. Wegen der spezifischen Einzelfallentscheidungen, die bei der Wiedernutzbarmachung von Halden des Steinkohle- und Kalibergbaus unter Berücksichtigung örtlicher, bergbautechnischer und wasserwirtschaftlicher Gegebenheiten zu treffen sind, werden diese Fälle vom rechtlichen Anwendungsbesreich der VO ausgenommen (§ 1 Absatz 2 Ziff 6 der VO). Ebenso ist das Einbringen von mineralischen Ersatzbaustoffen in Gewässer ausgenommen (§ 1 Absatz 2 Ziff 8 der VO), da es durch Wasserrecht bereits geregelt ist.

199 **Zusammenfassend** ergibt sich für die besonders bergbaurelevanten Sachverhalte, die Bergbauhalden und die Wiedernutzbarmachung von Tagebauseen, folgende Rechtslage: **Bergehalden:** Der **Haldenkörper** besteht aus bergbaulichen Abfällen. Er ist eine Abfallentsorgungseinrichtung, auf die § 22 a ABBergV anzuwenden ist. Die Haldenkonturierung, d. h. die Wiedernutzbarmachung der vom Bergbau in Anspruch genommenen Fläche, unterliegt weder dem BBodSchG, der BBodschutzV noch der Ersatzbaustoff-V (§ 1 Absatz 2 Ziff 6 der VO). Der zu konturierende Haldenkörper ist kein „Boden" i. S. des Bodenschutzrechts. Beim Herstellen einer durchwurzelbaren Schicht oberhalb der Wiedernutzbarmachungsfläche sind die Anforderungen des § 12 BBodSchV zu prüfen (s. § 55 Rn 195).

200 **Wiedernutzbarmachung von Tagebauen:** Für die Vorbereitungsmaßnahmen, d. h. z. B. **Gestaltung von Böschungen**, und bei den **Verfüllungen von Tagebauen** mit Abraum aus dem Bergbaubetrieb oder mit Nichtabfällen, z. B. Oberboden, ist die spezielle Regelung des § 55 Absatz 2 Nr. 2 BBergG i. V. mit § 22 a ABBergV anzuwenden. Die Spezialregelung gilt nicht, wenn bergbaufremdes Material für Vorbereitung und Verfüllung verwandt wird. Auch die Ersatzbaustoff-V trifft nicht zu, da Tagebaue und Böschungen kein technisches Bauwerk i. S. von § 2 Ziff 6 Ersatzbaustoff-V sind, jedenfalls die Einbauweise des Anhangs 2.2. oder 2.3 in der Praxis nicht verwandt wird. Für die Böschungsgestaltung und Verfüllungsmaßnahmen mit betrieblichem Material ist aber die Vorsorgepflicht des § 7 BBodSchG i. V. mit § 9 BBodSchV a. F. (neu §§ 7 und 8 BBodSchV – E 2012) zu beachten. Für das Herstellen einer durchwurzelbaren Bodenschicht sind die Voraussetzungen des § 12 BBodSchV (s. auch § 55 Rn 195; neu insbesondere § 7 BBodSchV – E 2012) von Bedeutung. Zu (früheren) Entwürfen einer Ersatzbaustoff-V s. Fröhlich/Schulz, ZfW 2009, 1 ff.; kritisch auch Scheier, KA 2012, 959 ff.; ferner Grothmann, NZ Bau 2010, 343.

201 Als überwiegende öffentliche Interessen i. S. von § 48 Absatz 2 sind bei der **Übertage-Verwertung auch die Verbote nach § 1 der Chemikalien-Verbots-Verordnung** (ChemVerbotsV) zu beachten (s. auch § 55 Rn 146). Daraus folgt, dass Asbestzementabfälle im übertägigen Bergbau nicht zur Wiedernutzbarmachung verwandt werden dürfen (VG Frankfurt, NVwZ-RR 2002, 738; OVG Lüneburg,

LKV 2006, 174, 176 = ZfB 2005, 287), im Gegensatz zur Verwendung als Versatzmaterial im Untertagebergbau. Die Verbote des § 1 Absatz 1 ChemVerbotsV gelten für bestimmte Stoffe jedoch nicht, wenn diese zur ordnungsgemäßen und schadlosen Abfallverwertung in einer dafür zugelassenen Anlage in Verkehr gebracht werden (§ 1 Absatz 2 Nr. 2 ChemVerbotsV). Anders ist es im Untertagebau: gemäß § 1 Absatz 1 Anh. Abschnitt 2 Spalte 2 Absatz 5 können asbesthaltige Abfälle als Versatz verwandt werden (OVG Lüneburg, LKV 2006, 177).

Soweit die **Gefahrstoffverordnung** (GefStoffV) v. 23.12.2004 (BGBl, 3758 jetzt **202** v. 26.11.2010 (BGBl, 1643) im übertägigen Bergbau gilt und nicht gemäß § 1 Absatz 5 Satz 2 GefStoffV ausgeschlossen ist, ist sie gemäß § 55 Absatz 1 Nr. 3 im Betriebsplanverfahren über die Verwertung von Fremdabfällen im Tagebau zu beachten. Soweit in der **Gesundheitsschutz-BergV** entsprechende Vorschriften bestehen, gehen sie vor. (Einzelheiten für Untertage-Versatz: Beckmann, ZfB 1999, 16 ff.).

Zur Beurteilung der Gefahr der **Grundwassergefährdung** bzw. der Besorgnis **203** einer schädlichen Grundwasserverunreinigung sind auch die Vereinbarung zwischen dem Bayr. Staatsministerium für Landesentwicklung und Umweltfragen und dem Bayr. Industrieverband Steine und Erden e. V. v. 21.6.2001 (**„Anforderungen an die Verfüllung von Gruben und Brüche"** – „Eckpunktepapier" und der „Leitfaden zu den Eckpunkten" (in der Fassung v. 9.12.2005) heran zu ziehen (VGH München, DVBl 2007, 1122).

Zu den überwiegenden öffentlichen Interessen i. S. von § 48 Absatz 2 gehören **204** bei immissionsschutzrechtlich nicht genehmigungsbedürftigen Anlagen die **Errichtungs- und Betriebspflichten** des § 22 Absatz 1 BImSchG und der hierzu erlassenen Verordnungen (BVerwGE 74, 315, 322). Das Betriebsplanverfahren mit Ausnahme des obligatorischen Betriebsplans gemäß §§ 52 Absatz 2 a, 57 a verdrängt nicht das Genehmigungsverfahren nach § 4 Absatz 1 BImSchG, sofern nicht die Ausnahmeregelung des § 4 Absatz 2 BImSchG zutrifft. Diese Ausnahmeregelung klammert die untertägigen Anlagen des Bergwesens gänzlich von der Genehmigungspflicht nach BImSchG aus. Tagebaue werden nur insofern ausgenommen, als sie auf den Betrieb i. S. einer unmittelbaren bergbaulichen Tätigkeit der Aufsuchung, Gewinnung oder Aufbereitung von Bodenschätzen gerichtet sind (Rausch, S. 89; Frenz, Abfallverwertung im Bergbau, S. 59). Anlagen über Tage, die in stillgelegten Tagebauen der Abfallverwertung dienen, sind demnach vom BImSchG-Genehmigungsverfahren nicht ausgenommen. Die Genehmigungspflicht gilt auch für Verwertungsanlagen, obwohl § 4 Absatz 1 BImSchG wörtlich von „ortsfesten Abfallentsorgungsanlagen zur Lagerung und Behandlung von Abfällen" spricht. Denn der Begriff „Abfallentsorgungsanlagen" ist umfassend zu verstehen (Frenz, aaO, S. 60 m. w. N.).

Beispiele aus der Praxis sind: Immissionsrichtwerte für Errichtung und Betrieb **205** der Halde, Errichtung von Immissionsschutzwällen, Immissionsrichtwerte für Arbeitsmaschinen und Transportfahrzeuge, Staubmessungen, Bestellung eines Haldenwartes als Immissionsschutzverantwortlicher.

Zu Rechtsfragen des Einsatzes von Ersatzbrennstoffen und der **Abfallmitver- 206 brennung in Braunkohlekraftwerken** s. § 2 Rn 51 und Frenz, UPR 2012, 55 ff.

n) Haftungsrecht. Haftungsrechtlich ist im Falle der Benutzung von Bergbau- **207** anlagen für die Abfallverwertung oder -beseitigung die Haftung des Bergwerksbetriebs von der des Bergwerkseigentümers abzugrenzen. Neben den allgemeinen zivilrechtlichen Schadensersatz- und Ausgleichsansprüchen kommen spezialgesetzliche Haftungsnormen in Betracht. Eine **Haftung des Deponiebetreibers** kann sich aus § 89 Absatz 1 WHG – insbesondere bei kontaminierten

Sickerwässern aus obertägigen Deponien – und § 89 Absatz 2 WHG ergeben. Die Deponie ist eine Anlage i. S. von § 89 Absatz 2 WHG. Der Betreiber ist Inhaber. Zusätzlich kommt eine Haftung aus § 1 UHG in Betracht, wenn die Deponie zu den im Anh. 1 genannten Anlagen gehört (z. B. Nr. 75; ortsfeste Anlagen i. S. von § 4 AbfG a. F. zum Lagern, Behandeln oder Ablagern von Abfällen) und keiner der Haftungsausschlüsse vorliegt. Beim **Bergwerksunternehmer** kommt, wenn seine Haftung nicht im Falle einer Zwangsverpflichtung bei Deponien im laufenden Betrieb gemäß § 29 Absatz 3 Satz 5 KrWG ausgeschlossen ist, als Haftungsgrundlage § 114 BBergG in Betracht. Im Regelfall haftet er jedoch nicht nach § 89 Absatz 1, Absatz 2 WHG oder § 1 UHG, weil als Inhaber nur der Deponiebetreiber anzusehen ist. Schäden, die durch die Errichtung und den Betrieb einer untertägigen Abfallentsorgungsanlage in stillgelegten Grubenbauen verursacht werden, fallen nicht unter den Bergschadensbegriff (Weller, ZfB 1988, 342, 348, 359).

208   Zur Ordnungswidrigkeit unbefugter Abfallablagerung bei Auffüllung einer ausgebauten Quarzsandgrube AG Freiburg, ZfB 1989, 158.

7.   Vorsorge zur Wiedernutzbarmachung der Oberfläche (§ 55 Absatz 1 Satz 1 Nr. 7)

209   **a) Allgemeines zum Begriff der Wiedernutzbarmachung im BBergG.** Die Wiedernutzbarmachung der Oberfläche während und nach der bergbaulichen Tätigkeit ist ein integrierter Teil bergbaulicher Tätigkeit und schon durch § 2 Absatz 1 Nr. 2 besonders hervorgehoben. Mehr noch als die frühere Formulierung in § 196 Absatz 2 ABG „Sicherung und Ordnung der Oberflächennutzung und Gestaltung der Landschaft während des Bergwerksbetriebes und nach dem Abbau" wird hierdurch die Sorge um die Gestaltung der Oberfläche zum Teil der betrieblichen Aufgabe gemacht. Dieser Gedanke erscheint in Verfolg des programmatischen Satzes in § 2 an verschiedenen Stellen des Gesetzes: die Definition in § 4 Absatz 4, im Betriebsplanverfahren für betriebene (§ 55 Absatz 1 Nr. 7) und für stillgelegte (§ 55 Absatz 2 Nr. 2) Betriebe und in § 66 Nr. 8 als Ermächtigungsnorm für Verordnungen über die zu treffenden Vorsorge- und Durchführungsmaßnahmen.

210   **b) Abgrenzung zu ähnlichen Begriffen.** Zur Erläuterung der Legaldefinition des Betriffes „Wiedernutzbarmachung" in § 4 Absatz 4 sind mehrere Abgrenzungen erforderlich.

211   **aa) Wiederherstellung.** Nach § 39 Absatz 3 ist nach Abschluss der Aufsuchungsarbeiten der frühere Zustand fremder Grundstücke wiederherzustellen. Um eine solche „**Wiederherstellung**" handelt es sich bei der „Wiedernutzbarmachung" nicht. Nicht der vor Beginn des Abbaus bestehende Zustand der Oberfläche ist das Ziel der Maßnahmen, sondern eine geplante Nutzung des Grundstückes zu landwirtschaftlichen, forstwirtschaftlichen oder Erholungszwecken (BT-Drs 8/1315, 76 = Zydek, 55).

212   Im Gegensatz zur Wiederherstellung kann die Wiedernutzbarmachung nicht nur den früheren Zustand vor Beginn des Abbaus, sondern einen anderen Zustand und eine andere Nutzung schaffen (Kirchner, ZfB 1984, 339). Wiedernutzbarmachung ist neue Gestaltung (VG Gelsenkirchen, ZfB 1985, 106) im Gegensatz zur Wiederherstellung eines ordnungsgemäßen Zustandes, wie er in § 5 Absatz 3 Nr. 3 BImSchG gefordert ist.

213   **bb) Sicherung und Ordnung der Oberflächenbenutzung und Gestaltung der Landschaft.** Nach § 196 Absatz 2 ABG NRW – der seinen Vorgänger in § 2

Absatz 2 der sog. Silvester-VO beim Grundeigentümer – Bergbau hatte – oblag der Bergbehörde und dem Unternehmer die **Sicherung und Ordnung der Oberflächennutzung und Gestaltung der Landschaft** während des Bergwerksbetriebs und nach dem Abbau. Diese Vorschrift wurde bezüglich des Steinkohlenbergbaus von der Rechtsprechung einschränkend ausgelegt. Sie sollte der Bergbehörde nur ermöglichen, die durch Tagebau entstellte Landschaft wieder zu einem harmonischen Gesamtbild zusammenzufügen (OVG Münster, ZfB 95 (1954), 456 und 458; Thiel, ZfB 94 (1953), 269 rechneten dann aber im stilliegenden Tagebau sogar das Verkippen von Müll hierzu). Nicht gedeckt wurden Anordnungen zur Beseitigung von Tagesanlagen (OVG Münster, ZfB 114 (1973), 315, 318 im Anschluss an OVG Münster, ZfB 96 (1955), 81 = OVGE 9, 191; anders OVG Münster, ZfB 118(1977), 361, 363 betrifft Abbruch von Betriebsgebäuden und Wiederherstellung des ehemaligen Zechenplatzes im Abschlussbetriebsplan, VG Gelsenkirchen, ZfB 119 (1978), 441, 445 für Abbruch übertägiger Gebäude und Rekultivierung des Geländes aus bauplanerischen Gründen). An diesen Ursprung der Wiedernutzbarmachung, eingeführt in NRW durch Gesetz vom 25.4.1950 (GVBl, 73) für den Tagebau des Braunkohlenbergbaus (Krautschneider, Glückauf 1957, 1028, Weller, ZfB 106 (1965), 224), muss die Erfassung der gesetzlichen Definition in § 4 Absatz 4 anknüpfen. Die Wiedernutzbarmachung soll nämlich im Hinblick auf den Umfang der Inanspruchnahme von Flächen durch den Tagebau das bergbehördliche Instrumentarium verankern und fortentwickeln (BT-Drs 8/1315, 69 = Zydek, 37).

Nach früherem Recht wurde unter Wiedernutzbarmachung die Überführung des **214** für Abbau- und Kippzwecke des Bergbaus in Anspruch genommenen Geländes in land-, forst- oder wasserwirtschaftliche Nutzflächen, in Siedlungs-, Industrie- oder Verkehrsflächen verstanden (Heller, Die Entschädigungsansprüche des Bergbautreibenden gegen den Staat oder einen Begünstigten wegen bergbehördlicher Maßnahmen im Betriebsplanverfahren, Diss. Bonn 1965, 78). Sie wurden in Erstmaßnahmen (getrennte Aushaltung gesondertes Verstürzen der kulturmäßigen Abraummassen, Einebnen der Schlusskippen, Regulierung der Vorflut) und Folgemaßnahmen (Zuführung zur Dauernutzung) unterschieden, wobei die Bergbehörde und das Betriebsplanverfahren sich auf die Rekultivierung beschränken müssen und sich nicht auf Kultivierungsmaßnahmen ausdehnen dürfen (Heller, aaO, 79, 86).

cc) Rekultivierung. Nicht zu verwechseln ist der Begriff der Wiedernutzbarma- **215** chung mit dem der **Rekultivierung** (§§ 1 Absatz 5 BNatSchG; 12 Absatz 2 BBodSchV; 40 Absatz 3, 40 Absatz 2 Nr. 1 KrWG). Sie ist als Wiederherstellung des vor Beginn des Abbaues bestehenden Zustandes der Oberfläche zu verstehen (Kirchner, ZfB 1984, 337). Dazu muss eine Zielvorstellung bestehen, welchen Zustand die Oberfläche aufweisen soll. Durch den Alternativbegriff „**naturnahe Gestaltung**" wird klar gestellt (§ 1 Absatz 5 BNatSchG), dass Ziel der Rekultivierung nicht nur eine naturnahe, sondern eine naturgemäße Gestaltung im naturschutzrechtlichen Sinne ist.

dd) Wiedernutzbarmachung nach Berggesetz DDR. Gleichlautend war der **216** Begriff „Wiedernutzbarmachung" in § 13 Berggesetz DDR. Ihm wurde in § 14 Berggesetz DDR eine Definition beigegeben. Der Begriff deckte sich nicht mit dem Inhalt des Begriffes in § 4 Absatz 4, 55 Absatz 1 Nr. 7 BBergG. Er wurde aufgeteilt in die in § 15 Absatz 1 Berggesetz DDR näher beschriebene „Wiedernutzbarmachung" und in die „Rekultivierung", die der Herstellung der vollwertigen Bodenfruchtbarkeit dient. Einzelheiten ergaben sich aus § 23 der auf die Ermächtigungsnorm des § 33 Berggesetz DDR gestützten ersten DVO zum Berggesetz DDR (GBl 1969, II Nr. 40, S. 257 ff.).

217   **ee) Herrichtung.** Das AbgrabungsG NRW bedient sich des Begriffes „Herrichtung" und definiert ihn als **Oberflächengestaltung und Wiedernutzbarmachung** des in Anspruch genommenen Geländes während und nach Abschluss der Abgrabung (§ 1 Absatz 1 Nr. 2 AbgrG). Im § 9 Nr. 6 NAGBNatSchG finden sich die Begriffe „Herrichtung und Nutzbarmachung der Flächen" (ebenso z. B. § 26 Absatz 1 Nr. 6 NatSchG LSA). Aus der Gegenüberstellung der Begriffe könnte folgen, dass im Abgrabungsrecht der Begriff der Wiedernutzbarmachung enger sein sollte als im BBergG, weil er vom Wortlaut her die Oberflächengestaltung nicht mitumfasst. Eine Wiedernutzbarmachung wirkt sich selbstverständlich aber auf die Gestaltung der Oberfläche aus. Das aus dem früheren § 196 Absatz 2 ABG entlehnte Wort „Oberflächengestaltung" hat nach heutigem Verständnis keine eigenständige Bedeutung. Es interpretiert den Begriff „Wiedernutzbarmachung", der identisch ist mit dem Begriff „Herrichtung" (Kremer, ZfB 1984, 341 unter Hinweis auf OVG NRW v. 23.8.1979 – AZ X A 2117/77 und Linke 1982, 144). Zwischen BBergG und AbgrG NRW bestehen hinsichtlich des Begriffes „Wiedernutzbarmachung" keine Unterschiede.

218   **ff) Sanierung.** Insbesondere im ehemaligen Braunkohlebergbau, aber auch im Uran-, Erz- und Kalibergbau hat sich der Begriff der **Sanierung**, sogar der des **Sanierungsbergbaus** gebildet. Er umfasst mehr als die Wiedernutzbarmachung der Oberfläche, die nur eines seiner Elemente ist. Der Begriff stammt aus dem Berggesetz v. 12.5.1969 der ehemaligen DDR (Zenker, Rechtsvereinheitlichung, S. 129; Kuyumcu, Bergbau und Gewässerschutz, S. 119). Nach dessen § 1 c waren Sanierungsarbeiten diejenigen, die nach Beendigung der Untersuchungs- und Gewinnungsarbeiten erforderlich sind zur Wiedernutzbarmachung von Bodenflächen oder zur Sicherung und Verwahrung stillgelegter bergbaulicher Anlagen. Sie waren nach § 9 so durchzuführen, dass keine Schäden auftreten, die bei Anwendung der neuesten technischen Erkenntnisse vermeidbar sind. Die Wiedernutzbarmachung als Teil der Sanierung beschränkte sich im Wesentlichen auf die Schaffung landwirtschaftlicher Flächen.

219   Von diesem Ursprung ausgehend umfasst der Begriff Sanierungsbergbau die Summe aller Maßnahmen, die zum Abschluss der Einstellung des Betriebes erforderlich sind (Zenker aaO, Kuyumcu, aaO). Im Bereich des ehemaligen Braunkohlenbergbaus erfolgt die Sanierung landesplanerisch auf der Grundlage von **Sanierungsplänen** (Brandenburg), **Sanierungsrahmenplänen** (Sachsen), **Teilgebietsentwicklungsprogrammen** (Sachsen-Anhalt) (s. hierzu Anhang § 56 Rn 444 ff., 452, 482). Die dort festgelegten Sanierungsziele werden in bergrechtlichen Abschlussbetriebsplänen konkretisiert, ergänzend in Sonderbetriebsplänen. Die abschließende Rahmenbedingungen für die Herstellung von Gewässern werden in zeitlich anschließenden wasserrechtlichen Planfeststellungsverfahren geschaffen (Kuyumcu, aaO, S. 128, s. hierzu auch Anh. § 56 Rn 445, 481).

220   Die Braunkohlensanierung kann in drei Phasen eingeteilt werden: Die erste Phase betrifft die bergtechnische Sanierung mit begleitenden wasserwirtschaftlichen Maßnahmen: Die Sanierung und Sicherung der vom Bergbau beanspruchten Flächen (Böschungen, Innen- und Außenkippen, Halden), die Wiederherstellung eines sich weitgehend selbst regulierenden Wasserhaushaltes (Zielwasserstand) einschließlich der Wassergütevorgaben aus den wasserrechtlichen Genehmigungen. Die zweite Phase betrifft die Festigung der Gefahrenabwehr im Rahmen der Herstellung der Gewässers: Stützung des Wasserstandes, Sicherung vor Gefahren für die erreichte Wassergüte und der wasserrechtlichen Vorgaben. Die dritte Phase erfasst die wasserwirtschaftliche Nachsorge (s. § 55 Rn 221) im Rahmen von Bewirtschaftung und Unterhaltung des Gewässers: Maßnahmen zur dauerhaften Sicherung von Wassermenge und Qualität, allgemeine Überwachungs- und Unterhaltungsmaßnahmen, Monitoring. Nach der Phase zwei, spätestens jedenfalls soweit die Pflichten der sonst überwachungs- und unterhaltungspflichtigen staatlichen Stellen oder öffentlich-rechtlichen Körperschaften in der Phase drei eingreifen, ist die Bergaufsicht gemäß § 69 Absatz 2 beendet.

gg) Nachsorge. Bergrechtlich nicht verankert ist auch der Begriff der „Nachsorge", der im Zusammenhang mit stillgelegtem Abbau häufig benutzt wird (z. b. BVerwG, ZfB 1996, 298 – Rammelsberg; Spieth/Wolfers, ZfB 1997, 269; Stüer/Wolf, LKV 2002, 17 und LKV 2003, 1; Luckner, 10. Dresdner Grundwasserforschungstage, S. 11). Er deckt sich nicht mit dem Begriff der Wiedernutzbarmachung. Er ist entlehnt aus dem Abfallrecht (z. b. §§ 36 Absatz 1 Ziff. 2, 40 Absatz 5, 43 Absatz 1 Ziff. 5, 44 Absatz 1 KrWG; 2 Nr. 27, 11 DepV) und der Gegenpol zum Begriff der Vorsorge. In seinen Grenzen ist er unpräzise und inhaltlich unstrukturiert, insbesondere wenn er – wie im Falle von Tagebaurestseen – zusätzlich mit den Adjektiven „bergrechtlich", „wasserrechtlich" oder „bergbaubedingt wasserwirtschaftlich" verbunden wird. **221**

Bergrechtlich vorgegeben und präziser ist der Begriff der Einstellung des Betriebes, der nicht etwa einen Zeitpunkt, etwa den der Beendigung der Förderung, erfasst, sondern einen Zeitraum, der „technischen Durchführung", wie sich aus § 53 Absatz 1 ergibt, und der mit Ende der Bergaufsicht gemäß § 69 Absatz 2 beendet ist. **222**

Soweit dennoch, insbesondere bei den Braunkohlefolgeseen der Begriff Nachsorge verwendet wird, sollte man differenzieren: auszugehen ist davon, dass der Begriff Nachsorge keinen allgemein gültigen Inhalt hat, sondern von fachspezifischen Besonderheiten des Abfall-, Immissions-, Wasser-, oder Bergrechts geprägt wird. Generell immanent ist ihm, dass er betriebsbedingt und am Verhältnismäßigkeitsgrundsatz zu interpretieren ist. **223**

Daraus folgt bergrechtlich: die Nachsorge beginnt mit dem Zeitpunkt, in dem die Pflicht des Unternehmers zur Vorsorge der Wiedernutzbarmachung nach § 55 Absatz 1 Satz 1 Nr. 7 umschwenkt in die der Sicherstellungspflicht nach § 55 Absatz 2 Nr. 2, anders gesagt: mit der Zulassung des Abschlussbetriebsplans. Die Nachsorgepflicht dient damit der Sicherstellung der Wiedernutzbarmachung. Die Nachsorgephase endet also, wenn die Wiedernutzbarmachung sichergestellt und gemäß § 53 Absatz 1 nachgewiesen ist. **224**

Sofern der Abschlussbetriebsplan überwiegende öffentliche Interessen i. S. von § 48 Absatz 2 Satz 1 konkretisiert und berücksichtigt, kann sich auch hieraus eine Nachsorgepflicht ergeben. Die Nachsorgephase für diese betriebsplanmäßig konkretisierten öffentlichen Interessen endet, sobald diese Interessen mit der Durchführung des Abschlussbetriebsplans beachtet sind und der Nachweis gemäß § 53 Absatz 1 geführt ist, dass die Voraussetzungen des Abschlussbetriebsplans erfüllt sind. **225**

Obwohl auch das Wasserrecht eine Nachsorgepflicht nicht ausdrücklich regelt, hat sich neben dem bergrechtlichen ein **wasserrechtlicher Nachsorgebegriff** gebildet. Er ist ebenfalls betriebsbezogen, gebunden an Zumutbarkeit und Verhältnismäßigkeit und bedarf der genehmigungsrechtlichen Umsetzung. Er beginnt mit der Gestaltung des Tagebaurestloches und der sicheren Herstellung der Böschungen und endet i. d. R. mit der Schaffung eines sich selbst regulierenden Wasserstandes nach Menge und Beschaffenheit (so z. B. Rahmenkonzept Wasserhaushalt, Beschluss der 11. Umweltministerkonferenz der neuen Länder 17./18.3.1994), einschließlich Böschungsnachsorgemaßnahmen und Gewässermonitoring im Rahmen der Verhältnismäßigkeit. **226**

c) Verfahrensmäßige und inhaltliche Abstufung der Wiedernutzbarmachung im Betriebsplanverfahren. Das Element der „Wiedernutzbarmachung" ist verfah- **227**

rensmäßig und sachlich – inhaltlich mehrfach abgestuft im Betriebsplanverfahren:

228 Verfahrensmäßig ist für die Zulassung eines Aufsuchungs- und Gewinnungsbetriebsplans gefordert, dass die **erforderliche Vorsorge** zur Wiedernutzbarmachung getroffen wird. Durch das Wort „erforderlich" wird klar gestellt, dass Vorsorgemaßnahmen nur in Betracht kommen, wenn die im Betriebsplan dargestellten Maßnahmen mit der Inanspruchnahme von Grundflächen verbunden sind (Kirchner, ZfB 1984, 343). Das ist in Hauptbetriebsplänen mit nur 2-jähriger Laufzeit (VG Neustadt, ZfB 1993, 63), je nach ihrem Inhalt im Rahmenbetriebsplanverfahren (VG Gelsenkirchen, ZfB 1985, 106, anders VG Neustadt, ZfB 1993, 63 bei Quarzabbau – Gesamtvorhaben), in vielen Sonderbetriebsplänen und in Aufsuchungsbetriebsplänen (BVerwG, ZfB 1995, 287) nicht der Fall. In Aufsuchungsvorhaben stellt sich die Frage der Wiedernutzbarmachung erst, wenn feststeht, dass die Aufsuchung erfolglos war oder bei einem sich einer erfolgreichen Aufsuchung anschließenden Gewinnungsbetrieb. Ein geringes Schadensrisiko erlaubt es sogar, von einer Regelung nach Nr. 7 ganz abzusehen (VG Neustadt, ZfB 1993, 62).

229 Im Abschlussbetriebsplan ändert sich die erforderliche Vorsorge für die Wiedernutzbarmachung gemäß § 55 Absatz 1 Nr. 7 in die Pflicht zur **Sicherstellung** der Wiedernutzbarmachung gemäß § 55 Absatz 2 Nr. 2 und erreicht damit die 2. Stufe.

230 **Sachlich-inhaltlich** sind die Pflichten aus § 55 Absatz 1 Nr. 7 ebenfalls mehrfach gestuft:

231 Zunächst können nur die „**erforderlichen**" Vorsorgemaßnahmen verlangt werden. Mithin wird eine Abwägung nach dem Grundsatz der Verhältnismäßigkeit erwartet. In die Abwägung sind neben ökologischen und technisch-betrieblichen Belangen auch ökonomische einzubeziehen. Durch Vorgaben bei der Wiedernutzbarmachung darf der Abbau nicht unrentabel und praktisch ausgeschlossen werden (Frenz, Bergrecht und Nachhaltige Entwicklung, S. 56).

232 Die 2. Stufe stellt sich durch den Begriff der „**Vorsorge**". Sie unterscheidet sich vom Begriff der „Sicherstellung". Dem Vorsorgebegriff immanent ist, dass eine Risikoermittlung im Bezug auf ein angemessenes Schutzniveau und eine Risikobewertung erwartet werden. Aufgrund derer ist nach Prüfung der Vor- und Nachteile abzuwägen, ob und welche Maßnahme getroffen werden soll. Auch insofern spielt – jetzt bei der Abwägung – der Verhältnismäßigkeitsgrundsatz eine Rolle. Vorsorge ist als Risikovorsorge unterhalb der Schädlichkeits- und Gefahrenschwelle zu verstehen, nicht jedoch als Vorsicht gegen angenommene Risiken mit unbestimmter Wahrscheinlichkeit oder gar spekulative oder hypothetische Risiken. Der Vorsorge immanent ist außerdem, dass Prognosefehler nicht auszuschließen sind.

233 Die Vorsorge schließlich ist begrenzt auf das „**nach den Umständen gebotene Ausmaß**". Durch diesen Zusatz werden sowohl der Gesichtspunkt der Erforderlichkeit als auch der der Vorsorge verstärkt. Er vertieft die Abwägungspflicht der Behörde, hebt die Pflicht zur Einbeziehung aller für und gegen die Vorsorgemaßnahme sprechenden Gesichtspunkte besonders hervor und schließt Maßnahmen, „die über das Ziel schießen" aus (s. § 55 Rn 25, 29).

234 Letztlich ist auch der Begriff der „**Wiedernutzbarmachung**" i. S. seiner Definition gemäß § 4 Absatz 4 ein Teil der Abstufung. Diese ergibt sich örtlich aus den Wörtern „vom Bergbau in Anspruch genommenen Oberfläche" und inhaltlich dadurch, dass die Gestaltung „unter Beachtung des öffentlichen Interesses" erfolgen soll (s. § 55 Rn 242 ff.). Dabei wird mit dem Wort „Beachtung" zum Ausdruck gebracht, dass das öffentliche Interesse als Zielvorstellung zugrunde zu legen ist (Kirchner, ZfB 1984, 341).

d) Voraussetzungen der Wiedernutzbarmachung. Die Wiedernutzbarmachung **235** ist im BBergG nur erfasst als Teil bergbaulicher Tätigkeit. Alle die Nutzung der Oberfläche als solche regelnden Vorschriften greifen in das Betriebsplanverfahren nicht ein. Entsprechend der Gesamtkonzeption des BBergG bleiben die Vorschriften für Landschaftspflege, Raumordnung, Landesplanung und Städtebau unberührt (BT-Drs 8/1315, 76 = Zydek, 56).

Die Wiedernutzbarmachung betrifft nur die **in Anspruch genommene Oberflä-** **236** **che.** Das sind nicht nur die fremden, die der Unternehmer im Sprachgebrauch des BBergG „benutzt" (vgl. § 39 Absatz 1, 77 Absatz 1), sondern auch die eigenen Grundstücke. Es sind aber nur die Flächen, die der Bergbau für seine Maßnahmen in Besitz genommen hat. Damit scheiden insbesondere die Flächen aus, an denen Bergschäden i. S. von § 114 verursacht worden sind. Für diese gilt die schadensersatzrechtliche Lösung und die bergrechtliche Grundsatzaussage über das Verhältnis zwischen Bergbau und Grundeigentum mit dem Ergebnis der behutsamen und zumutbaren Einschränkungen für den Grundeigentümer. Die öffentlich-rechtliche Vorschrift des § 4 Absatz 4 will die Bergschadensvorschriften nicht *„unterlaufen"* (so auch Stüer/Wolf, LKV 2002, 14). Die Vorschrift betrifft nicht den Schutz von Grundwasser und Boden außerhalb der vom Betrieb in Anspruch genommenen Grundflächen. Die Folgen einer Schadstoffhaltigkeit eingebauter bergbaufremder Abfälle für Boden und Grundwasser, sowie für nicht zu Bergbauzwecken in Anspruch genommene Grundstücke lassen sich nicht damit nicht erfassen (BVerwG, ZfB 2005, 161 – „Tontagebau Fortuna").

Von der Frage, welche Grundstücke wiedernutzbar gemacht werden müssen **237** („Ob") ist das „Wie" der Wiedernutzbarmachung zu unterscheiden und damit der zulässige Inhalt des Betriebsplans und die Zuständigkeit der Bergbehörde. Auch Maßnahmen, die sich nur mittelbar auf die wieder nutzbare Fläche auswirken, wie etwa Wasserein- und ausläufe, Verbindungskanäle zur Herstellung von Tagebauseen in ehemaligen Bergbauarealen, Kippen, Stabilisierungs- und Abfirmungsmaßnahmen können zur Wiedernutzbarmachung gehören und Gegenstand des Abschlussbetriebsplans sein.

Die ordnungsgemäße Gestaltung knüpft weder an den vor Aufnahme der berg- **238** baulichen Tätigkeit noch an den während des Bergbaubetriebs bestehenden Zustand an. Die Grundstücke sollen vielmehr neu gestaltet werden.

Die Wiedernutzbarmachung umfasst Vorkehrungen und Maßnahmen, die erfor- **239** derlich sind, um eine künftige geplante Nutzung vorzubereiten und zu ermöglichen. Sie ist erreicht, wenn die Fläche ordnungsgemäß so gestaltet ist, dass sie sich für eine weitere sinnvolle Nutzung eignet (OVG NRW, ZfB 1998, 158; ZfB 1998, 168; VG Aachen, ZfB 2003, 114; Knöchel, ZfB 1996, 54; Boldt/Weller § 4 Rn 20; Frenz, Bergrecht und Nachhaltige Entwicklung, S. 58; Wilde, DVBl 1998, 1323).

Hierzu gehören keine Maßnahmen, die die künftige Nutzung bereits aufnehmen **240** (OVG NRW, ZfB 1998, 167; VG Potsdam, ZfB 1997, 54), z. B. kann nicht die Anlegung eines Badesees, sondern nur die Verfüllung des Abgrabungsbereichs zur landwirtschaftlichen Nutzung verlangt werden (OVG NRW, ZfB 1998, 158). Es besteht kein Anspruch auf Alternativen für den Fall des Ausbleibens der bei der Oberflächengestaltung erwarteten künftigen Nutzung (OVG NRW, ZfB 1998, 168).

241 Fälle der Wiedernutzbarmachung: Verfüllung eines Tagebaus (BVerwG, ZfB 1994, 211 = NVwZ 1994, 897; VG Potsdam, ZfB 1997, 54; BVerwG, ZfB 2005, 161), Herstellung von Gewässern in Tagebaurestlächern (Spieht, Bergrecht-Wasserrecht, S. 59). Die Gestaltung einer Bergehalde, deren Kapazität durch Stilllegung der zugehörigen Schachtanlage nicht ausgeschöpft wird, ist Wiedernutzbarmachung. Hierzu gehören nicht nur Gefahrenabwehrmaßnahmen, z. B. Abflachung und Stabilisierung von steilen Böschungen, sondern auch die landschaftsgerechte Herrichtung der Bergehalde (Kirchner, UPR 2010, 165). Eine Ausnutzung des betriebsplanmäßig zugelassenen Kippvolumens kann, da die Zulassung bereits landschaftsplanerische Gestaltungselemente enthält, ebenfalls Wiedernutzbarmachung sein, selbst wenn dadurch das vorhandene Volumen überhöht wird. Die Stilllegung des Bergwerks kann die im während der Betriebsphase abgeschlossenen Betriebsplanverfahren bereits abgeprüften Zulässigkeitsvoraussetzungen für die Herrichtung der Bergehalde nicht infrage stellen (a. A. Kirchner, aaO).

242 Die Gestaltung hat unter „Beachtung des öffentlichen Interesses" zu erfolgen. Das **öffentliche Interesse** reguliert das „Wie" der Wiedernutzbarmachung. Eine umfassende Prüfung öffentlicher Belange durch die Bergbehörde scheidet im Rahmen des § 55 Absatz 1 Satz 1 Nr. 7 aus, soweit diese von dem einschlägigen Fachgesetz der Entscheidungskompetenz einer anderen Genehmigungsbehörde zugewiesen ist (Frenz, Bergrecht und Nachhaltige Entwicklung, S. 59 und Abfallverwertung im Bergbau, S. 54 m. w. N., 58). § 55 Absatz 1 Satz 1 Nr. 7 ist insofern lex specialis zu § 48 Absatz 2 Satz 1.

243 Auch im Verhältnis zur naturschutzrechtlichen Ausgleichsregelung bei bergbaubedingten **Eingriffen in Natur oder Landschaft** ist § 55 Absatz 1 Satz 1 Nr. 7 die speziellere Regelung gegenüber § 15 Absatz 2 BNatSchG n. F. (so zu § 19 Absatz 2 BNatSchG a. F.: VGH Kassel, ZfB 2005, 30; VG Leipzig, ZfB 1995, 58; Beckmann in Kühne/Schoch/Beckmann, Gegenwartsprobleme S. 97; Büllesbach, Rechtliche Beurteilung S. 97; Frenz, Bergrecht und Nachhaltige Entwicklung S. 52; Kirchner, ZfB 1984, 345; Kolonko, ZUR 1995, 85–88; von Mäßenhausen, Dokumentation GDMB 2003, 47; H. Schulte, Bergbau S. 214 u. Verw Arch. 1986, 388; Spieht/Hong, ZfB 2001, 188; Wilde, DVBl 1998, 1323 u. LKV 2006, 71, jeweils mit unterschiedlichen Begründungen; a. A. Beddies, Rechtsfragen S. 50–52; Wolf, ZUR 2006, 324.

244 Der bergrechtliche Begriff der Wiedernutzbarmachung setzt sich als Spezialrecht gegenüber der allgemeinen naturschutzrechtlichen Zielbestimmung (§ 1 Absatz 4 BNatSchG durch, wonach unvermeidbare Beeinträchtigungen von Natur und Landschaft durch die Gewinnung von Bodenschätzen oder durch Abgrabungen und Aufschüttungen durch die Förderung natürlicher Sukzession, Renaturierung, naturnahe Gestaltung, Wiedernutzbarmachung oder Rekultivierung auszugleichen oder zu mindern ist. Der Eingriff in Natur und Landschaft durch Kiesabbau kann durch die bergrechtlichen Wiedernutzbarmachungsmaßnahmen in der Regel als ausgeglichen angesehen werden (VG Leipzig, ZfB 1995, 58 mit Hinweis auf VGH Bad-Württ., BRS 44 Nr. 227).

245 Davon zu unterscheiden ist die Frage, ob die Wiedernutzbarmachung der Oberfläche ein Eingriff i. S. des BNatSchG ist und die Beseitigung sog. Sekundärbiotope, die sich auf der Oberfläche zwischenzeitlich nach Beendigung des Abbaus gebildet haben, nach der Eingriffsregelung zu behandeln ist (verneinend Spieht/Hong, ZfB 2001, 190 und Spieht, Bergrecht-Wasserrecht S. 62; a. A. Frenz, LKV 2003, 441 ff., 446, der sich für eine Abwägung gemäß § 19 Absatz 3 Satz 2 BNatSchG a. F., jetzt Ausnahmeregelung gemäß § 30 Absatz 3 BNatSchG ausspricht).

Der Begriff „öffentliches Interesse" ist gleichzusetzen mit dem Begriff des **246** „öffentlichen Belanges" (Schlez, BBauG, § 1 Rn 68; Battis/Krautzberger/Löhr, § 1 Rn 101; VGH Mannheim VerwRspr 20, S. 158, 161), wie er beispielsweise in § 1 BauGB und verschiedenen anderen Vorschriften des Bauplanungsrechts vorkommt. In den Gesetzesmaterialien (BT-Drs 8/3965, 133) werden beide Begriffe im Zusammenhang mit der Wiedernutzbarmachung gleichwertig nebeneinander gebraucht (*„[...] den Belangen, die bei einer Wiedernutzbarmachung zu beachten sind, durch [...] Hinweis auf [...] öffentliche Interessen besser Rechnung getragen [...]"*).

Der Begriff ist als unbestimmter Rechtsbegriff in der Ausprägung eines Typen- **247** begriffes durch die Gerichte voll nachprüfbar hinsichtlich seiner Subsumtion unter einen konkreten Sachverhalt (Wolf/Bachhof/Stober § 31 Rn 10 f.).

Als Beispiele für „öffentliche Interessen" sollten die Ziele und Erfordernisse der **248** Raumordnung und Landesplanung, des Naturschutzes, der Landschaftspflege und der Erholung herausgehoben werden. Zwar ist die endgültige Gesetzes- fassung diesem Vorschlag des Bundesrates (Zydek, 89) nicht gefolgt, doch sind diese Gesichtspunkte unbestritten „öffentliche Interessen" i. S. von § 4 Absatz 4.

Nach der Terminologie des **Raumordnungsrechts** ist allerdings § 55 Absatz 1 **249** Satz 1 Nr. 7 dahin auszulegen, dass nur die Ziele der Raumordnung zu beachten sind, d. h. grundsätzlich strikte Geltung beanspruchen. Grundsätze der Raum- ordnung sind dagegen nur zu berücksichtigen, d. h. sie sind mit anderen Belan- gen abzuwägen (Frenz, Bergrecht und Nachhaltige Entwicklung, S. 61 f.; Rausch S. 15; s. auch Anh. § 56 Rn 413 ff.).

Ebenso bedarf das öffentliche Interesse i. S. der Definition für Wiedernutzbar- **250** machung gemäß § 4 Absatz 4 der Präzisierung aus dem Blick des **Naturschutzes**: Landschaftsprogramme, Landschaftsrahmenpläne und Landschaftspläne sind lediglich zu berücksichtigen, d. h. mit den bergbaulichen Interessen abzugleichen (Rausch S. 51; Boldt/Weller § 55 Rn 46; Frenz aaO, S. 62). Sie haben nur eine Vorlauffunktion für verbindliche Entscheidungen, treffen diese aber nicht selbst.

Man wird andererseits nicht die aus §§ 1 Absatz 6, 35 Absatz 3 BauGB zur **251** Verfügung stehenden Kataloge öffentlicher Belange auf § 4 Absatz 4 übertragen können. Ausgangspunkt für die Berücksichtigung öffentlicher Belange muss immer der Zweck des § 4 Absatz 4, seine Entstehung aus den Bedürfnissen des Tagebaues und der für eine Auslegung nützliche, aber nicht Gesetz gewor- dene Katalog des Bundesratsvorschlages sein. Eine ähnliche, an dem Zweck der einzelnen Vorschrift gemessene Auslegung hat die Rechtsprechung bereits bei der Berücksichtigung der öffentlichen Belange in § 35 Absatz 1 BauGB voll- zogen.

Als öffentliches Interesse anerkannt ist die Ausweisung in einem rechtskräftigen **252** **Bebauungsplan**, weil er nach Abwägung der verschiedenen öffentlichen und privaten Belange verbindlich, ausführend und eingreifend ist.

Der **Flächennutzungsplan** dagegen dürfte bei bebauten Zechengrundstücken **253** noch nicht das „öffentliche Interesse" i. S. von § 4 Absatz 4 darstellen. Ihm kommt keine Wirkung nach außen zu, er enthält weder eine endgültige noch eine in alle Einzelheiten gehende Darstellung, er hat keine vollziehende Wirkung gegenüber Grundeigentümern. Lediglich bei nicht privilegierten Baumaßnahmen im Außenbereich wird ihm die Eigenschaft des „öffentlichen Belanges" zuge- standen (§ 35 Absatz 3 Nr. 1 BauGB), gegenüber bestehenden baulichen Anla- gen und Zuständen hat er keine Wirkung. In diese – im Übrigen durch

Artikel 14 GG geschützte – Ausgangslage wollte § 4 Absatz 4 nicht eingreifen, sondern überlässt die Regelung den speziellen Rechtsmaterien.

254 Dieses Ergebnis gilt erst recht, wenn schon der Flächennutzungsplan das Gelände einer ehemaligen Schachtanlage als „gewerbliche Baufläche" darstellt. Die Gemeinde kann hier aus § 4 Absatz 4 nicht Abbruchverpflichtungen für bestehende Tagesanlagen herleiten (VG Gelsenkirchen, ZfB 119, (1978), 441, 447 zum früheren Recht).

255 Die Ermächtigung bei der Wiedernutzbarmachung zu Gunsten der Bergbehörde verstößt nicht gegen das Selbstverwaltungsrecht der Gemeinden. Im Prüfprogramm sind über den Begriff „öffentliches Interesse" Normen zu beachten für die Zulassungsentscheidung, durch die der Schutz der gemeindlichen Planungshoheit ausreichend zur Geltung gebracht werden kann (OVG NRW, ZfB 1998, 165 f.).

256 Im Umfang des Schutzes der gemeindlichen Planungshoheit schafft § 55 Absatz 1 Satz 1 Nr. 7 Drittschutz, insbesondere wenn die Wiedernutzbarmachung wesentliche Teile des Gemeindegebietes einer durchsetzbaren Planung entzieht (BVerwG, DVBl 1994, 1153 = ZfB 1994, 215; OVG NRW, ZfB 1998, 156; VG Aachen, ZfB 2003, 114; VG Neustadt, ZfB 1993, 62; VG Weimar, ZfB 1994, 56; VG Saarland, ZfB 1993, 303) oder in einem früheren Tagebau eine Deponie errichtet werden soll (OVG NRW, ZfB 1998, 163), oder die Gemeinde befürchtet, dass bei Flutung eines stillgelegten Kalibergwerks Gefahren einer Bodenabsenkung, des Einsturzes von Hohlräumen und von vorhandenen Rüstungsaltlasten nicht ausreichend berücksichtigt sind (VG Lüneburg, ZfB 2007, 302, 307 f.) oder sich dagegen wehrt, dass Waschberge und Flotationsschlämme von ortsfremden Bergwerken auf eine stillgelegte Halde in ihrem Gemeindegebiet verbracht werden (VG Saarland, ZfB 2007, 177). Damit ist die Begründetheit von Klagen allerdings nicht präjudiziert.

257 Als öffentliche Interessen wird man nicht ansehen können Planungsvorstellungen der Gemeinde, die nicht ausreichend konkretisiert sind (Gelzer, Bauplanungsrecht, 1228), das gemeindliche Interesse, sich Planungsmöglichkeiten offenzuhalten (VG Köln, Glückauf 1980, 1250 = ZfB 122 (1981), 470, 478) und Vorschriften aus Gesetzen, die mit einem eigenen rechtlichen Instrumentarium ausgestaltet sind und in die das BBergG nicht eingreifen wollte (BT-Drs 8/1315, 76), wie z. B. Landschaftsschutz-VO, Wasserrecht, Immissionsschutzrecht, Bauordnungsrecht.

258 Das öffentliche Interesse ist indes nur zu „beachten", es ist nicht allein entscheidend. Es ist einer von mehreren Gesichtspunkten, die bei der Wiedernutzbarmachung zu berücksichtigen sind. Das wichtigste andere Interesse ist – obwohl nicht ausdrücklich genannt – das private Interesse des Unternehmers und des Grundstückseigentümers. Hier hat folglich eine Abwägung nicht nur der verschiedenen öffentlichen Gesichtspunkte untereinander, sondern auch des daraus herauskristallisierten öffentlichen Interesses mit den privaten Interessen stattzufinden.

259 e) **Vorsorge zur Wiedernutzbarmachung.** Gegenstand der Prüfung im Betriebsplanverfahren ist nicht die Wiedernutzbarmachung selbst, sondern die Vorsorge hierzu. Im Abschlussbetriebsplanverfahren muss dann nach § 55 Absatz 2 Nr. 2 die Wiedernutzbarmachung sichergestellt werden (s. § 55 Rn 229).

260 Die Vorsorge ist zweifach eingeschränkt. Sie muss erforderlich sein, und sie ist nur in dem nach den Umständen gebotenen Ausmaß zu treffen. Selbst wenn die Vorsorge erforderlich erscheint, kann ihr Ausmaß den Umständen nach nur eingeschränkt geboten sein, wobei zu den Umständen auch wirtschaftliche Gesichtspunkte gehören. In Betriebsplänen, die nur untertägige Maßnahmen oder zwar übertägige, aber nicht oberflächenrelevante Maßnahmen zum Inhalt haben, ist die Vorsorge schon nicht erforderlich. Die Vorschrift geht auch nicht soweit, bei der betriebsplanmäßigen Zulassung von baulichen Anlagen im Übertagebereich deren späteren Abbruch bei Beendigung des Gewinnungsbetriebs zu fordern. Bauliche Anlagen beeinträchtigen die Wiedernutzbarmachung der Oberfläche nicht notwendigerweise, der Umfang des Abbruchs ist kein Anliegen des Bergrechts, sondern regelt sich nach Bauordnungs- und Bauplanungsrecht (s. § 53 Rn 35).

Erfasst werden von der Vorsorge im Steinkohlenbergbau im Wesentlichen die **261** Aufschüttung und Gestaltung von Bergehalden, ferner bei Erdöl- und Erdgasgewinnungsbetrieben die Rekultivierung von Bohrplätzen, Förder- und Aufbereitungsplätzen, Schlammgruben (Richtl. früher OBA Clausthal-Zellerfeld für die Wiedernutzbarmachung der vom Bergbau nicht mehr benötigten Flächen v. 26.6.1974 ZfB 116 (1975), 145).

Das frühere LOBA NRW hat Grundsätze für die Anlegung und **Wiedernutz-** **262** **barmachung von Bergehalden** (RdVerf. V. 22.7.1991 – SBl A 2.19) erlassen, die von der jetzt zuständigen Bezirksregierung Arnsberg übernommen wurden. Zu den Grundsätzen gehören u. a.: Anforderungen an die physikalische und chemische Zusammensetzung des Bergematerials im Außenmantel von Halden, die Ermittlung bodenkundlicher Kennwerte, die Verbesserung der Boden- und Wasserverhältnisse, Maßnahmen zur Wiedernutzbarmachung, Planung und Organisation der Wiedernutzbarmachung sowie die Erschließung. Betriebspläne über das Anlegen, die Erweiterung und wesentliche Änderung von Bergehalden müssen u. a. einen Gestaltungs- und Rekultivierungsplan enthalten. Über Details der Aufforstung wird ein Sonderbetriebsplan gefordert.

Den mit Abstand weitesten Umfang nimmt die Vorsorge für die **Wiedernutz-** **263** **barmachung im Tagebau,** insbesondere von Braunkohle ein. Dort sind kulturfähige Bodenschichten sorgfältig zu bewirtschaften (§ 39 BVOBr), wird die Unterbringung von Abraum geregelt (§ 40 Absatz 2 BVOBr), sind die betrieblich nicht mehr genutzten Flächen unverzüglich zur Nutzung herzurichten (§ 41 Absatz 1 BVOBr), sind die zur land- und fortwirtschaftlichen Nutzung oder als Siedlungsland bestimmten Flächen in ausreichender Mächtigkeit mit kulturfähigem Material zu bedecken (§ 41 Absatz 2 BVOBr).

Das frühere LOBA NRW hat ergänzende Richtlinien über die **landwirtschaftli-** **264** **che Wiedernutzbarmachung von Braunkohletagebauen** (v. 7.1.1992 – SBl A 2.29) und für das Aufbringen von kulturfähigem Boden bei forstlicher Wiedernutzbarmachung von Braunkohletagebauen (v. 3.12.1996 – SBl A 2.29) erlassen, die auch für die jetzt zuständige Bezirksregierung Arnsberg maßgebend sind. Im Zuge der Wiedernutzbarmachung muss gemäß Anlage 3 Teil 2 Nr. 14 der Marksch.BergV ein Wiedernutzbarmachungsriss und gemäß § 9 Nr. 1 Buchstabe B der Unterlagen-BergV eine Wiedernutzbarmachungsstatistik vorgelegt werden.

f) Nach den Umständen gebotenes Ausmaß. Die **Vorsorge** ist nur nach dem von **265** den Umständen gebotenen Ausmaß erforderlich. Die Einschränkung grenzt den Betriebsplan eines aktiven Bergbaubetriebs ab von dem eines stillzulegenden Betriebes. In § 55 Absatz 2 Nr. 2 fehlt nämlich dieser Zusatz. Im Stilllegungsfall ist die Wiedernutzbarmachung demnach an schärfere, unbedingtere Voraussetzungen gebunden. Hier bleibt der verfassungsmäßige Grundsatz der Verhältnismäßigkeit als Regulativ. Beim aktiven Bergbaubetrieb setzt bereits der Gesetzgeber der Bergbehörde deutliche Schranken, die Vorsorge der Wieder-

nutzbarmachung nicht zum vorzeitigen Hemmnis für die Gewinnung von Rohstoffen wirken zu lassen. Zum verfassungsrechtlichen Grundsatz der Verhältnismäßigkeit kommen die einfachgesetzlichen Schranken der Erforderlichkeit
und des nach den Umständen gebotenen Ausmaßes hinzu. Diese Schranken
gelten gleichermaßen im Falle etwaiger Sicherheitsleistungen für die spätere
Wiedernutzbarmachung.

8. Sicherheit anderer Betriebe (§ 55 Absatz 1 Satz 1 Nr. 8)

266 Keine Gefährdung der Sicherheit eines zulässiger Weise bereits geführten Betriebes: Die Vorschrift erfüllt zu einem Teil den Programmsatz des § 1 Nr. 2. Sie
dient der Sicherheit benachbarter Betriebe und damit der Sicherheit der Bergleute im Nachbarbetrieb. Sie läuft parallel zu dem Schutz der Beschäftigten und
Sachgüter im betriebsplanpflichtigen Betrieb selbst gemäß § 55 Absatz 1 Nr. 3.

267 Im früheren § 196 Absatz 2 ABG steckte der Nachbarschutzgedanke mit in den
Worten „Sicherheit der Baue" (RG, ZfB 80/81 (1939), 145; Ebel/Weller § 196,
3 a; Isay, § 196 Rn 5) wobei unter „Baue" nicht nur die Grubenbaue unter Tage,
sondern auch die Betriebseinrichtungen über Tage einschließlich Aufbereitungsanlagen zu verstehen waren (KG, ZfB 46 (1905), 532, ZfB 52 (1911), 146 =
Schachtgerüste). Im BBergG wurde der Nachbarschutz durch § 55 Absatz 1
Nr. 8 verselbstständigt und moderner formuliert.

268 Ein Anwendungsbereich des § 55 Absatz 1 Nr. 8 sind **Markscheide-Sicherheits-
pfeiler.** Innerhalb eines festgelegten Abstandes von Markscheiden oder Pacht-
feldgrenzen zwischen benachbarten Bergwerksbetrieben wurden Grubenbaue
und Bohrungen nicht oder nur mit Ausnahmebewilligung der Bergbehörde
hergestellt (früher § 122 Absatz 3 BVOSt v. 1970). Nach § 224 Absatz 1 der
Allg. Bergverordnung über Untertagebetriebe, Tagebaue und Salinen (ABVO) v.
2.2.1966 (Nds. MBl S. 337), die gemäß § 176 Absatz 3 BBergG fortgilt, sind
Sicherheitspfeiler mit bestimmten Abmessungen zu belassen. Sicherheitspfeiler
sind Gebirgsteile, in denen weder Grubenbaue aufgefahren noch Bohrungen
ausgeführt werden. Die Sicherheitspfeiler betragen mindestens 50 Meter gegen
die Berechtsamsgrenze, mindestens 150 Meter gegen ersoffene Grubenbaue und
mindestens 300 Meter gegen ersoffene Grubenbaue im Anhydrit. Diesen
Abständen können Anhaltspunkte entnommen werden dafür, ob die Aufsuchung oder Gewinnung von Bodenschätzen beeinträchtigt oder gefährdet
wird (OVG Lüneburg, ZfB 2004, 24).

269 Eine andere Anwendung des § 55 Absatz 1 Satz 1 Nr. 8 kann im Einzelfall (§ 53
Rn 73 ff.) die Grubenwasserhaltung in stillgelegten Bergwerken zum Schutz von
betriebenen Bergwerken gegen das Überlaufen von Grubenwasser sein.

270 Die Vorsorge betrifft nur bereits **geführte, nicht** erst in Aussicht genommene
zukünftige Betriebe. Ein Erkundungsbergwerk zur Sicherstellung und Endlagerung radioaktiver Abfälle, für das ein gültiger Rahmenbetriebsplan, aber noch
kein Hauptbetriebsplan vorliegt und für dessen Ausdehnung nur eine über Jahre
offengehaltene Option besteht, ist nicht durch § 55 Absatz 1 Satz 1 Nr. 8
geschützt (VG Lüneburg, ZfB 2005, 253 ff.). Vorsorgemaßnahmen zum Schutz
eines Betriebes, der sich erst in der Planung befindet, können nicht gefordert
werden (VG Lüneburg, aaO, S. 256). Die Vorsorge betrifft außerdem nur die
Sicherheit von Aufsuchungs-, Gewinnungs- und Aufbereitungsbetrieben, nicht
jedoch andere, nicht hierzu gehörende Betriebe.

271 Nicht entscheidend sind die Eigentumsverhältnisse der benachbarten Betriebe.
Auch wenn beide Betriebe demselben Unternehmer gehören, gilt § 55 Absatz 1
Nr. 8.

Der Vorrang des bereits geführten Betriebes gilt sowohl für den nach § 50 **272**
angezeigten als auch für den nach § 51 betriebsplanmäßig zugelassenen.

Die Vorschrift hat **drittschützende Wirkung.** Wortlaut und Kontext der Norm **273**
lassen erkennen, dass es sich nur um einen benachbarten und damit von der
Allgemeinheit abgrenzbaren, individualisierbaren Betrieb handeln kann (OVG
Lüneburg, ZfB 2008, 263 = DVBl 2008, 1393 = ZUR 2008, 597 offengelassen
BVerwG, NVwZ 2009, 778, a. A. Boldt/Weller, § 55 Rn 37; Czybulka/Stredak,
Rechtsfragen der marinen Kies- und Sandgewinnung, S. 66). Die Vorschrift
dient also nicht nur der Sicherheit der Bergleute im Nachbarbetrieb (so aber
Weller ZfB 1990, 131).

9.   Gemeinschaden (§ 55 Absatz 1 Satz 1 Nr. 9)

Eine weitere Voraussetzung für die Zulassung des Betriebsplans ist, dass gemein- **274**
schädliche Einwirkungen der Aufsuchung und Gewinnung nicht zu erwarten
sind.

Diese Bestimmung ist keineswegs überflüssig (so H. Schulte Festschrift, S. 154, **275**
162: *„die Gemeinschadensklausel ist tot“*), weil nach der Rechtsprechung zu
§ 48 Absatz 2 Satz 1 als „Öffnungsklausel" ohnehin alle öffentlichen Interessen
dort zu prüfen sind. Gemeinschaden ist nicht mit öffentlichem Interesse identisch
(§ 55 Rn 286).

a) Entwicklung des Begriffs aus dem ABG. Der Gesetzgeber hat damit einen für **276**
das **bisherige Bergrecht** besonders markanten Begriff, den der „gemeinschädlichen Einwirkungen", übernommen und als eine wesentliche Zulassungsvoraussetzung für den Betriebsplan aufrechterhalten. Nach § 196 Absatz 2 ABG war
der „Schutz gegen gemeinschädliche Einwirkungen des Bergbaus" Aufgabe der
Bergbehörde. Ausgehend von der grundsätzlichen Aufgabe der Abwehr von
Gefahren für die öffentliche Sicherheit und Ordnung war Voraussetzung des
Schutzes gegen gemeinschädliche Einwirkungen das Bestehen einer unmittelbar
bevorstehenden, bestimmt erkennbaren und auf andere Weise nicht anwendbaren Gefahr (Voelkel, ZfB 56 (1915), 315, 332). Hierdurch wurde eine
Abgrenzung zu dem nicht polizeilichen Begriff der Wohlfahrtspflege gefunden,
wenn man auch die Anforderungen an die „Gefahr" bei der Bergbehörde aus
Gründen der Verschärfung ihrer Funktion als Sicherheitspolizei nicht so streng
formulierte wie bei anderen Polizeibehörden.

Der Gedanke der Gefahrenabwehr aus § 196 Absatz 2 ABG wurde bei den **277**
genehmigungspflichtigen Anlagen des BImSchG noch verschärft. Während für
die betriebsplanmäßige Zulassung ausreichend war, dass die konkrete Gefahr
einer Störung besteht, d. h. im Einzelfall mit hinreichender Wahrscheinlichkeit
die Gefahr des Schadenseintritts bevorstand, muss hier nach § 5 Nr. 1 BImSchG
die Anlage so betrieben werden, dass schädliche Umwelteinwirkungen nicht
hervorgerufen werden können. Dies wird durch § 6 BImSchG verstärkt, weil die
Erfüllung dieser Pflicht sichergestellt sein muss. Aus §§ 5 Nr. 1, 6 Nr. 1
BImSchG folgt, dass nach dem Erkenntnisstand zum Zeitpunkt der Entscheidung die Möglichkeit eines Eintritts schädlicher Umwelteinwirkungen bei diesen
Anlagen ausgeschlossen ist (Feldhaus, Bundesimmissionsschutzrecht § 5 Anmerkung 3; Sellner, Immissionsschutzrecht und Industrieanlagen, S. 25).

Die Regelung des § 55 Absatz 1 Nr. 9 geht einerseits um Nuancen über § 196 **278**
Absatz 2 ABG hinaus, bleibt in ihren Anforderungen andererseits hinter der
immissionsschutzrechtlichen zurück. Sie führt den aus anderen Umweltschutz-
gesetzen, z. B. dem Wasserrecht (§ 6 WHG a. F.: „Beeinträchtigung [...] zu

erwarten", jetzt § 12 WHG n. F.: „[...] Gewässerveränderungen zu erwarten sind") bekannten Begriff des „Erwartens" in das Bergrecht ein und will sicherstellen, dass gemeinschädliche Einwirkungen nicht „zu erwarten" sind. Das bedeutet, dass die bloße Möglichkeit oder Besorgnis nicht genügt (BVerwG, ZfW 1974, 309 zu § 31a. F. WHG). Andererseits ist eine an Gewissheit grenzende Wahrscheinlichkeit oder eine konkrete Gefahr im ordnungsrechtlichen Sinne nicht erforderlich (OVG Münster, ZfW – Sonderheft – 1970 II 3 zu § 6a. F.). Das erwartete Ereignis braucht zwar nicht unmittelbar bevor zu stehen, muss aber in einem zeitlich überschaubaren Zusammenhang stehen, nicht in ferner Zukunft liegen.

279   **b) Erwartung von Einwirkungen.** Die Einwirkungen sind zu erwarten, wenn sie nach allgemeiner Lebenserwartung oder anerkannten fachlichen Regeln wahrscheinlich und ihrer Natur nach annähernd voraussehbar sind. Die Voraussehbarkeit ist nach objektiven Kriterien zu beurteilen und unabhängig von der Stärke der Beeinträchtigung des Wohls der Allgemeinheit. Auch bei starken Beeinträchtigungen ist der Maßstab an den Grad der Wahrscheinlichkeit derselbe wie bei schwächeren (zu weitgehend Bayr. VGH, DVBl 1977, 933 im Wasserrecht). Jede Möglichkeit des Eintritts eines Gemeinschadens muss jedoch im Gegensatz zur Regelung nach §§ 5 Nr. 1, 6 Nr. 1 BImSchG nicht ausgeschlossen werden. Zu den Folgen, wenn gemeinschädliche Einwirkungen schon eingetreten sind, vgl. Rn 324, 326.

280   **c) Drittschutz.** Der Begriff „gemeinschädliche Einwirkungen" ist im Verwaltungsgerichtsverfahren als „unbestimmter Rechtsbegriff" nachprüfbar (Ebel/Weller, § 196, 3 g).

281   Die Vorschrift des § 55 Absatz 1 Satz 1 Nr. 9 hat **keine Drittwirkung,** auch wenn die Schwelle zum Gemeinschaden überschritten ist und gemeinschädliche Einwirkungen vorliegen. Denn sie betrifft nicht einen abgrenzbaren Personenkreis und besteht ausschließlich im öffentlichen Interesse (BVerwG, DVBl 1994, 1153 = ZfB 1994, 215; ZfB 1989, 210 = NVwZ 1989, 1162; ZfB 1989, 199; ZfB 1992, 38 = BVerwGE 81, 337; ZfB 1987, 60 = BVerwGE 74, 321; NVwZ 2005, 955; OVG NRW, ZfB 1985, 214; ZfB 2006, 52; ZfB 2009, 267; ZfB 2008, 1; OVG Saarland, ZfB 2001, 289; ZfB 2008, 276; VG Gelsenkirchen, ZfB 1990, 53; ZfB 1992, 288; ZfB 2009, 282; VG Aachen, ZfB 2001, 303; ZfB 2003, 113; ZfB 2006, 194; VG Saarland, ZfB 2003, 141; ZfB 2003, 302; ZfB 2006, 215; VG Stade, ZfB 1992, 63; VG Karlsruhe, ZfB 1990, 338; VG Weimar, ZfB 1994, 62; VG Freiburg, ZfB 1990, 321). Dies gilt auch, wenn behauptet wird, die Behörden kämen ihren Pflichten nicht nach (BVerwG, ZfB 1989, 199; OVG Saarland, ZfB 2001, 287), oder eine Vielzahl von Einzelpersonen werde voraussichtlich erheblich von Bergschäden betroffen (OVG Saarland, ZfB 2008, 277). Der Inhaber eines Gewerbebetriebs kann aus § 55 Absatz 1 Nr. 9 keinen Drittschutz für Mitarbeiter oder Besucher herleiten (VG Saarland, ZfB 2007, 189).

282   In der Literatur wird einhellig ebenfalls die Auffassung vertreten, dass die Vorschrift keinen Drittschutz auslöst (statt vieler Kühne, ZfB 1991, 288, a. A. wohl nur Stüer, NUR 1985, 264; jetzt aber Handbuch Rn 3599, 3600).

283   Ein anerkannter Naturschutzverein hat keine Rügebefugnis nach § 64 Absatz 1 BNatSchG, wenn er sich auf den Versagungsgrund des § 55 Absatz 1 Satz 1 Nr. 9 beruft. Die Vorschrift und die dort genannten Belange haben keinen unmittelbaren Bezug zum Naturschutzrecht (OVG Lüneburg v. 5.3.2008 – 7 MS 114/07 S. 12, 17; VG Oldenburg, ZfB 2008, 302).

284   **d) Der Begriff gemeinschädliche Einwirkungen.** Das BBergG definiert wie seine Vorgänger den Begriff des „Gemeinschadens" nicht, allerdings geht die Begründung davon aus, dass seine Definition *im wesentlichen als gesichert gelten kann"* (BT-Drs 8/1315, 111 = Zydek, 257).

Die Wurzeln des Begriffes liegen schon im frühen Verwaltungspolizeirecht. Nach **285** § 10 II 17 ALR war eine der klassischen polizeilichen Aufgaben, „die nötigen Anstalten zur Abwendung der dem Publico bevorstehenden Gefahr zu treffen". Das ABG konkretisierte diese Aufgabe als „Schutz gegen gemeinschädliche Einwirkungen des Bergbaus" und übernahm einen Begriff, den schon das ALR nicht konsequent benutzte (Voelkel, ZfB 56 (1915), 315, 331 unter Hinweis auf Rosin, VerwArch Bd. 3, 309 Anmerkung 177) und der im ABG nicht definiert wurde. Selbst in der Begründung wurden nur wenige Beispiele aufgeführt. Die Hinzufügung dieser bergpolizeilichen Aufgabe sollte eine Lücke der bisherigen Gesetzesbestimmungen ausfüllen, *„in dem dieser Schutz, z. B. wenn es sich um die Verhütung gemeingefährlicher Tagebrüche, um Verunreinigung fließender Gewässer usw. handle, recht eigentlich zu den Gegenständen der Bergpolizei gehöre"* (ZfB 6 (1865), 198).

Schon früh begannen daher die Versuche für eine allgemeingültige Definition. **286** Nach Baron (ZfB 18 (1877), 46) sollten als „gemeinschädlich" im Anschluss an den strafrechtlichen Begriff der „Gemeingefährlichkeit" nur die Einwirkungen anzusehen sein, die eine unbestimmte Zahl von Personen und Sachen treffen. Arndt (8. Auflage, 235) meinte, gemeinschädlich seien Einwirkungen, bei welchen der durch den Bergbau erwachsene Nutzen für die Gesamtheit durch den Schaden überwogen wird, welchen der Bergbau verursacht (ebenso Isay, § 196, Rn 9; Ebel/Weller § 196, 3 g; Boldt, § 196, 4 f.; h. M.). Klostermann-Fürst-Thielmann (6. Auflage, S. 578) sehen als Gemeinschaden kasuistisch an: wenn er an Gegenständen eintrifft, die vom Gesichtspunkt des öffentlichen Interesses aus einen nicht in Geld zu schätzenden Wert besitzen, oder wenn die drohende Beschädigung außer Verhältnis zu den Mitteln des Bergwerksbesitzers steht oder wenn die schädliche Einwirkung in ihren Folgen die öffentliche Sicherheit gefährdet (ebenso Oppenhoff, S. 270). Brassert-Gottschalk (2. Auflage, S. 831) sehen als gemeinschädlich an, wenn die Einwirkungen das Gemeinwohl erheblich benachteiligen oder gefährden (so auch Schlüter-Hense, 2. Auflage, 514) und bringen hierdurch wieder allgemeine Begriffe anstelle einer klaren Definition. Die preußische Regierung hat 1876 den Begriff in einer Landtagsverhandlung wie folgt definiert: *„Ein Gemeinschaden ist das Gegenteil von Gemeinwohl. Eine Handlung oder ein Ereignis, wodurch das Gemeinwohl geschädigt wird, ist ein Gemeinschaden"* (ZfB 17 (1876), 462). Nach Voelkel schließlich (ZfB 56 (1915), 315, 329) lässt sich zur Begriffsbestimmung nur das Wort „gemeinschädlich" in die Worte *„dem Gemeinwohl schädlich"* auflösen und abgrenzen von den Begriffen „öffentliches Interesse" und „öffentliches Wohl". Danach ist der Begriff *„öffentliches Interesse"* von diesen dreien der weitestgehende, indem er jedes berechtigte Interesse der Allgemeinheit im Auge hat. Andererseits sollen *„öffentliches Wohl"* und *„Gemeinwohl"* sehr nahe nebeneinanderstehen, weil zwischen *„gemein"* und *„öffentlich"* kein sachlicher Unterschied besteht. An das „Wohl" wiederum sind strengere Anforderungen zu stellen als an das „Interesse" (vgl. § 49 pr. WG „überwiegende Rücksichten des öffentlichen Wohles", danach § 6 WHG a. F. „Wohl der Allgemeinheit", zwischen denen sachliche Identität besteht, Czychowski/Reinhardt, WHG, § 6 Rn 8).

Die Abgrenzung ist vor allem auch zum Begriff des öffentlichen Interesses i. S. **287** von § 48 Absatz 2 Satz 1 von Bedeutung. Bei gemeinschädlichen Einwirkungen ist die Zulassung zu versagen, sofern ihnen nicht mit Nebenbestimmungen begegnet werden kann. Bei entgegenstehenden öffentlichen Interessen i. S. von § 48 Absatz 2 Satz 1 kann das Vorhaben dagegen nach Abwägung dennoch zugelassen werden (Kremer, UPR 1999, 254; UPR 2007, 136; Beyer, Gefahren risikobehafteter Flächen, S. 122). Im Vergleich zu § 48 Absatz 2 Satz 1 hat § 55 Absatz 1 Nr. 9 eine höhere Schadenskomponente (Frenz, UPR 2005, 2).

288   Da der Begriff „Gemeinschaden" schwer greifbar ist, erscheint es zweckmäßig, ihm zunächst durch Beispiele aus der Praxis Konturen zu geben. Bei Wertung von Rechtsprechung und Verwaltungspraxis zu diesem Problem ergibt sich, dass es im Grunde zwei große Kategorien sind, in denen die Frage nach dem Gemeinschaden auftritt. Da es sich stets um Einwirkungen des Bergbaus auf die Erdoberfläche handelt, erscheint es sinnvoll, die Erfassung nach dem beschädigten Objekt auf der Erdoberfläche durchzuführen und in folgender Reihenfolge zu behandeln:
– Beschädigung von privaten Sachen
– Beschädigung von öffentlichen Sachen, wobei an Verwaltungsvermögen und Sachen im Gemeingebrauch zu denken ist.

289   Bei Beschädigungen von **privaten Sachen** ist ein Gemeinschaden sehr selten anerkannt worden. Schon früh wurde festgestellt (von Brunn, ZfB 15 (1874), 77, 99 unter Hinweis auf RB vom 29.8.1868), dass die Bergbehörde bei Beschädigungen der Erdoberfläche nur aus Gründen des öffentlichen Interesses und nicht im Privatinteresse der Eigentümer einschreiten kann. Gemeinschädlich war demnach, dass die Außenbezirke und die Altstadt von Essen durch teilweise vollständigen, teils schachbrettartigen Abbau so erheblichen Bodensenkungen ausgesetzt war, dass die Häuser teilweise Totalschaden erlitten (von Brunn aaO, S. 81). Bei der bergbehördlichen Anordnung und ihrer Bestätigung im Rekursverfahren spielte eine mitentscheidende Rolle, dass sie auch der Sicherung einiger Straßen und einer Kirche diente (v. Brunn aaO, S. 88). Als gemeinschädlich wurde ein Abbau unter der Kruppschen Gussstahlfabrik angesehen (RB, ZfB 15 (1874), 97), wobei hier aber maßgebend war, dass zahlreiche Gebäude mit ausgedehnten Arbeitsräumen bereits erheblich beschädigt waren und dass die Gefahr des Einsturzes von Schornsteinen und eines Wasserturmes bestand, bei dem mehrere Menschen verschüttet werden konnten und schließlich, dass ein erhebliches öffentliches Interesse an der Erhaltung der Betriebsanlagen mit vielen tausend Arbeitsplätzen bestand. Die Annahme des Gemeinschadens bei der – nach heutigen Umweltschutzbestimmungen nicht mehr denkbaren – schädlichen Gesamteinwirkung durch Flugstaubverwehungen aus der Brikettfabrik eines Braunkohlenbergwerks (RB, ZfB 37 (1896), 505) hatte ihre besonderen Gründe. Die reichlichen Mengen Staub setzten sich auf Felder, Wälder, Gärten. Bewohner in größerer Entfernung waren noch Belästigungen ausgesetzt. Dem privaten Eigentümer eines Wasserschlosses, das bergbaulichen Einwirkungen ausgesetzt ist, wurde ein Anspruch auf Einschreiten gegen gemeinschaftliche Einwirkungen nicht zugebilligt, sondern er musste seine Bergschadensansprüche zivilrechtlich geltend machen (OVG Münster, Glückauf 1973, 597 – Wasserschloss).

290   Keine Gemeinschäden sind: Der Entzug der Trinkwasserversorgung eines landwirtschaftlichen Hofes (OVG Lüneburg, ZfB 1986, 366), die Beeinträchtigung von landwirtschaftlichen Flächen durch Pegelbohrungen (VG Aachen, ZfB 1988, 226), Betriebsunterbrechungen durch Bergschäden, auch wenn im schlimmsten Falle die Schließung des Betriebes droht (VG Saarland, ZfB 2003, 303), ein Häuserschaden, bei dem eine Vielzahl von Mietern betroffen ist (VG Saarland aaO); wenn bei einem privaten Schloss eine maximale Schieflage von 2,9 mm/m zu erwarten ist (VG Gelsenkirchen, ZfB 1992, 289). Der Begriff der Gemeinschädlichkeit ist mit seiner hohen Schwelle nicht geeignet, die Anforderungen an den Einbau bergbaufremder Abfälle in einem Tagebaubetrieb sicherzustellen (BVerwG, ZfB 2005, 160 = ZfW 2006, 16). Er ist nicht ausgefüllt, wenn bei einem Gewässer das Gefälle um 17 % in Teilbereichen durch bergbauliche Einwirkungen verringert wird (VG Gelsenkirchen, ZfB 1992, 289).

Kein Gemeinschaden ferner bei Tagesbrüchen (VG Gelsenkirchen, ZfB 1985, 105), oder wenn ein Tagebau devastierte Restflächen hinterlässt, die erst nach einiger Zeit planmäßig rekultiviert werden (VG Gelsenkirchen aaO), wenn bei 137 Häusern ein durchschnittlicher Schadensbetrag in Betracht von ca. 36.000 DM für Bergschäden anfallen kann oder eine Gesamtsumme von 5 Mio. DM Gebäudeschäden durch einen beantragten Abbau (OVG Saarland, ZfB 1994, 227) oder bei 24 Wohnhäusern, die zwar am Ausgehenden eines Gebirgssprunges liegen, bei denen aber aufgrund von bisherigen Beobachtungen prognostiziert werden kann, dass schwerste Schäden ausbleiben (OVG Saarland, ZfB 1994, 29).

Kein Gemeinschaden, wenn nach Beendigung des Bergbaus die Wasserhaltung **291** eingestellt wird, das Grundwasser wieder auf sein natürliches, vorbergbauliches Niveau ansteigt und es zu Vernässungsschäden an Gebäuden kommt (Ausf. Spieht/von Daniels, Leipziger Schriften zu Umwelt- und Planungsrecht, Band 15 – 2009, S. 67 ff.).

Nach Rechtsprechung (BVerwGE 100, 31; OGH Ostberlin, ZfB 1964, 245) und **292** Literatur (Spieht/Wolfers, ZfB 1997, 269, 273; Spieht/von Daniels, aaO, 67, 70 m. w. N.; Kühne, DVBl 2006, 1221; Knöchel, ZfB 1996, 44, 52; derselbe in Frenz/Preuße (Hrsg.), Spätfolgen des Bergbaus, 2000, 103, 108) kommen allein **betriebsbedingte Bergbaurisiken** als gemeinschädliche Einwirkungen i. S. von § 55 Absatz 1 Satz 1 Nr. 9 in Betracht. Für andere, nicht betriebsbedingte, d. h. naturbedingte oder natürlich manifestierte oder überweigend von Dritten verursachte, Gefahren ist der Bergbauunternehmer nicht verantwortlich, selbst wenn sie mit der Betriebseinstellung zeitlich einhergehen (Spieht/von Daniels, aaO). Vernässungsschäden haben Grundeigentümer aufgrund der sog. **Situationsgebundenheit** ihres Grundeigentums selbst zu tragen. Der Eigentümer hat keinen Anspruch auf die Aufrechterhaltung von grundstücksbezogenen zufälligen Vorteilen bei Veränderung des Wasserstandes (RG, ZfB 1939/40, S. 362; VG Berlin v. 23.8.1999, 1 A 133/99; VG Düsseldorf v. 3.4.2001, 18 L 608/01; OLG Hamburg, ZfW 1989/90, 485; LG Düsseldorf v. 6.3.2002, 2 b 68/02; OLG Düsseldorf v. 8.6.2004, I-20 U 4/04 und v. 18.12.2002 – 18 U 88/02 – bestätigt durch BGH v. 29.4.2004 – III ZR 31/03; VG Leipzig v. 8.4.2004 – 1 K 2003/04). Ebenso besteht kein Anspruch, eine Nebenbestimmung in einen Planfeststellungsbeschluss oder Betriebsplan aufzunehmen, wonach bei Nichteinhaltung bestimmter Grundwasserstände eine Entschädigung zu zahlen ist (OVG Magdeburg v. 26.5.2008, 2 L 187/06, dazu Appel NUR 2008, 553) oder Schutzanordnungen zu treffen sind (VG Halle v. 2.3.2006 – 3 A 35/04 HAL; dazu Hellriegel, NUR 2007, 730; Spieht/Appel LKV 2007, 501).

Reichhaltiger ist die Fallgestaltung bei Beschädigungen von **öffentlichen Sachen**. **293** Die Begründung zu § 196 Absatz 2 ABG gab schon einen Anhaltspunkt durch das Stichwort „*Verunreinigung fließender Gewässer*" (ZfB 6 (1865), 198). Gemeinschädlich waren Einwirkungen auf Wasserläufe (RB, ZfB 9 (1868), 226, ZfB 21 (1880), 403, MinErl. ZfB 79 (1938), 624), auch durch Aufbereitungsarbeiten (Oppenhoff, S. 270), nicht jedoch das Einleiten von Stollenwasser in Gewässer mit geringer Fischzucht (RG ZfB 37 (1896), 116; hierzu Klostermann-Fürst-Thielmann S. 579: Es ist nicht zutreffend, dass jede Verunreinigung fließender Gewässer als gemeinschädliche Einwirkung des Bergbaus zu betrachten ist). Gemeinschädlich war die Beeinflussung des Grundwasserstandes, wenn die landwirtschaftliche Erzeugung eines größeren Gebietes beeinträchtigt wurde oder mit einer das öffentliche Wohl berührenden Auswirkung der Schädigung zu rechnen war (MinErl. ZfB 79 (1938), 624). Ferner die Grundwasserentziehung bei einer Wasserversorgungsanlage (RG, ZfB 19 (1878), 137) wobei allerdings hier der Gemeinschaden aufgehoben werden kann, wenn der Bergbaubetreiber eine künstliche Wasserleitung erstellt (RB, ZfB (1876), 124, Klostermann-Fürst-

Thielmann, S. 578), schließlich die Gefährdung von Heil- und Mineralquellen (Boldt § 196, 4, Voelkel, ZfB 56 (1915) 313, 334).

294 Gemeinschaden wurde bei bergbaubedingten Vorflutstörungen angenommen. Die verschlammten Senkungsgebiete, stagnierenden Gewässer, ausufernden Bachläufe, nicht abfließenden Abwässer bildeten einen Gemeinschaden (RB ZfB 38 (1897), 208 und 210). Allerdings ist durch die Gründung und Tätigkeit der **Emschergenossenschaft** (Trainer, ZfB 38 (1897), 190) und anderer öffentlich-rechtlicher Wasserverbände (**LINEG, Lippeverband**) hier der Gemeinschaden aufgehoben, weil es gesetzliche Aufgabe dieser sondergesetzlichen Wasserverbände ist, die Vorflutstörungen in ihrem Verbandsgebiet zu beseitigen (§ 2 Absatz 1 Nr. 5 EmscherGG, § 2 Absatz 1 Nr. 5 Lippe-VG, § 2 Absatz 1 Nr. 5 LINEG-G). Deren gesetzliche Verbandsaufgaben sind die „Vermeidung, Verminderung, Beseitigung und Ausgleich wasserwirtschaftlicher und damit im Zusammenhang stehender ökologischer, durch Einwirkungen auf den Grundwasserstand, insbesondere durch den Steinkohlenabbau hervorgerufener oder zu erwartender nachteiliger Veränderungen". Die jeweiligen Eigentümer der ganz oder teilweise im Genossenschaftsgebiet liegenden Bergwerke sind Mitglieder der Verbände. Sie können wegen der nachteiligen Veränderungen, die ihr Abbau in den Verbandsgebieten verursacht hat, für die Kosten veranlagt werden, die zur Vermeidung, Verminderung oder Beseitigung aufgewandt werden müssen. Durch bergbaubedingte Bodensenkungen hervorgerufene Vorflutstörungen sind typische Schädigungen (pr. OVG v. 8.1.1918, pr. OVGE 74, 402) oder nachteilige Veränderungen, die die Verbände zu vermeiden, vermindern oder zu beseitigen haben. Dabei spielt es keine Rolle, ob die Veränderungen schon herbeigeführt oder noch zu erwarten sind (z. B. § 25 Absatz 1 EmscherGG), ob der betriebene Abbau bergrechtlich zugelassen war. Auch stillgelegte Bergwerke können verfassungsrechtlich unbedenklich zu den Verbandsbeiträgen veranlagt werden, solange die nachteiligen Veränderungen noch Kosten verursachen, d. h. insbesondere bei Pumpwerken (OVG NRW, ZfB 1988, 96 ff. = ZfW 1988, 300 ff., so schon OVG NRW v. 3.11.1966 – VII B 517/66).

295 Dasselbe gilt für die Pflicht zum Ausgleich der Wasserführung (§ 87 Absatz 3 LWG NRW) und die Gewässerunterhaltung (§ 91 Absatz 2 LWG NRW), die ebenfalls den Wasserverbänden bzw. in verbandsfreien Bereichen den Kreisen bzw. Gemeinden obliegt und wo rechtzeitige Informationen dieser Körperschaften durch den Bergbau über Abbaueinwirkungen gemeinschädliche Einwirkungen nicht erwarten lassen. Bei zu erwartenden bergbaulichen Einwirkungen auf Deiche ist zur Vermeidung des zu erwartenden Gemeinschadens der nach § 108 Absatz 2 LWG NRW zuständige Unterhaltungspflichtige, z. B. der Deichverband oder die nach § 108 Absatz 4 LWG NRW zuständige Gemeinde, so rechtzeitig zu informieren, damit die erforderlichen Deichbaumaßnahmen nach dem notwendigen Planfeststellungsverfahren durchgeführt werden können.

296 Gemeinschädlich sind auch die großflächigen **Grundwasserabsenkungen durch den Braunkohlenbergbau im Erftgebiet**, die erforderlich werden, um die Tagebaue von Wasser freizuhalten und ihre Böschungen gegen Wassereinbrüche und Rutschungen zu sichern (vgl. Willing ZfB 1960, 45). Die Regelungen des Grundwasserstandes und die Vermeidung, Minderung, Beseitigung, Ausgleichung wasserwirtschaftlicher, durch Einwirkung auf den Grundwasserstand durch den Braunkohlenabbau hervorgerufener oder zu erwartender nachteiliger Veränderungen **ist Aufgabe des Erftverbandes** (§ 2 Absatz 1 Nr. 5 und 7 ErftVG). Nach § 11 Absatz 1 des ErftVG ist Grundwasser innerhalb des Bergwerkbetriebs sowie der dazu gehörenden Einrichtungen nach § 2 Absatz 1 Nr. 3 BBergG so zu fördern, zu gewinnen, zu nutzen und abzuleiten, dass der Erft-Verband seine Aufgaben erfüllen kann. Diese Verpflichtung ist in Betriebsplänen zu regeln, über die im Einvernehmen mit der zuständigen Bezirksregierung und nach Anhörung des Erftverbandes zu entscheiden ist. Soweit dieses Einvernehmen über das des § 19 Absatz 3 WHG hinaus geht, dass nur betriebsplanpflichtige Gewässerbenutzungen betrifft, dürfte es verfassungsrechtlich wegen Artikel 31 GG bedenklich sein. In Korrespondenz zur Betriebsplanpflicht gemäß § 11 Absatz 1 Satz 2 ErftVG steht § 11 Absatz 3 ErftVG. Danach gelten Auflagen und Bedingungen, die einem Bergwerksunternehmen von den Bergbehörden gemacht worden sind, insoweit als erfüllt, als der mit ihnen bezweckte Erfolg durch Maßnahmen des Verbandes erreicht worden ist. Man wird diesen verbandrechtlichen Ansatz analog anwenden können auf alle betriebsplanmäßigen Pflichten des Braunkohleunternehmens, nicht nur auf die durch Auflagen und Bedingungen manifestierten. Aufwendungen des Verbandes, die zweckmäßig sind, um die Wasserversorgung in gleicher Menge und Güte so zu sichern, wie sie vor Einwirkung des Braunkohlenbergbaus möglich war, haben die Eigentümer der Braunkohlenbergwerke zu tragen. Dasselbe gilt für die Aufwendungen des Erftverbandes, die durch Absenken von Grundwasser anfallen (zur Verfassungsmäßigkeit des ErftVG: BVerfG, NJW 1960, 1675 = BVerfGE 10, 89; BVerwG, NVwZ 1985, 271 =ZfW 1986, 270; OVG NRW v. 18.5.1988 – 9A2841/86). Wenn die Interessen einer geordneten Wasserwirtschaft und Wasserversorgung es erfordern, hat die Bergbehörde im Einvernehmen mit der Bezirksregierung, u. U. auf Antrag des Erftverbandes, die Zulassung von Betriebsplänen zu widerrufen. Parallel dazu gilt für die Rücknahme der wasserrechtlichen Erlaubnis § 19 Absatz 4 WHG n. F. (früher § 14 Absatz 5 i. V. mit Absatz 4 und Absatz 3 WHG a. F.) und die Pflicht zum Einvernehmen mit der für das Wasser zuständigen Behörde. Da § 11 Absatz 1 Satz 5 ErftVG über die berggesetzliche Widerrufs- und Einvernehmsregelung hinausgeht, dürfte auch insofern Artikel 31 GG verfassungsrechtliche Grenzen setzen.

Für die Annahme eines „Gemeinschadens" bei bergbaulichen Einwirkungen auf öffentliche Sachen waren häufig Sicherheits- und Versorgungsgesichtspunkte entscheidend. So musste der Abbau unter den Bassins der städtischen Wasserversorgungsanstalt eingestellt werden, ohne dass der Bergbau sich darauf berufen konnte, die Wasserversorgung könne von einem anderen Ort aus betrieben werden (RB von Brunn, ZfB 15 (1874), 101). Abbau unter Eisenbahnanlagen musste schachbrettartig geführt (RB von Brunn, ZfB 15 (1874), 90) oder wegen der Gefährdung von Bahnhöfen sogar eingestellt (RB, ZfB 16 (1875), 256) werden. Anders, wenn durch rechtzeitiges Heben und Unterstopfen der Schwellen und Schienen eine rechtzeitige Ausgleichung der zu erwartenden Senkungen stattfindet (RB, ZfB 1875, 258; Kein Gemeinschaden). Die Anordnung nur schachbrettförmigen Abbaus zum Schutze von Straßen (RB von Brunn, ZfB 15 (1874), 88) hatte mehr die Gesichtspunkte des *„Schutzes der Oberfläche im Interesse des öffentlichen Verkehrs"* im Auge als die der gemeinschädlichen Einwirkungen. Dort wird man das in den Motiven (ZfB 6 (1865), 198) genannte Beispiel *„Verhütung gemeingefährlicher Tagebrüche"* einzuordnen haben, sodass ein Gemeinschaden nicht vorliegt.   **297**

Festzustellen ist, dass die Beschädigung öffentlichen Vermögens nicht grundsätzlich gemeinschädlich ist (Ebel/Weller, § 196, 3 g; OLG Hamm, ZfB 117 (1976), 467, 476 betrifft Brücke, Fernstraßen). Die gesetzgeberische Grundentscheidung, dass bergbaulicher Abbau ohne Rücksicht auf die Auswirkungen an der Erdoberfläche zulässig ist, gilt auch hier. Die Betreiber von öffentlichen Schwimmbädern, Müllverbrennungsanlagen, Krankenhäusern, Schulen, Ver- und Entsorgungssystemen, Erholungs- und Sportanlagen sind grundsätzlich auf die Bergschadensregelungen der §§ 110 ff. zu verweisen, wenn ihre Anlagen bergbaulichen Einwirkungen ausgesetzt sind. Eine Beschädigung der städtischen Gasanstalt ist nicht gemeinschädlich, wenn der Gasometer so konstruiert ist, dass größere Gasmengen, die zu seiner Explosion führen können, nicht entweichen können (RB von Brunn, ZfB 15 (1874), 101).   **298**

299 In zwei Fallgruppierungen sind von diesem Grundsatz Ausnahmen gemacht worden: Bei der drohenden Zerstörung unwiederbringlicher Kulturgüter und bei Störungen von immateriellen Werten.

300 **Unwiederbringliche Kulturgüter,** unter Denkmalschutz stehende Gebäude, unter Denkmalschutz stehende Kirchen, bedürfen eines besonderen Schutzes gegen Schädigungen und Zerstörungen. Hier führt schon das einmalige schädigende Ereignis zu über den materiellen Wert hinausgehenden Verlusten. Andererseits: Gefahren für ein Denkmal, die unterhalb der Gemeinschadensgrenze bleiben, sind im Betriebsplanverfahren nicht zu berücksichtigen. § 55 Absatz 1 Satz 1 Nr. 9 ist eine abschließende Regelung (Boldt/Weller § 55 Anmerkung 4). § 55 würde sonst funktionslos (H. Schulte, FS für Fabricius S. 149, 14, 157).

301 Bei anderen immateriellen Werten, etwa religiösen Gefühlen und Friedhofsruhe, kann ebenfalls die einmalige Verletzung nicht mehr reparable Auswirkungen haben. So wurde die Schießarbeit unter einem Kirchhof untersagt, weil sie die Friedhofsruhe störte (MinErl. ZfB 25 (1894), 140, Klostermann-Fürst-Thielmann, S. 580). Der Totalschaden an einem Friedhof oder einer Kirche kann ein Gemeinschaden sein. Zur Störung der Friedhofsruhe: VG Gelsenkirchen, ZfB 1985, 105; Kremer, UPR 1999, 254; VG Saarland, ZfB 2003, 141. Andererseits ist der reparable Bergschaden an einzelnen Gräbern oder einer Kirche kein Gemeinschaden, selbst wenn die Reparaturarbeiten einige Zeit dauern und für die kirchlichen Veranstaltungen ein Ersatzraum benutzt werden muss. Die Erholungsfunktion eines Staatsforstes ist ein immaterielles Gut, dessen Zerstörung gemeinschädlich sein kann (OVG Saarland, ZfB 116 (1975), 358).

302 Es ist in der Literatur der Versuch unternommen worden, die verschiedenen Aussagen über den Begriff des Gemeinschadens zu schematisieren (Frenz, UPR 2005, 1 ff.; H. Schulte, Festschrift Fabricius, S. 151).

303 Nach der *„Theorie der absoluten Gemeinschaftsgüter"* zählen zu den unverzichtbaren Gemeinschaftsgütern insbesondere die ökonomischen, ökologischen, kulturellen und im weitesten Sinne sozialen Grundbedürfnisse der Allgemeinheit (Kremer, UPR 1999, 253; Kremer/Wever Rn 242). Diese Häufung von Unbestimmtem will alles geben und gibt doch nichts. Die ohnehin fließenden Maßstäbe des Gemeinschadens werden in einzelne Teilströme weiter verflüssigt.

304 Eine andere Meinung wird *„Kalibertheorie"* genannt (H. Schulte aaO S. 152). Eine gravierende und weitgehende Beeinträchtigung des Gemeinwohls sei ein Gemeinschaden. Nach dieser Auffassung hat die Bergbehörde nur festzustellen, ob ein Schaden vom Kaliber vom Gemeinschadens, d. h. von erheblicher Größenordnung zu befürchten ist oder nicht. Eine Abwägung findet nicht statt. Die sog. Kalibertheorie ist zur Identifizierung des Gemeinschadens deshalb ungeeignet, weil sie allein auf die Größe des Schadens abstellt. Bergbauschäden sind aber nach der Zuordnung des BBergG private Schäden und kein Gemeinschaden, und zwar unabhängig von der Höhe des Schadens und von der betroffenen Person.

305 Eine weitere Auffassung wird als *„Abwägungstheorie"* eingeordnet (Begriff nach H. Schulte aaO und Frenz aaO). Danach sind Einwirkungen des Bergbaus gemeinschädlich, wenn der durch sie der Allgemeinheit entstehende Nachteil größer ist als der durch die Betriebshandlungen für sie erwachsende Vorteil (Boldt/Weller § 55 Rn 39; Pfadt, Rechtsfragen S. 159; H. Schulte in FS für Fabricius S. 152). Anhaltspunkte für im Gemeinwohl liegende Vorteile können aus § 79 Absatz 1 entnommen werden: Versorgung des Marktes mit Rohstoffen, Arbeitsplätze, Bestand der Wirtschaftsstruktur, sinnvoller Abbau der Lagerstätte, dazu Sicherung der Energieversorgung (BVerfGE 30, 323; OVG NRW, ZfB

2003, 280). In Verfolgung dieser Grundauffassung wird man Folgendes feststellen können:

Die Beurteilung des Begriffes „gemeinschädigende Einwirkungen" i. S. von § 55   **306**
Absatz 1 Nr. 9 ist zunächst auf der gesetzgeberischen Grundentscheidung zum
Verhältnis Bergbau – Grundeigentum aufzubauen. Diesen Interessenkonflikt hat
der Gesetzgeber generell entschieden. Er hat ein öffentliches Interesse an der
Aufsuchung und Gewinnung von Bodenschätzen bejaht, es gegenüber dem
Interesse an der Unversehrtheit der Oberfläche abgewogen und ihm den Vorzug
vor letzterem gegeben. Die Befugnis aus dem Gewinnungsrecht erfährt grundsätzlich keine Einschränkung unter dem Gesichtspunkt der Bergschadensver-
ursachung. Diese Maßnahmen bleiben selbst dann zulässig, wenn mit Sicherheit
mit dem Auftreten von Bergschäden als Folge der bergbaulichen Maßnahmen zu
rechnen ist (BGH, ZfB 111 (1970), 446, 452 – Ersatzhaftung des Staates). An
dieser gesetzlichen Interessenbewertung hat § 55 grundsätzlich und § 55
Absatz 1 Nr. 9 im besonderen nichts geändert (Westermann, Freiheit des Unternehmers, 1973, S. 82). Nachdem der Gesetzgeber grundsätzlich in den §§ 110 ff.
zwischen Grund-Stückseigentum und Bergbau abgewogen hat, kann die Behörde diese Abwägung nicht nochmals im Betriebsplanverfahren durchführen. Die
Auslegung des Begriffes „Gemeinschaden" kann demnach nicht dazu führen,
diese Grundentscheidung des Gesetzgebers wieder rückgängig zu machen oder
auszuhöhlen. Für die Begriffsbestimmung des „Gemeinschadens" bedeutet das,
dass sie oberhalb der Schwelle des Bergschadens anzusiedeln ist, und zwar
unabhängig davon, ob es sich um private oder öffentliche Sachen handelt.

Bei **privaten Sachen** wird die Duldungspflicht des Grundstückseigentümers gegen-   **307**
über bergbaulichen Einwirkungen im Regelfall so gewichtig sein, dass die Beschädigung eines Privatgrundstücks oder einer privaten baulichen Anlage regelmäßig
nicht gemeinschädlich ist (Ebel/Weller § 196, 3 g; Isay, § 196, Rn 9, von Brunn,
ZfB 15 (1874), 77, 98; Westermann, ZfB 106 (1965) 132, Freiheit des Unternehmers, 1973, S. 82 Fn. 69, OVG Münster, Glückauf 1973, 597 – Wasserschloss).
Auch der Totalschaden eines Hauses oder die Addition mehrerer Bergschäden
führt nicht notwendigerweise dazu, dass ein Gemeinschaden vorliegt.

Das gilt auch bei **Häuserschäden durch Grundwasserwiederanstieg**. Es kann   **308**
keinen Unterschied machen, ob Gebäude durch untertägigen Abbau oder durch
Wiederaufsteigen des Grundwassers geschädigt werden (a. A. offenbar Beyer,
Gefahren risikobehafteter Flächen S. 123). Im Übrigen werden Vernässungsschäden an Häusern selten von dem erforderlichen schweren Gewicht sein, denn
die Schädigungen laufen erfahrungsgemäß allmählich über einen größeren
Zeitraum ab, der Gelegenheit zu Gegenmaßnahmen gibt (OVG Saarland, ZfB
2004, 135).

Der Grundstückseigentümer hat keinen Anspruch darauf, dass eine in den Grund-   **309**
wasserhaushalt eingreifende Bodenabbaumaßnahme nicht durchgeführt wird,
weil sie zu einer erheblichen **Beeinträchtigung der Fruchtbarkeit der Ländereien**
führt. Er hat von Verfassungswegen keinen Anspruch darauf, dass das unterirdische Wasser im Bereich seines Grundstücks in seiner Qualität und Quantität
unverändert bleibt. Insbesondere ergibt sich kein Anspruch auf den unveränderten Fortbestand des Grundwasserspiegels (OVG Lüneburg, ZfB 1986, 358,
368 m. w. N.). Ein Gemeinschaden i. S. § 55 Absatz 1 Satz 1 Nr. 9 droht
noch nicht, wenn lediglich die Gefahr besteht, dass der privaten Trinkwasserversorgung eines Hofes das Wasser entzogen wird (OVG Lüneburg, aaO, 366).

Auch **Erderschütterungen** in Folge untertägigen Abbaus („**Beben**") fallen im   **310**
Normalfall nicht ins Gewicht. Sie werden – bergrechtlich – in gewissem Umfang
in Kauf genommen. Erst wenn sie in ihrer Zahl und Stärke so nachhaltig sind,

dass ihre Folgen gravierende Ausmaße annehmen, können sie die Qualität eines Gemeinschadens erreichen (VG Saarland, ZfB 2006, 226; OVG Saarland, ZfB 2006, 178 m. w. N.). Im Ruhrrevier sind insofern nach bisherigen Erfahrungen keine, allenfalls kleine oder mittlere Bergschäden in Einzelfällen, nicht jedoch Gemeinschäden zu erwarten (Welz, GDMB-Schriftenreihe Heft 116, 178; Fischer, ebenda S. 41).

311   Nicht erfasst § 55 Absatz 1 Nr. 9 denkbare **Fernschäden für Landschaft und (Meeres-) Tiere** als Auswirkungen der Sandgewinnung im Deichumfeld. Eine erweiternde Auslegung auf den Naturschutz verbietet sich, weil entsprechende Schutzgüter unmittelbar in § 55 Absatz 1 Nr. 11 (Tier- und Pflanzenwelt) und § 55 Absatz 1 Nr. 13 (Meer) benannt und spezifisch geregelt sind (VG Oldenburg, ZfB 2008, 303). Aus § 55 Absatz 1 Nr. 9 können Naturschutzverbände kein Rügerecht gemäß § 64 Absatz 1 Ziff. 1 BNatSchG herleiten, weil Gemeinschäden im Regelfall keinen unmittelbaren Bezug zu den Belangen des Naturschutzes und der Landschaftspflege haben (VG Oldenburg, aaO; OVG, NUR 2008, 267 betreffend Deichsicherheit, Grundwasserschäden in Kellern).

312   Man wird hier fast soweit gehen können, eine – allerdings widerlegbare – Vermutung für die bergschadensrechtliche privatrechtliche Abwicklung anzunehmen und gegen den Gemeinschaden. Folgerichtig sieht die Begründung zu § 55 Absatz 1 Nr. 9 (früher E § 54 S. 1 Nr. 8, vgl. Zydek, 257) einen Gemeinschaden nicht schon darin, wenn ein Einzelner geschädigt wird, sondern es muss ein Schaden in einem solchen Umfang drohen, dass er sich auf das Allgemeinwohl auswirkt. Daraus folgt weiter, dass einerseits der privatrechtliche Verzicht auf Bergschadensansprüche nicht im Interesse der Durchsetzung öffentlich-rechtlicher Bindungen aus § 55 Absatz 1 Nr. 9 hinfällig oder gemäß § 134 BGB nichtig ist. Andererseits sind die öffentlich-rechtlichen Vorschriften des § 55 trotz eines bestehenden Bergschadenverzichtes anwendbar und durchsetzbar (OLG Hamm, ZfB 117 (1976), 467, 476, bestätigt vom BGH, ZfB 119 (1978), 81).

313   Ferner spielt es, wenn eine gemeinschaftliche Einwirkung im Einzelfall angenommen werden muss, keine Rolle, ob Bergschadensansprüche gemäß §§ 110 ff. bestehen und durchgesetzt werden können.

314   Keinen Einfluss auf die Beurteilung der gemeinschädlichen Einwirkungen hat die Lage des Grundstücks in den Einwirkungsbereich-BergV. Sie stellen die Bereiche fest, in denen durch den Gewinnungsbetrieb auf die Oberfläche eingewirkt werden kann (§ 67 Nr. 7), ohne das Gewicht der Auswirkungen oder Gefahrenschwellen zu berücksichtigen.

315   Der Bergwerksunternehmer kann sich nicht darauf berufen, dass ein Bergschadensanspruch wegen der Einschränkungen des § 117 Absatz 1, wegen Verjährung gemäß § 117 Absatz 2, wegen mitwirkenden Verschuldens gemäß § 118 oder aus anderen Gründen nicht gegeben wäre (so schon RB bei von Brunn, ZfB 15 (1874), 94 betrifft Ausschluss des Anspruches gemäß § 150 ABG).

316   Ein Gemeinschaden setzt gerade bei Beschädigung von privaten Sachen voraus, dass er nicht durch Ersatzmaßnahmen vermeidbar ist. Hier wird zu prüfen sein, ob die gemeinschädlichen Einwirkungen durch andere Maßnahmen, etwa durch Anpassungs- oder Sicherungsmaßnahmen, durch Gestaltung der Abbauführung, durch Maßnahmen Dritter – z. B. Wasserverbände – oder durch Ersatzmaßnahmen vermieden werden kann.

317   Bei **öffentlichen Sachen** gilt grundsätzlich derselbe Grundgedanke wie bei den privaten. Auch hier ist vorrangig die gesetzgeberische Grundsatzentscheidung über die Duldungspflicht des Grundstückseigentümers bei schädigenden Einwirkungen des Bergbaus. Sie wird allerdings eingeschränkt zugunsten einer Annäherung an die Erfüllung der Voraussetzungen des Gemeinschadensbegriffes bei unwiederbringlichen Kulturgütern und bei der Verletzung immaterieller Werte oder außergewöhnlicher Interessen der Allgemeinheit (z. B. Verteidigungsinteressen). Kein Gemeinschaden liegt vor, wenn Anforderungen an den Einbau bergbaufremder Abfälle nicht eingehalten werden (BVerwG, NVwZ 2005, 954, 955 – Tongrube II), durch Grundwasserwiederanstieg Keller vernässt oder landwirtschaftliche Flächen vernässt werden oder Infrastruktureinrichtungen zeitweise nicht benutzt werden können. Allerdings können in diesen Fällen öffentliche Interessen i. S. von § 48 Absatz 2 Satz 1 betroffen sein.

Ein Anwendungsbereich für den Begriff der Gemeinschädlichkeit sind **Gewässerverunreinigungen**. Wie bei Sachgütern genügt auch hier nicht jede beliebige nachteilige Veränderung (BVerwG, ZfB 1995, 295 – Rammelsberg). Gewässerverunreinigungen müssen die Schwelle der Beeinträchtigung des Gemeinwohls überschritten haben. Anhaltspunkte dafür bieten §§ 12 Absatz 1 Nr. 1, 9 Absatz 2 Nr. 2 WHG. Allerdings ist nicht jeder bergbauliche Einfluss auf die Gewässer, der die **Umweltqualitätsnormen oder Schwellenwerte der OGewV oder GrwV** überschreitet, gemeinschädlich. Diese Werte sind keine Einleitungswerte, sie sind auch keine Schädlichkeitswerte, sondern Einstufungswerte. Sie haben programmatischen Charakter (VGH Kassel, NUR 2012, 64 = ZuR 2012, 108), beziehen sich auf den Gesamtzustand des Wasserkörpers und lenken die längerfristigen Bewirtschaftungsziele, die ihrerseits zukunftsorientierte Entwicklungsziele sind. Die Einwirkungen müssen dauernd oder in einem nicht unerheblichen Ausmaß schädliche Veränderungen der physikalischen, chemischen oder biologischen Beschaffenheit des Wassers herbeiführen oder erwarten lassen (BVerwG aaO; VG Dessau, ZfB 2004, 154). Das ist der Fall, wenn in einer Erzgrube stark übersäuertes Wasser, dessen PH-Wert bei etwa 2, 5 liegt, anfällt und unkontrolliert in einen Vorfluter in der Nähe eines Trinkwassergebietes ausfließt (BVerwG aaO) oder eine stillgelegte Tongrube mit Abfällen der Zuordnungsklasse Z2 unterhalb des Grundwasserspiegels verfüllt werden soll (VG Dessau aaO). Ausführlich hierzu Wolfers/Ademmer, DVBl 2010, 22 ff.; Grenzen der bergrechtlichen Nachsorgehaftung, Verhältnismäßigkeitsprüfung im Bergrecht nach dem Rammelsberg-Urteil.

Gemeinschaden kann auch angenommen werden bei **nachhaltigen Einwirkungen auf ein der Trinkwasserversorgung dienendes Grundwasservorkommen** (OVG Saarlouis v. 11.10.1990, AZ 1 W 83/90 = SKZ 1990, 281; VG Koblenz, ZfB 2000, 136) oder bei Verschmutzung eines für die Trinkwasserversorgung genutzten guten Grundwasservorkommens mit grundwasserschädlicher Bohrspülung, Hydrauliköl, Erdöl auf dem Bohrplatz für Erdöluntersuchungen (VG Sigmaringen, ZfB 1990, 68, 73; Tettinger, ZfW 1991, 2; Beyer, Gefahren risikobehafteter Flächen, S. 123). Zweifelhaft ist ein Gemeinschaden bei Grundwasserabsenkungen durch Abbau und Grundwasseranstieg nach Stilllegung des Betriebes: sofern durch Grundwasseranstieg eine ungesicherte Altdeponie durchnässt wird, gesundheitsgefährdende Stoffe austreten und in das Grundwasser gelangen, ist ein bergbaubedingter Gemeinschaden nicht anzunehmen, vielmehr der Inhaber der Deponie als Störer in Anspruch zu nehmen (Knöchel, ZfB 1996, 52; Beyer aaO, S. 108). Bergbaueinwirkungen auf einen Deich können so schwerwiegend sein, dass sie Hochwassergefahren und gemeinschädliche Folgen auslösen können. Das scheidet jedoch aus, wenn durch Zulassungsbescheid, durch Nebenbestimmungen und durch Sonderbetriebsplan sichergestellt wird, dass die Gefahr bergbaubedingter Risse im Deich beherrschbar ist (OVG NRW, ZfB 2005, 166). Ist ein Deichverband, der unter staatlicher Fachaufsicht steht, für die Deichsicherheit zuständig, kann im Regelfall davon ausgegangen werden, dass gemeinschädliche Einwirkungen der Gewinnung nicht zu erwarten sind.

320 Ähnliches gilt bei **Einwirkungen eines Bergbaubetriebs auf eine Leitung, in der gefährliche Stoffe** transportiert werden. Diese Leistungen werden frühzeitig gegen zerstörende Einwirkungen gesichert (Runderlass NRW betrifft Überwachung der Fernleitungen im Einwirkungsbereich des Bergbaus v. 11.2.1983, MinBl S. 510) und durch Messungen gemäß § 125 laufend überwacht (Knöchel, ZfB 1999, 228).

321 Gemeinschaden bei **öffentlichen Sachen** ist angenommen worden, wenn durch einen Tagebaubetrieb Energieleitungen oder sonstige Versorgungsleitungen zur öffentlichen Versorgung verlegt wurden und der Wiedernutzbarmachung weichen müssen (Nicolaus, ZfB 2002, 125) oder wenn eine öffentliche Kanalisation wegen eines Tontagebaus entfernt werden muss (VG Koblenz, ZfB 1991, 312) oder öffentliche Versorgungsleitungen auf Abraumhalden verlegt wurden und durch Rissbildungen, Setzungserscheinungen oder durch Grundwasserwiederanstieg gefährdet sind (Nicolaus aaO).

322 Unerheblich ist die Größe des Betriebes, von dem die Einwirkungen herrühren. Es kommt ausschließlich auf die Einwirkungen an, nicht darauf, ob sie von einem bedeutenden oder kleinen Betrieb verursacht wurden (a. A. Isay, § 196, Rn 9). „Gemeinschaden" wird nur anzunehmen sein, wenn die schädigenden Auswirkungen des Abbaus von erheblicher Bedeutung sind (RB, ZfB 37 (1896), 116, Ebel/Weller § 196, 3 g).

323 Die hier vertretene Auffassung steht auf der Basis der letztlich überwiegenden Meinung des früheren Schrifttums (Isay, § 196 Rn 9, Ebel/Weller, § 196, 3 g, Boldt § 196, 4 f., Althaus, Die Einwirkungen der Bergaufsicht auf das Bergwerkseigentum nach dem ABG, Diss. Münster, 1970, S. 40), wonach Einwirkungen als gemeinschädlich anzusehen sind, wenn der entstehende Nachteil für die Gesamtheit größer ist, als der durch die Betriebshandlung für sie erwachsende Vorteil. Nur diese Ansicht kann nämlich der Gesetzgeber gemeint haben mit der Aussage, der Begriff „*sei gesichert*". Allerdings ist er auf der Basis der gesetzgeberischen Grundentscheidung begrenzt worden, damit er in der Praxis kalkulierbarer für Bergbehörde und Betroffene wird, die subjektiven Elemente der Vermögenslage des Verursachers aus dem Spiel bleiben und die Erwägung, ob im Einzelfall der Abbau mit Ausgleich der Nachteile Dritter oder die Einstellung des Abbaus wirtschaftlicher ist, dem Bergbauunternehmer überlassen bleibt.

324 **e) Der Begriff des Erwartens.** Die Zulassung des Betriebsplans befasst sich nur mit zu **erwartenden gemeinschädlichen Einwirkungen.** Gemeinschädliche Einwirkungen **sind zu erwarten,** wenn sie bei normalem Geschehensablauf nach allgemeiner Lebenserfahrung wahrscheinlich und ihrer Natur nach vorhersehbar sind (BVerwG, ZfB 1995, 295; VG Dessau, ZfB 2004, 155): „*Weder genügt es, dass ein Schadenseintritt abstrakt möglich erscheint oder zu besorgen ist, noch bedarf es des Nachweises einer an Gewissheit grenzenden Wahrscheinlichkeit oder einer konkreten Gefahr im ordnungsbehördlichen Sinne*". Die Bergbehörde kann demnach nur vorbeugend wirken. Ist der gemeinschädliche Erfolg schon eingetreten, ohne dass die Ursache fortdauert, liegt ein Grund zur Versagung des Betriebsplans oder zur Erteilung mit einschränkenden Auflagen nicht vor (Oppenhoff, S. 270). Die Wiederherstellung eines eingetretenen Gemeinschadens ist ein bergschadensrechtliches Problem, kein öffentlich-rechtliches. Die Prüfung, ob gemeinschädliche Einwirkungen zu erwarten sind, hat nicht soweit zu gehen, künftige, noch nicht vorhandene bauliche Anlagen und den zukünftigen Benutzerkreis zu schützen (Ebel/Weller, § 196, 3 g, ZfB 32 (1881) 134). Die Bergbehörde hat im Betriebsplanverfahren nur zu prüfen, ob gemeinschädliche Einwirkungen aus Aufsuchungs- oder Gewinnungs-, nicht jedoch aus Aufbereitungsbetrieben herrühren. Für letztere sind die Vorschriften des

BImSchG zu beachten (Anh. § 56 Rn 125 ff., 138). Zu bereits eingetretenen Gemeinschäden s. § 55 Rn 326 a. E.

f) Außenwirkung des Gemeinschadens. Gemeinschaden hat ausschließlich **325** Bezug zur Außenwelt des Bergbaus. Nicht jeder Betriebsplan ist auf seine gemeinschädlichen Folgen zu prüfen, sondern normalerweise nur der Abbaubetriebsplan und außenwirksame Übertagebetriebspläne.

g) Abgrenzung zu anderen öffentlich-rechtlichen Interessen. Der Begriff der **326** „gemeinschädlichen Einwirkungen" ist abzugrenzen von den anderen öffentlich-rechtlichen Gesichtspunkten, die Gegenstand der Prüfung im Betriebsplanverfahren sind. Er wurde leider schon in den Motiven zum ABG (ZfB 6 (1865), 198) mit der Lückenbüßerfunktion versehen, die die ständige Versuchung mit sich brachte, ihn als Auffangtatbestand für nicht eindeutig in § 196 Absatz 2 ABG genannte andere öffentliche Interessen zu verwenden. Dieser Gefahr muss um der Rechtssicherheit des Betriebsplanverfahrens willen vorgebeugt werden. Man wird davon ausgehen müssen, dass die Gesichtspunkte, die durch die Nr. 1–8 des § 55 erfasst werden sollten, nicht nochmals dem § 55 Nr. 9 zuzuordnen sind. Ein öffentlich-rechtlicher Gesichtspunkt der Nr. 1–8, der nach Prüfung durch die Bergbehörde der Zulassung des Betriebsplans nicht entgegensteht, kann nicht in Form der gemeinschädlichen Einwirkung zu einem Grund für die Versagung des Betriebsplans oder für Auflagen werden. Diese Abgrenzungsregel gilt insbesondere für das Verhältnis der Nr. 5–7. Wenn gemeinschädliche Einwirkungen nicht zu erwarten, sondern schon eingetreten sind, kommt eine betriebsplanmäßige Regelung nicht mehr in Betracht (§ 55 Rn 324). Hier kann die Bergbehörde nur über eine Anordnung nach § 71 vorgehen.

§ 55 Absatz 1 Nr. 9 ist nicht Einfallstor für alle außerbergrechtlichen Belange, **327** die der Bergbau berühren kann (BVerwG, NJW 1987, 1714 – Bahnhof Bensberg). Die Vorschrift ist nicht Öffnung für die FFH-Verträglichkeitsprüfung bei Zulassung eines Betriebsplans (Ludwig, S. 76; Berkemann in Degenhart/Dammert/Heggemann, Bergrecht in der Entwicklung, S. 51, 61). Die Beeinträchtigung von Arten und Habitaten in Natura – 2000 – Gebieten sind noch keine Schäden für das Allgemeinwohl. Sie ist nach § 48 Absatz 2 Satz 1 im Betriebsplanverfahren zu prüfen (s. Anh. 56 Rn 281 ff., 380 ff.). Die Gemeinschadensfälle liegen weit jenseits der Schwelle, an der bereits umweltrechtliche Fachgesetze eingreifen (H. Schulte, ZfB 1987, 184; Rausch S. 53).

Die Vorschrift des § 55 Absatz 1 Nr. 9 kann auch nicht so interpretiert werden, **328** dass hier Erfordernisse der Raumordnung oder Landesplanung zu prüfen sind (Kühne, DVBl 1984, 710; Degenhart, Rechtsfragen, S. 33 f.; Näheres hierzu s. Anh. § 56 Rn 423; a.A. Schleifenbaum/Kamphausen, UPR 1984, 45) oder bauplanungsrechtliche Gesichtspunkte.

h) Einschreiten gegen gemeinschädliche Einwirkungen. Eine Pflicht der Berg- **329** behörde, gegen gemeinschädliche Einwirkungen des Bergbaus außerhalb der Betriebsplanzulassung durch Anordnungen gemäß § 71 einzuschreiten, besteht grundsätzlich nicht (OVG Münster, Glückauf 1973, 597 = Wasserschloss = ZfB 115 (1974), 443, 448 m. w. N.). Die Prüfung, ob diese Einwirkungen zu erwarten sind, ist durch das BBergG in das Zulassungsverfahren für den Betriebsplan gleichsam „vorverlagert", sodass spätere Anordnungen zunächst die Vermutung des zugelassenen Betriebsplans, dass gemeinschädliche Einwirkungen nicht zu erwarten sind, widerlegen müssen. Außerdem steht der Bergbehörde ein Ermessen zu, ob sie Anordnungen gemäß § 71 erlassen will (§ 71 Rn 99). Dabei müssen Standortgebundenheit des Bergbaus (§§ 18, 24 Absatz 4 LEPRO NRW), energiepolitische Grundaussagen („Kohle-Vorrang-Politik", § 1 BBergG) Grundsätze über Widerruf oder Rücknahme von Betriebsplänen (hierzu § 56

Rn 89 ff.), der Grundsatz des § 56 Absatz 1 Satz 2 und die Entschädigungsfragen bei Eingriffen in Betriebspläne bzw. Bergwerkseigentum in die Prüfung
ebenso einbezogen werden wie eine umfangreiche Sachverhaltsaufklärung als
Voraussetzung für fehlerfreie Ermessensausübung.

330 Angesichts des weiten Spielraumes des Begriffes „gemeinschädliche Einwirkungen" und der schwierigen Abgrenzungsproblematik zum Bergschadensrecht
wird eine Entscheidung der Bergbehörde, nicht gegen derartige Einwirkungen
Anordnungen zu treffen, grundsätzlich nicht zu einer sog. „Ermessensschrumpfung auf Null" und damit zu einem Anspruch eines Dritten gegen die Bergbehörde auf Erlass dieser Anordnungen führen.

331 Eine Verweisung auf einen Rechtsschutz vor den Zivilgerichten ist grundsätzlich
nicht zu beanstanden (BVerwG, DVBl 1969, 586, BVerwGE 37, 112, 115; OVG
Münster aaO, 448).

332 Für das **Verhältnis der Betriebsplanarten untereinander** gilt Folgendes: Gelangt
die Bergbehörde im Rahmenbetriebsplanverfahren zu der Erkenntnis, dass
gemeinschädliche Einwirkungen der Gewinnung nicht vorliegen, ist sie im
Sonderbetriebsplanverfahren „*Anhörung der Oberflächeneigentümer*" daran
gebunden. Das ergibt sich aus der vertikalen Bindungswirkung des Rahmenbetriebsplans (Kühne, Öffentlichkeitsbeteiligung und Eigentumsschutz im Bergrecht, S. 52; a. A. Frenz, UPR 2005, 6). Ergeben sich zwischenzeitlich neue, nicht
durch den Prognosespielraum der Behörde gedeckte Tatsachen, kann die Bergbehörde nur mit Hilfe des gesetzlich vorgesehenen Instrumentariums, d. h. bei
obligatorischen Rahmenbetriebsplänen der §§ 74 bis 77 VwVfG, äußerstenfalls
auch des § 49 VwVfG (Widerruf) vorgehen (Kühne, aaO).

10. Betriebe im Bereich des Festlandsockels oder der Küstengewässer (§ 55 Absatz 1 Nr. 10–13)

333 Die zusätzlichen Erfordernisse für die Zulassung von Betriebsplänen im Bereich
des Festlandsockels oder der Küstengewässer sind – sofern Nr. 10–12 betroffen
sind – Folgerungen aus den Artikel 4 und 5 der Genfer Konvention über den
Festlandsockel (Weiteres siehe § 2 Rn 53 ff., § 132 Rn 1 ff.).

334 Generell ist festzustellen, dass der Umweltschutz durch die speziellen (zusätzlichen) Vorschriften für bergbauliche Vorhaben im Bereich des Festlandssockels
strenger gefasst ist als für Vorhaben auf dem Festland. Zugleich geht das
deutsche Bergrecht über internationale Vereinbarungen zum Teil erheblich
hinaus (Wolf, UPR 1998, 287).

335 Konkretisiert werden die Vorschriften des § 55 Absatz 1 Nr. 10–13 durch die
Festlandssockel-BergV (hierzu § 68 Rn 89). Soweit im Bereich der Küstengewässer weite Flächen des Wattenmeeres dem besonderen Schutz eines Nationalparks oder eines Naturschutzgebietes unterliegen, sind zusätzlich die Vorschriften des BNatSchG zu beachten (§§ 56 ff. BNatSchG 2009).

336 **Drittschutz:** Die Vorschrift des § 55 Absatz 1 Satz 1 Nr. 11 gewährt keinen
Drittschutz zu Gunsten von Haupterwerbsfischern, die im Küstengewässern
Fischfang betreiben (OVG Lüneburg, ZfB 2005, 35).

337 Durch Artikel 1 Nr. 5 des Gesetzes zur Änderung des BBergG v. 12.2.1990
(BGBl, 215) wurden die Worte „Erhaltung der lebenden Meeresschätze" in § 55
Absatz 1 Nr. 11 durch die Worte „Pflanzen- und Tierwelt" ersetzt. Fraglich ist,
ob hierdurch eine Erweiterung des Anwendungsbereichs gewollt war (bejahend

Czybulka/Stredak, Rechtsfragen der Marinenkies- und Sandgewinnung, S. 67; verneinend Boldt/Weller, Ergänzungsband § 55 Rn 2). Durch den unbestimmten Rechtsbegriff „Tierwelt" in § 55 Absatz 1 Nr. 11 sind auch Artenschutzbestimmungen des BNatSchG zu berücksichtigen (VG Oldenburg, NUR 2008, 891 = ZfB 2008, 296).

Schon die Aufsuchung auf dem Festlandsockel und innerhalb der Küstengewässer ist durch § 49 beschränkt. Die dort in Nr. 1–3 genannten Versagungsgründe für die Aufsuchung stimmen mit denen des § 55 Absatz 1 Nr. 10–12 wörtlich überein und finden sich wieder in § 132 Absatz 2 Nr. 1–3 als Versagungsgründe für die Genehmigung von Forschungshandlungen auf dem Festlandsockel.   **338**

Die Ausdehnung der besonderen Zulassungsvoraussetzungen für Betriebe auf dem Festlandsockel auf solche im Bereich der Küstengewässer findet seine Begründung in der Ausweitung auf eine 12-Seemeilen-Zone (BT-Drs 8/1315, 178 = Zydek, 227).   **339**

Aus § 55 Absatz 1 Nr. 13 folgt, dass bei der Aufsuchung und Gewinnung von Bodenschätzen gewisse Auswirkungen auf das Meer, d. h. Meerwasser und Meeresgrund, in Kauf genommen werden müssen. Der Unternehmer muss aber das Abbaugebiet erforschen und schädliche Auswirkungen auf ein möglichst geringes Maß beschränken (Boldt/Weller § 55 Rn 42). Ebenso muss er zum Schutz von Unterwasserkabeln und Rohrleitungen nachweisen, dass sein Vorhaben diese Schutzgüter so unvermeidbar wie möglich beeinträchtigt.   **340**

Die Festlandssockel-Vorschriften sind abgestuft durch eine **Beeinträchtigungs-Kaskade**: § 55 Absatz 1 Nr. 10 – nicht beeinträchtigen; § 55 Absatz 1 Nr. 11 – nicht unangemessen beeinträchtigen; § 55 Absatz 1 Nr. 12 – nicht mehr als nach den Umständen unvermeidbar beeinträchtigen. Daraus folgt, dass jede Vorschrift einen speziellen Sachverhalt erfasst und nicht kompatibel ist. Das gilt auch für das Verhältnis zu § 55 Absatz 1 Nr. 13: Das Minimierungsgebot betrifft schädigende Einwirkungen auf das Meer, nicht schon Beeinträchtigungen. Es verlangt die Sicherstellung der Beschränkung der Einwirkung auf ein möglichst geringes Maß von Schädigungen, nicht den Erfolg von möglichst geringen Schädigungen selbst.   **341**

Die Formulierung der Zulässigkeitsvoraussetzungen lässt erkennen, dass sie einen Ausgleich der Interessen des Bergbaus mit denen von Schifffahrt und Fischerei herbeiführen sollen („nicht unangemessen", „nicht mehr als nach den Umständen unvermeidbar", „möglichst geringes Maß"). Ein absolutes Beeinträchtigungsverbot besteht im Falle Nr. 10, bei allen übrigen Zulässigkeitsvoraussetzungen müssen die Interessen des Bergbaus in die Entscheidung mit einfließen.   **342**

Beim Sandabbau im Meer kann im Rahmen der Verhältnismäßigkeit durch Beweissicherung und Vorbehalt späterer Schutzmaßnahmen sicher gestellt werden, dass schädigende Einwirkungen auf das zur Sandgewinnung unvermeidliche Maß beschränkt bleiben (VG Oldenburg, NUR 2008, 891 = ZfB 2008, 296).   **343**

Bei mariner Kies- und Sandgewinnung kommen neben der Betriebsplanzulassung weitere Genehmigungen in Betracht – soweit nicht ein bergrechtliches Planfeststellungsverfahren gemäß §§ 52 Absatz 2 a, 57 a mit Konzentrationswirkung durchzuführen ist: **344**

§ 2 der **Seeanlagen-VO** (v. 23.1.1997, BGBl, 57) unterstellt die Errichtung, den Betrieb und wesentliche Änderungen von Anlagen, die in § 1 Absatz 2 Seeanla-   **345** gen-VO genannt sind, der Genehmigung durch das Bundesamt für Seeschifffahrt und Hydrografie. Aus § 1 Nr. 10 a Seeanlagen-VO („unbeschadet der Vorschriften des BBergG") i. V. mit § 2 Absatz 1 Nr. 3 BBergG folgt, dass Anlagen des Bergwesens in den Anwendungsbereich des BBergG fallen. Für marine Kies- und Sandentnahme ist keine Genehmigung nach der Seeanlagen-VO erforderlich (Czybulka/Stredak, Rechtsfragen der marinen Kies- und Sandgewinnung, S. 84).

346   Nach § 56 Absatz 1 BNatSchG gilt das **Naturschutzrecht** auch im Bereich der Küstengewässer und – mit den dort genannten Einschränkungen des Kapitel Landschaftsplanung – im Bereich der ausschließlichen Wirtschaftszone (AWZ) und des Festlandssockels. Nach § 57 Absatz 3 Nr. 5 BNatSchG sind Beschränkungen bei der Aufsuchung und Gewinnung von Bodenschätzen nur nach § 34 BNatSchG zulässig. Danach sind AWZ und im Bereich des Festlandsockels Vorgelschutz- und FFH-Gebiete unter Schutz zu stellen und ist die Verträglichkeitsprüfung anzuwenden (Czybulka/Stredak, aaO S. 86 m. w. N.). Jedoch sind die Möglichkeiten für schutzgebietsbezogene Einschränkungen (§§ 32, 33 BNatSchG) durch § 57 Absatz 3 Nr. 5 BNatSchG ausgeschlossen.

347   **Naturschutzrechtliche Genehmigungserfordernisse** hängen vom **Landesrecht** ab: Gemäß § 15 Absatz 2 L NatSchG M-V bedürfen Eingriffe in die Natur, auch durch Gewinnung von Bodenschätzen, der Genehmigung bei Abbauflächen >300 qm. Gemäß § 11 Absatz 2 Nr. 1 LNatSchG Schl-H besteht eine Genehmigungspflicht für Eingriffe, wenn die betroffene Bodenfläche > 1.000 qm ist, nicht jedoch, wenn die Gewinnung von Bodenschätzen eines bergrechtlichen Betriebsplans bedarf. Gemäß §§ 13, 9 Nr. 1 N NatSchG entscheidet die Bergbehörde in dem Bescheid über die Genehmigung, d. h. des Betriebsplans, über naturschutzrechtliche Fragen der Eingriffsregelung im Benehmen mit der Naturschutzbehörde. Bei betriebsplanpflichtiger Aufsuchung oder Gewinnung von Kies und Sand ist eine gesonderte Genehmigung nicht erforderlich (Einzelheiten bei Czybulka/Stredak, aaO, S. 95 ff.).

348   Das **Wasserrecht** gilt gemäß § 2 Absatz 1 Nr. 2 WHG für Küstengewässer, nicht jedoch für Bereiche der AWZ. Nach § 9 Absatz 1 Nr. 3 WHG ist nur das Entnehmen fester Stoffe aus oberirdischen Gewässern, nicht aus Küstengewässern, ein Benutzungstatbestand und erlaubnispflichtig. Als Auffangtatbestand kommt § 9 Absatz 2 WHG in Betracht, soweit dessen Voraussetzungen im Einzelfall vorliegen. Allerdings kommt es in sofern nur auf die nachteilige Veränderung der Wasserbeschaffenheit, nicht auf die des Meeresbodens an (Czybulka/Stredak, aaO, S. 112 m. w. N.). Eine wasserrechtliche Planfeststellung gemäß § 68 Absatz 1 WHG kommt in Betracht, wenn das Küstengewässer umgestaltet wird (a. A. Czybulka/Stredak, aaO, S. 116, noch zu § 31 Absatz 2 WHG a. F.).

349   Das **Immissionsschutzrecht** ist zwar für die Genehmigung von mariner Gewinnung von Kies und Sand nicht generell durch § 4 Absatz 2 Satz 2 BImSchG ausgeschlossen. Diese Art der Gewinnung gehört nicht zum Untertage-, sondern zum Übertagebergbau. Aber im Anlagenkatalog der 4. BImSchV sind Gewinnungsanlagen von Kies und Sand, im Gegensatz zu Aufbereitungsanlagen, nicht enthalten. Eine Genehmigung nach §§ 4, 6 BImSchG ist nicht erforderlich, allerdings können immissionsschutzrechtliche Anforderungen auf § 22 BImSchG gestützt werden.

11. Abschlussbetriebsplan (§ 55 Absatz 2 Nr. 1–3)

350   Auf Zulassung eines Abschlussbetriebsplans besteht ebenfalls ein Rechtsanspruch.

Nicht zu den Zulassungsvoraussetzungen gehört der Nachweis der Berechtigung **351** gemäß § 55 Absatz 1 Nr. 1. Geändert sind die Voraussetzungen des § 55 Absatz 1 Nr. 3 durch Absatz 2 Nr. 1 und der § 55 Absatz 1 Nr. 7 durch Absatz 2 Nr. 2 und Nr. 3.

Einzelheiten zur Auslegung des § 55 Absatz 2 Nr. 1: § 53 Rn 23 ff.   **352**

Die Regelung der vollständigen Beseitigung entspricht Artikel 5 Absatz 5 Satz 2 **353** der Genfer Konvention über den Festlandsockel. Auf Veranlassung des Bundesrates erfolgte eine Ausdehnung auf die Küstengewässer (BT-Drs 8/1315, 179). Aus § 55 Absatz 2 Nr. 3 resultiert eine vollständige Beseitigungspflicht von Bohrinseln, die zur Förderung von Erdgas und Erdöl im Bereich des Festlandsockels gedient haben (Wolf, UPR 1998, 287).

Die vorläufige Betriebseinstellung ist zu unterscheiden von der Unterbrechung, **354** die nach § 52 Absatz 1 Satz 2 für einen Zeitraum von 2 Jahren definiert ist. Der Unternehmer muss nachweisen, dass er die Absicht hat, den Betrieb nach einer bestimmten Zeit wieder aufzunehmen (Boldt/Weller, § 55 Rn 49; Czybulka/Stredak, Rechtsfragen der marinen Kies- und Sandgewinnung, S. 69). Anderenfalls muss ein Abschlussbetriebsplan vorgelegt und § 55 Absatz 2 Nr. 3 erfüllt werden.

Im Gegensatz zu § 55 Absatz 1 Nr. 7 ist für die Wiedernutzbarmachung der **355** Oberfläche nicht nur Vorsorge zu treffen, sondern sie ist **sicherzustellen**. Der Abschlussbetriebsplan muss Aussagen machen, welche Maßnahmen der bergrechtlichen Wiedernutzbarmachung in dem in § 4 Absatz 4 definierten und in § 55 Rn 209 ff. erläuterten Sinne durchgeführt werden. Aus dem Vergleich zu § 55 Absatz 2 Nr. 3, wonach betriebliche Einrichtungen im Festlandsockel vollständig beseitigt werden müssen, folgt für die Wiedernutzbarmachung i. S. von § 55 Absatz 2 Nr. 2, dass eine derartige Beseitigung aus bergrechtlicher Sicht nicht Gegenstand des Abschlussbetriebsplans ist.

Aus der entsprechenden Anwendung des § 55 Absatz 1 Satz 1 Nr. 9 im **356** Abschlussbetriebsplanverfahren folgt, dass nicht nur der laufende Betrieb oder der Betrieb der Wiedernutzbarmachung, sondern auch dessen Nachwirkungen keine gemeinschädlichen Einwirkungen mit sich bringen dürfen (OVG Lüneburg, ZfB 1994, 284; a. A. Heuwels, NVwZ 1995, 972). Allerdings gehören Gefahren, die ihre Ursache nicht in der vorangegangenen Tätigkeit des Bergbaus haben, nicht zu den gemeinschädlichen Einwirkungen (BVerwG, ZfB 1995, 298). Einzelheiten s. § 53 Rn 28, 32, 74; § 55 Rn 292.

12. Sonstige Zulassungsvoraussetzungen

§ 55 Absatz 1 und 2 regeln die Zulassungsvoraussetzungen für alle in § 52 **357** genannten Arten von Betriebsplänen grundsätzlich abschließend (Weller, Glückauf 1981, 250, 253, § 55 Rn 3, s. aber § 55 Rn 360; § 48 Rn 33 ff.).

a) Überwiegende öffentliche Interessen. Eine **Einschränkung** ergibt sich aller- **358** dings aus § 48 für verplante Grundstücke mit öffentlicher Zweckbestimmung oder wenn der Aufsuchung oder Gewinnung überwiegende öffentliche Interessen entgegenstehen (§ 48 Rn 33 ff.). § 48 ist zwar gesetzessystematisch nicht im 2. Kapitel mit der Überschrift „Betriebsplan" eingeordnet und es fehlt in den Vorschriften über das Betriebsplanverfahren, insbesondere in § 55, jeder Bezug auf § 48. Dennoch muss § 48 Absatz 2 Satz 1 gleichsam als Tür zu § 55 verstanden werden. Die der Bergbehörde durch § 48 eingeräumte Befugnis könnte sie – unbeachtet zunächst einer rechtlichen Wertung und entsprechend dem allgemeinen Charakter der Vorschrift und des sie tragenden 1. Kapitel – vor, während und nach der Betriebsplanzulassung ausüben. Die Verbote und Beschränkungen „höhlen" den Anspruch auf Zulassung damit aus: Es erscheint verwaltungsökonomisch nicht sinnvoll, den Betriebsplan einerseits zuzulassen, ihm andererseits wegen überwiegender öffentlicher Interessen den Boden durch Beschränkung oder Untersagung wieder zu entziehen. Durch die theoretisch denkbare Zusammenfassung von Zulassung und Versagen der Anordnung in der selben Sekunde wäre dem Unternehmer nicht gedient, sodass auch der verfassungsrechtliche Verhältnismäßigkeitsgrundsatz für die Auslegung spricht, dass die Bergbehörde das Recht und die damit korrespondierende Pflicht zur Berücksichtigung des § 48 Absatz 2 im Betriebsplanverfahren hat (ständige Rechtsprechung seit BVerwGE 74, 323 = ZfB 1987, 66; BVerwG, ZfB 2006, 159; 2006, 311; 206, 318; VG Weimar, ZfB 1996, 321, 328; aus der Lit. Seibert, DVBl 1986, 1278; H. Schulte, ZfB 1987, 178, 186 und NJW 1981, 88, 94; Büllesbach. Die rechtliche Beurteilung von Abgrabungen, S. 80 f.; Frenz, Unternehmerverantwortung, S. 57; derselbe in Bergrecht und Nachhaltige Entwicklung, S. 71; Gaentzsch, Wandel und Beharren im Bergrecht, S. 30 ff.; Degenhart, Rechtsfragen der Braunkohlenplanung, S. 34 f.; Kühne, Braunkohlenplanung und bergrechtliche Zulassungsverfahren, S. 28 ff.; Boldt/Weller, Ergänzungsband, § 48 Rn 5 ff.). Das gilt allerdings nicht für Aufbereitungsbetriebe, für die § 48 nach seinem Wortlaut nicht unmittelbar oder entsprechend anzuwenden ist, weil hier die Vorschriften des BImSchG Vorrang haben. Die Prüfungs- und Entscheidungskompetenz aus § 48 Absatz 2 wird für die Bergbehörde nur in soweit begründet, als die Belange nicht im Rahmen eines förmlichen Verfahrens von einer insoweit kompetenteren Fachbehörde einer speziellen Prüfung unterzogen werden. Daraus folgt, dass im Betriebsplanverfahren insbesondere auch folgende öffentliche Interessen zu prüfen sind (Einzelheiten § 48 Rn 22, 33 ff.), z. B. Immissionsschutz gemäß § 22 BImSchG (BVerwGE 74, 315 = ZfB 1987, 68 = DVBl 1986, 1273 = NVwZ 1987, 789); Bauplanungsrecht (BVerwG, NVwZ 1989, 1162 = ZfB 1989, 215; NVwZ 1989, 1157 = ZfB 1989, 199; VGH Kassel, NVwZ-RR 2001, 300; OVG Koblenz, NUR 1994, 44); Raumordnungsrecht (BVerwG, ZfB 2006, 160 – Garzweiler II –, VG Wiesbaden, ZfB 2001, 76; Kühne, Braunkohlenplan S. 30 ff.; Ludwig, S. 77; Näheres Anh. § 56 Rn 423); Rechte von Oberflächeneigentümern aus Artikel 14 GG, soweit sie von unverhältnismäßigen Schäden von einigem Gewicht betroffen sind (BVerwG ZfB 1989, 199 ff. = BVerwG 81, 345; OVG NRW, ZfB 2006, 53; Näheres § 54 Rn 108); oder für Eigentümer, deren Grundstücke für einen Tagebau unmittelbar in Anspruch genommen werden sollen (BVerwG, ZfB 2006, 159; Näheres § 54 Rn 108, 112).

359 Aus der Ergänzungsfunktion des § 48 Absatz 2 folgt allerdings die Einschränkung, dass hier solche überwiegenden öffentlichen Interessen nicht erfasst sind, die bereits zu den in § 55 Absatz 1 aufgeführten Zulassungsvoraussetzungen, z. B. gemeinschädliche Einwirkungen i. S. von Nr. 9, gehören (Boldt/Weller, BBergG Ergänzungsband § 48 Rn 5; VG Weimar, ZfB 1996, 328; VG Lüneburg, ZfB 2005, 256; Frenz, Unternehmerverantwortung, S. 58, 71 – z. B. hinsichtlich Ziele der Raumordnung, soweit sie bereits durch Nr. 7 erfasst sind; zweifelnd OVG NRW, ZfB 2006, 53).

360 Die vorstehenden Grundsätze gelten auch für **Auflagen im Betriebsplanverfahren**. Sie sind zwar nicht stets „Beschränkungen der Gewinnung" i. S. von § 48 Absatz 2, aber doch nach dem Grundsatz der Verhältnismäßigkeit des Mittel vorrangig gegenüber Beschränkungen und Untersagungen i. S. von § 48 Absatz 2.

361 Eine weitere Einschränkung ergibt sich aus § 54 Absatz 2 insofern, als dieser Vorschrift nicht nur formelle Beteiligungsrechte der Gemeinde als Planungsträger, sondern in beschränktem Rahmen auch materiell-rechtliche Bedeutung zuerkannt wurde (§ 54 Rn 94 f.).

Nach dem früheren § 196 Absatz 2 hatte die Bergbehörde auch **andere**, in dem **362** Katalog nicht ausdrücklich genannte Gesichtspunkte der Gefahrenabwehr zu prüfen (§ 69 Rn 1). Dabei wurde das Wort „insbesondere", das diese Möglichkeiten eröffnete, jedoch dahin verstanden, dass es Maßnahmen der Gefahrenabwehr, nicht andere hiermit nicht im Zusammenhang stehende abdeckte (Willecke, ZfB 113 (1972), 151, 158, Wilke, ZfB 110 (1969) 199; OVG Münster, ZfB 106 (1965), 360, 367; anders OVG Münster, ZfB 114 (1973) 319, 328).

Es bedurfte daher einer ausdrücklichen Aufnahme in den Katalog des § 196 **363** Absatz 2 ABG, wenn die Bergbehörde **Lagerstättenschutz, Raumordnung, Landesplanung** wahrzunehmen und im Betriebsplanverfahren zu prüfen hatte. Das schloss nicht aus, dass die Prüfung eines Betriebsplans sich auf die Vereinbarkeit mit den **Plänen** aufgrund des **Braunkohlengesetzes** zu erstrecken hatte (OVG Münster, ZfB 114 (1973), 319, 329), weil durch die Bindung aller Behörden an einen für verbindlich erklärten Plan bergbauliche Betriebspläne mit den Planungen nach dem Braunkohlegesetz in Einklang zu bringen sind. Das schloss ferner nicht aus, dass aus der Zuweisung der Sorge für die Ordnung der Oberflächennutzung und Gestaltung der Landschaft eine Verpflichtung zur Berücksichtigung von **bauplanerischen Gesichtspunkten** bei der Zulassung eines Abschlussbetriebsplans (VG Gelsenkirchen, ZfB 119 (1978), 441, 445 gegen OVG Münster, ZfB 114 (1973) 315, 318, wonach Abbruchverfügungen in die Zuständigkeit der Bauordnungsbehörde fallen oder bei der Zulassung eines Betriebsplans für Vorhaben i. S. von § 29 Satz 3 BBauG oder sogar für Übertageanlagen (OVG Münster, Glückauf 1982, 240) entnommen wurde. Auch **andere öffentlich-rechtliche Gesichtspunkte**, die in den Zuständigkeitsbereich anderer Behörden fielen, konnte die Bergbehörde bei ihrer Entscheidung berücksichtigen (VG Gelsenkirchen, aaO, S. 446), es wurde sogar als Ermessensfehler angesehen, wenn die Bergbehörde sich irrigerweise an ein mangelndes Einvernehmen der Fachaufsichtsbehörde gebunden fühlte (OVG Münster, OVGE 5, 165, 170; Glückauf 1973, 288 = ZfB 114 (1973), 319, 332). Es war zulässig, dass die Bergbehörde einen Betriebsplan nicht zuließ oder zumindest mit Nebenbestimmungen versah, wenn die am Verfahren zu beteiligende Bauaufsichtsbehörde den Standpunkt vertrat, dass die Errichtung der Übertagebauten gegen das Bauplanungsrecht verstößt (OVG Münster, Glückauf 1982, 240). Diese Gesichtspunkte werden jetzt durch § 48 Absatz 2 Satz 1 aufgegriffen und betriebsplanfähig gemacht.

b) Naturschutz. Besondere Zulassungsvoraussetzungen sind die **Gesichtspunkte** **364** **des Naturschutzes**: Eingriffsregelung, FFH- und Vogelschutzgebietsschutz, Pflanzen- und Artenschutz (hierzu Anh. § 56 Rn 225 ff.). Die Eingriffsregelung wird allerdings nicht durch § 48 Absatz 2 Satz 1 in das Betriebsplanverfahren implantiert, sondern über das sog. Huckepack-Verfahren gemäß § 17 Absatz 1 BNatSchG.

c) Sachbescheidungsinteresse. Zulassungsvoraussetzung ist ferner das **Sach-** **365** **bescheidungsinteresse**. Steht fest, dass das beabsichtigte Vorhaben nicht verwirklicht werden kann, etwa weil eine parallel erforderliche Genehmigung nicht erteilt wird, die Finanzierung fehlschlägt, oder nicht überwindbare Rechte Dritter entgegenstehen, kann das Sachbescheidungsinteresse für die Zulassung fehlen (BVerwG, ZfW 1994, 333; OVG NRW 1994, 336). Ähnlich BVerwG in ZfB 2006, 319, allerdings bei Anwendung des § 48 Absatz 2 Satz 1: *„Ein* *Bergbauvorhaben widerspricht dem öffentlichen Interesse, wenn bereits bei* *Zulassung des Rahmenbetriebsplanes erkennbar ist, dass die Verwirklichung* *an einer unverhältnismäßigen Beeinträchtigung der Rechte Dritter scheitern* *muss.*" Allerdings schließt das nicht aus, im Rahmenbetriebsplan Fragen auszuklammern, die sich erst sachgerecht beantworten lassen, wenn räumlich und zeitlich beschränkte Abschnitte des Vorhabens genauer betrachtet werden können (BVerwG, aaO).

366   d) **Subventionierung des Steinkohlebergbaus.** Keine Zulassungsvoraussetzung und kein öffentliches Interesse ist, ob in Folge von **Subventionen** ein Bedürfnis für die Fortführung des Steinkohlenbergbaus besteht. Insofern handelt es sich um eine politische Grundsatzentscheidung, die im Betriebsplanverfahren nicht infrage gestellt werden kann (OVG NRW, ZfB 2005, 171; ZfB 1990, 33 = NUR 1991, 89; OVG Saarland, ZfB 1994, 22; ZfB 1994, 217; ZfB 1996, 226; ZfB 2006, 178). Das gesamtwirtschaftliche Interesse an der Sicherstellung der heimischen Rohstoffversorgung wird durch die politische Entscheidung der Subventionierung nicht infrage gestellt (OVG NRW, ZfB 2003, 280 m. w. N.).

367   e) **Allgemeine Rücksichtnahmepflicht.** Als besondere Zulassungsvoraussetzung scheidet auch eine **allgemeine Rücksichtnahmeverpflichtung** zwischen den vertikalen Nachbarn Bergwerkseigentum einerseits und Grundstückseigentum andererseits aus. Ein derartiges Rücksichtsnahmegebot ist nicht anerkannt. Das Verhältnis zwischen Bergbau und Grundeigentum ist im BBergG abschließend geregelt (BVerwG, ZfB 1989, 210; ZfB 1991, 143; OVG NRW 1990, 43 ff.; OVG Lüneburg, ZfB 2003, 273; VG Halle, ZfB 2004, 66; Beckmann, DVBl 1992, 747; a. A. wohl noch Stüer, NUR 1985, 263 ff.).

368   f) **Braunkohlenplan.** Keine Voraussetzung für die Zulassung eines Betriebsplans im **Braunkohlentagebau** ist, dass vorher oder später ein **Braunkohlenplan** verabschiedet oder rechtswirksam wurde. Das BBergG regelt die Zulassungsvoraussetzungen abschließend (OVG Brandenburg, ZfB 2001, 314).

369   g) **Private Rechte und Interessen.** Grundsätzlich ist im Zulassungsverfahren die **privatrechtliche Rechtslage** nicht zu prüfen. Die Zulassung greift in privatrechtliche Positionen nicht ein, sodass sie keines besonderen Schutzes im Verfahren bedürfen. Von diesem Grundsatz gibt es einige Ausnahmen:

370   Gemäß § 55 Absatz 1 Nr. 1 muss die **Bergbauberechtigung** nachgewiesen werden (hierzu § 55 Rn 11 ff.). Sofern die Gewinnungsberechtigung grundeigene Bodenschätze i. S. von § 3 Absatz 2 betrifft, die dem Grundeigentümer gehören, sind zum Nachweis auch die privatrechtlichen Verhältnisse darzustellen.

371   Bei bergbaulichen **Einwirkungen auf das Oberflächeneigentum** kann nach der Rechtsprechung ebenfalls das Privatrecht ausnahmsweise auf das Betriebsplanverfahren Einfluss nehmen.

372   Das trifft zunächst bei Einwirkungen des **untertägigen Bergbaus** auf das Oberflächeneigentum zu bei zu erwartenden schweren Schäden (ständige Rechtsprechung), nicht aber bei nur kleinen oder mittleren Auswirkungen (ständige Rechtsprechung, VG Stade, ZfB 1991, 222; Einzelheiten s. § 52 Rn 51 ff.; § 54 Rn 108; § 56 Rn 192). Der Grundeigentümer hat dann einen Anspruch, im Betriebsplanverfahren beteiligt zu werden und materiell-rechtlich in seinem Eigentum gegen unverhältnismäßige Beeinträchtigungen durch den Untertage-Bergbau geschützt zu werden (BVerwGE 81, 329 = ZfB 1989, 199 = NVwZ 1989, 1157; Gaentzsch, Bochumer Beiträge, 45, u. a.). Der schwer betroffene Oberflächeneigentümer hat aber keinen Anspruch auf Unterlassung schwerer Schäden schlechthin, sondern auf angemessene Berücksichtigung seiner Rechtsposition in einer abwägenden Entscheidung am Maßstab der Verhältnismäßigkeit (Gaentzsch, aaO, 48).

Auch bei **oberirdischem Bergbau**, der die land- oder forstwirtschaftliche Nut- **373** zung von Nachbargrundstücken beeinträchtigt, kann Nachbarschutz gemäß § 48 Absatz 2 Satz 1 in Betracht kommen. Allerdings ist dazu für die formale und materielle Rechtstellung des privaten Nachbarn erforderlich, dass sein Grundstück von Schäden von einigem Gewicht betroffen ist. § 48 Absatz 2 Satz 1 geht nämlich den ebenfalls nachbarschützenden Vorschriften des § 35 Absatz 1, Absatz 3 BauGB im Außenbereich vor (§ 48 Absatz 1 Satz 2; BVerwG NVwZ 1989, 1162 = ZfB 1989, 210).

Das Privatrecht wirkt auch im Betriebsplanverfahren, wenn der Bergbau **unmit-** **374** **telbar fremde Grundstücke** in Anspruch nehmen muss.

Nach der **früheren Rechtsprechung** stand fest, das mit der Entscheidung über die **375** Zulassung des Betriebsplans nicht zugleich über die Zulässigkeit der Inanspruchnahme des Grundstücks entschieden wurde. Von der Betriebsplanzulassung ging für ein späteres Grundstücksbeschaffungsverfahren keine präjudizielle Wirkung aus (BVerwG, NVwZ 1991, 992 = ZfB 1991, 142 – Frimmersdorf). Der Nachweis der notwendigen Grundstückbenutzung i.S. von § 77 Absatz 1 für das Grundabtretungsverfahren musste nicht durch Vorlage eines Betriebsplans geführt werden (OVG NRW, NWVBl 1987, 78), schon gar nicht durch einen bereits zugelassenen Betriebsplan (Kremer/Wever Rn 425). Über die unmittelbare Inanspruchnahme von Grundstücken war nach der Systematik des BBergG ausschließlich im Grundabtretungsverfahren zu befinden. Das Betriebsplanverfahren konnte daher diese Frage ausklammern (BVerwG, aaO; ähnlich BVerwGE 85, 58 = ZfB 1990, 299 – Gorleben).

Diese Unabhängigkeit des Betriebsplanverfahrens von dem unmittelbar in **376** Anspruch zu nehmenden Oberflächeneigentum ist nach der **jetzigen Rechtspre-** **chung des Bundesverwaltungsgerichts** nicht mehr gegeben (ZfB 2006, 159). Danach können die Eigentümer, deren Grundstücke für den Tagebau **unmittel-** **bar genutzt** werden sollen, bereits im Rahmenbetriebsplanverfahren geltend machen, dass dessen Zulassung sie in eigenen Rechten verletzt. Die Geltendmachung führt allerdings nur dazu, dass dieses Eigentümerinteresse als öffentliches Interesse in die Abwägung mit anderen Belangen einbezogen wird.

Die Zulassung des Rahmenbetriebsplans ist folglich für das bergrechtliche **377** Grundabtretungsverfahren „*nicht ohne Bedeutung*" (BVerwG aaO, S. 161). Sie bindet bei unveränderter Rechtslage den Grundstückseigentümer insofern, als im späteren Grundabtretungsverfahren die Voraussetzungen des § 77 Absatz 2 nicht mehr infrage gestellt werden können. Der unmittelbar betroffene Grundstückseigentümer hat auch die materielle Präklusion gemäß § 48 Absatz 2 Satz 2–5 zu beachten: Mit Einwendung, die im Rahmenbetriebsplanverfahren hätten entgegen gehalten werden können, ist er ausgeschlossen im Hauptbetriebsplan – und Grundabtretungsverfahren.

Es besteht kein Anspruch von Anwohnern oder einer Gemeinde auf **Festlegung** **378** **einer Fahrtroute für den Bergetransport auf öffentlichen Straßen** im Betriebsplanverfahren (VG Gelsenkirchen, ZfB 1985, 88). Die Bergbehörde ist nicht verpflichtet zu prüfen, ob durch den Transport von Bodenschätzen oder Nebengestein öffentliche Straßen überlastet sind. Die Transporttätigkeit auf öffentlichen Straßen richtet sich nach den vom Bergrecht nicht überlagerten Bestimmungen des Straßen-, Straßenverkehrs- und Güterkraftverkehrsrechts (VG Schwerin, ZfB 1999, 236). Eine andere Situation kann sich ergeben, wenn eine zum Transport notwendige Zuwegung nicht ausreichend dimensioniert oder befestigt ist und dies auch nicht wegen naturschutzrechtlicher Regelungen verbessert werden kann (VG Dessau, ZfB 1999, 269). Die zugelassene Fördermenge ist wesentlicher Bestandteil der Zulassung des Hauptbetriebsplans. Sie bestimmt die Anzahl der Transportfahrten im Schwerlastverkehr, die zur Abfuhr der Bodenschätze erforderlich sind. Diese Menge und die Transporte sind mittelbar von der Legalisierungswirkung des zugelassenen Hauptbetriebsplans erfasst (OVG NRW, ZfB 2000, 151). Im Gegensatz zur Beförderung von Bodenschätzen auf öffentlichen Wegen und Plätzen kann die bergbauliche Nutzung von privaten Wirtschaftswegen zum Kohletransport mit LKW dem Bergrecht und dem Betriebsplanverfahren unterliegen. Erforderlichenfalls ist ein Grundabtretungsverfahren mit dem Ziel einer beschränkt persönlichen Dienstbarkeit zulässig (VG Kassel, ZfB 1994, 244).

§ 56   Form und Inhalt der Zulassung, Sicherheitsleistung

(1) Die Zulassung eines Betriebsplanes bedarf der Schriftform. Die nachträgliche Aufnahme, Änderung oder Ergänzung von Auflagen ist zulässig, wenn sie
1. für den Unternehmer und für Einrichtungen der von ihm betriebenen Art wirtschaftlich vertretbar und
2. nach den allgemein anerkannten Regeln der Technik erfüllbar

sind, soweit es zur Sicherstellung der Voraussetzungen nach § 55 Abs. 1 Satz 1 Nr. 2 bis 13 und Absatz 2 erforderlich ist.

(2) Die zuständige Behörde kann die Zulassung von der Leistung einer Sicherheit abhängig machen, soweit diese erforderlich ist, um die Erfüllung der in § 55 Abs. 1 Satz 1 Nr. 3 bis 13 und Absatz 2 genannten Voraussetzungen zu sichern. Der Nachweis einer entsprechenden Versicherung des Unternehmers mit einem im Geltungsbereich dieses Gesetzes zum Geschäftsbetrieb zugelassenen Versicherer darf von der zuständigen Behörde als Sicherheitsleistung nur abgelehnt werden, wenn die Deckungssumme nicht angemessen ist. Über die Freigabe einer gestellten Sicherheit entscheidet die zuständige Behörde.

(3) Die Absätze 1 und 2 gelten für die Verlängerung, Ergänzung oder Änderung eines Betriebsplanes entsprechend.

Übersicht   Rn

I.   Schriftform 1

II.   Rechtsnatur der Zulassung 6
1.   Zulassung 6
2.   Erlaubnis mit Verbotsvorbehalt 7
3.   Verbot mit Erlaubnisvorbehalt 8
4.   Begünstigender Verwaltungsakt 9
5.   Gebundener Verwaltungsakt 12
6.   Doppelwirkung 20
7.   Mitwirkungsbedürftiger Verwaltungsakt 39
8.   Betriebsplan im EU-Recht 42

III. Wirkung der Zulassung 43
1.   Rechte Dritter 43
2.   Wirkung der Zulassung des Hauptbetriebsplans 48
3.   Wirkung der Zulassung des fakultativen Rahmenbetriebsplans 52
      a) Die verschiedenen Rechtsauffassungen 53
      b) Bindungswirkung für die Behörde 60
      c) Bindungswirkung für den Unternehmer 63
      d) Bindungswirkung für Grundeigentümer 64
      e) Gestattungswirkung 69
      f) Eingriffswirkung gemäß BNatSchG 70
      g) Genehmigung i.S. von Artikel 1 EU-UVP-RL 71
      h) Fachplan i.S. von § 17 BNatSchG 73
4.   Wirkung der Zulassung des obligatorischen Rahmenbetriebsplans 74

5. Wirkung der Zulassung des Sonderbetriebsplans 75
6. Wirkung der Zulassung des Abschlussbetriebsplans 76
7. Verhältnis Betriebsplan – Grundabtretung 77
8. Tatbestands-/Feststellungswirkung 87
9. Rücknahme und Widerruf 89
10. Legalisierungswirkung 95
11. Sonstige Wirkungen 109

IV. Nebenbestimmungen in der Zulassung 112
1. Rechtslage nach früherem Recht 112
2. Zulässigkeit von Nebenbestimmungen 113
3. Isolierte Anfechtung von Nebenbestimmungen 127
4. Rücknahme der Zulassung 130
   a) Ansichten zur Rechtslage nach ABG 131
   b) Ansichten des Reichsgerichts 132
   c) Rechtslage nach BBergG 133

V. Akteneinsicht, Einsicht in den zugelassenen Betriebsplan 139
1. Akteneinsicht gemäß § 29 VwVfG 139
2. Spezialgesetzliche Einsichtsrechte 145
3. Umweltinformationsgesetz 149
4. Unmittelbare Anwendung der EG-Richtlinie 2003/4/EG 152
5. Umweltinformation 155
6. Anspruchsberechtigte 157
7. Informationsfreiheitsgesetz 160
8. Anspruchskonkurrenzen 165
9. Einstweilige Anordnung auf Akteneinsicht 168
10. Akteneinsicht im Genehmigungsverfahren nach BImSchG 169

VI. Rechtsschutz 172
1. Rechtsschutz des Unternehmers 172
   a) Widerspruch 173
   b) Verpflichtungsklage 179
   c) Untätigkeitsklage 181
   d) Nebenbestimmungen 182
   e) Inhaltsbestimmung, Hinweise 186
2. Rechtsschutz Dritter 188
3. Aufschiebende Wirkung 200
4. Einstweiliger Rechtsschutz 205

VII. Nachträgliche Auflagen 227

VIII. Sicherheitsleistung 258

I. Schriftform

Die nach § 56 Absatz 1 Satz 1 erforderliche Schriftform für die Zulassung wird **1** damit begründet, dass der Betriebsplan die entscheidende Grundlage für die betriebliche Tätigkeit ist. § 56 Absatz 1 Satz 1 schließt damit die **Regelung des § 37 Absatz 2 VwVfG aus,** wonach ein Verwaltungsakt auch „in anderer Weise" erlassen werden kann.

Die Regelung des BBergG steht damit im Gegensatz zum früheren Recht: Nach **2** § 68 Absatz 1 ABG NRW konnte ein Betriebsplan zugelassen werden durch stillschweigende Zulassung oder Rücknahme eines eingelegten Einspruchs des Bergamts (bestr., ob durch Stillschweigen eine Erlaubnis, Verwaltungsakt, erteilt wurde, bejahend OVG Saarland, ZfB 116 (1975), 358, 361, Franke, Die Bergaufsichtsbehörde in ihrer Funktion als Erlaubnisbehörde, Diss. Münster 1966, Schulte, Glückauf 1953, 564; Weller, ZfB 106 (1965), 228 gegen KG, ZfB 57

(1916), 283; pr. OVG, ZfB 72(1931), 289, LVG Gelsenkirchen, ZfB 95 (1954), 468 Ebel/Weller § 68, 2).

3   Die **Schriftform** ist nach § 37 Absatz 3 VwVfG **gewahrt,** wenn die erlassende Behörde erkennbar ist und die Unterschrift des Behördenleiters, Vertreters oder Beauftragten auf der Urschrift der Zulassung enthalten ist. Fakisile oder eine Paraphe genügen nicht, wohl die Namenswiedergabe, d. h. die maschinen-geschriebene oder gestempelte beglaubigte Namenswiedergabe.

4   Fehlt auf der Zulassung die Unterschrift, liegt **keine Nichtigkeit** vor (Stelkens/Bonk/Leonhard, § 44 Rn 16), da die Schriftform des § 56 Absatz 1 Satz 1 Beweisfunktion erfüllen soll und daher Schutzgründe eine Nichtigkeit nicht erfordern. Fehlende Schriftform berechtigt im Rahmen des § 46 VwVfG zur Anfechtung der Zulassung. Ein Nachholen der Unterschrift bedeutet nicht Heilung des Mangels, da der Katalog des § 45 VwVfG das nicht vorsieht, sondern Erlass einer neuen Betriebsplanzulassung.

5   Ist dagegen die zulassende Behörde nicht erkennbar, führt das zur Nichtigkeit der Zulassung gemäß § 44 Absatz 2 Nr. 1 VwVfG.

II. Rechtsnatur der Zulassung

1. Betriebsplanzulassung

6   Der Begriff „Zulassung" ist häufig im Wirtschaftsverwaltungsrecht und im Berufsrecht gebräuchlich, wo ihm teilweise gestaltende Wirkung zukommt. Teilweise wird er auch als Oberbegriff für Erlaubnisse aller Art benutzt (Wolff/Bachof/Stober, Verw.R § 46 Rn 43). Bergrechtlich ist er die spezielle Gestattung der Bergbehörde zu dem betriebsplanmäßig beantragten Vorhaben des Bergbauunternehmers.

2. Erlaubnis mit Verbotsvorbehalt

7   Die Zulassung wurde auch als generelle **Erlaubnis mit Verbotsvorbehalt** bezeich-net (Pfadt, Rechtsfragen zum Betriebsplan im Bergrecht, 88). Das Recht zur Aufsuchung und Gewinnung verliehener Mineralien bestehe schon aus dem Bergwerkseigentum, sodass die Betriebsplanzulassung keinen begünstigenden Verwaltungsakt darstelle (Weller, ZfB 106 (1965), 218, 228, anders Glückauf 1981, 250, 253). Dem steht aber entgegen, dass § 51 die Errichtung, Führung und Einstellung von der Betriebsplanzulassung abhängig macht und Bergwerks-eigentum nur ausgeübt werden kann „nach den Vorschriften dieses Gesetzes" (§ 9 Absatz 1).

3. Verbot mit Erlaubnisvorbehalt

8   Die Betriebsplanzulassung wird rechtlich richtigerweise als **präventives Verbot mit Erlaubnisvorbehalt** (grundsätzlich BVerfGE 20, 150, 157) eingestuft (OVG Saarland, ZfB 116 (1975), 358, 361; VG Oldenburg, ZfB 121 (1980), 83, 86; Horneffer, Bergrecht und Allgemeines Polizeirecht, Diss. Göttingen, 1969, 92; Pfadt, aaO, 90). Das Aufsuchen, Gewinnen und Aufbereiten von Bodenschätzen sind nicht – wie die Kriterien für das **repressive Verbot mit Befreiungsvorbehalt** – generell für die Allgemeinheit gefährlich und daher grundsätzlich nicht gestattet, sondern sind sozial anerkennungswürdig, zumindest wertneutral. Hier genügt es, wenn von der Bergbehörde lediglich ein vorbeugendes Kontrollrecht ausgeübt wird.

Beim präventiven Verbot mit Erlaubnisvorbehalt ist die **Erteilung der Erlaubnis der Normalfall.** Die Einschaltung der Bergbehörde in Form der Zulassung des Betriebsplans hat daher nur den Zweck, im Interesse anderer zu schützende Rechte und Rechtsgüter ein vorbeugendes Kontrollinstrument einzuräumen.

4. Begünstigender Verwaltungsakt

Die Zulassung ist unbestritten ein **Verwaltungsakt** i. S. von § 35 VwVfG. Das **9** gilt nach früherem Recht (OVG NRW, ZfB 1973, 319; ZfB 1975, 250; ZfB 1977, 365; OVG Saarland, ZfB 1975, 331; VG Köln, Glückauf 1980, 1250) ebenso wie es für das BBergG gilt (VG Saarland, ZfB 1987, 383; BVerwG, ZfB 1989, 199 = NVwZ 1989, 1157 – Moers-Kapellen; Schmidt-Aßmann/Schoch, Bochumer Beiträge Bd. 18, S. 166; Kremer/Wever, Rn 269; Rausch, Umwelt- und Planungsrecht im Bergbau, S. 36). Das gilt für alle Betriebsplanarten. Auch die Zulassung eines Rahmenbetriebsplans trifft die Feststellung, dass das Vorhaben die gesetzlichen Zulassungsvoraussetzungen nach §§ 55, 48 Absatz 2 erfüllt (OVG NRW, ZfB 1998, 152; Schmidt-Aßmann/Schoch, aaO, 157 ff.).

Die positive Entscheidung hat die rechtlichen Merkmale eines in Form einer **10** Erlaubnis gekleideten **begünstigenden** Verwaltungsakts i. S. von § 48 Absatz 1 VwVfG. Sie hat den Charakter einer *„Unbedenklichkeitsbescheinigung"* und bringt zum Ausdruck, dass die in § 55 Absatz 1 und § 48 Absatz 2 Satz 1 genannten verwaltungsrechtlichen Hindernisse nicht entgegenstehen (Franke, Die Bergaufsichtsbehörde in ihrer Funktion als Erlaubnisbehörde, Diss. Münster 1965, 20). Nach Westermann ist sie ein konstitutiver Staatshoheitsakt („Freiheit", 71).

Die Betriebsplanzulassung hebt das Verbot auf, vor Erteilung mit der betriebs- **11** planpflichtigen Maßnahme zu beginnen. Sie hat daher **nicht nur deklaratorischen Charakter** in dem Sinne, dass bergrechtliche Gesichtspunkte, insbesondere die des § 55, der bergbaulichen Maßnahmen nicht entgegenstehen, sondern schafft **auch eine konstitutive Rechtsstellung,** weil sie gesetzliche Schranken öffnet.

5. Gebundener Verwaltungsakt

Die Zulassung ist ferner ein **gebundener Verwaltungsakt** (st. Rspr. BVerwG, ZfB **12** 1991, 143 = NVwZ 1991, 993 – Frimmersdorf; ZfB 1995, 284; ZfB 2006, 156, 161; ZfB 2006, 311; ZfB 2006, 318; OVG NRW, ZfB 2003, 279; ZfB 2006, 32, 49; ZfB 2008, 125; OVG Brandenburg, ZfB 2003, 23; OVG Lüneburg, ZfB 2005, 36; ZfB 2008, 264; VGH Kassel, ZfB 2004, 70; NVwZ-RR 2001, 301; VGH Bad-Württ., NUR 1989, 130; OVG Saarland, ZfB 1994, 28; OVG Berlin, ZfB 1990, 209; VG Stade, ZfB 1991, 223; ZfB 1992, 62; VG Oldenburg, ZfB 2008, 302; aus der Lit.: Schmidt-Aßmann/Schoch, aaO, S. 157 m. w. N.). Bei Vorliegen der gesetzlichen Voraussetzung der §§ 55, 48 Absatz 2 Satz 1 muss die Zulassung erteilt werden. Der Antragsteller hat dann eine Einräumungsberechtigung auf sie, die er durch Verpflichtungsklage geltend machen kann.

Dies gilt für alle Betriebsplanarten. Im Gegensatz zu vereinzelten Stimmen in der **13** früheren Rechtsprechung (OVG NRW, ZfB 1975, 250; Urt. v. 14.9.1981 – AZ XII A 2479/80) und Lit. (Bork, Städte- und Gemeinderat 1983, 401 ff.; Härchen, Städte- und Gemeinderat 1983, 398 f.; Kühling, Fachplanungsrecht Rn 69) ist die Betriebsplanzulassung **keine Planungsentscheidung** (BVerwG, DVBl 1996, 257; ZfB 1991, 143 für den sog. einfachen – fakultativen – Rahmenbetriebsplan; Niermann, Betriebsplan und Planfeststellung im Bergrecht, S. 46 ff.; Stiens, der bergrechtliche Betriebsplan, S. 70; Kühne, DVBl 2007, 832; DVBl 2006,

663; Hoppe, Nationalpark-VO, S. 50; DVBl 1987, 761; Weller, ZfB 1984, 168; Beckmann, DVBl 1989, 670) s. auch § 51 Rn 16.

14 Das bedeutet, dass eine **Planrechtfertigung nicht erforderlich** ist und dass der Bergbehörde bei ihrer Entscheidung eine planerische Gestaltungsfreiheit, ein zusätzlicher Entscheidungsspielraum oder eine Ermessensfreiheit nicht zustehen (VG Kassel, ZfB 2004, 70; BVerwG, ZfB 2006, 161; OVG Lüneburg, ZfB 2005, 36; Schmidt-Aßmann/Schoch aaO, S. 162).

15 Daran ändert sich nichts für den **obligatorischen UVP-pflichtigen Rahmenbetriebsplan.** Auch diese Entscheidung ist eine gebundene ohne planerischen Gestaltungsspielraum der Behörde (OVG Bautzen, Sächs. VBl 2009, 61; OVG Saarland, ZfB 2008, 276). Das allgemeine und drittschützende fachplanerische Abwägungsgebot gilt auch insoweit nicht. Die Bergbehörde hat nicht aufgrund einer umfassenden Abwägung der für und gegen das Vorhaben sprechenden Belange zu entscheiden. Ein Ausfall oder Mängel einer Abwägung führen nicht zu einer Rechtswidrigkeit der Zulassung (BVerwG, ZfB 2006, 318; ZfB 2006, 311; OVG Saarland, ZfB 2008, 276; OVG NRW, ZfB 2003, 279; VG Neustadt, ZfB 1999, 77). Das bedeutet ferner, dass selbst ein Planfeststellungsbeschluss über die Zulassung eines Rahmenbetriebsplans **keine enteignungsrechtliche Vorwirkung** hat (OVG Bautzen, Sächs. VBl 2009, 61; BVerwG, ZfB 2008, 251 m. w. N.; BVerwG, ZfB 2006, 156). Zu der (beschränkten) Bindungswirkung der bestandskräftigen Zulassung für ein nachfolgendes Grundabtretungsverfahren: BVerwG, ZfB 2008, 252.

16 Da die Zulassung keine planerische Entscheidung ist, folgt daraus, dass Standort- oder sonstige Vorhabensalternativen im Betriebsplan, welcher Art auch immer, nicht zu prüfen sind (OVG NRW, ZfB 1998, 168 betrifft Wiedernutzbarmachung).

17 Da die bergrechtliche Betriebsplanzulassung eine gebundene, nicht eine fachplanerische Entscheidung mit Gestaltungsspielraum ist, sind **Verfahrensfehler** für sich gesehen mangels Kausalität nach § 46 VwVfG, der über § 5 BBergG anwendbar ist, **unbeachtlich** (OVG NRW, ZfB 2006, 49 m. w. N.; OVG Bautzen, ZfB 1998, 202; ZfB 1997, 325) – unbeschadet einer möglichen Heilung gemäß § 45 Absatz 1 Nr. 3 VwVfG.

18 Ferner: Aus § 48 Absatz 2 Satz 1 und der Erweiterung des Prüfprogramms des § 55 im Zulassungsverfahren um überwiegende öffentliche Interessen folgt nicht, dass die Zulassung des Betriebsplans eine planerische oder Ermessensentscheidung ist. Sie bleibt eine gebundene Entscheidung (BVerwG, ZfB 1991, 143 = NVwZ 1991, 992; ZfB 1995, 284; ZfB 2006, 319; ZfB 2006, 311; VG Weimar, ZfB 1996, 330; VG Stade, ZfB 1991, 223; ZfB 1992, 62; Stiens, S. 108 m. w. N.; Kühne, UPR 1989, 327; Frenz, Bergrecht und nachhaltige Entwicklung, S. 78). § 48 Absatz 2 Satz 1 erweitert die Prüfungsbefugnisse, ändert aber den rechtlichen Charakter der Zulassung nicht.

19 Die Ausgestaltung der Betriebsplanzulassung als gebundene Entscheidung ist **sachlich und verfassungsrechtlich geboten.** Der Bergbau ist extrem standortgebunden an die Lagerstätte. Das Betriebsplanverfahren dient der behördlichen Präventivkontrolle der Ausübung der Bergbauberechtigung, die ihrerseits verfassungsrechtlichen Eigentumsschutz genießt (BVerfGE 77, 136; BVerwG, DVBl 1989, 663 ff.; BGHZ 146, 104; Kühne, DVBl 2006, 663 m. w. N.). Planerische Gestaltungsfreiheit, Planungsermessen und Alternativplanung würden sich nicht mit der eindimensionalen Privatnützigkeitsfunktion der Bergbauberechtigung vertragen (Kühne, DVBl 2006, 665 und DVBl 2007, 832). Nutzungsalternativen scheiden aus, weil die Nutzungsmöglichkeit eindimensional ist

(Hoppe, DVBl 1982, 106). Die standortgebundene Produktion ist durch die Unmöglichkeit der Reproduktion wie durch die Weiterarbeit an diesem Standort in noch nicht abgearbeiteten Feldern gekennzeichnet (Hoppe, Spannungsverhältnis, S. 27; Hoppe in Bochumer Beiträge, Bd. 19, S. 39).

6. Doppelwirkung

Fraglich ist, ob die Zulassung einen **Verwaltungsakt mit Doppelwirkung dar-** **20** **stellt,** in dem der Unternehmer begünstigt und Dritte belastet werden.

Verwaltungsakte „mit Doppelwirkung" (auch mit „Drittwirkung" genannt) **21** wirken teils belastend, teils begünstigend – sei es für dieselbe Person (Mischwirkung), sei es für verschiedene Personen (Drittwirkung). Sie unterliegen den jeweils strengeren Anforderungen an die Rechtmäßigkeit und an die Wiederrufbarkeit (Wolff/Bachof/Stober, Verwaltungsrecht § 46 Rn 25). Verwaltungsakte mit Drittwirkung können von jedem Betroffenen, dessen Rechte sie beeinträchtigen, selbstständig angefochten werden.

Wegen der besonderen Sachgesetzlichkeiten des Bergbaus ist bei der Zuerken- **22** nung von drittschützenden Vorschriften und Wirkungen eher Zurückhaltung geboten (BVerwGE 81, 334 = ZfB 1990, 199; ZfB 1994, 217).

Die **Drittwirkung der Zulassung** des Betriebsplans wurde nach **früherem Recht** **23** nur sehr vorsichtig und im Einzelfall abwägend bejaht. Insbesondere bei Gemeinden, die sich unter Berufung auf ihre Planungshoheit gegen bergbauliche Vorhaben wandten, wurde vereinzelt Drittwirkung angenommen (OVG NRW, ZfB 1975, 250 – Bergehalde; OVG Saarland, ZfB 1975, 364 – Tagebau; OVG Rheinland-Pfalz, ZfB 1978, 228; VG Köln, ZfB 1981, 476 – Quarzsandtagebau; VG Gelsenkirchen, ZfB 1978, 445 – Abbruch von Tagesanlagen; OVG Lüneburg, NUR 2009, 58 – Wiedernutzbarmachung im Abschlussbetriebsplan. Allerdings machte die Rechtsprechung schon deutlich, dass zu den drittbelastenden Wirkungen des Betriebsplans nicht alle von der Gemeinde aufgegriffenen Interessen gehören (VG Neustadt, ZfB 1978, 328; OVG Rheinland-Pfalz, ZfB 1978, 227 – Umweltschutz, Wasserrecht, Landespflege; OVG NRW, ZfB 1982, 242 – Ziele von Landesentwicklungs-, Gebietsentwicklungs-, Landschaftsrahmenplan, Landschaftsschutz; VGH Mannheim, DVBl 1977, 346; OVG NRW, aaO – Immissionsschutz; VG Köln, ZfB 1981, 479; OVG NRW, ZfB 1982, 240 – kein Sachwalter von Bürgerinteressen. Einzelheiten hierzu § 54 Rn 47 f.

Auch nach dem BBergG hat die Rechtsprechung die Tendenz weiterverfolgt, **24** dass die Zulassung eines Betriebsplans **Drittwirkung zu Gunsten der Gemeinde** haben kann. Ansatzpunkt ist, dass die Gemeinde nach § 54 Absatz 2 im Betriebsplanverfahren zu beteiligen ist, sofern sie als Planungsträger berührt ist. Bei Betriebsplänen zur Ablagerung von Bodenschätzen und weiterer Massen kann unter den besonderen Voraussetzungen des § 54 Absatz 2 Satz 2 eine weitergehende Beteiligung in Betracht kommen. Allein die bloße Statuierung des Einvernehmens oder anderer Mitwirkungsrechte hat noch nicht zwangsläufig eine Klagebefugnis zur Folge (BVerwG, DVBl 1973, 217; ZfB 2006, 48 m. w. N.). Einzelheiten hierzu s. § 54 Rn 71 ff., 91 ff.

Hinzukommen muss, dass hinter der vorgesehenen Mitwirkungsbefugnis ein **25** eigenes Recht des Beteiligten steht. Die Gemeinde muss also bei Nichtbeachtung ihres Beteiligungsrechts dartun, dass der gerügte Verfahrensfehler sich möglicherweise auf ihre (Abwehr-Schutz- oder Einwirkungsrechte) selbst ausgewirkt hat (st. Rspr. BVerwGE 61, 275; 75, 291; 85, 373 f.; ZfW 1992, 422; Breuer, Verfahrens- und Formfehler für Raum- und umweltrelevante Großvorhaben, FS. Sendler, S. 287 f. m. w. N.). Denn die Beteiligungsvorschrift hat nur dienende

Funktion zur Verwirklichung der ihr zugrunde liegenden materiell-rechtlichen Rechtsposition.

26 Als solche kommt die in Artikel 28 Absatz 2 GG verankerte Selbstverwaltungsgarantie, die ihren Ausdruck auch in der gemeindlichen Planungshoheit (zum Begriff: BVerwGE 34, 301) findet, in Betracht. Das BVerwG hat als Antwort auf die Frage, wann die kommunale Planungshoheit derart betroffen ist, dass eine Rechtsverletzung vorliegen kann, Kriterien entwickelt: Das Vorhaben muss eine hinreichend bestimmte Planung nachhaltig stören, oder es muss wesentliche Teile des Gemeindegebietes einer durchsetzbaren Planung entziehen oder kommunale Einrichtungen müssen durch das Vorhaben erheblich geschädigt werden (Rausch, UPR 1996, 10; BVerwG, ZfB 1994, 217; auch VG Weimar, ZfB 1994, 60). Sofern eines dieser Kriterien erfüllt ist, kann eine Drittwirkung der Betriebsplanzulassung angenommen werden (Einzelheiten hierzu § 54 Rn 72 ff., 94 ff.). Allerdings würde ein Drittschutz nicht weiter reichen als der Schutz der gemeindlichen Planungshoheit allgemein und insbesondere im Fachplanungsrecht (BVerwG, ZfB 1994, 216 f. m. w. N.).

27 Die Planungshoheit der Gemeinde kollidiert in verschiedener Ausgestaltung mit Planungsentscheidungen anderer staatlicher Stellen: Der Betriebsplan kann **erstens dieselbe Fläche** wie die Gemeinde mit dem Ziel unterschiedlicher Nutzungen überplanen. Der Betriebsplan kann **ferner unmittelbare** rechtliche **Auswirkungen** für die Beplanung einer **anderen Fläche** mit sich bringen. Er kann schließlich **drittens faktische Auswirkungen** für die kommunale Planung einer anderen Fläche haben (ähnlich Steinberg, DVBl 1982, 13, 14).

28 In den ersten beiden Fällen wird man dem Betriebsplan mit Rücksicht auf die Planungshoheit der Gemeinde und in Anknüpfung an die sich immer mehr verfestigende bergrechtliche Rechtsprechung Doppelwirkung zusprechen müssen (Steinberg, DVBl 1982, 13, 17 m. w. N).

29 Bei der genannten Fallgestaltung der faktischen Auswirkungen des Betriebsplans ist davon auszugehen, dass die Gemeinde Veränderungen ihrer Planungsdaten als Folge einer sich wandelnden Umwelt hinnehmen muss. Von jedem größeren Vorhaben gehen unübersehbare faktische Veränderungen der vorgegebenen Situation aus, durch die sich allenfalls Rechtsreflexe ergeben, die nicht die Rechtsstellung der Gemeinde beeinflussen können (BVerfG, DVBl 1981, 374; Steinberg, DVBl 1982, 13, 18). Eine Doppelwirkung wird daher nur anzunehmen sein, wenn die Beeinträchtigung der Planungshoheit ähnlich wie bei der Nachbarklage *„schwer und unerträglich"* ist (Lerche in Festschrift zum 100-jährigen Bestehen des Bayr. VerfGH, 1979, 233 f.; Jarass, DVBl 1976, 735).

30 Auch das Rechtsinstitut der Doppelwirkung bedeutet im Einzelfall nicht, dass die Berufung auf die Planungshoheit dazu führt, dass der zugelassene Betriebsplan als rechtswidrig aufzuheben ist. Die Planungshoheit kann durch Betriebsplanzulassungen nur verletzt sein, wenn ausgewiesene Planung oder hinreichend konkretisierte konkrete Vorstellungen planerischer vorliegen. Hierfür hat die **Rechtsprechung** einige **allgemeine Leitsätze** entwickelt: Dem Bergbauvorhaben entgegenstehende Bebauungspläne können von der Gemeinde geltend gemacht werden. Sie sind nicht etwa zwingendes Recht, sondern sind als abwägungserheblicher Gemeinwohlbelang zu berücksichtigen (BVerwGE 97, 153 = UPR 1995, 192; Vallendar, UPR 2003, 43). Darstellungen im Flächennutzungsplan für Land- und Forstwirtschaft sind keine qualifizierte Standortzuweisungen, sondern Wiederholung der Vorgaben der Außenbereichsnutzung nach § 35 BauGB (BVerfG, UPR 1998, 445). Sind im Flächennutzungsplan sog. Abgrabungskonzentrationszonen ausgewiesen, ist für Abgrabungs-Vorhaben an anderer Stelle das Gesamtkonzept der städtebaulichen Entwicklung zu prüfen (§ 35 Absatz 3 Satz 4

BauGB, Gaentzsch, NVwZ 1998, 895; BVerfG, NVwZ 1988, 54). Öffentliche Belange, die bei Aufstellung eines Raumordnungs- oder Regionalplans in die Abwägung einbezogen und als nicht vorrangig gegenüber dem im Flächennutzungsplan oder im Regionalplan ausgewiesenen Abbauvorhaben überwunden worden sind, können von der Gemeinde im Betriebsplanverfahren nicht mehr mit Erfolg geltend gemacht werden (§ 35 Absatz 3 Satz 3 BauGB; Gaentzsch aaO). Um von einer abwägungserheblichen Beeinträchtigung der Planungshoheit ausgehen zu können, bedarf es einer Konkretisierung der Planung. Dazu gehören nicht globale Planungsabsichten.

Drittschutz der Gemeinden kommt auch aus dem Gesichtspunkt des **Eigentums-** **31** **rechts** nur begrenzt in Betracht (z. B. Beeinträchtigung einer von ihr mitbetriebenen Trinkwasserversorgung – OVG Weimar, ZfB 1997, 164 = NUR 1997, 519 = NVwZ-RR 1997, 558). Das Gemeindeeigentum ist nicht durch das Grundrecht aus Artikel 14 GG geschützt (BVerfGE 61, 100 ff. = NJW 1982, 2173). Die Gemeinden sind nicht berechtigt, sich verwaltungsgerichtlich *„zum Kontrolleur der zur Wahrung öffentlicher Belange jeweils berufenen staatlichen Behörden aufzuschwingen"* (BVerwG, NVwZ 2006, 1058 – Schönefeld – m. w. N.). Sie können nicht die grundrechtlich geschützten Abwehrinteressen ihrer Einwohner bei sich bündeln, in dem sie diese als Sachverwalterin der öffentlichen Gemeinschaft geltend machen (BVerwG aaO; ferner NVwZ 1997, 169; NVwZ-RR 1999, 554). Der Gemeinde kommen nicht etwa wehrfähige Rechte zu, weil der Allgemeinheit oder einzelnen Privatpersonen, die ihre Rechte selbst geltend machen können ein Schaden droht (BVerwG, UPR 1997, 154 m. w. N.). Einzelheiten insbesondere zu den Belangen der Gemeinde im Natur- und Landschaftsschutz, Immissions- und Landesplanungsrecht, Wasserrecht: § 54 Rn 45 b–c.

Die **Zulassung des Betriebsplans kann sich einer einzelnen Privatperson gegen-** **32** **über als Verwaltungsakt mit Drittwirkung** erweisen. Beispiele sind die Sonderbetriebspläne *„Anhörung der Oberflächeneigentümer"* bzw. *„Abbaueinwirkungen auf das Oberflächeneigentum"* (s. § 52 Rn 51) oder der Drittschutz, der über die §§ 48 Absatz 2 BBergG, 22 BImSchG bei nachbarverletzenden Lärm- oder Staubimmissionen, Anlagen- sicherheitsmängeln bestehen kann (VG Stuttgart, ZfB 1996, 248), oder beim Sonderbetriebsplan zum Abteufen eines Wetterschachtes, wenn von den Teufarbeiten und vom Schacht störende Immissionen ausgehen (VG Gelsenkirchen, ZfB 1984, 241).

Keine Drittwirkung wurde von der Rechtsprechung angenommen: Wenn ein **33** Bürger geltend macht, ein abzuteufender Schacht verletze die Erholungsfunktion des Waldes, verunstalte Landschaft und Wald, zerstöre Biotope (OVG Lüneburg, NJW 1970, 774; OVG NRW, ZfB 1974, 446; ZfB 1982, 249; VG Gelsenkirchen, ZfB 1978, 246 = Glückauf 1978, 89; bestät. im Urt. Glückauf 1981, 1511 und OVG Münster, ZfB 1982, 246, 249 = Glückauf 1982, 239), oder Fischereiberechtigte geltend machen, durch einen Sandabbau sei eine nicht wiedergutzumachende Beeinträchtigung von Natur und Landschaft zu besorgen (OVG Lüneburg, ZfB 2003, 273), bei Rahmenbetriebsplänen ohne UVP, wenn die Belange schwer von Bergschäden betroffener Oberflächeneigentümer im Sonderbetriebsplan *„Anhörung"* geprüft werden (VG Saarland, ZfB 2003, 128; ZfB 1995, 212; ZfB 1994, 31; OVG Saarland, ZfB 1993, 218). **Dritt-** **wirkung** auch für diese Grundeigentümer jedoch bei UVP-pflichtigen Rahmenbetriebsplänen (BVerwG, ZfB 2006, 319; OVG NRW, ZfB 2003, 278; s. auch § 52 Rn 51; a. A. Niederstadt, NVwZ 2004, 1085).

Keine Drittwirkung bei fakultativem Rahmenbetriebsplan, der die Errichtung **34** oberirdischer Anlagen und Gebäude betrifft oder das Abteufen eines Schachtes (VG Gelsenkirchen, ZfB 1991, 156; VG Stade, ZfB 1991, 221 im Anschluss an

OVG Lüneburg, ZfB 1990, 19), da die Zulassung eines fakultativen Rahmenbetriebsplans (noch) keine bergrechtlich erheblichen Einwirkungen für den
bergschadensgefährdeten Oberflächeneigentümer hat. Dasselbe gilt für einen
Hauptbetriebsplan oder für Sonderbetriebspläne, die den Ausbau des Schachtes
betreffen oder die Errichtung einer Halde aus dem Material von Erkundungs-
bohrungen und Schachtabteufen (VG Stade aaO), anders für den Sonderbetriebsplan Abteufen eines Wetterschachtes: VG Gelsenkirchen, ZfB 1984,
241.

35   An der fehlenden Drittwirkung ändert sich nichts, wenn das Eigentum als
„Denkmal" oder durch Jagd- oder Fischereirechte „angereichert" ist. Keine
Doppelwirkung, wenn ein Eigentümer befürchtet, die Verfüllung einer Kiesgru-
be mit Erdaushub werde die Fruchtbarkeit seiner Nachbarländereien beein-
trächtigen (VGH Kassel, ZfB 1991, 197) oder bei einem Rahmenbetriebsplan
für eine Erdgasproduktionsbohrung wegen fehlender UVP und voraussichtlicher
Lärmbelästigung (VG Stade, ZfB 2004, 248); oder bei Betriebsplänen, die
Abbauvorhaben zulassen, von denen voraussichtlich nur kleine und mittlere
Schäden im üblichen Umfang ausgehen, d. h. die unterhalb der Kriterien bleiben,
die der Länderausschuss Bergbau (ZfB 1995, 345 ff.) für Schäden von einigem
Gewicht aufgestellt hat.

36   Bei Verwaltungsakten mit Doppelwirkung hindert die **fehlende Bekanntgabe** an
den durch den Verwaltungsakt Belasteten nicht das Wirksamwerden des Verwaltungsakts. Jedoch beginnt die Frist zur Einlegung eines Widerspruchs erst,
wenn die Betriebsplanzulassung dem Dritten bekannt wurde oder hätte bekannt
werden können.

37   **Keine Drittwirkung** hat ein Betriebsplan, wenn **Naturschutzverbände oder
-vereine** gegen seine Zulassung Rechtsbehelfe einlegen. Diesen Verbänden stehen
nach § 64 Absatz 1 BNatSchG und nach den ergänzenden (§ 63 Absatz 3
BNatSchG) landesrechtlichen Vorschriften sowie nach § 2 URG und §§ 11
Absatz 2 USchG, 2 URG unter den jeweils dort festgelegten Voraussetzungen
Klagerechte zu (s. Anh. § 56 Rn 394 ff.). Diese **Klagerechte** bestehen, ohne dass
der Verein „in seinen Rechten" verletzt sein muss. Die anerkannten Natur-
schutzverbände(-vereine) sollen als *„Anwälte der Natur"* im Rahmen einer
„spezifisch naturschutzrechtlichen Form der Öffentlichkeitsbeteiligung"
(BVerwG NVwZ 1998, 280) die Belange des Naturschutzes und der Landschaftspflege *„über die Berücksichtigung durch die jeweils zuständige Behörde
hinaus in besonderer Weise zur Geltung bringen"* (BVerwG, NVwZ 1997, 906;
Wilrich LKV 2000, 469).

38   **Keine Drittwirkung** hat die **Betriebsplanzulassung zu Lasten von Bürgerinitiativen,** Interessengemeinschaften, Bürgerbündnissen. Sie können nach der sog.
Möglichkeitstheorie nicht vortragen, in eigenen Rechten verletzt zu sein, indem
eine ihrem Individualinteressen (auch) dienende Norm verletzt ist (Drittschutz
i. S. der Schutznormtheorie).

7.   Mitwirkungsbedürftiger Verwaltungsakt

39   Die Zulassung eines Betriebsplans ist ein **mitwirkungsbedürftiger Verwaltungsakt.** Die Einreichung des Betriebsplans ist die Antragstellung i. S. von § 22 Satz 2
Ziff. 2 VwVfG. Bei fehlender Mitwirkung (Antrag) ist die Zulassung schwebend
unwirksam. Der Unternehmer kann der Zulassung nachträglich, auch konkludent, zustimmen.

40   Der Antrag ist zugleich **Beginn der Verwaltungstätigkeit im Einzelfall** und eine
Bedingung für das Entstehen eines materiell-rechtlichen Anspruches. Fehlt er,

kann das gemäß § 45 Absatz 1, 44 Absatz 1 VwVfG zur Nichtigkeit der (späteren) Zulassung führen, weil der Antrag eine Verfahrensvorschrift i. S. von § 45 Absatz 1 Nr. 1 VwVfG ist. Einzelheiten zum Antrag als verfahrens- und materiellrechtliches Institut: Berger, DVBl 2009, 401 ff.

Bei **kollidierenden Anträgen** zu konkurrierenden Vorhaben müssen die Konflikte **41** durch das **Prioritätsprinzip** gelöst werden, sofern keine andere gesetzliche Regelung besteht. Dabei ist derjenige Antrag, der als erster vollständig einge-reicht wurde, grundsätzlich vorrangig zu bearbeiten (Schütte, NUR 2008, 142, 146 m. w. N.; VGH München, NJW 1962, 2020). Eine andere Vorgehensweise lässt sich mit dem Gleichbehandlungsgebot des Artikel 3 GG nicht vereinbaren.

8. Betriebsplan im EU-Recht

Der Verwertung von Reststoffen durch Nachversatz in Abbaubereichen eines **42** Steinkohlenbergwerks (Bruchhohlraumverfüllung) genügt die Betriebsplanzulas-sung den **europarechtlichen Vorgaben für die Genehmigung von Anlagen zur Verwertung von Abfällen** und Reststoffen (OVG NRW, NUR 1997, 618). Die Zulassung ist nach Verfahren und materiellen Voraussetzungen so ausgestaltet, dass möglichen Gefährdungen der Gesundheit, der Umwelt oder anderer recht-lich geschützter öffentlicher und privater Belange verhindert werden müssen (§§ 1 Nr. 3, 48 Absatz 2, 50 ff.).

III. Wirkung der Zulassung

1. Rechte Dritter

Die Zulassung des Betriebsplans begründet für den Unternehmer keine neuen **43** Rechte (Ebel/Weller § 68 Anmerkung 6). Sie öffnet ihm lediglich die bestehende öffentlich-rechtliche Schranke, dass er nach § 51 Absatz 1 Aufsuchungs-, Gewinnungs- und Aufbereitungsbetriebe nur aufgrund von Betriebsplänen errichten, rühren oder einstellen darf.

Durch die Zulassung des Betriebsplans **erlöschen Rechte Dritter nicht** (pr. OVG, **44** ZfB 72 (1931), 278, 291, RB ZfB (1931), 327 betrifft Einziehung eines öffent-lichen Weges für Betriebszwecke; Ebel/Weller § 68 Anmerkung 6; Willecke-Turner, Grundriss des Bergrechts, 103; VG Koblenz, ZfB 1984, 475). Es fehlt der Bergbehörde die gesetzliche Ermächtigung, in konstitutiver oder rechtsver-nichtender Weise in diejenigen Rechte einzugreifen, die den beabsichtigten Maßnahmen des Unternehmers entgegenstehen. Eine Vorschrift wie § 14 BImSchG kennt das BBergG nicht.

Die Zulassung von Betriebsplänen erfolgt grundsätzlich ohne Rücksicht auf **45** etwa erforderliche Zwangsverfahren zur Schaffung von benötigten Berechtigun-gen oder privatrechtlichen Rechtspositionen (BVerwG, ZfB 1991, 144; ZfB 1991, 137 = NVwZ 1991, 988 betrifft Untersuchungsbohrung; ZfB 1992, 61 betrifft Rahmenbetriebsplan untertägige Erkundung eines Salzstockes).

Davon zu unterscheiden ist die Frage, ob die Bergbehörde einen Betriebsplan **46** zulassen darf, bei dem feststeht, dass er zu einer Beeinträchtigung der Rechte Dritter führt (vgl. § 55 Rn 365).

Die **Wirkung der Zulassung** ist je nach den einzelnen Betriebsplanarten unter- **47** schiedlich.

2. Wirkung der Zulassung des Hauptbetriebsplans

48 Die **Zulassung des Hauptbetriebsplans** hat Gestaltungswirkung, d. h. sie berechtigt zur Durchführung der Abbautätigkeit (unstreitig OVG Berlin, ZfB 1990, 209; BVerwG, DVBl 1992, 569 = ZfB 1992, 38; OVG Saarland, ZfB 1993, 219; VG Saarland, ZfB 1994, 43; Ludwig, S. 44; Müller/Schulz, Hb, Rn 359; Pollmann/Wilke, Bochumer Beiträge Bd. 18/II, S. 227 ff.). Für die Vorhaben, deretwegen noch Sonderbetriebspläne aufgestellt werden müssen – aus welchen Gründen auch immer –, folgt aus der Zulassung des Hauptbetriebsplans nur ihre grundsätzliche Zulässigkeit. Diese erfolgt vorbehaltlich einer nochmaligen Detailplanung im Sonderbetriebsplan und dessen gesonderter Prüfung und Zulassung. Endgültig dagegen ist die Zulassung des Hauptbetriebsplans für die Maßnahmen, für die keine Sonderbetriebspläne mehr vorzulegen sind (Pollmann/Wilke, aaO S. 229).

49 Ein Hauptbetriebsplan für Aufsucharbeiten hat keine Vorwirkung für die Grundabtretung (OVG Weimar, ZfB 2003, 75).

50 Ein Hauptbetriebsplan hat für einen nachfolgenden Hauptbetriebsplan keine rechtliche Bindungswirkung. Der Hauptbetriebsplan ist immer nur für einen 2-Jahres-Zeitraum aufzustellen. Dadurch sollen Unsicherheiten von bergbaulichen Prognosen minimiert werden. Die bergbaulichen Maßnahmen sollen fortlaufend, nach Zeitabschnitten gestuft, bergbehördlich kontrolliert werden. Nach Zeitablauf sollen die Voraussetzungen des Hauptbetriebsplans bzw. seiner Verlängerung erneut geprüft werden. Bestenfalls kann man von einer faktischen Bindungswirkung ausgehen (Ludwig, S. 45; VG Neustadt, ZfB 1997, 223; VG Magdeburg, ZfB 2002, 81). Ähnlich: BVerwG, ZfB 1995, 278 = BVerwGE 100, 1: Es besteht ein Rechtsanspruch auf Zulassung der Verlängerung des ursprünglichen Rahmenbetriebsplans, wenn Versagungsgründe nach §§ 55 Absatz 1, 48 Absatz 2 Satz 1 nicht vorliegen. Bei unveränderter Tatsachen- und Rechtslage besteht kein Grund, die Verlängerung eines Hauptbetriebsplans zu versagen.

51 Ein Aufsuchungsbetriebsplan besitzt nach Inhalt und Zweck keine Bindungswirkung für die Entscheidung über nachfolgende Betriebspläne (OVG NRW, ZfB 1998, 146; OVG Bautzen, ZfB 2005, 58), auch nicht für Rahmenbetriebspläne.

3. Wirkung der Zulassung des Rahmenbetriebsplans

52 a) Die verschiedenen Rechtsauffassungen. Die **Wirkung der Zulassung eines fakultativen Rahmenbetriebsplans** ist in Rechtsprechung und Literatur eingehend erörtert worden.

53 Instanzgerichte haben zunächst die Wirkungen *„nahe bei Null"* gesehen (VG Stade, ZfB 1987, 373; ähnl. VG Gelsenkirchen, ZfB 1985, 106: *„Nach Zulassung des Hauptbetriebsplanes nur noch nachrichtliche Bedeutung"*). Dem ist jedoch sogleich widersprochen worden mit den Hinweisen, dass damit die aufwendige Prüfung der Zulassungsvoraussetzungen nicht zu rechtfertigen sei und der Zulassung der unbestrittene Charakter eines Verwaltungsakts genommen würde (OVG Lüneburg, ZfB 1990, 25).

54 Eine andere Auffassung stuft die Zulassung als **vorbescheidsähnlichen Verwaltungsakt** ein (VG Lüneburg, ZfB 1994, 172 f.; VG Stade, ZfB 1992, 66; Kühne, UPR 1986, 83; ZfB 1991, 286; Braunkohlenplanung S. 56; Boldt/Weller § 52 Rn 19 m. w. N.; Brauner, NUR 1994, 23; Fluck, ZfB 1989, 145; Niermann, S. 76 f.), wobei einige Autoren hinzufügen, es handle sich um einen Konzeptvorbescheid (von Mäßenhausen, ZfB 1994, 126; Niermann aaO). Der

Gedanke des Vorbescheides ist dem Bauordnungsrecht (z. B. § 71 LBauO NRW; § 75 BauO Nds; 74 BauO Sa), den § 9 BImSchG, 7 a AtG und dem § 5 AbgrG NRW entlehnt. Vorbescheide sprechen – auf der Grundlage endgültiger Antragsangaben – abschließende Entscheidungen über einen Ausschnitt des geplanten Vorhabens aus, denen im Umfang der Entscheidung eine – u. U. befristete – der Vollgenehmigung entsprechende Wirkung zukommt (OVG Lüneburg, ZfB 1990, 25 m. w. N.). Vorbescheide haben, anders als Teilgenehmigungen, keine gestattende Wirkung. Die vorbeschiedenen Genehmigungsvoraussetzungen (Anlagenkonzept, Standort) stehen im späteren Genehmigungsverfahren nicht mehr zur Überprüfung an. Im Rahmenbetriebsplan wird – je nach der planenden Vorlage des Bergbauunternehmers und nach Regelungsgehalt der Zulassung (OVG Saarland, ZfB 2005, 202 f.) – aber in vielen Fällen nicht abschließend über das Vorliegen der einzelnen Zulassungsvoraussetzungen entschieden, nämlich so verbindlich, dass über diese Voraussetzung bei späteren Haupt- und Sonderbetriebsplänen nicht erneut zu entscheiden wäre (BVerwG, ZfB 1992, 43 = NVwZ 1992, 980 = DVBl 1992, 569 – Gasspeicher). S. aber hierzu auch § 56 Rn 57.

Nach anderer Ansicht enthält der Rahmenbetriebsplan ein **vorläufiges positives**   **55** **Gesamturteil,** wie es der 1. Teilgenehmigung im BImSchG und im AtG zuerkannt wird (OVG Berlin, ZfB 1990, 209 = DVBl 1990, 1123 (LS); VG Berlin, ZfB 1989, 132; OVG Lüneburg, ZfB 1990, 25; Cosack, NUR 2000, 313). Ein vorläufiges positives Gesamturteil ist gegenüber nachfolgenden Entscheidungen bindend, allerdings nur vorläufig. Die Bindungswirkung steht unter dem Vorbehalt der Detailprüfung noch nicht genehmigter Anlageteile und der Änderung der Sach- und Rechtslage (BVerwGE 72, 309 f.; Ludwig S. 55). Die Zulassung des Rahmenbetriebsplans erfüllt diese Charakteristika nicht. Sie ist nicht Stufe oder Teil einer Gesamtzulassung, sondern fortlaufendes Genehmigungs- und Aufsichtsverfahren in einem (BVerwG, ZfB 1992, 43 – Gasspeicher; Gaentzsch in Kühne/Gaentzsch, S. 26).

Schließlich ist die Zulassung des Rahmenbetriebsplans mit der Wirkung einer   **56** **Zusicherung** i. S. von § 38 VwVfG verglichen worden (VG Berlin, ZfB 1989, 127). Neuen Erkenntnissen muss aber die Behörde, wenn über die Zulassung des Hauptbetriebsplans entscheidet, Rechnung tragen. Insofern geben die §§ 55, 48 Absatz 2 einen neuen Zulassungsmaßstab für den nachfolgenden Hauptbetriebsplan (Gaentzsch, aaO, S. 27).

Die **Rechtsprechung des BVerwG** hat früher die **Wirkungen der Zulassung von**   **57** **Rahmenbetriebsplänen** verhältnismäßig eng gezogen. Die Zulassungen entfalten als Steuerungs- und Aufsichtsinstrumente keine Bindungswirkung für nachfolgende Haupt- und Sonderbetriebspläne in dem Sinne, dass diese auch dann genehmigt werden müssen, wenn nach späterem Sach- und Erkenntnisstand die Voraussetzungen der §§ 55, 48 Absatz 2 für diese nachfolgenden Verfahren nicht mehr gegeben sind (st. Rspr. BVerwG, DVBl 1992, 571 f. = ZfB 1992, 43; DVBl 1996, 256 = NVwZ 1996, 910; ZfB 2006, 31 – Hambach; OVG NRW, ZfB 1998, 152 m. w. N.; ZfB 2005, 294, 302; VG Aachen, ZfB 2003, 85; ZfB 2003, 109; ZfB 2001, 306; VG Lüneburg, ZfB 1994, 172; VG Neustadt, ZfB 1997, 229; zusammenfassend Kühne, DVBl 2006, 664). Der Regelungsgehalt der Zulassung eines Rahmenbetriebsplans erschöpft sich vielmehr in der Feststellung, dass das beabsichtigte Vorhaben die in §§ 55, 48 Absatz 2 genannten Zulassungsvoraussetzungen erfüllt.

Insbesondere wirkt die Zulassung des Rahmenbetriebsplans nicht über ihre   **58** Geltungsdauer hinaus (BVerwG, NVwZ 1996, 910; a. A. Kühne, bergrechtlicher Rahmenbetriebsplan, S. 33 ff.). Allerdings besteht ein Rechtsanspruch auf

Zulassung der Verlängerung des ursprünglichen Rahmenbetriebsplans, wenn Versagungsgründe nach §§ 55 Absatz 1, 48 Absatz 2 Satz 1 nicht vorliegen.

59 In der neueren Rechtsprechung des BVerwG ist eine Tendenz zur Verstärkung der Bindungswirkung der einfachen Rahmenbetriebsplanzulassung zu erkennen. In dem Erdgasspeicher-Urteil von 1991 (BVerwGE 89, 246 ff.) wurde noch jegliche Bindungswirkung für Haupt- und Sonderbetriebspläne abgelehnt. Im Gorleben-Urteil von 1995 (BVerwGE 100, 11 f.) war man bereit, der einfachen Rahmenbetriebsplanzulassung jedenfalls in sofern bindende Wirkung zuzuerkennen, als ihre Festlegungen bei unveränderter Sach- und Rechtslage nachfolgend nicht mehr infrage gestellt werden können (Kühne, Leipziger Schriften, Bd. 15, S. 15). Diese Tendenz hat sich im Garzweiler II-Urteil von 2006 (BVerwGE 126, 212) verfestigt. Die Vorgaben des Bundesverwaltungsgerichts sind sachgerecht zu interpretieren, weil das Betriebsplanverfahren als flexibles Anpassungs- und Kontrollinstrument dies erfordert. Dabei sind mehrere Seiten der **Verbindlichkeit** des zugelassenen Rahmens zu betrachten: Die Behörde als Adressat als Bindungswirkung, der Unternehmer als Adressat der Bindungswirkung, der Grundeigentümer als Adressat. Dabei besteht die bindende Wirkung in dem Umfang der zu prüfenden und nicht nur im Umfang der geprüften Vorschriften. Diese Bindungswirkung hindert auch andere Behörden an einem Einschreiten aus Gründen, die zum Prüfumfang des Genehmigungsverfahrens gehörten (OVG Bautzen, DVBl 2010, 461 betrifft Baugenehmigung).

60 b) Bindungswirkung für die Behörde. Ausgangspunkt für die **Behördenverbindlichkeit** ist der konkrete Inhalt der Zulassung des Rahmenbetriebsplans. Je nach Konkretisierungsgrad der „allgemeinen Angaben" haben sie unterschiedliche Bindungswirkungen für die Entscheidungen über die Zulassung nachfolgender, dasselbe Vorhaben betreffender Betriebspläne (OVG NRW, ZfB 1998, 552 mit ausdrücklicher Bezugnahme auf die Rechtsprechung des BVerwG; VG Aachen, ZfB 2001, 306; ZfB 2003, 109; ZfB 2003, 85). Ist der Inhalt des Rahmenbetriebsplans grob strukturiert, ist seine Bindungswirkung entsprechend locker und begrenzt. Enthält der Rahmenbetriebsplan teilweise detaillierte Angaben, darf die spätere Zulassung von Haupt- oder Sonderbetriebsplänen in soweit bei unveränderter Sach- und Rechtslage davon nicht abweichen. Hierfür sprechen Gesichtspunkte der Feststellungswirkung der Rahmenbetriebsplan-Zulassung als Verwaltungsakt, der Verwaltungsvereinfachung durch rationale Verfahren und der einschränkenden Voraussetzungen des § 56 Absatz 1 Satz 2 für nachträgliche Änderungen von Zulassungen des Betriebsplans. Dies folgt ferner aus der **Koordinations- und Klammerfunktion** (BVerwGE 89, 252) des Rahmenbetriebsplans für spätere ergänzende Betriebspläne: Soweit die Koordination und Klammer wirken soll, muss sie auch binden. Für den Rahmenbetriebsplan „Abbau" z. B. bedeutet es, dass mit der behördlichen Zulassung bestimmte Eckwerte oder Fundamente (Abbauumfang, Abbaukonzept, Standorte und Funktionen der Schächte), wegen denen der Rahmenbetriebsplan „verlangt" wird und die zum Kernbereich der Zulassungsprüfung gehören, akzeptiert sind und nur bei gravierenden Änderungen der Sach- oder Rechtslage infrage gestellt werden kann. Die Tür dazu öffnete schon BVerwG, NVwZ 1986, 910: *„[...] eine dem Vorbescheid mindere Bindungswirkung, dass bei unveränderter Sach- und Rechtslage die Zulassung eines Haupt- oder Sonderbetriebsplanes nicht aus einem Grund versagt werden darf, der schon zur Versagung des Rahmenbetriebsplans hätte führen müssen"*. Das Fundament ist also entschieden („Fundamenttheorie"). Andere Darstellungen (Baufelder, Einwirkungsbereiche, maximale Abbaufläche usw.) bilden einen *„Variabilitätsrahmen"*, der in späteren Betriebsplänen auszufüllen ist (Schmidt-Assmann/Schoch, S. 191).

61 Nach richtiger Auffassung schlägt ein Mangel des Rahmenbetriebsplans nicht auf den Hauptbetriebsplan durch (VG Stade, ZfB 1991, 213, 226; Gutbrod/

Töpfer, Praxis des Bergrechts Rn 355), weil der Rahmenbetriebsplan selbstständig anfechtbar ist. Rahmenbetriebsplan- und Sonderbetriebsplanzulassung
stehen **nicht in einem Stufenverhältnis** der Art zueinander, dass die Rechtmäßigkeit der letzteren Zulassung die Bestandskraft oder sofortige Beziehbarkeit der
Rahmenbetriebsplanzulassung voraussetzt (OVG Saarland, ZfB 1997, 45; VG
Stade, ZfB 2004, 248).

Dem Rahmenbetriebsplan wird die Funktion zugewiesen, die Zulassungsfähig-   **62**
keit des Gesamtvorhabens oder zumindestens größerer zeitlicher oder räumlicher Abschnitte zu prüfen. Die verbindliche Feststellung, dass das Vorhaben
grundsätzlich zulassungsfähig ist, hat Bedeutung für nachfolgende Sonder- und
Hauptbetriebspläne: Bei deren Zulassung kann die grundsätzliche Zulassungsfähigkeit des Gesamtvorhabens – vorbehaltlich einer Änderung der tatsächlichen Verhältnisse – nicht erneut infrage gestellt werden (BVerwG, ZfB 2008,
249, 252; ZfB 2006, 156 Rn 25; hierzu Kühne, DVBl 2010, 875 Anmerkung 8).

c) Bindungswirkung für den Unternehmer. Für den **Unternehmer** bedeutet Ver-   **63**
bindlichkeit eine Antwort auf die Frage, ob er vom zugelassenen Rahmenbetriebsplan bei Beantragung des Hauptbetriebsplans abweichen kann. Auch
in dieser Hinsicht kann das Modell der *„Variantenbindung mit Abweichungsvorbehalt"* hilfreich sein. Den betrieblichen Erfordernissen eines „iterativen"
Planungs- und Abbauprozesses wird dadurch Rechnung getragen, dass gewisse
Überschreitungen des Rahmens in Details durch nachfolgende Haupt- oder
Sonderbetriebspläne möglich sind (Kremer/Wever, Rn 283).

d) Bindungswirkung für Grundeigentümer. Den Zulassungen eines **fakultativen**   **64**
Rahmenbetriebsplans kommt **keine Gestattungswirkung** und **keine Bindungswirkung zulasten von Grundstückseigentümern, die Bergschäden** durch den
späteren Abbau **befürchten,** zu (VG Saarlouis, ZfB 1994, 43 und ZfB 1994,
35; OVG Saarland, ZfB 1993, 219; ZfB 1994, 25; Keienburg, Genehmigungsverfahren, S. 91; Kühne/Ehricke, Öffentlichkeitsbeteiligung und Eigentumsschutz im Bergrecht, S. 49 *„Verweisung in eigentümerbezogene Sonderbetriebspläne"*).

Bindungswirkung kann nach neuer Rechtsprechung die Zulassung eines Rah-   **65**
menbetriebsplans für einen **Tagebaubetrieb** gegenüber Eigentümern haben,
deren Grundstücke für den Tagebau **unmittelbar in Anspruch** genommen werden sollen. Wenn sie gemäß § 48 Absatz 2 Sätze 2–5 beteiligt waren im
(Braunkohle-)Planverfahren oder die Zulassung des Rahmenbetriebsplans –
auch ohne eine solche Beteiligung – erfolglos angefochten haben, können sie
die grundsätzliche Zulassungsfähigkeit des Gesamtvorhabens – vorbehaltlich
einer Änderung der tatsächlichen Verhältnisse – nicht erneut infrage stellen
(BVerwG, ZfB 2006, 161 = NVwZ 2006, 1173, s. § 56 Rn 54, 78 ff.; a. A.
noch OVG Frankfurt/Oder, ZfB 2000, 304 m. w. N.; VG Cottbus, ZfB 2006,
203; VG Aachen, ZfB 2006, 188; OVG NRW, ZfB 2005, 303 unter Bezug auf
BVerwG, NVwZ 1991, 988 = ZfB 1991, 129).

Für **obligatorische Rahmenbetriebspläne** hat sich – wie für fakultative Rahmen-   **66**
betriebspläne – eingespielt, dass Oberflächenauswirkungen in Sonderbetriebsplanverfahren *„Abbaueinwirkungen auf das Oberflächeneigentum"* (NRW)
oder *„Anhörung der Oberflächeneigentümer" (Saarland)* erörtert und geprüft
werden (OVG Saarland, ZfB 2005, 203; VG Gelsenkirchen, ZfB 2004, 60; auch
schon OVG Saarland, ZfB 1993, 218, 219; ZfB 1994, 22, 25; Kühne/Ehricke,
Öffentlichkeitsbeteiligung und Eigentumsschutz im Bergrecht, S. 49 ff.). Die
Verlagerung kann zweckmäßigerweise durch ausdrücklichen Vorbehalt in einer
Nebenbestimmung zur Rahmenbetriebsplanzulassung erfolgen. Insoweit hat
deren Zulassung keine Bindungswirkung für die o. a. Sonderbetriebspläne.

67 Die Zulassung eines Rahmenbetriebsplans hat keine enteignungsrechtliche Vorwirkung (BVerwG, DVBl 2008, 1510 = ZfB 2009, 43 f.; ZfB 2008, 249, 251; BVerwGE 126, 205 = ZfB 2006, 156; OVG NRW, ZfB 2008, 101; ZfB 2005, 303). Das gilt auch wenn ein nachfolgendes Grundabtretungsverfahren erforderlich wird (s. hierzu § 56 Rn 142). Die Zulassung greift auch in Fällen notweniger Umsiedlungen nicht in das Grundrecht der Freizügigkeit aus Artikel 11 Absatz 1 GG ein (BVerwG, DVBl 2008, 1510 = ZfB 2009, 44).

68 Andererseits hat die Zulassung eines obligatorischen Rahmenbetriebsplans, in dem mögliche Grundstücksbeeinträchtigungen dargelegt und geprüft wurden, Bindungswirkung für weitere Sonder- und Hauptbetriebspläne: Mit Bestandskraft des obligatorischen Rahmenbetriebsplans sind Einwendungen gegen den Sonderbetriebsplan *„Abbau"* ausgeschlossen. Er regelt nur noch abbautechnische Einzelheiten (OVG NRW, ZfB 2006, 167 m.w.N.; VG Saarland, ZfB 1997, 45; OVG Bautzen, ZfB 1996, 149). Nach dem Rechtsschutzsystem des § 57a Absatz 5 ist das obligatorische Rahmenbetriebsplanverfahren darauf gerichtet, dass Einwendungen wegen desselben Vorhabens von den Betroffenen nur einmal erhoben und in diesem Verfahren auch erledigt werden (BT-Drs 11/4015, Begründung II, S. 12 = ZfB 1990, 93; OVG Saarland, ZfB 2005, 203, allerdings unwirksam gemäß BVerwG, ZfB 2006, 156 wegen Erledigungserklärung). Nach einer im Rahmenbetriebsplan erfolgten Prüfung des § 55 Absatz 1 Satz 1 Nr. 9 bei Oberflächenauswirkungen kann eine erneute Prüfung dieser Voraussetzung im Sonderbetriebsplan *„Anhörung der Oberflächeneigentümer"* nicht erfolgen (Kühne aaO, S. 52; a.A. Frenz, UPR 2005, 6 f.).

69 e) Gestattungswirkung. Von der Bindungswirkung für zukünftige Haupt- und Sonderbetriebspläne zu unterscheiden ist die **Gestattungswirkung** des fakultativen Rahmenbetriebsplans. Insofern ist nahezu einhellige Meinung, dass der Zulassung des Rahmenbetriebsplans (noch) keine Gestattungswirkung zukommt, sondern diese erst in den Haupt- oder Sonderbetriebsplänen angesiedelt ist (Begründung RegE BBergG in BT-Drs 8/1315 Anlage 1 S. 110; BVerwG, ZfB 2008, 252; ZfB 1995, 294; ZfB 1995, 278; ZfB 1992, 38, OVG Berlin, ZfB 1990, 209; Boldt/Weller § 52 Rn 3; Schmidt-Aßmann/Schoch, S. 183; VG Aachen, ZfB 2003, 91).

70 f) Eingriffswirkung gemäß BNatSchG. Aus der – fehlenden – Gestattungswirkung des fakultativen Rahmenbetriebsplans folgt, dass er **keine Eingriffswirkung** im naturschutzrechtlichen Sinne hat (VG Aachen, ZfB 2003, 92; OVG Brandenburg, ZfB 2001, 266 unter Hinweis auf Beschl. OVG Brandenburg v. 17.7.2000, AZ 4 A 94/99 und BVerwG, ZfB 1992, 38 ff.; s. auch Anh. § 56 Rn 238). Er hat auch keine die Landschaftsplanungshoheit beschränkende Wirkung. Dem zuständigen Landkreis verbleibt die Möglichkeit der Landschaftsplanung ohne Bindung an den zugelassenen Rahmenbetriebsplan (VG Aachen, aaO, 91).

71 g) Genehmigung i.S. von Artikel 1 EU-UVP-RL. Da die Zulassung des Rahmenbetriebsplans die Aufsuchung oder den Abbau nicht freigibt, rechtlich weder als erste Teilgenehmigung noch als vorläufiges positives Gesamturteil oder als Vorbescheid einzustufen ist, ist sie **keine Genehmigung im Verständnis von Artikel 1 Absatz 2 UVP-RL** mit der Folge, dass sie keine Prüfung des zuzulassenden Projekts auf seine Umweltverträglichkeit voraussetzt (BVerwG, ZfB 2006, 31 – Hambach).

72 Soweit gemäß § 48 Absatz 2 im Rahmenbetriebsplan die bauplanungsrechtliche Zulässigkeit des Vorhabens zu behandeln ist (BVerwG, DVBl 1989, 672), wird sie in der Zulassung nicht bestandskräftig für weitere Betriebspläne festgestellt. Sie muss zusätzlich im Hauptbetriebsplanverfahren geprüft werden (OVG NRW, ZfB 1995, 317).

h) Fachplan i. S. von § 17 BNatSchG. Ein fakultativer Rahmenbetriebsplan ist **73**
kein Fachplan i. S. von § 17 Absatz 4 BNatSchG (früher § 20 Absatz 4), der den
Planungsträger verpflichtet, die erforderlichen Maßnahmen zur Vermeidung,
zum Ausgleich und zur Kompensation im Fachplan oder in einem **landschaftspflegerischen Begleitplan** darzustellen (VG Stade, ZfB 1987, S. 374; Boldt/
Weller, Vorbem. 8 zu § 50; s. a. Anh. § 56 Rn 272). Allerdings hat sich bei
Vorhaben, die mit einem Eingriff in Natur und Landschaft verbunden sind, das
Instrument des **landschaftspflegerischen Fachbeitrags** entwickelt, um Natur und
Landschaft in den dynamischen Planungsprozess zu integrieren und der Behörde
die Abwägung zu den Anforderungen des Natur- und Landschaftsschutzes zu
erleichtern.

4. Wirkung der Zulassung des obligatorischen Rahmenbetriebsplans

Die Wirkung der **Zulassung des obligatorischen Rahmenbetriebsplans** ist im **74**
Vergleich zu den Planfeststellungsbeschlüssen i. S. von § 75 VwVfG beschränkt.
Zwar findet gemäß § 5 BBergG der § 75 VwVfG auch auf die Zulassung des
obligatorischen Rahmenbetriebsplans Anwendung. Dies aber nur, soweit im
BBergG nichts anderes bestimmt ist. Nach § 52 Absatz 2 a, 57 a ist die Zulassung nicht mit Genehmigungswirkung ausgestattet. Sie gibt die Maßnahmen
nicht frei, sondern stellt lediglich ihre Zulässigkeit fest. Auch die Gestaltungswirkung, die die öffentlich-rechtlichen Beziehungen zwischen dem Träger des
Vorhabens und den durch das Vorhaben in ihren Rechten Betroffenen regelt, ist
gemäß § 57 a Absatz 4 Satz 2 eingeschränkt. Sie erstreckt sich nicht auf Dritte,
deren Verhältnisse zum Abbauunternehmen durch besondere bergrechtliche
Verfahren wie Grundabtretung oder Baubeschränkung erfasst sind. Die Zulassung des obligatorischen Rahmenbetriebsplans hat allerdings Konzentrationswirkung in horizontaler Ebene. Alle in diesem Stadium der Zulassung erkennbaren Planungen sind erfasst, mit Ausnahme derjenigen des § 57 b Absatz 3
Satz 3, d. h. der Folgemaßnahmen, für die andere Fachgesetze eine UVP vorsehen.
Einzelheiten zur Zulassung des obligatorischen Rahmenbetriebsplans, zur Konzentrationswirkung, vertikaler und horizontaler Bindung, Rechtsnatur als
gebundene Kontrollerlaubnis s. § 52 Absatz 2 a Rn 131 f., 134 zu Unterschieden
zum fakultativen Rahmenbetriebsplan § 52 Absatz 2 a Rn 145 ff.

5. Wirkung der Zulassung des Sonderbetriebsplans

Sonderbetriebspläne haben häufig keine Gestattungswirkung zur Durchführung **75**
der Abbautätigkeit (s. aber § 52 Rn 46). Sie beinhalten allerdings die Erlaubnis
für die in ihnen geregelten bestimmten Teile des Betriebs, Einrichtungen und
Tätigkeiten, die eine eigenständige Bedeutung haben. Die Gestattungswirkung
zur Durchführung der Abbautätigkeit ergibt sich aber aus dem Hauptbetriebsplan (Kolonko, Eingriffsregelung S. 174; Kremer/Wever Rn 197; Ludwig, S. 49;
Stiens, Der bergrechtliche Betriebsplan S. 62). Sonderbetriebspläne können
daher den zwingend vorgeschriebenen Hauptbetriebsplan nicht ersetzen, auch
nicht in Verbindung mit einem zugelassenen Rahmenbetriebsplan (BVerwGE 89,
259; OVG Berlin, ZfB 1990, 200; Gaentzsch, Festschrift für Sendler S. 403,
410).

6. Wirkung der Zulassung des Abschlussbetriebsplans

Die Zulassung eines **Abschlussbetriebsplans** hat Gestattungswirkung. Er tritt an **76**
die Stelle des Hauptbetriebsplans, wenn es sich um einzustellende Betriebe
handelt.

7.   Verhältnis Betriebsplan – Grundabtretung

77 Die Zulassung eines Rahmenbetriebsplans eröffnet nicht die Möglichkeit, **Grundabtretung** gemäß §§ 77 ff. oder Zulegung gemäß §§ 35 ff. zu verlangen (BVerwG, ZfB 1992, 61 f.).

78 Nach langjähriger **bisheriger Rechtsprechung** (BVerwG aaO; VG Stade, ZfB 1992, 62; OVG Bautzen, ZfB 2004, 66; OVG NRW, ZfB 2005, 303) sollte der zugelassene Rahmenbetriebsplan keine Vorwirkung im Hinblick auf spätere Rechtsschutzverfahren gegen eine Grundabtretung oder Zulegung haben. Einer Vorverlagerung des Rechtsschutzes bereits in das gegen die Zulassung des Rahmenbetriebsplans angestrengte Rechtsschutzverfahren bedurfte es nicht.

79 Dies hat die **neuere Rechtsprechung** stärker **differenziert**. Eine Vorwirkung in dem Sinne, dass ein Planfeststellungsbeschluss die Zulässigkeit der Enteignung einzelner Grundstücke für das planfestgestellte Vorhaben abschließend feststellt, hat die Rahmenbetriebsplanzulassung nicht (BVerwG, NVwZ 1991, 873; ZfB 2009, 45; ZfB 2008, 251; UPR 2010, 399 = ZfB 2010, 140 m. w. N.; VG Neustadt, ZfB 2008, 213). Eine solche Vorwirkung müsste durch gesetzliche Vorschrift ausdrücklich angeordnet sein. Das ist für die Zulassung des Rahmenbetriebsplans nicht geschehen. Es besteht also keine Bindung der Grundabtretungsbehörde in dem Sinne, dass das „Ob" der Enteignung nicht mehr infrage gestellt werden kann (unklar insofern OVG NRW, ZfB 2008, 109: *„in einer Weise betroffen [...], die einer enteignungsrechtlichen Vorwirkung nahe kommt"*; dies interpretierend BVerwG, ZfB 2009, 45).

80 Dennoch ist die Zulassung des Rahmenbetriebsplans für das Grundabtretungsverfahren nicht ohne Bedeutung, wenn ein betroffener Eigentümer an dem Zulassungsverfahren nach § 48 Absatz 2 Satz 2–5 beteiligt worden ist oder er die Zulassung auch ohne eine solche Beteiligung erfolglos angefochten hat (s. § 56 Rn 64 ff.). Vorbehaltlich der Änderung tatsächlicher Verhältnisse wird durch den bestandskräftigen Rahmenbetriebsplan festgestellt i. S. von § 77 Absatz 2 Satz 1, dass das Vorhaben einer technisch und wirtschaftlich sachgemäßen Betriebsplanung und Betriebsführung entspricht und die Benutzung der Grundstücke für das Abbauvorhaben unter diesem Gesichtspunkt notwenig ist (BVerwG, ZfB 2006, 161; ZfB 2009, 45). Damit ist aber nicht verbindlich darüber entschieden, dass das Vorhaben i. S. von § 79 Absatz 1 dem Wohl der Allgemeinheit dient (BVerwG aaO, 45).

81 Von der so verstandenen Frage der Vorwirkung der Rahmenbetriebsplanzulassung ist zu unterscheiden, dass ein **Tagebauvorhaben dem öffentlichen Interesse i. S. von § 48 Absatz 2** widerspricht, wenn seine Verwirklichung daran scheitern muss, dass die dafür erforderliche Inanspruchnahme des privaten Eigentums schon generell nicht durch Belange des Allgemeinwohls gerechtfertigt ist (BVerwG, aaO, 45). Doch reicht zur Rechtfertigung aus, dass es **vernünftigerweise geboten** ist (BVerwGE 120, 1; BVerwGE 127, 95). Nicht notwendig ist, dass es einem unabweisbaren Bedürfnis entspricht (BVerwG, ZfB 2009, 46; ZfB 2009, 54). Diese Prüfung hat im Rahmenbetriebsplanverfahren zu erfolgen. Im Sinne eines effektiven rechtzeitigen Rechtsschutzes hat daher die Zulassung drittschützende Wirkung zugunsten der Eigentümer, deren Grundstücke **unmittelbar** in Anspruch genommen werden sollen. Da zu den in § 48 Absatz 2 Satz 1 angesprochenen öffentlichen Interessen auch die Belange der Eigentümer gehören, deren Grundstücke für das Vorhaben beansprucht werden müssen, enthält der Zulassungsbescheid eine Regelung ihnen gegenüber mit der Folge, dass sie den Zulassungsbescheid anfechten können (BVerwG, ZfB 2006, 161; ZfB 2009, 45; ZfB 2008, 252). Auch wenn der Rahmenbetriebsplanzulassung ein landesplanerisches Braunkohlenverfahren voranging, in dem verschiedene öffentliche

Interessen ermittelt und bedacht wurden, und obwohl durch die Zulassung der Abbau von Braunkohle noch nicht gestattet wird, enthält die Zulassung die Feststellung, dass das **Gesamtvorhaben zulassungsfähig** ist und nicht überwiegende öffentliche Interessen entgegenstehen. Diese Feststellung ist der Bestandskraft fähig und kann bei der Zulassung des Hauptbetriebsplans – vorbehaltlich der Änderung der tatsächlichen Verhältnisse – nicht erneut infrage gestellt werden. Für das spätere Grundabtretungsverfahren wird durch den bestandskräftigen Rahmenbetriebsplan festgestellt, dass die Voraussetzungen des § 77 Absatz 2 Satz 1 gegeben sind.

Nach der Rechtsprechung des BVerwG kann der **unmittelbar** betroffene Grund- **82** eigentümer öffentliche Belange wie Natur- und Landschaftsschutz, Wasserschutz oder die planerische Rechtfertigung eines Planfeststellungsverfahrens rügen. Der in Artikel 14 Absatz 1 und Absatz 3 GG verankerte Eigentumsschutz gebietet, dass der Eingriff in das Grundeigentum erforderlich und gesetzmäßig sein muss. Der Grundeigentümer kann sich daher nicht erst gegenüber der Enteignung selbst, sondern schon gegenüber dem Planfeststellungsbeschluss auf Einwendungen berufen, die die Beachtung öffentlicher Belange zum Inhalt haben (BVerwG, NJW 1983, 2459; NJW 1986, 2459; VGH Mannheim, NVwZ-RR 1989, 610; OVG Lüneburg, NVwZ-RR 2007, 450). Diese Rechtsprechung aus dem Fernstraßenrecht ist auf das Verhältnis zwischen Rahmenbetriebsplan und Grundabtretung nicht übertragbar. Nach § 19 FStrG wird im Planfeststellungsbeschluss möglicherweise abschließend über die Zulässigkeit einer nachfolgenden Enteignung befunden. Diese Wirkung hat der Rahmenbetriebsplan mit seinen oft nur allgemeinen Angaben nicht. Er ist durch weitere Betriebsplanzulassungen konkretisierungs- und ergänzungsbedürftig. Er ist keine zwingende Voraussetzung für eine etwaige spätere Grundabtretung (s. § 56 Rn 65). Auch die neue Rechtsprechung des BVerwG (ZfB 2006, 169) sieht einen Zusammenhang zwischen der Zulassung des Rahmenbetriebsplans und dem Grundabtretungsverfahren nur darin, dass die Grundstücksbenutzung dem Gesichtspunkt der technischen und wirtschaftlich sachgemäßen Betriebsplanung und -führung entspricht.

Andererseits steht der Notwendigkeit, ein Grundstück für den Tagebau in **83** Anspruch zu nehmen, nicht entgegen, dass ein Rahmenbetriebsplan, Haupt- oder Sonderbetriebsplan noch nicht bestandskräftig zugelassen ist. Betriebsplan- und Grundabtretungsverfahren sind verschieden und hängen grundsätzlich nicht voneinander ab (BVerwG, ZfB 1991, 139; ZfB 1991, 144; OVG Brandenburg, ZfB 1995, 200; VG Neustadt, ZfB 2008, 212; OVG Weimar, ZfB 2003, 74; VG Cottbus, ZfB 2000, 78; VG Aachen, ZfB 1987, 80). Nur wenn sich aufdrängen würde, dass der Zweck der Grundabtretung nicht als Gegenstand eines Betriebsplans zugelassen werden durfte, kann dies im Grundabtretungsverfahren beachtlich sein (VG Cottbus aaO).

Allerdings bestehen gewisse Einflüsse der Betriebsplanzulassung auf das Grund- **84** abtretungsverfahren: Im Grundabtretungsverfahren gemäß §§ 77 f. ist der zugelassene Betriebsplan die notwenige planrechtliche und betriebstechnische **Festlegung** (§ 77 Absatz 2) des Objekts (OVG NRW, ZfB 1978, 222). Ein Vorhaben entspricht einer technisch und wirtschaftlich sachgemäßen Betriebsplanung, wenn hierfür ein zugelassener Betriebsplan vorliegt (Boldt/Weller, § 77 Rn 11; VG Halle, ZfB 2009, 224). Das gilt, wenn ein Hauptbetriebsplan (VG Neustadt, ZfB 2008, 211), erst recht, wenn zusätzlich ein Sonderbetriebsplan zugelassen wurde (VG Neustadt, aaO).

Im Grundabtretungsverfahren ist **die Grundabtretungsbehörde** an den zugelas- **85** senen Betriebsplan **gebunden.** Auflagen und Ergänzungen des Betriebsplans sind im Grundabtretungsverfahren nicht mehr möglich (OVG Münster aaO).

86 Aus der Funktion des Betriebsplans als Festlegung i. S. von § 77 Absatz 2 folgt für das Grundabtretungsverfahren eine Abhängigkeit des Grundabtretungsbeschlusses zum zugelassenen Betriebsplan auch in zeitlicher **Hinsicht**. Ist er befristet, kann die Grundabtretung nicht über diese Frist hinausgehen (VG Aachen, ZfB 119 (1978), 382, 386).

8. Tatbestands-/Feststellungswirkung

87 Die Zulassung des Betriebsplans hat in dem von den Bergbehörden zulässigerweise und zuständigkeitshalber geprüften öffentlich-rechtlichen Rahmen **Tatbestandswirkung** gegenüber Verwaltungsakten anderer Behörden. Sofern die Bergbehörde als Sonderordnungsbehörde über die ihr anvertrauten öffentlichen Interessen entschieden hat, kann nicht die allgemeine Ordnungsbehörde durch eine dieser Entscheidung entgegengesetzte Ordnungsverfügung Gegenteiliges anordnen (Thiel, ZfB 94 (1953), 269, 271). Dabei wurde z. B. die Zuständigkeit der Bergbehörde für den Schutz der Oberflächengestaltung und gegen gemeinschädliche Einwirkungen des Bergbaues allumfassend und sehr weitgehend ausgelegt. In diesem Rahmen sollte auch geprüft werden, ob eine Gefährdung des Grundwasserstroms eintritt, ob Gesundheitsgefahren für die Bevölkerung durch Staubentwicklung bestehen und die Gefahr eines Brandes von Kohlenflözen eintreten kann (OVG Münster, ZfB 95 (1954), 459). Auf diese Gesichtspunkte kann daher eine Ordnungsverfügung der allgemeinen Ordnungsbehörde nicht mehr gestützt werden, wenn der Betriebsplan zugelassen ist (OVG Münster aaO, 463).

88 Die Zulassung hat **keine Feststellungswirkung**, die an die tatsächlichen und rechtlichen Feststellungen anknüpft, denn dies ist gesetzlich nicht besonders angeordnet.

9. Rücknahme und Widerruf

89 Die Zulassung des Betriebsplans gibt dem Unternehmer **kein unwiderrufliches Recht**, die Arbeiten auszuführen. Die Möglichkeit der **Rücknahme** von rechtswidrigen Zulassungen richtet sich nach § 5 BBergG, § 48 VwVfG, der **Widerruf** von rechtmäßigen Zulassungen nach § 5 BBergG, § 49 VwVfG. In beiden Fällen ist die Jahresfrist gemäß § 48 Absatz 4 VwVfG bzw. §§ 49 Absatz 3 i. V. mit 48 Absatz 4 VwVfG ab Kenntnisnahme der Behörde von den die Aufhebung rechtfertigenden Tatsachen zu beachten. Da die Zulassungen von Betriebsplänen begünstigende Verwaltungsakte sind, ist für ihre Rücknahme § 48 Absatz 1 Satz 2, Absatz 3–4 VwVfG und für ihren Widerruf § 49 Absatz 2 VwVfG maßgebend.

90 Die Rücknahme gemäß § 48 VwVfG bezieht sich auf rechtswidrig erlassene Verwaltungsakte. Umstritten ist, ob die Vorschrift auch auf rechtmäßig erlassene, aber nachträglich aufgrund einer nicht rückwirkenden Änderung der Sach- und Rechtslage rechtswidrig gewordene Verwaltungsakte anzuwenden ist (die h. M. verneint dies, hierzu Kopp, § 48 Rn 15, Rn 57 ff. m. w. N.). Änderungen der rechtlichen Voraussetzungen, des Sachverhaltes, der Rechtsprechung und neue wirtschaftliche Erkenntnisse sind daher, sofern keine spezialgesetzlichen Sonderregelungen bestehen, nur gemäß § 49 VwVfG im Widerrufsverfahren zu behandeln.

91 Zweifel werden geäußert, ob § 49 Absatz 2 Nr. 3 VwVfG als Voraussetzung für den Widerruf einer rechtmäßigen Zulassung anzuwenden ist. Insofern könnte § 48 Absatz 2 Satz 1 BBergG eine vorrangige Vorschrift sein, die der Bergbehörde eine eigenständige, dem Betriebsplan neben- und nachgeordnete Anordnungsbefugnis einräumt, die ggf. auch die Untersagung der Gewinnung von Bodenschätzen umfasst (VG Saarland, ZfB 2006, 225 f.).

Für die Rücknahme einer rechtswidrigen Zulassung sind gemäß § 48 Absatz 3 **92** VwVfG keine besonderen Voraussetzungen vorgegeben. Der Widerruf einer rechtmäßigen Zulassung ist gemäß § 49 Absatz 2 VwVfG nur in den dort abschließend genannten Fällen gestattet. Im Hinblick auf § 36 Absatz 1 VwVfG ist es nicht zulässig, die Entscheidung unter den Vorbehalt jederzeitigen Widerrufs zu stellen. Da die Betriebsplanzulassung ein gebundener Verwaltungsakt ist, auf den gemäß § 36 Absatz 1 VwVfG ein Anspruch besteht, darf ein Widerrufsvorbehalt nur vorgesehen werden, wenn er sicherstellen soll, dass die §§ 55 Absatz 1, 48 Absatz 2 Satz 1 erfüllt werden. Im Übrigen spricht vieles dafür, dass die Sicherstellung dieser Voraussetzungen durch § 56 Absatz 1 Satz 2 speziell geregelt ist und dessen Vorgaben durch einen Widerrufsvorbehalt nicht ausgehöhlt werden können.

Sowohl für die Rücknahme als auch für den Widerruf der Betriebsplanzulassung **93** gilt, dass sie im Ermessen der zuständigen Bergbehörde stehen. Im Falle der Aufhebung einer rechtmäßigen Zulassung ist außer den Widerrufsgründen des § 49 Absatz 2 Nr. 1–5 VwVfG zu bedenken, dass der Behörde durch das Instrument der nachträglichen Aufnahme, Änderung und Ergänzung von Auflagen gemäß § 56 Absatz 1 Satz 2 andere, u. U. mildere Mittel zur Verfügung stehen als der Widerruf. Soweit die Voraussetzungen des § 71 Absatz 1 oder Absatz 2 vorliegen, wäre deren vorrangige Anwendung zu prüfen. Möglicherweise kommt auch das Verlangen der Bergbaubehörde auf Vorlage eines Sonderbetriebsplans gemäß § 52 Absatz 2 als milderes Mittel in Betracht. Jedenfalls ist die Rücknahme bzw. der Widerruf der Zulassung, sofern sie überhaupt rechtlich zulässig ist (hiergegen: Beyer, S. 113: § 56 Absatz 1 Satz 2 verdrängt § 48, 49 VwVfG), nach der Systematik des BBergG das letzte Mittel. Änderungen i. S. der §§ 48, 49 VwVfG sind vorrangig innerhalb des Betriebsplanverfahrens zu lösen (im Ergebnis ähnlich Gaentzsch, Wandel und Beharren im Bergrecht, S. 27 f.; anders Kühne, daselbst, S. 80). Das empfiehlt sich auch deshalb, weil bei Rücknahme (§ 48 Absatz 3 Satz 1 VwVfG) und Widerruf (§ 49 Absatz 6 VwVfG) die **Vermögensnachteile** des Bergbauunternehmens unter den dort festgelegten Voraussetzungen **auszugleichen** sind. Eine Entschädigung kommt allerdings nicht in Betracht, wenn es sich um eine neue Sachlage handelt, die auf neuen, mit dem Fortschreiten der bergbaulichen Tätigkeit gewonnen Erkenntnissen beruht. Das bergbauliche Risiko häufiger veränderter Situationen trägt der Unternehmer (Gaentzsch, Wandel und Beharren im Bergrecht, S. 27).

Bei Zulassungen **obligatorischer Rahmenbetriebspläne** ist fraglich, ob sich das **94** Instrumentarium für nachträgliche Eingriffe in die Entscheidung aus §§ 74–77 VwVfG, insbesondere § 76 (Planänderung) und § 77 (Aufhebung) äußerstenfalls auch noch aus § 49 VwVfG (Widerruf) ergibt (so Kühne, Veröffentlichungen des Instituts für Energierecht Köln, Bd. 118, S. 52). Aus § 57a Absatz 4 Satz 2 folgt wohl eher, dass die Vorschriften des BBergG dem allgemeinen Verfahrensrecht vorgehen (Boldt/Weller, Ergänzungsband § 57a Rn 51).

10. Legalisierungswirkung

Die Frage, ob die Zulassung eines Betriebsplans eine **Legalisierungswirkung** hat **95** in dem Sinne, dass sie als eine nach rechtsstaatlichen Grundsätzen ergangene gesetzlich vorgesehene Behördenentscheidung altlastenverursachendes Handeln des Bergbauunternehmers abdeckt und späteren ordnungsrechtlichen Haftungen entgegensteht, wurde in der Rechtsprechung und Literatur intensiv erörtert.

96 Nach der **Rechtsprechung** des pr. OVG war es anerkanntes Recht, dass eine Anlage, für die eine gewerbepolizeiliche Genehmigung erteilt ist, gegen nachträgliche polizeiliche Eingriffe auch aus anderen als gewerbepolizeilichen Gründen geschützt ist (pr. OVGE 82, 356 m. w. N.). Das BVerwG hat diesen Gedanken erstmals aufgegriffen und einer Genehmigung nach § 4 BImSchG bzw. einem aufgrund des BImSchG erlassenen Verwaltungsakt eine Legalisierungswirkung zugesprochen, die der Verantwortlichkeit nach Ordnungsrecht entgegensteht (BVerwGE 55, 118 = DÖV 1978, 406 mit Anmerkung Jarass). Dies sollte nicht gelten, wenn das Vorhaben nur anzeigepflichtig war. Die Legalisierung hatte einen doppelten Effekt: Soweit der Anlagenbetreiber den Rahmen der Genehmigung einhält, handelt er pflichtgemäß. Außerdem wurden die behördlichen Eingriffsermächtigungen zu nachträglichen Anordnungen, Untersagungs-, Stilllegungs- und Beseitigungsverfügungen (Breuer JuS 1986, 362) begrenzt. Es bestand eine Bindungswirkung der Zulassung für behördliches Handeln.

97 Für die Betriebsplanzulassung hat dagegen das OVG NRW festgestellt, dass sie (nur) der präventiven Gefahrenabwehr dient. Sie sanktionieren nicht, wenn durch betriebsplanmäßig zugelassene Maßnahmen Gefahren für die öffentliche Sicherheit und Ordnung herbeigeführt werden (OVG NRW, ZfB 1984, 367, 375 = UPR 1984, 279). Das gilt vor allem bei oberflächennahem Abbau. Auch ein Abschlussbetriebsplan bezüglich eines ehemaligen Kokereigeländes sanktioniert nicht später auftretende Gefahren, ebenso nicht die Genehmigung des Abbruchs von Betriebsanlagen und die sog. Entlassung aus der Bergaufsicht (OVG NRW, NVwZ 1985, 356 = UPR 1985, 250; OVG NRW, ZfB 1997, 39; VG Köln, ZfB 1987, 93). Eine Legalisierungswirkung komme daher der Betriebsplanzulassung nicht zu. Die weitere Rechtsprechung hat das teilweise aufgegriffen (VGH Mannheim, ZfB 2000, 144 = NUR 2000, 511 betrifft Abschlussbetriebsplan Gasabführung für stillgelegten Schacht; BVerwG, ZUR 2006, 486 betrifft Abschlussbetriebsplan Kalihalde; VGH Mannheim, NUR 2006, 107 = ZfB 2008, 86 betrifft Sanierungsplan Kalihalde), allerdings auch verdeutlicht: Liegt lediglich eine behördliche Duldung vor, kann sie keine Legalisierungswirkung haben (BVerwG v. 4.6.1996 – Buchholz 406.19 Nachbarschutz Nr. 133). Betriebsplanzulassungen sind mehr als nur Duldungen. Insofern kommt es auf ihren konkreten Regelungsgehalt an (BVerwG, ZUR 2006, 486).

98 In der **Literatur** ist das Meinungsbild ebenfalls uneinheitlich: Einerseits soll die Betriebsplanzulassung die polizeiliche Verantwortlichkeit grundsätzlich ausschließen (Drews/Wacke/Vogel/Martens, Gefahrenabwehr S. 316 f.; Papier, Altlasten und polizeiliche Störerhaftung S. 24 ff., und DVBl 1985, 875 f. sowie UTR 1985, 65 ff.; Gutbrod/Töpfer Rn 323 ff.; Fluck, ZfB 1989, 13 ff., 36; Dienes/Oligmüller u. a. Rechtliche Behandlung von Altlasten in RdE 1987, 93). Die Genehmigung verlöre ihren Sinn, wenn gleichwohl gegen den genehmigten Zustand mit Hilfe des Ordnungsrechts eingeschritten werden könnte.

99 Demgegenüber wird die Meinung vertreten, dass die Legalisierungswirkung der Betriebsplanzulassung ausscheidet, weil allen betrieblichen Vorgängen des Bergbaus tendenziell ein Gefahrenpotenzial zugerechnet werden muss. Insbesondere wurden durch die Zulassung nicht zugleich stillschweigend etwaige Bodenkontaminationen verursachende Betriebshandlungen genehmigt (Müggenborg, NVwZ 1992, 849; Kloepfer, NUR 1987, 16; Kothe, VerwArch 1997, 478; Schmitz, DVBl 1986, 167; Lange, UPR 1987, 15; Striewe, ZfW 1986, 285; Kirchner/Kremer, ZfB 1990, 11).

100 Eine vermittelnde Auffassung unterscheidet nach den verschiedenen Genehmigungstypen und nach dem Wortlaut und dem Inhalt der Genehmigung. Auslegungshilfe können Antragsunterlagen, gesetzliche Anforderungen und Sinn und Zweck des Genehmigungsverfahrens sein (Beckmann, UPR 1995, 14; Breuer, JuS 1986, 362; Seibert, DVBl 1992, 670 m. w. N.).

Die Legalisierungswirkung ist lediglich eine bildhafte Umschreibung für die **101** Bindungswirkung der Betriebsplanzulassung. Diese Bindungswirkung besteht nicht nur gegenüber der erlassenden Bergbehörde, sondern gegenüber allen anderen Behörden (Seibert, DVBl 1992, 671 m. w. N.). Sie ist der Ansatz für die Antwort, ob und inwieweit Betriebsplanzulassungen Legalisierungswirkung haben. Eine Sichtweise, die den Zulassungen generell jede Legalisierungswirkung abspricht, ist zu schlicht und wird den sachlichen Gegebenheiten nicht gerecht. Richtig erscheint der Ansatz zu sein, auf den Inhalt der Zulassung und den behördlichen Prüfungsumfang für die Zulassung abzustellen. Diese Kriterien haben sich im Laufe der Tradition des Betriebsplanrechts durch Gesetzgebung und Rechtsprechung geändert. Betriebsplanzulassungen heutigen Rechts differieren stark von denen zur Zeit der Geltung des ABG, sie differieren auch durch den Einfluss von WHG, BImSchG, BBodSchG und Abfallgesetzen auf die Betriebsplanzulassungen.

Soweit öffentliche Interessen in parallelen Genehmigungsverfahren angesiedelt **102** sind, kann der Betriebsplanzulassung keine Legalisierungswirkung zukommen.

Auch soweit die Bergbehörde Anordnungen nach § 71 Absatz 1 Satz 2, Absatz 2 **103** oder nachträgliche Auflagen gemäß § 56 Absatz 1 Satz 2 aussprechen kann, dürfte eine Legalisierungswirkung ausscheiden. Denn bei Vorliegen der Voraussetzungen dieser Vorschriften bestehen bergbehördliche Eingriffsbefugnisse trotz zugelassener Betriebspläne. Nach Beendigung der Bergaufsicht lebt daher eine Legalisierungswirkung nicht etwa neu auf (ähnl. Kirchner/Kremer, ZfB 1990, 10).

Weitere Überlegungen müssen bei den unterschiedlichen Prüfungsumfängen der **104** Betriebsplanzulassungen nach dem früheren ABG und dem BBergG ansetzen. Nach § 68 ABG hatte das Bergamt lediglich die Möglichkeit, Einspruch gegen den vorgelegten Betriebsplan einzulegen, wenn er die in § 196 ABG vorgegebenen polizeilichen Gesichtspunkte (§ 67 Absatz 3 ABG) nicht beachtete. Schon daraus folgt, dass der Betriebsplan vornehmlich unter Gefahrengesichtspunkten zu prüfen war, dass er in seinem Regelungsinhalt höchst unterschiedlich war, individualisiert und subjektiviert von den Kenntnissen der zuständigen Behörde. Damit kann eine Legalisierungswirkung der früheren Betriebsplanzulassung nicht generalisierend bejaht oder verneint werden.

Einbezogen werden muss bei der Beurteilung des Einzelfalls die Erkennbarkeit **105** der Risikolage im Entscheidungszeitpunkt (Seibert, DVBl 1992, 670 m. w. N.). Ferner ist der Gesichtspunkt zu beachten, dass Verhalten in der Vergangenheit, das nach dem seinerzeitigen wissenschaftlich-technischen Kenntnisstand polizei- und ordnungsrechtlich keine objektive Gefahr bedeutete, für die Verhaltensverantwortlichkeit – anders als für die Zustandsverantwortlichkeit – unbeachtlich bleibt (Kothe, VerwArch. 1997, 481 f.).

Anders könnte die Legalisierungswirkung bei den Betriebsplanzulassungen **106** „moderner Art" zu beurteilen sein. Sie unterliegen einem gestuften Verfahren und einem umfangreichen Prüfungsprogramm. Dieses ist durch die Einbeziehung überwiegender öffentlicher Interessen von der Rechtsprechung noch gegenüber dem gesetzlichen Katalog des § 55 Absatz 1 erweitert worden. Die Vorsorge- und Sicherstellungsanforderungen des § 55 Absatz 1 sind nicht nur auf den Augenblick der Zulassung, sondern prognostisch auf die Zukunft gerichtet und durch Sicherheiten gemäß § 56 Absatz 2 belastet. Im Verfahren werden Belange zahlreicher anderer Behörden über § 54 Absatz 2 in die Entscheidung einbezogen. Ergänzt wird das Instrumentarium durch das System der

Bergaufsicht als stets präsenter Betriebsaufsicht mit zahlreichen gesetzlichen
Eingriffsrechten bis hin zur Untersagung des Betriebs. Angesichts dieser Prü-
fungsdichte ist es geboten, der Betriebsplanzulassung jedenfalls insofern Legalisierungswirkung zuzuerkennen, soweit nicht die §§ 56 Absatz 1 Satz 1, 71 der
Bergbehörde Eingriffsbefugnisse trotz Betriebsplanzulassung geben. Diese Legalisierungswirkung besteht nach Beendigung der Bergaufsicht fort, denn es wäre
nicht verständlich, warum die materiell-rechtliche Lage durch Zuständigkeits-
änderung im Behördenbereich eine andere werden sollte.

107 Auch für den Abschlussbetriebsplan „moderner Art" muss man eine Legalisierungswirkung mit den dargestellten Einschränkungen annehmen. Nach § 53
Absatz 1 und Absatz 2 sind die Anforderungen an beizubringende Unterlagen
erheblich, und zwar stilllegungsbezogen und vergangenheitsorientiert, erweitert
worden gegenüber anderen Betriebsplanarten. Die Behörden können sich eine
umfassende Kenntnis von etwaigen Gefährdungslagen machen. Für die in § 55
Absatz 2 aufgeführten Belange wird deren Sicherstellung im Abschlussbetriebsplan gefordert. Die öffentlichen Interessen i. S. von § 48 Absatz 2 sind auch hier
Prüfgegenstand. Die Wiedernutzbarmachungspflicht ist wesentlichster Bestandteil des Abschlussbetriebsplans. Sie umfasst zukunftsgerichtet ebenfalls die
Beachtung der öffentlichen Interessen (§ 4 Absatz 4), ihre Erfüllung ist eine
Voraussetzung für die Beendigung der Bergaufsicht gemäß § 69 Absatz 2, die
zudem häufig in einem besonderen Termin vor Ort mit allen Beteiligten festgestellt wird. Dieses gesamte System ist aufgebaut und nur verständlich, wenn in
der Praxis damit auch ein dauerhafter Zweck der Legalisierung erreicht wird.

108 Eine Besonderheit gilt für die **technischen Betriebspläne** nach § 32 Absatz 3
Satz 1 der I. DVO zum **Berggesetz der ehemaligen DDR**. In ihnen waren die in
§ 26 Absatz 2 des Berggesetzes der DDR genannten Maßnahmen festzulegen.
Obwohl deren Bestandskraft eingeschränkt war, weil sie jeweils die neuesten
technischen Erkenntnisse berücksichtigen mussten (Mücke, Bergrecht 1985,
S. 174), wird ihnen eine Legalisierungswirkung insoweit zuerkannt, als bei
Berücksichtigung der neuesten technischen Erkenntnisse keine Veranlassung
für ein ordnungsbehördliches Einschreiten bestand (Beckmann, UPR 1995, 16).

11. Sonstige Wirkungen

109 Die bergrechtliche Zulassung eines Rahmenbetriebsplans zum Abteufen von
Schächten oder zur untertägigen Erkundung eines Salzbergwerks bindet nicht
die Planfeststellung nach dem AtG (VG Stade, ZfB 1987, 376; Wagner, DVBl
1983, 580; Lukes, ET. 1984, 569; Degenhart, ET. 1984, 954; Hoppe/Bunse,
DVBl 1984, 1041; a. A. Breuer, Planfeststellung für Anlagen zur Endlagerung
radioaktiver Abfälle 1984, 51 ff.: Die Schächte schaffen Zwangspunkte).

110 Nach § 19 f. Absatz 1 WHG a. F. entschied die Bergbehörde über **Genehmigungen von Rohrleitungen**, wenn ein bergrechtlicher Betriebsplan die Errichtung
oder den Betrieb der Rohrleitung vorsah. Diese Bestimmung ist im WHG 2009
weggefallen. Rohrleitungsanlagen zum **Befördern wassergefährdender Stoffe**
bedürfen gemäß § 20 UVPG der Planfeststellung oder der Plangenehmigung.
Außerdem gilt die **Rohrfernleitungsverordnung** (BGBl 2002, 3777, 3809), die
zuletzt durch Artikel 23 des Gesetzes v. 31.7.2009 (Rechtsbereinigungsgesetz
Umwelt, BGBl I, 2585) geändert wurde. Nach § 2 Absatz 3 Rohrfernleitungsverordnung gilt sie nicht für Rohrfernleitungsanlagen, die bergrechtlichen
Betriebsplanverfahren unterliegen. Ähnliches ist für Gashochdruckleitungen in
§ 1 Absatz 2 der **VO über Gashochdruckleitungen** (BGBl 1974, 3591) geregelt.
Sie gilt nicht für solche Hochdruckleitungen, die dem bergrechtlichen Betriebsplanverfahren unterliegen. Ebenso begründet der Betriebsplan, der die Benut-

zung eines Gewässers vorsieht, die Zuständigkeit der Bergbehörde über die Erteilung der **wasserrechtlichen Erlaubnis** gemäß § 19 Absatz 2 WHG 2009 (früher § 14 Absatz 2 WHG). In allen Fällen kommt es nicht auf die Zulassung, sondern auf den vom Unternehmer eingereichten Betriebsplan an. Auf die Art des Betriebsplans kommt es nicht an.

Andererseits entscheidet die Zulassung eines Rahmenbetriebsplans über die **111** **Anpassungspflicht** des Bauherrn gemäß § 110 Absatz 1; zudem ist ein zugelassener Betriebsplan Voraussetzung für die Aufteilung der Anpassungs- und Sicherungskosten bei öffentlichen Verkehrsanlagen gemäß § 124 Absatz 2.

IV. Nebenbestimmungen in der Zulassung

1. Rechtslage nach früherem Recht

Nach der Rechtsprechung zum ABG war das **Bergamt** nicht befugt, eine **112** Betriebsplanzulassung unter Bedingungen oder Auflagen auszusprechen (OVG Münster, ZfB 118 (1977), 361, 365 = Glückauf 1977, 101 gegen Horneffer, Bergrecht und Allgemeines Polizeirecht, Diss. Göttingen, 1969, 97 Fn. 2). Lediglich das Landesoberbergamt hatte gemäß § 68 Absatz 4 ABG NRW die Möglichkeit, die Ausführung des Betriebsplans von Bedingungen, Auflagen und Änderungen abhängig zu machen und diese festzusetzen. Das Bergamt hatte, sofern es Änderungen oder Ergänzungen des Betriebsplans für erforderlich hielt, nur die Möglichkeit, Einspruch einzulegen und zu erörtern. Diese Rechtslage ist durch das BBergG nicht mehr gegeben, da die zweistufige und mit unterschiedlicher Befugnis ausgestattete Zuständigkeit nicht aufgenommen wurde. Nebenbestimmungen kann demnach die jeweils für die Zulassung zuständige Bergbehörde in diesem gesetzlichen Rahmen aufnehmen.

2. Zulässigkeit von Nebenbestimmungen

Hinsichtlich der Zulässigkeit von **Nebenbestimmungen** ist zu unterscheiden: **113**

Das **BBergG** selbst regelt in § 56 zwei Fälle von Nebenbestimmungen, sodass **114** insoweit die bergrechtlichen den allgemeinen Vorschriften des VwVfG vorgehen: die Zulässigkeit nachträglicher Nebenbestimmungen und die Zulässigkeit von Sicherheitsleistungen (hierzu § 56 Rn 227, 258 ff.).

Die **Vorschriften des VwVfG** über Nebenbestimmungen sind über die dargestell- **115** ten berggesetzlich geregelten Fälle hinausgehend anzuwenden. Aus dem Fehlen einer diesbezüglichen Regelung in den Vorschriften über das Betriebsplanverfahren ist nicht das Gegenteil zu schließen. Der Regierungsentwurf enthielt in § 55 Absatz 1 Satz 2 die ausdrückliche Bestimmung, dass die Zulassung des Betriebsplans zur Sicherstellung ihrer gesetzlichen Voraussetzungen mit Nebenbestimmungen versehen werden kann. Sie ist nur deshalb nicht in das Gesetz aufgenommen worden, weil sich das bereits aus den VwVfG'en des Bundes und der Länder ergibt (BT-Drs 8/3965, S. 138, 134 = Zydek, 264, 132). Damit sind auf Nebenbestimmungen der Betriebsplanzulassung, die nicht nachträglichen Charakter haben, die Regelungen des § 36 Absatz 1, Absatz 3 VwVfG anzuwenden.

Hinsichtlich der **Nebenbestimmungen** bedeutet das: Da gemäß § 55 Absatz 1 ein **116** Anspruch auf Zulassung des Betriebsplans bei Vorliegen der dort genannten Voraussetzungen besteht, darf er mit Nebenbestimmungen nur versehen werden, wenn sie sicherstellen sollen, dass diese gesetzlichen Voraussetzungen für die

Zulassung erfüllt werden. Sie sind an die Voraussetzungen des § 55 Absatz 1 Satz 1 Nr. 2–13 und Absatz 2 gebunden, wie das § 56 Absatz 1 Satz 2 für nachträgliche Auflagen ausdrücklich festlegt. Dieser Gedanke ist ein Ausfluss des Grundsatzes der Verhältnismäßigkeit, wonach die Behörde prüfen muss, ob der Verwaltungsakt durch geeignete Auflagen geschützt werden kann, bevor er sonst abgelehnt werden müsste. Zur Unzulässigkeit von Nebenbestimmungen mit privatrechtlichem Inhalt § 55 Rn 369 f., zur Zulässigkeit aus außerbergrechtlichen öffentlichen Interessen § 55 Rn 358. Nebenbestimmungen dürfen nicht die Bestandskraft und die nur beschränkte Zulässigkeit von nachträglichen Auflagen nach § 56 Absatz 1 Satz 2 unterlaufen. Liegen die Voraussetzungen des § 55 Absatz 1–9 bei Zulassung vor, kann eine Nebenbestimmung nicht die Zulassung des Betriebsplans dahingehend einschränken, dass für den Fall des Wegfalls dieser Voraussetzungen Auflagen erteilt werden (z.B. unzulässig die Auflage: *„Falls gemeinschädliche Abbaueinwirkungen zu erwarten sind [...]“*). Demgegenüber ist der Schluss nicht zwingend, aus § 56 Absatz 1 Satz 2 folge, dass die ursprüngliche Aufnahme von Auflagen bei der Betriebsplanzulassung auch dann zulässig sei, wenn sie nicht dem Schutz der in § 55 Absatz 1 Nr. 2–13 erwähnten Rechtsgüter dient. Denn in § 56 Absatz 1 Satz 2 sei nur die **nachträgliche** Aufnahme von Auflagen geregelt (VG Düsseldorf, ZfB 1983, 202 ff.). Der Fehler dieser Auffassung folgt schon aus § 36 Absatz 1 VwVfG und der begrifflichen Einordnung der Auflage als Mittel zur Durchsetzung der gesetzlichen Voraussetzungen der Betriebsplanzulassung, aber auch nur dieser Voraussetzungen.

117 Einhellig wird inzwischen die Auffassung vertreten, dass im Rahmen des § 56 Absatz 1 Satz 2 auch § 48 Absatz 2 Satz 1 anzuwenden ist, d.h. dass nachträglich Auflagen zu bereits zugelassenen Betriebsplänen angeordnet werden können zur Sicherstellung der Voraussetzungen des § 48 Absatz 2 Satz 1. Gleiches gilt für § 56 Absatz 2 Satz 1 in Bezug auf die Sicherheitsleistung. Das folgt aus der Ergänzungsfunktion des § 48 Absatz 2 Satz 1 im Betriebsplanverfahren (Frenz, Bergrecht und nachhaltige Entwicklung, S. 79; Boldt/Weller, Ergänzungsband zu § 48 Rn 7).

118 Soweit Auflagen nicht nachträglich i.S. von § 56 Absatz 1 Satz 2 aufgenommen werden, sondern von vornherein in der Betriebsplanzulassung enthalten sind, müssen sie gemäß § 36 Absatz 1 VwVfG die gesetzlichen Voraussetzungen der Zulassung einschließlich des § 48 Absatz 2 Satz 1 sicherstellen. Andernfalls sind sie rechtswidrig.

119 Sie müssen ferner sicherstellen, dass sie dem Zweck des Verwaltungsakts nicht zuwiderlaufen. (Nach OVG Münster, Urt. v. 13.1.1972 – X A 188/71 – dürfen die Auflagen nicht faktisch auf eine Untersagung des genehmigten Betriebs hinauslaufen.) Außerdem sind sachwidrige Koppelungen mehrerer Interessen nicht zulässig (BGH, NJW 1972, 1657; Stelkens/Bonk/Leonhardt, VwVfG, § 36 Rn 33) und ressortfremde öffentliche Interessen dürfen nicht in die Nebenbestimmung aufgenommen werden (VG Köln, Schrifttum u. Respr. d. Wasserrechts 1977, 50: Zulässig sind die Auflagen zur Schadensverhütung nur, wenn sie der Abwehr von Gefahren dienen, die gerade von der erlaubten Tätigkeit ausgehen). Schließlich müssen die Nebenbestimmungen **bestimmt** genug und **tatsächlich** (vgl. § 44 Absatz 2 Nr. 4 VwVfG) und **rechtlich möglich** sein.

120 Die Bergbehörde darf durch Auflagen nicht zentrale Zulassungsfragen im Rahmenbetriebsplanverfahren ausklammern. Sie darf nicht durch eine Auflage vom Unternehmer die Vorlage eines Gutachtens erst im Hauptbetriebsplan verlangen, mit dem festgestellt werden soll, ob eine Zulassung überhaupt in Betracht kommt. Die Auflage, wonach der Nachweis der fehlenden Gefährdung eines Erkundungsbergwerks und der Nachweis des fehlenden entgegenstehenden überwiegenden öffentlichen Interesses i. S. von § 48 Absatz 2 Satz 1 von der Vorlage eines positiven Gutachtens erst im Hauptbetriebsplan abhängig gemacht wird, ist daher rechtswidrig (VG Lüneburg, ZfB 2005, 258).

Anders sind die Auflagen in der Zulassung eines fakultativen Rahmenbetriebs-   **121** plans zu beurteilen, mit der Vorlage des Hauptbetriebsplans die Auswirkungen des Vorhabens auf Natur und Landschaft zu beschreiben und Ausgleichs- und Ersatzmaßnahmen vorzuschlagen; auch die Auflagen, Angaben zu einem Waldbrandschutzstreifen von 25 Metern um das Betriebsgelände zu machen und einen Antrag auf Erteilung einer wasserrechtlichen Erlaubnis zur Förderung von Grundwasser für Löschwasserzwecke vorzulegen, sind anders zu beurteilen. Hierbei handelt es sich nicht um Belange, die die Zulässigkeit des Vorhabens insgesamt infrage stellen könnten, sondern um allgemeine naturschutz- und ordnungsrechtliche Belange, die im Verfahren über die Zulassung des Hauptbetriebsplans zu klären sind (VG Lüneburg, ZfB 2005, 259).

Die Zulassung muss gemäß § 37 VwVfG **inhaltlich hinreichend bestimmt** sein.   **122** Das bezieht sich auf den **Adressat**, aber auch auf die **Anordnung** selbst (nach Ebel/Weller § 68 Anmerkung 6 und § 198 Anmerkung 9 c nicht zulässig: *„Geräusch einer Maschine auf ein erträgliches Maß herabzusetzen"*, *„einen ordnungsgemäßen Zustand herzustellen"*, *„für eine ausreichende Bewetterung zu sorgen"*, allgemeiner Hinweis auf VDE-Vorschriften. Schlüter, Glückauf 1939, 892, 893: Zu unbestimmt ist die Auflage, wegen der Beseitigung der Abwässer eine besondere Regelung mit der Gemeinde zu treffen. Nach OLG Köln, NJW 1971, 1712 nicht ausreichend istdie Auflage*„alle lärmverursachenden Arbeiten, insbesondere die Benutzung der Motorsäge auf dem Holzplatz, während der Zeit von 12 bis 15 Uhr einzustellen"*, da nur die Geräuschquelle ausreichend bestimmt ist, nicht jedoch die untersagten Betriebsarbeiten, verbotenen Geräuschquellen und einzuhalten Grenzwerte. Nach OVG Münster, DVBl 1976, 800 = BB 1976, 106 nicht ausreichend ist die Anordnung *„Luftverunreinigungen möglichst zu vermeiden"* und nicht bestimmt genug nach OVG Münster, OVGE 16, 270: *„geräuscharm"* beim Ventilator; zu unbestimmt ist auch die Auflage, den Abbau *„so zu führen, dass Oberflächenschäden möglichst gering gehalten werden"* (VG Saarland, ZfB 2003, 152); durch *„berg- oder bautechnische Maßnahmen"* (VG Saarland aaO, S. 151) sicherzustellen, dass die Anzahl der prognostizierten schweren Schäden aufgrund der Gebäudeschieflage *„um etwa die Hälfte reduziert wird"* (VG Saarland aaO, S. 150), oder die Auflage, *„geeignete Maßnahmen zu ergreifen"*).

Ausreichend soll dagegen die Aufforderung sein, das Mundloch eines bestimm-   **123** ten Schachtes freizulegen und mit einer Stahlbetonplatte gemäß Ziff. 7 der (früheren) Richtlinien des OBA Dortmund v. 7.3.1969 abzudecken (OVG NRW, ZfB 1973, 435). Ausreichend ist ebenfalls die Auflage, ein Messgutachten über von der Anlage ausgehende Lärmemissionen vorzulegen, auch wenn keine näheren Angaben über Messprogramme und Messumfang genannt sind (BVerwG, DVBl 1983, 943). Ausreichend bestimmt ist *„die Grundwasserentnahme auf das bisher praktizierte Maß zu beschränken"*, da der Adressat den Entscheidungsinhalt aufgrund der Gesamtumstände erfassen kann (VG Cottbus, ZfB 2011, 41, 43 mit Verweis auf OVG NRW vom 22.2.2010 – AZ 13 B 1809/ 09). Unbestimmt dagegen *„jegliche Baumaßnahmen (Schachtarbeiten, Rammarbeiten, Verdichtungsarbeiten usw.), die eine Initialwirkung in den Untergrund bewirken können, zu unterlassen"* (VG Cottbus, aaO, 44).
Entscheidend ist, dass der Regelungsgehalt für den Adressaten nach Art und Umfang aus sich heraus erkennbar und verständlich ist (BVerwG, NJW-RR 1990, 849 = NVwZ 1990, 866). Zum verfassungsrechtlichen Bestimmtheitsgebot und natur- und umweltrechtliche Verweisungen auf naturwissenschaftliche Begriffe s. Salzwedel, FS Isensee, Staat im Wort, S. 205 ff.

124 Die Genehmigungsbehörde ist befugt, einen etwaigen Verstoß gegen das Bestimmtheitsgebot noch im gerichtlichen Verfahren durch eine nachträgliche Klarstellung zu heilen (BVerwG, NVwZ-RR 2006, 589; DVBl 2005, 1046 = NVwZ 2005, 933; OVG NRW v. 5.9.2008, 8B834/08 betrifft BImSch-Genehmigung für Steinbruch).

125 Die Vorschrift des § 37 Absatz 2 VwVfG (Form des Verwaltungsakts) ist nicht anwendbar, weil § 56 Absatz 1 Satz 1 für die Zulassung und § 56 Absatz 3 für Verlängerung, Ergänzung oder Änderung des Betriebsplans eine besondere Regelung getroffen hat.

126 Eine Begründung i. S. des § 39 Absatz 1 VwVfG wird in den überwiegenden Fällen durch § 39 Absatz 2 VwVfG entbehrlich sein, sie kann erforderlichenfalls gemäß § 45 Absatz 1 Ziff. 2 VwVfG nachgeholt werden. Eine Begründungspflicht besteht gemäß §§ 69 Absatz 2, 74 Absatz 1 Satz 2 VwVfG bei Verfahren nach § 52 Absatz 2 a.

3. Isolierte Anfechtung von Nebenbestimmungen

127 Ist der Unternehmer mit der Nebenbestimmung nicht einverstanden, stellt sich die Frage nach ihrer isolierten Anfechtung. Die Antworten hierauf sind vielfältig und sehr umstritten: **Im Schrifttum** werden im Wesentlichen drei unterschiedliche Auffassungen vertreten (Näheres Fehling/Kastner/Wahrendorf, VwVfG/VwGO § 36 Rn 87): Eine isolierte Anfechtung von Nebenbestimmungen sei generell unzulässig und nur im Wege der Verpflichtungsklage zulässig (Mindermeinung). Nach der „klassischen Auffassung" konnten Auflagen und Auflagenvorbehalte grundsätzlich angefochten werden, die unselbstständigen Nebenbestimmungen wie Bedingung oder Befristung nur mit der Verpflichtungsklage auf Erlass des Verwaltungsakts ohne die belastenden Nebenbestimmungen. Nach einer „neueren Auffassung" soll die Anfechtungsklage bei allen Nebenbestimmungen zulässig sein.

128 In der **Rechtsprechung** wird überwiegend noch die klassische Auffassung von der isolierten Anfechtung von Auflagen und Auflagenvorbehalten vertreten (BVerwGE 65, 139 ff.; 85, 24, 26; 81, 185, 186; 88, 348, 349). Bedingungen und Befristungen sollen dagegen nicht gesondert angefochten werden können (BVerwGE 29, 265; 36, 145, 153 ff.). Aus anderen Entscheidungen jedoch kann entnommen werden, dass die Rechtsprechung die Tendenz hat, gegen alle belastenden Nebenbestimmungen die Anfechtungsklage zuzulassen (BVerwGE 60, 269 ff.; 112, 24 = NVwZ 2001, 429; hierzu Ziekow, Verwaltungsverfahrensgesetz § 36 Rn 25; ablehnend Kopp/Ramsauer, § 36 Rn 63; Fehling/Kastner/Wahrendorf aaO § 36 Rn 95 m. w. N.).

129 Ob es sich um eine **Nebenbestimmung** i. S. einer zusätzlichen Regelung zu einem inhaltlich hinreichend bestimmten Verwaltungsakt handelt oder um eine **Inhaltsbestimmung**, die den Gegenstand der Betriebsplanzulassung und deren Grenzen festlegt (OVG NRW, UPR 2000, 392 f.), ist **im Einzelfall durch Auslegung** zu ermitteln. Ebenso, **um welche Nebenbestimmung** es sich handelt. Dabei kommt zwar der von der Behörde gewählten Bezeichnung eine Indizwirkung zu (BVerwGE 29, 265), maßgebend ist jedoch der objektive Sinngehalt der Regelung (Ziekow, aaO § 36 Rn 5). Im Zweifel ist von der den Bürger weniger belastenden Nebenbestimmung auszugehen.

4. Rücknahme der Zulassung

130 Fraglich ist, ob Eingriffe der Bergbehörde in den zugelassenen Betriebsplan, sei es durch Rücknahme oder nachträgliche Einschränkung der Zulassung, durch nachträgliche Auflagen zur Betriebsplanzulassung, durch in die Ausübung des Bergwerkseigentums eingreifende Bergverordnung oder durch bergbehördliche Anordnung oder sonstige Ordnungsverfügung eine **entschädigungspflichtige** Enteignung des Bergwerkseigentums oder der Bewilligung sind.

a) Ansichten zur Rechtslage nach ABG. Während **der Geltung des ABG** gab es   **131** hierüber verschiedene Auffassungen (im Einzelnen Meyer, ZfB 1961, 216). Einerseits sollte Bergwerkseigentum von vornherein mit der Möglichkeit behördlicher Eingriffe belastet sein (Klostermann/Fürst/Thielmann § 196, 15). Andererseits sollte unter bestimmten Voraussetzungen ein Entschädigungsanspruch bestehen (Arndt, ZfB 1914, 497; Isay ABG § 196 Rn 20; Völkel, ZfB 1915, 380). Differenzierter wurde von anderen Autoren (Heller, Entschädigungsansprüche, Diss; Althaus, Einwirkungen der Bergaufsicht Diss; Meyer aaO) danach unterschieden, ob bergbauliche Maßnahmen im Interesse der Sicherheit der Baue, des Arbeitsschutzes, der Oberfläche im Interesse der persönlichen Sicherheit („Innenschutz") getroffen wurden oder zum Schutze von Nachbarbergwerken, oder von Grundeigentümern („Außenschutz") durch Anordnung von Sicherheitspfeilern, besonderen Abbauverfahren (Bergeversatz, Schlamm- oder kombinierter Hand- und Spülversatz). In allen diesen Fällen wurde Sozialpflichtigkeit des Bergwerkseigentümers angenommen und ein Entschädigungsanspruch verneint (a. A. Althaus, aaO: bei Außenschutz: Entschädigung). Sofern aus landesplanerischen Gründen der Abbau wesentlich eingeschränkt oder unmöglich gemacht wurde, sollte wegen des besonders schweren Eingriffes ein entschädigungspflichtiger Eingriff in das Bergwerkseigentum vorliegen (Heller, aaO, S. 94).

b) Ansichten des Reichsgerichts. Das RG hatte zunächst Beschränkungen des   **132** Abbaurechts als entschädigungslos zu dulden angesehen, wenn sie auf einer Bergverordnung beruhten; bei besonderen Auflagen, die nur eine generelle gesetzliche Grundlage hatten, hatte es Entschädigung zugesprochen (RG, ZfB 51 (1910), 155, ZfB 55 (1914), 233). Später hat es unter Aufgabe dieser Meinung (RG, ZfB 74 (1933), 342) zwischen den *„gewöhnlichen"*, ohne Entschädigung zu duldenden Anordnungen der Bergaufsicht und den entschädigungspflichtigen *„außergewöhnlichen"* Eingriffen in den regelmäßigen Inhalt des Bergwerkseigentums, insbesondere solchen, die einer teilweisen oder gänzlichen Entziehung des Rechts gleichkommen, unterschieden (RGZ 70, 387 = ZfB 51 (1910), 155 betrifft Hand- und Spülversatz unter Hochwasserbehälter eines Wasserwerks, RGZ 87, 391, 401 = ZfB 57 (1916), 203, 212 betrifft Abbau unter einer Festung).

c) Rechtslage nach BBergG. Im BBergG sehen die §§ 8, 9 vor, dass Bewilligung   **133** und Bergwerkseigentum Rechte nur „nach den Vorschriften dieses Gesetzes" gewähren. Schon nach § 54 Absatz 1 ABG war die Befugnis aus dem Bergwerkseigentum an die „Bestimmungen des gegenwärtigen Gesetzes" geknüpft. Darunter wurde ein Hinweis auf die selbstverständliche Bindung jedes Rechts an die Schranken der Rechtsordnung verstanden (Isay, § 54 Rn 2). Diese Einschränkung erfolgt, ähnlich wie die durch die gleiche Formulierung in § 903 BGB für das Sacheigentum, nur in Bezug auf die Ausübung des Bergwerkseigentums, nicht jedoch von Entschädigungsansprüchen (RG, ZfB 57(1916), 203 = RGZ 87, 391, 401). Die Begründung zu §§ 8, 9 sagt zu diesem, durch die Rechtsprechung seit langem bekannten Problem nichts Gegenteiles. Man hätte das erwarten müssen, wenn durch die Formulierung des BBergG etwas anderes zum Ausdruck gebracht werden sollte, als die Rechtsprechung dem ähnlichen Wortlaut des § 54 Absatz 1 ABG bisher entnommen hat.

Ausgangspunkt der **Überlegungen** muss die weitgehend unbestrittene Rechts-   **134** auffassung sein, dass **Bergwerkseigentum unter den verfassungsrechtlichen**

Eigentumsbegriff gestellt ist. Dies hatte die Rechtsprechung schon im 19. Jahrhundert entschieden (RGZ 72, 89; RGZ 70, 389); das Schrifttum hat diese Auffassung zu Zeiten des ABG aufgegriffen (statt vieler Miesbach/Engelhardt, Rn 12 a zu § 196 ABG; Ebel/Weller Vorbem. § 196, Ziff. 10 (S. 349), nach Inkrafttreten des GG fortgeführt (Kremer, Diss. 1958; Meyer, Diss. 1960, 33 ff. und ZfB 1961, 210 ff.; Mangoldt/Klein, GG, 2. Auflage Bd. I Ziff. III 1 b (S. 424) und wurde nach Inkrafttreten des BBergG bestätigt (BVerfGE 77, 130, 136; BVerwGE 81, 343; OVG NRW, ZfB 1990, 36; Hoppe, DVBl 1987, 763; Schmidt-Aßmann/Schoch, Bochumer Beiträge Bd. 18 I, S. 47 m. w. N.; Kühne, Festschrift für Börner S. 565, 571 und in Leipziger Schriften zu Umwelt- und Planungsrecht, Bd. 15, S. 13).

135 Ausgedehnt wurde dieser Standpunkt auf die übrigen Bergbauberechtigungen (Kühne, Wandel und Beharren im Bergrecht, S. 62; Schmidt-Aßmann/Schoch, aaO, S. 47 m. w. N.; BVerfG ZfB 2008, 85), nicht jedoch auf den Anspruch auf Erteilung einer Bewilligung gemäß §§ 8, 12 Absatz 2, da er auch von Bedingungen abhängig ist, die dem Antragsteller entzogen sind (BVerfG aaO).

136 Diese gefestigte Rechtsauffassung hat auch heute noch Bestand. Allerdings ist der Inhalt des Bergwerkseigentums, insbesondere der anderen Berechtigungen, von außerbergrechtlichen Elementen stark durchsetzt bzw. überlagert. Insbesondere gilt es für umweltrechtliche Einschränkungen, aber auch für andere öffentliche Interessen, die schon bei der Erteilung der Berechtigung, spätestens im Betriebsplanverfahren Gewicht haben. Inwieweit sich die Berechtigung gegen diese Interessen durchsetzt und Beschränkungen des Aufsuchungs- und Gewinnungsrechts über die Inhalts- und Schrankenbestimmung des Artikel 14 Absatz 1 und 2 GG hinausgehen und als Enteignung i. S. von Artikel 14 Absatz 3 GG zu bewerten sind, hängt im Einzelfall davon ab, ob dem Unternehmer die Eigentumsposition vollständig oder teilweise entzogen wird (Jarass, NJW 2000, 2843 m. w. N. zur Rechtsprechung des BVerfG). Dabei wird zu prüfen sein, inwieweit die Rechtsprechung zur Situationsgebundenheit des Bodeneigentums als Ausprägung der Sozialgebundenheit des Grundeigentums auf das Bergwerkseigentum anzuwenden ist. Sie spielt insbesondere bei naturschutzrechtlichen Nutzungsverboten und -beschränkungen (BVerwG, NJW 1996, 409; BGH, NJW 1994, 3283 u. a.), aber auch bei Bauverboten in Wasserschutzgebieten (BVerwG, NVwZ 1997, 889) eine Rolle. Andererseits ist zu beachten, dass eine Bergwerksberechtigung im Gegensatz zum mehrfach nutzbaren Grundeigentum nur eine eindimensionale Position gewährt, bei der Einschränkungen eher zu einer Vernichtung des Substanzwertes führen und die Schwelle zur Enteignung daher niedriger ist (Kühne, Wandel und Beharren im Bergrecht, S. 64). Gegen die Gleichstellung im Rahmen der Sozialbindung spricht ferner, dass nutzbare Bodenschätze nicht in gleichen Größenordnungen zur Verfügung stehen wie Grundstücke und eine effektive Nutzung des grundrechtsgeschützten Bergwerkseigentums nur an dem bestimmten Vorkommensort möglich ist.

137 Ergänzend zum eigentumsrechtlichen Grundrechtsschutz wurde darauf aufmerksam gemacht, dass die mit dem Aufsuchen von Erdöl und Erdgas verbundenen Tätigkeiten (Hoppe, DVBl 1987, 764), aber auch das Gewinnen von Steinkohle neben dem Tatbestand der Eigentumsfreiheit zugleich dem Schutz der Berufsfreiheit unterfallen (Schmidt-Aßmann/Schoch, aaO, S. 48).

138 Feststeht, dass es für den Entschädigungsanspruch nicht darauf ankommt, ob die bergbehördliche Anordnung rechtmäßig oder rechtswidrig ist, weil das Merkmal der Rechtmäßigkeit des Eingriffs nicht zum Wesen der Enteignung gehört (BVerfG, NJW 1981, 1257, Althoff, aaO, 147), oder in welcher Form die Bergbehörde tätig wurde (RG, ZfB 74 (1933), 342, Althaus aaO, 109). Bei der

Höhe der Entschädigung sind die durch die Maßnahme ersparten Bergschadens-
aufwendungen vorteilsausgleichend zu berücksichtigen. Im Übrigen vgl. § 56
Rn 93 ff. zur Höhe der Entschädigung bei Widerruf.

V. Akteneinsicht, Einsicht in den zugelassenen Betriebsplan

1. Akteneinsicht gemäß § 29 VwVfG

Das Recht auf Einsicht in die Betriebsplanakten richtete sich in der Vergangen- **139**
heit vor allem nach § 29 VwVfG bzw. den entsprechenden Bestimmungen des
LVwVfG. Dieses Recht war begrenzt: Es kam nur für die Beteiligten des
Betriebsplanverfahrens in Betracht. „Beteiligter" ist der Antragsteller, der Adressat einer behördlichen Maßnahme oder der Hinzugezogene (§ 13 VwVfG).
Bürgerinitiativen, eingetragene oder nicht rechtsfähige Vereine wurden nicht
als Beteiligte angesehen (VG Gelsenkirchen, ZfB 1978, 246; Glückauf 1981,
1511).

Wer prüfen will, ob er von dem Betriebsplanverfahren betroffen ist, oder wer **140**
feststellen will, dass er nicht vom Betriebsplan betroffen ist, hat nur Anspruch
darauf, dass die Bergbehörde ermessensfehlerfrei über sein Begehren entscheidet.

Das Einsichtsrecht von Behörden oder Gemeinden, die als Planungsträger **141**
gemäß § 54 Absatz 2 beteiligt wurden und insofern Beteiligte i. S. von § 13
Absatz 2 VwVfG sind, hängt von der weiteren Voraussetzung des § 25 Absatz 1
VwVfG ab, dass die Einsicht erforderlich ist, um Kenntnis zur Geltendmachung
oder Verteidigung der rechtlichen Interessen der Behörde oder Gemeinde zu
gewinnen.

§ 29 VwVfG ist analog anzuwenden, wenn ein Dritter im Hinblick auf eine **142**
eventuelle Beteiligung am Betriebsplanverfahren Akteneinsicht begehrt (bestr.
Kopp § 29 Rn 10; a. A. von Danwitz, Jura 1994, 285: kein Einsichtsrecht des
belastend betroffenen Baunachbarn) oder wenn ein früherer Beteiligter Akteneinsicht nach Treu und Glauben als Nachwirkung des abgeschlossenen Verfahrens beantragt (OVG Koblenz, NVwZ 1992, 384).

Der von einem **Grundabtretungsverfahren Betroffene** hat ein Recht auf Einsicht **143**
in den Betriebsplan, der für das Grundabtretungsverfahren und das Enteignungsrecht die planungsrechtliche und betriebstechnische Grundlage und notwendige Voraussetzung des enteignenden Eingriffs ist (OVG NRW, ZfB 1978,
222; wohl auch VG Aachen, ZfB 1975, 460).

Die Akteneinsicht bezieht sich auf die von der Bergbehörde geführten Akten, **144**
soweit sie das Verfahren betreffen, und auf beigezogene Akten anderer Behörden. Nicht dazu gehören Akten über „Parallelfälle", Musterverfahren, Entschei-
dungsentwürfe und Vorarbeiten zu Entscheidungen (§ 29 Absatz 1 Satz 2
VwVfG). Streitig ist, ob als Arbeiten zur Vorbereitung der Entscheidung, die
nicht zu den Einsichtsakten gehören, Aktenvermerke, Berichte, Entscheidungs-
vorschläge, Gutachten, Auskünfte und Stellungnahmen anderer Behörden gehören (hierzu Kopp, § 29 Rn 17).

2. Spezialgesetzliche Einsichtsrechte

Neben der allgemeinen Bestimmung des § 29 VwVfG gibt es eine Reihe von **145**
spezialgesetzlichen Auskunftsregelungen, die einen Anspruch gegen die Behörde
auf ermessensfehlerfreie Entscheidung begründen, z. B. § 72 Absatz 1 VwVfG,

§§ 9, 4 i UVPG für das obligatorische Rahmenbetriebsplanverfahren. Über die Akteneinsicht in diesen Verfahren entscheidet die Behörde nach pflichtgemäßem Ermessen. Nicht berührt davon ist das Einsichtsrecht in Pläne und sonstige Planunterlagen gemäß § 73 Absatz 3 Satz 1 VwVfG (VGH München, Bay.Vbl 1987, 83), ferner nicht das Einsichtsrecht der Naturschutzvereinigungen nach § 63 Absatz 1 und Absatz 2 BNatSchG und den entsprechenden Landesvorschriften.

146   Ein Einsichtsrecht in einschlägige Sachverständigengutachten haben gemäß § 63 Absatz 1 und Absatz 2 BNatSchG 2009 die anerkannten Naturschutzvereinigungen insbesondere in Verfahren, bei denen eine Befreiung von Geboten und Verboten zum Schutz von Naturschutzgebieten und Natura 2000-Gebieten erforderlich wird. Einbezogen sind nunmehr ausdrücklich durch § 63 Absatz 1 Nr. 5 BNatSchG n. F. die in die Gemeinschaftsliste aufgenommenen FFH-Gebiete und die von der EU-Kommission benannten Vogelschutzgebiete (BT-Drs 16/ 12274, S. 126; a. A. früher OVG Lüneburg, NUR 2009, 130, 133 gegen OVG Magdeburg, NUR 2007, 495).

147   Obwohl das bergrechtliche Planfeststellungsverfahren nach §§ 52 Absatz 2 a, 57 a kein lupenreines Planfeststellungsverfahren ist (Boldt/Weller, Ergänzungsband § 57 a, Rn 5), dürfte das Einsichtsrecht gemäß § 63 Absatz 2 Nr. 6 BNatSchG im obligarischen Betriebsplanverfahren bestehen.

148   Das Einsichtsrecht nach § 63 Absatz 1 und 2 BNatSchG 2009 ist nicht allumfassend, es gewährt **kein freies Zugriffsrecht auf den gesamten Akteninhalt** (BVerwGE 102, 358, 361 zu § 58 Absatz 1 BNatSchG a. F.). Es erfasst aber das gesamte naturschutzrechtlich relevante Entscheidungsmaterial, z. B. Bodengutachten, nicht aber geologische Gutachten, die sich mit der technischen Realisierbarkeit des Vorhabens befassen (Marzik/Wilrich, BNatSchG, § 58 Rn 8 m. w. N.). Einschlägige Sachverständigengutachten sind Gutachten zu Alternativen (VG Darmstadt, NUR 1991, 391), Stellungnahmen sachverständiger Dritter oder beteiligter Behörden zu naturschutzrechtlichen oder landschaftspflegerischen Fragen, Stellungnahmen der EU-Kommission zu Fragen bezüglich eines FFH-Gebietes (BVerwG, NUR 2002, 539). Erfasst sind nicht nur Sachverständigengutachten, sondern *„als selbstverständliche Voraussetzungen einer sachdienlichen Äußerung"* auch die Planunterlagen selbst (VGH Kassel, NUR 1984, 31). Mit dem Einsichtsrecht korrespondiert eine Informationspflicht der Behörde, dass Gutachten vorliegen (VGH Kassel, NUR 1982, 382). Das Einsichtsrecht gibt keinen Anspruch darauf, dass der Vereinigung Unterlagen nach eigener freier Wahl zugänglich gemacht werden (VGH Kassel, NVwZ 1988, 1041), etwa durch Übersendung, sofern das nicht ausdrücklich landesgesetzlich vorgesehen ist. Zum Beteiligungsrecht der Naturschutzverbände s. Anh. § 56 Rn 394.

3.   Umweltinformationsgesetz

149   Außerhalb und innerhalb von laufenden Verwaltungsverfahren kann ein Anspruch auf Zugang zu Umweltinformationen durch das **Umweltinformationsgesetz** v. 8.7.1994 (BGBl I, 1490) bestehen, das die EU-Richtlinie 90/313/ EWG des Rates über den freien Zugang zu Informationen über die Umwelt v. 7.6.1990 (ABl EG Nr. L158, S. 56 ff.) umgesetzt hatte.

150   Nach den Vorgaben der neuen EU-Richtlinie 2003/4/EG v. 28.1.2003 (ABl EG Nr. L41, 26 ff.) wurde das Umweltinformationsgesetz v. 22.12.2004 (BGBl I, 3704) Grundlage für den Anspruch auf freien Zugang zu Umweltinformationen. Informationspflichtige Stellen des § 2 UIG sind nur die Bundesbehörden und die bundesunmittelbaren juristischen Personen des öffentlichen Rechts. Die ergänzenden Umweltinformationsgesetze der Länder gelten für die informationspflichtigen Stellen der Bundesländer, wobei Abweichungen vom Bundes-UIG und der Länder-UIG untereinander festzustellen sind (z. b. Gesetz über den Zugang zu Umweltinformationen Sachsen v. 1.6.2006, GVBl 2006, 146; Umweltinformationsgesetz NRW v. 29.3.2007, GVBl 2007, 142 – hierzu Tolkmitt/Schomerus NWVBl 2008, 165 ff.; Umweltinformationsgesetz Brandenburg v. 26.3.2007, GVBl 2007, 74; Landesumweltinformationsgesetz Rheinland-Pfalz v. 19.10.2005, GVBl 494; Umweltinformationsgesetz Sachen-Anhalt v. 14.2.2006, GVBl 32; Landesumweltinformationsgesetz B-W v. 7.3.2006, GBl 50; LUIG M-V v. 14.7.2006, GVBl 568 – Einzelheiten Schomerus/Tolkmitt NVwZ 2007, 1119 ff.).

Die Vorschriften des BBergG, insbesondere § 63 Absatz 4, und der UVP-V **151** Bergbau stehen dem Anspruch auf Zugang nach dem UIG nicht entgegen (VG Saarland, ZfB 2008, 230). Diese Vorschriften sind keine speziellen Regelungen, insbesondere der Einsichtsanspruch in das Rissbild gemäß § 63 Absatz 4 tritt hinter das später in Kraft getretene UIG zurück.

4. Unmittelbare Anwendung der EG-Richtlinie 2003/4/EG

Soweit die **Umsetzung der EG-RL 2003/4/EG** in Landesrecht (noch) nicht **152** erfolgt ist, soll eine unmittelbare Anwendung der EG-RL in Betracht kommen (Hess. VGH, NUR 2006, 240; OVG Schleswig, ZUR 2006, 319; VG Stuttgart, NVwZ-RR 2006, 392). Durch die RL 2003/4/EG ist das Recht, im Planfeststellungsverfahren Einwendungen erheben zu können, erweitert worden. Die Betroffenen, die zur Erhebung von Einwendungen befugt sind, können bei der Begründung ihrer Einwendungen auf den bei der Planfeststellungsbehörde oder sonstigen Behörden vorhandenen Akteninhalt mit Umweltdaten zurück greifen (VGH Kassel, NVwZ 2006, 1081). Artikel 4 Absatz 1 der RL 2003/4/EG regelt Ausnahmetatbestände, bei denen der Antrag auf den Zugang zu Umweltinformationen abgelehnt werden kann. Hierzu gehören: Entwürfe für Verwaltungsakte, Stellungnahmen, die noch nicht für den Rechtsverkehr bestimmt sind, noch kein Datum und noch keine Unterschrift tragen und sonstige noch nicht abgeschlossene Schriftstücke, ferner noch nicht aufbereitete Daten, bei denen die technische Ermittlung oder Bearbeitung noch nicht abgeschlossen ist, oder innerbehördliche Mitteilungen, auch Umweltinformationen anderer Behörden, über die die informationspflichtige Stelle nicht verfügt. Es besteht auch kein Recht, Einwendungen Privater einzusehen (Artikel 4 IV lit. f der Richtlinie; VGH Kassel, NVwZ 2006, 1083).

Dagegen ist Zugang zu gewähren zu abgeschlossenen Schriftstücken, die zur **153** Fertigstellung eines Gesamtschriftstücks benötigt werden, ebenso Gutachten, Stellungnahmen mit Umweltdaten, auch Stellungnahmen anderer Fachbehörden (OVG Schleswig, ZUR 1997, 43), da insofern der Gesichtspunkt behördeninterner Vertraulichkeit nicht zutrifft (ähnl. EuGH, ZUR 1999, 99 betrifft Stellungnahme einer Beteiligungsbehörde im Planfeststellungsverfahren). Das Recht auf Einsichtnahme in das Grubenbild und auf Erstellung von Kopien wird nicht dadurch ausgeschlossen, dass das bei der Bergbehörde vorhandene Grubenbild dem Bergbauunternehmer gehört (VG Saarland, ZfB 2008, 230).

Diese Maßstäbe gelten zugleich auch für die Auslegung der landesrechtlichen **154** Umweltinformationsgesetze, sofern sie nicht schon in den Gesetzen selbst geregelt sind. Zu beachten ist bei der Auslegung der Ausnahmen, dass nach den Vorgaben der 16. Begründungserwägung-RL 2003/4/EG eine enge Auslegung der Verweigerungsgründe gewollt ist.

5. Umweltinformation

155 Das **Zugangsrecht** bezieht sich auf **Umweltinformationen** i. S. von § 2 Absatz 3 UIG. Dazu gehören Daten über den Zustand der Umweltmedien Boden, Luft und Wasser, der Tier- und Pflanzenwelt und der natürlichen Lebensräume sowie über Tätigkeiten, die geeignet sind, die Umwelt zu beeinträchtigen oder die dem Umweltschutz dienen. Hierzu gehören Betriebsplanzulassungen, sonstige Genehmigungen, Emissionsmessungen und -verminderungsmaßnahmen, Messberichte, auch eine aufgehobene abfallrechtliche Ordnungsverfügung zur Beseitigung einer Kohlenschlammhalde (VG Minden, UPR 2005, 397), Überwachungsergebnisse aus Abwasseranalysen und Angaben eines wasserrechtlichen Einleiterbescheids (VG Düsseldorf, NUR 2003, 315), die Ergebnisse von Analysen der Probebohrungen bei einer stillgelegten Deponie (BVerwG, StuGB 1997, 232), Informationen über Störfallbetriebe, über Pflichten für einzelne Betriebe und über Befreiungen von der Erstellung des Sicherheitsberichts (VG Mainz, NUR 2007, 431), Informationen über Dioxinkontamination einer Tongrube, auch wenn sie die Vergangenheit betreffen (OVG Koblenz, NVwZ 2007, 351), Akten einer Arbeitsgruppe oder einer Sonderkommission „Grundwasseranstieg" eines Landkreises (OVG NRW, NWVBl 2006, 184). Der weite Begriff der Umweltinformation erfasst auch das Grubenbild. Aus den zum Grubenbild gehörenden verschiedenen Unterlagen (§ 9 Absatz 1 Markscheider-BergV i. V. mit Anlage 3 Teil 1) kann geschlossen werden, wie die Auswirkungen des Untertagebergbaus auf die Oberfläche, Senkungen, Zerrungen, Pressungen, Grundwasser und damit auf den Umweltbestandteil „Boden" sein werden (VG Saarland ZfB 2008, 228). Ebenso sind Bohrlochbilder, geologischer Riss, Unterlagen über Austritt und Ausbruch von Gasen, Gebirgsschlagstellen als Umweltinformationen einzustufen (VG Saarland aaO, 226).

156 Nicht zu den **Umweltinformationen** gehören Unterlagen und Betriebspläne, die spezifisch den Arbeitsschutz oder die Baustatik (Theurer NVwZ 1996, 330) oder den untertägigen Abbau betreffen. Ebenso nicht Unterlagen über Steinkohlensubventionen, da sie keinen Bezug auf die Umwelt haben (ähnl. VG Düsseldorf v. 24.8.2007 – 26K668/06 betreffend Agrarsubventionen). Die **Einsicht in ein geotechnisch-markscheiderisches Gutachten** über die Folgen des Erzbergbaus kann verweigert werden, wenn die Behörde ermessensfehlerfrei – notfalls durch Einbeziehung der Betroffenen – festgestellt hat, dass personenbezogene Daten enthalten sind. Dazu zählen auch Angaben zu wertbestimmenden Faktoren eines konkreten Grundstücks, eines bestimmbaren Grundstückseigentümers, z. B. über die tatsächliche Beschaffenheit oder Standsicherheit eines Grundstücks (VG Arnsberg, ZfB 2008, 65; Schmidt/Wörn, NUR 2008, 772), oder über konkrete Gebäudewerte, Vorschäden, Name und Anschrift der Eigentümer (VG Saarland, ZfB 2008, 232). Allerdings reicht allein das Vorhandensein personenbezogener Daten nicht aus, um den Zugang auszuschließen. Die Behörde muss im Rahmen ihrer Ermessensprüfung die fehlende Bereitschaft des Grundstückseigentümers zu seiner Zustimmung ermitteln.

6. Anspruchsberechtigte

157 **Anspruchsberechtigt** ist jede natürliche und juristische Person, nach der Rechtsprechung auch organisatorisch verfestigte nicht rechtsfähige Personen (BVerwGE 108, 369 ff.), z. B. Bürgerinitiativen. Nicht mehr ausgenommen sind juristische Personen des öffentlichen Rechts (BVerwG, ZUR 2008, 478 betrifft Gemeinde in ihrem Selbstverwaltungsbereich; a. A. noch BVerwG, NVwZ 1996, 401) oder ein Kirchengemeindeverband, denn der Kreis der Anspruchsberechtigten ist weit gefasst durch die UIRL 2003/4/EG (VGH Kassel, NUR 2007, 836 = ZUR 2007, 595).

Der Antragsteller muss für sein Begehren weder eine Begründung noch ein **158**
Interesse vortragen. Ein Antrag, Zugang zu allen Umweltinformationen in näher
bezeichneten Verwaltungsvorgängen zu erhalten, ist in der Regel hinreichend
bestimmt (OVG NRW, DVBl 2007, 981 LS). Nach VG Gelsenkirchen (ZfB
1995, 136) hatte eine Bürgerinitiative keinen Anspruch, während eines laufenden Abschlussbetriebsplanverfahrens in die Gutachten von Ingenieurbüros Einsicht zu nehmen. Es erscheint zweifelhaft, ob das der heutigen Rechtslage noch
entspricht, wenn die Gutachten sich auf Sachverhalte der Umwelt beziehen.

Nach § 3 Absatz 2 Satz 2 UIG bestimmt der Antragsteller grundsätzlich, in **159**
welcher Art und Weise er den Zugang begehrt, d. h. durch Auskunftserteilung,
Akteneinsicht, in sonstiger Weise durch Kopie oder in elektronischer Form. Nur
gewichtige Gründe der informationspflichtigen Stelle rechtfertigen eine andere
Zugangsart. **Messlinien und Messdaten** nach § 125 zur Ermittlung von Bewe-
gungen und Veränderungen an der Tagesoberfläche sind Umweltinformationen
i. S. von § 3 Absatz 1 UIG. Sie können in analoger Form übermittelt werden, in
digitaler Form nur, wenn eine Vorschrift vorgibt, dass sie in digitaler Form vom
Unternehmer an die Behörde zu übermitteln sind (VG Saarland, ZfB 2009, 64,
65).

7. Informationsfreiheitsgesetz

Sofern nicht Beteiligte in einem Verwaltungsverfahren gemäß § 29 VwVfG **160**
Akteneinsicht begehren oder Umweltinformationen i. S. von § 2 Absatz 3 UIG
angefordert werden, kommt ein Anspruch auf Zugang zu amtlichen Informa-
tionen gemäß § 1 des **Informationsfreiheitsgesetzes** (IFG) v. 5.9.2005 (BGBl
2005, 2722) in Betracht. Ausführlich zu Inhalt und Reichweite, Grenzen und
Ausnahmen sowie zu Verfahrensfragen zum Informationszugang s. Schoch,
NJW 2009, 2987 ff. Der Anspruch auf Informationszugang steht jedem –
Deutschen und Ausländern – zu, auch juristischen Personen des Privatrechts.
Nicht berechtigt sind Bürgerinitiativen (Schmitz/Jastrow, NVwZ 2005, 987),
wohl aber jedes einzelne Mitglied. Nicht berechtigt sind auch juristische Personen des öffentlichen Rechts. Für sie gilt Amtshilfe. Das Zugangsrecht ist
voraussetzungslos, insbesondere muss ein rechtliches oder sachliches Interesse
nicht dargetan werden. Allerdings muss im Verfahren auf eine einstweilige
Anordnung gemäß § 123 Absatz 1 VwGO der Anspruch auf Zugang glaubhaft
gemacht werden (VG Arnsberg, ZfB 2006, 197).

Gegenstand der Information sind alle amtlichen Zwecken dienenden Aufzeich- **161**
nungen, seien sie elektronisch, optisch, akustisch oder anderweitig gespeichert.
Aufzeichnungen in diesem Sinne sind beispielsweise Bautagebücher (OVG
NRW, NVwZ-RR 2003, 800; hierzu Franßen, NWVBl 2003, 252), Korrespondenz der Bergbehörde mit bevollmächtigten Rechtsanwälten (VG Arnsberg, ZfB
2006, 197), Gutachten (Hartge, LKV 2007, 9), Emissionsdaten, Daten aus
Eigenüberwachung, die der Behörde zur Verfügung gestellt werden (Schome-
rus/Tolkmitt, DÖV 2007, 988).

Keine amtlichen **Informationen** i. S. von § 2 Nr. 1 IFG sind **Entwürfe und** **162**
Notizen.

Während das UIG 9 öffentliche Belange für ausnahmewürdig hält, sind es nach **163**
§§ 3, 4 IFG 17 Belange, die oft weit formuliert sind. Insbesondere werden
Verwaltungsinteressen stärker geschützt. Dazu gehört, dass es keinen Anspruch
auf Informationszugang gibt, solange die Beratungen von Behörden beeinträchtigt werden. Der Schutz der Funktionsfähigkeit der Verwaltung in § 3 Absatz 3
lit. b IFG wird durch § 4 Absatz 1 IFG unterstützt, wonach der Zugang abge-

lehnt werden soll zum Schutze behördlicher Entscheidungsprozesse. Nach Abschluss des jeweiligen Verfahrens sind jedoch die vorenthaltenen Informationen auf Antrag zugänglich zu machen.

164 In Erweiterung des Schutzes ist in **Ländergesetzen,** in denen der Zugang zu Informationen bei den öffentlichen Stellen der Länder geregelt wird, der behördliche Entscheidungsprozess in verschiedenen Facetten geschützt und berechtigt zur Ablehnung von Anträgen auf Informationszugang. Eine Ablehnung ist nach § 7 Absatz 2 a IFG NRW gerechtfertigt, wenn der Antragsteller Kopien des Schriftverkehrs der Bergbehörde mit ihren Rechtsvertretern oder der Bergbehörde mit anderen Ämtern verlangt (VG Arnsberg, ZfB 2006, 197). In den Länder-IFG (z. B. Brandenburg, AIG v. 10.3.1998, Bbg GVBl 1998, 46; NRW v. 27.11.2001, GVBl S. 806, hierzu Bschopink NVWBl 2003, 245 ff.; Saarland v. 12.7.2006 ABl 1624; Mecklenburg-Vorpommern v. 28.6.2006, GVBl 556; ausführl. zu allen Schomerus/Tolkmitt, NVwZ 2007, 1407) ist es vom IFG des Bundes teilweise abweichende Vorschriften. So ist gemäß § 4 Absatz 1 IFG NRW der Anspruch auf Informationszugang auf natürliche Personen beschränkt. Juristische Personen des öffentlichen und privaten Rechts haben keinen Anspruch (Gotzen, Komm jur 2004, 172; Stollmann, NWVBl 2002, 217; VG Düsseldorf, NWVBl 2006, 306). Nach § 1 Absatz 3 Nr. 5 des Hamburger IFG werden Akten aus einem laufenden Verfahren vom Recht auf Akteneinsicht ausgeschlossen (H OLG, DVBl 2007, 981 LS.).

8. Anspruchskonkurrenzen

165 Zur **Konkurrenz** der verschienen Anspruchsgrundlagen gilt Folgendes: Umstritten ist das **Verhältnis zwischen § 29 VwVfG und § 1 Absatz 1 IFG.** Aus § 1 Absatz 3 IFG ist zu entnehmen, dass § 29 VwVfG jedenfalls dem Anspruch aus § 1 Absatz 3 IFG nicht vorgeht. Daraus folgt, dass das IFG auch in laufenden Verwaltungsverfahren anwendbar ist (Schmitz/Jastrow NVwZ 2003, 989; Anders § 2 Absatz 5 Bbg AIG: Laufende Verfahren gehen vor). Nach h. M. bestehen Anspruchskonkurrenz. Ansprüche aus § 29 VwVfG und § 1 IFG bestehen nebeneinander (Raabe/Helle-Meyer, NVwZ 2004, 645; Schmitz/Jastrow, aaO; VG Köln, NWVBl 2006, 309; OVG NRW, NWVBl 2006, 296).

166 Teilweise wird gefolgt, dass während des Verwaltungsverfahrens das Informationsrecht nur für Beteiligte i. S. von § 13 VwVfG und nur bei Vorliegen eines rechtlichen Interesses besteht. Außerhalb laufender Verfahren komme das IFG zur Anwendung, das jedem ein voraussetzungsloses Informationsrecht zugesteht (Kugelmann, NJW 2005, 3611). Zur Rechtslage in NRW ist § 4 Absatz 2 IFG NRW zu beachten, wonach besondere Rechtsvorschriften über den Zugang zu amtlichen Informationen in Vorschriften des IFG NRW vorgehen, soweit diese Rechtsvorschriften bestehen. § 29 VwVfG ist insofern nicht ausdrücklich erwähnt. Zu den unterschiedlichen Auffassungen Liedtke, NWVBl 2006, 288 m. w. N. Hier hat sich die h. M. durchgesetzt, dass ein am Verwaltungsverfahren Beteiligter bei Fehlen des besonderen rechtlichen Interesses i. S. von § 29 VwVfG auf der Grundlage des § 4 Absatz 1 IFG NRW Akteneinsicht begehren kann (VG Köln, NWVBl 2006, 308; OVG NRW, NWVBl 2006, 296 betrifft § 25 SGB X), sofern die besonderen Schutzvorschriften der §§ 6 ff. IFG NRW nicht entgegenstehen.

167 Im **Verhältnis zwischen UIG und IFG** ist die Konkurrenzregel in § 3 Absatz 1 Satz 2 UIG zu beachten. Neben dem Anspruch auf Zugang zu Umweltinformationen bleiben zwar andere Ansprüche auf Zugang zu Informationen unberührt. Das UIG stellt demnach den Mindeststandard dar (Schrader, ZUR 2005, 572). Durch die weitere Kollisionsnorm des § 1 Absatz 3 IFG verdrängen aber spezialgesetzliche Regelungen das IFG. Damit kommt für die spezielle Materie des Zugangs zu Umweltinformationen eine subsidiäre Anwendung des IFG nicht in Betracht. Das UIG ist lex specialis und geht Ansprüchen nach dem IFG vor (VG Frankfurt, NVwZ 2006, 1322; Näckel/Wasielewski, DVBl 2005, 1357; Schrader, ZUR 2005, 574; Schmitz/Jastrow, NVwZ 2005, 989).

9. Einstweilige Anordnung auf Akteneinsicht

Ein im Sonderbetriebsplanverfahren *„Anhörung der Oberflächeneigentümer"* **168** beteiligter Oberflächeneigentümer kann keinen zulässigen Antrag auf Erlass einer **einstweiligen Anordnung** stellen, durch die ihm Akteneinsicht in die Unterlagen (Grubenbild, Senkungsprofile) des geplanten untertägigen Kohleabbaus zu gewähren ist (VG Saarland, ZfB 1998, 79). Der Antrag ist nach § 44a VwGO unzulässig. Er kann nur gleichzeitig mit den gegen den Sonderbetriebsplan zulässigen Rechtsbehelfen geltend gemacht werden. Im Rahmen eines Planfeststellungsverfahrens reichen die Einsichtnahmerechte gemäß § 73 VwVfG oder §§ 2 Absatz 1 Satz 1, 9 UVPG aus. Im Wege der einstweiligen Anordnung können daher nicht Daten nach dem UIG erlangt werden, die im laufenden Planfeststellungsverfahren eingesetzt werden sollen (BVerwG, UPR 2007, 351; OVG NRW, NWVBl 2008, 32; Schmidt/Wörn, NUR 2008, 773). Zum Umweltinformationsanspruch im Planfeststellungsverfahren s. Battis/ Ingold, DVBl 2006, 735 ff.; Schrader, NUR 2000, 487 ff.

10. Akteneinsicht im Genehmigungsverfahren nach BImSchG

Zu unterscheiden von der Einsicht in Betriebsplanunterlagen ist das Recht auf **169** Einsicht in die Akten des **Genehmigungsverfahrens nach dem BImSchG,** das nach der Neufassung des § 4 Absatz 2 BImSchG (durch § 174 Absatz 5 BBergG) auch für übertägig errichtete und betriebene Anlagen des Bergwesens durch eine entsprechende VO anwendbar werden kann, sofern nicht Tagebau- oder Wetterführungsanlagen betroffen sind.

Das Verfahren ist öffentlich **bekannt zu machen,** damit wird die Auslegung des **170** Antrags und der Unterlagen eingeleitet. Während der Auslegungsfrist gemäß § 10 Absatz 1 Satz 2 der 9. BImSchVO vom 18.2.1977 (BGBl, 274) sind Antrag und Unterlagen bei der Genehmigungsbehörde in den Dienststunden **auszulegen.**

Da nach § 10 Absatz 3 Satz 2 BImSchG jeder – auch ohne rechtliches Interesse – **171** Einwendungen erheben kann, steht die Einsicht in die ausgelegten Vorgänge jedem zu. Nach § 10 Absatz 4 dieser VO kann die Bergbehörde Akteneinsicht weitergehend, d. h. über den tatsächlich und zeitlich in § 10 Absatz 1 der VO geregelten Umfang hinaus (Sellner, Immissionsschutz und Industrieanlagen Rn 144), nach pflichtgemäßem Ermessen gewähren, ohne dass es auf die Voraussetzung der Beteiligteneigenschaft i. S. von §§ 29, 13 VwVfG ankommt.

VI. Rechtsschutz

1. Rechtsschutz des Unternehmers

Wird der Betriebsplan ganz oder teilweise **von** der Bergbehörde **abgelehnt,** steht **172** dem Unternehmer nach dem **Widerspruch die Verpflichtungsklage** zur Verfügung. Gleichzeitig wird als Nebenfolge die Aufhebung des ablehnenden Bescheides erreicht.

173   a) **Widerspruch.** Erste Stufe des Rechtsschutzes gegen Betriebsplanzulassungen ist sowohl für den Bergbauunternehmer als auch für den Drittbetroffenen grundsätzlich der **Widerspruch**. Dies gilt sowohl für eine etwa nachfolgende Anfechtungs- (§ 68 Absatz 1 VwGO) als auch für die Verpflichtungsklage (§ 68 Absatz 2 VwGO).

174   Eines Widerspruchs bedarf es nicht, wenn ein Gesetz dies bestimmt (§ 68 Absatz 1 Satz 2 VwGO). Ausgeschlossen ist das Widerspruchsverfahren demnach gemäß § 70 VwVfG für Entscheidungen in **förmlichen Verwaltungsverfahren**. Das Betriebsplanverfahren ist kein förmliches Verwaltungsverfahren, weil dies durch Gesetz nicht ausdrücklich angeordnet ist (§ 63 Absatz 1 VwVfG). Nicht als Anordnung des förmlichen Verfahrens ist die allgemeine Verweisung gemäß § 5 BBergG auf das Verfahren nach dem VwVfG zu verstehen (Knopp, VwVfG, § 63 Rn 4).

175   Ein Widerspruchsverfahren gegen den bergrechtlichen Planfeststellungsbeschluss im **obligatorischen Rahmenbetriebsplanverfahren** ist aber gemäß §§ 52 Absatz 2 a, 57 a Absatz 1 BBergG, 74 Absatz 1 Satz 2, 70 VwVfG i. V. mit § 58 Absatz 1 Satz 2 VwGO nicht zulässig. Das gilt sowohl für die Anfechtungs-, wie für die Verpflichtungsklage (Boldt/Weller, Ergänzungsband, § 57 a Rn 85).

176   Anders ist es, wenn der Unternehmer **gegen das Verlangen der Bergbehörde** (§ 52 Absatz 2 a) auf Vorlage eines Rahmenbetriebsplans oder Änderung eines solchen Betriebsplans vorgehen möchte. Dieses Verlangen ist ein Verwaltungsakt zulasten des Unternehmers, der noch nicht dem förmlichen Rahmenbetriebsplanverfahren zuzurechnen ist. Insofern ist zunächst ein Widerspruch erforderlich, vorbehaltlich anderer landesrechtlicher Vorschriften.

177   Ein **Widerspruchsverfahren ist entbehrlich**, wenn **landesrechtliche Vorschriften** (AG VwGO) das vorgeben, z. B. Wenn das Regierungspräsidium den Verwaltungsakt erlassen oder abgelehnt hat (z. B. § 15 AG VwGO B-W; § 16 a AG VwGO Hess) oder wenn diejenige Behörde, die den Verwaltungsakt erlassen oder abgelehnt hat, auch den Widerspruchsbescheid erlassen würde (z. B. § 8 a AG VwGO LSA). Komplex ist die Regelung des § 110 JustizG NRW: Kein Widerspruch ist erforderlich vor Anfechtungs- und Verpflichtungsklagen, Widerspruch ist jedoch zulässig gemäß § 110 Absatz 3 JustizG bei Drittanfechtungen von Verwaltungsakten, davon wiederum ausgenommen sind Verwaltungsakte, die von einer der Bezirksregierungen erlassen wurden (§ 110 Absatz 3 Satz 2 Nr. 1 JustizG NRW). Da die Bezirksregierung Arnsberg zuständige Bergbehörde ist, sind Widersprüche gegen deren Verwaltungsakte entbehrlich. Wiederum anders: grundsätzlich sind keine Widersprüche zulässig gemäß § 8 a Absatz 1 Nds AG VwGO; grundsätzlich Widersprüche erforderlich gemäß Bbg VwGO und JustizG Sachsen, da keine Ausnahmeregelung gemäß § 68 VwGO getroffen wurde (Näheres bei Kamp, NWVBl 2008, 41 ff.).

178   Für die Beurteilung der Rechtslage einer Betriebsplanzulassung ist – anders als etwa im Baurecht – der Zeitpunkt der letzten Behördenentscheidung, ggf. also des Erlasses des Widerspruchbescheides, maßgebend, weil gerade wegen der Sachgesetzlichkeiten des Bergbaus eine kontinuierliche Überprüfung der bergbaulichen Tätigkeiten erforderlich ist (VG Cottbus, Urt. v. 12.5.2005, 3 K 165/05).

179   b) **Verpflichtungsklage.** Die **Verpflichtungsklage** auf Zulassung eines Hauptbetriebsplans ist erfolglos, wenn der Unternehmer die bergrechtliche Zulassung wegen anderer rechtlicher Hindernisse, z. B. wenn eine Befreiung von den in § 48 Absatz 1 genannten Schutzvorschriften nicht in Betracht kommt, nicht ausnutzen kann (VG Koblenz, ZfB 1999, 56).

Die Klage eines Bergwerkbetreibers, die Bergbehörde zu verpflichten, den Haupt-   **180**
betriebsplan ohne Beschränkungen hinsichtlich Fördermenge und Betriebszeit
zuzulassen, ist unzulässig. Sie ist dahin auszulegen, dass Anfechtungsklage gegen
eine selbstständige Auflage erhoben wird (VG Weimar, ZfB 1996, 324).

c) Untätigkeitsklage. Zur Zulässigkeit der **Untätigkeitsklage** eines Unterneh-   **181**
mers, dessen Antrag auf Verlängerung eines Rahmenbetriebsplans innerhalb
von 2 Jahren nicht beschieden wurde: VG Lüneburg, ZfB 1994, 163. Die
Bergbehörde ist verpflichtet, eine Entscheidung über eingereichte Anträge in
angemessener Zeit sicherzustellen (VG Weimar, ZfB 1996, 154: 18 Monate für
einen Hauptbetriebsplan sind zu lang).

d) Nebenbestimmungen. Sofern die Zulassung des Betriebsplans mit **Neben-**   **182**
bestimmungen verbunden ist, kann der Unternehmer ebenfalls ein Interesse an
einer gerichtlichen Überprüfung haben. Nun gehört aber der *„Rechtsschutz*
gegen Nebenbestimmungen zu den kompliziertesten und unüberschaubarsten
Bereichen des Verwaltungsrechts" (Schmidt, allgem. Verwaltungsrecht, 7. Auflage, 260). Zu Recht ist von einem *„Zick-Zack"-Kurs* die Rede (Wolff/Bachof/
Stober, Verwaltungsrecht, § 47 IV Rn 22).

Ein isoliertes Vorgehen gegen Nebenbestimmungen war nach früherer Recht-   **183**
sprechung (BVerwGE 29, 265 – Bedingungen, BVerwG, DÖV 1974, 380 –
modifizierende Auflage) nicht möglich. Der Unternehmer musste generell eine
Verpflichtungsklage auf Erlass einer uneingeschränkten Zulassung erheben.

Später unterschied die überwiegende Auffassung nach der Art der Nebenbestim-   **184**
mung: Befristung, Bedingung und Widerrufsvorbehalt seien nicht trennbare
Teile des Verwaltungsakts. Richtige Klageart sei die Verpflichtungsklage auf
Erlass einer uneingeschränkten betriebsplanmäßigen Zulassung. Dagegen seien
Auflagen und Auflagenvorbehalte selbstständige Verwaltungsakte. Sie seien der
belastende Teil eines prinzipiell begünstigenden Verwaltungsakts und mit der
Anfechtungsklage, gerichtet auf Aufhebung der Auflage oder des Auflagenvor-
behalts, zu kontrollieren.

Inzwischen hat sich eine **herrschende Ansicht in der Literatur** (Nachweise bei   **185**
Kopp/Schenke, VwGO § 42 Rn 22; BVerwGE 60, 274; BVerwG, NVwZ 1984,
366; Schmidt, allgem. Verwaltungsrecht 7. Auflage, S. 269 m. w. N.) gebildet,
dass sämtliche Nebenbestimmungen entweder isoliert anfechtbar oder aufheb-
bar sind oder der Verwaltungsakt (Zulassung des Betriebsplans) teilanfechtbar,
soweit es um die Nebenbestimmung geht. Dieser Ansicht hat sich die Rechtsprechung inzwischen überwiegend angeschlossen (BVerwG aaO). Während
gegen belastende Nebenbestimmungen grundsätzlich die Anfechtungsklage
gegeben ist, wird die Frage, ob die Nebenbestimmungen vom Rest des Verwaltungsakts teilbar sind, in der Begründetheit der Teilanfechtungsklage geprüft
(BVerwG, NVwZ 2001, 429 ff.; OVG Berlin, NVwZ 2001, 1060; Kopp/Schen-
ke, VwGO, § 42 Rn 22).

e) Inhaltsbestimmung, Hinweise. Keine Nebenbestimmungen sind **Inhalts-**   **186**
bestimmungen, die den Gegenstand einer Betriebsplanzulassung festlegen. Sie
füllen gesetzliche Tatbestände aus und konkretisieren den Regelungsgehalt der
Hauptbestimmung. Sie sind nicht selbstständig anfechtbar. Ihre Aufhebung oder
Änderung kann nur Ziel einer **Verpflichtungsklage** auf Erlass einer Zulassung
mit einem (geänderten) Inhalt sein.

Keine Nebenbestimmungen sind auch **Hinweise** auf noch zusätzlich einzuholen-   **187**
de Genehmigungen oder auf einzuhaltende gesetzliche Bestimmungen. Sie haben
keinen eigenen Regelungsgehalt.

2. Rechtsschutz Dritter

188   Sofern es sich bei der Zulassung im Einzelfall um einen Verwaltungsakt mit Doppelwirkung handelt, sind für den Dritten Rechtsschutzmöglichkeiten vor und nach der Betriebsplanzulassung zu unterscheiden:

189   Vor der **Betriebsplanzulassung** stehen ihm in Sonderfällen (z. b. Ankündigung der Zulassung durch die Bergbehörde oder entsprechend schlüssiges Handeln) die **vorbeugende Unterlassungsklage** und die **vorbeugende Feststellungsklage zur** Verfügung. Allerdings wird hierfür nur selten das erforderliche Rechtsschutzinteresse gegeben sein, das nur bejaht wird, wenn dem Kläger ausnahmsweise nicht zumutbar erscheint, den Erlass des Verwaltungsakts abzuwarten.

190   Sofern der Unternehmer die Aufsuchungs-, Gewinnungs- oder Aufbereitungsmaßnahmen **vor Entscheidung** über den Betriebsplan beginnt, kann der Drittbelastete zwar nach erfolglosem Vorverfahren **Verpflichtungsklage** mit dem Ziel der Untersagung ungenehmigter Arbeiten erheben. Auch hier wird der Dritte aber im Regelfall nicht erfolgreich vortragen können, dass die Vorschriften über das Betriebsplanverfahren zumindest auch seinen Interessen dienen und er dadurch, dass das Betriebsplanverfahren noch nicht durchgeführt wurde, betroffen ist.

191   **Gegen die Betriebsplanzulassung** hat der Drittbelastete die Möglichkeit, nach erfolglosem Widerspruchsverfahren **Anfechtungsklage** auf Aufhebung der Zulassung zu erheben.

192   Grundsätzlich ist bei der Prüfung der Rechtmäßigkeit einer Betriebsplanzulassung von einem genehmigungskonformen Betrieb auszugehen. Die Zulassung wird nicht dadurch infrage gestellt, dass der Betrieb die Anforderungen der Zulassung nicht einhält (OVG NRW v. 5.9.2008 AZ 8B834/08).

193   Der Bescheid kann nur anhand solcher Bestimmungen untersucht werden, die dazu dienen, den Kläger zu schützen (zur Frage des Verwaltungsakts mit Doppelwirkung, Nachbarschutzes, Klagebefugnis vgl. Rn 20 ff.). Für den Erfolg der Klage ist grundsätzlich ohne Bedeutung, ob sie auch den übrigen, ausschließlich im Interesse der Allgemeinheit erlassenen Vorschriften entspricht. Ebenso ist es unmaßgeblich, ob subjektive Rechte anderer Personen durch die angefochtene Zulassung verletzt werden (OVG Münster, DVBl 1976, 790, VG Gelsenkirchen, ZfB 123 (1982), 91, 94) und ob Form- und Verfahrensvorschriften verletzt worden sind (§ 46 VwVfG; BVerfG, NJW 1980, 759 und VG Gelsenkirchen aaO), wenn die Entscheidung in der Sache nicht auf dieser Verletzung beruht.

194   Problematisch ist ferner die Klagebefugnis von Verbänden, Interessengemeinschaften, Bürgerinitiativen (§ 56 Rn 38 ff.), Gemeinden (§ 56 Rn 24 ff.), Gemeindeverbänden oder Dritten, die in einer bestimmten Entfernung vom Bergwerksbetrieb wohnen oder arbeiten. Man wird nicht darauf abstellen können, ob diese im Betriebsplanverfahren Beteiligte waren (richtig Pfadt, Rechtsfragen zum Betriebsplan im Bergrecht, 110). In vielen Fällen wird die Befugnis nach dem oben Ausgeführten (§ 56 Rn 20 ff.) fehlen, weil im Sinne der **herrschenden Möglichkeitstheorie** diesen Gruppen nicht offensichtlich nach irgendeiner Betrachtungsweise die behaupteten Rechte zustehen können. Bei Gemeinden wird eine faktische Beeinträchtigung der Planungshoheit nur für ausreichend gehalten, wenn sie *„schwer und unerträglich"* ist (Jarass, DVBl 1976, 735).

195   Im **Steinkohlenbergbau** hat die st. Rspr. den Grundsatz entwickelt, dass **Grundstückseigentümer** ein **Klagerecht** gegen den Sonderbetriebsplan *„Anhörung der*

Oberflächeneigentümer" haben, wenn sie geltend machen, dass ihr Grundstück im Einwirkungsbereich gemäß § 2 Absatz 2 EinwirkungsBergV liegt und ihr Oberflächeneigentum in seinem **sachlichen Substrat bedroht ist** (VG Saarland, ZfB 1995, 344; ZfB 1997, 63; ZFB 2009, 285 m.w.N.; ZfB 2003, 299 f. m.w.N.; OVG Saarland, ZfB 1998, 185 f.; ZfB 1994, 218; ZfB 1997, 45; OVG NRW, ZfB 1990, 33 = DVBl 1989, 1013; ZfB 1993, 139; VG Gelsenkirchen, ZfB 1995, 125; ZfB 2009, 283; a.A. VG Düsseldorf, ZfB 1992, 267). Zur Beteiligung der Oberflächeneigentümer im Betriebsplanverfahren s. § 54 Rn 111.

Bei kleineren und mittleren Bergwerkschäden ist die Klage unzulässig, jedenfalls **196** unbegründet. Eine Rechtsverletzung ist weder durch die Verweigerung einer Beteiligung am Betriebsplanverfahren noch aus einer eigentumsrechtlichen Position abzuleiten (VG Saarland, ZfB 1997, 66 f.). Doch ist der **Kriterienkatalog** für die Abgrenzung von mittleren zu schweren Bergschäden des **AK-Rechtsfragen des Länderausschusses Bergbau** (ZfB 1995, 345) nicht abschließend (s. auch § 52 Rn 56; § 54 Rn 111; § 55 Rn 374; OVG Saarland ZfB 1998, 171; VG Saarland, ZfB 2009, 291; Grenzen sind Unterstetigkeitszonen oder Schieflagen über 30 mm/m; VG Gelsenkirchen, ZfB 2009, 283). Es muss dem Oberflächeneigentümer die Möglichkeit verbleiben, gerichtlich nachprüfen zu lassen, ob der Kriterienkatalog von der Bergbehörde sachgerecht angewandt wurde (OVG Saarland, ZfB 1998, 183; ZfB 2001, 292; ZfB 2005, 207; ZfB 2008, 279).

Nach der Rspr. ist der Rechtsschutz des Oberflächeneigentümers gegen berg- **197** bauliche Einwirkungen aus dem untertägigen Abbau allein im Rahmen der Sonderbetriebspläne *„Anhörung"* oder *„Einwirkungen"* zu gewähren. Widerspruch, Anfechtungsklage oder Nichtigkeitsfeststellungsklage hinsichtlich eines fakultativen Rahmenbetriebsplans sind daher unzulässig (VG Saarland, ZfB 1994, 31; ZfB 1994, 42; ZfB 1995, 207; ZfB 2003, 128 m.w.N.; ZfB 2006, 223; OVG Saarland, ZfB 1993, 218; ZfB 1997, 46; BVerwG, ZfB 1998, 30). Dasselbe gilt für den obligatorischen Rahmenbetriebsplan, sofern der Oberflächeneigentümer mittelbar – durch Bergschäden – von der Zulassung betroffen ist (VG Weimar, ZfB 1994, 53; VG Chemnitz, ZfB 1995, 38; VG Gelsenkirchen, ZfB 2004, 59; a.A. VG Saarland, ZfB 2003, 128 f.). Soweit die Ansicht vertreten wird, dass die Belange von schweren Bergschäden Betroffener bereits im obligatorischen Rahmenbetriebsplan geprüft werden können (VG Saarland aaO), kann die Bergbehörde jedenfalls durch eine entsprechende Auflage die Prüfung in einen Sonderbetriebsplan *„Anhörung der Oberflächeneigentümer"* verlagern. Das folgt aus § 57 a Absatz 5. Die Rechtswirkungen der Planfeststellung erstrecken sich auf die Belange der Oberflächeneigentümer nur, „soweit" über ihre Einwendungen entschieden wurde, d.h. ihre Belange tatsächlich Inhalt des obligatorischen Rahmenbetriebsplans gewesen sind. Die Bergbehörde hat hierzu ein gewisses Ermessen (*„Dispositionsbefugnis"*: OVG Saarland, ZfB 1996, 226; VG Saarland aaO, S. 133). Ein Oberflächeneigentümer ist nicht klagebefugt, wenn der obligatorische Rahmenbetriebsplan wegen eines Vorbehaltes, wonach der Unternehmer zur Anhörung der Oberflächeneigentümer Sonderbetriebspläne für geplante zeitlich begrenzte Abbauzeiträume vorzulegen hat, keine Regelung zulasten des Oberflächeneigentümers trifft. Ein Grundstückseigentümer kann nicht erfolgreich geltend machen, die Aneinanderreihung mehrerer Betriebspläne ohne einen das einheitliche Gesamtkonzept umfassenden Rahmenbetriebsplan sei unzulässig. Hierfür fehlt die Klagebefugnis, weil die Verfahrensordnung des BBergG allein im öffentlichen Interesse festgelegt ist (VG Gelsenkirchen, ZfB 1990, 57). Er kann auch nicht geltend machen, durch die Zulassungen v. „Sonderbetriebsplan *Abteufen eines Schachtes"* und vom Hauptbetriebsplan (ebenso Rahmenbetriebsplan Abteufen Wetterschacht) werde sein Oberflächeneigentum betroffen (VG Gelsenkirchen, ZfB 1990, 330). Ebenso hat der Grundstückseigentümer und Nachbar kein Klagerecht gegen die Rahmenbetriebsplanzulassung für eine Erdgasproduktionsbohrung wegen Fehlens einer UVP und wegen voraussichtlicher Lärmbelästigung. Die fehlende UVP verletzt als Verfahrensvorschrift den Eigentümer nicht in seinen Rechten. Ob die in der Zulassung vorgegebenen Lärmgrenzwerte eingehalten werden, betrifft nicht die Zulassung, sondern deren Vollzug (VG Stade, ZfB 2005, 247).

Keine erfolgreiche Klage gegen bergrechtlichen Planfeststellungsbeschluss, wenn Lärm- und Staubimmissionen durch **Schwerlastverkehr auf öffentlicher Straße** zum Kiesgebiet geltend gemacht wird (VG Schwerin, ZfB 2010, 300) oder die Notwendigkeit des Straßenausbaus (VG Schwerin, aaO m. w. N.; VG Köln, ZfB 2000, 333 ff.). Fragen des öffentlichen Verkehrs unterliegen nicht dem Bergrecht (§ 2 Absatz 4).

Allerdings kann die Klagebefugnis **von Anwohnern** im Einzelfall gegeben sein, wenn mit Hinweis auf das Eigentumsrecht (Artikel 14 Absatz 1 GG) und den Schutz der Gesundheit (Artikel 2 Absatz 2 Satz 1 GG) ein Schutzanspruch **gegen Lärmbeeinträchtigungen durch Ziel- und Quellverkehr zum Bergbaubetrieb** möglich erscheint (OVG Bautzen vom 20.4.2011, AZ 1 A 514/10). Klagen scheitern aber jedenfalls an der Begründetheit: Die Auswirkung der Straßenbenutzung durch beriebsbezogenen Ziel- und Quellenverkehr ist für die Rechtmäßigkeit einer Betriebsplanzulassung unerheblich (VG Leipzig, ZfB 1998, 331; ZfB 2011, 64, 69; OVG Bautzen, ZfB 1998, 205). Fragen der Auswirkungen der Straßenbenutzung durch bergbaubezogenen Verkehr sind nicht als öffentlicher Belang i. S. von § 48 Absatz 2 Satz 1 der Betriebsplanzulassung entgegenzuhalten (VG Leipzig, aaO). Einem Straßenanlieger kommt kein allgemeines subjektives Recht auf Beibehaltung der Verkehrsbedeutung einer Straße zu. Die Lage an Straßen und Wegen verschafft keine *„Rechtsmacht auf Festschreibung"* einer bestimmten Mindest- oder Höchstverkehrsdichte (OVG Lüneburg, BauR 2011, 647 m. w. N.; OVG Bautzen, 20.4.2011, AZ 1 A 514/10).

Die Klage einer **Gemeinde** gegen die Zulassung eines Betriebsplans ist unzulässig, wenn sie ein erhöhtes Verkehrsaufkommen durch An- und Abfrachtung auf der Kreis- bzw. Gemeindestraße, eine höhere Belastung der Straßen oder Lärmbeeinträchtigungen ihrer Einwohner geltend macht (VG Leipzig, ZfB 2011, 70; VG Greifswald, ZfB 2007, 35, 40). Das gilt auch, wenn die Planung einer Ersatzstraße erforderlich wird (Greifswald, aaO, unter Bezug auf OVG Bautzen, (ZfB 1997, 314; VG Köln, ZfB 2000, 333 f.).

Keine Klagebefugnis, wenn Eigentümer sich auf **Biotopschutz** beruft (VG Oldenburg, ZfB 2008, 296; VG Schwerin, aaO S. 300) oder gegen die Zulassung eines Hauptbetriebsplans für die Gewinnung von **Grubengas** klagt, in dem durch Nebenbestimmungen die Einhaltung der Grubengasgewinnungs-Richtlinien v. 13.3.2002 vorgeschrieben wird (VG Düsseldorf, ZfB 2010, 261, 270). Der von Erderschütterungen oder Bergschäden bedrohte Oberflächeneigentümer hat keine Klagebefugnis, wenn er sich auf gemeinschädliche Einwirkungen i. S. von § 55 Absatz 1 Satz 1 Nr. 9, auf den Schutz der Oberfläche i. S. von § 55 Absatz 1 Satz 1 Nr. 5 (OVG Saarland, ZfB 2008, 277; VG Koblenz, ZfB 1984, 470), auf die FFH-RL, die Vogelschutz-RL, landschaftsrechtliche Eingriffsregelungen, Denkmal- oder Waldschutz, Bodenschutz oder Ziele der Raumordnung und Landesplanung beruft. Er kann, sofern die Bergschäden schwerwiegend sind, d. h. über leichte und mittlere Schäden hinausgehen, allein Drittschutz gemäß § 48 Absatz 2 Satz 1 erreichen.

198   Das Recht am **eingerichteten und ausgeübten Gewerbebetrieb** gibt dem Inhaber keinen Anspruch auf Beteiligung im Betriebsplanverfahren und keine Klagebefugnis, sofern er nicht gleichzeitig Oberflächeneigentümer des von schweren Bergschäden betroffenen Grundstücks ist (VG Saarland, ZfB 2003, 301). Einem Gewerbetreibenden ist, wie anderen Oberflächeneigentümern, zumutbar, sich Einnahmeausfälle und Betriebsunterbrechungen im Rahmen des Bergschadensausgleichs ersetzen zu lassen (VG Saarland, ZfB 2007, 194).

Für eine **Verpflichtungsklage** eines Dritten gegen die Bergbehörde mit dem Ziel,   **199**
dem Unternehmer bestimmte Maßnahmen aufzugeben (z. B. Betriebsplan zu
ergänzen, bestimmte Tagesanlagen abzubrechen, Gelände zu rekultivieren,
Betrieb zu untersagen, bestimmte Tagesanlagen, Halden nicht zu errichten
oder den Betriebsplan nur unter bestimmten Auflagen zuzulassen), wird es im
Regelfall daran fehlen, dass der Dritte in seinen Rechten verletzt ist, weil er
keinen Rechtsanspruch auf konkrete Maßnahmen der Bergbehörde hat (§ 71
Rn 43 ff.). Selbst bei bergrechtlichen Anordnungen nach § 198 ABG hat die
Rechtsprechung entgegen dem Wortlaut („hat [...] zu treffen") das Opportunitätsprinzip für das Einschreiten der Bergbehörde festgelegt mit der Folge, dass
ein Rechtsanspruch auf Erlass einer Anordnung nur bestand, wenn im Falle
einer Gefahr für die in § 196 ABG bezeichneten Gegenstände jede andere
Entscheidung ermessensfehlerhaft war (OVG Münster, ZfB 115 (1974), 441,
448).

3. Aufschiebende Wirkung

Anfechtungswiderspruch und Anfechtungsklage entfalten gemäß § 80 Absatz 1   **200**
VwGO gegen belastende Verwaltungsakte **grundsätzlich aufschiebende Wir-**
kung. Sie wirkt zurück auf den Zeitpunkt des Erlasses des Verwaltungsakts
und endet gemäß § 80 b VwGO mit der Unanfechtbarkeit des Verwaltungsakts.
Nach h. M. tritt die aufschiebende Wirkung grundsätzlich ohne Rücksicht auf
die Zulässigkeit des eingelegten Rechtsbehelfs ein. Nur wenn der Rechtsbehelf
evident unzulässig ist, soll er keine aufschiebende Wirkung entfalten.

Die Anforderungen an einen Widerspruch sind nicht erfüllt bei Einwenden,   **201**
Protesten, Petitionen oder Unterschriftenaktionen (OVG NRW, ZfB 1999,
130 ff.).

Keine aufschiebende Wirkung haben Widerspruch und Anfechtungsklage eines   **202**
Dritten gegen die **bauaufsichtliche Zulassung** eines Vorhabens gemäß § 212 a
Absatz 1 BauGB. Fraglich ist, ob der Widerspruch, soweit er landesrechtlich
überhaupt erforderlich ist (s. § 56 Rn 177), gegen eine Betriebsplanzulassung,
soweit sie baurechtliche Prüfung und Genehmigungserfordernisse mit enthält,
(hierzu Anhang § 56 Rn 3 ff.) insofern ebenfalls keine aufschiebende Wirkung
erzeugt. Man wird das nicht annehmen können. Im Hinblick auf § 80 Absatz 1
VwGO und die Bedeutung der aufschiebenden Wirkung für die Rechtsschutz-
garantie gemäß § 19 Absatz 4 GG bedarf es stets einer eindeutigen gesetzlichen
Ausnahmeregelung (Bayr. VGH, NJW 1977, 166), die für die Betriebsplanzulassung insofern fehlt.

Nach dem Gesetz zur Beschränkung von Rechtsmitteln in der Verwaltungs-   **203**
gerichtsbarkeit v. 22.4.1993 (BGBl I, 466, 487) i. d. F. v. 1.11.1996 (BGBl I,
1629) galt bis zum 31.12.2002 in den **neuen Bundesländern** folgende **Sonder-**
regelung (hierzu VG Cottbus, ZfB 1998, 218 auch § 56 Rn 214): Widerspruch
und Anfechtungsklage eines Dritten gegen Verwaltungsakte, die Tätigkeiten und
Einrichtungen i. S. von § 2 des BBergG betrafen, hatten keine aufschiebende
Wirkung (Artikel 2 Nr. 8). Dasselbe galt für andere Verfahren, die in Nr. 1 bis
Nr. 11 des Gesetzes ausdrücklich genannt waren, z. B. Errichtung, Abbruch,
Nutzungsänderung von Gebäuden; Einrichtung, Betrieb und Änderung von
Anlagen gemäß § 4 und § 22 BImSchG; Planverfahren gemäß damaligem § 31
KrW-AbfG. Diese Sonderregelung ist durch Artikel 3 des RmBereinVpG v.
20.12.2001 (BGBl, 3987, 3990) aufgehoben worden.

Auch wenn die Zulassung eines Betriebsplans dem betroffenen Grundstücks-   **204**
eigentümer nicht bekannt gemacht wurde, die Monatsfrist des § 70 VwGO und

die Jahresfrist des § 58 Absatz 2 VwGO nicht wirken, unterliegen das Widerspruchsrecht und das Recht auf vorläufigen Rechtsschutz den Grundsätzen von
Treu und Glauben und können deshalb verwirkt werden (VG Leipzig, LKV
2006, 47 betrifft Abschlussbetriebsplan; VG Saarlouis, ZfB 2000, 181; VG
Arnsberg, ZfB 1997, 171).

4. Einstweiliger Rechtsschutz

205 Die Behörde hat die aufschiebende Wirkung durch Stilllegungsanordnung
durchzusetzen. Erfolgt das nicht, stellt sich für den Drittbelasteten die Frage
nach der Durchsetzung des Suspensiveffektes.

206 In den Bundesländern, in denen gegen die Zulassung eines Betriebsplans Wider-
spruch zulässig ist, hat der Widerspruch aufschiebende Wirkung gemäß § 80
Absatz 1 Satz 1 und Satz 2 VwGO. Der **Unternehmer** kann in diesem Fall
gemäß §§ 80 a Absatz 1 Nr. 1, 80 Absatz 2 Nr. 4 VwGO bei der **Bergbehörde**
Antrag auf **Anordnung der sofortigen Vollziehung stellen.** Formell hat die
Bergbehörde bei der Vollziehungsanordnung zu beachten: Die Beteiligten sind
gemäß § 28 VwVfG anzuhören (a. A. VG Saarland, ZfB 2007, 191 m. w. N.), die
Anordnung muss gemäß § 80 Absatz 3 Satz 1 schriftlich das besondere Vollzugsinteresse begründen. Sie kann die Begründung nicht nachschieben oder
auswechseln. Der Antrag ist materiell begründet, wenn die sofortige Vollziehung
im öffentlichen Interesse oder im überwiegendem Interesse eines Beteiligten, des
Bergbauunternehmers liegt (§ 80 Absatz 2 Nr. 4 VwGO).

207 Der Bergbauunternehmer kann in den Fällen des § 80 a Absatz 1 Nr. 1 VwGO,
d. h. wenn ein Dritter Widerspruch eingelegt hat und die Möglichkeit besteht,
die sofortige Vollziehung gemäß § 80 Absatz 2 Nr. 4 VwGO anzuordnen, einen
sofortigen Antrag beim Verwaltungsgericht auf Anordnung der sofortigen Vollziehung gemäß § 80 a Absatz 3, 80 a Absatz 1 Nr. 1, 80 Absatz 2 Nr. 4 VwGO
stellen. Nach wohl a. M. steht einem solchen Antrag beim Gericht – ohne
vorherigen Antrag bei der Behörde – ein fehlendes Rechtsschutzbedürfnis nicht
entgegen (Kopp/Schenke, VwGO § 80 a Rn 10 und 21 m. w. N.; Hess. VGH,
NVwZ 1993, 492; VGH B-W, NVwZ 1995, 1004; a. A. mit überzeugenden
Gründen OVG Brandenburg, ZfB 1999, 34; Nieders. OVG, NVwZ 1993, 592;
Bayr. VGH, Bayr. VBl 1991, 723; OVG Rheinl.-Pfalz, NVwZ 1994, 1015; OVG
Weimar, Thür. VBl 1995, 64). Entscheidend ist, wie die Rechtslage in dem
einzelnen Bundesland gesehen wird.

208 Wird dem Antrag des Bergbauunternehmers bei der Bergbehörde **nicht stattgegeben,** kann der Unternehmer gemäß §§ 80 a Absatz 3 Satz 1, 80 Absatz 5,
80 a Absatz 1 Nr. 1 VwGO einen **Antrag beim Verwaltungsgericht** auf Anordnung der sofortigen Vollziehung stellen. Materiell ist auch hier eine Abwägung
von Interessen und Folgen nach dem Maßstab des § 80 Absatz 2 Nr. 4 VwGO
durchzuführen. Gegen eine verwaltungsgerichtliche Ablehnung ist Beschwerde
gemäß § 146 Absatz 4 VwGO zulässig, die nach § 146 Absatz 4 Satz 5 VwGO
ohne Abhilfemöglichkeit unverzüglich dem OVG vorzulegen ist.

209 Wird dem Antrag des Unternehmers auf Anordnung der sofortigen Vollziehung
der Zulassung von der Bergbehörde **stattgegeben,** ist die aufschiebende Wirkung
des Rechtsbehelfs gemäß § 80 a Absatz 1 Nr. 1 i. V. mit § 80 Absatz 2 Nr. 4
VwGO entfallen. Umstritten ist, ob der Dritte nunmehr nach § 80 a Absatz 3
Satz 2 i. V. mit § 80 Absatz 5 Satz 1 VwGO beim Verwaltungsgericht Antrag auf
Wiederherstellung der aufschiebenden Wirkung (Kopp/Schenke, § 80 a Rn 17;
Budroweit/Wuttke, JUS 2006, 877 m. w. N.) stellen kann oder ob das Verwal-
tungsgericht behördliche Anordnungen der sofortigen Vollziehung nach §§ 80 a

Absatz 3 Satz 1 i. V. mit 80 a Absatz 1 Nr. 1 VwGO aufheben kann (VGH Mannheim, NVwZ 1995, 716; Budroweit/Wuttke, JUS 2006, 877 und die in Fn. 14 Genannten). Jedenfalls kann der Antrag nur Erfolg haben, wenn eine Vollziehung weder im öffentlichen Interesse noch im überwiegenden Interesse des Bergbauunternehmers liegt.

Sofern in den Bundesländern ein Widerspruch nicht zulässig ist oder keine **210** aufschiebende Wirkung erzeugt, kann der **Drittbetroffene** einen Antrag gemäß § 80 a Absatz 1 Nr. 2 i. V. mit 80 Absatz 4 VwGO **bei der Bergbehörde** auf **Aussetzung der Vollziehung** stellen. Nach h. M. kann der Dritte auch ohne vorherigen Antrag bei der Behörde einen Antrag gemäß § 80 a Absatz 3 Satz 2 (Anordnung der aufschiebenden Wirkung) VwGO bzw. § 80 a Absatz 3 Satz 1 VwGO (Aussetzung der Vollziehung der Zulassung) beim **Verwaltungsgericht** stellen (bestr.). Ein Antrag auf aufschiebende Wirkung der Klage gegen einen Rahmenbetriebsplan mit UVP ist jedenfalls dann ohne vorherigen Aussetzungsantrag bei der Bergbehörde zulässig, wenn von der Zulassung bereits Gebrauch gemacht wurde durch Abbau des Strebes (VG Saarland, ZfB 2003, 137). Gegen die verwaltungsgerichtliche Ablehnung seines Antrags kann der Dritte mit der Beschwerde nach § 146 Absatz 4 VwGO vorgehen.

Die bergrechtliche Rechtsprechung hatte sich mit dem System des vorläufigen **211** Rechtsschutzes in verschiedenen **Fallgestaltungen** zu befassen. Sie hat ein **mehrstufiges Prüfungsprogramm** entwickelt.

Auf der **1. Stufe** ist zu prüfen, ob die Anordnung der Sofortvollziehung den **212** formalen Anforderungen des § 80 Absatz 3 VwGO genügt.

Auf der **nächsten Stufe** wird untersucht, ob ein überwiegendes Vollzugsinteresses **213** deshalb besteht, weil nach **summarischer Prüfung** der eingelegte Rechtsbehelf keine Aussicht auf Erfolg haben wird, etwa weil er unzulässig ist. Denn die Interessen an der Sofortvollziehung überwiegen dann die Interessen an der Aussetzung der Sofortvollziehung (OVG Weimar, NVwZ-RR 1997, 559 = NUR 1997, 515 betrifft Gemeinde gegen Basalttagebau; VG Meiningen NVwZ-RR 1997, 376 betrifft Gemeinde gegen Sonderbetriebsplan Kaliabwasser; OVG Bautzen, ZfB 1997, 314). Andererseits ist ein überwiegendes Interesse an der Aufschiebung des Vollzugs anzunehmen, wenn die Zulassung des Betriebsplans offensichtlich rechtswidrig ist. Kein ausreichendes Interesse an der Aufhebung der sofortigen Vollziehung der Zulassung oder an der Wiederherstellung der aufschiebenden Wirkung eines Widerspruchs besteht, wenn der Antragsteller mit seinen Einwendungen im Verfahren über die Zulassung des Rahmenbetriebsplans oder späterer Haupt- und Sonderbetriebspläne (VG Düsseldorf, ZfB 2004, 292) gemäß § 73 Absatz 4 Satz 3 VwVfG oder § 57 a Absatz 5 BBergG ausgeschlossen ist (OVG Bautzen, ZfB 1998, 202; VG Düsseldorf, Beschl. v. 15.12.2005 – 3 L 2106/05). Die Präklusion bezieht sich auf das gesamte Abbauvorhaben einschl. späterer Haupt- und Sonderbetriebspläne. Ein ausreichendes Interesse an der Wiederherstellung der aufschiebenden Wirkung besteht auch nicht, wenn ein Dritter sich gegen die Vollziehung der Zulassung eines Hauptbetriebsplans wendet, obwohl die nach anderen Vorschriften (z. B. BNatSchG, WHG) für die Durchführung der bergbaulichen Vorhaben erforderlichen Verwaltungsverfahren und Genehmigungen noch nicht vorliegen. Insofern droht die Vollziehung der Zulassung durch den Unternehmer (noch) nicht (OVG Frankfurt/Oder, ZfB 1999, 34). Der Antrag eines Dritten auf Wiederherstellung der aufschiebenden Wirkung einer Drittklage gegen den Hauptbetriebsplan bleibt erfolglos, wenn sich bereits der vorangegangene obligatorische Rahmenbetriebsplan auch auf die weiteren, z. B. aus Gründen des Landschafts- und Naturschutzes oder des Artenschutzes erforderlichen Genehmigungen erstreckt. Dann kann im Hinblick auf den Naturschutz nur der

Rahmenbetriebsplan Gegenstand von Rechtsmitteln sein. Für zusätzliche Behördenentscheidungen zu diesen Materien im Hauptbetriebsplan ist dann kein Raum mehr (OVG Koblenz, ZfB 2006, 174). Andererseits kann dem Antrag des Unternehmers auf Wiederherstellung der aufschiebenden Wirkung der Drittklage gegen den obligatorischen Rahmenbetriebsplan stattgegeben werden (OVG Koblenz aaO, S. 171), wenn sein Interesse am sofortigen Beginn des Abbaus überwiegt.

214 Der Antrag gemäß § 80 Absatz 5 VwGO, die aufschiebende Wirkung einer Drittklage gegen die Zulassung eines Abschlussbetriebsplans durch das Gericht anzuordnen, ist unbegründet, wenn die Klage kraft Gesetzes keine aufschiebende Wirkung hat (VG Potsdam, ZfB 1997, 53 betrifft Artikel 13 Nr. 2 Buchstabe h Nr. 3 des früheren Investitionserleichterungs- und Wohnbaulandgesetzes v. 22.4.1993, BGBl I, 446; auch VG Meiningen, NVwZ-RR 1997, 376; OVG Weimar, ZfB 1997, 50; s. § 56 Rn 202). Der Gesetzgeber hat in diesen Fällen die Interessenbewertung vorgenommen. Ein Antrag nach § 80 Absatz 5 VwGO ist ferner unzulässig, wenn der Antragsteller gegen die Zulassung des Sonderbetriebsplans, deren Vollziehung beanstandet wird, keinen Widerspruch, sofern gesetzlich gefordert, eingelegt hatte (VG Stade, ZfB 2004, 252). Er ist unbegründet, soweit der Antragsteller eine Verletzung eigener Rechte nicht vorträgt (st. Rspr., z.B. Fehlen einer UVP: OVG Saarland, ZfB 2008, 272 betrifft fakultativen, OVG Saarland, ZfB 2005 betrifft obligatorischen Rahmenbetriebsplan; Verletzung von Verfahrensvorschriften: OVG NRW, ZfB 2004, 222 m.w.N.; VG Aachen, ZfB 2004, 230 m.w.N.; OVG Bautzen, ZfB 1997, 314; VG Stade aaO; s. auch § 56 Rn 195; Vorschriften des Abfall- und Immissionsrechts: VG Saarland, ZfB 2000, 177 m.w.N. betrifft die vereinfachten BImSchG-Verfahrens; OVG NRW, ZUR 2008, 97). Erfolglos ist der Antrag einer Gemeinde auf Aussetzung der Vollziehung der Zulassung des Sonderbetriebsplans *„Endgestaltung des Haldenkörpers der Bergehalde"*, weil ihre Planungshoheit nicht verletzt ist (OVG Saarland, ZfB 2007, 139), oder auf Aussetzung der Vollziehung eines Rahmenbetriebsplans, mit dem Bruchversatz anstelle von Blasversatz zugelassen wird (VG Saarland, ZfB 2000, 169) oder auf Wiederherstellung der aufschiebenden Wirkung des Widerspruchs einer Gemeinde gegen die Zulassung des Sonderbetriebsplans *„Abbau unter dem Rhein"*, wenn die Gemeinde nicht die Einschätzung der Fachbehörden erschüttern kann, dass bergbauliche Einwirkungen durch die Deiche durch Gegenmaßnahmen beherrscht werden (OVG NRW, ZfB 2005, 166 f.). Sind nach den Festlegungen im Hauptbetriebsplan für den Untertagebereich die Zulassungsvoraussetzungen des § 55 Absatz 1 „insbesondere hinsichtlich der bergbaubedingten Einwirkungen auf die Tagesoberfläche" in entsprechenden Sonderbetriebsplänen nachzuweisen, sind Auswirkungen auf die Planungshoheit der Gemeinde nicht zu gewärtigen und ist ein Antrag der Gemeinde auf Wiederherstellung der aufschiebenden Wirkung ihrer Rechtsbehelfe gegen die Zulassung von Rahmen-, Haupt- und Sonderbetriebsplan *„Abbau des Strebes"* unzulässig (VG Saarland, ZfB 1994, 45). Nicht schon jede Beschränkung von Regelungsmöglichkeiten der Gemeinde in Angelegenheiten der örtlichen Gemeinschaft führt zu einer materiell-rechtlichen Betroffenheit der Selbstverwaltungsgarantie des Artikel 28 Absatz 1 Satz 1 GG, sondern erst deren Aushöhlung und gleichsam schwere und unerträgliche Eingriffe in Planungskompetenzen (VG Gelsenkirchen, ZfB 1993, 289). Eine Gemeinde kann nicht die Wiederherstellung der aufschiebenden Wirkung eines Widerspruchs gegen den mit Anordnung der sofortigen Vollziehung versehenen Sonderbetriebsplan *„Abbaueinwirkungen auf das Oberflächeneigentum"* verlangen. Hochwassergefahren sind nicht Gegenstand dieses Betriebsplans, sondern allein die senkungs- oder bodenbewegungsbedingten Auswirkungen auf die Erdoberfläche im Hinblick auf das durch Artikel 14 GG geschützte Eigentum (OVG NRW, ZfB 2005, 39).

Dem von Bergschäden betroffenen **Oberflächeneigentümer** fehlt die Antrags- **215**
befugnis im Eilschutzverfahren gegen betriebsplanmäßige Zulassungen, wenn
das Grundstück außerhalb des Einwirkungsbereichs der **EinwirkungsBergV** liegt
(VG Saarland, ZfB 1994, 42; OVG NRW, ZfB 2004, 27; VG Gelsenkirchen,
ZfB 1992, 294) oder nur kleine und mittlere Bergschäden zu erwarten sind (VG
Saarland, ZfB 1997, 66; s. auch § 56 Rn 195). Dies gilt auch für den Sonderbetriebsplan *„Anhörung der Oberflächeneigentümer"*. Der von schweren Bergschäden betroffene Oberflächeneigentümer kann nach §§ 80 a, 80 Absatz 5
VwGO keinen erfolgreichen Antrag auf Aussetzung der Vollziehung der Zulassung des fakultativen Rahmenbetriebsplans stellen, denn sie gestattet noch nicht
die Errichtung und den Beginn von Abbaubetrieben (VG Saarland, st. Rspr. ZfB
1994, 34; ZfB 1994, 43; ZfB 1995, 211; ZfB 2003, 128 m. w. N.).

Fraglich ist, ob die Rechtsprechung zum fakultativen auf den obligatorischen **216**
Rahmenbetriebsplan übertragen werden kann (zweifelnd VG Saarland, ZfB
2003, 129; bejahend VG Weimar, ZfB 1994, 53; VG Chemnitz, ZfB 1995,
38). Nach § 57 a Absatz 5 erstrecken sich die Rechtswirkungen der planfestgestellten Zulassungen auf die vom Vorhaben berührten Belange Dritter, allerdings nur, „soweit über die Einwendungen entschieden wurde". Die Belange der
von schweren Bergschäden Betroffenen müssen also Inhalt des Rahmenbetriebsplans gewesen sein. Wurden sie mit Hilfe einer Nebenbestimmung als öffentliche
Interessen in einem späteren Anhörungsbetriebsplan geprüft, kann die Wiederherstellung der aufschiebenden Wirkung des Rechtsmittels gegen die Zulassung
des qualifizierten Rahmenbetriebsplans nicht mit Erfolg beantragt werden (VG
Saarland, ZfB 2003, 128; VG Saarland, ZfB 2006, 223; VG Gelsenkirchen, ZfB
2004, 59; OVG Saarland, ZfB 1993, 218; ZfB 1994, 25; ZfB 1996, 227; ZfB
1997, 45).

Im **Saarland** geht die von der Rechtsprechung gebilligte Verwaltungspraxis **217**
dahin, die Belange der von schweren Bergschäden betroffenen Oberflächeneigentümer abschließend im Sonderbetriebsplan *„Anhörung"* zu behandeln
(OVG Saarland aaO; VG Saarland aaO; BVerwG, ZfB 1998, 30; VG Saarland,
ZfB 2006, 223, schon ZfB 1995, 211 f. m. w. N.). Daraus folgt, dass der
Eigentümer eines von schweren Bergschäden bedrohten Grundstücks Anträge
gemäß §§ 80 a Absatz 3, 80 Absatz 5 oder 80 Absatz 1 Nr. 4 VwGO auf
Anordnung der aufschiebenden Wirkung von Hauptbetriebsplänen und Sonder-
betriebsplänen *„Abbau"* nicht mit Erfolg stellen kann.

Die frühere Rechtsprechung, dass bei Verwaltungsakten mit Doppelwirkung **218**
Rechtsschutz nur im Verfahren der einstweiligen Anordnung gemäß § 123
Absatz 1 VwGO zu gewähren ist (OVG NRW, ZfB 1975, 245 f.; VG Gelsenkirchen, ZfB 1978, 242 f.; ZfB 1985, 357), d. h. die Untersagung der Ausführung des bereits zugelassenen Betriebsplans bis zur Rechtskraft des Widerspruches gegen den Betriebsplan beantragt wurde (VG Gelsenkirchen, ZfB 1985,
357), ist nach § 123 Absatz 5 VwGO nicht mehr aktuell. Aus dieser Vorschrift
ergibt sich der Vorrang der Verfahren nach §§ 80, 80 a VwGO (OVG NRW, ZfB
2003, 285). Keine Anordnung nach § 123 VwGO auf Untersagung der Nutzung
des Rahmenbetriebsplans ist möglich, wenn die auf dem Rahmenbetriebsplan
basierenden Sonderbetriebspläne nicht aufgehoben oder zumindestens ihre Vollziehbarkeit beseitigt ist (OVG Saarland, ZfB 2006, 175), auch keine Anordnung
nach § 123 VwGO, wenn weder gegen den Rahmenbetriebsplan noch gegen den
Sonderbetriebsplan *„Anhörung"* gerichtlicher Rechtsschutz wahrgenommen
wurde (VG Saarland, ZfB 2006, 222; OVG Saarland, ZfB 2006, 176). Die
Bergbehörde hat eine gewisse Dispositionsbefugnis im Hinblick auf die zweckmäßige Genehmigungspraxis (OVG Saarland ZfB 1996, 228; VG Saarland, ZfB
2003, 133).

219 Sofern die Erfolgsaussichten des Widerspruchs oder der Klage offen sind, kommt die 3. **Prüfungsstufe** zum Zuge: Es ist zu beurteilen, ob das **Suspensivinteresse** des Betroffenen das **Vollzugsinteresse** des Bergbauunternehmers **überwiegt** (st. Rspr. OVG Saarland, ZfB 1996, 227; VG Saarland, ZfB 2007, 192).

220 Für ein Aufschieben des Beginns (**Suspensivinteresse**) der zugelassenen Maßnahmen spricht, dass der Grundstückseigentümer ein Interesse an der Verhinderung von schweren Bergschäden an seinem Grundstück und einer angemessenen Sicherung der Substanzgarantie für sein Eigentum hat (OVG Saarland, ZfB 2001, 298; VG Saarland, ZfB 1995, 343).

221 Bei einer bergbaubedingten Gebäudeschieflage von 6 mm/m und Pressungen von 4,7 mm/m ist dieses Interesse allerdings noch nicht vorrangig vor dem Abbauinteresse (VG Saarland aaO), ebenso nicht bei einer Schieflage von nur 3 mm/m (OVG Saarland, ZfB 2001, 293). Maßstab dürften die Hinweise des **Länderausschusses Bergbau** – Arbeitskreis Rechtsfragen zur Umsetzung des sog. Moers-Kapellen-Urteils sein (ZfB 1995, 345 ff.; Erl. NRW v. 16.12.1992 – AZ 516-11-69).

222 Bei der Abwägung kann **zugunsten des Bergbauunternehmers** (Vollzugsinteresse) sprechen: das öffentliche Interesse an der Rohstoffversorgung und -gewinnung (OVG Saarland, ZfB 1996, 233), das durch §§ 1 Ziff. 1, 48 Absatz 1 Satz 2 gesetzlich manifestiert ist. Dabei spielt eine geringe Rentabilität des Abbaus keine abwertende Rolle (OVG NRW, NUR 1991, 89 = ZfB 1990, 39; OVG Saarland, ZfB 2006, 178). Denn es kommt bei einem auf Energiebezug angewiesenen Land nicht allein auf die aktuelle politische Situation an. Auch wenn der Bedarf der Kraftwerke weitgehend gegenwärtig durch billigere Importkohle gedeckt wird (OVG Saarland, ZfB 2006, 178), ändert sich an dieser Grundsatzentscheidung nichts. Eine Überprüfung der politischen Grundentscheidung, ob ein öffentliches Interesse an der Fortführung des subventionierten Steinkohlenbergbaus besteht, ist im Betriebsplanverfahren wie auch im Verfahren über die aufschiebende Wirkung ausgeschlossen (OVG NRW, ZfB 2005, 175 und ZfB 1990, 33 = DVBl 1989, 1013; OVG Saarland, ZfB 1994, 217 und ZfB 1996, 226). Die Rohstoffsicherungsklausel des § 48 Absatz 1 Satz 2 kann dem öffentlichen Interesse an der Aufsuchung und Gewinnung von Bodenschätzen zwar keinen grundsätzlichen Vorrang, jedoch ein so starkes Gewicht verleihen, dass es bei einer Prüfung der Befreiung von naturschutzrechtlichen Verbotsnormen zu berücksichtigen ist (VG Regensburg, ZfB 1995, 150; einschränkend OVG NRW, ZfB 2001, 213 für Quarz-Sand-Abbau, der an der konkreten Stelle nicht zur Sicherung des Rohstoffmarktes erforderlich ist). Ein Gewicht bei der Abwägung zwischen Vollzugs- und Aussetzungsinteresse hat auch die Sicherung oder Schaffung von Arbeitsplätzen, die Vermeidung von Betriebsstilllegungen, die Erhaltung von Arbeitsplätzen mit dem Ziel des sozial verträglichen Abbaus von Arbeitsplätzen (OVG Saarland, ZfB 2001, 302) und die Vermeidung von Kurzarbeit (OVG Saarland, ZfB 2001, 285). Zum Verlust von Arbeitsplätzen im Kies-Sand-Tagebau mit angeschlossenem Klinkerwerk: VG Cottbus, ZfB 2004, 246.

223 Die im Allgemeininteresse liegende Gewinnung und Verwertung der Bodenschätze rechtfertigt nicht nur, sondern gebietet es geradezu, dass ihr der Vorrang vor den Interessen der vom Bergbau betroffenen Grundeigentümer eingeräumt wird (BGH ZfB 111 (1970), 446, 450 = BGHZ 53, 226, 235). Nach OVG Münster (ZfB 116 (1975), 245, 254) ist ein öffentliches Interesse an der Sicherung der Versorgung mit einheimischer Energie und damit an der Errichtung einer Bergehalde anzuerkennen. Dem öffentlichen Interesse an der Sicherung der Energieversorgung (Erdölgewinnung) ist der Vorrang zu geben vor dem einer Gemeinde, wonach ein nahe gelegenes Waldgebiet der Naherholung dienen soll (OVG Rheinland-Pfalz, ZfB 119 (1978), 227 und VG Neustadt 228 betrifft sofortige Vollziehung des Betriebsplans für eine Bohrschlammgrube).

Auch das Bergwerkseigentum, insbesondere die Aufsuchungs- und Gewinnungs-berechtigung, genießt rechtlichen Schutz im Rahmen der Interessenabwägung (OVG Saarland, ZfB 2001, 300). Daher ist zu berücksichtigen, dass bei einem Stopp der Kohleförderung betriebswirtschaftliche Schäden von erheblichem Umfang entstehen können (z. B. 5, 5 Mio. DM/Fördertag mit Erlösausfall von insgesamt 200 Mio. DM gemäß OVG Saarland, ZfB 2001, 300 oder 630.000 DM/Tag gemäß VG Saarland, ZfB 1995, 343 oder 550.000 DM/Tag gemäß VG Gelsenkirchen, ZfB 1995, 131 oder 2, 5 Mio. DM/Tag bei 12.000 Tonnen Förderung gemäß OVG Saarland, ZfB 2001, 285). Abzuwägen ist auch, ob abgeschlossene Lieferverträge erfüllt werden können (OVG Saarland, ZfB 2001, 301), ob Stillstands- oder Fixkosten entstehen, ob sich Kraftwerke auf die Fördermenge eingestellt haben (OVG Saarland, ZfB 2001, 300). Generell zur Bedeutung der wirtschaftlichen Nachteile beim Stillstand: VGH Mannheim, DVBl 1976, 538; OVG Koblenz, DVBl 1977, 730.   **224**

Das Gewicht des Abbaueingriffs in das Oberflächeneigentum wird wesentlich   **225**
durch die örtlichen Gegebenheiten bestimmt. Ein Gebiet, unter dem sich eine abbauwürdige Lagerstätte befindet, unterliegt schon von seiner geografischen Lage her einer gewissen Situationsgebundenheit (OVG NRW, ZfB 2006, 55 betrifft Steinkohle; VerfGH NRW, ZfB 1997, 309 f.; VG Aachen, ZfB 2003, 155 betrifft Braunkohle). Auf diese Situationsgebundenheit müssen sich auch kom-munale Interessen einstellen, soweit sich die Auswirkungen des Bergbaus im Rahmen des Üblichen halten (OVG NRW aaO). Die Interessen an der Nutzung eines im Außenbereich liegenden unbebauten Grundstücks sind geringer zu bewerten als das Interesse an der Gewinnung von Bodenschätzen (Lavasand, OVG Koblenz, ZfB 1997, 44).

Die Sicherung der **Energieversorgung** durch **heimische Rohstoffe liegt im öffent-**   **226**
lichen Interesse. Das folgt aus den gesetzlichen Regelungen der §§ 1 Nr. 1 und 48 Absatz 1 Satz 2 BBergG, für die Stromversorgung aus Braunkohle aus Artikel 4 § 3 EnWG 1998, § 1 Absatz 1 EnWG, aus dem Braunkohlengrund-lagengesetz von Brandenburg (hierzu OVG Brandenburg, ZfB 2001, 305), aus der st. Rspr. der Verfassungsgerichte (BVerfGE 66, 258; 30, 323; 91, 206 betrifft Steinkohlenbergbau; VerfGH NRW, NWVBl 1997, 333 = ZfB 1997, 300; VerfG Brandenburg, LVerfGE 8, 97 ff.; VerfGH Sachsen, ZfB 2001, 267 ff.), die das Interesse an einer gesicherten Stromversorgung als Gemeinschaftsinteresse von höchstem Rang einstufen. Diese Gewichtung behält auch im Zeichen der Liberalisierung der Strommärkte ihre grundsätzliche Bedeutung (OVG Bran-denburg, ZfB 2001, 306) und wird auch nicht durch die politische Grund-entscheidung der Subventionierung der Steinkohlenförderung infrage gestellt (OVG NRW, ZfB 2003, 280; ZfB 1990, 33; OVG Saarland, ZfB 2001, 301 f.; VG Gelsenkirchen, ZfB 1992, 225). Auch die Sanierung von stillgelegten Braunkohletagebauflächen in Mitteldeutschland einschließlich Wiedernutzbar-machung der Oberfläche und Gefahrenabwehr erfolgt im öffentlichen Interesse. Das dokumentieren die objektbezogenen Braunkohlen- und Sanierungspläne (gemäß §§ 11 ff. Bbg Reg. Bk BlG), regionalen Teilgebietsentwicklungspläne (gemäß § 8 LPlG Sachsen-Anhalt) und Sanierungsrahmenpläne (gemäß § 4 Absatz 6 Sächs. LPlG) und die nahezu ausschließliche finanzielle Förderung der Maßnahmen durch die öffentliche Hand.

VII. Nachträgliche Auflagen

227   Der zugelassene Betriebsplan hat im Rahmen der Vorschriften der §§ 56 Absatz 1 Satz 2 BBergG, 43 ff. VwVfG beschränkte materielle **Bestandskraft.** Diese Bestandskraft regelt das BBergG selbst nicht unmittelbar, sodass die Verbindlichkeit der Zulassung im Verhältnis zwischen Behörde und Betroffenen nach den allgemeinen Vorschriften bestimmt ist (zu Widerruf, Rücknahme vgl. § 56 Rn 89).

228   Er hat auch die Tatbestands- und Feststellungswirkungen in Bezug auf Entscheidungen anderer Behörden. Dabei besteht die Bindung im Normalfall an die Existenz der Zulassung (**Tatbestandswirkung** § 56 Rn 87), kaum auch an ihre rechtliche und tatsächlichen Feststellungen (Feststellungswirkung).

229   Da § 56 Absatz 1 Satz 2 nur den Fall nachträglicher Auflagen regelt, richtet sich die Zulässigkeit von **Nebenbestimmungen bei Erteilung der Zulassung** als gebundene Entscheidung nach § 36 Absatz 1 VwVfG (Frenz Bergrecht und Nachhaltige Entwicklung, S. 80). Danach kann die Betriebsplanzulassung mit Nebenbestimmung versehen werden, wenn sie sicherstellen soll, dass die gesetzlichen Voraussetzungen der Zulassung erfüllt werden. Folglich können Nebenbestimmungen aufgenommen werden, soweit das zur Erfüllung der Zulassungsvoraussetzungen der §§ 55, 48 Absatz 2 Satz 1 erforderlich ist (§ 56 Rn 116). Stehen etwa überwiegende öffentliche Interessen der Zulassung entgegen, ist zu prüfen, ob statt der Versagung der Zulassung Nebenbestimmungen möglich sind, die als milderes Mittel denselben Zweck erreichen (Frenz, aaO).

230   Im Übrigen können **Nebenbestimmungen** gemäß § 36 Absatz 1 VwVfG nur aufgenommen werden, wenn sie **durch Rechtsvorschrift zugelassen** sind. Das BBergG hat das in § 56 für zwei Fälle geregelt: Für nachträgliche Auflagen (§ 56 Absatz 1 Satz 2) und für Sicherheitsleistungen (§ 56 Absatz 2). Zu den verfassungsrechtlichen Vorgaben für Änderungsvorbehalte bei Genehmigungen und zum Bestands- und Vertrauensschutz von Genehmigungen s. Schmehl, DVBl 1999, 19 ff.

231   § 56 Absatz 1 Satz 2 ist eine Konsequenz aus dem besonderen Sachgesetzlichkeiten des Bergbaus (hierzu BVerwGE 81, 334 = ZfB 1989, 199) und den daraus resultierenden „*Unsicherheiten bergbaulicher Prognosen*" (hierzu BVerwGE 89, 252 = ZfB 1992, 38). Da bei der Zulassung Änderungen der Ausgangslage nicht auszuschließen sind, hat der Gesetzgeber die gesetzliche Ermächtigung zu nachträglichen Auflagen in § 56 Absatz 1 Satz 2 aufgenommen. Sie gilt, ohne dass sie ausdrücklich in die Zulassung des Betriebsplans einbezogen ist (OVG Brandenburg, ZfB 2005, 23). Wird eine Ermächtigung dennoch in der Zulassung ausgesprochen, hat dies keinen eigenen Regelungsinhalt.

232   Die Bestimmung schränkt einerseits den Grundsatz der bindenden Bestandskraft ein (Pfadt, Rechtsfragen zum Betriebsplan im Bergrecht, 169). Sofern die Voraussetzungen des § 56 Absatz 1 Satz 2 gegeben sind, kann die Bergbehörde sich von der bindenden Wirkung der Zulassung lösen. Andererseits stellt sich die Frage des **Verhältnisses der Vorschrift zu anderen**, die ebenfalls Einschränkungen der Bestandskraft der Zulassung bewirken.

233   In Konkurrenz zu § 71 geht § 56 Absatz 1 Satz 2 vor, soweit die Schutzziele des § 55 mit Hilfe des Betriebsplanverfahrens verwirklicht werden können (OVG Bautzen, ZfB 2001, 217; Stüer HB Rn 3599; Boldt/Weller § 56 Rn 16; § 71 Rn 4; Kremer/Wever, Rn 361; Kühne, DVBl 2010, 877; Beyer, S. 144; unklar Nikolaus ZfB 2002, 131 „*Vorgehen nach § 56 Abs. 1 Satz 2 oder § 71 Abs. 1*", aber auch

S. 137 „*Vorrang*"). Die Bergbehörde hat also kein Wahlrecht, denn die Einschränkungen des § 56 Absatz 1 Satz 2 dürfen nicht durch Anordnung nach § 71 unterlaufen werden. Dies gilt unbestritten für **Anordnungen gemäß § 71 Absatz 1 Satz 1.** Wenn eine nachträgliche Auflage nach § 56 Absatz 1 Satz 2 nicht erlassen werden kann, weil die erforderlichen Voraussetzungen nicht gegeben sind, kommt auch der Erlass einer Anordnung nach § 71 Absatz 1 Satz 1 nicht in Betracht (Kremer/Wever Rn 361; Beddies, S. 139; Beckmann, ZUR 2006, 298).

Differenzierter ist das Verhältnis zu **Anordnungen gemäß § 71 Absatz 1 Satz 2**   **234** zu sehen. Sie können über die Anforderungen eines zugelassenen Betriebsplans hinausgehen, soweit dies zum Schutze von Leben, Gesundheit und Sachgütern Beschäftigter oder Dritter erforderlich ist. Wegen der besonderen Bedeutung dieser Rechtsgüter muss der Bestands- und Vertrauensschutz der Betriebsplanzulassung über die Grenzen des § 56 Absatz 1 Satz 2 hinaus weiter beschränkt werden. Die Bergbehörde hat ein Wahlrecht, nach welcher Vorschrift sie vorgehen will (VG Saarland, ZfB 2006, 223; OVG Saarland, ZfB 2001, 297 und 303; Kremer/Wever Rn 362). Allerdings müssen Anordnungen gemäß § 71 Absatz 1 Satz 2 zum Schutze der dort genannten Rechtsgüter „erforderlich" sein, außerdem müssen sie den Grundsatz der Verhältnismäßigkeit wahren. Insofern können je nach Sachlage des Einzelfalles die Schranken des § 56 Absatz 1 Satz 2 auch für die Anordnungen nach § 71 Absatz 1 Satz 2 bedeutungsvoll sein. Für über die in einem Betriebsplan gestellten Anforderungen hinaus ist für Anordnungen nach § 71 Absatz 1 Satz 2 in der Regel nur Raum, wenn der Zweck der Anordnung nicht im Betriebsplanverfahren einschließlich nachträglicher Änderungen erreicht werden kann (OVG Saarland, ZfB 2008, 284; Stüer, Handbuch, Rn 3599).

In Konkurrenz zu **Anordnungen gemäß § 71 Absatz 2** ist zunächst festzustellen,   **235** dass ein Unternehmer, der die dort aufgeführten rechtswidrigen Zustände herbeiführt, grundsätzlich nicht schutzwürdig im Bezug auf den (eingeschränkten) Bestands- und Vertrauensschutz des § 56 Absatz 1 Satz 2 ist. Die Bergbehörde kann daher Anordnungen gemäß § 71 Absatz 2 ohne Einschränkungen des § 56 Absatz 1 Satz 2 erlassen. Allerdings ist die Anordnung der Einstellung des Betriebes nur das letzte Mittel, wenn andere Maßnahmen nicht greifen (VG Saarland, ZfB 2006, 223; OVG Saarland, ZfB 2006, 177; Kremer/Wever Rn 364; VG Cottbus, ZfB 2006, 203).

Sofern die Zulassung eines obligatorischen Rahmenbetriebsplans zugleich die   **236** wasserrechtliche Gestattung ausspricht (bestr. So Czychowski/Reinhardt § 19 Rn 16; Reinhardt, NUR 1999, 141 gegen OVG NRW, ZfW 1980, 252; VGH Kassel, NVwZ 1982, 452; Breuer, öffentliches und privates Wasserrecht, S. 714 u. a.), gilt für die nachträglichen Auflagen zunächst allein § 56 Absatz 1 Satz 2. In diesem Fall aber soll diese Bestimmung keine abschließende Regelung der Voraussetzung für nachträgliche Auflagen vorgeben, sondern daneben für den konzentrierten wasserrechtlichen Teil der Rahmenbetriebsplanzulassung § 5 WHG a. F. (§ 13 Absatz 1 WHG 2009) anzuwenden sein (Reinhardt in Wasseranstieg in Steinkohlenbergbau, Heft 108 der Schriftenreihe des GDMB, S. 86 f.).

Das Verhältnis des § 56 Absatz 1 Satz 2 zu den allgemeinen, als Landesrecht   **237** anzuwendenden Regelungen über die Rücknahme und den Widerruf von Verwaltungsakten gemäß §§ 48, 49 VwVfG wird unterschiedlich und in der Sache kaum differenziert betrachtet. Nach einer Auffassung richtet sich die Möglichkeit der Rücknahme bzw. des Widerrufs einer Betriebsplanzulassung nach den §§ 48, 49 VwVfG (Kremer/Wever Rn 275; Müller/Schulz Rn 411; Kühne, Wandel und Beharren im Bergrecht, S. 80; Gutbrod/Töpfer Rn 322; H. Schulte, Kernfragen des bergrechtlichen Genehmigungsverfahrens, S. 32; Beckmann, ZUR 2006, 298).

238 Nach anderer Auffassung treten die §§ 48, 49 VwVfG hinter der speziellen Bestimmung des § 56 Absatz 1 Satz 2 zurück (OVG Bautzen, ZfB 2001, 217 = NUR 2001, 701; Boldt/Weller § 5 Rn 1; § 56 Rn 16, 23; Beyer S. 113; Frenz, Bergrecht und Nachhaltige Entwicklung, S. 79 f., ebenso VGH Mannheim, NJW 1988, 2552 zum Verhältnis § 22 BImSchG zu §§ 48, 49 VwVfG).

239 Richtig ist es, eine Differenzierung nach Sinn und Zweck der Vorschriften vorzunehmen. Zunächst ist festzustellen, dass nachträgliche Auflagen und Rücknahme/Widerruf der Betriebsplanzulassung unterschiedliche Eingriffsmöglichkeiten der Bergbehörde in die Rechtsposition des Unternehmers sind. Während die eine die Zulassung als solche nicht infrage stellt, geht die andere auf deren Aufhebung hinaus. Sofern die Behörde sich für eine nachträgliche Auflage entscheidet, sind nur die Voraussetzungen des § 56 Absatz 1 Satz 2 maßgebend. Der Unternehmer kann sich nicht darauf berufen, dass die Voraussetzungen der §§ 48, 49 VwVfG nicht vorliegen (OVG Bautzen, ZfB 2001, 217 = NUR 2001, 700). Ein Vertrauensschutz, wie er bei §§ 48, 49 VwVfG zu beachten ist, findet zusätzlich nicht statt.

240 Eine weitere Frage ist, ob die Bergbehörde nach §§ 48, 49 VwVfG die Zulassung des Betriebsplans aufheben kann, wenn Maßnahmen nach § 56 Absatz 1 Satz 2 nicht zulässig sind. Hier muss der Zweck des § 56 Absatz 1 Satz 2 bedacht werden: Nach dem System des BBergG ist die Betriebsplanpflicht das vorrangige Instrument zur Sicherung der Unternehmerpflichten, nicht die Aufhebung des Betriebsplans. Zudem hat § 56 Absatz 1 Satz 2 nachträgliche Auflagen von bestimmten Voraussetzungen abhängig gemacht, die durch Aufhebung der Zulassung nicht umgangen werden dürfen. Aus diesen Gründen können §§ 48, 49 VwVfG nicht ersatzweise zum Einsatz kommen (OVG Bautzen, ZfB 2001, 216 = NUR 2001, 700; OVG Magdeburg, ZfB 2008, 189, 191 f.). Berücksichtigt die Behörde die Einschränkungen des § 56 Absatz 1 Satz 2 nicht, wirkt sich das auf der Rechtsfolgeseite als Ermessensfehler aus.

241 Jedoch ist auch dieses Ergebnis nach Sinn und Zweck der Aufhebungsvorschriften der §§ 48, 49 VwVfG zu relativieren, soweit es sich um die Rücknahme rechtswidriger Betriebsplanzulassungen handelt. Im Spannungsfeld von Vertrauensschutz, Rechtssicherheit und dem Prinzip der Gesetzmäßigkeit der Verwaltung ist das Interesse des Unternehmers, Eingriffen in die Bestandskraft der Betriebsplanzulassung nur mit der Messlatte des § 56 Absatz 1 Satz 2 ausgesetzt zu sein, weniger schutzbedürftig. § 56 Absatz 1 Satz 2 verschließt daher nicht die Tür, von Beginn an rechtswidrige Betriebsplanzulassungen im Interesse der Gesetzmäßigkeit der Verwaltung gemäß § 48 Absatz 1 Satz 2 VwVfG zurückzunehmen. Dieser Gesichtspunkt trifft beim Widerruf gemäß § 49 VwVfG nicht zu (im Ergebnis Gaentzsch, Wandel und Beharren im Bergrecht, S. 27; Frenz, Bergrecht und Nachhaltige Entwicklung, S. 80; a. A. Kühne, daselbst S. 80). Allerdings muss die Bergbehörde, sofern sie die Betriebsplanzulassung zurücknehmen möchte, nach dem Grundsatz der Verhältnismäßigkeit das vom Gesetzgeber differenziert ausgestaltete Verhältnis der Ermächtigungsgrundlagen zueinander beachten (Beckmann, ZUR 2006, 297; hierzu Frenz/Kummermehr, ZfB 2000, 24 f.). Dabei ergibt sich, dass die Rücknahme gemäß § 48 VwVfG das ultimative Mittel der Bergbehörde sein wird. Sofern es angewandt wird, ist die Jahresfrist des § 48 Absatz 4 VwVfG zu beachten.

242 § 56 Absatz 1 Satz 2 gilt auch für **Abschlussbetriebspläne**, die bestandskräftig zugelassen sind. Die nachträgliche Auflage kann die Verfüllung tagesnaher Grubenbaue anordnen, wenn sich die im Abschlussbetriebsplan zugelassene Maßnahme der Umzäunung als nicht wirksam erwiesen hat (OVG Bautzen, ZfB 2001, 216) oder die Sicherung vor drohenden Schäden an Versorgungsleitungen im Sanierungsbergbau (Nikolaus, ZfB 2002, 126), oder bei durch den früheren Betrieb verursachten Spätfolgen (Beckmann, ZUR 2006, 295 ff.; Spieht/Wolfers, ZfB 1997, 269; Spieht, BB 1996, 1893; Frenz/Kummermehr, ZfB 2000, 24; Knöchel in Frenz/Preuße, Spätfolgen des Bergbaus, 103), bei denen allerdings auch die Prüfung der bergrechtlichen Verantwortung, der wirtschaftlichen Vertretbarkeit, Erforderlichkeit und Verhältnismäßigkeit besonderer Wert zu legen ist, anzuwenden sein. Nachforderungen nach Abschluss der Stilllegungsphase, aber vor Beendigung der Bergaufsicht haben hinsichtlich der Eingriffsschwelle und der Beweislast grundsätzlich höheren, an das allgemeine Polizeirecht angenäherten Anforderungen standzuhalten (Spieht/Laitenberger, BB 1996, 1894 und 1898 unter Bezugnahme auf Salzwedel, Tagungsband Umweltrechtstage, 1991 des MURL NRW, 55, 67; ähnl. Beyer, S. 116).

§ 56 Absatz 1 Satz 2 enthält eine abschließende Regelung der Voraussetzungen **243** für **nachträgliche Auflagen.** Liegen die Voraussetzungen nicht vor, sind nachträgliche Auflagen unzulässig. Andere Nebenbestimmungen (Befristung, Widerrufsvorbehalt) können nach § 56 Absatz 1 Satz 2 überhaupt nicht nachträglich aufgenommen werden.

In Fortentwicklung des früheren § 25 Absatz 3 Satz 3 GewO und in Anlehnung **244** an § 17 Absatz 2 Satz 1 BImSchG a. F. werden die Aufnahme, Änderung und Ergänzung von nachträglichen Auflagen an drei Voraussetzungen geknüpft: Wirtschaftliche Vertretbarkeit, Erfüllbarkeit, Erforderlichkeit zur Sicherstellung der gesetzlichen Voraussetzungen der Zulassung.

Wirtschaftliche Vertretbarkeit: Eine wesentliche Voraussetzung für nachträgliche **245** Auflagen ist, dass sie für den Unternehmer und für Einrichtungen der von ihm betriebenen Art **wirtschaftlich vertretbar** sind. § 56 Absatz 1 Satz 2 nimmt damit einen Rechtsgedanken, der bereits in mehreren anderen Gesetzen verankert ist (z. B. § 14 Satz 2, 17 Absatz 2 BImSchG, 10 Absatz 2 BBodSchV; § 23 Satz 2 GenTG; ähnl. § 906 Absatz 2 BGB).

Er ist Ausprägung des Grundsatzes der Verhältnismäßigkeit und für kapital- **246** intensive Vorhaben verfassungsrechtlich geboten. Insofern ist es eine kühne, falsche und überflüssige These, die Vorschrift des § 56 Absatz 1 Satz 2, Absatz 3 sei *„als verfassungswidrig einzustufen"* (Beyer, S. 113 gegen viele andere, dort Genannte).

§ 56 Absatz 1 Satz 2 gibt der Bergbehörde auch ein Instrument in die Hand, **247** Prognosen über Auswirkungen bergbaulicher Vorhaben, die sich wegen der Sachgesetzlichkeiten des Bergbaus noch nicht hinreichend übersehen lassen, zu korrigieren bzw. die Zulassung des Betriebsplans zunächst auszusprechen im Bewusstsein, dass spätere Änderungen und Ergänzungen zulässig sind (VG Cottbus, Urt. v. 12.5.2005, 3K165/05). Die **wirtschaftliche Vertretbarkeit** wird an zwei kumulativ nebeneinander stehenden Kriterien gemessen: Sie muss für den Unternehmer (individueller Bereich) und für Vergleichseinrichtungen der von ihm betriebenen Art (genereller Bereich) kumulativ geprüft und bejaht werden. Ist die Auflage entweder im individuellen oder im Bereich des Durchschnittsunternehmens dieser Betriebsart wirtschaftlich unvertretbar, ist sie nach § 56 Absatz 1 Satz 2 unzulässig (unrichtig Beckmann, ZUR 2006, 297; Boldt/ Weller § 56 Rn 18; wie hier OVG Bautzen, ZfB 2001, 218; Pohl, Bestandsschutz bergrechtlicher Betriebsplanzulassungen, S. 165; Beyer, aaO, S. 114).

Wann eine wirtschaftliche Unvertretbarkeit vorliegt, lässt sich nur im Einzelfall **248** nach Abwägung beurteilen. Ausgangspunkt müssen betriebswirtschaftliche Kriterien sein (Hoppe, BB 1966, 1574; DVBl 1982, 20), nicht erst die Unzumutbarkeit, Verstoß gegen das Übermaßverbot oder gar erst die Verletzung der Eigentumsgarantie. Eine wirtschaftliche Unvertretbarkeit liegt vielmehr bereits dann vor, wenn in Folge der aufgegebenen Maßnahme ein angemessener Gewinn nachhaltig nicht mehr erzielt werden kann bzw. ein solcher nachträglich abgeschöpft wird (OVG NRW, NJW 1973, 1626; Boldt/Weller § 56 Rn 18; Beckmann, ZUR 2006, 298; Beyer S. 114). Zweck der Vorschrift ist, dass ein Unternehmen nicht über nachträgliche Auflagen zu einer Betriebsplanzulassung dauerhaft in einen verlustbringenden Betrieb gezwungen wird. Können die entstehenden Kosten ohne eigenen Wettbewerbsnachteil und ohne besonderen Aufwand an einen leistungsfähigen, mit öffentlichen Mitteln ausgestatteten Dritten weitergegeben werden, fehlt es an einer übermäßigen Belastung des Bergbautreibenden. Dieses gilt für ein vergleichbares Durchschnittsunternehmen in gleicher Weise (OVG Bautzen, ZfB 2001, 218).

249 Maßstab ist das Gewinnerzielungsprinzip. Dementsprechend muss ein angemessener Gewinn nachhaltig erzielt werden können (Sellner, Immissionsschutz und Industrieanlagen, Rn 449). Nicht vertretbar sind kostenmäßige Belastungen, bei denen ein vergleichbares Unternehmen einen angemessenen Gewinn nachhaltig nicht mehr erzielen kann (OVG Münster, DVBl 1973, 963). Eine nachträgliche Auflage ist nicht wirtschaftlich vertretbar, wenn sie eine ohnehin fehlende Kapitalrentabilität noch weiter verschlechtert (Hoppe, Wirtschaftliche Vertretbarkeit im Rahmen des Bundes-Immissionsschutzgesetzes, Rechtsgutachten 1977, S. 162, These 24). Andererseits ist die wirtschaftliche Vertretbarkeit solange gegeben, wie die Rentabilität des Unternehmens nicht gefährdet wird (OVG Münster, DVBl 1973, 962). Die Vertretbarkeit für Einrichtungen der vom Unternehmer „betriebenen Art" ist nicht auf die einzelne Einrichtung zu beziehen, auf die sich die nachträgliche Auflage bezieht, sondern auf den zu dieser Einrichtung gehörenden Gesamtbetrieb, sofern er technisch und wirtschaftlich untrennbar damit verbunden ist (OVG Münster, BB 1966, 1371 betrifft § 25 Absatz 3 GewO).

250 Auch in der **Stilllegungsphase** und bei nachträglichen Anordnungen zu **Abschlussbetriebsplänen**, kommt es auf die wirtschaftliche Vertretbarkeit an. Die Auflage darf nicht zu Einstellungskosten führen, die die Einstellungskosten vergleichbarer Betriebe überschreiten. Sie müssen zu dem erstrebten Erfolg der Auflage in einem angemessenen Verhältnis stehen. Dabei sind Kosten nicht zu berücksichtigen, die daraus resultieren, dass der Bergwerksunternehmer in der Vergangenheit seinen gesetzlichen oder betriebsplanmäßigen Pflichten nicht nachgekommen ist (Jarass, Rn 34 zu § 17 BImSchG). Andererseits ist zu bedenken, dass ein stillzulegender Betrieb keine Gewinne erwirtschaften kann, dass er Kosten nur aus früheren Gewinnen decken kann und auf frühere Gewinne nur im Rahmen von Rückstellungen in der Bilanz zurückgegriffen werden kann, soweit sie nach kaufmännischen und steuerlichen Grundsätzen zulässig waren.

251 Die wirtschaftliche Vertretbarkeit nach betriebswirtschaftlichen Gesichtspunkten kann allerdings nicht der alleinige Maßstab sein, wenn eine nachträgliche Auflage zum **Schutz von Gesundheit oder Leben** erforderlich wird. In diesen Fällen muss die Schwelle der wirtschaftlichen Vertretbarkeit besonders niedrig angesetzt werden, weil zum Schutz dieser herausragenden Rechtsgüter besondere wirtschaftliche Anstrengungen erwartet werden können.

252 Die Auflage muss ferner nach den **allgemein anerkannten Regeln der Technik erfüllbar** sein. Dieser Begriff wird wörtlich gleich in § 16 Absatz 3 Nr. 2 verwandt, im BBergG aber nicht definiert.

253 Der Begriff „allgemein anerkannte Regeln der Technik" wird im Gesetz als bekannt vorausgesetzt. Die Rechtsordnung kennt ihn beispielsweise in § 1a Absatz 1 Satz 3 HaftpflG; §§ 60 Absatz 1 Satz 2, 62 Absatz 2 WHG; § 8 Absatz 2 AbwAG.

Allgemein anerkannt sind die Regeln nur, wenn sie in der praktischen Anwen- **254**
dung erprobt worden sind und von den einschlägigen Fachkreisen für richtig
gehalten werden. Die Formel beinhaltet die Summe aller Erfahrungen der
jeweiligen Technik, die dann allgemein anerkannt sind, wenn ihre sicherheitstechnische Bewährung in der Praxis feststeht und die Mehrheit der Fachleute in
der Bundesrepublik, die sie anzuwenden haben, davon überzeugt ist, dass die
betreffenden Regeln den technischen Anforderungen der Arbeitssicherheit
entsprechen (Krause/Pillat/Zander, Arbeitssicherheit, Gruppe 11, S. 134). Im
Grunde wird ein schon weitgehend bestehender de-facto-Zustand für rechtlich
verbindlich erklärt. Meistens werden die Regeln in schriftlicher Form wiedergegeben, etwa in Vorschriften der Berufsgenossenschaften, in denen des Deutschen
Normenausschusses (DIN), in Lehrbüchern, Kommentaren oder Fachaufsätzen,
in Rundverfügungen des LOBA oder ministeriellen Runderlassen. Die Komponente der Wirtschaftlichkeit spielt hier unmittelbar nicht nochmals eine Rolle,
doch wird man feststellen können, dass Unwirtschaftliches sich nicht als allgemein anerkannte Regel der Technik durchsetzen wird.

Bei den allgemein anerkannten Regeln der Technik handelt es sich um einen **255**
unbestimmten Rechtsbegriff. Er stellt gegenüber dem Stand der Technik, bei dem
eine allgemeine Anerkennung nicht erforderlich ist, sondern die praktische
Eignung, und der nach den §§ 3 Absatz 6 17 Absatz 2 BImSchG in Verfahren
gefordert wird, die dem BImSchG unterliegen (ähnl. § 3 Nr. 11 WHG für
Abwassereinleitungen), die für den Unternehmer leichter einzuhaltende Voraussetzung auf.

Nachträgliche Auflagen müssen schließlich **erforderlich** sein, um die Zulassungs- **256**
voraussetzungen der §§ 55, 48 Absatz 2 Satz 1 sicherzustellen. Die nachträgliche Aufnahme, Änderung oder Ergänzung von Auflagen ist dadurch an die
Voraussetzungen des § 55 Absatz 1 Satz 1 Nr. 2–13 und Absatz 2, 48 Absatz 2
Satz 1 gebunden. Die Vorschrift knüpft damit an § 36 Absatz 1 VwVfG an, der
Nebenbestimmungen zum Verwaltungsakt nur zulässt, wenn sie sicherstellen,
dass die gesetzlichen Voraussetzungen des Verwaltungsakts erfüllt werden. Die
„Erforderlichkeit" ist als unbestimmter Rechtsbegriff verwaltungsgerichtlich
nachprüfbar.

Die Aufnahme, Änderung oder Ergänzung von nachträglichen **Auflagen liegt** im **257**
Ermessen der Bergbehörde, die darüber zu entscheiden hat, ob sie die Auflage
auferlegen will (**Entschließungsermessen**) und welche Auflage sie erlassen will
(**Auswahlermessen**). Dabei muss § 40 VwVfG beachtet werden, wonach die
Bergbehörde die gesetzlichen Grenzen des Ermessens einhalten muss. Solche sind
beispielsweise der Gleichheitsgrundsatz, insbesondere auch in Fällen der Selbstbindung der Verwaltung durch Verwaltungsvorschriften (BVerwGE 34, 278,
280), der Grundsatz der Sozialstaatlichkeit (BVerwGE 42, 148, 157) und der
Grundsatz der Verhältnismäßigkeit.

VIII. Sicherheitsleistung (§ 56 Absatz 2)

Die Bergbehörde konnte bereits nach § 68 Absatz 5 ABG NRW den Betriebs- **258**
plan nur gegen Leistung einer **Sicherheit** zulassen. Diese Möglichkeit hat § 56
Absatz 2 aufgegriffen. Die Sicherheitsleistung darf nur zur Erfüllung der in § 55
Absatz 1 Satz 1 Nr. 3–13 und Absatz 2 genannten Voraussetzung der Zulassung
des Betriebsplans dienen, nicht dagegen zur Sicherung privatrechtlicher Schadensersatzansprüche (Ebel/Weller § 68 Anmerkung 6). Ihr Zweck ist die Erfüllung des Grundsatzes der Verhältnismäßigkeit: wenn die beantragte Zulassung
versagt werden müsste, soll die Bergbehörde nach ihrem Ermessen prüfen, ob
die Versagungsgründe durch Leistung einer Sicherheit ausgeräumt werden kön-

nen. Andererseits kommt eine Sicherheitsleistung nur in Betracht, wenn der Betriebsplan sonst nicht zulassungsfähig wäre. Die Entscheidung, ob und welche Art der Sicherheitsleistung verlangt wird, steht im Ermessen der Bergbehörde. Dabei ist zu berücksichtigen, dass die Stellung der Sicherheit für den Unternehmer im Einzelfall erhebliche Kosten verursachen und seinen Kreditrahmen anspannen kann. Die Bergbehörde kann jede geeignete Sicherheit (Bankbürgschaft, Garantie, Konzernbürgschaft, Versicherung) verlangen, die Beschränkungen der §§ 232 ff. BGB gelten hier nicht (anders früher § 68 Absatz 5 ABG NRW).

259   Die Festsetzung der **Sicherheitsleistung** ist sowohl dem Grunde als der Höhe nach (VGH Kassel, ZUR 2007, 485, hierzu Kopp-Assenmacher, ZUR 2007, 575 ff.) eine **Ermessensentscheidung**, die bei der Zulassung eines Betriebsplans zu treffen ist. Ähnlich wie in § 12 Absatz 1 Satz 2 BImSchG wird man auch für § 56 Absatz 2 Satz 1 den Grundsatz aufstellen müssen, dass schon aus Gründen der Verhältnismäßigkeit von der Befugnis zur Auferlegung einer Sicherheitsleistung nur bei den Anlagen Gebrauch gemacht werden kann, bei denen besonderer Anlass zur Besorgnis besteht, dass die Betriebspläne nicht eingehalten werden (ähnl. VGH Kassel aaO). Standardmäßige Begründungen, flächen- oder typenmäßige Anordnungen von Sicherheitsleistungen reichen nicht aus. Sofern Sicherheitsleistung nach entsprechender Abwägung in Betracht kommt, wird sie als aufschiebende Bedingung, als Auflage oder als Vorbehalt in die Zulassung aufgenommen. Sie dient der Deckung der Kosten, die der Bergbehörde nach einer etwaigen Anordnung von Ersatzvornahmen entstehen. Ersatzvornahmen sind das letzte Mittel zur Durchsetzung von Unternehmerpflichten. Aus dem Grundsatz de Verhältnismäßigkeit folgt, dass zunächst die Zwangsmaßnahmen in der Reihenfolge der Vollstreckungsgesetze der Länder angedroht, festgesetzt und vollstreckt werden müssen, bevor auf die Sicherheit zurückgegriffen werden kann.

260   Sicherheitsleistungen bei der Zulassung von Rahmenbetriebsplänen kommen nicht in Betracht, wenn sie nur allgemeine Angaben über das beabsichtigte Vorhaben enthalten. Für einen planfestgestellten Rahmenbetriebsplan, der Kiesabbau für 50 Jahre zulässt, kann im Hauptbetriebsplan eine Sicherheitsleistung für den genannten Zeitraum der bergbaulichen Tätigkeit bis zum Vollzug des Abschlussbetriebsplans verlangt werden, d. h. eine auf 51 Jahre befristete Bankbürgschaft. Dafür entstehende Kosten von insgesamt 41.000 Euro sind nicht unverhältnismäßig (VG Meiningen, ZfB 2007, 311). Eine UVP-Rahmenbetriebszulassung schließt nicht aus, die Zulassung nachfolgender **Hauptbetriebspläne** von der Leistung einer Sicherheit nach § 56 Absatz 2 abhängig zu machen (OVG Weimar, ZfB 2011, 247, 254). Die Anwendung des § 56 Absatz 2 setzt auch keine Zweifel an der **Seriosität bzw. Finanzkraft des Unternehmers** voraus (OVG Weimar, aaO, 255; VG Halle, ZfB 2010, 33). Die Sicherheitsleistung soll in der Regel die Erfüllung der Verpflichtungen des Unternehmers gem. § 55 Absatz 1 abdecken, d. h. insbesondere auch die Wiedernutzbarmachung der Bergbaufläche nach Beendigung des Abbaus.
In einem Hauptbetriebsplan kann zur Absicherung der Wiedernutzbarmachung und der Gewährleistung der öffentlichen Sicherheit und Ordnung eine Nebenbestimmung ergehen, wonach eine Sicherheitsleistung, im Falle einer Bürgschaft *„unbefristet, unwiderruflich und unter Verzicht auf die Einrede der Vorausklage"* zu erbringen ist. Dem steht nicht entgegen, dass der Hauptbetriebsplan nur für Gewinnungsarbeiten von 2 Jahren zugelassen wird und dass die Wiedernutzbarmachung erst Gegenstand eines Abschlussbetriebsplans sein wird (VG Halle, ZfB 2010, 33, 37).

261   Das **Sächsische Oberbergamt** hat ein **Merkblatt zur Erhebung und Verwertung von Sicherheitsleistungen** (Stand 9/2009) herausgegeben. Es enthält Aussagen zum Anwendungsbereich der Sicherheitsleistung, zu Ermessenskriterien für die Erhebung, über Formen zulässiger Sicherheitsleistung (Bürgschaften, Versicherungen gemäß § 56 Absatz 2 Satz 2) und über die Rückgabe der Sicherheitsleistung spätestens bei Beendigung der Bergaufsicht. Kriterien für die Höhe der Sicherheitsleistung sind die Kosten für Absperrmaßnahmen des Restloches, Sicherungs- und Rückbaumaßnahmen, Wiedernutzbarmachung. Mit der Rahmenbetriebsplanzulassung soll die Sicherheitsleistung für das gesamte Vorhaben festgelegt werden. Ob das schon in Rahmenbetriebsplänen erforderlich ist, ist allerdings zweifelhaft. Richtiger erscheint es, die Sicherheitsleistungen im Hauptbetriebsplan zu behandeln.

In Konsequenz der Rechtsprechung zur Anwendung des § 48 Absatz 2 Satz 1 im **262** Betriebsplanverfahren ist § 56 Absatz 2 insofern zu ergänzen, dass Sicherheitsleistungen auch zur Erfüllung der überwiegenden öffentlicher Interessen, die im Betriebsplanverfahren zu prüfen sind, verlangt werden können.

Bei Bergbauvorhaben werden neben der Sicherheit für zukünftige Wiedernutz- **263** barmachung häufig **Sicherheiten nach dem Naturschutzrecht** für Ausgleichs- und Ersatzmaßnahmen gefordert. Soweit mit der Wiedernutzbarmachung zugleich der Ausgleich nach Naturschutzrecht gesichert ist, bedarf es neben der Sicherheit nach § 56 Absatz 2 keiner zusätzlichen naturschutzrechtlichen Sicherheit (z.B. gemäß § 4a Absatz 9 LG NRW). Für die Erfüllung von Nebenbestimmungen einer Waldumwandlungsgenehmigung kann landesrechtlich die Hinterlegung von Geldbeträgen oder sonstige Sicherheit gefordert werden (z.B. § 39 Absatz 3 Satz 2 LFoG NRW).

Nach § 22a Absatz 3 ABBergV muss der Unternehmer für die **Entsorgung von** **264** **bergbaulichen Abfällen** nachweisen, dass er in der Lage ist, eine Sicherheitsleistung zu erbringen (s. § 55 Rn 121, 144). Dieser Nachweis erfolgt unbeschadet der Vorschriften über die Betriebsplanpflicht, d.h. auch der über die Sicherheitsleistung gemäß § 56 Absatz 2. Abzugrenzen sind sie dahin gehend, dass die Sicherheitsleistung nach § 22a Absatz 3 ABBergV zweckgebunden für die Abfallentsorgungspflichten, die nach § 56 Absatz 2 unter Ausschluss dieser Entsorgungspflichten bemessen wird.

Landesrechtlich ist Sicherheitsleistung zwingend vorgeschrieben für die Geneh- **265** migung von Bodenschätzen, die im Verfügungsrecht des Grundeigentümers stehen und nicht der Aufsicht der Bergbehörde unterliegen (§ 10 AbgrG NRW). Die Sicherheitsleistung kann von der Genehmigungsbehörde in Anspruch genommen werden, um Schäden, die durch Abweichung von der Genehmigung und den Auflagen entstehen, auszugleichen oder beseitigen zu lassen (§ 10 Satz 2 AbgrG NRW). Die Sicherheitsleistung ist freizugeben, wenn die Rekultivierungspflicht der Abgrabungsgenehmigung gemäß erfüllt ist und eine Ersatzvornahme deshalb nicht mehr in Betracht kommt (OVG NRW, NWVBl 2004, 271; VG Halle, ZfB 2010, 39; VG Düsseldorf, AZ 4K8526/97). Die Landesregelung ist motiviert durch die Erfahrung des Gesetzgebers, dass Abgrabungsbetriebe häufig weniger finanzstark und genehmigungsorientiert sind als die unter ständiger behördlicher Daueraufsicht stehenden Gewinnungsbetriebe für Kies und Sand, sofern sie dem BBergG gemäß § 3 Absatz 4 unterliegen. Eine prinzipielle Gleichstellung der Bergaufsichtsbetriebe mit den Abgrabungsbetrieben und die grundsätzliche Forderung nach Sicherheitsleistung ohne Prüfung des Einzelfalles auch für Kies- und Sandbetriebe, die der Bergaufsicht unterliegen, ist daher nicht gerechtfertigt und ermessenwidrig.

Die Sicherheitsleistung kann bereits vor Abschluss der Rekultivierungsmaßnah- **266** men zurückgegeben werden, wenn dadurch dem Unternehmer die finanzielle Möglichkeit zur Erfüllung des Abschlussbetriebsplans geschaffen wird.

267 Die Möglichkeit, die Forderung nach Sicherheitsleistung zu erheben, entfällt nicht, wenn die Wirtschaftlichkeit des Unternehmers unzweifelhaft ist (so früher § 68 Absatz 4 Saarland. ABG). Eine Sicherheitsleistung kann auch ohne Zweifel an der Liquidität des Unternehmers gefordert werden (BVerwG, DÖV 2008, 820 für eine Abfallanlage nach BImSchG; a. A. VGH Kassel, UPR 2007, 399). Es wird jedoch an der Erforderlichkeit i. S. von § 56 Absatz 2 S. 1 fehlen oder ermessensfehlerhaft sein, wenn Sicherheitsleistung von einem kapitalkräftigen und zuverlässigen Unternehmer verlangt wird.

268 Die Erforderlichkeit einer Sicherheit kann sich andererseits im Einzelfall aus allgemeinen Erfahrungen oder aus der wirtschaftlichen Gesamtsituation ergeben (BT-Drs 8/1315, 112; Zydek, 263).

269 Nach Zulassung des Betriebsplans kann eine Sicherheitsleistung nur bei Verlängerung, Ergänzung oder Änderung des Betriebsplans oder unter den Voraussetzungen des § 56 Absatz 1 Satz 2 gefordert werden.

270 Sicherheitsleistungen können **nicht durch nachträgliche Anordnungen** oder Auflagen zu einem früheren zugelassenen Betriebsplan verlangt werden, denn § 56 Absatz 2 gilt vom Wortlaut her nur für die Zulassung, d. h. für den Zulassungszeitpunkt (Hartmann, ZfB 1987, 37). Ebenso kann Sicherheitsleistung nicht nachträglich im Wege der Anordnung nach § 71 verlangt werden (Heitmann aaO). Sie gehört nicht zu den zwingenden Vorschriften des BBergG (§ 71 Absatz 1) und ist – in diesen Fällen – nicht in der Zulassung des Betriebsplans als Nebenbestimmung vorgesehen (§ 71 Absatz 2). In künftigen Betriebsplanzulassungen kann Sicherheit nicht zur Erfüllung von Unternehmerpflichten verlangt werden, die in früheren Zulassungen bereits abschließend ohne Sicherheitsleistung geregelt wurden.

Anhang zu § 56   **Außerbergrechtliche Anforderungen an bergbauliche Vorhaben**

                                                                            Rn

1. Teil: Baurecht   1

2. Teil: Bodenschutzrecht   78

3. Teil: Denkmalschutzrecht   101

4. Teil: Immissionsschutzrecht   124

5. Teil: Naturschutzrecht   225

6. Teil: Raumordnungs- und Planungsrecht   411

7. Teil: Wald- und Forstrecht   538

8. Teil: Wasserrecht   549

1. Teil   Baurecht

Übersicht   Rn

I.   Baugenehmigung   1

II.   Verhältnis Baugenehmigung – Betriebsplan   3

III. Untertageanlagen des Bergbaus   12

IV.   Übertageanlagen des Bergbaus   18
1.   Anlagen, die der Bergaufsicht unterliegen   18

2. Gebäude   19
3. Aufschüttungen   21
4. Abgrabungen   26
5. Rohrleitungen   27

V. Bauplanungsrecht   37
1. Aufschüttungen, Abgrabungen   42
2. Ausschachtungen, Lagerstätten   44
3. Fachplanungsprivileg gemäß § 38 BauGB   46
4. Anwendung von § 29 BauGB auf bergbauliche Vorhaben   52

VI.   Baugenehmigung und Abgrabungen   70
VII. Zuständigkeit und Instrumente der Bergbehörde im Baurecht   71
VIII. Abbruch von Bergbaugebäuden und Baugenehmigung   75
IX.   Nutzungsänderungen   77

I.   Baugenehmigung

Einer **Baugenehmigung** bedürfen grundsätzlich die Errichtung, die Änderung, **1**
die Nutzungsänderung und der Abriss baulicher Anlagen (z.B. § 63 BauO
NRW; § 54 BauO Bbg; § 68 BauO Nds; §§ 59, 60 BauO Sachsen; § 61 BauO
R-Pfalz; § 60 BauO Saarland). Dieser Grundsatz wird modifiziert durch landesrechtlich unterschiedliche vereinfachte Genehmigungsverfahren, in denen nur
noch ein gesetzlich festgelegter Kernbereich untersucht wird (z.B. § 68 Absatz 1
BauO NRW, Artikel 73 Bayr. BauO; § 57 BauO Bbg; § 75a BauO Nds). Der
Grundsatz wird durchbrochen durch die Fälle, in denen auf eine Genehmigung
ganz verzichtet wird (Anzeige statt Genehmigung, Anzeige- und Genehmigungsfreiheit, Kenntnisgabeverfahren). Einzelheiten bei Ekart/Beckmann/Schender-
lein, NJ 2007, 481.

Die Baugenehmigung erklärt einerseits, dass dem Vorhaben öffentlich-rechtliche **2**
Vorschriften nicht entgegenstehen. Sie ist insofern eine **feststellende Unbedenklichkeitsbescheinigung** (Hoppe/Bönker/Grotefels, S. 531). Sie hebt andererseits
das präventive Verbot, mit einer erteilten Genehmigung nicht mit dem Bau beginnen
zu dürfen, auf und hat insofern auch einen **rechtsgestaltend verfügenden Teil**.
Die Legalisierungswirkung der Baugenehmigung ist insofern beschränkt, als sie
nur über die Vereinbarkeit des Vorhabens mit den öffentlich-rechtlichen Vorschriften im Rahmen der Prüfungskompetenz der Baubehörde urteilt. Nach
landesrechtlich unterschiedlichen Konzentrationsvorschriften wird die Baugenehmigung einbezogen in Genehmigungen nach den §§ 4, 15 Absatz 1, 19
BImSchG, Verbindlichkeiten nach BBodSchG und stets in Planfeststellungsbeschlüsse aller Art.

II.   Verhältnis Baugenehmigung – Betriebsplan

Gegenüber dem Betriebsplanverfahren hat die Baugenehmigung in den meisten **3**
Bundesländern weder eine ausschließliche noch eine sich unterwerfende Wirkung. Beide sind **nebeneinander** erforderlich, sofern die bergbaulichen Anlagen
genehmigungsbedürftig sind (OVG NRW, ZfB 1973, 318, ZfB 1982, 246, 251,
ZfB 1984, 232. Anderes Beispiel § 67 Absatz 1 BauO Bbg, wonach die Baugenehmigung die für das Vorhaben erforderlichen, weiteren behördlichen Entscheidungen einschließt).

Die Baugenehmigung wird nicht durch die bergrechtliche Betriebsplanzulassung **4**
ersetzt, umgekehrt ersetzt die Baugenehmigung nicht die Betriebsplanzulassung

(st. Rspr. pr. OVG, ZfB 1931, 275 ; LVG Gelsenkirchen, Glückauf 1959, 1648 ; OVG NRW, ZfB 1973, 1318, ZfB 1982, 251, ZfB 1984, 232 ; VG Köln, ZfB 1976, 350; VG Gelsenkirchen, ZfB 1978, 248).

5   Die Bindungswirkung einer Baugenehmigung besteht im Umfang der zu prüfenden und nicht nur im Umfang der tatsächlich geprüften Vorschriften. Diese Bindungswirkung hindert auch die Bergbehörde an einem Einschreiten aus Gründen, die zum Prüfumfang des Baugenehmigungsverfahrens gehören (OVG Bautzen, LKV 2010, 331).

6   Der durch die jeweilige Landesbauordnung vorgegebene Sachentscheidungskompetenz der Baubehörde entsprechen Inhalt und Bindungswirkung dieser Genehmigung. Die Baugenehmigung erfasst daher nicht den im bergrechtlichen Verfahren zu prüfenden Teil des Bergbauvorhabens. Da wegen des engeren Sachbezuges die Bergbehörde auch über die immissionsschutzrechtlichen Anforderungen des § 22 BImSchG im Betriebsplanverfahren zu entscheiden hat (BVerwGE 1974, 324 = DVBl 1976, 1273 = ZfB 1987, 65), hat die Baubehörde diese immissionsschutzrechtlichen Aspekte ebenfalls nicht als *„sonstiges öffentliches Recht"* im Baugenehmigungsverfahren zu prüfen (Koch/Hendler § 24 Rn 23, VGH München, DVBl 1988, 151). Zur Sachentscheidungskompetenz der Baubehörde kann – in den Bundesländern unterschiedlich – das Denkmalschutzrecht (z.B. § 9 Absatz 3 DSchG NRW, § 12 Absatz 2 DSchG Sachsen), das Waldrecht, vereinzelt das Naturschutzrecht gehören (Ortloff, NVwZ 2002, 418). Gemäß § 67 Absatz 1 BauO Bbg ist eine Verfahrenskonzentration vorgeschrieben derart, dass die Baugenehmigung die für das Vorhaben erforderlichen weiteren behördlichen Entscheidungen einschließt.

7   Die **Bindungswirkung einer Baugenehmigung** besteht im Umfang der zu prüfenden und nicht nur im Umfang der tatsächlich geprüften Vorschriften. Diese Bindungswirkung hindert auch die Bergbehörde an einem Einschreiten aus Gründen, die zum Prüfumfang des Baugenehmigungsverfahrens gehören (OVG Bautzen, LKV 2010, 331).

8   Andererseits erfasst die Konzentrationswirkung des § 13 BImSchG die Baugenehmigung. Sie ist **in die BImSchG-Genehmigung eingeschlossen.** Gleiches gilt für die Abgrabungsgenehmigung gemäß § 3 AbgrG NRW (§ 7 Absatz 3 AbgrG NRW) und Artikel 87 Absatz 1 Nr. 4 Bayr. BauO (s. auch Anh. § 56 Rn 70). Es gilt auch für die Planfeststellungsbeschlüsse, so für die Zulassung des obligatorischen Rahmenbetriebsplans nach § 52 Absatz 2 a, die gemäß § 75 Absatz 1 VwVfG Konzentrationswirkung haben.

9   Je nach Ausgestaltung des Landesrechts beurteilt sich die Frage, ob die Baugenehmigung unter dem – beispielsweise in Form einer aufschiebenden Bedingung gefassten – Vorbehalt der Betriebsplanzulassung erteilt werden kann, oder ggf. einer weiteren gesetzlichen vorgeschriebenen Genehmigung. In einigen Bundesländern gilt die sog. **Schlusspunkttheorie,** wonach die Baugenehmigung der Schlusspunkt aller für das genehmigungsbedürftige Vorhaben erforderlichen öffentlich-rechtlichen Zulässigkeitsprüfungen ist (OVG NRW, BauR 1992, 610, NUR 2004, 254 = DÖV 2004, 304 m.w.N., Boeddinghaus/Hahn/Schulte § 75 Rn 76, Koch/Hendler § 24 Rn 26, a.A. OVG NRW, NVwZ-RR 2002, 564). In diesen Bundesländern ist die Erteilung der Baugenehmigung ohne Vorliegen der hierfür vorausgesetzten weiteren öffentlich-rechtlichen Genehmigungen (z.B. nach Landschafts-, Straßen-, Wasserrecht) rechtswidrig. Auch eine Baugenehmigung mit dem Vorbehalt der Erteilung der weiteren Genehmigung, z.B. Betriebsplanzulassung, ist nicht zulässig (OVG NRW, NUR 2007, 284, a.A. Koch/Hendler, § 24 Rn 26). In anderen Bundesländern ist die sog. Schlusspunkttheorie nicht anzuwenden (VGH Mannheim, NVwZ-RR 1991, 140; VGH

München, NVwZ 1994, 305; OVG Greifswald, LKV 2004, 563; hierzu Ortloff NVwZ 2004, 937 m. w. N., NVwZ 2005, 1383). In diesen Ländern ist die Prüfungskompetenz der Baubehörde auf das Baurecht beschränkt, durch die Formulierungen „dem öffentlichen Baurecht entspricht" bzw. „keine öffentlich-rechtlichen Vorschriften entgegenstehen, die im bauaufsichtlichen Genehmigungsverfahren zu prüfen sind" (vgl. § 58 Absatz 1 LBO BW, § 75 Absatz 1 BauO Nds, Artikel 72 Absatz 1 Bayr. BO, § 72 Absatz 1 LBauO M-V, § 72 Absatz 1 Sächs. BauO).

Der von der Baubehörde zugelassene Betriebsplan kann in seiner Ausführung **10** daran scheitern, dass die erforderliche Baugenehmigung versagt wird (VG Köln, ZfB 1976, 350; OVG NRW, Glückauf 1982, 240). Die früher empfohlene (Ebel/ Weller, § 68 Anmerkung 4 i – allerdings zur Rechtslage nach dem ABG) Lösung, den Betriebsplan zuzulassen unter der Voraussetzung, dass vor Beginn der Maßnahme die Baugenehmigung erteilt wurde, ist im Hinblick auf die Bindungs-wirkung des § 55 heute wohl nicht mehr zulässig. Ebenso wenig dürfte es zulässig sein, die Betriebsplanzulassung zu versagen oder mit Nebenbestimmungen zu versehen, wenn die Baubehörde im Betriebsplanverfahren den Standpunkt ver-tritt, die Errichtung von Übertagebauten verstoße gegen Bauplanungsrecht.

Andererseits hat die Baubehörde bei der Beurteilung der **Ortsgebundenheit** **11** davon auszugehen, dass bergbauliche **Tagesanlagen** auf die geologische Eigenart des Schachtstandortes angewiesen sind, wenn die Bergbehörde im Betriebsplan-verfahren über die Zulässigkeit eines Schachtes rechtskräftig entschieden hat. Die Baubehörde kann nur über die Vereinbarkeit des Vorhabens mit solchen einschlägigen öffentlich-rechtlichen Vorschriften entscheiden, die nach anderen Gesetzen nicht Gegenstand eines besonderen Genehmigungsverfahrens sind (Gaentzsch, Zulassung bergbaulicher Vorhaben, S. 16).

III. Untertageanlagen des Bergbaus

Hinsichtlich der baurechtlichen Beurteilung bergbaulicher Anlagen ist zwischen **12** untertägigen und übertägigen Anlagen zu unterscheiden.

Die **untertägigen Anlagen** unterliegen materiell-rechtlich und verfahrensrechtlich **13** nur dem Bergrecht und der Zuständigkeit der Bergbehörde, nicht aber dem Bauordnungsrecht. Bezugsebene für die Geltung des **Bauordnungsrechts** ist die Geländeoberfläche, es sei denn, der – für den Untertagebergbau nicht zutreffen-de – Ausnahmetatbestand der Abgrabung i. S. der Bauordnung liegt vor.

Für untertägige Anlagen gilt nach § 1 Absatz 1 BauGB auch nicht das **Bau-** **14** **planungsrecht**. Es erfasst die „bauliche und sonstige Nutzung eines Grund-stücks". Hierzu gehören bergbauliche Maßnahmen nur in soweit, wie sie – z. B. als bauliche Anlagen, Aufschüttungen oder Abgrabungen – die Nutzung der Erdoberfläche beanspruchen. Nicht erfasst werden vom Bauplanungsrecht daher alle Maßnahmen, die unter der Erdoberfläche stattfinden (VG Köln ZfB 1976, 350). Das Bauplanungsrecht macht lediglich in den §§ 5 Absatz 3 Nr. 2 (Flächennutzungsplan) und 9 Absatz 5 Nr. 2 (Bebauungsplan) BauGB Ausnah-men für Flächen, unter denen Bergbau umgeht oder die für den Abbau von Mineralien bestimmt sind (hierzu Anh. § 56 Rn 508, 517). In nichtbeplanten Bereichen folgt aus § 29 Satz 1 BauGB die Unanwendbarkeit des Bauplanungs-rechts für die untertägigen Vorhaben.

Für untertägige Anlagen ist demnach weder eine Baugenehmigung noch eine **15** Anzeige erforderlich. Die Einvernehmenspflicht der Bergbehörde mit der

Gemeinde nach § 36 Absatz 1 BauGB (hierzu Anh. § 56 Rn 68) findet keine Anwendung. Die untertägigen Maßnahmen können nicht Gegenstand von Flächennutzungsplan oder Bebauungsplan sein, sieht man von den Darstellungen nach §§ 5 Absatz 3 Nr. 2 oder 9 Absatz 5 Nr. 2 BauGB ab. Schließlich wird damit auch die verfahrensrechtliche Stellung Dritter begrenzt: die Gemeinde ist durch untertägige bauliche Anlagen in ihrer Planungshoheit im Regelfall nicht berührt (VG Köln, ZfB 1976, 350). Dritte können sich gegen die betriebsplanmäßige Zulassung dieser Untertagevorhaben nicht darauf berufen, es sei unter bauplanungs- oder bauordnungsrechtlichen Gründen unzulässig (VG Gelsenkirchen, ZfB 1978, 248).

16 Wenn allerdings Übertageanlagen wegen ihres technischen Zusammenhangs zum untertägigen Bereich von der Bergbehörde planungsrechtlich zu beurteilen sind (BVerwG, DVBl 1986, 1275 = ZfB 1987, 65), ist im Betriebsplanverfahren im Einvernehmen mit der Gemeinde zu entscheiden, sofern § 36 Absatz 1 BauGB nicht durch § 38 BauGB oder § 36 Absatz 1 Satz 2 BauGB ausgeschlossen ist (hierzu Anh. § 56 Rn 68).

17 Zu den untertägigen Anlagen gehören nicht nur alle bergbaulichen unterhalb der Erdoberfläche (z. B. Auffahren von Strecken VG Köln, ZfB 1976, 349). Schon das Abteufen von Schächten (VG Gelsenkirchen, ZfB 1978, 248) gehört zum Untertagebereich, auch dann, wenn an der Austrittsstelle des Schachtes bergbauliche Anlagen über Tage errichtet werden müssen. Daran ändert auch der Umstand nichts, dass mit der Errichtung der untertägigen Anlagen erheblicher Förder- und Transportverkehr verbunden sein kann, der auch durch Wohngebiete führt. Selbst in diesem Fall entscheidet die Bergbehörde im Betriebsplanverfahren über die planungsrechtliche Zulässigkeit des Schachtbauwerks mit den Bestandteilen an der Oberfläche und über die bergtechnisch notwendige Durchbruchsstelle zur Oberfläche (VG Köln, ZfB 1979, 252 = Glückauf 1979, 134). Das rechtfertigt sich aus den bergtechnischen Notwendigkeiten: die Planung entwickelt sich zwangsläufig von unter Tage nach über Tage, die Lagerstelle bestimmt den Ort des Zutageförderns. Die weiterführenden Maßnahmen, die Aufbereitung und der Transport, werden nicht durch die baulichen Anlagen, sondern durch den bergbehördlich genehmigten Abbau und die Zutageförderung des Materials bestimmt. Die Baubehörde ist bauplanungsrechtlich an diese Vorgaben gebunden. Unabhängig von dieser bauplanungsrechtlichen Bindung an zugelassene Betriebspläne ist in den einzelnen Bundesländern bauordnungsrechtlich u. U. die Baugenehmigung von schachtbedingten Anlagen (Fördergerüste, Trafohaus, Grubenwasseranlagen, Verladestation, Kohlenwäsche) vorgesehen (vgl. hierzu Anh. § 56 Rn 20).

IV. Übertageanlagen des Bergbaus

1. Anlagen, die der Bergaufsicht unterliegen

18 Im **untertägigen** Bereich bietet sich ein buntes Bild von Regeln und Ausnahmen in den einzelnen Bundesländern. Grundsätzlich kann festgestellt werden, dass die Bauordnungsgesetze auf **Anlagen**, soweit sie der **Bergaufsicht** unterliegen, keine Anwendung finden (vgl. § 1 Absatz 2 Nr. 2 BauO NRW; § 1 Absatz 2 Nr. 2 BauO Saar; § 1 Absatz 2 Nr. 3 BauO Hessen; § 3 Absatz 1 Nr. 2 BauO Nds; § 1 Absatz 2 Nr. 2 BauO Rh-Pf; § 1 Absatz 2 Nr. 2 Sächs. BauO; § 1 Absatz 2 Nr. 2 BauO LSA; § 1 Absatz 2 Nr. 2 BauO Bbg). Im Umkehrschluss folgt daraus: nach Beendigung der Bergaufsicht unterliegen diese Anlagen dem Bauordnungsrecht, auch wenn sie bergbautypische Grubenlüfter oder Fördergerüste sind (Rausch, S. 56). Anders nach § 1 Absatz 2 Nr. 3 BauO Bbg: die

Bauordnung gilt ferner nicht für endgültig stillgelegte bergbauliche Anlagen, die nicht mehr der Bergaufsicht unterliegen.

2. Gebäude

Eine **erste Ausnahme** machen die Bauordnungen für **Gebäude**. Für sie gilt die **19** jeweilige Bauordnung, selbst wenn die Gebäude unter Bergaufsicht stehen. Diese Ausnahme wird in § 3 Absatz 2 Nr. 3 BauO Nds auf Schachtfördergerüste ausgeweitet, die damit der Bauordnung unterliegen. Umgekehrt werden nach Artikel 1 Absatz 2 Nr. 2 BauO Bay Gebäude bei den Ausnahmen von der Unanwendbarkeit der Bauordnung nicht genannt, sondern „Anlagen, die der Bergaufsicht unterliegen". Da Gebäude (bauliche) Anlagen sind, folgt daraus, dass auch für Gebäude des Bergbaus, die unter Bergaufsicht stehen, die Bauordnung nicht gilt, im Gegensatz zu den meisten anderen Bundesländern.

Insbesondere die Rechtslage bei Schachtgebäuden, Fördertürmen, Fördergerüs- **20** ten, Anlagen und Einrichtungen zum Befahren der Schächte ist demnach in den einzelnen Bundesländern sehr unterschiedlich (H. Schulte, ZfB 1987, 189; Rausch S. 56 ff., die allerdings von inzwischen überholten Bauordnungsbestimmungen ausgehen). Eine Grubenmörtelmischanlage ist nicht baugenehmigungspflichtig (OVG Saarland, ZfB 1991, 45 ff.).

3. Aufschüttungen

Eine **zweite** baurechtliche **Sonderstellung** nehmen **Aufschüttungen und Abgra-** **21** **bungen** ein. Sie werden in den meisten Bauordnungen als bauliche Anlagen fingiert (z. B. § 2 Absatz 1 Nr. 1 BauO NRW, § 2 Absatz 1 Nr. BauO Saar, § 2 Absatz 1 Nr. 4 BauO Nds, § 2 Absatz 1 Nr. 1 BauO LSA, § 2 Absatz 1 Nr. 1 Sächs. BauO, § 2 Absatz 1 Nr. 1 Bbg BO). Soweit sie unter Bergaufsicht stehen, werden sie aber schon grundsätzlich aus der Geltung der Bauordnung ausgenommen (ähnl. H. Schulte, ZfB 1987, 189). Eine Besonderheit gilt nach Artikel 2 Absatz 1 Nr. 1 Bayr. BauO: Aufschüttungen, die eine unmittelbare Folge von Abgrabungen sind, sind keine baulichen Anlagen. Eine weitere Besonderheit: als bauliche Anlagen gelten nach § 1 Absatz 1 Nr. 4 BauO Nds auch künstliche Hohlräume unterhalb der Erdoberfläche.

Aufschüttungen, d. h. Erhöhungen des Bodenniveaus unabhängig davon, ob es **22** künstlich geschaffen oder natürlich ist (OVG NRW, NUR 2001, 533), sind vor allem Bergehalden, Salzhalden, Abraumhalden, Aufschüttungen der im Bergbau gewonnen Mineralien, Kohle- und Kokshalden, Kies- und Sandberge, Lagerplätze (VG Cottbus, NUR 2004, 540 betrifft Granulatlager). Solange sie unter Bergaufsicht stehen, ist die Bauordnung nicht anzuwenden, insbesondere keine Baugenehmigung erforderlich (VG Gelsenkirchen, ZfB 1985, 77, 81, H. Schulte, ZfB 1987, 189).

Über die Zulassung von **Bergehalden** entscheidet die Behörde im Betriebsplan- **23** verfahren. In NRW sind hierfür der Gemeinsame **Runderlass über Zulassung von Bergehalden** im Bereich der Bergaufsicht v. 13.7.1984 (MinBl NRW, 931 = ZfB 1985, 366) sowie die **Grundsätze für die Anlegung** und Wiedernutzbarmachung **von Bergehalden des Steinkohlenbergbaus** v. 22.7.1991 (SBl Bezirksreg. Arnsberg A 2.19) maßgebend. Danach sind Sonderbetriebspläne, auf Verlangen der Bergbehörde auch Rahmenbetriebspläne, für das Anlegen, die Erweiterung oder die wesentliche Änderung von Bergehalden einzureichen. Im Verfahren, das sich insbesondere mit dem Standort, der Gestaltung, der Schüttung, dem Gewässer- und Immissionsschutz, der Wiedernutzbarmachung und der Bepflanzung befasst, sind eine Vielzahl betroffener Aufgabenträger sowie die Gemeinden als Planungsträger zu beteiligen (vgl. Ziff. 3.2 der Richtlinie und VG Gelsenkirchen, ZfB 1985, 81f.). Zum Klagerecht der Gemeinde gegen die Zulassung der Errichtung einer Bergehalde VG Gelsenkirchen, ZfB 1985, 79, zur fehlenden Klagebefugnis einer Gemeinde gegen die Fahrtroute zur Bergehalde VG Gelsenkirchen, ZfB 1985, 88, zur Genehmigung einer Salzhalde nach BImSchG, VG Stade, ZfB 1987, 363, OVG Lüneburg, ZfB 1990, 28, zu Aufschüttungen im Außenbereich Bartsch ZfB 1977, 104, zum Transporttarif von Material zur Herstellung einer Bergehalde LG Dortmund, ZfB 1989, 157, zur Kaliabraumhalde nach Beendigung der Bergaufsicht BVerwG, NUR 2006, 107 = ZfB 2006, 148 ff. Ausführlich auch die **Richtlinie** für die Abdeckung und Begrünung von **Kalihalden** im Freistatt Thüringen v. 18.4.2002 (Thür. Staatsanzeiger S. 1539).

24 Anschüttungen i.s. des Bauordnungsrechts sind auch Kohlen- und Kokshalden, die allerdings ebenfalls von der Geltung von der Bauordnung ausgeschlossen sind, soweit sie der Bergaufsicht unterliegen. In NRW gelten hierfür die **Richtlinien für die Zulassung von Kohlen- und Kokshalden**, des Steinkohlenbergbaus im Bereich der Bergaufsicht v. 8.1.1973 (SBl Bezirksreg. Arnsberg A. 2.19 = MBl NRW S. 1814).

25 Soweit Anschüttungen dem Bauordnungsrecht unterliegen, hält das jeweilige Landesrecht unterschiedliche Abstufungen der Genehmigungspflicht vor: geringfügige Anschüttung sind genehmigungsfrei (§ 65 Absatz 1 Nr. 42 BauO NRW bis zwei Metern Höhe im Außenbereich bis 400 m² Fläche), Anschüttungen bis 30 Metern Höhe sind nach dem vereinfachten Genehmigungsverfahren insbesondere auf die Vorschriften der §§ 29 bis 38 BauGB zu überprüfen (§ 68 Absatz 1 BauO NRW), Anschüttungen über 30 Metern Höhe sind genehmigungsbedürftige Vorhaben (§ 63 Absatz 1 BauO NRW). Sofern die Anschüttung nach dem BImSchG genehmigungspflichtig ist, enthält diese Genehmigung, auch wenn sie im vereinfachten Verfahren nach § 19 BImSchG erteilt wurde, zugleich die Baugenehmigung. Nach Artikel 87 Absatz 1 Nr. 4 der BauO Bay ist eine Baugenehmigung nicht erforderlich, wenn eine Anlage nach dem Bayr. AbgrG genehmigt wird. Nach § 1 Absatz 2 Nr. 3 BauO LSA gilt für Anlagen zur Gewinnung von Bodenschätzen die BauO nicht und damit auch nicht die Baugenehmigungspflicht, selbst wenn die Anlage nicht unter Bergaufsicht steht. Zu den Folgen der Begrenzung des Anwendungsbereichs für die Prüfung der bauplanungsrechtlichen Vorgaben der §§ 29 ff. BauGB im Genehmigungsverfahren für die Gewinnung von Bodenschätzen nach BImSchG und WHG sowie zu den Zuständigkeitsfragen Pool-Schmeißer in LKV 2003, 460 ff.

4. Abgrabungen

26 Abgrabungen i.s. der jeweiligen Landesbauordnungen sind Absenkungen der Geländeoberfläche zum Zwecke der Gewinnung oberirdischen Bodens oder oberirdischer Bodenschätze (ähnl. Boeddinghaus/Hahn/Schulte, BauO NRW § 2 Rn 14 und OVG NRW, NUR, 2001, 533). Nach § 7 Absatz 3 AbgrG NRW schließt die Abgrabungsgenehmigung die Genehmigung nach der BauO mit ein (BVerwG, ZfB 1983, 431).

5. Rohrleitungen

27 Von der Geltung der Bauordnung sind in den Bundesländern auch ausgenommen die **Rohrleitungen, die dem Ferntransport** von Stoffen dienen (z.B. § 1 Absatz 2 Nr. 5 BauO LSA; § 1 Absatz 2 Nr. 4 BauO B-W; § 1 Absatz 2 Nr. 4 BauO Rh-Pf; § 1 Absatz 2 Nr. 6 BauO Hessen; § Absatz 2 Nr. 4 BauO M-V; § 1 Absatz 2 Nr. 4 BauO NRW („einschließlich ihrer unterirdischen Anlagen und

Einrichtungen"); § 1 Absatz 2 Nr. 4 Sächs. BauO). Insofern kommt es nicht darauf an, ob die Leitungen unter Bergaufsicht stehen oder nicht. Unter diese Regelung fallen z. B. Erdgas- und Ölpipelines, Leitungen für Dampf-, Kokereigas, Azetylen oder Flüssiggas sowie Soleleitungen.

Diese Leitungen unterliegen je nach Länge, Durchmesser und Aggregatzustand der beförderten Stoffe unterschiedlichen Genehmigungsverfahren: **28**

Die Errichtung, der Betrieb und die Änderung von unterirdischen **Gasversorgungsleitungen** (zum Begriff s. Wahlhäuser, UPR 2011, 263) mit einem Durchmesser von mehr als 300 mm, die nicht unter Bergaufsicht stehen, bedürfen nach § 43 EnWG (früher § 11 a EnWG 1998) der **Planfeststellung**, u. U. nach Ziff. 19.2 der Anlage 1 zum UVPG der Planfeststellung mit UVP und mit zeitlich vorgelagertem Raumordnungsverfahren gemäß § 15 ROG in Verbindung mit Landesrecht. Das Verfahren wurde durch das am 17.12.2006 in Kraft getretene Infrastrukturplanungsbeschleunigungsgesetz (BGBl, 2833) mit dem Ziel novelliert, es zu vereinfachen und um verschiedene Elemente aus dem Verkehrswegeplanungsrecht anzureichern.   **29**

Für **Gastransportfernleitungen** (i. S. von Pipelines), die den eigentlichen Gasversorgungsnetzen i. S. von § 3 Nr. 20 EnWG vorgelagert sind, den Kunden also nicht direkt erreichen, sondern dazu dienen, Gas aus anderen Ländern zu einem Terminal auf deutschem Hoheitsgebiet zu leiten, findet § 43 EnWG keine Anwendung (Leidinger Energieanlagenrecht S. 336 m. w. N.). Zum Rechtsschutz gegen Pipelines in Küstengewässern Pellens NUR 1996, 281 ff. Es gelten die Vorschriften des UVPG und der **Rohrfernleitungs-VO**. Sie bedürfen bei Überschreitung bestimmter Schwellenwerte Anl. 1 Nr. 19.3 bis 19.9 UVPG), gegebenenfalls nach einer UVP-Vorprüfung, der **UVP-Planfeststellung** oder einer Plangenehmigung. Werden die Schwellenwerte unterschritten, ist die Errichtung **anzeigepflichtig** gemäß § 4 a Rohrfernleitungs-VO.   **30**

Für **Gasleitungen**, die mit einem Überdruck von mehr als 16 bar betrieben werden, sowie für bestimmte, nicht der öffentlichen Versorgung dienende Gashochdruckleitungen außerhalb des Werksgeländes gelten die sicherheitlichen Anforderungen der VO über **Gashochdruckleitungen** (v. 17.12.1974, BGBl, 3591, zul. geänd. 31.10.2006, BGBl, 2407). Vorgesehen sind eine Anzeigepflicht für die Errichtung, die allerdings im Planfeststellungsverfahren konzentriert wird, eine besondere behördliche Prüfung jeweils vor Errichtung (§ 5 GasHDrLtgV) und vor Inbetriebnahme (§ 6 GasHDrLtgV), Einzelheiten Leidinger, Energieanlagenrecht, S. 35).   **31**

Nicht anzuwenden sind die Vorschriften des § 19 a WHG a. F. auf Gasleitungen, da sie keine wassergefährdenden Stoffe führen (Pellens, NUR 1996, 281).   **32**

Nicht anzuwenden ist die Rohrfernleitungs-VO v. 27.9.2002 (BGBl, 3777, geändert durch Artikel 23 des Gesetzes zur Neuregelung des Wasserrechts (BGBl 2009, 2585 ff.)), die bei Beförderung von in § 2 Absatz 1 der VO genannten brennbaren Flüssigkeiten und verflüssigten oder gasförmigen Stoffen grundsätzliche Sicherheitsanforderungen vorgibt, auf Rohrfernleitungen, die dem bergrechtlichen Betriebsplanverfahren unterliegen (§ 2 Absatz 3 Rohrfern VO).   **33**

Für die Errichtung, den Betrieb und die wesentliche Änderung von **Fernleitungen zum Transport von Rohöl**, Benzin, Dieselkraftstoffen oder Heizölen, die nicht unter Bergaufsicht stehen, galt bis zum 3.8.2001 die Genehmigungspflicht nach § 19 a Absatz 1 WHG. Sie ist einer grundsätzlichen Planfeststellungsbedürftigkeit nach den §§ 20 bis 23 UVPG gewichen (Czychowski/Reinhardt, WHG   **34**

§ 18 a Rn 1 a). Nach § 20 Absatz 1 UVPG sind Rohrleitungsanlagen, die in der Anlage 1 Nr. 19.3 bis 19.9 aufgeführt sind, **planfeststellungsbedürftig**, wenn nach den §§ 3 b bis 3 f. UVPG die Verpflichtung zur Durchführung einer UVP besteht. Für nicht UVP-pflichtige Vorhaben ist eine Plangenehmigung zu erwirken (§ 20 Absatz 2 Satz 1 UVPG). Daneben galten die ergänzend anzuwendenden §§ 19 b und 19 c WHG a. F. und die **Rohrfernleitungs-VO** v. 27.9.2002 (BGBl, 3809). Nach dem WHG 2009 sind die Bestimmungen des § 19 b und 19 c WHG entfallen. Für Rohrfernleitungen gilt nur noch das UVP-Gesetz (BT-Drs 16/12275, 112). Nach dem WHG 2009 sind die Bestimmungen der §§ 19 b und 19 c WHG entfallen, für Rohrfernzuleitungen gilt nur noch das UVP-Gesetz (BT-Drs 16/12275, 112).

35   Weder unter die Planfeststellungspflicht nach § 43 EnWG noch die nach § 20 UVPG ist der Bau und Betrieb von **Soleleitungen** eingeordnet. Sie werden im Betriebsplanverfahren zugelassen.

36   Zu beachten ist für Leitungen, die als sonstige **betriebsplanpflichtige Vorhaben** i. S. von § 1 Nr. 9 der UVP-V Bergbau anzusehen sind, weil sie „als solche nach Maßgabe der Anlage 1 zum UVP-G der UVP bedürfen", die **ausschließliche bergrechtliche UVP-Planfeststellung** gemäß §§ 52 Absatz 2 a bis Absatz 2 c, 57 a–c. Das bergrechtliche UVP-Planfeststellungsverfahren tritt an die Stelle des UVP-Planfeststellungsverfahren und schließt die Anwendung der §§ 5 bis 14 UVPG aus (§ 18 UVP-G).

V.   Bauplanungsrecht

37   Sowohl die unter die Bauordnung fallenden als auch die nicht unter die Bauordnung fallenden, oberirdischen Vorhaben des Bergbaus sind bei der Zulassung daraufhin zu überprüfen, ob ihre Errichtung, Änderung oder Nutzungsänderung den Vorschriften des **Bauplanungsrecht** entspricht (BVerwG, ZfB 1983, 431, BVerwG, NVwZ 1989, 1162 = ZfB 1989, 210, NVwZ 1989, 1157 = ZfB 1989, 199; Hess. VGH, ZfB 2001, 47; VG Koblenz, ZfB 1984; 476 OVG Lüneburg, ZfB 1986, 369; H. Schulte, ZfB 1987, 191). Die Transformation des Bauplanungsrechts in das Bergrecht, insbesondere das Betriebsplanverfahren, erfolgt über § 48 Absatz 2 Satz 1 (BVerwG ZfB 1989, 215).

38   Insbesondere das Recht der Aufschüttung und Abgrabungen hat eine wechselhafte Entwicklung genommen. Das ist sowohl für die Anwendung des § 35 BauGB als auch des § 36 BauGB festzustellen.

39   Bis zum 31.12.1976 galten für diese Maßnahmen § 29 Satz 3 BBauG und damit die §§ 30 bis 37 BBauG mit Ausnahme des § 35 BBauG (hierzu Piens/Schulte/Graf Vitzthum, 1. Auflage § 56 Rn 197; Bartsch, ZfB 1977, 104; OVG NRW, ZfB 1975, 250 und ZfB 1973, 319). Die Sonderstellung des § 35 BBauG endete durch die Änderung des § 29 BBauG mit dem Gesetz zur Änderung des BBauG v. 18.6.1976 (BGBl, 2221) zum 1.1.1977 (hierzu Piens/Schulte/Graf Vitzthum, 1. Auflage § 56 Rn 199 ff.; Rausch, Umwelt- und Planungsrecht im Bergbau, S. 60 ff., Schulte, ZfB 1987, 190, Büllesbach, die rechtliche Beurteilung von Abgrabungen nach Bundes- und Landesrecht S. 229). Seither ist auch § 35 BBauG (heute § 35 BauGB) im Verfahren für Aufschüttungen und Abgrabungen zu prüfen.

40   Nach § 29 Satz 1 BBauG 1976 galten bis zum 31.12.1997 die §§ 30 bis 37 BBauG 1976 für Vorhaben, die die Errichtung, Änderung oder Nutzungsänderung von baulichen Anlagen zum Inhalt haben und die einer bauaufsichtlichen Genehmigung, Zustimmung oder Anzeige bedürfen. Für Aufschüttungen und

Abgrabungen größeren Umfanges, für Ausschachtungen, Ablagerungen einschl. Lagerstätten galten ebenfalls die §§ 30 bis 37 BBauG. Soweit sie allerdings der **Bergaufsicht** unterlagen, fand die **Einvernehmensregelung** des § 36 BBauG (heute § 36 BauGB) **keine Anwendung** (§ 29 Satz 4 BBauG, zur Rechtslage vor dem 1.12.1976 s. Piens/Schulte/Graf Vitzthum, 1. Auflage § 56 Rn 197 ff., Bartsch, ZfB 1977, 104, OVG NRW, ZfB 1973, 319 und 1975, 246). Ausführlich zur Anwendung des Bauplanungsrechts auf den Bergbau gemäß § 29 BBauG a. F. s. H. Schulte, ZfB 1987, 190.

Nach § 29 Satz 1 BauGB 1998 gelten für die Errichtung, Änderung und Nut-   **41** zungsänderung von baulichen Anlagen, für Aufschüttungen und Abgrabungen größeren Umfangs und für Ausschachtungen, Ablagerungen einschl. Lagerstätten die §§ 30 bis 37 BauGB. Diese Anlagenbegriffe haben eine eigenständige bundesrechtliche Grundlage im Vergleich zum Bauordnungsrecht.

1. Aufschüttungen, Abgrabungen

Aufschüttungen sind insbesondere Abraumhalden. **Abgrabungen** dienen der   **42** Gewinnung von Bodenschätzen: Torf (VGH München, Bayr. VBl 1991, 272), Sand oder Kies (BVerwG, BauR 1984, 54, Gaentzsch, NVwZ 1998, 893), Braunkohle (Jaschinski, LKV 1999, 295 ff.), Steinbrüche (Rausch, S. 61). Keine Abgrabungen sind der untertägige Bergbau selbst, sowie Bergschäden durch Senkung des Bodenniveaus (Rausch, UPR 1996, 11).

Aufschüttungen und Abgrabungen **größeren Umfangs** sind sie, wenn sie boden-   **43** rechtliche Relevanz besitzen, d. h. es kommt wesentlich auf die örtlichen Umstände im Einzelfall an (Battis/Krautzberger/Löhr § 29 Rn 22, zu allgemein und daher unzutreffend Rausch, UPR 1996, 11). Allerdings sind Abgrabungen in einer Fläche von 25 Hektar umfangreich (BVerwG, ZfB 1983, 431), ebenso Abgrabungen auf einer Fläche von 32 Hektar (OVG NRW, NUR 2003, 48) und es sind auch die Tagebaue (§ 1 Nr. 1 b UVP-V Bergbau) und Halden (§ 1 Nr. 3 UVP-VBergbau), soweit sie UVP-pflichtig sind, solche größeren Umfanges.

2. Ausschachtungen, Lagerstätten

Ausschachtungen sind im Zusammenhang mit Bauvorhaben entstehende Bau-   **44** gruben. **Lagerstätten** sind unbefestigte, einfache Lagerplätze von jedenfalls zeitweiliger Dauerhaftigkeit. Ausschachtungen und Lagerstätten sind also keine bergrechtlichen Bergriffe. Ausschachtungen und Abgrabungen unterscheiden sich durch ihre Zwecke und ihre Dauer. Ausschachtungen sind zeitlich begrenzte Vorbereitungen für bauliche Vorhaben. Abgrabungen sind selbstständige oberirdische Gewinnungen von Bodenschätzen, die im Verfügungsrecht des Grundeigentümers stehen (§ 1 Absatz 1 Nr. 1 AbgrG NRW). Ablagerungen i. S. von § 29 Satz 1 BauGB sind u. a. Kohleberge bzw. Kokshalden.

Durch die Änderung des § 29 Satz 1 BauGB 1998 wurde die frühere Verknüp-   **45** fung von Bauplanungs- und Bauordnungsrecht entkoppelt. Das bauordnungsrechtliche Kontrollverfahren der Baugenehmigung ist nicht mehr Voraussetzung für die Prüfung des Vorhabens in bauplanungsrechtlicher Hinsicht. Die bauplanungs- und die bauordnungsrechtlichen Vorschriften sind getrennt voneinander zu prüfen.

3. Fachplanungsprivileg gemäß § 38 BauGB

Für bergbauliche Vorhaben ist zunächst § 38 BauGB von Interesse. Danach   **46** finden die bauplanungsrechtlichen Vorschriften der §§ 29 bis 37 BauGB auf

Fachplanungen der in § 38 Satz 1 BauGB genannten Art keine Anwendung. Fachplanungen realisieren sich durch Planfeststellungsverfahren oder ein sonstiges Verfahren mit den Rechtswirkungen einer Planfeststellung, d. h. einer Plangenehmigung. Beide Verfahren müssen Vorhaben von **überörtlicher Bedeutung** zum Gegenstand haben. Das sog. Fachplanungsprivileg gilt jedoch nur, wenn die Gemeinde beteiligt wird.

47   Für bergrechtliche Betriebsplanverfahren bedeutet das: weder ein zugelassener Haupt-, noch ein Sonderbetriebsplan haben die in § 38 BauGB vorausgesetzte Wirkung einer Planfeststellung (Jaschinski, LKV 1999, 296; BVerwG, NVwZ 1989, 1162 = DVBl 1989, 673; BVerwG, BauR 2001, 1697; VGH München NUR 2003, 236). Auch ein zugelassener (einfacher) **fakultativer Rahmenbetriebsplan** hat nicht die Rechtswirkung einer Planfeststellung i. d. S., dass damit die Zulässigkeit des Vorhabens einschließlich der notwendigen Folgemaßnahmen an anderen Anlagen im Hinblick auf alle von ihm berührten öffentlichen Belange festgestellt und andere behördliche Zulassungsentscheidungen nicht erforderlich wären. Von den bebauungsrechtlichen Zulässigkeitsanforderungen der §§ 30 bis 37 BauGB (zur Einvernehmensregelung s. aber Anh. § 56 Rn 68) ist somit ein bergbauliches Vorhaben, z. B. eine Abgrabung größeren Umfangs, für das ein fakultativer Rahmenbetriebsplan zugelassen ist, nicht freigestellt (BVerwG, BauR 2001, 1697; Battis/Krautzberger/Löhr, § 38 Rn 29 a; zu allgemein Hoppe/Bönker/Grotefels § 7 Rn 286: *„Planfeststellungen im Bergrecht“*).

48   Anders ist die Rechtslage bei Vorhaben, für die eine Zulassung nach § 52 Absatz 2 a (sog. **obligatorischer Rahmenbetriebsplan**) vorliegt. Insofern liegt ein Planfeststellungsverfahren i. S. von § 38 Satz 1 BauGB vor, die Gemeinde wird i. S. von § 38 Satz 1 BauGB „beteiligt" (vgl. § 54 Absatz 2 Satz 1), sodass bei im Einzelfall überörtlich bedeutungsvollen Vorhaben die Vorschrift der §§ 29 bis 37 BauGB nicht anzuwenden sind. Die bergrechtliche Fachplanung hat Vorrang vor der Bauleitplanung (BVerwG, BauR 2001, 1696; Battis/Krautzberger/Löhr § 38 Rn 29 a; ausführlich Stüer, Handbuch, Rn 180, 186).

49   Ein von der Fachplanungsprivilegierung bevorzugtes Planfeststellungsverfahren ist ferner das wasserrechtliche Verfahren gemäß § 68 WHG (früher § 31 WHG), auch soweit es nur ein Plangenehmigungsverfahren verlangt. Bei einem Abbau von Kies oder Sand, der bis in die Grundwasser führenden Schichten hineingeht und einen dauerhaften Grundwassersee hinterlässt (sog. Nassauskiesung) ist daher die Geltung der §§ 29 bis 37 BauGB ausgeschlossen (Gaentzsch, NVwZ 1998, 893 mit weitern Einzelheiten, Dippel, NVwZ 1999, 926; Bayr. VGH, ZfW 1988, 228 und ZfW 1986, 243; BVerwG, ZfW 1981, 159), sofern das Vorhaben überörtliche Bedeutung hat (zum Begriff überörtliche Bedeutung s. BVerwG NJW 1989, 242 = DVBl 1988, 960 = ZfW 1989, 26 – gemeindeübergreifend – a. A. Gaentzsch, NVwZ 1998, 896 – fachplanungsbedürftig ist typisierend für überörtlich – ebenso Stüer, Handbuch Rn 3124, Dippel, NVwZ 1999, 926, neuerdings BVerwG, DÖV 2005, 78).

50   **Überörtlichen Charakter** haben z. B. alle Vorhaben, für die ein Raumordnungsverfahren, ein Abgrabungsrahmenplan, Bodenabbauleitbilder oder eine Änderung auf der Ebene der Landesplanung (Gebietsentwicklungsplan, Regionalplan) erforderlich ist. Beispiele für Torfabbau mit nur örtlicher Bedeutung Bayr. VGH, ZfW 1991, 34, NVwZ 1991, 391 f., für Nassauskiesung BVerwGE 85, 155, 162 f.

51   Allerdings ist einschränkend zu bedenken: **Städtebauliche Belange** sind mit dem ihnen zukommenden Gewicht zu **berücksichtigen** (§ 38 Satz 1 BauGB). Sie sind also in die fachplanerische Abwägung des obligatorischen Rahmenbetriebsplans einzubringen. (Gaentzsch, NVwZ 1998, 896). Sie können allerdings – im Gegensatz zur strikten Beachtung – in der Abwägung durch überwiegende – meist überörtliche – Belange überwunden werden (Koch/Hendler, S. 368, BVerwGE 70, 242 = NVwZ 1985, 566 = ZfW 1985, 164). Zwar verweist § 38 Satz 2 BauGB auch auf die Anpassungspflicht gemäß § 7 BauGB an den Flächennutzungsplan, lässt aber diese Vorschrift nur „unberührt", führt also keine eigenständige Verpflichtung ein. Da die Anpassungspflicht nur für öffentliche Planungsträger gilt, ist das Bergbauunternehmen i. d. R. hiervon nicht betroffen.

4. Anwendung von § 29 BauGB auf bergbauliche Vorhaben

Soweit das Fachplanungsprivileg nicht entgegensteht, kommt es für die konkrete **52** Anwendung des § 29 Absatz 1 BauGB darauf an, dass ein planungsrelevantes Vorhaben und ein planungsrechtlich relevantes Objekt (Anlage) vorliegt. Dann finden die §§ 30 bis 37 BauGB Anwendung. Hier sind drei Planbereiche zu unterscheiden: der beplante Bereich (§ 30 BauGB), der Innenbereich (§ 34 BauGB) und der Außenbereich (§ 35 BauGB).

Im beplanten Bereich ist ein Vorhaben plankonform, wenn es den Festsetzungen **53** eines qualifizierten Bebauungsplans nicht widerspricht (§ 30 Absatz 1 BauGB). Im Bereich eines einfachen Bebauungsplans richtet sich die Zulässigkeit des Vorhabens gemäß § 30 Absatz 3 BauGB primär nach den Festsetzungen des Plans, im Übrigen nach den §§ 34 oder 35 BauGB. Bergbauliche Anlagen können, vorbehaltlich der Ausnahmen und Befreiungen nach § 31 BauGB, im Regelfall nur in Industriegebieten (§ 9 BauNVO) oder allenfalls noch in Gewerbegebieten (§ 8 BauNVO) errichtet werden. Zur Lenkung des Abbaues von oberflächennahen Bodenschätzen Berkemann, DVBl 1989, 625, 628, zum Konflikt von Bauleitplanung und Abbauvorhaben im Tagebau s. Jaschinski, LKV 1999, 295 ff., zur Steuerung von Abgrabungsvorhaben im Außenbereich s. Schneider, DÖV 1988, 858 ff., 862 ff., zur Frage, ob eine Gemeinde durch Festsetzung eines Grüngebiets im Bebauungsplan einen durch Hauptbetriebsplan genehmigten Tontagebau verhindern kann, s. BVerwG in BauR 2001, 1696, zur Frage, ob die Ausweisung eines Bahngeländes im Bebauungsplan die Baugenehmigung für ein Fördergerüst mit Schachthalle, ein Förderhaspelhaus und eine Trafostation zulässt OVG NRW, ZfB 1984, 234, zum Normenkontrollantrag eines Grundeigentümers gegen einen Bebauungsplan, der eine Straße und Grünfläche anstelle des bisherigen abgrabungsrechtlich genehmigten Sandabbaues vorsieht, s. OVG NRW, NUR 2002, 623.

Im **nicht qualifiziert beplanten Innenbereich** ist eine Bebauung immer dann **54** zulässig, wenn die gesetzlichen Voraussetzungen des § 34 Absatz 1 oder Absatz 2 BauGB gegeben sind. Entscheidend für die Anwendung des § 34 BauGB ist, dass es sich um einen „im Zusammenhang bebauten Ortsteil" handeln muss. Die aufeinander folgende Bebauung muss trotz vorhandener Baulücken den Eindruck der Geschlossenheit vermitteln. Dabei muss das Grundstück, dessen bauplanungsrechtliche Zulässigkeit infrage steht, selbst einen Bestandteil des Zusammenhangs bilden (BVerwG, BauR 1973, 99). Mögliche Bestandteile eines Bebauungszusammenhangs sind bebaute Grundstücke, ferner unbebaute, aber bebauungsfähige Baulücken im engeren Sinne, sowie freie Flächen, die wegen ihrer natürlichen Beschaffenheit (Gewässer, Teiche) oder besonderen Zweckbestimmungen (Sportplätze, Straßen, Erholungsflächen) einer Bebauung entzogen sind (BVerwG, ZfBR 2000, 428). Bei Bergehalden ist zu bedenken: je größer die unbebaute Fläche ist, umso weniger kann von einem im Zusammenhang bebauten Ortsteil gesprochen werden (BVerwG, DÖV 1973, 347 und DVBl 1974, 768). Zur Frage, ob ein Bergbauvorhaben sich in eine durch Bahnanlagen geprägte Umgebung einfügt, s. OVG NRW, ZfB 1984, 234 ff., zur Unzulässigkeit von nach § 4 BImSchG genehmigungspflichtigen Gewerbebetrieben im nichtbeplanten Innenbereich mit dem Charakter eines Mischgebietes, s. BVerwG, NJW 1975, 460. Bei einer Umgebung von unterschiedlichen Elementen wie Kokerei, Eisenbahntrasse, Wohnbebauung fehlt es für ein Wohngebäude an der Prägung durch die Umgebung (VG Gelsenkirchen 7.10.1977 – AZ 5 K1424/77, unveröff.). Bergehalden unterbrechen zwar nicht den Bebauungszusammenhang, sind aber auch nicht Teil der Bebauung, die den Eindruck der Zusammengehörigkeit vermittelt (OVG NRW v. 29.8.1978 – AZ X A1304/77).

55   Ein Vorhaben fügt sich nicht in seine Umgebung ein, wenn es an der gebotenen **Rücksichtnahme** auf die in seiner unmittelbaren Nähe vorhandene Bebauung fehlt. Das Gebot der Rücksichtnahme ist Bestandteil des Einfügens (schon BVerwGE 55, 386, NJW 1981, 139).

56   Nach § 34 Absatz 1 Satz 2 BauGB ist ein Bauvorhaben im Innenbereich nur zulässig, wenn die Anforderungen an gesunde Wohn- und Arbeitsverhältnisse gewahrt bleiben. Das kann bedeutungsvoll sein bei sog. „heranrückender Wohnbebauung" oder bei Altlasten. Wenn ein Wohnhaus Immissionen ausgesetzt ist, kann seine Errichtung nach § 34 Absatz 1 Satz 2 BauGB unzulässig sein (OVG Münster, BRS 32 Nr. 49). Zu Gunsten eines (neuen) Vorhabens ist die Vorbelastung durch bereits vorhandene Anlagen in der näheren Umgebung, insbesondere die Vorbelastung durch Immissionen, zu berücksichtigen (BVerwGE 50, 49 sowie BVerwGE 52, 122 und ZfBR 1983, 95 f., Battis/Krautzberger/Löhr § 34 Rn 35).

57   **Im Außenbereich:** Die weitaus meisten bergbaulichen Vorhaben liegen im **Außenbereich**. Nach § 35 BauGB ist hinsichtlich der Genehmigungsfähigkeit zwischen „sonstigen Vorhaben" (Absatz 2) und privilegierten Vorhaben (Absatz 1) zu unterscheiden. Privilegierte Vorhaben sind zulässig, wenn öffentliche Belange nicht entgegenstehen. Sonstige Vorhaben dürfen keine öffentlichen Belange beeinträchtigen. Diese Formulierungsunterschiede bedeuten nach st. Rspr. und Lehre, dass sich privilegierte Vorhaben im Wege der Abwägung leichter gegenüber öffentlichen Belangen durchsetzen können als sonstige Vorhaben (Koch/Hendler, S. 394 m. w. N.). Die privilegierten Vorhaben sind dem Außenbereich in planähnlicher Form zugewiesen.

58   Von den **privilegierten Vorhaben** sind für den Bergbau vor allem die in § 35 Absatz 1 Nr. 3 BauGB (bis 1989: § 35 Absatz 1 Nr. 4) genannten Versorgungsanlagen und ortsgebundenen Anlagen von Interesse. Obwohl das Merkmal der Ortsgebundenheit im Gesetzestext bei den Versorgungsanlagen fehlt, ist es auf den gesamten Tatbestand des § 35 Absatz 1 Nr. 3 BauGB zu erweitern (BVerwGE 96, 97).

59   Eine **Ortsgebundenheit** ist noch nicht anzunehmen, wenn ein Standort im Außenbereich günstig ist oder sich aus wirtschaftlichen Gründen anbietet (Zusammenfassung der Rechtsprechung in BVerwGE 96, 95, 98). Ortsgebunden i. S. des § 35 Absatz 1 Nr. 3 BauGB sind vor allem solche Vorhaben, die auf eine bestimmte Stelle aus geografischen oder geologischen Gründen angewiesen sind (BVerwGE 79, 322 betrifft Kiesabbau; NVwZ 1984, 303). Ortsgebunden sind daher Tagebau für Abbau von Opalinuston (VG Sigmaringen, ZfB 1986, 358), eine Ziegelei im Anschluss an den Tontagebau (VG Sigmaringen, aaO), Abgrabungen von zur Gewinnung von Diabas-Gestein (BVerwG, ZfB 1983, 433 = DVBl 1983, 893 = NUR 1983, 270), Abbau von Betonit (VG Koblenz, ZfB 1984, 476), Schreinerei, Schlosserei, Schmiede, Elektrowerkstatt, Trafohaus und Förderhaus eines Bergwerkbetriebs (VG Köln, ZfB 1988, 205 ff.), Sand- und

Kiesgewinnung (BVerwG, ZfB 1989, 215 = ZfW 1989, 26), Trockenabgrabung von Sand und Kies (OVG NRW, NUR 2002, 626), Nassauskiesungsbetrieb (VGH Mannheim, ZfW 1985, 116; Schneider, DÖV 1988, 861; VG Schleswig, UPR 1990, 75), Quarzkiesbetriebe (BVerwG, NVwZ 1989, 1162 = ZfB 1989, 199; Gaentzsch, NVwZ 1989, 894 m. w. N.; Hess. VGH, ZfB 2001, 47 = NVwZ-RR 2001, 300, 301), Quarzsandgewinnung (VGH München, NUR 2003, 236, OVG Münster, Glückauf 1982, 111, VG Aachen, ZfB 1987, 84), Gipsabbau (BVerwG, DÖV 2002, 77), Kies- und Torfgruben (OVG Lüneburg, NUR 1981, 137), Anlagen für Erdöl- und Erdgasgewinnung (BVerwG, DÖV 1974, 398 = NJW 1975, 550), Bergwerksbetriebsanlagen („*Hauptbeispiel für ortsgebundenen Betrieb*" bei Weyreuther, S. 371, H. Schulte ZfB 1987, 194), nicht jedoch Betriebe, die nach der Stilllegung verbliebene Gebäude weiterhin benutzen (OVG NRW, ZfB 1990, 32).

Ferner kommen in Betracht: Braunkohlentagebau, Bohrtürme, Steinbrüche, **60** Torfstechereien (Battis/Krautzberger/Löhr § 35 Rn 30), Kraftwerke, die der öffentlichen Versorgung mit Elektrizität dienen (Battis/Krautzberger/Löhr § 35 Rn 44 und Schlichter/Stich § 35 Nr. 51, Stüer, Handbuch S. 934).

Das Vorhaben muss dem ortsgebunden Betrieb „**dienen**". Das Erfordernis des **61** „Dienens" ist zwar nicht schon dann erfüllt, wenn ein Vorhaben für den gewerblichen Betrieb nur förderlich ist. Andererseits verlangt es aber auch nicht, dass es für den Betrieb unentbehrlich ist (OVG NRW, NUR 2002, 626 unter Hinweis auf BVerwG, NUR 1983, 270 m. w. N.).

Umstritten ist, ob **Kraftwerke** privilegiert sind (Römermann, NJW 1978, 2286, **62** UPR 1982, 373; Ottmann, BauR 1979, 297; Meyer-Wöhse, UPR 1982, 112; Dolde, NJW 1983, 792 m. w. N.; OVG Lüneburg, DÖV 1978, 294, a. A. Hoppe, NJW 1978, 1229, DVBl 1982, 919; Kröncke, UPR 1982, 10; OVG NRW, NUR 2012, 722, 725: Keine Privilegierung gemäß § 35 Absatz 1 Nr. 3 BauGB eines **Steinkohlekraftwerkes** für die öffentliche Strom- und Wärmeversorgung, möglicherweise aber Privilegierung gemäß § 35 Absatz 1 Nr. 4 BauGB). Jedenfalls wird man Kraftwerke zur Verstromung von fossilen Brennstoffen am Ort der Förderung (Braunkohle-, Torf- oder Ballastkohlenkraftwerke, Zechenkraftwerke) zu den standortgebundenen Anlagen zählen müssen. Sie werden üblicherweise als technisches Gesamtwerk mit dem Abbaubetriebsplan geplant und betrieben (Buch, Planung und Standortwahl von Kraftwerken, S. 56). Die Privilegierung schließt nicht aus, dass im Hinblick auf das Planmäßigkeitsgebot (§ 1 Absatz 3 BauGB) und den Koordinierungsbedarf selbstverständlich auch Bebauungspläne die Grundlage für die Errichtung von Kraftwerken sein können (vgl. OVG Berlin, DVBl 1984, 147 und BVerwGE 69, 30 betreffend Kohlekraftwerk Reuter). Zur Genehmigung von Kraftwerken für Kohleverstromung: ausführlich Wolff, NUR 2010, 244 ff. Zum Verhältnis **Bebauungsplan – Genehmigungsverfahren:** BVerwG NVwZ 2010, 1246 = NWVBl 2010, 424 = Kohlekraftwerk Datteln: Soll ein Bebauungsplan die Errichtung und den Betrieb eines Störfallbetriebs ermöglichen, darf die Gemeinde zur Lösung des Nutzungskonfliktes nur dann in das immissionsschutzrechtliche Genehmigungsverfahren verweisen, wenn dieser Konflikt dort bei vorausschauender Betrachtung sachgerecht gelöst werden kann. Zur Abwägung zwischen den ökologischen-finanziellen Belastungen für Wirtschaft und den ökologischen Belangen im Bebauungsplan s. Frenz, Glückauf 2010, 375 ff. (ebenfalls betrifft Kohlekraftwerk Datteln).

Auch **Nebenanlagen** oder Betriebszweige von ortsgebunden Betrieben fallen **63** unter § 35 Absatz 1 Nr. 3 BauGB, wenn sie in ihrer Bedeutung den gesamten ortsgebundenen Betrieb mitprägen, und zwar nicht nur aus wirtschaftlicher Zweckmäßigkeit, sondern aus technischen Erfordernissen (BVerwG, DVBl

1972, 685 und DÖV 1976, 565 = NJW 1977, 119: nicht bei Kiesabbau-
betrieben mit Transportbetonanlagen, OVG Lüneburg, BRS 22 Nr.
67 bejahend
für Hartsteinwerk anschließend an Sandausbeute, VGH Mannheim, BRS 24
Nr. 62, bejahend für Anlage zur Zerkleinerung von Kies und Mischung von
Sand, für Kiesabbau einschließlich Kiesaufbereitung Dolde, NJW 1982, 1793
mit Hinweis auf OVG Lüneburg, NUR 1981, 137, VGH Mannheim, Bayr. VBl
1979, 500). Ortsgebunden können Betriebe sein, die im Außenbereich Bodenschätze ausbeuten, aufbereiten und weiter verarbeiten (VGH Mannheim, aaO
weitergehend noch Wilhelm, DÖV 1964, 541). Überwiegt dagegen das für die
Nebenanlagen benötigte Material mengenmäßig das Gewonnene, spricht viel
dafür, dass es sich nicht um eine ortsgebundene Nebenanlage handelt. (Gelzer
Bauplanungsrecht, Rn 1175) Zu den privilegierten Maßnahmen der öffentlichen
Versorgung zählen Gas-, Wärme- und Wasserleitungen, Leitungsmasten, Hoch-
spannungsmasten.

64   Vorhaben, die nicht privilegiert sind, müssen als sog. **sonstige Vorhaben** nicht
unbedingt unzulässig im Außenbereich sein. Sie haben aber nicht die gleiche
Durchsetzungsstärke gegenüber beeinträchtigten öffentlichen Belangen. Bauliche Anlagen, die als sonstige Vorhaben i. s. von § 35 Absatz 2 BauGB einzuordnen sind, werden mit der besonders geschützten Situation des Außenbereichs belastet, wohingegen privilegierte Betriebe gerade hier anzusiedeln sind.
Die sonstigen Vorhaben müssen die durch privilegierte Betriebe vorbelastete
Situation hinnehmen, auch wenn sie baurechtlich genehmigt wurden (VGH
Mannheim, ZfW 1981, 168).

65   Die **öffentlichen Belange** ergeben sich beispielhaft aus § 35 Absatz 3 BauGB. Sie
können ein nach § 35 Absatz 1 BauGB privilegiertes Vorhaben unzulässig
machen, wenn sie dem Vorhaben entgegenstehen. Sonstige Vorhaben i. s. von
§ 35 Absatz 2 BauGB können ausnahmsweise zugelassen werden, wenn ihre
Ausführung oder Benutzung öffentliche Belange nicht beeinträchtigt. Bei der
Abwägung zwischen Vorhaben und öffentlichen Belangen ist der vom Gesetzgeber vorgenommenen Privilegierung gemäß Absatz 1 besonderes Gewicht bei-
zumessen, während Vorhaben nach Absatz 2 einem grundsätzlichen Bauverbot
mit Ausnahmevorbehalt unterliegen.

66   Die Darstellungen im Flächennutzungsplan (§ 35 Absatz 3 Nr. 1 BauGB), im
Landschaftsplan und in den sonstigen Plänen (§ 35 Absatz 3 Nr. 2 BauGB)
sowie Ziele der Raumordnung (§ 35 Absatz 3 Satz 2 BauGB) müssen sachlich
und räumlich hinreichend konkret sein (BVerwGE 68, 315, st. Rspr., BVerwG
NVwZ 2002, 476 = DVBl 2001, 1855 betreffend Gipsabbau im *„Vorranggebiet
für Erholung“* eines Regionalplans, BVerwG ZfW 1987, 121 für Ziele der
Raumordnung gegenüber privilegierter Sandausbeutung, BVerwG ZfW 1989,
26 für Flächennutzungsplan gegenüber Kiesabbau, VGH Mannheim, ZfW
1985, 113 für Ziele der Raumordnung gegen Nassauskiesung). Eine im Außenbereich privilegierte Abgrabung, die nach dem Landschaftsschutzrecht unzulässig ist, ist auch nach § 35 Absatz 1 BauGB unzulässig (BVerwG BauR 1984, 54,
BVerwG, DÖV 1979, 212). Eine förmliche Unterschutzstellung ist nicht erforderlich. Nach Kühne (DVBl 1984, 709, 713) kann ein Braunkohlenplan einem
privilegierten Außenbereichsvorhaben als öffentlicher Belang entgegenstehen.

67   Das Interesse der Gemeinde, Planungsmöglichkeiten offen zu halten, ist kein
öffentlicher Belang, ebenso wenig die noch nicht ausgeübte Planungshoheit
(BVerwG, NJW 1980, 1537), anders jedoch, wenn die Planung bereits bis zur
Planreife i. s. von § 33 BauGB fortgeschritten ist (BVerwG, DVBl 1974, 781).
Als ungeschriebener öffentlicher Belang ist das von der Rechtsprechung entwickelte **Planungserfordernis für Großvorhaben** je nach Koordinierungsbedarf
(sog. Innenkoordination und sog. Außenkoordination) zu beachten (bestritten

Außenkoordination als Planungserfordernis neuerdings bejahend OVG NRW, ZUR 2012, 678 = NWVBl 2013, 28 m.w.N. mit Darstellung der unterschiedlichen Auffassungen – Vorbescheid Steinkohlenkraftwerk Datteln. Bei Außenbereichsvorhaben ist das Planungserfordernis zunächst aus Gründen der **Binnenkoordination** anerkannt worden (BVerwG, NJW 1977, 1978 und BVerwGE 67, 33), später auch bei erforderlicher **Außenkoordination** wegen komplexer und schwer beherrschbarer Umweltauswirkungen auf Wohnbebauung (BVerwGE 177, 25 Rn 19). Absolut ausnahmsweise kann das Planungserfordernis auch bei **privilegierten Vorhaben** i.S. von § 35 Absatz 1 Nr. 4 BauGB angewandt werden und die Privilegierung entfallen lassen (bestr. im Einzelnen s. OVG NRW, NUR 2012, 722, 727 – Steinkohlekraftwerk Datteln IV.). Hierzu bisher BVerwG in NVwZ 1984, 169 mit Anmerk. Dolde, NVwZ 1984, 158 für privilegierte Vorhaben; BVerwG, ZfBR 1987, 297 und ZfBR 1990, 295 sowie BVerwGE 72, 326 für sonstige Vorhaben, Neuerdings BVerwGE 117, 25 ff. = NUR 2003, 166 für sonstige Vorhaben, Nickel-Kopf UPR 2003, 22 m.w.N.; Hoppe/Bönker/Grotefels § 7 Rn 224 m.w.N.), auch das **Rücksichtnahmegebot** („ein Irrgarten des Richterrechts", Breuer, DVBl 1982, 1065 ff.), das allerdings begrenzt wird auf die Rücksichtnahmegebote des BImSchG (BVerwGE, 48, 117) und daher vom öffentlichen Belang „schädliche Umwelteinwirkung" (§ 35 Absatz 3 Nr. 3 BauGB) kaum noch zu unterscheiden ist. Eine Beeinträchtigung öffentlicher Belange liegt vor, wenn das Vorhaben **schädliche Umwelteinwirkungen** hervorrufen kann (§§ 35 Absatz 3 BauGB, 3 Absatz 1 BImSchG). Für die Prüfung ist insoweit auch **die TA Lärm im Baurecht** zu beachten (BVerwGE 129, 209 = NVwZ 2008, 76; OVG Lüneburg, ZUR 2011, 484 = NVwZ-RR 2011, 677 betrifft Verkehrsgeräusche durch Bodenabbaubetrieb, s. auch Rn 161). Zur Anwendung der bauplanungsrechtlichen Grundsätze und öffentlichen Belange im Außenbereich, s.a. den sog. **Außenbereichserlass** NRW – Stand 27.10.2006 – (MinBl 2006, 786).

Durch die Änderung des früheren § 29 Satz 4 BBauG in den neu formulierten **68** § 29 Absatz 1 BauGB zum 1.1.1998 (BGBl I, 2081) wurde auch die **Einvernehmensregelung** des § 36 BauGB neu geordnet. Über die Zulässigkeit von Vorhaben nach den § 31, 33–35 BauGB muss im Einvernehmen mit der Gemeinde entschieden werden. Wird allerdings über die Zulässigkeit „in einem anderen Verfahren" (d.h. als der Baugenehmigung), insbesondere z.B. im Genehmigungsverfahren nach BImSchG, entschieden und unterliegt das Vorhaben der Bergaufsicht, ist ein Einvernehmen der Gemeinde nicht erforderlich (§ 36 Absatz 1 Satz 2 BauGB). Ein „anderes Verfahren" i.d.S. ist auch das Betriebsplanverfahren (VG Ansbach ZfB 2007, 292 unter Bezug auf VGH München v. 5.12.2006 – AZ 8 CS. 06.2705), hier das Haupt-, Sonder- oder fakultative Rahmenbetriebsplanverfahren. Für das sog. obligatorische UVP-Rahmenbetriebsplanverfahren finden die §§ 30 bis 37 BauGB insgesamt schon keine Anwendung (§ 38 Satz 1 BauGB, Battis/Krautzberger/Löhr § 38 Rn 29 a). Die Gemeinde wird über § 54 Absatz 2 Satz 1 beteiligt (s.a. Anh. § 56 Rn 48).

Andererseits ist Einvernehmen mit der Gemeinde herzustellen, wenn Kies- und **69** Sandabbau nicht in einem wasserrechtlichen Planfeststellungsverfahren gemäß § 68 WHG – für das § 38 Satz 1 BauGB gilt – sondern in einem Erlaubnis- oder Bewilligungsverfahren nach Wasserrecht genehmigt werden soll (Bayr. VGH, ZfW 1988, 226). Allerdings bezieht sich das Einvernehmen nur auf die Standortgemeinde der Anlage, nicht auf Nachbargemeinden, deren Gebiet auch von dem Vorhaben betroffen wird (VGH München, NVwZ 2003, 1280). Ist hiernach Einvernehmen erforderlich, gilt § 36 Absatz 2 BauGB für die Abwicklung. Es besteht, soweit Versagensgründe gemäß §§ 31, 33–35 BauGB nicht vorliegen, ein Rechtsanspruch auf Zulassung, d.h. keine Ermessens- oder Entscheidungsfreiheit der Behörde, sondern eine Pflicht zur Erteilung des Einvernehmens. Insbesondere kann sich die Gemeinde nicht auf anderweitige Planungsabsichten oder -vorstellungen berufen. Sofern Einvernehmen erforderlich war, bleibt zweifelhaft, ob die Gemeinde bei Vorhaben im Außenbereich es aus naturschutzrechtlichen Gründen (§ 35 Absatz 3 Satz 1 Nr. 5 BauGB) versagen kann (verneinend VGH Kassel v. 27.9.2004 – AZ 2 TG1630/04 = Beck RS 2004, 09.939, bejahend OVG Berlin-Brandenburg, LKV 2006, 513 = NUR 2006, 458 = ZUR 2006, 210, ausführlich hierzu Werner LKV 2006, 492, Kremer, ZUR 2006, 190 ff.). Die Gemeinde darf ihr Einvernehmen nur dann versagen, wenn die in §§ 31, 33, 34 und 35 BauGB genannten Belange auch dem Schutz ihrer subjektiven Planungsrechte dienen und diese tatsächlich verletzt sind. Die Gemeinde ist nicht berechtigt, fachgesetzlich geregelte öffentliche Interessen aufzurufen (VGH Kassel, NVwZ-RR 2009, 750; a.A. OVG Berlin-Brandenburg, aaO).

VI. Baugenehmigung und Abgrabungen

70 In mehreren Bundesländern hat die **Baugenehmigung** eine – allerdings subsidiäre – Bedeutung für **Abgrabungsvorhaben** behalten. Dem ist allerdings eine stufenweise Prüfung von Voraussetzungen vorgeschaltet (Einzelheiten bei Müller/ Schulz, Handbuch, Rn 22–51, jedoch sind Genehmigungsvorbehalte und Zuständigkeiten teilweise überholt): Für bergfreie (BVerwG, ZfB 1989, 215 betrifft Abbau von Kies und Quarz: keine Baugenehmigung) und grundeigene Bodenschätze gilt das Bergrecht, der Abbau unterliegt der Bergaufsicht, das Bauordnungsrecht ist grundsätzlich nicht anwendbar. Ein Dritter kann sich nicht darauf berufen, dass für Sandabbau im Außenbereich entgegen Artikel 87 Absatz 1 Nr. 1 Bay. BauO eine Baugenehmigung anstelle einer wasserrechtlichen Erlaubnis erteilt wurde (VGH München, NUR 2003, 173). Für den Abbau von Bodenschätzen, bei dem Grundwasser dauerhaft freigelegt wird (z.B. Nassauskiesung), schaltet die Konzentrationswirkung des erforderlichen wasserrechtlichen Planfeststellungsverfahrens gemäß § 68 Absatz 1 WHG die eigenständige Baugenehmigung aus. Das Gleiche gilt für Steinbrüche, in denen Sprengstoffe oder Flammstrahler verwendet werden und für andere bergbauliche Anlagen, die der 4. BImSchV unterfallen und daher genehmigungspflichtig nach § 4 Absatz 1 BImSchG sind (§ 13 BImSchG). In den Bundesländern **Bayern** und **Nordrhein-Westfalen** wurden eigenständige **Bodenabbaugesetze** erlassen, deren Genehmigungen mit (beschränkter) Konzentrationswirkung ebenfalls die Baugenehmigung einschließt (BVerwG, ZfB 1983, 431). Schließlich ist in mehreren Bundesländern für **Abgrabungen**, die einen Eingriff i.S. des Naturschutzrechts verursachen, eine besondere **naturschutzrechtliche Genehmigung** vorgeschrieben (z.B. § 13 Absatz 1 Nr. 1 NatSchG B-W, § 16 a NatSchG M-V, §§ 8 ff. NAGBNatSchG, jeweils zum Abbau von Kies, Sand, Merkel, Ton, Lehm, Moor oder Steinen, § 6 Absatz 1 NatSchG Hessen, § 10 Absatz 1 NatSchG Sachsen – dort „Entscheidung" genannt – § 25 NatSchG Sachsen-Anhalt), die jeweils darauf zu prüfen ist, ob sie die Baugenehmigung einschließt (z.B. § 16 a NatSchG M-V; § 19 Absatz 1 Satz 2 NatSchG Nds). Im Übrigen verbleibt es dabei, dass – sofern die oben dargestellte Vorrangprüfung nichts Gegenteiliges ergibt – die subsidiäre Baugenehmigung für das Abbauvorhaben erforderlich ist. In Brandenburg (§ 17 Absatz 3 NatSchG) und Nordrhein-Westfalen (§ 6 Absatz 4 LG) ist eine naturschutzrechtliche Genehmigung nur erforderlich, sofern der Eingriff in Natur und Landschaft nicht durch andere Rechtsvorschriften zu gestatten oder anzuzeigen ist. Eine Baugenehmigung hat dort also Vorrang.

VII. Zuständigkeit und Instrumente der Bergbehörde im Baurecht

Für die **Zuständigkeit** der **Bergbehörde** sind landesrechtliche Besonderheiten zu **71** beachten. In Nordrhein-Westfalen wurde durch das III. Gesetz zur Änderung der Bauordnung v. 28.10.2008 (GVBl, 644 f.) der § 2 Nr. 4 a des Bürokratieabbaugesetzes I v. 13.3.2007 (GVBl, 133) ergänzt durch den Satz: „wird in einem anderen Genehmigungsverfahren über die Zulässigkeit des Vorhabens entschieden, tritt die für dieses Verfahren zuständige Behörde an die Stelle der Bauaufsichtsbehörde". Ein Verfahren in d. S. ist das Betriebsplanverfahren, für das die Bergbehörde zuständig ist.

Auch soweit die Bauordnungen auf Anlagen und Einrichtungen unter der **72** Aufsicht der Bergbehörden nicht anzuwenden ist, hat die **Bergbehörde die Zuständigkeit,** die materiell-rechtlichen Anforderungen des Bauordnungs- und Bauplanungsrechts und der sonstigen öffentlich-rechtlichen Vorschriften, sofern und soweit diese sich auf bauliche Anlagen und deren Nutzung beziehen (Koch/ Hendler, § 27 Rn 4; BVerwG, ZfB 1989, 215; OVG Koblenz, BauR 1994, 502) durchzusetzen.

Die wichtigsten Instrumente bei Verstoß gegen die öffentlich-rechtlichen Bau- **73** vorschriften sind die **Baueinstellungsverfügung, Beseitigungsanordnung** sowie die **Nutzungsuntersagung.** Dabei reicht für erstere Maßnahmen ein formell illegales Vorhaben aus, für die beiden übrigen Verwaltungsakte ist formelle und materielle Illegalität vorausgesetzt (BVerwG, BauR 2002, 1523, NVwZ-RR 1999, 623, OVG NRW, BRS 63 Nr. 214, OVG Koblenz, NVwZ-RR 1999, 718).

Eine baurechtliche **Veränderungssperre** hebt bestehende Rechtspositionen nicht **74** auf, sondern schließt lediglich zeitlich begrenzt ihre Realisierung aus. Sie wirkt nicht gegen die Befugnis anderer Behörden, Rechtspositionen für Antragsteller zu gewähren. Die Bergbehörde kann daher trotz einer Veränderungssperre einen Betriebsplan zulassen (OVG NRW, ZfB 1975, 254). Veränderungssperren wirken auch nicht gegenüber bereits vorher ausgesprochenen Betriebsplanzulassungen.

VIII. Abbruch von Bergbaugebäuden und Baugenehmigung

Der **Abbruch von Gebäuden oder Gebäudeteilen** ist zwar grundsätzlich nach **75** § 80 Absatz 1 BauO NRW und den übrigen entsprechenden Vorschriften der Länder genehmigungspflichtig. Das gilt aber nur, soweit die BauO anzuwenden ist, d. h. nicht bei baulichen Anlagen, die (noch) der Bergaufsicht unterliegen.

Solange die Bergaufsicht gemäß § 69 Absatz 2 nicht beendet ist, bleibt die **76** Bergbehörde zuständig und bedarf der Abbruch einer Betriebsplanzulassung. Für den Abbruch selbst ist der Runderlass v. 23.6.1981 (MinBl NRW 1528) zu beachten.

IX. Nutzungsänderungen

Allerdings ist die Umwandlung von Gebäuden, die vormals einem Bergbau- **77** betrieb dienten, der inzwischen stillgelegt ist, in Gebäude, die zukünftig privat genutzt werden sollen, eine **Nutzungsänderung.** Sie bedarf nach den Bauordnungen der Länder einer Genehmigung (z. B. § 60 Absatz 1 BauO NRW). Dabei ist die Änderung in eine gewerbliche Nutzung wie eine Neuerrichtung zu beurteilen. Ein Bestandsschutz für die Gebäude besteht nicht (OVG NRW, ZfB 1990, 31 f.), die Privilegierung für Bergbaubetriebe im Außenbereich gemäß § 35 Absatz 1 Nr. 3 BauGB entfällt.

2. Teil   Bodenschutzrecht

Übersicht   Rn

I.   Spannungsverhältnis Bodenschutz – Rohstoffgewinnung   78
II.   Subsidiaritätsklausel des § 3 Absatz 1 Nr. 10 BBodSchG   79
1.   Auslegung der Tatbestandsseite: Keine Regelung durch Vorschriften des BBergG   84
2.   Auslegung der Tatbestandsseite: Keine Regelung durch Rechtsverordnungen aufgrund des BBergG   90
3.   Ende der Subsidiarität des BBodSchG gegenüber dem BBergG   92
III. Subsidiäre der Anwendung des BBodSchG   93

I.   Spannungsverhältnis Bodenschutz – Rohstoffgewinnung

78   Der übertägige und untertägige Bergbau sind mit Eingriffen in den Boden verbunden. Dadurch entsteht ein immerwährendes Spannungsverhältnis zwischen dem Bodenschutz – mit dem Ziel des Umweltschutzes – und der Rohstoffgewinnung – mit dem Ziel der Rohstoffversorgung. Diesem Spannungsverhältnis widmen sich sowohl das Bundesbodenschutzgesetz (BBodSchG) v. 17.3.1998 (BGBl I, 502) als auch das BBergG. Dabei sind in der Praxis insbesondere folgende Fallgestaltungen aufgetreten: Sind Bodenkontaminationen in Betrieben, die unter Bergaufsicht stehen, nach dem BBodSchG zu beurteilen (Rn 79–91)? Wie wirkt das BBodSchG nach Beendigung der Bergaufsicht (Rn 92)? Ist das BBodSchG bei Gefahren durch unterirdische Hohlräume anzuwenden (Rn 94)? Gilt das BBodSchG bei der Verfüllung von Tagebaurestlöchern Rn 88, 96 ff.)?

II.   Subsidiaritätsklausel des § 3 Absatz 1 Nr. 10 BBodSchG

79   Nach § 2 Absatz 1 Nr. 10 BBodSchG hat das Gesetz **subsidiäre Geltung**. Es findet nur in soweit Anwendung, als das BBergG und die aufgrund des BBergG erlassenen Rechtsverordnungen über die Errichtung, Führung oder Einstellung eines Betriebes Einwirkungen auf den Boden nicht regeln.

80   Die Regierungsentwürfe des BBodSchG v. 27.9.1996 (BR-Drs 702/96, S. 7) und v. 14.1.1997 (BT-Drs 13/6701 S. 9) regelten die Abgrenzungen von Bodenschutz- und Bergrecht noch in einem besonderen § 3 Absatz 4. Danach sollte das BBodSchG keine Anwendung finden auf die Zulassung von Tätigkeiten und Einrichtungen i.S. von § 2 BBergG. Die Berücksichtigung der Belange des BBodSchG sollte im Rahmen der Zulassung von Betriebsplänen nach § 55 i.V. mit § 48 Absatz 2 Nr. 1 BBergG unberührt bleiben. Diese Fassung ist zurecht geändert worden im Laufe des Gesetzgebungsverfahrens. Sie räumte nämlich Subsidiarität nur in Zulassungsverfahren ein, nicht wenn die bodenschutzrechtlichen Pflichten gefordert waren oder behördliche Maßnahmen außerhalb der Zulassungsverfahren anzuordnen waren.

81   Die in § 3 Absatz 1 Nr. 10 BBodSchG verwendeten Begriffe „Errichtung, Führung und Einstellung des Betriebes" finden sich konkurrent in § 51 Absatz 1

BBergG und repräsentieren die in § 2 BBergG genannten bergrechtlichen Tätigkeiten einschließlich der Untergrundspeicher.

Auf der **bergrechtlichen Seite** wurde dem Bodenschutz durch Artikel 1 Nr. 1 des   **82**
Gesetzes zur Änderung des BBergG v. 12.2.1990 (BGBl I, 215 = ZfB 1990, 85)
entsprochen. In § 1 Nr. 1 BBergG wurden nach dem Wort „**Lagerstättenschutzes**" die Worte „**bei sparsamem und schonendem Umgang mit Grund und
Boden**" zugefügt und somit Bodenschutz und Sicherung der Rohstoffversorgung
miteinander verbunden.

Die Subsidiaritätsregelung des § 3 Absatz 1 Nr. 10 BBodSchG lässt einige   **83**
Fragen offen, die zu der Beurteilung führen, dass die Formulierung nicht
gelungen ist.

1. **Auslegung der Tatbestandsseite: Keine Regelung durch Vorschriften des
    BBergG**

Zunächst fragt sich, unter welchen Voraussetzungen eine vorrangige Regelung   **84**
des Fachrechts, d. h. des Bergrechts, angenommen werden kann. Damit ist der
Begriff „**Vorschriften des Bundesberggesetzes**" (§ 3 Absatz 1 Nr. 10 BBodSchG),
die den Vorrang des Bergrechts vor dem BBodSchG bewirken, angesprochen.
Nach hM ist das BBodSchG nachrangig, wenn das konkurrierende Gesetz
tatsächlich Einwirkungen auf den Boden erfasst, bzw. einen normativen Rahmen
enthält, der die Materie Bodenschutz diesem Fachrecht zuweist (Schäfer, UPR
2001, 326 m. w. N.; Hendler, UTR Band 53 (2000), 87 ff., 92; Frenz, BBodSchG
§ 3 Rn 10). Allerdings wird dazu angemerkt, dass „*immerhin zu erfüllende
Anforderungen bestehen müssen, die als solche bereits eine bestimmte Konkret-
heit aufweisen und nur zusätzlicher Präzision bedürfen*" (Frenz, aaO). Für das
BBergG als solches wird das in seinem Kernbereich (s. aber Rn 89) bejaht (Frenz
aaO, OVG Koblenz, ZfB 2004, 37 betrifft Abschlussbetriebsplan zur Verfüllung
eines ausgebeuteten Tagebaues; Müller/Schulz Hb S. 255; Versteyl/Sondermann
§ 3 Rn 66).

Dieser Ansicht ist jedenfalls bei allen unmittelbaren Eingriffen in den Boden zu   **85**
folgen, die mit der Bodenschätzegewinnung zwangsläufig verbunden sind, also
vor allem bei Bodenabtragungen im Tagebau gleich welcher Art oder bei untertägigen Abbaustreben einschl. etwaiger dadurch verursachter schädlicher
Bodenveränderungen oder Aufhaldungen (Müggenborg, NVwZ 2006, 281
und NVwZ 2012, 659, 661), für bergrechtliche Schäden und Haftungen sowie
für bergrechtliche Altlasten (Frenz, § 3 Rn 48).

Das BBergG hält aber weitere, ergänzend zu § 1 Nr. 1, Vorschriften bereit, die   **86**
bodenschützende Funktionen haben: § 55 Absatz 1 Satz 1 Nr. 6 für bergbauspezifische Abfälle, die im Bergbau anfielen, § 55 Absatz 1 Nr. 7 (Vorsorge zur
Wiedernutzbarmachung der Oberfläche), § 55 Absatz 1 Satz 1 Nr. 9 (Abwehr
gemeinschädlicher Einwirkungen) und § 48 Absatz 2 (überwiegende öffentliche
Interessen) sowie § 125 Absatz 1 (Messungen zu Beobachtungen der Oberfläche) stehen als spezielle bergrechtliche Vorschriften bereit, den Bodenschutz bei
bergbaulichen Vorhaben zu konkretisieren und zu realisieren (Erbguth/Stoll-
mann, NUR 2001, 243 „*Verzahnung mit dem Bergrecht*").

Jedenfalls bei Zulassung des Einbaus von Abfällen zur Wiedernutzbarmachung   **87**
der Oberfläche durch einen **Abschlussbetriebsplan** ist die Bergbehörde zu einer
eher verstärkten Berücksichtigung entgegenstehender öffentlicher Interessen,
d. h. der Anforderung des Bodenschutzrechts, befugt (Himmelmann/Tünnesen-
Harmes § 13 Rn 21, OVG Koblenz, NUR 2010, 419). Die Rohstoffsicherungs-

klausel des § 48 Absatz 1 Satz 2 ist nicht (mehr) anwendbar (OVG Koblenz, ZfB 2008, 154). Der Abschlussbetriebsplan hat hier bereits die Phase im Blick, in der das BBodSchG uneingeschränkt gilt. Weil die Geltungsschranke des § 3 Absatz 1 Ziff. 10 aufgehoben ist und seine BBergG-V keine konkreten Anforderungen an die Verwertung bergbaufremder Abfälle, durch die schädliche Einwirkungen auf den Boden und das Grundwasser hervorgerufen werden können, stellen, sind im Rahmen des § 48 Absatz 2 Satz 1 die Vorschriften des BBodSchG und der BBodSchV heranzuziehen (OVG Koblenz, ZfB 2008, 155, NUR 2010, 418 f.).

88 Ergeben sich **nach der Betriebsplanzulassung** bodenschutzrechtliche Verantwortlichkeiten, kann die Bergbehörde gemäß § 56 Absatz 1 Satz 2 nachträgliche Auflagen oder Verfügungen gemäß § 71 erlassen, die gemäß § 48 Absatz 2 Satz 1 auch aus Gründen des Bodenschutzes ergeben können, d. h. mit dem Ziel, schädliche Bodenveränderungen oder Altlasten zu verhindern oder zu beseitigen (Müggenborg, NVwZ 2006, 280). Nach einer neueren Ansicht (OVG Koblenz, NUR 2010, 419 im Anschluss an BVerwG, NVwZ 2009, 1441, jetzt auch BVerfG, NVwZ 2010, 771, 774 betrifft BImSchG) soll es zur Anpassung einer bestehenden Anlage an nachträgliche Rechtsänderungen nicht notwendigerweise einer behördlichen Anordnung bedürfen. Die Anpassung kann auch durch eine unmittelbar anwendbare, hinreichend konkrete Rechtsvorschrift, z. B. § 9 BBodSchV, erfolgen. Kritisch hiergegen Attendorn, NUR 2011, 28 und NVwZ 2011, 327, 331 f.: § 48 Absatz 2 hat nicht den Charakter einer Grundpflicht (entsprechend §§ 5, 6 BImSchG), die durch nachrangiges Recht ausgestaltet werden kann, sondern bietet nur eine Ermächtigung zu behördlichen Beschränkungen. Auch haben das BBodSchG und die BBodSchV keine unmittelbar zulassungsgestaltende Wirkung, da sowohl die Adressaten der ordnungsrechtlichen Pflichten des BBodSchG als auch der Begriff der schädlichen Bodenveränderungen einzelfallbezogen unter Beachtung des Verhältnismäßigkeitsgrundsatzes zu beurteilen sind (s. auch Dazert, AbfallR 2010, 102). Nach der neuesten Rspr., die allerdings nicht unproblematisch ist (s. Attendorn aaO), ergibt sich also: Eine **Aufhebung oder Änderung der bergrechtlichen Zulassungen** bzw. eine nachträglich Anordnung sind zur Durchsetzung der jeweiligen Anforderungen der BBodSchV bei der Verwertung von Fremdmassen zur Wiedernutzbarmachung der Oberfläche **nicht erforderlich** (OVG Koblenz, ZfB 2010, 162, 171 = DVBl 2010, 525/LS). Die Verfüllung von Tagebaugruben mit Bodenaushub hat trotz bestandskräftiger behördlicher Zulassung und Regelung nach aktuell geltendem Umwelt- und Bodenschutzrecht zu erfolgen. Die Bergbehörde hat zu beurteilen, ob die Verwertung der zu verfüllenden Abfälle im Rahmen eines Abschlussbetriebsplans Vorschriften des BBodSchG verletzt (BVerwGE 123, 247 Rn 21 = ZfB 2005, 156; BVerwG, ZfB 2011, 244). Diese beziehen sich nicht nur auf den Bereich des durchwurzelten oder durchwurzelbaren Bodens (§ 2 Absatz 2, § 7 BBodSchG) und beschränken sich nicht nur auf die Verfüllung mit „Boden" i. S. von § 2 Absatz 2 BBodSchG (BVerwG, ZfB 2011, 244 = UPR 2011, 75 = NUR 2010, 713; OVG Koblenz, NUR 2010, 416, 420 = ZfB 2010, 162, 175; VG Halle, v. 26.2.2008, 2 A 424/06 Rn 53 m. w. N.; a.A, VG Magdeburg, ZfB 2008, 200, 204). Auch die unterhalb des durchwurzelbaren Bodens liegende Schicht erfüllt natürliche Bodenfunktionen (§ 2 Absatz 2 BBodSchG), insbesondere auch zum Schutz des Grundwassers (OVG Magdeburg, ZfB 2012, 247, 252 mit Hinweis auf BVerwG, ZfB 2010, 242). Zur **naturschutzrechtlichen Untersagung des Einbaus von Fremdboden** in eine Bodenabbaugrube s. OVG Lüneburg, NVwZ-RR 2010, 799: Die vollständige Untersagung des Einbaus von Fremdboden kann gegen den Grundsatz des geringstmöglichen Eingriffs verstoßen. Rekultivierungsauflagen für die Verfüllung einer Sandabbaufläche mit **Fremdboden** können abfallrechtlich begründet werden, da der einzubauende Fremdboden Abfall zur Verwertung ist (BVerwGE 123, 247), sie können naturschutzrechtlich gerechtfertigt sein, da die Ordnungsmäßigkeit der Verwertung (§ 7 Absatz 3 KrWG) auch die Einhaltung der Vorschriften des Naturschutzrechts verlangt (OVG Lüneburg, ZfB 2011, 192, 198) und können auf Bodenschutzrecht beruhen, da auch das Bodenschutzrecht zu den „anderen öffentlich-rechtlichen Vorschriften" i.S. von § 7 Absatz 3 KrWG gehören (VG Hannover, Urt. v. 25.10.2010, AZ 4 A 3001/09).

Eine Arbeitshilfe und eine **Mustergliederung für Sonderbetriebspläne zum Fremdbodeneinbau** in unter Bergaufsicht stehenden Flächen in Mecklenburg-Vorpommern hat das Bergamt Stralsund (Stand Juli 2007) erarbeitet und im Internet veröffentlicht. Wesentliche Teile sind: Beschreibung des Vorhabens, der betroffenen Schutzgüter (Nachbarschutz, Boden, Grund- und Oberflächenwasser, Biotope, Tiere, Pflanzen), zeitlicher Verlauf der Maßnahme, Einlagerungsbedingungen unterhalb der durchwurzelbaren Bodenschicht, Einlagerung in der durchwurzelbaren Bodenschicht, technische Beschreibung des Bodeneinbaus, Qualitätssicherheitsprogramm, Gefährdungsabschätzung (Umgang mit wassergefährdenden Stoffen, Arbeits- und Gesundheitsschutz).

Zur Regelung der **Verwertung mineralischer Abfälle** in den der **Bergaufsicht** unterstehenden Tagebauen und Abgrabungen in **Brandenburg** s. Gembl. vom 22.8.2008 (ABl, S. 1982 = ZfB 2009, 73). Demnach ist für die Verwertung LAGA M 20 und die TR.Boden anzuwenden. In technischen Bauwerken der Z2-Bauweise sind die Anforderungen an die erforderliche Dichtung gemäß TR. Boden Nr. II 1.2.3.3 einzuhalten. Dann kann davon ausgegangen werden, dass die Anforderungen des Bodenschutz- und Wasserrechts eingehalten werden.

Zur Rechtsprechung: Wer eine Wassergefährdung dadurch verursacht, dass nicht zugelassene Bodenmassen in einen Tagebau eingebracht werden, kann die Anordnung, die Fremdmassen einer schadlosen Entsorgung zuzuführen, nicht mit Hinweis auf hohe Kosten von ca. 100.000 Euro angreifen (VG Koblenz, ZfB 2011, 128). Eine Anordnung, ungenehmigt ausgelagerten Bauschutt aus einer ehemaligen Lavagrube zu entfernen, kann mit dem Gefährdungspotenzial des Bauschuttes begründet werden (VG Trier, ZfB 2011, 139). Die rechtswidrige Verfüllung kann nicht damit gerechtfertigt werden, dass bereits gleichartige Verfüllungen an der gleichen Stelle erfolgten (OVG Koblenz, AbfallR 2010, 45). Zur Anordnung, TOC-Werte bei der Einlagerung in einem Tontagebau einzuhalten: VG Magdeburg, ZfB 2008, 206; OVG Magdeburg, ZfB 2008, 189. Die Errichtung einer Dichtwand zur Abgrenzung einer mit Hausmüll verfüllten Tongrube dient dem Schutz des Bodens vor Verunreinigung, der seinerseits aufgrund seiner natürlichen Funktion als Abbau-, Ausgleichs- und Aufbaumedium für stoffliche Einwirkungen das Grundwasser schützt. Für Anordnungen ist § 10 Absatz 1 BBodSchG die Rechtsgrundlage, nicht § 71 BBergG (OVG Magdeburg ZfB 2012, 247, 253). Durch Anordnung gemäß § 10 Absatz 1 BBodSchG, d.h. nicht gemäß § 71 BBergG, kann untersagt werden, in einen unter Bergaufsicht stehenden Tontagebau andere Stoffe einzubringen, als durch Sonderbetriebsplan zugelassen sind (OVG Magdeburg, NUR 2012, 505).

Das BVerwG (DVBl 2005, 926 = ZfB 2005, 156, jetzt auch OVG Koblenz, ZfB **89** 2008, 147; NUR 2010, 418 und VG Magdeburg, ZfB 2008, 200, zustimmend Müggenborg NVwZ 2006, 280 und NVwZ 2012, 659ff., anders Vorinstanz OVG Koblenz, ZfB 2004, 30ff.: das BBodSchG findet keine Anwendung, wenn im Abschlussbetriebsplan der BBodSchV entsprechende Vorsorge getroffen wurde) hat die bergrechtliche Angebotspalette in einem Fall, in dem die bergrechtliche Zulassung eines Abschlussbetriebsplans, der die Verfüllung von bergbaufremden Abfällen in einem ehemaligen Tontagebau gestattet, nicht für ausreichend angesehen, die Sperrwirkung des § 3 Nr. 10 BBodSchG zu erzeugen. Dies kann für den konkreten zur Entscheidung anstehenden Sachverhalt akzeptabel sein, weil die Verfüllung von Tagebauen mit bergbaufremden Abfällen nicht zum bergbaulichen Kernbereich mit seiner besonderen bergtechnischen Sachgesetzlichkeit gehört. Allgemeine Gültigkeit für das Verhältnis von Bergrecht zum Bodenschutzrecht kann aber hieraus nicht hergeleitet werden. Der Gesetzgeber hat § 3 Absatz 1 Nr. 10 BBodSchG in Kenntnis bereits vorgegebener bergrechtlicher Spezialregelungen – und anderer Spezialgesetze, die in § 3 Absatz 1 BBodSchG enumerativ genannt sind – bewusst weit gefasst. Es kommt nämlich nicht darauf an, dass das Bergrecht keine gleich lautenden oder weitergehenden Anforderungen stellt, sondern nur, dass Vorschriften des BBergG Einwirkungen auf den Boden nicht regeln. Der Boden wurde durch das BBodSchG als letztes der Umweltmedien geregelt. Er musste sich in das bestehende Umweltrecht und das Fachrecht hineinzwängen und sollte nur eine Lückenfunktion erfüllen. Soweit andere Gesetze, insbesondere spezielle Fachgesetze, „Einwirkungen auf den Boden regeln", sollte keine neue abweichende Regelung geschaffen werden, sondern dieses bestehende Recht als vorrangig akzeptiert werden. Daher kommt es für die Abgrenzung nur darauf an, dass die bestehenden Regelungen in den Spezialgesetzen bodenrechtliche Relevanz haben, nicht aber, dass sie gleiche Qualität wie das BBodSchG haben. Dies ist verständlich, weil spezialgesetzlich geregelte Sachverhalte wegen ihrer besonderen Sachgesetzlichkeit Vorrang vor dem allgemeinen Bodenschutz haben müssen. Anders ausgedrückt: man kann nicht den Bodenschutz allgemeingültig „über einen Kamm scheren", einerlei, welche Nutzungsfunktion der Boden hat. Das BBodSchG liefert hier zu selbst in § 2 Absatz 1 Nr. 3 a den Ansatz durch Anerkennung der Nutzungsfunktion „Rohstofflagerstätte" (hierzu auch Artikel 1 Ziff. 1 e des Vorschlages 2006/0086 (COD) für eine EU-Bodenschutz-Richtlinie: „Rohstoffquelle", BR-Drs S. 696/06). Es kommt nach dem ausdrücklichen Wortlaut, der Entstehungsgeschichte und dem Zweck des § 3 Absatz 1 Nr. 10 BBodSchG ausschließlich darauf an, dass Vorschriften des BBergG Einwirkungen auf den Boden regeln, nicht auf den Inhalt oder die Tiefe dieser Regelung (h. M. Schäfer UPR 2001, 326 m. w. N.) „*Mehr kann nicht verlangt werden, ist doch das BBodSchG selbst vielfach konkretisierungsbedürftig*" (Frenz § 3 Rn 10). Diese eindeutig auf die Existenz gesetzlicher Spezialvorschriften, nicht auf ihren umfassenden Inhalt oder ihre Lücken beschränkte Betrachtung ist geboten, weil der Anwendungsbereich eines Gesetzes aus verfassungsrechtlichen Gründen klar sein muss und nicht über seinen Wortlaut hinaus ausgedehnt werden kann und dadurch „verschwommene Züge" erhält.

2. Auslegung der Tatbestandsseite: Keine Regelung durch Rechtsverordnungen aufgrund des BBergG

90   In § 3 Absatz 1 Nr. 10 BBodSchG sind auch **Rechtsverordnungen aufgrund des BBergG** genannt, die zur Subsidiarität des BBodSchG führen können. Als solche kommt die UVP-BergbauV in Betracht, die die UVP-Pflicht für dort genannte Vorhaben vorschreibt und über §§ 52 Absatz 2 a Satz 3, 57 a Absatz 4 auch Belange des Bodenschutzes in das Rahmenbetriebsplanverfahren aufnimmt. Das BBodSchG insgesamt ist demnach wegen § 3 Absatz 1 Nr. 10 BBodSchG im obligatorischen Rahmenbetriebsplanverfahren nicht anzuwenden. Anders im Abschlussbetriebsplan: die Wiedernutzbarmachung ist kein UVP-pflichtiges Vorhaben (BVerwG, ZfB 2005, 156 = NVwZ 2005, 956; VG Lüneburg, ZfB 2007, 302), die UVP-BergbauV greift nicht.

91   Keine Rechtsverordnung aufgrund des BBergG ist die **Versatzverordnung** vom 24.7.2002 (BGBl, 2833). Sie ist auch nicht nach den in § 3 Absatz 1 Ziff. 1 und 2 BBodSchG genannten Vorschriften des KrWG-AbfG erlassen worden, sodass das BBodSchG und seine Verordnungen neben der Versatzverordnung anzuwenden sind. Allerdings scheidet die Versatzverordnung für die Verfüllung von Tagebauen aus: sie gilt gemäß § 1 Absatz 1 VersatzV nur für die Verwertung von Abfällen, die in den unter Bergaufsicht stehenden **untertägigen** Grubenbauen als Versatzmaterial eingesetzt werden. Der **Versatz von Tagebauen** sollte bewusst

nicht geregelt werden (BVerwG, ZfB 2005, 156 = NVwZ 2005, 956). Für
Tagebaue sind die bodenschutzrechtlichen Vorschriften zu berücksichtigen
(Himmelmann/Tünnesen-Harmes § 13 Rn 22, BVerwG aaO) mit der Folge,
dass die Überschreitung der Vorsorgewerte der BBodSchV zur Untersagung
der Verfüllung bzw. zur Ablehnung der Zulassung eines Abschlussbetriebsplans
führen kann (OVG Koblenz, ZfB 2008, 147; a.A. noch OVG Koblenz, ZfB
2004, 30). Hierzu s. auch § 55 Rn 99 ff.

3. Ende der Subsidiarität des BBodSchG gegenüber dem BBergG

Die Subsidiarität des BBodSchG endet, sofern das BBergG nicht oder nicht mehr   **92**
anzuwenden ist. Dies gilt für bergbauliche Vorhaben, die nicht im § 2 erfasst sind.
Für solche Vorhaben, bei denen die Bergaufsicht nach § 69 Absatz 2 beendet ist
(VGH Mannheim, ZfB 2008, 93, BVerwG, NUR 2006, 482; Landel/Versteyl,
NUR 2006, 475; Müggenborg, NVwZ 2012, 659, 663), oder für die Betriebe i.S.
von § 169 Absatz 2 (Müggenborg, NVwZ 2006, 281; VGH Mannheim, NUR
2006, 107; Versteyl/Sondermann § 3 Rn 70), d.h. ehemalige Bergwerksbetriebe,
die am 1.1.1982 (alte Bundesländer) oder am 1.1.1990 (neue Bundesländer)
stillgelegt waren, findet das BBodSchG uneingeschränkt Anwendung. Nach
OVG Magdeburg (NUR 2012, 505, 506) gilt das auch für die Anordnung von
Sicherungsmaßnahmen gegen Bodenverunreinigungen durch die Verfüllung mit
bergbaufremden Abfällen.

III. Subsidiäre Anwendung des BBodSchG

Das gilt insbesondere für die Handlungspflicht nach § 4 Absatz 1, für die   **93**
Zustandspflicht nach § 4 Absatz 2, für die Beseitigungspflicht nach § 4
Absatz 3, für die Vorsorgepflicht gemäß § 7, für die Untersuchungspflicht
nach § 9 Absatz 2 und die Pflicht zur Aufstellung eines Sanierungsplans gemäß
§ 13 Absatz 1 BBodSchG (hierzu Fall BVerwG, NUR 2006, 482).

Zur **Sachverhaltsermittlung** gilt eine differenzierte Regelung: bei Anhaltspunkten   **94**
für das Vorliegen einer schädlichen Bodenveränderung oder Altlast kommt eine
Gefährdungsabschätzung gemäß § 9 Absatz 1 BBodSchG in Betracht. Sie dient
der Vorbereitung von Detailuntersuchungen und ist eine behördliche Aufgabe.
Bei hinreichendem Verdacht aufgrund konkreter Anhaltspunkte, d.h. bei Überschreitung der Prüfwerte i.S. von § 3 Absatz 4 Satz 1 BBodSchV, für eine
schädliche Bodenverunreinigung oder Altlast sind gegenüber bestimmten Personen (§ 4 Absatz 3, 5, 6 BBodSchG) **Untersuchungsanordnungen** gemäß § 9
Absatz 2 BBodSchG zulässig. Steht aufgrund der Detailuntersuchungen fest, dass
eine Sanierung des Geländes durchzuführen ist, legen die nachfolgenden **Sanie-
rungsuntersuchungen** fest, welche Maßnahmen hierfür geeignet, erforderlich und
angemessen sind (§ 6 Absatz 3 BBodSchV in Verbindung mit Anlage 3 Nr. 1).
Pflichtig hierfür ist nur der i.S. von § 4 Absatz 3 Verantwortliche. **Unterirdische
Hohlräume** von Bergwerken, die aus der Bergaufsicht entlassen sind, können
nicht als Altlasten angesehen werden, da Altlasten in § 2 Absatz 5 BBodSchG
stoffbezogen definiert werden. Hohlräume können aber als **schädliche Bodenveränderung** i.S. von § 2 Absatz 3 BBodSchG angesehen werden (Müggenborg,
NVwZ 2012, 659, 663; Frenz, BBodSchG, § 2 Rn 51; a.A. Attendorn, AbfallR
2008, 111, 113). Insofern gelten die Vorschriften der §§ 4, 7, 9, 10 BBodSchG für
diese Hohlräume. Bodenschutzrechliche Anordnungen können nicht auf § 71
Absatz 1 Satz 1 BBergG gestützt werden, sondern auf § 10 Absatz 1 BodSchG.

Die in § 4 BBodSchG normierten (Sanierungs-) Pflichten zur Gefahrenabwehr   **95**
und Störungsbeseitigung erstrecken sich auch auf schädliche Bodenveränderun-

gen und Altlasten, die vor **Inkrafttreten des BBodSchG** verursacht wurden, und zwar unabhängig davon, ob es Sanierungspflichten des Verursachers, Zustandsverantwortlichen, Einzel- oder Gesamtrechtsnachfolgers sind (BVerwG, DÖV 2006, 956 = ZUR 2006, 482 – Salzbergehalde, VGH Mannheim, NUR 2006, 107; Landel/Versteyl, ZUR 2006, 475 m. w. N.).

96 Zur Konkretisierung der Gefahrenschwelle sind durch § 8 Absatz 1 Nr. 1 BBodSchG in Verbindung mit Anh. 2 der BBodSchV **Prüfwerte** festgelegt worden. Liegt der Gehalt oder die Konzentration eines Schadstoffes unterhalb des jeweiligen Prüfwertes, ist der Verdacht einer schädlichen Bodenveränderung oder Altlast ausgeräumt. Im Gegensatz dazu sind die Zuordnungswerte Z2 gemäß **LAGA-Richtlinie „Anforderungen an die stoffliche Verwertung von mineralischen Reststoffen/Abfällen v. 6.11.1997 Stand 2004** teils um ein vielfaches höher als die Vorsorgewerte nach Anh. 2 Ziff. 4 BBodSchV (OVG Koblenz, ZfB 2008, 155. Zu den Unterschieden zwischen LAGA-Merkblatt M20 und BBodSchV: Knäpple in Korrespondenz Abwasser 2001, 1135 ff.). Im Übrigen ist die LAGA-Mitteilung 20 von 2004 eine bloße **Sachverständigen-Empfehlung ohne Rechtsverbindlichkeit** (BVerwGE 123, 247 = ZfB 2005, 156; OVG Magdeburg, ZfB 2008, 189; VG Magdeburg, ZfB 2008, 200). Die Behörde muss bei Anordnungen zur Sicherstellung der Voraussetzungen des § 55 deren Erfordernis nachweisen.
Der Rspr. des BVerwG (ZfB 2005, 156 = BVerwGE 123, 247) ist jedoch nicht zu entnehmen, dass die LAGA-Mitteilung M20 oder die **vom Länderausschuss Bergbau erarbeiteten TR Bergbau** (hierzu Bertram, AbfallR 2009, 297 ff., Näheres s. § 55, Rn 186 f.)) grundsätzlich unberücksichtigt bleiben müssen. Sie wurden vielmehr als sachkundige Empfehlungen (OVG Magdeburg, AbfallR 2009, 197; NJW 2009, 166; VG Dessau, ZfB 2004, 149 = NUR 2004, 474), als generelle Standards (VG Magdeburg, ZfB 2008, 200; VG Düsseldorf v. 24.8.2004 – 17 K 4572/03; VG Hannover, ZfB 2010, 257; OVG Lüneburg, NUR 2011, 890) bezeichnet.
Wird der Prüfwert überschritten, ist i.d.R. die Behörde veranlasst, weitere Maßnahmen zu treffen, um festzustellen, ob eine schädliche Bodenveränderung bzw. Altlast vorliegt (OVG Lüneburg, aaO: Einzelfallprüfung). Die Prüfwerte sind also **keine Grenzwerte**, sondern **Warnwerte** (Versteyl/Sondermann § 8 Rn 9). Im Anh. 2 der BBodSchV werden ferner **Maßnahmenwerte** festgelegt. Sie bestimmen, dass bei Überschreiten dieser Schwelle konkrete Maßnahmen, etwa eine Sanierungspflicht gemäß § 4 Absatz 3 BBodSchG durchzuführen sind. Allerdings sind nach h.M. auch diese Werte keine unüberbrückbaren Grenzwerte, sondern Werte mit wiederlegbarer Indizwirkung (Frenz Rn 29 zu § 8; Versteyl/Sondermann § 8 Rn 10; Sanden/Schoeneck Rn 14 zu § 8, a.A. Peine DVBl 1998, 161).
Auch die **Zuordnungswerte (W-Werte) der TR Bergbau** sind keine absolut geltenden Grenzwerte für Schadstoffbelastungen. Sie entfalten nur eine positive Indizwirkung im Falle der Einhaltung ihrer Anforderungen. Bei Überschreitung hingegen ist eine konkrete Einzelfallprüfung erforderlich (OVG Lüneburg, ZfB 2011, 192, 203). Zu Bodenschutz-Werten bei Wiedernutzbarmachung von Tagebauen und Halden des Steinkohlen- bzw. Salzbergbaus: Asenbaum, bergbau 2011, S. 63 ff.

97 Durch die Werte der BBodSchV und die in § 12 BBodSchV in Bezug genommene DIN 19.731 sind andere, früher gebräuchliche Regelungen (Sandner NJW 2000, 2542: *„gut 30 verschiedene, mangels Gesetzesqualität unverbindliche Regelwerke")* nicht mehr anzuwenden. Das gilt für landesrechtliche Vorgaben (hierzu BVerwG, NVwZ 2000, 1179 = DÖV 2000, 1054 und BVerwG, NVwZ 2006, 1067 = NUR 2006, 645, Hess VGH, NUR 2005, 787; Knopp, DÖV 2001, 445; Himmelmann/Tünnesen-Harmes § 13 Rn 29), die in der **Mitteilung 20 der Länderarbeitsgemeinschaft Abfall (LAGA)** enthaltenen Anforderungen an die stoffliche Verwertung von mineralischen Reststoffen/Abfällen – technische Regeln – (Stand 1997/2003) und die vom **Länderausschuss Bergbau** erarbeiteten **Anforderungen an die stoffliche Verwertung von Abfällen im Bergbau Übertage** – Stand Okt. 1998/30.3.2004 (BVerwG, NUR 2005, 589 = NVwZ 2005, 956 = ZfB 2005, 156, 162 unter Aufhebung von OVG Koblenz, ZfB 2004, 30, 38, jetzt auch OVG Magdeburg, ZfB 2008, 189; VG Magdeburg, ZfB 2008, 200; OVG Koblenz, ZfB 2008, 147) sowie für die „Empfehlungen für die Erkundung, Bewertung und Behandlung von Grundwasserschäden der Länderarbeitsgemeinschaft Wasser" (LAWA) von 1994 und die sog. *„Hollandliste"* (Kobes NVwZ 2000, 261, 265; Müggenborg, KA 2000, 733), die bei der Bewertung von Altlasten eine Rolle gespielt haben (OVG Lüneburg, NVwZ 2000, 1195 = NUR 2000, 647 = ZfW 2000, 250, auch früher NJW 1998, 97). Zweck des BBodSchG war es, den *„bestehenden Wildwuchs an Listen und Werten für Bodenstandards"* zu unterbinden (Regierungs-Entwurf BT-Drs 13/6701, S. 37).

Eine Anordnung, wonach für die Verfüllung und Rekultivierung eines Tontage-   **98** baus nur mineralische Abfälle mit einem TOC-Wert von weniger als 1 Masse-Prozent eingelagert werden dürfen, ist rechtswidrig. Die Anordnung kann nicht auf die technische Regel der LAGA-M20 (hierzu oben Anh. zu § 56 Rn 97 und § 55 Rn 190 f.) gestützt werden, die als bloße Empfehlung eines sachkundigen Gremiums keine verbindliche Geltung beanspruchen kann. Der Begriff „mineralische" Stoffe, der in der technischen Regel LAGA M20 verwand wird, ist nicht so zu verstehen, dass „mineralische Abfallstoffe keinerlei organische Bestandteile enthalten dürfen". Wie groß die organischen Bestandteile sein können, um den Schutzzweck der §§ 48 Absatz 2, 55 BBergG zu erfüllen, liegt in der Darlegungs- und Beweislast der Behörde (OVG Magdeburg, ZfB 2008, 193 ff., ZfB 2008, 189 ff.; VG Magdeburg, ZfB 2008, 206 ff.).

Soweit es um schädliche Bodenveränderungen oder Altlasten geht, findet das   **99** BBodSchG auch im BNatSchG und im WHG Anwendung. Betroffen davon sind vor allem die Eingriffsregelung des § 14 BNatSchG und die Benutzungstatbestände der §§ 9 Absatz 2 Nr. 2, 48 WHG. Bodenschutz- und Naturschutzrecht sind nebeneinander anwendbar (Wolf, NUR 1999, 547; Müggenborg, KA 2000, 736). Wasserrecht ist allein anwendbar, soweit es um die Sanierung des Grundwassers in der gesättigten Zone geht (§§ 4 Absatz 4 Satz 3, 6 BBodSchG). In den übrigen Bereichen richtet sich die Verantwortlichkeit nach § 4 Absatz 3 BBodSchG, der Umfang nach dem Wasserrecht (§ 4 Absatz 3 Satz 3 BBodSchG). Im Ergebnis: Das „Ob" der Sanierung ist Bodenschutz, das „Wie" der Sanierung ist Wasserrecht (Frenz, ZfW 2001, 153; H. M. Müggenborg, aaO m. w. N.; VG Cottbus, NUR 2005, 200). Die Befugnisse und Pflichten der Gefahrenabwehr nach Wasserrecht und BBodSchG sind konkurrierend anwendbar (Breuer, öffentl. und privates Wasserrecht, Rn 832; Bayr. VGH, ZfW 2002, 35 f.; VG Cottbus, NUR 2005, 200). Eine bodenschutzrechtliche Anordnung gemäß § 9 Absatz 2 BBodSchG kann gegen ein Gaswerk erlassen werden, wenn dort Teer abgelagert wird, sodass entgegen § 48 Absatz 2 WHG (§ 34 Absatz 2 WHG a. F.) eine nachteilige Veränderung der Grundwasserbeschaffenheit zu besorgen ist (Bayr. VGH, ZfW 2011, 96).

Zur **Legalisierungswirkung** von Hauptbetriebsplänen, Abschlussbetriebsplänen   **100** und Entlassung aus der Bergaufsicht als Gegengewicht gegen die behördliche Anordnung, Proben zu veranlassen und einen Sanierungsplan zu erstellen s. § 56 Rn 95 ff., OVG NRW in NVwZ 1985, 355; VGH Mannheim, NVwZ-RR 2000, 590 = ZfB 2000, 140; Landel/Versteyl, NUR 2006, 475; offengelassen BVerwG, NUR 2006, 482, Rn 31 und VGH Mannheim, ZfB 2008, 95).
Zum **Adressaten** von bodenschutzrechtlichen Anordnungen:
Bei **laufenden Bergbaubetrieben** bestimmt nicht § 4 Absatz 2 und 3 BBodSchG den **verantwortlichen Personenkreis** für schädliche Bodenveränderungen, son-

dern die bergrechtliche Spezialvorschrift des § 58 (a. A. Müggenborg, NVwZ 2012, 659, 662). Es besteht kein Grund, sondern ist verwirrend und für die Organisation der Verantwortlichkeit im Betrieb kontraproduktiv, insofern andere Zuordnungen zu konstruieren.

Nach **Beendigung der Bergaufsicht** dehnt sich hingegen der Kreis der verantwortlichen Personen auf **alle sieben** in § 4 BBodSchG **genannten Störer** aus (Müggenborg, aaO, S. 664). Das Bergwerkseigentum als grundstücksgleiches Recht i. S. von § 9 wird man als „Grundstückseigentum" analog § 4 Absatz 2 und 3 BBodSchG in den Haftungskreis aufnehmen müssen (Müggenborg, aaO, S. 662), sofern nicht in der Praxis bereits Identität zum Grundstückseigentum oder anderen Störertypen besteht.

3. Teil   Denkmalschutz

Übersicht   Rn

I.   Eingetragene Denkmäler   101
II.   Rechtsfolgen der Eintragung   106
III.   Genehmigung   107
IV.   Verhältnis Genehmigung – Betriebsplan   111
1.   Gemeinschädliche Einwirkung i. S. von § 55 Absatz 1 Satz 1 Nr. 9   113
2.   Überwiegende öffentliche Interessen i. S. von § 48 Absatz 2 Satz 1   114
3.   Drittschutz für den Eigentümer   115
4.   Verhältnis Denkmalbehörde – Bergbehörde   116
5.   Sonderfälle: Braunkohlenplan, Grabungsschutzgebiete   119
V.   Untersuchungsarbeiten am Denkmal   121
VI.   Bodendenkmal und Bergbau   122

I.   Eingetragene Denkmäler

101   Das Denkmalrecht ist in den **Denkmalschutzgesetzen der Länder** geregelt. Der Bergbau ist davon betroffen, sofern eine bergbauliche Anlage in die Denkmalliste eingetragen werden soll oder sofern bergbauliche Abbau auf Denkmälern (Baudenkmäler, Denkmalbereiche oder Bodendenkmäler) trifft. (Allgemein: Seifert, ZfB 1987, 241, zu Bergbau und Bodendenkmal Attendorn, NUR 2006, 756 ff., zu den Streitverfahren um den Abbau unter dem Denkmal „Schloss Cappenberg" s. Glückert in Bochumer Beiträge, Bd. 32, S. 13–56).

102   Denkmäler sind nach § 3 DSchG NRW in die **Denkmalliste** einzutragen. Je nach landesrechtlicher Ausgestaltung ist die Eintragung konstitutiv oder deklaratorisch („nachrichtlich" z. B. § 3 Absatz 1 DSchG Brandenburg, § 10 Absatz 1 DSchG Sachsen, § 5 Absatz 2 DSchG Meckl.-Vorpommern). Davon abhängig ist die rechtliche Bedeutung der Eintragung und des Bescheides über die Eintragung.

103   Eine Fläche, die im Regionalplan als Bereich für die Sicherung und den Abbau nicht energetischer oberflächennaher Bodenschätze (Kies) und im **Abbaubereich eines Braunkohlenplans** liegt, kann dennoch als Bodendenkmal in die **Denkmalliste** eingetragen werden. § 3 DSchG NRW lässt einen Entscheidungsspielraum und die Berücksichtigung widerstreitender öffentlicher Interessen – etwa aus regional- oder fachplanerischen Zielfestlegung – nicht zu (OVG NRW, NWVBl 2010, 29 = NWvZ-RR 2009, S. V (LS) und NWVBl 2012, 149, 150). Erst auf der zweiten Stufe, die die Wirkungen und Folgemaßnahmen betrifft, die sich aus Unterschutzstellung ergeben, können gewichtige private oder öffentliche Belange Einschränkungen der Unterschutzstellung oder sogar die Beseitigung von Denkmälergebieten bewirken, z. b. Trassenführung einer Straße oder Tagebauerweiterung, die die Ortschaften zerstört und die dort vorhandenen Denkmäler. In dieser Phase wird geprüft (§ 3 Absatz 4 DSchG NRW), ob die Denkmalseigenschaft nach der Eintragung entfallen ist. Dabei kann sich ergeben, dass das Denkmal aus der Denkmalliste zu löschen ist.

Eine Schachtanlage kann den seinerzeitigen Stand der Fördertechnik und ihre   **104**
Fortschritte dokumentieren (OVG NRW Urt. v. 28.4.2004 – 8A687/01; Schmiemann/Hellhammer-Hawig, NWVBl 2010, 1 ff., 2).
Als Denkmal, an dessen Erhaltung ein öffentliches Interesse besteht, kann eine Kohlenverladebrücke in Betracht kommen (VG Potsdam LKV 2006, 135).

Die Rechtswirkungen eines Planfeststellungsbeschlusses, der eine Abgrabung   **105**
erlaubt, stehen der Eintragung eines im Abgrabungsgebiet **nachträglich entdeckten Bodendenkmals** in die Denkmalliste nicht entgegen. Das eingetragene Denkmal ist dann zu erhalten, seine Beseitigung bedarf einer zusätzlichen Erlaubnis gemäß § 9 Absatz 1 DSchG NRW (OVG NRW, NWVBl 2012, 149, 150), da die Genehmigungswirkung des Planfeststellungsbeschlusses insoweit nicht greift.

II. Rechfolgen der Eintragung

Folge der **Denkmaleigenschaft** ist die den Eigentümer treffende Erhaltungs- und   **106**
Instandsetzungspflicht, die – je nach landesrechtlicher Ausgestaltung – unter dem Vorbehalt des Zumutbaren steht (hierzu BVerfG, NJW 1999, 2877).

III. Genehmigung

Maßnahmen, die das Denkmal beschädigen, in seine Substanz eingreifen oder es   **107**
gänzlich zerstören, sind nach allen Denkmalschutzgesetzen **genehmigungspflichtig** (erlaubnispflichtig). Dazu gehört nicht nur der Abbruch, sondern jede nachteilige Veränderung des bestehenden Zustandes. Die Beeinträchtigung muss nicht von besonderem Gewicht oder deutlich wahrnehmbar sein (VGH Mannheim VBl BW 1992, 59), geringfügige Beeinträchtigungen genügen aber nicht (OVG NRW v. 22.1.1998 – 11A688/97). Zweifelsfrei genehmigungspflichtig ist eine Beeinträchtigung des äußeren Erscheinungsbildes.

In der Literatur wird die Auffassung vertreten (Seifert, ZfB 1987, 241), der   **108**
untertägige Bergbau sei keine zielgerichtete „Maßnahme" i. S. der Erlaubnisvoraussetzungen. Seine Abbauauswirkungen auf ein Denkmal seien als ungewollte Nebeneinwirkungen nicht erlaubnispflichtig. Dem ist nicht zuzustimmen. Nach Sinn und Zweck der Erlaubnis soll nicht der Wille zur Veränderung eines Denkmals, sondern das mutmaßliche Ergebnis der Handlung überprüft werden (ähnl. Rausch, S. 131 f.).

Die Erlaubnis ist – je nach Landesrecht – zu erteilen, wenn Gründe des   **109**
Denkmalschutzes nicht entgegenstehen oder ein überwiegendes Interesse die Maßnahme verlangt (z. B. § 9 Absatz 2 DSchG NRW). Zur Abbruchgenehmigung im Denkmalrecht der neuen Bundesländer s. Füßer/Kreuter, LKV 2008, 102 ff. Offen bleibt, wie über eine Abbruchgenehmigung zu entscheiden ist, wenn die Maßnahme nicht durch überwiegende öffentliche Interessen verlangt

wird (hierzu einerseits OVG NRW, OVGE 37, 124: Kein Ermessen bei Abbruchgenehmigungen, andererseits Beckmann, NWVBl 1991, 365 und h. M.: Behörde
kann den Abbruch genehmigen). In anderen Bundesländern ist die Erlaubnis als
Ermessensentscheidung ausgestaltet (z. B. Artikel 6 Absatz 1, 2 Bayr. DSchG).

110 Die Baugenehmigung schließt landesrechtlich i. d. R. die denkmalrechtliche
Genehmigung ein (Moench/Otting, NVwZ 2000, 523).

IV. Verhältnis Genehmigung – Betriebsplan

111 In den meisten Bundesländern ist das **Verhältnis** von Betriebsplanzulassung und
Erlaubnis (Genehmigung) nach den Denkmalschutzgesetzen nicht geregelt.
Insofern laufen beide Verfahren nebeneinander her (H. Schulte, ZfB 1987,
218; Nachweis bei Müller/Schulz, Handb. Rn 423). Allerdings entfällt die
denkmalrechtliche Erlaubnis in den meisten Ländern, sofern eine Baugenehmigung erforderlich ist. Jedoch müssen dann die Baugenehmigungsbehörden
Zustimmungs- oder Einvernehmensregelungen zu Gunsten der Denkmalbehörden berücksichtigen. Das Verhältnis von Betriebsplanzulassung und Erlaubnis
ist in § 9 Absatz 3 DSchG NRW (ähnl. § 7 DSchG Bad-Württ; § 15 Absatz 4
Satz 1 DSchG Bbg; § 7 Absatz 1 DSchG M-V) gesetzlich geregelt: Eine denkmalschutzrechtliche Erlaubnis ist, wie auch in Planfeststellungsverfahren, nicht
erforderlich. Da das Erfordernis der Erlaubnis entfällt, wird sie auch nicht in
der Zulassung eines bergrechtlichen Rahmenbetriebsplans konzentriert (Attendorn NUR 2006, 758). Eine Abgrabungsgenehmigung kann eine Erlaubnis nicht
enthalten (OVG NRW Beschl. 20.1.2006, 10B2152/05). Die Bergbehörde hat
bei der Zulassung des Betriebsplans die Belange des Denkmalschutzes *„in
angemessener Weise zu berücksichtigen“* (Rausch, S. 132; H. Schulte, ZfB 1987,
218; Seifert, ZfB 1987, 242; Battis-Mühloff, NWVBl 1991, 3). Nach der
Rechtsprechung bedeutet dies die strikte Anwendung der Voraussetzung für
die Erteilung der Denkmalschutzerlaubnis (Attendorn, NUR 2006, 758
m. w. N.).

112 Bei der bergbaubedingten Auflösung einer Gemeinde durch Landesgesetz sind
die in der Gemeinde vorhandenen Kulturdenkmale abwägungsrelevant. Im
Einzelfall kann die Umsetzung von Denkmalen aus der aufgelösten in die neu
angesiedelte Gemeinde geboten sein (Gern, LKV 1997, 435 f.; Moench/Otting,
NVwZ 2000, 524, Anmerkung 147).

1. Gemeinschädliche Einwirkung i. S. von § 55 Absatz 1 Satz 1 Nr. 9

113 Zur Transformation der Denkmalschutzbelange in das Betriebsplanverfahren
steht § 55 Absatz 1 Satz 1 Nr. 9 bereit. Zur Vorsorge gegen **gemeinschädliche**
Einwirkungen der Gewinnung gehört, dass Denkmale nicht beseitigt oder verändert werden (Seifert, ZfB 1987, 246). Drittschutz im Falle der Zulassung des
Abbaus gewährt die Bestimmung für den Eigentümer nicht.

2. Überwiegende öffentliche Interessen i. S. von § 48 Absatz 2 Satz 1

114 Unterhalb der gemeinschädlichen Einwirkungen schafft § 48 Absatz 2 die Brü-
cke vom Denkmalrecht zum Betriebsplanverfahren (H. Schulte aaO; Seifert aaO;
Attendorn, NUR 2006, 757; Müller/Schulz, Handb. Rn 423). Die Anwendung
des § 48 Absatz 2 wird nicht dadurch ausgeschlossen, dass § 55 Absatz 1 Satz 1
Nr. 9 die Berücksichtigung von gemeinschädlichen Einwirkungen bereits regelt
(Battis-Mühlhoff, aaO, S. 4), denn insofern handelt es sich um (noch) nicht

gemeinschädliche Einwirkungen, die aber den Rang eines **überwiegenden öffentlichen Interesses** haben.

3. Drittschutz für den Eigentümer

Drittschutz für den Eigentümer gewährt Denkmalschutz im Falle der Zulassung **115** des Abschlussbetriebsplans nicht (VG Gelsenkirchen, ZfB 1988, 115, ZfB 1990, 54 u. 324, ZfB 1991, 157, OVG NRW, ZfB 1990, 38). Das Denkmalschutzrecht wirkt allein im öffentlichen Interesse. Ein Grundstückseigentümer kann nicht rügen, gemäß § 13 VwVfG hätte die Denkmalsbehörde im Betriebsplanverfahren beteiligt werden müssen (VG Gelsenkirchen, ZfB 1988, 115) oder die Denkmalschutzbehörde hätte nicht zustimmen dürfen (VGH Kassel, NVwZ 1996, 1234 = DVBl 1995, 757 betrifft Baugenehmigungsverfahren).

4. Verhältnis Denkmalbehörde – Bergbehörde

Die Berücksichtigung der Belange des Denkmalschutzes im Betriebsplanverfah- **116** ren bedeutet, dass formalrechtlich ausschließlich das bergrechtliche Verfahren, materiell rechtlich jedoch das Denkmalrecht maßgebend ist (OVG NRW, DÖV 1985, 159). Die **Bergbehörde** hat gemäß § 54 Absatz 2 die **Denkmalbehörde** zu beteiligen. Sofern die Gemeinden untere Denkmalschutzbehörden sind (§ 3 Absatz 1 Nr. 3 DSchG Sachsen; § 20 Absatz 1 Nr. 3 DSchG NRW) sind sie nicht in ihrer Eigenschaft als Planungsträger, sondern als Behörde i. S. von § 54 Absatz 2 berührt (Battis/Mühlhoff, NWVBl 1991, 2 m. w. N. gegen Boldt/Weller § 54 Anmerkung 7 und Weller, ZfB 1984, 170).

In NRW treffen die unteren Denkmalbehörden ihre Entscheidung im Benehmen **117** mit dem Landschaftsverband (§ 21 Absatz 4 DSchG NRW), auch dessen Aufgabenbereich wird daher i. S. von § 54 Absatz 2 von der im Betriebsplan vorgesehenen Maßnahme berührt (Näheres Attendorn, NUR 2006, 757).

Eine Beteiligung der Denkmalbehörden aufgrund der denkmalrechtlichen Rege- **118** lung des § 1 Absatz 3 DSchG NRW dürfte dagegen weder im **Abschluss- oder Hauptbetriebsplan- noch im Sonderbetriebsplanverfahren** geboten sein. Diese vom Unternehmer eingeleiteten Verfahren sind keine öffentliche Maßnahme oder Planung. Anderes gilt, wenn die Behörde ein „Verlangen" auf Ausstellung eines Rahmen- oder Sonderbetriebsplans stellt. Dieses Verlangen als Verwaltungsakt der Bergbehörde kann als öffentliche Maßnahme i. S. von § 1 Absatz 3 DSchG NRW angesehen werden (Battis/Mühlhoff, NWVBl 1991, 2; a. A. Seifert, ZfB 1987, 247).

5. Sonderfälle: Braunkohlenplan, Grabungsschutzgebiete

Eine Sonderregelung trifft § 19 DSchG NRW für Bodendenkmäler in **Gebieten,** **119** in denen nach den Zielen der Raumordnung und Landesplanung bergbauliche Maßnahmen oder **Maßnahmen nach dem Abgrabungsgesetz** NRW vorgesehen sind. Bei der Zulassung bergrechtlicher Betriebspläne haben die Bergbehörden das Benehmen mit dem Landschaftsverband oder in Gebieten der Stadt Köln deren Benehmen herbeizuführen. Dies trifft insbesondere im Bereich der **Braunkohlenpläne** zu.

Eine weitere Besonderheit, die in anderen Bundesländern keine Parallele hat, ist **120** in § 14 Absatz 1 Satz 2 DSchG NRW vorgegeben. Eine Verordnung, die bestimmte Grundsätze befristet zu **Grabungsschutzgebieten** erklärt, kann nur im Einvernehmen mit dem (früheren) Landesoberbergamt (nunmehr wohl

Bezirksregierung Arnsberg, Abt. Bergbau) erlassen werden, wenn in dem Gebiet dem Bergrecht unterliegende Mineralien anstehen.

V. Untersuchungsarbeiten am Denkmal

121 Soweit der Bergbauunternehmer für den betriebsplanmäßigen Nachweis, dass durch den vorgesehenen Abbau gemeinschädliche Einwirkungen auf das Denkmal nicht zu erwarten sind, **Untersuchungsarbeiten am Denkmal** durchführen muss und hierzu eine Einwilligung des Eigentümers nicht zu erreichen ist, kann er ein **Grundabtretungsverfahren** einleiten. Derartige Untersuchungen sind vorbereitende Maßnahmen für die Errichtung oder Fortsetzung des Gewinnungsbetriebs (OVG NRW, ZfB 1988, 107, VG Gelsenkirchen, ZfB 1988, 118, Einzelheiten hierzu bei Glückert, in Bochumer Beiträge, Bd. 32, S. 25 ff.) und für die Aufstellung eines Rahmenbetriebsplans. Der Beschluss zur Gestattung der Untersuchungsarbeiten am Denkmal, zur Duldung des Betretens des Grundstücks und zur Vornahme der Untersuchungen für einen festgelegten Zeitraum kann bei Vorliegen der Voraussetzungen verbunden werden mit der Anordnung der vorzeitigen Besitzeinweisung und der Erklärung der sofortigen Vollziehbarkeit.

VI. Bodendenkmal und Bergbau

122 Wenn obertägige Rohstoffgewinnungsvorhaben auf **archäologische Substanz treffen**, die in der Liste für ortsfeste Bodendenkmäler eingetragen oder vorläufig unter Schutz gestellt sind, müssen diese Kulturgüter im Rahmenbetriebsplan gemäß § 52 Absatz 2 a, 57 a Absatz 2, 48 Absatz 2 Satz 1 BBergG in Verbindung mit § 2 Absatz 1 Ziff. 3 UVPG ermittelt, beschrieben und bewertet werden. Der Träger des Vorhabens hat sie in die Umweltverträglichkeitsstudie einzubeziehen. Zur Berücksichtigung des Bodendenkmalschutzes in Verfahren zur Genehmigung von Abgrabungen und in bergrechtlichen Planfeststellungsverfahren s. RdErl.NRW vom 5.5.2011 (MinBl NRW 2011, 223, aufgehoben jedoch durch Erlass vom 12.1.2012 (MinBl NRW, 61).

123 Sofern im Boden verborgene **archäologische Substanz lediglich vermutet wird,** aber nicht förmlich oder vorläufig unter Schutz gestellt ist, kann § 48 Absatz 2 Satz 1 keine Anwendung finden. Es fehlt an dem durch öffentlich-rechtliche Vorschriften konkretisierten öffentlichen Interesse (Jankowski, NUR 2008, 23; a. A. Attendorn, NUR 2006, 757). Dasselbe gilt, sofern die übertägige Rohstoffgewinnung nach §§ 4, 6 BImSchG i. V. mit Ziff. 2.1 der Anlage zur 4. BImSchV (Steinbrüche) oder nach §§ 1, 3, 7 AbgrG NRW (Trockenabgrabung) zu genehmigen ist: die denkmalrechtlich nicht geschützte archäologische Substanz kann im Rahmen der Genehmigung der Rohstoffe beseitigt werden, ohne dass deren Erhaltung in der Vorhabenfläche rechtliche Auswirkung auf die Vorhabenentscheidung hat (Jankowski, aaO mit Bezug auf OVG NRW Beschluss v. 20.1.2006 – 10B2152/05). Aus den Denkmalgesetzen folgt keine **Pflicht zur Erforschung** des Grundstücks auf die Existenz von Bodendenkmalen. Ausnahmsweise kann bei der Genehmigung eines Kiesabbaus, wenn andernfalls die Genehmigung zu versagen wäre, eine Nebenbestimmung bei begründeten Anhaltspunkten für ein Bodendenkmal gemäß § 36 VwVfG ergehen, Suchschnitte zu fertigen und die Kosten dafür zu tragen (OVG Magdeburg, NVwZ-RR 2013, 218). Für Vorhaben, die nach § 68 Absatz 2 WHG zu genehmigen sind (Nassauskiesung, Tagebaurestseen) kann das Interesse am Fortbestand der nichtförmlich geschützten archäologischen Substanz nicht als öffentlicher Belang in die Abwägung eingestellt werden (VG Düsseldorf, BRS

66, Nr. 215) und zur Versagung oder zu Nebenbestimmungen herangezogen werden. Der Unternehmer kann allenfalls zu den Kosten von Rettungsgrabungen, nicht jedoch zu den Kosten angefallener oder zusätzlicher Explorationen verpflichtet werden (VG Düsseldorf, aaO; VG Münster v. 2.11.2000 – 2K2785/97). Kosten einer archäologischen Dokumentation hat ein Vorhabenträger nur im Rahmen des Zumutbaren zu tragen. Sie dürfen 15 % der Gesamtinvestitionskosten nicht überschreiten. Erträge des Vorhabens sind ohne Belang (OVG Magdeburg, LKV 2010, 372). Differenzierter OVG NRW (NWVBl 2012, 146 ff.): Die **Kosten der Beseitigung** des Bodendenkmals hat der Vorhabenträger zu tragen (aaO, S. 149), die Aufgabe der **wissenschaftlichen Ausgrabung, Bergung** und **Dokumentation** ist Pflichtaufgabe der zuständigen Behörde. Mit der Aufgabenzuweisung ist zugleich die Pflicht der Kostentragung verbunden, die nicht auf den Vorhabenträger (Kies- und Sandbetrieb) übertragen werden kann (aaO, S. 148).

4. Teil   Immissionsschutzrecht

Übersicht

Rn

A.   Genehmigungsbedürftige Anlagen 124
I.   Ausschluss der BImSchG-Genehmigung für Anlagen des Bergwesens gemäß
      § 4 Absatz 2 BImSchG 125
II.   Anlagen des förmlichen Genehmigungsverfahrens 137
III. Anlagen des vereinfachten Genehmigungsverfahrens 139
IV.   Nebeneinrichtungen 144
V.   Das vereinfachte Genehmigungsverfahren 145
VI.   Genehmigungsvoraussetzungen 148
      1. Schutzgrundsatz 150
      2. Vorsorgepflicht 153
      3. Technische Anleitungen 154
      4. TA-Lärm 161
      5. TA-Luft 168
      6. Sonstige Regelwerke 174
      7. Abstandserlass 175
      8. Andere öffentlich-rechtliche Vorschriften (§ 6 Absatz 1 Nr. 2 BImSchG) 177
      9. Abfallrechtliche Verpflichtungen 180
      10. Energiespargebot 182
      11. Nachsorgepflichten 183
      12. UVP-Pflicht 184
VII. Genehmigungsverfahren 186
VIII. Konzentrationswirkung der Genehmigung 187
IX.   Rechtsnatur und Stufen der Genehmigung 194
X.   Bestandsschutz und seine Grenzen 200
XI.   Legalisierungswirkung der BImSchG-Genehmigung 202
XII. Änderungen der Anlage 204

B.   Nicht genehmigungsbedürftige Anlagen 207
I.   Allgemeines 207
II.   Grundpflichten 209
III. Anlagen des Bergwesens 212
IV.   Nicht genehmigungsbedürftige Anlagen im Betriebsplanverfahren 213
V.   Nicht genehmigungsbedürftige Anlagen in anderen Genehmigungen . . . 218
VI.   Durchsetzung der Anforderungen an nicht genehmigungsbedürftige
      Anlagen 221
VII. Nachträgliche Anordnungen 222

A. Genehmigungsbedürftige Anlagen

124 Das Bundesimmissionsschutzrecht unterscheidet in genehmigungsrechtlicher Hinsicht genehmigungsbedürftige und nicht genehmigungspflichtige Anlagen.

I. Ausschluss der BImSchG-Genehmigung für Anlagen des Bergwesens gemäß § 4 Absatz 2 BImSchG

125 Bis zum Inkrafttreten des BBergG bedurften nach § 4 Absatz 2 BImSchG keiner Genehmigung alle Anlagen des Bergwesens, soweit sie der Aufsuchung oder Gewinnung von Bodenschätzen dienen. Diese Vorschrift ist durch § 174 Absatz 5 dahingehend geändert worden, dass **Anlagen des Bergwesens** oder Teile dieser Anlagen **genehmigungspflichtig** sind, wenn sie **über Tage** errichtet und betrieben werden. **Keiner Genehmigung** bedürfen **Tagebaue** und die zum Betrieb eines Tagebaues erforderlichen und schließlich die **zur Weiterführung unerlässlichen Anlagen.**

126 Diese Bestimmung war eine der meist diskutiertesten und besonders stark umstrittenen des BBergG. Zunächst sahen die Entwürfe die Regelung des Kollisionsproblems Immissionsschutz – Bergbau im Betriebsplanverfahren vor. Allerdings enthielt der **Referenten-Entwurf vom 1.12.1970** noch keine neue Kollisionsregelung, sondern beließ es bei der bestehenden gesetzlichen Regelung des § 4 Absatz 2 BImSchG. In § 61 des **Regierungsentwurfs** (BR-Drs 350/75) vom 5.9.1975 jedoch fand sich folgende Vorschrift: *„Die Zulassung eines Betriebsplanes i.S. von § 58 ist zu erteilen, wenn gewährleistet ist, dass schädliche Umwelteinwirkungen im Sinne des BImSchG nicht hervorgerufen werden können und Vorsorge gegen solche Einwirkungen getroffen wird, soweit dies nicht andere Vorschriften dieses Absatzes sicherstellen."* Der **Referenten-Entwurf vom 4.1.1977** veränderte diesen Wortlaut dahin, dass nach § 49 Absatz 3 Nr. 3 b eine Betriebsplanzulassung **zu** erteilen ist, wenn die erforderliche Vorsorge getroffen ist, *„damit schädliche Umwelteinwirkungen im Sinne des BImSchG nicht hervorgerufen werden können."* Auch nicht Gesetz geworden ist die noch im **Entwurf v. 9.12.1977** vorgesehene Fassung des § 54 Absatz 1 Nr. 8, wonach Voraussetzung für die Betriebsplanzulassung sein sollte, dass *„dem Betrieb überwiegende öffentliche Interessen [...] nicht entgegenstehen"* (BT-Drs 9/1315, 111 = Zydek, 256: *„Nach dieser Vorschrift darf das in einem Betriebsplan vorgesehene Vorhaben nicht zugelassen werden, wenn etwa tangierte öffentliche Interessen, z. B. Immissionsschutz, bedeutsamer sind als das allgemeine volkswirtschaftliche Interesse an der Aufsuchung und Gewinnung der Bodenschätze").* Zwar hatte der **Bundesrat noch** eine ähnliche Fassung vorgeschlagen (Drucks. 260/1/77 v. 4.10.1977, S. 34 *„dem Betrieb andere öffentlich-rechtliche Interessen nicht entgegenstehen"*), und hierbei insbesondere an die Bestimmungen des Immissionsschutzrechts gedacht, aber auch sie ist nicht in die endgültige Gesetzesfassung aufgenommen worden. Alle diese früheren Vorschläge einer betriebsplanmäßigen Lösung wurden abgelöst durch die immissionsschutzrechtliche Lösung. Gemäß § 174 Absatz 5 des letzten Entwurfs sollte nun § 4 Absatz 2 BImSchG geändert werden, allerdings noch nicht in den jetzt geltenden Wortlaut, sondern noch mit dem Unterschied, dass nach § 4 Absatz 2 Satz 2 BImSchG keiner Genehmigung die „Tagebaue" und „Anlagen in Tagebauen" bedürfen. Begründet wurde die Herausnahme der Kollisionsregelung aus dem Bergrecht in das Immissionsrecht mit einer systemgerechten Abgrenzung beider Rechtsgebiete und einer notwendigen materiell-rechtlichen Entlastung des Bergrechts (BT-Drs 8/1315, 171 = Zydek, 631 und 8/3965, 147 = Zydek, 639). Obwohl der **Bundesrat** sich für eine Streichung dieser Vorschrift ausgesprochen hatte (BT-Drs 8/1315, 186 = Zydek, 634), weil sie dem standortgebundenen Bergbau nicht

Rechnung trage, wurde sie schließlich in geringfügig veränderter Form als § 174 Absatz 5 Gesetz. Statt „Anlagen in Tagebauen" sind jetzt nach § 4 Absatz 2 Satz 2 BImSchG genehmigungsfrei die „zum Betrieb eines Tagebaues erforderlichen" sowie die „zur Wetterführung unerlässlichen Anlagen".

Die Bedeutung dieser neuen Regelung liegt nicht bei den Anlagen zur Aufbereitung von Bodenschätzen (z.B. Kokereien einschl. Nebenanlagen, Teerdestillationen Brikettfabriken, Kohleverflüssigungsanlagen, Kohlevergasungsanlagen, Zechenkraftwerke, Wirbelschicht-Feuerungsanlagen (VG Gelsenkirchen, ZfB 1982, 91) für die § 4 Absatz 2 BImSchG a.F. ohnehin schon keine Ausnahme von der Genehmigungspflicht gemacht hatte. **127**

Man wird bei den Anlagen des Bergwesens i.S. von § 4 Absatz 2 BImSchG, jetzt **drei Arten** zu unterscheiden haben, denen unterschiedliche Rechtsfolgen zugeordnet wurden: **128**
– die Anlagen des Bergwesens oder Teile dieser Anlagen, **die unter Tage errichtet und betrieben werden.** **129**

Für sie kommt eine **Genehmigungspflicht** nach § 4 Absatz 2 BImSchG **nicht** in Betracht. Für Schächte zur Personenbeförderung, Material- oder Kohleförderung ist in diesem Zusammenhang die Rechtsprechung der Verwaltungsgerichte zum Bauordnungs- und Bauplanungsrecht von Bedeutung, wonach es sich beim Abteufen dieser Schächte um bergbauliche Maßnahmen handelt, die unter der Erdoberfläche stattfinden und vom Bauplanungsrecht nicht erfasst werden (VG Köln, ZfB 117 (1976), 345, 349; VG Gelsenkirchen, ZfB 119 (1978), 242, 248; VG Köln, ZfB 120 (1979), 243, 252). Für die Genehmigung einer Biogasanlage in einem Abbaubetrieb ist das BBergG anzuwenden, wenn die erzeugte Energie überwiegend dem bergrechtlichen Grubenbetrieb dient. Anderenfalls gilt das BImSchG mit der Folge, dass die Genehmigung nur im Einvernehmen (§ 36 Absatz 1 BauGB) mit der betroffenen Gemeinde erteilt werden kann (VG Aachen, Urt. v. 4.10.2011 – AZ 6 K 2332/09; ähnlich AZ 6 K 2244/09). **130**

– **Tagebaue,** zum Betrieb eines Tagebaues erforderliche Anlagen und die zur **Wetterführung** unerlässlichen Anlagen. Für sie kommt gemäß § 4 Absatz 2 Satz 2 BImSchG ebenfalls **keine Genehmigung** in Betracht. Hierunter fallen beispielsweise Kohlenbunker im Braunkohlentagebau und Grubenlüfter, (Dapprich-Franke, Leitfaden des Bergrechts, 173 VG Gelsenkirchen ZfB 123 (1982) 107, 109) er dient als notwendige Voraussetzung der Kohleförderung und organisatorisch nicht verselbstständigter Teil des Bergwerks der Gewinnung von Bodenschätzen), Wetterschächte sowie sonstige Anlagen zur Wetterführung, und zwar auch dann, wenn sie gleichzeitig anderen bergmännischen Zwecken dienen § 4 Absatz 2 Satz 2 BImSchG erweitert die Genehmigungsfreiheit auf oberirdisch angeordnete Bewetterungsanlagen. Die unterirdischen Anlagen der Wetterführung (Ventilatoren, Wetterschleußen, Schächte, Querschläge u.a.) sind schon nach § 4 Absatz 2 Satz 1 BImSchG genehmigungsfrei (Kotulla, NUR 2006, 351). **131**

– Anlagen des Bergwesens oder Teile davon, soweit sie **über Tage errichtet und betrieben** werden. **132**

Für sie kommt eine Genehmigungspflicht in Betracht, allerdings bedürfen sie zuvor der spezifizierten Aufnahme in die nach § 4 Absatz 1 Satz 3 BImSchG erlassene 4. DVO zum BImSchG (s. Anh. zu § 4 BImSchV Nr. 1 „Bergbau", Nr. 2 „Steine und Erden"). Hierfür ist nicht schon die Tatsache ausreichend, dass es sich um Anlagen des Bergwesens handelt. Es muss sich um Anlagen handeln, die nach ihrer Art generell in besonderem Maße geeignet sind, **133**

aufgrund ihrer Beschaffenheit oder ihres Betriebes schädliche Umweltein-
wirkungen hervorzurufen oder in anderer Weise die Allgemeinheit oder die
Nachbarschaft zu gefährden, erheblich zu belästigen oder erheblich zu
benachteiligen. Das ist bei Anlagen des Bergwesens nur der Fall, wenn
Anlagen gleicher Art anderer Gewerbe- und Industriezweige in gleicher
Weise einzustufen sind.

134 Nicht zu folgen ist der Ansicht, neben der Betriebsplanzulassung sei eine
immissionsrechtliche Genehmigung generell nicht erforderlich (Gutbrod/Töpfer,
Rn 333). Sie findet im Gesetz keine Stütze.

135 Aus § 4 Absatz 2 BImSchG folgt für die dort von der Genehmigungspflicht
ausgenommenen Anlagen, dass weiter mit der Genehmigung verbundene Vorschriften auf diese Anlagen des Bergbaus nicht anzuwenden sind: die Immis-
sionserklärung des § 27 Absatz 1 BImSchG, die Mitteilungspflicht nach § 52 a
Absatz 2 BImSchG, die Bestellung eines Immissionsschutzbeauftragten nach
§ 53 BImSchG oder eines Störfallbeauftragten nach § 58 a Absatz 1 BImSchG.
Hiermit ist jedoch kein Rückschritt des Immissionsschutzes bei diesen Anlagen
verbunden. In Bergbaubetrieben gilt ohnehin ein noch intensiveres System der
Verantwortlichkeit von Personen (§§ 58 ff.), im Übrigen kann durch das
Betriebsplanverfahren mit entsprechenden Nebenbestimmungen eine gleichwertige Regelung zum Immissionsschutzrecht eingesetzt werden, wenn dies im
überwiegenden öffentlichen Interesse liegt (§ 48 Absatz 2 Satz 1).

136 Da auch der Betreiber von nichtgenehmigungsbedürftigen Anlagen Grundpflichten gemäß § 22 BImSchG hat, betraf den Bergbaubetrieb die damalige Neufassung des § 4 Absatz 2 BImSchG n. F. nur in soweit, als Pflichten für genehmigungsbedürftige Anlagen über die bei nichtgenehmigungsbedürftigen Anlagen
hinaus gehen. Zum Unterschied hierzu Anh. § 56 Rn 209 f.

II. Anlagen des förmlichen Genehmigungsverfahrens

137 Die 4. VO zum BImSchG vom 2.5.2013 (BGBl, 973), früher i. d. F. 14.3.1997
(BGBl, 504), unterscheidet Anlagen, die in förmlichen Verfahren zu genehmigen
sind und solche, bei denen ein vereinfachtes Verfahren ausreichend ist. Beide
Verfahren treten neben das Betriebsplanverfahren. Dies regeln §§ 13 BImSchG
(förmliches Verfahren) und 19 Absatz 2, 13 BImSchG (vereinfachtes Verfahren)
ausdrücklich. Anders verhält es sich mit Blick auf die umfassende Konzentrationswirkung bei in Form von Planfeststellungsbeschlüssen ergehenden UVP-
pflichtigen Rahmenbetriebsplänen i. S. von § 52 a Absatz 2 a, 57 a Absatz 2
Satz 1 (Kotulla, NUR 2006, 349; Jarass § 4 Rn 31 a).
Die Vorgaben der 4. BImSchV wirken **konstitutiv**. Der Kreis der genehmigungsbedürftigen Anlagen kann darüber hinaus **nicht erweitert** werden. Eine immissionsschutzrechtlich nicht genehmigungsbedürftige Anlage wird selbst durch die
(fehlerhafte) Erteilung einer Genehmigung nicht genehmigungsbedürftig – und
umgekehrt (Jarass, UPR 2011, 201 ff.).
Ein **förmliches Genehmigungsverfahren** i. S. von §§ 4, 10 BImSchG wird durchgeführt für die i. S. von § 2 Absatz 1 Nr. 1 a–c der 4. BImSchV genannten
Anlagen. Im Zusammenhang mit Bergbau sind das u. a. folgende Fälle: (Ze-
chen-)Kraftwerk, Heizwerk, Heizkraftwerk, Gasturbinenanlage, jeweils mit
einer Feuerungswärmeleistung von 50 MW oder mehr (Anh. Nr. 1.1). Hierzu
gehört auch eine Wirbelschicht-Feuerungsanlage zur Verbrennung von Flotati-
onsbergen, Teichschlämmen und Inertschüttgut auf Zechengelände (VG Gelsenkirchen, ZfB 1982, 91), Verbrennungsmotoren und Gasturbinenanlagen zum
Antrieb von Arbeitsmaschinen für den Einsatz von Koksofengas, Grubengas,

Erdölgas, naturbelassenes Erdgas mit einer Feuerungswärmeleistung von 50MW oder mehr (Anh. Nr. 1.4 und Nr. 1.5), Anlagen zum Brikettieren von Braun- oder Steinkohle (Anh. Nr. 1.10), Anlagen zur Trockendestillation von Steinkohle (Kokereien, Anh. Nr. 1.11). Ferner: Anlagen zur Destillation oder Weiterverarbeitung von Teer, Anlagen zur Verflüssigung oder Vergasung von Kohle (Anh. Nr. 1.12 und Nr. 1.14). Im BImSchG-Genehmigungsverfahren für eine Anlage zur Herstellung von Versatzmaterial (Nr. 8.8 des Anhanges zur 4. BImSchV) ist zu prüfen, ob das Versatzmaterial zur Verfüllung der bergbaulichen Hohlräume geeignet und bergrechtlich zulassungsfähig ist (OVG Magdeburg, ZfB 2012, 40, 43; VG Halle, ZfB 2012, 91 und ZfB 2012, 97). Das folgt aus dem Koordinierungsgebot (§ 10 Absatz 5 Satz 2 BImSchG) bei unmittelbar in einem räumlichen und betrieblichen Zusammenhang stehenden Vorhaben. Im Bereich der Gewinnung und Aufbereitung von oberflächennahen Bodenschätzen gibt es praktisch keine Anlagen, die unter das förmliche Genehmigungsverfahren fallen (Müller/Schulz, S. 275). Anlagen zum Be- und Entladen von Erdaushub oder von Gestein, das bei der Gewinnung oder Aufbereitung von Bodenschätzen anfällt, sind nicht genehmigungspflichtig (Nr. 8.15 der 4. BImSchV). Hierzu gehört auch die Aufhaldung von Salz (VG Stade, ZfB 1987, 263).

Zu den Genehmigungsvoraussetzungen für ein **Kohlekraftwerk**: Wolf, NUR **138** 2010, 244; zu den landesplanerischen und bebauungsplanerischen Voraussetzungen eines Kohlekraftwerks OVG NRW, ZuR 2009, 597 = NUR 2009, 801 ff. = DVBl 2009, 1385 mit Anmerkung Goppel, 1592 ff.; Appel UPR 2011, 161 ff. m. w. N.; BVerwG, ZuR 2010, 311 – Kraftwerk Datteln; Koch/Braun, NVwZ 2010, 1271, 1274 f.; zu EU-Wasserrecht und Kohlekraftwerke: Durner/ Trillmich, DVBl 2011, 517 ff.; Ohms, NVwZ 2010, 926 ff.; Spieht/Ipsen, NVwZ 2011, 536 ff.; Riese/Dieckmann, UPR 2011, 212 ff.; OVG NRW, ZUR 2012, 372, 375 – Kohlekraftwerk Trianel, s. auch Rn 596; gegen Köck/Möckel, NVwZ 2010, 1390 ff.; Kremer, ZuR 2009, 421 ff. zur Genehmigung der Mitverbrennung von Sekundärbennstoffen (z. B. Klärschlamm im Steinkohlenkraftwerk: OVG NRW, DVBl 2009, 452; Frenz, UPR 2012, 56).
Zum **Verhältnis der BImSchG-Genehmigung zur wasserrechtlichen Erlaubnis**: OVG NRW, NWVBl 2012, 181, 184 = ZUR 2012, 372, 374 m. w. N.; VGH Mannheim, ZUR 2011, 600: Im Immissionsgenehmigungsverfahren ist zu prüfen, ob der Erteilung der wasserrechtlichen Erlaubnis erkennbare rechtliche Hindernisse entgegenstehen. Diese Koordinationspflicht kann auch dadurch erfüllt werden, dass die BImSchG-Genehmigung unter den Vorbehalt nachträglicher, sich aus dem parallelen wasserrechtlichen Verfahren ergebenden, Anforderungen erteilt wird. Andererseits hat die Wasserbehörde bei der Entscheidung über eine Abwassereinleitung nicht nur die Einleitung von Schwermetallen über das Abwasser, sondern auch den Eintrag über den Luftpfad zu berücksichtigen (Summationsschäden), obwohl dieser Eintrag über den Luftpfad kein eigener wasserrechtlicher Erlaubnistatbestand ist (OVG, aaO, S. 184 f.). Zum Eintrag von Quecksilber in Gewässer s. Anhang § 56 Rn 596.
Soweit Anlagen gemäß § 4 Absatz 1 Satz 4 BImSchG in der 4. BImSchGV als IE-Anlagen bezeichnet sind, d. h. als solche, die der EU-Richtlinie über Industrieemissionen unterliegen (ABl 2010 L 334, 17), z. B. Kokereien und Kraftwerke, gelten nach Änderung des BImSchG (BGBl 2013, 734) zusätzliche Regelungen, insbesondere die Berücksichtigung von BVT-Merkblättern (§ 3 Absatz 6 a BImSchG) und BVT-Schlussfolgerungen (§ 3 Absatz 6 b BImSchG), die besonderen Nachsorgepflichten gemäß § 55 Absatz 4 BImSchG und bei erheblichen Boden- und Grundwasserverschmutzungen nach dem 7.1.2013 und die Verpflichtung von Antragstellern, einen Ausgangszustandsbericht unter den Voraussetzungen des § 10 Absatz 1 a BImSchG vorzulegen (Einzelheiten Friedrich, UPR 2013, 161; Scheidler, UPR 2013, 121; Hofmann, ZfW 2013, 57).

III. Anlagen des vereinfachten Genehmigungsverfahrens

139 Die in § 2 Absatz 1 Nr. 2 Anh. 1, Sp. c der 4. VO zum BImSchG mit dem Buchstaben V aufgeführten Anlagen bedürfen eines **vereinfachten Genehmigungsverfahren** gemäß § 19 BImSchG. Einzelfälle mit bergbaulichen Bezug sind u. a.: Anlagen zur Erzeugung von Strom, Dampf, Warmwasser, Prozesswärme durch Einsatz von Kohle, Koks, Briketts einerseits und/oder von Koksofengas, Grubengas, Erdölgas, Klärgas andererseits oder von naturbelassenem Erdgas, Flüssiggas jeweils mit Feuerungswärmeleistungen, die in Ziff. 1.2, Sp. c des Anhanges im Einzelnen festgelegt sind. Ferner (Zechen-)Kraftwerke, Heizwerke, Heizkraftwerke, Gasturbinenanlagen, Verbrennungsmotorenanlagen, die in Ziff. 1.2 des Anhanges beschrieben sind, sowie Anlagen zum Mahlen oder Trocknen von Kohle mit einer Leistung von mehr als 1 to/h.

140 Im Bereich des übertägigen Steine- und Erdenbergbaus kommen als relevante Anlagen in Betracht: Steinbrüche, in denen Sprengstoffe verwendet werden (Ziff. 2.1.1), Brech-, Mahl-, Klassieranlagen von natürlichen und künstlichen Steinen, ausgenommen Klassieranlagen für Sand oder Kies (Ziff. 2.2). Kein Steinbruch i. d. S. ist Tonabbau. Er ist nicht genehmigungspflichtig (Pütz/Buchholz, S. 153) nach BImSchG. Bei **Steinbrüchen** ist demnach zu unterscheiden: Abbau ohne Sprengung erfordert je nach landesrechtlicher Rechtsgrundlage eine Genehmigung nach Landesnaturschutz-, Abgrabungsgesetz oder Bauordnung, bei raumbedeutsamem Abbau u. U. zusätzlich ein Raumordnungsverfahren mit UVP. Abbau mit Sprengung bei einer Abbaufläche mehr als 25 Hektar: Förmliche Genehmigung mit UVP gemäß Anlage I der UVP-Änderungs-RL bzw. UVPG, bei einer Abbaufläche mehr als 10 Hektar: Förmliche Genehmigung gemäß Ziff. 2.1.1 Anh. 4 BImSchV, bei einer Abbaufläche weniger als 10 Hektar einfache Genehmigungsverfahren gemäß Ziff. 2.1.2 Anh. 4 BImSchV. Bei raumbedeutsamen Vorhaben ist auch in diesen Fällen ein ROG-Verfahren mit UVP vorzuschalten. Da Steinbrüche sowohl für bergrechtliche wie für nichtbergrechtliche (z. B. Granit, Sandstein) Bodenschätze (Grundeigentümermineralien) betrieben werden können, ist für die Anlagen des Bergwesens jedoch § 4 Absatz 2 Satz 2 BImSchG zu beachten (Rausch, S. 90). Diese Vorhaben sind nicht genehmigungspflichtig nach § 4 ff., 19 BImSchG, soweit es sich um den Tagebau und die zum Betrieb des Tagebaus erforderlichen Anlagen handelt (Rausch aaO).

141 Nach Ziff. 9.1 sind Anlagen, die der Lagerung von brennbaren Gasen in Behältern mit bestimmtem Fassungsvermögen dienen, zwar förmlich oder vereinfacht genehmigungspflichtig. Hierzu gehören aber nicht **Erdgasröhrenspeicher** oder Anlagen zur behälterlosen, unterirdischen **Gaslagerung in Kavernen**. (Pütz/Buchholz, S. 149). Dies ist auch aus § 126 Absatz 1 und 2 Nr. 2 BBergG zu folgern.

142 Die Genehmigungspflicht entfällt für die zum Betrieb eines Tagebaus erforderlichen Anlagen, wie z. B. der Aufschluss des Gewinnungsfeldes, die Aus- und Vorrichtung, der Grubenausbau, die Wasserhaltung, der Transport des Bodenschatzes innerhalb des Tagebaus (Rausch, S. 90). Nicht von der Genehmigungspflicht befreit sein sollen das Ablagern des Bodenschatzes und des Abraumes auf **Halden außerhalb des Tagebaus** sowie **Aufbereitungsanlagen**, wie etwa durch Brech- und Klassieranlagen (Rausch, S. 90; Jarass, § 4 Rn 30; Kutscheid in Landmann-Rohmer, S. 47). Diese Auffassung ist jedoch stark geprägt von der Tendenz, dem BImSchG-Verfahren ein Übergewicht gegenüber dem Betriebsplanverfahren zuzusprechen und den Wortlaut des § 4 Absatz 2 BImSchG zu Gunsten einer vermeintlichen Absicht des Gesetzgebers zurückzudrängen. Zum Betrieb des Tagebaus sind nämlich Produkthalden und Abraumhalden erforlich (VG Stade, ZfB 1987, 363; OVG Lüneburg, ZfB 1990, 32 betrifft Salzhalde als nichtgenehmigungspflichtige Anlage), jedenfalls auch Aufbereitungsanlagen, die die gewonnenen Bodenschätze trennen und anreichern und bei denen der Zweck der Weiterverarbeitung und der Nebengewinnung nicht überwiegt. Zum **Betrieb des Tagebaus** gehören z. b. das Tagebauversorgungsnetz, die Elektroumspannungsanlage (Stevens, ZUR 2012, 338, 345), Kraftwerke, die ihre überwiegende Stromerzeugung an die Tagebauanlagen liefern. Erforderlich zum Betrieb des Tagebaus sind auch die im unmittelbaren betrieblichen Zusammenhang mit dem Tagebau stehenden Anlagen zum Verladen, Befördern, Ablagern, Lagern und Abladen von Bodenschätzen, Nebengestein und sonstigen beim Tagebaubetrieb anfallenden Massen. Diese Anlagen gehören gemäß §§ 2, 4 BBergG zum bergbaulichen Verbund und, wie § 51 Absatz 1 BBergG beweist, zum bergbaulichen Betrieb und zum Betrieb des Tagebaus. An einem Vorrang des BImSchG und einer wenig überzeugenden Interpretation des Gesetzgebers im Wege der hilfesuchenden Nachlese besteht kein Bedarf, weil § 4 Absatz 2 BImSchG zeitgleich und nach ausgiebiger Abwägung im Gesetzgebungsverfahren als Teil des BBergG (§ 174 Absatz 5) eingeführt wurde.

Anders sind **Kraftwerke**, Heizkraftwerke, Gasturbinenanlagen einzustufen, die **143** einen geringen Teil der erzeugten Energie für den Tagebau abgeben. Sie sind im Wege der verfassungskonformen Auslegung genehmigungspflichtig, weil der Bezug von Energie diese Energieanlagen mit ihrem überwiegenden Fremdlieferanteil nicht zum Betriebsteil zum Tagebaus macht und eine Sonderstellung gegenüber Energieanlagen mit ausschließlicher Fremdlieferung nicht gerechtfertigt ist (Kotulla, NUR 2006, 361).

IV. Nebeneinrichtungen

Diese sind unter den Voraussetzungen des § 1 Absatz 2 Nr. 2 der 4. BImSchV **144** genehmigungspflichtig, insbesondere wenn sie mit der genehmigungspflichtigen Anlage in einem räumlichen und betriebstechnischen Zusammenhang stehen · (Vgl. hierzu § 1 Absatz 3 Satz 2 der 4. BImSchV). Sofern bei Kohlelagern der Hauptzweck die Lagerung ist, sind sie nicht genehmigungspflichtig. Anlagen zum Umschlagen von Gestein und Erdaushub, der bei der Gewinnung oder Aufbereitung von Bodenschätzen anfällt, sind nicht genehmigungspflichtig (Nr. 8.15). Dasselbe gilt von Rohwaschkohlen-Mischanlagen oder Kohlemisch- und Vergleichmäßigungsanlagen (zur früheren Rechtlage Piens/Schulte/Graf Vitzthum, 1. Auflage § 56 Rn 266). Anders dagegen Lagerplatz für Abfälle z. B. Granulat aus Kabelzerlegung, der seiner Art nicht dazu gedacht ist, vom gegenwärtigen Standpunkt verbracht zu werden und der zu den baulichen Anlagen i. S. der BauO zählt (VG Cottbus, NUR 2004, 540).

V. Das vereinfachte Genehmigungsverfahren

Das vereinfachte Genehmigungsverfahren verzichtet auf die Bekanntmachung, **145** Auslegung und Erörterung des Antrags. Es entfallen Teilgenehmigung, Vorbescheid und Präklusion, nicht jedoch die Konzentrationswirkung des förmlichen Genehmigungsverfahrens. Privatrechtliche Ansprüche Dritter werden **nicht** ausgeschlossen.

Der Unternehmer hat die Möglichkeit, statt des vereinfachten, das förmliche **146** Genehmigungsverfahren zu wählen (§ 19 Absatz 3 BImSchG), nicht jedoch umgekehrt. Die 4. BImSchV regelt die Zuordnung zur Genehmigungspflicht abschließend und nicht disponierbar.

147   Durch die Erteilung einer immissionsschutzrechtlichen Genehmigung im verein-fachten Verfahren (§ 19 BImSchG) statt in einem Verfahren nach § 10 BImSchG mit Öffentlichkeitsbeteiligung werden **Dritte nicht in eigenen Rechten** verletzt (OVG Koblenz, UPR 2009, 266 m. w. N.; BVerwG, ZfBR 2008, 278 ff.; NVwZ 2003, 1120; NVwZ 2005, 442).

VI. Genehmigungsvoraussetzungen

148   Die abschließende Aufzählung der **Genehmigungsvoraussetzungen** enthält § 6 BImSchG. Die speziellen immissionsschutzrechtlichen Genehmigungsvoraussetzungen ergeben sich aus §§ 6 Absatz 1 Nr. l i. V. mit 5 BImSchG. Die Errichtung und der Betrieb dürfen nicht schädliche Umwelteinwirkungen und sonstige Gefahren, erhebliche Nachteile und erhebliche Belästigungen für die Allgemeinheit und die Nachbarschaft herbeiführen können (§ 5 Nr. l BImSchG), es muss Vorsorge gegen schädliche Umwelteinwirkungen, insbesondere durch die dem Stand der Technik entsprechenden Maßnahmen, getroffen werden (§ 5 Nr. 2 BImSchG).

149   Durch Artikel 2 Nr. 2 des Rechtsbereinigungsgesetzes Umwelt (RGU) v. 11.8.2009 (BGBl, 2723 ff.) ist § 6 Absatz 3 BImSchG neu eingeführt worden. Er bezieht sich auf die sog. **Verbesserungsgenehmigung.** Sie regelt die Änderungsgenehmigung einer genehmigungsbedürftigen Anlage, durch die eine Immissionsbelastung, insbesondere in Überschreitungsgebieten, zwar verringert, jedoch über dem zulässigen Grenzwert bleibt. Werden die Voraussetzungen des § 6 Absatz 3 Nr. 1–4 BImSchG erfüllt, kann die Änderungsgenehmigung dennoch erteilt werden (hierzu ausführlich Kenyeressy/Posser/Theuer NVwZ 2009, 1460; Rebentisch UPR 2010, 121; Scheidler, NUR 2010, 785; Schink, DVBl 2012, 204 früher schon OVG NRW, ZUR 2007, 490, 492; Jarass § 16 Rn 38 u. a.).
Die Vorschrift betrifft allerdings nur **Anlagenänderungen, die genehmigungs-bedürftig sind,** d. h. auf Kapazitätserweiterungen, die für sich genommen die Leistungsgrenzen oder Anlagengrößen der 4. BImSchV überschreiten (Schink, NUR 2011, 252). Die Anlagenänderung muss also wesentlich i. S. von § 16 Absatz 1 BImSchG sein (z. B. Hochofen im Belastungsgebiet, OVG NRW, ZUR 2007, 492). Problematisch ist ferner, ob die Vorschrift nur bei einer Überschreitung der Luftgrenzwerte, oder auch für Lärm angewandt werden kann (Schink, aaO, m. w. N.). Wird nicht eine Kapazitätserweiterung, sondern nur eine Verbesserung der Immissionsgrenzwerte angestrebt, genügt eine Anzeige gemäß § 15 Absatz 1 BImSchG (Schink, DVBl 2012, 205).

1. Schutzgrundsatz

150   Schon nach § 5 Nr. l BImSchG (**Schutzgrundsatz**) dürfen schädliche Umwelteinwirkungen nicht hervorgerufen werden „können", d. h. es muss eine begründete Möglichkeit ausgeschlossen sein, dass die Genehmigungsanlage schädliche Umwelteinwirkungen hervorrufen wird (Feldhaus, BImSchRecht § 5 Anmerkung 3). Allerdings hat die Rechtsprechung diese Forderung dahingehend relativiert, dass nicht jedes denkbare Risiko ausgeschlossen werden muss (Martens, DVBl 1981, 597, 598). Risiken müssen nur mit hinreichender, dem Verhältnismäßigkeitsgrundsatz entsprechender Wahrscheinlichkeit ausgeschlossen sein (BVerwGE 55, 250, 254 = Voerde-Urteil, zust. Breuer DVBl 1978, 598 OVG NRW, UPR 1990, 452; vgl. zur normativen Begrenzung des Restrisikos Störfall-VO (12. BImSchV v. 8.6.2005, BGBl, 1598). Auch kommt es nicht auf die Emissionen, sondern allein auf die Abwehr von Immissionen an (BVerwGE 55, 250 = NJW 1978, 1450; OVG Münster, DVBl 1976, 790). Je schwerwiegender

Schadensart und –folgen sind, desto geringere Anforderungen sind an die Wahrscheinlichkeit zu stellen (OVG NRW, NVwZ 1991, 1202), dass der Schaden eintritt. Bei Gesundheitsgefahr für eine Vielzahl von Personen genügt bereits eine geringe Wahrscheinlichkeit. Bei Nachteilen und Belästigungen wird dagegen eine relativ hohe Wahrscheinlichkeit vorausgesetzt (Jarass, § 3 Rn 45). Die Vorschrift enthält den Gedanken vorbeugenden Immissionsschutzes.

Über den Schutz vor Gefahren hinaus wird der Schutz vor Nachteilen und **151** Belästigungen bezweckt, sofern sie den unbestimmten Rechtsbegriff der Erheblichkeit erfüllen. Das ist der Fall, wenn sie die Allgemeinheit oder die Nachbarschaft unzumutbar beeinträchtigen (BVerwG, DVBl 1977, 770, 772). Welche Gesichtspunkte für die Erheblichkeit bzw. Zumutbarkeit bedeutsam sind, ist umstritten (Einzelheiten Jarass, § 3 Rn 47), insbesondere ob alle widerstreitenden Interessen abzuwägen sind (BVerwG, NVwZ 1984, 373 = DVBl 1984, 467: *„Bewertung der widerstreitenden Interessen", „Berücksichtigung der Vorbelastung"*) oder nur die Wirkungen der Immissionen für den Betroffenen maßgebend sind. Jedenfalls ist unbestritten, dass bei Gesundheitsschäden eine Erheblichkeit immer gegeben ist.

Die Schutzpflicht des § 5 Absatz 1 Nr. 1 BImSchG gilt nicht nur bei Normal- **152** betrieb, sondern auch bei Störfällen. Sie gilt ferner bei externen Gefahrenquellen. Die genehmigungspflichtige Anlage ist so zu betreiben, dass sie bei Störfällen oder bei der Gefahr äußerer Einwirkungen aus der Nachbarschaft, die schädliche Umwelteinwirkungen der genehmigungspflichtigen Anlage auslösen können, die Schutzpflicht erfüllen wird.

2. Vorsorgepflicht

Über diesen vorbeugenden Immissionsschutz aus dem Gesichtspunkt der Gefah- **153** renabwehr geht die **Vorsorgepflicht** des § 5 Nr. 2 BImSchG noch hinaus. Durch die Vorsorgepflicht tritt ein umweltplanerisches Moment in den Vordergrund („Freiräume"). Obwohl der Betreiber zunächst keine schädlichen Umwelteinwirkungen hervorruft, soll Vorsorge gegen spätere Umwelteinwirkungen getroffen werden, wenn später eine vom Betreiber nicht beeinflussbare Immissionssituation entstehen kann (Feldhaus, DÖV 1974, 613, 615, DVBl 1980, 133, Roters, DÖV 1980, 704, vgl. auch Sellner, NJW 1980, 1255, 1257; a.A. Rengeling, DVBl 1982, 622, 625; Vorsorge ist ein der Gefahrenschutz vorgelagerter Bereich, der hinsichtlich Rechtsgutbeeinträchtigung und Eintrittswahrscheinlichkeit nach denselben Kriterien zu beurteilen ist). Veränderungen durch Wohnbebauung oder Industrieansiedlung sollen möglich bleiben, ohne schädlichen Umwelteinwirkungen infolge technisch vermeidbarer Emissionen ausgesetzt zu sein (Martens, aaO). Insbesondere soll dem Entstehen von schädlichen Umweltbelastungen durch Ferntransport von Schadstoffen vorgebeugt werden. So wird dem Vorsorgegrundsatz, im Gegensatz zum Schutzprinzip (OVG Hamburg, DVBl 1975, 207; OVG Münster, DVBl 1976, 790, BVerwGE 55, 250; 65, 320; 68, 59; NJW 1984, 2175; Sellner, Rn 56 m.w.N.), kein nachbarschützender Charakter zuerkannt. (BVerwG, NVwZ 1983, 34 = DVBl 1982, 958; BVerwG, NVwZ 2004, 610; OVG Lüneburg, NVwZ 1985, 359 = DVBl 1985, 1325; OVG NRW, UPR 1984, 277 und NUR 2010, 588 Schmidt/ Kahl, S. 95); Sellner, aaO, Rn 61, Feldhaus, DVBl 1980, 136; Breuer in von Münch, Bes.VerwR, 6. Auflage, 1982, 723, a.A. OVG Münster früher NJW 1976, 2360; offengel. VG Gelsenkirchen, ZfB 123 (1982), 91, 97). Grenzen des Vorsorgeprinzips: Die Vorsorgepflicht ist keine unbegrenzte Minimierungspflicht. Aufwand und Immsissionsminderung müssen in einem angemessenen Verhältnis stehen (Hoppe/Beckmann/Kauch S. 526). Es gilt der Verhältnismäßigkeitsgrundsatz (Jarass, § 5 Rn 60). Für bestehende Anlagen gelten weitreichende

Beschränkungen der Vorsorge, denen schon § 7 Absatz 2 u. Absatz 3 BImSchG für Anforderungen an Rechtsverordnungen Rechnung trägt. Begrenzt wird die Vorsorgepflicht auch durch die **Grundsätze der Geeignetheit und der Erforderlichkeit** (Jarass § 5 Rn 62). Das Ausmaß der Vorsorge muss *„risikoproportional"* sein. Wenn der Bezug zum konkreten Emittenten verlassen wird, macht das ein allgemeines Vorsorgekonzept (vgl. 13. BImSchV-Großfeuerungsanlage-VO und Nr. 3 u. 4 TA-Luft) erforderlich. Fehlt es, ist die Risikoproportionalität im Einzelfall unter Anwendung des Verhältnismäßigkeitsgrundsatzes zu prüfen (Sellner, Rn 59; Dolde, NVwZ 1986, 881; Ossenbühl, NVwZ 1986, 168). § 5 Absatz 1 Nr. 2 BImSchG rechtfertigt nicht, einen Genehmigungsantrag unter Hinweis auf den zukünftigen Stand der Technik abzulehnen. (Schmidt/Kahl, S. 95). Dagegen soll eine in der Genehmigung auferlegte Verpflichtung zur künftigen Vornahme bestimmter Maßnahmen, sobald sie dem Stand der Technik entsprechen, zulässig sein (Schmidt/Kahl aaO). Sie muss am Verhältnismäßigkeitsgrundsatz gemessen werden. Das Vorsorgeprinzip kann nicht als Notlösung herhalten, wenn die Anwendung des Schutzprinzips des § 5 Absatz 1 Nr. 1 BImSchG aus tatsächlichen oder rechtlichen Gründen nicht zum Zuge kommt. Andererseits kann die Vorsorge im Einzelfall über den Stand der Technik hinausgehen (Feldhaus, BImSchRecht, § 5 Anmerkung 7), wie sich aus dem Wort „insbesondere" ergibt (z. B. Begrenzung von Immissionen, räumliche Differenzierungen, räumliche Vorsorge, Abstandsregelungen).

3. Technische Anleitungen

154   Im Hinblick auf die Art und Weise der Ermittlung vorhandener Immissionen und der Festlegung von Immissionswerten, bei deren Überschreitung erfahrungsgemäß schädliche Umwelteinwirkungen zu befürchten sind, sind die Anforderungen des § 5 Absatz 1 Nr. 1 BImSchG konkretisiert worden durch die nach § 48 BImSchG erlassene **Technische Anleitung** zur Reinhaltung der Luft – **TA-Luft** – v. 24.7.2002 (GemMinBl 511) und durch die technische Anleitung zum Schutz gegen Lärm – **TA-Lärm** – v. 26.8.1998 (GMBl, 503).

155   Die Pflichten des Betreibers ergeben sich nicht unmittelbar aus den Technischen Anleitungen. Adressaten sind vielmehr die zum Vollzug des BImSchG bestimmten Behörden. Die Technischen Anleitungen werden nur über die mit der Genehmigung verbundenen Auflagen und Bedingungen gegenüber dem Betreiber wirksam. Ebenso wenig ziehen die allgemeinen Verwaltungsvorschriften Grenzlinien zwischen zulässigen und unzulässigen Immissionen für die betroffenen Personen (Krebs, VerwArch 1979, 259, 261). Die Frage, welche Bedeutung die TA Luft und TA Lärm in Verwaltungs- und Verwaltungsrechtsverfahren haben, ist Gegenstand umfassenden Meinungsstreites (vgl. Sellner, Immissionsschutzrecht und Industrieanlagen Rn 45).

156   Einvernehmen besteht zunächst allerdings darüber, dass im Genehmigungsverfahren („ist zu erteilen") kein Ermessensspielraum besteht, weil der Betreiber bei Erfüllung der Voraussetzungen der §§ 5, 6 BImSchG einen Genehmigungsanspruch hat. Auch das in § 12 BImSchG vermittelte Ermessen („kann") ist lediglich als Auswahlermessen zu verstehen, welche Nebenbestimmungen die Behörde unter Wahrung des Rechtsanspruchs auf Genehmigung auferlegen will (Jarass § 12 Rn 15, anders der Ermessenspielraum bei nachträglichen Anordnungen gemäß § 17 BImSchG).

157   Einheitlich werden die Merkmale der §§ 6 Absatz 1 Nr. 1, 5 BImSchG als **unbestimmter Rechtsbegriff** angesehen, die durch die TA-Luft und TA-Lärm konkretisiert werden. Die technischen Anleitungen geben darüber Auskunft, bei welcher Überschreitung von Immissionswerten erfahrungsgemäß schädliche

Umwelteinwirkungen i. S. von § 5 Absatz 1 Nr. 1 BImSchG hervorgerufen werden können und wann nach dem Stand der Technik Vorsorge gemäß § 5 Absatz 1 Nr. 2 BImSchG gegen schädliche Umwelteinwirkungen zu treffen ist.

Die zuständigen **Behörden** sind an die Verwaltungsvorschriften und ihre Werte **gebunden** (jeweils Nr. 1 der TA-Luft und TA-Lärm). Inwieweit auch **Verwaltungsgerichte** an sie gebunden sind, war lange **streitig** (uneingeschränkte Überprüfbarkeit OVG Hamburg, DVBl 1975, 207; OVG Lüneburg, GewA 1975, 303; Orientierungshilfe – „*Bandbreitentheorie*" – OVG NRW, NJW 1976, 2360 = DVBl 1976, 793 – Kraftwerk Voerde „*Vertretbarkeits-Theorie*" von Ule, BB 1976, 446: Die Behörden haben administrativen Beurteilungsspielraum, die Gerichte sind an die Immissionswerte der TA-Luft und TA-Lärm grundsätzlich gebunden). **158**

Das BVerwG wertete stattdessen die Verwaltungsvorschriften als *antizipiertes Sachverständigen-Gutachten mit Außenwirkung* (BVerwGE 55, 256 = NJW 1978, 1450; Breuer, DVBl 1978, 34; Sellner, BauR 1980, 399; Krebs, VerwArch. 1979, 272). Danach sind die Immissionswerte nicht lediglich Integratoren für eine gewisse Bandbreite zwischen schädlichen und unschädlichen Einwirkungen, sondern legen Grenzwerte für die noch unschädlichen Umwelteinwirkungen fest. Sie binden die Gerichte „weitgehend". Später machte man ein Unterschied zwischen **norminterpretierenden und normkonkretisierenden Verwaltungsvorschriften**. Den Letzteren wurde wegen der in die technischen Regelwerke einfließenden Wertungen und politisch- abwägenden Elemente Bindungswirkung zuerkannt auch für die Gerichte (BVerwGE 72, 320 f. = NJW 1986, 208 zum Atomrecht, BVerwG, NVwZ 2000, 440, NVwZ 2001, 1165 betreffend TA-Luft; Sendler, UPR 1993, 325; OVG NRW, NVwZ 2004, 367; VGH Bad-Württ, NVwZ-RR 2003, 750 betreffend TA-Lärm n. F.). Ein Abweichen von den Werten der TA-Lärm oder TA-Luft durch die Gerichte ist nur zulässig, wenn die Aussagen der technischen Regelwerke veraltet sind (BVerwG DVBl 1988, 539) oder eine atypische Fallgestaltung vorliegt (BVerwG, DVBl 1995, 517) oder ihr Zustandekommen nach § 48 BImSchG nicht ordnungsgemäß war oder sie mit geltendem Recht nicht vereinbar sind (BVerwG, DVBl 1988, 539). Der EuGH erkennt allerdings normkonkretisierenden Verwaltungsvorschriften keine Rechtsnormqualität zu und nicht die Kraft zur Umsetzung EG-rechtlicher Vorgaben (EuGH, NVwZ 1991, 866 und 868). **159**

Im Gerichtsverfahren können sich sowohl der Anlagenbetreiber als auch Dritte auf die TA-Luft und die TA-Lärm berufen, soweit die Grenzen der Außenwirkung nicht überschritten werden. Insoweit sind die Verwaltungsvorschriften drittschützend (BVerwG, NVwZ-RR 1996, 499; Bayr. VGH, NVwZ 1989, 484). **160**

4. TA-Lärm

Die **TA-Lärm** enthält Vorschriften zum Schutz gegen Lärm außerhalb des Betriebsgeländes (für das Werksgrundstück selbst gilt Arbeitsschutz, nicht Nachbarschutz) und ist zu beachten bei Anträgen auf Genehmigung zur Errichtung und zum Betrieb einer Anlage, (§ 6 BImSchG) sowie zur wesentlichen Änderung der Lage, der Beschaffenheit oder des Bereichs einer Anlage (§ 15 BImSchG), bei Anträgen auf Erteilung eines Vorbescheides (§ 9 BImSchG), bei nachträglichen Anordnungen (§ 17 BImSchG) sowie bei Verfahren nach § 26 BImSchG. Sie gilt für alle genehmigungsbedürftigen Anlagen, wobei es unerheblich ist, ob ein förmliches oder ein vereinfachtes Verfahren anzuwenden ist. **161**
Die **TA-Lärm** gilt ferner für immissionsschutzrechtlich nicht **genehmigungsbedürftige Anlagen** (OVG NRW, NWVBl 2003, 243 f., NVwZ 2003, 756).

Einzelheiten zur Anwendung insofern bei Jarass, § 48 Rn 14. Die TA-Lärm gilt nach Nr. 1 Absatz 2 Buchstabe e nicht für Tagebaue und die zum Betrieb des Tagebaus erforderlichen Anlagen. Nach der Entstehungsgeschichte und dem Zweck der Vorschrift sind damit nur die von der BImSchG-Genehmigung befreiten Tagebaue im Sinne des Bergrechts gemeint. Bei Tagebauen ist die TA-Lärm entsprechend anzuwenden, allerdings unter Berücksichtigung der bergbaulichen Besonderheiten (VG Dresden, ZfB 2012, 73, 77 m. w. N.). Der Nachtbetrieb eines unter Bergaufsicht stehenden Steinbruchs in der Nähe eines allgemeinen Wohngebietes mit einem Lärmpegel von 39 dB (A) ist unkritisch. Die Rechtsprechung orientiert sich bei der Beurteilung der Zumutbarkeit von Lärmimmissionen aus betriebsplanpflichtigen Tagebauen an der TA-Lärm, wobei von den Beurteilungspegeln für Immissionswerte auszugehen ist, die für Kerngebiete, Dorfgebiete und Mischgebiete gelten (VG Cottbus, ZfB 2006, 204; OVG Bautzen v. 20.4.2011, AZ A 514/10; VG Leipzig, ZfB 2011, 64 f.), d. h. 60 dB(A) tags und 45 dB(A) nachts. Damit wird die Schwelle der „verfassungsrechtlich relevanten" (Artikel 2 Absatz 2 Satz 1, Artikel 14 Absatz 1 GG) Lärmbeeinträchtigung, die bei 70 dB(A) tags und 60 dB(A) nachts angesetzt wird (Paetow, NVwZ 2010, 1184, 1188) unterschritten (OVG Bautzen, aaO). Für alle sonstigen Tagebaubetriebe gelten keine Sonderbestimmungen und erfolgt die Geräuschbeurteilung nach den Regeln der TA-Lärm (VGH München, NVwZ-RR 2005, 798 betreffend Steinbruch und Schotterwerk; VG Lüneburg, NUR 2011, 381 betrifft Zufahrt zum Sandabbaubetrieb; OVG Lüneburg, ZuR 2011, 484 = NVwZ 2011, 677; VG Aachen v. 13.12.2010 – AZ 6 K 294/08; VG Düsseldorf v. 11.10.2007 – AZ 4 K 5550/05 betr. Steinbruch, der dem BImSchG unterliegt; s. auch Rn 67). Lärm- und Staubauswirkungen der Straßenbenutzung durch bergbaubezogenen Ziel- und Quellverkehr bleiben bei der Betriebsplanzulassung außer Betracht (VG Leipzig, ZfB 2011; ZfB 2012, 286, 302; OVG Bautzen, ZfB 1998, 205; ZfB 2011, 243, 245).

In einem wasserrechtlichen Planfeststellungsverfahren zur Gewinnung von Kalkstein unterhalb des natürlichen Grundwasserstandes sind auch die Belange des Lärmschutzes in die Abwägung einzubeziehen, wenn der Lärm **unterhalb der Grenzwerte der TA-Lärm** bleibt. Die fachplanerische Abwägung beschränkt sich nicht auf Geräusche, die als schädliche Umweltveränderungen unzumutbar sind, sondern erfasst alle vom Vorhaben berührten öffentlichen und privaten Belange. Auflagen zur Reduzierung von Lärm, z. B. Sprengverbot an Samstagen, sind auch zulässig, wenn er die Grenzwerte der TA-Lärm nicht überschreitet (BVerwG, NVwZ 2011, 567 = NUR 2011, 292 f.; OVG NRW, DVBl 2010, 1108 m. w. N.).

162 Für Umwelteinwirkungen durch **Geräusche** gilt nach Ziff. 3.2.1 der TA-Lärm, dass die Gesamtbelastung am maßgeblichen Immissionsort die **Immissionsrichtwerte** nach Ziff. 6 der TA-Lärm nicht überschreiten darf. Ausnahmen werden bei **Vorbelastungen** gemacht, wenn der neu verursachte Immissionsbeitrag nicht relevant ist oder wenn sichergestellt ist, dass diese Überschreitung dauerhaft nicht mehr als 1 dB(A) beträgt. Ferner wird in der TA-Lärm das Problem ständig vorherrschender **Fremdgeräusche** behandelt. Eine Beurteilung der Genehmigungsvoraussetzung der TA-Lärm setzt eine Prognose der Geräuschimmissionen, der Bestimmung der Vorbelastung und der Gesamtbelastung voraus.

163 Bei der Prüfung der Einhaltung der Schutzpflicht unterscheidet die TA-Lärm zwischen genehmigungsbedürftigen, nicht genehmigungsbedürftigen und bestehenden Anlagen, für die jeweils unterschiedliche Grundsätze aufgestellt werden.

164 Zur Berücksichtigung schon vorhandener und zugelassener Vorhaben, zur Berücksichtigung sonstiger Vorhaben und zur zeitlichen Grenze der Berücksichtigungspflicht durch das **Prioritätsprinzip** s. Riese/Dieckmann, UPR 2009, 371 ff.; Schütte, NUR 2008, 142; Reidt, DVBl 2009, 274.

In **Gemengelagen**, in denen gewerblich oder industriell genutzte und dem **165** Wohnen dienende Gebiete aneinandergrenzen, können **Zwischenwerte** gemäß Nr. 6.7 der TA-Lärm gebildet werden (VGH München, NVwZ-RR 2005, 798 betreffend Steinbruch im Außenbereich). Wenn **Anlagen im Außenbereich** errichtet werden, haben sie die für Mischgebiete geltenden Grenzwerte von 60 dB (A) tagsüber und 45 dB (A) nachts einzuhalten (OVG NRW, NVwZ 2008, 76; DVBl 2008, 395; NVwZ 2007, 968; NWVBl 2004, 262; Scheidler, NWVBl 2009, 415 – für Windräder). Die Lage in einem Schutzgebiet hat nicht zur Folge, dass die Wohnruhe besonders schutzwürdig wäre.

Von der Rechtsprechung werden als Bewertungskriterien für schädliche **166** Umwelteinwirkungen auch die **DIN 18.005 „Schallschutz im Städtebau"** und die **VDI-Richtlinien 2058 Blatt 1** – Ausgabe Juni 1973 – „**Beurteilung von Arbeitslärm in der Nachbarschaft**" (Feldhaus, Bundesimmissionsschutzrecht, Anhang 4) und **Blatt 2 „Beurteilung und Abwehr von Arbeitslärm"** als grundsätzlich zutreffende Festlegung von Immissionswerten anerkannt (BVerwG, GewArch 1977, 385 m. w. N.).

Die VDI-Richtlinie ist zwar weder eine Rechts- noch eine Verwaltungsvorschrift. **167** Sie hat aber den Charakter einer allgemeinen Sachverständigenäußerung und ist deshalb im Genehmigungsverfahren wie ein Einzelgutachten als Erkenntnisquelle zur Klärung schwierig zu beurteilender Sachverhalte heranzuziehen (RdErl. NRW v. 6.2.1975, Ziff. 2.1 zu Nr. 2.422.5, MBl. 1975, 254).

5. TA-Luft

Die **TA-Luft** „soll" gemäß Nr. 1 Absatz 5 auf **nicht genehmigungsbedürftige** **168** Anlagen anzuwenden sein, insofern als die in Nr. 4 festgelegten Grundsätze zur Ermittlung sowie Maßstäbe zur Beurteilung von schädlichen Umwelteinwirkungen betroffen sind. Dies gilt allerdings mit den Einschränkungen von Nr. 1 Absatz 5 der TA-Luft. Auch mit diesen Einschränkungen gilt die TA-Luft nur für solche nicht genehmigungsbedürftigen Anlagen, die dem Anwendungsbereich des BImSchG unterfallen, das heißt nicht für solche Anlagen, die nach § 2 Absatz 2 BImSchG vom Geltungsbereich ausgenommen sind. Wegen der Wasserrechts-Ausnahme-Regelung des § 2 Absatz 2 Satz 2 BImSchG ist bei Kiesgrubenbetrieben, die nach dem Wasserrecht zu genehmigen sind, ein Rückgriff auf die TA-Luft nur möglich, soweit es sich nicht um Auswirkungen auf das Schutzgut Wasser handelt, z. B. den Umgang mit staubenden Gütern, Schadstoffe durch Transportfahrzeuge (Gerhold, UPR 2003, 45).

Die TA-Luft enthält Vorschriften zur Einhaltung der Luft, die die zuständigen **169** Behörden zu beachten haben bei allen Anträgen und Maßnahmen nach dem BImSchG. Sie befasst sich vor allem mit Luftverunreinigungen durch Rauch, Staub, Gase, Aerosole, Dämpfe oder Geruchsstoffe.

Die Pflicht des § 5 Absatz 1 Nr. 1 BImSchG ist hinsichtlich der Anforderungen **170** an die **Luftreinhaltung** eingehalten, wenn die Immissionswerte zum Schutz der Gesundheit (Nr. 4.2 TA-Luft), für Staubniederschlag (Nr. 4.3), zum Schutze der Vegetation (Nr. 4.4) und für Schadstoffdepositionen (Nr. 4.5) beachtet werden (Einzelheiten bei Ohms, Die neue TA-Luft 2002, DVBl 2002, 1365 ff.; Hansmann, NVwZ 2003, 266 ff.; Gerhold, UPR 2003, 44 ff.).

Dabei sind die in der TA-Luft niedergelegten Immissionsgrenzwerte nicht etwa **171** bloße Mindestanforderungen, die im Einzelfall verschärft werden können. Sie haben vielmehr die Funktion von echten **Grenzwerten**. Sie sind bindende Vorgaben für die Anforderungen, die im Regelfall gestellt werden dürfen, von denen grundsätzlich weder nach oben oder nach unten abgewichen werden darf. Soweit Anforderungen im Einzelfall nur Mindestanforderungen sein sollen, ist dies ausdrücklich geregelt (BVerwG, UPR 2001, 448).

172 Die **Ermittlung der Immissionen** ist in Nr. 4.6 der TA-Luft bestimmt. Zunächst ist für jeden Schadstoff die Vorbelastung zu messen. Dann ist die mit der durch die fragliche Anlage hinzukommende Zusatzbelastung durch Immissionsprognose zu ermitteln und zur Gesamtbelastung zu addieren. Bezugspunkte sind im Beurteilungsgebiet (Nr. 4.6.2.5) die Punkte – im Gegensatz zum früheren flächenbezogenen Ansatz der alten TA-Luft 1986 – mit der mutmaßlich höchsten Belastung für dort nicht nur vorübergehend exponierte Schutzgüter. Letztlich ist zu prüfen, ob die Immissionswerte für den jeweiligen Schadstoff eingehalten werden. Das ist der Fall, wenn die Summe aus Vorbelastung und Zusatzbelastung aus den jeweiligen Beurteilungspunkten nicht größer als der Immissions-Jahreswert ist (Nr. 4.7.1 TA-Luft).

173 Die **Vorsorgepflichten** des § 5 Absatz 1 Nr. 2 BImSchG definiert die TA-Luft durch Anforderungen und Feststellungen von Immissionen. Der Vorsorgeteil in Nr. 5 TA-Luft enthält allgemeine Bestimmungen zur Reduzierung von Luftschadstoff-Immissionen, Regelungen zur Messung und Überwachung von Immissionen (Nr. 5.3) und besondere Regelungen für bestimmte Anlagen, z. B. für Anlagen für Erzeugung von Strom, Dampf, Warmwasser, Prozesswärme oder erhöhtem Abgas in Feuerungsanlagen durch Einsatz von Kohle, Koks (Nr. 5.4.1.2.1) und durch Einsatz von Koksofengas, Grubengas, Erdölgas, naturbelassenem Erdgas oder Klärgas (Nr. 5.4.1.2.3) und für Anlagen zur Trockendestillation von Steinkohle (Kokereien) in Nr. 5.4.1.11 TA-Luft.

6. Sonstige Regelwerke

174 Was das **Verhältnis zu sonstigen Regelwerken** angeht, kommt die TA-Luft nicht zum tragen, soweit andere Rechtsverordnungen Vorgaben enthalten (Jarass § 48 Rn 36). Wo die TA-Luft Immissionswerte nicht festsetzt und sich einer Regelung enthält, kann auf die **VDI-Richtlinie 2058** und dort festgelegten **MIK-Werte** (max. Immissionskonzentrationen) als sachverständige Aussage zurückgegriffen werden (Sellner, Rn 39 m. w. N). Das Verhältnis zu den Merkblättern über die Besten Verfügbaren Techniken (**BVT-Merkblätter der EU-Kommission**), die im Rahmen des Informationsaustausches nach Artikel 16 Absatz 2 der IVU-RL 96/61/EG veröffentlicht werden, ist in Nr. 5.1.4 TA-Luft geregelt. Sie sollen, soweit die TA-Luft keine oder keine vollständigen Regelungen enthält, als „Erkenntnisquelle" herangezogen werden.

7. Abstandserlass

175 Unerheblich ist für die Frage, ob schädliche Umwelteinwirkungen hervorgerufen werden können, und nicht zu den Genehmigungsvoraussetzungen des § 6 BImSchG gehört der sog. **Abstandserlass** NRW v. 6.6.2007 (MinBl NRW, 744), genauer Runderlass über Abstände zwischen Industrie- bzw. Gewerbegebieten und Wohngebieten im Rahmen der Bauleitplanung und sonstige für den Immissionsschutz bedeutsame Abstände. Nach Ziff. 3 ist die Abstandsliste im Genehmigungsverfahren nicht anzuwenden, nach Ziff. 2.23 sind aus der Abstandsliste keine Rückschlüsse auf vorhandene Immissionssituationen gezogen worden. Der bloße Hinweis auf die Abstandsunterschreitung rechtfertigt nicht ein Einschreiten der Aufsichtsbehörde nach den immissionsschutzrechtlichen Vorschriften gegen Bergbaubetriebe. Der Abstandserlass bezieht sich nur auf Abstände zum Schutz vor Luftverunreinigungen und Lärm, nicht auf Sicherheitsabstände zum Schutz von Störfallauswirkungen (Hellriegel/Schmitt, NUR 2010, 100).

Rechtsprechung zum Abstandserlass: Zur Anwendung in Zulassungsverfahren: **176** VGH Kassel, BRS 46 Nr. 14.3; OVG NRW v. 8.5.1996 – 7 B 18/96; VG Düsseldorf v. 7.5.2002 – 3 K 6192/01. Zu Anwendungsgrundsätzen: OVG NRW v. 30.9.2005 – 7 D 142/04 NE; BVerfGE 65, 283, 291; OVG NRW BRS 58, Nr. 30. Anwendung in der Gebietsentwicklungsplanung: VerfGH NRW, NVwZ 1996, 262 und NVwZ 1992, 875; zur Gliederung von Gewerbe- und Industriegebieten an Wohngebieten: OVG NRW v. 30.8.1995 – 7 a D9/93. NE; OVG NRW, UPR 1993, 227; OVG NRW, BRS 44 Nr. 11; zur Anwendung bei benachbarten Mischgebieten: OVG NRW v. 20.11.2002 – 10 A D 69/00. NE. Eine ausführliche Kommentierung zum Abstandserlass enthält die Schrift *„Immissionsschutz in der Bauleitplanung"* des MUNLV NRW (Stand Oktober 2007).

8.   Andere öffentlich-rechtliche Vorschriften (§ 6 Absatz 1 Nr. 2 BImSchG)

Die zweite materiell-rechtliche **Genehmigungsvoraussetzung** folgt aus § 6 **177** Absatz 1 Nr. 2 BImSchG, wonach Errichtung und Betrieb der Anlage auch **nach anderen öffentlich-rechtlichen Vorschriften** bedenkenfrei sein muss. Diese Voraussetzung ist in Verbindung zu der Folge der Konzentrationswirkung des § 13 BImSchG zu sehen. Daher sind öffentlich-rechtliche Gesichtspunkte, die im nicht von der Konzentrationswirkung erfassten bergrechtlichen Betriebsplan-verfahren oder im wasserrechtlichen Verfahren zu beurteilen sind, für die immissionsschutzrechtliche Genehmigung nicht zu prüfen (Feldhaus, Bundes-immissionsschutzrecht, § 6 Anmerkung 6, allerdings inkonsequent für die Fälle abgelehnter oder noch nicht erteilter Betriebsplanzulassungen, in denen eine Ablehnung oder Aufschiebung der Genehmigung zulässig sein soll).

Nach anderer Auffassung sind die materiellen Voraussetzungen von parallelen **178** Genehmigungen Genehmigungsvoraussetzungen (OVG NRW, NUR 1990, 329 f. zur Gewässerbenutzung), gehören aber nicht zum Regelungsgegenstand (Jarass § 6 Rn 11 m. w. N.). Sofern für die parallele Genehmigung unüberwind-bare Hindernisse bestehen, ist die BImSchG-Genehmigung zu versagen. Andern-falls kann sie auf die noch zu erteilende Parallelgenehmigung verweisen, ohne dass für deren Erteilung Bindungswirkung entsteht.

„Andere öffentlich-rechtliche Vorschriften" sind insbesondere die des Natur- **179** schutz- und Waldrechts, des Bauplanungsrechts der §§ 30 bis 36 BauGB oder verbindliche Ziele des Raumordnungsrechts. Dagegen sind die Vorschriften des Abfallrechts, Bodenschutzrechts und Abwasserrechts weitgehend schon in §§ 5 Absatz 1, 6 Absatz 1 Nr. 1 BImSchG erfasst und nicht mehr über § 6 Absatz 1 Nr. 2 BImSchG zu prüfen. Dies hat insofern praktische Bedeutung, als Ände-rungsgenehmigungen und nachträgliche Anordnungen nach § 17 BImSchG nur im Bereich des § 6 Absatz 1 Nr. 1 BImSchG möglich sind. Klargestellt wurde durch die neuere Rspr. der **Bestandsschutz** der nach dem BImSchG genehmigten Anlagen bei nachträglichen Rechtsänderungen. Zunächst wird festgestellt, dass eine mit Genehmigung errichtete und in Betrieb genommene Anlage eine dem verfassungsrechtlichen Eigentumsschutz unterfallende Rechtsposition darstellt (BVerfG, NVwZ 2010, 772). Jedoch stellen die Bestimmungen des BImSchG Inhalts- und Schrankenbestimmungen des Eigentums i. S. von Artikel 14 Absatz 1 Satz 2 GG dar. Es gibt keinen Grundsatz im Immissionsschutzrecht, dass dem Betreiber eingeräumte Rechtspositionen trotz Rechtsänderungen zu belassen sind und nur gegen Entschädigung entzogen werden können (BVerwGE 124, 47, 61 = NVwZ 2005, 1178; BVerwG, NVwZ 2009, 1442). Kritisch über die Rechtsprechung zur unmittelbar verpflichtenden, in bestandskräftige Anla-gengenehmigungen einbrechenden Wirkung von geänderten Rechtsvorschriften: Weidemann/Krappel, DVBl 2011, 1385 ff. Im Anwendungsbereich des § 6

Absatz 1 Nr. 1 BImSchG folgt die Anpassungspflicht an nachträgliche Rechtsänderungen schon aus der dynamischen Natur der Betreiberpflichten i. S. von
§ 5 BImSchG. Insofern stehen §§ 7, 17, 20, 21 BImSchG zur Umsetzung zur
Verfügung (BVerwG, aaO, 1442). Im Anwendungsbereich des § 6 Absatz 1
Satz 1 Nr. 2 BImSchG („andere öffentlich-rechtliche Vorschriften") beurteilt
sich die Verpflichtung, eine Anlage an nachträgliche Anordnungen anzupassen,
nach dem jeweiligen Fachrecht, d. h. den öffentlich-rechtlichen anlagebezogenen
Vorschriften. Dabei kann die Anpassung bestehender Anlagen nicht nur im
Wege einer konkretisierenden behördlichen Anordnung, sondern auch durch
eine unmittelbar anwendbare, ihrerseits verfassungsmäßige und hinreichend
konkrete Rechtsvorschrift erfolgen (BVerwG aaO; BVerfG aaO, 774).

9. Abfallrechtliche Verpflichtungen

180 Als weitere Betreiberpflicht und Genehmigungsvoraussetzung regelt § 5
Absatz 1 Nr. 3 BImSchG die **Abfallvermeidungs-, -verwertungs- und -beseiti-
gungspflicht**. Der frühere Begriff des „Reststoffes" ist seit 1996 durch den
Abfallbegriff ersetzt worden. Der entspricht im Wesentlichen dem des § 3
KrW-/AbfG. Er unterliegt allerdings nicht, wie dieser, den Einschränkungen
des § 2 Absatz 2 KrW-/AbfG, sodass auch Abwässer (arg. „sonstige für Abfälle
geltende Vorschriften" in § 5 Absatz 1 Nr. 3 BImSchG) in die Genehmigung
einzubeziehen sind (Jarass, § 5 Rn 77 m. w. N.). Hierfür kommt materiell-rechtlich das wasserrechtliche Instrumentarium zum Einsatz (Jarass, § 5 Rn 86). Bei
Abfällen aus Anlagen des Bergwesens ist die Ausnahme des § 4 Absatz 2
BImSchG zu beachten. Für sie gilt § 55 Absatz 1 Satz 1 Nr. 6 BBergG.

181 Die Art und Weise, also das „Wie" der Verwertung und Beseitigung, bestimmt
sich nach den abfallrechtlichen Vorschriften (OVG NRW, NUR 2006, 211
n. w. N.; BVerwG ZfW 2006, 11 ff. = NUR 2005, 104 ff. = DÖV 2004, 1045 ff.).
In der Genehmigung kann daher aufgegeben werden, den anfallenden Abfall
unter einer bestimmten Schlüssel-Nummer nach der Abfallverzeichnis-VO zu
verwerten oder zu beseitigen. Andererseits sind aber abfallrechtliche Nebenbestimmungen in Genehmigungen nach § 6 BImSchG nur aufzunehmen, wenn
es sich um anlagenbezogene Nebenbestimmungen handelt. Hierzu gehören
Nebenbestimmungen über Entsorgungs-Nachweispflichten nicht, weil sie Teil
der typischerweise außerhalb der Anlage durchgeführten Abfallüberwachung
sind (OVG NRW, DVBl 2005, 1600 LS).

10. Energiespargebot

182 Das in § 5 Absatz 1 Nr. 4 BImSchG normierte **Gebot, Energie sparsam und
effizient** zu verwenden, soll den Primärenergieverbrauch senken und insofern
dem Immissionsschutz dienen. Es entwickelte sich aus dem früheren Gebot der
Abwärmenutzung und umfasst sowohl die interne Nutzung als auch die externe
Nutzung durch Abnehmer. Die Verwendungspflicht gilt nicht um jeden Preis,
sondern in den Grenzen des Grundsatzes der Verhältnismäßigkeit und der
Zumutbarkeit für den Betreiber.

11. Nachsorgepflichten

183 Die **Nachsorgepflichten** des § 5 Absatz 3 BImSchG gelten zwar schon für die
Errichtung und den Betrieb der genehmigungsbedürftigen Anlagen, wirken sich
aber erst aus nach Betriebseinstellung. Sie sind auf die Gefahrenabwehr, nicht
aber auf Vorsorge gerichtet. Da sich bei Erteilung der Genehmigung einzelne
Nachsorgepflichten noch nicht konkretisieren lassen, werden sie häufig erst
durch nachträgliche Anordnungen gemäß § 17 BImSchG umgesetzt. Die Nach-

sorgepflicht greift erst für nach dem 1.9.1990 eingestellte Anlagen, sie tritt in sofern neben Verantwortlichkeiten aus dem Abfallrecht, Wasserrecht, Ordnungsrecht, Bodenschutzrecht. Sie trifft den Betreiber der Anlage, in der Stilllegungsphase nur den letzten Betreiber, nicht mehr kumulativ frühere Betreiber (Jarass, § 5 Rn 107 n. w. N.). Nach § 5 Absatz 3 BImSchG ist ein „ordnungsgemäßer" Zustand wieder herzustellen. Ordnungsgemäß ist der Zustand des Betriebsgeländes, wenn er nicht gegen gesetzliche Vorschriften des Bau-, Bodenschutz-, Wasser-, Abfall- oder Ordnungsrechts verstößt. Eine Verbesserung, etwa durch Rekultivierung oder Rückbau ordnungsgemäßer Betriebsanlagen, kann nicht verlangt werden (Runderlass NRW vom 1.8.2002 in MinBl 2002, 1010, Ziff. 3.6.1).

12. UVP-Pflicht

Gemäß § 3 a UVPG ist spätestens bei Beginn eines Genehmigungsverfahrens **184** nach BImSchG festzustellen, ob das Vorhaben einer **UVP-Pflicht** unterliegt. Dabei unterscheidet das Gesetz zwischen einer zwingenden UVP-Pflicht (§ 3 b UVPG) und den Vorhaben, die nach einer allgemeinen Vorprüfung des Einzelfalles (§ 3 c Absatz 1 Satz 1 UVPG) oder einer standortbezogenen Vorprüfung des Einzelfalles (§ 3 c Absatz 1 Satz 2 UVPG) einer UVP unterliegen. Einzelheiten ergeben sich aus der Anlage 1 zum UVPG, in der auch bestimmte Vorhaben des Bergbaus und der Energie aufgeführt sind (Kraftwerke, Heizkraftwerke, Heizwerke, Brikettfabriken, Kokereien, Steinbrüche u. a.) und aus der Anlage 2 zum UVPG, die die Kriterien zur Vorprüfung des Einzelfalles vorgibt. Vorhaben, die nicht in der Anlage 1 verzeichnet sind, bedürfen immissionsschutzrechtlich keiner UVP.

Da das UVP-Verfahren unselbstständiger Teil des Genehmigungsverfahrens ist, **185** richtet sich das Verfahren einschließlich der Öffentlichkeitsbeteiligung nur nach den Vorgaben der 9. BImSchV. Im Rahmen der standortbezogenen Vorprüfung des Einzelfalles nach § 3 c Satz 1 UVPG hat die Genehmigungsbehörde einen gerichtlich nur begrenzt überprüfbaren Beurteilungsspielraum (OVG NRW, NUR 2007, 220 n. w. N.; OVG NRW, UPR 2009, 269; Beckmann, DVBl 2004, 791 ff.; Schink, NVwZ 2004, 1182 ff. Die Vorprüfung kann bis zum Abschluss der letzten Tatsacheninstanz im Gerichtsverfahren nachgeholt werden (BVerwG, NUR 2008, 857)).

VII. Genehmigungsverfahren

Für das **Verfahren zur förmlichen Genehmigung** der Errichtung, des Betriebes **186** oder der wesentlichen Änderung genehmigungsbedürftiger Anlagen (§§ 4, 10 BImSchG) und das **vereinfachte Genehmigungsverfahren** (§ 19 BImSchG) wurde die 9. BImSchV vom 18.2.1977 in der Fassung der Bekanntmachung vom 29.5.1992 (BGBl, 1001) erlassen. Das Land NRW hat zusätzlich Verwaltungsvorschriften zum Bundesimmissionsschutzgesetz einschließlich Genehmigungsverfahren (vgl. RdErl vom 1.9.2000; MinBl NRW, 1180) herausgegeben, die für das förmliche und das vereinfachte Verfahren anzuwenden sind. Zu beachten ferner: RdErl. vom 1.8.2002 über Anwendung des Gesetzes zur Umsetzung der UVP-Änderungs-RL, der IVU-RL sowie weiterer Umweltschutz-RL im Bereich des Immissionsschutzrechts (MBl 2002, 1008).

VIII. Konzentrationswirkung der Genehmigung

187 Da die immissionsschutzrechtliche Genehmigung nach § 13 Satz 1 BImSchG – außer den dort genannten Ausnahmen, z. B. wasserrechtliche Erlaubnisse, bergrechtliche Betriebspläne – alle anderen die Anlage betreffenden Entscheidungen, insbesondere öffentlich-rechtliche Genehmigungen, Erlaubnisse u. a. einschließt, sind im Genehmigungsverfahren deren tatsächliche und rechtliche Voraussetzungen mit zu prüfen (Sellner, Immissionsschutzrecht und Industrieanlagen, Rn 66). Das sind vor allem die planungsrechtlichen, bauordnungsrechtlichen, arbeitsschutzrechtlichen Vorschriften und die Ziele der Raumordnung und Landesplanung.

188 Von der **Konzentrationswirkung** erfasste Entscheidungen sind insbesondere Baugenehmigung, -ausnahmen und -befreiungen, Erlaubnisse und Ausnahmen des Natur- und Landschaftsschutzrechts (VGH Mannheim, NUR 2001, 402; OVG Greifswald, NVwZ 2002, 1259), wasserrechtliche Zulassungen nach § 60 Absatz 3 WHG für Abwasserbehandlungsanlagen, sofern keine Planfeststellung erforderlich ist, für Indirekteinleitungen nach den Indirekteinleiterverordnungen der Länder, die Plangenehmigung nach § 68 Absatz 2 WHG, über Entscheidungen betreffend Anschluss- und Benutzungszwang und über satzungsrechtliche Einleitungsgenehmigung. Die Konzentrationswirkung des § 13 BImSchG erfasst auch Mitwirkungsrechte, die Vereinen nach den Vorschriften des Naturschutzrechts eingeräumt sind (BVerwG, DVBl 2003, 543; VGH München, NUR 2009, 434 m. w. N.).

189 Die Konzentrationswirkung des § 13 BImSchG schließt **Mitwirkungsrechte von Naturschutzverbänden** in immissionsschutzrechtlichen Verfahren aus (VGH München, NUR 2009, 434). Bei den in Spalte 1 des Anh. der IV. BImSchV genannten Anlagen können jedoch alle immissionsschutzrechtlichen Genehmigungen sowie nachträgliche Anordnungen mit der Verbandsklage gemäß § 1 Absatz 1 Satz 1 Nr. 2 URG angegriffen werden. Dies gilt nicht für Vorhaben in Spalte 2 des Anh. der IV. BImSchV (VGH München, aaO, 437). Zur Mitwirkung von Naturschutzverbänden s. auch Anh. § 56 Rn 408 ff.

190 Die Konzentrationswirkung des § 13 BImSchG für Genehmigungen gemäß § 6 BImSchG und den Vorbescheid gemäß § 9 BImSchG hat zur Folge, dass gemäß § 14 Absatz 3 BauGB eine Veränderungssperre das Vorhaben nicht mehr berührt (VG Mainz, NVwZ-RR 2010, 100 betrifft Kohlekraftwerk). Das selbe gilt für ein Vorhaben, für das ein obligatorischer Rahmenbetriebsplan vorliegt.

191 Die Konzentrationswirkung gilt sowohl für Genehmigungen, die im förmlichen als auch für solche, die im einfachen Verfahren erteilt werden.

192 Die Konzentrationswirkung ersetzt jedoch nicht ein **fehlendes Einvernehmen der Gemeinde** nach § 36 Absatz 1 BauGB. Dies gilt kraft gesetzlicher Regelung des § 36 Absatz 1 Satz 2 BauGB. In nichtbeplanten Bereichen der §§ 33 bis 35 BauGB genügt für genehmigungsbedürftige Anlagen daher nicht nur eine Stellungnahme, die einem Anhörungsrecht gleichkommt, der Gemeinde gemäß § 10 Absatz 5 BImSchG, sondern kann die Genehmigung nur im Einvernehmen gemäß § 36 Absatz 1 Satz 2 BauGB erteilt werden.

193 Nicht von der Konzentrationswirkung erfasst werden neben Planfeststellungen **Zulassungen im bergrechtlichen Betriebsplanverfahren**. Die Betriebsplanzulassung ist neben der ggf. erforderlichen Genehmigung nach dem BImSchG erforderlich, und zwar unabhängig davon, ob sie im förmlichen oder im vereinfachten Genehmigungsverfahren erteilt wird. Dies hat seinen Grund in den

Besonderheiten des Betriebsplanverfahrens, z. B. der Notwendigkeit einer Wiederholung von Zulassungen in bestimmten Zeitabständen (Feldhaus, BImSch-Recht, § 13 Anmerkung 7).

IX. Rechtsnatur und Stufen der Genehmigung

Die Genehmigung ist eine **Kontrollerlaubnis**. Bei Vorliegen der Voraussetzungen hat der Antragsteller einen Anspruch auf Genehmigung.   **194**

Die Genehmigung ist außerdem eine Sachgenehmigung. Sie hängt nur von anlagebezogenen Voraussetzungen ab, nicht von persönlichen Voraussetzungen des Betreibers wie etwa die Betriebsplanzulassung das erfordert.   **195**

Die Genehmigung wird nicht dem Grundstück oder dessen Eigentümer, sondern dem Träger des Vorhabens für eine bestimmte Anlage an einem bestimmten Ort erteilt (VGH München, UPR 2006, 361). Sie kann auf einen Erwerber der Anlage übertragen werden (BVerwG, NVwZ 1990, 464).   **196**

Die Genehmigung kann stufenweise erteilt werden. Instrumente hierfür sind die **Teilgenehmigung** gemäß § 8 BImSchG und der **Vorbescheid** gemäß § 9 BImSchG. Die Teilgenehmigung ergeht aufgrund eines sog. vorläufigen positiven Gesamturteils. Sie darf nur erteilt werden, wenn die vorläufige Prüfung ergibt, dass die Genehmigungsvoraussetzungen des § 6 BImSchG für die Errichtung und den Betrieb der gesamten Anlage vorliegen werden. Dann allerdings kommt der Teilgenehmigung für den Teilbereich, den sie betrifft, die gleiche Wirkung wie eine Vollgenehmigung zu. Die Teilgenehmigung hat eine gewisse Bindungswirkung, da sie nur Änderungen der Sach- und Rechtslage oder eine spätere abweichende Beurteilung durch Prüfungen späterer Teilgenehmigungen infrage stellen können.   **197**

Der **Vorbescheid** betrifft einzelne Genehmigungsvoraussetzungen oder den Standort der Anlage. Wichtige Vorfragen sollten vorab geklärt werden. Er ist praktisch eine Auskunftsentscheidung, berechtigt nicht zur Errichtung oder zum Betrieb der Anlage und enthält nicht einmal eine Zusage für eine künftige Entscheidung. Im späteren Genehmigungsverfahren sind jedoch die Behörde und – im Rahmen der **Präklusionswirkung** – auch Dritte im Umfang der durch den Vorbescheid entschiedenen Fragen gebunden (Hoppe/Beckmann/Kauch § 21 Rn 124).   **198**

Unter den Voraussetzungen des § 8a Absatz 1 BImSchG kann die Behörde den **vorzeitigen Beginn** des Baus der Anlage auf Antrag zulassen. Der vorzeitige Beginn des Betriebs der Anlage kann gemäß § 8a Absatz 1 BImSchG als Probebetrieb oder gemäß § 8a Absatz 3 BImSchG im Verfahren einer Änderungsgenehmigung zugelassen werden. Die Zulassung führt nur zur zeitweisen Beseitigung des präventiven Errichtungs- und Betriebsverbotes und erzeugt keine Bindung für die Entscheidung über den Genehmigungsantrag. Auf die vorzeitige Zulassung ist die Konzentrationswirkung des § 13 BImSchG für die Dauer ihrer Geltung anzuwenden.   **199**

X. Bestandsschutz und seine Grenzen

Die Rechtsposition der erteilten unanfechtbaren Genehmigung ist neben der einfachgesetzlichen Regelung des Immissionsschutzrechts durch Artikel 14 GG geschützt. Durch diesen **Bestandschutz** sind erfasst: nicht wesentliche Änderun-   **200** gen der Lage, der Beschaffenheit und des Betriebes der Anlage sowie Reparatur- und Erweiterungsarbeiten. Nicht geschützt sind erhebliche Erweiterungen, Ersatzeinrichtungen nach Beseitigung des alten Zustandes sowie Funktions- und Nutzungsänderungen nach Aufgabe der ursprünglich genehmigten Funktion der Nutzung (zum Anspruch auf Genehmigung aus dem Gesichtspunkt des „überwirkenden Bestandsschutzes" vgl. BVerwG, DVBl 1976, 214, 219 (*„Tunnelofen"*), BauR 1975, 29 (*„Fallhammer"*), Sellner, Immissionsschutz und Industrieanlagen Rn 207 ff.).

201 Begrenzungen der Rechtsposition aus der Genehmigung können sich aus Bedingungen und Auflagen (§ 12 Absatz 1 BImSchG), aus nachträglichen Anordnungen (§ 17 Absatz 1 BImSchG, hier wird nachbarschützender Charakter angenommen, Sellner, aaO, Rn 465 m. w. N.), aus der Untersagung des Betriebes gemäß § 20 Absatz 1 BImSchG, aus dem Widerruf der Genehmigung gemäß § 21 BImSchG ergeben.

XI. Legalisierungswirkung der BImSchG-Genehmigung

202 Eingriffe aufgrund ordnungsbehördlicher Generalklausel sind daneben und darüber hinaus unzulässig. Das BVerwG begründet das mit der **Legalisierungswirkung** der Genehmigung (BVerwGE 55, 118, 122 auch VGH Mannheim, NVwZ 1990, 783). Bei nicht unmittelbar betriebsbezogenen Maßnahmen (Kühlturm-Fall des OVG-Münster, DVBl 1962, 68: Anordnung der Streupflicht bei Glatteisbildung auf Straßen infolge Dampfschwadenniederschlag; Bodenuntersuchungen in der Nachbarschaft eines Chemiewerks trotz Einhaltung der Auflagen für Immissions- und Emissionswerte) ist darauf zu verweisen, dass ein Unternehmer, der die Genehmigung einhält, nicht Störer ist (Martens, DVBl 1981, 597, 605). Allerdings gilt die Legalisierungswirkung nur, soweit die Konzentrationswirkung der Genehmigung reicht. Das bergrechtliche Betriebsplanverfahren wird von ihr nicht erfasst, bei Verstößen gegen Auflagen und Bedingungen des Betriebsplans wird eine bergbehördliche Anordnung gemäß § 71 demzufolge zulässig sein, auch wenn für die Anlage eine Genehmigung nach § 4 BImSchG vorliegt.

203 Auch ist die These von der Legalisierungswirkung der BImSchG-Genehmigung im Ordnungsrecht nicht unumstritten. Einerseits wird sie als normative Risikozuweisung begründet, andererseits abgelehnt mit dem Hinweis, dass die Rechtmäßigkeit des Handelns keine Rolle spielt bei der Frage der ordnungsrechtlichen Verantwortlichkeit (zu allem Breuer, JuS 1986, 363; Schink, DVBl 1986, 167, derselbe GewArch. 1996, 58; Kothe, VerwArch 1997, 477; Fluck, VerwArch. 1988, 406 ff.; Oerder, NVwZ 1992, 1034 f.; Hoppe/Beckmann/Kauch § 8 Rn 128 ff. m. w. N.).

XII. Änderungen der Anlage

204 Bei **Änderung** genehmigungsbedürftiger Anlagen ist zwischen unwesentlichen und wesentlichen Änderungen zu unterscheiden. **Unwesentliche Änderungen** von Lage, Beschaffenheit oder Betrieb der Anlage sind der Behörde **anzuzeigen**, wenn sich die Änderung auf die Schutzgüter des § 1 BImSchG auswirken kann (§ 15 Absatz 1 BImSchG). **Wesentliche Änderungen** bedürfen einer **Änderungsgenehmigung**, wenn durch die Änderung nachteilige Auswirkungen hervorgerufen werden können und diese für die sich aus § 6 Absatz 1 Nr. 1 BImSchG (Grundpflichten) ergebenden Anforderungen erheblich sein können. Bezugspunkt hierfür ist die Genehmigung, sind nicht die praktisch vorhandenen

Verhältnisse. Eine Saldierung von positiven Auswirkungen bei einem Schadstoff mit negativen bei einem anderen Schadstoff ist nicht möglich (VGH Mannheim NVwZ-RR 2003, 192), wohl eine Immissionskompensation hinsichtlich der gleichen Immissionsart und den gleichen Einwirkungsobjekten (Jarass § 16 Rn 10).

Bei wesentlichen Änderungen ist Gegenstand des Genehmigungsverfahrens nur **205** der geänderte Teil der Anlage, sofern es sich um **quantitative Änderungen** handelt (BVerwG, DVBl 1977, 771). Anders bei **qualitativen Änderungen**: Wenn sie Auswirkungen auf den unveränderten Teil haben können, müssen sämtliche von der Anlage ausgehenden Emissionen geprüft werden (BVerwG aaO, ferner NVwZ 1985, 750, NVwZ 1997, 161; OVG NRW, NUR 2010, 587 – Kohlekraftwerk Herne – und NWVBl 2007, 439). Das Übergreifen der Prüfung auf die Gesamtanlage reicht nur soweit, wie die Anlagenänderung auswirken kann. Ein Drittbetroffener kann sich also weder gegen die Änderungsgenehmigung wegen etwaiger Einwirkungen wenden, die auf der Erstgenehmigung beruhen, noch kann er die Änderung zum Anlass nehmen, die Erstgenehmigung anzugreifen (OVG NRW, NUR 2010, 588). Zur Änderung von genehmigungsbedürftigen Anlagen allgemein: Kutscheidt, Anmerkung zu genehmigungsbedürftigen Anlagen, in: Sonderheft H. Weber 2001, 30 ff., Denkhaus, Genehmigungsfähigkeit einer Verbesserung der Immissionssituation trotz weiterer Immissionswertüberschreitungen im Änderungsgenehmigungsverfahren nach § 16 BImSchG in NUR 2000, 9; Jarass: Neue Probleme bei der Änderung Immissionsschutzrechtlicher Anlagen in NJW 1998, S. 1097 ff.; Hansmann: Änderungen von genehmigungsbedürftigen Anlagen im Lichte des Immissionsschutzrechts in DVBl 1997, 1421 ff.; Wickel: Die Auswirkungen des neuen § 16 BImSchG auf den Vollzug der dynamischen Grundpflichten des § 5 Absatz 1 BImSchG in DÖV 1997 S. 678 ff., Führ, wesentliche Änderung von Industrieanlagen, NUR 1997, 293 ff. Die Änderungsgenehmigung muss verfahrensmäßig den gleichen Weg gehen wie die Erstgenehmigung. Allerdings kann die Behörde auf Antrag des Betreibers und unter den Voraussetzungen des § 16 Absatz 2 BImSchG von öffentlicher Bekanntmachung und der Auslegung von Antrag und Unterlagen absehen. Zur Änderungsgenehmigung bei Austausch des Kernbestands einer genehmigten Anlage: VGH München, NUR 2007, 96.

Bei einer **Änderung** oder Erweiterung eines **UVP-pflichtigen Vorhabens** ist für **206** die Vorprüfung des Einzelfalls i. S. des UVPG nur relevant, welche nachteiligen Umwelteinwirkungen mit der Änderung oder Erweiterung verbunden sind (OVG NRW, NUR 2009, 208 m. w. N. = UPR 2009, 268). Dabei bezieht sich die Prüfung zunächst auf die zu ändernden Anlageteile, aber auch auf diejenigen Anlagenteile, der bereits genehmigten Anlage, auf die sich die Änderung auswirkt (VGH Mannheim, ZUR 2011, 600, 604 m. w. N. – Kohlekraftwerk). Die allgemeine Vorprüfung des Einzelfalles hat nur aufgrund einer überschlägigen Prüfung zu erfolgen. Der Behörde ist ein gerichtlich nur begrenzt überprüfbarer Beurteilungsspielraum eingeräumt (OVG NRW aaO, S. 205). Näheres zu zulassungsfreien Änderungen fachplanungsrechtlicher Vorhaben und UVP-Pflicht s. Keilich LKV 2004, 97 ff.

B. Nicht genehmigungspflichtige Anlagen

I. Allgemeines

Gesetzestechnisch sind die in den §§ 4–21 BImSchG enthaltenen Vorschriften **207** über die Genehmigungsbedürftigkeit von Anlagen Ausnahmebestimmungen, obwohl ihnen in der Praxis erhebliche Bedeutung zukommt. Das **Genehmi-**

gungsbedürfnis besteht nur bei solchen Anlagen, die aufgrund ihrer Beschaffenheit oder ihres Betriebes in besonderem Maße geeignet sind, schädliche Umwelteinwirkungen oder sonstige Gefahren, erhebliche Nachteile oder erhebliche Belästigungen hervorzurufen (sog. Großemittenten). Im Gegensatz dazu stehen die in den §§ 22–25 BImSchG angesprochenen **nicht genehmigungsbedürftigen Anlagen,** die in erster Linie aufgrund ihrer Zahl und ihrer Verteilung über größere Gebiete und erst in zweiter Linie wegen der von ihnen ausgehenden Emissionen eine Gefahr für die Umwelt darstellen.

208 Während die genehmigungsbedürftigen Anlagen einer präventiven Kontrolle durch das Genehmigungsverfahren unterzogen werden, in der auch das Vorsorgeprinzip eine wesentliche Rolle spielt, beschränkt sich die behördliche Kontrolle bei nicht genehmigungsbedürftigen Anlagen auf nachträgliche Maßnahmen, bei denen vornehmlich, allerdings nicht ausschließlich, die Gefahrenabwehr eine wesentliche Rolle spielt. Nach überwiegender Ansicht besteht für nicht genehmigungsbedürftige Anlagen eine allgemeine Pflicht zur Vorsorge nicht (Couzinet, NUR 2007, 722 m. w. N.), die Grundpflichten des § 22 Absatz 1 BImschG begründen keine Pflicht zur Vorsorge.

II. Grundpflichten

209 Für diese Anlagen hat § 22 BImSchG drei **Grundpflichten** begründet, die eine Vermeidung schädlicher Umwelteinwirkungen oder jedenfalls eine Reduzierung auf ein zuträgliches Maß bezwecken. Der Betreiber muss **erstens** vermeidbare schädliche Umwelteinwirkungen verhindern, **zweitens** unvermeidbare schädliche Umwelteinwirkungen auf ein Mindestmaß beschränken und **drittens** die beim Betrieb der Anlagen entstehenden Abfälle ordnungsgemäß beseitigen.

210 Durch Rechtsverordnungen gemäß § 23 BImSchG sind diese Anforderungen konkretisiert oder erweitert worden. Soweit keine der Rechtsverordnungen Vorgaben enthält, sollen gemäß Nr. 1 Absatz 5 TA-Luft die Vorgaben zur Gefahrenabwehr in Nr. 4 TA-Luft angewandt werden. Im Bereich des Lärms wird die Schutz- und Abwehrpflicht dann durch die Regelung der Nr. 4 der TA-Lärm konkretisiert.

211 Der **Umfang der Grundpflicht** des § 22 BImSchG bleibt in mehrfacher Hinsicht hinter § 5 BImSchG zurück. Während § 5 BImSchG die Errichtung einer genehmigungsbedürftigen Anlage, die schädliche Umwelteinwirkungen hervorrufen wird, schlechthin verbietet, nimmt § 22 Absatz 1 Nr. l BImSchG Umwelteinwirkungen, die nach dem Stand der Technik unvermeidbar sind, in auf ein Mindestmaß beschränktem Umfang hin. Dafür haben genehmigungsbedürftige Anlagen den besonderen Bestandsschutz aus § 17 Absatz 2 und 3 a BImSchG, während bei nachträglichen Anordnungen für nicht genehmigungsbedürftige Anlagen wirtschaftliche Belange nur im Rahmen der Erforderlichkeit und des Grundsatzes der Verhältnismäßigkeit zu würdigen sind. Im Gegensatz zu den genehmigungsbedürftigen Anlagen erfasst die Regelung des § 22 BImSchG nur schädliche Umwelteinwirkungen, nicht auch sonstige Gefahren, erhebliche Nachteile und erhebliche Belästigungen (Martens, DVBl 1981, 597, 606).

III. Anlagen des Bergwesens

212 Diese Grundpflichten und die anderen Vorschriften über **nicht** genehmigungsbedürftige Anlagen gelten **auch für die Anlagen des Bergwesens,** sofern sie den Begriff der Anlage i. S. von § 3 Absatz 5 BImSchG erfüllen. § 4 Absatz 2

BImSchG betrifft nämlich nur die Genehmigungsbedürftigkeit von Anlagen und ist als Ausnahme-Vorschrift nicht auf nicht genehmigungsbedürftige **übertägige Anlagen** anzuwenden. Der **Anlagenbegriff** in § 3 Absatz 5 BImSchG ist sehr umfassend. Hierzu gehören auch **Grundstücke,** selbst wenn sich auf ihnen keine Betriebsstätten und sonstigen ortsfesten Einrichtungen oder Maschinen, Geräte und sonstige ortsveränderlichen Einrichtungen befinden, sofern nur die anderen Voraussetzungen – Lagerung von Stoffen oder Durchführung von Arbeiten, die Emissionen verursachen können – der Nr. 3 gegeben sind. Anlagen sind somit **Lagerplätze, Zechenplätze, Kohlenhalden** (Sellner, Immissionsschutzrecht und Industrieanlagen, Rn 13) und auch **Steinbrüche** (VGH Mannheim, NVwZ-RR 1989, 622; VGH München, NVwZ 2003, 1280). Sofern der Begriff der Anlage erfüllt ist, wird der Begriff des Betriebes in § 22 BImSchG sehr weit ausgelegt. Auch der LKW-Verkehr auf dem Betriebsgrundstück ist ihm zuzurechnen unabhängig davon, ob eigene oder fremde Fahrzeuge eingesetzt werden. LKW-Geräusche müssen daher nach dem Stand der Technik (z. B. VDI-Richtlinie 2058 – Beurteilung von Arbeitslärm in der Nachbarschaft) auf ein Mindestmaß beschränkt werden (OVG Münster, BauR 1978, 30; anders VG Gelsenkirchen, ZfB 1982, 91, 97 für den KFZ-Verkehr zur Anlage außerhalb des Betriebsgrundstückes), Anlagen sind ferner die innerhalb der Betriebsstätte übertägig eingesetzten Arbeitsgeräte, Bagger und Planierraupen (Kutulla, NUR 2006, 354; Kutscheidt, NVwZ 1983, 66). Aus der Fassung des § 4 Absatz 2 BImSchG könnte zwar im Umkehrschluss folgen, dass **Anlagen des Bergwesens,** die **unter Tage** errichtet und betrieben werden, nicht der Genehmigungspflicht, wohl aber den Voraussetzungen für nicht genehmigungsbedürftige Anlagen gemäß § 22 BImSchG unterliegen. Zulässig erscheint dieser Schluss indes nicht. Zweck des § 174 Absatz 5 und damit der Änderung des § 4 Absatz 2 BImSchG war, die Möglichkeit zu schaffen, *„alle Anlagen und Anlageteile des Bergwesens über Tage in die Genehmigungspflicht nach § 4 Absatz 1 BImSchG, soweit erforderlich, einzubeziehen"* (BT-Drs 8/1315, 171 = Zydek, 631). Im Übrigen sollte die *„bisher geltende Regelung nicht nur für untertägige Anlagen, sondern auch für Tagebaue und Anlagen in Tagebauen wegen der bergbauspezifischen Gegebenheiten aufrechterhalten bleiben"* (BT-Drs 8/ 1315, 197 = Zydek, 637). Der Anlagenbegriff des § 22 BImSchG unterliegt ohnehin *„kasuistischen Abgrenzungsproblemen"* (Breuer in von Münch Bes. VerwR 6. Auflage 1982, 728) und ist kasuistisch in vielen Begriffen und Einzelheiten geregelt. Dann hätte man vom Gesetzgeber einen Hinweis erwarten dürfen, wenn die Gesetzesänderung durch § 174 Absatz 5 die fundamentale unterschiedliche rechtliche Behandlung zwischen oberirdischem und untertägigem Immissionsschutz auflösen wollte. Da das nicht geschah, ist nur folgender Schluss möglich: Aus § 3 Absatz 5 BImSchG ergibt sich, dass das Gesetz sich nur mit übertägigen Anlagen befasst (Rausch, S. 100; H. Schulte, ZfB 1987, 205). Wesentliche Schnittfläche für den Geltungsbereich ist das Grundstück, die Erdoberfläche. Sie ist die Basis für „ortsfeste" Einrichtungen i. S. von § 3 Absatz 3 Nr. 1 und für „ortsveränderliche" technische Einrichtungen i. S. von § 3 Absatz 3 Nr. 2 BImSchG. Andererseits hat das BImSchG gerade das Betriebsplanverfahren und die Besonderheiten des standortgebundenen Bergbaus in besonderer Weise anerkannt (§§ 4 Absatz 2, 13 BImSchG). Auch wenn das BBergG weitgehend auf eine ausdrückliche und ausführliche Regelung des Immissionsschutzes im Betriebsplanverfahren verzichtet hat, so bleibt für den Untertagebereich die bestehende bergrechtliche Regelung des Immissionsschutzes (§ 55 Absatz 1 Nr. 3, 5, 9) als spezielle abschließende Lösung und geht der des § 22 BImSchG vor.

IV. Nicht genehmigungsbedürftige Anlagen im Betriebsplanverfahren

213 Die Rechtsprechung hat sich mehrfach damit befasst, in wie weit **Immissionsschutz im Betriebsplanverfahren** zu behandeln ist: Grundlegend wurde entschieden, dass die Anforderung des § 22 BImSchG für nicht genehmigungsbedürftige Anlagen bereits bei der fachgesetzlichen Genehmigung zu beachten sind, wenn in anderen Fachgesetzen Genehmigungs-, Erlaubnis- oder Zulassungsverfahren bestehen. Erfüllt die Anlage die Anforderung des § 22 BImSchG nicht, ist die Genehmigung zu versagen oder nur mit einschränkenden Nebenbestimmungen zu erteilen. Derartige Genehmigungsverfahren sind die Baugenehmigung und die Betriebsplanzulassung, da über § 48 Absatz 2 der Immissionsschutz als überwiegendes öffentliches Interesse schon bei der Zulassung und nicht erst bei einer späteren Beschränkung oder Untersagung berücksichtigt werden muss (BVerwG, ZfB 1987, 66 = UPR 1987, 107 = Altenberg; H. Schulte, ZfB 1987, 207, Rausch S. 217).

214 Nicht genehmigungsbedürftige Anlagen, die immissionsschutzrechtlich im Betriebsplanverfahren behandelt werden, sind nicht nur die Schachtförderanlagen, sondern auch wegen ihrer starken Sachnähe zum Gewinnungsbetrieb die Anlagen zum Verladen und Befördern der Mineralien und des Nebengesteins (BVerwG aaO S. 67). Gleiches gilt für Übertage-Anlageteile von unterirdischen Speicherungen, die nach § 126 der bergrechtlichen Betriebsplanzulassung bedürfen (Sellner, Rn 200). Grubenlüfter wurden als nicht verselbstständigter Teil des Gewinnungsbetriebs angesehen und waren nach § 4 Absatz 2 BImSchG a. F. genehmigungsbedürftig. Das entspricht der heutigen Rechtslage. Sie wurden nach einer früheren Ansicht aber auch nicht immissionsschutzrechtlich als nicht genehmigungsbedürftige Anlagen behandelt, weil das speziellere Bergrecht den Weg zur Anwendung der §§ 22 ff. BImSchG auf bergbauliche Anlagen versperre (VG Gelsenkirchen, ZfB 1982, 111). Diese Auffassung hat sich nicht durchgesetzt: Sowohl der Grubenlüfter als auch das Grundstück, von dem die Immissionen ausgehen, sind Anlagen im Sinne § 3 Absatz 5 BImSchG und nicht genehmigungsbedürftig im Sinne § 22 BImSchG mit den entsprechenden Anforderungen (Rausch S. 100). Immissionen, die von übertägigen Anlagen des Bergbaus ausgehen (z. B. von Kompressoren und Kühlanlagen beim Abteufen eines Schachtes), sollten im Betriebsplanverfahren unberücksichtigt bleiben (VG Gelsenkirchen, ZfB 1984, 244). Arbeiten für das Abteufen eines Schachtes durften daher nicht gemäß § 72 Absatz 1 Satz 1 untersagt werden. Anordnungen konnten im Einzelfall nur gemäß § 24 BImSchG ergehen (VG Gelsenkirchen aaO). Die von den Arbeiten zum Abteufen eines Schachtes unmittelbar ausgehenden Beeinträchtigungen durch Lärm und Luftverunreinigungen sollten nicht durch das Betriebsplanverfahren geregelt werden, sondern seien einem gesonderten immissionsschutzrechtlichen Genehmigungsverfahren vorbehalten (VG Gelsenkirchen, ZfB 1985, 98, so auch für Sonderbetriebsplan und fakultativen Rahmenbetriebsplan sowie für Abteufen und Betrieb des Schachtes VG Gelsenkirchen, ZfB 1987, 94). Auch diese Auffassungen sind durch die spätere Rechtsprechung überholt. So schon: Immissionen durch Lärm und Staub außerhalb des Tagebaubetriebsgeländes, die durch Abbau und Transport von Ton verursacht sind, werden zwar nur § 55 Absatz 1 Nr. 3 erfasst und können in sofern nicht in der Betriebsplanzulassung berücksichtigt werden. Jedoch enthalten die in der TA-Lärm verankerten Grundsätze allgemeine sachverständige Aussagen, die über den Bereich von genehmigungsbedürftigen Anlagen hinaus anwendbar sind. Sie sind als überwiegendes öffentliches Interesse im Sinne § 48 Absatz 2 im bergrechtlichen Verfahren anzuwenden (VG Koblenz ZfB 1984, 477). Als nicht genehmigungsbedürftige Anlage ist eine Salzhalde (gleich NaCl) angesehen worden (VG Stade, ZfB 1987, 363). Daher sind im Sonderbetriebsplan für ihre Errichtung und ihren Betrieb auch immissionsschutzrechtliche Fragen zu regeln (OVG Lüneburg, ZfB 1990, 28). Zu den nicht genehmigungspflichtigen Anlagen gehören die eingerichteten **Baustellen**. Immissionen aus Baustellen sind ebenfalls im Betriebsplan zu regeln (s. § 55 Rn 54, ferner Müller, UPR, 2012, 335).

In den Fällen, in denen sich die Hauptpflichten des § 22 BImSchG mit denen des **215** § 55 Absatz 1 Nr. 1–9 inhaltlich decken, sind diese im Betriebsplanverfahren zu prüfen. So müssen nach § 55 Nr. 6 die „anfallenden Abfälle ordnungsgemäß beseitigt werden", nach § 22 Absatz 1 Nr. 3 BImSchG „die beim Betrieb der Anlagen entstehenden Abfälle ordnungsgemäß beseitigt werden können". Die auf den Beseitigungserfolg orientierte bergrechtliche Vorschrift geht über die immissionsrechtliche in ihren Anforderungen hinaus, die nur den Zweck hat, dass auf die Errichtung und den Betrieb von Anlagen eingewirkt werden soll mit dem Ziel, technische Vorkehrungen zu treffen, die es ermöglichen, anfallende Abfälle ordnungsgemäß nach dem KrWG zu beseitigen (Stich, BImSchG, § 22 Anmerkung 10 und Wortlaut . . . „beseitigt werden können"). In der weitergehenden Vorschrift des BBergG **ist** die engere des BImSchG ohnehin enthalten.

Zu den in § 48 Absatz 2 genannten überwiegenden öffentlichen Interessen, die **216** der Bergbehörde das Recht geben, die Aufsuchung oder Gewinnung zu beschränken oder zu untersagen, gehören im Einzelfall auch Gründe des Immissionsschutzes. Eine ähnliche Möglichkeit zur Untersagung des Betriebes einer Anlage besteht nach § 25 Absatz 2 BImSchG, allerdings unter dort näher konkretisierten Voraussetzungen.

Damit stellt sich die Frage des **Konkurrenzverhältnisses**. Nach § 22 Absatz 2 **217** BImSchG bleiben weitergehende Vorschriften unberührt. § 48 Absatz 2 ist daher neben den repressiven Maßnahmen der §§ 24, 25 BImSchG anzuwenden. Weder wird § 48 Absatz 2 durch §§ 24, 25 BImSchG verdrängt noch umgekehrt (Schmidt/Kahl § 3 Rn 128). Allerdings ist eine Harmonisierung der Eingriffsermächtigungen erforderlich. Wird eine Beschränkung oder Untersagung auf § 48 Absatz 2 gestützt, sind die Voraussetzungen von §§ 24, 25, 22 Absatz 1 BImSchG bei der Beurteilung der überwiegenden öffentlichen Interessen heranzuziehen. Wird eine Beschränkung auf §§ 24, 25 BImSchG gestützt, ist bei der Ermessensabwägung, ob und wie eingeschritten werden soll, § 48 Absatz 1 Satz 2 einzubeziehen.

V. Nicht genehmigungsbedürftige Anlagen in anderen Genehmigungen

Die Pflichten aus § 22 BImSchG gelten für den **Betrieb** von Anlagen, aber auch **218** für ihre **Errichtung**. Da diese Anlagen gerade keiner immissionsschutzrechtlichen Genehmigung bedürfen, muss die Durchsetzung des § 22 BImSchG in anderen öffentlich-rechtlichen Verfahren erfolgen (Stich, BImSchG, § 22 Anmerkung VII; Schrödter DVBl 1974, 363).

Die Konkurrenzfrage kann sich auch zwischen den §§ 56 Absatz 1 Satz 2, 71 **219** Absatz 1 und §§ 24, 25 BImSchG stellen. Zunächst ist festzuhalten, dass § 56 Absatz 1 Satz 2 der bergrechtlichen Generalklausel des § 71 vorgeht, soweit die Schutzziele des § 55 mit Hilfe des Betriebsplanverfahrens verwirklicht werden können. Ebenso hat § 56 Absatz 1 Satz 2 Vorrang gegenüber den allgemeinen Regelungen über die Rücknahme und den Widerruf von Verwaltungsakten gemäß §§ 48, 49 VwVfG (OVG Bautzen, ZfB 2001, 217; Boldt/Weller § 56 Rn 16, § 71 Rn 4; BVerwG, NJW 1988, 2552 zu §§ 22 BImSchG und §§ 48, 49 VwVfG). Es verbleibt ein Nebeneinander von § 56 Absatz 1 Satz 2 und §§ 24,

25 BImSchG. Dies kann einerseits so aufgelöst werden, dass § 56 Absatz 1 Satz 2 für bergbauliche Vorhaben als Spezialregelung gegenüber sonstigen nicht genehmigungspflichtigen Vorhaben angesehen wird (ähnlich Hess. VGH, ZfB 2005, 29 für §§ 71 bis 74 BBergG als Spezialregelung). Hält man statt dessen die Ermächtigungsvorschriften des § 56 Absatz 1 Satz 2 neben den §§ 24, 25 BImSchG für anwendbar, ist das nur vertretbar, wenn die Anordnungen nach §§ 24, 25 BImSchG die Voraussetzungen des § 56 Absatz 1 Satz 2 einbeziehen. Diese sind vom Gedanken der Verhältnismäßigkeit von nachträglichen Anordnungen sowie vom Schutz des Bergbaus (§ 48 Absatz 1 Satz 2) und seiner *„ins Werk gesetzten"* Investitionen geprägt, der unabhängig vom jeweilig rechtlichen Verfahren gelten muss (ähnlich BVerwG, ZfB 1987, 69 betrifft Nachbarschutz nach § 22 BImSchG und § 48 Absatz 2 im Immissionsschutz).

220 Bei oberirdischen baulichen Anlagen sind neben der Betriebsplanzulassung Baugenehmigungen erforderlich. Baugenehmigungen können nur erteilt werden, wenn ihnen Hindernisse aus dem geltenden öffentlichen Recht nicht entgegenstehen (§ 88 Absatz 1 BauO NRW). Die Pflichten des § 22 BImSchG werden über andere öffentlich-rechtliche Bestimmungen in anderen Verfahren geprüft und durchgesetzt (Stich, BImSchG, § 22 Anmerkung 16). Die Pflichten des § 22 BImSchG sind als öffentlich-rechtliche Vorschriften i.S. von § 88 BauO NRW im Baugenehmigungsverfahren anzusehen (Schrödter, DVBl 1974, S. 363; Feldhaus, BImSchG-Recht, § 22 Anmerkung 10; Stich a.a.O.; dagegen Sellner, NJW 1976, 265, 267), sodass auf diesem Wege ihre Anwendung bei neuen bergbaulichen baugenehmigungspflichtigen Vorhaben sichergestellt werden kann.

VI. Durchsetzung der Anforderungen an nicht genehmigungsbedürftigen Anlagen

221 Für die Durchsetzung der Anforderungen des § 22 BImSchG stehen die Anordnung im Einzelfall (§ 24 BImSchG) und die Untersagung des Betriebes der Anlage gemäß § 25 Absatz 1 BImSchG zur Verfügung. Daneben ist eine auf das **allgemeine Ordnungsrecht** der Länder gestützte Ordnungsverfügung grundsätzlich unzulässig, weil das Recht der nicht genehmigungsbedürftigen Anlagen im BImSchG umfassend kodifiziert werden sollte und die Generalklausel im Vergleich zur spezielleren Vorschrift des Immissionsschutzrechts tatbestandlich weitläufig ist (bestritten, so Martens, DVBl 1981, 607; Feldhaus § 25 Rn 4; Götz Rn 589, differenziert; Hansmann in Landmann/A. Rohmer § 25 Rn 8; a.A. BVerwGE 55, 122 = NJW 1978, 1818; Jarass § 24 Rn 2, § 25 Rn 18; Schmidt/Kahl § 3 Rn 129). Allerdings wird auch hier aus § 25 Absatz 2 BImSchG eine Reduktion des ordnungsbehördlichen Ermessens gefordert, mithin eine Bindung für den Regelfall (Schmidt/Kahl aaO). Nur andere als betriebsbezogene Maßnahmen oder nicht immissionsbedingte Vorgehensweisen lassen sich auf Landesordnungsrecht stützen. Die Anforderungen an nicht genehmigungspflichtige Anlagen nach § 22 BImSchG haben im Übertagebereich nachbarschützenden Charakter (Feldhaus, aaO, § 22 Anmerkung 10; Schrödter, DVBl 1974, 363, Breuer in von Münch, Bes. VerwR, 6. Auflage, 1982, 728 gegen Sellner, NJW 1976, 265).

VII. Nachträgliche Anordnungen

222 Während genehmigte und anzeigepflichtige Anlagen einen besonderen Bestandsschutz genießen und nur unter den besonderen Voraussetzungen des § 17 BImSchG **nachträgliche Anordnungen** getroffen werden können, sind diese strengen Anforderungen bei nicht genehmigungsbedürftigen Anlagen im allgemeinen nicht zu erfüllen. Hier genügt es nach § 24 BImSchG, dass die allgemeinen Pflichten des § 22 BImSchG oder die besonderen einer aufgrund § 23 BImSchG erlassenen Rechtsverordnung nicht eingehalten wurden.

Zur Auskunftsverpflichtung von Anlagenbetreibern über ermittelte Emissionen **223** und Immissionen s. Scheidler, DVBl 2009, 1555 ff. und NUR 2009, 465 f.; VGH München, UPR 2009, 293 = NVwZ-RR 2009, 594.

Nach §§ 12 Absatz 1 Satz 2, 17, 4a Satz 1 BImSchG i.d.F. Artikel 2 Nr. 3 des **224** Rechtsbereinigungsgesetzes Umwelt (RGU) soll bei Abfallentsorgungsanlagen i.S. von § 4 Absatz 1 BImSchG eine Sicherheitsleistung auferlegt werden (Näheres Diekmann, UPR 2010, 178). Diese Sollvorschrift statuiert ein gebundenes Ermessen: die Behörde hat die angeordnete Maßnahme zu ergreifen und kann nur in atypischen Fällen davon absehen (BVerwGE 90, 88, 93 m.w.N.). Bergehalden des Steinkohlenbergbaus sind keine Abfallentsorgungsanlagen i.S. von § 4 Absatz 1 BImSchG, IV. BImschV.

5. Teil   Naturschutzrecht

Übersicht   Rn

A.   Berechtsame und Naturschutz 225
B.   Betriebsplan und Naturschutz 228
I.   Eingriffsregelung 229
     1. Bergbau und Eingriffstatbestand 229
     2. Systematik der Eingriffsregelung 248
     3. Vermeidungsgebot 249
     4. Ausgleichsmaßnahmen 257
     5. Ersatzmaßnahmen 262
     6. Verhältnismäßigkeit 263
     7. Wiedernutzbarmachung und Kompensation 265
     8. Betriebsplanverfahren und Naturschutz 270
II. Landschaftsplanung 274
     1. Landschaftsprogramm 275
     2. Landschaftsrahmenplan 276
     3. Landschaftsplan 277
III. Gebietsschutz 281
     1. FFH-RL und Bergbau 284
     2. Potenzielle FFH-Gebiete 328
     3. Vogelschutz-Richtlinie und Bergbau 332
     4. Faktische Vogelschutzgebiete 342
     5. Auswirkungen unzulässiger Vorhaben auf bergrechtliche Zulassungen 344
     6. Rechtsschutz 348
IV. Schutzgebietsausweisungen und Bergbau 352
     1. Festsetzung von Schutzgebieten 352
     2. Ausnahmen und Befreiungen 363
     3. Rechtsschutz 378
V.   Arten- und Biotopschutz 380
     1. Artenschutz 380
     2. Biotopschutz 389
VI. Naturschutzvereine 394
     1. Beteiligungsrecht 394
     2. Klagerecht nach Bundesnaturschutzgesetz und Landesrecht 396
     3. Erweiterte Rechtsbehelfe nach dem URG 408

Naturschutzfachliche Belange können im Bergrecht sowohl auf der Ebene der Berechtigungserteilung als auch im Rahmen der Betriebsplanzulassung von Bedeutung sein.

A. Berechtsame und Naturschutz

225 **Erlaubnis oder Bewilligung**, die wiederum Voraussetzung für die Verleihung von **Bergwerkseigentum** sind (§ 13 Nr. 1), müssen gemäß § 11 Nr. 10 und § 12 Absatz 1 Satz 1 versagt werden, wenn überwiegende öffentliche Interessen die Aufsuchung, analog auch die Gewinnung, im gesamten zuzuteilenden Feld ausschließen. Zu diesen öffentlichen Interessen gehört der Naturschutz. Ob er überwiegt und die Aufsuchtung- oder Gewinnungsberechtigung ausschließt, entscheidet die Bergbehörde im Einzelfall (hierzu § 11 Rn 21, Soell Schutzgebiete, S. 151 ff., zur Zusammenarbeit von Naturschutz- und Bergbehörden bei Erteilung von Bewilligungen im Sinne § 8 BBergG s. Erlass v. 5.4.2000, Sächs. Abl 2001, 19 = ZfB 2002, 333). Zum Widerruf von Erlaubnis und Bewilligung bei unzulässigen Vorhaben gemäß FFH-RL und V-RL s. Anh. zu § 56 Rn 345. Zum Eingriffstatbestand bei Erlaubnis und Bewilligung s. Anh. zu § 56 Rn 241.

226 Erfolgte eine Prüfung nach § 11 Nr. 10 der naturschutzrechtlichen Belange, kann die Ablehnung eines Betriebsplans regelmäßig nicht auf solche Belange gestützt werden (Frenz, Bergrecht und nachhaltige Entwicklung, S. 76).

227 Nach § 23 Absatz 1 Satz 1 darf die Genehmigung zur Veräußerung von Bergwerkseigentum nur versagt werden, wenn der Veräußerung Gründe des öffentlichen Interesses entgegenstehen. Hierzu gehören ausschließlich bergbaubezogene öffentliche Interessen, nicht solche des Naturschutzes (VG Weimar, ZfB 2000, 339).

B. Betriebsplan und Naturschutz

228 Betriebsplananträge treffen auf Naturschutzrecht in verschiedenen Ausgestaltungen, z. B. in Form von Eingriffsregelung, der Landschaftsplanung, des Flächen- und Objektschutzes und des Artenschutzes. Jedes dieser Schutzregime ist, soweit es das Bergbauvorhaben betrifft, im Umfang seines spezifischen Schutzprofiles gesondert zu respektieren, was Parallelen und Überschneidungen nicht ausschließt.

I. Eingriffsregelung

1. Bergbau und Eingriffstatbestand

229 Das BNatSchG statuiert Schutz-, Pflege-, und Entwicklungsmaßnahmen, auf die der Verursacher zu verpflichten ist. Zentraler Anknüpfungspunkt hierfür ist die Eingriffsregelung. Sie baut auf dem Begriff des Eingriffs gemäß § 14 Absatz 1 BNatSchG (bis 1.3.2010 gemäß § 18 Absatz 1 BNatSchG bis 25.3./3.4.2002 § 8 Absatz 1 BNatSchG a. F.) auf. Er hat als grundlegende Definition abschließenden Charakter unabhängig davon, dass die Länder ihn näher interpretieren können (BVerwGE 85, 357 = NVwZ 1991, 366 und BVerwG, NVwZ 2001, 560; VGH Mannheim, NVwZ 1998, 993; Marzick/Wilrich § 18 Rn 2). Eingriffe in Natur und Landschaft sind definiert als Veränderungen der Gestalt oder Nutzung von Grundflächen oder Veränderungen des mit der belebten Bodenschicht in Verbindung stehenden Grundwasserspiegels. All diese Veränderungen müssen die Leistungs- und Funktionsfähigkeit des Naturhaushaltes oder das Landschaftsbild erheblich beeinträchtigen können. Ausf. zur Eingriffsregelung gemäß §§ 13 ff. BNatSchG 2009; Scheidler, UPR 2010, 134 ff.; Hendler/Brockhoff, NVwZ 2010, 733 ff.; Franzius, ZUR 2010, 346 ff.; Fischer-Hüftle, NUR 2011, 753 ff.; Lau, NUR 2011, 680 ff. und NUR 2011, 762 ff.

Das BBergG ist gegenüber dem BNatSchG **nicht das speziellere Gesetz** und **230** schließt die Anwendung der Eingriffsregelung auf die übertägige Gewinnung von bergfreien Bodenschätzen nicht aus. Kolonko, NUR 1995, 131; Kühne, UTR 2004, 251, 278; H. Schulte, ZfB 1987, 208; von Mäßenhausen, GDMB 2003, 43, 46; Wilde, LKV 2006, 71 – anders noch DVBl 1998, 1323; Wolf, NUR 2006, 524; a.A. Gerick, ZfB 1987, 235.

Der Eingriffstatbestand wird von bergbaulichen Vorhaben in vielfältiger Weise **231** realisiert. In mehreren Landesgesetzen wird in Ausfüllung der bundeseinheitlichen Definition der §§ 14 Absatz 1 BNatSchG (2009), 18 Absatz 1 BNatSchG (alt) festgelegt, dass Eingriffe insbesondere sind: die oberirdische Gewinnung von Bodenschätzen (§ 8 Absatz 2 Nr. 1 Sächs. NatSchG § 4 Absatz 2 Nr. 1; LG NRW), der Abbau und die Gewinnung von Bodenschätzen (§ 10 Absatz 2 Nr. 1 Bbg NatSchG), der Abbau von Bodenschätzen auf einer Fläche von 30 m² (§ 18 Absatz 1 Nr. 10 NatSchG LSA), die Gewinnung von Bodenschätzen namentlich Kies, Sand, Torf, Kreide, Steinen und anderen selbstständig verwertbaren Bodenbestandteilen, wenn die abzubauende Fläche größer als 300 m² ist (§ 14 Absatz 1 Nr. 1 LNatSchG M-V), oder Veränderungen der Bodengestalt, d. h. Kies, Sand, Mergel, Ton, Lehm, Torf, Steine oder andere Bodenbestandteile abzubauen oder zu gewinnen (§ 10 Absatz 1 Nr. 1, 13 Absatz 1 Nr. 1 NatSchG B-W), Aufschüttungen ab 2 Meter Höhe (§ 4 Absatz 2 Nr. 2 LG NRW, § 8 Absatz 2 Nr. 3 Sächs. NatSchG). Sofern ein Bodenabbauvorhaben sich in mehreren Abschnitten und mit Unterbrechungen über einen mehrjährigen Zeitraum erstreckt, ist ein erheblicher Eingriff auch dann anzunehmen, wenn jährlich nur ca. 30 m² Abbaufläche erreicht wird (OVG Lüneburg, NUR 2009, 495).

Über diese gesetzlich vorgegebene Beispielsfälle hinaus knüpft der Eingriffstat- **232** bestand des § 14 Absatz 1 BNatSchG daran an, dass entweder die Gestalt von Grundflächen oder die Nutzung von Grundflächen verändert wird.

Als **Eingriff** ist gewertet worden die Verlegung von **oberirdischen Versorgungs- 233 leitungen**, und zwar bereits das Freihalten bzw. das Freilegen des Sicherheitsstreifen (VG Dessau, NUR 2004, 615). Die mit dem Betrieb der Versorgungsleitungen verbundenen Unterhaltungsmaßnahmen, selbst die Beseitigung von Bewuchs auf der Leitung, der als Biotop unter besonderen Schutz gestellt ist, müssen allerdings unter dem Aspekt des Natur- und Landschaftsschutzes grundsätzlich hingenommen werden (VG Dessau, aaO). Die Errichtung, die Verlegung oder wesentliche Änderung einer 380 kV-Stromleitung ist. ein Eingriff in Natur und Landschaft, nicht jedoch der spätere Betrieb der Leitung (OVG Schleswig, NUR 1999, 534, bestätigt von BVerwG, NUR 1999, 507; Weidig, NUR 1999, 497; von Götz, DVBl 1999, 1413; Gassner, NUR 1999, 500). Die Auswirkungen eines Vorhabens auf die Qualität einzelner Umweltmedien (Wasser, Boden, Luft, Licht) oder die Wirkung bestimmter Belastungsquellen (Schall, Strahlung) sind danach – als solche – nicht als Eingriff in Natur und Landschaft zu erfassen. Insoweit sind ggf. spezielle Rechtsvorschriften heranzuziehen (OVG Schleswig aaO). Nicht als Eingriff gewertet wurde die Verfüllung von Bruchhohlräumen in bergbaulichen Abbaubetrieben durch Abgänge aus der Steinkohleaufbereitung sowie Reststoffen aus kohlegefeuerten Kraftwerken (OVG NRW, NUR 1997, 617 = NVwZ-RR 1998, 232 L, Schmidt, NVwZ 1999, 365).

234 Eine **Versorgungsleitung, die unterirdisch verlegt wird,** erfüllt im Regelfall die
Voraussetzung des Eingriffes nicht, da es häufig an der Erheblichkeit und
Nachhaltigkeit fehlen wird (anders OVG NRW, NWVBl 2008, 151 = NUR
2008, 123 im Hinblick auf § 4 Absatz 2 Ziff. 5 LG NRW, wonach das Verlegen
oberirdischer und unterirdischer Leitungen im Außenbereich als Eingriff gilt).
Positivlisten nach Landesrecht sind jedoch wiederlegbar durch den Nachweis,
dass kein Eingriff in Natur und Landschaft vorliegt; Lorz/Müller/Stöckel § 18
Rn 31 m. w. N. Zwar ist das Tatbestandsmerkmal der Nachhaltigkeit (früher § 8
Absatz 1 BNatSchG) in § 18 Absatz 1 BNatSchG a. F. und § 14 Absatz 1
BNatSchG 8 n. F.) nicht mehr aufgenommen, es ist aber im Begriff der Erheblich-
keit enthalten. Eine Änderung der Rechtslage ist damit nicht beabsichtigt (Stich,
DVBl 2002, 1519, BT-Drs 14/6378 und 14/6878, S. 90). Damit sind kurzzeitige
Baumaßnahmen für unterirdische Leitungen kein Eingriff.

235 Ähnliches gilt für **Gewässerausbau.** Zwar wird die Herstellung eines Gewässers,
etwa in Folge Sand- oder Kiesabbau, grundsätzlich als Eingriff zu werten sein.
Allerdings kann eine Herstellung oder wesentliche Umgestaltung von Gewässern
die Leistungsfähigkeit des Naturhaushalts steigern oder das Landschaftsbild
verbessern und insofern nicht zugleich ein Eingriff in Natur und Landschaft
sein (Sander, NUR 1986, 319). Eine ähnliche Problematik stellt sich bei der
Unterhaltung von Gewässern. Sie dient der Erhaltung eines ordnungsgemäßen
Zustandes und damit in vielen Fällen gerade nicht der erheblichen Beeinträchtigungen des Naturhaushaltes oder Landschaftsbildes (Sander, aaO, S. 322).
Allerdings ist beim Gewässerausbau und bei der Gewässerunterhaltung der
spezifische Naturschutz des Wasserrechts zu beachten. Zum Verhältnis zwischen
Wasserrecht und Naturschutzrecht: Reinhardt, Korrespondenz Wasserwirt-
schaft 2009, 431; derselbe, NUR 2009, 517 ff. Nach § 4 Absatz 2 Ziff. 3 LG
NRW gelten nicht als Eingriffe *„Unterhaltungsmaßnahmen auf Grund rechtlicher Verpflichtungen“.* Dies könnte auch ein Maßstab für die Auslegung der
Eingriffsregelung in anderen Bundesländern sein.

236 Unterhaltungsmaßnahmen können aber als Projekt i. S. von § 34 Absatz 1
BNatSchG zu einer erheblichen Beeinträchtigung eines Lebensraumes führen
und jeweils die Verträglichkeitsprüfung des FFH-Rechts auslösen (Generalanwältin Sharpston in NUR 2009, 586 – Papenburg – unter Hinweis auf
EuGH SlG 2007 I-10.947 Rn 248 ff.; EuGH NUR 2010, 116 – Papenburg).
Wiederkehrende (Unterhaltungs-)maßnahmen, die den Zweck haben, eine
bestimmte Wassertiefe beizubehalten, können allerdings als ein einziges Projekt
i. S. von Artikel 6 Absatz 3 FFH-RL angesehen werden, insofern ist der Begriff
Projekt einzelfallbezogen.

237 Keine Eingriffe sind Renaturierungs-, Schutz-, Pflege- und Entwicklungsmaßnahmen (Sparwasser/Wöckel, NVwZ 2007, 766). Die Eingriffsregelung will
nicht Maßnahmen des Naturschutzes verhindern oder erschweren, insbesondere
nicht, wenn der vorhandene naturferne Bestand bei wertender Betrachtung nicht
schutzwürdig ist. Nach § 5 des NatSchG Nds 2010 sind Veränderungen der
Gestaltung oder Nutzung von Grundflächen und Veränderungen des mit der
belebten Bodenschicht in Verbindung stehenden Grundwasserspiegels abweichend von § 14 BNatSchG kein Eingriff. Nach § 12 Absatz 2 LNatSchG M-V
2010 sind Maßnahmen, die Bestandteil der Maßnahmenprogramme oder
Bewirtschaftungspläne gemäß §§ 82, 83 WHG sind, kein Eingriff. Zur Neuordnung des Naturschutzrecht in den Bundesländern: Schütte/Kattau, ZUR 2010,
353.

238 Die **Zulassung eines fakultativen Rahmenbetriebsplans** entfaltet keine Eingriffswirkung im naturschutzrechtlichen Sinne. Er enthält nur allgemeine Angaben,
beinhaltet noch keine abschließende Festlegung über das Vorhaben (VG Aachen,

ZfB 2003, 92; OVG Brandenburg, ZfB 2001, 266 unter Hinweis auf BVerwG, ZfB 1992, 38 ff.; OVG Brandenburg v. 17.7.2000 – 4A94/99, offengelassen OVG NRW, ZfB 2008, 120). Die Eingriffszulassung erfolgt abschließend erst im Hauptbetriebsplan.

Eingriffe sind nach der Rechtsprechung: Abgrabung von Kies (VG Leipzig, ZfB **239** 1995, 58; VGH Mannheim, BRS 44 Nr. 227; VG Schleswig, NUR 1984, 283), Aufschüttungen (OVG Lüneburg, NUR 1987, 372; OVG Koblenz, NUR 1987, 275), Verfüllungen (OVG Hamburg, NVwZ-RR 1993, 8).

Strittig ist, ob **Grundwasserförderung** bzw. **Grundwasserentnahmen** den Ein-   **240** griffstatbestand erfüllen. In vielen Landesgesetzen sind über das Absenken des Grundwassers eigene Eingriffs-Tatbestände enthalten (z. B. § 11 Absatz 1 Nr. 13 Brem. NatSchG, § 8 Absatz 2 Nr. 7 Sächs. NatSchG, § 7 Absatz 2 Nr. 5 LNatSchG S-H, § 6 Absatz 2 Nr. 15 Thür. NatSchG), teilweise sogar mit der Ergänzung, dass auch Anlagen zur Probebohrung als Eingriff anzusehen sind (§ 8 Absatz 1 Nr. 10 NatSchG LSA, § 6 Absatz 2 Nr. 15 Thür.NatSchG) oder nur die dauerhafte Absenkung des Grundwasserspiegels ein Eingriff ist (§ 5 Absatz 2 Nr. 9 NatSchG Hessen). Diese landesrechtlichen Tatbestände sind daran zu messen, ob sie mit der Vorgabe des § 18 Absatz 1 BNatSchG a. F.; jetzt § 14 Absatz 1 BNatSchG n. F. in Einklang stehen (BVerwGE 85, 357; Berkemann, NUR 1993, 100). Die Rechtsprechung hat verschiedentlich die Grundwasserförderung aus bestehenden Tiefbrunnen (30 Meter Tiefe) nicht als Eingriff angesehen (OVG Lüneburg, NUR 1997, 253 = UPR 1997, 117 = RuSt in GWF 1997, 10 ff.; VG Darmstadt, NVwZ-RR 2005, 236 = ZfW 2006, 53; VG Frankfurt/M., NUR 1983, 162 mit zustimmender Anmerkung von Bickel), ebenso nicht die Grundwasserabsenkung eines Braunkohlenabbaus, weil es sich nicht um eine Veränderung der Gestalt oder Nutzung einer Grundfläche i. S. d. Grundgesetzes handelt (OVG Brandenburg, ZfB 2008, 121; OVG Lüneburg, NUR 1997, 253; OVG NRW, ZfB 2008, 142). Grundsätzlich ist nicht jede Benutzung nach § 9 Absatz 1 Nr. 5 WHG ein Eingriff im naturschutzrechtlichen Sinne. Nur Änderungen des Grundwasserspiegels in den oberen Bodenschichten können unter den Eingriffstatbestand fallen, weil nur sie für die Leistungs- und Funktionstätigkeit des Naturhaushaltes (BT-Drs 14/6378, S. 48) von Bedeutung sind. Methodisch sind die Grundwasserentnahmen jenseits des Zugriffs auf oberflächennahen Grundwasserkörper allein am Maßstab des spezielleren § 6 Absatz 1 WHG zu beurteilen (Reinhardt, NUR 2009, 523; Marzik/Wilrich, BNatSchG § 18 Rn 16). Insbesondere die Fälle, die als Zulassung von Gewässerbenutzungen spezialgesetzlich durch das WHG geregelt wurden, sind aus dem Anwendungsbereich der naturschutzrechtlichen Eingriffsregelung einschließlich der Kompensationspflicht ausgeklammert. „*Allenfalls*" könne eine Grundwasserförderung einen Eingriff darstellen, wenn sie ein dauerhaftes Absenken des Grundwasserspiegels zur Folge hat, der im Zeitpunkt der (letzten) Behördenentscheidung existiert. Grundwasserabsenkungen, die durch frühere behördlich zugelassene Grundwasserförderung entstanden sind, müssen außer Betracht bleiben (VG Darmstadt, aaO zu § 5 Absatz 2 Nr. 9 Hess NatSchG „*[...] dauerhaftes Absenken des Grundwasserspiegels*"). Die Literatur ist dem weitgehend gefolgt (Schlüter, ZfW 2003, 17 ff.; Seeliger RuSt in GWF 1998, 38 ff.; m. w. N.; Hoppe/Beckmann/Krauch S. 368 n. F. 124; Marzik/Wilrich § 18 Rn 6; Lorz/Müller/Stöckel § 18 Rn 16), auch mit dem Hinweis, dass Grundwasser ohnehin natürlichen Schwankungen unterliegt (a. A. Gassner, NUR 1999, 378, 380). Im Regelfall sind auch Sanierungsmaßnahmen im Zusammenhang mit Altlasten gemäß § 4 Absatz 3 BBodSchG keine Eingriffe (Lorz/Müller/Stöckel § 18 Rn 17).

Ein **Grundflächenbezug i. S. d. Eingriffstatbestands** besteht i. d. R. **nicht,** wenn   **241** nur tiefe Schichten der Erde betroffen sind, wie z. B. bei der Förderung von Gas,

Öl oder anderen untertägigen Bodenschätzen (Marzik/Wilrich § 18 Rn 6; Lorz/
Müller/Stöckel § 18 Rn 16) oder bei der Verfüllung von Hohlräumen in einem
Bergwerk (OVG NRW, NUR 1997, 619 = NVwZ-RR 1998, 232). Die Lagerung
von Öl oder Gas in einer Salzkaverne ist kein Eingriff. Daran hat sich nichts
geändert durch die Ergänzung in § 18 Absatz 1 BNatSchG n. F. 2002, jetzt § 14
BNatSchG 2009, dass Eingriffe auch Veränderungen des mit der belebten
Bodenschicht in Verbindung stehenden Grundwasserspiegels sind, wenn sie
die dort weiter genannten Voraussetzungen erfüllen. Diese bergbaulichen Maßnahmen verändern nämlich im Normalfall nicht den Grundwasserspiegel, jedenfalls betreffen sie nicht die oberen Bodenschichten. Eine Bodensenke, die zeitweise mit Wasser gefüllt ist, ist kein Landschaftsbestandteil. Sie kann daher nicht
durch Satzung oder Verordnung besonders geschützt werden (z. B. gemäß § 23
LG NRW, Artikel 12 NatSchG bei (z. B. gemäß § 23 LG NRW, Artikel 12
NatSchG Bay., hierzu OVG Lüneburg, NVwZ-RR 2004, 341). Andererseits
kann ein ehemaliger Kalksteinbruch Landschaftsbestandteil sein (OVG Lüneburg, NVwZ-RR 2002, 568). Der Grundflächenbezug als Merkmal eines Eingriffs fehlt bei den Verwaltungsakten zur Erteilung einer **Bewilligung** oder
Erlaubnis i. S. von §§ 7, 8. Sie ziehen unmittelbar noch keinen Eingriff nach
sich, sondern erst der anschließende betriebsplanpflichtige Aufsuchungs- oder
Gewinnungsbetrieb (Lorz/Müller/Stöckel § 20 Anmerkung 6).

242   Maßnahmen, die bezogen auf die einzelnen Schutzgüter zur Verbesserung des
Naturhaushaltes oder des Landschaftsbildes beitragen, stellen keinen Eingriff
dar. Das gilt auch für **Ausgleichs- und Ersatzmaßnahmen**, denn sie bezwecken
gerade, die Folgen eines Eingriffs so auszugleichen, dass nach ihrer Beendigung
keine erheblichen Beeinträchtigungen des Naturhaushaltes zurückbleiben (OVG
Lüneburg, NUR 2002, 372-Airbus A 380; VG Schleswig, NUR 2002, 376;
VGH Mannheim, NUR 1997, 452; OVG Hamburg, NUR 1997, 457 f.; Lorz/
Müller/Stöckel § 18 Rn 20; Marzik/Wilrich § 18 Rn 20; Sparwasser/Wöckel,
NVwZ 2007, 166 m. w. N. im Ergebnis ebenso, allerdings mit dem Argument
der Rechtfertigung des Eingriffs durch überwiegende Belange; Kerkmann S. 78;
a. A. Louis, NUR 2002, 336). Dies wird in der neueren Rechtsprechung differenziert (BVerwG, DVBl 2009, 441). Erweist sich die Maßnahme in der naturschutzfachlichen Gesamtbilanz als günstig, stellt sie insbesondere eine wesentliche Verbesserung des bestehenden Zustandes dar, bedarf der mit der Maßnahme
zunächst bewirkte Eingriff keiner weiteren Kompensation durch Ausgleichs-
und Ersatzmaßnahmen. Die an sich erforderliche Kompensation geht in die
ökologische Gesamtbilanz regelmäßig ein. Weist die Gesamtbilanz keine Verbesserung aus, hat die Ausgleichsmaßnahme zu unterbleiben (BVerwG NVwZ
1999, 534 Rn 21).

243   Hat ein Eingriff gleichzeitig positive Wirkungen auf den Biotop- und Arten-
schutz, sind diese bei der Bewertung des Eingriffs und der Bemessung der
Kompensationsmaßnahmen angemessen zu berücksichtigen (§ 4 a Absatz 1
LG NRW).

244   Eine Beeinträchtigung liegt nur vor bei negativen Veränderungen von Natur und
Landschaft, gemessen an den Zielen und Grundsätzen von Naturschutz- und
Landschaftspflege. Daran fehlt es bei positiven Veränderungen, z. B. bei Rena-
turierungen, Veränderungen an angekohlten Braunkohletagebauen, ohne dass
die Flächen weiter verschlechtert werden (Lorz/Müller/Stöckels, aaO).

245   Die Eingriffsregelung zielt ausschließlich auf die Bewahrung der gegebenen
Situation (OVG NRW Urt. v. 12.12.1994 – 7A504/92) **nicht** aber auf eine
Verbesserung (Kuschnerus, NVwZ 1996, 238). **Vorbelastungen** können die
Empfindlichkeit des Landschaftsraumes mindern und eine weitere Beeinträchti-
gung als nicht erheblich erscheinen lassen, wenn sie das Landschaftsbild prägen.

(Schumacher/Fischer-Hüftle § 14 Rn 45). Es handelt sich bei der Eingriffsregelung um einen Verletzungstatbestand mit angeschlossenem Sachfolgentatbestand (Gassner/Bendumir-Kahlo/Schmidt/Räntsch, BNatSchG, § 8 Rn 2), das heißt: ohne Verletzung keine Folgen.

Ein weiteres Element der Eingriffsregelung ist das ihr zugrunde liegende **Verursacherprinzip.** Nach dem Gesichtspunkt der konkreten adäquaten Zurechenbarkeit müssen solche Veränderungen ausscheiden, die ohne Weiteres im zulässigen Spektrum der bisherigen Nutzung liegen und daher dem Verursacher nicht anzulasten sind (Kuschnerus, aaO, 238).   **246**

Eingriffe i. S. von § 14 Absatz 1 BNatSchG sind nur solche, die Naturhaushalt und Landschaftsbild erheblich beeinträchtigen können. Sie müssen erkennbar nachteilige Auswirkungen auf die einzelnen Faktoren des Naturhaushaltes (§ 7 Absatz 1 Nr. 2 BNatSchG) haben und dessen Funktionsfähigkeit wesentlich stören. Dabei ist für die Erheblichkeit keine alternative Prüfung erforderlich (Thyssen, NUR 2010, 10 f.). Zum Erheblichkeitsmaßstab beim Artenschutz s. Anh. § 56 Rn 380 ff.; zur Erheblichkeit beim Gebietsschutz nach der FFH-RL s. Anh. § 56 Rn 284 ff.   **247**

2. Systematik der Eingriffsregelung

Nach der Systematik der Eingriffsregelung verläuft die gesetzliche Einzelprüfung in einer **Stufenfolge:** zunächst sind als Ausdruck des Vorsorgeprinzips alle vermeidbaren Beeinträchtigungen zu unterlassen (§ 15 Absatz 1 BNatSchG). Unvermeidbare Beeinträchtigungen sind auszugleichen (§ 15 Absatz 2 Satz 1 BNatSchG) oder zu ersetzen (§ 15 Absatz 2 Satz 1 BNatSchG). Dabei steht die Auswahl der genannten Maßnahmen i. S. von Absatz 1 und Absatz 2 nicht im freien Ermessen der Behörde. Die Maßnahmen stehen in einem abgestuften Rangverhältnis (OVG NRW, NWVBl 2008, 150). Allerdings hat die Behörde ein Ermessen hinsichtlich der Ausgleichs- oder Ersatzmaßnahme und deren konkreter Ausgestaltung (OVG NRW aaO, 152). Aus § 15 Absatz 2 BNatSchG folgt, dass Ausgleichsmaßnahmen und Ersatzmaßnahmen nicht mehr in einem Stufenverhältnis stehen, sondern gleichrangig **nebeneinander** (Gassner/Heugel, das neue Naturschutzrecht, Rn 312; Louis, NUR 2010, 81). Ausgleich kompensiert **gleichartiger** Weise, Ersatz in **gleichwertiger** Weise. Scheitert ein Ausgleich oder eine sonstige Kompensation eines unvermeidbaren Eingriffs, so ist nach § 15 Absatz 5 Satz 1 BNatSchG auf einer letzten Stufe eine Abwägungsentscheidung vorzunehmen. Gehen die Belange des Naturschutzes und der Landschaftspflege bei der Abwägung mit anderen Belangen im Range vor, darf der Eingriff nicht zugelassen werden. Sind die Belange des Naturschutzes und der Landschaftspflege nach Abwägung nachrangig, eröffnet § 15 Absatz 6 BNatSchG die Zahlung von **Ersatzgeld** (ähnlich schon die Landesgesetze, z. B. § 5 Absatz 3 LG NRW, § 9 Absatz 4 Sächs. NatSchG). Sie bemisst sich nach den durchschnittlichen Kosten für Planung, Unterhaltung, Flächenbereitstellung der unterbliebenen Ausgleichs- und Ersatzmaßnahmen (zur Berechnung der Höhe OVG Lüneburg, NUR 2010, 133 = ZUR 2010, 262, 265).   **248**

3. Vermeidungsgebot

Das **Vermeidungsgebot** richtet keine Zulassungsschranken auf. Es enthält keine Verbotsregelung. Es lässt es damit bewenden, bestimmte Handlungs- und Unterlassungspflichten aufzuerlegen (BVerwG, NUR 1997, 404). Es zwingt auch nicht zur sog. *„Nullvariante"* oder zur Wahl von Alternativen für das Gesamtvorhaben (OVG NRW, NVwZ-RR 1995, 10; BVerwG, NUR 1998, 305), weder im Hinblick auf den Standort noch auf die Anlagen- oder Projekt-   **249** konzeption. Eine **Alternativenprüfung** findet nur statt, wenn sie aus anderen Gründen, z. B. durch die FFH-RL und § 34 Absatz 3 Ziff. 2 BNatSchG, die nichts mit der Eingriffsregelung zu tun haben, geboten ist. Bei der Zulassung von Betriebsplänen ist das nicht der Fall. Gegenstand des Vermeidungsgebot ist der Eingriff, d. h. die Wirkungen in Natur und Landschaft, nicht das Vorhaben selbst. Insbesondere die Standortwahl ist Sache des Vorhabenträgers. Sie wird aufgrund des Vermeidungsgebotes nicht infrage gestellt. Das Gebot ist darauf gerichtet, die Auswirkungen des Vorhabens auf Naturhaushalt und Landschaftsbild an Ort und Stelle möglichst gering zu halten, einen anderen Standort kann es nicht vorschreiben (Kuschnerus NVwZ 1996, 239). Vermeidungsmaßnahmen verhindern nicht, sondern führen zu einem geringeren Eingriff. Das Vorhaben wird nicht infrage gestellt (Sparwasser/Wöckel, NVwZ 2007, 765; BR-Drs 278/09, S. 180, Michler/Möller, NUR 2011, 82).

250 Der Rechtsbegriff der Vermeidbarkeit hat eine tatsächliche und eine rechtliche Komponente. In tatsächlicher Hinsicht soll der beabsichtigte Eingriff in seinen beeinträchtigenden Auswirkungen minimiert werden. Hierzu hat die Behörde eine naturschutzfachliche Entscheidungsprärogative. In rechtlicher Hinsicht ist das Gebot der Verhältnismäßigkeit zu beachten (Gaentzsch, NUR 1986, 91; Kuschnerus, aaO; Michler/Möller, NUR 2011, 82 m. w. N.). Den Verursacher trifft nach § 15 Absatz 1 Satz 3 BNatSchG eine ausdrückliche **Begründungspflicht**, wenn Beeinträchtigungen im Einzelfall nicht zu vermeiden sind.

251 Nach § 15 Absatz 1 Satz 2 BNatSchG sind Beeinträchtigungen vermeidbar, wenn zumutbare Alternativen, den mit dem Eingriff verfolgten Zweck am gleichen Ort zu erreichen, gegeben sind. Damit wird verdeutlicht, dass der **Vermeidungsgrundsatz keine Prüfung von Standortalternativen** erfordert (Louis NUR 2010, 81; Franzius, ZUR 2010, 347). Bei nicht vermeidbaren Beeinträchtigungen ist der Vorhabenträger nicht gezwungen, zwischen mehreren Alternativen die ökologisch günstigste zu wählen (BVerwGE 104, 144; BVerwG, NUR 1998, 138; Thyssen, NUR 2010, 11).

252 Die Vorschriften des BNatSchG 2009 über die Eingriffsregelung enthalten noch folgende **Besonderheiten** gegenüber dem früheren BNatSchG 2002, die für den Bergbau von Bedeutung sind:

253 Die frühere Regelung des § 15 Absatz 3 Satz 2, die eine **Zerstörung von Biotopen** der streng geschützten Arten nur bei zwingenden Gründen des überwiegenden öffentlichen Interesses erlaubte, ist im Hinblick auf die gegenteilige Entscheidung des EuGH (NUR 2006, 167) entfallen. Nach § 15 Absatz 4 BNatSchG sind **Ausgleichs- und Ersatzmaßnahmen zu unterhalten** und rechtlich zu sichern. Der Unterhaltungszeitraum ist durch die Bergbehörde im Zulassungsbescheid festzusetzen. Dabei ist der Grundsatz der Verhältnismäßigkeit zu beachten. Eine unbegrenzte Verpflichtung dürfte nicht zulässig sein (Louis, NUR 2010, 82).

254 Nach § 17 Absatz 5 BNatSchG kann die zuständige Behörde, d. h. die Bergbehörde, für die Kosten der Kompensationsmaßnahmen eine Sicherheitsleistung verlangen. Dabei ist zu bedenken, dass auch nach § 56 Absatz 2 BBergG Sicherheitsleistungen verlangt werden kann. Insofern wird die gesetzlich geforderte „Erforderlichkeit" zu beachten sein. Zur Sicherstellung der Ausgleichspflicht durch **Sicherheitsleistung** im BImSchG-Verfahren Proelß, NVwZ 2006, 655.

255 Nach § 17 Absatz 4 BNatSchG ist bei einem Eingriff, der aufgrund eines Fachplans vorgenommen werden soll, ein **landschaftspflegerischer Begleitplan** beizufügen (s. auch Anh. § 56 Rn 271 f.). Er muss die Kompensationsmaßnahmen, vorgezogene Maßnahmen gemäß § 44 Absatz 5 BNatSchG (Artenschutz) und

Kohärenzsicherungsmaßnahmen (FFH-Verträglichkeitspfüfung) unterscheiden und – sofern sie zulässigerweise mehrere Funktionen erfüllen – zuordnen (Louis, NUR 2010, 83; Begr. BT-Drs 16/12274, S. 59).

Die Beendigung eines Eingriffs oder eine mehr als einjährige Unterbrechung ist der zuständigen Behörde, d. h. der Zulassungsbehörde, nicht der Naturschutzbehörde gemäß § 17 Absatz 9 BNatSchG **anzuzeigen**. Es dürfte zulässig sein, einen Abschlussbetriebsplan als Anzeige anzusehen. **256**

4. Ausgleichsmaßnahmen

Soweit der Eingriff nicht vermieden werden kann, kommen Ausgleichs- oder Ersatzmaßnahmen in Betracht. Dabei sind schon nach dem Wortlaut des § 15 Absatz 2 BNatSchG Ausgleichsmaßnahmen gleichrangig mit Ersatzmaßnahmen einzuordnen (Michler/Möller aaO). Wenn ein Eingriff durch Ausgleichs- und/oder Ersatzmaßnahmen kompensiert ist, wird eine Abwägung nach § 15 Absatz 5 (§ 19 Absatz 3 a. F.) BNatSchG nicht erforderlich (BVerwG, DVBl 2001, 392). Andererseits ist ein Ausgleich auch dann erforderlich, wenn der Eingriff aufgrund vorrangiger Interessen geboten ist (OVG NRW, NWVBl 2004, 29). **257**

Die Definition der **Ausgleichsmaßnahme** in § 15 Absatz 2 Satz 2 BNatSchG gibt mehrere Elemente vor: Erforderlich ist erstens eine **funktionale Identität**: Die Funkton des Naturhaushaltes muss vor und nach dem Eingriff identisch sein, sie muss gleichartig, nicht nur gleichwertig sein. Der Eingriff muss nicht ungeschehen gemacht werden, eine Naturalherstellung ist nicht gefordert, schon gar nicht eine Wiedernutzbarmachung i. S. von § 4 Absatz 4. Erforderlich ist eine qualitative Ausgleichsbilanz, auf den Umfang der betroffenen Fläche und der Ausgleichsfläche kommt es nicht an (OVG Lüneburg, NUR 1997, 301; Durner, NuU 2001, 603). **258**

Erforderlich ist zweitens ein **räumlicher Zusammenhang** zwischen Eingriffs- und Ausgleichsraum. Zwar ist nicht erforderlich, dass der Ausgleich am Ort des Eingriffs stattfindet. Er muss aber in einem räumlich- funktonalen Zusammenhang mit dem Ort des Eingriffs stehen und sich im beeinträchtigten Landschaftsraum auswirken (BVerwG, NVwZ 1991, 364 und NVwZ 1999, 533). **259**

Es muss drittens ein **zeitlicher Zusammenhang** zwischen Eingriff und Ausgleich bestehen. Dies hat zwei Varianten: Möglich ist die Abrechnung von Ausgleichsmaßnahmen, die bereits vor dem Eingriff getroffen wurden (*„Vorratsmaßnahmen"*, *„Ökokonten"*, *„Flächenpoole"*; Lorz/Müller/Stöckel § 19 Rn 14; Marzik/Wilrich § 19 Rn 16). Die andere Variante knüpft an den Eingriff an. Was ein angemessener zeitlicher Zusammenhang im Einzelfall bedeutet, ist anhand des Eingriffs und des Ausgleichs zu entscheiden: I. d. R. soll der Ausgleich innerhalb weniger Jahre erfolgen (Durner, NUR 2001, 604 unter Hinweis auf VGH Mannheim, NUR 1984, 105) oder in *„angemessener Zeit nach Vornahme der Eingriffe"* (BVerwG, BWGZ 2000, 326). Der Zeitumfang ist umso größer, je länger die beeinträchtigten Funktionen benötigen, um sich an anderer Stelle neu zu entwickeln (Wolf, NUR 2006, 530). Bei flächenbeanspruchenden Tagebauen kann die Ausgleichsfrist erst nach Abschluss des Abbaus beginnen, weil erst danach der Gesamteingriff und der kompensationspflichtige Funktionsverlust des Naturhaushaltes ermittelt werden kann. Das schließt allerdings zwischenzeitliche Kompensationen nicht aus. Die Vollkompensation muss spätestens in 25 Jahren erreicht sein, danach kann nur noch Ersatz- oder Geldausgleich in Betracht kommen (Gassner/Heubel, das neue Naturschutzrecht, Rn 325, Fn. 328); teilweise wird für Kompensation, die mehr als 5 Jahre beanspruchen, eine *„Zeitverlust-Abgabe"* erwogen. **260**

261 Eine Auflage, Böschungen im Rahmen der Rekultivierung nicht steiler als 1:3 oder 1:4 anzulegen, ist nicht ermessensfehlerhaft (VGH Mannheim, NUR 1985, 71). Als Ausgleich kann die Auffüllung einer Kiesgrube mit geeignetem Bodenmaterial auf das ursprüngliche Geländeniveau angeordnet werden, auch wenn der Kiesunternehmer eine zusätzliche Erwerbsquelle darin sieht, anderweitig anfallenden Bauaushub in ausgebeuteten Kiesgruben einzubringen (OVG Lüneburg, NUR 1982, 26).

Ein Ausgleich von Beeinträchtigungen des **Landschaftsbildes** hat durch landschaftsgerechte Wiederherstellung zu erfolgen. Ein bergbaubedingter Eingriff in die Landschaft wird durch eine ordnungsgemäße Wiedernutzbarmachung generell kompensiert (BVerwG, DVBl 1983, 885; Boldt/Weller § 55 Rn 55; Wilde, DVBl 1998, 1323; VG Leipzig, ZfB 1995, 58 mit Hinweis auf VGH Bad-Württ. BRS 44 Nr. 227 betrifft Kiesabbau).

Auch bereits **realisierte Rückbaumaßnahmen** kommen als Ausgleichs- oder Ersatzmaßnahmen in Betracht, wenn diese vom Vorhabenträger ohne öffentlich-rechtliche Verpflichtung vorgenommen und von den Naturschutzbehörden in ein sog. Ökokonto aufgenommen wurden (OVG Schleswig, NUR 2012, 424, 429 Rn 45 betr. Leitungen).

5. Ersatzmaßnahmen

262 Der Eingriff kann durch **Ersatzmaßnahmen** kompensiert werden, sofern ihm nicht durch Vermeidungsmaßnahmen begegnet werden kann. Ersatzmaßnahmen ersetzen die eingriffsbedingten Beeinträchtigungen in die Funktionen des Naturhaushaltes gleichwertig. Dabei ist wiederum eine funktionale Gleichwertigkeit gefordert, die jedoch etwas großzügiger als bei Ausgleichsmaßnahmen behandelt wird (Lorz/Müller/Stöckel § 19 Rn 20; OVG Hamburg, NUR 1997, 452). Der räumliche Zusammenhang und die zeitliche Grenze sind weiter gesteckt als bei Ausgleichsmaßnahmen. Eine Entfernung von 15 Kilometern steht einer Kompensation nicht entgegen (BVerwG, NUR 2005, 177; BVerwG, NuR 2010, 647). Der Bezug zwischen Eingriffsart und Ersatzmaßnahme ist großzügig auszulegen, gerade in Ballungsräumen (BVerwG, NuR 2010, 647). Landwirtschaftlich genutzte Flächen sind generell von begrenztem ökologischen Wert und daher aufwertungsfähig (BVerwG aaO und BVerwGE 120, 1 ff., 16). Als Kompensationsfläche kann auch eine Bergschadensfläche genutzt werden, die wegen Tagesbrüchen landwirtschaftlich nicht mehr bewirtschaftet wird (BVerwG aaO S. 178). Einer Ersatzmaßnahme steht nicht entgegen, wenn sie zugleich einer Sanierung eines Altstandortes dient (BVerwG, NUR 2005, 457 = NUR 2005, 306). Dagegen scheiden Flächen, die für den Naturschutz bereits wertvoll sind, z.B. Biotope, für Ausgleichs- und Ersatzmaßnahmen grundsätzlich aus (Durner, NUR 2001, 604 m.w.N.). Grundstücke, deren ökologischer Wert ebenso hoch oder höher als die Vorhabenflächen zu veranschlagen ist, sind für die Durchführung vom Kompensationen von vornherein auszusondern. Die bloße Pflege zur Erhaltung eines vorhandenen Biotops stellt keine Ausgleichsmaßnahme dar. Ebenso nicht der Verzicht auf einen bereits genehmigten Teilabbau eines Steinbruchs (VG Hannover, NUR 2012, 873, 879 m.w.N.). Sind Beeinträchtigungen weder zu vermeiden noch auszugleichen oder zu ersetzen, ist gemäß § 15 Ab s. 5 BNatSchG über die Zulässigkeit des Vorhabens durch **Abwägung** zu entscheiden. Die Abwägung vollzieht sich bei gebundenen Zulassungsentscheidungen, z.B. der Betriebsplanzulassung, in gesetzlicher Bindung und unterliegt daher der vollen gerichtlichen Kontrolle (BVerwG, NUR 2002, 360; NUR 2007, 265; Michler/Möller, aaO, S. 87). Fällt die Abwägung zugunsten des Eingriffs aus, ist gemäß § 15 Absatz 6 BNatSchG **Ersatzgeld** zu zahlen.

6. Verhältnismäßigkeit

Ungeschriebenes, verfassungsrechtlich gebotenes Tatbestandsmerkmal für die **263** Vermeidung, Ausgleichs- und Ersatzmaßnahmen ist der Grundsatz der **Verhältnismäßigkeit** (BVerwG, NUR 1998, 41; OVG Bremen, NUR 1990, 225). Es ist auf jeder Stufe erneut zu beachten. Insofern sind auch die Kosten der jeweiligen Kompensationsmaßnahmen in die Wertung einzubeziehen, die Maßnahmen müssen finanziell angemessen sein (Marzik/Wilrich § 19, Rn 27, 31). Der Grundsatz der Verhältnismäßigkeit verlangt, dass die Suche nach geeigneten Kompensationsflächen festgehalten und mit den Planunterlagen vorgelegt wird. Lücken in der **Dokumentation** rechtfertigen allerdings nicht automatisch den Schluss auf einen Abwägungsmangel (BVerwG, ZuR 2011, 426).

Die Kompensation des Eingriffs muss sich auf die Bestandteile des Naturhaus- **264** haltes beziehen, deren Funktionsfähigkeit erheblich beeinträchtigt werden kann und bei denen diese Beeinträchtigungen nicht vermieden werden kann. Dazu zählen Boden, Wasser, Luft, Klima, Tiere und Pflanzen (§ 7 Absatz 1 Nr. 1 BNatSchG). Zur Methodik der Arbeitsschritte bei der Durchführung der Eingriffsregelung s. die Aufstellung bei Marzik/Wilrich § 19 Rn 18 und die Arbeitshilfen der Landesumweltministerien. Die allgemeinen Anforderungen an die Kompensation, die Ermittlung des Kompensationsbedarfs, des Ausgleichs und Ersatz von Beeinträchtigungen, die Voraussetzungen und die Höhe der Ersatzzahlung werden neuerdings in der **Bundeskompensations-VO** (BKompV) geregelt (s. BR-Drs 332/13 vom 25.4.2013). Zur naturschutzfachlichen Bewertung und Bilanzierung von Eingriffen in Natur und Landschaft bei Abgrabungsvorhaben: Ellinghoven/Brandenfels in NUR 2004, 564 ff.; ferner Müller/Schulz, Hb S. 323 ff. Zum Entwurf siehe Schütte/Wittrock, ZUR 2013, 259.

7. Wiedernutzbarmachung und Kompensation

Sofern in Betriebsplanverfahren die bergrechtliche **Wiedernutzbarmachung** eine **265** Rolle spielt, stellt sich die Frage des Verhältnisses von § 55 Absatz 1 Nr. 7, Absatz 2 Nr. 2 i. V. mit § 4 Absatz 4 zur naturschutzrechtlichen Kompensationspflicht. Die Pflicht zur Wiedernutzbarmachung bezieht sich auf die vom Betrieb in Anspruch genommenen Flächen. In diesem Bereich ist die bergrechtliche Regelung vorrangig gegenüber der naturschutzrechtlichen. Sie ist die speziellere Norm, ist eine Eingriffsregelung „*besonderer Art*", die den Schutz von Natur und Landschaft gleichermaßen berücksichtigt wie das öffentliche Interesse an der Aufsuchung und Gewinnung von Bodenschätzen. Die spezielle bergrechtliche Wiedernutzbarmachung wird in § 1 Absatz 5 BNatSchG aufgenommen und sanktioniert. Der Vorrang rechtfertige sich auch aus Artikel 31 GG, weil die bundesrechtliche Vollkompetenz für das Bergrecht gegenüber dem landesrechtlich ausfüllungsbedürftigen Naturschutzrecht Vorrang hatte (h. M. Boldt-Weller, § 55 Rn 55, Wilde, DVBl 1998, 1325 und LKV 2006, 72; Kühne, UTR 2004, 277; Rausch S. 106 ff.; H. Schulte, ZfB 1987, 214; von Mäßenhausen, Dokumentation GDMB 2003, 47; VG Leipzig, ZfB 1995, 58; Spieht/Hong, ZfB 2001, 188; Hess.VGH, ZfB 2005, 30; a. A. Wolf, NUR 2006, 524, 526; Beddies, Rechtsfragen S. 50 f.).

Nachdem der Bund gemäß Artikel 74 Absatz 1 Nr. 29 GG für das Gebiet des **266** Naturschutzes und der Landschaftspflege uneingeschränkt von seiner Gesetzgebungskompetenz – mit Abweichungsrecht der Länder in bestimmten Bereichen – Gebrauch machen kann (Louis, NUR 2010, 77), ist diese Begründung fragwürdig geworden. Der Vorrang des bergrechtlichen Wiedernutzbarmachungsgebotes rechtfertigt sich aber aus den speziellen sachlichen Bergbaugegebenheiten. Während Naturschutz und Landschaftspflege räumlich orientiert sind, ist der Oberflächenbergbau und damit auch die Wiedernutzbarmachung parzellengebunden. Die Interessen des Natur- und Landschaftsschutzes sind eindimensional, die öffentlichen Interessen der Wiedernutzbarmachung dagegen vielfältig und abwägungsbedürftig. Der Naturschutz gehört auch zu ihnen, aber nicht ausschließlich. Die Wiedernutzbarmachung muss die bergbaulichen Restriken und Gefahren für die Sicherheit, z. B. durch Böschungsrutschungen (Frenz Glückauf 2010, 108, der aber im Übrigen den Biotopschutz favorisiert), Schächte und aufgelassene Stollen beachten. Insbesondere beim Oberflächenabbau, Braunkohlentagebau zeigen sich die bergbauspezifischen Besonderheiten: Der Eingriff durch das bergbauliche Vorhaben vollzieht sich über lange Laufzeiten. Am Ende der Laufzeit entsteht durch den Abbau ein erhebliches Massendefizit, das ausgeglichen werden muss. Das geschieht durch Wiedernutzbarmachung, angesichts der erheblichen Flächen durch Herstellung von Tagebauseen. Damit entstehen neue Landschaften anstelle der vorbergbaulichen. Um eine großflächige, raumordnungsgerechte Landschaft herzustellen, kann der Eingriff nicht zeitnah ausgeglichen werden (Freytag/Pulz, GDMB Schriftenreihe Heft 120 (2010), 69 ff.). Die Wiedernutzbarmachung durch Flutungen nach Bergrecht ist zugleich eine Ausgleichsmaßnahme i. S. des Naturschutzrechts und kein erneuter Eingriff. Andernfalls müsste der Bergbauunternehmer einen *„Ausgleich für den Ausgleich"* leisten, was sinnwidrig wäre (ähnlich Wilde, LKV 2006, 71, 72; Kühne, UPR 2004, 274 ff.; von Mäßenhausen, Schriftenreihe GDMB Band 2003, 47; von Daniels/Appel, NUR 2008, 690; Müggenborg, NUR 2013, 330 m. w. N. mit Verweis auf VGH Kassel, Urt. v. 2.12.2004 – AZ 4 UE 2874/ 02). In die gleiche Richtung geht die Argumentation, das Wiedernutzbarmachungsgebot enthalte ein spezielles *„Bergbau-Naturschutzrecht"*, das durch den Abschlussbetriebsplan konkretisiert wird.

267 Wenn sich nach dem Ende der bergbaulichen Tätigkeit auf den stillgelegten Flächen vorübergehend durch den natürlichen Besatz ein schützenswerter Lebensraum für Tiere und Pflanzen gebildet hat (**sog. Sekundärbiotope**), ist eine Veränderung dieses Lebensraumes zwar grundsätzlich als Eingriff zu bewerten und nicht lediglich als Maßnahme zum Ausgleich des Ersteingriffes (OVG Hamburg, NVwZ-RR 1993, 9 f.; OVG NRW, NVwZ 1994, 309). Sofern die Eingriffsregelung allerdings von einer bergrechtlichen Wiedernutzbarmachungsverpflichtung überlagert wird, sei sie durch Betriebsplanzulassung bereits konkretisiert oder zunächst nur gesetzlich vorgeschrieben, geht diese Verpflichtung vor (Spieht/Hong, ZfB 2001, 190 f.). Das Bergbaugrundstück, insbesondere die Abbaufläche, ist durch die spätere Wiedernutzbarkeit vorgeprägt, zwischenzeitliche Veränderungen der Natur haben keine prägende Funktion (§ 1 Absatz 3 Nr. 1 BNatSchG; s. auch Anhang § 56 Rn 389 ff.).

268 Es ist daher folgerichtig, wenn gemäß § 4 Absatz 2 Ziff. 1 LG NRW die Beseitigung von durch Sukzession entstandenen Biotopen oder Veränderungen des Landschaftsbildes auf in der Vergangenheit rechtmäßig baulich genutzten Flächen, d. h. auch ehemaligen Bergbauflächen, bei Wiederaufnahme einer neuen Nutzung (**Nutzung auf Zeit**) nicht als Eingriff in Natur und Landschaft einzuordnen sind.

269 § 30 Absatz 6 BNatSchG hat den Gedanken der *„Natur auf Zeit"* aufgegriffen. Sind gesetzlich geschützte Biotope auf Flächen entstanden, bei denen eine zulässige Gewinnung von Bodenschätzen eingeschränkt oder unterbrochen wurde, gilt der Biotopschutz nicht, wenn die Gewinnung innerhalb von 5 Jahren wieder aufgenommen wurde. Eine ähnliche Bewertung trifft § 14 Absatz 3 BNatschG bei zeitweise eingeschränkter oder unterbrochener landwirtschaftlicher Nutzung. Für weitergehende Berücksichtigungen des Gesichtspunktes *„Natur auf Zeit"* im laufenden Abbaubetrieb und bei Maßnahmen der Wiedernutzbarmachung: Freytag/Pulz, GDMB-Schriftenreihe, Heft 120 (2010), S. 69 ff.). Es **fehlt** an der **ökologischen Verfestigung** (Dammert, in Heggemann, Bergrecht-

liche Zulassungsentscheidungen im Kontext mit Umweltprüfungen, 2009, S. 31 ff.). Die Wiedernutzbarmachung dieser Flächen als Ausgleich der bergbaubedingten Eingriffe in Natur und Landschaft ist noch nicht abgeschlossen und hat wegen ihrer gesamtökologischen Bedeutung Vorrang vor dem Schutz von *„Zwischenzeit – Natur"*, die wandlungs- und wanderungsfähig ist (ähnlich v. Daniels/Appel, NUR 2008, 685, 692; Stevens, ZuR 2012, 338, 346 mit Hinweis auf BVerwG 123, 247, 256 – Tongrube II; differenzierend Ludwig, ZuR 2012, 150, 156). Da die den Naturschutz fördernden Ausgleichsmaßnahmen keine Eingriffe sind, können sie auch keine befreiungs- und ausgleichsbedürftigen Verbotshandlungen i.S. des Arten- oder Biotopschutzes sein (Stevens, aaO); s. auch Anhang § 56 Rn 391 ff.
Gemäß § 24 Absatz 1 Ziff. 1 Nds NatSchG findet das Verbot der Zerstörung oder Beeinträchtigung von gesetzlich geschützten Biotopen i.S. von § 30 Absatz 2 BNatschG keine Anwendung auf Biotope, die auf einer von einem bergrechtlichen Betriebsplan erfassten Fläche nach der Zulassung oder Planfeststellung entstehen (s. auch Anhang § 56, Rn 392 betr. *„Biotop auf Zeit"*).

8. Betriebsplanverfahren und Naturschutz

Verfahrensrechtlich verlangt § 17 Absatz 1 BNatSchG (§ 20 Absatz 2 **270** BNatSchG a.F.), dass die Entscheidung über die Verursacherpflichten des § 15 BNatSchG im Betriebsplanverfahren (sog. *„Huckepack-Verfahren"*) im **„Benehmen"** mit der für Naturschutz und Landschaftspflege zuständigen Behörde zu treffen ist, soweit nicht eine weitergehende Form der Mitwirkung vorgeschrieben ist. Benehmen heißt (gutachterliche) Anhörung (BVerwG NVwZ 1993, 890). Es ist nur beratender, nicht mitbestimmender Einfluss möglich. Einen größeren Einfluss gibt auch § 54 Absatz 2 als Beteiligungsrecht i.S. eines Unterrichtungs-, Äußerungs- und Erwägungsrechts nicht. Ebenso ist **landesrechtlich** weitgehend für die Betriebsplanzulassung lediglich das „Benehmen" der Naturschutzbehörde erforderlich (z.B. § 12 Absatz 1 NatSchG B-W, Artikel 6 b NatSchG Bay, § 7 NatSchG Hess, § 6 Absatz 1 LG NRW). Soweit **Einvernehmen** mit den Naturschutzbehörden landesrechtlich vorgeschrieben ist (z.B. § 17 Absatz 2 Bbg NatSchG, § 16 Absatz 2 NatSchG M-V) widersprechen diese landesrechtlichen Regelungen den Beteiligungsgebot des § 54 Absatz 2. Die Bergbehörden sind für die Wiedernutzbarmachung im Betriebsplanverfahren zuständig. Diese spezielle Regelung sieht in § 54 Absatz 2 keinen Einvernehmensvorbehalt zu Gunsten der Naturschutzbehörde vor. Der Vorbehalt des § 17 Absatz 1 BNatSchG schafft insofern keine gleichwertige Gesetzeslage zu § 54 Absatz 2 BBergG.

Verfahrensrechtlich ist in § 17 Absatz 4 BNatSchG vorgesehen, dass bei Eingriffen aufgrund eines öffentlich-rechtlichen Fachplans ein **landschaftspflegerischer Begleitplan** in Text und Karte zu erstellen ist. Er wird Bestandteil des Fachplans. Fachplan i.d.S. ist der obligatorische Rahmenbetriebsplan, der durch ein Planfeststellungsverfahren zuzulassen ist (Kolonko, NUR 1995, 133). **271**

Der landschaftspflegerische Begleitplan ist Bestandteil des obligatorischen Rahmenbetriebsplans und mit diesem auszulegen. Er enthält auch die Kompensationsmaßnahmen. Der Bergbauunternehmer kann die sich aus dem Begleitplan auferlegte Verpflichtung, eine Kompensationsmaßnahme durchzuführen, nur im Wege der Planänderung nach § 76 VwVfG aufheben oder modifizieren (BVerwG, DÖV 2008, 466 = NVwZ 2008, 561). **272**

Alle übrigen Arten von Betriebsplänen sind keine Fachpläne i.S. von § 17 **273** Absatz 4 BNatSchG (Kolonko, aaO; Boldt-Weller § 50 Vorbemerk. 8; VG Stade, ZfB 1987, 374, a.A. Gassner/Bendomir/Kahlo/Schmidt-Räntsch zu § 8

BNatSchG a.F., Rn 40 für den Rahmenbetriebsplan nach § 55 Absatz 2) und erfordern keinen landschaftspflegerischen Begleitplan. Der Herrichtungsplan (Rekultivierungsplan) gemäß § 4 Absatz 2 AbgrG NRW, welcher Teil des zur Erweiterung der Abgrabungsgenehmigung für eine Sand- oder Kiesgrube erforderlichen Abtragungsplans ist, entspricht weitgehend einem landschaftspflegerischen Begleitplan (OLG Düsseldorf, NZ Bau 2003, 47).

II. Landschaftsplanung

274 Das wichtigste Planungsinstrument des Naturschutzrecht ist die Landschaftsplanung, die eine am Vorsorgegrundsatz orientierte Fachplanung des Naturschutzes und der Landschaftspflege und zugleich eine Querschnittsplanung für andere Sektoren ist. Sie ist in § 9 Absatz 2 BNatSchG 4-stufig vorgegeben: Landschaftsrahmenprogramm für den Bereich eines Landes, Landschaftsrahmenplan für Teile eines Landes, der örtliche Landschaftsplan und für Teile eines Gemeindegebiets Grünordnungspläne. Dabei sind landesrechtliche Unterschiede zu beachten: in einigen Bundesländern wird auf das Landschaftsprogramm verzichtet, in einigen erfüllt der Regionalplan (früher NRW-Gebietsentwicklungsplan) die Funktion des Landschaftsrahmenplans (§ 15 Absatz 2 LG NRW; Artikel 3 Absatz 1 NatSchG Bay). In vielen Ländern wird die Landschaftsplanung durch Grünordnungspläne ergänzt, teilweise gilt der Landschaftsplan zugleich als Landschaftsrahmenplan (§ 6 Absatz 6 Bbg NatSchG). Die Landschaftsplanung ist gemäß § 9 Absatz 5 BNatSchG bei Planungen und Verwaltungsverfahren zu berücksichtigen, bei der Beurteilung der UVP-Verträglichkeit und bei Aufstellung der wasserrechtlichen Maßnahmenprogramme (§ 82 WHG) heranzuziehen. Einzelheiten zu Inhalt und Reichweite der Landschaftsplanung: Appel, NUR 2010, 171 ff.

1. Landschaftsprogramm

275 Das **Landschaftsprogramm** ist darauf beschränkt, allgemein gültige Entwicklungsziele und erforderliche Maßnahmen für das gesamte Landesgebiet im Maßstab 1:500.000 (1:200.000) zu formulieren. Seine Integration in den Raumordnungsplan erfolgt in den einzelnen Bundesländern nach unterschiedlichen Verfahren: teilweise durch besonderen Transformationsakt („**Sekundärintegration**"), bei dem zunächst ein eigenständiges Programm aufgestellt und dann nach Abwägung mit anderen raumbedeutsamen Planungen und Maßnahmen, d.h. auch der Gewinnung von Bodenschätzen und der Energieerzeugung, in die Raumplanung aufgenommen wird (z.B. B-W, Bbg, He, M-V, Nds, Saarl, S-A, Th). Teilweise geschieht das in der Weise, dass das Landesrecht kein eigenes Verfahren vorsieht, sondern das Landschaftsprogramm als Teil der räumlichen Gesamtplanung behandelt (**Bay, NRW, Rh-Pf, Sachsen**) und dadurch zu verbindlichen Zielen der Raumordnung macht („**Primär-Integration**"). Abgesehen von den Ländern, in denen das Landschaftsprogramm nur gutachterlichen Wert hat (M-V, Nds, S-A), ist es für alle Naturschutzbehörden verbindlich.

2. Landschaftsrahmenplan

276 Vergleichbares gilt für den **Landschaftsrahmenplan**. Er ist landesrechtlich – im Wege der Primär- oder Sekundärintegration – auf den Eingang in den Regionalplan ausgerichtet. Soweit die Landschaftsrahmenplanung im Regionalplan aufgenommen ist, werden sie zu von allen öffentlichen Stellen zu beachtenden (§ 4 Absatz 1 ROG) Zielen der Raumordnung.

3. Landschaftsplan

Die rechtliche Verbindlichkeit der **Landschaftspläne** (Maßstab 1:10.000 bis **277** 1:5000) ist gemäß § 11 Absatz 1 Satz 4 BNatSchG den Ländern überlassen. Sie werden teils als Satzung (§ 16 Absatz 2 LG NRW), als „integrierter Fachplan Naturschutz" (§ 4 Absatz 3 NatSchG He), als Bestandteil des Flächennutzungsplans (Artikel 3 Absatz 2 NatSchG Bay, ähnlich § 4 NAGBNatSchG und § 6 Absatz 1 NatSchG Sa) oder als eigenständiger Plan (§ 7 Absatz 1 NatSchG Bbg) ausgewiesen. Je nach Landesrecht ist auch für den Landschaftsplan das eigenständige, nicht integrierte Verfahren, das 2-stufige Verfahren („Sekundärintegration") und die unmittelbar integrierte Landschaftsplanung zu unterscheiden.

Die Aufstellung von Landschaftsplänen bedarf gemäß § 14 b Absatz 1 Nr. 1 i. V. **278** mit Anlage 3I Nr. 1 UVPG grundsätzlich der **strategischen Umweltprüfung** (Kment, UPR 2007, 85). Die Erforderlichkeit und Durchführung der Strategischen Umweltprüfung für Landschaftspläne richtet sich gemäß § 19 a UVPG nach Landesrecht.

Im Braunkohlenbergbau stellt sich die Frage nach dem **Verhältnis von Land-** **279** **schaftsplan, Braunkohlenplan** und **Rahmenbetriebsplan:** nach § 38 i. V. mit 22 Absatz 1 LPlG NRW werden Braunkohlenpläne mit ihrer Genehmigung Ziele der Raumordnung, die nach §§ 4, 5 ROG von den öffentlichen Stellen bei raumbedeutsamen Planungen und Maßnahmen zu beachten sind. Sofern Braunkohlenpläne **Grundsätze** enthalten, sind sie bei diesen Maßnahmen zu **berück-** **sichtigen.** Demgemäß haben die Träger der Landschaftsplanung sich bei der Aufstellung der Landschaftspläne zu orientieren. Sind – dem Braunkohlenplan entgegenstehende – Landschaftspläne vorhanden, sind sie gemäß § 16 Absatz 2 LG NRW, 22 Absatz 1 Satz 2 und Absatz 2 LPlG NRW an die Ziele und Erfordernisse der Raumordnung und Landesplanung anzupassen (VG Aachen, ZfB 2003, 91 zur früheren Rechtslage unter Bezug auf OVG NRW, NUR 1999, 707). Andererseits hat die Zulassung eines fakultativen Rahmenbetriebsplans nicht eine dem § 22 Absatz 1 LPlG NRW vergleichbare Bindungswirkung. Demnach verbleibt dem Träger der Landschaftsplanung die Möglichkeit zur Landschaftsplanung, auch wenn er in soweit von einem (zugelassenen) Rahmenbetriebsplan abweichen möchte (VG Aachen, aaO).

Generell ergibt sich aus dem bergrechtlichen System der Betriebsplanarten und **280** der fehlenden Gestattungswirkung des Rahmenbetriebsplans, dass Gesichtspunkte einer verbindlichen Landschaftsplanung erst in Haupt- und Sonderbetriebsplänen eine Rolle spielen (VG Aachen, aaO). Es sei denn, die Bergbehörde in Ausübung ihres Verfahrensermessens (§ 52 Absatz 2) bzw. der Unternehmer haben im Rahmenbetriebsplan bereits naturschutzfachliche Detailregelungen getroffen (Ludwig, S. 47).

III. Gebietsschutz

Rohstoffgewinnung und Naturschutz beanspruchen typischer Weise größere **281** Flächen in Außenbereichen. Dadurch sind Nutzungskonflikte vorprogrammiert, von denen auch besonders wertvolle Arten und Habitate betroffen sind.

Dem Artensterben entgegenzuwirken, ist Ziel der Richtlinie 92/43 EWG des **282** Rates v. 21.5.1992 zur Erhaltung der natürlichen Lebensräume sowie der wild lebenden Tiere und Pflanzen (ABl Nr. L 206, S. 7), kurz **FFH-RL.** Danach ist ein zusammenhängendes europäisches Netz von Naturschutzgebieten „**Natura** **2000**" aufzubauen. Zu diesem Netz gehören die Schutzgebiete, in denen besondere Schutzmaßnahmen hinsichtlich der Lebensräume von bestimmten Vogelarten aufgrund der früheren Richtlinie 79/409 EWG des Rates v. 2.4.1979 über die Erhaltung von wild lebenden Vogelarten (ABl Nr. L 103, S. 1), jetzt RL 2009/ 147 EG v. 30.11.2009 (ABl 2010, 7 ff.), kurz **Vogelschutz-Richtlinie** anzuwenden sind.

283 Nach der Rechtsprechung des EuGH (v. 23.3.2006 – C2009/04, Slg 2006 –I-2781, Rn 56 f.) ist die FFH-RL nicht anzuwenden, wenn das Projekt vor Ablauf der **Umsetzungsfrist (Juni 1994)** beantragt worden ist (OVG NRW, ZfB 2008, 118 – Garzweiler –, Apfelbacher/Iven, NUR 1999, 70; Cosack, NUR 2000, 317). Das Gleiche gilt für die nationalen Regelungen (§§ 31 ff. BNatSchG), die das Gemeinschaftsrecht umsetzen sollen (OVG NRW, ZfB 2008, 141 und 119 m. w. N.).

1. FFH-RL und Bergbau

284 Die Entstehung eines FFH-Schutzgebietes macht einen langen Weg. In NRW ist hierzu der Runderlass des MURL v. 26.4.2000 über die „**Verwaltungsvorschrift** zur Anwendung der nationalen Vorschriften zur Umsetzung der RL 92/43 EWG (FFH-RL) und 79/409/EWG (Vogelschutz-RL)" ergangen (MinBl 2000, 624). Er enthält auch Kriterien zur Auswahl der FFH- und Vogelschutzgebiete für das System „Natura 2000". Inzwischen wurde zum Schutzgebietssystem „Natura 2000" die **VV-Habitatschutz** (Rd. Erlass vom 13.4.2010) erlassen. Ähnliche Verwaltungsvorschriften gibt es in anderen Bundesländern (z. B. VwV Thüringen v. 22.7.2009, Thür. St. Anz., 1383). Das Prüfungsverfahren für die Genehmigung von Projekten im europäischen Netz „Natura 2000" wird ausführlich im Runderlass des MU Nds v. 28.7.2003 (Nds. MBl, 604 ff.) behandelt.

285 Nach § 32 Absatz 1 BNatSchG (früher § 33 Absatz 1, davor § 19 b Absatz 1 BNatSchG a. F.), der Artikel 4 der FFH-RL in deutsches Recht umsetzt, **wählen** zunächst die **Bundesländer** die Gebiete aus, die als solche von gemeinschaftlicher Bedeutung i. S. von § 7 Absatz 1 Nr. 6 BNatSchG zu benennen sind. Kriterien für die Auswahl sind im Anh. III Phase 1 des Artikel 4 Absatz 1 FFH-RL vorgegeben. In dieser Phase können naturschutzexterne Belange – wie wirtschaftliche, soziale oder regionale – keine Rolle spielen (EuGH, NUR 1997, 36; NUR 2001, 151; BVerwGE 107, 24; 112, 140; BVerwG, NUR 2000, 450; NUR 2001, 46; Kahl/Gärditz, NUR 2005, 558 m. w. N.; Frenz, ZfB 2002, 31; Kerkmann, Naturschutzrecht in der Praxis, 352 m. w. N.; Louis, NUR 2012, 385, 387). Gründe der Rohstoffsicherung, Strukturförderung oder das Eigentum am Bergbaubetrieb sind nicht zu berücksichtigen (Ludwig, S. 17). Es ist nicht zulässig, die Fläche eines Rahmenbetriebsplans aus der FFH-Meldung herauszunehmen, wenn dafür keine naturschutzfachlichen Gründe bestehen (VG Koblenz, NUR 2007, 367). Allerdings kann die vorhandene Gebietsqualität in einem industriell stark geprägten Gebiet vorbelastet und damit wenig schutzwürdig sein (Kerkmann, aaO, m. w. N.).

Grundsätzlich zur Abgrenzung eines FFH-Gebietes zum dynamischen FFH-Regime, zu Maßstäben für die Abgrenzung, zur Richtigkeitsvermutung der Gebietsabgrenzung und zur Handhabung bei notwendigen Erweiterungen: Frenz, NUR 2011, 405 ff., auch VGH Mannheim, NUR 2010, 206, 214 Rn 108; in Diskurs zu BVerwG, NUR 2010, 558 ff. = A 44.

286 Im nächsten Schritt hat das BMU im Benehmen mit den anderen zuständigen Bundesministerien der EU-Kommission die ausgewählten Gebiete benannt („Meldung"). Auch bei der Meldung müssen naturschutzexterne Gesichtspunkte außer Betracht bleiben.

287 Der dritte Schritt ist die **Auswahl** der Gebiete für die **Gemeinschaftsliste durch die EU-Kommission** (Artikel 4 Absatz 2 FFH-RL) und die **Erstellung eines**

Entwurfs der Liste der Gebiete von gemeinschaftlicher Bedeutung im Einvernehmen mit dem Mitgliedstaat. Ein Mitgliedstaat darf nicht bei der Auswahl und Abgrenzung der Gebiete den Anforderungen von Wirtschaft, Gesellschaft und Kultur oder regionalen und örtlichen Besonderheiten Rechnung tragen (Generalanwältin Sharpston in NUR 2009, 586 – Papenburg – unter Hinweis auf EuGH Slg 2000, I-9235; daraufhin EuGH, DVBl 2010, 242 mit Anmerkung Stüer und Gärditz = NUR 2010, 115 – Papenburg; früher schon EuGH, ZUR 1994, 305; ZUR 1996, 251 betrifft Vogelschutzgebiete; Ludwig, Auswirkungen, S. 18; Wolf, ZUR 2005, 451; Kerkmann, Naturschutzrecht in der Praxis, S. 361; Gellermann, Natura 2000, 58; a. A. vormals VG Frankfurt, NVwZ 2001, 1159; Erbguth/Stollmann, DVBl 1997, 454; Koch, NUR 2000, 376; Thyssen, DVBl 1998, 885; Epiney, UPR 1987, 309). Die in den Erwägungsgründen der FFH-RL ausdrücklich genannten wirtschaftlichen, sozialen und regionalen Anforderungen spielen im gesamten Findungsprozess keine Rolle.

Die anschließende Auswahlentscheidung der Kommission wird anhand der **288** Kriterien des Anh. III (Phase 2) zu § 4 Absatz 2 FFH-RL mit Unterstützung durch den sog. **Habitat-Ausschuss** (Artikel 20 FFH-RL) getroffen. Nationale Meldungen haben keine bindende Wirkung für die Kommission (EuGH, NVwZ 2005, 311; OVG Lüneburg, ZUR 2006, 316). Maßgebend sind naturschutzfachliche Gesichtspunkte auf europäischer, nicht auf nationaler Ebene (Gellermann, NUR 2001, 502). Wegen der Vorgaben des Anh. III dürften bei Erstellung der Kommissionsliste politische, ökonomische oder regionale Gesichtspunkte nicht einfließen (hM. Oldiges, Perspektiven des Naturschutzes, S. 124; Gellermann, NVwZ 2001, 502; Ludwig, S. 18; Louis, BNatSchG 2. Auflage § 19 b Rn 6; a. A. Kerkmann, Natura 2000 – Verfahren und Rechtsschutz im Rahmen der FFH-RL, S. 130 ff.; VG Oldenburg, NVwZ 2008, 588; VG Frankfurt, NVwZ 2001, 1159).

Hatte die Kommission ein Gebiet in die Gemeinschaftsliste aufgenommen, muss **289** der Mitgliedsstaat es gemäß Artikel 4 Absatz 4 FFH-RL zwingend als besonderes Schutzgebiet ausweisen. Dem steht § 48 Absatz 1 Satz 2 nicht entgegen, da er den Erlass von Bergbau beschränkenden Normen nicht verhindern kann (BVerwG, NUR 1996, 86; Berkemann, Bergrecht in der Entwicklung, S. 55; Ludwig, Auswirkungen, S. 20; a. A. OVG Koblenz, NUR 1994, 45; Hoppe, DVBl 1987, 761 f.; Peters, DVBl 1988, 228).

Bei neuen bergbaulichen Projekten kann sich im Einzelfall die Frage der **Rück-** **290** **holbarkeit**, etwa der **Verkleinerung** durch nachträgliche Änderung der Gebietsabgrenzung oder durch vollständige Aufhebung der Einstufung des FFH-Gebietes stellen. Rechtgrundlage hierfür kann Artikel 9 der FFH-RL und der gemeinschaftsrechtliche Verhältnismäßigkeitsgrundsatz sein, wenn das Gebiet seine Funktionen infolge nachträglich eingetretener natürlicher Negativentwicklungen nicht mehr erfüllen kann (Schrader, BGWZ 2008, 61 ff. unter Hinweis auf EuGH, NUR 2007, 36; Gellermann, Natura 2000, S. 132). Allerdings sind an den Wegfall des Schutzgrundes strenge, nachweisbare, nicht nur kurzfristige Anforderungen zu stellen.

Rechtliche Folgen der Listenerstellung durch die Kommission sind das **Störungs-** **291** **und Verschlechterungsverbot** (Artikel 6 Absatz 2 FFH-RL; § 33 Absatz 1 BNatSchG), die **Verträglichkeitsprüfung** für Pläne und Projekte (Artikel 6 Absatz 3 Satz 1 FFH-RL, § 34 Absatz 1 BNatSchG) und der **Verträglichkeits-** **grundsatz** (Artikel 6 Absatz 3 Satz 2 FFH-RL, § 34 Absatz 2 BNatSchG).

Das **Störungs- und Verschlechterungsverbot** als grundsichernde allgemeine **292** Generalklausel greift nur, wenn die abzuwehrenden Beeinträchtigungen nicht projektbedingt sind (Gellermann, NVwZ 2001, 504 m. w. N.). Für die Bergbauprojekte ist dagegen die Verträglichkeitsprüfung von besonderer Bedeutung, da sie der Beginn des speziellen Projektprüfungsverfahrens der FFH-RL ist.

293 **Tagebaugruben in Vogelschutz- und FFH-Gebieten** dürfen nur genehmigt werden, wenn vorher die unmittelbaren, mittelbaren und kumulativen Auswirkungen der bereits bestehenden Tagebauprojekte in der Nähe in geeigneter Weise identifiziert, beschrieben und bewertet werden (EuGH, NUR 2012, 42).

294 Nach § 34 Absatz 1 BNatSchG sind **Projekte** vor ihrer Zulassung **auf ihre Verträglichkeit mit den Erhaltungszielen des FFH-Gebietes oder eines Vogelschutzgebietes zu überprüfen.** Die Erhaltungsziele ergeben sich aus den sog. Standarddatenbogen (näheres BVerwG, NVwZ 2008, 1115). Das Formular hierzu hat die EU-Kommission (ABl 1997 L 107, 1 ff.) vorgegeben. Ergibt die Prüfung, dass das Projekt nicht zu erheblichen Beeinträchtigungen dieser Gebiete in ihren für die Erhaltungsziele oder den Schutzzweck maßgeblichen Bestandteilen führt, kann es insoweit zugelassen werden. Andernfalls ist es nach § 34 Absatz 2 BNatSchG unzulässig, vorbehaltlich der Möglichkeit nach § 34 Absatz 3 BNatSchG.

295 **Zentrale Stützen der Verträglichkeitsprüfung,** die ein integrierter Bestandteil des jeweiligen Zulassungsverfahrens ist (Schink, DÖV 2002, 52), sind die Begriffe „Projekte" und „Möglichkeit einer erheblichen Beeinträchtigung".

296 Der Begriff „Projekt" wird gesetzlich nicht mehr definiert (früher § 10 Absatz 1 Nr. 11 BNatSchG 2004). Zum Vorhabenbegriff (= Projekt) bei der UVP s. Schink, NUR 2012, 603 ff. In dem neuen Artikel 1 Absatz 2, Buchstabe a des Vorschlags vom 26.10.2012 für eine RL zur Änderung der UVP-RL 2011/92/EU wird der Begriff „Projekt" dahingehend geändert, dass gemäß Urteil des EUGH v. 3.3.2011 (Az C 50/09, NVwZ 2011, 929) auch **Abbrucharbeiten** davon abgedeckt werden.
Er wird auch in der FFH- und V-RL nicht definiert. Der Begriff wird europarechtlich (EuGH, NUR 2004, 788 Rn 21 ff.) als auch national (BT-Drs 16/12274, S. 65) anlehnend an den Vorhabenbegriff des UVP-Rechts verstanden, d.h. nach Artikel 1 Absatz 2 UVP-RL als Errichtung von baulichen oder sonstigen Anlagen sowie sonstiger Eingriffe in Natur und Landschaft einschließlich derjenigen zum Abbau von Bodenschätzen (s. auch BT-Drs 16/12274, S. 110). Da dieser Begriff auswirkungsbezogen (Artikel 3 UVP-RL) interpretiert wird, ist für den Projektbegriff entscheidend, ob die Maßnahme zu erheblichen Beeinträchtigungen des FFH- oder V-Gebietes in seinen für die Erhaltungsziele oder den Schutzzweck maßgeblichen Bestandteilen führen kann (Frenz, NVwZ 2011, 276 m.w.N. und UPR 2009, 6; BVerwG, NVwZ 2010, 1490 = DVBl 2010, 778 Rn 9).

297 Auch **außerhalb besonderer Schutzgebiete** gelegene Projekte können einer FFH-Verträglichkeitsprüfung unterliegen, wenn sie nur an das Schutzgebiet angrenzen, es aber erheblich beeinträchtigen können, etwa durch Immissionen, Lärm oder Grundwasserabsenkung (Frenz, aaO; EuGH, NVwZ 2006, 319 = NUR 2006, 166 Rn 51, 83; Mitschang/Wagner, DVBl 2010, 1261).

298 **Fortlaufende Maßnahmen** können ein einheitliches Projekt bilden, wenn sie nach ihrer Art und den Umständen ihrer Ausführung auf unverändert gleichförmige Wiederholungen angelegt sind (Frenz, aaO, S. 277; Württemberger, NUR 2010, 316, 318 für regelmäßige Ausbaggerungen, auch für unregelmäßige Flutungen von Hochwasserbecken). Auch der permanente Abbau eines Bergbaubetriebs ist ein einheitliches Projekt, anders jedoch wenn der Betrieb stillgelegt wird und nach Jahren wieder aufgenommen wird (Frenz, aaO).

Bei genehmigten, aber **fortlaufenden Unterhaltungsmaßnahmen im FFH-Gebiet** **299** kann je nach konkreter Sachlage jeweils ein neues Projekt vorliegen. Sogar die Tatsache, dass eine Tätigkeit vor Ablauf der FFH-RL-Umsetzungsfrist genehmigt wurde, schließt nicht aus, dass bei jedem neuen Eingriff ein neues Projekt entsteht (EuGH, NUR 2010, 114 f.; Würtenberger, NUR 2010, 317 f.). Allerdings kann eine Maßnahme wegen ihrer Art und Umstände ihrer wiederkehrenden Ausführung als einheitliche Maßnahme betrachtet werden (EuGH, aaO, Rn 47). Insbesondere Projekte, deren mögliche Auswirkungen auf das FFH-Gebiet bei Erteilung der Genehmigung, etwa einer Rahmenbetriebsplanzulassung, schon abschätzbar waren, dürften einheitliche Projekte sein. Ebenso Projekte, die gleichförmig durchgeführt werden und sich nicht wesentlich von einander unterscheiden (Würtenberger, aaO).

Der **Erheblichkeitsbegriff** bezieht sich auf die **Erhaltungsziele eines Gebietes** oder **300** den Schutzzweck der Schutzverordnung. Er hat eine andere Zielrichtung als der Erheblichkeitsbegriff der Eingriffsregelung (hierzu Anh. § 56 Rn 247), der auf Natur und Landschaft konzentriert ist (Burmeister, NUR 2004, 297, Einzelheiten bei Thyssen NUR 2010, 9 ff.).

Projekte können das Gebiet **erheblich beeinträchtigen,** *„wenn sie drohen, die für* **301** *dieses Gebiet festgelegten Erhaltungsziele zu gefährden"* (EuGH, NUR 2004, 788 und 2005, 450 ff.). Das FFH-Recht enthält keinen umfassenden Flächenschutz, sondern einen Schutz der Erhaltungsziele des betreffenden Schutzgebietes (Jarass, NUR 2007, 373; BVerwG, NUR 2002, 739; BVerwGE 128, 1; OVG NRW, NUR 2009, 732). Geschützt ist nicht das Gebiet in seiner Habitat- und Artenvielfalt, sondern nur wegen der Lebensräume und Arten, die als Erhaltungsziele definiert sind (BVerwG, NVwZ 2009, 307, Rz 58). Dieser Schutzzweck des Gebietes muss insgesamt gewichtig oder dauerhaft leiden (OVG NRW, ZUR 2000, 165; Nds. OVG, ZfBR 2001, 208; Schink, DÖV 2002, 53 m. w. N.; Thyssen, NUR 2010, 13). Dafür gilt ein strenger Maßstab: Projekte können nur zugelassen werden, wenn die Gewissheit besteht, dass sie sich nicht nachteilig auf die Erhaltungsziele des Gebietes auswirken. Die entscheidende Prüffrage ist, ob sicher ist, dass ein günstiger Erhaltungszustand trotz Durchführung des Vorhabens stabil bleiben wird (Thyssen, aaO). Vorgaben für den günstigen Erhaltungszustand macht § 1 Buchstabe e FFH-RL. Grundsätzlich kann nach der Rechtsprechung somit jede Beeinträchtigung von Erhaltungszielen erheblich sein und muss als Beeinträchtigung i. S. von § 34 Absatz 2 BNatSchG gewertet werden (OVG NRW, NUR 2008, 50; und NUR 2008, 876; BVerwG, NUR 2007, 736 Rn 41). Der Gegenbeweis misslingt, wenn die einschlägigen wissenschaftlichen Erkenntnisse keine hinreichend sichere Aussage über die Auswirkungen des Vorhabens erlauben (OVG NRW aaO; Thyssen, aaO mit Hinweis auf EuGH, NUR 2004, 788). Nicht ausräumbare wissenschaftliche Unsicherheiten sind jedoch kein unüberwindbares Zulassungshindernis, wenn ein wirksames Risikomanagement auferlegt wird. Außerdem ist es zulässig, mit **Prognosewahrscheinlichkeiten** und begründeten Schätzungen zu arbeiten (EuGH, NUR 2006, 494; NUR 2004, 788; BVerwG, NUR 2007, 336, Rn 63, 64; OVG NRW, NUR 2008, 52).

Ferner können im Rahmen der Erheblichkeitsprüfung **Minderungs- und Aus-** **302** **gleichs- und Ersatzmaßnahmen** berücksichtigt werden, die den Beeinträchtigungen des Gebietes die Erheblichkeit nehmen können, wenn sie durchgeführt wurden oder kurzfristig erfolgen werden (BVerwG, NUR 2003, 690; NUR 2007, Rn 2 ff.; OVG NRW, ZUR 2000, 158; Kerkmann, Naturschutzrecht in der Praxis, S. 414; Schink, aaO m.w.N.; Frenz, Bergrecht und nachhaltige Entwicklung, S. 47 f.; VG Gera, LKV 2002, 252; VG Oldenburg, NUR 2000, 402; Kremer, ZUR 2007, 302; Himmelmann/Thünessen-Harmes, S. 434). Bei einer projektbedingten Zusatzbelastung ist die Vorbelastung unverzichtbar zu berücksichtigen. Schöpft bereits die **Vorbelastung** die Belastungsgrenze aus, läuft jede Zusatzbelastung dem Erhaltungsziel zuwider und ist erheblich i. S. von §§ 13, 14 Absatz 1 BNatSchG (BVerwG, NVwZ 2010, 319; NVwZ 2007, 1054 Rn 108; BVerwG, NUR 2012, 784, 785 – Steinkohlekraftwerk Lünen).

303   Da Habitat-Schutz und Artenschutz unterschiedlichen Prüfungsprogrammen folgen, greifen nicht immer dann, wenn artenschutzrechtliche Verbote berührt sind, automatisch die Habitat-Schutz Verbote ein (BVerwG, NUR 2008, 176; NUR 2008, 662; s. Anh. § 56 Rn 380).

304   Beeinträchtigungen der Erhaltungsziele, die sich durch ein **Zusammenwirken mit anderen Plänen oder Projekten** ergeben können, sind einzubeziehen. Allerdings ist das Ausmaß dieser **Summationswirkung** erst verlässlich absehbar und zu berücksichtigen, wenn für die anderen Pläne oder Projekte die erforderliche Zulassung erteilt wurde (BVerwG, NUR 2011, 866, Rn 81; NUR 2012, 125; NUR 2012, 785: *„hinreichend verfestigte Projekte"*).

305   Für die Unzulässigkeit eines **Tagebauvorhabens** genügt nicht die bloße Möglichkeit der Beeinträchtigung des Schutzgebietes. Vielmehr muss die Wahrscheinlichkeit vorliegen, dass die Erheblichkeitsschwelle überschritten wird (VG Cottbus, ZfB 2004, 243; Cosack, UPR 2002, 250). Durch die Einwirkungen muss der ökologische Zustand des Gebietes in nennenswertem Umfang betroffen sein (Niederstadt, NUR 1998, 520). Dabei besteht für die Entscheidung über eine erhebliche Beeinträchtigung **ein Beurteilungsspielraum der Behörde,** der die gerichtliche Kontrolle begrenzt (VG Cottbus, aaO, S. 244; OVG Bremen, ZUR 2010, 153 n. w. N.; Gassner/Heugel, Rn 497).

306   Die **Aufsuchung von Bodenschätzen** im FFH-Gebiet hat wegen ihres unbedeutenden Charakters nicht die Wirkung einer erheblichen Beeinträchtigung (VG Schwerin, ZfB 2002, 215).

307   In einer Empfehlung der Länderarbeitsgemeinschaft LANA (v. 4./5.3.2004, hierzu Burmeister NUR 2004, 296 ff.) wird angeregt, der **FFH-Verträglichkeitsprüfung** (*„Kernprüfung"*) eine gesetzlich nicht vorgesehene „FFH-Vorprüfung" (*„Screening"*) vorzuschalten, in der überschlägig geklärt wird, ob ein prüfungsrelevante Natura 2000-Gebiet betroffen sein kann und ob erhebliche Beeinträchtigungen der Schutzziele ernsthaft zu besorgen sind (BVerwG, NUR 2008, 116; NVwZ 2004, 210, NUR 2009, 797; Steeck/Lau, NVwZ 2008, 854; Louis, NUR 2012, 467, 474). Ergibt die FFH-Vorprüfung auf wenigstens eine der beiden Fragen eine negative Antwort, kann das Vorhaben ohne FFH-Verträglichkeitsprüfung genehmigt werden. Positive Antworten auf beide Fragen führen zur „**FFH-Kernprüfung**". In der Vorprüfung können bereits bestimmte Besonderheiten herausgearbeitet und beachtet werden: Standortbezogene Vorbelastungen, vorhandene und zu erwartende Emissionen, Bestandsschutz durch rechtmäßige Zulassungen. Der Bestandsschutz erstreckt sich auf die zugelassenen, nicht auf die ausgeübten Nutzungen und umfasst Unterhaltungs- und Instandsetzungsmaßnahmen. Ein Projekt ist unzulässig, wenn eine erforderliche FFH-(Kern)prüfung nicht durchgeführt wird.

308   Die bei der Vorprüfung nach Artikel 6 Absatz 3 Satz 1 FFH-RL anzulegenden Maßstäbe sind nicht identisch mit den Maßstäben für die Verträglichkeitsprüfung selbst. Bei der Vorprüfung ist nur zu entscheiden, ob erhebliche Beeinträchtigungen des Schutzgebietes ernstlich zu besorgen sind. Eine FFH-Verträglichkeitsprüfung ist nur erforderlich, wenn und soweit erhebliche Beeinträchtigungen des Schutzgebietes nicht *„offensichtlich ausgeschlossen werden können"* (BVerwGE 128, 1 Rn 60). Besteht die Besorgnis nachträglicher Auswirkungen, schließt sich die Verträglichkeitsprüfung an. In ihr kann der Ver-

dacht nachteiliger Auswirkungen nur durch eine schlüssige naturschutzfachliche Argumentation ausgeräumt werden, die die besten einschlägigen wissenschaftlichen Erkenntnisse verwertet (BVerwG, NUR 2008, 115 , 116).

Wenn die Verträglichkeitsprüfung (*„Kernprüfung"*) nach § 34 Absatz 1 **309** BNatSchG ergeben hat, dass das Projekt zu erheblichen Beeinträchtigungen der festgesetzten Erhaltungsziele führt, ist es grundsätzlich unzulässig. Allerdings gilt eine **Abweichungsprüfung.** Trotz negativen Ergebnisses der Verträglichkeitsprüfung ermöglicht § 34 Absatz 3 BNatSchG, abweichend vom strengen Befund der Unzulässigkeit des Projektes gemäß § 34 Absatz 2 BNatSchG, das Vorhaben dennoch zuzulassen. **Zumutbare Alternativen** (Rn 310 ff.) für das Projekt dürfen **nicht gegeben sein** und das Projekt muss aus zwingenden Gründen des **überwiegenden öffentlichen Interesses** (Rn 313) notwendig sein. Außerdem muss die Kohärenz (Rn 317 f.) gesichert sein. Ausführlich zur FFH-Verträglichkeitsprüfung und Abweichungsentscheidung: Storost, DVBl 2009, 673 ff.; zu fachlichen Beurteilungsspielräumen in der FFH-Verträglichkeitsprüfung: Louis, UPR 2010, 169 ff.; zu FFH-Abweichungsentscheidungen: Frenz UPR 2011, 100 ff. und UPR 2011, 170; Lau, NVwZ 2011, 461 m. w. N.; zu den unterschiedlichen Erscheinungsformen der Alternativenprüfung bei UVP, Eingriffsregelung des BNatschG, Stand der Technik und bei der FFH-Abweichungsprüfung s. Winter, NUR 2010, 601 ff. (*„Elbvertiefung"*). Zur Alternativenprüfung nach Artikel 6 Absatz 4 FFH-RL: Füßer/Lau, NUR 2012, 448 ff.

Eine **Alternativlösung** setzt voraus, dass sich der mit dem Vorhaben zulässigerweise verfolgte Zweck trotz ggf. hinzunehmender Abstriche mit ihr erreichen lässt (BVerwG, NVwZ 2002, 1243). Ist eine Alternative vorhanden, erübrigen sich sämtliche weiteren Überlegungen (Cosack, UPR 2002, 253). Die Alternativenprüfung bezieht sich auf Standort und Art der Ausführung. Die Alternative ist ein strikt zu beachtendes Vermeidungsgebot (BVerwGE 110, 310; BVerwG, NVwZ 2002, 1245) ohne Ermessensspielraum (BVerwG, NUR 2008, 650, ausführlich Storost, DVBl 2009, 673, 679), allerdings mit der Begrenzung durch den Grundsatz der Verhältnismäßigkeit (Artikel 5 Absatz 3 EGV, BVerwG, NUR 2008, 650, Halama, NVwZ 2001, 511; Wrase, NUR 2004, 357). Das Gebot ist gerichtlich uneingeschränkt nachprüfbar (BVerwG, NUR 2008, 650). In Betracht kommen nur *„zumutbare"* Alternativen, wobei auch wirtschaftliche Gesichtspunkte und rechtliche Hindernisse (Storost, DVBl 2009, 680) zum Ausschluss von Varianten führen können. Eine betriebswirtschaftlich unvernünftige oder gegen das Gemeinwohl verstoßende (BVerwG, DVBl 2003, 539) oder ebenfalls zu erheblichen Beeinträchtigungen von FFH-Gebieten führende (Köck, ZUR 2005, 469 f. Einzelheiten bei Steeck/Lau, NVwZ 2009, 616, 618 f.). Möglichkeit dürfte ebenso wenig eine Alternativlösung sein, wie die sog. *„Nullvariante"*, d. h. Verzicht auf das Vorhaben (BVerwGE 110, 310; Ramsauer NUR 2000, 606; Wrase NUR 2004, 35 m. w. N.). Von einer Alternative i. S. von Artikel 6 Absatz 4 FFH-RL kann nicht gesprochen werden, wenn eine Variante auf ein anderes Projekt hinausläuft (BVerwG, NVwZ 2004, 736; OVG Brandenburg ZfB 2007, 270; Jarass, NUR 2007, 378). Eine Variante, die nicht verwirklicht werden kann, ohne dass selbstständige Teilziele, die mit dem Vorhaben verfolgt werden, aufgegeben werden müssen, braucht nicht berücksichtigt zu werden (BVerwG, NUR 2007, 355, Rn 143; Cosack, UPR 2002, 250, 253; Spieht/Appel, NUR 2009, 673). Allerdings können dem Vorhabenträger gewisse Abstriche am Grad der Zielvollkommenheit seiner Planung zugemutet werden, wenn sich auf diese Weise eine im Bezug auf den Gebietsschutz schonendere Variante verwirklichen lässt. Ein finanzieller Mehraufwand macht die Alternativen nicht unzumutbar. Eine Alternativlösung übersteigt aber dann das zumutbare Maß, wenn die Zusatzkosten außerhalb jedes vernünftigen Verhältnisses zu dem mit ihnen erreichbaren Gewinn für Natur und Umwelt stehen (BVerwGE 116, 267 = NUR 2002, 739; Köck, ZUR 2005, 467 f.; Jarass,

310

NUR 2007, 378). Die zusätzlichen Belastungen des Projektträgers durch die Alternativlösung müssen in einem angemessenen Verhältnis zu den Vorteilen stehen, die sie für die Erhaltungsziele des betreffenden Schutzgebiets bedeuten.

311   Im Hinblick auf die Standortgebundenheit des Bergbaus werden Standortalternativen selten zu finden sein (OVG Brandenburg, ZfB 2007, 271; Ludwig, Auswirkungen S. 27). Insbesondere kann der Unternehmer nicht auf Lagerstättenalternativen verwiesen werden, die in keinem räumlichen und betriebsfunktionalen Zusammenhang zu dem Vorhaben stehen.

312   Eine Alternativlösung setzt voraus, dass sich der mit dem Vorhaben zulässiger Weise verfolgte Zweck trotz ggf. hinzunehmender Abstriche mit ihr erreichen lässt (BVerwG, NVwZ 2002, 1243). Die Variante einer BAB-Trasse, die nicht verwirklicht werden kann, weil landesplanerische, verkehrs-, struktur- und energiepolitische Ziele entgegenstehen, braucht nicht berücksichtigt zu werden. Die im Braunkohlenplan festgelegten Ziele der Raumordnung und das öffentliche Interesse an einer weiteren Gewinnung der Bodenschätze innerhalb des Abbaugebietes können eine Trassenalternative durch dieses Gebiet ausschließen (BVerwG, NVwZ 2009, 1301 und DVBl 2009, 1308).

313   Der Begriff der **zwingenden Gründe des überwiegenden öffentlichen Interesses** wird trotz seiner mehrfach im Wortlaut betonten Abwägungszwänge relativ weit gezogen (Jarass, NUR 2000, 187; Ramsauer, NUR 2000, 603; Wrase, NUR 2004, 356; ausführlich Storost, DVBl 2009, 673, 677 ff.; a. A. Äußerungen der EU-Kommission NUR 2000, S. IV; wohl auch EuGH, DVBl 2007, 379 Rn 35; NUR 2007, 679 ff. Rn 82: Nachweispflicht). Das ist gerechtfertigt, weil das öffentliche Interesse der letzte Prüfstein in der langen Kette des bis dahin ausschließlich naturschutzfachlichen FFH-Gebietsschutzes ist, an dem Naturschutz mit anderen gewichtigen Interessen gemessen, abgewogen und zum Ausgleich bebracht werden kann. Der weite Rahmen ist ferner durch den Eigentumsschutz des Artikel 14 GG geboten (Wolff, ZUR 2005, 455). Der Begriff wird von der Rechtsprechung als ein *„durch Vernunft und Verantwortungsbewusstsein geleitetes staatliches Handeln"* interpretiert (OVG Brandenburg, ZfB 2007, 269 unter Hinweis auf BVerwG, NVwZ 2000, 1174; und NVwZ 2004, 736). Er umfasst wirtschaftliche und soziale Gründe (§ 34 Absatz 3 Nr. 1 BNatSchG), die Schaffung und Erhaltung von Arbeitsplätzen, Verbesserung des Wirtschaftsstandortes in der Region, sichere Energieversorgung (Halama, NVwZ 2001, 511 f.; Spieht/Appel, NUR 2009, 671; OVG Berlin, ZUR 2008, 38), Abbauprojekte (Frenz, Bergrecht und Nachhaltige Entwicklung, S. 46), auch als regionale Anforderung, die nach den Erwägungsgründen der FFH-RL zu berücksichtigen sind; Wertschöpfung als Basis für einen Strukturwandel in der Region, planmäßiger Lagerstättenabbau als Beitrag zur Sicherung einer preisgünstigen und von Importen unabhängigen Energieversorgung (OVG Brandenburg, ZfB 2007, 269), wobei es nicht darauf ankommt, ob gerade durch den – etwaigen – Verzicht auf die Kohleförderung in dem zu genehmigenden Projekt eine Versorgungslücke entsteht (OVG Brandenburg, aaO, und LKV 2001, 174 m. w. N.). Zwingender Grund des überwiegenden öffentlichen Interesses ist auch die Wiedernutzbarmachung der ehemaligen DDR-Braunkohlentagebaue, die geflutet und zu Landschaftsseen gewandelt werden (Spieht/Appel, NUR 2009, 671). Unerheblich ist, ob der Vorhabensträger ein Privater ist, der mit dem Vorhaben private wirtschaftliche Interessen verfolgt (Halama aaO). Allerdings genügen rein private Interessen, z. B. an der Nutzung der Windenergie, nicht (OVG Lüneburg, ZfBR 2001, 211; Schink, DÖV 2002, 55). Abzuwägen bleibt, ob die festgestellten öffentlichen Interessen an der Verwirklichung des Vorhabens überwiegen, d. h. gegenüber den Erhaltungs- und Schutzzielen für das betreffenden Gebiet von größerem Gewicht sind, sowie ob dieses öffentliche Interesse zwingend ist und daher das bergbauliche

Vorhaben trotz der erheblichen Beeinträchtigung des Gebietes von gemeinschaftlicher Bedeutung sich ausnahmsweise durchsetzt.

Das Gewicht der für das Vorhaben streitenden Gemeinwohlbelange muss **314** bewertet und mit den gegenläufigen Belangen des Habitatschutzes abgewogen werden (BVerwG, NUR 2009, 789, 791; NUR 2007, 336 Rn 131). Dabei handelt es sich nicht um eine fachspezifische, sondern um eine bipolare spezielle FFH-Abwägung. Die Beeinträchtigung eines FFH-Gebietes kann von geringerem Gewicht in die Bewertung eingehen, wenn die Erheblichkeitsschwelle nur geringfügig überschritten wird, Vorschäden das Gebiet belasten oder nur ein geringer Teil des Gebietes beansprucht wird. Maßgebend für die Abwägung ist das Interesse an der Integrität des betroffenen FFH-Gebietes. Auch Kompensationsmaßnahmen, Kohärenzsicherungsmaßnahmen (hierzu Anh. § 56 Rn 317 ff.) können das Integritätsinteresse mindern, wenn sie einen Beitrag auch zur Erhaltung der Integrität des FFH-Gebietes leisten (BVerwG, NUR 2009, 794). Diese Maßnahmen können nicht nur die Kohärenz sichern, sondern auch zur Minderung der Beeinträchtigung beitragen, wenn sie zeitnah und mit hoher Erfolgsaussicht ausgeglichen werden kann (BVerwG aaO).

Höher sind die Anforderungen an die überwiegenden öffentlichen Interessen, **315** wenn das betroffene Gebiet **prioritäre Biotope oder Arten** einschließt (§ 34 Absatz 4 BNatSchG). Es werden dann nur solche im Zusammenhang mit Gesundheit, öffentlicher Sicherheit oder maßgeblich günstige Auswirkungen des Projektes auf die Umwelt akzeptiert. Sonstige, insbesondere wirtschaftliche Gründe können erst nach einer Stellungnahme der EU-Kommission berücksichtigt werden (OVG Lüneburg, NUR 2009, 360, 364 *„verschärfte Zulassungsvoraussetzung“*, BVerwG, NUR 2008, 633, Rn 149). Die Vorschrift erschwert die erforderliche Abwägung zwischen den für und gegen das Projekt sprechenden Belangen zur Lasten der Projektverwirklichung (Kohls, NUR 2011, 161 m.w.N.). Allerdings erfordert § 34 Absatz 4 BNatSchG, dass prioritäre Lebensraumtypen oder Arten **„betroffen werden“.** Das ist gegeben, wenn sie i.S. von § 34 Absatz 2 BNatSchG „erheblich“ beeinträchtigt werden (Kohls, aaO, S. 163 ff., 167 m. Hinweis auf BVerwG, NUR 2009, 789, Rn 10 – Flughafen Münster/Osnabrück). Dafür ist entscheidend, dass der Erhaltungszustand von wertgebenden Bestandteilen bzw. Erhaltungszielen des FFH-Gebietes nicht verschlechtert wird.

Projekte können nach dem Ausnahmeverfahren des § 34 Absatz 3 BNatSchG **316** nur zugelassen werden, wenn Maßnahmen zur **Sicherung der Kohärenz des Natura 2000-Gebietes** getroffen werden (§ 34 Absatz 5 BNatSchG). Die Sicherungsmaßnahmen dienen dem Fortbestand der Arten und Lebensraumtypen (s. insbesondere Steeck/Lau, NVwZ 2009, 616, 620).

Zu den **Anforderungen an Ausgleichsmaßnahmen zur Kohärenzsicherung:** **317** BVerwG, NUR 2008, 633; VG Regensburg, NUR 2011, 457. Maßnahmen, die **zugleich der Kompensation von** naturschutzrechtlichen **Eingriffen** dienen, können sich auch für die Kohärenzsicherung eignen (BVerwG, aaO, Rn 203; VG Regensburg, aaO). **Kohärenzmaßnahmen** ersetzen aber **Kompensationsmaßnahmen** i.S. der Eingriffsregelung nicht. Sie sind zusätzlich festzusetzen. Sie können aber aus Gründen der Verhältnismäßigkeit vereinheitlicht werden. Bei Widersprüchen zwischen den Maßnahmen gehen Kohärenzmaßnahmen wegen des höherrangigen Rechts vor (Louis, NUR 2012, 385, 394). *„Kohärenzmaßnahmen können zur Minderung der Beeinträchtigungen des Schutzgebietes führen und damit bereits auf der Ebene des § 34 Absatz 1 BNatSchG zu berücksichtigen sein“*, wenn sie eingriffs- und zeitnah wirksam sind (Louis, aaO).

318   Für die Beurteilung der Eignung von Kohärenzsicherungsmaßnahmen ist kein voller Nachweis ihrer Wirksamkeit erforderlich, sondern ausreichend, dass nach wissenschaftlichem Erkenntnisstand sie mit hoher Wahrscheinlichkeit wirksam sein werden. Insofern hat die Genehmigungsbehörde eine Prognosebefugnis, die gerichtlich nur auf ihre Vertretbarkeit zu prüfen ist (BVerwG, NUR 2008, 633 ff. Rn 201; OVG Lüneburg, NUR 2009, 719 Ziff. 2.3.2.2.5; Spieht/Appel, NUR 2009, 674; Steeck/Lau, aaO, S. 621). Die entsprechenden Festlegungen müssen zum Zeitpunkt der Zulassung des Betriebsplans vorliegen, verbunden mit der Erwartung, dass die Kohärenzsicherungsmaßnahmen bis zur Vollendung des Projektes weitgehend greifen (BVerwG, NUR 2007, 336, 355 Rn 148; BVerwG, NVwZ 2008, 1118 *„erst nach geraumer Zeit in vollem Umfang greift“*; OVG Koblenz, NUR 2008, 181, 188; Spieht/Appel aaO S. 675). Bei Abbauvorhaben müssen sie wirksam werden, wenn das Gebiet irreversibel beeinträchtigt wird (OVG Berlin-Brandenburg, ZfB 2007, 272). Insofern gilt etwas anderes als bei den im Rahmen der FFH-Verträglichkeitsprüfung zu berücksichtigenden Schadensvermeidungs-/-verminderungsmaßnahmen, bei denen die Gewissheit über die Verträglichkeit des Projektes feststehen muss (BVerwG, NUR 2008, 633, 651 Rn 201; Spieht/Appel NUR 2009, 674 Fn. 78).

319   Für Kohärenzmaßnahmen wird gefordert, dass das für den Ausgleich ausgewählte Gebiet innerhalb der selben biogeografischen Region liegt (OVG Berlin-Brandenburg aaO; hierzu Spieht/Appel, NUR 2009, 677 m. w. N.: Entfernungen von 20 Km bzw. 36 bis 45 Km sind nach der Rechtsprechung zulässig). Zu den inhaltlichen Anforderungen an die Sicherung der globalen Kohärenz: Schumacher/Fischer-Hüftle § 34 Rn 107. Während der Eingriffsausgleich auf vollständige Kompensation der mit dem Eingriff verbundenen Folgen für Natur und Landschaft gerichtet ist, dient die Ausgleichspflicht des § 34 Absatz 5 BNatSchG, Artikel 6 Absatz 4 FFH-RL der Sicherung der Kohärenz des Natura 2000-Netzes und den festgelegten Erhaltungszielen für das jeweilige FFH-Gebiet. Nur wenn das Projekt das Zusammenwirken des (*„globalen“*) Europäischen Netzes Natura 2000 beeinträchtigt, besteht die Rechtspflicht des Kohärenzausgleichs (Jarass, NUR 2007, 379 m. w. N.). Einzelheiten der Kohärenzsicherung können im Planfeststellungsverfahren durch Ergänzungsbeschluss (BVerwG, DVBl 2008, 579), im Bergrecht durch Haupt- oder Sonderbetriebspläne festgelegt werden, wenn die Durchführung der Sicherung grundsätzlich feststeht.

320   Für den **verfahrensmäßigen Ort der FFH-Vorprüfung** und der **FFH-Verträglichkeitsprüfung** im Bergrecht stehen die verschiedenen Betriebsplanarten i. S. von §§ 52, 53 zur Verfügung. Da die FFH-Prüfungen und die UVP-Prüfungen einen ähnlichen methodischen Ansatz haben, bietet es sich an, eine Parallelität zur UVP-Prüfung zu sehen. Nach der Rechtsprechung des EuGH ist in einem mehrstufigen Genehmigungsverfahren die Prüfung grundsätzlich durchzuführen, sobald es möglich ist, sämtliche Auswirkungen zu ermitteln und zu prüfen, die das Projekt möglicherweise auf die Umwelt hat (EuGH, NVwZ 2004, 496 – Wells). Sieht das nationale Recht ein mehrstufiges Genehmigungsverfahren vor, in dem zunächst eine Grundsatzentscheidung ergeht und sodann eine Durchführungsentscheidung getroffen wird, die nicht über die in der Grundsatzentscheidung hinausgehen darf, sind die Umweltauswirkungen des Projektes im Grundsatzverfahren zu ermitteln und zu prüfen. Danach ist – parallel zur UVP-Prüfung – jedenfalls der **obligatorische Rahmenbetriebsplan** das geeignete Verfahren für die FFH-Prüfungen. Denn in diesem Verfahren werden sämtliche Angaben zu den Umweltauswirkungen des Vorhabens, soweit sie öffentliche Interessen nach § 48 Absatz 2 sind, vorgelegt, geprüft und gewertet. Anforderungen eines vorsorgenden Umweltschutzes sind ausdrücklich zu öffentlichen Interessen i. S. von § 48 Absatz 2 bestimmt worden (§ 52 Absatz 2 a Satz 3). Ebenso ist der **fakultative Rahmenbetriebsplan** das geeignete Verfahren, in das die FFH-Prüfungen verankert werden können. Es bleibt dem Unternehmer jedenfalls unbenommen, die erforderlichen Unterlagen so zu konkretisieren, dass sie für die FFH-Prüfungen geeignet sind (Ludwig, Auswirkungen, S. 71; Cosack NUR 2000, 316). Der **Hauptbetriebsplan** erfasst nach § 52 Absatz 1 i.d.R. nur einen begrenzten Zeitraum von 2 Jahren und einen betriebstechnischen Teilbereich des Gesamtvorhabens. Insbesondere wenn die Standort- und Umweltfragen bereits im Rahmenbetriebsplanverfahren beurteilt worden sind und insofern die Belange des FFH-Gebietesschutzes mit einer gewissen Bindungswirkung entschieden sind, bedarf es keiner erneuten FFH-Prüfung (Ludwig, Auswirkungen S. 72; Cosack, NUR 2000, 316). Sie ist integrierter Teil des Rahmens, erfordert aber nicht noch zusätzlich die Ausfüllung durch den Hauptbetriebsplan. Bedenklich und nicht grundsätzlich verwendbar OVG Koblenz, ZUR 2013, 293, wonach ein Verbandsklagerecht gegen den Hauptbetriebsplan für Feldspattagebau aus Artenschutzrecht bestehe, obwohl eine Klage des Verbandes gegen den UVP-Rahmenbetriebsplan i.s. von § 57a, die mit fehlerhafter Meldung eines FFH-Gebietes begründet war, rechtskräftig abgewiesen war. Entscheidend ist vielmehr der Umfang der Prüfung im Rahmenbetriebsplanverfahren. Im Regelfall sprechen die Besonderheiten des abgestuften bergrechtlichen Verfahrens, die Bindungswirkung des aufwändigen UVP-Rahmenbetriebsplanes, Verfahrensökonomie und das Bedürfnis des Antragstellers nach Rechtssicherheit gegen eine erneute Zulässigkeit der Verbandsklage.

Allerdings hat sich der EuGH (NUR 2006, 699 – Crystal-Palace) dafür ausgesprochen, dass beim Bauvorbescheid mit späterer Genehmigung der zunächst vorbehaltenen Punkte eine UVP-Prüfung auch während der späteren Stufe der Genehmigung der zunächst vorbehaltenen Punkte durchgeführt werden muss. Das betrifft aber einen nicht vergleichbaren Fall, denn dort war eine UVP völlig unterblieben (so auch OVG NRW, NUR 2006, 322 zum Urt. EuGH, NUR 2004, 517 – Wells und OVG Koblenz, UPR 2009, 317). Die Verfahrensstufung ist auch eine andere: Der Rahmenbetriebsplan ist gerade dazu ausersehen, die Umweltbelange für das Vorhaben vorab zu prüfen. Demgegenüber ist der Bauvorbescheid in dem vom EuGH zu beurteilenden Sachverhalt eine noch unvollkommene, mit Vorbehalten für eine zweite Entscheidung vorgesehene, ergänzungsbedürftige Behördengestattung.   **321**

In Ausnahmefällen kann die FFH-Vorprüfung im Hauptbetriebsplanverfahren angesiedelt sein, vor allem dann, wenn ein Rahmenbetriebsplan nicht vorausging.   **322**

Sonderbetriebspläne sind aus gleichen Gründen wie Hauptbetriebspläne für die Aufnahme der FFH-Verträglichkeitsprüfung nicht geeignet. Sie beziehen sich auf bestimmte Teile des Vorhabens, während die FFH-Verträglichkeitsprüfung das ganze Vorhaben im Blick hat.   **323**

Im **Abschlussbetriebsplanverfahren** bereitet die Wiedernutzbarmachung lediglich die Folgenutzungen vor. Es erscheint schon fraglich, ob diese Vorbereitung in jedem Einzelfall als eine erhebliche Beeinträchtigung i.s. von § 34 Absatz 2 BNatSchG einzustufen ist. Oft ist sie nur vorübergehend und bezweckt letztlich eine nachhaltige erhebliche Verbesserung der vom Bergbau in Anspruch genommenen Flächen (Cosack, NUR 2000, 316). Im Abschlussbetriebsplanverfahren ist daher nicht stets die Durchführung einer **FFH-Verträglichkeitsprüfung** erforderlich. Sind auf dem ehemaligen Bergbauflächen Bereiche als Schutzgebiete nach der FFH-RL ausgewiesen und dauerhafte Veränderungen geplant, ist auch der Abschlussbetriebsplan auf seine FFH-Verträglichkeit zu untersuchen (Ludwig, Auswirkungen, S. 74).   **324**

In parallel zur Betriebsplanzulassung laufenden Genehmigungsverfahren, etwa im **wasserrechtlichen Erlaubnisverfahren**, kann ebenfalls eine FFH-Prüfung   **325** erforderlich werden. § 6 Absatz 2 a. F. WHG sah hierfür eine Sonderregelung vor, die allerdings nur eine FFH-Prüfung aus wasserwirtschaftlicher Sicht erfasste. Diese wasserwirtschaftliche FFH-Prüfung ist nunmehr aus systematischen Gründen in § 34 BNatSchG 2009 überführt worden und ist als naturschutzrechtliche Forderung in das Wasserrecht implantiert (sog. Huckepack-Regelung). Zur Bindungswirkung der bergrechtlichen FFH-Prüfung vergleiche Cosack, NUR 2000, 317. Zur FFH-Prüfung im Genehmigungsverfahren nach BImSchG: OVG NRW, NUR 2012, 342; bestätigt BVerwG, NUR 2012, 784 betr. Kohlekraftwerk Trianel; Seibert, DVBl 2013, 605, 608; s. auch Anhang § 56 Rn 138.

326   Zur Durchführung der FFH-Verträglichkeitsprüfung kann ggf. an eine für das Projekt notwendige **UVP-Prüfung** angeknüpft werden. Dies kann sich aber nur auf die Frage beziehen, ob das Projekt zu einer erheblichen Beeinträchtigung des Gebietes in seinen für die Erhaltungsziele maßgeblichen Bestandteilen führen kann. Das Ergebnis der FFH-Verträglichkeitsprüfung ist immer gesondert darzustellen und zu bewerten, da es eigene Rechtswirkungen entscheidet.

327   § 33 Absatz 1 Satz 2 BNatSchG enthält ein **allgemeines Verschlechterungsverbot** (Artikel 6 Absatz 2 FFH-RL) für die Natura 2000-Gebiete (Anh. § 56 Rn 201 f.). Der Eintritt der Schutzwirkung wird an bestimmte Zeitpunkte geknüpft: An die Aufnahme in die Gemeinschaftsliste bei FFH-Gebieten und an die Gewährleistung eines ausreichenden Schutzes i. S. von § 32 Absatz 2–4 BNatSchG bei Vogelschutzgebieten (Drs 16/12274, S. 109).

2.   Potenzielle FFH-Gebiete

328   Nachdem das Vertragsverletzungsverfahren der EU gegen die Bundesrepublik Deutschland wegen unzureichender Meldung von FFH-Gebieten am 12.10.2006 eingestellt wurde und die Phase II des Gebietsverfahrens abgeschlossen ist, kann das Vorliegen weiterer nicht gemeldeter (potenzieller) FFH-Gebiete verneint werden (VGH Mannheim, ZUR 2010, 261; Würtenberger, NUR 2010, 317 m. w. N.; OVG Lüneburg v. 19.2.2007 – 7KS135/03 und NUR 2008, 806; Himmelmann/Tünnesen-Harmes, S. 428), bedarf jedenfalls einer besonderen Substantiierung von Einwendungen gegen die Auswahlentscheidung (BVerwG, ZUR 2008, 379).
Vor Eintritt der gesetzlichen Schutzwirkung für ausgewiesene Gebiete stellt sich aber die Frage nach dem Schutz von potenziellen FFH-Gebieten (Rn 329 ff.) und faktischen Vogelschutzgebieten (Rn 342 ff.).

329   **Potenzielle FFH-Gebiete** sind solche, die über das BMU bereits der Kommission gemeldet wurden, aber noch nicht in die Liste der Gebiete von gemeinschaftlicher Bedeutung aufgenommen wurden (sog. Meldegebiete). Ferner solche Gebiete, die das Bundesland ausgewählt hat und das Benehmen mit dem BMU gemäß § 32 Absatz 1 Satz 2 BNatSchG hergestellt hat. Schließlich die Gebiete, für die ein Beschluss der Landesregierung oder des zuständigen Ministeriums über die Benennung des BMU besteht (Schink, DÖV 2002, 51 m. w. N.). Weitere potenzielle FFH-Gebiete kommen ausnahmsweise in Betracht, wenn sich deren Meldung aus naturschutzfachlichen Gründen geradezu aufdrängt (BVerwG, NUR 1998, 549 – Wakenitz; NUR 1998, 266; BVerwG, UPR 2001, 145; dagegen Stöber, NUR 1998, 531 ff., zweifelnd OVG NRW, NUR 2000, 172). Ein *„Sich-Aufdrängen"* liegt insbesondere beim Vorkommen prioritärer Lebensraumtypen oder Arten vor (BVerwG, NUR 1998, 549; a. A. wohl EuGH, NVwZ 2005, 311 = NUR 2005, 242 – Dragaggi).

330   § 34 Absatz 1 BNatSchG und damit die Unzulässigkeit von erheblich beeinträchtigenden Projekten und die Abweichungsregelung nach § 34 Absatz 2 und

Absatz 3 BNatSchG gelten ihrem Wortlaut nach nur für Gebiete von gemeinschaftlicher Bedeutung, d. h. die in die EU-Liste nach Artikel 4 Absatz 2 FFH-RL
eingetragen worden sind (Hösch, NUR 2004, 350). Die Rechtsprechung hat
zunächst die Auffassung vertreten, die FFH-RL sei auf diese potenziellen Gebiete
unmittelbar anwendbar i. d. S., dass Artikel 6 der FFH-RL eine Vorwirkung
habe und für diese Gebiete Artikel 6 Absatz 3 und 4 FFH-RL gelten, d. h.
auch die Abweichungsregelung (BVerwGE 110, 309; Thum, NUR 2006, 689 f.).
In Anlehnung an die Rechtsprechung des EuGH (NVwZ 2005, 311 = ZUR
2005, 194 = NUR 2005, 242 – Dragaggi) wurde später die unmittelbare
Anwendbarkeit der Richtlinie verneint. Es reicht aus, wenn Schutzmaßnahmen
ergriffen werden, die geeignet sind, die erhebliche ökologische Bedeutung in
diesen Gebieten zu wahren (auch neuerdings EuGH, NUR 2006, 764 – Autobahn A 94). Das bedeutet nicht, dass jedwede Verschlechterung der natürlichen
Lebensräume ohne die Möglichkeit einer Ausnahmentscheidung nach Artikel 6
Absatz 4 FFH-RL vermieden werden muss. Ein absolutes Verschlechterungsverbot ist nicht zu rechtfertigen (BVerwG, NUR 2006, 433 = DVBl 2005, 1596;
OVG Brandenburg, ZfB 2007, 264; VG Cottbus, Beschl. v. 28.2.2007 – AZ 3 L
469/06; Kantz, NVwZ 2007, 667; a.A. noch Gellermann, NUR 2005, 435 f.;
Nebelsiek, Nord ÖR 2005, 237 f.). Gefordert wird nunmehr nur ein *„angemessener Schutz"*, der im Vergleich zum evtl. späteren Schutz nach Artikel 6
Absatz 2 bis 4 FFH-RL nicht mit ihm identisch sein müsse (BVerwG, NUR
2006, 638; VGH Kassel, ZUR 2005, 548; Thum, NUR 2006, 690; Schütz, UPR
2005, 139). Jedenfalls sei es ausreichend und man liege auf der sicheren Seite,
wenn für das Vorhaben die Maßstäbe des Artikel 6 Absatz 3 und 4 FFH-RL
angelegt werden (BVerwG aaO, bestätigt DVBl 2006, 579).

Die rechtlichen Möglichkeiten des Flächenschutzes auf nationaler Ebene im   **331**
Anschluss an das EU-Schutzverfahren eröffnet § 20 Absatz 2 BNatSchG: Teile
von Natur und Landschaft können durch Landesrecht zu Naturschutzgebiet,
Nationalpark, Biosphärenreservat, Landschaftsschutzgebiet oder zum Naturdenkmal oder geschützten Landschaftsbestandteil erklärt werden. Sie beenden
den Status des „potenziellen FFH-Gebietes".

3. Vogelschutz-Richtlinie und Bergbau

Im Vergleich zu den FFH-Gebieten ist das Verfahren für die Ausweisung von   **332**
Vogelschutzgebiete grundsätzlich anders ausgestaltet. Nach Artikel 4 Absatz 1
der Richtlinie 79/409/EWG des Rates v. 2.4.1979 über die Erhaltung von wild
lebenden Vogelarten (ABl Nr. L103, S. 1) erklären die Mitgliedsstaaten die für
die Erhaltung der Arten i. S. von Anh. I zahlen- und flächenmäßig geeignetesten
Gebiete zu Schutzgebiete. Artikel 4 Absatz 2 V-RL verlangt entsprechende Maßnahmen für die nicht in Anh. I aufgeführten, regelmäßig auftretenden Zugvogel-
arten. Bei der Ausweisung sind nicht sämtliche Landschaftsräume unter Schutz
zu stellen, in denen bedrohte Vogelarten vorkommen. Dabei wird auf den
günstigen Erhaltungszustand der geschützten Vogelarten abgestellt. Mögliche
Individiumverluste, die nicht dazu führen, dass die Art nicht mehr ein lebens-
fähiges Habitat bilden kann, sind unerheblich (VGH Kassel, NUR 2009, 255).
Die Landschaftsräume müssen sich nach ihrer Anzahl und Fläche am ehesten
zur Arterhaltung eignen. Welche Gebiete dazu zählen, legt das Gemeinschaftsrecht nicht im Einzelnen fest. Entscheidend ist die ornithologische Wertigkeit,
die nach quantitativen und qualitativen Kriterien zu bestimmen ist (BVerwG,
NUR 2004, 522 m.w.N.). Bei der Auswahl steht den Mitgliedsstaaten ein
Beurteilungsspielraum zu (EuGH, NUR 1994, 523 und NUR 1997, 37 f.). Der
sog. IBA-Liste (*„Important-Bird-Areas"*) kommt zwar keine normative Wirkung im Positiven wie im Negativen zu, sie liefert aber als wissenschaftliches
Hilfsmittel *„wichtige Fingerzeige"* für die Gebietsauswahl (BVerwG, NUR
2002, 539, 541; NUR 2003, 360; NUR 2004, 523).

333 Die ehemaligen **Braunkohlentagebauflächen** sind in der Regel nicht zur Einstufung als Vogelschutz- oder FFH-Gebiete geeignet (von Daniels/Appel, NUR 2008, 685, 691 ff.). Die ökologische Verfestigung dieser Gebiete ist nicht dauerhaft gegeben wegen des Anstieges des Grundwassers. Die Flutung hat Veränderungen durch Böschungsrutschungen und Bodenabschwemmungen zur Folge. Teilweise stehen schon konkrete Nachnutzungen fest. Entstehende Natur müsste jedenfalls im Keim erstickt werden, um die absehbare Nachnutzung zu realisieren. Es bestehen daher erhebliche Zweifel, ob diese Bergbaufolgelandschaften für den Vogelschutz „am geeignetsten" i. S. von Artikel 4 Absatz 1, 2 V-RL sind und ob eine ökologische Verfestigung als maßgebliches Kriterium für das Vorliegen der Voraussetzungen eines FFH-Gebietes angenommen werden kann.

334 Bei Auswahl der Schutzgebiet kann nicht beliebig mit anderen Interessen abgewogen werden. Nur übergeordnete Schutzinteressen, höher als die ökologischen Gesichtspunkte, können in Ausnahmefällen berücksichtigt werden (EuGH, NUR 1994, 523; NUR 1997, 37 f.); „einfache" wirtschaftliche Interessen, sofern sie nicht das Niveau übergeordneter Interessen der Allgemeinheit erreichen, haben bei der Auswahlentscheidung außer Betracht zu bleiben (st. Rspr. BVerwG NUR 2004, 522 m. w. N.). Das ist allerdings im Hinblick auf Artikel 2 der V-RL, der ausdrücklich wirtschaftlichen Erfordernissen eine Wichtigkeit einräumt, nicht unbedenklich.

335 Allein die **Gebietsmeldung** („Erklärung") genügt für das Entstehen eines europäischen Vogelschutzgebietes nicht. Es muss eine **Unterschutzstellung** durch förmlichen Rechtsakt hinzukommen (s. hierzu Rn 352 ff.). Nach Artikel 4 Absatz 4 Satz 1 V-RL sind die Mitgliedstaaten verpflichtet, „geeignete Maßnahmen" zu treffen, um die Beeinträchtigung der Lebensräume und die Belästigung der Vögel in diesen Schutzgebieten zu vermeiden. Nach § 32 Absatz 2 BNatSchG erklären die Länder die Europäischen Vogelschutzgebiete entsprechend den Erhaltungszielen zu geschützten Teilen von Natur und Landschaft i. S. von § 20 Absatz 2 BNatSchG. Damit stehen für die Vogelschutzgebiete die im Katalog von § 20 Absatz 2 BNatSchG genannten Alternativen zur Verfügung, vor allem Naturschutz- oder Landschaftsschutzgebiete (zu deren Eignung s. Rn 338).

336 Ergänzend bestimmt § 32 Absatz 4 BNatSchG, dass die Unterschutzstellung gemäß § 20 Absatz 2 BNatSchG unterbleiben kann, soweit nach anderen Rechtsvorschriften ein gleichwertiger Schutz gewährt wird (hierzu Thum NUR 2006, 688). Zu diesen Rechtsvorschriften zählen insbesondere der gesetzliche Biotopschutz gemäß § 30 BNatSchG, Verordnungen, Satzungen (Bebauungspläne), Wasserschutzgebiete. Die in § 32 Absatz 4 BNatSchG ebenfalls genannten Möglichkeiten der Unterschutzstellung durch **Vertrag** oder **Verwaltungsvorschrift** kann EU-rechtlich nur kumulativ mit einer förmlichen Unterschutzstellung in Betracht kommen (Kerkmann, Naturschutzrecht in der Praxis, S. 375 m. w. N.; Schumacher/Fischer-Hüftle, § 32 Rn 58). Zur Ausweisung von Natura 2000-Gebieten unter Verzicht auf klassische Schutzgebiets-Verordnungen in den einzelnen Bundesländern: Niederstadt NVwZ 2008, 126 f.

337 Für wirksam entstandene Vogelschutzgebiete ergibt sich ein **Schutzwechsel** von § 4 Absatz 4 der Vogelschutz-RL zu Artikel 6 Absatz 2 bis 4 FFH-RL. Denn nach Artikel 7 der FFH-RL findet Artikel 6 Absatz 2 bis 4 dieser Richtlinie auf die durch besondere Schutzgebietserklärung anerkannten Vogelschutzgebiete Anwendung (BVerwGE 128, 1 ff.; BVerwGE 116, 310; 120, 276 = NUR 2004, 324; OVG NRW, ZUR 2008, 100; ZUR 2008, 210; Spieht/Appel, NUR 2009, 669, 671). Während bis zu diesem Zeitpunkt Beeinträchtigungen von Vogelschutzgebieten nur erlaubt werden dürfen, wenn sie zum Schutz von erheblichen Gemeinschaftsrechtsgütern wie Leben und Gesundheit unternommen und auf das hierfür absolute notwendige Maß beschränkt werden (Artikel 4 Absatz 1

Satz 1 V-RL; BVerwG, UPR 1998, 386 = NUR 1998, 549), können nach der Schutzgebietserklärung aus **wirtschaftlichen Gründen** Eingriffe (z. B. mit spezifischem Ortsbezug durch geologische Gegebenheiten bei der Gewinnung von Bodenschätzen, Schaffung von Arbeitsplätzen, Stärkung der regionalen Wirtschaftskraft (Spieht/Appel, NUR 2009, 672) in die Erhaltungsziele eines Gebietes im Rahmen des Artikel 6 Absatz 3 und 4 FFH-RL zulässig sein (Spieht/ Appel, NUR 2009, 672 m. w. N.).

Als **verbindliche Erklärung** i. S. von Artikel 7 FFH-RL wurde weder die Aus-   **338** wahlentscheidung der Landesregierung über die Vogelschutzgebiete noch die Bekanntmachung im Bundesanzeiger oder eine zwischenzeitliche Sicherstellungsanordnung (§ 22 Absatz 3 BNatSchG) bis zur förmlichen Ausweisung des Schutzgebietes angesehen (BVerwG, NVwZ 2004, 1116 f. – Hochmoselquerung; Näheres Füßer, NVwZ 2005, 146 und EuGH, NVwZ 2002; 1228). Ausreichend und erforderlich ist jedenfalls die Ausweisung eines Schutzgebietes entsprechend der dafür vorgesehenen Schutzgebietskategorie nach den Naturschutzgesetzen der Bundesländer (§ 32 Absatz 2 i. V. mit 20 Absatz 2 BNatSchG und § 32 Absatz 4 BNatSchG), d. h. insbesondere Naturschutz- und Landschaftsschutzgebiete oder durch Landesgesetz (OVG Koblenz, NUR 2008, 181, 182 = DVBl 2008, 321, bestätigt durch BVerwG, NUR 2008, 659, 660 betrifft Unterschutzstellung durch Landesgesetz a. A. Gellermann, DVBl 2008, 283). **Ausreichend** ist eine Unterschutzstellung als **Landschaftsschutzgebiet, nicht geboten** ist eine Unterschutzstellung als **Naturschutzgebiet** (OVG Lüneburg v. 20.5.2009 – 7KS28/07 Ziff. 2.3.2.2.1 = NUR 2008, 719). Notwendig ist nach der Rechtsprechung eine endgültige **rechtsverbindliche Entscheidung mit Außenwirkung** (EuGH in ZUR 2011, 26).

Nach den europäischen Vorgaben ist die V-RL zwar hinsichtlich des zu errei-   **339** chenden Zieles verbindlich, die Wahl der Form und der Mittel dem Mitgliedsstaat überlassen, sofern sie *„unbestreitbare Verbindlichkeit"* aufweisen (EuGH, ZUR 2011, 27). Der rechtliche Status muss aber gewährleisten, dass die Verschlechterung der natürlichen Lebensräume sowie erhebliche Störungen von Arten, für die die Gebiete ausgewiesen worden sind, vermieden werden (EuGH, aaO). Auch müssen je nach Sachlage auch positive Maßnahmen zur Erhaltung oder Verbesserung des Gebietszustandes einbezogen werden (EuGH, aaO).

Zur Ausweisung von Natura 2000-Gebieten unter Verzicht auf klassische   **340** Schutzgebietsverordnungen in den einzelnen Bundesländern: Niederstadt, NVwZ 2008, 128 ff., für Niedersachen s. Klooth/Louis NUR 2005, 439 und Louis/Schumacher, NUR 2005, 741; a. A. Thum, NUR 2006, 692; zur Rechtslage in Rheinland-Pfalz: Thum, aaO, S. 693; Gellermann aaO; für NRW s. § 48 c Absatz 5 LG, wonach die im Ministerialblatt NRW v. 26.1.2005 (S. 66) bekannt gemachten Europäischen Vogelschutzgebiete unmittelbar durch das LG NRW unter Schutz gestellt wurden.

In Vogelschutzgebieten ist **Schutzzweck** i. S. von § 34 Absatz 1 Satz 2 BNatSchG   **341** der Erhalt der Vögel des Anh. I der V-RL und der Zugvögel nach Artikel 4 Absatz 2 V-RL, für deren Erhaltung das Schutzgebiet ausgewiesen wurde. Es ist auf den Erhaltungszustand der geschützten Vogelarten abzustellen, um die Frage der erheblichen Beeinträchtigung zu beurteilen. Mögliche Individuen-Verluste sind unerheblich (VGH Kassel, NUR 2009, 255 – Flughafen Frankfurt).

4. Faktische Vogelschutzgebiete

Gebiete, die für die Erhaltung der europäischen Vogelarten nach Anh. I V-RL   **342** oder für die in Artikel 4 Absatz 2 genannten Arten von solcher Bedeutung sind, dass ihre fehlende Unterschutzstellung als Europäisches Vogelschutzgebiet den Bestand mindestens einer dieser dort genannten Arten europaweit gefährden kann, wurden von der Rechtsprechung als **faktische Vogelschutzgebiete** anerkannt (EuGH, NUR 2000, 206, st. Rspr. seit EuGH, NUR 1994, 523 – Santona; BVerwG, DVBl 1998, 900; NUR 2004, 522). Hierzu zählen vor allem die **Gebiete von „ornithologischer Wertigkeit"**, die von den Bundesländern ausgewählt oder deren Auswahl nach landesrechtlichen Anforderungen veröffentlicht (z. B. § 36 Absatz 3 B-W NatSchG, 25 NatSchG Nds; 21 Absatz 2 M-V NatSchG, MinBlatt NRW v. 26.1.2005, S. 66; hierzu auch BAnz Nr. 106 a v. 11.6.2003) oder für die eine Sicherstellungsanordnung nach Landesrecht erfolgt ist. Sofern keine dieser Voraussetzungen vorliegen und die indizielle Bedeutung einer positiven Gebietsauswahl fehlt, bedarf es besonderer Darlegungs- und Nachweisanforderungen, wenn bisher nicht erklärte Gebiete als faktische Vogelschutzgebiete eingestuft werden sollen (BVerwG, NUR 2006, 781 = NVwZ 2006, 1162 – Ortsumgehung Stralsund; NUR 2003, 360 = NVwZ 2003, 485). Im Zweifelsfalle gibt es angesichts des in der Bundesrepublik inzwischen fortgeschrittenen Erfassungs- und Meldeverfahrens keine Gebiete mehr, bei denen sich zusätzlich noch die Kriterien für einen Europäischen Vogelschutz aufdrängen (Louis, NUR 2012, 385, 388 m. w. N.; Schink, DÖV 2002, 50; Lorz/Müller/Stöckel § 32 Rn 32; BVerwG, ZUR 2008, 379 mit Hinweis auf EuGH v. 23.3.2006 – Rs C 209/04-Slg 2006, I – 2755 Rn 43; OVG Lüneburg, NUR 2010, 290 und NUR 2008, 806 m. w. N.). Die von den Naturschutzverbänden zusätzlich erarbeitete sog. *„Schattenliste"* dürfte inzwischen obsolet sein.

343 Der Schutzstandard der faktischen Vogelschutzgebiete ist nach h. M. sehr hoch. Solange eine wirksame Schutzausweisung fehlt, findet auf diese Gebiete der gegenüber den FFH-Regelungen strengere Artikel 4 Absatz 4 V-RL Anwendung (EuGH, NUR 2001, 212; BVerwG, NUR 1998, 548 ff.; NUR 2002, 154; NUR 2004, 368; VGH Kassel, ZUR 2005, 548; Thum, NUR 2006, 690; Gassner/Heugel Rn 472). Demnach sind die Privilegierungen überwiegender öffentlicher Interessen einschließlich wirtschaftlicher Art gemäß Artikel 7, Artikel 6 Absatz 4 FFH-RL, 34 Absatz 3 BNatSchG auf faktische Vogelschutzgebiete nicht anwendbar (a. A. Schink, UPR 1999, 421; Fiesahn/Cremer, NUR 1997, 270; Louis/Engelke § 19 c Rn 7: Ein nicht gemeldetes kann nicht schlechter behandelt werden als ein gemeldetes Vogelschutzgebiet).

5. Auswirkung unzulässiger Vorhaben auf bergrechtliche Zulassungen

344 Nach st. Rspr. des EuGH haben die Mitgliedstaaten die sich aus Artikel 10 EG-Vertrag ergebende Pflicht zur Gemeinschaftstreue und damit auch die rechtswidrigen Folgen eines Verstoßes gegen Gemeinschaftsrecht zu beheben (EuGH, NVwZ 2008, 872 m. w. N.). Für die Bergbehörde kann sich damit die Frage stellen, ob sie in von ihr erlassene Verwaltungsakte eingreifen kann, wenn das Vorhaben gegen eine **nachträglich erlassene Schutzgebietsausweisung** verstößt und mit der FFH-RL oder der V-RL nicht vereinbar wird. Dabei ist zu unterscheiden:

345 – Erfolgt die Schutzgebietsausweisung **nach Erteilung** der bergrechtlichen **Erlaubnis oder Bewilligung**, werden zwar die enumerativen Widerrufgründe des § 18 nicht berührt, aber § 49 Absatz 2 Nr. 4 VwVfG kann in Betracht kommen. Sofern allerdings ein Betriebsplan eingereicht wurde, hat der Unternehmer von der Zulassung i. S. von §§ 7, 8 Gebrauch gemacht. Ein Widerruf ist nicht mehr zulässig. Bei Vorliegen der Voraussetzungen der §§ 16 Absatz 3 i. V. mit 11 Nr. 10 bleibt die Möglichkeit zur nachträglichen Aufnahme von Auflagen (Czybulka/Stredak, S. 139).

346 – Erfolgt die Schutzgebietsausweisung **nach Zulassung eines Rahmenbetriebsplans**, aber vor Zulassung des Hauptbetriebsplans, besteht eine Bindungswirkung des fakultativen und obligatorischen Rahmenbetriebsplans nur unter dem Vorbehalt der Änderung der Sach- und Rechtslage (BVerwG, NVwZ 2006, 1174; Ludwig, S. 59; Czybulka/Stredag, S. 142). Nachträgliche Schutzgebietsausweisungen sind im Rahmen nachfolgender Betriebspläne zu berücksichtigen.

- Wenn die Schutzgebietsausweisung erst **nach der Zulassung des Hauptbetriebsplans** erfolgt, kommen nachträgliche Auflagen gemäß § 56 Absatz 1 Satz 2 in Betracht. Sie können nicht die Einstellung des Abbauvorhabens erreichen. Hierfür bedarf es des Widerrufs der Zulassung des Hauptbetriebsplans, was nur nach den Voraussetzungen der §§ 48, 49 VwVfG möglich ist (Czybulka/Stredag, S. 143). **347**

6. Rechtsschutz

Nach ganz h. M. ist Rechtsschutz gegen die **Auswahl** durch die Bundesländer und die **Meldung von Gebietsvorschlägen** durch das BMU an die EU-Kommission nicht gegeben. Auch nach Aufnahme eines Gebietes in die Liste der FFH-Gebiete durch die EU-Kommission ist eine Feststellungsklage, dass der Beschluss einer Landesregierung rechtswidrig ist, ein Gebiet zur Aufnahme in diese Liste vorzuschlagen, unzulässig. Ebenso eine Klage, mit der verlangt wird, das Land zur Rücknahme seines Vorschlages zu verurteilen (BVerwG, NVwZ 2008, 1011 = NUR 2008, 575; NVwZ 2006, 823 = NUR 2006, 572). Auch vor Erstellung der Kommissionsliste am 7.12.2004 (ABl 2004 L 387/11) war nach einhelliger Rspr. eine Klage gegen die Gebietsmeldung unzulässig (OVG Lüneburg, NUR 2006, 392; OVG Bremen, NUR 2005, 659, bestät. BVerwG, NVwZ 2006, 823; OVG NRW, NUR 2003, 707; VGH Kassel, NVwZ 2001, 1178; VG Oldenburg, NVwZ 2001, 350 = NUR 2000, 714; Gellermann, NVwZ 2001, 502). Die Auswahl und Meldung der Gebiete wird durchweg als verwaltungsinterner Vorgang ohne Rechtswirkung nach außen angesehen. **348**

Auch **gegen die Festlegung der gemeinschaftlichen Schutzgebiete in der Gemeinschaftsliste** durch die Kommission sind Nichtigkeitsklagen wegen fehlender Klageberechtigung regelmäßig abgewiesen worden (Kerkmann, Naturschutzrecht in der Praxis, S. 432 m. w. N.; EuGH, ZUR 2005, 589; EuGH, ZUR 2006, 535; EuGH, NUR 2009, 405; Kahl/Gärditz, NUR 2005, 555, 562 m. w. N.; a. A. wohl VG Oldenburg, NUR 2008, 518: Unmittelbare Wirkung zeitigt die Verabschiedung der endgültigen Liste; Messerschmidt BNatSchG § 33 Rn 61). Die Veröffentlichung der Kommissionsliste enthalte keine Regelungen zu Lasten der Eigentümer oder Gemeinden. Zur Nichtigkeitsklage gemäß § 230 Absatz 2 EGV beim EU-Gericht Erster Instanz: Ewer, NUR 2000, 363 f. **349**

Dasselbe gilt für das **Einvernehmen der Mitgliedstaaten zum Entwurf** der Gemeinschaftsliste. In dieser Phase haben auch Naturschutzverbände keine Beteiligungsrechte (OVG Lüneburg, NUR 2009, 287). Das Einvernehmen ist ebenfalls ein nur verwaltungsinterner Vorgang (EuGH NVwZ 2010, 310 – Stadt Papenburg; OVG Lüneburg v. 2.7.2007, 1 B 1815/07; VG Oldenburg, NUR 2008, 518 = NVwZ 2008, 586; VG Frankfurt, NVwZ 2001, 1189), das im Übrigen nicht aus anderen als naturschutzfachlichen Gründen verweigert werden kann. Dieses Ergebnis ist unbefriedigend, weil Rechtsschutz im FFH-Verfahren bestenfalls erst auf der untersten Ebene, der nationalen Umsetzung der Unterschutzstellung erfolgt und Rechtsschutz damit – entgegen der Tendenz im Europäischen Recht (EuGH, NVwZ 2004, 596 – Wells – und deutschem Recht (BVerwG, ZfB 2006, 156, 159 = BVerwGE 126, 205, 209 f.) – auf die *„lange Bank"* geschoben wird (hierzu Schlacke, ZUR 2005, 593 m. w. N.; VG Oldenburg, NUR 2008, 519 *„Vorverlagerung des Rechtsschutzes"*). **350**

351 Hat die Kommission die Liste erstellt und vollziehen die Bundesländer die Ausweisung als besonderes Schutzgebiet durch Rechtsverordnung oder Satzung, kommt, soweit landesrechtlich zulässig, die **abstrakte Normenkontrollklage** gemäß § 47 VwGO (Kerkmann, Naturschutzrecht in der Praxis, S. 434 ff.) oder die Inzidentkontrolle gegen Folgemaßnahmen (VG Oldenburg, NUR 2000, 297; VG Lüneburg, NVwZ 2001, 590; VG Gießen, NUR 2000, 713; VG Frankfurt, NUR 2001, 416; VG Bremen, AgrarR 2002, 403; Rohlf/Albers, Naturschutzgesetz Baden-Württemberg, § 36 Rn 23) in Betracht. Zur Antragsbefugnis, Prüfungsmaßstab, Begründetheit: Kerkmann, aaO Der Erfolg einer solchen Klage ist jedoch sehr zweifelhaft (VG Oldenburg, NUR 2008, 519).

IV. Schutzgebietsausweisungen und Bergbau

1. Festsetzung von Schutzgebieten

352 Nach § 20 Absatz 2 BNatSchG können Teile von Natur und Landschaft geschützt werden. Die dort genannten **Natur- und Landschaftsschutzgebiete,** Nationalparks, Biosphärenreservate und Nationalparks sowie Naturdenkmale und geschützte Landschaftsbestandteile sind abschließend und können durch Landesrecht nicht erweitert oder in ihren Inhalten (Schutzgegenstand, Schutzzweck, Schutzvoraussetzungen, Schutzregime) geändert werden. Dagegen richten sich Form und Verfahren der Unterschutzstellung und der Umgang mit Form- und Verfahrensfehlern nach Landesrecht.

353 Nach den Landesgesetzen werden Natur- und Landschaftsschutzgebiete in der Regel durch **Rechtsverordnungen** der Naturschutzbehörde unter Schutz gestellt. In NRW erfolgt die Festsetzung durch den Landschaftsplan (§ 19 ff. LG NRW) mit den Wirkungen des § 34 LG NRW. Der **Landschaftsplan** ist als Satzung der Kreise und kreisfreien Städte zu beschließen. Liegt ein Landschaftsplan (noch) nicht vor, kann der Ausweis durch VO erfolgen (§ 42 a LG NRW). Die Bergbehörde ist als Träger öffentlicher Belange zu beteiligen (§ 27 a LG NRW).

354 In den Schutzgebietsanordnungen werden ausgehend von dem Schutzzweck des Gebietsschutzes Handlungen verboten oder beschränkt, die dem Schutzzweck zuwiderlaufen. Das Naturschutzgebiet stellt die strengste Kategorie des Flächenschutzes dar. Es ist durch ein absolutes Veränderungsverbot gekennzeichnet. Es ist losgelöst von der jeweiligen Bedeutung eines Gebietsbestandteils (Boden, Wasser, Pflanzen, Tiere) und unabhängig davon, ob die betreffende Handlung einen Mangel verursacht oder sogar als Bereicherung anzusehen ist. Nicht erfasst sind lediglich solche Veränderungen, die für das Gebiet völlig unerheblich sind (OLG Celle, NUR 1981, 35, 36). Abbauvorhaben über Tage sind in Naturschutzgebieten regelmäßig unzulässig.

355 Die **Rohstoffsicherungsklausel** des § 48 Absatz 1 Satz 2 ist bei der Festsetzung der Schutzgebiete nach h. M. nicht mit absoluter Wirkung anzuwenden (BVerwG, NUR 1996, 86 ff. = ZfB 1995, 277; OVG NRW, ZfB 1995, 304; OVG Greifswald, ZfB 2000, 37; VG Geifswald, ZfB 2007, 298; Kühne, DVBl 1987, 1262; Fischer-Hüftle, NUR 1989, 111; Rausch, S. 196; Wilde, DVBl 1998, 1327; Sächs. OVG, ZfB 1997, 155; VGH Kassel, NUR 2003, 406, 408; VG Freiburg, ZfB 1985, 120; Kolonko, ZUR 1995, 127; a.A. betrifft Nationalpark – VO Niedersächs. Wattenmeer: Hoppe, DVBl 1987, 761; Peters, DVBl 1988, 277 ff.; a. A. auch VGH Mannheim, VBlBW 1988, 402 = ZfB 1989, 57 = NUR 1989, 130 ff. – Menzenschwand).

356 Beim Erlass von Schutzgebiets-VOen ist stufenweise vorzugehen: **In der ersten Stufe** ist zu prüfen, ob die **Erforderlichkeit** einer Unterschutzstellung bejaht werden kann, die gesetzlich an das Vorliegen bestimmter Voraussetzungen geknüpft ist.

Auf der zweiten Stufe ist zu prüfen, ob – bei nicht zwingend vorgegebenen   **357** Entscheidungen – die betroffenen Belange angemessen berücksichtigt wurden. Hierzu zählen die Interessen des Inhabers von Bergbauberechtigungen, von Gewerbe- und Industriebetrieben, von Grundstückseigentümern (OVG Koblenz, ZfB 2000, 46 betrifft Lavasand; BVerwG, ZfB 1995, 277 betrifft Quarzkies; OVG Bautzen, ZfB 1997, 155 betrifft Bergwerkseigentum und Naturdenkmal). Bei Eingriffen in bereits verwirklichte Nutzungen und beim Ausschluss von Nutzungsmöglichkeiten, die sich nach Lage der Dinge objektiv anbieten, muss der VO-Geber dem verfassungsrechtlich gebotenem Bestandsschutz Rechnung tragen (OVG Koblenz, ZfB 2000, 46). Das gilt ebenso, wenn eine Betriebsplanzulassung (noch) nicht vorliegt (Wilde, DVBl 1998, 1328) oder – bei schwerwiegenden Belastungen des Bergbautreibenden durch die naturschutzrechtlichen Verbote und Beschränkungen – wenn eine bestandsgeschützte ausgeübte Betriebsplanzulassung nicht mehr realisiert werden kann (Wilde, aaO).

Im Einzelfall kann das Interesse an der **Gewinnung von Rohstoffen, die der**   **358** **Energieversorgung** dienen, einen Vorrang vor dem Schutz von Natur und Landschaft begründen (OVG NRW, NWVBl 1996, 21 = NUR 1996, 101 = ZfB 1995, 307). Für **Rohstoffe, die nicht der Energieerzeugung dienen,** gilt dies nicht. Für deren Gewinnung (z. B. Quarzkiesabbau) kommt eine Befreiung (vgl. hierzu Rn 196) aus überwiegenden Gründen des Gemeinwohls nur in Betracht, wenn ein konkretes öffentliches Interesse für die Verwirklichung des Vorhabens gerade am vorgesehenen Standort besteht. Die bergrechtliche Rohstoffsicherungsklausel des § 48 Absatz 1 Satz 2, die im gesamtwirtschaftlichen Interesse die heimische Rohstoffversorgung sicherstellen soll, hilft in sofern nicht. Für die Befreiung muss der Abbau eines bestimmten Rohstoffes an der konkreten Stelle zur Sicherung des Rohstoffmarktes erforderlich sein (OVG NRW, ZfB 2001, 213 betrifft Quarzsand). Sieht ein Regionalplan Vorbehaltsfläche für den Kalkabbau vor, kann dennoch eine Naturschutzgebiets-VO verbieten, Kalk abzubauen. Die landesplanerische Vorgabe kann im Wege der Abwägung überwunden werden (VGH München, NUR 1999, 395 m. w. N.).

Sofern das Abbauvorhaben im **privilegierten Außenbereich** (§ 35 Absatz 1 Nr. 3   **359** BauGB) liegt und in einem Landschafsschutzgebiet ausgeführt werden soll, ist es nach den naturschutzrechtlichen Vorschriften zu beurteilen. Sie verdrängen als speziellere Normen die Privilegierung durch § 35 Absatz 3 Nr. 3 BauGB (VGH München, NUR 2003, 236 f. m. w. N.). Eine im Außenbereich privilegierte Auskiesung, die nach dem Landschaftsschutzrecht unzulässig ist, ist auch bebauungsrechtlich nicht genehmigungsfähig. Auch die Eingriffsregelung findet auf Abgrabungsvorhaben im Außenbereich uneingeschränkt Anwendung (§ 18 Absatz 2 Satz 2 BNatSchG). Bei der Abwägung ist allerdings die besondere Rangstellung der privilegierten Außenbereichsvorhaben zu berücksichtigen (Battis/Krautzberger/Löhr § 35 Rn 133).

Für die Unterschutzstellung ist der **Verhältnismäßigkeitsgrundsatz** in doppelter   **360** Hinsicht zu beachten: Er gilt sowohl für das „Ob" als auch für das „Wie". Für das „Ob" ist es ausreichend, dass die Ausweisung als vernünftig erscheint (VGH München, NUR 2002, 412; OVG Schleswig, NUR 1996, 633). Unerheblich ist, ob das Gebiet oder ein Teilgebiet bereits nach einem anderen Verfahren geschützt ist (VGH Mannheim, NUR 1994, 242 – Wasserschutzgebiet) oder als Biotop nach § 30 BNatSchG gesetzlichen Schutz genießt. Die Natur muss nicht unberührt sein (VGH Kassel, NUR 1994, 398: Aufgelassene Kiesgrube). Eine als Naturschutzgebiet ausgewiesene Fläche ist schutzwürdig, auch wenn der Bereich überwiegend durch menschliche Tätigkeit, den Abbau von Basalt, geschaffen wurde (VGH Kassel, NUR 2005, 406 mit Hinweis auf OVG Bautzen, NUR 1999, 344).

361 Zur Fortgeltung von durch Anordnung nach dem **Naturschutzgesetz der DDR** v. 4.8.1994 (GBl DDR 1954, 695) erklärten Naturschutzgebieten: OVG Frankfurt/Oder, NUR 1997, 99 zur **Fortgeltung der Biosphärenreservats-VO der DDR** im Range einer Landschaftsschutz-VO: OVG Greifswald, LKV 1995, 156 = NUR 1995, 149 und LKV 2004, 563. Zur Überführung der Erklärung eines Landschaftsteiles zum Landschaftsschutzgebiet durch Artikel 6 § 8 UmwRG i. V. mit Artikel 9 EV in Landesrecht: VG Weimar, ZfB 1995, 232.

362 Für das „**Wie**" dürfen die Verbote in den Verordnungen nicht weiter reichen als es im Interesse der Schutzgüter erforderlich ist (BVerwG, NVwZ 1988, 1020; OVG NRW, NVwZ 2001, 1179 u. a.). Die berührten rechtlich geschützten, auch privaten, Belange (OVG NRW, NVwZ 2000, 581; Hünnekens, NVwZ 2000, 527; VGH Mannheim, NVwZ-RR 1996, 17) sind abzuwägen. Dazu besteht ein Ermessensspielraum (BVerwG, NUR 1989, 38). Hierdurch entsteht in der VO ein System von Verbots-, Ausnahme- und Befreiungsregelungen sowie Unberührtheitsklauseln. Zu den von den Verbotsregelungen nicht betroffenen Tätigkeiten können in der Praxis gehören: Das Aufsuchen und Gewinnen von Steinkohle im bergrechtlich zugelassenen Umfang, die Behebung von Bergschäden (s. VO „Lippeaue", ABl Reg.Bez. Münster 1996, 179).

2. Ausnahmen und Befreiungen

363 In der Schutzverordnung kann vorgesehen werden, dass für bestimmte Maßnahmen, z.B. Abbau von Kies und Sand, die grundsätzlich verboten sind, generelle **Ausnahmen** gelten. Die Ausnahmevorschrift muss hinreichend bestimmt sein. Sie kann einen Genehmigungsvorbehalt vorsehen. Davon zu unterscheiden ist die **Befreiungsvorschrift** in Schutzverordnungen, die auf dem Grundsatz der Verhältnismäßigkeit basierend die Möglichkeit einer Befreiung von Ge- und Verboten schafft und insbesondere atypische Fälle erfasst, die bei Erlass der Verordnung noch nicht konkret vorhersehbar waren. Eine erteilte artenschutzrechtliche Ausnahme ersetzt nicht die naturschutzrechtliche Befreiung (VGH München, NVwZ-RR 2008, 611).

364 Soweit in der Schutzausweisung eine an sich verbotene Abbaumaßnahme durch eine (**Ausnahme-)Genehmigung** zugelassen werden kann und landesrechtlich nicht anderes bestimmt wurde, ist sie neben der Betriebsplanzulassung erforderlich (VGH Kassel, NVwZ-RR 2005, 803; Kremer/Neuhaus, Bergrecht Rn 284). Dies gilt jedoch nicht für die mit Konzentrationswirkung ausgestattete Rahmenbetriebsplanzulassung gemäß § 52 Absatz 2 a, in der die Genehmigung unmittelbar ausgesprochen werden kann. Für Abgrabungen nach dem Abgrabungsgesetz NRW s. § 7 Absatz 3 (betrifft eingeschlossene Genehmigungen nach BNatSchG und LG NRW).

365 Werden übertägige Abbaumaßnahmen in einer besonders schützenswerten Zone durch VO verboten, ist davon auszugehen, dass sie in anderen Zonen zulässig sind. Sofern sie dennoch von einer Erlaubnis abhängig gemacht werden, kann diese nicht rechtsfehlerfrei versagt werden (VG Dessau, ZfB 2002, 75).

366 Der Grundsatz der Verhältnismäßigkeit erfordert, dass in der Schutzverordnung die Möglichkeit einer **Befreiung von den Geboten und Verboten** eröffnet wird, soweit Belange der Allgemeinheit nicht entgegen stehen. In § 67 BNatSchG ist eine Neukonzeption der naturschutzrechtlichen Befreiung vorgenommen, insbesondere in Anwendung des Grundsatzes der Verhältnismäßigkeit und der

Bestandsgarantie des Artikel 14 Absatz 1 Satz 1 GG. Danach müssen Vorkehrungen getroffen werden, die eine unverhältnismäßige Belastung des Eigentümers real vermeiden und die Privatnützigkeit des Eigentums soweit wie möglich erhalten (Drs 16/12274, S. 128; BVerfGE 100, 226 – 248). Nach § 67 Absatz 1 Nr. 1 BNatSchG sind Interessen sozialer und wirtschaftlicher Art als überwiegendes öffentliches Interesse anerkannt. In § 67 Absatz 1 Nr. 2 BNatSchG kommt es nicht mehr auf die „nicht beabsichtigte Härte" an, sondern auf die im Einzelfall unzumutbare Belastung durch das Gebot oder Verbot, von dem eine Befreiung beantragt wird.

Wenn die Befreiung dem öffentlichen Interesse nur irgendwie nützlich wäre, ist **367** das nicht ausreichend. Es muss vielmehr ein besonderes, bei der planerischen Abwägung zum Erlass der Verordnung noch nicht in der besonderen Stärke berücksichtigtes Gemeinwohlinteresse bestehen, das die Befreiung erfordert (VGH München, NuR 1997, 291 betrifft Abbau von Kalkstein). Die Befreiung eröffnet Abweichungsmöglichkeiten für eine Vielzahl von Vorschriften und bezieht sich auf beim Erlass dieser Vorschriften noch nicht vorhersehbare Umstände (Gassner/Heugel Rn 404 m. w. N.). Hierzu gehören u. a.: Die Sicherung von Arbeitsplätzen, das Interesse an einer importunabhängigen Form der Energiegewinnung (VGH München, NuR 1982, 110 betrifft Wasserkraft), die Aufsuchung und Gewinnung von Bodenschätzen (Stollmann, DVBl 1999, 715). Weitere Einzelfälle: Abgrabungen (OVG NRW, NuR 1989, 230; Bayr. VGH NuR 1994, 449; VG Münster, NuR 1995, 103); Auffüllungen (VGH Mannheim, NuR 1982, 264; OVG Lüneburg, NVwZ-RR 1989, 532); Gewässerausbau/-benutzung (Bayr. VGH, NuR 1982, 109; VGH Kassel, NVwZ-RR 1989, 631; OVG Koblenz, NuR 2001, 291).

Genehmigungsvorbehalte für den Abbau von Bodenschätzen in Gesetzen oder **368** Verordnungen sind keine über die Sozialbindung des Eigentums hinaus gehende Beschränkung des Grundstückseigentümers (Jeromin, NuR 2010, 305 m. w. N.). Das Verbot, in einem Naturschutzgebiet Schaumlava auszubeuten, ist kein ausgleichspflichtiger Eigentumseingriff, wenn der Berechtigte mit der Nutzung noch nicht begonnen hatte und sich der Abbau nach der Verkehrsauffassung nicht aufdrängt (BVerwGE 49, 365 = NJW 1976, 765). Erfasst eine Naturschutz-VO etwa die Hälfte des Bergwerksfeldes und ist insofern die Steingewinnung unzulässig, ist das nicht unverhältnismäßig (VG Arnsberg v. 26.2.2003 – 1 K 1595/01; Jeromin aaO, 306).

Die Landschaftsschutz-VO muss jedenfalls mit den Belangen abgewogen wer- **369** den, die durch die **Rohstoffsicherungsklausel** des § 48 Absatz 1 Satz 2 vom Gesetzgeber als erheblich eingestuft wurden. Es hat also eine Bewertung der Interessen von Landschaftsschutz und Rohstoffsicherung zu erfolgen, wobei diese Bewertung nicht schon durch eine Ausnahmeregelung in der Schutz-VO ersetzt werden kann (VG Aachen, ZfB 1989, 219). Andererseits gibt § 48 Absatz 1 Satz 2 keine generelle Befreiung von einer Naturschutz-VO (VG Freiburg, ZfB 1985, 108, 120; s. auch Anh. § 56 Rn 348). Allerdings sind die öffentlichen Interessen gemäß § 48 Absatz 1 Satz 2, die für die Gewinnung von Bodenschätzen sprechen, schon bei der Aufstellung der Befreiungsvoraussetzungen in der Schutz-VO zu beachten, nicht erst, wenn die rechtlichen Voraussetzungen für die Befreiung feststehen und es nur noch darum geht, ob die Befreiung nach pflichtgemäßem Ermessen erteilt werden soll (VGH Mannheim, ZfB 1989, 71).

Für die Behandlung der **Befreiung im bergrechtlichen Verfahren** reicht nicht aus, **370** dass die Bergbehörde feststellt, es gebe die Möglichkeit der Dispenzerteilung und damit würden naturschutzrechtliche Gründe der Betriebsplanzulassung nicht entgegenstehen. Je nach landesrechtlichen Vorgaben ist vielmehr die Entscheidung über Befreiungen von den zuständigen Naturschutzbehörden für den Einzelfall zu treffen oder im Rahmen der Zulassung des Betriebsplans von der Bergbehörde im Einvernehmen mit der zuständigen Naturschutzbehörde zu erklären (z. B. Artikel 49 Absatz 3 Satz 2 Bayr. NatSchG; VG Regensburg, ZfB 1994, 145 ff.; § 53 Absatz 3 Sächs. NatSchG; zu allem s. VGH Mannheim, ZfB 1989, 71; Wilde, DVBl 1998, 1326; Kolonko, ZUR 1995, 129; Kühne, ZfB 1989, 83; Erl. v. 5.4.2000 über die Zusammenarbeit der Naturschutz- und Bergbehörden in Sächs. Amtsblatt 2001, 19 = ZfB 2002, 333 ff.). Fehlt das Einvernehmen, ist die Zulassung des Betriebsplans rechtswidrig (VG Regensburg, ZfB 1995, 149).

371   Ist für die Entscheidung über die Erteilung der naturschutzrechtlichen Befreiung nach dem Landesrecht die Naturschutzbehörde zuständig (z. B. § 79 NatSchG B-W; § 69 LG NRW; § 48 LNatSchG R-Pf), hat die Bergbehörde über die Zulassung des Hauptbetriebsplans unabhängig von der Befreiung zu entscheiden. Die Bergbehörde kann den Unternehmer nicht darauf verweisen, er möge zunächst die naturschutzrechtliche Entscheidung erwirken (VG Magdeburg ZfB 2002, 202 betrifft § 44 NatSchG LSA a. F.). Anders allerdings, wenn die naturschutzrechtliche Befreiung bestandskräftig abgelehnt worden ist. Insofern fehlt das Sachbescheidungsinteresse, da die Betriebsplanzulassung nicht verwertbar wäre.

372   Ein **Rechtsanspruch** auf Befreiung besteht **nicht**. Im Wege der Befreiung dürfen nicht großflächige Bereiche des Landschaftsschutzgebietes den Festsetzungen der Landschaftsschutz-VO entzogen werden (VGH Mannheim, NUR 1990, 464; VG Cottbus v. 28.2.2007, 3L469/06: Bei Entzug von etwa 7, 5 % des Schutzgebietes durch Braunkohlentagebau). Diese Flächen müssen, wenn das Vorhaben genehmigungsfähig sein soll, aus der Schutzverordnung ausgegliedert werden (VG Cottbus, aaO).

373   Die Behörde hat ein **Befreiungsermessen** (Stollmann, DVBl 1999, 751). Bei dieser Ermessensausübung ist § 48 Absatz 1 Satz 2 mit dem Gebot der Ermöglichung und der geringst möglichen Beeinträchtigung der bergbaulichen Belange anzuwenden und kann je nach Fallgestaltung zu einer Reduzierung des behördlichen Ermessens auf Null führen (Wilde, DVBl 1998, 1327 unter Hinweis auf BVerwGE 74, 315 ff. – Altenberg). Daneben ist in die Abwägung einzubringen, dass die durch Erlaubnisse, Bewilligungen oder Bergwerkseigentum vermittelten Rechtspositionen, Bodenschätze aufzusuchen und zu gewinnen, dem Grundrechtsschutz unterliegen (BVerfGE 77, 136, st. Rspr.). Allerdings kann der Bergwerkseigentümer von vornherein nicht darauf vertrauen, dass er die Bodenschätze im gesamten zugeteilten Feld oder überhaupt gewinnen kann (BVerwG, ZfB 1998, 131; VG Greifswald, ZfB 2007, 300).

374   Befreiungen i. e. S. von Verboten, die zum Schutz von Naturschutzgebieten und Natura 2000-Gebieten erlassen sind, können nach § 63 Absatz 1 Nr. 1 und § 63 Absatz 2 Nr. 1 BNatSchG nur nach **vorheriger Anhörung der anerkannten Vereine** ausgesprochen werden.

375   Die naturschutzrechtliche Befreiung wird ein unselbstständiger Bestandteil der bergrechtlichen Entscheidung über den Betriebsplan. Ein ausdrücklich angeordneter **Sofortvollzug** für die bergrechtliche Zulassung umfasst auch den Sofortvollzug der naturschutzrechtlichen Befreiung (VG Freiburg, ZfB 1985, 117 und ZfB 1985, 347 zu § 63 Absatz 3 LNatG B-W a. F.).

376   Bei einem **wasserrechtlichen Planfeststellungsbeschluss** zum Abbau von Quarzsand im Landschaftsschutzgebiet erfasst die Zuständigkeit der Bergbehörde (§ 104 Absatz 1 LWG NRW) für das Wasserrechtsverfahren und die Konzentrationswirkung der Planfeststellung (§ 75 VwVfG) die Zuständigkeit, erforderlichenfalls die Befreiung von landschaftsrechtlichen Vorschriften zu erteilen (OVG NRW, ZfB 2001, 206).

Bei der Ausgestaltung des Schutzregimes einer Schutz-VO kann auch auf das **377** Instrument der **Ausnahme** zurückgegriffen werden. Üblicherweise versteht man unter einer Ausnahme eine zulässige Abweichung von einer bestimmten Vorschrift, bei der der zugrunde liegende Lebenssachverhalt bereits beim Erlass der betreffenden Vorschrift bekannt war und daher auch zugleich mit dieser ausdrücklich geregelt wird. Insbesondere in Landschaftsschutzgebieten sind regelmäßig präventive Verbote mit Erlaubnisvorbehalt ausreichend (Gassner/Heugel Rn 432).

3. Rechtsschutz

In den Bundesländern, in denen **Normenkontrollanträge** zulässig sind, können **378** Grundstückseigentümer und Bergbauberechtigte die Schutzgebiets-VO auf ihre Rechtmäßigkeit überprüfen lassen (BVerwG, NVwZ 2001, 1039 betrifft Kies- und Sandabbau; VGH München, NVwZ-RR 2002, 106 betrifft Kalkstein; OVG Bautzen, LKV 2005, 407 betrifft Bergwerkseigentum für Dolomitabbau; VGH Kassel, NVwZ-RR 2005, 800 = ZUR 2004, 295 ff. betrifft Abbauverbot für Basalt; OVG Frankfurt/Oder, LKV 2000, 496 betrifft Bewilligung und Aufsuchungserlaubnis gegen Schutzwaldfestsetzung; OVG Greifswald, ZfB 2001, 194, 200 betrifft Bergbauunternehmen gegen Regionales Raumordnungsprogramm).

Die Antragsbefugnis steht auch einem Unternehmen zu, das die ernste Absicht **379** und die gesicherte zivilrechtliche Möglichkeit dargetan hat, in dem unter Landschaftsschutz gestellten Gebiet Kiese, Sand und Lehm abzubauen (BVerwG DÖV 2002, 582 LS = ZfB 2002, 151). Allerdings muss der Normenkontrollantrag gegen die Landschaftsschutz-VO sich auf den Lage- oder Einwirkungsbereich des Abbaugrundstückes oder der Bergbauberechtigung beschränken. Gegen darüber hinaus gehende Regelungen der VO fehlt die Antragsbefugnis, ausgenommen am Rande des Schutzgebietes liegende *„Pufferflächen"* (OVG Schleswig, NVwZ-RR 2005, 703), die auf das Schutzgebiet Einfluss nehmen.

V.   Arten- und Biotopschutz

1.   Artenschutz

Das besondere Artenschutzrecht ist bei bergbaulichen Vorhaben neben der **380** Eingriffsregelung (Dolde, NVwZ 2007, 7; BVerwG, NVwZ 2006, 1161; Gassner, UPR 2006, 430) und dem Gebietsschutz einschließlich FFH-RL und V-RL zu beachten (BVerwG, NUR 2008, 176, Rn 37; NUR 2008, 662 Rn 20; Dolde, NVwZ 2008, 125; Phillip, NVwZ 2008, 595 mit der Einschränkung: Wird die Art innerhalb des Schutzgebietes besser geschützt, genügt es, wenn das Vorhaben nach Gebietsschutz zulässig ist). Zum Unterschied zwischen Habitatschutz und Artenschutz BVerwG, NVwZ 2009, 306 Rn 58, auch Anhang § 56 Rn 303. Zum EU-rechtlichen Artenschutz: Sobotta, NUR 2013, 229 ff. m. w. N. Zum Artenschutz im Betriebsplanverfahren s. Anhang § 56 Rn 320.

Das Artenschutzrecht differenziert zwischen Arten ohne Schutzstatus, besonders **381** geschützten Arten (§ 7 Absatz 2 Nr. 13 BNatSchG) und streng geschützten Arten (§ 7 Absatz 2 Nr. 14 BNatSchG). Hinzu kommen noch die prioritären Arten i. S. von §§ 7 Absatz 2 Nr. 11, 34 Absatz 4 BNatSchG, für die ein besonderer Schutz bei erheblichen Beeinträchtigungen durch Projekte gilt (hierzu Anh. § 56 Rn 296 ff.). Die Einteilung der **Schutzkategorien** erfolgt durch die **BArtSchVO** (v. 16.2.2005, BGBl, 258).

382 Zu ihrem Schutze wirken Eingriffsverbote für die Tiere der **besonders geschützten Arten** (§ 44 Absatz 1 Ziff. 1 BNatSchG) als auch für deren Fortpflanzungs- oder Ruhestätte (§ 44 Absatz 1 Ziff. 3 BNatSchG). Für **wild lebende Tiere der streng geschützten Arten** einschließlich der europäischen Vogelarten gilt das Verbot, sie zu bestimmten Zeiten (§ 44 Absatz 1 Ziff. 2 BNatSchG) erheblich zu stören. Nach der Legaldefinition des § 44 Absatz 1 Ziff. 2 BNatSchG liegt eine **erhebliche Störung** vor, wenn sich durch die Störung der Erhaltungszustand der lokalen Population einer Art verschlechtert. Bei der Beurteilung der Beeinträchtigung werden vorgesehene Vermeidungsmaßnahmen berücksichtigt, nicht aber sonstige Kompensationsmaßnahmen (Louis, NUR 2008, 66). Das Artenschutzrecht schützt nicht den Lebensraum von Arten, sondern nur bestimmte Lebensraumfunktionen und die Individuen der Art. Daher sind auch die Erheblichkeitsschwellen besonders festzulegen. Beim Tötungsverbot ist die Schwelle überschritten, wenn das Bauvorhaben – auch bei Berücksichtigung von Vermeidungsmaßnahmen – ein signifikant erhöhtes Risiko des Verlustes von Einzelexemplaren geschützter Arten verursacht (Thyssen, NUR 2010, 12; BVerwG, NUR 2009, 111 ff. Rn 91). Beim Störungsverbot ist sie überschritten, wenn sich der Erhaltungszustand der lokalen Population einer Art verschlechtert (Thyssen aaO). Für das Zerstörungsverbot gilt § 42 Absatz 5 BNatSchG, wonach bei zulässigen Eingriffen in Natur und Landschaft kein Verstoß gegen das Verbot vorliegt. Zur Definition der Population: § 7 Absatz 2 Nr. 6 BNatSchG; zum Störungsverbot und Schutz der Lebensstätten: Gellermann, NUR 2007, 785; zur Erheblichkeit bei „Eingriffen": Anh. § 56 Rn 247.

383 Für den Bergbau bedeutsam sind **Ausnahmen und Befreiungen** von den Verboten des § 44 Absatz 1 BNatSchG. Allerdings hatte der EuGH (NUR 2006, 166) die frühere Ausnahmeregelung des § 43 Absatz 4 BNatSchG 2002, wonach die Verbote des Artenschutzes nicht galten, wenn Handlungen bei der Ausführung eines zugelassenen „Eingriffs" i. S. von § 19 BNatSchG 2002 vorgenommen wurden und „nicht absichtlich" waren, für europarechtswidrig erklärt. Die Verbote des Artenschutzes entfallen bei naturschutzrechtlich zulässigen Eingriffen im Außenbereich (§ 35 BauGB) oder bei Bauvorhaben im Innenbereich (§ 18 Absatz 2 Satz 1 BNatSchG i. V. mit § 34 BauGB) nunmehr gemäß § 44 Absatz 5 BNatSchG nur noch bei **national geschützten Arten**. Für diese Arten, ob streng oder besonders geschützt, werden die Belange folglich im Rahmen der Eingriffsregelung, ggf. durch Kompensation behandelt (BT-Drs 16/12274, S. 119; Lütkes, NVwZ 2008, 599).

384 Ausnahmen: Soweit **europarechtlich geschützte** Tier- – (Anh. IV) – und Pflanzenarten betroffen sind, gelten grundsätzliche Zugriffsverbote (§ 44 Absatz 1 BNatSchG) und Modifikationen bei Fortpflanzungs- und Ruhestätten (§ 44 Absatz 1 Nr. 3 BNatSchG). Wenn jedoch die ökologische Funktion der von dem Vorhaben durch den Eingriff betroffenen Fortpflanzungs- oder Ruhestätten im räumlichen Zusammenhang weiterhin erfüllt wird, liegt ein Verstoß gegen das Verbot zum Schutz der Lebensstätten nicht vor (§ 44 Absatz 5 Satz 2 BNatSchG). Auch können Ausgleichsmaßnahmen vorgezogen werden, wodurch die ökologische Funktion gewahrt wird (§ 44 Absatz 5 Satz 3 BNatSchG). Für Vorhaben im Außenbereich gilt die Freistellung von den Verboten nur, wenn der **Eingriff „zulässig"** ist (§ 44 Absatz 5 Satz 1 BNatSchG). Die Eingriffsregelung muss fehlerfrei angewandt sein (BVerwG, NUR 2012, 866, 878 Rn 117 f., 136 ff., 144; Louis, NUR 2012, 467, 472; Falkenberg, UPR 2012, 321 ff.). Es muss also auch das Vermeidungs- oder Kompensationsgebot befolgt worden sein (§ 15 BNatSchG).

Erfüllt der Eingriff den Verbotstatbestand des § 44 Absatz 1 oder Absatz 2 **385**
BNatSchG und ist er auch nicht nach § 44 Absatz 5 BNatSchG unbeachtlich,
schließt sich nach § 45 Absatz 7 BNatSchG eine Ausnahmeprüfung an, die das
Entscheidungsprogramm der FFH-RL und der V-RL aufgreift. Von den in § 45
BNatSchG abschließend – vorbehaltlich Ausnahmen gemäß Rechts-VO gemäß
§ 54 Absatz 5 BNatSchG – geregelten **Ausnahmegründen** ist für den Bergbau
von besonderem Interesse, dass hierzu auch „zwingende Gründe des überwiegenden **öffentlichen Interesses** einschließlich sozialer und **wirtschaftlicher Art"**
zählen (§ 45 Absatz 7 Nr. 5 BNatSchG). Dabei ergeben sich artenschutzrechtlich
keine strengeren Anforderungen als beim Habitatschutz der FFH-RL (BVerwG,
NUR 2008, 633 Rn 239; NUR 2009, 112, Rn 124 ff., 127; VGH Mannheim,
NUR 2010, 208). Es müssen also nicht Sachzwänge vorliegen, denen niemand
ausweichen kann. Zu verlangen ist ein durch Vernunft und Verantwortungsbewusstsein geleitetes staatliches Handeln (BVerwGE 110, 302 Rn 39; NUR
2008, 633 Rn 153; VGH Mannheim aaO). In Übereinstimmung mit Artikel 16
Absatz 1 FFH-RL und Artikel 13 V-RL darf allerdings eine Ausnahme nur
zugelassen werden, wenn **zumutbare Alternativen nicht gegeben sind.** Für den
Alternativenvergleich ist der Behörde kein Ermessen eingeräumt. Er unterliegt
uneingeschränkt der gerichtlichen Kontrolle (BVerwGE 110, 310; BVerwG,
NUR 2008, 633, Rn 169; VGH Mannheim, NUR 2010, 208). Bei der im
Rahmen der Ausnahmeprüfung zu entscheidenden Frage, ob sich der **Erhal-
tungszustand** der Populationen einer Art **nicht verschlechtert** (§ 45 Absatz 7
Satz 2 BNatschG), steht der Behörde aber für die Entscheidung, an welchem
Standort Maßnahmen zum Ausgleich von vorhabensbedingten Verlusten ergriffen werden, ein Beurteilungsspielraum zu (BVerwG, NUR 2010, 870, 873).
Nach der Rechtsprechung braucht sich der Unternehmer nicht auf eine Alternative verweisen zu lassen, wenn sich am alternativen Standort eine Zulassungs-
sperre durch Schutzvorschrift ergibt wie am gewählten Standort. Ferner, wenn
eine technisch machbare und rechtlich zulässige Alternative Opfer verlangt, das
außer Verhältnis zum erreichbaren Gewinn für Natur und Umwelt steht.
Außerdem, wenn eine Alternative aus naturschutzexternen Gründen unverhältnismäßig wäre (zu allem: BVerwGE 125, 116 Rn 567; BVerwGE 116, 262 ff.;
Kerkmann, Naturschutzrecht in der Praxis, S. 181).

Als weitere Ausnahmevoraussetzung ist nach § 45 Absatz 7 BNatSchG erfor- **386**
derlich, dass sich der Erhaltungszustand der Populationen (§ 7 Absatz 2 Nr. 6
BNatSchG) einer Art nicht verschlechtert. Werden aufgrund von Ausgleichsmaßnahmen Ausweich-Habitate zur Verfügung gestellt, ist eine Kontinuität
gewahrt und kann die Population in einem günstigen Erhaltungszustand verbleiben (BVerwGE 125, 116 Rn 573; VGH Mannheim, NUR 2010, 209). Auch
wenn ein ungünstiger Erhaltungszustand der Population nicht verschlechtert
wird oder die Wiederherstellung eines günstigen Erhaltungszustands nicht
behindert wird, können Ausnahmen vom Schutz (Zugriffsverbot) streng
geschützter Arten zugelassen werden (EuGH, NUR 2007, 477 Rn 29; VGH
Mannheim, NUR 2010, 210). Dies muss „*hinreichend nachgewiesen werden"*
(BVerwG, NUR 2009, 414). Ausführlich zu Ausnahmen: Storost, DVBl 2010,
737, 743.
Einen Überblick über die Vorschriften zum Artenschutz gewinnt man durch die
Verwaltungsvorschrift VV-Artenschutz vom 13.4.2010 – Stand 15.9.2010 – des
NRW-Ministeriums für Umwelt (MUNLV).

Befreiungen: Von den Verboten kann – erforderlichen Falls noch während des **387**
gerichtlichen Verfahrens – eine Befreiung erteilt werden (BVerwG, NUR 2006,
762; NUR 2006, 776; Gellermann, DVBl 2005, 76; Stüer, DVBl 2009, 9), sofern
die Durchführung der Vorschrift im Einzelfall zu einer **unzumutbaren Belastung**
führen würde (§ 67 Absatz 2 BNatSchG).

388   Sofern die artenschutzrechtlichen Verbotstatbestände verwirklicht und nicht durch Ausnahme oder Befreiung überwunden werden, sind **Ausgleichs- und Ersatzmaßnahmen** i. S. von § 15 Absatz 2 BNatSchG **nicht geeignet**, Abhilfe zu schaffen (BVerwG, NUR 2006, 782). Zur Frage, ob das Verbot des § 44 Absatz 1 BNatSchG dadurch umgangen werden kann, indem Baumaßnahmen außerhalb der Brutsaison durchgeführt werden und ob standortgetreue Arten anders zu behandeln sind als Zugvögel: Thum in ZUR 2006, 303.

2. Biotopschutz

389   Auf früheren Bergbaubetriebsstätten, beispielsweise auf Halden, aufgegebenen Abbaubetrieben, Steinbrüchen, Tagebaurestlöchern, kontaminierten Betriebs-grundstücken, Bergsenkungsgebieten haben sich häufig **Biotope** gebildet, die durch Sanierungsmaßnahmen und bergrechtliche Wiedernutzbarmachung der Oberfläche zerstört werden könnten.

390   Während der Artenschutz unmittelbar auf die Erhaltung von geschützten Tieren und Pflanzen zielt, dient der Biotopschutz der **Erhaltung der Lebensräume von Tieren und Pflanzen.** Biotope bedürfen keiner Ausweisung als geschützter Teil von Natur und Landschaft, ihre Erfassung in einer Biotopliste oder -kartierung (z. B. § 30 Absatz 7 BNatSchG; § 62 Absatz 3 LG NRW; 32 Absatz 7 NatSchG B-W; § 14 Absatz 9NatSchG Nds. 2010; § 26 Absatz 6 Sächs. NatSchG) hat nur deklaratorischen Charakter (Drs 16/12274, S. 108). Entscheidend ist für den Biotopschutz, dass der Lebensraum den gesetzlich- tatbestandlichen Anforde-rungen entspricht. Einzelheiten zum Biotopschutz s. VV Biotopschutz Land Brandenburg vom 25.11.1998 (ABl 3/99, 22).

391   Praktisch werden durch bergbauliche Maßnahmen die in § 30 Absatz 2 BNatSchG aufgezählten **gesetzlich geschützten Biotope** selten betroffen sein (Frenz ZfB 2002, 26 und Glückauf 2010, 106). Ist das dennoch der Fall, gilt ein allgemeines Veränderungsverbot, d. h. es sind dort – vorbehaltlich der nach § 30 Absatz 3 BNatSchG ermöglichten Ausnahmen oder der Befreiung nach § 67 Absatz 1 BNatSchG – alle Handlungen verboten, die zur erheblichen Beeinträchtigung oder Zerstörung des Biotops führen können. Im Rahmen der Ausnahmebewilligung ist zu prüfen, ob die Beeinträchtigung der Biotope aus-geglichen werden kann (dazu VGH Mannheim, NUR 1999, 385) oder ande-renfalls die Voraussetzungen für eine Befreiung nach § 67 Absatz 1 BNatSchG vorliegen. Die ablehnende Entscheidung der Behörde über einen Antrag auf Ausnahme (§ 30 BNatschG) zur Beseitigung eines Biotops in einem bergfreien Gipstagebau ist rechtswidrig, wenn die Bergbauvorrangklausel des § 48 Absatz 1 Satz 2 und die Möglichkeit einer Befreiung gemäß § 67 Absatz 1 BNatschG nicht geprüft wurden (OVG Weimar, ZfB 2012, 254, 264).

392   Der frühere Ausnahmetatbestand der „überwiegenden Gründe des Gemein-wohls", die der Bergbau bei gewissen Voraussetzungen ebenfalls erfüllen konnte (§ 30 Absatz 2 Satz 1 BNatSchG 2002) ist zwar in § 30 Absatz 3 BNatSchG n. F. entfallen, kann aber im Wege der Befreiung nach § 67 Absatz 1 Nr. 1 BNatSchG 2009 geltend gemacht werden (Drs 16/12274, S. 108). Neu aufgenommen ist § 30 Absatz 6 BNatSchG. Danach gilt das Verbot der Zerstörung oder Beein-trächtigung von gesetzlich geschützten Biotopen nicht, wenn sie auf Flächen entstanden sind, bei denen eine zulässige Gewinnung von Bodenschätzen einge-schränkt oder unterbrochen wurde und innerhalb von 5 Jahren die Gewinnung wieder aufgenommen wird. Diese **„Biotop-auf-Zeit"-Regelung** ist auf Anregung des Bundesrates (Drs 278/09, S. 18) aufgenommen worden. Der hatte allerdings eine weitergehende Forderung gestellt: Das Verbot sollte nicht gelten, wenn gesetzlich geschützte Biotope „auf einer Fläche eines Betriebsplans gemäß § 52

BBergG entstanden sind oder während der bergbaulichen Tätigkeit entstehen [...], wenn auf einer solchen Fläche eine nach diesem Plan zulässigen Nutzung verwirklicht wird". Diesen Gedanken hat nunmehr § 24 Absatz 1 Nds. NatSchG 2010 aufgegriffen, wonach das Zerstörungs- und Beeinträchtigungsverbot des § 30 Absatz 2 Satz 1 BNatSchG nicht anzuwenden ist auf Biotope, die auf einer von einem Betriebsplan nach §§ 52, 53 BBergG erfolgten Fläche nach Zulassung oder Planfeststellung entstehen, wenn dort eine nach dem Plan zulässige erfassten Nutzung verwirklicht wird.

Wenn im Zuge von Rekultierungs-, Sanierung- oder Wiedernutzbarmachungs-   **393** maßnahmen des Bergbaus Biotoptypen vernichtet werden, die in § 30 Absatz 1 BNatSchG und landesrechtlich nicht aufgezählt sind, stellt sich die Frage, ob ein **Eingriff** i. S. von §§ 13 ff. BNatSchG vorliegt, ob die daraus folgenden Kompensationspflichten den Biotopschutz übernehmen und wie das Konkurrenzverhältnis von bergrechtlicher Wiedernutzbarmachungsklausel und naturschutzrechtlicher Eingriffsregelung aufzulösen ist (hierzu Anh. § 56 Rn 265, a. A. Frenz, Glückauf 2010, 105, der insofern von einem Eingriff in *„hochwertige"* Biotope ausgeht, die nicht zerstört werden dürfen). Soweit Wiedernutzbarmachung aus bergrechtlichen Gründen keinen Vorrang haben sollte (z. B. bei endgültig eingestellten Betrieben gemäß § 169 Absatz 2), ist zu prüfen, ob ein Eingriff aus zwingenden Gründen des überwiegenden öffentlichen Interesses gerechtfertigt ist. Das ist z. B. der Fall bei der Sanierung der Wismut-Bergbauhinterlassenschaften, wenn durch Wiedernutzbarmachung zwar Biotope zerstört werden, aber die Gefahr radioaktiver Kontaminationen des Grundwassers vermieden werden (Frenz, LKV 2003, 446) oder bei Gefahren aus drohenden Hangrutschen in ehemaligen Tagebauen, wenn Sicherheitsinteressen und der Schutz gegen Gesundheits- oder Lebensgefahren eine Zerstörung von Biotopen erfordern (Frenz, Glückauf 2010, 110).

VI. Naturschutzvereine

1. Beteiligungsrecht

Nach § 63 Absatz 1 BNatSchG haben die anerkannten Vereine ein subjektiv-   **394** öffentliches Recht auf **Beteiligung** in den dort genannten umweltrechtlichen Verfahren (im Einzelnen: Meitz, ZUR 2010, 563 ff.; Wilrich, DVBl 2002, 872 ff.; Seelig/Güntling, NVwZ 2002, 1033 ff.; Stüer, NUR 2002, 708 ff.; Alleweldt, DÖV 2006, 621 ff.; Schmidt, NUR 2008, 544 ff.). Diese Befugnis bezieht sich in erster Linie auf spezifisches Naturschutzrecht, aber auch auf andere Vorschriften, soweit ihre Anwendung einen konkreten Bezug zum Naturschutz aufweist. Ein darüber hinausgehender Anspruch auf Einbeziehung nur abstrakt dem Naturschutz dienenden Normen oder auf umfassende Rechtmäßigkeitskontrolle des angegriffenen Vorhabens, etwa der Planrechtfertigung, der Finanzierbarkeit des Vorhabens (BVerwG, NUR 2010, 191) besteht dagegen nicht (OVG Schleswig, NUR 2003, 309; OVG Lüneburg, NUR 2008, 267). Kein Beteiligungsrecht und kein Klagerecht der Naturschutzverbände bestehen bei der Erteilung von bergrechtlichen Erlaubnissen oder Bewilligungen und bei der Verleihung von Bergwerkseigentum. Diese Rechtsakte sind nicht mit Eingriffen in Natur und Landschaft verbunden (s. Anhang zu § 56 Rn 241).
Die Beteiligung besteht in der Gelegenheit zur Stellungnahme und zur Einsichtnahme in die Sachverständigengutachten. Eine unterbliebene Beteiligung, etwa wenn einzelne naturschutzfachliche Unterlagen oder Gutachten nicht vorgelegt wurden, kann nachträglich im Gerichtsverfahren geheilt werden (OVG Greifswald, ZfB 2006, 164; BVerwG, NVwZ 2004, 1486) oder in einem ergänzenden Verfahren behoben werden (BVerwG, NVwZ 1998, 359 f.).

395 Grundsätzlich genügt eine einmalige Beteiligung (Vallendar, UPR 2007, 6 m. w. N.). Wenn allerdings ein ausgelegter Plan geändert werden soll und sich dabei neue naturschutzrechtliche Fragen stellen, muss eine erneute Beteiligung erfolgen (BVerwG, NVwZ 1998, 395 f.; Schmidt/Zschiesche/Rosenbaum, die naturschutzrechtliche Verbandsklage in Deutschland, S. 97). Dies bedingt aber keine erneute Auslegung der überarbeiteten Planunterlagen und Erörterungen (Vallendar, aaO, S. 7).

2. Klagerecht nach Bundesnaturschutzgesetz und Landesrecht

396 § 64 BNatSchG (früher: § 61 BNatSchG 2002, davor § 29 Absatz 1 Satz 1 Nr. 4 BNatSchG 1987 – Anhörungsrecht) gewährt nach § 3 URB anerkannten Naturschutzvereinigungen ferner ein **Vereinsklagerecht** gegen Befreiungen von Verboten und Geboten zum Schutz von Naturschutzgebieten, Nationalparken und sonstigen Schutzgebiet; gegen Planfeststellungsbeschlüsse, die mit Eingriffen in Natur und Landschaft verbunden sind; sowie Plangenehmigungen, soweit eine Öffentlichkeitsbeteiligung vorgesehen ist. Zusätzlich müssen die Rechtsbehelfe die in § 64 Absatz 1 BNatSchG vorgegebenen Voraussetzungen erfüllen, insbesondere kann nur geltend gemacht werden, dass Vorschriften verletzt wurden, die zumindestens auch den **Belangen des Naturschutzes und der Landschaftspflege** zu dienen bestimmt sind. Hierzu dürften die naturschutzrechtlichen Elemente der §§ 55 Absatz 1 Satz 1 Nr. 7 und 48 Absatz 2 Satz 1 BBergG gehören.
Ziele des Naturschutzes sind z. B. betroffen, wenn die Abfälle so beseitigt werden, dass das Wohl der Allgemeinheit beeinträchtigt wird. Die **abfallrechtlichen Ziele** i. S. von § 7 Absatz 3, § 15 Absatz 2 KrWG sind auch Ziele des Naturschutzes und der Landschaftspflege (VG Hannover, ZfB 2010, 251; OVG Bautzen, NUR 2006, 310). Ausführlich zur naturschutzrechtlichen Vereinsklage nach dem BNatSchG 2009: Fischer-Hüftle, NUR 2011, 237 ff.

397 Das Klagerecht gemäß § 64 Absatz 1, 63 Absatz 2 Ziff. 6 BNatSchG betrifft nur **Planfeststellungsbeschlüsse** („Entscheidungen"), nicht jedoch noch nicht abgeschlossene Planfeststellungsverfahren (VG Schleswig, aaO) oder bestandskräftige Planfeststellungsbeschlüsse, deren Rücknahme, Widerruf oder Untersagung der Vollziehung beantragt wird (BVerwG, DVBl 2006, 1320 = ZUR 2006, 588); ebenso nicht bei Maßnahmen des Gewässerausbaus wegen unterbliebener Planfeststellung, wenn eine Plangenehmigung gemäß § 31 Absatz 2 WHG a. F. auch möglich gewesen wäre (OVG Bautzen, NVwZ-RR 2006, 390; zweifelhaft nach neuer Rechtslage gemäß §§ 70 Absatz 1 WHG i. V. mit 72 ff. VwVfG); ferner nicht in Genehmigungen im immissionsrechtlichen Verfahren (OVG NRW, NUR 2009, 370; VGH München, NUR 2009, 434; Niederstadt/Weber, NUR 2009, 297; allerdings u. U. Rechtsbehelf nach URG, s. EuGH-Vorlage des OVG NRW, aaO; s. zur neuen Rechtsentwicklung auch Anhang § 56 Rn 410 f.).
Mitwirkung bei Befreiung: Die von anerkannten Vereinigungen anfechtbaren Befreiungen sind in §§ 64 Absatz 1 i. V. mit 63 Absatz 1 Nr. 2 und 63 Absatz 2 Nr. 5 BNatSchG abschließend aufgezählt (VG Schleswig ZUR 2008, 211). Keine Befreiung und damit nicht Gegenstand einer Verbandsklage sind: Ausnahmen von artenschutzrechtlichen Verboten (Fischer-Hüftle, NUR 2011, 239 m. w. N.); Freistellung von Verboten einer LandschaftschutzVO, die nicht zugleich ein Natura-2000-Gebiet schützt; die Aufhebung der Verkleinerung eines Schutzgebietes durch Änderung einer Schutzgebiets-VO (BVerwG, NUR 1998, 131). Umstritten ist, ob die Abweichungsentscheidung zur Zulassung von Projekten im FFH-Gebiet oder V-Gebieten gemäß §§ 34 Absatz 3 BNatSchG als „Befreiung" i. S. d. Mitwirkungsregelung des § 63 Absatz 2 Nr. 5 BNatSchG anzusehen ist (bejahend OVG LSA, NUR 2007, 495 speziell für das Naturschutzgesetz LSA; VGH Kassel, Beschl. v. 2.11.2004, AZ 4 TG 2925/04; VG Wiesbaden,

NUR 2006, 669; Werner, NUR 2007, 459; a. A. VG Hamburg, NUR 2004, 543; OVG Bautzen, NUR 2008, 505 m. w. N.; Gellermann in Landmann/Rohmer, Umweltrecht, § 61 BNatSchG Rn 4; Kremer, ZUR 2007, 248 f.; Gassner § 60 Rn 8). Vermittelnd wird vertreten, die Abweichungsentscheidung nach § 34 Absatz 3 BNatSchG sei grundsätzlich keine anfechtbare Befreiung, es sei denn, sie hat wegen des Widerspruches zu Verboten einer für ein Natura-2000-Gebiet bestehenden Schutzerklärung zugleich die Funktion einer Befreiung (Schumacher/Fischer-Hüftle, § 64 Rn 16 mit Verweis auf OVG LSA NUR 2007, 208). Die Erteilung einer **artenschutzrechtlichen Ausnahme** hat keine Ersetzungswirkung im Hinblick auf eine naturschutzrechtliche Befreiung (VGH München, NUR 2008, 668). Eine Verbandsklage auf Ergänzung des Planfeststellungsbeschlusses um weitere Ausgleichs- und Ersatzmaßnahmen oder um eine höhere Ausgleichsabgabe wird für zulässig gehalten (VGH Mannheim, NUR 2007, 420; BVerwG, DVBl 2004, 1546).

Nach früherem Recht (§ 29 Absatz 1 Satz 1 Nr. 4 BNatSchG 1987) war aner- **398** kannt, dass nicht nur die unzureichende oder gänzlich unterlassene Beteiligung ein absoluter Verfahrensfehler war, sondern auch das rechtswidrige Ausweichen in ein nicht beteiligungspflichtiges Verfahren (OVG NRW, ZfB 2005, 42 m. w. N.; schon BVerwG, DVBl 1997, 1123 = NVwZ 1998, 279). Der Grundsatz (sog. *„Umgehensrechtsprechung"*) kommt auch im Verhältnis zwischen fakultativem und obligatorischem Rahmenbetriebsplan zur Geltung. Die Klagebefugnis der Naturschutzvereinigungen gegen einen fakultativen Rahmenbetriebsplan ist gegeben, weil dessen Zulassung zugleich die Entscheidung enthält, dass ein die Mitwirkung berechtigender obligatorischer Rahmenbetriebsplan nicht erforderlich ist (OVG NRW, ZfB 2005, 42; NUR 2005, 417; OVG Frankfurt/Oder, ZfB 2001, 268; VG Weimar, Urt. v. 10.3.1998 – 7K1509/95 = Thür. VBl 1998, 191 – Gipsabbau – Rahmenbetriebsplan Alter Stollberg; Schmidt/Zschiesche/Rosenbaum, die naturschutzrechtliche Verbandsklage in Deutschland, S. 97 f.). Es kommt für die Zulässigkeit der Verbandsklage nicht darauf an, ob die Behörde gezielt und in nicht vertretbarer Weise ein mitwirkungsbedürftiges Verfahren gewählt hat oder aus vertretbaren Gründen nach sorgfältiger Prüfung (OVG Frankfurt/Oder, ZfB 2001, 271; a. A. VG Aachen, ZfB 2000, 63 unter Berufung auf BVerwG, NVwZ 1998, 280; VG Saarland, ZfB 2000, 190 m. w. N.), die Klagebefugnis entfällt nicht, wenn die Naturschutzvereinigung im fakultativen Rahmenbetriebsplanverfahren tatsächlich gehört wurde, Gelegenheit zur Einsicht in die Unterlagen hatte und eine Stellungnahme abgegeben hat (VGH Mannheim, NVwZ-RR 1993, 179).

Dieser Gesichtspunkt kann allerdings zur **Unbegründetheit der Klage** führen **399** (OVG NRW aaO; VG Weimar, aaO). Es besteht kein Recht auf die richtige Verfahrensart, sobald die schützenswerten Belange von Natur und Landschaft in das Verwaltungsverfahren eingebracht wurden. Die Klage ist ebenfalls unbegründet, wenn rechtlich ein Planfeststellungsverfahren gemäß § 52 Absatz 2 a Satz 1 nicht geboten ist.

Das Recht auf Beteiligung kann auch verletzt sein, wenn die Bergbehörde eine **400** **Plangenehmigung** oder fakultative Rahmenbetriebsplanzulassung erteilt, weil sie die rechtlichen Voraussetzungen verkannt hat, unter denen eine **Vorprüfung** des Einzelfalles von einer UVP und damit von einem Planfeststellungsverfahren abgesehen werden darf (BVerwGE 127, 208; OVG Hamburg, NUR 2010, 501 betrifft Fernwärmeleitung). Gerichtlich zu überprüfen ist insofern, ob eine Vorprüfung stattgefunden hat und ob ihr Ergebnis Rechtsfehler, d. h. Ermittlungs- oder Einschätzungsfehler, aufweist (§ 3 a Satz 4 UVPG).

Die Berufung eines Naturschutzvereins gegen ein Bescheidungsurteil, dass der **401** Verpflichtungs-/ bzw. Bescheidungsklage eines Bergbauunternehmers gegen die

Bergbehörde auf Zulassung eines bergrechtlichen Betriebsplans stattgegeben hat, ist unzulässig. Eine Anfechtungsbefugnis ist gemäß § 64 Absatz 2 BNatSchG i. V. mit § 1 Absatz 1 Satz 4 URG nicht gegeben, wenn der Verwaltungsakt aufgrund einer Entscheidung im gerichtlichen Verfahren erlassen worden ist (OVG NRW, NUR 2010, 367).

402   Die **Verbandsklage setzt voraus, dass ein Mitwirkungsrecht gegeben war** (VG Saarland, ZfB 2000, 184). Dies folgt aus § 64 Absatz 1 Ziff. 3 BNatSchG. Die anerkannten Naturschutzvereine/-verbände haben kein Mitwirkungsrecht nach § 63 Absatz 2 oder Rechtbehelfsrecht nach § 64 Absatz 1 BNatSchG in Sonderbetriebsplanverfahren (OVG Münster, NUR 1997, 617 – Bruchhohlraumverfüllung); in Abschlussbetriebsplanverfahren; in Plangenehmigungsverfahren nach § 31 Absatz 3 WHG a. F. (OVG Bautzen, NVwZ-RR 2006, 390 f.; OVG Bremen, NVwZ-RR 2006, 600, fraglich nach § 68 Absatz 2 WHG 2009; anders auch OVG Greifswald, LKV 2002, 194 für den weitergehenden Katalog des § 64 Nr. 3 NatSchG M-V 2002); für Gewässerunterhaltungsmaßnahmen; für Deichmaßnahmen (OVG Bremen, NVwZ-RR 2006, 600). Zur Beteiligung im fakultativen Rahmenbetriebsplanverfahren: VG Saarland ZfB 2000, 189 unter Verweis auf OVG Saarland, Gerichtsbescheid v. 5.2.1998 – AZ 8 M 1/95 betrifft *„Zulassung von Selbstversatz statt Blasversatz"*; s. a. Anh. § 56 Rn 396. Naturschutzvereinigungen haben kein Recht auf *„einfache"* Beiladung gemäß § 65 Absatz 1 VwGO im verwaltungsgerichtlichen Verfahren um die Erteilung einer bergrechtlichen Bewilligung nach § 8 BBergG (VGH Mannheim, ZfB 1985, 315 f.).

403   Kann im Prozess dargelegt werden, dass durch das rechtswidrige Unterlassen einer an sich gesetzlich vorgeschriebenen Planfeststellung das Mitwirkungsrecht aus § 63 Absatz 2 BNatSchG vereitelt wurde, setzt sich dieses Mitwirkungsrecht dahin durch, dass eine Anfechtungsklage gegen die Genehmigung des Vorhabens zulässig ist (OVG NRW, NUR 1997, 617 m. w. N.). Entsprechendes gilt, wenn die Behörde ein erforderliches naturschutzrechtliches Befreiungsverfahren nicht durchgeführt hat (OVG Weimar, LKV 2004, 560).

404   Die FFH-RL, die Vogelschutz-RL und die UVP-RL verschaffen keine Verbandsklagebefugnis (OVG Hamburg, ZUR 2005, 206; OVG Bautzen, NUR 2008, 505 m. w. N.; OVG Lüneburg, NUR 2009, 287; VG Leipzig, NUR 2007, 702, 703; zweifelnd OVG NRW, NUR 2009, 369 = DVBl 2009, 654 – Steinkohlekraftwerk). Naturschutzverbände gehören nicht zu der betroffenen Öffentlichkeit i. S. von Artikel 6 Absatz 2 UVP-RL. Sie können auch nicht Mängel in der Planrechtfertigung rügen, die ausschließlich ein Element der enteignungsrechtlichen Vorwirkung und damit des Eigentumsschutzes ist (OVG Lüneburg, NUR 2006, 116 – Emssperrwerk). Das Klagerecht führt nicht zu einer umfassenden rechtlichen Überprüfung des Planfeststellungsbeschlusses. Keine Klagebefugnis gegen eine Baugenehmigung, die trotz Vorhandenseins eines gesetzlich geschützten Biotops erteilt worden ist (OVG Lüneburg, NUR 2008, 203), dasselbe gilt für einen Sonder- oder Abschlussbetriebsplan, der trotz eines gesetzlich geschützten Biotops zugelassen wurde.

405   Hat ein Verein im Verwaltungsverfahren Gelegenheit gehabt zur Äußerung, ist er im Rechtsbehelfsverfahren mit allen Einwendungen ausgeschlossen, die er im Verwaltungsverfahren nicht geltend gemacht hat (**Präklusionsregelung** gemäß § 64 Absatz 1 Nr. 3 BNatSchG). Für die Vereine besteht zwar die Möglichkeit, Einwendungen nach Ablauf der Einwendungsfrist im Erörterungstermin geltend zu machen. Erstmalig im Klageverfahren vorgetragene Gesichtspunkte sind aber präkludiert. Die Präklusion bezieht sich auf das gesamte Abbauvorhaben, d. h. für das Rahmenbetriebsplanverfahren ebenso wie für später ergehende Haupt- und Sonderbetriebspläne (VG Düsseldorf, ZfB 2004, 292 für Präklusion gemäß

§ 73 Absatz 4 Satz 2 VwVfG im obligatorischen Rahmenbetriebsplanverfahren).

Ergänzend zu § 64 Absatz 1 BNatSchG können Vereine zur Klage befugt sein, **406** wenn sie, etwa als **Grundstückseigentümer**, behaupten können, in eigenen Rechten i. S. von § 42 Absatz 2 VwGO verletzt zu sein. Allerdings kann der Erwerb von Sperrgrundstücken (BVerwG, NUR 2001, 224, offen in OVG NRW, NUR 2006, 61) oder die Beschaffung einer Dienstbarkeit rechtsmissbräuchlich sein. Ein dinglich gesichertes Aufforstungsrecht wird durch die Zulassung eines Rahmenbetriebsplans für Wetter- oder Seilfahrtschächte nicht beeinträchtigt (OVG NRW, ZfB 1982, 250).

Einzelfälle von Klagen wegen Beteiligung von Naturschutzverbänden im Berg- **407** recht: Beiladung von Naturschutzverband im Verfahren zur Erteilung einer Bewilligung (OVG Mannheim, ZfB 1985, 315); Klage von Naturschutzverband gegen Sonderbetriebsplan *„Anhörung der Oberflächeneigentümer"* und Umstellung von Blas- auf Bruchversatz (VG Saarland, ZfB 2000, 181, 186); Klage gegen Zulassung eines fakultativen Rahmenbetriebsplans bei dem Abbau von Braunkohle (*„Hambach I"*, VG Aachen, ZfB 2000, 56; OVG NRW, ZfB 2005, 41 = ZUR 2005, 252 f. = NVwZ 2005, 267 ff.; BVerwG, ZfB 2006, 17); Klage und Mitwirkungsrecht bei Zulassung eines fakultativen Rahmenbetriebsplans für ein Braunkohlenbergwerk (OVG Frankfurt/Oder ZfB 2001, 266 und BVerwG, ZfB 2002, 166 – *„Cottbus-Nord"*); Klage gegen UVP- Rahmenbetriebsplan zur Abdeckung einer Rückstandshalde aus dem Salzbergbau mit REKAL-Stabilisat-Gemisch (OVG Lüneburg, ZfB 2011,192, 198; Normen des Abfallrechts dienen *„zumindestens auch"* den Belangen des Naturschutzes); Rahmenbetriebsplan für Kies- und Tongewinnung (VG Cottbus, ZfB 2004, 241); Rahmenbetriebsplan zur Errichtung einer Kies-Sand-Grube (OVG Greifswald, ZfB 2006, 164); Klage gegen obligatorischen Rahmenbetriebsplan für Feldspat (VG Koblenz, ZfB 2006, 211 und OVG Koblenz, ZfB 2006, 170); Klage gegen Zulassung eines fakultativen Rahmenbetriebsplans für Braunkohlentagebau (OVG NRW NUR 2006, 60 – *„Garzweiler II"*); Rahmenbetriebsplan für Gipswerke VG Weimar, Thür. VBl 1998, 191 – *„Alter Stollberg"*).

3.   Erweiterte Rechtsbehelfe nach dem Umwelt-Rechtsbehelfsgesetz

Die Einlegung von Rechtsbehelfen von Vereinigungen ist erweitert worden **408** durch das Umwelt-Rechtsbehelfsgesetz v. 7.12.2006 (BGBl, 2816). Es betrifft Rechtsbehelfe gegen die in § 1 Absatz 1 URG abschließend genannten Entscheidungen und Genehmigungen. Hierzu gehören die Zulassungen nach § 52 Absatz 2 a im obligatorischen Rahmenbetriebsplanverfahren und die wasserrechtlichen Erlaubnisse nach § 8 WHG, nicht jedoch Entscheidungen gemäß § 17 Absatz 1 WHG (früher § 9 a WHG) auf Zulassung des vorzeitigen Beginns (VG Schleswig ZUR 2008, 212). Berechtigt sind die Vereinigungen, die nach § 3 URG anerkannt sind, nicht aber im gleichen Verfahren der Hauptverband und eine selbstständige Untergliederung (VG Bremen, ZUR 2008, 368) oder rechtlich unselbstständige Regionalvereine (BVerwG, ZUR 2006, 588). Die Vereinigungen müssen im Rechtsbehelfsverfahren (d. h. i. d. R. Widerspruch, Anfechtungs- oder Verpflichtungsklage) die Gesichtspunkte geltend machen, die in § 2 Absatz 1 URG vorgegeben sind. Diese beschränken sich nicht nur auf den Naturschutz i. S. von § 64 Absatz 1 Nr. 1 BNatSchG. Sie erweitern das Verbandsklagerecht auf alle Rechtsvorschriften, die dem Umweltschutz dienen und die weiteren Voraussetzungen des § 2 Absatz 1 Nr. 1 URG erfüllen. Nach der **Präklusionsvorschrift** des § 2 Absatz 3 URG ist eine Vereinigung im Rechtsbehelfsverfahren mit allen Einwendungen ausgeschlossen, die sie im Verwaltungsverfahren nicht oder nicht rechtzeitig geltend gemacht hat. Die Präklusionsvorschrift steht mit dem europäischen Recht im Einklang (OVG NRW, ZUR 2010, 316 – Kohleheizwerk Herne; BVerwG, ZUR 2010, 382 und ZUR 2011, 85). Sie dient der Rechtssicherheit und stärkt die Bestandskraft behördlicher Entscheidungen. § 2 Absatz 3 URG verweist auf die Einwendungsfristen des jeweils einschlägigen Verwaltungsverfahrens bzw. Fachrechts. Die Präklusion kann allerdings aufgehoben sein, wenn ihr entgegengehalten werden: Mängel der Bekanntmachung des Vorhabens; der Auslegung des Antrags; Mängel der ausgelegten Unterlagen; Fehler der Öffentlichkeitsbeteiligung, die geeignet sind, von der fristgerechten Erhebungen von Einwendungen abzuhalten; oder Tatsachen, die erst nach Ablauf der Einwendungsfrist eingetreten sind (OVG NRW, aaO, S. 322 m. w. N.). Die Anforderungen an die Substantiierung der Einwendungen sind gering. Es reicht aus, wenn sie in groben Zügen erkennen lassen, welche Rechtsgüter als gefährdet angesehen und welche Beeinträchtigung befürchtet werden (BVerfG, NJW 1982, 2173, Rn 95). Der Einwendungsausschluss kann die materiell-rechtlichen und die verfahrensrechtlichen Einwendungen betreffen. Im Gegensatz zu § 2 Absatz 3 URG erfasst der Einwendungsausschluss gemäß § 64 Absatz 2 BNatSchG i. V. mit § 2 Absatz 3 URG nur Rechtsbehelfe gegen Befreiungen i. S. von § 63 Absatz 1 Satz 1 Nr. 5 BNatSchG oder naturschutzrelevante Plangenehmigungen und -feststellungen i. S. von § 63 Absatz 1 Satz 1 Nr. 6 und 7 BNatSchG (i. Ü. s. Rn 405 zu Anh. § 56).

409   Nach § 2 Absatz 1 Nr. 1 URG war erforderlich, dass die mit Rechtsbehelf angefochtene Entscheidung **Rechtsvorschriften** widersprach, **die dem Umweltschutz dienen und Rechte Einzelner begründeten.** Diese Einschränkung auf „Rechte Einzelner" war der sog. Schutznormtheorie des Verwaltungsgerichtsrechts geschuldet: die Rügebefugnisse der Verbände sollten nicht weitergehen als bei der sog. Verletztenklage des einzelnen Bürgers. Diese Einschränkung war nach der Entscheidung des EuGH (DVBl 2011, 757 mit Anm. Durner = NUR 2011, 463 = ZUR 2011, 368 = NVwZ 2011, 801 – Steinkohlenkraftwerk Trianel, hierzu Vorabentscheidungsersuchen OVG NRW, DVBl 2009, 654 = ZUR 2009, 380 = NUR 209, 369) nicht mehr aufrechtzuerhalten (BR-Drs 469/12, S. 35; BVerwG, DVBl 2012, 244; OVG NRW, DVBl 2012, 245 mit Anm. Stüer, DVBl 2012, 245 – Kohlekraftwerk Trianel; VGH Kassel, NVwZ-RR 2012, 544, 546 – Braunkohlestaubfeuerungsanlage; ferner Literatur u. a. Appel, NUR 2011, 321; Wegener, ZUR 2011, 363 ff.; ausf. Berkemann, DVBl 2011, 1253 ff. m. w. N.; Schink, DVBl 2012, 197 ff.; Durner/Paus, DVBl 2011, 757). Nunmehr wurden durch § 2 Absatz 1 Nr. 1 URG n. F. (BGBl 2013, 95) die Worte „... Rechte Einzelner begründen ..." gestrichen. Den anerkannten Umweltvereinigungen ist ein Zugang zu den Gerichten eröffnet worden, der sich nicht nur auf Rechte Einzelner oder auf unionsbasierte Umweltvorschriften beschränkt. Es können auch Verstöße gegen andere nicht drittschützende Umweltvorschriften gerichtlich geltend gemacht werden (BR-Drs 469/12, S. 38; auch OVG NRW, NWVBl 2013, 25 – Vorbescheid Steinkohlenkraftwerk Datteln – unter Verweis auf Artikel 9 Absatz 2 Aarhus Konvention; ähnlich OVG Hamburg, Urt. vom 18.1.2013 – AZ 5 E/11/08 betr. Wasserrecht Kohlekraftwerk Moorburg).
Ferner können als Verfahrensfehler gerügt werden, dass eine UVP-Prüfung oder eine UVP-Vorprüfung nicht durchgeführt wurde (§ 4 Absatz 1 URG). Dies gilt nach § 4 Absatz 1 Satz 2 URG 2013 auch, wenn eine durchgeführte UVP-Vorprüfung des Einzelfalles fehlerhaft zu dem Ergebnis kommt, dass eine UVP nicht erforderlich ist.
Die Ausweitung des Verbandsklagerechts wird durch flankierende Regelungen gemäß § 4 a URG 2013 ergänzt, die dem Ausgleich zu den Belangen der von Verbandsklagen Betroffenen herstellen und vor Verzögerungen von Vorhaben schützen sollen.
Eine gerichtliche Prüfung der Rechtmäßigkeit der BImSchG-Genehmigung in vollem Umfang kann nicht gefordert werden (VGH Mannheim, ZUR 2011, 600

– Steinkohlenkraftwerk; Schink, DVBl 2012, 200; Fehlenberg-Schiller, UPR 2011, 325). Die Verbandsklage führt nicht zum Erfolg, wenn die Behörde die UVP-Vorprüfung in formeller (§ 3 a–c UVPG) und materieller Hinsicht – unter Berücksichtigung eines nur eingeschränkt überprüfbaren Beurteilungsspielraumes der Behörde – fehlerfrei durchgeführt hat (VGH Kassel, NVwZ-RR 2012, 544, 546 = ZUR 2012, 440). Zur UVP-Pflichtigkeit von Flözgasbohrungen und Rügemöglichkeiten von Umweltverbänden: Frenz, Glückauf 2011, 400 und Heft 126 der Schriftenreihe der GDMB, 2011, S. 77.

Streitig war das **Verhältnis zwischen der naturschutzrechtlichen Verbandsklage**   **410** **und dem Rechtsbehelf nach URG.** Nebeneinander: Schlacke, NUR 2007, 13; OVG Bremen, ZUR 2010, 42 m. w. N.; Marty, ZUR 2009, 120; VGH München, NUR 2010, 214, 215. Spezialität des § 61 Absatz 1 BNatSchG a. F.: Kerkmann, Naturschutzrecht in der Praxis, S. 511; Kerkmann, BauR 2007, 1529; VG Bremen, ZUR 2008, 369; Schumacher, UPR 2008, 13; BT-Drs 16/2495, S. 11. Die Frage war durch die Neufassung des § 64 Absatz 1 BNatSchG 2009 geklärt: Beide Rechtsbehelfe gelten nebeneinander (Meitz, ZUR 2010, 567). Das ändert sich jedenfalls teilweise durch die neuen §§ 1 Absatz 3 URG, 64 Absatz 1 BNatSchG (BGBl 2013, 96), wonach das URG der Vereinsklage gegen Planfeststellungsbeschlüsse mit UVP-Pflicht oder UVP-Vorprüfungspflicht vorgeht. Es sollen nicht beide Gesetze in vollem Umfang anwendbar sein (BR-Drs 469/12 S. 35). Dies gilt somit auch für die bergbaulichen Vorhaben nach § 1 Absatz 1 Nr. 1 b URG i. V. mit UVP-Bergbau-V.

Fraglich war, ob **Naturschutzvereine ein Klagerecht aus den §§ 2, 4 URG** bei   **411** Verstößen gegen das Wasserrecht, den Artenschutz, gegen das Vorsorgeprinzip des § 5 Absatz 1 Satz 1 Nr. 2 BImSchG, gegen Verfahrensmängel in der Vorprüfung (z. B. vereinfachtes Verfahren gemäß § 19 BImSchG statt förmliches Verfahren gemäß § 10 BImSchG oder Unterlagen einer UVP aufgrund einer UVP-Prüfung) oder bei der Durchführung der UVP-Prüfung (z. B. Bekanntmachung, Erörterung der Einwendung) oder bei Verstößen gegen sonstige nicht individual-schützende Vorschriften haben, wenn das **Vorhaben nach dem Bundesimmissionsschutzgesetz genehmigungsbedürftig,** aber nicht planfeststellungspflichtig ist. Verneinend hierzu VGH Kassel, ZUR 2010, 46 ff., 49 und DVBl 2009, 186; OVG Lüneburg, NVwZ 2008, 1144 = NUR 2008, 576; VGH München, NUR 2008, 593; Schrödter, NVwZ 2009, 157, 159; von Danwitz, UTR 2007, 31 ff.; Durner, ZUR 2005, 285, 289; Spieht/Appel, NUR 2009, 312, 316. Bejahend hierzu, da die Beschränkung in § 2 URG auf Verstöße gegen Vorschriften, die (auch) Rechte Einzelner begründen, gemeinschaftswidrig sei: OVG Schleswig, ZUR 2009, 432; Niederstadt/Weber, NUR 2009, 297 ff.; Gassner, NUR 2007, 143, 147; Schlacke, NUR 2007, 8, 14; Schmidt/Kremer, ZUR 2007, 61 f. zweifelnd auch OVG Lüneburg, NUR 2010, 292. Hierzu s. a. Vorabentscheidungsgesuch an den EuGH durch OVG NRW, DVBl 2009, 654 = ZUR 2009, 380 = NUR 2009, 369 – Steinkohlenkraftwerk Trianel und Schlussanträge der Generalanwältin Sharpston in NUR 2011, 72 = ZUR 2011, 79 (bejahend); EuGH-Urteil, DVBl 2011, 757 m. Anmerkung Durner = NUR 2011, 423 = ZUR 2011, 368; ausführlich Berkemann DVBl 2011, 1253 ff. m. w. N.; Schink, DVBl 2012, 197, 198 ff. Der Streit ist nun durch den EuGH entschieden (s. auch § 56 Anhang Rn. 409): Naturschutzverbände können nach Artikel 10 a der RL 85/335 EWG, RL 2003/35/EG (jetzt Artikel 11 UVP-RL 2012) vor Gericht die Verletzung einer Vorschrift geltend machen, die aus dem Unionsrecht hervorgegangen ist und dem Umweltschutz bezweckt. Dies gilt auch, wenn das nationale Verfahrensrecht dies nicht zulässt. Auch nach dem sog. Trianel-Urteil des EUGH beschränkt sich die Rügebefugnis von Umweltverbänden auf die Verletzung europarechtlicher umweltschützender Vorschriften. Eine gerichtliche Prüfung der Rechtmäßigkeit der BImSchG-Genehmigung in vollem Umfang kann nicht gefordert werden (VGH Mannheim, ZuR 2011, 600 – Steinkohlefraftwerk Schink, DVBl 2012, 200; Fellenberg/Schiller, UPR 2011, 325). Dem Trianel-Urteil des EUGH folgend nunmehr BVerwG, DVBl 2012, 244 OVG NRW, DVBl 2012, 245 mit Anmerkung von Stüer, DVBl 2012, 245 (Kohlekraftwerk Trianel; VGH Kassel, NVwZ-RR 2012, 544, 546 – Braunkohlenfeuerungsanlage). Zur UVP-Pflichtigkeit von Flözbohrungen und Rügemöglichkeiten von Umweltverbänden: Frenz, Glückauf 2011, 400; Heft 126 der Schriftenreihe der GDMB, 2011, 77. Eine **wasserrechtliche Erlaubnis** gehört nicht zu den Rechtsakten, die mit der naturschutzrechtlichen Verbandsklage angegriffen werden können. Insoweit folgt die Klagebefugnis aus § 2 URG i. V. mit Artikel 11 (früher 10 a) UVP-RL (BVerwG, NVwZ 2012, 575, Rn 18 = ZuR 2012, 303 = UPR 2012, 303); ähnlich OVG Hamburg, Urt. vom 18.1.2013 – AZ 5 E 11/08 betr. Wasserrecht Kohlekraftwerk Moorburg und VG Cottbus, Urt. vom 23.10.2012 – AZ VG 4 K 321/10 betr. Wasserrecht Tagebau Welzow-Süd.

Fraglich bleibt, ob sich auch die „Mitglieder der Öffentlichkeit" auf Artikel 10 a UVP-RL 1985 (jetzt Artikel 11 UVP-RL 2012) berufen können (offengel. VGH Kassel, NVwZ-RR 2012, 544, 546 = ZuR 2012, 440) und ob die Anfechtung der verfahrensrechtlichen Rechtmäßigkeit von Entscheidungen voraussetzt, dass die angegriffene Entscheidung ohne den Verfahrensfehler anders ausgefallen wäre (BVerwG, NVwZ 2012, 448 – EuGH-Vorlage). Hierzu s. Gesetzentwurf zur **Änderung des Umwelt-Rechtsbehelfsgesetzes** (BR-Drs 469/12 v. 10.8.2012, Änderung von §§ 2 und 4 URG).

Die Klagebefugnis nach den vorstehenden Grundsätzen führt jedoch nicht zum Erfolg der Klage, wenn die Behörde die UVP-Vorprüfung in formeller (§ 3 a–c UVPG) und materieller Hinsicht – unter Berücksichtigung eines nur eingeschränkt überprüfbaren Beurteilungsspielraums – fehlerfrei durchgeführt hat (VGH Kassel, aaO; zur Einklagbarkeit der Umweltverträglichkeit ausf. Siegel, DÖV 2012, 709 ff. m. w. N.; Leidinger, NVwZ 2012, 1345 ff.).

6. Teil Raumordnungs- und Planungsrecht

Übersicht

Rn

A. Raumordnung und Landesplanung 412
I. Raumordnungsgesetz des Bundes (ROG) 412
   1. Allgemeine Bedeutung der Raumordnung für den Bergbau 412
   2. Rohstoffklausel 413
   3. Ziele der Raumordnung 414
   4. Grundsätze der Raumordnung 417
   5. Wirkung der Ziele der Raumordnung 419
   6. Normenkontrolle 436
II. Raumordnung und Landesplanung in den Bundesländern 437
   1. Regelungen zur Rohstoffsicherung in den Bundesländern 437
   2. Abbau-Konzentrationszonen im Regionalplan 440
III. Braunkohlenplanung 444
   1. Brandenburg 445
      a) Vorschaltgesetz 1991 445
      b) Gesetz zur Einführung der Regionalplanung und Braunkohle- und Sanierungsplanung 1993 446
      c) Gesetz zur Regionalplanung und zur Braunkohlen- und Sanierungsplanung 2002 453
      d) Braunkohlengrundlagengesetz 1997 455
      e) Landesplanungsgesetz 1995/2002 456
   2. Nordrhein-Westfalen 457
      a) Braunkohlengesetz 1950 457
      b) Braunkohlenplan nach dem Landesplanungsgesetz 458

c) Verhältnis Braunkohlenplan – Betriebsplan 459
d) Braunkohlenplan und Verfassungsrecht 468
e) Verhältnis Braunkohlenplan – andere rechtliche Verfahren 472
3. Sachsen 482
   a) Braunkohlenplan nach dem Landesplanungsgesetz Sachsen 482
   b) Braunkohlenplan und Verfassungsrecht 489
IV. Weitere Instrumente der Raumordnung 493
1. Zielabweichungsverfahren 494
2. Raumordnungsverfahren 495
   a) Raumordnungsverordnung 495
   b) Raumordnungsverfahren UVP 499
   c) Raumordnungsverfahren FFH-Prüfung 501
   d) Wirkung des ROG-Verfahrens 502
3. Untersagung 503

B. Bauleitplanung 505
I. Flächennutzungsplan 505
1. Aufgabe 505
2. Katalog der Darstellungsmöglichkeiten und bergbauliche Belange . . 507
3. Flächennutzungsplan und Vorhaben im Außenbereich 510
4. Aufstellungsverfahren und Bergbau 512
5. Wirkung des Flächennutzungsplans 513
6. Gerichtliche Kontrolle 514
II. Bebauungsplan 515
1. Festsetzung und bergbauliche Interessen 515
2. Amtspflicht der Gemeinde bei Festsetzungen ehemaliger Bergbauflächen 519
3. Nebeneinander von Industrie und Wohnbauflächen 526
4. Besondere Festsetzungen 527
5. Abwägung und Bergwerkseigentum 529
6. Rechtsschutzmöglichkeiten 530
7. Anspruch auf Aufstellung oder Änderung eines Bebauungsplans . . . 532
8. Umsetzung im Bergrecht 533

A. Raumordnung und Landesplanung

I. Raumordnungsgesetz des Bundes

1. Allgemeine Bedeutung der Raumordnung für den Bergbau

Bergbau wirkt naturbedingt raumbezogen. Die Erfordernisse der Raumordnung **412** und Landesplanung sind für ihn von wesentlicher Bedeutung, wie umgekehrt Bergbau für die Raumordnung und die Landesplanung eine wesentliche Rolle spielt. Standort- und Genehmigungsfragen sind entscheidend von der Raumverträglichkeit abhängig. Umgebung und Raum können sich je nach Lage des Abbauvorhabens in **Vorranggebieten**, **Vorbehaltsgebieten** oder **Eignungsgebieten** i. S. von § 8 Absatz 4 ROG 2008 bergbaufördernd, bergbauhindernd oder abwägungserheblich auswirken.

2. Rohstoffklausel

Nach § 2 Absatz 2 Nr. 4 ROG 2008 gehört zu den Grundsätzen der Raum- **413** ordnung, die räumlichen Voraussetzungen für die **vorsorgende Sicherung sowie geordnete Aufsuchung und Gewinnung von standortgebundenen Rohstoffen zu schaffen** (hierzu Weller, Glückauf 1987, 247 schon zu früherem Recht). Dieser Grundsatz steht neben den übrigen, in § 2 Absatz 2 ROG aufgezählten Grundsätzen, raumplanerisch ohne gesetzgeberische Gewichtung, praktisch aber mit hohem Stellenwert (Söfker, DVBl 1987, 597, 603; Rausch S. 147). Denn die frühere Formulierung im ROG lautete hierzu „[...] soll Rechnung getragen werden" (Müller/Schulz, Hb. S. 131). Der Auftrag „ist Rechnung zu tragen" findet sich in § 2 Ziff. 4 ROG 2008 für die Energieversorgung: „Den räumlichen Erfordernissen für eine kostengünstige, sichere und umweltverträgliche Energieversorgung [...] ist Rechnung zu tragen".

3. Ziele der Raumordnung

414   Die **Erfordernisse der Raumordnung** werden aufgeteilt in Ziele der Raumordnung (§ 3 Absatz 1 Ziff. 2 ROG), Grundsätze der Raumordnung (§ 3 Absatz 1 Ziff. 3 ROG) und sonstige Erfordernisse der Raumordnung (§ 3 Absatz 1 Ziff. 4 ROG).

415   **Ziele der Raumordnung** entfalten nach § 4 Absatz 1 ROG strikte Bindungswirkung („zu beachten") für die öffentlichen Stellen insbesondere bei Genehmigungen, Planfeststellungen und sonstigen Zulassungsentscheidungen über raumbedeutsame Maßnahmen i.S. von § 3 Absatz 1 Ziff. 6 ROG. Ziele der Raumordnung sind Rechtsvorschriften i.S. von § 47 Absatz 1 Nr. 2 VwGO und unterliegen der Normenkontrolle (BVerwG in NUR 2004, 362 betreffend Ziele im Regionalplan), einerlei ob sie als Satzung oder als Rechtsverordnung erlassen, durch Rechtsverordnung für verbindlich erklärt oder keine dieser Voraussetzungen erfüllen. Die Ziele sind das Ergebnis eines Abwägungsvorganges und einer weiteren Abwägung auf einer nachgeordneten Planungsstufe nicht mehr zugänglich (BVerwGE 138, 301 Rn 7; BVerwG, NVwZ 2009, 1226; VGH Mannheim, DVBl 2013, 384 m.w.N.; Hahn, LKV 2006, 193; s. aber § 6 Absatz 1 ROG 2008 über die grundsätzliche Zulässigkeit der Festlegung von Zielausnahmen im Raumordnungsplan, hierzu Kment/Grüner, UPR 2009, 93; Hoppe, DVBl 2008, 966; Ritter, DÖV 2009, 425, 428). Sie müssen räumlich und sachlich bestimmt oder bestimmbar sein (Kment, DVBl 2006, 1336; m.w.N. OVG Frankfurt/Oder, LKV 2005, 123, LKV 2004, 319). Sie werden durch textliche und zeichnerische Festlegung konkretisiert. Die Festlegung von Soll-Zielen und von Regel-Ausnahme-Merkmalen führt nicht zur Unwirksamkeit des Ziels oder des Regionalplans (Maslaton, LKV 2006, 58; Hahn aaO, unter Hinweis auf BVerwG, NVwZ 2004, 226). Es muss klar sein, hinsichtlich welcher raumbedeutsamen Planungen oder Maßnahmen welches Tun oder Unterlassen gefordert wird. Die Ziele müssen vom Träger der Landes- oder Regionalplanung abschließend abgewogen sein (Hahn, LKV 2006, 193). Dies stellt an die Begründung der Ziele und an deren Überzeugungskraft erhebliche Anforderungen. Der notwendige Konkretisierungsgrad ist nicht gegeben, wenn er nicht über den Gehalt des § 35 Absatz 3 BauGB hinausgeht (VGH Kassel, ZfB 2001, 51; BVerwG, DVBl 1988, 962). Andererseits sind Aussagen zu jeder strittigen Frage und zu einzelnen Parzellen in der Begründung eines Raumordnungsplans nicht zu verlangen (VGH München, DVBl 1983, 1161; OVG Lüneburg, NUR 2000, 525). Sofern die Planaussage als Ziel rechtliche Mängel hat, kann sie dennoch als Grundsatz gelten (OVG Frankfurt/Oder, LKV 2005, 126). Zu zahlreichen Beispielen für Aussagen in Braunkohlenplänen, die sich als „Ziele der Raumordnung und Landesplanung" bezeichnen, die rechtlichen Anforderungen aber nicht erfüllen, s.H. Schulte, Raumplanung und Genehmigung bei der Bodenschätzegewinnung, S. 277 f.

416   Zum Verhältnis der Raumordnung zur Fachplanung s. Steinberg, DVBl 2010, 137, 140; BVerwG, Beilage NVwZ Heft 8/2006 („*BBI-Urteil*"), TZ 72: „*Die Planfeststellungsbehörde hat das Ergebnis des landesplanerischen Standortvergleichs als solches hinzunehmen. Eine erneute ergebnisoffene Standortalternativenprüfung des Fachplanungsträgers wäre mit dem gesamt-räumlichen Gestal-*

tungsanspruch der Landesplanung nicht vereinbar". Das gilt jedenfalls, wenn der Standort zielförmig und gebietsscharf festgelegt wurde. Ist ein Planfeststellungsbeschluss zum Kiesabbau mit den Zielen der Raumordnung nicht vereinbar, können Grundstückseigentümer, d. h. die von der Durchführung des Abbaus unmittelbar oder jedenfalls mittelbar in schwerer und unerträglicher Weise beeinträchtigt wären, die Planfeststellung anfechten (OVG Lüneburg, NUR 2009, 201).

4. Grundsätze der Raumordnung

417 Die Grundsätze der Raumordnung erschöpfen sich darin, dass sie in den nachfolgenden Planungsentscheidungen zu „berücksichtigen" sind (§ 4 Absatz 1 ROG). Dasselbe gilt von „sonstigen Erfordernissen". Beide sind zwar in die Abwägung einzustellen, aber durch Abwägung überwindbar (BVerwGE 90, 329). Grundsätze unterliegen weder dem Bestimmtheitserfordernis noch den Abwägungsanforderungen, wie sie für die Ziele bestehen.

418 **Grundsätze** der Raumordnung, die nicht förmlich als Rechts-VO oder Satzung beschlossen oder für verbindlich erklärt wurden, sind **keine Rechtsvorschriften**. Vorbehaltsgebiete wirken als Gewichtungsvorgabe auf Abwägungsentscheidungen. Die Festlegung eines Vorbehaltsgebietes für die Rohstoffgewinnung ist keine Rechtsnorm, ein Normenkontrollantrag ist unstatthaft (BVerwG, NVwZ 2009, 1236). Vorbehaltsgebiete wirken als Gewichtungsvorgaben auf nachfolgende Abwägungs- oder Ermessensentscheidungen und dürfen durch öffentliche oder private Belange von höherem Gewicht überwunden werden (OVG Magdeburg, UPR 2009, 272).

5. Wirkung der Ziele der Raumordnung

419 **Raumordnungsziele** haben Außenwirkung gegenüber den öffentlichen Stellen i. S. von § 4 Absatz 1 ROG und den Personen des Privatrechts, die öffentliche Aufgaben durchführen und mit öffentlichen Mitteln finanziert werden oder an denen öffentliche Stellen mehrheitlich beteiligt sind (§ 4 Absatz 1 ROG). Gegenüber Privaten entfalten sie im Übrigen keine unmittelbare rechtliche Außenwirkung (Hendler, NUR 2004, 487 m. w. N., BVerwG, NVwZ-RR 1997, 523; a. A. Kment, NVwZ 2004, 155, 158). Rechte privater Einzelner können erst mittelbar durch die außenverbindliche Entscheidung der Behörde, die den Abschluss des Abwägungsprozesses bildet, betroffen sein bzw. verletzt werden. Umgekehrt können Bergbauunternehmen als Personen des Privatrechts **aus Zielen** der Raumordnung, etwa einer Rohstoffvorrangfläche, **keine Ansprüche** herleiten. Auch die Pflicht zum Beachten gemäß § 4 Absatz 1 Satz 1 Nr. 3 ROG schafft Privaten nur einen Rechtsreflex, auf den sie sich nicht berufen können (VGH München, ZUR 2013, 107, 108).

420 Betroffen ist der Bergbau in vielen Verwaltungsverfahren, in denen die Ziele der Raumordnung zu prüfen sind. Kies- und Sandbetriebe, bei denen die Zulassung durch **wasserrechtliche Planfeststellung** nach § 68 Absatz 1 WHG 2009 erforderlich ist, sind die Ziele der Raumordnung im Rahmen des „Wohles der Allgemeinheit" i. S. des § 68 Absatz 3 Ziff. 1 WHG 2009 beachten (zur früheren Rechtslage BVerwG, ZfW 1997, 19, VGH Bad-Württ., ZfW 1997, 33 und ZfW 1994, 411). Gleiches gilt, sofern eine wasserrechtliche Erlaubnis nach landesrechtlichen Vorgaben die Ziele der Raumordnung zu beachten hat (z. B. § 1 Absatz 2 Bbg WG, § 2 Absatz 2 LWG NRW).

421 Nach § 3 Absatz 2 Nr. 2 AbgrG NRW setzt die Erteilung der **Abgrabungsgenehmigung** die Beachtung der Ziele der Raumordnung und Landesplanung voraus. Nach § 27 Absatz 1 NatSchG LSA ist eine Genehmigung zum Abbau von Bodenschätzen i. S. von § 25 NatSchG LSA zu erteilen, wenn gewährleistet ist, dass das Abbauvorhaben mit dem Naturschutzrecht, dem öffentlichen Baurecht und sonstigem Recht vereinbar ist. Auch über diese Vorhaben kommen die Ziele der Raumordnung in das Genehmigungsverfahren.

422   Der **Umwandlungsgenehmigung** nach § 15 LWaldG M-V, die ein Trockenkiesabbaubetrieb benötigt, können überwiegende öffentliche Interessen (§ 15 Absatz 4 LWaldG M-V, ähnl. § 8 Absatz 2 Satz 2 LWaldG Bbg, § 11 Absatz 2 Satz 2 He ForstG) entgegenstehen und damit auch Ziele der Raumordnung und Landesplanung (konkret verneint allerdings OVG Greifswald, ZfB 2000, 32, 38).

423   Baugenehmigungsverfahren im Außenbereich stehen unter dem Vorbehalt der „Zielbindungsklausel" des § 35 Absatz 3 Satz 2 Halbsatz 1 BauGB. Privilegierte (§ 35 Absatz 1 BauGB) und sonstige (§ 35 Absatz 2 BauGB) raumbedeutsame Vorhaben dürfen den Zielen der Raumordnung nicht widersprechen (negative Funktion). Sofern ein Widerspruch zu landesplanerischen Festlegungen besteht, kann er im Einzelfall durch eine *„nachvollziehende Abwägung"*, die im Hinblick auf die Eigentumsgarantie des Artikel 14 Absatz 1 Satz 1 GG erforderlich ist, zu Gunsten des privilegierten oder sonstigen Vorhabens überwunden werden (BVerwGE 115, 17 ff. = NUR 2002, 49 – Gipsabbau a. A. Hoppe/Bönker/ Grotefels, öffentl. Baurecht, S. 299 m. w. N.). Bei raumbedeutsamen privilegierten Vorhaben i. S. von § 35 Absatz 1 BauGB, z. B. Kiesabbauflächen, Braunkohlentagebaue, kann jedoch die sog. **„Abwägungsabschichtungsklausel"** des § 35 Absatz 3 Satz 2 HS 2 BauGB zur Anwendung kommen: Ihnen können öffentliche Belange in soweit nicht entgegen gehalten werden (sog. positive Funktion), als sie bei der Darstellung dieser Vorhaben als Ziele der Raumordnung in Raumordnungsplänen bereits abgewogen (§ 7 Absatz 2 ROG) worden sind (OVG Koblenz NUR 2000, 521 betrifft Vorrangflächen für die Rohstoffgewinnung). Daran sind auch die Gemeinden im Einvernehmensverfahren gemäß § 36 Absatz 2 Satz 1 i. V. mit 35 Absatz 3 Satz 2 BauGB gebunden (Hoppe/Bönker/Grotefels, öff. BauR, S. 300 m. w. N.).

424   Bei bergrechtlichen Betriebsplanverfahren kann man ebenfalls fragen, ob **Ziele der Raumordnung zu beachten** sind. Das Bergrecht kennt keine ausdrückliche Bezugnahme auf die Ziele und Grundsätze der Raumordnung und Landesplanung. Auch die Prüfungsmaßstäbe des § 55 Absatz 1 geben für eine Einbeziehung dieser Ziele und Grundsätze nichts her (Hoppe, UPR 1983, 111; Feller aaO Tz 23; Kühne, DVBl 1984, 710; Erbguth, DVBl 1982, 8; Degenhart Rechtsfragen, S. 33 f.; a. A. Schleifenborn/Kamphausen, UPR 1984, 45). Landesrechtlich ist in § 29 Absatz 3 LPlG NRW ein **Verbund** zwischen **Braunkohlenplan und Betriebsplan** hergestellt: Nach Satz 1 sollen Braunkohlenpläne vor Beginn eines Abbauvorhabens aufgestellt und genehmigt sein. Der frühere Bezug, dass die Zulassung eines Betriebsplans von der Genehmigung des Braunkohlenplans abhängig war (§ 24 Absatz 5 Satz 1 LPlVG 1979), ist zu Recht aufgegeben worden. Nach Satz 2 sind **Betriebspläne** der im Braunkohlenplangebiet gelegenen bergbaulichen Betriebe mit den Braunkohlenplänen **in Einklang zu bringen**. Diese – anfangs rechtlich umstrittene (s. Voraufl. § 56 Rn 130) – hat inzwischen eine lange Tradition (§§ 24 Absatz 5 LPlG NRW 1979; 28 c Absatz 5 LPlG 1989; 30 Absatz 5 LPlG 1994; 34 Absatz 5 LplG 2001; 47 Absatz 4 LPlG 2005) und hat in immer gleicher Formulierung nunmehr als § 29 Absatz 3 Satz 2 LPlG 2010 alle Gesetzesnovellen überstanden. s. auch Anhang § 56 Rn 459 f.
Die Entschließung „der Ministerkonferenz der Raumordnung" zur Abstimmung der Verfahren nach dem Bundesberggesetz mit der Raumordnung v. 8.3.1984 (ZfB 1985, 222) sah rechtliche Anknüpfungspunkte in § 55 Absatz 1 Nr. 4

("öffentl. Interesse"), § 55 Absatz 1 Nr. 6 ("ordnungsgemäße Beseitigung"), § 55 Absatz 1 Nr. 7 ("ordnungsgemäße Gestaltung") sowie in §§ 11 Nr. 10 und 12 Absatz 1 Satz 1 ("überwiegende öffentliche Interessen").

Die Ziele der Raumordnung finden vor allem durch die sog. **Öffnungsklausel des**   **425** **§ 48 Absatz 2 Satz 1** Eingang in das Betriebsplanverfahren (BVerwG, ZfB 2006, 156 = BVerwGE 126, 210; OVG NRW, ZfB 2008, 122; OVG Greifswald, ZfB 2001, 199; VG Greifswald, ZfB 2007, 295; OVG Frankfurt/Oder, LKV 2001, 178; VG Wiesbaden, ZfB 2001, 80; OVG Bautzen, ZfB 1997, 321; VGH Mannheim, NUR 1989, 135 = ZfB 1989, 57, Entschließung der Ministerkonferenz v. 8.3.1984, Ziff. 1.3 in ZfB 1985, 224; Kühne, DVBl 1984, 711 und in Braunkohlenplanung S. 30 ff.; Boldt/Weller § 48 Rn 10; Müller/Schulz S. 222; Rausch S. 227, 232; H. Schulte, ZfB 1987, 220; zweifelnd in Festschrift für Fabricius S. 160, anderer Ansicht Degenhart S. 35 und DVBl 1996, 775; Hess VGH, ZfB 2001, 48). Die Öffnungsklausel wirkt allerdings nur, soweit die Ziele der Raumordnung nicht bereits in parallelen Genehmigungsverfahren zu beachten sind (Rausch, S. 228). Ferner schränkt der Abschichtungsklausel des § 35 Absatz 3 Satz 2 BauGB die Anwendung des § 48 Absatz 2 Satz 1 ein. Die bergrechtliche Vorschrift enthält nämlich keine Zielbindung bei raumbedeutsamen Vorhaben, die über § 35 Absatz 3 BauGB hinaus geht (Hess VGH, ZfB 2001, 48).

Die Aufnahme der Ziele der Raumordnung in das Betriebsplanverfahren ver-   **426** ändert nicht dessen Charakter. Es wird kein Planverfahren mit Gestaltungs- ermessen, wird im Ergebnis nicht selbst eine Planungsmaßnahme (so noch OVG NRW, ZfB 1975, 250 und Urt. v. 14.9.1981 – 12A2479/80 zur alten Rechtslage nach § 196 ABG). Sie bleibt eine Kontrollerlaubnis mit Zulassungsanspruch (Hoppe, UPR 1983, 107; DVBl 1987, 761; DVBl 1993, 229; Weller, ZfB 1984, 168; BVerwGE 74, 321; VGH Mannheim, VBl BW 1988, 340; Beckmann, DVBl 1992, 748; BVerwG, ZfB 2006, 311 und ZfB 2006, 318 – Walsum, auch schon ZfB 1995, 287 – Gorleben, VG Lüneburg, ZfB 2005, 246). Das gilt auch für die bergrechtliche Planfeststellung gemäß § 52 Absatz 2 a, hierzu Erbguth, Verw. Arch. 1996, 264; BVerwG, ZfB 2006, 311 = ZfW 2008, 20 und 2008, 26; OVG Saarland, ZfB 2008, 276).

Die *"Brückenwirkung"* des § 48 Absatz 2 Satz 1 zur Berücksichtigung von   **427** Zielen der Raumordnung vermittelt keinen Drittschutz in Klageverfahren. Da die Vorschriften der Raumordnung nicht *"auch individuellen Interessen"* die- nen, kann § 48 Absatz 2 Satz 1 keinen darüber hinausgehenden Schutz bieten (VG Aachen, ZfB 1988, 227, OVG NRW, ZfB 1982, 238, 241; VG Gelsenkir- chen, ZfB 1993, 298; VGH Mannheim, VBlBW 1988, 398, 404 = ZfB 1989, 57; VG Greifswald, ZfB 2005, 245; VG Greifswald Urt. v. 28.10.2004 – 1A2941/ 99).
In Rahmenbetriebsplanverfahren nach §§ 52 Absatz 2 a, 57 a Absatz 1 sind Ziele der Raumordnung nach § 4 Absatz 1 ROG zu beachten, bei Außen- bereichsvorhaben im Rahmen des § 35 Absatz 3 Satz 2 BauGB. Der Vermittlung des § 48 Absatz 2 Satz 1 bedarf es nicht.

Das BVerwG hat zwischen übergeordneter Landesplanung und gemeindlicher   **428** Bauleitplanung ein Verhältnis von materieller Konkordanz festgestellt: es werde nicht nur eine punktuelle Kooperation, sondern eine dauerhafte Übereinstim- mung der Planungsebenen gefordert (BVerwG BRS 66 Nr. 1). Ändern sich nach Inkrafttreten eines Bebauungsplans die Raumordnungsziele, ist der Bebauungs- plan zu ändern, wenn er den neuen Zielen widerspricht (Waechter, DÖV 2010, 494; BVerwG BRS 71, Nr. 29; BRS 70 Nr. 3). Eine Anpassungspflicht i. S. von § 1 Absatz 4 BauGB besteht im Bergrecht nicht, insbesondere wirkt die grobmaschige Steuerung durch Raumordnungsziele nicht direkt auf Private ein (VGH München BRS 55, Nr. 45).

429 Während Raumordnungsziele – ungeachtet ihrer landesrechtlichen Rechtsnatur – im Betriebsplanverfahren gemäß § 48 Absatz 2 nicht nur zu berücksichtigen, sondern zu beachten sind (Kühne, Braunkohlenplanung S. 32, a. A.. Erbguth, Verw. Arch. 1996, 271 ff.), gilt das nicht für Grundsätze der Raumordnung. Ihnen fehlt die Bindungswirkung gemäß § 4 ROG. Sie sind nicht abschließend abgewogen, sondern Direktiven für nachfolgende Abwägungsentscheidungen (Hahn, LKV 2006, 173, BVerwG, NVwZ 1993, 167, NVwZ 2004, 226), allerdings nur in Abwägungs- und Ermessensentscheidungen i. S. von § 4 Absatz 1 ROG 2008. Dazu gehört § 48 Absatz 2 und die Betriebsplanzulassung nicht.

430 Die Auswirkungen der Anwendung des § 48 Absatz 2 auf Ziele der Raumordnung sind unterschiedlich: Gewicht haben sie bei **Vorranggebieten** i. S. von § 8 Absatz 7 Nr. 1 ROG. Ihre Festlegung sieht bestimmte raumbedeutsame Nutzungen vor und schließt andere damit nicht vereinbarte Nutzungen in diesem Gebiet aus (VG Greifswald, ZfB 2007, 296). Sie werden einhellig als Ziele der Raumordnung gewertet.
Die Vorrangfestlegung besitzt innergebietlich eine Ausschlusswirkung und zugleich eine Schutzwirkung für die landesplanerisch festgelegten Funktionen oder Nutzungen (Hoppe/Bönker/Grotefels, Öffentl. BauR, S. 239). Durch Vorranggebiete wird ein Gemeinwohlinteresse festgelegt, das die Belange des Naturschutzes im Rahmen von Befreiungsanträgen grundsätzlich überwiegt (VG Saarlouis, ZUR 2008, 274). Außergebietliche Wirkungen hat sie nicht. Ausführlich zur Abwägung in Regionalplänen bei der Festlegung von Konzentrationszonen, insbesondere auch für den Abbau von Sand und Kies: Anders in NUR 2004, 635 ff.

431 Die **Vorbehaltsfestlegungen** haben die Wertigkeit von Grundsätzen der Raumordnung. Sie geben einen Abwägungsvorrang für nachfolgende Abwägungs- und Ermessensentscheidungen und entfalten ebenfalls nur innergebietliche, keine außergebietlichen Wirkungen.

432 Die Funktion der **Eignungsgebiete** ist es, als Ziel der Raumordnung die Raumordnungsklausel des § 35 Absatz 3 Satz 2 BauGB auszufüllen (hierzu BVerwG, DVBl 2004, 632). Nach h. M. haben Eignungsgebiete innergebietlich den Charakter eines Vorbehaltsgebietes i. S. von § 8 Absatz 7 Nr. 2 ROG und sind nach außen ein Raumordnungsziel (Einzelheiten Hoppe/Bönker/Grotefels, aaO, S. 241; Erbguth, DVBl 1998, 212).

433 Einzelfälle: Gebiet mit besonderer Bedeutung für die Erholung, Gebiet mit besonderer Bedeutung für die Landwirtschaft schließt Abbau von Sand und Kies aus (OVG Lüneburg, NUR 1997, 512), ein Raumordnungsprogramm, wonach ein Abbau von Bodenschätzen im Wald nicht erfolgen soll, schließt Abbau von Kies und Sand nicht aus (OVG Greifswald, ZfB 2000, 39), ebenso nicht ein regionales Raumordnungsprogramm, in dem das Abbaugebiet als Gebiet für landwirtschaftliche Nutzung und als Fremdenverkehrsgebiet ausgewiesen ist (VGH Kassel, ZfB 2001, 48), die Darstellung „Gebiet oberflächennahe Lagerstätte" ist nur ein Hinweis auf die Existenz der Lagerstätte, keine Zielbestimmung i. S. von „Gebiet für den Abbau oberflächennaher Lagerstätte" (VG Wiesbaden, ZfB 2001, 80), die Darstellung eines Biosphärenreservates im Landesentwicklungsprogramm als Vorranggebiet für Natur und Landschaft bedeutet nicht, dass auf den zum Biosphärenreservat gehörenden Flächen parzellenscharf jede andere Nutzung unzulässig wäre. Denn das Landesentwicklungsprogramm bedarf der Umsetzung durch einen Regionalplan (VG Dessau,

NUR 2001, 110; OVG Bautzen, NUR 1999, 346). Die Ausweisung eines Vorranggebietes im Landesraumordnungsprogramm hat, sofern sie die Anforderungen des Verhältnismäßigkeitsgrundsatzes erfüllt, den Status von Zielen der Raumordnung und Landesplanung (OVG Lüneburg, NVwZ 2000, 579). Einem regionalen Raumordnungsprogramm, dass keine Einstufung als Vorrang – oder Vorsorgegebiete enthält, fehlt die unmittelbare Festlegung als Ziel gleich welcher Verbindlichkeit (OVG Greifswald, ZfB 2001, 194). Die regionalplanerische Festlegung des „Vorrangbereichs für Erholung" setzt sich im Konflikt in einem langfristigen, umfangreichen Abbauvorhaben von Gips durch (BVerwG, DÖV 2002, 81). Einem Gebietsentwicklungsplan, der Bereiche für die Sicherung und den Abbau oberflächennaher nicht energetischer Bodenschätze festlegt, liegt der planerische Wille zugrunde, außerhalb dieser Zone ausgewiesene Abgrabungen auszuschließen (OVG NRW, NUR 2002, 628). Ein ausgewiesener „Bereich für gewerbliche und industrielle Nutzung mit Zweckbestimmung Güterverkehrszentrum" steht der Genehmigung zu Trockenabgrabungen von Kies und Sand entgegen (OVG NRW, NUR 2002, 628). Der Festlegung eines „Bereiches für geplantes Naturschutzgebiet" steht nicht die sog. Rohstoffsicherungsklausel des § 48 Absatz 1 Satz 2 entgegen (VGH Kassel, NUR 2005, 408). Ein Landesentwicklungsplan, der ein Gebiet teilweise als „Problemgebiet Bergbaufolgelandschaft – Braunkohlebergbau" festlegt, in dem Sanierungsmaßnahmen durchgeführt werden sollen, durch die großräumig eine ökologisch stabile Landschaft entsteht, relativiert auch andere raumbedeutsame Vorhaben wie großflächigen Kiesabbau (VG Leipzig, ZfB 1995, 56). Dasselbe gilt für eine geplante Autobahntrasse mit Anbauverbotszone (§ 9 BFernStrG) und für eine Äthylen- und Ölfernleitung, die innerhalb eines Schutzstreifens keine bergbauliche Tätigkeit erlaubt (vgl. 133.6 Anh. II der VO über brennbare Flüssigkeiten und Nr. III Anh. Zu § 3 Absatz 1 der VO über Gashochdruckleitungen). Die Darstellung einer Kiesgewinnungsfläche als Vorrangfläche für die Rohstoffgewinnung legt fest, dass die Rohstoffsicherung dort Vorrang vor anderen Nutzungsansprüchen hat und nicht durch andere Nutzungen ausgeschlossen oder wesentlich beeinträchtigt werden darf (OVG Koblenz, NUR 2000, 521). Der Planung eines Badesees – im Flächennutzungsplan – kann bei der Abwägung nach § 48 Absatz 2 Satz 1 nur erhebliches Gewicht beigemessen werden, wenn ein hinreichender Kontretisierungsgrad erreicht ist (VG Gelsenkirchen, ZfB 1996, 165, 171; OVG NRW, ZfB 1998, 146: Klage einer Gemeinde gegen die Verfüllung eines Tagebaues). Enthält ein Raumordnungsplan für den Bereich eines Bergwerkseigentums nicht die Ausweisung als „Vorranggebiet Rohstoffsicherung", kann der Zulassung eines obligatorischen Rahmenbetriebsplans zum Kiestagebau eine Landschaftsschutz-VO entgegenstehen (VG Greifswald, ZfB 2007, 299). Ein regionales Raumordungsprogramm, das Vorranggebiete für die Rohstoffgewinnung (Kies) ausweist, ohne die Belange bereits gebiets- und parzellenscharf abzuwägen, überwindet noch nicht für die einzelnen Standorte eines Abbauvorhabens die entgegenstehenden Belange durch Abwägung. Sein Inhalt ist (nur), dass dem Kiesabbau die sich aus § 35 Absatz 1 Nr. 3 BauGB erwachsene bevorzugte Position erhalten bleibt (OVG Lüneburg, NUR 2000, 526). Das im Gebietsentwicklungsplan aufgestellte Ziel „Schutz der Wassergewinnungsgebiete" widerspricht nicht grundsätzlich einer Nassauskiesung (OVG Münster, Urt. v. 27.5.1993 – 20A1328/92). Es enthält keine konkreten Ge- und Verbote. Auf die Erläuterung der Ziele des Gebietsentwicklungsplans kann nicht abgestellt werden, da sie nicht verbindlich sind (Müller/Schulz Handb. S. 105). Die Formulierung *„im dargestellten Bereich zum Schutz der Gewässer sollen grundsätzlich keine neuen Nassabgrabungen zugelassen werden"* ist ebenfalls zu allgemein (VG Köln, Urteile v. 11.9.1990 – 14K3271/88 und 14K3272/88). Der Formulierung lässt sich nicht entnehmen, dass Nassabgrabungen auch in der Wasserschutzzone IIIB grundsätzlich zulässig sind. Nur bei Vorliegen konkreter Beeinträchtigungs- und Gefährdungstatbestände kann die Abgrabung abgelehnt werden (Müller/Schulz aaO).

434 Ziele der Raumordnung können ein Versagungsgrund i. s. von §§ 12 Absatz 1 Satz 1, 11 Nr. 10 gegen die Erteilung einer Bewilligung oder Erlaubnis sein. Allerdings nur, wenn sie in einem rechtswirksamen zustande gekommenen und für verbindlich erklärten Landesentwicklungsplan und/oder einem Regionalplan gleicher Qualität ausgewiesen sind und durch einen solchen Plan Vorrang gegenüber dem Bergbau erhalten haben (VG Gera, ZfB 1996, 175; VG Leipzig, ZfB 1995, 56; VG Weimar, ZfB 1995, 78 und v. 9.1.1995 – 7K714/93 We, VGH Baden-Württemberg, ZfB 1989, 75; Kühne, DVBl 1984, 709 ff.; Boldt/Weller BBergG, Ergänzungsband § 48 Rn 10). Die Bergbehörde ist jedoch nicht verpflichtet, generell bei der Entscheidung über Bergbauberechtigung die Ziele und Erfordernisse der Raumordnung und der Landesplanung zu beachten oder gar ein Raumordnungsverfahren abzuwarten (VG Weimar, ZfB 1995, 78). Zur Frage, ob Zulassungsbehörden berechtigt sind, als rechtswidrig angesehene regionalplanerische Festlegungen inzident in Zulassungsverfahren als unwirksam zu verwerfen: Anders in NUR 2007, 657.

435 Eine Beachtenspflicht der Ziele der Regionalpläne besteht bei der Zulassung der Bodenschätzgewinnung durch wasserrechtliche Planfeststellungen nach § 68 Absatz 3 Ziff. 2 WHG 2009.

6. Normenkontrolle

436 Ein **Normenkontrollverfahren** gegen Zielsetzungen der Raumordnung und Landesplanung ist, soweit Bundesländer von der Möglichkeit des § 47 Absatz 1 Nr. 2 VwGO Gebrauch gemacht haben, zulässig. Ein Bergwerkseigentümer oder Inhaber einer Bewilligung kann es gegen ein regionales Raumordnungsprogramm beantragen, wenn Abbauflächen als Vorsorgeraum für Naturschutz, Tourismus und Landschaftspflege ausgewiesen werden (OVG Greifswald, NUR 2002, 611). Bei übertägigen Bergbauvorhaben im Außenbereich rechtfertigt sich die Antragsbefugnis auch deshalb, weil § 35 Absatz 3 Satz 2 BauGB den Zielen der Raumordnung und Landesplanung rechtliche Wirkung auch gegenüber privaten Vorhaben verleiht (ähnl. OVG Bautzen, LKV 2003, 333 – Privatunternehmer von Windkraftanlagen gegen Regionalplan, OVG Lüneburg, ZUR 2005, 156 gegen regionales Raumordnungsprogramm; Hendler, NUR 2004, 485 ff.; NRWVerfGH, NVwZ 2003, 202: Stadt gegen Abgrabungskonzentrationszonen im Gebietsentwicklungsplan, BVerwG, NVwZ 2004, 614; Kment, DVBl 2004, 214).

II. Raumordnung und Landesplanung in den Bundesländern

1. Regelungen zur Rohstoffsicherung in den Bundesländern

437 In den Bundesländern wurden nach früherem Recht die jeweiligen Planungsräume **übergeordnete Pläne** (§ 8 ROG 1997) und **Regionalpläne** (§ 9 ROG 1997) aufgestellt. Hierzu: Übersicht der Regelungen zur Gewinnung von Bodenschätzen in den Bundesländern bei Müller/Schulz S. 90 (Stand 2000); Rausch, Umwelt- und Planungsrecht beim Bergbau, S. 147 ff. (Stand 1990); Reiners in Sicherung oberflächennaher Rohstoffe als Aufgabe der Landesplanung, S. 31 ff. (Stand 1985).

438 Nach dem Raumordnungsgesetz 2008 (BGBl, 2986) sind ein landesweiter Raumordnungsplan (§ 8 Absatz 1 Ziff. 1 ROG) und Regionalpläne für Teilräume (§ 8 Absatz 1 Ziff. 2 ROG) aufzustellen. In den Raumordnungsplänen, für die nach § 9 ROG eine UVP durchzuführen ist (s. nach Landesrecht z. B. auch § 13 Absatz 2 und § 27 Absatz 1 LPlG NRW und Grotefels, NWVBl 2007, 41) sollen Festlegungen zur Raumstruktur enthalten sein, wozu nach § 8 Absatz 5 Ziff. 2b ROG auch Standorte für die vorsorgende Sicherung sowie geordnete Aufsuchung und Gewinnung von standortgebundenen Rohstoffen gehören.

Nach § 36 Satz 2 BNatSchG 2009 ist auf Raumordnungspläne der § 34 **439** Absatz 1 Satz 1 BNatSchG 2009, wonach Projekte vor ihrer Zulassung oder Durchführung auf ihre FFH-Verträglichkeit zu prüfen sind, nicht anzuwenden (anders Lieber, NUR 2008, 598 insbesondere für parzellenscharf festgelegte Vorranggebiete).

2. Abbau-Konzentrationszonen im Regionalplan

Der Träger der Regionalplanung kann privilegierte Außenbereichsvorhaben, wie **440** Abbau von Sand und Kies, in **Konzentrationszonen** (VerfGH NRW in NVwZ 2003, 202; BVerwG, NVwZ 2011, 812) festlegen. Die privilegierten Vorhaben werden auf bestimmte Bereiche konzentriert, im Übrigen im gesamten Plangebiet ausgeschlossen. Die hierfür erforderliche positive Durchsetzungskraft weisen nur Vorrang-, nicht Vorbehaltsgebiete auf (BVerwG, NUR 2003, 497 = NVwZ 2003, 738). Für die Festlegung der Rohstoffgewinnung in Konzentrationszonen ist es erforderlich, dass die Fläche sich nach Qualität (Mächtigkeit) des Vorkommens und nach der Qualität des Rohstoffes (Sand-Körnungs-Verhältnis) eignet. Bei der Sachverhaltsermittlung sind Erleichterungen durch Typisierung und Unterstellungen zulässig, ohne dass dadurch die Abwägungsanforderungen reduziert werden (Anders, NUR 2004, 635, 637 ff. m. w. N.; OVG Greifswald, NVwZ 2001, 1064; NVwZ-RR 2001, 567; OVG Lüneburg, DVBl 2002, 714). Der **Ausschluss** von im Außenbereich **privilegierten Abgrabungen** auf Teilen des Plangebietes eines **Regionalplans** lässt sich nur rechtfertigen, wenn der Plan sicherstellt, dass sich die betroffenen Vorhaben an anderer Stelle gegenüber konkurrierenden Nutzungen durchsetzen. Dem Plan muss ein schlüssiges gesamträumliches Planungskonzept zugrundeliegen. Die Entscheidung des Gesetzgebers, gewisse Vorhaben im Außenbereich zu privilegieren, muss beachtet werden. Eine gezielte, rein negative Verhinderungsplanung ist nicht zulässig (BVerwG, NUR 2011, 285 betrifft Abgrabungsbereich Kies). Bei der Ausweisung von Konzentrationszonen bzw. Vorranggebieten und **Tabuzonen** festzulegen, in denen Abgrabungen schlechthin ausgeschlossen sind weil sie sich dafür nicht eignen (Schink, UPR 2012, 369, 370). Sie müssen auf nachvollziehbaren Kriterien beruhen und aus dem Regionalplan selbst und seinen Erläuterungen (OVG NRW v. 8.5.2012, AZ 20 A 3779/06) ersichtlich sein. Einwicklungen, die für die Raumnutzung von erheblicher Bedeutung sind, dürfen nicht von vornherein ausgeschlossen sein. Typische Fälle sind sog. **integrierte Projekte**, in denen die Abgrabung in einem FFH- oder Vogelschutzgebiet auch zur Verbesserung des Gebietes genutzt wird („bipolare Ausrichtung der Gewinnung von Rohstoffen", Schink, aaO, 372).

In den Abgrabungsbereichen eines Raumordnungsplans sollen die Belange der **441** Rohstoffgewinnung gegenüber allen konkurrierenden Nutzungen sich durchsetzen. Die Berücksichtigung des Belanges Bodendenkmalpflege kann den Vorrang der Rohstoffgewinnung nicht gefährden (OVG NRW, ZfB 2010, 5, 22). Der Raumordnungsplan muss den Vorgaben des LEP genügen. Dafür ist ausreichend, dass die im Regionalplan zeichnerisch dargestellten Bereiche für die Sicherung und den Abbau oberflächennaher Bodenschätze als Sondierungsbereich für künftige Abbaubereiche ausgewiesen sind (OVG NRW aaO). Durch Abgrabungsbereiche sollen Abgrabungsvorhaben in Positivflächen konzentriert werden und in Negativflächen ausgeschlossen werden. Der Abbau von Kies und Sand, der nicht in den festgelegten Abbaugebieten ausgeführt werden soll, widerspricht den Zielen der Raumordnung und ist zwingend zu versagen (§ 4

Absatz 1 Nr. 3 ROG). Die Zulassung eines obligatorischen Rahmenbetriebs-plans zum Quarzkiesabbau ist zu versagen, wenn die Vorhabenfläche **außerhalb** der im GEP dargestellten **Abgrabungsbereiche** liegt und der GEP das Ziel (§ 3 Absatz 1 Nr. 2 ROG) vorgibt, dass Abgrabungen nur innerhalb der Abgra-bungsbereiche vorzunehmen sind (VG Düsseldorf, ZfB 2012, 163, 165).

442   Für den **Steinkohlenbergbau in NRW** wurden bereits Ende der 70er Jahre landes-und regionalplanerische Grundlagen geschaffen (hierzu 1. Auflage § 56 Rn 134 – 147; Sauer, Markscheidewesen 1982, 19 ff.; Winter/Sagolla ZfB 1982, 355; Reiners, Erzmetall 1981, 279; Pollak, Sicherung oberflächennaher Rohstoffe, S. 101; Depenbrock, NWVBl 1987, 70; Schucht, Glückauf 1987, 1370).

443   Wie ein Raumordnungsplan ist ein Regionalplan **abwägungsfehlerhaft** bei Abwägungsausfall, Abwägungsdefizit, Fehlgewichtung oder Disproportionali-tät. Dies gilt auch für die materielle Rechtswidrigkeit eines Braunkohlenplans (Sächs. OVG ZfB 2004, 289 – Schleenhain).

III. Braunkohlenplanung

444   Eine spezielle bergbaubezogene Landesplanung ist die **Braunkohlenplanung.** Großräumige Braunkohlengewinnung findet in den Bundesländern Brandenburg, Nordrhein-Westfalen, Sachsen und Sachsen-Anhalt statt. In diesen Ländern wur-den besondere gesetzliche Planungsgrundlagen für den Abbau von Braunkohle geschaffen, in den Ländern Brandenburg, Sachsen und Sachsen-Anhalt wegen der komplexen Folgelasten aus dem ehemaligen DDR-Bergbau zusätzlich noch durch das Instrument der Sanierungsplanung. Hierdurch wird ein gestuftes Verfahren geschaffen: auf der Grundlage der Braunkohlen- bzw. Sanierungspläne erfolgt die Zulassung der Braunkohlengewinnung bzw. -Sanierung durch Betriebspläne oder andere fachrechtliche Genehmigungsentscheidungen. Zur Frage der Anwendung des § 48 Absatz 2 Satz 1 s. Anh. § 56 Rn 424.

1.   Brandenburg

445   a) Vorschaltgesetz 1991. In **Brandenburg** war das **Vorschaltgesetz** zum Landes-planungsgesetz und Landesentwicklungsprogramm v. 6.12.1991 (GVBl S. 616) die erste Rechtsgrundlage für den Übergang zur Braunkohlenplanung (hierzu Freytag S. 57; Zenker, Braunkohle 1993 Heft 7). Aufgrund von § 20 dieses Vorschaltgesetzes wurde die VO über die Bildung des Braunkohleausschusses (Bbg BKAusV) v. 8.4.1992 (GVBl II, S. 139) erlassen und der **Braunkohlen-ausschuss** gebildet. Der Braunkohlenausschuss gab gegenüber der Landespla-nungsbehörde, diese wiederum gegenüber der Bergbehörde eine landesplaneri-sche Stellungnahme zu den Bergbauvorhaben ab. Der Ausschuss setzte sich aus 15 gewählten und 14 benannten Vertretern der in der VO enumerativ auf-gezählten Organisationen zusammen.

446   b) Gesetz zur Einführung der Regionalplanung und Braunkohle- und Sanie-rungsplanung 1993. Dem Vorschaltgesetz folgte das Gesetz zur Einführung der Regionalplanung und Braunkohle- und Sanierungsplanung v. 13.5.1993 (GVBl 170). Es regelt insbesondere die rechtlichen Grundlagen für die Braunkohlen-planung, gibt die Ziele des Braunkohlenplans und des Sanierungsplans vor, macht Vorgaben für die darzustellenden Sachverhalte, Ziele und Maßnahmen (§ 12 RegBkPlG) und bestimmt den Braunkohlenausschuss als Träger der Braunkohlen- und Sanierungsplanung. Nach § 14 Absatz 1 RegBkPlG wurden die Grundsätze der Bildung und die Zusammensetzung durch VO geregelt. Das war bereits zuvor durch die **VO über die Bildung des Braunkohlenausschusses** v.

8.4.1992 (GVBl II 139) erfolgt (Kremer, Glückauf 1993, 816; Zenker, Braunkohle 1993 Heft 7; Anh. § 56 Rn 444).

Das Verfassungsgericht des Landes Brandenburg hatte sich mehrmals mit der **447** Braunkohlenplanung zu befassen: die in einem Braunkohlenplan vorgesehene **vollständige Inanspruchnahme eines Gemeindegebietes** stellt sich als Auflösung der Gemeinde dar. Sie bedarf eines förmlichen Gesetzes gemäß Artikel 98 Absatz 2 Verf Bbg, das die Auflösung gerade dieser Gemeinde regelt (VerfG Bbg, DVBl 1996, 37 = UPR 1995, 354 = NUR 1995, 329 = ZfB 1995, 192 – Horno I, hierzu Kemper, NJ 1995, 294; Degenhart, DVBl 1996, 773; kritisch hierzu Gaentzsch, Ortsumsiedlung: von der Planung zur Umsetzung, 2002, unter Verweis auf die Grundsatzentscheidung des BBergG für die Gewinnung von Braunkohle). Dies gilt nicht, wenn das Gebiet einer Gemeinde nur in einem wesentlichen Teil – etwa zu 75 % – von der Abbaggerung erfasst wird (VerfG Brandenburg, LKV 2000, 398 – Grießen).

Das Verfassungsgericht des Landes Brandenburg hat ferner entschieden, dass **448** § 12 Absatz 6 Satz 1 Bbg RegBkPlG 1993 mit der Landesverfassung nicht vereinbar war (Bbg VerfG, LKV 2000, 399 = DÖV 2000, 873 = DVBl 2000, 1440 – Jänschwalde mit Verweis auf BVerfG, NJW 1995, 1537; Rude/Jaschinski, LKV 2000, 242 f.). Die Befugnis zum Erlass von Verordnungen stellt nicht sicher, dass die Verantwortung für den Inhalt der Verordnung von der Landesregierung wahrgenommen wurde. Vielmehr lagen die sachlichen und verfahrensmäßigen Entscheidungen zur Erarbeitung der Braunkohlen- und Sanierungspläne allein beim Braunkohlenausschuss (zur anderen Rechtslage in NRW: Bbg VerfG, LKV 2000, 401 in Abwägung zu NRW VerfGH, NVwZ-RR 1998, 473 = DVBl 1997, 1107, 1110, in Sachsen Rude/Jaschinski aaO, Fn. 6, 7). Auch § 14 Absatz 1 Satz 2 Bbg RegBkPlG 1993, wonach die Grundsätze der Bildung und die Zusammensetzung des Braunkohlenausschusses durch Rechtsverordnung der Landesregierung geregelt wurden, war nicht verfassungskonform. Wegen der besonderen Bedeutung des Braunkohlenausschusses durfte die Zusammensetzung nicht in das Belieben der Landesregierung gestellt werden. Der Gesetzgeber hatte hierzu Vorgaben zu machen.

Es war auch streitig, ob die Braunkohlenplanung zum Bereich der Landes- **449** planung einzuordnen ist. Die Braunkohlenplanung sei eine eindimensionale energiewirtschaftliche und bodenordnende Fachplanung, die der Rahmengesetzgebung gemäß Artikel 75 Absatz 1 Nr. 4 GG a. F. unterliege (Erbguth, DVBl 1982, 1 ff., 7 hierzu Hoppe, UPR 1983, 108, DVBl 1982, 108; dagegen Bbg VerfG LKV 1998, 395 = DVBl 1994, 34 – Horno II, Degenhart, Rechtsfragen der Braunkohlenplanung, S. 28 f., DVBl 1996, 773 f. m. w. N., H. Schulte, Raumplanung, S. 296) durch die Aufhebung des Artikel 75 GG a. F. ist diese Kontroverse gegenstandslos geworden.

Ebenso ist die Ermächtigungsgrundlage der §§ 19, 20 des Vorschaltgesetzes **450** 1991, die zum Erlass der VO über die Bildung des Braunkohlenausschusses genutzt wurde, gegenstandslos geworden. Sie trat gemäß § 17 RegBkPlG außer Kraft.

Die Verknüpfung zwischen Betriebsplan und den Braunkohlen- und Sanierungs- **451** plänen stellte § 12 Absatz 6 Satz 3 RegBkPlG 1993 her. Danach waren die Betriebspläne der Bergbauunternehmen mit den Braunkohlen- und Sanierungsplänen in Einklang zu bringen. Diese Bestimmung ähnelt dem § 29 Absatz 3 LPlG NRW (s. Anh. § 56 Rn 423).

Nach § 13 Absatz 2 des RegBkPlG 1993 wurden die Braunkohlen- und Sanie- **452** rungsplangebiete im Einzelnen durch VO festgelet. Hierüber ist die **VO über die**

Abgrenzung der Braunkohlen- und Sanierungsplangebiete (BSanPlagV) v. 26.2.1996 (GVBl II/96, S. 231) ergangen.

453   c) **Gesetz zur Regionalplaung und zur Braunkohlen- und Sanierungsplanung 2002.** Abgelöst wurde das RegBkPlG 1993 durch das **Gesetz zur Regionalplanung und zur Braunkohlen- und Sanierungsplanung** (RegBkPlG) v. 12.12.2002 (GVBl 2003, 2). In diesem Gesetz sind die bisherigen verfassungsrechtlichen Streitfälle beseitigt. Die Zusammensetzung des Braunkohlenausschusses ist in § 15 RegBkPlG gesetzlich festgelegt. Er besteht nunmehr aus 15 Kommunalvertretern und 8 Vertretern anderer Organisationen. Beratend können u. a. ein Vertreter des Landesbergamts und der Braunkohleunternehmen an den Sitzungen teilnehmen. Der Braunkohlenausschuss hat die Aufgabe der Mitwirkung und regionalen Willensbildung bei der Braunkohle- und Sanierungsplanung. Diese Pläne werden für die bestimmten Braunkohle- und Sanierungsgebiete, die in einer Rechtsverordnung der Landesregierung festgelegt sind, von der Landesplanungsbehörde unter Mitwirkung des Braunkohlenausschusses erarbeitet. Sie bedürfen der Beschlussfassung durch die Landesregierung, die sie durch Rechtsverordnung erlässt. Beispiele sind die Verordnung über den Braunkohlenplan Jänschwalde v. 5.12.2002 (GVBl II, 690), die Verordnung über den Braunkohlenplan Tagebau Welzow-Süd v. 21.6.2004 (GVBl II/04, S. 614), die Verordnung über den Braunkohlenplan Tagebau Cottbus-Nord v. 18.7.2006 (GVBl II/06, 370). Im Sanierungsbergbau sind inzwischen 15 Sanierungspläne, z. B. Döbern, Greifenhain, Lauchhammer u. a. erlassen worden. Der Inhalt der Braunkohlenpläne ergibt sich aus der Zielstellung. Es werden dargestellt die Sachverhalte. Ziele und Maßnahmen gemäß § 12 Absatz 3 RegBkPlG, insbesondere die Minimierung des Eingriffs während und nach dem Abbau, die Abbaugrenzen und Sicherheitslinien des Abbaus, Haldenflächen, unvermeidbare Umsiedlungen und Flächen für die Wiederansiedlung, Räume für Verkehrswege und Leitungen, die Bergbaufolgelandschaft. Nach Abwägung mit anderen raumbedeutsamen Planungen und Maßnahmen werden gemäß § 6 Absatz 6 Bbg NatSchG raumbedeutsame Erfordernisse und Maßnahmen der entsprechenden Landesrahmenpläne als Ziele der Raumordnung in die Braunkohlenpläne aufgenommen. Ein wesentlicher Teil der Braunkohlenpläne ist die Darstellung der energiepolitischen Rahmenbedingungen, ferner die Prüfung der Verträglichkeit des Braunkohlenplans mit den Erhaltungszielen von „Natura 2000" (§§ 26 d Absatz 1, 26 e Bbg NatSchG und § 12 Absatz 1 S. 3 i. V. mit § 2 Absatz 7 Satz 4 RegBkPlG), soweit ein FFH-Gebiet betroffen ist und für das Vorhaben kein Bestandsschutz gegeben ist. Die (strittige) Verknüpfungsvorschrift des § 12 Absatz 6 Satz 3 RegBkPlG 1993 ist entfallen.

454   Nach § 4 Absatz 1 Anlage 2 Ziff. 1.3.4 Bbg UVPG bedürfen Braunkohle- und Sanierungspläne i. S. von § 12 ff. RegBkPlG – ebenso wie Regionalpläne – der strategischen Umweltprüfung (SUP).

455   d) **Braunkohlengrundlagengesetz 1997.** Durch das **Gesetz zur Förderung der Braunkohle im Land Brandenburg** (BbgBkGG) v. 7.7.1997, dem sog. **Braunkohlengrundlagengesetz** (GVBl, 72), das man als „Horno-Heilungsgesetz" bezeichnen könnte, wurden die landesrechtlichen Grundentscheidungen für den Braunkohlenbergbau, auch um den Preis der Umsiedlung, getroffen. Es regelt die Voraussetzungen für die Umsiedlung der Bevölkerung sowie die **Auflösung der Gemeinde Horno,** einer Ortschaft im der Lausitz mit ca. 350 Einwohnern, davon etwa 1/3 Sorben. Gegen das Braunkohlengrundlagengesetz, insbesondere gegen Artikel 2 § 1 i. V. mit Artikel 1 BbgBkGG und gegen die Auflösung der Gemeinde Horno bestehen keine verfassungsrechtlichen Bedenken (Bbg VerfG, LKV 1998, 395 = DVBl 1999, 34 = ZfB 2002, 45 – Horno II). Die Gewichtung der gegenläufigen Belange, die der Gesetzgeber getroffen hat, beruht auf einer vertretbaren Bewertung des herangezogenen Materials. Nach den Vorgaben der Wiederansiedlungsanhörung-VO Horno v. 12.12.1997 (GVBl II, 839) wurden die betroffenen Bürger angehört. Die Auflösung der Gemeinde wurde auch als verhältnismäßig angesehen, weil die Bewohner in eine etwa 20 Kilometer entfernten Gemeinde umgesiedelt werden (EG MR in LKV 2001, 69 – Horno III, hierzu Lenz, LKV 2001, 446). Die Menschenrechtsbeschwerde gegen das Braunkohlengrundlagengesetz 1997 war weder unter dem Gesichtspunkt Verletzung des Rechts auf Achtung des Privatlebens und der Wohnung (Artikel 8 EMRK), noch wegen Diskriminierung (Artikel 14 EMRK), Verletzung der Eigentumsgarantie, Freizügigkeit oder Religionsfreiheit zulässig.

e) Landesplanungsgesetz 1995/2002. Grundsätzliche landesplanerische Aussagen zum Braunkohlenbergbau macht das **Brandenburgische Landesplanungsgesetz** v. 12.12.2002 (GVBl 2003, 9 = ZfB 2003, 247). Nach § 3 Ziff. 13 LPlG Bbg gehört es u. a. zu den Zielen der Landesplanung, die devastierte Landschaft in den von Braunkohlentagebau erfassten Gebieten durch Schaffung landschaftsgerechter Bergbaufolgelandschaften zu überwinden. Nach § 3 Ziff. 14 LPlG Bbg ist bei Flächeninanspruchnahme durch den Bergbau u. a. sicher zu stellen, dass durch die Darstellung sachlicher, zeitlicher und räumlicher Abhängigkeiten der Abbau und die Rekultivierung von Braunkohletagebaugebieten zu jedem Zeitpunkt ökologisch und sozial verträglich durchgeführt wird. **456**

2. Nordrhein-Westfalen

a) Braunkohlengesetz 1950. In **Nordrhein-Westfalen** haben Braunkohlenpläne eine längere Historie. Das Gesetz über die Gesamtplanung im Rheinischen Braunkohlengebiet v. 5.4.1950 (GVBl NRW 71, zuletzt geändert durch Gesetz v. 8.4.1975 – GVBl NRW, 294) – **Braunkohlengesetz** (BrKG) führte das Instrument des Braunkohlenplans ein, ohne es so zu benennen. Als Teil der Landesplanung war zur Sicherstellung der geordneten Raumgestaltung des Rheinischen Braunkohlegebietes ein Gesamtplan aufzustellen (§ 1 Absatz 1 BrKG), der im zeitlichen, räumlichen und sachlichen Teilabschnitten aufgeteilt werden konnte. Die Aufstellung oblag dem „**Planungsausschuss für das Rheinische Braunkohlengebiet**" (Braunkohlenausschuss). In der Praxis wurde ein Gesamtplan bis 1979 nicht aufgestellt, wohl aber 47 Teilpläne, von denen 39 für verbindlich erklärt wurden (Erbguth, DVBl 1982, 2, Anmerkung 14). Der aufgestellte Teilplan wurde vom zuständigen Minister als Landesplanungsbehörde für verbindlich erklärt (Einzelheiten Vorauflage, § 56 Rn 124 ff.; von Schlütter, ZfB 1950, 330 ff.; Hoppe, UPR 1983, 105). Der verbindlich erklärte (Teil)-Plan wurde als Rechtsnorm angesehen (h. M., Ebel/Weller, S. 587: Parzellenscharf), nach § 3 Absatz 6 BrKG waren Betriebspläne der im Plangebiet gelegenen bergbaulichen Betriebe sowie die Flächennutzungs- und Bebauungspläne der Gemeinden mit dem Gesamtplan – analog mit den Teilplänen – in Einklang zu bringen. **457**

b) Braunkohlenplan nach dem Landesplanungsgesetz. Durch das **Landesplanungsgesetz** v. 28.1.1979 (GVBl NRW, 878) wurde die **Braunkohlenplanung** in das System der Landesplanung eingepasst. In §§ 24 ff. LPlG wurden „**Sondervorschriften für das Rheinische Braunkohlenplangebiet**" aufgenommen. Sie regelten die Braunkohlenplanung, den Einfluss von Braunkohlenplänen auf bergrechtlich zu beurteilende Abbauvorhaben (§ 24 Absatz 5 Satz 1 LPlG) und auf das Verhältnis der nach Bergrecht zu beurteilenden Betriebspläne für im Braunkohlenplangebiet gelegenen bergbaulichen Betriebe (Abgrenzung des Braunkohlenplangebietes gemäß 4. DVO zum Landesplanungsgesetz v. 27.11.1979, GVBl NRW 806). Die aus textlichen und zeichnerischen Darstellungen bestehenden Braunkohlenpläne legten auf der Grundlage des LEPRO und der LEP und in Abstimmung mit den Gebietsentwicklungsplänen **Ziele der Raumordnung** und Landesplanung fest, soweit es für eine geordnete Braunkoh- **458**

lenplanung erforderlich war (§ 24 Absatz 1, 2 LPlG). Die Aufstellung der Braunkohlen(teil)-pläne wurde vom **Braunkohlenausschuss** beschlossen, der als Sonderausschuss des Bezirksplanungsrates beim Regierungspräsidenten in Köln errichtet wurde. Die Bestimmungen des § 24 Absatz 5 Satz 1 LPlG 1979 – kein Betriebsplan ohne vorherige Aufstellung und Genehmigung des Braunkohleplans – und § 24 Absatz 5 Satz 2 LPlG 1979 – Anpassungspflicht des Betriebsplans an den Braunkohlenplan – lösten eine Diskussion um ihre verfassungsrechtliche Wirksamkeit aus (bejaht von Schleifenbaum, UPR 1984, 46; Kühne DVBl 1984, 715; Dallhammer, Leipziger umweltrechtliche Dokumentationen 1999, 35; verneint von Erbguth, DVBl 1982, 10; Hoppe, DVBl 1982, 110 mit Vorgaben für eine verfassungskonforme Auslegung, UPR 1983, 110; Weller, Materialien der Akademie Hannover 1983, 22, 40 und Vorauflage Piens u. a. § 56 Rn 130; zweifelnd Bork, Städte- und Gemeinderat 1983, 401 und 402).

459   c) **Verhältnis Braunkohlenplan – Betriebsplan.** Das **Landesplanungsgesetz** und die Vorschriften über die Braunkohlenpläne wurden mehrfach geändert und/oder neu bekannt gemacht: Neufassungen v. 5.10.1989 (GVBl 476), v. 29.6.1994 (GVBl 474 = ZfB 1994, 3 ff.), und v. 3.5.2005 (GVBl 430); Änderungsgesetze, u. a. v. 11.2.2001 (GVBl 50) und v. 16.3.2010 (GVBl, 212, 215).

460   Die bewährten Kerninhalte: Braunkohlenausschuss als Sonderausschuss des Regionalrates des Reg. Bez. Köln, seine Aufgaben als Beschlussorgan für die Aufstellung des Braunkohlenplans, der gesetzlich vorgegebene Inhalt des Braunkohlenplans, das Verfahren zur Aufstellung, die Genehmigung der Braunkohlenpläne durch die Landesplanungsbehörde im Einvernehmen mit den fachlich zuständigen Landesministerien und im Benehmen mit dem für die Landesplanung zuständigen Landtagsausschuss wurden im Wesentlichen beibehalten bzw. fortentwickelt. Erhalten geblieben ist auch die früher schon umstrittene (§ 24 Absatz 5 Satz 2 LPlG 1979) Regelung, wonach **Betriebspläne** mit den **Braunkohlenplänen** in Einklang zu bringen sind (§ 29 Absatz 3 LPlG). Man wird sie verfassungskonform auslegen können, indem man sie wörtlich nimmt: Betriebspläne, d. h. Anträge auf Zulassung, sollen mit den Braunkohlenplänen in Einklang stehen. Das versteht sich bergrechtlich ohnehin durch Berücksichtigung des Braunkohlenplans als öffentliches Interesse i. S. von § 48 Absatz 2 Satz 1 (Kühne, Braunkohlenplanung, S. 32, im Übrigen auch Anh. § 56 Rn 423). Betriebsplanzulassungen dagegen sind vom Wortlaut des § 47 Absatz 4 LPlG 2005 nicht erfasst. Ihre Anpassung an den Braunkohlenplan kann nach § 56 Absatz 1 Satz 2 erfolgen.

461   Im **Braunkohlenausschuss** sind stimmberechtigte Mitglieder der Kommunalen Bank (§ 21 Absatz 1 LPlG), der Regionalen Bank (§ 21 Absatz 3 LPlG) und der Funktionalen Bank (§ 21 Absatz 6 LPlG) sowie beratende Mitglieder vertreten. Durch Änderungsgesetz zum LPlG v. 16.3.2010 (GVBl 212, 215) sind neue Regelungen für Braunkohlenpläne, die die **Festlegung von Umlegungsstandorten** zum Gegenstand haben, eingeführt worden. Sie betreffen die Ermittlung der Größe der Umsiedlungsstandorte und deren Infrastruktur (§ 26 LPlG).

462   Da der Braunkohlenplan bereits das Ergebnis einer Abwägung zwischen Vorhaben und entgegenstehenden Belangen ist, muss er im Betriebsplan über § 48 Absatz 2 Satz 1 als bindendes, nicht nur als – erneut – abzuwägendes öffentliches Interesse verwertet werden (Kühne aaO S. 32 u. a. Erbguth, VerwArch 1996, 258 ff., 271 ff.). Im obligatorischen Rahmenbetriebsplanverfahren sind Ziele des Braunkohlenplans gemäß § 4 Absatz 1 Ziff. 3 ROG bindend für den Bergbauunternehmer und die Bergbehörde.

463   Der Braunkohlenplan bedarf der **Genehmigung** gemäß § 29 Absatz 1 LPlG NRW und der **Bekanntmachung** der Genehmigung. Im Gegensatz zum Regionalplan (früher Gebietsentwicklungsplan), der einer Rechtskontrolle unterliegt, ist bei der Genehmigung des Braunkohlenplans zusätzlich eine Fachaufsicht auszuüben (Erfordernis der langfristigen Energieversorgung, Umweltschutz, VerfGH NRW, ZfB 1997, 300; OVG NRW, ZfB 2008, 101, 123). Die Landesregierung kann dem Braunkohlenausschuss durch ihre Leitentscheidungen zur Industriepolitik Vorgaben machen (zu Weisungen an den Braunkohlenausschuss auch OVG NRW v. 11.3.1999 – 23 A 3052/98). Rechtsfehler der Planung und Verstöße gegen gesetzliche Verfahrensvorschriften kann die Genehmigung nicht heilen (Kamphausen DÖV 1984, 150). Zu den Auswirkungen der Braunkohlenpläne auf andere Planungen von Gemeinden, Fachplanungsträger und Privaten s. Kamphausen aaO: die Wirkungen des Braunkohlenplans erfassen Bergbaubetreibende und Grundstückseigentümer zunächst nicht unmittelbar, sondern erst, wenn seine Festsetzungen ihre Ausprägungen im Betriebsplan, Bebauungsplan, in abgelehnten oder gewährten baurechtlichen oder fachplanungsrechtlichen Genehmigungen gefunden haben. Eine gerichtliche Normenkontrolllage gegenüber Braunkohlenplänen ist in NRW für einzelne Private nicht möglich (vgl. aber Anh. § 56 Rn 481 ff., 491 für Sachsen).

Die Braunkohlenpläne legen gemäß § 26 Absatz 1 LPlG NRW auf der Grund- **464** lage des Landesentwicklungsprogramms und der Landesentwicklungspläne und in Abstimmung mit den Regionalplänen die Ziele der Raumordnung fest. Damit ist vorgegeben, dass bestehende Landesentwicklungspläne dem Braunkohlenplan zugrunde zu legen sind. Daraus folgt jedoch nicht, dass ein Braunkohlenplan rechtswidrig ist, wenn ein Teilplan der Landesentwicklungsplanung fehlt (OVG NRW, ZfB 2008, 122).

Die **VO zur Braunkohlenplanung** v. 10.5.2005 (GVBl 508), jetzt §§ 19 ff. der **465** VO zur Durchführung des Landesplanungsgesetzes v. 8.6.2010 (GVBl 334, 337), regelt die Einberufung des Braunkohlenausschusses, die Entschädigung seiner Mitglieder, den Kreis der am Verfahren zur Erarbeitung des Plans Beteiligten, wozu mindestens 23 (!) gehören, u. a. die im Braunkohlenplangebiet tätigen Bergbautreibenden und die Bergverwaltung (zur Mitwirkung der Bergbehörde im Braunkohlenplanverfahren: Respondek, Glückauf 1990, 561). Ferner werden das Verfahren der Beteiligung, Gegenstand, Form und Merkmale des Planungsinhaltes der Braunkohlenpläne und die räumliche Abgrenzung des Braunkohleplangebietes geregelt. Diese VO zur Braunkohlenplanung ersetzt die gleichzeitig aufgehobenen bisherigen 1. bis 4. DVO, die sich mit der Braunkohlenplanung befassten.

Der **Rechtscharakter** der Braunkohlenpläne nach dem LPlG ist umstritten. Als **466** Möglichkeiten werden erörtert (ausführlich Erbguth, VerwArch. 1995, 327, 332 ff.): öffentlich-rechtlicher Vertrag, Gesetz, Rechtsverordnung, Satzung, Verwaltungsakt, normergänzendes Verwaltungsinternum, Rechtsinstitut eigener Art und Rechtsnorm. Angesichts der begrenzten Außenverbindlichkeit (Anh. § 56 Rn 465) spricht viel dafür, dass sie Rechtsinstitute eigener Art sind. Auf sie finden die für Rechtsvorschriften geltenden Rechtssätze und Rechtsgrundsätze Anwendung (Kühne, Braunkohlenplanung und bergrechtliches Zulassungsverfahren, S. 5; Erbguth, VerwArch. 1995, 336; Schnapp, Braunkohlenplanung in FS. Fabrizius, S. 87, 95).

Nach § 30 LPlG NRW ist der **Braunkohlenplan** zu überprüfen und ggf. **zu** **467** **ändern,** wenn sich die Grundannahmen für den Plan wesentlich geändert haben. Die Änderung des Braunkohlenplans hat keine unmittelbaren Auswirkungen auf den Bestand eines Rahmenbetriebsplans (Kühne, aaO, 53). Bereits zugelassene Haupt- und Sonderbetriebspläne werden nicht rechtswidrig. Für noch zuzulassende Haupt- und Sonderbetriebspläne wirkt sich der geänderte Braunkohlenplan bindend für die Bergbehörde aus (§ 4 Absatz 2 ROG). Soweit die Bergbehörde aus der Änderung des Braunkohlenplans **Folgerungen für zugelassene Betriebspläne** ziehen will, kann sie sich auf § 29 Absatz 3 Satz 2 LPlG NRW („in Einklang bringen") nicht berufen. Die Vorschrift begründet keine Pflicht zu Lasten privater Bergbauunternehmen (Anh. § 56, Rn 462). In Betracht kommt auch ein Widerruf gemäß § 49 VwVfG i. V. mit § 5 BBergG der Zulassung nicht (bestr., so Gaentzsch in Kühne/Gaentzsch, Wandel und Beharren im Bergrecht, 9, 27; a. A. Kühne Braunkohlenplanung S. 66), wohl aber eine nachträgliche Auflage gemäß § 56 Absatz 1 Satz 2, mit der dem Unternehmer aufgegeben werden kann, einen geänderten Betriebsplan unter Beachtung des geänderten Braunkohlenplans einzureichen (Kühne aaO, S. 64).

468 d) **Braunkohlenplan und Verfassungsrecht.** Die Braunkohlenplanung in NRW stand verschiedentlich auf dem **verfassungsrechtlichen Prüfstand.** Der Braunkohlenplan legt zwar die Ziele der Raumordnung und Landesplanung fest und ist von der öffentlichen Verwaltung zu beachten. Er greift aber nicht unmittelbar in die Rechtsstellung des Unternehmers ein. Das gilt auch für die Umsiedlungsplanung (BVerfG, ZfB 1992, 127 = NVwZ 1991, 978). Der Einzelne kann aus den Zielen oder Regelungen des Braunkohlenplans für sich keine Rechte herleiten, etwa bei der Überplanung von Bereichen für Umsiedlungsstandorte (OVG NRW, NUR 2001, 471 unter Bezug auf BVerwG Beschl. v. 30.8.1994 – 4NB 31.94 m. w. N.).

469 Die Aufstellung und Genehmigung von Braunkohlenplänen erfordert eine parlamentarische Leitentscheidung, in der die Grundfragen des Braunkohlentagebaus wegen seiner erheblichen Einwirkungen auf Menschen, Natur und Landschaft, Boden und viele Umweltgüter in einer ersten Planungs- und Entscheidungsstufe entschieden werden. Hierfür reicht aus, dass der Landtag die Braunkohlenplanung durch das LPlG geregelt und den Inhalt, das Verfahren zur Aufstellung der Genehmigung und ihre Voraussetzungen und Eckpunkte für die materiellen Anforderungen an den Braunkohlenplan festgelegt hat (VerfGH, DVBl 1997, 826 – Organstreit Garzweiler II).

470 Mit der Kommunalverfassungsbeschwerde (Artikel 75 Nr. 4 LV NRW, § 52 Absatz 1 VerfGHG NRW) können Gemeinden, die innerhalb eines in einem Braunkohlenplan dargestellten Abbaugebietes liegen, geltend machen, sie seien durch den Braunkohlenplan in ihrem verfassungsgeschützten Selbstverwaltungsrecht (Bauleitplanung, Landschaftsplanung) betroffen (zur Kommunalverfassungsbeschwerde allgemein s. Kment, NWVBl 2003, 455; zur Kommunalverfassungsbeschwerde gegen Gebietsentwicklungspläne VerfGH, NWVBl 2002, 376). Der Braunkohlenplan ist insofern eine Rechtsnorm mit Außenwirkung gegenüber den Gemeinden, der als geeigneter verfassungsgerichtlicher Beschwerdegegenstand anerkannt ist (VerfGH NRW, DVBl 1997, 1108 = ZfB 1997, 300, 303 ff.; Erbguth, VerwArch. 1995, 355). Die Ermächtigung zur Braunkohlenplanung und zur Genehmigung des Braunkohlenplans greift jedoch den Kernbereich der Selbstverwaltungsgarantie nicht an. Die Befugnis zur Braunkohlenplanung wirkt nur zu konkreten Eingriffen in die Planungshoheit einzelner Gemeinden in klar abgegrenzten Gebieten (VerfGH NRW, DVBl 1997, 1109 m. w. N. = ZfB 1997, 307). Der Braunkohlenausschuss ist in seiner Tätigkeit sachlich-inhaltlich demokratisch legitimiert. Seine Mitglieder sind ebenfalls demokratisch legitimiert (VerfGH NRW, DVBl 1997, 1110 = ZfB 1997, 308). Damit ist den Ansichten, der Parlamentsvorbehalt verpflichte den Landtag, durch formelles Gesetz die Standortbestimmung und die generelle Grundsatzentscheidung über die Durchführung des Tagebaus zu treffen (Erbguth, VerwArch. 1995, 327; Beckmann, StuGR 1996, 269; Stüer, StuGR 1996, 263, 266), eine Absage erteilt. Ebenso der Auffassung, die Braunkohlen-Regelungen der §§ 26 ff. LPlG seien unbestimmt, weil unklar sei, welche Bindungswirkung der Braunkohlenplan habe (Beckmann aaO, 270) und welcher Prüfungsumfang bei der Genehmigung des Braunkohlenplans durch die Landesregierung abzuarbeiten ist (Stüer, aaO, 265; Beckmann aaO, 273).

Erfolglose Verfassungsbeschwerde einer **Gemeinde gegen die Änderung** des   **471**
Braunkohlenplans, wodurch **anstelle** der bisher vorgesehen **Wiederverfüllung**
des Restloches nunmehr ein **Restsee** angelegt werden soll (VerfGH NRW, DVBl
2012, 29 = NWVBl 2012, 103: Braunkohlenplan Inden).

e) Verhältnis Braunkohlenplan – andere rechtliche Verfahren. Im Verhältnis des   **472**
Braunkohlenplans zu anderen Verfahren gilt Folgendes: gegenüber der Braunkohlenplanung ist die **Landschaftsplanung** nachrangig. Dies gilt nicht nur, wenn
Landschaftspläne aufgestellt werden sollen, sondern auch, wenn es um ihren
verbindlichen Fortbestand geht (VG Aachen, ZfB 2003, 91). Erforderlichenfalls
ist die Landschaftsplanung an den Braunkohlenplan anzupassen (§ 4 Absatz 1
ROG).

Das Braunkohlenverfahren (nach §§ 32, 33 LPlG 1994 und 2001) gewährleis-   **473**
tete eine den §§ 54 Absatz 2 Satz 3, 52 Absatz 2 b Satz 2 BBergG entsprechende
Umweltverträglichkeitsprüfung. Die UVP wurde daher nicht im bergrechtlichen
Rahmenbetriebsplanverfahren, sondern nur im Braunkohlenplanverfahren
durchgeführt (VG Aachen, ZfB 2003, 96, auch Beschl. v. 3.7.2001 – 9 T 354/
01).

Ein obligatorischer Rahmenbetriebsplan ist – trotz erforderlicher UVP – nicht   **474**
erforderlich (§ 52 Absatz 2 b; Kremer/Wever, Rn 178). Im Landesplanungsgesetz
2005/2010 ist dagegen vorgeschrieben, dass die Umweltprüfung nach § 27 LPlG
und die Umweltverträglichkeitsprüfung nach der UVP-V Bergbau in einem
gemeinsamen Verfahren durchgeführt werden. Dieses Verfahren muss den
Anforderungen des BBergG und § 27 LPlG entsprechen (§ 27 Absatz 1 LPlG).
Näheres § 52 Absatz 2 a Rn 156 und Absatz 2 b Rn 153 ff.

Das **Grundabtretungsverfahren** nach §§ 77 ff. ist unabhängig von dem Bestand   **475**
eines Landesentwicklungsplans oder eines Braunkohlenplans (VG Aachen, ZfB
1987, 83). Es kann ohne aufgestellten Braunkohlenplan im Wohl der Allgemeinheit i. S. von § 79 dienen (OVG NRW, ZfB 1988, 381). Die Grundabtretung ist
gegenüber dem Braunkohlenplan – wie auch gegenüber dem Betriebsplanverfahren – ein eigenständiges Verfahren. Die sog. Öffnungsklausel des § 48
Absatz 2 im Grundabtretungsverfahren ändert daran nichts: fehlt es an einer
verbindlichen Braunkohlenplanung, fehlt es an hinreichend konkreten öffentlichen Belangen, die dem Grundabtretungsverfahren über § 48 Absatz 2 entgegengehalten werden könnten (OVG Brandenburg, LKV 2001, 178 = NUR
2002, 233; Degenhart, Rechtsfragen der Braunkohlenplanung, 36).

Braunkohlenpläne sind Pläne i. S. von § 54 Absatz 2 Satz 3, die eine Rechtsver-   **476**
ordnung der Länder über eine weitergehende, über § 54 Absatz 2 Satz 1 hinausgehende Beteiligung im Betriebsplanverfahren ausschließen. Dies ist sachgerecht,
weil die Gemeinden bereits im Braunkohlenverfahren beteiligt sind (Dallhammer, Leipziger umweltrechtliche Dokumentation, 1999, 31 ff.).

Die Zulassung eines Rahmenbetriebsplans für Braunkohlentagebaue greift nicht   **477**
in das Grundrecht der Freizügigkeit aus Artikel 11 Absatz 1 GG ein (BVerwG,
NVwZ 2009, 331 = DVBl 2008, 1509 = ZfB 2009, 44).

Eine im Braunkohlenplan vorgesehene **Ortsumsiedlung** ist weder Gegenstand   **478**
des Betriebsplanverfahrens, auch nicht des Rahmenbetriebsplans, noch des
Grundabtretungsverfahrens, sondern freihändiger vertraglicher Aushandlung.
Das Grundabtretungsverfahren befasst sich nur mit Einzelgrundstücken

(Gaentzsch, Ortsumsiedlung, S. 16). Auch ein Planfeststellungsbeschluss nach dem Enteignungsrecht der Bundesländer ist für die Beschaffung von Ersatzland, die in Folge der Braunkohlenplanung erforderlich wird, nicht zulässig (VG Aachen, ZfB 1983, 464).

479 Nach § 31 Absatz 2 LPlG ist bei der bergrechtlichen Grundabtretung für die Entziehung von Grundeigentum **anstelle der Geldentschädigung die Bereitstellung von Ersatzland anzustreben.** Diese Bestimmung enthält nur einen Programmsatz i. S. einer Bemühensklausel. Sofern hieraus weitergehende Ansprüche hergeleitet werden, ist ihre Vereinbarkeit mit dem vorrangigen BBergG nicht mehr gegeben.

480 Das Gleiche gilt für den Satz *„die Umsiedlung erfolgt auf Kosten des Bergbautreibenden"* (hierzu Gaentzsch, Ortsumsiedlung, S. 17 unter Bezug auf die Rechtslage in Brandenburg).

481 Der Braunkohlenplan schafft für später erforderliche **wasserrechtliche Erlaubnis- oder Planfeststellungsverfahren** eine landesplanerische Festlegung. Im Braunkohlenbergbau bedingen Abbau und Absenkung des Grundwassers einander. Wenn der Abbau den landesplanerischen Zielen entspricht, kann die Absenkung des Grundwassers dem Grunde nach in späteren wasserrechtlichen Verfahren unter dem Thema *„Wohl der Allgemeinheit"* nicht wieder infrage gestellt werden (Salzwedel, Leipziger umweltrechtliche Dokumentationen 1999, S. 70 ff.; Gaentzsch, NVwZ 1998, 889). Das gilt erst recht, wenn der Braunkohlenabbau sich durch Rahmenbetriebsplanzulassung weiter genehmigungsrechtlich verfestigt hat. Zur sog. Abschichtungswirkung eines regionalen Raumordnungsprogramms mit der Zielbestimmung „Vorranggebiete für Rohstoffgewinnung" im **Baurechtsverfahren:** OVG Lüneburg, NVwZ 2000, 590, auch Anh. § 56 Rn 429, 432.

3. **Sachsen**

482 **a) Braunkohlenplan nach dem Landesplanungsgesetz Sachsen.** In **Sachsen** (Sächs LPlG vom 11.6.2010, Sächs. GVBl, 174) ist der Braunkohlenplan gemäß § 5 Absatz 1 LPlG auf der Grundlage langfristiger energiepolitischer Vorstellungen der Staatsregierung zusätzlich zum Regionalplan als Teilregionalplan für die Tagebaue in den Braunkohlenplangebieten aufzustellen. Die Braunkohlengebiete West-Sachsen und Oberlausitz – Niederschlesien sind in der Anlage zu § 4 Absatz 5 LPlG näher bezeichnet und abgegrenzt.

483 Inzwischen sind die Braunkohlenpläne für die Tagebaue Nochten, Reichwalde, Profen und Ver. Schleenhain von den betroffenen Regionalen Planungsverbänden aufgestellt. Die Braunkohlenpläne werden als Satzung beschlossen und von der Obersten Raumordnungs- und Landesplanungsbehörde im Benehmen mit den berührten Staatsministerien genehmigt (§ 7 Absatz 3 LPlG). Der Entwurf des Braunkohlenplans ist öffentlich auszulegen. Bei der Aufstellung oder wesentlichen Änderung von Braunkohlenplänen ist eine Erörterung gemäß § 73 Absatz 6 und 7 VwVfG durchzuführen (zur Nichtigkeit des Braunkohlenplans wegen fehlender Auslegung des wesentlich geänderten Entwurfs OVG Bautzen, ZfB 2004, 283 = UPR 2004, 240L). Die Genehmigung ist öffentlich bekannt zu machen. Mit der Bekanntmachung tritt der Braunkohlenplan in Kraft.

484 **Sanierungsrahmenpläne** sind eine besondere Form der Braunkohlenpläne, die für jeden bereits stillgelegten oder noch still zu legenden Tagebau aufzustellen sind. Sie enthalten die Grundzüge der Sanierung, der Oberflächengestaltung und Wiedernutzbarmachung, die anzustrebende Entwicklung der Landschaft sowie die Wiederherstellung der Infrastruktur. Inzwischen sind eine Vielzahl von

Braunkohlenplänen als Sanierungsrahmenpläne für die stillgelegten Tagebaue aufgestellt, in der Planungsregion Oberlausitz – Niederschlesien allein 15 (Stand 2008).

Für mehrere still zu legende Tagebaue kann durch Rechtsverordnung ein **485** gemeinsames Braunkohlenplangebiet bestimmt werden.

Die Verbandsversammlung der regionalen Planungsverbände als Körperschaften **486** des öffentlichen Rechts bestellt einen Planungsausschuss als ständigen Ausschuss, der für die Aufstellung des Braunkohlenplans zu einem **Braunkohlenausschuss** erweitert wird. Beratend nehmen an den Sitzungen des Braunkohlenausschusses u.a. ein Vertreter der im jeweiligen Braunkohlenplangebiet Bergbautreibenden und zuständigen Bergbehörden teil.

Ein Braunkohlenplan kann materiell wegen Verletzung des Abwägungsgebotes **487** rechtswidrig sein, wenn der Verbandsversammlung für die entscheidende Beschlussfassung kein Bericht über die Bedenken und Anregungen und die verbleibenden Abweichungen vorlag (OVG Bautzen, ZfB 2004, 289).

Zur UVP-Pflicht bei Braunkohlenplänen und zum Verhältnis zur UVP-Rahmen- **488** betriebsplanzulassung s. § 52a Absatz 2b, Rn 157.

b) Braunkohlenplan und Verfassungsrecht. Nach § 5 Absatz 2 Satz 3 LPlG sind **489** die Betriebspläne der im Braunkohlenplangebiet gelegenen Bergbauunternehmen oder die Sanierungsvorhaben mit dem Braunkohlenplan in Einklang zu bringen. Diese Vorschrift ist in ihrer Aussage ebenso auszulegen wie ihre entsprechenden Vorschriften in den Landesplanungsgesetzen Brandenburg und NRW (Dallhammer, Leipziger umweltrechtliche Dokumentation 1999, 33f.; s. Anhang § 56 Rn 424, 451). Die Anpassung der Betriebsplanzulassungen an den Braunkohlenplan kann aber über § 56 Absatz 1 erfolgen.

Nach Artikel 88 Absatz 1 und 2 der Sächsischen Verfassung kann das Gebiet **490** von Gemeinden aus Gründen des öffentlichen Wohls durch Gesetz oder aufgrund eines Gesetzes geändert werden. Einer Gebietsänderung steht gleich die Freigabe des Gemeindegebietes für den Braunkohlenabbau. Durch das **Heuersdorf-Gesetz** v. 8.4.1998 (GVBl 1998, 150) wurde die Inanspruchnahme des Gebietes der Gemeinde Heuersdorf zum Zwecke des Braunkohlenabbaus ermöglicht und in die Gemeinde in die Stadt Regis-Breitingen eingegliedert. Die Inanspruchnahme setzt voraus, dass sie erforderlich ist, um die Gemeinwohlziele zu erreichen. Die Beurteilung dieser Frage setzt eine Prognose über die künftige Entwicklung des Strombedarfs voraus. Hierzu gehört, dass die durch die Liberalisierung der Europäischen Strommärkte ermöglichten absehbaren Veränderungen berücksichtigt werden. Weil das nicht in der Prognose für das Heuersdorf-Gesetz 1998 erfolgte, wurde das Gesetz für nichtig erklärt (Sächs. VerfGH, LKV 2000, 489 = Heuersdorf I).

Das daraufhin neu erlassene **Heuersdorf-Gesetz v. 28.5.2004** (GVBl 2004, 227 = **491** ZfB 2004, 253), das wiederum den Abbau des Braunkohlentagebaus im Gemeindegebiet Heuersdorf ermöglicht, ist rechtswirksam. Der Gesetzgeber hat bei der Beurteilung der **Strombedarfsentwicklung** wegen der damit verbundenen Unsicherheiten einen großen Prognosespielraum. Er konnte einen Zeitraum von 40 Jahren zugrunde legen, weil damit die Planungs- und Investitionszeiträume der Bergbau- und Kraftwerksbetreiber erfasst werden (Sächs. VerfGH, LKV 2006, 169 – Heuersdorf II).

Die Braunkohlenpläne in Sachsen können von Gemeinden im Planungsgebiet **492** mit der **Normenkontrollklage** unter Berufung auf ihr verfassungsrechtlich geschütztes Selbstverwaltungsrecht auf ihre Rechtswirksamkeit überprüft werden (OVG Bautzen, ZfB 2004, 279).

IV. Weitere Instrumente der Raumordnung

493 Weitere Instrumente der Raumordnung sind das Zielabweichungsverfahren (§ 6 Absatz 2 ROG), das Raumordnungsverfahren (§ 15 ROG) und die Untersagung raumordnungswidriger Planungen und Maßnahmen (§ 14 ROG).

1. Zielabweichungsverfahren

494 Dieses kann eingeleitet werden, wenn eine Abweichung unter raumordnerischen Gesichtspunkten vertretbar ist und die Grundzüge der Planung nicht berührt werden, d. h. bestehen bleiben. Die Abweichungszulassung ist ein Verwaltungsakt (VGH Kassel, NVwZ-RR 2005, 673 f., OVG Koblenz, NVwZ-RR 2007, 303). Die Zulassung einer Abweichung von einem Ziel der Raumordnung berührt im Regelfall keine Rechte der **Belegenheitsgemeinde**. Aus Artikel 28 Absatz 2 GG ist allenfalls ein Beteiligungsrecht, nicht jedoch ein Einvernehmensanspruch in Bezug auf die Zielabweichungsentscheidung herzuleiten (OVG Koblenz, DVBl 2012, 511 = Geothermiekraftwerk). Sofern das Ziel aufgehoben werden soll, muss ein **Zieländerungsverfahren** durchgeführt werden, d. h. der Plan muss förmlich geändert werden, was bei einer Zielabweichung nicht erforderlich ist. Das Fehlen eines Raumordnungsverfahrens führt nicht zur Rechtswidrigkeit des Betriebsplanes oder Planfeststellungsbeschlusses (Müggenborg, NUR 2013, 327, unter Verweis auf BVerwG, NVwZ 2005, 940).

2. Raumordnungsverfahren

495 a) **Raumordnungsverordnung.** Ein **Raumordnungsverfahren** ist nach § 15 Absatz 1 ROG i. V. mit § 1 Nr. 16 der **Raumordnungsverordnung** (RoV) v. 13.12.1990 (BGBl I, 2766) durchzuführen für bergbauliche Vorhaben, soweit sie der Planfeststellung nach § 52 Absatz 2 a bis 2 c BBergG bedürfen. Durch den „soweit"-Zusatz ist die Rechtslage in den neuen und den alten Bundesländern unterschiedlich, sofern laufende, noch nicht stillgelegte Betriebe betroffen sind.

496 In den **alten Bundesländern** beurteilt sich die Frage, ob ein obligatorisches Rahmenbetriebsplanverfahren nach § 52 Absatz 2 a bis 2 c BBergG abzuwickeln ist, nach Artikel 2 des Bergrechtsänderungsgesetzes v. 12.2.1990 (BGBl, 215). Danach waren bei Inkrafttreten dieses Gesetzes am 1.8.1990 bereits begonnene Verfahren nach den bis dahin geltenden Vorschriften, d. h. ohne Rahmenbetriebsplan nach § 52 Absatz 2 a bis 2 c BBergG zu Ende zu führen.

497 In den **neuen Bundesländern** gilt Anlage I Kapitel V, Sachgebiet D Abschnitt III Nr. 1 h, bb des Einigungsvertragsgesetzes v. 23.9.1990 (BGBl II, 885), wonach § 52 Absatz 2 a BBergG nicht für Vorhaben galt, bei denen insbesondere das Verfahren zur Genehmigung eines technischen Betriebsplans (§ 32 Absatz 3 der 1. DVO Berggesetz DDR) oder sonstige Zulassungsverfahren (Anzeige gemäß §§ 3 ff. der Arbeits- und Brandschutzanordnung 122/1 – Bergbausicherheit im Bergbau über Tage) am 3.10.1990 bereits begonnen war (Näheres Burckhardt ZfB 1994, 12).

498 Nach § 1 Nr. 17 RoV ist ein Raumordnungsverfahren für andere als bergbauliche Vorhaben zum Abbau von oberflächennahen Rohstoffen mit einer vom Vorhaben beanspruchten **Gesamtfläche von 10 Hektar oder mehr**, nach § 1 Nr. 16 RoV für die Errichtung von **Gasleitungen** (Erdgaspipelines) mit einem

Durchmesser von mehr als 300 mm, nach § 1 Nr. 6 RoV für Ölpipelines (wassergefährdende Stoffe) erforderlich. Voraussetzung ist, dass diese Vorhaben im Einzelfall raumbedeutsam sind und überörtliche Bedeutung haben. Im Raumordnungsverfahren stehen – anders als im Zielabweichungsverfahren – die Ziele der Raumordnung und Landesplanung nicht zur Disposition. Sie können nicht fortgeschrieben oder modifiziert werden. Gegenstand des Verfahrens ist die Prüfung, ob die neue raumbedeutsame Maßnahme mit den Zielen der Raumordnung und Landesplanung vereinbar ist. Abgeklärt werden vor allem Standort- und Trassenfragen einschließlich Alternativen. Zum Landesrecht s. u. a. § 32 LPlG NRW; § 15 Sächs. LPlG. Das Verfahren endet in einer **raumordnerischen Beurteilung** der zuständigen Behörde (in NRW: Regionalplanungsbehörde). Diese Beurteilung ist mit Begründung im Amtsblatt bekannt zu machen. Sie ist u. a. von den Behörden, Gemeinden, Körperschaften sowie in Genehmigungen, Planfeststellung und sonstigen behördlichen Entscheidungen über die Zulässigkeit des Vorhabens zu berücksichtigen, hat jedoch gegenüber den Trägern der Maßnahme keine unmittelbare Rechtswirkung. Das Raumordnungsverfahren hat den Charakter einer Vorabstimmung hinsichtlich der Vereinbarkeit des Vorhabens mit raumbedeutsamen öffentlichen Belangen. Die raumordnerische Beurteilung als Ergebnis des Raumordnungsverfahrens ersetzt nicht den Betriebsplan, auch nicht den obligatorischen Betriebsplan oder ein etwaiges wasserrechtliches Planfeststellungsverfahren für den Kies- und Sandabbau. Die Einleitung des Betriebsplanverfahrens setzt nicht den Abschluss des Raumordnungsverfahrens zwingend voraus. Beide Verfahren können parallel eingeleitet werden (Burckhardt, ZfB 1994, 14). Allerdings wird das Raumordnungsverfahren i. d. R. von Amtswegen durch die Landesplanungsbehörde eingeleitet, das Betriebsplanverfahren auf Antrag des Unternehmers. Die Landesplanungsbehörde kann den Antrag auf Betriebsplanzulassung als Anregung aufnehmen, das Erfordernis eines Raumordnungsverfahrens zu prüfen. Das hat innerhalb von 4 Wochen zu geschehen (§ 15 Absatz 4 ROG). Ein Raumordnungsverfahren muss vor Erteilung einer Aufsuchungs- oder Gewinnungserlaubnis gemäß § 7 oder Bewilligung gemäß § 8 nicht zwingend durchgeführt werden. Das bergrechtliche Verfahren zur Erteilung der Bergbauberechtigungen darf nicht bis zum Abschluss eines Raumordnungsverfahrens ausgesetzt werden (VG Weimar, ZfB 1995, 153 und ZfB 1995, 78). In NRW regelt die **VO zu Raumordnungsverfahren** v. 10.5.2005 (GVBl, 521), für welche Planungen und Maßnahmen Raumordnungsverfahren durchzuführen sind. Insofern handelt es sich um „weitere" raumbedeutsame Planungen und Maßnahmen i. S. d. Länderermächtigung des § 1 Satz 2 RoV: Betriebsplanpflichtige Vorhaben, die Bergsenkungen zur Folge haben, soweit sie der Planfeststellung bedürfen. Diese betriebsplanpflichtigen Vorhaben müssen die weiteren, in § 1 Absatz 1 Nr. 4 der VO genannten (äußerst kompliziert formulierten) Voraussetzungen erfüllen. Ein Raumordnungsverfahren kommt demnach nicht in Betracht bei übertägigen Betriebsanlagen, die Gegenstand des Regionalplans sind (Schacht- und Stollenanlagen, Werkstätten, Verwaltungsgebäude, Halden). Nach § 1 Absatz 1 Nr. 2 und 3 der VO NRW zu Raumordnungsverfahren sind diese Verfahren – analog zur RoV Bund – durchzuführen für Gasleitungen und für Ölpipelines, außerdem nach § 1 Absatz 1 Nr. 4 der VO NRW für die Errichtung von Außenbereichsanlagen, wenn sie einer Genehmigung nach § 4 BImschG und einer UVP-Prüfung bedürfen. Allerdings gilt für alle Planungen und Maßnahmen: wenn die Landesentwicklungspläne und Regionalpläne räumlich und sachlich bestimmte oder bestimmbare Ziele der Raumordnung und Landesplanung enthalten, bedarf es der Durchführung des Raumordnungsverfahrens nicht (§ 15 Absatz 1 Satz 4 ROG i. V. mit § 1 Absatz 2 VO zu Raumordnungsverfahren). Ferner kann auf ein Raumordnungsverfahren für ein raumbedeutsames Vorhaben von überörtlicher Bedeutung trotz Aufnahme im Katalog der RoV durch Ermessensentscheidung der zuständigen Behörde verzichtet werden, wenn nur ein Standort für das geplante standortabhängige Vorhaben in Betracht kommt und erhebliche Umweltauswirkungen nicht zu erwarten sind oder erst im nachfolgenden Zulassungsverfahren (z. B. Rahmenbetriebsplan) umfassend geprüft werden (VwV, NROG Niedersachen v. 29.5.2008 – Nds MBl 2008, 592 ff. – Ziff. 2.3.5, so schon VwV, NROG Niedersachsen v. 28.12.1995 – Nds MBl 1996, 9 – Ziff. 3.3.3 und VwV – RoV Baden-Württemberg v. 8.7.1993 – GVBl, 905, Ziff. 4.1.2).

499 b) **Raumordnungsverfahren UVP.** Im Raumordnungsverfahren können gemäß § 16 UVPG **Umweltverträglichkeitsprüfungen** durchgeführt werden. In den Bundesländern gibt es hierzu eine unterschiedliche Rechtslage von der integrierten erststufigen UVP-Prüfung (§ 32 Absatz 1 LPlG NRW, § 16 Absatz 8 LPlG Rh-Pfalz, § 15 Absatz 1 LPlG LSA), bis zum Verzicht auf eine UVP-Prüfung.

500 Da im obligatorischen Rahmenbetriebsplanverfahren ebenfalls eine UVP durchzuführen ist, stellt sich die Frage nach dem Verhältnis zur UVP im Raumordnungsverfahren (hierzu Burckhardt, ZfB 1994, 17). Ein gestuftes UVP-Verfahren, eine medienübergreifende Grobprüfung im Raumordnungsverfahren und eine vorhabensbezogene Mikroüberprüfung im Betriebsplanverfahren erscheint nicht praktikabel. Zweckmäßiger ist, im ersten Verfahren, dem Raumordnungsverfahren, bereits eine weitgehende UVP abzuwickeln und diese Ergebnisse in die Betriebsplan-UVP zu übernehmen und nicht erneut zu hinterfragen (wohl auch Stüer, StuG 1996, 267).

501 c) **Raumordnungsverfahren FFH-Prüfung.** Kein Bestandteil des Raumordnungsverfahrens ist eine förmliche **FFH-Verträglichkeitsprüfung** gemäß §§ 34 Absatz 1 BNatSchG. Das ist jetzt durch § 36 Satz 2 BNatSchG 2009 ausdrücklich geregelt. Das Ergebnis eines Raumordnungsverfahrens ist weder allein noch im Zusammenwirken mit anderen Plänen und Projekten geeignet, Vogelschutzgebiete erheblich zu beeinträchtigen, denn es hat nur gutachterlichen Charakter (Hopp, NUR 2000, 306). Anderes ergibt sich hinsichtlich der Auswirkungen des Raumordnungsverfahrens auf ein Biotopverbindungssystem, weil hierüber durch § 15 Absatz 1 Satz 2 i. V. mit § 2 Absatz 2 Nr. 6 ROG eine ausdrückliche gesetzliche Regelung besteht.

502 d) **Wirkung des ROG-Verfahrens.** Das Ergebnis eines Raumordnungsverfahrens ist als **sonstiges Erfordernis der Raumordnung** i. S. von § 3 Nr. 4 ROG zu **berücksichtigen** – nicht zu beachten – bei allen in § 4 Absatz 2, Absatz 4 ROG geregelten Fällen. Es ist nach überwiegender Auffassung nicht als Verwaltungsakt anzusehen und daher nicht selbstständig anfechtbar (Hoppe/Bönker/Grotefels S. 249 Fn. 3). Es ist lediglich ein Element der eigentlichen fachplanerischen Entscheidung und hat gegenüber dem Träger des Vorhabens keine unmittelbare Rechtskraft.

3. Untersagung

503 Ein weiteres Instrument der Raumordnung ist die **Untersagung** raumordnungswidriger Planungen und Maßnahmen (§ 14 ROG). Wenn Ziele der Raumordnung entgegenstehen, ist sie unbefristet zulässig. Wenn zu befürchten ist, dass im Verfahren befindliche Ziele wesentlich erschwert werden, befristet auf maximal 2 Jahre. Die Untersagung ist ein Verwaltungsakt. Dessen Anfechtung hat keinen Suspensiveffekt.

504 In jüngster Zeit wird überlegt, ob unterirdische Raumansprüche von Geothermie, Energiespeicherung, Leitungstrassen und Rohstoffgewinnung durch eine **unterirdische Raumordnung** geregelt werden können (Erbguth, ZUR 2011, 121 ff); Hellriegel, NVwZ 2013, 111, 112, der allerdings eine *„Stockwerks-*

nutzung" verschiedener Untergrundnutzungen raumordnungsrechtlich ausschließt). Ausgehend von dem Begriff des Raumes als dreidimensional und von den verschiedenen auch den Untergrund einbeziehenden Grundsätzen der Raumordnung (§ 2 Absatz 2 Nr. 4 ROG: „Sicherung standortgebundener Rohstoffe"; § 2 Absatz 2 Nr. 6 ROG „Grundwasservorkommen"; „Einlagerung dieser Stoffe") wird das zu bejahen sein. Umgesetzt werden kann die Ausweisung je nach raumordnerischer Bedeutung durch **Gebietskategorien** gemäß § 8 Absatz 7 ROG auf der Landes- oder Regionalplanungsebene (Erbguth, aaO). **Keine Wirkung** kann die Raumordnung unter Tage mehr für bereits vollzogene oder begonnene Abbauvorhaben haben, aber auch nicht für solche, die bereits genehmigt, jedoch noch nicht begonnen wurden (Erbguth, aaO S. 124). Deutschland hat ferner **Raumordnungspläne** für seine **Ausschließliche Wirtschaftszone** (AWZ) in der Nord- (AWZ-Nordsee-ROV vom 21.9.2009, BGBl, 3107) und Ostsee (AWZ-Ostsee-ROV vom 10.12.2009, BGBl, 3861) aufgestellt. Sie umfassen u. a. die Nutzungen Rohrleitungen, Seekabel und Windenergie, nicht aber die Rohstoffgewinnung, die keinen Gebietsschutz erhalten hat (Erbguth, UPR 2011, 207).

B. Bauleitplanung

I. Flächennutzungsplan

1. Aufgabe

Im **Flächennutzungsplan** ist für das ganze Gemeindegebiet die sich aus der   **505** beabsichtigten städtebaulichen Nutzung ergebende Art der Bodennutzung nach den voraussehbaren Bedürfnissen der Gemeinde in den **Grundzügen darzustellen** (§ 5 Absatz 1 Satz 1 BauGB). Er hat eine **doppelte Aufgabe:** Die übergeordnete Planung umzusetzen und nachfolgende Planungen und Bodennutzungen zu lenken und zu leiten (Stüer, Handb. S. 112).

Von den in § 1 Absatz 6 BauGB geregelten **Planungsleitlinien** und den in § 5   **506** Absatz 2 BauGB genannten Darstellungsmöglichkeiten für den Flächennutzungsplan ist der Bergbau betroffen (zu Belangen der Energie in der Bauleitplanung Mitschang, NUR 2008, 601 ff., 607 f.): nach § 1 Absatz 6 Nr. 8 e BauGB sind als Planungsleitlinien die Belange der Versorgung, insbesondere mit Energie und Wasser zu berücksichtigen; nach § 1 Absatz 6 Nr. 8 f. BauGB die Sicherung von Rohstoffvorkommen. Ersterer Belang betrifft vornehmlich die Gewinnung und Verteilung von Energie, u. a. den Abbau von Bodenschätzen. Letzterer Belang betrifft vor allem den Schutz von Lagerstätten.

2. Katalog der Darstellungsmöglichkeiten und bergbauliche Belange

Im Katalog der **Darstellungsmöglichkeiten** sind **bergbauliche Belange** insbeson-   **507** dere in § 5 Absatz 2 Nr. 4 (Flächen für Versorgungsanlagen), z. B. Blockheizkraftwerk oder Zechenkraftwerk, Flächen für Ablagerungen, d. h. für Stoffe, die nicht dem KrWG unterliegen), in § 5 Absatz 2 Nr. 6 (Nutzungsbeschränkungen oder Vorkehrungen zum Schutz gegen schädliche Umwelteinwirkungen i. S. des BImSchG) und in § 5 Absatz 2 Nr. 8 BauGB (Flächen für Aufschüttungen, Abgrabungen oder für die Gewinnung von Steinen, Erden oder anderen Bodenschätzen). Flächen nach § 5 Absatz 2 Nr. 8 BauGB sind nur solche, deren Aufschüttungen oder Abgrabungen einen „größeren Umfang" i. S. von § 29 Absatz 1 Satz 1 BauGB erreichen und von städtebaulicher Bedeutung sind (Battis/Krautzberger/Löhr, BauGB, § 5 Rn 28). Die **Darstellung von Abgrabungsflächen** kann eine positive, Abgrabungen erlaubende, und eine negative,

Abgrabungen an anderer Stelle als öffentlicher Belang i.S. von § 35 Absatz 3 Satz 3 BauGB entgegenstehende Bedeutung haben (Gaentzsch, NVwZ 1998, 894). Welche Funktion gewollt ist, muss eindeutig aus dem Erläuterungsbericht hervorgehen (BVerwG, DVBl 1987, 1010; Berkemann, DVBl 1989, 629; OVG Lüneburg, NUR 1991, 146).

508 Nach § 5 Absatz 3 Nr. 2 BauGB sollen im Flächennutzungsplan **Flächen** gekennzeichnet werden, **unter denen der Bergbau umgeht** oder die für den Abbau von Mineralien bestimmt sind. Die **Kennzeichnung** ist von der Darstellung gemäß § 5 Absatz 2 Nr. 8 BauGB zu unterscheiden, die Bodenschätze betrifft, die durch übertägigen Abbau unter Beanspruchung der Erdoberfläche gewonnen werden. Die Kennzeichnung hat rein informatorischen Charakter und eine Warnfunktion. Das Fehlen der Kennzeichnungen führt nicht zur Nichtigkeit des Flächennutzungsplans, wenn die betreffenden Belange dennoch zutreffend abgewogen sind. Die Kennzeichnung der Untertagebauflächen soll darauf hinweisen, dass hier wegen des Abbaus besondere Gründungs- und Stabilisierungsmaßnahmen erforderlich sind. Dieser Hinweis richtet sich gleichermaßen an den Grundeigentümer, die Baugenehmigungsbehörde und die Gemeinde. Sie haben die besondere Beschaffenheit der Fläche zu beachten. Er hat aber nicht den Zweck, Bergschadensflächen von jeglicher Bebauung freizuhalten oder konstruktiv festzulegen, dass Sicherungen eingebaut werden müssen (Peter, S. 17). Die Kennzeichnung als untertägige Abbaufläche löst bei dem Grundstückseigentümer keinen Bergschadensanspruch aus (§ 114 Absatz 2 Nr. 4). Jedoch ist er bei Errichtung, Erweiterung oder wesentlicher Veränderung von baulichen Anlagen zur Anpassung (§ 110) und Sicherung (§ 111) verpflichtet. Bei Verletzung der Kennzeichnungspflicht hat der Bergbaueigentümer keine Ersatzansprüche gegen die Gemeinde. Die Vorschrift des § 5 Absatz 2 Nr. 8 hat nicht den Zweck, Ersatzansprüche des Grundstückseigentümers gegen den Bergbauunternehmer niedrig zu halten oder auszuschließen (LG Frankfurt, Glückauf 1974, 1000). Es besteht kein Rechtsanspruch des Bergbauunternehmers auf die Kennzeichnung. Es handelt sich lediglich um eine Soll-Vorschrift.

509 Nach § 5 Absatz 3 Nr. 3 BauGB sollen im Flächennutzungsplan für bauliche Nutzung **vorgesehene Flächen, deren Böden erheblich mit umweltgefährdenden Stoffen** belastet sind, gekennzeichnet werden. Damit werden schädliche Bodenveränderungen und Altlasten erfasst (§ 2 Absatz 3 und Absatz 5 BBodSchG) und folglich ehemalige Betriebsgelände, wenn deren Böden erheblich belastet sind. Nicht unter die Vorgabe des § 5 Absatz 3 Nr. 3 BauGB fallen alte Fundamente (Battis/Krautzberger/Löhr, BauGB § 5 Rn 43).

3. Flächennutzungsplan und Vorhaben im Außenbereich

510 Die Darstellungen eines Flächennutzungsplans haben insbesondere für die **Zulässigkeit** privilegierter (§ 35 Absatz 1 BauGB) und sonstiger Vorhaben (§ 35 Absatz 2 BauGB) **im Außenbereich** Gewicht, – im Gegensatz zum unbeplanten Innenbereich. Ein Vorhaben ist einerseits nicht schon genehmigungsfähig, wenn es den Darstellungen des Flächennutzungsplans entspricht. Der Flächennutzungsplan hat andererseits den Charakter eines potenziellen Negativmerkmals, wenn das Vorhaben seinen Darstellungen widerspricht (§ 35 Absatz 3 Nr. 1 BauGB). Das wird durch § 35 Absatz 3 Satz 3 BauGB noch verstärkt bei qualifizierten Standortzuweisungen von privilegierten Außenbereichsvorhaben an anderer Stelle. Hierdurch wird es der Gemeinde ermöglicht, sog. **Konzentrationsflächen**, d.h. auch Abgrabungskonzentrationszonen auszuweisen mit dem Ziel, den Abbau von Kies und Sand am ausgewiesenen Standort zu konzentrieren und im übrigen Außenbereich zu vermeiden (BVerwG, NVwZ 2004, 343, BVerwG, DVBl 1987, 1008). Vorauszusetzen sind konkrete standortbezogene Aussagen im Flächennutzungsplan und ein flüssiges gesamträumliches Planungskonzept (OVG Weimar DVBl 2008, 1203 LS). Auch konkrete, inhaltliche Planaussagen, Parzellenschärfe, Immissions-begrenzungen können zu den Grundzügen der Bodennutzung im Einzelfall gehören (BVerwG, DVBl 2005, 1584 = NVwZ 2006, 89).

Der Flächennutzungsplan, insbesondere soweit **Konzentrationsflächen zum**   **511**
Abbau von Bodenschätzen ausgewiesen werden, muss gemäß § 1 Absatz 3
BauGB **erforderlich in zeitlicher** („sobald") **und inhaltlicher** („soweit") **Hinsicht**
sein. Die Planung darf keine Verhinderungsplanung sein (BVerwGE 122, 109;
117, 287; NVwZ 1991, 875), d. h. sie darf nicht unter dem Deckmantel der
Steuerung eine grundsätzlich nach § 35 BauGB privilegierte Nutzung an anderer
Stelle verhindern. Die für die Rohstoffgewinnung vorgesehenen Flächen dürfen
für diesen Zweck nicht schlechthin ungeeignet sein (BVerwGE 117, 287), die
Planung darf **nicht überdimensioniert** sein (Bayr. VGH BRS 69, Nr. 25), die
Grenzen der Konzentrationszonen dürfen nicht weit über einen potenziell ökonomischen Abbau hinausgezogen werden (OVG R-P, DVBl 2011, 1546). Das
allgemein geäußerte Interesse eines Unternehmers an dem Abbau der Rohstoffe
eines künftigen Konzentrationsgebietes belegt noch nicht die Abbauwürdigkeit
des Rohstoffvorkommens (OVG R-P, aaO). Die Gemeinde muss vielmehr die
Wirtschaftlichkeit des verdrängenden Abbaus im Flächennutzungsplanverfahren
ermitteln und bewerten. Die Steuerung des Rohstoffabbaus kann alternativ auch
ohne Ausweisung einer Konzentrationszone im Flächennutzungsplan durch
Geltendmachung des „öffentlichen Interesses" im Rahmen der bauplanungsrechtlichen Zulässigkeitsprüfung gemäß § 35 Absatz 1, Absatz 3 BauGB erfolgen (OVG R-P, aaO).

4. Aufstellungsverfahren und Bergbau

Im **Aufstellungsverfahren** für einen Flächennutzungsplan ist die Bergbehörde als   **512**
Trägerin öffentlicher Belange zu beteiligen (§ 4 Absatz 1 BauGB i. V. mit Aus-
führungsvorschriften der Länder; Hahn, ZfB 1985, 195 unter Verweis auf
RdErl. NRW v. 16.7.1982, MinBl 1375). Im Rahmen der Beteiligung der
Öffentlichkeit gemäß § 3 BauGB kann auch der Bergwerksbetreiber und Abgra-
bungsunternehmer Gelegenheit zur Äußerung und Erörterung nehmen.

5. Wirkung des Flächennutzungsplans

Der Flächennutzungsplan ist nach überwiegender Ansicht ein verwaltungsinter-   **513**
nes Planwerk, eine hoheitliche Maßnahme eigener Art, dem keine unmittelbare
Außenwirkung zukommt und für den Bürger unverbindlich ist (BVerwG,
NVwZ 1991, 263; BVerwGE 68, 313; BVerwGE 68, 322; anders neuerdings
BVerwGE, NVwZ 2003, 733: für Flächennutzungspläne, bezogen auf § 35
Absatz 3 Satz 3 BauGB besteht unmittelbare Außenwirkung, hierzu Kment,
NVwZ 2004, 314; Loibl, UPR 2004, 419. Für den Flächennutzungsplan ist
noch nicht der Bestimmtheitsgrad gefordert, der für Festsetzung eines Bebau-
ungsplans typisch ist (BVerwG, NVwZ 2006, 89).

6. Gerichtliche Kontrolle

Eine **gerichtliche Kontrolle** kam nach derzeitiger überwiegender Ansicht weder   **514**
nach § 42 VwGO noch als Normenkontrolle nach § 47 VwGO in Betracht, da
der Flächennutzungsplan keine Rechtsnormqualität hat (Stüer, Handb. Rn 2505
und Rn 4130, 4135 m. w. N., BVerwG, NVwZ 1991, 262 = DÖV 1991, 113
und BVerwG, DVBl 1987, 1008 – Kölner Auskiesungskonzentrationszone –).
Das dürfte nach der neuen Rechtsprechung im Zusammenhang mit § 35
Absatz 3 Satz 3 BauGB bei besonders gelegenen Sachverhalten anders zu sehen

sein (Hoppe/Bönker/Grotefels, öffentl. BauR, S. 568, BVerwG, NUR 2007, 553 betrifft Konzentrationsflächen im Außenbereich; ferner Kment, NVwZ 2004, 314 unter Bezug auf BVerwG, NVwZ 2003, 733; Schenke, NVwZ 2007, 134, 136; Mitschang, LKV 2007, 106 m. w. N.). Kritisch zu BVerwG, NUR 2007, 553 = NVwZ 2007, 1081; Heitmann, NVwZ 2009, 1185 ff.

II. Bebauungsplan

1. Festsetzung und bergbauliche Interessen

515 Der **Bebauungsplan** enthält – im Gegensatz zu den Darstellungen zu den Flächennutzungsplans – **Festsetzungen** und entscheidet damit über die städtebauliche Ordnung. Er verdichtet die Darstellung des Flächennutzungsplans und verschafft ihnen Bindungskraft gegenüber jedermann.

516 Der **Bergbau** wird von dem Katalog der möglichen Festsetzung gemäß § 9 Absatz 1 BauGB in vielen Themenfeldern betroffen: Flächen, die von der Bebauung freizuhalten sind (Nr. 10), Versorgungsflächen, z. b. Heizkraftwerke, Blockheizwerke, Umspannanlagen, Schaltanlagen, Gas- und Fernheizanlagen (Nr. 12), die Führung von oberirdischen oder unterirdischen Versorgungsanlagen, d. h. Trassen, keine Flächen (Nr. 13), Flächen für Aufschüttungen, Abgrabungen (Berkemann, DVBl 1989, 625, 628) oder für die Gewinnung von Steinen, Erden und anderen Bodenschätzen (Nr. 17), d. h. Flächen für Abraumhalden, Torf (VGH München, Bayr. VBl 1991, 273), Sand oder Kies (BVerwG, BauR 1984, 55; Gaentzsch, NVwZ 1998, 894) oder Braunkohle (Jaschinski, LKV 1999, 295 ff.), nicht jedoch untertägige Steinkohle. Ferner die von der Bebauung freizuhaltenden Schutzflächen und ihre Nutzung, sowie die Immissionsschutzflächen (Nr. 24).

517 Wie im Flächennutzungsplan sollen im Bebauungsplan die **Bergbauflächen** gekennzeichnet werden (§ 9 Absatz 5 BauGB), sowie die Flächen, deren Böden erheblich mit umweltgefährdenden Stoffen belastet sind (§ 9 Absatz 5 Ziff. 3 BauGB, Altlastenflächen). Im Gegensatz zum Flächennutzungsplan sind im Bebauungsplan nicht nur die kontaminierten Flächen, die baulich genutzt werden sollen, sondern alle Flächen zu kennzeichnen, die belastet sind. Eine Warn- und Hinweispflicht in Form einer Kennzeichnungsverpflichtung besteht gemäß § 9 Absatz 5 Nr. 1 BauGB auch für **Flächen im Einzugsbereich von Sümpfungsmaßnahmen** eines Bergbaubetriebs. Drücken des Grundwassers ist eine Naturgewalt i. S. dieser Vorschrift, gegen die besondere Sicherungsmaßnahmen erforderlich sind, auch wenn es sich ggf. um die Wiedereinstellung eines vorbergbaulichen ursprünglichen Zustandes handelt (Beyer, S. 89). § 9 Absatz 5 Nr. 2 BauGB ist nicht einschlägig, da diese Vorschrift sich nur auf Flächen bezieht, die über Untertagebergbau liegen.

518 Im Übrigen gelten zum rechtlichen Charakter der Kennzeichnung, zu ihren Folgen und zu unterlassenen Kennzeichnungen die Ausführungen zum Flächennutzungsplan (Anh. § 56 Rn 508).

2. Amtspflicht der Gemeinde bei Festsetzungen ehemaliger Bergbauflächen

519 Nach st.Rspr. haben die Amtsträger einer Gemeinde die **Amtspflicht**, bei der Aufstellung oder Änderung von Bebauungsplänen Gesundheitsgefahren zu verhindern, die den künftigen Bewohnern des Plangebietes aus dessen Bodenbeschaffenheit drohen (hierzu Stich, DVBl 2001, 409; Schlick-Rune, NVwZ

1997, 1069, 1074; ausführlich Beyer, Gefahren risikobehafteter Flächen, S. 3 bis 63).

Dies gilt gleichermaßen für **Flächen mit Altlasten** und mit **Altlastenverdacht**   **520** (BGH, DVBl 1989, 505 = NJW 1989, 976 – Ziegeleigelände, BGH, ZfBR 2003, 566) bei Überplanung eines ehemaligen Kokereigeländes (BGH, UPR 1992, 438) oder Ausweisung von Wohngebäude im Überschwemmungsbereich (OVG Rheinland-Pfalz, BRS 50/40 und Bayr.VGH, BRS 56/18, a.A. OVG Lüneburg, ZfBR 2000, 573 für Stellplätze). Zu Amtshaftungsansprüchen kann auch ein Bebauungsplan führen, der ein Gelände überplant und mit dem Etiquette „Wohnbaufläche" versieht, obwohl ein wesentlicher Bereich vielfach **tagesbruchgefährdet** in Folge früheren oberflächennahen Bergbaus ist (BGH, ZfBR 2000, 49 = DVBl 1999, 1507 = ZfB 1999, 277; Beyer, Gefahren risikobehafteter Flächen, S. 68 f.).

Die Haftung hat einige Grenzen: erfasst werden nur die Schäden, bei denen eine   **521** unmittelbare Beziehung zu der Gesundheitsgefährdung besteht. Dazu gehören die Mehraufwendungen des Bauherrn für die Sanierung des gesundheitsgefährdeten Grundstückes, nicht aber die bloßen Vermögensinteressen, die Interessen von Kreditgebern des Bauherrn oder Bauträgers (BGH, NJW 1990, 381; Stüer, Handb. Rn 1352) oder der geringere Marktwert des kontaminierten Grundstückes (BGHZ 121, 65 = NJW 1993, 933). Die Gemeinde erzeugt durch die planerische Ausweisung kein allgemeines Vertrauen dahin, dass das betreffende Gebiet von seiner Bodenbeschaffenheit zur Bebauung geeignet ist. Eine Gemeinde ist nur verpflichtet, die Bodenverhältnisse in die Abwägung aufzunehmen, die ihr nach den gegebenen Erkenntnisquellen bekannt sind. Zumindestens nach dem Wissensstand v. 1981 musste nicht jedes Zechen- oder Kokereigelände im Ruhrgebiet als altlastenverdächtig eingestuft werden (BGH, UPR 1992, 438 = NJW 1993, 384). Wenn ein Haldengelände nicht etwa wegen des bekannten Bergematerials, sondern erst durch bisher unbekannte kokereispezifische Abfälle unbebaubar ist, kommt eine Amtshaftung nicht in Betracht (BGHZ 123, 191 = NJW 1993, 2615). Eine Stadt ist nicht verpflichtet, bei Aufstellung eines Bebauungsplans die besonderen Grundwasserverhältnisse zu berücksichtigen. Es ist Sache des Bauherrn, sich gegen **Grundwasserwiederanstieg** nach Beendigung von Sümpfungsmaßnahmen zu schützen (LG Düsseldorf, 6.2.2002, AZ 2 b O 68/02 = Mitt. StGB NRW 2002, 102; OLG Düsseldorf v. 18.12.2002, AZ 18 U 88/02 = Mitt. StGB NRW 2003, 270 = BADK-Information 2004, 110, bestätigt durch BGH v. 29.4.2004, AZ III ZR 31/03; Hellriegel NUR 2007, 728 m. w. N.). Der Bauherr hat alles an Prüfungen zu veranlassen, um die jeweils für das Baugrundstück und den Bau erforderlichen Standards einzuhalten (VG Düsseldorf v. 3.4.2001 – 18 L 618/01 – Korschenbroich). Dazu gehört auch die Sicherung gegen möglicherweise steigende Grundwasserstände.

Die Amtshaftung wegen der Überplanung von Altlasten – oder bergschadens-   **522** gefährdeten Gebieten – umfasst nicht solche Fallgestaltungen, in denen der Konflikt mit planerischen Mitteln gelöst werden kann (Wurm, BADK – Mitt. 2003, 153) und von den Bauherrn vorhersehbar und durch erprobte Standardmaßnahmen beherrschbar sind (OLG Düsseldorf, BADK – Mitt. 2004, 184; BGHZ 140, 380). Die **Baugrundrisiken** auch in Bergbaugebieten fallen in eigenen Verantwortungsbereich des Bauherrn (BGHZ 106, 34 f., bestätigt in BGHZ 113, 372; BGHZ 121, 68; BGHZ 123, 367; Wurm, aaO; Stich, DVBl 2001, 413; Frenz/Kummermehr, ZfB 2000, 26; a.A. Beyer, Gefahren risikobehafteter Flächen, S. 66 f. und NWVBl 2004, 68). Es ist daher keineswegs unzulässig, „**Flächen, unter denen Bergbau umgeht**" durch die Aufstellung eines Bebauungsplans einer baulichen Nutzung – auch zu Wohnbauzwecken – zuzuführen. Die Bergbauflächen werden lediglich „gekennzeichnet", ohne dass damit „Festsetzungen" verbunden sind. Die Gemeinde braucht sich bei der Kennzeichnung allerdings nicht mit Sicherungsfragen zu befassen. Besondere bauliche Vorkehrungen oder Sicherungsmaßnehmen können im Bebauungsplan selbst nicht festgesetzt werden. Sie beruhen auf den Vorschriften des Bauordnungsrechts (VGH Mannheim, DÖV 1972, 821).

523 Kennzeichnungen sind lediglich im allgemeinen öffentlichen Interesse aufzunehmen. Ein Anspruch des Bauherrn auf Kennzeichnungen besteht nicht. Sollte ausnahmsweise aus besonderen Gründen in Ausnahmefällen eine Kennzeichnungspflicht bestehen, wirkt sie nicht zu Gunsten der Planbetroffenen (Stich, DVBl 2001, 409). Vor allem gibt es keinen Vertrauensschutz dahingehend, dass bei einer Nichtkennzeichnung der Flächen erhöhte Grundwasserstände nicht auftreten können. Der Bebauungsplan sagt über die Höhe der Aufwendungen, mit denen das Grundstück bebaubar ist, nichts aus. Mehraufwendungen durch den Baugrund gehören nicht zu den Abwägungsgrundsätzen eines Bebauungsplans. Er weißt nur aus, dass das Grundstück generell baurechtlich bebaubar ist.

524 Ein Bebauungsplan, der ein Schachtgelände als „Sondergebiet für die Betriebsanlagen und Einrichtungen zur Gewinnung von Steinkohle" ausweist, ist unwirksam. Er berücksichtigt nicht ausreichend, dass der Bergbaubetreibende als Grundstückseigentümer ein Interesse daran hat, auch Betriebe anzusiedeln oder zu unterhalten, die nicht dem gewinnenden Bergbau zuzurechnen sind (z. B. Fernwärme, Aufbereitungsanlagen OVG NRW, ZfB 1986, 252).

525 Ein Bebauungsplan ist unwirksam, wenn er Negativ-Festsetzungen trifft, um ein bestimmtes standortgebundenes Vorhaben zu verhindern, obwohl das Gesetz Vorhaben solcher Art wegen der Standortgebundenheit und des Interesses der Allgemeinheit an deren Verwirklichung eine Vorrangstellung gegenüber anderen Interessen (§§ 1 Nr. 1, 48 Absatz 1 Satz 2) einräumt (BVerwG ZfB 1987, 64 – Altenberg).

3. Nebeneinander von Industrie und Wohnbauflächen

526 Ein Bebauungsplan ist nichtig, wenn er in unmittelbarer Nähe einer Schachtanlage ein bisher unbebautes Gelände als „allgemeines Wohngebiet" festsetzt (OVG NRW, ZfB 1986, 254). **Zum Nebeneinander von Industriegebiet und Wohnbebauung:** BVerwG, DVBl 1974, 767 – Floatanlage Gelsenkirchen –, OVG Münster, DVBl 1981, 409; Birk, NUR 1982, 1 hinsichtlich Chemieunternehmen, VGH München, BauR 1981, 172 hinsichtlich ungenehmigten Gewerbebetrieb, OVG Münster, DB 1972, 1962 zur Gemengelage; Sendler, UPR 1983, 73, BVerwGE 50, 54 *„Bildung einer Art von Mittelwert"* wegen des Gebotes der Rücksichtnahme – Tunnelofen. Für Gemengelagen ist in Nr. 6 bis 7 der TA-Lärm 1998 die Bildung von Mittelwerten vorgesehen. Der Mittelwert ist der Sache nach allerdings nicht das arithmetische Mittel zweier Richtwerte und auch nicht schematisch anzuwenden (BVerwG, DVBl 1985, 397; Stüer, Handbuch des Bau- und Fachplanungsrechts, Rn 1458). Vielmehr handelt es sich um einen Zwischenwert für die Bestimmung der Zumutbarkeit, wobei die Ortsüblichkeit und die Einzelfallumstände zu berücksichtigen sind. Die Mittelwertrechtsprechung kann auch auf Geruchsimmissionen übertragen werden. Der Gemeinde stehen zur Konfliktbewältigung aus dem Nebeneinander verschiedener Nutzungen auch die Festsetzungsalternativen des § 9 Absatz 1 Nr. 24 BauGB zur Verfügung. Eine wirksame Möglichkeit, Gewerbe- und Industriegelände zu gliedern und einen Schutz für die Wohnbebauung sicherzustellen, bietet der **Planungs- und Abstandserlass NRW** v. 2.4.1998 (MBl, 744) mit der beigefügten Abstandsliste. Ausführlich hierzu Stüer aaO, Rn 603 ff.). Er ist anwendbar bei der Planung neuer Industriegebiete/Gewerbegebiete in der Nachbarschaft von Wohngebieten und ebenfalls bei schon bestehenden Industrie-/Gewerbegebieten und neuen Wohngebieten. Er gibt eine Orientierungshilfe für die Beurteilung von Nutzungskonflikten auf der Ebene der Bauleitplanung. Er gilt **nicht für Genehmigungsverfahren** (Bau-, Immissionsschutz-, Bergrecht) und **nicht für Planfeststellungsverfahren**. Ein **Bebauungsplan für ein Steinkohlenkraftwerk** ist der zeichnerischen Festlegung eines Standorts für die Energieerzeugung im Landesentwicklungsplan (LEP) NRW anzupassen, weil sie ein Ziel der Raumordnung (§ 1 Absatz 4 BauGB, 3 Nr. 2 ROG) ist. Ein Bebauungsplan ist unwirksam, wenn der Standort für ein Steinkohlenkraftwerk im Bebauungsplan mehrere Kilometer entfernt von dem zeichnerisch dargestellten Standort im Landesentwicklungsplan vorgesehen ist und dadurch näher an eine Wohnbebauung heranrückt. Die zielförmige Festlegung des Standortes bewirkt eine Vorrangplanung. Der Kraftwerksstandort wird gegen entgegengesetzte Planungen nachgeordneter Planungsträger gesichert, ohne sie auszuschließen. Die Planungsträger müssen sich aber mit der Vorrangplanung abwägend auseinandersetzen. Die Anpassung an die Ziele der Landesplanung wird nicht dadurch entbehrlich, dass der Regionalplan einen anderen Kraftwerksstandort vorsieht. Eine Änderung des LEP ist nur durch Zielabweichungsverfahren möglich (OVG NRW, DVBl 2009, 1385 ff. = ZUR 2009, 597 ff. mit Anmerkung Klinger; = NUR 2009, 801 mit Anmerkung Versteyl, NUR 2009, 819; Goppel, DVBl 2009, 1592 – Steinkohlenkraftwerk Datteln – bestät. BVerwG, ZUR 2010, 311 ff.). Im Übrigen darf ein Bebauungsplan keine Konflikte in das immissionsrechtliche Verfahren verlagern, die dort nicht mehr gelöst werden können (OVG NRW, aaO, S. 1388 m. w. N.). Insbesondere bei gebundenen Erlaubnissen, d. h. auch bei späteren bergrechtlichen Betriebsplanverfahren muss daher im Bebauungsplanverfahren erwogen werden, was immissionsrechtlich durchgesetzt werden kann in späteren Verfahren.

4. Besondere Festsetzungen

Ein Bebauungsplan kann festsetzen, dass in seinem Geltungsbereich in neu **527** errichteten oder umgebauten Verbrennungsanlagen **Kohle, Öl oder Abfälle** aller Art **nicht verbrannt werden darf**. Die technische Möglichkeit, an den vorhandenen Anlagen die Emissionswerte zu verbessern, schließt die Festsetzung des Verwendungsverbotes nicht aus, wenn es bauplanungsrechtlich erforderlich ist und auf einem Gesamtkonzept beruht (BVerwG, DVBl 1989, 369 = NVwZ 1989, 664). Im Bebauungsplan sind jedoch keine Entscheidungen zu treffen, die nach den Bestimmungen des BImSchG – oder des BBergG – dem jeweiligen Genehmigungs- oder Anordnungsverfahren vorbehalten sind. Eine zu starke Verfeinerung belastet das Bebauungsplanverfahren und überfordert die Ratsmitglieder (BVerwG, DVBl 1984, 343 – Kohlekraftwerk = NVwZ 1984, 235 = NJW 1984, 939; OVG Berlin, NJW 1984, 825 = NVwZ 1984, 188 = DVBl 1984, 147).

Im Bebauungsplan ist die Festsetzung von **Versorgungsleitungen** erforderlich, **528** wenn sie durch Privatgrundstücke geführt werden. Allerdings kann eine Ausweisung gemäß § 9 Absatz 1 Nr. 13 BauGB nur erfolgen, wenn für diese Leitungen Rechte i. S. von § 9 Absatz 1 Nr. 21 BauGB bereits begründet sind (OVG Koblenz, DÖV 1985, 249).

5. Abwägung und Bergwerkseigentum

Nach § 1 Absatz 7 BauGB sind private und öffentliche Belange untereinander **529** und gegeneinander bei der Aufstellung der Bauleitpläne gerecht abzuwägen. In die **Abwägung** sind auch die **Interessen des Bergwerkseigentums** und der Bewilligung einzubeziehen. Hierzu bedarf es nicht eines Betriebsplans, denn diese Berechtigungen sind grundsätzlich auf Abbau der gewinnbaren Bodenschätze ausgerichtet und genießen Eigentumsschutz. Die planerischen Abbauabsichten des Bergwerksunternehmers reichen auch ohne Abbau- Betriebsplan für die Einbeziehung in die Belange aus, wie auch die Interessen des Eigentümers eines unbebauten Grundstücks ohne Baugenehmigung ausreichen (BVerwG, ZfB 2003, 61: die Wirksamkeit eines Rahmenbetriebsplans muss nicht inzident geprüft werden, a. A. Hahn, ZfB 1986, 196). Allerdings dürfte eine Aufsuchungsberechtigung erst abwägungsbeachtlich sein, wenn sie durch einen Betriebsplan konkretisiert ist (Hahn aaO).

6. Rechtsschutzmöglichkeiten

530 Rechtsschutzmöglichkeiten gegen den Bebauungsplan sind die Normenkontrolle (§ 47 Absatz 1 VwGO), der Rechtsschutz des Bauherrn bei Ablehnung des Baugesuchs und der Rechtsschutz bei Anfechtung der Baugenehmigung durch Dritte (Einzelheiten Stüer, Handb., Rn 4129 ff.). Gegenstand der Überprüfung ist sowohl das formelle Zustandekommen in den Grenzen der §§ 214, 215 BauGB und der materielle Inhalt, d. h. die Vereinbarkeit mit höherrangigem Recht einschließlich der Normen, die nicht dem Schutz des Antragstellers dienen (BVerwG, NVwZ 2002, 43, DÖV 1990, 434). Voraussetzung für die Normenkontrolle sind insbesondere die Antragsbefugnis und die Einhaltung der Zweijahresfrist (§ 47 Absatz 2 Satz 1 VwGO).

531 Der Inhaber eines Aufsuchungs- und Gewinnungsrechts ist im Normenkontrollverfahren antragsbefugt, auch dann, wenn der Grundstückseigentümer der einzigen bebaubaren Fläche des Plangebietes auf Abwehrrechte gegen die Abbautätigkeit verzichtet hat. Er kann durch Heranrücken des Plangebietes und der Bebauung bis auf 250 Meter seines Basaltlavatagebaus beeinträchtigt werden (OVG Rheinland-Pfalz, ZfB 1993, 215). Er kann gegen die Gültigkeit eines Bebauungsplans vorgehen, der u. a. die Anlegung eines Absinkweihers zur Aufnahme der bei der Kohleaufbereitung anfallenden Flotationsberge unberücksichtigt gelassen hat (BVerwG, ZfB 2003, 60). Eine fehlerhafte rechtliche Beurteilung der Belange des Bergbaus führt zur Nichtigkeit des Bebauungsplans (OVG Rheinland-Pfalz, aaO, S. 217), selbst wenn ein Betriebsplan nicht vorgelegt oder zugelassen wurde.

7. Anspruch auf Aufstellung oder Änderung eines Bebauungsplans

532 Ein Anspruch auf Aufstellung, Ergänzung oder Aufhebung von Bauleitplänen besteht nicht (§ 1 Absatz 3 BauGB). Auch aus der Zulassung eines Rahmenbetriebsplans oder der Aufstellung eines Braunkohlenplans kann er nicht hergeleitet werden (Hahn, ZfB 1985, 197).

8. Umsetzung im Bergrecht

533 Für das **Verhältnis zwischen Bebauungsplan und Zulassung des Betriebsplans** ist zu unterscheiden:

534 Ist ein Betriebsplan zugelassen, bevor der Bebauungsplan in Kraft getreten ist, hat der nachträgliche Bebauungsplan keinen Einfluss auf das Bergbauvorhaben. Das Vorhaben war im Betriebsplanverfahren nach den Anforderungen des § 35 BauGB zu beurteilen, sofern nicht das Bauplanungsrecht gemäß §§ 38 BauGB, 52 Absatz 2 a BBergG keine Rolle spielte (s. Anh. § 56 Rn 46 ff.).

535 Liegen die Voraussetzungen einer **Veränderungssperre** gemäß § 14 BauGB vor, kann sie Aufschüttungen und Abgrabungen größeren Umfanges (BVerwG, NVwZ 1991, 62) und von kleiner als 10 Hektar (Jaschinski, LKV 1999, 298) entgegenstehen.

Sofern der Bebauungsplan rechtskräftig war, bevor der Betriebsplan zugelassen **536** wurde, werden bergbauliche Aufschüttungen und Abgrabungen i. S. von § 29 BauGB blockiert, wenn sie den Vorschriften des Bebauungsplans widersprechen (§§ 30 BauGB, 48 Absatz 1 Satz 1 BBergG). Sie sind nur zulässig nach Befreiung gemäß § 31 BauGB. Aus § 48 Absatz 1 Satz 2 ist kein Anspruch auf Befreiung herzuleiten (BVerwG, NVwZ-RR 1996, 140 = UPR 1995, 448; Jaschinski, LKV 1999, 296; a. A. noch BVerwGE 74, 319; H. Schulte, Raumplanung und Genehmigung bei der Bodenschätzgewinnung, 94).

Die Festsetzungen eines Bebauungsplans, die nicht dem Verbots- oder Beschrän- **537** kungsvorschriften des § 48 Absatz 1 Satz 1 zuzuordnen sind, sind im Betriebs- planverfahren von der Bergbehörde gemäß § 48 Absatz 2 Satz 1 zu beachten, sofern sie als entgegenstehende überwiegende öffentliche Interessen zu beurteilen sind.

7. Teil   Wald- und Forstrecht

Übersicht   Rn

I.   Waldumwandlungsgenehmigung 538
II.   Ausnahmen von der Umwandlungsgenehmigung 539
III.   Umwandlungsgenehmigung und Betriebsplan 540
IV.   Der Begriff „Wald" 542
V.   Rechtsanspruch auf Genehmigung 546
VI.   Rekultivierungs- und Aufforstungsauflagen 547
VII.   UVP-Pflicht 548

I.   Waldumwandlungsgenehmigung

Die sich auf dem Boden ständig fortbewegende dynamische Abbautätigkeit des **538** untertägigen und obertägigen Bergbaus führt betriebsbedingt dazu, dass sie auf Wald trifft. Sofern Wald gerodet und in eine andere Nutzungsart umgewandelt werden soll, bedarf es einer **Umwandlungsgenehmigung** nach § 9 Absatz 1 BWaldG i. V. mit Wald- bzw. Forstgesetzen der Länder, z. B. § 39 Absatz 1 LFoG NRW, § 8 Absatz 1 LWaldG Bbg, § 8 Absatz 1 WaldG Nds, § 15 Absatz 1 LWaldG M-V. Bei der Entscheidung über den Umwandlungsantrag sind die Rechte und Pflichten sowie die wirtschaftlichen Interessen des Waldbesitzers sowie die Belange der Allgemeinheit gegeneinander und untereinander abzuwä- gen. Dabei hat die zuständige Forstbehörde weder ein Ermessen noch einen Beurteilungsspielraum. Die Abwägung unterliegt einer umfassenden gericht- lichen Kontrolle (OVG Greifswald, NUR 2000, 471; VGH Mannheim, NUR 1999, 386; OVG Münster, NUR 1985, 286; VG Frankfurt, NVwZ-RR 1989, 70). Im Rahmen der öffentlichen Belange können sich das öffentliche Interesse an der Walderhaltung und das öffentliche Interesse an der Rohstoffversorgung, an der Schaffung und/oder Erhaltung von Arbeitsplätzen, an regionaler Wirt- schaftskraft (Giesen, ZfB 1989, 187, OVG Greifswald aaO) gegenüberstehen. Zu den öffentlichen Interessen, die für die Walderhaltung sprechen, sind nicht diejenigen zu rechnen, die im Betriebsplanverfahren von der Bergbehörde zu prüfen oder zu berücksichtigen sind. Das gilt auch, sofern auf allgemein natur- schutzrechtliche oder landespflegerische Aspekte abgehoben wird, die die Berg- behörde zu prüfen hat (Anh. § 56 Rn 228 ff.). Das gilt ferner für den Belang der Wiedernutzbarmachung der Oberfläche oder der Vorsorge der Wiedernutzbarmachung. Die Bergbehörde hat also zu entscheiden über Wiederauffüllung von Kippen, Einbringen von Abraummassen, Planierungsarbeiten, Böschungswinkel, Wasserführung, Vermeidung von Erosionen, Wiedereinbringung des Mutterbodens (Giesen, aaO). Bei den wirtschaftlichen Interessen der Waldbesitzer können die zukünftige Nutzung, der Wert des Grundstücks sowie seine besonderen Interessen als Inhaber einer Bergbauberechtigung einfließen.

II. Ausnahmen von der Umwandlungsgenehmigung

539 Eine Umwandlungsgenehmigung kann nach **landesgesetzlichen Vorgaben** in Einzelfällen nicht erforderlich sein. Das trifft z. B. nach § 8 Absatz 1 Satz 3 LWaldG Bbg bei Waldumwandlungen zu, die innerhalb von Sanierungs- und Abschlussbetriebsplänen anfallen, wenn mit dem Bergbauvorhaben vor dem Beitritt zur Bundesrepublik nach den für die DDR maßgebenden Vorschriften begonnen wurde. Eine Genehmigung ist ferner nicht erforderlich, wenn für Waldflächen für einem Bebauungsplan, Landschaftsplan, Planfeststellungsbeschluss, Braunkohlenplan oder in einer Plangenehmigung eine anderweitige Nutzung vorgesehen ist (§ 43 Absatz 1 LFoG NRW i. V. mit § 9 Absatz 3 BWaldG). Nach § 8 Absatz 2 Nr. 2 des NWaldLG v. 21.3.2002 (Nds GVBl, 112) wird eine Genehmigung nicht benötigt, wenn die Umwandlung durch eine Baugenehmigung oder Bodenabgrabungsgenehmigung erforderlich wird.

III. Umwandlungsgenehmigung und Betriebsplan

540 Die **bergrechtliche Betriebsplanzulassung** hat keine Konzentrationswirkung. Die Waldumwandlungsgenehmigung ist daneben erforderlich (OVG Greifswald, NUR 2000, 471; OVG NRW, ZfB 1985, 338; Giesen, ZfB 1989, 186; a. A. Gutbrod/Töpfer, S. 83, 99 ff.).

541 Anders ist die Rechtslage bei **Abgrabungen** i. S. d. Abgrabungsgesetzes NRW. Die erforderliche Abgrabungsgenehmigung hat nach § 7 Absatz 3 AbgrG Konzentrationswirkung auch für die Waldumwandlungsgenehmigung. Dasselbe gilt für die Zulassung eines UVP-pflichtigen Rahmenbetriebsplans.

IV. Der Begriff „Wald"

542 Vorausgesetzt wird für die Waldumwandlungsgenehmigung, dass Wald (§ 2 BWaldG) in eine andere Nutzungsart umgewandelt wird. Der Bewuchs auf einer alten Bergehalde ist „Wald" i. d. S. (OVG NRW, ZfB 1985, 336; Stemplewski, ZfB 1982, 205 gegen VG Aachen, ZfB 1984, 250). Es kommt weder darauf an, ob der Grund und Boden naturgegeben oder von Menschen künstlich verändert wurde, noch, ob die Gehölze von Natur aus gewachsen oder von Menschen gepflanzt wurden.

543 Genehmigungspflichtig sind auch befristete Umwandlungen (§ 9 Absatz 2 BWaldG i. V. mit 40 LFoG NRW) und Erstaufforstungen (§ 10 BWaldG i. V. mit 41 LFoG NRW, § 25 Absatz 1 LLG B-W, § 25 Absatz 1 LWaldG Bbg u. a.).

544 Sofern kein Wald i. S. von § 2 Absatz 1 BWaldG besteht, kann das Fällen von Bäumen eine Ausnahme oder Befreiung von einer **örtlichen Baumschutzsatzung** erforderlich machen (zur Abgrenzung OVG Münster, NUR 1988, 256; VG Düsseldorf, NUR 1988, 257).

Keine Genehmigungspflicht besteht, wenn durch bergbaulichen Abbau unter   **545**
Tage Vernässungen auftreten, die den Wald schädigen oder vernichten. Zu der
Frage, ob insofern die Gemeinschadensklausel des § 55 Absatz 1 Nr. 9 oder des
Beschränkungsrechts aus § 48 Absatz 2 anwendbar sind: H. Schulte, Festschrift
Fabricius, S. 158 (verneinend).

V. Rechtsanspruch auf Genehmigung

Auf die Erteilung der Genehmigung besteht ein **Rechtsanspruch**, sofern die   **546**
gesetzlich enumerativ geregelten Versagungsgründe nicht vorliegen (OVG
Greifswald, NUR 2000, 471; Büllesbach, NVwZ 1991, 22; Gutbrod/Töpfer
S. 101; Schmidt-Aßmann NUR 1986, 101; a.A. Giesen, ZfB 1989, 187: fehler-
freie Ermessensentscheidung). Die Forstbehörde kann als Nebenbestimmung die
Verpflichtung zu Ersatzaufforstungen anordnen. Dabei kann sie nicht bestimmte
Baumarten vorschreiben. Deren Wahl – im Rahmen *„standortgerechter Baum-*
arten" – ist Sache des Waldbesitzers (Gießen aaO, 189).

VI. Rekultivierungs- und Aufforstungsauflagen

Die Forstbehörde verlangt anlässlich der Genehmigung häufig einen **Rekulti-**   **547**
vierungsplan für die späteren Aufforstungen. Diese Auflage kann sie nur im
Rahmen ihrer eigenen Zuständigkeit machen, d. h. nicht für den Bereich, in dem
die Bergbehörde wegen der Wiedernutzbarmachung der Oberfläche zuständig
ist. Eine Wiederaufforstungsanordnung ohne Angaben über die Art der Wieder-
aufforstung ist nicht hinreichend bestimmt und daher rechtswidrig. Sie muss
nähere Angaben dazu enthalten, wie die Fläche hinsichtlich Holzart und Pflanz-
dichte wieder aufgeforstet werden soll (OVG NRW 25.10.1978 – IX A 668/88
und v. 9.4.1987 – 20 A 1399/85, VG Münster, NWVBl 1989, 182, Bayr. VGH,
Agrarrecht 1988, 142, a.A. OVG Lüneburg, Agrarrecht 1984, 325). Die landesrechtlich vorgesehenen Ausgleichs- und Ersatzmaßnahmen für Wald und die
nach BNatSchG vorzunehmenden Ausgleichs- und Ersatzmaßnahmen werden
nicht kumuliert, sondern angerechnet.

VII. UVP-Pflicht

Für eine Waldumwandlung findet unabhängig von der Größe und Bedeutung   **548**
des zu rodenden Waldes keine besondere UVP statt, es sei denn, die Rodungen
stehen im Zusammenhang mit der Verwirklichung von Vorhaben, die in der
UVP-V Bergbau aufgeführt sind.

8. Teil   Wasserrecht

Übersicht   Rn

I.   Entwicklung des Verhältnisses von Bergrecht und Wasserrecht   549
II.   Bedeutung des Verhältnisses von Wasserrecht und Bergbau   556
III. Benutzungen von Grundwasser   557
1.   Privatrecht   559
2.   Der Begriff Grundwasser   560
3.   Benutzungstatbestände   564

IV. Benutzung von Oberflächengewässer 587
1. Der Begriff Oberflächengewässer 588
2. Benutzungstatbestände 594
3. Mittelbare Einleitungen 597

V. Wasserrechtliche Zulassungen 599
1. Allgemeines 599
2. Erlaubnis 602
3. Bewilligung 679
4. Erlaubnisfreie Benutzungen 681
5. Sonstige wasserrechtliche Genehmigungen 683
   a) Rohrleitungen für wassergefährdende Stoffe 683
   b) Anlagen in und am Gewässer 688

VI. Bergbau und Grundwasserschutzgebiete 689

VII. Bergbau und Wasserschutzgebiete 690

VIII. Bergbau und Ausbau von Gewässern 705
1. Planfeststellung, Plangenehmigung 705
2. Bergbauliche Ausbaumaßnahmen 707
3. Prüfprogramm der Planfeststellung 709
4. Abwägung zwischen Planfeststellung und Plangenehmigung 719
5. Konzentrationswirkung 720
6. Zulassung des vorzeitigen Beginns 725
7. Bindungswirkung Bergrecht – Wasserrecht 726
8. Nebenbestimmungen 727

IX. Bergbau und Gewässerunterhaltung 731
1. Flutung von Tagebauseen 731
2. Gewässerunterhaltungspflicht 733
3. Wasserverbände und Bergbau 734
4. Übertragung der Unterhaltungspflicht 735

X. Bergbau und Wasserentnahmeentgelt 736

I. Entwicklung des Verhältnisses von Bergrecht und Wasserrecht

549 Die Verknüpfungen zwischen Bergrecht und Wasserrecht sind traditionsgemäß und seit alters her sehr eng. Die Beziehungen waren von Anfang an naturgegeben. Der Bergmann traf beim Abbau auf das sog. Bergwasser, das er einsammeln und ableiten musste, um Bergbau überhaupt betreiben zu können. Aus dieser Zwangslage ergaben sich schon früh zwei Sonderrechte des Bergbaus: das der Wasserabführung in Bäche und Flüsse und die freie Verwendung der beim Abbau angetroffenen Grubenwasser, der sog. erschroteten Wasser.

550 Besonders begünstigt hat die Entwicklung des Bergbaus, dass ihm schon früh die freie Nutzung des fließenden Wassers zugebilligt wurde. Bereits die Bergfreiheit für die Silbergrube Fischbach im Jahre 1426 legte fest: *„Auch sollen die obgedachten Stupfen und Fichtel all unser Wald und Wasser, wo die gelegen und zu den Perckwercken fuglich sind, alle Zeit offen und frey sein"* und Graf Wilhelm von Nassau-Katzenellenbogen hatte in der Bergordnung von 1559 bestätigt: *„Es sollen auch diejenigen, so sich der Bergwerk halben unter Uns zu wohnen begehren werden [...] Wasser [...] nach Bergwerks Gewohnheit, unverhindert, männiglich, gemein und frei haben und halten"* (Brassert, Bergordnungen der Preußischen Lande, S. 5).

551 Aber auch bei der Nutzung des erschroteten Wassers hatte der Bergbautreibende das Sonderrecht, über das erschrotete Wasser verfügen zu können, und zwar nicht nur unter der Erdoberfläche, sondern auch über Tage bis zu ihrer Einmündung in einen natürlichen Wasserlauf (Achenbach, Das gemeine deutsche Bergrecht, S. 151), insbesondere auch als Antriebskraft für Fördermaschinen (Voeckel, ZfB 54 (1913), 383; Oberste-Brink, WaWi l953/54, 57).

Über die Gründe für diese Sonderstellung ist viel argumentiert worden. Nach **552** einer Auffassung (Achenbach, aaO, 69) war entscheidend, dass sich der frühen Bergbau in der markengenossenschaftlichen Allmende entwickelte, an dem alle Markengenossen ein gleiches Interesse hatten. Andere sahen den entscheidenen Anlass in den Großgrundbesitzern, die aus der Vergabe von Grundstücken zum Abbau von Mineralien eine einträgliche Einnahmequelle machten (Karsten, Grundriss der deutschen Bergrechtslehre, S. 332), während richtigerweise wohl das Interesse der Regalherren an der Förderung des Bergbaus zum Wohle des eigenen Einkommens aus den Abgaben entscheidend war (Westhoff-Schlüter, ZfB 50 (1909), 27; Arndt (ausführlich) Kommentar zum ABG, S. 37; ZfB 54 (1913), 120).

Diese ursprünglichen Sonderrechte des Bergbaus wurden in der Folgezeit mehr **553** und mehr eingeschränkt. Schon nach dem Allgemeinen Landrecht für die Preußischen Staaten vom 1.6.1794 (ALR) bedurfte die Wassereinleitung in öffentliche Flüsse der Mutung und Verleihung gemäß § 80 II 16 ALR, in Privatflüsse eines besonderen Rechtsgrundes gegen den Eigentümer am Wasserlauf, den sich der Bergbautreibende notfalls durch Abtretung des Rechts zur Wasserableitung gemäß § 109 II 16 ALR beschaffen musste.

Durch § 12 ABG wurde schließlich die nach verschiedenen Bergordnungen **554** bestehende frühere Möglichkeit der Mutung und Verleihung von fließendem Wasser abgeschafft. Bei Einleitungen in öffentliche Gewässer war zwar keine Grundabtretung nach §§ 135 ff. ABG zulässig (so allerdings Westhoff, Bergbau und Grundbesitz nach preußischem Recht, Band l, S. 224; Arndt (ausführlich Komm. zum ABG, § 135, 5), aber die Rechtsprechung gab dem Eigentümer des öffentlichen Gewässers kein Widerspruchsrecht gegen die Einleitung von Grubenwasser, wenn ohne Einleitungsmöglichkeit der Bergwerksbetrieb eingestellt werden musste (RG, ZfB 37 (196), 104, 106; Isay, Komm. zum ABG, Anhang zum 5. Titel, Rn 5 und 12). Bei Einleitungen in Privatflüsse galt dieser Grundsatz neben dem Recht des Bergbautreibenden aus § 135 ABG auf Abtretung des Rechts zur Benutzung von Wasserläufen (RG ZtB 24 (1883) 239, 246; 32 (1891) 121, 123; 48 (1907), 288, 290).

Das Preußische Wassergesetz vom 7.4.1913 regelte die Kollision zwischen Berg- **555** und Wasserrecht in § 396 prWG. Danach blieben die Vorschriften des ABG zwar grundsätzlich durch das Wasserrecht unberührt. Soweit es sich um Benutzungen von Wasserläufen handelte und keine bergrechtliche Enteignung vorlag, ging bei Widersprüchen zwischen beiden das prWG vor. Praktisch bedeutete das: für neue Wassereinleitungen musste der Bergbaubetrieb sich entweder die schwache Rechtsstellung aus der Unbedenklichkeitserklärung des § 23 Absatz 4 prWG oder die eines Inhabers der Verleihung gemäß §§ 46 Absatz 1 Nr. 2, 40 Absatz 2 Nr. l und Nr. 2 prWG, wodurch er sich gegenüber dem Flusseigentümer die Berechtigung besorgte, Wasser oder andere flüssige Stoffe aus Wasserläufen abzuleiten bzw. in sie einzuleiten, verschaffen. Neben der wasserrechtlichen Verleihung stand die Möglichkeit, das Grundabtretungsverfahren nach §§ 135 ff. ABG, allerdings gegen amtliche Anlieger, Eigentümer, Benutzungsberechtigten (Wiesner, Die bergwirtschaftliche Bedeutung des preußischen Wassergesetzes, 27; Fischer, Die Rechtsverhältnisse an den bergbaulichen Abwässern, Diss. Marburg 1931, 51) einzuleiten, und zwar nunmehr auch bei Wasserläufen l. Ordnung. Daneben musste die Einleitung durch Betriebsplan zugelassen werden (Isay, ABG, Anhang zum 5. Titel, Rn 33).

II. Die Bedeutung des Verhältnisses von Wasserrecht und Bergbau

556 Die Bedeutung dieses Verhältnisses ist seither noch erheblich gestiegen. Nahezu zwangsläufig wirkt die bergbauliche Tätigkeit auf Gewässer ein und ruft damit das wasserrechtliche Bewirtschaftungsregime auf den Plan (Reinhardt, Bergbau und Grundwasserschutz, 9 ff. = NUR 2004, 82). Das gilt für alle Bergbauzweige: Für den **aktiven Steinkohlenbergbau** (Fischer, Wasseranstieg im Steinkohlenbergbau, S. 51 ff.; Sikorski, Bergbau und Gewässerschutz S. 99 ff.; Szelag. Das Markscheidewesen 1982, 30; früher schon Sondermann, Glückauf 1957, 803), für den **stillgelegten Steinkohlenbergbau** (z. B. Aachener Revier: Schetlig/Heitfeld/Rosner/Sahl in „Bergbau und Grundwasserschutz", S. 153 ff. und in „Wasseranstieg im Steinkohlenbergbau", S. 23 ff. m. w. N.; z. B. Saarland: Uhl in „Wasseranstieg im Steinkohlenbergbau", S. 37 ff.; z. B. Ruhrgebiet: Grigo/Welz/Heitfeld, in „Ende des subventionierten Steinkohlenbergbaus", 9 ff.; Preusse/Sroka, ebenda S. 49 ff.; betr. Konzept zur Überwachung der Auswirkungen des Grubenwasseranstiegs im Ruhrgebiet s. Grigo/Heitfeld/Rosner/Welz in 7. Altbergbau-Kolloquium Freiberg 2007, 250 ff.); für den **aktiven Braunkohlenbergbau** (Viertel in Bergbau und Grundwasserschutz, 133 ff. und ZfW 2002, 69 ff.; Salzwedel, Leipziger Schriften zum Umwelt- und Planungsrecht, Heft 15, S. 51 ff.; Salzwedel in FS Feldhaus, 1999, S. 281 ff.); für den **stillgelegten Braunkohlenbergbau** (Fritz, Glückauf 2001, 562 ff.; Fritz/Ebersbach/Benthaus, Glückauf 2000, 592; Fritz, Leipziger umweltrechtliche Dokumentation, Bd. 6, 9 ff.; Luckner, ebenda, S. 17 ff.; Luckner in Proceedings des DGFZ Heft 27, 11 ff.; Zschiedrich/Benthaus, ebenda, S. 97 ff.; Luckner in Freytag/Bens: Bergrecht – Wasserrecht, S. 27 ff.; Zschiedrich, ebenda, S. 3 ff.; Kuyumcu in Bergbau und Gewässerschutz, S. 119 ff.; Freytag, ebenda, S. 139 ff. und Glückauf 1998, 97 ff.; Möckel/Drebenstedt, Gewässer in der Bergbaufolgelandschaft, Handb. Braunkohlentagebau und Rekultivierung 1998, 487 ff.; Stüer/Hermanns, NWVBl 2003, 41; Stüer/Wolff, LKV 2002, 12 und LKV 2003, 1; Spieht, ZUR 2001, 67 und Leipziger umweltrechtliche Dokumentation Bd. 6, S. 77; Spieht/von Daniels, Leipziger Schriften zum Umwelt- und Planungsrecht Bd. 15, S. 67 ff.; Spieht/Appel LKV 2007, 501; Freytag/Pulz, Glückauf 2005, 473; Benthaus u. a., Glückauf 2009, 602; zum Rechtsrahmen der Wasserhaltung und der Flutung von Tagebaurestlöchern Müggenborg, NUR 2013, 326 ff.); für den **Steine- und Erdenbergbau** (Schulte, ZfB 1995, 31; Müller/Schulz, Handbuch, Rn 36 ff. und 622 ff.; Freytag, Leipziger umweltrechtliche Dokumentation Bd. 2, S. 57 ff.; Kiesgewinnung und Wasserwirtschaft, Landesanstalt für Umweltschutz Baden-Württemberg, 2004; Bayer/Penndorf in Proceedings des DGFZ Bd. 38, 189 ff.; ferner schon Czychowski, Kiesabbau und Wasserrecht, DVBl 1976, 132; z. B. auch Bayr. RL für Anlagen zur Gewinnung von Kies, Sand, Steinen und Erden v. 5.9.1995, AllMBl S. 589); ebenso für die marine Kies- und Sandgewinnung (Czybulka/Stredak, Rechtsfragen der marinen Sand- und Kiesgewinnung, S. 111 ff.); für den **ehemaligen Uranbergbau** (Beschorner/König/Larsow/Leupold, Glückauf 2006, 569; Sangenstedt in Neues Atomenergierecht 1995, 335–345; Mager, ZfB 1996, 289 m. w. N. Fn. 42; Rieger/Erler ZfB 2004, 264 ff.; Paul in Proceedings des DGFZ Bd. 38, 209); für den **Kalibergbau** (z. B. Kali-Vereinbarung v. 4.2.2009 für nachhaltige Kali-Produktion in Hessen und Thüringen, ZfB 2009, 235; Hartung/Brumme/Sommer in Proceedings des DGFZ Bd. 38, 129 ff.; Brinkmann „Runder Tisch" „Gewässerschutz Werra/Weser und Kaliproduktion" in ZUR 2010, 467 ff. m. w. N.; VGH Kassel, DVBl 2011, 113 zum (abgelehnten) Anspruch auf Einstellung der Versenkung von Salzabwasser in den Plattendolomit); für **Geothermie** (Benz, Rechtliche Rahmenbedingungen, S. 32 ff.; Reinhardt, UPR 2009, 289 ff.; Bolle/Jung, Glückauf 2004, 574, 578; Große, NVwZ 2004, 809, 810; ZUR 2009, 535, 539; Waden, Wasser und Abfall 2010, 15 ff.); für die **CCS-Technologie** (z. B. Greinacher in FS. Kühne, S. 557 ff.; Schulze/Hermann/Barth, DVBl 2008, 1417, 1420; Much, ZUR 2007,

130, 132; Lenz, Glückauf 2008, 237, 241). Zur Zukunft der CO_2-Abscheidung und Speicherung: Mitteilung der EU-Kommission in BR-Drs 296/13 vom 18.4.2013.

III. Benutzungen von Grundwasser

Nach dem Grundsatz des § 8 Absatz 1 WHG bedürfen alle Benutzungen von Gewässern der Erlaubnis oder Bewilligung, wenn nicht ausnahmsweise bundesrechtlich etwas anderes bestimmt ist. Den Begriff der Benutzung erfüllt der Bergbau in vielfältiger Weise (hierzu Szelag, aaO).   **557**

Dabei gelten für den Benutzungsbegriff weiter die vom BVerwG aufgestellten Grundsätze: *„Alle Benutzungsarten setzen eine Handlung voraus, die sich unmittelbar auf ein Gewässer richtet und sich seiner zur Erreichung bestimmter Ziele bedient. Das Hineingelangen von Stoffen in ein Gewässer wird über ein lediglich kausales Geschehen hinaus zu einem Einleiten erst dadurch, dass es die Folge einer auf die Gewässerbenutzung zweckgerichteten menschlichen Handlung ist"* (BVerwG, NJW 1974, 815; BGH, NJW 1994, 1006; VGH München, NVwZ-RR 2000, 422).   **558**

1. Privatrecht

Der Bergbau kommt zunächst mit dem **Grundwasser** in Berührung. Das erschrotene Grubenwasser darf der Bergbauunternehmer privatrechtlich aufgrund Gewohnheitsrechts für betriebliche Zwecke unter Tage nutzen (OVG Koblenz, ZfW 1978, 240, Isay, ABG, Anhang zum 5. Titel, Rn 35; Klostermann-Thielmann, Komm. zum ABG, 6. Auflage § 54, Anmerkung 6), jedoch gehört es dem Grundstückseigentümer, wenn es für sonstige gewerbliche Zwecke zutage gefördert wird.   **559**

2. Der Begriff Grundwasser

Wasserrechtlich ist der **Begriff** des Grundwassers in § 3 Absatz 1 Nr. 3 WHG legaldefiniert, als „unterirdisches Wasser in der **Sättigungszone**, das in unmittelbarer Berührung mit dem Boden oder dem Untergrund steht" (gleichlautend früher § 1 Absatz 1 Nr. 2 WHG a. F.). Diese Beschreibung entspricht dem EG-rechtlichen Begriff in Artikel 2 Nr. 2 EG-WRRL, Artikel 1 Absatz 2 Buchstabe a EG-Grundwasser-RL. Dabei kommt es nicht auf die Tiefe des Wasservorkommens an oder darauf, ob es bereits genutzt wurde. Mit dem Eintritt in das Erdreich wird Wasser zu Grundwasser. Es wird nicht unterschieden zwischen in das Erdreich von oben eingedrungenem Wasser und im Untergrund schon vorhandenem Wasser, auch die Herkunft des Wassers spielt keine Rolle (Hess. VGH, NVwZ-RR 2002, 376; OVG NRW, ZfW 2011, 103 m. w. N.). Zum Grundwasser gehört das Wasser einer Heilquelle vor dem Austritt (Bayr. VGH, ZfW Sh. 1972, II 17), das im Zusammenhang mit dem Bergbau anfallende Grubenwasser (Czychowski/Reinhardt § 9 Rn 70), die Sole, auch soweit sie als Bodenschatz i. S. von § 3 BBergG anzusehen ist (a. A. Köhler/Meyer § 1 Rn 77), auch Grubenwasser, das in Folge bergbaulicher Tätigkeit seine Lage und Fließeigenschaften verändert (Reinhardt, UTR 2000, 112).   **560**

Entscheidend für den Grundwasserbegriff ist auch, dass das unterirdische Wasser an den **natürlichen Gewässerfunktionen** Anteil hat, nicht dem Wasserhaushalt entzogen und der wasserwirtschaftlichen Lenkung zugänglich ist (Kotulla, § 1 Rn 20). Die im Erduntergrund vorhandenen Dämpfe sind Grundwasser (Heller ZfB 1975, 554), ebenso die von vornherein zur Verfüllung   **561** bestimmten Baggerseen (VGH Mannheim, DÖV 1977, 331)) und Restlöcher von Braunkohlentagebauen (Kotulla § 1 Rn 20), das Wasser in Kiesgruben bei eingeplanter Wiederverfüllung (Köhler/Meyer § 1 Rn 73 m. w. N.; OVG NRW, NUR 1985, 197 und NUR 1989, 91), das natürlich oder durch bergbauliche Einwirkungen aus Wiesen oder Feldern gelegentlich hervortretende Wasser (BVerwG, ZfW 1969, 117). Die Grundwassereigenschaft geht erst verloren, wenn der natürliche Zusammenhang mit dem unterirdischen Wasser verloren geht oder als Wasseransammlung über Tage von einer gewissen Dauer oder Regelmäßigkeit auftritt (Breuer Rn 61 m. w. N.). Der Grundwasserbegriff geht über die in der **DIN 4049 Teil 1 Nr. 4.2** formulierte Definition hinaus, wonach es darauf ankommt, dass das *„unterirdische Wasser [...] Hohlräume der Erdrinde zusammenhängend ausfüllt und dessen Bewegung [...] von der Schwerkraft [...] bestimmt wird"*. **Tiefengrundwasser** dagegen ist nur ausnahmsweise Grundwasser i. S. von § 3 Nr. 3 WHG, wenn es dem Wasserhaushalt nicht entzogen und einer wasserwirtschaftlichen Lenkung zugänglich ist. Das wird im Regelfall zu bezweifeln sein. Tiefengrundwasser kommt in den tieferen Bereichen der Erdkruste, ab etwa 1000–3000 m vor. Aufgrund der langsamen Austauschzeiten von wenigen cm/a, der Lage in den tieferen Grundwasserstockwerken und der Überlagerung durch mehrere unterschiedlich oder gar nicht wasserdurchlässige Gesteinsformationen entzieht es sich im Regelfall der Bewirtschaftung und damit einem wesentlichen Anliegen des WHG (a. A. Seuser, NUR 2012, 8, 13).

562　In **Abgrenzung zum Begriff des Bodens** in § 2 Absatz 1 BBodSchG, wonach zum Boden nicht das Grundwasser und die Gewässerbetten gehören, beginnt der wasserrechtliche Bereich in der gesättigten Zone, während Gegenstand des Bodenschutzes die ungesättigte Zone ist (Czychowski/Reinhardt, § 3 Rn 45 m. w. N.).

563　Das **Eigentum am Grundstück vermittelt kein Abwehrrecht gegen** etwaige **Verunreinigungen des Grundwassers** (BVerwG, NVwZ 2012, 573 = DVBl 2012, 501 = ZuR 2012, 308 Rn 14). Das Grundeigentum umfasst nicht das den Erdkörper unterhalb einer Grundstücksfläche durchströmende Grundwasser, das vielmehr einer getrennten öffentlich-rechtlichen Benutzungsordnung untersteht (BVerfGE 58, 300, 332 ff. = ZfB 1983, 216 = ZfW 1981, 282 = NJW 1982, 745). Auch die öffentlich-rechtlichen Regelungen des Wasserrechts weisen dem Grundeigentümer kein Recht zu, im Rahmen der Grundstücksnutzung auf das Grundwasser einzuwirken. Diese Regelungen stellen sich insoweit als Inhalts- und Schrankenbestimmung i. S. von Artikel 14 Absatz 1 Satz 2 GG dar (BVerfG aaO). Das bloße Interesse des Eigentümers eines über einem förderfähigem Grundwasservorkommen gelegenen Grundstücks daran, dass das Grundwasserdargebot quantitativ und qualitativ unverändert erhalten bleibt, ist kein in den planerischen Abwägung zu berücksichtigender Belang (BVerwG aaO). Hat der frühere Unternehmer einer **Grundwasserförderanlage** nach Erlöschen der wasserrechtlichen Erlaubnis diese Anlage **beseitigt** und den früheren Zustand des Grundstücks wiederhergestellt, kann ihm die **Beseitigung weiterer ökologischer Folgen** der eingestellten Wasserförderung, z. B. hinsichtlich des sich durch die natürlichen Zusammenhänge ergebenden Grundwasserspiegels, **nicht aufgegeben werden** (OVG Lüneburg, NVwZ 2012, 102 = NUR 2012, 70).

3.　Benutzungstatbestände

564　Zu den **Benutzungen** gehört gemäß § 9 Absatz 1 Nr. 4 WHG das **Einleiten von Stoffen in das Grundwasser** (Gewässer), z. B. das Verpressen von Bohrschlamm in den Untergrund (Czychowski/Reinhardt, § 9 Rn 61 m. w. N.). Erforderlich ist eine subjektiv-finale Zuführung von Stoffen in das Grundwasser. Das bloße

Hineingelangen genügt dazu nicht (h. M. BVerwG, ZfW 1974, 296 f.; OVG NRW, ZfW 1989, 227; Czychowski/Reinhardt, § 3 Rn 46 m. w. N.). Keine Benutzungen i. S. von § 9 Absatz 1 Nr. 4 WHG sind: das Niederbringen von Bohrungen, auch wenn wasserführende Schichten durchstoßen werden (Reinhardt, Bergbau und Umwelt, S. 62) oder eine Bohrflüssigkeit verwendet wird. Eine **Bohrvorrichtung** die das Grundwasser durchstößt ist **kein** in ein Gewässer eingebrachter **Stoff**. Das **Landesamt** für Bergbau, Energie und Geologie **Clausthal-Zellerfeld** hat am 31.10.2012 (Az L 1.5/L 67.911-04/2012 – 0003) **Mindestanforderungen** an Betriebspläne, Prüfkriterien und Genehmigungsablauf für **hydraulische Bohrlochbehandlungen** in Erdöl- und Erdgaslagerstätten in Niedersachsen herausgegeben. Sie sollen sicherstellen, dass die hydraulischen Bohrlochbehandlungen (Frac-Behandlung) in einem Sonderbetriebsplan beschrieben und auch eine Beurteilung durch die Wasserbehörden ermöglicht wird. Es müssen alle zum Frac-Prozess benutzten Einsatzstoffe nach der EU-VO Nr. 1097/2006 vom 18.12.2006 (sog. **REACH-VO) registriert** und benannt werden. Ferner müssen die **Wassergefährdungsklassen** der Einsatzstoffe angegeben werden und dürfen nur Stoffe der Klassen „schwach wassergefährdend" oder „nicht wassergefährdend" eingesetzt werden. In ausgewiesenen Erdbebenzonen, Wasserschutzgebietszonen I–III, Heilquellenschutzgebieten und Gebieten zur Gewinnung von Trink- oder Mineralwasser sind Frac-Behandlungen unzulässig.

Umfasst von § 9 Absatz 1 Nr. 4 WHG werden nur solche Stoffe, die zur Auflösung oder zu anderer wasserwirtschaftlich erheblicher Verbindung mit dem Wasser eingebracht werden oder sich im Wasser auflösen oder von ihm fortgeschwemmt werden oder auf dem Gewässerbett wegen ihrer Schwere unbefestigt aufliegen (Czychowski/Reinhardt § 9 Rn 26 m. w. N. VGH Mannheim, ZfW 1972, 248, Karenfort/Stopp, DVBl 2007, 867; Seuser, NUR 2012, 8, 14). Nicht das Eindringen von Stoffen in das Grundwasser aus Halden oder Ablagerungen, das nur eine mittelbare Folge der Ablagerung ist. Entsprechendes gilt für **Sickerwasser,** das von Halden abfließt (Scheier, ZfW 1981, 143 und ZfW 1984, 337; Piens, ZfW 1999, 14; Czychowski/Reinhardt § 9 Rn 55) oder durch die Halde in das Grundwasser einsickert. In diesen Fällen kann aber, sofern die Voraussetzungen im Einzelfall gegeben sind, eine fiktive Benutzung i. S. von § 9 Absatz 2 Nr. 2 WHG vorliegen. Anders verhält es sich, wenn um eine Halde oder Abraumkippe herum Gräben angelegt werden oder in der Halde Rohre oder Schächte angelegt werden, um das Sickerwasser dem Grundwasser oder einem oberirdischem Gewässer (§ 9 Absatz 1 Nr. 4 WHG) zuzuführen. In diesen Fällen liegt ein Einleiten i. S. einer subjektiv-finalen Stoffzuführung vor.

565 Das Einpressen von Wasser, wasserhaltigen Substanzen oder Gas in den Untergrund zum Zwecke der Erdöl- oder Erdgasförderung bezweckt die Gewinnung von Bodenschätzen und ist nur, wenn Grundwasser berührt wird, ein Einleiten i. S. von § 9 Absatz 1 Nr. 4 (WHG bestr. Czychowski/Reinhardt, § 9 Rn 61, a. A. Kotulla, § 3 Rn 39; s. hierzu auch Anhang § 56 Rn 572). Es kann aber auch, wenn durch den Pressdruck Grundwasser umgeleitet wird, bei Vorliegen der Voraussetzungen gemäß § 9 Absatz 2 Nr. 1 WHG erlaubnispflichtig sein (Kotulla, § 3 Rn 53). Das behälterlose Einspeichern von Gas oder Mineralöl in Salzkavernen ist kein Einleiten von Stoffen in das Grundwasser, weil die Kavernen in der Regel wasserdicht sind und vom Grundwasser getrennte Hohlräume bilden (Kotulla, § 3 Rn 39; a. A. Czychowski/Reinhardt § 9 Rn 61; Willecke, DVBl 1970, 376). Keine Benutzung liegt vor, wenn im Wege des Spülversatzes oder der Spülbohrung das Spül- oder Bohrwasser, z. B. zur Nutzung von Salzkavernen, in den Kreislauf geführt wird (Köhler/Meyer § 2 Rn 57).

566 Durch § 9 Absatz 1 Nr. 4 WHG 2009 ist das **Einbringen von Stoffen in das Grundwasser** erlaubnispflichtig geworden. Das ergibt sich aus dem Vergleich

zum früheren § 3 Absatz 1 Nr. 5 WHG a. F., der sich auf das Einleiten von Stoffen in das Grundwasser beschränkte. Die Neufassung soll insbesondere die Verwendung von Bauprodukten im Grundwasserbereich erfassen. In der Praxis wird die neue Regelung *„keine relevanten Auswirkungen"* haben, weil das früher geltende Recht bereits das Einbringen von Stoffen in das Grundwasser durch § 3 Absatz 2 Nr. 1 oder Nr. 2 WHG a. F. erfasste (BT-Drs 16/12275, S. 88; Knopp, Das neue Wasserhaushaltsrecht, Rn 176 ff. m. w. N.). Das Einbringen i. S. von § 9 Absatz 1 Nr. 4 erfordert – wie die anderen Benutzungstatbestände des § 9 Absatz 1 WHG – eine subjektiv-finale Stoffzuführung. Das Einbringen setzt ein zweckgerichtetes, gewässerbezogenes Verhalten voraus und betrifft nur feste Stoffe im Gegensatz zum Einleiten, das sich auf flüssige, schlammige und gasförmige Stoffe bezieht. Die **Versenkung von Salzwasser** über Versenkbohrungen in den Plattendolomit ist eine Einleitung in das Grundwasser (Hess. VGH, DVBl 2011, 113). Umgekehrt können Bergbauunternehmen als Personen des Privatrechts **aus Zielen** der Raumordnung, etwa einer Rohstoffvorrangfläche, **keine Ansprüche** herleiten. Auch die Pflicht zum Beachten gemäß § 4 Absatz 1 Satz 1 Nr. 3 ROG schafft Privaten nur einen Rechtsreflex, auf den sie sich nicht berufen können (VGH München, ZUR 2013, 107, 108). Soweit dadurch mittelbare Auswirkungen auf andere Gewässer verursacht werden, wird keine zusätzliche selbstständige Erlaubnisbedürftigkeit begründet. Sie sind nur bei der Prüfung, ob eine Erlaubnis für die unmittelbare Benutzung des Gewässers erteilt werden kann, von Bedeutung. Soweit ein Einbringen von Stoffen in das Grundwasser gemäß § 9 Absatz 1 Nr. 4 WHG nicht vorliegt, können hilfsweise die fiktiven Benutzungstatbestände des § 9 Absatz 2 WHG 2009, die wörtlich dem früheren § 3 Absatz 2 WHG a. F. entsprechen, geprüft werden. Eine wichtige Ausnahme von der Erlaubnispflicht für das Einbringen fester Stoffe kann sich aus § 49 Absatz 1 Satz 2 WHG ergeben. Werden bei den dort genannten **Erdaufschlüssen** Stoffe in das Grundwasser eingebracht, ist der Erlaubnisvorbehalt unter den dort genannten Voraussetzungen eingeschränkt. Da gilt vor allem, wenn der einzubringende Baustoff eine Zulassung nach dem Bauproduktengesetz erhalten hat (BT-Drs 16/12275, S. 105). Keine echte Benutzung i. S. von § 9 Absatz 1 Nr. 4 WHG sind Maßnahmen bei der Rohstoffgewinnung, die sich auf die bloße **Umlagerung von Abbaumaterialien** beschränken (Viertel, GDMB-Schriftenreihe, Heft 120, S. 41).
Nach VGH Kassel (DVBl 2011, 1429 = ZfB 2012, 36; ZfB 2012, 245 = NUR 2012, 713) erfüllt das Einbringen des „Stoffes" der **Erdwärmesonde** im Bereich eines Wasserschutzgebietes den Benutzungstatbestand des § 9 Absatz 1 Nr. 4 WHG. Die Erlaubnispflicht für das Einbringen der Sonde bis in eine 115 m tiefe grundwasserführende Schicht ergibt sich aus § 49 Absatz 1 Satz 2 WHG bei möglichen Gefahren von Geothermiebohrungen, d. h. wegen der vorübergehenden Trübung des Grundwassers durch die Bohrung und die Gefahr einer ungenügenden Verpressung des Bohrloches (VGH Kassel, aaO). Im Normalfall genügt jedoch eine Anzeige gemäß § 49 Absatz 1 Satz 1 WHG (Grigo/Frische/Krüger/Kugel/Mehlberg, Heft 126 der Schriftenreihe der GDMB, 2011, S. 21 ff., 33 ff. mit Hinweis auf die technischen Rahmenbedingungen für den Nachweis der Unschädlichkeit).
Nach § 49 Absatz 1 Satz 1, Absatz 2 WHG sind Arbeiten, die so tief in den Boden eindringen, dass sie sich unmittelbar oder mittelbar auf Bewegung, Höhe oder Beschaffenheit des Grundwassers auswirken können, vor Beginn der Arbeiten **anzuzeigen**. Die Anzeige erfolgt neben der Vorlage eines Betriebsplans, kann aber bei Behördenidentität mit diesem verbunden werden.

567 Nach § 49 Absatz 1 Satz 2 WHG ist das mit diesen Arbeiten verbundene Einbringen nur erlaubnispflichtig, wenn es sich nachteilig auf die Grundwasserbeschaffenheit auswirken kann. Werden nachteilige Veränderungen der Grundwasserbeschaffenheit nachträglich festgestellt, können gemäß § 49 Absatz 3 WHG nachträgliche Anordnungen zur Einstellung oder Beseitigung der

Erschließung ergehen (s. auch Viertel, GDMB-Schriftenreihe Heft 120, S. 41; Knopp, Das neue Wasserhaushaltsgesetz Rn 376 ff.). Zur Anzeigepflicht bei Bohrungen, Wasserhaltungsmaßnahmen, z.b. Einrichtung von Brunnen, Pumpversuchen in geringer Menge zu vorübergehendem Zweck s. Meyer, NZBau 2013, 8 ff.

Zu den Benutzungen gehören gemäß § 9 Absatz 1 Nr. 5 WHG das **Entnehmen,**   **568**
Zutagefördern, Zutageleiten und Ableiten von Grundwasser. Auch hierfür wird ein auf das Grundwasser bezogenes subjektiv-finales Verhalten gefordert. Die gezielte Fortschaffung des beim Bergbau anfallenden erschroteten Grubenwassers kann je nach Ausgestaltung im Einzelfall unter die Tatbestände des § 9 Absatz 1 Nr. 5 WHG fallen. Soweit Grubenwasser unter Tage umgeleitet wird, kommen die Tatbestände nicht in Betracht, wohl kann eine fiktive Benutzung i. S. von § 9 Absatz 1 Nr. 1 WHG gegeben sein (Reinhardt, NUR 2004, 83). Bergbauliche Stollen, die bestimmt oder objektiv geeignet sind, Grundwasser aufzustauen, abzusenken oder umzuleiten, können zwar keine Benutzungen i. S. von § 9 Absatz 1 Nr. 5 WHG sein, wohl aber bei Vorliegen der besonderen Anforderungen gemäß § 9 Absatz 2 Nr. 1 WHG erlaubnispflichtig sein (Reinhardt, Bergbau und Umwelt, S. 62), abhängig jedoch von der jeweiligen Anlage und ihrem Einfluss auf das Grundwasservorkommen.

Das **Nichtweiterbetreiben der Grundwasserhaltung** ist nicht erlaubnispflichtig   **569**
(VG Dessau, 25.10.2006, 1A290/05 DE; Spieht/von Daniels, Leipziger Schriften zum Umwelt- und Planungsrecht, Bd. 15, 68). Durch die Einstellung der Grundwasserhaltung wird ein oberirdisches Gewässer weder gestaut noch abgesenkt. Das Grundwasser steigt auf natürliche Weise wieder an. Der Bergbauunternehmer macht von einer Genehmigung zur Grundwasserhaltung keinen Gebrauch mehr. Das Erschroten, d. h. das **unbeabsichtigte, unerwünschte Anfallen des Grubenwassers** anlässlich der Abbautätigkeit ist keine Benutzung i. S. von § 9 Absatz 1 Nr. 4 oder Nr. 5 WHG. Es fehlt an der zweckbestimmten Einwirkung auf das Grundwasser. Das gilt auch, wenn das erschrotene Wasser durch ausreichendes Gefälle in den Grubenbauen zu einem Sammelpunkt abfließt (a. A. Reinhardt, Bergbau und Umwelt, S. 61). Das bloße **Verwenden des erschroteten Wassers für Betriebszwecke** unter Tage ist der öffentlich-rechtlichen Benutzungsordnung des WHG entzogen, das im Bergwerk befindliche Wasser wird dem Bergwerkseigentum zugerechnet (Reinhardt, NUR 2004, 83; Franke, ZfW 1971, 130; OVG Koblenz, ZfW 1978, 242; Czychowski/Reinhardt § 9 Rn 70; Kotulla § 3 Rn 43; Bartsch, ZfW 1963, 144). Fraglich ist, ob auch das Zutagefördern oder Zutageleiten von erschroteten Grubenwässern den Benutzungstatbestand erfüllt (verneinend Kotulla, § 3 Rn 43; bejahend OVG Koblenz, ZfW 1978, 242; Reinhardt NUR 2004, 83; Boldt/Weller § 8 Rn 10; Bartsch, ZfW 1962, 141; Szelag, Markscheidewesen 1982, 30).

Keine Benutzungen i. S. von § 9 Absatz 1 Nr. 5 WHG sind das Fördern wasser-   **570**
haltiger Bodenschätze, wie etwa von Braunkohle (Reinhardt, Bergbau und Umwelt, S. 62; Czychowski/Reinhardt § 9 Rn 71; Kotulla § 3 Rn 44). Anders dagegen, wenn bei der Erdölgewinnung als (unvermeidbare) Nebenfolge Grundwasser gefördert wird, weil das Zutagefördern bewusst in Kauf genommen wird (Czychowski/Reinhardt aaO, Kotulla, aaO).

Keine Benutzung war das Niederbringen einer Bohrung, bei der Grundwasser   **571**
zutage tritt (Kotulla § 3 Rn 46; Czychowski/Reinhardt 9. Auflage § 3 Rn 56; Boldt/Weller, § 127 Rn 6) oder die sich auf die Bewegung, Beschaffenheit oder Höhe des Grundwassers auswirkt. Dies ist durch die neue Fassung des § 9 Absatz 1 Nr. 4 WHG in den Fällen geändert worden, in denen Leitungen und Sonden in das Grundwasser eingebracht werden, z. B. zur Gewinnung von Erdwärme. Dabei ist unerheblich, ob die geothermische Anlage Wasser ent-

nimmt und wieder einleitet oder lediglich die natürliche Wärme des Grundwassers ableitet (Czychowski/Reinhardt, 10. Auflage § 9 Rn 64). Jedoch bei Probebohrungen und Bohrungen, bei denen keine signifikanten nachteiligen Auswirkungen auf die Grundwasserbeschaffenheit zu erwarten sind (Umkehrschluss aus § 49 Absatz 1 Satz 2 WHG), wird der Benutzungstatbestand nicht gegeben sein. Denn die Erlaubnispflicht gilt nur für Stoffe, die zur Auflösung oder zu anderer wasserwirtschaftlich erheblicher Verbindung mit dem Grundwasser eingebracht werden (Seuser, NUR 2012, 8, 14; Reinhardt, NVwZ 2012, 1369, 1370. Im Ergebnis gleich: Meyer, NZBau 2013, 8; Sieder/Zeitler/Dahme/Knopp, WHG 2011, § 9 Rn 19 a). Anders bei gezielten Bohrungen in ein unter artesischem Druck stehendes Grundwasservorkommen (Breuer, Rn 131). Eine Bohrung in das tertiäre Hauptgrundwasservorkommen stellt eine genehmigungspflichtige Gewässerbenutzung nach § 9 Absatz 2 Nr. 2 WHG dar (VG Regensburg, ZfW 2009, 76).

572   Beim sog. **Fracking**, d. h. der Gewinnung von Gas durch eine Technik, bei der grossräumige unterirdische Lagerstätten horizontal angebohrt werden und das gashaltige Gestein durch Einpressen von Wasser mit hohem Druck aufgesprengt wird, ist der wasserrechtliche Zulassungsrahmen ebenfalls zu prüfen. Dem eingepressten Wasser werden Chemikalien und Sand beigegeben. Das eingesetzte Wasser wird anschließend wieder abgefördert (Attendorn, ZuR 2011, 565). Methode und Durchführung des Verfahrens bezwecken, eine Vermischung der Stoffe mit Grundwasser zu vermeiden. **Benutzungstatbestände i. S. von § 9 Absatz 1 WHG sind i. d. R. durch Fracking nicht erfüllt** (Attendorn, aaO; Seuser, NUR 2012, 8, 14 m. w. N.; s. auch Anhang § 56 Rn 565; a. A. Reinhardt, NVwZ 2012, 1369, 1370). Sofern konkrete Anhaltspunkte für die Eignung der Maßnahme zur nachteiligen Veränderung des Grundwassers bestehen, könnte allerdings eine „unechte" Gewässerbenutzung i. S. von § 9 Absatz 2 Nr. 2 WHG vorliegen, die erlaubnispflichtig und nach §§ 12, 47 WHG zu beurteilen wäre. Zu prüfen auf Benutzungstatbestände sind die Einzelmaßnahmen: Durchführung der Bohrung, Einbringung der Verrohrung und Zementation und die Frakbehandlungen, bei denen „das Fracking-Fluid unter hohem Druck durch die Bohrung in die jeweilige Schicht verpresst" wird, um das Erdgas zu lösen und zu fördern (Gutachten Umweltauswirkungen von Fracking bei der Aufsuchung und Gewinnung von Erdgas aus unkonventionellen Lagerstätten, Umweltbundesamt 2012). Durch Gesetz zur Änderung des WHG sollen Vorschriften zum Schutz des Grundwassers vor den Risiken der Aufsuchung oder Gewinnung von Erdgas, Erdöl oder Erdwärme unter hydraulischem Druck („**Fracking**") eingeführt werden. Ob betriebsplanpflichtige Tiefbohrungen zum „Fracking" oder die beim Fracking anfallenden untertägig abzulagernden flüssigen Abfälle (sog. „**Flowback**") eine erlaubnispflichtige Gewässerbenutzung i. S. von § 9 Absatz 2 Nr. 2 WHG darstellen, wäre gemäß § 19 Absatz 3 a WHG Entwurf von der Bergbaubehörde im **Einvernehmen** mit der **Wasserbehörde** zu entscheiden. Diese Regelung erfasst nur Fälle, in denen die Bergbehörde von der Durchführung eines Erlaubnisverfahrens absehen möchte, weil sie eine Gewässerbenutzung nicht als gegeben ansieht. Wird ohnehin ein Erlaubnisverfahren durchgeführt, gilt bereits das Einvernehmen gemäß § 19 Absatz 3 WHG. Gemäß § 52 Absatz 1 WHG Entwurf wären Tiefbohrungen für die Aufsuchung und Gewinnung von Erdgas, Erdöl oder Erdwärme mittels der Fracking-Methode in **Wasserschutzgebieten** und gemäß §§ 53 Absatz 5, 52 Absatz 1 WHG Entwurf in Heilquellenschutzgebieten **verboten**. Gemäß § 54 Absatz 4 WHG könnten Bohrungen mit Fracking auch außerhalb von Wasserschutzgebieten beschränkt werden, wenn Bohrungen es ermöglichen, dass gefährliche Stoffe in Wasserschutzgebiete gelangen. Für Tiefbohrungen, die vor Inkrafttreten des Änderungsgesetzes bestandskräftig zugelassen wurden, würden diese Verbote nicht gelten (§ 106a WHG Entwurf). Ausführlich hierzu Dietrich, W+B 2013, 64 m. w. N.; Gassner/Buchholz, ZUR 2013, 143.

Das Freilegen von Grundwasser bei der **Nasskiesgewinnung kann ein Zutage-**   **573**
fördern von Grundwasser i. S. von § 9 Absatz 1 Nr. 5 WHG sein, wenn die
Wasserfläche anschließend planmäßig wieder verfüllt wird (BGHZ 60, 126 und
ZfW 1975, 46; VGH München, ZfW 1988, 226; ZfW 1991, 181; Müller/
Schulz Rn 664; Czychowski, DVBl 1976, 134). Dies gilt auch bei **Trocken-**
abgrabungen, wenn der Abbau der Deckschichten im Hinblick auf die Gefahr
eines Schadstoffeintrages in das Grundwasser geeignet ist, das Grundwasser zu
schädigen. Danach ist eine Erlaubnis erforderlich, wenn die Deckschichten bis
auf 1, 5 Meter über dem höchsten Grundwasserspiegel verringert würden (VGH
Mannheim, ZfW 1997, 33; Müller/Schulz Rn 664). Soll bei der Nassauskiesung
der Tagebausee auf Dauer erhalten bleiben, ist eine Benutzung nicht gegeben
(§ 9 Absatz 3 WHG). Die Maßnahme ist als Gewässerausbau planfeststellungspflichtig (BVerwGE 85, 156 = ZfW 1991, 90; VGH Mannheim, ZfW 1985,
114; Bayr. VGH, ZfW 1994, 488; OVG Münster, ZfW 1994, 364; Breuer
Rn 241 m. w. N.; Czychowski, DVBl 1976, 132). Gleiches gilt für die Aus- und
Umgestaltung früherer Braunkohletagebaue durch Wiederanstieg des Grundwassers als bergbauliche Wiedernutzbarmachung (Czychowski/Reinhardt § 67
Rn 25).

Keine Benutzung sind das Entstehen von Grundwasseransammlungen auf land-   **574**
wirtschaftlichen Grundstücken in Folge bergbaulicher Einwirkungen, das
Absenken von Grundwasser durch bergbauliche Maßnahmen. In diesen Fällen
ist auch der unechte Benutzungstatbestand des § 9 Absatz 2 Nr. 1 WHG nicht
erfüllt: Weder der übertägige Braunkohlenabbau noch die untertägige Steinkohlengewinnung schaffen Anlagen, die zum Absenken von Grundwasser bestimmt
oder geeignet sind. Ebenso ist eine Kiesgrube keine Anlage i. S. von § 9 Absatz 2
Nr. 1 WHG (Czychowski, DVBl 1976, 134). Ferner keine Benutzung, wenn aus
einem stillgelegten Bergwerk Wasser zutage tritt (Czychowski/Reinhardt § 9
Rn 71; Kotulla § 3 Rn 43; Spieht/von Daniels, Leipziger Schriften zu Umwelt-
und Planungsrecht Bd. 15, 68, so schon Dapprich/Franke, Leitfaden des Bergrechts, S. 189; Reinhardt, Bergbau und Umwelt, S. 63; Piens u. a. Vorauflage
§ 56 Rn 333).

Wenn für das Aufsuchen und die Gewinnung von **Erdwärme** eine bergrechtliche   **575**
Erlaubnis oder Bewilligung sowie eine Betriebsplanzulassung erforderlich ist
(hierzu § 3 Rn 47; ferner Bolle/Jung, Glückauf 2004, 574 ff.; Schulz, Bergrecht
und Erdwärme, geothermische Energie 2003, 9 ff.; Benz, rechtliche Rahmenbedingungen für die Nutzung der Oberflächennahen Geothermie, Lüneburger
Schriften Bd. 13, 22 ff., 28 ff.), wird dadurch die wasserwirtschaftliche Kontrolle
nicht erfasst. Insofern ist zwischen Errichtung und Betrieb der Geothermieanlagen zu unterscheiden:

Bei der **Errichtung** kann die Bohrung wasserrechtlich relevant sein. Sofern dabei   **576**
Gewässerverunreinigungen durch stoffliche Einträge, Kraftstoffe, Spülungs-
zusätze, Schmiermittel zu erwarten sind, kann eine fiktive Benutzung i. S. von
§ 9 Absatz 2 Nr. 2 WHG vorliegen und erlaubnispflichtig sein (Benz aaO, S. 37;
Große, NVwZ 2004, 811). Eine unmittelbare Benutzung i. S. von § 9 Absatz 1
Nr. 4 WHG dürfte im Regelfall nicht vorliegen, weil durch die Bohrung nicht
gezielt Grundwasser benutzt wird (Reinhardt, UPR 2009, 289). Nach der neuen
Fassung des § 9 Absatz 1 Nr. 4 WHG könnte das zweifelhaft sein, nachdem das
Einbringen von Stoffen in das Grundwasser ein echter Benutzungstatbestand
geworden ist (s. Anhang § 56 Rn 566 f.). Im Übrigen könnte § 49 Absatz 1
Satz 1 (Anzeigepflicht) und Absatz 2 WHG (Anzeigepflicht) anzuwenden sein.
Bei Bohrungen, die mehr als 100 Meter in den Boden eindringen, ist gemäß
Artikel 34 Absatz 4 BayWG, § 37 Absatz 5 BadWürttWG die Bergbehörde für
das Anzeigeverfahren zuständig, im Übrigen die Wasserbehörden.

577 Beim **Betrieb** ist zwischen offenen und geschlossenen Systemen zu unterscheiden. Im **offenen System** wird das Grundwasser über einen Brunnen aus dem Aquifer abgepumpt. Dies ist nach § 9 Absatz 1 Nr. 5 WHG erlaubnispflichtig, im Falle des § 49 Absatz 1 WHG anzeigepflichtig. Eine Befreiung nach § 49 Absatz 1 Satz 2 WHG kommt nicht in Betracht, weil sie sich nur auf Benutzungen i. S. von § 9 Absatz 1 Nr. 4 WHG bezieht.

578 Da das zutage geförderte und abgekühlte Wasser anschließend wieder dem Grundwasser zugeführt wird, ist hierfür eine Erlaubnis gemäß § 9 Absatz 1 Nr. 4 WHG erforderlich.

579 Beim **geschlossenen System** werden horizontal verlegte Erdwärmekollektoren oberhalb des ersten Grundwasserstockes verlegt. Da Grundwasser i. S. von § 3 Nr. 3 WHG nicht betroffen ist, sind diese Maßnahmen nicht erlaubnispflichtig (Benz aaO, S. 39; Große, NVwZ 2004, 810; Waden, Wasser und Abfall 2010, 16). Werden **Erdwärmesonden** in vertikale Bohrlöcher eingebracht, in denen Wärmeträger dem Untergrund bzw. dem Grundwasser Wärme entziehen, kann eine Benutzung i. S. von § 9 Absatz 1 Nr. 4 WHG vorliegen, da die Sonden „Stoffe" i. S. dieser Vorschrift sein können (Waden, Wasser und Abfall 2010, S. 16; anders noch Benz aaO, S. 40; Reinhardt aaO, S. 291 zu § 3 Absatz 1 WHG a. F.). Zweifelhaft ist, ob wegen der Temperaturveränderungen der Tatbestand des § 9 Absatz 2 Nr. 2 erfüllt ist (verneinend Benz aaO, S. 41 m. w. N.; Große, NVwZ 2004, 811; und zahlreiche Verwaltungsvorschriften der Länder, Nachweise bei Reinhardt aaO, Rn 30; bejahend Reinhardt aaO, S. 291 unter Hinweis auf VGH München v. 30.3.1982 – AZ 8 B 469/79).

580 Als Grundwasserbenutzungen gelten kraft **gesetzlicher Fiktion** die Tatbestände des § 9 Absatz 2 WHG, bei denen das Grundwasser zwar nicht unmittelbar genutzt, aber doch unmittelbar auf das Grundwasser eingewirkt wird. Den Benutzungen gleichgestellte Einwirkungen erfordern wie die eigentlichen Benutzungen zweckgerichtetes Handeln. Allerdings genügt es ohne Rücksicht auf die Zielrichtung, dass die Handlung geeignet ist, einen bestimmten Erfolg zu haben (Czychowski/Reinhardt § 9 Rn 85 m. w. N.). Die **Einwirkungen** i. S. von § 9 Absatz 2 Nr. 1 WHG müssen **durch Anlagen herbeigeführt** werden: Stollen im Untertagebergbau, Pumpen zum Fördern des Sümpfungswassers beim Braunkohlenbergbau (Reinhardt, NUR 1999, 134; NUR 2004, 83), Fernleitungen zum Transport von Rohöl oder Ölprodukten, Abdichtungsmaßnahmen in und an Grubenbauen gegen eindringendes Grundwassers (Kotulla, § 3 Rn 52). Keine Anlage i. S. von § 9 Absatz 2 Nr. 1 WHG ist eine Kies- oder Sandgrube oder ein Braunkohletagebau (Sieder/Zeitler/Dahme § 3 Rn 28; Czychowski, DVBl 1976, 134; Czychowski/Reinhardt § 9 Rn 78; a. A. Kotulla § 3 Rn 54) oder eine Salzkaverne. Den **Auffangtatbestand** des § 9 Absatz 2 Nr. 2 WHG erfüllen bergbauliche **Maßnahmen**, sofern sie **im Einzelfall geeignet** sind, die **Beschaffenheit des Grundwassers** schädlich zu verändern. Hierzu können gehören: Das Wiederverfüllen einer oberhalb des Grundwassers ausgekiesten oder ausgesandeten Fläche (Sieder/Zeidler/Dahme § 3 Rn 29), das Verlegen von Kabeln im Erdreich, das Aufbringen von Schlacke für eine Betriebs- oder Parkfläche insbesondere im Bereich eines Trinkwasserschutzgebietes (OVG Greifswald, NUR 1999, 49), das Verbringen von bergmännischem Versatz untertage, wenn er mit Grundwasser in Berührung kommt (Kotulla § 3 Rn 64), ebenso, wenn Stoffe in das Grundwasser eingebracht werden, die bei Grundwasserwiederanstieg in Kontakt mit dem Grundwasser kommen (Meyer, NZBau 2013, 8, 12). Bei dem sog. unechten Benutzungstatbestand des § 9 Absatz 2 Nr. 2 WHG begründet erst das Zusammentreffen von Maßnahme und Milieu im Einzelfall die Eignung zu schädlichen Wasserveränderungen, wodurch die Schwelle der Erlaubnispflicht überschritten wird. Hierzu bedarf es einer nachvollziehbaren Entscheidung der Wasserbehörde, anders als bei den zwingenden

Benutzungstatbeständen des § 9 Absatz 1 WHG (Piens, ZfW 1999, 14). Mit
dem Auffangtatbestand des § 9 Absatz 2 Nr. 2 WHG werden Maßnahmen
erfasst, die ein Gefährdungspotenzial in sich bergen, weil konkrete Anhaltspunkte für die positive Eignung der Maßnahmen zur nachteiligen Veränderung
des Wassers bestehen (VGH Mannheim, NUR 2010, 803 m. w. N.). Die Vorschrift betrifft die ökologischen Funktionen des Gewässers in ihrer Gesamtheit
(VGH Mannheim, aaO).

Nicht unter § 9 Absatz 2 Nr. 2 WHG fällt das Freilegen von Wasser bei der   **581**
Kiesgewinnung und das Verfüllen der Kiesgrube (a. A. VG Düsseldorf, ZfW Sh
1972 II 4), soweit diese Maßnahmen nach § 67 WHG zu beurteilen sind
(Czychowski/Reinhardt § 9 Rn 92).

Als bergbautypische Betriebshandlung bedarf das **Anlegen einer Bergehalde**   **582**
einer näheren wasserrechtlichen Untersuchung. Nach Ziff. 4.5.11 der RL über
die Zulassung von Bergehalden im Bereich der Bergaufsicht NRW v. 13.7.1984
(MinBl 931) ist für die Errichtung einer Bergehalde eine wasserrechtliche
Erlaubnis erforderlich, weil sie generell zu schädlichen Grundwasserverunreinigungen geeignet sei (§ 9 Absatz 2 WHG). In dieser Allgemeinheit ist das nicht
zutreffend. Zu unterscheiden ist zwischen dem Auffangen und Ableiten von
Niederschlagswasser durch einen oberirdischen Haldenrandgraben sowie dem
sich mit dem Grundwasser vermischenden Haldensickerwasser. Das oberirdisch
von der Halde ablaufende und über einen Haldenrandgraben gefasste und
abgeleitete Niederschlagswasser wird zielgerichtet behandelt und erfüllt daher
den Benutzertatbestand des § 9 Absatz 1 Nr. 4 (Einleiten von Stoffen) WHG,
wenn es einem Gewässer zugeführt wird. Diesen Sachverhalt behandeln die
Richtlinien NRW in Ziff. 4.5.2 (s. auch Czychowski/Reinhardt, § 9 Rn 35). Zur
wasserrechtlichen Anordnung der Gewässerunterhaltung für ein verrohrtes
Gewässer unter einer Halde: OVG Koblenz, NVwZ-RR 2012, 509; ferner
Anhang § 56 Rn 735.

Richtiger insofern der Erlass betreffend die Zulassung von Bergehalden im   **583**
Bereich der Bergaufsicht des **Saarlandes** v. 2.1.1990 (Gem. MinBl, 21 = ZfB
1991, 228). Nach Ziffer 4.5.1.1 ist es erforderlich, die Beschaffenheit des
anzuschüttenden Materials zu untersuchen. Besondere Gefahr für das Grundwasser wird nur bei hohen Anteilen an wasserlöslichen Chloriden, Sulfaten oder
Schwermetallen gesehen. Nur in diesen Fällen wäre § 9 Absatz 2 Nr. 2 WHG
auf die Bergehalde anwendbar.

Das **Sickerwasser,** das mit dem Grundwasser in Berührung kommt, wird zweck-   **584**
gerichtet in Grundwasser eingeleitet, wenn Sickerschächte oder Dränagen angelegt werden, und ist daher nach § 9 Absatz 1 Nr. 4 (Einleiten von Stoffen in das
Grundwasser) WHG als Benutzung anzusehen (Scheier, ZfW 1981, 142, 144;
Piens, ZfW 1999, 14).

Sickerwasser, das nicht über Sickerschächte oder Dränagen zum Grundwasser   **585**
gelangt, sondern natürlich durchsickert, ist nicht nach § 9 Absatz 1 Nr. 4 WHG
zu beurteilen, da es an einem zweckgerichteten Verhalten fehlt (Kotulla Rn 33 zu
§ 3; Czychowski/Reinhardt § 9 Nr. 35; Piens, ZfW 1999, 14; Scheier, ZfW
1981, 144 und ZfW 1984, 337; Kohls, ZfW 1981, 149; Keune, ZfW 1981,
151 mit dem Hinweis, dass dennoch eine Abgabepflicht entfällt, da Sickerwasser
kein Abwasser ist). Teilweise wird es nach § 9 Absatz 2 Nr. 2 WHG behandelt
(Czychowski/Reinhardt § 9 Rn 88 unter Hinweis auf – allerdings nicht bergbaubezogene – Urteile betrifft Schlacken der Chemischen Industrie, Hütten-
industrie, Hausmülldeponie) doch ist diese Auffassung zu sehr vom Gedanken
des Vorsorgeprinzips bestimmt. Richtig ist eine auf die Gefährdung des Grundwassers im Einzelfall abzielende konkrete Betrachtungsweise, die nicht von der

generellen Gefahr durch Bergehalden ausgeht (Scheier, aaO unter Hinweis auf BVerwG, ZfW 1981, 87 zu § 34 Absatz 2 WHG a. F.). Diese Richtigstellung verlangt schon der Tatbestand des § 9 Absatz 2 Nr. 2 WHG, wonach nur schädliche sowie dauernd feststellbare oder erhebliche Veränderungen erfasst werden.

586 Bei diesem Sickerwasser wird auch der Tatbestand der Abwasserbeseitigungspflicht i. s. von § 54 Absatz 2 WHG, 53 LWG NRW nicht erfüllt, weil es nicht von bebauten oder befestigten Flächen i. s. von §§ 54 Absatz 2 WHG, 51 Absatz 1 LWG NRW abfließt.

IV. Benutzung von Oberflächengewässer

587 Auch an der Oberfläche erfüllt der Bergbau die Benutzungstatbestände in vielfacher Weise. Er entnimmt aus Gewässern Wasser zu Kühlzwecken, als Löschwasser für Kokereien, als Kohlenwaschwasser; er leitet es ab durch Kanäle, Rohre, Gräben und erfüllt in der Praxis besonders häufig den Tatbestand des § 9 Absatz 1 Nr. 4 WHG (Einbringen und Einleiten von Stoffen). Vgl. auch Dapprich-Franke, Leitfaden des Bergrechts, 188.

1. Der Begriff Oberflächengewässer

588 Entscheidend ist bei allen oberirdischen Benutzungstatbeständen, dass sie sich auf ein „Gewässer" i. s. von §§ 2, 8 (direkte Einleitung) WHG beziehen müssen und nicht auf eine Entwässerungsanlage (indirekte Einleitung § 58 Absatz 1 WHG). Diese Abgrenzung (Grundsätzliches bei Czychowski in Festgabe zum 25-Jährigen Bestehen des BVerwG, S. 129 ff.) hat Bedeutung für Erlaubnispflicht, Anwendung aller wasserrechtlichen Bestimmungen, vor allem des § 57 WHG, Zuständigkeit der Wasserbehörden, Abwasserabgabepflicht einerseits und die Entwässerungsgebührenpflicht und Anschluss- und Benutzungszwang andererseits. Eine Brücke zwischen den Begriffen Gewässer und Entwässerungsanlage lässt sich nicht mit der sog. Zwei-Naturen-Theorie schlagen, wonach eine Wasserführung zugleich Gewässer und Bestandteil der Kanalisation sein könne (OVG Lüneburg, OVGE 8, 385; VGH Kassel, ES VGH 13, 115, Czychowski und unveröff. RdErl. NRW v. 11.11.1969 ZfW 1974, 292, RdErl. NRW v. 15.3.1973, MBl 508, zu Fn. 2, wohl auch Breuer, NJW 1976, 1622, 1623 und in Öffentliches und privates Wasserrecht, Rn 131 ff.: doppelfunktionaler Wasserlauf), die jedoch abzulehnen ist (h. M. OVG Münster, ZfW 1974, 251 = E-Bach, OVG Münster, ZfW Sh 1974, II Nr. 124 = offene Gräben in W., insofern durch die aufhebenden Urteile BVerwG, ZfW 1976, 282 und 287 unbeanstandet geblieben; VG Darmstadt, KStZ 1961, 83; OVG Rheinl.-Pfalz, Verw Rspr. 31, 981, 982; Abt ZfW 1964, 211; Salzwedel ZfW 1974, 279, 284 und dort Rspr., 290; Külz, ZfW 1981, 129, 130; Gäßler, ZfW 1982, 272, 276; Czychowski/Reinhardt § 3 Rn 30 m. w. N.; Köhler/Meyer § 1 Rn 45 m. w. N.). Differenzierend jetzt OVG NRW (Beschluss vom 6.7.2012 – AZ 9 A 980/11, vorher schon Urt. v. 18.12.2007 – 9 A 2398/03 und BVerwG Urt. v. 28.4.2008 – 7 B 16.08): Ob ein Gewässer Teil der öffentlichen Abwasseranlage ist, richtet sich danach, ob es nach Würdigung der gesamten Umstände zum entwässerungsrechtlichen Zweck technisch geeignet und durch Widmung bestimmt ist. Abwasseranlagen, die nicht von der Kommune selbst oder in ihrem Auftrag betrieben werden, müssen gebührenrechtlich außer Ansatz bleiben, z. B. Gräben Dritter oder Vorfluter von Wasserverbänden, z. B. der Emschergenossenschaft. Für teilweise verrohrten Wegeseitengraben einer Landesstraße als (gebührenpflichtiger) Teil der kommunalen Abwassereinrichtung: OVG NRW, DVBl 2012, 1188 =

NWVBl 2013, 35 und Urt. v. 18.12.2007, AZ 9 A 2398/03; BVerwG v. 28.4.2008, AZ 7 B 16.08.

Richtig erscheint es, folgende Fälle zu unterscheiden (hierzu ausführlich Breuer, **589** Rn 121 ff. und Erlasse Sächs. SMUL v. 9.4.2009 und 2.9.2003 betrifft Grundsätze nach § 9 Sächs. WG (AZ 43-8951, 18):

Der **Vorfluter** hat seine Funktion **gänzlich eingebüßt** und erfüllt ausschließlich **590** die **Funktion einer Abwasseranlage.** Dies ist der Fall, wenn ein als Abwassersammler dienender **Wasserlauf vollständig verrohrt** ist (BVerwG, ZfW 1976, 286; OVG Hamburg, ZfW 1993, 115; OVG NRW, ZfW 1990, 420; OVG Saarlouis, NUR 2010, 592, 595; VGH München v. 19.1.2006 – 9 B 04, 1217). Wesentliche Merkmale eines Gewässers sind seine Quelle und sein Bett. Wesentlich ist ferner, dass Gewässer zum natürlichen Wasserkreislauf in Beziehung stehen, etwa das Niederschlagswasser ungehindert aufgenommen wird, Grundwasser in den Bach eindringen kann, Wasser aus dem Bach austreten kann, der Bach der Entwässerung von Anrainergrundstücken dient, Hochwasser führen kann, Wasser verdunsten kann. An allen diesen Vorgaben fehlt es bei Totalverrohrungen (OVG Hamburg, NUR 1990, 130; ZfW 1993, 114). Die Gewässereigenschaft ist aufgehoben. Formell bedarf es wasserrechtlich hierzu eines Planfeststellungsverfahrens. Fehlt es daran, kann die Wasserbehörde die renaturierende Herstellung des Gewässers anordnen (Breuer, aaO, Rn 128) oder die Nachholung der Planfeststellung mit Wirkung ex nunc. Ferner bedarf es anstaltsrechtlich einer Widmung. Für die ist eine Zustimmung des Eigentümers nicht erforderlich. Sie kann auch konkludent erfolgen.

Zu unterscheiden davon ist die nur **teilweise Verrohrung** eines Gewässers. Sie **591** ändert die Gewässereigenschaft nicht (BVerwGE 49, 300 = NJW 1976, 723 = ZfW 1976, 286; BVerwG, ZUR 2011, 254 = UPR 2011, 232 betrifft 524 m verrohrtes Gewässer; BGH, ZfW 1983, 157 m. w. N.; OVG Lüneburg, NUR 1982, 267; OVG Hamburg, ZfW 1993, 115; OVG Schleswig v. 25.3.1982 – 3 OVG A96/80; VG Gelsenkirchen Urt. v. 19.11.1984 – 3 K 3140/83 betrifft 350 Meter Verrohrung; zur Frage, ob die Gewässereigenschaft für den Bereich eines 524 m verrohrten Teilstücks erhalten bleibt: BVerwG, NUR 2011, 356 = UPR 2011, 232 = NVwZ 2011, 696 = ZUR 2011, 254: bejahend; anders VG Gelsenkirchen Urt. v. 8.12.1982 – 3 K 1976/79 betrifft 200 Meter Verrohrung und Urt. v. 24.3.1994 – 13 K 1457/91 betrifft 350 Meter Verrohrung und Widmung, Unterhaltung, Grundeigentum der Stadt als Indiz für Abwasseranlage; ferner Kotulla § 1 Rn 4; Köhler/Meyer § 1 Rn 46). Bei längeren Verrohrungen geht die Gewässereigenschaft allenfalls für den verrohrten Teil verloren (VG Gelsenkirchen, 27.2.1985 – 3 K 2924/1983 betrifft 500 Meter Strecke). Ebenso bleibt die Gewässereigenschaft erhalten, wenn es teilweise unterirdisch, in Felsdurchlässen, durch einen Stollen (Bayr. VGH in ZfW 1990, 467: 150 Meter), Röhren, Tunnel oder Dükern verläuft (BVerwG, ZfW 1976, 285) oder mit Sohlschalen ausgebaut ist (OVG NRW, ZfW 1990, 420). Richtig dürfte es letztlich immer auf eine bewertende Beurteilung der Gegebenheiten des Einzelfalles ankommen, sofern natürliche Wasserläufe nur zum Teil verrohrt sind (Koch, Umweltrecht, § 5 Rn 52). Nur in Extremfällen dürfte die Gewässereigenschaft zu verneinen sein (dazu BVerwG, ZfW 2006, 209 f. = NVwZ-RR 2005, 739).

Wenn der Vorfluter zwar zur Abwasserbeseitigung benutzt, jedoch **nicht** zum **592** **tatsächlichen Bestandteil der Kanalisation** gemacht worden ist, ist es zu einer Funktionsänderung des Gewässers nicht gekommen. Der Vorfluter bleibt Gewässer im Rechtssinne. Hierzu zählen die Fälle, in denen keine technische Einheit zwischen Ortskanalisation und Wasserlauf besteht (OVG NRW, ZfW 1990, 420; Hess VGH, ZfW 1997, 189; OVG NRW in OVGE 33, 122 = KStZ

1978, 139). Diese technische Einheit wird nicht dadurch hergestellt, dass Abwasser im Gewässer transportiert wird. Oder dass Einmündungsbauwerke, Böschungssicherungen, Sohlebefestigung, Querschnittsvergrößerungen beim Gewässerbett, Überläufe für eine Trennkanalisation gebaut werden, die nur den Wasserabfluss des Vorfluters sichern, nicht jedoch abwassertechnisch zu begründen sind (VGH Kassel, ZfW 1997, 189). Auch die Einleitung von Niederschlagswasser begründet keine technische Integration. Insofern dient der Vorfluter nämlich dem natürlichen Wasserkreislauf (VGH Kassel, aaO).

593 In der stark vom Bergbau beeinflussten **Emscher-Lippe-Zone** kann eine Vermutung für die Wassereigenschaft aus den **Einzugsbereichs-Verordnungen** für Flusskläranlagen gemäß §§ 9 Absatz 3 AbWAG, 6 Absatz 4 LWG NRW hergeleitet werden. Sie benennen die Gewässer, die zum Einzugsbereich der Flusskläranlage gehören (z. B. VO für Emschermündungsklärwerk, Kleine Emscher, Alte Emscher = ABl RB Düsseldorf, Sonderbeilage v. 18.12.1980; Seseke, Herringerbach = ABl RP Arnsberg v. 27.12.1980). In einigen anderen Bundesländern kann die Anlage betrifft Gewässer I. und II. Ordnung zum jeweiligen Landeswassergesetz Indizwirkung haben.

2. Benutzungstatbestände

594 Die **Benutzungstatbestände bei oberirdischen Gewässern** sind in § 9 Absatz 1 Ziff. 1 (Entnahme), Ziff. 2 (Absenken), Ziff. 3 (Entnahme von festen Stoffen) und Ziff. 4 (Einleiten und Einbringen) geregelt. Dabei ist für alle Tatbestände charakteristisch das subjektiv-finale Element: Es muss sich um eine zweckbestimmte, unmittelbar gewässerbezogene Einwirkung handeln (BVerwG, ZfW 1973, 296; OLG Celle, ZfW 1972, 316; Breuer, Öffentliches und privates Wasserrecht Rn 219).

595 **Bergbauliche Benutzungen** in dem Sinne sind: Einleiten von Grubenwasser (Sikorski, Bergbau und Gewässerschutz, S. 99 ff.), Sozialabwässer, Kohlenwaschwasser, Haldensickerwasser, Kokereiabwässer, Kühlwasser, Sole aus Salzabbau, Entnahme von Kühl- und Brauchwasser, Entnahme von festen Stoffen wie Kies, Sand, Stein, Ton, Torf).

596 **Keine Benutzungen** (Absenken) von oberirdischen Gewässern ist das Einstellen von Einleitungen des Sümpfungswasser aus Braunkohlentagebauen, wenn dadurch gleichzeitig der Wasserstand im Gewässer abgesenkt wird (Czychowski/Reinhardt, § 9 Rn 20; Kotulla § 3 Rn 11), ebenso nicht das Absenken des Wasserstandes im Gewässer als Folge der Entnahme von Grundwasser (Kotulla, aaO, m. w. N.). Der Einbau von Sohlschalen ist kein Aufstauen i. S. von § 9 Absatz 1 Nr. 2 WHG, kann jedoch ein Einbringungstatbestand i. S. von § 9 Absatz 1 Nr. 4 WHG sein (VG Regensburg, NUR 2011, 387). Das Absenken von Grundwasser durch einen Braunkohlentagebau hat nicht unmittelbar den Zweck, den Wasserstand im Gewässer abzusenken, sondern Braunkohle zu gewinnen (Czychowski/Reinhardt § 9 Rn 20; Reinhardt, Bergbau und Umwelt, S. 62). Zu: Kein Benutzungstatbestand ist die Einstellung der Wasserhaltung, s. Anh. § 56 Rn 568. Keine echte Benutzung von der **Eintrag der Emission von Schadstoffen** aus dem Kamin einer Industrieanlage **in ein Gewässer**, ebenso keine erlaubnispflichtige unechte Benutzung i. S. von § 9 Absatz 2 Nr. 2 WHG. Diese Auffangvorschrift scheidet aus, wenn Regelwerke zur Begrenzung von Emissionen und Immissionen, z. B. durch das Immissionsschutzrecht, existieren und beachtet werden (OVG NRW, ZUR 2012, 372, 375 = NWVBl 2012, 182, 186 – Kohlekraftwerk Trianel; Ohms, NVwZ 2010, S. 925, 930). Das Einbringen oder Einleiten von Stoffen in ein Gewässer ist nur dann eine Benutzung i. S. von § 9 Absatz 1 Nr. 4 WHG, wenn der Stoff zur Auflösung oder zu anderer wasserwirtschaftlich erheblicher Verbindung mit dem Wasser in das Wasser eingebracht wird (VGH Mannheim, NUR 2010, 803; NUR 2006, 376; ZfW 1972, 245). Zur (verneinten) Frage, ob die EU-WRRL durch das Ziel, die Quecksilber-Emission schrittweise zurückzuführen und letztlich einzustellen, den Bau von Kohlekraftwerken wasserrechtlich verhindert: Spieht/Ipsen NVwZ 2011, 536 m. w. N.; Riese/Dieckmann, UPR 2011, 212; Durner/Trillmich, DVBl 2011, 517 ff. m. w. N. ferner Anhang § 56 Rn 138. Die **Einleitung von Quecksilber** in ein Gewässer ist in Ansehung der WRRL in Verbindung mit der UQN-RL auch nach dem Jahr 2028 nicht absolut ausgeschlossen. Die UQN-RL sieht **keinen Zeitplan** für die Beendigung oder schrittweise Einstellung der Einleitungen oder Emissionen vor (OVG NRW, ZuR 2012, 372, 377 = NWVBl 2012, 181, 185 – Kohlekraftwerk Trianel; Durner/Trillmich, DVBl 2011, 517 ff.; Spieht/Ipsen, NVwZ 2011, 536, 537 ff. und NVwZ 2013, 391, 395; Reidt/Schiller, NUR 2011, 625; Seibert, DVBl 2013, 605; a. A. Köck/Möckel, NVwZ 2010, 1390 ff., Gellermann, NVwZ 2012, 850 ff., Laskowski, ZUR 2013, 131).

3. Mittelbare Einleitungen

597   Wird die Einleitung über das Rohr, die Kanalisation, einen Graben ohne Gewässereigenschaft oder die Leitung eines Dritten vollzogen, ist zweifelhaft, wer Einleiter ist. Für den Tatbestand des Einleitens ist ein auf das Gewässer gerichtetes zweckgerichtetes Verhalten und nicht nur die bloße Verursachung des Hineingelangens in das Gewässer (BVerwG, ZfW 1974, 297 m. w. N. und Zust. Stortz, S. 302, OLG Celle, ZfW 1972, 316) notwendig. Eine unmittelbare Einleitung in ein Gewässer wird nicht durch die genannten Zwischenstücke Dritter ausgeschlossen (OVG Lüneburg, ZfW Sh 1973 II. Nr. 3 (L)), auf die Eigentumsverhältnisse kommt es nicht an. Einleiter ist in jedem Fall der Träger der Kanalisation, des Grabens. Das schließt nicht aus, dass bei unterscheidbaren Abwässern daneben auch der Zuleiter an diesem Werkskanal Einleiter in den Wasserlauf ist.

598   Davon ist zu unterscheiden die Frage, ob mittelbare Einleiter gemäß § 89 WHG schadenersatzpflichtig (bejahend BGHZ 57, 257, 260 und BGH, ZfW 1974, 356, 358 m. w. N., VersR 1981, 652 = NJW 1981, 2416, zweifelnd BGHZ 55, 180, 184, bei Wasserverbänden verneinend ZfW 1974, 356, 361) oder gemäß § 324 StGB strafrechtlich verantwortlich sind (bejahend OLG Hamm, ZfW Sh 1974 Nr. 53, OLG Celle, ZfW 1972, 316).

V. Wasserrechtliche Zulassungen

1. Allgemeines

599   Benutzungen i. S. von § 9 WHG bedürfen gemäß § 8 Absatz 1 WHG der behördlichen Erlaubnis oder Bewilligung, sofern nicht im WHG Ausnahmen vorgesehen sind, die allerdings für bergbauliche Vorhaben selten relevant sind. Verwaltungsrechtlich ist das Zulassungserfordernis als **repressives Verbot mit Befreiungsvorbehalt** gestaltet: Die Zulassung begründet erst die Nutzungsberechtigung, Benutzungen ohne Zulassung sind rechtswidrig und können untersagt werden, sie sind ordnungswidrig (§ 41 Absatz 1 Nr. 1 OWiG und können strafbar gemäß § 324 StGB bei Gewässerverunreinigung sein. Die Zulassungen begründen kein Recht auf Wasserzufluss (§ 10 Absatz 2 WHG) in bestimmter Menge und Beschaffenheit, der Inhaber ist weder gegen Entziehung von Wasser noch eine Verunreinigung geschützt, soweit nicht landesrechtlich Entschädigungsansprüche geregelt sind oder diese sich aus allgemeinen Rechtsvorschriften ergeben. Auf die Erteilung einer Zulassung hat weder der Eigentümer eines Gewässers oder eines Grundstücks noch irgendein Antragsteller einen Rechtsanspruch (BVerfG, ZfW 1996, 521; ZfW 1982, 296; BVerwG, NUR 2004, 809). Die Behörde hat vielmehr ein weites und umfassendes **Bewirtschaftungs-(Zuteilungs-)Ermessen** (BVerwG, ZfW 1988, 346; Czychowski/Reinhardt § 12 Rn 33 m. w. N.). Es ist nunmehr in § 12 Absatz 2 WHG ausdrücklich genannt. Dabei wird das Bewirtschaftungsermessen neuerdings zweistufig gesehen (Hasche, ZfW 2004, 144 ff.; Knopp in Wasserrecht im Umbruch, 2007, S. 45): Einerseits das **Gestattungsbewirtschaftungsermessen**, das in § 12 Absatz 2 WHG verankert ist, andererseits das **planerische Bewirtschaftungsermessen**, das EG-rechtlich vorgegeben ist und sich auf die Entscheidung bezieht, ob eine Ausnahme nach §§ 30, 31 WHG von den Bewirtschaftungszielen für oberirdische Gewässer (§§ 27, 28 WHG) oder Grundwasser (§ 47 WHG) im Einzelfall erteilt werden kann. Zum Bewirtschaftungsermessen bei Industrieanlagen: Reinhardt, NUR 2011, 833 – kein planerisches Instrument zur Verhinderung des Gesamtvorhabens, sondern allein wasserwirtschaftliche Interessenabwägung; auch Spieht/Ipsen, NVwZ 2013, 391 ff.

600 Die bestandskräftige Erlaubnis hat **Legalisierungswirkung**. Solange die Erlaubnis nicht zurückgenommen, widerrufen, aufgehoben oder durch Zeitablauf erledigt ist, kann die Benutzung nicht auf der Grundlage der wasseraufsichtsrechtlichen Generalklausel untersagt werden (Hess. VGH, DVBl 2011, 113 ff. = NUR 2011, 143 betrifft Gemeindeklage auf Einstellung der Versenkung von Kaliabwässer).
Eine grundlegende Umorientierung hat das deutsche Wasserrecht durch die Schaffung eines Ordnungsrahmens für Maßnahmen der Gemeinschaft im Bereich der Wasserpolitik (RL 2000/60/EG v. 23.10.2000, kurz: WRRL) erfahren (hierzu Durner, NUR 2010, 452 m. w. N.; Reinhardt, NUR 2009, 517 ff.; schon Knopp, ZfW 1999, 257 ff.). Die WRRL gilt als Musterbeispiel eines final ausgestalteten, verfahrensbetonten, prozesshaften Regelungskonzeptes. An die Stelle emissionsorientierter Standards treten Umweltqualitätsziele, integrative Elemente, Überbetonung von Verfahren und Partizipation (Durner aaO, S. 454). Das Bewirtschaftungsermessen wird durch Vorgabe der wasserwirtschaftlichen Planung erheblich begrenzt (Knopp, ZUR 2005, 509; Durner aaO, S. 461 m. w. N.; zur Begrenzung durch Naturschutzrecht: Reinhardt, NUR 2009, 517 ff.). Die WRRL ist zunächst durch das 7. Änderungsgesetz zum WHG 2002 (BGBl, 1914) und die jeweiligen Landesgesetze, danach durch das Gesetz zur Neuregelung des Wasserrechts v. 31.7.2009 (BGBl, 2585 ff.) in deutsches Recht umgesetzt worden.
Drittschutz: Die **Bewirtschaftungsziele** des § 27 WHG und § 47 WHG (Grundwasser), die die Umweltziele des Art 4 WRRL in deutsches Recht umsetzen, haben auch unter Berücksichtigung ihres unionsrechtlichen Ursprungs **keinen drittschützenden Charakter** (VGH Kassel, ZuR 2012, 108 = NUR 2012, 63). Die Umweltziele des Artikel 4 WRRL einschließlich Vermeidungs- und Erhaltungsgebot sowie Verschlechterungsverbot stellen (lediglich) Zielvorgaben dar, auf die die Mitgliedsstaaten schrittweise hinzuarbeiten haben (Breuer, NUR 2007, 503, 505 f.; Durner, NUR 2010, 452; Köck, ZuR 2009, 227, 29; VGH Kassel aaO). Dieser programmatische Charakter der Umweltziele des Artikel 4 WRRL begründet eine Flexibilität auf dem Weg zu den Zielen und schließt ihre Einklagbarkeit aus (Czychowski/Reinhardt, § 27 Rn 6; Fassbender, NVwZ 2001, 241, 246; Knopp, ZuR 2001, 373). **Keinen Drittrechtsschutz** vermitteln im Wasserrecht ferner die §§ 57 WHG (VGH Kassel, NUR 2012, 63), 48 WHG, auch nicht eine rechtsfehlerhafte Zulassung von Ausnahmen i. S. von §§ 47, 48 WHG im Rahmen von § 82 Absatz 6 WHG i. V. mit Artikel 11 Absatz 3 Buchst. j WRRL, ferner nicht § 22 a ABBergV oder die nach § 12 Absatz 1 Nr. 2 WHG bei der Ermessensentscheidung nach § 12 Absatz 2 WHG zu beachtenden Bergsicherheitsvorschriften (VG Kassel, NUR 2012, 802, 808).

Ausnahmsweise kann ein **Anspruch** auf Erteilung einer Erlaubnis oder Bewil- **601** ligung bestehen, wenn die Behörde in mehreren gleich gelagerten Fällen recht- mäßige Erlaubnisse oder Bewilligungen erteilt hat („Ermessensschrumpfung" aufgrund des allgemeinen Gleichheitssatzes gemäß Artikel 3 Absatz 1 GG) oder die Behörde sich nach den allgemeinen Grundsätzen des Verwaltungsrechts selbst gebunden hat (z. B. Zusicherung i. s. von § 38 VwVfG) oder bei verfas- sungskonformer, Artikel 14 Absatz 1 GG entsprechender Gesetzesauslegung ein Anspruch anstelle früherer rechtlicher Möglichkeiten anzuerkennen ist (Breuer, Öffentliches und privates Wasserrecht, Rn 431).

2. Erlaubnis

Das Erlaubnisverfahren ist landesrechtlich speziell geregelt. Nur soweit keine **602** Vorschriften bestehen, ist das VwVfG anzuwenden. Zu unterscheiden sind das nichtförmliche (einfache) Erlaubnisverfahren und das nunmehr bundesrechtlich geregelte förmliche Verfahren der sog. **gehobenen Erlaubnis**. Sie wird als Mög- lichkeit angeboten, wenn die Benutzung im öffentlichen Interesse liegt oder ein berechtigtes Interesse des Gewässerbenutzers besteht. Insofern ist sie gerade für investitionsintensive Bergbauvorhaben von Interesse. Grundsätzlich zum **Inves- titionsschutz** im Wasserrecht: Salzwedel ZfW 2008, 1 ff.; auch BVerwGE 20, 220. Sie schützt vor Unterlassungsansprüchen von Dritten gegenüber dem Inhaber der gehobenen Erlaubnis, bedarf aber meistens der Durchführung eines förmlichen Verfahrens analog zum Planfeststellungsverfahren gemäß § 72 ff. VwVfG. Je nach Landesrecht ist in Verfahren der gehobenen Erlaubnis eine **Mitwirkung von anerkannten Vereinen** i. s. von § 63 ff. BNatSchG erforderlich (§ 63 Absatz 2 Nr. 8 BNatSchG), ebenso bei der einfachen Erlaubnis in landes- rechtlich bestimmten Fällen, vornehmlich für die Entnahme von Wasser aus oberirdischen Gewässern in festgelegten Mengen, das Einleiten und Einbringen von Stoffen in oberirdische Gewässer oder in das Grundwasser je nach fest- gelegter Menge, die Durchführung von Maßnahmen der fiktiven Gewässer- benutzung des § 9 Absatz 2 WHG. Bundesrechtlich sind gehobene wasserrecht- liche Erlaubnisse ungeachtet ihrer landesrechtlichen Ausgestaltung als Erlaub- nisse anzusehen (VG Koblenz, ZfW 2000, 264).

Die Erlaubnis ist kraft Gesetzes **widerruflich** (§ 18 Absatz 1 WHG). Obwohl **603** Widerrufsgründe nicht genannt sind, ergeben sie sich aus allgemeinen Rechts- grundsätzen: Der Widerruf muss sich an den Voraussetzungen für die Erteilung der Erlaubnis i. s. von § 12 Absatz 1 WHG orientieren. Wenn für die Erteilung für die Erlaubnis Versagensgründe i. s. von § 12 Absatz 1 WHG nicht vorliegen würden, darf eine bestehende Erlaubnis auch nicht widerrufen werden. Beispiele für Widerrufsgründe finden sich in den Landeswassergesetzen (z. B. unrichtige Nachweise bei Antragstellung, Änderung des Zwecks der Benutzung, Ausdeh- nung der Benutzung, Nichterfüllung von Auflagen, Bedingungen), auch die Widerrufsgründe für Bewilligungen i. s. von § 18 Absatz 2 WHG analog. Erfor- derlich ist stets, dass sie vom Zweck des WHG gedeckt sind (Czychowski/ Reinhardt § 18 Rn 11). Zulässig ist z. B. ein Widerruf einer Erlaubnis, wenn der Betreiber einer Kies- und Sandbaggerei die Auflagen über die einzuhaltenden Böschungsneigungen und Sicherheitsabstände missachtet (BVerwG, RdL 1994, 224; Czychowski/Reinhardt, aaO).

In jedem Fall muss der Widerruf die **allgemeinen Schranken** der rechtmäßigen **604** **Ermessensausübung** beachten, sowie die Grundsätze des allgemeinen Verwal- tungsrechts für den Widerruf begünstigender Verwaltungsakte, auf deren Vor- nahme kein Rechtsanspruch besteht (§ 49 Absatz 2 VwVfG). Gemäß § 49 Absatz 2 Satz 2 i. V. mit 48 Absatz 4 VwVfG ist der **Widerruf nur innerhalb eines Jahres** nach vollständiger Kenntnis der für die Entscheidung über einen

Widerruf benötigten Tatsachen zulässig. Für die Rücknahme einer rechtswidrigen Erlaubnis gilt § 48 VwVfG. Zu den bei der Entscheidung über den Widerruf zu beachtenden verfassungsrechtlichen Vorgaben gehören der **Gleichbehandlungsgrundsatz** und das **Übermaßverbot.** Vor dem Widerruf ist zu prüfen, ob die Beeinträchtigung des Wohls der Allgemeinheit durch ein milderes Mittel ausgeglichen werden kann, etwa eine Auflage (OVG NRW, ZfW 1978, 251; Koch § 5 Rn 76; Czychowski/Reinhardt § 18 Rn 17). Die Befugnis, gemäß § 13 WHG Inhalts- und Nebenbestimmungen in weitgehender Weise, auch nachträglich, festzulegen, schränkt die Befugnis zum Widerruf ein. Die Behörde muss nachweisen, warum im Falle des Widerrufs an dessen Stelle nicht die Möglichkeiten des § 13 WHG ausreichend gewesen sind. Beim Widerruf vor Ablauf der Erlaubnisfrist sind insbesondere der Vertrauensschutz bei bereits „ins-Werk-gesetzten" Benutzungen, das Interesse des Unternehmers an der wirtschaftlichen Amortisation seiner Investition, ggf. das Erhaltungsinteresse des Betriebes als Teilmenge des Wohls der Allgemeinheit zu berücksichtigen. Je mehr Gewicht die Investition hat, die auf die Gewässerbenutzung angewiesen ist, desto gewichtiger müssen andererseits die Widerrufsgründe sein. Das **Gebot der Verhältnismäßigkeit** kann dazu führen, vom Widerruf abzusehen, um dem Unternehmen angemessene Zeit zur Anpassung seines Verhaltens an die Rechtslage zu geben (OVG NRW, ZfW 1993, 118) oder die Möglichkeit einer Legalisierung zu prüfen (Bayr. VGH ZfW 2005, 114; BVerwG, NVwZ-RR 1991, 461; NVwZ-RR 1994, 202 f. = ZfW 1994, 396).

605 Einfache und gehobene Erlaubnisse können über den Widerruf hinaus auf andere Art und Weise enden: **Zeitablauf,** Eintritt einer **auflösenden Bedingung, Rücknahme** von rechtswidrigen Erlaubnissen, Verzicht. Will der Benutzer nach Zeitablauf die Benutzung fortsetzen, muss er eine neue Erlaubnis beantragen, sofern landesrechtlich nicht eine Verlängerung vorgesehen ist (Hendler, ZfW 2000, 149, 153). Für die erneute Ermessensentscheidung der Wasserbehörde können Gesichtspunkte aus der bisherigen Gewässerbenutzung gewichtig sein, z. B. der vorhandene Bestand an Anlagen und Investitionen, Schutz von Arbeitsplätzen, Sicherung des Energiebedarfs, Gewinnung von Rohstoffen, ordnungsgemäße bisherige Benutzung des Gewässers, fehlende zumutbare Alternativen (Hendler aaO, S. 156 „Bestandsschutz" m. w. N.). Wegfall oder Einschränkung der Befugnis zur Gewässerbenutzung sind nicht zumutbar, wenn dadurch der Bestand des Gesamtunternehmens infrage gestellt wird. Ist ein Wasserrecht schon seit Jahrzehnten ausgeübt, kann im Rahmen der Zumutbarkeitsprüfung die Möglichkeit einer betrieblichen Umstellung auf öffentliche Wasserversorgung nicht in Betracht gezogen werden, wenn die Wasserversorgung nach der benötigten Wassermenge eine wesentliche Produktionsvoraussetzung ist und die Umstellung eine nicht unerhebliche Kostenerhöhung mit sich bringen würde (OVG NRW, ZfW 1976, 246). Änderungen des Standorts, der Betriebsart oder der wirtschaftlichen und technischen Mittel sind in die Zumutbarkeitsprüfung einzubeziehen (OVG NRW, ZfW 1974, 235 = OVGE 28, 149), ebenso, dass ein auf die weitere Gewässerbenutzung angewiesener Gewerbebetrieb bereits existiert (VGH München, NUR 2005, 189 m. w. N. = ZfW 2005, 192).

606 Maßgebliche **Voraussetzungen** für das Erteilen der **wasserrechtlichen Erlaubnis für Grundwasserbenutzungen** sind nach § 12 Absatz 1 WHG auf der Tatbestandsseite, dass **schädliche Gewässerveränderungen nicht zu erwarten** sind und andere Anforderungen nach öffentlich-rechtlichen Vorschriften erfüllt werden. Damit wurde der das bisherige Wasserrecht prägende § 6 WHG a. F. geändert und erweitert. Nach § 6 Absatz 1 WHG a. F. wurde für eine Erlaubnis vorausgesetzt, dass eine Beeinträchtigung des Wohls der Allgemeinheit von der beabsichtigten Benutzung nicht zu erwarten war.

Der Begriff des **Wohl der Allgemeinheit** versteckt sich jetzt in dem Begriff der **607**
schädlichen Gewässerveränderungen i. S. von § 12 Absatz 1 WHG. Das ergibt
sich aus der Begriffsbestimmung für schädliche Gewässerveränderungen in § 3
Nr. 10 WHG. Sie werden als Veränderungen von Gewässereigenschaften definiert, die das Wohl der Allgemeinheit beeinträchtigen. Insofern taucht die
frühere, durch § 6 Absatz 1 WHG a. F. vorgegebene Rechtslage dort wieder
auf. Es spricht viel dafür, den unbestimmten und von den Gerichten uneingeschränkt nachprüfbaren Rechtsbegriff „Wohl der Allgemeinheit" im traditionellen Sinne zu verstehen. Er bezieht sich nach h. M. vor allem auf wasserwirtschaftliche Gesichtspunkte und Belange der menschlichen Gesundheit (BVerwG
ZfW 1987, 53; OVG NRW, ZfW 1987, 49; Bayr. VGH, ZfW 1988, 426;
BVerwG, ZfW 1990, 276) einschließlich der öffentlichen Wasserversorgung.
Zweck des Begriffes ist die Ordnung des Wasserhaushaltes, nicht der Schutz von
Arbeitsplätzen oder die Verhinderung unerwünschter Bauvorhaben (BVerfG,
ZfW 1982, 283, 296 = NJW 1982, 745, 752 = DÖV 1982, 543, 549 f.). Fehlt
es an einem unmittelbaren wasserwirtschaftlichen Bezug, kann darauf die
Ablehnung eines Antrags auf Erlaubnis oder ihr Widerruf nicht gestützt werden
(BVerfG aaO; Melsheimer, ZfW 2003, 73 f.; Knopp ZfW 1990, 281). Nicht
nach § 12 Absatz 1 WHG oder dem Begriff des „Wohls der Allgemeinheit" sind
naturschutzrechtliche Belange zu berücksichtigen, sondern unmittelbar (Kotulla,
§ 1 a, Rn 15) nach dem sog. „Huckepackverfahren" (s. auch Anh. § 56 Rn 270)
aus dem Naturschutzrecht. Das gilt auch für die bisher in § 6 Absatz 3 WHG
a. F. verankerte Voraussetzung für die Erlaubnis, dass durch die beabsichtigte
Benutzung eine erhebliche Beeinträchtigung eines FFH- oder Vogelschutzgebietes nicht zu erwarten ist oder ausgeglichen werden kann. Sie ist aus systematischen Gründen nunmehr unmittelbar aus dem Naturschutzrecht (z. B. § 34
BNatSchG) herzuleiten.

Geklärt ist durch § 3 Nr. 7 WHG aber nunmehr, dass der Begriff **Gewässer-** **608**
eigenschaften sich auf die Wasserbeschaffenheit, Wassermenge, Gewässeröko-
logie und Hydromorphologie von Gewässern bezieht. Er orientiert sich an den
Kriterien der WRRL, ist aber im Vergleich mit dem Begriff „Gewässerzustand"
(§ 3 Nr. 8 WHG, auch Artikel 2 Nr. 17 und Nr. 19 WRRL) der weitergehende.
Er umfasst nicht nur Wasserkörper, sondern das Gewässer als Ganzes, sowie
nicht näher eingegrenzte, ggf. auch sehr kleinräumige Gewässerteile (BT-Drs 16/
12275, S. 85). Aus der Verbindung von § 3 Nr. 10 WHG und § 3 Nr. 7 WHG
ergibt sich ein neuer Maßstab für die Beurteilung von Gewässerbenutzungen. Da
die Gewässereigenschaften weit gefasst sind, ist auch der Maßstab für Beeinträchtigungen der Gewässereigenschaft weit. Schädliche Gewässerveränderungen können schon zu erwarten sein, wenn Veränderungen einer der Gewässereigenschaften des § 3 Nr. 7 WHG beeinträchtigt werden oder nicht den
wasserrechtlichen Anforderungen entsprechen. Es werden also Veränderungen
erfasst, die nur Teilaspekte des Begriffes „Gewässereigenschaften" betreffen.

Aus § 12 Absatz 1 Nr. 1 WHG folgt ferner, dass **vermeidbare oder ausgleichbare** **609**
schädliche Gewässerveränderungen nicht zur Versagung der Erlaubnis führen
können. Ähnlich wie in der Eingriffsregelung des Naturschutzrechts ist daher zu
prüfen, ob schädliche Gewässerveränderungen vermieden oder ausgeglichen
werden können. Die Vermeidung richtet sich auf die Benutzungsfolgen, die
schädlichen Gewässerveränderungen, nicht auf die Benutzung selbst. Ähnlich
dem Naturschutzrecht sind nicht Vorhabensalternativen zu wählen, die das
Gewässer am wenigsten belasten (BVerwG, NVwZ 1999, 528; NUR 1998,
139 und 310 zu § 19 BNatSchG a. F.). Vermeidung heißt Minimierung der
Eingriffsfolgen, nicht Unterlassung der Benutzung. Sie betrifft nicht das „Ob",
sondern das „Wie" der Benutzung.

610 Das Ausgleichsgebot betrifft die Folgenbeseitigung bei wertender Betrachtung. Inhaltlich geht es darum, in angemessener Zeit die schädliche Gewässerverunreinigung an einer Stelle mit räumlichem Bezug zur Einleitungsstelle auszugleichen, indem die beeinträchtigte Gewässereigenschaft wieder herzustellen ist. Ähnlich dem § 1 Absatz 5 Satz 3 BNatSchG können unvermeidbare Beeinträchtigungen von Gewässereigenschaften, die beim Aufsuchen der Gewinnung von Bodenschätzen, bei Abgrabungen und Aufschüttungen zu erwarten sind, durch Renaturierung, naturnahe Gestaltung, Wiedernutzbarmachung oder Rekultivierung ausgeglichen oder gemindert werden. Gleichfalls kann für bergbauliche Vorhaben § 82 Absatz 6 WHG nutzbar gemacht werden. Das gilt sowohl für den Gedanken, dass Maßnahmen sich insgesamt günstiger auf die Umwelt auswirken können, obwohl sie punktuell zu einer zusätzlichen Verschmutzung eines oberirdischen Gewässers führen (§ 82 Absatz 6 Satz 1 WHG). Das gilt auch für die Anwendung der **Bergbau-Regelung (Allg. Bereichsausnahme) des Artikel 11 Absatz 3 Buchstabe j WRRL** bei Einleitungen in das Grundwasser (§ 82 Absatz 6 Satz 2 WHG). Die nicht vermeidbaren, nicht ausgleichbaren schädlichen Gewässerveränderungen müssen gemäß § 12 Absatz 1 Nr. 1 WHG „erwartet" werden. In Anlehnung an die bisherige wasserrechtliche Rechtsprechung setzt das Merkmal voraus, dass der Eintritt der schädlichen Veränderung zum Zeitpunkt der Verwaltungsentscheidung nicht bloß theoretisch möglich, sondern im Sinne wahrscheinlich ist, dass überwiegende Gründe für ihren Eintritt sprechen (BVerwG v. 2.8.1996, Buchholz 445.4 § 10 WHG Nr. 5; Bayr. VGH, ZfW 2005, 117 m. w. N.).

611 Ein weiterer Versagensgrund für Erlaubnisse ist gemäß § 12 Absatz 1 Nr. 2 WHG, dass „andere **Anforderungen nach öffentlich-rechtlichen Vorschriften** nicht erfüllt werden". Im Gegensatz zu § 12 Absatz 1 Nr. 1 WHG kommt es nicht auf die „Erwartung", sondern auf die feststehende Tatsache an, dass die öffentlich-rechtlichen Anforderungen nicht erfüllt werden. Außerdem kann selbstverständlich auch nach § 12 Absatz 1 Nr. 2 WHG das Erreichen der öffentlich-rechtlichen Anforderungen durch Nebenbestimmungen in der wasserrechtlichen Zulassung verlangt werden, ebenso dies nur in § 12 Absatz 1 Nr. 1 WHG ausdrücklich angesprochen ist. Zu den Anforderungen nach öffentlich-rechtlichen Vorschriften (hierzu Rolfsen, NUR 2009, 798: *„im sektorspezifischen WHG wirkt die Vorschrift deplatziert"*) dürften jedenfalls nicht die wasserrechtlichen Vorschriften gezählt werden, die bereits im Begriff der schädlichen Gewässerveränderungen i. S. von § 3 Nr. 10 enthalten sind. Anforderungen i. S. von § 12 Absatz 1 Nr. 2 WHG sind daher „andere", d. h. z. B. Vorgaben des Bauplanungsrechts, des Naturschutzrechts (Natur- oder Landschaftsschutzgebiete, Biosphärenreservate), wohl auch Ziele der Regional-, Braunkohlen- und Sanierungspläne. Allerdings dürften die „anderen Anforderungen" wohl nur solche öffentlich-rechtlichen Vorschriften betreffen, die nicht in einem eigenständigen Genehmigungsverfahren geprüft werden. Das entspricht dem System der sog. parallelen Genehmigungsverfahren, der Prüfungskonzentration auf fachgesetzliche, unabhängige spezielle Zulassungsverfahren. Es bedeutet, dass baurechtliche, bergrechtliche, immissionsschutzrechtliche Genehmigungen parallel und ohne Vorbehalt der Versagung der wasserrechtlichen Erlaubnis nach § 12 Absatz 1 Nr. 2 WHG durchgeführt werden. Derartige, auf unterschiedliche formelle oder materielle Konzentration der behördlichen Entscheidung gerichtete Regelungen schränken nicht nur die materielle Reichweite einer Gemeinwohlklausel ein, wie sie § 12 Absatz 1 Nr. 1 i. V. mit § 3 Nr. 10 WHG enthält, (BVerwGE 74, 315, 322 f.; BVerwG ZfW 1988, 346; ZfW 1990, 277 zu § 6 WHG a. F.) sondern auch den Begriff der „Anforderungen nach öffentlich-rechtlichen Vorschriften" i. S. von § 12 Absatz 1 Nr. 2 WHG. Es ist nicht Zweck dieser Vorschrift, die Entscheidung über das Wasserrecht solange hinauszuschieben, bis die letzte Genehmigung für das Gesamtvorhaben vorliegt (*„Schlusspunkt-Theorie"*). Im Übrigen ist es selbstverständlich, dass die öffentlich-rechtlichen Vorschriften i. S. von § 12 Absatz 1 Nr. 2 WHG sich nur auf die Gewässerbenutzung, nicht auf das Gesamtvorhaben beziehen. **Bewirtschaftungspläne** und **Maßnahmenprogramme** sind keine Anforderungen nach öffentlich-rechtlichen Vorschriften i. S. von § 12 Absatz 1 Nr. 2 WHG, da sie keinen Rechtsnormcharakter haben (Faßbender, ZfW 2010, 189, 197). Jedoch können ausreichend konkrete Vorgaben für Gewässerkörper in Bewirtschaftungsplänen bei dem unbestimmten Rechtsbegriff der schädlichen Gewässerveränderung i. S. von § 12 Absatz 1 Nr. 1 WHG eine Rolle spielen (VG Cottbus, Urt. v. 23.10.2012 – AZ VG 4 K 321/10 betr. Wasserrecht Tagebau Welzow Süd = ZfB 2013, 127, 136 ff.), während Maßnahmenprogramme als ermessenslenkende Verwaltungsvorschriften (Durner, NUR 2009, 77, 80) bei der Ausübung des Bewirtschaftungsermessens zu beachten sind (Faßbender, aaO, 199). Dies gilt für Genehmigungen, Inhalts- und Nebenbestimmungen i. S. von § 13 WHG, Widerruf (§ 18 WHG) und Ausgleichsverfahren § 22 WHG).

612 Im Hinblick auf die zum Immissionsschutzrecht entwickelte Auffassung, dass die Anpassung von genehmigten Anlagen an **nachträgliche Rechtsänderungen** nicht nur im Wege einer konkretisierenden behördlichen Anordnung, sondern auch durch eine unmittelbar anwendbare, hinreichend konkrete Rechtsvorschrift erfolgen kann (BVerfG, NVwZ 2010, 771; BVerwG, NVwZ 2009, 1441) wird im Einzelfall zu prüfen sein, ob man diesen Gesichtspunkt auch für die Anforderungen nach öffentlich-rechtlichen Vorschriften i. S. von § 12 Absatz 1 Nr. 2 WHG anwenden kann. Allerdings sind die Bewirtschaftungsziele der §§ 27 ff., 47 ff. WHG, Bewirtschaftungspläne und Maßnahmenprogramme keine unmittelbar geltende Vorschriften i. S. von § 12 Absatz 1 Nr. 2 WHG, weil sie zu unbestimmt sind und der Konkretisierung im Einzelfall durch die Behörde bedürfen.

613 Für das **Einbringen und Einleiten von Stoffen in das Grundwasser** gilt über § 12 Absatz 1 WHG hinaus der Besorgnisgrundsatz des § 48 Absatz 1 WHG, ebenfalls für das Lagern oder Ablagern von Stoffen gemäß § 48 Absatz 2 WHG (s. Anh. § 56 Rn 623).

614 Auf der Tatbestandsseite wird das bewirtschaftungslenkende Merkmal der schädlichen Gewässerveränderungen bzw. des Wohls der Allgemeinheit (§§ 12 Absatz 1 Ziff. 1 i. V. mit 3 Nr. 10 WHG) durch die **Bewirtschaftungsziele** des § 47 (früher § 33 a WHG a. F.) für **Grundwasserbenutzungen** ergänzt und konkretisiert (Reinhardt, NUR 2004, 84 = Bergbau- und Grundwasserschutz, S. 14) die Erteilung von wasserrechtlichen Erlaubnissen mit Grundwasserbezug wird damit auch durch die allgemeinen Bewirtschaftungsziele von § 47 WHG und die – in komplizierten Verweisungen ausgeformten – Ausnahmen von den Bewirtschaftungszielen gemäß § 47 Absatz 3 i. V. mit 31, 30 WHG bestimmt. Die Ausnahmen sind ein integraler Bestandteil der in Artikel 4 WRRL beschriebenen und durch das WHG umgesetzten Umweltziele. Angesichts der existenziellen Bedeutung der Wassernutzung für den Bergbau ist diese „Methode des verschlungenen Pfades" äußerst unbefriedigend. In dieser Situation ist die Ansicht Breuers (Öffentliches und privates Wasserrecht, Rn 625; ebenso NUR 2007, 503, 505 f.) hilfreich: der an Bewirtschaftungszielen und -anforderungen ausgerichtete „Gewässerfinalismus" lasse typischer Weise offen, welche Benutzungen zugelassen werden können. Insofern werde – trotz Maßnahmenprogramm und Bewirtschaftungsplan – im Einzelfall das wasserbehördliche Bewirtschaftungsermessen stärker aktiviert und gefordert.

615 Die **Bewirtschaftungsziele für das Grundwasser** ergeben sich aus § 47 Absatz 1 WHG: Verschlechterungsverbot, Trendumkehrgebot bei ansteigenden Schadstoffkonzentrationen, d. h. hinsichtlich des chemischen, nicht des mengenmäßigen Zustandes, und Verpflichtung zum Erhalten oder Erreichen eines guten mengenmäßigen und chemischen Zustandes bis 22.12.2015, u. U. mit Fristverlängerungen. Zum Begriff des guten chemischen und guten mengenmäßigen Zustandes des Grundwassers, ausführl. S. Albrecht, NUR 2010, 607, 610 ff.

616 Für den Bergbau wichtig ist das sog. **Verschlechterungsverbot** hinsichtlich des **mengenmäßigen und chemischen Zustandes** (§ 47 Absatz 1 Nr. 1 WHG), das bezogen auf den mengenmäßigen Zustand bei Sümpfungsmaßnahmen im Braunkohlenbergbau, Wasserhaltungen, Flutungen im Steinkohlenbergbau, Gewässerausbau bei Kies- und Sandabbau relevant sein kann. Umstritten in der Literatur ist, wann eine Verschlechterung vorliegt (s. Durner, NUR 2010, 459 m. w. N.). Einerseits soll jede negative Abweichung gegenüber dem vorherigen Zustand genügen (Czychowski/Reinhardt § 27 Rn 14; Kotulla § 25 a Rn 6; anders § 33 a Rn 6 im Hinblick auf den Verhältnismäßigkeitsgrundsatz). Nach anderer Auffassung ist das Verschlechterungsverbot nur überschritten bei einer Veränderung einer Zustandsklasse, in die das betroffene Gewässer nach Anh. V WRRL einzustufen ist (Breuer, NUR 2007, 507; Unnerstall, NUR 2003, 667, 672; Köck, ZUR 2009, 230; Füßer/Lau, Nds. VBl 2008, 193, 196 f.; Elgeti/Fries/Hurck, NUR 2006, 747 f. und KA 2006, 134, 136; Seidel/Rechenberg, ZUR 2004, 213 ff. und Wasser und Abfall 2002, 48 ff.; Wiedemann, Wasser und Abfall 2007, Heft 10, S. 40; Elgeti, Zeitschrift für Deutsches und Europäisches Wasser-, Abwasser- und Bodenschutzrecht W+B, 2012, 15 ff.; Spieht/Ipsen, NVwZ 2013, 391, 392; ausführlich begründet bei Fassbender, EurUP 2013, 70 ff.; Dammert/Brückner, SächsVBl 2013, 129; s. auch CIS-Papier zu Artikel 4 Absatz 7 WRRL der Wasserdirektoren, Ziff. 2.2 („Guidance Document No. 20" von 2009); Rieger, Sächs. VBl 2010, 205, 207; Schmid in: Berendes/Frenz/ Müggenberg, WHG, 2011, § 27 Rn 98). Eine vermittelnde Ansicht stellt zwar auf eine Verschlechterung der für den chemischen Zustand oder die biologischen Qualitätskomponenten maßgeblichen Werte ab. Sie weist aber darauf hin, dass der Zustand anhand verschiedener Parameter zu beurteilen ist, die miteinander verrechnet werden können. Außerdem beziehe sich der Zustand der Einzelkomponenten auf den Wasserkörper und nicht auf den Ort des Eingriffs (Gellermann, DVBl 2007, 1517, 1521). Nach einer weiteren Ansicht liegt eine Verschlechterung nur und erst dann vor, wenn die Zielerreichung dadurch „erheblich" erschwert wird. Erste Rechtsprechung hierzu: OVG Bremen, ZfW 2010, 233 betr. Wasserkraftwerk (*„jede relevante Veränderung"*, aber ohne Begründung), VG Cottbus (Urt. v. 23.10.2012 – AZ VG 4 K 321/10 = ZfB 2013, 127, 136 ff.) betr. Tagebau (*„eine relevante Verschlechterung nicht erst bei einem Wechsel der Zustandsklassen"*), OVG Hamburg (Urt. v. 18.1.2013 – AZ 5 E 11/08) betr. Kohlekraftwerk Moorburg (*„ob die negativen Auswirkungen eine in der Vorschrift selbst angelegte Relevanzschwelle überschreiten"*) sprechen sich eher für die sogenannte Status-quo-Theorie aus, anders wohl OVG Lüneburg (Urt. v. 5.3.2008 – AZ 7 MS 114/07), eher der „Stufentheorie" nahe stehend. Bedenklich VG Düsseldorf, NUR 2011, 821: Verstoß gegen das Verschlechterungsverbot bei Überbauung eines Gewässers in Vollzug eines Bebauungsplanes.

617 Beim mengenmäßigen Zustand des Grundwassers müsse im Vollzug geprüft werden, welche nachteilige Veränderung die Zielerreichung im Einzelfall erheblich erschwert (Ginzky, NUR 2008, 152; Ekardt/Weyland/Schenderlein, NUR 2009, 388, 393: *„ein Erheblichkeitsvorbehalt wird nicht zu vermeiden sein"*). Bei einer teils vorteilhaften, teils nachteiligen Gewässermaßnahme liege kein Verstoß gegen das Verschlechterungsverbot vor, weil die WRRL einen bewirtschaftenden planerischen Ansatz verfolge, bei dem es letztlich auf das Gesamtergebnis ankomme.

618 Das Verschlechterungsverbot und die übrigen Bewirtschaftungsziele für das Grundwasser konkretisieren die allgemeinen Sorgfaltspflichten des § 5 WHG und die allgemeinen Grundsätze der Gewässerbewirtschaftung gemäß § 6 WHG. Sie fließen aber erst mit Hilfe von § 12 Absatz 1 WHG und landesrechtlichen Vorschriften über den Inhalt der Erlaubnis (z. B. § 24 Absatz 2 LWG NRW; § 12 Absatz 1 Sächs. WG; § 18 ThürWG; § 28 Satz 2 LWG Brbg) in den wasserrechtlichen Vollzug ein (Bayr. VGH, NUR 2006, 182 zu § 1 a WHG a. F.). Die Bewirtschaftungsziele gewähren nicht den Schutz betroffenerer Dritter (VGH Kassel, ZuR 2012, 108 ff., s. auch Anhang § 56 Rn 600). Im **Verhältnis zwischen Verschlechterungsverbot** (§§ 27, 44, 47 WHG) **zum Besorgnisgrundsatz** (§§ 32 Absatz 2, 45 Absatz 2, 48 WHG, s. auch Anh. § 56 Rn 312) gilt: Das Verschlechterungsverbot bezieht sich trotz der in der Oberfl.-VO und Grundwasser-VO festgesetzten Werte auf das über Jahre gestreckte Ziel des guten Zustandes des Wasserkörpers. Im Unterschied dazu enthält der Besorgnisgrundsatz Anweisungen für die Erlaubniserteilung oder das Lagern und Ablagern von Stoffen im einzelnen Fall, wobei auch das Übermaßverbot zu berücksichtigen ist. Der Besorgnisgrundsatz geht insoweit dem Verschlechterungsverbot grundsätzlich vor (Reinhardt, NUR 2011, 833, 838).

Sofern der Bergbau durch direkte oder indirekte Entnahmen den guten mengenmäßigen Zustand beeinträchtigt bzw. die **Bewirtschaftungsziele nicht erreicht** werden, ist von Bedeutung, ob **Ausnahmen** von den Bewirtschaftungszielen zulässig sind (s. hierzu Albrecht, NUR 2010, 607, 612, 616). Zu prüfen ist dann, ob 1. **vorübergehende Verschlechterungen** gemäß § 47 Absatz 3 Satz 1 i. V. mit § 31 Absatz 1 WHG oder 2. **neue Veränderungen des Grundwasserstandes** gemäß § 47 Absatz 3 Satz 2 WHG zulässig sind, weil für die Veränderungen Gründe von übergeordnetem öffentlichen Interesse vorliegen (§ 31 Absatz 2 Satz 1 Nr. 2 WHG) und außerdem die zusätzlich kumulativ einzuhaltenden Voraussetzungen des § 31 Absatz 3 Satz 1 Nr. 1 und Nr. 3 und 4 WHG vorliegen. Die 2. Ausnahmeregelung, die des § 47 Absatz 3 Satz 2 WHG, kommt insbesondere für den Abbau von Stein- und Braunkohle in Betracht, deren Gewinnung im übergeordneten öffentlichen Interesse liegt und ohne Grundwasserabsenkung nicht möglich ist (hierzu ausführlich VG Cottbus, Urt. v. 23.10.2012 – AZ VG 4 K 321/10 = ZfB 2013, 127, 136 ff. und Spieht/Ipsen, NVwZ 2013, 391, 393). Dasselbe gilt für den Sanierungsbergbau, weil landesplanerische Vorgaben, Braunkohlen- und Sanierungspläne, Sanierungsrahmenpläne ihm ebenfalls übergeordnetes öffentliches Interesse zuweisen.   **619**

Als 3. für den Bergbau bedeutsame Ausnahme kommen §§ 47 Absatz 3 Satz 2 i. V. mit 30 WHG in Betracht. Die Bergbehörde/Wasserbehörde **kann** danach **weniger strenge Bewirtschaftungsziele anordnen,** allerdings nicht für das Verschlechterungsverbot (§ 47 Absatz 1 Nr. 1 WHG) und die Pflicht zur Trendumkehr (§ 47 Absatz 1 Nr. 2 WHG), sondern nur für das Gleichgewichtsgebot und das Erhaltungs- und Verbesserungsgebot (§ 47 Absatz 1 Nr. 3 WHG). Für die Bewirtschaftungsziele, einen guten mengenmäßigen und einen guten chemischen Zustand zu erhalten oder zu erreichen, können demnach bei Vorliegen der Voraussetzungen des § 30 von den Behörden für bestimmte Grundwasserkörper weniger strenge Ziele festgelegt werden, wenn dadurch der bestmögliche mengenmäßige und chemische Zustand erreicht wird (§ 47 Absatz 2 Satz 2 WHG). Für die anderen Bewirtschaftungsziele, Verschlechterungsverbot und Trendumkehr bleiben als Ausnahmen von den Bewirtschaftungszielen des Grundwassers nur die vorübergehenden Verschlechterungen (§§ 47 Absatz 3 Satz 1 i. V. mit 31 Absatz 1 WHG) sowie die bei neuen Veränderungen nach § 31 Absatz 2 Satz 1 WHG und Fristverlängerung nach § 47 Absatz 3 Satz 1 i. V. mit 31 Absatz 3, 29 Absatz 2 WHG.   **620**

Zur Auslegung dieser Ausnahmen kann Artikel 4 Absatz 5–7 WRRL herangezogen werden, der Vorgabe für die Umsetzung in Deutsches Recht war, und das **Positionspapier** v. 30.10.2006 *„Für neue Änderungen und nachhaltige*   **621**

Entwicklungstätigkeiten des Menschen zulässige Ausnahmen von den Umweltzielen des Artikel 4 Absatz 7 WRRL", das von den **Wasserdirektoren** am 30.11./1.12.2006 bestätigt wurde (Gellermann, DVBl 2007, 1519, Anmerkung 16). Nach Ziff. 2.1 des Papiers muss auf das Ausnahmeregime des Artikel 4 Absatz 7 WRRL nicht zurückgegriffen werden, wenn keine Verschlechterung des Zustandes des gesamten Wasserkörpers verursacht wird, d. h. in diesem Falle liegt ein Verstoß gegen das sog. Verschlechterungsverbot gar nicht vor. Ziff. 2.2 des Positionspapiers verweist darauf, dass der ökologische Zustand eines Wasserkörpers durch Klassen bestimmt wird. I. S. von Artikel 4 Absatz 7 WRRL bezieht sich das Ziel der Verhinderung einer Verschlechterung des Zustandes auf die Übergänge zwischen den Klassen und nicht auf Veränderungen innerhalb der Klassen. Für negative Veränderung innerhalb einer Klasse muss daher die Ausnahmeregelung des Artikel 4 Absatz 7 WRRL nicht bemüht werden. Nach Ziff. 2.3 des Positionspapiers sind Schwankungen, insbesondere wenn sie beim Grundwasserpegel auftreten, keine Verschlechterung des Zustandes. Die Ausnahmen gemäß Artikel 4 Absatz 7 WRRL bleiben davon unberührt. Die Tendenzen, die Belange des Gewässerschutzes mit denen der Energieversorgung und der Gewinnung von Bodenschätzen *„sorgsam auszutarieren"* (Reinhardt, Wasseranstieg im Steinkohlenbergbau, S. 83), sind auch eingearbeitet in den *„Leitfaden zur Ökonomie und Umweltaufgaben"* und den *„Leitfaden Identifizierung und Ausweisung von erheblich veränderten und künstlichen Wasserkörpern"* sowie in das Dokument *„Umweltziele der WRRL"*, das die Wasserdirektoren am 20.6.2005 bestätigt hatten. Im Ergebnis wesentlich ist, dass nicht jede Beeinträchtigung unzulässig ist (Gellermann, DVBl 2007, 1520; a. A. Reinhardt NUR 2006, 210), dass europarechtlich nicht etwa ein absolutes Verschlechterungsverbot postuliert ist und dass nur die Überschreitung der Schwelle zur nächst niedrigeren Stufenklasse im Wasserkörper das Verschlechterungsverbot auslöst.

622 Aufgrund des früheren Regelungsauftrages des § 33 a Absatz 2 WHG a. F. haben die Bundesländer durch Verordnungen zur Umsetzung der Anh. II und V der WRRL (sog. **Gewässerbestandsaufnahme-, Einstufungs- und Überwachungs-VO,** = GewBEÜV) Vorgaben für die Beschreibung, Beurteilung, Einstufung und Überwachung der Grundwasserkörper gemacht. In einer Anlage 8 wird festgelegt, welche Informationen für die Beurteilung der Grundwasserkörper relevant sind. In Anlage 9 sind die Einstufungskriterien für den guten mengenmäßigen, in Anlage 11 für den guten chemischen Zustand der Grundwasserkörper enthalten. Die Anforderungen an den Grundwasserstand beschränken sich auf den Erhalt des natürlich vorgefundenen Grundwasserdargebotes. Ein durch Bergbau verursachter Grundwasseranstieg wird dagegen nicht erfasst (Reinhardt, Wasseranstieg im Steinkohlenbergbau, S. 80 = ZUR 2006, 464, 466).

623 Beim **Einleiten und Einbringen von Stoffen in das Grundwasser,** beim Lagern oder Ablagern von Stoffen und beim Befördern von Flüssigkeiten und Gasen durch Rohrleitungen gelten zusätzlich die über die Anforderung des § 12 WHG hinausgehenden verschärften Voraussetzungen des **Besorgnisgrundsatzes** des § 48 Absatz 1 WHG (früher § 34 WHG a. F.). Die Erlaubnis darf nur erteilt werden, wenn eine nachteilige Veränderung der Wasserbeschaffenheit nicht zu besorgen ist oder Schadstoffe in geringer Menge und Konzentration gemäß **Grundwasser-VO 2010** eingetragen werden. Der sog. Besorgnisgrundsatz des früheren § 34 WHG ist durch § 48 WHG 2009 erheblich geändert worden, was fachliche Kritik ausgelöst hat (s. insbesondere Luckner, Wasser und Abfall 2009, 23 ff.; Salzwedel/Schwetzel, NUR 2009, 760; s. auch Anhang § 56 Rn 631). Die Geringfügigkeitsschwellen für den Eintrag von Schadstoffen machen nicht etwa nutzungsbedingte Vorgaben, wie etwa die branchenspezifischen Mindestanforderungen beim Oberflächenwasser gemäß § 57 Absatz 2 WHG (früher § 7 a WHG a. F.). Sie schalten vielmehr durch Immissionsgrenzwerte die gezielte

Bewirtschaftung konkreter Grundwasservorkommen und durch Emissionsgrenzwerte die ungezielte flächendeckende Grundwasservorsorge gleich (Salzwedel, aaO). Es fehle an einer Grundwasserplanung. Der deutsche Sonderweg der Gewässerbewirtschaftung gehe über die EU-Anforderungen hinaus.

Der Begriff der **nachteiligen Veränderung der Wasserbeschaffenheit** ist im WHG **624** nicht definiert. Er ist **abzugrenzen von den schädlichen Gewässerveränderungen,** die in § 3 Ziff. 10 WHG beschrieben sind. Im früheren § 34 Absatz 1 WHG a. F. wurden die Begriffe nebeneinander verwand. Dabei ist die nachteilige Veränderung offenbar der Oberbegriff: Jede schädliche Veränderung der Wasserbeschaffenheit ist eine nachteilige Veränderung (a. A. wohl Seeliger/Wrede, NUR 2009, 681). Damit sind jedenfalls Veränderungen, die das Wohl der Allgemeinheit beeinträchtigen oder den wasserrechtlichen Vorschriften nicht entsprechen, nachteilige Veränderungen. Das Mehr der nachteiligen Veränderung, erfasst die physikalische, chemische oder biologische Eigenschaft des Wassers im Vergleich zur vorherigen Beschaffenheit. Der Begriff „nachteilig" schließt einerseits belanglose, neutrale oder gar günstige Veränderungen aus. Andererseits sind konkrete Schäden, Verschlechterung der Nutzungsmöglichkeiten Dritter nicht erforderlich. Aus dem Vergleich des Wortlauts das § 48 Absatz 1 WHG (Veränderung der Wasserbeschaffenheit) und des § 48 Absatz 2 WHG (Veränderung der Grundwasserbeschaffenheit) könnte zu folgern sein, dass beim Einbringen und Einleiten von Stoffen in das Grundwasser auch die Beschaffenheit des oberirdischen Gewässers in den Blick zu nehmen ist. Dafür könnte auch sprechen, dass in § 49 Absatz 1 und Absatz 3 WHG ebenfalls die nachteilige Veränderung (nur) an der Grundwasserbeschaffenheit orientiert ist. Allerdings soll nach der Begründung zu § 48 *„im Wesentlichen das Konzept des geltenden § 34 WHG"* übernommen werden (BT-Drs 16/12275, 104). Danach bezog sich die nachteilige Veränderung eindeutig nur auf die Eigenschaften des Grundwassers. Dies dürfte auch für die Neufassung gelten.

Streitig ist, ob für die materielle Beurteilung der (schädlichen oder) nachteiligen **625** Veränderung des Grundwassers Kriterien des Bodenschutzrechts, z. B. die sog. *„Hollandliste"* oder die Empfehlungen der LAWA für die Erkundung, Bewertung und Behandlung von Grundwasserschäden von 1994 oder gar der vom Bergbau stark umstrittene Stoffkatalog der LAWA *„Geringfügigkeitsschwellen zur Beurteilung von Grundwasserverunreinigungen"*, herangezogen werden können (zu den Geringfügigkeitsschwellen Ginzky, ZUR 2005, 294; Scheier, ZfW 2004, 8 ff.; kritisch Kenyeressy/Schäfer/Demnich, WuA 1 – 2, 2005, 38 und WuA 3/2005, 41; Luckner, Wasser und Abfall 2009, 23; Viertel, Schriftenreihe GDMB, Heft 120, 42 f.). Zu den materiell-rechtlichen Anforderungen an die Boden- und Grundwassersanierung: Ginzky, NUR 2008, 243; OVG Lüneburg, NVwZ-RR 2007, 666. Geboten ist, die nachteilige Veränderung im Einzelfall zu prüfen. Dabei ist zu bedenken, dass gemäß § 4 Absatz 4 Satz 3 BBodSchG die bei der Sanierung von Gewässern, d. h. von Grundwasser, zu erfüllenden Anforderungen sich nach dem Wasserrecht bestimmen, im Zweifel nach der **Grundwasser-VO 2010.** Dabei ist allerdings zu beachten, dass die **Schwellenwerte** der Anlage 2 zu § 5 GrwV **keine Einleitungswerte** sind, sondern Beurteilungsdaten für den chemischen Zustand eines Gewässers wiedergeben.

Zu besorgen ist eine nachteilige Grundwasserveränderung, wenn die Möglich- **626** keit eines Schadenseintrittes nach den gegebenen Umständen und einer sachlich vertretbaren Prognose nicht von der Hand zu weisen ist (BVerwG, ZfW 1981, 88 f.; DÖV 1983, 101; DVBl 1966, 496; VGH München, ZfW 2011, 97). Maßgebliches Gewicht kommt regelmäßig der Art des Stoffes, der Bodenbeschaffenheit sowie der Tiefe und Fließrichtung des Grundwassers zu (OLG Zweibrücken, NUR 1991, 42; OLG Düsseldorf, NUR 1987, 188; OVG Berlin, ZfW 1981, 117; Kotulla § 34 Rn 9).

Zum Verhältnis Besorgnisgrundsatz – Verschlechterungsverbot s. Anhang § 56 Rn 616 und Reinhardt, NUR 2011, 833, 836.

627   § 48 WHG wurde zunächst durch die speziellen Vorschriften der **Grundwasser-VO** v. 18.3.1997 (BGBl, 542) interpretiert und konkretisiert (Knopp, ZfW 1997, 205). Sie setzte die sog. **Grundwasser-RL 80/68EWG** v. 17.12.1979 (ABl Nr. L20/43) um (dazu Czychowski, ZfW 1982, 325 ff.), die gemäß Artikel 22 Absatz 2 WRRL zum 21.12.2013 außer Kraft tritt. Das Einleiten von gefährlichen Stoffen der Liste I in das Grundwasser war stets eine nachteilige Veränderung und unzulässig. Das Einleiten von Stoffen der Liste II in das Grundwasser bedurfte der Erlaubnis, die aber nur erteilt werden konnte, wenn eine nachteilige Veränderung der Eigenschaften des Grundwassers nicht zu besorgen war (§ 4 Absatz 1 GrwV). Eine für den Bergbau bedeutende Ausnahme vom strikten Verbot des Einleitens von Stoffen aus der Liste I in das Grundwasser machte Artikel 4 Absatz 3 der Grundwasser-RL. Danach ist das **Wiedereinleiten dieser Stoffe** in dieselbe Grundwasserschicht nicht generell unzulässig. Es kann von einer **Genehmigung** abhängig gemacht werden, wenn es sich um Grubenwasser aus Bergwerken und Steinbrüchen handelt oder wenn das Wasser im Rahmen geothermischer Verfahren verwendet wird.

628   An die Stelle der Länder-VOen (Anh. § 56 Rn 622, 644) sind die VO zum Schutze des Grundwassers (GrwV) und die VO zum Schutze der Oberflächengewässer (OGew-V) getreten. Sie dienen der Umsetzung mehrerer EU-RL, u. a. der RL 2000/60 EG und 2006/118/EG.

629   Die **Grundwasser-VO** (vom 9.11.2010, BGBl, 1513; BR-Drs 500/10 v. 13.8.2010 und 500/1/10 v. 13.9.2010) regelt die Einstufung des mengenmäßigen Grundwasserzustandes, die Kriterien für die Beurteilung, die Ermittlung, Bestimmung und Überwachung des chemischen Grundwasserzustandes, die Trends und Trendumkehrmaßnahmen, aber auch Verpflichtungen der Behörden, in den Maßnahmenprogrammen Maßnahmen zur Verhinderung oder Begrenzung von Einträgen bestimmter Schadstoffe in das Grundwasser aufzunehmen (§ 13 Absatz 1 und 2 GrwV).

630   Wesentliche Elemente der Beurteilung des chemischen Zustandes sind der **Schwellenwert** als Konzentrationswert, bei dem keine nachteiligen Wirkungen für das Grundwasser zu erwarten sind, und der **Hintergrundwert** als Konzentrationswert, wenn der Grundwasserkörper nicht oder nur unwesentlich durch menschliche Tätigkeit beeinflusst ist. Mit den Schwellenwerten werden keine Zielwerte für die Altlastsanierung festgelegt. Der Zweck ist nur die Beurteilung des chemischen Grundwasserzustandes. Sie dürfen an keiner Messstelle „im Grundwasserkörper" überschritten werden, wenn die Einstufung als guter chemischer Grundwasserzustand erreicht werden soll. Anders als in den Vorentwürfen ist also die Messstelle nicht schon „im Sickerwasser ein Meter oberhalb des höchsten Grundwasserstandes" und auch nicht „beim Übergang in die gesättigte Zone" festgelegt worden. Auch beim Überschreiten des Schwellenwertes kann unter den Voraussetzungen des § 7 Absatz 3 GrwV ein guter Zustand attestiert werden. Bei Grundwasserbelastungen durch Altlasten und schädliche Bodenveränderungen werden nach § 7 Absatz 3 Nr. 3 GrwV weitere abweichende Kriterien aufgestellt. Durch § 7 Absatz 3 Satz 2 GrwV wird klargestellt, dass natürliche Hintergrundwerte oberhalb der Schwellenwerte nicht zu einer Einstufung in den schlechten Zustand führen. Der **gute mengenmäßige** Grundwasserzustand setzt vor allem voraus, dass die langfristige mittlere jährliche Grundwasserentnahme das nutzbare Grundwasserdargebot nicht übersteigt und menschliche Tätigkeiten den Grundwasserstand nicht nachteilig i. S. von § 4 Absatz 2 Nr. 2 GrwV ändern.

Wie schon im Gesetzgebungsverfahren der § 48 WHG (s. hierzu Anh. § 56 **631** Rn 623) ist auch § 13 GrwV stark umstritten gewesen (Viertel, Schriftenreihe GDMB, Heft 120, S. 42 ff.; Reinhardt, Korrespondenz Wasserwirtschaft 2010, 246, 247 und Korrespondenz Abwasser 2010, 464; Salzwedel/Schwetzel, NUR 2009, 760, 762; Luckner, Wasser und Abfall 2009, 23 und 2010, 53). Die zunächst vorgesehene Eintragsbegrenzung und Einführung von Geringfügigkeitsschwellenwerten ist jedoch nicht in die GrwV aufgenommen worden. Für den Gewinnungs- und Sanierungsbergbau ist aber § 13 Absatz 3 GrwV von Bedeutung. Dort wird klargestellt, dass Ausnahmen i. S. von § 47 Absatz 2 Satz 2 und Absatz 3 WHG zu berücksichtigen sind, d. h. abweichende Bewirtschaftungsziele und Fristverlängerungen (§§ 29–31 WHG). Hierzu Begründung zu § 13 GrwV (BR-Drs 500/10 v. 13.8.2010, S. 41). Sind abweichende Bewirtschaftungsziele oder Fristverlängerung zu beachten, ist nach § 47 Absatz 3 i. V. mit 30 Satz 1 Nr. 4 WHG ersatzweise der bestmögliche chemische und mengenmäßige Zustand des Grundwassers zu erreichen.

Die **VO zum Schutz der Oberflächengewässer** (vom 20.7.2011, BGBl, 1429; **632** Reg-Entw. BR-Drs 153/11), kurz OGewV, regelt die Vorgaben für die Einstufung des ökologischen Zustandes/Potenzials und des chemischen Zustandes der Oberflächengewässer, ferner die Analysenmethoden, die Überwachung der Zustände und für die Trendermittlung.
Der gute Zustand ist nach **Typen** zu bestimmen (Anlage 1 zu § 3 OGewV). Für den Bergbau relevante Typen sind Flüsse, aufgeteilt in Ökoregionen, und Seen mit den Sondertypen Abgrabungsseen, Tagebauseen. Für diese Typen werden jeweils die **Qualitätskomponenten** ermittelt: die biologischen, hydromorphologischen und chemisch-physikalischen Bedingungen. Die **biologischen** Bedingungen werden durch die Merkmale aquatische Flora, Wirbelflossenfauna und Fischfauna konkretisiert. Die **hydromorphologische** Komponente erfasst das Abflussverhalten, die Struktur der Uferzone, die Durchgängigkeit.
Für den Bergbau und seine Einwirkungsbereiche können insofern Gräben, Durchlässe, Umverlegungen, Begradigungen mit Sohlschalen relevant sein. Als **physikalisch-chemische** Messgrößen kommen Temperatur, Sauerstoffhaushalt, Versauerungszustand des Gewässers sowie eine Vielzahl von **Umweltqualitätsnormen** (Anlage 5 zur OGewV) in Betracht. Diese Umweltqualitätsnormen werden als Jahresdurchschnittswerte (Anlage 5 Zif. 3 i. V. mit Anlage 8 der OGewV) verstanden und sind nur im Hinblick auf signifikante Mengen zu überwachen, d. h. wenn die Hälfte der Umweltqualitätsnorm an repräsentativen Messstellen überschritten wird.
Für die Einstufung des ökologischen Zustandes/Potenzials gilt ein extrem strenges Regime: Bei den biologischen Qualitätskomponenten ist die jeweils schlechteste Bewertung maßgebend (§ 5 Absatz 4 OGewV) bei der physikalisch-chemischen Komponente genügt die Überschreitung schon einer Umweltqualitätsnorm, den ökologischen Zustand des Potenzials als höchstens mäßig einzustufen (§ 5 Absatz 4 Satz 3).
Bei künstlichen oder erheblich veränderten Wasserkörpern (s. Rn 645 ff.) gilt nur das abgeschwächte Ziel des guten ökologischen **Potenzials.** Das Potenzial erreicht den guten Zustand nicht, soll ihm aber vergleichbar sein. Es ist ein Entwicklungsbereich in Richtung des guten Zustandes, erreicht ihn aber nicht. Es gelten insofern flexible Qualitätskomponenten und Umweltqualitätsnormen. Die Einstufung des **chemischen Zustandes** eines Oberflächengewässerkörpers richtet sich nach Umweltqualitätsnormen (§ 6 i. V. mit Anlage 7 OGewV), die als Jahresdurchschnittwerte eingehalten werden müssen, anderenfalls der Zustand als nicht gut einzustufen ist (zu Definition des guten Zustandes: Albrecht, NUR 2010, 607 ff.).

Inzwischen wurde die **EU-Richtlinie zum Schutz des Grundwassers vor Ver-** **633** **schmutzung und Verschlechterung** v. 12.12.2006 (RL 2006/118/EG in ABl L

372/19) als Tochterrichtlinie in Ausfüllung von Artikel 17 WRRL erlassen. Die Grundwasser-RL (GWRL) legt in Artikel 3 Kriterien für die Beurteilung des chemischen Zustandes des Grundwassers fest, die nach Qualitätsnormen (Anh. I) und Schwellenwerten (Anh. II Teil A) beurteilt werden. Sie legt in Artikel 4 ferner das Verfahren zur Beurteilung des chemischen Zustandes des Grundwassers fest, das sich auf den Grundwasserkörper bezieht. Die Überschreitung einer Qualitätsnorm bzw. eines Schwellenwertes führt nicht zwangsläufig zu einem schlechten Zustand des Grundwassers. Nach Artikel 4 Ziff. 5 der GWRL sind bei Grundwasserkörpern in gutem chemischen Zustand Maßnahmen i. S. von Artikel 11 der WRRL zum Schutz der Grundwassernutzung durch den Menschen zulässig. Hiermit ist auch die Bergbauklausel des Artikel 11 Absatz 3 Buchstabe j WRRL angesprochen. In Artikel 6 der GWRL werden Maßnahmen zur Verhinderung oder Begrenzung des Eintrages von Schadstoffen in das Grundwasser geregelt. Auch hier können die Mitgliedstaaten die infolge von gemäß Artikel 11 Absatz 3 Buchstabe j der WRRL gestatteten direkten Einleitungen ausnehmen (Artikel 6 Absatz 3 Buchstabe a GWRL). Für den Bergbau von Bedeutung ist, dass nach Ziff. 10 der Erwägungsgründe zur GWRL die Vorschriften über den chemischen Zustand des Grundwassers nicht für natürlich auftretende hohe Konzentrationen von Stoffen in einem Grundwasserkörper gelten, die auf besondere hydrogeologische Bedingungen zurückzuführen sind und nicht unter den Begriff der Verschmutzung fallen. Das wird ergänzt in Anh. II Teil A Ziff. 3: Erhöhte Hintergrundwerte von Stoffen aufgrund natürlicher hydrogeologischer Gegebenheiten werden bei der Festlegung von Schwellenwerten berücksichtigt (Näheres zur EU-Grundwasser-RL bei Rechenberg, ZUR 2007, 235 ff.).

634   Nicht geregelt wird in der GWRL das Erfordernis eines guten mengenmäßigen Zustandes. Er wird bereits in Artikel 2 Nr. 28 WRRL i. V. mit Anh. V Tab. 2.1.2 konkretisiert.

635   Neben den Voraussetzungen des § 12 WHG und der Bewirtschaftungsziele des § 47 WHG sind landesrechtlich die Festlegungen in Maßnahmenprogrammen (z. B. § 24 Absatz 2 Satz 2 Nr. 2 LWG NRW; §§ 11 Absatz 3, 12 Absatz 1 Sächs. WG; § 18 Thür. WG; § 28 Absatz 1 BbgWG), in Einzelfällen sogar die Festlegungen in Bewirtschaftungsplänen (§ 8 Absatz 2 LWaG M-V) als Erlaubnisvoraussetzung vorgeschrieben.

636   Der **Bewirtschaftungsplan** war gemäß Artikel 13 WRRL, 36 b WHG a. F. von den Ländern für jede Flussgebietseinheit bis 21.12.2009 aufzustellen und zu veröffentlichen. Er fasst die Grundlagen für konkrete Entscheidungen zusammen, stuft die Gewässer ein und konkretisiert die in den §§ 27, 47 WHG für Oberflächengewässer und Grundwasser beschriebenen Bewirtschaftungsziele. Er enthält die Einstufung der künstlich und erheblich veränderten Gewässer (§ 28 WHG) sowie die Ausnahmen der Bewirtschaftungsziele und die Kriterien für vorübergehende Verschlechterungen (§ 43 Absatz 2 WHG i. V. mit Artikel 13 Absatz 4 WRRL). Die Bewirtschaftungspläne haben keine unmittelbare Außenwirkung (*„publiziertes Verwaltungsinternum"*, Czychowski/Reinhardt § 36 b Rn 6 m. w. N.), sind insbesondere weder Verwaltungsakt noch Rechtsnorm (Breuer NUR 2007, 509 m. w. N.: *„keine rechtsförmliche Bindungswirkung für Einzelfallentscheidungen"*, ZfW 2005, 17; Faßbender, NVwZ 2001, 241, 248; ZfW 2010, 189, 195). Sie sind allerdings nach den landesrechtlichen Vorschriften für die Entscheidungen der Behörden verbindlich (z. B. §§ 102 Absatz 2 WG LSA; 130 a Absatz 4 LWaG M-V; u. U. erst nach besonderer Erklärung durch die oberste Wasserbehörde (§§ 24 Absatz 3 WG Bbg; 32 Absatz 3 Thür. WG).

637   Das **Maßnahmenprogramm** gemäß Artikel 11 WRRL, 82 WHG war von den Ländern ebenfalls für jede Flussgebietseinheit bis zum 22.12.2009 aufzustellen und ist danach im 6-Jährigen Turnus zu überprüfen. Die Maßnahmen selbst sind bis zum 22.12.2012 in die Praxis umzusetzen. Das Maßnahmenprogramm als 2. Stufe der wasserwirtschaftlichen Planung enthält grundlegende und ergänzende Maßnahmen, welche erforderlich sind, die Bewirtschaftungsziele zu erreichen. Maßnahmen i. S. von § 82 WHG sind alle in Artikel 11 Absatz 3 WRRL bezeichneten Mindestanforderungen (§ 82 Absatz 3 WHG), die zur Erreichung der Bewirtschaftungsziele beitragen. Dazu gehören u. a.: Begrenzung der Entnahme von Oberflächenwasser und Grundwasser, Vorschriften über die vorherige Genehmigung von Entnahmen, Begrenzung oder Genehmigung von künstlichen Anreicherungen oder Auffüllungen von Grundwasserkörpern.

Für den Bergbau besonders interessant ist die Regelung über das Verbot der **638** direkten Einleitung von Schadstoffen in das Grundwasser und Ausnahmen davon (Artikel 11 Absatz 3 Buchstabe j WRRL). Gerade die für den Bergbau wichtigen **Ausnahmeregelungen** sind nicht optimal im Bundesrecht umgesetzt worden und hinken hinter den Möglichkeiten des **Artikel 11 Absatz 3 Buchstabe j WRRL** hinterher. Die Regelung des § 82 Absatz 6 WHG bedarf, wie schon ihre Vorgängerin in § 36 Absatz 6 WHG a. F. der Auslegung: obwohl sie systematisch in die Vorschriften über wasserwirtschaftliche Planung eingeordnet ist, dürfte sie so zu verstehen sein, dass die Zulassung der Grundwassereinleitung nicht eines Maßnahmenprogramms als Transmissionsriemen bedarf, sondern unmittelbar gilt (wohl auch Czychowski/Reinhardt § 82 Rn 33, 37; Berendes, Bergbau und Gewässerschutz, S. 37). Ferner dürfte die Formulierung „im Rahmen der §§ 47, 48" die verfahrensmäßige Verortung ansprechen („Rahmen"), nicht die Erfüllung aller Voraussetzungen der §§ 47, 48 WHG. Anderenfalls würde das sachbedingte Sonderrecht des Artikel 11 Absatz 3 Buchstabe j WRRL nicht umgesetzt, sondern leerlaufen.

Einleitungen in das Grundwasser i. S. von § 82 Absatz 6 Satz 2 WHG können **639** das Wiedereinleiten von Sümpfungswasser sein, auch die Einleitung von Erdgas und Flüssiggas zu Speicherzwecken in geologische Formationen (Kotulla, § 33 a Rn 8), das Verpressen von Salzabwässern in das Grundwasser des Plattendolomits (VG Kassel, NUR 2012, 802, 808, bestätigt durch VGH Kassel, Urt. v. 20.3.2013 – AZ 2 B 1716/12), das Einleiten von Wasser mit Stoffen, die bei der Exploration und Förderung von Kohlenwasserstoffen oder bei Bergbauarbeiten anfallen (Kotulla, Bergbau und Gewässerschutz, S. 86; hierzu auch BT-Drs 14/7755, S. 20). Die Bergbauausnahmeregelung des Artikel 11 Absatz 3 Buchstabe j WRRL ist auch in das Recht über die Entsorgung von bergbaulichen Abfällen aufgenommen worden. Nach § 22 a Absatz 6 AB BergV gelten die Pflichten gemäß § 22 a Absatz 1–5 AB BergV nicht für das Einleiten für Wasser und das Wiedereinleiten von abgepumpten Grundwasser, soweit die Einleitungen nach §§ 47, 48 WHG zugelassen werden können.

Maßnahmenprogramme sind gegenüber den Bewirtschaftungsplänen selbststän- **640** dige Instrumente wasserwirtschaftlicher Planung. Nach h. M. sind sie Ergebnis der Bewirtschaftungspläne und haben gegenüber den Bewirtschaftungsplänen vorrangige Bedeutung (Reinhardt, ZfW 1999, 305; Appel, ZUR 2001, 135; Knopp, NVwZ 2003, 277; Kotulla, NVwZ 2002, 1417; a. A. Breuer, NUR 2007, 508: *„Bewirtschaftungsplan setzt Maßnahmenprogramm voraus"*, m. w. N. Rn 60).

Umstritten ist, ob Maßnahmenprogramme **Außenwirkung** haben. Dies wird **641** einerseits angenommen (Kotulla, NVwZ 2002, 1415 und WHG – Kommentar § 36 Rn 25; Reinhardt, ZfW 1999, 307; Koch, Umweltrecht § 5 Rn 112; Appel, ZUR 2001, 136), andererseits abgelehnt (Knopp, NVwZ 2003, 279 m. w. N.; Faßbender, NVwZ 2001, 247; ZfW 2010, 189, 192 m. w. N.; Durner, NUR 2009, 78; Seidel/Rechenberg, ZUR 2004, 213, 219; Caspar, DÖV 2001, 536;

Spilleke, Tagungsband der 32. Essener Tagung 5/1, 5/7). Die deutsche Umsetzungspraxis spricht dafür, dass Maßnahmenprogramme zunächst keine Außenwirkung haben. Maßnahmenprogramme haben eine Initiativ-, Erprobungs-, Koordinierungs- und Kontrollfunktion. Sie entwickeln Strategien zur Erreichung der Ziele, haben aber keinen normativen Charakter (Fassbender, ZfW 2010, 194 m.w.N.). Erst durch Landesgesetz (s. Anhang § 56 Rn 636) oder durch Anordnung der obersten Landesbehörde aufgrund gesetzlicher Ermächtigung (z.B. § 25 Absatz 3 Bbg WG; § 24 Absatz 3 LWG Rh-Pf; § 7 Absatz 2 Sächs. WG) wird eine Behördenverbindlichkeit hergestellt. Sie wirkt aber nicht unmittelbar gegen betroffene Gewässerbenutzer. Gegen das Maßnahmenprogramm oder die enthaltenen Maßnahmen, selbst wenn sie Einzelfallentscheidungen der Behörde unmittelbar beeinflussen, kann keine Klage erhoben werden (Knopp, NVwZ 2003, 279; Faßbender, ZfW 2010, 189, 204).

642 Soweit ein Maßnahmenprogramm oder Bewirtschaftungsplan fehlt oder keine einschlägigen Festlegungen enthält, können die Wasserbehörden aufgrund ihres Bewirtschaftungsermessens über eine beantragte Erlaubnis entscheiden. Es gibt keine europarechtliche Verpflichtung, das Bewirtschaftungsermessen planerisch zu minimieren (Breuer, ZfW 2005, 18).

643 Solange die Aufstellung von Maßnahmenprogramm und Bewirtschaftungsplan noch nicht abgeschlossen war, sollte allerdings die Bundesländer die Pflicht treffen, Maßnahmen und Einzelentscheidungen zu unterlassen, die die Umsetzung der gesetzlich vorgesehenen Bewirtschaftungsziele gefährden könnten. Die Vorgaben sind aus den zwingenden Bewirtschaftungszielen zu entnehmen (§§ 27–31; 47 WHG), die einer Abwägung nicht zugänglich sind (Gellermann, DVBl 2007, 1518; Söhnlein, NVwZ 2006, 1139). Dazu gehören – auch bei erheblich veränderten Gewässern – das Verschlechterungsverbot gemäß § 27 Absatz 2 Nr. 1 WHG und das Verbesserungs-/Sanierungsgebot gemäß § 27 Absatz 2 Nr. 2 WHG (OVG Bremen, ZUR 2010, 42, 44 – Planfeststellung Wasserkraftwerk Hemelingen).

644 Die Voraussetzungen, unter denen eine wasserrechtliche **Erlaubnis für die Benutzung oberirdischer Gewässer** erteilt werden kann, sind:
– dass keine Versagungsgründe gemäß § 12 Absatz 1 WHG vorliegen, insbesondere schädliche Gewässerveränderungen einschließlich der Beeinträchtigung des Wohls der Allgemeinheit (§ 3 Ziff. 10 WHG) nicht zu erwarten sind.
– Ferner: Dass bei Gebieten von gemeinschaftlicher Bedeutung, europäischen Vogelschutz- oder Konzertierungsgebieten keine nicht kompensierte erhebliche Beeinträchtigung stattfindet. Diese Bestimmung aus dem früheren § 6 Absatz 2 WHG ist jetzt aus systematischen Gründen nach § 34 BNatSchG versetzt worden, gilt aber materiell fort.
– Außerdem, dass die Bewirtschaftungsziele und -anforderungen der §§ 27–31 WHG fristgemäß erreicht bzw. nicht gefährdet werden. Die Bewirtschaftungsziele für oberirdische Gewässer betreffen den ökologischen und den chemischen Zustand. Der **ökologische Zustand** ergibt sich aus biologischen, hydromorphologischen und physikalisch-chemischen Qualitätskomponenten, die in Anh. V der WRRL und der Anlage 3 zu § 5 der Oberflächengewässer-VO (OGewV) konkretisiert sind. Der **chemische Zustand** richtet sich nach Umweltqualitätsnormen, die in der Anlage 7 zu § 6 OGewV aufgeführt sind. Ausführlich zur Definition des guten Zustandes im Wasserrecht s. Albrecht, NUR 2010, 607; auch die seit 13.1.2009 in Kraft getretene EU-Richtlinie über Umweltqualitätsnormen im Bereich der Wasserpolitik (RL 2008/105 EG, kurz UQN-RL) und die sie umsetzende Oberflächengewässer-VO (s. Rn 632).

Die **Bewirtschaftungsziele** sind unterschiedlich für natürliche und naturnahe   **645**
einerseits sowie für künstliche d. h. von Menschen geschaffene (§ 3 Nr. 4
WHG) und erheblich veränderte, d. h. durch Menschen in ihren Wesen physika-
lisch erheblich veränderte (§ 3 Nr. 5 WHG) und als solche eingestufte oberirdische Gewässer andererseits.

Künstliche Gewässer i. d. S. sind die Tagebaurestseen des Braunkohlenbergbaus   **646**
und Baggerseen der Kies- und Sandgewinnung. Die Einstufung in künstliche
oder erheblich veränderte Oberflächengewässer erfolgt nach den Kriterien des
§ 28 WHG. Sie hat zur Folge, dass statt einer Verschlechterung des ökologischen
Zustandes (§ 27 Absatz 1 Ziff. 1 WHG) nur eine **gute ökologische Potenzial**
(§ 27 Absatz 2 Ziff. 1 WHG) nicht verschlechtert werden soll. Das gute ökologische Potenzial wird im Einzelnen in Anh. V Nr. 1.2.5 der WRRL bzw. in der
OGewV erläutert. Es ist im Vergleich zum ökologischen Zustand deutlich
geringer, wenngleich es nicht auf niedrigstem Anforderungsniveau angesiedelt
(Reinhardt, NUR 2004, 85; Czychowski/Reinhardt § 27 Rn 18).

Letztlich wird wegen der wenig konkreten Festlegung des Begriffes das inner-   **647**
staatliche Bewirtschaftungsermessen (§ 12 Absatz 2 WHG) stärker gefordert.
Nach h. M. ist die Einstufung als künstlich oder erheblich verändertes Gewässer
nicht auf Ausnahmefälle beschränkt. Die natürlichen und künstlich bzw. erheblich veränderten Gewässer stehen grundsätzlich gleichberechtigt nebeneinander
(Reinhardt, KA 2007, 257; Breuer, NUR 2007, 511 m. w. N.; Knopp, ZUR
2005, 507; Ginzky, ZUR 2005, 517; a. A. Rechenberg/Seidel, WuA 2002, 37).
Es handelt sich um eine *„planerische Gestaltungsalterntive“* bzw. ein *„zweiglied-
riges Bewirtschaftungsmodell mit unterschiedlichen materiellen Anforderungen“* (Knopp aaO).

Ein besonderes zusätzliches Regime gilt, sofern in das **Gewässer Abwasser**   **648**
eingeleitet wird.
Der **Abwasserbegriff** ist im § 54 Absatz 1 WHG im Anschluss an § 2 Absatz 1
AbwaG geregelt. Er umfasst Schmutzwasser, Niederschlagswasser und als
Schmutzwasser geltende Flüssigkeiten aus Abfallanlagen.

Schmutzwasser ist das durch **Gebrauch** in seinen Eigenschaften **veränderte**   **649**
Wasser (§ 54 Absatz 1 Ziff. 1 WHG). Hierzu gehören das erwärmte Brauchwasser („Kühlwasser“) von Kraftwerken, Kokslöschwasser, Kohlewaschwas-
ser, Kauenwasser, Kokereiabwasser (Reinhardt, Bergbau und Umwelt,
S. 64 m. w. N.). Kein Gebrauch und keine Veränderung liegt vor bei sog. **Polder-**
wasser, d. h. bei bereits im Einzugsbereich eines Gewässers gesammelten Flusswasser, das lediglich wegen bergbaulicher Absenkung gepumpt werden muss
und dabei nicht verändert wird (VG Gelsenkirchen, 16.4.1987, AZ: 13 L 290)
oder bei abgepumptem, kontaminiertem Grundwasser (Zychowski/Reinhardt,
§ 54 Rn 11), oder wenn Wasser zur Wasserhaltung gefördert und wieder eingeleitet wird (Nisipeanu, Abwasserabgabenrecht, 1997, S. 29), bei erschrotenem,
gepumpten oder abgeleiteten **Grubenwasser** (BVerwG, NVwZ 1993, 997 = ZfW
1993, 211; Reinhardt, Bergbau und Umwelt, S. 94; Czychowski/Reinhardt § 54
Rn 11; Köhler/Meyer § 2 Rn 22; Kotulla WHG § 7 a Rn 6 und Abwasserabgabengesetz § 2 Rn 15), selbst wenn es auf dem Weg durch das Gestein und die
Erzgänge mit Salzen und sonstigen nichtorganischen Stoffen behaftet ist (Czy-
chowski/Reinhardt aaO) oder bei Sammlung von geogenem Grubenwasser in
einem Becken (OVG Weimar, ZfB 2007, 142 = ZfW 2007, 158). Anders
dagegen, wenn das Grubenwasser für betriebliche Zwecke, etwa zur Aufbereitung des Fördergutes, als Waschwasser oder in Flotationsanlagen verwendet
wird (Nisipeanu, S. 29). Grubenwasser kann Abwasser werden, wenn es in ein
Aufbereitungsbecken geleitet, dort mit Brauch- und häuslichem Abwasser ver-

mischt und anschließend über eine Betonrinne in das Gewässer eingeleitet ist (OVG Weimar, ZfW 2007, 158 = ZfB 2007, 142, 150). Flusswasser, das zur Solung von Salzkavernen genutzt und als Solewasser in das Gewässer eingeleitet wird, ist Abwasser. Kein Abwasser ist das solehaltige Grundwasser aus Salzbergwerken oder das sog. **Sümpfungswasser** des Braunkohlenbergbaus, das in den Sümpfungsbrunnen zu Tage gehoben wird; das Grubenwasser des Braunkohlenbergbaus, d. h. das innerhalb der Tagebaugrube aus dem Gebirge auftretende Grundwasser sowie das damit zusammen bei Niederschlägen von den Böschungen und Bermen des Tagebaus abfließende Wasser; auch nicht das noch in Produktionsgang befindliche und noch nicht zur Beseitigung bestimmte Wasser, z. B. einer Kreislaufwasseranlage (VG Köln, ZfW 1994, 315; zust. P-M Schulz, ZfW 1994, 318).

650 Schmutzwasser ist auch das bei Trockenwasser mit dem **Gebrauchswasser** **zusammen abfließende Wasser**, d. h. gebrauchtes oder unbenutztes Wasser, das im Kanal abfließt (sog. Fremdwasser). Hierunter fällt allein das unkontrolliert und ungewollt abfließende Sickerwasser; nicht Grubenwasser, wenn es bewusst, gezielt und wasserrechtlich erlaubt in ein öffentliches Gewässer eingeleitet wird (BVerwG, NVwZ 1993, 998 = ZfW 1993, 211 m. w. N.) und in einer Flussklär-anlage geklärt wird.

651 **Niederschlagswasser** ist Abwasser, wenn es aus dem Bereich von bebauten oder befestigten Flächen abfließt und gesammelt wird. Sofern Niederschlagswasser nicht zum Zwecke des Einleitens in einen Kanal gesammelt, sondern versickert oder wild abfließt, ist es kein Abwasser (Piens, ZfW 1999, 15).

652 Abwasser sind ferner die aus Anlagen zum Behandeln, Lagern und Ablagern von Abfällen austretenden und gesammelten Flüssigkeiten (§ 2 Absatz 1 Satz 2 AbwaG), sog. **Deponieabwässer**. Obwohl Bergbauhalden nach § 2 Absatz 2 Nr. 7 KrWG aus dem Geltungsbereich des Abfallgesetzes ausgenommen sind, dürfte das abwasserrechtlich ohne Bedeutung sein (Köhler/Meyer § 2 Rn 41; zweifelnd Piens, aaO). Allerdings können die Haldenwässer abwasserrechtlich nur erfasst werden, wenn sie aus der Halde „austreten", anschließend in Rohren, Solschalen oder Behältern gesammelt werden und „Flüssigkeiten" i. S. von § 2 Absatz 1 Satz 2 AbwaG sind (hierzu Piens, ZfW 1999, 17).

653 Sofern der Abwasserbegriff erfüllt wird, gilt für die Abwasserbeseitigung i. S. von § 54 Absatz 2 WHG das ergänzende abwasserrechtliche Sonderrecht. Zusätzlich zu den allgemeinen Anforderungen an Einleitungserlaubnisse sind insbesondere die §§ 55 Absatz 1–3 und 57 WHG zu beachten.

654 Die allgemeine Regelung des § 12 WHG wird für Abwasser ergänzt dadurch, dass es nur von dem **Abwasserbeseitigungspflichtigen** entsorgt werden darf und ihm zu überlassen ist. Abwasserbeseitigungspflichtig sind grundsätzlich juristische Personen des öffentlichen Rechts (§ 56 Satz 1 WHG). Nach den landesrechtlichen Vorschriften können die Gemeinden als gesetzlich Pflichtige oder die Inhaber von Gewerbebetrieben und sonstige private Anlagenbetreiber den Antrag stellen oder – je nach Landesrecht – Gemeinden durch Satzung festlegen, dass die **Gemeinde von ihrer Pflicht freigestellt** wird und die Abwasserbeseitigungspflicht durch die Wasserbehörde auf den **Betreiber der gewerblichen Anlage übertragen wird** (z. B. § 196 Absatz 8 NWG 2010; § 66 Absatz 3 BbgWG; § 53 Absatz 5 LWG NRW; § 53 Absatz 4 RP WG; § 78 Absatz 6 WG LSA). Vorausgesetzt wird, dass das Abwasser zur gemeinsamen Fortleitung oder Behandlung in einer öffentlichen Abwasseranlage ungeeignet ist oder zweckmäßiger Weise getrennt beseitigt wird. Die Übertragung der Abwasserbeseitigungspflicht kann – auch teilweise – für das Sammeln und Fortleiten i. S. von § 54 Absatz 2 WHG einerseits (z. B. Werkskanäle), für das Behandeln und

Einleiten i. S. von § 54 Absatz 2 WHG andererseits (z. B. Vorbehandlungsanlage) erfolgen. Die gemeinsame Fortleitung von gewerblichen Abwässern im öffentlichen Kanalnetz ist ungeeignet, wenn durch spezielle Abwässer die Funktionsfähigkeit des Kanals gefährdet ist oder die Kanalisation für die Wassermenge nicht ausreicht (z. B. Werksabwässer, Kühlwasser). Das Abwasser wird zweckmäßiger Weise getrennt beseitigt, wenn der anfallende Klärschlamm belastet wird, wenn die Reinigungsstufe der öffentlichen Kläranlage nicht ausreicht, oder die Abwässer einer Spezialbehandlung bedürfen.

Soweit nach den landesrechtlichen Vorschriften (z. B. § 52 Absatz 1 LWG NRW; **655**
65 Absatz 1 Bbg WG) Abwassereinleitungen in ein Gewässer nur erlaubt werden dürfen, wenn sie der ordnungsgemäßen Erfüllung der Abwasserbeseitigungspflicht dienen, ist die Erlaubnis mit der Abwasserbeseitigungspflicht verbunden: die Abwasserbeseitigung ist nur dem zu erlauben, der zur Abwasserbeseitigung verpflichtet ist (OVG NRW v. 9.6.1981 – 11 A 1268/80 = StuGR 1981, 355; Broschei LWG NRW bei Wüsthoff, Hb. des Wasserrechts, § 52 Rn 6; a. A. Brüning ZfW 1998, 351). Die Übertragung erfolgt durch einen **Freistellungs-/Verpflichtungsbescheid,** d. h. einen Verwaltungsakt mit Doppelwirkung. Er begünstigt die Gemeinde und belastet den Gewerbebetrieb. Einen Rechtsanspruch auf Übertragung hat der Gewerbebetrieb nicht. In einigen Landesgesetzen (z. B. § 52 Absatz 3 Satz 1 Nr. 3 He WG; 40 Absatz 3 Satz 1 Nr. 3 M-V WG; 63 Absatz 6 Satz 1 Nr. 3 Sächs. WG 2004/2010; 58 Absatz 3 Satz 1 Nr. 3 Thür. WG) ist für die Beseitigung des Abwassers, das bei der **Mineralgewinnung anfällt** oder noch weiter verwendet werden soll, der jeweilige Abwassererzeuger anstelle der Gemeinde abwasserbeseitigungspflichtig. Ebenso ist je nach Landesrecht für Abwasser, dessen Einleitung in ein **Gewässer wasserrechtlich erlaubt ist,** der Einleiter abwasserbeseitigungspflichtig (z. B. Artikel 41 b Absatz 4 Bayr. WG; § 52 Absatz 3 Satz 1 Nr. 5 He WG; 40 Absatz 3 Satz 1 Nr. 5 M-V WG; 63 Absatz 6 Satz 1 Nr. 4 Sächs. WG 2004/2010; 58 Absatz 3 Nr. 5 Thür. WG). Im Gebiet eines Abwasserverbandes obliegt dem Verband die Abwasserbeseitigungspflicht, soweit seine satzungsmäßigen oder gesetzlichen Aufgaben reichen (z. B. § 54 Absatz 1 LWG NRW; 68 Absatz 1 Bbg WG; 50 Absatz 1 Sl WG – Entsorgungsverband Saar), ebenso bei Wasser- und Bodenverbänden. Die Abwasserbeseitigungspflichtigen können sich zur Erfüllung ihrer Aufgabe (Privater) Dritter bedienen § 56 Satz 3 WHG). Die Beseitigungspflicht bleibt in diesem Fall beim Träger.

Abwasserverordnung: Die allgemeine Regelung des § 12 WHG wird für Abwas- **656**
ser ferner ergänzt durch § 57 WHG. Menge und Schädlichkeit des Abwassers muss so gering gehalten werden, wie dies **nach dem Stand der Technik möglich** ist. Die Anforderungen werden durch die **Abwasser-VO** v. 17.6.2004 (BGBl, 1108) vorgegeben, die aus einem allgemeinen Teil mit Begriffsbestimmungen, Analysen- und Messverfahren, Bezugspunkten für die Anforderungen und der Einhaltungs-Fiktion für die Anforderungen besteht, sowie aus 57 branchenspezifischen Anhängen. Von bergrechtlicher Relevanz sind insbesondere die Anhänge 16 (Steinkohleaufbereitung), 26 (Steine und Erden), 2 (Braunkohle-Brikett-Fabrikation) und 51 (oberirdische Ablagerung von Abfällen). Die Anforderungen sind stoffbezogene, gewässerunabhängige Emissionsbegrenzungen. Sie prägen das Vorsorgeprinzip im Wasserrecht aus. Sie unterscheiden sich von den allgemeinen, gewässer- und immissionsbezogenen Anforderungen, die sich vor allem aus § 12 Absatz 1 WHG ergeben (Breuer, öffentliches und privates Wasserrecht, Rn 555). Aus Anh. 26 Teil A (2) 1 ergibt sich, dass das sog. Kieswaschwasser, d. h. das Wiedereinleiten von Wasser, das zum Waschen von Kies gebraucht wird, nicht in den Anwendungsbereich der Abwasser-VO fällt.

Für die **Errichtung** und den **Betrieb von Abwasseranlagen,** d. h. für Abwasser- **657**
behandlungsanlagen, Rohrleitungen, Kanäle, Einleitungsbauwerke, Rückhalte-

becken, Pump- und Förderanlagen schreibt § 60 Absatz 1 Satz 1 i. V. mit 57 WHG vor, dass sie **die Regeln der Technik** beim Einleiten des Abwassers einhalten müssen, im Übrigen – also hinsichtlich Immissionsschutz, Bautechnik der Anlage – **die allgemein anerkannten Regeln der Technik** (hierzu Driewer, KA 1996, 1014 und ZfW 1999, 470; Reinhardt, KA 2012, 648 ff.). Das gehobene Techniknivau des § 57 Absatz 1 und 2 WHG gilt also nicht für Abwassertransportanlagen, Kanäle, sondern nur für die Anlageteile, die der Begrenzung der Schadstofffracht dienen. Keine Abwasseranlagen sind die Grundwassersanierungsanlagen des Braunkohle-Sanierungsbergbaus oder andere Grubenwasserbehandlungsanlagen (Mengler in Handbuch für den Gewässerschutzbeauftragten Nr. 5.2.6), anders, wenn Grubenwasser mit Abwasser vermischt in einem Absetzbecken gereinigt wird (OVG Weimar, ZfW 2007, 158; s. auch Anhang § 56 Rn 649). Auch eine innerbetriebliche Wasserkreislaufanlage ist keine Abwasseranlage. Im Vordergrund steht die Behandlung und Wiederaufbereitung zu innerbetrieblichen Zwecken, auch wenn ein geringer Teil von max. 10 % pro Monat in die Kanalisation abgegeben wird (VG Köln, UPR 1994, 78).

658 Die **Planung** zur Erstellung oder zu wesentlichen Veränderungen sowie der **Betrieb von Kanalisationsnetzen für die private Abwasserbeseitigung** von über 3 Hektar befestigten Flächen bedarf je nach Landesrecht (§ 60 Absatz 4 WHG) der (Anlagen-)**Anzeige** (§ 58 Absatz 1 LWG NRW oder der (Anlagen-)**Genehmigung.** Sofern die Gesamtanlage auch nach §§ 4 ff. BImSchG genehmigungsbedürftig ist, wird diese wasserrechtliche Anlagengenehmigung von der Konzentrationswirkung des § 13 BImSchG erfasst (VG Köln, ZfW 1980, 387). Bei nichtgenehmigungsbedürftigen Abwasseranlagen i. S. von §§ 4 ff. BImSchG sind die Vorgaben der §§ 22 ff. BImSchG zu beachten. Bundesrechtlich ist für das **Einleiten** von Abwasser **in private Abwasseranlagen gemäß** §§ 59 Absatz 1, 58 Absatz 1 WHG eine Genehmigung erforderlich, sofern nicht gemäß § 59 Absatz 2 WHG eine Freistellung erfolgt.

659 **Abwasserbehandlungsanlage:** Sofern die Abwasserbehandlungsanlage als (sog. kleine) Abwasserbehandlungsanlage einzustufen ist (Kotulla § 18 c Rn 4) bedarf ihre Errichtung, Betrieb und wesentliche Änderung der Genehmigung je nach Landesrecht (§ 60 Absatz 4 WHG). In Bergbaubetrieben ist zusätzlich ein zugelassener Betriebsplan erforderlich. Zur Vermeidung von Doppelgenehmigungen regelt § 67 Absatz 2 Nr. 6 Sächs. WG, dass es einer wasserrechtlichen Genehmigung nicht bedarf, wenn die Abwasserbehandlungsanlage – im Einvernehmen mit der Wasserbehörde – im Betriebsplan zugelassen ist. Die Genehmigung enthält – je nach Landesrecht – auch die Baugenehmigung (z. B. § 99 Absatz 3 Nds WG 2010).

660 Durch § 60 Absatz 3 WHG ist für UVP-pflichtige (sog. größere) Abwasserbehandlungsanlagen erforderlich, dass ihre Errichtung, Änderung und ihr Betrieb der Zulassung in einem UVP-Verfahren erfolgt. Welche Vorhaben UVP-pflichtig sind, ergibt sich aus Nr. 13.1. der Anlage 1 zum UVP-Gesetz. Abwasserbehandlungsanlagen sind nach h. M. nicht die Vorbehandlungsanlagen auf dem Betriebsgelände (Czychowski/Reinhardt § 60 Rn 37 m. w. N.; Nisipeanu, NUR 1992, 105; a. A. Kotulla § 18 c Rn 9), nicht Regenbecken, Überlaufanlagen. Landesrecht bestimmt, ob daneben noch eine baurechtliche Genehmigung erforderlich ist, ferner, ob die neben der Genehmigung der Abwasserbehandlungsanlage erforderliche Einleitungserlaubnis ebenfalls UVP-pflichtig ist.

661 Über die **Erteilung der wasserrechtlichen Erlaubnis** für ein Vorhaben, mit dem die Benutzung eines Gewässers verbunden ist, entscheidet gemäß § 19 Absatz 1 WHG die **Planfeststellungsbehörde**, wenn für das Vorhaben ein Planfeststellungsvorhaben durchgeführt wird. Das obligatorische Rahmenbetriebsplanverfahren ist nach h.M. ein Planfeststellungsverfahren i.S. von § 19 Absatz 1 WHG, obwohl das fachplanerische Abwägungsgebot für die bergrechtliche Planfeststellung nicht gilt (unstreitig: BVerwG, ZfB 2006, 311) und die Zulassung eine gebundene Entscheidung ohne planerischen Gestaltungsspielraum der Behörde ist (Reinhardt, Bergbau und Umwelt, S. 76; Kotulla, WHG § 14 Rn 5; Gaentzsch, Festschrift für Sendler, S. 414; Czychowski/Reinhardt § 19 Rn 16, s. auch § 52 Absatz 2a, Rn 128 ff.).

Die Zuständigkeit für die Erlaubnis oder die Bewilligung geht nach § 19 **662** Absatz 1 WHG als Konzentration der bergrechtlichen Planfeststellung auf die Bergbehörde über. Diese hat allerdings nach den materiellen Maßstäben des Wasserrechts zu entscheiden. Die Bergbehörde befindet im Planfeststellungsbeschluss nicht zugleich über die wasserrechtliche Erlaubnis oder Bewilligung. Diese treten als rechtlich selbstständiges Element neben die Planfeststellung (BVerwG, NUR 2006, 767 und NUR 2005, 711 betrifft § 9 Absatz 1 LuftV und § 14 Absatz 1 WHG a.F.). Dem liegt die Erwägung zugrunde, dass im Gegensatz zum weitgehend änderungsresistenten Planfeststellungsbeschluss die wasserrechtliche Zulassung flexibler gestaltet ist (im Ergebnis ebenso h.M.: Kotulla § 14 Rn 3; Breuer, öffentliches und privates Wasserrecht Rn 968 m.w.N.; VGH Kassel, NVwZ 1982, 263 und 452; OVG Berlin, NVwZ 1983, 417; a.A. Hösch, NVwZ 2006, 666 mit Hinweis auf VGH München, NVwZ-RR 1997, 22; Czychowski/Reinhardt § 19 Rn 5 m.w.N.). Das folgt u.a. daraus, dass die Zulassung des Rahmenbetriebsplans im Gegensatz zur wasserrechtlichen Erlaubnis keine Gestattungswirkung hat und die wasserrechtlichen Benutzungen in der Praxis häufig nicht zur betriebsplanmäßig zuzulassenden Gewinnungsmaßnahme gehören (H. Schulte, Raumplanung und Genehmigung bei der Bodenschätzensgewinnung, S. 413).

Allerdings ist bei **UVP-pflichtigen Vorhaben** i.S. von § 52 Absatz 2a, 47c **663** BBergG i.V. mit § 1 UVP-V Bergbau nach § 57a Absatz 4 Satz 3 BBergG von der Planfeststellungsbehörde eine **zusammenfassende Darstellung des Vorhabens** gemäß §§ 57a Absatz 2 BBergG, 2 Absatz 1 UVP-V Bergbau zu den dort genannten Schutzgütern, wozu auch Wasser gehört, in der Begründung der Rahmenbetriebsplanzulassung aufzunehmen. Diese Darstellung soll eine Gesamtabschätzung der Umweltauswirkungen i.S. einer Risikoabschätzung enthalten. Sie hat nicht dazu auszusagen, ob die prognostizierten Auswirkungen auf die Umwelt tolerierbar, unerheblich, positiv oder negativ zu bewerten sind. Soweit anschließend die zuständige Behörde die Umweltauswirkungen des Vorhabens auf der Grundlage der zusammenfassenden Darstellung bewertet und bei der Zulassung berücksichtigt, ist hierdurch über wasserrechtliche Benutzungstatbestände nicht entschieden. Das gilt ebenso, wenn in der Rahmenbetriebsplanzulassung ein Wasserwirtschaftsbericht auferlegt wird, in dem jährlich die Ergebnisse der wasserwirtschaftlichen Überwachung des Grundwassers oder der Oberflächengewässer und vorgesehene Vermeidungsmaßnahmen darzustellen sind, oder wenn Richtwerte für Grundwasser-Flurabstände oder Vorgaben für senkungsbedingt durchzuführende wasserbauliche Maßnahmen auferlegt werden. Es bleibt insofern für Benutzungen oder Ausbau von Gewässern bei einem gesonderten Verfahren.

Zu dem Schutzgut Wasser gehört auch der **Grundwasserschutz:** Die Vorschrift **664** des § 34 WHG a.F. ist als Ausprägung eines allgemeinen Rechtsgedankens angesehen worden. Er sollte auch beim Einwirken auf das Grundwasser „in sonstiger Weise" gelten und den Schutz des Grundwassers vor Verunreinigungen gewährleisten (BVerwG, NUR 2009, 783 m.w.N.; OVG Lüneburg, ZfW 1998, 505). Beim Grundwasserschutz handelte es sich nicht nur um einen bloßen abwägungserheblichen Belang, sondern um einen zwingenden Rechtssatz, der der planerischen Abwägung Grenzen setzt. Nachdem § 48 WHG 2009 die

Reinhaltung des Grundwassers durch Gesetz und Verordnung weiter verrechtlicht hat, ist zweifelhaft, ob für einen allgemeinen Rechtsgedanken außerhalb des vom Gesetzgeber geschaffenen Rahmens noch Raum ist.

665 Etwaige **Vermeidungs-, Gegensteuerungs- oder Folgemaßnahmen**, die selbst planfeststellungspflichtig sind (§ 57b Absatz 3 Satz 3), sind nicht konzentrationsfähig, z. B. Gewässerausbau bei bergbaubedingten Wasserspiegelabsenkungen, Straßenverlegungen, Deichbau (BVerwG, UPR 2007, 271 = ZfB 2006, 313; OVG NRW, NUR 2006, 325; Kotulla § 14 Rn 12; Czychowski/Reinhardt § 19 Rn 7a. E. s. auch § 52 Absatz 2a Rn 131 ff.).
Auch soweit die Folgemaßnahmen Bestandteil eines weitergreifenden „Gesamtvorhabens" i. S. eines Projektes nach der UVP-Richtlinie 85/337/EWG sind, steht das verschiedenen nebeneinander erforderlichen Zulassungsverfahren nicht entgegen (OVG NRW, ZfW 2011, 106 f.). Der bergrechtliche Planfeststellungsbeschluss hat Konzentrationswirkung nur für das planfeststellungspflichtige Vorhaben, die Folgemaßnahmen stehen nicht in Rede (OVG NRW, aaO).
Keine Folgemaßnahmen in diesem Sinne sind die betriebsplanpflichtigen Tätigkeiten, die mit dem Aufsuchungs- und Gewinnungsbetrieb unmittelbar zusammenhängen. Wird hierfür ein obligatorischer Rahmenbetriebsplan verlangt (§§ 52 Absatz 2a, 57c), erfasst die Konzentrationswirkung der bergrechtlichen Zulassung auch etwaige wasserrechtliche Entscheidungen, z. B. Zutagefördern oder Absenken von Grundwasser (Czychowski/Reinhardt, § 19 Rn 16 m. w. N.; s. auch Anhang § 56 Rn 671). Die bergrechtliche Vorschrift ist die spezielle gegenüber dem Wasserrecht.
Andererseits (OVG Koblenz, DVBl 2011, 47): Liegt ein bestandskräftiger wasserrechtlicher Planfeststellungsbeschluss für ein Kiessandabbauvorhaben vor, ist bei Überleitung in ein bergrechtliches Verfahren (z. B. weil für Kies die Eigenschaften des § 3 Absatz 4 Nr. 1 nachträglich nachgewiesen wurden) ein weiteres Planfeststellungsverfahren für den bergrechtlichen Rahmenbetriebsplan nicht durchzuführen (§ 52 Absatz 2b, Satz 2).

666 Etwas anderes gilt, wenn es sich **nicht um Folgemaßnahmen** i. S. von § 57b Absatz 3 Satz 3 handelt, d. h. nicht um zielgerichtete Maßnahmen zur Anbindung an andere Anlagen, sondern um **Folgewirkungen** des Abbaues ohne eigenständigen über das Abbauvorhaben hinausgehenden Planungswillen, z. B. Senkungen in folge untertägigen Abbaues. Deren Entstehung kann mit dem Beschluss zur Zulassung des Rahmenbetriebsplans planfestgestellt werden. Ein Planfeststellungsbeschluss mit UVP zur Gewinnung von Steinkohle in einem Bergwerk hat keine Konzentrations- und Bindungswirkung dahingehend, dass es generell **keiner Maßnahmen des Hochwasserschutzes** bedarf. Ist im Planfeststellungsbeschluss nicht über Fragen des Hochwasserschutzes zu befinden, bedeutet das nicht, dass solche Maßnahmen nicht nach wasserrechtlichen Vorschriften geboten sein können (OVG NRW v. 20.8.2009 – 11 A 656/06 Rn 130 – Bergwerk West und ZfB 2009, 274; BVerwGE 126, 205 ff.).

667 Zwar ist im Rahmen der wasserrechtlichen Wertungen auch das durch Bergsenkungen bedingte **erhöhte Schadenspotenzial für Hochwasserschutzanlagen** zu berücksichtigen. Allein daraus kann nicht geschlossen werden, dass Hochwassergefahren für Leben und Gesundheit hervorgerufen werden, die im Rahmen von § 48 Absatz 2 Satz 1 zu bewältigen wären.

668 Hinsichtlich der Hochwasserschutzmaßnahmen ist im Übrigen zwischen **nicht notwendigen**, aber sinnvollen Maßnahmen und **notwendigen Folgemaßnahmen** zu unterscheiden: Die lediglich sinnvollen Folgemaßnahmen werden gemäß § 5 BBergG, 75 Absatz 1 Satz 1 VwVfG nicht von der Planfeststellung und ihrer Konzentrationswirkung erfasst. Die Bergbehörde ist insofern für Folgemaßnahmen nicht zuständig. Für die notwendigen Folgemaßnahmen gilt § 57b Absatz 3 Satz 3. Er differenziert innerhalb der notwendigen Folgemaßnahmen danach, in welcher Form sie öffentlich-rechtlich zugelassen sind. Ist eine eigene Planfeststellung vorgeschrieben, bleibt es dabei (BVerwG, ZfB 2006, 313 – Walsum) Folgemaßnahmen dürfen über Anschluss und Anpassung nicht wesentlich hinausgehen. Notwendig ist eine Folgemaßnahme nur, wenn sie ohne nachhaltige Störung der Funktionsfähigkeit anderer Anlagen zu erwarten ist (BVerwG, Buchholz 316 § 75 VwVfG Nr. 3, Satz 3; OVG NRW, ZfB 2009, 261, 271 – Bergwerk West). Sind Hochwasserschutzeinrichtungen nicht unmittelbar betroffen, sondern bedarf es eines umfassenden eigenen Planungskonzeptes mit eigener Planfeststellung und konzeptioneller Entscheidung der Wasserbehörde, ist eine Anpassung i.S. von § 75 VwVfG ausgeschlossen (OVG NRW v. 20.8.2009, 11 A 456/06, Rn 115 – Bergwerk West = ZfB 2009, 274). Anders, wenn bestimmte Deiche vom Bergbau unmittelbar betroffen und dementsprechend anzupassen sind, ertüchtigt, erhöht oder verschoben werden müssen (BVerwG, ZfB 2006, 313 Rn 41 – Bergwerk Walsum; OVG NRW aaO Rn 113; auch OVG NRW v. 20.8.2009, 11 A 656/06, Rn 125 – Bergwerk West).

Für die **Entscheidung über die wasserrechtliche Erlaubnis** ist nach § 19 Absatz 2 **669** WHG die **Bergbehörde** zuständig, wenn ein **bergrechtlicher Betriebsplan die Benutzung eines Gewässers vorsieht.** § 19 Absatz 2 WHG gilt für den fakultativen Rahmenbetriebsplan, für Haupt-, Sonder- und Abschlussbetriebspläne. Die Vorschrift gilt auch für gehobene Erlaubnisse i.S. von § 15 WHG (VG Koblenz, ZfB 2000, 160 = ZfW 2000, 263; a.A. Czychowski/Reinhardt § 19 Rn 21), nicht jedoch für Bewilligungen, soweit das nicht ausdrücklich landesrechtlich zu Gunsten der Zuständigkeit der Bergbehörde anders geregelt ist (z.B. Artikel 75 Absatz 4 Satz 1 Bayr. WG).

Die Zuständigkeit der Bergbehörde ist gegeben, sobald ein bergrechtlicher **670** Betriebsplan zur Zulassung eingereicht ist und eine Gewässerbenutzung „vorsieht". Einer Zulassung des Betriebsplans bedarf es nicht. Allerdings müssen die eingereichten Unterlagen für den Betriebsplan den formalen Voraussetzungen genügen und prüffähig sein.

§ 19 Absatz 2 WHG schafft, wie § 19 Absatz 1 WHG, eine Zuständigkeits- **671** konzentration und eine Verfahrenskonzentration (Ruttloff, UPR 2012, 328), nicht jedoch eine Entscheidungskonzentration (Ruttloff, aaO, 334 m.w.N.; BVerwGE 123, 241f.; 125, 116, 279f.). Die wasserrechtliche Erlaubnis wird nicht durch die betriebsplanmäßige Zulassung ersetzt (so schon Nebel, ZfB 1960, 354; von Wick, Glückauf 1962, 863 und ZfB 1965, 282; Bartsch, ZfW 1963, 145 alle zu § 14 Absatz 2 WHG a.F.). Das gilt auch für eine wasserrechtliche Erlaubnis zur Grundwasserabsenkung, die mit einem bergrechtlichen Rahmenbetriebsplan-Planfeststellungsbeschluss für einen Kies- und Tontagebau einhergeht (VG Cottbus v. 13.12.2007 – 3 K 54/03).

Des **Einvernehmens der Wasserbehörde** bedarf die Bergbehörde gemäß § 19 **672** Absatz 3 WHG zur Erteilung der Erlaubnis für eine im Betriebsplan vorgesehene Benutzung von Gewässern. Es genügt nicht, die zuständige Wasserbehörde gemäß § 54 Absatz 2 BBergG zu beteiligen. Einvernehmen bedeutet Zustimmung der Wasserbehörde im Rahmen ihres gesetzlich vorgeschrieben Aufgabenbereichs und ihres Prüfungsumfanges bei der Erteilung der wasserrechtlichen Erlaubnis (sog. kongruente Prüfungszuständigkeit).

Hat die Wasserbehörde ihr Einvernehmen erteilt, ist sie bei späteren Entschei- **673** dungen oder Einlassungen gebunden, soweit nicht tatsächliche Veränderungen eine abweichende Bewertung verlangen. Das folgt aus dem rechtsstaatlichen

Verbot widersprüchlichen Verhaltens (Czychowski/Reinhardt, § 19 Rn 23; Reinhardt, NUR 1999, 140 und Bergbau und Umwelt, S. 80 m. w. N.), jedenfalls auch aus dem Grundsatz der fehlerfreien Ausübung des Bewirtschaftungsermessens (Salzwedel, Leipziger umweltrechtliche Dokumentationen, Bd. 6 S. 61, 67 ff. und Festschrift für Feldhaus, S. 288 f.; Viertel, ZfW 2002, 79; Spieht in Bergrecht – Wasserrecht, S. 66 und in Leipziger umweltrechtliche Dokumentationen, Bd. 6 S. 90 f.). Das bedeutet z. b. in „gestuften Verfahren" zwischen Braunkohlenplan, Rahmenbetriebsplan und Sümpfungserlaubnis: spätestens mit der Zulassung des Rahmenbetriebsplans für einen Tagebau wird die Frage, ob die Sümpfung erlaubnisfähig, insbesondere die Grundwasserabsenkung mit § 12 Absatz 1 Ziff. 1 WHG und wesentlichen Gesichtspunkten des Bewirtschaftungsermessens vereinbar ist, abschließend entschieden (Salzwedel, aaO). Einwendungen, die das „Ob" der Sümpfung betreffen, sind abgeschnitten, unabhängig davon, ob in der Rahmenbetriebsplanzulassung darüber ausdrücklich entschieden wurde. Insbesondere eine landesplanerische Festlegung im Braunkohlenplan, in dessen Aufstellungsverfahren die Wasserbehörde beteiligt ist, legt die Bewirtschaftungskonzeption für die Wasserbehörde in ihren Grundzügen fest (Salzwedel, aaO). Die mit dem Abbau zwangsläufig verbundene Grundwasserabsenkung steht jedenfalls nicht mehr infrage, wenn die Wasserbehörde beim Rahmenbetriebsplan erneut keine grundsätzlichen Einwendungen erhoben hat. Bei der Abraumverkippung im Braunkohlenbergbau ist in einem wasserrechtlichen Erlaubnisverfahren zu prüfen, ob es zu einem nachteiligen Eintrag von Stoffen in das Grundwasser kommt. Im Erlaubnisverfahren sind aber die Vorgaben der landesplanerischen und bergrechtlichen Betriebsplanverfahren nicht erneut zu prüfen (Cremer/Bolle, Glückauf 2010, 480).

674 Das Erfordernis des Einvernehmens gemäß § 19 Absatz 3 WHG ist ein **Verwaltungsinternum.** Weder die Behörden, noch der Bergbauunternehmer oder Dritte haben ein Klagerecht gegen das erteilte Einvernehmen oder auf Erteilung des Einvernehmens. Wird ein Einvernehmen nicht erzielt, kann die Bergbehörde zwar den Betriebsplan nach Beteiligung der Wasserbehörde gemäß § 54 Absatz 2 Satz 1 zulassen, sofern die Gesichtspunkte des § 55 Absatz 1 nicht entgegenstehen, nicht aber die Erlaubnis erteilen.

675 Die Bergbehörde ist nicht an die Verweigerung des Einvernehmens gebunden. Sie kann – je nach Landesrecht – die gemeinsame Oberbehörde um Entscheidung bitten. In Fällen der Zuständigkeit unterschiedlicher Ministerien kann die landesverfassungsrechtliche Richtlinienkompetenz des Regierungschefs maßgebend sein (Reinhardt, NUR 1999, 138 f.). Eine ermessensfehlerhaft verweigerte Zustimmung kann die Bergbehörde nicht unbeachtet lassen, sondern sie muss den verwaltungsinternen Weg gehen.

676 Der Wasserbehörde müssen die für ihre Entscheidung notwendigen Antragsunterlagen zur Verfügung gestellt werden. Sie muss sich in angemessener Zeit äußern. Anhaltspunkt können die Monatsfrist des § 11 der 9. BImSchV, die 2-Monatsfrist des § 36 Absatz 2 BauGB, äußerstenfalls die 3-Monatsfrist des § 10 Absatz 6 a BImSchG für Entscheidungen der Genehmigungsbehörde in vereinfachten Genehmigungsverfahren oder gemäß § 73 Absatz 3 a VwVfG in Planfeststellungsverfahren (z. B. auch § 9 Absatz 2 und Absatz 3 Nds. WG für wasserrechtliche Bewilligung und gehobene Erlaubnis) sein.

677 **Landesrechtlich** gibt es mehrere Besonderheiten: Teilweise wird festgelegt, dass sich das Verfahren über die Erteilung der wasserrechtlichen Erlaubnis nach den für den bergrechtlichen Betriebsplan geltenden Vorschriften richtet (z. B. Artikel 84 Bayr. WG; § 108 He WG; § 31 Absatz 2 WG LSA). Teilweise wird festgelegt, dass bei Vorhaben, durch die Gewässer entstehen oder die der bergrechtlichen Aufsicht unterliegen, eine Genehmigung nur im Einvernehmen mit dem Staatlichen Amt für Umwelt und Natur erteilt werden darf (§ 109 LwaG M-V). In Brandenburg besteht ein umfassender Zuständigkeitskatalog für die Bergbehörde in wasserrechtlichen Angelegenheiten (§ 126 Absatz 5 BbgWG). Zusätzlich gilt: entsteht durch die Gewinnung von Bodenschätzen ein Gewässer, erfolgt die Zulassung des Gewässerausbaus bei den der Bergaufsicht unterliegenden Betrieben durch das Landesamt für Bergbau, Geologie und Rohstoffe im Einvernehmen mit der Wasserbehörde (§ 92 Absatz 1 Bbg WG); in Thüringen ist für wasserrechtliche Angelegenheiten in Zusammenhang mit dem Kalibergbau oder mit der Einstellung des Wismutbergbau die obere Wasserbehörde zuständig (Zust.-VO v. 21.1.1999, GVBl, 105).

Die für die Erteilung der wasserrechtlichen Gestattung gemäß § 19 Absatz 1 **678** WHG geltende Zuständigkeitskonzentration wird durch § 19 Absatz 4 Satz 2 WHG auf den Widerruf und die nachträglichen Entscheidungen gemäß §§ 13 Absatz 1, 14 Absatz 5 WHG übertragen (zum früheren § 5 WHG a.F.: VG Aachen, Glückauf 1978, 1110; Reinhardt, ZUR 2006, 468; Czychowski/Reinhardt § 19 Rn 28 m.w.N.). Die Planfeststellungsbehörde entscheidet in diesen Fällen im Einvernehmen mit der Wasserbehörde. Gleiches gilt gemäß § 19 Absatz 4 Satz 2 WHG für den Widerruf und den nachträglichen Erlass von Inhalts- und Nebenbestimmungen bei einer von der Bergbehörde gemäß § 19 Absatz 2 WHG erteilten Erlaubnis.

3. Bewilligung

Während die Erlaubnis (bloß) eine widerrufliche Befugnis gewährt, ein Gewäs- **679** ser zu benutzen, gibt die Bewilligung ihrem Inhaber das **Recht auf Gewässerbenutzung**. Sie ist ebenfalls ein **repressives Verbot mit Befreiungsvorbehalt**. Für Benutzungen gemäß §§ 9 Absatz 1 Ziff. 4 und für sog. fiktive Benutzungen gemäß § 9 Absatz 2 Nr. 2 WHG darf sie nicht erteilt werden. Sie gewährt durch §§ 9, 18 Absatz 2 WHG eine verstärkte Bestandssicherung, allerdings nicht die Gewähr, dass die Bewilligung über den gesamten Geltungszeitraum inhaltlich unverändert fortgilt. Nach § 13 Absatz 3, Absatz 2 Nr. 1–4 WHG sind nachträgliche Inhalts- und Nebenbestimmungen zulässig.

In Bewilligungsverfahren **Dritter** kann der Bergwerkseigentümer gemäß § 14 **680** Absatz 3 WHG Einwendungen erheben, sofern Abbaumaßnahmen durch eine fremde Gewässerbenutzung erschwert oder verteuert werden (von Wick, ZfB 1965, 284; Sieder/Zeitler/Dahme/Knopp § 14 Rn 54; Breuer, öffentliches und privates Wasserrecht Rn 685; Czychowski/Reinhardt § 14 Rn 38 ff., 54; Kotulla § 8 Rn 35; a.A. Bartsch ZfW 1963, 146). Entsprechendes gilt für den Inhaber einer bergrechtlichen Bewilligung. Auf das Aneignungsrecht des Bergwerkseigentümers wird jedoch nicht nachteilig eingewirkt, wenn der Bergwerksbetrieb voraussichtlich die Nutzung eines Brunnens, für die eine Bewilligung beantragt wird, unmöglich macht (Czychowski/Reinhardt § 14 Rn 54), oder wenn die wasserrechtliche Bewilligung die Festsetzung eines Wasserschutzgebietes zur Folge hat und dadurch der Bergwerksbetrieb mittelbar beeinträchtigt wird (OVG Koblenz, ZfW 1978, 244); oder wenn das Bergwerk stillgelegt ist (OVG Koblenz, ZfW 1978, 243); oder wenn die Bewilligung des Dritten auf die Benutzung des Grubenwassers über Tage abzielt, d.h. erst nach Ausfluss aus dem Stollenmundloch (OVG Koblenz, ZfW 1978, 242). § 14 Absatz 3 WHG trifft insofern nicht zu. Ein Grundstückseigentümer, dessen Haus nach Einstellung des Braunkohlenbergbaus durch aufsteigendes Grundwasser bedroht ist, kann im Bewilligungsverfahren eines Dritten zur Förderung von Grundwasser keine Einwendungen gemäß § 14 Absatz 4 WHG (früher § 8 Absatz 3 WHG a.F.) erheben (OVG NRW, v. 14.6.2012 – 20 A 83/10 = Zeitschrift für Deutsches und Europäisches Wasser-, Abwasser- und Bodenschutzrecht, 2012, 32; NWVBl 2013, 114 ff.).

Rechte i. S. von § 14 Absatz 3 WHG, die zu Einwendungen berechtigen, sind
Fischereirechte, ferner das Recht am eingerichteten (BGHZ 34, 141) und ausgeübten (BGH NJW 1969, 1208) Gewerbebetrieb, wenn die Gewässerbenutzung ihn „schwer und unerträglich" trifft oder in seinem Bestand ernsthaft
infrage stellt (BVerwGE 36, 251).

4.   Erlaubnisfreie Benutzungen

681   Der Kreis der **alten Rechte und Befugnisse**, die gemäß § 15 WHG a. F., § 20
WHG 2009 erlaubnisfrei sind, ist einengend dahin festgelegt worden, dass bei
Erteilung der Aufrechterhaltung dieser Rechte eine irgendwie geartete öffentlich-
rechtliche Überprüfung der Wasserrechte in wasserrechtlicher Sicht stattgefunden hat (nicht: das Recht des Eigentümers auf Zutagefördern von Grundwasser,
das durch § 379 prWG aufrechterhalten wurde, BVerwG, ZfW 1972, 165;
zweifelnd OVG Münster, ZfW 1976, 296; nicht: das Recht des Grundstückseigentümers zur Grundwasserbenutzung bei Nassauskiesung, BVerfG, NJW
1982, 745, 747; nicht: Bergwerkseigentum, VG Gelsenkirchen, ZfW Sh 1969,
II, 22). In jedem Fall muss die Rechtsposition die Einleitung nach Menge und
Beschaffenheit decken. Bei dynamischen Betrieben wie dem Bergbaubetrieb
besteht ohnehin kein Anspruch auf Bestandsschutz aller sich aus der Natur
der Sache ergebenden Veränderungen (BVerfG a. a. O., 753).

682   Erlaubnisfrei sind bei Vorliegen der Voraussetzungen des § 26 Absatz 1 Satz 1
WHG **Benutzungen für den eigenen Bedarf.** Unternehmen, die Kies oder Sand
fördern, entnehmen zur Kieswäsche das hierfür benötigte Wasser dem im Zuge
der Gewinnung entstehenden Abgrabungsgewässer und leiten das **Kieswaschwasser** anschließend wieder in das Abgrabungsgewässer. Insofern handelt es sich
um Wasser für den eigenen Bedarf i. S. von § 26 Absatz 1 Satz 1 WHG. Diese
Benutzung ist erlaubnisfrei, wenn durch die Wiedereinleitung des Kieswasch-
wassers die Eigenschaft im Abgrabungsgewässer nicht verändert wird oder eine
Veränderung nicht nachteilig ist (Schultz/Krüger, NUR 2007, 733 m. w. N. gegen
VG Düsseldorf Beschl. v. 25.1.2007 – 8L1410/05). Dies ist insbesondere von
Bedeutung, sofern landesrechtlich der erlaubnisfreie Eigentümergebrauch von
der Zahlpflicht von Wassernutzungsentgelt ausgenommen wird (z. B. § 2
Absatz 1 Nr. 2 WasEG NRW). Die Rechtsprechung (OVG NRW v. 21.6.2007
– 9 B 278/97; v. 13.4.2006 AZ 9 B 186/06; OVG AZ 9 A 1385/08 v. 16.10.2008
= NWVBl 2009, 157; BVerwG v. 13.6.2009 = NVwZ 2009, 1376 AZ 9 B 2.09;
zustimmend Bamberger, NWVBl 2010, 7, 9; Breuer, NWVBl 2007, 457, 461;
a. A. ausführlich Meyer/Brand, ZfW 2009, 17 m. w. N.; Schultz/Krüger, NUR
2007, 732) hat die Voraussetzungen des Eigentümergebrauchs abgelehnt, wenn
die Entnahme Teil einer planfeststellungspflichtigen Gewässeranbaumaßnahme
ist.
Zur Einführung einer **Kiesabgabe** in Nordrhein-Westfalen (LTDrucks 14/
10.521) als Vorteilsabschöpfungs-(Ressourcennutzungsgebühr) s. Hendler,
NWVBl 2011, 1 ff.

5.   Sonstige wasserrechtliche Genehmigungen

683   a) **Rohrleitungen für wassergefährdende Stoffe.** Die wasserrechtlichen Vorschriften zur Genehmigung der Errichtung, des Betriebes und der wesentlichen
Änderung einer Rohrleitungsanlage zum Befördern von wassergefährdender
Stoffe (§§ 19 a–f WHG a. F.) sind im WHG 2009 entfallen. Für diese Rohrleitungen gilt nunmehr § 20 i. V. mit Anlage 2 Ziff. 19.3 UVPG. Ausgenommen
von der Vorhabensprüfung sind die in Ziff. 19.3 genannten Rohrleitungen,
insbesondere die den Bereich eines Werksgeländes nicht überschreiten und die
Zubehör einer Anlage zum Umgang mit wassergefährdenden Stoffen sind.

Ausgenommen sind auch Abwassereinleitungen (§§ 62 Absatz 6 WHG, 20 i. V. mit Anlage 2 Ziff. 19.6 UVPG). Für Rohrleitungen, die gemäß § 2 Absatz 4 Ziff. 5 i. V. mit Absatz 1 Ziff. 3 BBergG dem Bergrecht unterfallen, gilt § 1 Ziff. 9 UVP-V Bergbau.

Nach § 20 UVPG sind die Rohrleitungsanlagen zum Befördern von wasser- **684** gefährdenden Stoffen planfeststellungspflichtig, wenn sie einer UVP bedürfen. Nicht UVP-pflichtige Rohrleitungen sind plangenehmigungspflichtig (§ 20 Absatz 2 Satz 1 UVPG). Die materiellen Voraussetzungen für die Anforderung an den Umgang mit wassergefährdenden Stoffen ergeben sich aus § 62 WHG, insbesondere auch aus der Rechts-VO gemäß § 62 Absatz 4 WHG, d. h. der Verordnung über Anlagen zum Umgang mit wassergefährdenden Stoffen (AwSV-E 2012). Die wassergefährdenden Stoffe wurden durch die Verordnung über wassergefährdende Stoffe bei der Beförderung in Rohrleitungen – VwS – v. 19.12.1973 (BGBl, 1946; geänd. durch VO v. 5.4.1976, BGBl, 915) konkretisiert. Inzwischen sind die wassergefährdenden Stoffe in der Allgemeinen Verwaltungsvorschrift zur Änderung der Verwaltungsvorschrift wassergefährdender Stoffe v. 27.7.2005 (BAnz. v. 30.7.2005) aufgelistet. Hierzu gehören u. a. Rohöle, Steinkohlen- und Braunkohlenteeröle, Methanol, Azetylen, sowie Lösungen, die Salze in einem Maße enthalten, dass sie geeignet sind, Gewässer zu verunreinigen oder sonst in ihren Eigenschaften nachteilig zu verändern, wie Kühlsolen und Beizlaugen. Die besonderen Anforderungen an die Rückhaltung von Stoffen sind für oberirdische und unterirdische Leitungen unterschiedlich (§ 20 AwSV-E).

Landesrechtlich sind Besonderheiten zu beachten.   **685**

Keine Anwendung findet die Genehmigungspflicht gemäß § 20 UVPG auf sog.   **686** **Transitrohrleitungen** unter dem Festlandsockel i. S. von § 133 Absatz 1 BBergG, weil hierfür das Bergrecht spezialgesetzliche Regelungen enthält (Reinhardt, Bergbau und Umwelt, S. 71). Ebenso ist für **Gasversorgungsleitungen** mit einem Durchmesser mit mehr als 300 mm das Erfordernis der Planfeststellung gemäß § 43 EnWG die speziellere Regelung, die die Anzeigepflicht nach § 5 der VO über Gashochdruckleitungen konzentriert (Leidinger, Energieanlagenrecht, S. 356). Ist die Rohrleitungsanlage Bestandteil einer Anlage, die nach BImSchG genehmigungspflichtig ist, wird die Plangenehmigung nach § 20 Absatz 2 UVPG ebenfalls konzentriert (§ 13 BImSchG).

Sofern § 20 Absatz 2 UVPG zutrifft, ist eine **Errichtungs-** und eine **Betriebs-** **687** **genehmigung kumulativ** erforderlich. Außerdem bedarf es der Betriebsplanzulassung (VG Düsseldorf, ZfB 1983, 446 ff. für Soleleitung im Wasserschutzgebiet), sofern das BBergG nicht gemäß § 2 Absatz 4 ausgeschlossen ist. Während die Zulassung nach BBergG eine gebundene ist, sind die Genehmigungen gemäß § 20 UVPG Ermessensentscheidungen (Breuer, öffentliches und privates Wasserrecht, Rn 752). Sofern das BBergG gemäß § 2 Absatz 4 nicht ausgeschlossen ist und eine Planfeststellung gemäß § 20 Absatz 1 UVPG erforderlich ist, finden gemäß § 14 UVPG die §§ 5–14 UVPG keine Anwendung und die Umweltverträglichkeitsprüfung wird nach dem BBergG durchgeführt. Maßstab für die Vorhaben, die der UVP unterliegen, ist damit der Katalog des § 1 der UVP-V Bergbau.

b) Anlagen in und am Gewässer. Hierzu gehören Düker, Rohrdurchleitungen,   **688** Einleitsbauwerke. In den meisten Landeswassergesetzen ist für die Errichtung oder wesentliche Veränderung dieser Anlagen eine wasserbehördliche **Genehmigung** vorgeschrieben, es sei denn, sie dienen der Unterhaltung oder dem Ausbau der Gewässer (z. B. § 76 WG B-W; Artikel 59 Bayr. WG; § 87 Bbg WG; § 57 Nds. WG; § 99 LWG NRW; § 91 Sächs. WG; § 49 Absatz 1 WG

LSA) oder erlaubnispflichtigen Gewässerbenutzungen (§ 57 Absatz 1 Satz 2 Nds. WG; § 87 Absatz 1 Satz 2 BbgWG; § 49 Absatz 1 Satz 2 WG LSA; § 99 Absatz 1 Nr. 2 LWG NRW). Ausgenommen von der Genehmigungspflicht sind in einigen Landesgesetzen Anlagen, die in einem bergrechtlichen Betriebsplan zugelassen werden (z. B. § 57 Absatz 1 Ziff. 3 Nds WG NRW; 87 Absatz 1 Satz 2 Bbg WG; 91 Absatz 9 Sächs. WG 2004/2010; § 99 Absatz 1 Ziff. 2 LWG NRW). Die grundlegenden Anforderungen an diese Anlagen ergeben sich aus § 36 WHG.

VI. Bergbau und Grundwasserschutzgebiete

689   Da eine Ausweisung von Wasserschutzgebieten gemäß § 51 WHG nur zulässig ist, wenn dies im Einzelfall erforderlich ist, ist die frühzeitige Festlegung von **Grundwasserschutzgebieten** als raumordnerischer vorsorgender Grundwasserschutz für den Bergbau von Bedeutung. Nach § 2 Absatz 2 Ziff. 8 ROG gehört zu den Grundsätzen der Raumordnung, Grundwasservorkommen zu schützen; nach § 2 Absatz 2 Ziff. 9 ROG sind zur Aufsuchung und Gewinnung von standortgebundenen Rohstoffen die räumlichen Voraussetzungen zu schaffen. Diese konkurrierenden Grundsätze sind durch Raumordnungspläne zu konkretisieren und in Einklang zu bringen. Nach § 7 Absatz 4 ROG können Vorrang-, Vorbehalts- und Eignungsgebiete festgelegt werden. Je nach Landesrecht werden in den Regionalplänen unterschiedliche Bezeichnungen gewählt: „*Wasservorsorgegebiete*", „*wasserwirtschaftliche Vorrangbereiche*", „*Wasserschongebiete*" (VGH Mannheim, ZfW 1997, 33; VG Freiburg, ZfW 1997, 62). Sofern Grundwasserschutzgebiete rechtswirksam (hierzu Checkliste bei Schulz, Bergbau und Gewässerschutz, S. 93) als Vorranggebiete ausgewiesen werden, sind sie von neuen Abbauflächen für Kies freizuhalten (BVerwG, ZfW 1997, 19; VGH Mannheim und VG Freiburg aaO betrifft „*regionale Grundwasserschonbereiche*"). In Vorbehaltsgebieten ist die Gewinnung von Bodenschätzen nicht grundsätzlich ausgeschlossen. Die Realisierung kann erst in der Zulassungsentscheidung nach Abwägung der konkurrierenden Nutzungsansprüche beurteilt werden. In Eignungsgebieten zum Grundwasserschutz hängt die Zulässigkeit der Gewinnung von Bodenschätzen von der Festlegung ab, ob Grundwasserschutz nur als Grundsatz oder verstärkend als Ziel formuliert ist (Schulz, UTR 1999, 208 sowie in Bergbau und Gewässerschutz, S. 91; allgemein Müller/Schulz, Hb. Rn 154 ff. m. w. N.). Inwieweit die Grundwasserschutzgebiete in Zulassungsverfahren zu beachten sind, hängt im Einzelfall von der Bewertung gemäß § 12 WHG in Erlaubnis – oder Planfeststellungsverfahren bzw. § 48 Absatz 2 BBergG im Betriebsplanverfahren ab.

VII. Bergbau und Wasserschutzgebiete

690   Im Hinblick auf Wasserschutzgebiete hat der Bergbau hauptsächlich zwei Interessensphären: kann gegen die Festsetzung eines Wasserschutzgebietes ein Rechtsbehelf eingelegt werden? Kann trotz Festsetzung eines Wasserschutzgebietes Abbau von Bodenschätzen betrieben werden?

691   Wasserschutzgebiete werden nach Landesrecht durch **Rechtsverordnung** festgesetzt. Zum Erlass ist ein Anhörungsverfahren entweder nur von Amtswegen je nach Landesrecht oder auch auf Antrag vorgesehen. Vor der Festsetzung des Wasserschutzgebietes können gemäß § 52 Absatz 2 WHG zeitlich begrenzte **vorläufige Anordnungen** in Form von Verordnungen ergehen. Die Betroffenen müssen dazu nicht vorher gehört werden (OVG Koblenz, ZfW 1987, 106).

Zu rechtlichen Kriterien der Festsetzung von Wasserschutzgebieten: Knopp ZfW   **692**
1995, 1 ff.; zur Festsetzung von Wasserschutzgebieten in der Bewertung durch
die Gerichte: Kröger/Moos, ZfW 1997, 1 ff.; zu Anforderungen an die räumliche
Abgrenzung von Wasserschutzgebieten bei variierenden Grundwasserströ-
mungsverhältnissen: Ellinghoven, NUR 2004, 150; zur Festsetzung von Wasserschutzgebieten: Anders/Krüger, NUR 2004, 491; zu rechtlichen Anforderungen
an Wasserschutzgebietsverordnungen: Reinhardt, WuA 2007, 40; Ausweisung
von Wasserschutzgebieten und verwaltungsgerichtliche Nachprüfung: Salzwedel, ZfW 1992, 397. Die Abgrenzung muss sich an den hydrogeologisch-
hydraulisch ermittelten Grenzen des Wassereinzugsgebietes orientieren. Dabei
ist zugunsten der Behörde ein *„administrativer Vereinfachungsspielraum"* anzuerkennen (BVerwG, NUR 2013, 192 ff.).

Gegen die Zulassung des Betriebsplans für einen Tagebau im Einzugsgebiet der   **693**
Schutzzone III A eines Wasserschutzgebietes hat der **Träger der öffentlichen
Trinkwasserversorgung** kein Klagerecht wegen drohender Beeinträchtigung des
Grundwassers gemäß § 55 Absatz 1 Nr. 3, da Einwirkungen auf das Schutzgut
Grundwasser außerhalb des Bergbaubetriebes nicht erfasst werden (VG Arns-
berg, ZfB 2012, 49, 57 unter Bezug auf BVerwGE 81, 329 und 123, 247).
Ebenso geben § 55 Absatz 1 Nr. 9 oder das Fehlen einer wasserrechtlichen
Erlaubnis für das Bergbauvorhaben dem Wasserversorger keine Klagebefugnis.
Allerdings können die Bestimmungen einer **Wasserschutzgebiets-VO drittschützend** (in Bezug auf den Träger der Wasserversorgung) sein, weil gemäß § 51
Absatz 1 Satz 2 WHG der „Begünstigte" in der Wasserschutzgebiets-VO zu
bezeichnen ist (§ 51 Absatz 1 Satz 2 WHG; die frühere Rspr. BVerwG, ZfW
1970, 242; Bayr. VGH, NVwZ 1990, 998 und bisherige h. M., wonach Wasser-
schutz-VO nicht drittschützend sind, dürften damit überholt sein, VG Arnsberg,
aaO).

Auch die **Rohstoffsicherungsklausel** des § 48 Absatz 1 Satz 2 ist **nicht** schon   **694**
beim Erlass von Wasserschutzgebiets-VOen anzuwenden (BVerwG, NVwZ-RR
1996, 141 = ZfB 1995, 277 = UPR 1995, 447; OVG NRW, NWVBl 1996, 19
zur Landschaftsschutz-VO). Sie ist nur bei Anwendung und nicht beim Erlass
von Rechtsvorschriften zu beachten (Kühne, DVBl 1987, 1262 ff.; Knöchel,
Festschrift für Kühne, S. 603; a. A. Hoppe, DVBl 1987, 761 f.). Unabhängig
davon ist das öffentliche Interesse an der Aufsuchung und Gewinnung von
Bodenschätzen, insbesondere solchen, die der Energieversorgung dienen
(BVerwGE 117, 140; OVG Brandenburg, ZfB 2000, 297, 305 f.; LKV 2001,
174; ZfB 2007, 270 m. w. N.; OVG NRW, ZfB 2008, 110 m. w. N.), in die
Ermessensentscheidung über die Festsetzung des Wasserschutzgebietes einzubeziehen. Dabei kommt es nicht darauf an, ob ohne das Energieversorgungsvor-
haben, dessen Durchführung durch die Beschränkungen der Wasserschutzgebiets-VO gefährdet ist, die Energieversorgung in Deutschland oder in einem
wesentlichen Teil betroffen ist. Es reicht aus, dass das Energieprojekt einen
Beitrag zur heimischen Energieversorgung leistet oder leisten würde (VerfG
Brandenburg, LVerfGE 8, 97 ff.; VerfGH NRW, NWVBl 1997, 333 ff. = ZfB
1997, 300 = OVGE 46, 295 ff.; OVG NRW, ZfB 2008, 111).

Zu berücksichtigen sind bei der Abgrenzung des Wasserschutzgebietes und der   **695**
Schutzzonen, bei der Festlegung der Verbote und Beschränkungen sowie bei
Ausnahme- und Befristungsregelungen die verfassungsrechtlich geschützten
Interessen des **Bergwerkseigentümers**, des Bergwerksbetreibers als Inhaber eines
eingerichteten und ausgeübten Gewerbebetriebs, des Inhabers einer bergrecht-
lichen Bewilligung oder des Grundstückeigentümers, z. B. beim Grundeigentü-
merbergbau (vgl. OVG Bautzen, ZfB 1997, 155 betrifft Festsetzung eines
Naturdenkmals; OVG Koblenz, NUR 1994, 44 betrifft Bebauungsplan und
Bergwerkseigentum). Nach den Grundsätzen der Erforderlichkeit (§ 52

Absatz 2 WHG) und der Verhältnismäßigkeit werden Wasserschutzgebiete in Zonen eingeteilt, in denen unterschiedliche Schutzanordnungen gelten. Anhaltspunkte enthält das **DVGW-Arbeitsblatt W101** betrifft Schutzgebiete für das Grundwasser (Nachweis bei v. Lersner/Berendes, Hb. D30) i. d. F. 1995 (früher a. F. 1975), die in den Ländern durch Verwaltungsvorschriften eingeführt sind und den anzuwendenden rechtlichen Maßstäben (*„antiziptiertes Sachverständigengutachten"*: OVG Koblenz, NVwZ-RR 1990, 126 = NUR 1991, 142 und ZfW 1999, 107) entsprechen (VGH München, ZUR 2007, 258). Danach werden unterschieden: der Fassungsbereich (Zone I), die engere Schutzzone (Zone II) und die weitere Schutzzone (Zone III), die in die Zonen III A – näher zur Trinkwassergewinnungsanlage – und III B – am weitesten von der Fassungsanlage entfernt am Grenzbereich des Schutzgebietes – aufgeteilt werden. In den **Schutzzonen I und II** ist das Gewinnen von Steinen, Erden und anderen oberflächennahen Rohstoffen sowie sind Erdaufschlüsse i. d. R. **verboten,** ebenso das Verletzen von Grundwasser überdeckenden Schichten, Gewässerherstellung und Gewässerausbau.

Die wasserrechtliche Erlaubnis zur Einbringung und zum **Betrieb einer Erdwärmesonde** in eine Tiefe von 115 m ist im Trinkwasserschutzgebiet zu versagen, soweit damit verbundene Gefahren für das Grundwasser nicht durch mit vertretbarem Aufwand durchgeführte Kontrollen auszuschließen sind (VGH Kassel, DVBl 2011, 1429). A. A. VG Wiesbaden, NVwZ-RR 2011, 721: In der Wasserschutzzone III sind Erdwärmebohrungen zulässig, wenn im Betriebsplan ausreichende Maßnahme zur Gefahrenvorsorge getroffen werden.

696 Für den Bergbau von praktischer Bedeutung sind insbesondere die Festsetzungen für die Schutzzonen III A und III B. Den Verlauf der Grenzen dieser Zonen kann ein Kiesunternehmen nicht im Rahmen des Normenkontrollverfahrens gegen die Schutzgebiets-VO mit Erfolg beanstanden, wenn er durch **ingenieurgeologische Gutachten** belegt ist und im Wesentlichen mit dem DVGW-Arbeitsblatt W101 übereinstimmt (BVerwG, NVwZ-RR 1994, 201; Müller/Schulz, Recht der Bodenschätzgewinnung Rn 685; Breuer, Öffentliches und privates Wasserrecht, Rn 878 *„antiziptiertes Sachverständigengutachten"* m. w. N.).

697 Je nach den geologischen und hydrologischen Verhältnissen enthalten die Schutzgebiets-VOen **generelle Verbote,** insbesondere für Nassabgrabungen, oder Verbote für neue Abgrabungen oder **Verbote mit Genehmigungsvorbehalt.** Entscheidungsmaßstab ist mindestens der des Grundwasserschutzes des § 48 WHG, ob die Zulassung der Gewinnung von Bodenschätzen eine Gefährdung des Grundwassers und der öffentlichen Wasserversorgung besorgen lässt (h. M. OVG NRW, UPR 2006, 200 = NUR 2006, 194; a. A. Anders/Krüger, NUR 2004, 499 ff.). Es bedarf keines konkreten Nachweises eines unmittelbar drohenden Schadenseintritts. Ausreichend ist ein Anlass, typischer Weise gefährlichen Situationen zu begegnen (VGH München, ZUR 2006, 36), wobei an den Wahrscheinlichkeitsgrad für den Eintritt einer Grundwassergefährdung niedrige Anforderungen gestellt werden können (VG Düsseldorf, ZfW 2006, 114; OVG NRW, ZfW 2004, 117 und UPR 2006, 200).

698 Nassabgrabungen in der Schutzzone III A werden typischer Weise als besonders **gefährlich** gewertet (OVG NRW, ZfW 2004, 116 f.). Sofern in der **Wasserschutzgebiets-VO** Grabungen und **Abgrabungen** in der Schutzzone III A **verboten** sind, durch die das **„Grundwasser dauernd freigelegt oder angeschnitten"** wird, kommt es darauf an, dass das Grundwasser nicht nur vorübergehend während der Abbautätigkeit freigelegt oder angeschnitten wird, sondern nach Beendigung des Abbaues fortlaufend. Nicht jede Senkung des Grundwasserspiegels oder Änderung der Grundwasserverhältnisse ist maßgebend, sondern nur eine nicht nur vorübergehende. Bei stark jahreszeitlich und durch Niederschläge beeinflussten Grundwasserständen muss das Grundwasser **im Jahresverlauf regel-**

mäßig und für einen erheblichen Zeitraum zu Tage treten (VG Arnsberg, ZfB 2012, 49, 59). Der Begriff des „Anschneidens" von Grundwasser ist erfüllt, wenn bei schneidender Gewinnung im horizontalen Vortrieb eine grundwassergefüllte Kluft angeschnitten wird, so dass Grundwasser ausfließt (VG Arnsberg, aaO Rn 20).
Eine abstrakte Gefährdung des Grundwassers in der Zone III B durch Nassabgrabungen kann allerdings nicht generell angenommen werden (bestr. so Anders/Krüger, NUR 2004, 498 unter Verweis auf VG Köln v. 8.7.2003, 14K1958/00; Anders/Ellinghoven, ZfW 2002, 4 ff.; dagegen Esser, ZfW 2002, 238). **Nassabgrabungen** sind daher in der **Schutzzone III B nicht grundsätzlich verboten.** In der Schutzzone III B ist die Verlegung einer Soleleitung zulässig (VG Düsseldorf, ZfB 1983, 456).

Sofern ein Genehmigungsvorbehalt für die Bodenschätzegewinnung in die Was-   **699**
serschutzgebiets-VO aufgenommen wurde, reicht es zur Ablehnung der Genehmigung nicht aus, auf die generelle Gefährlichkeit von Bodenschätzegewinnung, insbesondere von Nassabgrabungen zu verweisen (OVG NRW, ZfW 1994, 365). Abzustellen ist auf die Situation im Einzelfall: Distanz der Kies- oder Sandgewinnung von der Wassergewinnungsanlage; Lage der Abgrabung im Ober- oder Unterstrom; Bodenbeschaffenheit; Tiefe und Fließrichtung des Grundwassers; Vermeidungsmaßnahmen. Bei der Abwägung der Belange ist im Genehmigungsverfahren die Rohstoffsicherungsklausel des § 48 Absatz 1 Satz 2 zu berücksichtigen (Czychowski/Reinhardt § 19 Rn 45; Müller/Schulz, Handbuch Recht der Bodenschätzegewinnung, Rn 694; Schulz, UTR 1999, 221). Aus landesrechtlichen Vorschriften kann sich ergeben, dass Handlungen einer besonderen Genehmigung nach der Wasserschutzgebiets-VO nicht bedürfen, wenn sie ohnehin einer behördlichen Zulassung bedürfen, die hinreichenden Schutz ermöglicht (z.B. § 14 Absatz 2 LWG NRW). Das trifft für das bergrechtliche Betriebsplanverfahren zu.

Befreiungsmöglichkeiten: Sofern ein generelles Verbot der Bodenschätzegewin-   **700**
nung besteht, müssen nach dem Gebot der Verhältnismäßigkeit Befreiungsmöglichkeiten vorgesehen werden. Diese sind meistens an die Voraussetzung geknüpft, dass das Wohl der Allgemeinheit die Befreiung erfordert oder das Verbot zu einer nicht beabsichtigten Härte für den Bergbauunternehmer führen würde (hierzu Müller/Schulz, aaO Rn 696 und OVG NRW, ZfW 2004, 123). Landesrechtlich ist teilweise vorgesehen, dass Entscheidungen über Genehmigungen oder Befreiungen bei Schutzgebiets-VOen zwar von anderen Behörden als der Wasserbehörde getroffen werden, aber im Einvernehmen mit der Wasserbehörde, ausgenommen bei Entscheidungen im Planfeststellungsverfahren (z.B. § 14 Absatz 4 LWG NRW; 15 Absatz 5 Bbg WG). Sofern im Betriebsplanverfahren eine Genehmigung oder Befreiung erteilt wird, ist hiernach das Einvernehmen der Wasserbehörde erforderlich. In bergrechtlichen Planfeststellungsverfahren erfasst die Konzentrationswirkung des § 57a Absatz 4 Satz 1 die wasserrechtlichen Vorschriften, d.h. die VO über das Wasserschutzgebiet und die Ausnahmen und Befreiungen sind eingeschlossen. Bei den übrigen Betriebsplänen ist die Vereinbarkeit des Bergbauvorhabens mit der Schutzgebiets-VO zwar keine Zulassungsvoraussetzung gemäß § 55, fällt jedoch unter die nach § 48 Absatz 1 Satz 1 unberührt bleiben Vorschriften (Boldt/Weller § 48 Rn 2; Müller/Schulz, Hb. Recht der Bodenschätzegewinnung, Rn 700).

Soweit über **Abgrabungen** landesrechtlich durch Baugenehmigung entschieden   **701**
wird, gehört die Wasserschutzgebiets-VO zu den öffentlich-rechtlichen Vorschriften, die für die Erteilung erfüllt sein müssen. Dasselbe gilt, soweit in den Ländern naturschutzrechtliche Genehmigungsvorbehalte für Abgrabungsvorhaben oder gesonderte Abgrabungsgesetze bestehen. Die Wasserschutzgebiets-VOen sind in den Genehmigungsverfahren strikt zu beachten (Artikel 9

Absatz 1 Bayr. AbgrG), gemäß § 3 Absatz 3 AbgrG NRW allerdings nur nach dem Grundsatz der Verhältnismäßigkeit in Abwägung mit den wirtschaftlichen Belangen (Ziff. 2.2 der VwV zu § 3 AbgrG NRW; Müller/Schulz, aaO Rn 702). In wasserrechtlichen Erlaubnis- oder Planfeststellungsverfahren für die Gewinnung überirdischer Bodenschätze konkretisiert eine Wasserschutzgebiets-VO den Begriff des Wohles der Allgemeinheit i. S. von § 3 Ziff. 10 WHG und ist gemäß § 12 Absatz 1 WHG zu prüfen.

702 Sofern ein Bergbauvorhaben in Folge der Wasserschutzgebiets-VO nicht durchzuführen ist, kann der Bergbauunternehmer im Regelfall **keine Enteignungsentschädigung** verlangen (BVerfGE 58, 300 ff. – Nassauskiesungsbeschluss = NJW 1982, 745 = DVBl 1982, 340). Es ist mit Artikel 14 GG vereinbar, dass das WHG das unterirdische Wasser einer vom Grundeigentümer getrennten öffentlich-rechtlichen Benutzungsordnung unterstellt hat. In wasserschutzgebietsbedingten Verboten von Nass- oder Trockenauskiesung liegt im Regelfall eine entschädigungsfreie Eigentumsbindung auf grundgesetzlicher **Inhalts- und Schrankenbestimmung** (BGHZ 84, 223 = NJW 1982, 2488; ZfW 1983, 31 ff.; ZfW 1984, 214 f.; ZfW 1984, 342; a. A. früher BGHZ 60, 123 = NJW 1973, 623; NJW 1978, 2290). Eine Entschädigungspflicht ist auch ausgeschlossen für einen Grundstückseigentümer im Wasserschutzgebiet, der die Verfüllung eines rechtmäßig hergestellten Kiesbaggersees dulden muss (VGH München, ZfW 1997, 39 = ZUR 1997, 101).

703 In **Ausnahmefällen** ist denkbar, dass Verbote der Sand- und Kiesgewinnung in Wasserschutzgebieten enteignend und **entschädigungspflichtig** sind, etwa wenn die genehmigte Kiesgewinnung sich *„eigentumskräftig verfestigt"* hat (Breuer, Öffentliches und privates Wasserrecht, Rn 899 m. w. N.). Eine Befreiung vom generellen Verbot der Nassabgrabung im Wasserschutzgebiet drängt sich auf, wenn das Vorhaben nach der Lage des Einzelfalles offensichtlich die typischer Weise mit einer Nassabgrabung verbundenen Gefahren nicht oder nur zu einem geringen Teil verursacht (VG Düsseldorf, ZfW 2006, 119). Einem Wasserversorger stehen gegen Ausnahmen und Befreiungen von den Verboten einer Wasserschutzgebiets-VO keine Abwehrrechte zu, da § 52 Absatz 1 Satz 2 WHG keine drittschützende Wirkung hat (VG Stade, NUR 2007, 631 zu § 19 Absatz 1 WHG a. F.).

704 Wenn in einer Wasserschutzgebiets-VO eine Ausnahme vom Verbot des Bergbaus zu Gunsten eines Betriebes vorgesehen ist, kann umgekehrt der Inhaber einer wasserrechtlichen Bewilligung keine Einwendungen gegen den Bergbau im Betriebsplanverfahren erheben (VG Würzburg, ZfB 2010, 53, 59). Andererseits können Einwendungen wegen befürchteter Nutzungsbeschränkungen nach § 52 Absatz 1 Satz 3 WHG vom Bergbauberechtigten nicht schon gegen die wasserrechtliche Bewilligung geltend gemacht werden (BVerwG, DÖV 1997, 1008; VG Würzburg, aaO). Der Bergbauberechtigte hat insofern kein Klagerecht. Er muss sich gegen Nutzungsbeschränkungen aus der Wasserschutzgebiets-VO vielmehr im Wege der Normenkontrollklage gemäß § 47 Absatz 1 VwGO wehren.

VIII. Bergbau und Ausbau der Gewässer

1. Planfeststellung, Plangenehmigung

705 **Gewässerausbau,** d. h. die Herstellung, Beseitigung oder wesentliche Umgestaltung eines Gewässers, bedarf nach § 68 Absatz 1 WHG der **Planfeststellung.** Eine **wesentliche Umgestaltung** liegt vor, wenn sie den Zustand des Gewässers einschließlich seiner Ufer in einer für den Wasserhaushalt (z. B. Wasserstand,

-abfluss, Selbstreinigung, Schifffahrt, Fischerei, Naturhaushalt, äußeres Landschaftsbild) bedeutsamen Weise ändert und es deshalb einer Planfeststellung bedarf (VGH Mannheim, NUR 2012, 570 m. w. N.; OVG Schleswig, ZfW 1998, 509). Sofern ein UVP-pflichtiger Gewässerausbau vorliegt (§ 3 Anlage 1 Nr. 13.6–13.16, insbesondere Nr. 13.15 und 13.16) muss das Planfeststellungsverfahren den Anforderungen des UVPG entsprechen. Für einen nicht UVP-pflichtigen Gewässerausbau kann gemäß § 68 Absatz 2 WHG nach entsprechender Ermessensentscheidung der Behörde eine **Plangenehmigung** anstelle eines Planfeststellungsbeschlusses erteilt werden. Der Unternehmer hat keinen Anspruch darauf, dass im Plangenehmigungsverfahren entschieden wird, auch wenn die Voraussetzung für einen UVP-pflichtigen Gewässerausbau nicht vorliegen (Czychowski/Reinhardt, m. w. N.).

Kein Gewässerausbau sind Gewässerbenutzungen (§ 9 Absatz 3 WHG; zur   **706**
Abgrenzung: BVerwG, ZUR 2008, 148) und Gewässerunterhaltung (zur
Abgrenzung: Breuer, Öffentliches und privates Wasserrecht Rn 960; Czy-
chowski/Reinhardt § 67 Rn 31; s. auch Anhang § 56 Rn 731 ff.).

2. Bergbauliche Ausbaumaßnahmen

Im **Zusammenhang mit Bergbau** sind Ausbaumaßnahmen: Die dauerhafte   **707**
Freilegung von Grundwasser bei der Sand- und Kiesgewinnung (*„Nassauskiesung"*, BVerwG, ZfW 1991, 90; OVG Koblenz, ZfW 1974, 369; BVerwG, ZfW
1978, 364 f. m. w. N.; OVG NRW, ZfB 2010, 5; ZfB 2001, 203, 206; ZfW 1986,
393; ZfW 1992, 364; OVG Frankfurt/Oder, ZfW 1997, 43; VGH Mannheim,
ZfW 1977, 168; ZfW 1985, 177; Breuer, Öffentliches und privates Wasserrecht
Rn 139 m. w. N.; Rn 958; Czychowski/Reinhardt, § 67 Rn 25 m. w. N.). Dabei
kommt es nicht darauf an, dass die Herstellung des Gewässers nur zwangs-
läufige Nebenfolge des Kies- und Sandabbaus ist. Die **Freilegung muss** aber **von
Dauer** sein. Dies wird jeweils im Einzelfall beurteilt: 6 Jahre (OVG Frankfurt/
Oder, ZfW 1997, 44 = ZfB 1996, 141); 10 Jahre (OVG NRW, ZfW 1992, 458);
mehrere Jahrzehnte – etwa 60 Jahre – (OVG NRW, NUR 1989, 91) oder auch
nur von einigen wenigen Jahren (OVG NRW, ZfW 1992, 459). Unerheblich ist,
ob mit der Kiesgewinnung oder bergbaulichen Tätigkeit die Herstellung des
Gewässers zur späteren Nutzung bezweckt ist (OVG Koblenz, ZfW 1974, 369;
VGH Mannheim, ZfW 1977, 168). Die Absicht, entstandene Restlöcher wieder
zu verfüllen, führt zu keinem anderen Ergebnis, wenn sie nicht durch einen
konkreten Verfüllungsplan mit festen Zeitangaben (*„Zug-um-Zug"*) belegt ist
(VGH München, ZfW 1988, 277) oder wenn der das Grundwasser abdeckende
Boden räumlich und zeitlich nur unbeträchtlich entfernt wird, um ihn alsbald
wieder in der Abbaufläche zu verwenden (OVG NRW, ZfW 1992, 458). Für die
Herstellung eines Gewässers ist unerheblich, ob sie gezielt durch Zuleitung oder
natürlich durch Grund-, Sicker- oder Regenwasser gespeist wird.

Bergbaubedingte Ausbauverfahren sind in der Praxis insbesondere die Flutun-   **708**
gen von ehemaligen **Braunkohletagebauen** im Rahmen der Wiedernutzbarmachung bzw. Sanierung (Spieht, Leipziger Umweltrechtliche Dokumentationen
2000, 77 ff.; Kuyumcu, Bergbau und Gewässerschutz, S. 119 ff.; Viertel, ebenda
S. 133 ff.; Freytag, ebenda S. 139 ff.; Zschiedrich, Cottbuser Schriften, Bd. 1
S. 3 ff.; Friedrichs, ebenda S. 41 ff.; Spieht, ebenda S. 53 ff.). Die **Verrohrung
von Gewässern** (OVG NRW, ZfW 1981, 55; VGH Mannheim, ZfW 1981, 170;
ZfW 1983, 178; VGH München, ZfW 1980, 238), u. U. schon nach 10 Metern
(VGH München aaO), oder nach 25 Metern (OVG NRW, ZfW Sh 1991,
Nr. 147), jedenfalls im Bereich eines Zechengeländes auf einer Länge von 433
Metern (LG Aachen, ZfW Sh 1990, Nr. 124); Einbau von Solschalen in Gewäs-
ser (Knopp, Bayr. VBl 1983, 524; Buerstedde S. 75); Wiederherstellung eines in

vielen Jahren trocken gefallenen Wasserlaufs (Czychowski/Reinhardt § 67 Rn 23); die teilweise Verfüllung eines Baggersees (OVG NRW, ZfW 1987, 192 NUR 1992, 134 ff.; OVG Brandenburg, ZfB 1996, 141); ebenso wie die Erweiterung eines Baggersees (BVerwG, ZfW 1978, 364); die Beseitigung von Teichen und Fließgewässern im gemeldeten FFH-Gebiet, um einen Braunkohlentagebau fortzusetzen (OVG Berlin-Brandenburg, ZfB 2007, 259 ff.); Vertiefen eines Gewässers zur Behebung bergbaulicher Einwirkungen, dauerhaftes Absenken des Wasserspiegels in Folge Bergbau; ein **Steinbruch (Kalkwerk)**, in dem das Gestein bis unterhalb des natürlichen Grundwasserstandes abgegraben wird (BVerwG, NUR 2011, 292 = NVwZ 2011, 567). Im Braunkohlentagebau können Umgestaltungsmaßnahmen an der Böschungskontur, Beseitigung ausgedienter Uferabbrüche, wenn sie wegen ihres prägenden Charakters über die Unterhaltung des Ufers hinausgehen, als wesentliche Umgestaltung der Ufer planfeststellungspflichtig sein. Kein Gewässerausbau ist die Herstellung eines Rohrdurchlasses durch ein Gewässerbett oder eines Dükers (Czychowski/Reinhardt § 36 Rn 4 m. w. N.).

Gewässerausbau betrifft auch die **Ufer.** Kennzeichnend dafür ist die rechtliche Begrenzung des Wassers des Gewässers. Ufer ist auch der Teil des Gewässerbettes, der bis zur Böschungsoberkante reicht (OVG NRW, ZfW 1976, 368), auch ein an die Böschungsoberkante landseitig anschließender Geländestreifen, soweit er mit dem äußeren Erscheinungsbild des Gewässers in Einklang steht (OVG NRW, DVBl 2011, 768). Nicht zum Ufer gehören Landflächen, die sich vom Gewässerbett abheben, künstlich angelegt wurden oder genutzte Landflächen (OVG NRW, aaO).

3. Prüfprogramm der Planfeststellung

709 Das Planfeststellungsverfahren umfasst je nach Sachverhalt ein umfangreiches **Prüfungsprogramm:** das gilt zunächst für die sog. **Ausbauleitsätze** des § 67 Absatz 1, 68 Absatz 3 Ziff. 1 WHG. Dazu gehört, dass eine Beeinträchtigung des **Wohls der Allgemeinheit** durch den Ausbau nicht zu erwarten ist. Ferner, dass ein Gewässerausbau den Vorgaben der §§ 27–34 WHG entsprechen muss (§ 68 Absatz 3 Ziff. 2 WHG) und die **Bewirtschaftungsziele** einschließlich Ausnahmen und Fristen nicht gefährden darf (hierzu Gellermann, DVBl 2007, 1517 ff.). Damit unterliegen Gewässerausbauten dem Verschlechterungsverbot (§ 27 Absatz 1 Ziff. 1, 28 Absatz 2 Ziff. 1 WHG), dem Erhaltungsgebot (§ 27 Absatz 1 Ziff. 2 und Absatz 2 Ziff. 2 WHG) und einem Verbesserungsgebot zum Erreichen eines guten ökologischen und chemischen Zustandes (§ 27 Absatz 1 Ziff. 2, 27 Absatz 2 Ziff. 2 WHG). Gerät ein Gewässerausbau mit diesen Bewirtschaftungszielen in Konflikt, kann er dennoch gemäß § 30 WHG, d. h. nach **Alternativenprüfung** und Abwägung widerstreitender Belange zugelassen, u. U. auch vorübergehend Verschlechterungen gemäß § 31 WHG hingenommen werden. Beim Ausbau **erheblich veränderter Oberflächengewässer** i. S. von § 28 WHG können die Anforderungen an den Ausbau auf das gute ökologische Potenzial und den guten chemischen Zustand abgestellt werden (hierzu Breuer, NUR 2007, 503 ff.; Anh. V der WRRL, Reinhardt, NUR 2004, 82 ff., 84 f. und NUR 2009, 517, 520).

710 Nach § 68 Absatz 3 WHG i. V. mit 34 BNatSchG ist die Zulassung der Planfeststellung zu versagen, soweit die dort genannten Beeinträchtigungen in FFH-Gebieten, Vogelschutz- oder Konzertierungsgebieten zu erwarten sind und nicht ausgeglichen oder sonst kompensiert werden können (hierzu OVG Berlin-Brandenburg, ZfB 2007, 259 ff., 262 ff.). Es können daher im Ausbauverfahren umfangreiche Verträglichkeitsprüfungen gemäß Artikel 6 Absatz 3 FFH-RL, 34 BNatSchG sowie Kompensationsprüfungen gemäß § 15 Absatz 2 Satz 1–3 BNatSchG erforderlich werden.

Naturschutzrechtliche Prüfungen können zusätzlich erforderlich werden, wenn **711** die Beseitigung eines Gewässers ein **Eingriff in Natur und Landschaft** (§ 14 Absatz 1 BNatSchG) ist. Der mit der Grundwasserbenutzung verbundene Eingriff in Natur und Landschaft kann einhergehen mit einer Beeinträchtigung besonders (streng) geschützter Arten sowie einer Zerstörung bzw. erheblichen und nachhaltigen Beeinträchtigung geschützter Biotope, sodass auch der Artenschutz i. S. von §§ 37 ff. BNatSchG, insbesondere die Ausnahmen (§ 45 BNatSchG) und Befreiungen (§ 67 Absatz 2 BNatSchG) zu beachten sind sowie die Biotopschutz-Vorschriften des § 30 BNatSchG und der Länder. Unbeschadet davon ist das Erhaltungs- und Weiterentwicklungsgebot des § 21 Absatz 5 BNatSchG beim Ausbau oberirdischer Gewässer zu beachten. Schließlich können nen Ausbaumaßnahmen zu einer Veränderung von Landschafts- oder Naturschutzgebieten führen. Die erforderlichen Befreiungen von den Anforderungen dieser naturschutzrechtlichen Verordnungen werden in der Planfeststellung ausgesprochen.

Sofern es sich um einen **UVP-pflichtigen Gewässerausbau** i. S. von § 70 Absatz 2 **712** WHG handelt, müssen die Anforderungen des UVPG zusätzlich eingehalten werden. Das bedeutet, dass mindestens durchzuführen sind: die behördliche Feststellung der UVP-Pflichtigkeit gemäß § 3 a UVPG, das Scoping (§ 5 UVPG), die Vorlage der Antragsunterlagen (§ 6 UVPG), die Öffentlichkeitsbeteiligung gemäß §§ 7–9 b, 11 UVPG, deren Bewertung einschließlich der Berücksichtigung des Ergebnisses bei der Entscheidung gemäß § 12 UVPG. Dabei sind die unmittelbaren und mittelbaren Auswirkungen des Abbauvorhabens auf die in § 2 Absatz 1 UVPG genannten Umweltmedien zu ermitteln, zu beschreiben und zu bewerten. Näheres hierzu: LAWA-UVP-Leitlinien, Arbeitsmaterialien für die Umweltverträglichkeitsprüfung in der Wasserwirtschaft, und Allgemeine Verwaltungsvorschrift zur Ausführung des UVPG (UVPVwV) v. 18.9.1995 (GMBl S. 671), für Gewässerausbau insbesondere dort Ziff. 6.

Sofern es sich um eine **privatnützige Planfeststellung** handelt (BVerwG, NJW **713** 1978, 2310 f. = DVBl 1979, 65 ff.; Breuer, Öffentliches und privates Wasserrecht Rn 1005 m. w. N.; insbes. BVerwG, NVwZ 1986, 205), d. h. sie allein im privaten Interesse beantragt wird, bedarf es wegen seiner Auswirkungen auf grundrechtsgeschütze Rechtsgüter, insbes. auf das Grundeigentum, der **Planrechtfertigung.** Für das beabsichtigte Vorhaben muss gemessen an den Zielsetzungen des Fachplanungsgesetzes (Bewirtschaftungsgrundsätze des § 6 WHG) ein Bedarf bestehen. Der Gewässerausbau muss objektiv erforderlich sein. Soweit das Ausbauvorhaben enteignungsrechtliche Vorwirkungen hat, müssen die mit dem Vorhaben verfolgten öffentlichen Interessen grundsätzlich geeignet sein, entgegenstehende Eigentumsrechte zu überwinden.

Die Planfeststellung enthält keine Enteignungsentscheidung. Die Planfeststellung **714** und die Plangenehmigung haben aber nach § 71 WHG **enteignungsrechtliche Vorwirkung** (VGH Mannheim, DÖV 2010, 47 – LS). Die Voraussetzungen des Artikel 14 Absatz 3 Satz 1 GG gelten im nachfolgenden Enteignungsverfahren als zu Gunsten des Vorhabenträgers beantwortet. Der festgestellte Plan ist dem Enteignungsverfahren zugrunde zu legen und für die Enteignungsbehörde bindend (BVerwG BRS 40, 44; Kühling, Fachplanungsrecht, Rn 25; Breuer, Öffentliches und privates Wasserrecht, Rn 975 f. m. w. N.). Die unmittelbare Eigentumsbetroffenheit ist daher im wasserrechtlichen Verfahren hinreichend zu berücksichtigen.

Kommunen und nicht enteignend Betroffene können sich gegenüber einem **715** wasserrechtlichen Planfeststellungsbeschluss nicht auf die Verletzung von natur-, umwelt- und artenschutzrechtlichen Belangen oder Defiziten bei der

UVP berufen (OVG Koblenz, NUR 2002, 234; UPR 2009, 316; BVerwGE 128, 358).

716 **Ziele der Raumordnung** können planungsrechtliche Bindungen für größere Gewässerausbauten sein (§ 3 Nr. 2 und §§ 4, 5 ROG, s. auch Anh. § 56 Rn 418 ff.), aus Bergbausicht die Ziele der Braunkohlenpläne, Braunkohlensanierungspläne, Sanierungsrahmenpläne (Einzelheiten s. Anh. § 56 Rn 443 ff.). Das Ergebnis eines durchgeführten **Raumordnungsverfahrens** nach § 15 ROG hat keine rechtliche Bindungswirkung (BVerwG, UPR 1995, 449), ist jedoch ein abwägungsfähiger Belang (OVG Schleswig, NUR 1995, 317, s. Anh. § 56 Rn 494, 501).

717 Bei Projekten von **überörtlicher Bedeutung** sind ferner die Belange der §§ 29, 35 BauGB zu prüfen und können der Planfeststellung entgegenstehen. Dies gilt **nicht bei Projekten mit überörtlicher Bedeutung**, in denen nach § 38 BauGB die Fachplanung Vorrang gegenüber der Bauleitplanung hat (s. Anh. § 56 Rn 46–50).

718 Soweit der Planfeststellungsbeschluss oder die Plangenehmigung **Konzentrationswirkung** haben (z. B. für Bau-, Naturschutz-, Denkmalschutzrecht, Waldumwandlung), ist das materielle Recht dieser konzentrierten Sachbereiche in das Prüfprogramm des Gewässerausbauverfahrens einzubeziehen. In einem wasserrechtlichen Planfeststellungsverfahren für einen Steinbruch zur Gewinnung von Kalkstein aus Bereichen unterhalb des natürlichen Grundwasserstandes können Auflagen zur Reduzierung von Lärm, auch unterhalb der Grenzwerte der TA Lärm, in die Abwägung der Belange einbezogen und angeordnet werden (BVerwG, NUR 2011, 929 = NVwZ 2011, 567 f.).

4. Abwägung zwischen Planfeststellung und Plangenehmigung

719 Planfeststellungsbeschluss und -genehmigung sind echte Planungsentscheidungen und dürfen nur nach **planerischer Abwägung** ergehen. Beide sind rechtsgestaltender Verwaltungsakte, auf die kein Rechtsanspruch besteht. In den meisten Bundesländern entfaltet auch die Plangenehmigung eine umfassende Konzentrationswirkung (Näheres Kotulla § 31 Rn 62), sodass für die Plangenehmigung das gleiche Prüfprogramm abzuwickeln ist. Planfeststellungs- und Plangenehmigungsverfahren unterscheiden sich je nach Landesrecht in ihren formalen Anforderungen. In den meisten Landeswassergesetzen werden die öffentliche Bekanntmachung und die mündliche Erörterung nicht ausdrücklich vorgeschrieben (Anders: §§ 109 Absatz 3 NdsWG; 129 Absatz 2 WG LSA). Erfolgt der Ausbau durch Plangenehmigung, entfällt bundesrechtlich die Mitwirkung der anerkannten Naturschutzverbände (§ 60 Absatz 1 Satz 1 Nr. 6, 7 BNatSchG).

5. Konzentrationswirkung

720 Neben der Planfeststellung sind andere behördliche Entscheidungen, insbesondere Genehmigungen nicht erforderlich. Diese **materielle Konzentrationswirkung** reicht allerdings nur für Genehmigungen, die das Ausbauverfahren als solches betreffen. Für Gewässerbenutzungen, die nicht im unmittelbaren Zusammenhang mit den geplanten Gewässerausbaumaßnahmen stehen (z. B. dauerhafte Wasserentnahme zur Kieswäsche, Einleitung des gebrauchten Wassers, Bauwasserhaltung für ein Entnahmebauwerk, Grundwasserentnahme zur Erhaltung eines Schwankungsbereichs: Hess. VGH, ZfW 1982, 314) ist dagegen eine gesonderte Erlaubnis erforderlich (Breuer, Öffentliches und privates Wasserrecht Rn 968 m. w. N.; Hess. VGH aaO; Müller/Schulz, Hb. Recht der Bodenschätzgewinnung Rn 648 m. w. N.; a. A. Schneider, DÖV 1988, 860). Die Konzentrationswirkung reicht nur soweit wie der festgestellte Plan reicht. Die materielle Konzentrationswirkung erfasst die **Abgrabungsgenehmigung** gemäß § 3 Absatz 1 AbgrG NRW (OVG NRW, ZfW 1985, 131 = UPR 1985, 371) und Artikel 9 des Bayr. AbgrG. Die Abgrabungsgenehmigung wird durch den Planfeststellungsbeschluss ersetzt, d. h. inhaltlich einbezogen.

Aufgrund der Konzentrationswirkung hat die zuständige Planfeststellungsbehör- **721** de die Befugnis, eine zur Verwirklichung des Vorhabens erforderliche **Befreiung von natur- und landschaftsrechtlichen Vorschriften** zu erteilen (OVG NRW, ZfB 2001, 206).

In Bezug auf Bergrecht wirkt sich die Konzentrationswirkung des wasserrecht- **722** lichen Planfeststellungsbeschlusses in der Praxis nur gering aus. Sofern ein UVP-pflichtiges **bergrechtliches Planfeststellungsverfahren** gemäß § 57 a, 52 Absatz 2 a durchzuführen ist, erübrigt sich gemäß § 57 b Absatz 3 das wasserrechtliche Planfeststellungsverfahren (H. Schulte, ZfB 1995, 32). Damit ist für Tagebaue i. S. von § 1 Ziff. 1 Buchstabe b der UVP-P Bergbau nur ein bergrechtliches Planfeststellungsverfahren durchzuführen, sofern sie nach dem 13.7.1990 begonnen worden ist (Artikel 6. Gesetzes v. 12.2.1990, BGBl, 215). Als „Vorhaben" des § 52 Absatz 2 a ist der betreffende Bergbaubetrieb i. S. von § 114 Absatz 1 zu verstehen. In die bergrechtliche Planfeststellung werden nach der allgemeinen Regelung in § 75 Absatz 1 notwenige Folgemaßnahmen an anderen Anlagen einbezogen, z. B. der Ausbau von Gewässern im Tagebaubereich (Boldt/Weller § 57 a Rn 53), die Vergrößerung eines Senkungssees, Veränderungen durch Abbaueinwirkungen an Gewässern, Gefälleänderungen, Änderung der Wasserführung, soweit Gewässerausbau vorliegt. Eine gesetzliche Ausnahme von der grundsätzlichen Verfahrenskonzentration der bergrechtlichen Planfeststellung enthält § 57 b Absatz 3 Satz 3 für aus dem speziellen bergrechtlichen Vorhabenbereich herausfallende Folgemaßnahmen, für die noch ein anderen Vorschriften ein Planfeststellungsverfahren durchzuführen ist (z. B. Deichbaumaßnahmen: BVerwG, ZfB 2006, 313 = ZfW 2008, 23; OVG NRW, ZfB 2006, 57 ff., zustimmend Kühne, DVBl 2007, 832, s. auch Anh. § 56 Rn 334), oder für Genehmigungsverfahren, die ein Vorhaben eines anderen Planungsträgers mit einer eigenen Planungskonzeption zum Gegenstand haben (z. B. Fernstraßen, Bundesbahn-, Wasserverbandsmaßnahmen). Aus der Zulassung des Rahmenbetriebsplans können solche Fragen auch ausgeklammert werden, die sich erst beantworten lassen, wenn räumlich und zeitlich beschränkte Abschnitte genauer betrachtet werden können (z. B. schwerwiegende und unverhältnismäßige Beeinträchtigungen des Eigentums Dritter: BVerwG, ZfW 2008, 27). In diesen Fällen wirkt die Konzentration auf das bergrechtliche Planfeststellungsverfahren nicht.

Im Verhältnis zum **Abschlussbetriebsplan** hat der wasserrechtliche Planfeststel- **723** lungsbeschluss **keine Konzentrationswirkung**. Das Abschlussbetriebsplanverfahren läuft in der Praxis dem wasserrechtlichen Verfahren voraus (Spieht, ZUR 2001, 66). In dem wasserrechtlichen Verfahren könnten inhaltlich nicht alle Fragen des Bergrechts und der Stilllegung des Betriebes behandelt werden, die Strukturen beider Verfahren sind sehr unterschiedlich. Auch aus § 78 Absatz 1 VwVfG ergibt sich nichts anderes, da das Abschlussbetriebsplanverfahren kein Planfeststellungsverfahren ist. Für die Herstellung eines Gewässers nach Abschluss des Tagebaus durch Flutung der Restlöcher ist daher neben dem wasserrechtlichen Planverfahren ein Abschlussbetriebsplan erforderlich (Stüer/Wolff, LKV 2003, 4; Salzwedel, Leipziger Umweltrechtliche Dokumentationen 2000, 61 ff.; Luckner, ebenda S. 17 ff.; Spieht in Bergrecht-Wasserrecht, S. 53 ff., 65; Friedrichs, ebenda S. 41, 46).

724 Gleiches gilt für **Haupt- und Sonderbetriebspläne.** Auch sie werden von der Konzentrationswirkung der **wasserrechtlichen Planfeststellung nicht erfasst.** Diese Betriebsplanarten erhalten ihre Rechtfertigung durch die praktischen Erfordernisse der Anpassung des Genehmigungsrechts an den dynamischen Charakter eines ständig fortschreitenden Abbaubetriebs. Dazu trägt das spezielle bergrechtliche Planfeststellungsverfahren und das gestufte Betriebsplanverfahren bei, während das statische wasserrechtliche Planfeststellungsverfahren die erforderliche Flexibilität nicht aufweist. Wenn schon das bergrechtliche Planfeststellungsverfahren die nachfolgenden Haupt- und Sonderbetriebspläne nicht überflüssig macht oder konzentriert, muss das erst recht für das Verfahren nach § 68 Absatz 1, 70 Absatz 2 WHG gelten (Schrade, Leipziger Umweltrechtliche Dokumentationen 1997, 75 ff., 80 f.).

6. **Zulassung des vorzeitigen Beginns**

725 Bei Vorliegen der Voraussetzungen der §§ 69 Absatz 2, 17 Absatz 1 WHG kann für die Planfeststellung oder Plangenehmigung die **Zulassung des vorzeitigen Beginnes** ausgesprochen werden. Die Zulassung entfaltet keine Bindungswirkung für die Erteilung der späteren endgültigen Genehmigung (BVerwG, ZfW 1992, 284). Der vorzeitige Beginn kann für abschnitts- oder stufenweisen Teile der Planfeststellung i. S. von § 69 Absatz 1 WHG zugelassen werden. Die Zulassung des vorzeitigen Beginns kann nach § 80 Absatz 2 Nr. 4, Absatz 3 VwGO für **sofort vollziehbar** erklärt werden (Hess. VGH, ZfW 1982, 314).

7. **Bindungswirkung Bergrecht – Wasserrecht**

726 Zur **Verengung** des behördlichen Prüfungs- und Entscheidungsspielraums im wasserrechtlichen Verfahren nach vorherigem Betriebsplanverfahren und zur Bindungswirkung der bergrechtlichen Teilentscheidung für das Folgeverfahren s. Anh. § 56 Rn 673 sowie Spieht, Leipziger Umweltrechtliche Dokumentationen 2000, S. 77, 87 ff.; Salzwedel, ebenda, S. 61, 70 f.; Viertel, ZfW 2002, 78 f.

8. **Nebenbestimmungen**

727 Im Planfeststellungsbeschluss ist eine **Nebenbestimmung** rechtswidrig, mit der sich die Behörde die nachträgliche Aufnahme, Änderung oder Ergänzung von Auflagen vorbehält für den Fall, dass nachträglich nachteilige Auswirkungen des Vorhabens auf das Wohl der Allgemeinheit auftreten (VG Dessau, Urt. v. 31.5.2006, AZ 1 A286/05 DE). Ein Auflagenvorbehalt ist nur zulässig, wenn die Voraussetzungen des § 74 Absatz 3 VwVfG vorliegen, d. h. bei einzelnen abtrennbaren Teilen des Plans. Sie müssen sich ohne Probleme in die Gesamtplanung integrieren lassen (BVerwGE 61, 151; VGH Mannheim, DVBl 1986, 367; DVBl 1990, 120) und ihre Durchführung muss tatsächlich möglich und rechtlich zulässig sein. Im Planfeststellungsbeschluss zur **Herstellung eines Tagebausees** kann nicht eine Nebenbestimmung aufgenommen werden, durch zusätzliche Schutzauflagen sicherzustellen, dass Grundstücke durch **ansteigendes und kontaminiertes Grundwasser** nicht geschädigt werden (VG Dessau v. 25.10.2006 AZ 1 A 290/05 DE), wenn die vorbergbaulichen Grundwasserstände nicht überschritten werden. Für Schutzauflagen fehlt es am Ursachenzusammenhang zwischen dem planfestgestellten Bergbauvorhaben Herstellung des Tagebausees und den beklagten Beeinträchtigungen durch Grundwasser. Der Bergbauunternehmer ist aus keinem Rechtsgrund verpflichtet, den künstlich während der Abbauzeit niedrig gehaltenen Wasserspiegel auf Dauer beizubehalten. Die Eigentümer der Grundstücke, die in einem Bergbaugebiet bauen, können sich nicht darauf verlassen, dass betriebsbedingte Sümpfungsmaßnahmen auf ewig fortgesetzt werden. Sie sind für die ihrem Grundstück durch ansteigendes Grundwasser naturbedingt drohenden Gefahren eigenverantwortlich (so schon OGH (Ostberlin) ZfB 1964, 245; VG Dessau aaO; Spieht/Appel, LKV 2007, 501 m. w. N.; Stüer, LKV 2003, 3; ähnl. OLG Düsseldorf v. 18.12.2002 – 18 U 88/02 = BADK-Information 2004, 110; bestät. durch BGH v. 29.4.2004 III ZR 31/03; OLG Düsseldorf v. 8.6.2004 – 20 U 4/04 = BADK-Information 2004, 183; LG Düsseldorf, BADK-Information 2005, 193 bereits OLG Düsseldorf v. 30.1.1997 – AZ 5 U 73/96, bestät. durch BGH, VersR 2000, 1542; VG Halle v. 2.3.2008 AZ 3 A 35/04 HAL, bestät. durch OVG Magdeburg, NUR 2008, 578 ff.; hierzu Appel, NUR 2008, 553, 556 m. w. N. Fn. 26). Ähnlich auch VG Stade v. 22.4.2004 AZ 1 A 1969/02, bestät. von OVG Lüneburg v. 21.11.2007 AZ 13 LB 517/04 = KA 2008, 898 = Nds VBl 2008, 66 sowie von BVerwG in ZUR 2008, 316: Ein Mitglied eines Entwässerungsverbandes hat keinen Anspruch auf Gewährleistung eines bestimmten Grundwasserstandes zum Schutz seiner Gebäude gegen Durchnässung.

Im Planfeststellungsbeschluss kann nicht festgelegt werden, dass der Bergbauunternehmer **weitergehende Maßnahmen zur Senkung des Grundwasserstandes durchführt**, um die Trasse einer Bundesbahnstrecke vor flutungsbedingt ansteigendem Grundwasser zu schützen. Ebenso können dem Tagebauunternehmer nicht im Planfeststellungsbeschluss die Kosten für Schutzvorkehrungen zur Abwehr der Folgen der Höhe des Grundwasserstandes auferlegt werden (VG Halle aaO, best. OVG Magdeburg, NUR 2008, 578; hierzu Appel, NUR 2008, 553). Zum Abschlussbetriebsplan und zur Einstellung der Wasserhaltung im Steinkohlenbergbau s. § 53 Rn 74; zu Abschlussbetriebsplan und Wasserrecht im Braunkohlenbergbau s. § 53 Rn 86 ff.; zu Sonderbetriebsplan *„Einstellung der Wasserhaltung“* s. § 52 Rn 81; zum Sonderbetriebsplan *„Folgen des Grundwasseranstiegs“* s. § 52 Rn 75 ff.   **728**

Rechtlich bedenklich ist die **konstitutive Auflage** im Planfeststellungsbeschluss, der Unternehmer habe anstelle der nach Gesetz Verpflichteten die **Unterhaltungslast** für das hergestellte Gewässer zu tragen. Die Unterhaltungslast bedarf aus verfassungsrechtlichen Gründen der gesetzlichen Regelung und klarer Abgrenzung. Das gilt auch für Nebenbestimmungen. Unterhaltungspflichten können nicht als Schutzauflagen nach § 54 Absatz 2 Satz 2 VwVfG auferlegt werden (Stüer/Hermanns, NWVBl 2003, 43 f.). Durch Schutzauflagen sollen nachteilige Wirkung des Vorhabens auf andere wehrfähige Positionen und Interessen abgewendet oder gemildert werden. Das ist bei der Übertragung von Unterhaltungsaufgaben nicht der Fall. Verfassungsrechtlich bedenklich ist in dieser Hinsicht § 70 Absatz 1 Ziff. 5 Sächs. WG, wonach bei Tagebaurestseen die Unterhaltung der Gewässer oder von Gewässerteilen demjenigen obliegt, der sie „angelegt hat“. Diese Regelung verlässt den abschließenden bundesrechtlich vorgegebenen Katalog der Unterhaltungspflichtigen aus § 40 Absatz 1 WHG.   **729**

Unzulässig ist die Nebenbestimmung im Planfeststellungsbeschluss für einen Tagebausee, die dem Betreiber von Wasserkraftanlagen eine Entschädigung zuerkennt, weil er Einnahmeverluste infolge der Wasserstandsveränderungen hat (VG Halle, LKV 2005, 132). Eine Entschädigung setzt einen erheblichen Schaden voraus, d. h. der Einnahmeverlust muss die üblichen jahreszeitlichen Schwankungen deutlich, d. h. um mindestens 15 % übersteigen (VG Halle aaO).   **730**

IX. Bergbau und Gewässerunterhaltung

1. Flutung von Tagebauseen

731 Der Bergbau ist von der Gewässerunterhaltung vor allem betroffen, wenn er unterhaltungspflichtig ist oder wenn er die Gewässerunterhaltung durch Beiträge mitfinanzieren muss.

Die Gewässerunterhaltung muss sich an den **Bewirtschaftungszielen** der §§ 27–31 WHG ausrichten. Künstliche Veränderungen des Gewässerbettes sind regelmäßig **Ausbaumaßnahmen**, die gemäß § 68 WHG planfeststellungs- oder genehmigungspflichtig sind (VG Regensburg, NUR 2011, 385). Wird **Sohlmaterial** eingebracht, muss gleichzeitig eine Erlaubnis (§ 9 Absatz 1 Nr. 4 WHG) erteilt werden (VG Regensburg, aaO, 387).

Bei der **Flutung von Tagebaurestlöchern** entstehen gesetzliche Gewässerunterhaltungspflichten erst, wenn das Gewässer hergestellt ist. In der Herstellungsphase ergeben sich die rechtlichen Pflichten aus dem Planfeststellungsbeschluss. Für den Braunkohlentagebau gelten die Vorschriften über die Gewässerunterhaltung erst nach der Verwirklichung des Vorhabens (Stüer/Hermanns, NWVBl 2003, 42). Die erstmalige Herstellung eines Gewässers ist Gewässerausbau und keine Unterhaltungsmaßnahme. Allerdings ergeben sich fließende Übergänge, die durch die Bewirtschaftungsziele der §§ 27–31 WHG, durch die Anforderungen des Maßnahmenprogramms und durch die Erhaltung des ordnungsgemäßen Abflusses schon durch die Texte der §§ 68 Absatz 3, 82 Absatz 1 WHG (Ausbau) und 38 Absatz 2 WHG (Unterhaltung) vorgegeben sind. Zur Abgrenzung von umgestaltendem Ausbau und bewahrender Erhaltung s. Anh. § 56 Rn 706, 733; Breuer Öffentliches und privates Wasserrecht Rn 927 m.w.N.; Viertel, ZfW 2002, 69, 76 f., 82 ff. Bei den Tagebaurestsees stehen jedoch weniger die traditionelle Aufgabe der Erhaltung des Wasserablaufes – wie bei Fließgewässern – im Vordergrund, sondern die Gestaltung und Instandhaltung der Ufer und der Gewässerrandstreifen, die Bewirtschaftung nach Menge, Güte und Nutzung (Oldiges, Leipziger Umweltrechtliche Dokumentationen 2000, S. 104; Näheres Piens, Bergrecht-Wasserrecht, S. 86 f. zum Inhalt der Unterhaltungspflicht bei Tagebauseen). Außerdem ist eine Abgrenzung zur bergrechtlichen Verpflichtung der Wiedernutzbarmachung der vom Bergbau in Anspruch genommenen Flächen erforderlich, da sie nicht mit der Verpflichtung zur Gewässerunterhaltung identisch ist.

732 In der **Braunkohlensanierung** sind tatsächlich und rechtlich mehrere Phasen zu unterscheiden: nach der Einstellung der Förderung werden die Grundwasserhaltungen schrittweise abgestellt und die **Böschungen, Innen- und Außenkippen** bergtechnisch und **sicherheitlich saniert**. Diese Maßnahmen werden im Abschluss- oder in Sonderbetriebsplänen behandelt. Die **nächste Phase** erfasst die Gewässerherstellung mit dem Ziel eines ausgeglichenen, sich weitgehend selbst regulierenden Wasserhaushaltes. Dazu sind vorbereitende bauliche Maßnahmen (z.B. Gestaltung standsicherer Böschungen; von Wellenauslaufzonen; der Uferbereiche mit dem Ziel, Folgenutzungen zu ermöglichen; Schaffung von Flutungsanlagen) und aktive Flutungsmaßnahmen durchzuführen (Einleitung von Fremdwasser; Außerbetriebnahme von Grundwasserabsenkungsanlagen; Grundwasser- und Oberflächenmonitoring im vom Braunkohlenbergbau beeinflussten Bereich; Schaffung der gewässerökologischen Anforderungen und der rechtlich vorgegebenen Qualität des Oberflächenwassers; Schutz des Trinkwassers; Ausgleich des bergbaubedingten Wassermengendefizites durch Erreichen der stationären Endgrundwasserstände gemäß Landesplanung). In dieser Phase überschneiden sich bergrechtliche Wiedernutzbarmachung und wasserrechtliche Herstellung eines Gewässers, d.h. des Tagebausees. Die **dritte Phase** betrifft die Bewirtschaftung und **Unterhaltung** der gefluteten Tagebauseen. Dazu gehört der

Katalog der Unterhaltungspflichten gemäß § 39 Absatz 1 WHG, der in den
Landeswassergesetzen noch weiter konkretisiert ist. Zur Unterhaltungslast zählen Maßnahmen zur Stabilisierung der erstmals durch den Gewässerausbau
geschaffenen Gewässerqualität und des Wasserstandes. In dieser Phase geht
die Verantwortlichkeit des Bergbauunternehmers über in die Verantwortlichkeit
des nach § 40 WHG in Verbindung mit dem Landeswassergesetzen Unterhaltungspflichtigen. In diese Phase wird in der Regel das Ende der Bergaufsicht
gemäß § 69 Absatz 2 fallen (hierzu Herrmann, Bergrecht-Wasserrecht, S. 73 ff.;
Piens, ebenda S. 83 ff.; Oldiges, Leipziger Umweltrechtliche Dokumentationen
200, 97).

2. Gewässerunterhaltungspflicht

ist eine öffentlich-rechtliche Verpflichtung des Trägers (§ 39 Absatz 1 WHG).   **733**
Als Unterhaltungspflichtige in Betracht kommen Eigentümer und die in § 40
Absatz 1 WHG genannten Personen, konkretisiert hinsichtlich der Körperschaften des öffentlichen Rechts durch die Landeswassergesetze. Diejenigen, die
Anlieger sind oder aus der Unterhaltung Vorteile haben bzw. die Unterhaltung
erschweren, sind bundesrechtlich nicht unterhaltungspflichtig. Ihre Verpflichtung besteht, je nach Landesrecht, in der Beteiligung an den Kosten der
Unterhaltung. Die Vorteile müssen zu einer deutlichen individuellen Besserstellung über die allgemein, nicht messbaren Interessen an der Gewässerunterhaltung hinaus führen (Czychowski/Reinhardt § 40 Rn 16 m. w. N.). Eine
Erschwernis muss erkennbar über die bloße Beteiligung am Abflussvorgang
hinausgehen. Erschwernisse sind z. B. Verkrautung durch industrielle Abwässer,
nicht jedoch die Einleitung von Abwasser generell (OVG Lüneburg v.
10.10.1971 – OVG A 28/71; hierzu auch OVG Lüneburg, ZfW 1981, 42).
Da der Katalog des § 40 Absatz 1 WHG abschließend ist, dürften Bergwerkseigentümer, die nicht zugleich Grundstückseigentümer sind, nicht zu den Unterhaltungspflichtigen gehören. Sie können aber als Eigentümer von Anlagen, die
aus der Unterhaltung Vorteile haben oder sie erschweren, kostenpflichtig werden.

3. Wasserverbände und Bergbau

Sofern die Gewässerunterhaltung nach Landesrecht den Wasser- und Boden-   **734**
verbänden obliegt, ermöglicht § 4 Absatz 1 Ziff. 1 WVG, dass die Inhaber von
Bergwerkseigentum dingliche Verbandsmitglieder sein können. Dem Bergwerkseigentum stehen nach § 4 Absatz 2 WVG die bergrechtliche Bewilligung sowie
Bergwerkseigentum und **Bewilligungen gleich, die aufgehoben, widerrufen oder
erloschen sind.** Dasselbe gilt für die Mitgliedschaft in den sondergesetzlichen
Wasserverbänden in Nordrhein-Westfalen. Deren Mitglieder sind die jeweiligen
ganz oder teilweise im Verbandsgebiet liegenden Bergwerke, d. h. die Inhaber von
Bergwerkseigentum und Bewilligung, auch wenn sie aufgehoben oder widerrufen werden oder erlöschen. Dies begründet sich daraus, dass Bergwerke nachteilige Veränderungen am Gewässer verursachen können, z. B. Vorflutstörungen
durch Bergsenkungen, Veränderungen des Grundwasserstandes oder Ableiten
von Grubenwasser in Gewässer. Die den einzelnen Bergwerken obliegenden
Pflichten zur Vermeidung, Verminderung, Beseitigung oder zum Ausgleich bergbaubedingter Veränderungen des Wasserhaushaltes werden koordinierend und
eigenverantwortlich durch die Verbände übernommen und die Bergbaubetriebe
insofern entlastet (z. B. § 5 Absatz 1 Ziff. 3 EmscherGG; 6 Absatz 1 Ziff. 5
Lippe VG; 6 Absatz 1 Ziff. 4 Ruhr VG; 6 Absatz 1 Ziff. 3 LINEG-G; ähnl.
§ 6 Absatz 1 Ziff. 1 Erft VG betrifft unverritzte Felder, betriebene Bergwerke
und stillgelegte Bergwerke des Braunkohlenbergbaus). Die Mitgliedschaft – und
damit die Beitragspflicht für Vorteile und verursachte Schädigungen – ist unab-

hängig davon, ob das Bergwerk betrieben wird oder stillgelegt ist (VG Düsseldorf v. 2.5.1968 – AZ 1 K 3419/65; OVG NRW v. 3.11.1966 – AZ VII B 317/66; VG Düsseldorf v. 12.3.1985 – AZ 14 K 2269/81; OVG NRW v. 25.5.1987 – AZ 3 A 1100 = ZfW 1988, 300 ff. = ZfB 1988, 96 ff.).

4. Übertragung der Unterhaltungspflicht

735 Die Unterhaltungspflicht kann für einzelne Gewässer oder Gewässerstrecken durch öffentlich-rechtlichen Vertrag oder behördliche Verfügung auf einen Dritten übertragen werden (§ 40 Absatz 2 WHG). Zur Übertragung der Unterhaltungslast genügt nicht ein Verwaltungsakt des bisherigen Trägers. Erforderlich ist eine Vereinbarung zwischen demjenigen, der die Unterhaltungslast überträgt und dem, der sie übernimmt (VG Meiningen, NVwZ-RR 2013, 221; Sieder/Zeitler/Dahme/Knopp, § 40 Rn 34). Die Gewässerunterhaltungslast für ein verrohrtes Gewässer unter einer Halde kann durch wasserrechtliche Anordnung dem Grundstückseigentümer übertragen werden. Ein Vorrang des Bodenschutz- und Altlastenrechts besteht nur, wenn die Übertragungsanordnung lediglich der bodenschutzrechtlichen Gefahrenabwehr dient (OVG Koblenz, NVwZ-RR 2012, 509). Die Wasserbehörde hat zu diesen Vereinbarungen ein Zustimmungsrecht. Die Übertragung ist als Ausnahme von der Regelung durch Gesetz eng auszulegen: Sie dürfte nur auf einen in § 40 Absatz 1 WHG genannten Träger zulässig sein (Czychowski/Reinhardt § 40 Rn 6, 28). Zum Übergang der Unterhaltungspflicht nach bergbaubedingter Verlegung von Gewässern im Abbaubereich oder nach Entstehen von Tagebauseen: Viertel, ZfW 2002, 76 f.; zu Organisationsmodellen für Tagebauseen nach Ende der Bergaufsicht: Oldiges, Leipziger Umweltrechtliche Dokumentationen 2000, 95, 107; zur Unterhaltungspflicht nach Ende der Bergaufsicht: Piens, Bergrecht-Wasserrecht, S. 86 ff.

X. Bergbau und Wasserentnahmeentgelt

736 In mehreren Bundesländern werden für die Entnahme von Oberflächenwasser bzw. von Grundwasser **Wasserentnahmeentgelte** (Wassernutzungsentgelte) erhoben, teilweise mit Befreiungs- oder Ermäßigungstatbeständen bei Abbau von Bodenschätzen. Da insbesondere im übertägigen Braunkohlenbergbau das sog. Sumpfungswasser ein Hindernis darstellt, das zunächst durch Abpumpen und Ableiten beseitigt werden muss, um den Bodenschatz abbauen zu können, stellt sich die Frage, ob die Erhebung von Wasserentnahmeentgelt insofern mit dem Verfassungsrecht, insbesondere mit dem Charakter des Wasserentnahmeentgeltes als **Vorteilsabschöpfungsabgabe** (BVerfGE 93, 319, 345 f.) vereinbar ist (ablehnend Waldhoff, DVBl 2011, 653 ff.). Zur Verfassungsmäßigkeit der Nds. Wasserentnahmegebühr für die Entnahme von Kühlwasser für Atomkraftwerke BVerfG, NVwZ 2010, 831; zur Verfassungsmäßigkeit des Wassernutzungsentgeltes bei Nassauskiesung BVerwG, NWVBl 2010, 16 ff. = NVwZ 2009, 1376; OVG NRW, DVBl 2009, 66 (LS). S. zu Wasserentnahmeabgabe für das Ableiten von Flutungswasser aus einer Uranbergbaugrube: OVG Bautzen, Urt. v. 28.3.2007 – AZ 5 B 9. 55/04. Landesrechtliche Regelungen betr. Bergbauvorhaben findet man u. a. in §§ 40 Absatz 1 und Absatz 7 WG Bbg; 23 Absatz 3 Nr. 4, Nr. 6 WG Sa 2004/2010, 97 Absatz 3, Absatz 4 Ziff. 6 WG SaE 2012; 21 Absatz 2 Nr. 9 (Kies, Sand), Nr. 11 (Abbau von Bodenschätzen), Nr. 14 (Erdölvorkommen) NWG; 16 Absatz 1 Satz 2 LWaG M-V; § 1 Absatz 3 Nr. 6, Nr. 7 WasserEE-VO LSA (GVBl 2011, 889). Bergbaubetriebe, die das Grundwasser lediglich entnehmen und ableiten, **ohne es zu nutzen**, waren nach der früherer Fassung des § 1 Absatz 1 WasEG NRW befreit, was nach Streichung des Zusatzes „sofern das entnommene Wasser einer Nutzung zugeführt wird" durch das Gesetz vom 25.7.2011 (GVBl, 390) nicht mehr der Fall ist (Kenyeressy, W+B 2012, 20, 21; Gawel, NWVBl 2012, 90, 93).

§ 57 Abweichungen von einem zugelassenen Betriebsplan

(1) Kann eine Gefahr für Leben oder Gesundheit Beschäftigter oder Dritter nur durch eine sofortige Abweichung von einem zugelassenen Betriebsplan oder durch sofortige, auf die endgültige Einstellung des Betriebes gerichtete Maßnahmen abgewendet werden, so darf die Abweichung oder die auf die Einstellung gerichtete Maßnahme auf ausdrückliche Anordnung des Unternehmers bereits vor der Zulassung des hierfür erforderlichen Betriebsplanes vorgenommen werden. Der Unternehmer hat der zuständigen Behörde die Anordnung unverzüglich anzuzeigen.

(2) Werden infolge unvorhergesehener Ereignisse zur Abwendung von Gefahren für bedeutende Sachgüter sofortige Abweichungen von einem zugelassenen Betriebsplan erforderlich, so gilt Absatz 1 entsprechend mit der Maßgabe, daß die Sicherheit des Betriebes nicht gefährdet werden darf.

(3) Die Zulassung der infolge der Abweichung erforderlichen Änderung des Betriebsplanes oder des für die Einstellung erforderlichen Betriebsplanes ist unverzüglich zu beantragen.

In § 57 hat der Gesetzgeber dringenden Bedürfnissen zur Beseitigung von **1** Gefahren ohne vorherige betriebsplanmäßige Zulassung Rechnung getragen. Dieser Notwendigkeit war § 69 ABG NRW schon gefolgt in der Erkenntnis, dass die betriebsplanmäßige Zulassung notwendigerweise die betrieblichen Erfordernisse nicht ständig begleiten kann, sondern im Einzelfall durch den bürokratischen Ablauf Zeit braucht.

Die Möglichkeit, in Ausnahmefällen ohne Betriebsplan oder abweichend vom **2** Betriebsplan zunächst zu handeln, hat sich für den Unternehmer immer mehr eingeschränkt. Das pr. ABG v. 24.6.1865 (pr. GS NRW S. 164 SGV NRW 75) sah es noch als ausreichend an, wenn infolge unvorhergesehener Ereignisse sofortige Abänderungen des Betriebsplans erforderlich waren. Der Betriebsführer konnte dann die Abänderungen innerhalb von vierzehn Tagen der Bergbehörde anzeigen. In NRW galt zunächst seit dem l. Gesetz zur Änderung berggesetzlicher Vorschriften v. 25.10.1950 (GS NRW S. 694), dass die Anzeige „unverzüglich" erstattet werden musste. Das 3. Gesetz zur Änderung berggesetzlicher Vorschriften v. 8.12.1964 (GVBl NRW S. 412) regelte dann das Verfahren strenger, das bei Abweichung vom Betriebsplan einzuhalten war. Denn bis dahin war gesetzlich nichts gesagt, ob und wielange abweichend vom zugelassenen Betriebsplan gearbeitet werden durfte. Das BBergG hat jetzt die Zügel noch enger gezogen: Es legt die Voraussetzungen für das Abweichen genauer fest.

Das Gesetz unterscheidet zwei Fälle, bei denen die Voraussetzungen für ein **3** sofortiges Handeln ohne betriebsplanmäßige Zulassung möglich ist:

Bei **Gefahren für Gesundheit oder Leben** ist die Abweichung vom Betriebsplan **4** in jedem Fall möglich, unabhängig davon, ob die Gefahr vorhersehbar oder verschuldet war oder auf welchen Ursachen sie beruht. Zu eng erscheint die Formulierung des Gesetzes insofern, als es auch bei Lebens- und Gesundheitsgefahren darauf ankommen soll, dass eine Gefahr „nur durch eine sofortige Abweichung" abgewendet werden kann. Hier soll offenbar eine Rolle spielen, dass die Abweichung vom Betriebsplan das einzige taugliche Mittel zur Behebung der Gefahr ist. Das Risiko, ein untaugliches oder nur vermeintlich geeignetes Mittel gewählt zu haben, liegt danach offenbar beim Unternehmer. Eine gerade in Gefahrensituationen nicht unbedingt handlungsfördernde Erkenntnis, zumal eine Fehlentscheidung als Ordnungswidrigkeit oder sogar als Straftat mit strafrechtlichen Konsequenzen bedroht ist (§ 57 Rn 10).

5 Die zweite Fallgestaltung findet sich in § 57 Absatz 2: **Gefahren für bedeutende Sachgüter** können durch sofortige Abweichungen vom Betriebsplan abgewendet werden. Auch hier wurde durch eine unerträgliche Häufung von unbestimmten „Rechtsbegriffen" das Interesse am betriebsplanmäßigen Zulassen von bergmännischen Handlungen zu stark in den Vordergrund gerückt. Es müssen Gefahren für „bedeutende" Sachgüter vorliegen. Dabei fehlt jede Aussage darüber, wofür die Sachgüter bedeutend sein sollen, ob es auf ihren Wert ankommt, wo die Unbedeutsamkeit endet. Die Begründung nennt (BT-Drs 8/1315, S. 113) Fördertürme und Verkehrsanlagen als Sachgüter in diesem Sinne und hätte sich diese Erläuterung wegen ihrer Selbstverständlichkeit sparen können. Das nächste Auslegungsproblem bietet der Begriff „unvorhergesehene Ereignisse", wobei zur Klarstellung erwähnt werden muss, dass es nicht auf „unvorhersehbare Ereignisse" ankommt. Schließlich muss die Abweichung vom Betriebsplan „erforderlich" sein und letztlich darf „die Sicherheit des Betriebes nicht gefährdet werden". Hier sind so viele Abwägungen im Augenblick der Gefahr zu treffen, dass der Zweck der Gesetzesbestimmung, die sofortige Gefahrenabwehr, bei kleinlicher Handhabung in Zweifeln erstickt wird. Verfahrensmäßig ist folgender Weg einzuhalten:

6 Die Anordnung des Unternehmers zur Abweichung vom zugelassenen Betriebsplan. Diese Anordnungsbefugnis ist in § 62 Nr. 2 erwähnt, sodass der Unternehmer sie auf verantwortliche Personen übertragen kann.

7 Ferner hat **der Unternehmer** die Anordnung der Behörde **unverzüglich anzuzeigen** (§ 57 Absatz 1 Satz 2). Unverzüglich bedeutet „ohne schuldhaftes Zögern" i.S. von § 121 Absatz 1 BGB. Diese Pflicht des Unternehmers kann gemäß § 62 Nr. l auf verantwortliche Personen übertragen werden. Die Anzeige kann auch mündlich erfolgen, wie sich aus dem Umkehrschluss aus § 56, wo Schriftform ausdrücklich vorgeschrieben ist, ergibt.

8 Schließlich muss der Unternehmer oder die verantwortliche Person, der er diese Pflicht gemäß § 62 Nr. l übertragen hat, die **Zulassung der Änderung** des Betriebsplans **unverzüglich beantragen**. Auch dieser Antrag kann im Grunde aus denselben Gesichtspunkten wie die Anzeige mündlich gestellt werden. Das ergibt sich auch aus § 10 VwVfG, wonach Verwaltungsverfahren an bestimmte Formen nicht gebunden sind. Ein förmliches Verfahren i.S. von § 22 VwVfG ist das Betriebsplanverfahren ohnehin nicht. Das Recht, nach § 57 zu verfahren, besteht bis zur Zulassung oder Ablehnung des Betriebsplans fort.

9 In der Praxis stellt sich das Problem, dass es zu Abweichungen zwischen einem zugelassenen Rahmenbetriebsplan, insbesondere wenn er mit rechtlich nicht erforderlichen Details überfrachtet ist, und dem nachfolgend vorgelegten Hauptbetriebsplan kommen kann (Kremer/Wever, Rn 283). Derartige Abweichungen sind in § 57 nicht geregelt und gemeint. Vielmehr ist davon auszugehen, dass Rahmenbetriebspläne keine statische Verbindlichkeit erzeugen, sondern eine *„Variantenbindung mit Abweichungsvorbehalt"* (Schoch in Gegenwartsprobleme, S. 59). Gewisse Überschreitungen, Anpassungen an neue Erkenntnisse, vertiefte Umplanungen sind daher im gestuften System immanent angelegt und im Hauptbetriebsplan ohne die Regelung in § 57 zulässig (Kremer/Wever, aaO).

10 Nach § 145 Absatz 1 Nr. 9 handelt ordnungswidrig, wer die Anordnung gemäß § 57 Absatz 1 Satz 2 nicht, nicht richtig, nicht vollständig oder nicht unverzüglich anzeigt. Das Anordnen von Abweichungen von einem Betriebsplan, ohne dass die Voraussetzungen des § 57 Absatz 1 Satz 2 oder § 57 Absatz 2 vorliegen, ist nach § 145 Absatz 1 Nr. 6 eine Ordnungswidrigkeit. Sie ist nach § 145 Absatz 4 mit Geldbuße bis zu fünfundzwanzigtausend Euro bedroht. Sofern Leben oder Gesundheit eines anderen oder fremde Sachen von bedeutendem Wert gefährdet sind, liegt sowohl im Falle des § 145 Absatz 1 Nr. 6 als auch bei Nr. 9 eine Straftat gemäß § 146 vor.

§ 57a Planfeststellungsverfahren, Umweltverträglichkeitsprüfung

(1) Das im Falle des § 52 Abs. 2a durchzuführende Planfeststellungsverfahren tritt an die Stelle des Verfahrens nach den §§ 54 und 56 Abs. 1. Anhörungsbehörde und Planfeststellungsbehörde ist die für die Zulassung von Betriebsplänen zuständige Behörde. Bei Vorhaben im Bereich des Festlandsockels tritt bei der Anwendung der Vorschriften der Verwaltungsverfahrensgesetze über das Planfeststellungsverfahren an die Stelle der Gemeinde die zuständige Behörde; als Bereich, in dem sich das Vorhaben voraussichtlich auswirken wird, gilt der Sitz dieser Behörde.

(2) Der Rahmenbetriebsplan muß den Anforderungen genügen, die sich aus den Voraussetzungen für die Durchführung des Planfeststellungsverfahrens unter Berücksichtigung der Antragserfordernisse für die vom Planfeststellungsbeschluß eingeschlossenen behördlichen Entscheidungen ergeben. Der Rahmenbetriebsplan muß alle für die Umweltverträglichkeitsprüfung bedeutsamen Angaben enthalten, soweit sie nicht schon nach Satz 1 zu machen sind, insbesondere
1. eine Beschreibung der zu erwartenden erheblichen Auswirkungen des Vorhabens auf die Umwelt unter Berücksichtigung des allgemeinen Kenntnisstandes und der allgemein anerkannten Prüfungsmethoden,
2. alle sonstigen Angaben, um solche Auswirkungen feststellen und beurteilen zu können sowie
3. eine Beschreibung der Maßnahmen, mit denen erhebliche Beeinträchtigungen der Umwelt vermieden, vermindert oder soweit möglich ausgeglichen werden, sowie der Ersatzmaßnahmen bei nicht ausgleichbaren aber vorrangigen Eingriffen in Natur und Landschaft.

Weitere Angaben zur Umwelt und ihren Bestandteilen, Angaben zu geprüften Vorhabenalternativen und über etwaige Schwierigkeiten bei der Angabenzusammenstellung sind erforderlich, soweit
1. sie in Anbetracht der besonderen Merkmale des Vorhabens und der möglichen Auswirkungen auf die Umwelt von Bedeutung sind und
2. ihre Zusammenstellung für den Unternehmer unter Berücksichtigung des allgemeinen Kenntnisstandes und der allgemein anerkannten Prüfungsmethoden zumutbar ist.

Einzelheiten regelt das Bundesministerium für Wirtschaft und Technologie durch Rechtsverordnung nach § 57c. Der Unternehmer hat dem Rahmenbetriebsplan einen zur Auslegung geeigneten Plan und eine allgemeinverständliche Zusammenfassung der beizubringenden Angaben beizufügen.

(3) Verfügen die beteiligten Behörden zu den nach Absatz 2 Satz 2 und 3 zu machenden Angaben über zweckdienliche Informationen, so unterrichten sie den Unternehmer und stellen ihm die Informationen auf Verlangen zur Verfügung. Das gilt insbesondere für Informationen aus einem vorausgegangenen Raumordnungsverfahren; die dafür zuständige Behörde hat die Unterlagen aus diesem Verfahren, die für die Umweltverträglichkeitsprüfung von Bedeutung sein können, der nach Absatz 1 Satz 2 zuständigen Behörde zur Verfügung zu stellen.

(4) Die Entscheidung über die Planfeststellung ist hinsichtlich der eingeschlossenen Entscheidungen nach Maßgabe der hierfür geltenden Vorschriften zu treffen. Das Verhältnis zwischen Unternehmer und Betroffenen und der Schutz von Belangen Dritter im Sinne des Bergrechts bestimmen sich nach den dafür geltenden Vorschriften dieses Gesetzes; dies gilt auch für eine Aufhebung des Planfeststellungsbeschlusses. In der Begründung der Entscheidung ist zur Bewertung der Auswirkungen des Vorhabens auf die Umwelt eine zusammenfassende Darstellung dieser Auswirkungen aufzunehmen.

(5) Hinsichtlich der vom Vorhaben berührten Belange Dritter und der Aufgabenbereiche Beteiligter im Sinne des § 54 Abs. 2 erstrecken sich die Rechtswirkungen der Planfeststellung auch auf die Zulassung und Verlängerung der zur Durchführung des Rahmenbetriebsplanes erforderlichen Haupt-, Sonder- und Abschlußbetriebspläne, soweit über die sich darauf beziehenden Einwendungen entschieden worden ist oder bei rechtzeitiger Geltendmachung hätte entschieden werden können; Entscheidungen nach § 48 Abs. 2 werden außer in den in § 48 Abs. 2 Satz 2 genannten Fällen des Schutzes von Rechten Dritter durch einen Planfeststellungsbeschluß ausgeschlossen.

(6) Bei Vorhaben, die in einem anderen Mitgliedstaat der Europäischen Gemeinschaften erhebliche Auswirkungen auf die Umwelt haben können, sind die zuständigen Behörden des anderen Mitgliedstaats wie die im Planfeststellungsverfahren beteiligten Behörden zu unterrichten. Für Nachbarstaaten der Bundesrepublik Deutschland, die nicht Mitgliedstaaten der Europäischen Gemeinschaften sind, gilt unter den Voraussetzungen der Grundsätze von Gegenseitigkeit und Gleichwertigkeit Satz 1 entsprechend. Einzelheiten regelt das Bundesministerium für Wirtschaft und Technologie durch Rechtsverordnung nach § 57 c.

Übersicht   Rn

Vorbemerkung   1

I.   § 57 a Absatz 1 Satz 1   2
1.   Beteiligung der Gemeinden   3
2.   Grenzüberschreitende Behördenbeteiligung   4
3.   Innerstaatliche Behördenbeteiligung   5
4.   Keine Beteiligung gemäß § 7 UVPG   7
5.   Ausschluss des § 56 Absatz 1 Satz 1   8
6.   Ausschluss des § 56 Absatz 1 Satz 2   9
7.   Sicherheitsleistung gemäß § 56 Absatz 2   10

II.   Zuständigkeiten (§ 57 a Absatz 1 Satz 2 und 3)   11

III.   Pflichtangaben im UVP-Rahmenbetriebsplan (§ 57 a Absatz 2)   12
1.   Unterlagen für Scoping-Termin   12
2.   Unterlagen für UVP-Planfeststellungsverfahren   13
3.   Allgemeine Angaben gemäß § 52 Absatz 2 Nr. 1   14
4.   Besondere Angaben für die UVP   17
5.   Angaben für eingeschlossene Verfahren   20
6.   Angaben zu geprüften Vorhabenalternativen   22
7.   Allgemeinverständliche Zusammenfassung   23
8.   Planauslegung   24
9.   Unvollständige Unterlagen   27
10.   Angaben zu Grundstücken   28

IV.   Informationspflicht der beteiligten Behörden (§ 57 a Absatz 3) . . .   30
V.   Weitere Verfahrensabschnitte des Planfeststellungsverfahrens   31
1.   Einwendungen Betroffener gemäß § 73 Absatz 3 VwVfG   32
2.   Erörterungstermin gemäß § 73 Absatz 6 VwVfG   37

VI.   Planfeststellungsbeschluss   38

VII.   § 57 a Absatz 4   39
1.   Bergrechtliche Zulassungsvoraussetzungen gemäß § 57 a Absatz 4 Satz 1 .   40
2.   Verhältnis zwischen Unternehmer und Betroffenen gemäß § 57 a Absatz 4
        Satz 2   41

3.   Zusammenfassende Darstellung gemäß § 57a Absatz 4 Satz 3   42

VIII.   **§ 57a Absatz 5**   44
1.   UVP-V Rahmenbetriebsplan und weitere Betriebspläne nach dem BBergG   44
2.   Materielle Präklusion   45
3.   § 57a Absatz 5 Halbsatz 1   47
4.   § 57a Absatz 5 Halbsatz 2   52

IX.   **§ 57a Absatz 6**   59

Vorbemerkung

Die Bestimmung ist ein wesentlicher Pfeiler des durch das Gesetz zur Änderung **1** des Bundesberggesetzes vom 12.2.1990 (Bundesgesetzblatt I, 215) eingeführten UVP-Rahmen-Betriebsplanverfahrens und ist mit den Vorschriften der §§ 52 Absatz 2a bis Absatz 2c und § 57b, 57c eng verzahnt. Sie ist charakteristisch für das **spezielle bergrechtliche Planfeststellungsverfahren**, hebt sich von den Vorschriften des allgemeinen Planfeststellungsrechts der §§ 72ff. VwVfG in notwendiger Distanzierung ab und baut *„die rechtsgestaltende Kraft eines so umfassenden Verfahrens insbesondere im Hinblick auf die Erledigung von Einwendungen seitens der Betroffenen gegen das Gesamtvorhaben in die Zulassung"* ein (BT-Drs 11/4015, ZfB 1990, 95). § 57a vermittelt insbesondere zwischen den herkömmlichen Verfahrensvorschriften des BBergG, des VwVfG und des UVPG und verschafft sich hierdurch einen eigenständigen Geltungsbereich.

I.   § 57a Absatz 1 Satz 1

Satz 1 der Vorschrift enthält einerseits die Festlegung, dass die allgemeinen **2** Vorschriften über das Betriebsplanverfahren in den §§ 54 und 56 Absatz 1 für das bergrechtliche Planfeststellungsverfahren nach § 52 Absatz 2a nicht gelten.

1.   Beteiligung der Gemeinden

Mit der Anordnung in Satz 1 ist auch die **Beteiligungsvorschrift des § 54** **3** **Absatz 2 nicht anwendbar** (OVG NRW, ZfB 2006, 32, 48). Stattdessen gelten § 5 BBergG i.V. mit § 73 Absatz 2–9 VwVfG für die Anhörung der beteiligten anderen Behörden und die einwendungsberechtigten Personen, zu denen auch die Gemeinden und sonstigen öffentlichen Rechtsträger gehören können. Da die Stellungnahmen der Behörden nicht zu den auslegungspflichtigen Unterlagen im Rahmen der Öffentlichkeitsbeteiligung gehören, kann die Beteiligung der Behörden parallel zur Öffentlichkeitsbeteiligung erfolgen (Fehlzug/Kastner/Wahrendorf, VwVfG, § 73 Rn 26). Zum **Kreis der zu beteiligenden Behörden** gehören diejenigen, deren Genehmigung oder deren Einvernehmen materiellrechtlich erforderlich ist und durch die Entscheidung über die Planfeststellung konzentriert wird; aber auch diejenigen, deren Aufgabenbereich betroffen ist und von denen eine Stellungnahme oder ein Benehmen einzuholen ist. Insofern ergeben sich gegenüber der Beteiligung nach § 54 Absatz 2 keine praktischen Änderungen.

2.   Grenzüberschreitende Behördenbeteiligung

Während §§ 57a Absatz 1 BBergG i.V. mit § 73 Absatz 2 VwVfG die inner- **4** staatliche Behördenbeteiligung regelt, gelten für die grenzüberschreitende Behördenbeteiligung die §§ 57a Absatz 6 i.V. mit der Verordnung nach § 57c Satz 1 Nr. 4 (§ 3 UVP-V Bergbau). Vergleiche unten Rn 59f.

3.   Innerstaatliche Behördenbeteiligung

5   Aus der Anwendung der Absatz 2 bis 3 a des § 73 VwVfG folgt der notwendige **Verfahrensablauf für das Rahmenbetriebsplanverfahren.** Die Anhörungsbehörde (§ 57 a Absatz 1 Satz 2) hat den zu beteiligenden Behörden innerhalb eines Monats nach Zugang des vollständigen Rahmenbetriebsplans des Bergbauunternehmers die wesentlichen Planunterlagen zur Stellungnahme innerhalb einer angemessenen festzusetzenden Frist aufzufordern (§ 73 Absatz 2, Absatz 3 a VwVfG). Die Frist darf drei Monate nicht überschreiten, d. h. spätestens vier Monate nach Zugang der Betriebsplanunterlagen bei der Anhörungsbehörde ist im Regelfall das Anhörungsverfahren mit den beteiligten Behörden abgeschlossen. § 73 Absatz 2 VwVfG besagt nicht, dass den beteiligten Behörden sämtliche Planunterlagen zur Stellungnahme zuzusenden sind. Die Anhörungsbehörde hat die zu beteiligenden Behörden soweit von dem Vorhaben zu unterrichten, dass diese erkennen können, ob ihre Zuständigkeit berührt ist und ob es angezeigt ist, sich um den Inhalt der Planung zu kümmern (BVerwG, NVwZ-RR 1997, 212; Stüer/Probstfeld, Planfeststellung, Rn 63).

6   Die Träger öffentlicher Belange sollen sich bei ihren Stellungnahmen auf ihren Aufgabenbereich beschränken. Der Inhalt der Stellungnahme geht als öffentliches Interesse i. S. von § 48 Absatz 2 in das Rahmenbetriebsplanverfahren ein und wird nach den Maßstäben dieser Vorschrift behandelt. Sofern in der Stellungnahme nicht zwingende rechtliche Aussagen enthalten sind, können die vorgetragenen Gesichtspunkte im Rahmen der Abwägung gemäß § 48 Absatz 2 überwunden werden (vgl. hierzu § 48 Rn 1 ff.). Bei **verspäteten Stellungnahmen** i. S. von § 73 Absatz 3 a Satz 2 VwVfG tritt nach dem Erörterungstermin **Präklusion** hinsichtlich der von der Behörde vorgetragenen Belange ein.

4.   Keine Beteiligung gemäß § 7 UVPG

7   Die Behördenbeteiligung gemäß § 7 UVPG kommt für das bergrechtliche UVP-Rahmenbetriebsplanverfahren nicht in Betracht, da die Vorschrift gemäß § 18 Satz 2 UVPG bei bergbaulichen Vorhaben nicht anzuwenden ist. Eine Einschränkung der Behördenbeteiligung ist damit nicht verbunden.

5.   Ausschluss des § 56 Absatz 1 Satz 1

8   Gemäß § 57 Absatz 1 Satz 1 ist auch § 56 **Absatz 1 nicht** auf das UVP-Rahmenbetriebsplanverfahren **anzuwenden.** Das betrifft die Schriftform der Zulassung des Rahmenbetriebsplans. Die Formvorschriften ergeben sich insoweit aus §§ 74 Absatz 1 Satz 2, § 69 Absatz 2 VwVfG: Die Zulassung ist schriftlich zu erlassen und zu begründen, für die Begründung gelten die allgemeinen Anforderungen des § 39 Absatz 1 VwVfG.

6.   Ausschluss des § 56 Absatz 1 Satz 2

9   **Ausgeschlossen** sind auch die Regelungen des § 56 Absatz 1 Satz 2 über die **nachträgliche Aufnahme,** Änderung oder Ergänzungen von **Auflagen.** An die Stelle tritt insofern das Instrumentarium des Planfeststellungsrechts: Nachträgliche Schutzauflagen gemäß § 75 Absatz 2 Satz 2 VwVfG; Vorbehalt abschließender Entscheidung gemäß § 74 Absatz 3 VwVfG; Änderungsplanfeststellung gemäß § 76 VwVfG, wenn der festgestellte Plan vor Fertigstellung des Vorhabens geändert werden soll; Aufhebung des Planfeststellungsbeschlusses bei endgültiger Aufgabe eines begonnenen Vorhabens gemäß § 77 VwVfG; aber auch Verfahren gemäß § 52 Absatz 2 c bei wesentlichen Änderungen des Bergbauvorhabens.

7. Sicherheitsleistung gemäß § 56 Absatz 2

Nicht ausgeschlossen ist die Möglichkeit, gemäß § 56 Absatz 2 Sicherheitsleistung zu verlangen (BT-Drs 11/4015, ZfB 1990, 95). **10**

II. Zuständigkeiten (§ 57a Absatz 1 Satz 2 und 3)

In § 57a Absatz 1 Satz 2 und 3 sind Zuständigkeiten geregelt: Während § 73 **11** VwVfG die Funktionen der **Planfeststellungsbehörde** von der **Anhörungsbehörde** trennt (Kopp/Ramsauer, § 73 Rn 13 ff.), werden sie für das bergrechtliche Planfeststellungsverfahren bei der nach Landesrecht (§ 142) zuständigen **Bergbehörde** zusammengefasst. Auch § 57a Absatz 1 Satz 3 weicht von § 73 VwVfG ab: Zum bergrechtlichen Planfeststellungsverfahren für Vorhaben im Bereich des Festlandsockels werden die Aufgaben der Gemeinden, z.B. öffentliche Bekanntmachung gemäß § 73 Absatz 5 VwVfG oder Auslegung gemäß § 73 Absatz 3 VwVfG, von der nach Bergrecht zuständigen Behörde wahrgenommen.

III. Pflichtangaben im UVP-Rahmenbetriebsplan (§ 57a Absatz 2)

Die Vorschrift definiert die Unternehmerpflichten zur Einreichung von Unterlagen im Planfeststellungsverfahren.

1. Unterlagen für Scoping-Termin

Von den Unterlagen gemäß § 57a Absatz 2 zu unterscheiden sind die Unterlagen, **12** die für die dem Planfeststellungsverfahren im engeren Sinne vorangehende **Erörterung des Untersuchungsrahmens** der UVP nach § 52 Absatz 2a Satz 2 benötigt werden (so genannter Scoping-Termin). Die erfolgreiche Erörterung des Untersuchungsrahmens mit dem Unternehmer setzt voraus, dass dieser hierfür geeignete Unterlagen vorlegt. Sie brauchen noch **keine Detailangaben** wie im späteren Planfeststellungsverfahren zu enthalten. Sie müssen auch kein geschlossenes Dokument, etwa eine Umweltverträglichkeitsuntersuchung, enthalten (Länderausschuss Bergbau: Durchführungsvorschrift für Planfeststellungsverfahren mit UVP nach dem Bundesberggesetz, Entwurf des Arbeitskreises Rechtsfragen, 4.4). Es reicht aus, wenn die Unterlagen Angaben in groben Zügen zum Vorhaben und zu seinen Umweltauswirkungen enthält. Die Unterlagen sind geeignet, wenn sie es der Bergbehörde ermöglichen, das Vorhaben und seine Probleme mit dem Unternehmer zu erörtern. Und wenn Ausfertigungen auch für die zu beteiligenden Behörden vorgelegt werden. Mit dem Abschluss der Erörterung über den voraussichtlichen Untersuchungsrahmen – etwa durch schriftliche Darstellung des Ergebnisses der Erörterung – ist der Zweck der Vorlage dieser Unterlagen erreicht und der erste Verfahrensschritt des UVP-Rahmenbetriebsplanverfahrens beendet.

2. Unterlagen für UVP-Planfeststellungsverfahren

Die Vorlage der nach § 57a Absatz 2 Satz 2 zu erstellenden Unterlagen hat **13** dagegen den Zweck, über das Verfahren selbst, über die dadurch ausgelösten notwendigen Folgemaßnahmen,
die betroffenen Grundstücke sowie alle abwägungsrelevanten öffentlichen und privaten Belange die davon berührten Behörden, Gemeinden, die Öffentlichkeit und die Bergbehörde als Anhörungs-und Planfeststellungsbehörde zu informieren. Demzufolge sind Angaben zu machen bzw. Unterlagen zu erbringen über die nicht umweltbezogenen Angaben aufgrund des BBergG (unten Rn 14f.),

Angaben die zur Durchführung der UVP erforderlich sind (unten Rn 17 f.) und solche, die für vom Planfeststellungsbeschluss eingeschlossenen behördlichen Entscheidungen vorgeschrieben sind (unten Rn 20 f.).

3. Allgemeine Angaben gemäß § 52 Absatz 2 Nr. 1

14 Zu den Angaben, die sich aus den Voraussetzungen für die Durchführung des Planfeststellungsverfahrens ergeben (§ 57 a Absatz 2 Satz 1), gehören insbesondere diejenigen in § 52 Absatz 2 Nr. 1, d. h. „allgemeine Angaben" über das beabsichtigte Vorhaben, die technische Durchführung und den zeitlichen Ablauf. Ferner müssen die Voraussetzungen der §§ 55 Absatz 1, 48 Absatz 2 für die Zulassung nachgewiesen werden, ebenso die der §§ 52 Absatz 2 a und 57 c. Welche Angaben dazu im Einzelnen erforderlich sind, hängt einerseits davon ab, welche Details später in Haupt-oder Sonderbetriebsplänen nach Verdichtung der Kenntnisse zu genehmigen und durch weitere Unterlagen zu belegen sind. Andererseits ist zu beachten, dass die „Anforderungen an allgemeine Angaben" auch im fakultativen Rahmenbetriebsplan durch die Präklusionsvorschrift des § 48 Absatz 2 Satz 4 und die in der neuesten Rechtsprechung festgestellte „*teilweise Bindungswirkung*" des Rahmenbetriebsplans zur Grundabtretung (BVerwGE 126, 205 = ZfB 2006, 156) gestiegen sind.

15 Für Vorhaben im **Übertagebergbau** wird man insbesondere eine kartenmäßige Darstellung und textliche Beschreibung (Abbaugebiet), weitere Bereiche bergbaulicher Tätigkeit im Sinne von § 2 Absatz 1 Nr. 1 und Nr. 2, Betriebsanlagen und -einrichtungen, Sicherheitszonen, Grundstücksverzeichnis der durch das Vorhaben betroffenen Flächen sowie Angaben und Gutachten zu den abwägungserheblichen Belangen im Sinne § 48 Absatz 2 verlangen.

16 Im **Untertagebergbau** werden in der Praxis insbesondere die abzubauenden Flöze, die Einwirkungsbereiche der zu erwartenden Senkungen, die **Maximale der Senkungen** anzugeben sein (Knöchel, NWVBl 1992, 119; BVerwG, ZfB 2006, 306, 310 – Walsum), eine detaillierte Bestandsaufnahme der Oberflächensituation, allerdings keine genaue Lage der Senkungen und der Senkungsmaxima (Knöchel, aaO; BVerwG, aaO). Selbstverständlich sind die zugehörigen Tagesanlagen und Betriebsgrundstücke (§ 73 Absatz 1 Satz 2 VwVfG) darzustellen. Beim Hochwasserschutz genügt es darzulegen, dass Maßnahmen des Hochwasserschutzes in den dafür vorgesehenen Verfahren machbar sind (BVerwG, ZfB 2006, 306, 310; ZfB 2006, 315, 318; s. auch § 52 Rn 33).

4. Besondere Angaben für die UVP

17 Nach § 57 Absatz 2 Satz 2 müssen alle für die Durchführung der **UVP erforderlichen Angaben** gemacht werden. Ebenso wie in § 6 Absatz 3 UVPG werden Mindestangaben (§ 57 a Absatz 2 Satz 2) und in § 6 Absatz 4 UVPG weitere Angaben (§ 57 a Absatz 2 Satz 3) unterschieden. Ergänzt werden die Anforderungen durch § 2 UVP-V Bergbau. Alle Themen, zu denen Angaben zu machen sind, werden nur beispielhaft genannt („insbesondere [...]"). **Grenzen für die Angaben** werden jedenfalls durch den Zweck der Darlegungs-und Vorlagepflichten des Unternehmers, durch die entscheidungserheblichen gesetzlichen Zulassungsvoraussetzungen und den Grundsatz der Verhältnismäßigkeit gesetzt. Nicht alles was wissenswert ist, muss für die behördliche Prüfung des Projekts im Planfeststellungsverfahren zielorientiert sein, insbesondere wenn man die Sachgesetzlichkeiten des Bergbaus und das flexible sonstige bergrechtliche Aufsichtsinstrumentarium mitbedenkt. Nach § 57 a Absatz 2 Satz 2 kommt es für die obligatorischen Angaben darauf an, dass sie für die UVP-Prüfung „bedeutsam" sind. Diese Anforderung gilt entsprechend auch für die „weitere Angaben" im Sinne § 57a Absatz 2 Satz 3. Für die letzteren ist in § 57a Absatz 2 Satz 3 Nr. 2 ausdrücklich vorgesehen, dass ihre Zusammenstellung für den Unternehmer „zumutbar" sein muss. Diese aus dem allgemeinen Verhältnismäßigkeitsprinzip abzuleitende Voraussetzung ist auch für die obligatorischen Angaben des § 57a Absatz 2 Satz 2 gefordert.

Die **obligatorischen Mindestangaben** gelten nur für die zu erwartenden „erheb-   **18** lichen" Umweltauswirkungen (§ 57a Absatz 2 Satz 2 Nr. 1) und für Umweltschutzmaßnahmen zugunsten „erheblicher" Beeinträchtigungen der Umwelt (§ 57a Absatz 2 Satz 2 Nr. 3). Das setzt eine Prognose nach dem allgemeinen Kenntnisstand und allgemein anerkannten Prüfungsmethoden voraus. Vom Träger des Vorhabens wird keine Grundlagenforschung verlangt, um alle erdenklichen Umwelteinwirkungen seines Vorhabens ermitteln und beschreiben zu können (Hoppe/Haneklaus, UVPG, § 6 Rn 18) oder wirksame Gegenmaßnahmen darzustellen.

Umweltauswirkungen i.S. von § 57a Absatz 2 sind die **unmittelbaren und**   **19** **mittelbaren** Auswirkungen des Vorhabens auf die in § 2 Absatz 1 Satz 2 UVPG genannten **Schutzgüter** Menschen, Tiere, Pflanzen; Boden, Wasser, Luft, Klima, Landschaft; Kulturgüter und sonstige Sachgüter sowie die Wechselwirkungen zwischen diesen Schutzgütern. Dabei werden als Kulturgüter und sonstige Sachgüter nur solche angesehen, die dem Zweck der EU-UVP-Richtlinie entsprechend in engem Zusammenhang mit einem der genannten Umweltgüter stehen und insoweit als Bestandteil dieses Gefüges erscheinen (Hoppe/Appold, UVPG, § 2 Rn 34). Damit sind also Denkmäler, archäologische Schätze oder kunsthistorisch bedeutsame Gegenstände gemeint. Die genannten Schutzgüter sind in der Umweltverträglichkeitsprüfung des Rahmenbetriebsplans zu ermitteln, zu beschreiben und zu bewerten (§ 2 Absatz 1 Satz 2 UVPG). Eine vom Vorhabenträger häufig freiwillig vorgelegte Umweltverträglichkeitsstudie (UVS) oder Umweltverträglichkeitsuntersuchung (UVU) ist rechtlich nicht erforderlich (Hoppe/Haneklaus, UVPG, § 6 Rn 13). Es genügt, wenn sich die Angaben aus dem Rahmenbetriebsplan ergeben. Zum **Untersuchungsprogramm** gemäß § 6 UVPG s. ausführlich Erbguth/Schink, UVPG, § 6 Rn 12 im Anschluss an Nisipeanu, NVwZ 1993, 319, 324 ff. Bei den Auswirkungen auf das **Schutzgut Wasser** muss bereits im Rahmenbetriebsplan eine so genannte hydraulische Sperre festgelegt werden, wenn nur durch diese Barriere eine nicht hinnehmbare Grundwasserabsenkung infolge eines Übertagebergbaus verhindert wird (OVG Berlin-Brandenburg, Zeitschrift für Bergrecht 2011, 20, 23). Art. 3 UVP-Richtlinie beschreibt als Gegenstand der UVP auch **Sachgüter.** Damit sind nur Auswirkungen auf Sachgüter gemeint, die *„ihrer Natur nach auch für die natürliche Umwelt bedeutsam sein können"* (EuGH-Generalanwältin Kokott, NUR 2013, 32, 34; EuGH, NUR 2013, 267, 269), **nicht** wirtschaftliche Auswirkungen oder der **Wert von Sachgütern.** Ähnlich begründet die UVP-RL kein Recht, von bestimmten Umweltauswirkungen verschont zu bleiben, wohl allerdings, dass die Auswirkungen geprüft werden und hierzu eine Anhörung erfolgt (Kokoff, aaO, 36).

5.   Angaben für eingeschlossene Verfahren

§ 57a Absatz 2 Satz 1 bestimmt, dass der Rahmenbetriebsplan alle **Angaben**   **20** enthalten muss, die **für** die vom Planfeststellungsbeschluss **eingeschlossenen umweltrechtlichen und sonstigen außerbergrechtlichen Entscheidungen** erforderlich sind. Diese Unterlagen müssen den gleichen Konkretisierungsgrad aufweisen wie die Antragsunterlagen, die für die verschiedenen Genehmigungen, Ausnahmen oder Befreiungen erforderlich wären. Soweit eine wasserrechtliche Erlaubnis durch die Zulassung des UVP-Rahmenbetriebsplans nicht konzentriert wird (Anhang § 56, Rn 665, 602 ff.), sind für das Wasserrecht keine konkreten Unterlagen gemäß § 57 a Absatz 2 erforderlich, ebenso nicht für Folgemaßnahmen i. S. von § 57 b Absatz 3 Satz 3, für die ein Planfeststellungsverfahren nach anderen Vorschriften vorgesehen ist (BVerwG, ZfB 2006, 315, 320; 306, 313).

21 Zu den **eingeschlossenen Entscheidungen** kann grundsätzlich auch die immissionsschutzrechtliche **Genehmigung nach § 6 BImSchG** gehören. Die Bergbehörde muss dann auch die materiell-rechtlichen Vorschriften für die BImSchG-Genehmigung beachten (VG Kassel, ZfB 2004, 68, 71). Ist das Vorhaben nicht nach § 6 BImSchG genehmigungspflichtig, gehören die Vorschriften der §§ 22 BImSchG nicht unmittelbar zum Prüfprogramm, können jedoch über § 48 Absatz 2 als überwiegende öffentliche Interessen einzubeziehen sein (BVerwG, NVwZ 1991, 992 = ZfB 1991, 140; BVerwGE 74, 315, 322 = ZfB 1987, 60; VG Weimar, ZfB 1996, 321, 328 f.; VG Kassel, ZfB 2004, 68, 72). Die Vorschriften der §§ 22 ff. BImSchG gehören jedenfalls nicht zu denen, die in Folge der Konzentration gemäß § 57 a Absatz 4 Satz 1 bei den Planfeststellungsentscheidungen zu beachten sind (VG Kassel, aaO).

6. Angaben zu geprüften Vorhabenalternativen

22 Die nach § 57 a Absatz 2 Satz 3 erforderlichen Angaben zu „**geprüften Vorhabenalternativen**" müssen nach § 2 Absatz 2 Nr. 1 UVP-V Bergbau ergänzt werden um die Angabe der wesentlichen Auswahlgründe für die vom Unternehmer geprüften Vorhabenalternativen unter besonderer Berücksichtigung der Umweltauswirkungen. Das entspricht § 6 Absatz 4 Satz 1 Nr. 3 UVPG. Darüber hinaus verlangt § 2 Absatz 2 Nr. 2 Buchstabe a UVP-V Bergbau eine **Begründung, wenn Vorhabenalternativen nicht geprüft worden sind.** Dies alles steht unter dem Vorbehalt des § 57 a Absatz 2 Satz 3 Nr. 2, dass es für den Unternehmer nach allgemeinem Kenntnisstand und allgemein anerkannten Methoden **zumutbar** ist. Im Übrigen folgt aus § 2 Absatz 2 UVP-V Bergbau, dass nur die wichtigsten vom Unternehmer geprüften Alternativen darzustellen sind und eine **Übersicht** darüber **genügt.** Da nur die geprüften Vorhabenalternativen anzugeben sind, folgt aus §§ 57 a Absatz 2 Satz 3 i. V. mit Absatz 2 UVP-V Bergbau **keine Pflicht zu Planungsalternativen** (s. auch § 52 Absatz 2 a Rn 138).

7. Allgemeinverständliche Zusammenfassung

23 Der Information der Öffentlichkeit dient die gemäß § 57 a Absatz 2 Satz 5 erforderliche **allgemeinverständliche Zusammenfassung** der beizubringenden Unterlagen, der ein zur Auslegung geeigneter Plan des Vorhabens beizufügen ist.

8. Planauslegung

24 Die Beteiligung der Öffentlichkeit beginnt mit der **Planauslegung.** Das BBergG stellt hierfür keine eigenen Regeln auf. Das Auslegungsverfahren richtet sich daher nach §§ 57 a Absatz 1 Satz 1 BBergG i. V. mit 73 Absatz 3–9 VwVfG (Hoppe/Beckmann, UVPG, § 18 Rn 39; Erbguth/Schink, UVPG § 18 Rn 11 c).

25 **Zum Verfahren:** Auf Veranlassung der Bergbehörde innerhalb eines Monates nach Zugang des vollständigen Plans (§ 73 Absatz 2 VwVfG) sind die Gemeinden, in denen sich das Vorhaben auswirkt, binnen einer Frist von 3 Wochen verpflichtet, den „**Plan**" für die Dauer eines Monates zur **Einsicht auszulegen** (§ 73 Absatz 3 VwVfG). „Plan" sind die das Vorhaben betreffenden Planzeichnungen, die ergänzenden Unterlagen, die den Betroffenen die Feststellung ermöglichen, dass und in welcher Weise sie von dem Vorhaben betroffen sein können (BVerwGE 98, 329, 345; 75, 224; Kopp/Ramsauer Komm. VwVfG, § 73 Rn 44; Wahl, NVwZ 1990, 433). Gutachten können jedenfalls zu den auszulegenden Unterlagen gehören, soweit sie sich auf die Darstellung des Vorhabens und seiner Auswirkungen beziehen, nicht jedoch, soweit sie die Bewertung des Vorhabens im Einzelnen betreffen (BVerwGE 71, 152; Kopp/Ramsauer, aaO, § 73 Rn 46). Mit der Planauslegung brauchen regelmäßig **nicht** bereits **alle Unterlagen** bekannt gemacht zu werden, die möglicherweise erforderlich sind, um die Rechtmäßigkeit der Planung umfassend darzutun oder den festgestellten Plan vollziehen zu können (OVG NRW, ZfB 2003, 275, 277 mit Hinweis auf BVerwGE 75, 214, 224 = DVBl 1987, 578).

Vor Auslegung des Plans ist die Auslegung **von den Gemeinden ortsüblich** –   **26** nicht öffentlich – **bekannt zu machen.** Die Bekanntmachung muss die in § 73 Absatz 4 Satz 4, Absatz 5 Satz 2 VwVfG festgelegten **Mindestinhalte** aufweisen. Eine Mindestfrist zwischen Bekanntmachung und Auslegung ist nicht vorgesehen. Die Auslegung kann am Tage nach ihrer Bekanntmachung beginnen (Keienburg in Kühne/Ehricke, Veröffentlichungen des Instituts für Energierecht an der Universität zu Köln, Band 118, S. 18 mit weiteren Einzelheiten).

9. Unvollständige Unterlagen

Bei **unvollständigen Unterlagen** i. S. von § 57 a Absatz 2 kann die Bergbehörde   **27** die Vervollständigung der Unterlagen innerhalb einer Frist anfordern, die erforderlichenfalls verlängert werden kann (§§ 31 Absatz 7, 74 Absatz 3 VwVfG). Während des Auslegungsverfahrens können u. U. weitere Unterlagen ausgelegt werden (BVerwG, ZfB 2006, 310). Bei nachträglich festgestellten Prognosen zu bergbaulichen Einwirkungen muss keine erneute öffentliche Auslegung erfolgen. Es genügt, wenn die Oberflächeneigentümer benachrichtigt werden, die entgegen erster Prognosen Schäden von einigem Gewicht zu erwarten haben (VG Saarland, ZfB 2006, 212).

10. Angaben zu Grundstücken

Nicht notwendigerweise zu den Planunterlagen gehören **Angaben zu Bergschä-**   **28** **den**, die vom Abbauvorhaben verursacht werden könnten. Soweit es sich um mittlere oder kleinere Bergschäden i. S. der Rechtsprechung handelt (s. § 48 Rn 54 ff.), sind die Ansprüche von Grundeigentümern zivilrechtlich durch die §§ 110 ff. bzw. 114 ff. geregelt und geltend zu machen. Soweit es sich um die Beschränkung oder Untersagung des Abbaus zugunsten von Oberflächeneigentümern wegen schwerer Bergschäden handelt, müssen die Voraussetzungen des § 48 Absatz 2 nicht zwingend bereits bei Zulassung des Rahmenbetriebsplans geprüft und gegebenenfalls entschieden werden (BVerwG, ZfB 2006, 315, 319; OVG Saarland, ZfB 2003, 203; OVG NRW, ZfB 2003, 283; VG Gelsenkirchen, ZfB 2004, 55, 59; VG Saarlouis, ZfB 2003, 124, Kühne in Öffentlichkeitsbeteiligung und Eigentumsschutz im Bergrecht, Heft 118 der Veröffentlichung des Instituts für Energierecht an der Universität zu Köln, S. 50 m. w. N.).

Andererseits sind die Grundstücke der Eigentümer, die von einem Tagebau   **29** **unmittelbar in Anspruch genommen** werden sollen, in den Planunterlagen zu erfassen und die Belange dieser Betroffenen bereits im Rahmenbetriebsplanverfahren zu behandeln (BVerwG, ZfB 2006, 156, 159 f.; a. A. früher BVerwG, ZfB 1991, 140).

IV. Informationspflicht der beteiligten Behörden (§ 57a Absatz 3)

30 Die Informationspflicht der beteiligten Behörden gemäß § 57a Absatz 3 hat eine Parallele in § 5 Satz 3 UVPG. Zu den beteiligten Behörden gehören die verfahrensführende Bergbehörde und diejenigen Behörden, deren Aufgabenbereich durch das Vorhaben berührt wird. Diese Behörden haben die Pflicht, den Unternehmer über bei ihnen vorhandene Informationen zu unterrichten und zweckdienliche Informationen zur Verfügung zu stellen.

V. Weitere Verfahrensabschnitte des Planfeststellungsverfahrens

31 Im Anschluss an die Auslegung der Planunterlagen i.S. von § 57a Absatz 2 und vor der Entscheidung über die Planfeststellung i.S. von § 57a Absatz 4 sind im Rahmenbetriebsplanverfahren **zwei weitere Verfahrensabschnitte** abzuwickeln, die im BBergG nicht speziell geregelt sind, aber durch die allgemeinen Vorschriften der §§ 72ff. VwVfG i.V. mit § 5 BBergG erforderlich sind:

1. Einwendungen Betroffener gemäß § 73 Absatz 3 VwVfG

32 Nach § 73 Absatz 4 VwVfG können Personen, deren Belange durch das geplante Vorhaben berührt werden, binnen zwei Wochen nach Ablauf der Auslegungsfrist bzw. der von der Behörde gemäß § 73 Absatz 3 Satz 2 gesetzten Frist schriftlich **Einwendungen gegen den Plan** erheben. **Einwendungsberechtigt** ist derjenige, dessen eigene Rechte oder schutzwürdige Interessen durch das Bergbauvorhaben berührt werden können(BVerwG, DÖV 1981, 263; NVwZ 1984, 368; UPR 1988, 71). Nicht einwendungsberechtigt sind diejenigen, die Interessen der Allgemeinheit oder Dritter vertreten oder Gemeinden, die für Interessen ihrer Bürger auftreten (Kopp/Ramsauer, VwVfG, § 73 Rn 67 mit weiteren Einzelheiten Rn 68ff.). Soweit der UVP-Rahmenbetriebsplan Belange von Grundeigentümern nicht betrifft, sondern diese erst durch einen weiteren Sonderbetriebsplan angesprochen werden, fehlt die Einwendungsberechtigung (s. § 57a Rn 47, 50).

33 Die Einwendungen müssen **hinreichend substantiiert** sein. Sie müssen *„in groben Zügen erkennen lassen, welche Rechtsgüter als gefährdet angesehen werden und welche Beeinträchtigungen befürchtet werden"* (BVerfG, NJW 1982, 2177; Kopp/Ramsauer, aaO, Rn 86; BVerwG, NUR 2010, 799, 800). Sie müssen so **konkret** sein, dass die Bergbehörde erkennen kann, in welcher Hinsicht sie bestimmte Belange näher untersuchen soll. Anzuknüpfen ist an die ausgelegten Planunterlagen. Wenn der Naturschutz in diesen Unterlagen ausführlich behandelt worden ist, genügt ein allgemeiner Hinweis auf die Zerstörung der Landschaft mit ihrer Fauna und Flora nicht (BVerwG, NUR 2008, 406, 408). Einwendungen müssen zumindestens Angaben dazu enthalten, welches Schutzgut betroffen wird und welche Beeinträchtigungen ihm drohen. Im Regelfall ist auch die räumliche Zuordnung eines naturschutzrechtlich bedeutsamen Vorkommens und einer Beeinträchtigung zu spezifizieren (BVerwG, UPR 2004, 266).

34 Keine wirksame Einwendung eines Betroffenen, wenn geltend gemacht wird, es bestehe an der **Fortführung des subventionierten Bergbaus kein öffentliches Interesse** (OVG NRW, DVBl 1989, 1013 = ZfB 1990, 33; OVG Saarland, ZfB 1994, 22; ZfB 1994, 217; ZfB 1996, 226; OVG NRW, ZfB 2005, 166).

35 Die Einwendungen müssen ferner **innerhalb von zwei Wochen** nach Ablauf der Auslegungsfrist (§ 73 Absatz 4 Satz 1, 2) erhoben werden. Die Frist kann nicht verlängert oder verkürzt werden. Voraussetzungen für den Lauf der Einwendungsfrist ist, dass gemäß § 73 Absatz 4 Satz 4 VwVfG in der Bekanntmachung der Auslegung oder bei Bekanntgabe der Einwendungsfrist darauf hingewiesen wurde, dass mit Ablauf der Frist alle Einwendungen ausgeschlossen sind, es sei denn, sie beruhen auf besonderen privatrechtlichen Titeln. Zur Präklusion s. § 57a Rn 45, 52 (Ausführlich zu den Einwendungen Betroffener in Kohleabbauverfahren s. Keienburg, Die Öffentlichkeitsbeteiligung im Bergrecht, Bochumer Beiträge Band 43, 2004).

Der private Grundstückseigentümer kann wirksam gegenüber der Bergbehörde **36** eine **Erklärung** abgeben, wonach er auf die Erhebung von **Einwendungen** im Planfeststellungsverfahren **verzichtet**. Die ist aber erst nach Eröffnung des Planfeststellungsverfahrens möglich. Der Verzicht hat unmittelbar öffentlich-rechtliche Wirkung und ist gemäß § 73 Absatz 4 Satz 3 VwVfG mit Ablauf der Einwendungsfrist unwiderruflich (v. Daniels/Herrmann, NVwZ 2005, 1017, 1020 m.w.N.).

2. Erörterungstermin gemäß § 73 Absatz 6 VwVfG

Nach Ablauf der Einwendungsfrist ist im Regelfall der **Erörterungstermin** durch- **37** zuführen (§ 73 Absatz 6 VwVfG). Zeit und Ort des Erörterungstermines liegen im Ermessen der Bergbehörde. Er ist mindestens **eine Woche vorher** im gesamten Einwirkungsbereich des Vorhabens **ortsüblich bekannt** zu machen, und zwar entweder durch die Bergbehörde oder durch die Gemeinden. Daneben sind die beteiligten Behörden, die Unternehmer und die Einwender, u.U. auch die beteiligten Naturschutzverbände formlos zu benachrichtigen (§ 73 Absatz 6 Satz 3 VwVfG). Nach § 73 Absatz 6 Satz 7 VwVfG soll der Erörterungstermin innerhalb von drei Monaten nach Ablauf der Einwendungsfrist abgeschlossen sein. Teilnahmeberechtigt sind auch Betroffene, die Einwendungen nicht erhoben haben (§ 73 Absatz 6 Satz 1 VwVfG), sie haben ihr Teilnahmerecht durch verspätete oder Verzicht auf Einwendungen nicht verwirkt (h.M. Fehling/Kastner/Wahrendorf, VwVfG, § 73, Rn 110; Kopp/Ramsauer, VwVfG, § 73 Rn 100, m.w.N.; a.A. Keienburg in Kühne/Ehricke, Veröff. des Institutes für Energierecht an der Universität zu Köln, Heft 118, S. 29). Keinesfalls werden nicht eingewendete, aber erörterte Belange wieder klagefähig. **Grundsätzlich** ist der Erörterungstermin gemäß §§ 73 Absatz 6 Satz 6 i.V. mit 68 Absatz 1 Satz 1 VwVfG **nicht öffentlich**. Bei Einvernehmen aller Beteiligten können jedoch andere Personen, auch die Presse, teilnehmen. Im Übrigen gelten für den Erörterungstermin die Vorschriften der §§ 67 Absatz 1 Satz 3, Absatz 2 Nr. 1 und 4, Absatz 3 und 68 VwVfG entsprechend (§ 73 Absatz 6 Satz 6 VwVfG). Eine Erstattung von Anwaltskosten für die Teilnahme am Erörterungstermin ist nicht vorgesehen (Boldt/Weller, Erg.band § 57a Rn 46 mit Hinweis auf BVerwG, NVwZ 1990, 59).

VI. Planfeststellungsbeschluss

Nach § 74 Absatz 1 Satz 1 VwVfG erfolgt die Feststellung des Plans durch einen **38** **Planfeststellungsbeschluss** anstelle der Zulassung des Betriebsplans gemäß § 56 Absatz 1 (§ 57a Absatz 1 Satz 1). Für diesen Beschluss gelten die Formvorschriften des § 69 VwVfG: **Schriftlichkeit**, einschließlich schriftlicher **Begründung, Zustellung** an die Beteiligten. Nach § 74 Absatz 2 Satz 1 VwVfG muss über die Einwendungen, über die bei der Erörterung keine Einigung erzielt wurde, entschieden werden. Dabei sind die gesetzlichen Zulassungsvoraussetzungen für den UVP-Rahmenbetriebsplan der entscheidende Maßstab. Die förmliche **Bekanntgabe** des Planfeststellungsbeschlusses richtet sich nach § 74

Absatz 4 Satz 1 (Zustellung an den Träger des Vorhabens) bzw. Absatz 4 Satz 2 VwVfG (ortsübliche Bekanntmachung der Auslegung zur Einsicht und zwei Wochen **Auslegung in den Gemeinden**), bei Massenverfahren nach § 74 Absatz 5 VwVfG. Die Zustellung bzw. Auslegung und deren Bekanntmachung sind Voraussetzung für die Wirksamkeit des Planfeststellungsbeschlusses (§ 43 Absatz 1 VwVfG). Unterbleibt die öffentliche Bekanntmachung oder ist sie **fehlerhaft**, berührt das nicht die Wirksamkeit des Verwaltungsakts gegenüber demjenigen, dem er gemäß § 74 Absatz 4 VwVfG ordnungsgemäß zugestellt wurde (Kopp/Ramsauer, VwVfG, § 74 Rn 141, 144).

VII. § 57 a Absatz 4

39   Durch § 57 a **Absatz 4** werden materielle und formelle Vorgaben für den bergrechtlichen **Planfeststellungsbeschluss** gemacht.

1. Bergrechtliche Zulassungsvoraussetzungen gemäß § 57 a Absatz 4 Satz 1

40   Durch § 57 a Absatz 4 Satz 1 wird zugleich klargestellt, aber auch eingeschränkt, dass die Bergbehörde (nur) an die materiell-rechtlichen Rechtsgrundlagen der Behördenentscheidungen, die durch die Planfeststellung ersetzt werden, gebunden ist (Weller, bergbau 1990, 149). Dazu gehören zunächst die **berggesetzlichen Zulassungsvoraussetzungen der §§ 55, 48 Absatz 2** (Weller, aaO; Boldt/Weller, Erg.band § 57 a Rn 60; Bohne, ZfB 1989, 111), aber auch die materiellen Vorschriften für die behördlichen **Entscheidungen**, die durch den UVP-Planfeststellungsbeschluss ersetzt werden (Boldt/Weller, aaO, Rn 61, Bohne, aaO; s. hierzu auch Anhang § 56, Rn 1 ff.). Durch die Regelung wird klargestellt, dass die mit Konzentrationswirkung ausgestattete bergrechtliche Planfeststellung nicht geeignet ist, fehlende materiell-rechtliche Zulassungsvoraussetzungen nach den für die Betriebsplanzulassung anwendbaren gesetzlichen Vorschriften außerhalb des Bergrechts zu ersetzen (VG Kassel, ZfB 2004, 68, 70). Die Regelung bedeutet ferner, *„dass eine über die in den von der Planfeststellung mitumfassten einzelgesetzlichen Vorschriften hinausgehende zusätzliche Planrechtfertigung nicht erforderlich ist und dass der planfeststellenden Behörde bei ihrer Entscheidung ein über das Recht hinausgehender zusätzlicher Entscheidungsspielraum nicht zusteht"* (BT-Drs 11/4015, S. 12 = ZfB 1990, 96). Das Planungsermessen ist auch nicht geeignet, fehlende materielle Zulassungsvoraussetzungen *„zu überspielen"* (Bohne, aaO, S. 112)) s. auch § 52 Absatz 2 a Rn 134 ff. zur Planrechtfertigung.

2. Verhältnis zwischen Unternehmer und Betroffenen gemäß § 57 a Absatz 4 Satz 2

41   Durch § 57 a Absatz 4 Satz 2 wird klargestellt, dass das **Verhältnis zwischen Unternehmer und Betroffenen** und der Schutz von Belangen Dritter sich nach den **bergrechtlichen Vorschriften** richtet (OVG Lüneburg, ZfB 2005, 34, 36 m. w. N.; OVG Saarland, ZfB 2205, 201). Dies gilt für die Vorschriften über **Grundabtretung** gemäß §§ 77 ff.; **Baubeschränkungen** gemäß § 107 ff.; **Anpassung** (§§ 110 ff.) und **Bergschäden** (§§ 114 ff.). Maßnahmen nach diesen Vorschriften sind nicht im UVP-Verfahren zu prüfen, sondern **verfahrensmäßig ausgeklammert** und Gegenstand von Spezialregelungen. Damit sollte sichergestellt werden, dass die ausgewogenen und verfassungsrechtlich gesicherten Vorschriften insbesondere über das Verhältnis von Bergbau und Grundeigentum nicht durch die Einführung des UVP-Verfahrens aus dem Gleichgewicht gebracht wurden. Durch § 57 a Absatz 4 Satz 2 wird § 75 Absatz 1 Satz 2 VwVfG („**Gestaltungswirkung**") dahingehend modifiziert, als durch die Planfeststellung die öffentlich-rechtlichen Beziehungen zwischen Bergbauunternehmer und Planbetroffenen nicht abschließend geregelt werden, sondern die speziellen bergrechtlichen Vorschriften Vorrang haben. Durch § 57a Absatz 4 Satz 2 wird ferner die Regelung des § 74 Absatz 2 Satz 2 VwVfG („**Ausgleichswirkung**") **ausgeschlossen**. Schutzvorkehrungen, Anlagen zum Schutz gegen nachteilige Auswirkungen, Unterhaltung der Anlagen können nicht gemäß § 74 Absatz 2 Satz 2 VwVfG angeordnet werden, sondern bedürfen ggf. einer Rechtfertigung nach den abschließenden Vorschriften des BBergG. Dasselbe gilt für nachträgliche Anordnung von Schutzvorkehrungen gemäß § 75 Absatz 2 Satz 2 VwVfG und für die Entschädigungsregelungen des § 74 Absatz 2 Satz 3 und 75 Absatz 2 Satz 4 VwVfG (Boldt/Weller, Erg.band, § 57a Rn 51). Allerdings sind Nebenbestimmungen gemäß §§ 72 Absatz 1 i.V. mit 36 Absatz 1 VwVfG zum Planfeststellungsbeschluss zulässig, sofern sie der Sicherung der gesetzlichen Zulassungsvoraussetzungen für den UVP-Rahmenbetriebsplan dienen (Boldt/Weller, aaO).

3.   Zusammenfassende Darstellung gemäß § 57a Absatz 4 Satz 3

In formeller Hinsicht ist in § 57a Absatz 4 Satz 3 vorgesehen, dass eine **zusam-**   **42**
menfassende Darstellung der Umweltauswirkungen des Vorhabens in die Begründung des Planfeststellungsbeschlusses aufgenommen wird. Das entspricht § 11 UVPG. Die Darstellung muss die bewertungs- und entscheidungserheblichen Informationen über das Vorhaben, die sich aus den Antragsunterlagen, den Stellungnahmen der Behörden und der Öffentlichkeit ergeben, zusammenstellen. Sie ist **von der Bewertung** strikt **zu trennen** (Erbguth/Schink, UVPG, § 11 Rn 11, § 18 Rn 7a m.w.N. mit Verweis auf BVerwG, DÖV 1995, 951, 954). Schon aus dem Wortlaut der Vorschrift folgt, dass die Bewertung der Auswirkungen nicht Inhalt, sondern Zweck der zusammenfassenden Darstellung ist. Inhalt der Darstellung sind die Auswirkungen des Vorhabens auf die Umwelt, nach dem Wortlaut jedoch nicht die Vermeidungs-, Verminderungs-, Ausgleichs-, und Ersatzmaßnahmen bei erheblichen Umweltauswirkungen die in dem durch § 18 UVPG ausgeschlossenen § 11 Satz 1 UVPG angesprochen sind. Dennoch sind auch diese Maßnahmen bei der Bewertung der Umweltauswirkungen zu beachten und bei der Entscheidung über die Zulässigkeit des Vorhabens zu berücksichtigen.

Die zusammenfassende Darstellung ist in die Begründung des Planfeststellungs-   **43**
beschlusses aufzunehmen. Dies entspricht § 11 Satz 4 UVGP. Eine Verletzung der Pflicht der Bergbehörde vermittelt keine Klagemöglichkeit (Hoppe/Beckmann, aaO, § 11 Rn 28 m.w.N.).

VIII.   § 57a Absatz 5

§ 57a Absatz 5 bestimmt in Abweichung von § 75 Absatz 1 VwVfG die **Rechtswirkungen der bergrechtlichen Planfeststellung**.

1.   UVP-V Rahmenbetriebsplan und weitere Betriebspläne nach dem BBergG

Aus der Vorschrift folgt zunächst abweichend von § 75 Absatz 1 VwVfG eine   **44**
Einschränkung der Verfahrenskonzentration. **Haupt-, Sonder- und Abschlussbetriebspläne** werden nicht entbehrlich. Die Unwägbarkeiten und Änderungen der bergbaulichen Vorhaben erfordern eine dieser Tatsache angepasste dynamische Abstufung der Genehmigungen, die durch das flexible Betriebsplanver-

fahren sichergestellt wird und durch die Einführung des UVP-Rahmenbetriebsplans nicht infrage gestellt wurde (s. § 52 Absatz 2 a Rn 125).

2. Materielle Präklusion

45 Nach der Vorstellung des Gesetzgebers bei Einführung des UVP-Plans sollen
Einwendungen, die gegen das Vorhaben geltend gemacht werden oder geltend
gemacht werden können, **nur einmal – im UVP-Rahmenbetriebsplanverfahren –
geprüft** und abschließend behandelt werden (OVG NRW, ZfB 2005, 312; Boldt/
Weller, Erg.band § 57 a Rn 76; Kremer/Neuhaus, genannt Wever, Bergrecht,
Rn 183, BT-Drs 11/4015, 12 = ZfB 1990, 97; Gaentzsch, FS Sendler, S. 403,
416 f.; Kühne, DVBl 2006, 662, 668 f.). Durch § 57 a Absatz 5 werden mögliche
Einwendungen nicht ausgeschlossen. Die Regelung bedeutet nur die Notwendigkeit, dass alle Einwendungen, die gegen das UVP-Vorhaben geltend gemacht
werden können, im Rahmen dieses Verfahrens auch geltend gemacht werden
müssen (OVG Bautzen, ZfB 1998, 204). Werden allerdings zulässige Einwendungen nicht oder nicht rechtzeitig geltend gemacht, tritt Präklusion ein: die
nicht rechtzeitig geltend gemachten Einwendungen gehen unter. Sie können
nicht mehr im Verwaltungsverfahren berücksichtigt werden (**formelle Präklusion**), sie können auch in einem nachfolgenden Gerichtsverfahren nicht mehr
geltend gemacht werden (**materielle Präklusion**). Dies folgt für das UVP-Rahmenbetriebsplanverfahren schon aus § 73 Absatz 4 Satz 3 VwVfG, für die
weiteren nachfolgenden Betriebspläne aus der speziellen vertikalen Präklusionsvorschrift des § 57 a Absatz 5. Sind Einwendungen ausgeschlossen, **fehlt** im
verwaltungsgerichtlichen Verfahren die **Klagebefugnis** (Kopp/Ramsauer, aaO,
Rn 92 m. w. N.; VG Düsseldorf, ZfB 2004, 291; Keienburg in Kühne/Ehricke,
Öffentlichkeitsbeteiligung und Eigentumsschutz im Bergrecht, S. 22 f.; a. A. noch
Boldt/Weller, Erg.band § 57 a Rn 43 zur früheren Rechtslage).

46 Mit Einwendungen ausgeschlossen ist auch, wer zwar rechtzeitig Einwendungen
gegen den obligatorischen Rahmenbetriebsplan erhoben hatte, diesen jedoch
bestandskräftig werden ließ (OVG NRW, ZfB 2006, 166). Ein **Grundstückseigentümer,** der sich die **Rüge öffentlicher Belange** offen halten möchte, darf sich
mit seinen Einwendungen nicht auf die Geltendmachung eigener Rechte und
Belange beschränken. Er muss auch bereits die Beeinträchtigung der betreffenden öffentlichen Belange einwenden (BVerwG UPR 2012, 66 = NUR 2012, 52).
Präklusion tritt ein, auch wenn die Beeinträchtigung der öffentlichen Belange
aus den Planunterlagen erkennbar waren.

3. § 57 a Absatz 5 Halbsatz 1

47 § 57 a Absatz 5 erfasst in seiner unübersichtlichen Formulierung verschiedene
Sachverhalte: **im ersten Halbsatz** werden die Rechtswirkungen der UVP-Rah-
menbetriebsplan-Zulassung geregelt, sofern **über Einwendungen** von Dritten
oder Beteiligten i. S. von § 54 Absatz 2 **entschieden** wurde. Zugleich werden
die Rechtswirkungen bestimmt, sofern **über Einwendungen** von Dritten oder
Beteiligten i. S. von § 54 Absatz 2 **nicht entschieden** wurde, **aber** bei rechtzeitiger
Geltendmachung der Einwendungen **hätte entschieden werden können.** Dieser
Fall erfasst die nicht ordnungsgemäßen, formal unzulässigen, aber auch die
verspäteten Einwendungen. Die erhobenen und entschiedenen und die verspäteten und daher nicht entschiedenen Einwendungen werden gleichgestellt
(BVerwG, NVwZ 2007, 706): die Rechtswirkungen der Planfeststellung erfassen
nicht nur das Rahmenbetriebsplanverfahren, sondern **auch** die zusätzlich erforderlichen **Haupt-, Sonder- und sogar Abschlussbetriebsplanverfahren.** Diese
Rechtswirkung der Planfeststellung bezieht sich auf die spezifisch bergrechtlichen Anforderungen an Betriebspläne (§§ 55, 48 Absatz 2 BBergG), denn

darauf beschränken sich die zur Durchführung des Rahmenbetriebsplans erforderlichen weiteren Betriebspläne (Gaentzsch, FS für Sendler, 403, 416). Das Versäumnis von Einwendungen im Rahmenbetriebsplan wirkt auch im späteren Sonderbetriebsplan „*Abbau*" (VG Düsseldorf, ZfB 2004, 291, 291; OVG NRW, ZfB 2005, 312; ZfB 2006, 166, 167; VG Saarland, ZfB 2003, 124, 133).

Einwendungen, dass Personenschäden durch bergbauliche Einwirkungen auf **48** Gasleitungen entstehen können, sind ausgeschlossen, wenn innerhalb der Frist des § 73 Absatz 4 VwVfG nur eine Beeinträchtigung des Grundeigentums geltend gemacht wurde (VG Gelsenkirchen, ZfB 2004, 55, 61). Einwendungen zur Standsicherheit von Deichen, die auch das Hausgrundstück schützen, können nur einmal – im UVP-Rahmenbetriebsplanverfahren – geltend gemacht werden (OVG NRW, ZfB 2005, 311).

Erstreckt sich der Rahmenbetriebsplan auch auf die aus Gründen des Land- **49** schaft- und Naturschutzes erforderlichen Genehmigungen, kann nur der Rahmenbetriebsplan Gegenstand von Einwendungen und des darauf bezogenen Rechtsschutzes sein. Einwendungen und Rechtsmittel gegen einen folgenden Hauptbetriebsplan wären unzulässig (OVG Koblenz, ZfB 2006, 170, 174).

Präklusion von Einwendungen kann nicht eintreten, wenn die konkret zu **50** treffenden Maßnahmen und ihre Tauglichkeit gerade nicht Gegenstand der Planfeststellung sind, z. B. bei Einwirkungen auf Deiche, die durch wasserrechtliche Verfahren nach Auffassung der Betroffenen nicht sicher bewältigt werden (BVerwG, ZfB 2006, 306, 314). Ebenso tritt keine Präklusion ein, wenn der Planfeststellungsschluss einen Vorbehalt enthält, wonach der Bergbauunternehmer zur Anhörung der Oberflächeneigentümer Sonderbetriebspläne für geplante zeitlich begrenze Abbauzeiträume vorzulegen hat (OVG Saarland, ZfB 2005, 188, ähnlich OVG NRW, ZfB 2003, 275; NUR 2006, 801 = ZUR 2006, 487), s. auch § 57 a Rn 32 Präklusion tritt nicht ein, wenn Einwendungen durch eine nachträgliche Planänderung entstanden sind. Verzichtet die Bergbehörde in einem Änderungsverfahren gemäß § 76 Absatz 1 VwVfG auf eine Auslegung (§ 73 Absatz 3 Satz 2 VwVfG), ist der durch Ergänzungsbeschluss erstmalig in seinen Belangen Betroffene nur dann mit seinen Einwendungen präkludiert, wenn er Gelegenheit hatte, die Planergänzungsunterlagen und die ursprünglichen Planunterlagen einzusehen und er darauf hingewiesen wurde, dass er auch gegen den ursprünglichen Plan Einwendungen erheben kann (BVerwG, NUR 2011, 128).

Dem Wortlaut des 1. Halbsatzes von § 57 a Absatz 5 nach erstrecken sich die **51** Rechtswirkungen der Planfeststellung auch auf die **Verlängerung** der Haupt-, Sonder- und Abschlussbetriebspläne. Entsprechendes gilt für deren Ergänzung oder Abänderung i. S. von § 54 Absatz 1, obwohl sie nicht ausdrücklich in § 57 a Absatz 5 genannt sind. Ein sachlicher Grund dafür ist nicht erkennbar.

4. § 57 a Absatz 5 Halbsatz 2

Im 2. **Halbsatz von § 57 a Absatz 5** werden wiederum – in Ergänzung zum 1. **52** Halbsatz – zwei unterschiedliche Sachverhalte geregelt. Sie sind mit dem Gesetz zur Änderung des BBergG vom 12.1.1990 (BGBl, 215) in § 57 a Absatz 5 aufgenommen worden.

Zunächst legt der 2. Halbsatz fest, dass die **Präklusionswirkung** von entschie- **53** denen oder verspäteten Einwendungen sich **auf Entscheidungen über öffentliche Interessen i. S. von § 48 Absatz 2 Satz 1** erstreckt. Diese Interessen, insbesondere die Umweltbelange, werden im UVP-Rahmenbetriebsplanverfahren umfassend geprüft. Sie sollen daher in den weiteren nachfolgenden Betriebsplanverfahren nicht nochmals geprüft werden (BT-Drs 11/4015 = ZfB 1990, 97; Boldt/Weller, Erg.band § 57a Rn 78). Es ist das gleiche Prinzip wie im 1. Halbsatz von § 57a Absatz 5 (s. insofern § 57a Rn 47 m. w. N.). § 57a Absatz 5 zweiter Halbsatz schließt, klarstellend in Ergänzung zu § 75 Absatz 2 Satz 1 VwVfG, aufsichtliche Maßnahmen zur Beschränkung der Aufsuchung und Gewinnung aus entgegenstehenden – bergrechtsexternen – überwiegenden öffentlichen Interessen i. s. von § 48 Absatz 2 Satz 1 aus (Gaentzsch, FS Sendler, S. 416). Dieser Ausschluss gilt, im Anschluss an den 1. Halbsatz, vertikal auch für Haupt-, Sonder- und Abschlussbetriebspläne betreffend das planfestgestellte Vorhaben (Kühne, DVBl 2006, 670). Ebenso für Verlängerungen.

54 Von dieser vertikalen Ausschlusswirkung macht die Formulierung „**außer in den in § 48 Absatz 2 Satz 2 genannten Fällen** des Schutzes von Rechten Dritter" eine noch im selben Halbsatz eingefügte Ausnahme. Dieser Zusatz ist erst auf Vorschlag des Wirtschaftsausschusses des Bundestages in das Gesetz aufgenommen worden (BT-Drs 11/5601, S. 15 f. = ZfB 1990, 109; VG Saarland, ZfB 2003, 12; OVG Saarland, ZfB 2005, 202). Anlass war das sog. Moers-Kapellen-Urteil des BVerwG (BVerwGE 81, 329 = ZfB 1989, 199 = DVBl 1989, 663), wonach öffentliche Interessen i. S. von § 48 Absatz 2 im Einzelfall bei schwerwiegenden Bergschäden auch die des Grundeigentümers sein können. Entscheidungen nach § 48 Absatz 2 Satz 2 sind demnach auch nach Bestandskraft des Planfeststellungsschlusses möglich (BVerwG, ZfB 2006, 315, 319). Sie können erst zusammen mit später zu erlassenden Sonder- oder Hauptbetriebsplänen getroffen werden (BVerwG, aaO). Aufsichtliche Maßnahmen zur Beschränkung oder Untersagung durch die Bergbehörde sind zum Schutze von Eigentümern, deren Grundstücke außergewöhnlich schwer durch bergbauliche Einwirkungen betroffen sind, nicht durch die UVP-Rahmenbetriebsplanzulassung ausgeschlossen. Unterlassene oder verspätete Einwendungen begründen keine materielle oder formelle Präklusion, sondern sind in späteren Betriebsplanverfahren zulässig, sofern die darin behandelten Maßnahmen zu besonders schweren Bergschäden führen können.

55 § 57a Absatz 5 Halbsatz 2 ermächtigt indirekt die Bergbehörde, einem eigenständigen Sonderbetriebsplanverfahren die Entscheidung vorzubehalten, ob einer uneingeschränkten Gewinnung von Bodenschätzen öffentliche Interessen in der Art entgegenstehen, dass Oberflächeneigentümer schwerwiegende und unverhältnismäßige Beeinträchtigungen ihres Eigentums befürchten müssen (BVerwG, aaO; Schmitz/Mausch, Glückauf 2011, 116, 122). Demnach ergibt sich aus § 57a Absatz 5 Halbsatz 2 die Rechtfertigung, bergbauliche Einwirkungen des Vorhabens auch in den Fällen des UVP-Rahmenbetriebsplans durch Sonderbetriebspläne „*Abbaueinwirkungen auf das Oberflächeneigentum*" oder „*Anhörung der Oberflächeneigentümer*" spezifisch zu prüfen. Diese verfahrensrechtliche Handhabung bedeutet keine Verfehlung der Anforderungen der UVP. Denn § 48 Absatz 2 Satz 2–5 folgt dem Postulat der Öffentlichkeitsbeteiligung, indem besonders betroffenen Individualinteressen ein besonderes Gehör verschafft wird (BVerwG, ZfB 2010, 129, 135; Kühne, DVBl 2006, 670 m. w. N.; VG Saarland, ZfB 2003, 124, 126 ff.; Schmitz/Mausch, aaO; a. A. Himmelmann/Tunnesen-Harmes, UPR 2002, 214).

56 Bei **kleinen und mittleren Bergschäden**, d. h. solchen, die das Eigentum nicht in seinem sachlichen Substrat bedrohen, ist eine Berücksichtigungspflicht als überwiegendes öffentliches Interesse i. S. von § 48 Absatz 2 Satz 2–5 im UVP-Rahmenbetriebsplan nicht geboten. Es verbleibt beim Vorrang des Bergschadensrechts (§ 57a Absatz 4 Satz 2), die Sonderregelung des § 57a Absatz 5 Halbsatz 2 ist nicht anzuwenden (OVG NRW, NWVBl 2006, 337 = NUR 2006, 803).

Durch die Nebenbestimmungen in der Rahmenbetriebsplanzulassung, es müsse **57** ein Sonderbetriebsplan *„Abbaueinwirkungen auf das Oberflächeneigentum"* vorgelegt werden, werden ausschließlich Sachauswirkungen des Abbaus in den Sonderbetriebsplan verlagert. Mögliche Abbaueinwirkungen auf die Gesundheit werden hiervon nicht erfasst (OVG NRW, ZfB 2009, 275 Rn 63; VG Düsseldorf, ZfB 2010, 195, 198 und ZfB 2010, 189, 191), anders die saarländische Praxis des Sonderbetriebsplans *„Anhörung der Oberflächeneigentümer"* (OVG Saarland, ZfB 2005, 207).

Der Sonderbetriebsplan *„Abbaueinwirkungen auf das Oberflächeneigentum"* **58** trifft Aussagen, inwieweit Oberflächeneinwirkungen vom Eigentümer hinzunehmen sind, weil sie kein abwägungsrelevantes Gewicht erwarten lassen oder sich trotz Erheblichkeit in der Abwägung gemäß § 48 Absatz 2 Satz 1 nicht durchsetzen konnten. Die Sicherstellung des Hochwasserschutzes ist kein Gegenstand dieses Sonderbetriebsplans *„Abbaueinwirkungen"* (VG Düsseldorf, ZfB 2010, 189).

IX. § 57a Absatz 6

§ 57a **Absatz 6** diente zunächst der Umsetzung des Artikel 7 der UVP-RL, **59** indem dort die grenzüberschreitende Behördenbeteiligung geregelt wird. Sie ist erforderlich, wenn ein innerstaatliches Vorhaben **erhebliche Auswirkungen** auf die UVP-Schutzgüter des § 2 Absatz 1 Satz 2 UVPG **in einem anderen EU-Staat** (§ 57a Absatz 6 Satz 1 **oder einem Nicht-EU-Staat** (§ 57a Absatz 6 Satz 2) haben kann. Einzelheiten ergeben sich aus § 3 der UVP-V Bergbau (§ 57a Absatz 6 Satz 3). Insofern ist das System der Behördenbeteiligung identisch mit § 8 UVPG.

Durch Artikel 5 der 2. VO zur Änderung bergrechtlicher Verordnungen vom **60** 10.8.2005 (BGBl, 2452 = ZfB 2005, 262, 267) wurde die grenzüberschreitende **Behördenbeteiligung** erweitert **zu einer grenzüberschreitenden Beteiligung.** Eingearbeitet wurde die UVP-Änderungs-RL 2003/55/EG vom 26.5.2003 (Abl EG Nr. L 156, S. 17), die durch Anpassung der UVP-V Bergbau umgesetzt wurde. § 3 der UVP-V Bergbau wurde insbesondere dadurch ergänzt, dass von der im benachbarten EU-Staat ansässigen betroffenen Öffentlichkeit Einwendungen erhoben werden können. Dies entspricht § 9a UVPG. Einzelheiten ergeben sich aus § 3 UVP-V Bergbau. Anders dagegen ist die grenzüberschreitende Behörden- und Öffentlichkeitsbeteiligung **bei ausländischen Vorhaben** und deren erheblichen Umweltauswirkungen in Deutschland nur in § 9b UVPG geregelt, das deutsche Bergrecht enthält hierzu nichts (BR-Drs 251/05, ZfB 2005, 274).

§ 57b Vorzeitiger Beginn, Vorbescheide, Teilgenehmigungen, Vorrang

(1) Die zuständige Behörde kann unter dem Vorbehalt des Widerrufs zulassen, daß bereits vor der Planfeststellung mit der Ausführung des Vorhabens begonnen wird, wenn
1. **mit einer Entscheidung zugunsten des Unternehmers gerechnet werden kann,**
2. **eine nicht wiedergutzumachende Beeinträchtigung von Natur und Landschaft nicht zu besorgen ist,**
3. **an dem vorzeitigen Beginn ein öffentliches Interesse oder ein berechtigtes Interesse des Unternehmers besteht und**
4. **der Unternehmer sich verpflichtet, alle bis zur Entscheidung durch die Ausführung des Vorhabens verursachten Schäden zu ersetzen und, falls**

das Vorhaben nicht planfestgestellt wird, den früheren Zustand wiederherzustellen.

(2) Vorschriften über Vorbescheide und Teilgenehmigungen, die in anderen Gesetzen für die vom Planfeststellungsbeschluß eingeschlossenen behördlichen Entscheidungen vorgesehen sind, gelten entsprechend mit der Maßgabe, daß
1. eine Entscheidung auf Grund dieser Vorschriften nur nach Durchführung einer sich auf den Gegenstand von Vorbescheid oder Teilgenehmigung erstreckenden Umweltverträglichkeitsprüfung getroffen werden darf, die die nach dem jeweiligen Planungsstand erkennbaren Umweltauswirkungen des Gesamtvorhaben einbezieht;
2. eine abschließende Entscheidung im Planfeststellungsbeschluß vorzubehalten und dabei
3. eine erneute Umweltverträglichkeitsprüfung durchzuführen ist, soweit bisher nicht berücksichtigte, für die Umweltverträglichkeit des Vorhabens bedeutsame Merkmale des Vorhabens vorliegen oder bisher nicht berücksichtigte Umweltauswirkungen erkennbar werden.

(3) Sind für ein Vorhaben nach § 52 Abs. 2a auch nach anderen Vorschriften Planfeststellungsverfahren oder vergleichbare behördliche Entscheidungen vorgesehen, so ist nur das Verfahren nach den §§ 57a bis 57c durchzuführen. In den Fällen des § 126 Abs. 3 hat § 9b des Atomgesetzes Vorrang. Sind für Folgemaßnahmen nach anderen Vorschriften Planfeststellungsverfahren vorgesehen, so ist insoweit das Verfahren nach den anderen Vorschriften durchzuführen.

Übersicht

Rn

I. Zulassung des vorzeitigen Beginns (Absatz 1) 1
1. Bedeutung 1
2. Voraussetzungen 5
3. Notwendigkeit weiterer Entscheidungen 10

II. Vorbescheid und Teilgenehmigung (Absatz 2) 11
1. Einführung 11
2. Zulassungsvoraussetzungen 13

III. Konkurrenz zu anderen Planfeststellungsverfahren 14

I. Zulassung des vorzeitigen Beginns (Absatz 1)

1. Bedeutung

1 Nach dem Vorbild ähnlicher Vorschriften in umweltrechtlichen Gesetzen (z. B. §§ 17, 58 Absatz 4, 60 Absatz 3, 69 Absatz 3 WHG; § 37 Absatz 1 KrWG; § 8a BImSchG) kann nun die Bergbehörde durch besonderen Verwaltungsakt zulassen, dass die Ausführung des Vorhabens bereits vor der Entscheidung über die Planfeststellung begonnen werden kann. Die Zulassung des vorzeitigen Beginns kann nur auf Antrag des Unternehmers ergehen. Sie kann sich auf das gesamte planfeststellungspflichtige Vorhaben, aber auch auf Teile davon beziehen. Die Zulassung ist widerruflich, auch wenn keine neuen Tatsachen eingetreten sind. Allerdings muss die Bergbehörde im Falle des Widerrufs ihr Ermessen fehlerfrei ausüben. Die Zulassung des vorzeitigen Beginns kann auch nach den Voraussetzungen des § 48 VwVfG zurückgenommen werden. Sie erlischt als lediglich vorläufige Regelung mit der Entscheidung über die Planfeststellung; Nebenbestimmungen, die sich auf die Anforderungen des § 57b Absatz 1 Nr. 1 bis 4 beziehen, verlieren ihre Rechtsgrundlage.

Die Zulassung des vorzeitigen Beginns hebt für einen begrenzten Zeitraum das **2** Verbot auf, ohne Planfeststellung tätig zu werden. Sie gibt weder ein Recht noch eine Befugnis. Sie hat keine rechtliche Bindung für die spätere Entscheidung über die Planfeststellung, hat jedoch eine praktische Indizwirkung infolge der Voraussetzung des § 57b Absatz 1 Nr. 1, wonach ein vorzeitiger Beginn nur zugelassen werden darf, wenn mit einer (positiven) Entscheidung zu Gunsten des Unternehmers gerechnet werden kann (BVerwG, ZfW 1992, 284, Breuer, Wasserrecht, Rn 475 (zu § 9a WHG); Czychowski/Reinhardt, § 17 Rn 10).

Die Zulassung des vorzeitigen Beginns kann von einem Dritten mit **Widerspruch** **3** bzw. **Anfechtungsklage** angefochten werden, mit den Wirkungen des § 80 Absatz 1, Absatz 2 bis Absatz 5 VwGO. Sie kann mit der **Anordnung der sofortigen Vollziehung** im öffentlichen Interesse oder im überwiegenden Interesse des Unternehmers verbunden werden. Allerdings werden Dritte, die sich von der Zulassung vorzeitigen Beginns beeinträchtigt fühlen, wegen des fehlenden Regelungsgehalts und wegen des Prognosecharakters nur bei besonderen Sachverhalten erfolgreich Rechtsbehelf einlegen können (Czychowski/Reinhardt, § 17 WHG Rn 10).

Während die Zulassung des vorzeitigen Beginns im Laufe des Planfeststellungs- **4** verfahrens ergeht, kann **nach Erlass des Planfeststellungsbeschlusses** der **vorzeitige Beginn** der Maßnahme von der Behörde im öffentlichen Interesse gemäß § 80 Absatz 2 S. 1 Nr. 4 VwGO angeordnet werden. Diese Entscheidung kann von Amts wegen oder auf Antrag des Unternehmers ergehen und setzt nicht die besonderen Anforderungen des § 57b Absatz 1 voraus.

2. Voraussetzungen

Nach **Nr. 1** des Absatzes 1 muss mit einer **Entscheidung zu Gunsten des** **5** **Unternehmers** gerechnet werden können. Es genügt eine hinreichende Wahrscheinlichkeit nach der Prognose der Bergbehörde. Dazu sind ausreichende Unterlagen über das Vorhaben erforderlich. Das bedeutet, dass eine Prognose über den positiven Ausgang des Planfeststellungsverfahrens normalerweise erst getroffen werden kann, wenn alle für die Prüfung des Vorhabens erforderlichen Unterlagen einschließlich der Angaben für die Umweltverträglichkeitsprüfung eingereicht wurden, Stellungnahmen der beteiligten Behörden und sonstigen Träger öffentlicher Belange, gegebenenfalls auch der Naturschutzverbände und betroffenen Eigentümer, vorliegen und die Öffentlichkeitsbeteiligung abgeschlossen ist (BVerwG, ZfW 1992, 83 zu § 9a WHG). Ein Erörterungstermin braucht indes noch nicht stattgefunden zu haben (h.M. Czychowsk/Reinhardt, § 17 Rn 12; Kotulla, WHG, § 9a Rn 13 m.w.N.).

Nach **Nr. 2** ist Voraussetzung für einen vorzeitigen Beginn des Vorhabens, dass **6** eine **nicht wiedergutzumachende Beeinträchtigung von Natur und Landschaft nicht** zu besorgen ist. Dies ist im Vergleich zu den Anforderungen in anderen Gesetzen eine bergrechtliche Spezialität. Die Voraussetzung ist erfüllt, wenn eine Beeinträchtigung von Natur und Landschaft durch das planfeststellungspflichtige Vorhaben nicht stattfindet oder wenn eine Beeinträchtigung durch Rekultivierung oder Renaturierung wiedergutgemacht werden kann (Boldt/Weller, Ergänzungsband, § 57b Rn 3).

Zu den **öffentlichen Interessen** oder **berechtigten Unternehmerinteressen** i.S. von **7** **Nr. 3** gehört insbesondere das vom Gesetz an verschiedenen Stellen verfolgte Ziel einer sicheren und geordneten Rohstoffversorgung (§§ 1 Nr. 1, 35 Absatz 1 Nr. 3, 48 Absatz 1 Satz 2 und 79 Absatz 1), sowie die Interessen an der Erhaltung oder Schaffung von Arbeitsplätzen sowie die Sicherung des Bestands oder die Verbesserung der Wirtschaftsstruktur (§ 79 Absatz 1).

8 Weitere Voraussetzung für einen vorzeitigen Beginn ist nach **Nr. 4 die rechtsverbindliche Erklärung des Unternehmers zu seiner Restitutionsverpflichtung.** Sie betrifft die – verschuldensunabhängige – Verpflichtung zum Schadensersatz, d. h. einen öffentlich-rechtl. Anspruch der Behörde gegenüber dem Unternehmer. Diese Verpflichtung lässt andere gesetzliche oder vertragliche Schadensersatzansprüche unberührt. Die Unternehmererklärung muss aber auch die Wiederherstellung des früheren Zustandes betreffen. Der Unternehmer muss – ebenfalls verschuldensunabhängig – die Örtlichkeit, soweit sie durch Maßnahmen des vorzeitigen Beginns geändert wurden, wieder herstellen. Die Verpflichtung ist von der Behörde im Einzelfall zu präzisieren und hat ihre Grenze am Maßstab der Verhältnismäßigkeit (Kotulla, WHG, § 9 a Rn 20; anderer Ansicht Cychowski/Reinhardt, § 17 Rn 20).

9 Im Rahmen der Entscheidung über die Zulassung des vorzeitigen Beginns sind **Rechte Dritter**, z. B. das Recht am eingerichteten und ausgeübten Gewerbebetrieb zu berücksichtigen, sofern sie durch die zugelassene Maßnahme beeinträchtigt werden können (OVG Lüneburg, NVwZ-RR 2003, 642). Von den tatbestandlichen Voraussetzungen des § 57 b Absatz 1 haben die Nummern 1 bis 3 keinen drittschützenden Charakter, wohl aber Nr. 4 (OVG Lüneburg, aaO).

3. Notwendigkeit weiterer Entscheidungen

10 Das gestufte bergrechtliche Genehmigungsverfahren erfordert es, dass zur Durchführung des Vorhabens nicht allein die Zulassung vorzeitigen Beginns ausreicht. Vielmehr kann diese Zulassung keine weitere Rechtswirkung haben als der bergrechtliche Planfeststellungsbeschluss gemäß § 57 a selbst (Boldt/Weller, Ergänzungsband, § 57 b Rn 4; anderer Ansicht Hoppe/Beckmann, UVPG, § 18 Rn 44). Daraus folgt insbesondere, dass die bergbauliche Maßnahme erst ausgeführt werden kann, wenn alle übrigen behördlichen Entscheidungen, soweit sie in der Entscheidung über die Planfeststellung **nicht eingeschlossen** werden (vgl. § 57 a Absatz 4), vorliegen. **Erforderlich** ist vor allem auch ein zugelassener **Hauptbetriebsplan**, unter Umständen mit der Anordnung des sofortigen Vollzuges nach § 80 Absatz 2 Nr. 4 VwGO. Der Ansicht von Hoppe/Beckmann (UVPG, § 18 Rn 44), es bedürfe nach der Zulassung des vorzeitigen Beginns keines Hauptbetriebsplans, dieser sei vielmehr bereits Gegenstand der nach § 57 b Absatz 1 ergehenden Entscheidung, wird man nicht folgen können. Es wäre systemwidrig, der Zulassung des vorzeitigen Beginns einen weitergehenden rechtlichen Inhalt zuzubilligen als dem durch Planfeststellungsbeschluss festgestellten Rahmenbetriebsplan, der zu seiner Ausführung der Aufstellung eines Hauptbetriebsplans und erforderlichenfalls weiterer Sonderbetriebspläne bedarf (eingehend hierzu Boldt/Weller, Ergänzungsband, § 57 b Rn 4).

II. Vorbescheid und Teilgenehmigung (Absatz 2)

1. Einführung

11 Der **Vorbescheid** gestattet weder die Errichtung noch den Betrieb der Anlage. Er ist keine Genehmigung, sondern eine verbindliche Feststellung über einzelne Genehmigungsvoraussetzungen oder über den Standort der Anlage. An den Vorbescheid ist die Behörde bei der späteren Entscheidung über den obligatorischen Rahmenbetriebsplan gebunden. Im Gegensatz dazu ist die **Teilgenehmigung** eine echte Genehmigung und gestattet, mit dem genehmigten Projektabschnitt zu beginnen, über den abschließend endgültig entschieden wird (OVG Lüneburg, NVwZ 1987, 343).

Nach dem Wortlaut des § 57 b Absatz 2 gelten die Vorschriften über Vorbeschei-   **12**
de und Teilgenehmigungen nur, wenn sie **in anderen Gesetzen vorgesehen** sind
und die behördlichen Entscheidungen nach diesen Gesetzen im bergrechtlichen
Planfeststellungsbeschluss eingeschlossen sind. Absatz 2 eröffnet demnach nur
eine über andere Vorschriften übergeleitete Möglichkeit, Vorbescheide oder
Teilgenehmigungen zu erteilen nicht jedoch eine unabhängige eigenständige.
Die Bestimmung stellt klar, dass Vorschriften über Vorbescheide und Teilgenehmigungen aus anderen Gesetzen im BBergG- Planfeststellungsverfahren entsprechende Anwendung finden. Der Bergbehörde wird damit die Möglichkeit eingeräumt, bereits vor Erlass des Planfeststellungsbeschlusses über bestimmte Fragen
oder Teile des Vorhaben zu entscheiden. Praktisch bedeutsam ist dies vor allem
bei den nach dem BImschG genehmigungsbedürftigen Anlagen, die einer Planfeststellung bedürfen (Durchführungsvorschriften des Länderausschusses Bergbau für Planfeststellungsverfahren mit UVP nach dem BBergG, Ziffer 8.1.2). Die
Vorschrift ergänzt § 52 Absatz 2 b Satz 1, der die abschnitts- und stufenweise
Durchführung von Vorhaben ermöglicht.

2.   Zulassungsvoraussetzungen

Zulässig sind Vorbescheid und Teilgenehmigung nur nach Maßgabe der entspre-   **13**
chend anzuwendenden Vorschriften in den anderen Gesetzen und bei Erfüllung
der zusätzlichen Anforderungen in § 57 b Absatz 2 Nr. 1 bis 3. Bei **genehmigungsbedürftigen Anlagen** gemäß § 4 BImschG sind daher für die Teilgenehmigung die
Voraussetzungen des § 8 BImschG, für den Vorbescheid die des § 9 BImschG
erforderlich, d. h. insbesondere ein Antrag und ein berechtigtes Interesse an der
Erteilung des Verwaltungsakts sowie eine ausreichende Beurteilungsmöglichkeit
der Behörde über die Genehmigungsvoraussetzungen. Hinzu kommen die speziellen bergrechtlichen Maßgaben des § 57 b Absatz 2 Nr. 1–3, die einerseits
sicherstellen sollen, dass eine UVP bereits für die Entscheidung über den Vorbescheid oder die Teilgenehmigung durchzuführen ist (§ 57 b Absatz 2 Nr. 1),
andererseits nicht eine erneute UVP im Planfeststellungsbeschluss erfolgen muss,
soweit die für die Umweltverträglichkeit des Vorhabens bedeutsamen Merkmale
bereits geprüft wurden. Das dient der Vermeidung von Doppelprüfungen. Nach
§ 57 b Absatz 2 Nr. 2 ist eine „**abschließende Entscheidung im Planfeststellungsbeschluss vorzubehalten**". Das wird einerseits so ausgelegt, dass die Behörde in
der Entscheidung über den Vorbescheid oder die Teilgenehmigung eine abschließende Entscheidung im Planfeststellungsbeschluss vorzubehalten hat (Boldt/Wel-
ler, Ergänzungsband § 57 b Rn 8), andererseits so interpretiert, dass der bergrechtliche Planfeststellungsbeschluss unter Einschluss eines Vorbehaltes oder
einer Teilgenehmigung ergehen kann (Hoppe/Beckmann, UVPG § 18 Rn 47). Dem
Sinn und Zweck der beiden Rechtsinstitute, gewisse Planungssicherheit in Teilbereichen vor dem Abschluss des Hauptverfahrens zu verschaffen, entspricht eher
die letztere Auffassung.
Im Gesetzgebungsverfahren wurde die zunächst in § 57 b Absatz 1 Nr. 2 vorgesehene Formulierung, dass „die Voraussetzungen für die Zulassung nach § 55
vorliegen" müssen (BTDrucks 11/4015, Artikel 1 Ziff 3), gestrichen auf Vorschlag des Bundesrates. Die Bundesregierung folgte dem Argument, dass die
Prüfung der Zulassungsvoraussetzungen des § 55 – und man wird ergänzen
müssen, des § 48 Absatz 2 Satz 1 – bereits aufgrund von § 57 b Absatz 1 Nr. 1
erforderlich ist (BT-Drs 11/4015, Anlage 2, Ziff 8).

III. Konkurrenz zu anderen Planfeststellungsverfahren

In § 57 b Absatz 3 wird das Verhältnis des bergrechtlichen Planfeststellungs-   **14**
verfahrens zu anderen Planfeststellungsverfahren und sonstigen Verfahren mit

Konzentrationswirkung bzw. einer UVP-Verpflichtung geregelt. Dabei sind drei Fallgestaltungen zu unterscheiden:
- der grundsätzliche Vorrang des bergrechtlichen Verfahrens vor anderen Verfahren im Normalfall (§ 57 b Absatz 3 Satz 1)
- der Vorrang des atomrechtlichen Planfeststellungsverfahrens (§ 9 b AtG) bei der Errichtung und dem Betrieb einer Anlage zur unterirdischen Lagerung, Sicherstellung oder Endlagerung radioaktiver Stoffe i. S. von § 126 Absatz 3 (§ 57 b Absatz 3 Satz 2)
- der Vorrang von Planfeststellungsverfahren für Folgemaßnahmen, die nicht von der bergrechtlichen Planfeststellung erfasst werden (§ 57 b Absatz 3 Satz 3).

15 Nach § 75 Absatz 1 VwVfG sind neben der Planfeststellung **andere behördliche Entscheidungen,** insbesondere öffentlich-rechtliche Genehmigungen, Verleihungen, Erlaubnisse, Bewilligungen, Zustimmungen und Planfeststellungen **nicht erforderlich.** Die Planfeststellung hat danach Konzentrationswirkung, die sich allerdings auf das Verfahren beschränkt (**formelle Konzentrationswirkung**). Sie bedeutet Konzentration der Zuständigkeit, des Verfahrens und der Entscheidungsbefugnisse. Die Zuständigkeit anderer Behörden entfällt, die Planfeststellungsbehörde ist nicht an Verfahrensvorschriften gebunden, die für die einbezogenen Entscheidungen gelten würden. Die Konzentrationswirkung bedeutet gleichzeitig auch, dass die an sich erforderlichen Entscheidungen durch den Planfeststellungsbeschluss ersetzt werden (**Ersetzungswirkung**), d. h. ihre Selbstständigkeit aufgeben und nur noch durch den Planfeststellungsbeschluss repräsentiert werden.

16 Hiervon ausgehend regelt § 57 b Absatz 3 **Satz 1** den Fall, dass für ein und dasselbe Vorhaben nicht nur ein bergrechtliches Planfeststellungsverfahren, sondern auch ein Planfeststellungsverfahren nach anderen gesetzlichen Vorschriften vorgeschrieben ist. Dann wird dem **bergrechtlichen Verfahren** der **Vorrang** vor anderen Verfahren eingeräumt. Es findet nur das Verfahren nach § 52 Absatz 2 a, 57 a statt. Das Verfahren mit Bezug auf andere Vorschriften entfällt. Allerdings dürfte auch § 57 b Absatz 1 Satz 1 insofern nur zu einer formellen Konzentration führen: die materiellen Anforderungen des ausgeschiedenen Planfeststellungsverfahrens sind im bergrechtlichen Verfahren aufzugreifen. § 57 b Absatz 1 Satz 1 rechtfertigt sich aus dem Gesichtspunkt, dass Verfahren mit Bezug zum Bergbau aus Gründen der Sach- und Fachnähe von der Bergbehörde entschieden werden sollen, und aus dem der Verwaltungsvereinfachung (BT-Drs 11/4015, S. 13 = ZfB 1990, 98). Zum Verhältnis bergrechtliche und wasserrechtliche Planfeststellung bei Nassauskiesung: H. Schulte, ZfB 1995, 31 ff.: Bei Vorhaben unter 10 ha wasserrechtliche, über 10 ha bergrechtliche Planfeststellung, jeweils mit UVP.
Die Verbindung mehrerer Vorhaben, für die jeweils Planfeststellungsverfahren vorgesehen sind, führt im Anwendungsbereich des § 57 b Absatz 3 zu **keinem verringerten Schutz der materiellen Rechte Dritter.** Ist in die bergrechtliche eine wasserrechtliche Planfeststellung integriert, unterliegt der Planfeststellungsbeschluss bei einer Drittanfechtung keiner anderen materiell-rechtlichen Überprüfung als bei einer isolierten wasserrechtlichen Planfeststellung. Insofern kann die Zulassung des Rahmenbetriebsplans **teilweise Vorwirkung** haben und hinsichtlich des wasserrechtlichen Teiles auf formelle und materielle Fehler gerichtlich zu überprüfen sein (OVG Bautzen, 26.9.2008 – AZ 4 B 773/06).

17 In § 57 b **Absatz 3 Satz 2** wird bei **Konkurrenz** vom Planfeststellungsverfahren nach § 126 Absatz 3, d. h. zur Errichtung und zum Betrieb einer Anlage zur Lagerung, Sicherstellung oder **Endlagerung radioaktiver Stoffe** in unterirdischen Speichern, und nach § 9 b AtG, d. h. zur Zwischenlagerung bzw. Sicherstellung und Endlagerung radioaktiver Abfälle, dem atomrechtlichen Verfahren der Vorrang eingeräumt. Die Maßgeblichkeit des atomrechtlichen Verfahrens gemäß § 9 b AtG bewirkt allerdings, dass auch § 9 b Absatz 5 Nr. 3 AtG anzuwenden ist (s. Weller, ZfB 1988, 342, 357). Danach erstreckt sich die atomrechtliche Planfeststellung nicht auf die Zulässigkeit des Vorhabens nach den Vorschriften des Berg- und Tiefspeicherrechts. Das bedeutet, dass insoweit das bergrechtliche Planfeststellungsverfahren gemäß §§ 126 Absatz 3, 52 Absatz 2 a, 57 a BBergG i.V. mit 1 Nr. 7 UVP-V Bergbau stattfindet. Die UVP bezieht sich jedoch nur auf den **bergrechtlichen Teil** des Vorhabens, d. h. den berg- und tiefspeichertechnischen Teil. Soweit die Ausnahme des § 9 b Absatz 5 Nr. 3 AtG nicht wirkt, kommt der Vorrang des atomrechtlichen Verfahrens gemäß § 57 b Absatz 3 Satz 2 voll zur Geltung (Boldt/Weller, Ergänzungsband § 57 b Rn 10; Gaentzsch, Festschrift Sendler, S. 407). Die UVP erstreckt sich auf die Umweltauswirkungen aus dem atomrechtlichen Bereich, wobei Überschneidungen zum Bergbaubereich nicht auszuschließen sind.

§ 57 b Absatz 3 Satz 2 ist nicht anzuwenden auf **bergbauliche Erkundungsmaßnahmen**, da sie nicht zur Errichtung oder zum Betrieb i. S. von § 126 Absatz 3 gehören, sondern lediglich der Vorbereitung eines atomaren Lagers dienen (Boldt/Weller, Ergänzungsband § 57 b Rn 11; BT-Drs 11/4015, S. 13; wohl auch VG Lüneburg, ZfB 2005, 253). Anderseits ist die untertägige Erkundung eines Standortes, etwa durch Abteufen von Schächten oder dem Auffahren von Strecken, auf seine Eignung für die Sicherstellung und Endlagerung radioaktiver Abfälle noch nicht der Beginn der Errichtung einer entsprechenden Anlage. Sie bedarf deshalb nicht der Planfeststellung nach § 9 b AtG, und zwar auch dann nicht, wenn Teile des Erkundungsbergwerks, z. B. die Schächte, nach Dimensionierung und Bauausführung – im Falle positiver Standortentscheidung – im zu errichtenden Endlager, für das dann allerdings eine atomrechtliche Planfeststellung erforderlich wird, verwendet werden können (BVerwG, ZfB 1990, 295, 297). Welchem Zweck eine Anlage dienen soll, bestimmt derjenige, der die Anlage errichtet (BVerwGE 80, 24). **18**

In § 57 b Absatz 3 **Satz 3** wurde eine besondere Regelung für **Folgemaßnahmen** getroffen, die nicht der Betriebsplanpflicht unterliegen und nach anderen Vorschriften planfeststellungspflichtig sind. Die Vorschrift ist im Gesetzgebungsverfahren aufgenommen worden auf Vorschlag des Bundesrates, der eine ähnliche Zielrichtung hatte (BT-Drs 11/4015, Anlage 3 Ziff. 3). Grund war, dass Bergbauvorhaben größeren Umfanges vielfach mit Folgemaßnahmen an anderen Anlagen verbunden sind, die unter Umständen erst mehrere Jahre nach dem eigentlichen Bergbauvorhaben durchgeführt werden, von Dritten aufgrund besonderer gesetzlicher Aufgabenzuweisung abzuwickeln sind und bei denen die sachlichen Besonderheiten des Bergbaus kaum anzutreffen sind. Beispiele hierfür sind Gewässerausbau, Deichbau, Straßen- und Wasserstraßenbau, Maßnahmen der Bundesbahn oder der Telekommunikation. Soweit hierfür Planfeststellungsverfahren erforderlich sind, ist es sachgerecht, dass diese Projekte nicht nach dem obligatorischen Rahmenbetriebsplanverfahren durch den Bergbauunternehmer, sondern nach den speziellen Verfahren durch den jeweils gesetzlich Verantwortlichen durchgeführt werden. **19**

Grundsätzlich stellt die Planfeststellungsbehörde nach § 75 Absatz 1 Satz 1 VwVfG die Zulässigkeit des Vorhabens einschließlich der notwendigen Folgemaßnahmen an anderen Anlagen im Hinblick auf alle von dem Vorhaben berührten öffentlichen Belange fest (**Genehmigungs- bzw. Feststellungswirkung**). Davon macht § 57 b Absatz 3 Satz 3 eine Ausnahme. Sie lässt zu, dass – im Gegensatz zu § 57 b Absatz 1 Satz 1 – ein **weiteres spezialgesetzliches Planfeststellungsverfahren** durchgeführt wird. Das rechtfertigt sich deshalb, weil die **20**

Folgemaßnahmen i. S. von § 57 b Absatz 3 Satz 3 räumlich oder funktional ein **anderes Vorhaben** sind, das nicht mit dem bergbaulichen Abbau sozusagen „mitgenehmigt" werden kann. Vielmehr erfordern die Unzulässigkeit von Zuständigkeitsverlagerungen und die enteignungsrechtliche Vorwirkung von Planfeststellungsbeschlüssen, dass Folgemaßnahmen exakt verfahrensmäßig zugeordnet werden und an die Ausweitung des Begriffes „Vorhaben" ein strenger Maßstab angelegt wird (Kopp/Ramsauer, VwVfG, § 75 Rn 6 a).

21   Im Gegensatz zu § 75 Absatz 1 VwVfG wird in § 57 b Absatz 3 **Satz 3 nicht zwischen notwendigen und nicht notwendigen,** jedoch zweckmäßigen oder nützlichen **Maßnahmen** unterschieden. Das ist auch nicht erforderlich. Die Planfeststellungsbehörde darf ohnehin nicht alle nützlichen Maßnahmen an anderen Anlagen mitgenehmigen, sodass auch in § 57 b Absatz 3 Satz 3 nur die notwendigen Folgemaßnahmen gemeint sind (BVerwG, ZfB 2006, 306, 313; ZfB 2006, 315, 320). Notwendig ist eine Folgemaßnahme nur dann, wenn ohne sie nachhaltige Störungen der Funktionsfähigkeit anderer Anlagen zu erwarten sind (OVG NRW, ZfB 2009, 73 m. w. N.). Zu allgemein notwendigen Folgemaßnahmen in der Fachplanung s. Gaentzsch, DVBl 2012, 129 m. w. N.

22   Keine notwendigen Folgemaßnahmen sind **Maßnahmen gegen Hochwasser,** wenn sie zwar durch Setzungen der Erdoberfläche infolge Bergbaus erforderlich werden, **aber nur das Hinterland,** nicht aber Hochwasserschutzeinrichtungen **betreffen.** In diesem Falle muss bei der Zulassung des obligatorischen Rahmenbetriebsplans nicht die Machbarkeit von Maßnahmen zum Hochwasserschutz geprüft werden. Es ist ausreichend, wenn im Planfeststellungsbeschluss auf zwingend vorzulegende Nachfolge-Sonderbetriebspläne *„Abbaueinwirkungen auf das Oberflächeneigentum"* hingewiesen wird, in denen die Auswirkungen des Abbaus auf die Hochwassersicherheit und konkrete Gegenmaßnahmen, auch solche wasserwirtschaftlicher Art, geprüft und festgelegt werden (OVG NRW, ZfB 2009, 261, 273, 277).

23   **Notwendige Folgemaßnahmen** dagegen sind solche, die **Hochwasserschutzanlagen unmittelbar betreffen,** etwa weil sie infolge Abbaueinwirkungen errichtet oder wesentlich erweitert werden müssen (z. B. Deiche). Diese notwendigen Folgemaßnahmen werden in § 57 b Ab s. 3 Satz 3 geregelt. Sie werden von der Konzentrationswirkung der bergrechtlichen Planfeststellung nicht erfasst, vielmehr muss insofern ein gesondertes Planfeststellungsverfahren durchgeführt werden. Allerdings muss die Bergbehörde die Zulassung des obligatorischen Rahmenbetriebsplans versagen, wenn feststeht, dass die bergbaubedingten Einwirkungen auf die Hochwasseranlagen nicht durch Ertüchtigung, Erhöhung oder Verschiebung sicher abgefangen werden können Die Bergbehörde kann durch Nebenbestimmungen festlegen, dass der konkrete Abbau nur durch Zulassung von Haupt- oder Sonderbetriebsplan freigegeben wird, wenn vorher die Wasserbehörde gemäß § 57 b Absatz 3 Satz 3 festgestellt hat, dass erforderliche Maßnahmen des Hochwasserschutzes umgesetzt werden können (BVerwG, ZfB 2006, 306, 314; ZfB 2006, 315, 322).

24   **Keine Folgemaßnahmen,** d. h. zielgerichtete Maßnahmen zur Anbindung an andere Anlagen, **sind Folgewirkungen** des Abbaus ohne eigenständigen über das Abbauvorhaben hinausgehenden Planungswillen, z. B. die Entstehung von Senkungsseen. Soweit sie gemäß §§ 67 ff. WHG planfeststellungspflichtig sind, kommt § 57 b Absatz 3 Satz 3 nicht zur Anwendung. Die Maßnahme kann in der obligatorischen Rahmenbetriebsplanzulassung mitplanfestgestellt werden. Der **Planfeststellungsbeschluss** für den **Rahmenbetriebsplan** über den Aufschluss eines Granulitsteinbruchs enthält **zugleich die wasserrechtliche Planfeststellung für den Ausbau** eines Gewässers im Steinbruchrestloch. Ebenso enthält die bergrechtliche Rahmenbetriebsplanzulassung für Quarzsandabbau im Nassverfahren zugleich die Entscheidung über die Herstellung des Gewässers gemäß § 68 WHG (VG Gelsenkirchen, ZfB 2012, 79, 81). Im bergrechtlichen Verfahren können wesentliche Fragen zu Inhalt und Umfang des Gewässerausbaues nicht offen bleiben. Die bergrechtliche Zulassung mit der Nebenbestimmung, dass die Planvorlagen erst vor Beginn des Gewässerausbaues nachgereicht werden, ist mit dem Bestimmtheitserfordernis nicht vereinbar (OVG Bautzen vom 26.9.2006 – AZ 4 B 773/06 mit Hinweis auf Hess. VGH, NVwZ 1987, 987, 990). Die mangelnde Bestimmtheit der wasserrechtlichen Planfeststellung für den Gewässerausbau beschränkt sich jedoch auf diesen Teil und erfasst nicht den gesamten Planfeststellungsbeschluss gemäß §§ 57 Absatz 2a, 57 Absatz 3 (OVG Bautzen, aaO mit Hinweis auf BVerwGE 127, 272, 277 – Hochwasserschutz und Bergbau). Zulässig allerdings ist eine Nebenbestimmung, wonach die Behörde sich vorbehält, ein *„instationäres numerisches Grundwassermodell zu verlangen, soweit dies zur Feststellung von Beeinträchtigungen des Gewässerausbaus auf den Grundwasserhaushalt erforderlich ist"* (VG Gelsenkirchen, ZfB 2012, 79, 83 ff.).

§ 57 c   Ermächtigung

Das Bundesministerium für Wirtschaft und Technologie wird ermächtigt, im Einvernehmen mit dem Bundesministerium für Umwelt, Naturschutz und Reaktorsicherheit durch Rechtsverordnung mit Zustimmung des Bundesrates Vorschriften darüber zu erlassen,
1. **welche betriebsplanpflichtigen Vorhaben, die erhebliche Auswirkungen auf die Umwelt haben können, unter Beachtung der Rechtsakte des Rates oder der Kommission der Europäischen Gemeinschaften einer Umweltverträglichkeitsprüfung bedürfen,**
2. **welche Angaben im einzelnen entscheidungserheblich im Sinne des § 57 a Abs. 2 sind, welchen Anforderungen die Angaben genügen müssen und welche Unterlagen dazu beizubringen sind,**
3. **unter welchen Voraussetzungen und nach welchem Verfahren die zuständigen Behörden benachbarter Staaten im Rahmen der Umweltverträglichkeitsprüfung beteiligt werden.**

In der Rechtsverordnung können für die Bestimmung der Vorhaben nach Satz 1 Nr. 1 auch Gruppen oder Arten von Vorhaben durch Festlegung von Schwellenwerten und anderen Kriterien bestimmt werden.

Die Vorschrift ist, ebenso wie §§ 57a und 57b, durch Artikel 1 Nr. 6 des   **1** Gesetzes zur Änderung des BBergG vom 12.2.1990 (BGBl, 215) eingeführt wurden. Sie ermöglicht den in § 57c genannten Ministerien mit Zustimmung des Bundesrates die Einzelheiten festzulegen, über die die EU-Mitgliedsstaaten nach Artikel 4 Absatz 2 i. V. mit Anhang II der **UVP-Richtlinie** eine Entscheidung herbeizuführen haben. Dabei räumt die UVP-Richtlinie den Mitgliedsstaaten eine Bandbreite von Möglichkeiten ein (BT-Drs 11, 4015, S. 13). Sie reicht von einer Gleichstellung der Vorhaben des Anhanges II mit denen des Anhanges I über verschiedene Ausgestaltungen des Prüfverfahrens bis zur völligen Freistellung einer UVP (BT-Drs, aaO).

In § 57c Satz 1 Nr. 1 wird als entscheidendes Kriterium für den Erlass einer   **2** UVP-VO vorgegeben, dass die UVP-pflichtigen Vorhaben **erhebliche Auswirkungen auf die Umwelt** haben können (s. auch § 3 Absatz 1 Nr. 1 UVPG). Die Entscheidung muss im Einklang mit dem EG-Recht stehen.
Der Bundesminister für Wirtschaft hat aufgrund der Ermächtigung des § 57c die **VO über die Umweltverträglichkeitsprüfung bergbaulicher Vorhaben** (UVP-V Bergbau) vom 13.7.1990 (BGBl, 1420) erlassen. Sie ist mehrfach geändert worden.

3 Zunächst wurde durch Artikel 5 der VO zur **Änderung** bergrechtlicher Verordnungen vom **10.8.**1998 (BGBl, 2093 = ZfB 1998, 92) der Katalog der UVP-pflichtigen Vorhaben geändert. Das diente der Umsetzung des durch die RL 97/11 EG geänderten Artikel 4 Absatz 1 i. V. mit dem neuen Anhang I Nr. 19. Im Anhang I Nr. 19 sind nämlich alle bisher von Anhang II erfassten Tagebaue einschließlich Steinbrüche und Torfgewinnung mit dort festgelegter Flächengröße in den Anhang I aufgenommen worden, sodass der zunächst eröffnete weite Entscheidungsspielraum für Vorhaben des Anhanges II nicht mehr besteht. **Betroffen** davon waren die Vorhaben für **Tagebaue:** geändert wurde die beanspruchte Gesamtfläche von mehr als 10 ha in eine beanspruchte Abbaufläche von mehr als 25 ha (§ 1 Nr. 1 Buchstabe B aa) UVP-V Bergbau). Der bis dahin geltende Schwellenwert für Förderkapazität wurde gestrichen. Das Kriterium der großräumigen Grundwasserabsenkung wurde im Hinblick auf die Vorgaben in Anhang I Nr. 11 und Anhang II Nr. 10 Buchstabe L der o. a. EU-RL konkretisiert (BR-Drs 448/98 = ZfB 1998, 98). Außerdem wurde für Tagebaue in V-Gebieten (RL 79/409 EWG) und FFH-Gebieten (RL 92/43 EWG) sowie in ausgewiesenen Naturschutzgebieten festgelegt, dass sie der UVP-Prüfung bedürfen (§ 1 Nr. 1 b) aa) UVP-Bergbau). Für die **Erdöl- und Erdgasgewinnung** wurde das zunächst nur auf den Bereich der Küstengewässer und den Festlandsockel begrenzte Kriterium durch Kriterien des täglichen Fördervolumens ergänzt, die sich auf die Förderung an Land beziehen (§ 1 Nr. 2 Buchstabe A) UVP-V Bergbau). Auch diese Änderung war der o. a. RL 97/11 EG geschuldet (BR-Drs 448/98 = ZfB 1998, 98).

4 Durch Artikel 5 der 2. VO zur Änderung bergrechtlicher Verordnungen v. 10.8.**2005** (BGBl, 2452 = ZfB 2005, 267) wurde für Vorhaben im **Tagebau** die **Abbaufläche** von mehr als 10 ha auf **25 ha und mehr** erweitert (§ 1 Nr. 1 Buchstabe b)aa) der UVP-V Bergbau). Außerdem wurden die UVP-pflichtigen Maßnahmen um solche für den **Bau von Bahnstrecken für Gruben- und Grubenanschlussbahnen** (§ 1 Nr. 5 UVP-V Bergbau) und für **Wassertransportleitungen** zum Fortleiten von Wässern aus der Tagebauentwässerung mit einer Länge von mehr als 25 km (allgemeine Vorprüfung) oder von 2–25 km (standortbezogene Vorprüfung) erweitert (§ 1 Nr. 6 UVP-V Bergbau). Bemerkenswert ist die Einfügung der neuen **Nr. 9 des Kataloges,** d. h. eines **Auffangtatbestands** für betriebsplanpflichtige Maßnahmen, soweit diese nicht „ihrer Art oder Gruppe nach nicht unter die Nr. 1–8 fallen" und soweit sie als solche der UVP gemäß Anlage 1 („Liste UVP-pflichtiger Vorhaben") des UVPG der UVP bedürfen.

Der Sinn und Zweck dieser Bestimmung erschließt sich durch die **Begründung:** *„Ausgangspunkt ist Anlage 1 Nr. 15 zum UVPG, wonach bergbauliche Vorhaben einschließlich der zu ihrer Durchführung erforderlichen betriebsplanpflichtigen Maßnahmen dieser Anlage nur nach Maßgabe der UVP-V Bergbau UVP-pflichtig sind. Durch den neuen Auffangtatbestand in § 1 Nr. 9 UVP-V Bergbau werden betriebsplanpflichtige Vorhaben, die weder ihr Art noch noch nach ihrer Vorhabensgruppe (z. B. Gewinnung im Tagebau, Gewinnung im Tiefbau, Gewinnung von Erdöl und Erdgas) von dem spezialgesetzlich geregelten Katalog in § 1 Nr. 1–8 UVP-V Bergbau erfasst werden, der UVP nach den Vorschriften des BBergG und nach dem gemäß § 18 UVPG zur Anwendung kommenden Vorschriften des UVPG unterworfen, soweit diese Vorhaben als solche nach Maßgabe der Anlage 1 zum UVPG einer UVP bedürfen (z. B. Zechenkokereien), wobei bei Vorhaben, die sowohl in § 1 Nr. 1–8 UVP-V Bergbau als auch in Anlage 1 zum UVPG aufgeführt sind (z. B. Steinbrüche i. S. d. Anlage 1 Nr. 2.1 UVPG als Tagebaue unter Bergrecht i. S. d. § 1 Nr. 1 b UVP-V Bergbau), die Kriterien der UVP-V Bergbau für die UVP-Pflicht als spezialgesetzlich geregelte Bestimmungen mit Ausschlusswirkung vorgehen"* (BR-Drs 251/05 = ZfB 2005, 273). Das gilt nicht nur für bergbauliche Vorhaben, sondern auch für die betriebsplanpflichtigen Maßnahmen zur Durch-

führung dieser Vorhaben. Dabei hängt es von der Ausgestaltung des aufzustellenden Rahmenbetriebsplans gemäß § 52 Absatz 2 a ab, ob und inwieweit eine Maßnahme Teil eines anderen bergbaulichen Vorhabens oder als sonstige Vorhaben i. S. von § 1 Nr. 9 UVP-V Bergbau für sich genommen UVP-pflichtig ist (BR-Drs aaO).
Die Entscheidung über die UVP-Pflicht trifft die Betriebsplanbehörde. Im Falle der UVP-Pflichtigkeit von Maßnahmen nach § 1 Nr. 9 UVP-V Bergbau bestimmt sich der Umfang der UVP-Pflicht nach Anlage 1 zum UVPG, d. h. volle UVP-Pflicht, allgemeine Vorprüfung des Einzelfalles oder standortbezogene Vorprüfung des Einzelfalles. Neue UVP-Pflichten werden durch § 1 Nr. 9 UVP-V Bergbau nicht begründet.
Geändert wurden durch die Änderungs-VO von 2005 auch die §§ 2 und 3 der UVP-V Bergbau.

Durch einen Artikel 8 des Gesetzes über die Öffentlichkeitsbeteiligung in **5** Umweltangelegenheiten nach der EG-RL 2003/35 EG (**Öffentlichkeitbeteiligungsgesetz**) vom 9.12.2006 (BGBl, 2819) wurde § 1 Nr. 1 Buchstabe B) dd) UVP-V Bergbau eingefügt. **Tagebaue** mit einer beanspruchten **Abbaufläche von 10 ha bis 25 ha** bedürfen danach einer allgemeinen Vorprüfung des Einzelfalles nach § 3 c UVPG. Hierdurch wurden die Vorgaben der UVP-RL 85/337 EWG auch insoweit umgesetzt (BT-Drs 16/2494 = ZfB 2007, 6).

Durch Artikel 2 der VO zur Änderung bergrechtlicher Verordnungen vom **6** 24.1.2008 (BGBl, 85 = ZfB 2008, 27) ist § 1 Nr. 4 a UVP-V Bergbau angefügt worden. Diese Vorschrift bezieht **Abfallentsorgungseinrichtungen** der Kategorie A gemäß RL 2006/21/EG vom 15.3.2006 betrifft Bewirtschaftung der Abfälle aus der mineralgewinnenden Industrie in den Katalog der UVP-Pflicht ein. Sie dient der Umsetzung von Artikel 8 und 16 dieser RL.

Schließlich ist durch Artikel 8 der VO zur Neufassung und Änderung von **7** Vorschriften auf dem Gebiet des Energiewirtschaftsrechts sowie des Bergrechts vom 3.9.2010 (BGBl, 1261 = ZfB 2010, 237) in § 1 der UVP-V Bergbau die Nr. 6 a betrifft **Untergrundspeicher** eingeführt worden. Neben den nach Anlage 1 Nr. 9 zum UVPG UVP-pflichtigen Anlagen zur oberirdischen und unterirdischen Lagerung von brennbaren Gasen und Flüssigkeiten in festen Behältern sind damit auch Anlagen zur unterirdischen behälterlosen Speicherung von Erdgas und anderen Stoffen UVP-pflichtig. Entscheidend dafür, ob eine allgemeine oder standortbezogene Vorprüfung des Einzelfalles erforderlich ist, sind die Prüfwerte gemäß § 1 Nr. 6 a UVP-V Bergbau. Nach der Überleitungsvorschrift des § 4 UVP-V Bergbau sind bereits begonnene Verfahren nach altem Recht zu Ende zu führen. Diese Überleitungsvorschrift erfasst nicht die Fälle, in denen das Zulassungsverfahren bereits abgeschlossen und das Vorhaben – ganz oder teilweise – schon zugelassen bzw. zum Teil schon ausgeführt worden ist (BVerwGE 100, 1 = ZfB 1995, 282; BVerwG, ZfB 2002, 165). Diese sind ohnehin nach altem Recht fortzuführen.

Zu den **einzelnen Vorhaben** des § 1: Sie müssen **betriebsplanpflichtig** sein. **8** Hierzu s. § 51 Rn 35 ff. Der Begriff „**Bodenschätze**" i. S. von § 1 Nr. 1 UVP-V Bergbau ist in § 3 BBergG umschrieben. Soweit danach das BBergG nicht anzuwenden ist, kommt auch die UVP-V Bergbau nicht zur Anwendung. Allerdings kann für diese sonstigen Bodenschätze eine UVP-Pflicht nach Landesrecht in Betracht kommen. Im **Bereich der ehemaligen DDR** ist zwar das Sonderrecht nach dem Einigungsvertrag, wonach im Wesentlichen das BBergG für alle Bodenschätze und nicht nur für bergfreie und grundeigene galt (s. § 3 Rn 16, 23 ff.), durch das GVRB aufgehoben worden (s. § 3 Rn 31). In zahlreichen Fällen bleibt das Sonderrecht, z. B. wenn am 23.4.1996 bereits eine Bergbauberechtigung bestanden hat, aber erhalten (s. § 3 Rn 31). Solange die Substanzen weiterhin als bergfrei gelten, ist für diese Tagebauprojekte die UVP-V Bergbau anzuwenden.

9 Bei Gewinnung im Tiefbau sind beim Flächenbedarf von 10 ha auch die Anlagen außerhalb der Berechtsame einzubeziehen (Fouquet, ZUR 1994, 192; Storm, Handbuch der UVP-Prüfung, Bd 1 Rn 209). Benötigt das Vorhaben für sich allein genommen weniger als 10 ha Fläche, überschreitet der Bedarf aber zusammen mit dem früherer betriebsplanpflichtiger Projekte 10 ha, ist nach § 1 Nr. 1 UVP-V Bergbau keine UVP-Pflicht gegeben, sofern nicht zugleich die Voraussetzungen der Nr. 1 Buchstabe a) bb) oder cc) vorliegen (Storm, aaO Rn 211).
Für die Senkungen der Oberfläche von mindestens 3 Metern (§ 1 Nr. 1 Buchstabe a) bb) UVP-V Bergbau) müssen auch die Auswirkungen von vorangegangenen betriebsplanpflichtigen Maßnahmen berücksichtigt werden, d. h. die nach dem 1.8.1990 begonnenen, oder die am 1.8.1990 bereits laufenden, aber nicht planfestgestellten Vorhaben (Schluss aus § 1a Buchst. aa UVP-V Bergbau, VG Lüneburg, ZfB 1994, 153, 184; s. auch Rn 13). Unerheblich sind jedoch der Umfang des Senkungsrichters, die Größe des Projektes, die Identität von etwaigem früherem und jetzigem Projektträger.

10 Bei **Tagebauen** fällt auch die Erweiterung eines Projektes, das bisher weniger als 10 ha bzw. 25 ha Fläche in Anspruch nahm, auf einen Bedarf von 10 ha bzw. 25 ha und mehr unter die UVP-Pflicht. Die UVP-Prüfung bezieht sich dann auf das Gesamtvorhaben (Storm, aaO, Rn 218). Benötigt dagegen ein Vorhaben für sich allein gesehen keine 10 ha bzw. 25 ha, aber zusammen mit anderen früheren Vorhaben eine darüber hinausgehende Fläche, werden diese Flächen aus früheren Vorhaben, sofern sie bereits genehmigt oder abgeschlossen sind, nicht mitgerechnet (Boldt/Weller, Ergänzungsband § 52 Rn 30, Kühne, Schriftenreihe Recht-Technik-Wissenschaft, 1993, S. 84; a.A. Fouquet ZUR 1994, 192). Beanspruchte Abbaufläche i.S. von § 1 Nr. 1b) aa) UVP-V Bergbau ist nur die zukünftige, aktuell zu genehmigende Vorhabensfläche. Eine Ausnahme ist nur angebracht, wenn aus dem funktionellen betrieblichen Zusammenhang erkennbar ist, dass eine bewusste Stückelung zum Zwecke der Umgehung der UVP-Pflicht beabsichtigt ist.
Bei der Flächenberechnung ist von der geplanten Abbaufläche („Vorhaben der Gewinnung") auszugehen (Hoppe/Beckmann, UVPG, § 18 Rn 15 mit Verweis auf OVG Koblenz, Urt. v. 8.2.1994 – AZ 7 A 10.217/93; VG Chemnitz, aaO; VG Lüneburg, ZfB 1994, 153, 183 ff.). Da die Aufstellung des Betriebsplans grundsätzlich Sache des Unternehmers ist, ist es nicht zu beanstanden, wenn er für sein bergbauliches Vorhaben die Abbaufläche auf weniger als 10 ha begrenzt, obwohl ihm die Bewilligung zur Gewinnung von Bodenschätzen auf eine weitaus größere Gesamtfläche erteilt wurde (VG Chemnitz, ZfB 1996, 151, 154).

11 Bei Gewinnung von **Erdöl und Erdgas** kommt es gemäß § 1 Nr. 2 UVP-V Bergbau auf das Fördervolumen an. Damit ist nicht das täglich geförderte Erdöl oder Erdgas gemeint, sondern die technisch mögliche und rechtlich zuzulassende geplante Fördermenge, unabhängig davon, ob die Planung täglich ausgeführt wird. Die Herstellung des Bohrplatzes für ein Geothermieprojekt gehört nicht zur Gewinnungsphase und ist nicht UVP-pflichtig (Bayr.VGH, ZfB 2012, 240, 242).
Tiefbohrungen zur Gewinnung von Erdwärme ab 1000 m Tiefe in Naturschutz- oder Natura 2000-Gebieten sind gemäß § 1 Nr. 8 UVP-V Bergbau UVP-pflichtig, nicht jedoch in Landschaftsschutzgebieten (Bayr. VGH, ZfB 2012, 240, 242).
Der Begriff „**Plattform**" ist in § 10 Absatz 7 der Festlandsockel-BergV definiert und kann zur Auslegung des ähnlichen Begriffes „Förderplattform" herangezogen werden.

Bohrarbeiten, die nicht der Gewinnung i. S. von § 1 Nr. 2 UVP-V Bergbau i. V. mit § 4 Absatz 2 BBergG dienen, sondern der **Aufsuchung von Erdöl oder Erdgas,** fielen in der Vergangenheit nicht unter die UVP-Pflicht (Storm, aaO, Rn 226). Durch die VO zur Änderung der UVP-V sollten die Buchst. a) und b) in § 1 Nr. 2 UVP-V neu eingeführt werden. Sie sehen eine verpflichtende UVP-Prüfung vor, wenn die **Aufsuchung** und die **Gewinnung von Erdgas oder Erdöl** durch Aufbrechen von Gestein unter hydraulischem Druck („**Fracking**") stattfindet. Ferner sollte § 1 Nr. 8 UVP-V erweitert werden. Nach dem vorgesehenen § 1 Nr. 8 Buchst. b) UVP-V ist eine verpflichtende UVP-Prüfung auch bei **Gewinnung von Erdwärme** durch Aufbrechen von Gestein unter hydraulischem Druck erforderlich. Die neue Überleitungsregelung des § 4 Abs. 5 UVP-V sollte bestimmen, welche bisherigen Vorschriften für bereits begonnene Verfahren anzuwenden sind. Zu Fracking s. § 3 Rn 40; Anhang § 56 Rn 572; ferner Grigo, Heft 131 der Schriftenreihe der GDMB, S. 73 ff., Schulz, ebenda, S. 79 ff., Frenz, ebenda S. 97 ff. und UPR 2013, 95; Meiners u. a., Gutachten „Umweltauswirkungen von Fracking bei der Aufsuchung und Gewinnung von Erdgas aus unkonventionellen Lagerstätten" im Auftrag von BMU und UBA, 2012; zum Wasserrecht Reinhardt, NVwZ 2012, 1369 ff.; Seuser, NUR 2012, 8 ff.; Gassner/Buchholz, ZUR 2013, 143 ff. Der Begriff „**Küstengewässer**" (§ 1 Nr. 2 b UVP-V Bergbau) ist in § 3 Nr. 2 WHG definiert, als **Festlandsockel** wird allgemein die natürliche Fortsetzung des Landes unter Wasser verstanden (Näheres s. Begründung zur Festlandsockel-BergV, BR-Drs 3/89, II zu § 1 = ZfB 1989, 266), er liegt jenseits des Küstenmeeres, d. h. der sog. 3-Meilen-Zone.

Der **Schwellenwert für Halden** von 10 ha hat zur Folge, dass diese Halden **12** selbstständige Vorhaben darstellen können mit eigener UVP-Pflicht (s. auch § 55 Rn 103). Unabhängig davon können **kleinere Halden** als Betriebsanlagen eines anderen, in § 1 UVP-V Bergbau genannten Projektes sein. Sind Halden von mehr als 10 ha Flächenbedarf Teil eines Gesamtvorhabens i. S. von § 1 Nr. 1 UVP-V Bergbau, werden sie mit diesem zusammen UVP-pflichtig. Die Vorschrift des § 1 Nr. 3 UVP-V Bergbau ist insofern subsidiär und füllt nur die Regelungslücke für Zentralhalden aus (Kühne, Schriftenreihe Recht-Technik-Wissenschaft 1993, 83; Storm, aaO, Rn 235). Der Flächenbedarf von 10 ha umfasst nicht nur den eigentlichen Haldengrund, sondern auch zugehörige Anlagen und Einrichtungen wie Wege, Einzäunung, Verladevorrichtungen.

Bei den **Schwellenwerten** des § 1 UVP-V Bergbau ist grundsätzlich allein auf die **13** Auswirkungen des geplanten (beantragten) betriebsplanpflichtigen Vorhabens abzustellen. Eine Addition der Kriterien mit bestehenden Anlagen oder Auswirkungen von laufenden Projekten ist für die Ermittlung des Schwellenwertes nicht zulässig. Das folgt aus dem Umkehrschluss, dass nur ausnahmsweise bei Senkungen infolge Tiefbauvorhaben die Auswirkungen aus vorher zugelassenen Vorhaben oder Teilvorhaben einbezogen werden können (VG Lüneburg, ZfB 1994, 143, 185; Boldt/Weller, Ergänzungsband zu § 52 Rn 30, 34). Weitere Einzelfälle: Keine UVP-Pflicht für eine Asphaltmischanlage und mobile Brech- und Klassieranlage im Kies- oder ehemaligen Braunkohlentagebau (VG Leipzig, ZfB 2012, 286, 298), für einen Dolomittagebau (VG Chemnitz, ZfB 2012, 270, 271; VG Leipzig, ZfB 208, 157 ff.), die Herrichtung eines Bohrplatzes als 1. Schritt eines Geothermieprojektes (Bayr. VGH, ZfB 2012, 240), auch nicht für die Flutung eines Grubengebäudes mit Wasser und die anschließende Verwahrung der Tagesschächte (OVG Lüneburg v. 21.10.2008 – 7 ME 170/07) oder das Einleiten von Salzabwässern und Salzhaldenwasser in das Grundwasser (VG Kassel, NUR 2012, 802; Anm. Piens in W+B 2013, 53; VGH Kassel, 20.3.2013 – 2 B 1716/12), anders die Grundwasserentnahme im Zuge der Aufsuchung und Gewinnung der Erdwärme (Bayr. VGH, aaO, 242), anders auch Feldspat-Tagebau (BVerwG, ZfB 2012, 236).

14 § 57 c Satz 1 Nr. 2 ermächtigt, Einzelheiten für die zur UVP-Prüfung einzureichenden Unterlagen festzulegen. Von dieser Ermächtigung ist in § 2 UVP-V
Bergbau Gebrauch gemacht worden, in dem die entscheidungserheblichen Tatsachen i. S. von § 57 a Absatz 2 Satz 2 konkretisiert werden. § 2 UVP-Bergbau
ist gegenüber § 6 UVPG die speziellere Norm, allerdings keine abschließende
Regelung ([...] „insbesondere", „Angaben über alle sonstigen erheblichen Auswirkungen", Angaben zu den erforderlichen Unterlagen s. § 57 a Absatz 2).

15 Die in § 57 c Satz 1 Nr. 3 enthaltene Ermächtigung zur Regelung der grenzüberschreitenden Behördenbeteiligung knüpft an § 57 a Absatz 6 an und dient der
Umsetzung von Artikel 7 der UVP-RL 85/337/EWG. Von der Ermächtigung ist
in § 3 der UVP-V Bergbau Gebrauch gemacht worden.

DRITTES KAPITEL   Verantwortliche Personen

§ 58   Personenkreis

**(1) Verantwortlich für die Erfüllung der Pflichten, die sich aus diesem Gesetz,
den auf Grund der §§ 65 bis 67 erlassenen oder nach § 176 Abs. 3 aufrechterhaltenen Bergverordnungen, aus Verwaltungsakten und aus zugelassenen
Betriebsplänen für die ordnungsgemäße Errichtung, Führung und Einstellung
eines Betriebes ergeben (verantwortliche Personen), sind, soweit dieses
Gesetz oder eine auf Grund dieses Gesetzes erlassene Rechtsverordnung
nichts anderes bestimmt,**
1. **der Unternehmer, bei juristischen Personen und Personenhandelsgesellschaften die nach Gesetz, Satzung oder Gesellschaftsvertrag zur Vertretung berechtigten Personen, und**
2. **die zur Leitung oder Beaufsichtigung des Betriebes oder eines Betriebsteiles bestellten Personen im Rahmen ihrer Aufgaben und Befugnisse.**

**(2) Ist der Betrieb eingestellt, so ist verantwortliche Person auch der Inhaber
der Aufsuchungs- oder Gewinnungsberechtigung, es sei denn, daß er zur
Erfüllung der in Absatz 1 genannten Pflichten rechtlich nicht in der Lage ist.
Ist die Berechtigung zur Aufsuchung oder Gewinnung nach Inkrafttreten dieses
Gesetzes erloschen, so tritt an die Stelle des Inhabers dieser Berechtigung die
Person, die im Zeitpunkt des Erlöschens Inhaber der Berechtigung war.**

Übersicht   Rn

I.   Anwendungsbereich der §§ 58 bis 62   1
1.   Verwaltungsrechtliche Verantwortung   1
2.   Inhalt und Umfang   3
3.   Bewertung der Regelung   4

II. Historische Entwicklung   6
1.   Einführung   6
2.   Vom Direktions- zum Inspektionsprinzip   7
3.   Allgemeines Berggesetz von 1865 (ABG)   9
     a) Anerkannte Personen   10
     b) Umfassende Verantwortung des Betriebsführers   11
4.   ABG-Novelle von 1909   12
5.   Novellengesetzgebung nach 1945   13

III. Verantwortlicher Personenkreis (Absatz 1)   15
1.   Grundzüge   15
2.   Begriff der bergrechtlichen Verantwortung   16

3 Unternehmer als Träger der Verantwortung (Absatz 1 Nr. 1) 17
4. Bestellte Personen 19
   a) Leiter eines Betriebs oder Betriebsteils 19
   b) Beaufsichtigung 20
   c) Nicht leitende Personen 21
5. Betriebsbeauftragte und Verantwortliche nach anderen Fachgesetzen . . . 22
6. Verantwortung bei Insolvenz 23
IV. Verantwortlichkeit nach Einstellung des Betriebs und nach Erlöschen der
    Bergbauberechtigung (Absatz 2) 24
1. Einstellung des Betriebs 24
2. Erlöschen der Aufsuchungs- und Gewinnungsberechtigung 25

I. Anwendungsbereich der §§ 58 bis 62

1. Verwaltungsrechtliche Verantwortung

§ 58 bestimmt den Personenkreis, der für die Erfüllung der Pflichten verantwort- **1**
lich ist, die sich aus dem **Bergrecht** für die Errichtung, Führung und Einstellung
eines Betriebes ergeben. Sie beruhen auf dem Gesetz, auf Bergverordnungen, auf
Regelungen in Verwaltungsakten (die ihren Rechtsgrund im Bergrecht haben)
sowie solchen in zugelassenen Betriebsplänen. Diese Pflichten sind **öffentlich-
rechtlicher Natur**. Die in § 58 geregelte Verantwortlichkeit betrifft daher allein
die **verwaltungsrechtliche** Verantwortung, wie die Amtliche Begründung betont
(ZfB 122 (1981) = BT-Drs 8/1315, S. 114). Die Vorschrift begründet mithin
keine Verantwortung für Straftaten oder Ordnungswidrigkeiten. Die Einstandspflicht für Straftaten und Ordnungswidrigkeiten der verantwortlichen Personen
und die rechtlichen Voraussetzungen einer Sanktion sind an anderer Stelle
geregelt: Sie richten sich nach den allgemeinen Grundsätzen des Strafrechts
sowie nach der Sondervorschrift des § 14 StGB und der §§ 9 und § 130
OWiG (vgl. § 62 Rn 8 f.).

Aufgrund deren verwaltungsrechtlicher Verantwortung kann die Bergbehörde **2**
Anordnungen unmittelbar an die verantwortlichen Personen richten und erforderlichenfalls mit Zwangsmaßnahmen durchsetzen. Allerdings hat sie nach dem
Grundsatz der Verhältnismäßigkeit zu beachten, dass die jeweiligen Adressaten
zur Befolgung der Anordnungen auch rechtlich imstande sein müssen. So sind
Anordnungen gegen den Leiter des Grubenbetriebs rechtswidrig, wenn fest-
gestellte Mängel in seinem Verantwortungsbereich ihre Ursache in Entscheidun-
gen der Betriebs- oder Unternehmensleitung haben. Praktisch wirksam ist die
Verantwortung bestellter Personen der unteren Leitungsebenen daher nur bei
Pflichtverstößen, die sie selbst begangen haben oder bei Mängeln innerhalb ihres
Pflichtenkreises.

2. Inhalt und Umfang

Zur verwaltungsrechtlichen Verantwortung des Unternehmers (zum Unterneh- **3**
merbegriff vgl. § 4 Absatz 5) gehört die Pflicht, im Betrieb entsprechend § 59
eine **funktionsfähige Organisation** aufzubauen, an deren Spitze die in § 58
Absatz 1 Nr. 1 genannten Personen stehen und in absteigender Linie je nach
Aufgaben- und damit Verantwortungsbereich gemäß Absatz 1 Nr. 2 zur Leitung
oder Beaufsichtigung bestellte Personen. Zu einer funktionsfähigen Organisation gehören nicht nur die Bestellung einer **ausreichenden Zahl** verantwortlicher
Personen und die **Abgrenzung ihrer Aufgaben** (vgl. § 59 Absatz 2). Sicherzustellen ist auch, dass diese Personen die erforderliche **Zuverlässigkeit, Fachkunde
und körperliche Eignung** besitzen. Abweichungen von diesem vom Gesetz

geforderten Zustand kann die Bergbehörde mit dem ihr vom Gesetz eingeräumten Arsenal an **Instrumenten der Bergaufsicht** begegnen (Anordnungen
nach §§ 71 ff., nachträgliche Auflagen nach § 56 Absatz 1, Verweigerung der
Betriebsplanzulassung usw.). Die notwendige Kenntnis über die bestellten Personen erhält die Bergbehörde dadurch, dass ihr diese namhaft gemacht werden
müssen (§ 60 Absatz 2). Zu beachten ist, dass grundsätzlich allein der Unternehmer die Funktions- und Leistungsfähigkeit seiner Organisation zu gewährleisten hat. Die Bergbehörde kann nicht mit Hilfe von Anordnungen von außen
die von ihr für notwendig gehaltenen Maßnahmen erzwingen und damit eine
aus ihrer Sicht fehlerhafte und deshalb mit Risiken behaftete Organisation
reparieren. Das ist nicht nur nicht ihre Aufgabe, sondern sie wäre damit in
der Regel auch überfordert. In solchen Fällen ist der Betrieb notfalls stillzulegen
(vgl. § 73 Absatz 2).

3. Bewertung der Regelung

4 Die Vorschriften über die verantwortlichen Personen zwingen den Unternehmer,
zur Vorbeugung vor Gefahren im Betrieb eine funktionsfähige Organisation mit
Mitarbeitern, die ihrem Verantwortungsbereich persönlich gewachsen sind,
aufzubauen. Das BBergG überträgt der Bergbehörde die Aufgabe, diese organisatorischen Vorgaben zu überwachen und notfalls auch durchzusetzen. Passt
sich der Unternehmer diesem Konzept nicht an, riskiert er die Nichtzulassung
von Betriebsplänen oder Anordnungen und nachträgliche Auflagen. Das ist der
eigentliche wichtige Kernbereich dieser Regelung, den es so für Betriebe außerhalb des Bergbaus – auch bei vergleichbarem Gefährdungspotenzial für Beschäftigte oder Umwelt – nicht gibt. Dabei sind der Unternehmer und die in Absatz 1
Nr. 1 genannten unternehmerähnlichen Personen gleichsam „geborene" verantwortliche Personen. Das Mittel, Aufgaben und Befugnisse auf nachgeordnete
Personen übergehen zu lassen, ist nach dem Konzept der Regelung der **Formal-
akt der Bestellung**. Nur eine solche Bestellung lässt nach dem Verständnis des
Gesetzgebers des BBergG die Verantwortung für die in Absatz 1 genannten
bergrechtlichen Pflichten auf den Bestellten übergehen, indem bestimmte Aufgaben und Befugnisse übertragen werden. Ohne ausdrückliche Bestellung findet
kein Übergang von Verantwortung statt.

5 Darin liegt, worauf bereits an dieser Stelle hinzuweisen ist, ein **Wertungswiderspruch** zu den Regelungen **im Straf- und Ordnungswidrigkeitenrecht**. Nach dem
Regelungssystem im OWiG und StGB tritt die Verantwortung einer – in diesen
Gesetzen so bezeichneten – „beauftragten" Person **neben** diejenige des Unternehmers (vgl. §§ 9 Absatz 2 OWiG, 14 Absatz 2 StGB). Leiter von Betrieben
oder von Teilbetrieben bedürfen nach diesen Vorschriften keiner Beauftragung
(nach BBergG: Bestellung). Sie rücken für ihren Aufgaben- und damit Verantwortungsbereich, den sie unterhalb der Unternehmens- oder Betriebsebene
wahrnehmen, **automatisch in die Pflichtenstellung** des Unternehmers ein. Die
Verantwortung des Unternehmers bleibt grundsätzlich in vollem Umfang erhalten; sie erfährt jedoch in tatsächlicher Hinsicht eine **Umwandlung in eine
umfassende Aufsichtspflicht** (vgl. im Einzelnen § 62 Rn 8 f.). Eine mangelbehaf-
tete, den gesetzlichen Vorgaben des BBergG nicht entsprechende Betriebsorganisation kann Konsequenzen nach dem OWiG und StGB haben haben, wenn sie
für Gesetzesverstöße oder Straftaten eine Ursache gesetzt hat (im Einzelnen vgl.
§ 62 Rn 8 f.).

II. Historische Entwicklung

1. Einführung

Für das Verständnis der §§ 58 bis 62 erscheint ein Rückblick auf die historische **6**
Entwicklung dieser organisationsrechtlichen Regelungen, die im Recht der
gefährlichen Betriebe eine singuläre Stellung einnehmen, zweckmäßig. Bereits
früh erschien es den Landesherren notwendig, die Errichtung und Führung der
Bergbaubetriebe der Leitung sachkundiger Personen zu unterstellen. Ausschlaggebend hierfür waren die Gefahren, die mit dem Abbau von Bodenschätzen im
Tiefbergbau in der Regel von Natur aus verbunden sind, sowie die ständige
räumliche Ausdehnung der Betriebe aufgrund des Verzehrs der Lagerstätte
sowie die technische Fortentwicklung des Bergbaus. Bis zur Mitte des 19. Jahrhunderts oblag der **Bergbehörde** die Leitung des Bergwerksbetriebs, und zwar in
technischer, wie in wirtschaftlicher Hinsicht. Den privaten Eigentümern der
Bergwerke (Gewerkschaften) war die Verwaltung ihres Bergwerkseigentums
fast vollständig genommen. Der Bergwerksbetrieb unterstand unter der Leitung
des Bergamts den von diesem angestellten und ihm allein verantwortlichen
Schichtmeistern und Steigern. Dem Bergamt war die Festsetzung der Preise
der Bergwerksprodukte, die Annahme der Arbeiter, Steiger und sonstigen Berg-
beamten, die Bestimmung der zu zahlenden Zubuße und der zu verteilenden
Ausbeute überlassen (vgl. Westhoff-Schlüter, ZfB 50 (1908), 248 ff.). Diese
Machtstellung der staatlichen Bergbehörden wurde als **Direktionsprinzip**
bezeichnet.

2. Vom Direktions- zum Inspektionsprinzip

Mit dem sog. Miteigentümergesetz vom 12. Mai 1851 (pr. GS S. 265) wurde die **7**
Abkehr von der starken Einflussnahme des Staates auf den Bergwerksbetrieb
eingeleitet. Das Gesetz hob zwar das Direktionsprinzip nicht formell auf; aber es
gab den (bergrechtlichen) Gewerkschaften als den eigentlichen Trägern des
Unternehmensrisikos in den Gewerkenversammlungen und in den Repräsentan-
ten- und Grubenvorständen Organe für die eigene Verwaltung ihrer Angelegenheiten und übertrug diesen einen großen Teil der Aufgaben, welche bisher den
Bergbehörden vorbehalten gewesen waren. Allerdings unterstand der Bergbau
noch immer einer ausgeprägten Kontrolle des Bergamts, insbesondere im Hinblick auf den technischen Betrieb und die Haushaltsführung. Außerdem wirkte
das Bergamt bei Einstellung und Entlassung von Arbeitern und bei der Lohn-
festsetzung mit (vgl. Westhoff-Schlüter, ZfB 50 (1909), 266; Weller, ZfB 106
(1965), 218, 219 f.). Das Gesetz überließ die Anstellung der „technischen
Grubenbeamten" dem Bergwerksbesitzer, verlangte aber, dass diese Personen
ihre Befähigung der Bergbehörde nachweisen und von ihr anerkannt werden
mussten.

Die ausdrückliche **gesetzliche Beseitigung des Direktionsprinzips** erfolgte durch **8**
das preußische **Gesetz über die Beaufsichtigung des Bergbaus** vom 21. Mai
1860 (ZfB 1 (1960), 4, 403), das die Aufsichtstätigkeit der Bergbehörde auf
staatswirtschaftliche und bergpolizeiliche Belange reduzierte (Gesetz, die Aufsicht der Bergbehörden über den Bergbau und das Verhältnis der Berg- und
Hüttenarbeiter betreffend, vom 21. Mai 1860, GS S. 201). In den **linksrheinischen Landesteilen Preußens** galt seinerzeit das unter Napoleon eingeführte
Berggesetz vom 21. April 1810. Ausgehend von dem Grundsatz, dass der Bergbau möglichst freizügig zu gestalten sei, wurde die bergbehördliche Zuständigkeit neben der Konzessionserteilung auf die Wahrung der öffentlichen Sicherheit
und den Schutz der im Bergbau Beschäftigten beschränkt (Weller, ZfB 106
(1965), 218, 219). Insgesamt war mit den genannten Gesetzen der Weg zum

Inspektionsprinzip vorgezeichnet: Die Bergbehörde sollte den Bergbau künftig nur noch im Hinblick auf die Wahrung bestimmter, im wesentlicher polizeilicher Belange beaufsichtigen. Mit der endgültigen Beseitigung des Direktionsprinzips stellte nicht mehr der Staat die leitenden Grubenbeamten, sondern sie wurden vom Bergwerkseigentümer eingestellt.

3.   Allgemeines Berggesetz von 1865 (ABG)

9   Das preußische ABG setzte den eingeschlagenen Weg fort. Der Bergbau wurde unter bergbehördliche Aufsicht gestellt, die sich – durch enumerative Aufzählung der Belange – auf die Sicherheit der Baue, die Sicherheit des Lebens und der Gesundheit der Arbeiter, den Schutz der Oberfläche im Interesse der persönlichen Sicherheit und des öffentlichen Verkehrs sowie den Schutz gegen gemeinschädliche Einwirkungen beschränkte (§ 196 Absatz 2 ABG).

10   a) Anerkannte Personen. Im Hinblick auf die **Organisation des Betriebs in technischer und sicherheitlicher Hinsicht** sah das ABG in seinen §§ 73 bis 76 folgende Regelungen vor: Der Betrieb durfte nur unter der Leitung, Aufsicht und Verantwortlichkeit von Personen geführt werden, deren Befähigung hierzu anerkannt war (§ 73 ABG). Der Bergwerksbesitzer hatte nach § 74 ABG die zur Leitung und Beaufsichtigung „angenommenen (d. h. eingestellten) Personen wie **Betriebsführer, Steiger, technische Aufseher** usw. der Bergbehörde namhaft zu machen". Diese Personen waren verpflichtet, ihre Befähigung zu den ihnen übertragenen Geschäften nachzuweisen und sich zu diesem Zweck auf entsprechende Anforderung einer Prüfung durch die Bergbehörde zu unterwerfen. Erst nach Anerkennung der Befähigung durch die Bergbehörde durften die übertragenen Aufgaben wahrgenommen werden. Mit der Übernahme der Leitung oder Beaufsichtigung des Betriebs waren diese Personen nach § 76 ABG für die Einhaltung der Betriebspläne sowie für die Befolgung aller im Gesetz enthaltenen oder aufgrund desselben ergangenen Vorschriften und Anordnungen verantwortlich. Eine weitere Bestimmung räumte schließlich der Bergbehörde die Möglichkeit ein, die Entfernung einer mit Leitungs- oder Beaufsichtigungsfunktionen betrauten Person zu verlangen, sofern diese die Anerkenntnis der Befähigung nicht besaß oder sie verloren hatte. Notfalls konnte der Betrieb auch eingestellt werden (§ 75 ABG). Vgl. zur ursprünglichen Fassung des Allgemeinen Berggesetzes für die Preußischen Staaten vom 24. Juni 1865 den Abdruck in ZfB 106 (1965), S. 3 ff.

11   b) Umfassende Verantwortung des Betriebsführers. Bei Inkrafttreten des ABG dürfte es der Ausnahmefall gewesen sein, dass sich der Bergwerksbesitzer selbst in die technische Leitung des Bergwerksbetriebs eingeschaltet hätte. Seine Funktion war im Wesentlichen die kaufmännische Leitung, insbesondere die Beschaffung des notwendigen Betriebskapitals und der Absatz der gewonnenen Produkte. Er war daher praktisch genötigt und gesetzlich nach dem ABG verpflichtet, mit den technischen Problemen eines Bergwerksbetriebs vertraute, also entsprechend befähigte Personen für die Leitung und Beaufsichtigung einzustellen. Nach den klassischen Organisationsmodellen im Bergbau zur Mitte des 19. Jahrhunderts stand an der **Spitze der Verantwortungskette** als oberster technischer Leiter der **Betriebsführer**, dem Steiger verschiedener Rangstufen und technische Aufseher nachgeordnet waren. Sämtliche oberhalb des Betriebsführers innerhalb eines Bergwerksbetriebs angesiedelten Personen standen außerhalb dieser Verantwortung, waren also insbesondere nicht für die Einhaltung der Betriebspläne oder bergpolizeilichen Vorschriften verantwortlich. Dies galt für Leiter von Bergwerken, Mitglieder von Grubenvorständen oder sonstige Personen, die auf den Betrieb aufgrund ihrer dominanten Stellung als Betriebsinhaber oder dessen Vertreter einen mehr oder weniger großen Einfluss ausüben konnten. Wegen ihrer Einflussmöglichkeiten, durch Dienstvertrag oder Vorgesetztenstellung, konnten sie in den Betreib eingreifen, Weisungen erteilen, ohne befürchten zu müssen, zur Verantwortung gezogen zu werden. Aufgrund seiner zentralen Stellung hatte der technische Leiter, der **Betriebsführer,** die **umfassende Verantwortung** für den gesamten technischen Betrieb. Aufgrund dieser Position an der Spitze der Verantwortungskette traf ihn auch die **strafrechtliche Verantwortung** für den Fall, dass im Betrieb Verstöße gegen die allgemeinen Strafgesetze oder Übertretungen bergpolizeilicher Vorschriften begangen wurden. Demgegenüber war der Bergwerksbesitzer von der bergrechtlichen Haftung frei; er musste sogar mit einer Bestrafung rechnen, wenn er sich allzu sehr in die technischen Betriebsangelegenheiten einmischte.

4. ABG-Novelle von 1909

Das Gesetz vom 28.7.1909 (GS S. 677, ZfB 50 (1909), 434; Begründung, ZfB **12**
50 (1909), 318. Vgl. Kast, ZfB 106 (1964), 74, 89) führte durch Neufassung der §§ 73 bis 77 für die zur Leitung und Beaufsichtigung des Betriebes angenommenen Personen (vgl. oben Rn 10) die Bezeichnung „**Aufsichtspersonen**" ein und erweiterte die Verantwortlichkeit im Betrieb auf den Bergwerksbesitzer, seinen gesetzlichen Vertreter, auf mit der Verwaltung des Bergwerksbesitzes Beauftragte sowie auf die Vorgesetzen der Aufsichtspersonen. Dieser Personenkreis war künftig **neben den Aufsichtspersonen verantwortlich,** dies jedoch nur, wenn sie durch Anordnungen in den Betrieb eingegriffen, durch Handlungen oder Unterlassungen gegenüber den ihnen unterstellten Aufsichtspersonen Gesetzesverstöße durch diese ermöglicht hatten oder es bei der Beaufsichtigung der Aufsichtspersonen an der erforderlichen Aufsicht hatten fehlen lassen (§ 76 Absatz 2 der Neufassung). Auch diese Personen waren der Bergbehörde unter Angabe ihres Geschäftskreises namhaft zu machen. Anlass für die Änderung war nach der Begründung des Gesetzentwurfs, dass die seit Erlass des ABG eingetretene Entwicklung im Bergbau zur Anstellung einer großen Anzahl höherer, meist akademisch gebildeter Beamten auf den einzelnen Gruben geführt habe, die den in den §§ 73 und 74 genannten Personen mit ihrem gesetzlich festgelegten Verantwortungsbereich vorgesetzt seien. Die Verantwortlichkeit dieser vorgesetzten Personen ließ sich dem ABG nicht entnehmen; nach der herrschenden Praxis wurden sie nur insoweit als haftbar angesehen, als sie nach den allgemeinen strafrechtlichen Grundsätzen als Anstifter, Mittäter oder Gehilfen infrage kamen (Reuss, ZfB 50 (1909), 533, 542). Auch lagen zu diesem Problembereich unterschiedliche Gerichtsentscheidungen vor. Der Gesetzgeber entschied sich dafür, es bei der bewährten Verantwortung des Betriebsführers und der nachgeordneten technischen Beamten für die technische Leitung und Beaufsichtigung (Durchführung der Betriebspläne, Befolgung der bergpolizeilichen Vorschriften, Beachtung der Grundsätze für eine technisch und polizeilich richtige Betriebsführung) zu belassen, die vorgesetzten Personen aber in die Verantwortlichkeit einzubeziehen, sofern sie auf den Betrieb einwirkten (Gesetzesbegründung, ZfB 50 (1909), 321 f., 324 f.). Zum Gang der parlamentarischen Beratung des Gesetzes in Landtag und Herrenhaus: vgl. Reuss, ZfB 50 (1909), 533 ff. Dabei wurden in § 76 die Tatbestände aufgeführt, unter denen eine Verantwortlichkeit des Werkbesitzers und vorgesetzter Personen in Betracht kam. Im Gegensatz zu dieser Regelung sah § 151 GewO eine generelle Verantwortlichkeit des Gewerbetreibenden neben dem mit der Betriebsleitung betrauten Dritten vor, wenn die Übertretungen mit seinem Vorwissen begangen wurden oder es der Gewerbetreibende bei der notwendigen Beaufsichtigung des Betriebes oder bei der Auswahl oder Beaufsichtigung des Betriebsleiters an der erforderlichen Sorgfalt hatte fehlen lassen. Diese Regelung wurde bei der ABG-Novelle von 1909 bewusst nicht übernommen (Gesetzesbegründung, ZfB 50 (1909), 324). Mit der neuen Regelung im ABG konnte auch der den

eigentlichen Aufsichtspersonen vorgesetzte Personenkreis **strafrechtlich verantwortlich** gemacht werden, sofern er durch Gebrauch seines innerbetrieblichen Weisungsrechts oder durch Unterlassung gebotener Aufsichtsmaßnahmen zur Verwirklichung einer Straftat beigetragen hatte.

5. Novellengesetzgebung nach § 1945

13   Die Neufassung der §§ 73 bis 77 durch die Novelle von 1909 blieb unverändert in Geltung, bis ab dem Jahr 1964 in einigen Bundesländern das Recht der Aufsichtspersonen, beginnend mit dem **Dritten Bergrechtsänderungsgesetz Nordrhein-Westfalen** vom 8.12.1964 (GVBl NRW S. 412 = ZfB 106 (1965), 304), erneut geändert wurde. An der **Spitze der Verantwortungskette** stand nunmehr nach dem neu gefassten § 73 ABG NRW der **Bergwerksbesitzer** als oberste Ebene in der Unternehmenshierarchie. Ihm oblag die verantwortliche Leitung des Betriebs; er hatte insbesondere für die Sicherheit und Ordnung im Betrieb zu sorgen. § 74 ordnete an, dass sich der Bergwerksbesitzer, soweit erforderlich, anderer Personen zu bedienen habe, die nach erfolgter Bestellung im Rahmen ihrer Aufgaben und Befugnisse für die Sicherheit und Ordnung im Betrieb zu sorgen hätten. Sie mussten die erforderliche Eignung und Zuverlässigkeit besitzen. Der Bergwerksbesitzer hatte ferner für die Beaufsichtigung der bestellten Personen, für eine eindeutige und lückenlose Abgrenzung ihrer Aufgaben und Befugnisse und für eine geordnete Zusammenarbeit zu sorgen. War den bestellten Personen die Aufgabe und Befugnis übertragen, ihrerseits andere Personen zu bestellen oder zu beaufsichtigen, hatten sie im Hinblick auf diese Personen dieselben Pflichten wie der Bergwerksbesitzer. Praktische Bedeutung hatte diese Regelung für die Leiter von Bergwerksbetrieben unterhalb der Ebene der Unternehmensführung. Diese nachgeordnete Führungsebene erhielt damit Freiräume personeller und organisatorischer Art, hatte dann aber auch die damit verbundene Verantwortung zu tragen. Die Bestellung selbst hatte nach § 75 ABG schriftlich zu erfolgen und musste unter genauer Bezeichnung der übertragenen Aufgaben und Befugnisse vorgenommen werden. Die bestellten Personen waren dem Bergamt unter Angabe ihrer Stellung im Betrieb und ihrer Vorbildung unverzüglich namhaft zu machen. Für die Abberufung, die ebenfalls schriftlich zu erfolgen hatte, galt das gleiche.

14   Im Ergebnis war mit dieser Regelung, der alsbald einige Bundesländer mit Novellierungen ihrer Berggesetze durch überwiegend wörtlich mit dem geänderten ABG NRW übereinstimmende Wortfassungen folgten (z.B. Saarland, Ebel/Weller, Erg. Bd. zu §§ 73 ff.), eine **lückenlose Verantwortungskette** geschaffen, die bei dem Bergwerksbesitzer begann, also in der Regel dem Vorstand einer AG, der Geschäftsführung einer GmbH oder einer natürlichen Person als Unternehmer, und sich je nach Größe und Differenziertheit des Unternehmensaufbaus über mehrere betriebliche Hierarchien nach unten fortsetzte. Unverkennbar ist die Gesetzgebung in Nordrhein-Westfalen (NRW) Vorbild für die Regelungen über die verantwortlichen Personen im BBergG geworden. Darauf deuten die Struktur der Vorschriften und die Ähnlichkeit in den Formulierungen hin.

III. Verantwortlicher Personenkreis (Absatz 1)

1. Grundzüge

15   Die §§ 58 bis 62 haben den **Zweck**, im Betrieb die **Erfüllung der bergrechtlichen Pflichten** sicherzustellen, und zwar solche aus dem Gesetz selbst, aus Bergverordnungen sowie aus Verwaltungsakten, die ihre rechtliche Grundlage im

BBergG haben, wie z. B. Anordnungen im Rahmen der Bergaufsicht nach §§ 72 ff. oder zugelassene Betriebspläne. Zu diesem Zweck schafft das Gesetz **zwei Kategorien von Verantwortlichen**: Den **Unternehmer** und die **unternehmerähnlichen** Personen (zum Unternehmerbegriff: vgl. § 4 Absatz 5) als die eigentlichen Adressaten gesetzlicher und auf Gesetzen beruhender Pflichten (§ 58 Absatz 1 Nr. 1), sowie die **bestellten Personen**, denen im Rahmen des Gesamtorganismus Betrieb bestimmte Aufgaben und Befugnisse zur Wahrnehmung übertragen sind (§ 58 Absatz 1 Nr. 2). Zu den Pflichten aus dem Gesetz gehören auch die Vorschriften der §§ 59 bis 62. Sie begründen einen gesetzlichen Zwang zum Aufbau und zum Erhalt einer funktionsfähigen Betriebsorganisation, deren Grundstruktur im Gesetz vorgegeben wird und die der Kontrolle der Bergbehörde unterliegt. Eine solche ausdrückliche Pflicht kennen andere Gesetze, welche die Errichtung und den Betrieb von Anlagen zum Gegenstand haben, wie zum Beispiel das Bundes-Immissionsschutzgesetz, nicht.

2. Begriff der bergrechtlichen Verantwortung

16 Die in den §§ 58 bis 62 geregelte Verantwortung ist **ausschließlich als verwaltungsrechtliche Verantwortung** zu verstehen (BT-Drs 8/1315, 114 = Zydek, 269), nicht als Verantwortlichkeit oder Einstandspflicht im Sinne der strafrechtlichen Vorschriften oder derjenigen des Ordnungswidrigkeitenrechts). Das gilt auch insoweit, als dass BBergG selbst mit den §§ 145 und 146 Straf- oder Bußgeldvorschriften enthält (vgl. hierzu im Einzelnen § 62 Rn 8 f.).

3. Unternehmer als Träger der Verantwortung (Absatz 1 Nr. 1)

17 Die primäre Verantwortung trifft den Unternehmer, bei juristischen Personen und Personenhandelsgesellschaften die nach Gesetz, Satzung usw. zur Vertretung berechtigten Personen. Bei einer Aktiengesellschaft als Unternehmer (vgl. § 4 Absatz 5) ist verantwortlich der **Vorstand als Organ** entsprechend dem aktienrechtlichen Grundsatz der Gesamtvertretung (§ 78 AktG), bei einer GmbH mit mehreren Geschäftsführern die Geschäftsführung als handelndes Organ. Ein Geschäftsverteilungsplan vermag die Verantwortung nicht auf einen Angehörigen des Leitungsgremiums, etwa den technischen Vorstand oder Geschäftsführer, zu konzentrieren. Auch bei den in Nr. 1 des Absatz 1 genannten Personenhandelsgesellschaften besteht eine Gesamtverantwortung aller zur Vertretung berechtigten Personen. Entgegen BVerwG, NVwZ 2008, 583 parallelisiert § 58 Absatz 1 Nr. nicht die verwaltungsrechtliche Haftung der Gesellschaft und der Mitglieder ihrer Organe, sondern die für die Gesellschaft als Unternehmen handelnden Organe und damit die ihnen angehörenden Personen in ihrer organschaftlichen Verbundenheit tragen die Verantwortung. Es besteht kein Anlass, von diesen allgemeinen Grundsätzen im Bergrecht jedenfalls bei juristischen Personen abzuweichen. Auch in der Gesetzesbegründung finden sich keine dahingehenden Hinweise. Die in Absatz 1 angesprochenen Pflichten aus dem Gesetz, Bergverordnungen und zugelassenen Betriebsplänen usw. treffen unmittelbar und sofort die Organe der juristischen Personen. Sie sind primär Adressaten der Pflichten und für deren Erfüllung verantwortlich.

18 Bei Bestehen einer **Betriebsführungsgesellschaft**, die im Namen und für Rechnung einer Konzernobergesellschaft eine dem Geltungsbereich des BBergG unterfallende Tätigkeit ausübt, ist deren **Vorstand** insgesamt entsprechend dem aktienrechtlichen Grundsatz der Gesamtvertretung (vgl. oben Rn 17) verantwortlich. Es besteht mangels Unternehmereigenschaft im Sinne des Gesetzes nach § 4 Absatz 5 aber keine originäre Verantwortung. Die Verantwortung des Vorstandes der Betriebsführungsgesellschaft wird dadurch begründet, dass die Konzernobergesellschaft als der eigentliche Unternehmer den Vorstand der

Betriebsführungsgesellschaft in sinngemäßer Anwendung der §§ 59 ff. bestellt, diesem also die sich aus der bergrechtlichen Verantwortung ergebenden Pflichten und Befugnisse **durch umfassende Delegation** (zum Begriff vgl. § 59 Rn 18 ff.) in Gänze überträgt. Eine Übertragung auf eine Einzelperson des nachgeordneten Vorstands der Betriebsführungsgesellschaft, also zum Beispiel den technischen Vorstand, wäre verfehlt, weil dieser angesichts der aktienrechtlichen Verantwortung verpflichtet ist, die anderen Mitglieder des Vorstandes bei wichtigen Entscheidungen in die Entscheidungen einzubeziehen. Es bestünde eine **Inkongruenz von Verantwortung und Entscheidungskompetenz,** die das Gesetz an anderer Stelle bei den bestellten Personen vermieden wissen will (vgl. § 60 Absatz 1 Satz 2 Halbs. 2). Die nach § 59 Absatz 1 notwendigen persönlichen Voraussetzungen (Zuverlässigkeit, Fachkunde und körperliche Eignung) müssen bei dem für die Produktion zuständigen Vorstandsmitglied vorliegen (Arg. aus § 55 Absatz 1 Satz 1 Nr. 2).

4. Bestellte Personen

19 a) **Leiter eines Betriebs oder Betriebsteils.** Neben dem Unternehmer und den ihm gleichgestellten Personen sind andere Personen nach dem Konzept des BBergG verantwortlich, wenn sie zur **Leitung oder Beaufsichtigung des Betriebes** oder eines **Betriebsteils** bestellt sind. Maßgeblich für die Frage, ob die Leitung eines Betriebes vorliegt, ist die vom Unternehmer getroffene **Betriebsorganisation.** In einem Bergbaubetrieb sind **Betriebsteile** z. B. die Aufbereitung, der Tagesbetrieb oder die Werkstatt. Entscheidend ist, ob es sich um eine **räumlich, personell und organisatorisch abgegrenzte Einheit** mit einiger Bedeutung für den Gesamtbetrieb handelt. Ob in der Hierarchie unterhalb der Leitung eines Betriebsteils weitere Leitungsaufgaben wahrgenommen werden, hängt von den konkreten Umständen ab. In der Regel ist davon auszugehen, dass der Unternehmer oder der von ihm bestellte Betriebsleiter, der eigenständig Bestellungen vornehmen darf, von Leitungsfunktionen ausgeht, wenn eine Bestellung ausgesprochen worden ist.

20 b) **Beaufsichtigung.** Nach der Vorstellung des Gesetzgebers werden Teile der dem Unternehmer obliegenden Leitungsfunktionen, wie sie in § 61 Absatz 1 umschrieben sind, auf die bestellte Person übertragen. Bestandteil solcher Leitungsfunktionen ist zwangsläufig auch die Pflicht, andere bestellte Personen zu beaufsichtigen, weil ohne eine solche Aufsicht die originäre Aufgabe des Unternehmers, im Betrieb für die Sicherheit und Ordnung zu sorgen (§ 61 Absatz 1 Satz 1 Halbs. 2), nicht erfüllt werden kann. Im Gegensatz zu dieser Einheit von Leitung und Beaufsichtigung grenzt § 58 Absatz 1 Nr. 2 die **Beaufsichtigung** jedoch als **eigenständige Funktion** von den Leitungsaufgaben im Betrieb ab. Die Regelung legt die Annahme nahe, dass mit ihr neben einer hierarchisch strukturierten Betriebsorganisation eine **separate Überwachungsorganisation,** vergleichbar etwa den in den Umweltgesetzen vorgesehenen Immissionsschutz-, Abfall- oder Gewässerschutzbeauftragten, sollte etabliert werden. Jedoch wäre es bedenklich und als **Organisationsmangel** zu bewerten, wenn die Leitungsaufgaben von den Beaufsichtigungspflichten generell abgekoppelt und letztere durch eine verselbstständigte Art „Betriebspolizei" wahrgenommen würden. Eine **Bestellung zur Beaufsichtigung** kann daher als Teil der Delegation von Unternehmeraufgaben allenfalls für wichtigere, in Bergverordnungen, zugelassenen Betriebsplänen oder vergleichbaren Verwaltungsakten verlangte Überwachungen von Schadgasen, Emissionen u. a. für den Gesamtbetrieb oder wesentliche Betriebsteile in Betracht kommen, bei denen qualifizierte Mitarbeiter mit spezieller Geräteausstattung zum Einsatz gelangen. Sofern eine betriebliche Überwachungsorganisation dieser Art unter einheitlicher Leitung besteht, auch außerhalb der Betriebe in einer der Geschäftsleitung unmittelbar unterstellten Abteilung, kann deren Leiter förmlich nach Bergrecht bestellt werden. **Voraussetzung** für eine Bestellung zur Beaufsichtigung sollte nach dem Sinn und Zweck der §§ 58 f. – Verlagerung von Unternehmeraufgaben auf nachgeordnete Ebenen – die **Wahrnehmung von Leitungsaufgaben** sein, wenn auch im Rahmen einer speziellen Überwachungsorganisation.

c) Nicht leitende Personen. Nicht leitende Personen können nach dem Wortlaut   **21**
des § 58 Absatz 1 Nr. 2 als verantwortliche Personen **nicht bestellt** werden. Dazu rechnen z. B. Ortsälteste, Vorarbeiter oder Sprecher von Arbeitsgruppen. Allerdings ist der Unternehmer nicht gehindert, die Verantwortungskette weiter nach unten in den Bereich der nicht leitenden Personen zu verlängern und auch diese zur Wahrnehmung von Aufgaben zu „bestellen". Eine solche Bestellung ist dann allerdings **keine bergrechtliche Bestellung.** Sie ist eine **Beauftragung** i. S. von § 9 Absatz 2 Satz 1 Nr. 2 OWiG, § 14 Absatz 2 Satz 1 Nr. 2 StGB mit der Folge, dass solche beauftragten Personen für den entsprechenden Aufgabenbereich nach den zitierten Vorschriften verantwortlich werden. Eine solche Beauftragung nicht leitender Mitarbeiter wird durch das BBergG nicht untersagt. Auch ist es rechtlich unschädlich, falls für diesen Delegationsakt der Begriff „Bestellung" gewählt wird. Auch diese Personen müssen sorgfältig ausgewählt und bei ihrer Tätigkeit überwacht werden. Eine Namhaftmachung gegenüber der Bergbehörde entfällt (Einzelheiten § 62 Rn 11).

5.   Betriebsbeauftragte und Verantwortliche nach anderen Fachgesetzen

Die nach einzelnen Umweltgesetzen für bestimmte Anlagen oder Tätigkeiten zu   **22**
bestellenden **Betriebsbeauftragten** für Gewässerschutz (§§ 64 f. WHG), Immissionsschutz (§§ 53 ff. BImschG), Störfälle (§§ 58 a ff. BImschG) und Abfall (§ 59 KrWG) als Teil der **innerbetrieblichen Überwachungsorganisation** haben zwar auch die Aufgabe, die Einhaltung gesetzlicher Bestimmungen und die Erfüllung erteilter Bedingungen und Auflagen zu überwachen, indem sie die Betriebe in regelmäßigen Abständen kontrollieren; Messungen von Emissionen und Immissionen durchführen und festgestellte Mängel mitteilen (vgl. z. B. § 54 Absatz 1 Nr. 4 BImSchG für den Immissionsschutzbeauftragten, § 58 b Absatz 1 Nr. 3 BImSchG für den Störfallbeauftragten). Eine Pflicht zur Bestellung von Immissionsschutzbeauftragten im Hinblick auf genehmigungsbedürftige Anlagen, die dem BBergG unterliegen, besteht u. a. für Brikettfabriken und Kokereien (vgl. im Einzelnen § 1 Absatz 1 der 5. BImSchV i. V. mit Anhang I Nr. 4 und 5). Störfallbeauftragte sind zu bestellen, wenn bestimmte Stoffe im Betrieb vorhanden sind oder bei einer Störung entstehen können (s. § 1 der 12. BImSchV). Insoweit scheint sich ihre Aufgabe mit derjenigen bestellter Personen zu decken, die zur Beaufsichtigung des Betriebs oder Betriebsteils i. S. von § 58 Absatz 1 Nr. 2 bestellt sind. Bei ihnen richten sich jedoch Umfang und Inhalt der Verantwortung ausschließlich nach den jeweiligen Gesetzen, auf denen die Bestellung beruht (Boldt/Weller, § 59 Rn 15). Regelungen zur Betriebsorganisation mit vergleichbaren Strukturen enthalten das **Sprengstoffgesetz** und die **Verordnung über den Schutz vor Schäden durch ionisierende Strahlen** (Strahlenschutzverordnung – StrlSchV). Vgl. im Einzelnen Vorauflage § 58 Rn 67 ff. und §§ 72 ff. sowie Boldt/Weller, § 58 Rn 12 f.

6.   Verantwortung bei Insolvenz

Ist über das Vermögen einer Gesellschaft, die dem BBergG unterliegt, das   **23**
Insolvenzverfahren eröffnet worden, kommt der Insolvenzverwalter als verantwortliche Person i. S. von § 58 Absatz 1 nur in Betracht, wenn die Insolvenzschuldnerin unter seiner Verwaltungs- und Verfügungsbefugnis weiterhin im Sinne des § 4 Absatz 5 BBergG als Unternehmer tätig geworden ist (BVerwG,

NVwZ 2008, 583). Ist das nicht der Fall, sind nach Auffassung des BVerwG die Mitglieder des Organs einer juristischen Person für die Erfüllung der bergrechtlichen Pflichten verantwortlich. Die Verantwortung beruht darauf, dass die juristische Person unter ihrer Leitung bergbaulich tätig geworden sei. Ihre sich daraus ergebende eigenständige verwaltungsrechtliche Haftung fällt nach Ansicht infolge der Eröffnung des Insolvenzverfahrens nicht weg. Die Mitglieder des Organs bleiben für die noch ausstehenden Restarbeiten verwaltungsrechtlich ebenso verantwortlich wie das Unternehmen selbst. Die ordnungsrechtliche Verantwortung bei Insolvenz ist streitig (vgl. Schmidt, NJW 2010, 1489).

IV. Verantwortlichkeit nach Einstellung des Betriebs und nach Erlöschen der Bergbauberechtigung (Absatz 2)

1. Einstellung des Betriebs

24 In diesem Falle wird der **Inhaber der Aufsuchungs- oder Gewinnungsberechtigung** nach Satz 1 **neben dem Unternehmer**, der den Betrieb geführt und eingestellt hat, zusätzlich **verantwortliche Person** („auch"). Unter **Einstellung des Betriebs** ist die durch einen **Abschlussbetriebsplan** gemäß § 53 gesteuerte endgültige Einstellung aller betrieblichen Aktivitäten zu verstehen, nicht lediglich die Aufgabe von Betriebsteilen infolge des Verzehrs der Lagerstätte oder aus anderen Gründen, etwa wegen schwieriger geologischer Bedingungen. Aus dem Wortlaut („ist der Betrieb eingestellt") ist zu schließen, dass der Vorgang der Einstellung abgeschlossen sein muss. Dieser Zeitpunkt liegt vor, wenn der Abschlussbetriebsplan zugelassen ist. Zu diesem Zeitpunkt wird auch der Inhaber der Aufsuchungs- und Gewinnungsberechtigung verantwortliche Person und verantwortlich für die Einhaltung der Bestimmungen des Abschlussbetriebsplans. Die zuständige Behörde kann damit Anordnungen auch gegenüber dem Inhaber der Aufsuchungs- und Gewinnungsberechtigung erlassen. Allerdings muss der Adressat **rechtlich imstande** sein, die bergrechtlichen Pflichten zu erfüllen (vgl. Absatz 2 Satz 1 Halbs. 2). Die bestehenden vertraglichen Regelungen (in der Regel Pacht oder Nießbrauch) müssen dem Inhaber der Berechtigung mithin die Möglichkeit bieten, anstelle oder neben dem Unternehmer die Verantwortung wahrzunehmen (Boldt/Weller, § 58 Rn 8).

2. Erlöschen der Aufsuchungs- oder Gewinnungsberechtigung

25 Die Verantwortlichkeit des Inhabers der Bergbauberechtigung soll nicht dadurch entfallen, dass die Berechtigung vor oder während der Einstellung des Betriebes erlischt (Amtl. Begründung, BT-Drs 8/1315, 114 = Zydek, 270; Boldt/Weller, § 58 Rn 9). Nach Absatz 2 Satz 2 bleibt der ehemals Berechtigte trotz Erlöschens der Bergbauberechtigung weiterhin bergrechtlich verantwortlich. Diese Regelung gilt aber nur dann, wenn es sich um Berechtigungen handelt, auf die das Gesetz noch Anwendung findet (Amtl. Begründung, BT-Drs 8/1315, 83 = Zydek, 87). Die Berechtigung muss also nach Inkrafttreten des Gesetzes erloschen sein. Das Erlöschen kann, wie § 51 Absatz 1 Satz 3 im Zusammenhang mit der Betriebsplanpflicht zum Ausdruck bringt, auf der Rücknahme, dem Widerruf oder der Aufhebung einer für die Aufsuchung oder Gewinnung eines **bergfreien Bodenschatzes** erteilten Berechtigung (Erlaubnis, Bewilligung, Bergwerkseigentum oder sonstige Bergbauberechtigung, z. B. ein diesen Berechtigungen rechtlich gleichgestelltes altes Recht) beruhen.

§ 59 Beschäftigung verantwortlicher Personen

(1) Als verantwortliche Personen im Sinne des § 58 Abs. 1 Nr. 2 dürfen nur Personen beschäftigt werden, die die zur Erfüllung ihrer Aufgaben und Befugnisse erforderliche Zuverlässigkeit, Fachkunde und körperliche Eignung besitzen.

(2) Verantwortliche Personen im Sinne des § 58 Abs. 1 Nr. 2 sind in einer für die planmäßige und sichere Führung des Betriebes erforderlichen Anzahl zu bestellen. Die Aufgaben und Befugnisse der verantwortlichen Personen sind eindeutig und lückenlos festzusetzen sowie so aufeinander abzustimmen, daß eine geordnete Zusammenarbeit gewährleistet ist.

Übersicht

Rn

I. Organisatorische Hauptpflichten	1
1. Übersicht	1
a) Organisatorische Pflichten	1
b) Übertragung der Delegationsbefugnis	2
2. Rechtscharakter der Pflichten	3
II. Persönliche Voraussetzungen bei verantwortlichen Personen (§ 59 Absatz 1)	4
1. Zuverlässigkeit	4
2. Fachkunde	5
3. Körperliche Eignung	8
4. Ständige Präsenz der persönlichen Merkmale	9
III. Organisationspflichten (§ 59 Absatz 2)	11
1. Formen der Betriebsorganisation	11
a) Strukturtypen einer Betriebsorganisation	12
b) Planmäßige und sichere Führung des Betriebs	16
2. Funktionalisierungs- und Koordinierungspflicht (Absatz 2 Satz 1)	17
3. Delegation	18
a) Begriff	18
b) Wirkung	19
IV. Besonderheiten bei Einsatz von Unternehmerfirmen	20

I. Organisatorische Hauptpflichten

1. Übersicht

a) Organisatorische Pflichten. Der Unternehmer kann sich bei der Leitung und **1** Beaufsichtigung seines Betriebes dritter Personen bedienen, die er zu verantwortlichen Personen bestellt. Er ist hierzu nach Absatz 2 Satz 1 verpflichtet, wenn dies für eine planmäßige und sichere Führung des Betriebes geboten ist. Besteht eine solche Pflicht, treffen den Unternehmer die nachstehenden **organisatorischen (Haupt-) Pflichten**:

- Der Unternehmer darf Aufgaben und Befugnisse nur an durch Merkmale der Zuverlässigkeit, Fachkunde und körperliche Eignung qualifizierte Personen (Mitarbeiter) delegieren (**Qualitätspflicht**) – § 59 Absatz 1.
- Er muss verantwortliche Personen in der erforderlichen Anzahl bestellen (**Quantitätspflicht**) – § 59 Absatz 2 Satz 1.
- Die Aufgaben und Befugnisse der bestellten Personen sind genau zu beschreiben sowie eindeutig und lückenlos festzusetzen, wobei sicherzustellen ist, dass die Befugnisse den Aufgaben entsprechen (**Funktionalisierungspflicht**) – § 59 Absatz 2 Satz 2, § 60 Absatz 1 Satz 3.

- Die Aufgaben und Befugnisse der verantwortlichen Personen sind mit dem Ziel einer geordneten Zusammenarbeit aufeinander abzustimmen (**Koordinierungspflicht**) – § 59 Absatz 2 Satz 2.
- Die Bestellung und Abberufung verantwortlicher Personen ist der Bergbehörde anzuzeigen (**Anzeigepflicht**) – § 60 Absatz 2.
- Er hat die bestellten Personen über alle einschlägigen Verwaltungsakte, insbesondere zugelassene Betriebspläne, zu informieren und ihnen die erforderliche Einsicht zu gewähren (**Informationspflicht**) – § 62 Absatz 2.

2 b) **Übertragung der Delegationsbefugnis.** Überträgt der Unternehmer die allgemeine gesetzliche Pflicht, für die Sicherheit und Ordnung im Betrieb zu sorgen, auf eine verantwortliche Person, zum Beispiel den Leiter eines Betriebes, so hat dieser fortan die vorstehend genannten organisatorischen Hauptpflichten wahrzunehmen, erhält aber auch die entsprechenden Befugnisse. Das ergibt sich aus § 62 Satz 1 Nr. 2, wo es heißt, dass der Unternehmer die sich *„aus dieser Vorschrift (d. h. § 62) ergebenden Befugnisse"* auf verantwortliche Personen übertragen könne. Damit ist auch die Delegationsbefugnis selbst übertragbar (Amtliche Begründung, BT-Drs 8/1315, 115 = Zydek, 278; Boldt/Weller, § 62 Rn 2). Der Unternehmer hat darüber zu wachen, dass diese Pflichten von der bestellten Person ordnungsgemäß wahrgenommen werden (Boldt/Weller, § 62 Rn 3). Im Interesse einer klaren Pflichtenübertragung dürfte es sich empfehlen, in dem entsprechenden Bestellschreiben Inhalt und Umfang der organisatorischen Hauptpflichten klar anzusprechen und es nicht bei dem allgemeinen Hinweis bewenden zu lassen, es seien alle dem Unternehmer nach dem Gesetz obliegenden Pflichten wahrzunehmen.

2. Rechtscharakter der Pflichten

3 Die Vorschrift des § 59 regelt in Absatz 1 die **Qualitätspflicht**, in Absatz 2 Satz 1 die **Quantitätspflicht** und in dessen Satz 2 einen Teil der **Funktionalisierungspflicht** (vgl. oben Rn 1). Bei diesen Pflichten handelt es sich, ebenso wie bei den anderen aufgeführten Pflichten, um **öffentlich-rechtliche Organisationspflichten**, die jedenfalls grundsätzlich mit Hilfe des Instrumentariums der nachträglichen Anordnungen (§§ 71 ff.) oder, bei Nichtvorliegen der persönlichen Merkmale, durch Versagung der Betriebsplanzulassung durchgesetzt werden können (§ 55 Absatz 1 Satz 1 Nr. 2). Ein Verstoß gegen die Qualitätspflicht kann als Ordnungswidrigkeit geahndet werden (§ 145 Absatz 1 Nr. 10).

II. Persönliche Voraussetzungen bei verantwortlichen Personen (§ 59 Absatz 1)

1. Zuverlässigkeit

4 Ein Mitarbeiter ist zuverlässig, wenn aufgrund seines bisher im Betrieb gezeigten Verhaltens von ihm erwartet werden kann, dass er die in § 58 Absatz 1 aufgeführten Pflichten erfüllen wird. Diese positive Prognose ist Voraussetzung für die Übertragung von Leitungsfunktionen, da das Gesetz grundsätzlich davon ausgeht, dass grundsätzlich nur **leitende Mitarbeiter** als verantwortliche Personen bestellt werden. Abweichungen sind möglich, wenn eine Bergverordnung dies vorsieht (§ 66 Nr. 10 a). Ein **Verlust der Zuverlässigkeit** kann eintreten, wenn eine verantwortliche Person, ohne dass bereits die Voraussetzungen für eine Untersagung ihrer Beschäftigung nach § 73 vorliegen, gegen bergbehördliche Vorschriften oder sicherheitlich relevante interne Dienstanweisungen verstoßen hat. Ob der Unternehmer in solchen Fällen den Mitarbeiter von seiner leitenden Funktion suspendiert, unterliegt ausschließlich seiner Entscheidung.

Verurteilungen wegen **strafbarer Handlungen** begründen Zweifel an der Zuverlässigkeit i. S. von § 59 Absatz 1, wenn sie einen Bezug zu den dienstlichen Aufgaben haben. Vermögensdelikte (Betrug, Unterschlagung) sowie Körperverletzungsdelikte können ein Indiz für charakterliche Defizite sein, die einen Rückschluss auf eine nicht korrekte Handhabung im dienstlichen Bereich zulassen. Die **Konsumierung von Drogen** oder **Trunksucht** lassen ernstliche Zweifel an der Zuverlässigkeit eines Mitarbeiters aufkommen. In allen diesen Fällen ist eine **zukunftsbezogene Prognose** notwendig.

2. Fachkunde

Sie umfasst technische und entsprechende rechtliche Kenntnisse im Hinblick auf   **5** die beabsichtigte Tätigkeit (vgl. auch die Verordnungsermächtigung des § 66 Nr. 9). Die erforderliche Fachkunde liegt in der Regel vor, wenn der entsprechende Mitarbeiter die entsprechenden Ausbildungsanstalten (Hochschule, Fachhochschule, Bergschule, usw.) mit Erfolg absolviert und durch erforderlichenfalls mehrjährigen **Einsatz im Betrieb** die notwendigen **praktischen Erfahrungen**, die für den jeweiligen Verantwortungsbereich unerlässlich sind, erworben hat. Erfolgt eine **Bestellung zur Beaufsichtigung** (vgl. § 58 Rn 20) gilt das Gleiche, wobei diese Personen je nach übertragener Aufgabe erforderlichenfalls Zusatzqualifikationen erworben haben müssen. Durch Bergverordnung kann bestimmt werden, welche fachlichen Anforderungen an die Fachkunde bestimmter verantwortlicher Personen und der Art ihrer Aufgaben gestellt werden können (§ 66 Nr. 9 und 10). Vgl. in diesem Zusammenhang die Verordnung über die Voraussetzungen für die Bestellung von Personen nach § 74 des Allgemeinen Berggesetzes des Saarlandes vom 20.9.1967 (ABl Saar, S. 778; bei Ebel/ Weller, Erg.-Bd., zu § 75, S. 28). Der Unternehmer oder die von ihm bestellte verantwortliche Person (oben Rn 2) hat sich die Fachkunde in geeigneter Weise, z. B. durch Zeugnisse oder dienstliche Beurteilungen, **nachweisen** zu lassen.

Die auf der Hochschule/Bergschule erworbene, durch die **betriebliche Erfahrung**   **6** vervollständigte Fachkunde muss dem übertragenen Aufgabengebiet entsprechen. **Berufsanfängern** (auch mit Hochschulausbildung) dürfen daher keine Funktionen übertragen werden, denen sie nach Umfang und Schwierigkeitsgrad nicht gewachsen sein können. Finden in einem Betrieb **nachts oder am Wochenende** Arbeiten statt (z. B. Wartungs- und Instandsetzungsarbeiten, ist es nicht notwendig, dass während dieser Zeit die komplette Hierarchie verantwortlicher Personen (Werksleiter, Vertreter usw.) im Betrieb anwesend ist. Die Anwesenheit eines Mitarbeiters der unteren Leitungsebene reicht grundsätzlich aus. Allerdings muss dieser imstande sein, Gefahren zu erkennen und die notwendigen Entscheidungen zu treffen. Er ist in seiner Bestellung anzuweisen, bei Problemen, die von ihm nicht behoben werden können, unverzüglich seinen Vorgesetzten Meldung zu erstatten, wobei der Meldekette festzusetzen ist. Dass diese Vorgesetzten auch tatsächlich erreichbar sind, hat der Unternehmer im Rahmen seiner Koordinierungspflicht sicherzustellen (vgl. oben Rn 1).

Wie die Sanktionierung als Ordnungswidrigkeit zeigt (vgl. § 145 Nr. 10), enthält   **7** Absatz 1 das **Verbot**, verantwortliche Personen zu beschäftigen, die nicht über die gesetzlich geforderten persönlichen Eigenschaften verfügen. Daraus kann sich die Pflicht des Unternehmers ergeben, verantwortliche Personen zum Erwerb weiterer Fachkenntnisse **regelmäßigen Nachschulungen** zu unterziehen.

3. Körperliche Eignung

Es ist die **körperliche Fähigkeit zur Erfüllung der übertragenen Aufgaben.** Seh-   **8** und Hörfähigkeit sowie das Reaktionsvermögen sind bei der Wahrnehmung bestimmter Aufgaben von Bedeutung. Die verantwortliche Person muss in der Lage sein, jederzeit den zugewiesenen Aufgabenbereich durch persönliche Anwesenheit zu überwachen, was bei den Bergwerken des Tiefbergbaus angesichts der erheblichen Teufen und weit ausgedehnten Grubenbaue nur bei Vorliegen einer entsprechenden Kondition möglich ist. Verantwortliche Personen, die wegen gesundheitlicher Probleme nicht imstande sind, im Bedarfsfalle bei Gefahrzuständen im Betrieb im Sinne des § 61 Absatz 1 Nr. 2 einzufahren und die zur Gefahrenabwehr notwendigen Maßnahmen vor Ort zu überwachen (nicht unbedingt auch zu treffen!), haben nicht die erforderliche körperliche Eignung.

4. Ständige Präsenz der persönlichen Merkmale

9 Die verantwortlichen Personen müssen die notwendige Qualifikation **während ihrer gesamten Beschäftigung** aufweisen und nicht nur im Zeitpunkt der Bestellung. Das ergibt sich aus dem Wortlaut des § 59 Absatz 1: „**beschäftigt werden**" sowie „**besitzen**"). Liegen die Qualifikationsmerkmale nach erfolgter Bestellung nicht mehr vor, darf der Unternehmer die verantwortliche Person nach den bergrechtlichen Vorschriften nicht mehr in der Funktion, in der sie bisher tätig war, einsetzen. Eine insoweit notwendige Abberufung ist als **arbeitsrechtliche Kündigung oder Änderungskündigung** einzustufen. Gleichwohl wäre es rechtlich verfehlt, in solchen Fällen durch Einsatz arbeitsrechtlicher Verfahrensregelungen, z.B. dem Beharren auf einer bloßen Abmahnung oder Suspendierung der Kündigungsentscheidung, die verantwortliche Person auf ihrer Position belassen zu wollen. Die Gefährdung der in Rede stehenden Rechtsgüter aufgrund mangelnder persönlicher Eignung der verantwortlichen Person (vgl. erneut § 61 Absatz 1 Nr. 2) kann so hoch sein, dass die Entbindung der verantwortlichen Person von ihren Aufgaben sofort geboten ist.

10 Eine **Untersagung der Beschäftigung verantwortlicher Personen** nach § 58 Absatz 1 Nr. 2 durch die **Bergbehörde** kommt in Betracht, wenn der Unternehmer eine solche Person trotz Fortfalls der Qualifikationsmerkmale nicht abberuft (§ 73 Absatz 1). Befolgt der Unternehmer eine entsprechende Anordnung, die nach allgemeinen Grundsätzen verwaltungsgerichtlich angefochten werden kann, nicht, kann die Behörde die Fortsetzung des Betriebes bis zur Befolgung der Anordnung untersagen (§ 73 Absatz 1 Satz 2). Weist der Unternehmer selbst die erforderlichen Merkmale der Zuverlässigkeit und Fachkunde nicht oder nicht mehr auf, kann die Bergbehörde die Fortführung des Betriebes untersagen, bis der Unternehmer eine verantwortliche Person mit der Gesamtleitung des Betriebes beauftragt hat. Bei juristischen Personen und Personenhandelsgesellschaften muss ein Mitglied des Leitungsgremiums (Vorstand, Geschäftsführung) die notwendige Qualifikation aufweisen (§ 73 Absatz 2). Infolge der Verknüpfung der Betriebsplanzulassung mit der Qualifikation verantwortlicher Personen in § 55 Absatz 1 Satz 1 Nr. 2 kann die Bergbehörde die **Zulassung widerrufen**, wenn die erforderliche Qualifikation der Personen nachträglich weggefallen ist und sie deshalb berechtigt wäre, den Betriebsplan nicht zuzulassen, sofern ohne den Widerruf das öffentliche Interesse gefährdet wäre (§ 49 Absatz 2 Nr. 3 VwVfG).

III. Organisationspflicht (§ 59 Absatz 2)

1. Formen der Betriebsorganisation

11 Nach Absatz 2 Satz 1 sind so viele verantwortliche Personen zu bestellen, wie dies für eine planmäßige und sichere Führung des Betriebs notwendig ist. Eine

bestimmte Organisationsform wird damit nicht vorgeschrieben, obwohl als
Vorbild für die Regelung ein pyramidenartiges Organisationsmodell, wie es
bei Erlass des Gesetzes bei den Bergwerksunternehmen vorherrschend war,
gedacht worden sein dürfte. In jedem Falle kommt es entgegen dem insofern
missverständlichen Gesetzeswortlaut nicht auf die bloße Anzahl verantwortlicher Personen an. Vielmehr hat der Unternehmer den Betrieb durch Schaffung
geeigneter organisatorischer Strukturen in vertikaler und horizontaler Richtung
in einzelne Verantwortungsbereiche aufzuteilen. Die Anzahl der verantwortlichen Personen ergibt sich damit letztlich aus dem gewählten Organisationsmodell.

a) Strukturtypen einer Betriebsorganisation. Als Strukturtypen einer denkbaren   **12**
Betriebsorganisation kommen insbesondere die Linienorganisation und die
Stab-/Linien-Organisation in Betracht. Beide Systeme bieten den Vorteil der
klaren Abgrenzung von Kompetenz und Verantwortung: Jede Stelle im Betrieb
erhält nur von einer einzigen, ihr unmittelbar vorgesetzten Stelle Anordnungen
und ist dieser allein verantwortlich. Mithin ist jede Stelle nur durch eine einzige
„Linie" mit allen ihr vorgesetzten Instanzen verbunden; die Linie ist hier sowohl
Entscheidungs- wie auch Mitteilungsweg (auch „Prinzip der Einheit der Auf-
tragserteilung"). Insbesondere bei der Linienorganisation wird auf diese Weise
die Einheitlichkeit der Leitung (Willensbildung und -durchsetzung) konsequent
durchgeführt.

Bei der Stab-/Linien-Organisation wird das Liniensystem durch Stabstellen als   **13**
zentrale Dienststellen ergänzt, die die Linieninstanzen fachlich beraten, indem
sie Entscheidungen vorbereiten, Planungen und Kontrollen durchführen und
insgesamt die Leitungsebenen von vorbereitenden und Kontrollmaßnahmen
entlasten; Entscheidungs- oder Anordnungskompetenzen kommen Stabstellen
in der Regel nicht zu.

Dem praktischen Bedürfnis nach klarer Abgrenzung von Kompetenz und Ver-   **14**
antwortung entsprach bei den Bergbauunternehmen mit größeren technisch
anspruchsvollen Betrieben mit hoher Leistung in der Vergangenheit am ehesten
eine Linien- bzw. Stab-/Linien-Organisation. Das führte beim Steinkohlenbergbau in der Vergangenheit zu zahlreichen Hierarchie-Ebenen: Werksleiter (Berg-
werksdirektor) – Betriebsdirektor (Vertreter) – Leiter des Untertagebetriebs
(Inspektor) bzw. Leiter des Übertagebetriebs (Tagesbetriebsführer) – mehrere
Betriebsführer jeweils für die Sparten Abbau, Ausrichtung, Elektrotechnik,
Maschinenbau, Logistik usw. – Obersteiger als deren Vertreter – Fahrsteiger
in den Sparten (Abbau, Aus- und Vorrichtung usw.) sowie Reviersteiger und
Steiger. Den Vorteilen einer klaren Abgrenzung stehen bei dieser Organisationsform die Nachteile langer Informations- und Meldewege bei gleichzeitiger Über-
lastung der höheren Leitungsebenen gegenüber: Unterschiedliche Auffassungen
z. B. zwischen den Verantwortlichen der Sparten mussten durch den Leiter des
Untertagebetriebs ausgeräumt werden. Verantwortungsbewusstsein und Ent-
scheidungsfreude auf den einzelnen Leitungsebenen werden durch ein solches
System nicht gefördert.

Die vorstehend geschilderten Nachteile eines streng pyramidenförmigen Auf-   **15**
baus können durch eine Betriebsorganisation mit Übernahme von Elementen
der Matrixorganisation bei gleichzeitigem Wegfall einzelner Hierarchieebenen
vermieden werden, wie dies in der Praxis bereits zum Teil geschehen ist. Hiernach werden die Leiter der fachlich organisierten Bereiche (z. B. Abbau, Maschinenbau, Elektrobetrieb u. a.) unterhalb der Leistung des Betriebs in einem Team
zusammengefasst, das die erforderlichen übergreifenden Entscheidungen trifft.
Erst wenn innerhalb dieser Teams keine tragfähige Entscheidung erzielt werden
kann, ist die nächsthöhere Instanz einzuschalten. Im Grundsatz behalten die

fachlich organisierten Bereiche ihre Kompetenzen, müssen sich aber bei unterschiedlichen Auffassungen in den Teams auf eine gemeinsame Entscheidungsbasis einigen. Dem Vorteil einer hohen Koordinationsfähigkeit dieser Organisationsform steht als Nachteil die **Notwendigkeit einer aufwendigen Kompetenzabgrenzung** gegenüber. Sie wird zweckmäßigerweise durch eingehende **Stellenbeschreibungen** vorgenommen.

16   b) **Planmäßige und sichere Führung des Betriebs.** Den Maßstab für die Wahl der geeigneten Betriebsorganisation und damit für die Anzahl der zu bestellenden verantwortlichen Personen bilden Planmäßigkeit und Sicherheit des Betriebs. **Planmäßigkeit** bedeutet, dass der Betrieb technisch und wirtschaftlich sachgemäß geführt werden soll, wie es an anderer Stelle im Gesetz heißt (vgl. § 77 Absatz 2), insbesondere die Lagerstätte sinnvoll und planmäßig abgebaut wird. Ebenso muss die Betriebsorganisation die **Sicherheit** gewährleisten. Den Unternehmer trifft nach Absatz 2 Satz 1 eine **Delegationspflicht** (zur Delegation vgl. Rn 18 f.), wenn es entsprechend der Größe des Betriebes und den anfallenden sicherheitlichen Aufgaben auf der Hand liegt, dass er nur mit Hilfe einer differenzierten Betriebsorganisation, d. h. der Bildung hierarchisch abgestufter einzelner Verantwortungsbereiche, seiner Pflicht aus § 61 Absatz 1 Satz 2 Nr. 1 nachkommen kann.

2.   Funktionalisierungs- und Koordinierungspflicht (Absatz 2 Satz 1)

17   Die im Rahmen der Betriebsorganisation zu bildenden **Aufgabenbereiche** sind **eindeutig und lückenlos** festzusetzen. Es darf keine Überschneidungen gleichsam mit konkurrierender Zuständigkeit und keine Lücken in der Kompetenzabgrenzung geben. Mit der Bestellung wird die verantwortliche Person verpflichtet, die übertragenen Aufgaben und Befugnisse ordnungsgemäß und entsprechend den gegebenen Anweisungen zu erfüllen. Dies ist ihre **Verantwortung.** Einer der wichtigsten Organisationsgrundsätze lautet, dass sich Aufgabe, Kompetenz (d. h. Befugnis) und Verantwortung in Übereinstimmung befinden müssen. Damit die verantwortliche Person hierzu imstande ist, bestimmt das Gesetz folgerichtig, dass die Befugnisse den Aufgaben entsprechen müssen (vgl. § 60 Absatz 1 Satz 3).

3.   Delegation

18   a) **Begriff.** Die mit der Betriebsorganisation vorgenommene Aufgabengliederung als organisatorisches Instrument wird durch **Delegation** umgesetzt. Hierunter versteht man die **Übertragung von Aufgaben und den damit verbundenen Pflichten** von einer vorgesetzten auf eine **nachgeordnete Stelle.** Sie erfolgt im Bergrecht durch **Bestellung.** Das Strafrecht und das Ordnungswidrigkeitenrecht verwenden hierfür den Begriff **Beauftragung** (§ 14 Absatz 2 StGB, § 9 Absatz 2 OWiG). Vgl. zu den rechtlichen Wirkungen der Beauftragung § 62 Rn 11.

19   b) **Wirkung.** Die **Delegation** bewirkt grundsätzlich den **vollständigen Übergang** der Pflichten auf den Bestellten. Allerdings verbleiben bei demjenigen, der delegiert, weitgehende **Aufsichtspflichten:** Er muss den Bestellten durch Kontrolle seiner Arbeitsergebnisse, durch Berichte und andere geeignete Mittel überwachen, und er muss darauf achten, dass die persönlichen Merkmale (Zuverlässigkeit, usw. vgl. oben Rn 4 f.) bei dem Bestellten ständig vorliegen. Bei der **Verletzung von Aufsichtspflichten** kann der Bestellende nach § 130 OWiG zur Verantwortung gezogen werden. Auch die Pflicht zur Beaufsichtigung von bestellten Personen kann durch Delegation übertragen werden.

IV. Besonderheiten beim Einsatz von Unternehmerfirmen

Mitarbeiter von Unternehmerfirmen können als verantwortliche Personen **20** bestellt werden, wenn diese Firmen im Betrieb aufgrund von Verträgen selbstständige Dienst- oder Werkleistungen (z. B. Wartungs- und Reparaturarbeiten, Schachtabteufen und Streckenvortrieb) erbringen.
Der Auftraggeber muss sich die Fachkunde der Mitarbeiter der Unternehmerfirmen auch in diesem Falle in geeigneter Weise nachweisen lassen (vgl. Ebel/ Weller, Erg.-Bd. § 74 Anmerkung 4).

§ 60 Form der Bestellung und Abberufung verantwortlicher Personen, Namhaftmachung

(1) Die Bestellung und Abberufung verantwortlicher Personen sind schriftlich zu erklären. In Fällen, die nach § 57 Abs. 1 Satz 1 und Absatz 2 eine Abweichung von einem zugelassenen Betriebsplan rechtfertigen, kann die Erklärung auch mündlich erfolgen; sie ist unverzüglich schriftlich zu bestätigen. In der Bestellung sind die Aufgaben und Befugnisse genau zu beschreiben; die Befugnisse müssen den Aufgaben entsprechen.

(2) Die verantwortlichen Personen sind unter Angabe ihrer Stellung im Betrieb und ihrer Vorbildung der zuständigen Behörde unverzüglich nach der Bestellung namhaft zu machen. Die Änderung der Stellung im Betrieb und das Ausscheiden verantwortlicher Personen sind der zuständigen Behörde unverzüglich anzuzeigen.

Übersicht

Rn

I. Bestellung (Absatz 1) 1
1. Rechtliche Bedeutung 1
2. Formerfordernis 2
3. Verhältnis zum Arbeitsvertrag 5
4. Abberufung 6
5. Bestellung in Gefahrenlagen 7
6. Inhalt der Bestellung 8

II. Namhaftmachung gegenüber der Behörde (Absatz 2) 10

I. Bestellung (Absatz 1)

1. Rechtliche Bedeutung

Nach dem Konzept des BBergG bewirkt die Bestellung die **Übertragung von** **1** **Verantwortung** für einen Betrieb oder Betriebsteil von der **obersten Leitungsebene** (Unternehmer als natürliche Person, Vorstand einer Aktiengesellschaft, Geschäftsführung einer GmbH usw.) auf eine oder mehrere **Personen nachgeordneter Leitungsebenen**. Mit der Bestellung rücken die bestellten Personen in die Verantwortung der obersten Leitungsebene ein. Fortan sind sie **neben dieser** für die Erfüllung der Pflichten verantwortlich, die sich aus Gesetzen, Bergverordnungen sowie aus Verwaltungsakten und aus zugelassenen Betriebsplänen (die naturgemäß auch als Verwaltungsakte einzustufen sind) ergeben (vgl. § 58 Rn 15 ff.), soweit sich solche Pflichten auf ihre Aufgaben und Befugnisse, das heißt den ihnen zugewiesenen Geschäftskreis, erstrecken. Die oberste Leitungsebene wird nicht vollständig von ihrer Verantwortung entbunden. Vielmehr bleibt sie weiterhin für die ordnungsgemäße Leitung des Betriebes nach § 61 Absatz 1 Satz 1 verantwortlich. Diese gesetzliche Pflicht kann nach § 62 Satz 1 nicht auf verantwortliche Personen übertragen werden. Darauf folgt die Pflicht der obersten Leitungsebene zur Beaufsichtigung der nachgeordneten Leitungsebenen (Leiter von Betrieben oder Teilen von Betrieben) und zum Eingreifen aus konkretem Anlass. Die **Delegation von Pflichten** bewirkt mithin **keine Freistellung von eigenen Pflichten**, sondern führt in modernen Betrieben, die auf eine weitgehende Arbeitsteilung ausgelegt sind, zu einer **Vervielfachung von Pflichten**.

2.   Formerfordernis

2   Für die Bestellung ist die **Schriftform** vorgeschrieben. Das entsprechende **Bestellungsschreiben** muss insbesondere den früher in § 74 ABG so bezeichneten **Geschäftskreis** enthalten, also in erster Linie den räumlich, funktional oder organisatorisch *„genau beschriebenen"* (vgl. Absatz 1 Satz 2) **betriebsbezogenen Aufgabenbereich** als Leiter eines Bergwerks, Leiter des Grubenbetriebs, Leiter einer Fahrabteilung oder Leiter der Aufbereitung usw. Bei Personen, denen Leitungsaufgaben übertragen werden sollen, kann unterstellt werden, dass ihnen bekannt ist, welche Aufgaben mit der Erfüllung solcher betrieblichen Funktionen verbunden sind. Es ist daher nicht erforderlich, diese in einem Bestellschreiben im Einzelnen aufzuführen. Auch ist es nicht notwendig, dem Bestellschreiben einen Katalog einschlägiger Pflichten des Gesetzes oder aus Bergverordnungen beizufügen. Der Bestellte muss solche Pflichten, die seinen Aufgabenbereich betreffen, in den Grundzügen kennen; andernfalls verfügt er nicht über die erforderliche Fachkunde. Dem Bestellenden ist es naturgemäß unbenommen, weitergehende Aufzeichnungen in das Bestellschreiben aufzunehmen.

3   Die rechtlichen Folgen der **Nichteinhaltung des Schriftformerfordernisses** sind dem Gesetz nicht zu entnehmen. Der Umstand, dass nur ausnahmsweise in besonderen Gefahrensituationen, wie sie in § 57 Absatz 1 und 2 beschrieben werden, für die Bestellung eine mündliche Erklärung ausreicht, spricht dafür, dass allein eine schriftliche Erklärung **konstitutive Wirkung** haben soll und nur sie einen Übergang der verwaltungsrechtlichen Verantwortung (zum Begriff: § 58 Rn 1 ff., 16 ff.) bewirkt.

4   Für den Betriebsleiter oder Leiter eines Betriebsteils, der die entsprechenden Aufgaben aufgrund seines Arbeitsvertrags ohne schriftliche Bestellung, aber faktisch in vollem Umfang weitgehend verantwortlich wahrnimmt, hat das **Fehlen eines Bestellschreibens** oder die Weigerung, ein solches zu unterschreiben, im Falle von Ordnungswidrigkeiten oder Straftaten **keine entlastende Wirkung**. Kommt es in seinem Verantwortungsbereich zu einem Verstoß gegen gesetzliche Pflichten, greifen die einschlägigen Vorschriften des Ordnungswidrigkeitenrechts und Strafrechts ein, nach denen die Übertragung von Leitungsaufgaben für einen (Gesamt-) Betrieb oder den Teil eines Betriebes dazu führt, dass der Beauftragte wie der Unternehmer zur Verantwortung gezogen werden kann (§ 9 Absatz 2 OWiG, § 14 Absatz 2 StGB). Die zitierten Vorschriften des OWiG und StGB verlangen für Betriebs- und Teilbetriebsleiter keine ausdrückliche Beauftragung, wie sie das BBergG in der Form der Bestellung vorsieht (vgl. im Einzelnen § 62 Rn 8 f.).

3.   Verhältnis zum Arbeitsvertrag

5   Die bergrechtliche Bestellung ist die Folge des Inhalts des maßgeblichen Arbeitsvertrags. Ein Mitarbeiter, der einen Arbeitsvertrag unterzeichnet, welcher die Leitung eines Betriebes oder Teilbetriebs zum Gegenstand hat, ist hiernach zur **Entgegennahme** eines Bestellschreibens **arbeitsvertraglich verpflichtet**. Die

Erweiterung seines arbeitsvertraglich festgelegten Aufgabenbereichs durch ein Bestellschreiben braucht er dagegen nicht hinzunehmen. Ist im Arbeitsvertrag die Stellung allgemein umschrieben, z. B. als Leiter einer Abteilung unter Tage, wird die konkrete Aufgabe und Funktion im Wege des Weisungsrechts des Arbeitgebers bestimmt. In der Bestellung sind sodann die Aufgaben und Befugnisse genau zu beschreiben (Absatz 1 Satz 2, Halbs. 1).

4. Abberufung

Für die Abberufung einer verantwortlichen Person gelten die gleichen Grund- **6** sätze wie für die Bestellung. Auch hier ist eine **schriftliche Erklärung** gegenüber der verantwortlichen Person notwendig. Der Abberufung können innerbetriebliche Gründe (Versetzung, Beförderung) oder eine Kündigung des Arbeitsverhältnisses zugrunde liegen. Mit erfolgter Abberufung ist die Bestellung erloschen und die Verantwortung mit dem Zeitpunkt des Empfangs des Abberufungsschreibens beendet. Ein **Einverständnis** der verantwortlichen Person mit der Abberufung ist **nicht erforderlich**, da dem Unternehmer und allen nachgeordneten Personen nicht zugemutet werden kann, die abzuberufende verantwortliche Person bis zu ihrem Einverständnis mit der Abberufung weiter verantwortlich zu beschäftigen.

5. Bestellung in Gefahrenlagen

Ausnahmsweise ist eine **mündliche Bestellung** möglich in Fällen, die nach § 57 **7** Absatz 1 Satz 1 und Absatz 2 eine Abweichung von einem zugelassenen Betriebsplan rechtfertigen. Die schwer verständliche Formulierung soll besagen, dass der Unternehmer ohne das formale Erfordernis der Schriftform Bestellungen vornehmen kann, wenn Gefahren für Leben und Gesundheit Beschäftigter Dritter vorliegen (§ 57 Absatz 1) oder wenn aufgrund unvorhersehbarer Ereignisse Gefahren für bedeutende Sachgüter (§ 57 Absatz 2) drohen. Ebenso wie der Unternehmer in solchen Gefahrensituationen von der strikten Beachtung des geltenden Betriebsplans suspendiert ist, darf er in solchen Fällen im Rahmen der Einsatzlenkung Mitarbeiter **mündlich bestellen oder abberufen.** Die Erklärung ist aber unverzüglich **schriftlich zu bestätigen** (Absatz 1 Satz 2 Halbs. 2) und der Bergbehörde mitzuteilen (Absatz 2).

6. Inhalt der Bestellung

Das Gesetz schreibt vor, dass in der Bestellung die Aufgaben und Befugnisse **8** **genau zu beschreiben** seien. Die Befugnisse müssten den Aufgaben entsprechen (Absatz 1 Satz 2). Der hiernach zu wahrende Detaillierungsgrad der Bestellung hängt von der übertragenen Aufgabe ab. Einem Mitarbeiter, der als Leiter eines Bergwerks bestellt wird, müssen nicht die mit dieser Funktion verbundenen Aufgaben durch ein Bestellschreiben vermittelt werden. Wer eine solche Funktion übernimmt, wird oder sollte in der Regel die Aufgaben kennen, die er künftig wahrzunehmen hat. Andernfalls fehlt ihm die für diese Funktion notwendige Fachkunde. Wohl aber sind ihm im Bestellschreiben Aufgaben zuzuordnen, die nicht unbedingt mit dieser Aufgabe verbunden sein müssen: so z. B. in seinem Verantwortungsbereich die erforderlichen Betriebspläne vorbereiten zu lassen und ihre Zulassung bei der Behörde zu bewirken, verantwortliche Personen (ggf. ab einer bestimmten Hierarchiestufe) zu bestellen oder in Katastrophenfällen im Betrieb die Gefahrenabwehr- und Rettungsmaßnahmen zu treffen; denn es ist denkbar, dass solche Aufgaben zumindest in größeren Unternehmen von speziellen Stabsabteilungen oder Sondereinheiten wahrgenommen werden. Die Pflicht, zugelassene Betriebspläne einzuhalten, bedarf keiner Festlegung in der Bestellung. Das ergibt sich von selbst, weil es sich um eine gesetzliche Pflicht handelt (§ 145 Absatz 1 Nr. 6) und der Leiter des Betriebs automatisch nach § 9 Absatz 2 OWiG in die Verantwortung des Unternehmers einrückt (vgl. § 62 Rn 8 f.).

9   Einen wichtigen Grundsatz der Delegation enthält Absatz 1 Satz 3 letzter Halbsatz, wo es heißt, dass die übertragenen Befugnisse den Pflichten entsprechen müssen. Damit soll sichergestellt werden, dass derjenige, dem über die Bestellung und die Delegation von Pflichten Aufgaben zur weitgehend selbstverantwortlichen Wahrnehmung übertragen werden, hierzu auch die notwendigen Befugnisse enthält. Hierzu rechnen Befugnisse zur Organisation oder Anordnungs- oder Aufsichtsbefugnisse gegenüber nachgeordneten Verantwortungsebenen. Ist dieser Grundsatz nicht erfüllt, ist die Delegation unwirksam. Einen denkbaren Anwendungsfall bildet die förmliche Einsetzung als Leiter eines Betriebes mit der ausdrücklichen oder unausgesprochenen Anweisung, sich aus dem Tagesgeschäft herauszuhalten ("Frühstücksdirektor").

II.   Namhaftmachung gegenüber der Behörde (Absatz 2)

10   Der (sprachlich heute ungebräuchliche) Begriff der **Namhaftmachung** wurde bereits im preußischen ABG verwendet (§ 76 Absatz 3) und in der Novellengesetzgebung der Länder ab 1964 beibehalten (vgl. § 75 Absatz 2 ABG NRW, § 75 Absatz 3 ABG Saar; Ebel/Weller, ABG, Erg.-Bd. Anmerkung zu § 75). Er bedeutet so viel wie **Anzeige oder Bekanntgabe**, wie sich aus Satz 2 ergibt. Anzuzeigen sind die **Stellung im Betrieb** und die **Vorbildung** der bestellten Person. Durch die Namhaftmachung soll erreicht werden, dass die Bergbehörde über die Art der Tätigkeit der bestellten Person unterrichtet ist und weiß, wen sie im Einzelfall ansprechen kann (Ebel/Weller, Erg.-Bd., § 75 ABG Anmerkung 1). Zugleich erhält sie damit Kenntnis von der Organisationsstruktur im Betrieb, sodass sie beurteilen kann, ob der Unternehmer seiner Pflicht, eine ausreichende Anzahl geeigneter Mitarbeiter zu bestellen, nachgekommen ist.

11   Für die Angabe der **Stellung im Betrieb** genügt die Bezeichnung der Tätigkeit, ggf. in Verbindung mit einem Organigramm, dem sich entnehmen lässt, welche Position die bestellte Person innerhalb des Gesamtbetriebs einnimmt. Im Hinblick auf die **Vorbildung** erhält die Bergbehörde die Möglichkeit, die erforderliche **Fachkunde** der bestellten Person zu beurteilen. Welche technischen und rechtlichen Kenntnisse (Fachkunde) verantwortliche Personen je nach Tätigkeits- und Verantwortungsbereich haben müssen, kann durch Bergverordnung festgelegt werden (§ 66 Nr. 9). Entsprechende Anforderungen enthielt bis zu ihrem Außerkrafttreten die saarländische Verordnung über die Voraussetzungen für die Bestellung von Personen nach § 74 ABG vom 20.7.1967 (Amtsbl. S. 778, abgedruckt bei Ebel/Weller, Erg.-Bd. zu § 75). Ihr Inhalt kann auch heute noch als Anhalt dienen.

12   Die Bestellung (Satz 1) sowie die Änderung der Stellung im Betrieb und das Ausscheiden (Satz 2) sind **unverzüglich** namhaft zu machen bzw. anzuzeigen. Das bedeutet in sinngemäßer Übernahme der Legaldefinition in § 120 BGB **ohne schuldhaftes Zögern**. Ein Verstoß gegen § 60 Absatz 2 kann als **Ordnungswidrigkeit** geahndet werden (§ 145 Nr. 10).

§ 61 Allgemeine Pflichten

(1) Der Unternehmer ist für die ordnungsgemäße Leitung des Betriebes verantwortlich; ihm obliegt die Sicherheit und Ordnung im Betrieb. Er ist verpflichtet,

1. für die ordnungsgemäße Errichtung des Betriebes und den ordnungsgemäßen Betriebsablauf zu sorgen, insbesondere
   a) unter Beachtung der allgemein anerkannten sicherheitstechnischen, arbeitsmedizinischen und arbeitshygienischen Regeln sowie der sonstigen gesicherten arbeitswissenschaftlichen Erkenntnisse die erforderlichen Maßnahmen und Vorkehrungen zu treffen, um Beschäftigte und Dritte vor Gefahren für Leben, Gesundheit und Sachgüter zu schützen, soweit die Eigenart des Betriebes dies zuläßt,
   b) durch innerbetriebliche Anordnungen sicherzustellen, daß die verantwortlichen Personen ihre Aufgaben erfüllen und ihre Befugnisse wahrnehmen können,
2. bei Zuständen oder Ereignissen im Betrieb, die eine unmittelbare Gefahr für Leben oder Gesundheit Beschäftigter oder Dritter herbeizuführen geeignet sind oder herbeigeführt haben, die zur Abwehr der Gefahr oder zur Rettung von Verunglückten geeigneten Maßnahmen zu treffen,
3. bei Zuständen oder Ereignissen im Sinne der Nummer 2 in benachbarten Betrieben anderer Unternehmen im Rahmen seiner Möglichkeiten die erforderliche sachkundige Hilfe durch Einsatz eigener Beschäftigter und Geräte zu leisten.

(2) Der Unternehmer ist ferner verpflichtet, den verantwortlichen Personen von allen die Errichtung, Führung oder Einstellung des Betriebes betreffenden Verwaltungsakten einschließlich der dazugehörigen Unterlagen unverzüglich insoweit Kenntnis zu geben, als deren Aufgaben und Befugnisse betroffen werden. Er hat dafür zu sorgen, daß Betriebspläne und deren Zulassung von den verantwortlichen Personen jederzeit eingesehen werden können.

Übersicht

Rn

I.   Hauptpflichten des Unternehmers (Absatz 1)   1
1.   Einleitung   1
2.   Allgemeine Pflichten   2
     a) Die Pflicht zur ordnungsgemäßen Leitung des Betriebs   3
     b) Sorge für die Sicherheit und Ordnung   5
     c) Ordnungsgemäße Errichtung des Betriebs   6
     d) Ordnungsgemäßer Betriebsablauf   9
     e) Erlass innerbetrieblicher Anordnungen 10
3.   Abwehr von Gefahren und Rettung Verunglückter 11
4.   Pflicht zur nachbarlichen Hilfeleistung (Absatz 1 Satz 2 Nr. 3) 12
II. Pflicht zur Information der verantwortlichen Personen (Absatz 2) 13

I. Hauptpflichten des Unternehmers (Absatz 1)

1. Einleitung

Während das preußische ABG von 1865 eine Verantwortlichkeit des Bergwerksbesitzers nicht vorsah, hatte die Novelle von 1909 dessen Verantwortlichkeit begründet, sie aber von der Erfüllung bestimmter Voraussetzungen, insbesondere einem Eingriff in den Betrieb oder unterlassener Aufsicht, abhängig gemacht (vgl. im Einzelnen § 58 Rn 9 ff.). Nach § 76 ABG trat nur in solchen Fällen die Verantwortung des Bergwerksbesitzers **neben** die Verantwortung der Personen, denen die Leitung und Aufsicht des Betriebes primär oblag (sog. **Aufsichtspersonen**). Erst die Novellengesetzgebung der Bundesländer (Nordrhein-Westfalen, Saarland und später weitere Länder) ab 1964 hatte dem Bergwerksbesitzer die Verantwortung für die Sicherheit und Ordnung im Betrieb auferlegt (§ 73 ABG NRW) und damit eine **durchgehende Verantwortungskette** von oben nach unten begründet. § 61 hat im System der Unternehmensverantwortung eine wichtige Funktion. Die Vorschrift bildet eine Leitlinie für den Umfang und Inhalt der Maßnahmen, die dem Unternehmer im Rahmen des Betriebsplanverfahrens oder nachträglicher Auflagen abverlangt werden können (vgl. § 55 Absatz 1 Satz 1 Nr. 3, § 56 Absatz 1). Sie begründet ferner die **Garantenstellung des Unternehmers** und den Maßstab für die Beurteilung des Schuldvorwurfs bei der Deliktsbegehung durch Unterlassen bei Straf- und Bußgeldvorschriften (vgl. § 62 Rn 8 ff.). Zur Gefahrenabwehr im Bergbaubetrieb und zu § 61 vgl. ferner Weller, ZfB 1992, 30.

2. Allgemeine Pflichten

2   An diese Regelung der Novellengesetzgebung zum ABG knüpft § 61 Absatz 1 an. Dabei werden fünf allgemeine Pflichten für den Unternehmer festgelegt, die zu den besonderen Pflichten, wie sie im Rahmen der Bestellung von verantwortlicher Personen und der Delegation von Aufgaben und Befugnissen festgelegt sind, hinzukommen und diese in ein Gesamtsystem unternehmerischer Verantwortung einbeziehen. Dies sind die Pflichten
–   der ordnungsgemäßen Leitung (a)
–   der Sorge für Sicherheit und Ordnung (b)
–   der ordnungsgemäßen Errichtung des Betriebes (c)
–   der Sorge für den ordnungsgemäßen Betriebsablauf (d).
Hinzu tritt die Pflicht, die Voraussetzungen dafür zu schaffen, dass die bestellten verantwortlichen Personen ihre Aufgaben wahrnehmen können (Absatz 1 Satz 2 Nr. 1 Buchstabe b) und dass sie über den Inhalt von allen den Betrieb betreffenden Verwaltungsakten und Betriebsplänen unterrichtet sind (Absatz 2).

3   **a) Die Pflicht zur ordnungsgemäßen Leitung des Betriebs.** Die Verantwortung für die ordnungsgemäße Leitung des Betriebs (§ 61 Absatz 1 erster Halbsatz) ist oberste und typische Unternehmerpflicht. Leitung ist die Verantwortung für die Schaffung der wirtschaftlichen, planerischen und organisatorischen Voraussetzungen für die Führung des Betriebes (Amtl. Begründung, BT-Drs 8/1315, 115; Zydek, 276). Erfasst werden die Planungen der betrieblichen Vorhaben, insbesondere des Abbaus der Lagerstätte, die Bereitstellung der erforderlichen Betriebsmittel, die Erteilung von Weisungen, die Einstellung des erforderlichen und geeigneten Personals, die Regelung der Zusammenarbeit im Betrieb sowie die Überwachung des Betriebes und der darin Beschäftigten (so die Amtliche Begründung zur Novellierung des § 73 ABG NRW durch das 3. Bergrechtsänderungsgesetz NRW vom 8.12.1964, LTDrucks Nr. 370, S. 7; Boldt/Weller, § 61 Rn 3). Es handelt sich um eine **öffentlich-rechtliche Pflicht**; sie ist **nicht straf-und bußgeldbewehrt** (Boldt/Weller, § 61 Rn 3, 1).

4   Nach dem Verständnis des Gesetzgebers soll die **Leitungspflicht** gemäß § 61 Absatz 1 Satz 1 erster Halbsatz wegen ihres höchstpersönlichen Charakters **nicht delegierbar** sein. Das folgt aus § 62 Absatz 1 Satz 1 Nr. 1, in dem die übertragbaren Pflichten genannt sind und der erste Halbsatz in § 61 Absatz 1 ausdrücklich ausgenommen ist. Damit soll sichergestellt werden, dass die Leitungspflicht stets auf der obersten Unternehmensebene verbleibt und nicht auf nachgeordnete Stellen verlagert werden kann. Davon zu unterscheiden ist die **Betriebsführungspflicht** im zweiten Halbsatz von § 61 Absatz 1 Satz 1, wo es heißt, dass dem Unternehmer die **Sicherheit und Ordnung im Betrieb** obliege (nachstehend unter b), die darin besteht, dass der Unternehmer für die **ordnungsgemäße Errichtung des Betriebes** und den **ordnungsgemäßen Betriebs-**

ablauf zu sorgen habe (s. Absatz 1 Satz 2 Nr. 1/Einl.). Die Betriebsführungspflicht kann auf andere Personen übertragen werden. Eine **Ausnahme** von dem Grundsatz, dass der Unternehmer selbst die oberste Leitungsverantwortung wahrzunehmen hat, gilt nur für den Fall, dass während des Betriebes deutliche Anhaltspunkte dafür vorliegen, dass der Unternehmer selbst die zur Gewährleistung von Sicherheit und Ordnung erforderliche Zuverlässigkeit und Fachkunde nicht besitzt. In diesem Falle kann die Bergbehörde nach § 73 Absatz 2 die Fortführung des Betriebes bis zur Bestellung einer mit der **Gesamtleitung beauftragten** verantwortlichen Person untersagen. Sind die Untersagungsgründe entfallen, ist zum Regelfall zurückzukehren: Auf Antrag ist dem Unternehmer daher wieder die persönliche Leitung des Betriebes zu gestatten (Boldt/Weller, § 61 Rn 3).

b) Sorge für die Sicherheit und Ordnung. Diese zunächst in Absatz 1 Satz 1   **5**
zweiter Halbsatz allgemein umschriebene **Betriebsführungspflicht** wird in Satz 2 Nr. 1 und 2 näher konkretisiert. Bereits unter der Geltung des ABG in der Novellengesetzgebung einzelner Bundesländer (s. oben Rn 1) gehörte hierzu die Verpflichtung, Betriebspläne einzuhalten sowie die berggesetzlichen, bergbehördlichen und sonstigen Sicherheitsvorschriften zu beachten. Hinzu trat eine ausreichende und sachgemäße Betriebsüberwachung (Ebel/Weller, Erg. Bd., § 73 Anmerkung 3). Hieran hat sich durch § 61 nichts geändert. Allerdings wird die Sorge für Sicherheit und Ordnung – an sich eine selbstverständliche Leitungsaufgabe – verselbstständigter Teil der Leitung, um ihm eine besondere Geltung zu verschaffen und ihn delegierbar zu machen. Die Betriebsführungspflicht ist eine **öffentlich-rechtliche Pflicht** (Boldt/Weller, § 61 Rn 3). Sie kann damit erforderlichenfalls im Wege der Anordnung von der Bergbehörde gemäß § 71 Absatz 1 durchgesetzt werden. Die Betriebsführungspflicht nach dem BBergG umfasst insbesondere die Verpflichtung, entsprechend § 58 Absatz 1 die gesetzlichen, die bergbehördlichen Pflichten sowie diejenigen aus Verwaltungsakten und zugelassenen Betriebsplänen einzuhalten.

c) Ordnungsgemäße Errichtung des Betriebs. Sie bildet zusammen mit der Sorge   **6**
für den ordnungsgemäßen Betriebsablauf den Kern der Betriebsführungspflicht. Die anschließend unter Buchstabe a) und b) genannten Anwendungsfälle sind nur beispielhaft („insbesondere") als besonders wichtig hervorgehoben (Amtliche Begründung BT-Drs 8/1315, 115 = Zydek, 276). Als **Errichtung des Betriebes** ist nicht allein die Phase „vom ersten Spatenstich" bis zur Aufnahme der Gewinnung des Bodenschatzes zu verstehen, sondern der gesamte Zyklus von der Planung über die Erschließung der Bodenschätze bis zur Aufnahme der Förderung und der Weiterführung des Betriebes nach dem abschnittsweisen Verzehr der Lagerstätte einschließlich der Wiedernutzbarmachung (vgl. § 2 Absatz 1 Nr. 1 und 2). Hierbei sollen neben den gesetzlichen Vorschriften und denjenigen von Bergverordnungen auch **nicht normierte Regeln und Erkenntnisse** beachtet werden, sofern diese allgemein anerkannt oder gesichert sind. Der Begriff **allgemein anerkannt** wird in zahlreichen anderen Gesetzen verwendet und wird daher im BBergG vorausgesetzt. Allgemein anerkannte Regeln haben keinen Rechtsnormcharakter, sondern sind unbestimmte Rechtsbegriffe, die auf Erkenntnisse und Vorstellungen einschlägiger Fachkreise verweisen und meist in Regelwerken niedergelegt sind (vgl. auch Boldt/Weller, § 61 Rn 5). Der Begriff **gesicherte arbeitswissenschaftliche Erkenntnisse** geht in dieselbe Richtung, wobei sogar tendenziell noch ein höheres Maß an Übereinstimmung innerhalb der beteiligten Fachkreise bestehen muss.

Es sind **Maßnahmen und Vorkehrungen** zu treffen, um Beschäftigte und Dritte   **7**
vor Gefahren für Leben, Gesundheit und Sachgüter zu schützen. Die Mehrzahl der zu beachtenden Regeln und Erkenntnisse bezieht sich allein auf die Beschäftigten, da es sich um solche der Arbeitsmedizin, Arbeitshygiene usw. handeln

muss. Ob neben diesen überwiegend betriebsinternen Zielsetzungen auch eine **Anwendung der Regelung auf Dritte** möglich sein kann, erscheint zweifelhaft. Für einen solchen „**Drittschutz**" müssten allgemein anerkannte **sicherheitstechnische Regeln** vorliegen, die es, bezogen auf den Bergbau, wohl eher selten geben dürfte, jedenfalls nicht bekannt sind. Insofern ist der Anwendungsbereich äußerst eng. Keinesfalls darf aus der Regelung geschlossen werden, der Bergbau sei gehalten, bei der Planung und Führung des Betriebes als Ausfluss der Betriebsführungspflicht die Schädigung Dritter in der Form bergbaulicher Einwirkungen zu vermeiden, zum Beispiel durch Abbaueinschränkungen. Die formelhafte Wendung, wonach der Schutz Beschäftigter oder Dritter vor Gefahren für Leben, Gesundheit und Sachgüter, zu beachten sei, hat im Rahmen des § 61 keine erkennbare Auswirkung.

8   Eine **Begrenzung der Schutzziele** der Betriebsführungspflicht enthält Buchstabe a) mit dem Merkmal, dass die zu beachtenden Regeln und Erkenntnisse nur zu beachten seien, soweit die **Eigenart des Betriebs** dies zulasse. Das Korrektiv entspricht dem **Grundsatz der Verhältnismäßigkeit.** Da bei den Beschäftigten des Bergbaus je nach Bergbauzweig unvermeidbar für deren Gesundheit, gelegentlich auch für deren Leben, Gefahren bestehen können, bedarf die strikte Einhaltung von Regeln und Erkenntnissen, soweit sie außerhalb des Bergbaus in sicherheitstechnischer, arbeitsmedizinischer und -hygienischer Sicht entwickelt oder gewonnen worden sind, der Einschränkung. Andernfalls könnte der Betrieb nicht weitergeführt werden. Maßstab ist die Eigenart des jeweiligen Bergbaubetriebs, an welche die Regeln anzupassen sind. Dem Unternehmer können nur solche Maßnahmen und Vorkehrungen abgefordert werden, die den Fortbestand des Betriebes in wirtschaftlicher Hinsicht nicht gefährden (Boldt/Weller, § 61 Rn 6).

9   d) **Ordnungsgemäßer Betriebsablauf.** Ein solcher gehört ebenfalls zu den Ausprägungen der Betriebsführungspflicht. Darunter zu verstehen ist die **ordnungsgemäße Organisation** des Unternehmens oder Betriebs. Der Betriebsablauf wird grundsätzlich durch betriebsinterne Weisungen, Anordnungen oder Weisungen bestimmt (Amtl. Begr. BT-Drs 8/1315, 115 = Zydek, 276). Neben der Pflicht zur Bestellung verantwortlicher Personen nach § 59 Absatz 2 rechnet zur ordnungsgemäßen Betriebsorganisation auch die Pflicht, entsprechend **Buchstabe b)** in § 61 Absatz 1 Satz 2 Nr. 1 durch **innerbetriebliche Anordnungen** sicherzustellen, dass die verantwortlichen Personen ihre Aufgaben erfüllen und ihre Aufgaben wahrnehmen können.

10   e) **Erlass innerbetrieblicher Anordnungen.** Durch betriebliche Anordnungen ist nach **Absatz 1 Satz 2 Nr. 1 Buchstabe b** sicherzustellen, dass die verantwortlichen Personen ihre Aufgaben erfüllen und ihre Befugnisse wahrnehmen können. Dies geschieht durch allgemeine Anordnungen und auf den Einzelfall bezogene Weisungen, welche die nachgeordneten Mitarbeiter nach arbeitsrechtlichen Grundsätzen zu befolgen haben.

3.   Abwehr von Gefahren und Rettung Verunglückter

11   Die entsprechende Pflicht (Absatz 1 Satz 2 Nr. 2) gehört bereits zum ordnungsgemäßen Betriebsablauf, ist aber wegen ihrer besonderen Bedeutung als eigenständige Betriebspflicht hervorgehoben. Sie bezieht sich ausschließlich auf den **eigenen Betrieb**, wobei als Betrieb alle Betriebe desselben Unternehmers zu betrachten sind, wie sich aus Nr. 3 ergibt, in der die Hilfeleistungspflicht bei Gefahrenlagen in benachbarten Betrieben **anderer Unternehmer** geregelt ist. Das innerbetriebliche Rettungswesen wird im Wege des Betriebsplanverfahrens und durch Bergverordnung nach § 66 Satz 1 Nr. 5 geregelt. Zu den hiernach zu treffenden Vorsorgemaßnahmen gehört die Einrichtung einer **Grubenwehr** bei Gewinnungsbetrieben mit untertägigen Grubenbauen und die Aufstellung einer **Gasschutzwehr** bei Betrieben, in denen unatembare oder giftige Gase und Dämpfe auftreten (vgl. Boldt/Weller, § 61 Rn 7). Eine **überbetriebliche Koope-ration** regelt § 131. Hiernach müssen Unternehmer mit untertägigen Gewin-nungsbetrieben oder mit Betrieben, in denen Brand- oder Explosionsgefahr besteht oder unatembare oder giftige Gase oder Dämpfe auftreten können, zur Wahrnehmung gemeinsamer Aufgaben nach § 131 **Hauptstellen für das Grubenrettungswesen** bilden und unterhalten oder solchen angeschlossen sein.

4. Pflicht zur nachbarlichen Hilfeleistung (Absatz 1 Satz 2 Nr. 3)

Sie entsteht, wenn in dem Betrieb eines **fremden Unternehmers** Zustände oder   **12**
Betriebsereignisse im Sinne der Nummer 2 auftreten, und erstreckt sich auf die Bereitstellung sachkundiger Personen, von Rettungsgeräten, Transportmitteln, Medikamenten, Verbandsstoffen und sonstigen in derartigen Fällen benötigten Mitteln (Amtl. Begr. BT-Drs 8/1315, 115 = Zydek, 276). Nach dem Gesetzes-wortlaut soll der hilfsbedürftige Betrieb ein **benachbarter** Betrieb sein, woraus zu schließen ist, dass er sich in **räumlicher Nähe** des eigenen Betriebs befinden muss (so Boldt/Weller, § 61 Rn 9). Die **öffentlich-rechtliche** Hilfeleistungspflicht trifft alle Unternehmer, die gemäß § 4 Absatz 5 dem Bundesberggesetz unterliegen, unabhängig von der Art des gewonnenen oder aufbereiteten Bodenschatzes. Eine Hilfeleistungspflicht trifft den Unternehmer nur im **Rahmen seiner Mög-lichkeiten**, d.h. seiner eigenen Leistungsfähigkeit (Amtl. Begr. aaO). Die Ein-schränkung trägt dem Grundsatz der Verhältnismäßigkeit Rechnung. Die Pflicht zur Hilfeleistung anderer Betriebe kann nach § 74 Absatz 2 im Wege der berg-behördlichen Anordnung durchgesetzt werden. Bei dieser Vorschrift fällt auf, dass hier das einschränkende Merkmal des benachbarten Betriebs fehlt, was als redaktionelles Versehen anzusehen sein dürfte; denn bereits nach § 205 Absatz 3 ABG, dem Satz 2 Nr. 3 ersichtlich nachgebildet ist, beschränkte sich die Hilfe-leistungspflicht auf die Besitzer benachbarter Bergwerke. Dem in Anspruch genommenen Unternehmer sind die Aufwendungen für die Bereitstellung von Arbeitskräften, Geräten und Hilfsmitteln zu ersetzen (§ 74 Absatz 2 Satz 2).

II. Pflicht zur Information der verantwortlichen Personen (Absatz 2)

Auch diese Pflicht soll einen **ordnungsgemäßen Betriebsablauf** gewährleisten.   **13**
Bergbauliche Betriebe dürfen nach § 54 Absatz 1 nur aufgrund von Plänen (Betriebsplänen) errichtet, geführt und eingestellt werden, die vom Unternehmer aufgestellt und von der Bergbehörde zugelassen worden sind. Der Unternehmer hat aufgrund seiner primären Verantwortung die Pflicht sicherzustellen, dass die Betriebspläne eingehalten werden. Sind gemäß §§ 58 bis 60 verantwortliche Personen bestellt, obliegt diesen die Erfüllung dieser Pflicht. Nach Satz 1 ist der Unternehmer verpflichtet, den verantwortlichen Personen unverzüglich den **Inhalt der den Betrieb betreffenden Verwaltungsakte**, wozu in erster Linie die zugelassenen Betriebspläne rechnen, zur Kenntnis zu geben. Diese Unterrichtung muss **unverzüglich** vorgenommen werden, jedenfalls bevor die in den Betriebs-plänen erfassten Arbeiten und Vorhaben begonnen werden. Darüber hinaus ist der Unternehmer verpflichtet, die verantwortlichen Personen über Verwaltungs-akte der Bergbehörde in Kenntnis zu setzen, die in den Betriebsablauf eingreifen (Amtl. Begründung, BT-Drs 8/1315, 115 = Zydek, 276), die also zum Beispiel Betriebsplanzulassungen durch die nachträgliche Aufnahme von Auflagen gemäß § 57 Absatz 1 oder auf andere Weise, etwa nachträgliche Anordnungen nach § 71, abändern. Die Pflicht zur Unterrichtung verantwortlicher Personen besteht jeweils für deren Aufgabenkreis.

14 Sich über den Inhalt der maßgebenden Betriebspläne und deren Zulassung die notwendigen Kenntnisse zu verschaffen, ist **arbeitsvertragliche Pflicht** der verantwortlichen Personen und betrifft das persönliche Merkmal der **Zuverlässigkeit.** Der Unternehmer hat durch geeignete Maßnahmen, Anordnungen und Überprüfungen sicherzustellen, dass den verantwortlichen Personen der Inhalt der Betriebspläne und etwaige bei der Zulassung ausgesprochene Auflagen oder Einschränkungen jederzeit präsent sind. Deshalb hat er ihnen nach **Satz 2** in Absatz 2 die Möglichkeit zu verschaffen, dass sie diese **jederzeit,** das heißt zu den üblichen Betriebs- und Arbeitsstunden, einsehen können. Die in § 61 Absatz 2 niedergelegten Pflichten können nach § 62 Absatz 1 Nr. 1 auf verantwortliche Personen übertragen werden. **Zuwiderhandlungen** gegen die in Absatz 2 normierten Pflichten können nach § 145 Nr. 11 und 12 als Ordnungswidrigkeit geahndet werden.

§ 62   Übertragbarkeit bestimmter Pflichten und Befugnisse

Der Unternehmer kann
1. **die sich aus § 51 Abs. 1, §§ 52, 54 Abs. 1, § 57 Abs. 1 Satz 2 und Absatz 2, § 61 Abs. 1 Satz 1 2. Halbsatz, Satz 2 und Abs. 2 sowie § 74 Absatz 3 ergebenden Pflichten sowie**
2. **die sich aus § 57 Abs. 1 und 2 sowie aus dieser Vorschrift ergebenden Befugnisse**

auf verantwortliche Personen übertragen. Die Pflichten des Unternehmers nach § 61 Abs. 1 Satz 1 zweiter Halbsatz und Satz 2 bleiben bestehen, auch wenn verantwortliche Personen bestellt worden sind.

Übersicht   Rn

I.   Bedeutung der Vorschrift   1
1.   Übertragbarkeit bestimmter Pflichten (Absatz 1 Satz 1 Nr. 1)   1
2.   Übertragbare Pflichten   2
3.   Übertragbarkeit von Befugnissen (Absatz 1 Satz 1 Nr. 2)   5
4.   Übertragung von außerbergrechtlichen Pflichten und Befugnissen   6

II.   Verantwortung des Unternehmers und verantwortlicher Personen bei
      Gesetzesverstößen nach Straf- und Ordnungswidrigkeitenrecht   8
1.   Einführung   8
2.   Verantwortung des Unternehmers   9
3.   Verantwortung von Betriebsleitern und Teilbetriebsleitern   10
4.   Verantwortung sonstiger Personen   11
5.   Verletzung des Aufsichtspflicht (§ 130 OWiG)   12
6.   Geldbuße gegen juristische Personen und Personenvereinigungen
      (§ 30 OWiG)   14
7.   Strafrechtliche Verantwortung – Grundzüge   15

III. Bedeutung der organisationsrechtlichen Vorschriften des BBergG für die
      Verantwortlichkeit nach StGB und OWiG   17
1.   Delegation   17
2.   Wirkung der Delegation   19
3.   Unternehmensorganisation   20

I. Bedeutung der Vorschrift

1. Übertragbarkeit bestimmter Pflichten (Absatz 1 Satz 1 Nr. 1)

Nach § 62 Satz 1 Nr. 1 ist der Unternehmer befugt („*kann*"), alle in dieser **1** Vorschrift genannten Pflichten auf verantwortliche Personen zu übertragen. Die gesetzliche Anordnung bezweckt, die unternehmerische Verantwortung je nach Größe des Betriebes zu verzweigen und damit zu vervielfachen, um auf jeder Hierarchiestufe die Beachtung der bestehenden öffentlich-rechtlichen Pflichten sicherzustellen. Es erstaunt, dass das Gesetz gerade diese Pflichten als übertragbar bezeichnet, wobei der Eindruck erweckt wird, andere im Gesetz oder in Bergverordnungen enthaltene Pflichten ließen sich nicht auf verantwortliche Personen übertragen. Darin liegt insofern ein Widerspruch, als der Unternehmer nach § 59 Absatz 2 gehalten ist, verantwortliche Personen in der erforderlichen Anzahl zu bestellen, die dann folgerichtig auch sämtliche Pflichten zu übernehmen haben, die im Rahmen ihres Verantwortungsbereichs zu erfüllen sind. Systematisch lassen sich die Pflichten wie folgt einordnen:
– übertragbare Pflichten, bei denen die Verantwortung des Unternehmers nach dem Verständnis des Gesetzgebers aufgrund der Übertragung nicht mehr besteht (unten Rn 2)
– übertragbare Pflichten, bei denen die Verantwortung des Unternehmers trotz Übertragung bestehen bleibt (unten Rn 3)
– nicht übertragbare Pflichten (Rn 4).

2. Übertragbare Pflichten

Es sind die Pflichten, allgemein Betriebspläne aufzustellen (§ 51 Absatz 1), **2** Haupt-, Rahmen – und Sonderbetriebspläne aufzustellen (§ 52), vor Beginn der vorgesehenen Arbeiten den Betriebsplan oder dessen Verlängerung, Ergänzung oder Änderung zur Zulassung einzureichen (§ 54), Abweichungen von einem zugelassenen Betriebsplan anzuzeigen (§ 54 Absatz 1 Satz 2 und Absatz 2), die verantwortlichen Personen über alle einschlägigen Verwaltungsakte und Betriebspläne zu informieren (§ 61 Absatz 2) und bei der zuständigen Behörde bestimmte Betriebsereignisse unverzüglich anzuzeigen (§ 74 Absatz 3). Wie sich aus Satz 2 des § 62 ergibt, der auf eine Forderung des Bundesrates im Gesetzgebungsverfahren zurückgeht (vgl. nachstehend Rn 3), ist der Gesetzgeber offenbar davon ausgegangen, dass die vorstehend genannten Pflichten mit der Übertragung auf eine verantwortliche Person in der Person des Unternehmers nicht mehr bestehen, weil andernfalls die in § 62 Satz 2 für die Pflichten aus § 61 Absatz 1 Satz 1 zweiter Halbsatz und Satz 2 ausgesprochene Ausnahme keinen Sinn ergäbe. Die Klarstellung verkennt jedoch, dass die Delegation von Pflichten niemals eine vollständige Entbindung von der entsprechenden Verantwortung begründet. Dem Unternehmer obliegen vielmehr nach allgemeinen Grundsätzen weiterhin **Aufsichts-, Kontroll- und Koordinationspflichten.** Dasselbe gilt für verantwortliche Personen auf jeder Delegationsstufe entsprechend ihrem jeweiligen Aufgabenbereich.

Zu den **übertragbaren Pflichten,** die nach dem Verständnis des Gesetzgebers **3** **trotz Übertragung beim Unternehmer verbleiben,** gehört die Pflicht, die Sicherheit und Ordnung im Betrieb sicherzustellen (§ 61 Absatz 1 Satz 1 zweiter Halbsatz), für die ordnungsgemäße Errichtung des Betriebes und den ordnungsgemäßen Betriebsablauf zu sorgen, Maßnahmen zur Abwehr von Gefahren und zur Rettung Verunglückter zu treffen und schließlich die Pflicht, benachbarten Betrieben Hilfe zu leisten (§ 61 Absatz 1 Satz 2). Die Begründung einer parallelen Verantwortlichkeit von Unternehmer und bestellter verantwortlicher Person beruht auf einer Forderung des Bundesrates, der sicherstellen wollte, dass der Unternehmer für die Einhaltung der Arbeitsschutzvorschriften auch dann verpflichtet bleiben sollte, wenn er eine verantwortliche Person bestellt (BT-Drs 8/1315, 179 = Zydek, 278). Vorbild war eine Regelung in § 29 Absatz 2 Satz 4 der Strahlenschutzverordnung und in § 24 Sprengstoffgesetz.

4 **Nicht übertragbar** auf verantwortliche Personen ist die unternehmerische **Grundpflicht, für die ordnungsgemäße Leitung** zu sorgen. Das ergibt sich aus dem fehlenden Zitat des § 61 Absatz 1 Satz 1 erster Halbsatz in der Aufzählung der übertragbaren Pflichten in § 62 Satz 1 Nr. 1.

3. Übertragbarkeit von Befugnissen (Absatz 1 Satz 1 Nr. 2)

5 Hierzu rechnet die Befugnis, in besonderen Gefahrenlagen Abweichungen von einem zugelassenen Betriebsplan oder Maßnahmen zur Einstellung des Betriebes jeweils ohne zugelassenen Betriebsplan zu treffen (§ 57 Absatz 1 und 2). Sie ist sinngemäß um die Berechtigung zu ergänzen, in diesen Fällen eine Bestellung oder Abberufung einer verantwortlichen Person auch ohne schriftliche Erklärung bewirken zu dürfen (vgl. § 59 Absatz 1). **Übertragbar** ist ferner, wie sich aus den Worten „*sowie aus dieser Vorschrift ergebenden Befugnisse*" ergibt, die **Delegationsbefugnis** des § 62 selbst (Amtliche Begründung, BT-Drs 8/1315, 115 = Zydek, 278). Hierdurch wird erreicht, dass die vom Unternehmer bestellte verantwortliche Person selbst wieder mit der abgeleiteten Übertragungsbefugnis ausgestattet wird und sie auf die in der Verantwortungskette nächst untere Person als **Folge eigener Delegationsbefugnis selbst** weiterübertragen kann. Damit lassen sich je nach Inhalt und Umfang der Bestellung die Pflichten und Befugnisse von Stufe zu Stufe weiter nach unten verlagern.

4. Übertragung von außerbergrechtlichen Pflichten und Befugnissen

6 In Bergbaubetrieben sind in der Regel neben den eigentlichen Vorschriften des Bergrechts aus dem Gesetz, Bergverordnungen oder auf das Bergrecht gestützten Verwaltungsakten zahlreiche Vorschriften aus anderen Rechtsgebieten, insbesondere des Umweltrechts (Abfallrecht, Immissionsschutzrecht, Chemikalienrecht u. a.) zu beachten, die an den Unternehmer gerichtete öffentlich-rechtliche Pflichten, in der Regel als Ordnungswidrigkeiten oder ergänzend als Straftaten sanktioniert, vorsehen. Da die Erfüllung dieser Pflichten meist untrennbar mit der Wahrnehmung des jeweiligen Pflichtenkreises auf den Hierarchieebenen des Betriebes verbunden ist, wird in der Praxis den verantwortlichen Personen im jeweiligen Bestellschreiben oder in Ergänzungen und Klarstellungen regelmäßig die Aufgabe übertragen, auch für die Einhaltung dieser außerbergrechtlichen Vorschriften zu sorgen.

7 Mit dieser Delegation ist **keine Übertragung der verwaltungsrechtlichen Verantwortung** (zum Begriff vgl. § 58 Rn 1 ff., 16 ff.) verbunden, da diese nach dem insoweit ausdrücklichen Wortlaut des § 58 Absatz 1 des Gesetzes nur im Hinblick die bergrechtlichen Vorschriften möglich ist. Eine Ausnahme gilt, wenn in die Zulassung eines Betriebsplans, wie in zahlreichen Fällen aus Gründen der Übersichtlichkeit und Praktikabilität unvermeidbar, auch Regelungskomplexe aus außerbergrechtlichen Vorschriften über § 48 Absatz 2 oder unmittelbar aus Eingriffsnormen dieser Gesetze eingearbeitet sind (z. B. bei einem zugelassenen Betriebsplan über ein Haldenvorhaben Regelungen über die Vermeidung von Immissionen oder die Abfallbeseitigung). In diesen Fällen einer Inkorporation wird die außerbergrechtliche zu einer bergrechtlichen Pflicht, sodass die allgemeinen Grundsätze über die Wirkung der Bestellung gelten. In allen anderen Fällen muss die zuständige Behörde ihre Anordnungen an den in den außerbergrechtlichen Vorschriften genannten Adressaten gesetzlicher Ermächtigungen

(z. B. Betreiber, Erzeuger von Abfällen usw.), also in der Regel den Unternehmer i. S. von § 58 Absatz 1 Nr. 1 BBergG, richten. Die gleichzeitige Delegation außerbergrechtlicher Pflichten auf nachgeordnete Personen hat aber die wichtige Funktion, diesen Personen deutlich zu machen, dass sie als leitende Personen nach dem Ordnungswidrigkeitenrecht und Strafrecht neben dem Unternehmer verantwortlich sind (s. nachstehend Rn 8 f.).

II. Verantwortung des Unternehmers und verantwortlicher Personen bei Gesetzesverstößen nach Straf- und Ordnungswidrigkeitenrecht

1. Einführung

Die §§ 58 bis 62 betreffen allein die **verwaltungsrechtliche Verantwortung** (vgl. **8** § 58 Rn 1 ff., 16 ff.). Verstöße gegen Pflichten, die sich aus dem Gesetz, Bergverordnungen, Verwaltungsakten und zugelassenen Betriebsplänen für die ordnungsgemäße Errichtung, Führung und Einstellung des Betriebes ergeben, kann die Bergbehörde nur mit den Mitteln des Verwaltungsrechts begegnen, die ihr das Gesetz zur Verfügung stellt; das sind Anordnungen, Auflagen und die Versagung von Betriebsplanzulassungen oder deren Rücknahme und Widerruf. Sind in einem Bergbaubetrieb Ordnungswidrigkeiten oder Straftaten begangen worden, wie sie in § 145 und 146 des Gesetzes aufgeführt sind, beantwortet sich die Frage, ob der Unternehmer und neben ihm oder an seiner Stelle verantwortliche Personen zur Rechenschaft gezogen werden können, nicht nach dem BBergG, sondern nach dem OWiG und dem StGB. Das Gleiche gilt für Ordnungswidrigkeiten und Straftaten in anderen Gesetzen, soweit diese von dem Unternehmer oder von in seinem Unternehmen oder Betrieb tätigen Personen begangen worden sind. Die nachstehenden Ausführungen geben einen Überblick über die einschlägigen Vorschriften des OWiG und StGB.

2. Verantwortung des Unternehmers

Sie ist in nahezu wortgleichen Vorschriften in § 9 **Absatz 1 OWiG** und § 14 **9** **Absatz 1 StGB** geregelt. Nach diesen Vorschriften ist ein Gesetz, nach dem besondere persönliche Merkmale die Möglichkeit der Ahndung begründen, auch auf den Vertreter anzuwenden, wenn diese Merkmale nicht bei ihm, aber bei dem Vertretenen vorliegen. Vertreter ist das vertretungsberechtigte Organ einer juristischen Person oder das Mitglied eines solchen Organs oder der vertretungsberechtigte Gesellschafter einer rechtsfähigen Personengesellschaft; Vertretener ist im ersten Fall z. B. eine Aktiengesellschaft und eine GmbH, im zweiten Fall eine OHG oder KG. Die beiden Vorschriften des OWiG und StGB beziehen sich auf Tatbestände, die ihrer Fassung nach nur für einen bestimmten Personenkreis gelten, die *„besondere persönliche Merkmale"* aufweisen, also in der maßgeblichen Norm als Unternehmer, Halter eines Fahrzeugs, Betriebsinhaber oder Betreiber einer Anlage bezeichnet werden (z. B. *„wer als Halter"*). Andere Tatbestände können nach dem Zusammenhang der Vorschriften nur für einen bestimmten Personenkreis gelten. Dazu gehören die §§ 145 und 146 BBergG. Dort heißt es etwa in § 145 Absatz 1: *„Ordnungswidrig handelt, wer vorsätzlich [...]"*. Es bedarf keiner weiteren Erläuterung, dass damit nur der Unternehmer i. S. von § 4 Absatz 5 gemeint sein kann. Die §§ 9 Absatz 1 OWiG und § 14 Absatz 1 StGB wollen den Anwendungsbereich von auf einen bestimmten Personenkreis bezogenen Tatbeständen auf Personen erweitern, die für den eigentlichen Normadressaten handeln (z. B. die Vorstandsmitglieder einer Aktiengesellschaft für die juristische Person). Ohne eine solche Erweiterung entstünde eine unangemessene Sanktionslücke: Weder der Normadressat, noch der Handelnde könnte zur Verantwortung gezogen werden; der eine nicht, weil er nicht gehandelt hat, der andere nicht, weil er nicht Normadressat ist (vgl. Göhler, OWiG, § 9 Rn 1 f.). Mit der kompliziert formulierten Regelung wird erreicht, dass die für eine juristische Person oder Personenhandelsgesellschaft handelnden Personen als Adressaten der Gebots- und Verbotsnormen zu gelten haben und im Falle von Verstößen zur Rechenschaft gezogen werden können. Bei Kollegialorganen, z. B. Vorständen einer Aktiengesellschaft, können sich schwierige Fragen der Zuordnung ergeben. In der Regel dürfte dasjenige Mitglied des Kollegialorgans letztlich die Verantwortung tragen, das nach der Geschäftsverteilung für den jeweiligen Sachbereich (z. B. den technischen Betrieb in einem Bergbauunternehmen) die Verantwortung übernommen hat, sofern nicht andere Mitglieder an einer Entscheidung durch Handeln oder Unterlassen mitgewirkt haben.

3. Verantwortung von Betriebsleitern und Teilbetriebsleitern

10 In wiederum nahezu wortgleichen Vorschriften regeln die Absätze 2 der §§ 9 OWiG und 14 StGB die Verantwortung von Personen, den in einem Betrieb oder Unternehmen Aufgaben mit Leitungsfunktion übertragen sind. Handelt es sich um Personen, die von dem Inhaber des Betriebes *beauftragt sind, den Betrieb ganz oder zum Teil zu leiten"* (§ 9 Absatz 2 Nr. 1 OWiG, § 14 Absatz 2 Nr. 1 StGB), werden auch in diesem Fall die beauftragten leitenden Personen ebenso Normadressaten wie die Vertretenen im Falle des Absatz 1 (vgl. vorstehend Rn 9), sofern sie aufgrund des ihnen erteilten Auftrags handeln. Das bedeutet – wiederum bezogen auf die §§ 145, 146 BBergG –, dass die mit Leitungsaufgaben betrauten Personen in einem Bergbaubetrieb **Adressaten** dieser Vorschriften sind **allein aufgrund ihrer Leitungsfunktion.** Es bedarf keiner Bestellung des Unternehmers. Sie rücken von selbst in die Stellung der Normadressaten, soweit die Bußgeld- und Strafvorschriften für den Betriebsinhaber gelten (Göhler, OWiG, § 9 Rn 17).

4. Verantwortung sonstiger Personen

11 Neben den Betriebsleitern oder Teilbetriebsleitern können weitere Personen Normadressaten werden, die vom Betriebsinhaber oder Unternehmer **ausdrücklich beauftragt** sind, in **eigener Verantwortung** Aufgaben wahrzunehmen, die dem Inhaber des Betriebs obliegen (§ 9 Absatz 2 Nr. 2 OWiG, § 14 Absatz 2 Nr. 2 StGB). In diesem Falle rückt der Beauftragte aufgrund Delegation von Aufgaben und Befugnissen für den Betriebsinhaber in dessen Verantwortungsbereich ein (Göhler, OWiG, § 9 Rn 24 f.). Notwendig zur Übertragung von Verantwortung ist eine **ausdrückliche Beauftragung.** Fehlt eine solche, kann der Betriebsinhaber (Unternehmer) oder die mit der Betriebsleitung betraute Person unter dem Gesichtspunkt der Aufsichtspflichtverletzung (hierzu weiter unten Rn 12) zur Verantwortung gezogen werden (Göhler, aaO, Rn 27 f.). Schriftform ist für die Wirksamkeit der Beauftragung nicht notwendig, dürfte sich aber im Interesse einer klaren Organisation und zur Entlastung des Betriebsinhabers (Unternehmers) und der Betriebs- und Teilbetriebsleiter empfehlen (Göhler, aaO, § 9 Rn 29). **Aufsichtspersonen** tragen neben dem Betriebsinhaber für die Wahrnehmung von Aufgaben nur Verantwortung, wenn sie hiermit ausdrücklich beauftragt sind (Göhler, aaO, § 9 Rn 22), und zwar selbst dann, wenn sie den Betrieb ganz oder teilweise zu beaufsichtigen haben.

5. Verletzung der Aufsichtspflicht (§ 130 OWiG)

12 Nach dieser Vorschrift handelt der Inhaber eines Betriebes oder Unternehmens ordnungswidrig, wenn er vorsätzlich oder fahrlässig die Aufsichtsmaßnahmen unterlässt, die erforderlich sind, um in dem Betrieb oder Unternehmen Zuwiderhandlungen gegen Pflichten zu verhindern, die den Inhaber treffen und deren Verletzung mit Strafe oder Geldbuße bedroht ist. Es muss eine Zuwiderhandlung begangen worden sein, die durch gehörige Aufsicht verhindert oder wesentlich erschwert worden wäre. Zu den erforderlichen Aufsichtsmaßnahmen gehören auch die **Bestellung, sorgfältige Auswahl und Überwachung von Aufsichtspersonen** (§ 130 Absatz 1 OWiG). Der **Zweck der Vorschrift** besteht darin, Zuwiderhandlungen in einem Betrieb (Unternehmen) entgegenzuwirken, soweit hierdurch gegen betriebsbezogene Pflichten verstoßen wird und der Betriebsinhaber als Täter ausscheidet, weil er selbst nicht positiv gehandelt hat oder die Pflichten nicht in eigener Person wahrnehmen konnte. § 130 schließt als **Auffangtatbestand** eine Lücke. Die Vorschrift greift ein, wenn die Handlung des Aufsichtspflichtigen nicht bereits als bedingt vorsätzliche Täterschaft oder als fahrlässige Nebentäterschaft angesehen werden kann (Göhler, aaO, § 130 Rn 25 f.). Zum Täterkreis gehört nicht nur der Betriebsinhaber (Unternehmer), sondern gemäß § 9 Absatz 2 OWiG auch der Leiter und Teilbetriebsleiter.

13   Das **Ausmaß der Aufsichtspflicht** richtet sich nach den Umständen des Einzelfalls, insbesondere der Größe und Organisation des Betriebs. Der Betriebsinhaber muss die durchführbaren und zumutbaren Organisationsmaßnahmen ergreifen, die zur Beachtung der Rechtsordnung erforderlich und geeignet sind (Göhler, § 130 Rn 10). Zu den erforderlichen Aufsichtsmaßnahmen gehören die sorgfältige **Auswahl der Mitarbeiter**, eine **sachgerechte Organisation** und Aufgabenverteilung, Aufklärung, Belehrung und Instruktion. Bei festgestellten Unregelmäßigkeiten besteht die Pflicht zum Einschreiten und unter Umständen auch zur Androhung und zum Vollzug von Sanktionen (vgl. Göhler, § 130 Rn 11 ff.). Rechtlich ungeklärt ist der Umfang der **Aufsichtspflicht in Konzernen**. Soweit die Tochterunternehmen rechtlich selbstständig handeln, trifft sie über § 9 Absatz 1 OWiG die Verantwortlichkeit als Betriebsinhaber unmittelbar. Es besteht daher grundsätzlich kein Anlass, eine zusätzliche übergeordnete Verantwortlichkeit der Konzernobergesellschaft zu begründen (vgl. hierzu auch Göhler, § 130 Rn 5 a). Etwas anderes gilt möglicherweise bei einer im Namen und für Rechnung der Konzernobergesellschaft handelnden **Betriebsführungsgesellschaft**, soweit bei dieser Konstellation bis in das Tagesgeschäft hineinreichende Weisungsbefugnisse der Konzernobergesellschaft bestehen und diese auch wahrgenommen werden.

6.   Geldbuße gegen juristische Personen und Personenvereinigungen (§ 30 OWiG)

14   Haben Leitungspersonen eines Betriebs eine Straftat oder Ordnungswidrigkeit begangen, durch die betriebsbezogene Pflichten, die eine juristische Person oder Personenvereinigung treffen, verletzt worden sind, kann gegen diese eine Geldbuße festgesetzt werden. Zu den Leitungspersonen gehören Organe juristischer Personen oder Mitglieder eines solchen Organs, vertretungsberechtigte Gesellschafter einer rechtsfähigen Personengesellschaft sowie weitere in § 30 Absatz 1 aufgeführte Personen. Die Geldbuße kann auch selbstständig festgesetzt werden, wenn ein Straf- oder Bußgeldverfahren nicht eingeleitet oder wenn es eingestellt wird. Zu den Ordnungswidrigkeiten, derentwegen eine Geldbuße festgesetzt werden kann, gehört auch eine Aufsichtspflichtverletzung nach § 130 OWiG.

7.   Strafrechtliche Verantwortung – Grundzüge

15   Neben den vorstehend aufgeführten Verantwortlichkeiten obliegt dem Unternehmer und den für ihn handelnden Personen ganz allgemein die Verantwortung dafür, dass von dem Unternehmen und seinen Angehörigen aus betrieblicher

Tätigkeit keine strafbaren Handlungen begangen werden. Hierzu rechnen im Zusammenhang mit der Aufsuchung und Gewinnung und den sie begleitenden Tätigkeiten insbesondere Straftaten gegen das Leben oder die körperliche Unversehrtheit von Mitarbeitern und Dritten (§§ 222, 229 StGB) sowie Straftaten gegen die Umwelt im Sinne der §§ 324 ff. StGB. Von besonderer Bedeutung ist in diesem Zusammenhang die Strafbarkeit der **Deliktsbegehung durch Unterlassen** (§ 13 StGB). Voraussetzung für die Strafbarkeit des Unterlassens ist eine **Garantenstellung** desjenigen, der nicht handelt, obwohl er für die Erfolgsabwendung einzustehen hat (im Einzelnen Fischer, StGB, § 13 Rn 7 ff.). Eine solche Garantenstellung begründet die Funktion als **Unternehmer, Inhaber oder leitender Angestellter** im technischen Bereich eines gefährlichen Betriebes oder einer Anlage (vgl. Fischer, aaO, § 13 Rn 37 f.). Hat das Organ einer juristischen Person mehrere Mitglieder, tritt eine Einschränkung der Pflichtenstellung durch Aufteilung der Geschäftsbereiche nicht ein. Grundsätzlich gilt der **Grundsatz der Generalverantwortung** (Fischer, aaO, § 13 Rn 40). Die Pflicht in der Erfolgsabwendung besteht in der Schaffung einer leistungsfähigen Unternehmensorganisation mit horizontaler und vertikaler Arbeitsteilung sowie der Bestellung, sorgfältigen Auswahl und Überwachung von Aufsichtspersonen (vgl. oben Rn 12 f.). Die Verantwortung im Unternehmen kann durch Delegation nur teilweise und nur insoweit ausgeschlossen werden, als hierdurch das durch die unternehmenstypische Aufsplitterung von Zuständigkeiten erwachsende Risiko nicht erhöht wird. Beim Delegierenden verbleibt insbesondere eine **Kontrollpflicht** und die **Pflicht zum Eingreifen aus konkretem Anlass** (vgl. Fischer, aaO, vor § 324 Rn 22, Schmidt-Salzer, NJW 1996, 1, jeweils m. w. N.).

III. Bedeutung der organisationsrechtlichen Vorschriften des BBergG für die Verantwortlichkeit nach StGB und OWiG

1. Delegation

17 Die organisationsrechtlichen Vorschriften des Gesetzes, insbesondere die §§ 58 Absatz 1, 60 Absatz 1 und 62, vermitteln den Eindruck, ausschließlich durch eine Bestellung mit entsprechendem Inhalt würden die verantwortlichen Personen zur Erfüllung der Pflichten aus dem Gesetz, Bergverordnungen und Verwaltungsakten verpflichtet. Dabei sind die mit der Bestellung und Pflichtendelegation verbundenen Auswirkungen unklar. Nach § 62 Satz 2 scheint die Übertragung der jedenfalls in dieser Vorschrift aufgeführten Vorschriften zu einer weitgehenden Entlastung des Unternehmers zu führen.

18 Diese **bergrechtliche Regelung** hat für die Verantwortlichkeit nach dem StGB und OWiG **keine Bedeutung.** Die originäre Verantwortung des Unternehmers besteht zwar auch nach diesen Gesetzen, jedoch richtet sich die Verantwortung leitender Mitarbeiter i. S. von § 58 Absatz 1 Nr. 2 für die Erfüllung von Pflichten aus dem StGB und dem OWiG allein nach § 14 Absatz 2 StGB und § 9 Absatz 2 OWiG (vgl. oben Rn 10). Die Verantwortung entsteht sofort mit der Übertragung der Leitungsaufgaben und bedarf keiner ausdrücklichen Willensbekundung des Unternehmers in der Form der Bestellung. Damit gehen sofort und unmittelbar sämtliche einschlägigen Pflichten auf den Leiter oder Teilbetriebsleiter als Verantwortlichen über. Das gilt für einen Teil der in § 62 Satz 1 aufgeführten Pflichten, bei denen das Gesetz dem Unternehmer eine Entscheidungsfreiheit einräumt (*„kann"*) ebenso wie bei den Pflichten aus Bergverordnungen, die festlegen, dass und unter welchen Voraussetzungen Zuwiderhandlungen als Ordnungswidrigkeiten geahndet werden können (vgl. § 145 Absatz 2).

2. Wirkung der Delegation

Mit der Bestellung verantwortlicher Personen rücken die Leiter und Teilbetriebs-   **19**
leiter automatisch in die Pflichtenstellung des Unternehmers ein. Hierdurch wird
der Unternehmer jedoch nicht vollständig entlastet. Ihm obliegen weitgehende
Kontroll-, Koordinations- und Aufsichtspflichten. Im Ergebnis bleibt er weiterhin neben der verantwortlichen Person in der Verantwortung. Nimmt er diese
Kontrollaufgaben nicht in der erforderlichen und zumutbaren Weise war, kann
er nach den Vorschriften des OWiG und StGB ebenso wie der unmittelbar
Handelnde zur Verantwortung gezogen werden.

3. Unternehmensorganisation

Der allgemeinen Verpflichtung des Unternehmers, durch eine sachgerechte   **20**
Organisation und Aufgabenverteilung strafbare Handlungen oder Ordnungswidrigkeiten im Unternehmen oder durch Unternehmensangehörige zu verhindern, genügt der Bergbauunternehmer, wenn er eine Unternehmensorganisation
entsprechend §§ 59 bis 60 etabliert. Die hiernach vorgenommene Festlegung der
horizontalen und vertikalen Arbeitsteilung einschließlich der persönlichen
Anforderungen an die bestellten Personen ist aber durch ein System **von**
ständiger Kontrolle und Beaufsichtigung zu ergänzen. § 61 Absatz 1 Satz 1
Nr. 1 hat in diesem Zusammenhang keine unmittelbaren rechtlichen Auswirkungen. Die Vorschrift ist aber geeignet, bei Verstößen gegen Straf- oder Bußgeldvorschriften eine Leitlinie für das Maß der einzuhaltenden Sorgfaltspflichten
und damit für den Schuldvorwurf abzugeben.

VIERTES KAPITEL   Sonstige Bestimmungen für den Betrieb

§ 63   Rißwerk

**(1) Der Unternehmer hat für jeden Gewinnungsbetrieb und untertägigen Auf-
suchungsbetrieb ein Rißwerk in zwei Stücken anfertigen und in den durch
Rechtsverordnung nach § 67 vorgeschriebenen Zeitabständen nachtragen zu
lassen. Für Aufsuchungsbetriebe über Tage gilt dies nur, soweit es durch
Rechtsverordnung nach § 67 vorgeschrieben wird. Durch Rechtsverordnung
nach § 67 können Ausnahmen von Satz 1 zugelassen werden, wenn es sich um
Betriebe von geringer Gefährlichkeit und Bedeutung handelt, die Aufsuchung
oder Gewinnung einen geringen Umfang hat und das Wiedernutzbarmachen
der Oberfläche nach den Vorschriften dieses Gesetzes und auf Grund dieses
Gesetzes erlassenen oder aufrechterhaltenen Vorschriften auch ohne Rißwerk
sichergestellt werden kann.**

**(2) Zum Rißwerk zählen
1. das Grubenbild und
2. sonstige Unterlagen wie Risse, Karten und Pläne.**

**Inhalt und Form des Rißwerkes sowie die nach Art des Betriebes erforderlichen
Unterlagen im Sinne des Satzes 1 Nr. 2 ergeben sich aus einer Rechtsverordnung nach § 67.**

**(3) Ein Stück des Rißwerkes ist der zuständigen Behörde einzureichen, das
andere an einem geeigneten Ort im Betrieb oder in dessen Nähe aufzubewahren. Mit Zustimmung der zuständigen Behörde kann von der Einreichung der in
Absatz 2 Satz 1 Nr. 2 genannten Unterlagen abgesehen werden.**

(4) Wer der zuständigen Behörde gegenüber glaubhaft macht, daß er von einem Bergschaden betroffen sein kann, ist zur Einsichtnahme in den entsprechenden Teil des bei der Behörde befindlichen Stückes des Grubenbildes berechtigt. Dem Unternehmer ist Gelegenheit zu geben, bei der Einsichtnahme zugegen zu sein.

1 Zu den Pflichten des Unternehmers gehört es, für **jeden Gewinnungsbetrieb** und für **Aufsuchungsbetriebe unter Tage** ein **Risswerk** in zwei Stücken (Behörden- und Betriebsanfertigung) anzufertigen und es in den von einer VO nach § 67 Nr. 5 anzuordnenden Zeitabständen nachtragen zu lassen (§ 63 Absatz 1 Satz 1). Die Verpflichtung besteht unabhängig davon, ob es sich um bergfreie oder grundeigene Bodenschätze handelt. Die Verantwortung für das Risswerk ist geteilt: Der Unternehmer muss die Anfertigung und die regelmäßige Nachtragung verantworten, für Form und Inhalt des Risswerks ist die von ihm zu bestellende Person verantwortlich. Für **Aufsuchungsbetriebe über Tage** muss diese Verpflichtung in einer RechtsVO nach § 67 Nr. 6 ausdrücklich vorgeschrieben werden (s. MarkschBergV 65–68, Rn 52 ff.). Für Betriebe von geringer Gefährlichkeit und Bedeutung (§ 51 Absatz 3 – vgl. dort Rn 28) können Ausnahmen von der Verpflichtung nach Satz 1 zugelassen werden, wenn Aufsuchung und Gewinnung dieser Betriebe einen geringen Umfang haben und insbesondere die Wiedernutzbarmachung sich nach dem BBergG auf den aufgrund seiner Ermächtigungen erlassenen Rechtsverordnungen auch ohne Risswerk sicherstellen lässt (Absatz 1 Satz 3).

2 Das Risswerk muss zunächst ein **Grubenbild** enthalten. Dieses besteht aus den risslichen Darstellungen, die nötig sind, um ein klares, übersichtliches und vollständiges Bild von den jeweiligen Verhältnissen eines Bergwerks unter und über Tage zu geben, und zwar nicht nur hinsichtlich der Grubenbaue selbst, sondern auch hinsichtlich der Gegenstände an der Erdoberfläche, auf deren Schutz und Erhaltung beim Betrieb Rücksicht genommen werden muss (Völkel, 197; Isay, I, § 72 Rn 1; Ebel/Weller, § 72 Anmerkung 3). Das Grubenbild ist, da es von einem konzessionierten Markscheider angefertigt wird, entsprechend § 415 ZPO eine öffentliche Urkunde. Es begründet also vollen Beweis; jedoch ist nach § 415 Absatz 2 ZPO der Gegenbeweis zulässig. Neben dem **Grubenbild** gehören nach Absatz 2 Nr. 2 die **Risse, Karten und Pläne** zum Risswerk, die erforderlich sind, um den Betrieb ordnungsgemäß zu führen und hierüber Auskunft zu geben insbesondere auch Karten und Lagerisse der Bergbauberechtigungen, ferner die zur Anfertigung oder Nachtragung des Risswerks erforderlichen Unterlagen, Niederschriften, Urrisse und sonstige von der Bergbehörde vorgeschriebene markscheiderische Darstellungen. **Inhalt und Form** des **Risswerks** sowie die nach Art des Betriebes erforderlichen Unterlagen außer dem Grubenbild soll eine **RechtsVO** nach § 67 festlegen. Diese RechtsVO ist die MarkscheiderBergV (s. §§ 65–68, Rn 52 ff.). Ergänzend dazu sind allgemein anerkannte Regeln für das Bergmännische Risswerk erarbeitet worden: für Grundlagen, Form und Inhalt des Risswerks (DIN 21.901–DIN 21.908), Tagesgegenstände und Tagebaue (DIN 21.913–21.914), Technische und Sicherheitseinrichtungen (DIN 21.915–21.917) und für Geologische Zeichen und Begriffe (DIN 21.918–21.921). Die Grundsätze für die automatisierte Führung des Risswerks (GAFRIS) erläutern die Anforderungen der MarkschBergV im Hinblick auf den Einsatz von EDV. Für die Beurteilung von schweren Bergschäden i. S. der Rspr. zum Schutz der Grundeigentümer im Betriebsplanverfahren spielen **Unstetigkeitszonen** eine wichtige Rolle (s. § 54 Rn 111; § 56 Rn 196). Strittig ist, ob entsprechend der bisherigen Praxis nur bergbaubedingte Unstetigkeiten (Erdspalten, Geländeabrisse) oder auch nicht bergbaulich bedingte in den Tagesriss einzutragen sind, bei Erdspalten, ob sie dauerhaft an der Erdoberfläche sichtbar sein müssen oder nicht (Terwiesche, Heft 131 der Schriftenreihe der GDMB, S. 15 ff.).

Im Braunkohlenbergbau werden relevante Störungen der Kohle und Deckgebirgsgeologie in der sog. **Kohlenfelderkarte** aufgeführt. Sie ist Bestandteil des jährlich zu aktualisierenden und der Bergbehörde einzureichenden **Grundwasserrisses** mit textlichen Erläuterungen zu Berechnungsgrundlagen und zu Veränderungen im Vergleich zu Ausgangsdaten und Höhenfestpunkten.

Wie schon nach bisherigem Recht (§ 72 Absatz 3 ABG) – zur geänderten   **3** Fassung in NRW s. Ebel/Weller, Ergänzungsband, § 72 Anmerkung 1 – ist von den beiden Ausfertigungen des Risswerks eines der zuständigen Behörde zur Ausübung ihrer Aufsicht einzureichen, während das andere Exemplar beim Unternehmer verbleibt. In Ausnahmefällen kann mit Zustimmung der zuständigen Behörde auf die Einreichung des Risswerks verzichtet werden (Absatz 3 Satz 2).

Das **Einsichtrecht** nach Absatz 4 enthielt in vergleichbarer Form bisher schon   **4** § 72 Absatz 5 des ABG Saarland. Allerdings sieht Absatz 4 eine Einschränkung insoweit vor, als das Einsichtrecht nur in die für das **Geltendmachen eines Bergschadensersatzanspruches** erforderlichen Teile des Grubenbildes gegeben ist. Das Recht der Einsichtnahme ist andererseits nicht mehr, wie etwa nach § 72 Absatz 4 ABG NRW, auf einen bestimmten Personenkreis begrenzt (Ebel/Weller, Ergänzungsband, § 72 Anmerkung 2 b) und erfordert auch nicht mehr die Darlegung eines berechtigten Interesses. Allerdings erstreckt sich die nach Absatz 4 geforderte **Glaubhaftmachung** auf sämtliche Elemente des Anspruches, also nicht nur auf die Tatsache der Beschädigung, sondern auch auf den ursächlichen Zusammenhang zwischen dem Schaden und dem Betrieb des betreffenden Bergwerks (Ebel/Weller, § 72 Anmerkung 4). Zur Glaubhaftmachung gehört auch der Nachweis, dass der Einsichtnehmende Eigentümer oder Nutzungsberechtigter des Grundstückes ist oder von einem Berechtigten bevollmächtigt wurde. Es müssen außerdem Unterlagen vorgelegt werden, aus denen sich ergibt, dass der Einsichtnehmende durch einen Bergschaden betroffen sein kann (Lichtbilder, Sachverständigengutachten). Die Berufung auf die Bergschadensvermutung nach § 120 reicht nicht aus.
Nach dem Wortlaut des Absatz 4 kann Einsichtnahme nur in das Grubenbild, nicht auch in die sonstigen Unterlagen i. S. des § 63 Absatz 2 Nr. 2 verlangt werden. Unter Umständen kommt hierfür aber ein Anspruch aus § 3 Absatz 1 UIG i. V. mit § 2 Absatz 3 Ziff. 1 UIG in Betracht, ggf. auch aus den IFG-Vorschriften der Bundesländer.

Der allgemeinen Vorschrift zur Akteneinsicht nach § 29 VwVfG geht § 63   **5** Absatz 4 eine spezialgesetzliche Regelung vor.

§ 64   Markscheider

(1) Das für untertägige Aufsuchungs- oder Gewinnungsbetriebe vorgeschriebene Risswerk muss von einem von der zuständigen Behörde anerkannten Markscheider angefertigt und nachgetragen werden. Für andere Betriebe vorgeschriebene sonstige Unterlagen im Sinne des § 63 Absatz 2 Satz 1 Nr. 2 können auch von anderen Personen, die von der zuständigen Behörde dafür anerkannt sind, angefertigt und nachgetragen werden.

(2) Die Markscheider sind bei Anwendung ihrer Fachkunde weisungsfrei. Der Markscheider ist befugt, innerhalb seines Geschäftskreises Tatsachen mit öffentlichem Glauben zu beurkunden.

(3) Die Länder können Vorschriften über die Voraussetzungen erlassen, unter denen eine Person als Markscheider tätig werden kann.

1 Nach bisher geltendem Recht (vgl. etwa § 72 Absatz 1 ABG NRW) war die **Anfertigung** der für bergmännische Zwecke erforderlichen **risslichen Darstellungen,** Karten und sonstigen Unterlagen für untertägige Aufsuchungs- und Gewinnungsbetriebe **konzessionierten oder amtlich anerkannten Markscheidern** vorbehalten. Für die anderen Bereiche konnten daneben andere Personen wie öffentlich bestellte Vermessungsingenieure, aber auch Katasterbehörden, tätig werden. Das bestimmte jedoch das jeweilige Landesrecht (vgl. dazu die Hinweise bei Mäßenhausen, Das Markscheidewesen, 89 (1982), 4).

2 Das BBergG enthält ebenso wie das bisherige Recht keine umfassende Aussage über die Arbeiten, die nur von einem Markscheider ausgeführt werden dürfen. Selbst wenn man die Begriffsbestimmungen der Markscheiderzulassungsgesetze und der preußischen Markscheiderordnung, wonach derjenige, der „für bergmännische Zwecke Aufnahmen und rissliche Darstellungen über und unter Tage herstellt (Markscheider)" einer Erlaubnis, Konzession oder Zulassung bedarf, als „Vorbehaltsklausel" zugunsten des Markscheiders verstehen wollte, ist ein Rückgriff auf diese Bestimmungen nach Inkrafttreten des BBergG nicht mehr möglich (vgl. Mäßenhausen, aaO). Der **„Geschäftskreis"** des Markscheiders ist demnach aus dem **BBergG** selbst und den in ihm enthaltenen **Verordnungsermächtigungen zu ermitteln.**

3 Für den den Markscheidern **vom Gesetz übertragenen Aufgabenkreis,** wie er in § 64 Absatz 1 festgelegt ist, gilt Folgendes:

4 Die dem Unternehmer in § 63 Absatz 1 auferlegte Pflicht, ein **Risswerk für jeden Gewinnungsbetrieb und untertägigen Aufsuchungsbetrieb vorzulegen,** kann nach § 64 Absatz 1 nur mit Hilfe eines Markscheiders erfüllt werden. Dabei liegt allerdings § 64 die Frage nahe, ob auch Risswerke einschl. des Grubenbildes für **übertägige Gewinnungsbetriebe** weiterhin zwingend von einem Markscheider angefertigt werden müssen. Dazu heißt es bei v. Mäßenhausen (aaO, 5): *„Unabhängig von der Frage, ob dies sachlich gerechtfertigt ist, wird man die §§ 63 und 64 so auslegen müssen, dass auch die Risswerke für Tagebau von anerkannten Markscheidern anzufertigen und nachzutragen sind. Anderenfalls würde eine Gesetzeslücke entstehen, weil das Gesetz einerseits für die Tagebaue Risswerke einschl. Grubenbild und sonstiger Unterlagen verlangt, andererseits aber anderen anerkannten Personen nur die Ausfertigung sonstiger Unterlagen zubilligt (§ 64 Abs. 1 Satz 2) und über die Anfertigung des Grubenbildes für Tagebaue keine Arbeitszuweisung enthält."*

5 Nach bisherigem Recht (vgl. etwa § 17 ABG NRW) war der Markscheider neben dem öffentlich bestellten Vermessungsingenieur auch mit der Anfertigung von Rissen, die zur Erlangung von Bergbauberechtigungen notwendig sind, betraut. Nach § 13 Absatz 4 ist dies nur noch beim Antrag auf Verleihung des Bergwerkseigentums ausdrücklich angeordnet.

6 Neben dem gesetzlich zugewiesenen **Aufgabenkreis** können **durch BergVO** nach dem BBergG bestimmte Aufgabenbereiche den Markscheidern vorbehalten werden. Die BergVO über die Einwirkungsbereiche, die Bemessungsmaßstäbe zur Festlegung des Einwirkungsbereiches für untertägige Gewinnungsbetrieben aufstellt, sieht vor, dass in diesem Zusammenhang durchgeführte Messungen der Oberfläche nur von einem anerkannten Markscheider durchgeführt werden können (vgl. § 4 EinwirkungsBV und § 68, Rn 21 ff.). Soweit in BergVO der Länder den Markscheidern Aufgaben übertragen werden, bleiben diese Regelungen bis zur ausdrücklichen Aufhebung weiter in Kraft, es sei denn, dass sie zu den Bestimmungen des BBergG in Widerspruch stehen (§ 176 Absatz 3).

Innerhalb des noch **unvollständig** durch den Gesetz- und Verordnungsgeber   **7**
umschriebenen Geschäftskreises hat der Markscheider das **Recht,** Tatsachen mit
öffentlichem Glauben zu beurkunden (§ 64 Absatz 2). Da der Markscheider
auch Arbeiten ausführen kann, die eigentlich nur staatlichen Stellen vorbehalten
sind, und diesen Arbeiten öffentliche Qualität zugebilligt wird, muss dieser
Aufgabenbereich von vornherein eindeutig abgrenzbar sein. Anderenfalls würde
der **Umfang des Geschäftskreises** auch von den innerdienstlichen Anweisungen
und der Aufgabenverteilung des Unternehmers abhängig sein. Es ist deshalb
Aufgabe des Gesetz- und Verordnungsgebers zu entscheiden, an welchen Arbeiten – nicht zuletzt aus Sicherheitsgründen – ein so großes öffentliches Interesse
besteht, dass diese nur von einem Markscheider ausgeführt werden können (v.
Mäßenhausen, aaO, 6).

Bezüglich des **öffentlichen Glaubens der Markscheider** ist Folgendes zu bemer-   **8**
ken: Das BBergG bezieht den öffentlichen Glauben auf Tatsachen. Das Mark-
scheiderzulassungsgesetz spricht dagegen von Arbeiten. Die Aufgaben, die dem
Markscheider durch Gesetz oder Verordnung zugewiesen werden, beziehen sich
mit Rissen, Grubenbild und Messungen auf die Feststellung und Darstellung
bestehender Situationen – also Tatsachen. Berechnungen über voraussichtliche
Veränderungen der Oberfläche führt der Markscheider zwar auch durch, jedoch
kann diesen kein öffentlicher Glaube zugebilligt werden, da sie keine öffentlichen Urkunden darstellen. Öffentliche Urkunden dienen nämlich u. a. als
Beweismittel in Prozessen. Beweis kann aber nur über **eingetretene Ereignisse**
– **Tatsachen** – erhoben werden. Soweit der Markscheider **Aussagen über**
zukünftige Entwicklungen macht, tritt er als **Sachverständiger** auf; seine Aussagen genießen in diesem Fall keinen öffentlichen Glauben. Die Bezugnahme des
BBergG auf Tatsachen ist somit nur als Klarstellung des bereits heute geltenden
Rechtszustandes anzusehen. Den von anderen anerkannten Personen angefertigten sonstigen Unterlagen i. S. von § 63 Absatz 2 Nr. 2 wird man keinen
öffentlichen Glauben aufgrund des BBergG zubilligen können. Unberührt bleiben die durch andere Vorschriften verliehenen Rechte, Tatsachen mit öffentlichem Glauben zu beurkunden.

Wie früher schon bedarf der Markscheider zur Aufnahme seiner Tätigkeit einer   **9**
besonderen **Anerkennung.** Der Begriff Anerkennung ist als Sammelbezeichnung
für die bisher nach Landesrecht verschiedenen Akte der Erlaubnis, Zulassung
oder Konzession zu verstehen (BT-Drs 8/1315, 117 = Zydek, 284). Nach § 64
Absatz 3 können die Länder bestimmen, unter welchen Voraussetzungen
jemand als Markscheider tätig werden kann, d. h. anerkannt wird. Die frühere
Regelung des § 34 Absatz 5 GewO wurde gestrichen (§ 174 Absatz 1 Nr. 2).
Dieser Wechsel der gesetzlichen Rechtsgrundlage führt aber nicht dazu, dass die
in den Markscheiderzulassungsgesetzen aufgeführten persönlichen Voraussetzungen für die Tätigkeit als Markscheider mit Inkrafttreten des BBergG
ungültig geworden sind. Denn abgesehen davon, dass den Ländern auf diesem
Gebiet weiterhin die ausschließliche Regelungsbefugnis verbleibt, stehen diese
Bestimmungen nicht in Widerspruch zum BBergG und blieben somit bis zu ihrer
ausdrücklichen Aufhebung für die Anerkennung von Markscheidern maßgebend. Die erteilten **Erlaubnisse, Zulassungen und Konzessionen** für die Mark-
scheiderarbeiten **gelten** auch nach Inkrafttreten des BBergG **als Anerkennung**
weiter. Obwohl das BBergG das Bergrecht bundeseinheitlich regelt, wird die
Anerkennung wohl nur innerhalb des räumlichen Zuständigkeitsbereiches der
Anerkennungsbehörde gelten können. Allerdings erkennen die Länder ihre
Anerkennungen gegenseitig an. Die Voraussetzungen für die **Anerkennung**
anderer Personen für markscheiderische Arbeiten wird vom Bundesminister
für Wirtschaft in einer RechtsVO geregelt werden (§ 67 Nr. 2). Die Anerkennung wird von den zuständigen Landesbehörden bei Vorliegen dieser Voraus-

setzungen ausgesprochen werden, wobei sich die Anerkennung in der Praxis auf bestimmte Betriebe beschränken dürfte.

10   Schon nach früher geltendem Recht unterlagen die Markscheider einer besonderen **Aufsicht** (Ebel/Weller, § 72 Anmerkung 3). Das gilt auch für das BBergG (§ 69 Absatz 3). Die Aufsicht erstreckt sich nicht nur auf markscheiderische Arbeiten, die dem Markscheider aufgrund von Gesetzen oder Verordnungen vorbehalten sind. Dadurch, dass § 69 Absatz 2 nicht nur auf (anerkannte) Markscheider abstellt, sondern auch auf die **Ausführung der markscheiderischen Arbeiten** i. S. von § 64 Absatz 1, wird sichergestellt, dass der Aufsicht nicht nur anerkannte Markscheider, sondern auch die anderen für die Anfertigung markscheiderischer Unterlagen anerkannten Personen unterliegen.

11   Um Kollisionen zwischen Anweisungen der Aufsichtsbehörde und des Unternehmers zu vermeiden, ist der Markscheider bei **Anwendung seiner Fachkunde** bei gesetzlich zugewiesenen Aufgaben **weisungsfrei** (§ 64 Absatz 2 Satz 1). Der Sinn dieser Vorschrift verbietet es, die Stellung anderer anerkannter Personen bei der Erfüllung derselben Aufgaben anders zu beurteilen (Mäßenhausen, aaO, 6).

12   Die früheren Verordnungen über die Geschäftsführung der Markscheider – **Markscheiderordnungen** – blieben nur solange und soweit in Kraft, bis der Bundesminister für Wirtschaft von der ihm zustehenden Ermächtigung zum Erlass entsprechender Verordnungen Gebrauch machte (§ 67 Nr. 3 und 4); d. h. sie sind durch die Unterlagen-BergV und die Martscheider-BergV außer Kraft getreten (s. auch § 69 Rn 77). Als Ausfluss der bergbehördlichen Aufsicht ist die in § 70 Absatz 1 niedergelegte **Auskunftspflicht** anzusehen, wonach der Markscheider und die anderen für markscheiderische Arbeiten anerkannten Personen der Bergbehörde die für die Bergaufsicht erforderlichen Auskünfte zu erteilen und Unterlagen vorzulegen haben.

13   Neben den **gesetzlich zugewiesenen Aufgaben** nimmt der Markscheider auch „privatrechtliche" Tätigkeiten wahr, die ihm als Angestellten des Bergwerksunternehmers übertragen sind. Diese Arbeiten, zu denen insbesondere die **Bergschadensbearbeitung** zählt, genießen **keinen öffentlichen Glauben**. Im Einzelnen zu diesen Aufgaben und zu den Messungen nach § 125 vgl. Mäßenhausen, aaO, 7 ff.

14   Die **Anerkennung als Markscheider** und die Voraussetzungen dafür sowie eine Informationspflicht der Markscheider, wenn sie die Zulassungsvoraussetzungen nicht mehr erfüllen, sind in den **Markscheider-Gesetzen der Länder** geregelt: z. B. NRW vom 17.12.2009 (GVBl, 863, 863); Bbg vom 7.7.2009 (GVBl, 262, 266); Sachsen vom 13.8.2009 (sächs. GVBl, 439); Thüringen vom 8.7.2009 (GVBl, 592); Niedersachsen vom 16.12.2009 (Nds GVBl 2009, 478). Allgemein auch Kleine, Markscheidewesen, 2010, 3–10.

15   Nach diesen Markscheider-Gesetzen gilt eine **bundeswerte Wirkung** einer Anerkennung in einem Bundesland. Für die Tätigkeit als Markscheider gilt eine **Altersgrenze von 70 Jahren**, jedoch können Markscheider sich nach Erlöschen ihrer Anerkennung weiterhin Markscheider nennen.

16   Wer nach alten Markscheiderzulassungsgesetzen als Markscheider tätig war, gilt als anerkannt nach dem neuen Gesetz.

VIERTER TEIL **Ermächtigungen zum Erlass von Bergverordnungen**

§ 65 Anzeige, Genehmigung, allgemeine Zulassung, Prüfung

Zum Schutze der in § 55 Abs. 1 Satz 1 Nr. 3 und 4 bezeichneten Rechtsgüter und Belange kann, soweit im Hinblick auf eine ordnungsgemäße und sichere Führung der Betriebe eine Vereinfachung oder Entlastung bei der Zulassung von Betriebsplänen notwendig oder zweckmäßig ist, durch Rechtsverordnung (Bergverordnung) bestimmt werden,
1. daß bestimmte Arbeiten sowie die Errichtung, Herstellung und Inbetriebnahme bestimmter Einrichtungen, die Vornahme von Änderungen und sonstige sie betreffende Umstände anzuzeigen und welche Unterlagen den Anzeigen beizufügen sind,
2. daß bestimmte Arbeiten sowie die Errichtung oder Herstellung bestimmter Einrichtungen, ihr Betrieb und die Vornahme von Änderungen unter Befreiung von der Betriebsplanpflicht einer Genehmigung bedürfen,
3. daß nach einer Bauart- oder Eignungsprüfung durch eine in der Bergverordnung zu bezeichnende Stelle oder durch einen von der zuständigen Behörde anerkannten Sachverständigen bestimmte Einrichtungen und Stoffe allgemein zugelassen werden können, welche Anzeigen bei allgemeiner Zulassung zu erstatten und welche Unterlagen diesen Anzeigen beizufügen sind,
4. daß bestimmte Einrichtungen einer Prüfung oder Abnahme vor ihrer Inbetriebnahme und nach Instandsetzung, regelmäßig wiederkehrenden Prüfungen und Prüfungen auf Grund einer Anordnung der zuständigen Behörde durch eine in der Bergverordnung zu bezeichnende Stelle, durch eine besonders zu bestimmende verantwortliche Person oder durch einen von der zuständigen Behörde anerkannten Sachverständigen unterliegen,
5. daß Genehmigungen und allgemeine Zulassungen im Sinne der Nummern 2 und 3 von bestimmten persönlichen und sachlichen Voraussetzungen abhängig zu machen sind,
6. daß die Anerkennung einer Person oder Stelle als Sachverständiger im Sinne der Nummern 3 und 4 von bestimmten persönlichen und sachlichen Voraussetzungen abhängig zu machen, insbesondere welche Anforderungen an die Ausbildung, die beruflichen Kenntnisse und Fähigkeiten, an Zuverlässigkeit und Unparteilichkeit zu stellen sind und welche Voraussetzungen im Hinblick auf die technische Ausstattung und auf die Zusammenarbeit verschiedener Sachverständiger oder Stellen erfüllt werden müssen. Zur Durchführung von Rechtsakten des Rats oder der Kommission der Europäischen Gemeinschaften können durch Rechtsverordnung (Bergverordnung) für Einrichtungen und Stoffe über Satz 1 hinaus und auch zum Schutz anderer als der dort genannten Rechtsgüter sicherheitstechnische Beschaffenheitsanforderungen und sonstige Voraussetzungen des Inverkehrbringens und der bestimmungsgemäßen Verwendung, insbesondere Prüfungen, Produktionsüberwachung, Bescheinigungen, Kennzeichnung, Aufbewahrungs- und Mitteilungspflichten, sowie behördliche Maßnahmen geregelt werden.

§ 66 Schutzmaßnahmen, Wiedernutzbarmachung, Fachkunde

Zum Schutze der Beschäftigten und Dritter vor Gefahren im Betrieb und zur Wahrung der in § 55 Abs. 1 Satz 1 Nr. 2 bis 13 und Absatz 2 bezeichneten Rechtsgüter und Belange kann durch Rechtsverordnung (Bergverordnung) bestimmt werden,
1. daß Einrichtungen der in § 2 Abs. 1 Nr. 3 genannten Art hinsichtlich
    a) der Wahl des Standortes und
    b) der Errichtung, Ausstattung, Unterhaltung und des Betriebes bestimmten Anforderungen genügen müssen,

2. welche Anforderungen an Aufsuchungs-, Gewinnungs- und Aufbereitungsverfahren zu stellen sind,
3. daß und welche Sicherheitszonen im Bereich des Festlandsockels und der
   Küstengewässer um Betriebe zu errichten, wie sie anzulegen, einzurichten
   und zu kennzeichnen sind,
4. daß
   a) die Beschäftigung bestimmter Personengruppen mit bestimmten Arbei-
      ten nicht oder nur unter Einschränkungen zulässig ist,
   b) die Beschäftigung an bestimmten Betriebspunkten unter Tage eine
      bestimmte Höchstdauer nicht überschreiten darf,
   c) ein arbeitsmedizinischer Dienst einzurichten ist und welche Aufgaben
      er wahrzunehmen hat,
   d) die Beschäftigung von Personen mit Arbeiten unter oder über Tage nur
      nach Maßgabe einer Bescheinigung eines mit den Arbeitsbedingungen
      im Bergbau vertrauten Arztes erfolgen darf, daß, in welchem Umfange
      und in welchen Zeitabständen Nachuntersuchungen bei diesen Per-
      sonen und bei einer Änderung der Tätigkeit von Beschäftigten durch-
      zuführen sind und daß für die Aufzeichnung der Untersuchungsbefunde
      und Bescheinigungen bestimmte Vordrucke zu verwenden sind,
   e) Aufwendungen für die ärztlichen Untersuchungen nach Buchstabe d,
      soweit sie nicht von Sozialversicherungsträgern übernommen werden,
      von dem Unternehmer zu tragen sind, in dessen Betrieb die untersuchte
      Person beschäftigt werden soll oder beschäftigt ist,
5. welche Maßnahmen verantwortliche Personen in Erfüllung der sich aus
   § 61 ergebenden Pflichten zu treffen haben, insbesondere
   a) welche Vorsorge- und Überwachungsmaßnahmen im Hinblick auf die
      Regelung eines den zugelassenen Betriebsplänen entsprechenden
      Arbeitsablaufs zu treffen sind,
   b) daß die Beschäftigten vor Beginn der Beschäftigung über die Unfall-
      und Gesundheitsgefahren, denen sie bei der Beschäftigung ausgesetzt
      sind, sowie über die Schutzeinrichtungen und Maßnahmen zur Abwen-
      dung dieser Gefahren zu belehren und in welchen Zeitabständen die
      Belehrungen zu wiederholen sind,
6. daß ein sicherheitstechnischer Dienst einzurichten ist und welche sonstigen Vorsorge- und Überwachungsmaßnahmen zum Schutz der Beschäftigten und Dritter im Betrieb zu treffen sind und wie sich diese Personen im
   Betrieb zur Vermeidung von Gefahren zu verhalten haben,
7. welche Vorkehrungen und Maßnahmen bei und nach Einstellung eines
   Betriebes zur Verhütung von Gefahren für Leben und Gesundheit Dritter
   zu treffen sind,
8. welche Vorsorge- und Durchführungsmaßnahmen zur Wiedernutzbarmachung der Oberfläche während und nach der Aufsuchung, Gewinnung und
   Aufbereitung zu treffen und welche Anforderungen an diese Maßnahmen zu
   stellen sind,
9. welche fachlichen Anforderungen an die technischen und rechtlichen
   Kenntnisse (Fachkunde) bestimmter verantwortlicher Personen nach der
   Art der ihnen zu übertragenden Aufgaben und Befugnisse unter Berücksichtigung des jeweiligen Standes der Technik gestellt werden müssen,
   welche Nachweise hierüber zu erbringen sind und auf welche Weise die
   zuständige Behörde das Vorliegen der erforderlichen Fachkunde zu prüfen
   hat,
10. daß
    a) die Verantwortung für die Erfüllung bestimmter Pflichten auch anderen
       als den in § 58 Abs. 1 bezeichneten Personen übertragen werden kann,
    b) mit der Durchführung bestimmter gefährlicher Arbeiten oder mit beson-
       derer Verantwortung verbundener Tätigkeiten nur Personen betraut
       werden dürfen,
11. unter welchen Voraussetzungen und in welcher Weise die aus Anzeigen
    nach § 74 gewonnenen Erkenntnisse, ausgenommen Einzelangaben über
    persönliche und sachliche Verhältnisse, zum Zwecke der Verbesserung der
    Sicherheit und Unfallverhütung durch in der Bergverordnung zu bezeich-
    nende Stellen veröffentlicht werden dürfen.

Die Regelung über Sicherheitszonen (Satz 1 Nr. 3) läßt § 27 des Bundeswasserstraßengesetzes vom 2. April 1968 (BGBl. II S. 173), zuletzt geändert durch Artikel 5 des Gesetzes vom 10. Mai 1978 (BGBl. I S. 613), und § 9 des Gesetzes über die Aufgaben des Bundes auf dem Gebiet der Seeschiffahrt vom 24. Mai 1965 (BGBl. II S. 833) in der Fassung der Bekanntmachung vom 30. Juni 1977 (BGBl. I S. 1314), geändert durch Artikel 1 des Gesetzes vom 10. Mai 1978 (BGBl. I S. 613), unberührt. Rechtsverordnungen (Bergverordnungen) können gemäß Satz 1 auch erlassen werden, soweit dies zur Durchführung von Rechtsakten des Rates oder der Kommission der Europäischen Gemeinschaften oder von Beschlüssen internationaler Organisationen oder von zwischenstaatlichen Vereinbarungen, die Gegenstände dieses Gesetzes betreffen, erforderlich ist; durch solche Rechtsverordnungen können auch anderen Personen als Unternehmern und Beschäftigten Pflichten auferlegt werden.

§ 67 Technische und statistische Unterlagen, Markscheidewesen

Soweit es zur Durchführung der Bergaufsicht, der Vorschriften über Erteilung, Verleihung und Aufrechterhaltung von Bergbauberechtigungen und zum Schutze der in § 11 Nr. 8 und 9 oder § 66 genannten Rechtsgüter und Belange erforderlich ist, kann durch Rechtsverordnung (Bergverordnung) bestimmt werden,
1. daß bestimmte rißliche und sonstige zeichnerische Darstellungen über Tätigkeiten im Sinne des § 2 Abs. 1 Nr. 1 und 2 und über Einrichtungen im Sinne des § 2 Abs. 3 einzureichen und nachzutragen, daß bestimmte Listen, Bücher und Statistiken über Beschäftigte und betriebliche Vorgänge zu führen und vorzulegen, Anzeigen zu erstatten und den Anzeigen bestimmte Unterlagen beizufügen sind,
2. unter welchen Voraussetzungen eine Person im Sinne des § 64 Abs. 1 Satz 2 anerkannt werden kann,
3. welche Anforderungen an die Geschäftsführung von Markscheidern einschließlich der technischen Ausstattung zu stellen sind,
4. welchen Anforderungen markscheiderische und sonstige vermessungstechnische Arbeiten genügen müssen,
5. welche Risse, Karten, Pläne und Unterlagen zum Rißwerk gehören und in welchen Zeitabständen das Rißwerk nachzutragen ist,
6. für welche Arten von Betrieben unter welchen Voraussetzungen der Unternehmer zur Anfertigung eines Rißwerks verpflichtet ist,
7. in welcher Weise der Bereich festzulegen ist, in dem durch einen Gewinnungsbetrieb auf die Oberfläche eingewirkt werken kann (Einwirkungsbereich),
8. daß und für welchen Zeitraum die Unterlagen, Darstellungen, Listen, Bücher und Statistiken aufzubewahren sind.

§ 68 Erlaß von Bergverordnungen

(1) Bergverordnungen auf Grund der §§ 65 bis 67 werden, soweit sich aus Absatz 2 nichts anderes ergibt, von den Landesregierungen erlassen. Diese können die Ermächtigung durch Rechtsverordnung auf andere Stellen übertragen.

(2) Das Bundesministerium für Wirtschaft und Technologie erläßt Bergverordnungen,
1. soweit sie auf Grund des § 65 Satz 1 Nr. 3, 6 und 5 in Verbindung mit Nr. 3, des § 65 Satz 2, des § 66 Satz 1 Nr. 4 Buchstabe a, b, d und e und des § 67 ergehen,
2. soweit sie Tätigkeiten im Sinne des § 2 im Bereich des Festlandsockels betreffen und
3. soweit für gleichartige Verhältnisse der Schutz der in den §§ 65 bis 67 bezeichneten Rechtsgüter und Belange durch Bergverordnungen nach Absatz 1 nicht gleichwertig sichergestellt wird oder soweit Rechtsakte

des Rates oder der Kommission der Europäischen Gemeinschaften oder Beschlüsse internationaler Organisationen oder zwischenstaatliche Vereinbarungen, die Gegenstände dieses Gesetzes betreffen, durchgeführt werden.

(3) Bergverordnungen nach Absatz 2 ergehen mit Zustimmung des Bundesrates und
1. Bergverordnungen auf Grund der §§ 65 und 66 Satz 1 Nr. 1, 2, 4 bis 7, 9 und 10 und Satz 3 im Einvernehmen mit dem Bundesministerium für Arbeit und Soziales, soweit sie Fragen des Arbeitsschutzes betreffen,
2. Bergverordnungen auf Grund des § 66 Satz 1 Nr. 1 Buchstabe a und Nr. 8 im Einvernehmen mit den Bundesministerien für Umwelt, Naturschutz und Reaktorsicherheit und für Verkehr, Bau und Stadtentwicklung,
3. Bergverordnungen auf Grund des § 66 Satz 1 Nr. 3 sowie alle anderen Bergverordnungen, soweit sie Tätigkeiten im Sinne des § 2 Abs. 1 im Bereich des Festlandsockels und der Küstengewässer betreffen, im Einvernehmen mit dem Bundesministerium für Verkehr, Bau und Stadtentwicklung.

(4) In den Bergverordnungen kann wegen technischer Anforderungen auf Bekanntmachungen sachverständiger Stellen unter Angabe der Fundstelle verwiesen werden.

Übersicht   Rn

I.   Grundsätzliches 1

II.   Die erlassenen BBergVOen 14

III.   UnterlagenBergV 16

IV.   BergVO über Einwirkungsbereiche (Einwirkungs-BergV) 21

V.   Bergbau-VersuchsstreckenV 40

VI.   Klima-BergV 41

VII.   Elektro-Zulassungs-BergV 50

VIII.   Sachverständigen-Ausschuss-BergV 51

IX.   Markscheider-BergV 52

X.   Gesundheitsschutz-BergV 61

XI.   Allgemeine BBergV 71

XII.   Festlandsockel-BergV 83

XIII.   Landes-BergVO 84

I.   Grundsätzliches

1   Die Vorschriften der §§ 65–67 enthalten die Ermächtigungen zum Erlass von Rechtsverordnungen (Bergverordnungen), § 68 regelt die Zuständigkeit zum Erlass dieser Verordnungen. Hiernach sind zu unterscheiden Verordnungen:

2   – die von den Landesregierung oder von ihnen ermächtigten anderen Stellen erlassen werden.
– die vom Bundesministerium für Wirtschaft mit Zustimmung des Bundesrates und im Einvernehmen mit bestimmten in § 68 Absatz 3 Nr. 1–3 genannten Bundesministerien erlassen werden.
– die vom Bundesministerium für Wirtschaft allein zu erlassenden Verordnungen.

3   Die Vorschrift des § 68 ist durch mehrere Zuständigkeitsanpassungs-Verordnungen, z. B. v. 26.11.1986 (BGBl, 2089); v. 29.10.2001 (BGBl, 2785); v.

25.11.2003 (BGBl, 2304); v. 31.10.2006 (BGBl, 2407) und v. 9.12.2006 (BGBl, 2833) häufig geändert worden, in denen die Zuständigkeiten aktualisiert wurden.

Die §§ 65–67 müssen als zur Erlassung von Rechtsverordnungen ermächtigende **4** Gesetzesnormen hinsichtlich Inhalt, Zweck und Ausmaß der Ermächtigung bestimmt sein oder bestimmt werden können (BVerfGE 7, 272; 8, 307; 10, 51). Nicht erst aus der Verordnung, sondern bereits aus der Ermächtigung muss erkennbar und vorhersehbar sein, was vom Unternehmer gefordert wird. Der Gesetzgeber darf nicht das Wesentliche dem Verordnungsgeber überlassen (BVerfGE 19, 362; Maunz/Dürig/Herzog, GG, Artikel 80, Rn 28). An diesen Voraussetzungen gemessen sind die Ermächtigungsnormen der §§ 65 ff. verfassungskonform, wobei allerdings Zweifel bei § 67 bestehen (vgl. Rn 24).

Bergverordnungen enthalten Rechtsnormen, sie wenden sich an die Allgemein- **5** heit und gelten für jedermann. Sie stellen **generelle** Regeln des Verhaltens auf und enthalten **abstrakte Tatbestände**, die auf unbestimmte Dauer ausgelegt sind.

Sofern die Verordnung vom Bundesminister erlassen ist, handelt es sich um eine **6** **BundesrechtsVO**, für die das Gesetz über die **Verkündung von Rechtsverordnungen** v. 30.1.1950 (BGBl, 23) gilt. Eine von der Landesbehörde erlassene Rechts-VO ist auch dann eine Landesrechts-VO, wenn sie auf bundesgesetzlicher Ermächtigung beruht (BVerfG, DÖV 1965, 418). Sie muss in Einklang stehen mit Landesstaatsgewalt und Landesgesetzgebung. Für ihre Verkündung gelten Artikel 71 Absatz 2, 3 Verf. NRW, im Übrigen **subsidiär** die §§ 26 ff. OBG NRW, soweit das BBergG als „besonderes Gesetz" i. S. von § 25 Satz 2 OBG NRW zum Erlass ordnungsbehördlicher Verordnungen ermächtigt und nichts anderes vorsieht.

Die besonderen Anforderungen an die Rechtsverordnung folgen aus Artikel 80 **7** GG. Sie folgen ferner aus dem Grundsatz der Gesetzmäßigkeit der Verwaltung und dem daraus entstehenden Zwang, dass sie mit **Verfassung** und den **Gesetzen in Einklang** steht. Fehlt eine **Ermächtigung**, wird sie überschritten oder steht die VO mit ihr in Widerspruch, ist sie nichtig. Dabei kann Teilnichtigkeit eintreten, wenn die VO auch ohne den nichtigen Teil sinnvoll bleibt und ohne ihn erlassen worden wäre. Einzelne Vorschriften von Verordnungen können wegen Verletzung des **Grundsatzes der Verhältnismäßigkeit** oder aus dem **Gesichtspunkt des Übermaßes** ungültig sein (OVG Münster, ZfB 111 (1970), 319, 325). Hierbei ist aber zu beachten, dass besondere Härten häufig durch die Möglichkeit gemindert werden, Ausnahmen aufgrund gesetzlicher oder verordnungsrechtlicher Bestimmung zu bewilligen.

Eine Rechts-VO muss so bestimmt gefasst sein, dass die Adressaten wissen, **8** wozu sie verpflichtet bzw. berechtigt werden. Für Landes-RVOen ergibt sich, dass ausdrücklich aus gesetzlichen Vorschriften (z. B. § 29 OBG NRW; § 96 Absatz 1 SOG-LSA; § 57 Absatz 1 Nds SOG; § 28 Absatz 1 OBG Bbg; § 45 Absatz 2 POG R-P). Unklarheiten gehen zu Lasten des erlassenden Organs. Eine Auslegungsbedürftigkeit unbestimmter Rechtsbegriffe ist unbedenklich (BVerfGE 49, 134; 78, 212; 84, 133 ff.). Verordnungen dürfen nicht lediglich den Zweck haben, die den Bergbehörden obliegende Aufsicht zu erleichtern. Des Gleichen enthalten die Landesgesetze (z. B. § 30 OBG NRW) Formvorschriften, die bei ordnungsbehördlichen Verordnungen des Bergrechts anzuwenden sind, sofern keine andere gesetzliche Regelung besteht.

Nach der sog. **Wesentlichkeitsrechtsprechung** (Degenhart, Rechtsfragen der **9** Braunkohlenplanung für Brandenburg, S. 56 ff.; Jarass/Pieroth, GG, Artikel 20, Rn 46) ist der Gesetzgeber verpflichtet, in grundlegenden normativen Bereichen, insbesondere im Bereich der Grundrechtsausübung, alle wesentlichen Entscheidungen selbst zu treffen (BVerfGE 49, 86, 126 f.; BVerfGE 47, 46, 78; BbgVerfG, ZfB 1995, 197). So folgt aus dem Demokratieprinzip und dem Rechtsstaatsprinzip, dass der Gesetzgeber die Zusammensetzung und Arbeitsweise des Braunkohlenausschusses nicht vorgabenfrei einer Verordnung der Landesregierung überlassen darf. Er kann bei einem Gremium von Gewicht eines Braunkohlenausschusses dessen Zusammensetzung nicht in das Belieben der Landesregierung stellen (BbgVerfG, LKV 2000, 397, 401).

10   Die Rechtsverordnungen unterliegen verwaltungsgerichtlichen Nachprüfungen in formeller (gesetzliche Ermächtigung, Verkündung, Form) und materieller (inhaltliche Übereinstimmung mit Gesetzen) Hinsicht. Sie können nach § 47 Absatz 1, 2 VwGO in den Ländern, in denen dies ausdrücklich bestimmt ist, im Wege der Normenkontrolle überprüft werden, soweit es sich um Landes-VO handelt. Bisher haben die meisten Bundesländer die abstrakte Normenkontrolle durch Landesgesetz eingeführt, ausgenommen Berlin, Hamburg, Nordrhein-Westfalen.

11   Im Übrigen kann die Rechts-VO durch Feststellungsklage überprüft werden mit dem Antrag, festzustellen, dass die Bergbehörde nicht berechtigt ist, von der Klägerin zu verlangen oder zu erzwingen, die VO, d. h. eine bestimmte Vorschrift der VO einzuhalten. Hierfür besteht das Feststellungsinteresse, wenn schlüssig vorgetragen wird, dass die Bestimmung der VO ungültig ist (OVG Münster, ZfB 111 (1970) 319, 322).

12   Sie ist auch mit der vorbeugenden Unterlassungsklage angreifbar, d. h. mit dem Antrag, *„die Bergbehörde zu verurteilen, es zu unterlassen, die Einhaltung der VO, d. h. der bestimmten Vorschrift der VO zu verlangen"*. Auch diese Klage ist nur bei schlüssigem Vortrag über die Ungültigkeit der Bestimmung zulässig (OVG Münster, aaO).

13   Sie kann schließlich im Rahmen einer Anfechtung eines auf die Verordnung gestützten Verwaltungsakts oder eines Ordnungswidrigkeitsverfahrens überprüft werden.

II.   Die erlassenen BBergVOen

14   Das zuständige Ministerium gemäß § 68 Absatz 2 hat inzwischen folgende **Bundes-VO** erlassen:
–   BBerg-VO über vermessungstechnische und sicherheitliche Unterlagen v. 11.11.1982 (BGBl, 1553 = ZfB 1983, 1), zuletzt geändert durch Artikel 4 der VO zur Änderung bergrechtlicher Verordnungen (nachfolgend 2. Bergrechtsänderungs-VO) v. 10.8.2005 (BGBl, 2452 = ZfB 2005, 267) – Unterlagen-BergV, s. Rn 14–16.
–   Berg-VO über Einwirkungsbereiche v. 11.11.1982 (BGBl, 1558 = ZfB 1983, 7) – Einwirkungsbereichs-BergV, s. Rn 17–33.
–   VO über die Anwendung von Vorschriften des BBergG auf die Bergbau-Versuchsstrecke v. 11.11.1982 (BGBl, 1553 = ZfB 1983, 10), zuletzt geändert durch Artikel 3 der 2. Bergrechtsänderungs-VO., s. Rn 34.
–   Berg-VO zum Schutze der Gesundheit gegen Klimaeinwirkungen v. 9.6.1983 (BGBl, 685 = ZfB 1983, 373) – Klima-BergV, s. Rn 35–39.
–   VO über den Sachverständigenausschuss für den Bergbau v. 4.3.1984 (BGBl, 277), aufgehoben zum 1.8.1999, s. Rn 40.
–   BergVO über die allgemeine Zulassung schlagwettergeschützter und explosionsgeschützter elektrischer Betriebsmittel v. 21.12.1983 (BGBl, 1558 = ZfB 1984, 113), Neufassung v. 10.3.1993 (BGBl, 316 = ZfB 1993, 8), s. Rn 40.

Diese BergVO ist durch Artikel 7 der VO v. 10.8.2005 (BGBl, 2452) zum 20.8.2005 außer Kraft gesetzt worden.
- VO über markscheiderische Arbeiten und Beobachtungen der Oberfläche v. 19.12.1986 (BGBl, 2631 = ZfB 1987, 258), zuletzt geändert durch Artikel 4 der 2. Bergrechtsänderungs-VO v. 10.8.1998 (BGBl, 2093) – Markscheider-BergV, s. Rn 41–42.
- BergV für den Festlandssockel v. 21.3.1989 (BGBl, 554), zuletzt geändert durch Artikel 396 der 9. Zuständigkeitsanpassungs-VO v. 7.11.2006 (BGBl, 2407), s. Rn 50.
- Berg-VO zum gesundheitlichen Schutz der Beschäftigten v. 31.7.1991 (BGBl, 1751 = ZfB 1991, 239), zuletzt geändert durch Artikel 2 der 2. Bergrechtsänderungs-VO v. 10.8.2005 (BGBl, 2452) – Gesundheitsschutz-BergV, s. Rn 43–47.
- Berg-VO für alle bergbaulichen Bereiche (Allgemeine Bundesberg-VO) v. 23.10.1995 (BGBl, 1466 = ZfB 1996, 1), geändert durch VO v. 10.8.1998 (BGBl, 2093; Gesetz v. 6.1.2004 (BGBl, 2); VO v. 12.8.2004 (BGBl, 2179); 10.8.2005 (BGBl, 2452); 24.1.2008 (BGBl, 85 = ZfB 2008, 22) und durch Artikel 22 des Gesetzes zur Neuregelung des Wasserrechts v. 31.7.2009 (BGBl, 2009, 2585 = ZfB 2009, 245), s. Rn 48–49.

Aufgrund der Ermächtigung in § 57 c wurde ferner die VO über Umweltverträglichkeitsprüfung bergbaulicher Vorhaben (UVP-V Bergbau) v. 13.7.1990 (BGBl, 1420 = ZfB 1991, 99) erlassen. Sie wurde inzwischen mehrfach geändert durch VO v. 10.8.1998 (BGBl, 2093); v. 10.8.2005 (BGBl, 2452); v. 24.1.2008 (BGBl, 85 vom 3.9.2010, BGBl, 1261 = ZfB 2010, 237) und Gesetz v. 9.12.2006 (BGBl, 2819). Erläuterungen hierzu § 57 c Rn 1 ff. **15**

III. UnterlagenBergV

Die Bergverordnung über vermessungstechnische und sicherheitliche Unterlagen (UnterlagenBergV) fasst folgende Regelungskomplexe zusammen: **16**
- Anforderungen an Karten und Lagerisse für Bergbauberechtigungen,
- Mitteilungen über Beschäftigte und betriebliche Vorgänge und die Führung von Nachweisen.

Die Anforderungen an Karten und Lagerisse haben ihre Rechtsgrundlage in § 67 Nr. 1 und 4. Sie tragen dem Umstand Rechnung, dass nach den §§ 11 Nr. 2, 12 Absatz 1 Nr. 2, 13 Nr. 4 Buchstabe b, 25 Nr. 2, 28 Satz 2, 29 Satz 2 Anträge auf Erlaubnis, Bewilligung oder Bergwerkseigentum (einschl. Vereinigung, Teilung, Austausch) zu versagen sind, wenn die mit dem Antrag eingereichte Karte oder der beigefügte Lageriss nicht den Anforderungen einer Bergverordnung entsprechen. Außerdem ist die VO bei Unterlagen gemäß § 35 Nr. 6 Buchstabe a für die Zulegung maßgebend. Die früher einschlägigen Vorschriften der Markscheider-VO der Länder traten außer Kraft. Durch die Verordnung wird festgelegt, dass grundsätzlich die amtlichen Karten der Landesvermessung oder des Liegenschaftskatasters zu verwenden sind, welcher Maßstab zu benutzen ist, dass Feldeseckpunkte in Gauß-Krügerischen Koordinaten festzulegen sind, wie der Flächeninhalt des Feldes zu berechnen ist, wie Karten und Lagerisse zu bezeichnen sind und wie Fundstellen zu bestimmen und darzustellen sind und enthält schließlich noch Sondervorschriften für Karten und Lagerisse im Bereich des Festlandsockels und der Küstengewässer. Eintragungen in den Karten und Lagerissen, die für die Nachprüfung der richtigen und vollständigen Darstellung eines Feldes erforderlich sind, dürfen grundsätzlich nicht entfernt werden, bei Änderungen müssen diese besonders kenntlich gemacht werden. **17**

18 Die Mitteilungen werden mit Gründen des Arbeits- und Gesundheitsschutzes, des Schutzes der Lagerstätten oder der Bergaufsicht gerechtfertigt und auf § 67 Nr. 1 gestützt. Sie betreffen z.b. Förder- und Aufbereitungsmengen, abgeteufte Bohrmeter im Erdöl- und Erdgasbergbau, Zahl der Beschäftigten, geleistete Arbeitszeit, Anzahl der untertägigen heißen oder lärmintensiven Betriebspunkte und der dort verfahrenen Schichten, eingesetzte, sicherheitstechnisch wichtige Betriebsmittel, Stand der Aus- und Vorrichtung und Gewinnung, der Staub- und Silikosebekämpfung, die Betriebsflächen für Tagebaue, die wieder nutzbar gemachten bzw. die für Halden genutzten Flächen in einer Größe von über 1 ha, sowie die Stärke und Zusammensetzung der Gruben- und Gasschutzwehren. Hierbei erscheint zweifelhaft, ob die Angaben über Betriebsflächen und wieder nutzbar gemachte Flächen erforderlich sind für die in § 67 genannten Zwecke. Die Angaben sollen dazu beitragen, dass die Forderung nach Wiedernutzbarmachung der Oberfläche erfüllt wird und für bestimmte betriebliche Zwecke Flächen zur Verfügung stehen (BR-Drs 378/82, S. 30). Für beide Zwecke scheint die Flächenangabe nicht geeignet zu sein.

19 Der Unternehmer braucht diese Mitteilungen nicht selbst zu machen, sondern kann sie über Gemeinschaftsorganisationen erfüllen. Über die Anzeigepflicht nach § 74 Absatz 3 für bestimmte Betriebsereignisse hinaus müssen nach der VO alle Unfälle mitgeteilt werden, durch die Personen mehr als 3 Tage ganz oder teilweise arbeitsunfähig werden. Die Regelung stützt sich auf § 67 Nr. 1 und tritt zurück, wenn Anzeigen schon nach § 74 Absatz 3 erforderlich werden. Andererseits konkretisiert sie die nicht abschließende (vgl. „Anzeigen" in § 67 Nr. 1) und vom Gesetzgeber generalisierend formulierte (BT-Drs 8/1315, 124 = Zydek, 329) Anzeigepflicht des § 74 Absatz 3.
Die **Anzeigepflicht** nach der VO tritt ferner zurück hinter die Anzeigepflicht nach § 193 Absatz 1 SGB VII, wonach bei Unfällen – mit nachfolgender Arbeitsunfähigkeit von mehr als 3 Tagen – in Unternehmen, die der Aufsicht der Bergbehörde unterstehen, eine Anzeige dem Versicherungsträger und der Bergbehörde (§ 193 Absatz 7 SGB VII) erstattet werden muss.

20 Schließlich wird dem Unternehmer die Pflicht zum Nachweis über Beschäftigte auferlegt.

IV. Die BergVO über Einwirkungsbereiche (Einwirkungs-BergV)

21 Die Einwirkungs-BergV regelt die Festlegung dieser Bereiche (hierzu Regelmann, das Verhältnis zwischen Bergbau und Grundbesitz, Dortmund, 1983, S. 47; Keusgen, ZfB 1983, 95, 106 ff.).

22 Ein gewisses Vorbild hatte die Einwirkungs-BergV in der **BVO des OBA Dortmund** v. 18.12.1964 **zum Schutz der Schifffahrtsstraßen** (ZfB 1966, 174). Diese BVO begrenzte die Schutzbezirke für bestimmte Wasserstraßen an der Tagesoberfläche und Untertage. Dabei wurden die untertägigen Begrenzungen durch Flächen, die von den Grenzlinien an der Tagesoberfläche mit einem Böschungswinkel von 72 g (65°) landseitig in die ewige Teufe gehen, festgestellt. Diese Begrenzungen waren andere als die der Einwirkungs-BergV. Sie hatten einen anderen Zweck. Die Einwirkungs-BergV beschränkt weder den Abbau noch macht sie ihn von einer besonderen Erlaubnis abhängig, sie verlangt keine markscheiderischen Festlegungen von Bauwerken und nicht den jährlichen Nachweis der Einwirkungen des Abbaus durch markscheiderische Messungen. Diese Regelungen waren aber für die BVO charakteristisch.

23 Der **Begriff des Einwirkungsbereiches** ergibt sich aus § 67 Nr. 7: Er ist der Bereich, in dem durch einen Gewinnungsbetrieb auf die Erdoberfläche eingewirkt werden kann. Dieser Begriff ist durch das Gesetz vorgegeben, die VO kann ihn nicht erweitern. Die VO hat allerdings ihren Geltungsbereich beschränkt auf den Bereich des untertägigen Gewinnungsbetriebs. Bohrungen auf Erdöl, Erdgas, Aufsuchungsbetriebe. Tagebau von Braunkohle unterliegen z. B. der VO nicht. Die VO hat ihre Geltung außerdem bei untertägigen Gewinnungsbetrieben beschränkt auf in der Anlage zur VO festgelegte Bergbauzweige und -bezirke.

Schon die Ermächtigung für die VO ist schwer verständlich und hat bereits vor **24** Erlass der VO zu mehreren Entwürfen und Kontroversen zwischen den verschiedenen beteiligten Stellen geführt. Zweifel sind an der verfassungsmäßig gebotenen Bestimmtheit der Ermächtigung angebracht. Die unübersichtliche Verweisungstechnik – zum Kern der Ermächtigung stößt man erst über die Brücke des § 66 vor – und die schrankenlose Öffnung „zur Durchführung der Bergaufsicht" in der Ermächtigung schränken die Voraussehbarkeit und Erkennbarkeit stark ein. Die Ermächtigung verlangt nämlich, dass es zum Schutze der in § 66 genannten Rechtsgüter und Belange erforderlich sein muss, in welcher Weise der Einwirkungsbereich festzulegen ist. Daraus ergibt sich: die Einwirkungsbereichs-VO befasst sich nur damit, wie der Einwirkungsbereich festzulegen ist. Es ergibt sich ferner: maßgebend ist der Schutz der in § 66 genannten Rechtsgüter, d. h. der Schutz der Beschäftigten und Dritten vor Gefahren im Betrieb (Innenschutz) und der Rechtsgüter und Belange des § 55 Absatz 1 Satz 1 Nr. 2–13 und Absatz 2 (Innen-und Außenschutz). Von den Belangen des § 55 sind dadurch vor allem angesprochen: Lagerstättenschutz i. S. von Nr. 8; Gemeinschaden, wovon die VO jedoch nur die oberflächenbezogenen Nr. 5 und 9 erfasst. Feststeht jedenfalls durch die Ermächtigung, dass die VO vor allem ein Instrument der Bergaufsicht ist, wobei allenfalls im Hinblick auf § 120 (Bergschadensverhütung) gewisse Reflexwirkungen ausgehen (§ 120 Rn 12).

Durch die Ermächtigungskette der §§ 67 Nr. 7, 66, 55 Absatz 1 ist freilich nicht **25** vorausempfunden, dass Abbauen im Einwirkungsbereich stets gemeinschädliche Einwirkungen erwarten lässt und daher betriebsplanmäßig nicht oder nur mit Auflagen zulässig ist. Die VO regelt nur, wie der Einwirkungsbereich festzulegen ist. Der daraus ermittelte Einwirkungsbereich besagt dann im Sinne einer Grobauslese nur, dass ohne Bezug auf bauliche Anlagen auf die Oberfläche eingewirkt werden kann, was nicht deckungsgleich ist mit dem für § 55 Absatz 1 Nr. 9 wesentlichen Kriterium, dass gemeinschädliche Einwirkungen zu erwarten sind. Hierfür bedarf es der Zuordnung der Einwirkungen zur Oberflächensituation im Einzelfall (so auch Begr. zur VO, BR-Drs 378/82, 1. 2, S. 35).

Daraus ergeben sich für die **Behandlung der Einwirkungsbereiche im Betriebs-** **26** **planverfahren** folgende Konsequenzen: Nicht jedes Betriebsplanverfahren ist mit der Frage der Auswirkung bergbaulicher Abbaueinwirkungen auf die Erdoberfläche und damit mit dem Nachweis der Einwirkungsbereiche gemäß § 52 Absatz 4 belastet, sondern nur diejenigen, die Abbaumaßnahmen betreffen. Diese dann auch nur, wenn die Abbaue im Einzelfall infolge der Art der Oberflächennutzung und der Abbauführung zu gemeinschädlichen Einwirkungen führen können. Denkbar ist das vor allem bei Rahmen- und Hauptbetriebsplänen von unterirdischen Gewinnungsbetrieben, nicht für Vorrichtungsbetriebe, nicht bei solchen Maßnahmen, in denen in überschaubarer Zeit mit Bodensenkungen i. S. von § 2 Absatz 2 der VO, d. h. über 10 cm, nicht gerechnet werden muss, im Regelfall seltener bei Sonderbetriebsplänen. Geeignet für die nach § 6 VO beizufügenden zeichnerischen Darstellungen des Einwirkungsbereichs und der Bereiche besonderer Anlagen sind vor allem die Rahmenbetriebspläne untertägiger Gewinnungsbetriebe. Sie – können gemäß § 52 Absatz 4 um die zeichnerischen Darstellungen nach der VO – ergänzt werden und dann kann in den Hauptbetriebsplänen auf diese Angaben verwiesen werden.

27 Die Angaben über den Einwirkungsbereich und die Auswirkungen des Abbaus unterliegen der fachlichen, bergtechnischen Prüfung allein durch die Bergbehörde und berühren daher nicht den Aufgabenbereich anderer Bergbehörden. Die Unterlagen bezüglich der Einwirkungsbereiche als betriebsplanmäßige Nachweise i. V. mit § 52 Absatz 4 sind daher nicht an andere Behörden oder Gemeinden im Rahmen des Beteiligungsverfahrens nach § 54 Absatz 2 weiterzuleiten. Die Zeichnung der Tagessituation und Eintragung der Linie des Winkels ist insofern selbstständiger Teil des Betriebsplans.

28 Ebenso haben Bergbaugeschädigte im Rahmen von Anpassungs-, Sicherungs- und Bergschadensersatzansprüchen kein Einsichtsrecht in die Unterlagen über Einwirkungsbereiche. Das BBergG konstituiert ein derartiges Recht nicht, die Einwirkungs-BergV verpflichtet den Unternehmer zur Beifügung der Darstellungen nur im Betriebsplanverfahren und ein Einsichtsrecht in Betriebsplanakten nach § 29 VwVfG besteht für privatrechtliche Anspruchssteller nicht (vgl. Einzelheiten § 56, Rn 139 ff.). Insofern regeln die §§ 110 die Rechte und Pflichten von Unternehmer und Anspruchsberechtigten sowie die §§ 63 Absatz 4, 125 Absatz 1, Satz 3 die Einsichtsrechte in Unterlagen der Bergbehörde abschließend.

29 Die Einwirkungsbereichs-BergV spielt eine besondere Rolle bei der **Anfechtungsbefugnis des Oberflächeneigentümers** gegen Abbaubetriebspläne. Nach ständiger Rechtsprechung ist die Anfechtungsbefugnis eines Oberflächeneigentümers bereits zu bejahen, wenn dessen Eigentum nach Maßgabe von § 2 Absatz 2 Satz 2 Einwirkungsbereichs-BergV im Einwirkungsbereich des zugelassenen Abbaus gelegen ist und wenn dieser geltend macht, dass sein grundrechtlich geschütztes Oberflächeneigentum durch die zu erwartenden Bergschäden in seinem sachlichen Substrat bedroht ist (OVG Saarland, ZfB 1998, 171; VG Saarland, ZfB 2003, 300; ZfB 1997, 55; ZfB 1995, 334; VG Gelsenkirchen, ZfB 1995, 125). Für die Beurteilung der Bergschadenrelevanz wird davon ausgegangen, dass das absolute Senkungsmaß für diese Frage weniger aussagekräftig ist. Abzustellen ist vielmehr in erster Linie auf das Maß der entstehenden Schieflage eines Gebäudes (OVG Saarland, ZfB 1994, 217; VG Saarland, ZfB 2003, 306).

30 Der Einwirkungsbereich der untertägigen Betriebsteile eines Bergbaubetriebs kann Bedeutung erlangen als eine der Voraussetzungen für die **Bergschadensvermutung** des § 120. Allerdings ist hier eine Klarstellung durch die Ermächtigungsnorm des § 67 geboten: Zweck der Einwirkungs-VO ist danach die Durchführung der Bergaufsicht und der Schutz der in §§ 66, 55 genannten Rechtsgüter, nicht jedoch die Durchsetzung privatrechtlicher Bergschadensansprüche. Die Einwirkungs-VO gibt allerdings das Instrumentarium, mit dessen Hilfe der Einwirkungsbereich als Ergebnis errechnet wird. Auf der Basis dieses Ergebnisses baut dann die Bergschadensvermutung des § 120 auf (hierzu BT-Drs 8/1315, 121, 144 = Zydek, 303, 446; Nölscher, NJW 1981, 2039, 2040; vgl. auch § 120, Rn 12 ff.).

31 Keine Bedeutung hat der Einwirkungsbereich für die **Verjährung des Bergschadensersatzanspruches** gemäß § 117 Absatz 2.
Einwirkungsbereiche geben eine von mehreren Voraussetzungen ab für eine widerlegbare Vermutung, dass entstandene Schäden ihrer Art nach Bergschäden sein können. Sie verschaffen dem Ersatzberechtigten jedoch keine Kenntnis vom Schaden und vom Ersatzpflichtigen, zumal fahrlässige Unkenntnis nicht ausreicht (vgl. § 117, Rn 13). Demnach hat auch der Ablauf der zeitlichen Begren-

zung des Einwirkungsbereichs für die Verjährung gemäß § 117 Absatz 2 keine Bedeutung, sondern nur für den Wegfall der Vermutung gemäß § 120.

Die Einwirkungsbereiche haben keinen Einfluss auf die Darstellungen im Raum- **32** ordnungs- oder Landesplan. Er ist lagerstättenbezogen, enthält die räumliche Verbreitung von abbauwürdigen und landesbedeutsamen Lagerstätten und hat raumordnenden planerischen Vorsorgecharakter. Die Einwirkungsbereiche sind abbaubezogen, ihnen fehlt die raumordnende planerische Dimension, sie sollen ein Hilfsmittel zur Lösung von kollidierenden Ansprüchen auf Grundstücksnutzungen im Einzelfall anhand geben. Andererseits dienen die rahmenbetriebsplanmäßig vorgelegten zeichnerischen Darstellungen der Einwirkungsbereiche der Bergbehörde für die Geltendmachung von Belangen des Bergbaus in Planungsverfahren Dritter im Rahmen der Anhörung als Träger öffentlicher Belange.

Der Einwirkungsbereich wird nach der **VO räumlich und zeitlich begrenzt**. **33**

Die räumliche Begrenzung geschieht durch festgelegte Einwirkungswinkel. Die- **34** ser Winkel ist nicht identisch mit dem Grenzwinkel, der den Nullrand der durch untertägige Abbaumaßnahmen eingetretenen Veränderung der Erdoberfläche angibt. Er ist auch nicht mit dem Bruchwinkel zu verwechseln, der auf die Bruchkante an der Erdoberfläche bezogen ist. Der Einwirkungswinkel ist vielmehr eine bergrechtliche Neuschöpfung, die in § 2 Absatz 2 der VO definiert wird und davon ausgeht, dass für die Größe des Winkels die Bodensenkung maßgebend ist. Dabei wird eine Bodensenkung von **10** cm toleriert, weil bei Senkungen unter diesem Wert die Erfahrung gezeigt hat, dass Schäden an Normalbauwerken nicht eintreten (Keusgen, ZfB 124 (1983), 95, 108).

Die auf 10 cm Senkungstoleranz bezogenen Einwirkungswinkel gelten nicht bei **35** besonders bergschadensempfindlichen Anlagen und Einrichtungen (z. B. Flachglasfabrik, Knotenpunkt- oder Rangierbahnhöfe, Schleusen, Hebewerke, größere Brückenbauwerke, schnell laufende Turbinen), wobei vom Schutzzweck der VO bauliche Anlagen und maschinelle Einrichtungen in Betracht kommen. Hier wird der Einwirkungsbereich mit Hilfe des Grenzwinkels bestimmt, der in der VO nicht definiert wird, durch die Fachwissenschaft aber hinreichend bekannt ist und dessen freier Schenkel die Erdoberflächen nicht bei einer Bodensenkung von 10 cm durchdringen wird, sondern an den Punkten, an denen die Bodensenkungen beginnen werden.

Die zeitliche Komponente für die Ermittlungdes Einwirkungsbereiches beginnt **36** mit dem Erreichen der Bodensenkung von 10 cm, hilfsweise mit Aufnahme des Abbaus im Gewinnungsbetrieb. Sie endet, wenn Bodensenkungen nicht mehr gemessen werden oder nicht mehr zu erwarten sind.

Nach der VO ist die Festlegung des Einwirkungsbereiches Aufgabe des Unter- **37** nehmers. Dem Betriebsplan auf Zulassung des Abbaus ist, sofern ein Nachweis i. S. von § 52 Absatz 4 erforderlich ist (vgl. Rn 95 f.), die zeichnerische Darstellung des Einwirkungsbereiches beizufügen. Der Ersatzberechtigte oder die Behörde haben keine Befugnis, Einwirkungsbereiche festzulegen und die erforderlichen Messungen mit den Wirkungen des § 120 durchzuführen.

Eine fehlerhafte Messung oder Berechnung des Einwirkungsbereiches ist inzi- **38** denter im Bergschadenersatzprozess oder im Wege der Feststellungsklage vor den ordentlichen Gerichten überprüfbar (Nölscher, NJW 1981, 2039, 2040).

Abzugrenzen und streng zu trennen sind die Messungen und Festlegungen des **39** Einwirkungsbereiches von Messungen des § 125, die dem vorbeugenden Personenschutz und Schutz von bedeutenden Sachgütern dienen. Diese Messungen betreffen zu erwartende und eingetretene bergbauliche Einwirkungen aus übertägigem und untertägigem Bergbau und liegen im öffentlichen Interesse. Sie werden auf Anforderung der Bergbehörde in von ihr festgelegten Bereichen durchgeführt, in denen bauliche Anlagen beeinträchtigt werden können. Bei den Einwirkungsbereichen des § 67 Nr. 7 ist dagegen der Bezug zu baulichen Anlagen nicht gegeben, einer besonderen Aufforderung in jedem Einzelfall durch die Bergbehörde und einer Festlegung der Gebiete bedarf es nicht, erfasst werden nur eingetretene Einwirkungen infolge untertägigen Abbaus, nicht die zu erwartenden.

V. Bergbau-Versuchsstrecken V

40 Durch die VO über die Anwendung von Vorschriften des BBergG auf die Bergbau-Versuchsstrecke (**Bergbau-Versuchsstrecken V**) hat der Bundesminister für Wirtschaft von der Ermächtigung des § 129 Absatz 2 Gebrauch gemacht und hat die nach § 129 Absatz 1 für Versuchsgruben geltenden Vorschriften auch für die Versuchsstrecke in Dortmund-Deusen entsprechend anwendbar erklärt. Diese Versuchsstrecke wird von der Westfälischen Berggewerkschaftskasse als Forschungsanlage für Explosionsschutz betrieben. Die VO stellt sicher, dass auf die Tätigkeiten der Bergbau-Versuchsstrecke die Vorschriften über das Anzeige- und Betriebsplanverfahren, die verantwortlichen Personen und die Bergaufsicht anzuwenden sind. Im Übrigen s. hierzu § 129 Rn 5.

VI. Klima-BergV

41 Die Bergverordnung über den Schutz der Gesundheit gegen ungünstige Einwirkungen durch Klima in untertägigen Betrieben (**Klima-Bergverordnung**) löste bestehende Landesregelungen ab und trat an die Stelle der früheren §§ 93 c, d ABG NRW und vergleichbarer landesrechtlicher Vorschriften. Sie dient dem Schutz der in untertägigen Betrieben Beschäftigten gegen ungünstige klimatische Einflüsse.

42 Zur Durchführung der Klima-BergV hat die Bergverwaltung Regelungen, Hinweise und Erläuterungen in der VV-Klima-BergV erlassen (Rundverfügung NRW v. 10.10.1984 – SBl LOBA Abschnitt 2.4 = ZfB 1987, 486).

43 Die Verordnung stützt sich auf §§ 66 Satz 1 Nr. 4 a, b, 66 Satz 1 Nr. 4 d, e, 67 Nr. 1 und 8 und ist durch drei Grundzüge gekennzeichnet:

44 Zunächst und vorrangig wird der Unternehmer verpflichtet, die Möglichkeiten in technischer und organisatorischer Hinsicht auszuschöpfen, um die klimatischen Verhältnisse unter Tage zu optimieren. Maßstab sind die allgemein anerkannten Regeln der Sicherheitstechnik, der Arbeitswissenschaft und der Arbeitsmedizin. Die Durchsetzung erfolgt vor allem über die Betriebsplanzulassung. Die Begründung zu § 3 der VO nennt als Maßnahmen in diesem Sinne: Erhöhung der Wettermenge oder der Wettergeschwindigkeit, bestimmte Arten der Bewetterung oder des Versatzes, Verwendung von Kühlmaschinen, Kühlkabinen, Beschränkung des Elektro- oder Dieselbetriebs.

45 Der zweite Grundzug der VO ist, dass bei bestimmten Temperaturwerten, die sich trotz der vorrangigen technischen und organisatorischen Maßnahmen ergeben, die Beschäftigungszeiten eingeschränkt werden und zusätzliche Pausen zu gewähren sind. Dieser Bereich wird durch Überschreiten von zwei Temperaturwerten gekennzeichnet: einer Trockentemperatur von 28 °C oder einer Effektivtemperatur von 25 °C, wobei beide Begriffe in § 3 der VO definiert werden. Maßgebend ist der zuerst überschrittene Temperaturwert.

Die VO hat damit aus § 93 c ABG zwar die Trockentemperaturgrenze von 28 °C   **46** übernommen, sie aber für den Nichtsalzbergbau um den Wert der Effektiv-temperatur von 25 °C erweitert. Hierdurch werden zusätzlich Betriebspunkte mit niedrigen Wettergeschwindigkeiten und hohen relativen Luftfeuchtigkeiten erfasst. In der Diskussion um die VO war weniger die Einführung der Effektiv-temperatur als die Beibehaltung des 28°-Wertes für Trockentemperatur umstrit-ten. Von Seiten der Bergbauunternehmer wurde darauf hingewiesen, dass dieser Wert mit arbeitsphysiologischen Erkenntnissen nicht vereinbar und daher zum Schutz der Beschäftigten und Dritter vor Gefahren nicht erforderlich sei. Die Festlegung sei durch die Ermächtigungsnorm des § 66 nicht gedeckt. Eingeschränkt wird an heißen Betriebspunkten die Beschäftigungszeit. Hierzu zählt nach § 2 Ziff. 4 der VO auch die Zeit der nicht maschinellen Fahrung (An- und Abmarsch) durch warme Betriebspunkte und der Ruhepausen unabhängig davon, wo sie verbracht werden. Auch hier wiesen die Unternehmer des Berg-baus darauf hin, dass die Ermächtigung des § 66 Absatz 4 b nur Regelungen über die Beschäftigungszeit an bestimmten Betriebspunkten deckt, nicht jedoch über Fahrungen zu und von heißen Betriebspunkten.

Schließlich werden obere Temperatur bzw. Klimawerte für den Salzbergbau   **47** (52 °C Trocken-, 27 °C Feuchttemperatur) und den übrigen Bergbau (30 °C Effektivtemperatur) festgesetzt, bei deren Überschreitung Personen nicht beschäftigt werden dürfen.

Dadurch wurde der in der früheren Niedersächs. Klima-VO v. 10.12.1975 (ZfB   **48** 117 (1976), 252) festgelegte erlaubnispflichtige Grenzwert von 55 °C Trocken-temperatur für den Salzbergbau aufgehoben und verringert, für den übrigen Bergbau, insbesondere den Steinkohlenbergbau, wird das in der früheren Klima-VO für den Steinkohlenbergbau v. 3.2.1977 (ZfB 118 (1977), 299) festgelegte Beschäftigungsverbot bis 32 C Effektivtemperatur auf die Obergrenze von 30 °C Effektivtemperatur geändert. Sie soll nach der Begründung zur VO bei einer Wettergeschwindigkeit von 2 m/s einer Trockentemperatur von 38 °C mit einer Feuchttemperatur von 32 °C entsprechen. In Sonderfällen können Beschäftigte unter besonderen Voraussetzungen in den Klimabereichen zwischen 30 °C und 32 °C Effektivtemperatur mit Ausnahmebewilligung der Bergbehörde tätig werden, während eine Beschäftigung im Bereich über 32 °C absolut verboten, wenn nicht ein Notfall vorliegt, und ordnungswidrig ist.

Die Bergbauunternehmer hatten Zweifel, ob die Grenze von 30 °C Effektiv-   **49** temperatur arbeitsphysiologisch begründet ist und der Ermächtigung des § 66 entspricht.

VII. Elektro-Zulassungs-BergV

Die **Elektro-Zulassungs-BergV** v. 21.12.1983 (Neufassung 10.3.1993) diente   **50** der Umsetzung der Richtlinien 76/117 EWG, 79/196 EWG und 82/130 EWG, die durch die ATEX-Richtlinie 94/9 EG abgelöst und aufgehoben wurden. Die Richtlinie 94/9 EG ist durch die **11. VO zum Geräte- und Produktsicherheits-gesetz** (Explosionsschutz-VO) v. 12.12.1996 (BGBl, 1914) umgesetzt worden, die den bisher von den Elektrozulassungs-BergV erfassten Bereich mit abdeckt (BR-Drs 251/05 v. 15.4.2005). Die Elektrozulassungs-BergV ist mit Wirkung v. 20.8.2005 außer Kraft.

VIII. Sachverständigen-Ausschuss-BergV

51   Die frühere **Sachverständigen-Ausschuss-BergV** v. 4.3.1981 (BGBl, 277) ist mit Wirkung v. 1.8.1999 aufgehoben (s. § 141 Rn 1 ff.).

IX. MarkscheiderBergV

52   Die **Markscheider-BergV** v. 19.12.1986 (BGBl, 2631) regelt die Anforderungen an markscheiderische und sonstige vermessungstechnische Arbeiten für die Tätigkeiten und Einrichtungen nach § 2. Sie hat ihre Ermächtigungen in §§ 67 Nr. 1–6, 8, 63 Absatz 1 Satz 3 und Absatz 2 Satz 2 sowie in §§ 126 Absatz 1, Absatz 3 und 128, 129 Absatz 1. Sie gilt für Vermessungen unter Tage (auch Untergrundspeicher, Versuchsgruben) und in festgelegtem Rahmen auch für solche über Tage (alte Halden, Festlandssockel, Küstengewässer, Messungen zur Feststellung von erwarteten Einwirkungen durch Bergbaubetriebe auf die Oberfläche). Sie findet keine Anwendung auf vermessungstechnische Arbeiten, die das BBergG nicht verlangt, z. B. Vermessungen für ein privates Bergschadensgutachten (Amtliche Begründung zu § 1, ZfB 1987, 288).

53   Die wichtigste Bestimmung ist § 9 der VO. Sie legt die Anforderungen an das **Risswerk** i. S. von § 63 fest, Anlage 3 zu § 9 MarkscheiderBergV enthält – getrennt für untertägige Gewinnungsbetriebe, Untergrundspeicherungen, Versuchsgruben und alte Halden – die Gliederung des Risswerks sowie Inhalt und Form des Risswerks. Beispielsweise werden Tagerisse, Gewinnungsrisse, Grundwasserrisse, Föenfestpunktrisse, Gewinnungsrisse, alte Halden, Wiedernutzbarmachungsrisse, Verzeichnisse mit Standwasserbereichen und Dämmen gefordert. Die Markscheider-BergV legt fest, welche Angaben unverzüglich einzutragen sind und welche Fristen für Nachträge gelten. Sie regelt ferner **Anzeigepflichten für Markscheider** und sonstige anerkannte Personen i. S. von § 64 Absatz 1 Satz 2. Außerdem Ausnahmebewilligungen im Einzelfall von der Verpflichtung, ein Grubenbild als Teil des Risswerks anfertigen und nachtragen zu lassen (§ 63 Absatz 1, Absatz 2). Mit ihrem In-Kraft-treten am 1.1.1987 hat die Markscheider-BergV die Markscheiderordnungen des Landesrechts und eine Vielzahl anderer landesrechtlicher Verordnungen außer Kraft gesetzt.

54   Ein wesentliches Grundprinzip für die Erstellung des Risswerks ist, dass die Darstellungen richtig, übersichtlich und lesbar, sowie genau, vollständig und vor allem nachvollziehbar sein müssen. Solange diese zentralen Prinzipien eingehalten werden, besteht eine gewisse Flexibilität. Die Methoden zur Risswerksnachtragung werden in der Markscheider-BergV nicht explizit vorgeschrieben (Guder/Weber/Frenz/Preuße, Glückauf 2005, 551 ff. – Satellitenmessung).

55   Der deutsche Markscheider-Verein hat *„Grundsätze zum Einsatz von luftgestützten und terrestrischen Laserscanner-Verfahren im Bergbau"* (Stand 14.4.2008) und *„Grundsätze zum Einsatz von satellitengeodätischen Verfahren im Bergbau"* (Stand 6.6.2000) erarbeitet. Soweit die Grundsätze beachtet werden, wird die Einhaltung der Markscheider-BergV hinsichtlich der Nachvollziehbarkeit von Messungen vermutet.

56   Zum Darstellungsbereich eines **Gewinnungsrisses im Tagebau** gehören gemäß Anlage 3 Teil 2 Markscheider-BergV die gesamte Betriebsfläche (Tagebau einschl. Kippe, Tagesanlagen, Gültigkeitsbereich des Hauptbetriebsplans, Sicherheitslinien), die Tagessituation mit einem mindestens 50 Meter (bei Braunkohlenbergbauen mind. 200 Meter) breiten Streifen um die Tagebauoberkante und den Bereich, in dem bergbauliche Arbeiten betriebsplanmäßig zugelassen werden sollen. Grenzen müssen dargestellt werden: Der Bergbauberechtigung, des Betriebsplans, Sicherheitslinien, Schutzgebiete. Ferner erfasst der Gewinnungsriss den Stand der Bodenschatz- und Abraumgewinnung, beim Einbau von Abfallstoffen, die Art der Stoffe und das Einbauverfahren, ferner die geologischen Verhältnisse (s. auch § 63 Rn 2).

Das Risswerk ist immer körperlich anzufertigen. Die ausschließlich elektro-   **57** nische Form der Risswerksinformationen kommt als „Urkunde Risswerk" nicht in Betracht. § 3 a Absatz 2 VwVfG kommt nicht zur Anwendung, da es sich bei den risslichen Darstellungen nicht um eine Schriftform i. S. eines mit Schriftzeichen abgefassten Textes handelt und außerdem Formvorschriften der MarkscheiderBergV (dauerhafte bedingungsfreie Lesbarkeit, haltbare Zeichengrundstoffe) dem entgegenstehen.

Zur früheren **Richtlinie** v. 15.8.1995 des **Sächs. Oberbergamts** (veröffentlicht in   **58** Sächs. OBA, Vorschriften für Steine- und Erdentagebaue, Glückauf-Verlag 1995), s. § 63 Rn 2. Zur Form des Risswerks s. DIN 21.902 – Teil 2 *„Abschluss des Risswerks"*.

Zweck des Risswerks ist in der Gewinnungsphase die nachvollziehbare Dar-   **59** stellung der jeweiligen Tages- und Betriebssituation vor und während der Betriebsphase und der Grundlagen für die Erhebung der Feldes- und Förderabgabe (Fördermenge, Marktwert der Bodenschätze). In der Betriebseinstellungsphase dient das Risswerk der Gefahrenabwehr, der Beurteilung der Sicherheit der stillgelegten Anlagen, Beweiszwecken im Rahmen anderer öffentlicher oder privater Planungen und bei eventueller Wiederaufnahme des Bergbaus.

Die Markscheider-BergV ist in Zusammenhang mit § 125 zu sehen. Hiernach   **60** kann die Bergbehörde dem Bergwerksunternehmer – durch Ordnungsverfügung – erforderlichen Falls unter Anordnung der sofortigen Vollziehung aufgeben, Merkmarken Vorort anzubringen und bestimmte Messungen durchzuführen (VG Gelsenkirchen, ZfB 1992, 133). Gleichzeitig kann die Bergbehörde gegen den Grundstückseigentümer in Gebieten, in denen Beeinträchtigungen der Oberfläche durch den Bergbaubetrieb mit Auswirkungen auf bauliche Anlagen zu erwarten sind, die Duldung dieser Messungen i. S. von §§ 15, 16 MarkscheiderBergV anordnen, erforderlichenfalls gegebenenfalls unter Androhung von Zwangsmitteln (VG Gelsenkirchen, ZfB 1991, 137). Die Artikel 13 Absatz 1 und 14 Absatz 1 GG werden hierdurch nicht verletzt.

X. Gesundheitsschutz-BergV

Die **Gesundheitsschutz-BergV** v. 31.7.1991 (BGBl, 1751) regelt arbeitsmedizi-   **61** nische Vorsorgeuntersuchungen und beschränkt die Beschäftigung bestimmter Personengruppen in bestimmten Tätigkeiten in den bergbaulichen Betrieben ein. Für den Umgang mit Gefahrstoffen in untertägigen Bergwerken legt sie über die Gefahrstoff-VO hinausgehende Anforderungen fest.

Die Arbeitsgruppe Gesundheits-BergV der Länderbergbehörden hat **Ausfüh-**   **62** **rungsbestimmungen zur Gesundheitsschutz-BergV** (Stand 29.9.2003) erstellt. Darin sind u. a. Hinweise zum Anwendungsbereich der GesBergV enthalten. Sie gilt grundsätzlich nicht für die Wiedernutzbarmachung. Dennoch können Verfüllungs-, Sicherungs-, Verfestigungsarbeiten sowie Abbruch- und Sanierungsarbeiten unter § 1 GesBergV fallen, weil sie unter den Begriff des Gewinnens einzuordnen sind.

63 § 4 der GesBergV normiert eine **allgemeine Zulassungspflicht für bestimmte Stoffe.** Sie gilt allerdings nicht für den Umgang mit sämtlichen Gefahrstoffen. Es bedarf einer Zulassung nur, wenn die einschlägigen Gefahrstoffe die in § 4 Absatz 1 Nr. 1 oder Nr. 2 GesBergV genannten Voraussetzungen erfüllen. Die allgemeine Zulassung wird durch die Zulassung des Betriebsplans nicht ersetzt. Sie soll zwar das Betriebsplanverfahren entlasten i. S. einer „Bauartzulassung". Sie ist aber bezüglich des Schutzzieles des § 55 Absatz 1 Nr. 3 im Betriebsplanverfahren zu prüfen. Hierzu hat die Bezirksregierung Arnsberg als Bergbehörde in NRW ein **Merkblatt** „*Sonderbetriebsplan zu Tätigkeiten mit nach § 4 GesBergV zugelassenen Stoffen außer schwer entflammbaren Hydraulikflüssigkeiten*" herausgegeben. Daraus ergibt sich, dass zur Konkretisierung der aus den allgemeinen Zulassungen gemäß § 4 GesBergV sich ergebenden Rahmenbedingungen für die speziellen Betriebsverhältnisse Sonderbetriebspläne erforderlich sind. In diesen Sonderbetriebsplänen sind jedoch keine Aussagen mehr zu machen, soweit sie bereits im Sicherheits- und Gesundheitsschutzdokument (SGD) gemäß § 3 ABBergV getroffen sind und hierzu im Sonderbetriebsplan eine Verknüpfung hergestellt wird. Das Merkblatt enthält Muster für den Sonderbetriebsplan und dessen Zulassung.

64 Die **allgemeine Zulassung** ist vom Hersteller oder vom Bergbauunternehmer zu beantragen. Sie wird von den in § 4 Absatz 2 GesBergV abschließend genannten Stellen geprüft und von der zuständigen Landesbehörde erteilt. Eine allgemeine Zulassung kommt für die Stoffe, die nach §§ 4, 5 Absatz 4 i. V. mit Anh. 1 der Gefahrstoff-VO kennzeichnungspflichtig sind nicht infrage. Für diese Stoffe besteht gemäß § 4 Absatz 1 GesBergV ein Umgangsverbot.

65 Die **Abgrenzung zwischen der GesBergV und der Gefahrstoff-VO** erfolgt durch § 2 Absatz 4 GefStoffV: §§ 15 a bis 15 e, der 5. und 6. Abschnitt der GefStoffV gelten für Betriebe des untertägigen Bergbaus nicht, soweit die GesBergV gleichwertige Regelungen enthält. Die einzelfallbezogenen Ausnahmeregelungen des 7. Abschnittes der GefStoffV (§§ 41–44) sind daher von den Bergbehörden zu beachten. Diese einzelfallbezogenen Ausnahmeregelungen können daher auch im Rahmen der Verbote und Einschränkungen des § 4 GesBergV berücksichtigt werden. Soweit Stoffe nach § 4 Absatz 1 Nr. 2 GesBergV im Rahmen des Zulassungsverfahrens zu prüfen sind, wird diese einzelfallbezogene Ausnahme bereits dadurch berücksichtigt, dass das Zulassungsverfahren die Möglichkeit einer räumlichen oder sachlichen Einschränkung vorsieht.

66 Da der Zulassungsvorbehalt des § 4 Absatz 1 Nr. 2 GesBergV bundesrechtlich geregelt ist, gilt die von einer zuständigen Landesbehörde erteilte **allgemeine Zulassung bundesweit und für alle Bergbauzweige.** Der Hersteller oder Unternehmer kann allerdings von sich aus Einschränkungen, z. B. auf einen bestimmten Betrieb, ein Unternehmen oder einen bestimmten Bergbauzweig (z. B. untertägiger Steinkohlenbergbau, Salzbergbau) beantragen. Eine Liste der allgemein zugelassenen Stoffe wird bei der Bezirksregierung Arnsberg – Abteilung Bergbau – geführt und in deren Sammelblatt veröffentlicht.

67 Die Zulassungspflicht nach § 4 GesBergV gilt auch für abbindende Baustoffe, Versatzstoffe, Dieselkraftstoffe, nicht jedoch Explosivstoffe, die nach dem Sprengstoffgesetz durch die Bundesanstalt für Materialprüfung zugelassen werden.

68 **Altzulassungen** gemäß § 18 Absatz 2 GesBergV können gemäß § 176 Absatz 3 Satz 1 BBergG aufrecht erhalten worden sein. Das Umgangsverbot gemäß § 4 Absatz 1 Nr. 1 GesBergV ist insofern nicht anzuwenden. Das schließt nicht aus, dass die Zulassung gemäß § 4 Absatz 4 Satz 3 GesBergV widerrufen werden kann.

Die GesBergV enthält in den §§ 5–9 besondere Schutzbestimmungen für Staub-   **69**
belastungen im untertägigen Steinkohlenbergbau und in den §§ 11–14 Schutzmaßnahmen für Lärm, Vibrationen, Bildschirmgeräte und manuelle Handhabung von Lasten. Sie gehen auf EG-Richtlinien zurück (86/188 EWG; 90/
270 EWG; 90/269 EWG sowie 2003/10 EG und 2002/44 EG). Die in der
GesBergV vorgeschriebenen Maßnahmen zum Schutz der Beschäftigten erstrecken sich auf die Aufsuchung, Gewinnung und Aufbereitung von Bodenschätzen, auf die Untergrundspeicherung auf dem Festland und in den Küstengewässern, auf alte Halden, Versuchsgruben und bergbauliche Ausbildungsstätten, die
wie ein Gewinnungsbetrieb eingerichtet sind. Sie ist daher auch beim Einsatz
von Abfällen als Bergversatz anzuwenden (hierzu Beckmann, aaO). Im Festlandsockel gilt statt dessen die Festlandsockel-BergV (s. § 68 Rn 83).

In der GesBergV wird davon ausgegangen, dass in Auslegung des § 1 Absatz 5   **70**
Satz 2 der Gefahrstoff-VO für untertägige, der Bergaufsicht unterstehende
Betriebe der 3. Abschnitt der Gefahrstoff-VO über *„allgemeine Schutzmaßnahmen"* gilt. Daher sind dementsprechende Vorschriften nicht in die GesBergV
aufgenommen (BR-Drs 171/91 = ZfB 1991, 267). Die für Gefahrstoffe erforderlichen Verbote und Beschränkungen sind daher solche, die über die Gefahrstoff-VO hinausgehen.

XI. Allgemeine BBergV

Die **Allgemeine Bundesberg-VO** (ABBergV) v. 23.10.1995 (BGBl, 1466)   **71**
beschreibt in Ergänzung zu § 61 die Anforderungen an den Unternehmer, um
seine Verantwortung für einen umfassenden Arbeitsschutz im Betrieb zu erfüllen
(Einzelheiten Keusgen, Glückauf 1996, 41 ff.; ZfB 1996, 60 ff.; Kihl, Glückauf
1996, 49 ff.; Sladek, Glückauf 1996, 46 ff.; Grigo, Sonderbeilage der Zeitschrift
bergbau 1995, 1 ff.). Sie setzt mehrere EG-Richtlinien um (92/91 EWG; 92/104
EWG; 89/391 EWG; 89/655 EWG; 89/656 EWG; 92/58 EWG), von denen die
Richtlinie 89/391 EWG den Kern bildet.

Der Anwendungsbereich umfasst die Sicherheit und den Gesundheitsschutz bei   **72**
bergbaulichen Tätigkeiten einschließlich Festlandsockel und Küstengewässer. Er
richtet sich mit der Mehrzahl der Vorschriften an die Unternehmer. Aber auch
den Beschäftigten werden Pflichten für sicherheitsgerechts Verhalten und Rechte
zur Wahrung sicherheitlicher Belange auferlegt.

In § 2 der ABBergV werden die allgemeinen Pflichten des Unternehmers in   **73**
Ergänzung zu § 61 umfassend konkretisiert insbesondere im Hinblick auf die
Arbeitsstätte. In Übereinstimmung mit den EG-Richtlinien gilt als Arbeitsstätte
jede Örtlichkeit, in der Arbeitsplätze für bergbauliche Tätigkeiten oder Einrichtungen vorhanden oder vorgesehen sind und zu denen die Beschäftigten im
Rahmen ihrer Aufgaben Zugang haben, einschließlich Unterkünfte. Eine oder
mehrere Arbeitsstätten bilden einen **Betrieb**. Die Beziehung Arbeitsplatz –
Arbeitsstätte – Betrieb wird auch für andere Bergverordnungen anwendbar
sein (Keusgen, ZfB 1996, 66).

Ein weiteres Begriffsdreieck, das die ABBergV prägt, ist das von **Risiko – Gefahr**   **74**
– Gefährdung. Unter **Gefahr** wird eine Sachlage verstanden, die bei ungehindertem Ablauf des objektiv zu erwartenden Geschehens mit hinreichender
Wahrscheinlichkeit zu einem Schaden führt. Der Begriff **Gefährdung** bezeichnet
im Gegensatz zur Gefahr die Möglichkeit eines Schadens oder einer gesundheitlichen Beeinträchtigung ohne bestimmte Anforderungen an deren Ausmaß oder
Eintrittswahrscheinlichkeit. Das **Risiko** wiederum ist ein Produkt aus Eintritts-

wahrscheinlichkeit und Ausmaß des möglichen Schadens. Bei der Ermittlung der Eintrittswahrscheinlichkeit ist der Grundsatz der Verhältnismäßigkeit und die Wertigkeit des betroffenen Rechtsgutes zu berücksichtigen. Ein nicht mehr hinnehmbares Risiko ist eine Gefahr (zu allem Keusgen, aaO, S. 66).

75   In § 3 ABBergV ist dem Unternehmer auferlegt, ein **Sicherheits- und Gesundheitsschutzdokument** (hierzu Diercks, Braunkohle 1996, 213) zu erstellen, im Betrieb verfügbar zu halten und ständig zu aktualisieren. Das Dokument veranlasst den Unternehmer, sich selbst Rechenschaft über die Lage des Arbeitsschutzes im Betrieb abzulegen (Kremer/Neuhaus genannt Wever, Bergrecht, Rn 324). Der Schwerpunkt des Sicherheits- und Gesundheitsschutzdokumentes liegt in der Gefährdungsanalyse. Sie richtet sich nach Art und Größe des Betriebes, der Art der Tätigkeiten, dem Gefährdungspotenzials und Erfahrungen aus der Vergangenheit. Das Sicherheits- und Gesundheitsschutzdokument ist als innerbetriebliche Planungs-, Entscheidungs-, und Überwachungsgrundlage identisch mit dem **Sonderbetriebsplan _„Sicherheit"_**. Es ist gleichsam die Vorbereitung und Basis des Betriebsplans, der bestimmte Maßnahmen für die Sicherheit und den Gesundheitsschutz der Beschäftigten festlegt, ggf. als Folgerungen aus der Gefährdungsanalyse.

76   Durch § 4 ABBergV wird eine Lücke geschlossen, die bei gleichzeitiger Beschäftigung verschiedener Unternehmer im selben Bergwerksbetrieb bestand. Bisher war es erforderlich, den auftragnehmenden Unternehmer als verantwortliche Person i. S. von § 58 Absatz 1 Nr. 2 zu bestellen, sofern der Bergwerksunternehmer sich für die Tätigkeit der Spezial- und Serviceunternehmen entlasten wollte. Nunmehr wird durch § 4 ABBergV jeder Unternehmer für seine Beschäftigten und für seinen Bereich selbstverantwortlich. Alle in Betracht kommenden Unternehmer sind allerdings verpflichtet, koordiniert zusammen zu arbeiten.

77   In Ergänzungen zu §§ 58–60 wird in § 5 ABBergV festgelegt, dass **für jede mit Beschäftigten belegte Arbeitsstätte** einen nach § 58 bestellte Person verantwortlich sein muss. Ferner, dass mindestens eine verantwortliche Person i. S. von § 58 so lange im Betrieb anwesend ist (oder in kurzer Zeit anwesend sein kann), wie dort Beschäftigte anwesend sind. Schließlich muss eine belegte Arbeitsstätte einmal während jeder Schicht von einer für die Beaufsichtigung – nicht notwendigerweise eine verantwortliche Person (Keusgen, aaO) – bestellten Person aufgesucht werden. Für Arbeitsplätze, an denen nur ein Einzelner tätig ist, gelten besondere hiervon abweichende Beaufsichtigungsregelungen.

78   Der Unternehmer muss eine Vielzahl von schriftlichen Anweisungen aufstellen: Notfallplan (§ 11 Absatz 1 Nr. 6), Plan über Explosionsschutzsperren (§ 15 Absatz 8), Bewetterungsplan (§ 16 Absatz 6), Instandhaltungsplan (§ 17 Absatz 3), Explosionsschutzplan (Anh. 1 Nr. 1.2.2), Gasschutzplan (Anh. 1 Nr. 1.3.3), Brandschutzplan (Anh. 1 Nr. 1.4.5).

79   Die ABBergV sieht ferner Unterrichtungspflichten bei Gefahren für Sicherheit und Gesundheit, Unterweisungspflichten bezogen auf den Arbeitsbereich, Anforderungen an Arbeitsstätten und sanitäre Einrichtungen, an die Bewetterung untertägiger Arbeitsstätten sowie die Bereitstellung von Arbeitsmitteln, persönlichen Schutzausrüstungen vor. Andererseits haben nach § 21 die Beschäftigten die Pflicht, für ihre Sicherheit und Gesundheit zu sorgen. Nach § 23 ABBergV kann der Unternehmer seine Pflichten aus der VO ganz oder teilweise auf verantwortliche Personen übertragen.

80   Durch § 22 a ABBergV wurden Verpflichtungen der Unternehmer für die Entsorgung von bergbaulichen Abfällen in die ABBergV aufgenommen. Sie ergänzen § 55 Absatz 1 Nr. 6 (Näheres § 55 Rn 119 ff.).

Die ABBergV hat 4 Anhänge, die die Anforderungen für die der VO unterlie-   **81**
genden Tätigkeiten, Einrichtungen, Tagesanlagen, Arbeitsstätten im Bereich des
Festlandsockels und der Küstengewässer sowie an die Sicherheits- oder Gesund-
heitsschutzkennzeichnung enthalten. Durch die ABBergV werden **zahlreiche
landesrechtliche Vorschriften gegenstandslos**, die nach § 176 Absatz 3 aufrecht
erhalten geblieben waren. Das gilt auch für Vorschriften in den neuen Bundesländern (hierzu BR-Drs 470/95 in ZfB 1996, 42). Betroffen sind z.B. die
Wiederurbarmachungsanordnung v. 4.11.1985 (GBl I Nr. 33, S. 369), die **Ver-
wahrungsanordnung** für unterirdische Bergbauanlagen v. 19.10.1971 (GBl I
Nr. 73, S. 621) und die **Anordnung über Halden und Restlöcher** v. 2.10.1980
(GBl I Nr. 31, S. 301). Die gegenstandslosen Vorschriften wurden gemäß § 25
der ABBergV am 10.1.1996 (BAnz S. 729) bekannt gemacht. Die sog. **Rekulti-
vierungsanordnung** der ehemaligen DDR (23.2.1971, GBl I Nr. 30, 245) ist
bereits mit In-Kraft-treten des Einigungsvertrags gegenstandslos geworden. Die
Markscheider Anordnung v. 19.12.1973 (GBl I Nr. 50, S. 512) ist in den neuen
Bundesländern seit Geltung der Markscheider-BergV am 1.1.1994 außer Kraft
getreten. Die **VO über unterirdische Hohlräume** v. 17.1.1985 (GBl I Nr. 5, S. 57)
trat aufgrund des Einigungsvertrags mit Ablauf des 31.12.1995 außer Kraft.

Zur Konkretisierung der Anforderungen des § 14 der ABBergV (Sicherheit der   **82**
Arbeitsstätten in Übertagebetrieben) hatte das Sächs. Oberbergamt die **Richtlinie über geotechnische Sicherheit im Bergbau Übertage** (Richtlinie Geotechnik)
v. 10.3.2005 erlassen (Sächs. ABl 2005, 285). Sie diente der Gewährleistung der
geotechnischen Sicherheit in Tagebauen sowie an Halden und Tagebaurestlöchern. Sie ist mit Wirkung v. 6.9.2009 aufgehoben und inhaltlich in die
Sächs.BergVO eingearbeitet worden (dort Anlage 1 zu § 8 Absatz 2; s. auch
Rn 104).

XII. Festlandssockel-BergV

Die **BergV für den Festlandssockel** v. 21.3.1989 (BGBl, 554) gilt für die Auf-   **83**
suchung, Gewinnung und Aufbereitung von Bodenschätzen im Bereich des
Festlandsockels. Sie regelt insbesondere den Arbeitsschutz auf Plattformen,
die Aufsuchung und Gewinnung durch Bohrungen, besondere Maßnahmen
zum Schutz des Meeres, des Schiffsverkehrs, von Unterwasserkabeln. Anfallen-
des Erdgas oder Erdöl, das wirtschaftlich nicht genutzt wird, ist gefahrlos zu
verbrennen. Rohrleitungen sind zu sichern. Es ist Sorge dafür zu tragen, dass
nachteilige Einwirkungen auf das Meer und den Meeresboden unterbleiben. Der
Meeresgrund ist nach Verfüllung der Bohrungen so herzurichten, dass er wieder
als natürlicher Lebensraum zur Verfügung steht. Die Vorschriften konkretisieren
die Regelungen über das Betriebsplanverfahren, insbesondere die speziellen des
§ 55 Absatz 1 Nr. 10–13 und des § 55 Absatz 2 Nr. 3. Bei Bohrinseln können
daneben die Anforderungen des § 22 BImSchG von Bedeutung sein.

XIII. Landes-BergVO

Neben den BBergVO haben die Länder eine **Vielzahl von Landesbergverord-   **84**
nungen** erlassen.
Die wichtigsten für das **Bundesland NRW** sind:
– BergVO für Tiefbohrungen, Tiefspeicher und für die Gewinnung von Boden-   **85**
  schätzen durch Bohrungen (**TiefbohrVO**) v. 31.10.2006 (ABl Arnsberg
  2006, Nr. 48 – Beilage).

Sie beruht auf einer Empfehlung der LAB für eine möglichst bundesein-   **86**
heitliche LänderVO. Die TiefbohrVOen betreffen in erster Linie den Bohr-

lochbergbau auf Erdöl und Erdgas sowie die Untergrundspeicher und die Geothermie. Aus der TiefbohrVO ergeben sich **Anzeigepflichten** des Unternehmers für bestimmte Betriebsereignisse, die für den Bohrlochbergbau die Anzeigepflichten nach dem BBergG konkretisieren. Sie enthält ferner u. a. Vorschriften über das Verhalten im Betrieb; die Sicherung von Einrichtungen, insbesondere des Werksgeländes; die Überwachung des Betriebes durch den Unternehmer über die Durchführung des Bohrbetriebs; die Prüfaufgaben von Werkssachverständigen; die Sicherung von stillliegenden Bohrungen; die Verpflichtung zur Führung eines **Förderbuches**; Anforderungen an Rohrleitungen zum Befördern von gefährlichen Gasen, Flüssigkeiten und Sole und die Führung eines **Rohrleitungsbuches.**

87 Teil 8 der Tiefbohr-VO enthält Vorschriften zum Befördern von Erdöl, Erdgas und anderen Stoffen. Geregelt werden die Leitungsführung, Leitungsverlegung und zusätzliche Bestimmungen über Anforderungen an Leitungen für schwefelwasserstoffhaltiges Erdgas einschließlich Überwachung.

88 Die TiefbohrVO enthält **Vorschriften über Bohrgerüste.** Diese werden rechtlich nicht als Maschinen i. S. von § 1 Absatz 2 der MaschinenVO von 1993 oder Produkte i. S. von § 2 des Geräte- und Produktsicherheitsgesetzes (GPSG) angesehen (Rundverfügung Bezirksreg. Arnsberg v. 30.11.2006 – AZ 86.1.31.2.4-2003-1), sodass in der TiefbohrVO **eigenständige Regelungen** getroffen werden konnten. Die Festigkeit und Standsicherheit des Bohrgerüstes muss nachgewiesen und von einem anerkannten Sachverständigen bestätigt sein. Ortsveränderliche Bohrgerüste bedürfen der **Genehmigung** durch die zuständige Behörde (§ 12 Absatz 2 BVOT), ebenso die Abseilvorrichtung (§ 12 Absatz 7 BVOT). Für jedes ortsveränderliche Bohrgerüst ist ein **Bohrgerüstbuch** anzulegen.

89 Sofern eine Genehmigung für Bohrgerüste nicht erforderlich ist, wird der Betrieb und die wesentliche Änderung von Bohrgerüsten im Betriebsplanverfahren behandelt. Die MusterBau-O (1974) enthält für Bohranlagen **keine Baugenehmigungspflicht** mehr. Eine landesrechtliche Bauartzulassung kommt wegen der Zuständigkeit des Bundes gemäß §§ 65 Nr. 3, 68 Absatz 2 Nr. 1 BBergG nicht in Betracht.

90 – BergVO für seismische Arbeiten v. 3.1.1987 (ABl Arnsberg 1987, Nr. 9 = ZfB 1988, 164). Diese Verordnung ist durch Verordnung v. 15.11.2001 am 1.12.2001 außer Kraft getreten.

91 – VO über Feldes- und Förderabgabe v. 14.12.1998 (GVBl NRW 1999, 22 = ZfB 1999, 3), geändert durch VO v. 12.2.2001 (GVBl NRW 95 vom 11.12.2009 (GVBl, 834) und durch das 4. Befristungsgesetz v. 5.4.2005 (GVBl, 332). Diese Verordnung soll mit Ablauf des 31.12.2014 außer Kraft treten.

92 – BergVO für Braunkohlenbergwerke v. 5.2.1998 i. d. F. v. 1.5.2001 (u. a. ABl Arnsberg 2001, Beil. Zu Nr. 46 = ZfB 2003, 22).

93 – BergVO über den arbeitssicherheitlichen und betriebsärztlichen Dienst v. 24.10.1997 (ABl Arnsberg Nr. 46 = ZfB 1998, 105).

94 – BergVO für elektrische Anlagen (Elektro-BergVO) v. 9.5.2000 (ABl Arnsberg Nr. 32 = ZfB 2001, 1). Ähnliche Elektro-VO wurden in nahezu allen anderen Bundesländern erlassen.

95 – BergVO über Steinkohlenbergwerke v. 10.1.2000 i. d. F. v. 1.5.2001 (ABl Arnsberg Beil. Nr. 46 = ZfB 2003, 3).

96 – BergVO für Erzbergwerke, Steinsalzbergwerke und für Steine- und Erdenbetriebe v. 1.6.1999 i. d. F. v. 1.5.2001 (ABl Arnsberg 2001, Beil. Nr. 46 = ZfB 2003, 34).

– BergVO für Schacht- und Schrägförderanlagen v. 4.12.2003 (ABl Arnsberg   **97**
2004, Nr. 5 = ZfB 2004, 179). Gleichlautend in Niedersachsen, Rheinland-
Pfalz, Saarland.

Der **Freistaat Bayern** hat für Tätigkeiten und Einrichtungen, die der Bergaufsicht   **98**
unterliegen, die **Bayrische Bergverordnung** v. 6.3.2006 (GVBl, 134, zuletzt
geändert am 20.12.2007, GVBl 2007, 964) erlassen. Sie enthält u. a. Vorschriften über die Sicherung von Einrichtungen und der Erdoberfläche, für Aufsuchung und Gewinnung von Bodenschätzen, über Bohrungen (Erdöl, Erdgas,
Erdwärme), über Untergrundspeicher von Erdgas und Bohrungen gemäß § 127
BBergG. Ferner über elektrische Anlagen und über Schacht- und Schrägförderanlagen.

Ähnlich haben das Land **Niedersachsen** eine Allgemeine BergV (ABVO) über   **99**
Untertagebetriebe, Tagebaue und Salinen v. 2.2.1966 (MBl, 337) und **Hessen**
eine Allgemeine BergVO (ABV) v. 6.6.1969 (St.Anz., S. 1075 erlassen, mehrfach
geändert, zuletzt GVBl v. 15.7.1997, S. 232, und GVBl v. 20.6.2002, 342, 356),
die für alle unter der Aufsicht der Bergbehörde stehenden Betriebe und Anlagen
mit Ausnahme der Erdöl- und Erdgasbetriebe, Tiefspeicher und der mehr als 100
Meter tiefen Bohrungen gilt.

Geregelt werden insbesondere: Der Abschluss und das Betreten von Tages-   **100**
anlagen, die Anzeige besonderer Ereignisse, auch wenn sie keinen meldepflich-
tigen Arbeitsunfall betreffen; Ausbildung von Personen mit besonderen sicherheitlichen Anforderungen; die Einweisung von Aufsichtspersonen in ihren
Aufgabenbereich; die Pflicht der Aufsichtsperson, ihre belegten Arbeitsstellen
einmal pro Schicht zu befahren. Ähnliche Regelungen finden sich in den anderen
hier genannten Länderverordnungen.

Im **Saarland** und in **Rheinland-Pfalz** gilt noch die Allgemeine Bergpolizei-VO   **101**
(ABPV) des OBA v. 15.5.1981.

Von Bedeutung im Saarland ist außerdem die VO über die Anwendung der   **102**
Vorschriften des BBergG auf die **Kraftwerke des Bergbaus** v. 17.2.1982 (ABl,
198). Sie ist aufgrund von § 173 Absatz 2 BBergG erlassen worden und legt fest,
dass auf Tätigkeiten und Einrichtungen in bestimmten Kraftwerken die Vorschriften des BBergG anzuwenden sind (ZfB 1982, 346).

In **Baden-Württemberg** gilt die Allgemeine BergpolizeiVO des Wirtschaftsminis-   **103**
teriums v. 14.7.1978 (GVBl 1978, 417 mehrfach geändert, zuletzt GBl v.
1.6.1997, 282 und GBl v. 1.7.2004, 469).

Das **Sächsische Oberbergamt** hat am 16.7.2009 aufgrund § 2 Absatz 1 der   **104**
Sächs.BBergG-ErmächtigungsVO die VO über die der **Bergaufsicht unterliegenden Betriebe**, Tätigkeiten und Einrichtungen (Sächs.BergVO) erlassen (Sächs.
GVBl 2009, 489). Sie regelt das systematische Prüfungswesen in Bezug auf für
die Sicherheit bedeutende Maschinen, Geräte und Anlagen durch sachkundige
Personen; den Umgang mit Zulassungsbescheiden aller Art im Betrieb; das
Betreten des Betriebsgeländes; geotechnische Sicherheit; Schutz vor Wassereinbrüchen; die Bewetterung; Anforderungen an Bohrungen; das Sachverständi-
genwesen; Sicherheitspfeiler bei untertägigen Betrieben; Verwahrung stillgelegter
Tagesschächte; Prüfung von Seilfahrtanlagen sowie der Sicherheit von Tagebau-
großgeräten und Stetigförderern. Durch die Sächs.BergVO sind die Sächs.Elek-
troBergV und die Sächs.BVOASi außer Kraft getreten. Ferner wurden u. a. die
Richtlinien Geotechnik (s. auch § 68 Rn 82), sowie die für die Tagebaugeräte
und für Sachverständige aufgehoben.

FÜNFTER TEIL Bergaufsicht

§ 69   Allgemeine Aufsicht

(1) Der Bergbau unterliegt der Aufsicht durch die zuständige Behörde (Bergaufsicht).

(2) Die Bergaufsicht endet nach der Durchführung des Abschlussbetriebsplanes (§ 53) oder entsprechender Anordnungen der zuständigen Behörde (§ 71 Abs. 3) zu dem Zeitpunkt, in dem nach allgemeiner Erfahrung nicht mehr damit zu rechnen ist, daß durch den Betrieb Gefahren für Leben und Gesundheit Dritter, für andere Bergbaubetriebe und für Lagerstätten, deren Schutz im öffentlichen Interesse liegt, oder gemeinschädliche Einwirkungen eintreten werden.

(3) Der Aufsicht der zuständigen Behörde unterliegen die Markscheider und die Ausführung der markscheiderischen Arbeiten im Sinne des § 64 Abs. 1.

Übersicht   Rn

I.   Entwicklung des Bergaufsichtsrechts   1
II.   Länderrechtliche Sonderregelungen   10
III. Der Unterschied des § 69 BBergG zu § 196 ABG   14
IV.   Der Begriff „Bergbau"   20
V.   Ende der Bergaufsicht   33
1.   Ende der Bergaufsicht nach § 196 ABG   33
2.   Ende der Bergaufsicht nach § 69 Absatz 2 BBergG   42
VI.   Bergaufsicht über Markscheider   70

I.   Entwicklung des Bergaufsichtsrechts

1 Der heute fast selbstverständliche Satz des § 69 Absatz 1 ist der Endpunkt einer langen Entwicklung (im Einzelnen Schlüter, ZfB 76 (1935), 293, Krautschneider, ZfB 103 (1962), 26, Voelkel, ZfB 56 (1915), 315, Weller, ZfB 106 (1965), 218). Sie begann zur Zeit des Freiberger Bergrechts Mitte des 14. Jahrhunderts, als bereits Bergbeamte des Landesherrn wöchentlich die Gruben befahren mussten, um für die Zweckmäßigkeit des Betriebes zu sorgen. Sie setzte sich zu Zeiten des sog. Direktionsprinzips und der partikularen Bergordnungen fort über § 82 II 16 und § 10 II 17 pr. ALR. Nach ersterer Vorschrift musste jeder Beliehene sein Bergwerkseigentum den Grundsätzen der Bergpolizei gemäß benutzen, die zweite legte fest, dass es *„Amt der Polizei"* sei, *„die nötigen Anstalten zur Erhaltung der öffentlichen Ruhe, Sicherheit und Ordnung und zur Abwendung der dem Publico oder einzelnen Mitgliedern desselben bevorstehenden Gefahr zu treffen"* (Einzelheiten Isay, ABG, Vorbem. § 196). Es folgte der allmähliche Abbau des Direktionsprinzips, zunächst durch zwei Vorsätze zum ABG, das „Gesetz über die Verhältnisse der Miteigentümer eines Bergwerks für den ganzen Umfang der Monarchie mit Ausnahme der auf dem linken Rheinufer gelegenen Landesteile" vom 12.5.1851 (GS 265) und durch das „Gesetz, die Aufsicht der Bergbehörden über den Bergbau und das Verhältnis der Berg- und Hüttenarbeiter betreffend", vom 21.5.1860 (GS 201, ZfB 1 (1860), 1). Dieses Gesetz von 1860 legte fest, dass der Bergbau der bergbehördlichen Einwirkung künftig nicht weiter unterworfen werde, als zur Wahrung der Nachhaltigkeit des Bergbaus, der Sicherheit der Baue, der Oberfläche im Interesse des Privat- und öffentlichen Verkehrs, des Lebens und der Gesundheit der Arbeiter notwendig sei (Weller, ZfB 106 (1965), 218, 220). Schließlich setzte § 196 AGB die Entwicklung fort: der Bergbau stand unter der polizeilichen Aufsicht der Bergbehörden. Durch das Attribut „polizeilich" wurde die Aufsicht der rechtlichen Entwicklung entsprechend wesentlich eingeschränkt. Hier wurde „Polizei" nicht mehr als allumfassender Begriff für die gesamte innere Staatsverwaltung verstanden, sondern für die bereits durch § 10 II 17 ALR eingeschränkten Aufgaben der Erhaltung der öffentlichen Ruhe, Sicherheit und Ordnung. Zur Klarstellung wurde in § 196 Absatz 2 ABG ein Aufgabenkatalog beigefügt, der zunächst eine abschließende Regelung enthielt und dessen Gliederungsprinzipien auf § 10 II 17 ALR zurückzuführen waren: Zur Erhaltung der öffentlichen Ruhe, Sicherheit und Ordnung hatte die Bergbehörde zu sorgen, für die Aufrechterhaltung der guten Sitten und des Anstandes durch die Errichtung des Betriebes sowie zum Schutze der Oberfläche im Interesse des öffentlichen Verkehrs. Zur Abwendung der dem Publikum oder einzelnen seiner Mitglieder drohenden Gefahren hatte sie die Aufgaben der Sicherheit der Baue, der Sicherheit des Lebens und der Gesundheit der Arbeiter, des Schutzes der Oberfläche im Interesse der persönlichen Sicherheit, und des Schutzes gegen gemeinschädliche Einwirkungen des Bergbaues. Weggefallen waren einige noch in früheren Zeiten des Direktionsprinzips selbstverständliche Aufgaben: die Aufsicht über die Nachhaltigkeit des Bergbaus und der Schutz von Privatinteressen gegenüber dem Bergbau.

Eine weitere Klarstellung bergpolizeilicher Aufgaben erfolgte durch das Preußische Polizeiverwaltungsgesetz vom 1.6.1931 (GS 77 = ZfB 72 (1931), 31), insbesondere durch § 14 PVG. Die Zuständigkeit der Bergpolizei wird auf sicherheitspolizeiliche Gesichtspunkte beschränkt, es soll nicht ihre Aufgabe sein, auf Kosten des Bergbaus Wohlfahrtspflege zu betreiben (Hammans, ZfB 72 (1931), 162, 170). Durch Gesetz v. 9.6.1934 (GS 303, ZfB 75 (1934), 92) wird das wichtige Wort „insbesondere" in § 196 Absatz 2 ABG eingefügt und dadurch der bis dahin abschließende Katalog der Aufgaben erweitert um andere nicht ausdrücklich genannte Aufgaben zur Abwehr von Gefahren für die öffentliche Sicherheit und Ordnung. Die Bergbehörde hatte seitdem auch andere Gesichtspunkte zur Abwehr von Gefahren für die öffentliche Sicherheit und Ordnung zu berücksichtigen, soweit diese ihre Ursache im Bergwerksbetrieb haben (Ebel/Weller, § 197, Anmerkung 2 c; Willecke, ZfB 113 (1972), 151, 153 unter Bezugnahme auf die Gesetzesbegr. in ZfB 75 (1934), 95). Dabei ist die Rechtsprechung vereinzelt (VG Oldenburg, ZfB 121 (1980), 83, 89) sogar soweit gegangen, dass zum Schutz der öffentlichen Sicherheit trotz der Subsidiarität des Rechtsschutzes durch ordnungsbehördliche Verfügungen auch der Schutz subjektiver Rechte und Rechtsgüter des einzelnen gehöre (s. aber § 55 Rn 289 ff.). Wesentlich ist in jedem Falle, dass durch das Wort „insbesondere" nicht eine Vielzahl ungeschriebener Aufgaben der Bergbehörde zufielen, sondern das „insbesondere" nur Aspekte der Gefahrenabwehr umfasste (Willecke, ZfB 113 (1972), 151, 157 Fn. 55).

Nach dem 2. Weltkrieg ist die Entwicklung der Aufgabenstellung der Bergbehörde weiter fortgeschritten, insbesondere in NRW und im Saarland. Durch das 1. Gesetz zur Änderung berggesetzlicher Vorschriften wurde „die Sicherung und Ordnung der Oberflächennutzung und Gestaltung der Landschaft während des Bergwerksbetriebes und nach dem Abbau" als bergpolizeiliche Aufgabe in den Katalog des § 196 Absatz 2 ABG aufgenommen. Damit war zweierlei geschehen: Der enge Rahmen der polizeilichen Aufsicht wurde in Bezug auf die Landschaftsgestaltung um eine Aufgabe, die nicht der eigentlichen Gefahrenabwehr dient, verlassen (Wilke, ZfB 110 (1969) 189, 199) und die Formulierung „nach dem Abbau" gab Anlass zu einer Vielzahl von Rechtsstreitigkeiten über die Zuständigkeit der Bergbehörde (§ 69 Rn 41).

4 Im Gesetz zur Bereinigung des in NRW geltenden preußischen Rechts vom 7.11.1961 (GVBl NRW 325 = ZfB 103 (1962), 137) wurde der Begriff „Bergpolizei" entsprechend dem § 55 OBG durch die Formulierung „Bergaufsicht" ersetzt, die sich jetzt in § 69 Absatz 1 wiederfindet.

5 Das 4. Bergrechtsänderungsgesetz NRW vom 11.6.1968 (GVBl NRW 201) hat auch für den Aufgabenbereich „Schutz der Oberfläche im Interesse der persönlichen Sicherheit und des öffentlichen Verkehrs" die Ergänzung „während des Bergwerksbetriebs und nach dem Abbau" gebracht (ähnlich das BayrBG und die ABG in Hessen, Rheinl-Pfalz, Saarl.; anders in Niedersachsen das Gesetz vom 10.3.1968 (GVBl 253): Die Bergaufsicht endet nicht mit der Durchführung des Abschlussbetriebsplans. Das Bergamt hat auch danach die erforderlichen Maßnahmen zur Abwehr durch den Bergwerksbetrieb verursachter Gefahren und Beeinträchtigungen zu treffen) und damit die rechtlichen Zweifel am Ende der Bergaufsicht (OVG Münster, Glückauf 1977, 102 betrifft Abbruch des Betriebsgeländes einer stillgelegten Kleinzeche, OVG Münster, Glückauf 1977, 148 betrifft Abdeckung eines vor 50 Jahren abgeworfenen Maschinenschachtes, Zeiler, ZfB 119 (1978), 57) aus dem Oberflächen- und Landschaftsschutz des § 196 Absatz 2 ABG hierher übertragen.

6 Die Entwicklung hatte ihren zunächst letzten Punkt in NRW durch das **2. Gesetz zur Änderung des OBG** vom 27.3.1979 (GVBl NRW 122) erreicht, durch das § 51 Absatz 5 OBG a. F.; jetzt § 48 Absatz 4 OBG n. F. eingeführt wurde. Nach dieser Vorschrift sind die Bergbehörden zuständig für Maßnahmen zur Abwehr von Gefahren aus verlassenen Grubenbauen, die nicht mehr der Bergaufsicht unterliegen (Tagesbruch-Verfüllung: VG Arnsberg, ZfB 1982, 115, ferner VG Gelsenkirchen, Glückauf 1986, 1019; ZfB 1990, 61; ZfB 2005, 237; OVG NRW, ZfB 1984, 224 f.; ZfB 1997, 38; VG Arnsberg, ZfB 2004, 41). Über die Aufgaben der Bergbehörden in NRW im Rahmen der Gefahrenabwehr aus verlassenen Grubenbauen referieren Hoppe/Notacker, Glückauf 2007, 270 ff.

7 Diese Vorschrift ergänzt § 69 und ist trotz der bundesrechtlichen Regelung des Endes der Bergaufsicht in § 69 Absatz 2 erhalten geblieben. Es knüpft an das Ende der Bergaufsicht nach § 69 Absatz 2 an und damit an einen Bereich, den die bergrechtliche Regelung nicht erfasst. § 48 Absatz 4 OBG NRW betrifft die Gefahren aus früherer bergbaulicher Tätigkeit in Bereichen stillgelegter bergbaulicher Anlagen. Das gilt, wenn die Bergaufsicht nach § 69 Absatz 2 beendet ist oder schon eine Zuständigkeit der Bergbehörde nach dem BBergG durch § 169 nicht mehr gegeben war (VG Arnsberg, ZfB 2004, 41 betrifft Kleinzeche, die am 1.1.1982 stillgelegt war). S. hierzu auch § 69 Rn 31. Da die Eingriffsbefugnisse der Bergbehörde nach der Stilllegung gemäß § 48 Absatz 4 OBG nicht umfassender sein können als während des Bergbaubetriebs, müssen sie sich auf die Rechtsgüter des § 55 beziehen (VG Gelsenkirchen, ZfB 1990, 61 im Anschluss an OVG NRW v. 29.3.1984 – 12 A 2194/82).

8 Rechtsgrundlage für die Maßnahmen der Bergbehörden ist insoweit nicht das BBergG, sondern das OBG NRW. Voraussetzung für ein Einschreiten gemäß § 48 Absatz 4 OBG ist allerdings, dass es sich um Grubenbaue handelt, die früher einmal unter Bergaufsicht gestanden haben (Arg. „nicht mehr"). Eine ähnliche Bestimmung enthält § 47 Absatz 4 OBG **Brandenburg**.

9 Anders ist die Rechtslage in den Bundesländern, nach deren Vorschriften Objekte des Altbergbaus auch diejenigen Anlagen von bergbaulichen Gewinnungsbetrieben sind, die nicht der Bergaufsicht unterliegen. Hierzu gehören: Stillgelegte Grubenbaue, Bohrungen, natürliche und künstliche unterirdische Hohlräume, Halden, Restlöcher. Dass sie früher unter Bergaufsicht gestanden haben, ist nicht Voraussetzung für die Zuständigkeit der Bergbehörde (z. B. § 2 Absatz 1 des Thür. ABbUHG, ebenso § 2 Absatz 1 Sächs. Hohlr.VO).

II. Landesrechtliche Sonderregelungen

In vielen Bundesländern wurden vergleichbare Regelungen zur Ermittlung und **10** Beseitigung altbergbaulicher Gefahrenstellen erlassen: In **Sachsen** die Richtlinie zur Ermittlung und Beseitigung von Gefahrenstellen des Altbergbaus und sonstiger der ordnungsbehördlichen Aufsicht der Bergbehörden unterstehenden Objekte (Richtlinie Bergsicherung) v. 7.6.1993 (Sächs. ABl 885 = ZfB 1993, 315), ferner die VO zur Änderung über die Zuständigkeit für unterirdische Hohlräume v. 11.3.1997 (Sächs. GVBl, 368) und die PolizeiVO des Sächs. Staatsministeriums für Wirtschaft und Arbeit über die Abwehr von Gefahren aus unterirdischen Hohlräumen sowie Halden und Restlöchern v. 6.3.2002 (GVBl, 117 und 2004, 589), die für stillgelegte Grubenbaue gilt, die nicht der Bergaufsicht unterliegen. Nach diesen Vorschriften ist das Sächs. Oberbergamt zuständig. In **Mecklenburg-Vorpommern** die VO zur Übertragung von Zuständigkeiten für die Gefahrenabwehr in Altbergbauen (Altbergbau-Zust.VO) v. 27.2.1998 (GVOBl 1998, 378), wonach das Bergamt Stralsund zuständig ist. In **Thüringen** das Gesetz über die Gewährleistung der öffentlichen Sicherheit und Ordnung in Objekten des Altbergbaus und in unterirdischen Hohlräumen (**Altbergbau- und Unterirdische Hohlräume-Gesetz**) v. 23.5.2001 (GVBl, 41 = ZfB 2002, 19; und GVBl 2002, 430; sowie Thür.zust.VO v. 1.11.2002 (GVBl, 444)/2.9.2009 (GVBl, 462), wonach das Landesbergamt zuständig ist. In **Niedersachsen** § 6 b der ZustVO-SOG v. 18.10.1994 (Nds GVBl, 457), wonach die Bergbehörde zuständig ist für Maßnahmen zur Abwehr von Gefahren aus verlassenen Grubenbauen und Bohrungen, die nicht mehr der Bergaufsicht unterliegen (OVG Lüneburg, ZfB 2012, 142 ff. betr. Oberharzer Reservatfeld). In **Baden-Württemberg** die VO über Zuständigkeiten für stillgelegte Bergwerke und andere künstliche Hohlräume v. 21.11.1994 (GVBl, 669 und 2004, 469), wonach das Regierungspräsidium Freiburg bei stillgelegten untertägigen Bergwerken und Bohrungen sowie bei künstlichen unterirdischen Hohlräumen von mehr als 50 m³, die zu anderen als bergmännischen Zwecken errichtet wurden, zuständig ist (VGH Mannheim, DVBl 2013, 119). In **Brandenburg** ist gemäß § 47 Absatz 4 OBG das Landesamt für Bergbau, Geologie und Rohstoffe zuständig für Maßnahmen zur Abwehr von Gefahren aus früheren bergbaulichen Tätigkeiten in Bereichen stillgelegter bergbaulicher Anlagen die nicht mehr der Bergaufsicht unterliegen, mit Ausnahme von Gebäuden an der Geländeoberfläche. Wie die Behörde diese Aufgaben im Einzelnen erfüllen kann, regelte der Erlass betreffend Gefahrenabwehr und Sanierung im Bereich des Altbergbaus v. 20.4.1998 (ABl 459 = ZfB 1999, 152), der am 14.3.2006 aufgehoben wurde (ABl, 286 = ZfB 2007, 85). In **Bayern** sind gemäß § 5 Absatz 4 der Bergbehörden-VO (ZfB 2010, 239) die Bergämter zuständig für Maßnahmen zur Abwehr von Gefahren aus verlassenen Grubenbauen, die nicht mehr der Bergaufsicht unterliegen. Die Bergbehörde kann zur Gefahrenabwehr anordnen, dass im Bereich eines stillgelegten Tagebaus Zufahrten, Wege und Werksstraßen, die auf gekipptem Untergrund errichtet wurden, nur mit luftbereiften Fahrzeugen und einer bestimmten Gesamtlast befahren werden dürfen (VG Cottbus, ZfB 2011, 41). Dagegen ist für eine **Anordnung**, dass **in ehemaligen Werksgebäuden** Arbeiten nur mit schwingungsfreien Geräten durchgeführt werden oder Gebäude nicht betrieben werden dürfen, nicht die Bergbehörde, sondern die Bauaufsichtsbehörde zuständig (VG Cottbus, aaO). Die Bergbehörde ist nach Beendigung der Bergaufsicht nicht zuständig für einen „**Schautagebau**", in dem zwei Tagebaugroßgeräte ausgestellt werden. Sie kann die Aufstellung der Geräte weder

untersagen noch genehmigen, zuständig ist die Bauaufsichtsbehörde (VG Leipzig, ZfB 2011, 81, 84).
Der in den Bestimmungen häufig vorkommende Begriff „Hohlräume" ist der DDR-VO über „unterirdische Hohlräume" v. 17.1.1985 (GBl, 57 = ZfB 1985, 192) entlehnt. Hierzu gehören: Stillgelegte Grubenbaue, soweit sie nicht der Bergaufsicht unterliegen. Ferner natürliche Hohlräume mit einer Grundfläche von 100 m^2 und einem Querschnitt ab 4 m^2. Schließlich die unter Tage in nicht offener Bauweise hergestellten oder herzustellenden Hohlräume mit ebendiesen Abmessungen (§ 2 Absatz 2 der Thür. ABbUHG). Von den Hohlräumen zu unterscheiden sind die sog. Objekte. Das sind Anlagen von bergbaulichen Gewerbebetrieben, die nicht der Bergaufsicht unterliegen. Dazu gehören insbesondere solche, für die ein Bergbauberechtigter oder ein Bergbauunternehmen oder deren Rechtsnachfolger nicht vorhanden oder nicht feststellbar sind.

11 Die Errichtung, wesentliche Änderungen oder gewerbliche Nutzung von unterirdischen Hohlräumen bedurfte **der Genehmigung**. Sie hat der Eigentümer, Nutzer, oder der Inhaber der tatsächlichen Gewalt einzuholen. Sie ersetzt nicht andere Genehmigungen oder erforderliche Zustimmungen (§ 4 des Thür. ABbUHG). Außerdem enthält § 3 des Thür.ABbUHG die Ermächtigung für die Bergbehörde, die notwendigen Maßnahmen zu treffen, um eine Gefahr für die öffentliche Sicherheit und Ordnung aus Objekten des Altbergbaus oder aus unterirdischen Hohlräumen abzuwehren. Die Kosten dieser Maßnahmen hat bei Objekten des Altbergbaus der Verhaltensstörer zu tragen. In zweiter Linie der Zustandsverantwortliche, bei herrenlosen Sachen derjenige, der das Eigentum an der Sache aufgegeben hat. Im Übrigen hilfsweise das Land. Bei unterirdischen Hohlräumen hat die Kosten der Verhaltensverantwortliche oder der Zustandsverantwortliche zu tragen (§ 8 Thür.ABbUHG).

12 Nach § 5 der Sächs.HohlrVO sind die beabsichtigte Nutzung unterirdischer Hohlräume, bergtechnische Arbeiten in oder an Hohlräumen und die Beendigung dieser Maßnahmen **anzeigepflichtig** beim zuständigen Bergamt. Das gleiche gilt für die Durchführung bergtechnischer Arbeiten an Halden und Restlöchern.

13 Im Gebiet der **ehemaligen DDR** entwickelte sich von den Anordnungen der Sowjetischen Militäradministration über die Zentrale Bergbauinspektion (DZVB) und Technische Bergbauinspektionen (TBBi, hierzu VO v. 8.7.1954, GBl 613 = ZfB 1954, 328) sowie regionale Technische Bezirks-Bergbauinspektionen (TBi). Ein dreistufiges Bergbehördensystem, das aus der **obersten Bergbehörde der DDR** (OB, Beschl. v. 27.8.1959, GBl 384 = ZfB 1959, 384), die dem **Ministerrat** aus den Ministerien für Kohle und Energie, Erzbergbau, Metallurorgie und Kali sowie Geologie und Bauwesen unmittelbar unterstellt war, sowie den Bergbehörden (Borna, Erfurt, Halle, Chemnitz, Senftenberg und Staßfurt/Stralsund) bestand (Einzelheiten Schmidt, ZfB 1993, 40 ff.). Nach § 26 Absatz 1 des **Berggesetzes der DDR** v. 12.5.1969 (GBl DDR 1969, 29 = ZfB 1969, 28) unterlagen Untersuchungsarbeiten, Gewinnungsarbeiten, unterirdische Speicher, Sanierungsarbeiten – mit Ausnahme der Rekultivierung –, die Aufbereitung mineralischer Rohstoffe, die Kohleveredlung sowie Arbeiten an Halden und Restlöchern der **staatlichen Bergaufsicht**. Sie erstreckte sich nach § 26 Absatz 2 des Berggesetzes der DDR insbesondere auf den Schutz der Tagesoberfläche, der Personen und des öffentlichen Verkehrs vor den spezifischen Gefahren des Bergbaus; auf Maßnahmen zur Vermeidung von Bergschäden; auf die Erhaltung und Förderung der Gesundheit der Werktätigen, die Arbeiten nach § 26 Absatz 1 Berggesetz DDR ausführen; auf die ständige Verbesserung des Grubenrettungswesens und des Gasschutzwesens; auf die technische Sicherheit der Grubenbaue, sonstiger bergbaulicher Anlagen, Geräte und Maschinen sowie auf den technisch richtigen Abbau der mineralischen

Rohstoffe. Zum Aufsichtssystem der Bergbehörden gehörten die Zentralstelle für das Grubenrettungs- und Gasschutzwesen in Leipzig mit 5 Bereichsinspektionen und das Institut für Bergbausicherheit in Leipzig/Freiberg.

III. Der Unterschied des § 69 BBergG zu § 196 ABG

Die Bestimmung des § 69 Absatz 1 enthält nicht mehr wie sein Vorgänger, der **14** § 196 ABG, eine Aufzählung der Funktionen der Bergbehörde im Einzelnen. Schon zu Zeiten des früheren Rechts hatte sich gezeigt, dass eine abschließende Auflistung der einzelnen Gesichtspunkte, deren Prüfung der Bergbehörde oblag, gar nicht möglich war. Das spätere Hinzufügen des Wortes „insbesondere" hatte hierin seine Ursache. Die Bergbehörde müsse die Möglichkeit haben, ohne allzu starre Bindung an die in § 196 Absatz 2 ABG angeführten diejenigen polizeilichen Aufgaben zu erfüllen, die im Bergwerksbetrieb ihre Ursache hätten (Begr. zum Gesetz vom 9.6.1934, ZfB 75 (1934), 96). Noch konsequenter hatte später Weller (ZfB 106 (1965), 218, 225) gefordert, die Pflichten des Bergwerksbetreibers gesetzlich zu verankern und die Aufgabe der Bergbehörde darauf zu beschränken, die Einhaltung der bestehenden Vorschriften zu überwachen.

Diese Vorstellungen werden in § 69 Absatz 1 insoweit verwirklicht. Der Zweck **15** des § 69 Absatz 1 ist, den Bergbau unter Aufsicht einer Behörde zu stellen. In NRW bedeutet das, dass der Bergbehörde Aufgaben einer Sonderordnungsbehörde i. S. von § 12 OBG übertragen worden sind, und zwar teilweise „Aufgaben der Gefahrenabwehr", teilweise „andere Aufgaben" i. S. d. Vorschrift. Daraus folgt gemäß § 12 Absatz 2 OBG, dass die Vorschriften des OBG in NRW anzuwenden sind, soweit nicht durch Gesetz oder Verordnung (nach Ebel/Weller, Anmerkung 5 vor § 196 auch aus der *„Natur der Sache"*) sich etwas anderes ergibt.

Neben den Vorschriften des BBergG sind die des VwVfG vorrangig vor denen **16** des OBG anzuwenden, soweit sie voneinander abweichen. Insofern ergibt sich nämlich „durch Gesetz" – § 5 – etwas anderes.

§ 196 Absatz 2 ABG wurde teilweise als materiell-rechtliche Ordnungspflicht **17** verstanden (Klinkhardt, ZfB 110 (1969) 71, 74) etwa in dem Sinne, dass diese Vorschrift vom Bergwerksbesitzer die Sicherung und Ordnung der Oberflächennutzung fordert. Diesen Schluss lässt § 69 nicht mehr zu, da er als Zuordnungs- und Zuständigkeitsregelung keine materiell-rechtlichen Verpflichtungen enthält.

Der Umweg, die bergrechtlichen Verpflichtungen des Unternehmers über die **18** Zuständigkeit der Bergbehörde zu ermitteln, ist durch § 69 Absatz 1 weggefallen. Damit ist jedoch nicht verbunden, dass die früher in § 196 Absatz 2 ABG aufgeführten Aufgaben nicht mehr bestehen. Sie gehen lediglich in dem allgemeinen Grundsatz „Aufsicht durch die zuständige Behörde" auf.

Bergaufsicht bedeutet nach wie vor, dass die zuständige Behörde darüber zu **19** wachen hat, ob die Vorschriften des BBergG, die daraufhin erlassenen Verordnungen, bergrechtlichen Anordnungen und zugelassenen Betriebspläne eingehalten werden (BT-Drs 8/1315, 121, Zydek, 316).

IV. Der Begriff „Bergbau"

20 Der Begriff „Bergbau" als maßgebendes Abgrenzungskriterium zur Zuständigkeit der Bergbehörde fand sich schon in § 196 Absatz 1 ABG. Er wurde als umfassender angesehen im Vergleich zu dem des „Bergwerksbetriebs" (Ebel/Weller, § 196 Anmerkung 1), weil hierzu nicht nur der Betrieb i.S.d. Aufsuchung und Gewinnung von verliehenen oder staatsvorbehaltenen Mineralien verstanden wurde, sondern alle für den Bergbaubetrieb, einschließlich des Absatzes, bestimmte Anlagen und Vorrichtungen, d.h. auch alle Nebenbetriebe (Boldt, ABG § 196 Anmerkung 3). Nicht hierzu gehörte das Aufsuchen noch nicht verliehener Mineralien (Zeiler, ZfB 119 (1978), 57, 66).

21 Der Begriff „Bergbau" wurde in der Rechtsprechung mehr und mehr zum entscheidenden Maßstab für die zeitliche Dauer der Bergaufsicht. Nachdem die Zusätze „nach dem Abbau" im Katalog des § 196 Absatz 2 ABG nur so verstanden wurden, dass sie der Bergbehörde das Recht und die Verpflichtung gaben, bei den bergaufsichtlichen Maßnahmen auch Vorsorge für die Zeit nach dem Abbau zu treffen (OVG Münster, ZfB 118 (1977), 110, 117; OVG Münster, ZfB 118 (1977), 361, 364; VG München, ZfB 121 (1980) 330, 335), wurde für die zeitliche Begrenzung der Bergaufsicht der Ansatzpunkt im Begriff des „Bergbaues" gesehen. So wurden zwar Rekultivierungsmaßnahmen noch als zum „Bergbau" gehörend angesehen, nicht jedoch sicherheitliche Anordnungen in Bezug auf eine seit 64 Jahren nicht mehr betriebene Abraumhalde (VG München, aaO, bestätigt durch Bayr. VGH ZfB 122 (1981) 465, 469 = Glückauf 1981, 1572, ähnlich OVG Münster, ZfB 96 (1955), 81: eine an den Grundstückseigentümer zur Ausbeutung überlassene Halde ist nicht mehr Teil des Bergwerksbetriebs). Der Abbruch von Betriebsgebäuden wurde als nicht mehr zum Begriff „Bergbau" gehörend angesehen, wenn er nicht im Abschlussbetriebsplan vorgesehen war, selbst wenn die Betriebsgebäude mit dem Bauplanungs- und Bauordnungsrecht unvereinbar sind (OVG Münster, ZfB 118 (1977), 361, 364; VG Gelsenkirchen, ZfB 119 (1978), 441, 446). Nicht mehr zum „Bergbau" gehört das Abdecken eines verfüllten Schachtes, wenn es sechs Jahre nach Abwerfen des Schachtes notwendig wird und im Abschlussbetriebsplan nicht vorgesehen war (OVG Münster, ZfB 118 (1977), 110, 114).

22 Es muss bezweifelt werden, ob der Gesetzgeber des BBergG gut beraten war, diesen mit vielen kasuistischen Auslegungsfragen behafteten Begriff des „Bergbaus" in § 69 Absatz 1 zu übernehmen (Horneffer, Bergrecht und Allgemeines Polizeirecht, Diss. Göttingen 1969, S. 58: *„Das Bergpolizeirecht kennt keinen einheitlichen Bergbaubegriff"*). Zwar hat er in § 69 Absatz 2 eine Auffangvorschrift für das Ende der Bergaufsicht geschaffen, doch bleibt der Begriff „Bergbau", seine Abgrenzung zum Bergbaubetrieb i.S. von § 114 Absatz 1, zum Aufsuchungs- oder Gewinnungsbetrieb bzw. Betrieb zur Aufbereitung i.S. von § 51 auslegungsbedürftig. Man wird ihn am ehesten definieren können unter Hinzunahme des § 2 Absatz 1 und feststellen, dass er alle Tätigkeiten, Einrichtungen und Anlagen erfasst, die in § 2 Absatz 1 aufgeführt sind. Die zeitliche Begrenzung folgt dann aus § 69 Absatz 2: nach diesem Zeitpunkt ist gesetzlich fingiert, dass „Bergbau" nicht mehr vorhanden ist.

23 Jedenfalls stellt die Formulierung „der Bergbau" klar, dass Bergaufsicht tätigkeitsbezogen und nicht flächenbezogen ist. Bergaufsicht ist Betriebsaufsicht (Weller, ZfB 1985, 299; Kremer/Wever, Rn 338). Allerdings ist diese Betriebsplanpflicht zweigeteilt: Einerseits in den präventiven Teil, repräsentiert durch das vor Beginn der bergmännischen Arbeiten einzuleitende und abzuschließende Betriebsplanverfahren, andererseits in den repressiven Teil mit den Befugnissen aus den §§ 69 ff.

Verschiedene gesetzliche Vorschriften knüpfen an die Tatsache, dass ein **Betrieb**   **24**
unter Bergaufsicht steht, verschiedene Rechtsfolgen.

Bundesrechtliche Beispiele sind: Nach § 2 Absatz 2 Nr. 7 KrWG sind Abfälle,   **25**
die in den der Bergaufsicht unterstehenden Betrieben anfallen, vom Geltungsbereich des Gesetzes ausgeschlossen. Nach § 11 Absatz 1 Nr. 2 a PflSchG
bedürfen Mittel, die zur Bekämpfung pflanzlicher Mikroorganismen in Betrieben, die einer bergbaulichen Aufsicht unterliegen, keiner Zulassung als Pflanzen-
schutzmittel. In anderen bundesrechtlichen Bestimmungen wird nicht auf die
Bergaufsicht, sondern auf die Betriebe des Bergbaus (z. B. § 11 Absatz 1 Nr. 2
UStatG) oder „Anlagen des Bergwesens" (§ 4 Absatz 2 BImSchG), oder den
„Bergbau" (§ 3 Absatz 1 a UVPG), bzw. „bergbauliche Vorhaben" (Anlage 1
Nr. 15 zum UVPG, § 18 UVPG, § 1 Absatz 1 Nr. 6 d URbG oder „Unternehmen
des Bergbaus" (§ 2 Nr. 3 StromStG), oder „Betrieben, die dem Bundesberggesetz
unterliegen" (§ 1 Absatz 2 ArbSchG, § 1 Absatz 5 Gefahrstoff-VO und § 1
Absatz 2 ArbStättV) abgestellt. Nach § 1 Absatz 2 ArbSchG gilt das Gesetz
nicht in Betrieben, die dem BBergG unterliegen, soweit dafür entsprechende
Rechtsvorschriften bestehen; während § 17 Absatz 3 ASiG die Bergbauklausel
so formuliert: „Soweit das Bergrecht diesem Gesetz gleichwertige Regelungen
enthält, gelten diese Regelungen".

Landesrechtlich sind, insbesondere für das Recht in NRW, folgende Beispiele zu   **26**
nennen: Nach § 1 Absatz 2 der BauO gilt dieses Gesetz nicht für Anlagen,
soweit sie der Bergaufsicht unterliegen. Nach § 13 Absatz 2 LBodSchG ist das
Landesoberbergamt (jetzt die Bezirksregierung Arnsberg) bei Flächen, die der
Bergaufsicht unterliegen, die obere Bodenschutzbehörde. Nach § 34 Absatz 2
LAbfG ist in den der Bergaufsicht unterliegenden Betrieben die Bezirksregierung
Arnsberg als obere Bergbehörde zugleich die obere Abfallwirtschaftsbehörde.
Nach § 1 Absatz 3 AbgrG gilt dieses Gesetz nicht für Abgrabungen, die der
Aufsicht der Bergbehörde unterliegen.

Soweit nach diesen nicht abschließend dargestellten Vorschriften der Bergbehör-   **27**
de Aufgaben aus anderen Rechtsgebieten als denen des Bergrechts zugewiesen
wurden, handelt es sich nicht um Aufgaben der Bergaufsicht (Weller, ZfB 106
(1965), 218, 226; Brassert-Gottschalk, S. 819). Die Bergbehörde ist daher nicht
an die Eingriffsmöglichkeiten des BBergG gebunden, sondern kann insoweit
dieselben Vorschriften anwenden wie die an sich zuständige Behörde.

Das BBergG enthält in § 69 keine ausdrückliche Aussage über den Beginn der   **28**
Bergaufsicht, wohl aber – im Gegensatz zu seinen Vorgängern – über das Ende
der Bergaufsicht.

Der Beginn der Bergaufsicht lässt sich nur mit Hilfe des Wortes „Bergbau" in   **29**
§ 69 Absatz 1 bestimmen. Damit wird der sachliche und räumliche Geltungsbereich gemäß § 2 angesprochen. Schon das Aufsuchen, d. h. die auf Entdeckung von Bodenschätzen gerichtete Tätigkeit gehört zum „Bergbau". Nach
bisherigem Recht war unbestritten, dass der Bergaufsicht nach der Verleihung
des Bergwerkseigentums alle Arbeiten unterstanden, die dazu dienten, das
verliehene Mineral an seiner natürlichen Lagerstätte aufzusuchen und zu gewinnen (z. B. Vermessungs- oder Planierarbeiten, Auffahren von Strecken, Abteufen
von Schächten, Abraumarbeiten in der Braunkohle; Ebel/Weller, Vorb. § 196,
11, Zeiler, ZfB 119 (1978) 57, 58).

Auch die Tätigkeiten, die dazu dienen, eine Erlaubnis, Bewilligung oder Ver-   **30**
leihung des Bergwerkseigentums zu beantragen und zu bewirken, unterliegen
der Bergaufsicht.

31   Zum „Bergbau" gehören auch **Zechenkraftwerke,** die die Energieversorgung der Betriebsanlagen der Zeche mit Dampf und Strom gewährleisten (VG Gelsenkirchen, ZfB 1982, 95). I. d. S. auch VO über die Anwendung des BBergG auf die Kraftwerke und die Einrichtungen in den Kraftwerken des Bergbaus im Saarland v. 17.2.1982 (ABl, 198 = ZfB 1982, 346).

32   Die Ablagerung von CO_2 in unterirdischen geologischen Formationen kann im sog. EOR-Verfahren (Enhanced Oil Recovery-Verfahren) mit der Förderung von Erdöl oder Erdgas verbunden werden. Für diese Art der CO_2-Ablagerung gilt das BBergG und ist die Bergbehörde zuständig (Much, ZUR 2007, 133; Schulze/ Hermann/Barth; DVBl 2008, 1419). Die Ablagerung von CO_2 ist eine Nebentätigkeit, die der Gewinnung von Bodenschätzen dient (s. auch § 55 Rn 107).

V.   Ende der Bergaufsicht

1.   Ende der Bergaufsicht nach § 196 ABG

33   Das Ende der Bergaufsicht war in § 196 ABG nicht exakt festgelegt, sondern für die Aufgaben „Schutz der Oberfläche im Interesse der persönlichen Sicherheit und des öffentlichen Verkehrs" und „Sicherung und Ordnung der Oberflächennutzung und Gestaltung der Landschaft" durch die Worte „nach dem Abbau" begrenzt, im Übrigen jedoch überhaupt nicht beschrieben.

34   Die Frage der Zuständigkeit der Bergbehörde hat in vielen Fallgestaltungen erhebliche praktische Bedeutung: Verfügung des Bergamts auf Planierung einer Halde eines stillgelegten Bergbaubetriebs (OVG Münster, ZfB 96 (1955), 81 = OVGE 9, 191), auf Beseitigung von Ruinenteilen der Waschkaue eines stillgelegten Betriebes (OVG Münster, ZfB 106 (1965), 482), auf Verfüllen eines stillgelegten Schrägstollens (OVG Koblenz, ZfB 107 (1966), 334, 337) eines Tagesbruchs (VG Arnsberg, ZfB 123 (1982) 112 ff.), zur Sicherung des Schachtes eines stillgelegten Bergwerks (OVG Münster, ZfB 114 (1973), 429), bzw. zu seiner Abdeckung (OVG Münster, ZfB 118 (1976), 361 = Glückauf 1977, 148), zum Abbruch ehemaliger Betriebsgebäude (OVG Münster, ZfB 118 (1976), 110 = Glückauf 1977, 101), auf Sicherung einer seit mehr als 60 Jahren abgelagerten Berghalde gegen Abrutschen (VG München, ZfB 121 (1980), 330 und Bayr. VGH, ZfB 122 (1981), 465, 469 = Glückauf 1981, 1572). Schließlich Zuständigkeit der Bergbehörde für ein abfallrechtliches Planfeststellungsverfahren zur Errichtung einer Mülldeponie in dem stillgelegten Teil einer Tongrube (VG Darmstadt, ZfB 121 (1980), 90 = Glückauf 1979, 434; Hess. VGH, Glückauf 1980, 807, ZfB 121 (1980, 76 ff.)).

35   Die Zuständigkeit der Bergbehörden beschäftigte auch weiterhin in ungewöhnlicher Zahl die **Rechtsprechung:** Erneuerung der Schachtabdeckung und Stabilisierung der Schachtwände (VG Arnsberg, ZfB 1992, 132); Entfernung eines Betondeckels v. 1926, Verfüllung und Neuabdeckung mit einer Stahlbetonplatte für einen 1848 stillgelegten Schacht (OVG NRW, ZfB 1990, 232); Einbringen von Kontroll- und Nachfüllöffnungen in die Abdeckplatte eines 1926 stillgelegten und abgedeckten Schachtes (OVG NRW, ZfB 1990, 230); Sicherung der Tagesoberfläche gegen Tagesbruch durch Nachfolgerin einer liquidierten bergrechtlichen Gewerkschaft (OVG NRW, ZfB 1990, 303); Sicherung gegen Tagesbruch im Bereich eines Hausgrundstückes durch den Eigentümer eines vor 100 Jahren stillgelegten Eisenerzbergwerks (VG Aachen, ZfB 1990, 307); Nachverfüllung und Abdeckung von Schächten in einem 1910 stillgelegten Längenfeld (VG Gelsenkirchen, ZfB 1990, 59); Zustandshaftung für einen im Jahre 1816 aufgrund einer Destriktsverleihung abgeteuften Maschinenschacht (OVG

NRW, ZfB 1995, 322); Leistungsbescheid der Bergbehörde auf Erstattung der Kosten der Sicherung eines Schachtes einer 1908 stillgelegten Bleierzgrube (VG Köln, ZfB 1996, 89); Zuständigkeit für die Sicherung eines 1928 stillgelegten Kalibergwerksschachtes in den neuen Bundesländern (VG Weimar, ZfB 1996, 250); Sauerwasserbehandlung aus einem 1975 stillgelegten Nachlesebergbau eines Erzbergwerks aus dem Mittelalter (OVG Lüneburg, ZfB 1994, 277); Verfüllung eines Tagesbruches durch den Eigentümer des Geviertfeldes anstelle des früheren Längenfeldeigentümers (VG Arnsberg, ZfB 1991, 147); Sicherung eines 1817 abgeteuften und kurz darauf aufgegebenen Maschinenschachtes (VG Düsseldorf, ZfB 1991, 296); Leistungsbescheid für Kosten eines seit mehr als 80 Jahren verlassenen Bergwerksschachtes gegen den früheren Verhaltensstörer trotz Weiterveräußerung (OVG NRW, ZfB 1997, 36); Anordnung, den Schacht eines stillgelegten Kalisalzbergwerks mit einer Einrichtung zur dauerhaften kontrollierten Gasabführung auszurüsten (VGH Mannheim, ZfB 2000, 140); ordnungsgemäße Beendigung eines Kiesabbaubetriebs durch den Gesamtvollstrecker (OVG Frankfurt/Oder, ZfB 2003, 72); Untersagung der Haldenschüttung im Zuge der Wiedernutzbarmachung eines Basaltsteinbruchgeländes (Hess. VGH, ZfB 2005, 25); Sicherung eines Tagesbruches aus Kohlenabbau v. 1920/28 (OVG NRW, 2008, 61); Einbau von Bergbaumörtel in die Grube und Mischen des Grubenmörtels in einer übertägigen Mischanlage (OVG Saarland, ZfB 1990, 50). Betretungsverbot für den Eigentümer eines über einem Altbergwerksstollen liegenden Grundstücks (VGH Mannheim, DVBl 2013, 119).

Die Unsicherheit über die Auslegung des § 196 ABG in Bezug auf das Ende der Bergaufsicht bestand gleichermaßen in der Literatur, bei den Behörden und den Gerichten. Sie werden nachfolgend zum Verständnis der heutigen Regelung und zur Beurteilung von Altbergbaufällen kompakt dargestellt: **36**

In der **Literatur** sind drei verschiedene Meinungen über das Ende der Bergaufsicht zu erkennen. Nach einer Ansicht (so schon RB, ZfB 13(1872), 293; RB, ZfB 27 (1886), 116, 118; ferner Horneffer, Bergrecht und Allgemeines Polizeirecht, Diss. Göttingen, 1969, 57; Störle, Die zeitliche Begrenzung der Bergaufsicht und dem geltenden Recht und dem Referentenentwurf eines BBergG, Diss. Münster, 1973, 75; Willecke-Turner, S. 85, Zeiler, ZfB 119 (1978), 57, 68) konnte man von einer „ewigen" Aufsicht der Bergbehörden sprechen, denn der Bergbaubegriff bezieht auch den schon lange eingestellten Betrieb ein. Die Aufsicht der Bergbehörde bestand immer, wenn es sich um die Abwehr von Gefahren handelt, die in einem Bergwerksbetrieb ihre Ursachen haben. **37**

Eine andere Ansicht sah als äußersten Zeitpunkt für die Dauer der Bergaufsicht das Erlöschen des Bergwerkseigentums an (Klostermann-Thielmann, ABG § 196, Anmerkung 13, S. 580; Boldt, ABG § 196, Anmerkung 5, Ebel/Weller, Vorbem. 12 zu § 196; Miesbach-Engelhardt, ABG § 196 Anmerkung 2 h 1). **38**

Nach anderer Meinung (Nebel, ZfB 102 (1961), 411, 418) war die Bergaufsicht eine reine Betriebsaufsicht, ihre Zuständigkeit erschöpfte sich in der Regelung des Bergwerksbetriebs und ist danach beendet. Diese Ansicht wurde dahin ergänzt, dass die Bergaufsicht nach Ausführung des Abschlussbetriebsplans beendet sei, sofern ein Abschlussbetriebsplan vorgelegt wurde (Nebel, aaO, 418). **39**

Bei den **Behörden** lässt sich die Unsicherheit darüber, wie lange die Bergaufsicht reicht, an den verschiedenen Erlassen nachvollziehen. Nach dem Runderlass vom 10.11.1965 (MinBl NRW 1682 = ZfB 107 (1966), 235) sollte die Bergbehörde nach Erfüllung der Auflagen des Abschlussbetriebsplans die Aufsicht über die stillgelegten Schächte der örtlichen Ordnungsbehörde übergeben, soweit die Schächte nicht auf dem Gelände eines noch betriebenen Bergwerks **40** liegen. In dem Runderlass vom 18.7.1968 (MinBl NRW 1407 = ZfB 110 (1969), 245) wurde festgestellt, dass die Bergämter auch nach Durchführung des Abschlussbetriebsplans die erforderlichen Maßnahmen anzuordnen haben, wenn sich aus dem vorangegangenen Bergbau noch Gefahren für die persönliche Sicherheit und den öffentlichen Verkehr ergeben sollten. In dem Runderlass vom 18.3.1977 (MinBl NRW 378 = ZfB 117 (1977), 370) wurde davon ausgegangen, dass die Bergaufsicht nach dem Abbau nur bis zur Beendigung der Maßnahmen aufgrund des Abschlussbetriebsplans einschließlich der Sorge für die Erfüllung der darin festgesetzten Auflagen reicht. Danach ging die Zuständigkeit zur Abwehr von Gefahren aus dem stillgelegten Bergwerksbetrieb grundsätzlich auf die allgemeinen Ordnungsbehörden über.

41 Die **Rechtsprechung** bot ein ebenso buntes Bild. Einerseits sollte die Bergaufsicht noch für die Folgen des Bergbaus gelten, die erst nach der Stilllegung eintreten (OVG Münster, ZfB 114 (1973), 429, 434) und erst mit Aufhebung des Bergwerkseigentums enden (OVG Koblenz, ZfB 107 (1966), 334, 335). Andererseits wurde entschieden, dass die Bergaufsicht sich in der Regelung des Bergwerksbetriebs erschöpft und durch die Zusätze „nach dem Abbau" keine zeitliche Erweiterung der Zuständigkeit, sondern nur der Wirkung der anzuordnenden Maßnahmen bezweckt sei (OVG Münster, ZfB (1955), 81 = OVGE 9, 191; OVG Münster, ZfB 118 (1977), 110, 114; OVG Münster, ZfB 118 (1977), 361, 364, Bayr. VG München, ZfB 121 (1980), 330, 335 und Bayr. VGH, ZfB 122 (1981), 465, 469 = Glückauf 1981, 1572). Die Bergaufsicht ende daher, wenn die Maßnahmen aus dem Abschlussbetriebsplan abgewickelt seien (OVG Münster, ZfB 106 (1965), 482 = OVGE 21, 76).

2.   Ende der Bergaufsicht nach § 69 Absatz 2 BBergG

42 Entgegen dem früheren Recht enthält § 69 Absatz 2 eine ausdrückliche Bestimmung über das Ende der Bergaufsicht. Hiermit ist Versuch gemacht worden, einen Schlussstrich unter die von allen Seiten immer wieder aufgestellten Frage nach dem Ende der bergbehördlichen Zuständigkeit zu ziehen. Nach der Systematik des § 69 Absatz 2 besteht eine doppelte Schranke: In einem formellen Teil ist zu prüfen, ob ein Abschlussbetriebsplan in vollem Umfang abgearbeitet ist. In einem Prognoseteil ist vorauszusehen, ob durch den Betrieb Gefahren für Leben und Gesundheit Dritter oder gemeinschädliche Einwirkungen ausgeschlossen werden können. Die beiden anderen Tatbestandsmerkmale des Schutzes anderer Betriebe und von Lagerstätten spielen in der Praxis eine geringe Rolle (Herrmann, Cottbuser Schriften 2004, 75).

43 Schon im **formellen Teil** drehten mehrere Fragen auf: **Abschlussbetriebspläne** werden durch mehrere **Sonderbetriebspläne** („*wasserwirtschaftliche Maßnahmen bis Ende Wiedernutzbarmachung*", „*Abbruch von Tagesanlagen*", „*Wiederanstieg des Grundwassers*") **ergänzt**. In diesen Fällen ist die Bergaufsicht erst beendet, wenn auch die Maßnahmen der Sonderbetriebspläne abgearbeitet sind. In anderen Fällen wird, da Abschlussbetriebspläne keine Konzentrationswirkung haben, auf zusätzliche Genehmigungsverfahren verwiesen (z. B. Baurecht, Wasserrecht). Insbesondere nach Stilllegung von Tagebauen ergibt sich, dass zu der Nutzbarmachung der Betriebsgrundstücke ein Gewässer hergestellt werden muss. Insofern ist ein Ausbauverfahren nach § 68 WHG durchzuführen. In diesen Fällen muss die bergrechtliche Zulassung des Abschlussbetriebsplans für die Wiedernutzbarmachung (§ 55 Absatz 2 Nr. 2) und die Vermeidung von Gemeinschäden (§ 55 Absatz 1 Nr. 9) wichtige Rahmenentscheidungen auch in wasserwirtschaftlicher Hinsicht treffen (Spieht, ZUR 2001, 66 ff.; Stüer/Wolff, LKV 2003, 4). Damit verbunden, etwa durch eine „*Auflagenbrücke*", ist das zusätzlich erforderliche Wasserrechtsverfahren, in dem die speziellen

wasserwirtschaftlichen Belange abgearbeitet werden. Bergrechtliches und wasserrechtliches Verfahren werden in der Praxis nacheinander abgewickelt. Der Abschlussbetriebsplan ist erst durchgeführt i. S. von § 69 Absatz 2, wenn bergrechtliche und wasserrechtliche Anforderungen erfüllt sind (Piens, Cottbuser Schriften 2004, 84). Erst danach endet die Bergaufsicht.

Die Dauer der Bergaufsicht hängt, sofern die Anlegung eines Restsees in einem **44** ausgebeuteten Tagebau zum öffentlichen Interesse der Wiedernutzbarmachung der Oberfläche gehört, von der ordnungsmäßigen Durchführung des wasserrechtlichen Ausbauverfahrens gemäß § 68 WHG ab. Im Wasserrechtsverfahren werden der Zielwasserstand und die Wasserqualität festgelegt. Der Abschlussbetriebsplan ist mithin erst durchgeführt, wenn diese Werte stabil erreicht sind. Sieht ein Abschlussbetriebsplan im Rahmen der Wiedernutzbarmachung die Verfüllung eines Tagesbaurestloches mit asbesthaltigen Abfällen vor, kann die Bergaufsicht erst enden, wenn die Verwertung ordnungsgemäß erfolgt ist. Das bedeutet, dass ein Verstoß gegen § 1 der Chem.VerbotsVO ausgeschlossen werden muss, d. h. die bestimmten Stoffe des Anh. zur Chem.VerbotsVO nicht in Verkehr gebracht worden sind (OVG Lüneburg, ZfB 2005, 290). Hat ein Abschlussbetriebsplan mehrere Ergänzungen (OVG Lüneburg, ZfB 2005, 290: 23. Ergänzung!), kann die Bergaufsicht erst nach Erfüllung der letzten enden.

Das muss nicht zu einer Bergaufsicht auf „auf weite Ferne" führen: auch bei **45** einem an sich im Wesentlichen erfüllten Abschlussbetriebsplan können zwar Nachsorgemaßnahmen zur Abwehr betriebsbedingter Gemeinschäden erforderlich werden (z. B. Wasserhaltung in Poldergebieten; markscheiderisches und wasserwirtschaftliches Monitoring; Unterhaltung von Messstellen, Pegeln, Restanlagen). Sofern aber die bergbaulich-technische Seite hierbei immer weiter in den Hintergrund tritt, erscheint es nicht notwendig, die bergrechtsspezifische Überwachung fortzusetzen. Es bietet sich dann an, dass der Unternehmer seine Nachsorgeverpflichtungen wirtschaftlich und organisatorisch sicherstellt – z. B. auch durch einen Dritten – und der Betrieb aus der Bergaufsicht entlassen wird (Herrmann, Cottbuser Schriften 2004, 78).

Sieht die Zulassung der Abschlussbetriebsplans das Niederbringen von Pegel- **46** bohrungen, Messungen, Grundwasserbeprobungen u. a. ohne zeitliche Begrenzung vor, endet auch die Bergaufsicht nicht. Es muss aber in jedem Einzelfall geprüft werden, ob eine solche zeitlich unbegrenzte Regelung verhältnismäßig und unter Berücksichtigung der in §§ 69 Absatz 2, 55 genannten Schutzgüter zwingend geboten ist.

Wird für eine Folgenutzung auf der ehemaligen Bergbaufläche ein Planfest- **47** stellungsverfahren, z. B. für den Bau einer Autobahn, erforderlich, kann die Konzentrationswirkung dieses Planfeststellungsbeschlusses auch die Beendigung („Entlassung") der Bergaufsicht einbeziehen.

Bei Folgenutzung bergbaulicher Flächen und Anlagen können die verbliebenen **48** Nachsorgepflichten auf den Nachnutzer übergehen, soweit die Nachnutzung genehmigungspflichtig ist (Herrmann, aaO, S. 77; ähnlich Knöchel, ZfB 1996, 55). Eine andere Möglichkeit, die Bergaufsicht für stillgelegte Betriebsflächen auf das erforderliche zu reduzieren, ist es, sie auf die bergrechtlich gebotenen Restarbeiten zu beschränken. So können Grundwasserbeobachtung und -behandlung noch unter Bergaufsicht verbleiben, während das hierfür nicht mehr benötigte Restgelände aus der Bergaufsicht entlassen werden kann (Knöchel, ZfB 1996, 56). Eine „horizontale Teilentlassung" der Oberfläche aus der Bergaufsicht dürfte jedoch nicht in Betracht kommen, solange betrieblicher Zusammenhang zwischen Grundwasser und Fließgewässer oder mit dem Restbetrieb an der Oberfläche besteht (z. B. Grubenwasserhaltung). Eine Beendigung der

Bergaufsicht durch Verkauf von Grundstücken, auf denen der Bergwerksbetrieb durchgeführt wurde, ist nicht möglich. Die rechtlichen Verpflichtungen des Bergbauunternehmers bleiben bestehen (Herrmann, aaO, S. 79). Zu den rechtlichen Rahmenbedingungen des Sanierungsbergbaus in den neuen Bundesländern s. Zenker, Glückauf 1996, 405 ff.

49 Die **zweite Komponente** des Endes der Bergaufsicht ist die **Prognoseentscheidung**, ob nach allgemeiner Erfahrung nicht mehr mit den in § 69 Absatz 2 genannten **Restrisiken** zu rechnen ist. Bei der Prognose ist darauf abzustellen, ob bei einer auf konkreten und nachvollziehbaren Feststellungen berührenden Einschätzung nach vernünftigen Erwägungen unter Berücksichtigung von Erfahrungen und dem Stand von Wissenschaft und Technik noch mit der Realisierung dieser Risiken zu rechnen ist (Kremer/Wever Rn 343 im Anschluss an BVerwG, ZfB 1995, 295). Die Bergbehörde hat, wenn sie diese Voraussetzungen beachtet, einen erheblichen **Prognosespielraum**.

50 Die Prognose hat sich auf zwei Zielbereiche zu konzentrieren: Ob Betriebsgefahren noch zu erwarten sind und ob gemeinschädliche Einwirkungen noch eintreten können. Künftige ungewisse Entwicklungen und Erkenntnismöglichkeiten sind nicht einzubeziehen.

51 Für das Tatbestandsmerkmal „nicht mehr damit zu rechnen ist" hat das Bundesverwaltungsgericht (ZfB 1996, 295) Vorgaben gemacht: *„Weder genügt es, dass ein Schadenseintritt abstrakt möglich erscheint oder zu besorgen ist, noch bedarf es des Nachweises einer an Gewissheit grenzenden Wahrscheinlichkeit oder einer konkreten Gefahr im ordnungsbehördlichen Sinne. Vielmehr sind gemeinschädliche Einwirkungen zu erwarten, wenn sie bei normalem Geschehnsablauf nach allgemeiner Lebenserfahrung wahrscheinlich und ihrer Natur nach vorhersehbar sind".*

52 Dabei werden häufig die angesprochenen Gesichtspunkte bereits bei der Zulassung des Abschlussbetriebsplans zu prüfen und zu beurteilen sein, sodass er Maßnahmen gegen die dargestellten Gefahren enthalten wird. Der Abschlussbetriebsplan berücksichtigt beispielsweise Gefahren für Leben und Gesundheit von Beschäftigten und Dritten im Betrieb sowie nach § 55 Absatz 2 Nr. 1 den Schutz Dritter nach Einstellung des Betriebes. § 69 Absatz 2 erfasst den darüber hinausgehenden Gefahrenzeitraum: selbst wenn zu diesen Gefahren im Abschlussbetriebsplan nichts gesagt ist, endet die Bergaufsicht solange nicht, bis die Gefahr für Leben und Gesundheit Dritter objektiv fortbesteht. Hier ist zu denken an die Gefahr von Tagesbrüchen bei oberflächennahem Abbau, an die Gefahren durch Schachtöffnungen, Grubenbaue, Ruinen von Betriebsgebäuden. Sofern sich nach der Zulassung des Abschlussbetriebsplans, aber vor Entlassung aus der Bergaufsicht neue Erkenntnisse i. S. von §§ 55, 48 Absatz 2 ergeben, die nicht Gegenstand des Betriebsplanverfahrens waren, können nachträgliche Auflagen gemäß § 56 Absatz 1 in Betracht kommen. Ihre Erledigung ist ebenfalls vor Entlassung aus der Bergaufsicht sicherzustellen und zu prüfen.

53 Die „Entlassung" aus der Bergaufsicht kann nicht gemäß §§ 48, 49 VwVfG bei fehlerhafter Prognose **zurückgenommen** oder als rechtmäßiger begünstigender Verwaltungsakt widerrufen werden (VGH Mannheim, NUR 2006, 107; OVG Lüneburg v. 28.10.2004 – 7 ME 276, 04).

54 Ebenso wenig kann die Bergaufsicht **wiederaufleben**, wenn sich die Prognose der Bergbehörde als falsch herausstellt. Aus den §§ 69 Absatz 1, 169 Absatz 2 ergibt sich, dass Anknüpfung für die Bergaufsicht der Betrieb von Bergbau und nicht das Vorliegen bergbauspezifischer Gefahren ist. Bergaufsicht kann nach dieser Systematik nur durch Wiederaufnahme des Bergbaus neu entstehen, nicht durch Auftreten bestimmter Gefahren.

Die Vorschriften des BBergG sind gemäß § 169 Absatz 1 Satz 1 nicht anzuwen-　**55** den auf Betriebe, die am 1.1.1982 bereits eingestellt waren. Auch Vorschriften der vor Inkrafttreten des BBergG anzuwendenden Berggesetze kommen nach Einstellung des Bergwerkbetriebs jedenfalls nach Entlassung aus der Bergaufsicht nicht mehr in Betracht (OVG NRW, ZfB 1977, 110; VGH München, ZfB 1981, 465; VGH Mannheim, NUR 2000, 512; VG Düsseldorf, ZfB 1991, 298; VG Aachen, ZfB 1990, 311; a. A. VG Gelsenkirchen, ZfB 1990, 59, wonach das nach § 176 Absatz 1 Nr. 58 außer Kraft gesetzte ABG insoweit fortgilt). Eine Beendigung der Bergaufsicht nach den Vorgaben des § 69 Absatz 2 scheidet für diese sog. **Altstilllegungen** aus.

Soweit spezielle landesrechtliche Vorschriften für den Altbergbau bestehen,　**56** gelten diese einschließlich etwaiger Zuständigkeit der Bergbehörde (s. Rn 10 ff.). Im Übrigen sind die allgemeinen polizeirechtlichen/ordnungsrechtlichen Vorschriften anzuwenden.

Im Gebiet der ehemaligen DDR wurde mit dem in Kraft treten des Einigungs-　**57** vertrags am 31.8.1990 (BGBl II, 889) das BBergG in der Fassung v. 12.2.1990 (BGBl I, 215) geltendes Recht. In der Anlage II Kapitel 5 Sachgebiet D Abschnitt III Nr. 1 lit. b des Einigungsvertrags (BGBl II, 1202) ist eine eigene Regelung für stillgelegte Anlagen bergbaulicher Betriebe enthalten. Danach gelten die Vorschriften des Berggesetzes der DDR und die auf seiner Grundlage erlassenen Vorschriften zur Gewährleistung der öffentlichen Sicherheit in stillgelegten Anlagen von bergbaulichen Gewinnungsbetrieben, die bis zum 3.10.1990 **endgültig eingestellt** waren, bis zum Erlass entsprechender ordnungsbehördlicher Vorschriften in den beitretenden Ländern weiter; und zwar mit der Maßgabe, dass an die Stelle der Räte und Bezirke die Landesregierungen traten (VG Weimar, ZfB 1996, 252). Ob eine „endgültige Einstellung" des Betriebes zum Stichtag 3.10.1990 vorgelegen hat, entscheidet sich nach den vor dem Erlass des BBergG geltenden bergrechtlichen Bestimmungen (VG Magdeburg, ZfB 2002, 208).

Die bergrechtlichen Vorschriften der DDR ordneten eine umfassende Wieder-　**58** nutzbarmachung der Oberfläche – in der Terminologie Wiederurbarmachung und Rekultivierung gemäß § 14 Berggesetz DDR als Teil der Sanierungsarbeiten i. S. von § 1 lit. d Berggesetz DDR an. Für die Durchführung der Wiedernutzbarmachung und ihren Abschluss war nach der Anordnung über die Wiederurbarmachung bergbaulich genutzter Bodenflächen v. 4.11.1985 (GBl S. 369) ein formalisiertes Verfahren vorgeschrieben. Es sah zur Abnahme der Bodenfläche ein Abnahmeprotokoll und dessen Bestätigung durch das zuständige Staatsorgan vor (§§ 16, 17 Absatz 5 der Anordnung). Liegt ein solches Protokoll vor, spricht das gegen die endgültige Einstellung des Betriebes nach DDR-Recht (VG Magdeburg, ZfB 2002, 209). Gegen die endgültige Einstellung spricht auch, wenn eine Bohrschlammgrube noch nicht zurückgebaut oder saniert ist (VG Magdeburg, aaO, S. 210), oder noch Sicherungsmaßnahmen durchzuführen sind (Boldt/Weller, § 4 Rn 20).

Nicht zu folgen ist der Auffassung (Beckmann, UPR 1995, 8 = V Energ R 74,　**59** 71 ff.), dass das BBergG nicht für Bergbaubetriebe in den neuen Bundesländern gilt, die vor dem 3.10.1990 endgültig nur ihre Produktionen eingestellt haben (hiergegen Knöchel, ZfB 1996, 49; von Danwitz, Bd. 29 der Bochumer Beiträge, S. 63). Denn aus dem Einigungsvertrag folgt, dass für vor dem 3.10.1990 begonnene Stilllegungsmaßnahmen das BBergG gelten soll. Technische Betriebspläne für diese Maßnahmen sind auf Abschlussbetriebspläne umzustellen.

60   Die Beendigung der Bergaufsicht kann den gesamten Betrieb, aber auch Teile des Betriebes erfassen, wenn eine Betriebseinstellung räumlich oder sachlich abgrenzbare Betriebsteile betrifft.

61   In der Praxis wird die Beendigung der Bergaufsicht „festgestellt". Dazu wird eine Erklärung des Unternehmers gefordert, dass nach seiner Auffassung die Maßgaben des § 69 Absatz 2 erfüllt sind. Dabei sind die Maßnahmen, die im Abschlussbetriebsplan und den Nebenbestimmungen festgelegt sind, und deren Erfüllung darzustellen. Für Sicherungsmaßnahmen sind erforderlichenfalls die Gutachten über ihre wirksame Ausführung beizubringen. Der Unternehmer muss ferner erklären, dass das Risswerk vollständig nachgetragen ist und er muss die dazu erforderlichen Risse und Karten beifügen. Nach Prüfung der Vollständigkeit und Ordnungsmäßigkeit der Unterlagen durch die Bergbehörde wird ein Ortstermin festgelegt, an dem geprüft wird, ob der Abschlussbetriebsplan erfüllt ist und die Voraussetzung für das Ende der Bergaufsicht gegeben sind. Darüber wird ein Protokoll gefertigt.

62   Im **untertägigen Bergbau** ist die Flutung des Grubengeländes einschließlich der damit verbundenen Auswirkungen auf die Vorflut und das Grundwasser durch hydrogeologische Berechnungen zu belegen. Gefahren, die durch das aufgehende Grundwasser und den prognostizierten Endwasserstand für einzelne Sachgüter bestehen können, sind nicht im Rahmen des § 69 Absatz 2 zu bewerten, soweit sie nicht als Gemeinschaden einzustufen sind (**Richtlinie „*Ende der Bergaufsicht*"** v. 26.8.2003 des **Sächs. Oberbergamts**, Ziff. 4.1). Außerdem ist eine Dokumentation mit bergschadenskundlicher Analyse vorzulegen, die den Zustand zum Ende der Bergaufsicht zu erfassen hat. Grubenbaue und Tagesöffnungen sind zu verwahren und zu verschließen. Sollen sie wegen einer geordneten Nachnutzung dauerhaft erhalten bleiben, kann die Bergaufsicht nach Durchführung der im Abschlussbetriebsplan vorgesehenen Maßnahmen dennoch beendet werden, wenn die Notwendigkeit der vorgesehenen Folgenutzung als Dauerfunktion belegt ist, sowie die Dauerstandsicherheit und Gefahrlosigkeit der Tagesöffnungen und Grubenbaue nachgewiesen sind.

63   Im **übertägigen Braunkohlenbergbau** ist der Grundwasserwiederanstieg räumlich und zeitlich durch hydrogeologische Berechnungen zu belegen. In Sachsen wurden hierzu die Richtlinie über die geotechnische Sicherheit im Bergbau Übertage (Richtlinie Geotechnik) v. 10.3.2005 (Sächs. ABl, 285, aufgehoben mit Wirkung v. 6.9.2009) und die VwV v. 2.12.2002 (Sächs. ABl 2003, 59, aufgehoben durch Ziff. 9 der Richtlinie Geotechnik 2005) erlassen. Die Beendigung der Bergaufsicht ist grundsätzlich erst bei abgeschlossenem Grundwasseranstieg möglich. Außerdem ist der Nachweis der geotechnischen Sicherheit für verbleibende Böschungen und Kippenflächen (Richtlinie „Setzungsfließen") v. 21.9.1999, Sächs. ABl, 908, aufgehoben durch Ziff. 9 der Richtlinie Geotechnik 2005, jetzt Anlage 1 Ziff. 2 zu § 8 Absatz 2 der Sächs. BergVO) zu erbringen.

64   Im Geltungsbereich von **strahlenschutzrechtlichen Vorschriften** ist die Beendigung der Bergaufsicht erst nach dem Abschluss der sich aus der Anwendung der strahlenschutzrechtlichen Vorschriften ergebenen betriebsbezogenen Pflichten möglich. Verpflichtungen aus dem Strahlenschutz, die sich aus der Nutzung oder Folgenutzung von Halden und Absetzanlagen als Eigentümer ergeben, sind nicht Gegenstand der Prüfung nach § 69 Absatz 2. Zu allem s. Richtlinie zur Feststellung des Endes der Bergaufsicht des Sächs. Oberbergamts v. 26.8.2003 (Sächs. ABl 2003, 914).

65   Obwohl dem Ende der Bergaufsicht in der Praxis ein behördliches Prüfungsverfahren vorausgeht, schließt es **nicht** mit einem **Verwaltungsakt** ab. Die sog.

Entlassung aus der Bergaufsicht, verschiedentlich auch als „Feststellung" des Endes der Bergaufsicht praktiziert, auch die Mitteilung der Bergbehörde an andere Behörden und den Unternehmer, die Bergaufsicht sei beendet oder die Übersendung des Abschlussprotokolls über die ordnungsgemäße Ausführung der Abschlussarbeiten enthalten durchweg keine Regelung, die auf unmittelbare Rechtswirkung nach Außen gerichtet ist. Die Bergaufsicht endet beim Vorliegen der gesetzlichen Voraussetzungen des § 69 Absatz 2 Kraft Gesetzes. Die Mitteilungen der Bergbehörde hierzu haben informativen Charakter. Einer „Entlassung" oder eines Verwaltungsakts bedarf es in der Regel nicht. Insofern sind Anfechtungs- oder Feststellungsklagen hiergegen unzulässig (VG Düsseldorf, ZfB 1993, 287; VG Aachen, ZfB 2007, 155, a.A. differenzierend Knöchel, ZfB 1996, 48, zweifelnd Kremer/Wever, Rn 345 f.).

Das Ende der Bergaufsicht kann nicht durch die **Anordnung der sofortigen** **66** **Vollziehung** herbeigeführt werden. Zwar kann der Unternehmer als Grundstückseigentümer ein Interesse an einer alsbaldigen Verwertung der Industriegrundstücke haben, jedoch kann die Bergaufsicht nur enden, wenn der Abschlussbetriebsplan vollständig durchgeführt ist (OVG NRW, ZfB 1993, 210). Dazu gehört u.U., dass die Planfeststellung bzw. Genehmigung einer Sondermülldeponie als Nachnutzung rechtswirksam geworden ist, weil davon der Umfang der Wiedernutzbarmachung abhängt (OVG NRW aaO).

Die Entlassung aus der Bergaufsicht, die viele Jahre nach der eigentlichen **67** Betriebseinstellung liegen kann, zeigt lediglich auf, dass eine gesteigerte Gefahr, die eine besondere bergrechtliche Überwachung erforderlich macht, nicht mehr vorliegt. Eine Haftungsfreistellung i.S. einer **Legalisierungswirkung** ist damit nicht verbunden (VGH Mannheim, ZfB 2000, 140, 145 = NUR 2000, 512; BVerwG, ZfB 2006, 155). Im Übrigen s. auch § 56 Rn 40. Allerdings bestimmt der Regelungsgehalt einer Genehmigung den Umfang ihrer Bindungswirkung. Im Einzelfall ist daher auf den Sachprüfungsumfang und auf den Inhalt des Abschlussbetriebsplans abzustellen, ggf. durch Auslegung (Pflug, ZfB 1989, 13 f.). Angesichts des immer weiter formalisierten Verfahrens und der Einbeziehung vieler Fachstellen bei neuzeitlichen Abschlussbetriebsplänen wird man einer Legalisierungswirkung sehr nahe kommen.

Nach Durchführung des Abschlussbetriebsplans und Entlassung aus der Berg- **68** aufsicht ist der **Abschlussbetriebsplan gegenstandslos.** Er kann nicht mehr ergänzt, mit Auflagen gemäß § 56 Absatz 1 Satz 2 versehen oder zurückgenommen werden (ähnlich Pflug, ZfB 1989, 13 f.). Es sind nur noch die materiellen Polizei-/Ordnungsrechts-Vorschriften anzuwenden.

Es ist schon die Frage gestellt worden, ob § 69 Absatz 2 wegen des Bestimmt- **69** heitsgrundsatzes verfassungsgemäß ist (Störle, Die zeitliche Begrenzung der Bergaufsicht nach dem geltenden Recht und dem Referententwurf eines BBergG, Diss. Münster, 1973, 150). Man wird die Verfassungsmäßigkeit bejahen müssen (Zeiler, ZfB 119 (1978), 57, 69). Wegen der landesrechtlichen Anschlusslösungen an § 69 Absatz 2 vgl. Rn 10.

VI. Bergaufsicht über Markscheider

§ 69 Absatz 3 unterstellt die Markscheider und die Ausführung der markschei- **70** derischen Arbeiten für das Anfertigen und Nachtragen des Risswerks der Bergaufsicht und knüpft damit an die Regelung des § 190 Absatz 2 ABG an.

Aus der Vorschrift folgt einerseits eine weite Erstreckung der bergaufsichtlichen **71** Befugnisse: Sie binden sich nicht nur an den (anerkannten) Markscheider, sondern auch an die Ausführung der markscheiderischen Arbeiten i. S. von § 64 Absatz 1. Andererseits schränkt § 69 Absatz 3 ein: Die Aufsicht erstreckt sich nur auf markscheiderische Arbeiten, die dem Markscheider aufgrund von Gesetzen oder Verordnungen vorbehalten sind. In anderen Tätigkeitsbereichen, die ihm als Angestellter des Bergwerksunternehmens im privatrechtlichen Bereich (z. B. Bergschadenssachbearbeitung) zugewiesen sind, genießen seine Arbeiten weder öffentlichen Glauben noch sind sie von § 69 Absatz 3 erfasst.

72 Das Verhältnis von Markscheider zur Bergbehörde hatte eine wechselvolle Entwicklung. Bis zum Jahre 1856 waren die Markscheider unmittelbar dem Landesherrn in einem beamtenähnlichen Verhältnis unterstellt (Ebel/Weller, § 190, 3). Sie wurden von da ab als Gewerbetreibende behandelt. Seit 1869 konnten nach § 34 GewO Landesgesetze Bestimmungen enthalten, dass das Gewerbe der Markscheider nur von Personen betrieben werden darf, die als solche geprüft und konzessioniert sind.

73 Die Bestimmung ist durch § 174 Absatz 1 Nr. 2 aufgehoben, weil in § 64 Absatz 3 eine bergrechtliche Ermächtigung für die Regelung des Zugangs zu diesem bergbautypischen Beruf vorgezogen wurde. Entfallen ist nach § 64 Absatz 3 die Verbindung der Tätigkeit des Markscheiders mit dem Begriff des Gewerbes, wie sie in § 34 Absatz 5 GewO formuliert war. Der Gesetzgeber hat hier der Entwicklung in den letzten Jahrzehnten Rechnung getragen. Sie brachte es mit sich, dass die größeren Bergbauunternehmen nicht mehr freiberuflich tätige Markscheider beauftragen, sondern eigene Markscheider als Angestellte in ihre Betriebe aufnahmen, die ein selbstständiges Gewerbe nicht mehr betrieben (Ebel/Weller, § 190, 3). Durch die Aufhebung des § 34 Absatz 5 Halbs. 2 GewO ist die ungeklärte Frage, ob selbstständige Markscheider ein Gewerbe ausüben, dahin entschieden, dass sie freiberuflich – ähnlich wie öffentlich bestellte Vermessungsingenieure – tätig sind (Schulz-Kuhnt, ZfB 119 (1978), 374, 376).

74 Die Aufsicht der Bergbehörde gemäß § 69 Absatz 3 erstreckt sich sowohl auf die angestellten Markscheider als auch auf den selbstständigen. Sie ist einerseits personenbezogen: Der Markscheider unterliegt der Bergaufsicht. Andererseits ist sie tätigkeitsbezogen: Die Ausführung markscheiderischer Arbeiten unterliegt der Bergaufsicht. Die personenbezogene Fassung alleine hätte rechtsstaatlichen Erfordernissen der Konkretisierung von Ermächtigungsvorschriften wohl nicht genügt, sodass sie der Ergänzung durch die tätigkeitsbezogene Formulierung bedurfte (so schon 4. Gesetz zur Änderung berggesetzlicher Vorschriften NRW vom 11.6.1968, Begr., ZfB 109 (1968), 381 zu § 190 Absatz 2).

75 § 69 Absatz 3 schafft die Grundlage für die Ermächtigung zum Erlass von Bergverordnungen auf dem Gebiet des Markscheidewesens gemäß § 67. Die meisten der dort genannten Inhalte von Rechtsverordnungen betreffen den Tätigkeitsbereich des Markscheiders. Personenbezogen ist dagegen § 67 Nr. 2, d. h. die Ermächtigung zur Festlegung der Voraussetzungen für die Anerkennung von nicht markscheiderischen Personen i. S. von § 64 Absatz 1 Satz 2.

76 In Ausfüllung früherer Ermächtigungen (§ 34 Absatz 5 GewO) wurden bereits in der Vergangenheit Vorschriften über die Voraussetzungen und Ausübung des Berufes des Markscheiders erlassen: Zunächst regelte daraufhin die **Preußische Markscheiderordnung** v. 23.3.1923 (PrGS NRW S. 186 = ZfB 65 (1924), 184) in § 1: „Das Gewerbe der Markscheider darf nur von Personen betrieben werden, die als solche von einem Preuß. Oberbergamt konzessioniert sind. Nur diese sind berechtigt, die Berufsbezeichnung „Markscheider" zu führen." Später wurde diese Ordnung in NRW aufgehoben, weil sie keinen Gesetzescharakter hatte (Ebel/Weller, S. 773), und durch das Gesetz über die Zulassung der

Markscheider v. 27.7.1961 (GVBl NRW 240) i. d. F. v. 11.6.1968 (GVBl NRW 201), sowie durch die Markscheiderordnung v. 25.10.1977 (GVBl NRW 410 = ZfB 120 (1979), 265 ersetzt. Die beiden wichtigsten Bestimmungen des Gesetzes sind die §§ 1 und 3 Absatz 2. § 1 lautete: „Wer für bergmännische Zwecke Aufnahmen und rissliche Darstellungen über und unter Tage bestellt (Markscheider), bedarf hierzu einer Erlaubnis". Nach § 3 Absatz 2 dieses Gesetzes (eingeführt durch das 4. Bergrechtsänderungsgesetz v. 11.6.1968, ZfB 109 (1968), 375) genossen die Markscheider hinsichtlich der durch Gesetz oder Verordnung veranlassten markscheiderischen Arbeiten öffentlichen Glauben. Das hatte gemäß §§ 415, 418 ZPO zur Folge, dass die von ihnen in der vorgeschriebenen Weise angefertigten Urkunden den vollen Beweis der darin bezeugten Tatsachen erbringen. Ähnliche Vorschriften galten im Saarland (Gesetz v. 22.4.1964, ABl 354, i. d. F. v. 25.11.1968, ABl, 822), in Hessen (Gesetz v. 17.11.1973, Hess GVBl, 469), Bayern (Markscheider-VO v. 22.9.1978, Bayr. GVBl, 734 = ZfB 120 (1979), 257) und Niedersachsen (Markscheider-Zulassungsgesetz v. 10.3.1978, NS GVBl, 269, hierzu Schulz-Kuhnt ZfB 119 (1978), 374 und Markscheiderordnung v. 8.2.1979, NS GVBl, 39 = ZfB 120 (1979), 269).

Die früheren Landesgesetze über die Zulassung der Markscheider sind aufgrund der Ermächtigung des § 64 Absatz 3 aufgehoben und neu gefasst (s. § 64 Rn 12). Die Markscheider Ordnungen der Länder (Einzelheiten bei Scharf, Markscheider Ordnung, 1978), durch die die Geschäftsführung der Markscheider und die technische Ausführung der Markscheider-Arbeiten festgelegt wurden, sind durch § 13 der Unterlagen-BergV (s. § 68 Rn 16) und durch die Markscheider-BergV (s. § 68 Rn 52) aufgehoben worden. **77**

Die Bergaufsicht nach § 69 Absatz 3 erstreckt sich auf die markscheiderischen Arbeiten i. S. von § 64 Absatz 1, d. h. insbesondere auf das Anfertigen und Nachtragen des Risswerks im untertägigen Aufsuchungs- und Gewinnungsbetrieb. Nicht im BBergG geregelt ist, welches Risswerk vorgeschrieben ist. Das wird Verordnungen nach § 67 überlassen. Nach allgemeiner Praxis gehören dazu: Risse, Karten und Pläne der Bergbauberechtigungen, Zulegrisswerke, Grubenrisswerke mit Grubenbildern, den Lagerstättenarchiven und den betrieblichen Plänen für die der Bergaufsicht unterstehenden Gewinnungsbetriebe, Risse, Karten, Pläne für Sonderwerke (z. B. Boden- und Gebirgsbewegungsvorgänge, lagerkundliche Risse und Karten). Jedenfalls ist dadurch, dass sich die Verpflichtung des Unternehmers nicht auf das Grubenbild, sondern auf das Risswerk bezieht, das neben dem Grubenbild auch sonstige Unterlagen umfasst, die Verpflichtung des Unternehmers und damit des Markscheiders erweitert worden (v. Mäßenhausen, Das Markscheidewesen, 1982, 4). Die Bergaufsicht kann sich hinsichtlich der übrigen Tätigkeiten des Markscheiders bei der bergmännischen Planung, der Beurteilung von Abbaueinflüssen oder der Feststellung von bergbaulichen Einwirkungen auf die Erdoberfläche bereits aus §§ 69 Absatz 1, 58 ergeben. **78**

Ausfluss der bergbehördlichen Aufsicht sind einige aufsichtsbegleitende Vorschriften : Um Kollisionen zwischen Anweisungen der Aufsichtbehörde und dem Unternehmer zu vermeiden, ist der Markscheider bei Anwendung seiner Fachkunde bei gesetzlich zugewiesenen Aufgaben weisungsfrei (§ 64 Absatz 2 Satz 1). Gemäß § 70 Absatz 1 trifft den Markscheider und die für markscheiderische Arbeiten anerkannten Personen eine Auskunftspflicht gegenüber der Bergbehörde. **79**

Eine Haftung des Staates für Fehler des Markscheiders ist bei nicht beamteten Markscheidern nur anzunehmen, wenn das zuständige Bergbehörde es an einer pflichtgemäßen Aufsicht fehlen ließ und der Schaden durch ordnungsgemäße **80**

Aufsicht hätte vermieden werden können (Ebel/Weller, § 190, 3, OLG Hamm, ZfB 72 (1931), 310).

81 Die in den **Bundesländern** jeweils zuständigen **Bergbaufsichtsbehörden** werden durch Organisationsgesetze und Zuständikgeits-VO bestimmt. Hier sind in den letzten Jahren ständige Änderungen festzustellen. Den aktuellen Stand am 1.1.2010 gibt der **Anh.** 1 wieder.

§ 70   Allgemeine Aufsichtsbefugnisse, Auskunfts- und Duldungspflichten

(1) Wer zur Aufsuchung oder Gewinnung von bergfreien oder grundeigenen Bodenschätzen berechtigt ist, ferner die verantwortlichen Personen, die in § 64 Abs. 1 bezeichneten und die dem arbeitsmedizinischen oder sicherheitstechnischen Dienst angehörenden sowie die unter § 66 Satz 1 Nr. 10 fallenden Personen (Auskunftspflichtige) haben der zuständigen Behörde die zur Durchführung der Bergaufsicht erforderlichen Auskünfte zu erteilen und Unterlagen vorzulegen.

(2) Die von der zuständigen Behörde mit der Aufsicht beauftragten Personen (Beauftragte) sind befugt, Betriebsgrundstücke, Geschäftsräume und Einrichtungen des Auskunftspflichtigen sowie Wasserfahrzeuge, die der Unterhaltung oder dem Betrieb von Einrichtungen im Bereich des Festlandsockels dienen oder zu dienen bestimmt sind, zu betreten, dort Prüfungen vorzunehmen, Befahrungen durchzuführen und gegen Empfangsbescheinigung auf Kosten des Unternehmers Proben zu entnehmen sowie die geschäftlichen und betrieblichen Unterlagen des Auskunftpflichtigen einzusehen. Zur Verhütung dringender Gefahren für die öffentliche Sicherheit und Ordnung dürfen die genannten Grundstücke und Räumlichkeiten auch außerhalb der üblichen Arbeits- und Betriebszeiten und auch dann betreten werden, wenn sie zugleich Wohnzwecken dienen; das Grundrecht der Unverletzlichkeit der Wohnung (Artikel 13 des Grundgesetzes) wird insoweit eingeschränkt. Die Beauftragten sind, soweit der Unternehmer nicht ausdrücklich darauf verzichtet, verpflichtet, einen Teil der Probe amtlich verschlossen oder versiegelt zurückzulassen; sie sind berechtigt, Gegenstände vorübergehend sicherzustellen, soweit dies zur Überprüfung von Unfallursachen notwendig ist oder soweit in diesem Zusammenhang die Erlangung neuer Erkenntnisse zur Unfallverhütung zu erwarten ist. Die Auskunftspflichtigen haben die Maßnahmen nach den Sätzen 1 und 2 zu dulden. Sie sind bei Befahrungen verpflichtet, die Beauftragten auf Verlangen zu begleiten.

(3) Der Auskunftspflichtige kann die Auskunft auf solche Fragen verweigern, deren Beantwortung ihn selbst oder einen der in § 383 Abs. 1 Nr. 1 bis 3 der Zivilprozeßordnung bezeichneten Angehörigen der Gefahr strafgerichtlicher Verfolgung oder eines Verfahrens nach dem Gesetz über Ordnungswidrigkeiten aussetzen würde.

(4) Die Absätze 1 bis 3 gelten auch für Personen, bei denen Tatsachen die Annahme rechtfertigen, daß sie eine der in § 2 Abs. 1 Nr. 1 bezeichneten Tätigkeiten ohne die erforderliche Berechtigung ausüben oder ausgeübt haben.

Gliederung   Rn

I.   Grundsätzliches   1

II.   Pflichten des Unternehmers   6

III. Auskunftpflicht   7

IV.   Betretungsrecht   13

V.   Ordnungswidrigkeit   14

I. Grundsätzliches

Die Vorschriften der §§ 70 ff. geben der Bergbehörde ein umfangreiches Instru- **1** mentarium zur Erfüllung ihrer bergaufsichtlichen Verantwortung an die Hand. Dieses Instrumentarium schränkt notwendigerweise die individuelle Freiheit ein und ergänzt die bergbehördlichen Befugnisse, die das BBergG zur Verfügung stellt. Diese Befugnisse lassen sich in 4 Gruppen einteilen (Horneffer, Bergrecht und allgemeines Polizeirecht, Diss. Göttingen, 1969):

Zunächst sind die Vorschriften zu berücksichtigen, die schon in einem frühen **2** Stadium bergbaulicher Aktivität die rechtlichen Grundlagen des Bergbau-betriebs begrenzen. Die Bergbehörde kann unter bestimmten Voraussetzungen die **Bergbauberechtigung** versagen, mit Nebenbestimmungen versehen, widerrufen (§§ 11 ff.).

Eine weitere Gruppe bilden die Vorschriften des **Betriebsplanverfahrens**, die der **3** Bergbehörde die präventive Kontrolle aller relevanten betrieblichen Maßnahmen ermöglicht. Die unternehmerischen Freiheiten werden hierdurch insofern eingeschränkt, als die Absichten des Bergbaubetreibers auf ihre Durchführbarkeit insbesondere in sicherheitsmäßiger Hinsicht geprüft werden. In diese Gruppe sind auch die bergbehördlichen Anordnungsbefugnisse der §§ 71–74 zur Abwehr von Gefahren im Einzelfall und die Befugnis zum Erlass von Bergverordnungen gemäß §§ 65 ff. als generelle und abstrakte Möglichkeit zum Schutze bestimmter Rechtsgüter und Belange einzureihen.

Bald ebenso gewichtig ist die Gruppe der Bestimmungen, die die Organisations- **4** freiheit des Unternehmers beschränken, indem sie ihm die Beschäftigung ausreichend qualifizierter Personen für bestimmte Aufgaben vorschreiben (§§ 58 ff.). Denn ohne diese Personen kann Bergbau nicht betrieben werden.

In die letzte Gruppe lassen sich die Vorschriften zusammenfassen, die zur **5** Erleichterung der Bergaufsicht Anzeige- oder Mitteilungspflichten verschiedenartigsten Inhaltes begründen. Hierfür ist § 70 die wesentlichste Grundlage.

II. Pflichten des Unternehmers

Die Vorschrift schafft einerseits einen Pflichtenkatalog der Unternehmerseite **6** (Absatz 1, Absatz 2 Sätze 4, 5), andererseits eine Liste von Rechten für die Behördenseite (Absatz 2, Sätze 1–3), wobei umgekehrt der Gegenseite jeweils nicht ausdrücklich bezeichnete Rechte und Pflichten zustehen.
Im Einzelnen sind es:
– die Pflicht zur Auskunftserteilung und damit das Recht auf Auskunft (Absatz 1).
– die Pflicht zur Vorlage von Unterlagen und damit das Recht auf Vorlage (Absatz 1).
– die Befugnis zum Betreten von Betriebsgrundstücken, Geschäftsräumen, Einrichtungen und die Pflicht, das Betreten zu dulden (Absatz 2 Satz 1, 4).
– die Befugnis, Prüfungen vorzunehmen, Befahrungen durchzuführen, Proben zu nehmen, geschäftliche und betriebliche Unterlagen einzusehen und die Pflicht, diese Tätigkeiten zu dulden (Absatz 2 Satz 1, 4).
– bei dringender Gefahr für die öffentliche Sicherheit und Ordnung die Befugnis, Grundstücke und Räume auch außerhalb der Arbeitszeit und ungeachtet etwaiger Wohnzwecke zu betreten und die Pflicht, das zu dulden (Absatz 2 Satz 2, 4).

– die Berechtigung, Gegenstände vorübergehend sicherzustellen (Absatz 2 Satz 3), wobei auch hiermit eine Duldungspflicht des Eigentümers verbunden ist, obwohl sie in Absatz 2 Satz 4 nicht ausdrücklich erwähnt wurde, sondern nur die Sätze 1 und 2.
– die Pflicht, bei Befahrungen auf Verlangen zu begleiten (Absatz 2 Satz 5), korrespondierend damit ein Recht der Bergbehörde, die Begleitung zu verlangen.

III. Auskunftspflicht

7   Die Auskunftspflicht von Aufsichtspersonen war schon in § 77 ABG enthalten. Sie bezieht sich auf die zur Durchführung der Bergaufsicht erforderlichen Tatsachen. Die Auskunft setzt eine vorherige Anfrage der Bergbehörde voraus. Diese Anfrage steht im Ermessen der Behörde (Horneffer, Bergrecht und allgemeines Polizeirecht, Diss. Göttingen, 1969, 72), während die Frage, welche Auskünfte zu erteilen sind, von der Auslegung des verwaltungsgerichtlich voll nachprüfbaren unbestimmten Rechtsbegriffes „zur Durchführung der Bergaufsicht erforderlich" abhängt.

8   Die Vorschrift legt den Kreis der Auskunftspflichtigen fest. Es sind: der Inhaber einer Aufsuchungs- oder Gewinnungsberechtigung, die Markscheider oder ihnen gleichgestellte anerkannte Personen gemäß § 64 Absatz 1, die verantwortlichen Personen i.S. von § 58, d.h. der Unternehmer und die von ihm bestellten Personen, die dem arbeitsmedizinischen und die dem sicherheitstechnischen Dienst angehörenden Personen sowie die aufgrund einer Verordnung nach § 66 Nr. 10 zu bestimmten Aufgaben besonders befugten Personen.

9   Die Auskunftspflicht beschränkt sich für alle Pflichtigen auf ihren Zuständigkeitsbereich. Das ist zwar durch den Wortlaut des Gesetzes nicht ausgedrückt, folgt jedoch aus der Knüpfung der Auskunftspflicht an die Funktionen der genannten Personen.

10   Aus dem gleichen Grunde beschränkt sich die Pflicht zur **Vorlage von Unterlagen** auf die dem jeweiligen Pflichtenkreis entsprechenden Vorgänge.

11   Die Vorlagepflicht von Unterlagen bezieht sich nicht nur auf solche, über die der Pflichtige selbst verfügt. Es genügt, wenn er die Informationen und Unterlagen erlangen kann und die Quellen seinem Einflussbereich zuzurechnen sind. In Betracht kommen technische, aber auch geschäftliche Unterlagen. Die Vorlage ist gegenüber der Auskunftserteilung nicht subsidiär, da Unterlagen u.U. einen höheren Beweiswert haben (Jarass, BImSchG § 52 Rn 38).

12   Das Verlangen nach Auskunft oder der Vorlage von Unterlagen steht im behördlichen Ermessen und ist ein Verwaltungsakt. Es muss den Grundsatz der Verhältnismäßigkeit beachten. Der Zweck darf zur Schwere der Belastung für den Pflichtigen nicht in einem Missverhältnis stehen. Das Verlangen muss erforderlich sein, ein für den Betroffenen milderes Mittel darf nicht gegeben sein. Eine Pflicht zu laufender Unterrichtung besteht in der Regel nicht (OVG Berlin, UPR 1982, 277; OVG NRW, DVBl 1979, 320).

IV. Betretungrecht

13   Das **Nachschaurecht** gemäß § 70 Absatz 2 und die **Betretungsbefugnisse** sind mit Artikel 13 GG vereinbar. Die Funktion der Betriebsgrundstücke, Geschäftsräume und Einrichtungen ist aufgrund der entsprechenden Zweckbindung des Geschäftsbetriebs nach außen gerichtet. Diese Zweckbestimmung schließt gleichsam das Nachschaurecht der Bergbehörde ein (BVerfGE 32, 54 ff., 75 f.). Voraussetzung ist allerdings, dass das Betreten der Räume und die Prüfungen einem erlaubten Zweck dienen und dafür erforderlich sind. Durch das Nachschaurecht nicht gedeckt sind körperliche Untersuchungen und Beschlagnahme von Unterlagen und Gegenständen. Zu beachten ist, dass die Entnahme von Proben auf Kosten des Unternehmers erfolgen kann, nicht aber deren Untersuchung (Kremer/Wever, Rn 355).

Die Erfüllung der Pflichten aus § 70, insbesondere der Auskunfts- und Begleit- **14** pflicht, ist nicht ausdrücklich auf die üblichen Arbeits- und Betriebszeiten beschränkt. Doch wird man diese Begrenzung aus dem Umkehrschluss des Absatz 2 Satz 2 entnehmen müssen, der diese Schranken nur für den Sonderfall der Verhütung dringender Gefahren aufhebt.

V. Ordnungswidrigkeit

Die Verletzung der Pflichten des § 70 stellt eine Ordnungswidrigkeit gemäß **15** § 145 Absatz 1 Nr. 14, 15 dar. Das **Auskunftsverweigerungsrecht** setzt die Gefahr, d. h. die ernsthafte Möglichkeit der strafrechtlichen Verfolgung, voraus. Die Gefahr der Einleitung eines Verfahrens genügt. Das Auskunftsverweigerungsrecht gilt nur auf Fragen, bei denen eine Verfolgungsgefahr besteht. Die Pflicht zur Vorlage von Unterlagen wird vom Auskunftsverweigerungsrecht nicht berührt (BVerwG, NVwZ 1997, 1000).

Weitere Pflichten: Neben den bergrechtlichen Pflichten des Unternehmers gemäß **16** § 70 hat er gegenüber der Bergbehörde (als Wasserbehörde für den Bergbau) die besonderen Pflichten aus den Landeswassergesetzen und aus §§ 91 ff., 101 WHG, insbesondere Duldungs- und Auskunftspflichten. Ebenso steht das immissionsschutzrechtliche Recht, Messungen aus besonderem Anlass gemäß § 26 BImSchG anzuordnen, neben den Möglichkeiten der Bergbehörde aus § 70.

§ 71 Allgemeine Anordnungsbefugnis

(1) Die zuständige Behörde kann im Einzelfall anordnen, welche Maßnahmen zur Durchführung der Vorschriften dieses Gesetzes, der auf Grund dieses Gesetzes erlassenen und der nach § 176 Abs. 3 aufrechterhaltenen Rechtsverordnungen zu treffen sind. Dabei können Anordnungen, die über die auf Grund einer Rechtsverordnung oder eines zugelassenen Betriebsplans gestellten Anforderungen hinausgehen, nur getroffen werden, soweit dies zum Schutz von Leben, Gesundheit und Sachgütern Beschäftigter oder Dritter erforderlich ist.

(2) Führt ein Zustand, der diesem Gesetz, einer auf Grund dieses Gesetzes erlassenen Rechtsverordnung, einem zugelassenen Betriebsplan, einer Nebenbestimmung der Zulassung, einer nachträglichen Auflage oder einer Anordnung nach Absatz 1 widerspricht, eine unmittelbare Gefahr für Beschäftigte oder Dritte herbei, so kann die zuständige Behörde anordnen, daß der Betrieb bis zur Herstellung des ordnungsgemäßen Zustandes vorläufig ganz oder teilweise eingestellt wird, soweit sich die Gefahr auf andere Weise nicht abwenden läßt oder die Einstellung zur Aufklärung der Ursachen der Gefahr unerläßlich ist. § 51 Abs. 1 gilt nicht.

(3) Im Falle der Einstellung des Betriebes ohne zugelassenen Abschlußbetriebsplan kann die zuständige Behörde die erforderlichen Maßnahmen anordnen, um die Erfüllung der in § 55 Abs. 2 bezeichneten Voraussetzungen sicherzustellen.

Gliederung   Rn

I.   Verhältnis der Anordnungsbefugnisse nach § 71 Absatz 1 und 2   1
II.   Abgrenzung bergrechtliche Anordnung – Bergverordnung   12
III.   Verhältnis zum Polizei- und Ordnungsrecht   14
1.   § 71 ist keine abschließende Regelung   15
2.   Anwendung von allgemeinem Ordnungsrecht   18
3.   Selbstständige oder unselbstständige verwaltungsrechtliche Verfügung   ..   22
4.   Voraussetzungen von § 71 Absatz 1 Satz 1 und Satz 2   30
5.   Grenzen der Anordnungsbefugnisse und Verhältnis zum Betriebsplan   ...   35
6.   Rechtsgüter bei bergrechtlichen Anordnungen   41
7.   Adressaten   43
8.   Übermaßverbot   90
9.   Weitere allgemeine Anforderungen an Anordnungen   93
10.   Anspruch auf bergrechtliche Anordnung   102
11.   Opportunitätsprinzip   103
12.   Form der bergrechtlichen Anordnung   104
IV.   Gesetzliche Grenzen der allgemeinen Anordnungsbefugnis   106
V.   Andere Rechtsgrundlagen   112
VI.   Besonderheiten in den neuen Bundesländern   114
VII.   Umdeutung einer bergrechtlichen Anordnung   118
VIII. Kostenerstattung   119
IX.   Anordnungen nach § 71 Absatz 3   122

I.   Verhältnis der Anordnungsbefugnisse nach § 71 Absatz 1 und 2

1   Die Anordnungsbefugnis ist neben dem Recht, Betriebspläne zuzulassen und dem Recht, Bergverordnungen zu erlassen, das wichtigste Instrument der Bergbehörde zur Erfüllung ihrer Aufsichtspflicht. Zu unterscheiden sind die „allgemeine Anordnungsbefugnis" des Absatz 1, die auch in der Überschrift zu § 71 genannt ist, und die besonderen Anordnungsbefugnisse (§§ 71 Absatz 2, 72–74).

2   Die Vorschriften des § 71 Absatz 1 und Absatz 2 haben gemeinsam, dass sie nicht zu einer endgültigen Einstellung des Betriebes führen können. Während § 71 Absatz 2 zu „vorläufigen" Einstellungen berechtigt, sind nach § 71 Absatz 1 Anordnungen auf Einstellung überhaupt nicht zulässig.

3   Bergrechtliche Anordnungen gemäß § 71 setzen voraus, dass die Bergaufsicht noch nicht gemäß § 69 Absatz 2 beendet ist. Im Anschluss daran gilt das allgemeine Ordnungsrecht.

4   Insofern unterscheiden sich aber auch die Absätze 1 und 2: aus dem Vergleich des Wortlauts bei den Bestimmungen folgt, dass die Bergbehörde nur bei den gegebenen Voraussetzungen des Absatz 2 eine Anordnung auf Betriebsstilllegung treffen kann. Nach Absatz 1 sind demgegenüber nur sonstige „Maßnahmen" anzuordnen (VG Düsseldorf, ZfB 1983, 222), dies gilt sowohl für Satz 1 als auch für Satz 2.

5   Ein weiterer Unterschied der einzelnen Bestimmungen des § 71 ergibt sich aus den Abstufungen in den Voraussetzungen: während § 71 Absatz 1 Satz 1 Anordnungen im Rahmen bestehender Rechtsverordnungen und Betriebspläne gestattet, ermöglicht § 71 Absatz 1 Satz 2 Anordnungen, die über Rechtsverordnungen und Betriebsplanzulassungen hinausgehen, und berechtigt § 71 Absatz 2 zu

Anordnungen, die über Rechtsverordnungen und Betriebsplanzulassungen hinausgehen und unmittelbaren Gefahren für Beschäftigte oder Dritte begegnen sollen.

Innerhalb des § 71 begründet Absatz 1 Satz 2 nicht eine selbstständige Eingriffs- **6** grundlage mit eigenständigen Voraussetzungen und Folgen (so Vorauflage § 71 Rn 1), sondern es wird ein Regel-Ausnahmeverhältnis geschaffen. Durch § 71 Absatz 1 Satz 1 i. V. mit § 55 wird der Rahmen für die durch Anordnungen zu schützenden Interessen als Regelfall vorgegeben. Er wird durch § 71 Absatz 1 Satz 2 – wie die Verbindung durch das Wort „Dabei" zeigt – lediglich an zusätzliche Anforderungen gebunden für den Fall, dass Anordnungen über die aufgrund einer Rechtsverordnung oder eines zugelassenen Betriebsplans gestellten Anforderungen hinaus gehen (UVG NRW, ZfB 1985, 198 = Glückauf 1985, 464 ff.; VG Düsseldorf, ZfB 1983, 211; Frenz, ZfB 2000, 25). Im Interesse des Bergwerksunternehmers sind die Anforderungen in soweit erhöht worden, als Anordnungen nach § 71 Absatz 1 Satz 2 nur zum Schutze besonders wichtiger Rechtsgüter erlassen werden können. Auch nach § 71 Absatz 1 Satz 2 können keine Maßnahmen angeordnet werden, wenn nicht Rechtsgüter oder Belange nach § 55 betroffen sind. Das bedeutet andererseits, dass Anordnungen gemäß § 71 Absatz 1 Satz 1 auch zum Schutze der in § 71 Absatz 1 Satz 2 genannten Rechtsgüter ergehen können.

Nach § 71 Absatz 2 kann in Ausnahmefällen sogar die **vorläufige Betriebs-** **7** **einstellung** angeordnet werden. Diese Maßnahme kann aber nach der gesetzlichen Konstruktion, im Hinblick auf die Rechtsstellung des bergbauberechtigten Unternehmers und auf die sehr weitreichenden wirtschaftlichen, gesellschaftlichen und sozialen Folgen allenfalls als **letztes Mittel** in Betracht kommen (OVG Saarland, ZfB 2008, 276).

In einer der Alternativen des § 71 Absatz 2 ist der Tatbestand genannt, dass ein **8** der voraus gegangenen Anordnungen nach § 71 Absatz 1 widersprechender Zustand vorliegt. Aus der Verknüpfung zu Absatz 1 ergibt sich dann, dass § 71 Absatz 2 eine zweite Anordnungsstufe zulässt mit gravierenderen Folgen für den Betrieb.

Den besonders erwähnten Schutzgütern in § 71 Absatz 1 Satz 2 entsprechen in **9** den besonderen Gefahrensituationen des § 71 Absatz 1 Satz 2 die der Bergbehörde zugestandenen stärkeren **Folgen**, nämlich, dass ausnahmsweise in durch Rechtsverordnung oder Betriebsplan gesicherte Rechtsbestände eingegriffen werden kann.

§ 71 Absatz 2 ermächtigt die Bergbehörde zu Anordnungen, den Betrieb vor- **10** läufig einzustellen bis zur Herstellung des **ordnungsgemäßen Zustandes**. Der Bergbauunternehmer hat daher die **Beweislast**, dass der ordnungsgemäße Zustand wieder hergestellt ist, d. h. dass durch die Neuaufnahme Gefährdungen für Leben und Gesundheit nicht mehr bestehen. Im Falle von bergbaubedingten seismischen Erschütterungen, die das Ausmaß von Gefahren für Leib und Leben erreichen, soll § 71 Absatz 2 auch anwendbar sein, wenn nicht der bebenauslösende Betrieb, sondern ein Nachbarbetrieb wieder aufgenommen wird (Frenz, NUR 2009, 161). Das erscheint bedenklich, denn § 71 Absatz 2 bezieht sich auf der Rechtsvoraussetzungs- und Rechtsfolgenseite auf den Betrieb und nicht auf einen Nachbarbetrieb. Die Bergbehörde kann allerdings Maßnahmen aufgrund § 56 Absatz 1 Satz 2 oder Ordnungsrecht ergreifen.

Nach der vorläufigen Betriebseinstellung i. S. von § 71 Absatz 2 wird nicht ein **11** besonderer Sorgfaltsmaßstab für die Wiederaufnahme einer zukünftigen bergbaulichen Tätigkeit ausgelöst. Auch wird der Bergbauunternehmer nicht beweispflichtig dafür, dass Gefährdungen von Leben und Gesundheit nicht auftreten. Erst recht gilt das, wenn es sich nicht um das selbe Bergbauvorhaben, sondern um ein Benachbartes handelt (Kühne, DVBl 2010, 877; a. A. Frenz, NUR 2009, 161; WiVerw 2009, 114, 117; Markscheidewesen 2009, 21, 23).

II. Abgrenzung bergrechtliche Anordnung – Bergverordnung

12 Der **Ausdruck „Anordnung"** ist dem früheren Recht entnommen und führt diesen für das Bergrecht typischen, von der „Verordnung" abgegrenzten Begriff weiter, obwohl nach heutigem Verständnis der Ausdruck „Ordnungsverfügung"(vgl. Teil II Abschnitt 1 OBG NRW) richtiger wäre. Im Übrigen ist § 71 sehr stark, teilweise wörtlich, § 32 SprengG nachgebildet.

13 Entscheidendes Abgrenzungskriterium zum Begriff „Bergverordnung" ist das Wort „Einzelfall" in § 71 Absatz 1. Während die Bergverordnung für eine unbestimmte Zahl von Fällen gilt und an eine unbestimmte Anzahl von Personen gerichtet ist, regelt die bergbehördliche Anordnung die Abwehr einer im Einzelfall bestehenden Gefahr für die öffentliche Sicherheit und Ordnung. Im Gegensatz zum Betriebsplan, der nur präventive Maßnahmen erfasst, werden Anordnungen überwiegend vergangene, aber noch fortwirkende Tatbestände betreffen.

III. Verhältnis zum Polizei- und Ordnungsrecht

14 Die sehr knappe gesetzliche Regelung lässt eine Vielzahl von Fragen offen.

1. § 71 ist keine abschließende Regelung

15 Zunächst fragt sich, ob § 71 Absatz 1 die Voraussetzungen für eine bergrechtliche Anordnung abschließend regelt oder ob ergänzend die allgemeinen landesrechtlichen Vorschriften des Polizei- und Ordnungsbehördenrechts herangezogen werden müssen (offengel. OVG NRW, ZfB 1990, 234; ZfB 1990, 305; VG Köln, ZfB 1996, 92; von Danwitz, Bochumer Beiträge, Bd. 29 S. 68).

16 Diese Frage wurde für §§ 198, 199 ABG nicht einheitlich beantwortet. Einerseits sollte es sich um eine erschöpfende Regelung handeln (Hammans, ZfB 72 (1931), 162, 187; Schlüter, ZfB 76 (1935), 293, 346), nach anderer Meinung sollten ergänzend die Vorschriften des allgemeinen Ordnungsrechts anzuwenden sein (Ebel/Weller, § 198, Anmerkung 9; Krautscheider, ZfB 98 (1957), 391, 403 und ZfB 99, 473; Harnisch, ZfB 110 (1969), 209; OVG Münster, ZfB 105 (1964), 100; ZfB 106 (1965), 482, 492).

17 Auch § 71 kann keine abschließende Regelung sein. Dafür enthält er zu wenig Substanz, viele ordnungsrechtliche Fragen sind offengeblieben (vgl. Rn 18–29 zu § 71), sodass die Vorschrift geradezu auf die Ergänzung durch ein geschlossenes System ordnungsrechtlicher Vorschriften angewiesen ist. Auch aus § 12 Absatz 2 OBG NRW folgt, dass für die Bergaufsicht als Sonderordnungsbehörde ergänzend die Vorschriften des OBG gelten. Der Bundesgesetzgeber hätte gemäß Artikel 70 GG auch nicht die Kompetenz gehabt, durch § 71 die traditionellen Ordnungs- und Polizeivorschriften der Länder auszuschließen für den Bereich des Bergrechts.

2. Anwendung von allgemeinem Ordnungsrecht

Danach stellt sich die Frage, welche **ordnungsbehördlichen Vorschriften** anzu- **18** wenden sind. Nach § 38 Buchstabe a OBG NRW (so auch § 37 OBG Bbg) finden auf Anordnungen, die an eine bestimmte Person gerichtet sind, die §§ 14, 21 OBG keine Anwendung. Doch sind die bergbehördlichen „Anordnungen" nicht solche i. S. von § 38 Buchstabe a OBG NRW (Ebel/Weller § 198, Anmerkung 3; a. A. Krautscheider, ZfB 98 (1957), 391, 405 und ZfB (1958), 473; offengelassen von OVG Münster, ZfB 106 (1965), 482, 492), weil hierunter nur die Anordnungen zu verstehen sind, die nicht den Charakter von Ordnungsverfügungen haben. Anzuwenden sind daher alle **Bestimmungen** über Ordnungsverfügungen, soweit nicht gesetzlich etwas anderes geregelt ist.

Zu Einzelheiten über die Durchführung des OBG NRW vgl. Verwaltungsvor- **19** schrift v. 4.9.1980 (MinBl 2114, SBl NRW, 2060).

Außerdem für Brandenburg VwV v. 11.6.1993 (ABl, 1238), für Hessen VwV **20** zur Ausführung des Gesetzes über die öffentliche Sicherheit und Ordnung v. 3.1.2005 (St.Anz., S. 218).

Ungeachtet der terminologischen Vielfalt in den Landesgesetzen, z. B. Baden- **21** Württemberg, Sachsen: Allgemeine/Besondere Polizeibehörden; Bayern und Sachsen-Anhalt: Sicherheitsbehörden; Brandenburg, Mecklenburg-V., NRW, Rheinland-Pfalz, Thüringen: Ordnungsbehörden; Hessen: Gefahrenabwehrbehörden; Niedersachsen: Verwaltungsbehörden – werden im Folgenden, die die Aufgaben der Gefahrenabwehr wahrnehmenden Behörden der allgemeinen (inneren) Verwaltung – in Abgrenzung zur (uniformierten) Vollzugspolizei – als Ordnungsbehörden verstanden.

3. Selbstständige oder unselbstständige verwaltungsrechtliche Verfügung

Das BBergG enthält keinen Hinweis darauf, ob Anordnungen nach § 71 **22** Absatz 1 den selbstständigen oder unselbstständigen Ordnungsverfügungen zuzurechnen sind.

Selbstständige Ordnungsverfügungen haben ihre Rechtsgrundlage in § 14 OBG **23** NRW, zu ihrem Erlass bedarf es im Einzelfall einer konkreten Gefahr oder Anscheinsgefahr (Sachlage, die bei verständiger Betrachtung objektiv den Anschein oder den dringenden Verdacht einer Gefahr erweckt).

Unselbstständige Ordnungsverfügungen dienen der Ausführung einer speziellen **24** ordnungsbehördlichen Rechtsnorm (Gesetz, Verordnung, nicht jedoch Richtlinien, anerkannte Regeln der Technik). Um sie zu erlassen, ist eine konkrete Gefahr im Einzelfalle nicht nachzuweisen.

Nach dem früheren Meinungsstand waren alle auf Außerachtlassung von **25** gesetzlichen Vorschriften, auf bergbehördlichen Verordnungen, bereits erlassenen Anordnungen oder auf Bestimmungen des Betriebsplans beruhenden Verfügungen unselbstständig (Ebel/Weller, § 198, Anmerkung 9 b). Die Möglichkeit, eine unselbstständige Verfügung zu erlassen, schloss einen Eingriff auf der Grundlage der §§ 198 ff. ABG aus (Krautscheider, ZfB 98 (1957), 391, 405; OVG Münster, ZfB 106 (1965), 482, 491).

Verfügungen, die auf §§ 198 ff. ABG gestützt waren, wurden als selbstständige **26** eingeordnet, weil die Anordnungen nach dieser Vorschrift an die Stelle der unmittelbar auf § 14 Absatz 1 OBG beruhenden Maßnahmen traten (OVG Münster, aaO, 492; Ebel/Weller, § 198, 9 a).

27   Für Verfügungen, die auf § 71 gestützt sind, wird man das nicht mehr sagen können. Sie sind den unselbstständigen zuzurechnen. § 71 enthält eine spezielle Ermächtigung zum Erlass von Verfügungen, die als Bundesrecht andersartig ist als die des § 14 OBG NRW. Während § 14 OBG NRW eine bestehende Gefahr voraussetzt, kommt es in § 71 Absatz 1 nicht darauf an. Hier zeigt sich ein wesentlicher Unterschied auch zu § 198 ABG, der eine „Gefahr in Beziehung auf die im § 196 ABG bezeichneten Gegenstände" erforderte.

28   Das bedeutet gleichzeitig, dass für die Bergbehörde der Weg über die selbstständige Ordnungsverfügung hilfsweise eröffnet bleibt, sofern die bundesrechtliche Ermächtigung des § 71 in ihren tatsächlichen Voraussetzungen eine Anordnung nicht trägt.

29   Zum Verhältnis zwischen beiden gilt Folgendes: ist eine ordnungsbehördliche Aufgabe spezialgesetzlich geregelt, so können auf § 14 Absatz 1 OBG gestützte Ordnungs-Verfügungen weitergehende Anordnungen nur dann stellen, wenn die gesetzliche Regelung hierzu eine Ermächtigung enthält – was in § 71 nicht der Fall ist – oder wenn im Einzelfall ein Tatbestand gegeben ist, der von der gesetzlichen Regelung nicht erfasst wird. § 71 verdrängt damit grundsätzlich als sonderordnungsrechtliche Vorschrift die allgemeine Ermächtigungsgrundlage für ordnungsbehördliches Einschreiten (VG Düsseldorf, ZfB 1983, 210; BVerwG, ZfB 2008, 58; OVG Weimar, ZfB 2009, 278; Boldt-Weller, § 71 Rn 13).

4.   Voraussetzungen von § 71 Absatz 1 Satz 1 und Satz 2

30   Eine **Anordnung nach § 71 Absatz 1 Satz 1** setzt voraus, dass sie der Durchführung der Vorschriften des BBergG oder der dazu erlassenen oder aufrechterhaltenen Rechtsverordnungen dient. Diese Voraussetzungen gehen als Spezialregelung der subsidiären des § 14 Absatz 1 OBG NRW vor, sodass nicht zusätzlich noch eine bestehende Gefahr für die öffentliche Sicherheit oder Ordnung bestehen muss. Die Vorschriften des BBergG und die Verordnungen abstrahieren gleichsam die Gefahr für die öffentliche Sicherheit und Ordnung, sodass die Durchführung jener gleichzeitig dem Zwecke der Gefahrenabwehr dient. Beispiele aus der Rechtsprechung für Anordnungen gemäß § 71 Absatz 1 Satz 1: Anordnungen zum Rückbau von einer Bohrschlammgrube bei Zulassung eines Abschlussbetriebsplannachtrages (VG Magdeburg, ZfB 2002, 204); zu Absperrmaßnahmen, um die Sicherheit von Schächten eines ehemaligen Steinsalzbetriebs herzustellen (VG Magdeburg, ZfB 2001, 223); zur Sicherung eines Tagesbruches durch Verfüllung des Hohlraumes (VG Arnsberg, ZfB 1991, 148); zur Einhaltung von TOC-Werten bei Einlagerung mineralischer Stoffe (VG Magdeburg, ZfB 2008, 206; OVG Magdeburg, ZfB 2008, 193); Eigentümer eines denkmalswürdigen Wasserschlosses verlangt von der Bergbehörde, dass diese durch bergaufsichtliche Maßnahmen die Gefahr drohender Schäden am Schloss durch den Bergwerksbesitzer beseitigen lässt (OVG NRW, ZfB 1974, 443 ff.).

31   Sofern allerdings die Ordnungsverfügung auf §§ 14, 48 Absatz 4 OBG NRW oder vergleichbare Vorschriften in anderen Bundesländern gestützt wird, weil § 71 nicht (mehr) anzuwenden ist, kommt es darauf an, dass eine **Gefahr** i. S. des OBG vorliegt. Der Zustand der Sache bzw. des Schachtes muss bei ungehindertem Ablauf des Geschehens in überschaubarer Zukunft mit hinreichender Wahrscheinlichkeit zu einem Schaden für die Schutzgüter der öffentlichen Sicherheit führen. Dafür ist eine Prognose der Bergbehörde erforderlich. Einerseits ist nicht die Gewissheit eines Schadenseintritts gefordert, andererseits reicht auch die bloße Möglichkeit nicht aus. Bei oberflächennahen Eingriffen durch einen Bergbaubetrieb liegt die Annahme einer latenten Gefahr nahe. Die Betriebshandlungen des Bergbaus weisen eine erhöhte Gefahrentendenz auf, die sich insbesondere bei verlassenen Grubenbauen und Schächten auswirken (OVG NRW, ZfB 1984, 367; ZfB 1990, 230; ZfB 1995, 327; VG Arnsberg, ZfB 1988, 125 ff. und 219 ff.; VG Köln, ZfB 1996, 91 betrifft Tagesbruch nahe Wohnbebauung).

Vorschriften des BBergG und Rechtsverordnungen, deren Durchführung die **32** Maßnahmen nach § 71 Absatz 1 Satz 1 dienen, sind diejenigen, die zum Rechten- und Pflichtenkreis des Unternehmers, der Unternehmerpersonen und zum bergaufsichtlichen Instrumentarium gehören. Hierzu zählen nicht die privatrechtlichen Vorschriften über das Verhältnis von Bergbau und Grundbesitz, über das Bergschadensrecht und über den Zweck des Gesetzes (§ 1). Insbesondere ist auch § 1 Ziff. 3 keine Vorschrift in diesem Sinne (OVG NRW, ZfB 1985, 198 = Glückauf 1985, 464; a. A. VG Düsseldorf, ZfB 1983, 211). Sie enthält einen allgemeinen Programmsatz ohne Eingriffsermächtigung für die Behörde (§ 1 Rn 13), dem im Einzelfall nur Qualitäten eines Auslegungsmaßstabes zukommen. Dabei hat der Gesetzgeber durch § 1 Ziff. 3 ersichtlich nur der Neuordnung des Bergschadensrechts entsprechen wollen, wie sich aus der Gesetzesbegründung ergibt (BT-Drs 8/3965, 132, Zydek, 50). Auch der zu Missverständnissen Anlass gebende Begriff der „Vorsorge gegen Gefahren aus bergbaulicher Tätigkeit" wendet sich nicht an die Behörde, sondern nimmt den Vorsorgegedanken der §§ 110, 111 des Bergschadenrechts vorweg (§ 1 Rn 23).

Eine erweiterte Befugnis gibt § 71 **Absatz 1 Satz 2**, indem sie zu Anordnungen **33** über Rechtsverordnungen und Betriebsplanzulassungen hinaus ermächtigt. Diese Ausnahmebefugnis steht unter dem Vorbehalt der besonderen gesetzlichen Beschränkungen des § 71 Absatz 1 Satz 2, die den verfassungsrechtlichen Grundsatz des Übermaßverbotes (§ 71, Rn 90) ergänzen.

Insgesamt sind an den unbestimmten Rechtsbegriff „erforderlich" in § 71 **34** Absatz 1 Satz 2 besonders strenge Anforderungen zu stellen. Der Gesetzgeber hat den Eingriff in durch Verordnungen und Zulassungen gefestigte Rechtspositionen erkennbar als von vielen einschränkenden Voraussetzungen abhängige Ausnahmebefugnis verstanden. Die Abwägung im Rahmen der Prüfung der „Erforderlichkeit" durch die Bergbehörde hat einerseits die Gefährdung des Schutzgutes zu berücksichtigen – bei Lebens- oder Gesundheitsgefahr ist eine Anordnung eher erforderlich als bei Gefährdung von Sachgütern, bei diesen wiederum wird man wertmäßig abstufen – und andererseits die Auswirkung der Anordnung für den Betrieb in Rechnung zu stellen (vgl. auch § 71, Rn 103, 110).

5. Grenzen der Anordnungsbefugnisse und Verhältnis zum Betriebsplan

Zusätzlich zu den normierten Einschränkungen ergeben sich aus allgemeinen **35** berg- und verwaltungsrechtlichen Grundsätzen Begrenzungen der Befugnis aus § 71 Absatz 1 Satz 2: Ähnlich wie bei nachträglichen Auflagen oder Änderung von Auflagen zu einem zugelassenen Betriebsplan muss in Anwendung des Gedankens des § 56 Absatz 1 Satz 2 die technische Erfüllbarkeit und die wirtschaftliche Vertretbarkeit für den Bergwerksbetreiber und für Einrichtungen der von ihm betriebenen Art berücksichtigt werden (VG Düsseldorf, ZfB 1983, 222).

In Konkurrenz zwischen § 71 Absatz 1 Satz 1 und § 56 Absatz 1 Satz 2 ver- **36** drängt die Möglichkeit, **nachträgliche Auflagen** zu erlassen, die Ermächtigung zu Anordnungen gemäß § 71 Absatz 1 Satz 1. Das Betriebsplanverfahren ist das primäre bergrechtliche Instrument zur Sicherung der Anforderungen des

BBergG, wie sich auch aus § 71 Absatz 1 Satz 2 ergibt. Außerdem könnten bei einem gleichrangigen Wahlrecht der Bergbehörde die Anforderungen des § 56 Absatz 1 Satz 2 durch bergrechtliche Anordnungen unterlaufen werden (Kremer/ Wever, S. 102; wohl auch Beddies, S. 139). Auch für eine Anordnung gemäß § 71 Absatz 1 Satz 2, mit der die Bergbehörde im Einzelfall über die im zugelassenen Betriebsplan gestellten Anforderungen hinausgeht, ist nur insofern Raum, als der Zweck solche Anordnungen nicht im Betriebsplanverfahren einschließlich nachträglicher Änderung oder Ergänzung erreicht werden kann (BVerwG, NVwZ 1989, 1158; OVG Bautzen, ZfB 2001, 217 = NUR 2001, 700; Stüer, Handbuch, Rn 3599, wohl auch OVG Saarland, ZfB 2008, 284; a.A. Kremer/Wever, S. 102). Bei einer von der Prognose der Bergbehörde über Erderschütterungen durch Abbauführung eines Untertagebergbaubetriebs abweichenden Entwicklung können hierfür bereits in Nebenbestimmungen zur Betriebsplanzulassung ausdrücklich Anordnungen (z. B. Messnetz, Einwirkungs- und Minderungsmaßnahmen) vorbehalten werden, die zum Schutze von Leben und Gesundheit Dritter erforderlich sind (OVG Saarland, ZfB 2008, 284). Nachträgliche Auflagen sind unter den Voraussetzungen des § 56 Absatz 1 Satz 2 zulässig.

37 Auf der Grundlage des § 71 Absatz 1 kann **nicht die vollständige Einstellung des Abbaus** verlangt werden. Das folgt aus § 71 Absatz 2. Eine Betriebseinstellung kann nur angeordnet werden, wenn eine unmittelbare Gefahr für Beschäftigte oder Dritte besteht (VG Düsseldorf, aaO, S. 222).

38 Die Bergbehörde kann aufgrund von § 71 Absatz 1 nicht Anordnungen zu solchen Belangen treffen, auf deren Schutz es im Betriebsplanverfahren nicht ankommt (BVerwG, NVwZ 1989, 1159; Frenz/Kummermehr, ZfB 2000, 25).

39 Eine Anordnung nach § 71 Absatz 1 Satz 2 kann nicht ergehen, den **Unternehmer zur Vorlage eines fehlenden**, aber erforderlichen **Betriebsplans** zu veranlassen, denn das Betriebsplanverfahren ist ein Antragsverfahren (Kremer/Wever, S. 101). Wohl kann dem Unternehmer aufgegeben werden, Festsetzungen eines zugelassenen Betriebsplans zu befolgen.

40 Eine Anordnung nach § 71 Absatz 1 Satz 2 kann sich als **Widerruf** eines **rechtmäßigen begünstigenden Verwaltungsakts**, der Betriebsplanzulassung, darstellen, für den der Gesichtspunkt des § 49 Absatz 2 Nr. 3 VwVfG anzuwenden ist. Danach müssen die Tatsachen, die zur Anordnung berechtigen, nachträglich eingetreten sein. Zusätzlich muss ohne Widerruf das öffentliche Interesse gefährdet sein. Dabei ist das öffentliche Interesse durch § 71 Absatz 1 Satz 2 auf die dort genannten Schutzgüter beschränkt. Sofern der Widerruf zu recht erfolgt, wäre zu prüfen, ob ein **Entschädigungsanspruch** gemäß § 49 Absatz 6 VwVfG in Betracht kommt.

6.   Rechtsgüter bei bergrechtlichen Anordnungen

41 **Nicht** mehr erforderlich ist für eine Anordnung nach § 71 Absatz 1 Satz 1, dass sie dem **Schutz bestimmter Rechtsgüter** dient. Nach dem früheren § 198 ABG setzte die Anordnung voraus, dass eine Gefahr „für die in § 196 ABG bezeichneten Gegenstände" bestand, d. h. für einen dort zwar nicht abschließend, aber immerhin im Wesentlichen beschriebenen Kreis von Rechtsgütern. Da eine Bezugnahme auf § 55 fehlt, gilt diese Beschränkung nicht mehr.

42 Das bedeutet indes nicht, dass die Bergbehörde jedwedes Rechts- oder Schutzgut aus dem weitgefächerten Katalog der öffentlichen Sicherheit (d.h. Staat, öffentliche Einrichtungen, Individualgüter des einzelnen, geschriebenes Recht) oder der öffentlichen Ordnung (d.h. der ungeschriebenen Regel, deren Befolgung nach der jeweils herrschenden Anschauung unerlässliche Voraussetzung für ein menschliches Zusammenleben ist), für Anordnungen reklamieren kann. Erwartet werden muss vielmehr eine Kongruenz zwischen rechtlicher Vorschrift und angeordneter Maßnahme in dem Sinne, dass die Maßnahme „zur Durchführung" dieser Vorschrift dient und nicht die Vorschrift als Alibi für eine mit ihr in keinem Zusammenhang stehende Maßnahme „vorgeschoben" wird. Als Vorschriften kommen auch nur die des BBergG und seiner Verordnungen in Betracht, von diesen auch nur diejenigen, die einen öffentlich-rechtlichen Charakter haben. Zur Regelung privatrechtlicher Rechtsverhältnisse darf die Bergbehörde keine Bestimmungen des BBergG als Vorwand für Anordnungen nach § 71 Absatz 1 Satz 1 heranziehen. Das gilt vor allem für die bergschadensrechtlichen Vorschriften des §§ 110 ff. Daher gilt der Schutzgüterkatalog des § 71 Absatz 1 Satz 2 für Satz 1 nicht, insbesondere berechtigt bei auftretenden bergbaulichen Einwirkungen nicht die Überleitung des Schutzgutes „Sachgüter Beschäftigter oder Dritter" (BVerwG, NVwZ 1989, 1159; VG Koblenz, ZfB 1984, 474; OVG Lüneburg, ZfB 1986, 365) zu Anordnungen nach § 71 Absatz 1 Satz 1. Bestimmte Rechtsgüter sind dagegen in § 71 Absatz 1 Satz 2 genannt und ihr Schutz für Anordnungen nach dieser Vorschrift erforderlich. Dazu zählen auch „Sachgüter Beschäftigter oder Dritter". Hierdurch wird indes der Bergbehörde nicht eine Anordnungsbefugnis zum Eingriff in das privatrechtliche Rechtsverhältnis des Grundeigentümers zum Bergbauunternehmer bei bergbaulichen Einwirkungen auf die Erdoberfläche zugesprochen. Der Schutz dieser Sachgüter ist schon bei der Zulassung des Betriebsplans nicht Gegenstand bergbehördlicher Prüfung, kann es dann umso weniger bei nachträglichen Anordnungen sein. Wenn mit dieser Formulierung eine gegenüber dem bisherigen Bergrecht grundlegende systemwidrige Abweichung gewollt wäre, hätte das sicherlich einer eingehenden Begründung oder jedenfalls eines Hinweises in der Begründung bedurft. Stattdessen findet sich in der Amtl. Begründung (BT-Drs 8/1315, 122 = Zydek, 320) im Gegenteil die deutliche Aussage, die Anordnungsbefugnis sei „*dem geltenden Recht entnommen*". Das aber kannte ein Eingriffsrecht aus Bergschadensgründen nicht. Vielmehr sollte nach den gesetzgeberischen Motiven der schwerwiegende Eingriff nach § 71 Absatz 1 Satz 2 nur gerechtfertigt sein, wenn „*eine unmittelbare Gefahr für Beschäftigte oder Dritte vorliegt*" (Zydek, 321). Man wird daher in dem Begriff „Sachgüter Beschäftigter oder Dritter" das Anhängsel „Dritter" nicht überbetonen können im Sinne eines umfassenden Eigentumsschutzes vor Auswirkungen des Bergbaus, sondern in Anlehnung an die Funktion der Bergbehörde als „Betriebspolizei" im Sinne eines innerbetrieblichen Sachgüterschutzes zu verstehen haben. Schon die Reihenfolge in der Formulierung „Beschäftigter oder Dritter" spricht dafür, dass der Sachgüterschutz Dritter für noch unbedeutender als der ohnehin schon mit geringer praktischer Bedeutung ausgestattete Sachgüterschutz Beschäftigter angesehen wurde. Sachgüter Dritter werden demnach vor allem die der unternehmensfremden Beschäftigten oder der im Betrieb tätigen Fremdunternehmer oder Bergbau-Spezialunternehmen sein.

7. Adressaten

§ 71 macht auch keine Aussage darüber, wer Adressat bergbehördlicher Verfügungen sein kann. Gerade eine genaue zweifelsfreie Bezeichnung des Adressaten der Ordnungsverfügung ist aber von entscheidender Bedeutung, weil die Verfügung anderenfalls nichtig ist (LVG Arnsberg, ZfB 97 (1956), 89). Nicht maßgebend ist der Adressat dagegen für die Zuständigkeit der Bergbehörde für Anordnungen nach § 71 (Rn 95).   **43**

Der Wortlaut des § 198 ABG, in dem der „Bergwerksbesitzer oder sein Repräsentant" ausdrücklich genannt waren, gab zu der Frage Anlass, ob auch andere Personen durch Anordnungen der Bergbehörde in Anspruch genommen werden   **44** können. Das wurde einerseits verneint: solange das Bergwerk von einem anderen betrieben wurde, sollte eine Haftung des Bergwerkseigentümers nicht in Betracht kommen (Ebel/Weller, § 198, Anmerkung 6, OVG Münster, ZfB 105 (1964), 100, 102). Andererseits sollte der Bergwerkseigentümer als Zustandsstörer neben dem Bergwerksbesitzer als Handlungsstörer haften (OVG Münster, ZfB 114 (1973), 429, 436; Harnisch, ZfB 110 (1969), 209, 211).

45   Die Schwelle des Wortlauts des § 198 ABG besteht durch den Wortlaut des § 71 Absatz 1 nicht mehr. Es stellte sich damit die Frage, ob der **Adressat** nach den allgemeinen Grundsätzen des Ordnungsrechts zu bestimmen ist.

46   Einerseits wurde im Anschluss an die Rechtsprechung zum früheren ABG (VG Gelsenkirchen, ZfB 1990, 62; VG Arnsberg, ZfB 1988, 199; OVG NRW, ZfB 1973, 429) die Auffassung vertreten, das allgemeine Polizei- und Ordnungsrecht sei Maßstab für die Adressaten bei Anordnungen gemäß § 71 Absatz 1 (OVG NRW 1986, 381; ZfB 1990, 305; VG Aachen, ZfB 1990, 312; ZfB 2007, 158; VG Arnsberg, ZfB 1991, 150; VG Köln, ZfB 1996, 92; von Danwitz, Bochumer Beiträge, Bd. 29, S. 70).

47   Andererseits wurde argumentiert, in § 58 sei der Adressatenkreis bergaufsichtlicher Anordnungen speziell geregelt. Adressat seien die verantwortlichen Personen, nach Einstellung des Betriebs – und nur in diesem Falle – auch der Bergwerkseigentümer i. S. von § 58 Absatz 2 (Weller, ZfB 1987, 13 ff., 20 ff.; Boldt/Weller, § 71 Rn 8; Beddies, S. 130; Kremer/Wever, S. 107 f.; VG Würzburg vom 23.5.2006 – AZ W 4 K 06/119). Dieser Auffassung hat sich die neuere Rechtsprechung angeschlossen (BVerwG ZfB 2008, 57 = NVwZ 2008, 583; BVerwG, ZfB 2011, 112 f.; VGH München, ZfB 2011, 114, 117; Frenz, Unternehmensverantwortung und Bergbau, 2003, S. 84). Das BBergG knüpft die verwaltungsrechtliche **Verantwortlichkeit** in § 58 Absatz 1 nicht an die tatsächliche Sachherrschaft oder Verfügungsbefugnis über Grundstücke und Anlagen, **sondern an die Ausübung bergbaulicher Tätigkeiten.** Sie ist weitgehend mit der Verhaltenshaftung nach allgemeinem Polizei- und Ordnungsrecht identisch. Im Ergebnis richtet sich also eine Anordnung nach § 71 Absatz 1 gegen eine natürliche Unternehmensperson oder bei juristischen Personen oder Personenhandelsgesellschaften gegen die nach Gesetz, Satzung oder Gesellschaftsvertrag zur Vertretung berechtigten Personen (VGH München, aaO).

48   Dabei bezieht sich die Verantwortlichkeit gemäß § 58 Absatz 1 nicht auf den im **Zeitpunkt** des Erlasses der Anordnung vorhandenen aktuellen Unternehmer, sondern auf denjenigen, der die Gefahr zumindestens mitverursacht hat. Eine Inanspruchnahme des letzten aktuellen Unternehmers kommt nur in betracht, wenn die Verantwortlichkeit auf ihn übergegangen ist (BVerwG, aaO, VGH München, aaO).

49   Nach Beendigung der Bergaufsicht (§ 69) bzw. in den Fällen, in denen das BBergG nicht anwendbar ist (z. B. § 169 Absatz 2) gelten die ordnungs- bzw. polizeirechtlichen Vorschriften (hierzu s. Rn 13 f., 113).

50   Abgesehen davon gibt es **Sonderfälle:**
Die bergrechtliche Verantwortung des Unternehmers nach § 58 Absatz 1 Nr. 1 für die Durchführung von erforderlichen Maßnahmen i. S. von § 71 Absatz 3 während des **Gesamtvollstreckungsverfahrens** trifft den Gesamtvollstrecker. Er ist Unternehmer i. S. von §§ 4 Absatz 5, 58 Absatz 1 Satz 1 und deshalb Adressat bergrechtlicher Anordnungen (OVG Frankfurt/Oder, ZfB 2003, 63).

51   Nach Einstellung des Betriebes und der Öffnung eines **Insolvenzverfahrens** kann der Insolvenzverwalter Unternehmer i. S. von § 58 Absatz 2 werden und insoweit Adressat einer Anordnung nach § 71 Absatz 3 sein. Da die bergrechtlichen Pflichten an die Stellung als Unternehmer und nicht an die verfügungsrechtliche Position hinsichtlich des Grundstücks und des Bergwerkseigentums anknüpft, kommt es entscheidend darauf an, ob der Insolvenzverwalter unternehmerische Tätigkeiten, etwa die Bestellung von verantwortlichen Personen, technische Unterhaltungsmaßnahmen am Grubengebäude, Wasserhaltung, Grubenbewetterung, aufgrund eigener unternehmerischer Entscheidung ausgeübt hat (VG Gera, ZfB 2007, 171 f.; BVerwG, ZfB 2008, 57). Ein Insolvenzverwalter, der den Betrieb der Gemeinschuldnerin nicht fortführt, kann nicht als Verantwortlicher nach § 71 in Anspruch genommen werden (VG Gera, ZfB 2007, 175). Zur Störerverantwortung auf Beseitigung der von einem zur Insolvenzmasse gehörenden Grundstück nach Freigabe durch den Insolvenzverwalter: BVerwG, NZI 2005, 51; Kurz/Schwarz, NVwZ 2007, 1380; zur Störerhaftung des Insolvenzverwalters unabhängig vom Entstehungszeitpunkt der Störung: BVerwG, NVwZ 1999, 653; Kügel, NJW 2004, 1557 und NJW 2000, 113 m. w. N.

52 Keine unternehmerischen Tätigkeiten, die eine verwaltungsrechtliche Verantwortung auslösen, sind: Wasserhaltungsmaßnahmen, die vorläufig das Absaufen des Betriebsgebäudes verhindern sollen; die Bestellung von verantwortlichen Personen zur Durchführung dieser Arbeiten und zur Überprüfung von Förderseilen; die Beauftragung Dritter, wassergefährdende Stoffe aus der Grube zu entfernen, insbesondere wenn diese Maßnahmen unter Verwahrung einer Rechtspflicht allein zur Meidung von Vollstreckungsmaßnahmen durchgeführt werden (OVG Weimar, ZfB 2009, 279; a. A. VG Gera, ZfB 2007, 171 f.).

53 **Handlungsstörer** ist derjenige, der durch sein eigenes Verhalten oder pflichtwidriges Unterlassen die Gefahr verursacht hat, aber auch, wer für das Verhalten – nicht Unterlassen – anderer (z. B. Verrichtungsgehilfen gemäß § 831 BGB; allerdings unter Ausschluss der Exkulpation gemäß § 831 Absatz 1 Satz 2 BGB im Ordnungsrecht) eintreten muss. Wer selbst niemals Bergbau betrieben hat, ist nicht Handlungsstörer, auch wenn er Bergwerkseigentümer ist (OVG Münster, ZfB 105 (1964), 100, 103). Andererseits ist der Betreiber eines Bergwerks für alle Veränderungen der Tagesoberfläche ordnungsrechtlich verantwortlich, die den zu ihm angelegten Grubenbauen entstehen, auch wenn er im Rahmen des Betriebsplans handelte (VG Arnsberg, Glückauf 1981, 976, 977 = ZfB 123 (1982), 112, 116). Das gilt bei Anordnungen zum Schutz der Oberfläche im Interesse der persönlichen Sicherheit und des öffentlichen Verkehrs, weil hier die Bergbehörde stets berechtigt und verpflichtet ist, entsprechende Anordnungen zu treffen. Anders ist bei gemeinschädlichen Einwirkungen des Bergbaus zunächst eine Abwägung zwischen Vor- und Nachteilen der Betriebshandlung vorzunehmen, bevor die Störeigenschaft feststeht. Bei nicht gemeinschädlichen bergbaulichen Einwirkungen kann eine Anordnung nicht auf § 71 gestützt werden, weil der Gesetzgeber nach seiner, die Behörden bindenden grundsätzlichen Wertung vom Primat des Bergbaus gegenüber dem Anspruch auf ungestörte Nutzung der Erdoberfläche ausgeht (§ 55 Rn 71 ff., 236 f., § 71 Rn 102).

54 Wer als Handlungsstörer in Betracht kommt, hängt wesentlich davon ab, durch welche bergbaulichen Handlungen oder Unterlassungen die Gefahrenschwelle überschritten wurde. Bei Beteiligung mehrerer Verursacher kommt es nicht darauf an, wer in zeitlicher Hinsicht die letzte Bedingung gesetzt hat (OVG NRW, ZfB 1984, 376; von Danwitz, Bochumer Beiträge, Bd. 29, S. 71; Frenz/Kummermehr, ZfB 2000, 26 m. w. N.). Festzuhalten bleibt auch, dass jede nicht unerhebliche (hierzu BVerwG, DÖV 2006, 956 = NVwZ 2006, 929; VGH Mannheim, NUR 2006, 109) Mitursächlichkeit ausreicht (OVG NRW, aaO), dass es auf Verschulden nicht ankommt und für die Verursachung nach h. M. Anscheins- und Verdachtslagen ausreichen (VGH Mannheim, DÖV 1985, 688;

DVBl 1990, 1048; OVG NRW, NWVBl 1993, 352; Frenz aaO, S. 27 m. w. N.). Grundsätzlich kommen die früheren und derzeitigen Bergwerksbetreiber als Verhaltensverantwortliche infrage (Frenz, aaO, s. 26).

55 Die für eine juristische Person maßgeblich Handelnden sind nicht schon wegen dieser Stellung von jeder eigenen Verantwortlichkeit frei. Sind auch in seiner Person die Voraussetzung für eine Verhaltensverantwortlichkeit erfüllt, kann gegen ihn eine Ordnungsverfügung ergehen (OVG NRW, OVGE 43, 152; VGH Mannheim, NJW 2003, 2550; ZfW 1993, 166). Dies gilt nicht nur für Geschäftsführer einer GmbH, sondern auch für eine Personengesellschaft wie eine KG (OVG NRW, NWVBl 2007, 400).

56 Als Handlungsstörer kommen u. a. in Betracht: Der Betreiber eines ehemaligen Bergbaubetriebs (VG Köln, ZfB 1996, 92); der Unternehmer, der durch Anlegen eines Schachtes und durch nachfolgende Abbautätigkeit das Austreten von Grubengas mitverursacht hat (VGH Mannheim, ZfB 2000, 143 = NUR 2000, 511); Derjenige, der einen Schacht abteufen lässt, dessen Standsicherheit nicht mehr gegeben ist (OVG NRW, ZfB 1997, 39); auch derjenige, der einen Schacht unzureichend verfüllt oder gesichert hat (VG Aachen, ZfB 1990, 313). Eine Verhaltensverantwortung trifft nicht denjenigen, der eine am Schacht bereits bestehende Gefahr vermindert, d. h. ein teilweise verfüllten Schacht vollständig verfüllt (VG Gelsenkirchen, ZfB 2005, 239).

57 **Zustandsverantwortlicher** ist der, der das Eigentum oder die Inhaberschaft der tatsächlichen Gewalt über eine Sache hat, von der die Gefahr ausgeht (z. B. § 18 OBG NRW). Der Bergwerkseigentümer kann grundsätzlich als Zustandsstörer in Anspruch genommen werden. Es ist zwar keine Sache i. S. von §§ 90, 903 BGB, jedoch ein grundstücksgleiches Recht, das nicht nur formell, sondern auch materiell wie ein Grundstück behandelt wird. Dies folgt für aufrechterhaltene Rechte aus §§ 149 Absatz 1 Nr. 4, 154 Absatz 1 Satz 1, 151 Absatz 2 und § 9 Absatz 1 Satz 1 (OVG NRW, ZfB 2006, 64 m. w. N.; BVerwG, ZfB 1993, 203). Auch ehemalige Bergwerkseigentümer können nach § 18 Absatz 1 Satz 1 OBG NRW und gleichlautenden Bestimmungen in anderen Bundesländern als Zustandsstörer ordnungspflichtig sein (VG Arnsberg, ZfB 1991, 150; ZfB 2004, 47; LG Essen, ZfB 2001, 235; OVG NRW, ZfB 1990, 233; ZfB 1995, 328 ff.; OLG Hamm, ZfB 2002, 216; Kirchner/Kremer, ZfB 1990, 7; Frenz/Kummermehr, ZfB 2000, 28).

58 Die Zustandsverantwortlichkeit des Bergwerkseigentümers erstreckt sich auf die wesentlichen Bestandteile des Bergwerkseigentums. §§ 93, 94 BGB sind auf das Bergwerkseigentum entsprechend anwendbar. **Schächte** sind daher wesentliche Bestandteile des Bergwerkseigentums (st.Rspr.), z. B. für Schächte allgemein: RGZ 61, 188; RGZ 161, 203; VG Arnsberg, ZfB 2004, 48; VG Aachen, ZfB 2007, 160; OVG NRW, ZfB 2006, 65; ZfB 1990, 233; ZfB 1995, 330 f. Für **Wetterschacht**: VG Gelsenkirchen, ZfB 2005, 238; LG Essen, ZfB 2001, 235; VG Gelsenkirchen, ZfB 1987, 85 ff.; VG Braunschweig, ZfB 2009, 209. Für **Maschinenschacht**: OVG NRW, ZfB 1990, 233; VG Düsseldorf, ZfB 1991, 299; OVG NRW, ZfB 1995, 332. Für **Förderschacht eines Zinkbergwerks**: VG Köln, ZfB 1996, 85; OVG NRW, ZfB 1997, 36. Ebenso sind andere Grubenbaue wesentliche Bestandteile des Bergwerkseigentums (OVG NRW, ZfB 2006, 65 m. w. N.) oder eine Aufbereitungsanlage (RGZ 12, 268).

59 Die Eigenschaft als Bestandteil eines Bergwerkseigentums geht nicht dadurch verloren, dass er stillgelegt, verfüllt und seit 50 Jahren nicht mehr benutzt worden ist (RG, ZfB 1939/40, 146; VG Düsseldorf, ZfB 1991, 296, 299 für einen seit 1817 verlassenen Schacht; OVG NRW, ZfB 1997, 36 und VG Köln, ZfB 1996, 89 für ein 1906 verlassenes Bergwerk; VG Arnsberg, ZfB 2004, 41 für einen seit 1955 abgeschlossenen Grubenbau; OVG NRW, ZfB 1995, 322 für einen 1816/17 abgeteuften und sogleich stillgelegten Schacht; VGH Mannheim, ZfB 2000, 140 für bis 1973 benutzte Kalischächte; LG Essen, ZfB 2001, 230 für einen 1840 stillgelegten Schacht; VG Magdeburg, ZfB 2001, 222 für eine 1979 geflutete Kaligrube; VG Gelsenkirchen, ZfB 2005, 234 für ein 1903 stillgelegtes Bergwerk; OVG NRW, DVBl 1973, 226 für einen 1925 stillgelegten Schacht; VG Braunschweig, ZfB 2009, 207 für einen im Jahre 1555 angelegten und seit 1842 verfüllten Schacht; ebenso OVG Lüneburg, ZfB 2012, 142 = UPR 2012, 149 ff. – Oberharzer Reservatfeld; a. A. VG Arnsberg v. 9.1.1986 – AZ 1 K 1047 85, wonach der Schacht bei Aufhebung des Bergwerkseigentums analog § 12 Absatz 3 Erbbau-VO dem Grundstückseigentümer zufällt).

Der funktionelle Zusammenhang zwischen Schacht und Bergwerkseigentum ist **60** nicht nur dann gegeben, wenn ein Schacht in Ausübung des Bergwerkseigentums angelegt oder genutzt worden ist. Er besteht auch bei Schächten, deren Nutzung bereits vor der Schaffung des Bergwerkseigentums aufgegeben worden ist, jedenfalls soweit sie weiterhin als Bergwerkseinrichtungen erkennbar und bekannt sind (VG Braunschweig, ZfB 2009, 209 betrifft Schacht, der im Jahre 1555 angelegt und 1842 verfüllt wurde; VG Braunschweig, ZfB 2009, 211; OVG Lüneburg, aaO).

Wesentliche Bestandteile bleiben erhalten, solange sie mit der Bergwerksanlage **61** fest verbunden sind. Sie fallen nicht dem Grundstückseigentümer zu (OVG NRW, ZfB 1990, 232; ZfB 1995, 333). Die Lage der Ausgangsöffnung an der Oberfläche im Gelände eines Dritten ändert daran nichts (VG Gelsenkirchen, Glückauf 1976, 1253), auch nicht, dass der Schacht durch eine Gartenmauer verdeckt ist oder durch Grünpflanzen und Gehölz überwuchert ist (VG Köln, ZfB 1996, 89).

Gibt der Bergwerkseigentümer sein Bergwerkseigentum auf oder erlischt es **62** gemäß § 149 Absatz 1 Nr. 1 i. V. mit § 149 Absatz 5 (VG Braunschweig, ZfB 2007, 34 und ZfB 2009, 209), werden die Schächte von wesentlichen Bestandteilen des Bergwerkseigentums zu herrenlosen Sachen. Dennoch bleibt die Zustandsverantwortung des Bergwerkseigentümers gemäß § 18 OBG NRW und gleichlautender Vorschriften in den Bundesländern (z. B. § 7 Absatz 3 N GefAG a. F. bzw § 7 Absatz 3 Nds SOG) erhalten (OVG NRW, ZfB 1990, 233; ZfB 1995, 322; VG Braunschweig, ZfB 2007, 34 und ZfB 2009, 210), jedenfalls solange, bis etwa der Grundstückseigentümer sich den herrenlosen Schacht aneignet.

Bergwerkseigentümer können Zustandsstörer bei **Tagesbrüchen** sein, die durch **63** Verfüllen und Einpressen gesichert werden müssen (VG Arnsberg, ZfB 2004, 47; ZfB 1991, 147; ZfB 1982, 112, 116; OVG NRW, NWVBl 2006, 265 = ZfB 2006, 61; VG Aachen, ZfB 1990, 307, 312; OVG NRW, ZfB 1997, 36 ff.) oder für Bodenbewegungen im Bereich einer ehemaligen Schachtanlage und von Flutungsbohrungen, die zu einem Tagesbruch führen (VG Magdeburg, ZfB 2001, 227). Der **Eigentümer** eines Grundstücks, auf dem die **Gefahr eines Tagesbruchs** durch instabile Stellen besteht, ist weder Zustands- noch Handlungsstörer, wenn das bloße Betreten seines Grundstücks die Tagesbruchgefahr nicht erhöht. Ist die Tagesbruchgefahr ungewiss, fehlt es auch an der für die Inanspruchnahme als Nichtstörer erforderlichen unmittelbar bevorstehenden Störung (VGH Mannheim, DVBl 2013, 119). Ein Betretungsverbot ist rechtswidrig.

Eine Ordnungsverfügung wegen einer **Berge- oder Flotationshalde** kann gegen **64** den Bergbauberechtigten als Handlungs- oder Zustandsstörer erlassen werden. Dabei spielt es keine Rolle, ob die Halde im Bergwerksfeld gelegen ist oder außerhalb. Die Halde bleibt auch auf fremdem Grundstück Eigentum des

Bergbauberechtigten, da sie nicht mit dem Grundstück mechanisch fest ver-
bunden ist (BGH, ZfB 1954, 444; VG Aachen, ZfB 2007, 160 m. w. N.).
Dagegen wird die Halde wesentlicher Bestandteil des Grundstücks, wenn sie
viele Jahrzehnte unberührt bleibt, von Gräsern, Sträuchern und Bäumen
bewachsen ist und dadurch mit dem Grund und Boden fest verbunden ist (Bayr.
VGH, ZfB 1980, 337; ZfB 1981, 469 = Glückauf 1981, 1572). Eine dem
Grundstückseigentümer zur Ausbeutung überlassene Halde ist nicht mehr
Zubehör zum Bergwerkseigentum (OVG NRW, ZfB 1955, 81; zur späteren
Gewinnung von Kohle aus Bergematerial OVG NRW, ZfB 1985, 354 = NUR
1985, 286; VG Aachen, ZfB 2007, 161 betrifft Halde im fremden Grubenfeld).

65 Nach der Neuordnung der Eigentumsverhältnisse an den Längenfeldern durch
das **Längenfeldbereinigungsgesetz** NRW v. 1.6.1954 (GVBl NRW 700) stellte
sich die Frage nach der ordnungsrechtlichen **Verantwortlichkeit der ehemaligen
Längenfeldeigentümer** oder der neuen (Geviertfeld)-Eigentümer. Die Längen-
felder wurden kraft Gesetzes Teil des sie überdeckenden Geviertfeldes (§ 1
Absatz 1 LBRG). Gemäß § 5 LBRG haftet der Eigentümer des früheren Längenfeldes weiter für die Bergschäden, die durch den früheren Abbau dieses Feldes
verursacht sind. Diese Vorschrift gilt nicht für die Ordnungspflicht (VG Gelsenkirchen, ZfB 1990, 63; OVG NRW, ZfB 2002, 220; VG Arnsberg, ZfB 2004,
50; ZfB 1991, 150). Der frühere Eigentümer des Längenfeldes haftet daher nicht
für die Nachverfüllung und Sicherung alter Schächte, der neue Eigentümer ist
von der Ordnungspflicht nicht durch § 5 LBRG befreit (s. Kirchner/Kremer, ZfB
1990, 10 ff.).

66 Allerdings setzt der Rechtsverlust nach § 1 Absatz 5 LBRG voraus, dass es sich
um ein Längenfeld im Rechtssinne handelt. Dazu gehören nicht die aufgrund
früherer Bergregale durch sog. **Distriktverleihungen** begründete und gemäß
§ 149 Absatz 1 Satz 1 Nr. 4 aufrecht erhaltene Rechtspositionen (OVG NRW,
ZfB 1995, 330).

67 Für Grubenbaue oder Schächte, die zu **Zeiten des Direktionsprinzipes,** d. h. im
preußischen Recht bis zur Mitte des 19. Jahrhunderts, errichtet wurden, ist
Ordnungspflichtiger für Gefahrenbeseitigung der private Bergbautreibende
oder Bergwerkseigentümer, nicht etwa der Staat bzw. das betreffende Bundesland. Denn auch zu Zeiten des Direktionsprinzipes war letztlich nicht der Staat –
trotz aller Einflussmöglichkeiten auf die Betriebsführung – der Bergbautreibende, sondern der Unternehmer (Kirchner/Kremer, ZfB 1990, 12 ff.; a. A. Beckmann, ZfB 1992, 125).

68 Der **Grundstückseigentümer** ist in der Regel nicht neben dem Bergwerkseigentümer Zustandsstörer. Schächte des Bergwerks stehen nicht in seinem Eigentum
(OLG Hamm, ZfB 2002, 220). Als Bauherr auf einem tagesbruchgefährdeten
Grundstück überschreitet er im Regelfalle die Gefahrenschwelle nicht. Zumal
die Gefahr für Leib oder Leben von Menschen durch den Tagesbruch unabhängig von seiner Bautätigkeit besteht (OVG NRW, ZfB 2006, 65 f.; Frenz/Kum-
mermehr, ZfB 2000, 2628). Eine Inanspruchnahme ist deshalb unbillig, weil er
selbst Opfer der Gefahr geworden ist, deren Entstehung er weder veranlasst hat
noch sie kannte. Eine Ordnungsverfügung auf Umzäunung oder Nachverfüllung
eines Schachtes kann nicht gegen den Grundstückseigentümer, sondern nur
gegen Bergwerkseigentümer gerichtet werden. Zusätzlich ist gegebenenfalls
gegen den Grundstückseigentümer eine Duldungsverfügung zu erlassen. Ist der
Grundstückseigentümer nicht der Bergbaubetrieb, kann allerdings insofern nicht
§ 71 Rechtsgrundlage sein.

69 Ordnungspflichtig für den Zustand des Gebäudes eines stillgelegten Bergwerks
ist nicht der Bergwerkseigentümer, wenn er selbst nicht Bergbau betrieben hat

und nicht Grundstückseigentümer ist. Denn der ordnungswidrige Zustand geht vom Oberflächeneigentum des Grundstücks und seinem wesentlichen Bestandteil aus (OVG NRW, ZfB 1964, 103).

Die Zustandsverantwortlichkeit **endet** nach den Landesgesetzen (z.B. §§ 18 **70** Absatz 3 OBG NRW; 7 Absatz 3 Nds SOG; 14 Absatz 3 OBG Bbg; 8 Absatz 3 SOG LSA; 70 Absatz 3 SOG M-V) **nicht**, wenn die Gefahr von einer **herrenlosen Sache** ausgeht. Sofern Bergwerkseigentum nach § 149 Absatz 5 Satz 1 erloschen ist, ist es als Eigentum einer herrenlosen Sache anzusehen (OVG NRW, ZfB 1990, 232 ff.; VG Braunschweig, ZfB 2007, 34; VG Arnsberg, ZfB 1988, 219; Kirchner/Kremer, ZfB 1990, 7; Frenz/Kummermehr, ZfB 2000, 24). Der frühere Bergwerkseigentümer haftet für Gefahren, die von Bergbauschächten und Stollen ausgehen, obwohl sein Eigentum erloschen ist (VG Braunschweig aaO).

Die **Zustandshaftung endet nicht** mit der Entlassung des Bergwerks aus der **71** Bergaufsicht oder mit der endgültigen Einstellung des Bergwerkbetriebs (LG Essen, ZfB 2001, 235; VG Düsseldorf, ZfB 1991, 299; VGH Mannheim, ZfB 2000, 145) oder mit Durchführung des Abschlussbetriebsplans (BVerwG, DÖV 2006, 959; VGH Mannheim, NUR 2006, 108) oder mit der Verfüllung der Schächte (s. § 68 Rn 30). Die Ausführung einer der Gefahrenabwehr dienenden bergbehördlichen Anordnung kann nicht die Polizeipflichtigkeit als solche zum Erlöschen bringen (OVG NRW, ZfB 1984, 375).

Die **Störerhaftung** verjährt nicht. Dem Rechtsinstitut der **Verjährung** unterliegen **72** Ansprüche, nicht aber die materielle Polizei-/ bzw. Ordnungspflicht und die entsprechende Eingriffsbefugnis. Außerdem entsteht der Gefahrenbeseitigungsanspruch nicht bereits mit Einstellung des Betriebes, sondern erst mit Eintreten des Tagesbruches an der Erdoberfläche (OVG NRW, ZfB 1997, 36 ff.; Beckmann, Festschrift Kühne, S. 442), s. auch Rn 86 ff.

Zur **Auswahl zwischen mehreren Verantwortlichen** gibt es verschiedene Auf- **73** fassungen: So soll etwa der zeitlich letzte Verantwortliche (VGH Mannheim, DVBl 1950, 477) in Anspruch genommen werden; der Handlungsverantwortliche vor dem Zustandsverantwortlichen (VGH Kassel, NJW 1984, 1369; VGH München, NVwZ 1986, 942) oder die Entscheidung nicht nach pflichtgemäßem Ermessen, sondern nach den Grundsätzen der Verhältnismäßigkeit getroffen werden (Knemeyer, Rn 337 ff.). Die h.M. geht davon aus, dass der Behörde ein Auswahlermessen zusteht, wenn sie in Anspruch nehmen will. Hierfür sind einige Kriterien entwickelt worden: In die Ermessensentscheidung sind alle in Betracht zu ziehenden Störer einzubringen, einschließlich des etwaigen Rechtsnachfolgers. Die Inanspruchnahme des Zustandsstörers ist jedenfalls dann rechtmäßig, wenn der Handlungsstörer nicht greifbar oder aus rechtlichen, faktischen oder finanziellen Gründen die Beseitigung durch ihn nicht gewährleistet ist (VGH Kassel, ZfW 1999, 162). Keine Kriterien sind das Alter des Schachtes und die Dauer der Stilllegung (OVG NRW, ZfB 1997, 37 ff. betrifft Stilllegung seit 80 Jahren). Sofern eine Rechtsnachfolge in der Verhaltenshaftung rechtlich zweifelhaft ist, kann die Bergbehörde sich an den zweifellos haftenden Zustandsstörer halten (VG Arnsberg, ZfB 1992, 133; VGH Mannheim, NVwZ 2000, 1199); ebenso an den Zustandsstörer, wenn eine Handlungshaftung der preußischen Bergbehörde oder seiner Rechtsnachfolger aufgrund des damals geltenden Direktionsrechts zweifelhaft ist (VG Düsseldorf, ZfB 1991, 300; a.A. Beckmann, ZfB 1992, 124). Die Bergbehörde kann zur Beseitigung einer bestehenden Gefahr durch einen Tagesbruch auf aufwendige, wenig erfolgversprechende Untersuchungen zur Ermittlung eines weiteren möglichen Ordnungsstörers verzichten und sich an einen Ordnungspflichtigen halten, dessen Ursachenbeitrag bekannt und nachweisbar ist (VG Arnsberg, ZfB 1982, 117). Anstelle der Bergwerkseigentümerin kann sie die letzte Betreiberin des Bergwerks heranziehen, weil sie auch den wirtschaftlichen Nutzen aus dem Betrieb gezogen hat (VG Köln, ZfB 1995, 93). In eindeutigen Fällen liegt es nahe, sich an denjenigen zu halten, der die Gefahr durch sein Handeln verursacht hat (OVG Münster, DVBl 1962, 68 und JZ 1964, 368) oder an denjenigen, der sowohl Verhaltens- als auch Zustandsstörer ist (OVG Berlin, NJW 1953, 198). Als Richtlinie bei der Auswahl des Störers kommt zunächst die größere Nähe zur Gefahr in Betracht. Ebenso sind wirtschaftliche, persönliche und sachliche Leistungsfähigkeit und Eignung des Heranzuziehenden von Bedeutung oder der Grundsatz der Effektivität der Gefahrenabwehr (OVG NRW, UPR 2012, 395, 397 m. w. N.).

74   Es besteht nicht etwa ein Anspruch darauf, zunächst den anderen in Betracht kommenden Störer heranzuziehen. Der Bergwerksbesitzer kann gegen eine Ordnungsverfügung auf Beseitigung von Ruinenteilen und Fundamenten eines ehemaligen Waschkauengebäudes nicht einwenden, der Eigentümer des Grundstücks sei hierfür ordnungspflichtig (OVG Münster, ZfB 106 (1965), 482, 494; ebenso VG Gelsenkirchen Glückauf 1974, 715 betrifft Verfügung gegen Bergwerkseigentümer wegen Einbruch eines LKW in unzulänglich abgedecktem Schacht).

75   Bergbehördliche Anordnungen nach § 71 Absatz 1 können sich in Form einer Allgemeinverfügung auch an einen bestimmten Personenkreis, z. B. *„an alle Bergwerksunternehmer des Bergamtsbezirks"*, richten (Ebel/Weller, § 198, 9 c).

76   Eine weitere Frage ist, ob sich die **Anordnungen** nach § 71 Absatz 1 **gegen Dritte**, die im Auftrage des Bergbauunternehmers handeln (Bergbau-Spezialfirmen, Bauunternehmen, Transportunternehmen) richten können. § 71 macht hierzu keine Einschränkungen, weil er zum Adressaten der Anordnung überhaupt nichts aussagt. Das Problem wird daher nicht über § 71 zu lösen sein, sondern stellt sich als Zuständigkeitsfrage. Entscheidend ist daher, ob es sich um Tätigkeiten handelt, die in den sachlichen und räumlichen Geltungsbereich des § 2 und als „Bergbau" i. S. von § 69 einzuordnen sind. Solange die Adressaten der Anordnung sich im Aufsuchungs-, Gewinnungs- oder Aufbereitungsbetrieb aufhalten, wird die Bergbehörde Anordnungen gemäß § 71 auch gegen diese Dritten erlassen können (z. B. Anordnung eines allgemeinen Rauchverbotes). Bei Transportarbeiten auf dem Bergbaugelände oder im Bergaufsichtsbereich gemäß § 2 gilt das ebenso, nicht allerdings bei Transporten auf öffentlichen Straßen wegen § 2 Absatz 4 Nr. 2. Anders als früher § 198 ABG beschränkt § 71 die Anordnungsbefugnis nicht gegen den Bergwerkseigentümer oder -besitzer. Anordnungen nach Durchführung des Abschlussbetriebsplans kann die Bergbehörde wegen § 69 Absatz 2 weder gegen den früheren Bergwerkseigentümer, Inhaber des früheren Bergwerksbetriebs noch gegen den Grundstückseigentümer erlassen (vgl. aber Rn 112). § 71 Absatz 3 eröffnet nur bergrechtlichen Anordnungen bei Betriebseinstellung ohne zugelassenen Abschlussbetriebsplan eine rechtliche Grundlage. Dabei sind die Anordnungen nicht zeitlich unbegrenzt zulässig. § 71 Absatz 3 soll nämlich sicherstellen, dass der Betrieb ordnungsgemäß abgeschlossen wird, obwohl der Unternehmer einen Abschlussbetriebsplan nicht vorgelegt hat oder der vorgelegte Abschlussbetriebsplan nicht zulassungsfähig ist. Der fehlende Abschlussbetriebsplan soll daher durch die Anordnung „ersetzt" werden können, nicht jedoch die Möglichkeit eröffnen, Anordnungen zu erlassen, die in keinem unmittelbaren zeitlichen Zusammenhang mit der Einstellung des Betriebes stehen (sog. Alt-Stilllegungen).

77   Andererseits wird auch nach § 71 Absatz 1 ein **Einschreiten der Bergbehörde gegen private Grundstückseigentümer**, die nicht funktionell oder räumlich in den Aufsuchungs-, Gewinnungs- oder Aufbereitungsbetrieb einzuordnen sind, nicht zulässig sein. (So schon Ebel/Weller, § 198, Anmerkung 9 a). Für die nicht zum „Bergbau" i. S. von § 69 gehörenden Gefahren sind die allgemeinen Ordnungsbehörden zuständig, § 71 findet keine Anwendung (vgl. aber Rn 112 u. 28 ff.).

Eine Ordnungsverfügung, die bezüglich eines im **Miteigentum** (Gesamthandseigentum) stehenden Bergwerks oder sonstigen Gegenstandes nicht gegen alle Miteigentümer (Gesamthandseigentümer) gerichtet wird, ist nicht von vornherein rechtswidrig. Die Bergbehörde kann eine Leistungs- oder Duldungsverfügung gegen den bisher nicht herangezogenen Eigentümer vor der Vollstreckung nachschieben (OVG Münster, OVGE 26, 141). **78**

Zum Kreis der Störer können auch **Rechtsnachfolger** gehören. Im Zusammenhang mit der Abwehr bergrechtlicher Gefahren, die aus dem Abbau in längerer Vergangenheit herrühren, ist die sehr umstrittene Frage der Nachfolge in Polizeipflichten von großer praktischer Bedeutung. **79**

Da die **Zustandshaftung** die Kehrseite der rechtlichen oder tatsächlichen Verfügungsgewalt ist, bestimmt die Verfügungsgewalt die Verantwortlichkeit (Knemeyer, Rn 334). Der neue Eigentümer tritt in die Kraft Gesetzes bestehende Zustandsverantwortlichkeit ein. Die Verantwortlichkeit des Zustandsstörers entsteht in der Person des neuen Eigentümers (OVG NRW, NWVBl 1973, 226). Zum Unterschied der Rechtsnachfolge in die „abstrakte Polizeipflicht" – die teilweise verneint wird – und in die Kostentragungspflicht nach konkreter Inanspruchnahme s. Papier, Altlasten und polizeiliche Störerhaftung, S. 63 ff. m. w. N., derselbe, DVBl 1996, 127 und NVwZ 1986, 262; JZ 1994, 810, 817. Hiergegen BVerwG, NVwZ 2006, 930, zustimmend auch Landel/Versteyl, ZUR 2006, 477: Kein Unterschied für die Gesamtrechtsnachfolge, ob die Pflichtenlage abstrakt angelegt oder konkretisiert war. Nicht entscheidend ist ferner, dass die Firmen- und Eigentümerstellung sich seit 80 Jahren insgesamt 9 mal änderte. Zum Unterschied zwischen Einzel- und Gesamtrechtsnachfolge bei der Zustandshaftung: von Danwitz, staatliche Bergaufsicht, S. 74 m. w. N. Zur Rechtsnachfolge bei Übertragung von Bergwerkseigentum, Grubenbauen, Schächten s. § 71 Rn 57 ff., 79 ff. VG Gelsenkirchen, ZfB 2005, 238; VG Braunschweig, ZfB 2007, 32 sowie ZfB 2009, 207 und ZfB 2009, 211. Nach OVG NRW (NVwZ 1997, 507 ff. = ZfW 1997, 251 ff.) endete die Zustandsverantwortung des bisherigen Eigentümers, wenn der Bezug zur Sachherrschaft über die Gefahrenquelle mit Übertragung des Eigentums verloren geht. Die Verantwortlichkeit entsteht in der Person des neuen Eigentümers neu (so auch OVG Hamburg, NUR 2001, 94, 97 m. w. N.; Breuer, NVwZ 1987, 756). Zur Rechtsnachfolge gemäß § 4 Absatz 2–6 BBodSchG bei Sanierung von schädlichen Bodenveränderungen oder Altlasten: von Mutius/Nolte, DÖV 2000, 1 ff.; Droese, UPR 1999, 86 ff.; Spieht/Wolfers, Altlasten-Spektrum 1998, 75 und NVwZ 1999, 355, 359; Schink, DÖV 1999, 797 ff.; Erbguth/Stollmann, DVBl 2001, 601 ff.; Ginzky, DVBl 2003, 169 ff.; Landel/Versteyl, ZUR 2006, 475; Balme, NVwZ 2006, 1130 ff. **80**

Bei der **Verhaltensverantwortlichkeit** ist zu differenzieren zwischen Einzel- und Gesamtrechtsnachfolge. Bei rechtsgeschäftlicher Einzelnachfolge wird es in der Regel am notwendigen Übertragungstatbestand fehlen. Eine Rechtsnachfolge in die Verantwortlichkeit ist daher zu verneinen. Anders bei Gesamtrechtsnachfolgern: Sie können verhaltensverantwortlich sein. Ihre Verantwortlichkeit ist akzessorisch zur Haftung des Verursachers, d. h. sie treten in dessen materielle Polizeipflichten ein, können sich aber auf sämtliche Anwendungen des Rechtsvorgängers berufen (BVerwG, DÖV 2006, 957 = NVwZ 2006, 930). **81**

Die Übertragungsfähigkeit der **Verhaltensstörung bei Gesamtrechtsnachfolge** scheitert insbesondere bei juristischen Personen nicht an dem Gesichtspunkt **82** der Höchstpersönlichkeit. Denn bei juristischen Personen fehlt von der Natur der Sache her die Voraussetzung, dass sich die Pflicht von der Person nicht lösen lässt (BVerwG aaO, 959). Ebenso ist unerheblich, ob die Verhaltensstörung bereits durch bergrechtliche Anordnung konkretisiert ist oder nicht (von Danwitz, Bochumer Beiträge, S. 74; BVerwG aaO, 957; Beckmann, ZfB 1992, 126 m. w. N.; a. A. VG Gelsenkirchen, ZfB 1990, 63; ZfB 2005, 238).

83   Einem zivilrechtlichen Vertrag, mit dem die Verantwortlichkeit übertragen wird, kommt keine Außenwirkung hinsichtlich der öffentlich-rechtlichen Inanspruchnahme zu (Bayr. VGH, DVBl 2011, 650 = UPR 2011, 320; s. auch § 169 Rn 2). Rechtsnachfolge setzt eine formalrechtliche Grundlage voraus. Bergrechtliche Verantwortlichkeiten aus Betriebsplanzulassungen oder Ordnungsrecht sind nicht dispositiv. Die Bergbehörde hat entsprechende privatrechtliche Vereinbarungen nicht zu beachten (VG Halle, ZfB 2012, 171, 178). Die befreiende **Übertragung** öffentlich-rechtlicher Ordnungspflichten durch Rechtsgeschäft ohne Beteiligung der zuständigen Behörde ist **ausgeschlossen** (BVerwG, NUR 2012, 634, 635 m. w. N.).

84   Eine gesetzliche **Vermögensübertragung** ist nach § 11 TreuhG für die ehemals volkseigenen Betriebe der DDR bestimmt worden. Nach § 1 Absatz 4 TreuhG war zunächst die **Treuhandanstalt** Inhaberin aller Kraft Gesetzes umgewandelten AG'en und GmbH's. Eine Gesamtrechtsnachfolge findet auch statt, wenn der Erwerber von der Treuhandanstalt sämtliche Anteile eines privatisierten Betriebes übernimmt (von Danwitz, Bochumer Beiträge, Bd. 29, S. 75 m. w. N.). Zur Frage, ob die Treuhandanstalt im Wege der sog. Durchgriffshaftung Störer sein kann: verneinend von Danwitz, aaO, S. 78; bejahend Dombert, BB 1982, 1579 ff.; Rehbinder, DVBl 1991, 427. Ausführlich zur ordnungsrechtlichen Verantwortung für die Spätfolgen des Bergbaus in den neuen Bundesländern: Beckmann, UPR 1995, 1 ff. Er kommt u. a. zu dem Ergebnis, dass Rechtsvorgänger von Treuhandunternehmen nach DDR-Recht nicht ordnungsrechtlich verantwortlich waren, weil sie durch Beschluss staatlicher Organe hiervon freigestellt waren. Das gelte auch für zum 1.1.1953 durch Ministerratsbeschluss stillgelegte Kali- und Steinsalzschächte, die in eine Rechtsträgerschaft volkseigener Betriebe der Kaliindustrie überführt wurden. Da diese Betriebe die Schächte nie benutzt haben, können sie und ihre Rechtsnachfolger heute nicht als Verhaltensverantwortliche in Anspruch genommen werden.

85   Eine Besonderheit ergibt sich aus § 12 Absatz 3 Satz 2 der weiterhin anwendbaren (VG Gera, ZfB 2007, 166) **DDR-Anordnung über die Verwahrung unterirdischer bergbaulicher Anlagen** v. 19.10.1971 (GVBl DDR II, 621). Danach kann die Verpflichtung zur Verwahrung noch nicht oder unzureichend verwahrter Grubenbaue vertraglich geregelt werden, und zwar ohne Genehmigung der Bergbehörde. Eine bergrechtliche Anordnung oder Ordnungsverfügung kann gegen diejenige Person gerichtet werden, die die Verpflichtung übernommen hat (VG Gera, aaO, 166).

86   Eine **Begrenzung der Störerhaftung durch Verjährung** kommt nicht in Betracht (h. M. OVG NRW, ZfB 1997, 42 m. w. N.; VGH Mannheim, NVwZ-RR 1996, 390; NVwZ-RR 2003, 103; ZfB 2000, 146). S. hierzu auch § 71 Rn 72.

87   Eine zeitliche Begrenzung der ordnungsrechtlichen Verantwortlichkeit des Verhaltensstörers kann sich unter Berücksichtigung spezieller Umstände durch den Verhältnismäßigkeitsgrundsatz ergeben (Beckmann, Festschrift für Kühne, S. 443; OVG NRW, NWVBl 1996, 175). Ähnliches gilt für die Zustandshaftung. Um der Anerkennung des Privateigentums und seiner Sozialpflichtigkeit gleichermaßen Rechnung zu tragen, bedarf das, was dem Eigentümer zur Gefahrenabwehr abverlangt werden kann, nach der Rechtsprechung des BVerfG

(BVerfGE 102, 1 = NJW 2000, 2573) von Verfassung wegen einer Begrenzung auf das zumutbare Maß (OVG NRW, NJW 2010, 1989). Eine Belastung kann unzumutbar sein, wenn die Gefahr, die von dem Grundstück ausgeht, aus Naturereignissen, aus der Allgemeinheit zuzurechnenden Ursachen oder von nicht nutzungsberechtigten Dritten herrührt (OVG NRW, aaO, S. 1989). Dem Eigentümer ist nicht zumutbar, unbegrenzt für Gefahren einzustehen, d. h. auch mit seinem Vermögen, das in keinem rechtlichen oder wirtschaftlichen Zusammenhang mit dem gefahrdrohenden Grundstück steht (BVerfG, aaO; OVG NRW, aaO). Zur zeitlichen Begrenzung der Altlastenhaftung s. Hullmann/Zorn, NVwZ 2010, 1267 ff., die sich auch ausführlich mit Rechtsprechung und Schrifttum zur Verjährung, Verwirkung und dem Faktor Zeit im Rahmen des Verhältnismäßigkeitsgrundsatzes befassen. Ferner: Beckmann/Wittmann, FS Kühne, 441 ff.

Bei **Grundstücken** wird aus verfassungsrechtlichen Gründen als Anhaltspunkt **88** für eine Haftungsbegrenzung das Verhältnis des finanziellen **Aufwandes der Gefahrenbeseitigung zu dem Verkehrswert des Grundstücks** nach der Sanierung angenommen. Dabei ist anzunehmen, dass bei einer Überschreitung des Verkehrswertes das Interesse des Eigentümers an einem künftigen privatnützigen Gebrauch des Grundstückes entfällt. Eine Kostenbelastung jenseits des Verkehrswertes des sanierten Grundstückes kann zumutbar sein, wenn der Eigentümer das Risiko der entstandenen Gefahr bewusst in Kauf genommen hat, etwa weil er beim Erwerb Kenntnis von Altlasten hatte oder eine Nutzung des Grundstückes zuließ, die zur haftungsbegründenden Gefahr wurde (BVerfG, NJW 2000, 2573; NVwZ 2001, 65; Kügel, NJW 2004, 1574 m. w. N.).

Die Verkehrswert-Rechtsprechung zum Grundstückseigentum wurde zwar auch **89** für das **Bergwerkseigentum** aufgegriffen. Eine Einschränkung der Störerhaftung auf die Höhe des Verkehrswertes des (stillgelegten) Bergwerks wurde aber abgelehnt. Der pflichtige Unternehmer musste beim Erwerb der Bergbauberechtigung erkennen, dass in den letzten Jahren Bergbau betrieben wurde und damit unzureichend gesicherte Schächte vorhanden waren (LG Essen, ZfB 2001, 238; VG Braunschweig, ZfB 2007, 35; OLG Hamm, ZfB 2002, 21). Außerdem beruht der Wert des Bergwerkseigentums weniger auf seiner Verkehrsfähigkeit, sondern auf der möglichen Ausbeutung der Bodenschätze in der Vergangenheit und ggf. in der Zukunft (OVG NRW, ZfB 2006, 67). Während das Grundeigentum zeitlich dauerhaft nutzbar ist und daher einen Verkehrswert hat, ist das Bergwerkseigentum nach dem Abbau im Regelfall wertlos, hat äußerstenfalls steuerrechtliche, bilanztechnische Vorteile, die nicht zum Maßstab von verfassungsrechtlichen Grenzen der Haftung taugen (VG Arnsberg, ZfB 2004, 52).

8. Übermaßverbot

Die bergrechtlichen Anordnungen unterliegen dem mit Verfassungsrang aus- **90** gestatteten Übermaßverbot (Grundsatz der Verhältnismäßigkeit im weiteren Sinne), das nach der Rechtsprechung des Bundesverfassungsgerichts drei Regelungsgehalte hat (OVG Münster, NJW 1980, 2210 = Glückauf 1981, 55): Die Anordnung muss zur Erreichung des erstrebten Zieles geeignet sein (Prinzip der Geeignetheit des Mittels), sie muss erforderlich sein, d. h. das Ziel darf nicht auf eine andere, weniger belastende Weise ebenso gut zu erreichen sein (§ 15 Absatz 1 OBG NRW: Prinzip des geringstmöglichen Eingriffs = Erforderlichkeit) und das Verhältnis von Mittel und Zweck muss angemessen sein, d. h. die Maßnahme darf keinen Nachteil herbeiführen, der zu dem beabsichtigten Erfolg erkennbar außer Verhältnis steht (§ 15 Absatz 2 OBG NRW, Grundsatz der Verhältnismäßigkeit im engeren Sinne = Angemessenheit). Der Grundsatz der Verhältnismäßigkeit bezieht sich auf ein zeitliches Übermaß: wenn zeitlich begrenzte Anordnungen die Gefahr abwehren können, sind sie Anordnungen mit Dauerwirkung vorzuziehen (Ziff. 15 der Verwaltungsvorschrift zur Durchführung des OBG NRW vom 4.9.1980, MinBl, 2114, § 15 Absatz 3 OBG NRW). In § 71 Absatz 1 Satz 2 und Absatz 2 ist der Grundsatz des Übermaßverbots teilweise gesetzlich verankert („soweit", „erforderlich").

91 Beim Prinzip des geringstmöglichen Eingriffs ist abzustellen auf die den Einzelnen und die Allgemeinheit am wenigsten beeinträchtigenden Maßnahmen. Wenn die Belastungen unterschiedlich sind, muss eine gerechte Abwägung der widerstreitenden Interessen stattfinden (OVG Münster, NJW 1980, 2211 = Glückauf 1981, 55), wobei diese Ermessensentscheidung gerichtlich nur hinsichtlich der Einhaltung der Grenzen nachprüfbar ist. Es verstößt nicht gegen diesen Grundsatz, wenn die Bergbehörde einen Tagesbruch, der durch Nachsacken des Füllgutes eines bereits zweimal verfüllten Tagesüberbaues entstanden ist, erneut verfüllen lässt (VG Arnsberg, Glückauf 1981, 976 = ZfB 123 (1982), 112, 115), wohl aber die Anordnung eines Abbauverbotes, wenn ein Sicherheitspfeiler oder eine bestimmte Versatzart ausreicht (Althaus, aaO, 175) oder wenn die völlige Sanierung eines brüchigen abgedeckten Schachtes innerhalb der Neubautrasse einer Straße verlangt wird, obwohl das Straßengrundstück mit einem Bergschadenverzicht belastet ist und die Absperrung durch einen Zaun die Gefahr beseitigt hätte (LG Bochum unveröff. Urt. v. 14.1.1976, 4 O 310/75).

92 Nach der Rechtsprechung verstößt es nicht gegen den Grundsatz der Verhältnismäßigkeit, wenn Sicherungsmaßnahmen an einem Wetterschacht zum Schutze des Straßenverkehrs auf einer benachbarten Bundesstraße 432.000 DM kosten (VG Gelsenkirchen, ZfB 2005, 235), oder für Verfüllungs- und Abdeckungsarbeiten an einem Tagesbruch 156.000 DM aufzuwenden sind (VG Aachen, ZfB 1990, 309), oder gar 850.000 DM (OVG NRW, ZfB 2006, 62). Sanierungskosten von 208.000 DM für einen Wetterschacht sind zumutbar (LG Essen, ZfB 2001, 237).

9.   Weitere allgemeine Anforderungen an Anordnungen

93 Die Anordnungen der Bergbehörde müssen den allgemeinen Anforderungen an ordnungsbehördliche Verfügungen entsprechen. Sie müssen geeignet sein zur Durchführung der Vorschriften des BBergG und seiner Verordnungen. Maßnahmen zur Sicherung von Schächten können die Einbringung einer lage- und erossionsbeständigen Füllsäule, der statische Nachweis hinsichtlich der Sog- und Rückprallkräfte sowie die Schachtabdeckung durch eine Stahlbetonplatte sein (Frenz, GDMB-Schriftenreihe Heft 112, S. 63 ff.; OVG NRW, ZfB 1997, 37 f.; VG Braunschweig, ZfB 2007, 32). Nicht geeignet sind eine Verfüllung mit Lockermassen (VG Arnsberg, ZfB 2004, 47; VG Düsseldorf, ZfB 1991, 296), mit Hausmüll (VG Braunschweig, ZfB 2007, 33) oder die Umzäunung des Gefahrenbereichs (OVG NRW, ZfB 1997, 38). Allerdings stellen nicht verfüllte verlassene Schächte nicht als solche eine Gefahr für die öffentliche Sicherheit dar, der in jedem Fall mit einem Verfüllen des Schachtes begegnet werden muss. Maßgeblich sind vielmehr die Umstände des Einzelfalles, insbesondere Lage und Beschaffenheit des jeweiligen Schachtes (OVG NRW, ZfB 1990, 234).

94 Bei **Tagesbrüchen** kann die Ordnungsverfügung dahingehen, ihn auszuräumen, abzudichten, wieder aufzufüllen mit einem Betonpfropfen und mit einer Betonplatte abzudecken (VG Aachen, ZfB 1990, 307; OVG NRW, ZfB 1997, 36 ff.). Nicht ausreichend sind Stacheldrahtzäune und Hinweisschilder (VG Arnsberg, ZfB 1991, 149 m. w. N.; OVG NRW v. 29.3.1984 – AZ 12A2194/62).

95 Die Ausführung des angeordneten Mittels muss dem Adressaten **rechtlich und tatsächlich möglich** sein. Dabei kann ein rechtliches Hindernis durch einen

Dritten ausgeräumt werden. Sowohl die Bergbehörde im Falle ihrer Zuständig-keit gemäß § 69 BBergG, § 51 Absatz 5 OBG NRW – als auch die allgemeine Ordnungsbehörde durch Erlass einer Duldungsverfügung – wenn die ordnungs-rechtlichen Voraussetzungen auch zur Inanspruchnahme des Dritten vorliegen oder durch die Einholung der Zustimmung des Berechtigten – können die Unmöglichkeit beseitigen (sog. relative Unmöglichkeit), sodass Ordnungsver-fügungen gegen den Bergwerksbesitzer auf Maßnahmen am Eigentum Dritter nicht rechtswidrig sind (VG Gelsenkirchen, Glückauf 1971, 1009, VG Arns-berg, ZfB 123 (1982), 112, 117, anders OVG Münster, ZfB 105 (1964), 100, 103 bei Verweigerung der Zustimmung durch den Grundstückseigentümer).

Die Anordnung muss **inhaltlich bestimmt** sein. Der Bergwerksunternehmer muss **96** klar erkennen können, welche Maßnahme ihm abverlangt werden soll. Die Maßnahme muss so präzisiert sein, dass sie Grundlage zur Vollstreckung sein kann (Ebel/Weller, § 198, 9 c; Einzelheiten vgl. § 56 Rn 45 ff.). Für Anordnun-gen nach § 71 folgt das aus §§ 5 BBergG i. V. mit 37 VwVfG, für Ordnungs-verfügungen nach § 14 OBG NRW nicht mehr aus § 20 Absatz 2 Satz 1 OBG NRW, sondern aus § 37 VwVfG NRW.

Die Anordnung darf schließlich nicht ergehen, um der Bergbehörde lediglich **97** ihre ordnungsbehördliche Aufsicht zu erleichtern (§ 20 Absatz 2 Satz 1 OBG NRW). Sie darf nicht etwas untersagen, weil sie die Vorgänge schlecht über-wachen kann oder etwas anordnen, damit sie die Maßnahmen besser über-wachen kann.

Sofern die Bergbehörde ihre Anordnung auf das **Ordnungsbehördenrecht** stützt, **98** muss die Maßnahme erforderlich sein, um eine **Gefahr** abzuwenden. Eine Gefahr liegt vor, wenn bei der Sachlage die hinreichende Wahrscheinlichkeit besteht, dass in absehbarer Zeit ein Schaden für die öffentliche Sicherheit und Ordnung eintreten wird. Dazu ist eine Prognose notwendig: Einerseits muss der Schadenseintritt nicht notwendiger Weise gewiss sein. Andererseits reicht die bloße Möglichkeit nicht aus. Verlassene Grubenbaue und Grubenschächte weisen eine erhöhte Gefahrtendenz auf. Da zudem der Schaden überragende Rechtsgüter wie Leib, Leben, Gesundheit betreffen kann, sind die Anforderun-gen an die Wahrscheinlichkeit nicht allzu hoch anzusetzen (OVG NRW, ZfB 1995, 322; ZfB 1997, 36; VG Braunschweig, ZfB 2009, 208).

Die Bergbehörde entscheidet im Einzelfall nach **pflichtgemäßem Ermessen**, ob **99** sie tätig wird (Entschließungsermessen) und welche Maßnahmen sie ergreift (Auswahlermessen). Der Wortlaut des § 71 Absatz 1 („kann") hat die sich aus der Fassung des § 198 ABG („hat [...] zu treffen") ergebende Frage, ob die Anordnungsbefugnis der Bergbehörde dem Opportunitätsprinzip unterliegt, nunmehr eindeutig bejaht und hat damit die hierzu trotz des früheren Wortlauts ergangene Auslegung durch die Rechtsprechung (OVG Münster, ZfB 115 (1974), 443, 448) bestätigt.

Übt die Bergbehörde ihr Ermessen hinsichtlich der Auswahl unter mehreren **100** Störern nicht aus, ist die Anordnung rechtswidrig. Das ist insbesondere der Fall, wenn die Bergbehörde irriger Weise davon ausgeht, es komme nur ein Störer in Betracht (VG Braunschweig, ZfB 2009, 208). Die erstmalige Ermessensaus-übung kann im Gerichtsverfahren nicht nachgeholt werden (BVerwG, NVwZ 2007, 470 f. m. w. N.), anders als Ermessenserwägungen, die bereits ausgeübt, aber (lediglich) unzureichend sind.

Allerdings bedarf die Aussage, die Wahl der Maßnahmen liege im Ermessen der **101** Bergbehörde, einer Präzisierung. Ein Ermessensspielraum steht der Bergbehörde nur zu, wenn die Mittel gleich geeignet und gleich belastend für den Betroffenen und die Allgemeinheit sind. Sind mehrere taugliche Mittel für die Allgemeinheit gleich belastend, treffen sie den Einzelnen aber unterschiedlich hart, muss die Behörde das mildeste Mittel auswählen (OVG Münster, NJW 1980, 2211). Die Bergbehörde kann sich nicht darauf berufen, es sei dem Einzelnen überlassen, gemäß § 21 Satz 2 OBG NRW Antrag auf Anwendung des milderen Mittels zu stellen.

10. Anspruch auf bergrechtliche Anordnung

102 Einen **Anspruch** gegen die Bergbehörde auf **ordnungsbehördliches Einschreiten** haben Dritte grundsätzlich weder gemäß § 71 BBergG noch nach den Vorschriften der ordnungsrechtlichen Gefahrenabwehr (z. B. § 14 OBG NRW). Der Schutzzweck dieser Bestimmungen dient der Allgemeinheit, nicht dem Einzelnen. Außerdem gilt in beiden Fällen das Opportunitätsprinzip. Eine Verpflichtungsklage auf Erlass einer bergbehördlichen Anordnung zum Schutze von Sachgütern kann der Grundstückseigentümer nicht mit Erfolg geltend machen (VG Düsseldorf, ZfB 1983, 221; VG Gelsenkirchen, ZfB 2010, 203). Etwas anderes gilt, wenn durch §§ 71 BBergG, 14 OBG NRW ausnahmsweise auch der Schutz Einzelner bezweckt wird, weil sie individualisierbar sind und sich der Individualschutz aus der „Natur der Sache" durch Auslegung der Norm ergibt. Dies kann der Fall sein, sofern Anordnungen zu erlassen sind, die Maßnahmen zur Durchführung von bergrechtlichen Vorschriften betreffen, die ihrerseits drittschützend sind. Der Drittschutz aus § 71 Absatz 1 reicht in diesen Fällen allerdings nicht weiter als der der Zulassungsvoraussetzungen der §§ 55 Absatz 1, 48 Absatz 2 Satz 1 und umfasst **nicht einen allgemeinen Sachgüterschutz** (BVerwG, ZfB 1989, 205; VG Gelsenkirchen, ZfB 2011, 63). Der einzelne geschädigte Grundstückseigentümer hat insofern kein Recht auf fehlerfreie Ermessensausübung gemäß §§ 71 Absatz 1 Satz 1 i. V. mit 55 Absatz 1 Nr. 9. Das Gebot, **Gemeinschäden** zu verhindern, hat **keine drittschützende Wirkung** zu Gunsten einzelner Eigentümer. Für den Gemeinschaden ist ein überindividueller Bezug maßgebend (OVG NRW, ZfB 1985, 214 = Glückauf 1985, 465; BVerwG, NVwZ 1989, 1159; OVG Lüneburg, ZfB 2008, 257 = DVBl 2008, 1391 = ZUR 2008, 595). Ausführlich hierzu § 55 Rn 281 m. w. N. Ein Anspruch auf Erlass einer bergrechtlichen Anordnung ergibt sich auch nicht aus dem **Rücksichtnahmegebot** im Verhältnis zwischen Bergbau und Oberflächeneigentum. Es gibt kein allgemeines, die einzelnen gesetzlichen Regelungen gleichsam übergreifendes Rücksichtnahmegebot. Im Bergrecht ist es durch § 124 Absatz 1 nur für das Verhältnis zu den öffentlichen Verkehrsanlagen vorgesehen, im Übrigen durch die speziellen Anpassungs- und Bergschadensregelungen der §§ 110 ff. (BVerwG, NVwZ 1989, 1159; VG Gelsenkirchen, ZfB 2011, 63; a. A. noch VG Düsseldorf, ZfB 1983, 202). Drittschützend kann allerdings § 48 Absatz 2 Satz 1 sein, wenn Umfang und Schwere der bergbaubedingten Schäden erhebliches Gewicht annehmen (st. Rspr. hierzu § 56 Rn 23; § 48 Rn 53 ff.).

11. Opportunitätsprinzip

103 Aus dem Opportunitätsprinzip folgt, dass die Bergbehörde zum Erlass einer allgemeinen Anordnung nach § 71 Absatz 1 nur verpflichtet ist, wenn im Einzelfall jede andere Entscheidung als ermessensfehlerhaft erscheinen würde (VG Düsseldorf, ZfB 1983, 204). Eine derartige Ermessensverdichtung ist naheliegend, wenn besonders wichtige Rechtsgüter wie Leben, Körper, Gesundheit oder Freiheit unmittelbar gefährdet sind oder wenn ein besonders umfangreicher Schaden droht (BVerwGE 11, 95, 97). Eine behördliche Verpflichtung zum Einschreiten gegen einen Dritten entfällt vor allem, wenn der Antragsteller auf Rechtsschutz vor den Zivilgerichten verwiesen und dadurch die Gefahr wirksam behoben werden kann und dieser Rechtsweg auch zuzumuten ist

(BVerwG, DVBl 1969, 586; BVerwGE 37, 112, 115; OVG Münster, DVBl 1967, 546, 548; ZfB 115(1974), 443, 448 = Glückauf 1973, 587). Die Pflicht zum Einschreiten hängt von der Stärke der Gefahr, der Bedeutung des Schutzgutes, der Aussicht der Beseitigung der Gefahr, von den Nachteilen durch die Anordnung ab. Man wird auch unterscheiden müssen zwischen Anordnungen nach Satz 1 und Satz 2: die Begrenzungen in Satz 2 führen dazu, dass danach die Pflicht zum Tätigwerden in selteneren Fällen anzunehmen ist als nach Satz 1.

12. Form der bergrechtlichen Anordnung

Die Form der Anordnungen ist in § 71 ebenfalls nicht geregelt und richtet sich **104** daher nach § 5 BBergG i. V. mit § 37 Absatz 2 VwVfG. Sie können schriftlich, mündlich oder in anderer Form erlassen werden, wobei mündliche Anordnungen auf unverzügliches Verlangen des Betroffenen schriftlich zu bestätigen sind. Anders die Rechtslage bei Ordnungsverfügungen gemäß § 14 OBG NRW. Hier ist gemäß § 20 Absatz 1 OBG NRW Schriftform vorgeschrieben (Ausnahme bei Gefahr im Verzuge).

Eine **Rechtsbehelfsbelehrung** verlangt das VwVfG für Anordnungen nach § 71 **105** nicht. Die Folge für unterlassene Belehrungen regeln in Verfahren, die der verwaltungsgerichtlichen Kontrolle unterliegen, jedoch §§ 70 Absatz 2, 58 Absatz 2 VwGO. Sie sind innerhalb 1 Jahres nach Zustellung angreifbar. Ordnungsverfügungen nach § 14 OBG NRW müssen dagegen gemäß § 20 Absatz 2 OBG NRW mit einer Rechtsmittelbelehrung versehen sein.

IV. Gesetzliche Grenzen der allgemeinen Anordnungsbefugnis

Grundsätzlich ist es für Anordnungen ohne Bedeutung, ob der Bergwerksbetrieb **106** in Einklang mit einschlägigen bergrechtlichen Vorschriften angelegt und betrieben wird. Die Rechtswidrigkeit eines Verhaltens ist nicht notwendige Voraussetzung für dessen Polizeiwidrigkeit (VG Arnsberg, ZfB 1982, 112, 116; Drews-Wacke-Vogel-Martens, Gefahrenabwehr Band 2, 8. Auflage 1977, S. 173 m. w. N.; Knemeyer, Polizei- und Ordnungsrecht, Rn 323 a. A. die „Theorie der rechtswidrigen Verursachung", aaO, Rn 331 m. w. N.). Aus § 71 folgen aber zwei grundsätzliche Beschränkungen der Anordnungsbefugnisse nach § 71 Absatz 1 Satz 1: die anzuordnenden Maßnahmen dürfen grundsätzlich nicht über die Anforderungen der Rechtsverordnungen oder des zugelassenen Betriebsplans hinausgehen und sie dürfen zweitens grundsätzlich nicht dazu führen, dass der Betrieb ganz oder teilweise eingestellt wird (vgl. auch § 71, Rn 2).

Die Beschränkung der Anordnung nach § 71 Absatz 1 Satz 1 auf die Anforde- **107** rungen der ihr zugrunde liegenden Rechtsverordnungen ist eine Folge des Grundsatzes der Gesetzmäßigkeit der Verwaltung. Die Beschränkung der Anordnung nach § 71 Absatz 1 Satz 1 auf Maßnahmen innerhalb des zugelassenen Betriebsplans ist eine Folge der Bestandskraft des Verwaltungsakts. Beide grundsätzlichen Beschränkungen folgen aus dem Umkehrschluss aus § 71 Absatz 1 Satz 2, wo sie ausdrücklich – im Gegensatz zu Absatz 1 Satz 1 – genannt sind.

Die Beschränkung der Anordnung nach § 71 Absatz 1 Satz 1 und Satz 2 auf **108** Maßnahmen, die nicht zur Stilllegung führen, folgt aus dem Umkehrschluss aus § 71 Absatz 2 (VG Düsseldorf, ZfB 1983, 222).

Eine weitere Beschränkung für das „Wie" des Einschreitens ergibt sich aus dem **109** Gesichtspunkt des § 56 Absatz 1 Satz 2. Die Bergbehörde hat bei ihrer Entscheidung technische Erfüllbarkeit der einzelnen Maßnahmen und die wirtschaftliche Vertretbarkeit für den Bergwerksbetreiber und für Einrichtungen der von ihm betriebenen Art zu berücksichtigen. Es dürfen keine Sicherungsmaßnahmen gegen gravierende bergbauliche Einwirkungen verlangt werden, die so kostspielig sind, dass der Abbau sinnlos wird (VG Düsseldorf, ZfB 1983, 222).

110   Auch für die Anordnungen (vgl. § 71, Rn 33) nach § 71 Absatz 1 Satz 2 und Absatz 2 gelten neben der „Erforderlichkeit" zum Schutz der Rechtsgüter die anderen Voraussetzungen für eine bergrechtliche Anordnung nach § 71 Absatz 1 Satz 1, wie sie oben (Rn 30–42 zu § 71) dargestellt wurden. Wenn allerdings die Gefährlichkeit einer Anlage vom Verordnungsgeber bejaht wurde, brauchen im allgemeinen keine besonderen Ermittlungen über die Gefährlichkeit der konkreten Anlage angestellt zu werden. Dem einzelnen Betreiber bleibt es überlassen, besondere Tatsachen für die Ungefährlichkeit seiner Anlage geltend zu machen (BVerwG, Glückauf 1974, 257 = DVBl 1973, 857 bezüglich Gefahr einer Aufzugsanlage, die wegen Stichtagsregelung nicht unter die Verordnung fiel).

111   Aus § 71 Absatz 2 letzter Satz folgt, dass für angeordnete Maßnahmen nach § 71 Absatz 1 Satz 1 und 2 Betriebspläne bei der Bergbehörde einzureichen sind. Denn § 71 Absatz 2 letzter Satz hebt ausdrücklich hervor, dass die Pflicht zur Beantragung von Betriebsplänen nur bei Anordnungen auf Einstellung des Betriebes nach § 71 Absatz 2 entfällt. Das wäre überflüssig, wenn grundsätzlich bei angeordneten Maßnahmen Betriebspläne nicht einzureichen wären.

V. Andere Rechtsgrundlagen

112   Nicht auf § 71, sondern allein auf die Vorschriften des OBG NRW sind Maßnahmen der Bergbehörde zu stützen, die nach dem Ende der bergbehördlichen Zuständigkeit i.S. von § 69 Absatz 2 getroffen werden und sich auf die Sonderzuständigkeit des § 51 Absatz 4 OBG NRW gründen.

113   Das Gleiche gilt für Anordnungen, die nicht zur Durchführung von bergrechtlichen Bestimmungen erlassen werden, etwa auf wasserrechtliche, immissions- oder abfallrechtliche Vorschriften geschützt werden. In diesen Fällen ist die Subsidiarität der Generalermächtigung des § 14 OBG NRW aufgehoben (vgl. § 71 Rn 29), weil § 71 diese Fälle nicht erfasst. Es bleibt dann die wohl wegen des Grundsatzes der Einheitlichkeit des Verwaltungsrechts zu bejahende Frage, ob für Anordnungen nach § 14 OBG auch die beschränkenden Gesichtspunkte aus dem § 71 Absatz 1 Satz 2 gelten (vgl. § 71 Rn 3, 107 ff.). Andernfalls würde der berggesetzliche Schutz vor Eingriffen in den betriebsplanmäßig zugelassenen Bergbaubetrieb durch Anwendung außerbergrechtlicher Eingriffsermächtigungen unterlaufen.

VI. Besonderheiten in den neuen Bundesländern

114   Für die Sanierung von **Bergbau-Altlasten** in den neuen Bundesländern ist § 71 **nur anzuwenden**, wenn der Betrieb zum 3.10.1990 nicht i.S. von § 169 Absatz 1 Satz 1 eingestellt war. Einstellung ist nicht schon der Abschluss der Errichtungs- und Betriebsphase (so Beckmann, Gegenwartsprobleme des Bergrechts, 74 ff.; UPR 1995, 8), sondern erst die Einreichung, Genehmigung und Abwicklung des Abschlussbetriebsplans (VG Regensburg, ZfB 1992, 298; VG Magdeburg, ZfB 2002, 208; von Danwitz, Bochumer Beiträge, Bd 29, S. 63). S. hierzu auch § 69 Rn 57 ff.

Für Betriebe, die nicht mehr dem BBergG und den als Bergverordnungen weiter   **115**
geltenden Anordnungen des Bergrechts der DDR unterfallen, ergeben sich
ordnungsrechtliche Pflichten aus den Vorschriften des Berggesetzes der DDR
und den auf seiner Grundlage erlassenen Vorschriften zur Gewährleistung der
öffentlichen Sicherheit (Anlage II Kapitel V Sachgeb. D Abschnitt III Nr. 1 lit. b
des Einigungsvertrags, BGBl II, 1202). Dies galt, solange keine entsprechenden
ordnungsbehördlichen Vorschriften in den Beitrittsländern erlassen waren. Die
Zuständigkeit der Bergbehörden wurde durch landesrechtliche Zuständigkeits-
VO geregelt (VG Weimar, ZfB 1996, 252).

An die Stelle der Regelung für stillgelegte Anlagen gemäß Einigungsvertrag   **116**
traten zum jeweiligen Zeitpunkt ihres Inkrafttretens die landesrechtlichen Vorschriften der Landesabfall-, Landeswasser- und Ordnungsgesetze. Soweit diese
Gesetze eine Zuständigkeit der Bergbehörde nicht vorsehen, ist die Ordnungsbehörde zur Gefahrenabwehr zuständig (VG Weimar, aaO). Auf der Grundlage
des Ordnungsrechts können allerdings nur Maßnahmen zur Beseitigung unmittelbar drohender Gefahren, nicht jedoch zur Gesamtsanierung bergbaulicher
Anlagen oder umfassende Maßnahmen der Rekultivierung oder Verwahrung
verlangt werden (Beckmann, UPR 1995, 8 m. w. N.).

Eine Besonderheit für die Inanspruchnahme von Störern gemäß Ordnungs-,   **117**
Wasser- oder Landesabfallrecht ergibt sich durch das **Umweltrahmengesetz der**
DDR (URG) v. 29.6.1990 (GBl DDR S. 649 i. d. F. v. Anlage II Kapitel XII
Abschnitt III Nr. 1 Buchstabe b des Einigungsvertrags). In seiner Erweiterung
durch das sog. **Hemmnisbeseitigungsgesetz** v. 22.3.1991 (BGBl, 788) gab es
Erwerbern sog. Altanlagen die Möglichkeit, bis zum 30.3.1992 Freistellung von
der öffentlich-rechtlichen Verantwortlichkeit zu beantragen. Freistellungsfähig
waren auch bergbaulich genutzte Grundstücke (Vierhaus, NVwZ 2004, 418).
Nach Artikel 1 § 4 Absatz 3 URG n. F. sind Eigentümer, Besitzer, Erwerber von
Anlagen und Grundstücken, die gewerblichen Zwecken dienen, für die durch
den Betrieb der Anlage oder die Benutzung des Grundstücks vor dem 1.7.1990
verursachten Schäden nicht verantwortlich, soweit sie von der Verantwortung
freigestellt wurden. Die **Freistellungsregelung** eröffnete nach h. M. (Vierhaus,
NVwZ 2004, 432 m. w. N.; Michel, LKV 2000, 468; Spieth, altlasten-spektrum
1994, 201) nicht nur eine Befreiung von der Kostenlast (so Spießhofer, DB 1995,
1898), sondern von der Störereigenschaft, die dadurch auf die öffentliche Hand
übergeht. Allerdings kann der Freistellungsbescheid sich – je nach Tenorierung –
u. U. nur auf die Kostentragung beziehen (VG Schwerin 20.11.1996 – 2A1140/
95). Nicht unter die Freistellung fallen Schäden, die derzeit nicht verantwortet
werden müssen, Schäden an Neuanlagen (VG Magdeburg, LKV 2001, 377),
Vorsorge- und Herrichtungsmaßnahmen (Spieth, aaO S. 202), Maßnahmen von
Bergbauunternehmen zur Wiedernutzbarmachung der Oberfläche (Müller/Süß,
altlasten-spektrum 1996, 136), Schäden durch Immissionen (Klöpfer/Kröger,
DÖV 1991, 993 m. w. N.).

VII. Umdeutung einer bergrechtlichen Anordnung

Die Rechtsprechung (OVG Münster, ZfB 106 (1965), 482) hat die **Umdeutung**   **118**
einer bergbehördlichen Anordnung in den sofortigen Vollzug früherer Betriebs-
planauflagen für zulässig erachtet.

VIII. Kostenerstattung

119 Die Bergbehörde kann von dem Störer auf der Grundlage eines Leistungs-
bescheides gemäß § 11 Absatz 2 Satz 1 und Satz 2 Nr. 7 KostenO NRW bzw.
ähnlicher Vorschriften in den Bundesländern als Vollstreckungsbehörde die
Kosten der Gefahrenbeseitigung verlangen. Danach hat der Vollstreckungs-
schuldner die Kosten einer rechtmäßig durchgeführten Ersatzvornahme zu
erstatten. Die Rechtmäßigkeit beurteilt sich nach §§ 55 Absatz 2, 59 VwVG
NRW, wenn die Maßnahme zur Abwehr einer gegenwärtigen Gefahr notwendig
war und die Behörde innerhalb ihrer Befugnisse handelte. Eine vollstreckbare
Grundverfügung zur Durchführung der Ersatzmaßnahme muss hierfür nicht
zwingend vorangegangen sein. Zur Notwendigkeit der sofortigen Beseitigung
eines Tagesbruches: VG Köln, ZfB 1996, 91; OVG NRW, ZfB 1990, 230 ff.

120 Sofern §§ 55 Absatz 2, 59 VwVG NRW nicht anwendbar sind, bedarf es der
Anordnung der sofortigen Vollziehung der Ordnungsverfügung mit Androhung
des Zwangsmittels der Ersatzvornahme und der Festsetzung der Ersatzvornahme. Die **Ersatzvornahme im sofortigen Vollzug ohne vorausgehenden Verwaltungsakt** gemäß § 55 Absatz 2, 59 VwVG NRW (hier: Verfüllung eines ein-
sturzgefährdeten Wetterschachtes) ist nicht zulässig, wenn der Erlass einer
Ordnungsverfügung gegen den der Bergbehörde bekannten Ordnungspflichtigen – unter Anordnung der sofortigen Vollziehung und gleichzeitiger Androhung der Ersatzvornahme – möglich ist. Dazu dürfen evtl. kurzfristige Verzögerungen die Wirksamkeit erforderlicher Maßnahmen zur Gefahrenabwehr
nicht aufheben oder wesentlich beeinträchtigen (OVG NRW, DVBl 2008, 804
LS = NWVBl 2008, 416 (Schachtkopf unter BAB)).

121 Für die Kosten, die dadurch entständen, dass die Bergbehörde vor Erlass der
Anordnung Ermittlungen anstellen musste, um festzustellen, ob eine Gefahr
vorliegt oder gegen wen die Anordnung zu richten ist, haftete nach früherem
Recht der Bergwerkseigentümer nicht. Dabei kam es nicht darauf an, ob die
Ermittlungen der Bergbehörde das Vorliegen einer objektiven Gefahr bestätigten
oder nicht (Harnisch, ZfB 110 (1969), 209, 217). Nunmehr ergibt sich zumin-
destens für Probenahmen die Kostentragungspflicht des Unternehmers aus § 70
Absatz 2 Satz 1.

IX. Anordnungen nach § 71 Absatz 3

122 Eine Anordnung nach § 71 Absatz 3 kann erlassen werden für Betriebe, in
denen der **Abbau** zwar **eingestellt** war, der Abschlussbetriebsplan aber noch
nicht durchgeführt war (VG Aachen, ZfB 2007, 155) oder ein Abschlussbetriebsplan nicht vorgelegt wurde. § 169 Absatz 2 Satz 1 steht nicht entgegen
(OVG NRW, ZfB 1986, 377; OVG Magdeburg, ZfB 2001, 220; VGH Mannheim, NUR 2006, 107; VG Magdeburg, ZfB 2002, 204).

123 Eine Anordnung nach § 71 Absatz 3 kann sich darauf beziehen, die Wasserhaltung im Schacht eines Bergwerks zu betreiben, bis der Abschlussbetriebsplan
zugelassen ist (VG Gera, ZfB 2007, 169); oder eine Einzäunung zu erweitern,
um eine Felsböschung gegen Steinschlaggefahren zu sichern (VG Gera, ZfB
2007, 194); oder Maßnahmen gegen Sickerwasseraustritt einer Abraumhalde
durchzuführen (VG Aachen, ZfB 2007, 154), oder die Böschungen mit einer
Kiesgrube abzuflachen (OVG Frankfurt/Oder, ZfB 2003, 64), oder das Risswerk
nachzutragen und abzuschließen (Ziff. 2.2 der Richtl. d sächs. OBA betrifft
Ende der Bergaufsicht v. 26.8.2003).

Obwohl ein Abschlussbetriebsplan zugelassen wurde, kann eine Anordnung **124**
zum Betrieb einer Wasserhaltung auf § 71 Absatz 3 gestützt werden, wenn diese
Maßnahme im Abschlussbetriebsplan entweder nicht vorgesehen war oder für
diese Maßnahmen auf eine gesonderte Zulassung bzw. Sonderbetriebsplan
verwiesen wurde (OVG Weimar, ZfB 2009, 278). Streitig ist, ob § 71 Absatz 3
anwendbar ist, wenn eine Anordnung gegen ein Unternehmer ergehen soll, zum
Weiterbetrieb einer Grubenwasserreinigungsanlage in einem stillgelegten Erz-
bergwerk entweder einen neuen Sonderbetriebsplan oder eine Verlängerung des
auslaufenden Sonderbetriebsplans, jeweils in Ergänzung des zugelassenen
Abschlussbetriebsplans vorzulegen (bejaht von VG Arnsberg, Urt. v. 16.10.2009
– AZ 13 K 1587/08; zweifelnd Kirchner UPR 2010, 168, der § 71 Absatz 1
Satz 1 anwenden will).

§ 72   Verhinderung unerlaubter Tätigkeiten, Sicherstellung

**(1) Wird die Aufsuchung oder Gewinnung bergfreier Bodenschätze ohne die
erforderliche Berechtigung ausgeübt oder wird ein Betrieb ohne die nach § 51
notwendigen und zugelassenen Betriebspläne oder ohne eine Genehmigung,
allgemeine Zulassung oder Prüfung durchgeführt, die nach den Vorschriften
der auf Grund dieses Gesetzes erlassenen oder aufrechterhaltenen Rechtsverordnungen erforderlich ist, so kann die zuständige Behörde die Fortsetzung der
Tätigkeit untersagen. Im Bereich des Festlandsockels und der Küstengewässer
ist im Falle der Untersagung die Beseitigung der Einrichtungen anzuordnen, die
der Ausübung der Tätigkeit zu dienen bestimmt sind.**

**(2) Die zuständige Behörde kann explosionsgefährliche und zum Sprengen
bestimmte explosionsfähige Stoffe, Zündmittel, Sprengzubehör sowie sonstige
Gegenstände sicherstellen und verwerten, wenn diese Gegenstände zur Verwendung in den der Bergaufsicht unterliegenden Betrieben nicht zugelassen
sind oder wenn es erforderlich ist, um ihre unbefugte Verwendung zu verhindern. Der Erlös aus der Verwertung tritt an die Stelle der sichergestellten
Gegenstände.**

Die Vorschriften der §§ 72–74 ergänzen die allgemeine Anordnungsbefugnis der **1**
Bergbehörde gemäß § 71 und geben der Behörde unter den besonders beschrie-
benen Voraussetzungen weitergehende Befugnisse bis hin zur Anordnung der
Einstellung des Betriebes. Während die allgemeine Anordnungsbefugnis des
§ 71 ihre Grenze im Regelfall durch Rechtsverordnungen oder zugelassene
Betriebspläne hat, spielt dieser Rahmen in den §§ 72–74 keine Rolle.

§ 72 ist gegenüber dem Anordnungsbefugnissen des § 71 die **speziellere Norm**. **2**
Sie findet Anwendung, wenn der Betrieb ohne Betriebsplan durchgeführt wird
oder eine Betriebsplanzulassung durch die Behörde oder ein Gericht aufgehoben
wurde (VG Gelsenkirchen, ZfB 1984, 242). Bereits die **formelle Illegalität** –
Handeln ohne Hauptbetriebsplan – gebietet den Erlass einer Untersagungsanordnung (Hess. VGH, ZfB 1999, 37 = NUR 1999, 342; ZfB 2005, 25). S.
hierzu auch § 72 Rn 13. Eine Anordnung gemäß § 72 kann ergehen, wenn ein
Sonderbetriebsplan zwar die Einbringung von unbelastetem Bodenaushub in
eine Lavagrube erlaubt, stattdessen jedoch Bauschutt verfüllt wird (VG Trier,
ZfB 2011, 139).

Anordnungen, die sich auf die §§ 72–74 stützen, sind wie die auf § 71 beru- **3**
henden sog. unselbstständige Ordnungsverfügungen (für das bisherige Recht
Ebel/Weller, § 70, Anmerkung 1). Es ist nicht erforderlich, dass eine Gefahr
i. S. d. OBG NRW vorliegt, die Anordnung stützt sich allein auf die Voraussetzungen der §§ 72–74.

4 Die Befugnisse der Bergbehörde aus den §§ 72–74 gehören zum Netz bergaufsichtlicher Funktionen des BBergG. Sie verknüpfen die Pflichten des Unternehmers, den Betrieb nur aufgrund zugelassener Betriebspläne zu führen und qualifizierte Personen mit der Betriebsführung zu beauftragen, mit den behördlichen Machtmitteln und schaffen dadurch ein wichtiges **Instrument zum Vollzug** dieser Pflichten. Die Befugnisse stehen neben denen der Bergbehörde, im Betriebsplanverfahren die Zulassung wegen der fehlenden Voraussetzungen des § 55 zu versagen.

5 Tätigkeiten, die wegen eines engen sachlichen und räumlichen Zusammenhanges mit genehmigten bergbaulichen Tätigkeiten als deren Fortführung angesehen werden können, aber nicht durch das BBergG oder einen zugelassenen Betriebsplan gedeckt sind, unterliegen der Bergaufsicht und können nach § 72 Absatz 1 Satz 1 allein von den Bergbehörden untersagt werden (Hess. VGH, ZfB 2005, 25).

6 Die Befugnisse der Bergbehörde aus den §§ 72–74 sind an im Einzelnen beschriebene Voraussetzungen gebunden und lassen sich am Maßstab der Schwere des Eingriffs in den Bergbaubetrieb wie folgt darstellen:
– Sicherstellung und Verwertung nicht zugelassener explosionsfähiger Stoffe (§ 72 Absatz 2).
– Anordnung notwendiger Rettungsmaßnahmen (§ 74 Absatz 1) und Verpflichtung zur Hilfe gemäß § 74 Absatz 2.
– Untersagung der Beschäftigung bestimmter Personen (§ 73 Absatz 1).
– Untersagung der Fortführung des Betriebes (§ 73 Absatz 1 Satz 2 und Absatz 2) bzw. der Fortsetzung der Tätigkeit (§ 72 Absatz 1).
– Untersagung der Fortsetzung der Tätigkeit und Anordnung der Beseitigung von Einrichtungen im Festlandsockelbereich (§ 72 Absatz 1).

7 Das Untersagen der Fortsetzung des Betriebes hat sein Vorbild in § 70 ABG NRW, wonach die Bergbehörde befugt war, den ohne Betriebsplan geführten Betrieb einzustellen. Vergleichbares ist für genehmigungsbedürftige Anlagen in § 20 BImSchG geregelt, wobei diese Vorschrift auf Anlagen des Bergwesens i. S. von § 4 Absatz 2 BImSchG anzuwenden und insoweit vorrangig vor § 72 Absatz 1 ist, als sie weitergehend ist.

8 Im Vergleich zu § 20 BImSchG ist in §§ 72 Absatz 1, 73 Absatz 1 Satz 2 und in § 73 Absatz 2 nur die Untersagung der Fortsetzung der Tätigkeit bzw. der Fortführung des Betriebes geregelt, § 20 BImSchG enthält in Absatz 2 dagegen sowohl ein Recht, die Beseitigung der Anlage nach pflichtgemäßer Ermessensausübung anzuordnen (Satz 1), als auch eine Pflicht der Behörde, unter den dort genannten Voraussetzungen die Beseitigung anzuordnen (Satz 2). Lediglich im Festlandsockelbereich kann auch nach § 72 Absatz 1 die Beseitigung angeordnet werden.

9 Die Bergbehörde kann die Fortsetzung der Tätigkeit bzw. die Fortführung des Betriebes untersagen. Die Anordnung unterliegt der pflichtgemäßen Ermessensausübung. Insbesondere ist der Grundsatz der Verhältnismäßigkeit zu beachten. Er gilt zunächst für die Entscheidung, ob überhaupt eine Anordnung nach § 72 Absatz 1 getroffen werden soll. Im Einzelfall ist zu berücksichtigen, ob die formelle Illegalität des Betriebes schwerwiegend ist, ob sie in Kürze geheilt werden kann, wenn etwa der Abschluss des Betriebsplanverfahrens alsbald zu erwarten ist (OVG Münster, BB 1974, 1813, für Genehmigungsverfahren nach BImSchG) oder ob die Vollziehung von Auflagen in der Betriebsplanzulassung oder die nachträgliche Aufnahme, Änderung oder Ergänzung von Auflagen gemäß § 56 Absatz 1 Satz 2 denselben Zweck erreichen wie die Anordnung der Stilllegung.

Der Grundsatz der Verhältnismäßigkeit des Mittels bestimmt auch den Umfang **10** der Anordnung und die Auslegung, was im Einzelfall unter Untersagung der „Fortsetzung der Tätigkeit" bzw. der „Fortführung des Betriebes" zu verstehen ist. Auch hier muss der geringste Eingriff gewählt werden. Es widerspricht dem Grundsatz der Verhältnismäßigkeit, die gesamte Schachtanlage stillzulegen, wenn ein Betriebsplan für einen Abbaubetrieb nicht vorliegt.

Es ist vielmehr stets nur die Tätigkeit zu untersagen, die in unmittelbarem **11** Zusammenhang mit der Betriebsplanpflicht steht. Die Untersagung der Fortführung des Betriebes gemäß § 73 Absatz 1 Satz 2 kommt nur in Betracht, als es sich um den Aufgabenbereich der ungeeigneten Person handelt. Das ergibt sich schon daraus, als die Untersagung gemäß § 73 Absatz 1 Satz 2 die zweite, verstärkte Sanktionsstufe zu § 73 Absatz 1 Satz 1 ist und daher der Bezug zum Aufgabenbereich der ungeeigneten verantwortlichen Person besteht.

Der Grundsatz der Verhältnismäßigkeit bestimmt auch die Dauer der Untersagung. Sobald der Grund für die Untersagung weggefallen ist, die Berechtigung, **12** die Betriebsplanzulassung, Genehmigung erteilt ist, eine geeignete Person benannt ist, entfällt bei einer mit auflösenden Bedingungen versehenen Untersagungsverfügung diese automatisch oder sie ist anderenfalls durch Bescheid aufzuheben.

§ 72 Absatz 1 knüpft die Untersagung der Fortsetzung der Tätigkeit allein an die **13** formelle Illegalität des Betriebes. Dabei kommt es nicht darauf an, ob der Betrieb auch materiell illegal ist, ob die Voraussetzungen des § 55 für eine Betriebsplanzulassung vorliegen oder nicht, ob ein Betriebsplan bereits eingereicht wurde, ob Gefahren für die öffentliche Sicherheit und Ordnung zu befürchten sind. Allerdings können diese Gesichtspunkte im Rahmen der Ausübung des Ermessens eine Rolle spielen (§ 71 Rn 103 ff.; § 73 Rn 6).

Die Untersagungsverfügung bedarf eines schriftlichen Bescheides (§ 20 OBG **14** NRW). Die Vorschriften des OBG NRW sind auf Anordnungen, die auf die §§ 72 ff. gestützt sind, ebenso subsidiär anwendbar wie auf allgemeine nach § 71 (§ 71 Rn 18).

Vor Erlass der Anordnung ist gemäß § 28 VwVfG der Unternehmer anzuhören. **15**

Die Vollstreckung der Untersagungsanordnung erfolgt nach dem Verwaltungs- **16** vollstreckungsgesetz, das setzt Vollziehbarkeit voraus. Nach § 80 Absatz 2 Nr. 4 VwGO kann die Behörde die sofortige Vollziehung anordnen, wenn der Unternehmer einen Rechtsbehelf eingelegt hat.

Die Rechtsprechung hat die Anordnung der Stilllegung als einen anfechtbaren **17** Verwaltungsakt angesehen (BVerwG, DÖV 1972, 425). Davon zu unterscheiden ist die Mitteilung der Bergbehörde, dass nach ihrer Auffassung die Voraussetzungen der §§ 72 Absatz 1, 73 Absatz 1 Satz 2 oder 73 Absatz 2 vorliegen. Hier kommt im äußersten Fall eine vorbeugende Feststellungsklage oder vorbeugende Unterlassungsklage des Unternehmers in Betracht.

Die §§ 72 ff. haben keine nachbarschützende Funktion. Sie geben der Berg- **18** behörde das notwendige Instrumentarium zur Durchsetzung sicherheitlicher Belange im Bergbaubetrieb. Nachbarn haben daher aus §§ 72 ff. keinen Anspruch gegen die Bergbehörde auf Untersagung der Fortsetzung der Tätigkeit des Unternehmers (§ 71 Rn 49).

Das gilt auch, soweit ausnahmsweise einzelne Bestimmungen des Kataloges des **19** § 55 über Zulässigkeitsvoraussetzungen des Betriebsplans Nachbar schützende

Wirkung haben. Denn die §§ 72 ff. stellen die Anordnungen in das Ermessen der Bergbehörde. Insofern besteht nur ein Anspruch auf fehlerfreie Ermessensausübung.

20 Der Unternehmer hat keinen Anspruch auf Entschädigung in Höhe der mit der Stilllegung verbundenen Kosten, denn in den Fällen des § 72 Absatz 1 wird in eine ordnungswidrige Position eingegriffen.

§ 73   Untersagung der Beschäftigung verantwortlicher Personen

(1) Die zuständige Behörde kann dem Unternehmer die Beschäftigung einer der in § 58 Abs. 1 Nr. 2 genannten verantwortlichen Personen in dem ihr übertragenen Aufgabenbereich untersagen, wenn
1. **diese Person vorsätzlich oder grob fahrlässig gegen Pflichten verstoßen hat, für deren Erfüllung sie verantwortlich ist, und dieses Verhalten trotz Verwarnung durch die zuständige Behörde fortsetzt oder sonst Tatsachen die Annahme rechtfertigen, daß die Person die erforderliche Zuverlässigkeit nicht besitzt,**
2. **Tatsachen die Annahme rechtfertigen, daß die Person die erforderliche Fachkunde oder körperliche Eignung nicht besitzt.**

Kommt der Unternehmer einer Anordnung nach Satz 1 nicht nach, so kann die zuständige Behörde die Fortführung des Betriebes bis zur Befolgung der Anordnung untersagen.

(2) Liegen Tatsachen vor, die die Annahme rechtfertigen, daß der Unternehmer die zur Gewährleistung von Sicherheit und Ordnung im Betrieb erforderliche Zuverlässigkeit oder Fachkunde nicht besitzt, so kann die zuständige Behörde die Fortführung des Betriebes bis zur Bestellung einer mit der Gesamtleitung beauftragten verantwortlichen Person untersagen und, wenn der Unternehmer der Untersagung nicht nachkommt, verhindern. Dies gilt entsprechend, wenn bei juristischen Personen und Personenhandelsgesellschaften die Voraussetzungen des Satzes 1 bei einer der nach Gesetz, Satzung oder Gesellschaftsvertrag zur Vertretung berechtigten Person vorliegen.

1 Die Vorschrift gibt der Bergbehörde ein abgestuftes Instrumentarium zur Entfernung ungeeigneter oder unzuverlässiger Personen aus dem Betrieb. Die Bergbehörde kann durch unselbstständige Ordnungsverfügung gegenüber dem Unternehmer
– die Beschäftigung verantwortlicher Personen untersagen (Absatz 1 Satz 1)
– die Fortführung des Betriebes untersagen, wenn er der Aufforderung nach Absatz 1 Satz 1 nicht nachkommt (Absatz 1 Satz 2) oder selbst die Zuverlässigkeit oder Fachkunde nicht besitzt (Absatz 2 Satz 1).

2 Der Begriff „**Zuverlässigkeit**" wird im BBergG nicht definiert. Insofern kann aber auf die Rechtsprechung zum Gewerberecht zurückgegriffen werden. Danach ist derjenige unzuverlässig, der nicht die Gewähr dafür bietet, dass er in Zukunft eine Tätigkeit ordnungsgemäß, insbesondere im Einklang mit den rechtlichen Vorschriften, ausüben wird (BVerfGE 65, 1 f.).

3 Ebenso ist der Begriff „**Fachkunde**" im BBergG nicht definiert. Allgemein wird hierunter die durch Ausbildung und Erfahrung erworbene Befähigung der bestellten Person verstanden, seinen Pflichten i. S. d. Bestellung nachzukommen und sein Handeln zu verantworten. Sie bedeutet nicht nur Kenntnisse, die durch praktische Tätigkeit erlangt sein können, sondern in erster Linie theoretische Kenntnisse aufgrund einer Fachausbildung und einer entsprechenden Abschlussprüfung. Die erforderliche Ausbildung hängt von der Größe des Betriebes und der Bedeutung der übertragenen Aufgabe für den Betrieb und die Betriebssicherheit ab. Zu den Voraussetzungen für die fachliche Eignung s. auch § 76 Absatz 1–3 BBiG.

Vollziehbare und nicht mehr anfechtbare Entscheidungen der Bergbehörde, **4** durch die gemäß § 73 Absatz 2 dem Unternehmer die Fortführung des Betriebes untersagt wurde, werden gemäß § 149 Absatz 2 Satz 1 Nr. 1 lit. b GewO in das beim Bundesamt der Justiz geführte Gewerbezentralregister eingetragen. Nicht eingetragen werden Entscheidungen nach § 73 Absatz 1 Satz 1.

Die Bergbehörde kann die Fortführung des Betriebes nur untersagen, wenn die **5** Ordnungsverfügung auf Untersagung der Beschäftigung vom Unternehmer nicht beachtet wurde. Obwohl im Falle des Absatz 2 (Unzuverlässigkeit des Unternehmers) eine vorherige Ordnungsverfügung gegen den Unternehmer auf Untersagung der Leitung des Bergbaubetriebs nicht – im Gegensatz zum früheren § 76 ABG NRW und Saarl. – gesetzlich vorgesehen ist, gebietet der Grundsatz der Verhältnismäßigkeit die Anwendung dieses zunächst milderen Mittels.

§ 73 gibt der Bergbehörde die Möglichkeit des Einschreitens („kann"). Ob die **6** Bergbehörde von ihr Gebrauch macht, steht in ihrem pflichtgemäßen Ermessen. Der Unternehmer kann sich jedenfalls nicht darauf berufen, die Bergbehörde sei nach § 73 Absatz 1 nicht vorgegangen, sodass er sich die Unzuverlässigkeit der verantwortlichen Person nicht zurechnen zu lassen brauche. Verantwortlich für die bestellten Personen bleibt trotz § 73 Absatz 1 der Unternehmer.

Die Ordnungsverfügung richtet sich gegen den Unternehmer, sie kann im **7** Verwaltungsvollstreckungswege durchgesetzt werden. Die Bergbehörde kann die Vollstreckung zwar nach dem Gesetzeswortlaut neben der Anordnung nach Absatz 1 Satz 2 auf Untersagung in Angriff nehmen, doch kann im Einzelfall der Grundsatz der Verhältnismäßigkeit die Durchführung zunächst des Vollstreckungsverfahrens vor der Untersagung des Betriebes erfordern. Der verantwortlichen Person steht als Drittbelasteter ein eigenes Recht zur Anfechtung der Ordnungsverfügung zu (Oversohl, Die Rechtsstellung der Aufsichtspersonen in den Bergwerksbetrieben, Diss. Münster, 1968, 138, Weller, ZfB 106 (1965), 437, 446).

Nach dem früheren Recht konnte die „Abberufung" von Aufsichtspersonen **8** verlangt werden (§ 76 Absatz 3 ABG NRW), während § 73 Absatz 1 zur Untersagung der „Beschäftigung in dem ihr übertragenen Aufgabenbereich" berechtigt. In beiden Fällen ist dasselbe gemeint: es wird nicht die Entlassung der verantwortlichen Person, sondern nur eine andere Aufgabenzuweisung verlangt.

Die Untersagungsverfügung muss das letzte der denkbaren Mittel sein. Alle **9** weniger einschneidenden Mittel müssen vorher erfolglos ergriffen worden sein, und zwar sowohl im Falle des Absatz 1 Satz 2 als auch im Falle des Absatz 2. Dazu gehören z. B. die Versagung der Betriebsplanzulassung gemäß §§ 52 Absatz 4, 55 Absatz 1 Nr. 2 oder das Ordnungswidrigkeitsverfahren gemäß § 145 Absatz 1 Nr. 16, die neben der Anordnung nach § 73 zulässig sind. Wegen des Verhältnismäßigkeitsgrundsatzes – sind beide Anordnungen schon kraft Gesetzes befristet, nämlich „bis zur Befolgung der Anordnung" (Absatz 1) bzw. „bis zur Bestellung einer mit der Gesamtleitung beauftragten verantwortlichen Person" (Absatz 2).

Die Untersagungsanordnung stellt trotz ihres erheblichen Eingriffs in den Berg- **10** werksbetrieb keine entschädigungspflichtige Enteignung dar, sondern eine zulässige inhaltliche Bestimmung des Bergwerkseigentums (Oversohl, aaO, S. 141, Weller, ZfB 106 (1965), 437, 445), denn der Unternehmer hat hierzu eine wesentliche Veranlassung gegeben.

§ 74   Hilfeleistung, Anzeigepflicht

(1) Bei Betriebsereignissen, die eine Gefahr für Beschäftigte oder Dritte herbeigeführt haben oder herbeizuführen geeignet sind, kann die zuständige Behörde, soweit erforderlich, die zur Abwehr der Gefahr oder zur Rettung Verunglückter oder gefährdeter Personen notwendigen Maßnahmen anordnen.

(2) Der Unternehmer und auf Verlangen der zuständigen Behörden auch die Unternehmer anderer bergbaulicher Betriebe haben unverzüglich die zur Ausführung der nach Absatz 1 angeordneten Maßnahmen erforderlichen Arbeitskräfte, Geräte und Hilfsmittel zur Verfügung zu stellen. Aufwendungen, die den Unternehmern anderer bergbaulicher Betriebe entstehen, hat der Unternehmer zu tragen, in dessen Betrieb die zur Verfügung gestellten Arbeitskräfte, Geräte und Hilfsmittel eingesetzt worden sind.

(3) Der Unternehmer hat der zuständigen Behörde
1. Betriebsereignisse, die den Tod oder die schwere Verletzung einer oder mehrerer Personen herbeigeführt haben oder herbeiführen können, und
2. Betriebsereignisse, deren Kenntnis für die Verhütung oder Beseitigung von Gefahren für Leben und Gesundheit der Beschäftigten oder Dritter oder für den Betrieb von besonderer Bedeutung ist, unverzüglich anzuzeigen.

1 Während in § 61 Absatz 1 Nr. 2 die geeigneten Maßnahmen zur Abwehr von Gefahren oder zur Rettung von Verunglückten bereits zu den allgemeinen Aufgaben des Unternehmers gerechnet werden, schafft § 74 eine über § 71 hinausgehende Ermächtigung zu bergbehördlichen Anordnungen. Die gefährlichen Betriebsereignisse i. S. von § 74 sind folglich sowohl in die ordnende Hand des Unternehmers wie die der Bergbehörde überantwortet. Die Maßnahmen der Behörden unterliegen nicht den Voraussetzungen des § 71, es handelt sich vielmehr um **unselbstständige Ordnungsverfügungen gemäß § 74.**

2 Vorgänger hatte § 74 schon in §§ 204, 205 ABG. Über das frühere Recht hinausgehend schafft § 74 eine Ermächtigung nicht nur für Betriebsereignisse, die Gefahren für Personen herbeigeführt haben, sondern auch für solche, die Gefahren herbeizuführen geeignet sind.

3 Die Bergbehörde hat nach pflichtgemäßem Ermessen („kann") zu entscheiden, ob und wie sie einschreiten will. Ein Einschreiten wird nicht erforderlich sein, wenn der Unternehmer bereits seiner Verpflichtung aus § 61 Absatz 2 Nr. 2 nachgekommen ist.

4 Die Anwendung des Absatz 2 setzt voraus, dass eine Anordnung nach Absatz 1 vorausgegangen ist. Das gilt sowohl für die Hilfeleistungsmaßnahmen des Unternehmers als auch die des Unternehmers anderer bergbaulicher Betriebe. Das Verlangen zur Hilfeleistung an den anderen Betrieb ist ein selbstständig anfechtbarer Verwaltungsakt. Er hat insofern drittbelastende Wirkung, als der unterstützte Unternehmer die Kosten nach § 74 Absatz 2 Satz 2 zu tragen hat und er den gleichen Erfolg mit eigenen Mitteln wirtschaftlicher erreicht hätte. Der Aufwendungsersatzanspruch nach § 74 Absatz 2 Satz 2 ist privatrechtlicher Natur und vor dem Zivilgericht einklagbar.

5 § 74 Absatz 1 ist mit der Untersuchung von Unfällen nicht in Zusammenhang zu bringen. Soweit sich eine derartige Befugnis nicht aus den Aufgaben und Mitteln der Bergaufsicht als solcher ergibt, kann sie sich aus Verwaltungsvorschriften aus § 193 SGB VII ergeben. Danach haben die Unternehmer Unfälle von Versicherten **dem Unfallversicherungsträger anzuzeigen,** wenn Versicherte getötet oder so verletzt sind, dass sie mehr als 3 Tage arbeitsunfähig werden. Gemäß § 193 Absatz 7 SGB VII hat der Unternehmer in Unternehmen, die der bergbehördlichen Aufsicht unterstehen, eine Durchschrift der Anzeige an die zuständige untere Bergbehörde zu senden. Einzelheiten zum Inhalt der Anzeige, Form, Art und Weise der Ermittlung ergeben sich aus der **Unfallversicherungs-Anzeigen-VO** v. 23.1.2002 (BGBl, 554).

In § 74 Absatz 3 werden bestimmte Betriebsereignisse für anzeigepflichtig **6** erklärt. Die dort genannten Tatbestände sind sehr umfassend und damit unbestimmt gehalten, was bedenklich ist, weil gemäß § 145 Absatz 1 Nr. 18 ordnungswidrig handelt, wer ein Betriebsereignis nicht, nicht richtig, nicht vollständig oder nicht unverzüglich anzeigt. Gerade unter diesem Aspekt wäre es erforderlich gewesen, nicht derart auslegungsbedürftige Begriffe wie „schwere Verletzung herbeiführen können" oder „Betriebsereignisse, deren Kenntnis für die Verhütung von Gefahren für den Betrieb von besonderer Bedeutung ist" zu verwenden. Die Gesetzesbegründung spricht selbst von erforderlicher Konkretisierung durch Verwaltungsvorschriften (Zydek, 329).

Eine beispielhafte Aufzählung der **Ereignisse von besonderer Bedeutung** enthalten die Rundverfügungen des früheren LOBA NRW v. 19.12.1954, **7** 9.11.2001, 30.4.2004 (alle SBl LOBA NRW A7): Unfälle mit Todesfolge, oder bei denen Personen unter Tage eingeschlossen sind, oder die in der Öffentlichkeit Aufsehen erregen können; Explosionen; Schlagwetter; bedeutende Gewässerverunreinigungen; Schadensfälle bei Transport oder Ablagerung von umweltgefährdenden Abfällen; Grubenbrände; Grubengaszündungen; Gebirgsschläge; Unfälle bei Seilfahrt- oder Förderanlagen; Sprengungen; Einsturz aufgelassener Schächte; Wassereinbrüche u. a. Ähnlich auch die Hinweise des Thüringer Landesbergamts zur Umsetzung der Anzeigepflicht – Stand 2.8.2007 – die z. B. noch ergänzen: Ausfall der Energieversorgung, Tagesbrüche, außergewöhnliche Emissionen, Schadensfälle beim Abfalltransport, Rutschungen, Bodenbewegungen, Auslaufen wassergefährdender Stoffe, Bohrlochbrüche, Eruptionen.

SECHSTER TEIL   **Berechtsamsbuch, Berechtsamskarte**

§ 75   Anlegung und Führung des Berechtsamsbuchs und der Berechtsamskarte

(1) Bei der zuständigen Behörde werden ein Berechtsamsbuch und eine Berechtsamskarte angelegt und geführt.

(2) In das Berechtsamsbuch sind einzutragen
1. Erlaubnisse, Bewilligungen, Bergwerkseigentum und nach § 149 aufrechterhaltene Bergbauberechtigungen,
2. Änderungen der in Nummer 1 genannten Bergbauberechtigungen durch Vereinigung, Teilung, Austausch oder Zulegung.

(3) In der Berechtsamskarte sind einzutragen
1. die Felder, auf die sich die in Absatz 2 Nr. 1 genannten Bergbauberechtigungen beziehen,
2. die Veränderungen der Felder, die sich aus den in Absatz 2 Nr. 2 genannten Änderungen ergeben,
3. Baubeschränkungsgebiete.

(4) Die Eintragungen in das Berechtsamsbuch und die Berechtsamskarte werden von Amts wegen vorgenommen.

(5) Erloschene Bergbauberechtigungen sind im Berechtsamsbuch zu löschen. Auf der Berechtsamskarte ist das Erlöschen in geeigneter Weise zu kennzeichnen.

1   Die Vorschriften der §§ 75, 76 bilden einen eigenen Teil im Gesetz. Der Gesetzgeber argwöhnte bei der Formulierung wohl, dass die Neuordnung des Berechtsamswesens trotz der ausführlichen und differenzierten Regelungen eine gewisse Unübersichtlichkeit der aufrechterhaltenen wie auch der neuen Bergbauberechtigungen mit sich bringen könnte. Deshalb ordnet § 75 zunächst das **Anlegen und Führen eines Berechtsamsbuchs und einer Berechtsamskarte** an.

2   Das **Berechtsamsbuch** soll einen Überblick über den Bestand an alten und neuen Rechten geben. Es wird in Loseblattform bei den Oberbergämtern von **Amts wegen** geführt und setzt sich aus den für die einzelnen Bergbauberechtigungen angelegten Berechtsamsblättern zusammen (Boldt/Weller, § 75 Rn 3). Die Berechtsamsblätter enthalten u. a. die Feldesbezeichnung bzw. den Namen des Bergwerkseigentums sowie Angaben über die Lage und Größe des Feldes, die Bodenschätze, den Rechtsinhaber, Veränderungen der Berechtigung und über die Laufzeit.

3   Die **Führung einer Berechtsamskarte** ist wegen der **Gebietsbezogenheit der Berechtigungen** vorgesehen und soll der schnelleren Orientierung dienen. Sie setzt sich zusammen aus einer topographischen Grundkarte im Maßstab 1:25.000 und mindestens fünf Deckblättern. Diese sind als transparente Folien angelegt, jeweils ein Blatt für die Eintragungen der Erlaubnis-, Bewilligungs- und Bergwerksfelder, der Felder aufrechterhaltener Berechtigungen auf grundeigene Bodenschätze und der Baubeschränkungsgebiete. Auch die Berechtsamskarte ist von Amts wegen zu führen (Absatz 4).

4   Während in das **Berechtsamsbuch** grundsätzlich alle aufrechterhaltenen oder neuen Berechtigungen und ihre Änderungen einzutragen sind (Absatz 2), hat die **Berechtsamskarte** als Instrument der schnellen Orientierung die Aufgabe, über die **Felder**, ihre Veränderungen und über behördlich festgelegte **Baubeschränkungsgebiete** im Sinne der §§ 107–109 (zur Definition und zu den Voraus-

setzungen s. Boldt/Weller, § 107 Rn 2 ff.; unten § 107 Rn 2 ff.) Auskunft zu geben (Absatz 3).

Berechtsamsbuch und Berechtsamskarte genießen **keinen öffentlichen Glauben.** 5 Ihre Eintragungen haben keine konstitutive Wirkung für den Bestand oder die Änderung von Berechtigungen. Rechtsbegründende, rechtshindernde oder sonst rechtsgestaltende Akte bleiben durch die Eintragungen unberührt.

Berechtsamsbuch und Berechtsamskarte begründen auch **keine Pflicht** des Unter- 6 nehmers zu **Änderungsmeldungen,** da die Eintragungen oder Nachträge lediglich solche Tatbestände dokumentieren, die der zuständigen Behörde von Amts wegen bereits bekannt sind.

Erlöschen Berechtigungen, so sind sie auch im Berechtsamsbuch zu löschen. Auf 7 der Berechtsamskarte ist das Erlöschen in geeigneter Weise nach katastermäßigen Grundsätzen durch „Kreuzen" und ggf. Vergabe neuer Feldesnummern (Boldt/Weller, § 75 Rn 4) kenntlich zu machen (Absatz 5).

§ 76 Einsicht

(1) Die Einsicht in das Berechtsamsbuch, in die Berechtsamskarte und in Urkunden, auf die in der Eintragung Bezug genommen wird, ist jedem gestattet, der ein berechtigtes Interesse darlegt. Ausgenommen sind Urkunden, die Geschäfts- oder Betriebsgeheimnisse enthalten.

(2) Soweit die Einsicht gestattet ist, können Auszüge gefordert werden, die auf Verlangen zu beglaubigen sind.

§ 76 räumt jedem, der ein **berechtigtes Interesse** darlegen kann, ein **Recht auf** 1 **Einsicht** in das Berechtsamsbuch, die Berechtsamskarte und in solche Urkunden ein, auf die die Eintragungen Bezug nehmen.

Berechtigtes Interesse im Sinne dieser Vorschrift ist jedes nach vernünftiger 2 Erwägung durch die Sachlage gerechtfertigtes schutzwürdiges Interesse rechtlicher, wirtschaftlicher oder ideeller Art am Gegenstand der Eintragung (Redeker/von Oertzen, VwGO, § 43 Rn 20 ff.; zu den Personen, die ein berechtigtes Interesse vorrangig darlegen können, s. Boldt/Weller, § 76 Rn 1). Es ist zu unterscheiden vom rechtlichen Interesse (etwa §§ 29 VwVfG; 256 ZPO) und vom rechtlich geschützten Interesse, das ausdrücklich eingeräumten Rechten gleichsteht (zum rechtlichen Interesse: Kopp-Ramsauer, VwVfG, § 13 Rn 35; zum rechtlich geschützten Interesse: derselbe, aaO, § 9 Rn 6 ff.).

Begrenzt ist das Einsichtrecht auf die vom Antragsteller dargelegten berechtigten 3 Interessen und bei Urkunden, die Geschäfts- oder Betriebsgeheimnisse enthalten. Die Entscheidung über das Einsichtrecht und seine Begrenzung liegt im pflichtgemäßen Ermessen der zuständigen Behörde.

Im Umfang des gewährten Einsichtrechts können Auszüge aus Berechtsams- 4 buch, Berechtsamskarte und den dazugehörigen Urkunden gefordert werden. Sie sind auf Verlangen des Einsichtsberechtigten zu beglaubigen. Für die Beglaubigung gilt § 34 VwVfG (zur Verwaltungsgebührenpflicht bei der Beglaubigung: Boldt/Weller, § 76 Rn 3).

SIEBENTER TEIL   **Bergbau und Grundbesitz, öffentliche Verkehrsanlagen**

ERSTES KAPITEL   **Grundabtretung**

ERSTER ABSCHNITT   **Zulässigkeit und Voraussetzungen der Grundabtretung**

§ 77   Zweck der Grundabtretung

(1) Nach den Vorschriften dieses Kapitels kann auf Antrag des Unternehmers eine Grundabtretung durchgeführt werden, soweit für die Errichtung oder Führung eines Gewinnungsbetriebes oder Aufbereitungsbetriebes einschließlich der dazugehörigen, in § 2 Abs. 1 Nr. 1 bezeichneten Tätigkeiten und Einrichtungen die Benutzung eines Grundstücks notwendig ist.

(2) Die Benutzung ist insbesondere dann notwendig, wenn das Vorhaben einer technisch und wirtschaftlich sachgemäßen Betriebsplanung oder Betriebsführung entspricht und die Bereitstellung von Grundstücken des Unternehmers für diesen Zweck nicht möglich oder deshalb nicht zumutbar ist, weil die Benutzung solcher Grundstücke für andere Zwecke der in Absatz 1 bezeichneten Art unerläßlich ist.

(3) Vorschriften über die Enteignung zu anderen als den in Absatz 1 bezeichneten Zwecken bleiben unberührt.

Übersicht   Rn.

I.   Einführung   1
1.   Begriff der Grundabtretung   1
2.   Grundabtretung nach dem ABG   3
      a) Grundzüge   3
      b) Anwendungsbereich   5

II.   Grundabtretung nach dem BBergG   7
1.   Grundzüge   7
2.   Verfahrensrecht   8

III. Errichtung und Führung eines Gewinnungsbetriebs (Absatz 1)   9
1.   Bodenschätze   9
      a) Bergfreie Bodenschätze   9
      b) Grundeigene Bodenschätze   10
      c) Alte Rechte   11
      d) Bodenschätze im Beitrittsgebiet   12
2.   Benutzung eines Grundstücks   14
      a) Anwendungsbeispiele   15
      b) Vorbereitende Maßnahmen   16
      c) Sonderfälle   17

IV.   Sonstige Betriebe   21
1.   Aufbereitungsbetriebe   21
2.   Aufsuchung   23
3.   Untergrundspeicher   25
4.   Alte Halden   26

V.   Notwendigkeit der Benutzung (Absatz 2)   27
1.   Gesetzliche Definition   27
2.   Sachgemäße Betriebsplanung und Betriebsführung   28
3.   Bereitstellung eigener Grundstücke   30

VI. Antrag des Unternehmers 31
1. Verfahren 31
2. Inhalt des Antrags 32
VII. Andere Enteignungsvorschriften (Absatz 3) 39

I. Einführung

1. Begriff der Grundabtretung

Unter Grundabtretung wird die Befugnis des Bergbautreibenden verstanden, für **1** Zwecke des eigenen Bergbaus fremden Grund und Boden zwangsweise in Anspruch zu nehmen. Das Recht auf Grundabtretung ist eng verknüpft mit dem Prinzip der Bergbaufreiheit, d. h. der rechtlichen Trennung der Bodenschätze vom Grundeigentum durch Schaffung einer eigenständigen Bergbauberechtigung. Ohne die Befugnis zur Benutzung fremder Grundstücke wäre eine Bergbauberechtigung ein weitgehend inhaltsloses Recht, da sich der Bergbautreibende den Zugang zu der Lagerstätte zunächst durch technische Einrichtungen verschaffen muss: Beim Abbau im Tagebau durch Abräumen der überlagernden Deckgebirgsschichten oder beim Abbau im Tiefbergbau durch ein System von untertägigen vertikalen und horizontalen Grubenbauen. Unabhängig von dem gewählten Abbauverfahren, das sich jeweils nach dem Bodenschatz sowie Art und Mächtigkeit der Deckgebirgsschichten richtet, besteht ein weiterer Grundflächenbedarf für die eigentlichen Gewinnungsbetriebe, für deren Nebeneinrichtungen und für Aufbereitungsanlagen.

Wegen der strikten Bindung an die vorhandene Lagerstätte (Standortgebunden- **2** heit) kann der Bergbau nicht allein darauf angewiesen sein, sich die für die Aufnahme oder Fortführung seiner Betriebe notwendigen Grundflächen im Wege eines freihändigen Erwerbs zu beschaffen. In zahlreichen Fällen könnten dann Bergbauvorhaben, die auf die Gewinnung der volkswirtschaftlich wichtigen bergfreien Bodenschätze gerichtet sind, am Widerstand von Grundstückseigentümern scheitern. Seit jeher hat daher der Bergbau die Befugnis, bei diesen heute in § 3 Absatz 3 zusammengefassten Bodenschätzen eine Abgabe benötigter Grundstücke notfalls auch gegen den Willen des Grundeigentümers mit Hilfe staatlicher Stellen zu erzwingen. Zur geschichtlichen Entwicklung des Grundabtretungsrechts: Vgl. Ebel/Weller, ABG, vor § 135 Anmerkung 1 m.w.N.; Boldt/Weller, vor § 77 Rn 1 ff. Bei der normativen Regelung der Gewinnung anderer Bodenschätze hat erst eine spätere Gesetzgebung die Möglichkeit der Grundabtretung begründet (vgl. unten Rn 6).

2. Grundabtretung nach dem ABG

a) Grundzüge. War für den Betrieb des Bergbaus die Benutzung eines fremden **3** Grundstücks notwendig, musste der Grundbesitzer, sei er Eigentümer oder Nutzungsberechtigter, dasselbe an den Bergwerksbesitzer abtreten. Konnten sich die Beteiligten nicht gütlich einigen, wurden Umfang und Bedingungen der Grundabtretung durch einen gemeinschaftlichen Beschluss des Oberbergamts und der Regierung festgelegt (§ 142 ABG). Die Anlagen und Vorrichtungen, welche eine Verpflichtung zur Grundabtretung begründeten, waren in § 135 ABG aufgeführt. Das Ziel war eine feste Begrenzung der Privilegien des Bergbaus nach Zweck und Gegenstand (Motive zum ABG, ZfB 6 (1865), 164 f.). Das Grundabtretungsrecht gewährte nach dem ABG **kein Recht auf Eigentumsentziehung**, sondern war auf **Benutzung** gerichtet. Nur bei bebauten Grundstücken konnte nach einer Novelle zum ABG aus dem Jahre 1937 (ZfB 78 (1937), 162) auch die Grundabtretung zu Eigentum gefordert werden (§ 136

Absatz 2 ABG), sofern eine übergeordnete Behörde (in der Regel der Wirtschaftsminister) der Abtretung aus überwiegenden Gründen des öffentlichen Interesses zugestimmt hatte. Eine **Versagung der Abtretung** durfte nach § 136 Absatz 1 ABG nur **aus überwiegenden Gründen des öffentlichen Interesses** ausgesprochen werden. Darin kam die gesetzliche Entscheidung zum Ausdruck, wonach der Bergbau stets von öffentlichem Interesse sei und deshalb die Frage nach dem öffentlichen Interesse bei der Grundabtretung nicht mehr für den Einzelfall gestellt zu werden brauchte.

4 Zum **Ausgleich der Inanspruchnahme** war der Bergwerksbesitzer verpflichtet, dem Grundbesitzer für die entzogene Nutzung jährlich im Voraus **vollständige Entschädigung** zu leisten (§ 137 Absatz 1). **Nach beendeter Nutzung** war das Grundstück **zurückzugeben** (§ 137 Absatz 1 ABG), wobei der Bergwerksbesitzer verpflichtet war, einen verbliebenen Minderwert zu ersetzen oder das Grundstück nach Wahl des Eigentümers zu übernehmen (§ 137 Absatz 2 ABG). Bei einer mehr als drei Jahre dauernden Benutzung konnte der Grundbesitzer vom Bergwerksbesitzer die Übernahme des Grundstücks verlangen (§ 138 ABG). Bei wirtschaftlicher Entwertung des Restbesitzes als Folge der Grundabtretung war die Entschädigung entsprechend zu erweitern oder – wiederum auf Verlangen des Grundbesitzers – der Restbesitz zu übernehmen (§ 139 ABG). Die das Grundabtretungsrecht des ABG prägende Verbindung von Entschädigung, Minderwertersatz oder Anspruch auf Übernahme durch den Bergwerksbesitzer – jeweils nach Wahl und Entscheidung des Grundbesitzes – war tendenziell eigentumsfreundlich ausgestaltet und darauf ausgerichtet, die wirtschaftlichen Folgen der erzwungenen Einbuße an Nutzungsrechten so erträglich wie möglich zu gestalten. Im Grundsatz ging das Recht der §§ 135 ff. ABG von einer Einigung der Beteiligten aus. Im Bedarfsfall standen die zuständigen Behörden bereit, sowohl dem Bergwerksbesitzer als auch dem Grundeigentümer bei der Durchsetzung ihrer jeweiligen Ansprüche zu helfen (§§ 142 ff. ABG). Die Rechtsnatur der bergrechtlichen Grundabtretung war bis zum Inkrafttreten des BBergG umstritten. In zunehmendem Maße hatte sich die Auffassung durchgesetzt, dass es sich bei der Grundabtretung um eine Enteignung handle (vgl. § 79 Rn 2).

5 b) **Anwendungsbereich.** Die **Berggesetze der Länder** enthielten weitgehend identische Regelungen über die Grundabtretung und folgten insoweit inhaltlich denjenigen des preuß. ABG. Unterschiede ergaben sich jeweils insoweit, als die Länderberggesetze bei den Katalogen der vom Verfügungsrecht des Grundeigentümers ausgeschlossenen Mineralien, also nach heutiger Terminologie **bergfreien Bodenschätze**, nicht vollständig übereinstimmten. Soweit daher einzelne Mineralien nicht vom Geltungsbereich des jeweiligen Landesberggesetzes erfasst waren, bestand auch kein Recht auf Grundabtretung. In den Gesetzen, die später bestimmte Bodenschätze unter Staatsvorbehalt stellten, wie Erdölgesetz und Phosphoritgesetz, wurde die Anwendung der Grundabtretungsvorschriften des ABG jeweils ausdrücklich angeordnet. Vgl. preuß. Gesetz zur Erschließung von Erdöl und anderen Bodenschätzen vom 12.5.1934 (GS. S. 257/PrGS NRW S. 189), ZfB 75 (1935), 87; Ebel/Weller, II A 27, S. 459; Phosphoritgesetz vom 16.10.1934 (GS. S. 404/PrGS NRW S. 190), ZfB 75 (1935) 367; Ebel/Weller, II A 29, S. 462.

6 Bei Bodenschätzen, die das BBergG als **grundeigene Bodenschätze** (§ 3 Absatz 4) bezeichnet, ist ein Recht zur Grundabtretung überwiegend erst durch die sog. Silvesterverordnung vom 31.12.1942 eingeräumt worden, indem die dort genannten Bodenschätze den bergrechtlichen Vorschriften und damit auch denjenigen über die Grundabtretung unterstellt wurden (Verordnung über die Aufsuchung und Gewinnung mineralischer Bodenschätze vom 31.12.1942,

(RGBl 1943 S. 17), ZfB 83 (1943), 201 ff. Abdruck bei Ebel/Weller, III 26, S. 871). Vgl. nachstehend Rn 10, § 3 Rn 54 ff.

II.   Grundabtretung nach dem BBergG

1.   Grundzüge

Das Recht der Grundabtretung in den §§ 77 bis 106 übernimmt wesentliche   **7** Elemente des bisher geltenden Rechts, einschließlich der Bezeichnung des bergrechtlichen Zwangsrechts als Grundabtretung. Das **Grundabtretungsrecht des BBergG** ist jedoch konsequent **enteignungsrechtlich ausgestaltet**, wobei sich die Vorschriften systematisch und in ihrer Wortfassung eng an die Bestimmungen des **Baugesetzbuchs** (zur Zeit des Erlasses des BBergG: des Bundesbaugesetzes (BBauG)) anlehnen. Der gesetzlich vermutete Vorrang der Mineralgewinnung (§ 136 Absatz 1 ABG) als Grundlage für die Grundabtretungsbefugnis des Bergwerksbesitzers und als Bestandteil seines Gewinnungsrechts ist zugunsten einer Einzelfallprüfung aufgegeben. Es ist nun in jedem einzelnen Falle zu prüfen, ob die Grundabtretung dem Wohl der Allgemeinheit dient (vgl. § 79 Rn 1). Praktisch und rechtlich steht im Vordergrund der erzwungenen Grundabtretung die **Begründung eines dinglichen Nutzungsrechts**. Die **Entziehung des Eigentums** bildet eine **Ausnahme** und kommt im Wesentlichen nur in Betracht bei einem entsprechenden Verlangen des Grundeigentümers (vgl. § 81 Rn 1 f.).

2.   Verfahrensrecht

Das maßgebliche **Verfahrensrecht** ist **nicht mehr bergrechtlich** geregelt. Vielmehr   **8** sind nach § 105 auf die Grundabtretung die Vorschriften über das förmliche Verwaltungsverfahren nach dem **Verwaltungsverfahrensgesetz** (§§ 64 ff. VwVfG) anzuwenden. Anzuwenden sind die entsprechenden Vorschriften in den Gesetzen der Bundesländer; vgl. § 5 Rn 2 f. Das Verfahren wird durch einen Antrag des Unternehmers eingeleitet und mit der **Grundabtretungsentscheidung** abgeschlossen, die auch heute überwiegend noch – der früheren Bezeichnung folgend – in der Praxis als **Grundabtretungsbeschluss** bezeichnet wird (vgl. Rn 30 ff.).

III.   Errichtung und Führung eines Gewinnungsbetriebs (Absatz 1)

1.   Bodenschätze

a) Bergfreie Bodenschätze. Eine Grundabtretung kann nach Absatz 1 durch-   **9** geführt werden, soweit für die Errichtung oder Führung eines Gewinnungsbetriebs die Benutzung eines Grundstücks notwendig ist. **Gewinnungsbetrieb** sind Einrichtungen zur Gewinnung von bergfreien und grundeigenen Bodenschätzen (vgl. die Legaldefinition in § 4 Absatz 8). Damit ist bei Vorliegen der Voraussetzungen im Übrigen bei den **bergfreien Bodenschätzen** ein Recht auf Grundabtretung gegeben im Hinblick auf die von § 3 Absatz 3 Satz 1 erfassten Bodenschätzegruppen eins bis fünf, d. h. bis einschließlich Flussspat und Schwerspat. Bei den fiktiv als bergfrei bezeichneten Bodenschätzen im Bereich des **Festlandsockels** und der **Küstengewässer** (§ 3 Absatz 3 Satz 2 Nr. 1 und Nr. 2 Buchstabe a) ist in Ermangelung eines Grundstücks mit dinglicher Zuordnung zu einem Rechtsinhaber zwar eine Grundabtretung schwer vorstellbar, kommt möglicherweise aber in Betracht für Nebeneinrichtungen und Einrichtungen i. S. von § 2 Absatz 1 Nr. 3, die an Land errichtet werden. Bei der Gewinnung von **Erdwärme** (§ 3 Absatz 3 Satz 2 Nr. 2 Buchstabe b) gilt dasselbe wie bei den

Bodenschätzen der ersten fünf Gruppen. Hier ist zu beachten, dass die Nutzung von Erdwärme nicht dem BBergG unterliegt, weil sie nicht als Aufbereitung gilt (§ 4 Absatz 3 letzter Halbsatz). Für **Anlagen zur Nutzung von Erdwärme** ist daher eine Grundabtretung nicht möglich.

10   **b) Grundeigene Bodenschätze.** Die Regelungen der Grundabtretung gelten auch für Betriebe, in denen grundeigene Bodenschätze i.S. von § 3 Absatz 4 Buchstabe a) gewonnen werden. Jedoch kann mit Hilfe der Grundabtretung keine Gewinnungsberechtigung erlangt oder die eigene aus dem Eigentum am Grund und Boden abgeleitete Berechtigung räumlich ausgedehnt werden. In solchen Fällen kommt bei Vorliegen der Voraussetzungen eine **Zulegung** nach §§ 35 ff. in Betracht, die ähnlichen Regeln folgt. In Fällen der Zulegung eines grundeigenen Bodenschatzes ist nach der Rechtsprechung zusätzlich ein Grundabtretungsverfahren durchzuführen (vgl. BVerwG, DVBl 1995, 1018 = ZfB 1995, 190; BVerwG, ZfB 2009, 46; Beckmann/Wittmann, ZfB 2009, 32). Zweifelhaft ist, ob eine Grundabtretung auch zugunsten von Betrieben möglich ist, die **untertägig** Bodenschätze gewinnen, die den Katalogen der bergfreien und grundeigenen Bodenschätze **nicht angehören** (§ 3 Absatz 4 Nr. 2). Die Unterstellung solcher Betriebe unter das BBergG ist in Fortführung länderspezifischer Regelungen nicht wegen ihrer volkswirtschaftlichen Bedeutung erfolgt, sondern wegen des Risikopotenzials, das solche Betriebe im Hinblick auf die Beschäftigten und die Oberfläche verkörpern und dem durch Anwendung der Vorschriften über das Betriebsplanverfahren und die Bergschadenshaftung begegnet werden soll. Insoweit erscheint eine bevorzugte rechtliche Stellung gegenüber anderen nicht vom BBergG erfassten so bezeichneten **Grundeigentümerbodenschätzen** (vgl. hierzu § 3 Rn 70 ff.) und damit die Anwendung der Grundabtretungsvorschriften problematisch.

11   **c) Alte Rechte.** Für die in den §§ 149 ff. aufgeführten alten Rechte und Verträge sind die Grundabtretungsvorschriften anzuwenden, sofern diese Rechte und Verträge die Voraussetzungen der Aufrechterhaltung erfüllt haben, innerhalb von drei Jahren nach Inkrafttreten des BBergG bei der zuständigen Behörde angezeigt wurden und ihr Aufrechterhalt bestätigt worden ist (§ 149 Absatz 1 Satz 1). Je nach dem Inhalt des alten Rechts sind damit auch Bodenschätze rechtlich als bergfreie oder grundeigene Bodenschätze im Sinne des Gesetzes zu behandeln, die nicht in den entsprechenden Katalogen des § 3 Absatz 3 und 4 aufgeführt sind.

12   **d) Bodenschätze im Beitrittsgebiet.** Im Rechtsgebiet der ehemaligen DDR wurden nach dem Berggesetz (DDR-BG) sämtliche mineralischen Rohstoffe vom Bergrecht erfasst. Bodenschätze waren nach § 3 DDR-BG diejenigen mineralischen Rohstoffe, deren Benutzung von volkswirtschaftlicher Bedeutung war. Unmittelbar vor der Wiedervereinigung erging eine Verordnung zur Verleihung von Bergwerkeigentum vom 15. August 1990 (BGBl I Nr. 53 ff., 1071). Zur Rechtsentwicklung vgl. Boldt-Weller, Erg.-Bd., Anhang, Rn 5 ff. Die Verordnung enthielt eine Anlage, welche die volkswirtschaftlich wichtigen Rohstoffe (Bodenschätze) aufführte. Darunter befanden sich im Sinne der Terminologie des BBergG bergfreie und grundeigene Bodenschätze wie auch nichtbergrechtliche Grundeigentümerbodenschätze, wie z.B. Kiese und Kiessande, Gesteine zur Herstellung von Schotter und Split, aber auch zur unterirdischen behälterlosen Speicherung geeignete Formationen und Gesteine. Der **Einigungsvertrag** hat dieser unterschiedlichen rechtlichen Ausgangslage dadurch Rechnung getragen, dass sämtliche von § 3 DDR-BG erfassten mineralischen Rohstoffe zu bergfreien Bodenschätzen im Sinne des BBergG erklärt wurden, unabhängig von ihrer Einordnung nach den westdeutschen Bergrechtsbestimmungen. Durch das Gesetz zur Vereinheitlichung der Rechtsverhältnisse bei Bodenschätzen vom 15. April 1996 (BGBl I, 602) wurde der unterschiedliche Rechtszustand beendet (eingehend hierzu § 3 Rn 23 ff.). Soweit bei Inkrafttreten des Gesetzes Bergbauberechtigungen auf nicht in § 3 Absatz 3 aufgeführte Bodenschätze erteilt waren, blieben diese unberührt.

Im **Beitrittsgebiet gelegene Gewinnungsbetriebe** können danach eine Grundabtretung auch dann für sich in Anspruch nehmen, wenn sie **nicht im BBergG aufgeführte Bodenschätze** gewinnen, solange eine nach dem Recht der DDR erteilte Bergbauberechtigung wirksam fortgilt. Wird ein solcher Betrieb, z. B. ein Auskiesungsbetrieb, in einen Bereich fortgeführt, für den keine Bergbauberechtigung (mehr) besteht, sind die für nichtbergrechtliche Grundeigentümerbodenschätze geltenden Bestimmungen anzuwenden mit der Folge, dass weder eine Zulegung noch eine Grundabtretung möglich ist. **13**

2. Benutzung eines Grundstücks

Eine Grundabtretung kann nur durchgeführt werden, wenn die Benutzung eines Grundstücks notwendig ist, um einen Gewinnungs- oder Aufbereitungsbetrieb zu errichten oder zu betreiben. Im Einzelnen werden die Zwecke, für die eine Grundabtretung zulässig ist, unter Rückgriff auf die Legaldefinition der Gewinnung (§ 4 Absatz 2), der Aufbereitung (§ 4 Absatz 3) mit dem dort geforderten betrieblichen oder räumlichen Zusammenhang sowie auf die sonstigen in § 2 Absatz 1 Nr. 1 bis 3 bezeichneten Nebeneinrichtungen und -tätigkeiten umschrieben. Neben der erstmaligen Errichtung wird auch die Fortführung eines Gewinnungsbetriebs sofern sie zu einem späteren Zeitpunkt einen erneuten Flächenbedarf erfordert, vom Grundabtretungszweck gedeckt: Im Tiefbergbau kann wegen Erschöpfung von Lagerstättenteilen im Kernfeld einer Schachtanlage nach einigen Jahrzehnten die Errichtung von neuen Wetter- und Seilfahrtschächten (sog. Anschlussbergwerke) erforderlich werden. Der – technisch unvermeidbare – Anfall unverwertbarer Nebengesteine beim Teufen von Schächten, bei der Auffahrung untertägiger Strecken und bei der Aufbereitung nötigt von Zeit zu Zeit zur Bereitstellung neuer Haldenplätze. **14**

a) Anwendungsbeispiele. Ohne Anspruch auf eine erschöpfende Aufzählung ist eine Grundabtretung möglich für das **Abräumen der Oberfläche im Tagebau,** für das **Herstellen von Schächten** und anderen Grubenbauen, die **Errichtung von Tagesanlagen,** ferner die Schaffung von Wegen zum Gewinnungsbetrieb oder von Einrichtungen zum Abtransport der geförderten Bodenschätze (z. B. Grubenbahnen, Seilbahnen, Rohrleitungen). Mit dem Gewinnungsbetrieb in unmittelbarem betrieblichen Zusammenhang stehen ferner **Halden** für das bei der Gewinnung oder Aufbereitung unvermeidbar anfallende taube Gestein (Bergehalden) sowie **Lagerplätze** für aufbereitete Bodenschätze, für Material oder sonstige Massen, z. B. Abfälle. Bei den zuletzt genannten Beispielsfällen rechtfertigt sich die Unterstellung unter § 77 mit der Überlegung, dass die Mineralgewinnung empfindlich gestört wird, wenn Haldenplätze für Bergematerial oder Produkte nicht vorhanden sind (vgl. VG Aachen, ZfB 119 (1978), 382). Schließlich ist eine Grundabtretung möglich für **Zwecke der Wiedernutzbarmachung** (§ 2 Absatz 1 Nr. 2). Dies gilt insbesondere zur Durchführung der ordnungsgemäßen Einbettung bergbaulicher Anlagen in die Umgebung entsprechend landschaftsschutzrechtlichen Vorschriften oder für die Verfüllung von Tagebauen oder Schächten (vgl. Nds. OVG, ZfB 2008, 185). **15**

b) Vorbereitende Maßnahmen. Eine Grundabtretung ist auch bei vorbereitenden und Erkundungsmaßnahmen möglich (BVerwGE 87, 241 = ZfB 1991, 129 – Garzweiler II), wie etwa Bohrungen zur näheren Erkundung der Beschaffenheit der Lagerstätte oder der Grundwasserverhältnisse, die an unterschiedlichen Orten im Vorfeld der Gewinnung niedergebracht werden müssen, um die **16**

Planungsunterlagen zu vervollständigen. Muss ein Tagebau frei von Grundwasser gehalten werden, gehören daher Pumpen, die weit vor dem Tagebau angebracht werden, zu den dienenden Einrichtungen der Gewinnung, weil sie diese vorbereiten (vgl. § 2 Absatz 1 Nr. 3, § 4 Absatz 2); die benötigten Grundstücke sind daher einer Grundabtretung zugänglich. Einen Hinweis darauf, dass auch Maßnahmen, welche die Planung verbessern, von § 77 Absatz 2 erfasst sind, gibt die Vorschrift mit der Wendung, dass das Vorhaben einer technisch und wirtschaftlichen sachgemäßen **Betriebsplanung** entsprechen müsse. Immer muss aber die Massnahme, der eine vorbereitende Tätigkeit dient, selbst zu den in § 77 Absatz 1 aufgeführten Tätigkeiten und Einrichtungen gehören.

17 c) **Sonderfälle.** Eine **dauerhafte** oder **zeitlich längere** Benutzung eines Grundstücks ist der Grundabtretung **nicht wesenseigentümlich**. Auch **kurzfristige Benutzungen** wie das Recht zum Betreten eines Grundstücks können mit Hilfe des Zwangsrechts durchgesetzt werden. Das gilt insbesondere dann, wenn Daten und Unterlagen beschafft werden müssen, um die für die **Zulassung von Betriebsplänen nötigen Nachweise** i. S. von § 52 Absatz 4 führen zu können. Ein denkbarer Anwendungsfall ist die Untersuchung der Bausubstanz eines Gebäudes, dessen bergbaubedingte Beschädigung wegen seiner Eigenschaft als Baudenkmal als Gemeinschaden eingestuft werden könnte, im Hinblick auf seine Standfestigkeit und etwa erforderliche Sicherungsmaßnahmen. Weigert sich der Eigentümer eines solches Gebäudes, zum Schutz des Gebäudes notwendige Untersuchungs- und/oder Sicherungsmaßnahmen vornehmen zu lassen, kann ein Grundabtretungsbeschluss ergeben, der den Eigentümer zwingt, diese Maßnahmen einschließlich des Betretens des Grundstücks zu dulden. Der Einsatz des Grundabtretungsrechts rechtfertigt sich in diesem Falle aufgrund der Überlegung, dass der Eigentümer allein aufgrund seiner Weigerung ein Bergbauvorhaben verhindern könnte, obwohl die Norm des § 55 Absatz 1 Nr. 9 nicht dem Schutz der Eigentümerinteressen, sondern dem Schutz öffentlicher Interessen dient.

18 Das Instrument der Grundabtretung kann auch eingesetzt werden, um bei einer **Umweltverträglichkeitprüfung** die entscheidungserheblichen Angaben im Sinne des § 57 a Absatz 2 zu beschaffen. Der als Prüfungs- und Entscheidungsgrundlage dienende **Rahmenbetriebsplan** muss die zu erwartenden erheblichen Auswirkungen des Vorhabens auf die Umwelt und die Maßnahmen beschreiben, mit denen erhebliche Beeinträchtigungen der Umwelt vermieden, vermindert oder ausgeglichen werden. Hierzu sind in der Regel Bestandsaufnahmen von Fauna und Flora auf den möglicherweise betroffenen Grundstücken erforderlich (vgl. auch § 2 UVP-V) und damit das Betreten und der Aufenthalt auf solchen Grundstücken. Die Duldung solcher Ermittlungen kann im Weigerungsfalle durch eine Grundabtretung erzwungen werden.

19 **Kein Grundabtretungsanspruch** besteht für die Errichtung von **Wohnungen für Betriebspersonal oder Arbeiter** (Ebel/Weller, § 135 Anmerkung 2 m. w. N.) oder für die **Gewinnung von Versatzmaterial aus einem fremden Grundstück** (so bereits früher die Verwaltungspraxis, vgl. Ebel/Weller, § 135 Anmerkung 3; kritisch Isay, § 135 Anmerkung 5), und zwar auch dann nicht, wenn die Bergbehörde einen Abbau nur unter der Bedingung des Versatzes zugelassen hat oder dem Bergbautreibenden gegenüber die Anordnung ergangen ist, zur Vermeidung von Schäden auf der Oberfläche nachträglich Versatz einzubringen. Zweck der Grundabtretung ist es neben dem Ziel, die Gewinnung wichtiger Rohtoffe zu ermöglichen, den Erschwernissen zu begegnen, die sich aus der **Standortgebundenheit** eines Gewinnungsbetriebs ergeben (vgl auch § 79 Absatz 1). Dieser Aspekt wird in den vorstehenden Fällen nicht berührt. Ob die Grundabtretung eingesetzt werden kann, um der **Entstehung von Bergschäden** vorzubeugen oder **entstandene Bergschäden** zu beseitigen (Preuß. Verwaltungspraxis, Nachweise bei Isay, § 135 Anmerkung 5) ist – abgesehen von den oben (Rn 17, 18) erwähnten Fällen der Nachweisführung im Betriebsplanverfahren – rechtlich zweifelhaft. **Nicht möglich** ist der Einsatz des Grundabtretungsrechts auch zum Zweck der **Beschaffung von Ersatzland** für Betroffene, die einem Bergbauvorhaben weichen müssen. In solchen Fällen kommen aber (landesrechtliche) Vorschriften entsprechend **Absatz 3** als Grundlage von Enteignungsmaßnahmen in Betracht (vgl. Rn 38).

Das **planmäßige Zubruchbauen** der Oberfläche ist eine **Benutzung** des Grund- **20** stücks (ständige Verwaltungspraxis und Rechtsprechung (vgl. Ebel/Weller, § 135 Anmerkung 3 m. w. N.; insbesondere RG, ZfB 28 (1887), 390). Hierunter werden Abbaumethoden verstanden, bei denen das Deckgebirge gezielt und beabsichtigt auf den Abbauhohlraum mit der Folge aufgesetzt wird, dass die Oberfläche anschließend nicht mehr oder nur eingeschränkt nutzbar ist. Der Bergbautreibende benötigte daher für diese Abbaumethode ein Nutzungsrecht an den Oberflächengrundstücken. Ein planmäßiges Zubruchbauen war in der Vergangenheit je nach Art der Lagerstätte (Braunkohle im Tiefbergbau bei geringer Teufe) notwendig, um den Abbau technisch und sicherheitlich überhaupt fortführen zu können. Diese Abbaumethode ist heute nicht mehr üblich. Davon zu unterscheiden ist das im untertägigen Steinkohlenbergbau gelegentlich so bezeichnete **Bruchbauverfahren** (auch Selbstversatz genannt), bei dem sich der durch den Abbau geschaffene Hohlraum aufgrund der Kräfte des Deckgebirges von selbst schließt. Beeinträchtigungen der Oberfläche sind in diesen Fällen nach den allgemeinen Regeln aufgrund der Duldungspflicht des Grundeigentümers mit den durch die Rechtsprechung des BVerwG (Moers-Kapellen-Urteil) begründeten Modifikationen zu dulden und im Wege des Schadensersatzes nach § 114 Absatz 1 auszugleichen (vgl. § 48 Rn 54 ff. und § 114 Rn 23 ff.).

IV. Sonstige Betriebe

1. Aufbereitungsbetriebe

Für die Errichtung und Führung eines Betriebes zur Aufbereitung kann eine **21** Grundabtretung beantragt werden. Der Aufbereitungsbetrieb ist im Gegensatz zum Gewinnungbetrieb nicht legal definiert, lässt sich aber unschwer an Hand der Kriterien in § 4 Absatz 3 bestimmen. Dabei ist zu beachten, dass der Aspekt der Standortgebundenheit bei den in Satz 1 Nr. 1 der Vorschrift genannten **physikalischen und physikalisch-chemischen Verfahren** in der Regel vorliegt, wenn die technischen Betriebsabläufe so beschaffen sind, dass ein gedachter Ausfall des Aufbereitungsbetriebs die unmittelbare Stillsetzung des Gewinnungsbetriebs zur Folge hätte. So würde etwa bei einem Ausfall der Kohlenwäsche in einem Steinkohlenbergwerk die Förderung unmittelbar gefährdet, weil die zu Tage geförderte Rohkohle zunächst von den Gesteinsanteilen befreit werden muss, die anschließend auf die Hald verbracht werden. Bei den in § 4 Absatz 3 Satz 1 Nr. 2 aufgeführten Aufbereitungsanlagen auf **chemischer Grundlage** (Kokereien, Brikettfabriken usw.) ist im Einzelnen zu prüfen, ob eine Notwendigkeit besteht, die Anlage gerade auf dem beanspruchten Grundstück zu errichten. Das gilt insbesondere für solche Aufbereitungsanlagen, die nicht in unmittelbarem räumlichem Zusammenhang mit dem Ort der Gewinnung errichtet werden sollen. Ist eine solche Anlage bereits vorhanden und droht eine technisch und wirtschaftlich sinnvolle Erweiterung an dem Widerstand eines Grundstückeigentümers zu scheitern, kann ein Grundabtretungsanspruch bestehen, weil in diesem Falle die vorhandene Aufbereitungsanlage an dem Privileg teilnimmt, das der mit ihr betrieblich verbundene Gewinnungsbetrieb wegen seiner Standortgebundenheit genießt, und damit auch eine solche Erweiterung.

22   **Weiterverarbeitungs- und Nebengewinnungsbetriebe** gelten nach § 4 Absatz 3 Satz 1 nicht als Aufbereitungsbetriebe. Für sie besteht daher **kein Grundabtretungsanspruch.** Für ein Zechenkraftwerk, in dem die geförderte und aufbereitete Kohle sogleich in Strom umgewandelt wird, der an Dritte abgegeben wird, kann daher eine Grundabtretung nicht geltend gemacht werden. Wird die erzeugte Energie überwiegend im eigenen Betrieb eingesetzt, handelt es sich um eine **dienende Einrichtung** i. S. von § 2 Absatz 1 Nr. 3, die in § 77 Absatz 1 ausdrücklich vom Zweck der Grundabtretung erfasst wird.

2.   Aufsuchung

23   Nach dem eindeutigen Wortlaut des § 77 Absatz 1 kommt für Maßnahmen der Aufsuchung **keine Grundabtretung** in Betracht. Handelt es sich um Maßnahmen der Aufsuchung (s. die Legaldefinition in § 4 Absatz 1), bei denen fremde Grundstücke benutzt werden müssen, gelten die **besonderen Vorschriften der** §§ 39 ff. Wird die erforderliche Zustimmung des Grundstückseigentümers versagt, kann sie durch **Streitentscheidung der zuständigen Behörde** ersetzt werden (§ 40 Absatz 1), bei der zugleich auch über die Höhe des Entschädigungsanspruchs entschieden wird. Der grundsätzliche Unterschied zur Grundabtretung besteht in den erleichterten Voraussetzungen für den Erhalt einer solchen Streitentscheidung. So muss nicht nachgewiesen werden, dass die Benutzung dem Wohl der Allgemeinheit dient (vgl. § 79 Absatz 2), nicht zuletzt deshalb, weil das Aufsuchen von Bodenschätzen zur Sicherung der Rohstoffversorgung nach § 1 Nr. 1 erklärtes Ziel des Gesetzes ist.

24   Führt der **Inhaber einer Bergbauberechtigung** (Bewilligung oder Bergwerkseigentum nach §§ 8 und 9) von über Tage im eigenen Feld (zum Begriff § 4 Absatz 7) Aufsuchungsmaßnahmen durch, welche die Kenntnis über Verlauf und Beschaffenheit der eigenen Lagerstätte verbessern sollen, handelt es sich um **vorbereitende Tätigkeiten der Gewinnung** und damit um solche der Gewinnung selbst (vgl. § 4 Absatz 2, § 2 Absatz 1 Nr. 1 und 3). Die Erkenntnisse solcher Maßnahmen dienen einer **technisch und wirtschaftlich sachgemäßen Betriebsplanung,** sodass die Benutzung eines Fremdgrundstücks notwendig ist i. S. von § 77 Absatz 2. In solchen Fällen sind daher bei Versagung der Zustimung des Grundeigentümers die Grundabtretungsvorschriften anwendbar.

3.   Untergrundspeicher

25   Durch ausdrückliche gesetzliche Anordnung ist das Recht der Grundabtretung anwendbar auf Eignungsuntersuchungen für Untergrundspeicher und auf Errichtung und Betrieb von Untergrundspeichern (§ 126 Absatz 1 und 3). Da auch die §§ 39 und 40 für entsprechend anwendbar erklärt werden, gelten für **Untersuchungsmaßnahmen,** die ihrer Zielrichtung nach als Aufsuchung anzusehen sind, die erleichternden Vorschriften der §§ 39 und 40 zur Ersetzung der fehlenden Zustimmung. Im Übrigen, d. h. insbesondere für Maßnahmen, die die Errichtung und den Betrieb von Untergrundspeichern betreffen, sind die Grundabtretungsvorschriften anzuwenden.

4.   Alte Halden

26   Unter den in § 128 aufgeführten Voraussetzungen gelten die Grundabtretungsvorschriften auch im Zusammenhang mit dem Gewinnen mineralischer Rohstoffe in nicht mehr betriebenen Halden. Der Eigentümer (oder sonstige Berechtigte) der Haldenflächen hat damit die Möglichkeit, sich benötigte Grundstücke für den Zugang, den Anschluss an öffentliche Verkehrswege oder für die Aufbereitung des Materials am Standort der Gewinnung im Wege der Grundabtretung zu verschaffen.

V. Notwendigkeit der Benutzung (Absatz 2)

1. Gesetzliche Definition

Die Benutzung eines fremden Grundstücks ist nur zulässig, wenn sie für die in Absatz 1 umschriebenen Zwecke **notwendig** ist. Beispielhaft (*„insbesondere"*) führt Absatz 2 auf, dass das Vorhaben einer **technisch und wirtschaftlich sachgemäßen Betriebsplanung oder Betriebsführung** entsprechen muss. Nach der Praxis unter der Geltung des ABG lag die Notwendigkeit vor, wenn die Herstellung der beabsichtigten Anlage nach den Grundsätzen einer technisch und wirtschaftlich regelrechten Betriebsführung notwendig oder doch am Zweckmäßigsten an dem dazu ausersehenen Platz erfolgen musste und an diesem Platz die Verwendung des in Anspruch genommenen Grundstücks auch dem Umfang nach erforderlich machte (vgl. Ebel/Weller, § 135 Anmerkung 5 m. w. N.). Diese Festlegung ist auch heute noch uneingeschränkt gültig, allerdings mit der Maßgabe, dass der Unternehmer zunächst prüfen muss, ob eigene Grundstücke für das Vorhaben in Betracht kommen. Der Abweichung, wonach es früher auf eine „regelrechte", nunmehr nach Absatz 2 aber *„sachgemäße"* Betriebsplanung ankommen muss, womit nach der Gesetzesbegründung eine Einschränkung vorgenommen werden sollte (Amtl. Begründung, BT-Drs 8/1315 = Zydek, 336) kommt keine praktische Bedeutung zu; jedenfalls ist ein Unterschied der Begriffe nicht zu erkennen.   **27**

2. Sachgemäße Betriebsplanung und Betriebsführung

Das Vorhaben ist notwendig, wenn es aus objektiver Sicht unter Berücksichtigung der Verhältnisse des betreffenden Gewinnungs- oder Aufbereitungsbetriebs (Lagerstättenverhältnisse, Beschaffenheit des Deckgebirges, Konzept der technischen Einrichtungen, Struktur des jeweiligen Betriebes usw.) **technisch und wirtschaftlich** sachgemäß ist, den Bergbaubetrieb überhaupt erst ermöglicht, sich in die bestehenden Anlagenteile technisch einfügt, den Bestand des Betriebes sinnvoll ergänzt und/oder erweitert sowie einen wirtschaftlichen Vorteil für den Betrieb und dessen Fortführung in der Zukunft erwarten lässt. Wenn bei einer untertägigen Gewinnung Probleme mit der Wetterführung bestehen, weil die Wetterwege wegen des fortgeschrittenen Abbaus inzwischen zu weit geworden sind, ist ein neuer Wetterschacht als einziehender oder ausziehender Schacht an geeignetem Standort ohne weiteres technisch und damit auch wirtschaftlich geboten. Beide Aspekte müssen gemeinsam vorliegen, jedoch kommt es auf die wirtschaftliche Seite in der Regel dann nicht an, sofern die Grubensicherheit ein Vorhaben erfordert. In diesen Fällen ist ein Projekt ohne weiteres bereits dann wirtschaftlich sachgemäß, wenn es eine Voraussetzung für die Weiterführung des Betriebes bildet.   **28**

Der Antragssteller muss sein Vorhaben sachlich begründen und nachvollziehbar die Notwendigkeit einer Inanspruchnahme von Fremdgrundstücken darlegen. Es ist nicht Aufgabe der Grundabtretungsbehörde, alle erdenklichen technischen und wirtschaftlichen Alternativen im Einzelnen zu prüfen. Insoweit kommt für den Betrieb auch im Hinblick auf die Auswahl des beanspruchten Grundstücks ein **Beurteilungsspielraum** in Betracht. Die Notwendigkeit der Grundabtretung wird in der Regel zu bejahen sein, wenn der für das Vorhaben erforderliche   **29**

Betriebsplan oder eine nach sonstigen öffentlich-rechtlichen Vorschriften notwendige Gestattung, Zulassung oder Genehmigung vorliegt und in dem vorausgegangenen Verwaltungsverfahren geprüft und verneint worden ist, dass öffentliche Belange oder Interessen dem Vorhaben entgegenstehen. Zur Frage der **Notwendigkeit eines zugelassenen Betriebsplans** vgl. § 79 Rn 8 f.

3. Bereitstellung eigener Grundstücke

30 Eine Grundabtretung ist nicht zulässig, wenn der Unternehmer zur Verwirklichung des Vorhabens eigene Grundstücke bereitstellen kann. Ob dieser Einschränkung in der Praxis Bedeutung zukommt, erscheint fraglich. Schon aus Gründen der Vorsorge wird jeder Bergbauunternehmer zunächst versuchen, sich bereits möglichst frühzeitig diejenigen Grundstücksflächen zu beschaffen, die für die Errichtung oder Fortführung seines Betriebes oder etwaiger Nebenanlagen benötigt werden. Die Pflicht zur vorrangigen Bereitstellung eigener Grundstücke hat daher nur die Funktion, offensichtlichen Missbräuchen entgegenzuwirken. Jedenfalls besteht keine Verpflichtung, für ein Vorhaben einen ungünstigen oder ungeeigneten Standort zu wählen, nur weil eigene Grundstücke eingesetzt werden könnten.

VI. Antrag des Unternehmers

1. Verfahren

31 Das Grundabtretungsverfahren wird nach § 77 Absatz 1 durch einen **Antrag des Unternehmers** eingeleitet. Der Inhalt und Ablauf des Verfahrens richten sich gemäß § 105 nach den Vorschriften über das förmliche Verwaltungsverfahren nach Teil V Abschnitt 1 des Verwaltungsverfahrensgesetzes, und zwar nach den einschlägigen Vorschriften der Verfahrensgesetze der Bundesländer (§ 5 Rn 9 ff.). Der Antrag ist nach § 105 i. V. mit § 64 VwVfG **schriftlich oder zur Niederschrift** der zuständigen Behörde zu stellen.

2. Inhalt des Antrags

32 Der Antrag hat die Tatsachen zu enthalten, die die Grundabtretungsbehörde benötigt, um den Umfang des Rechtsentzuges zu bestimmen und das bergbauliche Vorhaben umfassend beurteilen zu können. Er muss im Einzelnen enthalten:
– Name und Anschrift des Antragstellers, des Grundabtretungspflichtigen und sonstiger Berechtigter, die über dingliche oder persönliche Rechte an dem Grundstück verfügen (s. § 78),
– Darstellung des Grundabtretungszwecks und des Gegenstandes der Grundabtretung mit Begründung der Notwendigkeit der Benutzung; hierzu kann ein Exemplar des eingereichten oder beabsichtigten Betriebsplans beigefügt werden,
– die von dem Antrag betroffenen Grundstücke oder Grundstücksteile nach ihrer grundbuchmäßigen, katastermäßigen und sonst üblichen Bezeichnung,
– Angaben darüber, aus welchen Gründen eine rechtsgeschäftliche Einigung mit dem Grundabtretungspflichtigen nicht zustande gekommen ist (vgl. § 79 Absatz 2 Nr. 1),
– glaubhafte Angaben darüber, dass das Grundstück innerhalb angemessener Frist zu dem vorgesehenen Zweck verwendet werden wird (§ 79 Absatz 2 Nr. 2),
– die voraussichtliche Dauer der Benutzung.

Als **Unterlagen** sind dem Antrag beizufügen: **33**
– Ein Lageplan, aus dem sich die Lage der Grundstücke ergibt, auf die sich der
  Antrag bezieht, mit Einzeichnung der geplanten Anlage,
– eine beglaubigte Abschrift des Grundbuchblattes des beanspruchten Grundstücks sowie weitere unbeglaubigte Abschriften für die Verfahrensbeteiligten,
– Katasterzeichnung der begehrten Flurstücke oder eine von einem konzessionierten Markscheider oder öffentlich bestellten Vermessungsingenieur angefertigte Zeichnung, aus der sich die genaue Größe, Lage und Katasterbe-
  zeichnung der Flurstücke ergibt,
– Auszug aus dem Liegenschaftsbuch,
– Unterlagen über den vergeblichen Versuch einer rechtsgeschäftlichen Einigung mit dem Grundabtretungspflichtigen oder sonstigen Nebenberechtigten,
– Nachweis einer etwaigen Vertretungsbefugnis.

Der Antrag muss so **vollständig** sein, dass die zuständige Behörde alle Unterla-   **34**
gen zur Verfügung hat, um die Beteiligten des Verfahrens zu der obligatorischen
mündlichen Verhandlung zu laden (§ 67 VwVfG), die mündliche Verhandlung
durchzuführen und den Grundabtretungsbeschluss (vgl. § 105 Rn 5 ff.) zu
erlassen. Dem Antragsteller ist Gelegenheit zu geben, unvollständige Unterlagen
zu ergänzen oder, falls aus der Sicht der Grundabtretungsbehörde erforderlich,
weitere Unterlagen nachzureichen.

Aus dem Formerfordernis des § 64 VwVfG folgt, dass der Antrag **handschrift-**   **35**
lich zu unterzeichnen ist, bei juristischen Personen also von Zeichnungsberech-
tigten. Es entspricht verbreiteter Übung, dass auch die **weiteren Antragsunter-**
lagen jeweils als zum Antrag gehörend gekennzeichnet und ebenso wie der
eigentliche Antrag von Unterschriftsberechtigten unterschrieben werden.

Die **Anzahl der Antragsexemplare** richtet sich nach der Zahl der am Grund-   **36**
abtretungsverfahren Beteiligten. Die zuständige Behörde hat auch insoweit
aufgrund ihrer Beratungs- und Auskunftspflicht nach § 25 VwVfG auf Vervollständigung hinzuwirken.

Das **Ergebnis** des Grundabtretungsverfahrens ist entweder die Entziehung des   **37**
Eigentums oder die Begründung eines **dinglichen Nutzungsrechts**. Wesentlicher
Inhalt des Grundabtretungsantrags ist daher die genaue **Formulierung** insbeson-
dere des **begehrten Nutzungsrechts**, das den rechtlich vorgegebenen Typen
dinglicher Rechte des Sachenrechts des BGB entsprechen muss (vgl. § 81
Rn 1; § 105 Rn 8 f.).

Antragsbefugt ist der **Unternehmer** (vgl. § 4 Absatz 5). Einen Antrag auf Grund-   **38**
abtretung können daher auch der Pächter oder Nießbraucher eines Bergwerks
oder Bergwerksfeldes stellen.

VII. Andere Enteigungsvorschriften (Absatz 3)

Die Vorschrift stellt das Verhältnis der bergrechtlichen Enteignung (Grund-   **39**
abtretung) zur Enteignung nach anderen Gesetzen klar. Die Enteignung für die
in Absatz 1 genannten Zwecke ist durch das BBergG **abschließend geregelt**. Nur
Maßnahmen, die von § 77 Absatz 1 erfasst sind, können mit Hilfe einer Grundabtretung durchgesetzt werden. Andere mit einem Bergbauvorhaben in Zusammenhang stehende Vorhaben, wie Straßenverlegungen oder Umsiedlungen, sind
erforderlichenfalls unter Rückgriff auf Enteignungsvorschriften in den einschlä-

gigen Fachgesetzen oder die Enteignungsgesetze der Bundesländer durchzuset-zen. Dasselbe gilt für Umsiedlungen im Zusammenhang mit Tagebauvorhaben.

§ 78   Gegenstand der Grundabtretung

Durch Grundabtretung können
1. **das Eigentum einschließlich aus § 34 sich ergebender Befugnisse, der Besitz und dingliche Rechte an Grundstücken,**
2. **persönliche Rechte, die zum Erwerb, zum Besitz oder zur Nutzung von Grundstücken berechtigen oder deren Benutzung beschränken,**

entzogen, übertragen, geändert, mit einem dinglichen Recht belastet oder sonst beschränkt werden.

Übersicht   Rn

I.   Vorbemerkung   1
II.   Gegenstände der Grundabtretung   3
1.   Eigentum   3
2.   Eigentum der öffentlichen Hand   4
3.   Besitz   5
4.   Grundstücksteile/Erbbaurecht   6
5.   Dingliche Rechte an Grundstücken   7
6.   Persönliche Rechte   8
III. Eingriffsarten   9
1.   Entziehung und Übertragung des Eigentums   9
2.   Entziehung und Übertragung des Besitzes   10
3.   Entziehung dinglicher Rechte   11
4.   Belastung des Eigentums   12
5.   Begründung persönlicher Rechte   13

I. Vorbemerkung

1 Die – sachlich § 86 Absatz 1 BauGB entsprechende – Vorschrift regelt den **Gegenstand der Grundabtretung** und die in Betracht kommenden **Rechtsände-rungen** Entziehung, Übertragung, Änderung, usw. Gegenstand können sein das **Eigentum**, der **Besitz, dingliche Rechte an Grundstücken** (Nr. 1) sowie **persön-liche Rechte** mit dem in Nr. 2 genannten Inhalt.

2 Die Rechtsänderungen werden im **Grundabtretungsbeschluss** genau umschrie-ben und **durch gesonderte Ausführungsanordnung** wirksam (vgl. § 92 Rn 5 ff.). Mit Unanfechtbarkeit der Ausführungsanordnung und der in dieser gesonderten Entscheidung geregelten Rechtsänderung (§ 92 Absatz 1 Satz 4) wird der bis-herige Rechtszustand durch den im Grundabtretungsbeschluss geregelten Rechtszustand ersetzt. Soweit eintragungsfähige Rechte begründet werden, ist das Grundbuch anschließend lediglich noch zu berichtigen (vgl. § 92 Rn 16). Grundstück nach § 77 ff. ist das **Grundstück im Rechtssinne**, d. h. ein räumlich abgegrenzter Teil der Erdoberfläche, der im Bestandsverzeichnis eines Grund-buchblattes ohne Rücksicht auf die Art seiner Nutzung unter einer besonderen Nummer eingetragen ist.

II. Gegenstände der Grundabtretung

1. Eigentum

Es bildet praktisch und rechtlich den Hauptgegenstand der Grundabtretung, **3** und zwar in allen seinen verschiedenen Erscheinungsformen (Miteigentum, Gesamthandseigentum sowie Wohnungs- und Teileigentum nach dem WEG). Die **Verweisung auf** § 34 soll klarstellen, dass die sich aus dieser Vorschrift ergebenden Befugnisse neben dem Eigentum keine selbstständige Rechtsposition darstellen können (BT-Drs 8/1315, 125 = Zydek, 339 zu § 33 RegE). Die genannte Vorschrift begründet Mitgewinnungs- und Hilfsbaurechte sowie Rechte zur Benutzung fremder Grubenbaue für Betriebe zur Aufsuchung und Gewinnung grundeigener Bodenschätze. Eine praktische Bedeutung ist nicht zu erkennen. Befinden sich in einem Grundstück **grundeigene Bodenschätze** im Sinne des BBergG oder nicht von diesem erfasste **Grundeigentümerbodenschätze** werden diese als Bodenbestandteile des Grundstücks und damit als dessen **wesentliche Bestandteile** im Rechtssinne (§ 93 BGB) ohne weiteres von der Grundabtretung erfasst. Mit Hilfe der Grundabtretung kann aber das Gewinnungsrecht nicht unter Umgehung der Vorschriften über die Zulegung (§§ 35 ff.) erweitert werden (BVerwG, DVBl. 1995, 1018; Beckmann/Wittmann, ZfB 2009, 46). Der Grundabtretungsbegünstigte darf das Vorhaben durchführen, auch wenn dadurch die Gewinnung dieser Bodenschätze nicht mehr möglich ist (z. B. Anlegung einer Halde über einem Kiesvorkommen), vorausgesetzt, der entsprechende Betriebsplan ist gemäß § 55 Absatz 1 Satz 1 Nr. 4 zulassungsfähig. Auf **Zubehör** (§ 97 ff. BGB) **und Scheinbestandteile** im Sinne des § 95 BGB erstreckt sich die Grundabtretung nur im Falle der Ausdehnung nach § 82 Absatz 5. Bei **Gebäuden** auf einem Grundstück sind besondere Regelungen zu beachten: vgl. § 79 Absatz 3, § 81 Absatz 2.

2. Eigentum der öffentlichen Hand

Gegenstand einer Grundabtretung kann das Grundstückseigentum eines **privatrechtlich organisierten Unternehmens** der öffentlichen Daseinsvorsorge (Verkehrs- oder Versorgungsunternehmen einer Gemeinde in der Rechtsform einer AG oder GmbH) sein, und zwar auch dann, wenn es unmittelbar dem Betriebszweck dient und dem Betriebsvermögen angehört. Das gleiche gilt für das Eigentum an einem Grundstück, das einer **juristischen Person des öffentlichen Rechts** gehört (Körperschaft, Anstalt, Stiftung) und das als **Finanzvermögen** (fiskalisches Vermögen) nur mittelbar durch Erträge einen öffentlichen Nutzen erbringt (Schrödter, BauGB, § 86 Rn 3; BVerwG, NVwZ 1984, 649). Handelt es sich dagegen um **Verwaltungsvermögen**, d. h. ein im Eigentum einer Person des öffentlichen Rechts stehendes, einem bestimmten Gemeinwohlzweck gewidmetes Grundstück, scheidet eine Grundabtretung in der Regel aus, da der Grundabtretungsbehörde grundsätzlich die Kompetenz zu hoheitlichen Zwangsakten gegenüber einem anderen Hoheitsträger und dessen Verwaltungsvermögen fehlt (Schrödter, § 86 Rn 4; OVG Münster, OVGE 15, 206, 208). **4**

3. Besitz

Ausdrücklich erwähnt in Nr. 1 ist ferner der Besitz, weil *„im Rahmen bergbaulicher Zwecke der Besitz häufiger als die Entziehung des Eigentums Gegenstand der Grundabtretung sein wird"* (BT-Drs 8/1315, 126 = Zydek, 339). Die Erwähnung des Besitzes als Gegenstand der Grundabtretung ist jedoch irreführend, da unter Besitz die tatsächliche Sachherrschaft einer Person über eine Sache verstanden wird. Rechtlich entscheidend ist das **Recht zum Besitz**. Es ergibt sich bei einer Grundabtretung durch Entziehung des Eigentums aus der **5** mit der Ausführungsanordnung verbundenen Rechtsänderung durch Übertragung des Eigentums, bei Begründung eines dinglichen Nutzungsrechts aus der Einräumung dieser Rechtsposition. Mit der Ausführungsanordnung nach § 92 ist die **Einweisung in den Besitz** des Grundstücks verbunden. Vgl. hierzu § 92 Rn 12 f. Zur **Begründung obligatorischer Rechte** durch Grundabtretung vgl. unten Rn 13 f.

4. Grundstücksteile/Erbbaurecht

6 **Grundstücksteile** werden nach § 83 Absatz 1 Nr. 1 rechtlich wie das Grundstück im Rechtssinne behandelt. Ein Nutzungsrecht wird daher auf den Grundstücksteil beschränkt, dessen Benutzung nach § 77 notwendig ist. Das **Erbbaurecht** als **grundstücksgleiches Recht** wird behandelt wie das Eigentum an einem Grundstück (§ 83 Absatz 1 Nr. 2). Auch das **Bergwerkseigentum** ist ein grundstücksgleiches Recht, wird aber, ebenso wie selbstständige Abbaugerechtigkeiten, als denkbarer Gegenstand einer Grundabtretung gemäß § 83 Absatz 1 Nr. 2 ausdrücklich ausgenommen. Bei einer (wohl seltenen) Kollision eines aktuellen Bergbauvorhabens mit Bergwerkseigentum (z. B. als aufrechterhaltenes altes Recht) kommt unter Umständen eine Enteignung nach § 160 in Betracht.

5. Dingliche Rechte an Grundstücken

7 Dingliche Rechte an Grundstücken sind alle privatrechtlichen Rechte, mit denen das Eigentum an einem Grundstück mit Wirkung für und gegen Rechtsnachfolger belastet oder beschränkt werden kann, also insbesondere Dienstbarkeiten, Nießbrauch, Reallasten, Grundpfandrechte sowie die Rechte nach §§ 20 bis 42 WEG (wegen der Vielzahl der denkbaren dinglichen Rechte wird auf Kommentierungen zu §§ 873, 874 BGB verwiesen).

6. Persönliche Rechte

8 Zu den **persönlichen Rechten** nach § 78 Nr. 2 gehören alle Rechte oder schuldrechtlichen Vereinbarungen, die in irgendeiner Weise **Erwerbs-, Besitz- oder Nutzungsrechte** an Grundstücken begründen. Es kann sich um Erwerbsrechte, Vorkaufsrechte, Miet-, Wiederkaufs- oder Pachtrechte oder um vom gesetzlichen Typus abweichende Rechte handeln.

III. Eingriffsarten

1. Entziehung und Übertragung des Eigentums

9 Die Entziehung des Eigentums ist nach dem BBergG, dem bisher geltenden Bergrecht folgend, als **Ausnahme** ausgestaltet, weil sie nur in den in § 81 Absatz 2 genannten Fällen zulässig ist. Das Eigentum wird originär durch staatlichen Akt übertragen aufgrund der Rechtswirkungen der Ausführungsanordnung (§ 92 Absatz 2 Satz 4). Das Grundbuch wird anschließend lediglich berichtigt (§ 92 Absatz 3). Vgl. im Einzelnen § 92 Rn 12 f., 16.

2. Entziehung und Übertragung des Besitzes

10 Sie hat keine selbstständige Bedeutung (vgl. oben Rn 5). Der Besitz an einem Grundstück wird entzogen durch Entziehung des Eigentums bei gleichzeitiger Übertragung auf den Grundabtretungsbegünstigten; das gleiche gilt bei der Belastung mit einem dinglichen zur Nutzung berechtigenden Recht. Der Besitzwechsel ist rechtliche Folge der **Ausführungsanordnung** (hierzu § 92 Rn 12 f.).

3. Entziehung dinglicher Rechte

Ist ein Grundstück mit einer Dienstbarkeit (z. B. Leitungsrechten eines privat- **11**
rechtlichen Versorgungsunternehmens) belastet, kann diese entzogen werden,
sofern sie bei der Verwirklichung des Grundabtretungszwecks stört (vgl. § 87
Absatz 1). Ebenso können entzogen werden **Grundpfandrechte** (Hypotheken,
Grundschulden) oder ein **Nießbrauch**, vorausgesetzt, ihre Aufrechterhaltung ist
mit dem Grundabtretungszweck nicht vereinbar.

4. Belastung des Eigentums

Die praktisch wichtigste Eingriffsart ist die Belastung des Eigentums mit einem **12**
dinglichen Recht, in der Regel einer **beschränkten persönlichen Dienstbarkeit**
nach den §§ 1090 ff. BGB, die dem Grundabtretungsbegünstigten (zum Begriff:
§ 80 Absatz 1) ein umfangreiches Nutzungsrecht an dem benötigten Grundstück
einräumt. Die Einräumung von **Grunddienstbarkeiten** (§§ 1018 ff. BGB) dürfte
in der Regel ausscheiden, weil die Bestimmung eines herrschenden Grundstücks
schwierig sein wird. Bei der Formulierung des Grundabtretungsbeschlusses muss
darauf geachtet werden, dass die in dem Beschluss umschriebene Rechtsänderung einen eintragungsfähigen Inhalt erhält (vgl. § 105 Rn 8 f.).

5. Begründung persönlicher Rechte

Die **Begründung persönlicher Rechte** zum Besitz oder zur Nutzung scheint nach **13**
dem Gesetzeswortlaut nicht möglich. Damit wäre auch in Fällen einer nur
kurzzeitig notwendigen Benutzung eines fremden Grundstücks, z. B. für Untersuchungsmaßnahmen zur Vorbereitung von Betriebsplänen (vgl. § 77 Rn 17 f.)
oder für eine nur vorübergehende Behelfszufahrt zu einem Betriebsgrundstück,
das angestrebte Nutzungsrecht stets als dingliches Recht an dem Grundstück zu
formulieren. Allenfalls aus der Formulierung, dass das Eigentum durch Grundabtretung *„sonst beschränkt werden"* könne, lässt sich die Möglichkeit der
Begründung auch eines persönlichen Rechts ableiten.

Ein Zwang zur ausschließlichen Begründung dinglicher Nutzungsrechte wäre **14**
mit dem Grundsatz, dass die Grundabtretung in ihrem Umfang gemäß § 81
Absatz 1 Satz 1 auf das Erforderliche beschränkt werden muss, nicht zu vereinbaren. Aus der gesetzlichen Wendung, dass auch der Besitz entzogen und übertragen werden kann (s. Nr. 1), lässt sich ungeachtet der Ungenauigkeit dieser
Formulierung (oben Rn 5) schließen, dass der Gesetzgeber auch die Einräumung
des unmittelbaren Besitzes auf der Grundlage einer obligatorischen Vereinbarung für möglich, diese aber für einen selteneren Ausnahmefall hielt. Denn
§ 92 Absatz 3 geht grundsätzlich davon aus, dass die aufgrund der Grundabtretung bewirkten Rechtsänderungen zur dauerhaften Sicherung in das
Grundbuch eingetragen werden müssen. Grundlage des Besitz- und Nutzungsrechts des Grundabtretungsbegünstigten ist bei der Belastung des Eigentums,
etwa mit einer beschränkten persönlichen Dienstbarkeit, nicht das eingetragene
dingliche Recht, sondern der Grundabtretungsbeschluss in Verbindung mit der
Ausführungsanordnung als **Hoheitsakt** (vgl. hierzu § 92 Rn 12 f.). Die **Eintragung in das Grundbuch** hat insoweit nur **deklaratorische Bedeutung**: Sie sichert
den Grundabtretungsbegünstigten vor Nachteilen im Falle einer Rechtsnachfolge in das Grundstück. Eines solchen Schutzes bedarf der Begünstigte bei
einem persönlichen Recht zum Besitz bei nur kurzfristiger Nutzungsabsicht
nicht. Insoweit betrifft § 92 Absatz 3 nur den Regelfall. Ein Schluss dahingehend, dass im Wege der Grundabtretung nur eintragungsfähige Nutzungsrechte begründet werden könnten, ist hiernach nicht zulässig.

§ 79 Voraussetzungen für die Zulässigkeit der Grundabtretung

(1) Die Grundabtretung ist im einzelnen Falle zulässig, wenn sie dem Wohle der Allgemeinheit dient, insbesondere die Versorgung des Marktes mit Rohstoffen, die Erhaltung der Arbeitsplätze im Bergbau, der Bestand oder die Verbesserung der Wirtschaftsstruktur oder der sinnvolle und planmäßige Abbau der Lagerstätte gesichert werden sollen, und der Grundabtretungszweck unter Beachtung der Standortgebundenheit des Gewinnungsbetriebes auf andere zumutbare Weise nicht erreicht werden kann.

(2) Die Grundabtretung setzt voraus, daß der Grundabtretungsbegünstigte
1. sich ernsthaft
    a) um den freihändigen Erwerb des Grundstücks zu angemessenen Bedingungen, insbesondere, soweit ihm dies möglich und zumutbar ist, unter Angebot geeigneter anderer Grundstücke aus dem eigenen Vermögen, oder
    b) um die Vereinbarung eines für die Durchführung des Vorhabens ausreichenden Nutzungsverhältnisses zu angemessenen Bedingungen vergeblich bemüht hat und
2. glaubhaft macht, daß das Grundstück innerhalb angemessener Frist zu dem vorgesehenen Zweck verwendet werden wird.

(3) Die Abtretung eines Grundstücks, das bebaut ist oder mit einem bebauten Grundstück in unmittelbarem räumlichem Zusammenhang steht und eingefriedet ist, setzt ferner die Zustimmung der nach Landesrecht zuständigen Behörde voraus. Die Zustimmung darf nur aus überwiegenden öffentlichen Interessen unter Berücksichtigung der Standortgebundenheit des Vorhabens erteilt werden.

Übersicht

                                           Rn

I.   Zulässigkeit der Grundabtretung und Wohl der Allgemeinheit (Absatz 1) . 1
1.   Einführung 1
2.   Rechtsnatur der Grundabtretung nach dem ABG (§§ 135 ff.) 2
3.   Grundabtretung nach dem BBergG 3
4.   Prüfungsgegenstände im Grundabtretungsverfahren 5

II. Grundabtretungsverfahren 7
1.   Förmliches Verfahren 7
2.   Bindungswirkung eines zugelassenen Betriebsplans 9
3.   Grundabtretung für Untersuchungsmaßnahmen 12

III. Angemessenes Angebot (Absatz 2) 13
1.   Zweck der Regelung 13
2.   Erwerb des Grundstücks 14
3.   Vereinbarung eines Nutzungsverhältnisses (Absatz 2 Nr. 1 Buchstabe b) . 15
4.   Angemessenheit des Angebots 16
5.   Wertsteigerungssperre 19
6.   Verträge über den freihändigen Erwerb 20
7.   Glaubhaftmachung (Absatz 2 Nr. 2) 21

IV. Grundabtretung bebauter Grundstücke (Absatz 3) 22
1.   Vorbild im ABG 22
2.   Bedeutung der Regelung 23

I.   Zulässigkeit der Grundabtretung und Wohl der Allgemeinheit (Absatz 1)

1.   Einführung

Nach § 79 Absatz 1 ist die Grundabtretung im einzelnen Falle zulässig, wenn sie   **1**
dem Wohl der Allgemeinheit dient und der Grundabtretungszweck unter
Berücksichtigung der Standortgebundenheit des Gewinnungsbetriebs auf andere
zumutbare Weise nicht erreicht werden kann. Der Begriff „*Grundabtretung*"
bedeutet hier – wie im gesamten Grundabtretungsrecht des BBergG – Enteignung im Sinne des Artikel 14 Absatz 3 GG. Eine enteignungsrechtliche Regelung
der Kollision war ausdrücklich gewollt (vgl. BT-Drs 8/1315, 124 f. = Zydek,
335 f.; WiA/BT-Drs 8/ 3965, 139 = Zydek, 343). Angesichts ihres Enteignungs-
charakters kann eine Grundabtretung daher nur bei Vorliegen eines öffentlichen
Interesses verlangt werden. Die Allgemeinwohldienlichkeit des bergbaulichen
Vorhabens muss unter Abwägung aller öffentlichen und privaten Belange sowie
der Erforderlichkeit der Grundstücksinanspruchnahme festgestellt werden. Als
Allgemeinwohlbelange, für die eine Grundabtretung in Betracht kommt, führt
das Gesetz beispielhaft auf: Sichere Versorgung des Marktes mit Rohstoffen,
Erhaltung von Arbeitsplätzen im Bergbau, Sicherung des Bestands oder der
Verbesserung der Wirtschaftsstruktur sowie – erst während der Gesetzesberatungen eingefügt (vgl. WiA/BT-Drs 8/ 3965, 139 = Zydek, 343 f.) – Sicherung
des sinnvollen und planmäßigen Abbaus der Lagerstätte. Erforderlich ist eine
Entscheidung über die Zulassung „*im einzelnen Falle*". Die generelle allgemeine
gesetzliche Entscheidung des ABG, dass eine Grundabtretung stets durch ein
öffentliches Interesse legitimiert sei, ist damit aufgegeben.

2.   Rechtsnatur der Grundabtretung nach dem ABG (§§ 135 ff.)

Im Hinblick auf die Rechtsnatur der Grundabtretung standen sich die Auffas-   **2**
sung, wonach diese – jedenfalls unter der Herrschaft des Artikel 14 GG – eine
Enteignung sei, und die Ansicht gegenüber, dass die Grundabtretung als bloße
Inhaltsbeschränkung des Grundeigentums ein privatrechtliches, nachbarrecht-
liches Institut darstellt (Amtl. Begr., BT-Drs 8/ 1315, 125 = Zydek, 335; im
Einzelnen H. Schulte, ZfB 106 (1965), 161, 165; derselbe Eigentum und öffentliches Interesse, 288, jeweils m. w. N.). Die Rechtsprechung der Verwaltungs-
gerichte hat ausnahmslos die enteignungsrechtliche Auffassung vertreten (vgl.
VG Aachen, ZfB 105 (1963), 103; 116 (1975), 454; OVG Münster, ZfB 119
(1978), 221; offengelassen BVerwG, ZfB 101 (1960), 89 m. Anmerkung
Zydek). Der BGH hat zwar anklingen lassen, die Befugnis, Grundabtretung
zu verlangen, ergebe sich ebenso wie die Befugnis zur Schädigung fremder
Grundstücke aus dem Bergwerkseigentum (BGHZ 53, 226, 233; hierzu H.
Schulte, ZfB 113 (1972), 166, 176); er hat sich zur Rechtsnatur der Grund-
abtretung nach ABG in der letzten einschlägigen Entscheidung vom 3.6.1982 –
III ZR 189/80 = NVwZ 1982, 579 jedoch nicht geäußert, wohl aber für das
Verfahren der Grundabtretung die Grundsätze eines Enteignungsverfahrens
angewendet und damit das Institut der Grundabtretung den strengen Anforde-
rungen des Enteignungsrechts unterstellt.

3.   Grundabtretung nach dem BBergG

Sie ist nach der Rechtsprechung des BVerwG (BVerwGE 87, 241, 243) ein Fall   **3**
der **Enteignung** im Sinne des Artikel 14 Absatz 3 GG, weil sie einen staatlichen
Zugriff auf das Eigentum des Einzelnen durch vollständige oder teilweise
Entziehung konkreter subjektiver Rechtspositionen darstellt (BVerwG, aaO,
243 mit Hinweisen auf die Rechtsprechung des BVerfG). Der verfassungsrecht-

lich gebotene **Allgemeinwohlbezug** des gesetzlich bestimmten Enteignungs-
zwecks besteht darin, zur Sicherung der Rohstoffversorgung das Aufsuchen,
Gewinnen und Aufbereiten von Bodenschätzen unter Berücksichtigung ihrer
Standortgebundenheit und des Lagerstättenschutzes zu ordnen und zu fördern
(§ 1 Nr. 1). Das vom Gesetzgeber bestimmte öffentliche Interesse kommt auch in
der Rohstoffsicherungsklausel des § 48 Absatz 1 Satz 2 zum Ausdruck. Wenn
ein Bergbauunternehmer zur Sicherung der Rohstoffversorgung Bodenschätze
aufsucht und gewinnt, erfüllt er damit – wenn auch für sich mit dem Motiv des
Erwirtschaftens eines Gewinns – unmittelbar den Zweck, den das Bundesberggesetz als dem öffentlichen Zweck dienend bestimmt (so BVerwGE 87, 241,
249). Mit der Feststellung des BVerwG, dass **die Versorgung des Marktes mit
Rohstoffen aus inländisch zu gewinnenden Bodenschätzen unter sinnvollem und
planmäßigen Abbau der Lagerstätte** (so die aus § 79 Absatz abgeleitete „Formel"; vgl. BVerwGE 87, 241, 248 und passim; bestätigt durch BVerwG, NVwZ
2009, 333, Rn 27) einen die Enteignung rechtfertigenden Allgemeinwohlbelang
darstellt, dürften sich die grundsätzlichen Einwände gegen die Grundabtretung
(vgl. Lange, DÖV 1988, 805; Leisner, DVBl 1988, 555) erledigt haben. Rechtliche Zweifel bleiben aufgrund der Entscheidung des BVerfG (BVerfGE 74, 264;
Boxberg-Urteil) im Hinblick auf die in § 79 Absatz 1 aufgeführten Zwecke
Erhaltung von Arbeitsplätzen im Bergbau oder **Bestand oder Verbesserung der
Wirtschaftsstruktur** (BVerwGE 241, 241, 248). Andere als die in Absatz 1
ausdrücklich genannten Zwecke können ebenfalls eine Grundabtretung rechtfertigen, sofern sie im Allgemeinwohlinteresse liegen; die Aufzählung ist nur
beispielhaft („insbesondere"). Vgl. Nds. OVG, ZfB 2008, 185: Notwendigkeit
der Grundabtretung zur Herstellung einer Zuwegung zu einem zu verfüllenden
Schacht, der keinen Zugang zur Straße hat.

4 **Zur dogmatischen Einordnung:** Der Gesetzgeber wollte die Grundabtretung
nach dem BBergG ersichtlich als Enteignung ausgestalten, ungeachtet der *„dogmatischen Inkonsequenz"* (H. Schulte, NJW 1981, 88 Fn. 21) in § 8 Absatz 1
Nr. 4 (Anspruch auf Grundabtretung). Vgl. hierzu auch § 8 Rn 15 ff. Ob es sich
unter verfassungsrechtlichen Gesichtspunkten tatsächlich um einen Fall der
Enteignung handelt oder um eine (entschädigungspflichtige) **Inhaltsbestimmung
des Eigentums** ist weiterhin nicht abschließend geklärt (vgl. hierzu Kühne, ZfB
2013, 113, 115). Der einfachgesetzliche Gesetzgeber kann nicht bestimmen, ob
eine gesetzliche Regelung, die den Inhalt des Eigentums und eigentumsähnlicher
Rechte bestimmt und hierbei zugleich Rechte auf Eingriffe in anderes Eigentum
oder andere eigentumsähnliche Rechte gewährt, eine Inhaltsbestimmung nach
Artikel 14 Absatz 1 GG oder eine Enteignung nach Artikel 14 Absatz 3 GG
darstellt. Artikel 14 Absatz 3 GG normiert besondere Zulässigkeitsvoraussetzungen, trifft aber keine Aussagen zum Begriff und zum Inhalt des Eigentums,
sondern setzt diese voraus (Maunz/Dürig/Papier, Artikel 14 Rn 522). Der einfachgesetzliche Gesetzgeber kann allerdings, wie in den §§ 79 ff. BBergG geschehen, für einen Eingriff die strengeren Anforderungen der Enteignung, wie im
Recht der Grundabtretung des BBergG geschehen, anordnen. Bei dieser Sichtweise wird aber zwangsläufig wegen der Kautelen in Artikel 14 Absatz 3 GG in
erster Linie die rechtliche Position des betroffenen Grundeigentümers in den
Blick genommen, diejenige des Bergbautreibenden nicht beachtet. Ein solcher
Ausgangspunkt kann zur faktischen Vernichtung der Bergbauberechtigung führen, wenn in Fällen einer notwendigen Kollision von Rechten (d. h. insbesondere
bei echter „Zugangsnot" wie bei Tagebaubetrieben oder technischen Anlagen
des Tiefbergbaus, die zur Fortführung des Abbaus schlechthin unvermeidbar
sind wie etwa Wetter- und Seilfahrtschächte) die Benutzung eines Fremdgrundstücks versagt wird, weil die in den § 77 ff. statuierten enteignungsrechtlichen
Voraussetzungen nicht vorliegen. Bei einem fortschreitenden Abbau handelt es
sich immer um die bloße Fortsetzung, nicht aber um die Erweiterung eines
bestehenden – verfassungsrechtlich geschützten – Gewerbebetriebs (vgl. Hoppe,

DVBl 1982, 101, 109 f.). Die Versagung der Grundabtretung kann daher im einzelnen Falle durchaus zur faktischen Entziehung der Bergbauberechtigung führen, da die Ausübung dieses Rechts stets eindimensional auf die Gewinnung von Bodenschätzen ausgerichtet ist und eine Sperre – mag sie in planerischen Vorbehalten oder in der Versagung der Grundabtretung bestehen – die Nutzung der Bergbauberechtigung in ihrer gesamten Dimension auszuschließen vermag (Hoppe, aaO). Die Versagung der Grundabtretung im einzelnen Falle darf nicht dazu führen, dass der Gewinnungsberechtigte seinerseits *„enteignet"* wird (vgl. hierzu P. Heinemann, ZfB 103 (1962), 306, 312 f.; Krems, Gesetzgebungslehre, 212, 1022 Fn. 25; kritisch zu diesem Ansatz H. Schulte, Urteilsanmerkung, DVBl 1995, 1022 Fn. 18). Die Frage, ob die Ausgestaltung der Grundabtretung nach enteigenungsrechtlichen Grundsätzen, die Eigentumsposition des Bergbautreibenden entsprechend Artikel 14 GG angemessen und zutreffend berücksichtigt, ist daher bisher nicht abschließend beantwortet. Vgl. neuerdings Kühne, ZfB 2013, 113, 115: „unentrinnbare Kollisionslage".

4. Prüfungsgegenstände im Grundabtretungsverfahren

Im Grundabtretungsverfahren (im Einzelnen Rn 7) ist die Erforderlichkeit des **5** hoheitlichen Zugriffs auf das private Eigentum am Maßstab des Allgemeinwohls zu prüfen und zu entscheiden. Die Allgemeinwohldienlichkeit des bergbaulichen Vorhabens ist unter Abwägung aller öffentlichen und privaten Belange ebenso festzustellen wie die Erforderlichkeit der Grundstücksinanspruchnahme. Es ist eine **Gesamtabwägung** vorzunehmen (BVerwG 87, 241, 251).

Im Rahmen dieser Gesamtabwägung ist festzustellen, ob das **öffentliche Interes- 6 se an der Gewinnung des Bodenschatzes**, deretwillen die Grundabtretung beantragt wird, zur Versorgung des Marktes so wichtig ist, dass es den Zugriff auf privates Oberflächeneigentum erfordert. Zu prüfen ist aber auch, ob **andere gewichtige Allgemeinwohlinteressen** der Gewinnung des Bodenschatzes **an dieser Stelle** entgegenstehen. Dabei kann es sich um solche des Landschafts- und des Denkmalschutzes, der Wasserwirtschaft, der Raumordnung oder des Städtebaus handeln. Eine Einbeziehung dieser öffentlichen Belange in die Gesamtabwägung kann auch der **Private** verlangen, dessen Eigentum für das Vorhaben in Anspruch genommen werden soll. Denn ein Vorhaben, dem überwiegende öffentliche Belange anderer Art entgegenstehen, dient nicht dem Allgemeinwohl, sodass dafür eine Enteignung nicht zulässig ist (BVerwGE 87, 241, 252 mit Hinweisen auf die Rechtsprechung des BVerfG). Das gilt auch dann, wenn das Vorhaben dem gesetzlich bestimmten Enteignungszweck dient. Bezieht sich die Grundabtretung auf ein Grundstück im Eigentum der Gemeinde, kann auch diese die Überprüfung der Abwägung aller für und gegen das Vorhaben sprechenden öffentlichen Belange verlangen. Die Gemeinde ist zwar nicht Träger des Grundrechts aus Artikel 14 GG (BVerfG 61, 82, 100 ff.), sie genießt aber den einfachrechtlichen Eigentumsschutz und damit auch den Schutz gegen eine Enteignung, die nicht aus Gründen des Allgemeinwohls erforderlich ist (BVerwGE 87, 332, 391; 90, 101). Ebenso wie § 35 Nr. 3 für die Zulegung konkretisiert § 79 Absatz 1 einfachrechtlich die Anforderungen, die Artikel 14 Absatz 3 Satz 1 GG an eine Enteignung stellt. Damit wird zugleich der Schutz konkretisiert, den der Eigentümer auf der Ebene des einfachen Rechts gegen eine Entziehung seiner geschützten Rechtsposition bezieht (BVerwG, ZfB 2009, 46, 50 – die Zulegung betreffend; vgl. auch Beckmann/Wittmann, ZfB 2009, 32, 38 f.).

II. Grundabtretungsverfahren

1. Förmliches Verfahren

7 Für die Grundabtretung ordnet das Gesetz die Anwendung der Vorschriften über das förmliche Verwaltungsverfahren nach §§ 63 ff. VwVfG an (§ 105). In diesem Verfahren ist nach Auffassung des Gesetzgebers die Erforderlichkeit des hoheitlichen Zugriffs auf privates Eigentums am Maßstab des Allgemeinwohls zu prüfen und zu entscheiden. Gegenstand der Prüfung ist die oben (Rn 5 f.) notwendige Gesamtabwägung aller öffentlichen und privaten Belange (BVerwGE 87, 241, 251 f.). Nach Ansicht des BVerwG ist das Grundabtretungs-verfahren als ein geeignetes Verfahren zur Erfüllung dieser Aufgabe (BVerwGE, aaO) anzusehen.

8 Für das förmliche Verfahren, das infolge seiner prozessähnlichen Ausgestaltung eine größere Integrations- und Akzeptanzbeschaffungsleistung als das nicht-förmliche Verfahren erbringen soll, gelten grundsätzlich die allgemeinen Ver-fahrensregelungen der §§ 9 ff. VwVfG (Ziekow, VwVfG, § 63 Rn 61). Damit können nach § 11 Nr. 3 VwVfG auch Behörden zu Beteiligten werden, die nach § 66 VwVfG gesteigerte Beteiligungsrechte erhalten. Da die Grundabtretungs-behörde im Rahmen der erforderlichen Gesamtabwägung feststellen muss, ob dem bergbaulichen Vorhaben gewichtige Allgemeinwohlinteressen wie etwa Belange des Landschafts- oder Denkmalschutzes entgegenstehen (vgl. oben Rn 6; BVerwG, NVwZ 2009, 333 Rn 25), sind die Behörden, deren Aufgaben berührt sind, am Verfahren zu beteiligen. Dasselbe gilt für die Gemeinden, deren Planungshoheit beeinträchtigt sein kann. Je nach Umfang und Komplexität des bergbaulichen Vorhabens ist daher von der Grundabtretungsbehörde hiernach ein umfangreiches Verwaltungsverfahren, unter Umständen unter Einschaltung zahlreicher Behörden, durchzuführen, um die Gemeinwohldienlichkeit des Vor-habens bejahen zu können. Neben einem positiven Bescheid der Grundabtre-tungsbehörde bedarf der Bergbauunternehmer noch eines **bestandskräftigen zugelassenen Betriebsplans**, der die Ausführung der vorgesehenen Arbeiten gestattet. In den entsprechenden Betriebsplanverfahren (vgl. nachstehend Rn 9) sind nicht nur die in § 55 Absatz 1 aufgeführten bergrechtlichen Fragestel-lungen zu prüfen und zu entscheiden. Zu prüfen ist vielmehr auch, ob dem Vorhaben nach § 48 Absatz 2 Satz 1 überwiegende öffentliche Interessen ent-gegenstehen, sodass im Rahmen des Betriebsplanverfahrens im Wesentlichen dieselben Allgemeinwohlbelange in die Prüfung einzubeziehen sind, die auch im Grundabtretungsverfahren geprüft werden müssen. Der Bergbauunternehmer ist daher genötigt, zwei getrennte, im Hinblick auf die maßgeblichen Prüfungs-gegenstände zum Teil übereinstimmende Verwaltungsverfahren durchzuführen, wenn er für ein Bergbauvorhaben auf die Inanspruchnahme von Fremdgrund-stücken angewiesen ist, es sei denn, dass das Ergebnis des Rahmentriebsplan-verfahrens in der Form eines zugelassenen Betriebsplan eine Doppelprüfung entbehrlich macht, weil er der anschließenden Grundabtretung zugrunde zu legen ist, also eine Bindungswirkung besteht.

2. Bindungswirkung eines zugelassenen Betriebsplans

9 In mehreren Entscheidungen hat sich das BVerwG mit der Frage befasst, ob von einer bestandskräftigen Zulassung eines Rahmenbetriebsplans für einen Braun-kohletagebau eine rechtliche Bindungswirkung für eine spätere Grundabtretung ausgeht. Eine **enteignungsrechtliche Vorwirkung** ist mit einer solchen Zulassung nicht verbunden. Eine solche Vorwirkung liegt vor, wenn durch einen Planfest-stellungsbeschluss oder eine andere behördliche Entscheidung, durch die ein bestimmtes Vorhaben zugelassen ist, abschließend festgestellt wird, dass und welche einzelnen Grundstücke für das Vorhaben enteignet werden dürfen. Dem nachfolgenden Enteignungsverfahren ist der festgestellte oder zugelassene Plan unverändert zugrunde zu legen (BVerwG, NVwZ 2009, 333 Rn 10 m. w. N.). Da es an der erforderlichen gesetzlichen Anordnung einer enteignungsrechtlichen Vorwirkung für einen zugelassenen Rahmenbetriebsplan fehlt, lehnt das BVerwG eine solche Vorwirkung ab (BVerwG, NVwZ 2009, 331; NVwZ 2009, 333 Rn 12 m. w. N.).

Im Verfahren zur Zulassung eines Rahmenbetriebsplans für einen **großflächigen** **10** **Tagebau** sind die **Interessen der Eigentümer** zu berücksichtigen, deren Grundstücke für den Tagebau unmittelbar in Anspruch genommen werden sollen. § 48 Absatz 2 Satz 1 entfaltet zu ihren Gunsten **drittschützende Wirkung.** Sie sind am Verfahren zu beteiligen, weil es für die Zulässigkeit eines solchen Tagebaus darauf ankommt, ob die großflächige Inanspruchnahme von Grundstücken mit der Umsiedlung zahlreicher Menschen unter völliger Umgestaltung der Landschaft mit öffentlichen Interessen vereinbar ist und vom Allgemeinwohl gedeckt ist (vgl. BVerwGE 126, 205 = NVwZ, 2006, 1173 Rn 19). Ein Tagebauvorhaben widerspricht öffentlichem Interesse i. S. von § 48 Absatz 2, wenn seine Verwirklichung daran scheitern muss, dass die dafür erforderliche Inanspruchnahme des Eigentum privater Dritter schon generell, also unabhängig von den Verhältnissen der einzelnen Grundstücks, nicht durch Belange des Allgemeinwohls gerechtfertigt ist (BVerwG, NVwZ 2009, 331 Rn 19). Ohne Prüfung der Frage, ob ein solches Vorhaben dem Allgemeinwohlinteresse entspricht, darf der Rahmenbetriebsplan nicht zugelassen werden. Im Grunde sind im Verfahren zu seiner Zulassung alle Gesichtspunkte wie in einem Enteignungsverfahren zu prüfen. Lediglich das einzelne Grundstück wird nicht in den Blick genommen. Insofern sollte eine Bindungswirkung angenommen werden können, weil auch im Grundabtretungsverfahren nicht mehr und nichts anderes geprüft werden kann, als in einem solchen Rahmenbetriebsplanverfahren. Das BVerwG weist der Zulassung des Rahmenbetriebsplans aber nur Bedeutung zu im Hinblick auf § 77 Absatz 1, weil durch ihn die Notwendigkeit der Benutzung der Grundstücke für das Abbauvorhaben festgestellt werde (BVerwGE 126, 205 = NVwZ 2006, 1173 Rn 26; BVerwG 2009, 331, Rn 18).

Welche Bindungswirkung die bestandskräftige Zulassung eines Rahmen- **11** betriebsplans für die Frage entfaltet, ob das Bergbauvorhaben im Sinne des § 79 Absatz 1 dem Wohl der Allgemeinheit dient, bleibt offen (BVerwG, NVwZ 2009, 333 – Leitsatz 2). Die Vorinstanz (OVG Münster, ZfB 2008, 127) war davon ausgegangen, dass der bestandskräftigen Zulassung des Rahmenbetriebsplans eine (eingeschränkte) Bindungswirkung auch bei der Prüfung der Frage zukomme, ob die Voraussetzungen des § 79 Absatz 1 vorliegen, die Grundabtretung also dem Wohl der Allgemeinheit dient. Dieser Auffassung ist aus den oben genannten Gründen (Rn 10) zuzustimmen.

3. Grundabtretung für Untersuchungsmaßnahmen

Die Grundabtretung ist auch bereits zulässig für eine Untersuchungsbohrung, **12** mit der die Grundwasserverhältnisse sowie die Lagerstättenverhältnisse der Braunkohle für einen erst beabsichtigten Tagebau erkundet werden sollen. Die Zulässigkeit einer solchen Maßnahme unter dem Gesichtspunkt des Allgemeinwohlinteresses gemäß § 79 Absatz 1 ist im Grundabtretungsverfahren zu prüfen und zu entscheiden. Die hiernach gebotene Prüfung und Abwägung braucht sich nicht auf die Zulässigkeit und Allgemeinwohldienlichkeit auch eines **künftigen** großflächigen und tiefgreifenden **Tagebaus** zu erstrecken (BVerwGE, 87, 241, 253). Vgl. hierzu auch § 77 Rn 16 f.

III. Angemessenes Angebot (Absatz 2)

1. Zweck der Regelung

13 Vor Einleitung des Grundabtretungsverfahrens muss sich der Antragsteller (Unternehmer) ernsthaft um den **Erwerb des Grundstücks** oder die **Vereinbarung eines Nutzungsverhältnisses zu angemessenen Bedingungen** bemühen (vgl. auch § 87 Absatz 2 BauGB). Der Betroffene soll nicht durch hoheitlichen Zugriff auf das Grundstück überrascht werden, sondern Gelegenheit erhalten, sich auf privater Ebene mit dem Unternehmer zu einigen. Die Bemühungen um einen freihändigen Erwerb sind eine **Zulässigkeitsvoraussetzung** für die Grundabtretung; ihre Vergeblichkeit ist im Verfahren in geeigneter Weise, z. B. durch Schriftverkehr oder Aktenvermerke über Erwerbsverhandlungen, nachzuweisen. Einigungsversuche sind entbehrlich, wenn der Grundabtretungspflichtige schon vorher zu erkennen gegeben hat, er sei unter keinen Umständen zur Abgabe des Grundstücks bereit (BGH, NJW 1966, 2012). Die Bemühungen um einen freihändigen Erwerb müssen in einem **Angebot mit angemessenen Bedingungen** zum Ausdruck kommen. Das Angebot muss **ernsthaft** sein, darf also nicht mit Einschränkungen (z. B. Genehmigungsvorbehalten) versehen sein, die seine Verbindlichkeit infrage stellen. Bei Kaufangeboten für Grundstücke ist eine notarielle Beurkundung nicht erforderlich, weil im Grundstücksverkehr unüblich.

2. Erwerb des Grundstücks

14 Die Einigungsversuche müssen auf einen **Ankauf** oder einen **Tausch mit eigenen Grundstücken** gerichtet sein (Absatz 2 Nr. 1 Buchstabe a). Die auf einen Erwerb des Grundstücks abzielenden Bemühungen sollen von dem Angebot geeigneter anderer Grundstücke aus dem Vermögen des Unternehmers begleitet sein. Erfasst wird der Grundbesitz des Antragstellers im Zeitpunkt der Abgabe des Kaufangebots. Eine Verpflichtung, geeignetes Ersatzland durch Zukauf zu beschaffen, besteht nicht. Maßgebend ist allein das Grundvermögen des Unternehmers selbst, sodass auch das Vermögen selbstständiger Tochtergesellschaften unberührt bleibt. Unzumutbar ist die Gestellung von Ersatzland aus dem eigenen Vermögen, sofern jenes vorsorglich für künftige andere Projekte des Unternehmers angeschafft worden ist oder für solche Vorhaben bereitgehalten wird. Angesichts der Langfristigkeit bergbaulicher Planungen gilt dies auch dann, wenn mit einer Verwirklichung solcher Vorhaben erst in Jahrzehnten zu rechnen ist (z. B. größerer Grundbesitz im Bereich von Reservefeldern). § 79 Absatz 2 Nr. 1 Buchstabe a ist angelehnt an eine frühere Fassung des § 87 Absatz 2 Nr. 1 BBauG.

3. Vereinbarung eines Nutzungsverhältnisses (Absatz 2 Nr. 1 Buchstabe b)

15 Dies wird der Regelfall sein, da mit der Grundabtretung in erster Linie nur die Einräumung dinglicher Nutzungsrechte verlangt werden kann (§ 81 Rn 1 ff.). Der Unternehmer kann den Versuch einer gütlichen Einigung als gescheitert betrachten und den Antrag auf Zwangsgrundabtretung stellen, wenn der Eigentümer der Vereinbarung eines dinglichen Nutzungsrechts mit der Eintragung in das Grundbuch nicht zustimmt. Ein schuldrechtliches „Nutzungsverhältnis" (in der Form der Miete oder Pacht) erscheint allenfalls dann als ausreichend, wenn das Grundstück nur für kürzere Zeit, etwa bis zur Dauer von drei Jahren, benötigt wird. Hat der Eigentümer bereits in der Vorverhandlung ernsthaft zum Ausdruck gebracht, er werde die Ausdehnung der Grundabtretung nach § 82 verlangen, wird der Unternehmer schon im eigenen Interesse bestrebt sein, alternativ zu dem Angebot auf Abschluss eines Nutzungsverhältnisses auch den Ankauf des benötigten Grundstücks anzubieten, damit für den Fall des

Verlangens der Ausdehnung die nötigen Unterlagen vorliegen und die Wertsteigerungssperre des § 90 Absatz 1 Nr. 3 ausgelöst wird (vgl. unten Rn 11; § 90 Rn 4 f.). Eine Verpflichtung zur **Abgabe alternativer Angebote** besteht nicht, wenn nach Lage der Dinge allein ein Nutzungsrecht in Betracht kommt; in diesen Fällen ist dann auch kein Ersatzland anzubieten.

4.   Angemessenheit des Angebots

Die auf eine gütliche Einigung abzielenden Angebote müssen **angemessen** sein.   **16**
Ein angebotener Kaufpreis muss bei einem **Erwerb** dem **Verkehrswert** des Grundstücks (§ 85) entsprechen. Werden aus dem Vermögen des Unternehmers Tauschgrundstücke angeboten, muss zwischen den Verkehrswerten der zu tauschenden Grundstücke annähernd Deckungsgleichheit bestehen. Differenzen sind durch Angebot der Zuzahlung eines Geldbetrages auszugleichen. Ist das zum Tausch angebotene Grundstück höherwertig als das benötigte Grundstück, kann der Unternehmer seinerseits den angebotenen Tausch mit einem Verlangen auf Geldausgleich in Höhe der Differenz verbinden oder die Verrechnung dieser Differenz mit der Entschädigung sonstiger Vermögensnachteile (§ 84 Absatz 2 Nr. 2, § 86) anbieten, falls eine zusätzliche Entschädigung voraussichtlich zu erwarten ist.

Das Angebot muss sich auch auf die **Abgeltung sonstiger Vermögensnachteile**   **17**
beziehen, die durch eine Grundabtretung entstehen können, weil es andernfalls nicht angemessen wäre. Im Angebot muss in etwa enthalten sein, was der Eigentümer (oder sonstige Nutzungsberechtigte) im Grundabtretungsfalle fordern könnte (BGH, NJW 1966, 2012). Eine genaue Übereinstimmung der im Angebot einer freihändigen Einigung enthaltenen Entschädigungsbeträge mit den Feststellungen einer späteren Grundabtretung ist oft deshalb nicht möglich, weil der Unternehmer die betriebswirtschaftlichen Strukturen etwa eines landwirtschaftlichen Betriebs nicht übersieht und deshalb die Auswirkungen des jeweiligen Flächenverlustes nicht zu beurteilen vermag. Nachteile und Erschwernisse, die in den Verhandlungen nicht zur Sprache gekommen sind, können in den Angeboten auch nicht berücksichtigt werden. In diesen Fällen muss hingenommen werden, dass das Angebot notwendigerweise nicht vollständig ist. Überdies gehen der Abgabe des Angebots häufig schwierige Bewertungsfragen voraus, z. B. über die Frage einer Bauerwartung, der Möglichkeit, ein vorhandenes Vorkommen an Bodenschätzen in absehbarer Zeit auszubeuten usw. Ein Angebot ist auch dann als angemessen im Sinne des § 79 Absatz 2 anzusehen, wenn der Unternehmer solche erweiterten Nutzungs- oder Verwertungsmöglichkeiten mit vertretbarer Begründung im Zeitpunkt der Angebotsabgabe als nicht realistisch betrachtet und sein Angebot entsprechend einschränkt. Ein Angebot ist auch dann angemessen, wenn der Betroffene jede Mitwirkung verweigert und der Unternehmer deshalb zu Schätzungen gezwungen ist.

Bei einem **Angebot zum Abschluss eines Nutzungsverhältnisses** muss sich die   **18**
Entschädigung, und damit das Angebot, daran orientieren, welchen Erlös diese Nutzung dem Eigentümer (oder sonstigen Nutzungsberechtigten) nachhaltig gebracht haben würde. In solchen Fällen lässt sich die bei einer Grundabtretung zu zahlende Entschädigung selten ohne Einschaltung von Sachverständigen und ohne Mitwirkung des Eigentümers selbst bestimmen. Es ist deshalb ausreichend, wenn angeboten wird, eine Nutzungsentschädigung nach Maßgabe der Feststellung eines Sachverständigen zu zahlen, wenn greifbare Anhaltspunkte für eine eigenständige Bemessung des Ertragsverlustes durch den anbietenden Unternehmer nicht vorhanden sind. Andere durch die wiederkehrenden Zahlungen nicht auszugleichende Vermögensnachteile sind nach § 89 Absatz 1 Satz 2 in Einmalbeträgen zu entschädigen. Das Angebot hat sich auch hierauf zu erstre-

cken, sofern solche Nachteile im Zeitpunkt der Angebotsabgabe erkennbar sind (z. B. Verlegung von Hofzufahrten, Ersatz von Aufwuchs usw.).

5. Wertsteigerungssperre

19 Nach § 90 Absatz 1 Nr. 3 bleiben solche Werterhöhungen außer Betracht, die nach dem Zeitpunkt eintreten, in dem der Betroffene ein angemessenes Angebot im Sinne des § 79 Absatz 2 hätte annehmen können (vgl. auch § 95 Absatz 2 Nr. 3 BauGB). An die Voraussetzungen dieser sog. Wertsteigerungssperre werden von der Rechtsprechung strengere Anforderungen gestellt als an den Angebotsinhalt als Grundlage einer Grundabtretung. Gibt der Unternehmer ein großzügigeres Angebot unter der Bedingung ab, dass es bis zu einem bestimmten Tage angenommen sein müsse und bei Nichtannahme verfalle, wird eine Wertsteigerungssperre nicht ausgelöst (vgl. BGH, NJW 1976, 1255); wohl aber dann, wenn das eingeschränkte Angebot, das nach Ablauf der Frist gelten soll, noch als angemessen im Sinne des § 79 Absatz 2 zu betrachten ist (im Einzelnen § 90 Rn 4 f.).

6. Verträge über den freihändigen Erwerb

20 Die auf freihändigen Erwerb eines Grundstücks gerichteten Verhandlungen werden in der Regel zur Abwendung eines bergrechtlichen Grundabtretungsverfahrens geführt, und eine solche Klausel findet sich regelmäßig in den einschlägigen Verträgen. Gleichwohl kann daraus nicht geschlossen werden, bereits das Ergebnis der Verständigung zwischen Unternehmer und Grundstückseigentümer sei ein öffentlich-rechtlicher Vertrag im Sinne der §§ 54 ff. VwVfG (so Palm, ZfB 122 (1981), 415, 421). Das Enteignungsrecht kann eingesetzt werden, wenn eine dem Gemeinwohl dienende Aufgabe nicht mit den üblichen von der Rechtsordnung zur Verfügung gestellten Mitteln verwirklicht werden kann (BVerfGE 38, 175, 180 f.). Dadurch wird das Ziel, zu deren Verwirklichung das hoheitliche Zwangsrecht eingesetzt wird, nicht selbst zu einer öffentlichen Aufgabe; noch ändert sich aufgrund des staatlichen Zwangseingriffs die rechtliche Qualität des Rechts selbst. Es erfährt lediglich insgesamt oder hinsichtlich einzelner aus ihm abzuleitender Befugnisse eine andere (sachenrechtliche) Zuordnung (BVerfG, NJW 1977, 2349, 2353 f.). Eine außerhalb des Grundabtretungsverfahrens getroffene Einigung zwischen Privatrechtssubjekten gehört daher nicht dem öffentlichen Recht an. Es erscheint auch nicht möglich, im Wege **ergänzender Vertragsauslegung** allein aufgrund einer etwa im Vertrag enthaltenen Klausel, die Vereinbarung werde zur Abwendung eines Grundabtretungsverfahrens abgeschlossen, alle bei einer staatlich durchgeführten Grundabtretung geltenden Regelungen stillschweigend als vereinbart anzusehen, also die über die Rückgabe und Wiederherstellung (§ 81 Absatz 3), eine Anpassung bei wesentlicher Veränderung der Verhältnisse (§ 89 Absatz 3) oder sonstige Regelungen, die mit Rücksicht auf den Charakter des Nutzungsrechts als eines Dauerschuldverhältnisses gesetzlich verankert sind (z. B. Ausgleich eines Minderwerts bei Rückgabe). Es ist deshalb zu empfehlen, diese Regelungen ausdrücklich in die Vereinbarungen über den Erwerb eines Grundstücks oder die Vereinbarung eines Nutzungsverhältnisses aufzunehmen. Etwas anderes gilt nur für die **Einigung im Grundabtretungsverfahren**, weil in diesem Fall der Grundabtretungsbeschluss durch eine Einigung unter den Parteien ersetzt wird (vgl. § 92 Absatz 1 Satz 3). In diesem Fall gelten die gesetzlichen Regeln unmittelbar.

7. Glaubhaftmachung (Absatz 2 Nr. 2)

21 Hiernach muss der Antragsteller die **Verwendung** des Grundstücks innerhalb angemessener Frist **glaubhaft machen**. Er muss Tatsachen vortragen, aus denen sich die alsbaldige Verwendung des Grundstücks zu dem vorgesehenen Zweck ergibt. Im Grundabtretungsbeschluss muss nach § 81 Absatz 1 Satz 2 die Frist bestimmt werden, innerhalb derer der konkrete im Beschluss benannte Zweck der Grundabtretung verwirklicht werden muss. Die Frist hat die Bedeutung, den Anspruch auf *„Rückenteignung"* für den Fall der Nichtverwirklichung des Grundabtretungszwecks in zeitlicher Hinsicht zu konkretisieren (BVerwGE 87, 241, 244). Erforderlichenfalls sind Aussagen zur Kreditwürdigkeit oder Finanzkraft notwendig. § 294 ZPO ist nicht entsprechend anwendbar, insbesondere scheiden Eid und eidesstattliche Versicherung als Mittel der Glaubhaftmachung aus, da eine gesetzliche Grundlage im Verwaltungsverfahren fehlt. Welche Frist im Einzelfall angemessen ist, richtet sich nach Art und Umfang des Vorhabens. Mit der Angabe einer Frist soll insbesondere verhindert werden, dass Grundstücke dem Vorhaben zeitlich weit vorauseilend gleichsam auf Vorrat unter Androhung künftiger Zwangsmittel beschafft werden. Es ist jedoch nicht notwendig, mit der Einleitung des Grundabtretungsverfahrens solange zu warten, bis die Inanspruchnahme des Grundstücks dringend erforderlich wird. Insbesondere wenn sich nach vergeblichen Bemühungen der Einigung ein besonders hartnäckiger Widerstand des Betroffenen ankündigt, die Einlegung von Rechtsmitteln und damit Verzögerungen zu erwarten sind, die für den notwendigerweise dynamischen, auf Verzehr der Lagerstätte ausgerichteten Bergbau schwere Rückschläge bis zur Einstellung des Betriebs auslösen können, kann eine frühe Einleitung des Grundabtretungsverfahrens geradezu existenznotwendig werden. Die **Verwendungsfrist** wird ohnehin im Grundabtretungsbeschluss festgelegt (§ 81 Absatz 1 Satz 2).

IV. Grundabtretung bebauter Grundstücke (Absatz 3)

1. Vorbild im ABG

Absatz 3 begründet einen besonderen **Zustimmungsvorbehalt** anderer (meist   **22** nächsthöherer) Behörden bei der Abtretung **bebauter Grundstücke**. Welche Behörde die Zustimmung geben soll, ergibt sich aus dem jeweiligen Landesrecht. Die Vorschrift entspricht insoweit sinngemäß § 136 Absatz 2 ABG. Nach deren Entstehungsgeschichte (vgl. ZfB 78 (1937), 162) führte die Vorschrift zu einer Erweiterung der Grundabtretungsbefugnis des Bergwerksbesitzers, der nach der ursprünglichen Fassung des § 136 Absatz 2 ABG nicht berechtigt war, die Grundabtretung gegen den Willen des Grundbesitzers auf bebaute Grundstücke auszudehnen. Da die Abtretung nach § 136 Absatz 1 ABG nur aus überwiegenden Gründen des öffentlichen Interesses versagt werden durfte, also ein allgemeiner Vorrang der Interessen des Bergbautreibenden gesetzlich festgelegt war, bildete das Zustimmungserfordernis eine notwendige Schranke, um im Einzelfalle eine Abwägung der Interessen zwischen Bergbau und Grundbesitzer vornehmen zu können.

2. Bedeutung der Regelung

Angesichts der konsequent enteignungsrechtlichen Ausgestaltung des Rechts der   **23** Grundabtretung ist der Sinn des Zustimmungserfordernisses anderer (höherer) Behörden nicht erkennbar. Die Vorschrift ist dogmatisch inkonsequent. Denn wenn die Allgemeinwohldienlichkeit einer Grundabtretung zu bejahen ist, ist nicht erkennbar, welcher gesonderte Belang eines *„überwiegenden öffentlichen Interesses unter Berücksichtigung der Standortgebundenheit"* gegen eine Grundabtretung von bebauten Grundstücken noch angeführt werden könnte. Das Kriterium ist angesichts der klaren im Gesetz vorgezeichneten Voraussetzungen für eine Grundabtretung, auch von bebauten Grundstücken, zu unbestimmt, als dass es geeignet wäre, eine positive Grundabtretungsentscheidung zu verhindern. Absatz 3 hat allenfalls die Bedeutung einer zusätzlichen (verwaltungsinternen) Kontrollmöglichkeit der nächsthöheren Behörde gegenüber der Grundabtretungsbehörde, was auch durch interne Behördenanweisung geregelt werden könnte. Insgesamt hat das Zustimmungserfordernis in Absatz 3 nur verwaltungsinterne Wirkung. Es hat keine Rechtsschutzwirkung zu Gunsten des Grundabtretungsbetroffenen, ist also **nicht drittschützend** (in diesem Sinne wohl auch Nds. OVG, ZfB 2008, 185, 187). Das Zustimmungserfordernis ist auf Fälle beschränkt, in denen das Grundstück enteignet wird, also nicht im Falle einer dinglichen Belastung (Nds. OVG, aaO, 188).

§ 80   Grundabtretungsbegünstigter und -pflichtiger

(1) Grundabtretungsbegünstigter ist der Unternehmer, für dessen Vorhaben ein Grundabtretungsverfahren durchgeführt wird.

(2) Grundabtretungspflichtige sind der Eigentümer des von der Grundabtretung betroffenen Grundstücks oder sonstigen Gegenstandes und die Inhaber der Rechte, die entzogen, übertragen, geändert, belastet oder sonst beschränkt werden sollen.

(3) Nebenberechtigte sind die Personen, denen dingliche oder persönliche Rechte am oder in bezug auf den Gegenstand der Grundabtretung zustehen.

1   Die Vorschrift enthält **Begriffsbestimmungen** der Rechtssubjekte, die an einem Grundabtretungsverfahren beteiligt sein können. Während § 78 die Gegenstände der Grundabtretung beschreibt und damit zugleich die durch die Grundabtretung eingeräumten Rechtspositionen angibt, differenziert § 80 nach den betroffenen Adressaten der Grundabtretung (Grundabtretungspflichtigen).

2   **Grundabtretungspflichtiger** ist der Unternehmer. Zum Begriff § 4 Absatz 5. Die Abgrenzung zwischen Grundabtretungspflichtigen als Rechtsinhabern (Absatz 2) und Nebenberechtigten (Absatz 3) ist flüssig. Die praktische Bedeutung der Vorschrift erscheint gering. Vgl. zu den Nebenberechtigten nach Absatz 3 auch § 87.

§ 81   Umfang der Grundabtretung

(1) Die Grundabtretung darf nur in dem Umfang durchgeführt werden, in dem sie zur Verwirklichung des Grundabtretungszweckes erforderlich ist. Die Frist, innerhalb der der Grundabtretungszweck verwirklicht werden muß, ist von der zuständigen Behörde festzusetzen.

(2) Die Entziehung des Eigentums an Grundstücken ist nur zulässig, wenn
1.   die Grundstücke bebaut sind oder mit bebauten Grundstücken in unmittelbarem räumlichem Zusammenhang stehen und eingefriedet sind,
2.   im Zeitpunkt der Grundabtretung damit zu rechnen ist, daß die Grundstücke auf Grund behördlich angeordneter Maßnahmen zur Wiedernutzbarmachung der Oberfläche eine Wertsteigerung erfahren werden oder
3.   der Eigentümer die Entziehung des Eigentums nach § 82 verlangt.

Reicht in den in Satz 1 Nr. 1 genannten Fällen die Belastung des Eigentums an Grundstücken mit einem dinglichen Nutzungsrecht zur Verwirklichung des Grundabtretungszweckes aus, so ist die Grundabtretung hierauf zu beschränken. In den Fällen des Satzes 1 Nr. 2 ist die Entziehung des Eigentums nicht zulässig, wenn der Eigentümer sich verpflichtet, nach Beendigung der Benutzung des Grundstücks die durch die Maßnahme zur Wiedernutzbarmachung der Oberfläche eingetretene Werterhöhung in Geld auszugleichen.

(3) Der Grundabtretungsbegünstigte ist, soweit nicht die Entziehung des Eigentums an einem Grundstück oder einer in § 82 Abs. 5 bezeichneten Sache Gegenstand der Grundabtretung ist, verpflichtet, nach Beendigung der Benutzung der abgetretenen Sachen zu dem vorgesehenen Zweck oder, wenn das Grundstück danach einem Zweck zugeführt wird, der eine Grundabtretung rechtfertigen würde, nach Beendigung der Benutzung zu diesem Zweck,

1. den Zustand des Grundstücks oder der Sachen in dem Zeitpunkt des Wirksamwerdens der Grundabtretung wiederherzustellen, es sei denn, daß die Wiederherstellung mit unzumutbaren Aufwendungen verbunden oder eine vom früheren Zustand abweichende Anordnung der zuständigen Behörde zur Wiedernutzbarmachung der Oberfläche erlassen worden ist und

2. den abgetretenen Gegenstand dem betroffenen Grundabtretungspflichtigen wieder zur Verfügung zu stellen.

Übersicht

Rn

I. Bedeutung der Vorschrift 1
1. Übermaßverbot 1
2. Verwendungsfrist (Absatz 1 Satz 2) 3
II. Entziehung des Eigentums (Absatz 2) 4
1. Einführung 4
2. Bebaute Grundstücke (Absatz 2 Satz 1 Nr. 1) 5
3. Wertsteigerung des Grundstücks (Absatz 2 Satz 1 Nr. 2) 6
4. Entziehungsverlangen des Eigentümers (Absatz 2 Satz 1 Nr. 3) 8
III. Pflichten des Grundabtretungsbegünstigten nach Beendigung der Benutzung
(Absatz 3) 9
1. Inhalt der Vorschrift 9
2. Rückgabepflicht des Grundabtretungsbegünstigten (Absatz 3 Nr. 2) 10
3. Pflicht zur Wiederherstellung (Absatz 3 Nr. 1) 12
IV. Entschädigung eines verbleibenden Minderwerts 14
1. Minderwert bei Rückgabe 14
2. Entschädigungspflicht bei Minderwert 15
3. Verfahren 17
4. Rechtslage bei freihändigem Erwerb 18
V. Übernahmeverlangen des Eigentümers bei verbleibendem Minderwert .. 19

I. Bedeutung der Vorschrift

1. Übermaßverbot

Die Vorschrift hat neben § 82 eine zentrale Stellung innerhalb des Grundabtretungsrechts. **Grundabtretung** ist die durch hoheitlichen Akt (Grundabtretungsbeschluss) bewirkte **zwangsweise Abgabe von Grundstücken zu Eigentum** oder **zur Nutzung** durch den Grundabtretungsbegünstigten. Die Abgabe des Grundstücks erfolgt frei von Rechten Dritter, sofern deren Aufrechterhaltung mit dem beabsichtigten Vorhaben nicht zu vereinbaren ist (§ 87 Rn 2). Nach der Grundkonzeption des Gesetzes kann der Begünstigte wie nach dem früher geltenden Recht (§§ 135 ff. ABG) grundsätzlich lediglich die Begründung eines Nutzungsrechts beantragen. Die Entziehung des Eigentums kommt nach § 81 nur unter engen Voraussetzungen in Betracht. Insoweit setzt das BBergG das Konzept des ABG (§ 135 ff.) fort. Die Funktion des Grundabtretungsverfahrens besteht darin, bei Scheitern einer freihändigen Vereinbarung (§ 79 Absatz 2) die privatrechtlichen Erwerbsformen und Erwerbsmodalitäten durch Staatsakt zu ersetzen. Das Ergebnis der Grundabtretung als Enteignung ist die zwangsweise

1

Übertragung des Eigentums auf den Grundabtretungsbegünstigten oder die
Begründung eines bürgerlich-rechtlichen dinglichen oder obligatorischen Nutzungsrechts. Durch Grundabtretungsbeschluss können nur solche dinglichen
(Nutzungs-) Rechte begründet werden, die den festen Rechtstypen des Sachenrechts entsprechen (vgl. hierzu im Einzelnen BVerfG, NJW 1977, 2349, 2353 f.).

2   § 81 konkretisiert in Verbindung mit § 82 den **Grundsatz der Verhältnismäßig-
keit.** Der zwangsweise Eingriff in das Eigentum soll nicht weiter gehen, als es zur
Erreichung des Grundabtretungszwecks notwendig ist. Das Wort *„Umfang"*
bezieht sich auf **Form und Gegenstand** der Grundabtretung (BT-Drs 8/1315, 127
= Zydek, 347). Das bedeutet, dass die Grundabtretung zur Nutzung den
Vorrang hat und eine Entziehung des Eigentums nur bei Vorliegen der in § 81
Absatz 2, § 82 genannten Tatbestände zulässig ist und auch in **räumlicher
Hinsicht** auf den Zweck der Grundabtretung beschränkt ist.

2.   Verwendungsfrist (Absatz 1 Satz 2)

3   Die Frist, innerhalb deren der Grundabtretungszweck verwirklicht werden
muss, ist im Grundabtretungsbeschluss festzusetzen. Sie beginnt nach § 95
Absatz 1 mit dem Eintritt der Rechtsänderung, also der Überführung des
Eigentums in die Hand des Grundabtretungsbegünstigten bei der Eigentumsentziehung oder der Belastung des Grundstücks mit einem dinglichen oder obligatorischen Recht aufgrund der **Ausführungsanordnung** (§ 92 Absatz 1 Satz 4).
Diese Ausführungsanordnung kann erst nach Unanfechtbarkeit des Grundabtretungsbeschlusses oder einer Vorabentscheidung nach § 91 sowie im Falle
einer Einigung der Beteiligten im Verfahren ergehen (§ 92 Absatz 1); sie setzt
ferner den Nachweis der Erfüllung der festgesetzten Zahlungen und der Hin-
terlegungen voraus. Eine **Verlängerung der Verwendungsfrist** ist unter den in
§ 95 Absatz 2 genannten Voraussetzungen möglich. Wird das Vorhaben nicht
innerhalb der Verwendungsfrist ausgeführt, kann der Betroffene (frühere
Grundabtretungspflichtige) die **Aufhebung der Grundabtretung** verlangen
(§ 96 Absatz 1 Nr. 1 Buchstabe a). Zu den Begriffen **Verwirklichung und Verwendung** vgl. § 95 Rn 3 f.

II.   Entziehung des Eigentums (Absatz 2)

1.   Einführung

4   Die Fälle der zulässigen **Eigentumsentziehung** auf Antrag des Grundabtretungsbegünstigten werden in **Absatz 2 Satz 1 Nr. 1** und **Nr. 2** geregelt. Ergänzend
kommt nach **Absatz 2 Satz 1 Nr. 3** eine Entziehung des Eigentums in Betracht,
wenn der Eigentümer einen **Antrag auf Ausdehnung der Grundabtretung nach**
§ 82 stellt. Die Fälle, in denen eine Entziehung des Eigentums zulässig ist,
werden in Absatz 2 **abschließend** aufgeführt (BT-Drs 8/1315, 127 = Zydek,
347).

2.   Bebaute Grundstücke (Absatz 2 Satz 1 Nr. 1)

5   Die Entziehung des Eigentums bei bebauten Grundstücken oder solchen, die mit
bebauten Grundstücken in unmittelbarem räumlichem Zusammenhang stehen
und eingefriedet sind, ist einer der abschließend im Gesetz aufgeführten Fälle
einer Eigentumsentziehung. Die Regelung entspricht im Grundsatz dem bisher
geltenden Recht (§ 136 Absatz 2 ABG). Zu beachten ist jedoch auch § 79
Absatz 3. Hiernach bedarf die Grundabtretung der genannten Grundstücke
einer besonderen Zustimmung, die nur aus überwiegenden öffentlichen Interes-

sen unter Berücksichtigung der Standortgebundenheit des Vorhabens erteilt werden darf (vgl. § 79 Rn 22 f.). Bei der nach Satz 1 Nr. 1 zulässigen Eigentumsentziehung verweist die Gesetzesbegründung auf die großflächige Gewinnung von Bodenschätzen im Tagebau (z. B. Braunkohle), bei der die Beseitigung von Gebäuden unerlässlich sei, und die überhaupt einen der wichtigsten Fälle darstelle, in denen sich für den Betreiber eines Bergwerks die Notwendigkeit einer längerfristigen Zwecken dienenden Nutzung ergeben kann (BT-Drs 8/1315, 127 = Zydek, 348). Die im Regierungsentwurf 1977 noch vorgesehene Eigentumsentziehung bei voraussichtlich längerer Nutzung als zehn Jahre ist im Gesetzgebungsverfahren als *„mit dem Wesen der Grundabtretung nicht vereinbar"* gestrichen worden (WiA/BT-Drs 8/3965, 139 = Zydek, 349). Das entspricht der allgemeinen Zielsetzung des Grundabtretungsrechts, wonach – soweit irgend möglich – die Interessen des Grundstückseigentümers vorgehen und ihm die Wahl zwischen der Entziehung des Eigentums oder der Einräumung des Nutzungsrechts belassen werden soll (vgl. auch § 82 Rn 9 f. – Übernahmeanspruch). Eine Eigentumsentziehung ist nach **Absatz 2 Satz 2** nicht zulässig, wenn die Belastung des Grundstücks mit einem dinglichen Nutzungsrecht ausreicht.

3. **Wertsteigerung des Grundstücks (Absatz 2 Satz 1 Nr. 2)**

Eine Eigentumsentziehung ist ferner möglich, wenn die Grundstücke aufgrund 6 von **Maßnahmen der Wiedernutzbarmachung** eine **Wertsteigerung** erfahren werden. Ob solche Wertsteigerungen eintreten können, lässt sich in der Regel den maßgeblichen Betriebsplänen und landschaftspflegerischen Begleitmaßnahmen entnehmen, soweit diese im Zeitpunkt der Grundabtretungsentscheidung bereits vorliegen. Zu vergleichen sind die vorhandene und die künftige Qualität der Grundstücke. Der aktuelle Grundstückswert ist im Zusammenhang mit der festgesetzten Entschädigung ermittelt worden. Der künftige Wert ist auf der Grundlage der geänderten Qualität des Grundstücks zu den Wertverhältnissen im Zeitpunkt der Grundabtretung zu schätzen. Ist dieser Wert erkennbar höher, ist die Entziehung des Eigentums zulässig. Die Darlegungslast für eine künftige Wertsteigerung liegt beim Antragsteller, wenn er die Eigentumsentziehung beantragt. Die Regelung wird in der amtlichen Begründung mit der Erwägung gerechtfertigt, es sei ungerechtfertigt, auf Maßnahmen der Wiedernutzbarmachung beruhende Wertsteigerungen, die durch Maßnahmen und auf Kosten des Bergbauunternehmers entstanden seien, dem Grundstückseigentümer zugute kommen zu lassen (BT-Drs 8/1315, 127 = Zydek, 348).

Eine **Eigentumsentziehung** trotz zu erwartender Wertsteigerung ist **gemäß** 7 **Absatz 2 Satz 3 unzulässig,** wenn der Eigentümer sich **verpflichtet,** bei Beendigung der bergbaulichen Nutzung und Rückgabe des Grundstücks eine etwaige **Werterhöhung in Geld auszugleichen.** Wird eine solche Verpflichtung abgegeben, darf die Grundabtretungsbehörde trotz anderslautenden Antrags nur ein (dingliches) Nutzungsrecht im Grundabtretungsbeschluss umschreiben. Die Erklärung des Grundabtretungsverpflichteten ist in die Niederschrift aufzunehmen. Sie begründet einen **privatrechtlichen Anspruch** des Grundabtretungsbegünstigten, der bei der Rückgabe des Grundstücks fällig wird; ferner ein Zurückbehaltungsrecht, solange die Ausgleichszahlung nicht erfolgt.

4. **Entziehungsverlangen des Eigentümers (Absatz 2 Satz 1 Nr. 3)**

Eine Entziehung des Eigentums ist ferner dann zulässig, wenn der Eigentümer 8 diese nach § 82 verlangt. Unter den in dieser Vorschrift genannten Voraussetzungen kann der Eigentümer noch in der mündlichen Verhandlung die **Ausdehnung der Grundabtretung** verlangen, auch wenn in den vorausgegangenen gescheiterten Verhandlungen über einen freihändigen Erwerb des Grundstücks (vgl. § 79 Absatz 2) keine dahingehenden Absichten geäußert wurden. Mit der Äußerung des Verlangens auf Ausdehnung der Grundabtretung ist die Grundabtretungsbehörde rechtlich gehindert, dem auf Einräumung eines Nutzungsrechts gerichteten Antrag des Bergbauunternehmers stattzugeben.

III. Pflichten des Grundabtretungsbegünstigten nach Beendigung der Benutzung (Absatz 3)

1. Inhalt der Vorschrift

9   Absatz 3 enthält die Verpflichtungen, die der grundabtretungsbegünstigte Unternehmer bei einer **Grundabtretung zur Nutzung** nach **Beendigung des Grundabtretungszwecks** zu erfüllen hat. Die Vorschrift findet **keine Anwendung**, wenn das Eigentum an einem Grundstück oder einer Sache im Sinne des § 82 Absatz 5 (Zubehör und Scheinbestandteile nach § 95 BGB) entzogen worden ist. Wird die Vorschrift aller eingeschlossenen Ausnahmen und Varianten entkleidet, lautet der Kern der Aussage in Absatz 3:
Der Grundabtretungsbegünstigte ist verpflichtet, nach Beendigung der Benutzung der abgetretenen Sachen zu dem vorgesehenen Zweck
1. den Zustand des Grundstücks oder der Sachen in dem Zeitpunkt des Wirksamwerdens der Grundabtretung wiederherzustellen und
2. den abgetretenen Gegenstand dem betroffenen Grundabtretungspflichtigen wieder zur Verfügung zu stellen.

2. Rückgabepflicht des Grundabtretungsbegünstigten (Absatz 3 Nr. 2)

10   Das Wichtigste ist die in Absatz 3 unter **Nr. 2** geregelte Rückgabepflicht. Sie setzt ein, wenn der Zweck, derentwegen die Grundabtretung vorgenommen worden ist, sich erledigt hat oder das Grundstück für betriebliche Zwecke nicht mehr benötigt wird. So ist der Grundabtretungszweck beispielsweise erfüllt, wenn ein Tagebau nach Gewinnung der Bodenschätze verfüllt ist, das durch Grundabtretung zur Nutzung erworbene Grundstück für einen Wetterschacht infolge Stilllegung der Anlage aufgegeben werden kann oder eine Bergehalde die vorgehaltene Ablagerungskapazität erreicht hat. Sind die in einem Abschlussbetriebsplan gemäß §§ 53, 55 Absatz 2 vorgesehenen Maßnahmen noch nicht vollständig abgewickelt und ist das Grundstück noch nicht aus der Bergaufsicht entlassen, ist die Rückgabepflicht gehemmt, weil die Benutzung dann noch nicht (endgültig) beendet ist.

11   Die Rückgabepflicht entspricht dem **verfassungsrechtlichen Gebot der Rückenteignung** und folgt unmittelbar aus Artikel 14 GG. Setzt der grundabtretungsbegünstigte Unternehmer das im Wege der Grundabtretung zur Nutzung erworbene Grundstück nach Erreichen des Grundabtretungszwecks für einen **anderen betrieblichen Zweck** ein, der – wie das Gesetz sagt – „*eine Grundabtretung rechtfertigen würde*", muss er das Grundstück dem Eigentümer zunächst nicht zur Verfügung stellen. Für das Recht, das Grundstück für einen anderen neuen Zweck zunächst behalten zu dürfen, reicht nicht die Umwidmung aufgrund irgendeiner betrieblich veranlassten Zielsetzung aus. Aus der gewählten Formulierung und dem Umstand, dass die Rückgabe eines enteigneten Gegenstandes nach Beendigung des eigentlichen Zweckes aus dem Gebot der Rückenteignung folgt, ist vielmehr zu schließen, das die strengen Zulässigkeitsvoraussetzungen des § 77 Absatz 2 und § 79 Absatz 1 erfüllt sein müssen. Bei Meinungsverschiedenheiten kann der Grundabtretungspflichtige diese Frage durch eine Entscheidung der Grundabtretungsbehörde klären (Boldt/Weller, § 81 Rn 10). Anzuwenden sind gemäß § 105 die Vorschriften über das förmliche Verwaltungsverfahren nach Teil V Abschnitt 1 des Verwaltungsverfahrensgesetzes (vgl. § 105 Rn 1 ff.).

3. Pflicht zur Wiederherstellung (Absatz 3 Nr. 1)

Der Grundabtretungsbegünstigte muss den **Zustand** des abgetretenen Grund- **12** stücks so wiederherzustellen, wie er ihn im Zeitpunkt des Wirksamwerdens der Grundabtretung (hierzu § 92 Absatz 1 Satz 3) vorgefunden hat. Mit dieser Formulierung ist nicht völlige Identität in Bodenqualität, Beschaffenheit und Bewuchs gemeint, sondern es ist anzustreben, dass das zurückgegebene Grundstück in **wirtschaftlich gleichwertigem Zustand** zurückgegeben wird: Landwirtschaftliche Flächen sind hiernach so herzurichten, dass sie wieder für diesen Zweck eingesetzt werden können; ehemalige Waldflächen sind aufgeforstet zurückzugeben.

Keine Pflicht zur Wiederherstellung besteht, wenn die Wiederherstellung mit **13** **unzumutbaren Aufwendungen** verbunden wäre (unter Absatz 3 Nr. 1). Das ist der Fall, wenn die Aufwendungen in einem unangemessenen Verhältnis zu dem Verkehrswert des Grundstücks oder seiner künftigen Nutzbarkeit stehen. Beweispflichtig ist der Grundabtretungspflichtige (Boldt/Weller, § 81 Rn 13). Der Grundabtretungsbegünstigte kann in diesem Fall das Grundstück im vorhandenen Zustand zurückgeben, hat aber einen **Minderwert** auszugleichen (hierüber unten Rn 14 f.). Eine Pflicht zur Wiederherstellung entfällt auch dann, wenn eine **vom früheren Zustand abweichende Anordnung** der zuständigen Behörde **zur Wiedernutzbarmachung** der Oberfläche erlassen worden ist (unter Absatz 3 Nr. 1). Unter **Anordnung** ist in erster Linie nicht eine solche i. S. von § 71 Absatz 1 zu verstehen, sondern gemeint sind entsprechende Regelungen in zugelassenen Betriebsplänen oder diesen beigefügten Bedingungen und Auflagen. Damit werden auch solche Maßnahmen einer künftigen Wiedernutzbarmachung verbindlich, die in den maßgebenden Betriebsplänen vom Unternehmer selbst vorgesehen worden sind und mit der Zulassung des Betriebsplans, durch Nebenbestimmungen der zuständigen Behörde möglicherweise noch modifiziert, zu einer vom Ursprungszustand abweichenden Gestaltung des entzogenen Grundstücks führen. Bei großflächigen Tagebauvorhaben kann das zu einer völligen Umgestaltung ganzer Landschaften führen. Ein weiterer nicht im Gesetz aufgeführter Fall eines Ausschlusses der Wiederherstellung liegt vor, wenn diese, abgesehen von unzumutbaren Aufwendungen, zu einem unsinnigen Ergebnis führen würde, wie z. B. bei der Rückgabe von Berghalden-Grundstücken, deren Räumung unmöglich wäre.

IV. Entschädigung eines bei Rückgabe verbleibenden Minderwerts

1. Minderwert bei Rückgabe

Unterliegt der Unternehmer aus den in Absatz 3 Nr. 1 genannten Gründen nicht **14** der Pflicht zur Wiederherstellung des Grundstücks (vorstehend Rn 13), kann er das Grundstück in dem Zustand zurückgeben, in dem es sich zum Zeitpunkt der Beendigung des Grundabtretungszwecks befindet. Während das BBergG sich mit dem Fall, dass das Grundstück im Zeitpunkt der Rückgabe eine **Wert-steigerung** erfahren kann, befasst und das Problem in § 81 Absatz 2 Nr. 2 mit der rechtlichen Möglichkeit einer Eigentumsentziehung löst (oben Rn 6 f.), hat der Gesetzgeber die Möglichkeit eines **Minderwertes bei Rückgabe** offenbar übersehen. Das überrascht angesichts des Umstandes, dass in § 137 Absatz 2 ABG dem Eigentümer ein Minderwert ersetzt werden musste, der durch die Benutzung des Grundstücks entstanden war; überdies räumte die Vorschrift dem

Eigentümer das Recht ein, anstatt des Ersatzes des Minderwerts vom Bergwerksbesitzer den Erwerbs des Grundstücks zu fordern.

2. Entschädigungspflicht bei Minderwert

15 Das Schweigen des Gesetzgebers darf nicht in dem Sinne verstanden werden, dass der Eigentümer einen Verlust des Verkehrswerts infolge der Benutzung ersatzlos hinzunehmen hätte (so aber offenbar Boldt/Weller, § 81 Rn 14). Dagegen spricht, dass nach dem Konzept des BBergG eine Verschlechterung der Position des Eigentümers gegenüber dem bisherigen Recht und damit auch des § 137 Absatz 2 ABG nicht gewollt war. Die Rückgabe eines gegenüber dem ursprünglichen Zustand minderwertigen Grundstücks ohne Ausgleich wäre auch ein **Widerspruch** zu dem **Grundsatz der vollständigen Entschädigung** in Artikel 14 GG. Für die Dauer der Benutzung ist der Eigentümer durch Entschädigung in wiederkehrenden Leistungen gemäß § 89 Absatz 1 entschädigt worden. Endet die Benutzung, kann der grundabtretungsbegünstigte Unternehmer die Zahlungen mit der Rückgabe des Grundstücks einstellen. Während der Dauer der Benutzung ist dem Eigentümer ein Äquivalent für den Nutzungsentzug des Grundstücks zugewendet worden. Hat sich infolge der bergbaulichen Nutzung der Zustand des Grundstücks qualitativ verändert und muss der Unternehmer den ursprünglichen Zustand nach Absatz 3 Nr. 1 nicht wiederherstellen, ist dem Eigentümer ein auf die Dauer verbleibender Nachteil entstanden, weil der Eigentümer das Grundstück nur eingeschränkt oder möglicherweise überhaupt nicht sinnvoll nutzen kann (z. B. steile Hanglage bei einer Bergehalde). Dieser Nachteil ist nach den Entschädigungsgrundsätzen des BBergG und nach den allgemeinen entschädigungsrechtlichen Vorschriften des Enteignungsrechts auszugleichen.

16 Mangels anderer ausdrücklicher Regelungen im Gesetz kommt in entsprechender Anwendung des § 89 Absatz 2 eine **Ergänzungsentschädigung** in Betracht. Hierzu kann der Eigentümer bei der zuständigen Behörde ein Entschädigungsverfahren einleiten, dass sich nach den allgemeinen Verfahrensvorschriften richtet (vgl. § 105). Außerdem kommt auf Antrag des Eigentümers die **Festsetzung einer Sicherheitsleistung** in Betracht, wenn sich im Zeitpunkt der Entscheidung über die Grundabtretung Vermögensnachteile nicht abschätzen lassen (§ 89 Absatz 4), aber absehbar ist, dass nach der Art des Vorhabens und der Verwendung des Grundstücks für den bergbaulichen Zweck eine Wiederherstellung nicht infrage kommt (z. B. ehemaliges landwirtschaftliches Grundstück als Teil einer Bergehalde). Die Bestellung einer angemessenen Sicherheit zum Ausgleich eines etwaigen Minderwerts im Zeitpunkt der Rückgabe konnte bereits unter der Geltung des ABG verlangt werden (vgl. § 137 Absatz 2 Satz 2 ABG).

3. Verfahren

17 Kann sich der Eigentümer mit dem Grundabtretungsbegünstigten über die Höhe des abzugeltenden Minderwerts nicht einigen, ist das Verwaltungsverfahren nach Teil V Abschnitt 1 des Verwaltungsverfahrensgesetzes (der Bundesländer) durchzuführen. Vgl. im Einzelnen zu § 105 Rn 1 ff.

4. Rechtslage bei freihändigem Erwerb

18 Hat sich der Eigentümer mit dem Bergbautreibenden in gütlicher Einigung ohne Einleitung eines förmlichen Grundabtretungsverfahrens über ein Nutzungsverhältnis (vgl. § 79 Absatz 2 Nr. 2) verständigt, greifen die gesetzlichen Regelungen über die Rückgabe des Grundstücks, die Pflicht zur Wiederherstellung oder

– wie vorstehend (Rn 15 f.) ausgeführt – die Pflicht zur Entschädigung eines verbleibenden Minderwerts nicht ein. Der Eigentümer muss daher bei den Verhandlungen darauf dringen, dass diese Ansprüche und Rechte ausdrücklich im Vertrag über das Nutzungsverhältnis geregelt werden und auch zugunsten eines Einzelrechtsnachfolgers Anwendung finden. Es handelt sich dann um ausschließlich privatrechtliche Ansprüche, die im Zivilprozess durchzusetzen sind. Haben sich die Beteiligten im Grundabtretungsverfahren über das Nutzungsrecht geeinigt, steht die beurkundete Einigung dem Grundabtretungsbeschluss gleich (§ 92 Absatz 1 Satz 3). Absatz 3 gilt dann unmittelbar.

V. Übernahmeverlangen des Eigentümers bei verbleibendem Minderwert

Nach § 137 Absatz 2 ABG konnte der Eigentümer ohne Angabe von Gründen **19** fordern, dass der Bergwerksbesitzer, statt Ersatz des verbleibenden des Minderwerts zu fordern, das Eigentum des Grundstücks erwirbt. Auch eine solche ausdrückliche Regelung, bezogen auf den Zeitpunkt der Beendigung der Benutzung und der Rückgabe, fehlt im BBergG. Für den Eigentümer kann es belastend sein, ein Grundstück zurücknehmen zu müssen, das gegenüber dem früheren einen völlig anderen Zustand aufweist und für das er keine Verwendung hat, ihn möglicherweise wegen bestehender gesetzlicher Pflichten (z. B. Verkehrssicherungspflicht) nur belastet. Es sollte deshalb möglich sein, dass der Eigentümer in **Anwendung des § 82 Absatz 2** wegen Unbilligkeit die Entziehung des Eigentums auch noch im Zeitpunkt der Rückgabe eines grundabgetretenen Grundstücks verlangen kann, wenn das Grundstück einen Minderwert erlitten hat (vgl. hierzu § 82 Rn 10 ff.).

Den Übernahmeanspruch kann der Eigentümer durch Antrag bei der Grund- **20** abtretungsbehörde und im Wege der Durchführung des förmlichen Verwaltungsverfahrens gemäß § 105 durchsetzen. Im Falle der **gütlichen Einigung** ohne Durchführung eines förmlichen Grundabtretungsverfahrens muss der Eigentümer das Recht auf Übernahme in dem abzuschließenden Nutzungsvertrag unter Beachtung etwaiger Formerfordernisse begründen und bei Weigerung des Bergbautreibenden auf dem Zivilrechtsweg durchsetzen (vgl. oben Rn 18).

§ 82 Ausdehnung der Grundabtretung

(1) In den in § 81 Abs. 2 Satz 1 Nr. 1 genannten Fällen kann der Eigentümer anstelle einer anderen beantragten Form der Grundabtretung die Entziehung des Eigentums verlangen.

(2) Der Eigentümer kann ferner die Entziehung des Eigentums an einem Grundstück verlangen, soweit eine andere Form der Grundabtretung für ihn unbillig ist.

(3) Soll ein Grundstück oder ein räumlich oder wirtschaftlich zusammenhängender Grundbesitz nur zu einem Teil Gegenstand der Grundabtretung werden, so kann der Eigentümer die Ausdehnung der Grundabtretung auf das Restgrundstück oder den Restbesitz insoweit verlangen, als das Restgrundstück oder der Restbesitz nicht mehr in angemessenem Umfang baulich oder wirtschaftlich genutzt werden kann.

(4) Wird ein Grundstück durch die Entziehung, Belastung oder Beschränkung eines Rechts an einem anderen Grundstück in seiner Wirtschaftlichkeit wesentlich beeinträchtigt, so kann der Eigentümer die Ausdehnung der Grundabtretung auf das Grundstück verlangen. Die Absätze 1 und 2 gelten entsprechend.

(5) Der Eigentümer, der Nießbraucher oder der Pächter kann verlangen, daß die Grundabtretung auf das Zubehör eines Grundstücks sowie auf Gegenstände im Sinne des § 95 des Bürgerlichen Gesetzbuchs ausgedehnt wird, soweit er das Zubehör oder die Sachen infolge der Grundabtretung nicht mehr wirtschaftlich nutzen oder in anderer Weise angemessen verwerten kann.

Übersicht   Rn

I.   Anwendungsfälle der Ausdehnung der Grundabtretung (Absatz 1 bis 5) .   1
1.   Einführung   1
2.   Bebaute Grundstücke (Absatz 1)   2
3.   Eigentumsentziehung bei Unbilligkeit (Absatz 2)   3
4.   Ausdehnung auf Restgrundstück und Restbesitz (Absatz 3)   6
5.   Wirtschaftliche Beeinträchtigung infolge Entziehung eines Rechts (Absatz 4) 8
6.   Ausdehnung auf Zubehör und Scheinbestandteile (Absatz 5) 9

II. Zeitpunkt für die Stellung eines Entziehungs- oder Ausdehnungsverlangens 10
1.   Fehlende gesetzliche Regelung 10
2.   Jederzeitige Geltendmachung 12
3.   Geltendmachung im Verfahren 14
4.   Rechtslage bei Einigung außerhalb des Verfahrens 15

III. Verfahrens- und Entschädigungsfragen 16
1.   Verwaltungsverfahren 16
2.   Entziehungsverlangen bei Minderwert 17
3.   Wertfestsetzung bei Entziehungsverlangen 18

I.   Anwendungsfälle der Ausdehnung der Grundabtretung (Absatz 1 bis 5)

1.   Einführung

1 Die bergrechtliche Grundabtretung ist **vorrangig** auf die **Benutzung von Grundstücken**, also die Einräumung von Nutzungsrechten mit grundbuchfähigem Inhalt, gerichtet (§ 81 Rn 1 f.). Damit wird das Verfassungsgebot des geringstmöglichen Eingriffs gesetzlich formuliert. Auf der gleichen Linie liegt die Weisung, dass die Grundabtretung nur in dem Umfang durchgeführt werden dürfe, in dem sie zur Verwirklichung des Zwecks erforderlich ist (§ 81 Absatz 1 Satz 1). Eine Missachtung dieser Grundsätze führt zur Rechtswidrigkeit des Grundabtretungsbeschlusses. Da die Beschränkung des Eingriffs in räumlicher und rechtlicher Hinsicht dem subjektiven Interesse des Betroffenen widersprechen kann, gibt § 82 dem Eigentümer die rechtliche Möglichkeit, anstelle der Einräumung eines Nutzungsrechts die **Entziehung des Eigentums** (Absatz 1 und 2) oder im Fall der Beschränkung der Grundabtretung auf den Teil eines Grundstücks/einer wirtschaftlichen Einheit (Absatz 3), der Beeinträchtigung der Wirtschaftlichkeit eines Grundstücks (Absatz 4) oder von Zubehör und Scheinbestandteilen (Absatz 5) die **Ausdehnung der Grundabtretung** zu verlangen. Grundgedanke der Regelung: Dem betroffenen Eigentümer soll die nur teilweise Entziehung seiner Nutzungs- und Verfügungsbefugnis nicht zugemutet werden, wenn die Geldentschädigung den Ausfall nicht hinreichend ausgleicht. Ein Vorbild dieser Regelung enthielt bereits das ABG (§ 137 Absatz 2: Erwerbspflicht des Bergbaus bei Rückgabe eines im Wert geminderten Grundstücks; § 138 ABG: Übernahmepflicht bei einer Benutzung von mehr als drei Jahren; § 139 ABG: Erwerb bei Zerstückelung). Zum **Zeitpunkt der Stellung des Verlangens** auf Ausdehnung: Vgl. unten Rn 10 ff.

2. Bebaute Grundstücke (Absatz 1)

Der Eigentümer kann anstelle einer beantragten anderen Form die **Entziehung** **2**
des Eigentums verlangen, wenn **bebaute Grundstücke** Gegenstand des Verfahrens sind. Das gleiche gilt, wenn unbebaute Grundstücke mit **bebauten Grundstücken in unmittelbarem räumlichem Zusammenhang** stehen und eingefriedet sind (vgl. § 81 Absatz 2 Satz 1 Nr. 1). Die Vorschrift geht davon aus, dass der Antragsteller seinen Antrag auf die Begründung eines (in der Regel dinglichen) Nutzungsrechts beschränkt hat. Die Entziehung des Eigentums entsprechend einem Verlangen des Eigentümers bedarf nicht der Zustimmung der nach Landesrecht zuständigen Behörde nach § 79 Absatz 3, weil er dieses seinem Schutz dienenden Zustimmungserfordernisses nicht bedarf, wenn er selbst die Entziehung verlangt.

3. Eigentumsentziehung bei Unbilligkeit (Absatz 2)

Ebenso wie Absatz 1 geht auch Absatz 2 davon aus, dass der Unternehmer **3**
seinen Grundabtretungsantrag auf die Begründung eines dinglichen Nutzungsrechts gerichtet hat. Ist diese Form der Grundabtretung für den Eigentümer unbillig, kann er die Entziehung des Eigentums an dem Grundstück verlangen. Nach dem Regierungsentwurf (BT-Drs 8/1315, 34 = Zydek, 350) sollte der Tatbestand der Unbilligkeit insbesondere vorliegen, wenn die **Benutzung** voraussichtlich **länger als drei Jahre** dauern, eine **Wertminderung** des Grundstücks eintreten würde oder das Grundstück mit einem **Erbbaurecht** belastet werden sollte. Dabei waren die Begründung eines Übernahmeanspruchs bei mehr als dreijähriger Benutzung § 138 ABG und eines solchen bei Erwartung einer Wertminderung im Wesentlichen § 137 Absatz 2 nachgebildet, während der Fall der beabsichtigten Erbbaurechtsbestellung der Regelung in § 92 Absatz 2 BBauG (heute BauGB) entlehnt war. Im Gesetzgebungsverfahren war vom federführenden Wirtschaftsausschuss empfohlen worden, die aufgeführten Beispielsfälle zu streichen, weil die Praktikabilität der Unbilligkeitsregelung durch die Aufzählung der Vermutungstatbestände nicht verbessert werde (WiA/BT-Drs 8/3965, 140 = Zydek, 352). Diesem Vorschlag ist der Gesetzgeber gefolgt. Damit sind die genannten drei Vermutungstatbestände für eine rechtliche und wirtschaftliche Entwertung des Grundstücks, die der Entwurf zur Vermeidung konkreter Nachweispflichten schaffen wollte, beseitigt.

Nach dem Wortlaut von § 82 Absatz 2 obliegt nun grundsätzlich dem Eigentü- **4**
mer die **Darlegungspflicht** dafür, dass und inwieweit ihn die beantragte Form der Grundabtretung wirtschaftlich oder rechtlich mit der Folge der Unbilligkeit trifft. Jedoch ist anzunehmen, dass mit der Anregung des Wirtschaftsausschusses keine Verschärfung hinsichtlich der Voraussetzungen eines Entziehungsverlangens beabsichtigt war. Das Gesetz sollte nach dem Willen des Gesetzgebers keine Verschlechterung der Rechtspositionen des Eigentümers gegenüber dem Recht des ABG bewirken, wie die Übernahme der Grundkonzeption des Vorgängerrechts mit dem Vorrang der Grundabtretung zur Nutzung gegenüber dem Eigentumsentziehung zeigt. Erkennbare Verschlechterungen gegenüber dem früheren Recht wurden beseitigt, so die Entziehung des Eigentums durch den Grundabtretungsbegünstigten bei voraussichtlich mehr als zehnjähriger Benutzung des Grundstücks (WiA/BT-Drs 8/3965 = Zydek, 349 zu § 80 Absatz 2 Nr. 1 Regierungsentwurf). Kann der Grundabtretungsbegünstigte bei voraussichtlich langjähriger Benutzung nur die Grundabtretung zur Nutzung beantragen und wird dem Antrag stattgegeben, wird der Eigentümer einschneidend in seinen Dispositionsmöglichkeiten beschränkt und mit dem finanziellen Risiko der Entschädigung in wiederkehrenden Leistungen, wie z. B. Zahlungsunfähigkeit des Grundabtretungsbegünstigten oder Währungsverfall, belastet. Eine Sicherung gegen solche Risiken ist nicht möglich. Der Grundsatz, dass der

Normalfall der Grundabtretung, die Überlassung eines Grundstücks zur Nutzung dem vermuteten Interesse des Eigentümers entsprechen soll, kann sich bei langjähriger Nutzungsdauer in das Gegenteil verkehren und unzumutbar sein. § 99 Absatz 1 Satz 2 BauGB lässt daher eine Entschädigung in wiederkehrenden Leistungen nur auf Antrag und nur dann zu, wenn dies den Beteiligten zuzumuten ist (vgl. hierzu Battis/Krautzberger/Löhr, § 99 Rn 3).

5   Es ist deshalb davon auszugehen, dass der Eigentümer wegen Unbilligkeit weiterhin eine **Entziehung des Eigentums** verlangen kann, wenn die **Benutzung länger als drei Jahre andauert**, wenn **bei der Rückgabe** des Grundstücks nach Beendigung der Nutzung eine **Wertminderung** verbleibt oder die **Belastung mit einem Erbbaurecht** erfolgt ist. Der ursprüngliche Wortlaut des § 81 Absatz 2 des Regierungsentwurfs 1977 kann daher bei Auslegung des § 81 Absatz 2 zugrunde gelegt werden (vgl. oben Rn 3). In sonstigen Fällen einer geltend gemachten Unbilligkeit oder Unzumutbarkeit für den Eigentümer verbleibt es dagegen bei dessen Darlegungslast. Zum **Zeitpunkt** der **Geltendmachung des Verlangens** vgl. unten Rn 10 f.

4.   Ausdehnung auf Restgrundstück und Restbesitz (Absatz 3)

6   Eine **weitere Variante** des Ausdehnungsanspruchs begründet Absatz 3 für den Fall einer nach dem Grundabtretungseingriff voraussichtlich verbleibenden **wirtschaftlichen Belastung des Restgrundstücks oder Restbesitzes** (vgl. § 92 Absatz 3 BauGB). Die Vorschrift entspricht sinngemäß § 139 ABG. Danach war bei Abtretung einzelner Teile eines Grundstücks und Unbrauchbarkeit der verbleibenden Grundstücksteile auch für die letzteren eine Entschädigung zu zahlen; gleichzeitig konnte die Übernahme des gesamten Grundstücks verlangt werden. Die **Entschädigungsverpflichtung** ist nunmehr in § 86 Absatz 2 Nr. 2 geregelt, während der alternative Ausdehnungsanspruch in Absatz 3 enthalten ist. Der Ausdehnungsanspruch nach Absatz 3 erfasst zwei Fallgestaltungen: Im **ersten Fall** wird für den Grundabtretungszweck ein Grundstück nur zum Teil im Wege der Grundabtretung in Anspruch genommen; in diesem Fall kann die Grundabtretung auf das **Restgrundstück** ausgedehnt werden mit der Folge, dass der Unternehmer das gesamte Grundstück übernehmen und hierfür die Entschädigung zahlen muss. Im **zweiten Fall** soll nach dem Grundabtretungsantrag von einem räumlich oder wirtschaftlich zusammenhängenden Grundbesitz nur ein Teil beansprucht werden. Hier besteht die rechtliche Möglichkeit einer Ausdehnung der Grundabtretung auf den **Restbesitz**. Bei beiden Fällen ist Voraussetzung der Ausdehnung, dass Restgrundstück oder Restbesitz **nicht mehr** in angemessenem Umfang **baulich oder wirtschaftlich genutzt** werden können. Zu dem inhaltlich übereinstimmenden § 92 Absatz 3 BauGB ist umstritten, ob der räumlich oder wirtschaftlich zusammenhängende Grundbesitz demselben Eigentümer gehören muss (zum Streitstand vgl. Battis/Krautzberger/Löhr, BauGB, § 92 Rn 4).

7   Es ist unerheblich, ob die Grundabtretung auf Entziehung des Eigentums oder auf Einräumung eines Nutzungsrechts gerichtet ist. Sollen etwa Teile eines landwirtschaftlichen Anwesens zur Nutzung entzogen werden, die Wohn- und Wirtschaftsgebäude aber nicht dem Grundabtretungseingriff unterliegen, kann der Betroffene unter den Voraussetzungen des Absatz 3 die Übernahme des Gesamtbetriebs verlangen. Umgekehrt kann er dann, wenn wegen der Hof- und Wirtschaftsgebäude zulässigerweise eine Eigentumsentziehung begehrt wird, die Ausdehnung auf die landwirtschaftlichen Nutzflächen verlangen, da diese mit der Entziehung der Hof- und Wirtschaftsgebäude gleichsam ihren wirtschaftlichen Mittelpunkt verlieren. Dies nötigt ihn zur sachgerechten Verwendung insbesondere einer Restbesitzentschädigung (§ 86 Absatz 2 Nr. 2) und notfalls zur Vornahme von Umstrukturierungen. Verletzungen dieser Obliegenheiten können zur Minderung, sogar zum Verlust des Übernahmeanspruchs gemäß § 86 Absatz 3, § 254 BGB führen (§ 86 Absatz 3). Die Frage der **Angemessenheit** baulichen oder wirtschaftlichen Nutzungsmöglichkeit ist anhand der persönlichen Umstände des Betroffenen zu ermitteln. Bei dieser Prüfung ist zu berücksichtigen, welchen Deckungsbeitrag die zu erwartende Entschädigung zugunsten der Nutzung des Restgrundstücks oder Restbesitzes leisten kann. Obwohl in Absatz 3 im Gegensatz zu Absatz 4 nicht ausdrücklich angesprochen, sind die Absätze 1 und 2 entsprechend anzuwenden. So kann der Eigentümer z. B. nach Absatz 2 die Ausdehnung der Grundabtretung auch auf das Restgrundstück in der Form der Entziehung des Eigentums verlangen, wenn die Begründung eines Nutzungsverhältnisses für den entzogenen Teil des räumlich zusammenhängenden Grundbesitzes für ihn wegen einer mehr als drei Jahre dauernden Benutzung (vgl. oben Rn 3 f.) unbillig ist.

5. Wirtschaftliche Beeinträchtigung infolge Entziehung eines Rechts (Absatz 4)

Die Vorschrift regelt den (wohl seltenen) Fall, dass ein Grundstück in seiner **8**
Wirtschaftlichkeit dadurch wesentlich beschränkt wird, dass **Rechte an einem anderen (fremden) Grundstück** als Folge einer Grundabtretung des fremden Grundstücks entzogen werden. Dabei kann es sich um Nutzungsrechte handeln, die dinglich durch Dienstbarkeiten gesichert sind. Beispiel nach Boldt/Weller, § 82 Rn 16: Entzug einer Dienstbarkeit zur Wegebenutzung zugunsten eines landwirtschaftlichen Grundstücks mit der Folge eines großen Umwegs und Minderung der Erträge. Das gleiche gilt für Belastungen und Beschränkungen eines Rechts an einem anderen Grundstück. Mit der entsprechenden Anwendung von Absatz 1 und 2 in Satz 3 ist gemeint, dass der betroffene Eigentümer auch die Entziehung des Eigentums verlangen kann, also nicht an die Einräumung eines Nutzungsverhältnisses oder die Form der Grundabtretung gebunden ist, die für das belastete Grundstück beantragt worden ist (Boldt/Weller, § 82 Rn 18).

6. Ausdehnung auf Zubehör und Scheinbestandteile (Absatz 5)

Die Vorschrift erweitert zugunsten des **Eigentümers, Pächters oder Nießbrau-** **9**
chers den Ausdehnungsanspruch auf Zubehör und bewegliche Sachen im Sinne des § 95 BGB (sog. Scheinbestandteile). Die Vorschrift entspricht § 92 Absatz 4 BauGB, allerdings erweitert um das entsprechende Recht für Pächter und Nießbraucher. **Zubehör und Scheinbestandteile** werden von der Grundabtretung **nicht erfasst.** Erst bei einem Verlangen nach § 82 Absatz 5 darf die Grundabtretung auf sie ausgedehnt werden (vgl. die entsprechende Vorschrift in § 86 Absatz 2 BauGB). Absatz 5 gibt aber den in der Vorschrift genannten Berechtigten die Möglichkeit, selbst die Entziehung des Eigentums hinsichtlich solcher Gegenstände zu verlangen, wenn sie für sie wertlos werden. Die Vorschrift ist auf den **Mieter** entsprechend anwendbar.

II. Zeitpunkt für die Stellung eines Entziehungs- oder Ausdehnungsverlangens

1. Fehlende gesetzliche Regelung

Das BBergG enthält im Gegensatz zum BauGB (heute BauGB), dem die Aus- **10**
dehnungstatbestände des § 82 Absatz 2 bis 5 nachgebildet sind (vgl. § 92 Absatz 2 bis 4 BauGB), keine Regelung darüber, bis zu welchem **Zeitpunkt**

der Eigentümer die Entziehung oder Ausdehnung der Grundabtretung zu verlangen hat. Nach § 92 Absatz 5 BauGB ist ein Ausdehnungsverlangen schriftlich oder zur Niederschrift bei der Enteignungsbehörde **bis zum Schluss der mündlichen Verhandlung** geltend zu machen. Der Regierungsentwurf zum BBergG von 1975 enthielt eine wörtlich übereinstimmende Vorschrift (BR-Drs 350/75 zu § 90 Absatz 6). Diese Verfahrensregelung ist nicht in den Regierungsentwurf 1977 (BT-Drs 8/1315), auf dem das BBergG beruht, aufgenommen worden, nicht zuletzt wohl auch deshalb, weil besondere Verfahrensregelungen im Gesetz zugunsten der Anwendung der speziellen Verfahrensvorschriften des VwVfG (§§ 64 ff. VwVfG über § 105 BBergG) vermieden werden sollten. Die §§ 64 ff. VwVfG enthalten jedoch keine Vorschrift, die auf die Bestimmung des Zeitpunkts eines Ausdehnungsverlangens angewendet werden könnte.

11   Damit liegt eine **Gesetzeslücke** vor. Sie könnte geschlossen werden durch **analoge Anwendung des § 92 Absatz 5 BauGB.** Hierfür könnte angeführt werden, dass die Ausdehnungstatbestände in § 82 BBergG mit denen des § 92 Absatz 2 bis 5 BauGB weitgehend übereinstimmen, sodass auch die Anwendung von § 92 Absatz 5 BauGB naheliegt. Ferner war im Regierungsentwurf von 1975 eine dem § 95 Absatz 5 BauGB (seinerzeit BBauG) inhaltlich gleichlautende Regelung vorgesehen, sodass mit der Übernahme der Vorschriften über die Ausdehnung der Grundabtretung in den Regierungsentwurf 1977, gleichsam vom Gesetzgeber unausgesprochen, auch die Vorschrift über den Zeitpunkt der Stellung eines Ausdehnungsverlangens in diesen Entwurf und damit in das endgültige Gesetz tradiert worden ist (so offenbar Boldt/Weller, § 82 Rn 23). Dem ist im Grundsatz zuzustimmen, es sei denn, im BBergG ließe sich ein Beleg dafür finden, dass der Gesetzgeber über den maßgeblichen Zeitpunkt eine andere Vorstellung hatte oder, falls er die Gesetzeslücke erkannt hätte, eine inhaltlich andere als die in § 92 Absatz 5 BauGB enthaltene Lösung vorgenommen hätte.

2.   Jederzeitige Geltendmachung

12   Die Entstehungsgeschichte zu § 82 Absatz 2 liefert einen Beleg dafür, dass der Gesetzgeber, sofern er die bestehende Gesetzeslücke erkannt hätte, eine Regelung getroffen hätte, wonach der Eigentümer den Anspruch auf Übernahme des Grundstückes jederzeit nach Abschluss des Grundabtretungsverfahrens hätte geltend machen können. Nach dieser Vorschrift ist ein Verlangen auf Entziehung des Eigentums möglich, soweit eine andere Form der Grundabtretung für den Eigentümer unbillig ist. Diese Unbilligkeit war, wie oben (Rn 3 f.) geschildert, im Regierungsentwurf gesetzlich unwiderleglich vermutet worden und lag vor, wenn die **Grundstücksbenutzung länger als drei Jahre** dauern oder eine **Wertminderung des Grundstücks** eintreten würde (BT-Drs 8/1315 = Zydek, 128). Beide Tatbestände waren dem ABG entnommen: Die Möglichkeit der Entziehung bei längerer Benutzungsdauer der Vorschrift des § 138 ABG, die Entziehung bei Eintritt einer Wertminderung der Norm des § 137 Absatz 2 ABG. Im Rahmen der Gesetzesberatungen sind die Vermutungstatbestände *„aus Praktikabilitätsgründen"* zwar gestrichen worden (WiA/ BTDrucks 8/3965, 140 = Zydek, 352), jedoch spricht vieles dafür, dass das Tatbestandsmerkmal der Unbilligkeit in § 82 Absatz 2 weiterhin mit Hilfe der früheren Vermutungstatbestände auszulegen ist (vgl. oben Rn 3 bis 5). Unter der Geltung des früheren Rechts wurde die Meinung vertreten, dass der Anspruch auf Eigentumserwerb durch den Bergbauunternehmer vom Eigentümer jederzeit – als auch noch viele Jahre nach Beendigung des Grundabtretungsverfahrens – geltend gemacht werden konnte, sobald die Voraussetzungen dafür vorlagen (vgl. Ebel/Weller, ABG, § 138 Anmerkung 1 m.w.N.). Für den Fall einer Wertminderung des Grundstücks infolge der Benutzung galt der Grundsatz, dass der Anspruch auf Übernahme überhaupt erst mit dem Anspruch auf Rückgabe entstand (Ebel/Weller, ABG, § 137 Anmerkung 8 m. w. N.). Konnten sich die Beteiligten über den Eigentumserwerb nicht einigen, erfolgte nach § 142 ABG eine Entscheidung durch gemeinschaftlichen Beschluss des Oberbergamts und der Regierung.

In beiden Fällen entstand mit der Grundabtretung eines Grundstücks in der **13** Form der Begründung eines Nutzungsverhältnisses ein **gesetzlicher Anspruch des Eigentümers auf Übernahme** des Grundstücks durch den Bergbauunternehmer, der **jederzeit** nach dem Abschluss des Grundabtretungsverfahrens geltend gemacht werden konnte, nicht der Verjährung unterlag (§ 138 ABG; vgl. Ebel/Weller, § 138 Anmerkung 1) bzw. betagt war (§ 137 Absatz 2 ABG). Da der Entziehungsanspruch in § 81 Absatz 2 des Regierungsentwurfs (heute modifiziert in § 82 Absatz 2; vgl. oben Rn 3 f.) materiell-rechtlich den §§ 137, 138 weitgehend nachgebildet war, ist die Annahme naheliegend, dass auch im Hinblick auf den Zeitpunkt der Geltendmachung dieses Anspruchs eine mit dem ABG übereinstimmende Regelung getroffen worden wäre, wenn die Gesetzeslücke bei den Beratungen des BBergG erkannt worden wäre. Da mit der Streichung der Vermutungstatbestände (längere Dauer der Benutzung als drei Jahre, Wertminderung, Belastung mit einem Erbbaurecht) keine inhaltliche Änderung der Unbilligkeitsklausel beabsichtigt war, die Vermutungstatbestände also weitergelten sollten (vgl. oben Rn 5), gilt insoweit das Gleiche. **Zusammengefasst** ist daher von folgendem auszugehen: Nach § 82 Absatz 2 kann der Eigentümer die Entziehung des Eigentums verlangen, soweit eine andere Form der Grundabtretung für ihn unbillig ist. Entsprechend der Fassung im Regierungsentwurf (dort § 81 Absatz 2 Nr. 1) liegt Unbilligkeit vor, wenn die Benutzung des Grundstücks voraussichtlich länger als drei Jahre dauert oder eine Wertminderung eintreten wird. In entsprechender Anwendung des in §§ 137, 138 ABG enthaltenen Rechtsgedankens kann der **Anspruch auf Entziehung** des Eigentums **jederzeit** geltend gemacht werden, der Anspruch auf **Ausgleich einer Wertminderung** bei der **Rückgabe des Grundstücks** nach der Erfüllung des Grundabtretungszwecks. Zum Verfahren vgl. nachstehend Rn 16 ff.

3. Geltendmachung im Verfahren

Bei der Belastung eines Grundstücks mit einem **Erbbaurecht** und bei den **14** **Entziehungstatbeständen in Absatz 3 bis 5** muss demgegenüber der Entziehungs- oder Ausdehnungsanspruch vom Eigentümer **schriftlich oder zur Niederschrift bis zum Schluss der mündlichen Verhandlung** geltend gemacht werden. Für diese Tatbestände lassen sich keine Belege für eine spezifisch bergrechtliche Regelung hinsichtlich des Zeitpunkts der Geltendmachung finden. Gegen die Möglichkeit einer Geltendmachung des Ausdehnungsverlangens über die Phase des Grundabtretungsverfahrens hinaus sprechen neben der insofern verallgemeinerungsfähigen Regelung in § 92 Absatz 5 BauGB auch praktische Erwägungen im Hinblick auf die Wertfestsetzung der zu übernehmenden Grundstücke oder Gegenstände und den hierfür maßgeblichen Zeitpunkt.

4. Rechtslage bei Einigung außerhalb des Verfahrens

Einigen sich die Beteiligten vor der Einleitung eines förmlichen Grundabtre- **15** tungsverfahrens über die Vereinbarung eines Nutzungsverhältnisses (vgl. § 79 Absatz 2 Nr. 1), besteht **kein Anspruch** des Eigentümers auf **Entziehung des Eigentums** nach § 82. Hierfür lassen sich keine Anhaltspunkte im Gesetz finden. Maßgebend für die rechtlichen Beziehungen der Beteiligten sind allein die getroffenen vertraglichen Vereinbarungen. Das gilt auch dann, wenn das auf freihändigen Erwerb gerichtete Angebot des Bergbauunternehmers von der Androhung eines Grundabtretungsverfahrens im Falle des Scheiterns der Verhandlungen begleitet war. Will der Eigentümer sich das Recht vorbehalten, bei mehr als dreijähriger Benutzung jederzeit die Übernahme des Grundstücks zu verlangen oder bei der Rückgabe einen Minderwert ersetzt zu bekommen, muss er die Einigung davon abhängig machen, dass entsprechende Regelungen in die Vereinbarung aufgenommen werden, die in geeigneter Form dinglich zu sichern sind.

III. Verfahrens- und Entschädigungsfragen

1. Verwaltungsverfahren

16 Verlangt der Eigentümer erst nach dem Abschluss des Grundabtretungsverfahrens und nach der Einweisung des Grundabtretungsbegünstigten in den Besitz des Grundstücks wegen Unbilligkeit (oben Rn 3 f.) die **Entziehung des Eigentums**, muss er nach allgemeinen Grundsätzen zunächst versuchen, sich mit dem grundabtretungsbegünstigten Unternehmer zu einigen. Scheitert der Versuch einer solchen Einigung, kann der Grundeigentümer in Anlehnung an die zu § 40 BauGB entwickelten Grundsätze (BGHZ 63, 240, 254) ein **Enteignungsverfahren gegen sich selbst** einleiten. Das damit eröffnete Verfahren erfüllt den Anspruch des Betroffenen auf einen wirksamen Rechtsschutz, der sich unmittelbar aus der Eigentumsgarantie ergibt (BGHZ 63, 240, 255, zu § 40 BauGB; BVerfGE 35, 348, 361). Der Betroffene muss bei der Grundabtretungsbehörde beantragen, dass ihm das Eigentum unter den Voraussetzungen des § 82 Absatz 2 entzogen wird. Mit der Einleitung des Verfahrens vor einer sachkundigen Behörde besteht eine höhere Gewähr dafür, dass sich die Beteiligten ohne Einschaltung der Gerichte zu erträglichen Kosten für den Betroffenen einigen. Für das vom Betroffenen einzuleitende Enteignungsverfahren gegen sich selbst gelten im Übrigen die sonstigen Regelungen des Gesetzes; insbesondere ist ein förmliches Verfahren nach §§ 64 ff. VwVfG durchzuführen (§ 105 Rn 5 f.). Ein ordentliches Klageverfahren schließt sich erst nach Abschluss des Verfahrens an (§ 144).

2. Entziehungsverlangen bei Minderwert

17 Weist das Grundstück nach **beendeter Nutzung bei der Rückgabe** (§ 81 Absatz 3) einen **Minderwert** auf, kann der Eigentümer ebenfalls nach § 82 Absatz 2 ein Übernahmeverlangen geltend machen. Dies entspricht dem bisher geltenden Recht (§ 137 Absatz 2 ABG). Aus dem Umstand, dass der Eigentümer jederzeit ein Übernahmeverlangen geltend machen kann, folgt sinngemäß, dass ihm diese Möglichkeit auch dann noch erhalten bleibt, wenn die Rückgabe unmittelbar bevorsteht. Anstelle einer Ergänzungsentschädigung nach § 89 Absatz 2 kann daher auch noch in diesem Stadium durch Einleitung eines **Enteignungsverfahrens gegen sich selbst** die Übernahme des Grundstücks durchgesetzt werden (vgl. vorstehende Rn 16).

3. Wertfestsetzung bei Entziehungsverlangen

18 Bei der Festsetzung der Entschädigung im Falle eines Entziehungsverlangens (oben Rn 10 ff.) ist für die **Qualität des Grundstücks** der Zeitpunkt maßgebend, in dem die zuständige Behörde über den Grundabtretungsantrag erstmalig entschieden hat (§ 84 Absatz 3). War also bei der Begründung des Nutzungsrechts das fragliche Grundstück als landwirtschaftliches Grundstück einzustufen, ist hiervon auch bei der Festsetzung der Entschädigung bei der Übernahme auszugehen. **Bewertungsstichtag** ist jedoch der Tag, an dem die Behörde über die Entschädigung für die Übernahme entscheidet. Sie hat also – wenn dies auch nach vielen Jahren bergbaulicher Nutzung zu Schwierigkeiten führen kann – zu prüfen, wie sich der Wert des Grundstücks im Zeitpunkt des Zwangseingriffs bis zum Zeitpunkt der Übernahmeentschädigung entwickelt hat (vgl. § 81 Rn 11).

§ 83 Sinngemäße Anwendung von Vorschriften

(1) Soweit nichts anderes bestimmt ist, gelten
1. **die für Grundstücke geltenden Vorschriften dieses Kapitels sinngemäß auch für Grundstücksteile und**
2. **die für das Eigentum an Grundstücken geltenden Vorschriften dieses Kapitels sinngemäß auch für grundstücksgleiche Rechte mit Ausnahme des Bergwerkseigentums und selbständiger Abbaugerechtigkeiten.**

(2) Soweit nichts anderes bestimmt ist, sind die für die Entziehung oder Belastung des Eigentums an Grundstücken geltenden Vorschriften dieses Kapitels auf die Entziehung, Übertragung, Änderung, Belastung oder sonstige Beschränkung der in § 78 Nr. 1 und 2 bezeichneten anderen Rechte sinngemäß anzuwenden.

Die Vorschrift dient der **Klarstellung** und gesetzestechnischen Vereinfachung **1** (vgl. auch § 200 BauGB, früher § 145 BBauG). Da das Gesetz den Begriff „Grundstück" nicht erläutert, ist grundsätzlich vom herkömmlichen Grundstücksbegriff, dem Grundstück im Rechtssinne, auszugehen (vgl. § 78 Rn 1). **Absatz 1 Nr. 1** hat im Wesentlichen Bedeutung für den Fall, dass für ein bergbauliches Vorhaben nur ein **räumlich** abgegrenzter Teil eines im Grundbuch gesondert geführten Grundstücks benötigt wird oder die Grundabtretung unter den Voraussetzungen des § 81 Absatz 1 Satz 1 auf einen Grundstücksteil beschränkt wird.

Die in **Absatz 1 Nr. 2** genannten **grundstücksgleichen Rechte** sind solche, für die **2** ein selbstständiges Grundbuchblatt anzulegen ist und die wie Grundstücke veräußert und belastet werden (z.B. Wohnungseigentum, Erbbaurecht, Wohnungserbbaurecht usw.). Das Bergwerkseigentum und selbstständige Abbaugerechtigkeiten sind ausgeschlossen, da sie schon nach § 78 nicht Gegenstand der Grundabtretung sein können.

Absatz 2 stellt im Anschluss an § 78 Nr. 1 und 2 lediglich erneut klar, dass die **3** dort genannten persönlichen und dinglichen Rechte unter den gleichen Voraussetzungen wie das Eigentum durch Grundabtretung entzogen, geändert oder übertragen werden können.

ZWEITER ABSCHNITT Entschädigung

§ 84 Entschädigungsgrundsätze

(1) Für die Grundabtretung ist eine Entschädigung zu leisten.

(2) Die Entschädigung wird gewährt für
1. **den durch die Grundabtretung eintretenden Rechtsverlust,**
2. **andere durch die Grundabtretung eintretende Vermögensnachteile.**

(3) Entschädigung kann verlangen, wer in seinem Recht durch die Grundabtretung beeinträchtigt wird und dadurch einen Vermögensnachteil erleidet (Entschädigungsberechtigter). Zur Leistung der Entschädigung ist der Grundabtretungsbegünstigte verpflichtet (Entschädigungsverpflichteter).

(4) Die Entschädigung ist in Geld festzusetzen. Sie ist in einem einmaligen Betrag zu leisten, soweit in § 89 nichts anderes bestimmt ist. Einmalige Entschädigungsbeträge sind mit zwei vom Hundert über dem Basiszinssatz nach § 247 des Bürgerlichen Gesetzbuchs jährlich von dem Zeitpunkt an zu verzinsen, in dem die zuständige Behörde über den Grundabtretungsantrag entscheidet. Im Falle der vorzeitigen Besitzeinweisung ist der Zeitpunkt maßgebend, in dem diese wirksam wird. Die Sätze 1 bis 4 gelten nicht, soweit sich der Entschädigungsberechtigte und der Entschädigungsverpflichtete über eine andere Art der Entschädigung einigen.

(5) Für die Bemessung der Entschädigung ist der Zustand des Gegenstandes der Grundabtretung in dem Zeitpunkt maßgebend, in dem die zuständige Behörde über den Grundabtretungsantrag entscheidet. In den Fällen der vorzeitigen Besitzeinweisung ist der Zustand in dem Zeitpunkt maßgebend, in dem diese wirksam wird.

Übersicht

Rn

I.	Vorbemerkung	1
II.	Enteignungsentschädigung (Absatz 1)	2
III.	Entschädigungspositionen (Absatz 2)	4
IV.	Entschädigungsberechtigter und Entschädigungsverpflichteter (Absatz 3)	6
V.	Art der Entschädigung (Absatz 4)	7
1.	Grundsatz der Geldentschädigung (Satz 1)	7
2.	Einmalbetrag (Satz 2)	8
3.	Verzinsung von Einmalbeträgen (Satz 3)	9
4.	Abweichende Vereinbarungen (Satz 4)	11
VI.	Zeitpunkt der Qualitätsbestimmung (Absatz 5)	12
1.	Inhalt und Bedeutung	12
2.	Vorwirkung der Enteignung	13

I. Vorbemerkung

1 In § 84 sind **Regelungen aus mehreren Vorschriften des BauGB** (zur Zeit der Entstehung des BBergG des BBauG) zusammengefasst. So entsprechen **Absatz 1 und 2** der Vorschrift des § 93 Absatz 1 und 2 BauGB, während **Absatz 3** wörtlich mit § 94 Absatz 1 und Absatz 2 Satz 1 BauGB übereinstimmt. **Absatz 4** findet seine Entsprechung in den Regelungen des § 99 Absatz 1 und 3, und **Absatz 5** stimmt inhaltlich mit § 93 Absatz 4 BauGB überein.

II. Enteignungsentschädigung (Absatz 1)

2 Dass für eine Grundabtretung eine Entschädigung zu leisten ist, folgt unmittelbar aus Artikel 14 Absatz 3 GG. Die §§ 84 bis 90 haben die Funktion, das Junktim zwischen Enteignung und Entschädigung (hierzu BVerfG 45, 63 ff.) zu konkretisieren. Die Entschädigungsvorschriften sind denjenigen des BauGB (§§ 93 ff.) nachgebildet. Allerdings ist die Grundabtretung, abgesehen von den Sonderfällen des § 81 Absatz 2 und einem etwaigen Übernahmeverlangen des Eigentümers (§ 82), in erster Linie auf die **Einräumung von Nutzungsrechten** gerichtet. Für diesen Hauptfall der Grundabtretung bestimmt § 89 Absatz 2, dass die Entschädigung in wiederkehrenden Leistungen zu erfolgen habe. Die Maßstäbe für diese Art der Entschädigung sind dem Gesetz nicht unmittelbar zu entnehmen. Sie müssen daher durch eine an Zweck und Sinn der einschlägigen

Entschädigungsvorschrift orientierte Auslegung erschlossen werden (vgl. § 89 Rn 2 f.).

Die Enteignungsentschädigung ist **kein Schadensersatz** im Sinne des BGB, **3** sondern ein **angemessener** der erlittenen Einbuße entsprechender **Wertausgleich**. Sie soll – bildhaft gesprochen – den Betroffenen in die Lage versetzen, sich ein gleichwertiges Objekt zu beschaffen (BGHZ 39, 198). Die Enteignungsentschädigung orientiert sich am Genommenen und nicht an einer gedachten fiktiven Vermögenslage (BGHZ 59, 250, 258). Sie ist – auch im Bereich der bergrechtlichen Grundabtretung – unter gerechter Abwägung der Interessen der Allgemeinheit und der Beteiligten zu bestimmen, obwohl das Gesetz – im Gegensatz zu § 96 Absatz 1 Satz 2 BauGB – keine Aussage in dieser Richtung enthält. Jedoch ergibt sich das Abwägungsprinzip, auch soweit die Grundabtretung zugunsten eines Unternehmers durchgeführt wird und damit privatnützigen Zwecken dient, aus dem Wesen der Enteignung. **Grundsätze des Schadensersatzrechts** sind nur anzuwenden, soweit dies – wie beim **Mitverschulden** – ausdrücklich bestimmt ist (§ 86 Absatz 3) oder wie beim **Vorteilsausgleich** selbstverständlich erscheint. Deshalb sind auch Vermögensvorteile, die dem Grundabtretungspflichtigen infolge der Grundabtretung entstehen, bei der Festsetzung der Entschädigung zu berücksichtigen, obwohl das BBergG keine § 93 Absatz 2 Satz 1 BauGB entsprechende Regelung enthält. Die zu dieser Vorschrift entwickelten Grundsätze können daher entsprechend herangezogen werden.

III. Entschädigungspositionen (Absatz 2)

Die Grundabtretungsentschädigung besteht aus der Entschädigung für den **4** **Rechtsverlust** (Nr. 1) und der Entschädigung für **andere Vermögensnachteile** (Nr. 2). Dabei steht der **Rechtsverlust** für den objektiven Wert des entzogenen Gegenstandes und den entsprechenden Verlust, der in § 85 und ergänzend in § 90 konkretisiert wird, während Absatz 2 Nr. 2 den subjektiven (individuellen) Nachteil des Enteignungsvorgangs erfassen soll; die Entschädigung für **andere Vermögensnachteile** ist in § 86 näher ausgestaltet. Die Einbuße an Rechten oder Vermögen muss sich nach beiden Tatbestandsteilen des § 84 Absatz 2 als erzwungene und unmittelbare Folge der Enteignung darstellen (BGHZ 55, 294, 296 – zum BBauG). Hiernach muss ein innerer (adäquater) Zusammenhang zwischen der Enteignung einerseits und dem Rechtsverlust oder den anderen Vermögensnachteilen andererseits bestehen. **Nicht entschädigungsberechtigt** ist daher derjenige, gegen den sich der **Eingriff nur mittelbar** auswirkt. Die Entschädigungsarten der §§ 85 und 86 sind gemäß Absatz 2 als Teile einer einheitlichen Enteignungsentschädigung zu betrachten.

Die **Abgrenzung** zwischen Rechts- (Substanz-)Verlust nach Absatz 2 Nr. 1 und **5** den anderen Vermögensnachteilen im Sinne der Nr. 2 (Folgeschäden) lässt sich nicht stets eindeutig treffen. Dies beruht im Wesentlichen darauf, dass der Grundstücksmarkt nicht streng nach objektiven oder subjektiven Kriterien unterscheidet, sondern – insbesondere bei der Abtretung von Grundstücksteilen oder Teilen eines räumlich oder wirtschaftlich zusammenhängenden Grundbesitzes (§ 86 Absatz 2 Nr. 2) – auch die in der jeweiligen Situation des Verpflichteten liegenden besonderen Umstände objektiviert und in die Verkehrswertbetrachtung einbezieht. Als Auffangnorm besagt § 84 Absatz 2, dass dem Betroffenen ein vollständiger Ausgleich für das auferlegte Opfer zuteil werden soll; die Bestimmung bringt anderseits aber auch zum Ausdruck, dass Doppelentschädigungen zu vermeiden sind (BGHZ 55, 294, 297). Das **Verbot der Doppelentschädigung**, das im Übrigen auch im Wortlaut des § 86 Absatz 1 sichtbar wird (*„soweit diese Vermögensnachteile nicht bei der Bemessung der*

Entschädigung für den Rechtsverlust berücksichtigt sind"), wirkt insoweit als Korrektiv.

IV. Entschädigungsberechtigter und Entschädigungsverpflichteter (Absatz 3)

6 Die Vorschrift stellt im Anschluss an Absatz 2 nochmals klar, dass nur derjenige eine Entschädigung beanspruchen kann, in dessen Rechtsposition die Grundabtretung unmittelbar eingreift und dem dadurch ein **Vermögensnachteil zugefügt** wird (vgl. Rn 4). Erforderlich ist, dass der Eigentümer in seiner aus seinem Eigentum sich ergebenden Rechtsposition getroffen und beeinträchtigt wird (BGHZ 62, 96; Battis/Krautzberger/Löhr, § 93 Rn 3). Entschädigt wird nur die Beeinträchtigung von Rechten, nicht die bloßer Hoffnungen, Chancen oder Erwartungen. **Entschädigungsverpflichteter** ist nach Absatz 3 Satz 2 der Unternehmer, der den Antrag auf Grundabtretung gestellt hat und zu dessen Gunsten die Grundabtretung durchgeführt wird.

V. Art der Entschädigung (Absatz 4)

1. Grundsatz der Geldentschädigung (Satz 1)

7 Absatz 4 regelt entsprechend dem Verfassungsgebot in Artikel 14 Absatz 3 Satz 2 GG die **Art der Entschädigung.** Im Gegensatz zum BauGB, das in § 100 auf Antrag des Eigentümers unter bestimmten Voraussetzungen auch eine Entschädigung in geeignetem Ersatzland vorsieht, enthält Satz 1 den Grundsatz der Entschädigung in Geld. Allerdings können sich die Beteiligten im Grundabtretungsverfahren auf eine andere Art der Entschädigung einigen (Absatz 4 Satz 4), also auf Gestellung von Ersatzland oder auf eine Kombination von Ersatzlandgestellung und Geldentschädigung. Die Einzelheiten sind in der Niederschrift von der Grundabtretungsbehörde zu beurkunden. Die Einigung steht dann nach § 92 Absatz 1 Satz 3 einer unanfechtbaren Grundabtretungsentscheidung gleich.

2. Einmalbetrag (Satz 2)

8 Nach **Satz 2** ist die Entschädigung in einem **einmaligen Geldbetrag** festzusetzen, soweit in § 89 nichts anderes bestimmt ist. Die zuletzt genannte Vorschrift besagt bindend und abschließend, dass bei **Begründung eines Nutzungsrechts** oder anderen dort genannten Konstellationen die **Entschädigung in wiederkehrenden Leistungen** zu entrichten ist (§ 89 Absatz 1). Damit ist die Entschädigung in der Form eines einmaligen Geldbetrages praktisch die Ausnahme, da die Grundabtretung in erster Linie auf Einräumung eines Nutzungsrechts gerichtet ist. Somit gilt § 84 Absatz 4, soweit eine Entschädigung für den Rechtsverlust in Betracht kommt, im Ergebnis nur für die Fälle, in denen die Entziehung des Eigentums nach § 81 Absatz 2 Nr. 1 oder aufgrund eines Ausdehnungsanspruchs des Eigentümers (§ 82) ausgesprochen wird. Etwaige bei der Entschädigung in wiederkehrenden Leistungen nicht abgegoltene andere Vermögensnachteile sind nach § 89 Absatz 1 Satz 2 ebenfalls in einem einmaligen Betrag zu entschädigen. Abweichend von der gesetzlichen Regelung können die Beteiligten im Grundabtretungsverfahren anstelle einer Entschädigung in wiederkehrenden Leistungen die Leistung in der Form eines einmaligen Betrages vereinbaren (Absatz 4 Satz 4).

3. Verzinsung von Einmalbeträgen (Satz 3)

Nach **Satz 3** sind einmalige Entschädigungsbeträge mit zwei vom Hundert über **9** dem Basiszinssatz nach § 247 BGB jährlich von dem Zeitpunkt an zu verzinsen, in dem die zuständige Behörde über den Grundabtretungsantrag entscheidet. Die Zinsen bilden einen Ausgleich dafür, dass der Betroffene eine Zeit lang weder den enteigneten Gegenstand noch die dafür festgesetzte Entschädigung nutzen kann. Sie haben mithin die Funktion eines **abstrakt berechneten Wertausgleichs.** Auch der Eigentümer, der nur mittelbarer Besitzer ist, hat einen Zinsanspruch (BGHZ 37, 269). Es gilt das Verbot der Zinseszinsen nach § 248 Absatz 1 BGB (BGH, NJW 1973, 2284). Die Verzinsungspflicht entsteht in dem Zeitpunkt, in dem die zuständige Behörde über den Antrag entscheidet, also nicht erst mit Bestandskraft des Grundabtretungsbeschlusses. Die **Höhe der Zinsen** beträgt 2 % über dem **jeweiligen Basiszinssatz** (BGH, NJW 1972, 447 zum Diskontsatz als Bemessungsgrundlage). Jede Änderung des Basiszinssatzes (1. Januar und 1. Juli eines jeden Jahres) beeinflusst damit unmittelbar die Zinsverpflichtung. Wegen weiterer Einzelheiten zur Höhe der Verzinsung und zum Basiszinssatz vgl. Palandt-Grüneberg, § 247 sowie Anhang zu § 288. Die Verzinsung endet mit dem Zeitpunkt der Zahlung der Entschädigung.

Im Falle der **vorzeitigen Besitzeinweisung** (§ 97) beginnt die Verzinsung mit **10** deren Wirksamkeit (Absatz 4 Satz 3), also in dem von der Grundabtretungsbehörde im Besitzeinweisungsbeschluss bezeichneten Zeitpunkt (§ 100 Absatz 1 Satz 1). Eine zusätzliche Besitzeinweisungsentschädigung ist nach § 98 Absatz 1 nur dann zu entrichten, wenn die durch die Besitzeinweisung entstandenen Nachteile nicht durch die Verzinsung ausgeglichen werden (§ 98 Rn 1). Eine Verzinsung kommt auch bei einer **Vorabentscheidung** in Betracht, also einer auf Antrag erfolgten Trennung des Verfahrens dem Grunde nach (§ 91 Satz 3).

4. Abweichende Vereinbarungen (Satz 4)

Absatz 4 Satz 4 eröffnet den Beteiligten die Möglichkeit, sich über eine **andere** **11** **Art der Entschädigung** zu einigen. Es bleibt ihnen unbenommen, anstelle einer Entschädigung in wiederkehrenden Leistungen (§ 89 Absatz 1) eine einmalige Entschädigung zu vereinbaren oder umgekehrt, die Verzinsung abweichend von § 84 Absatz 4 Satz 2 festzusetzen oder anstelle von Geldleistungen Naturalleistungen zu statuieren. Die Vorschrift hat Bedeutung für die Einigung der Beteiligten im Grundabtretungsverfahren (vgl. oben Rn 6 f.). Außerhalb des Verfahrens, also in der Phase, in der sich der Unternehmer nach § 79 Absatz 2 um einen freihändigen Erwerb bemühen muss, sind die Beteiligten ohnehin keinen Beschränkungen unterworfen.

VI. Zeitpunkt der Qualitätsbestimmung (Absatz 5)

1. Inhalt und Bedeutung

Die mit § 93 Absatz 4 BauGB wörtlich übereinstimmende Vorschrift legt den **12** Zeitpunkt für die Ermittlung des **Zustandes des Gegenstandes** der Grundabtretung (Zeitpunkt der Qualitätsbestimmung) fest. Maßgeblich ist der Tag, an dem die Behörde über den Grundabtretungsantrag entscheidet, nicht der Tag der Zustellung. Mit diesem Zeitpunkt ist die Qualität sowohl des Grundabtretungsobjekts als auch die Qualität des durch den hoheitlichen Eingriff bewirkten Verlustes grundsätzlich bestimmt. Hiervon **zu unterscheiden** ist der **Wertermittlungsstichtag** als Zeitpunkt der Entschädigungsberechnung; auch dies ist grundsätzlich der Tag, an dem über den Grundabtretungsantrag entschieden wird (vgl.

§ 85 Rn 4 ff.). Bei der **vorzeitigen Besitzeinweisung** verschiebt sich der Stichtag für die Qualitätsbestimmung auf den Tag, an dem diese wirksam wird (Absatz 5 Satz 2). Mit der Wirksamkeit der Besitzeinweisung (oben Rn 7) wird der Gegenstand der Grundabtretung dem Eigentümer oder sonstigen Nutzungsberechtigten wirtschaftlich entzogen; Qualitätsänderungen können ihn daher nicht mehr berühren.

2. Vorwirkung der Enteignung

13 Es bestehen keine Bedenken, eine **Vorverlegung des Zeitpunkts der Qualitätsbestimmung** unter dem Gesichtspunkt der enteignungsrechtlichen Vorwirkung anzunehmen. Im Enteignungsrecht ist allgemein anerkannt, dass ein Grundstück bei einem sich über einen längeren Zeitraum hinziehenden Enteignungsprozess von der konjunkturellen Weiterentwicklung ausgeschlossen werden kann, sofern vorbereitende Planungsmaßnahmen für die spätere Enteignung ursächlich waren, hinreichend bestimmt sind und die spätere verbindliche Planung, welche die Grundlage der Enteignung bildet, mit Sicherheit erwarten lassen (BGHZ 63, 240, 242; BGH, BauR 1978, 213 m.w.N.). Insbesondere bei großflächigen Bergehaldenprojekten, mehr aber noch bei Tagebauvorhaben, die zunächst den Zugang zur Lagerstätte schaffen sollen, kann die vorgegebene Grundstückssituation bei Bekanntwerden der Planung so nachhaltig geprägt werden, dass der Grundstücksverkehr ab Bekanntwerden diesem Umstand Rechnung tragen wird; dies insbesondere dann, wenn praktisch keine Planungsalternativen mehr bestehen. Eine enteignungsrechtliche Vorwirkung können danach die Einleitung des Betriebsplanverfahrens, die planerische Berücksichtigung eines bergbaulichen Vorhabens in einem Flächennutzungsplan (BGH, BauR 1978, 213) oder allgemein Vorhaben, für die ein Verfahren mit Öffentlichkeitsbeteiligung, zum Beispiel eine UVP, vorgesehen ist, auslösen.

14 Der „Zustand" des Gegenstandes der Grundabtretung (§ 84 Absatz 5) entspricht im Wesentlichen dem Begriff der „Qualität" in der enteignungsrechtlichen Rechtsprechung. Hierzu rechnen neben den natürlichen Eigenschaften des Grundstücks auch sämtliche wertbildenden Faktoren (Lage, Beschaffenheit, Größe, Form, Erschließung) sowie die Nutzungsfähigkeit im Rahmen der baurechtlichen und sonstigen Ordnung (BGH, NJW 1966, 2211). Bloße Aussichten und Erwartungen sind nur dann zu berücksichtigen, wenn ihre Verwirklichung im Zeitpunkt der Enteignung so sicher bevorsteht, dass sie als wertbildende Merkmale anzusehen sind. Sie müssen mithin im gewöhnlichen Geschäftsverkehr bereits preisbildend gewirkt haben (BGH, NJW 1966, 497).

15 Zwei **gesetzlich geregelte Fälle** einer enteignungsrechtlichen Vorwirkung enthält § 90 Absatz 1 Nr. 1 und 2 mit dem Ausschluss **spekulativer Werterhöhungen,** die infolge des Gewinnungs- oder Aufbereitungsbetriebs oder infolge der bevorstehenden Grundabtretung eingetreten sind (vgl. § 90 Rn 2, 3).

§ 85   Entschädigung für den Rechtsverlust

(1) Die Entschädigung für den Rechtsverlust bemißt sich nach dem Verkehrswert des Gegenstandes der Grundabtretung.

(2) Der Verkehrswert wird durch den Preis bestimmt, der in dem Zeitpunkt, auf den sich die Ermittlung bezieht, im gewöhnlichen Geschäftsverkehr nach den rechtlichen Gegebenheiten und tatsächlichen Eigenschaften, der sonstigen Beschaffenheit und Lage des Gegenstandes der Wertermittlung ohne Rücksicht auf ungewöhnliche oder persönliche Verhältnisse zu erzielen wäre.

(3) Die auf Grund des § 199 Abs. 1 des Baugesetzbuchs erlassenen Vorschriften sind entsprechend anzuwenden.

Übersicht

Rn

I. Inhalt 1
II. Bedeutung 2
III. Wertermittlungsstichtag 4
1. Grundsatz 4
2. Verschiebung des Wertermittlungsstichtags 5
IV. Verkehrswert (Absatz 2 und 3) 7
V. Schlussbemerkung 9

I. Inhalt

Die Vorschrift regelt die **Entschädigung für den Rechtsverlust** und konkretisiert **1** damit die anspruchsbegründende Norm des § 84 Absatz 2 Nr. 1. Maßgeblich für die Bestimmung des Rechtsverlustes ist der **Verkehrswert des Gegenstandes** der Grundabtretung. Verglichen mit den einschlägigen Vorschriften des BauGB entspricht Absatz 1 dem § 95 Absatz 1 Satz 1 BauGB, während Absatz 2 die in § 194 BauGB enthaltene Legaldefinition des Verkehrswerts übernimmt. Absatz 3 bestimmt die entsprechende Anwendung der auf der Grundlage der Ermächtigung des § 199 Absatz 1 BauGB (früher § 144 BBauG) erlassenen Rechtsverordnungen über die Ermittlung der Verkehrswerte von Grundstücken (unten Rn 8 f.).

II. Bedeutung

§ 85 ist nur in den Fällen von praktischer Bedeutung, in denen eine Grund- **2** abtretung in der Form der **Entziehung des Eigentums** durchgeführt wird, also auf Antrag des Unternehmers nach § 81 Absatz 2 oder auf Verlangen des Eigentümers nach § 82. In diesen Fällen ist die Entschädigung nach § 84 Absatz 2 Satz 2 in einem **einmaligen Betrag** festzusetzen, der sich nach dem **Verkehrswert** des Gegenstandes bemisst (Absatz 1 und 2). Bei der Ermittlung des Verkehrswerts bleiben bestimmte in § 90 aufgeführte **Werterhöhungen** unberücksichtigt.

Wird durch Grundabtretungsbeschluss, wie es nach dem Gesetz infolge des **3** Ausnahmecharakters der Tatbestände der Eigentumsentziehung in den §§ 81 und 82 die Regel sein soll, ein **Nutzungsrecht** festgesetzt, richtet sich die in wiederkehrenden Leistungen anzusetzende Entschädigung nach den besonderen Maßstäben des § 89 Absatz 1 Satz 1. Bei der Begründung eines Nutzungsrechts ist es nicht zulässig, die Entschädigung in Form einer am Verkehrswert des Grundstücks orientierten „*Bodenrente*" festzusetzen (BGH, NVwZ 1982, 579, § 89 Rn 4 f.).

III. Wertermittlungsstichtag

1. Grundsatz

Im BBergG nicht geregelt ist der **maßgebliche Zeitpunkt für die Preisbemessung.** **4** Nach § 95 Absatz 1 Satz 2 BBauG ist maßgebend für die Preis- und Währungsverhältnisse der Verkehrswert in dem Zeitpunkt, in dem die Enteignungsbehörde über den Enteignungsantrag entscheidet. In Ermangelung einer entsprechenden Regelung im BBergG ist die zitierte Vorschrift sinngemäß anzuwenden mit der Folge, dass im Grundabtretungsverfahren der Verkehrswert in dem Zeitpunkt maßgebend ist, in dem die zuständige Behörde über den Grundabtretungsantrag durch Grundabtretungsbeschluss entscheidet. Wird in anderen Fällen eine Entschädigung in einem Einmalbetrag festgesetzt, z. B. bei Ausdehnung der Grundabtretung auf Zubehör und Scheinbestandteile (§ 82 Absatz 4) oder bei Abgeltung von Vermögensnachteilen gemäß § 89 Absatz 1 Satz 2, ist der Zeitpunkt der Grundabtretungsentscheidung ebenfalls der maßgebende Stichtag. Der **Wertermittlungsstichtag** ist zu unterscheiden von dem anderen maßgeblichen Zeitpunkt, dem Zeitpunkt der **Qualitätsbestimmung** (vgl. hierzu § 84 Rn 12 ff.).

2. Verschiebung des Wertermittlungsstichtags

5 Der Zeitpunkt für die Preisbemessung wird **vorverlegt**, wenn der Grundabtretungspflichtige ein auf gütliche Einigung gerichtetes Angebot des Grundabtretungsbegünstigten hätte annehmen können. In diesem Falle bleiben Werterhöhungen unberücksichtigt, die nach Abgabe eines entsprechenden Angebots eingetreten sind (§ 90 Absatz 1 Nr. 3). Allerdings fehlt einem zunächst angemessenen Angebot, von dem der Begünstigte später wieder abrückt, schlechthin die Eignung, den Stichtag für die Preisverhältnisse festzulegen. Daher sind bei der Bemessung der Entschädigung auch die Preisveränderungen zu berücksichtigen, die in dem Zeitraum zwischen dem Zugang des Angebots und seiner Rücknahme oder Einschränkung eingetreten sind (BGH, BauR 1976, 276). Auch eine Abschlagszahlung führt zur Vorverlegung des Bewertungsstichtages; etwaige Preissteigerungen wirken sich nur auf den nicht gezahlten Teil der Entschädigung aus. In **Zeiten schwankender Preis- und Währungsverhältnisse** kann sich der Stichtag für die Preisverhältnisse auf einen **späteren Zeitpunkt verschieben**. Dies gilt insbesondere dann, wenn der Betroffene die Entschädigungsverfahren festgesetzte Entschädigung für zu niedrig hält und im Klagewege angreift und sich im Prozess herausstellt, dass die Entschädigung objektiv zu niedrig festgesetzt war oder die Auszahlung nicht alsbald nach der Festsetzung der Entschädigung von dem Enteignungsbegünstigten geleistet wird. Im erstgenannten Falle nimmt der Mehrbetrag an zwischenzeitlichen Wertsteigerungen teil; maßgeblich sind die Preisverhältnisse im Zeitpunkt der letzten gerichtlichen Tatsachenverhandlung (BGHZ 40, 87, 89; BGHZ 43, 300, 305), sog. **Steigerungsrechtsprechung**. Im Einzelnen hierzu Gelzer/Busse/Fischer, Rn 112 ff.

6 Wird die Entschädigung trotz Festsetzung im Enteignungsverfahren nicht gezahlt, nimmt sie an zwischenzeitlich eintretenden Wertsteigerungen teil. Der Enteignungsbegünstigte muss in Zeiten schwankender Preise den gestiegenen Preis zahlen, soweit er den Betroffenen nicht entschädigt hat (BGHZ 44, 52, 68; BGH BauR 1971, 47). Ein Preisrückgang in der Zeit von der Festsetzung der Entschädigung bis zum Zeitpunkt der Zahlung oder der letzten mündlichen Verhandlung ist zu berücksichtigen (BGH, WM 1977, 627, 630). Wird der Grundabtretungsbeschluss von dem Betroffenen wegen Unzulässigkeit angefochten, verschiebt sich der Bewertungsstichtag zugunsten des Betroffenen nicht; denn andernfalls könnte dieser durch unbegründete Anfechtung der Entscheidung den Bewertungsstichtag hinauszögern und sich auf diese Weise zwischenzeitlich eintretende Preissteigerungen zunutze machen (vgl. BGH, NJW 1972, 1317; BGH, NJW 59, 1915). Auch eine unter einem Rückzahlungsvorbehalt geleistete Abschlagszahlung auf die noch festzusetzende Enteignungsentschädigung ist grundsätzlich geeignet, den Stichtag für die Preisverhältnisse festzulegen (BGH, NJW 1976, 1499). Die vorstehend in Grundzügen wiedergegebene Steigerungsrechtsprechung des BGH stellt einen allgemeinen Grundsatz des Enteignungsrechts dar und gilt für alle Enteignungsentschädigungen (BGHZ 43, 300, 305; BGHZ 44, 52, 56).

IV. Verkehrswert (Absatz 2 und 3)

Die Entschädigung für den Rechtsverlust bemisst sich nach dem Verkehrswert   7
(Absatz 1), der mit Hilfe der in **Absatz 2** enthaltenen Kriterien zu bestimmen ist.
Bei der Ermittlung des Verkehrswertes sind auch die „rechtlichen Gegebenheiten" zu berücksichtigen, insbesondere also auch – unabhängig von der Einschätzung der beteiligten Kreise – etwaige Festsetzungen in Bauleitplänen. Der
Verkehrswert ergibt sich aus der Angebots- und Nachfragesituation des Grund-
stücksmarktes. Wichtigstes Kriterium ist das Tatbestandsmerkmal „gewöhnlicher Geschäftsverkehr"; ungewöhnliche und persönliche Verhältnisse sind hierbei auszublenden, sodass Spekulations- und Liebhaberpreise auszuschließen
sind (Battis/Krautzberger/Löhr, § 95 Rn 2).

Absatz 3 besagt ergänzend, dass die auf der Grundlage des § 199 Absatz 1   8
BBauG erlassenen Vorschriften entsprechend anzuwenden sind, d.h. die jeweils
geltenden. Die Vorschrift enthält eine Ermächtigung der Bundesregierung, durch
Rechtsverordnung Vorschriften über die Anwendung gleicher Grundsätze bei
der Ermittlung der Verkehrswerte und bei der Ableitung der für die Wertermittlung erforderlichen Daten einschließlich der Bodenrichtwerte zu erlassen. Auf
dieser Grundlage ist die **Immobilienwertermittlungsverordnung** (ImmoWertV)
vom 19.5.2010 (BGBl I, 639) erlassen worden, durch welche die Wertermitt-
lungsverordnung vom 6.12.1988 (BGBl I, 2209) aufgehoben wurde. Ergänzend
sind die **Wertermittlungsrichtlinien 2006** (WertR 2006) heranzuziehen (BAnz
Nr. 108 a) sowie die **Entschädigungsrichtlinien Landwirtschaft** vom 28.7.1978
(BAnz Nr. 181 a) und die **Waldwertermittlungsrichtlinien** vom 12.7.2000 (BAnz
Nr. 168 a). Während die ImmoWertV nach Absatz 3 die zuständige Behörde bei
der Anwendung rechtlich bindet, sind die Wertermittlungsrichtlinien nur interne Verwaltungsanweisungen. Es kann jedoch davon
ausgegangen werden, dass sie weitgehend **allgemein anerkannte Regeln der
Wertermittlung** darstellen.

V. Schlussbemerkung

Die Rechtsprechung des BGH zur Enteignungsentschädigung befasst sich ganz   9
überwiegend mit Fällen der **Eigentumsentziehung**. Bei der **bergbaulichen Grundabtretung** gelingt es den Unternehmern zumeist, sich die benötigten Grundstücke im Wege des **freihändigen Erwerbs** zu verschaffen. Soweit danach noch
Grundabtretungsverfahren durchgeführt werden mussten, endeten diese bisher
in der Regel mit der Einräumung von Nutzungsrechten. Auch künftig dürfte
daher diese Art der Grundabtretung eindeutig im Vordergrund stehen, die
Entschädigung in wiederkehrenden Leistungen nach § 89 Absatz 1 also den
Regelfall bilden. Deshalb wird auf eine eingehendere Schilderung der einschlägigen Rechtsprechung zur Entschädigung bei der Eigentumsentziehung verzichtet. Verwiesen wird auf die Kommentierungen zum BBauG und auf die enteignungsrechtliche Literatur.

---

§ 86   Entschädigung für andere Vermögensnachteile, Mitverschulden

**(1) Wegen anderer durch die Grundabtretung eintretender Vermögensnachteile
ist eine Entschädigung nur zu gewähren, soweit diese Vermögensnachteile
nicht bei der Bemessung der Entschädigung für den Rechtsverlust berücksichtigt sind.**

**(2) Zu den Vermögensnachteilen im Sinne des Absatzes 1 gehören insbeson-
dere**

1. der vorübergehende oder dauernde Verlust, den der Entschädigungsberechtigte in seiner Berufstätigkeit, seiner Erwerbstätigkeit oder in Erfüllung der ihm wesensgemäß obliegenden Aufgaben erleidet, jedoch nur bis zu dem Betrag des Aufwandes, der erforderlich ist, um einen anderen Gegenstand in gleicher Weise wie den abzutretenden Gegenstand zu nutzen oder zu gebrauchen,
2. die Wertminderung, die durch die Abtretung eines Grundstückteiles oder eines Teiles eines räumlich oder wirtschaftlich zusammenhängenden Grundbesitzes bei dem anderen Teil oder durch Abtretung eines Rechts an einem Grundstück bei einem anderen Grundstück entsteht, soweit die Wertminderung nicht schon bei der Festsetzung der Entschädigung nach Nummer 1 berücksichtigt ist,
3. die notwendigen Aufwendungen für einen durch die Grundabtretung erforderlich werdenden Umzug.

(3) Hat bei der Entstehung eines Vermögensnachteiles ein Verschulden des Entschädigungsberechtigten mitgewirkt, so gilt § 254 des Bürgerlichen Gesetzbuchs entsprechend.

Übersicht   Rn

I.   Vorbemerkung   1
II. Verbot der Doppelentschädigung (Absatz 1)   2
III. Einzelfälle anderer Vermögensnachteile (Absatz 2 Nr. 1 bis 3)   3
IV. Andere Vermögensnachteile bei Eigentumsentziehung   6
V.   Andere Vermögensnachteile bei Einräumung eines Nutzungsrechts   7
VI. Mitwirkendes Verschulden (Absatz 3)   8
VII. Grundsätze der Vorteilsausgleichung   9

I. Vorbemerkung

1 Die Absätze 1 und 2 entsprechen inhaltlich § 96 **Absatz 1 BauGB**. Es fehlt der in § 96 Absatz 1 Satz 2 BauGB enthaltene Einleitungssatz, wonach die Entschädigung unter gerechter Abwägung der Interessen der Allgemeinheit und der Beteiligten festzusetzen ist. Daraus ergibt sich jedoch kein sachlicher Unterschied, da das Abwägungsprinzip dem Wesen der Enteignung entspricht und auch dann gilt, wenn die Enteignung wie bei der Grundabtretung zugunsten Privater durchgeführt wird. Die beispielhafte (*„insbesondere"*) Aufzählung der Vermögensnachteile in Absatz 2 stimmt im Wortlaut mit § 96 Absatz 1 Satz 2 BauGB überein. Absatz 3 entspricht wörtlich § 93 Absatz 2 Satz 2 BauGB. Allerdings ist nicht recht erklärlich, weshalb die entsprechende Anwendung des § 254 BGB im BBergG nur bei der Entschädigung für andere Vermögensnachteile angeordnet ist, während sie systematisch zutreffend als allgemeines Prinzip im BauGB unter den Entschädigungsgrundsätzen in §§ 93 ff. BauGB aufgeführt ist.

II. Verbot der Doppelentschädigung (Absatz 1)

2 Während § 85 die Entschädigung für den Rechtsverlust näher regelt, befasst sich § 86 mit **anderen Vermögensnachteilen**, die als Folge der Grundabtretung auftreten, und konkretisiert damit die anspruchsbegründende Norm des § 84 Absatz 2 Nr. 2. Beide Positionen sind Bestandteil der einheitlichen, auf vollen Wertausgleich gerichteten Entschädigung und lassen sich nicht immer exakt trennen. Allerdings sind die in § 86 genannten anderen Vermögensnachteile eher persönlicher, individueller Art (Schmidt-Aßmann, NJW 1974, 1265; Battis/

Krautzberger/Löhr, § 96 Rn 2 m. w. N.). Die Wortfassung (*„soweit"*) besagt, dass **Doppelentschädigungen** zu vermeiden sind (vgl. hierzu BGHZ 55, 294, 297; BVerwGE 67, 190, 193).

III. Einzelfälle anderer Vermögensnachteile (Absatz 2 Nr. 1 bis 3)

Die Vorschrift erläutert beispielhaft (*„insbesondere"*), welche anderen Ver-   **3** mögensnachteile zusätzlich zu entschädigen sind. Nach **Absatz 2 Nr. 1** ist der vorübergehende oder dauernde Nachteil zu ersetzen, soweit er nicht durch die Entschädigung für den Rechtsverlust abgegolten ist. Bedeutung hat diese Vorschrift insbesondere für gewerbliche (landwirtschaftliche) Betriebe, denen durch Enteignung ein Grundstück entzogen worden ist und die hierdurch zusätzliche Nachteile erleiden, die als **Folgekosten** zu bewerten und zu erstatten sind (vgl. z. B. BGH, WM 1964, 968 (Berghotel); NJW 1966, 493 (Schlachthof); BGHZ 55, 294 (Gärtnerei); im Einzelnen Gelzer/Busse/Fischer, Rn 515 ff.). Die Folgekosten lassen sich aufteilen in Kosten für die Beschaffung und Herrichtung eines Ersatzgrundstücks, Kosten der Verlegung des Betriebs, Einbußen nach der Verlegung, Existenzverlust als Folge der Grundstücksenteignung, Gutachterkosten und Versteuerung der Entschädigungsleistung (Gelzer/Busse/Fischer, Rn 519). Erstattungsfähig sind auch **Rechtsberatungskosten** im Rahmen einer zur Abwendung der Grundabtretung getroffenen Einigung (BGH, MDR 1975, 275; BGHZ 43, 300); zur Kostenerstattung im Grundabtretungsverfahren vgl. § 103. Zu den anderen Vermögensnachteilen kann auch die durch eine Grundabtretung bewirkte Vereitelung der Ausbeutung eines Kiesvorkommens zählen (vgl. BGH, NJW 1973, 275; NJW 1979, 923; BGH, BauR 1979, 413). Geschäftliche Chancen, Aussichten oder bloße Erwerbsmöglichkeiten führen nicht zu einer zusätzlichen Entschädigung: Es muss sich stets um den Eingriff in eine Rechtsposition des Betroffenen handeln. Im Übrigen sind Entschädigungen nur bis zum Betrag des Aufwandes zu leisten, der erforderlich ist, um einen *„anderen Gegenstand"* in gleicher Weise wie den *„abzutretenden Gegenstand"* zu nutzen oder zu gebrauchen (gemeint ist das Grundstück: vgl. § 19 Absatz 1 Nr. 1 LBG, § 96 Absatz 1 Satz 2 Nr. 1 BauGB).

Absatz 2 Nr. 2 regelt die Entschädigung im Falle von **Wertminderungen des**   **4** **Restbesitzes** durch Abtretung von Teilen eines Grundstücks oder Teilen eines räumlich oder wirtschaftlich zusammenhängenden Grundbesitzes. Die Entschädigung wird in solchen Fällen üblicherweise nach der **Differenzmethode** ermittelt: Es wird der Unterschiedsbetrag ermittelt, um den der Wert des Restgrundstücks nach der Grundabtretung eines Teils der Gesamtflächen hinter dem Wert des Gesamtgrundstücks vor dem Eingriff zurückbleibt (BGH, NJW 1973, 287). **Nebenschäden** bei landwirtschaftlich genutzten Flächen sind u. a. Betriebserschwernisse als Folge der Abtretung von Teilflächen, Mehraufwendungen für Umwege und Mehrwege sowie eine Restbetriebsbelastung (Resthofschaden). Vgl. BGHZ 67, 190; 67, 200.

Umzugskosten (Absatz 2 Nr. 3) sind erstattungsfähig, wenn sie **notwendig** sind.   **5** Zu den Umzugskosten gehören Kosten des Transports von Gegenständen, der Anpassung von Gegenständen und weitere kausal mit dem Umzug verbundene erforderliche Aufwendungen (Reise-, Besichtigungs- und Hotelkosten). Ein *„Abzug Neu für Alt"* ist zu prüfen (BGHZ 55, 294, 302).

IV.   Andere Vermögensnachteile bei Eigentumsentziehung

6   Die Entschädigungsgrundsätze zu den oben (Rn 3 f.) geschilderten Fallgestaltungen sind von der Rechtsprechung für Sachverhalte der **Eigentumsentziehung** entwickelt worden. Hier ist insbesondere von Bedeutung, ob neben der Entschädigung für den Rechtsverlust, d. h. einer Kapitalentschädigung mit ihren Möglichkeiten der Reinvestierung in Sach- oder Kapitalwerte, weitere Folgekosten als zusätzliche Entschädigung geltend gemacht werden können. In der Regel ist der durch den Enteignungseingriff bewirkte Flächenverlust endgültig. Der Betriebsinhaber hat sich darauf einzustellen und die Entschädigung bzw. ihre Nutzungsmöglichkeit (Zinsen) für Umstrukturierungs- und Anpassungsmaßnahmen zu verwenden; nur soweit diese nicht ausreichen, ist eine durch den Landentzug bedingte konkrete Verschlechterung der Wirtschaftslage des Betriebs auszugleichen (BGHZ 67, 190 ff.).

V.   Andere Vermögensnachteile bei Einräumung eines Nutzungsrechts

7   Die vorstehend (Rn 6) genannten Grundsätze können nicht ohne weiteres auf die **Grundabtretung zur Nutzung** übertragen werden. Da der betroffene Eigentümer keine Kapitalentschädigung erhält, wenn er nicht ausdrücklich nach § 82 ein Ausdehnungsverlangen stellt, ist die Entschädigung in Fällen des § 89 Absatz 1 nach anderen Kriterien zu bemessen. Da die entzogene Nutzung (als Rechtsverlust) auszugleichen ist, wird das Schwergewicht der Entschädigung in der Regel in dem Ausgleich der subjektiven Einbußen bestehen müssen, die der Betroffene als Folge des Eingriffs in das konkrete Objekt erleidet. Die Differenzierung zwischen Rechtsverlust oder/und Rechtsbeeinträchtigung einerseits und sonstigen Vermögensnachteilen andererseits erscheint in diesen Fällen noch weniger eindeutig als in Fällen der Eigentumsentziehung. Erfasst die nach § 89 Absatz 1 festgesetzte „wiederkehrende Leistung" die höchstmögliche Nutzung der entzogenen Teilfläche (vgl. § 89 Rn 3 f.), ist danach in der Regel eine Restbetriebsbelastung mit ausgeglichen. Bei zutreffender Bemessung tritt der Geldbetrag an die Stelle des Erlöses aus der entzogenen Teilfläche; er trägt gleichsam die nicht einzusparenden Betriebsaufwendungen (z. B. für Instandhaltung und Versicherung der Gebäude, Maschinen und Geräte) in gleicher Weise mit wie vorher der Ertrag des entzogenen Grundstücks. Ob angesichts des Umstandes, dass dem Grundabtretungsbetroffenen bei einer Grundabtretung zur Nutzung das Eigentum verbleibt, diesem bei einem Teilflächenentzug entsprechend § 86 Absatz 2 Nr. 2 zusätzlich ein Minderwertanspruch nach der Differenzmethode (oben Rn 3) zustehen könnte, erscheint ebenfalls zweifelhaft; denn das für das bergbauliche Vorhaben beanspruchte Grundstück darf nicht gedanklich aus dem Gesamtbetrieb ausgegliedert werden, sondern gehört einschließlich des mit ihm verbundenen Grundabtretungsentschädigung weiterhin dazu. So bemisst sich der Gesamtwert eines landwirtschaftlichen Betriebes nach Entzug einer Teilfläche nach dem Wert des Hofes einschließlich der bergbaulich genutzten Fläche und der mit ihr verknüpften Grundabtretungsentschädigung.

VI.   Mitwirkendes Verschulden (Absatz 3)

8   Während das BBauG die entsprechende Anwendung von § 254 BGB systematisch zutreffend unter den Entschädigungsgrundsätzen in § 93 Absatz 3 BBauG (entspricht § 84 BBergG) aufführt, ist das mitwirkende Verschulden im BBergG aus nicht erklärbaren Gründen in § 86 Absatz 3 geregelt. Da der in § 254 BGB enthaltene Rechtsgedanke den auch im öffentlichen Recht wirksamen Grundsatz von Treu und Glauben konkretisiert, ist er auch dann heranzuziehen, wenn die Ersatzpflicht wie bei der Enteignung nicht an das Verschulden anknüpft. Das Mitverschulden ist von Amts wegen zu beachten und nicht erst, wenn es im Wege einer Einwendung geltend gemacht wird (str. vgl. Battis/Krautzberger/ Löhr, § 93 Rn 7). Von dem Betroffenen wird erwartet, dass er nach erfolgtem Eingriff die dadurch erfolgen Nachteile abwendet oder wenigstens mindert (BGHZ 57, 57, 65). § 254 BGB ist nicht nur im Bereich der Entschädigung für andere Vermögensnachteile nach § 86 Absatz 1 und 2 anzuwenden, sondern im gesamten Entschädigungsrecht der Grundabtretung.

VII. Grundsätze der Vorteilsausgleichung

Auch diese sind als allgemeines Prinzip im Rahmen der Enteignungsentschädi-   9
gung anzuwenden und daher auch bei der Grundabtretungsentschädigung zu berücksichtigen (Boldt/Weller, § 86 Rn 22 m. w. N.), obwohl das BBergG – anders als das BBauG (§ 93 Absatz 3 Satz 1) – keine entsprechende Anweisung enthält. Vermögensvorteile, die dem Entschädigungsberechtigten infolge der Grundabtretung entstehen, sind daher bei der Festsetzung der Entschädigung zu berücksichtigen.

§ 87   Behandlung der Rechte der Nebenberechtigten

(1) Rechte an dem abzutretenden Grundstück sowie persönliche Rechte, die zum Besitz oder zur Nutzung des Grundstücks berechtigen oder die Nutzung des Grundstücks beschränken, können aufrechterhalten werden, soweit dies mit dem Grundabtretungszweck vereinbar ist.

(2) Soweit Rechte nicht aufrechterhalten werden, sind gesondert zu entschädigen
1. Erbbauberechtigte, Altenteilsberechtigte sowie Inhaber von Dienstbarkeiten und Erwerbsrechten an dem Grundstück,
2. Inhaber von persönlichen Rechten, die zum Besitz oder zur Nutzung des Grundstücks berechtigen, wenn der Berechtigte im Besitz des Grundstücks ist,
3. Inhaber von persönlichen Rechten, die zum Erwerb des Grundstücks berechtigen oder den Verpflichteten in der Nutzung des Grundstücks beschränken.

(3) Berechtigte, deren Rechte nicht aufrechterhalten und nicht gesondert entschädigt werden, haben Anspruch auf Ersatz des Wertes ihres Rechts aus der Entschädigung für das Eigentum an dem Grundstück, soweit sich ihr Recht auf dieses erstreckt. Das gilt entsprechend für die Entschädigungen, die für den durch die Grundabtretung eintretenden Rechtsverlust in anderen Fällen oder für Wertminderungen des Restbesitzes nach § 86 Abs. 2 Nr. 2 festgesetzt werden.

Übersicht

		Rn
I.	Inhalt	1
II.	Aufrechterhaltung von Rechten (Absatz 1)	3
III.	Gesonderte Entschädigung für erlöschende Rechte (Absatz 2)	6
IV.	Wertersatz aus der Geldentschädigung (Absatz 3)	7

I. Inhalt

1 Die Vorschrift befasst sich mit den Rechten der **Nebenberechtigten**. Das sind diejenigen natürlichen und juristischen Personen, denen an dem Gegenstand der Grundabtretung ein dingliches oder persönliches Recht zusteht (vgl. § 80 Absatz 3). Wie sich aus der Wortfassung von **Absatz 1** ergibt, bleiben diese Rechte am Gegenstand der Grundabtretung nur bestehen, soweit dies mit dem Grundabtretungszweck vereinbar ist. Ist dies nicht der Fall, gehen sie unter. Ob die Rechte der Nebenberechtigten aufrechterhalten werden oder untergehen, ist im Grundabtretungsbeschluss zu entscheiden. Werden die Rechte nicht aufrechterhalten, erhalten die in **Absatz 2 Nr.** 1 bis 3 aufgeführten Berechtigten einen **gesonderten Entschädigungsanspruch**. Allen übrigen Berechtigten wird durch **Absatz 3** ein privatrechtlicher Anspruch an der Entschädigung für das Eigentum an dem Grundstück gewährt.

2 Die Vorschrift entspricht inhaltlich § 97 **Absatz 1, 3 und 4 BauGB**. Absatz 2 des § 97 BBauG (heute BauGB), der sich mit der Ersatzrechtsbestellung befasst, ist nicht in das BBergG übernommen worden. Ebenso fehlen im BBergG im Unterschied zum BauGB, das im Hinblick auf die Nebenberechtigten in den §§ 112 Absatz 3, 113 Absatz 1 Nr. 4 und 7 BauGB verfahrensrechtliche Regelungen enthält, entsprechende Vorschriften über die Entscheidung der Grundabtretungsbehörde und den Inhalt des Grundabtretungsbeschlusses.

II. Aufrechterhaltung von Rechten (Absatz 1)

3 Sie kommt nur bei **Vereinbarkeit mit dem Grundabtretungszweck** in Betracht. Es handelt sich hierbei um einen unbestimmten Gesetzesbegriff, der von der Grundabtretungsbehörde unter Berücksichtigung des Grundsatzes des geringstmöglichen Eingriffs zu prüfen ist. Ist die Vereinbarkeit gegeben, ist die Grundabtretungsbehörde gezwungen, die Aufrechterhaltung auszusprechen. Soweit das Wort „*können*" auf ein **Ermessen** hindeutet, wovon offenbar auch die Amtliche Begründung (BT-Drs 8/1315, 129 = Zydek, 361) ausgeht, wird hierfür angesichts des Verfassungsgebots des geringstmöglichen Eingriffs wenig Raum sein.

4 Im Regelfall wird eine parallele Nutzung durch den Grundabtretungsbegünstigten und einen Dritten ausscheiden, zumal die Grundabtretung ohnehin nur in dem zur Ausführung des Vorhabens unerlässlichen Umfang durchgeführt werden darf (§ 81 Absatz 1 Satz 1). Eine Aufrechterhaltung der Rechte von Nebenberechtigten dürfte daher im Wesentlichen nur in Fällen der Ausdehnung der Grundabtretung (§ 82) in Betracht kommen.

5 Gibt die Grundabtretungsbehörde dem Antrag des Unternehmers statt, muss sie im Grundabtretungsbeschluss zugleich darüber entscheiden, welche Rechte der in § 87 bezeichneten Berechtigten aufrechterhalten bleiben. Die entsprechende Vorschrift des § 112 Absatz 3 Nr. 1 BauGB ist insofern sinngemäß anwendbar.

III. Gesonderte Entschädigung für erlöschende Rechte (Absatz 2)

6 Die in der Vorschrift abschließend genannten Nebenberechtigten erhalten im Falle eines Erlöschens ihrer Rechte einen Anspruch auf gesonderte Entschädigung gegenüber dem Entschädigungsverpflichteten und nicht nur einen Anspruch auf Befriedigung aus der dem Grundabtretungspflichtigen zufließenden Hauptentschädigung. Zu den Berechtigten, den Berechtigungen im Einzelnen und deren Bewertung: vgl. Boldt/Weller, § 87 Rn 4 f. sowie Kommentierungen zum BauGB und das Schrifttum zum Entschädigungsrecht aus Enteignung. Der Wert der Rechte wird im Grundabtretungsverfahren in der Regel durch Sachverständigengutachten festzustellen sein.

IV. Wertersatz aus der Geldentschädigung (Absatz 3)

Soweit Rechte nach Absatz 1 nicht aufrechterhalten oder nach Absatz 2 nicht gesondert entschädigt werden, haben die Berechtigten nach **Absatz 3 Satz 1** Anspruch auf Ersatz des Wertes ihres Rechts aus der dem enteigneten Eigentümer zufließenden Hauptentschädigung. Die Vorschrift hat nur Bedeutung für den Fall der Zulässigkeit der Eigentumsentziehung (§ 81 Absatz 2). Als Berechtigte kommen vor allem Inhaber von Rechten in Betracht, die ihrer Natur nach auf die Befriedigung aus dem Erlös gerichtet sind, wie etwa Grundpfandrechte (Boldt/ Weller, § 87 Rn 8). Die Berechtigten erwerben gegenüber dem Hauptberechtigten einen **privatrechtlichen Anspruch**. In entsprechender Anwendung von § 113 Absatz 2 Nr. 8 muss die Grundabtretungsbehörde Geldentschädigungen, aus denen andere von der Grundabtretung Betroffene nach § 87 Absatz 2 BBergG zu entschädigen sind, getrennt von den sonstigen Geldentschädigungen ausweisen. Einigen sich die Beteiligten nicht über die Aufteilung, ist die Entschädigung zu hinterlegen (§ 93) und gerichtlich geltend zu machen (§ 94 Absatz 1 und 2). 7

Satz 2 regelt die entsprechende Anwendung von Satz 1 auf Sonderfälle. **Halbsatz 1** begründet einen Anspruch des Nebenberechtigten in Fällen, in denen nicht das Eigentum an dem Grundstück, sondern ein das Grundstück belastendes Recht (z. B. Erbbaurecht) den Gegenstand der Grundabtretung bildet. Es kann dann z. B. der Hypothekengläubiger des Erbbauberechtigten Ersatz des Wertes **seines Rechts** aus der Entschädigung für das Hauptrecht (Erbbaurecht) verlangen. **Halbsatz 2** begründet einen Anspruch auf Befriedigung aus der Hauptentschädigung, wenn infolge Wertminderung des Restbesitzes eine Entschädigung festgesetzt worden ist (§ 86 Absatz 2 Nr. 2) und der Nebenberechtigte dadurch einen Vermögensnachteil erlitten hat (z. B. Verschlechterung eines für den Restbesitz bestehenden Grundpfandrechts). 8

§ 88 Schuldübergang bei Entziehung des Eigentums an Grundstücken

Wird das Eigentum an einem Grundstück entzogen und haftet bei einem Grundpfandrecht, das aufrechterhalten wird, der Grundabtretungspflichtige zugleich persönlich, so übernimmt der Grundabtretungsbegünstigte an seiner Stelle die Schuld bis zur Höhe des Grundpfandrechts, jedoch nicht über den Verkehrswert des Grundstücks hinaus.

Die Vorschrift begründet einen **gesetzlichen Schuldübergang**, wenn das Eigentum an einem Grundstück entzogen wird und der Eigentümer (Grundabtretungspflichtige) „zugleich" persönlich für ein aufrechterhaltenes Grundpfandrecht haftet. In diesem Fall übernimmt der Grundabtretungsbegünstigte bei Grundpfandrechten, die nach dem Grundabtretungsbeschluss aufrecht erhalten bleiben (§ 87 Absatz 1), die persönliche Schuld, durch die das Grundpfandrecht dinglich gesichert wird. Es tritt eine gesetzliche, den früheren Eigentümer **befreiende Schuldübernahme** ein (Boldt/Weller, § 88 Rn 1). 1

Die Schuldübernahme ist begrenzt durch die Höhe des Grundpfandrechts und durch den **Verkehrswert** des Grundstücks. Zum Verkehrswert vgl. § 85 Rn 7. 2

Vorbild der Regelung war § 18 Absatz 9 Satz 4 Städtebauförderungsgesetz (Amtl. Begründung, BT-Drs8/1315, 130 = Zydek, 362). Eine vergleichbare Regelung enthält § 98 BauGB. 3

§ 89   Entschädigungsleistung

(1) Wird im Wege der Grundabtretung ein Nutzungsrecht begründet oder dem Eigentümer oder sonstigen Nutzungsberechtigten eine mit einem dauernden Nutzungsausfall verbundene Beschränkung oder ein anderer sich ständig erneuernder Nachteil auferlegt, so ist die Entschädigung in wiederkehrenden Leistungen zu entrichten. Werden hierdurch die zu entschädigenden Vermögensnachteile nicht abgegolten, so ist insoweit die Entschädigung in einem einmaligen Betrag zu leisten.

(2) Entstehen einem Entschädigungsberechtigten durch die Grundabtretung Vermögensnachteile, die sich im Zeitpunkt der Entscheidung über die Grundabtretung nicht abschätzen lassen, so ist auf Antrag des Entschädigungsberechtigten eine Ergänzungsentschädigung festzusetzen. Der Antrag ist nur zulässig, wenn der Entschädigungsberechtigte nachweist, daß er sich ernsthaft um eine Einigung über die Ergänzungsentschädigung bemüht hat. Die Ergänzungsentschädigung darf nur für die Zeit nach Antragstellung festgesetzt werden.

(3) Ist die Entschädigung nach Absatz 1 Satz 1 in wiederkehrenden Leistungen zu entrichten und tritt eine wesentliche Änderung der Verhältnisse ein, die für die Bemessung der Höhe der Leistungen maßgebend waren, so ist auf Antrag des Entschädigungsberechtigten oder des Entschädigungsverpflichteten die Höhe der wiederkehrenden Leistungen neu festzusetzen; Absatz 2 Satz 2 und 3 gilt entsprechend.

(4) Lassen sich im Zeitpunkt der Entscheidung über die Grundabtretung Vermögensnachteile nicht abschätzen, so kann die zuständige Behörde auf Antrag des Entschädigungsberechtigten anordnen, daß der Entschädigungspflichtige Sicherheit zu leisten hat. Über die Freigabe einer Sicherheit entscheidet die zuständige Behörde.

Übersicht   Rn

I.   Entschädigung bei Begründung eines Nutzungsrechts (Absatz 1)   1
1.   Entschädigung in wiederkehrenden Leistungen   1
2.   Entschädigung nach ABG   2
3.   Entschädigungsgrundsätze   3
4.   Ermittlung der Entschädigung   5
5.   Sonstige Vermögensnachteile (Absatz 1 Satz 2)   6
6.   Zahlungsmodalitäten   7
7.   Andere sich erneuernde Nachteile   8
8.   Entschädigung des Pächters oder Mieters   9

II. Ergänzungsentschädigung (Absatz 2) 13
1.   Grundsätze 13
2.   Ergänzungsentschädigung bei Minderwert 14
3.   Verfahren 15

III. Wesentliche Änderung der Verhältnisse (Absatz 3) 16
IV. Festsetzung einer Sicherheit (Absatz 4) 17

I.   Entschädigung bei Begründung eines Nutzungsrechts (Absatz 1)

1.   Entschädigung in wiederkehrenden Leistungen

1 Die **Grundabtretung zur Nutzung** bildet praktisch und rechtlich den Hauptanwendungsfall des bergrechtlichen Zwangsrechts (§ 81 Rn 1 ff.). Die in § 89 Absatz 1 angeordnete Entschädigung in wiederkehrenden Leistungen ist daher die zentrale Entschädigungsvorschrift des Grundabtretungsrechts. Absatz 1

Satz 1 befasst sich mit der Entschädigung für den **Rechtsverlust** und entspricht insoweit § 84 Absatz 2 Nr. 1. Andere Vermögensnachteile sind nach Satz 2 gesondert – entsprechend § 86 – auszugleichen.

2. Entschädigung nach ABG

Absatz 1 übernimmt mit dieser Regelung das bisher geltende Recht (BT-Drs 8/ **2** 1315, 130 = Zydek, 364). Nach § 137 Absatz 1 ABG war der Bergwerksbesitzer verpflichtet, dem Grundbesitzer für die entzogene Nutzung jährlich im Voraus vollständige Entschädigung zu leisten und das Grundstück nach beendigter Benutzung zurückzugeben. In seiner Entscheidung vom 3.6.1982 – III ZR 189/80 = NVwZ 1982, 579 = ZfB 123 (1982), 453 wendet der BGH zur Auslegung des § 137 Absatz 1 ABG nach der Feststellung, bei dem Grundabtretungsverfahren handele es sich nach richtiger Auffassung um ein Enteignungsverfahren, die zur **enteignungsrechtlichen Entschädigung** entwickelten Grundsätze an. Da die Grundabtretung zur Nutzung mit der entsprechenden Regelung im ABG materiell-rechtlich übereinstimmt und sich das Ausmaß der Entschädigung, unabhängig von dem Wortlaut in den gesetzlichen Regelungen, nach Artikel 14 GG richtet, lassen sich die in der zitierten Entscheidung entwickelten Grundsätze in vollem Umfang auf die Entschädigung in wiederkehrenden Leistungen nach § 89 Absatz 1 Satz 1 übertragen.

3. Entschädigungsgrundsätze

Nach Auffassung des BGH muss sich die Entschädigung an dem Verlust **3** orientieren, den der Eigentümer durch den Entzug der Möglichkeit, sein Grundstück zu nutzen, erlitten hat. Diese Einbuße soll durch die Entschädigung angemessen, d.h. vollständig, ausgeglichen werden. Hierbei ist zunächst die tatsächliche Nutzung des Grundstücks im Zeitpunkt der Inanspruchnahme zu berücksichtigen und zu fragen, welchen Erlös diese Nutzung dem Eigentümer nachhaltig bringen würde. Sodann sind alle weiteren wirtschaftlich vernünftigen und rechtlich zulässigen Nutzungsmöglichkeiten, von denen der Eigentümer ernstlich Gebrauch machen kann, in Betracht zu ziehen. Vermag eine dieser ausnutzbaren Möglichkeiten nachhaltig einen höheren Erlös zu erbringen als die tatsächliche Nutzung im Zeitpunkt der Inanspruchnahme des Grundstücks, ist der Berechnung der Entschädigung dieser höhere Erlös zugrunde zu legen (BGH, WM 1976, 277; WM 1977, 1411). Beispiel: Verwendung landwirtschaftlicher Flächen als Golfplatz. Da dem Grundabtretungspflichtigen das Eigentum an dem Grundstück verbleibt, ist ihm nur der Wert der Nutzungen zu ersetzen, die er im Rahmen der rechtlichen Ordnung ziehen kann und die ihm durch die Belastung mit dem bergbaulichen Nutzungsrecht entzogen werden.

Der Grundabtretungspflichtige kann **keine Entschädigung** verlangen, die sich **4** am **Verkehrswert** des Grundstücks orientiert, also etwa in einer angemessenen Verzinsung des Verkehrswerts mit zwei vom Hundert über dem Basiszinssatz nach § 247 BGB (analog § 84 Absatz 4 Satz 2 BGB) besteht (so aber RGZ 52, 206 (2 v.H. über Diskont) und eine jahrzehntelange Praxis). Der Entzug der Nutzungsmöglichkeit kann dem Verlust des Eigentums nicht gleichgesetzt werden, weil der Grundabtretungspflichtige in diesem Fall eine Entschädigung für einen Vermögenswert erhielte, der ihm nicht entzogen worden ist, den er aber verwirklichen könnte, wenn er unter den Voraussetzungen des § 82 Absatz 2, z.B. bei voraussichtlich mehr als dreijähriger Benutzung, die Entziehung des Eigentums verlangt (§ 82 Rn 3 f., 10 f.). Ist bei einer Grundabtretung zur Nutzung eine Besitzeinweisung vorgenommen worden, erhält der Grundabtretungspflichtige ebenfalls keine am Verkehrswert des Grundstücks orientierte „Bodenrente". Wenn nach dem Gesetz die Hauptentschädigung in Form einer

„wiederkehrenden Leistung" zu bemessen ist, ist auch die Besitzeinweisungs-entschädigung nach denselben Modalitäten zu bestimmen; denn Besitzeinwei-sungsentschädigung und Hauptentschädigung müssen, vom Einfluss verschie-dener Preisverhältnisse abgesehen, gleich bemessen werden (BGH vom 29.9.1977, BRS 34 Nr. 83 S. 159). Davon geht auch das Gesetz aus (vgl. § 98 Absatz 1 Satz 2 mit einer Verweisung auf § 89 Absatz 1 und die hierzu ent-wickelten Grundsätze).

4. Ermittlung der Entschädigung

5   Nach der oben (Rn 2) genannten BGH-Entscheidung ist die Entschädigung nach dem Verlust der konkreten Nutzungsmöglichkeiten zu bemessen. Seit der Ent-scheidung RG, ZfB 80/81 (1939/1940), 143, wurde die nach § 137 Absatz 1 festzusetzende Entschädigung in der Praxis nach der Formel Rohertrag der durch den Bergbau entzogenen Flächen zuzüglich Aufwendungen für Wirt-schaftserschwernisse abzüglich ersparter Aufwendungen ermittelt (vgl. Ebel/ Weller, § 137 ABG Anmerkung 4 a; vgl. oben Rn 3). Maßgebend war der **subjektive Ertragswert**, d. h. der Wert der jährlichen Nutzung, den das Grund-stück bei eigener Bewirtschaftung durch den Grundeigentümer als Teil des Gesamtbetriebs hat. Diese Berechnungsmethode ist grundsätzlich auch unter der Geltung des § 89 Absatz 1 Satz 1 anzuwenden. Hiernach sind die betriebs-wirtschaftlichen Verluste (insbesondere bei landwirtschaftlichen Betrieben), die sich als unmittelbare Folge des Verlustes der grundabgetretenen Flächen ein-stellen, möglichst genau – in der Regel durch Sachverständigengutachten – festzustellen. Dabei ist jeweils im Einzelfall genau zu prüfen, in welchem Umfang gerade der Verlust der abgetretenen Flächen im Rahmen des Gesamtbetriebs Nachteile für den Betroffenen mit sich bringt.

5. Sonstige Vermögensnachteile (Absatz 1 Satz 2)

6   Sonstige nicht durch die Entschädigung in wiederkehrenden Leistungen abge-goltene Vermögensnachteile sind **gesondert zu entschädigen**. Es handelt sich in der Regel um Folgekosten des Eingriffs, die durch die Nutzungsentschädigung nicht ausgeglichen werden können wie z. B. der Verlust von Wirtschaftswegen, Betriebseinrichtungen (vgl. § 82 Absatz 5) oder Sachverständigenkosten. Die typischen Folgeschäden des Eingriffs sind grundsätzlich in die Entschädigung in Form der wiederkehrenden Leistungen einzurechnen (vgl. auch § 86 Rn 4 f.). Wird bei einem größeren bergbaulichen Vorhaben ein landwirtschaftlicher Betrieb insgesamt von einer Grundabtretung erfasst, muss der nachhaltig erziel-bare (durch vergleichende Betrachtung auch zurückliegender Jahre zu ermitteln-de) Reingewinn gerade des konkret betroffenen Betriebes bei der Entschädigung zugrunde gelegt werden. Besteht das Nutzungsrecht in einer Leitungsdienst-barkeit nach § 1090 ff. BGB (wegen einer unterirdisch verlegten Leitung oder Überspannung eines Grundstücks mit einer Leitung), werden in der Regel nach Abschluss der Maßnahmen keine Nachteile verbleiben, sodass auch eine Bemes-sungsgrundlage für die Bestimmung der wiederkehrenden Leistungen fehlt. In diesen Fällen kann es gerechtfertigt sein, dem Betroffenen unter Rückgriff auf den Grundsatz des § 84 Absatz 4 eine Entschädigung in der Form eines ein-maligen Betrages zu gewähren, sofern als Folge der Verlegung oder Überspan-nung nach allgemeinen Grundsätzen eine Wertminderung eintritt. Sonstige Nachteile (z. B. Betriebserschwernisse als Folge der Errichtung von Masten) sind als andere Vermögensnachteile zusätzlich zu entschädigen.

6. Zahlungsmodalitäten

7   Zahlungsmodalitäten sieht Absatz 1 Satz 1 im Gegensatz zu § 137 Absatz 1 ABG (*„jährlich im Voraus"*) nicht vor. Die zuständige Behörde kann im Grundabtretungsbeschluss die Zahlungsweise unter Berücksichtigung der jeweiligen Interessen und Bedürfnisse der Betroffenen bestimmen.

7. Andere sich erneuernde Nachteile

Die weiter genannten Voraussetzungen der Entschädigungsform des § 89   **8**
Absatz 1 (*„mit einem dauernden Nutzungsausfall verbundene Beschränkung"*
sowie *„ein anderer ständig sich erneuernder Nachteil"*) haben gegenüber der
Begründung eines (dinglichen) Nutzungsrechts die Funktion eines Auffangtatbestands.

8. Entschädigung des Pächters oder Mieters

Benötigt der Unternehmer für das bergbauliche Vorhaben den **unmittelbaren**   **9**
Besitz der abzutretenden Flächen, kann das Pacht- oder Mietrecht jedenfalls
nicht aufrecht erhalten werden. Es ist deshalb durch den Grundabtretungsbeschluss zu entziehen (§ 87 Rn 1, 2). Einer Entziehung des Miet- oder Pachtrechts bedarf es nicht, wenn eine Grundabtretung zu Eigentum zulässig ist oder
der Eigentümer selbst nach § 82 die Ausdehnung der Grundabtretung beantragt;
denn in solchen Fällen kann sich der Grundabtretungsbegünstigte zunächst das
Eigentum übertragen lassen, um sodann nach Eintritt in den Miet- oder Pachtvertrag (§ 571 BGB) diese Vertragsverhältnisse fristgemäß aufzulösen. Werden
Miet- und Pachtrechte nicht aufrechterhalten, sind Pächter oder Mieter nach
§ 87 Absatz 2 Nr. 2 **gesondert zu entschädigen.**

Der Anspruch des Mieters oder Pächters auf Entschädigung beschränkt sich im   **10**
Grundsatz auf den Betrag, der ihn im Zeitpunkt der Enteignung in den Stand
setzt, ein entsprechendes Miet- oder Pachtrecht unter vergleichsweise ähnlichen
Vorteilen, Voraussetzungen und Bedingungen (von anderer Stelle) einzugehen
(vgl. BGH, NJW 1972, 528; BGHZ 59, 250, 258). Zahlt der Mieter oder
Pächter in etwa den **marktüblichen** (ortsüblichen) **Zins,** besteht kein Anlass
für eine gesonderte Aufhebungsentschädigung, da der Betroffene durch die
ersparte Miete oder Pacht „bildhaft" in die Lage versetzt wird, sich ein entsprechendes Objekt zu beschaffen, unabhängig davon, ob diese Möglichkeit tatsächlich besteht (Gelzer/Busse/Fischer, Rn 660 ff.). War jedoch der Miet- oder Pachtzins niedriger als der marktübliche Zins, so verkörpert dies einen besonderen
Wert der Substanz des Miet- oder Pachtrechts. Daher ist die Differenz zwischen
dem bisher gezahlten und dem marktüblichen Zins unter Berücksichtigung der
Laufzeit der Verträge der Entschädigungsberechnung zugrunde zu legen.

Es ist nicht möglich, bei dem Pächter den Entschädigungsanspruch danach zu   **11**
berechnen, was er während einer bestimmten Zeit oder der gesamten restlichen
Pachtzeit aus dem Pachtobjekt herausgewirtschaftet haben würde. Eine solche
Betrachtungsweise wäre Schadensersatz, nicht Entschädigung (BGHZ 59, 250,
258).

Bei der **Nichtaufrechterhaltung eines Mietrechts,** das nach dem Mietvertrag   **12**
jeweils zum Jahresende kündbar war, im Grundabtretungsbeschluss ist eine
Entschädigung wegen anderer Nachteile der Enteignung nur insoweit zu leisten,
als in die **rechtlich gesicherte Erwartung** des Mieters auf Fortsetzung des
Vertrages eingegriffen worden ist. Außer Betracht bleibt die mehr oder weniger
tatsächliche Erwartung, dass das Mietverhältnis ohne die Enteignung noch über
Jahre fortgesetzt worden wäre (BGH, MDR 82, 464 gegen BGHZ 26, 248).

II. Ergänzungsentschädigung (Absatz 2)

1. Grundsätze

13 Eine Ergänzungsentschädigung kann sowohl im Hinblick auf einen eingetretenen **Rechtsverlust** (§ 84 Absatz 2 Nr. 1) als auch hinsichtlich **anderer Vermögensnachteile** vorbehalten bleiben. Die Vorschrift gilt unabhängig von der Frage, in welcher Form (in Einmalbeträgen oder wiederkehrenden Leistungen) Entschädigung zu leisten ist. Eine Ergänzungsentschädigung kommt nur dann in Betracht, wenn im Zeitpunkt der Grundabtretung zusätzliche Vermögensnachteile gleichsam bereits im Grundabtretungsvorgang angelegt und adäquat-kausal durch den Zwangseingriff verursacht worden sind. Die Ergänzungsentschädigung kann insbesondere nicht beantragt werden mit der Begründung, seit dem Zeitpunkt des Grundabtretungsbeschlusses habe sich die **Qualität des Grundstücks** verändert; der Wert sei zwischenzeitlich gestiegen. Die maßgeblichen Stichtage für die Bestimmung des Zustandes des Grundstücks (§ 84 Absatz 5; hierzu § 84 Rn 12 f.) und für die Bewertung (vgl. § 85 Rn 4 ff.) bleiben bestehen.

2. Ergänzungsentschädigung bei Minderwert

14 § 89 Absatz 2 findet insbesondere Anwendung, wenn dem Grundstück bei der Rückgabe nach beendeter Nutzung ein Minderwert verbleibt. Bei der Bemessung des Minderwerts ist die Qualität des Grundstücks im Zeitpunkt des Eingriffs zugrunde zu legen; Bewertungsstichtag ist aber der Zeitpunkt der Entscheidung der Grundabtretungsbehörde über den Antrag auf Festsetzung einer Ergänzungsentschädigung (vgl. § 81 Rn 11; § 82 Rn 12 f.). Die Vorschrift ist entsprechend heranzuziehen, wenn der Eigentümer eine vom Unternehmer beantragte Entziehung des Eigentums durch Abgabe einer Verpflichtung zur Leistung einer Ausgleichszahlung bei der Rückgabe nach § 81 Absatz 2 Satz 3 abgewendet hat (§ 81 Rn 8).

3. Verfahren

15 Die Beteiligten müssen vor Einleitung eines neuerlichen Entschädigungsverfahrens den **Versuch einer gütlichen Einigung** unternehmen (Absatz 2 Satz 2). Die Pflicht zum Nachweis eines solchen (vergeblichen) Versuchs liegt bei dem Eigentümer des abgetretenen Grundsücks. Es ist ein förmliches Verfahren nach den §§ 64 ff. VwVfG durchzuführen. Eine Ergänzungsentschädigung darf nur für die **Zeit nach Antragstellung** festgesetzt werden (Absatz 2 Satz 3). Eine rückwirkende Anpassung der Entschädigung findet also auch dann nicht statt, wenn bereits im Grundabtretungsvorgang angelegte Vermögensnachteile erst später abschätzbar sind. Die Grundabtretungsbehörde ist nach Absatz 4 berechtigt, eine Sicherheitsleistung anzuordnen, wenn Vermögensnachteile mit hinreichender Gewissheit absehbar sind, eine Bezifferung aber noch nicht möglich ist. Das Verbot einer rückwirkenden Festsetzung entspricht dem in § 323 Absatz 3 ZPO enthaltenen Gedanken; es soll verhindert werden, dass der Entschädigungspflichtige unzumutbar belastet wird, wenn der Berechtigte mit der Geltendmachung seines Anspruchs zögert (BT-Drs 8/1315, 130 = Zydek, 365).

III. Wesentliche Änderung der Verhältnisse (Absatz 3)

16 Die Vorschrift enthält eine nur für die **Entschädigung in wiederkehrenden Leistungen** geltende Regelung. Hiernach ist auf Antrag des Entschädigungsberechtigten eine **Anpassung der festgesetzten Entschädigung** bei **wesentlicher**

Änderung der für die Bemessung der Höhe der Leistungen maßgeblichen Verhältnisse vorzunehmen. Das kann insbesondere dann der Fall sein, wenn die Nutzungsentschädigung, die auf der Grundlage der im Zeitpunkt des Grundabtretungsbeschlusses bestehenden konkreten Nutzungsmöglichkeiten festgesetzt worden ist (oben Rn 3 f.), den eingetretenen Rechtsverlust nicht mehr angemessen ausgleicht. Eine mögliche Neufestsetzung kann aber auch zu einer **Ermäßigung der Entschädigungsleistung** führen, obwohl dies in Zeiten schwankender Preis- und Währungsverhältnisse selten sein dürfte. Ist bei der Berechnung der Entschädigung nach den oben (Rn 3) genannten Maßstäben eine im Verhältnis zu der tatsächlichen Nutzung höherwertige Nutzbarkeit zugrunde gelegt worden (z. B. Einbeziehung eines landwirtschaftlichen Grundstücks in einen Golfplatz), und fällt diese Nutzungsmöglichkeit (wegen der Aufgabe des Golfplatzes) später fort, ist die Entschädigung auf Antrag eines der Beteiligten neu zu bestimmen. Da Absatz 2 Satz 2 entsprechend gilt, müssen die Beteiligten sich zunächst um eine Einigung bemühen. Gelingt das nicht, ist auf Antrag ein förmliches Verfahren ($ 105, $$ 64 ff. VwVfG) durchzuführen.

IV. Festsetzung einer Sicherheit (Absatz 4)

Für eine etwa nachträglich zu entrichtende Ergänzungsentschädigung kann eine **17** Sicherheitsleistung festgesetzt werden. Dies kann sowohl im Grundabtretungsbeschluss als auch später geschehen. Voraussetzung ist jedoch, dass überhaupt entsprechende Vermögensnachteile mit einiger Sicherheit zu erwarten sind und die Erfüllung des Anspruchs des Berechtigten gefährdet ist. Über die Freigabe entscheidet die zuständige Behörde (Absatz 4 Satz 2).

$ 90   Wertänderungen, Veränderungen, Begründung neuer Rechtsverhältnisse

(1) Bei der Festsetzung der Entschädigung bleiben folgende Wertänderungen unberücksichtigt:
1. **Werterhöhungen, die ausschließlich infolge des Gewinnungs- oder Aufbereitungsbetriebes eingetreten sind, zu dessen Gunsten die Grundabtretung durchgeführt wird,**
2. **Wertänderungen, die infolge der bevorstehenden Grundabtretung eingetreten sind,**
3. **Werterhöhungen, die nach dem Zeitpunkt eingetreten sind, in dem der Eigentümer oder sonstige Berechtigte zur Vermeidung der Grundabtretung ein Kauf- oder Tauschangebot im Sinne des $ 79 Abs. 2 Nr. 1 Buchstabe a oder ein Angebot zum Abschluß einer Vereinbarung im Sinne des $ 79 Abs. 2 Nr. 1 Buchstabe b mit angemessenen Bedingungen hätte annehmen können, es sei denn, daß er Kapital oder Arbeit für die Werterhöhung aufgewendet hat,**
4. **wertsteigernde Veränderungen, die ohne die erforderliche behördliche Anordnung, Genehmigung, Zulassung, Zustimmung, Erlaubnis oder Bewilligung vorgenommen worden sind, es sei denn, daß sie ausschließlich der Erhaltung oder ordnungsgemäßen Bewirtschaftung gedient haben.**

(2) Für bauliche Anlagen, deren Abbruch jederzeit auf Grund öffentlich-rechtlicher Vorschriften entschädigungslos gefordert werden kann, ist eine Entschädigung nur zu gewähren, wenn es aus Gründen der Billigkeit geboten ist. Kann der Abbruch entschädigungslos erst nach Ablauf einer Frist gefordert werden, so ist die Entschädigung nach dem Verhältnis der restlichen zu der gesamten Frist zu bemessen.

(3) Wird der Wert des Eigentums an dem abzutretenden Grundstück durch Rechte Dritter gemindert, die aufrechterhalten oder gesondert entschädigt

werden, so ist dies bei der Festsetzung der Entschädigung für das Eigentum an dem Grundstück zu berücksichtigen.

(4) Eine Vereinbarung, die mit Rücksicht auf ein in Vorbereitung befindliches Grundabtretungsverfahren oder die nach Einleitung des Grundabtretungsverfahrens getroffen wird und die einen Dritten zum Gebrauch oder zur Nutzung des Gegenstandes der Grundabtretung berechtigt, bleibt bei der Festsetzung der Entschädigung insoweit unberücksichtigt, als sie von üblichen Vereinbarungen in vergleichbaren, nicht von einer Grundabtretung betroffenen Fällen auffällig abweicht und Tatsachen die Annahme rechtfertigen, daß sie getroffen worden ist, um eine Entschädigung zu erlangen.

(5) Ist eine Veränderung an dem Gegenstand der Grundabtretung, die nach Einleitung des Grundabtretungsverfahrens ohne Zustimmung der zuständigen Behörde vorgenommen wird, für dessen neuen Verwendungszweck nachteilig und war dieser Umstand dem Grundabtretungspflichtigen, der die Veränderung vorgenommen hat, bekannt, so kann die zuständige Behörde auf Antrag des Grundabtretungsbegünstigten die Wiederherstellung des früheren Zustandes anordnen.

Übersicht

I. Wertveränderungen (Absatz 1) 1
1. Zweck 1
2. Werterhöhungen infolge des Gewinnungsbetriebs (Nr. 1) 2
3. Wertänderungen infolge der Grundabtretung (Nr. 2) 3
4. Werterhöhungen nach Abgabe eines Angebots (Nr. 3) 4
5. Wertsteigernde Veränderungen ohne Genehmigung (Nr. 4) 6
II. Billigkeitsentschädigung (Absatz 2) 7
III. Wertminderung infolge von Rechten Dritter (Absatz 3) 8
IV. Vereinbarungen mit auffälligem Inhalt (Absatz 4) 9
V. Veränderung am Gegenstand der Grundabtretung ohne Zustimmung (Absatz 5) 10

I. Wertveränderungen (Absatz 1)

1. Zweck

1 Die im Wesentlichen § 95 Absatz 2 BauGB entsprechende Vorschrift steht in engem Zusammenhang mit § 85 (Entschädigung für den Rechtsverlust). Absatz 1 hat die Funktion, bestimmte Wertveränderungen bei der Bewertung auszuschalten, die in dem Zeitraum zwischen dem Bekanntwerden des bergbaulichen Vorhabens und dem Wertermittlungsstichtag (hierzu § 85 Rn 4) eingetreten sind. Insoweit begründet § 95 Ausnahmen von der in § 85 enthaltenen Regel, wonach sich die Entschädigung für den Rechtsverlust nach dem Verkehrswert richtet. Da bei der **Grundabtretung zur Nutzung** die Entschädigung in wiederkehrenden Leistungen nicht nach dem Verkehrswert des Grundstücks bemessen wird, sondern sich am Wert der entzogenen Nutzung orientiert (§ 89 Rn 3 ff.), hat die Vorschrift für diesen Bereich keine erkennbare Bedeutung.

2. Werterhöhungen infolge des Gewinnungsbetriebs (Nr. 1)

2 Die Vorschrift schaltet Werterhöhungen aus, die **ausschließlich** in Erwartung des Gewinnungs- oder Aufbereitungsbetriebs, dem die Grundabtretung dienen soll, eintreten. Die Vorschrift entspricht insoweit § 140 ABG und § 10 Absatz 2

preußisches Enteignungsgesetz (vgl. hierzu Ebel/Weller, § 140 Anmerkung 1
m. w. N.). Sind neben dem künftigen Gewinnungsbetrieb andere Faktoren preis-
bestimmend, müssen Werterhöhungen bei der Bewertung einbezogen werden.

3. Wertänderungen infolge der Grundabtretung (Nr. 2)

Die Vorschrift entspricht § 95 Absatz 2 Nr. 2 BauGB. Sie soll einerseits speku- **3**
lativen Werterhöhungen vorbeugen, andererseits aber auch verhindern, dass als
Folge des Bekanntwerdens des bergbaulichen Vorhabens Wertverminderungen
eintreten (**sog. Vorwirkung der Enteignung**). Vgl. § 85 Rn 13.

4. Werterhöhungen nach Abgabe eines Angebots (Nr. 3)

Mit Hilfe der **sog. Wertsteigerungssperre** in Nr. 3 soll verhindert werden, dass **4**
der Eigentümer aus der Verzögerung der auf eine gütliche Einigung abzielenden
Verhandlungen dadurch Gewinn zieht, dass er nach **Abgabe eines Kaufangebots**
oder Angebots des **Abschlusses eines Nutzungsverhältnisses** eintretende Werterhöhungen abwartet und diese „mitzunehmen" versucht. Die Vorschrift stimmt
mit § 95 Absatz 2 Nr. 3 überein. Sie entspricht einem allgemeinen Grundsatz des
Enteignungsrechts (BGHZ 98, 341; NJW 1975, 197). Voraussetzung der Wertsteigerungssperre ist ein **angemessenes Angebot** (vgl. hierzu § 79 Rn 13 ff.). Die
Sperre entfällt, wenn der Enteignungsbegünstigte später von seinem Angebot
abrückt, insbesondere im nachfolgenden Grundabtretungsverfahren die Festsetzung einer niedrigeren Entschädigung beantragt (BGHZ 61, 240). Das Gleiche gilt, wenn im Verfahren die Festsetzung der Entschädigung wegen Anrechnung eines Vorteilsausgleichs auf Null beantragt wird (BGHZ 48, 100). Bei
einem Angebot auf Leistung einer Abschlagszahlung greift § 90 Absatz 2 Nr. 3
ebenfalls nicht ein (BGH, NJW 1975, 157). Aus dem Tatbestandsmerkmal „*zur
Vermeidung der Grundabtretung*" folgt, dass die Reduktionsklausel nur dann
eingreifen soll, wenn sicher feststeht, dass das Grundstück enteignet werden
kann (BGH, NJW 1980, 1844). Erst dann hat der Eigentümer Anlass, sich
ernstlich mit der Enteignung und Überlassung des Grundstücks zu beschäftigen.
In der Regel ist das Angebot schriftlich abzugeben, um dem Eigentümer die
Möglichkeit der Überprüfung zu geben. Die Beifügung von Bewertungsunterla-
gen ist nicht erforderlich.

Werterhöhungen des Grundstücks sind ohne Einfluss auf die Bemessung der **5**
Entschädigung in wiederkehrenden Leistungen bei Begründung eines Nutzungsrechts, da eine am Verkehrswert orientierte „Bodenrente" nicht festgesetzt
werden kann (§ 89 Rn 3 ff.). Die Bezugnahme auf § 79 Absatz 2 Nr. 1 Buchstabe b hat daher insoweit keine Bedeutung.

5. Wertsteigernde Veränderungen ohne Genehmigung (Nr. 4)

Die Vorschrift will bei der Bewertung wertsteigernde Veränderungen ausneh- **6**
men, die „*entgegen gesetzlichen Vorschriften vorgenommen werden*" (Amtliche
Begründung, BT-Drs 8/1315, 131 = Zydek, 368). Damit werden sinngemäß die
in § 95 Absatz 2 Nr. 4 und 5 BauGB enthaltenen Beschränkungen übernommen.
Jedoch ist zu bedenken, dass die genannten Vorschriften des BauGB an besondere Genehmigungsvorbehalte (§ 109 BauGB) oder etwa eine Veränderungssperre (§§ 14 ff. BauGB) anknüpfen. Die Vorschrift hat daher allenfalls bei
baulichen Anlagen Bedeutung, die allgemein **materiell-baurechtswidrig** im
Widerspruch zu außerbergrechtlichen Vorschriften errichtet worden sind.

II. Billigkeitsentschädigung (Absatz 2)

7 Absatz 2 entspricht wörtlich § 95 Absatz 3 BauGB. Die Voraussetzungen für einen behördlich anzuordnenden Abbruch ergeben sich aus den Landesbauordnungen. Anlagen der in Satz 1 genannten Art gehören nicht zu dem von Artikel 14 GG geschützten Eigentumsinhalt. Bei der Entschädigung handelt es sich daher nicht um eine Enteignungsentschädigung. Demgegenüber enthält Satz 2 eine Entschädigungsberechnung für zeitlich befristete legale Bauten, die am Bewertungsstichtag noch den vollen Eigentumsschutz genießen.

III. Wertminderung infolge von Rechten Dritter (Absatz 3)

8 Absatz 3 steht im Zusammenhang mit § 87 (vgl. zunächst dort Rn 1 bis 5). Die Vorschrift besagt, dass **alle Rechte Dritter,** die aufrecht erhalten oder gesondert entschädigt werden, **bei der Entschädigung für den Rechtsverlust anzurechnen sind.** Ob sie aufrecht erhalten oder gesondert entschädigt werden, ergibt sich aus dem Grundabtretungsbeschluss (vgl. § 87 Rn 3; § 105 Rn 14). Ansprüche der in § 87 Absatz 3 genannten Nebenberechtigten sind von diesen gegenüber den Hauptberechtigten geltend zu machen (§ 87 Rn 7); sie führen mithin nicht zu einer bei der Hauptentschädigung zu berücksichtigenden Wertminderung. Im Einzelnen ist jeweils zu prüfen, inwieweit ein aufrecht erhaltenes Recht oder eine gesonderte Entschädigung tatsächlich eine Wertminderung für das Grundstück bedeutet. Die nach § 90 Absatz 3 zu berücksichtigende Wertminderung braucht nicht identisch zu sein mit dem Entschädigungsbetrag, den ein Nebenberechtigter wegen Aufhebung seines Rechts erhält (Battis/Krautzberger/Löhr, § 95 Rn 13). Im Bereich des Grundabtretungsrechts hat Absatz 3 im Wesentlichen nur Bedeutung für die Fälle der Eigentumsentziehung.

IV. Vereinbarungen mit auffälligem Inhalt (Absatz 4)

9 Absatz 4 entspricht den Regelungen in § 95 Absatz 2 Nr. 6 BauGB. Die Vorschrift soll verhindern, dass im Hinblick auf ein zu erwartendes Grundabtretungsverfahren Vereinbarungen in der Absicht geschlossen werden, überhaupt eine Entschädigung oder eine höhere Entschädigung zu erzielen (BT-Drs 8/1315, 131 = Zydek, 369). Die Vereinbarung muss von **üblichen Vereinbarungen** in vergleichbaren Fällen **auffällig abweichen.** Die Voraussetzung für die Anwendung der Missbrauchsklausel ist von der Grundabtretungsbehörde im Grundabtretungsverfahren zu prüfen. Die Beweislast hierfür trägt der Grundabtretungsbegünstigte, wobei er sich einer Art Anscheinsbeweis („*Tatsachen die Annahme rechtfertigen*“) bedienen kann. Liegen die Voraussetzungen vor, wird die Vereinbarung nicht berücksichtigt. Es erfolgt eine Reduzierung auf die Entschädigung in üblichen Vereinbarungen.

V. Veränderung am Gegenstand der Grundabtretung ohne Zustimmung (Absatz 5)

10 Nach **Absatz 5** kann bei Veränderungen an dem Gegenstand der Grundabtretung, die nach Einleitung des Grundabtretungsverfahrens ohne Zustimmung der zuständigen Behörde vorgenommen worden sind, von dieser unter bestimmten Voraussetzungen auf Antrag die Wiederherstellung des früheren Zustandes verlangt werden. Zuständige Behörde ist nach dem Gesetz allgemein die Grundabtretungsbehörde. Nach dem Wortlaut der Vorschrift wird vorausgesetzt, dass

Veränderungen an dem Gegenstand der Grundabtretung der Zustimmung durch die Grundabtretungsbehörde bedürfen. Ein solches Genehmigungserfordernis sieht das Gesetz aber im Gegensatz zum BauGB in § 109 (früher § 109 a BBauG) nicht vor. Da ein Genehmigungsvorbehalt nicht unerheblich in die Rechte der jeweils Betroffenen eingreift, bedarf ein solcher Vorbehalt der eindeutigen gesetzlichen Grundlage. Da diese Grundlage im Gesetz fehlt, kann an die Nichtbeachtung eines (nicht existenten) Zustimmungsvorbehalts durch den Grundabtretungspflichtigen auch nicht die in Absatz 5 vorgesehene Sanktion geknüpft werden. **Absatz 5 ist daher insgesamt unanwendbar.**

DRITTER ABSCHNITT **Vorabentscheidung, Ausführung und Rückgängigmachen der Grundabtretung**

§ 91 Vorabentscheidung

Auf Antrag des Grundabtretungsbegünstigten, des Grundabtretungspflichtigen oder eines Nebenberechtigten hat die zuständige Behörde vorab über die durch die Grundabtretung zu bewirkenden Rechtsänderungen zu entscheiden. In diesem Fall hat die zuständige Behörde anzuordnen, daß dem Entschädigungsberechtigten eine Vorauszahlung in Höhe der zu erwartenden Entschädigung zu leisten ist. § 84 Abs. 4 Satz 2 und 3 und § 89 gelten entsprechend.

Übersicht   Rn

I.   Normzweck   1
II. Inhalt des Beschlusses   2
III. Vorauszahlung   3
IV. Ausführung der Vorabentscheidung   4
V.   Verfahren und Rechtsmittel   5

I. Normzweck

Die Vorschrift lässt nach dem Vorbild des § 112 Absatz 2 BBauG (heute BauGB) **1** eine **Trennung des Verfahrens** über den **Grund der Grundabtretung** und über die **Höhe der Entschädigung** zu (BT-Drs 8/1315, 131 = Zydek, 370). Sie dient der **Beschleunigung**, insbesondere in Fällen, in denen zur genauen Höhe der Entschädigung umfangreiche und deshalb zeitraubende Ermittlungen notwendig sind. Voraussetzung für die Entscheidung ist der **Antrag** eines Beteiligten im Sinne des § 80. Wird ein solcher Antrag gestellt, besteht eine **Verpflichtung zur Vorabentscheidung,** sofern die materiellen Voraussetzungen der §§ 77, 79 erfüllt sind. Die Grundabtretungsbehörde muss auch dann vorab über die Rechtsänderungen entscheiden, wenn sie nach dem Stand ihrer Ermittlungen schon über die Höhe der Entschädigung entscheiden könnte (so zu § 112 Absatz 2 BauGB Battis/Krautzberger/Löhr, § 112 Rn 6).

II. Inhalt des Beschlusses

Bei der Vorabentscheidung handelt es sich um einen **Enteignungsbeschluss,** der **2** deshalb auch alle Elemente des endgültigen Beschlusses enthalten muss. Er hat die zu bewirkenden Rechtsänderungen (Übergang des Eigentums in den Fällen des § 81 Absatz 2, Begründung eines Nutzungsrechts, Entziehung oder Aufrechterhaltung der Rechte von Nebenberechtigten usw.) eindeutig aufzuführen. Die Entscheidung muss erkennen lassen, ob sie abschließend alle betroffenen Rechte umfasst oder ob nur über einzelne Rechte entschieden und hinsichtlich der übrigen Gegenstände das Verfahren fortgesetzt wird (Boldt/Weller, § 91 Rn 4 m. w. N.).

III. Vorauszahlung

3 Die Grundabtretungsbehörde hat anzuordnen, dass den Berechtigten eine **Vorauszahlung** in Höhe der zu erwartenden Entschädigung zu leisten ist. Aus der Verweisung auf § 84 Absatz 4 Satz 2 und aus § 89 ergibt sich, dass die Vorauszahlung wie die endgültige Entschädigung zu bemessen ist, nämlich als **Einmalbetrag** oder als **wiederkehrende Leistung** bei der Festsetzung eines Nutzungsrechts. Einmalige Entschädigungen sind nach dem entsprechend anwendbaren § 84 Absatz 4 Satz 3 mit dem dort genannten Zinssatz zu verzinsen. Bei einer wiederkehrenden Leistung ist anzuordnen, dass eine Vorauszahlung in Höhe der zu erwartenden periodischen Entschädigung so lange gezahlt wird, bis endgültig über die Höhe der Entschädigung entschieden worden ist. Die Vorauszahlung bedeutet **keine Präjudizierung der zu erwartenden Entschädigung**; die Behörde ist vielmehr frei, die endgültige Entschädigung nach Maßgabe späterer im Verfahren gewonnener Erkenntnisse, z. B. aufgrund von Gutachten, abweichend festzulegen (Battis/Krautzberger/Löhr, § 112 Rn 6 m. w. N.).

IV. Ausführung der Vorabentscheidung

4 Die Ausführung der Vorabentscheidung ist nach § 92 Absatz 1 Satz 2 zulässig, d. h. der Erlass einer **Ausführungsanordnung** (vgl. hierzu § 92 Rn 5) kann ergehen, wenn die Vorabentscheidung **unanfechtbar** geworden ist und die **Vorauszahlungen gezahlt oder hinterlegt** sind. Notwendig ist der **Antrag eines der nach § 80 Beteiligten** (§ 92 Rn 9). Auf Antrag des Entschädigungsberechtigten kann die Behörde eine zusätzliche Sicherheitsleistung festsetzen. In der Ausführungsanordnung hat die Behörde den Tag festzusetzen, an dem der bisherige Rechtszustand durch den in der Vorabentscheidung geregelten Rechtszustand ersetzt wird (§ 92 Absatz 1 Satz 4).

V. Verfahren und Rechtsmittel

5 Die Vorabentscheidung ist eine auf Antrag eines Beteiligten erfolgende Entscheidung im **laufenden Grundabtretungsverfahren**. Mit ihrem Erlass ist das Verfahren im Hinblick auf den Grund der Enteignung abgeschlossen. Auf das Grundabtretungsverfahren sind nach § 105 die Vorschriften über das förmliche Verfahren nach dem VwVfG anzuwenden, d. h. die §§ 64 ff. VwVfG. Zum **Inhalt der Vorabentscheidung** vgl. § 105 Rn 5 ff. In der Regel wird eine Vorabentscheidung erst nach erfolgter **mündlicher Verhandlung** (§ 67 VwVfG) ergehen.

6 Die Vorabentscheidung ist ein nach § 42 VwGO **anfechtbarer Verwaltungsakt**. Da es eines Vorverfahrens im förmlichen Verfahren nicht bedarf (§ 70 VwVfG), muss gegen die Vorabentscheidung sogleich **Klage vor dem Verwaltungsgericht** erhoben werden. Sie kann sich gegen die **Zulässigkeit** der Grundabtretung, die in der Entscheidung festgelegten **Rechtsänderungen** und gegen die Höhe der Vorauszahlung richten. Allerdings erscheint es fraglich, ob ein Kläger hinsichtlich der Höhe der Entschädigung das erforderliche **Rechtsschutzinteresse** hätte, da die Vorabentscheidung die Entscheidung über die Höhe der Entschädigung grundsätzlich offen lässt (oben Rn 3). Gegen eine als zu niedrig empfundene Entschädigung kann mangels Rechtsschutzinteresses auch nicht nach § 144 Klage vor den ordentlichen Gerichten erhoben werden, da die endgültige Entscheidung über die Höhe der Entschädigung noch aussteht. Die Anfechtung der Vorabentscheidung hindert die Ausführung der Grundabtretung (oben Rn 4, § 92 Rn 9).

§ 92 Ausführung der Grundabtretung

(1) Die Ausführung einer Grundabtretung ist nur zulässig, wenn die Entscheidung über den Antrag nach § 77 unanfechtbar geworden ist und der Grundabtretungsbegünstigte
1. **bei Festsetzung einer Entschädigung in einem einmaligen Betrag die Entschädigung gezahlt oder zulässigerweise unter Verzicht auf das Recht der Rücknahme hinterlegt hat,**
2. **bei Festsetzung einer Entschädigung in wiederkehrenden Leistungen die erste Rate gezahlt oder zulässigerweise unter Verzicht auf das Recht der Rücknahme hinterlegt und für weitere drei Raten angemessene Sicherheit geleistet hat.**

Satz 1 gilt entsprechend, wenn die Entscheidung nach § 91 unanfechtbar geworden ist; in diesem Fall kann die zuständige Behörde auf Antrag des Entschädigungsberechtigten die Ausführung der Grundabtretung davon abhängig machen, daß der Grundabtretungsbegünstigte zusätzlich für einen angemessenen Betrag Sicherheit leistet. Einer unanfechtbaren Entscheidung über einen Antrag nach § 77 steht eine Einigung der Beteiligten im Verfahren gleich, wenn die Einigung durch eine Niederschrift von der zuständigen Behörde beurkundet worden ist. Mit Beginn des von der zuständigen Behörde festzusetzenden Tages wird der bisherige Rechtszustand durch den in der Entscheidung über die Grundabtretung geregelten Rechtszustand ersetzt.

(2) Wird die Entscheidung über die Grundabtretung nur wegen der Höhe der Entschädigung von einem oder mehreren Entschädigungsberechtigten angefochten, so kann die zuständige Behörde auf Antrag des Grundabtretungsbegünstigten die vorzeitige Ausführung der Grundabtretung anordnen, wenn eine von ihr zur Sicherung der Ansprüche der Anfechtenden für erforderlich erachtete Sicherheit geleistet ist und im übrigen die Voraussetzungen nach Absatz 1 vorliegen. Über die Freigabe einer gestellten Sicherheit entscheidet die zuständige Behörde.

(3) Ist die Ausführung der Grundabtretung zulässig, übersendet die zuständige Behörde dem Grundbuchamt eine beglaubigte Abschrift der Entscheidung über den Antrag nach § 77, der Entscheidung nach § 91 oder der Niederschrift nach Absatz 1 Satz 3 und ersucht es, die Rechtsänderungen in das Grundbuch einzutragen. Mit dem Ersuchen ist dem Grundbuchamt eine beglaubigte Abschrift der Festsetzung nach Absatz 1 Satz 4 und im Fall des Absatzes 2 auch der Anordnung über die vorzeitige Ausführung der Grundabtretung zu übersenden.

Übersicht

Rn

I. Vorbemerkung
1. Systematische Stellung   1
2. Vorbild der Regelung   2
3. Funktion der Ausführungsanordnung   3
4. Regelungsdefizite im BBergG   4

II. Ausführung des Grundabtretungsbeschlusses (Absatz 1)   5
1. Gesonderte Anordnung der Ausführung   5

2. Antragserfordernis 6
3. Unanfechtbarkeit des Grundabtretungsbeschlusses 7
4. Zahlung der Entschädigung 8
5. Ausführung bei Vorabentscheidung (Absatz 1 Satz 2) 9
6. Ausführung bei Einigung oder Teileinigung im Verfahren (Absatz 1 Satz 3) 10
7. Rechtswirkungen der Ausführungsanordnung (Absatz 1 Satz 4) 12
8. Zustellung der Ausführungsanordnung und Rechtsschutz 14

III. Ausführung der Grundabtretung bei Teilanfechtung (Absatz 2) 15
1. Norminhalt 15
2. Voraussetzungen 16

IV. Eintragung im Grundbuch 17
1. Grundbuchberichtigung 17
2. Rechtliche Bedeutung der Eintragung 18

I. Vorbemerkung

1. Systematische Stellung

1 Im **Grundabtretungsbeschluss** (vgl. hierzu § 105 Rn 5 ff.), den § 92 Absatz 1 als *„Entscheidung über den Antrag nach § 77"* bezeichnet, werden die Rechtsänderungen, nämlich Begründung eines Nutzungsrechts oder Eigentumsentziehung, festgelegt. Der durch den Beschluss geregelte neue Rechtszustand tritt jedoch nicht sofort mit seiner Unanfechtbarkeit ein. Vielmehr muss die Grundabtretungsbehörde einen Tag festsetzen, an dem der bisherige Rechtszustand durch den im Grundabtretungsbeschluss geregelten Rechtszustand ersetzt wird (Absatz 1 Satz 4). Einer solchen **Terminbestimmung für die Rechtsänderung** durch die zuständige Behörde bedarf es auch bei einer Vorabentscheidung nach § 91 sowie bei einer Einigung der Beteiligten im Verfahren (Absatz 1 Satz 2 und 3). Nach dem systematischen Zusammenhang in Absatz 1 darf die Fristbestimmung nur erfolgen, wenn feststeht, dass die Entschädigung vom Grundabtretungsbegünstigten gezahlt oder hinterlegt worden ist (Absatz 1 Satz 1), da die Ausführung die Unanfechtbarkeit und die Zahlung der Entschädigung voraussetzt.

2. Vorbild der Regelung

2 Vorbild für die Regelung ist § 117 BBauG (heute § 117 BauGB). Nach dieser Vorschrift ordnet die Enteignungsbehörde auf Antrag eines Beteiligten die Ausführung des Enteignungsbeschlusses bei dessen Unanfechtbarkeit an, wenn die Geldentschädigung gezahlt oder hinterlegt worden ist (§ 117 Absatz 1 BauGB). Diese Anordnung zur Ausführung des Enteignungsbeschlusses, im BauGB als **Ausführungsanordnung bezeichnet**, ist den Beteiligten zuzustellen, deren Rechtsstellung durch den Enteignungsbeschluss betroffen wird (§ 117 Absatz 4 BauGB). In der Ausführungsanordnung ist der Tag festzusetzen, an dem die durch den Enteignungsbeschluss bewirkte Rechtsänderung eintritt (§ 117 Absatz 5). Schließlich wird in 117 Absatz 6, bestimmt dass die Ausführungsanordnung die Einweisung in den Besitz des enteigneten Grundstücks einschließt.

3. Funktion der Ausführungsanordnung

3 Im Enteignungsrecht des BauGB wie in modernen Enteignungsgesetzen der Länder dient eine besondere, dem eigentlichen Enteignungsbeschluss nachgeschaltete Ausführungsanordnung dem Erfordernis der **Rechtsklarheit und Rechtssicherheit** (Allgemeine Auffassung: vgl. Schrödter, § 117 Rn 2; Dyong in E/Z/B, § 117 Rn 1). Aufgabe und Ziel der Ausführungsanordnung ist es, die generelle Unanfechtbarkeit des Enteignungsbeschlusses behördlich festzustellen und auf dieser Grundlage die angestrebte Rechtsänderung gegenüber allen Beteiligten wiederum generell und einheitlich anzuordnen, da die Rechtswirkungen der Enteignung keine persönliche und sachliche Aufspaltung vertragen (vgl. Schrödter, § 117 Rn 2). Damit verbunden ist die rechtliche Folge, dass die Wirkungen der Enteignung, nämlich Rechtsänderungen und Besitzeinweisung, an einem bestimmten, in der Ausführungsanordnung festzusetzenden Tag eintreten sollen.

4. Regelungsdefizite im BBergG

Verglichen mit den Regelungen im Baurecht weist die einschlägige Regelung in **4** § 92 Defizite und Widersprüche auf, die angesichts der klaren Regelung des baurechtlichen Vorbilds erstaunen. Da sowohl der 1. Referentenentwurf von 1970, der 2. Referentenentwurf von 1973 (beide jeweils in § 130) sowie der Regierungsentwurf von 1975 in § 120 (BR-Drs 350/75) eine eindeutige an § 117 BBauG (heute BauGB) orientierte Vorschrift über die Ausführungsanordnung enthielten, sind die rudimentären Regelungen in § 92 nur damit zu erklären, dass der Regierungsentwurf zum BBergG in der 8. Legislaturperiode von verfahrensrechtlichen Vorschriften freigehalten werden sollte, um die Notwendigkeit einer Zustimmung des Bundesrates auszuschalten. Mit diesem Inhalt ist der Entwurf anschließend Gesetz geworden. So wird zwar bestimmt, dass von der Grundabtretungsbehörde ein Termin zu bestimmen ist, an dem die festgesetzte Rechtsänderung eintreten soll (Absatz 1 Satz 4). Jedoch bleibt offen, ob die Behörde von Amts wegen tätig werden soll oder auf Antrag eines Beteiligten. Nach Absatz 1 Satz 1 ist die Ausführung der Grundabtretung bei Nichtvorliegen bestimmter Voraussetzungen unzulässig; die Vorschrift enthält sich aber der Regelung eines Verfahrens und der Entscheidung, von wem die Fragen Unanfechtbarkeit und der vorherigen Entschädigungsleistung zu prüfen sind. Ferner fehlt eine Regelung über die Zustellung der Entscheidung, über die Fristsetzung (vgl. § 117 Absatz 4 Satz 1 BauGB) und über die Einweisung in den Besitz des enteigneten Grundstücks (§ 117 Absatz 6 BauGB).

II. Ausführung des Grundabtretungsbeschlusses (Absatz 1)

1. Gesonderte Anordnung der Ausführung

Obwohl § 92 Absatz 1 im Gegensatz zu § 117 BauGB keine Regelung über eine **5** gesonderte Ausführungsanordnung trifft, ist davon auszugehen, dass eine **eigenständige Entscheidung der Grundabtretungsbehörde** ergehen muss, in der festgestellt wird, dass der Grundabtretungsbeschluss **gegenüber allen Beteiligten unanfechtbar** und die **Geldentschädigung gezahlt** worden ist. Das Vorliegen dieser materiellen Voraussetzungen für die Zulässigkeit der Grundabtretung kann nur von der zuständigen Behörde festgestellt werden. Nur wenn diese Voraussetzungen vorliegen, darf der Tag bestimmt werden, an dem die durch den Grundabtretungsbeschluss festgelegten Rechtsänderungen eintreten sollen (Absatz 1 Satz 4). Insgesamt ist damit eine zusätzliche behördliche Entscheidung notwendig. Diese sollte in Übereinstimmung mit dem Vorbild in § 117 BauGB als **Ausführungsanordnung** bezeichnet werden. Insoweit entspricht eine solche Ergänzung des BBergG mit verfahrensrechtlichen Vorschriften dem Gebot der Rechtsklarheit und Rechtssicherheit (s. oben Rn 3). Bei den Verfahrenshandlungen, die auf den Erlass der Ausführungsanordnung gerichtet sind, gilt das förmliche Verfahren nicht (vgl. § 105 Rn 27).

2. Antragserfordernis

6 Um das gesonderte Verfahren für den Erlass einer Ausführungsanordnung einzuleiten, ist der **Antrag eines Beteiligten** notwendig, da es insoweit des Anstoßes eines von der Grundabtretung Betroffenen bedarf. **Antragsberechtigt** sind die in § 80 genannten Personen, soweit sie von den Regelungen des Grundabtretungsbeschlusses betroffen oder von ihnen erfasst sind.

3. Unanfechtbarkeit des Grundabtretungsbeschlusses

7 Die Ausführung einer Grundabtretung ist nur zulässig, wenn die Entscheidung über den Antrag nach § 77, also der Grundabtretungsbeschluss, unanfechtbar geworden ist. Die Unanfechtbarkeit muss **gegenüber allen am Verfahren Beteiligten** bestehen. Da nach § 105 die Anwendung der Vorschriften über das förmliche Verfahren nach §§ 63 ff. VwVfG angeordnet ist, muss der Grundabtretungsbeschluss den Beteiligten nach § 69 Absatz 2 VwVfG **zugestellt** worden und damit **wirksam geworden** sein. Die zuständige Behörde hat umfassend zu prüfen, ob diese Zustellungen lückenlos vorliegen, ob Klagen gegen den Beschluss erhoben sind (eines Vorverfahrens bedarf es nach § 70 VwVfG nicht) oder – für den Fall der Versäumung der Klagefrist – gemäß § 60 VwGO **Wiedereinsetzung in den vorigen Stand** gewährt wurde. In letzterem Fall entfällt die Unanfechtbarkeit in individueller und damit auch in genereller Hinsicht (Schrödter, § 117 Rn 10). Zu weiteren Fragen in diesem Zusammenhang, insbesondere bei einer Wiedereinsetzung in den vorigen Stand nach Erlass der Ausführungsanordnung vgl. Schrödter, § 117 Rn 11 f. mit weiterem Nachweis.

4. Zahlung der Entschädigung

8 Neben der Unanfechtbarkeit des vorausgegangenen Grundabtretungsbeschlusses ist Voraussetzung für die Ausführungsanordnung die **Zahlung der vollen Geldentschädigung** bei Festsetzung in einem einmaligen Betrag oder **Zahlung der ersten Rate** bei Festsetzung der Entschädigung in wiederkehrenden Leistungen, bei gleichzeitiger Sicherheitsleistung für weitere drei Raten (vgl. Absatz 1 Satz 1 Nr. 1 und 2). Anstelle der Zahlung kann die Erfüllung auch im Wege der **Hinterlegung** unter Verzicht auf das Recht der Rücknahme vorgenommen werden. Zur **Geltendmachung der Rechte an der Hinterlegung** vgl. § 94. Bei **mehreren Nebenberechtigten** gilt die Sonderregelung des § 93.

5. Ausführung bei Vorabentscheidung (Absatz 1 Satz 2)

9 Bei einer Vorabentscheidung nach § 91, bei der vorab über den **Grund der Enteignung** entschieden wird (vgl. § 91 Rn 1), gelten im Grundsatz die gleichen Voraussetzungen wie bei einem Grundabtretungsbeschluss. Auch hier ist eine gesonderte Entscheidung zur Ausführung (Ausführungsanordnung) erforderlich, deren Erlass voraussetzt, dass die Vorabentscheidung **unanfechtbar** geworden ist und der Grundabtretungsbegünstigte die festgesetzte Vorauszahlung geleistet hat. Die zuständige Behörde kann auf Antrag des Entschädigungsberechtigten in der Ausführungsanordnung festlegen, dass der Grundabtretungsbegünstigte **zusätzlich**, also **über die Vorauszahlung hinaus**, für einen angemessenen Betrag Sicherheit leistet.

6. Ausführung bei Einigung oder Teileinigung im Verfahren (Absatz 1 Satz 3)

10 Haben sich die Beteiligten im Grundabtretungsverfahren geeinigt, ist eine solche **Einigung** rechtlich wie ein **unanfechtbarer Grundabtretungsbeschluss** zu behandeln, wenn die Einigung durch eine **Niederschrift** von der zuständigen Behörde beurkundet worden ist. Welchen Inhalt eine Niederschrift im förmlichen Verfahren zu enthalten hat, bestimmt § 68 Absatz 4 VwVfG. Jedoch reichen diese Erfordernisse aus rechtsstaatlichen Gründen in einem Enteignungsverfahren als Grundlage einer Rechtsänderung nicht aus. Die Niederschrift muss daher die Bezeichnungen und Angaben enthalten, die in einem Grundabtretungsbeschluss notwendig sind (vgl. § 105 Rn 5 ff.). Insbesondere muss der Gegenstand der Enteignung bezeichnet werden sowie die Höhe der Entschädigungen. § 92 Absatz 1 Satz 3 entspricht sachlich § 113 Absatz 2 und 3 BauGB. Auch bei einer Einigung im Verfahren ergeht eine besondere Ausführungsanordnung, in welcher der Tag der Rechtsänderung festgelegt wird (Absatz 1 Satz 4).

Der Fall der **Teileinigung** der Beteiligten ist im BBergG, anders als in § 111 **11** BauGB, nicht geregelt. Sie liegt vor, wenn sich die Beteiligten in der mündlichen Verhandlung (§ 68 VwVfG) nur über den Übergang oder die Belastung des Eigentums, also über den Grund, jedoch nicht über die Höhe der Entschädigung einigen. Insoweit besteht eine Parallele zur Konstellation in § 91. Grundsätzlich sind keine Bedenken erkennbar, die gegen die rechtliche Gleichstellung einer Teileinigung mit einer Einigung sprechen, zumal es, auch im Interesse einer Beschleunigung der Abläufe, grundsätzlich erwünscht ist, dass sich die Beteiligten bereits im Verfahren einigen, um die Durchführung des Vorhabens zu ermöglichen. In entsprechender Anwendung von § 91 hat in diesem Falle die zuständige Behörde jedoch anzuordnen, dass dem Berechtigten eine **Vorauszahlung** in Höhe der zu erwartenden Entschädigung zu leisten ist, soweit sich aus der Einigung nicht anderes ergibt (vgl. auch § 111 Satz 2 BauGB). Die Ausführungsanordnung darf erst ergehen, wenn der zwischen den Beteiligten unstreitige Entschädigungsbetrag oder die von der Behörde festgesetzte Vorauszahlung geleistet oder hinterlegt worden sind (vgl. § 117 Absatz 2 BauGB). Im Übrigen nimmt das Grundabtretungsverfahren zur Festsetzung der endgültigen Höhe der Entschädigung seinen Fortgang (vgl. § 111 Satz 3 BauGB).

7. Rechtswirkungen der Ausführungsanordnung (Absatz 1 Satz 4)

Mit dem in der Ausführungsanordnung festzusetzenden Tag (das BBergG prä- **12** zisiert in Absatz 1 Satz 4 übergenau *„mit Beginn des Tages“*) treten die durch den Grundabtretungsbeschluss bewirkten Rechtsänderungen ein. Es muss ein bestimmter Kalendertag bezeichnet werden. Der Tag der Rechtsänderung muss nach dem Datum liegen, an dem die Ausführungsanordnung den Beteiligten zugestellt wird. Der Grundabtretungsbegünstigte erwirbt originär durch hoheitlichen Akt das Eigentum oder – bei Festsetzung eines Nutzungsrechts als dem Regelfall der Grundabtretung – das Recht zur Nutzung an dem Grundstück. Der Erwerb erfolgt frei von allen privatrechtlichen Lasten, die nicht ausdrücklich aufrechterhalten werden. Öffentlich-rechtliche Belastungen bleiben bestehen (Schrödter, § 117 Rn 20 m.w.N.). Bei der Einräumung von Nutzungsrechten zugunsten des Grundabtretungsbegünstigten erfolgt keine Eigentumsübertragung; jedoch werden auch hier persönliche und dingliche Rechte aufgehoben, soweit sie mit dem Zweck der Grundabtretung nicht vereinbar sind (z.B. Aufhebung eines Leitungsrechts für eine über einen künftigen Tagebau verlaufende Leitung).

Nach den baurechtlichen Enteignungsvorschriften schließt die Ausführungs- **13** anordnung die **Einweisung in den Besitz** des enteigneten Grundstücks ein (§ 117 Absatz 6 BauGB). Eine entsprechende Vorschrift fehlt in § 92 BBergG. Die Lücke ist durch **analoge Anwendung** des in § 117 Absatz 6 BauGB enthaltenen Rechtsgedankens zu schließen, da der durch den Grundabtretungsbeschluss geregelte neue Rechtszustand ohne gleichzeitige Besitzeinweisung des neuen

Eigentümers oder Nutzungsberechtigten unvollkommen wäre und der Zweck der Grundabtretung nicht verwirklicht werden könnte. Der Regierungsentwurf von 1975 (BT-Drs 350/75) enthielt eine mit § 117 Absatz 6 BauGB übereinstimmende Regelung in § 121 Absatz 3). Mit Rücksicht auf die fehlende Regelung im Gesetz dürfte es zweckmäßig sein, die Einweisung in den Besitz unter Hinweis auf die noch ergehende Ausführungsanordnung ausdrücklich im Grundabtretungsbeschluss anzuordnen. Bei **vorzeitiger Besitzeinweisung** (§ 97 f.) gelangt der Berechtigte schon **vor der Ausführungsanordnung** in den rechtlichen Besitz. Bei Hindernissen in der Besitzausübung kann der Berechtigte zivilrechtlich nach § 861 BGB aus eigenem Besitz gegen den bisherigen Besitzer vorgehen oder sich unter Einschaltung der landesrechtlich zuständigen Behörde mit Mitteln des Verwaltungszwangs den Besitz verschaffen.

8.   Zustellung der Ausführungsanordnung und Rechtsschutz

14   Die Ausführungsanordnung ist allen Beteiligten zuzustellen, deren Rechtsstellung durch den Grundabtretungsbeschluss betroffen wird (vgl. § 117 Absatz 4 Satz 1 BauGB), damit diese überprüfen können, ob die für ihren Erlass notwendigen Voraussetzungen nach Absatz 1 erfüllt sind. Eine abschriftliche Mitteilung an die Gemeinde, in deren Bezirk das Grundstück liegt, entsprechend § 117 Absatz 4 Satz 2 BauGB ist nicht erforderlich. Diese Vorschrift trägt den besonderen städtebaulichen Zwecken, denen die Enteignung nach dem BauGB dient, Rechnung, ist also auf das BBergG nicht übertragbar. Gegen die Ausführungsanordnung kann von den Beteiligten Anfechtungsklage vor dem Verwaltungsgericht erhoben werden. Eines Vorverfahrens bedarf es nicht, da die Ausführungsanordnung Teil des Grundabtretungsverfahrens ist (§ 105 BBergG, § 70 VwVfG).

III.   Ausführung der Grundabtretung bei Teilanfechtung (Absatz 2)

1.   Norminhalt

15   Die Vorschrift regelt den Fall, dass der Grundabtretungsbeschluss (im Gesetz inkonsequent als *„Entscheidung über die Grundabtretung"* bezeichnet) zwar in vollem Umfang ergangen ist, also Übergang und Belastung des Eigentums als die zu bewirkenden Rechtsänderungen (Grund) feststellt und die Höhe der zu zahlenden Entschädigung bestimmt sind, der Beschluss aber im Hinblick auf die **Höhe der Entschädigung** angefochten wird. **Angefochten** bedeutet hier wegen Entbehrlichkeit des Vorverfahrens bei Verfahren nach §§ 64 ff. VwVfG **Klageerhebung** (§ 105 BBergG, § 70 VwVfG). Auch bei dieser Sachlage soll der Grundabtretungsbegünstigte – wie in dem verwandten Fall des § 91 – die Möglichkeit der Ausführung erhalten.

2.   Voraussetzungen

16   Notwendig ist ein **Antrag des Grundabtretungsberechtigten** auf vorzeitige Ausführung. Der Grundabtretungsbeschluss muss **unanfechtbar** sein, und zwar im Hinblick auf den Grund **gegenüber allen Beteiligten**. Es darf mithin keine Klage eingereicht worden sein oder die Klage muss ausdrücklich auf die gerichtliche Überprüfung der festgesetzten Entschädigung beschränkt worden sein. Das ergibt sich daraus, dass die Voraussetzungen nach Absatz 1 vorliegen müssen. Außerdem hat der Grundabtretungsbegünstigte zur Sicherung der Ansprüche der Anfechtenden Sicherheit zu leisten. Die Sicherheitsleistung muss in ihrer Höhe mindestens der festgesetzten Entschädigung entsprechen. Anders als in

Absatz 1 Satz 2 (Ausführung bei unanfechtbarer Vorabentscheidung) tritt die Sicherheitsleistung nicht zusätzlich zur Entschädigungsleistung hinzu.

IV. Eintragung im Grundbuch (Absatz 3)

1. Grundbuchberichtigung

Die durch den Grundabtretungsbeschluss bewirkten Rechtsänderungen erfolgen **17** wie bei der Zwangsversteigerung durch **Hoheitsakt** außerhalb des Grundbuchs (Schrödter, BauGB, § 117 Rn 22) Das Grundbuch wird damit unrichtig und ist zu berichtigen. Nach Absatz 3 hat die Grundabtretungsbehörde dem Grundbuchamt eine beglaubigte Abschrift des Grundabtretungsbeschlusses, der Vorabentscheidung nach § 91 oder der Niederschrift über die Einigung der Beteiligten im Verfahren (Absatz 1 Satz 3) zu übersenden mit dem Ersuchen, die Rechtsänderungen in das Grundbuch einzutragen. Die Vorschrift ist auf Anregung des Bundesrates in das Gesetz eingefügt worden. Die Berichtigung des Grundbuchs wird nach § 38 GBO durchgeführt. Nach Satz 2 ist dem Grundbuchamt eine beglaubigte Abschrift der Festsetzung nach Absatz 1 Satz 4 zu übersenden, nach der hier (oben Rn 5 f.) vertretenen Ansicht damit der Ausführungsanordnung. Ist die vorzeitige Ausführung nach Absatz 2 angeordnet, ist dem Grundbuchamt auch hierüber eine beglaubigte Abschrift zur Verfügung zu stellen.

2. Rechtliche Bedeutung der Eintragung

Die Eintragung der Rechtsänderung hat nur **deklaratorische Bedeutung.** Es **18** können nur solche Rechte eingetragen werden, die nach den Vorschriften des bürgerlichen Rechts eintragungsfähig sein, also einem Typus der dinglichen Rechte entsprechen. Ist das nicht der Fall, gilt die durch den Grundabtretungsbeschluss und die ihm gleichgestellten Rechtakte beschriebene Rechtsänderung als bewirkt, kann jedoch nicht durch Eintragung mit Wirkung für und gegen jedermann versehen (verdinglicht) werden.

§ 93   Hinterlegung

(1) Entschädigungen, aus denen Entschädigungsberechtigte nach § 87 Abs. 3 zu befriedigen sind, sind unter Verzicht auf das Recht der Rücknahme zu hinterlegen, soweit mehrere Personen auf sie Anspruch haben und eine Einigung über die Auszahlung nicht nachgewiesen ist. Die Hinterlegung ist bei dem Amtsgericht vorzunehmen, in dessen Bezirk das von der Grundabtretung betroffene Grundstück liegt; § 2 des Gesetzes über die Zwangsversteigerung und die Zwangsverwaltung gilt entsprechend.

(2) Andere Vorschriften, nach denen die Hinterlegung geboten oder statthaft ist, bleiben unberührt.

I. Obligatorische Hinterlegung (Absatz 1)

Die Vorschrift entspricht § 118 BauGB. Werden Rechte der Nebenberechtigten **1** nicht aufrechterhalten und erhalten sie auch keine gesonderte Entschädigung, erwerben sie nach § 87 Absatz 3 einen **privatrechtlichen Anspruch** auf Ersatz des Wertes ihres Rechts aus der Geldentschädigung, die für das Eigentum an einem Grundstück, für den durch die Grundabtretung eintretenden Rechtsverlust oder für andere Vermögensnachteile festgesetzt wird (vgl. § 87 Rn 5).

Erheben **mehrere Personen** derartige Ansprüche, muss der Grundabtretungsbegünstigte die (Haupt-) Entschädigung unter Verzicht auf die Rücknahme
hinterlegen, wenn eine Einigung über die Auszahlung nicht nachgewiesen wird.
Der Nachweis ist nach richtiger Ansicht gegenüber dem Grundabtretungsbegünstigten zu führen (Boldt/Weller, § 93 Rn 1 unter Hinweis auf die überwiegende Meinung in der baurechtlichen Literatur, vgl. Schrödter, § 118 Rn 5).
Die Hinterlegung ersetzt die nach § 92 Absatz 1 Satz 1 für den Erlass der
Ausführungsanordnung erforderliche Zahlung. Mit der ordnungsgemäßen Hinterlegung erwirbt der Grundabtretungsberechtigte bei Vorliegen der Anforderungen im Übrigen einen Anspruch auf Erlass der Ausführungsanordnung (vgl.
§ 92 Rn 5 ff.). Die Hinterlegungspflicht nach Absatz 1 besteht nicht, wenn
mehrere Personen gemeinsam einen Anspruch auf die Entschädigung geltend
machen (z. B. eine Erbengemeinschaft oder Gemeinschaft von Miteigentümern).
In solchen Fällen kommt aber eine Hinterlegung nach § 372 BGB infrage (unten
Rn 3).

2   Der Hinweis auf § 2 ZVG dient der Bestimmung des zuständigen Amtsgerichts
(Belegenheit eines Grundstücks in mehreren Amtsgerichtsbezirken, Ungewissheit
über das zuständige Amtsgericht; Bestimmung durch das höhere Gericht). Für
das Hinterlegungsverfahren gelten die Vorschriften der Hinterlegungsordnung
vom 10.3.1937 (RGBl I S. 285). Die ordnungsgemäße Hinterlegung hat für den
Hinterleger in Höhe des hinterlegten Betrages befreiende Wirkung, auch wenn
die Entschädigung im gerichtlichen Verfahren nachträglich erhöht wird (BGH,
NJW 1967, 2011).

II. Andere Hinterlegungsverfahren (Absatz 2)

3   Andere Hinterlegungsverfahren bleiben **unberührt**. Damit sind die §§ 372 ff.
BGB weiterhin anwendbar, z. B. bei Annahmeverzug des Entschädigungsberechtigten oder Ungewissheit über die Person des Berechtigten. Grundsätzlich behält
der Entschädigungspflichtige bei einer solchen **fakultativen Hinterlegung** das
Recht zur Rücknahme (§ 376 Absatz 1 BGB). Er muss jedoch auf das Recht zur
Rücknahme verzichten, um den Anspruch Erlass der Ausführungsanordnung zu
erwerben, damit die Grundabtretung ausgeführt werden darf (§ 92 Rn 5 ff.).

§ 94   **Geltendmachung der Rechte an der Hinterlegung, Verteilungsverfahren**

**(1) Nach Eintritt des neuen Rechtszustandes (§ 92 Abs. 1 Satz 4) kann jeder
Beteiligte seine Rechte an der hinterlegten Summe gegen einen Mitbeteiligten,
der dieses Recht bestreitet, vor den ordentlichen Gerichten geltend machen
oder die Einleitung eines gerichtlichen Verteilungsverfahrens beantragen.**

**(2) Für das Verteilungsverfahren ist das in § 93 Abs. 1 Satz 2 bezeichnete Amts-
gericht zuständig.**

**(3) Ist die Ausführung vorzeitig angeordnet worden, so ist das Verteilungs-
verfahren erst zulässig, wenn die Entscheidung über die Grundabtretung unanfechtbar geworden ist.**

**(4) Für das Verteilungsverfahren gelten die Vorschriften des Gesetzes über die
Zwangsversteigerung und die Zwangsverwaltung über die Verteilung des Erlöses im Falle der Zwangsversteigerung mit folgenden Abweichungen entsprechend:**
1. Das Verteilungsverfahren ist durch Beschluß zu eröffnen.
**2. Die Zustellung des Eröffnungsbeschlusses an den Antragsteller gilt als
Beschlagnahme im Sinne des § 13 des Gesetzes über die Zwangsversteigerung und Zwangsverwaltung; ist das Grundstück schon in einem**

Zwangsversteigerungs- oder Zwangsverwaltungsverfahren beschlag-
nahmt, so hat es hierbei sein Bewenden.

3. Das Verteilungsgericht hat bei Eröffnung des Verfahrens von Amts wegen
das Grundbuchamt um die in § 19 Abs. 2 des Gesetzes über die Zwangsversteigerung und die Zwangsverwaltung bezeichneten Mitteilungen zu
ersuchen; in die beglaubigte Abschrift des Grundbuchblattes sind die zur
Zeit der Zustellung der Entscheidung über die Grundabtretung an den
Grundabtretungspflichtigen vorhandenen Eintragungen sowie die später
eingetragenen Veränderungen und Löschungen aufzunehmen.

4. Bei dem Verfahren sind die in § 87 Abs. 3 bezeichneten Entschädigungsberechtigten nach Maßgabe des § 10 des Gesetzes über die Zwangsversteigerung und die Zwangsverwaltung zu berücksichtigen, wegen der
Ansprüche auf wiederkehrende Nebenleistungen jedoch nur für die Zeit
bis zur Hinterlegung.

(5) Soweit auf Grund landesrechtlicher Vorschriften die Verteilung des Erlöses
im Falle einer Zwangsversteigerung nicht von dem Vollstreckungsgericht, sondern von einer anderen Stelle wahrzunehmen ist, kann durch Landesrecht
bestimmt werden, daß diese andere Stelle auch für das Verteilungsverfahren
nach den Absätzen 1 bis 4 zuständig ist. Wird die Änderung einer Entscheidung
dieser anderen Stelle verlangt, so ist die Entscheidung des Vollstreckungsgerichts nachzusuchen. Die Beschwerde findet gegen die Entscheidung des
Vollstreckungsgerichts statt.

I. Inhalt der Vorschrift

Die Vorschrift entspricht § 119 BauGB. Die Entschädigung muss gezahlt oder   **1**
hinterlegt worden sein, bevor die Ausführung des unanfechtbaren Grundabtretungsbeschlusses angeordnet werden darf (§ 92 Rn 3 f.). Nach **Absatz 1** können
die in § 93 genannten Berechtigten nach Eintritt des neuen Rechtszustandes
(§ 92 Absatz 1 Satz 4) **wahlweise** ihre Rechte vor den **ordentlichen Gerichten**
geltend machen oder die Einleitung eines **gerichtlichen Verteilungsverfahrens**
beantragen. Die hiernach bestehende Zweigleisigkeit kann in der Praxis erhebliche Schwierigkeiten auslösen, wenn die Berechtigten unterschiedliche Wege
einschlagen (Boldt/Weller, § 94 Rn 3).

II. Verteilungsverfahren (Absatz 2–4)

Für das Verfahren zuständig ist das Amtsgericht, in dessen Bezirk das von der   **2**
Grundabtretung betroffene Grundstück liegt (Absatz 2). Bei **vorzeitiger Anordnung** der Grundabtretung nach § 92 Absatz 2, die ausgesprochen werden kann,
wenn der Grundabtretungsbeschluss nur wegen der Höhe der Entschädigung
angefochten worden ist, darf ein gerichtliches Verteilungsverfahren erst nach
dessen Unanfechtbarkeit stattfinden (Absatz 3).

Die **Einzelheiten des Verfahrens** ergeben sich aus den §§ 105 bis 145 ZVG mit den   **3**
in Absatz 4 bestimmten Abweichungen. Absatz 5 trägt nach der Gesetzesbegründung Besonderheiten der Zuständigkeitsregelungen für das Zwangsversteigerungsverfahren im Lande Baden-Württemberg Rechnung (BT-Drs 8/1315, 132
= Zydek, 377). Von der in Absatz 5 wie in § 119 Absatz 4 BauGB enthaltenen
Ermächtigung, eine abweichende Zuständigkeitsregelung durch Landesrecht
anzuordnen, ist bisher in keinem Bundesland Gebrauch gemacht worden.

§ 95   Lauf der Verwendungsfrist

(1) Die Frist, innerhalb deren der Grundabtretungszweck nach § 81 Abs. 1 Satz 2 zu verwirklichen ist, beginnt mit dem Eintritt der Rechtsänderung.

(2) Die zuständige Behörde kann diese Frist vor deren Ablauf auf Antrag verlängern, wenn

1. der Grundabtretungsbegünstigte nachweist, daß er den Grundabtretungszweck ohne Verschulden innerhalb der festgesetzten Frist nicht erfüllen kann, oder

2. vor Ablauf der Frist eine Gesamtrechtsnachfolge eintritt und der Rechtsnachfolger nachweist, daß er den Grundabtretungszweck innerhalb der festgesetzten Frist nicht erfüllen kann.

Der frühere Grundabtretungspflichtige ist vor der Entscheidung zu hören.

I. Verwendungsfrist (Absatz 1)

1   Im Grundabtretungsbeschluss ist neben dem Grundabtretungszweck nach § 81 Absatz 1 Satz 2 auch die Frist festzusetzen, innerhalb deren der Grundabtretungszweck zu **verwirklichen** ist. Die Vorschrift entspricht § 114 BauGB. Mit der Festsetzung der Verwendungsfrist entspricht das Gesetz dem verfassungsrechtlichen **Gebot der Erforderlichkeit** (vgl. § 81 Absatz 1 Satz 1) in zeitlicher Hinsicht (vgl. hierzu näher Battis/Krautzberger/Löhr, § 114 Rn 1). Die Frist ist von **Bedeutung** für die **Aufhebung der Grundabtretung** (§ 96 Absatz 1 Nr. 1). Sie dient insofern dem Schutz des Grundabtretungsbetroffenen.

2   Die Verwendungsfrist **beginnt** mit dem Eintritt der Rechtsänderung. Den Tag der Rechtsänderung setzt die zuständige Behörde nach § 92 Absatz 1 Satz 4 durch besondere Anordnung fest (Ausführungsanordnung; vgl. hierzu § 92 Rn 12 ff.). Eine **vorläufige Besitzeinweisung** nach § 97 vermag den Lauf der Frist nicht in Gang zu setzen, da sie keine Rechtsänderung bewirkt, weil sie typischerweise vor dem Erlass des Grundabtretungsbeschlusses vorgenommen wird.

3   **Unklarheit** besteht darüber, was unter **Verwendungsfrist** zu verstehen ist und welche Anforderungen an eine **fristwahrende Tätigkeit** des Grundabtretungsbegünstigten zu stellen sind. Die einschlägigen Bestimmungen der § 81 Absatz 1 Satz 2, § 95 und § 96 Absatz 1 und 2, die – wie die Klammer in § 96 Absatz 1 Satz 1 Nr. 1 a zeigt – in einem inneren Zusammenhang stehen, benutzen mit den Tatbestandsmerkmalen *„verwirklichen"*, *„verwenden"*, *„erfüllen"* und *„zuführen"* unterschiedliche Begriffe, die sich bei wörtlicher Auslegung inhaltlich unterscheiden, vom Gesetzgeber aber weitgehend als identisch verstanden sind. Zutreffend erscheint folgende Auslegung: Wenn die Benutzung eines Grundstücks im Sinne des § 77 notwendig ist (Zweck der Grundabtretung), wird das betreffende Vorhaben und damit der **Grundabtretungszweck verwirklicht,** wenn mit der Ausführung der für das Vorhaben zugelassenen Haupt- und/oder Sonderbetriebspläne begonnen worden ist. Davon zu unterscheiden ist die Verwendung des im Zwangswege abgetretenen einzelnen Grundstücks für das (Gesamt-)Vorhaben. Für die Verwendung dieses einzelnen Grundstücks muss die Verwendungsfrist bestimmt werden. Das kann für ein Grundstück am äußersten Rand eines Großtagebaus oder einer Großhalde schwierig sein; es dürfte sich aber regelmäßig abschätzen lassen, zu welchem Zeitpunkt das Grundstück tatsächlich benötigt wird. Dieser Zeitpunkt ist dann nach § 81 Absatz 1 Satz 2 bei der Bestimmung der Frist in den Blick zu nehmen. Hat der Unternehmer das Vorhaben eingestellt, also den Grundabtretungszweck aufgegeben, kann das

Grundstück nicht mehr für den Grundabtretungszweck verwendet werden mit der Folge einer Aufhebung der Grundabtretung (s. § 96 Absatz 1 Satz 1 Nr. 1 b).

II. Fristverlängerung (Absatz 2)

Eine Fristverlängerung ist unter den Voraussetzungen in Absatz 2 möglich. Nach **4** Nr. 1 muss der Grundabtretungsbegünstigt nachweisen, dass er den Grundabtretungszweck innerhalb der festgesetzten Frist *„nicht erfüllen"* konnte. Die mit § 114 Absatz 2 Nr. 1 BauGB übereinstimmende Formulierung ist dahingehend auszulegen, dass eine Fristverlängerung beantragt werden kann, wenn die für die Verwendung des abgetretenen Grundstücks veranschlagte Frist (s. vorstehend Rn 3) nicht eingehalten werden konnte, weil sich bei der Realisierung des Vorhabens (Grundabtretungszweck) Verzögerungen ergeben haben.

Nach Nr. 2 kann auf Antrag einer Fristverlängerung stattgegeben werden, wenn **5** eine **Gesamtrechtsnachfolge** eingetreten ist, also etwa ein Erbfall oder Vorgänge, die nach dem AktG eine Gesamtrechtsnachfolge herbeiführen (z. B. Verschmelzung, Umwandlungen usw.). Keine Gesamtrechtsnachfolge liegt in Fällen des § 419 BGB (Übergang des gesamten Vermögens durch Vertrag) vor.

Über einen Verlängerungsantrag muss **vor Fristablauf** entschieden sein. Ver- **6** streicht die Verwendungsfrist ungenutzt, erwirbt der Grundabtretungspflichtige unter den Voraussetzungen des § 96 einen Anspruch auf **Aufhebung der Grundabtretung**. Eine **wiederholte Verlängerung** der Frist erscheint mangels gegenteiliger Aussage im Gesetz möglich. Das in Satz 2 geregelte Anhörungsrecht des früheren Grundabtretungspflichtigen bezieht sich auf beide Fallgestaltungen von Satz 1.

§ 96 Aufhebung der Grundabtretung

(1) Auf Antrag des früheren Grundabtretungspflichtigen hat die zuständige Behörde vorbehaltlich des Absatzes 2 die durch die Entscheidung über die Grundabtretung bewirkten Rechtsänderungen mit Wirkung für die Zukunft aufzuheben, soweit
1. der Grundabtretungsbegünstigte oder sein Rechtsnachfolger
a) das Grundstück nicht innerhalb der festgesetzten Frist (§ 81 Abs. 1 Satz 2, § 95) zu dem Grundabtretungszweck verwendet oder
b) den Grundabtretungszweck vor Ablauf der Frist aufgegeben hat oder
2. der Entschädigungsverpflichtete bei einer Entschädigung in wiederkehrenden Leistungen mit zwei aufeinanderfolgenden Raten in Verzug ist.
Satz 1 Nr. 1 Buchstabe b gilt nur, wenn durch die Grundabtretung das Eigentum an dem Grundstück entzogen worden ist.

(2) In den Fällen des Absatzes 1 Satz 1 Nr. 1 ist die Aufhebung ausgeschlossen, solange das Grundstück einem Zweck zugeführt wird, der eine Grundabtretung rechtfertigen würde.

(3) Die Aufhebung kann nur innerhalb von zwei Jahren seit Entstehung des Anspruchs beantragt werden. Die Frist ist gehemmt, solange der Antragsberechtigte an der Rechtsverfolgung durch höhere Gewalt verhindert wird. In den Fällen des Absatzes 1 Satz 1 Nr. 1 ist der Antrag nicht mehr zulässig, wenn mit der zweckgerechten Verwendung begonnen worden ist.

(4) Wird dem Antrag auf Aufhebung der Grundabtretung stattgegeben, so ist dem von der Aufhebung Betroffenen die geleistete Entschädigung zurückzuerstatten, gemindert um den Betrag, der einer Entschädigung nach Maßgabe der §§ 84 bis 90 für den Zeitraum zwischen dem Wirksamwerden der Grundabtre-

tung und der Aufhebung entsprechen würde. Hinsichtlich der Rückgabe der von der Aufhebung der Grundabtretung betroffenen Sachen gilt § 81 Abs. 3 Nr. 1 entsprechend.

(5) Die Absätze 1 bis 4 gelten für die durch eine Vorabentscheidung bewirkten Rechtsänderungen entsprechend.

(6) § 92 Abs. 3 gilt entsprechend.

Übersicht   Rn

I.   Aufhebung der Grundabtretung (Absatz 1)   1

II. Ausschluss der Aufhebung bei neuem Grundabtretungszweck (Absatz 2) .   6

III. Befristung des Aufhebungsantrags (Absatz 3)   7

IV. Rückgewähr der Entschädigung bei Aufhebung (Absatz 4)   8

V.   Sonstige Regelungen (Absatz 5 und 6)   9

I. Aufhebung der Grundabtretung (Absatz 1)

1 Die Vorschrift ist im Wesentlichen § 102 BauGB nachgebildet. Sie regelt im Einzelnen die Voraussetzungen für das Rückerwerbsrecht des früheren Berechtigten (sog. Rückenteignung). Im Übrigen folgt ein solches Rückerwerbsrecht – unabhängig von einer ausdrücklichen Gesetzesgrundlage – bereits aus der Eigentumsgarantie des Artikel 14 GG (BVerfG, NJW 1975, 37).

2 Nach **Absatz 1 Satz 1 Nr. 1** hat die zuständige Behörde auf Antrag des früheren Grundabtretungspflichtigen die durch den Grundabtretungsbeschluss geregelte und durch die Ausführungsanordnung nach § 92 Absatz 1 Satz 4 **bewirkte Rechtsänderung** für die Zukunft **aufzuheben**, wenn der Begünstigte das Grundstück nicht entsprechend der Verwendungsfrist zu dem Grundabtretungszweck verwendet oder den Grundabtretungszweck **vor Fristablauf aufgegeben** hat. Die **Aufgabe** des Grundabtretungszwecks führt jedoch nur dann zur Rückenteignung, wenn durch die Grundabtretung das **Eigentum** an dem Grundstück nach § 81 Absatz 2 entzogen worden ist (Absatz 1 Satz 2).

3 Nach dem insoweit eindeutigen Wortlaut kann bei einer **Grundabtretung zur Nutzung** nach Absatz 1 **keine Aufhebung** beantragt werden, wenn der Begünstigte den Grundabtretungszweck vor Ablauf der Frist aufgegeben hat. Die Gesetzesbegründung (BT-Drs 8/1315, 133 = Zydek, 381) verweist zur Erläuterung auf die Rückgabepflicht des § 81 Absatz 3. Damit ist offenbar gemeint, dass bei Aufgabe des Grundabtretungszwecks unmittelbar und sofort die Rückgabepflicht nach § 81 Absatz 3 Nr. 2 einsetzt, es eines förmlichen Aufhebungsverfahrens also nicht bedarf. Voraussetzung wäre allerdings, dass die Rückgabepflicht als solche ausdrücklich in den Grundabtretungsbeschluss aufgenommen worden ist. Sofern dies nicht geschehen ist, kann der Eigentümer die Rückgabe in einem gesonderten Verfahren von der Grundabtretungsbehörde im Wege der „Rückenteignung" durchsetzen (vgl. § 81 Rn 15).

4 Nach **Absatz 1 Satz 1 Nr. 2** hat die zuständige Behörde ferner die Grundabtretung aufzuheben, also die Rückgabe anzuordnen, wenn der Entschädigungspflichtige bei einer Entschädigung in wiederkehrenden Leistungen – dem typischen Fall der Grundabtretung zur Nutzung – mit zwei aufeinanderfolgenden Raten in Verzug ist. Die Vorschrift wird in der Gesetzesbegründung mit dem Hinweis gerechtfertigt, sie diene *„ausschließlich dem Schutz derjenigen Entschädigungsberechtigten, deren Entschädigungsanspruch in wiederkehrenden*

Leistungen zu erfüllen" sei (BT-Drs 8/1315, 133 = Zydek, 381). Ferner wird auf die nach § 92 Absatz 1 Satz 1 Nr. 2 zu leistende Sicherheit verwiesen.

Das deutet daraufhin, dass eine Parallele zu § 120 BauGB gewollt war (Auf-   **5** hebung des Enteignungsbeschlusses, wenn vor dem Erlass der Ausführungsanordnung die im Enteignungsbeschluss auferlegten Zahlungen nicht innerhalb eines Monats nach dessen Unanfechtbarkeit geleistet worden sind). Bei diesem Verständnis bestünde aber wegen der unterschiedlichen Zahlungsmodalitäten in § 92 Absatz 1 Satz 1 Nr. 1 keine Übereinstimmung. Sollte die Vorschrift als **Sanktion** des Zahlungsverzuges die Aufhebung der Grundabtretung auch dann ermöglichen, wenn mit dem Vorhaben bereits begonnen oder es gar ausgeführt worden ist, erscheint die Vorschrift als nicht durchdacht. Eine zusätzliche Sanktion erscheint unnötig, weil der Grundabtretungspflichtige nach § 104 aus dem Grundabtretungsbeschluss und den dort genannten vollstreckbaren Titeln die Vollstreckung betreiben kann. Die Rückgängigmachung einer Grundabtretung wäre auch kaum praktisch, wenn für eine Großhalde oder Großschachtanlage ein Grundstück im Wege der Grundabtretung zur Nutzung beschafft werden musste und nunmehr wegen eines relativ geringfügigen Versäumnisses die Aufhebung stattzufinden hätte. Die Grundabtretungsbehörde wäre wohl gezwungen, den Antragsteller zunächst auf die Eintreibung als das weniger einschneidende Mittel zu verweisen.

II. Ausschluss der Aufhebung bei neuem Grundabtretungszweck (Absatz 2)

Nach **Absatz 2** ist die Aufhebung der Grundabtretung ausgeschlossen, solange   **6** das Grundstück einem Zweck **zugeführt** wird, der (ebenfalls) eine Grundabtretung rechtfertigen würde (vgl. den gleichen Rechtsgedanken in § 81 Absatz 3). Allerdings wird damit der strenge Prüfungsmaßstab des § 79 Absatz 1 durchbrochen. Im Gesetzgebungsverfahren ist trotz offenbar geltend gemachter Bedenken an der Vorschrift aus Gründen der Verwaltungsvereinfachung festgehalten worden (BT-Drs 8/3965, 140 = Zydek, 383). Dem ist entgegenzuhalten, dass der Grundabtretungsverpflichtete aufgrund der Eigentumsgarantie in Artikel 14 GG (vgl. oben Rn 1) einen Anspruch darauf hat, die Frage, ob der neue Verwendungszweck den Anforderungen an eine Grundabtretung genügt, in dem dafür vorgesehenen Verfahren nach § 64 ff. VwVfG an Hand der gesetzlichen Maßstäbe der §§ 77 und 79 überprüft zu erhalten. Zugeführt bedeutet Verwendung, und zwar innerhalb der im Grundabtretungsbeschluss festgesetzten Verwendungsfrist. Der Beginn der Verwendung reicht aus (Absatz 3 Satz 3 entsprechend).

III. Befristung des Aufhebungsantrags (Absatz 3)

Nach **Absatz 3** kann der Antrag auf Aufhebung nur **innerhalb von zwei Jahren**   **7** seit Entstehung des Anspruchs beantragt werden. Nach Ablauf von zwei Jahren ist der Anspruch verjährt. Die Verjährungsfrist errechnet sich nach § 199 Absatz 1 BGB. Danach ist die Kenntniserlangung durch den Grundabtretungsbetroffenen von den den Anspruch begründenden Umständen (Fristversäumnis und Aufgabe des Grundabtretungszwecks) abhängig. Die Frist ist bei Vorliegen höherer Gewalt gehemmt (§ 206 BGB). Durch Satz 3 in Absatz 3 wird klargestellt, dass mit dem **Beginn der zweckgerechten Verwendung** des Grundstücks, d. h. dem im Grundabtretungsbeschluss beschriebenen Zweck, ein Aufhebungsantrag unzulässig wird. Es muss mithin **keine vollständige Verwendung** innerhalb der Frist stattgefunden haben. Unter Beginn sind ernsthafte auf die Realisierung des Vorhabens gerichtete Tätigkeiten zu verstehen, also nicht untergeordnete Maßnahmen wie z. B. das Ziehen eines Zaunes oder Scheinaktivitäten.

IV. Rückgewähr der Entschädigung bei Aufhebung (Absatz 4)

8 Nach **Absatz 4** ist bei der Aufhebung der Grundabtretung die geleistete Entschädigung zurückzuerstatten. Für den Zeitraum zwischen Wirksamwerden der Grundabtretung (d. h. Unanfechtbarkeit des Grundabtretungsbeschlusses, einer Vorabentscheidung oder der Einigung der Beteiligten im Verfahren) und der Unanfechtbarkeit des Aufhebungsbeschlusses sollen dem früheren Grundabtretungspflichtigen die gezahlten Entschädigungsbeträge jedoch im Grundsatz verbleiben. Es ist hypothetisch zu fragen („*entsprechen würde*"), welche Entschädigung der Berechtigte erhalten hätte, wenn die Grundabtretung nur für den genannten Zeitraum durchgeführt worden wäre. Bei einer Grundabtretung zur Nutzung wird der frühere Grundabtretungspflichtige daher in der Regel die gezahlten Nutzungsentschädigungen behalten dürfen; hat er zugleich eine Entschädigung für andere Vermögensnachteile erhalten, ist diese Entschädigung insoweit zurückzuzahlen, als die Nachteile als Folge der Aufhebung der Grundabtretung und der Rückgabe des Grundstücks in Wegfall gekommen sind. Grundsätzlich soll der frühere Grundabtretungspflichtige durch die Aufhebung der Grundabtretung nicht bessergestellt werden als vor dem Zwangseingriff. Im Übrigen hat der Betroffene entsprechend § 81 Absatz 3 Nr. 1 bei Rückgabe den Zustand wiederherzustellen, wie er im Zeitpunkt des Wirksamwerdens der Grundabtretung bestand (Satz 2).

V. Sonstige Regelungen (Absatz 5 und 6)

9 **Absatz 5** erscheint entbehrlich, da die Vorabentscheidung nach § 91 lediglich einen (abgespaltenen) Teil der Grundabtretungsentscheidung über den Grund enthält. Sie ist damit auch eine Grundabtretung, zumal die Ausführungsanordnung nach § 92 auch nur nach Unanfechtbarkeit der Vorabentscheidung ergehen kann und die Rechtsänderung in dieser gesonderten Entscheidung festgesetzt wird.

10 Nach **Absatz 6** hat die Grundabtretungsbehörde nach Aufhebung der Grundabtretung in entsprechender Anwendung von § 92 Absatz 3 das Grundbuchamt zu ersuchen, die Rechtsänderungen in das Grundbuch einzutragen. Der **Aufhebungsbeschluss** muss deshalb – als actus contrarius – alle Bestandteile des eigentlichen Grundabtretungsbeschlusses enthalten, also den Eigentümerwechsel oder die Löschung dinglicher Rechte anordnen, die Rückerstattung der Entschädigung nach Absatz 4 im Einzelnen regeln usw. (vgl. § 105 Rn 5 ff.). Verfahrensrechtlich gilt das gleiche wie bei der eigentlichen Grundabtretung (förmliches Verfahren, Aufhebungsbeschluss, Ausführungsanordnung entsprechend § 92 usw.). Zum **Auftragsinhalt** vgl. § 79 Rn 32 ff., zum Verfahren und zum Aufhebungsbeschluss § 105 Rn 4 ff. Wegen der Verfahrenskosten vgl. § 103 Absatz 3.

VIERTER ABSCHNITT   **Vorzeitige Besitzeinweisung**

§ 97   Voraussetzungen

Ist die sofortige Ausführung des die Grundabtretung erfordernden Vorhabens aus den in § 79 genannten Gründen des Wohles der Allgemeinheit dringend geboten, so kann die zuständige Behörde den Grundabtretungsbegünstigten auf Antrag schon vor Abschluß des Verfahrens in den Besitz des betroffenen Grundstücks einweisen. Die vorzeitige Besitzeinweisung setzt voraus, daß dem Eigentümer und, wenn ein anderer durch die Besitzeinweisung betroffen wird, auch diesem Gelegenheit zur Stellungnahme gegeben worden ist.

Übersicht   Rn

I.   Bedeutung   1
II.   Voraussetzungen   2
III. Entscheidung   4
IV.   Rechtsfolgen der Entscheidung   5
V.   Form, Begründung und Bekanntgabe   6

I. Bedeutung

Mit Hilfe des Instituts der vorzeitigen Besitzeinweisung kann sichergestellt   **1**
werden, dass ein bergbauliches Vorhaben auch vor Abschluss eines Grundabtretungsverfahrens begonnen oder fortgesetzt werden kann. Sie ist für nichtbergbauliche Vorhaben in den Enteignungsgesetzen der Länder sowie in § 116
BauGB geregelt. Gerade die *„dynamische durch Art, Beschaffenheit und Verlauf
der Lagerstätte diktierte Betriebsweise"* des Bergbaus (BT-Drs 8/1315, 105=
Zydek, 231 zu § 50 (Betriebsplan)) verlangt nach einem Verfahren, das dem
Unternehmer die Fortsetzung seines Betriebes auch gegen den Willen des Eigentümers oder sonstigen Berechtigten ermöglicht, wenn andernfalls schwere Rückschläge für den Betrieb, ein Stillstand oder sicherheitliche Belange befürchtet
werden müssen. Da das Grundabtretungsverfahren bis zu seinem Abschluss
(auch zur Wahrung der Belange der Betroffenen) immer eine gewisse Zeit
benötigt, kann mit Hilfe dieses Instituts die sofortige Benutzung benötigter
Grundstücke sichergestellt werden.

II. Voraussetzungen

Es muss die **sofortige Ausführung** aus Gründen des Wohls der Allgemeinheit   **2**
(§ 79) **dringend geboten** sein. Notwendig ist daher eine Abwägung der beider-
seits bestehenden Interessen, wobei die Interessen des Antragstellers diejenigen
der Betroffenen an der vorherigen und abschließenden Durchführung eines
ordnungsgemäßen Grundabtretungsverfahrens überwiegen müssen.

Der **Antrag** auf vorzeitige Besitzeinweisung kann mit dem Antrag auf Durch-   **3**
führung der Grundabtretung (§ 77 Absatz 1) verbunden werden. Dies wird
zugleich der früheste Zeitpunkt sein. Der Beschluss über die Besitzeinweisung
kann nach Satz 1 bereits vor Abschluss des Verfahrens, also in jedem Stadium,
ergehen (streitig; vgl. Kommentierungen zu § 116 BauGB). Nach Satz 2 ist dem
Eigentümer oder einem anderen durch die Besitzeinweisung Betroffenen **Gelegenheit zur Stellungnahme** zu geben. Daraus darf nicht geschlossen werden, dass
bei dem Nebenverfahren der vorläufigen Besitzeinweisung das von § 105 grund-

sätzlich angeordnete **förmliche Verfahren** der § 64 VwVfG nicht gelten soll. Die vorzeitige Besitzeinweisung ist Teil des einheitlichen Grundabtretungsvorgangs; sie bringt für die Betroffenen einen schweren Eingriff in deren Rechtspositionen mit sich. Deshalb ist – in gleicher Weise wie bei dem eigentlichen Grundabtretungsverfahren – ein förmliches Verfahren durchzuführen, das mit dem Besitzeinweisungsbeschluss abschließt. Das entspricht auch den Erwägungen während der Gesetzesberatung (WiA BT-Drs 8/3965, 140 = Zydek, 398). Auch im Regierungsentwurf 1975 (BR-Drs 350/75, 44 f. zu § 112 ff.) waren für das Besitzeinweisungsverfahren formstrenge, dem öffentlichen Verfahren angenäherte Verfahrensvorschriften vorgesehen. § 97 Satz 2 hat daher nur die Funktion eines Hinweises, ersetzt also nicht die nach § 67 VwVfG obligatorische mündliche Verhandlung.

III. Entscheidung

4 Über die vorläufige Besitzeinweisung ergeht ein gesonderter Beschluss der zuständigen Behörde (**Besitzeinweisungsbeschluss**). Dieser Beschluss muss enthalten
– den Zeitpunkt der Wirksamkeit der vorläufigen Besitzeinweisung (§ 100 Absatz 1 Satz 1),
– eine Entscheidung darüber, welche Rechte zur Nutzung des Grundstücks aufrechterhalten bleiben (§ 100 Absatz 1 Satz 4),
– eine Entscheidung über Art und Höhe der (gesonderten) Besitzeinweisungsentschädigung (§ 98 Absatz 1),
– die Festsetzung einer Sicherheitsleistung in Höhe der voraussichtlichen Entschädigung oder von anderen Bedingungen (§ 100 Absatz 2).

IV. Rechtsfolgen der Entscheidung

5 Im Gesetzestext ist nur von der **Einweisung in den Besitz** des betroffenen Grundstücks die Rede (Satz 1). Die Rechtsfolgen der vorzeitigen Besitzeinweisung regelt §§ 100 Absatz 1 Satz 2. Mit dem Wirksamwerden der Besitzeinweisung (Absatz 1 Satz 1) wird dem Eigentümer des Grundstücks und, wenn ein anderer unmittelbarer Besitzer ist, auch diesem der Besitz entzogen und der Grundabtretungsbegünstigte Besitzer. Der Grundabtretungsbegünstigte darf auf dem Grundstück das im Grundabtretungsantrag bezeichnete Vorhaben ausführen und die dafür erforderlichen Maßnahmen treffen (vgl. auch § 116 Absatz 3 BauGB). Der Eingewiesene hat hiernach alle zivilrechtlichen Anprüche aus dem Besitz, die er auch gerichtlich durchsetzen kann. Ob die Grundabtretungsbehörde verpflichtet ist, gegen den Enteignungsbetroffenen Verwaltungszwang anzuwenden, wenn er seinen Pflichten aus dem Besitzeinweisungsbeschluss nicht nachkommt, erscheint zweifelhaft (zum Streitstand im Bereich des § 116 Absatz 3 BauGB vgl. Battis/Krautzberger/Löhr, § 116 Rn 7).

V. Form, Begründung und Bekanntgabe

6 Form, Begründung und Bekanntgabe der Entscheidung richten sich nach § 69 VwVfG. Eines Widerspruchsverfahrens bedarf es vor Erhebung der verwaltungsgerichtlichen Klage nicht (§ 70 VwVfG), es sei denn, dass landesrechtliche Verwaltungsverfahrensvorschriften auch bei einem förmlichen Verfahren die vorherige Durchführung eines Vorverfahrens vorsehen. Greift der Betroffene nur die Höhe der Besitzeinweisungsentschädigung an, gilt § 144.

§ 98 Besitzeinweisungsentschädigung

(1) Der Grundabtretungsbegünstigte hat für die durch die vorzeitige Besitzeinweisung entstehenden Vermögensnachteile Entschädigung in Geld zu leisten, soweit die Nachteile nicht durch die Verzinsung der Geldentschädigung (§ 84 Abs. 4) ausgeglichen werden. Art und Höhe der Entschädigung sind unter entsprechender Anwendung der §§ 84 bis 90 festzusetzen.

(2) Die Entschädigung für die vorzeitige Besitzeinweisung ist ohne Rücksicht auf die Einlegung eines Rechtsbehelfs zu dem Zeitpunkt fällig, in dem die vorzeitige Besitzeinweisung wirksam wird.

Übersicht   Rn

I.   Entschädigung (Absatz 1)   1
II.   Grundabtretung zur Nutzung   4
III. Zeitpunkt des Entschädigungsbeschlusses   5
IV.   Fälligkeit beim Rechtsbehelf (Absatz 2)   6

I. Entschädigung (Absatz 1)

Die Vorschrift entspricht im Wesentlichen § 116 Absatz 4 BauGB. Die Besitzeinweisungsentschädigung soll besondere, mit der vorzeitigen Einweisung verbundene Vermögensnachteile ausgleichen, sofern diese nicht mit der Verzinsung der Geldentschädigung (§ 84 Absatz 4) ausgeglichen sind. Die vorzeitige Besitzeinweisung ist Teil eines einheitlichen Enteignungsvorgangs, der regelmäßig erst mit der Entziehung des Eigentums beendet ist. **1**

Die Verzinsung der Entschädigung nach § 84 Absatz 4 hat die **Funktion eines abstrakt berechneten Wertausgleichs**, für die durch die Besitzeinweisung vorzeitig, d. h. vor der Festsetzung der Entschädigung, entzogene Nutzung. Folgerichtig ist die Entschädigung nach § 84 Absatz 4 Satz 3 vom **Zeitpunkt der Wirksamkeit** des Besitzeinweisungsbeschlusses an zu verzinsen. Dieser wird nach § 100 Absatz 1 Satz 1 von der zuständigen Behörde festgesetzt. **2**

Darüber hinaus kann der Eigentümer oder unmittelbare Besitzer besondere Vermögensnachteile erleiden, die gerade in dem Entzug einer **vorübergehenden außergewöhnlichen Nutzungsmöglichkeit** seines Grundstücks bestehen (vgl. BGH, NJW 1962, 2051), soweit sich diese bereits als **konkreter Wert** dargestellt hat (typischer Anwendungsfall: Aufwuchsentschädigung bei landwirtschaftlichen Grundstücken). **3**

II. Grundabtretung zur Nutzung

Bei der **Grundabtretung zur Nutzung** ist die Entschädigung in **wiederkehrenden Leistungen** zu entrichten (§ 89 Absatz 1 Satz 1), die sich an dem Entzug der höchstmöglichen Nutzung orientieren (§ 89 Rn 3 ff.). Mithin ist zu prüfen, ob der Eigentümer oder unmittelbare Besitzer während der Dauer der vorzeitigen Besitzeinweisung aus dem Grundstück einen Gewinn oder Erlös ziehen konnte oder ob als deren Folge Aufwendungen nutzlos geworden sind und deshalb ein nach dem gewöhnlichen Verlauf zu erwartender Gewinn oder Erlös ausbleibt. Im Normalfall der Grundabtretung zur Nutzung wird daher die übliche Entschädigung in wiederkehrenden Leistungen, wie sie im Grundabtretungsbeschluss später festgesetzt wird, auf den Zeitpunkt der Wirksamkeit der Besitz- **4** einweisung vorzuverlegen sein. Ein abstrakt berechneter Wertausgleich in der Form der Verzinsung des Verkehrswerts des Grundstücks findet also nicht statt (vgl. auch § 89 Rn 8). **Sonstige (zusätzliche) Vermögensnachteile** sind nach § 98 Absatz 1 Satz 1 jeweils gesondert zu entschädigen.

III. Zeitpunkt des Entschädigungsbeschlusses

5 Das Gesetz trifft hierzu keine Aussage. Naheliegend ist die Verbindung der Entscheidung über Art und Höhe der Entschädigung mit dem eigentlichen Beschluss über die Besitzeinweisung. Es sollte aber aus Gründen der Zweckmäßigkeit auch möglich sein, die Entscheidung über die Entschädigung, die dem Grundabtretungsbetroffenen für die Inanspruchnahme seines Grundstücks und sonstige Vermögensnachteile zu zahlen ist, einem besonderen Beschluss vorzubehalten. Das gilt insbesondere dann, wenn sich über die zu zahlende Entschädigung keine alsbaldige Einigung erzielen lässt und der Streit um deren Höhe die beantragte Entscheidung hinauszögert. Die Entscheidung über die Entschädigung für die vorzeitige Besitzeinweisung ist spätestens in dem Grundabtretungsbeschluss festzusetzen (vgl. auch § 116 Absatz 4 Satz 3 BauGB).

IV. Fälligkeit beim Rechtsbehelf (Absatz 2)

6 Legt der Eigentümer gegen den Beschluss über die vorzeitige Besitzeinweisung einen Rechtsbehelf ein, wird dadurch nach Absatz 2 die Fälligkeit der Besitzeinweisungsentschädigung nicht gehemmt. Die Entschädigung ist nach Absatz 2 fällig zu dem Zeitpunkt, in dem die Besitzeinweisung wirksam wird. Das ist der Zeitpunkt, den die zuständige Behörde in dem Besitzeinweisungsbeschluss bezeichnet (§ 100 Absatz 1 Satz 1). Vgl. auch § 116 Absatz 4 Satz 4 BauGB.

§ 99   Zustandsfeststellung

Auf Antrag des Grundabtretungsbegünstigten, des Besitzers oder des Eigentümers hat die zuständige Behörde den Zustand des Grundstücks vor der Besitzeinweisung festzustellen, soweit er für die Besitzeinweisungs- oder Grundabtretungsentschädigung von Bedeutung ist. Der Zustand des Grundstückes kann auch von Amts wegen festgestellt werden.

1 Die Vorschrift dient der **Beweissicherung** (vgl. auch § 116 Absatz 5 BBauG). Die Zustandsfeststellung kann **auf Antrag (Satz 1)** oder **von Amts wegen (Satz 2)** erfolgen. Eine bestimmte Form, wie die Beweissicherung vorzunehmen ist, wird im Gesetz nicht vorgeschrieben. Das förmliche Verfahren nach §§ 64 ff. VwVfG gilt hier nicht. Eine Hinzuziehung der interessierten Beteiligten dürfte sich empfehlen. Ihnen ist auch eine Abschrift der Niederschrift zuzustellen. Im Übrigen ist die Niederschrift weder ein Verwaltungsakt, noch vermag sie eine sonstige Bindungswirkung zu entfalten. Neue und andere Beweismittel können in das Verfahren später jederzeit eingebracht werden.

2 **Grund der Regelung** ist die Erfahrung, dass aufgrund der vorzeitigen Besitzeinweisung als Folge der auf dem entzogenen Grundstück durchgeführten Maßnahmen gravierende Veränderungen und Schäden auftreten können, sodass der ursprüngliche, für Art und Höhe maßgebliche Zustand des Grundstücks später nicht mehr zutreffend festgestellt werden kann.

§ 100 Wirksamwerden und Rechtsfolgen der vorzeitigen Besitzeinweisung, Sicherheitsleistung

(1) Die Besitzeinweisung wird in dem von der zuständigen Behörde bezeichneten Zeitpunkt wirksam. In diesem Zeitpunkt wird dem Eigentümer des Grundstücks und, wenn ein anderer unmittelbarer Besitzer ist, auch diesem der Besitz entzogen und der Grundabtretungsbegünstigte Besitzer. Der Grundabtretungsbegünstigte darf auf dem Grundstück das im Grundabtretungsantrag bezeichnete Vorhaben ausführen und die dafür erforderlichen Maßnahmen treffen. Ein Recht zur Nutzung des Grundstücks wird durch die Besitzeinweisung insoweit ausgeschlossen, als die Ausübung der Nutzung mit dem Zweck der Besitzeinweisung nicht vereinbar ist.

(2) Die vorzeitige Besitzeinweisung kann von der Leistung einer Sicherheit in Höhe der voraussichtlichen Entschädigung nach § 98 und von anderen Bedingungen abhängig gemacht werden. Auf Antrag des Inhabers eines Rechts, das zum Besitz oder zur Nutzung des Grundstücks berechtigt, ist die Einweisung von der Leistung einer Sicherheit in Höhe der ihm voraussichtlich zu gewährenden Entschädigung abhängig zu machen.

I. Rechtsfolgen der Besitzeinweisung (Absatz 1)

Sie ergeben sich aus dem Gesetz. Mit dem Zeitpunkt, den die zuständige **1** Behörde bezeichnet, wird die Besitzeinweisung mit den in Satz 2 bezeichneten Rechtsfolgen wirksam (vgl. auch § 97 Rn 5). Satz 4 stellt klar, dass eine konkurrierende Nutzung des Grundstücks bei Unvereinbarkeit mit dem Grundabtretungszweck ausgeschlossen ist.
Absatz 1 entspricht § 116 Absatz 1 Satz 4 und Absatz 3 BauGB.

II. Sicherheitsleistung (Absatz 2)

Die Vorschrift entspricht wörtlich § 116 Absatz 2 BauGB. Mit der in Absatz 2 **2** genannten „voraussichtlichen Entschädigung" ist die endgültige Entschädigung nach den §§ 84 bis 90 gemeint. Die Sicherheitsleistung dient der Sicherheit der Betroffenen, wenn der beantragten Grundabtretung später nicht stattgegeben wird. Es obliegt im Wesentlichen dem freien Ermessen der zuständigen Behörde, ob und in welcher Höhe eine Sicherheitsleistung (§ 232 ff. BGB) angeordnet wird. Andere Bedingungen sind solche, die aufgrund der besonderen Situation, die die Besitzeinweisung antrifft, sinnvoll oder zur Wahrung der Belange der Betroffenen geboten erscheinen (z.B. Herstellung einer Hofzufahrt, Aberntung eines Feldes usw.). Werden die Sicherheitsleistungen nicht erbracht und die anderen Bedingungen nicht erfüllt, wird die Besitzeinweisung nicht wirksam, und die Rechtsfolgen des Absatz 1 treten nicht ein (Battis/Krautzberger/Löhr, § 116 Rn 5 m. w. N.). Bei zum Besitz oder zur Nutzung Berechtigten (Mieter, Pächter, Nießbraucher) richtet sich die Höhe der Sicherheitsleistung nach der zu erwartenden Entschädigung für den Verlust des Rechts (Absatz 2 Satz 2). Die Sicherheitsleistung kann im Beschluss über die vorläufige Besitzeinweisung oder in einem gesonderten zuvor erlassenen Beschluss angeordnet werden (Battis/Krautzberger/Löhr, aaO).

§ 101　Aufhebung und Änderung der vorzeitigen Besitzeinweisung

(1) Die vorzeitige Besitzeinweisung ist aufzuheben, wenn
1. **die für die Besitzeinweisung nach § 97 erforderlichen Voraussetzungen nicht mehr gegeben sind,**
2. **der Antrag nach § 77 zurückgenommen worden ist oder**
3. **die Entscheidung über die Grundabtretung nicht innerhalb von zwei Jahren erlassen wird, nachdem die Besitzeinweisung wirksam geworden ist.**

(2) In den Fällen des Absatzes 1 Nr. 1 kann statt der Aufhebung der Besitzeinweisung die Entscheidung über die Besitzeinweisung geändert werden. Die in Absatz 1 Nr. 3 bestimmte Frist kann von der zuständigen Behörde um längstens ein weiteres Jahr verlängert werden, wenn die Entscheidung über den Antrag nach § 77 aus besonderen, durch das Verfahren bedingten Umständen nicht innerhalb dieser Frist ergehen kann.

(3) Mit dem Zeitpunkt, in dem die Entscheidung über die Aufhebung der vorzeitigen Besitzeinweisung unanfechtbar wird, ist dem Grundabtretungsbegünstigten der Besitz entzogen und der vorherige Besitzer wieder Besitzer.

1　Nach Absatz 1 ist die vorzeitige Besitzeinweisung aufzuheben bei Fortfall der Voraussetzungen für ihren Erlass (Nr. 1), der Rücknahme des Grundabtretungsantrags (Nr. 2) sowie für den Fall, dass der Grundabtretungsbeschluss nicht innerhalb von zwei Jahren nach Wirksamkeit der Besitzeinweisung ergeht (Nr. 3). Die zuletzt genannte Frist kann nach Absatz 2 Satz 2 um längstens ein weiteres Jahr verlängert werden. Um den Fristablauf zu vermeiden, hat der Unternehmer auch die Möglichkeit, eine Vorabentscheidung nach § 91 zu beantragen, wenn die Zulässigkeit der Grundabtretung außer Frage steht und die Verzögerung lediglich auf Schwierigkeiten bei der Feststellung der Entschädigung beruht.

2　Sind die Voraussetzungen für die sofortige Besitzeinweisung nachträglich entfallen, kann statt der Aufhebung der Besitzeinweisung der Besitzeinweisungsbeschluss geändert werden. Eine solche Anpassung kommt in Betracht, wenn dem Unternehmer für ein Tagebauvorhaben die Nutzung eines größeren Gebietes zugewiesen ist, das ganze von der Entscheidung erfasste Gebiet jedoch nachträglich (etwa durch bindende Betriebsplanzulassung) beschränkt wird (vgl. Amtl. Begr., BT-Drs 8/1315, 134 = Zydek, 391).

3　Absatz 3 regelt die Wirkungen bei Unanfechtbarkeit der Entscheidung über die Aufhebung der vorzeitigen Besitzeinweisung und entspricht insoweit § 100 Absatz 1 Satz 2.

§ 102　Entschädigung bei Aufhebung oder Änderung der vorzeitigen Besitzeinweisung

(1) Wird die vorzeitige Besitzeinweisung aufgehoben oder die Entscheidung über die Besitzeinweisung geändert, so hat der Grundabtretungsbegünstigte
1. **im Falle der Aufhebung für die durch die vorzeitige Besitzeinweisung entstandenen,**
2. **im Falle der Änderung der Entscheidung über die Besitzeinweisung für die in bezug auf die Änderung entstandenen,**

durch die Besitzeinweisungsentschädigung nicht abgegoltenen Vermögensnachteile eine Entschädigung in Geld zu leisten. An Stelle der Entschädigung in Geld hat der Grundabtretungsbegünstigte auf Verlangen der von der vorzeitigen Besitzeinweisung Betroffenen den früheren Zustand wiederherzustellen, es sei denn, daß die Wiederherstellung mit unzumutbaren Aufwendungen verbunden ist oder die zuständige Behörde eine vom früheren Zustand abweichende Wiedernutzbarmachung der Oberfläche angeordnet hat.

(2) Kommt eine Einigung nicht zustande, hat die zuständige Behörde auf Antrag die Höhe der Entschädigung festzusetzen und, wenn die Wiederherstellung des früheren Zustandes zulässigerweise verlangt wird, die Verpflichtung hierzu auszusprechen.

Die Vorschrift regelt eigenständig die Entschädigungsfolgen bei Aufhebung der   **1** vorläufigen Besitzeinweisung. Eine Entschädigung ist (nur) für die durch die Besitzeinweisungsentschädigung nicht abgegoltenen Vermögensnachteile zu leisten. **Wahlweise** kann der Betroffene Wiederherstellung des früheren Zustandes **verlangen,** es sei denn, dass dieses Wahlrecht unter den in Absatz 1 Satz 2 genannten Voraussetzungen ausgeschlossen ist. Lässt sich der frühere Zustand nicht vollständig wiederherstellen oder ist der Wiederherstellungsanspruch ausgeschlossen, ist eine etwaige Wertminderung nach Satz 1 zu entschädigen. Das Gesetz sagt nicht, wer das Verlangen aussprechen kann, nämlich der Eigentümer, der (ehemalige) unmittelbare Besitzer oder beide gemeinsam. Bei unterschiedlicher Auffassung muss zunächst unter den Betroffenen eine Klärung (notfalls gerichtlich) erfolgen. Solange muss sich die zuständige Behörde eine Entscheidung dieser Frage vorbehalten und eine Sicherheitsleistung anordnen (analog § 89 Absatz 2 und 4).

Absatz 2 betont die im Grundabtretungsrecht grundsätzlich geltende Verpflich-   **2** tung des Grundabtretungsbegünstigten, sich auf gütlichem Wege zu einigen. Kommt eine Einigung nicht zustande, ergeht eine Behördenentscheidung. Auch hier wird – eingeleitet durch einen Antrag – im förmlichen Verfahren der §§ 64 ff. VwVfG entschieden.

FÜNFTER ABSCHNITT   Kosten, Zwangsvollstreckung, Verfahren

§ 103   Kosten

(1) Der Grundabtretungsbegünstigte hat die Kosten des Verfahrens zu tragen. Soweit Kosten jedoch durch Verschulden oder durch Anträge verursacht werden, die zum Zwecke der Verzögerung gestellt worden sind, können sie dem betreffenden Beteiligten auferlegt werden.

(2) Kosten sind außer den im Verfahren vor der zuständigen Behörde entstehenden Gebühren und Auslagen auch die den Beteiligten aus Anlaß des Verfahrens entstehenden Aufwendungen, soweit sie zur zweckentsprechenden Rechtsverfolgung notwendig waren.

(3) Für das Verfahren nach § 96 gelten die Absätze 1 und 2 mit der Maßgabe entsprechend, daß die Kosten nach Absatz 1 Satz 1 der von der Aufhebung Betroffene zu tragen hat, wenn dem Antrag auf Aufhebung stattgegeben wird.

Die Verfahrenskosten werden nach **Absatz 1** dem Grundabtretungsbegünstigten   **1** auferlegt, da der Zwangseingriff in seinem Interesse erfolgt. Das entspricht dem bisher geltenden Recht (vgl. § 147 ABG). Satz 2 übernimmt einen allgemeinen in den §§ 95, 96 ZPO sowie in § 121 Absatz 3 BBauG, § 80 VwVfG enthaltenen Grundsatz.

Absatz 2 entspricht im Wesentlichen § 121 Absatz 2 BBauG sowie § 80   **2** Absatz 1 VwVfG. Der Grundabtretungsbegünstigte hat hiernach auch die Kosten zu übernehmen, soweit sie zur zweckentsprechenden Rechtsverfolgung notwendig waren. Das sind alle Aufwendungen, die ein verständiger, weder besonders ängstlicher noch besonders unbesorgter Beteiligter im Hinblick auf die Bedeutung oder die rechtliche oder sachliche Schwierigkeit der Sache für erforderlich halten durfte. Für die Gebühren und Auslagen eines Rechtsanwalts gilt sinngemäß das Gleiche.

3 Hat der Antrag auf Aufhebung der Grundabtretung nach § 96 Erfolg, trägt nach **Absatz 3** der unterlegene Unternehmer die Verfahrenskosten. Bei Erfolglosigkeit hat der Antragsteller die entstandenen Kosten zu übernehmen.

4 Die Kosten richten sich nach den landesrechtlichen Vorschriften. Die Kostenentscheidung kann mit der Sachentscheidung verbunden werden, aber auch getrennt ergehen.

§ 104   Vollstreckbarer Titel

(1) Die Zwangsvollstreckung nach den Vorschriften der Zivilprozeßordnung über die Vollstreckung von Urteilen in bürgerlichen Rechtsstreitigkeiten findet statt
1. aus der Niederschrift über eine Einigung wegen der in ihr bezeichneten Entschädigungsleistungen,
2. aus einer nicht mehr anfechtbaren Entscheidung über die Grundabtretung und einer nicht mehr anfechtbaren Entscheidung nach § 89 Abs. 2 oder 3, § 91 Satz 2 oder § 96 Abs. 4 oder 5 wegen der darin festgesetzten Entschädigungsleistungen,
3. aus einer Entscheidung über die vorzeitige Besitzeinweisung, deren Änderung oder Aufhebung wegen der darin festgesetzten Leistungen.

(2) Die vollstreckbare Ausfertigung wird von dem Urkundsbeamten der Geschäftsstelle des Amtsgerichts erteilt, in dessen Bezirk die zuständige Behörde ihren Sitz hat und, wenn das Verfahren bei einem Gericht anhängig ist, von dem Urkundsbeamten der Geschäftsstelle dieses Gerichts. In den Fällen der §§ 731, 767 bis 770, 785, 786 und 791 der Zivilprozeßordnung tritt das Amtsgericht, in dessen Bezirk die zuständige Behörde ihren Sitz hat, an die Stelle des Prozeßgerichts.

1 Die Vorschrift ermöglicht nach dem Vorbild des § 122 **Absatz 1 BauGB** die Zwangsvollstreckung nach den Vorschriften der ZPO aus den in Absatz 1 Nr. 2 und 3 im Einzelnen aufgeführten Entscheidungen wegen der darin festgesetzten Entschädigungsleistungen. Eine Vollstreckung ist ferner möglich aus einer **Niederschrift**, soweit diese eine **Einigung über eine Entschädigung** beurkundet (Absatz 1 Nr. 1). Vgl. hierzu § 92 Absatz 1 Satz 3. Während bei den in Nr. 2 genannten Entscheidungen Unanfechtbarkeit vorliegen muss, ist dies bei der Entscheidung über die vorzeitige Besitzeinweisung nicht erforderlich. Aus den erstgenannten Entscheidungen kann bereits vor Erlass der Ausführungsanordnung (§ 92) vollstreckt werden.

2 Absatz 2 Satz 2 trifft hinsichtlich der Erteilung der vollstreckbaren Ausfertigung (vgl. §§ 724 ff. ZPO) eine besondere Zuständigkeitsregelung, sofern keine Klage nach § 144 über die Entschädigung anhängig ist.

§ 105 Verfahren

Auf die Grundabtretung sind, soweit sich aus diesem Kapitel nichts anderes ergibt, die Vorschriften über das förmliche Verwaltungsverfahren nach Teil V Abschnitt 1 des Verwaltungsverfahrensgesetzes anzuwenden.

Übersicht

Rn

I. Verfahrensvorschriften 1
1. Allgemeines 1
2. Antrag 4

II. Grundabtretungsbeschluss 5
1. Notwendiger Inhalt 5
2. Grundabtretung zur Nutzung 8
3. Entziehung des Eigentums 12
4. Nebenberechtigte 14
5. Eigentums- und sonstige Rechtsverhältnisse 16
6. Entschädigung 18

III. Einigung im Verfahren 21
1. Einigungsgebot 21
2. Rechtliche Wirkung 22
3. Anforderungen an Inhalt und Form 23
4. Teileinigung 25

IV. Verfahren und Verfahrensabschnitte mit förmlichem Verfahren 26
1. Verfahren zur Begründung oder Aufhebung von Nutzungsrechten 26
2. Verfahren bei Folge- und Ergänzungsentscheidungen 28

I. Verfahrensvorschriften

1. Allgemeines

Für das Grundabtretungsverfahren gelten nach § 105 die Vorschriften über das **1** förmliche Verwaltungsverfahren nach Teil V Abschnitt 1 des Verwaltungsverfahrensgesetzes. Anzuwenden sind die Verwaltungsverfahrensgesetze der **Bundesländer** (§ 5 Rn 9 ff.). Die Besonderheiten des förmlichen Verwaltungsverfahrens bestehen in der **Formvorschrift für den Antrag** (§ 64 VwVfG), in der **Mitwirkungspflicht von Zeugen und Sachverständigen** (§ 65 VwVfG), in dem **Erfordernis der mündlichen Verhandlung** (§§ 67 und 68 VwVfG), in besonderen Vorschriften über die **Entscheidung** (§ 69 VwVfG) und in der **unmittelbaren Zulässigkeit der Klage** ohne Widerspruchsverfahren nach §§ 68 ff. VwGO (§ 70 VwVfG). Zu den **Einzelheiten** des förmlichen Verfahrens: vgl. auch § 36 Rn 1 ff. betr. **Zulegung.**

Das VwVfG des Bundes und die entsprechenden Landesgesetze haben die **2** Aufgabe, die in zahlreichen Gesetzen enthaltenen und schwer zugänglichen Rechtsvorschriften und Rechtsgrundsätze des allgemeinen Verwaltungsrechts mit dem Ziel der Rechtssicherheit, Rechtsklarheit und Übersichtlichkeit zusammenzufassen (Kopp-Ramsauer, VwVfG, vor § 1 Anmerkung 3 f.). Die Vorschriften über das **förmliche Verfahren** sind vor allem gedacht für Bereiche, bei denen die Behördenentscheidung schwerwiegende Eingriffe in die Rechtssphäre des Bürgers bewirken kann. Die Fixierung bestimmter Verfahrensgrundsätze gestattet es dem Gesetzgeber, auf entsprechende Detailregelungen in den einzelnen Gesetzen zu verzichten und stattdessen auf diese Regelungen zu verweisen. Auch der Verzicht des BBergG auf verfahrensrechtliche Regelungen im Bereich des Grundabtretungsrechts entspricht dieser Zielsetzung.

3   Das Gesetz enthält – im Gegensatz zum Regierungsentwurf 1975 (BR-Drs 350/43 zu § 103) – **keine Regelung über den Grundabtretungsbeschluss** (zum Begriff vgl. nachfolgend Rn 4) und dessen notwendigen Inhalt. § 69 VwVfG als die für das förmliche Verfahren einschlägige Vorschrift über die Behördenentscheidung stellt lediglich den Grundsatz der freien Beweiswürdigung auf und enthält sonst nur Formvorschriften für den Erlass, die Begründung und die Zustellung. Damit fehlt dem Grundabtretungsrecht gleichsam das Herzstück; denn in den Grundabtretungsbeschluss münden die Anträge der Beteiligten, er umschreibt die künftige Rechtsänderung und bestimmt den weiteren Ablauf, insbesondere die Ausführungsanordnung (§ 92). Die Lücke kann aber geschlossen werden durch sinngemäße Anwendung der verfahrensrechtlichen Vorschriften des BauGB, zumal der überwiegende Teil der Grundabtretungsvorschriften in Aufbau und Inhalt mit den Enteignungsvorschriften des BauGB übereinstimmt.

2.   Antrag

4   Das Grundabtretungsverfahren wird durch einen **Antrag des Unternehmers** eingeleitet. Der Antrag ist **schriftlich** oder zur Niederschrift der zuständigen Behörde zu stellen (§ 64 VwVfG). Zu den Einzelheiten und zum notwendigen Inhalt des Antrags vgl. § 79 Rn 31 ff.

II.   Grundabtretungsbeschluss

1.   Notwendiger Inhalt

5   Der Terminus Grundabtretungsbeschluss wird im Gesetz nicht verwendet. Es spricht von der „Entscheidung über den Antrag nach § 77" (§ 92 Absatz 1), an anderen Stellen von der „Entscheidung über die Grundabtretung" (§§ 92 Absatz 2, 96 Absatz 1, 104 Absatz 1 Nr. 2). Die Weiterverwendung des aus dem früheren Bergrecht entwickelten Begriffs Grundabtretungsbeschluss wird befürwortet, weil er in der Praxis eingebürgert ist und auch heute noch weitgehend gebräuchlich ist.

6   An den Inhalt des Grundabtretungsbeschlusses sind bestimmte Anforderungen zu stellen, damit die Verfahrensbeteiligten erkennen können, welche Regelungen getroffen worden sind und welche Rechtsänderungen als Ergebnis des Verfahrens der hoheitliche Eingriff herbeiführen soll (vgl. auch § 113 Absatz 2 BauGB; § 109 RegEntw. 1975, BR-Drs 350/43).

7   Der **stattgebende Grundabtretungsbeschluss** muss enthalten
– die von der Grundabtretung Betroffenen (§ 80 Absatz 2 und 3) sowie den Grundabtretungsbegünstigten (§ 80 Absatz 1) mit Namen und Anschrift,
– den **Grundabtretungszweck** (das Vorhaben im Sinne des § 77) sowie die **Frist** innerhalb deren der Grundabtretungszweck zu verwirklichen ist (§ 81 Absatz 1 Satz 2; vgl. auch § 95).

2.   Grundabtretung zur Nutzung

8   Als **Hauptanwendungsfall** der Grundabtretung (vgl. § 81 Rn 1 ff.), muss das **Nutzungsrecht** des Grundabtretungsbegünstigten unter Bezeichnung des Grundstücks nach Größe, grundbuchmäßiger, katastermäßiger oder sonst üblicher Bezeichnung nach **Art, Inhalt und** (ggf.) **Rang** so genau umschrieben werden, dass es der **Eintragung in das Grundbuch fähig** ist (vgl. § 92 Rn 10). Es ist zwar grundsätzlich Sache des Antragstellers, das gewünschte dingliche Recht so zu beschreiben, dass der Eintragung keine Hindernisse im Wege stehen. Die zuständige Behörde hat aber auch von Amts wegen hierauf zu achten, insbesondere wenn innerhalb des Verfahrens von den Grundabtretungsbetroffenen im Hinblick auf die Inhaltsbestimmung des Rechts Wünsche geäußert werden, die die Eintragungsfähigkeit des Nutzungsrechts infrage stellen könnten.

Im Wege der Enteignung können nur solche dinglichen Rechte begründet **9** werden, die einer privatrechtlichen Vereinbarung zugänglich sind (vgl. insoweit auch § 113 Absatz 2 Nr. 5 BauGB) und einem der Rechtstypen des Sachenrechts des BGB angehören. Das System fester Rechtstypen ist dem Enteignungsrecht vorgegeben (BVerfG, NJW 1977, 2349, 2354). Ob neben den festen Rechtstypen des BGB weitere dingliche Nutzungsrechte aufgrund etwaiger Vorbehalte des EGBGB **durch Landesrecht** begründet oder aufrechterhalten werden können (vgl. LG Essen, ZfB 119 (1978), 250), kann angesichts der Kompetenzverteilung für die Gesetzgebung nach dem GG zweifelhaft sein (vgl. BVerfG, NJW 1977, 2349, 2354). Vgl. aber Anz., Braunkohle 1982, 49, 51 zu Artikel 22 AGBGB NRW.

Für ein **dingliches Nutzungsrecht** zugunsten des Grundabtretungsbegünstigten **10** kommen folgende Rechtstypen in Betracht:
– **Beschränkte persönliche Dienstbarkeit** (§ 1090 BGB),
– **Grunddienstbarkeit** (§ 1018 BGB). Hierbei ist das abgetretene Grundstück das dienende; das oder die Betriebsgrundstücke des Unternehmers sind das „herrschende" Grundstück. Auch das Bergwerkseigentum kann wegen der Geltung der Grundstücksvorschriften des BGB (§ 9 Absatz 1 Satz 1 Halbs. 2; § 151 Absatz 2) „herrschendes" Grundstück sein. Das Verbot des § 9 Absatz 2 gilt nicht, weil die Bestimmung nur die **Zuschreibung** von **Grundstücken** als Bestandteil des Bergwerkseigentums verbietet.

Seltener dürften folgende Nutzungsrechte in Betracht kommen: **11**
– **Nießbrauch** (§ 1030 BGB),
– **Erbbaurecht** (ErbbauRG)

3. Entziehung des Eigentums

Wird durch den Grundabtretungsbeschluss das Eigentum entzogen, ist das **12** Grundstück nach Größe, grundbuchmäßiger, katastermäßiger und sonst üblicher Bezeichnung im Beschluss zu benennen. Ist ein **Grundstücksteil** Gegenstand der Grundabtretung zu Eigentum, ist zu seiner Bezeichnung auf Vermessungsschriften (Vermessungsrisse und -karten) Bezug zu nehmen, die von einer zu Fortführungsvermessungen befugten Stelle oder von einem öffentlich bestellten Vermessungsingenieur gefertigt sind (vgl. § 113 Absatz 2 Nr. 4 Buchstabe a BauGB). Kann ein Grundstücksteil noch nicht entsprechend bezeichnet werden, kann ihn der Grundabtretungsbeschluss aufgrund fester Merkmale in der Natur oder durch Bezugnahme auf die Eintragung in einen Lageplan bezeichnen (vgl. § 113 Absatz 4 BauGB). Der Lageplan sollte einen hinreichend großen Maßstab haben, wobei ein Maßstab von 1:1 000 ausreichend sein dürfte. Der Lageplan muss Bestandteil des Grundabtretungsbeschlusses sein und ist den Beteiligten jeweils zusammen mit dem Beschluss zuzustellen (§ 69 VwVfG). Liegt das Ergebnis der Vermessung vor, ist der Grundabtretungsbeschluss entsprechend § 113 Absatz 4 Satz 2 BauGB durch einen Nachtragsbeschluss anzupassen, durch den der zuerst ergangene Beschluss inhaltlich geändert wird. Die Ausführungsanordnung nach § 92 kann beantragt werden, ohne dass ein solcher Nachtragsbeschluss unanfechtbar wäre (analog § 117 Absatz 3 Satz 2 BauGB).

Haben die Eigentümer, Nießbraucher oder Pächter nach § 82 Absatz 5 die **13** **Ausdehnung** der Grundabtretung auf das **Zubehör des Grundstücks** oder

Gegenstände im Sinne des § 95 BGB verlangt (vgl. § 82 Rn 7), sind auch diese Gegenstände im Grundabtretungsbeschluss zu bezeichnen.

4. Nebenberechtigte

14 Müssen Rechte von Nebenberechtigten nach § 87 durch den Grundabtretungsbeschluss **entzogen** werden, weil ihre Aufrechterhaltung mit dem Grundabtretungszweck nicht vereinbar ist, und sind damit diese Rechte Gegenstand einer selbstständigen Grundabtretung (besser: Enteignung), müssen auch diese nach Inhalt und grundbuchmäßiger Bezeichnung, sofern es sich um dingliche Rechte handelt, im Übrigen nach ihrem Inhalt und dem Grund ihres Bestehens bezeichnet werden (vgl. § 113 Absatz 2 Nr. 4 Buchstabe b und c BauGB).

15 Bleiben Rechte der in § 87 bezeichneten Nebenberechtigten **aufrecht erhalten,** sind Ausführungen im Beschluss entbehrlich, weil insoweit Rechtsänderungen nicht eintreten.

5. Eigentums- und sonstige Rechtsverhältnisse

16 Aus dem Grundabtretungsbeschluss müssen die **Eigentums- und sonstigen Rechtsverhältnisse** vor und nach der Grundabtretung hervorgehen (vgl. § 113 Absatz 2 Nr. 7 BauGB).

17 Im Grundabtretungsbeschluss müssen auch für den Fall der Wirksamkeit der **Ausführungsanordnung** die **Besitzverhältnisse** geregelt werden. Im Beschluss muss daher ausgesprochen werden, dass der unmittelbare und mittelbare Besitzer mit Änderung des bisherigen Rechtszustandes als Folge der Ausführungsanordnung (§ 92 Absatz 1 Satz 4) den **Besitz verlieren** und der Grundabtretungsbegünstigte **in den Besitz eingewiesen** wird. Eine solche Festsetzung ist notwendig, weil in § 92 eine § 117 Absatz 6 BauGB entsprechende Regelung über die Besitzeinweisung im BBergG fehlt (vgl. § 78 Rn 3).

6. Entschädigung

18 Der Grundabtretungsbeschluss muss ferner die **Höhe der Entschädigung** angeben, zweckmäßigerweise getrennt nach der Entschädigung für den Rechtsverlust und für andere Vermögensnachteile, sofern dies möglich ist. Geldentschädigungen, aus denen andere von der Grundabtretung Betroffene nach § 87 Absatz 3 zu entschädigen sind, müssen getrennt ausgewiesen werden (vgl. § 113 Absatz 2 Nr. 8 Halbs. 2 BauGB).

19 Unter den Voraussetzungen des § 89 Absatz 4 kann auch eine **Sicherheitsleistung** im Grundabtretungsbeschluss angeordnet werden.

20 Der Grundabtretungsbeschluss ist schließlich zu begründen und den Beteiligten zuzustellen (im Einzelnen § 69 VwVfG).

III. Einigung im Verfahren

1. Einigungsgebot

21 Anders als im Enteignungsverfahren nach dem BauGB (§ 110 Absatz 1) begründet das Gesetz (auch im Gegensatz zu § 36 Satz 1 Nr. 3 betr. **Zulegung**) keine ausdrückliche Pflicht der Grundabtretungsbehörde, auf eine Einigung zwischen den Beteiligten hinzuwirken. Gleichwohl dürfte eine solche Pflicht auch nach dem BBergG bestehen. Sie leitet sich ab aus dem Gebot des geringstmöglichen Eingriffs, wonach die Grundabtretung (Enteignung) nur in dem erforderlichen Umfang durchgeführt werden darf (§ 81 Absatz 1) und nur zulässig ist, wenn sich der Grundabtretungsbegünstigte ernsthaft um den freihändigen Erwerb des Grundstücks bemüht hat (§ 79 Absatz 2 Nr. 1 a). Bemühungen der Grundabtretungsbehörde um eine Einigung unter den Beteiligten führen bei Erfolg in der Regel auch zu einer nicht unerheblichen Beschleunigung des Verfahrens. Dem Gesetzgeber war eine entsprechende Hinwirkungspflicht der Behörde offenbar so selbstverständlich, weil seit jeher unter dem früheren Recht üblich, dass er auf eine normative Regelung verzichtet hat (vgl. auch Battis/Krautzberger/Löhr, § 110 Rn 2). Der RegEntwurf 1975 (BR-Drs 350/75) enthielt in § 108 Absatz 1 noch eine § 36 Satz 1 Nr. 3 entsprechende Pflicht.

2. Rechtliche Wirkung

Die Einigung im Verfahren steht nach § 92 Absatz 1 Satz 3 unter der dort **22** genannten Voraussetzung einem unanfechtbaren Grundabtretungsbeschluss gleich. Die Behörde ist dann, ohne über die beantragte Grundabtretung noch entscheiden zu können, **verpflichtet**, die Ausführungsanordnung nach § 92 zu erlassen. Damit wird der in der Einigung der Beteiligten umschriebene neue Rechtszustand wirksam.

3. Anforderungen an Inhalt und Form

Bei der Einigung handelt es sich um einen **öffentlich-rechtlichen Vertrag** (§§ 54 **23** bis 59 VwVfG). Sie behandelt einen Gegenstand des öffentlichen Rechts, nämlich die an sich durch Verwaltungsakt zu treffende Entscheidung der Behörde über den Inhalt der Grundabtretung und die Höhe der Entschädigung (vgl. Battis/Krautzberger/Löhr, § 110 Rn 2). Ohne dass dies – im Gegensatz zu § 110 Absatz 2 Satz 2 BauGB – im Gesetz ausdrücklich gesagt wäre, muss die Niederschrift über die Einigung hinsichtlich derjenigen Teile, in denen die Entscheidung der Behörde durch verwaltungsrechtlichen Vertrag der Beteiligten ersetzt wird, den **Erfordernissen des Grundabtretungsbeschlusses** entsprechen. Das folgt aus ihrer den Grundabtretungsbeschluss **ersetzenden Funktion**; die Niederschrift bildet auch im Falle der Einigung die Eintragungsunterlage für das Grundbuchamt (§ 92 Absatz 3). Im Umfange der Einigung der Beteiligten ist der Grundabtretungsbeschluss entsprechend zu beschränken (vgl. § 113 Absatz 3 BauGB).

Eine Einigung steht einem unanfechtbaren Grundabtretungsbeschluss nach § 92 **24** Absatz 1 Satz 3 gleich, wenn die Einigung durch eine Niederschrift von der zuständigen Behörde **beurkundet** worden ist. Unter „beurkundeter Einigung" versteht § 110 BauGB die **Aufnahme** der Einigung **in eine Niederschrift** und die **Unterschriftsleistung** der Beteiligten (aaO, Absatz 2 und 3). Demgegenüber sieht § 68 Absatz 4 VwVfG lediglich die Unterzeichnung der Niederschrift durch den Verhandlungsleiter und – bei Hinzuziehung eines solchen – auch des Schriftführers vor. Das müsste an sich ausreichen, weil § 68 Absatz 4 VwVfG insoweit über § 105 VwVfG die spezialgesetzliche Vorschrift darstellt. Zweckmäßigerweise dürfte jedoch im Verfahren die Einigungserklärung zu verlesen und von den Beteiligten zu unterschreiben sein, zumindest ist die Genehmigung nach dem Verlesen zu vermerken. Ein **Bevollmächtigter** des Eigentümers bedarf einer **öffentlich beglaubigten Vollmacht** (§ 129 BGB), die auch nachgereicht werden kann (§§ 177, 184 BGB); andernfalls können angesichts der Formstrenge der grundbuchrechtlichen Vorschriften Schwierigkeiten auftreten (vgl. insofern auch § 110 Absatz 2 Satz 4 BauGB).

4. Teileinigung

25 Die vorstehend genannten Ausführungen **gelten entsprechend** für den Fall einer Teileinigung (vgl. § 111 BauGB). Eine solche Teileinigung kann darin bestehen, dass sich die Beteiligten nur über den Übergang oder die Belastung des Eigentums an dem in die Grundabtretung einbezogenen Grundstück einigen, nicht jedoch über die Höhe der Entschädigung. Die Beteiligten sind auch nicht gehindert, sich bereits in der mündlichen Verhandlung über Fragen der Besitzeinräumung zu einigen. Soweit keine Einigung getroffen ist, nimmt das Grundabtretungsverfahren seinen Fortgang.

IV. Verfahren und Verfahrensabschnitte mit förmlichem Verfahren

1. Verfahren zur Begründung oder Aufhebung von Nutzungsrechten

26 Die Vorschriften über das förmliche Verwaltungsverfahren gemäß §§ 64 ff. VwVfG (der Bundesländer; vgl. oben Rn 1) gelten für
– das eigentliche Grundabtretungsverfahren (Antrag bis Grundabtretungsbeschluss),
– das Verfahren bei der Aufhebung einer Grundabtretung (§ 96),
– das Verfahren der vorzeitigen Besitzeinweisung (§ 97),
– das Verfahren der Aufhebung oder Änderung der vorzeitigen Besitzeinweisung (§ 102).

27 Bei den auf Erlass der **Ausführungsanordnung** nach § 92 gerichteten Verfahrenshandlungen gilt das **förmliche Verfahren nicht.** Das ergibt sich mittelbar daraus, dass § 92 ausdrücklich auf einen Antrag verzichtet, mithin davon ausgeht, dass die zur Ausführungsanordnung führenden Verfahrenshandlungen auch auf andere Weise in Gang gebracht werden können. Es bedarf zudem eines förmlichen Verfahrens nicht, da durch den Grundabtretungsbeschluss, die ihm gleichgestellte Vorabentscheidung nach § 91 sowie durch die Einigung im Verfahren selbst wesentliche Teile des Grundabtretungsverfahrens abgeschlossen sind (vgl. § 92 Rn 2 f.).

2. Verfahren bei Folge- und Ergänzungsentscheidungen

28 Die Vorschriften des förmlichen Verwaltungsverfahrens sind ferner insbesondere in den nachstehenden Fällen anzuwenden:
– bei dem **Enteignungsverfahren gegen sich selbst,** das der Eigentümer zur Durchsetzung eines **Übernahmeanspruchs** in Fällen des § 82 auch **zeitlich nach Abschluss des Erstverfahrens** einleiten kann (vgl. § 82 Rn 11),
– bei einem **Übernahmeverlangen** des Eigentümers **nach beendeter Nutzung,** wenn dem Grundstück bei der Rückgabe ein **Minderwert** verbleibt (§ 82 Rn 12),
– bei der **Durchsetzung des Rückgabe- und Wiederherstellungsanspruchs** im Sinne des § 81 Absatz 3 (§ 81 Rn 15),
– bei einem Antrag auf **Festsetzung einer Ergänzungsentschädigung** nach § 89 Absatz 2 oder auf nachträgliche Anordnung einer Sicherheitsleistung nach § 89 Absatz 4; ferner bei Meinungsunterschieden der Beteiligten über die Höhe einer **Ausgleichszahlung** nach § 81 Absatz 2 Satz 3 (§ 81 Rn 8),
– bei einem Antrag auf **Anpassung der Entschädigung** in wiederkehrenden Leistungen **aufgrund wesentlicher Änderung der Verhältnisse** nach § 89 Absatz 3,

– im Verfahren zur **Aufhebung der Grundabtretung** (§ 96 **Absatz 1 und 2**), wenn der Grundabtretungsbegünstigte das Grundstück bei nicht fristgemäßer Verwendung für einen anderen Grundabtretungszweck einsetzt.

§ 106 Benachrichtigungen

(1) Die zuständige Behörde teilt dem Grundbuchamt die Einleitung des Grundabtretungsverfahrens mit. Das Grundbuchamt hat die zuständige Behörde von allen Eintragungen zu benachrichtigen, die nach dem Zeitpunkt der Einleitung des Grundabtretungsverfahrens im Grundbuch des betroffenen Grundstücks vorgenommen worden sind und vorgenommen werden.

(2) Ist im Grundbuch die Anordnung der Zwangsversteigerung oder Zwangsverwaltung eingetragen, so gibt die zuständige Behörde dem Vollstreckungsgericht von der Einleitung des Grundabtretungsverfahrens sowie von der Entscheidung über den Grundabtretungsantrag Kenntnis, soweit davon das Grundstück betroffen wird, das Gegenstand des Vollstreckungsverfahrens ist.

Die Vorschrift steht im Einklang mit gleichlautenden Regelungen für das Enteignungsverfahren nach dem BauGB (§ 108 Absatz 6 und 7, § 113 Absatz 5 BauGB). Eine Verfügungsbeschränkung entsteht durch die Einleitung des Grundabtretungsverfahrens nicht, da eine § 110 BauGB entsprechende Genehmigungspflicht im Gesetz nicht vorgesehen ist. **1**

Absatz 1 bezweckt die ständige Unterrichtung der Grundabtretungsbehörde über den Inhalt des Grundbuches. Zur Unterrichtung des Grundbuchamts nach Unanfechtbarkeit des Grundabtretungsbeschlusses s. § 92 Absatz 3. **Absatz 2** begründet eine Unterrichtungspflicht der Grundabtretungsbehörde gegenüber dem Vollstreckungsgericht. Sie ist erfüllt, wenn dem Vollstreckungsgericht eine Ausfertigung des Grundabtretungsbeschlusses übersandt wird. **2**

ZWEITES KAPITEL Baubeschränkungen

§ 107 Festsetzung von Baubeschränkungsgebieten

(1) Soweit Grundstücke für die Aufsuchung und Gewinnung von Bodenschätzen in Anspruch genommen werden sollen, kann die Landesregierung durch Rechtsverordnung Baubeschränkungsgebiete festsetzen, wenn die Inanspruchnahme wegen der volkswirtschaftlichen Bedeutung der Bodenschätze für die Versorgung des Marktes mit Rohstoffen und wegen der Notwendigkeit einer umfassenden Nutzung der Lagerstätte dem Wohle der Allgemeinheit dient; die Landesregierung kann diese Ermächtigung durch Rechtsverordnung auf andere Stellen übertragen. Die Festsetzung ist nicht zulässig, wenn die bergbauliche Inanspruchnahme der Grundstücke nicht innerhalb von fünfzehn Jahren zu erwarten ist.

(2) Karten und Pläne, die Bestandteil der Rechtsverordnung nach Absatz 1 Satz 1 sind, können dadurch verkündet werden, daß sie bei einer Amtsstelle zu jedermanns Einsicht archivmäßig gesichert niedergelegt werden. In der Rechtsverordnung ist hierauf hinzuweisen.

(3) Das vorgesehene Baubeschränkungsgebiet ist vor Erlaß einer Rechtsverordnung nach Absatz 1 Satz 1 in dem amtlichen Veröffentlichungsblatt der zuständigen obersten Landesbehörde bekanntzumachen. Die Rechtsverordnung darf erst drei Monate nach der Bekanntgabe erlassen werden.

(4) Sind die Voraussetzungen für die Festsetzung eines Baubeschränkungsgebiets ganz oder teilweise entfallen, so ist das Baubeschränkungsgebiet durch Rechtsverordnung aufzuheben oder zu beschränken; Absatz 2 gilt entsprechend.

1 Vorläufer der in den §§ 107 bis 109 getroffenen Regelung ist die Verordnung über Baubeschränkungen zur Sicherung der Gewinnung von Bodenschätzen vom 28.2.1939 (RGBl I S. 381; BGBl III, 213 – 8). Diese sog. BaubeschränkungsVO (vgl. Ebel/Weller, 831) ist nach der Entscheidung des BVerwG vom 14.7.1972 (BVerwGE 40, 258) wegen fehlender Übereinstimmung mit Artikel 14 GG nichtig (vgl. hierzu auch BGH ZfB 121 (1980), 316). Eine Ersatzregelung wurde für dringend geboten erachtet, da *„das Bedürfnis für ein der BaubeschränkungsVO entsprechendes Instrument vor allem bei großflächigen Tagebauvorhaben nach wie vor gegeben ist"* (BT-Drs 8/1315, 136 = Zydek, 401). Mit der Möglichkeit, Baubeschränkungsgebiete festzusetzen, solle *„Vorsorge für die Nutzung inländischer Rohstoffvorkommen getroffen werden"* (WiA/BT-Drs 8/3965, 131 = Zydek, 403). Zu weiteren Instrumentarien, vorhandene Lagerstätten durch Planung zu schützen, s. § 110 Rn 11.

2 Die Festsetzung eines Baubeschränkungsgebiets begründet nach § 108 bei baurechtlichen Genehmigungen und vergleichbaren Behördenentscheidungen eine **Mitwirkungsbefugnis der zuständigen Bergbehörde**, die bei ihrer Entscheidung zu prüfen hat, ob die bauliche Anlage die Durchführung bergbaulicher Maßnahmen erschweren würde (§ 108 Absatz 2). Da Baubeschränkungsgebiete nach § 107 Absatz 1 Satz 2 nur festgesetzt werden dürfen, wenn die Inanspruchnahme der Grundstücke innerhalb von 15 Jahren zu erwarten ist, wird die zuständige Behörde zumindest bei umfangreicheren Bauvorhaben wohl immer ihre Zustimmung zu diesen Bauvorhaben (s. auch § 108 Rn 2) versagen müssen, sofern das Baubeschränkungsgebiet der Sicherung von im Tagebau zu gewinnenden Bodenschätzen dient. Die Festsetzung des Gebietes selbst erfolgt durch **RechtsVO der Landesregierung**. Zweck, Inhalt und Ausmaß der Ermächtigung (vgl. Artikel 80 Absatz 1 GG) ergeben sich aus § 107 Absatz 1 Satz 1. Dabei steht der Satzteil „Versorgung des Marktes" wohl eher für „Versorgung der Volkswirtschaft mit Rohstoffen" (vgl. auch § 1 Nr. 1). Die Übertragung der Ermächtigung auf andere Stellen ist zulässig.

3 Von einer ausdrücklichen Beteiligungsregelung zugunsten der Gemeinden ist nicht zuletzt mit Rücksicht auf verfassungspolitische Bedenken abgesehen worden; zudem sei ohnehin schon nach dem jeweiligen Landesrecht eine Beteiligung der Gemeinden bei Erlass von Rechtsverordnungen überwiegend vorgesehen (WiA/BT-Drs 8/3965, 140 = Zydek, 403). Im Hinblick auf die gemeindliche Selbstverwaltungsgarantie des Artikel 28 GG wird den Gemeinden vor Erlass einer RechtsVO ein Anhörungsrecht zugestanden werden müssen (vgl. den Fluglärm-Beschluss des BVerfGE 56, 298; hierzu eingehend Blümel, VerwArch. Bd. 73 (1982), 329 m. w. N.).

4 Mit **Absatz 2** wird ein in § 4 Absatz 1 des Gesetzes zum Schutz gegen Fluglärm vom 30.3.1971 (BGBl I, 282) gewähltes Verfahren übernommen.

§ 108   Wirkung der Festsetzung

(1) In Baubeschränkungsgebieten darf die für die Errichtung, Erweiterung, Änderung oder Nutzungsänderung baulicher Anlagen erforderliche baurechtliche Genehmigung oder Zustimmung oder eine diese einschließende Genehmigung nur mit Zustimmung der nach § 69 zuständigen Behörde erteilt werden

(2) Die Zustimmung darf nur versagt werden, wenn durch die bauliche Anlage die Durchführung bergbaulicher Maßnahmen erschwert würde. Die Zustimmung gilt als erteilt, wenn sie nicht binnen zwei Monaten nach Eingang des Ersuchens der für die baurechtliche Genehmigung oder Zustimmung zuständigen Behörde versagt wird.

(3) Die Absätze 1 und 2 gelten nicht für bauliche Anlagen, die nur bis zur Inanspruchnahme des in Betracht kommenden Grundstücks einem land- oder forstwirtschaftlichen Betrieb zu dienen bestimmt sind.

I.   Inhalt

Die in Absatz 1 genannten Bauvorhaben dürfen nur durchgeführt werden, wenn   **1** neben der nach Landesrecht notwendigen baurechtlichen Genehmigung auch die Zustimmung der zuständigen Bergbehörde (Verweisung auf § 69) vorliegt. Einer baurechtlichen Genehmigung steht eine Anzeige an die Bauaufsichtsbehörde gleich, da die **Anzeige** mit Untersagungsmöglichkeit ein vereinfachtes Baugenehmigungsverfahren darstellt (vgl. BVerwGE 20, 12 = DVBl 1965, 200 m. Anmerkung v. Schack). Soweit neben der Genehmigung von einer „Zustimmung" die Rede ist, sind damit öffentliche Bauten des Bundes und der Länder gemeint (vgl. insoweit auch § 32 und § 37 BauGB. Der Zusatz „eine diese einschließende Genehmigung" bezieht sich auf Entscheidungen mit Konzentrationswirkung (z. B. §§ 4, 13 BImSchG). Die Zustimmung der Bergbehörde ist kein selbstständiger Verwaltungsakt. Bei Verweigerung der Zustimmung muss daher der Antragsteller bei Ablehnung des Baugesuchs infolge verweigerter Zustimmung der Bergbehörde gegen die zuständige Baugenehmigungsbehörde Verpflichtungsklage erheben.

Bauvorhaben größeren Umfangs dürften wohl stets die Durchführung berg-   **2** baulicher Vorhaben erschweren. Wenn innerhalb von 15 Jahren die bergbauliche Inanspruchnahme zu erwarten sein muss (§ 107 Absatz 1 Satz 2), wäre es volkswirtschaftlich unsinnig, zunächst die Errichtung baulicher Anlagen zuzulassen, die später notfalls im Wege der Grundabtretung wieder beseitigt und entschädigt werden müssten.

II.   Rechtszustand in den neuen Bundesländern

Baubeschränkungsgebiete können die **gemeindliche Bauleitplanung** beeinflus-   **3** sen. Zwar formuliert § 108 Absatz 1 nur ein Zustimmungserfordernis der Bergbehörde. Die Bauleitplanung dürfte aber fehlerhaft sein, wenn bauliche Anlagen planerisch zugelassen werden, obwohl mit der Zustimmung der Bergbaubehörde gemäß § 108 Absatz 1 erkennbar nicht zu rechnen ist (Kremer/Wever, Rn 459 mit Hinweis auf H. Schulte, Raumplanung und Genehmigung bei der Bodenschätzegewinnung, S. 132).

In den alten Bundesländern hat das Instrument der Baubeschränkungsgebiete   **4** kaum praktische Bedeutung erlangt (so auch Kremer/Wever, aaO). Anders ist das in den **neuen Bundesländern**. § 11 des Berggesetz DDR legte fest, dass „zur Einordnung des Abbaus von mineralischen Rohstoffen in die gesellschaftliche und volkswirtschaftliche Entwicklung des Territoriums, zur langfristigen Koordinierung des Abbaues von mineralischen Rohstoffen in den betreffenden Bereichen sowie zur Abwendung gesellschaftlicher Nachteile, die sich durch gegenwärtige oder künftige bergbauliche Einwirkungen ergeben können", **Bergbauschutzgebiete** festzusetzen sind. Dasselbe galt für unterirdische Speicher, wenn das Bergbauschutzgebiet zum Schutz der speicherfähigen Gesteine vor Beeinträchtigung notwendig ist. Bergbauschutzgebiete waren bei den Räten der Bezirke zu beantragen. Dem Antrag waren Unterlagen beizufügen, die in § 10 der 1. DVO zum Berggesetz DDR vom 12.5.1969 (GBl DDR, 257), später in der sie ablösenden 3. DVO zum Berggesetz DDR, aufgeführt waren, u. a. Nachweise der volkswirtschaftlichen Notwendigkeit des Bergbauschutzgebietes. Über den Antrag auf die Festsetzung des Bergbauschutzbietes entschieden die **Bezirkstage**. Die Bergbauschutzgebiete **waren öffentlich bekannt zu machen**. Stand November 1990 gab es in den neuen Bundesländern 1216 Bergbauschutzgebiete für tiefliegende und oberflächennahe Lagerstätten sowie Braunkohlenbegleitrohstofflagerstätten (Rauer, Glückauf 1991, 699). Sie waren in einem Register der Bergbauschutzgebiete zusammengefasst (Einzelheiten bei Rauer, aaO), das gemäß § 2 Absatz 7 der 3. DVO zum Berggesetz DDR vom 12.8.1976 (GBl DDR, 403) der Leiter der Obersten Bergbehörde führte.

5   Entscheidend für die Wirkung der festgesetzten Bergbauschutzgebiete war § 3 der 3. DVO zum Berggesetz DDR. Die Auftrageber von Bauvorhaben und Maßnahmen in Bergbauschutzgebieten hatten vor Festlegen der Standorte eine **bergbauliche Stellungnahme** einzuholen. Die Stellungnahme war vom zuständigen Betrieb, dem ihr übergeordneten wirtschaftsleitenden Organ oder dem Organ, in dessen Interesse das Bergbauschutzgebiet festgelegt wurde, abzugeben. Sie hatte sich zu äußern über den Zeitpunkt und das **Ausmaß der Nutzungsbeschränkung** und des Nutzungsentzuges sowie der zu erwartenden Bodenbewegungen und Grundwasserabsenkungen. Sie hatte ferner **Maßnahmen** zur Verhinderung oder Verminderung von **Bergschäden** anzugeben, ohne die bergbauliche Stellungnahme durfte die Standortbestätigung, Standortgenehmigung oder städtebauliche Einordnung des konkurrierenden Bauvorhabens nicht erteilt werden. Die Stellungnahmen können auch heute noch in Konfliktfällen bedeutungsvoll sein. Insbesondere gemäß § 21 Absatz 2 Berggesetz DDR war die **Ersatzpflicht für Bergschäden ausgeschlossen**, soweit die Bergschäden voraussichtlich zu erwarten waren und dies aufgrund bergbaulicher Stellungnahme bekannt war oder bei nicht eingeholter Stellungnahme hatte bekannt sein können.

6   Durch Anlage I, Kapitel V, Sachgeb. D, Abschnitt III, Nr. 1 lit i. des **Einigungsvertrags** sind die **Bergbauschutzgebiete** mit den dort bestimmten Modalitäten als Baubeschränkungsgebiete **übergeleitet** worden. Für nach dem Einigungsvertrag bestätigte Gewinnungsrechte gelten die ehemaligen Bergbauschutzgebiete, bei denen nach Feststellung der Bergbehörde **innerhalb von 15 Jahren eine bergbauliche Inanspruchnahme von Grundstücken** zu erwarten ist, fortan im Umfang des Feldes, für das ein Gewinnungsrecht bestätigt wurde, als Baubeschränkungsgebiete i. S. von §§ 107 ff. (Kremer/Wever, Rn 461). Die Bergbehörde hat lediglich festzustellen, ob und inwieweit die Voraussetzungen für die Überführung in das BBergG vorliegen, damit erfolgt die **Umwandlung** von Bergbauschutzgebiet in Baubeschränkungsgebiet **kraft Gesetzes** (Boldt/Weller, Erg.band, Anhang Rn 32).

7   Da die festgesetzten Bergbauschutzgebiete als Baubeschränkungsgebiete nach §§ 107–109 „gelten", **finden** diese Vorschriften nunmehr **auf die Bergbauschutzgebiete Anwendung**. Allerdings dürften die Vorschriften des § 107 Absatz 1–3 davon auszunehmen sein, da die Festsetzung des Gebietes bereits nach früherem DDR-Recht vollzogen war. Gem. Satz 3 der o. a. Bestimmung

Buchstabe 1 im Einigungsvertrag gilt das Register (§ 2 Absatz 7 der 3. DVO zum Berggesetz DDR) der Bergbauschutzgebiete als archivmässige Sicherung nach § 107 Absatz 2 und steht jedermann zur Einsicht offen. Außerdem gilt § 107 Absatz 4 über die **Aufhebung** von Baubeschränkungsgebieten in den neuen Bundesländern unabhängig von den Voraussetzungen für die Festsetzung von Bergbauschutzgebieten, war aber grundsätzlich erst ab 1.1.1995 anzuwenden (Kremer/Wever, Rn 461). Die Aufhebung oder Beschränkung erfolgt durch Landes-VO. Soweit die Voraussetzungen für die Festsetzung entfallen sind, z. B. weil ein Braunkohlenabbau dort aus energiewirtschaftlicher Notwendigkeit in absehbarer Zeit nicht (mehr) stattfindet, wurden bereits zahlreiche Baubeschränkungen im Beitrittsgebiet aufgehoben, insbesondere in den Braunkohlensanierungsgebieten.

Nach § 108 gilt für die übergeleiteten Bergbauschutzgebiete, dass dort bauliche **8** Anlagen nicht generell unzulässig sind. Vielmehr darf die baurechtliche Genehmigung zur Errichtung, Erweiterung, Nutzungsänderung der **Zustimmung der Bergbehörde**.

Bergbauschutzgebiete/Baubeschränkungsgebiete sollen im Flächennutzungsplan **9** gekennzeichnet werden (§ 5 Absatz 3 Nr. 2 BauGB) und können im Bebauungsplan festgesetzt werden (§ 9 Absatz 1 Nr. 17 BauGB).

Gem. Buchstabe 1 Satz 2 der o. a. Vorschrift zum Einigungsvertrag **gelten Berg- 10 bauschutzgebiete**, soweit sie nicht in Baubeschränkungsgebiete übergeleitet wurden, etwa weil das Gewinnungsrecht nicht bestätigt wurde, am 3.10.1990 **als aufgehoben.**

§ 109 Entschädigung

(1) Tritt wegen Versagung der Zustimmung nach § 108 Abs. 2 eine nicht nur unwesentliche Wertminderung des Grundstücks ein, so ist dem Grundstückseigentümer eine angemessene Entschädigung in Geld zu leisten. Der Grundstückseigentümer kann ferner angemessene Entschädigung in Geld verlangen, soweit durch die Versagung der baurechtlichen Genehmigung Aufwendungen für Vorbereitungen zur Nutzung seines Grundstücks an Wert verlieren, die er im Vertrauen auf den Fortbestand der baulichen Nutzungsmöglichkeiten vor Erlaß der Rechtsverordnung nach § 107 Abs. 1 gemacht hat.

(2) Ist dem Grundstückseigentümer wirtschaftlich nicht mehr zuzumuten, das Grundstück zu behalten oder es in der bisherigen oder in einer anderen zulässigen Art zu nutzen, kann er anstelle der Entschädigung nach Absatz 1 die Übernahme des Grundstücks verlangen.

(3) Zur Leistung der Entschädigung ist der durch die Baubeschränkung begünstigte Unternehmer verpflichtet. Die §§ 84 bis 90 gelten mit der Maßgabe entsprechend, daß der Verkehrswert mindestens der Wert ist, der für das Grundstück ohne die Versagung der baurechtlichen Genehmigung gelten würde.

(4) Kommt eine Einigung über die Entschädigung nicht zustande, so entscheidet die zuständige Behörde.

(5) Tritt bereits als Folge der Festsetzung eines Baubeschränkungsgebiets eine nicht nur unwesentliche Wertminderung eines Grundstücks ein, so kann der Grundstückseigentümer Entschädigung durch Übernahme des Grundstücks verlangen. Die Absätze 3 und 4 gelten entsprechend.

Die Vorschrift lehnt sich insbesondere an die §§ 40 ff. BBauG a. F., jetzt §§ 39 ff. **1** BauGB an. Für die Entschädigungspflicht kommt es auf die „Schwere und

Tragweite des Eingriffs" an, den die Versagung der Zustimmung nach § 108 Absatz 2 und damit die Ablehnung des Baugesuchs auslöst. Die Wertminderung muss ein Ausmaß erreichen, das bei Abwägung der Belange des Betroffenen mit denjenigen der Allgemeinheit (die Baubeschränkungsgebiete dienen der Rohstoffversorgung und nach § 107 dem Wohl der Allgemeinheit!) als unzumutbar erscheint. Zu entschädigen sind im Übrigen nur Eingriffe in eine Rechtsposition (vgl. hierzu BGH, ZfB 1980, 316 f. zur BaubeschränkungsVO 1939). Zur Entschädigung verpflichtet ist nach Absatz 3 der Unternehmer (sofern ein solcher vorhanden ist).

2   Auch der **Übernahmeanspruch in Absatz 2** ist vergleichbaren Instituten des BBauG im Falle von Planungsschäden nachgebildet (vgl. § 40 Absatz 2 Nr. 1 BauGB). Kommt eine Einigung über die Übernahme nicht zustande, kann der Eigentümer ein Enteignungsverfahren gegen sich selbst einleiten (BGHZ 63, 240). Die Regelung erscheint unvollkommen, weil offen bleibt, wer das Grundstück zu übernehmen hat. Da der Übernahmeanspruch als besondere Form der Entschädigung erscheint (vgl. auch Absatz 5), ist offenbar der „begünstigte" Unternehmer zur Übernahme verpflichtet.

3   Die **Entschädigungsregelung** richtet sich nach den §§ 84 bis 90 (Absatz 3). Mit der „Maßgabe" in Satz 2 soll erreicht werden, dass der Zustand des Grundstücks für die Wertberechnung zugrunde zu legen ist, wie er sich ergäbe, wenn die Baubeschränkung nicht existierte. Voraussetzung ist naturgemäß, dass das Grundstück -- die Baubeschränkung hinweggedacht – überhaupt Baulandqualität besaß.

4   Sinkt der Grundstückswert nicht unerheblich allein schon als Folge der Festsetzung des Baubeschränkungsgebietes, kann der Eigentümer Entschädigung durch Übernahme des Grundstücks verlangen. Zur Übernahme ist der Unternehmer verpflichtet. Weigert er sich, entscheidet nach Absatz 4 die zuständige Behörde. Das Verfahren richtet sich nicht nach dem förmlichen Verfahren der §§ 64 ff. VwVfG oder vergleichbarer Regelungen der Bundesländer, da sich § 105 ausdrücklich nur auf das Grundabtretungsverfahren bezieht.

DRITTES KAPITEL   **Bergschaden**

ERSTER ABSCHNITT   **Anpassung**

§ 110 Anpassungspflicht

(1) Soweit durch Gewinnungsbetriebe, für die zumindest ein Rahmenbetriebsplan nach § 52 Abs. 2 Nr. 1 vorliegt, Beeinträchtigungen der Oberfläche zu besorgen sind, die den vorbeugenden Schutz baulicher Anlagen zur Verhütung von Gefahren für Leben, Gesundheit oder bedeutende Sachgüter erforderlich machen, hat der Bauherr bei der Errichtung, Erweiterung oder wesentlichen Veränderung einer baulichen Anlage auf Grund eines entsprechenden Verlangens des Unternehmers den zu erwartenden bergbaulichen Einwirkungen auf die Oberfläche durch Anpassung von Lage, Stellung oder Konstruktion der baulichen Anlage Rechnung zu tragen.

(2) Unternehmer im Sinne des Absatzes 1 ist der Unternehmer, dessen Gewinnung die Anpassung erforderlich macht. Ist die Anpassung mit Rücksicht auf die Beeinträchtigung durch eine geplante oder eine bereits eingestellte Gewinnung zu besorgen, so ist Unternehmer derjenige, der die Gewinnung plant oder

bis zu ihrer Einstellung betrieben hat und im Einvernehmen mit diesem auch der Inhaber der Gewinnungsberechtigung.

(3) Sind mit der Anpassung unerhebliche Nachteile oder Aufwendungen verbunden, trägt diese der Bauherr. Nachteile und Aufwendungen, die diese Grenze übersteigen, hat der Unternehmer zu ersetzen.

(4) Der Unternehmer hat auf Verlangen des Bauherrn an diesen bei Baubeginn einen angemessenen Vorschuß in Geld für die Aufwendungen zu leisten, die er nach Absatz 3 Satz 2 zu ersetzen hat. Für die Pflicht zum Ersatz der Aufwendungen und zur Vorschußleistung mehrerer Unternehmer gilt § 115 Abs. 2 und 3 entsprechend.

(5) Absatz 1 gilt nicht, wenn die Nachteile oder Aufwendungen, die mit der Anpassung verbunden wären, in einem unangemessenen Verhältnis zu der durch die Anpassung eintretenden Verminderung des Bergschadensrisikos stehen würden.

(6) Die zuständigen Behörden erteilen dem Unternehmer für das von ihm bezeichnete Gebiet Auskunft über alle Anträge auf Erteilung einer baurechtlichen Genehmigung oder Zustimmung oder einer diese einschließende Genehmigung.

Übersicht

		Rn
I.	Grundzüge des Anpassungsverhältnisses	1
II.	Entstehungsgeschichte der Anpassungsregelung	3
1.	Regierungsentwurf eines BBergG von 1977	3
2.	Konzepte der Referentenentwürfe	4
III.	Anpassungsverhältnis (Absatz 1)	7
1.	Geltungsbereich	7
2.	Gewinnungsbetrieb	8
3.	Besorgnis von Beeinträchtigungen der Oberfläche	9
4.	Vorliegen eines Betriebsplans/Rahmenbetriebsplans	11
5.	Abbauvorhaben mit Umweltverträglichkeitsprüfung (UVP)	13
6.	Bauliche Anlage	14
7.	Errichtung, Erweiterung und wesentliche Veränderung	16
IV.	Anpassungsverlangen	17
1.	Inhalt und Form	17
2.	Zugang	19
V.	Beteiligte (Unternehmer, Bauherr)	20
1.	Unternehmerbegriff (Absatz 2)	20
2.	Bauherr	22
VI.	Anpassungsformen	23
1.	Grundsätze	23
2.	Anpassung von Lage und Stellung	24
3.	Anpassung durch Konstruktion	25
4.	Zusammenfassung/Übersicht	26
5.	Entgegenstehendes Bauplanungsrecht	28
VII.	Verteilung der Anpassungskosten (Absatz 3)	29
1.	Grundsätze	29
2.	Aufwendungen	30
3.	Nachteile	31
4	Abgrenzung zwischen unerheblichen und erheblichen Nachteilen/Aufwendungen	32
5.	Rechtsnatur des Ersatzanspruchs	35
VIII.	Vorschussregelung (Absatz 4)	36
1.	Zweck und Inhalt	36

2.   Mehrere Unternehmer (Absatz 4 Satz 2) 38

IX. Nichtentstehen einer Anpassungspflicht (Absatz 5) 40

X.   **Auskunft über Bauanträge (Absatz 6)** 41
1.   Gegenstand des Auskunftsanspruchs 41
2.   Änderungen des bauaufsichtlichen Verfahrensrechts 42
3.   Auskunftsverlangen 43
4.   Inhalt der Auskunft 44

XI. **Nachträgliche Anpassung** 45
1.   Obliegenheiten des Bauherrn 45
2.   Einklagbarer Anspruch auf Anpassung 46

I. Grundzüge des Anpassungsverhältnisses

1   Bergbauliche Tätigkeit ist ohne gelegentliche, bei bestimmten Bergbauzweigen auch regelmäßige und unvermeidbare Beeinträchtigung der Oberfläche oder benachbarten Grundeigentums nicht möglich. Daher besteht zwischen Bergbau und Grundeigentum (synonym Grundbesitz) ein natürliches Nachbarschaftsverhältnis, das bereits deshalb gegenseitige **Pflichten zur Rücksichtnahme** begründet. Dies war in der Rechtsprechung zum Allgemeinen Berggesetz anerkannt (RG ZfB 78 (1938), 448, 457; RGZ 154, 161, 163 f.; BGHZ 57, 375, 386). Jedoch waren aus dieser Erkenntnis kaum praktische Folgerungen gezogen worden. Weder hatte der Bergbau rechtliche Möglichkeiten, in seinem Sinne auf eine weniger bergschädenempfindliche Bebauung der Oberfläche hinzuwirken, noch war gar an eine Beteiligung des Grundeigentums an den Kosten für Maßnahmen zum Schutz vor Einwirkungen künftiger Abbauhandlungen zu denken (BGHZ 57, 375, 386 zur Kostenbeteiligung öffentlicher Verkehrsanlagen).

2   An das Bestehen eines natürlichen Nachbarschaftsverhältnisses knüpft das BBergG an, entwickelt aber die grundsätzlich bestehende Rücksichtnahmepflicht des Grundeigentums zu einem Anpassungsverhältnis mit festen rechtlichen Strukturen weiter. Dieses ist in den §§ 110 bis 113 durch folgende **Merkmale** gekennzeichnet: Ein auf Anpassung und/oder Sicherung gerichtetes ausdrückliches Verlangen des Bergbauunternehmers lässt zwischen diesem und dem Bauherrn eine **rechtliche Sonderbeziehung** entstehen. Diese führt zwar auf beiden Seiten nicht zu echten Rechtspflichten, jedoch wegen der angedrohten Nachteile für den Fall der Nichtbefolgung zu nicht weniger wirksamen Verhaltensanforderungen (**Obliegenheiten**). Aufgrund des Verlangens ist der Bauherr gehalten, die beabsichtigte bauliche Anlage durch Lage, Stellung oder Konstruktion den zu erwartenden bergbaulichen Einwirkungen anzupassen (§ 110 Absatz 1). Reichen solche Maßnahmen nicht aus, sind – wiederum aufgrund eines entsprechenden Verlangens des Unternehmers – vom Bauherrn zusätzliche bauliche Maßnahmen (Sicherungsmaßnahmen) zu treffen (§ 111 Absatz 1). Bis auf einen erheblichen Nachteile und Aufwendungen aus der Anpassung, die beim Bauherrn verbleiben, hat der Unternehmer den Anpassungs- und Sicherungsaufwand zu tragen (§§ 110 Absatz 3, 111 Absatz 2). Trifft der Bauherr entgegen dem Verlangen des Unternehmers keine Anpassungs- und Sicherungsmaßnahmen, verliert er beim Auftreten von Bergschäden seinen Ersatzanspruch (§ 112). Mit Hilfe einer schriftlich auszusprechenden Bauwarnung kann der Unternehmer Errichtung, Erweiterung oder wesentliche Veränderung einer baulichen Anlage verhindern, die technisch überhaupt nicht oder nur mit unangemessenem Aufwand angepaßt oder gesichert werden können (§ 113 Absatz 1). Ein Verstoß gegen eine solche Bauwarnung führt zum Verlust des Ersatzanspruchs (§ 113 Absatz 2). Unter bestimmten Voraussetzungen kann der Bauherr (Grundstückseigentümer) die Übernahme des Grundstücks durch den

Unternehmer sowie die Erstattung der Aufwendungen für ein Ersatzgrundstück
(§ 113 Absatz 3).

II. Entstehungsgeschichte der Anpassungsregelung

1. Regierungsentwurf eines BBergG von 1977

Dem Abschnitt „Anpassung" im 3. Kapitel „Bergschaden" widmet der Regie-   **3**
rungsentwurf eine ungewöhnlich umfangreiche Begründung. In ihr werden die
Lösungsansätze des ABG analysiert und den gewandelten Positionen von
Grundeigentum und Bergbau – vor dem Hintergrund der geänderten wirtschaftlichen und rechtlichen Ausgangslage – gegenübergestellt. Das System des
ABG wird in der amtlichen Begründung gekennzeichnet als von Duldungspflichten des Grundeigentümers und korrespondierenden Entschädigungspflichten des Bergbaus geprägtes Entschädigungsprinzip, das zu einem mehr oder
weniger ungeordneten Nebeneinander von Bergbau und Grundeigentum geführt
habe. Die praktische Folge sei eine permanente Wertschöpfung durch Oberflächenbebauung, Wertvernichtung durch Bergschäden und Wiederherstellung
der vernichteten Werte mit Hilfe von Schadensersatzleistungen des Bergbaus.
Ziel der Anpassungsregelung sollte es sein, diesen auch gesamtvolkswirtschaft-
lich unerwünschten Kreislauf zu durchbrechen. Der Vorrang der Schadensverhütung sollte stärker betont werden und die Ersatzpflicht des Bergbaus ultima
ratio sein für den Fall, dass der Konflikt zwischen beiden Rechtspositionen nicht
im Wege der gegenseitigen Rücksichtnahme gelöst werden kann (Amtliche
Begründung, BT-Drs 8/1315, 137 f. = Zydek, 410 ff.).

2. Konzepte der Referentenentwürfe

Mit seiner eingehenden Begründung zum Anpassungskonzept wollte der Regie-   **4**
rungsentwurf erkennbar rechtlichen und praktischen Bedenken entgegentreten,
die gegenüber Lösungsansätzen vorhergehender Referentenentwürfe geltend
gemacht worden waren. Der **1. Referentenentwurf** aus dem Bundeswirtschafts-
ministerium (Stand: 1.12.1970 – nicht veröffentlicht) sah ein rein **öffentlich-
rechtlich strukturiertes Anpassungssystem** vor. Hiernach sollte die jeweilige
Landesregierung oder eine von ihr zu bestimmende Stelle durch Rechtsverordnung **Bergschadenschutzgebiete** festsetzen, sofern der vorbeugende Schutz baulicher Anlagen vor Bergschäden im öffentlichen Interesse erforderlich war.
Innerhalb solcher Bergschadenschutzgebiete mussten alle baulichen Anlagen
mit Sicherungsmaßnahmen ausgestattet werden. Im Hinblick auf die Übernahme der Sicherungskosten waren Eigenanteile der Bauherren vorgesehen: Bei
Wohnbauten 3 v. H. der Gebäudeherstellungskosten, bei gewerblichen Anlagen
10 v. H. und bei öffentlichen Verkehrsanlagen sogar 25 v. H. der Herstellungskosten (§§ 155, 156 des 1. Referentenentwurfs). Bei einer solchen Verteilung der
Lasten hätte der Bauherr bei Wohnbauten und gewerblichen Anlagen die Kosten
der Sicherung größtenteils allein getragen, da ein Sicherungsaufwand in Höhe
der genannten vom-Hundert-Sätze in der Mehrzahl der Fälle ausreicht. Die
praktischen Nachteile dieser Lösung wurden darin gesehen, dass bei einer
generellen Sicherungsverpflichtung aller Bauherren innerhalb eines solchen
Gebietes vielfach wegen geringer oder abklingender Bodenbewegungen auch
entbehrliche Sicherungsmaßnahmen hätten getroffen werden müssen. Auch die
vorgesehene Kostenbelastung der Bauherren in Form eines Eigenanteils stieß auf
rechtliche Bedenken (Stellungnahmen zur Anpassungsregelung im 1. Referentenentwurf bei Westermann, Freiheit des Unternehmers, 86 f.; P. J. Heinemann, DB
1973, 315; Stoßberg, DWW 1971, 409. Vgl. ferner Finke, ZfB 129 (1988), 40,
46 = 1987, 312) . Ferner musste es als zweifelhaft erscheinen, ob die jeweilige

Landesregierung politisch die Kraft aufgebracht hätte, im Verordnungswege Bergschadenschutzgebiete auszuweisen, zumal sich zu jener Zeit gerade die Steinkohlenbergbaugebiete, auf die sich die vorgeschlagene Lösung in erster Linie ausgewirkt hätte, in einem durchgreifenden Umstrukturierungsprozess befanden (vgl. das sog. Kohlegesetz vom 15. Mai 1968, BGBl I, 365).

5 Der 2. **Referentenentwurf** (Stand: 31.10.1973; ebenfalls nicht veröffentlicht) schlug deshalb einen Mittelweg vor. Nach dem Konzept dieses Entwurfs sollte die Landesregierung zwar auch durch Rechtsverordnung die räumlichen Bereiche, in denen bauliche Anlagen mit Sicherungsmaßnahmen auszustatten waren, in Gestalt von *„Sicherungsgebieten"* bestimmen (Ausnahme: öffentliche Verkehrsanlagen). Notwendigkeit und Umfang der Maßnahmen innerhalb dieser Sicherungsgebiete waren dann in jedem einzelnen Fall durch eine (noch zu schaffende) Landesbehörde festzulegen. Ein Verstoß des Bauherrn gegen eine solche Verwaltungsentscheidung sollte den Verlust des Anspruchs auf Bergschadensersatz herbeiführen. Die Aufwendungen für Sicherungsmaßnahmen hätten Bauherr und Bergbauunternehmer nach diesem Lösungsansatz jeweils zur Hälfte tragen sollen.

6 Unter Abkehr von den öffentlich-rechtlichen Lösungsmodellen der beiden Referentenentwürfe sah erstmals der **Regierungsentwurf von 1975** (BR-Drs 350/75) eine ausschließlich **privatrechtliche Regelung** der Anpassungspflichten des Grundeigentums vor. Der Entwurf wurde nach der ablehnenden Stellungnahme des Bundesrats bis zum Ablauf der 7. Wahlperiode nicht mehr weiterverfolgt (vgl. Zydek, Materialien, 19 f.). Die gefundene Regelung wurde aber in den Regierungsentwurf von 1977 übernommen und mit geringfügigen Änderungen im Gesetzgebungsverfahren schließlich zum Gesetz erhoben (Regierungsentwurf 1977, BT-Drs 8/1315 = Zydek, 408 f.).

III. Anpassungsverhältnis (Absatz 1)

1. Geltungsbereich

7 Ein Anpassungsverhältnis und damit die Anpassungspflicht im Sinne des § 110 Absatz 1 entsteht nur, wenn der Unternehmer gegenüber dem Bauherrn ein auf Anpassung und/oder Sicherung gerichtetes Verlangen ausspricht. Ein solches Verlangen ist nur unter den in Absatz 1 aufgeführten Voraussetzungen wirksam. Die §§ 110 bis 113 gelten für die Gewinnung **aller dem BBergG unterliegenden Bodenschätze**, soweit generell oder im Einzelfall die Besorgnis besteht, dass bauliche Anlagen als Folge der Gewinnung (zum Begriff nachstehend Rn 8) geschädigt werden können. Es findet **keine Beschränkung** auf die **untertägige Gewinnung** wie bei der Bergschadensvermutung des § 120 statt. Die Anpassungsregelung gilt daher auch zur Vermeidung oder Verminderung von Bergschäden als Folge von **Senkungen im Tagebauvorfeld**, die auf die Entnahme und Entspannung von Grundwasser zurückgehen (zu Senkungen und Bergschäden im Tagebauvorfeld Kratzsch, Bergschadenkunde, Kapitel 9.6). Es ist allein Sache des Unternehmers, das bestehende Risiko zu ermitteln, es abzuwägen, entsprechend dem Ergebnis der Prüfung ein Anpassungsverlangen zu formulieren und es schließlich auszusprechen. Sind über den im Salzgestein ausgesohlter Kavernen, in denen Erdöl und Erdgas gespeichert werden, bergschadensrelevante Senkungen des hangenden Gebirges zu erwarten, weil die Kavernen im Laufe der Zeit horizontal und vertikal konvergieren (Vgl. hierzu Kratzsch, aaO, Kapitel 9.7: *„neue bergschadenstechnische Aufgabe"*), kann ein Anpassungsverlangen nach dem Wortlaut des Gesetzes nicht ausgesprochen werden, wenn das Volumen der Bodensenkung und damit das Bergschadensrisiko im Wesentlichen durch die Speicherphasen und die damit bewirkten Gebirgsdruckänderungen verursacht wird. Soweit das Problem einer **Bebauung oberhalb von Speicherkavernen im Salz** praktische Bedeutung haben sollte, muss aber eine entsprechende Anwendung der §§ 110 ff. ernstlich in Betracht gezogen werden, da insoweit eine Gesetzeslücke vorläge.

2. Gewinnungsbetrieb

Der Begriff Gewinnungsbetrieb wird in § 4 Absatz 8 legal definiert, die Gewinnung selbst in § 4 Absatz 2. Es handelt sich um Betriebe, in denen Bodenschätze gelöst oder freigesetzt werden. Dabei sind auch die Feldesteile, in denen der Abbau nach Entnahme der Bodenschätze beendet ist, wegen des mit dem Bergbau unvermeidbar verbundenen Verzehrs der Lagerstätte noch Teil des Gewinnungsbetriebs. Künftig zum Abbau vorgesehene, vom geltenden Hauptbetriebsplan nicht erfasste Feldesteile können über einen Rahmenbetriebsplan (vgl. hierzu Rn 5) an den laufenden Gewinnungsbetrieb angeschlossen werden. Wie Absatz 2 verdeutlicht, kann auch bei einer **geplanten** oder einer **bereits eingestellten Gewinnung** ein Anpassungsverlangen gestellt werden. Im ersten Falle ist ein Betrieb mit technischen Einrichtungen noch nicht aufgenommen. Eingestellte Gewinnung bedeutet Beendigung des Gewinnungsbetriebs im Sinne des § 53 (unten Rn 21). **8**

3.   Besorgnis von Beeinträchtigungen der Oberfläche

Beeinträchtigungen sind alle durch Tätigkeiten der Gewinnung im engeren Sinne, also durch Lösen und Freisetzen von Bodenschätzen, bewirkten Veränderungen eines Grundstücks im Hinblick auf dessen Lage, Festigkeit und Tragfähigkeit (Boldt/Weller, § 110 Rn 4). Zur Oberfläche rechnen abweichend vom allgemeinen Sprachverständnis auch unterirdische Anlagen wie Tunnels, Tiefgaragen oder Wassergewinnungsanlagen. Der Begriff der „Besorgnis" ist nicht im Sinne einer aktuell bereits vorhandenen Gefahr, wie der Wortlaut des Absatz 1 nahelegen könnte, zu verstehen, sondern i. S. von **Risiko,** wie dies Absatz 5 und § 113 Absatz 1 präziser zum Ausdruck bringen. Risiko (oder Bergschadensrisiko) ist hiernach die mehr oder weniger große Wahrscheinlichkeit des Auftretens eines nachteiligen Ereignisses, hier einer Schädigung von Leben, Gesundheit oder Sachgütern, kombiniert mit der Schwere seiner Folgen. Eine solche Wahrscheinlichkeit des Eintritts nachteiliger Ereignisse in Form von Schäden besteht bei bestimmten Bergbauzweigen, insbesondere beim Steinkohlenbergbau, in hohem Maße und mit statistischer Regelmäßigkeit. Vgl. zu den Auswirkungen des Bergbaus auf die Erdoberfläche insbesondere Kratzsch, Bergschadenkunde, Teil I, Bodenbewegungskunde; Pollman/Wilke, Der untertägige Steinkohlenbergbau, S. 117 ff. Bei anderen Bergbauzweigen ist die Besorgnis von Beeinträchtigungen generell zu bejahen, jedenfalls nicht sofort von der Hand zu weisen, wenn als Folge des Abbaus Veränderungen der Erdoberfläche eintreten, die sich als Einwirkungsbereiche ausprägen und bei denen deshalb für die Bergbehörde Veranlassung besteht, im Rahmen des Betriebsplanverfahrens Risiken, die für die in § 55 Absatz 1 Satz 1 Nrn. 5 und 9 bezeichneten Rechtsgüter bestehen können, nachzugehen. Dies gilt damit für diejenigen Bergbauzweige und Bergbaubetriebe, die von der Bergverordnung über Einwirkungsbereiche, Einwirkungsbereichs-Bergverordnung (EinwirkungsBergV), Artikel 2 der Verordnung über bergbauliche Unterlagen, Einwirkungsbereiche und die Bergbau-Versuchsstrecke vom 11.11.1982 (BGBl I, 1553 = ZfB 124 (1983) 1, 7 ff.) erfasst werden. In der Begründung zu der auf § 67 Nr. 7 als Ermächtigungsnorm gestützten EinwirkungsBergV wird der Zusammenhang mit den Obliegenheiten des Bauherrn, Anpassungs- und Sicherungsmaßnahmen zu treffen, hervorgehoben (vgl. Begründung, ZfB 124 (1983), 17 zu Artikel 2). **9**

10   Der eingeschobene Satzteil, dass die zu besorgenden Beeinträchtigungen den **vorbeugenden Schutz zur Verhütung von Gefahren** für Leben, Gesundheit oder bedeutende Sachgüter erforderlich machen müssten, hat keine eigenständige Bedeutung. Wenn tatsächlich eine Gefahr für Leben und Gesundheit von Menschen im Sinne einer konkreten Gefährdung bestehen sollte, hätte sich hiermit die Bergbehörde im Rahmen des Betriebsplanverfahrens zu befassen; sie kann die Vorsorge für den Schutz von Leben und Gesundheit nicht den beteiligten Privatrechtssubjekten überlassen. Offensichtlich wirken bei diesen Formulierungen noch Elemente der Bergschadenschutz- und Sicherungsgebiete der beiden Referentenentwürfe nach (oben Rn 4), die um eine präzise Beschreibung der Verordnungsermächtigungen bemüht sein mussten. Nach der Entstehungsgeschichte ist der eingeschobene Satzteil durch den 2. Referentenentwurf mit seinem Konzept von Sicherungsgebieten und hälftiger Kostenteilung zwischen Unternehmer und Bauherrn eingeführt. Entscheidend ist, ob als Folge des Abbaus mit einer gewissen Wahrscheinlichkeit Beeinträchtigungen der Oberfläche und damit Beschädigungen der in Rede stehenden baulichen Anlagen eintreten können. Bauliche Anlagen haben in der Regel einen höheren Wert, sind also **bedeutende Sachgüter**. Es erübrigt sich deshalb, Wertgrenzen festzulegen.

4.   Vorliegen eines Betriebsplans/Rahmenbetriebsplans

11   Die Voraussetzung, dass für den Gewinnungsbetrieb, für den die Anpassung einer baulichen Anlage gefordert wird, „zumindest ein Rahmenbetriebsplan" vorliegen müsse, ist erst während der Gesetzesberatungen eingefügt worden. Damit sollte erreicht werden, dass die Anpassungspflicht möglichst frühzeitig, und zwar bereits durch **Einbeziehung des betrieblichen Planungsstadiums**, einsetzt (Ausschussbericht BT-Drs 8/3965, 141, ZfB 122 (1981), 303, 308, 328 = Zydek, 417 f.). In einem Rahmenbetriebsplan wird ein Vorhaben des Bergbaus für einen bestimmten längeren Zeitraum mit allgemeinen Angaben dargestellt, und zwar in der Regel auf **Verlangen der Bergbehörde** (vgl. § 52 Absatz 2 Nr. 1). Darin kommt die Aufsichts- und Steuerungsfunktion des Rahmenbetriebsplans zum Ausdruck; mit seiner Hilfe soll der Bergbehörde ein Überblick über die längerfristige Entwicklung eines Betriebes ermöglicht werden (BVerwGE 89, 246, 254 – Erdgasspeicher). Die Vorsorge gegen Bergschäden gehört nicht zu den von der Bergbehörde wahrzunehmenden Aufgaben. Es ist deshalb davon auszugehen, dass der Unternehmer auch **ohne Verlangen** der Behörde einen Rahmenbetriebsplan einreichen kann.

12   Ein Rahmenbetriebsplan muss auch nur **vorliegen**, also vom Unternehmer bei der Bergbehörde nach § 54 Absatz 1 eingereicht worden sein (zutreffend Boldt/Weller, § 110 Rn 13). Die in der Vorauflage dieses Kommentars vertretene Auffassung (§ 110 Rn 16) wird aufgegeben, weil es andernfalls nahegelegen hätte, das Erfordernis einer Zulassung wie in § 116 Absatz 1 oder § 124 Absatz 2 Satz 1 zum Ausdruck zu bringen. Das Wort **„zumindest"** verdeutlicht, dass auch **andere geeignete Betriebspläne** als Voraussetzung für die Entstehung der Anpassungspflicht in Betracht kommen, so insbesondere der **Hauptbetriebsplan**, aber auch **Sonderbetriebspläne**, vornehmlich die aufgrund des Moers-Kapellen-Urteils (BVerwGE 81, 329) entwickelten Sonderbetriebspläne „*Einwirkungen auf die Tagesoberfläche*" (Ruhrbergbau) oder „*Anhörung der Oberflächeneigentümer*" (Saarbergbau) (Vgl. § 48 Rn 54 f.). Aus dem Wort „zumindest" ergibt sich weiter, dass die Abbauabsichten ein **Mindeststadium an Konkretisierung** erreicht haben müssen. Ist daher eine bauliche Anlage in einem Bereich beabsichtigt, der von den Auswirkungen des Abbaus nach dem gültigen Hauptbetriebsplan nicht berührt wird, und liegt auch noch kein Rahmenbetriebsplan vor, muss der Unternehmer rechtzeitig vor Ausspruch des Anpassungsverlangens einen entsprechenden Rahmenbetriebsplan einreichen oder den etwa vorhandenen Rahmenbetriebsplan gemäß § 52 Absatz 4 Satz 2 ergänzen oder erweitern.

5. Abbauvorhaben mit Umweltverträglichkeitsprüfung (UVP)

Bei Überschreitung bestimmter Senkungen im Tiefbau muss ein Rahmen- **13** betriebsplan aufgestellt werden, für dessen Zulassung ein Planfeststellungsverfahren mit UVP durchzuführen ist (§ 52 Absatz 2 a, §§ 57 a ff. in Verbindung mit § 1 Nr. 1 Buchstabe a UVP-V Bergbau vom 13. Juli 1990 (BGBl I, 1420)). Solche sog. **obligatorischen Rahmenbetriebspläne** umschreiben ebenfalls die Bereiche künftiger Gewinnung, in denen eine Anpassung baulicher Anlagen verlangt werden kann. Auch hier reicht es aus, dass der UVP-Rahmenbetriebsplan bei der Behörde vorliegt, also vom Unternehmer als dem Träger des Vorhabens im Sinne des § 73 Absatz 1 VwVfG bei der für die Durchführung des Planfeststellungsverfahrens zuständigen Behörde eingereicht ist.

6. Bauliche Anlage

Unter baulicher Anlage ist nach dem allgemeinen Sprachgebrauch grundsätzlich **14** alles zu verstehen, was im technischen Sinne gebaut wird. Eine bauliche Anlage kann aus einzelnen Baustoffen hergestellt oder aus größeren Bauteilen (z. B. Fertigbauteilen) zusammengefügt sein. Unerheblich ist, ob die Anlage durch eigene Schwere auf dem Boden ruht, ob die Herstellung oberhalb oder unterhalb der Oberfläche stattfindet oder ob die Anlage – bereits fabrikseitig hergestellt – in die Erde fest eingefügt wird. Bauliche Anlagen sind daher entsprechend der Zweckbestimmung der Anpassungsregelung ortsfeste Lagerbehälter, Tankstellen, sämtliche Rohrleitungen zur Versorgung und Entsorgung oder zur Beförderung von Produkten. Auch Krananlagen oder Gleisanlagen rechnen zu den baulichen Anlagen. Einen Anhalt für die Einordnung von Bauwerken oder technischen Einrichtungen als bauliche Anlagen liefern auch die Bauordnungen der Länder oder die Vorschriften des Bauplanungsrechts wie § 29 BauGB (ebenso Boldt/Weller, § 110 Rn 8).

Maßstab für die Einbeziehung ist die **Bergschadensempfindlichkeit** einer Anlage **15** oder Einrichtung. Dieses Merkmal wird zwar im Gesetz nur bei den Sicherungsmaßnahmen ausdrücklich angesprochen (§ 111 Absatz 1 Satz 2), gilt aber auch für die Anpassung, da die Sicherung nach ihren tatbestandlichen Voraussetzungen erst in Betracht kommt, wenn ein vorbeugender Schutz durch Maßnahmen nach § 110 nicht ausreicht. Daher sind auch Bauteile, Zubehörteile und **Einrichtungen innerhalb eines Gebäudes** als bauliche Anlagen anzusehen, und zwar insbesondere dann, wenn nicht das eigentliche Gebäude selbst, sondern die darin befindlichen maschinellen Anlagen das eigentliche Risiko begründen. So können bei bestimmten Fertigungsanlagen schon sehr geringe horizontale oder vertikale Verformungen des Baugrundes zu nachhaltigen Produktionsstörungen führen. Zu den baulichen Anlagen rechnen ferner Abfalldeponien, bei denen eine bergbaubedingte Beschädigung der Oberflächen- und Basisabdichtungssysteme kritisch werden kann, sowie allgemein Aufschüttungen wie Dämme für Verkehrsanlagen oder Böschungen bei Kanälen und Wasserläufen.

7. Errichtung, Erweiterung und wesentliche Veränderung

Die Aufzählung soll erkennbar neben der vollständigen Neuerrichtung alle nicht **16** unerheblichen Änderungen einer baulichen Anlage erfassen. Nicht ausschlaggebend ist, ob die Baumaßnahme nach planungsrechtlichen, bauordnungsrechtlichen oder sonstigen Vorschriften einer Anzeige, Genehmigung, Planfeststellung oder eines anderen Zulassungsakts bedarf. Maßgeblich ist entsprechend der

Zielsetzung der Anpassungsregelung, ob die bauliche Anlage nach Durchführung der beabsichtigten Maßnahmen ein neues Bergschadensrisiko begründet oder ein etwa vorhandenes Risiko erhöht, etwa bei Anbauten an ein bestehendes Gebäude oder innerhalb von Gebäuden durch den Austausch von Produktionsanlagen. Allgemein gilt, dass die Begriffe „Erweiterung" und „wesentliche Veränderung" einer baulichen Anlage wegen des Gesetzeszwecks der Schadensverhütung weit auszulegen sind (zutreffend Boldt/Weller, § 110 Rn 10, 11). Zur **nachträglichen Anpassung** durch Lage, Stellung und Konstruktion vgl. unten Rn 45, zur **nachträglichen Sicherung** vgl. § 111 Rn 23.

IV. Anpassungsverlangen

1. Inhalt und Form

17 Liegen die oben in Rn 8–16 genannten Voraussetzungen vor, kann der Unternehmer gegenüber dem Bauherrn ein Verlangen auf Anpassung durch **Lage, Stellung und Konstruktion** (hierzu nachfolgend Rn 23 ff.) aussprechen. Ein Verlangen kann ergehen, wenn dem Unternehmer ein Bauvorhaben durch eine Auskunft der zuständigen Behörde nach Absatz 6 oder auf andere Weise (z. B. durch Offenlegung im Rahmen von Spezialgesetzen) bekannt wird. Die **Schriftform** wird vom Gesetz anders als bei der Bauwarnung (§ 113 Absatz 1) nicht verlangt, wird aber schon aus Beweisgründen die Regel sein.

18 Das **Verlangen** muss **bestimmt** sein. Der Bauherr muss erkennen können, in welcher Weise den bergbaulichen Einwirkungen Rechnung zu tragen ist, welche Anpassungsmaßnahmen ihm also abgefordert werden. Das ergibt sich daraus, dass im Gesetz von einem *„entsprechenden"* Verlangen die Rede ist. Dagegen ist es nicht erforderlich, dass der Unternehmer wie bei der Bauwarnung Angaben über die zu erwartenden bergbaulichen Beeinträchtigungen und die sich daraus ergebenden wesentlichen Einwirkungen macht (vgl. § 113 Absatz 1 Satz 2). Solche Angaben können aber auch einem Anpassungsverlangen den notwendigen Nachdruck verleihen. Die Bereitschaft, Nachteile oder Aufwendungen, soweit sie das Maß des Unerheblichen übersteigen, tragen zu wollen, braucht nicht erklärt zu werden, da diese Verpflichtung bereits unmittelbar aus dem Gesetz folgt. Verbindet der Unternehmer ein Anpassungsverlangen mit der Erklärung, die dadurch entstehenden Nachteile und Aufwendungen tragen zu wollen, liegt darin kein auf Abschluss eines Vertrages gerichtetes Vertragsangebot. Für einen entsprechenden rechtlichen Bindungswillen müssen schon besondere Merkmale hinzukommen, etwa die erkennbare Bereitschaft, über einen bloßen Aufwendungsersatz hinausgehende zusätzliche Leistungen übernehmen zu wollen.

2. Zugang

19 Mit dem **Zugang des Anpassungsverlangens** beim Bauherrn ist das gesetzliche Anpassungsverhältnis eingeleitet. Zwischen den Beteiligten bestehen gegenseitige Unterrichtungs-, Mitwirkungs- und Sorgfaltspflichten. So bereits BGHZ 24, 337, 342 zu § 150 ABG. Ein Anpassungsverlangen, das nicht dem Bauherrn selbst, sondern einer Person übermittelt worden ist, die vom Bauherrn mit der Erledigung von Aufgaben in eigener Verantwortung betraut worden ist, gilt als dem Bauherrn zugegangen. Die Grundsätze über die Wissenszurechnung nach § 166 BGB analog sind entsprechend anzuwenden. Zu den Grundsätzen über die Wissenszurechnung: Vgl. BGHZ 117, 106; Palandt-Ellenberger, § 166 Rn 6 f. m. w. N. Als solche Wissensvertreter kommen insbesondere bauleitende

Architekten in Betracht, sofern sie nach außen und im Schriftverkehr mit dem Unternehmer für den Bauherrn auftreten.

V. Beteiligte (Unternehmer, Bauherr)

1. Unternehmerbegriff (Absatz 2)

Berechtigt, ein Anpassungsverlangen auszusprechen, ist der Unternehmer, dessen   **20** Gewinnung die Anpassung erforderlich macht (Absatz 2 Satz 1). Der Unternehmer im Sinne des Gesetzes ist durch das Tätigwerden auf eigene Rechnung gekennzeichnet (§ 4 Absatz 5). Er ist auch nach § 114 bei Bergschäden der primär Ersatzpflichtige.
Bei einer **geplanten Gewinnung** ist Unternehmer derjenige, der die Gewinnung plant (Absatz 2 Satz 2). Wie oben (Rn 11) ausgeführt, muss allerdings die Planung das interne Stadium verlassen und in einem bei der Bergbehörde eingereichten Rahmenbetriebsplan ihren Niederschlag gefunden haben. Damit ist der Antragsteller als Unternehmer in Erscheinung getreten, sodass die Klarstellung insoweit entbehrlich ist. Die eigentliche Aussage besteht deshalb darin, dass bei einer geplanten Gewinnung auch der Inhaber der Gewinnungsberechtigung zum anpassungsberechtigten Unternehmer wird, dies allerdings nur, wenn der Unternehmer, der die Gewinnung plant, damit einverstanden ist. Die Regelung ist erst während der Gesetzesberatungen eingefügt worden (WiA BT, BT-Drs 8/3965, 141); eine nennenswerte praktische Relevanz ist nicht erkennbar.

Auch für den Fall einer **bereits eingestellten Gewinnung** wird der anpassungs-   **21** berechtigte Unternehmer bestimmt. Es ist derjenige, der die Gewinnung bis zu ihrer Einstellung betrieben hat (Absatz 2 Satz 2). Die Regelung greift ein bei der **Vollstilllegung eines Betriebs**, nicht bei der Einstellung der Gewinnung als Folge der planmäßigen Lösung und Freisetzung der Bodenschätze und damit der Erschöpfung der Lagerstätte in Feldesteilen eines im Übrigen weiterlaufenden Betriebs. Bedeutung kann die Klarstellung haben, wenn ein Bergbaubetrieb nacheinander von mehreren Unternehmern betrieben worden ist (vgl. zur Haftung der Unternehmer in derartigen Fällen § 116 Absatz 4). Bei einer solchen Kette von Unternehmern bestimmt dann der letzte, der wahrscheinlich auch beim Auftreten von Bergschäden als erster in Anspruch genommen würde, das Ob und Wie der Anpassung bei nachwirkenden Bodenbewegungen. Mit Zustimmung des Unternehmers (*„Einvernehmen"*) kann auch der **Inhaber der Gewinnungsberechtigung** ein Anpassungsverlangen stellen. Die Regelung ist vor dem Hintergrund der gesamtschuldnerischen Haftung von Unternehmer und Inhaber der Bergbauberechtigung in §§ 115, 116 nicht durchdacht. Ein Einvernehmen wird nicht notwendig sein, wenn der Unternehmer nicht mehr vorhanden oder vermögenslos ist und deshalb für den Inhaber der Gewinnungsberechtigung die Gefahr besteht, das volle Risiko ohne Möglichkeit eines wirksamen Rückgriffs auf den Unternehmer tragen zu müssen (vgl. Boldt/Weller, § 110 Rn 8). Größere praktische Bedeutung wird auch diese Regelung voraussichtlich nicht haben.

2. Bauherr

Bauherr ist, wer aufgrund des Eigentums an einem Grundstück, als Erbbaube-   **22** rechtigter, Berechtigter aus einer beschränkten persönlichen Dienstbarkeit oder aus einer Grunddienstbarkeit oder aufgrund eines obligatorischen Rechts (Pächter, Mieter) eine bauliche Anlage errichtet, erweitert oder wesentlich verändert. In der Regel ist es derjenige, der den entsprechenden Auftrag erteilt hat und der das Risiko für das wirtschaftliche Gelingen der Baumaßnahme trägt.

VI. Anpassungsformen

1. Grundsätze

23 Aufgrund eines konkretisierten Verlangens des Unternehmers (vgl. oben Rn 17 f.) hat der Bauherr den bergbaulichen Einwirkungen durch **Anpassung von Lage, Stellung und Konstruktion** der baulichen Anlage Rechnung zu tragen. Solche Anpassungsmaßnahmen sind den zusätzlichen baulichen Vorkehrungen (Sicherungsmaßnahmen) im Sinne des § 111 vorgeschaltet. Der Begriff Anpassungsmaßnahmen ist erst durch das BBergG eingeführt worden. Bauliche Sicherungsmaßnahmen dagegen gehörten seit Jahrzehnten zur gängigen Praxis in Bergsenkungsgebieten (Vgl. Richtlinien für die Ausführung von Bauten im Einflussbereich des untertägigen Bergbaus von 1953 (Nordrhein-Westfalen) in: Bauliche Sicherungsmaßnahmen in Bergsenkungsgebieten. RdErl. des Ministers für Landesplanung, Wohnungsbau und öffentliche Arbeiten vom 10.9.1963, MinBl NRW 1963, 1715 ff.) Die Durchführung von Sicherungsmaßnahmen war bei Bestehen eines Bergschadenrisikos im öffentlich geförderten Wohnungsbau vorgeschrieben (aaO S. 1725). Der gesetzlichen Regelung im BBergG kann eine eindeutige, für alle denkbaren Fälle geltende Abgrenzung zwischen Anpassungs- und Sicherungsmaßnahmen nicht entnommen werden. Insbesondere zwischen „Anpassung durch Konstruktion" und Sicherungsmaßnahmen nach § 111 können sich Überschneidungen ergeben. Eine Unterscheidung muss aufgrund einer wertenden Gesamtbetrachtung unter Berücksichtigung von Gesetzeswortlaut, Sinnzusammenhang, Zweck und Entstehungsgeschichte der Regelung getroffen werden BGHZ 111, 263, 265 = NJW 1990, 3267 = DVBl 1990, 1164 = ZfB 131 (1990), 340 (Vorinstanz OLG Düsseldorf, ZfB 130 (1989), 220). Die Anpassung hat den Vorrang vor den Sicherungsmaßnahmen. Maßnahmen, die sich bei zweckentsprechender, das konkrete Bergschadensrisiko berücksichtigender Wahl von Lage, Stellung oder Konstruktion einer baulichen Anlage einem verständigen Bauherrn als in erster Linie zu treffende Schutzvorkehrungen aufdrängen, sind solche der Anpassung nach § 110 (BGHZ 111, 263, 266).

2. Anpassung von Lage und Stellung

24 Eine scharfe begriffliche Trennung der Varianten Anpassung durch Lage und Anpassung durch Stellung einer baulichen Anlage ist nicht immer möglich, aber im Grundsatz auch nicht geboten, da eine Überschneidung mit zusätzlichen baulichen Vorkehrungen (Sicherungsmaßnahmen) nicht vorkommen dürfte. Unter Anpassung von Lage und Stellung wird durchweg übereinstimmend verstanden eine das Bergschadensrisiko reduzierende Auswahl des Standortes der baulichen Anlage oder ihrer Anordnung auf dem Bauplatz (Vgl. Boldt/Weller, § 110 Rn 17 f.; Dapprich-Römermann, § 110 Rn 7; Regelmann, S. 11 f. (Ziffer 2.1.3); Papenfuß, ZfB 125 (1984), 305, 311; Finke, ZfB 129 (1988), 40, 41 f.; Vorauflage, § 110 Rn 30). Bei **trassengebundenen baulichen Anlagen** wie Bahnen oder Leitungen gilt als Lage deren gesamter Verlauf. Es ist mithin eine Trasse auszuwählen, auf welche die Abbaumaßnahmen möglichst nicht oder nur in geringerem Maße einwirken. Eine Anpassung durch Stellung der baulichen Anlage besteht darin, dass der Baukörper einen Sicherheitsabstand zu Hohlräumen oder zu Bereichen vorhandener oder zu erwartender Schwächezonen erhält. Die größeren Grundrißabmessungen eines langgestreckten Bauwerks, ferner Gleis- und Krananlagen sollten möglichst gleichlaufend zur Streichrichtung eines Flözes auf dem Bauplatz angeordnet werden, um zu erreichen, dass die Längsachse des Gebäudes oder Gleis- und Krananlagen in der durch den Abbau entstehenden Senkungsmulde auf Linien gleicher Senkung verlaufen.

3. Anpassung durch Konstruktion

Bei der Anpassung durch Konstruktion können sich Überschneidungen zu **25**
„zusätzlichen baulichen Vorkehrungen (Sicherungsmaßnahmen)" nach § 111
ergeben. Eine klare Abgrenzung ist notwendig, da im Falle einer Anpassung
durch Konstruktion ein Teil des entstehenden Mehraufwands als sog. Grundlast
vom Bauherrn getragen werden muss (vgl. unten Rn 34). Da **Anpassungs- und
Sicherungsmaßnahmen** nach dem Gesetz in einem **Stufenverhältnis** stehen, steht
am Anfang stets die Wahl der richtigen Konstruktion (so mit Recht Papenfuß,
ZfB 125 (1984), 305, 312; ihm folgend BGHZ 111, 263, 267). Ausgehend von
dem Zweck der Anlage und damit ihrer Eigenart ist bei Vorhandensein mehrerer
bautechnischer Alternativen diejenige vorzuziehen, die den besseren Schutz
gegenüber zu erwartenden Beeinträchtigungen gibt. Die Wahl der richtigen
Konstruktion wird daher vielfach mit der Verwendung bestimmter Baumaterialien und der Auswahl einer bestimmten Bauweise einhergehen (BGHZ 111, 263,
267 – Stahlbetonrohre mit Glockenmuffen und Rollgummidichtung anstelle der
zunächst vorgesehenen Asbestzementrohre). In der Amtlichen Begründung des
Regierungsentwurfs eines BBergG werden als Beispiele einer Anpassung durch
Konstruktion genannt: Wahl eines einfachen statt eines verschachtelten Grundrisses, Lage der Fundamente in einer statt in verschiedenen Ebenen oder Verwendung von Gelenken anstelle fester Auflager (BT-Drs 8/1315, 139 = Zydek,
415). Sofern solche Alternativen bestehen, von denen die eine das Bergschadensrisiko vermindert, geht es um die Wahl der richtigen Konstruktion und noch
nicht um zusätzliche bauliche Vorkehrungen. So zutreffend Finke, ZfB 129
(1988), 40, 44, und ZfB 133 (1992), 171, 175. Zeiler, DB 1986, 417, 419
will als Maßstab die Standardausführung im Nichtbergschadensgebiet heranziehen. Alles was hiervon abweicht, sollen Sicherungsmaßnahmen sein. Hiergegen bereits BGHZ 111, 263, 266.

4. Zusammenfassung/Übersicht

Weitgehend übereinstimmend stufen inzwischen Rechtsprechung und Literatur **26**
die nachstehenden Maßnahmen als **Anpassungsmaßnahmen** ein (Übersicht nach
Papenfuß, ZfB 125 (1984), 305). Die darin enthaltenen Grundsätze sind von
einer aus Vertretern des Städtetags Nordrhein-Westfalen und des Steinkohlenbergbaus bestehende Arbeitsgruppe „Hinweise zur Durchführung des Bundesberggesetzes (§§ 110 ff. BBergG) vom 13./22.6.1984", ZfB 126 (1985), 127
akzeptiert worden und werden vom BGH in der vorstehend mehrfach zitierten
Entscheidung grundsätzlich als Auffassung der beteiligten Verkehrskreise gebilligt. Im Einzelnen gehören hiernach zur Anpassung (Anpassungsformen L =
Lage, St = Stellung, K = Konstruktion):
a) Zweckentsprechende Wahl der räumlichen Lage einer baulichen Anlage
    – Vermeidung von Zonen besonderer Gefährdung, z.B. einer Erdstufe,
       Bruchzone – St –
    – Richtungsorientierung, Anordnung etwaiger Hauptachsen – St –
    – höhenmäßige Lage, z.B. Lage der Fundamente in einer statt in verschie-
       denen Ebenen, günstige Kellereinbindungstiefe – K –
b) Wahl eines einfachen, nicht verschachtelten Grundrisses – K –
c) zweckentsprechende Wahl der Bauteile, Bauelemente und Baustoffe – K –
d) zweckentsprechende Wahl der Länge bzw. Längenunterteilung von bauli-
    chen Anlagen (Trennfugen, Dehnungsfugen) – K –
    Trenn-/Dehnungsfugen (auch als Bewegungsfugen bezeichnet) sind typische
    Maßnahmen der Anpassung durch Konstruktion, in jedem Falle dann, wenn
    sie vom Bauherrn bereits vorgesehen sind, aber vom Unternehmer in grö-
    ßerer Breite oder größerer Anzahl (als vom Bauherrn geplant) gefordert
    werden. So zutreffend Finke, ZfB 133 (1992), 170, 177. Nach Boldt/Weller,

§ 111 Rn 10 sollen besonders breite Trennfugen zwischen einzelnen Gebäudeteilen Sicherungsmaßnahmen sein.
e) Wahl äußerlich statisch bestimmter Systeme (z. B. Verwendung von Gelenken anstelle fester Auflager bei Brücken und Hallen) – K –
f) zweckentsprechende Wahl von Trasse – L –, Gradiente und Querschnitt bei Ver- und Entsorgungsleitungen (z. B. Gefällevorgabe, Senkungsvorsorge) – K –
g) zweckentsprechende Wahl von Trasse – L – und Gradiente bei Verkehrsanlagen (z. B. Brückenmehrhöhe, Gefällevorgabe, Senkungsvorsorge) – K –.

27 Eine Anpassung soll aus Gründen der Vorsorge so weit gehen, wie sie im Einzelfall erforderlich ist. Die **einzelnen Anpassungsformen** können daher auch **gleichzeitig** in Betracht kommen, etwa indem ein Baukörper aus einer vorhandenen oder erwarteten Unstetigkeitszone verschoben wird und gleichzeitig konstruktive Maßnahmen (z. B. Wahl geeigneter Baustoffe) getroffen werden (Ebenso Boldt/Weller, § 110 Rn 20).

5. Entgegenstehendes Bauplanungsrecht

28 Ein Anpassungsverlangen, sofern es auf Anpassung durch Lage oder Stellung der baulichen Anlage gerichtet ist, kann im **Widerspruch zu den bauplanungsrechtlichen Vorschriften** stehen, insbesondere wenn ein Bebauungsplan Art und Maß der baulichen Nutzung und der überbaubaren Grundstücksflächen festsetzt. In solchen Fällen kommt die Erteilung einer Ausnahme oder einer Befreiung gemäß § 31 Absatz 2 BauGB unter den dort genannten Voraussetzungen in Betracht (vgl. auch Boldt/Weller, § 110 Rn 21), die der Bauherr deshalb zu beantragen hat.

VII. Verteilung der Anpassungskosten (Absatz 3)

1. Grundsätze

29 Die mit der Anpassung verbundenen **unerheblichen Nachteile oder Aufwendungen** sind nach Absatz 3 Satz 1 vom Bauherrn zu tragen. Die **diese Grenze übersteigenden Nachteile oder Aufwendungen** hat der Unternehmer zu ersetzen (Satz 2). Die Grenzziehung zwischen dem beim Bauherrn verbleibenden Eigenanteil und den vom Unternehmer zu ersetzenden Anpassungskosten entspricht dem in § 906 BGB enthaltenen Grundsatz des Nachbarrechts, wonach unwesentliche Beeinträchtigungen in der Benutzung des Grundstücks vom Eigentümer ohne Geldausgleich hingenommen werden müssen (BT/Ds. 8/1315, 139 = Zydek, 416).

2. Aufwendungen

30 Die Anpassungskosten können in Aufwendungen des Bauherrn oder in Nachteilen bestehen. Unter **Aufwendungen** ist die durch ein Anpassungsverlangen und dessen Befolgung ursächlich ausgelöste **Aufopferung von Vermögenswerten** zu verstehen. Der Begriff Aufwendung in § 110 Absatz 3 ist nicht identisch mit demjenigen, wie er im BGB verwendet wird, da dort unter Aufwendung die auf Vertrag oder Rechtsgeschäft beruhende freiwillige Aufopferung von Vermögenswerten im Interesse eines anderen verstanden wird (BGHZ 59, 329; BGH, NJW 1989, 2818). Die einschlägigen rechtlichen Regelungen im BGB sind entsprechend dieser Interessenlage ausgestaltet (vgl. z. B. § 670 BGB) und deshalb nicht unmittelbar anwendbar. Aufwendungen nach § 110 Absatz 3 können in höheren Baukosten bestehen, die wegen einer Verschiebung des Baukörpers in den rückwärtigen Teil des Baukörpers durch Verlängerung von Zufahrtswegen oder Leitungen der Versorgung und Entsorgung angefallen sind. Weitere Beispiele von Aufwendungen: Nach Stellung eines Anpassungsverlangen anfallende Architektenhonorare, Kosten einer Umplanung trassengebundener baulicher Anlagen, Kosten infolge Verwendung anderer als der ursprünglich vorgesehenen Baumaterialien, Mehrkosten als Folge der Beauftragung anderer oder zusätzlicher Unternehmer als der zunächst eingeschalteten usw. Ein etwaiger Mehraufwand wird zweckmäßigerweise durch Gegenüberstellung der tatsächlich erbrachten und derjenigen Kosten ermittelt, die ohne die geforderte Anpassung aufzubringen gewesen wären (sog. Fiktivkostenrechnung).

3. Nachteile

Ein durch Befolgung eines Anpassungsverlangens entstandener Nachteil ist mit **31** Hilfe der für das Schadensersatzrecht entwickelten Differenzhypothese zu ermitteln. Es sind zwei Rechtsgüterlagen gegenüberzustellen: Die tatsächliche Güterlage, wie sie durch Befolgung des Verlangens geschaffen worden ist, und eine unter Ausschaltung dieses Ereignisses gedachte. Der mit der Anpassung verbundene, also durch sie entstandene Nachteil muss adäquat kausal auf das Anpassungsverlangen und dessen Erfüllung zurückzuführen und in Geld messbar sein. Insoweit können die zum Vermögensschaden von der Rechtsprechung und Literatur entwickelten Grundsätze (Palandt-Grüneberg, Vorbem. vor § 249 Rn 10 ff. m. w. N.) herangezogen werden. Beispiele für mit der Anpassung verbundene Nachteile: Schlechtere Ausnutzbarkeit eines Baugrundstücks, zu einer Wertminderung führende ästhetisch unbefriedigende Anordnung eines Wohnhauses auf dem Grundstück, kleinerer Garten; erhöhte Unterhaltungskosten eines Gebäudes (s. auch Regelmann, Das Verhältnis zwischen Bergbau und Grundbesitz, S. 15).

4. Abgrenzung zwischen unerheblichen und erheblichen Nachteilen/Aufwendungen

Die Abgrenzung ist **nicht mittels einer festen Grenzziehung** vorzunehmen, **32** sondern aufgrund einer umfassenden Würdigung aller maßgebenden Umstände des jeweiligen Einzelfalles (BGHZ 111, 263, 270). Davon ausgehend ist zu berücksichtigen, um welche Art der baulichen Anlage es sich handelt (Industriebau, gewerbliche Anlage, Leitung, Verwaltungsgebäude, Wohngebäude usw.), welchen Zwecken sie dient und welche Beteiligten sich somit im Rahmen des Anpassungsverhältnisses gegenüberstehen. In Betracht zu ziehen bei der Abwägung ist ferner, ob der jeweilige Bauherr auf Standort und Lage der Anlage im Bergschadensgebiet angewiesen ist oder ob sich für ihn gerade aus diesem Standort besondere Vorteile ergeben. Bemessungs- oder Vergleichsmaßstab für die Ermittlung der Unwesentlichkeit sind daher nicht die Gesamtherstellungskosten der baulichen Anlage, sondern je nach Situation andere auch qualitative Elemente. Denkbar ist auch, die Mehraufwendungen zur Verminderung des Bergschadensrisikos mit den Kosten zu vergleichen, die üblicherweise aufgebracht werden müssen, um andere gängige Risiken bei der Bebauung von Grundstücken, wie z. B. verminderte Tragfähigkeit des Baugrundes, Höhe des Grundwasserspiegels oder zusätzlicher Erddruck bei der Bebauung von Hanglagen, gering zu halten (Hüffer, Festschrift für Fabricius, S. 131). Solange sich Aufwendungen und Nachteile aus der Anpassung im Rahmen der Kosten bei anderen Maßnahmen der Risikovorsorge bewegen, sind sie sozialadäquat und deshalb nach dem Grundgedanken einer nachbarrechtlichen Regelung als unerheblich einzustufen (Hüffer, aaO). Kritisch zu diesem Ansatz Finke, ZfB 133 (1992), 170, 180 f. Unvertretbare Härten lassen sich durch Prüfung der Zumutbarkeit im Einzelfall korrigieren.

33 Die Abgrenzung zwischen unerheblichen und erheblichen Aufwendungen und Nachteilen mit Hilfe von Vomhundersätzen, wie sie aus Gründen der Praktikabilität im Schrifttum (vgl. Boldt/Weller, § 110 Rn 24; Vorauflage § 110 Rn 41; Papenfuß, ZfB 125 (1984), 305, 312 f.; Regelmann, S. 14; ferner Empfehlungen Städtetag/Steinkohlenbergbau, ZfB 126 (1985), 127) empfohlen worden war, hat der BGH mit der Begründung abgelehnt, die allgemeine Festlegung einer starren Grenze werde dem Sinn und Zweck der Anpassungsregelung nicht gerecht, zumal der Gesetzgeber entgegen anderslautenden früheren Lösungsansätzen (vgl. hierzu oben Rn 3 ff.) davon abgesehen habe, bestimmte allgemeine Wertgrenzen in das Gesetz aufzunehmen. Allerdings können an den Herstellungskosten orientierte Vomhundersätze bei der Auslegung des Begriffs „unerheblich" als Erfahrungswerte der beteiligten Verkehrskreise Berücksichtigung finden (BGHZ 111, 263, 270).

34 Als sog. **Grundlast oder Eigenanteil** hat der **Bauherr** die mit der Anpassung verbundenen als unerheblich einzustufenden Mehraufwendungen nach überwiegender Meinung auch dann zu tragen, wenn die Grenze der Unerheblichkeit überschritten wird (BGHZ 111, 263, 268 f.; Boldt/Weller, § 110 Rn 25; Papenfuß, ZfB 125 (1984), 305, 315; Hüffer, Festschrift für Fabricius, S. 120, 131 f.; Empfehlungen Städtetag/Steinkohlenbergbau (s. Rn 26), S. 129; anderer Ansicht: Finke, DWW 1987, 312, 317 f. = ZfB 129 (1988), S. 40, 51, Zeiler, DB 1986, S. 417, 418). § 110 ist Ausdruck eines gesetzlichen Gemeinschaftsverhältnisses zwischen Grundeigentum und Bergbau, das normative Anpassungspflichten beider Teile begründet und wechselseitig zur Rücksichtnahme verpflichtet. Nach der zitierten Entscheidung des BGH würde es dem Sinn und Zweck der Regelung zuwiderlaufen, wenn die Selbstbeteiligung bei jeder – mehr oder weniger zufälligen – Überschreitung der Erheblichkeitsgrenze stets voll entfiele.

5. Rechtsnatur des Ersatzanspruchs

35 Anpassungskosten und Nachteile aus einer vollzogenen Anpassung sind keine Bergschäden im Sinne des BBergG, wie § 114 Absatz 2 Nr. 5 ausdrücklich klarstellt; der Anspruch aus § 110 Absatz 3 Satz 2 ist **kein Schadensersatzanspruch** (ebenso Boldt/Weller, § 110 Rn 24; Vorauflage § 110 Rn 42). Vom Unternehmer geforderte Maßnahmen der Anpassung stellen keine Beeinträchtigung eines Rechtsguts dar, sondern sollen dazu beitragen, eine künftige Rechtsgutbeeinträchtigung zu verhindern oder in ihren Auswirkungen abzumildern. Die Ersatzpflicht ist daher nicht Folge einer Rechtsgutbeeinträchtigung, sondern **Folge einer Schadenswarnung** (Hans Schulte, Bergbau und Grundeigentum, Bochumer Beiträge Bd. 12, S. 175, 181). Es handelt sich um einen eigenständigen, vom Gedanken der Aufopferung geprägten Anspruch, der dem nachbarrechtlichen Aufopferungsanspruch des § 906 Absatz 2 Satz 2 BGB verwandt ist. Insofern erscheint es naheliegend, die zu dieser Vorschrift entwickelten Grundsätze bei der Auslegung des Anspruchs auf Ersatz von Aufwendungen und Nachteilen einer Anpassung heranzuziehen. Eine Rechtsgutbeeinträchtigung kann auch nicht mit Hilfe der Konstruktion der „drohenden Berggefahr" begründet werden (vgl. hierzu § 114 Rn 47).
Die Anwendung der Grundsätze der **Vorteilsausgleichung** ist möglich, sofern der Bauherr aufgrund von Anpassungsmaßnahmen, deren Kosten vom Unternehmer getragen worden sind, Vorteile erlangt (Boldt/Weller, § 110 Rn 24). Der Anspruch auf Ersatz von Aufwendungen und Nachteilen unterliegt der regelmäßigen **Verjährung** in **drei Jahren** nach § 195.

VIII. Vorschussregelung (Absatz 4)

1. Zweck und Inhalt

Mit Hilfe der Vorschussregelung soll der Bauherr abgesichert werden, wenn es **36** nach Stellung eines Anpassungsverlangens zwischen den Beteiligten nicht zu einer Vereinbarung kommt, die den Ersatz der erheblichen Aufwendungen in Form der Geldleistung oder in anderer Weise vorsieht (BT-Drs 8/1315 = Zydek, 416). **Keine Vorschusspflicht** besteht nach dem eindeutigen Wortlaut des Gesetzes **bei erheblichen Nachteilen.** Ein Vorschuss ist angemessen, wenn er den ganz überwiegenden Teil der vom Unternehmer zu ersetzenden Aufwendungen abdeckt, soweit dies bei Baubeginn übersehbar ist. Dem Bauherrn soll nicht zugemutet werden, in Höhe des vom Unternehmer zu ersetzenden Anpassungsaufwandes Fremdmittel aufzunehmen (Boldt/Weller, § 110 Rn 26). Bei Aufgabe der Bauabsicht nach Zahlung eines Vorschusses ist dieser zurückzuzahlen.

Bei Baubeginn bedeutet grundsätzlich Tag der Inangriffnahme der Bauarbeiten. **37** Der Termin ist vom Bauherrn bei Stellung seines Verlangens einer Vorschusszahlung zu konkretisieren. Bestehen zwischen den Beteiligten Meinungsverschiedenheiten über Anlass oder Höhe der Vorschusszahlung, empfiehlt es sich, dass der Unternehmer den geforderten Vorschuss unter dem Vorbehalt leistet, dass über die endgültige Höhe der ersatzpflichtigen Aufwendungen die ordentlichen Gerichte entscheiden sollen (Boldt/Weller, § 110 Rn 28). Geht bis zum Baubeginn oder einer vom Bauherrn gesetzten Frist bei diesem kein Vorschuss ein, kann dieser das Bauvorhaben ohne die vom Unternehmer verlangten Anpassungs- und Sicherungsmaßnahmen durchführen, ohne Gefahr zu laufen, seine Ansprüche auf den Ersatz von Bergschäden zu verlieren (§ 112 Absatz 1 Satz 2).

2. Mehrere Unternehmer (Absatz 4 Satz 2)

Für den (wohl äußerst seltenen) Fall, dass mehrere Unternehmer ein Anpas- **38** sungsverlangen stellen, ordnet Satz 2 die entsprechende Anwendung von § 115 Absatz 2 an. Die Vorschrift begründet bei Verursachung eines Bergschadens durch mehrere Bergbaubetriebe im Verhältnis zu dem Geschädigten eine gesamtschuldnerische Haftung der beteiligten Unternehmer. In entsprechender Anwendung kann damit der Bauherr unabhängig von der Zielrichtung und dem Inhalt des einzelnen Anpassungsverlangens einen der beteiligten Unternehmer auf die gesamte Vorschussleistung in Anspruch nehmen. Dasselbe gilt für den Ersatz der erheblichen Aufwendungen und, wie zu ergänzen ist, erheblichen Nachteile. Stellt der Inhaber einer Gewinnungsberechtigung mit Zustimmung des Unternehmers, der eine Gewinnung plant oder betrieben hat, ein Anpassungsverlangen, haften auch sie gesamtschuldnerisch für den Ersatz von Aufwendungen und Nachteilen, da sie nach Absatz 2 Satz 2 als Unternehmer gelten. Für das Innenverhältnis der Unternehmer untereinander gilt § 115 Absatz 2 Satz 2 sinngemäß.

Besteht zwischen dem Bauherrn und einem der beteiligten Unternehmer ein **39** rechtsgeschäftlicher **Haftungsausschluss für Bergschäden (Bergschadenverzicht),** führt die Anordnung der entsprechenden Anwendung des § 115 Absatz 3 dazu, dass der Bauherr den anderen Unternehmer nur in Höhe der noch verbleibenden Quote in Anspruch nehmen kann (vgl. im Einzelnen § 115 Rn 9). Der Regelung lässt sich entnehmen, dass nach Auffassung des Gesetzgebers auch auf den Ersatz von Aufwendungen und Nachteilen aus der Anpassung durch Rechtsgeschäft verzichtet werden kann und dass bei bestehenden Bergschadenverzichten je nach deren Inhalt auch der Ersatz von Aufwendungen und Nachteilen ausgeschlossen ist. Dasselbe gilt nach § 111 Absatz 3 für Aufwendungen für Sicherungskosten.

IX. Nichtentstehen einer Anpassungspflicht (Absatz 5)

40   Die Vorschrift soll nach der amtlichen Begründung die Entstehung einer Anpassungspflicht für den Fall verhindern, dass die Aufwendungen für die Anpassungsmaßnahmen in einem unangemessenen Verhältnis zu der durch diese Maßnahmen eintretenden Verminderung des Bergschadensrisikos stünden. Dies geböten der mit der Anpassung verfolgte Schutzzweck und der Grundsatz der Verhältnismäßigkeit (BT-Drs 8/1315, 139 = Zydek, 416). Absatz 5 gilt sinngemäß auch bei Sicherungsmaßnahmen (§ 111 Absatz 3). Die Klausel geht erkennbar auf die in den Referentenentwürfen vorgeschlagenen öffentlich-rechtlichen Lösungsmodelle einer Ausweisung von Bergschadenschutz- und Sicherungsgebieten (oben Rn 3 ff.) zurück. Wegen der generalisierenden Wirkungen von durch Verordnung allgemein festgelegten Sicherungspflichten und der zwingend vorgeschrieben Kostenbeteiligung der Bauherren war seinerzeit eine spezielle Schutzvorschrift notwendig. Angesichts der heute maßgeblichen Regelung hat eine solche Mißbrauchsklausel kaum eine praktische Bedeutung (Boldt/Weller, § 110 Rn 32), da das Gesetz selbst mit der Ersatzpflicht des Unternehmers in § 110 Absatz 3 das wirksamste Korrektiv gegen entbehrliche oder überzogene Anpassungsmaßnahmen begründet; denn es erscheint ausgeschlossen, dass ein Unternehmer bei einem geringen Bergschadensrisiko hohe Ersatzleistungen in Kauf nehmen wird. Nach Boldt/Weller, § 110 Rn 33 soll ein unangemessenes Verhältnis vorliegen, wenn die mit der Anpassung verbundenen Nachteile oder Aufwendungen ein Mehrfaches, also mindestens das Doppelte, des objektiv geschätzten einzusparenden Bergschadensersatzbetrages nach dessen marktüblicher Abzinsung auf den Zeitpunkt der Ersatzleistung ausmachen.

X. Auskunft über Bauanträge (Absatz 6)

1. Gegenstand des Auskunftsanspruchs

41   Nach Absatz 6 hat der Unternehmer einen Anspruch auf Auskunft über **alle Anträge auf Erteilung einer baurechtlichen Genehmigung** oder Zustimmung oder eine diese einschließende Genehmigung. Einem Auskunftsverlangen hat die zuständige Landesbehörde **unverzüglich** zu entsprechen (Boldt/Weller, § 110 Rn 36). Dem Auskunftsanspruch unterliegen nach dem Wortlaut des Gesetzes zunächst alle Anträge auf Erteilung einer Baugenehmigung. Welche baulichen Anlagen und Einrichtungen genehmigungsbedürftig sind, bestimmen die Bauordnungen der Länder. Mit **Anträgen auf Zustimmung** sind bauliche Anlagen öffentlicher Bauherren, d. h. Anlagen des Bundes und der Länder, gemeint, die anstelle eines bauordnungsrechtlichen Genehmigungsverfahrens einem Zustimmungsverfahren unterliegen (vgl. § 80 BauO NRW). Eine **baurechtliche Genehmigung** wird **eingeschlossen**, wenn einer Sachentscheidung nach einem anderen Gesetz als der jeweiligen Bauordnung durch dieses Gesetz eine Konzentrationswirkung dergestalt zukommt, dass sie eine baurechtliche Entscheidung einschließt und damit ersetzt. Hierzu gehören insbesondere die förmliche Genehmigung nach § 4 BImSchG sowie die vereinfachte Genehmigung nach § 19 BImSchG, ferner Planfeststellungsbeschlüsse mit ihrer Konzentrationswirkung nach § 75 VwVfG.

2. Änderungen des bauaufsichtlichen Verfahrensrechts

42   Der Gesetzestext gibt die Haupterscheinungsformen baurechtlicher Anträge im Zeitpunkt des Erlasses des BBergG wieder. Klagen über eine zu lange Dauer des Baugenehmigungsverfahrens haben zwischenzeitlich zu Änderungen der entsprechenden Verfahren geführt, die sich von Bundesland zu Bundesland sowohl in der Terminologie als auch in den jeweiligen Regelungen unterscheiden. Neben genehmigungsbedürftigen und genehmigungsfreien Vorhaben gibt es das vereinfachte Genehmigungsverfahren, die Genehmigungs- oder Baufreistellung, das Bauanzeigeverfahren oder das Kenntnisgabeverfahren, die den Bauherrn und den Entwurfsverfasser jeweils mit unterschiedlicher Intensität für die Einhaltung des materiellen öffentlichen Rechts in die Verantwortung nehmen (Übersicht bei Finkelnburg/Ortloff, Öffentliches Baurecht, Band II, S. 83 ff. m. w. N.). Im Rahmen des Auskunftsanspruchs des Unternehmers sind diese Unterschiede unerheblich. Zweck des § 110 Absatz 6 ist es, dem Unternehmer die Kenntnis über aktuelle Bauvorhaben zu ermitteln, damit er die Notwendigkeit eines Anpassungsverlangens prüfen kann. Ungeachtet der jeweiligen Terminologie, der Ausgestaltung des bauaufsichtlichen Verfahrensrechts und der Verfahrenssysteme in den Bundesländern erstreckt sich die Auskunftspflicht der Behörden und der Gemeinden auf **alle Vorgänge**, die ihnen vom Bauherrn in Ausführung der einschlägigen bauordnungsrechtlichen Vorschriften **zur Prüfung oder zur Kenntnis** übermittelt worden sind. Eine Pflicht zur unverzüglichen Auskunft besteht daher im Hinblick auf bauliche Vorhaben, die einer **Anzeigepflicht** unterliegen, ebenso wie für solche Anlagen und Einrichtungen, die der zuständigen Behörde mit der Maßgabe zur Kenntnis zu geben sind, dass sie innerhalb einer bestimmten, meist kurzen Frist zu prüfen hat, ob die gesetzlichen Voraussetzungen für eine Freistellung von einem förmlichen Genehmigungsverfahren vorliegen. Bei einem Bauanzeigeverfahren mit Untersagungsmöglichkeit handelt es sich um eine aus Gründen der Verwaltungsvereinfachung abgeschwächte Baugenehmigungspflicht (BVerwGE 20, 12 = DVBl 1965, 200 mit Anmerkung Schack). Von Absatz 6 erfasst sind ferner Anträge auf Erteilung eines Bauvorbescheids (Bauvoranfrage, Anträge auf Erteilung einer Bebauungsgenehmigung). Ebenso Boldt/Weller, § 110 Rn 36. Mit Hilfe einer schriftlichen Bauvoranfrage kann ein Vorbescheid zu einzelnen Fragen des Bauvorhabens beantragt werden (vgl. z. B. § 71 BauO NRW). Soweit dieser Vorbescheid planungsrechtliche Fragen zum Gegenstand hat, wird er in der Rechtsprechung des BVerwG als Bebauungsgenehmigung bezeichnet (vgl. Finkelnburg/Ortloff, S. 139).

3. Auskunftsverlangen

Der Unternehmer hat das Gebiet, für das eine Anpassung nach den Voraussetzungen des Absatz 1 in Betracht kommen kann, zu bezeichnen, damit die Auskunftspflicht der zuständigen Behörden ausgelöst wird. Nicht erforderlich ist ein Antrag im Einzelfalle, sondern es reicht das allgemeine Verlangen für ein bestimmtes Gebiet. Die Auskünfte sind dann von den zuständigen Behörden und Gemeinden automatisch von Amts wegen zu erteilen. Die **Gebiete**, für welche der Unternehmer ein Auskunftsverlangen stellen kann, ergeben sich aus Absatz 1 und Absatz 2: Für eine in Betrieb befindliche Gewinnung, für eine durch einen Rahmenbetriebsplan abgesteckte künftige Gewinnung und für eine eingestellte Gewinnung. **43**

4. Inhalt der Auskunft

Die Auskunftspflicht ist eine gesetzliche Rechtspflicht der zuständigen Behörde, die dieser als **Amtspflicht gegenüber dem Unternehmer** obliegt (§ 839 BGB). Absatz 6 begründet für die zuständige Behörde eine Befugnis zur Offenbarung (vgl. § 30 VwVfG). Die Auskunft muss vollständig sein und mindestens enthalten: Name und Anschrift des Antragstellers und Entwurfverfassers, Lage und Grundstücksbezeichnung sowie eine Kurzbeschreibung des Inhalts des Antrags, der Anzeige bzw. Eingabe des Bauherrn oder seines Beauftragten. Die Auskunft muss ferner so beschaffen sein, dass dem Unternehmer ohne weitere Nachforschung die Möglichkeit zur Kontaktaufnahme mit dem Bauherrn möglich ist. **44**

Wird die Rechtspflicht von der Behörde nicht oder unzureichend erfüllt, kann der Unternehmer den Auskunftsanspruch, der seiner Natur nach ein **öffentlich-rechtlicher Anspruch** ist, im Wege der **Leistungsklage** vor den Verwaltungsgerichten geltend machen.

XI. Nachträgliche Anpassung

1. Obliegenheit des Bauherrn

45 Nach dem insoweit eindeutigen Wortlaut besteht nach § 110 Absatz 1 eine Anpassungspflicht nur bei der Errichtung, Erweiterung und wesentlichen Änderung baulicher Anlagen. Nach H. Schulte, Bochumer Beiträge, Band 12, S. 175 ff., lässt sich dem Gesetz aber als ungeschriebener Satz des geltenden Bergrechts (generell) eine Obliegenheit des Grundeigentümers entnehmen, wonach er nach Maßgabe eines Verlangens und auf Kosten des Bergbauunternehmers Bergschadensicherungen in seinem Gebäude anzubringen hat. Kommt der Grundeigentümer einem solchen Verlangen nicht nach, verliert er Ansprüche auf Ersatz von Bergschäden, die bei Vornahme der verlangten Sicherungen nicht aufgetreten wären (aaO, S. 199). Nach dieser Auffassung kann der Unternehmer auch **nachträgliche Anpassungen und Sicherungen** an **bestehenden baulichen Anlagen** verlangen. Das Ergebnis wird gleichermaßen aus einer Analogie zu § 111, der Anwendung von § 254 BGB (über § 118) und aus dem Gesichtspunkt des Bestehens eines nachbarlichen Gemeinschaftsverhältnisses zwischen Bergbau und Grundeigentum abgeleitet (im Einzelnen aaO, S. 188 ff.). Der Auffassung ist mit der Maßgabe zuzustimmen, dass einer Anwendung von § 254 BGB der Vorrang zu geben ist (vgl. § 111 Rn 23 ff.). Mit ihrer Hilfe lässt sich die erklärte Absicht des Gesetzgebers, das im Recht des ABG angelegte von Duldungspflicht und Ersatzanspruch geprägte Entschädigungsprinzip durch ein – auch gesetzlich anerkanntes – Nachbarschaftsverhältnis mit Anpassungspflichten beider Teile abzulösen, konsequent fortgeführt.

2. Einklagbarer Anspruch auf Anpassung

46 Für einen einklagbaren Anspruch des Bergbauunternehmers auf nachträgliche Anpassung lässt sich dem Gesetz kein Beleg entnehmen. Die Anpassungspflicht des Bauherrn ist als Obliegenheit ausgestaltet; in diesem Rahmen hat sich die geschilderte Erweiterung einzupassen (H. Schulte, aaO, S. 200).

§ 111 Sicherungsmaßnahmen

(1) Soweit ein vorbeugender Schutz durch Maßnahmen nach § 110 nicht ausreicht, sind bauliche Anlagen mit den zur Sicherung gegen Bergschäden jeweils erforderlichen zusätzlichen baulichen Vorkehrungen (Sicherungsmaßnahmen) auf Grund eines entsprechenden Verlangens des Unternehmers zu errichten. Die Sicherungsmaßnahmen richten sich nach Art und Umfang der zu erwartenden Bodenverformungen und nach Bauart, Größe, Form und Bergschadensempfindlichkeit der baulichen Anlage. Satz 1 und 2 gilt bei einer Erweiterung oder wesentlichen Veränderung baulicher Anlagen entsprechend.

(2) Die Aufwendungen für Sicherungsmaßnahmen hat der Unternehmer zu tragen. Ist der Bauherr seiner Verpflichtung nach § 110 Abs. 1 ganz oder teilweise nicht nachgekommen, so trägt er den auf seinem Unterlassen beruhenden Teil der Aufwendungen für Sicherungsmaßnahmen.

(3) § 110 Abs. 2, 4 und 5 gilt entsprechend.

Übersicht

Rn

I.   Entstehungsgeschichte   1
1.   Vorentwürfe zum BBergG   1
2.   Sicherungsmaßnahmen nach ABG   3

II. Sicherungsmaßnahmen (Absatz 1)   5
1.   Voraussetzungen   5
2.   Grad und Art der Bergschadensicherung (Absatz 1 Satz 2)   9
3.   Praktische Anwendungsfälle/Zusammenfassung 13

III. Kostentragung (Absatz 2) 14
1.   Ersatzpflicht des Unternehmers 14
2.   Regelung bei öffentlichen Verkehrsanlagen 15
3.   Rechtsnatur des Ersatzanspruchs 16
4.   Rechtswirkungen eines Bergschadenverzichts 19

IV. Entsprechende Anwendung von Vorschriften der Anpassung (Absatz 3) . 20
V.   Maßnahmen an bestehenden Anlagen (nachträgliche Sicherungen) 23
VI. Erstattung von Aufwendungen des Bauherrn für Sicherungsmaßnahmen
     ohne Verlangen des Unternehmers 26

I.   Entstehungsgeschichte

1.   Vorentwürfe zum BBergG

Das Konzept eines **privatrechtlichen Anpassungsverhältnisses**, in welchem dem **1**
Bauherrn nach den §§ 110 und 111 durch ein Verlangen des Unternehmers
Maßnahmen zum vorbeugenden Schutz baulicher Anlagen vorgegeben werden
können und die er befolgen muss, wenn er nicht das Risiko des Verlustes
sämtlicher Bergschadensersatzansprüche eingehen will, ist erst durch einen
Regierungsentwurf von 1975 (BR-Drs 350/75) entwickelt worden. Mit geringfügigen Änderungen ist dieses Konzept in den Regierungsentwurf 1977 zum
BBergG übernommen worden und schließlich Gesetz geworden. Vorher wurden
im Rahmen von zwei Referentenentwürfen öffentlich-rechtliche Lösungen eines
vorbeugenden Schutzes diskutiert (vgl. im Einzelnen hierzu § 110 Rn 3 ff.), die
darin bestanden, dass durch Rechtsverordnung Bergschadensschutzgebiete (1.
Referentenentwurf) oder Sicherungsgebiete (2. Referentenentwurf) ausgewiesen
werden sollten, innerhalb deren besondere bauliche Vorkehrungen zur Sicherung gegen Bergschäden getroffen werden mussten.

Alle Maßnahmen zum vorbeugenden Schutz baulicher Anlagen wurden bis zum **2**
Regierungsentwurf 1975 in der Praxis einheitlich als **Sicherungsmaßnahmen**
bezeichnet, die hierfür aufzubringenden Kosten, die allein der Bergbauunternehmer zu tragen hatte, wurden **Sicherungskosten** genannt (im Einzelnen § 110
Rn 23). Zwischen Anpassungs- und Sicherungsmaßnahmen wurde seinerzeit
noch nicht unterschieden. Das Verdienst dieser Differenzierung kommt dem
Regierungsentwurf 1975 (BR-Drs 350/75) zu. Mit der Verabschiedung des
BBergG auf der Grundlage dieses Konzepts (Regierungsentwurf 1977, BT-Drs
8/1315) wurde nicht nur eine stärkere Verankerung schadenverhütender Maßnahmen im Bergschadensrecht herbeigeführt, sondern in den betroffenen Gebieten auch eine sinnvolle Ordnung des Raumes ermöglicht.

2.   Sicherungsmaßnahmen nach ABG

Das Konzept des BBergG führt zu einer Abkehr von einer viele Jahrzehnte alten **3**
durch die Rechtsprechung begründeten, in ihren Auswirkungen unbefriedigen-

den Praxis, die nachfolgend zum Verständnis kurz dargestellt werden soll. Nach ständiger Rechtsprechung bereits des Reichsgerichts war bereits die **drohende Gefahr** bergbaulicher Einwirkungen ein nach § 148 ABG zu ersetzender **Bergschaden**, wenn sie die Bewertung eines Grundstücks nachteilig beeinflusste. Der Schaden war in dem Zeitpunkt entstanden, in dem eine bestimmte „objektive" Gefahr erkennbar geworden und infolgedessen nach der Verkehrsanschauung eine Minderbewertung des Grundstücks – für den Verkauf sowie für den eigenen Gebrauch – eingetreten war. Folglich setzte auch bereits zu diesem Zeitpunkt die dreijährige Verjährungsfrist nach § 151 ABG ein.

4   Bei **Beeinträchtigung der Bebaubarkeit** des Grundstücks errechnete sich der entstandene **Minderwert** anhand der **Kosten**, die für eine **Wiederherstellung der Bebaubarkeit** mit Hilfe besonderer Vorsichtsmaßregeln, die als Sicherungsmaßnahmen bezeichnet wurden, aufzubringen waren. Maßgeblich waren die Kosten der Sicherungsmaßnahmen (Sicherungskosten), die bei einer Bebauung in durchschnittlicher Beschaffenheit voraussichtlich zu erwarten waren. Auf dieses Berechnungsmittel musste auch deshalb zurückgegriffen werden, weil der Anspruch auf Erstattung eines Minderwerts aus drohender Berggefahr unabhängig von der Bauabsicht des Grundeigentümers entstand und mit Erkennbarkeit der Entwertung die Verjährungsfrist begann (Heinemann, Ziffer 40, 41; Reinicke, ZfB 106 (1965), 181; H. Schulte, ZfB 107 (1966), 188, 199). Bei späterer Bebauung des entschädigten Grundstücks mit einem Bauwerk von überdurchschnittlicher Beschaffenheit erwarb der Eigentümer einen neuen zusätzlichen Ersatzanspruch (RGZ 157, 99 = ZfB 79 (1938). 371; BGH, ZfB 95 (1954). 450; BGHZ 59, 139). Wegen weiterer Einzelheiten vgl. Vorauflage § 111 Rn 4 ff. sowie § 114 Rn 47.

II.   Sicherungsmaßnahmen (Absatz 1)

1.   Voraussetzungen

5   Der Bauherr muss bei der Errichtung einer baulichen Anlage **zusätzliche bauliche Vorkehrungen**, die das Gesetz durch Legaldefinition als **Sicherungsmaßnahmen** bezeichnet, treffen, wenn Anpassungsmaßnahmen nach § 110 für einen vorbeugenden Schutz nicht ausreichen und der Unternehmer ein **entsprechendes Verlangen** ausspricht. Folgt der Bauherr einem solchen Verlangen nicht, ist ein Bergschadensersatzanspruch unter den in § 112 genannten Voraussetzungen ausgeschlossen. Nach Satz 3 kann der Unternehmer **auch bei einer Erweiterung oder wesentlichen Veränderung** einer baulichen Anlage ein Sicherungsverlangen aussprechen.

6   Anpassungs- und Sicherungsmaßnahmen befinden sich nach dem Konzept des Gesetzes in einem **Stufenverhältnis**. Am Anfang steht immer die Anpassung, insbesondere diejenige durch Konstruktion, woraus sich Abgrenzungsschwierigkeiten ergeben können (vgl. Rn 25 ff.). Nach der früheren Baupraxis wurden sämtliche auf Verminderung oder Vermeidung von Substanzschäden an einer baulichen Anlage gerichteten Maßnahmen als Sicherungsmaßnahmen bezeichnet. Nach der Legaldefinition im Gesetz ist der Begriff danach enger. **Voraussetzung für die Pflicht des Bauherrn**, Sicherungsmaßnahmen zu treffen, ist ein entsprechendes **Verlangen des Unternehmers**. Der Unternehmer hat anzugeben, ob und welche Sicherungsmaßnahmen, deren Kosten er nach Absatz 2 zu tragen hat, getroffen werden sollen. Die Entscheidung hierüber steht dem Unternehmer allein zu, da der Aufwand für die Sicherungsmaßnahmen und die dadurch eintretende Verminderung des Bergschadensrisikos nach der Grundentscheidung des Gesetzes in einem angemessenen Verhältnis stehen sollen (Absatz 3, § 110

Absatz 5) und über die für diese Abwägungsentscheidung notwendigen Kenntnisse, insbesondere hinsichtlich Art und Umfang der zu erwartenden Bodenverformungen sowie deren zeitlichen Ablauf, allein der Unternehmer verfügt.

Den **Unternehmer** trifft bei einem Sicherungsverlangen **keine Begründungs-**   **7** **pflicht.** Er braucht nicht darzulegen, weshalb keine Anpassungsmaßnahmen verlangt werden oder die geforderten Anpassungsmaßnahmen nicht ausreichen. Der einleitende Soweit-Satz in Absatz 1 soll nur den systematischen Zusammenhang zwischen den §§ 110 und 111 als den eines Stufenverhältnisses aufzeigen; er hat nicht die Funktion einer tatbestandlichen Voraussetzung der Wirksamkeit eines Sicherungsverlangens. Hierzu besteht auch kein Bedürfnis, da der Unternehmer nach Absatz 2 die wirtschaftlichen Folgen der Sicherung allein zu tragen hat.

Der **Bauherr** hat **keinen Anspruch** gegenüber dem Unternehmer, dass dieser ihm   **8** gegenüber ein Sicherungsverlangen ausspricht. Umgekehrt besteht auch **keine Pflicht des Unternehmers**, an den Bauherrn ein Verlangen auf Vornahme von Sicherungsmaßnahmen zu richten, wenn er von einem Bauvorhaben erfährt und eine Beschädigung des Bauwerks durch Bodenverformungen nicht ausgeschlossen werden kann (anders Wilhelms, BauR 2004, 754). Zur Erstattung von Aufwendungen für Sicherungsmaßnahmen, die der Bauherr eigenmächtig, also ohne entsprechendes Verlangen des Unternehmers, getroffen hat, vgl. unten Rn 26 ff.

2. Grad und Art der Bergschadensicherung (Absatz 1 Satz 2)

Die Einflussfaktoren und Merkmale der baulichen Anlage, die das jeweilige   **9** individuelle Bergschadensrisiko des Objekts begründen und für die Auswahl der geeigneten Sicherung bestimmend sind, nennt Absatz 1 Satz 2. Eine identische Formulierung war bereits in den beiden Referentenentwürfen für Sicherungsmaßnahmen in den Bergschadenschutz- bzw. Sicherungsgebieten vorgesehen. Sie entstammt erkennbar den Richtlinien für die Ausführung von Bauten im Einflußbereich des untertägigen Bergbaus (Fassung April 1953), Runderlass des Minsters für Landesplanung, Wohnungsbau und öffentliche Arbeiten des Landes Nordrhein-Westfalen (MBl NRW 1963 S. 1715), teilweise wiedergegeben bei Kratzsch, Bergschadenkunde, Anhang 9; s. auch Boldt/Weller, § 111 Rn 8. Die Grundaussagen in diesem Runderlass dürften auch heute noch weitgehend dem Stand der Technik entsprechen. Sicherheitsmaßnahmen müssen hiernach die Standsicherheit und Betriebssicherheit des Bauwerks und seiner Teile beim Eintreten von bergbaulichen Einwirkungen, d. h. von Senkungen, Zerrungen und Pressungen der Oberfläche oder von Erdrissen (vgl. die Formulierung in § 120), ausreichend gewährleisten. Bei lebenswichtigen Anlagen muss die Betriebssicherheit ständig erhalten bleiben. Vor diesem Hintergrund kommen je nach zu erwartenden Baugrundverformungen als **Grad der Sicherung** eine Teilsicherung in unterschiedlichen Ausprägungen oder eine Vollsicherung in Betracht, wobei letztere in der Regel nur für solche Bauwerke durchgeführt wird, die sich wegen ihrer Bauart für die Vollsicherung besonders eignen. Vgl. im Einzelnen neben dem genannten Runderlass Pollmann/Wilke, Der untertägige Steinkohlenbergbau (Bochumer Beiträge Bd. 18/II), S. 174 f.; Kratzsch, Bergschadenkunde, S. 644 ff.; Drisch-Schürken, Bewertung von Bergschäden und Setzungsschäden an Gebäuden, S. 194 f.

Die **Art der Sicherung** wird mit den Begriffen **Widerstands- und Ausweich-**   **10** **prinzip** bezeichnet. Im ersten Falle wird das Bauwerk so ausgestaltet, dass es gegen Biegung und Längenänderung unempfindlich ist, während Sicherung nach dem Ausweichprinzip bedeutet, dass die Möglichkeit zu einer nachgiebigen, bruchlosen Verformung möglich bleibt (vgl. die in Rn 9 genannten Verfasser). Allerdings ist zu beachten, dass die Regulierungspraxis den Begriff Bergschadensicherung weitgehend noch als Oberbegriff für alle prophylaktischen Maßnahmen verwendet (Drisch-Schürken, S. 194). Maßnahmen, die dem Ausweichprinzip zugeordnet werden, sind daher bei Zugrundelegung der gesetzlichen Terminologie oft Maßnahmen der **Anpassung durch Konstruktion** gemäß § 110, wie insbesondere offene Dehnungsfugen, Gleitfugen, kleine Grundrisse, kurze Bauwerke usw. (vgl. zur Abgrenzung § 110 Rn 24 f.). Zu den bautechnischen Maßnahmen, die dem Ausweichprinzip folgen, jedoch rechtlich als Anpassung durch Konstruktion zu beurteilen sind, gehören auch solche, welche die Nachgiebigkeit der Fundamente und der Wände durch Wahl bestimmter Baumaterialien erhöhen sollen. Sicherungsmaßnahmen im Sinne des § 111 liegen demgegenüber vor, wenn Bauwerke durch Einbau zusätzlicher stabilisierender Elemente so konstruiert werden, dass sie sich im Falle der Beschädigung ohne größeren Aufwand reparieren oder bei Schieflagen wieder horizontal ausrichten lassen, z. B. durch Einbau von Hebungsnischen (auch als **Wiederherstellungsprinzip** bezeichnet), s. Kratzsch, S. 593, 653. Senkungsreserven, die ebenfalls dem Wiederherstellungsprinzip folgen, weil sie einen Nachteil jedenfalls bis zur Ausschöpfung der Reserve nicht entstehen lassen, sind Maßnahmen durch Konstruktion, vgl. oben § 110 Rn 26, Buchstabe g.).

11 Ob auch **periodische oder kontinuierliche Überwachungsmaßnahmen** (Messungen und/oder Alarmeinrichtungen) zu den Sicherungsmaßnahmen im Sinne des § 111 zu rechnen sind, ist angesichts des Wortlauts der Norm, die von **baulichen Vorkehrungen** spricht, zweifelhaft. Andererseits sind solche Überwachungsmaßnahmen bei Verkehrsanlagen sowie bei Rohrleitungen für Öl und Gas unverzichtbar, um es zu einem Zustand besonderer Gefährdung nicht erst kommen zu lassen. Die Regulierungspraxis rechnet daher solche Überwachungsmaßnahmen, die auch bei sonstigen Bauwerken, z. B. gewerblichen Anlagen, und zwar gerade solchen mit einem eigenen Gefährdungspotenzial wie etwa chemischen Fabriken, erforderlich sein können, zu den Sicherungsmaßnahmen im technischen Sinne (Kratzsch, S. 650, Pollmann/Wilke, S. 175). Offenbar hat der Gesetzgeber dieses Problem entweder nicht gesehen oder es jedenfalls nicht über ein privatrechtliches Anpassungsverhältnis lösen wollen. Jedoch besteht gelegentlich das Bedürfnis, auch periodische oder kontinuierliche Überwachungsmaßnahmen zur Bergschädenprophylaxe einzusetzen. Sofern daher solche Maßnahmen nicht öffentlich-rechtlich, etwa im Zusammenhang mit der Zulassung eines Abbaubetriebsplans oder bei der Genehmigung der Rohrleitungsanlage, angeordnet werden, sollte dem Unternehmer in analoger Anwendung des § 111 die Möglichkeit gegeben werden, vom Bauherrn aufgrund eines entsprechenden Verlangens die Duldung solcher Maßnahmen und die Mitwirkung hieran zu fordern, andernfalls der Verlust des Ersatzanspruchs eintritt. Die hiermit verbundenen Aufwendungen hat der Unternehmer ohnehin zu tragen (§ 111 Absatz 3).

12 Auch **wirtschaftliche Gesichtspunkte** bestimmen Notwendigkeit und Umfang baulicher Sicherungsmaßnahmen (zutreffend Boldt/Weller, § 111 Rn 8), da Aufwendungen für Anpassungs- und Sicherungsmaßnahmen in einem **angemessenen Verhältnis** zu der durch diese Maßnahmen eintretenden Verminderung des Bergschadensrisikos stehen sollen (vgl. § 110, § 113 Absatz 1). Prophylaktische Maßnahmen sind nur dann sinnvoll, wenn die Kosten der Sicherung geringer sind als die Kosten, die für die Beseitigung der ohne Sicherung zu erwartenden Schäden aufzuwenden sind. Bei dieser Abwägung sind neben den reinen Reparaturkosten alle üblicherweise zu erwartenden Folgekosten (z. B. Ertragsausfälle) einzubeziehen (vgl. Drisch-Schürken, Bewertung von Bergschäden und Setzungsschäden an Gebäuden, S. 196 f.).

3. Praktische Anwendungsfälle/Zusammenfassung

Zu den Sicherungsmaßnahmen gehören nach im Wesentlichen übereinstimmen- **13**
der Auffassung der beteiligten Rechtskreise (s. Papenfuß, ZfB Bd. 125 (1984),
305, 312; ihm folgend Hinweise zur Durchführung des Bundesberggesetzes
(§§ 110 ff. BBergG), Empfehlungen Städtetag Nordrhein-Westfalen / Steinkohlenbergbau, ZfB Bd. 126 (1984), 127 f.; Finke, ZfB Bd. 133 (1992), 170, 178):
a) Verstärkung von Bauteilen oder Bauelementen (z. B. Zerrbewehrung in
    Fundamentplatten oder -balken, Vergrößerung von knickgefährdeten Quer-
    schnitten)
b) Vergrößerung von Wegen bei Auflagern und Übergängen
c) Nachstellvorrichtungen bei Baukörpern und technischen Anlagen (Hebevor-
    richtungen, auch bereits das vorsorgliche Anlegen von Hebungsnischen)
d) Zusätzliche Eirichtungen zur Funktionssicherung in Entsorgungssystemen
    (z. B. Pumpwerke, Rückhaltebecken).
Allgemein bestehen die bereits erörterten (vgl. § 110 Rn 22 f.) **Abgrenzungsprobleme** zwischen der **Anpassung durch Konstruktion** und **Sicherungsmaßnahmen** als zusätzlichen baulichen Vorkehrungen. Jeder Einzelfall ist an Hand
qualitativer Merkmale zu beurteilen. So kann beispielsweise die Freihaltung des
Kellerbereichs von Gebäuden bei **bergbaubedingt hohem Grundwasserstand**
durch Legen der Kellersohle oberhalb des zu erwartenden höheren Grundwasserspiegels eine Anpassung durch Konstruktion darstellen, während besondere Pumpenanlagen oder Auffangeinrichtungen als Sicherungsmaßnahmen
einzustufen sind (vgl. Finke, ZfB 133 (1992), 170, 178). Einen nicht unwichti-
gen Anhaltspunkt für die richtige Abgrenzung wird im jeweiligen Einzelfall auch
die Überlegung liefern, ob gleichsam die gesamte Konstruktion ausgetauscht
oder ob einzelne konstruktive Elemente ausgewechselt werden oder ob die
Konstruktion im Grundsatz unverändert bleibt, aber durch zusätzliche bauliche
Elemente ergänzt wird (Finke, aaO, S. 175).

III. Kostentragung (Absatz 2)

1. Ersatzpflicht des Unternehmers

Die **Kosten der Sicherungsmaßnahmen** trägt, mit Ausnahme des in Satz 2 **14**
geregelten Falles, **allein der Unternehmer**. Der Bauherr kann entscheiden, ob
er die Maßnahmen zunächst durchführt und die Kosten sodann dem Unternehmer in Rechnung stellt oder ob er vom Unternehmer einen angemessenen
Vorschuss verlangt, den dieser bei Baubeginn zu leisten hat (Absatz 3 i. V. mit
§ 110 Absatz 4). In der Praxis sind bei umfangreicheren Sicherungsmaßnahmen
Absprachen zwischen den Beteiligten üblich, in denen nach Baufortschritt
geleistet wird oder die Sicherungsmaßnahmen zum Zwecke der Umsatzsteuerer-
sparnis vom Unternehmer anstelle des Bauherrn an den beauftragten Bauunternehmer vergeben werden (vgl. Boldt/Weller, § 111 Rn 12). Nach Satz 2 trägt der
Bauherr die Aufwendungen für Sicherungsmaßnahmen allein, wenn er einem
Anpassungsverlangen nicht nachgekommen ist und, wie hinzugefügt werden
muss, sich der Sicherungsaufwand deshalb erhöht hat oder Sicherungsmaßnahmen entbehrlich gewesen wären (Boldt/Weller, § 111 Rn 15).

2. Regelung bei öffentlichen Verkehrsanlagen

Die Vorschriften über Anpassung und Sicherung gelten nach § 124 Absatz 1 **15**
grundsätzlich auch bei öffentlichen Verkehrsanlagen. Bei öffentlichen Verkehrsanlagen besteht zunächst die **Pflicht zur gegenseitigen Rücksichtnahme**. Im
Übrigen sind die §§ 110 bis 112 entsprechend anzuwenden, sodass der Unter-

nehmer auch gegenüber dem Träger der öffentlichen Verkehrsanlage Maßnahmen der Anpassung und Sicherung verlangen kann. Er muss diese Forderung aber im Wege von Einwendungen in dem für die Verkehrsanlage maßgeblichen Planungsverfahren geltend machen. Insoweit gelten für diesen Bereich besondere Regelungen. Vgl. im Einzelnen § 124 Rn 23.

3. Rechtsnatur des Ersatzanspruchs

16 Der Anspruch auf Ersatz von Aufwendungen für Sicherungsmaßnahmen, die der Bauherr zunächst selbst getragen hat, ist **kein Schadensersatzanspruch.** Dasselbe gilt bei der **Anforderung eines Vorschusses** nach § 111 Absatz 3 in Verbindung mit § 110 Absatz 4. **Verjährung** des Anspruchs tritt in 3 Jahren ein (Regelverjährung nach § 195). Die Grundsätze der **Vorteilsausgleichung** sind anzuwenden. Es gilt das zu § 110 Gesagte (Vgl. § 110 Rn 35).

17 Für **Nachteile,** die mit einer Sicherung verbunden sind, trifft das Gesetz **keine ausdrückliche Regelung.** Solche Nachteile, die in Aufwendungen für regelmäßige Inspektionen technischer Anlagen, in Reparaturen oder einem höheren Unterhaltungsaufwand bestehen können, sind in sinngemäßer Anwendung des § 110 Absatz 3 **vom Unternehmer zu tragen,** allerdings **ohne Eigenanteil des Bauherrn.** Da der Unternehmer nach der Konzeption des Gesetzes die Aufwendungen für Sicherungsmaßnahmen vollständig zu übernehmen hat, liegt es nahe anzunehmen, dass der Gesetzgeber dies auch für Nachteile angeordnet hätte, wenn er die Regelungslücke erkannt hätte. Ein versteckter Hinweis, dass auch Nachteile aus der Sicherung zu ersetzen sind, ergibt sich aus der durch § 111 Absatz 3 angeordneten Anwendung des § 110 Absatz 5, wo Nachteile und Aufwendungen nebeneinander genannt werden.

18 Führt der Bauherr die Sicherungsmaßnahmen selbst aus, so erwirbt er einen Anspruch auf Ersatz der entsprechenden Aufwendungen nur, wenn die **Maßnahmen ordnungsgemäß** und in Übereinstimmung mit dem **Sicherungsverlangen** ausgeführt worden sind. Es besteht kein Grund, dem Unternehmer für unzulänglich ausgeführte Sicherungsmaßnahmen Zahlungspflichten aufzuerlegen. Das Gleiche gilt bei **Abweichungen von dem Inhalt des Sicherungsverlangens.** Ist aufgrund einer entsprechenden Forderung des Bauherrn ein Vorschuss geleistet worden, kann der Unternehmer diesen **nach § 812 BGB** zurückfordern. Zur Frage, ob ein Ersatzanspruch besteht, wenn der Bauherr ohne entsprechendes Verlangen des Unternehmers Sicherungsmaßnahmen trifft vgl. unten Rn 26 ff.

4. Rechtswirkungen eines Bergschadenverzichts

19 Ist die Ersatzpflicht des Unternehmers bei dem Eintritt von Bergschäden durch Rechtsgeschäft ganz oder teilweise ausgeschlossen (Bergschadenverzicht), braucht der begünstigte Unternehmer kein Anpassungs- oder Sicherungsverlangen zu stellen, da entsprechend dem Inhalt eines solchen Verzichts die gesetzliche Haftung ausgeschlossen oder begrenzt wird. Er kann es in der Regel auf den Schadenseintritt ankommen lassen. Auch das Gesetz geht davon aus, dass ein Bergschadenverzicht die Entstehung eines Anspruchs aus dem Anpassungsverhältnis der §§ 110 ff. einschränkt oder ausschließt, wie sich für Aufwendungen aus einer Anpassung aus § 110 Absatz 4 und der dort vorgenommenen Verweisung auf § 115 Absatz 3 und für Sicherungsaufwendungen aus § 111 Absatz 3 und der Verweisung auf § 110 Absatz 4 ergibt. Bergschadenverzichte können als **Grunddienstbarkeiten** oder **beschränkte persönliche Dienstbarkeiten** in das Grundbuch eingetragen werden (Einzelheiten § 114 Rn 65 ff.). Solche Verzichte bestehen häufig, wenn das verzichtbelastete Grundstück aus dem Vermögen des Unternehmers stammt oder wenn aufgrund einer Bergschadenregulierung auf Totalschadenbasis mit Abgeltung des Verkehrswertes eine erneute Bebauung verhindert werden soll. Ob auch ein **Verzicht auf den Ersatz der Bergschädensicherungskosten**, ggf. zugleich mit einem Bergschadenverzicht, in das Grundbuch eingetragen werden kann, erscheint angesichts des Umstandes, dass ein solcher Anspruch ein Verlangen des Unternehmers erfordert, also keinen Anspruch aus dem Eigentum darstellt, sondern Folge einer Schadenswarnung ist, zweifelhaft (anderer Ansicht Boldt/Weller, § 111 Rn 13). Eine Eintragung ist aber aus den oben genannten Gründen auch entbehrlich.

IV. Entsprechende Anwendung von Vorschriften der Anpassung (Absatz 3)

Absatz 3 überträgt durch Verweisung die Anwendung einiger für die Anpassung **20** nach § 110 geltender Vorschriften auch auf die Sicherung. Durch **Verweisung auf § 110 Absatz 2** wird geregelt, welcher Unternehmer ein Anpassungsverlangen stellen kann. Die Verweisung hat im Geltungsbereich des § 111 Bedeutung für den Fall, dass ein Anpassungsverlangen nicht ausgesprochen worden ist, etwa weil es nach Lage der Dinge nicht in Betracht kam, und zur Klarstellung in den Fällen einer erst geplanten oder bereits eingestellten Gewinnung.

Die entsprechende **Anwendung von § 110 Absatz 4** begründet eine **Obliegenheit** **21** **zur Vorschussleistung**, wenn der Bauherr vom Unternehmer eine solche verlangt. Leistet der Unternehmer bei Baubeginn trotz Aufforderung keinen angemessenen Vorschuss, braucht der Bauherr das Sicherungsverlangen nicht zu beachten, weil er den Verlust des Ersatzanspruchs nicht zu befürchten hätte (§ 112 Absatz 1 Satz 2).

Wegen der entsprechenden **Anwendung des § 110 Absatz 5** ist ein Sicherungs-   **22** verlangen des Unternehmers nicht möglich, wenn sich Bergschadensrisiko und Sicherungsaufwand in einem **unangemessenen Verhältnis** befinden. Die Vorschrift, die nach der amtlichen Begründung den Grundsatz der Verhältnismäßigkeit verkörpern soll (BT-Drs 8/1315, 140 = Zydek, 420) hat bei der Sicherung noch weniger Bedeutung als bei der Anpassung. Es kann als ausgeschlossen gelten, dass bei einem geringen Bergschadensrisiko Sicherungsmaßnahmen gefordert werden, die im Verhältnis hierzu hoch und deshalb unnötig sind, da der Unternehmer die entsprechenden Aufwendungen (und Nachteile, vgl. oben Rn 17) selbst zu tragen hätte. Etwas anderes gilt bei **öffentlichen Verkehrsanlagen**, da nach § 124 Absatz 2 die Kostenverteilung nicht nach den Grundsätzen der §§ 110 und 111 erfolgt, sondern nach einem Prioritätsprinzip. Zu den Einzelheiten vgl. § 110 Rn 40, § 124 Rn 20 ff.

V. Maßnahmen an bestehenden Anlagen (nachträgliche Sicherungen)

Maßnahmen an bestehenden Anlagen werden auch als **nachträgliche Sicherun-**   **23** **gen** bezeichnet. Sie sind aus verständlichen Gründen schwieriger durchzuführen und deshalb kostenaufwendiger, nicht zuletzt auch deshalb, weil während der oft mehrmonatigen Bauphase regelmäßig für die Nutzer (Bewohner eines Gebäudes, Produktionsbetrieb) Ersatzlösungen notwendig werden (vgl. Drisch/Finke, S. 326; Pollmann/Wilke, Bochumer Beiträge Bd. 18/II, S. 177). In jedem einzelnen Fall hat die **Zumutbarkeit** nachträglicher Sicherungsmaßnahmen für den jeweiligen Nutzer, unabhängig von dem Interesse des Unternehmers, seine Bergschadenskosten gering zu halten, eine erhebliche Bedeutung. Nachträgliche Sicherungen können daher grundsätzlich nur in weitgehendem

Einvernehmen der Beteiligten durchgeführt werden. Es erscheint deshalb verständlich, dass in der Rechtsprechung bis zum Inkrafttreten des BBergG nur wenige Entscheidungen vorliegen, die sich mit dem Thema einer nachträglichen Sicherung gegen Bergschäden befassen. Vgl. Hans Schulte, Obliegenheiten zu nachträglicher Gebäudesicherung im Bergschadenrecht Bochumer Beiträge Bd. 12, S. 175, 180 f. Auch im Schrifttum zum ABG finden sich kaum Hinweise.

24 Auf **nachträgliche Sicherungen** ist § 111 **nicht anwendbar,** und zwar weder unmittelbar noch analog. Eingehend zu diesem Problemkreis Hans Schulte, aaO (Rn 23), S. 188. Gegen die **unmittelbare Anwendung** sprechen der Wortlaut, die Systematik und die Entstehungsgeschichte der §§ 110 bis 113. Bereits die im Gesetz verwendete Terminologie (Bauherr, Errichtung, Erweiterung usw.) hindert eine unmittelbare Anwendung. Anpassung nach § 110 Absatz 1 und Bauwarnung (§ 113) sind bei bestehenden Anlagen nicht möglich, sodass es problematisch ist, § 111 aus dem Kontext herauszulösen und auf andere Sachverhalte anzuwenden. Durchführbar sind zwar technische Maßnahmen an bestehenden baulichen Anlagen mit dem Ziel, sie funktionsfähig zu erhalten oder den Schadensumfang zu verringern. Es sind dies aber keine zusätzlichen baulichen Vorkehrungen und damit auch keine Sicherungsmaßnahmen nach der Legaldefinition des § 111. Auch nach ihrer Entstehungsgeschichte sind die §§ 110 bis 113 für Neuanlagen konzipiert. Die Gesetzesfassung ist die Reaktion auf den Widerstand gegen öffentlich-rechtlich strukturierte Lösungsmodelle in den Referentenentwürfen mit ihren Bergschadenschutz- oder Sicherungsgebieten (vgl. § 110 Rn 3 ff.), nach denen nur neue Anlagen mit Sicherungen gegen Bergschäden ausgestattet werden sollten. Die **analoge Anwendung** des § 111, die Hans Schulte (Bochumer Beiträge Bd. 12, S. 175, 188 f.) für möglich hält, ist dem Einwand ausgesetzt, dass damit zwangsläufig auch die Sanktion des § 112 analog angewendet werden müsste. Diese Vorschrift aber eröffnet keine Abwägungsmöglichkeiten, wie sie bei bestehenden baulichen Anlagen unter dem Gesichtspunkt der Zumutbarkeit und des Verschuldens stattfinden müsste. Insgesamt erscheint das gesetzliche Lösungsmodell des Anpassungsverhältnisses als zu rigide, dass es auf bestehende Anlagen angewendet werden könnte (kritisch auch Schürken/Finke, S. 64 Fn. 30).

25 Für Maßnahmen an bestehenden Anlagen kommt demgegenüber die **Anwendung des § 118 (mitwirkendes Verschulden)** in Betracht, der auf § 254 BGB verweist. Bietet der Unternehmer dem Eigentümer einer bestehenden Anlage an, die Anlage nachträglich auf seine Kosten gegen bergbauliche Einwirkungen zu sichern, muss dieser das Angebot annehmen, weil sein Bergschadensersatzanspruch gekürzt werden oder entfallen kann, wenn er auf das Angebot nicht eingeht.

VI. Erstattung von Aufwendungen des Bauherrn für Sicherungsmaßnahmen ohne Verlangen des Unternehmers

26 Nach dem Wortlaut des § 111 hat der Unternehmer nur solche Aufwendungen des Bauherrn zu ersetzen, die aufgrund eines ausdrücklichen Sicherungsverlangens entstanden sind (vgl. § 111 Absatz 1 Satz 1, Absatz 2). Aufwendungen für Sicherungsmaßnahmen, die der Bauherr – auch wenn sachverständig beraten – aufgrund eigener Entscheidung getroffen hat, muss er selbst tragen. Einen Anspruch auf Ersatz räumt ihm auch § 114 Absatz 1 nicht ein, da diese Vorschrift tatbestandlich einen Sachsubstanzschaden verlangt. Einen Schadensersatzanspruch wegen „drohender Berggefahr" begründet die Vorschrift im Gegensatz zum früheren Recht in der Auslegung der Rechtsprechung nicht mehr (vgl. § 114 Rn 47).

Dass ein Unternehmer bei eindeutig bestehendem Bergschadensrisiko kein **27** Sicherungsverlangen stellt, dürfte selten vorkommen. Immerhin ist es aber denkbar, dass das Risiko, insbesondere in Bereichen, in denen der Abbau seit einiger Zeit eingestellt ist, vom Unternehmer als so gering eingeschätzt wird, dass der Sicherungsaufwand aus dem in § 110 Absatz 5 genannten Grund als unangemessen erscheint, er deshalb kein Sicherungsverlangen stellt und es auf den Eintritt eines Schadens ankommen lässt, während der Bauherr ein solches Risiko nicht eingehen will. Es ist nicht zu bestreiten, dass in solchen Fällen eine Regelungslücke besteht. Der Lösungsansatz, dem Bauherrn in verfassungskonformer Auslegung der §§ 110 und 111 einen gerichtlich verfolgbaren Anspruch auf Auskunft über ein bestehendes Bergschadensrisiko und bejahendenfalls auf Aussprechen eines Sicherungsverlangens zu geben (so Wilhelms, BauR 2004, 754, 763), entfernt sich deutlich von der Struktur der gesetzlichen Regelung und erscheint wenig praktikabel, weil der Bauherr erhebliche Beweisschwierigkeiten haben dürfte und deshalb ein hohes Prozessrisiko trägt.

Es könnte jedoch erwogen werden, dem Bauherrn in Anwendung der zum **28** **Ersatz von Vorsorgeaufwendungen** entwickelten Grundsätze (vgl. Palandt-Grüneberg, § 249 Rn 62) einen Anspruch auf Ersatz der Aufwendungen für eigenmächtig getroffene Sicherungsmaßnahmen dann einzuräumen, wenn die bauliche Anlage infolge bergbaurechtlicher Einwirkungen später tatsächlich einen Sachsubstanzschaden erlitten hat und festgestellt wird, dass der eingetretene Schaden ohne die Sicherungsmaßnahmen höher gewesen wäre. Da in solchen Fällen die für die Festlegung der notwendigen Sicherungsmaßnahmen im Gesetz vorgegebenen Parameter (vgl. § 111 Absatz 1 Satz 2) nicht vorliegen oder nicht bekannt sind, sind Aufwendungen nur für solche Sicherungsmaßnahmen zu ersetzen, die durchschnittlichen Maßstäben entsprechen und bei Bauten der in Rede stehenden Größe und Form angemessen sind.

§ 112 Verlust des Ersatzanspruchs

Werden bauliche Anlagen unter Verstoß gegen § 110 oder § 111 errichtet, erweitert oder wesentlich verändert, so ist ein Anspruch auf Ersatz eines Bergschadens wegen der Beschädigung dieser Anlagen und der daraus entstandenen Schäden an Personen oder Sachen ausgeschlossen, soweit der Schaden auf die Nichtbeachtung der genannten Vorschriften zurückzuführen ist. Satz 1 gilt nicht, wenn der Unternehmer seiner Pflicht zum Ersatz oder zur Tragung der Aufwendungen oder zur Vorschußleistung nach § 110 Abs. 3 und 4 oder nach § 111 Abs. 2 und 3 nicht oder nur teilweise nachgekommen ist. Bei Verstößen, des Bauherrn oder Unternehmers, die nicht auf Vorsatz oder grober Fahrlässigkeit beruhen, gilt § 118 entsprechend.

Übersicht

	Rn
I. Vorbemerkungen	1
1. Zweck der Regelung	1
2. Rechtsdogmatische Einordnung	2
a) Obliegenheit	2
b) Spezialregelung mitwirkenden Verschuldens	3
II. Vollständiger Ausschluss des Ersatzanspruchs (Satz 1)	4
1. Verstoß gegen § 110 oder § 111	4
2. Verschulden des Bauherrn	5
3. Ursachenzusammenhang	6
4. Rechtsfolge	8
a) Gegenstand des Anspruchsverlusts	8

b) Keine Abwägung der Verursachungsbeiträge   9
c) Auswirkungen auf Rechtsnachfolger des Bauherrn und des Unternehmers 10
d) Feststellungsklage 11
5. Obliegenheitsverletzung von Hilfspersonen des Bauherrn 12

III.   Obliegenheiten des Unternehmers (Satz 2) 13

I. Vorbemerkungen

1. Zweck der Regelung

1 Der **Verlust des Ersatzanspruchs**, so auch die Überschrift im Gesetz, ist die drastische Folge einer vorsätzlichen oder grob fahrlässigen Nichtbeachtung eines Anpassungs- und/oder Sicherungsverlangens des Unternehmers. Der Wortlaut der Vorschrift ist so gefasst, dass auch ein in der Lektüre von Gesetzestexten wenig Geübter ihren Sinn sofort versteht. Verhaltenspsychologisch nicht ungeschickt, wird der Eindruck erweckt, die §§ 110 und 111 enthielten zwingende gesetzliche Gebote („Verstoß"), deren schuldhafte „Nichtbeachtung" im Falle eines Bergschadens schwerwiegende nachteilige Folgen für das eigene Vermögen bewirkt.

2.   Rechtsdogmatische Einordnung

2 a) **Obliegenheit.** Mit der in den §§ 110 bis 112 getroffenen Regelung begründet das Gesetz eine Verbindlichkeit des Bauherrn zu einem bestimmten Verhalten, das zu einer Verminderung des Bergschadensrisikos führen soll (vgl. § 110 Absatz 5). Die Nichtbeachtung dieser Verbindlichkeit, die erst durch ein bestimmtes Verlangen (vgl. § 110 Rn 21) entsteht, wird durch den Verlust des Ersatzanspruchs sanktioniert. Es handelt sich um **keine echten (einklagbaren) Rechtspflichten**, sondern um Pflichten minderer Intensität, die allgemein als Obliegenheiten bezeichnet werden. § 112 gehört sachlich und rechtsdogmatisch in den Anwendungsbereich des § 254 BGB (mitwirkendes Verschulden), enthält aber eine **bergrechtliche Spezialregelung.**

3 b) **Spezialregelung mitwirkenden Verschuldens.** § 112 ist wie § 254 BGB, der nach Satz 3 über § 118 bei nicht auf Vorsatz oder grober Fahrlässigkeit beruhenden Verstößen des Bauherrn eingreifen soll, Ausdruck des Rechtsgedankens, dass derjenige, der die Sorgfalt außer acht lässt, die nach Lage der Sache erforderlich erscheint, um sich selbst vor Schaden zu bewahren, den Verlust oder die Kürzung seines Schadensersatzanspruchs hinnehmen muss. Zu Bedeutung und Grundgedanken des § 254 BGB (vgl. Lange, § 10 V, Palandt-Grüneberg, § 254 Rn 1 f.; Staudinger-Schiemann, § 254 Rn 30 f., jeweils mit weit. Nachweisen). Soweit daher in § 254 BGB von einem Verschulden die Rede ist, das an der Entstehung des Schadens mitgewirkt habe, besteht Einvernehmen, dass dieser Begriff in einem weiteren uneigentlichen Sinne gebraucht wird. Schuldhaft handelt nach allgemeinem Sprachgebrauch des BGB, wer gegenüber einem anderen oder gegenüber der Allgemeinheit bestehende Rechtspflichten in vorwerfbarer Weise verletzt. Es besteht aber keine allgemeine Rechtspflicht zum sorgsamen Umgang mit eigenen Rechtsgütern (vgl. Palandt-Grüneberg, § 254 Rn 1). Im Unterschied zu § 254 BGB spricht § 112 nicht von Verschulden, sondern nennt in Satz 3 einzelne Schuldformen, nämlich Vorsatz und grobe Fahrlässigkeit. In der Sache hat das nichts zu besagen, da Verschulden den Oberbegriff der Schuldformen Vorsatz und Fahrlässigkeit darstellt. Das „mitwirkende Verschulden" an der Entstehung des Schadens besteht im Anwendungsbereich des § 112 in der vorsätzlichen oder grob fahrlässigen Nichtbeachtung eines Anpassungs- und/oder Sicherungsverlangens. Bei leicht fahrlässiger Nichtbeachtung ist nicht § 112 Satz 1 anzuwenden, sondern über § 118 die Regelung des § 254 BGB. Die **Schuldformen** dienen hier zur **Abgrenzung der Rechtsfolgen.** Deshalb ist der Schluss zwingend, dass § 112 Satz 1 und § 254 BGB unterschiedliche Rechtsfolgen zum Gegenstand haben. Bei **§ 112 Satz 1 und vorsätzlichem/grob fahrlässigem Verhalten** besteht die Rechtsfolge in dem **absoluten Ausschluss des Ersatzanspruchs** einschließlich der Folgeschäden. Bei **leicht fahrlässiger Nichtbeachtung eines Verlangens** des Unternehmers bleibt entsprechend den Grundsätzen des § 254 BGB eine **Abwägung der Verursachungsanteile** möglich (§ 112 Satz 3). Weitere Einzelheiten vgl. unten Rn 9.

II. Vollständiger Ausschluss des Ersatzanspruchs (Satz 1)

1. Verstoß gegen § 110 oder § 111

Da die Obliegenheiten nach diesen Vorschriften erst nach einem ausdrücklichen **4** und inhaltlich bestimmten Anpassungs- und/oder Sicherungsverlangen des Unternehmers einsetzen, knüpft die Sanktion an die Nichtbeachtung eines solchen Verlangens an. Ein *„Verstoß"* des Bauherrn liegt auch bei einer **Abweichung von einem konkret formulierten Verlangen** des Unternehmers vor, wenn der Bauherr also etwa die abgeforderte Sicherung vorgenommen, eine zugleich verlangte Anpassung aber unterlassen hat. Das gilt auch dann, wenn diesem Versäumnis durch einen Mehraufwand an Sicherung Rechnung getragen wurde (vgl. § 111 Absatz 2 Satz 2). Eine **Obliegenheitsverletzung** ist ferner anzunehmen, wenn eine geforderte Maßnahme nicht entsprechend dem Stand der Technik durchgeführt worden ist, also z. B. Dehnungsfugen zwar angelegt wurden, der Fugenraum aber mit Wärmedämmplatten aufgefüllt wurde (weitere Fehler bei der Fugenausbildung bei Drisch/Schürken, S. 204 mit Beispielen) oder periodische oder kontinuierliche Überwachungsmaßnahmen (vgl. § 111 Rn 11) unterbleiben. **Kein Verstoß** gegen § 110 oder § 111 liegt vor, wenn der Unternehmer kein Verlangen ausgesprochen hat, etwa weil Baumaßnahmen nicht zu seiner Kenntnis gelangt sind, z. B. bei behördlich nicht genehmigungsbedürftigen wesentlichen Veränderungen innerhalb von Gebäuden. In solchen Fällen kann eine Anwendung des § 118 und damit des § 254 BGB in Betracht kommen.

2. Verschulden des Bauherrn

Wie sich aus Satz 3 der Vorschrift ergibt, muss der Bauherr den Verstoß **5** **vorsätzlich oder grob fahrlässig** begangen haben. Im Bereich des § 254 BGB liegt Mitverschulden vor, wenn der Geschädigte die Sorgfalt außeracht gelassen hat, die ein verständiger Mensch aufwendet, um sich vor Schaden zu bewahren; die Sorgfaltsverletzung muss vorsätzlich oder fahrlässig erfolgen (Palandt-Grüneberg, § 254 Rn 12). Sinngemäß das gleiche gilt im Bereich des § 112, allerdings mit der Maßgabe, dass in dieser Vorschrift mit Hilfe der Schuldformen grobe und leichte Fahrlässigkeit unterschiedliche Rechtsfolgen bei relevantem Mitverschulden begründen werden (vgl. oben Rn 3, unten Rn 7 f.). Die für ein Mitverschulden weitere Voraussetzung einer Vorhersehbarkeit und Vermeidbarkeit ist bei Ignorierung eines Anpassungs- oder Sicherungsverlangens zu bejahen. Liegt lediglich **leichte Fahrlässigkeit** vor, sind über § 118 die Grundsätze des § 254 BGB anzuwenden mit der Folge, dass die Mitverursachungsanteile abgewogen werden können (vgl. unten Rn 7 f.).

3. Ursachenzusammenhang

Der schuldhafte Verstoß des Bauherrn gegen die § 110 und § 111 muss für die **6** eingetretene Schädigung **mitursächlich** geworden sein. Das Gesetz kleidet diese

Voraussetzung in die Formulierung *„soweit der Schaden auf die Nichtbeachtung der genannten Vorschriften zurückzuführen ist".* Mit dieser Einschränkung sollten nach der Gesetzesbegründung ungerechtfertigte Ergebnisse vermieden werden (BT-Drs 8/1315, 149 = Zydek, 422). Maßnahmen der Anpassung und Sicherung schließen die Entstehung von Substanzschäden an einer baulichen Anlage selten vollständig aus. Auch das Gesetz geht von einer **Verminderung des Bergschadensrisikos** aus (vgl. § 110 Absatz 5, § 113 Absatz 1 mit Hinweis auf den Maßstab der Verhältnismäßigkeit; hierzu § 110 Rn 40, § 111 Rn 22). Wenn aber Anpassungs- und Sicherungsmaßnahmen einen bergbaubedingten Substanzschaden (Bergschaden im Sinne des § 114 Absatz 1) im allgemeinen nicht gänzlich ausschließen, sondern zumeist nur die Intensität der Schädigung verringern, kann auch umgekehrt die Unterlassung solcher Maßnahmen nur zu einer Vergrößerung der Schädigung führen und nicht ihre Entstehung überhaupt erst bewirken. Für die Kausalität zwischen Nichtbeachtung der §§ 110 und 111 und eingetretenem Schaden ist es daher ausreichend, dass die schuldhafte Unterlassung des Bauherrn für den Schaden eine **Mitursache** gesetzt hat. Wirkt sich die Nichtbeachtung eines Anpassungs- und/oder Sicherungsverlangens auf die Schadensherbeiführung nicht aus oder wäre der Schaden auch bei Beachtung eines solchen Verlangens entstanden, behält der Bauherr seinen Entschädigungsanspruch. Der „Soweit"-Satz in § 112 ist mithin Teil des Tatbestands der Norm, nicht Teil der Rechtsfolge.

7   Für den Ursachenzusammenhang im Bereich des Mitverschuldens gelten die allgemeinen Regeln, also **Mitursächlichkeit im Sinne der Adäquanztheorie** und **Begrenzung durch den Schutzzweck der Norm** (vgl. zu § 254 BGB: Palandt-Grüneberg, § 254 Rn 14; Lange § 10 VIII), da Haftungsbegründung und Haftungsbegrenzung miteinander korrespondieren, obwohl dies selten zweifelhaft sein dürfte. Den Ursachenzusammenhang zwischen Verstoß gegen die Obliegenheit und der Mitursächlichkeit des Verstoßes für den eingetretenen Substanzschaden an der baulichen Anlage (**haftungsbegründende Kausalität**) hat der Unternehmer nach dem Grundsatz des § 286 ZPO zu beweisen. Dazu muss er in der Regel nur eine Obliegenheitsverletzung beweisen, also den Beweis für ein konkretisiertes Anpassungs- und/oder Sicherungsverlangen und dessen Zugang beim Bauherrn führen. Ist der Beweis geführt, ist eine Klage auf Schadensersatz abzuweisen. Es ist Sache des Bauherrn darzulegen und zu beweisen, dass der Verstoß lediglich auf leichter Fahrlässigkeit beruht hat. Liegt lediglich leichte Fahrlässigkeit vor, ist der Weg über § 118 zu § 254 BGB eröffnet. Für die Abwägung der Verursachungsanteile (unten Rn 9) ist dann § 287 ZPO anzuwenden (vgl. BGH, NJW 1986, 2945 zu § 254 m. w. N.).

4. Rechtsfolge

8   **a) Gegenstand des Anspruchsverlusts.** Die Nichtbeachtung eines Anpassungs- und/oder Sicherungsverlangens durch den Bauherrn hat den Verlust des Anspruchs auf Ersatz eines Bergschadens wegen der Beschädigung der baulichen Anlage und wegen der daraus entstandenen Schäden an Personen und Sachen zur Folge. Offenbar im Interesse der Prägnanz der Aussage auch im Hinblick auf den juristischen Laien (oben Rn 1) ist dem Wortlaut des § 114 Absatz 1 als der maßgeblichen Haftungsnorm abgewichen worden. Nach dieser Haftungsvorschrift ist nicht ein Bergschaden zu ersetzen, sondern als **Bergschaden** gilt durch Legaldefinition der Eingriff in die körperliche Unversehrtheit des Menschen oder die Beschädigung einer Sache, also das haftungsbegründende Erstereignis. **Ausgeschlossen** wird durch § 112 der **gesamte Ersatz des Schadens im Rechtssinne.** Der Ausschluss von der Ersatzpflicht umfasst damit alle unmittelbar und mittelbar auf das schädigende Ereignis kausal zurückzuführende nach dem Gesetz ersatzfähige **Vermögensschäden**, soweit sie mit dem Haftungsgrund

(Beschädigung der baulichen Anlage) in zurechenbarem Zusammenhang stehen, sowie in gleicher Weise **Personenschäden.**

b) Keine Abwägung der Verursachungsbeiträge. Eine **Abwägung der Verursa-** **9** chungsbeiträge von Bauherr und Unternehmer ist bei **vorsätzlichem und grob-** **fahrlässigem Verstoß** des Bauherrn **nicht vorgesehen.** Anders als bei § 254 BGB spielen die Umstände des Einzelfalles und die Überlegung, *„inwieweit der* *Schaden vorwiegend von dem einen dem anderen Teile verursacht worden ist",* keine Rolle. Das folgt aus der differenzierenden Lösung des Gesetzes, das nur bei einem leicht fahrlässigen Verstoß gegen § 110 und § 111 eine Anwendung der Grundsätze des § 254 BGB zulässt.

c) Auswirkungen auf Rechtsnachfolger des Bauherrn und des Unternehmers. **10** Wortlaut *(„ Werden [...] errichtet")* und Zweck der Vorschrift sprechen dafür, dass es nicht darauf ankommen kann, ob sich die bauliche Anlage im Zeitpunkt des Eintritts eines Bergschadens noch im Besitz oder Eigentum des Bauherrn befindet. Vielmehr verliert auch jeder **Rechtsnachfolger** seine Ersatzansprüche aus § 114 Absatz 1, sofern ein Rechtsvorgänger ein Anpassungs- und/oder Sicherungsverlangen des Unternehmers nicht befolgt hat. Eine andere Auslegung würde dem vom Gesetzgeber gewollten Vorrang der Schadensverhütung vor der Schadensbeseitigung nicht entsprechen (Boldt/Weller, § 112 Rn 12). Es emp- fiehlt sich deshalb, in Kaufverträge über bebaute Grundstücke in Bergsenkungs- gebieten eine klarstellende Versicherung des Verkäufers dahingehend aufzuneh- men, dass der Ersatz auf etwaige künftige Bergschäden nicht wegen § 112 ausgeschlossen sei (so mit Recht Boldt/Weller, § 112 Rn 12). Aus den gleichen Gründen können sämtliche **Rechtsnachfolger des Unternehmers,** der ein Ver- langen ausgesprochen hat, im Falle eines von ihnen verursachten Bergschadens den Einwand geltend machen, der Bauherr sei wegen Nichtbefolgung eines Anpassungs- oder Sicherungsverlangens mit seinen Ansprüchen ausgeschlossen.

d) Feststellungsklage. Der Unternehmer kann bereits vor Eintritt eines Scha- **11** densereignisses im Weg der Feststellungsklage nach § 256 ZPO das Nichtbeste- hen seiner künftigen Haftung im Falle des Eintritts von Bergschäden feststellen lassen. Ein Feststellungsinteresse ist zu bejahen, weil zwischen der Errichtung und Erweiterung einer baulichen Anlage und dem Schadenseintritt ein längerer Zeitraum vergehen kann, insbesondere wenn Anpassungs- und Sicherungsmaß- nahmen für einen Bereich gefordert worden sind, für den erst ein Rahmen- betriebsplan vorliegt. Auch kann bei der baulichen Anlage eine Rechtsnachfolge eintreten, sodass sich die Möglichkeiten, mit dem Einwand des § 112 durch- zudringen, aus Beweisgründen zunehmend verschlechtern. Aus den gleichen Gründen besteht auch ein Interesse an alsbaldiger Feststellung. Ein Beweissiche- rungsverfahren nach § 485 ZPO ist in diesen Fällen nicht anwendbar.

5. Obliegenheitsverletzung von Hilfspersonen des Bauherrn

Mit dem Zugang des Anpassungs- und Sicherungsverlangens beim Bauherrn ist **12** das Anpassungsverhältnis eingeleitet. Insoweit besteht eine gesetzliche Sonder- beziehung zwischen den Beteiligten, welche die Anwendung des § 278 BGB rechtfertigt. Der Bauherr verliert den Ersatzanspruch auch dann, wenn ein mit der Bauleitung beauftragter Architekt oder Bauunternehmer als dessen Erfül- lungsgehilfe ein Verlangen des Unternehmers nicht oder nur teilweise befolgt (vgl. § 110 Rn 19).

III. Obliegenheiten des Unternehmers (Satz 2)

13 Der Unternehmer kann sich auf den Ausschluss des Ersatzanspruchs wegen unterlassener Anpassung und Sicherung nur dann berufen, wenn er selbst den Obliegenheiten aus dem Anpassungsverhältnis nachgekommen ist. Das ist insbesondere dann nicht der Fall, wenn er keinen angemessenen **Vorschuss in Geld** nach § 110 Absatz 4 geleistet hat. Die andere im Gesetz genannte Obliegenheitsverletzung dürfte keine praktische Bedeutung haben. Hat der Bauherr ein Anpassungs- und Sicherungsverlangen befolgt, kann er die damit verbundenen Aufwendungen vom Bauherrn nach § 110 Absatz 3 und § 111 Absatz 2 ersetzt verlangen, sodass für eine Anwendung der Sanktion des § 112 ohnehin kein Raum ist.

§ 113 Bauwarnung

(1) Ist der Schutz baulicher Anlagen vor Bergschäden nach § 110 oder § 111 nicht möglich oder stehen Nachteile oder Aufwendungen für eine Anpassung im Sinne des § 110 oder für Sicherungsmaßnahmen im Sinne des § 111 in einem unangemessenen Verhältnis zu der durch diese Maßnahmen eintretenden Verminderung des Bergschadensrisikos, so kann der Unternehmer vor der Errichtung, Erweiterung oder wesentlichen Veränderung einer baulichen Anlage eine schriftliche Bauwarnung gegenüber dem Bauherrn aussprechen. Die Bauwarnung hat Angaben über die Art der zu erwartenden bergbaulichen Beeinträchtigungen der Oberfläche, über die sich daraus ergebenden wesentlichen Einwirkungen auf die bauliche Anlage und über das Vorliegen der Voraussetzungen nach Satz 1 zu enthalten.

(2) Werden bauliche Anlagen entgegen der Bauwarnung errichtet, erweitert oder wesentlich verändert, ist ein Anspruch auf Ersatz eines Bergschadens wegen der Beschädigung dieser Anlagen und der daraus entstandenen Schäden an Personen oder Sachen ausgeschlossen. Satz 1 gilt nicht, wenn die Voraussetzungen für das Aussprechen der Bauwarnung nach Absatz 1 Satz 1 nicht vorgelegen haben oder die Errichtung, Erweiterung oder wesentliche Veränderung von Leitungen zur öffentlichen Versorgung oder Entsorgung unvermeidbar ist.

(3) Wenn ausschließlich infolge der Bauwarnung nach Absatz 1 ein Grundstück nicht bebaut oder Art oder Maß der baulichen Nutzung in der sonst zulässigen Weise nicht ausgeschöpft werden können, hat der Unternehmer Ersatz für die Minderung des Verkehrswertes des Grundstücks zu leisten. Ist es dem Eigentümer mit Rücksicht auf die Bauwarnung wirtschaftlich nicht mehr zuzumuten, das Grundstück zu behalten oder es in der bisherigen oder einer anderen zulässigen Art zu nutzen, so kann er vom Unternehmer die Übernahme des Grundstücks verlangen. In diesem Fall hat der Unternehmer den Verkehrswert, den das Grundstück ohne die Bauwarnung hätte, sowie die für die Beschaffung eines Ersatzgrundstücks erforderlichen Aufwendungen zu ersetzen. Ein Anspruch nach Satz 1 besteht insoweit nicht, als Tatsachen die Annahme rechtfertigen, daß die Absicht, eine bauliche Anlage zu errichten, zu erweitern oder wesentlich zu verändern, nur erklärt wird, um einen Wertersatz zu erlangen.

Übersicht   Rn

I.   Vorbemerkung   1
1.   Begriff   1
2.   Historischer Rückblick   2
     a) Recht des ABG   2
     b) Rechtsprechung   3

II. Geltungsbereich 4
1. Ziel der Neuregelung 4
2. Öffentliche Verkehrsanlagen 5
3. Leitungen der öffentlichen Versorgung und Entsorgung (Absatz 2 Satz 2) . 6
III. Voraussetzungen der Bauwarnung (Absatz 1) 8
1. Unmöglichkeit von Anpassungs- und Sicherungsmaßnahmen 8
2. Unverhältnismäßigkeit von Anpassungsaufwand und Risikoverminderung 9
   a) Grundsätze 9
   b) Bauwarnung als Instrument der Raumordnung 11
   c) Bewertungskriterien 12
   d) Verkehrswert des Grundstücks als Maßstab 13
   e) Sonderinteresse als Abwägungsbelang 15
3. Schriftlichkeit der Bauwarnung 18
4. Inhalt der Bauwarnung (Absatz 1 Satz 2) 20

IV. Rechtsfolgen der Bauwarnung (Absatz 2) 22
1. Ausschluss von Ersatzansprüchen 22
2. Rechtsnachfolger des Bauherrn 25

V. Ersatzansprüche des Bauherrn (Absatz 3) 26
1. Ersatz der Verkehrswertminderung (Absatz 3 Satz 1) 26
2. Übernahmeanspruch (Absatz 3 Satz 2) 27
3. Vorgespiegelte Bauabsicht (Absatz 3 Satz 4) 29
4. Verjährung der Ansprüche 30

I. Vorbemerkung

1. Begriff

Mit der Bauwarnung kann der Unternehmer eine bauliche Maßnahme verhin- **1**
dern, wenn das Bergschadensrisiko durch Anpassungs- oder Sicherungsmaßnahmen nach den §§ 110 und 111 nicht ausgeschlossen werden kann oder der
Aufwand in einem unangemessenen Verhältnis zur Verminderung des Risikos
stünde (§ 113 Absatz 1). Eine **Bauwarnung** läuft auf einen erzwungenen **Bebau-
ungsverzicht** hinaus; denn das Bauen trotz Bauwarnung führt zum vollständigen
Verlust aller Bergschadensersatzansprüche (§ 113 Absatz 2). Die Bauwarnung
bewirkt in der Regel eine **Verminderung des Verkehrswerts** des betroffenen
Grundstücks, die durch **Ersatzleistung des Unternehmers** auszugleichen ist
(§ 113 Absatz 3).

2. Historischer Rückblick

a) Recht des ABG. Nach der **Gesetzesbegründung zum BBergG** wurde das **2**
Institut der Bauwarnung aus dem geltenden Recht übernommen (BT-Drs 8/
1315, 140 = Zydek, 424). Das ist so nicht richtig; denn die Bauwarnung war
kein im ABG verankertes Rechtsinstitut, sondern ein Mittel des Bergbautreibenden, dem Grundbesitzer eine zum Haftungsausschluss führende **positive
Kenntnis einer drohenden Berggefahr** zu vermitteln. Denn nach § 150 Absatz 1
ABG traf den Bergwerksbesitzer keine Ersatzpflicht für Bergschäden nach § 148
ABG, wenn der Schaden an solchen Gebäuden oder Anlagen entstand, die zu
einer Zeit errichtet worden waren, *„wo die denselben durch den Bergbau
drohende Gefahr dem Grundbesitzer bei Anwendung gewöhnlicher Aufmerksamkeit nicht unbekannt bleiben konnte"*. Der Haftungsausschluss setzte
voraus, dass gerade dem Baugrundstück im Zeitpunkt des Baubeginns eine
besondere (konkrete) Berggefahr aus einer bestimmten Betriebshandlung des
Bergwerksbesitzers drohte. Ferner musste dem Grundeigentümer im Zeitpunkt

des Beginns der Bauausführung gerade die seinem Grundstück drohende besondere (konkrete) bergbauliche Einwirkung bekannt oder infolge Verschuldens unbekannt sein. Insbesondere die **Kenntnis einer allgemeinen Berggefahr** war **nicht ausreichend.** Schäden an in der Nähe gelegenen anderen Bauwerken vermochten ebensowenig die Kenntnis einer konkreten Berggefahr zu begründen wie das Wissen des Bauherrn über umgehenden Bergbau unter seinem Grundstück oder in dessen unmittelbarer Nähe, ferner nicht die allgemeine Kenntnis, dass das Grundstück im Einflußbereich des Bergbaus lag. § 150 Absatz 1 ABG war im Übrigen nicht als *„ungewöhnlich weitgehender"* Haftungsausschluss (so BGHZ 57, 375, 384) gedacht, sondern bildete z. Zt. des Erlasses des ABG die übliche Rechtsfolge bei konkurrierendem Verschulden des Geschädigten. Damals galt das gemeinrechtliche Prinzip der Culpa-Kompensation, nach dem ein relevantes Mitverschulden einen Ersatzanspruch völlig ausschloss (Lange, Schadensersatz, § 10 I). § 150 Absatz 1 ABG war Ausdruck dieser allgemeinen Rechtsregel; sie wurde nur deshalb in das ABG aufgenommen, um angesichts der neuartigen verschuldensunabhängigen Haftung des § 148 ABG Zweifel an der Anwendung dieser Mitverschuldensgrundsätze auszuschließen (Motive, ZfB 6 (1865), 172, 173; Vowinckel, ZfB 108 (1968), 261, 285 f.).

3 b) **Rechtsprechung.** Aus einer ergangenen Bauwarnung konnte die Kenntnis des Grundbesitzers von der durch den Bergbau drohenden Gefahr oder seine grob fahrlässige Unkenntnis gefolgert werden. Sie diente der dahingehenden Beweisführung des Bergwerksbesitzers (Brassert-Gottschalk, 2. Auflage, 1914, § 150 Anmerkung 7 b). Als Beweismittel war sie nach ständiger Praxis der Gerichte jedoch nur geeignet, wenn sie auch begründet war. Hierzu musste die Warnung die konkrete Gefahr, welche die zu errichtenden Gebäude durch den Bergbau zu erwarten hatten, deutlich erkennbar machen; außerdem hatte die in der Warnung angedeutete Gefahr mit dem hinterher schädigenden Umstande identisch zu sein. Die einschlägige Rechtsprechung des RG, die im Wesentlichen vor dem Inkrafttreten des BGB ergangen ist, wird erkennbar geprägt von dem Bemühen, die weitgehende Folge des § 150 Absatz 1 ABG mit dem vollständigen Ausschluss des Ersatzanspruchs abzuschwächen. Insbesondere mit Hilfe der Bedingung, wonach der **tatsächliche Verlauf des Schadens** den **Angaben in der Bauwarnung zu entsprechen** hatte, versuchte das RG, die Anwendung der Haftungsausschlussklausel zu verhindern. Aus diesem Grunde hatte eine Bauwarnung als Abwehrmittel des Bergbauunternehmers gegen eine nicht angepasste Oberflächenbebauung selten Erfolg.

II. Geltungsbereich

1. Ziel der Neuregelung

4 Mit ihr sollte den Schwierigkeiten Rechnung getragen werden, die in der Praxis bei Anwendung des geltenden Rechts aufgetreten waren (BT-Drs 8/1315, 140 = Zydek, 424). Mit diesem Hinweis ist neben der **Einführung des Schriftformerfordernisses** gemeint, dass zwar auch die Bauwarnung nach § 113 noch nachprüfbare Angaben über die zu erwartenden Bodenbewegungen und die sich daraus ergebenden wesentlichen Einwirkungen enthalten muss: Ihre Wirksamkeit setzt jedoch nicht mehr die vollständige Übereinstimmung der später tatsächlich auftretenden Schäden an der baulichen Anlage mit den früheren Angaben in der Bauwarnung voraus (unten Rn 20). Das Bauen entgegen einer ausdrücklichen Bauwarnung stellt sich als besonders schwerer Fall des **Verstoßes gegen die eigenen wohlverstandenen Interessen** des Bauherrn dar. Der Verlust des Ersatzanspruchs ist insoweit als Sanktion im Bereich des Mitverursachungsprinzips des § 254 Absatz 1 BGB angesiedelt; allerdings mit der Besonderheit, dass die Möglichkeit einer Abwägung der Verursachungsbeiträge beider Beteiligten ebenso wie in § 112 ausdrücklich ausgeschlossen wird (vgl. § 112 Rn 6). Über die Sanktion als Mittel der Verhaltenssteuerung werden auch raumordnende Wirkungen angestrebt: Wo die Anpassung oder Sicherung außerordentliche Kosten verursacht, sollen Bauvorhaben unterbleiben, es sei denn, dass sie aufgrund bestimmter Standortzwänge gerade an der vorgesehenen Stelle errichtet werden müssen.

2. Öffentliche Verkehrsanlagen

Gegenüber dem Betreiber oder Unternehmer einer öffentlichen Verkehrsanlage **5** (zum Begriff vgl. § 124 Rn 3 f.) kann der Bergbauunternehmer **keine Bauwarnung** aussprechen, da § 124 Absatz 1 Satz 2 die entsprechende Anwendung des § 113 auf Errichtung und Betrieb öffentlicher Verkehrsanlagen ausdrücklich ausschließt. Bei solchen Anlagen ist die im Einzelfall gewählte Linienführung in der Regel aus einem bestimmten regionalen oder überregionalen Verkehrsbedürfnis abgeleitet. Zudem liegen für eine ganz bestimmte Streckenplanung oftmals auch Zwangspunkte vor, die gerade die Verlegung der jeweiligen Verkehrsanlage in der beabsichtigten Trasse als notwendig erscheinen lassen. Für eine Abschwächung der Kollision zwischen Bergbau und öffentlicher Verkehrsanlage soll ein **besonderes Rücksichtnahmeprinzip** sorgen (im Einzelnen vgl. § 124 Rn 7 f.). Bei **Unvereinbarkeit beider Nutzungsarten** im gleichen Raum wird die Kollision zwischen Bergbau und öffentlicher Verkehrsanlage durch **Abbauverzicht** gelöst, es sei denn, dass das öffentliche Interesse an der Gewinnung überwiegt (§ 124 Absatz 3).

3. Leitungen der öffentlichen Versorgung und Entsorgung (Absatz 2 Satz 2)

Bei Strom-, Wasser- und Gasleitungen oder Anlagen der Abwasserentsorgung **6** (Entwässerungskanäle oder Einrichtungen von Wasserverbänden) ist eine **Bauwarnung ohne Wirkung,** wenn diese entsprechend ihren Aufgaben **unvermeidbar** in der vorgesehenen Trasse verlegt werden oder – ebenfalls aus Versorgungs- und Entsorgungsgründen – erweitert oder wesentlich geändert werden müssen. Neben dem eigentlichen Entsorgungszweck können sich bei der Festlegung der Linienführung von Entsorgungsanlagen besondere Zwänge aus der Notwendigkeit einer Erhaltung oder Ausnutzung des natürlichen Gefälles (Vorflut) ergeben. Der Unternehmer kann in diesen Fällen eine Bauwarnung zwar aussprechen; sie hat allerdings gegenüber den Trägern der Versorgungs- und Entsorgungseinrichtungen keine Wirkung, wenn Linienführung und technische Ausgestaltung der Anlagen von der wahrzunehmenden Funktion diktiert werden („unvermeidbar"). Leitungen zur öffentlichen Versorgung und Entsorgung liegen vor, wenn diese Anlagen der Versorgung oder Entsorgung einer größeren Anzahl von Personen oder Betrieben dienen.

Die **Rücksichtnahmepflicht** im Rahmen des Anpassungsverhältnisses gilt auch **7** für die Träger von Versorgungs- und Entsorgungseinrichtungen. Wie andere Bauherren haben daher auch sie die Leitungen den zu erwartenden Bodenbewegungen durch Lage, Stellung und Konstruktion anzupassen, also insbesondere eine Trassenführung zu wählen, die den zu erwartenden Bodenbeeinträchtigungen Rechnung trägt oder eine weniger bergschadensempfindliche technische Ausführung zu wählen (im Einzelnen § 110 Rn 25).

III. Voraussetzungen der Bauwarnung (Absatz 1)

1. Unmöglichkeit von Anpassungs- und Sicherungsmaßnahmen

8 Nach der ersten **Alternative** des § 113 Absatz 1 kann eine Bauwarnung ausgesprochen werden, wenn der Schutz baulicher Anlagen vor Bergschäden durch Maßnahmen der Anpassung oder Sicherung **nicht möglich** ist. Die Tatbestandsvoraussetzungen einer Anpassungspflicht nach § 110 Absatz 1 müssen erfüllt sein. Bauwarnungen können mithin auch ausgesprochen werden bei einer erst **geplanten Gewinnung** für den durch **Rahmenbetriebspläne** vorgezeichneten **künftigen Einwirkungsbereich** einer Anlage (§ 110 Rn 12 ff.) oder für Grundstücke, die (noch) von einer **bereits eingestellten Gewinnung** beeinflußt werden können. Die Anpassung durch Lage oder Stellung kann an rechtlichen, insbesondere baurechtlichen Vorschriften oder Festsetzungen, scheitern. Im Übrigen ist gemeint, dass Anpassungs- oder Sicherungsmaßnahmen aus technischen Gründen ausscheiden, eine bauliche Anlage also selbst bei einem Höchstmaß vorwiegend an Sicherung hoch gefährdet bleibt. Ist nicht auszuschließen, dass die zuständige Behörde aus Gründen einer Gemeinwohlgefährdung (§ 55 Absatz 1 Satz 1 Nr. 9) trotz entsprechender Sicherungen das Stehenlassen eines Sicherheitspfeilers und damit den Ausschluss von Einwirkungen auf die bauliche Anlage anordnen würde, weil sich auf andere Weise die verbleibende Gefährdung wesentlicher Rechtsgüter nicht verhindern lässt (z. B. bei Bau oder Erweiterung eines Chemiewerks), gelten Maßnahmen der Anpassung Sicherung ebenfalls als unmöglich.

2. Unverhältnismäßigkeit von Anpassungsaufwand und Risikoverminderung

9 **a) Grundsätze.** Eine Bauwarnung kann ferner ausgesprochen werden, wenn einem finanziell hohen Anpassungs- und Sicherungsaufwand keine angemessene Verminderung des Bergschadensrisikos gegenübersteht (§ 113 Absatz 1, 2. Alternative). Das Gesetz kleidet dies in die Formulierung, dass der Anpasungs- und Sicherungsaufwand in einem *„unangemessenen Verhältnis zu der durch diese Maßnahmen eintretenden Verminderung des Bergschadensrisikos"* stehen müsse.

10 Die Formulierung enthält (ebenso wie § 110 Absatz 5) einen wichtigen Auslegungshinweis für sämtliche Vorschriften des Anpassungsverhältnisses. Positiv ausgedrückt soll der Anpassungsaufwand in einem angemessenen Verhältnis zu der durch diese Maßnahmen eintretenden (klarer: erzielbaren) Verminderung des Bergschadensrisikos stehen. Dies korrespondiert mit dem durch § 110 Absatz 1 und § 111 Absatz 1 betonten Gedanken, dass die Schutzvorkehrungen an den zu erwartenden Bodenverformungen, der Eigenart sowie der Bergschadensempfindlichkeit der baulichen Anlage orientiert werden sollen. **Ziel der Anpassungsregelung** (§§ 110 bis 112) ist **nicht die Schadensverhütung schlechthin**, sondern die Verminderung der Bergschadensbeseitigungskosten mit Hilfe von Maßnahmen, die dem im Einzelfall bestehenden Bergschadensrisiko Rechnung tragen. Mit dem Merkmal der Angemessenheit verweist das Gesetz auf einen wirtschaftlichen Maßstab (vgl. auch § 110 Rn 9, 45 f.). Ein Übermaß an Sicherung konnte schon nach bisherigem Recht nicht gefordert werden (RG, ZfB 80/81 (1939/1940), 139, 141). Die Mehrzahl aller Fälle, also die Bebauung mit durchschnittlich bergschadensempfindlichen Bauten auf normal beanspruchten Baugrundstücken, lässt sich mit dem Kriterium des angemessenen Anpassungs- und Sicherungsaufwands erfassen. Dagegen ergeben sich zwangsläufig Unklarheiten, wenn die Formel von der Angemessenheit – in eine negative Fassung gewendet – die Grenze angeben soll, von der ab eine Bebauung ausscheiden soll. Solche Sachverhalte sind allgemein dadurch gekennzeichnet, dass einem hohen Bergschadensrisiko nur durch einen ungewöhnlich hohen Anpassungs- und Sicherungsaufwand begegnet werden kann. Bergschadensrisiko bedeutet in diesem Zusammenhang den Gesamtumfang aller Schadensersatzleistungen (Schadensbeseitigung zuzüglich des Ersatzes etwa entgangener Gewinne). Als außergewöhnlich hoch ist ein Anpassungs- und Sicherungsaufwand dann zu bezeichnen, wenn die Kosten, die bei vergleichbaren baulichen Anlagen üblicherweise (durchschnittlich) aufgewendet zu werden pflegen, deutlich überschritten sind. Ein besonders hohes Bergschadensrisiko kann auf der Eigenart oder Funktion der baulichen Anlage beruhen. Einem besonderen **anlagebezogenen Risiko** sind bestimmte Fertigungsbetriebe ausgesetzt, bei denen schon geringfügigere Verformungen des Fundaments schwere Produktionsstörungen auslösen können (z.B. Feinmechanische Betriebe, Anlagen zur Anfertigung sog. Endlosrohre, Flachglasfertigungen). Ein **grundstücksspezifisches Sonderrisiko** besteht, wenn der vorgesehene Standort einer baulichen Anlage im Bereich eines Pressungs- oder Zerrungsmaximums liegt, starke Schieflagen befürchtet werden müssen oder wenn als Folge eines früheren Abbaus bereits Erdstufen oder Erdrisse vorhanden sind. Naturgemäß können auch beide Risikoarten nebeneinander auftreten (z.B. langgestreckte Industriebauten in Bereichen starker Schieflage).

b) Bauwarnung als Instrument der Raumordnung. Bei besonders bergschadens- **11** empfindlichen baulichen Anlagen oder einer im Einzelfall bestehenden starken Beanspruchung des Baugrundes (z.B. bei einer Bruchkante) wird das – in Bergbaugebieten des Steinkohlenbergbaus übliche und weitgehend unvermeidbare – Schadensrisiko zulasten des Bergbaus überdurchschnittlich gesteigert. Eine Bebauung mit solcherart empfindlichen Bauten oder auf ungeeigneten Standorten entspricht nicht der Eigenart des Raums, der durch das Vorhandensein von Bodenschätzen und die unvermeidbaren Folgen ihres Abbaus geprägt wird. In solchen Fällen ist eine Bebauung auch gesamtwirtschaftlich nicht sinnvoll. Ob Schadensersatz geleistet wird oder vorbeugende Schutzvorkehrungen getroffen werden: Die finanziellen Aufwendungen sind aus der Sicht des Unternehmers gleichermaßen Betriebskosten. Hohe Kosten in beiden Sektoren können einen negativen Anreiz bewirken, nämlich in Richtung auf eine Lagerstättenauslese und damit auf einen dauerhaften Verlust von Bodenschätzen. Diesen im Widerspruch zu den Zielsetzungen des BBergG, das an mehreren Stellen die Wichtigkeit einer sinnvollen und planmäßigen Gewinnung der Bodenschätze und der Rohstoffversorgung betont, stehenden Auswirkungen kann mit Hilfe der Bauwarnung begegnet werden.

c) Bewertungskriterien. Bei der **Ermittlung der Unangemessenheit** zwischen **12** Anpassungsaufwand einerseits und erzielbarer Verminderung des Bergschadensrisikos andererseits scheint der Wortlaut der 2. Alternative des § 113 Absatz 1 allein auf einen **Vergleich beider Positionen untereinander** hinzudeuten. Danach könnte ein angemessenes Verhältnis noch vorliegen, solange nur das potenzielle Schadensrisiko höher ist als der Anpassungsaufwand insgesamt mit der Folge, dass linear zum Schadensrisiko auch der Anpassungsaufwand gesteigert werden müsste. Bei einer solchen Auslegung ließen sich die genannten Sonderrisiken (oben Rn 8, 9) nicht ausschalten; Im Extremfall könnten danach sogar besonders empfindliche Anlagen auf stark vorgeschädigten Standorten errichtet werden; ein außerordentliches Risiko würde durch einen außerordentlich hohen Anpassungs- und Sicherungsaufwand abgefangen. In diesem Sinne darf § 113 nicht verstanden werden. Naturgemäß kann der Gesetzgeber mit dem Hinweis auf die Notwendigkeit eines **angemessenen Verhältnisses** zwischen Anpassungsaufwand und erzielbarer Verminderung des Bergschadensrisikos nur die Richtung angeben. Die Maßstäbe im Einzelnen wird die Praxis ermitteln müssen. Die maßgebenden **Bewertungskriterien und Bezugsgrößen** können sein: Durchschnittlicher Aufwand für normal beanspruchte Standorte, Wert der baulichen Anlage, etwaige besondere rechtlich anzuerkennende Interessen des Bauherrn an der Beibehaltung gerade des gewählten Standorts sowie die Höhe des Verkehrswerts des Grundstücks. Für den **Durchschnittsaufwand** an notwendiger und zweckmäßiger Sicherung liegen **Erfahrungswerte** vor. Bei Wohnbauten reichen 3 v. H. der Gebäudeherstellungskosten in der Regel aus, das im Normalfall bestehende Bergschadensrisiko in wirtschaftlich vernünftigem Umfang zu vermindern; bei Betriebsgebäuden – wiederum ohne Sonderrisiken – ist ein Aufwand von 5 v. H. angemessen. Bei betrieblichen Fundamentierungen kann der Aufwand auf 10 v. H. der hierfür anfallenden Investitionskosten steigen. Reicht dieser Aufwand im Einzelfall nicht aus, um das Bergschadensrisiko durchgreifend zu vermindern, wird schrittweise weiter zu prüfen sein, durch welche zusätzlichen Maßnahmen (in der Regel Sicherungsmaßnahmen) Abhilfe geschaffen werden kann. Die Angemessenheitsgrenze dürfte erreicht sein, wenn selbst bei einer **Verdoppelung des durchschnittlich anfallenden Aufwandes** das Risiko einer schweren Beschädigung der baulichen Anlage nicht deutlich herabgesetzt werden kann. Diese Konstellation zeigt in der Regel an, dass sich nur durch sprunghaftes Steigern des Anpassungs- und Sicherungsaufwandes, in der Praxis durch Übergang von einer sog. Teil- zur Vollsicherung, das Bergschadensrisiko wirksam reduzieren lässt. Die Belange des Bauherrn (Eigentümers), den gewählten Standort der baulichen Anlage beibehalten zu dürfen, sind angemessen zu berücksichtigen.

13   d) **Verkehrswert des Grundstücks als Maßstab.** Der Verkehrswert des Baugrundstücks vermag das Maß des angemessenen Anpassungs- und Sicherungsaufwandes nicht anzugeben. Die Bauwarnung löst zwar nach Absatz 3 einen Ersatzanspruch in Höhe der Differenz zwischen dem Verkehrswert und dem Wert der verbleibenden Grundstücksnutzung aus. Daraus kann nicht geschlossen werden, dass ein Anpassungsaufwand bis zur Höhe dieser Wertdifferenz stets als noch angemessen zu betrachten wäre. Bei dieser Auffassung würden eher zufällige Faktoren wie Grundstücksgröße und Bodenpreise über die Angemessenheit befinden. Um wirtschaftlich unsinnige Investitionen zu vermeiden, ist daher der Anpassungs- und Sicherungsaufwand in erster Linie nach dem Wert der zu errichtenden Anlagen und Gebäude auszurichten.

14   Andererseits wird der **Verkehrswert** des Baugrundstücks im Allgemeinen die **Obergrenze** für den höchstmöglichen noch angemessenen Anpassungs- und Sicherungsaufwandes bilden. Dies folgt aus einer sinngemäßen Anwendung des in § 251 Absatz 2 BGB enthaltenen Rechtsgedankens. Anpassungs- und insbesondere Sicherungsmaßnahmen sollen die Bebaubarkeit des Grundstücks und damit wirtschaftlich den Zustand wiederherstellen, der ohne das schädigende Ereignis bestünde. Schädigendes Ereignis ist in Fällen der Bauwarnung die erst drohende (künftige) Beschädigung der zu errichtenden baulichen Anlagen. Da der Betroffene eine sich durch den Bergbau anbahnende Gefährdung seiner Rechtsgüter mangels entsprechenden Abwehrrechts nicht verhindern kann, ist das Bevorstehen der Schädigung der eigentlichen Substanzschädigung gleichzustellen. Der in den §§ 110 Absatz 3, 111 Absatz 2 vorgesehene Ersatz der anfallenden Aufwendungen für Anpassungs- und Sicherungsmaßnahmen hat den Charakter einer Naturalrestitution (§ 249 BGB). Beschädigter Vermögensgegenstand ist das Baugrundstück. Grundsätzlich ist anerkannt, dass das Interesse des Geschädigten an der Wiederherstellung des verletzten Rechtsguts über den eigentlichen Wert des Vermögensgegenstandes (Wiederbeschaffungswert) hinausgehen kann. Das beruht darauf, dass der Grundsatz der Naturalrestitution, der dem Schutz des Integritätsinteresses des Geschädigten dient, an der Spitze der schadensersatzrechtlichen Vorschriften steht und eine Kompensation durch Wertausgleich (§ 251 Absatz 2 BGB) erst stattfinden soll, wenn die Herstellung unverhältnismäßige Aufwendungen erfordert. Liegt ein solcher

Fall vor, kann der Schädiger die Wiederherstellung verweigern und auf Geldersatz übergehen. Da § 251 Absatz 2 BGB eine Ausprägung des Grundsatzes von Treu und Glauben darstellt, ist die Frage der Unverhältnismäßigkeit eine solche der Zumutbarkeit auf beiden Seiten (BGH, NJW 1970, 1180; BGHZ 63, 295, 298; BGH, NJW 1975, 2061). Ab welcher Grenze oberhalb des Zeitwerts einer Sache eine Naturalrestitution bei Beschädigung ausscheidet, wird von Fall zu Fall entschieden (BGH, NJW 1972, 1800 (Kfz: 30 v.H.); BGHZ 59, 365 = NJW 1973, 138 (Baumangel: ca. 90 v.H.); vgl. ferner RGZ 71, 212; im Einzelnen Lange, Schadensersatz, § 5 VIII). Die Fragestellung, ob der Schadensersatz bei drohender Berggefahr (berechnet auf der Grundlage der Sicherungskosten) durch den Verkehrswert des Baugrundstücks als Höchstgrenze beschränkt sei, ist im Bergschadensrecht nicht neu (So etwa Westermann, Verkehrsanstalten, 81; vgl. H. Schulte, ZfB 107 (1966), 188, 201). Nach anderer Auffassung sollte die Wertminderung nach dem **konkret erforderlichen Sicherungsaufwand** und damit auf der Grundlage des Gebrauchswerts errechnet werden, falls dieser gegenüber dem Verkehrswert der höhere sei (Weitnauer, Verkehrsanstalten, 34 f., 42 f.; Vowinckel, ZfB 108 (1967), 261, 278; RGZ 157, 99; BGH, ZfB 95 (1954), 450). In diesem Zusammenhang ist – soweit ersichtlich – § 251 Absatz 2 BGB nicht geprüft worden. Mit Hilfe der Bauwarnung soll der Bauherr darauf hingewiesen werden, dass eine Schädigung der baulichen Anlage zu erwarten ist und eine Sicherung aus wirtschaftlichen Gründen nicht infrage kommt. Es muss deshalb im Einzelfalle geprüft werden, ob der sog. individuelle oder Gebrauchswert wegen eines anzuerkennenden Sonderinteresses so hoch ist, dass ein den Verkehrswert des Baugrundstücks übersteigender Sicherungsaufwand gerechtfertigt ist.

e) Sonderinteresse als Abwägungsbelang. Ein **Sonderinteresse** des Bauherrn **15** kann infrage kommen bei standortgebundenen Anlagen; im Hinblick auf Anlagen der öffentlichen Versorgung und Entsorgung enthält das Gesetz selbst (Absatz 2 Satz 2) einen dahingehenden Hinweis (oben Rn 5). Ein **rechtlich anerkennenswertes Standortinteresse** besteht dann, wenn ein gewerblicher oder industrieller Betrieb erweitert oder verändert werden soll, damit die Fortführung dieses Betriebs gesichert ist. Die **Errichtung neuer** besonders **bergschadensempfindlicher Betriebe** an ungeeigneten Standorten wird selten durch ein schutzwürdiges Interesse gerechtfertigt sein. Auch hier freilich können bestimmte Sachzwänge, z.B. ein Anschluss an Transporteinrichtungen (Bahnverbindung) oder an ein Gewässer (Brauchwasserentnahme), ein Überschreiten des Umfangs der Anpassungs- und Sicherungskosten über den Verkehrswert des Grundstücks hinaus rechtfertigen. Allgemeine städtebauliche Interessen oder wirtschaftsstrukturelle Zielsetzungen sind auf die Interessenabwägung zwischen Bergbau und Oberflächennutzung, jedenfalls bei Neuanlagen ohne besondere Standortbindung, grundsätzlich ohne Einfluss.

Ist der Anpassungs- und Sicherungsaufwand höher als der Verkehrswert des **16** Grundstücks zuzüglich eines der besonderen Situation angemessenen Zuschlags, sind die Voraussetzungen des § 251 Absatz 2 BGB und damit auch die Voraussetzungen einer Bauwarnung erfüllt. Das Grundstück hat gleichsam einen **wirtschaftlichen Totalschaden** erlitten. Es besteht nach allgemeinen schadensersatzrechtlichen Grundsätzen kein Anlass, den Geschädigten bei einem Grundstück grundsätzlich anders (und besser) zu stellen als bei Zerstörung anderer Sachen. Will der Bauherr die Anlage gleichwohl an der entsprechenden Stelle errichten, mag er den zusätzlich erforderlichen Aufwand aus eigenen Mitteln begleichen oder, falls er gleichwohl ohne Sicherungen baut, die entstehenden Schäden selbst tragen (§ 113 Absatz 2). Auch dies ist letztlich eine Konsequenz des im Schadensersatzrecht geltenden Grundgedankens, dass der Schadensfall von dem Geschädigten nicht schrankenlos wirtschaftlich ausgenutzt werden soll. Es erscheint im Übrigen geboten, die Bauwarnung an die schadensersatzrechtlichen

Grundregeln (wieder-) heranzuführen. Die Bauwarnung ist nichts anderes als ein – wenn auch besonderer – Anwendungsfall des Mitverursachungsprinzips des § 254 BGB. Eine solche ausdrückliche Warnung wäre z.B. auch im Bereich des § 906 BGB denkbar (etwa eine „Warnung" vor dem Anbau besonders anfälliger Pflanzen). Wegen der weitreichenden Folgen im Falle ihrer Nichtbeachtung ist es zweifellos richtig, dass ihre Wirksamkeit von strengeren Anforderungen abhängig gemacht wird. Die Bauwarnung ist jedoch kein „*privatrechtliches Bauverbot*", noch weniger eine Enteignung (wie offenbar im Gesetzgebungsverfahren auch erwogen worden ist (vgl. BT-Drs 8/3965, 141= Zydek, 425), sondern sie begründet lediglich eine Obliegenheit des Bauherrn.

17 Nicht von ungefähr gelangt man daher zu den gleichen Ergebnissen wie bei der Anwendung des in § 251 Absatz 2 BGB enthaltenen Rechtsgedankens mit der Anwendung der Grundsätze der Mitverursachung (§ 254 BGB). Wo die Möglichkeit des Ausweichens besteht, ist es dem Oberflächeneigentümer als mitwirkendes Verschulden anzurechnen, wenn eine übermäßig berggefährdete Anlage an einer Stelle errichtet wird, an der die Sicherung gegen Bergschäden außerordentliche Kosten verursacht, während durch die Wahl eines anderen Standorts diese Kosten vermieden würden und eine wirtschaftlich vernünftige Abwägung die Wahl eines anderen Standorts als möglich und geraten erscheinen lässt (Weitnauer, Verkehrsanstalten, 40).

3. Schriftlichkeit der Bauwarnung

18 Eine Bauwarnung muss **schriftlich** ausgesprochen werden (§ 113 Absatz 1 Satz 1). Schriftlichkeit bedeutet eigenhändige Unterschrift, bei einer Firma durch Unterzeichnungsberechtigte (§ 126 BGB). Fernmündliche und fernschriftliche Mitteilungen sind mithin nicht ausreichend. Ferner muss eine Bauwarnung **zeitlich vor der Errichtung**, Erweiterung oder wesentlichen Änderung erfolgen. Dabei wird allerdings vorausgesetzt, dass der Unternehmer nach dem in § 110 Absatz 6 vorgesehenen Verfahren von einer baulichen Maßnahme auch rechtzeitig Kenntnis erhält. Daran wird es fehlen, wenn bauliche Anlagen, z.B. Veränderungen innerhalb geschlossener Betriebsgebäude, keiner besonderen Genehmigung bedürfen. Da eine wirksame Bauwarnung voraussetzt, dass Anpassungs- und Sicherungsmaßnahmen nicht möglich oder unverhältnismäßig sind, muss verständlicherweise im ersten Schritt geprüft werden, welche Maßnahmen dieser Art überhaupt infrage kommen. Mangels Einsichtsrechts in die Behördenakten (vgl. § 110 Rn 49) ist der Unternehmer auf die Zusammenarbeit mit dem Bauherrn angewiesen. Verweigert der Bauherr die Mitwirkung, lassen sich Anpassungs- und Sicherungsmaßnahmen nicht ermitteln. Die insoweit bestehende Lücke ist durch Anwendung der Mitverursachungsgrundsätze des §§ 254 BGB (vgl. § 118) zu schließen. Wer durch sein eigenes Verhalten die Prüfung etwaiger Anpassungserfordernisse vereitelt, ist so zu stellen, als habe er ein dahingehendes Verlangen vorsätzlich missachtet. Es gilt dann die Rechtsfolge des § 112 (§ 110 Rn 48). Zu einer Bauwarnung braucht dann nicht mehr gegriffen zu werden.

19 Mit dem **Schriftformerfordernis** soll sichergestellt werden, dass der Bauherr eine **positive Kenntnis** vom Inhalt der Warnung erhält. Die zu Willenserklärungen (§ 130 BGB) entwickelte Formel, dass der Zugang anzunehmen ist, wenn sich der Empfänger unter gewöhnlichen Verhältnissen Kenntnis vom Inhalt der Erklärung verschaffen konnte, reicht daher nicht aus. Der Unternehmer wird im eigenen Interesse bestrebt sein müssen, dem Bauherrn die positive Kenntnis durch ein geeignetes Zustellungsverfahren zu vermitteln; notfalls mit Hilfe eines Gerichtsvollziehers (§ 132 BGB).

4. Inhalt der Bauwarnung (Absatz 1 Satz 2)

Die Bauwarnung muss Angaben darüber enthalten, welche bergbaulichen Beein- **20** trächtigungen (Senkungen, Pressungen oder Zerrungen, möglicherweise mit der Gefahr von Erdtreppen oder Erdstufen) zu erwarten sind. Da auch Angaben über die Voraussetzungen nach Satz 1 gefordert werden, ist auch auf den Stand des Abbaus, die künftigen Abbaumaßnahmen und – soweit erst eine Gewinnung geplant ist – auf den Zeitablauf einzugehen. Der Unternehmer muss sich ferner bemühen, Art und Umfang der zu erwartenden Schäden an der baulichen Anlage möglichst genau anzugeben und darzulegen, weshalb im konkreten Falle schadenverhütende Maßnahmen durch Anpassung oder Sicherung nicht möglich oder unangemessen hoch sind.

Die gesetzliche Forderung, dass die Bauwarnung „*Angaben*" über die wahr- **21** scheinlichen Bodenverformungen und die sich daraus ergebenden **wesentlichen** Einwirkungen zu enthalten habe, lässt darauf schließen, dass die Anforderungen an den Inhalt der Bauwarnung nicht überspannt werden sollen. Dies gilt auch deshalb, weil sich der genaue Ablauf der Bewegungsvorgänge im Gebirge dem Unternehmer oftmals verschließt, insbesondere dann, wenn der Abbau in neue Bereiche vorstößt. Gesichtspunkte, die die Eignung des Baugeländes zusätzlich aus naturgegebenen Gründen beeinträchtigen (vgl. die in § 120 Absatz 1 Satz 2 Nr. 2 genannten Beispiele), sind zweckmäßigerweise ebenfalls anzuführen. Grundsätzlich ist es ausreichend, wenn die Erläuterung entsprechend den jeweils übersehbaren Umständen abgefasst wird und nicht rein schematisch ergeht.

IV. Rechtsfolgen der Bauwarnung (Absatz 2)

1. Ausschluss von Ersatzansprüchen

Werden entgegen einer Bauwarnung bauliche Anlagen errichtet, erweitert oder **22** wesentlich verändert, ist der Ersatzanspruch des Berechtigten nach § 114 Absatz 1 ausgeschlossen. § 113 Absatz 2 Satz 1 ist als **Einwendung** ausgestaltet. Der Unternehmer muss beweisen, dass eine schriftliche Bauwarnung dem Bauherrn auch zugegangen ist. Ist dieser Beweis erbracht, kann auf positive Kenntnis und damit auf einen vorsätzlichen Verstoß gegen die Bauwarnung geschlossen werden. Nach dem Wortlaut des Absatz 2 Satz 1 entfällt der Ersatzanspruch wegen der eigentlichen Gebäudeschäden, aber auch wegen etwaiger Folgeschäden an Personen und Sachen. Der Anspruch wegen eines etwaigen **Minderwerts des Grundstücks** bleibt mithin unberührt. War die Bauwarnung wirksam und ist deshalb eine Haftung ausgeschlossen, steht fest, dass das fragliche Baugrundstück die Bauplatzeigenschaft ganz oder teilweise eingebüßt hat. Es besteht deshalb kein Anlass, dem Bauherrn (Eigentümer) trotz Verstoßes gegen die Warnung den Ersatz der Wertdifferenz zu versagen. Er wird damit wirtschaftlich nur so gestellt, wie er stünde, wenn er die Bebauung unterlassen hätte. Anspruchsgrundlage für den Anspruch auf Ersatz des Minderwerts am Grundstück ist § 114 Absatz 1 in Verbindung mit § 251 Absatz 1 BGB.

Der **Bauherr behält seinen Ersatzanspruch** nach § 114 Absatz 1, wenn die **23** **Voraussetzungen** für das Aussprechen der Bauwarnung nach Absatz 1 Satz 1 **nicht vorgelegen** haben. Hierzu zählen: fehlende Schriftlichkeit der Bauwarnung und deren Zugang beim Bauherrn, Aussprechen **zeitlich nach** der Errichtung, Erweiterung oder wesentlichen Veränderung oder Unvollständigkeit der Angaben in der Warnung entsprechend Absatz 1 Satz 2. Zu den Voraussetzungen für das Aussprechen der Bauwarnung gehören auch Angaben, weshalb im konkreten Falle Anpassungs- und Sicherungsmaßnahmen nicht möglich waren oder

in einem unangemessenen Verhältnis zu der möglichen Verminderung des Bergschadensrisikos standen (oben Rn 18 f.).

24 Ausdrücklich **nicht notwendig** als Voraussetzung für die Wirksamkeit einer
Bauwarnung ist die **Identität** zwischen der in der Warnung **angedeuteten Gefahr**
mit dem **späteren Verlauf** der Schädigung. Dies ergibt sich daraus, dass § 113
Absatz 2 Satz 2 ausdrücklich nur auf Absatz 1 Satz 1 verweist. Die Voraussage
muss also nicht im Einzelnen genau zutreffen. Es reicht vielmehr aus, dass die
Angaben im Grundsatz richtig waren, der Schaden also auf die vom Unternehmer bezeichneten Abbauhandlungen zurückzuführen ist und die in der Bauwarnung angedeuteten Einwirkungen auf die bauliche Anlage **im Wesentlichen**
eingetreten sind. Mit dieser Einschränkung werden durch § 113 die Schwierigkeiten beseitigt, die sich bei der auf § 150 ABG gestützten Bauwarnung ergeben
hatten (oben Rn 3).

2. Rechtsnachfolger des Bauherrn

25 Zur Wirkung der Bauwarnung gegenüber dem Rechtsnachfolger des Bauherrn:
vgl. § 112 Rn 10; zur Möglichkeit einer **Feststellungsklage** vor Eintritt eines
Schadensereignisses: § 112 Rn 11 sowie zur Missachtung einer Bauwarnung
durch **Erfüllungsgehilfen**: § 112 Rn 12.

V.   Ersatzansprüche des Bauherrn (Absatz 3)

1.   Ersatz der Verkehrswertminderung (Absatz 3 Satz 1)

26 Ein entsprechender Anspruch **des Bauherrn** besteht nur dann, wenn die Bauwarnung die **einzige Ursache** (*„ausschließlich"*) dafür war, dass das Grundstück
nicht oder nur eingeschränkt bebaut worden ist. Ein Bauvorhaben kann aus
zahlreichen Gründen sowohl in der Person des Bauherrn als auch aufgrund
sonstiger Hindernisse (z. B. Scheitern von Genehmigungsverfahren) aufgegeben
werden. Derartige Fremdeinflüsse sollen ausgeschaltet werden. Ein Ersatzanspruch setzt im Übrigen voraus, dass das Grundstück **Bauland** im Rechtssinne
(§§ 30, 33, 34 BauGB) war. Bei Vorhaben im Außenbereich (§ 35 BauGB)
bedarf es einer besonders eingehenden Prüfung, ob dem Eigentümer Vermögensnachteile entstanden sind. Bei Grundstücken, die zur Errichtung eines sog.
privilegierten Vorhabens (§ 35 Absatz 1 BauGB) erworben worden sind, wird
der Kaufpreis oftmals nicht unbeträchtlich über dem eigentlichen Verkehrswert
(z. B. landwirtschaftlicher Grundstücke) liegen; in solchen Fällen kann aus
Billigkeitsgründen als „Verkehrswert" i. S. von Absatz 3 Satz 1 der tatsächlich
gezahlte Kaufpreis zu betrachten sein. Ist das Grundstück endgültig nicht mehr
bebaubar, ist Schadensersatz in Form der **Kapitalzahlung** zu leisten, verbunden
mit einem dinglich zu sichernden Bauverbot oder Bergschadenverzicht, um den
Unternehmer vor einer erneuten Inanspruchnahme im Falle der Rechtsnachfolge
zu schützen. Es ist zwar nach dem Gesetz nicht vorgesehen, ergibt sich aber aus
der Natur der Sache. Ist nach der Abbauplanung absehbar, dass das Grundstück
wieder bebaubar wird, kann nur eine **Rente** gefordert werden, die sich nach der
entgangenen Kapitalnutzung abzüglich der verbliebenen Grundstücksnutzung
bemißt (RG, ZfB 43 (1902) 355; BGHZ 59, 139, 146 m. w. N. zu § 148 ABG).

2.   Übernahmeanspruch (Absatz 3 Satz 2)

27 Dieser Anspruch lehnt sich inhaltlich an die Regelung in § 40 Absatz 2 Nr. 2
BauGB (Übernahme von durch einen Bebauungsplan herabgestuften, im Verkehrswert gesunkenen Flächen) an. Die zum Tatbestandsmerkmal der **wirt-**

schaftlichen **Zumutbarkeit** zu jener Vorschrift von der Rechtsprechung entwickelten Auslegungsgrundsätze (BGHZ 63, 240, 249) sind unter Berücksichtigung der unterschiedlichen Regelungsgehalte beider Bestimmungen entsprechend anzuwenden. Die Frage der Unzumutbarkeit ist nach dem konkreten Sachverhalt, insbesondere nach der wirtschaftlichen Lage des jeweiligen Betroffenen, zu entscheiden. Ein Übernahmeanspruch wird dann begründet sein, wenn der Eigentümer das Grundstück gerade zur Durchführung des beabsichtigten Bauvorhabens erworben hat und durch die Bauwarnung an seiner Verwertung gehindert ist. Bei einer teilweisen Beschränkung der Bebaubarkeit werden – je nach konkreter Situation – die Voraussetzungen des Anspruchs seltener erfüllt sein. Ein Übernahmeanspruch kann auch dann noch geltend gemacht werden, wenn bereits ein Ersatz für die Verkehrswertminderung geleistet worden ist. Das gilt jedenfalls dann, wenn sich die wirtschaftliche Unzumutbarkeit auf Seiten des Bauherrn erst später herausstellt.

Die Vorschrift gewährt dem Eigentümer einen **gesetzlichen Anspruch auf** **28** **Abschluss eines Grundstückskaufvertrags.** Nach Satz 3 gilt als **Kaufpreis** der Verkehrswert, den das Grundstück ohne die Bauwarnung hätte. Zusätzlich ist der Unternehmer verpflichtet, dem Eigentümer die für die Beschaffung eines Ersatzgrundstücks erforderlichen Aufwendungen zu ersetzen. Diese Ergänzung ist erst während der Gesetzesberatungen eingefügt worden (WiA, BT-Drs 8/ 3965, 141 = Zydek, 425): Der Schadensersatz solle sich auch auf die bei der Beschaffung des Ersatzgrundstücks anfallenden *„Auslagen bei Gerichten, Notaren, Maklern etc."* (WiA, aaO) erstrecken. Die Regelung entspricht insoweit den Grundsätzen des Schadensersatzrechts (Ersatz auf der Grundlage des Wiederbeschaffungswerts). Der Bauherr hat die Auslagen im Einzelnen nachzuweisen; etwa anfallende Gebühren lassen sich in der Regel nach den einschlägigen Gesetzen und Tabellen errechnen. Im Übrigen gelten für die Abgrenzung zwischen ersatzfähigen und nichtersatzfähigen Aufwendungen die allgemeinen schadensersatzrechtlichen Grundsätze. Wird zunächst der Anspruch auf Ersatz der Verkehrswertminderung geltend gemacht und erst später der Übernahmeanspruch nach Absatz 3 Satz 2, etwa weil sich die Unzumutbarkeit aus persönlichen Gründen erst später einstellt, sind vorher gezahlte Entschädigungsbeträge auf den Preis des „Zwangskaufs" anzurechnen. Das kann im Einzelnen schwierig sein, erscheint aber lösbar. Entsprechend dem in Satz 3 enthaltenen Gedanken dürfte das Grundstück an der Wertentwicklung vergleichbarer Grundstücke weiterhin teilnehmen. Weitere Probleme können sich daraus ergeben, dass die zulässige Nutzung zwischenzeitlich aufgehoben oder geändert worden sein kann. In diesen Fällen dürfte die Beibehaltung des ursprünglichen, d. h. im Zeitpunkt der Bauwarnung bestehenden, ggf. durch die Weiterentwicklung nach oben veränderten Verkehrswerts maßgeblich sein.

3. Vorgespiegelte Bauabsicht (Absatz 3 Satz 4)

Ein Ersatzanspruch besteht nicht, wenn die Bauabsicht nur erklärt wird, um **29** einen Wertersatz zu erlangen. Die sich als Ausfluß des Grundsatzes von Treu und Glauben (§ 242 BGB) darstellende Einschränkung ist dem bisher geltenden Recht (§ 150 Absatz 2 ABG) entnommen. Der Zweck dieser Vorschrift ist heute schwer nachvollziehbar (zu den Gesetzesberatungen: ZfB 6 (1865), 342). Offenbar bestand seinerzeit ein Bedürfnis zur Klarstellung wegen der besonderen Schadensbegriffe des ALR, insbesondere derjenigen des Gebrauchswerts (hierzu OLG Düsseldorf, ZfB 120 (1979), 422, 440 f.). Von der Ernsthaftigkeit der Bauabsicht wird auszugehen sein, wenn einer der in § 110 Absatz 6 genannten Anträge an die zuständige Behörde vorliegt. Die Vorschrift belegt im Übrigen, dass ein Geldausgleich erst stattfinden soll, wenn eine ernsthafte Bauabsicht ausschließlich aufgrund der Bauwarnung nicht verwirklicht werden kann. Ist die

Bebauung dagegen **möglich**, wenn auch mit Maßnahmen der Anpassung und Sicherung, verbleibt es bei den in §§ 110 Absatz 3, 111 Absatz 2 genannten Ansprüchen, die ebenfalls wiederum die **Beibehaltung der Bauabsicht** voraussetzen. Auf der Grundlage durchschnittlich erforderlicher Sicherungskosten kann – auch mangels entsprechender Ersatznorm – kein Schadensersatz mehr gefordert werden.

4. Verjährung der Ansprüche

30 Für den Anspruch auf Ersatz für die **Minderung des Verkehrswerts** gilt die regelmäßige Verjährung nach § 195 BGB. Es spricht Vieles dafür, dass der **Übernahmeanspruch** wegen Unzumutbarkeit nach Absatz 3 Satz 2 in entsprechender Anwendung des § 196 BGB erst in zehn Jahren verjährt.

ZWEITER ABSCHNITT   **Haftung für Bergschäden**

Erster Unterabschnitt   **Allgemeine Bestimmungen**

§ 114 Bergschaden

(1) Wird infolge der Ausübung einer der in § 2 Abs. 1 Nr. 1 und 2 bezeichneten Tätigkeiten oder durch eine der in § 2 Abs. 1 Nr. 3 bezeichneten Einrichtungen (Bergbaubetrieb) ein Mensch getötet oder der Körper oder die Gesundheit eines Menschen verletzt oder eine Sache beschädigt (Bergschaden), so ist für den daraus entstehenden Schaden nach den §§ 115 bis 120 Ersatz zu leisten.

(2) Bergschaden im Sinne des Absatzes 1 ist nicht
1. **ein Schaden, der an im Bergbaubetrieb beschäftigten Personen oder an im Bergbaubetrieb verwendeten Sachen entsteht,**
2. **ein Schaden, der an einem anderen Bergbaubetrieb oder an den dem Aufsuchungs- oder Gewinnungsrecht eines anderen unterliegenden Bodenschätzen entsteht,**
3. **ein Schaden, der durch Einwirkungen entsteht, die nach § 906 des Bürgerlichen Gesetzbuchs nicht verboten werden können,**
4. **ein Nachteil, der durch Planungsentscheidungen entsteht, die mit Rücksicht auf die Lagerstätte oder den Bergbaubetrieb getroffen werden und**
5. **ein unerheblicher Nachteil oder eine unerhebliche Aufwendung im Zusammenhang mit Maßnahmen der Anpassung nach § 110.**

Übersicht   Rn

I.   Vorbemerkung 1
1.   Haftungstyp 1
2.   Grundzüge der Bergschadenshaftung (§§ 114 bis 121) 3
II.   Bergbaubetrieb 5
1.   Tätigkeiten nach § 2 Absatz 1 5
2.   Haftungstatbestände – Übersicht 6
3.   Haupttätigkeiten 7
      a) Aufsuchung 7
      b) Gewinnung 8
      c) Aufbereitung/Aufbereiten 10
4.   Haftung für Nebentätigkeiten 11
      a) Betriebsvorgänge im Einzelen 12
      b) Transportgegenstände 13
      c) Unmittelbarer betrieblicher Zusammenhang 14

5. Wiedernutzbarmachung 15
6. Haftung für dienende Einrichtungen 16
7. Sonderfall: Wiederanstieg von Grund- und Grubenwasser 17
III. Grenzen der Haftung 18
IV. Dogmatische Einordnung der Bergschadenshaftung 19
1. Rückblick auf das frühere Recht 19
2. Duldungspflichten des Grundeigentums nach BBergG 23
3. Auswirkungen der Moers-Kapellen-Entscheidung 25
4. Haftungstyp 26
V. Kausalzusammenhang, Zurechnung 28
1. Bergschaden/Begriff 28
2. Adäquater Kausalzusammenhang 30
   a) Ursachenzusammenhang 30
   b) Schutzzweck der verletzten Norm 31
   c) Folgerungen 32
VI. Haftung für Personenschäden 33
1. Schädigendes Ereignis 33
2. Rechtslage nach § 148 ABG 34
3. Rechtspolitische Überlegungen zum BBergG 35
4. Fallgruppen der Haftungsvorgänge 36
5. Betriebs- und Anlagenhaftung 37
6. Haftung für Personenschäden aufgrund bergbaulicher Einwirkungen auf gefährliche Anlagen 38
7. Haftung für Risiken aus einer Veränderung der Oberfläche 39
8. Ersatzberechtigter 41
VII. Haftung bei der Beschädigung von Sachen 42
1. Ausgangspunkt 42
2. Sachbeschädigung 43
3. Rückblick auf § 148 ABG 44
4. Haftungsvoraussetzungen im Einzelnen 45
5. Keine Haftung wegen drohender Bergschäden 47
6. Ausschluss allgemeiner Vermögensschäden 49
7. Ersatzberechtigter 52
8. Ursachenzusammenhang und Haftungszurechnung bei Sachbeschädigungen 54
VIII. Haftung für Immissionsschäden (zugleich Erläuterung zu § 114 Absatz 2 Nr. 3) 57
1. Vorbemerkung 57
2. Anwendungsbereich des § 906 BGB 58
   a) Wesentliche Beeinträchtigungen 59
   b) Abhilfemaßnahmen 60
   c) Anspruch nach § 906 Absatz 2 Satz 2 BGB 61
3. Haftungsausschluss über Absatz 2 Nr. 3 63
4. Immissionsschutzrechtlich genehmigte Anlagen 64
IX. Bergschadenverzicht 65
1. Einführung 65
2. Verzichtsarten 66
   a) Verzicht auf entstandene Bergschäden 67
   b) Künftige Ersatzforderungen 68
   c) Obligatorischer Bergschadenverzicht 69
   d) Dingliche Sicherung 70
3. Modifikationen des Bergschadenverzichts 71
4. Inhaltliche Bestimmtheit des Verzichts 72
5. Enteignung eines Bergschadenverzichts 76
6. Dogmatische Begründung 77
7. Beschränkte persönliche Dienstbarkeit 78

X.   Ausschluss der Bergschadenshaftung (Absatz 2)   79
1.   Vorbemerkung   79
2.   Schäden an Personen und Sachen im Bergbaubetrieb (Absatz 2 Nr. 1) . .   80
     a) Beschäftigte Personen   80
     b) Im Bergbaubetrieb verwendete Sachen   82
3.   Schäden an anderem Bergbaubetrieb (Absatz 2 Nr. 2)   83
4.   Immissionsschäden (Absatz 2 Nr. 3)   85
5.   Ausschluss von Planungsnachteilen (Absatz 2 Nr. 4)   87
6.   Nachteile und Aufwendungen durch Anpassungsmaßnahmen
     (Absatz 2 Nr. 5)   89

Zu Bergschäden im Beitrittsgebiet s. u. „Anhang zu § 114“.

I.   Vorbemerkung

1.   Haftungstyp

1   Die Haftungsvorschrift des § 114 Absatz 1 bildet den notwendigen **Ausgleich**
für die dem Eigentümer oder Besitzer eines Grundstücks oder einer beweglichen
Sache im Interesse des Bergbaus **auferlegten Duldungspflicht**. Zugleich begründet sie – abweichend vom bisher geltenden Recht des ABG – eine Ersatzpflicht
des Unternehmers, wenn als Folge des Bergbaubetriebs höchstpersönliche
Rechtsgüter wie Leben, Körper oder Gesundheit eines Menschen verletzt werden
(unten Rn 33 ff.). Das war nach der Zweckvorschrift des § 1 Nr. 3 unter
anderem eines der Reformziele. Der Begriff des Bergbaubetriebs wird durch
Verweisung auf die in der Geltungsbereichsvorschrift des § 2 Absatz 1 aufgeführten Tätigkeiten und Einrichtungen bestimmt. Die Haftung setzt **kein
Verschulden des Unternehmers** voraus.

2   Die Vorschrift ist in ihrem Wortlaut erkennbar den **Tatbeständen der Gefährdungshaftung nachgebildet**, ohne in ihren Kernbereich, also der Verletzung von
Grundeigentum, dessen Bestandteilen oder Zubehör, zu diesem Haftungstypus
zu gehören. Eine Ähnlichkeit besteht nach Struktur und Aufbau mit den im
Zeitpunkt des Gesetzgebungsverfahrens bestehenden Haftungstatbeständen des
§ 1 HPflG (Haftung des Bahnbetriebsunternehmers), § 2 HPflG (Haftung des
Inhabers einer Energieanlage), § 7 StVG (Haftung des Fahrzeughalters) sowie
§ 33 LuftVG (Ersatzpflicht des Halters eines Luftfahrzeuges), neuerdings mit § 1
UmwHG (Haftung des Inhabers einer umweltgefährdenden Anlage). Schädigende Ereignisse, die im Rahmen der genannten Gefährdungshaftungstatbestände
zur Ersatzpflicht führen, zeichnen sich in aller Regel durch plötzliche unfallartige Ereignisse aus, während Bodenverformungen in längeren Zeiträumen und
allmählich abzulaufen pflegen. Bei § 114 Absatz 1 handelt es sich um einen **Misch-
tatbestand einer Haftung mit Elementen der Aufopferungs- und Gefährdungshaftung** (vgl. Rn 26 f.).

2.   Grundzüge der Bergschadenshaftung (§§ 114 bis 121)

3   Die Haftung trifft in erster Linie den **Unternehmer** (§ 115 Absatz 1; zum
Unternehmerbegriff vgl. die Legaldefinition des § 4 Absatz 5). Infolge der
Bezugnahme auf die Geltungsbereichsvorschrift wird normiert, dass alle Unternehmer, die eine der in dieser Vorschrift bezeichneten Tätigkeiten ausüben oder
Einrichtungen betreiben, für von ihnen verursachte Schäden haften. Damit ist
nunmehr klargestellt, dass auch die Unternehmer, die **grundeigene Bodenschätze**
im Sinne des § 3 Absatz 4 aufsuchen und gewinnen, der strengen bergrechtlichen Haftung unterliegen. Gemeinsam mit dem Unternehmer haftet auch der
Inhaber der Bergbauberechtigung (§ 116 Absatz 1), wenn Unternehmer und

Inhaber der Bergbauberechtigung nicht identisch sind; jedoch haftet im Verhältnis der Gesamtschuldner zueinander (also im Innenverhältnis) der Unternehmer allein (§ 116 Absatz 2).

Der **Umfang des Schadensersatzes** richtet sich nach den §§ 249 bis 252 BGB, **4** ergänzend hierzu bei Personenschäden nach den Vorschriften der §§ 842 ff. BGB. Bei einer **Beschädigung von Grundstücken,** deren Bestandteilen und Zubehör gilt eine **unbeschränkte Haftung;** bei einer **Beschädigung von beweglichen Sachen** ist die Ersatzleistung auf den **gemeinen Wert** der Sache beschränkt (§ 117 Absatz 1 Nr. 2). Für **Personenschäden** enthält die Haftung die Begrenzung auf eine Höchstsumme (§ 117 Absatz 1 Nr. 1). Regelungen über ein **mitwirkendes Verschulden** des Geschädigten und die **mitwirkende Verursachung eines Dritten** am Schadensereignis enthalten die §§ 118 und 119. Schließlich soll die Beweissituation des Geschädigten durch die **Bergschadensvermutung** als eine neuartige Kausalitätsvermutung (§ 120) verbessert werden.

II. Bergbaubetrieb

1. Tätigkeiten nach § 2 Absatz 1

Die Bergschadenshaftung nach § 114 greift ein, wenn infolge des Bergbau- **5** betriebs eine Rechtsgutverletzung, in der Sprache des Gesetzes: ein Bergschaden eingetreten und dadurch ein Schaden im Rechtssinne entstanden ist. Unter Bergbaubetrieb versteht das Gesetz die Ausübung einer der in § 2 Absatz 1 Nr. 1 und 2 bezeichneten Tätigkeiten oder den Betrieb einer Einrichtung im Sinne des § 2 Absatz 1 Nr. 3. In § 2 wird – zusammen mit den gesetzlichen Begriffsbestimmungen in § 4 Absatz 1 bis 4 – der **sachliche und räumliche Geltungsbereich des Gesetzes** für das Aufsuchen, Gewinnen und Aufbereiten von Bodenschätzen sowie für die Wiedernutzbarmachung der Oberfläche geregelt. Damit hat der Unternehmer als Haftpflichtiger im Ergebnis die gesamte Sach- und Betriebsgefahr aus solchen Tätigkeiten zu verantworten, ohne Rücksicht darauf, ob diese Tätigkeiten eine verschuldensunabhängige Haftung wegen eines besonderen Gefahrenpotenzials rechtfertigen.

2. Haftungstatbestände – Übersicht

Die zu einer Haftung führenden Tätigkeiten und Einrichtungen lassen sich wie **6** folgt darstellen:
– **Haupttätigkeiten** nach § 2 Absatz 1 Nr. 1 wie **Aufsuchen** (§ 4 Absatz 1), **Gewinnen** (§ 4 Absatz 2) sowie **Aufbereiten** (§ 4 Absatz 3),
– **Nebentätigkeiten,** sofern diese in **unmittelbarem betrieblichem Zusammenhang** mit dem Aufsuchen, Gewinnen und Aufbereiten vorgenommen werden: Wie Verladen, Befördern, Abladen, Lagern, Ablagern von Bodenschätzen, Nebengestein und sonstigen Massen,
– **Tätigkeiten nach § 2 Absatz 1 Nr. 2: Wiedernutzbarmachung der Oberfläche** während und nach der Aufsuchung, Gewinnung und Aufbereitung von bergfreien und grundeigenen Bodenschätzen,
– Betrieb von Anlagen und Einrichtungen, sofern diese **überwiegend** Tätigkeiten der **Aufsuchung, Gewinnung, Aufbereitung oder Wiedernutzbarmachung** der Oberfläche **dienen oder zu dienen bestimmt** sind (§ 2 Absatz 1 Nr. 3),
– **Betrieb von Rohrleitungen** für das Verladen, Befördern und Abladen von Bodenschätzen, Nebengestein und sonstigen Massen, soweit diese Tätigkeiten nach § 2 Absatz 4 Nr. 5 vom Geltungsbereich des Gesetzes erfasst sind.

3. Haupttätigkeiten

7 **a) Aufsuchung.** Aufsuchung ist die auf Entdeckung oder Feststellung der Ausdehnung von bergfreien oder grundeigenen Bodenschätzen gerichtete Tätigkeit (§ 4 Absatz 1) mit den in dieser Vorschrift genannten Ausnahmen. Bei der erlaubnispflichtigen Aufsuchung von bergfreien Bodenschätzen wird unterschieden zwischen einer solchen zu **gewerblichen** oder zu **wissenschaftlichen Zwecken** sowie einer großräumigen Aufsuchung (vgl. § 16 Absatz 1 Satz 2). Bei einer Aufsuchung zu wissenschaftlichen Zwecken dürfte es in aller Regel an einem auf Gewinnerzielung ausgerichteten Unternehmer fehlen, sodass insofern keine Haftung nach § 114 in Betracht kommen kann. In diesem Falle haftet daher bei etwaigen Schäden Dritter allein der Erlaubnisnehmer als Inhaber der Bergbauberechtigung nach § 116 Absatz 1. Daneben besteht die spezielle Haftung nach § 39 Absatz 4 für die durch Aufsuchungsarbeiten dem Grundstückeigentümer oder sonstigen Nutzungsberechtigten entstandenen Schäden.

8 **b) Gewinnung.** Hierunter versteht das Gesetz das **Lösen oder Freisetzen von Bodenschätzen** einschließlich der damit zusammenhängenden vorbereitenden, begleitenden und nachfolgenden Tätigkeiten (§ 4 Absatz 2). Zu beachten sind die **Legaldefinition des Bodenschatzes** in § 3 Absatz 1 und die Bodenschatzkataloge in § 3 Absatz 3 und 4. Da voraussichtlich auch künftig die Mehrzahl aller Schäden als Folge der Gewinnung von Bodenschätzen eintreten wird, handelt es sich um den **Hauptanwendungsfall der Bergschadenshaftung.** Auslösendes Moment für Bodenbewegungen in der Form von Senkungen, Pressungen oder Zerrungen der Oberfläche und damit einhergehenden Beschädigungen von Gebäuden und Anlagen ist der unter oder über Tage durch die Gewinnung geschaffene Abbauhohlraum. Zum erweiterten Begriff der Gewinnung gehören alle die Gewinnung **vorbereitenden und begleitenden Maßnahmen** und Arbeitsvorgänge wie das Abteufen von Schächten, die Errichtung aller untertägigen Grubenbaue sowie die Herstellung technischer Einrichtungen zur Bewetterung oder Wasserhaltung. Zu den **nachfolgenden Tätigkeiten** gehören Betriebsmaßnahmen, die zeitlich nach dem Lösen und Freisetzen der Bodenschätze liegen, aber hiermit in einem engen technischen Zusammenhang stehen, z. B. das Bergen (sog. Rauben) weiterverwendbarer Betriebsmittel, der Abbau oder die Umsetzung von Anlagen. Richtigerweise gehört zur nachfolgenden Tätigkeit der Gewinnung auch die **Ablagerung des hierbei anfallenden Nebengesteins (sog. Berge) auf Halden,** unabhängig davon, ob das Gestein bei der Herstellung von Grubenbauen oder bei der Aufbereitung anfällt. Denn ohne Möglichkeit der Aufhaldung des Nebengesteins käme der Gewinnungsbetrieb, der auf eine kontinuierliche Abnahme der geförderten Bodenschätze und des damit unvermeidbar anfallenden Nebengesteins angewiesen ist, umgehend zum Erliegen. Zu den nachfolgenden Tätigkeiten rechnen auch alle Maßnahmen, die **nach Stilllegung** einer bergbaulichen Anlage notwendig sind oder getroffen werden.

9 Zu den **vorbereitenden und begleitenden Tätigkeiten** der Gewinnung rechnet auch das Niedrighalten und Abpumpen von **Gruben- oder Grundwasser,** sodass die Haftung eintritt, wenn es aufgrund dieser Maßnahmen zu einem Bergschaden i. S. von Absatz 1 kommt. Zur Frage der Haftung nach § 114 Absatz 1 bei **Bergschäden infolge Wiederanstiegs des Grubenwassers** vgl. nachstehend Rn 17.

10 **c) Aufbereitung/Aufbereiten.** Hierunter werden Tätigkeiten verstanden, die nach deutscher bergrechtlicher Tradition immer oder unter bestimmten Voraussetzungen vom Bergrecht erfasst wurden. Mit der Legaldefinition des § 4 Absatz 3 wird diese bewährte Praxis fortgesetzt. Wichtig ist, dass nicht nur das in § 4 Absatz 3 Satz 1 Nr. 1 genannte Trennen oder Anreichern nach stofflichen Bestandteilen oder geometrischen Abmessungen (d. h. nach der Größe) auf physikalischer oder physikalisch-chemischer Grundlage bergrechtlich als Aufbereitung eingeordnet wird, sondern dass auch die in Nr. 2 aufgeführten Verfahren der Aufbereitung, die auf chemischer Grundlage erfolgen, dem Bergrecht zugeordnet werden. Sinn der Zuordnungsvorschrift ist es, einheitliche betriebliche, insbesondere gewachsene organisatorische und technische Zusammenhänge zwischen den eigentlichen Bergbauanlagen und den Anlagen der Aufbereitung rechtlich nicht auseinander zu reißen. Deshalb liegt Aufbereitung im Sinne des Bergrechts vor, wenn zwischen Gewinnungsanlage und Aufbereitungsanlage ein unmittelbarer betrieblicher Zusammenhang besteht und es sich um denselben Unternehmer handelt, oder bei unterschiedlichen Unternehmern, wenn die Aufbereitung in unmittelbarem räumlichem Zusammenhang mit dem Ort der Gewinnung erfolgt. Keine Haftung nach § 114 Absatz 1 besteht bei Anlagen der Weiterverarbeitung oder Nebengewinnung nach § 4 Absatz 3 Satz 2.

4. Haftung für Nebentätigkeiten

Bestimmte in § 2 Absatz 1 Nr. 1 aufgeführte Nebentätigkeiten werden haftungsrechtlich ebenfalls dem Aufsuchungs-, Gewinnungs- und Aufbereitungsbetrieb zugerechnet, sofern sie in unmittelbarem betrieblichen Zusammenhang mit der Haupttätigkeit vorgenommen werden: Verladen, Befördern, Abladen, Lagern und Ablagern von Bodenschätzen, Nebengestein und sonstigen Massen. Der Gesetzgeber hat in der Geltungsbereichsvorschrift eine solche ausdrückliche Regelung für notwendig gehalten, um Probleme bei der Abgrenzung des Bergrechts zu anderen Rechtsgebieten zu vermeiden, zumal solche Tätigkeiten in der Praxis nicht selten nicht nur auf dem eigentlichen Betriebsgelände stattfinden, sondern in mehr oder weniger großer räumlicher Entfernung von ihm. Mit der Zuordnung zum Bergrecht gilt für diese Tätigkeiten nunmehr auch die strenge Haftung nach § 114 Absatz 1. **11**

a) Betriebsvorgänge im Einzelnen. Unter Verladen ist nicht nur die erstmalige Beladung eines Transportmittels zu verstehen, sondern auch das Umladen (Umschlagen) von einem auf ein anderes Transportmittel (z. B. vom Band auf LKW). Das Befördern umfasst sämtliche Beförderungsvorgänge mit Fahrzeugen, Schienenbahnen, Seilbahnen oder ähnlichen Einrichtungen. Abladen ist nach allgemeinem Wortgebrauch die dem Ende eines Beförderungsvorgangs nachfolgende Tätigkeit. Während unter Lagern die vorübergehende Deponierung von Gütern zu verstehen ist (also z. B. das Lagern von Betriebsmaterial, Hilfsstoffen sowie von Bodenschätzen bis zu deren Verkauf), wird unter Ablagern die endgültige, zumindest die auf längere Dauer beabsichtigte Deponierung derartiger Stoffe verstanden. Transport- oder Lagervorgänge, die sich mit anderen Gegenständen als den in § 2 Absatz 1 Nr. 1 genannten Gütern befassen, werden haftungsrechtlich von § 114 Absatz 1 nicht erfasst, wie etwa das Verladen und Befördern von einzelnen Maschinen oder Betriebsstoffen in kleineren Mengen, weil es sich nicht um Massen handelt, sondern um einzelne Güter oder Gegenstände. **12**

b) Transportgegenstände. Der Begriff des Bodenschatzes ist in § 3 Absatz 1 definiert. Nebengestein fällt bei der Auffahrung von Grubenbauen im Gebirge an (z. B. Grubenberge) und als Folge der Aufbereitung (z. B. sog. Waschberge). Zum Nebengestein gehört auch der Abraum bei Tagebauen. Sonstige Massen sind alle in größerem Umfang auf dem Betriebsgelände gelagerten Materialien wie etwa Hilfs- und Betriebsstoffe, Reserveteile, Ausbaumaterial, aber auch Abfälle. **13**

c) Unmittelbarer betrieblicher Zusammenhang. Er besteht insbesondere, wenn die Haupttätigkeiten ohne die Nebentätigkeiten nicht durchgeführt werden **14** können oder die Nebentätigkeiten für den Betrieb aus organisatorischen oder wirtschaftlichen Gründen notwendig sind. Beispiele: Transport von Bergmaterial von der Aufbereitung zur Halde oder Transportvorgänge innerhalb von Tagebauen. Ein **räumlicher Zusammenhang** zwischen dem Ort, an dem die Aufsuchung, Gewinnung und Aufbereitung stattfinden, und dem Ort, an dem Bodenschätze oder Nebengestein gelagert oder abgelagert werden, ist **nicht notwendig**. Der unmittelbare betriebliche Zusammenhang ist daher auch dann gegeben, wenn der Geltungsbereich des Bergrechts zwischenzeitlich, wie etwa beim Transport von Gütern über öffentliche Straßen (vgl. § 2 Absatz 5 Nr. 2), verlassen wird. Erforderlich ist auch kein **betriebstechnischer Zusammenhang** in Gestalt einer technischen Verbindung wie Grubenbahn, Seilbahn, Rohrleitungsanlage oder einer ähnlichen Transporteinrichtung.

5.   Wiedernutzbarmachung

15 Unter diesem spezifisch bergrechtlichen Begriff ist die ordnungsgemäße Gestaltung der vom Bergbau in Anspruch genommenen Oberfläche unter Beachtung des öffentlichen Interesses zu verstehen (§ 4 Absatz 4). Umfang und Inhalt der Verpflichtungen des Bergbauunternehmers ergeben sich aus den maßgeblichen Betriebsplänen, da der Unternehmer sowohl im laufenden Betrieb als auch bei beabsichtigter Einstellung Maßnahmen der Wiedernutzbarmachung treffen muss (§ 55 Absatz 1 Satz 1 Nr. 7, Absatz 2). Beispiele: Verfüllung von Tagebauen und Wiederherstellung der Landschaft, Rekultivierung von Bergehalden, aber auch die Beseitigung bergbautypischer Anlagen (etwa Abbruch von Schachtgerüsten). Eine Haftung nach § 114 Absatz 1 besteht nur bei bergbaueigenen Wiedernutzbarmachungsmaßnahmen, also dann nicht, wenn ein Bergbauunternehmer in fremdem Interesse Nebengestein in fremden Grundstücken (z. B. zur Rekultivierung ausgebeuteter Kieslagerstätten) ablagert.

6.   Haftung für dienende Einrichtungen

16 Durch das Zitat des § 2 Absatz 1 Nr. 3 in der Haftungsnorm des § 114 Absatz 1 wird der Betrieb sämtlicher Anlagen und Einrichtungen der Bergschadenshaftung unterstellt, soweit diese überwiegend einer der Haupt- oder Nebentätigkeiten dienen oder zu dienen bestimmt sind. Damit werden praktisch **alle Anlagen und Einrichtungen** eines Bergbaubetriebs erfasst, sofern sie nur in einem **funktionalen technischen oder organisatorischen Zusammenhang** mit diesen Tätigkeiten stehen und tatsächlich betrieben werden oder in den Betrieb eingefügt sind. Ausgenommen sind hiernach Verwaltungsgebäude, Einrichtungen der Personenbeförderung oder solche des Sozialdienstes, auch sofern sie innerhalb des Betriebsgeländes belegen sind. Dem Merkmal *„zu dienen bestimmt sind"* kommt im Zusammenhang mit § 114 Absatz 1 keine Bedeutung zu. In § 2 Absatz 1 Nr. 3 hat es die Aufgabe klarzustellen, dass die genannten Einrichtungen auch dann vom Bergrecht und damit von der Betriebsplanpflicht erfasst sind, wenn sie in den Betrieb noch nicht eingefügt sind. Sie werden damit der präventiven Kontrolle durch das Betriebsplanverfahren unterworfen (vgl. § 51 Absatz 1).

7.   Sonderfall: Wiederanstieg von Grund- und Grubenwasser

17 Der Anstieg von Grubenwasser in untertägigen aufgegebenen Bergwerken als Folge der Beendigung von Pumpmaßnahmen lässt sich in das Regelungssystem des § 114 Absatz 1 auf den ersten Blick nur unter Schwierigkeiten einordnen. Denn in diesen Fällen wird eine für die Fortführung des Betriebs bisher notwendige Tätigkeit oder Einrichtung gerade nicht mehr ausgeübt, sondern beendet. Nach Einstellung von Wasserhaltungsmaßnahmen in **Untertagebergwerken**

kann es zu Bodenbewegungen und unter bestimmten Voraussetzungen zu Bergschäden an der Oberfläche kommen (vgl. Terwiesche, ZfW 2007, 2 m. w. N.; Kratzsch, Bergschadenskunde, S. 503 ff.). Die Einordnung in die Bergschadenshaftung ist aber zutreffend, weil nach der Einstellung der Wasserhaltung die im Grubengebäude befindlichen Grubenwässer auf eine durch den Bergbau geschaffene veränderte Situation (Grubenbaue, verfüllte Abbauhohlräume) treffen und damit ein durch die vorangegangene Gewinnung begründetes Risiko auslösen. Insofern besteht dieselbe Ausgangssituation wie bei durch den untertägigen Abbau geschaffenen Hohlräumen, die sich Jahre nach Beendigung des Abbaus durch den Druck des Deckgebirges schließen oder aufgrund anderer Ursachen, z. B. Wassereinbrüchen, plötzlich einbrechen und dadurch Bodenbewegungen an der Oberfläche auslösen. Nicht die Einstellung der Wasserhaltung begründet in diesem Falle die Haftung, sondern die vorangegangene Gewinnung (§ 114 Absatz 1: *„infolge der Tätigkeit"*). Eine andere Rechtslage ergibt sich bei **Vernässungsschäden im Umfeld von Tagebaubetrieben.** Häufig wurde beim Bau von Gebäuden und Infrastruktureinrichtungen nicht berücksichtigt, dass der Grundwasserstand nur deshalb niedrig war, weil er durch bergbauliche Pumpmaßnahmen (sog. Sümpfungsmaßnahmen) abgesenkt war, um den Tagebau trocken zu halten. Nach Einstellung der Pumpmaßnahmen infolge Beendigung des Abbaus steigt das künstlich niedrig gehaltene Grubenwasser auf natürlichem Wege wieder an. Die Grundstücke, die von Natur aus mit flurnahen Grundwasserständen belastet waren, vernässen; in Keller und flurnahe Baulichkeiten kann Wasser eindringen. Das **Baugrundrisiko**, das sich in diesem Fall – in der Bauphase unbeachtet – realisiert, ist Ausfluss der Situationsgebundenheit des Baugrundstücks. Es trifft nach überwiegender Ansicht den Eigentümer oder Bauherrn (OVG Magdeburg, NUR 2008, 578 ff., OLG Düsseldorf vom 18.12.2002 – 18 U 88/02, bestätigt von BGH vom 29.4.2004 – III ZR 31/03; OVG Lüneburg, NordÖR 2012, 4748; vgl. auch § 52 Rn 77 m. w. N. und § 53 Rn 89). Es liegt **keine Verletzung des Eigentums** vor, eine Haftung gemäß § 114 Absatz 1 scheidet aus (vgl. auch § 52 Rn 77; a. A. Frenz, NUR 2006, 661 ff. = Glückauf 2007, 245 ff.). Unerheblich ist, ob es sich um ein bebautes oder unbebautes Grundstück handelt.

III. Grenzen der Haftung

Die Verweisung in § 114 Absatz 1 auf die in § 2 Absatz 1 Nrn. 1 bis 3   **18** erwähnten Tätigkeiten und Einrichtungen ist als **abschließend** zu betrachten. Die Haftungsvorschrift **gilt daher nicht** für Schäden aus der **Untersuchung des Untergrundes auf seine Eignung zur Errichtung von Untergrundspeichern** (§ 2 Absatz 2 Nr. 1), das **Errichten oder Betreiben von Untergrundspeichern** (§ 2 Absatz 2 Nr. 2) oder sonstige Tätigkeiten oder Einrichtungen, auch soweit sie sonst ganz oder teilweise dem Bergrecht unterstellt sind. Hierzu rechnen etwa **Bohrungen** zu anderen als bergbaulichen Zwecken (§ 127), das Aufsuchen und Gewinnen mineralischer Rohstoffe in **alten Halden** (§ 128) und der Betrieb von **Versuchsgruben** (§ 129). In allen diesen Vorschriften werden die anzuwendenden Vorschriften des BBergG ausdrücklich genannt, die Schadensersatzvorschriften der §§ 114 ff. aber nicht erwähnt. Bei Anlagen zur **Gewinnung von Erdwärme** (Geothermiebohrungen) die nach § 6 einer Bewilligung bedürfen (vgl. § 3 Absatz 2 Satz 2 Nr. 2 b), ist § 114 Absatz 1 anzuwenden. Das gilt nicht, wenn die Gewinnung von Erdwärme grundstücksbezogen ist, also zur Beheizung eines Gebäudes erfolgt. In diesem Falle liegt nach § 4 Absatz 2 Nr. 1 keine Gewinnung im Sinne des BBergG vor, sodass nur die allgemeinen Vorschriften der §§ 823 ff. BGB zur Anwendung kommen (vgl. Frenz, Markschedewesen 117 (2010), 11). Ausgenommen von der Haftung sind ferner etwaige Schäden, die aus der Vornahme bergbaulicher Tätigkeiten im Bereich des **Festlandsockels herrühren (§ 2 Absatz 3). Ein entsprechender Vorschlag des Bundes-rats auf Ausdehnung der Bergschadenshaftung (BT-Drs 8/1315, 182 = Zydek, 429) hat sich im Gesetzgebungsverfahren nicht durchgesetzt (WiA BT-Drs 8/ 3965, 142 = Zydek, 431).

IV. Dogmatische Einordnung der Bergschadenshaftung

1. Rückblick auf das frühere Recht

19   Nach der Haftungsvorschrift des § 148 ABG hatte der Bergwerksbesitzer allen Schaden zu ersetzen, der dem Grundeigentum oder dessen Zubehörungen durch den Bergwerksbetrieb zugefügt wurde. Bergwerksbesitzer war nach der Rechtsprechung des RG (RGZ 71, 152; RG, ZfB 62 (1921), 123; 77 (1936), 162) allein der Bergwerkseigentümer, nach Auffassung des BGH (BGHZ 52, 259) auch derjenige, der aufgrund eines von dem Bergwerkseigentümer hergeleiteten Rechts (Pacht, Nießbrauch) den Bergwerksbetrieb tatsächlich ausübte. Der aus dem preuß. Allgemeinen Landrecht stammende Begriff *„Zubehörung"* schloss Bestandteile (§ 94 BGB) und Zubehör (§ 97 BGB) ein. Ausreichend war die Eigenschaft als Zubehörung zu irgendeinem, nicht notwendigerweise selbst geschädigten Grundstück (BGH, DB 1969, 2337 (Kanalbrücke); BGHZ 51, 119 (Wassersammler).

20   Die Haftungsvorschrift des § 148 ABG wurde als notwendiger **Ausgleich für eine umfassende Duldungspflicht** des Grundeigentümers gegenüber dem Berg-bau verstanden. Eine solche Duldungspflicht war zwar weder im ABG noch in anderen bergrechtlichen Vorschriften ausdrücklich ausgesprochen, ergab sich aber aus der Grundkonzeption des Rechtsverhältnisses zwischen Bergbau und Grundeigentum (Westermann, Freiheit des Unternehmers, 80 f.; s. auch H. Schulte, ZfB 113 (1972), 166 f.). Mit der Verleihung der dem Verfügungsrecht des Grundeigentümers entzogenen (nach heutiger Terminologie: bergfreien) Bodenschätze (§ 50 ABG) erhielt der Bergwerkseigentümer die *„ausschließliche Befugnis, das in der Verleihungsurkunde benannte Mineral in seinem Felde aufzusuchen und zu gewinnen, sowie alle hierzu erforderlichen Vorrichtungen unter und über Tage zu treffen"* (§ 54 ABG). Aus dieser positiv umschriebenen Berechtigung wurde seit jeher gefolgert, dass der Grundeigentümer den Berg-werkseigentümer niemals auf Unterlassung oder Einschränkung in Anspruch nehmen konnte, auch wenn mit Gewissheit die Gefahr einer Beeinträchtigung des Grundeigentums oder seiner Zubehörungen bestand, und zwar selbst bis zu deren völliger Entwertung (RGZ 98, 79). Das volkswirtschaftliche Interesse an der Gewinnung führte zu einem generellen Vorrang der rechtlichen Befugnisse des Bergbautreibenden gegenüber dem Interesse des Grundeigentümers an einer ungestörten Nutzung der Oberfläche (vgl. RG, ZfB 48(107), 535; RGZ 130, 356; BGHZ 27, 155; BGHZ 53, 226; Westermann, ZfB 106 (1965), 122, 131; derselbe Freiheit des Unternehmers, 80 f.). In die Vorrangstellung des Bergwerks-eigentümers waren nach § 58 ABG die zur Aufbereitung der Bergwerkserzeug-nisse erforderlichen Anlagen einbezogen.

21   Soweit später die Aufsuchung und Gewinnung von Bodenschätzen unter **echten Staatsvorbehalt** gestellt, das Verfügungsrecht des Grundeigentümers im Hin-blick auf diese Mineralien also aufgehoben wurde, z. B. Phosphoritgesetz vom 16.10.1934, GS. S. 404, Begr. ZfB 75 (1934), 245, wurde das durch Einwir-kungsbefugnisse und Ausgleichspflichten gekennzeichnete System des ABG auf diese Regelungen übertragen. Denn das Gesetz erklärte die Vorschriften über den Schadensersatz für Beschädigungen des Grundeigentums in den §§ 148 ff. ABG als entsprechend anwendbar. Damit bestand auch insoweit eine umfassende Duldungspflicht des Grundeigentümers, da der Bergschadensersatzanspruch als Ausgleich für einen „an sich" gegebenen, durch Bergrecht aber ausgeschlossenen Abwehranspruch nach § 1004 BGB aufgefasst wurde.

Das gleiche galt für Vorkommen aus dem Bereich der volkswirtschaftlich **22** bedeutsamen **Steine und Erden.** Diese Grundeigentümermineralien wurden durch Verordnung vom 31.12.1942 (RGBl 1943 I S. 17) – sog. **Silvesterverordnung** – den wichtigsten bergrechtlichen Vorschriften unterstellt (Begr., ZfB 83 (1943), 201; Ebel/Weller, 871). Die Betriebe zur Aufsuchung und Gewinnung dieser Bodenschätze wurden als Bergwerksbetriebe behandelt. Ihnen standen damit auch die entsprechenden Einwirkungsbefugnisse mit der Pflicht zum Ausgleich nach § 148 ABG zu (ebenso H. Schulte, Eigentum und öffentliches Interesse, 280 f.).

2. Duldungspflichten des Grundeigentums nach BBergG

Ebenso wie § 148 ABG gewährt auch die Schadensersatznorm des § 114 **23** Absatz 1 den notwendigen Ausgleich für die dem Grundeigentümer durch das Gesetz grundsätzlich auferlegte Duldungspflicht. Bei Bergbaubetrieben, die **bergfreie Bodenschätze** i. S. von § 3 Absatz 3 **gewinnen,** ergibt sich die Befugnis, schädigend auf das Grundeigentum einzuwirken bei der **Bewilligung** aus dem *„ausschließlichen Recht",* die *„erforderlichen Einrichtungen im Sinne des § 2 Absatz 1 Nr. 3 zu errichten und zu betreiben"* (§ 8 Absatz 1 Einl. und Nr. 3). Für das neue **Bergwerkseigentum** in § 9 folgt dasselbe Recht aus der entsprechenden Anwendung von § 8 Absatz 1 Nr. 3. Handelt es sich um eine **Aufsuchung,** wählt das Gesetz in § 7 Absatz 1 Nr. 3 eine abweichende Formulierung, ohne dass ein abweichender Regelungsgehalt erkennbar wäre. Bei den aufrechterhaltenen **alten Rechten und Befugnissen** in den §§ 148 ff. wird entweder wie beim alten Bergwerkseigentum zur Beschreibung des Inhalts des Rechts dieselbe Formulierung verwandt wie beim neuen Bergwerkseigentum (vgl. § 151 Absatz 1 Nr. 4) oder das aufrechterhaltene alte Recht wird in eine der neuen Berechtigungsformen übergeleitet, sodass auf diese Weise die oben genannten Befugnisse entstehen. Durchgehend sind damit die Bergbauberechtigten nach dem BBergG befugt, zu Aufsuchung und Gewinnung die erforderlichen Einrichtungen zu betreiben. Mit der insoweit inhaltlich mit § 54 ABG identischen Formulierung hat der Gesetzgeber zu erkennen gegeben, dass das Regelungssystem des ABG: eine umfassende Duldungspflicht des Grundeigentümers bei vollständigem Ausgleich in Form von Schadensersatz, durch den Bergbautreibenden unter dem Geltungsbereich eines bundeseinheitlichen Berggesetzes fortgesetzt werden sollte. Die Einwirkungsbefugnis des Bergbautreibenden und die damit korrespondierende Duldungspflicht ergeben sich aus dem Inhalt der Bergbauberechtigung, nicht aus der Zweckklausel in § 1 Nr. 3 mit der grundsätzlichen Anerkennung „unvermeidbarer Schäden" oder einem gesamtwirtschaftlichen Interesse an der Rohstoffsicherung (§ 1 Nr. 1, § 48 Absatz 1 Satz 2).

Bei den **grundeigenen Bodenschätzen** nach § 3 Absatz 4 ergibt sich eine Dul- **24** dungspflicht des Grundeigentümers aus der (häufig übersehenen) Vorschrift des § 34. Bei der Gewinnung grundeigener Bodenschätze wird eine Kollision zwischen einem Bergbautreibendem und einem Grundstückseigentümer zwar seltener auftreten, ist aber, jedenfalls bei Nachbargrundstücken, auf die sich der Abbau auswirken kann (z. B. Bodenveränderungen infolge Grundwasserentzugs oder Abrutschen von Böschungen) auch nicht gänzlich ausgeschlossen. Da es bei grundeigenen Bodenschätzen kein Erlaubnis-, Bewilligungs- oder Bergwerksfeld gibt, gilt das Grundstück, in dem oder auf dem eine Aufsuchung oder Gewinnung stattfindet, fiktiv als ein solches Feld mit der Anordnung im Gesetz, dass die entsprechenden Befugnisse (§ 7 Absatz 1, §§ 8 und 9) als eingeräumt gelten (vgl. im Einzelnen § 34 Rn 5). Damit hat auch ein Betrieb, der sog. Katalogbodenschätze nach § 3 Absatz 4 Nr. 1 gewinnt, gesteigerte Einwirkungsbefugnisse, da diese bereits frühzeitig aus volkswirtschaftlichen Gründen dem Bergrecht unterstellt wurden (vgl. oben Rn 22). Ob Betriebe, die untertägig Bodenschätze aufsuchen und gewinnen, die nicht in den Katalogen des § 3 Absatz 3 und Absatz 4 Nr. 1 aufgeführt sind, die geschilderte Vorzugsstellung in Anspruch nehmen können, erscheint zweifelhaft. Die Unterstellung solcher Betriebe unter das Bergrecht nach § 3 Absatz 4 Nr. 2 dürfte im Wesentlichen aus Gründen der Grubensicherheit und des Schutzes der Oberfläche erfolgt sein.

3. Auswirkungen der Moers-Kapellen-Entscheidung

25 Im Hinblick auf die Duldungspflicht des Grundeigentümers gegenüber bergbaulichen Einwirkungen hat sich aufgrund des Urteils des BVerwG vom 16.3.1989 (BVerwGE 81, 329; vgl. im Einzelnen hierzu § 48 Rn 54 f.) keine Änderung ergeben. Die Konfliktlösung zwischen den Rechtspositionen Grundeigentum und Bergbauberechtigung ist in das Betriebsplanverfahren verlagert, das nach der Auslegung der einschlägigen Vorschriften, wie sie in der Moers-Kapellen-Entscheidung enthalten ist, die Gewähr für einen rechtzeitigen und effektiven Rechtsschutz des Grundeigentümers bietet (BVerwGE 81, 329, 343). Soweit bei der Ausführung von Betriebsplänen *„kleinere und mittlere Schäden im üblichen Umfang"* zu erwarten sind, können die Betroffenen verfassungsrechtlich ohnehin unbedenklich auf die Bergschadensregulierung verwiesen werden (BVerwG, aaO, 344). Drohen dagegen nach den für deren Ermittlung entwickelten Kriterien Schäden am Oberflächeneigentum, die über dieses Maß hinausgingen, und sind deshalb Sonderbetriebspläne über Abbaueinwirkungen eingereicht und zugelassen, kann grundsätzlich davon ausgegangen werden, dass eine unverhältnismäßige Beeinträchtigung des Oberflächeneigentums nicht eintritt. Dem Nachbarschutz ist insoweit über eine auf § 48 Absatz 2 beruhende Abwägungsentscheidung der Bergbehörde Genüge getan. Deshalb besteht nach der Zulassung eines entsprechenden Sonderbetriebsplans in entsprechender Anwendung des in § 14 BImSchG enthaltenen Rechtsgedankens kein Bedürfnis für einen zivilrechtlichen Schutz des Grundeigentums und daher kein Anspruch auf Unterlassung. Mögliche Schutzvorkehrungen durch Maßnahmen unter und über Tage werden im Rahmen des Sonderbetriebsplanverfahrens geprüft und, soweit technisch möglich und wirtschaftlich vertretbar, festgelegt; sie werden für die nachfolgenden Abbaubetriebspläne bindend. Treten infolge der Durchführung des Abbaus später gleichwohl schwere Bergschäden auf, kann der Betroffene nur noch gemäß § 114 Absatz 1 Schadensersatz verlangen. Zu weiteren Einzelheiten vgl. § 48 Rn 28; § 52 Rn 9 d; § 54 Rn 60; § 56 Rn 20, 29 e.

4. Haftungstyp

26 Da die Bergschadenshaftung bei der unvermeidbaren **Kollision zwischen Grundeigentum und Bergbauberechtigung** den notwendigen Ausgleich für die Untersagung von Abwehrrechten bildet, die Beeinträchtigungen des Bergbaus vom Grundeigentümer hingenommen werden müssen und deshalb als rechtmäßig anzusehen sind, handelt es sich um einen Anwendungsfall der sog. **privatrechtlichen Aufopferung** (so bereits H. Schulte zu § 148 ABG, ZfB 107 (1966), 188 = Bochumer Beiträge zum Berg- und Energierecht, Bd. 12, 38). Die in diesem Beitrag für eine Aufopferungshaftung aufgestellten Überlegungen sind uneingeschränkt auf § 114 Absatz 1 BBergG zu übertragen. Soweit an Grundstücken, deren Bestandteilen und Zubehör sowie an beweglichen Sachen einschließlich sog. Scheinbestandteile durch den Bergbau Schäden verursacht werden, handelt es sich **nicht** um einen Anwendungsfall der **Gefährdungshaftung** (so aber Boldt/Weller, § 114 Rn 9; wohl auch Müggenborg, NUR 2011, 689, passim). Bei der dogmatischen Einordnung der Haftungsnorm ist auf deren Struktur sowie auf

deren rechtspolitisches Ziel abzustellen. Es ist allgemein anerkannt, dass Gefähr-
dungshaftungsnormen präventiv auch einen Anspruch gegen den jeweils Pas-
sivlegitimierten auf Unterbindung einer bevorstehenden schädigenden Einwirkung rechtfertigen (Kohler, NUR 2011, 7, 8 m. w. N.). Ein solcher Anspruch
wird aber gerade bei bevorstehenden Sachbeschädigungen durch das Bergrecht
ausgeschlossen. Dass § 114 Absatz 1 mit einigen Gefährdungshaftungstatbeständen im Wortlaut übereinstimmt (vgl. oben Rn 2) und die Gesetzesbegründung an einigen Stellen vom Rechtscharakter der Bergschadenshaftung als
Gefährdungshaftung ausgeht (BT-Drs 8/1315, 141 = Zydek, 427), erscheint
insoweit nicht erheblich (a. A. Schubert, Schriftenreihe GDMB, Heft 101, 19,
26): Für die Annahme einer Aufopferungshaftung bei Sachschäden nunmehr
auch Kohler, NUR 2011, 8, 13 m. w. N.

Die **Haftung für Personenschäden** entspricht dem Rechtscharakter einer Gefähr-   **27**
dungshaftung. In die höchstpersönlichen Rechtsgüter wie **Leben, Körper und
Gesundheit** darf nicht eingegriffen werden. Hier verbleibt es bei den Abwehrrechten etwaiger Betroffener, sofern bei Vornahme einer Betriebshandlung die
ernstliche Besorgnis einer Schädigung dieser Rechtsgüter besteht. (sog. quasi-
negatorische Unterlassungsklage). Vgl. im Einzelnen Kohler, NUR 2011, 7, 8 f.
m. w. N.

V. Kausalzusammenhang, Zurechnung

1. Bergschaden/Begriff

Die Haftung nach § 114 Absatz 1 setzt die Verletzung höchstpersönlicher   **28**
Rechtsgüter wie Leben, Körper und Gesundheit oder von Rechten an Sachen
voraus. Das Tatbestandsmerkmal *„Beschädigung einer Sache"* verweist gedanklich auf das Eigentum in allen seinen Spielarten, aber auch auf andere „eigentumsähnliche" Rechte (im Einzelnen unten Rn 52 f.). Wenig glücklich werden
diese Rechtsgutverletzungen vom Gesetz als **Bergschaden** bezeichnet. Der
Begriff war schon bisher mehrdeutig, weil er sowohl den unmittelbaren Substanzschaden (z. B. den Riss am Gebäude) als auch den Schaden im Rechtssinne
nebst Folgeschäden (z. B. entgangener Gewinn) umfasste. Die Legaldefinition
hat auch kaum Bedeutung. Sie wird lediglich zur Ausgrenzung der nicht von der
Haftung erfassten Sachverhalte (§ 114 Absatz 2) sowie in § 120 (Bergschadensvermutung) verwendet, während im Übrigen unter Bergschaden der geltend
gemachte Schaden (Schaden im Rechtssinne und Folgeschaden) zu verstehen
ist (vgl. etwa §§ 115, 116, 118, 119).

Zwischen dem Bergbaubetrieb und der Rechtsgutverletzung als dem ersten   **29**
Verletzungserfolg muss, durch die Formulierungen *„infolge"* und *„durch"* ver-
deutlicht, ein ursächlicher Zusammenhang bestehen (**haftungsbegründende
Kausalität**). Ferner muss zwischen dem schädigenden ersten Ereignis (Tod,
Körperverletzung usw.) und dem geltend gemachten Schaden ein weiterer
Ursachenzusammenhang vorliegen (**haftungsausfüllende Kausalität**). Auf dieses
Kausalitätserfordernis zielt das Gesetz mit der Wendung ab, dass der aus der
Rechtsgutverletzung („daraus") entstehende Schaden zu ersetzen sei. In der
Regel liegen also vor und sind gesondert zu prüfen **zwei Kausalitätsreihen:**
Vom Bergbaubetrieb zum schädigenden ersten Verletzungserfolg und von die-
sem wiederum zum geltend gemachten Schaden. Bei den Gefährdungshaftungen
(§ 1 HPflG, § 7 StVG, § 33 LuftVG) kann die Differenzierung dieser Kausali-
tätsformen entfallen, weil es ausreicht, dass die Schädigung „beim Betrieb" einer
Gefahrenquelle erfolgt sein muss. Bei Schäden, die sich nicht durch unfallartige
(plötzliche) Ereignisse einstellen, sondern auf den typischen Folgen der Berg-

bautätigkeit beruhen (Bodenverformungen), kann wegen der unterschiedlichen Zurechnungsgründe auf die Prüfung des Merkmals der Adäquanz im haftungsbegründenden Vorgang nicht verzichtet werden (nachstehend Rn 30 f.; ferner Rn 44 ff.).

2. Adäquater Kausalzusammenhang

30 a) **Ursachenzusammenhang.** zwischen Bergbaubetrieb und geltend gemachtem Schaden liegt vor, wenn infolge der Ausübung der Tätigkeiten und Einrichtungen, die das Gesetz durch Verweisung auf den Geltungsbereich des Gesetzes (§ 2 Absatz 1) näher bestimmt (oben Rn 4 f.), eine Bedingung gesetzt worden ist, die nicht hinweggedacht werden kann, ohne dass der schädliche Erfolg entfiele. Dieser **natürliche Bedingungszusammenhang** muss stets vorliegen. Er bedarf jedoch der **Eingrenzung,** weil andernfalls die Ersatzpflicht angesichts endloser Kausalitätsketten und wegen des zufälligen Zusammentreffens unglücklicher Umstände uferlos wäre. Für die Zurechnung im Rahmen zivilrechtlicher Haftungstatbestände ist daher nur eine solche Bedingung bedeutsam, die mit dem eingetretenen Erfolg (Schaden) in einem **adäquaten Zusammenhang** steht (**sog. Adäquanztheorie**). Mit ihrer Hilfe soll das Haftungsrisiko eingeschränkt werden; die insoweit ausgegrenzten Schäden werden dem Lebensrisiko des Geschädigten zugeordnet. Eine Begebenheit ist dann adäquate Bedingung, wenn sie die objektive Möglichkeit eines Erfolges von der Art des eingetretenen in nicht unerheblicher Weise erhöht hat (BGHZ 3, 261; 57, 245, 255; Palandt-Grüneberg, Vorb. vor § 249 Rn 26). Das Ereignis muss im Allgemeinen und nicht unter besonders eigenartigen, unwahrscheinlichen und nach dem gewöhnlichen Verlauf der Dinge außer Betracht zu lassenden Umständen geeignet sein, einen Erfolg dieser Art herbeizuführen Die hiernach erforderliche Prognose ist nach dem maximalen Erfahrungswissen und unter Berücksichtigung der Umstände anzustellen, die einem **optimalen Beobachter** zur Zeit des Eintritts der Begebenheit erkennbar sind, zuzüglich aller dem Urheber der Bedingungen noch darüber hinaus bekannten Umstände (BGHZ 3, 261, 266; Palandt-Grüneberg, Vorb. vor § 249 Rn 27). Zur Frage der adäquaten Verursachung bei **Schäden infolge Grundwasseranstiegs** vgl. Frenz, Schriftenreihe der GDMB (Heft 120), 9 = LKV 2010, 49 ff. Zu Fragen des **Ursachenzusammenhangs bei Sachbeschädigungen** vgl. ergänzend Rn 54 ff.

31 b) **Schutzzweck der verletzten Norm.** Da mit Hilfe der Adäquanztheorie nur gänzlich unwahrscheinliche und unerwartete Folgen von der Zurechnung ausgenommen werden, kann zusätzlich eine am **Normzweck** der entsprechenden Vorschrift orientierte **wertende Beurteilung** nötig sein: Der geltend gemachte Schaden muss auch nach Art und Entstehungsweise unter den **Schutzzweck der verletzten Norm** fallen. So sind insbesondere Folgeschäden trotz adäquater Verursachung nicht zu ersetzen, soweit sie bei wertender Betrachtung die Verwirklichung eines allgemeinen Lebensrisikos darstellen (vgl. Palandt-Grüneberg, Vorb.vor § 249 Rn 29). Für den Fall der reinen **Gefährdungshaftung** will der BGH nach neuerer Rechtsprechung verhaltensbezogene Zurechnungsmerkmale, also die Voraussehbarkeit künftiger Schäden im weitesten Sinne, nicht mehr in die Prüfung der Adäquanz einbeziehen. Nach seiner Auffassung kommt es bei derartigen Haftungstatbeständen nicht darauf an, ob der festgestellte Schadensfall anhand bisheriger Erfahrungen vorausgesehen werden müsste, sondern ob es sich um eine spezifische Auswirkung derjenigen Gefahren handle, hinsichtlich derer der Verkehr nach dem Sinn der Haftungsvorschrift schadlos gehalten werden solle (BGHZ 79, 259, 263; kritisch Schünemann, NJW 1981, 2796).

32 c) **Folgerungen.** Für den Bereich der **Bergschadenshaftung nach § 148 ABG** wurde vom Grundsatz der adäquaten Verursachung ausgegangen (RG, ZfB

61 (1920), 438; RG, ZfB 66 (1925), 73; RG, ZfB 73 (1932), 481; LG Kleve, ZfB 102 (1961), 487; BGHZ 59, 139, 144.; Boldt/Weller, § 114 Rn 39 f.). Hiervon ist im Falle von Sachbeschädigungen auch für die Haftung nach § 114 Absatz 1 auszugehen, weil sie einen Fall der Aufopferungshaftung (oben Rn 26) darstellt. Zu Fragen des Kausalzusammenhangs vgl. ferner unten Rn 54 ff.

VI. Haftung für Personenschäden

1. Schädigendes Ereignis

Schädigendes Ereignis ist der Tod oder die Körper- oder die Gesundheitsverlet- **33** zung eines Menschen. Körperverletzung ist die Verletzung der äußerlichen körperlichen Integrität einschließlich der Schmerzzufügung. Unter Gesundheitsverletzung ist die Störung der inneren Funktionen zu verstehen (einschließlich psychischer Erkrankungen: Nervenschock, RGZ 162, 321; Rentenneurose, BGHZ 20, 137). Wegen der Einzelheiten kann auf Kommentierungen zu § 823 BGB verwiesen werden.

2. Rechtslage nach § 148 ABG

Nach den Motiven zum ABG (ZfB 6 (1865), 55 f., 171) sollten im Falle des **34** Eintritts von Personenschäden die allgemeinen Regeln gelten. Ein Ersatz von Personenschäden kam daher nach Inkrafttreten des BGB nur bei Vorliegen der Voraussetzungen der §§ 823 ff. BGB in Betracht (RG, ZfB 60 (1919), 244; OLG Hamm, ZfB 68 (1928), 251). Gegen eine Ausdehnung und die Anwendung der Grundsätze der sog. privatrechtlichen Aufopferung: BGHZ 63, 234 (bergbaubedingter Bruch einer Gasleitung und tödliche Gasvergiftung). Eine verschuldensunabhängige Haftung des Bergwerksbesitzers für Fremdverschulden ohne Entlastungsmöglichkeit begründet § 3 HPflG (früher § 2 RHG), wenn mit Leitungs- oder Aufsichtsfunktionen betraute Personen in Ausübung ihrer Dienstverrichtungen den Tod oder die Körperverletzung eines Menschen herbeigeführt haben.

3. Rechtspolitische Überlegungen zum BBergG

Gegen den Ausschluss von Personenschäden im bisher geltenden Recht werden **35** in der Gesetzesbegründung rechtspolitische Bedenken angeführt. Es sei *„kaum einzusehen, weshalb bei einem Zusammentreffen von Sach- und Personenschäden der Schaden an der Sache nach den Grundsätzen der Gefährdungshaftung zu entschädigen ist, während die betroffenen Personen auf den Weg der §§ 823 ff. BGB verwiesen werden, was jedoch – selbst bei Nachweis eines Verschuldens – schon wegen der in der Regel fehlenden Rechtswidrigkeit nur selten zum Erfolg führen wird"* (BT-Drs 8/1315, 141 = Zydek, 427). Bei einem Zusammentreffen von Sach- und Personenschäden (als Folge einer einheitlichen bergbaulichen Einwirkung) erscheint eine differenzierende Einstandspflicht in der Tat nicht einleuchtend. Gewiß lässt sich gegen eine Ausdehnung der Haftung auf Personenschäden auch nicht anführen, dass mangels aktueller Streitfälle in der Vergangenheit kein Anlass für die Ausweitung der Haftung bestanden habe; denn sowohl der Wortlaut des § 148 ABG als auch die hierzu vertretene Auffassung im Schrifttum dürften entsprechende Rechtsstreitigkeiten von vornherein verhindert haben. Ein Eingreifen des Gesetzgebers mag in der Vergangenheit auch deshalb unterblieben sein, weil bei Einwirkungen des Bergbaus auf gefährliche Anlagen in der Regel eine spezialgesetzliche Einstandspflicht des jeweiligen Betreibers bestand, sodass der Betroffene auf jeden Fall nicht leer ausging (vgl. z. B. BGHZ 63, 234; Haftung nach § 1 a RGH). Zweifellos ist der Gesetzgeber berechtigt, bestimmte gefährliche Zustände oder Anlagen einer

strengen verschuldensunabhängigen Haftung zu unterwerfen, sofern er dies aus
Gründen eines billigen Ausgleichs schädlicher Folgen für geboten hält. Problematisch bei der Haftung des § 114 Absatz 1 für Personenschäden erscheint
jedoch, dass der eigentliche Zurechnungsgrund nur schwer erkennbar ist und
– mit Ausnahme der Haftungshöchstbeträge in § 117 Absatz 1 Nr. 1 – keine
Haftungseingrenzung vorgesehen ist, wie etwa durch das Merkmal der **höheren
Gewalt**, des **unabwendbaren Ereignisses** oder des **ordnungsgemäßen Zustandes
der Anlage oder des Betriebs** (anders z. B. Österr. BergG § 187 Absatz 1, ZfB
117 (1976), 1, 51).

4. Fallgruppen der Haftungsvorgänge

36 Es lassen sich im Wesentlichen **drei Fallgruppen** unterscheiden, bei denen der
Bergbaubetrieb (oben Rn 4 ff.) im Sinne eines natürlichen Bedingungszusam-
menhangs für einen **Personenschaden** ursächlich geworden sein kann:
– **Betriebs- und Anlagenhaftung**
  Es handelt sich um Risiken aus **technischen Vorgängen** bei dem Betrieb von
  Anlagen und Einrichtungen, die den Haupttätigkeiten nach § 2 Absatz 1
  Nr. 1 und 2 dienen oder zu dienen bestimmt sind (nachstehend Rn 37).
– **Haftung für Personenschäden aufgrund bergbaulicher Einwirkungen auf
  gefährliche Anlagen**
  Anwendungsfälle sind Einwirkungen aus der Aufsuchung oder Gewinnung
  auf solche Anlagen, die selbst ein **besonderes Gefährdungspotenzial** verkör-
  pern und für die deshalb eine besondere Gefährdungshaftung besteht (z. B.
  Schienenbahnen nach § 1 HPflG; Energieanlagen nach § 2 HPflG; Haftung
  nach § 89 WHG). Nachstehend Rn 38.
– **Haftung für Risiken aus einer Veränderung der Oberfläche**
  Zu dieser Gruppe gehören ganz allgemein alle denkbaren Gefährdungslagen,
  die sich aus der Veränderung der Tagesoberfläche durch eine Aufsuchung
  oder Gewinnung ergeben können und die bei einem Menschen zu einem
  Personenschaden, meist aufgrund eines unfallähnlichen Ereignisses, führen
  (nachstehend Rn 39 ff.).

5. Betriebs- und Anlagenhaftung

37 Hierzu rechnen alle Betriebsanlagen und -einrichtungen, die überwiegend den
bergbaulichen Haupttätigkeiten (§ 2 Absatz 1 Nr. 1 und 2) dienen (vgl. im
Einzelnen oben Rn 16). Im Ergebnis werden sämtliche im Bergbaubetrieb vorhandenen Anlagen und Einrichtungen haftungsrechtlich als potenziell gefährlich, mit einem besonderen Betriebsrisiko behaftet qualifiziert (z. B. auch mit
maschineller Winde betätigter Lorenaufzug (OLG Celle, VersR 1958, 342 und
446 zu § 1 RHG), kleine und leichte Feldbahnen mit geringer Geschwindigkeit,
Kran- und Krananlagen usw.). Eine größere praktische Bedeutung dürfte die
weite Haftung nicht haben, weil sich das Gefahrenpotenzial räumlich auf das
Betriebsgelände beschränkt, außenstehende Dritte selten in den Gefahrenbereich
solcher Betriebseinrichtungen gelangen und die Haftung gegenüber Betriebs-
angehörigen nach § 117 Absatz 2 Nr. 1 ausgeschlossen ist.
In Grenzfällen (z. B. Personenschaden als Folge unbefugte Eindringens auf das
Betriebsgelände) ist eine Haftung durch Anwendung der Grundsätze des Mitverschuldens (§§ 118, § 254 BGB) auszuschließen.
Bei der Betriebs- und Anlagenhaftung für Personenschäden bestehen **Überschneidungen mit spezialgesetzlichen Haftungstatbeständen**. In Betracht kommen insbesondere § 1 und § 2 HPflG, die neben § 114 zur Anwendung kommen
können und nach § 121 nicht ausgeschlossen sind.

6. Haftung für Personenschäden aufgrund bergbaulicher Einwirkungen auf gefährliche Anlagen

Wirkte der Bergbau durch Abbauhandlungen schädigend auf eine Anlage ein, **38** die wegen einer besonderen Betriebsgefahr ihrerseits einer Gefährdungshaftung unterlag (z. B. nach § 1 HPflG (Bahnbetrieb), § 2 HPflG (Energieanlage)) und verwirklichte sich deshalb das besondere Risiko dieser Anlage in Form eines Personenschadens, haftete bisher der Unternehmer oder Inhaber dieser Anlage allein (BGHZ 63, 243).
§ 114 Absatz 1 begründet nunmehr eine eigenständige Haftung des Bergbauunternehmers, wenn infolge der Aufsuchung oder Gewinnung eine solche Anlage beschädigt worden ist und sich deshalb das spezifische Sach- oder Betriebsrisiko dieser Anlage verwirklicht. Beide Beteiligte haften nach § 119 als Gesamtschuldner, es sei denn, dass sich der Bahnbetriebsunternehmer oder der Inhaber der Energieanlage auf einen Haftungsausschluss wegen Vorliegens höherer Gewalt (§ 1 Absatz 2 Satz 1, § 2 Absatz 3 Nr. 3 HPflG) berufen können. Höhere Gewalt liegt unter folgenden Voraussetzungen vor: Das schädigende Ereignis muss **von außen her** – aber nicht räumlich verstanden – sondern von außerhalb des Betriebes, auf den Bahnbetrieb oder die Energieanlage eingewirkt haben; das Ereignis muss ferner so außergewöhnlich sein, dass der Betriebsunternehmer oder Inhaber der Anlage nicht damit zu rechnen brauchte; ferner muss es auch durch die größte Sorgfalt nicht abwendbar gewesen sein. Werden solche Anlagen in Bergbaugebieten errichtet oder betrieben, in denen Beschädigungen durch den Bergbau nicht ungewöhnlich sind, liegt **keine höhere Gewalt** vor. Weitere Anwendungsfälle der Haftung nach § 114 Absatz 1 bilden der Einsturz eines bergbaugeschädigten Gebäudes, eines anderen mit einem Grundstück verbundenen Werkes oder die Ablösung von Teilen des Gebäudes oder des Werkes. Hier kann eine gesamtschuldnerische Haftung mit den nach §§ 823, 836 BGB verantwortlichen Personen bestehen. Es muss sich aber um **nicht erkennbare, unerwartete Schadensereignisse** handeln. Ist die Einsturzgefahr seit längerem bekannt, werden gleichwohl keine Vorsorgemaßnahmen getroffen, dürfte in der Regel der notwendige zeitliche Zusammenhang zwischen den Auswirkungen der Bergbautätigkeit und dem eigentlichen Unfallereignis fehlen, sodass auch unter dem Gesichtspunkt einer Mitverursachung die Haftung für einen Personenschaden entfällt.

7. Haftung für Risiken aus einer Veränderung der Oberfläche

Insbesondere der untertägige Bergbau wirkt in zahlreichen Fällen auf die Tages- **39** oberfläche ein. Dadurch kann es neben größeren Beschädigungen an Gebäuden und Anlagen zu vielfachen geringfügigeren Beschädigungen kommen, z. B. Verschiebung von Bodenplatten privater Gehwege, Absenkung von Treppenstufen, graduell unbedeutende Unebenheiten auf Fahrbahnen öffentlicher Straßen, Risse im Straßenbelag usw., die generell Stürze oder Unfälle auslösen und damit auch zu Personenschäden führen können. Könnte in diesen Fällen uneingeschränkt auf die Bergschadenshaftung zurückgegriffen werden, würden Sachverhalte von einer speziellen Gefährdungshaftung erfasst, die außerhalb von Bergbaugebieten üblicherweise dem allgemeinen Lebensrisiko zugerechnet werden, auf Naturvorgängen (z. B. Unterspülungen wegen Regens) beruhen oder einem Haftpflichtigen wegen schuldhafter Verletzung der Verkehrssicherungspflicht nach § 823 Absatz 1 BGB anzulasten sind. In solchen Fällen bedarf die Haftung für Personenschäden nach § 114 Absatz 1 der **Einschränkung**. Eine Korrektur über das Merkmal der adäquaten Verursachung (vgl. oben Rn 30), auch soweit man es bei Gefährdungshaftungen zulässt (oben Rn 31), erscheint nicht möglich, weil Unfälle mit Personenschäden als Folge solcher Beschädigungen von Flächen, die von Menschen begangen oder befahren werden, vorhersehbar sind. Eine uneingeschränkte Haftung würde sich bedenklich einer – dem deutschen Haftungsrecht fremden – allgemeinen Verursachungshaftung nähern.

40 Eine Einschränkung der Haftung für einen Personenschaden infolge Sturzes oder Unfalls durch Anwendung der **Grundsätze über ein Mitverschulden** des Geschädigten oder eines Dritten, z. B. des Verkehrssicherungspflichtigen oder Trägers der Straßenbaulast (§ 118, § 254 BGB) erscheint unzureichend. Die Erleichterung der prozessualen Situation des Geschädigten durch die Bergschadensvermutung (§ 120) wird die primäre Inanspruchnahme des Bergbauunternehmers nahelegen (insbesondere durch Versicherungen) und auch zunächst dessen Haftung auslösen: Die Bildung von Haftungsquoten über § 254 BGB (§ 118) ist bei Mitverursachung eines Dritten und Mitverschulden des Geschädigten schwierig; bei Haftung eines Dritten (§ 119) führt der Gesamtschuldnerrückgriff „im Zweifel" zur Haftung zu gleichen Teilen (§ 115 Absatz 2 über § 119 Satz 2 Nr. 1). Die Vielfalt der möglichen Veränderungen der Erdoberfläche und die generelle Eignung dieser Erscheinungen als mögliche Ursache für Personenschäden legen es in Verbindung mit der Beweiserleichterung des § 120 nahe, eine Haftung nach § 114 Absatz 1 in derartigen Fällen nur **ausnahmsweise** und **unter engen Voraussetzungen** anzunehmen, zumal dem haftenden Unternehmen die Beherrschung solcher Risiken schlechthin unmöglich ist. Es muss sich um eine auf eine Aufsuchung oder Gewinnung ursächlich zurückgehende **objektive Gefahrenlage** handeln, die das **Risiko** eines **plötzlich antretenden Schadensfalles** in Form eines Unfalls in **besonderem Maße erhöht** und deshalb auch graduell ein **höheres Verletzungsrisiko** in sich birgt. Es ist ferner erforderlich, dass diese Gefahrenlage vom dem Geschädigten auch bei Beobachtung der nach den Umständen des Falles gebotenen Sorgfalt nicht erkannt und abgewendet werden konnte. Für den Geschädigten muss es sich insoweit um ein **unabwendbares Ereignis** (etwa im Sinne § 7 Absatz 2 Satz 2 StVG) gehandelt haben. Denkbare Fälle: Plötzliche – gleichsam über Nacht kommende – Tagesbrüche, unsichtbare Veränderungen des Untergrundes (vgl. den Fall OLG Köln, ZfB 102 (1961), 236: Von Wurzelwerk verdeckter Tagesbruch), Unterspülungen von Verkehrswegen infolge bergbaubedingten Bruchs von Wasserleitungen. Die Zurechnung eines Personenschadens zum Haftungsbereich des Bergbauunternehmers erscheint auch dann als zu weitgehend, wenn eine objektive Gefahrenlage schon seit einiger Zeit bestand, ein Dritter eine Verkehrssicherungspflicht verletzt hat und der Schaden als adäquate Folge dieses Verhaltens zu werten ist. Die Haftung nach § 114 soll nicht dazu führen, dass der Verkehrssicherungspflichtige, der die Gefahrenlage eher beherrscht und deshalb auch dem Schaden nahesteht, entlastet wird; vielmehr sollen solche Risiken abgedeckt werden, die sich vom allgemeinen Lebensrisiko deutlich abheben und deren Tragung dem Geschädigten aus Billigkeitsgründen nicht zugemutet werden kann.

8. Ersatzberechtigter

41 Ersatzberechtigter in Fällen der Körper- und Gesundheitsverletzung ist der **Verletzte**. Der Umfang der Ersatzpflicht richtet sich nach den Vorschriften des BGB über die Verpflichtung zum Ersatz von **Schäden** im Falle einer unerlaubten Handlung (§ 117 Absatz 1). Es gelten demnach die §§ 842 ff. BGB, durch welche die §§ 249 ff. BGB z. T. ergänzt und konkretisiert werden. **Dritte** erwerben im Rahmen des § 844 Absatz 1 BGB (Beerdigungskosten), des § 844 Absatz 2 BGB (Unterhalt) sowie des § 845 BGB (entgangene Dienste) **eigene Ersatzansprüche**; ein mitwirkendes Verschulden des Verletzten bei der Entstehung des Schadens ist zu berücksichtigen (§ 846 BGB). **Schmerzensgeld** wird über § 253 Absatz 2 gewährt.

VII. Haftung bei der Beschädigung von Sachen

1. Ausgangspunkt

Wie oben (Rn 26) ausgeführt, handelt es sich bei der Haftung für Sachschäden **42** um einen Fall der **privatrechtlichen Aufopferungshaftung.** Die Beschädigungen von Grundstücken und der mit ihnen technisch und wirtschaftlich in Verbindung stehenden Gegenstände sind eine regelmäßige Abfolge der Bergbautätigkeit. Auch die durch das BBergG neueingeführte Haftung für Schäden an beweglichen Sachen, die nicht Grundstückszubehör nach § 97 BGB sind, gehört diesem Haftungstyp an.

2. Sachbeschädigung

§ 114 Absatz 1 verlangt im Tatbestand als Voraussetzung einer Schadensersatz- **43** pflicht des Unternehmers, dass durch den Bergbaubetrieb eine Sache beschädigt worden ist. Damit ist ein **Eingriff in die Substanz** eines Grundstücks, seiner Bestandteile oder seines Zubehörs oder ein körperlicher Eingriff in die Unversehrtheit einer beweglichen Sache notwendig (**Sachsubstanzschaden**). Darin liegt eine wesentliche Änderung gegenüber dem früheren Recht (s. nachfolgende Ausführungen).

3. Rückblick auf § 148 ABG

Nach dieser Vorschrift war der Bergwerksbesitzer verpflichtet, allen Schaden, **44** welcher dem Grundeigentum oder dessen *„Zubehörungen"* durch den Betrieb des Bergwerks zugefügt wurde, zu ersetzen. Der aus dem ALR stammende Begriff *„Zubehörungen"* schloss alle Sachen, die nach heutigem Recht als Zubehör i. S. von § 97 BGB anzusehen sind, mit ein (BGH, DB 1969, 2337, 2338). Gehaftet wurde für die durch den Bergbau verursachte Minderung des Vermögens. Dabei war es ausreichend, aber auch erforderlich, dass sich der Schaden im rechtlichen Sinne, die Minderung des Vermögens, über ein Grundstück oder dessen Zubehörungen bei dem Betroffenen eingestellt hatte. Grundeigentum und Zubehörungen bildeten gleichsam die **Brücke,** über die hinweg sich bei dem Betroffenen der Vermögensschaden einstellen musste. Dabei musste der Schaden nicht auf dem Grundstück eingetreten sein, zu dem das Zubehörverhältnis bestand (BGHZ 51, 119; BGH, DB 1969, 2337; RGZ 168, 288). Damit war zugleich der Ersatz im Falle der Beschädigung beweglicher Sachen ausgeschlossen, die nicht zugleich Zubehör eines Grundstücks waren. Hatten Mieter und Pächter auf einem fremden Grundstück eigene Anlagen errichtet (Scheinbestandteile nach § 95 BGB), erwarben sie folgerichtig einen Ersatzanspruch nur dann, wenn diese Anlagen als Zubehör ihrer **eigenen** Grundstücke angesehen werden konnten. Maßgebend war mithin die körperliche oder wirtschaftliche Verbindung dieser Anlagen mit dem Hauptgrundstück des Mieters oder Pächters. Von diesem Ausgangspunkt aus waren Schäden mit der Erwägung, es handle sich um Zubehörungen, an – in der Regel auf fremdem Grund verlegten – Gas-, Strom- oder Wasserleitungen nach § 148 ABG zu ersetzen (RG, ZfB 78 (1937), 419; RGZ 168, 288). Die Rechtsprechung hat darüber hinaus auch einen Ersatzanspruch für den **Verlust an Leitungsgut** bejaht, weil dieser als Maßstab für den zu ersetzenden Schaden gelten könne (RGZ 61, 23; RGZ 168, 288; kritisch Tengelmann, ZfB 92 (1951), 365). Grundsätzlich waren bei einer Beschädigung von Grundstückszubehörungen die Haftungsvoraussetzungen dort bejaht worden, wo die körperliche und wirtschaftliche Verbindung zwischen Zubehörungen und Hauptgrundstück besonders eng und dauernd war, insbesondere wenn es sich um mit dem Hauptgrundstück zu einer wirtschaftlichen Einheit verbundene Anlagen auf in der Nachbarschaft liegenden Grundstücken handelte (BGHZ 51, 119, 123). Dagegen ist die Frage, ob es für den Haftungstatbestand ausreiche, dass der durch bergbauliche Einwirkungen beschädigten Sache überhaupt die Eigenschaft als Grundstückszubehör zukomme und wo die Grenzen zu ziehen seien, bis zuletzt offengelassen worden (BGH aaO, BGH, DB 1969, 2337, 2338).

4. Haftungsvoraussetzungen im Einzelnen

45 Die Anspruchsvoraussetzungen nach § 114 Absatz 1 sind erfüllt, wenn durch den Bergbaubetrieb (vgl. oben Rn 5 ff.) eine Sache beschädigt worden ist. Im Gegensatz zu § 148 ABG (s. vorstehend Rn 44) kommt es auf die Unterscheidung, ob es sich um Grundstücke, Bestandteile und Zubehör einerseits oder um sonstige bewegliche Sachen andererseits handelt, auf der **Tatbestandsseite** nicht mehr an. Dagegen spielt die Frage, unter welche der in §§ 90 ff. BGB genannten Arten an Sachen das in seiner Sachsubstanz beschädigte Objekt einzuordnen ist, auf der **Rechtsfolgeseite** weiterhin eine Rolle. Die seit jeher streitige Differenzierung hat sich praktisch nur verlagert. Bei beweglichen Sachen ohne Zubehöreigenschaft ist der Ersatzanspruch auf den gemeinen Wert, d.h. den üblichen Tausch- oder Verkehrswert, gemäß § 117 Absatz 1 Nr. 2 begrenzt (im Einzelnen vgl. § 117 Rn 30).

46 Voraussetzung für eine Haftung ist ein **Sachsubstanzschaden.** Das Tatbestandsmerkmal Sachbeschädigung (so ausdrücklich in § 117 Absatz 1 Nr. 2) verlangt einen vollzogenen **Eingriff in die Integrität der Sache.** Über diese Beschädigung muss sich bei dem betroffenen Rechtsträger eine Vermögensminderung, also ein **Schaden im Rechtssinne,** einstellen. Insoweit gilt nichts anderes als nach § 148 ABG (oben Rn 44): Die „Brücke" zum Schaden im rechtlichen Sinne bildet auch bei § 114 Absatz 1 die Beschädigung des Grundstücks, von Grundstücksbestandteilen oder -zubehör oder die Beschädigung sonstiger Sachen. Notwendig ist ein (adäquater) Kausalzusammenhang zwischen Bergbaubetrieb und schädigendem Ersteignis (Bergschaden nach der Legaldefinition) und zwischen dem „Bergschaden" und Vermögensschaden bzw. Vermögensfolgeschaden.

5. Keine Haftung wegen drohender Bergschäden

47 Eine wichtige Konsequenz der Änderung der Haftungsvoraussetzung und der Notwendigkeit eines Sachsubstanzschadens für einen Schadensersatzanspruch besteht in dem **Ausschluss einer Haftung für Vermögensschäden** aufgrund **künftiger (drohender) Bergschäden.** Nach ständiger Rechtsprechung war bereits die drohende Gefahr bergbaulicher Einwirkungen ein nach § 148 ABG zu ersetzender Bergschaden, wenn sie die Bewertung eines Grundstücks nachteilig beeinflusste. Ein Schaden im Rechtssinne war in dem Zeitpunkt entstanden, in dem eine bestimmte objektive Gefahr erkennbar geworden und infolgedessen nach der Verkehrsanschauung eine **Minderbewertung des Grundstücks** – für den Verkauf sowie den eigenen Gebrauch – eingetreten war. Hatte das Grundstück Baulandeigenschaft, errechnete sich bei Beeinträchtigung der Bebaubarkeit der entstandene Minderwert an Hand der Kosten, die für eine Wiederherstellung der Bebaubarkeit mit Hilfe besonderer Vorsichtsmaßnahmen (Sicherungsmaßnahmen) aufzubringen waren. Maßgeblich waren die Sicherungskosten, die bei einer Bebauung in durchschnittlicher Beschaffenheit zu erwarten waren. Auf dieses Berechnungsmittel musste auch zurückgegriffen werden, weil der Anspruch auf Ersatz eines Minderwerts unabhängig von der Bauabsicht des Grundeigentümers entstand und mit Erkennbarkeit der Entwertung die Verjährungsfrist begann (vgl. Heinemann, Ziffer 40, 41; Reinicke, ZfB 106 (1965), 181 jeweils m.w.N.). Bei späterer Bebauung des wegen Minderwerts entschädigten Grundstücks mit einem Bauwerk unterschiedlicher Beschaffenheit erwarb der Eigentümer einen neuen zusätzlichen Ersatzanspruch (RGZ 157, 99 = ZfB 79 (1938), 371). Die Rechtsprechung ist vom BGH bestätigt worden (BGH, ZfB 95 (1954), 450; BGHZ 59, 139).

Die rechtlichen Folgen einer Vermögensschädigung aufgrund künftiger (drohen- **48** der) Bergschäden sind nach dem BBergG **aus dem** schadensersatzrechtlichen **Haftungsbereich ausgegliedert,** und die Sachverhalte sind der Sonderregelung über das Anpassungsverhältnis der §§ 110 bis 112 zugewiesen. Erst wenn eine ernstliche Bauabsicht vorliegt (vgl. auch § 113 Absatz 3 Satz 4) und die bauliche Anlage in ihrem technischen Konzept festliegt, soll ein Verlangen des Unternehmers einen Ersatz der anfallenden Anpassungs- und Sicherungskosten auslösen. Wird die Bauabsicht wieder aufgegeben, entfällt auch die Zahlungsverpflichtung des Unternehmers. Auch braucht der Bauherr (Eigentümer) nicht zu befürchten, dass ein Anpassungs- oder Sicherungsverlangen des Unternehmers einen Schaden bloßlegt und ihm wegen der durch das Verlangen vermittelten Kenntnis eines solchen Schadens die Verjährung drohen könnte. Denn gerade die zu frühe und nicht auf ein konkretes Bauobjekt bezogene Zahlungsverpflichtung sollte durch die Anpassungsregelung vermieden werden. Ist das Grundstück nicht oder nur teilweise bebaubar, weil Anpassungs- oder Sicherungsmaßnahmen nicht möglich oder – gemessen am verbleibenden Bergschadensrisiko – unverhältnismäßig wären, greift nach erfolgter Bauwarnung der besondere Ersatzanspruch oder Übernahmeanspruch nach § 113 Absatz 3 ein (§ 113 Rn 27 f.). Damit sind die Sachverhalte, die im Geltungsbereich des § 148 ABG in Fällen drohender Berggefahr schadensersatzrechtlich über die Figur einer Wertminderung in Gestalt der **Gebrauchswertbeeinträchtigung** erfasst wurden, durch die Neuregelung abgedeckt. Dies gilt jedenfalls solange, wie sich das Grundstück (noch) in der Hand des Eigentümers befindet. Zu den Überlegungen, die – abgesehen von dem insoweit eindeutigen Wortlaut – gegen eine Fortsetzung der bisherigen Praxis zur Vermögensschäden aufgrund drohender Berggefahr sprechen, vgl. auch Vorauflage, § 114 Rn 38 ff. Nach herrschender Ansicht ist daher eine drohende Berggefahr nicht als Bergschaden i.S. von § 114 einzustufen (OLG Saarbrücken, ZfB 1994, 295, 298 f.; OLG Köln, ZfB 1991, 303, 308 f.; LG Dortmund, ZfB 1990, 239; Papenfuß, ZfB 1984, 305, 329 f.; Keienburg, ZfB 2000, 195, 203 m.w.N. – a. A. Boldt/Weller, § 114 Rn 47; Dapprich, ZfB 1985, 308, 310 f.; vgl. auch Wilhelms, BauR 2004, 254). Zum Ersatz von Sicherungsaufwendungen des Bauherrn als Vorsorgeaufwendungen vgl. § 111 Rn 26 ff.

6. Ausschluss allgemeiner Vermögensschäden

§ 114 Absatz 1 dient nicht dem Ausgleich von Vermögensnachteilen schlecht- **49** hin, die jemand als Folge einer durch den Bergbau bewirkten Sachbeschädigung erleidet. Vielmehr erhält nur derjenige einen Ersatzanspruch, in dessen Vermögen (im untechnischen Sinne) sich die beschädigte Sache befindet oder befunden hat. Das folgt zum Einen daraus, dass die Haftungsvorschrift einen Ausgleich für die dem Betroffenen auferlegte Duldungspflicht bildet; korrespondierend hiermit müssen also bei dem Betroffenen **rechtlich abgesicherte Abwehrbefugnisse** bestehen. Zum Anderen folgt dies daraus, dass das Haltpflichtrecht – von Sonderfällen wie z.B. §§ 844, 845 BGB abgesehen – den **mittelbar Geschädigten** nicht schützt. Vermögensnachteile, die sich nicht über eine dem Betroffenen rechtlich zugeordnete Sache einstellen, wurden unter der Geltung des § 148 ABG im Bergschadensrecht üblicherweise als **allgemeine Vermögensschäden** bezeichnet (Beispiele: Heinemann, Ziff. 27). Die Ergebnisse der Judikatur stimmen nicht unbedingt mit der heute geltenden schadensersatzrechtlichen Dogmatik überein. Ein allgemeiner Vermögensschaden (oder ein mittelbares Geschädigtsein) liegt vor, wenn ein Verkehrsweg wegen bergbaulicher Einwirkungen gesperrt wird und deshalb Umwege zur Arbeitsstelle zurückgelegt werden müssen. Ein mittelbar Geschädigter ist auch der Inhaber eines Warenhauses, der einen Umsatzrückgang hinzunehmen hat, weil umliegende Häuser wegen Bergschäden geräumt werden (RGZ 64, 276). Das Gleiche gilt für Umsatzrückgänge eines Seegasthauses infolge bergbaubedingten Austrocknens des Sees oder der Verlust einer umsatzfördernden schönen Aussicht auf einen Fluß als Folge einer durch den Bergbau verursachten Deicherhöhung. Zur Begründung eines Bergschadensersatzanspruchs ist mithin immer eine **rechtlich gefestigte Sonderbeziehung** zwischen der beschädigten Sache und dem von Vermögensnachteilen Betroffenen erforderlich.

50   Von einem allgemeinen Vermögensschaden ist die **mittelbar verursachte Schädigung** zu unterscheiden. Darunter werden solche Schadensereignisse an einem absolut geschützten Rechtsgut verstanden, die nicht unmittelbar durch eine Verletzungshandlung herbeigeführt werden, sondern sich dadurch einstellen, dass eine gesetzte Ursache weiterwirkt und der eigentliche Schaden erst durch (weitere) Zwischenglieder verursacht wird. Eine solche mittelbare Verursachung ist nicht anders zu beurteilen als eine unmittelbare Verursachung. Gerade solche Fallgestaltungen sind im Bergschadensrecht nicht selten. Es handelt sich hierbei um eine Frage des Kausalzusammenhangs, genauer der sog. „haftungsbegründenden Kausalität" und damit der Adäquanz (oben Rn 29 f.).

51   Von dem **mittelbaren Geschädigtsein** (allgemeine Vermögensschäden) und der **mittelbar verursachten Schädigung** ist der **mittelbare Schaden** scharf zu trennen. Darunter werden solche Vermögensfolgeschäden verstanden, die nach erfolgtem Eingriff in die Sachsubstanz zusätzlich zu dem unmittelbaren Schaden hinzutreten. Unmittelbare Schäden sind in erster Linie die Reparatur- und Herstellungskosten bei der Beschädigung eines Gebäudes, ebenso ein technischer Minderwert. Demgegenüber ist **mittelbarer Schaden** der entgangene Gewinn oder ein etwaiger Nutzungs- oder Produktionsausfall. Für den **Umfang des zu ersetzenden Schadens** (§§ 249 ff. BGB) ist es grundsätzlich unerheblich, ob der Schaden unmittelbar an dem verletzten Rechtsgut selbst aufgetreten ist oder ob sich aus der Rechtsverletzung weitere Schäden ergeben. Ein Anwendungsfall des **Ausschlusses mittelbarer Schäden** im Bergschadensrecht ist die Beschränkung des Ersatzanspruchs bei beweglichen Sachen, die nicht Grundstückszubehör sind, auf den gemeinen Wert (§ 117 Absatz 1 Nr. 2). In diesem Falle wird der Ersatz eines mittelbaren Schadens, z. B. entgangener Gewinn, ausgeschlossen.

7. Ersatzberechtigter

52   Anspruchsberechtigt nach § 114 Absatz 1 ist in erster Linie der **Eigentümer** einer Sache. Was rechtlich als Sache anzusehen ist, richtet sich nach den §§ 90 ff. BGB. Hierzu rechnen **Grundstücke,** deren **Bestandteile** (§ 94 BGB) und deren **Zubehör** (§ 97 BGB). Kraft der Fiktion des § 96 BGB gelten auch **Rechte,** die mit dem Eigentum an einem Grundstück verbunden sind, als Bestandteile des Grundstücks (z. B. Grunddienstbarkeiten). Sachen, die nur zu einem vorübergehenden Zweck mit dem Grund und Boden verbunden sind, gehören nicht zu den Bestandteilen eines Grundstücks. Sie sind, auch wenn sie unbeweglich sind und nur schwer von dem Grundstück getrennt werden können, als bewegliche Sachen im Rechtssinne einzustufen (sog. Scheinbestandteile nach § 95 BGB). Haben Pächter oder Mieter auf fremden Grundstücken bauliche Anlagen errichtet, ist in der Regel davon auszugehen, dass es sich um Scheinbestandteile handelt. Scheinbestandteile können zugleich Zubehör (§ 97 BGB) eines fremden Grundstücks sein (RGZ 87, 43: Fernleitungen eines E-Werks; RGZ 157, 40: Sauerstoffanlage auf entfernt gelegenem gemietetem Grundstück als Zubehör eines Fabrikgrundstücks; BGH LM BGB § 97 Nr. 3: Tankstelle auf gemietetem

Nachbargrundstück). **Bewegliche Sachen** im Rechtssinne sind alle Sachen, die weder Grundstücke noch Grundstücksbestandteile sind (RGZ 158, 368). Zu den beweglichen Sachen gehört deshalb auch das Grundstückszubehör (§§ 97, 98 BGB). Wie bereits ausgeführt (oben Rn 35) spielt die Unterscheidung, um welche Arten dieser Rechtsobjekte es sich handelt, für den Tatbestand der Anspruchsnorm nach § 114 Absatz 1 keine Rolle, wohl aber auf der Rechtsfolgeseite wegen der Beschränkung der Haftung bei beweglichen Sachen ohne Zubehöreigenschaft auf den gemeinen Wert (§ 117 Absatz 1 Nr. 2). Eine Sache im Rechtssinne ist auch das **Erbbaurecht**, da die für Grundstücke geltenden Vorschriften auf dieses Recht Anwendung finden (§ 1017 BGB; § 11 Erbbau VO). Den Grundstücken ebenfalls gleichgestellt ist das **Wohnungseigentum** (§§ 1, 3, 7 WEG). Als Sachen sind auch die **kirchlichen Zwecken dienenden Gegenstände** sowie die dem **Gemeingebrauch gewidmeten Sachen** (Straßen, Brücken, Flüsse) zu betrachten. Auf die Art der öffentlichen Zweckbestimmung kommt es in diesem Zusammenhang nicht an. **Ausdrücklich ausgeschlossen** nach Absatz 2 Nr. 2 ist die Haftung für Sachschäden, die wirtschaftlich zu einem anderen dem BBergG unterliegenden Bergbaubetrieb gehören (Absatz 2 Nr. 2).

Weitere Anspruchsberechtigte. Bei dem Eigentümer liegt die zur Eingrenzung des   **53** Haftungstatbestands erforderliche rechtlich gefestigte Sonderverbindung (oben Rn 49) auf der Hand. Im Übrigen verweist das Merkmal *„Sachbeschädigung"* gedanklich auf andere *„eigentumsähnliche"* Rechte, soweit ihren Inhabern nach allgemeinen Rechtsgrundsätzen Nutzungs- und Abwehrrechte zustehen, sie also befähigt sind, etwa gegen widerrechtliche Eingriffe mit Abwehrklagen (§§ 861, 1004 BGB) oder Schadensersatzansprüchen (§ 823 BGB) vorzugehen. Hierzu rechnen vornehmlich die Inhaber **dinglicher Rechte** aus **Dienstbarkeiten**, dem **Nießbrauch** und einem **dinglichen Wohnungsrecht**. Nicht ersatzberechtigt sind die **Hypotheken-, Grundschuld- und Rentenschuldgläubiger.** Dies wird zwar im Gegensatz zu § 148 Absatz 2 ABG (§ 148 Absatz 3 ABG NRW) im Gesetz nicht mehr ausdrücklich ausgesprochen, folgt aber aus der in § 117 Absatz 3 angeordneten entsprechenden Anwendung der Artikel 52, 53 EGBGB (§ 117 Rn 17). Ersatzberechtigt sind auch diejenigen, denen an der beschädigten Sache ein **Recht zum Besitz** zusteht, also **Mieter, Pächter und Entleiher. Aneignungsberechtigte** (z. B. Jagd oder Fischereiberechtigte) sind, da es in der Regel schon an einer Sachbeschädigung fehlen wird, nicht ersatzberechtigt. Dass die Absenkung des Grundwasserspiegels und als dessen Folge das Versiegen von Brunnen einen Ersatzanspruch auslöst, ist zweifelhaft geworden (so noch BGHZ 51, 119 (Wassersammler); anders BGHZ 69, l: Keine Eigentumsverletzung durch Grundwasserentzug; vgl. auch BVerfG, NJW 1982, 745, 749). Im Übrigen können auch **obligatorisch Berechtigte,** die im (rechtmäßigen) Besitz einer Sache sind, ersatzberechtigt sein (BGH, ZfB 95 (1954), 450), wie überhaupt alle Vorstufen des Eigentums wie **Anwartschaftsrechte** einen eigenständigen Anspruch auslösen können. Insbesondere infolge der Ausdehnung der Bergschadenshaftung **auf bewegliche Sachen** kann die Anspruchstellung durch Anwartschaftsberechtigte (z. B. unter Eigentumsvorbehalt erworbene Kraftfahrzeuge) Bedeutung erlangen. In diesen Fällen erfolgt die Zahlung des Schadensersatzes nicht an den Anwartschaftsberechtigten, sondern in entsprechender Anwendung des § 432 BGB oder § 1281 BGB an diesen und den Inhaber des Vollrechts gemeinsam (umstritten; vgl. Palandt-Bassenge, § 929 Rn 43).

8. Ursachenzusammenhang und Haftungszurechnung bei Sachbeschädigungen

Im Anschluss an die Ausführungen zu Rn 17 bis 28 ff. bedarf die Frage der   **54** Zurechnung (des Kausalzusammenhangs) einiger Ergänzungen. Unproblematisch sind die Sachverhalte, bei denen sich die Tätigkeit des Bergbaus **unmittel-**

bar an einer Sache schadenstiftend auswirkt. Bei Grundstücken handelt es sich in der Regel um Senkungen, Pressungen, Zerrungen, Erdrisse oder Erdstufen. Als Folge einer körperlichen Veränderung des Grundstücks können bei baulichen Anlagen Risse, Schieflagen oder andere Substanzschäden auftreten. Eine Veränderung des Grundwasserspiegels (z. B. bei muldenartigen Absenkungen Anstieg des Grundwasserstandes im tieferen Bereich der Mulde) kann zur Versumpfung landwirtschaftlicher Flächen führen oder dazu, dass Gebäude in das Grundwasser „eintauchen". Zurechenbare – weil adäquate – **mittelbare Verursachung** liegt in folgenden Fällen vor: Beschädigung der Uferböschung eines Gewässers und Übertritt des Wassers bei schweren Regenfällen; Beschädigung einer Wasserleitung mit Unterspülung von Gebäudefundamenten durch das ausströmende Wasser (LG Essen, ZfB 101 (1960), 108); Brand einer Halde und Übergreifen des Feuers auf Nachbargrundstücke (vgl. auch RG, ZfB 66 (1924), 73; Brand in einem Tagebau).

55   Ein adäquater Ursachenzusammenhang ist auch dann anzunehmen, wenn der Schaden nur deshalb entstanden ist, weil ein anderes im Rechtssinne **zufälliges Ereignis** hinzugetreten ist (RGZ 130, 161). Wenn durch früheren Abbau geschaffene Hohlräume durch späteren Bergbau zum Einsturz gebracht werden und nur dadurch Schäden an der Erdoberfläche entstehen (vgl. OLG Düsseldorf, ZfB 120 (1979), 422; ferner RG, ZfB 59 (1918), 390; RG, ZfB 61 (1920), 438), liegt Ursachenzusammenhang vor. Ebenso ist es grundsätzlich unerheblich, ob erst ein rechtmäßiges oder rechtswidriges Verhalten eines Dritten zum Schadenseintritt geführt hat. So entfällt der Kausalzusammenhang nicht dadurch, dass eine durch die Erstursache begründete Gefahr von einer Behörde zum Anlass einer die eigentliche Schädigung erst bewirkenden Entscheidung genommen wird (BGHZ 57, 245, 255). Ein Folgeschaden ist kausal-adäquat verursacht, wenn anläßlich der Reparatur von Bergschäden infolge leicht fahrlässigen Verhaltens des Bauunternehmers der eigentliche Schaden vergrößert wird. Andererseits kann ein grob fahrlässiges Verhalten des Bauunternehmers dem Bergbauunternehmer nicht mehr zugerechnet werden (sog. *Unterbrechung des Kausalzusammenhangs*).

56   Umstritten ist der Problembereich der sog. **hypothetischen** (früher überholenden) **Kausalität**. Es geht um die Frage, ob der Schädiger auch dann Ersatz schuldet, wenn der Schaden früher oder später aufgrund eines anderen Ereignisses (Reserveursache) eingetreten wäre. Beispiel: Das wegen schlechter Unterhaltung, Baufälligkeit oder ungeeigneten Baugrundes nicht standfeste Gebäude stürzt als Folge von Bodenbewegungen ein. In diesen sog. **Anlagefällen** besteht weitgehend Einigkeit, dass nur für die durch den früheren Schadenseinritt ausgelösten Nachteile gehaftet wird (BGHZ 20, 280; 29, 219; BGH, BB 1968, 1308 – nicht Bergschadensfälle betreffend). Das Gleiche gilt, wenn ein Haus von Bergschäden betroffen wird, das bereits zum Abbruch vorgesehen war. Es handelt sich nicht um Fragen des Kausalzusammenhangs, sondern um solche der **Schadensberechnung**. Andererseits kann die Adäquanz und damit auch die Kausalität vollständig entfallen, wenn die Widerstandskraft der geschädigten Sache so minimal war, dass auch alltägliche Ereignisse (z. B. Vorbeifahren eines Lkw) den Schaden hätten herbeiführen können (Andeutung in BGHZ 79, 259, 263 zu § 34 LuftVG; ferner RGZ 158, 34, 39: Schädigung besonders empfindlicher Silberfüchse durch in großer Höhe vorbeifliegendes Flugzeug). Wegen der Einzelheiten: Palandt-Grüneberg, Vorb. § 249 Rn 53 ff.

VIII. Haftung für Immissionsschäden (zugleich Erläuterung zu § 114 Absatz 2 Nr. 3)

1. Vorbemerkung

Werden fremden Grundstücken durch den Bergbaubetrieb Gase, Dämpfe, **57** Rauch, Ruß, Geräusche, Erschütterungen oder ähnliche **Einwirkungen (Immissionen)** zugeführt, greift die Haftung des § 114 Absatz 1 erst ein, wenn die nach allgemeinem Nachbarrecht (§ 906 BGB) bestehenden Duldungspflichten überschritten sind (§ 114 Absatz 2 Nr. 3). Vergleichbar mit § 14 BImSchG (nach förmlichem Verfahren genehmigte Anlagen; vgl. unten Rn 64) begründet das Bergrecht eine über § 906 BGB hinausgreifende **zusätzliche Duldungspflicht.** Diese ist Ausfluß der Befugnis des Bergbautreibenden, zur Aufsuchung und Gewinnung die erforderlichen Einrichtungen im Sinne des § 2 Absatz 1 Nr. 3 zu errichten und zu betreiben (vgl. oben Rn 23). Zu den erforderlichen Anlagen gehören auch übertägige Anlagen, die für den Aufsuchungs- und Gewinnungsbetrieb unverzichtbar sind (Halden, Abwasseranlagen u. a.) oder Aufbereitungsanlagen nach § 4 Absatz 3. § 114 Absatz 1 bildet den Ausgleich dafür, dass der Grundeigentümer Zuführungen aus Bergbaubetrieben ohne Möglichkeit der Untersagung zu dulden hat. Die Regelung entspricht im Wesentlichen dem bisher geltenden Recht, soweit Bergbau aufgrund Bergwerkseigentums betrieben wurde. Eindeutig klargestellt wird durch Absatz 2 Nr. 3, dass kein Bergschaden vorliegt, also nicht gehaftet wird, wenn sich die jeweilige Immission unter § 906 BGB subsumieren lässt und nach dieser Vorschrift zu dulden ist. Auch Immissionen aus Betrieben zur **Gewinnung grundeigener Bodenschätze** unterliegen der gesteigerten Duldungspflicht (vgl. oben Rn 24). Die dem Bergbautreibenden insoweit eingeräumte Vorzugstellung beruht auf der volkswirtschaftlichen Bedeutung seiner Tätigkeit, die durch Unterlassungsansprüche Dritter nicht behindert werden soll.

2. Anwendungsbereich des § 906 BGB

Ein Anspruch aus § 114 Absatz 1 wegen Zuführungsschäden kommt erst in **58** Betracht, wenn die durch § 906 BGB nach allgemeinem Nachbarrecht gezogene Grenze überschritten ist. **Unwesentliche Beeinträchtigungen** sind nach § 906 Absatz 1 stets zu dulden. Die Erheblichkeit der Einwirkungen richtet sich grundsätzlich nach objektiven Maßstäben. Maßgebend ist das Empfinden des normalen Durchschnittsmenschen. Natur und Zweckbestimmung des von der Einrichtung betroffenen Grundstücks sind zu berücksichtigen (sog. gemischt subjektiv-objektiver Maßstab; hierzu BGH, NJW 1958, 1393). Eine unwesentliche Beeinträchtigung liegt in der Regel vor, wenn Grenz- oder Richtwerte eingehalten werden, die in Gesetzen, Rechtsverordnungen oder in/auf § 48 BImSchG berührenden Verwaltungsvorschriften festgelegt sind (§ 906 Absatz 1 Satz 2 und 3). Solche Werte sind jedoch nicht unmittelbar verbindlich; denn sie enthalten in der Regel lediglich Beurteilungshilfen der Verwaltungsbehörden bei der Zulassung genehmigungspflichtiger Anlagen oder bei der Prüfung der Voraussetzungen für nachträgliche Anordnungen (§ 17 BImSchG) und Einzelfallanordnungen (§ 22 BImSchG). Gegenüber **wesentlich beeinträchtigenden Immissionen** besteht eine Duldungspflicht dann, wenn die Benutzung des Grundstücks, von dem die Einwirkungen ausgehen, ortsüblich ist und die Beeinträchtigung nicht durch Maßnahmen verhindert werden kann, die Benutzern dieser Art wirtschaftlich zumutbar sind (§ 906 Absatz 2 Satz 1 BGB).

a) Wesentliche Beeinträchtigungen. Sie sind zu dulden, wenn sie **ortsüblich** sind **59** und nicht durch Maßnahmen verhindert werden können, die Benutzern dieser Art wirtschaftlich zumutbar sind (§ 906 Absatz 1 Satz 1 BGB). Zur Beurteilung der **Ortsüblichkeit** ist die Benutzung des störenden Grundstücks mit anderen Grundstücken des Bezirks zu vergleichen. Bei der Ortsüblichkeit ist kein starrer Maßstab anzulegen. Vielmehr sind die besonderen Verhältnisse des jeweils maßgebenden Bereichs zu berücksichtigen. In traditionellen Industriegebieten sind wesentliche Einwirkungen naturgemäß eher *„ortsüblich"* als in Wohnsiedlungsbezirken oder in landwirtschaftlichen Gebieten (Einzelheiten: Palandt-Bassenge, § 906 Rn 22 f.).

60   **b) Abhilfemaßnahmen.** Eine Duldungspflicht gegenüber ortsüblichen wesentlichen Immissionen besteht nur, wenn sie nicht durch Maßnahmen verhindert werden können, die Benutzern dieser Art wirtschaftlich zumutbar sind. Abzustellen ist auf den Durchschnittsbetrieb. Die Beeinträchtigung ist auf die Schwelle der Unwesentlichkeit herabzusetzen, wenn dies mit wirtschaftlich zumutbaren technischen oder organisatorischen Maßnahmen möglich ist (vgl. Palandt-Bassenge, § 906 Rn 25).

61   **c) Anspruch nach § 906 Absatz 2 Satz 2 BGB.** Hat der betroffene Nachbar wesentliche Zuführungen wegen Ortsüblichkeit und technischer Unmöglichkeit sowie wirtschaftlicher Unzumutbarkeit zu dulden, kann er einen **Anspruch auf angemessenen Ausgleich** besitzen, sofern die Einwirkung eine ortsübliche Benutzung seines Grundstücks oder dessen Ertrag über das zumutbare Maß hinaus beeinträchtigt. Dieser sog. **nachbarrechtliche Ausgleichsanspruch** setzt eine das zumutbare Maß übersteigende Beeinträchtigung voraus; eine schwere existenzbedrohende Beeinträchtigung ist nicht mehr erforderlich (BGHZ 66, 70). Bei der Frage, welches Maß dem Eigentümer „zuzumuten" ist, sind sämtliche Umstände des Einzelfalls zu berücksichtigen, da es sich ähnlich wie bei § 242 BGB um einen Interessenausgleich unter Billigkeitsgesichtspunkten handelt (BGHZ 49, 148, 153). Hierbei kann auch die Frage eine Rolle spielen, ob die zugrunde liegenden Besonderheiten zur Sphäre des Störers oder des Betroffenen gehören (BGH, DVBl 1976, 274, 276). War die Beeinträchtigung bei Errichtung oder Erwerb eines Grundstücks vorhersehbar oder bereits vorgegeben, wird in der Regel die Zumutbarkeit zu bejahen sein. Das dem Eigentümer zumutbare Maß an Einwirkungen ist umso größer, je geringer die rechtliche Anerkennung der Wohnfunktion des Eigentums ist, die sich nach den einschlägigen bau- und planungsrechtlichen Vorschriften richtet. Im Außenbereich (§ 35 BBauG) ist daher – dem Gebietscharakter entsprechend – Lärm in stärkerem Maße entschädigungslos hinzunehmen als in Wohngebieten, sofern solche Lärmeinwirkungen von privilegierten, nach der Grundentscheidung der genannten Vorschrift vordringlich im Außenbereich anzusiedelnden Vorhaben ausgehen (BGH, DVBl 1977, 523, 525). Beeinträchtigungen sind dann nicht ausgleichspflichtig, sofern durch eigene Schutzmaßnahmen die Beeinträchtigung abgestellt oder gemindert werden kann. Je nach den die Ortsüblichkeit bestimmenden Umständen können hierbei selbst aufwendige Maßnahmen zumutbar sein (BGH, NJW 1976, 797, 799). § 906 BGB ist Ausdruck des **nachbarlichen Gemeinschaftsverhältnisses.** Der von Immissionen Betroffene muss daher auch durch die Art der Nutzung seines Grundstücks auf die schädlichen Folgen möglicher Einwirkungen Rücksicht nehmen, also etwa den Anbau besonders empfindlicher Pflanzen unterlassen.

62   Die **Entschädigungsleistung** besteht grundsätzlich **in Geld** für Schutzmaßnahmen auf Seiten des Betroffenen (z. B. passive Maßnahmen in Form von Schallschutzeinrichtungen). Eine Entschädigung für eingetretenen Minderwert des Grundstücks kommt erst in Betracht, wenn derartige Schutzeinrichtungen keine wirksame Hilfe versprechen oder unverhältnismäßige Aufwendungen erfordern. Bei der Frage, ob und in welcher Höhe ein Geldausgleich geschuldet wird, kommt es auf eine Abwägung aller Umstände an, die nur einheitlich im Zusammenhang erfolgen und nicht in stufenweise Prüfungen aufgeteilt werden kann (BGHZ 49, 148, 155). Danach ist zunächst festzustellen, welche Aufwendungen zur Behebung der Beeinträchtigung insgesamt erforderlich sind und ob der danach festgestellte Gesamtbetrag das zumutbare Maß auf Seiten des Betroffenen übersteigt. Ist hiernach Unzumutbarkeit anzunehmen, ist ein Ausgleichsanspruch dem Grunde nach zu bejahen, über dessen Höhe wiederum unter Berücksichtigung aller Umstände des Einzelfalls (Vorhandensein der Einwirkungen, Voraussehbarkeit, Schutzbedürftigkeit im Sinne einer nach der Gebietsart abgestuften Zumutbarkeit usw.) zu entscheiden ist. Über die Höhe des Anspruchs ist nicht nach den Grundsätzen des Schadensersatzanspruchs, sondern nach denjenigen des **Enteignungsrechts** zu entscheiden (so ausdrücklich BGHZ 49, 148, 155; BGH, NJW 2009, 762). Es besteht kein Anspruch auf **Schmerzensgeld bei Gesundheitsschäden** (Palandt-Bassenge, § 906 Rn 29 m. w. N.).

3.   Haftungsausschluss über Absatz 2 Nr. 3

Über diese Vorschrift wird eine Haftung nach § 114 Absatz 1 ausgeschlossen, **63** wenn Zuführungsschäden das nach § 906 BGB erlaubte Maß nicht überschreiten, die Einwirkungen auf das Nachbargrundstück also zwar wesentlich sind, sich aber im Rahmen des Ortsüblichen halten und nicht durch wirtschaftlich zumutbare Maßnahmen verhindert werden können. Da nach dieser Vorschrift zu duldende Immissionen bereits über die Begrenzung des Bergschadensbegriffs schlechthin ausgegliedert werden, ist es unerheblich, ob derartige Einwirkungen aus Aufsuchungs-, Gewinnungs- oder Aufbereitungsbetrieben stammen oder aus Nebeneinrichtungen dieser Tätigkeiten. Auch Erschütterungen aus der Aufsuchung (z. B. Sprengarbeiten) oder **Erschütterungen aus der Gewinnung** können unter § 906 BGB fallen (BGH, NJW 2009, 762; vgl. hierzu Beddies, Festschrift Kühne, 455, 463). Die Anwendung des nachbarrechtlichen Ausgleichsanspruchs auf bergbaubedingte Erschütterungen erscheint hinnehmbar, sofern es sich um wesentliche Erschütterungen handelt, die nicht zu Sachsubstanzschäden führen, jedoch die Benutzung eines Wohnhauses unzumutbar beeinträchtigen.

4.   Immissionsschutzrechtlich genehmigte Anlagen

In der Vergangenheit bedurften einige Anlagen des Bergbaus einer im förmlichen **64** Verfahren zu erteilenden immissionsschutzrechtlichen Genehmigung. Ob eine solche Genehmigungspflicht bestand, richtete sich gemäß § 4 Absatz 1 BImSchG nach dem Anlagenkatalog der 4. VO zur Durchführung des BImSchG. Der Verordnungsgeber war allerdings gehindert, *„für Tagebaue und die zum Betrieb eines Tagebaus erforderlichen sowie die zur Wetterführung unerlässlichen Anlagen"* eine immissionsschutzrechtliche Genehmigung einzuführen (§ 4 Absatz 2 BImSchG in der Fassung von § 174 Absatz 5 BBergG). Zu den Bergbauanlagen, für die eine förmliche Genehmigung erforderlich war, konnten auch z. B. **Steinkohle-Kokereien** (in der Diktion des Anlagenkatalogs der 4. BImSchV: Anlagen zur Trockendestillation von Steinkohle; vgl. Nr. 1.11 des Anhangs zur 4. BImSchV in früheren Fassungen der Verordnung) oder **Brikettfabriken** (Nr. 1.10 des Anhangs, aaO – Anlage zum Brikettieren von Braun- oder Steinkohle) gehören. Soweit für solche Anlagen, die unter den Voraussetzungen des § 4 Absatz 3 BBergG als Einrichtungen nach § 2 Absatz 1 Nr. 3 BBergG anzusehen waren und damit dem BBergG unterlagen, eine immissionsschutzrechtliche Genehmigung erteilt war, haftete der Betreiber nach den bergrechtlichen Haftungsbestimmungen (§ 148 ABG, § 114 Absatz 1 BBergG) und zugleich nach § 14 BImSchG. Insoweit bestand **Anspruchskonkurrenz** zwischen der bergrechtlichen und immissionsschutzrechtlichen Haftung. Mit der Einführung einer Umweltverträglichkeitsprüfung (UVP) in das BBergG (vgl. im Einzelnen § 52 Rn 122 ff., § 57 c Rn 1 ff.) ist die immissionsschutzrechtliche Genehmigungspflicht für dem BBergG unterliegende Betriebsanlagen entfallen, soweit für diese eine UVP durchzuführen ist (§ 118 UVPG). Bedarf eine solche Anlage einer UVP, ist nunmehr ein Rahmenbetriebsplan aufzustellen und für dessen Zulassung ein Planfeststellungsverfahren durchzuführen (§ 52 Absatz 2a, § 57 a BBergG). § 14 BImSchG ist nicht mehr anwendbar, auch mit der Folge, dass der in dieser Vorschrift enthaltene Anspruch auf Herstellung schützender Vorkehrungen nicht mehr geltend gemacht werden kann. Welche Anlagen einer UVP unterliegen, richtet sich nach der Verordnung über die Umweltverträglichkeitsprüfung bergbaulicher Vorhaben – UVP-V Bergbau, vgl. **Anhang 2** – Seiten 1145 ff.). Die UVP-V Bergbau verweist in § 1 Nr. 9 auf die Liste „UVP-pflichtige Vorhaben" des Gesetzes über die Umweltverträglichkeitsprüfung, die unter Nr. 1.8 und 1.9 die oben erwähnten Brikettfabriken und Kokereien als UVP-pflichtig aufführt. Sofern weitere Anlagen des Bergbaus als „dienende Einrichtungen" i. S. von § 2 Absatz 1 Nr. 3 BBergG in der Liste UVP-pflichtiger Vorhaben aufgeführt sind (z. B. Abfallanlagen, Anlagen zur Erzeugung von Strom, Dampf usw.), gilt dasselbe. Für solche Anlagen gilt nur noch Bergrecht mit der Folge, dass als Haftungsvorschrift allein § 114 Absatz 1 BBergG in Betracht kommt. Die früher bestehende Anspruchskonkurrenz ist entfallen.

IX. Bergschadenverzicht

1. Einführung

65 An der Zulässigkeit von Erklärungen, durch die ein möglicherweise künftig von Bergschäden Betroffener auf deren Ersatz verzichtet (**Bergschadenverzicht**), bestehen keine rechtlichen Bedenken. Das Gesetz selbst geht, wie § 115 Absatz 3 und § 116 Absatz 1 Satz 3 zeigen, von der Möglichkeit eines Haftungsausschlusses oder einer Haftungsbeschränkung aus. Bergschadenverzichte werden **in der Praxis vereinbart** bei Verkäufen von Grundstücken der Bergbaugesellschaften an Dritte, bei umfassenden Schadensregulierungen, z. B. von Totalschäden, oder bei Abschlussregulierungen nach Stilllegung des Abbaus. Gegenstand des Verzichts auf den Ersatz von Bergschäden ist der Verzicht auf Ansprüche aus dem Eigentum, da diese an die Stelle der gesetzlich ausgeschlossenen Untersagungsrechte des Grundeigentümers treten (vgl. Rn 23 ff., 77). Eingehend zum Bergschadenverzicht: Schürken/Finke, Kapitel 2.8.4, S. 109 ff.

2. Verzichtsarten

66 Zu unterscheiden sind der **Verzicht auf bereits entstandene** und auf **künftige Bergschäden**, ferner **obligatorische**, d. h. schriftliche Verzichte zwischen Bergbauunternehmer und dem Geschädigten, und **dingliche Bergschadenverzichte**, die als Grunddienstbarkeit (§§ 1018 ff. BGB) oder beschränkte persönliche Dienstbarkeit (§§ 1090 ff. BGB) im Grundbuch eingetragen werden. Bergschadenverzichte sind im Wesentlichen im Bereich des Steinkohlenbergbaus verbreitet. Möglich sind sie auch bei anderen Bergbauzweigen sowie bei Betrieben im Bereich der **grundeigenen Bodenschätze**.

67 **a) Verzicht auf entstandene Bergschäden.** Hierbei handelt es sich um einen **Erlassvertrag** nach § 397 BGB: Der gesetzliche Anspruch aus §§ 114 Absatz 1 erlischt mit Abschluss des (zweiseitigen) Vertrages. Da der Anspruch zugunsten der Grundpfandgläubiger als verpfändet gilt, müssen diese einem Erlass zustimmen (vgl. hierzu § 117 Rn 27).

68 **b) Künftige Ersatzforderungen.** Auf **künftige Ersatzforderungen** kann entsprechend dem Grundsatz der Vertragsfreiheit verzichtet werden. Ein solcher Verzicht auf künftige Ansprüche ist bedeutsam bei der Entschädigung und Abfindung sowie bei der Abgabe von Grundstücken durch den Bergbautreibenden selbst. In der Regel handelt es sich um einen eigenständigen Vertrag (§ 311 Absatz 1 – früher § 305 BGB), der keiner Form bedarf und auch durch konkludentes Handeln zustandekommen kann. Ein derartiger Verzicht wirkt nach Art einer dinglichen Verfügung; trotz Einritts des Entstehungstatbestands gelangt der Anspruch nicht zur Entstehung (RG, ZfB 84–86 (1943–1945), 244). Dingliche und obligatorisch Nutzungsberechtigte, die ihr Recht nach Abgabe des Verzichts von dem Verzichtenden erwerben, unterliegen ihm ebenfalls. Zugunsten von Einzelrechtsnachfolgern des haftenden Unternehmers wirkt der Verzicht nur, wenn er durch Grunddienstbarkeit oder beschränkte persönliche Dienstbarkeit gesichert worden ist (RGZ 166, 105; RG, ZfB 84–86 (1943–1945, 244, 246. Es spricht eine **Vermutung** dafür, dass Bergschadenverzichte für den Betrieb verlangt und gegeben werden und nicht zugunsten einer Person. Eine Rechtsnachfolge hinsichtlich des Betriebs macht den Verzicht daher nicht wirkungslos. Den Geschädigten trifft die Beweislast, dass die Vereinbarung nur unter den Vertragsbeteiligten wirksam sein sollte (RG, ZfB, aaO). Bergschadenverzicht in Musterverträgen müssen den Anforderungen einer Inhaltskontrolle nach § 307 Absatz 1 BGB entsprechen, dürfen daher einen Haftungsausschluss bei Tod, Körper- und Gesundheitsverletzung nicht vorsehen (sog. Klauselverbot ohne Wertungsmöglichkeit, vgl. § 309 Nr. 7a BGB).

c) Obligatorischer Bergschadenverzicht. Er wirkt nur unter den Vertragsparteien, nicht gegen den Rechtsnachfolger (RG, RGZ 166, 105; ZfB 1944, 244; Heinemann, Ziffer 144). Allerdings können der Wortlaut der Verzichtsvereinbarung oder die Auslegung ergeben, dass der Geschädigte verpflichtet ist, den Verzicht auf seinen Rechtsnachfolger weiterzuleiten (z.B. *„für sich und seine Rechtsnachfolger"*). Unterlässt er das, hat zwar der Rechtsnachfolger Anspruch auf Bergschadenersatz, der Bergbauunternehmer aber Schadensersatzansprüche aus Vertragsverletzung gegen den Veräußerer, u.U. Anspruch auf Übernahme aller vom Unternehmer aufgewandten Ersatzleitungen (OLG Hamm – 6 U 258/67 – unveröffentlicht). Der Bergschadenverzichtsvertrag eines Grundstückseigentümers mit dem abbautreibenden Bergwerksbesitzer (Pächter) wirkt auch für den Bergwerkseigentümer („Dritter"), entweder als Erlassvertrag zu dessen Gunsten (Dritter), oder als Vertrag, keine Ansprüche geltend zu machen (OLG Hamm, aaO: sog. *„pactum de non petendo"*), d.h. auch nicht Ansprüche gegen einen Dritten. Der Verzicht zugunsten eines **Gesamtschuldners** wirkt zugunsten des mithaftenden Bergwerkseigentümers, sofern andernfalls Ausgleichsansprüche des Mithaftenden gegen denjenigen bestehen würden, zu dessen Gunsten der Verzicht erklärt wurde. Der Bergschadenanspruch reduziert sich gegenüber dem Entschädiger auf den Betrag, den der Zweitschädiger auch ohne Haftungsverzicht im Innenverhältnis der Schädiger endgültig zu tragen hat (OLG Hamm, ZfB 1964, 383ff. = BB 1964, 1321; OLG Hamm v. 17.7.1974 – 6 U 286/73; OLG Hamm v. 14.4.1972 – 6 U 154/71). Der Bergschadenverzicht zugunsten des Bergwerkseigentümers auf der Schuldnerseite hat keinen Einfluss auf Ansprüche gegen einen schadenverursachenden Pächter. Andererseits wirkt der Bergschadenverzicht des Grundeigentümers auch gegen Ansprüche des **Pächters** und anderer Nutzungsberechtigter, weil diese ihr Recht vom Grundeigentümer ableiten (OLG Köln, ZfB 1964, 376; OLG Hamm, ZfB 1976, 467, Schumacher, ZfB 1984, 186; BGH v. 16.6.1977 – III ZR 56/75). Auch sie haben keine Bergschadensansprüche. **69**

d) Dingliche Sicherung. Der Verzicht auf Ersatz künftiger Bergschäden kann durch eine **Grunddienstbarkeit** (§ 1018 BGB) oder durch eine **beschränkte persönliche Dienstbarkeit** (§ 1090 BGB) grundbuchlich gesichert werden (StändRspr.: RGZ 130, 350; RGZ 166, 105; BGH VersR 1970, 932; OLG Hamm, ZfB 122 (1981), 440 m.w.N.) – Als **herrschendes Grundstück** ist bei der **70**

Grunddienstbarkeit das **Bergwerkseigentum** zu betrachten (§ 9 Absatz 2 Satz 1 Halbs. 2; für aufrechterhaltendes Bergwerkseigentum: § 151 Absatz 2: entsprechend Anw. § 9). Bei anderen Bergbauberechtigungen (Erlaubnis, Bewilligung) können Bergschadenverzichte nur durch eine beschränkte persönliche Dienstbarkeit gesichert werden. Bei den **grundeigenen Bodenschätzen** sind herrschendes Grundstück die Betriebsgrundstücke des potenziell schädigenden Betriebs.

3. Modifikationen des Bergschadenverzichts

71 In der Praxis sind mehrere **Varianten** des Bergschadenverzichtes gebräuchlich: Der **Vollverzicht** im Bereich des Steinkohlenbergbaus hat etwa folgenden eintragungsfähigen Wortlaut: *„Der Eigentümer ist verpflichtet, von den Bergbaubetrieben, dazugehörigen Betriebsanlagen und Betriebsgrundstücken der [...] AG ausgehende Einwirkungen, z. B. Bodenbewegungen, Lärm, Zuführung von Staub, Wasser und dessen Entziehung zu dulden, ohne aus dem Grundeigentum sich ergebende Ansprüche auf Unterlassung, Wiederherstellung oder auf Ersatz von, mit Sicherungsmaßnahmen verbundenen Aufwendungen und Nachteilen erheben zu können“.*
Der Vollverzicht kann durch einen Zusatz folgenden Inhalts zu einem **Mischverzicht** abgewandelt werden: *„Dies gilt nicht: 1. Für die Hälfte der Kosten zur Beseitigung von Bergschäden an Anlagen (z. B. Wohn- und Betriebsgebäuden, sonstigen Bauwerken, Verkehrsanlagen, Leitungen) 2. Für die mit Anpassungs- und Sicherungsmaßnahmen verbundenen Aufwendungen und Nachteile bei Wohngebäuden von mehr als 5 % der Gesamtgebäudekosten, bei sonstigen Anlagen – ausgenommen Leitungen – von mehr als 10 % der Gesamtherstellungskosten der zu sichernden Gebäude- und Anlageteile und für die Hälfte der Anpassungs- und Sicherungskosten zwischen 5 % und 10 % dieser Gesamtherstellungskosten“* (Beispiel nach dem Musterverzicht der Muttergesellschaften der Ruhrkohle AG aufgrund des zwischen ihnen und ihr vereinbarten Bergschadensvertrags).
Bei **öffentlich-geförderten Wohnungsbauten** *„beschränkt sich die Duldungspflicht ausschließlich darauf, dass für mit Anpassungs- und Sicherungsmaßnahmen verbundene Aufwendungen und Nachteile kein Ersatz bis zu 3 % der Gesamtgebäudekosten, abzüglich der vorgenannten Mehrkosten, und für einen durch Einwirkungen verursachten Minderwert des Grundstücks einschließlich vorhandener Baulichkeiten und Anlagen kein Ersatz bis zur Höhe von 10 % des Verkehrswertes beansprucht werden kann“.*
Bei den sog. **Minderwertverzichten** sind Minderwert-Vollverzichte und Minderwertteilverzichte *„bis zur Höhe von 10 %“* zu unterscheiden. Daneben gibt es in der Praxis die sog. **kleine Bergschadensregelung**, die Minderwertverzicht und Verzicht auf Schadensbeseitigung kombinieren.
Beim **10 %igen Minderwertverzicht** wird die Hinnahme einer Schieflage des Gebäudes und der Schadensersatzansprüche hieraus geregelt. Für die Zeit während der früheren VBHG-Abkommen (s. § 117 Rn 7) bis 1987 bedeutete ein 10 %iger Minderwertverzicht, dass eine Schieflage von 20 mm/m abgegolten war. Für Verzichte, die seit Geltung des Gesamtminderwertabkommens von 1987 vereinbart wurden, ist nur noch eine Schieflage bis 16,5 mm/m durch den 10 %igen Minderwertverzicht erfasst (Schürken/Finke, Bewertung von Bergschäden, S. 121). Für den sog. **kleinen Bergschadenverzicht** sind verschiedene Formulierungen gebräuchlich: *„Ausschluss für alle bergbaubedingten Schäden einschließlich Minderwert, solange die Schadensbeseitigungskosten 10 % des Verkehrswertes nicht überschreiten und pro Schadensfall für dessen Beseitigung ein Betrag von [...] Euro nicht überschritten wird.“* oder *„Bergschadensminderwertverzicht für aus bergbaubedingter Schieflage bis zu einer Höhe von 10 % sowie Bergschadenverzicht für Bergschäden bis zu einer Höhe von [...] Euro“.* Zur **Bewertung von Bergschadenverzichten** anlässlich der

Ablösung bei Kreditaufnahme: Mühlenbeck, Das Markscheidewesen 1997, 24 ff.

4. Inhaltliche Bestimmtheit des Verzichts

Zu beachten ist, dass die durch Verzicht ausgeschlossenen Rechte nicht nur **72** beispielhaft, sondern bestimmt bezeichnet werden müssen, andernfalls sie nicht in das Grundbuch eingetragen werden können (OLG Hamm, NJW 1986, 3213 = JMBL NRW 1986, 199). Die Dienstbarkeit muss den Ausschluss **eines** Rechts betreffen (§ 1018 BGB), darf **nicht** die **Gesamtheit aller Rechte** erfassen. Es können nur solche Rechte ausgeschlossen werden, die nicht bereits kraft Gesetzes ausgeschlossen sind (d. h. *„über das gesetzliche Maß hinausgehende Immissionen"*). Der Verzicht muss Schadensersatzansprüche betreffen, die sich kraft Gesetzes anstelle der Abwehrklage aus dem Eigentum herleiten (OLG Hamm, aaO). Die Formulierung, *„die von den Bergwerksunternehmungen des jeweiligen Eigentümers des Steinkohlenbergwerks [...] und der ehemaligen Zechengrundstücke ausgehenden Einwirkungen [...]"* ist dahin auszulegen, dass nur auf Abwehr- und Entschädigungsansprüche hinsichtlich bergbaulich bedingter Immissionen und nicht für bergbaufremde verzichtet wird.

Ein Bergschadenverzicht umfasst nicht **Schadensersatzansprüche** aus verletzter **73** **Verkehrssicherungspflicht** (OLG Köln, ZfB 1964, 376 ff.). Ein Verzicht auf solche Ansprüche muss gesondert vereinbart werden. **Nicht eintragungsfähig** bzw. als unwirksam zu löschen sind Bergschadenverzichte, wenn der Ausschluss aller Abwehrrechte gegen näher kaum bestimmbare Einwirkungen aus einer Vielzahl kaum überschaubarer Quellen vereinbart werden soll (OLG Hamm, JMBl NRW 1986, 199). Ferner, wenn *„die Geltendmachung von Wertminderungsansprüchen sowie von Bergschäden ausgeschlossen"* sein soll (BGH, ZfB 1971, 327 ff. = Glückauf 1971, 433). Der Verzicht ist nur in Verbindung mit der Pflicht zur Duldung des Bergbaus und damit als durch den Verzicht auf Bergschadensersatz erweiterte Gestattungspflicht eintragungsfähig. Bedenklich ist die Formulierung: *„Bergwerkseigentümer ist zum Abbau ohne Verpflichtung zur Entschädigung berechtigt"*. Dadurch wird kein Recht i. S. von § 1018, 3. Alt BGB ausgeschlossen, sondern ein Recht auf Entschädigung. Die Begriffe „Anlage" und „Einwirkungen" sind auslegungsbedürftig und genügen nicht dem Bestimmtheitsgrundsatz (OLG Hamm, JMBl NRW 1986, 199).

Aus früheren Vollverzichts-Formulierungen (hierzu Heinemann, Ziffer 144) sind **74** noch Satzteile überliefert, die heute nicht mehr verwendet werden. So ist z. B. der Satzteil *„von den betriebsplanmäßig betriebenen Bergwerksunternehmungen"* (ausgehende Einwirkungen ...) entbehrlich, da nicht die Betriebsplanzulassung die Duldungspflicht auslöst, sondern das Gewinnungsrecht. Wird die Duldungspflicht auf Immissionen und weitere Tatbestände erweitert, empfiehlt es sich eher, von *„ordnungsmäßig betriebenen Anlagen"* zu sprechen, da die jeweiligen Betätigungen sowohl durch Betriebspläne als auch durch Genehmigungen (z. B. BImSchG) oder andere öffentlich-rechtliche Gestattungen zugelassen sein können. Der Satzteil *„über die vom Gesetz gezogenen Grenzen hinaus"* diente früher der Abgrenzung zu der bereits gesetzlich bestehenden Duldungspflicht, die verständlicherweise keiner (zusätzlichen) dinglichen Sicherung bedurfte (vgl. RGZ 130, 350 = ZfB 72 (1931) 542).

Bergschadenverzicht und Wohnungseigentum: Wenn der (frühere) Alleineigen- **75** tümer mit dinglicher Wirkung auf Minderwertansprüche verzichtet hat, kann nach Begründung von Wohnungseigentum an diesem Recht keine Gemeinschaft entstehen. Durch die Aufteilung in Wohnungseigentum entstehen einzelne **Dienstbarkeiten an jedem Wohnungseigentum.** Die Wohnungseigentumsgemeinschaft ist ohne das Recht, Bergschadensansprüche geltend zu machen, entstanden. Das gilt auch für Schäden am Sondereigentum (OLG Hamm, ZfB 1981, 440). Der Verzicht gilt auch hierfür. Die grundbuchliche Sicherung eines Bergschadenverzichtes bei Wohnungseigentum kann nur durch § 1018 BGB dritte Alternative (Ausübung eines Rechts wird ausschlossen) erfolgen (OLG Hamm, ZfB 1981, 440; ähnlich bayr. OLG, NJW 1975, 59), nicht in den Fällen § 1018 BGB erste Alternative (Grundstück benutzen) und zweite Alternative (Handlungen nicht vornehmen). Wird auf einem einzelnen Wohnungseigentum der Verzicht gelöscht, führt dies nicht zur Löschung der übrigen Dienstbarkeiten (OLG Hamm, aaO).

5.   Enteignung eines Bergschadenverzichts

76   Ein Antrag des Straßenbaulastträgers auf Enteignung eines Bergschadenverzichtes ist unbegründet. Nach § 19 Absatz 1 FernstrG ist die Enteignung eines eingetragenen Bergschadenverzichtes zulässig, soweit sie zur Ausführung des planfestgestellten Bauvorhabens notwendig ist. Das Enteignungsrecht berechtigt die öffentliche Hand nicht, die Finanzierung der ihr obliegenden Aufgaben zu erleichtern. Der Bergschadenverzicht enthält die Begründung einer schon bestehenden gesetzlichen Duldungspflicht und den Ausschluss des Anspruches auf Ersatz von Bergschäden. Ein Verzicht mit diesem Inhalt gefährdet nicht den Bau und Betrieb des Straßenbauvorhabens (BVerwG, NVwZ 1984, 793; OVG NRW, NVwZ 1982, 567 m. Anmerkung von Stüer, NVwZ 1982, 545 = ZfB 1982, 362).

6.   Dogmatische Begründung

77   Bergschadenverzichte bewirken, dass die Ausübung eines dem Grundeigentum innewohnenden Rechts, nämlich der Anspruch auf Schadensersatz für Bergschäden, gegenüber dem Bergwerkseigentümer oder Dienstbarkeitsberechtigten ausgeschlossen ist. Der Anspruch auf Ersatz bei Beschädigungen von Grundstücken fließt aus dem Eigentum und ist unmittelbar mit ihm verbunden. Die Befugnis zur Schädigung des Grundeigentums ohne Ersatzpflicht des Schädigers wäre verfassungswidrig (BGHZ 53, 229). Nur weil es sich um den Ausschluss von Ansprüchen aus dem Eigentum an dem belasteten Grundstück handelt, ist ein Bergschadenverzicht als Grunddienstbarkeit nach § 1018 3. Alt. BGB eintragungsfähig. Ansprüche aus dem Eigentum sind auch solche auf Ersatz von **Aufwendungen und Nachteilen aus einer Anpassung** oder **Sicherung** nach §§ 110 Absatz 3, 111 Absatz 2. Die Begründung einer möglicherweise mit erheblichen Aufwendungen und Nachteilen auf Seiten des Grundeigentümers (Bauherrn) verbundenen Anpassungsobliegenheit ohne finanziellen Ausgleich wäre ebenfalls verfassungswidrig. Daher fließen auch die genannten Ansprüche des Eigentümers aus dem Eigentum und können als solche durch Verzicht in Form der Grunddienstbarkeit ausgeschlossen werden.

7.   Beschränkte persönliche Dienstbarkeit

78   Bei der **beschränkten persönlichen Dienstbarkeit** wird der Verzicht gegenüber einer natürlichen oder juristischen Person abgegeben. Im Hinblick auf § 1092 BGB empfiehlt es sich, das Recht der Überlassung zur Ausübung an einen Dritten ausdrücklich vorzusehen. Zur Rechtsnachfolge bei juristischen Personen: Vgl. §§ 1059 a bis 1059 d BGB. Die Vorschriften finden auch Anwendung für die OHG und KG im Falle des § 1059 a Nr. 1 BGB (BGHZ 50, 310).

X. Ausschluss der Bergschadenshaftung (Absatz 2)

1. Vorbemerkung

In **Absatz 2** wird die Haftung nach § 114 Absatz 1 rechtstechnisch über den   **79**
Begriff „*Bergschaden*" ausgeschlossen. Das ist ungenau, weil bei den Tatbeständen in Nr. 4 und Nr. 5 kein Sachsubstanzschaden vorliegt. Gemeint ist, dass in
den Fällen des Absatzes 2 keine Haftung eintreten soll. Insgesamt entsprechen
die in Absatz 2 genannten Tatbestände eines Haftungsausschlusses überwiegend
dem bisher geltenden Recht oder enthalten Klarstellungen.

2. Schäden an Personen und Sachen im Bergbaubetrieb (Absatz 2 Nr. 1)

a) Beschäftigte Personen. Kein Bergschaden ist ein Schaden, der an im Berg-   **80**
baubetrieb **beschäftigten Personen** entsteht. Diese Einschränkung ist notwendig
insbesondere im Hinblick auf **Unfälle, Berufskrankheiten und sonstige innerbetriebliche Schäden an Personen, wie** sie gerade im Bergbau häufig vorkommen. Die Erstreckung der Bergschadenshaftung auf Personenschäden durch das
BBergG (hierzu oben Rn 35) sollte **keine Änderung des bisherigen Rechts-
zustands** bewirken. Dieser war dadurch gekennzeichnet, dass der Verletzte im
Falle von Arbeitsunfällen und Berufskrankheiten aufgrund der bestehenden
Versicherungspflicht nach den Vorschriften der Reichsversicherungsordnung
einen Anspruch gegenüber dem Träger der Unfallversicherung auf die speziellen
sozialversicherungsrechtlichen Leistungen erwarb. Die in das BBergG neu eingefügte Personenhaftung des Unternehmers sollte dieses auf Wiederherstellung der
Gesundheit und Leistungsfähigkeit der Versicherten ausgerichtete System nicht
stören. Dieser Vorrang des Sozialrechts/Rechts der Unfallversicherung gilt nach
Inkrafttreten des SGB VII mit den darin enthaltenen Regelungen unverändert
fort.

Der Haftungsausschluss des Absatz 2 Nr. 1 gilt nur für Personen, die im Berg-   **81**
baubetrieb **beschäftigt** sind. Hierbei ist es nach dem Sinn und Zweck des
Haftungsausschlusses **unerheblich,** ob sie aufgrund eines **Arbeitsverhältnisses
mit dem Unternehmer** tätig werden oder ob sie **Arbeitnehmer eines Dritten** sind,
der aufgrund vertraglicher Beziehungen innerhalb des Bergbaubetriebs Arbeiten
ausführt. Nicht im Bergbaubetrieb beschäftigt sind **Besucher;** die Haftung des
§ 114 erstreckt sich mithin auch auf Schadensereignisse, die diese erleiden. Eine
Ausnahme gilt dann, wenn der Träger der Unfallversicherung kraft Satzung die
Versicherung auch auf Personen erstreckt hat, die sich auf dem Betriebsgelände
aufhalten (§ 3 Absatz 1 Nr. 2 SGB VII). Dann geht nach dem Zweck der Nr. 1
ebenfalls das Recht der Unfallversicherung vor.

b) Im Bergbaubetrieb verwendete Sachen. Von dem Haftungsausschluss erfasst   **82**
sind ferner Schäden an im Bergbaubetrieb verwendeten Sachen. Ausgenommen
sind damit Schäden an Sachen, die Dritte – etwa aufgrund vertraglicher Vereinbarungen mit dem Unternehmer – innerhalb des Bergwerksbetriebs einsetzen.
Eine vertragliche Haftung des Unternehmers bleibt naturgemäß unberührt
(§ 121). Das Wort „*verwendet*" deutet darauf hin, dass die im Dritteigentum
befindlichen Sachen für den Bergbaubetrieb eingesetzt werden müssen. Schäden,
die an persönlicher Kleidung oder sonstigen nicht für den Betrieb verwendeten
Sachen, entstehen, sind daher nach § 114 zu ersetzen (z.B. auch Unfall eines
privaten Kfz durch Zusammenstoß mit einer Grubenbahn innerhalb des
Betriebsgeländes).

3.   Schäden an anderem Bergbaubetrieb (Absatz 2 Nr. 2)

83   Der Ausschluss von Ersatzansprüchen unter Bergbautreibenden entspricht dem Recht des ABG. In dessen Geltungsbereich war eine Haftung schon aufgrund des Wortlauts des § 148 ABG ausgeschlossen, da sich die Ersatzpflicht auf Schäden am Grundeigentum und dessen Zubehörungen beschränkte. Eine entsprechende Anwendung des § 148 ABG auf die Beschädigung fremden Bergwerkseigentums wurde als unzulässig betrachtet (RG, ZfB 51 (1910), 621; RGZ, ZfB 80 (1939), 145). Der Haftungsausschluss erfasste sowohl die in Ausübung des Bergwerkseigentums errichteten Anlagen über und unter Tage als auch die Beeinträchtigung des Gewinnungsrechts (z. B. durch Wasserzuflüsse eines anderen Bergbaubetriebs). Neuere Gesetze hatten zum Teil ausdrücklich einen Haftungsausschluss hinsichtlich solcher Schäden normiert, die durch einen Bergbaubetrieb einer dem Gewinnungsrecht eines anderen unterliegende Lagerstätte zugefügt wurden (§ 3 Nr. 6 PhosphoritG, § 2 Absatz 1 Nr. 6 ErdölG, § 6 Absatz 2 Buchstabe c Silvester-VO). Konflikte mehrerer Bergbautreibender untereinander sind unter den entsprechenden Voraussetzungen erforderlichenfalls durch Entscheidung der Bergbehörde im Betriebsplanverfahren zu regeln (vgl. § 55 Absatz 1 Satz 1 Nr. 4 und 9). **Unberührt** bleibt die Haftung nach § 114, sofern durch einen anderen Bergbaubetrieb Grundstücke oder Einrichtungen eines anderen Bergbaubetriebs beschädigt werden, die **nicht den Zwecken seines Bergbaubetriebs dienen.**

84   Im Verhältnis der Bergbauunternehmer untereinander sind auch die für Grundstücke geltenden **nachbarrechtlichen Vorschriften** der §§ 903 ff. BGB **unanwendbar.** Für die Bewilligung und die entsprechend behandelten aufrechterhaltenen Rechte des § 153 ergibt sich dies unmittelbar aus dem Wortlaut des § 8 Absatz 2, der nur die entsprechende Anwendbarkeit der für Ansprüche **aus dem Eigentum** geltenden Vorschriften (d. h. §§ 985 ff. BGB) zulässt. Auf das neue Bergwerkseigentum (§ 9) und die insoweit gleich behandelten aufrechterhaltenen Rechte in § 154 sind zwar die für Grundstücke geltenden Vorschriften des BGB, also auch die §§ 903 ff. BGB, entsprechend anzuwenden. Dies gilt jedoch nur, „soweit dieses Gesetz nichts anderes bestimmt" (§ 9 Absatz 1 Halbsatz 2). Diese anderweitige Bestimmung enthält § 114 Absatz 2 Nr. 2.

4.   Immissionsschäden (Absatz 2 Nr. 3)

85   Die Vorschrift regelt das Verhältnis zwischen dem Nachbarrecht des § 906 BGB und der Haftung nach § 114 Absatz 1. Die Vorschrift besagt, dass Schäden durch Immissionen, die nach § 906 BGB wegen Unwesentlichkeit oder deshalb geduldet werden müssen, weil sie zwar wesentlich, aber ortsüblich sind, nicht als Bergschäden einzuordnen sind. Eine Haftung für solche Schäden über die Haftungsnorm des § 114 Absatz 1 ist damit ausgeschlossen. Unter den entsprechenden Voraussetzungen kommt bei solchen Immissionsschäden aber ein Ausgleichsanspruch nach § 906 Absatz 2 Satz 2 BGB in Betracht. Mit der getroffenen Regelung werden die bis zum Inkrafttreten des BBergG gesicherten Grundsätze unverändert fortgeführt.

86   Immissionen aus Gewinnungsbetrieben und aus sonstigen Anlagen und Einrichtungen des Bergbaus haben in der Praxis eine erhebliche praktische Bedeutung. Den einschlägigen Rechtsfragen ist daher ein **eigenständiger Abschnitt** gewidmet (oben Rn 57 ff.).

5.   Ausschluss von Planungsnachteilen (Absatz 2 Nr. 4)

87   Der Ausschlusstatbestand soll nach der Gesetzesbegründung sicherstellen, das „*diese Art von Schäden nicht dem Bergrecht, sondern der Rechtsmaterie zuge-*

ordnet werden, welche die Grundlage für die Planungsentscheidungen bildet"
(BT-Drs 8/1315, 141 zu § 112 = Zydek, 428). Anlass dieser klarstellenden
Regelung durch den Gesetzgeber war die Entscheidung BGHZ 59, 139 (kritisch
hierzu Papenfuß, NJW 1973, 187; Krems, Gesetzgebungslehre, 217, 228). In
seinem Urteil hatte der BGH einen Bergschadensersatzanspruch gemäß § 148
ABG bejaht, weil die gemeindliche Planung zum Bauen geeignetes Gelände
deshalb nicht in das Baugebiet einbezogen hatte, weil ein Steinkohlenbergbau-
unternehmen im planungsrechtlichen Anhörungsverfahren für den aufzustellenden Bebauungsplan auf den Eintritt von Bodensenkungen hingewiesen hatte.
Der Bergschadensersatzanspruch war in Anwendung der von der Rechtsprechung entwickelten Rechtsfigur der **drohenden Berggefahr** (vgl. oben Rn 47 ff.)
zuerkannt worden, in Abweichung hiervon aber nicht im Umfang der erforderlichen Sicherungskosten, sondern nach § 252 BGB im Umfang des entgangenen
Wertzuwachses. Die haftungsrechtlichen Konsequenzen hatten den untertägigen
Steinkohlenbergbau in der Folgezeit zu äußerster Vorsicht genötigt, sofern ihm
oder der zuständigen Bergbehörde als Trägerin öffentlicher Belange bei der
Aufstellung von Bebauungsplänen eine Stellungnahme abgefordert wurde. Aus
diesen Gründen waren in zahlreichen Fällen Hinweise auf eine mögliche Beeinflussung des Plangebiets durch den Abbau entsprechend § 5 Absatz 4 und § 9
Absatz 5 BBauG 1960 unterblieben. In diesen Vorschriften hieß es, dass im
Flächennutzungsplan und Bebauungsplan Flächen, unter denen der Bergbau
umgeht oder die für den Abbau von Mineralien bestimmt sind, besonders
gekennzeichnet werden sollten (heute wortgleich in § 5 Absatz 3 Nr. 2 und
§ 9 Absatz 5 Nr. 2 BauGB). Mit einer entsprechenden Kennzeichnung sollten
Bauherren und deren Architekten veranlasst werden, eine gegenüber Bergbaueinwirkungen weniger bergbauempfindliche Bebauung vorzusehen. Wegen des
Haftungsrisikos wurden Hinweise auf ein Bergschadensrisiko bei der Aufstellung von Bauleitplänen unterlassen, sodass auch keine Kennzeichnungen entsprechend dem BBauG 1960 mehr erfolgten.

Die in der amtlichen Begründung angesprochene Verweisung des Betroffenen **88**
auf das Planungsrecht bedeutet, dass Eingriffe durch Planungsmaßnahmen nur
dann entschädigt werden, wenn zulässige Nutzungen beseitigt oder eingeschränkt werden. Bei nicht verwirklichten (zulässigen) Nutzungen entfällt der
Schutz gegen planerische Eingriffe nach 7 Jahren ab Zulässigkeit (vgl. § 42
BBauG 1976; § 42 Absatz 2 BauGB). Keine Entschädigungspflichten bestehen,
sofern sich eine höherwertige Nutzbarkeit wegen Abbruchs des Bauleitverfah-
rens als Ergebnis der planerischen Abwägung nicht eingestellt hat. Die durch
Nr. 4 getroffene Grenzziehung ist unter dem Aspekt des Artikel 14 GG nicht zu
beanstanden. Grundstückswertsteigerungen, die auf der Erwartung künftiger
Baulandqualität, nicht jedoch auf eigener Tätigkeit oder auf eigenen Investitionen des Grundstückseigentümers beruhen, werden von der Eigentumsgarantie
des Artikel 14 GG nicht umfasst. Der Gesetzgeber ist daher auch befugt, Ersatzansprüche wegen des Verlustes derartigen leistungslosen Wertzuwachses auszuschließen (ebenso Krems, 217), sofern sachlich einleuchtende Gründe für eine
solche Beschränkung vorliegen.

6. Nachteile und Aufwendungen durch Anpassungsmaßnahmen (Absatz 2 Nr. 5)

Kein Bergschaden ist nach Nr. 5 ein **unerheblicher Nachteil** oder eine **unerheb-**   **89**
liche Aufwendung im Zusammenhang mit Maßnahmen der Anpassung nach
§ 110. Diese – an sich entbehrliche – Klarstellung soll verhindern, dass unwesentliche Nachteile oder Aufwendungen, die nach § 110 Absatz 3 vom Bauherrn
zu tragen sind, als Bergschadensersatzanspruch nach § 114 bei dem haftenden
Unternehmer wieder geltend gemacht werden können. Sie ist erst im Laufe des

Gesetzgebungsverfahrens den Ausschlusstatbeständen des Absatz 2 hinzugefügt worden (WiA/BT-Drs 8/3965, 72, 142 = Zydek, 431). Ein **Umkehrschluss** dahingehend, dass **erhebliche** Aufwendungen oder Nachteile nunmehr als Bergschaden zu qualifizieren seien, ist nicht berechtigt. Die Erstattungspflichten des Bergbauunternehmers nach den §§ 110 ff. stellen eine nach Normzweck und Umfang von dem eigentlichen Bergschaden deutlich abgegrenzte Sonderregelung dar. Vgl. hierzu im Einzelnen oben Rn 47 ff.

Anhang zu § 114   **Bergschäden im Beitrittsgebiet**

Übersicht   Rn

I.   Anwendung des Berggesetzes DDR (Berggesetz DDR)   1
II.   Bergschaden nach Berggesetz DDR   5
III. Altbergbau   8
IV.   Haftungsausschlüsse 11
V.   Art und Umfang der Bergschadensersatzleistungen 12
VI.   Verjährung 13
VII. Weitere Besonderheiten 16
1.   Anwendung von § 112 BBergG 16
2.   Ersatzverpflichteter 17
VIII. Abtretung von Bergschadensersatzansprüchen 18

I.   Anwendung des Berggesetzes DDR (Berggesetz DDR)

1   Die Vorschriften der §§ 114 ff. über die Haftung für Bergschäden gelten im Beitrittsgebiet nach den Bestimmungen Anlage 1, Kapitel V, Sachgebiet D, Abschnitt III, Nr. 1, Buchstabe k, Sätze 2 und 3 **Einigungsvertragsgesetz** vom 23.9.1990 (BGBl II, 885 – Einigungsvertrag) nur dann, wenn die Schäden **ausschließlich** ab dem 3.10.1990 verursacht worden sind. Im Übrigen bleiben die für derartige Schäden vor dem Beitritt geltenden **Vorschriften der DDR** anwendbar (BGHZ 142, 172, 175 = BGH, ZfB 1999, 271 = NJW 1999, 3332; BGH, NJW 2001, 3049 = DVBl 2001, 1431 = ZfB 2003, 226). **Beitrittsgebiet** sind die Länder Brandenburg, Mecklenburg-Vorpommern, Sachsen, Sachsen-Anhalt und Thüringen sowie der Teil des Landes Berlin, in dem das Grundgesetz ursprünglich nicht gegolten hat.

2   Maßgebend ist nicht der Eintritt des Schadens an der Erdoberfläche oder der letzte auslösende Kausalbeitrag (a. A. Beck/Perling, NJ 2000, 339, 343 betreffend Gebirgsschlag). Maßgebend ist auch nicht eine vor dem 3.10.1990 gesetzte Ursache, z. B. das Abteufen eines Schachtes, falls es zum Einsturz eines erst nach dem Beitrittstag angelegten Grubenbaues gekommen ist (BGH, DVBl 2001, 1432 = ZfB 2003, 226 = NJW 2001, 3049). Denn Haftungsgrund für den Ersatz von Bergschäden war nach früherem DDR-Recht nicht die Haftung für eine Anlage (so jetzt § 114 Absatz 1 BBergG: *„Einrichtungen"*), sondern die von dem Betrieb ausgehende Gefährdung (so jetzt § 114 Absatz 1 BBergG: *„Tätigkeiten"*).

3   Entscheidend für die Weitergeltung des Bergschadensrechts der ehemaligen DDR ist die durch bergbauliche Betriebshandlungen, z. B. den Abbau oder Sprengarbeiten unter Tage zur Schaffung von Hohlräumen in Gang gesetzte gefahrengeneigte Ursachenkette (BGH aaO, S. 1432 m. w. N.). Wenn durch sie vor dem Stichtag ein konkreter Gefahrenherd begründet oder ein bereits vorhandenes Gefahrenpotenzial vergrößert wurde und dieser Gefahren erhöhende Zustand nach dem 3.10.1990 beim Entstehen des Bergschadens mitgewirkt hat, ist die Ursache bereits unter der Herrschaft der DDR-Rechts gesetzt. Dabei reicht es aus, dass der spätere Schaden lediglich mitverursacht wurde. Ein Salzbergwerk enthält in Gestalt der durch die Salzgewinnung angefallenen und nicht verfüllten Hohlräume schon **vor dem Beitrittstag eine besondere Gefahrenquelle** (BGH, aaO), die einen Gebirgsschlag und dadurch entstandene Gebäudeschäden mitverursacht hat. Gleiches gilt für Sprengarbeiten an Braunkohlehalden, wenn durch sie eine Gefahrenquelle beseitigt wird, dennoch aber Gebäudeschäden mitverursacht werden, oder Schäden durch Hangrutschen, Zerrungen oder Setzungen entstanden sind (Müggenborg, NUR 2011, 775).

Der Zeitpunkt der Verursachung ist eine anspruchsbegründende Tatsache, für **4** die der Geschädigte die **Beweislast** hat (OLG Naumburg, NJ 2001, 100; a. A. Beck/Perling, NJ 2000, 346). Wenn der Geschädigte seinen Anspruch auf §§ 114 ff. BBergG stützt, muss er beweisen, dass eine Ursache vor dem 3.10.1990 nicht vorlag. Die Haftungsbegrenzung des Einigungsvertrags erfasst nicht Ansprüche aus anderen Rechtsgründen, z. B. wegen Verletzung der Verkehrssicherungspflicht oder aus UmweltHG (OLG Naumburg, OLG Report 2001, 100 = NJ 2001, 100; BGH, NJW 2001, 3049, 3052; Müggenborg, NUR 2011, 776).

II. Bergschaden nach Berggesetz DDR

Als Bergschaden definiert § 18 Berggesetz DDR den Untergang oder die Beschä- **5** digung von Sachen. Bergschaden ist lediglich der **körperlich gegenständliche Verlust** einer Sache oder die körperlich gegenständliche **Einwirkung** auf eine Sache. Ein auszugleichender Vermögensschaden ist auf den Wert der untergegangenen oder beschädigten Sache beschränkt (LG Erfurt, ZfB 1995, 83; Wilde, DtZ 94, 9; Ehricke, Festschrift für Kühne, S. 493). Ein nur **drohender Bergschaden** wird von der DDR-Bergschadensregelung nicht erfasst, zum Begriff vgl. § 114 Rn 47. Kosten für die Beseitigung künftiger Schäden im Kanalsystem sind nicht zu erstatten; ebenso nicht Kosten für einen generellen Entwässerungsentwurf für ein bergbauunabhängiges Abwassersystem; Ersatz zukünftiger setzungsbedingter Schäden an Kanalrohren, Rohrreinigungsarbeiten und Mehrkosten infolge bergbaubedingter Überdimensionierung oder Flexibilisierung von Kanalrohren (LG Erfurt, aaO). Nach § 19 Absatz 1 Satz 2 Berggesetz DDR sind zwar auftretende wirtschaftliche Schäden auszugleichen. Diese Regelung hat aber keine selbstständige Bedeutung neben den Grundsätzen des § 18 Absatz 1 Berggesetz DDR (LG Erfurt, aaO; Habighorst, ZfB 1995, 86).

Die Beschränkung auf Sachschäden gemäß § 18 Absatz 1 Berggesetz DDR **6** bedeutet allerdings nicht, dass nur der unmittelbare Schaden an der Sache erstattet wird. Grundsätzlich sind auch adäquat verursachte mittelbare Schäden (Folgeschäden) zu ersetzen, d. h. erforderliche Kosten eines für die Rechtsverfolgung eingeholten Sachverständigengutachtens, Rechtsanwaltskosten, technische Beratungskosten (BGH, NJW 1999, 3335; a. A.; LG Erfurt, ZfB 1995, 83; Habighorst, ZfB 1995, 84, 86; Wilde, DtZ 1994, 8, 12).

Nach § 18 Absatz 1 Berggesetz DDR muss der Schaden durch eine **bergbauliche** **7** **Anlage oder Arbeit** verursacht sein. Hierzu zählen Untersuchungen und Gewinnungsarbeiten, die unterirdische Gas- und Flüssigkeitsspeicherung, Halden- oder Sanierungsarbeiten (z. B. Verfüllung von Hohlräumen (BGH, ZfB 2003, 229 = VersR 1999, 113) – mit Ausnahme der Rekultivierung –, d. h. Maßnahmen zur Herstellung der vollwertigen Bodenfruchtbarkeit i. S. von § 14 Berggesetz DDR (hierzu Schäfer, Ersatz von Bergschäden und Wiedernutzbarmachung bergbaulich genutzter Bodenflächen, Wirtschaftsrecht 1970, 718 f.; Weinrich, Schadensersatz nach Bergrecht, NJ 1971, 293).

III. Altbergbau

8 Bei Schäden, die durch „alten Bergbau", d. h. **Bergbau vor 1945**, verursacht worden sind, ist zu unterscheiden:

9 War der Bergschaden **vor Inkrafttreten des DDR-Berggesetzes** von 1969 **bereits entstanden**, galt die Bergschadensregelung der §§ 18 ff. Berggesetz DDR nicht (Mücke, Bergrecht der DDR, S. 189; Jägers, ZfB 1992, 205 m. w. N.). Die DDR-Betriebe wurden nicht als Rechtsnachfolger der „kapitalistischen" Vorgängerbergwerke angesehen. Eine gesetzliche Haftungsübernahme war nach § 20 Absatz 1 Satz 2 Berggesetz DDR nur für den Fall der Rechtsnachfolge in einen aufgelösten Betrieb vorgesehen, d. h. wenn die Grubenbaue von einem volkseigenen Betrieb für die in § 18 Absatz 1 Berg DDR genannten Arbeiten weiter genutzt wurden (Jägers, ZfB 1992, 205 m. w. N.).

10 War der Bergschaden **vor Inkrafttreten des DDR-Berggesetzes**, d. h. vor dem 12. 6. 1969, noch **nicht entstanden**, d. h. ein Schuldverhältnis noch nicht begründet, sollte nach einer Auffassung das Bergschadensrecht der §§ 18 ff. Berggesetz DDR nicht anzuwenden sein. Nur ausnahmsweise könne dessen Anwendung bei einer so genannten Funktionsübernahme in Betracht kommen, d. h. wenn alte Grubenbaue für den DDR-Betrieb genutzt wurden, z. B. Wetterführung, Versorgungsleitungen, Verfüllung von Hohlräumen, Benutzung von Strecken und Schächten (OLG Naumburg, ZfB 1999, 291, 294; Beck/Perling, NJ 2000, 339, 345; Schönherr in Mücke, aaO, S. 118). Nach anderer Auffassung (BGH, NJW 2001, 3050; von Danwitz, Staatliche Bergaufsicht zwischen privatem Bergschadensrecht, hoheitlicher Gefahrenabwehr und Staatshaftung in den neuen Bundesländern, 1998, S. 35, 38) sollte auch für Altfälle, bei denen die Betriebshandlung (Ursache) vor 1969 lag, das DDR-Berggesetz anzuwenden sein, jedenfalls, soweit Bergschäden vor 1969 noch nicht entstanden waren (a. A. Ehricke, Festschrift für Kühne, S. 491: §§ 148 ff. ABG sind anzuwenden).

IV. Haftungsausschlüsse

11 Nach § 21 Berggesetz DDR war die Ersatzpflicht für Bergschäden bei bestimmten Sachverhalten, die auf ein **Verschulden des Geschädigten** zurückzuführen sind, ausgeschlossen. Nach § 21 Absatz 1 Berggesetz DDR kann Verschulden des Geschädigten zu einem Verlust des Anspruchs führen. Nach § 21 Absatz 2 Berggesetz DDR gilt das ebenso, wenn Bergschäden zur Zeit der Errichtung oder wesentlichen Veränderung des Bauwerks zu erwarten waren und diese Tatsachen dem Bauauftraggeber aufgrund einer **bergbaulichen Stellungnahme** bekannt waren oder im Falle nicht eingeholten Stellungnahme bekannt geworden wären. Gemäß § 29 der 1. DVO zum Berggesetz DDR hatte der Bauherr vor Festlegung des Standortes und vor Baubeginn in **Bergbauschutzgebieten** und in Gebieten, in denen es bereits früher bergbauliche Arbeiten gegeben hatte, eine bergbauliche Stellungnahme bei dem Betrieb (§ 11 Absatz 1 der 1. DVO) bzw. bei der Bergbehörde (§ 29 Absatz 2 der 1. DVO) einzuholen. In den Stellungnahmen waren u. a. das Ausmaß der zu erwartenden Bodenbewegungen und Grundwasserabsenkungen sowie die Maßnahmen zur Verhinderung/Verminderung von Bergschäden anzugeben. Diese Regelungen sind vergleichbar mit § 112 BBergG. Sie betreffen allerdings nur Ansprüche auf den

Untergang oder die Beschädigung der Sachen, nicht Ansprüche auf Anpassungs- und Sicherungsmaßnahmen im Sinne §§ 110 ff. BBergG.

V. Art und Umfang der Bergschadensersatzleistungen

Nach § 19 Absatz 2 Berggesetz DDR i. V. mit. § 26 der 1. DVO zum Berggesetz **12** DDR vom 12.5.1969 (GBl II, 257) ist festgelegt, dass bei Sachschäden ein **Rangverhältnis** zwischen den Schadensersatzleistungen besteht: Nur wenn die Wiederherstellung der früheren Gebrauchsfähigkeit der geschädigten Sache durch Ausbesserungsarbeiten erfolglos oder unmöglich ist, kommt Geldersatz in Betracht (Jägers, ZfB 1992, 203 unter Hinweis auf die Spruchpraxis des staatlichen Vertragsgerichts; Habighorst, ZfB 1995, 86; LG Erfurt, ZfB 1985, 84 m. w. N.; BGH, VersR 2001, 114 = ZfB 1999, 271 = NJW 1999, 3332). Diese Regelung ist verfassungsrechtlich unbedenklich (BGH aaO). Ein Wahlrecht hat weder der Geschädigte noch der Ersatzverpflichtete. Erst wenn weder die Wiederherstellung der früheren Gebrauchsfähigkeit noch der Naturalersatz wirtschaftlich zu vertreten sind, ist gemäß § 26 Absatz 1 der 1. DVO zum Berggesetz DDR Geldersatz zulässig. Die Naturalherstellung ist z. B. unmöglich, wenn der bisherige Eigentümer sein beschädigtes Hausgrundstück vor einer Ersatzleistung veräußert hat. Der bisherige Eigentümer hat dann einen Geldanspruch gegen den Bergbauunternehmer. Das entspricht der Rechtslage nach BGB und BBergG, wonach der Anspruch auf Naturalherstellung bei Veräußerung untergeht und nur noch Geldersatz gemäß § 251 Absatz 1 BGB verlangt werden kann (BGHZ 81, 385, 390 = NJW 1982, 98; BGH, NJW 1993, 1794; 1998, 2905; VersR 2001, 115). Weitere Einzelheiten: Jägers, ZfB 1992, 203 f. und nachstehend Rn 18.

VI. Verjährung

Nach dem Einigungsvertrag gelten §§ 114 bis 124 BBergG nur eingeschränkt, **13** nämlich für **ausschließlich nach dem 3.10.1990** verursachte Bergschäden. Damit gilt auch die Verjährungsregelung des § 117 Absatz 2 nur für solche Bergschäden. Maßgebend war zur Zeit des Beitritts die frühere vor Inkrafttreten des Schuldrechtsmodernisierungsgesetzes, d. h. bis zum 31.12.2001, geltende Fassung (vgl. § 117 Rn 34 f.).

Soweit Bergschäden ganz oder teilweise vor dem 3.10.1990 (Tag des Beitritts) **14** verursacht wurden, müssen die **Verjährungsfristen** und der Beginn der Fristen **nach § 25 Berggesetz DDR** bestimmt werden. Danach verjährt der Ersatzanspruch für Bergschäden in zwei Jahren, für Bergschäden an land- und forstwirtschaftlich genutzten Flächen in vier Jahren, nachdem der Ersatzberechtigte von dem Bergschaden und dem Ersatzpflichtigen Kenntnis erlangte („doppelte positive Kenntnis"). Nicht maßgebend ist danach die Kenntnis der Ursache, sei sie vor oder nach dem 3.10.1990 gesetzt worden. Bestritten war, ob – entsprechend § 199 Absatz 3 Satz 1 Nr. 2 BGB – ohne Rücksicht auf die Kenntnis oder grob fahrlässige Unkenntnis eine Höchstfrist z. B. von zehn Jahren gemäß § 475 Nr. 2 Satz 2 ZGB-DDR galt (so Jägers, ZfB 1992, 202, 206; Ehricke, Festschrift für Kühne, S. 505). Man wird das ablehnen müssen, da die Vorschrift des § 25 Berggesetz DDR eine abschließende, spezielle Regelung der Dauer der Verjährung war (Mücke, Bergrecht, S. 191; Finke, ZfB 1996, 223). Nach § 470 Absatz 1 ZGB beginnt die Verjährungsfrist am Tag nach der Kenntnis, sie endet gemäß § 471 Absatz 1 Ziff. 4 ZGB mit dem Ablauf des entsprechenden Tages des letzten Jahres, d. h. nach 2 bzw. 4 Jahren.

15 Die besonderen Bestimmungen des Einigungsvertrags betreffen nur die Verjährungsfrist und den Beginn der Verjährung. Eine Bestimmung, dass darüber hinaus auch die allgemeinen Regeln des DDR-Rechts über die **Hemmung und Unterbrechung** der Verjährung fortgelten sollen, enthält der Einigungsvertrag nicht, z. b. nicht über die Schriftlichkeit eines Anerkenntnisses gemäß § 476 Absatz 1 Nr. 1 DDR-ZGB. Es gelten daher die die Verjährung unterbrechenden / -hemmenden Vorschriften der §§ 202 ff. BGB (BGH VersR 2001, 115 = ZfB 1999, 271, 2745 = NJW 1999, 3332; a. A. Finke, ZfB 1996, 223). Obwohl ein Anspruch verjährt ist, konnte gemäß § 472 Absatz 2 ZGB-DDR das Gericht nach bereits eingetretener Verjährung Rechtsschutz gewähren, wenn *„dafür überwiegende Gründe vorliegen und es im Interesse der Gläubiger dringend geboten erscheint und dem Schuldner zuzumuten ist"* (Jägers, ZfB 1992, 206). Soweit in der sehr gewundenen Formulierung der Rechtsgedanke von § 242 BGB wiederzufinden ist, bedarf es eines fortdauernden Bezuges auf § 472 Absatz 2 ZGB-DDR nicht mehr. Im Übrigen kommt § 472 Absatz 2 ZGB-DDR nur noch in Betracht, wenn einem *„unabweisbaren Gerechtigkeitsbedürfnis Genüge getan werden muss"* (Ehricke, Festschrift für Kühne, S. 505 mit Hinweis auf BGHZ 135, 158, 168; BGHZ 126, 87, 103 f.; OLG Brandenburg, LKV 2008, 44, 48; ähnlich Finke, aaO).

VII. Weitere Besonderheiten

1. Anwendung von § 112 BBergG

16 Nach dem Einigungsvertrag (Anhang I, Kapitel V, Sachgebiet D, Abschnitt III, Nr. 1, Buchstabe k) Satz 1 gilt als Verstoß gegen § 112 BBergG auch die Unterlassung oder nicht ordnungsgemäße Berücksichtigung von Anpassungs- und Sicherungsmaßnahmen im Sinne §§ 110, 111 BBergG, soweit diese vor dem 3.10.1990 in einer bergbaulichen Stellungnahme gefordert wurden, zu deren Einholung der Bauherr nach dem Berggesetz DDR verpflichtet war. Insofern wird ein Anspruch auf Ersatz von Bergschäden durch § 112 BBergG ausgeschlossen (Boldt/Weller, Ergänzungsband, Anhang Rn 35), auch wenn die bergbauliche Betriebshandlung vor dem 3.10.1990 stattgefunden hat.

2. Ersatzverpflichteter

17 Bei Bergschäden, die noch nach dem Berggesetz DDR abzuwickeln sind, sind nach dessen § 20 nur der **Bergbaubetrieb** und dessen **Rechtsnachfolger,** nicht aber der Inhaber der Bergbauberechtigung, ersatzpflichtig (Ehricke, Festschrift für Kühne, S. 493; Wilde, DtZ 1984, 7, 11; Mücke, Bergrecht 1985, S. 187 ff.). Das Berggesetz DDR kannte keine Bergschadensvermutung im Sinne des § 120 BBergG. Vorschriften über die Haftung bei **Personenschäden** enthielt das Berggesetz DDR nicht. Es gelten insoweit für solche vor dem Beitritt verursachte oder teilverursachte Schäden gemäß Einigungsvertrag (oben Rn 1) die vor dem Beitritt geltenden Vorschriften der § 338 ZGB-DDR (Gesundheitsschäden) und § 339 ZGB-DDR (Tod), die weiterhin anzuwenden sind.

VIII. Abtretung von Bergschadensersatzansprüchen

18 Nach langjähriger Rspr. (BGHZ 81, 385 ff. = NJW 1982, 98; NJW 1993, 1794; 1998, 2905; VersR 2001, 115; hiergegen Finke, ZfB 1988, 59, 61 m. w. N.), **ging im Falle der Veräußerung** eines bergbaugeschädigten Hausgrundstücks der Herstellungsanspruch gemäß § 249 Satz 1 (Naturalherstellung) und gemäß § 249 Satz 2 (Ersatz der Herstellungskosten) in seinen beiden Erscheinungsformen unter. Der zunächst bestehende Anspruch entfalle mit der Eigentumsumschreibung. Denn der ursprüngliche Zweck, die Wiederherstellung der Sache, sei wegen der Veräußerung des beschädigten Gebäudes nicht mehr zu erreichen. Ein **Bergschadensanspruch** könne **nicht mehr abgetreten werden.** Eine bereits vereinbarte Abtretung sei wirkungslos. Dem Veräußerer verblieb, sofern die Voraussetzungen vorlagen, ein Anspruch auf Geldentschädigung gemäß § 251 Absatz 1 BGB (OLG Hamm, VersR 1997, 1491; Erman, Komm. BGB § 251 Anmerkung 2 a), da die Herstellung nicht mehr möglich war.

Für **Bergschäden, auf die** nach dem Einigungsvertrag **noch das Recht der ehemaligen DDR anzuwenden ist** (s. Anhang zu § 114, Rn 1 ff.), bedeutete das, dass der vorrangige (§ 19 Absatz 2 Berggesetz DDR i. V. mit § 26 der 1. **DVO) Anspruch** auf Wiederherstellung einer Ersatzsache **im Falle der Veräußerung** des Grundstückes ebenfalls **untergegangen** ist und nicht abgetreten werden konnte (BGH, NJW 1999, 3334). Die Frage, ob dem Geschädigten ein Zahlungsanspruch gemäß § 249 Absatz 2 BGB trotz Veräußerung der Sache erhalten geblieben war, stellt sich für das Bergrecht der ehemaligen DDR nicht. Denn es gab keinen dem Herstellungsanspruch gleichrangigen Zahlungsanspruch entsprechend § 249 Absatz 2 BGB. Allerdings hat die Rechtsprechung in den Fällen, in denen die beschädigte Sache vor einer Ersatzleistung veräußert wurde, **in entsprechender Anwendung von § 251 Absatz 1 BGB** dem Geschädigten **einen Ersatzanspruch in Geld** in Höhe des Wertinteresses, das nach der sog. Differenzmethode ermittelt wird, gewährt (BGH aaO, S. 3334). Denn weder das Bergrecht der DDR noch das ZGB-DDR enthielten für den Fall der Veräußerung der beschädigten Sache eine ausdrückliche Regelung.

Die **frühere Rechtsprechung** ist inzwischen **teilweise aufgegeben** worden: Wird das Eigentum an einem beschädigten Grundstück übertragen, **erlischt der Anspruch** aus § 249 Absatz 2 BGB auf Zahlung des zur Herstellung erforderlichen Geldbetrages dann **nicht,** wenn der Anspruch spätestens **mit Wirksamwerden der Eigentumsübertragung** an den Erwerber des Grundstücks **abgetreten wird** (BGH, NJW 2001, 2250 f. = BB 2001, 1379 f.; NJW 2002, 2213; NJW-RR 2002, 736 = BauR 2002, 779 ff.) s. auch § 117 Rn 23 f. Diese neue Rechtslage ist entsprechend auf Bergschadensansprüche nach DDR-Recht anwendbar. Für **nachträgliche** Abtretungen gilt allerdings weiterhin die frühere Rechtsprechung.

§ 115 Ersatzpflicht des Unternehmers

(1) Zum Ersatz eines Bergschadens ist der Unternehmer verpflichtet, der den Bergbaubetrieb zur Zeit der Verursachung des Bergschadens betrieben hat oder für eigene Rechnung hat betreiben lassen.

(2) Ist ein Bergschaden durch zwei oder mehrere Bergbaubetriebe verursacht, so haften die Unternehmer der beteiligten Bergbaubetriebe als Gesamtschuldner. Im Verhältnis der Gesamtschuldner zueinander hängt, soweit nichts anderes vereinbart ist, die Verpflichtung zum Ersatz sowie der Umfang des zu leistenden Ersatzes von den Umständen, insbesondere davon ab, inwieweit der Bergschaden vorwiegend von dem einen oder anderen Bergbaubetrieb verursacht worden ist; im Zweifel entfallen auf die beteiligten Bergbaubetriebe gleiche Anteile.

(3) Soweit in den Fällen des Absatzes 2 die Haftung des Unternehmers eines beteiligten Bergbaubetriebes gegenüber dem Geschädigten durch Rechtsgeschäft ausgeschlossen ist, sind bis zur Höhe des auf diesen Bergbaubetrieb nach Absatz 2 Satz 2 entfallenden Anteils die Unternehmer der anderen Bergbaubetriebe von der Haftung befreit.

(4) Wird ein Bergschaden durch ein und denselben Bergbaubetrieb innerhalb eines Zeitraums verursacht, in dem der Bergbaubetrieb durch zwei oder mehrere Unternehmer betrieben wurde, so gelten die Absätze 2 und 3 entsprechend.

Übersicht

		Rn
I.	Haftung nach früherem Recht	1
II.	Betriebs- und Anlagenhaftung (Absatz 1)	2
1.	Unternehmer	3
2.	Maßgeblicher Zeitpunkt	4
III.	Haftung mehrerer Unternehmer (Absatz 2)	5
IV.	Bergschadenverzicht bei bestehender Gesamtschuld (Absatz 3)	9
V.	Rechtslage bei Besitz- oder Eigentumswechsel (Absatz 4)	10
VI.	Haftung in den neuen Bundesländern	11

I. Haftung nach früherem Recht

1 Vor Inkrafttreten des BBergG war die Schuldnerseite bei dem Eintritt von Bergschäden in den einzelnen Bundesländern unterschiedlich geregelt: In Berlin, Bremen, Hamburg, Saarland und Schleswig-Holstein war der „Bergwerksbesitzer" zum Ersatz aller Bergschäden verpflichtet (§ 148 ABG a. F.), ebenso in Baden (§ 130 BadBergG), Bayern (Artikel 206 Absatz 1 BayBergG), Württemberg (Artikel 136 WürttBergG). Bestritten war, ob damit nur der **Bergwerkseigentümer** (RG, ZfB 1910, 158; 1932, 516; 1936, 162) **oder auch der Pächter,** der den Bergbau tatsächlich betreibt (OLG Hamm, ZfB 1953, 459; h. M. im Schrifttum, s. Heinemann, Bergschaden Ziff. 107; Ebel/Weller, Allgem. Berggesetz § 148 Anmerkung 11 d (m. w. N.) gemeint war (offengelassen BGH, ZfB 1958, 216). In Hessen, Nordrhein-Westfalen und Rheinland-Pfalz war der **Bergwerkseigentümer** aufgrund landesrechtlicher Regelungen haftbar für alle Bergschäden, die während der Dauer seines Eigentums eintraten. Wurde der Betrieb für Rechnung eines anderen, **Betreibers** oder Pächters, geführt, haftete dieser neben dem Bergwerkseigentümer. Beide waren **Gesamtschuldner.** Die Haftung des Bergwerkseigentümers erstreckte sich auch auf die Schäden, die von seinen Rechtsvorgängern verursacht, aber erst nach seinem Eigentumserwerb erkennbar wurden (RG, ZfB 1886, 380; ZfB 1891, 125; ZfB 1917, 114). Voraussetzung war allerdings, dass das verursachende Bergwerk mit dem gegenwärtigen Bergwerk identisch war. Die Haftung des neuen Bergwerkseigentümers erstreckte sich aber nicht auf die während der Eigentumszeit des Vorgängers bereits entstandenen Bergschäden (RG, ZfB 1917, 114).
Für Bergschäden, die ausschließlich vor dem 1.1.1982 verursacht worden sind, gilt gemäß § 170 diese Rechtslage fort. Zur Haftung für Bergschäden in den neuen Bundesländern s. nachstehend Rn 11.

II. Betriebs- und Anlagenhaftung (Absatz 1)

2 Die Bergschadenshaftung ist durch § 114 als **Betriebs- und Anlagenhaftung** ausgestaltet und von der jeweiligen Bergbauberechtigung gelöst. Die Ersatzpflicht des **Inhabers der Bergbauberechtigung** regelt § 116. Der Umfang des Ersatzes richtet sich nach § 117 Absatz 1. Für einen Bergschaden haftet nach **Absatz 1 der Unternehmer,** der den **Bergbaubetrieb** z. Zt. der Verursachung des Bergschadens **betrieben hat** oder auf eigene Rechnung **hat betreiben lassen.**

1. Unternehmer

3 Unternehmer ist jede natürliche oder juristische Person, die den Bergbaubetrieb auf eigene Rechnung führt (vgl. auch § 4 Absatz 5). Entscheidend ist, wer den wirtschaftlichen Nutzen aus dem Bergbaubetrieb zieht und wem die Verfügungsgewalt über den Betrieb zusteht. Unternehmer im haftungsrechtlichen Sinne ist daher nur derjenige, auf den **beide Merkmale** zutreffen. Ähnliches gilt auch für den Betriebsunternehmer nach § 1 HPflG (RGZ 75, 7 zu § 1 RHPflG) sowie für den Kraftfahrzeughalter (BGHZ 13, 351). **Bergbaubetrieb** im Sinne des § 115 ist nicht die eigentliche Tätigkeit der Aufsuchung, Gewinnung oder Aufbereitung, also eine Handlung oder Summe verschiedener Handlungen (wie nach § 114 Absatz 1), sondern die *„Gesamtheit sächlicher und personeller Mittel unabhängig von der Person des jeweiligen Unternehmers"* (BT-Drs 8/1315, 142 = Zydek, 434); nach allgemeinem Sprachgebrauch also die Schachtanlage, der Gewinnungsbetrieb (§ 4 Absatz 8), die Kokerei oder die Brikettfabrik. Dass der Begriff Bergbaubetrieb nach § 115 anlagenbezogen zu verstehen ist, ergibt sich auch aus Absatz 4 (*„ein und derselbe Bergbaubetrieb"*). Da schon der „haftungsrechtliche" Unternehmerbegriff den Betrieb für eigene Rechnung bei Vorliegen der notwendigen Verfügungsbefugnis einschließt, dient der Nachsatz *„für eigene Rechnung hat betreiben lassen"* lediglich der Klarstellung. Ausgegliedert aus der Unternehmerhaftung sind damit sog. Betriebsführungsgesellschaften, also in der Regel juristische Personen, die im Namen und für Rechnung oder auch in eigenem Namen, aber für Rechnung einer anderen juristischen Person, eine bergbauliche Tätigkeit ausüben. **Pächter** und **Nießbraucher** eines Bergbaubetriebs (verstanden als Anlage) sind für eigene Rechnung tätig und damit selbst Unternehmer. Die Feststellung der Unternehmereigenschaft kann erschwert werden bei Bestehen von Beherrschungs-, Gewinnabführungs- sowie bei Betriebspacht- oder Betriebsüberlassungsverträgen (§§ 291, 292 AktG). Entscheidendes Gewicht ist bei Bestehen derartiger Verträge darauf zu legen, wer und in welchem Umfange den wirtschaftlichen Nutzen aus der Bergbautätigkeit zieht und wie nach rechtlichen Grundsätzen die Verfügungsmacht über den Betrieb verteilt ist. Vor Einleitung einer Klage ist daher zweckmäßigerweise Einsicht in das Handelsregister zu nehmen (§ 294 AktG) oder der Unternehmer durch Einsichtnahme in das Grubenbild gemäß § 63 Absatz 4 zu ermitteln.

2. Maßgeblicher Zeitpunkt

Ersatzpflichtig ist der Unternehmer, der den Bergbaubetrieb **zur Zeit der Verursachung des Schadens betrieben hat.** Maßgeblich ist also **nicht** der Zeitpunkt des **Schadenseintritts,** sondern der Zeitpunkt der **schädigenden Betriebshandlung.** Unter Betriebshandlung ist die Ausübung der in § 114 Absatz 1 näher bezeichneten Tätigkeiten oder Einrichtungen, die dort ihrerseits wieder als Bergbaubetrieb bezeichnet werden, zu verstehen. Nach der Gesetzesbegründung ist deshalb auf die Betriebshandlung abgestellt worden, weil zwischen Verursachung und Eintritt von Bergschäden häufig ein längerer Zeitraum liegen kann. Es sei unbillig, auf den Zeitpunkt des Schadenseintritts abzustellen, weil während des erwähnten Zeitraums ein Wechsel in der Person des Unternehmers eingetreten sein könne (BT-Drs 8/1315, 141 = Zydek, 433). Andererseits stellt die gewählte Zeitform („betrieben hat") sicher, dass eine Haftungsgrundlage auch für den Fall vorhanden ist, dass der Schaden erst nach Einstellung des verursachenden Bergbaubetriebs entsteht. Wird der Bergbaubetrieb dagegen durch einen **anderen fortgeführt,** gilt **Absatz 4.** In diesem Falle haften sämtliche Unternehmer, die den Bergbaubetrieb geführt haben, wegen der in Absatz 4 enthaltenen Verweisung auf Absatz 2 als **Gesamtschuldner.** Damit ist ihnen der Einwand, ihr Betrieb sei für den eingetretenen Schaden nicht ursächlich geworden, zumindest gegenüber dem Geschädigten verwehrt.

Zur Frage der Abgrenzung der **Verursachung** eines Bergschadens **im Verhältnis zu früherem Bergbau:** OLG Düsseldorf, ZfB (1979) 120, 434: Durch früheren Bergbau geschaffene Hohlräume im Erdkörper haben für den später Bergbautreibenden rechtlich keine andere Bedeutung als durch Naturvorgänge bereits vor Abbau entstandene Hohlräume. Wird unter einem solchen Grundstück

Abbau betrieben, haftet der Unternehmer nur, wenn durch den Abbau die vorhandenen Hohlräume einstürzen und dadurch die Erdoberfläche beschädigt wird, die ohne den Abbau unbeschädigt geblieben wäre (Boldt/Weller, § 115 Rn 10).

III. Haftung mehrerer Unternehmer (Absatz 2)

5 Die Vorschrift regelt die **gesamtschuldnerische Haftung** bei Verursachung eines Schadens durch mehrere Bergbaubetriebe unterschiedlicher Unternehmer. Es muss sich jedoch um einen einheitlichen, durch das **Zusammenwirken** der Bergbaubetriebe verursachten Schaden handeln (RG, ZfB 1921, 438). Lässt sich der Schaden zu einem Teil auf den Bergbaubetrieb eines Unternehmers und zu einem anderen räumlich trennbaren Teil auf den Betrieb eines anderen Unternehmers zurückführen, besteht keine gesamtschuldnerische Haftung (RG, ZfB 1932, 516, 522).

6 Nach den Grundsätzen der gesamtschuldnerischen Haftung kann der Geschädigte von jedem Unternehmer nach § 421 BGB Ersatz für den gesamten Schaden fordern. Durch die Leistung des in Anspruch genommenen Unternehmers werden die übrigen Gesamtschuldner befreit (§ 422 BGB). Der leistende Unternehmer kann im Verhältnis zu den mithaftenden Unternehmern einen Ausgleichsanspruch geltend machen (§ 426 BGB), dessen Umfang sich nach dem Grad der Mitverursachung richtet. Im Zweifel, d. h. sofern sich die Verursachungsanteile der beteiligten Unternehmer nicht feststellen lassen, besteht eine Haftung zu gleichen Teilen (Absatz 2 Satz 2).

7 Die Ausgleichspflicht der Gesamtschuldner zueinander im Innenverhältnis entsteht als selbstständige Verpflichtung von vornherein mit der Entstehung der Gesamtschuld, nicht erst als Folge der Befriedigung des Geschädigten (RGZ 160, 151; BGHZ 35, 325). Der Ausgleichsanspruch kann von jedem Gesamtschuldner gegen den anderen als Befreiungsanspruch auch schon vor der Befriedigung des Geschädigten gemacht werden.

8 Die Voraussetzung, dass es sich um einen einheitlichen, durch das Zusammenwirken der Bergbaubetriebe verursachten Schaden handelt, hat grundsätzlich der Geschädigte zu beweisen. Er ist lediglich der Pflicht enthoben, für die Verursachungsanteile der beteiligten Unternehmer Beweis anzutreten. Die Darlegungs- und Beweispflicht wird ihm allerdings durch die Bergschadenvermutung nach § 120 erleichtert, sofern feststeht, dass die Substanzschädigung im Einwirkungsbereich von zwei Bergbaubetrieben entstanden ist. Sind durch einen Betrieb eingeleitete Bodenbewegungen zunächst zur Ruhe gekommen, leben diese aber infolge der Betriebsmaßnahmen eines anderen (späteren) Bergwerks erneut auf, haften die beteiligten Bergwerke als Gesamtschuldner (so schon RG, ZfB 1889, 355). Benachbarte Bergwerksbetriebe, deren Abbaueinwirkungen sich überlagern, legen oftmals in der Praxis durch Vereinbarung die Ermittlung der beiderseitigen Verursachungsanteile nach Maßgabe markscheiderischer Verfahren fest.

IV. Bergschadenverzicht bei bestehender Gesamtschuld (Absatz 3)

9 Absatz 3 regelt die **Auswirkungen** eines **Bergschadenverzichts** auf das Gesamtschuldverhältnis. Es ist nicht selten, dass ein Grundeigentümer oder -besitzer gegenüber dem Bergbautreibenden auf künftige Ersatzansprüche aus dem Betrieb ganz oder teilweise verzichtet. Das Problem, wie sich die mit einem

Gesamtschuldner vorher vereinbarte Haftungsfreistellung auf das Gesamtschuldverhältnis auswirkt, ist für den Bereich des § 426 BGB sehr umstritten (Übersicht bei Palandt-Grüneberg, § 426 Rn 18 f.). Nach der Rechtsprechung hat die Haftungsfreistellung Auswirkungen lediglich auf das Verhältnis der an der Abrede Beteiligten. Der verzichtbegünstigte Mitschädiger ist also weiterhin dem Gesamtschuldnerrückgriff ausgesetzt (BGHZ 58, 216 m. w. N.). Im Ergebnis kann der verzichtbegünstigte Mitschädiger daher, sofern er mit einem anderen gemeinsam für den Schaden verantwortlich ist, schlechter stehen als bei alleiniger Verantwortung. Dieses Ergebnis vermeidet Absatz 3, indem der Ersatzanspruch des Gläubigers um den Verantwortungsteil des verzichtbegünstigten Mitschädigers vermindert wird; und zwar unabhängig davon, gegen welchen Gesamtschuldner der Geschädigte vorgeht (ebenso schon OLG Hamm, ZfB 1964, 383). Eine übereinstimmende Regelung enthält § 116 Absatz 1 Satz 3 für das Gesamtschuldverhältnis zwischen Unternehmer und Bergbauberechtigtem. Absatz 3 ist entsprechend anwendbar bei **Anpassungs- und Sicherungsmaßnahmen** (§ 110 Absatz 4 Satz 2, § 111 Absatz 3).

V. Rechtslage bei Besitz- oder Eigentumswechsel (Absatz 4)

Absatz 4 regelt den Fall, dass im Hinblick auf eine Betriebsanlage (*„ein und derselbe Bergbaubetrieb"*) während eines gewissen Zeitraums ein **Besitz- oder Eigentumswechsel** stattgefunden hat, sodass also auch der nach Absatz 1 haftende Unternehmer gewechselt hat (z. B. natürliche Person – Verpachtung – anschließende Veräußerung an eine juristische Person). Der (außenstehende) Geschädigte wäre überfordert, wenn er zur Geltendmachung seines Schadens nachzuweisen hätte, welcher Unternehmer bei einer solchen „Kettenveräußerung" den Bergschaden verursacht, also die schädigende Betriebshandlung vorgenommen hat. Die Vorschrift übernimmt die Funktion, dem Geschädigten auch in solchen Fällen einen Schuldner zur Verfügung zu stellen. Er kann im Ergebnis denjenigen Unternehmer in Anspruch nehmen, der im Zeitpunkt der Entstehung des Bergschadens den fraglichen Betrieb führte. Nach dem Gesetz **haftet also im Verhältnis zum Geschädigten** der **jeweilige Unternehmer** auch für die schädlichen Folgen solcher **Betriebshandlungen, die seine Rechtsvorgänger verursacht haben.** Gerade im Bergrecht ist eine solche Vorschrift erforderlich, weil zwischen der Verursachung und dem Eintritt des Schadens ein langer Zeitraum vergehen kann. Die Grundsätze über das Gesamtschuldverhältnis bei Vorliegen eines einheitlichen, durch das Zusammenwirken der Bergbaubetriebe verursachten Schadens (Rn 5) gelten entsprechend. Durch die Anwendung des Absatz 3 ist sichergestellt, dass ein zugunsten eines der mithaftenden Gesamtschuldner begründeter **Bergschadenverzicht** in Höhe des vereinbarten Haftungsausschlusses auch die anderen Unternehmer von der Haftung befreit. Besteht der Bergschadenverzicht zugunsten des Inhabers der Bergbauberechtigung, werden entsprechend seinem Umfang und Inhalt auch die gesamtschuldnerisch haftenden Unternehmer befreit (§ 116 Absatz 1 Satz 3). Zum Bergschadenverzicht vgl. auch § 114 Rn 56 f.

VI. Haftung in den neuen Bundesländern

Haftender nach dem **Bergrecht der ehemaligen DDR,** sofern es **in den neuen Bundesländern** fortgilt: (s. Anhang zu § 114. Soweit nach §§ 18 ff. Berggesetz DDR Bergschäden zu ersetzen waren, ist nach § 20 Absatz 1 Berggesetz DDR der den Bergschaden **verursachende Betrieb** verpflichtet. Ursache ist dabei die bergbauliche Betriebshandlung (BGH, DVBl 2001, 1431 = NJW 2001, 3047 = NVwZ 2001, 1197). Das in Anspruch genommene Unternehmen muss den

10

11

Schaden durch **eigene Tätigkeit** herbeigeführt, d. h. selbst zumindestens mitverursacht haben. Eine gesetzliche Haftungsübernahme auf den Rechtsnachfolger sieht das Bergrecht der DDR lediglich für den Fall der Auflösung des verursachenden Betriebes vor (§ 20 Absatz 1 Satz 2 Berggesetz DDR). Allein der Erwerb des Bergwerkseigentums und der nachfolgende Betrieb des Bergwerks macht den Rechtsnachfolger nicht ersatzpflichtig. Ebenso nicht der Erwerb von Bodenschätzen des Vorbetriebs oder die Wiederaufnahme einer bergbaulichen Tätigkeit (BGH, aaO anders OLG Naumburg, ZfB 1999, 291, 294). Ist ein Betrieb **aufgelöst worden**, tritt der Rechtsnachfolger des Betriebes an seine Stelle (§ 20 Absatz 1 Satz 2 Berggesetz DDR).

12 Ist **kein Rechtsnachfolger vorhanden** (*„Bergbau ohne Rechtsnachfolge"*), musste der Rat des Kreises in Übereinstimmung mit dem zuständigen staatlichen Bergaufsichtsorgan die erforderlichen Regelungen treffen (§ 20 Absatz 1 Satz 3 Berggesetz DDR).
Bergbau ohne Rechtsnachfolge sind die vor 1945 existenten und zumeist enteigneten Bergbaubetriebe, für die die volkseigenen Betriebe die Bergschadenshaftung nicht zu übernehmen hatten. Das DDR-Recht ging davon aus, dass die volkseigenen Betriebe originär neu gegründet waren (Jägers, ZfB 1992, 202 ff. = DWW 1992, 276 f.). Bergbau ohne Rechtsnachfolge waren ferner aufgrund von Regierungsabkommen von 1953 und 1962 alle bis 1962 verursachten Bergschäden aus dem seit 1946 betriebenen Uranbergbau, für den der Bergbaubetrieb der früheren SDAG Wismut nicht verantwortlich war (Mücke, DtZ 1994, 11).
Die Entscheidung über Grund, Art und Höhe des Ersatzanspruches lag im Ermessen der in § 20 Absatz 1 Satz 3 Berggesetz DDR genannten Behörden, jetzt den jeweils nach Landesrecht zuständigen Behörden. In einer Richtlinie des Ministeriums für Finanzen vom 10.10.1972 wurde festgelegt, dass die Rechtsträger, Eigentümer und Nutzer der betroffenen Grundstücke selbst mit den ihnen zur Verfügung stehenden Mitteln die frühere Gebrauchsfähigkeit der bergbaugeschädigten Sachen wiederherzustellen hatten. Bei privaten Grundstückseigentümern wurde jedoch im Regelfall der entstandene Schaden durch sog. Bergsicherungsbetriebe beseitigt (Wiede, DtZ 1994, 11).

§ 116 Ersatzpflicht des Bergbauberechtigten

(1) Neben dem nach § 115 Abs. 1 ersatzpflichtigen Unternehmer ist auch der Inhaber der dem Bergbaubetrieb zugrundeliegenden Berechtigung zur Aufsuchung oder Gewinnung (Bergbauberechtigung) zum Ersatz des Bergschadens verpflichtet; dies gilt bei betriebsplanmäßig zugelassenem Bergbaubetrieb auch, wenn die Bergbauberechtigung bei Verursachung des Bergschadens bereits erloschen war oder wenn sie mit Rückwirkung aufgehoben worden ist. Der Unternehmer und der Inhaber der Bergbauberechtigung haften als Gesamtschuldner. Soweit die Haftung eines Gesamtschuldners gegenüber dem Geschädigten durch Rechtsgeschäft ausgeschlossen ist, ist auch der andere Gesamtschuldner von der Haftung befreit.

(2) Im Verhältnis der Gesamtschuldner zueinander haftet, soweit nichts anderes vereinbart ist, allein der Unternehmer.

Übersicht   Rn

I.   Anwendungsbereich der Vorschrift (Absatz 1 Satz 1)   1

II.   Zeitliche Dauer der Ersatzpflicht/Rechtsfolge bei Untergang der Bergbauberechtigung (Absatz 1 Satz 2)   3

III. Zeitpunkt der Schadensverursachung 4
IV. Wirkung eines Bergschadenverzichts (Absatz 1 Satz 3) 5
V. Haftung der Gesamtschuldner im Innenverhältnis (Absatz 2) 6

I. Anwendungsbereich der Vorschrift (Absatz 1 Satz 1)

Neben dem nach § 115 in erster Linie haftenden **Unternehmer** hat auch der **1** **Inhaber der Bergbauberechtigung** für Schäden aus dem Bergbaubetrieb einzustehen (Absatz 1 Satz 1). Diese zusätzliche Ersatzpflicht ist von Bedeutung, wenn die Bergbauberechtigung von deren Inhaber einem anderen vertraglich (in Form der Pacht oder des Nießbrauchs) zur Ausübung überlassen worden ist. Unternehmer und Berbauberechtigter haften in diesem Fall als **Gesamtschuldner** (Absatz 1 Satz 2).

§ 115 findet **keine Anwendung auf den Grundeigentümer** (a. A. Boldt/Weller, **2** § 116 Rn 5). Hätte der Gesetzgeber in die parallele Haftung auch den Eigentümer der grundeigenen Bodenschätze, der die Gewinnung einem Dritten (Unternehmer) überlässt, einbeziehen wollen, hätte es nahegelegen, anstelle der in § 116 Absatz 1 Satz 1 verwendeten (singulären) Legaldefinition „Bergbauberechtigung" die in § 4 Absatz 6 enthaltene legale Definition „Gewinnungsberechtigung" zu verwenden. Unter Bergbauberechtigung versteht das Gesetz, wie die Überschrift des Zweiten Teils (vor § 6 ff.) zeigt, grundsätzlich die für bergfreie Bodenschätze geltenden Berechtsamsformen. Schließlich spricht für die hier vertretene Ansicht auch der Umstand, dass die Begründung der gesamtschuldnerischen Haftung von Unternehmer und Inhaber der Bergbauberechtigung die Novellierung des Bergschadensrechts in einigen Bundesländern übernehmen sollte (BT-Drs 8/1315, 142 = Zydek, 436), das nur die Haftung bei der Gewinnung bergfreier Bodenschätze zum Gegenstand hatte.

II. Zeitliche Dauer der Ersatzpflicht/Rechtsfolge bei Untergang der Bergbauberechtigung (Absatz 1 Satz 2)

Die Haftung des Inhabers der Bergbauberechtigung beginnt mit der Aufnahme **3** des Gewinnungsbetriebs und ist **praktisch unbefristet**. Damit soll sichergestellt werden, dass auch dann noch ein Einstandspflichtiger vorhanden ist, wenn der Unternehmer, dessen Tätigkeiten und Einrichtungen den Schaden verursacht haben, nicht mehr vorhanden oder vermögenslos geworden ist. Die Haftung des Inhabers der Bergbauberechtigung dauert zeitlich ferner über den Bestand des Rechts selbst hinaus: auch wenn die **Berechtigung erloschen** oder wenn sie mit Rückwirkung **aufgehoben** worden ist, soll **weiterhin die Ersatzhaftung** eingreifen. Die Sonderregelung für den Fall der Beendigung der Bergbauberechtigung ist erforderlich, weil diese noch vor der Betriebseinstellung durch Widerruf (§ 18) oder durch Aufhebung (§§ 19, 20) beendet sein kann; ferner weil erst nach Betriebseinstellung und Beendigung der Bergbauberechtigung (möglicherweise sehr viel später) Schäden erkennbar werden können. Damit haftet der Inhaber der Gewinnungsberechtigung im Ergebnis für sämtliche Schäden, sofern ein haftender Unternehmer nicht mehr existiert oder ein etwa noch vorhandener Unternehmer vermögenslos geworden ist. Voraussetzung ist lediglich, dass die Betriebshandlungen, die den Schaden verursacht haben, betriebsplanmäßig zugelassen waren (Absatz 1 Halbs. 2). So wird sichergestellt, dass der Inhaber der Bergbauberechtigung nach deren Beendigung nicht für Schäden aus sog. **wildem Abbau** in Anspruch genommen werden kann.

III. Zeitpunkt der Schadensverursachung

4 In § 116 Absatz 1 Satz 1 fehlt allerdings, anders als in § 115 Absatz 1 Satz 1, der ausdrückliche Bezug auf den Zeitpunkt der Schadensverursachung als maßgebliches Kriterium für die Haftung. Daraus könnte geschlossen werden, dass der Inhaber der Berechtigung für alle Bergschäden zu haften hat, die während seiner Berechtigungszeit eintreten, unabhängig davon, wann sie verursacht wurden. So war die Rechtslage gemäß dem früheren § 148 ABG (RG, ZfB 1886, 380; RG, ZfB 1916, 114; OLG Düsseldorf, ZfB 1979, 422, 430 m. w. N.). Es sprach einiges dafür, dass sich daran durch § 116 Absatz 1 Satz 1 nichts ändern sollte (Piens/Schulte/Graf Vitzthum, 1. Auflage § 116 Rn 3). Indessen hat die Rspr. nunmehr aus dem Zusammenhang mit § 115 Absatz 1 den Schluss gezogen, dass die **Schadensverursachung** auch in § 116 Absatz 1 der **entscheidende Maßstab** für die Haftung des Inhabers der Bergbauberechtigung ist. Der Bergbauberechtigte **haftet daher** (nur) **für die Schäden, die zur Zeit seiner Berechtigung verursacht wurden** (BGH, ZfB 2011, 152 m. Anmerkung Jelitte, S. 155; OLG Düsseldorf, ZfB 2009, 296; Dapprich/Römermann, BBergG, § 116 Rn 3).

IV. Wirkung eines Bergschadenverzichts (Absatz 1 Satz 3)

5 Durch Absatz 1 Satz 3 wird sichergestellt, dass ein Haftungsausschluss oder eine Haftungsbeschränkung zugunsten eines der am Gesamtschuldverhältnis Beteiligten in dem jeweils vereinbarten Umfang voll zugunsten des anderen eingreift. Diese – von § 115 Absatz 3 abweichende – Regelung bezieht ihre Rechtfertigung aus dem Umstand, dass § 116 den Kreis der Haftpflichtigen erweitern, nicht jedoch die Anspruchsposition des Geschädigten verbessern soll. Das von dieser Vorschrift angeordnete Gesamtschuldverhältnis zwischen Unternehmer und Bergbauberechtigtem gilt nämlich nicht der Sicherung einer Haftung für gemeinschaftliche Verursachung, wie sie § 115 Absatz 3 zugrunde liegt. Haftungsverzichte haben in der Praxis einen unterschiedlichen Inhalt (§ 114 Rn 63). In vielen Fällen schließen sie die Haftung nicht vollständig aus, sondern beschränken die Einstandspflicht nur teilweise oder zeitlich gestaffelt. Der Berücksichtigung dieser Sonderformen wird durch die Formulierung *„soweit [...]“* Rechnung getragen. Die vollständige Mitbegünstigung des jeweils anderen Gesamtschuldners durch den jeweils eingegangenen Haftungsverzicht ist auch deshalb bedeutsam, weil eine große Zahl von Bergschadenverzichten zugunsten des jeweiligen Inhabers der Bergbauberechtigung begründet und grundbuchlich als Grunddienstbarkeit gesichert worden ist. Für diesen Fall muss gewährleistet sein, dass der Unternehmer, der aufgrund eines obligatorischen oder dinglichen Rechts Bodenschätze aufsucht oder gewinnt, in den Genuss der mit dem Inhaber der Gewinnungsberechtigung vereinbarten Bergschadenverzichte gelangt.

V. Haftung der Gesamtschuldner im Innenverhältnis (Absatz 2)

6 Entsprechend den Grundsätzen der Gesamtschuld (§§ 421 ff. BGB) kann der Geschädigte von Unternehmer und Bergbauberechtigtem als Gesamtschuldnern Ersatz des gesamten Schadens fordern. Der gesamtschuldnerisch haftende Inhaber der Bergbauberechtigung kann daher, sofern er von dem Geschädigten auf Schadensersatz in Anspruch genommen wird, den Anspruch, wenn er begründet ist, nicht abwehren. Für den Ausgleichsanspruch im Innenverhältnis der Gesamtschuldner zueinander trifft Absatz 2 eine von § 426 BGB abweichende Regelung. Hiernach trifft den Unternehmer die alleinige Haftung, d. h. er hat einen **Anspruch auf vollständigen Ausgleich**. Etwas anderes gilt nur, wenn eine abweichende Regelung zwischen Unternehmer und Inhaber der Bergbauberechtigung ausdrücklich vereinbart ist.

§117 Umfang der Ersatzpflicht, Verjährung, Rechte Dritter

(1) Der Umfang der Ersatzpflicht richtet sich nach den Vorschriften des Bürgerlichen Gesetzbuchs über die Verpflichtung zum Ersatz des Schadens im Falle einer unerlaubten Handlung, jedoch mit folgenden Einschränkungen:
1. Im Falle der Tötung oder Verletzung eines Menschen haftet der Ersatzpflichtige für jede Person bis zu einem Kapitalbetrag von 600.000 Euro oder bis zu einem Rentenbetrag von jährlich 36.000 Euro.
2. Im Falle einer Sachbeschädigung haftet der Ersatzpflichtige nur bis zur Höhe des gemeinen Wertes der beschädigten Sache; dies gilt nicht für die Beschädigung von Grundstücken, deren Bestandteilen und Zubehör.

(2) Auf die Verjährung des Anspruchs auf Ersatz des Bergschadens finden die Vorschriften des Abschnitts 5 des Buches 1 des Bürgerlichen Gesetzbuchs entsprechende Anwendung.

(3) Für die Entschädigung gelten die Artikel 52 und 53 des Einführungsgesetzes zum Bürgerlichen Gesetzbuch entsprechend.

Übersicht

Rn

I. Umfang der Ersatzpflicht (Absatz 1) ... 1
1. Grundsatz ... 1
2. Anzuwendende Vorschriften ... 2
3. Verzinsung der Ersatzforderung ... 4
4. Schadensabwicklung – Einführung ... 6
  a) Schaden ... 7
  b) Umfang des Schadensersatzes ... 8
  c) Vorteilsausgleichung ... 9

II. Art und Umfang des Schadensersatzes (§§ 249 bis 252 BGB) ... 10
1. Wiederherstellung in Natur (§ 249 Absatz 1 BGB) ... 10
2. Wiederherstellung durch Geldersatz (§ 249 Absatz 2 BGB) ... 11
3. Schadensersatz in Geld ohne Fristsetzung (§ 251 BGB) ... 12
  a) Grundsätze ... 12
  b) Unverhältnismäßigkeit der Wiederherstellungskosten ... 13
4. Einzelne Schadenspositionen/Folgekosten ... 15
5. Merkantiler Minderwert ... 18
6. Umsatzsteuer ... 20
7. Schmerzensgeld ... 21
8. Literaturhinweise ... 22
9. Abtretung von Bergschadensersatzansprüchen ... 23
10. Sonstige Schadensersatzvorschriften (§§ 250, 252, 253 BGB) ... 26
  a) Schadensersatz in Geld nach Fristsetzung (§ 250 BGB) ... 26
  b) Entgangener Gewinn (§ 252 BGB) ... 27
  c) Immaterieller Schaden (§ 253 BGB) ... 28

III. Haftungsbeschränkungen (Absatz 1 Nr. 1 und 2) ... 29
1. Personenschäden (Nr. 1) ... 29
2. Sachschäden (Nr. 2) ... 30
  a) Beschränkung auf den gemeinen Wert ... 30
  b) Unbeschränkte Haftung ... 31

IV. Exkurs: Art und Umfang der Bergschadensersatzleistungen nach dem Berggesetz DDR ... 32
1. Grundlagen ... 32
2. Unterschiede zu § 117 Absatz 1 ... 33

V. Verjährung von Bergschadensersatzansprüchen (Absatz 2) ... 34
1. Entstehungsgeschichte und Geltungsbereich ... 34
2. Grundzüge der Neuregelung ... 35
3. Entstehung des Anspruchs ... 36

4.   Hemmung, Ablaufhemmung, Neubeginn 38
5.   Abgrenzungsfragen zur Verjährung 41
a)   Bereich alte Bundesländer 41
b)   Neue Bundesländer 42
VI.   Rechtsstellung der Grundpfandgläubiger (Absatz 3) 43

I.   Umfang der Ersatzpflicht (Absatz 1)

1.   Grundsatz

1   Die Pflicht zum Ersatz von Schäden, die durch den Bergbaubetrieb verursacht worden sind und für die der Unternehmer nach § 114 Absatz 1 als haftungsbegründende Norm haftet, richtet sich nach den Vorschriften über die Verpflichtung zum **Ersatz von Schäden im Fall einer unerlaubten Handlung gemäß** §§ 823 ff., im Übrigen nach den Art und Inhalt des Schadensersatzes regelnden Vorschriften der §§ 249 ff. BGB. Absatz 1 regelt, was zu ersetzen ist, wenn eine – sich aus § 114 Absatz 1 ergebende – Verpflichtung zur Leistung von Schadensersatz besteht (LG Kleve, ZfB 2007, 81, 83). Beispiel: Solange kein Schadensfall nach § 114 eingetreten ist, besteht kein Anspruch auf Kostenerstattung für Gutachten zur Feststellung des Ist-Zustandes des Gebäudes und für anteilige Rechtsanwaltskosten.

2.   Anzuwendende Vorschriften

2   Anzuwenden bei **Personenschäden** sind die nachstehenden Vorschriften aus dem Regelungsbereich der unerlaubten Handlungen: **§ 843 BGB** (Geldrente oder Kapitalabfindung bei Körper- oder Gesundheitsverletzung); **§ 844 BGB** (Ersatzansprüche Dritter bei Tötung); **§ 845 BGB** (Ersatzansprüche wegen entgangener Dienste) sowie **§ 846 BGB** (Mitverschulden des Verletzten bei der Entstehung des Schadens eines Dritten). Einen Anspruch auf Schmerzensgeld bei einer Verletzung von Körper und Gesundheit gewährt nunmehr § 253 Absatz 1 BGB.

3   **Nicht anwendbare Vorschriften**: Schon vom Ausgangspunkt her **nicht anwendbar** sind bei **Sach- und Personenschäden** die nachstehenden Sondervorschriften: § 848 BGB (Haftung für zufälligen Untergang; § 850 BGB: Ersatz von Verwendungen), ferner nicht § 853 BGB (Arglisteinrede bei Forderungserhalt infolge unerlaubter Handlung). § 851 BGB (Ersatzleistung an Nichtberechtigten) kann im Bergschadensrecht eine Bedeutung erlangen, wenn ohne Bösgläubigkeit an den nichtberechtigten Besitzer einer beweglichen Sache geleistet wird (z. B. einen Anwartschaftsberechtigten, vgl. § 114 Rn 53; auch Leasingnehmer: KG, VersR 1976, 1160). Für die **Verjährung** gelten nunmehr aufgrund einer Novellierung von Absatz 2 die allgemeinen Verjährungsvorschriften des BGB (Rn 34). § 852 BGB (Verjährung bei Bereicherung durch unerlaubte Handlung) hat keine Bedeutung. – **Nicht anwendbar** ist die **Verzinsungsregelung** des § 849 **BGB**. Die Vorschrift ordnet die Verzinsung einer **Wertersatzschuld** bei Entziehung oder Beschädigung einer Sache an. Sie hat – wie die ihr entsprechende Vorschrift des § 290 BGB – pönalen Charakter und ist auf unerlaubte Handlungen nach §§ 823 ff. BGB beschränkt. Dafür spricht, dass sich auch in haftungsrechtlichen Sondergesetzen (HPflG, StVG, LuftVG) keine Parallelvorschrift findet.

3. Verzinsung der Ersatzforderung

Verzinsung einer auf § 114 Absatz 1 beruhenden Ersatzforderung kommt bei **4**
Verzug (§ 288 BGB) in Betracht. Verzug setzt Fälligkeit der Schuld, eine Mahnung des Gläubigers sowie Verschulden des Schuldners voraus (§ 286 BGB). Der
Anspruch aus § 114 Absatz 1 wird fällig, sobald ein Schaden im Rechtssinne
entstanden ist (§ 271 BGB).

Die Ausübung dieser Position ist jedoch unzulässig, wenn sie im Widerspruch zu **5**
den Anforderungen von Treu und Glauben (§ 242 BGB) steht. Das ist der Fall,
wenn wegen weiterer Bodenverformungen die Wiederherstellung nicht dauerhaft sein oder unverhältnismäßige Aufwendungen erfordern würde (RG, ZfB
78, (1937), 407). Soweit zumutbar, muss sich der Geschädigte vor einer endgültigen Herstellung mit behelfsmäßigen Maßnahmen zufrieden geben (RG, ZfB
78 (1937), 474; RG, ZfB 79 (1938), 427; OLG Hamm, ZfB 100 (1959), 198).
Im Einzelnen ist zu prüfen, ob der Berechtigte ein schutzwürdiges Eigeninteresse
zur alsbaldigen Geltendmachung des Schadens trotz fortschreitenden Bergbaus
besitzt. Andererseits braucht sich der Geschädigte nicht auf ungewisse Zukunft
vertrösten zu lassen (RGZ 76, 146; im Einzelnen ferner Heinemann, Ziffer 73).
Die für den Verzugseintritt unerlässliche **Mahnung** ist die an den Ersatzpflichtigen gerichtete Aufforderung des Geschädigten, die geschuldete Leistung unverzüglich zu bewirken. Sie muss hinreichend bestimmt und eindeutig sein und
erkennen lassen, dass das Ausbleiben der Leistung Folgen haben werde. Eine
Fristsetzung ist nicht erforderlich. Liegt Verzug vor, weil nicht alsbald nach
Mahnung gezahlt wird, ist die Forderung mit 5 v. H. über dem Basiszinssatz zu
verzinsen (§ 288 BGB). Die Geltendmachung weiterer Verzugsschäden (Ent-
gehen höherer Zinsen, Verlust von Anlagezinsen, Aufwendung von Kreditzinsen
usw.) ist ebenfalls möglich (§§ 280 Absatz 1 und 2, 286 BGB).

4. Schadensabwicklung – Einführung

Zu dem Schadensbegriff sowie der Schadensabwicklung im Einzelnen können **6**
nur allgemeine Grundsätze geschildert werden. Die nachstehenden Ausführungen sind daher – ohne Anspruch auf Vollständigkeit – nur als Hinweise und
Einführung zu verstehen.

a) Schaden. Schaden ist jeder Nachteil, den jemand durch ein bestimmtes **7**
Ereignis an seinem Vermögen oder rechtlich geschützten Gütern erleidet. Er
besteht in der Differenz zweier Güterlagen: Zu vergleichen ist die Vermögens-
situation des Ersatzberechtigten nach dem schädigenden Ereignis mit der Situation, wie sie ohne das Ereignis bestehen würde (sog. Differenzhypothese).
Voraussetzung für die Annahme eines Vermögensschadens ist nicht unbedingt
die Verletzung eines Vermögensguts. Er kann sich vielmehr auch – in Gestalt
eines **mittelbaren** (Folge-) **Schadens** – (vgl. § 114 Rn 50) aus der Verletzung
ideeller Güter ergeben. Voraussetzung ist jedoch, dass eine **in Geld messbare
Einbuße** eingetreten ist. Maßgebend ist eine an der Verkehrsauffassung orientierte wertende Beurteilung. So gehören zum Vermögen im weitesten Sinne
grundsätzlich alle Lebensgüter, die im wirtschaftlichen Verkehr gegen ein Entgelt
erworben werden können (**Kommerzialisierungsgedanke**). Zu dieser Fallgruppe
rechnen z. B. **entgangene Gebrauchsvorteile** bei einem **Kfz**, wenn kein Ersatz-
fahrzeug gemietet wird (BGHZ 40, 345; 45, 212). Jedoch wird die **Übertragung**
dieses Gedankens auf andere Sachen von der Rspr. in zunehmendem Maße
abgelehnt: Vgl. BGHZ 66, 280; 71, 236: Verspätete Herstellung eines Hauses;
BGHZ 75, 370: Beschädigung eines Gebäudes; BGHZ 76, 184: Nichtbenutz-
barkeit eines privaten Schwimmbades. Ein Schaden wird in diesen Fällen – im
Gegensatz zu den typischen Massenrisiken im Bereich privat genutzter Pkw –
mit der Begründung abgelehnt, eine Verallgemeinerung sei nicht zulässig. Ange-

sichts der Häufigkeit von Gebäudeschäden und damit in der Regel verbundener Verminderung der Benutzbarkeit hat diese Einschränkung im Bergschadensrecht Bedeutung. Ein Vermögensschaden kann auch darin bestehen, dass vom Geschädigten gemachte Aufwendungen aufgrund des schädigenden Ereignisses fehlschlagen (Frustrierungsgedanke); allerdings muss es sich um Aufwendungen für einen **bestimmten, einmaligen Zweck** handeln. Anerkannt ist, dass die Beeinträchtigung oder Vereitelung des **Urlaubs** als Vermögensschaden anzuerkennen ist. Außerhalb der Reiseveranstalterfälle haben nutzlose Aufwendungen praktische Bedeutung nur im Zusammenhang mit Personenschäden (vgl. z. B. KG, NJW 1970, 474 (Hundebiss); OLG Hamm, VersR 1978, 1147 (Fußverletzung). Wer seinen Urlaub für die Regulierung von Bergschadensersatzansprüchen „opfert", erhält hierfür keine Entschädigung. Ein **Freizeitverlust** (auch bei Verwendung der Freizeit zur Abwicklung eines Schadensfalles) gilt nicht als Vermögensschaden (BGHZ 66, 112). Das Gleiche gilt für **Aufwendungen zur Schadensabwicklung** (allgemeines Lebensrisiko, Ausgrenzung über den Schutzzweck der Norm; BGHZ 66, 112 m. Anmerkung J. Schmidt, NJW 1977, 1932). Die Einzelheiten sind in Rechtsprechung und Lehre sehr umstritten (vgl. Palandt-Grüneberg, Vorbem. § 249 Rn 10 ff.).

8   b) **Umfang des Schadensersatzes.** Es gilt der **Grundsatz,** dass regelmäßig der **gesamte Schaden** zu ersetzen ist, den der Geschädigte durch das zur Ersatzpflicht führende Ereignis erlitten hat (sog. **Totalreparation**). Allerdings enthält **Absatz 1** Haftungsbeschränkungen bei **Personenschäden** und **Schäden an beweglichen Sachen** (unten Rn 12, 13). **Folgeschäden,** die im Sinne des natürlichen Bedingungszusammenhangs ursächlich auf das schädigende Ereignis zurückzuführen sind, müssen ersetzt werden, sofern sie adäquat-kausal verursacht sind oder vom Schutzzweck der Norm erfasst werden (vgl. § 114 28 ff.). Allerdings soll der Geschädigte im Ergebnis nicht günstiger stehen, als dies ohne das schädigende Ereignis der Fall wäre. Die Höhe des Schadensersatzes richtet sich nicht nach dem **Buchwert.** Der Geschädigte hat Anspruch auf Ersatz des Verkehrswertes. Abschreibungsmöglichkeiten sind ebenso ohne Bedeutung wie eine etwaige Steuerbelastung durch **Buchgewinn** (Kullmann, VersR 1993, 385, 387 mit Hinweis auf BGHZ 65, 293, 298 f.).

9   c) **Vorteilsausgleichung.** Entsprechend dem **Ausgleichsgedanken** des Schadensersatzes sind daher **Vorteile anzurechnen,** die adäquat durch das schädigende Ereignis verursacht worden sind, sofern die Anrechnung dem Geschädigten zumutbar ist, dem Zweck des Schadensersatzes entspricht und den Schädiger nicht unbillig entlastet (vgl. BGH, WM 1976, 1332 m. w. N.; BGH, NJW 1979, 760). Zur **Vorteilsausgleichung** im Bergschadensrecht ausführlich: Papenfuß, ZfB 120 (1979), 143. Der Grundeigentümer muss sich vermögenswerte Vorteile, insbesondere **Ersparnis an Unterhaltsaufwand** (RG, ZfB 1937, 474; allgemein BGH, NJW 1979, 915), **Ersatz Neu für Alt** (OLG Düsseldorf, ZfB 1933, 218); allgemein BGH 1981, 983, 984 a. E.), **höhere Mieteinnahmen, Ertragssteigerungen** und **ersparte Steuern** anrechnen lassen (vgl. Papenfuß, ZfB 120 (1979), 131 ff.). Aus der umfangreichen Kasuistik zur Vorteilsausgleichung und den zahlreichen Einzelentscheidungen sind folgende **Fallgruppen** gebildet worden (vgl. Koppenfels-Spies, VersR 2005, 1511 m. w. N.): Vorteile, die **ohne Zutun** des Geschädigten oder eines Dritten *„automatisch oder von selbst"* eingetreten sind, sollen angerechnet werden. **Leistungen** des Geschädigten, durch die er den **Schaden selbst abwendet** oder mindert, sind anzurechnen, wenn der Geschädigte hierzu aufgrund seiner Schadensminderungspflicht verpflichtet war, nicht jedoch bei überpflichtmäßiger Anstrengung des Geschädigten (BGH, VersR 1971, 544). Infolge des haftungsbegründenden Ereignisses **ersparte Aufwendungen des Geschädigten** sollen angerechnet werden, es sei denn, die Ersparnis beruht auf überplanmäßigem Verzicht des Geschädigten (BGH, NJW 1997, 2511). **Nicht anzurechnen** sind freigiebige Leistungen oder gesetzliche Leistungen Dritter, sofern letztere die Versorgung oder Entlastung des Geschädigten bezwecken, ebenso nicht Maßnahmen privater Schadensvorsorge. Bei der **Schadensberechnung** zu berücksichtigen sind die Fälle der sog. **hypothetischen** (überholenden) **Kausalität**, insbesondere bei den sog. **Anlagefällen** (§ 114 Rn 56).

II.   Art und Umfang des Schadensersatzes (§§ 249 bis 252 BGB)

1.   Wiederherstellung in Natur (§ 249 Absatz 1 BGB)

Der Schädiger schuldet nach § 249 Absatz 1 BGB grundsätzlich Herstellung des   **10** Zustandes, der bestehen würde, wenn der zum Ersatz verpflichtende Umstand nicht eingetreten wäre (**Naturalrestitution**). Nach st. Rspr. ist derjenige Zustand herzustellen, der – wirtschaftlich gesehen – der Lage des Geschädigten entspricht, die ohne das schädigende Ereignis vorläge (BGHZ 30, 31; 40, 347; NJW 1985, 793). Die Ersatzpflicht erschöpft sich nicht in der Wiederherstellung der geschädigten Sache; jedoch ist die Wiederherstellung der inhaltliche Kern des § 249 Absatz 1 BGB. Die beschädigte Sache muss durch Ausbesserung in ihrer wirtschaftlichen Brauchbarkeit wieder so gestellt werden, wie sie vor dem schädigenden Ereignis bestanden hat (RG, ZfB 1911, 22). Es geht um die Wiederherstellung eines wirtschaftlich gleichwertigen, nicht unbedingt des gleichen physischen Zustandes. Sind weitere Einwirkungen aus dem Abbau zu erwarten, sind dem Geschädigten unter Umständen zunächst provisorische Maßnahmen zuzumuten (RG, ZfB 1937, 474; vgl. ferner oben Rn 5).

2.   Wiederherstellung durch Geldersatz (§ 249 Absatz 2 BGB)

Bei Verletzung einer Person oder Beschädigung einer Sache hat der Geschädigte   **11** einen zweiten Weg der Naturalrestitution: Er kann einen **Anspruch auf Zahlung der Wiederherstellungskosten** geltend machen. Macht der Geschädigte von dieser **Ersetzungsbefugnis** Gebrauch, geht das Reparaturrisiko mit Zahlung des Geldbetrages auf ihn über. Macht der Geschädigte von der Ersetzungsbefugnis Gebrauch und bedient er sich zur Reparatur der Mithilfe eines Dritten, trägt er das Risiko sachgemäßer Durchführung der Reparatur (BGHZ 63, 182; VersR 1972, 389; VersR 1978, 374; Erman/Kuckuk, § 249 Rn 6). Für die Berechnung der Höhe der Reparaturkosten ist der Zeitpunkt maßgebend, zu dem der Bergbauunternehmer dem Ersatzberechtigten einen angemessenen Geldbetrag angeboten hat. Wenn der Ersatzberechtigte die Annahme verzögert, muss er eine etwaige Erhöhung der Reparaturkosten seit dieser Zeit allein vertreten (LG Essen, Urt. v. 23.8.1973 – 2 O 111/71). Führt die Reparatur nur zu einer teilweisen Beseitigung des Schadens, kann der Geschädigte gleichwohl auf ihrer Durchführung bestehen; jedoch ist ein etwa verbleibender technischer oder merkantiler Minderwert nach § 251 Absatz 1 BGB in Geld (vgl. unten Rn 18) auszugleichen. Den zur Wiederherstellung erhaltenen Geldbetrag braucht der Geschädigte grundsätzlich nicht zur Wiederherstellung zu verwenden (BGHZ 61, 58; 66, 241). Bei Beschädigung baulicher Anlagen durch Abbaueinwirkungen kann sich der Geschädigte jedoch dem Einwand des mitwirkenden Verschuldens (§ 118) aussetzen, wenn er die empfangenen Geldbeträge nicht zur Reparatur verwendet und dadurch die Schadensanfälligkeit der Anlage erhöht.

3.   Schadensersatz in Geld ohne Fristsetzung (§ 251 BGB)

a) Grundsätze. Von der Naturalrestitution nach § 249 Satz 1 und 2 BGB ist der   **12** Geldersatzanspruch (ohne Fristsetzung des Gläubigers nach § 250 BGB) gemäß § 251 BGB zu unterscheiden. Soweit die Restitution **nicht möglich** oder die

Wiederherstellung zur Entschädigung **ungenügend** ist (§ 251 Absatz 1) oder die Restitution zwar möglich, sich aber nur mit **unverhältnimäßigen Aufwendungen** (§ 251 Absatz 2 Satz 1 BGB) durchführen lässt, wandelt sich der vorrangige Naturalherstellungsanspruch in einen Entschädigungsanspruch in Geld. Dabei kann die Unmöglichkeit auf tatsächlichen oder rechtlichen Gründen beruhen. Bei teilweiser Unmöglichkeit gilt § 251 BGB nur für den unmöglichen Teil. Die Herstellung ist nicht möglich bei **Schieflagen oder Gefügelockerungen**, solange die Einwirkungen noch nicht abgeklungen sind. Nicht möglich ist die Herstellung, wenn der Eigentümer sein beschädigtes Hausgrundstück, bevor er den zur Herstellung erforderlichen Geldbetrag erhalten hat, veräußert (BGHZ 81, 385 = NJW 1982, 98; NJW 1985, 2413). Zur **Abtretung von Bergschadensersatzansprüchen** im Falle der **Veräußerung** vgl. unten Rn 23 ff. Ein Anspruch auf Naturalherstellung kann entfallen, wenn sie zu einer Verbesserung des alten Zustandes führt (OLG Düsseldorf, ZfB 1964, 483). Ist eine Vermögenssteigerung durch Reparatur unvermeidlich, kann nur Geldersatz verlangt werden. Die Geldzahlung muss den Ausgleich des Mehrwertes („neu für alt") berücksichtigen, z. B. moderne Bauweise anstatt schlechten Bauzustands, geringerer Reparaturbedarf, Energiekosteneinsparung, bessere Raumnutzung, steuerliche Vorteile (Westermann, AcP 156, 137 ff.). Werden notwendigerweise auch Schadensfolgen anderer Ursachen beseitigt, kann für den bergbaubedingten Schaden keine Wiederherstellung, sondern nur Geldersatz verlangt werden (OLG Hamm, Urt. v. 28.6.1968 – 6 U 138/67). § 251 BGB ist auch anzuwenden, wenn die Herstellung **für die Geschädigten unzumutbar** ist. Beispiel: Infolge eines Bergschadens sind Wiesen abgesunken und vernässt; ihre Trockenlegung erfolgt erst in fünf Jahren (vgl. RGZ 76, 146; 84, 322).

13   **b) Unverhältnismäßigkeit der Wiederherstellungskosten.** In diesem Fall kann der Bergbauunternehmer den Geschädigten gemäß § 251 Absatz 2 Satz 1 BGB in Geld entschädigen (**Ersetzungsbefugnis des Schuldners**). Die Grenze der Unverhältnismäßigkeit ist erreicht, wenn der Herstellungsaufwand dem Ersatzverpflichteten nicht zuzumuten ist, weil ein krasses Missverhältnis zwischen Herstellungsaufwand und Schaden besteht (BGH, VersR 1962, 137; Einzelheiten s. Palandt-Grüneberg, § 251 Rn 5 f.). Der Entschädigungsanspruch gemäß § 251 Absatz 2 Satz 1 BGB muss deutlich geringer sein als der Herstellungsanspruch nach § 249 Satz 2 BGB, weil andernfalls die Unverhältnismäßigkeit nicht erreicht würde (Erman/Kuckuk, § 251 Rn 24). Im Gegensatz zu den Herstellungskosten wird die Entschädigung gemäß § 251 Absatz 2 Satz 1 BGB in einer Gesamtwertung des Schadens ermittelt, bei Gebäuden an Hand der eingetretenen Wertminderung (Schürken/Finke, Bewertung von Bergschäden, S. 80). Aufwendungen zur Herstellung der Sache sind unverhältnismäßig, wenn sie erheblich über dem Wiederbeschaffungswert liegen würden. In der Praxis wird hierzu von Fall zu Fall entschieden.

14   **Hauptanwendungsfall** des Geldersatzanspruchs nach § 251 Absatz 2 Satz 1 BGB im Bereich des Bergschadensrechts ist die **bergbaubedingte Schieflage**. Kostenaufwändige Gebäudeanhebungen sind im Regelfall bei Gebäudeschieflagen, wie sie im **Einwirkungsbereich des Steinkohlenbergbaus** regelmäßig vorkommen, durch § 251 Absatz 2 Satz 1 BGB ausgeschlossen (Schürken/Finke, S. 83). Andererseits können Gebäudeschieflagen im Regelfall zu einem sog. **schieflagenbezogenen Minderwert** führen. Bei der Ermittlung des Minderwertes wird die bergbaubedingte Schieflage des Gebäudes zugrundegelegt. Der Minderwert wird in einem Prozentsatz des Gebäudewertes ausgedrückt, wobei Bodenwert und Wert der Außenanlagen bei der Berechnung des Schadens außer Betracht bleiben. Bei der Berechnung der Schieflage haben sich **allgemeine Erfahrungssätze**, die frühzeitig von der Rechtsprechung anerkannt worden sind, gebildet (vgl. OLG Hamm, Glückauf 1966, 1318; OLG Hamm, ZfB 1966, 330). Sie wurden 1958, 1987 und 2001 (ZfB 2002, 222 und 229) in jeweils aktualisierten **Abkommen zwischen dem Verband bergbaugeschädigter Haus- und Grundeigentümer** (VBHG) **und den Bergbauunternehmen** (bei Schürken/Finke, S. 427 ff.) festgelegt. Dabei war Ausgangspunkt, dass das bergbaubedingte Absinken eines Gebäudes allein keinen Schaden erzeugt, wenn die gesamte Grundfläche weiträumig und gleichmäßig abgesenkt wird (OLG Hamm, Urt. v. 28.6.1968 – 6 U 138/67). Erst bei ungleichmäßigen Absenkungen kann eine Schieflage entstehen, die jedoch bei Größen bis 2 mm/m nicht schadensrelevant ist (OLG Hamm, aaO). Die Schieflage wird gemäß VBHG-Abkommen nach dem sog. **3-Strahlen-Verfahren** berechnet und als **mittlere bergbaubedingte Schieflage** ausgewiesen (VBHG-Abkommen Teil I, Ziffer II 2). Wie schon nach den früheren, als praxisnahe Richtschnur anerkannten **Verfahren nach Vennhofen** (je 2 mm/m Schieflage = 1 % Minderwert des Gebäudewertes) oder **nach Leyendecker** (Zuschläge bei starken Schieflagen) wird die mittlere Schieflage in das Verhältnis zum Verkehrswert des Gebäudes gesetzt, der nach dem Sachwertverfahren (BGH, ZfB 1966, 460) ermittelt wird. Es ist umstritten, ob vom **Herstellungswert** (RG, ZfB 1936, 445; LG Essen, ZfB 1958, 464; OLG Düsseldorf, ZfB 1964, 224; Schürken, ZfB 1988, 67, 70, Heinemann, Der Bergschaden, Ziffer 65) auf der **Basis der durchschnittlichen Baukosten 1913** mit Zuschlag für den gestiegenen Baukostenindex (OLG Köln, ZfB 1951, 438) auszugehen ist oder vom **Herstellungswert** auf der **Basis der aktuellen Baukosten,** d. h. der im Zeitpunkt des Urteils aufzuwendenden (OLG Hamm, ZfB 1926, 445; vgl. Schumacher, ZfB 1984, 191). Von den Baukosten ist sodann ein Abschlag wegen technischer Abnutzung zu machen (sog. Ross'sche Tabelle). Durch die auf diese Weise gefundene Ermittlung des Minderwerts werden folgende **Schadenspositionen** erfasst: Eine etwaige Gefügelockerung, die trotz vollständiger Rissbeseitigung verbleibt; die Verringerung der Stand- und Nutzungsdauer, die Beeinträchtigung der Benutzbarkeit; Verringerung von Erträgen; erhöhte Unterhaltungskosten; Beeinträchtigung der Beleihbarkeit und erschwerte Verkäuflichkeit (vgl. Schürken, ZfB 1988, 67 f.; Drisch, Bewertungen von Bergschäden an Gebäuden, 1972, 37).

4. Einzelne Schadenspositionen/Folgekosten

Für Beeinträchtigungen während der **Schadensbeseitigung** bestehen keine Ersatzansprüche. In der Praxis wird aber bei besonderen Begleitumständen der Reparaturarbeiten gelegentlich ein Geldbetrag für *„Störung und Lärm"* gezahlt (Schürken/Finke, aaO, S. 91). Kein Ersatzanspruch bei **Nutzungsausfall des Schwimmbades** (BGHZ 76, 179 ff., 187), streitig bei **Nutzungsausfall** für Garage (Schürken/Finke, aaO, S. 93) und für **Wohnraum,** bei dem es auf die Abgrenzung zwischen „nur" lästigen Einschränkungen und Nutzungsausfall für zentrale Wohnräume ankommt. Zum vollständigen Nutzungsausfall eines eigengenutzten Wohnhauses vgl. BGH, NJW 1987, 50 ff., NJW 1992, 1500 f. Schäden, deren Beseitigung ca. 200 Euro kostet, führen nicht zu einer vermögensmäßig messbaren Nutzungsstörung (LG Essen, Urt. v. 12.7.1971 – 2 O 303/70). Kein Schadensersatz des Geschädigten für **Zeitaufwand, persönlichen Einsatz** und Ärger, den er aufwenden muss, um den Schaden festzustellen und abzuwickeln (BGHZ 75, 230; BGHZ 66, 112; BGHZ 106, 28, 32; Palandt-Grüneberg, § 249 Rn 68). Das gilt auch, wenn größere Unternehmen oder Behörden für die Bearbeitung und Abwicklung von Bergschäden eigenes Personal einsetzen. **15**

Dagegen sind **Schadensabwicklungskosten,** d. h. die Aufwendungen für Porto, Telefon, Fahrtkosten, soweit sie erforderlich waren, zu ersetzen (BGHZ 66, 112, 116; OLG Köln, VersR 1965, 905). Zu den grundsätzlich erstattungsfähigen Folgekosten gehören, soweit sie notwendig waren, die Kosten eines für die Rechtsverfolgung eingeholten **Sachverständigengutachtens** (BGH, NJW 1999, 3335; NJW-RR 1989, 953, 956), **Rechtsanwaltskosten** sind zu erstatten, wenn **16** die Inanspruchnahme eines Anwaltes zur zweckentsprechenden Rechtsverfolgung erforderlich war (OLG Karlsruhe, NJW-RR 1990, 929, OLG Köln, VersR 1975, 1106 m. w. N., Palandt–Grüneberg § 249 Rn 39). Das Bergschadensrecht gehört nicht zu den Gebieten, bei denen generell die Hinzuziehung eines Anwaltes als erforderlich anerkannt wird. Eine Erstattungspflicht besteht grundsätzlich nur, wenn die Einschaltung des Anwaltes wegen der Schwierigkeit bereits der bloßen Antragstellung, wegen der persönlichen Verhältnisse des Antragstellers (LG Saarbrücken, ZfB 1983, 178) oder wegen Verzögerung der Schadensregulierung (BGH, NJW 1995, 446), erforderlich wird. Wenn Bergschäden in der Vergangenheit problemlos abgewickelt wurden, oder es sich um typische Schäden handelt, die in Bergbaugebieten immer wieder auftreten, oder der Geschädigte sich bisher als Mitglied des Vereins bergbaugeschädigter Haus- und Grundstückseigentümer oder des Haus- und Grundbesitzervereins vertreten ließ, sind zusätzliche Rechtsanwaltskosten nicht erforderlich (LG Saarbrücken, aaO).

17   Bei einem **bergbaugeschädigten Flutgraben** sind außer dem Ersatz der Herstellungskosten auch die Mehrkosten der Unterhaltung des Grabens zu ersetzen (RG, ZfB 1892, 226). Bei **Wasserentzug** sind auch die Kosten zu ersetzen, die erforderlich sind, um das Wasser anderweitig herbeizuschaffen (OLG Hamm, ZfB 1881, 372, ZfB 1915, 274). Der Ersatz für entzogenes Wasser kann auch die Kosten der Unterhaltung der neuen Wasserleitung umfassen (OLG Hamm, ZfB 1896, 355). Die in der frühen vor Inkrafttreten des BGB von der Rechtsprechung entwickelten Grundsätze sind auch heute noch heranzuziehen, weil sie dem geltenden Schadensersatzrecht entsprechen (zu allem: Schumacher, ZfB 1984, 181, 201). Allerdings ist in diesen Fällen der Grundsatz der sog. **überholenden Kausalität** zu beachten. Spätere Ereignisse sind zwar nicht zu berücksichtigen bei Berechnungen des einmal entstandenen unmittelbaren Schadens, wohl aber bei Schäden aus fortwirkenden Erwerbsminderungen und beim Ausfall langdauernder Vorteile (BGHZ 29, 215; BGH, NJW 1953, 977). Ein Anspruch auf kostenlose Wasserlieferung entfällt daher, wenn der Wasserbedarf wegen Anschlusses an die allgemeine Wasserversorgung nicht mehr aus dem beschädigten Brunnen gedeckt wird, z. B. wegen Anschluss- und Benutzungszwangs oder Errichtung eines Geschäftshauses bzw. mehrstöckigen Wohnhauses (BGH, MDR 1979, 490).

5. Merkantiler Minderwert

18   Die Minderung des Verkaufswertes, die trotz völliger und ordnungsgemäßer Instandsetzung des bergbaugeschädigten Gebäudes bei einem Kaufinteressenten wegen Verdachts verborgen gebliebener Mängel und Schäden entstehen kann, wird als **merkantiler Minderwert** bezeichnet (OLG Düsseldorf, BauR 2000, 1487, LG Kleve, ZfB 2007, 78; allgemein hierzu BGH, NJW 2005, 277). Er entsteht, wenn bei einem bereits eingetretenen Schaden der objektive Verdacht weiterer Schäden besteht, weil entweder Schäden unentdeckt geblieben sind oder sich in der Zukunft Folgeschäden ergeben. Ein merkantiler Minderwert ist daher nur bei erheblichen Beschädigungen zu ersetzen, bei denen der Markt eine Sache selbst dann geringer bewertet, wenn sie fachmännisch repariert worden ist (Müggenborg, NUR 2011, 689, 693). Voraussetzung für den Ersatz des merkantilen Minderwertes ist, dass für die geschädigte Sache **ein Markt** vorhanden ist. Das trifft auch für Gebäude zu (BGH, VersR 1969, 473, NJW 1986, 428; Erman/Kuckuk, § 251 Rn 7; RG, ZfB 1932, 506), auch bei einer Kirche, da deren Verkauf nicht ausgeschlossen ist (Heinemann, Der Bergschaden, Ziffer 65) und für Krankenhäuser, Schulen und für öffentliche Gebäude. Ferner ist Voraussetzung für den merkantilen Minderwert, dass ein **technischer Minderwert** in Gestalt irreparabler Schäden vorliegt. Ohne technischen Minderwert kein merkantiler Minderwert (OLG Hamm, Urt. v. 28.6.1968 – 6 U 138/67). In

der Praxis wird der merkantile Minderwert im Rahmen der Gesamtminderwert-
zahlung mit abgegolten. Nach dem Gesamt-Minderwertabkommen zwischen
dem Verband bergbaugeschädigter Haus- und Grundeigentümer (VBHG) und
der Ruhrkohle AG (ZfB 2002, 222 ff.) wird ein merkantiler Minderwert bei
Reparaturkosten von mindestens 75.000 Euro oder in Höhe von 30 v. H. des
Gebäudewertes in den letzten fünf Jahren anerkannt. Dieser Ansatz kann als
Ausgangspunkt für eine vom Gericht vorzunehmende Schätzung für die Höhe
eines Minderwerts herangezogen werden, obwohl das Abkommen nicht die
Geschädigten bindet (Müggenborg, NUR 2011, 689, 693; weitergehend Keien-
burg, ZfB 2000, 201, 205: antizipiertes Sachverständigengutachten).

Soweit Entschädigung dafür verlangt wird, dass ein Wohngebäude schon wegen   **19**
seiner **Lage im Bergschadensgebiet** im Wert gemindert sei, kommt ein Anspruch
nicht in Betracht. Eine derartige Vermögenseinbuße ist nach dem Schutzzweck
der Norm nicht auszugleichen (OLG Saarbrücken, ZfB 1994, 295 ff.). Es fehlt
außerdem an der Tatbestandsmäßigkeit des vermeintlichen Eingriffs: Nach
§ 114 Absatz 1 ist Voraussetzung für einen Ersatzanspruch die **Beschädigung
einer Sache**, im konkreten Fall des Gebäudes. Daran fehlt es bei dem bloßen
Risiko bergbaulicher Beeinträchtigungen. Abzulehnen daher OLG Düsseldorf
(ZfB 2000, 195, 198), dem für die Annahme eines merkantilen Minderwerts die
Planung weiterer Unterbauung genügt (vgl. auch Müggenborg, NUR 2011, 689,
693).

6.   Umsatzsteuer

Mit dem am 1.8.2002 eingefügten § 249 Absatz 2 Satz 2 BGB wurde klar-   **20**
gestellt, dass der Geschädigte – entgegen der bisherigen Rechtsprechung (BGH,
NJW 1973, 164 f.) – die Umsatzsteuer nicht geltend machen kann, wenn auf der
Basis eines Kostenvoranschlages oder Gutachtens eine **fiktive Schadensabrechnung** vorgenommen wird. Eine Umsatzsteuer fällt als Schadensposition nur an,
wenn der Schaden durch einen Drittunternehmer repariert wurde und die auf
diese Leistung zu erbringende Umsatzsteuer vollständig gezahlt wurde. Die
Regelung gilt nur für Ersatzansprüche gemäß § 249 BGB, nicht für Kompensa-
tionsansprüche gemäß § 251 BGB. Sie gilt auch nur für Schadensfälle, die nach
dem 31.7.2002 eingetreten sind. Einzelheiten: Notthoff, VersR 2006, 1464 ff.
Wählen die Beteiligten bei einem Bergschadensfall die Wiederherstellung in
Natur (oben Rn 10) und vergibt der Bergbauunternehmer als Schuldner die
Wiederherstellungsarbeiten an Dritte, kann er die jeweils gezahlte Umsatzsteuer
im Wege des Vorsteuerabzugs geltend machen.

7.   Schmerzensgeld

Wer infolge bergbaulicher Einwirkungen an Körper oder Gesundheit einen   **21**
Schaden erlitten hat, hat nach § 253 Absatz 2 BGB einen Anspruch auf ein
angemessenes Schmerzensgeld. Die früher in § 117 Absatz 1 enthaltene
Beschränkung auf den Ersatz von Vermögensschäden ist durch das 2. Schadens-
änderungsgesetz vom 19.7.2002 aufgehoben worden. Damit findet nunmehr
§ 253 Absatz 2 als neue einheitliche Vorschrift über den Ersatz des Schadens,
der nicht Vermögensschaden ist, Anwendung. Hiernach gewährte Ersatzbeträge
sind in die Haftungshöchstbeträge nach Absatz 1 Nr. 1 einzubeziehen.

8.   Literaturhinweise

Zu Schadensersatz und Schadensbegrenzung in der neuen Rechtsprechung des   **22**
BGH: Müller, VersR 2005, 1461 ff., zur Erforderlichkeit von Aufwendungen des
Geschädigten für schadensausgleichende Maßnahmen gemäß § 249 Absatz 2

Satz 1 BGB: Alexander, VersR 2006, 1168 ff., zu Rechte und Pflichten des Geschädigten im Rahmen der Restitution: Fricke, VersR 2011, 966 ff.; Rechtsprechung zum Aufschub des Verjährungsbeginns bei unklarer Rechtslage: Bitter/Alles, NJW 2011, 2081 ff.

9. Abtretung von Bergschadensersatzansprüchen

23 Nach langjähriger Rspr. (BGHZ 81, 385 ff. = NJW 1982, 98; NJW 1993, 1794; 1998, 2905; VersR 2001, 115; hiergegen Finke, ZfB 1988, 59, 61 m. w. N.) ging im Falle der **Veräußerung eines geschädigten Hausgrundstückes** der Herstellungsanspruch gemäß § 249 Satz 1 = heute § 249 Absatz 1 (Naturalherstellung) und gemäß § 249 Satz 2 = heute § 249 Absatz 2 Satz 1 (Ersatz der Herstellungskosten) in seinen beiden Erscheinungsformen unter. Das Ergebnis wurde mit der Erwägung begründet, mit der Eigentumsumschreibung sei der ursprüngliche Zweck, die Wiederherstellung der Sache, wegen der Veräußerung des beschädigten Gebäudes nicht mehr zu erreichen. Ein bereits entstandener Anspruch aus § 249 BGB könne nicht mehr an den Erwerber abgetreten werden, und eine bereits vereinbarte Abtretung sei wirkungslos. Dem Veräußerer verblieb, sofern die Voraussetzungen vorlagen, nur mehr wegen **Unmöglichkeit der Herstellung** ein Anspruch auf Geldentschädigung gemäß § 251 Absatz 1 BGB (OLG Hamm, VersR 1997, 1491; Erman/Kuckuk, Komm. BGB, § 251 Anmerkung 2 a). Mit dieser Rechtsprechung war der in den Bergsenkungsgebieten weithin geübten Praxis, wonach in den notariellen Verträgen zur Vermeidung von Abgrenzungsproblemen sämtliche entstandenen oder künftigen **Ansprüche auf Ersatz von Bergschäden** an den Erwerber abgetreten wurden, der Boden entzogen (vgl. hierzu und den Maßnahmen zur Abwendung von Risiken: Drisch/Schürken, Bewertung von Bergschäden S. 19 f.).

24 Für **Bergschäden**, auf die nach dem Einigungsvertrag noch das **Recht der ehemaligen DDR anzuwenden ist** (s. Anhang zu § 114, Bergschäden im Beitrittsgebiet, Rn 1), bedeutete das, dass der nach § 19 Absatz 2 Berggesetz DDR i. V. mit § 26 der 1. DVO) **vorrangige Anspruch auf Wiederherstellung** der früheren Gebrauchsfähigkeit (Reparatur) oder Naturalersatz (Beschaffung einer Ersatzsache) im Falle der Veräußerung des Grundstückes ebenfalls untergegangen war und nicht abgetreten werden konnte (BGH, NJW 1999, 3334). Die Frage, ob dem Geschädigten ein Zahlungsanspruch gemäß § 249 Absatz 2 BGB trotz Veräußerung der Sache erhalten geblieben war, stellt sich für das Bergrecht der ehemaligen DDR nicht, weil es keinen dem Herstellungsanspruch gleichrangigen Zahlungsanspruch gab. Allerdings hat die Rechtsprechung in den Fällen, in denen die beschädigte Sache vor einer Ersatzleistung veräußert wurde, in entsprechender Anwendung von § 251 Absatz 1 BGB dem Geschädigten einen **Ersatzanspruch in Geld** in Höhe des Wertinteresses, das nach der sog. Differenzmethode ermittelt wird, gewährt (BGH, aaO, S. 3334). Denn weder das Bergrecht der DDR noch das DDR-ZGB enthielten für den Fall der Veräußerung der beschädigten Sache eine ausdrückliche Regelung.

25 Die frühere Rechtsprechung (oben Rn 23) ist inzwischen **teilweise aufgegeben** worden: Wird das Eigentum an einem beschädigten Grundstück übertragen, **tritt kein Erlöschen des Anspruchs** aus § 249 Absatz 2 Satz 1 BGB auf Zahlung des zur Herstellung erforderlichen Geldbetrages ein, wenn der Anspruch **spätestens mit Wirksamwerden der Eigentumsübertragung** an den Erwerber des Grundstücks abgetreten wird (BGH, NJW 2001, 2250 f. = BB 2001, 1379 f.; NJW 2002, 2313; NJW-RR 2002, 736 = BauR 2002, 779 ff.). Für **nachträgliche Abtretungen** gilt allerdings weiterhin die frühere Rechtsprechung.

10. Sonstige Schadensersatzvorschriften (§§ 250, 252, 253 BGB)

a) Schadensersatz in Geld nach Fristsetzung (§ 250 BGB). Der Ersatzberechtig- **26**
te kann dem Ersatzpflichtigen zur Herstellung eine angemessene Frist mit der
Erklärung bestimmen, dass er die Herstellung nach dem Ablauf der Frist
ablehne. Nach Fristablauf kann der Ersatzberechtigte Ersatz in Geld verlangen,
wenn nicht die Herstellung rechtzeitig erfolgt. Der Anspruch auf Herstellung ist
dann ausgeschlossen (§ 250 BGB). Die Bedeutung dieser Vorschrift ist umstritten. Überwiegend wird angenommen, sie eröffne dem Geschädigten die Möglichkeit, von der Naturalrestitution auf einen Wertersatz überzugehen. Dieses
Vorgehen kann sinnvoll sein, wenn der Ersatzverpflichtete eine mögliche Herstellung verzögert oder ungewiss ist, ob die Voraussetzungen für den Wertersatz
nach § 251 Absatz 1 BGB vorliegen.

b) Entgangener Gewinn (§ 252 BGB). Der zu ersetzende Schaden umfasst auch **27**
den **entgangenen Gewinn.** Als entgangen gilt der Gewinn, der nach dem
gewöhnlichen Lauf der Dinge oder nach den besonderen Umständen, insbesondere nach den getroffenen Anstalten und Vorkehrungen, mit Wahrscheinlichkeit
erwartet werden konnte (§ 252 BGB). Der Geschädigte braucht nur die Umstände zu beweisen, aus denen sich die Wahrscheinlichkeit des Gewinns ergibt. Die
Vorschrift eröffnet insbesondere Kaufleuten die Möglichkeit einer abstrakten
Schadensberechnung (Einzelheiten Palandt-Grüneberg, § 252 Rn 6). **Keine Entschädigung** des entgangenen Gewinns findet statt bei der Beschädigung **beweglicher Sachen** wegen der Beschränkung des Ersatzes auf den gemeinen Wert
(Absatz 1 Nr. 2 Halbsatz 1).

c) Immaterieller Schaden (§ 253 BGB). Trotz Ausdehnung der Haftung auf **28**
Personenschäden hatte das BBergG wegen der Beschränkung des Schadensersatzes auf Vermögensschäden in der ursprünglichen Fassung des § 117
Absatz 1 die Anwendung von § 847 Absatz 1 BGB ausgeschlossen und damit
dem Geschädigten ein **Schmerzensgeld** versagt. Durch das 2. SchadÄndG vom
19.7.2001, BGBl I, 2674, in Kraft seit dem 1.8.2002, wurde § 847 BGB
gestrichen und als Absatz 2 in § 253 BGB in erweiterter Form neu eingefügt.
Nach dieser Vorschrift kann nunmehr ganz allgemein wegen einer Verletzung
des Körpers und der Gesundheit auch wegen des Schadens, der nicht Vermögensschaden ist, eine billige Entschädigung in Geld verlangt werden. Damit
kann im Falle der Tötung oder Verletzung eines Menschen neben den ersatzpflichtigen Vermögensschäden Schmerzensgeld verlangt werden bis zu den in
Absatz 1 Nr. 1 genannten Höchstgrenzen für jede Person. Zu den Einzelheiten
der Schmerzensgeldbemessung vgl. Palandt-Grüneberg, § 253 Rn 15 ff.

III. Haftungsbeschränkungen (Absatz 1 Nr. 1 und 2)

1. Personenschäden (Nr. 1)

Gegenüber der ursprünglichen Fassung des BBergG wurden die Haftungshöchst- **29**
beträge durch Neufassung der Vorschrift erheblich erhöht (früher 500.000
Deutsche Mark Kapitalbetrag, 30.000 Deutsche Mark Rentenbetrag). Die
nunmehr geltenden Beträge können, wie im Gesetzestext verdeutlicht worden
ist, für **jede Person** ausgeschöpft werden. Das Haftungsrisiko des Bergbauunternehmers hat sich damit, nicht zuletzt auch wegen der Ausdehnung der
Haftung auf Nichtvermögensschäden (vgl. oben Rn 28), erheblich erhöht, ist
andererseits aber auch wegen der Haftungshöchstbeträge versicherbar.

2. Sachschäden (Nr. 2)

30 **a) Beschränkung auf den gemeinen Wert.** Im Falle von Sachschäden sieht das Gesetz keine Haftungshöchstbeträge vor, sondern beschränkt die Haftung auf den **gemeinen Wert des Sache** (Nr. 2 Halbsatz 1), um diese Einschränkung im folgenden Halbsatz 2 für die Beschädigung von Grundstücken, deren Bestandteilen und Zubehör sogleich wieder zurückzunehmen (vgl. hierzu nachstehend zu b). Damit bildet die Haftungsbeschränlung praktisch die Ausnahme, weil wegen der Raumbezogenheit bergbaulicher Tätigkeit in der weit überwiegenden Zahl Grundstücke und die mit ihm im wirtschaftlichen Verbund stehenden Sachen von Einwirkungen und damit Bergschäden betroffen sind. **Gemeiner Wert** ist der im gewöhnlichen Geschäftsverkehr für eine Sache zu erzielende Preis, also der objektive Tauschwert, den eine Sache für jedermann hat (BGHZ 31, 238, 241). Im Zeitpunkt des schädigenden Ereignisses vorhandene Umstände, die auch ohne den Eingriff eine Verschlechterung herbei geführt hätten, sind wertmindernd zu berücksichtigen (BGHZ 14, 106, 110). Ungewöhnliche oder persönliche Verhältnisse sind auszuschalten. Bei den preisbeeinflussenden Gegenständen bildet die Beschaffenheit des Wirtschaftsguts den wichtigsten Umstand, insbesondere Alter, Zustand und Verwendungsmöglichkeit usw. Die Haftungsbeschränkung bis zur Höhe des gemeinen Werts ist § 31 Absatz 2 AtG entnommen (BT-Drs 8/1315, 143 = Zydek, 439). Sie bietet den Vorteil einer „dynamischen" Anpassung bei veränderten Preis- und Währungsverhältnissen gegenüber einer gesetzlichen Fixierung bestimmter Haftungshöchstbeträge. Wichtige Bedeutung: Ausschaltung des Schadensersatzes für einen – gegenüber dem Verkehrswert höheren – individuellen oder Gebrauchswert sowie eines **entgangenen Gewinns** (§ 252 BGB). Im Übrigen gelten die §§ 249 bis 251 BGB. Praktisch bedeutsam ist die Haftungsbeschränkung nur bei beweglichen Sachen, die nicht Bestandteile oder Zubehör eines Grundstücks sind, z. B. Sachen, die nur zu einem vorübergehenden Zweck mit dem Grund und Boden verbunden sind (§ 95 BGB – sog. Scheinbestandteile). Zu den Scheinbestandteilen eines Grundstücks gehören auch **Versorgungsleitungen** in fremden Grundstücken (Palandt-Ellenberger, § 95 Rn 6). Sie können aber Grundstückszubehör des Versorgungsbetriebs sein (BGHZ 37, 353, 357, Palandt-Ellenberger, § 95 Rn 12 m. w. N.). Weiterhin ungeklärt ist die Frage, ob bei jeder Sache, die rechtlich als wesentlicher Bestandteil oder als Zubehör zu betrachten ist, im Falle der Beschädigung unabhängig davon unbeschränkt gehaftet wird, wo sich das Grundstück befindet (z. B. bergbaubedingter Unfall des Firmenfahrzeugs einer süddeutschen Firma im Ruhrgebiet).

31 **b) Unbeschränkte Haftung.** Sie gilt nach Absatz 1 Nr. 1 Halbsatz 2 bei der **Beschädigung von Grundstücken, deren Bestandteilen und Zubehör.** Nach § 148 ABG haftete der Bergwerksbesitzer nur dann, wenn sich die Vermögensschädigung über ein Grundstück oder über Grundstücks-„Zubehörungen" bei dem Betroffenen eingestellt hatte (im Einzelnen: § 114 Rn 44). Die mit der Einordnung der geschädigten Sache insbesondere als Zubehör verbundenen Rechtsfragen haben sich aufgrund der Neuregelung von der Tatbestandsseite auf die Rechtsfolgeseite verlagert. Wer in seinem Vermögen dadurch verletzt wird, dass durch den Bergbau in das Eigentum an einer (beweglichen) Sache, die nicht Grundstückszubehör ist, eingegriffen wird, ist nunmehr zwar ersatzberechtigt; er muss sich aber u. U. eine Beschränkung seines Anspruchs bis zur Höhe des gemeinen Werts gefallen lassen. Beispiel: Beschädigung eines vorübergehend von einem Mieter errichteten Gebäudes (Scheinbestandteil nach § 95 BGB): Die Herstellungskosten sind zu ersetzen, nicht aber ein während der Reparaturzeit entgangener Gewinn. Weiterhin bleibt die Frage offen, ob die Zubehöreigenschaft zu irgendeinem, noch so weit liegenden Grundstück ausreicht oder ob ein gewisser räumlicher Zusammenhang zwischen dem geschädigten Zubehörstück und dem Grundstück als Hauptsache zu fordern ist (§ 114 Rn 52 ff.). Zu den einschlägigen Fragen unter der Geltung des § 148 ABG vgl. auch H. W. Schulte, ZfB 106 (1965), 161.

IV. Exkurs: Art und Umfang der Bergschadensersatzleistungen nach dem Berggesetz DDR

1. Grundlagen

Nach dem Einigungsvertrag (Anlage I, Kapitel V, Sachgebiet D, Abschnitt III, **32** Ziff. 1, Buchstabe k, Satz 2 und 3) ist für Bergschäden, die **vor dem Beitrittstag** verursacht worden ist, das **Berggesetz der DDR** vom 12.6.1969 anzuwenden. Das gilt für den Begriff des Bergschadens (§ 18 Berggesetz DDR) ebenso wie für Art und Umfang der Ersatzleistungen (§§ 19, 21, 22 Berggesetz DDR sowie § 26 der 1. DVO zum Berggesetz DDR vom 12.5.1969).

2. Unterschiede zu § 117 Absatz 1

Die wichtigsten Unterschiede zum Umfang des Ersatzanspruchs gemäß § 117 **33** Absatz 1 BBergG sind: Während § 117 Absatz 1 hinsichtlich des Umfanges der Ersatzpflicht auf die Vorschriften des Rechts der unerlaubten Handlung im BGB verweist, enthält das Berggesetz DDR eine **eigenständige Spezialregelung** gegenüber dem ZGB-DDR. Während in § 117 Absatz 1 BBergG der Umfang der Haftung bei Tötung oder Verletzung eines Menschen (Nr. 1) und bei Sachbeschädigungen, sofern es sich nicht um Grundstücke, Bestandteile oder Zubehör handelt (Nr. 2), ausdrücklich begrenzt ist, finden sich ausdrückliche Haftungsgrenzen im Berggesetz DDR nicht. Allerdings ergibt sich mittelbar aus § 19 Absatz 2 Berggesetz DDR, dass der Schadensersatz bei Sachschäden auf den Wert der Sache selbst beschränkt ist (Jägers, DWW 1992, 277 = ZfB 1992, 202). Diese Begrenzung auf Sachschäden bedeutet aber nicht, dass nur der unmittelbare Schaden an der Sache ersatzfähig wäre. Vielmehr gehören auch adäquat verursachte **mittelbare Schäden** (Folgeschäden) zum Ersatz (BGH, NJW 1999, 3335), d. h. z. B. notwendige Sachverständigen-Gutachten, technische Beratungskosten, Rechtsanwaltskosten. Nach § 19 Absatz 2 Berggesetz DDR ist bei Sachschäden grundsätzlich Wiederherstellung des früheren Gebrauchszustandes, Natural- oder Geldersatz zu leisten. Nach Ansicht des zentralen Vertragsgerichtes (Entsch. 23-AM-12/72, Spruchpraxis des Staatlichen Vertragsgerichtes Bd. 3, Berlin 1974, S. 177, zitiert nach Jägers, aaO) ergab sich jedoch ein Rangverhältnis: Zunächst Wiederherstellung der früheren Gebrauchsfähigkeit durch Ausbesserung, dann Naturalersatz durch Ersetzung der Sache. Wenn beides nicht möglich war, ist gemäß § 26 Absatz 1 der 1. DVO zum Berggesetz DDR Geldersatz zu leisten. Im Gegensatz zu §§ 117 BBergG i. V. mit § 249 BGB hatte der Geschädigte kein Wahlrecht zwischen Schadensbeseitigung und Geldersatz. Das Berggesetz DDR sah im Gegensatz zu §§ 110, 111 BBergG auch keine Kostenübernahme des Bergwerksbetriebs bei Bergbauvorsorgemaßnahmen, Anpassungs- oder Sicherungsmaßnahmen vor. Weitere Ausführungen zu Bergschäden im Beitrittsgebiet s. **Anhang zu § 114.**

V. Verjährung von Bergschadensersatzansprüchen (Absatz 2)

1. Entstehungsgeschichte und Geltungsbereich

Anstelle einer eigenständigen bergrechtlichen Verjährungsregelung, wie sie in **34** Absatz 2 in der ursprünglichen Fassung des § 117 BBergG in enger Anlehnung an den § 852 BGB a. F. normiert war, wird nunmehr in Absatz 2 für die Verjährung von Ansprüchen auf Bergschadensersatz auf die neugefassten Verjährungsvorschriften des BGB verwiesen. Diese Vorschrift ist durch Artikel 5 des **Gesetzes zur Modernisierung des Schuldrechts** vom 26.11.2001 (BGBl I, 3138 = ZfB 2002, 6 ff.) neu gefasst worden. Es gelten nunmehr aufgrund Verweisung allgemein die novellierten Verjährungsvorschriften des 5. Abschnitts des 1. Buchs des BGB, d. h. die §§ 194 bis 213 BGB, soweit sie einschlägig sind. Nach der Überleitungsvorschrift des Artikel 229 § 6 EGBGB sind diese Vorschriften seit dem 1.1.2002 auf die an diesem Tag bestehenden und noch nicht verjährten Bergschadensersatzansprüche mit bestimmten Modifikationen anzuwenden (**Artikel 229 § 6 Absatz 1 EGBGB**). Die Regelung gilt einheitlich in den alten und neuen Bundesländern.

2. Grundzüge der Neuregelung

35 Für die **Verjährung von Bergschadensersatzansprüchen** bei Personen- und Sachschäden beträgt die **Regelverjährung** wie bisher **drei Jahre** (§ 195 BGB). Sie beginnt aber nicht mehr mit Erlangung der Kenntnis von dem Schaden und der Person des Ersatzpflichtigen durch den Ersatzberechtigten wie nach altem Recht, sondern gemäß § 199 Absatz 1 BGB mit dem Schluss des Jahres (sog. Ultimo-Regel), in dem der Anspruch entstanden ist (Nr. 1) und der Gläubiger von den **Anspruch begründenden Umständen** und der **Person des Schädigers Kenntnis** erlangt oder ohne grobe Fahrlässigkeit erlangen müsste (Nr. 2). Schadensersatzansprüche bei **Personenschäden** (Verletzung des Lebens, des Körpers und der Gesundheit) verjähren ohne Rücksicht auf ihre Entstehung oder die Kenntnis oder grob fahrlässige Unkenntnis **in dreißig Jahren** von dem den Schaden auslösenden Ereignis an (Absatz 2). Eine wesentliche Änderung zur Rechtslage gemäß § 117 Absatz 2 a. F. besteht in der Verkürzung der **absoluten Verjährungsfrist** von 30 auf 10 Jahre. Dem Gesetzgeber erschienen 10 Jahre auch für das Bergschadensrecht, ebenso wie bei unerlaubten Handlungen, eine angemessene Höchstfrist (BT-Drs 14/6040 zu Absatz 32, zu Nr. 1 = ZfB 2002, 7). Sofern der Bergschaden Eigentum oder Vermögen betrifft, verjährt der Anspruch ohne Rücksicht auf Kenntnis oder grob fahrlässige Unkenntnis in zehn Jahren ab der Entstehung des Anspruchs (§ 199 Absatz 3 Satz 1 Nr. 1 BGB), ohne Rücksicht auf den Entstehungszeitpunkt des Anspruchs und Kenntnis oder grobfahrlässige Unkenntnis nach 30 Jahren nach dem Schaden auslösenden Ereignis (§ 199 Absatz 3 Satz 1 Nr. 2 BGB), d. h. konkret: dem Abbau bzw. der Ausübung des Bergbaubetriebs i. S. von § 114 Absatz 1.

3. Entstehung des Anspruchs

36 Der Anspruch ist **entstanden** (§ 199 Absatz 1 Nr. 1 BGB), wenn die Vermögenslage des Geschädigten sich verschlechtert hat und sich diese Verschlechterung dem Grunde nach verwirklicht hat. Für **die Entstehung des Anspruchs** kann nach h. M. weiterhin der **Grundsatz der Schadenseinheit** in modifizierter Form angewandt werden. Dieser nicht unumstrittene, aber in der Rechtsprechung anerkannte (schon RGZ 83, 354, 360; RGZ 87, 306, 311; RGZ 153, 101, 107; BGH, LM Nr. 3 zu § 198; Heinrichs, BB 2001, 1419; OLG Düsseldorf, ZfB 2009, 303; Palandt-Ellenberger, § 199 Rn 14; Mansel, NJW 2002, 89, 91 m. w. N.) Grundsatz besagt, dass ein Schadensersatzanspruch auch hinsichtlich der noch nicht eingetretenen Schäden mit der Verwirklichung des ersten Schadensposten insgesamt entstanden ist, soweit die später zu Tage tretenden Schadenselemente eine vorhersehbare Folge des Schadensgeschehens waren (Mansel aaO; BGH, NJW 1999, 861; OLG Düsseldorf, aaO m. w. N.). Für die Kenntnis ist entscheidend, dass der Gläubiger aufgrund der ihm bekannten Tatsachen den Anspruch, wenn auch nur im Wege der Feststellungsklage, mit hinreichender Aussicht auf Erfolg einklagen kann (st. Rspr. BGHZ 48, 181, 183; 102, 246, 248; Palandt-Ellenberger, § 199 Rn 14). Entscheidend ist die Kenntnis der Tatsachen, aus denen der Anspruch abzuleiten ist. Mangelnde Rechtskenntnisse, falsche rechtliche Subsumption, Abwarten weiterer Umstände oder des Ausganges von Vorverfahren, um das eigene Prozessrisiko zu verringern, ändern nichts an der Kenntnis. Bei juristischen Personen des privaten oder des öffentlichen Rechts kommt es auf die Kenntnis der Organe an. Zuzurechnen ist ferner die Kenntnis oder grobfahrlässige Unkenntnis von anderen Stellen und Mitarbeitern, die mit der Bearbeitung von Ansprüchen üblicherweise betraut sind (§ 166 BGB analog). An der Kenntnis von der Person des Ersatzpflichtigen ändert sich nichts, wenn eine Bergwerkseigentümerin aufgelöst und mit einer anderen Gesellschaft verschmolzen wird. Die Kenntnis von der Person des Ersatzpflichtigen erfordert nicht die Kenntnis der Person des Rechtsnachfolgers (OLG Düsseldorf, ZfB 2009, 302).

Zum **einheitlichen Schaden** im Bereich des **Bergschadenrechts** auf der Grundlage   **37**
von § 148 ABG: vgl. Boldt/Weller, § 114 Rn 50 f.; Heinemann, Ziffer 47 jeweils m. w. N. Im Bereich des untertägigen Bergbaus sind nicht alle schädigenden Ereignisse im gesamten Einwirkungsbereich eines Bergwerks vom Grundsatz der Einheitlichkeit des Schadens erfasst, sondern maßgeblich ist (nur) der zeitlich und räumlich zusammenhängende Abbau in einem bestimmten Teil des Grubengebäudes oder der Lagerstätte. Wird die Schadenszufügung fortgesetzt erneuert oder durch neue Betriebsmaßnahme fortschreitend vergrößert oder nimmt die Versumpfung eines Grundstücks infolge weiterer Absenkung zu, liegen fortgesetzt neue Bergschäden vor (Heinemann, Ziffer 47; RG, ZfB 44 (1903), 144; 79 (1938), 361), für welche die Verjährung jeweils einzeln den geschilderten Regelungen folgt.

4. Hemmung, Ablaufhemmung und Neubeginn

Hemmung, Ablaufhemmung und Neubeginn (früher Unterbrechung) der Ver-   **38**
jährung richten sich nach §§ 203 ff. BGB. Der Gesichtspunkt des § 117 Absatz 2 Satz 2 a. F., dass die Verjährung bei **schwebenden Verhandlungen** gehemmt ist, findet sich jetzt auch für das Bergschadensrecht in § 203 BGB. Der Begriff der schwebenden Verhandlung ist weit zu fassen. Es genügt jeder Meinungsaustausch über den Schaden, sofern nicht jeder Anspruch von vornherein und eindeutig abgelehnt wird (BGH, VersR 1969, 857; 1970, 327, MDR 2001, 936). Erfolgsaussicht und Vergleichsbereitschaft sind für die Annahme von Verhandlungen nicht erforderlich (Erman, BGB § 203 Rn 4). Wird der Anspruch abgelehnt, aber gleichzeitig die Bereitschaft erklärt, man werde den Anspruch bei weiteren Tatsachenfeststellungen erneut prüfen, schweben die Verhandlungen weiter (BGH, NJW 1998, 2819). Davon zu unterscheiden ist das „Einschlafen von Verhandlungen", bei dem die Hemmung endet, sobald nach Treu und Glauben eine neue Äußerung des Gläubigers zu erwarten gewesen wäre (BGH, NJW 1963, 492; VersR 1967, 502; 1986, 1338; NJW-RR 1990, 664, BT-Drs 14/6040, S. 112; Mansel, NJW 2002, 98). Grundsätzlich muss der Abbruch der Verhandlungen durch klares und eindeutiges Verhalten der Parteien zum Ausdruck gebracht werden (BGH, NJW-RR 1991, 796; OLG Hamm, NJW-RR 1998, 101). Neue Verhandlungen setzen eine neue Hemmung in Gang.

Nach § 203 Satz 2 BGB tritt die **Verjährung frühestens drei Monate** nach dem   **39**
Ende der Hemmung ein. Diese Fristverlängerung hat nur Bedeutung, wenn die Restlaufzeit der Verjährungsfrist nach Ablauf der Hemmung kürzer als 3 Monate ist. Ist sie länger, bleibt § 203 Satz 2 BGB ohne Bedeutung. Die Verjährungsfrist wird also nicht in jedem Fall um drei Monate verlängert.

40   Vereinbarungen über die Verjährung können zu einer Verlängerung oder Verkürzung der Verjährung führen. Sie sind, wie sich aus einem Umkehrschluss aus § 202 BGB ergibt, **grundsätzlich zulässig,** nur in den in der Vorschrift genannten Fällen unzulässig, und unterliegen keinen Formvorschriften. Ebenso ist auch ein **einseitiger Verzicht auf die Einrede der Verjährung** zulässig, und zwar anders als bisher sowohl vor wie nach Ablauf der Verjährung (weitere Einzelheiten: vgl. Palandt-Ellenberger, § 202 Rn 6 f.). Auch eine bereits **abgelaufene Frist** kann wirksam verlängert werden (OLG Brandenburg, NJW-RR 2005, 871).

5.   Abgrenzungsfragen zur Verjährung

41   **a) Bereich alte Bundesländer.** Die Rechtsgrundlagen für die Verjährung von Bergschadensersatzansprüchen sind mehrschichtig und abhängig von **Ort und Zeit der Anspruchsentstehung.** Für **Bergschäden im Gebiet der alten Bundesländer** gilt: Die Vorschrift des § 117 Absatz a. F. erfasst nur Bergschäden, die **nach Inkrafttreten des Gesetzes** (1.1.1982) verursacht wurden (§ 170 BBergG), wobei Mitverursachung nach diesem Zeitpunkt genügt. Für Schäden i. S. von § 114, die **ausschließlich vor** dem 1.1.1982 verursacht waren, ist noch das frühere ABG anzuwenden in den Bundesländern, in denen das preußische Gesetz oder Nachfolgeregelungen bis zum 31.12.1981 galt. Der Bergschadensanspruch wird in § 148 ABG geregelt, die Verjährung in der eigenständigen bergrechtlichen Vorschrift des § 151 ABG, die nicht ausdrücklich auf weitere Bestimmungen des BGB verwies. Im Bereich des badischen, bayrischen und württembergischen Bergrechts galten die Verjährungsregelungen der dortigen Berggesetze. Ansprüche aus der Geltungszeit des § 148 ABG verjähren gemäß § 151 ABG innerhalb von drei Jahren, nachdem *„das Dasein und der Urheber des Schadens zu seiner (d. h. des Beschädigten) Wissenschaft gelangt sind".* „Zur Wissenschaft" bedeutete positive Kenntnis des Geschädigten (RG, ZfB 1904, 482; RG, ZfB 1935, 456), nicht nur fahrlässige Unkenntnis. Der Geschädigte musste die Umstände kennen, die notwendig und ausreichend sind, eine Klage mit Aussicht auf Erfolg zu erheben. Die Kenntnis vom Umfang des Schadens ist nicht erforderlich (Ebel/Weller, § 151, Anmerkung 2 m. w. N.). Da § 151 keinen Verweis auf § 201 BGB a. F. bezüglich des Beginns der Verjährung (erst) am Schluss des Jahres enthielt („Ultimo-Verjährung"), verjähren die Ansprüche aus § 148 ABG exakt nach Ablauf der 3-Jahresfrist („**Tagesverjährung**"). Für Hemmung und Unterbrechung der Verjährung gelten die Vorschriften des BGB, da § 151 ABG nur die Verjährungsfrist bei normalem Geschehensablauf regelte (Ebel/Weller, § 151 Anmerkung 4). Unabhängig von der Kenntnis des Geschädigten verjähren Bergschadensansprüche in Anwendung des § 195 BGB a. F. in 30 Jahren (Ebel/Weller, aaO Anmerkung 8; a. A. Baumann, ZfB 1957, 126, 134; zweifelnd Finke, ZfB 1996, 222).

42   **b) Neue Bundesländer.** In den **neuen Bundesländern** (Anhang zu § 114: Bergschäden im Beitrittsgebiet Rn 1 ff.) wurde durch den Einigungsvertrag festgelegt, dass für Bergschäden, die **vor** dem 3.10.1990 verursacht, jedenfalls mitverursacht waren, die einschlägigen Vorschriften des Berggesetz DDR anzuwenden sind. Damit ist für die **Verjährung im Beitrittsgebiet** § 25 Satz 1 Berggesetz DDR maßgebend. Allerdings galt das nur für solche Bergschäden, die während der Zeit der Geltung des Berggesetz DDR verursacht waren. Für Schäden, die auf bergbaulichen Handlungen **vor** dem 12.6.1969 beruhen (sog. Altschäden), sind wiederum die §§ 148, 151 ABG unmittelbar anzuwenden. Zu dem Gesamtkomplex Verjährung ausführlich Ehricke, Festschrift Kühne, S. 487, 491). Zur Verjährung des Anspruches nach §§ 19 Absatz 1, 25 **Berggesetz DDR** s. Anhang zu § 114, Rn 1 ff.). Die regelmäßige Verjährungsfrist beträgt zwei Jahre, beginnend mit der Kenntnis des Ersatzberechtigten von dem Bergschaden und dem Ersatzpflichtigen. Die Frist endet gemäß § 471 Absatz 1 Ziff. 4 ZGB mit dem Ablauf des entsprechenden Tages des letzten Jahres (sog. **Tagesverjährung**).

VI. Rechtsstellung der Grundpfandgläubiger (Absatz 3)

§ 148 Absatz 2 ABG (§ 148 Absatz 3 ABG NRW) schloss Ersatzansprüche der **43**
Hypotheken-, Grundschuld- und Rentenschuldgläubiger ausdrücklich aus. Auf
eine inhaltlich gleichlautende Vorschrift ist verzichtet worden mit der Begründung, die Grundpfandgläubiger seien nur mittelbar Geschädigte; sie seien nach
allgemeinen Schadensersatzrecht nur ersatzberechtigt, wenn dies im Gesetz
angeordnet wäre (BT-Drs 8/1315, 143= Zydek, 440). Das kann angesichts des
§ 1134 Absatz 1 BGB (Unterlassungsanspruch des Hypothekengläubigers) zweifelhaft sein, mag aber auf sich beruhen. Aus der entsprechenden Anwendung der
Artikel 52, 53 EGBGB folgt jedenfalls, dass Grundpfandgläubiger nicht selbst
ersatzberechtigt sein sollen, sondern lediglich ein **Haftungsrecht am Grundstück**
(samt Zubehör, vgl. §§ 1120 ff. BGB) besitzen. Die Forderung auf Bergschadensersatz gilt **zugunsten der Grundpfandgläubiger als verpfändet.** Leistet der
Unternehmer Bergschadensersatz **in Geld,** hat der Berechtigte die Lastenfreiheit
des Grundstücks durch beglaubigten Grundbuchauszug nachzuweisen oder die
Einwilligung der Grundpfandgläubiger zurAuszahlung beizubringen. Vgl. auch
Artikel 53 EGBGB, § 1128 BGB: Anzeige an die Gläubiger und Widerspruch
binnen Monatsfrist; im Falle des Widerspruchs: Zahlung an Grundstückseigentümer und Gläubiger nach § 1281 BGB gemeinschaftlich. In Zweifelsfällen
empfiehlt sich die Hinterlegung (§§ 372 ff. BGB).

Bei **Wiederherstellung in Natur** erlischt der Ersatzanspruch (Artikel 53 Absatz 2   **44**
Satz 1 BGB). Zu den weiteren Einzelheiten: Vgl. Heinemann, Ziffer 122 ff. Bei
Anordnung der **Zwangsversteigerung** (§§ 15 ff. ZVG) wird auch der Anspruch
auf Bergschadensersatz von der Beschlagnahme erfasst (§ 20 ZVG).

§ 118   Mitwirkendes Verschulden

**Hat bei der Entstehung des Bergschadens ein Verschulden des Geschädigten
mitgewirkt, so gilt § 254 des Bürgerlichen Gesetzbuchs; bei Beschädigung
einer Sache steht das Verschulden desjenigen, der die tatsächliche Gewalt
über die Sache ausübt, dem Verschulden des Geschädigten gleich.**

Übersicht   Rn

I.   Inhalt und Zweck   1
II.   Ursächlichkeit   2
III. Verschulden   3
IV.   Anwendungsfälle unter ABG   4
V.   Pflicht zur Schadensminderung   7
VI.   Mitwirkendes Verschulden Dritter   9
VII. Mitwirkende Sach- oder Betriebsgefahr 12
VIII. Abwägung der Verursachungsbeiträge 13
IX.   Beweislast 14

I. Inhalt und Zweck

Die Vorschrift besagt, dass § 254 BGB auch bei der Schadensverursachung   **1**
durch einen Bergbaubetrieb i.S. von § 114 Absatz 1 BBergG anzuwenden ist.
Die Vorschrift ist Ausdruck des Rechtsgedankens, dass derjenige, der in zurechenbarer Weise gegen sein eigenes wohlverstandenes Interesse handelt, sich eine

Kürzung oder gar den Verlust des Ersatzanspruchs wegen eines „*Verschuldens gegen sich selbst*" gefallen lassen muss (BGHZ 57, 137, 145 m.w.N.). Zur Konkretisierung des Rechtsgedankens enthält die Vorschrift **drei Tatbestände: Mitwirkung des Geschädigten bei der Rechtsgutsverletzung** (§ 254 Absatz 1), **Unterlassen einer Warnung** gegenüber dem Schädiger (Absatz 2 Satz 1, 1. Altern.) sowie **Verstoß gegen die Schadensminderungspflicht** (Absatz 2 Satz 1, 2. Altern.). § 254 BGB ist nicht nur anzuwenden bei der Entstehung des Bergschadens, nach der Legaldefinition in § 114 Absatz 1 der Rechtsgutverletzung (Tod, Körperverletzung oder Sachbeschädigung), sondern auch im Bereich des haftungsausfüllenden Vorgangs, dem Schaden im Rechtssinne (vgl. unten Rn 7).

II. Ursächlichkeit

2   Maßgebend bei der Schadensabwägung ist zunächst das Ausmaß der Verursachung. Es ist zu prüfen, mit welchem Grad an Wahrscheinlichkeit das Verhalten des Geschädigten oder eine dem Geschädigten zurechenbare Sach- und Betriebsgefahr (hierzu unten Rn 13) zur Herbeiführung der Rechtsgutsverletzung geeignet waren (BGH, NJW 1952; 583; 1963, 1443; 1969, 789). Eine Mitverursachung liegt vor, wenn das infrage stehende Handeln oder Unterlassen des Geschädigten oder eine mitwirkende Betriebs- und Sachgefahr für den Eintritt oder die Höhe der Schädigung adäquat kausal gewesen sind (BGHZ 3, 46, 48; BGH, NJW 1957, 217; Palandt-Grüneberg, § 254 Rn 12). Auf die zeitliche Reihenfolge, in der die Bedingungen, die den Schaden herbeigeführt haben, eingetreten sind, kommt es nicht an. Das Verschulden des Geschädigten kann dem Verschulden des Schädigers vorausgehen oder ihm nachfolgen (Palandt-Grüneberg, aaO).

III. Verschulden

3   Neben dem Grad der Verursachung ist im Rahmen des § 254 BGB – wenn auch in minderem Umfang – der **Grad des Verschuldens** zu berücksichtigen. Ein Mitverschulden liegt vor, wenn der Geschädigte diejenige Aufmerksamkeit und Sorgfalt außer Acht lässt, die jedem ordentlichen und verständigen Menschen obliegt, um sich vor Schaden zu bewahren (BGHZ 3, 49; 9, 318). Zum Verschulden gehört Zurechnungsfähigkeit (daher entsprechende Geltung der §§ 827, 828 BGB; BGHZ 9, 317; 24, 327).

IV. Anwendungsfälle unter ABG

4   Die durch § 118 angeordnete Berücksichtigung einer verantwortlichen Mitwirkung des Geschädigten bei der **Entstehung des Schadens** entspricht der bergrechtlichen Praxis unter der Geltung des ABG. Mitwirkende Verursachung wurde angenommen bei fehlerhafter Ausführung eines Bauwerks (RG, ZfB 41 (1900), 221) ebenso wie bei der Vergrößerung der vom Bergbau verursachten Schäden infolge von Baumängeln (OLG Düsseldorf, ZfB 74 (1933), 218). Der Bauherr hatte sich voraussehbaren Auswirkungen des Bergbaus durch geeignete Sicherungsmaßnahmen anzupassen (RG, ZfB 71 (1930), 254). Abfindungen des Bergbaus waren zur Instandhaltung beschädigter Gebäude zu verwenden, andernfalls war ein Schadensersatzanspruch wegen neuer Schäden nicht begründet (RG, ZfB 46 (1905), 27 3); das Gleiche galt bei unsachgemäßer oder oberflächlicher Beseitigung von Bergschäden (OLG Düsseldorf, ZfB 74 (1933), 218). War der mögliche Eintritt bergbaulicher Einwirkungen bereits bei der Bauausführung erkennbar (z.B. auch bei der Errichtung eines Gebäudes in

unmittelbarer Nähe eines Tagebaus), waren zusätzliche Gründungsmaßnahmen erforderlich (OLG Köln, ZfB 122 (1981), 451). Baumängel, unterlassene Sicherungsmaßnahmen oder unterbliebene Instandhaltungen hatte auch der **Rechtsnachfolger** eines Bauherrn oder Vorbesitzers gegen sich gelten zu lassen (RG, ZfB 71 (1930), 254 unter Hinweis auf RG, ZfB 41 (1905), 273).

Die vorstehend genannten Beispiele sind typische Anwendungsfälle anrechen- **5** barer Mitverursachung. Einen gesetzlich geregelten **Sonderfall mitwirkender Verursachung**, in dem das Schuldmoment auf Seiten des Geschädigten gegenüber dem Verursachungsbeitrag dominiert, enthält § 112. Nach **vorsätzlichem** oder **grob fahrlässigem** Verstoß des Bauherrn gegenüber einem auf **Anpassung oder Sicherung** einer baulichen Anlage gerichteten Verlangen des Unternehmers (§§ 110, 111) ist ein Ersatzanspruch gänzlich ausgeschlossen. Minder schwere Versäumnisse auf beiden Seiten eröffnen nach § 112 Satz 3 wiederum den Weg einer Abwägung nach § 254 BGB. Auch das Bauen entgegen einer **Bauwarnung** (§ 113) stellt sich als Ausprägung einer haftungsausschließenden Mitverursachung des Geschädigten dar. Verlangt der Bergbauunternehmer von dem Eigentümer einer baulichen Anlage, diese auf seine Kosten gegen bergbauliche Einwirkungen **nachträglich zu sichern**, muss dieser dem Verlangen ebenso folgen, wie im Falle des § 111. Folgt er dem Verlangen nicht, können Ersatzansprüche nach §§ 118, 254 BGB gekürzt werden oder gänzlich entfallen. Vgl. auch § 111 Rn 23.

Unabhängig von § 112 kann das Unterlassen gebotener Sicherungsmaßnahmen **6** auch ohne ausdrückliches Verlangen des Unternehmers zu einer anrechenbaren Mitverursachung führen, wenn Einwirkungen auf die Tagesoberfläche allgemein – wenn auch nicht für das betroffene Grundstück – zu besorgen waren. In Bergbaugebieten, in denen seit längerer Zeit Abbau umgeht, besteht daher grundsätzlich eine Obliegenheit des Bauherrn, entsprechende Erkundigungen einzuziehen. Dies gilt auch deshalb, weil die Regelung des § 110 Absatz 6 eine lückenlose Information des Unternehmers nicht sicherstellt und auch nicht alle Baumaßnahmen, für die eine Anpassung oder Sicherung infrage kommt, genehmigungs- oder anzeigepflichtig sind (z. B. bergschadenempfindliche maschinelle Anlagen innerhalb von Gebäuden).

V. Pflicht zur Schadensminderung

§ 118 bezieht sich entgegen seinem Wortlaut nicht allein auf eine mitwirkende **7** Verursachung im haftungsbegründenden Vorgang (Bergschaden im Sinne von § 114 Absatz 1), sondern auf den **Schaden im Rechtssinne** (vgl. auch § 4 HPflG, § 9 StVG, § 34 LuftVG als Vorbild der Regelung). Anzurechnen sind daher nach § 254 Absatz 2 BGB Versäumnisse des Geschädigten insbesondere im Rahmen seiner Pflicht zur Schadensminderung nach erfolgter Rechtsgutsverletzung. Bei Schäden an baulichen Anlagen sind Reparaturen aufgrund der Schadensminderungspflicht zügig und ordnungsgemäß durchzuführen, wenn die Besorgnis einer Vergrößerung des Schadens besteht. Zur Vermeidung von Produktionsausfällen oder -einschränkungen bei Gewerbebetrieben sind vor durchgreifender Instandsetzung zur Aufrechterhaltung der Produktion Provisorien hinzunehmen; auch eine Produktionsverlagerung kann, soweit möglich, zumutbar sein. Fallen bei Produktionsbetrieben wichtige Anlagen aus, ist beschleunigt für Ersatz zu sorgen. Zur Abfindung empfangene Geldbeträge müssen zur Instandsetzung verwendet werden, andernfalls sind weitere, auf die unterlassene Reparatur zurückzuführende Schäden vom Betroffenen zu verantworten. Die insoweit geltende Abweichung von dem im Schadensersatzrecht geltenden Grundsatz, wonach der Geschädigte über die Verwendung des Schadensersatzes grundsätzlich frei bestimmen kann, rechtfertigt sich aus dem Umstand, dass sich Bergbau und Grundeigentum in einem vertikalen Nachbarschaftsverhältnis befinden; die hiernach erforderliche Pflicht zur Rücksichtnahme bedeutet auf Seiten des Grundeigentümers das Verbot, die Schadensanfälligkeit des geschädigten Bauwerks durch eine unterlassene Reparatur zu steigern.

8   Der Geschädigte darf **Kredite** nur dann in Anspruch nehmen, wenn ihm der Einsatz von Eigenmitteln nicht zuzumuten ist. Grundsätzlich hat ohnehin der Schädiger die Schadensbeseitigung zu finanzieren Die Kreditkosten sind jedoch so niedrig wie möglich zu halten; auch muss der Schädiger Gelegenheit erhalten, die entstehenden Kosten durch einen Vorschuss abzuwenden (BGHZ 61, 350; im Einzelnen Palandt-Grüneberg, § 254 Rn 42). Beim Vorliegen von **Personenschäden** hat der Betroffene sich in ärztliche Behandlung zu begeben und unter bestimmten Voraussetzungen zusätzliche (auch operative) ärztliche Maßnahmen zu dulden. Die verbliebene Arbeitskraft ist zur Abwendung oder Minderung eines Erwerbsschadens zu verwenden (BGHZ 10, 20; BGH, NJW 1967, 2053). Unter Umständen muss der Geschädigte auch einen Berufswechsel vornehmen (BGHZ 10, 19) oder den Wohnsitz wechseln (BGH, VersR 62, 1100). Im Einzelnen vergleiche Palandt-Grüneberg, § 254 Rn 38. Wem nach §§ 844, 845 BGB Ersatzansprüche bei Tötung oder wegen entgangener Dienste zustehen, muss sich nach § 846 das Mitverschulden des unmittelbar Geschädigten anrechnen lassen. Wegen der Einzelheiten wird auf Kommentierungen zu § 254 BGB verwiesen.

VI. Mitwirkendes Verschulden Dritter

9   Auf die Mitverantwortung des Geschädigten findet die Vorschrift des § 278 BGB entsprechende Anwendung (§ 254 Absatz 2 Satz 2). Ungeachtet der systematischen Stellung im Gesetz wird die Verweisung jedoch auch auf § 254 Absatz 1 BGB bezogen (Ständ. Rspr. RGZ 62, 106; BGHZ l, 248; NJW 2009, 582). Da es sich bei der Bezugnahme auf § 278 BGB um eine Rechtsgrundverweisung, nicht um eine Rechtsfolgenverweisung handelt (Palandt-Grüneberg, § 254 Rn 48), ist Voraussetzung für die Anwendung das Bestehen einer vertraglichen Beziehung oder einer **rechtlichen Sonderverbindung** (Palandt-Grüneberg, aaO). Hat der Geschädigte daher eine dritte Person mit der Wahrnehmung seiner Interessen betraut und hat diese **vor Eintritt des schädigenden Ereignisses** die im Interesse des Geschädigten gebotene Sorgfalt außer Acht gelassen (z. B. mangelhafte Bauausführung, Unterlassung von Sicherungsmaßnahmen), wird dem Geschädigten deren Verhalten **nicht nach § 278 BGB zugerechnet.**

10   Nach Stellung eines auf Anpassungs- oder Sicherungsverlangens des Bauherrn (§§ 110, 111) liegt eine **rechtliche Sonderverbindung** vor. Der Bauherr hat daher insoweit für Handlungen oder Unterlassungen der von ihm mit der Wahrnehmung seiner Interessen betrauten Personen (Architekten, Bauunternehmer) einzustehen (§ 112 Rn 12). Uneingeschränkt anwendbar ist § 278 BGB auf die **Schadensabwendungs- und Schadensminderungspflicht** des § 254 Absatz 2 BGB. Zweifelhaft ist lediglich, welche Personen (noch) als Erfüllungsgehilfen im Sinne § 278 BGB betrachtet werden können. Im Einzelfalle wird es auf die Überwachungs- und Einwirkungsmöglichkeiten des Geschädigten auf dritte Personen ankommen. In der Regel genügt der Geschädigte seiner Pflicht aus § 254 Absatz 2 BGB, wenn er einen anerkannten Betrieb oder eine taugliche Fachwerkstatt mit der Reparatur des geschädigten Objekts beauftragt und, sofern notwendig, die erforderlichen Beanstandungen erhebt. Unter diesen Voraussetzungen können daher zusätzliche Schäden, die erst aufgrund oder im Zusammenhang mit der Schadensbeseitigung eintreten, dem Schädiger als

Schadensfolgen zuzurechnen sein (vgl. BGHZ 63, 182 (Autoreparaturwerk-
stätte); OLG Hamburg, VersR 1964, 1214 (Werft); RGZ 72, 219 (Arzt);
Palandt-Grüneberg, § 254 Rn 55). Eine Unterbrechung des adäquaten Ursachenzusammenhangs kommt in Betracht bei besonders groben Fehlleistungen
des vom Geschädigten beauftragten Reparaturbetriebs oder bei ärztlichem Fehl-
verhalten.

Gegenüber § 254 Absatz 2 BGB ist die Einstandspflicht des § 118 insoweit   **11**
erweitert, als bei der Beschädigung einer Sache das Verschulden desjenigen,
der die **tatsächliche Gewalt über die Sache** ausübt, dem Verschulden des
Geschädigten gleichsteht (ebenso §§ 4 HPflG, 9 StVG, 34 LuftVG).

VII. Mitwirkende Sach- oder Betriebsgefahr

Liegt auf Seiten des Geschädigten eine nach den Grundsätzen der Gefährdungs-   **12**
haftung zu verantwortende Sach- oder Betriebsgefahr vor, kommt ebenfalls eine
Anrechnung in Betracht (BGHZ 6, 319; 26, 69; Palandt-Grüneberg, § 254
Rn 60). Hierzu rechnen zum Beispiel § 2 HPflG (Inhaber einer Energieanlage)
oder die Anlagenhaftung nach § 89 Absatz 2 WHG. Wer eine Energieanlage
nach § 2 HPflG betreibt oder eine wassergefährdende Anlage nach §§ 89
Absatz 2 WHG muss sich daher eine eigene Sach- und Betriebsgefahr anrechnen
lassen, es sei denn, dass der schadenbringende Vorfall höhere Gewalt gewesen ist
(§ 2 Absatz 3 Nr. 3 HPflG; § 89 Absatz 2 Satz 2 WHG). Als **höhere Gewalt** gilt
nur ein außergewöhnliches, betriebsfremdes, von außen durch elementare
Naturkräfte oder Handlungen dritter Personen herbeigeführtes Ereignis, das
nach menschlicher Einsicht und Erfahrung nicht vorhersehbar ist und wirtschaftlich erträglichen Mitteln auch durch die äußerste, vernünftigerweise zu
erwartende Sorgfalt nicht verhütet oder unschädlich gemacht werden kann
(BGHZ 62, 351, 354). Wenn Behälter, Pumpen, Leitungen undicht werden,
handelt es sich um typische Betriebsgefahren. In Bergbaugebieten, in denen mit
Abbaueinwirkungen auf Leitungen zu rechnen ist, muss daher der Leitungs-
inhaber seinerseits durch Messungen und Beobachtungen Vorsorge gegen „Unfälle" treffen.

VIII. Abwägung der Verursachungsbeiträge

Die Abwägung der einzelnen Verursachungs- und Verschuldensbeiträge führt in   **13**
der Regel zu einer Quotelung. Abwägungskriterien sind das Gewicht der von
beiden Seiten gesetzten Schadensursachen, im minderen Umfang das Verschulden auf Seiten des Geschädigten sowie bei Abwägung verschiedener Gefährdungshaftungstatbestände das im Einzelfall wirksam gewordene Gefahrenpotenzial. Allerdings muss Vergleichbarkeit bestehen. Grundsätzlich ist davon
auszugehen, dass etwa das Gefahrenpotenzial von Anlagen, die eine Haftung
nach § 2 HPflG oder § 89 Absatz 2 WHG begründen können, umso höher zu
veranschlagen ist, als nicht regelmäßig, wie in Bergbaugebieten notwendig,
Überwachungsmaßnahmen durchgeführt werden.

IX. Beweislast

Die **Beweislast** für das Vorliegen eines Mitverschuldens nach § 254 BGB trägt   **14**
der **Schädiger** (RGZ 159, 261); der Einwand der Mitverantwortung ist von
Amts wegen zu berücksichtigen (h.M. vgl. BGH, NJW 1991, 167; BAG, NJW
1971, 1958; Palandt-Grüneberg, § 254 Rn 72). Über die maßgebenden Umstän-

de ist nach der strengen Beweisregel des § 286 ZPO zu entscheiden (hierzu § 120 Rn 2, 3). Die Grundsätze des Anscheinsbeweises finden Anwendung, (im Einzelnen: § 120 Rn 3). Die Entscheidung über die Auswirkungen eines nach § 286 ZPO festgestellten Verhaltens (auch einer Sach- oder Betriebsgefahr) auf die Bestimmung oder Höhe des Schadens geschieht nach § 287 ZPO. Die Haftungsquote ist bereits in einem Grundurteil nach § 304 ZPO festzustellen, kann aber auch dem Betragsverfahren vorbehalten bleiben, sofern feststeht, dass der Einwand den Ersatzanspruch nicht völlig beseitigt (BGHZ l, 24; 76, 400).

§ 119 Mitwirkung eines Dritten

Hat bei der Entstehung eines Bergschadens eine Ursache mitgewirkt, die die Ersatzpflicht eines Dritten auf Grund eines anderen Gesetzes begründet, haften der Ersatzpflichtige und der Dritte dem Geschädigten gegenüber als Gesamtschuldner. Es gelten
1. für den Ausgleich im Verhältnis zwischen dem nach § 115 Ersatzpflichtigen und dem Dritten § 115 Abs. 2 Satz 2 und
2. für die Ersatzpflicht gegenüber dem Geschädigten § 115 Abs. 3

entsprechend. Der Ersatzpflichtige ist jedoch nicht verpflichtet, über die Haftungshöchstbeträge des § 117 hinaus Ersatz zu leisten.

Übersicht   Rn

I.   Zweck und Inhalt der Regelung   1
II.   Anwendungsfälle   2
III. Ausgleichsanspruch unter den Gesamtschuldnern (Satz 2 Nr. 1)   3
IV.   Bergschadenverzicht (Satz 2 Nr. 2)   4
V.   Haftungshöchstbeträge (Satz 3)   5
VI.   Verjährung   6

I. Zweck und Inhalt der Regelung

1 Die Vorschrift trifft eine Regelung bei **selbstständiger Verursachung desselben Schadens** durch unterschiedliche Schädiger. Zwischen diesen entsteht ein **Gesamtschuldverhältnis** mit der Folge, dass der Geschädigte von jedem der Beteiligten nach seinem Belieben ganz oder teilweise Ersatz verlangen kann, insgesamt jedoch nur einmal (§ 421 BGB). Inhaltlich entspricht § 119 damit § 840 BGB (sog. Nebentäterschaft im Gegensatz zur Mittäterschaft nach § 830 BGB). Nach dieser Bestimmung haften mehrere für eine unerlaubte Handlung Verantwortliche ebenfalls als Gesamtschuldner, wobei der Begriff der unerlaubten Handlung seit jeher im weitesten Sinne verstanden wurde, also auch Tatbestände des vermuteten Verschuldens oder der Gefährdungshaftung einschloss (RHG: RGZ 58. 335; 61, 56. LuftVG: RGZ 158, 34). Nicht als unerlaubte Handlung wurden die Haftungstatbestände der Aufopferung (RGZ 167, 39 zu § 909 BGB), aber auch der Anspruch aus § 148 ABG angesehen (RGZ 67, 273). Während der Regierungsentwurf die Entstehung einer Gesamtschuld noch auf verschuldensunabhängige Haftungen beschränkt hatte, ist im Zuge der Gesetzesberatungen diese Einschränkung aufgegeben worden (WiA/BT-Drs 8/3965, 73 f., 142 = Zydek, 444). Verursachungsbeiträge Dritter, die neben dem Bergbaubetrieb denselben Schaden herbeigeführt haben, führen daher nunmehr zur Entstehung eines Gesamtschuldverhältnisses unabhängig davon, ob der Dritte aus Gefährdung, Verschulden oder vermutetem Verschulden haftet.

Unter **Bergschaden** ist auch in § 119 – wie in § 118 – die **Rechtsgutverletzung** (Tod, Körperverletzung, Substanzschaden) gemäß Legaldefinition in § 114 Absatz 1 und der **Schaden im Rechtssinne** (vgl. § 118 Rn 1).

II. Anwendungsfälle

Damit können parallel nunmehr neben dem Bergbaubetrieb der Bahnbetriebs- **2** unternehmer (§ 1 HPflG), der Inhaber einer Energieanlage (§ 2 HPflG), der nach § 89 WHG Verantwortliche ebenso haftbar sein, wie – wenn auch wohl nur theoretisch – der Kraftfahrzeughalter (§ 7 StVG) oder der Tierhalter (§ 833 BGB). Als Nebentäter kommt ferner in Betracht der deliktisch nach §§ 823 ff. BGB Haftende, aber auch der Staat nach Artikel 34 GG (BGHZ 9, 65) bei Amtspflichtverletzung. § 119 schafft keine Anspruchsgrundlage, sondern setzt die Haftung des anderen (Dritten) voraus.

III. Ausgleichsanspruch unter den Gesamtschuldnern (Satz 2 Nr. 1)

Nach dem für das Gesamtschuldverhältnis geltenden Grundsatz ist jeder **3** Gesamtschuldner verpflichtet, die ganze Leistung an den Schuldner zu bewirken. Der Schuldner kann sie aber nur einmal fordern (§ 421 BGB). Nach § 426 Absatz 1 BGB (Ausgleichungspflicht) sind die Gesamtschuldner im Verhältnis zueinander zu gleichen Anteilen verpflichtet, soweit nichts anderes bestimmt ist. Eine solche andere Bestimmung trifft **Satz 2 Nr. 1** mit seiner **Verweisung auf** § 115 Absatz 2 Satz 2. In dieser für die gesamtschuldnerische Haftung mehrerer Bergbaubetriebe geltenden Regelung festgelegt, dass der Anteil des von den Beteiligten zu leistenden Ersatzes davon abhängt, inwieweit der Bergschaden vorwiegend von dem einen oder anderen Bergbaubetrieb verursacht worden ist. Im Zweifel, d.h. wenn sich die Verursachungsbeiträge nicht feststellen lassen, entfallen auf die beteiligten Bergbaubetriebe gleiche Anteile. Damit wird eine **Abwägung der Verursachungsbeiträge** der parallel Haftenden angeordnet (ebenso wie in § 13 Absatz 1 HPflG, § 42 Absatz 1 LuftVG und § 17 Absatz 2 StVG). Abzuwägen sind danach die Verursachungsbeiträge der nebeneinander Verantwortlichen, bei Gefährdungshaftungstatbeständen also insbesondere eine mitwirkende Sach- oder Betriebsgefahr. Trifft den Geschädigten eine mitwirkende Verantwortung, ist nach § 254 BGB eine Eigenquote zulasten des Geschädigten zu bilden.

IV. Bergschadenverzicht (Satz 2 Nr. 2)

Ein zwischen dem Ersatzpflichtigen, d.h. dem Bergbauunternehmer, und dem **4** Geschädigten bestehender Bergschadenverzicht wird nach Satz 1 Nr. 2 durch entsprechende **Anwendung von** § 115 Absatz 3 berücksichtigt. Die Vorschrift statuiert bei gesamtschuldnerischer Haftung mehrerer Bergbaubetriebe in einem solchen Fall eines **gestörten Gesamtschuldnerausgleichs** eine Haftungsfreistellung der anderen Bergbaubetriebe in Höhe des Verursachungsanteils des verzichtbegünstigten Bergbaubetriebs. Aufgrund entsprechender Anwendung im Bereich des § 119 wird der Anspruch des Geschädigten bei gemeinsamer Verursachung durch einen Bergbaubetrieb und einen Dritten von vornherein um den Haftungsanteil des verzichtbegünstigten Bergbaubetriebs gekürzt (vgl. hierzu auch Palandt-Grüneberg, § 426 Rn 18).

V. Haftungshöchstbeträge (Satz 3)

5 Nach Satz 2 ist der Ersatzpflichtige, d. h. der Bergbauunternehmer, nicht verpflichtet, über die Haftungshöchstbeträge des § 117 hinaus Ersatz zu leisten. Ein
über die Haftungshöchstbeträge hinausgehender Schaden kann mithin entgegen
§ 421 BGB gegenüber dem ersatzpflichtigen Bergbaubetrieb nicht durchgesetzt
werden. Das gilt auch für das Innenverhältnis der Gesamtschuldner untereinander (ebenso Boldt/Weller, Rn 11).

VI. Verjährung

6 Die Verjährung, deren Neubeginn, Hemmung und Ablaufhemmung gelten nur
für und gegen den Gesamtschuldner, in deren Person sie eintreten. Das ergibt
sich aus § 425 BGB. Die Ansprüche des Gläubigers gegenüber dem Bergbaubetrieb (Ersatzpflichtigen) und dem Dritten sind zwar zu einer Gesamtschuld
verbunden, sind aber selbstständige Forderungen und können sich daher unterschiedlich entwickeln (Palandt-Grüneberg, § 425 Rn 1).

§ 120 Bergschadensvermutung

**(1) Entsteht im Einwirkungsbereich der untertägigen Aufsuchung oder Gewin-
nung eines Bergbaubetriebes durch Senkungen, Pressungen oder Zerrungen
der Oberfläche oder durch Erdrisse ein Schaden, der seiner Art nach ein
Bergschaden sein kann, so wird vermutet, daß der Schaden durch diesen
Bergbaubetrieb verursacht worden ist. Dies gilt nicht, wenn feststeht, daß
1. der Schaden durch einen offensichtlichen Baumangel oder eine baurechtswidrige Nutzung verursacht sein kann oder
2. die Senkungen, Pressungen, Zerrungen oder Erdrisse
   a) durch natürlich bedingte geologische oder hydrologische Gegebenhei-
      ten oder Veränderungen des Baugrundes oder
   b) von einem Dritten verursacht sein können, der, ohne Bodenschätze
      untertägig aufzusuchen oder zu gewinnen, im Einwirkungsbereich des
      Bergbaubetriebes auf die Oberfläche eingewirkt hat.**

**(2) Wer sich wegen eines Schadens an einer baulichen Anlage auf eine Berg-
schadensvermutung beruft, hat dem Ersatzpflichtigen auf Verlangen Einsicht in
die Baugenehmigung und die dazugehörigen Unterlagen für diese bauliche
Anlage sowie bei Anlagen, für die wiederkehrende Prüfungen vorgeschrieben
sind, auch Einsicht in die Prüfunterlagen zu gewähren oder zu ermöglichen.**

Übersicht   Rn

I.   Vorbemerkung   1
1.   Einführung   1
2.   Beweislast im Haftpflichtprozeß   4
      a) Allgemeine Grundsätze   4
      b) Beweis des ersten Anscheins   6
3.   Bergschadensprozess   7

II.   Inhalt der Bergschadensvermutung (Absatz 1)   8
1.   Struktur der Regelung   8
2.   Anwendungsvoraussetzungen der Vermutung   11
      a) Einwirkungsbereich   12
      b) Bodenverformungen   15
      c) Äußeres Erscheinungsbild eines Bergschadens   16

III.   Erschütterung der Vermutung (Absatz 1 Satz 2) 17
1.   Bergbaufremde Einwirkungen 17
    a)   Offensichtlicher Baumangel (Satz 2 Nr. 1) 18
    b)   Baurechtswidrige Nutzung (Satz 2 Nr. 1)   19
    c)   Natürlich bedingte geologische oder hydrologische Gegebenheiten oder
        Veränderungen des Baugrundes   20
    d)   Von Dritten verursachte Einwirkungen   21
2.   Beweisanforderungen   22
IV.   Einsicht in die Bauunterlagen (Absatz 2) 24
V.   Altfälle/Geltung in den neuen Bundesländern 25

I.   Vorbemerkung

1.   Einführung

Die Vorschrift begründet für den Fall eines Rechtsstreits über den Ersatz von   **1**
Schäden aus Maßnahmen der **untertägigen Aufsuchung und Gewinnung**
zugunsten des Geschädigten (Klägers) durch Einführung einer Vermutung eine
Beweiserleichterung. Für den Fall, dass sich die Ursache für einen Sachsubstanzschaden an einer baulichen Anlage im Bergschadensprozess nicht, auch nicht
durch Sachverständigenbeweis einwandfrei klären lässt, die Beweislage also
offen bleibt (sog. non liquet), soll dies nicht zu Lasten des Klägers gehen, sofern
die Anwendungsvoraussetzungen der Vermutung vorliegen.

Die Einführung einer Bergschadensvermutung war nicht unumstritten (vgl. P. J.   **2**
Heinemann, DB 1973, 315, 317 zum Referentenentwurf; Börner, Abwägungsdefizit, 42; andererseits H. Schulte, ZRP 1979, 173; derselbe, NJW 1981, 88. S.
auch Boldt/Weller, § 120 Rn 4, Nölscher, NJW 1981, 2039). Nach den Gesetzesmaterialien sollte die Bergschadensvermutung der **schwierigen Beweissituation**
des Geschädigten abhelfen (BT-Drs 8/1315, 144 = Zydek, 446; BT-Drs 8/3965,
142 = Zydek, 448), der sich auch in ausgesprochenen Bergbaugebieten nicht auf
den **Beweis des ersten Anscheins** berufen könne (prima facie-Beweis – vgl. unten
Rn 6). Die Bergschadensvermutung wurde erkennbar in Anlehnung an die von
der Rechtsprechung entwickelten, seinerzeit gültigen Grundsätze des Arzt- und
Produkthaftungsrechts konzipiert.

Eine größere **praktische Bedeutung** hat die Bergschadensvermutung seit ihrer   **3**
Einführung nicht erlangt. Die in Bergschadensprozessen von den Gerichten
beauftragten Sachverständigen kommen an Hand der vorliegenden Tatsachen
(Art der Bodenbewegungen, Art und Umfang der Beschädigungen usw.) nahezu
immer zu einer eindeutigen Aussage, indem sie den beklagten Bergbaubetrieb als
Schadensverursacher benennen oder andere Umstände als Ursachen für den
Substanzschaden identifizieren. Die große Sorge des Steinkohlenbergbaus, ins-
besondere Baumängel könnten ihm in größerer Zahl als **Pseudobergschäden**
(Begriff nach Boldt/Weller, § 120 Rn 15) angelastet werden, hat sich nicht als
begründet herausgestellt.

2.   Beweislast im Haftpflichtprozess

a) Allgemeine Grundsätze. Im Haftpflichtrecht hat der Geschädigte alle Tat-   **4**
bestandsvoraussetzungen darzulegen und – im Falle des Bestreitens durch den
Gegner – auch zu beweisen, die den geltend gemachten Anspruch stützen. Er
muss den haftungsbegründenden Sachverhalt zur Überzeugung des Gerichts voll
aufklären. Damit trifft ihn auch die **Beweislast** für den **ursächlichen Zusammenhang** zwischen einer Handlung (den Auswirkungen eines Betriebs oder einer

Anlage) und dem schädigenden Ersterfolg, der zur Haftung führt (**konkreter Haftungsgrund oder haftungsbegründende Kausalität**). Weiterhin trifft ihn die Darlegungs- und Beweislast für den Kausalzusammenhang zwischen Verletzungserfolg und Schaden im Rechtssinne sowie weiteren Folgeschäden (**haftungsausfüllende Kausalität**).

5   Für den Beweis des **konkreten Haftungsgrundes** (haftungsbegründende Kausalität) gilt die strenge Beweisregel des § 286 ZPO: Danach muss zur Überzeugung des Richters feststehen, dass die behauptete Tatsache wahr ist, eine bestimmte Handlung (der Betrieb einer Anlage usw.) den ersten Verletzungserfolg, also Tod, Körperverletzung oder Sachbeschädigung (vgl. BGH 4, 192, 196; BGHZ 58, 48, 53; BVerfG, NJW 1979, 413, 414) auch tatsächlich kausal herbeigeführt hat. Ist der konkrete Haftungsgrund **erwiesen**, kann das Gericht über die **Entstehung und Höhe des Schadens** (einschließlich der **haftungsausfüllenden Kausalität**) unter Würdigung aller Umstände gemäß § 287 ZPO nach freier Überzeugung entscheiden (vgl. BGH, VersR 1978, 283 m. w. N.).

6   b) **Beweis des ersten Anscheins.** Für den Beweis des **konkreten Haftungsgrundes** genügt auch der Beweis des ersten Anscheins – sog. **prima facie-Beweis** (vgl. hierzu Palandt-Grüneberg, Vor § 249 Rn 130 f.). Nach den Grundsätzen des Anscheinsbeweises ist es ausreichend, wenn der Geschädigte Tatsachen vorträgt und beweist, die nach der Lebenserfahrung auf eine bestimmte Ursache oder einen bestimmten Ablauf hinweisen. Der Sachverhalt gilt in diesem Falle als bewiesen. Die Wirkung des Anscheinsbeweises entfällt, wenn der Gegner seinerseits Tatsachen vorträgt und beweist, die die ernstliche Möglichkeit eines atypischen Geschehensablaufs aufzeigen. In diesem Falle trifft den Beweisführer wieder die volle Beweislast. Welche Tatsachen genügen, um ernsthaft einen atypischen Ablauf wahrscheinlich zu machen, unterliegt der freien Beweiswürdigung nach § 287 ZPO. Ein Anscheinsbeweis ist auch möglich im Bereich der **haftungsausfüllenden Kausalität**, also bei dem Kausalzusammenhang zwischen Verletzungserfolg und Schaden im Rechtssinne bzw. Folgeschaden.

3.   Bergschadensprozess

7   Die vorstehend genannten Prinzipien gelten grundsätzlich auch für die Beweisführungspflicht im Bergschadensprozess. Der Beweisführer (Geschädigter und Kläger im Zivilrechtsstreit) hat also den **konkreten Haftungsgrund** nach § 286 ZPO im Wege des strengeren Beweises, d. h. zur Überzeugung des Richters von der Wahrheit der behaupteten Tatsachen, zu erbringen, während ihm wegen der weiteren zu seinen Ansprüchen führenden Voraussetzungen die Beweiserleichterung des § 287 ZPO zugute kommt.

II.   Inhalt der Bergschadensvermutung (Absatz 1)

1.   Struktur der Regelung

8   Von den oben (Rn 4 ff.) beschriebenen Grundsätzen des Beweisrechts des geltenden Haftpflichtrechts macht das Gesetz in § 120 eine – im Zeitpunkt seines Inkrafttretens – **neuartige Ausnahme,** indem es als Vollbeweis für den Ursachenzusammenhang zwischen Betriebshandlung und schädigendem Ersterfolg (**konkreter Haftungsgrund**) unter bestimmten Voraussetzungen eine „*Vermutung*" ausreichend sein lässt: Entsteht im Einwirkungsbereich der **untertägigen Aufsuchung und Gewinnung** an einem Gebäude oder einer sonstigen baulichen Anlage eine Substanzbeschädigung (nach § 120: „*Schaden*"), der durch bestimmte Bodenbewegungen verursacht worden ist und seiner Art nach ein

Bergschaden sein kann, so wird von dem **äußeren Erscheinungsbild** dieser Beschädigung auf den **Bergbaubetrieb als Verursacher** geschlossen. Ursachen-vermutungen für den konkreten Haftungsgrund finden sich inzwischen auch in § 6 Umwelthaftungsgesetz (UmwHG) vom 10.12.1990 (BGBl I, 2634) und in § 34 Gentechnikgesetz vom 16.12.1993 (BGBl I, 2066)

Die Vermutung erstreckt sich **nicht** auf die **Person des Ersatzpflichtigen**, sondern **9** nur auf den Betrieb, in dessen Einwirkungsbereich (hierzu unten Rn 12) die Beschädigung festgestellt worden ist (Amtliche Begründung, BT-Drs 8/1315, 145⁻ = Zydek, 447, Boldt/Weller, § 120 Rn 14). Für den Zeitpunkt der Verursachung bleibt daher der Geschädigte nach den allgemeinen Beweisregeln voll beweis-pflichtig. Das kann von Bedeutung sein, wenn in dem in Betracht kommenden Zeitraum für eine Schadensverursachung mehrere Unternehmer als Betreiber eines Bergbaubetriebs infrage kommen.

Aufgrund des § 120 ergibt sich gegenüber den allgemeinen Regeln eine **Ände-** **10** **rung** bei den **Anforderungen an die Darlegungs- und Beweislast.** Die Darle-gungslast des Geschädigten ist begrenzt auf den Vortrag der Tatsachen, die § 120 für das Eingreifen der Vermutung festlegt. Für die Tatsachen, die zu den Anwendungsvoraussetzungen der Vermutung gehören, muss er Beweis anbieten. Gelingt ihm dieser Beweis, greift die Vermutung im Hinblick auf die Kausalität ein. Der Rechtsstreit kann dann entschieden werden, ohne dass es weiterer Aufklärung bedarf. Der beklagte Unternehmer kann sich gegen das Eingreifen der Bergschadensvermutung wehren, indem er Tatsachen für die **wirkliche Ursache** darlegt und deren Umfang beweist oder die Vermutung unter Hinweis auf das Vorliegen bergbaufremder Ursachen entsprechend Absatz 1 Satz 2 ent-kräftet. Nach ihrer Struktur erscheint die Bergschadensvermutung des § 120 wie ein in **Gesetzesform gekleideter Beweis des ersten Anscheins.**

2. Anwendungsvoraussetzungen der Vermutung

Damit die Bergschadensvermutung eingreift, müssen **drei Voraussetzungen** vor- **11** liegen:
– Der Schaden muss im **Einwirkungsbereich** der **untertägigen Aufsuchung oder Gewinnung** entstanden sein (Rn 12–14)
– Es müssen **Bodenverformungen** (Senkungen, Pressungen, Zerrungen oder Erdrisse) vorliegen, die auf die bauliche Anlage eingewirkt und den Schaden verursacht haben (Rn 15)
– Der Schaden muss **seiner Art nach ein Bergschaden** sein können (Rn 16).
Für das Vorliegen dieser Voraussetzungen hat der Geschädigte den **Vollbeweis** nach § 286 ZPO zu erbringen (vgl. aber Rn 15).

a) **Einwirkungsbereich.** Der Beweisführer (Geschädigte und Kläger) muss **12** zunächst darlegen und beweisen, dass im **Einwirkungsbereich** eines Bergbau-betriebs, der eine **untertägige Aufsuchung und Gewinnung** betreibt, ein Schaden entstanden ist. Das Tatbestandsmerkmal **Schaden** ist hier neutral im Sinne des allgemeinen Sprachgebrauchs, also als **Substanzbeschädigung** einer baulichen Anlage, zu verstehen. Zu den **baulichen Anlagen** gehören sämtliche aus Bau-stoffen und Bauteilen künstlich hergestellte Anlagen, unabhängig davon, ob sie sich auf oder unter der Erde befinden, also Gebäude, Leitungen, Verkehrs-anlagen usw. Die Definitionen der Landesbauordnungen können ergänzend herangezogen werden.

Bei der Feststellung des **Einwirkungsbereichs** eines Aufsuchungs- oder Gewin- **13** nungsbetriebs können dem Geschädigten (Kläger) die Regelungen der vom Bundeswirtschaftsminister erlassenen **Einwirkungsbergverordnung** helfen (vgl.

Artikel 2 der Verordnung über bergbauliche Unterlagen, Einwirkungsbereiche und die Bergbau-Versuchsstrecke (EinwirkungsBergV) vom 11.11.1982, (BGBl I, 1553, 1558 = ZfB 124 (1983), 1, 17; Rechtsgrundlage: § 67 Nr. 7 BBergG). Die Bedeutung der Verordnung für die Anwendung der Bergschadensvermutung wird in deren Begründung mehrfach hervorgehoben (ZfB, aaO, 18, 19). Die Verordnung bestimmt den Einwirkungsbereich mit Hilfe sog. Einwirkungswinkel, die sich an den Besonderheiten der einzelnen Bergbauzweige orientieren. Befindet sich das geschädigte Objekt außerhalb eines nach Maßgabe der Verordnung beschriebenen Einwirkungsbereichs, können auch Hilfstatsachen vorgetragen werden, die einen Schluss auf die Lage innerhalb des Einwirkungsbereichs zulassen (z. B. Bergschädenregulierungen in unmittelbarer Nähe des beschädigten Objekts). Der Geschädigte kann ferner in das Grubenbild einsehen (§ 63 Absatz 4). Art und Umfang der bergbaulichen Einwirkung auf die Oberfläche lassen sich mit Hilfe kontinuierlicher Messungen, vor allem Höhenmessungen (Nivellements), feststellen, die der Bergbehörde unverzüglich einzureichen sind (§ 125 Absatz 1). Für die Einsicht in diese Messergebnisse gilt § 63 Absatz 4 (Grubenbildeinsicht) entsprechend (§ 125 Absatz 1). Eingehend zum Einwirkungsbereich und dessen Feststellung Kratzsch, Bergschadenkunde, 539. Vgl. ferner Boldt/Weller, § 120 Rn 10.

14 Als potenzieller Verursacher eines Schadens kommt nur ein **untertägiger Aufsuchungs- oder Gewinnungsbetrieb** in Betracht. Nach der vorstehend (Rn 12) erwähnten EinwirkungsBergV werden Einwirkungswinkel bestimmt für die Bergbauzweige Braunkohlentiefbau, Eisenerzbergbau, Fluss- und Schwerspatbergbau, Steinkohlen-, Steinsalz- und Tonbergbau (vgl. Liste der Einwirkungswinkel gemäß Anlage zur EinwirkungsBergV, ZfB 124 (1983), 9). Die Liste enthält die in der Praxis für die Anwendung des § 120 in Betracht kommenden untertägigen Gewinnungsbetriebe. Die Vorschrift gilt nach ihrem insoweit eindeutigen Wortlaut **nicht** beim **Übertagebergbau** (WiA/BT-Drs 8/3965/143 zu § 118 = Zydek, 449). Damit gilt die Bergschadensvermutung nicht bei der Braunkohle, obwohl sich auch dort aufgrund des großflächigen Grundwasserentzuges örtlich begrenzt schädliche Senkungsunterschiede (Stufen, Schieflagen, Krümmungen) ausbilden können. Um der möglicherweise schwierigen Beweissituation der Grundeigentümer zu begegnen, sind im rheinischen Braunkohlenrevier Kriterien für die Wahrscheinlichkeit eines Bergschadens im Tagebauvorfeld entwickelt und Beweiserleichterungen zugesagt worden (im Einzelnen Kratzsch, Bergschadenkunde, 544 f.). Ob § 120 für die Aufsuchung und Gewinnung von Erdöl und Erdgas mit Hilfe von Bohrlöchern gilt, kann zweifelhaft sein (vgl. Nölscher, NJW 1981, 2039, 2040; Boldt/Weller, § 120 Rn 9). Die Aussolung von Salzstöcken durch Bohreinrichtungen dürfte der untertägigen Gewinnung zuzurechnen sein, da es auf den untertägigen Maschineneinsatz „vor Ort", nicht auf den Soletransport nach Übertage ankommt.

15 b) **Bodenverformungen.** Es müssen Bodenverformungen (Senkungen, Zerrungen oder Pressungen der Oberfläche oder Erdrisse) vorliegen, und die Beschädigung muss durch diese Verformungen entstanden sein. Für den Ursachenzusammenhang zwischen Bodenverformungen und Beschädigung ist der Geschädigte in vollem Umfange nach § 286 ZPO beweispflichtig (vgl. oben Rn 5).

16 c) **Äußeres Erscheinungsbild eines Bergschadens.** Die Beschädigung muss **ihrer Art nach ein Bergschaden** sein, also nach ihrem äußeren Erscheinungsbild so aussehen, wie Objektschäden als Folge einer bergbaubedingten Veränderung des Baugrundes aussehen können (Amtl. Begr., BT-Drs 8/1315, 145 = Zydek, 447). Das ist z. B. nicht der Fall bei Rissen in Gebäudewänden, die atypisch erst in der Mitte der Wand beginnen sich nach oben fortsetzen (Vermutung für Baumängel). Weitere Beispiele: Starker Rost im Bereich der Bruchstelle einer Rohrleitung oder Schäden an einem Gebäude bei Fäulnis von tragenden hölzernen Bauteilen (Beispiele nach Boldt/Weller, § 120 Rn 13). Dass es sich nach dem Schadensbild um einen Bergschaden handeln kann, ist bereits das Ergebnis einer richterlichen Wertung, die mangels richterlicher Erfahrung nur auf der Grundlage sachverständiger Äußerung ergehen kann. Im Beweisbeschluss muss daher zweckmäßigerweise dem Sachverständigen die Frage gestellt werden, ob das in Rede stehende äußere Schadensbild durch eine bergbauliche Einwirkung herbeigeführt worden sein kann.

III. Erschütterung der Vermutung (Absatz 1 Satz 2)

1. Bergbaufremde Einwirkungen

Der Beweisgegner (beklagter Bergbauunternehmer) kann den durch die „Vermutung" zunächst als festgestellt zu betrachtenden Kausalzusammenhang zwischen Betrieb und Beschädigung dadurch zu erschüttern versuchen, dass er Tatsachen behauptet, die einen anderen Ablauf nahelegen (Absatz 1 Satz 2). Satz 2 des Absatz 1 nennt denkbare bergbaufremde Ursachen für Beschädigungen an Gebäuden oder Anlagen, die die Bergschadensvermutung erschüttern. **17**

a) **Offensichtlicher Baumangel (Satz 2 Nr. 1).** Der Gegner (beklagte Bergbauunternehmer) kann zum Beispiel einen **offensichtlichen Baumangel** behaupten (Nr. l). Die Einschränkung, dass es sich um einen „offensichtlichen" Baumangel handeln müsse, dürfte nicht die Bedeutung haben, dass sich der Gegner auf einen versteckten Baumangel nicht sollte berufen dürfen. Bei entsprechendem Beweisangebot muss der Richter Beweis erheben, und zwar durch Sachverständigenbeweis (anders Boldt/Weller, § 120 Rn 19). Die Vorschrift enthält eher eine Art **Beweiswürdigungsregel:** Der Richter soll bei einem graduell **unbedeutenden** oder **nicht sofort erkennbaren** Baumangel die Vermutung als nicht widerlegt betrachten können. Die Einschränkung ist an sich entbehrlich; denn ein erwiesener Baumangel muss auch grundsätzlich geeignet sein, einen Substanzschaden wie den im Streit befindlichen zu verursachen. **18**

b) **Baurechtswidrige Nutzung (Satz 2 Nr. 1).** Sie liegt an sich vor, wenn eine Anlage unter Verletzung materiell- oder formellrechtlicher Vorschriften des Planungs-, Bau- oder Bauordnungsrechts errichtet wurde. Jedoch sollen derartige Verstöße gegen Baurecht nach dem Sinn der Vorschrift nur dann zur Erschütterung der Vermutung führen, wenn sie generell geeignet waren, einen Schaden wie den behaupteten zu verursachen. Die Vorschrift will etwaige Verstöße gegen Baurecht nicht pönalisieren, sondern die Widerlegbarkeit einer Kausalitätsvermutung regeln. **19**

c) **Natürlich bedingte geologische oder hydrologische Gegebenheiten oder Veränderungen des Baugrundes.** Diese können ebenfalls als Ursache von Schäden an baulichen Anlagen in Betracht kommen (Satz 2 Nr. 2a). Das Wort „Gegebenheiten" ist erst während der Gesetzesberatungen in den Text eingefügt worden (WiA/BT-Drs 8/3965, 74, 143 = Zydek, 448 f.). Die Standsicherheit einer baulichen Anlage beruht entscheidend auf der einwandfreien Gründung. Die Gründung wiederum ist von der Beschaffenheit des Baugrundes (Boden- oder Gesteinsart, geologische Schichtenbildung) abhängig. Hydrologische Gegebenheiten oder Veränderungen des Baugrundes können vornehmlich durch die Grundwasserverhältnisse beeinflusst werden. Bei Schwanken des Grundwasserspiegels können die Baustoffe in ihrer Festigkeit gemindert werden; denkbar ist ferner, dass sie durch die Aggressivität des Grundwassers beeinträchtigt werden. In Betracht kommen aber auch geologisch bedingte Erdstöße, Erdrutsche, **20**

Erschütterungen durch Erdbeben oder ähnliche natürliche Erscheinungen (BT-Drs 8/1315, 144 = Zydek, 446). Weitere Beispiele bei Boldt/Weller, § 120 Rn 19.

21   **d) Von Dritten verursachte Einwirkungen.** Solche Einwirkungen auf die Erdoberfläche (Satz 2 Nr. 2 b) können aus Tunnelbauten, Absenkungen von Grundwasser, Erdarbeiten bei Bauvorhaben, Errichten baulicher Anlagen entgegen den Regeln der Bautechnik (BT-Drs 8/1315, 144 = Zydek, 446) herrühren. Hierzu gehört auch, dass bei unterschiedlicher Höhenlage der Gründungssohle zweier unmittelbar aneinander grenzender baulicher Anlagen horizontale Kräfte von der Nachbaranlage einwirken, ferner Pressungserscheinungen durch unsachgemäße Gründung. Weiterer Beispielsfall: Gebäudeschäden in unmittelbarer Nähe einer mit Schwerlastverkehr stark befahrenen Straße.

2.   Beweisanforderungen

22   Nach dem Wortlaut der Bestimmung ist unklar, ob die Verursachung der Beschädigung durch andere Umstände oder Handlungen zur Überzeugung des Richters **feststehen** muss (*„wenn feststeht"*), oder ob die **bloße Möglichkeit** einer bergbaufremden Verursachung ausreicht (*„sein kann"* bzw. *„sein können"*). Im logischen Sinne kann ein bloß hypothetischer Geschehensablauf nicht feststehen. Daher gilt, dass der Beweisgegner (Bergbauunternehmer) Tatsachen, die auf eine **bergbaufremde** Verursachung hindeuten, darzulegen und im Falle des Bestreitens **zu beweisen** hat. Er muss also den Beweis dafür führen, dass ein Baumangel oder eine baurechtswidrige Nutzung vorlagen (Nr. 1) oder andere denkbare Ursachen (oben Rn 16 f.) den Substanzschaden herbeigeführt haben.

23   Diese **Tatsachen** müssen **feststehen**. § 120 Absatz 1 Satz 1 enthält insoweit eine – inhaltlich mit § 286 ZPO deckungsgleiche – **sachlich-rechtliche** Beweisregel. Sind die Tatsachen nach der Überzeugung des Richters erwiesen, ist der Schluss von ihnen auf die Beschädigung im Sinne eines andersartigen Kausalverlaufs wiederum eine Frage der richterlichen Würdigung: Die erwiesenen Tatsachen müssen **generell geeignet** sein, einen Schaden dieser Art herbeizuführen. Ähnlich wie bei einem Anscheinsbeweis (oben Rn 3) muss die **ernsthafte Möglichkeit** einer bergbaufremden Verursachung bestehen. Ein **voller Gegenbeweis** ist mithin **nicht erforderlich** (in diesem Sinne wohl auch Boldt/Weller, § 120 Rn 15). Ist die ernsthafte Möglichkeit einer bergbaufremden Verursachung aufgrund erwiesener Tatsachen aufgezeigt, trifft den Beweisführer die volle Beweislast. Gelingt ihm dann nicht der Beweis der Ursächlichkeit des Bergbaus für den eingetretenen Schaden, ist die Klage auf Schadensersatz abzuweisen.

IV.   Einsicht in die Bauunterlagen (Absatz 2)

24   Wer sich wegen eines Schadens an einer baulichen Anlage auf die Bergschadensvermutung beruft, hat dem Ersatzpflichtigen **Einsicht in die Bauunterlagen** zu gewähren (Absatz 2). Damit wird zusätzlich die „Waffengleichheit" zwischen Geschädigtem und Schädiger wiederhergestellt. Ist der Geschädigte nicht bereit oder ist es ihm nicht möglich, dem in Anspruch genommenen Unternehmer Einsicht in die in Absatz 2 genannten Unterlagen zu gewähren, ist er generell gehindert, die Vermutungsfolge, nämlich die Verursachung des Schadens durch den Unternehmer, für sich in Anspruch zu nehmen. Insbesondere bei älteren baulichen Anlagen, für die Bauunterlagen nicht mehr bestehen oder untergegangen sind, führt dies zum Ausschluss der Bergschadensvermutung. Die Anlagen, bei denen **wiederkehrende Prüfungen** vorgeschrieben sind, ergeben sich aus den jeweiligen Vorschriften des speziellen Rechts. Hierzu rechnen z.B. Personen- und Lastenaufzüge, Kessel, Schornsteine (Beispiele nach Boldt/Weller, § 120

Rn 27), unterirdisch verlegte Öltanks und andere Anlagen. Die Notwendigkeit wiederkehrender Prüfungen kann sich unmittelbar aus öffentlich-rechtlichen Vorschriften oder aus dem Inhalt von Zulassungs- oder Genehmigungbescheiden ergeben. Auch für diese Anlagen ist Einsicht in die Bau- und Prüfungsunterlagen zu gewähren (Boldt/Weller, § 120 Rn 24).

V. Altfälle/Geltung in den neuen Bundesländern

Für Schäden, die ausschließlich **vor dem Inkrafttreten des BBergG** (1.1.1982)   **25** verursacht worden sind, gilt die Bergschadensvermutung nicht (§ 170). Für derartige Schäden sind die bis zum Datum des Inkrafttretens des BBergG geltenden Vorschriften anzuwenden, die eine solche Vermutung nicht kennen. Die Verweisung der Geschädigten in diesen Fällen auf das früher geltende Recht ist mit Rücksicht auf die durch das BBergG eingeführte Haftungsverschärfung vorgenommen worden (BT-Drs 8/1315, 170 = Zydek, 617).

In den **neuen Bundesländern** gilt die Bergschadensvermutung des § 120 nur für   **26** solche Schäden, die ausschließlich ab dem Tag des Wirksamwerdens des Beitritts verursacht worden sind (vgl. Einigungsvertrag vom 31. August 1990 Anlage 1 Kapitel V Sachgebiet D, Abschnitt III Nr. 1, Buchstabe k (BGBl II, 889), abgedruckt auch in ZfB 132 (1991), 1 ff.). Hiernach müssen die als Schadensursache in Betracht kommenden Betriebshandlungen nach dem 3. Oktober 1990 stattgefunden haben, damit die Bergschadensvermutung zur Anwendung gelangen kann.

§ 121   Verhältnis zu anderen Vorschriften

Unberührt bleiben gesetzliche Vorschriften, nach denen für einen Schaden im Sinne des § 114 in weiterem Umfang als nach den Vorschriften dieses Abschnitts gehaftet wird oder nach denen ein anderer für den Schaden verantwortlich ist.

Übersicht   Rn

I.   Einführung   1
II.   Verhältnis zu § 89 WHG   4
III. Spezialgesetzliche Haftungstatbestände   7
IV.   Verkehrssicherungspflicht   8
V.   Verhältnis zu § 1 UmweltHG   9
VI.   Verhältnis zu § 906 Absatz 2 Satz 2 BGB   10

I.   Einführung

Die Vorschrift des § 121 dient der Klarstellung. Sie gilt nicht für sonstige   **1** Schäden, die nach § 114 Absatz 2 keine Bergschäden sind. Bei diesen stellt sich das Problem des Verhältnisses zu § 114 gar nicht erst. Die Klarstellung des § 121 geht in zwei Richtungen: die Haftung des Bergbauunternehmers aufgrund anderer Vorschriften als § 114 bleibt bestehen und die Haftung anderer („Dritter") für Schäden, die durch einen Bergbaubetrieb verursacht sind, bleibt ebenfalls bestehen, wenn sie nach anderen gesetzlichen Vorschriften begründet wird.

2 § 121 erfasst nicht die Fälle der Gesamtschuldnerschaft i. S. von § 119. Während in § 119 eine mitwirkende Verursachung des Bergschadens vorausgesetzt wird, wird in § 121 tatbestandlich vorausgesetzt, dass für einen Bergschaden entweder aufgrund anderer gesetzlicher Vorschriften eine erweiterte Haftung begründet wird oder eine andere Person ersatzpflichtig ist.

3 Die Vorschrift ist Bestimmungen in anderen Haftpflichtgesetzen nachgebildet (vgl. § 12 HPflG, § 42 LuftVG, § 16 StVG). **Konkurrierende Ansprüche** des Geschädigten können sich insbesondere aus § 823 Absatz 1 BGB (schuldhafte Verletzung eines Rechts oder Rechtsguts, auch des eingerichteten und ausgeübten Gewerbebetriebs) sowie aus § 823 Absatz 2 BGB (schuldhafte Verletzung eines Schutzgesetzes) ergeben. Seltener dürften konkurrierende Ansprüche aus **Vertrag** sein.

II. Verhältnis zu § 89 WHG

4 Der Schaden, der einem anderen durch Einbringen, Einleiten von Stoffen oder durch Einwirken auf ein Gewässer entsteht, ist gemäß § 89 **Absatz 1 WHG** (früher § 22 Absatz 1 WHG a. F.) zu ersetzen, wenn die Wasserbeschaffenheit nachteilig verändert wurde (**Verhaltenshaftung**). Die Haftung gilt für alle Gewässer, einschließlich nachteiliger Veränderungen des Grundwassers (BGHZ 124, 395 = ZfW 1994, 477). Es wird eine **Gefährdungshaftung** begründet, die letztlich auf dem Gedanken der sozialen Verantwortung für eigene Wagnisse beruht und bei der es um eine gerechte Verteilung erlaubter Risiken geht (Czychowski/Reinhardt, § 89 Rn 8). Die **Haftungsvoraussetzungen** sind gegenüber § 114 insofern erweitert, als nach § 89 Absatz 1 WHG auch für Schäden gehaftet wird, die nach § 114 Absatz 2 kein Bergschaden sind. Während nach § 114 nur für Personen- und Sachschäden gehaftet wird, reicht für § 89 Absatz 1 WHG ein **allgemeiner** Vermögensschaden aus. Gelangen etwa aus einer Halde, die der Ablagerung von Bodenschätzen oder Nebengesteins dient, schädliche Stoffe in das Grundwasser, sodass ein Brunnen nicht mehr benutzt werden kann, scheidet mangels Sachbeschädigung eine Haftung aus § 114 aus. Wohl aber kann aus § 89 Absatz 1 oder Absatz 2 WHG eine Haftung bestehen. Bei § 89 Absatz 1 WHG muss allerdings das Merkmal des Einleitens i. S. eines objektiv-finalen Tuns hinterfragt werden. Andererseits wird nach § 89 Absatz 1 und Absatz 2 WHG für nachteilige Veränderungen der Wasserbeschaffenheit in Fällen **höherer Gewalt** nicht gehaftet. Dies ist zwar ausdrücklich nur in § 89 Absatz 2 Satz 3 WHG für die Anlagenhaftung geregelt, gilt aber nach überwiegender Auffassung auch für die Verhaltshaftung (Czychowski/Reinhardt, § 89 Rn 33 m. w. N.; auch BGHZ, 357 = ZfW 1974, 360).

5 Nach § 89 **Absatz 2 WHG** wird für Schäden gehaftet, wenn aus einer Anlage i. S. dieser Vorschrift Stoffe in ein Gewässer gelangen und dadurch die Wasserbeschaffenheit nachteilig verändert wurde (**Anlagenhaftung**). Hierzu können gehören: Halden, die der Ablagerung von Bodenschätzen oder Nebengesteinen dienen, über- und untertägige Abfallbeseitigungsanlagen, ein Stollen, in dem Bergbau betrieben wird und der dazu bestimmt ist, aus den Gruben hochgepumptes, durch Schwermetalle verunreinigtes Grundwasser in einen Vorfluter abzuleiten (OLG Köln, ZfW 1999, 397) sowie Abwasserkanäle oder Rohrleitungen (zu allem Näheres Czychowski/Reinhardt § 89 Rn 71). Die betriebsmäßige Zulassung, Genehmigung nach §§ 4, 15 BImSchG oder wasserrechtliche Zulassungen schließen die Rechtswidrigkeit der Gewässerverunreinigung im Regelfall nicht aus und ändern nichts an der Haftung (Czychowski/Reinhardt, § 89 Rn 86 m. w. N.).

Der **Haftungsumfang** von § 89 Absatz 1 und Absatz 2 WHG ist gegenüber § 114 ebenfalls **erweitert**. Die Haftungsbeschränkungen des § 117 Absatz 1 gelten für § 89 Absatz 1 und Absatz 2 WHG nicht.

Gesamtschuldnerische Haftung kann zwischen dem für sein Verhalten gemäß **6** § 89 Absatz 1 WHG Haftenden mit dem Anlagenbetreiber gemäß § 89 Absatz 2 WHG bestehen. Ebenso zwischen dem nach § 114 Haftenden und dem nach § 89 Absatz 1 bzw. Absatz 2 WHG Haftenden. Für den Ausgleich unter Gesamtschuldnern sind auch im Verhältnis von § 89 WHG und § 114 die Gedanken des § 115 Absatz 2–4 entsprechend anwendbar.

III. Spezialgesetzliche Haftungstatbestände

Überschneidungen und Parallelen bestehen mit **spezialgesetzlichen Haftungs- 7 tatbeständen,** so der Haftung des Bahnbetriebsunternehmers nach § 1 HPflG und der Haftung des Inhabers einer Energieanlage (§ 2 HPflG). Die genannten Haftungstatbestände umschreiben ein spezifisches Sach- und Betriebsrisiko. Es darf nicht durch die generalklauselartige Fassung des § 114 Absatz 1 i. S. einer allgemeinen Gefährdungshaftung erweitert werden. Begründen sie eine weitergehende Haftung gegenüber § 114 Absatz 1, wird nach diesen Vorschriften gehaftet. Ist andererseits nach diesen Vorschriften eine Ersatzpflicht ausgeschlossen, insbesondere wegen Verursachung des Schadens infolge höherer Gewalt (§§ 1 Absatz 2 Satz 1, 2 Absatz 3 Nr. 3 HPflG) scheidet auch eine Haftung nach § 114 Absatz 1 aus.

IV. Verkehrssicherungspflicht

Einen besonders wichtigen Anwendungsfall einer „weitergehenden Haftung" **8** i. S. des § 121 bildet die ein Verschulden voraussetzende Haftung nach § 823 BGB, etwa wegen **Verletzung einer Verkehrssicherungspflicht**. Eine solche Pflicht des Unternehmers kann bestehen, wenn er eine Gefahrenquelle schafft und unterhält, also z. B. ein etwa bei der Gewinnung von Bodenschätzen entstehendes offenes Wasserloch, eine Halde, ein für Bodenschätze oder Nebengestein oder sonstige Anlagen des Bergbaubetriebs (Schächte, verlassene Grubenbaue usw.). Im Wesentlichen handelt es sich um Gefahren, die mit dem Zustand einer Sache zusammenhängen (**Sachgefahren**) und Gefahren, die von einer Tätigkeit ausgehen (**Tätigkeitsgefahren**). Die Pflicht zur Schadensverhütung (Verkehrssicherungspflicht) richtet sich danach, was im Einzelfall zur Gefahrenabwehr erforderlich und dem Sicherungspflichtigen zumutbar ist. Eine bloße **Warnung** vor der Gefahr genügt dann nicht, wenn damit gerechnet werden muss, dass Personen sich der Gefahr nähern, die mangels entsprechender Einsichtsfähigkeit die Bedeutung der Gefahr nicht abzuschätzen vermögen (etwa Kinder). Der Schadensverhütungsaufwand muss in einem angemessenen Verhältnis zu Wahrscheinlichkeit und Ausmaß des Schadens stehen. Die Maßnahmen müssen dem jeweiligen Stand der Erfahrungen und der Technik entsprechen, sind also erforderlichenfalls „nachzubessern". Eine Verkehrssicherungspflicht kann auch denjenigen gegenüber bestehen, die sich unbefugt in den Gefahrenbereich begeben haben (vgl. J. Schröder, AcP 179, 567). Die Verkehrssicherungspflicht kann auch bei unbefugtem Eindringen in umzäunte Betriebsbereiche verletzt sein, wenn mit einem solchen Verhalten (etwa von Kindern) gerechnet werden muss oder dies schon mehrfach vorgekommen ist.

V.   Verhältnis zu § 1 UmweltHG

9 Nach § 1 UmweltHG haftet der Inhaber einer Anlage, die im Anhang 1 des Gesetzes genannt ist, für **Schäden**, die **von einer Umwelteinwirkung** dieser Anlage ausgehen. Gehaftet wird für Tod, Körper- und Gesundheitsschäden sowie für Sachschäden. Zu den im **Anhang 1 genannten Anlagen** gehören u. a. Kraftwerke, Feuerungsanlagen für den Einsatz von Kohle, Koks, Briketts, Erdgas, Anlagen zum Trocknen und Mahlen von Kohle, zur Trockendestillation von Steinkohle, Gasturbinen und Kühltürme, sofern sie die im Einzelnen dort genannten Leistungsgrenzen oder Größen überschreiten. Die Haftung aus § 1 UmweltHG ist als **Gefährdungshaftung** zu verstehen, sie setzt nicht ein Verhaltens-, Betriebs- oder Zustandsunrecht voraus (Looschelders, Schuldrecht, Besonderer Teil, 2010, Rn 1441). Die Umwelteinwirkungen, durch die die Schadensersatzpflicht ausgelöst werden kann, sind in § 3 UmweltHG beispielhaft aufgezählt: Stoffe, Erschütterungen, Geräusche, Druck, Strahlen, Gase, Dämpfe, Wärme. Nach § 6 Absatz 1 UmweltHG gilt eine **Kausalitätsvermutung**, wenn die Anlage geeignet ist, den entstandenen Schaden herbeizuführen. Die Vermutung greift aber nicht beim Nachweis, dass der Unternehmer die Anlage bestimmungsgemäß betrieben hat (§ 6 Absatz 2 UmweltHG) oder wenn mehrere Anlagen geeignet sind, den Schaden zu verursachen (§ 7 UmweltHG). Die Haftung kann bei höherer Gewalt ausgeschlossen sein (§ 4 UmweltHG) oder bei ordnungsgemäßem Betrieb der Anlage bei Sachschäden ausgeschlossen sein, wenn nur unwesentliche oder nach den örtlichen Verhältnissen zumutbare Beeinträchtigungen eingetreten sind. Bei Tötung, Körper- und Gesundheitsverletzung gilt eine Haftungshöchstgrenze von 85 Mio. Euro, bei Sachbeschädigungen insgesamt ebenfalls ein Höchstbetrag von 85 Mio. Euro. Das **Verhältnis zu § 114 BBergG** ergibt sich aus § 18 UmweltHG: Beide Ansprüche können **nebeneinander** bestehen.

VI.   Verhältnis zu § 906 Absatz 2 Satz 2 BGB

10 Aus § 906 Absatz 2 Satz 2 BGB ergibt sich als Äquivalent für die nach § 906 Absatz 1 und Absatz 2 Satz 1 BGB normierte Duldungspflicht gegenüber wesentlich beeinträchtigenden, unvermeidbaren ortsüblichen Immissionen ein **nachbarrechtlicher Ausgleichsanspruch**. Vorausgesetzt für diesen Interessenausgleich nach Billigkeitsgesichtspunkten, bei dem alle besonderen Umstände des Einzelfalles abzuwägen sind (BGH, NJW 1968, 550; NJW-RR 1988, 1291 f. m. w. N.) ist, dass die Einwirkung eine **ortsübliche Benutzung des betroffenen Grundstücks** oder dessen Ertrag über das zumutbare Maß hinaus **beeinträchtigt**. Nach st. Rspr. kommt ein nachbarrechtlicher Ausgleichsanspruch nur für die in § 906 Absatz 1 Satz 1 BGB genannten Immissionen, sondern analog § 906 Absatz 2 Satz 2 BGB auch für Grobimmissionen (z. B. Vertiefungsschäden BGH, NJW 2003, 2377; Abschwemmungen BGHZ 58, 159; zu allem Erman/Lorenz, § 906 Rn 43). Gem. § 906 Absatz 2 Satz 2 BGB wird nur die auf die Nutzung der betroffenen Sache bezogene, unzumutbare Minderung der ortsüblichen Nutzbarkeit der betroffenen Sache als solche ersetzt (Kohler, NUR 2011, 10 m. w. N.), typischerweise nicht der entgangene Gewinn.

11 Für das Verhältnis der Ansprüche aus § 906 Absatz 2 Satz 2 BGB und § 114 Absatz 1 BBergG ist § 114 Absatz 2 Nr. 3 BBergG hinweisgebend. Ein Bergschaden liegt danach nicht vor, wenn ein Schaden durch Einwirkungen entsteht, die nach § 906 BGB nicht verboten werden können. Die bergrechtliche Haftung setzt im Hinblick auf Immissionen i. S. von § 906 BGB also voraus, dass eine wesentliche Einwirkung nach Absatz 2 Satz 1 BGB vorliegt und diese entweder ortsunüblich oder zwar ortsüblich, aber mit angemessenem Aufwand vermeidbar ist (Kohler, NUR 2011, 12). Das bedeutet zwar, dass eine Schranke für einen Bergschaden gemäß § 114 Absatz 1 nicht mehr besteht, aber andererseits ein Entschädigungsanspruch gemäß § 906 Absatz 2 Satz 2 BGB mangels tatbestandlicher Voraussetzungen nicht gegeben ist. § 114 Absatz 1 BBergG und § 906 Absatz 2 Satz 2 BGB sind demnach alternativ zu verwenden. Jedenfalls wird § 906 Absatz 2 Satz 2 BGB nicht unter dem Gesichtspunkt der speziellen Regelung von vornherein verdrängt (BGH, NJW 2009, 762, 764; Kohler, aaO, S. 12 m.w.N.). S. auch § 114 Rn 57 ff.

Eine Haftungskonkurrenz zwischen § 114 Absatz 1 und § 14 BImSchG besteht **12** bei Einwirkungen aus Bergbauanlagen, die immissionsschutzrechtlich in einem förmlichen Verfahren genehmigt worden sind (vgl. § 114 Rn 64. Da der Schadensersatzanspruch nach § 14 BImSchG voraussetzt, dass ein privatrechtlicher Abwehranspruch besteht, scheidet ein solches aus, wenn die Einwirkungen nach § 906 Absatz 2 Satz 1 BGB geduldet werden müssen. Insofern gilt dasselbe wie bei § 114 Absatz 1 (s. oben Rn 11).

Zweiter Unterabschnitt **Bergschadensausfallkasse**

§ 122 Ermächtigung

(1) Das Bundesministerium für Wirtschaft und Technologie wird ermächtigt, durch Rechtsverordnung mit Zustimmung des Bundesrates in seinem Geschäftsbereich eine rechtsfähige Anstalt des öffentlichen Rechts als Ausfallkasse zur Sicherung von Bergschadensansprüchen (Bergschadensausfallkasse) zu errichten, wenn
1. die Haftung für den Ersatz eines Bergschadens bei einem Ausfall durch die Unternehmer nicht sichergestellt ist und
2. die Sicherstellung sich nicht auf alle Unternehmer erstreckt, es sei denn, daß der Ersatz im Rahmen der Ausfallhaftung durch einen Unternehmer oder eine bestimmte Gruppe von Unternehmern gewährleistet ist.

(2) Die Bergschadensausfallkasse haftet bei einem Ausfall an Stelle der nach den §§ 115 und 116 Ersatzpflichtigen für den Ersatz des Bergschadens.

(3) Ein Ausfall liegt vor, soweit der Geschädigte für einen Bergschaden von keinem der nach den §§ 115 und 116 Ersatzpflichtigen einen Ersatz erlangen kann. Er gilt nur dann als eingetreten, wenn keiner der nach den §§ 115 und 116 Ersatzpflichtigen mehr vorhanden ist oder soweit deren Zahlungsunfähigkeit durch Zahlungseinstellung oder auf sonstige Weise erwiesen ist. Soweit die Bergschadensausfallkasse den Geschädigten befriedigt, geht dessen Forderung gegen den Ersatzpflichtigen auf sie über.

(4) Das Nähere über die Bergschadensausfallkasse bestimmt die Satzung, die vom Bundesministerium für Wirtschaft und Technologie durch Rechtsverordnung ohne Zustimmung des Bundesrates aufgestellt wird.

Übersicht

		Rn
I.	Gegenstand und Inhalt der Norm	1
1.	Normzweck	1
2.	Anlass und Entstehungsgeschichte	3
II.	Verordnungsermächtigung (Absatz 1)	7
III.	Voraussetzungen einer Ausfallhaftung	8
1.	Allgemeines	8
2.	Zeitpunkt der Verursachung des Bergschadens	9

3. Ausfall (Absatz 2 und 3)   11
    a) Voraussetzungen   11
    b) Umfang des Ausfalls   12
    c) Gegenstand der Haftung   13
    d) Erfüllung des Bergschadensersatzanspruchs   14
IV. Ausfallkasse der Bergbauwirtschaft   15
V.   Zweifel an der verfassungsrechtlichen Notwendigkeit der Regelung   18

I. Gegenstand und Inhalt der Norm

1. Normzweck

1 Die Vorschrift soll sicherstellen, dass bei einem **Ausfall infolge Wegfalls** oder **Zahlungsunfähigkeit** auf Seiten des eigentlich Ersatzpflichtigen ein Schuldner zur Befriedigung des Geschädigten vorhanden ist. Zu diesem Zweck kann durch Rechtsverordnung des Bundeswirtschaftsministers in dessen Geschäftsbereich eine **Bergschadensausfallkasse** als **rechtsfähige Anstalt des öffentlichen Rechts** errichtet werden. Von dieser Ermächtigung soll nach dem Ergebnis der Gesetzesberatungen nur Gebrauch gemacht werden, wenn die in Absatz 1 Nr. 1 und 2 genannten Voraussetzungen für eine Sicherstellung der Haftung nicht durch eine **privatrechtlich organisierte Einrichtung der Bergbauwirtschaft** erfüllt werden. Eine solche Einrichtung ist mit der **Bergschadensausfallkasse e. V.** geschaffen worden (Näheres unten Rn 15 f.).

2 Nach dem Regierungsentwurf sollte mit dem Inkrafttreten des BBergG durch das Gesetz selbst eine *„Ausfallkasse zur Sicherung von Bergschadensansprüchen"* (Bergschadensausfallkasse) errichtet werden. In den §§ 120–126 des Entwurfs waren umfangreiche Regelungen über die Verfassung dieser öffentlich-rechtlichen Anstalt, die Beitragspflicht, die Beitragsbemessung und weitere Einzelheiten enthalten. Aufgrund umfassender Beratungen im Wirtschaftsausschuss des Bundestages wurde einer privatrechtlichen Einrichtung als *„Selbsthilfeinrichtung der Bergbauwirtschaft"* der Vorzug gegeben, und die Ermächtigung des § 122 wurde lediglich zur Vorsorge für den Fall der nicht rechtzeitigen Errichtung der privaten Ausfallkasse oder ihrer unzureichenden Aufgabenerfüllung in das Gesetz eingefügt (vgl. BT-Drs 8/3965, 143 = Zydek, 455). Eingehend zur Vorgeschichte: Boldt/Weller, vor § 122 Rn 4 ff.

2. Anlass und Entstehungsgeschichte

3 Den Anlass für die Regelung einer Ausfallkasse für Bergschäden bildeten mehrere Urteile des BGH vom 16.2.1970 (III ZR 136/68 – BGHZ 53, 226 = NJW 1970, 747 und NJW 1970, 1134 m. Anmerkung Turner; III ZR 169/68 – ZfB 111, 446 und III ZR 146/68 (nicht veröffentlicht), in denen es heißt, die Entschädigungsregelung der §§ 148 ff. ABG enthalte insoweit einen **Verstoß gegen Artikel 14 GG**, als nicht für eine Schadloshaltung des bergbaugeschädigten Grundeigentümers auch für den Fall Vorsorge getroffen sei, dass der nach § 148 ABG ersatzpflichtige Bergwerksbesitzer zahlungsunfähig werde oder der Berggeschädigte aus anderen Gründen seine Ersatzforderung gegen den Bergwerksbesitzer nicht realisieren könne. Die Ersatzpflicht treffe den Staat, d. h. das jeweilige Bundesland, soweit die Schäden am Oberflächeneigentum auf bergbauliche Maßnahmen zurückzuführen seien, die unter der **Geltung des Grundgesetzes** getroffen wurden (sog. **subsidiäre Haftung für Bergschäden**). Zur Diskussion vor Erlass der BGH-Urteile: Heinemann, Peter J., NJW 1967, 1306; derselbe, ZfB 108 (1967), 459; Turner, NJW 1968, 85. Weitere Nachweise bei Hans Schulte, Eigentum und öffentliches Interesse, 277, derselbe, ZfB 113

(1972), 166; Boldt/Weller, Vor § 122, 872). Soweit vor dieser Zeit, d. h. unter der Geltung des Artikel 153 Weimarer Reichsverfassung, getroffene bergbauliche Maßnahmen die Schäden verursacht hätten, sind nach Ansicht des BGH gegen die Entschädigungsregelung des § 148 ABG keine Bedenken zu erheben, da der Gesetzgeber Inhalt und Schranken des Eigentums allgemein hätte regeln können, ohne dabei durch eine Entschädigungspflicht behindert gewesen zu sein. Den entscheidenden Grund für den Grundrechtsverstoß sah der BGH darin, dass Bergschäden vielfach erst nach Einstellung des Bergbaubetriebs in Erscheinung träten; in diesen Fällen finde der Ersatzberechtigte oftmals keinen Ersatzpflichtigen mehr (BGHZ 53, 226, 239). Die Bundesregierung hielt sich aus den genannten Gründen für verpflichtet, eine Regelung für den Fall des Wegfalls oder der Zahlungsunfähigkeit des Ersatzpflichtigen zu treffen, soweit die Bergschäden durch nach Inkrafttreten des Grundgesetzes getroffene Maßnahmen verursacht waren. Zum Verhältnis zwischen subsidiärer Staatshaftung und Bergschadensausfallkasse: vgl. Finke, Schriftenreihe GDMB, Heft 112, S. 29 ff.; v. Dannwitz, Staatliche Bergaufsicht, in Bochumer Beiträge zum Berg- und Energierecht, Bd. 29, S. 57.

Zur Sicherung der Grundeigentümerbelange hatte der BGH mehrere **Lösungs- 4 modelle** vorgeschlagen: Ausreichende Sicherheitsleistung, Bildung einer Versicherungsgesellschaft sowie Errichtung einer Bergschädenkasse. In Abwägung der bestehenden Vor- und Nachteile hatte sich Regierungsentwurf für die Bergschadensausfallkasse entschieden (eingehende Begründung BT-Drs 8/1315 = Zydek, 451). Bei dem Modell der Sicherheitsleistung wurde als nachteilig angeführt der – unabhängig von jeweils auszugleichenden Ausfällen erfolgende – relativ kontinuierliche Abzug von Kapital und dessen *„unnötige Thesaurierung"*. Als Nachteil bei dem Modell einer Versicherungsgesellschaft wurde empfunden, dass Bergschäden in der Regel noch lange Zeit nach Beendigung der bergbaulichen Tätigkeit und damit häufig erst zu einem Zeitpunkt einträten, in dem der Versicherungsnehmer nicht mehr existent wäre.

Ob auch bei Bergschäden aus der **Aufsuchung und Gewinnung grundeigener 5 Bodenschätze** i. S. von § 3 Absatz 4 nach der Rechtssprechung des BGH die Einbeziehung etwaiger Ausfälle in die Ersatzleistung durch eine Bergschadensausfallkasse rechtlich geboten war, erschien seinerzeit nicht geklärt. Der Regierungsentwurf hat sich im Wesentlichen aus Gründen der weitgehenden Übereinstimmung der für bergfreie und grundeigene Bodenschätze geltenden Regelungen im Gesetz und im Interesse einer einheitlichen Behandlung der Ausfälle für die Einbeziehung der grundeigenen Bodenschätze in die Ausfallhaftung entschieden (Amtliche Begründung BT-Drs 8/1315, 146 = Zydek, 452 f.). Der Gesetzgeber ist dem gefolgt.

Für **Ausfälle im Bereich der neuen Bundesländer** tritt die Haftung einer Berg- 6 schadensausfallkasse anstelle der Ersatzpflichtigen nur für Schäden ein, die ausschließlich ab dem Tage des Wirksamwerdens des Beitritts verursacht worden sind (Einigungsvertragsgesetz vom 23.9.1990, BGBl II, 885), Anlage I Kapitel V, Sachgebiet D, Abschnitt III Nr. 1, Buchstabe k Satz 2), d. h. ab dem 3.10.1990.

II. Verordnungsermächtigung (Absatz 1)

Das Bundesministerium für Wirtschaft und Technologie kann von der ihm 7 erteilten Ermächtigung Gebrauch machen, wenn die in Absatz 1 genannten Voraussetzungen vorliegen. Das ist der Fall, wenn die Bergbauwirtschaft keine „Selbsthilfeeinrichtung" gegründet hat oder im Falle einer Gründung die Bereitschaft zur Regulierung von Bergschäden hinter dem gesetzlich geforderten Umfang zurückbleibt. Danach muss die Haftung für einen Ausfall sichergestellt sein (Nr. 1) und die Sicherstellung muss sich auf alle Unternehmen erstrecken (Nr. 1), d. h. grundsätzlich alle Unternehmen, deren Bergbautätigkeit vom BBergG erfasst ist. Allerdings ist es möglich, dass einzelne Unternehmen oder Gruppen von Unternehmen andere durch entsprechende Haftungsübernahmen entlasten. Auf diese Weise können die Beitragspflichtigen in Gruppen zusammengefasst, und es können Kleinunternehmen (insbesondere im Bereich Steine und Erden) ausgegliedert werden.

III. Voraussetzungen einer Ausfallhaftung

1. Allgemeines

8 Die vom Gesetz in § 122 Absatz 2 und 3 aufgestellten Voraussetzungen einer Haftung bei Wegfall oder Zahlungsunfähigkeit des Ersatzpflichtigen (Ausfälle) gelten sowohl für die Einstandspflicht einer öffentlich-rechtlichen Bergschadensausfallkasse (Anstalt) als auch für die Haftungseinrichtung der Bergbauwirtschaft. Das folgt daraus, dass bei einem Ausfall nach der Entscheidung des Gesetzgebers primär die private Einrichtung haften soll, sofern eine solche von der Bergbauwirtschaft geschaffen worden ist, diese jedoch nicht weitergehend haften soll als die Anstalt des öffentlichen Rechts.

2. Zeitpunkt der Verursachung des Bergschadens

9 Notwendige Voraussetzung für eine Inanspruchnahme der Ausfallkasse ist ein **nach dem Inkrafttreten des BBergG**, d. h. nach dem 1. Januar 1982, verursachter Bergschaden. Bei Bergschäden, die ausschließlich vor dem Zeitpunkt des Inkrafttretens des BBergG verursacht worden sind, gelten nach § 170 die bisherigen Rechtsvorschriften weiter.

10 Das bedeutet im Einzelnen:
– Bei Bergschäden, die durch bergbauliche Maßnahmen **unter der Geltung des Grundgesetzes, aber vor Inkrafttreten des BBergG** verursacht worden sind, haftet bei einem Ausfall des eigentlich Ersatzpflichtigen das jeweilige (westdeutsche) Bundesland, sofern an der Rechtsauffassung des BGH (oben Rn 3) festgehalten wird. Vgl. hierzu aber unter Rn 17 f.
– Bei Bergschäden, die durch bergbauliche Maßnahmen **vor der Geltung des Grundgesetzes** verursacht worden sind, geht der Betroffene bei einem Ausfall in jedem Falle leer aus, weil nach früheren Verfassungen ein Junktim zwischen enteignendem Eingriff und Entschädigung nicht bestand (vgl. Rn 3).
Zu Bergschäden im Bereich der neuen Bundesländer vgl. oben Rn 6.

3. Ausfall (Absatz 2 und 3)

11 a) **Voraussetzungen.** Die Bergschadensausfallkasse (Anstalt oder private Einrichtung) haftet bei einem Ausfall nach Absatz 2 an Stelle des Verursachers (§ 115) oder des Bergbauberechtigten (§ 116). Ein Ausfall liegt nach Absatz 3 vor, wenn keiner der Ersatzpflichtigen mehr vorhanden ist (Wegfall) oder deren Zahlungsunfähigkeit erwiesen ist. Dem Geschädigten obliegt danach bei einem **Wegfall** der Nachweis, dass eine natürliche Person ohne Erben verstorben ist oder eine juristische Person untergegangen ist. Die **Zahlungsunfähigkeit** muss durch Zahlungseinstellung oder Erfolglosigkeit von Vollstreckungsmaßnahmen erwiesen sein. Klagen darüber, dass Bergschadensforderungen nicht erfüllt werden konnten, weil kein zahlungsfähiger Bergwerkseigentümer mehr vorhanden sei, führten in Nordhein-Westfalen zu einer Ergänzung des § 148 ABG NRW. Da nach dieser Vorschrift nur der Bergwerkseigentümer für Bergschäden haftete, konnte sich der Bergbautreibende seiner Verpflichtung zum Schadensersatz dadurch entziehen, dass er sein Bergwerkseigentum auf eine mittellose natürliche oder juristische Person übertrug. Durch die Ergänzung wurde bestimmt, dass die Haftung des bisherigen Bergwerkseigentümers auch im Falle der Übertragung auf einen anderen bestehen blieb (Viertes Bergrechtsänderungsgesetz vom 11.6.1968 (GVBl NRW S. 201); Ebel/Weller, Erg.-Bd. § 148 Anmerkung 1 und 3 f.). Dem Geschädigten ist es nicht zuzumuten, Zivilprozesse durchzuführen, wenn feststeht, dass der Haftende insolvent ist und keine Möglichkeit besteht, zu einem vollstreckbaren Titel zu gelangen.

b) Umfang des Ausfalls. Hierfür gelten neben § 114 über § 117 die allgemeinen **12** schadensersatzrechtlichen Vorschriften. Öffentlich-rechtliche Anstalt und Einrichtung der Bergbauwirtschaft können sich gegenüber einem Bergschadensersatzanspruch verteidigen wie die Ersatzpflichtigen nach §§ 115 und 116, insbesondere auch die **Einrede der Verjährung** oder das **Bestehen eines Bergschadenverzichts** geltend machen.

c) Gegenstand der Haftung sind nur solche Bergschäden, die durch eine Handlung der **Aufsuchung oder Gewinnung** verursacht worden sind, die mit **Eingriffen** **13** **in den Boden** verbunden waren oder zu **Bodenbewegungen** geführt haben, mithin für den Kernbereich bergbaulicher Tätigkeit und der sich hieraus ergebenden Risiken. Hierzu können auch Schäden gehören, die im Zusammenhang mit **Maßnahmen der Wiedernutzbarmachung** entstanden sind, wie Einbrüche verfüllter Schächte oder Verlust der Standfestigkeit verfüllter Tagebaue. Nur der Umstand, dass Bergschäden in manchen Fällen erst viele Jahre nach Beendigung der Bergbautätigkeit auftreten können, vermag eine gemeinschaftliche Haftung derjenigen Bergbauunternehmen zu begründen, die sich in einer vergleichbaren Ausgangslage befinden. Das war auch erkennbar der Ausgangspunkt der Rechtsprechung des BGH (oben Rn 3) und bestimmte maßgeblich die Erwägungen des Gesetzgebers. Soweit dagegen eine öffentlich-rechtliche oder privatrechtliche Ausfallkasse bei Schadenszufügungen durch andere bergbauliche Tätigkeiten, z. B. der Aufsuchung oder der in den Haftungsbereich einbezogenen Nebentätigkeiten i. S. von § 2 Absatz 1 Nr. 1, bei einem Ausfall einstehen sollte, fehlt es an der notwendigen Rechtfertigung für eine solidarische Einstandspflicht aller Bergbauunternehmer (Kritisch auch Westermann, Freiheit des Unternehmers, 98, 101 sowie Börner, Abwägungsdefizit, 46 e). Das Gleiche gilt auch für **Personenschäden**. Zur verfassungsrechtlichen Problematik vgl. unten Rn 17 f.

d) Erfüllung des Bergschadensersatzanspruchs. Bei einer Erfüllung des Berg- **14** schadensersatzanspruchs durch die öffentlich-rechtliche Bergschadensausfallkasse geht die Forderung des Geschädigten gegen den Ersatzpflichtigen auf sie über (Absatz 3 Satz 3). Da ein solcher gesetzlicher Forderungsübergang zugunsten der Einrichtung der Bergbauwirtschaft nicht angeordnet ist, muss sich diese die Forderung bei Leistung vertraglich abtreten lassen (hierzu unten Rn 16). Solange eine solche Abtretung vom Gläubiger des Schadensersatzanspruchs verweigert wird, hat die Einrichtung ein Leistungsverweigerungsrecht, weil sie nicht schlechter gestellt werden kann als eine öffentlich-rechtliche Einrichtung.

IV. Ausfallkasse der Bergbauwirtschaft

In welcher **Rechtsform** sich die Ausfallkasse der Bergbauwirtschaft organisiert **15** (rechtsfähiger Verein, Körperschaft oder Anstalt des BGB, Gesellschaft nach

BGB usw.), steht in ihrem Belieben. In ihrer Satzung oder ihrem Gesellschaftsvertrag muss zum Ausdruck kommen, dass sie den Zweck hat, einen Bergschadensersatzanspruch im Falle eines Ausfalls zu erfüllen. Grundsätzlich kann die private Ausfallkasse auch die Art der **Refinanzierung von Ersatzleistungen** durch ihre Mitglieder oder Gesellschafter nach eigenen Vorstellungen regeln, insbesondere Höhe und Verteilung von Beitragsleistungen auf einzelne Unternehmen oder Gruppen von Unternehmen bestimmen, solange der Grundsatz in Absatz 1 Nr. 2 gewahrt ist. Es besteht **kein Auskunfts-, Kontroll- und Aufsichtsrecht** des zuständigen Bundesministeriums, da die entsprechenden Regelungen in § 123 nur für die öffentlich-rechtliche Anstalt gelten. Es hat allerdings zu prüfen, ob die Ausfallkasse der Bergbauwirtschaft die Anforderungen gemäß § 122 Absatz 1 nach ihrer Satzung erfüllt, weil andernfalls die gesetzliche Pflicht zur Errichtung einer rechtsfähigen Anstalt des öffentlichen Rechts einsetzt.

16 Die Unternehmen, die einen Bergbaubetrieb nach dem 31.12.1981 geführt haben oder führen, haben mit Wirkung vom 19.11.1987 den rechtsfähigen Verein **Bergschadensausfallkasse e. V.** mit Sitz in Bonn gegründet (Vereinsregister Bonn VR 5585). Vereinszweck ist, den von einem Bergschaden Betroffenen zu entschädigen, soweit der Geschädigte von keinem der ersatzfähigen Bergbauunternehmer Ersatz erlangen kann. Der Verein erbringt gegenüber dem Geschädigte die Leistungen, die der Ersatzpflichtige aufgrund der §§ 114–120 zu erbringen hätte. Der Schaden muss nach dem 31.12.1981 verursacht, und es muss ein Ausfall i. S. von § 122 Absatz 3 BBergG eingetreten sein. Der Geschädigte tritt seine Ansprüche gegen den ersatzpflichtigen Bergbauunternehmer im Gegenzuge an den Verein ab. Einzelheiten ergeben sich aus der **Satzung** des Vereins (abgedruckt in ZfB, Bd. 130 (1989), 86). Die erforderlichen Mittel des Vereins werden durch Beiträge der Vereinsmitglieder gemäß **Beitragsordnung** (ZfB, Bd. 130 (1989), 91) aufgebracht, wonach die Mitgliedbeiträge nach Beitragsgruppen der einzelnen Bergbauzweige gestaffelt sind. Die Ersatzpflicht des Vereins tritt auch ein, wenn Bergschadensersatzansprüche gegenüber Bergbauunternehmen nicht durchgesetzt werden können, die der Bergschadensausfallkasse e. V. nicht als Mitglieder angehören. Wegen der Gründung des Vereins ist die Notwendigkeit zur Errichtung einer rechtsfähigen Anstalt des öffentlichen Rechts entfallen. Weitere Einzelheiten vgl. Boldt/Weller, Erg.-Bd. zu § 122 Rn 1 ff.).

17 **Nähere Auskünfte** über der **Bergschadensausfallkasse e. V.** erteilt die Vereinigung Rohstoffe und Bergbau e. V. in Berlin. Anschrift: Postfach 120753, 10597 Berlin.

V. Zweifel an der verfassungsrechtlichen Notwendigkeit der Regelung

18 Der Gesetzgeber hatte sich bei Schaffung des BBergG wegen der Zweifel des BGH an der Verfassungsmäßigkeit der Entschädigungsregelung des ABG veranlasst gesehen, eine Bergschadensausfallkasse vorzusehen (vgl. oben Rn 3). Dieser hatte festgestellt, die Gesamtregelung des ABG könne nicht mehr als eine zulässige gesetzliche Inhalts- und Schrankenbestimmung im Sinne des Artikel 14 Absatz 1 Satz 2 GG gewertet werden, da sie keine Vorsorge für eine Realisierbarkeit der Ansprüche auf Bergschadensersatz auch für den Fall des Wegfalls oder der Zahlungsunfähigkeit des entschädigungspflichtigen Bergwerkbesitzers treffe und insoweit die Grundeigentümer ohne ausreichenden sachlichen Grund einseitig belaste (BGHZ 53, 226 = ZfB (1970), 446, 451 f. Kritisch Hans Schulte, ZfB 113 (1972), 166, 174 f., mit dem Hinweis, es handle sich letztlich um die Haftung für ein Unterlassen des Gesetzgebers und damit um legislatives Unrecht). Soweit der Staat unter der Geltung des Grundgesetzes bergbauliche Handlungen gestattet habe, müsse er daher für diesen eines Rechtfertigungsgrundes entbehrenden **enteignungsgleichen Eingriff** Entschädigung leisten (BGH, aaO). Die Ausführungen befanden sich seinerzeit auf der Linie ständiger Rechsprechung des BGH, wonach als Enteignung – in einem umfassenden Sinne – anzusehen sei der unmittelbare hoheitliche Eingriff in eine als „Eigentum" durch Artikel 14 GG geschützte Rechtsposition, der die Grenzen zulässiger Inhaltsbestimmung (Artikel 14 Absatz 1 Satz 2 GG) oder Sozialbindung (Artikel 14 Absatz 2 GG) überschreitet.

Die richterliche Rechtsschöpfung des enteignungsgleichen Eingriffs ist durch **19** Entscheidungen des BVerfG zum Teil hinfällig geworden. Das BVerfG steht auf dem Standpunkt, eine verfassungsrechtliche Inhaltsbestimmung könne nicht in eine Enteignung umgedeutet und der Verfassungsverstoß nicht durch Zubilligung einer gesetzlich nicht vorgesehenen Entschädigung geheilt werden (BVerfG 52, 1, 28; BVerfG 58, 300 – Nassauskiesung). Wohl unter dem Eindruck dieser Rechtsprechung des BVerfG ist der BGH in einer Bemerkung in dem Urteil über den Ersatz von Waldschäden (BGHZ 102, 350 = NJW 1988, 478, 479, teilw. Wiedergabe ZfB Bd. 129, 233) von seiner Rechtsprechung über eine Ersatzhaftung bei Bergschäden aus dem Jahr 1970 abgerückt. (Kritisch zu dem Ansatz des BGH auch BVerfG (3. Kammer), Beschluss vom 26.5.1998 – NJW 1998, 3264). Ob deshalb die Entschädigungsregelung der §§ 114 ff. BBergG ohne die in § 123 enthaltene Regelung über eine Bergschadensausfallkasse zu verfassungsrechtlichen Bedenken führen würde, weil nicht für den Fall des Wegfalls oder der Zahlungsunfähigkeit des haftpflichtigen Unternehmers Vorsorge getroffen ist, erscheint hiernach zweifelhaft.

§ 123 Durchführungsverordnung

Das Bundesministerium für Wirtschaft und Technologie wird ermächtigt, durch Rechtsverordnung, die nicht der Zustimmung des Bundesrates bedarf, Vorschriften zu erlassen über
1. **die Beitragspflicht, die Beitragspflichtigen und, soweit erforderlich, deren Einteilung in Beitragsklassen, sowie über die Abgrenzung der Zuordnung der Beitragspflichtigen zu den einzelnen Beitragsklassen,**
2. **die Bemessung der Beiträge,**
3. **das Verfahren zur Feststellung der Beitragspflichtigen,**
4. **die Pflicht zur Erteilung von Auskünften und Vorlage von Unterlagen, soweit dies zur Beitragsbemessung erforderlich ist, und**
5. **die Aufsicht über die Bergschadensausfallkasse.**

I. Gegenstand der Regelung

Der Regierungsentwurf (RE), der mit dem Inkrafttreten des BBergG die Errich- **1** tung einer rechtsfähigen Anstalt des öffentlichen Rechts als Bergschadensausfallkasse vorgesehen hatte (vgl. § 122 Rn 1 f.) , enthielt in den §§ 121–125 eingehende Regelungen über Vorstand und Satzung (§ 121 RE), die Beitragspflicht (§ 122 RE), die Beitragsbemessung (§ 123 RE), die Begründung von Auskunftspflichten der Beitragspflichtigen (§ 124 RE) sowie die Aufsicht über die Bergschadensausfallkasse (§ 125 RE) BT-Drs 8/1315, 147 ff. = Zydek, 123. Die entsprechenden Vorschriften sind durch die Regelung des § 123 ersetzt worden, nachdem sich der Gesetzgeber dafür entschieden hatte, die Ersatzhaftung bei Ausfall oder Zahlungsunfähigkeit des eigentlich Ersatzpflichtigen durch eine Selbsthilfeeinrichtung der Bergbauwirtschaft auf privatrechtlicher Ebene zu ermöglichen. Inhalt und Umfang der Ermächtigung in § 123 sind gegenüber den Regelungen im Entwurf deutlich eingeschränkt.

Die im Regierungsentwurf vorgenommene sorgfältige Bildung von Gruppen je nach Art der Bergbautätigkeit, die Einteilung in Beitragsklassen einschließlich einer Solidarhaftung bei Ausfall einzelner Beitragspflichtiger oder aller Beitragspflichtigen einer Beitragsklasse bilden auch Maßstab und Leitlinie des Verordnungsgebers für den Fall, dass es zu einer Verordnung auf der Grundlage des § 123 des Gesetzes kommen sollte. Andernfalls könnte der **Grundsatz der Verhältnismäßigkeit** verletzt sein (so wohl auch Boldt/Weller, § 123 Rn 1–2).

II. Beiträge

2 Beiträge einer Bergschadensausfallkasse in der Rechtsform einer Anstalt sind als öffentlich-rechtliche Geldleistungen **verwaltungsgerichtlich anfechtbar.** Die Überprüfung kann sich auch auf die Frage erstrecken, ob die Bergschadensausfallkasse bei der Befriedigung eines Geschädigten zu Recht von einem Ausfall im Sinne § 122 Absatz 3 ausgegangen ist. Da die Einstandspflicht der Bergschadensausfallkasse nicht weiter reicht als die Haftung der nach den §§ 115 und 116 an sich Ersatzpflichtigen, muss das Organ der Kasse, das aufgrund Satzung des zuständigen Bundesministeriums bestimmt wird (§ 122 Absatz 4), den Bestand einer Forderung sorgfältig prüfen, sich gegen in der Höhe überzogene Forderungen zur Wehr setzen und erforderlichenfalls eine zivilgerichtliche Klärung suchen.

III. Privatrechtliche Einrichtung der Bergbauwirtschaft

3 Die **privatrechtliche Einrichtung der Bergbauwirtschaft** ist an die differenzierten Regelungen, des Regierungswurfs, die im Grundsatz auch bei Errichtung einer Anstalt nach § 123 zu beachten sind, nicht gebunden. Die Einrichtung muss nur sicherstellen, dass die Haftung für Ausfälle nach § 122 Absatz 1 sichergestellt ist, um den Erlass der Verordnung zu vermeiden. Das kann sie auch in der Weise, dass etwaige Ausfälle, die verhältnismäßig selten sein dürften, durch einige Unternehmen oder Gruppen von Unternehmen übernommen werden (§ 123 Absatz 1 Nr. 1). Eine andere praktikable Möglichkeit einer solidarischen Haftung dürfte angesichts der großen Zahl an Unternehmen mit ihren unterschiedlichen Bergbautätigkeiten, die dem BBergG unterliegen und damit über die Gemeinschaftseinrichtung haften, auch nicht möglich sein. Zur Satzung und Beitragsordnung der privatrechtlichen Einrichtung der Bergbauwirtschaft vgl. **Satzung und Beitragsordnung der Bergschadensausfallkasse e. V.,** zu § 122 Rn 16 f.

DRITTER ABSCHNITT **Bergbau und öffentliche Verkehrsanlagen**

§ 124 Öffentliche Verkehrsanlagen

(1) Die Errichtung, Erweiterung, wesentliche Veränderung und der Betrieb von öffentlichen Verkehrsanlagen und von Gewinnungsbetrieben sind in gegenseitiger Rücksichtnahme so zu planen und durchzuführen, daß die Gewinnung von Bodenschätzen durch öffentliche Verkehrsanlagen und öffentliche Verkehrsanlagen durch die Gewinnung von Bodenschätzen so wenig wie möglich beeinträchtigt werden. Im übrigen sind die §§ 110 bis 112 entsprechend anzuwenden, soweit sich aus den Absätzen 2 und 3 nichts anderes ergibt.

(2) Die Aufwendungen für die Anpassung im Sinne des § 110 und für Sicherungsmaßnahmen im Sinne des § 111 trägt der Träger der öffentlichen Ver-

kehrsanlage, soweit Anpassung und Sicherungsmaßnahmen dazu dienen, Bergschäden an Verkehrsanlagen aus einem bis zur Festlegung eines Planungsgebietes oder zur Planauslegung betriebsplanmäßig zugelassenen Abbau zu vermeiden oder zu vermindern. Im übrigen trägt sie der Unternehmer, dessen Gewinnungsbetrieb die Anpassung und Sicherungsmaßnahmen erforderlich macht. An die Stelle der Planoffenlegung nach Satz 1 tritt im vereinfachten Planfeststellungsverfahren der Zeitpunkt, in dem den Betroffenen Gelegenheit gegeben wird, den Plan einzusehen, bei Verkehrsanlagen, die durch einen Bebauungsplan festgesetzt werden, die öffentliche Auslegung des Entwurfs des Bebauungsplans; bei Anlagen, die ohne formelle Planung hergestellt werden, ist die Zustimmung der höheren Verwaltungsbehörde, sofern eine solche nicht erforderlich ist, der Beginn der Herstellungsarbeiten maßgebend. Die Sätze 1 bis 3 gelten nicht für die Errichtung, Erweiterung, wesentliche Veränderung und den Betrieb von öffentlichen Verkehrsanlagen, wenn die Kosten für die jeweilige Maßnahme von den Eigentümern der Grundstücke, die an die Verkehrsanlage angrenzen, ganz oder überwiegend zu tragen sind.

(3) Soweit der gleichzeitige Betrieb einer öffentlichen Verkehrsanlage und eines Gewinnungsbetriebes ohne eine wesentliche Beeinträchtigung der öffentlichen Verkehrsanlage ausgeschlossen ist, gehen die Errichtung, Erweiterung, wesentliche Änderung und der Betrieb der öffentlichen Verkehrsanlage der Gewinnung von Bodenschätzen vor, es sei denn, daß das öffentliche Interesse an der Gewinnung der Bodenschätze überwiegt.

(4) Ist Voraussetzung für die Errichtung, Erweiterung, wesentliche Änderung oder den Betrieb einer öffentlichen Verkehrsanlage, daß der Unternehmer in seinem Gewinnungsbetrieb Einrichtungen herstellt, beseitigt oder ändert, so ist ihm vom Träger der öffentlichen Verkehrsanlage Ersatz in Geld zu leisten, soweit seine Maßnahmen ausschließlich der Sicherung der Verkehrsanlage dienen. Dies gilt nicht, wenn die Gewinnungsberechtigung erst nach der für die öffentliche Verkehrsanlage erforderlichen Planoffenlegung entstanden ist; Absatz 2 Satz 3 ist entsprechend anzuwenden.

Übersicht

Rn

I.   Vorbemerkung   1
1.   Bedeutung der Vorschrift   1
2.   Rechtslage nach altem Recht   3
      a) Vorschriften nach ABG   3
      b) Rechtsprechung   4
      c) Einseitige Rücksichtnahmepflicht des Bergbaus   5

II.   Pflicht zur gegenseitigen Rücksichtnahme (Absatz 1 Satz 1)   6
1.   Begriff der Verkehrsanlage   6
2.   Gewinnungsbetrieb und Bodenschätze   8
3.   Rücksichtnahme als Optimierungsgebot (Satz 1) 10
4.   Rücksichtnahmepflicht der Verkehrsanlage 11
      a) Errichtung, Erweiterung und wesentliche Veränderung 11
      b) Planungsphase 12
      c) Rücksichtnahme beim Betrieb der Verkehrsanlage 15
5.   Rücksichtnahmepflicht des Gewinnungsbetriebs 16

III. Anpassung und Sicherung (Absatz 1 Satz 2)
1.   Geltungsbereich der Vorschrift 17
2.   Anpassungsmaßnahmen der Verkehrsanlage 19
3.   Sicherungsmaßnahmen der Verkehrsanlage 20
4.   Betriebsplan 21
5.   Verhältnismäßigkeit der Maßnahme 22
6.   Anpassungs- und Sicherungsverlangen 23
7.   Verlust des Ersatzanspruchs 24

IV. Verteilung der Aufwendungen für Anpassung und Sicherung (Absatz 2) .   25
1. Entstehungsgeschichte der Norm   25
2. Kein Ersatz von Nachteilen   26
3. Verteilungsschlüssel (Absatz 2 Satz 1)   27
    a) Grundsatz   27
    b) Betriebsplanmäßig zugelassener Abbau   28
    c) Bekanntgabezeitpunkt   30
4. Kommunale Verkehrsanlagen (Absatz 2 Satz 4)   31

V. Vorrangklausel (Absatz 3)   32
1. Inhalt und Regelungsziel   32
2. Motive des Gesetzgebers   34
3. Entschädigungsanspruch des Gewinnungsbetriebs   35
4. Verlust bergfreier Bodenschätze   37
a) Entschädigungslosigkeit bei Enteignung   37
b) Kritische Anmerkung   39
5. Enteignung grundeigener Bodenschätzen   41

VI. Ersatzansprüche des Unternehmers (Absatz 4)   42
1. Inhalt der Vorschrift   42
2. Rechtliche Bedeutung   43
3. Praktische Anwendungsfälle   44

I. Vorbemerkung

1. Bedeutung der Vorschrift

1 Die Vorschrift regelt einen wichtigen Sonderfall der **Interessenkollision** zwischen Bergbau und Oberflächennutzung, die auf **zweifache Weise** möglich ist: Sie kann darin bestehen, dass **untertägiger Bergbau** mit seinen Abbaueinwirkungen Verkehrsbauten Bergschäden zufügt und dadurch den Betrieb der Verkehrsanlage gefährdet. Für diesen Fall müssen neben der präventiven Kontrolle der Bergbehörde bei der Zulassung von Betriebsplänen (§ 55 Absatz 1 Satz 1 Nr. 5) Regelungen getroffen werden mit dem Ziel, potenzielle Schäden an der Verkehrsanlage durch den Bergbau zu vermeiden und, sofern gleichwohl Schäden auftreten, diese durch Ersatzleistungen des Bergbaus auszugleichen. Der andere denkbare Kollisionsfall besteht darin, dass Abbau- oder Vorratsflächen eines Gewinnungsbetriebsbetriebs, der oberflächennahe Bodenschätze **im Tagebau** abbaut, von einer noch zu errichtenden Verkehrsanlage in Anspruch genommen werden. In diesem Fall sind die im Trassenverlauf befindlichen Bodenschätze für einen Abbau grundsätzlich verloren. Hier stellt sich die Frage einer veränderten, die Bodenschatzgewinnung schonenden Trassenführung und, falls dies nicht möglich ist, ob das Gesetz wenigstens einen Ersatz für die verlorene Lagerstättensubstanz vorsieht. Einen vergleichbaren Fall **im Tiefbergbau** bildet das **Stehenlassen eines Sicherheitspfeilers**, d.h. den (erzwungenen) Verzicht auf den Abbau in einem bestimmten Teil des Bergwerksfeldes, um schädigende Einwirkungen auf die Verkehrsanlage zu vermeiden.

2 Der **Lösungsansatz des Gesetzes** besteht für beide Konstellationen in der Einführung eines gegenseitigen **Rücksichtnahmeprinzips** (Absatz 1 Satz 1), während der entsprechenden Anwendung der Vorschriften über die **Anpassung und Sicherung** (Absatz 1 Satz 2) und einer Regelung über die **Kostentragung** bei solchen Maßnahmen (Absatz 2) Bedeutung nur beim untertägigen Abbau und seinen Einwirkungen zukommen dürfte. Ist die bestehende Kollision durch Rücksichtnahme und technische Maßnahmen nicht lösbar, ist jeweils im Einzelfall zu entscheiden, ob Verkehrsanlage oder Bodenschatzgewinnung den Vorrang haben (Absatz 3). Einen ebenfalls nur den untertägigen Bergbau betreffen-

den Fall regelt Absatz 4 mit der Kostentragung bei Präventivmaßnahmen des
Bergbaus zugunsten der Verkehrsanlage.

2. Rechtslage nach altem Recht

a) Vorschriften nach ABG. In einem mit den §§ 135 ff. ABG (Grundabtretung)   **3**
beginnenden 5. Titel (*„Von den Rechtsverhältnissen zwischen den Bergbautreibenden und den Grundbesitzern"*) widmeten sich die §§ 153, 154 ABG in einem
eigenständigen Abschnitt dem Verhältnis zwischen Bergbau und öffentlichen
Verkehrsanstalten. Nach § 153 Absatz 1 ABG stand dem Bergbautreibenden
gegen die Ausführung solcher Verkehrsanlagen, zu deren Anlegung dem Unternehmer das Enteignungsrecht beigelegt war, kein Widerspruchsrecht zu. Vor der
Feststellung der solchen Anlagen zu gebenden Richtung sollten nach § 153
Absatz 2 ABG diejenigen, *„über deren Bergwerke dieselben geführt werden
sollen"*, von der zuständigen Behörde darüber gehört werden, *„in welcher Weise
unter möglichst geringer Benachteiligung des Bergwerkseigentums die Anlage
auszuführen sei"*. § 154 ABG schließlich räumte dem Bergbautreibenden einen
Schadensersatzanspruch ein, *„sofern entweder die Herstellung sonst nicht
erforderlicher Anlagen in dem Bergwerk oder die sonst nicht erforderliche
Beseitigung oder Veränderung bereits in dem Bergwerk vorhandener Anlagen
notwendig war"*. Voraussetzung für diesen Anspruch war, dass die Berechtigung
zum Bergwerksbetrieb älter war als die Genehmigung der Verkehrsanlage.

b) Rechtsprechung. Die §§ 153, 154 ABG gehörten zu den am heftigsten   **4**
umstrittenen Vorschriften des Bergrechts. Die Diskussion wurde praktisch bis
zum Inkrafttreten des BBergG fortgeführt (vgl. BGHZ 69, 73 (zu § 153 ABG);
BGHZ 71, 329 (zu § 154 ABG)). Eine ständige Rechtsprechung hatte aus den
beiden Vorschriften – insbesondere aus § 153 Absatz 1 ABG – gefolgert, die
Interessen des Bergbaus seien denjenigen der Verkehrsanlagen untergeordnet.
Während der Bergbau sonst berechtigt sei, die Erdoberfläche – wenn auch gegen
vollständige Ersatzleistung – zu beschädigen, habe er gegenüber öffentlichen
Verkehrsanlagen **Rücksicht zu nehmen**. Das Bergwerkseigentum sei von vornherein mit der **gesetzlichen Beschränkung** belastet, dass es das Dasein öffentlicher Verkehrsanlagen nicht gefährde oder verhindern dürfe (so bereits RGZ
58, 147). Die Pflicht zur Rücksichtnahme setze nicht erst mit der Inbetriebnahme oder Fertigstellung der Anlage ein, sondern bereits zu dem Zeitpunkt, in
dem die Planungen für den Bergwerksbesitzer erkennbar werden. Das war
regelmäßig der Zeitpunkt der Offenlegung des Plans. Es findet sich die Wendung, dass jede Beschädigung einer öffentlichen Verkehrsanstalt durch den nach
deren Genehmigung und Errichtung fortgeführten Abbau als eine im letzteren
Falle wenigstens **objektive Rechtsüberschreitung** zu betrachten sei (RGZ 28,
341; ZfB 43 (1902), 358). Hieraus und aus der allgemeinen Pflicht zur Rücksichtnahme wurde geschlossen, dass sich der Bergbau wegen des nach Offenlegung fortgesetzten Abbaus nicht auf den Haftungsausschluss des § 150 ABG
berufen könne (hierzu im Einzelnen unter Anführung der zustimmenden und
ablehnenden Meinungen: BGHZ 57, 375, 378). Insbesondere aus der Nichtanwendbarkeit des § 150 ABG, welcher einen Ausschluss von Schadensersatzansprüchen bei Kenntnis einer drohenden Gefahr vorsah, wurde abgeleitet, dass
der Bergbau aufgrund der Haftungsvorschrift des § 148 ABG die Mehrkosten
zu übernehmen habe, die von der Verkehrsanlage bei der Errichtung einer neuen
Anlage aufzuwenden waren, um im Interesse der Sicherheit und Leichtigkeit des
Verkehrs die Anlage gegen Schäden zu schützen, die der nach Offenlegung des
Plans weiterbetriebene Bergbau verursachen würde (*„Erstausstattung"*; vgl.
BGHZ 57, 375). Zu Einzelheiten – auch zur **Entstehungsgeschichte** – vgl.
Westermann, Verkehrsanstalten, 56 ff.; Vowinckel, ZfB 108 (1967), 261, 294 ff.;
Weitnauer, Verkehrsanstalten, 52 f.; H. Schulte, ZfB 113 (1972), 166, 178,
Kühne, DVBl 2012, 661.

5 **c) Einseitige Rücksichtnahmepflicht des Bergbaus.** Der BGH hat es in der Entscheidung BGHZ 57, 375 vermieden, das Ergebnis mit der Erwägung zu begründen, der Bergbau habe für den Teil der Sicherungskosten, die mit Rücksicht auf den nach Planoffenlegung fortgesetzten Abbau (sog. neuer Abbau) aufzuwenden sind, **schadensersatzrechtlich aus dem Gesichtspunkt einer Gebrauchswertminderung** einzustehen (kritisch zu diesem Ansatz: Westermann, Verkehrsanstalten, 83 f.; in diesem Sinne aber weitgehend Weitnauer, Verkehrsanstalten, 28 f., 40). Die Pflicht zur Übernahme der auf den neuen Abbau entfallenden Sicherungskosten wird vielmehr im Wesentlichen mit einer ab Planoffenlegung einsetzenden Rücksichtnahmepflicht des Bergbaus gegenüber (künftigen) Verkehrsanlagen begründet. Ihretwegen sei es „folgerichtig", den Bergbau die – niedrigeren – Kosten jener Sicherungsmaßnahmen tragen zu lassen, die die Entstehung von Bergschäden verhüten. Ergänzend wird auf die Standortzwänge der Verkehrsanlage abgestellt, welche ein Ausweichen auf bergbaulich nicht gestörte Bereiche weitgehend unmöglich machten und deshalb die Anwendung des §§ 150 ABG ausschlössen (BGHZ 57, 375, 383 ff.; kritisch Westermann, Freiheit des Unternehmers, 96; Kühne, NJW 1972, 826).

II. Pflicht zur gegenseitigen Rücksichtnahme (Absatz 1 Satz 1)

1. Begriff der Verkehrsanlage

6 Als „*öffentliche Verkehrsanlagen*" sind alle ortsfesten Einrichtungen zum Transport von Personen, Gütern und Nachrichten zu verstehen, sofern sie dem öffentlichen Verkehr dienen und diesem gewidmet sind. Zu den öffentlichen Verkehrsanlagen zählen: alle Straßen (von der Bundesautobahn und Bundesfernstraße bis zur Ortsstraße einschließlich öffentlicher Wege und Plätze), Bundesbahn, Landeseisenbahnen und Kleinbahnen, Straßenbahnen sowie Untergrundbahnen; ferner Flugplätze und sonstige Verkehreinrichtungen wie etwa Kanäle und schiffbare Flüsse. Zu den Verkehrsanlagen rechnen auch Fernmeldeanlagen, sofern sie der Übermittlung von Nachrichten dienen (Amtliche Begründung BT-Drs 8/1315, 149 = Zydek, 472). Der Begriff der öffentlichen Verkehrsanlage im BBergG ist identisch mit dem Begriff der öffentlichen Verkehrsanstalt in den früheren Landesberggesetzen.

7 **Nebenanlagen** unterfallen § 124, wenn sie in einem unmittelbaren technischen Zusammenhang mit den Hauptanlagen stehen und im Falle ihrer Beschädigung durch den Bergbau die Sicherheit und Leichtigkeit des Verkehrs beeinträchtigt würde (z. B. Bahnstromleitungen, Signalanlagen). Wirtschafts-, Abfertigungs-Bürogebäude und Bahnhofsanlagen sind Nebenanlagen, sofern sie den Verkehrsanlagen dienen und deren Funktion sicherstellen. Das hat zu Folge, dass nach Absatz 1 Satz 2 die Vorschriften über die Anpassung und Sicherung anzuwenden sind, jedoch mit Ausnahme der Regelung über die Bauwarnung (§ 113). **Private Verkehrsanlagen** (z. B. Anschlussbahnen eines Privatunternehmers an das öffentliche Verkehrsnetz) werden von § 124 nicht erfasst.

2. Gewinnungsbetrieb und Bodenschätze

8 Nach der Legaldefinition in § 4 Absatz 8 handelt es sich hierbei um **Einrichtungen zur Gewinnung** von bergfreien und grundeigenen Bodenschätzen. Die **Gewinnung** selbst wird in § 4 Absatz 2 definiert. Hierzu rechnen nicht nur die unmittelbar mit dem Lösen und Freisetzen von Bodenschätzen zusammenhängenden, sondern auch vorbereitende, begleitende und nachfolgende Tätigkeiten. Weitgehend identisch mit dem Begriff Gewinnungsbetrieb ist auch der in § 114 Absatz 1 legal definierte **Bergbaubetrieb**. Die Vorschrift verweist auf die Geltungsbereichsvorschrift des § 2 Absatz 1, sodass auch die dort aufgeführten Tätigkeiten und Einrichtungen im weitesten Sinne als Teil des Gewinnungsbetriebs anzusehen sind.

Bodenschätze i. S. von § 124 sind nur solche, die dem BBergG unterliegen, also   **9** die in den Katalogen des § 3 Absatz 3 und 4 aufgeführten Bodenschätze. Ferner gehören hierzu die von aufrechterhaltenen alten Rechten (§§ 149 bis 159) erfassten, nicht in den genannten Katalogen enthaltenenen auch heute noch bergfreien Bodenschätze. Hierzu rechnen zum Beispiel in Teilen Bayerns Granit und andere „niedere Mineralien" (Artikel 281 BayBergG, Miesbach-Engelhardt, Artikel 281 Anmerkung 3 f.; Anwendungsfall: s. BVerwGE 106, 290 = NVwZ 1998, 1180). Als Bodenschätze gemäß § 124 gelten ferner die im Zusammenhang mit dem Eingungsvertrag als bergfrei eingestuften, nicht in § 3 Absatz 3 aufgeführten mineralischen Rohstoffe, soweit an ihnen bis zum Inkrafttreten des Gesetzes zur Vereinheitlichung der Rechtsverhältnisse bei Bodenschätzen vom 15. April 1996 (BGBl I, 602) Bergbauberechtigungen begründet worden waren (vgl. hierzu § 3 Rn 30 ff.). Vor allem bei der Gewinnung solcher oberflächennahen, im Beitrittsgebiet weiterhin als bergfrei geltenden Bodenschätze, zu denen zum Beispiel Quarze und Quarzite gehören, die nach den allgemein geltenden Regelungen je nach Beschaffenheit als grundeigene Bodenschätze (§ 3 Absatz 4 Nr. 1) oder dem BBergG nicht unterfallende Grundeigentümerbodenschätze einzustufen sind, tritt der eingangs (Rn 1) geschilderte Interessenkonflikt regelmäßig auf.

3.   Rücksichtnahme als Optimierungsgebot (Satz 1)

In Überwindung der einseitigen Rücksichtnahmepflicht des Bergbaus auf die   **10** Belange der Verkehrsanlage, wie sie die Rechtsprechung unter der Geltung des ABG begründet hatte, begründet § 124 Absatz 1 Satz 1 eine **Pflicht zur gegenseitigen Rücksichtnahme** bei Errichtung, Erweiterung, wesentlicher Veränderung und Betrieb von Anlagen und Einrichtungen des jeweils anderen. Der materielle Inhalt der Rücksichtnahmepflicht wird durch ein **Optimierungsgebot** gekennzeichnet, wonach sich die Beteiligten „**so wenig wie möglich beeinträchtigen**" sollen. Damit enthält das Gesetz eine brauchbare Konkretisierung der Rücksichtnahmepflicht für Vorgänge der Planung und Betriebsführung auf beiden Seiten. Auch die **Rohstoffsicherungsklausel** des § 48 Absatz 2 ist zu beachten und enthält eine wichtige Bewertungsvorgabe (BVerwG, ZfB 1998, 134) Ergänzt wird die Regelung durch die entsprechende Anwendung („*im übrigen*") der Vorschriften des Anpassungsverhältnisses in den §§ 110 bis 112. Die Anwendung des § 113 (Bauwarnung) wird ausgeschlossen. Die Verteilung der Anpassungs- und Sicherungskosten regelt anschließend Absatz 2.

4.   Rücksichtnahmepflicht der Verkehrsanlage

a) Errichtung, Erweiterung und wesentliche Veränderung. Wegen dieser in   **11** § 124 Absatz 1 Satz 1 begründeten Pflicht der Verkehrsanlage kann der Bergbau beanspruchen, in allen Phasen der Planung (d. h. von den ersten Grobtrassierungen bis zur Erstellung der für die Planoffenlegung bestimmten Unterlagen) mit seinen Vorstellungen, Anliegen und Wünschen gehört und im Rahmen des Möglichen berücksichtigt zu werden (so Vorauflage; zustimmend BVerwG, NVwZ 1995, 903 = ZfB 1995, 95). Die Pflicht zur Rücksichtnahme seitens des Verkehrsträgers oder der planenden Instanz schließt daher auch Auskunftspflichten sowie die Pflicht ein, Gegenvorstellungen oder Wünsche erforderlichenfalls auch mündlich zu erörtern. In dem Maße, in dem die Planung von den lediglich vorbereitenden Tätigkeiten in konkretere Planungsstadien übergeht, also nach der planerischen Entscheidung über die Linienführung der Anlage zur

Detailplanung (Dämme, Kreuzungsbauwerke, Brücken, Schleusen usw.) übergeht, verdichten sich grundsätzlich auch etwaige Unterrichtungspflichten und damit der vom Gesetz angestrebte ständige Dialog der Beteiligten.

12   **b) Planungsphase.** Bei der **Planung von Verkehrsanlagen** sind die Belange von Gewinnungsbetrieben nicht nur in die planerische Abwägung einzustellen, sondern sie sind im Ausgleich mit den Interessen an der Errichtung der Verkehrsanlage zu maximieren (BVerwG, ZfB 1997, 132). Insoweit enthält die Regelung in Absatz 1 Satz 1 ein **Optimierungsgebot**, das eine möglichst weitgehende Beachtung erfordert (BVerwGE 71, 163). Das Abwägungsergebnis muss erkennen lassen, dass sich die Planungsbehörde bemüht hat, den mit dem Vorhaben verbundenen Eingriff in den Gewinnungsbetrieb so gering wie möglich zu halten, z. B. im Zusammenhang mit der Festlegung der Trasse der Verkehrsanlage oder ihrer technischen Ausgestaltung (beispielhaft hierzu BVerwG, ZfB 1997, 131). Vom Gewinnungsbetrieb vorgetragene Alternativen müssen von der Planungsbehörde zur Kenntnis genommen und geprüft werden. Das Ergebnis dieser Prüfung muss sich in den Gründen der Abschlussentscheidung wiederfinden, damit nachvollzogen werden kann, ob die Belange des Gewinnungsbetriebs entsprechend dem Optimierungsgebot in Absatz 1 Satz 1 so weit wie möglich berücksichtigt worden sind. Insbesondere dann, wenn bei einem Tagebauvorhaben Lagerstättenteile von der Verkehrsanlage überbaut werden sollen, muss deutlich werden, dass und aus welchen Gründen in diesem Fall entsprechend § 124 Absatz 3 das öffentliche Interesse an der Errichtung und dem Betrieb der öffentlichen Verkehrsanlage vorgeht. Das Gleiche gilt, wenn eine Verkehrsanlage Bergwerksfelder eines untertägigen Betriebs überquert, die Gewinnung der Bodenschätze also noch möglich ist, aber wegen der ständigen Gefährdung der Verkehrsanlage nur noch unter erschwerten Bedingungen und bei ständigem Risiko bergbehördlicher Eingriffe (vgl. § 55 Absatz 1 Satz 1 Nr. 5, § 71) stattfinden kann.

13   Zur **Durchsetzung seiner Belange** muss sich der Bergbauunternehmer in dem jeweiligen für die Errichtung der Verkehrsanlage maßgeblichen Planungsverfahren beteiligen und seine dort vorgesehenen **Mitwirkungspflichten** erfüllen (BVerwG, NVwZ 1995, 903). Handelt es sich um ein Planfeststellungsverfahren, hat er seine Anliegen und Bedenken in der Form von **Einwendungen** (vgl. § 73 Absatz 4 VwVfG) vorzutragen, auch wenn die Planungsbehörde mit ihm bereits von sich aus Kontakt aufgenommen hat und Gespräche über Trassenverlauf, Anpassungs- und Sicherungsmaßnahmen sowie andere technische Fragen geführt haben sollte. Werden keine Einwendungen gegen das jeweilige Vorhaben erhoben oder gehen sie bei der Anhörungsbehörde verspätet ein, sind sie ausgeschlossen (sog. materielle Präklusion; vgl. § 73 Absatz 4 VwVfG). Findet der Gewinnungsbetrieb seine Belange in der planerischen Abschlussentscheidung nicht angemessen berücksichtigt, muss er die Entscheidung mit Rechtsmitteln angreifen, damit gerichtlich überprüft werden kann, ob die Planungsbehörde den Anforderungen, die sich aus § 124 ergeben, gerecht geworden ist. Zum identischen Ausgangspunkt bei einem **Anpassungs- und Sicherungsverlangen** vgl. unten Rn 24.

14   Ein Einsatz der **Instrumente des öffentlichen Rechts** bei der Durchsetzung des Anspruchs des Gewinnungsbetriebs auf Berücksichtigung seiner Belange bietet sich jedenfalls bei **Maßnahmen der Planung** an, weil das Optimierungsziel in Absatz 1 Satz 1 allein auf diesem Wege unter Rückgriff auf bewährte verwaltungsrechtliche Institute und Verfahren umgesetzt werden kann. Ob im Gesetzgebungsverfahren des BBergG an diese öffentlich-rechtlichen Konsequenzen des Rücksichtnahmegebots gedacht worden ist, erscheint zweifelhaft. Dagegen spricht bereits die Stellung des § 124 im Gesetz als dritter Abschnitt im dritten Kapitel „Bergschaden".

c) **Rücksichtnahme beim Betrieb der Verkehrsanlage.** Fälle, bei denen eine   **15**
Pflicht zur Rücksichtnahme der Verkehrsanlage **auf den Betrieb des Bergbaus**
durch entsprechende Gestaltung ihres Betriebs in Betracht kommen könnte,
werden selten sein. Ein denkbarer Anwendungsfall ist die Einrichtung sog.
Langsam-Fahrstrecken bei schienengebundenen Verkehrswegen, wenn aufgrund
untertägigen Abbaus größere Bodenbewegungen in bestimmten Strecken-
abschnitten zu erwarten sind. Wenn – wie bei öffentlichen Straßen – der
„Betrieb" in der Zulassung der Benutzung der Verkehrsanlage durch Dritte
als Verkehrsteilnehmer besteht, müssen diejenigen Behörden die Rücksichtnahmepflicht ausüben, die kraft Sachzuständigkeit diesen „Betrieb" zu regulieren
haben. Soweit in der Gesetzesbegründung zu der Vorrangklausel des Absatz 3
ausgeführt wird, eine wesentliche Beeinträchtigung sei dann gegeben, wenn auf
einer Bundes- oder U-Bahn-Strecke „*grundsätzlich langsam gefahren werden
müsste*" (BT-Drs 8/1315, 149 = Zydek, 470), ist damit wohl gemeint, dass die
Rücksichtnahmepflicht ihr Ende dann findet, wenn mit einer erheblichen, den
Verkehrsinteressen grob zuwiderlaufenden längeren Dauer solcher Verkehrsein-
schränkungen zu rechnen ist. Eine nicht dauerhafte und damit zeitlich absehbare
Geschwindigkeitsbeschränkung entspricht dagegen dem Gebot der Rücksichtnahme.

5. Rücksichtnahmepflicht des Gewinnungsbetriebs

Auch der Bergbau ist grundsätzlich verpflichtet, bei der **Planung des Abbaus**   **16**
sowie bei der **Gewinnung der Bodenschätze** auf eine bestehende Verkehrsanlage
Rücksicht zu nehmen. Den Hauptanwendungsfall dieser Regelung bilden Inte-
ressenkollisionen zwischen dem **untertägigen Bergbau** mit öffentlichen Verkehrsanlagen durch Abbaueinwirkungen auf die eigentlichen Verkehrsanlagen
oder auf deren Nebeneinrichtungen (hierzu oben Rn 4 f.). Den wichtigsten Teil
dieser Rücksichtnahmepflicht, nämlich die Kostenfrage, hat Absatz 2 verbindlich im Sinne der bis zu Inkrafttreten des Gesetzes ergangenen Rechtsprechung
(oben Rn 4 f.) geregelt (im Einzelnen: unten Rn 27 ff.). Das **Optimierungsgebot**,
wonach öffentliche Verkehrsanlagen durch den Gewinnungsbetrieb so wenig
wie möglich beeinträchtigt werden sollen, gilt nach dem Gesetzeswortlaut auch
im Hinblick auf eine Rücksichtnahmepflicht des Bergbaus. Da der unterirdische
Aufschluss der Bodenschätze und die Art der Gewinnung von der Ausbildung
der Lagerstätte diktiert werden, sind die Möglichkeiten, durch eine bestimmte
Abbauführung einen wenig schädigenden Abbau zu betreiben, in der Regel
schon aus technischen Gründen eingeschränkt, abgesehen davon, dass die Wirtschaftlichkeit des Betriebs im Blick behalten werden muss. Ob die Sicherheit des
Verkehrs durch den Abbau gewährleistet ist, wird bereits im Betriebsplanverfahren geprüft (vgl. § 55 Absatz 1 Satz 1 Nr. 5), wobei grundsätzlich auch die
für die Verkehrseinrichtungen verantwortlichen Behörden nach § 54 Absatz 2
Satz 1 zu beteiligen sind. Soweit die Sicherheit der Verkehrsanlage nicht beeinträchtigt wird, die in § 55 Absatz 1 Satz 1 Nr. 5 gezogene Grenze also nicht
überschritten wird, darf der Gewinnungsbetrieb auch Schäden an der Verkehrsanlage verursachen, wobei entsprechend der Rücksichtnahmepflicht der Verkehrsanlage wiederum der Gewinnungsbetrieb möglichst wenig beeinträchtigt
werden soll. Dem ist dadurch Rechnung zu tragen, dass Langsam-Fahrstrecken
eingerichtet werden oder sonstige Verkehrsbeschränkungen eingerichtet werden
(vgl. oben Rn 15; Boldt/Weller, § 124 Rn 12).

III. Anpassung und Sicherung (Absatz 1 Satz 2)

1. Geltungsbereich der Vorschrift

17 Die Vorschriften über das Anpassungsverhältnis (§§ 110 bis 112) sollen nach Satz 2 in Absatz 1 ergänzend („*im übrigen*") eingreifen, wenn trotz Abstimmung in der Phase der Planung **Bergschadensrisiken** i. S. von § 110 Absatz 1 verbleiben. In dieser Vorschrift ist die Anpassungspflicht, die der Vermeidung oder Verminderung von Bergschadensrisiken dient (vgl. § 110 Absatz 5), allein dem Bauherrn auferlegt. Ein Anpassungsverlangen stellt der Bergbauunternehmer. Bei entsprechender Anwendung auf das Verhältnis zwischen Bergbau und öffentlicher Verkehrsanlage ist Bauherr der Träger der öffentlichen Verkehrsanlage, Berechtigter bleibt der Bergbauunternehmer. Das Gleiche gilt bei einem Verlangen auf Sicherung nach § 111.

18 Die Regelung in Satz 2 begründet **keine Pflicht zur Anpassung zu Lasten des Unternehmers** eines Gewinnungsbetriebs (so aber Boldt/Weller, § 124 Rn 14). Die Amtliche Begründung spricht zwar an mehreren Stellen von einer wechselseitigen Ausgestaltung der Anpassung oder einem wechselseitigen Anpassungsverhältnis (BT-Drs 8/1315, 148 = Zydek, 469). Abgesehen davon, dass sich diese Aussagen auf die Fassung des § 124 Absatz 1 Satz 2 und Absatz 2 des Regierungsentwurfs beziehen, wird an keiner Stelle der Gesetzesbegründung deutlich, worin eine am Sinngehalt der §§ 110 und 111 orientierte Anpassung und Sicherung durch technische Maßnahmen auf Seiten des Bergbauunternehmers bestehen könnte. Auch der Bundesrat, auf den die Fassung des § 124 Absatz 2 zurückgeht, hat die Vorschrift in der Fassung des Regierungsentwurfs offensichtlich nicht im Sinne eines wechselseitigen Anpassungsverhältnisses verstanden (vgl. BT-Drs 8/1315, 182 = Zydek, 472). Spätestens mit der entsprechenden Anwendung auch des § 112 (Verlust des Entschädigungsanspruchs bei Nichtbefolgen eines Anpassungs- und Sicherungsverlangens), wie sie vom Wirtschaftsausschuss des Bundestages gefordert wurde (Ausschussbericht, BT-Drs 8/3965, 143 = Zydek, 474), war einer Anwendung der §§ 110, 111 zugunsten des Trägers einer öffentlichen Verkehrsanlage der Boden entzogen, weil nicht erkennbar ist, welche Ersatzleistungen ein anpassungspflichtiger Gewinnungsbetrieb haben könnte, die ihm aufgrund der Sanktion entzogen werden könnten. Richtig ist, dass der untertägige Bergbau durch Zuschnitt und zeitliche Folge der Abbaue schädliche Einwirkungen auf eine Verkehrsanlage reduzieren kann (vgl. Boldt/Weller, § 124 Rn 27). Es ist aber nicht vorstellbar, dass solche Maßnahmen bergbaulicher Planung durch ein konkretisiertes Anpassungsverlangen des Trägers der Verkehrsanlage sollten veranlasst werden können.

2. Anpassungsmaßnahmen der Verkehrsanlage

19 Entsprechend § 110 Absatz 1 muss die Verkehrsanlage den zu erwartenden bergbaulichen Einwirkungen durch **Anpassung von Lage, Stellung und Konstruktion** Rechnung tragen, sofern der Bergbauunternehmer dies verlangt. Als Anpassung der **Lage** einer Verkehrsanlage ist die Wahl einer geeigneten Trassenführung anzusehen, etwa indem Erdstufenbereiche, Schwächezonen und sonstige bergschadengefährdete Bereiche umgangen werden, soweit dies angesichts des Zwecks und der Verkehrsbedürfnisse, die eine solche Anlage zu erfüllen hat, überhaupt möglich ist. Eine Anpassung durch **Stellung** besteht in der räumlich begrenzten Verschiebung einzelner Teile der Verkehrsanlage, z. B. von Brücken, aus Schwächezonen, während eine Anpassung durch **Konstruktion** der Verkehrsbauten darauf abstellt, dass deren Widerstandskraft gegen Bergbaueinwirkungen durch geeignete konstruktive Maßnahmen, Bauteile und

Materialien gestärkt wird (s. auch Boldt/Weller, § 124 Rn 22 f.). Zum **Anpassungsverlangen** vgl. unten Rn 24.

3. Sicherungsmaßnahmen der Verkehrsanlage

Reichen Anpassungsmaßnahmen als vorbeugender Schutz nicht aus, sind nach **20** Absatz 1 Satz 2 bei der Errichtung, Erweiterung oder wesentlichen Änderung von Verkehrsanlagen entsprechend § 111 **zusätzliche bauliche Vorkehrungen** zu treffen. Dazu rechnen zum Beispiel Hebevorrichtungen bei Brücken, die Schaffung von Senkungsreserven bei Brücken oder Teilabschnitten der Verkehrsanlage sowie der Bau überhöhter Deiche an Wasserstraßen (vgl. Boldt/Weller, § 124 Rn 29). Ob Aufwendungen des Trägers der öffentlichen Verkehrsanlage, die den Zweck haben, eingetretenen oder drohenden bergbaulichen Einwirkungen sofort zu begegnen oder wirksam vorbeugen zu können (wie z. B. Messungen), als Sicherungsmaßnahmen angesehen werden können (so aber Boldt/Weller, § 124 Rn 29), erscheint zweifelhaft. Auch die Anordnung der lediglich *„entsprechenden"* Anwendung der §§ 110 bis 112 in Absatz 1 Satz 2 rechtfertigt nicht eine Abkehr vom Wortlaut des § 111, wonach **bauliche Vorkehrungen** zu treffen sind, zu denen ständige Messungen oder verkehrslenkende Maßnahmen nicht gehören. Solche Maßnahmen, die der Aufrechterhaltung des Verkehrsbetriebs und der Sicherheit des Verkehrs dienen, sind im Regelfall Ausfluss des Rücksichtnahmeprinzips in Absatz 1 Satz 1. Sind bereits Abbaueinwirkungen auf die Verkehrsanlage entstanden, kommt unter Umständen ein Ersatzanspruch nach § 114 Absatz 1 in Betracht.

4. Betriebsplan

Ein **Anpassungs- oder Sicherungsverlangen** setzt voraus, dass „zumindest" ein **21** **Rahmenbetriebsplan**, in dem die künftige Abbausituation des Gewinnungsbetriebs dargestellt ist, vorliegt (§ 110 Absatz 1). Haupt-, Sonder- oder obligatorischer Rahmenbetriebsplan §§ 52 Absatz 2 a, 57 a sind, weil in ihren Aussagen genauer als der fakultative Rahmenbetriebsplan nach § 52 Absatz 2 Nr. 1, in jedem Fall ausreichend. Zur Bedeutung eines zugelassenen Betriebsplans für die Verteilung der Kosten für Anpassung und Sicherung gemäß Absatz 2 vgl. unten Rn 28.

5. Verhältnismäßigkeit der Maßnahme

Auch bei der vorbeugenden Schadensminderung an Verkehrsbauwerken gilt der **22** in §§ 110 Absatz 5, 111 Absatz 3 enthaltene Grundsatz, dass der Aufwand für Anpassungs- und Sicherungsmaßnahmen in einem angemessenen Verhältnis zu der hierdurch erzielbaren Reduzierung des Bergschadensrisikos stehen muss. Bei voraussichtlich geringen Einwirkungen und damit niedrigem Bergschadensrisiko sind kostspielige Maßnahmen der Anpassung und Sicherung entbehrlich (vgl. § 110 Rn 40). Die Einschränkung ist wichtig, weil die Verkehrsanlage nach Absatz 2 unter Umständen einen erheblichen Teil des Anpassungsaufwandes selbst tragen muss (Boldt/Weller, § 124 Rn 30). Allerdings gehen Sicherheit und Leichtigkeit des Verkehrs vor. An der Gewährleistung dieser öffentlichen Belange hat sich das Maß der Anpassung auszurichten. Das kommt auch darin zum Ausdruck, dass die Anpassungsregelung nur insoweit gilt, als sich aus Absatz 3 nichts anderes ergibt. Damit wird auf die **Vorrangklausel** verwiesen: Danach muss der Bergbau weichen, wenn eine Anpassung oder Sicherung nicht möglich ist, also technisch ausscheidet, oder wenn noch so kostspielige Maßnahmen dieser Art das Bergschadensrisiko nicht entscheidend zu verringern vermögen und deshalb der gleichzeitige Betrieb einer öffentlichen Verkehrsanlage und eines Gewinnungsbetriebs ausgeschlossen ist. Wegen der Vorrangklausel in Absatz 3 ist es folgerichtig, dass der Unternehmer gegenüber der Verkehrsanlage **keine Bauwarnung** aussprechen, die Errichtung, Erweiterung usw. also nicht verhindern kann. Die entsprechende Anwendung von § 113 musste folglich ausgeschlossen werden.

6. Anpassungs- und Sicherungsverlangen

23 Die Pflicht zur Anpassung wird in den allgemeinen Bestimmungen der §§ 110 und 111 durch ein entsprechendes Verlangen des Bergbauunternehmers gegenüber dem Bauherrn ausgelöst. Die Sanktion bildet der Verlust sämtlicher Entschädigungsansprüche, sofern der Schaden auf die Nichtbeachtung eines solchen Verlangens zurückzuführen ist (§ 112). Verlangen des Bauherrn und die Sanktion in Form des Verlustes von Ersatzansprüchen spielen sich unbestreitbar ausschließlich auf privatrechtlicher Ebene ab. Dies ist auf das Verhältnis zwischen Unternehmer und Verkehrsanlage trotz der angeordneten entsprechenden Anwendung des § 112 nicht übertragbar (siehe nachstehend Rn 24). Soweit öffentliche Verkehrsanlagen aufgrund öffentlich-rechtlicher Planungsverfahren errichtet, erweitert oder wesentlich verändert werden, ergehen die endgültigen Entscheidungen in einem geordneten Verfahren, bei dem die widerstreitenden Belange unter Einschaltung der Öffentlichkeit, zumindest aber der Betroffenen, erfasst und gegenseitig und untereinander mit dem öffentlichen Vorhaben abgewogen werden. In diesem Zusammenhang ist **kein Raum für einseitige privatrechtliche Erklärungen** eines Betroffenen, hier des Unternehmers gegenüber dem Träger der öffentlichen Verkehrsanlage, außerhalb des Planungsverfahrens. Forderungen nach einer Anpassung oder Sicherung von Verkehrsvorhaben müssen daher ebenso wie Vorstellungen zur Rücksichtnahme bei der Planung der Verkehrsanlage (vgl. oben Rn 13) in der Form von Einwendungen im Planfeststellungsverfahren vorgebracht werden. Bei **Versäumnis dieser Mitwirkungspflicht** droht der Ausschluss der Einwendungen. Der Grund, weshalb entgegen dem konkretisierten Verlangen nach Maßnahmen der Anpassung und Sicherung nicht entsprochen werden konnte, muss sich aus der Begründung der Abschlussentscheidung, in der Regel dem Planfeststellungsbeschluss, beantworten lassen. Notfalls muss der Bergbauunternehmer seine Interessen mit Hilfe der Verwaltungsgerichte weiterverfolgen. Ziel der Anwendung der Vorschriften über die Anpassung ist die Vermeidung oder Verminderung von Bergschäden. Die diesbezüglichen Einwendungen des Bergbauunternehmers sind daher nicht nur in die Abwägung einzustellen, sondern im Sinne eines **Optimierungsgebots** mit Vorrang zu beachten (vgl. oben Rn 13). Konnte andererseits die Abschlussentscheidung ein Anpassungs- oder Sicherungsverlangen aus wohl erwogenen Gründen nicht berücksichtigen und wird sie bestandskräftig, ist das Verlangen sachlich erledigt. Der Träger der Verkehrsanlage kann dann die Arbeiten so, wie in der Abschlussentscheidung niedergelegt, durchführen.

7. Verlust des Ersatzanspruchs

24 Die vorstehende Schlussfolgerung zeigt, dass die Sanktion des § 112 im Verhältnis zwischen dem Unternehmer eines Gewinnungsbetriebs und dem Träger einer Verkehrsanlage keine Anwendung findet, soweit über die vorgesehenen Maßnahmen der Errichtung, Erweiterung usw. in einem förmlichen Verfahren mit Beteiligung der Betroffenen und unter Abwägung der widerstreitenden Interessen entschieden wird. Wenn die Abschlussentscheidung bestandskräftig oder gerichtlich als fehlerfrei bestätigt worden ist, ist sie unter allen Beteiligten verbindlich. Es wäre dann ein Wertungswiderspruch, dem Unternehmer des Gewinnungsbetriebs im Falle des Eintritts von Bergschäden die Berufung auf § 112 zuzubilligen, obwohl seine Gegenvorstellungen in förmlichen Verfahren behandelt und entschieden worden sind. Alle Anlagen und Anlagenteile, die in ein solches Verfahren einbezogen sind, werden von der Abschlussentscheidung erfasst. Nur in Ausnahmefällen, z. B. bei einzelnen Anlagenteilen oder Gebäuden, die ohne förmliches Planungsverfahren zugelassen werden, dürfte hiernach ein nicht beachtetes Anpassungs- oder Sicherungsverlangen im Falle der Beschädigung den Verlust des Ersatzanspruchs auslösen. hat Die dogmatische Inkonsequenz einer Übernahme des § 112 in das Gesetz, welche der Regierungsentwurf nicht vorgesehen hatte, sondern vom Wirtschaftsausschuss des Bundestages gefordert worden war (WiA BT-Drs 8/3965, 143 = Zydek, 475), ist im Gesetzgebungsverfahren nicht erkannt worden.

IV. Verteilung der Aufwendungen für Anpassung und Sicherung (Absatz 2)

1. Entstehungsgeschichte der Norm

Die Fassung von Absatz 2 beruht auf einem Vorschlag des Bundesrats im ersten **25** Durchgang (BT-Drs 8/ 1315, 182 = Zydek, 472), dem die Bundesregierung in ihrer Gegenäußerung zugestimmt hatte. Nach § 127 des Regierungsentwurfs sollten Verkehrsanlage und Unternehmer etwaige mit der **Anpassung** (nicht der Sicherung) verbundene **unerhebliche Nachteile oder Aufwendungen** noch jeweils selbst und allein tragen. Die Kostenverteilung war insoweit § 110 Absatz 3 Satz 1 nachgebildet. Im Hinblick auf die diese Grenze übersteigenden **Nachteile** sowie **Aufwendungen für Anpassungs- und Sicherungsmaßnahmen** war eine Verteilung nach altem und neuem Abbau mit der Abgrenzung zwischen beiden nach dem Zeitpunkt der Planoffenlegung vorgesehen. Die Bundesregierung sollte überdies ermächtigt werden, eine abweichende Kostenverteilung durch Rechtsverordnung bestimmen zu können, wenn es erforderlich sei, *„in diesem Bereich ein ausgewogenes Verhältnis in der Belastung von Unternehmen und öffentlichen Verkehrsanlagen wiederherzustellen"* (BT-Drs 8/1315, 45, 149 = Zydek, 467, 471). Der Bundesrat hatte in seiner Stellungnahme bemerkt, die Unbestimmtheit der Begriffe *„unerhebliche"* oder *„unwesentliche"* Nachteile oder Aufwendungen könnten Anlass zu mancherlei Meinungsverschiedenheit der Beteiligten untereinander geben. Die Bundesregierung hatte dem Vorschlag des Bundesrats im Grundsatz zugestimmt, ebenso wie der Wirtschaftsausschuss des Bundestages (vgl. BT-Drs 8/1315, 195 = Zydek, 474; WiA, BT-Drs 8/3965, 143 = Zydek, 475).

2. Kein Ersatz von Nachteilen

Mit der Annahme des Vorschlags des Bundesrates (oben Rn 26) war die im **26** Regierungsentwurf enthaltene, aus der Übernahme der für das Anpassungsverhältnis geltenden Vorschriften übernommene Differenzierung zwischen Aufwendungen und Nachteilen der Anpassung (vgl. § 110 Absatz 3) beseitigt. Die Folge ist, dass **Nachteile aus einer Anpassung oder Sicherung** allein von der Verkehrsanlage getragen werden. Angesichts der Intensität, mit der gerade § 127 (jetzt § 124) beraten worden ist, dürfte ein Versehen ausgeschlossen sein. Vermutlich wurde der Frage keine große praktische Bedeutung beigemessen (vgl. auch Boldt/Weller, § 124 Rn 48). Nachteile aus einer Anpassung oder Sicherung lassen sich auch nicht den zeitlichen Abschnitten zuordnen, die durch den Zeitpunkt der Planoffenlegung und der ihr gleichgestellten Verfahrensabschnitte einer öffentlichen Bekanntgabe des Vorhabens in anderen Planungsverfahren begründet werden (s. nachfolgend Rn 28), sondern entstehen nach der Errichtung eines Verkehrsvorhabens einmalig oder regelmäßig (z. B. erhöhter Reparatur- oder Pflegeaufwand eines Bauwerks gegenüber einer üblichen Ausstattung).

3.   Verteilungsschlüssel (Absatz 2 Satz 1)

27   **a) Grundsatz.** Die Aufwendungen für eine Anpassung oder eine Sicherung werden in Absatz 2 nach dem **Prinzip alter Abbau – neuer Abbau** zwischen Träger der Verkehrsanlage und Gewinnungsbetrieb (Bergbau) aufgeteilt. **Alter Abbau** ist hiernach der bis zu einem bestimmten Zeitpunkt **betriebsplanmäßig zugelassene Abbau.** Der Zeitpunkt wird auf den **Zeitpunkt der Bekanntgabe** des Verkehrsbauvorhabens festgelegt. Der von diesem Zeitpunkt ab weiterlaufende künftige Abbau gilt bis zum Ablauf eines Betriebsplans, der diesen Abbau zum Gegenstand hat, als alter Abbau. Mit dem Merkmal **Abbau,** das dem Gesetz fremd ist und an keiner Stelle sonst vorkommt, ist die **Gewinnung** i. s. von § 3 Absatz 2 gemeint, also das Lösen und Freisetzen von Bodenschätzen einschließlich der damit zusammenhängenden vorbereitenden und begleitenden Tätigkeiten (Boldt/Weller, § 124 Rn 35). Alter Abbau ist daher nicht nur die durch Betriebspläne im Zeitpunkt der Planoffenlegung durch gültige Betriebspläne zugelassene eigentliche und laufende Gewinnung, sondern auch der künftige Abbau, der aufgrund gültiger Betriebsplänen erst vorbereitet wird, also z. B. durch Strecken untertage, die den Bodenschatz erst erschließen.

28   **b) Betriebsplanmäßig zugelassener Abbau.** Unter betriebsplanmäßig zugelassenem Abbau, ebenfalls ein Begriff, den das Gesetz sonst nirgends verwendet und welcher der Praxis der Bergverwaltung und der Betriebe entstammt, sind Abbauvorhaben (laufende oder künftige) zu verstehen, für die **gültige Betriebspläne** vorhanden sind. Darunter fallen **Hauptbetriebspläne** (§ 52 Absatz 1) und **Sonderbetriebspläne** (§ 52 Absatz 2 Nr. 2) als die typischen für Abbauvorhaben verwendeten Betriebsplanarten. Wie die Erwähnung des **Rahmenbetriebsplans** in § 110 Absatz 1 zeigt, ist auch ein Abbau, der von einem Rahmenbetriebsplan im Sinne des § 52 Absatz 2 Nr. 1 (sog. fakultativer Rahmenbetriebsplan) erfasst wird, geeignet, die Zeitspanne des alten Abbaus zu bestimmen (Boldt/Weller, § 124 Rn 35). Dieser Rahmenbetriebsplan muss nach § 110 Absatz 1 **vorliegen,** braucht also noch nicht zugelassen zu sein, um ein Anpassungsverlangen auslösen zu können (vgl. hierzu § 110 Rn 11 ff.). Die in Absatz 2 Satz 1 geregelte Kostentragungspflicht löst aber nur ein **zugelassener** fakultativer Rahmenbetriebsplan aus. Schließlich beeinflusst auch der nach einer Umweltverträglichkeitsprüfung aufgrund eines Planfeststellungsverfahrens zugelassene **obligatorische Rahmenbetriebsplan** i. S. von §§ 52 Absatz 2 a, 5 a, soweit er im Tiefbau Senkungsmaße gemäß § 1 Nr. 1 Buchstabe a UVP-V Bergbau erfasst, die Bestimmung des alten Abbaus.

29   Das **Ende des betriebsplanmäßig zugelassenen Abbaus** wird durch das Ende der Laufzeit des Betriebsplans markiert, die der Zulassung bei Haupt- und Rahmenbetriebsplänen **zwingend** (vgl. § 52 Absatz 1 und Absatz 2 Nr. 1) in Form der Befristung gemäß § 36 Absatz 2 Nr. 1 VwVfG beizufügen ist, sich im Übrigen aus dem Inhalt des Betriebsplans ergibt. Die nach allgemeinen Regeln mögliche **Verlängerung der Laufzeit** eines Betriebsplans (vgl. § 52 Absatz 4 Satz 2) bleibt möglich, hat dann aber nicht die in Absatz 2 Satz 1 geregelte Wirkung der Kostenverteilung. Mit dem Ende der Laufzeit des zugelassenen Betriebspläne beginnt der **neue Abbau.** Aufwendungen für Anpassungs- und Sicherungsmaßnahmen, die dazu dienen, Bergschäden an den Verkehrsanlagen aufgrund dieses neuen Abbaus zu vermeiden oder zu vermindern, trägt der Gewinnungsbetrieb (Absatz 2 Satz 2). Nach Boldt/Weller, § 124 Rn 51 werden dem Bergbau (gemeint ist der Steinkohlenbergbau, für den die Regelung in erster Linie gilt) praktisch die gesamten Kosten der Anpassungs- und Sicherungsmaßnahmen für den nach dem Stichtag zugelassenen Abbau aufgebürdet. Der Bergbau werde dadurch unverhältnismäßig stark belastet. Das ist zutreffend, sofern zum Stichtag nur ein Hauptbetriebsplan und ein Sonderbetriebsplan für den Abbau mit jeweils noch kurzer Restlaufzeit vorliegen. Bei zukunftsbezoge-

ner Planung in der Form eines fakultativen oder obligatorischen Rahmenbetriebsplans lässt sich der neue Abbau demgegenüber je nach Laufzeitweit in
die Zukunft verschieben.

c) Bekanntgabezeitpunkt. Maßgebender Zeitpunkt für die Abgrenzung zwi- **30**
schen altem und neuem Abbau ist nach Absatz 2 Satz 1 die **Festlegung eines
Planungsgebietes** oder die **Planauslegung.** Damit wird Bezug genommen auf
Fachbegriffe in den einschlägigen Gesetzen des Bundes und der Länder für den
Verkehr zu Lande, zu Wasser und in der Luft (Boldt/Weller, § 124 Rn 38).
Soweit diese Gesetze **andere Verfahrensschritte** enthalten, die eine Bekanntgabe
der Verkehrsplanung an Betroffene oder die Allgemeinheit anordnen, treten
diese gemäß Satz 3 Halbsatz 1 an die Stelle der Planauslegung in Satz 1. Die
Verwendung des Wortes *„Planoffenlegung"* in diesem Zusammenhang ist ein
redaktionelles Versehen des Gesetzgebers (Boldt/Weller, § 124 Rn 43). Bei Verkehrsanlagen, die ohne formelle Planung wie die Planfeststellung nach § 36 BbG
hergestellt werden, bestimmt die Zustimmung der höheren Verwaltungsbehörde
den maßgebenden Stichtag. Ist auch eine solche nicht erforderlich, ist maßgeblicher Stichtag der Beginn der Herstellungsarbeiten (Satz 3 Halbsatz 2).

4. Kommunale Verkehrsanlagen (Absatz 2 Satz 4)

Für den Fall, dass die Kosten einer Errichtung, Erweiterung usw. einer Verkehrs- **31**
anlage von den Eigentümern der Nachbargrundstücke der Anlage zu tragen
sind, enthält Satz 4 eine **Sonderregelung.** Sie beruht auf einem Vorschlag des
Wirtschaftsausschusses (BT-Drs 8/3965, 143 = Zydek, 475). Gemeint sind
Erschließungsanlagen nach § 127 BauGB (früher BBauG) oder Baumaßnahmen,
die nach den Kommunalabgabengesetzen der Länder (vgl. § 8 KAG NRW)
abzurechnen sind. In diesem Falle wird die Anwendung des Verteilungsschlüssels
in Satz 1 ausgeschlossen. Damit sind nach Absatz 1 Satz 2 die §§ 110 bis 112
anzuwenden mit der Maßgabe, dass der Unternehmer den Anpassungs- und
Sicherungsaufwand mit Ausnahme desjenigen für unwesentliche Aufwendungen
allein tragen muss.

V. Vorrangklausel (Absatz 3)

1. Inhalt und Regelungsziel

Lässt sich der Interessenkonflikt zwischen öffentlicher Verkehrsanlage und **32**
Gewinnungsbetrieb nicht im Wege gegenseitiger Rücksichtnahme und durch
Maßnahmen der Anpassung und Sicherung lösen, erhalten die Errichtung,
Erweiterung usw. der öffentlichen Verkehrsanlage grundsätzlich den Vorrang
(*„gehen [...] vor"*). Nur wenn das öffentliche Interesse an der Gewinnung der
Bodenschätze überwiegt, ist das Vorhaben der öffentlichen Verkehrsanlage
nachrangig. Es muss dann eingeschränkt werden oder ganz unterbleiben.
Schwerpunkt der Regelung ist die **Schlichtung der Nutzungskonkurrenz** im
Hinblick auf bestimmte Grundstücke, nämlich solcher, die als Abbau- oder
Vorratsflächen eines Tagebaubetriebs dienen, nun aber ganz oder teilweise
gleichzeitig vom Träger einer öffentlichen Verkehrsanlage für Verkehrsbauten
in Anspruch genommen werden sollen. Weniger typisch ist der Fall, dass
Grundstücke mit nutzbaren Lagerstätten im Rahmen eines Planfeststellungsverfahrens nicht für die eigentlichen Verkehrsbauten, sondern für **Ausgleichs-
und Ersatzmaßnahmen** herangezogen werden sollen (Ausgangsfall: BGHZ 189,
218 = NVwZ 2011, 1085). Absatz 3 findet aber auch Anwendung, wenn bei
dem **untertägigen Abbau** von Bodenschätzen Einwirkungen auf die Oberfläche
und damit **Bergschäden** drohen, die einen sicheren Betrieb der Verkehrsanlage

ausschließen. Auch in diesem Fall muss die Gewinnung der Bodenschätze zurückstehen, es sei denn der Unternehmer trifft in seinem Betrieb Maßnahmen, welche die Einwirkungen vermindern, z. B. durch Einbringen von Versatz. Zur Frage eines Ersatzanspruchs des Unternehmers in diesem Fall vgl. § 124 Absatz 4; unten Rn 42 f.

33 Ob entsprechend dem Wortlaut in Absatz 3 von einem **Ausschluss des gleichzeitigen Betriebs** von Verkehrsanlage und Gewinnungsbetrieb auszugehen ist, ist im **Planfeststellungsverfahren** für die Verkehrsanlage im Einzelnen zu prüfen und zu entscheiden. Im Verfahren ist auch zu ermitteln, ob bei der Inanspruchnahme von Abbau- oder Vorratsflächen eines Tagebaubetriebs durch eine Verkehrsanlage das öffentliche Interesse an der Gewinnung der Bodenschätze überwiegt.

2. Motive des Gesetzgebers

34 Mit der Betonung des grundsätzlichen Vorrangs der öffentlichen Verkehrsanlage gegenüber den Belangen des Bergbautreibenden in Absatz 3 sollte nach der Gesetzesbegründung an die Vorschrift des § 153 Absatz 1 ABG angeknüpft werden (BT-Drs 8/1315, 149 = Zydek, 470). Aus dem Ausschluss eines in dieser Vorschrift vorgesehenen *„Widerspruchsrechts"* gegen eine Verkehrsanlage wurde auf eine **gesetzlich beabsichtigte Schlechterstellung** des Bergbaus gegenüber öffentlichen Verkehrsanstalten geschlossen. So konnten diese – nach Anhörung des Bergbautreibenden (§ 153 Absatz 2 ABG) – den Trassenverlauf im Wesentlichen frei wählen und brauchten den Haftungsausschluss des § 150 ABG nicht zu befürchten (vgl. H. Schulte, ZfB 113 (1972), 166, 179). Die Vorrangklausel des Absatz 3 scheint auf den ersten Blick diesen Standpunkt der Rechtsprechung gesetzlich festschreiben zu wollen. Jedoch ist zu beachten, dass nach der Tendenz des § 124 der gleichzeitige Betrieb von öffentlicher Verkehrsanlage und Bergbau grundsätzlich ermöglicht werden soll. Diesem Ziel dienen die Einführung einer Rücksichtnahmepflicht, die Anwendung der Vorschriften über die Anpassung und Sicherung und die Beachtung der Rohstoffsicherungsklausel des § 48 Absatz 1 Satz 2 (oben Rn 10). Die Anwendung der einschlägigen Vorschriften über das Planfeststellungsverfahren in den straßenverkehrsrechtlichen Fachgesetzen sichert zusätzlich, dass die maßgeblichen öffentlichen und privaten Belange in die Entscheidung einbezogen und untereinander sorgfältig abgewogen werden.

3. Entschädigungsanspruch des Gewinnungsbetriebs

35 Besteht im Hinblick auf bestimmte Grundstücke, unter denen sich Bodenschätze im Sinne des BBergG befinden, zwischen Gewinnungsbetrieb und öffentlicher Verkehrsanlage eine **Nutzungskonkurrenz,** stellt sich die Frage, ob der Unternehmer, dem Abbau- oder Vorratsflächen seines Betriebs wegen des Vorrangs der öffentlichen Verkehrsanlage entzogen werden, für diesen Verlust einen Entschädigungsanspruch erwirbt. Ein solcher Entschädigungsanspruch ergibt sich nicht aus dem BBergG, sondern aus den Fach- und/oder Enteignungsgesetzen des Bundes oder der Länder, aufgrund deren die unterschiedlichen Verkehrsanlagen verwirklicht werden.

36 Die Rechtsprechung des BVerwG und des BGH geht davon aus, dass mit § 124 Absatz 3 und 4 eine grundsätzlich **abschließende Regelung** getroffen ist, die **Entschädigungsansprüche** wegen der Beeinträchtigung des Abbaus von Bodenschätzen infolge der Errichtung, Erweiterung, wesentlichen Änderung oder des Betriebs einer öffentlichen Verkehrsanlage im Allgemeinen **ausschließt** (BGHZ 189, 218 = NVwZ 2011, 1085, Rn 15 m. w. N.; BGHZ 189, 232 = NVwZ

2011, 1082, Rn 19; BVerwGE 106, 290 = NVwZ 1998, 1180; kritisch Kühne, DVBl 2012, 661; Kühne/Ericke, Öffentlichkeitsbeteiligung und Eigentumsschutz im Bergrecht, S. 63 ff.). Bei dieser Auffassung werden nach den Fach- und Enteignungsgesetzen des Bundes und der Länder im Grundsatz gewährte Entschädigungsansprüche nach den bergrechtlichen Vorschriften entzogen. Hierbei ist jedoch **zu unterscheiden**, ob infolge der Inanspruchnahme der Grundstücke **bergfreie oder grundeigene Bodenschätze** dauerhaft von einer Gewinnung ausgeschlossen werden. Die Rechtsprechung gelangt hierbei zu unterschiedlichen Ergebnissen.

4. Verlust bergfreier Bodenschätze

a) Entschädigungslosigkeit bei Enteignung. Werden von einer öffentlichen Ver-   **37**
kehrsanlage im Wege der Enteignung Grundstücke in Anspruch genommen, in denen sich bergfreie Bodenschätze befinden, wird dieser Entzug als entschädigungspflichtiger Rechtsverlust von der Rechtsprechung nicht anerkannt. Anerkannt wird allein der Verlust des Grundeigentums, der mit dem nach allgemeinen Grundsätzen zu ermittelnden Bodenwert der Oberfläche zu bemessen ist. Der **Wert der Bodenschätze**, der infolge des Verkehrsbauvorhabens verloren geht, wird **nicht vergütet**. Das Vorkommen des bergfreien Bodenschatzes bilde keinen Wert bildenden Faktor des Grundeigentums, weil er nicht Bestandteil des Grundstücks ist. Begründet wird dies unter Hinweis darauf, dass das Gewinnungsrecht an den Vorkommen nicht immanenter Ausfluss des Grundeigentums sei, sondern erst durch die Zuerkennung der Bergbauberechtigung begründet werde (BGHZ 189, 232 = NVwZ 2011, 1081 Rn 15). Sein Inhalt werde erst durch das Bergrecht bestimmt und bestehe getrennt und unabhängig vom Grundeigentum (BGH, aaO unter Hinweis auf BVerfG, VIZ 1998, 101, 102 f.). Nach BVerwGE 106, 290 = NVwZ 1998, 1180 beruht die Bergbauberechtigung auf staatlicher Verleihung und gewährt die mit ihr verbundenen Rechte von vornherein nur nach den Vorschriften des BBergG. Der Bergbauberechtigte könne daher nicht darauf vertrauen, dass er die von seiner Gewinnungsberechtigung erfassten Bodenschätze im gesamten zugeteilten Feld oder auch überhaupt gewinnen könne (BGHZ 146, 99, 104). Der bei Kollisionen mit öffentlichen Verkehrsanlagen gesetzlich vorgesehene Vorrang der letzteren mit der Folge des Anspruchsausschlusses sind der Bergbauberechtigung als Inhalts- und Schrankenbestimmung immanent (BGHZ 189, 232 = NVwZ 2011, 1081 Rn 20 m. w. N.). An der Entschädigungslosigkeit ändert sich auch dann nichts, wenn der **Bergbauberechtigte zugleich Eigentümer** der Gewinnungsgrundstücke ist. In diesem Falle ist eine Entschädigung auch nicht mittelbar über einen zusätzlichen Ausgleich für die Enteignung des Grundeigentums zu gewähren, die über die Entschädigung für den Verlust Grundstücksbodenwerts hinausgeht (BGH aaO, Rn 25).

Auf der Grundlage dieser Ansicht versagt die Rechtsprechung dem Gewinnungs-   **38**
betrieb unter Berufung auf § 124 Absatz 3 und 4 nicht nur den Ersatz für den Verlust der Bodenschätze, sondern auch den Ersatz des **Aufwands für die Verlagerung des Gewinnungsbetriebs** als Folgewirkung der Enteignung. Das Gleiche gilt für etwaige **mit der Betriebsverlagerung verbundene Verluste**, z. B. Anlaufverluste am neuen Betriebsstandort oder Belastungen mit Darlehnsverbindlichkeiten (BGH NVwZ 2011, 1081 Rn 32 f.).

b) Kritische Anmerkung. Die aus § 124 Absatz 3 und 4 hergeleitete vollständige   **39**
Entschädigungslosigkeit eines teilweisen oder vollständigen Ausschlusses der Abbaumöglichkeiten bei bergfreien Bodenschätzen als Inhalts- und Schrankenbestimmung erscheint ungewöhnlich weitgehend, sofern mit der Errichtung einer (sc. neuen) öffentlichen Verkehrsanlage der Eingriff in einen bereits

bestehenden Gewinnungsbetrieb verbunden ist. Je nach dem Umfang der Inanspruchnahme der Abbau- oder Vorratsflächen eines Gewinnungsbetriebs durch eine öffentliche Verkehrsanlage kann dessen Existenz kurzfristig beendet sein mit der Folge, dass sämtliche Investitionen in die Erschließung der Lagerstätte und den Aufbau des Betriebs einschließlich der maschinellen Anlagen nutzlos werden. Das bergrechtliche Gewinnungsrecht ist zwar keine vorgegebene oder vorgeformte Rechtsposition und wird erst durch die Verleihung mit dem Inhalt und den Grenzen geschaffen, wie sie im Gesetz vorgesehen sind (BGHZ 189, 232 = NVwZ 2011, 1081 Rn 20 m. w. N.). Ob dieser Ausgangspunkt es jedoch erlaubt, gestützt allein auf den Wortlaut des § 124 Absatz 3 und 4 und deren Entstehungsgeschichte bei neuen Verkehrsanlagen jeder Art, ungeachtet ihrer verkehrlichen Bedeutung, Entschädigungsansprüche des Unternehmers vollständig auszuschließen, erscheint zweifelhaft. Bedenken bestehen insbesondere, wenn Grundstücke mit bergfreien oberflächennahen Bodenschätzen nicht für die eigentlichen Verkehrsbauten, sondern für **Ausgleichs- und Ersatzmaßnahmen** in Anspruch genommen werden. In diesem Fall muss der Gewinnungsbetrieb für den Substanzverlust einen Ausgleich erhalten, weil die in § 124 Absatz 3 und 4 statuierte Entschädigungslosigkeit bei zutreffender Auslegung nur den Fall der Kollision in Form der **Nutzungskonkurrenz** betrifft. Kritisch zur Rechtsprechung des BGH aus verfassungsrechtlich-eigentumsdogmatischer Sicht Kühne, DVBl 2012, 661, 664.

40   Wird durch eine öffentliche Verkehrsanlage (z. B. einen Flugplatz) das **gesamte Abbaufeld** eines Gewinnungsbetriebs betroffen und die Bergbauberechtigung damit insgesamt unverwertbar, kann es nach einer Entscheidung des BVerwG (BVerwGE 106, 290, 294 = NVwZ 1998, 1180) aufgrund einer an Artikel 14 Absatz 1 Satz 1 GG orientierten Interessenabwägung geboten sein, den privaten Interessen des Bergbauberechtigten dadurch Rechnung zu tragen, dass das Bergbaurecht förmlich enteignet und damit auch entschädigt wird. Der Anspruch auf Vornahme einer förmlichen Enteignung der Bergbauberechtigung ist im Rahmen einer gegen den Planfeststellungsbeschluss erhobenen Klage geltend zu machen (BGHZ 189, 232 = NVwZ 2011, 1081 Rn 31). Zur Gewährung eines Ausgleichsanspruchs aus dem Gesichtspunkt einer ausgleichspflichtigen Inhalts- und Schrankenbestimmung s. Kühne, DVBl 2012, 661, 665.

5.   Enteignung grundeigener Bodenschätze

41   Im Gegensatz zu den bergfreien Bodenschätzen (vgl. oben Rn 40) ist bei der Ermittlung des Verkehrswerts der Grundstücke im Falle deren Enteignung durch eine öffentliche Verkehrsanlage das Vorhandensein von grundeigenen Bodenschätzen zu berücksichtigen. Die Vorkommen sind der Grundstückssubstanz zuzurechnen, in die enteignend eingegriffen wird (BGHZ 189, 218 = NVwZ 2011, 1085 Rn 12 m. w. N.). Das gilt jedenfalls dann, wenn die Nutzungsmöglichkeit in absehbarer Zeit verwirklicht werden kann und dem Abbau kein rechtliches Hindernis entgegen steht. Während das Gewinnungsrecht an bergfreien Bodenschätzen erst durch die bergrechtliche Bewilligung oder Verleihung begründet und in seinem Inhalt durch das Bergrecht bestimmt wird, gehört das Gewinnungsrecht an grundeigenen Bodenschätzen von vornherein zum Inhalt des Grundeigentums und unterliegt damit uneingeschränkt dem Schutz des Artikel 14 Absatz 1 GG (BGHZ 189, 218 = NVwZ 2011, 1085 Rn 31; so schon früher OLG Rostock, LKV 2007, 96). Deshalb ist bei einer Enteignung grundeigener Bodenschätze eine Entschädigung für den Verlust des Gewinnungsrechts zu gewähren, wenn dieser in **keinem Zusammenhang mit der Verhinderung von Bergschäden** steht, unabhängig davon, ob die Inanspruchnahme für die eigentliche Verkehrsanlage oder für Ausgleichsflächen notwendig wird. Vorkommen grundeigener Bodenschätze, deren Abbau keine rechtlichen

Hindernisse entgegenstehen und mit deren Gewinnung in absehbarer Zeit gerechnet werden kann, führen hiernach zu einer **Erhöhung** des für die Bemessung der Enteignungsentschädigung **maßgebenden Verkehrswerts** des Grundstücks.

VI. Ersatzansprüche des Unternehmers (Absatz 4)

1. Inhalt der Vorschrift

Mit Absatz 4 knüpft das Gesetz an § 154 ABG an (oben Rn 3). Nach dieser **42** Vorschrift hatte der Bergbautreibende, sofern seine Berechtigung zum Bergwerksbetrieb älter war als die Genehmigung der Anlage, einen Schadensersatzanspruch, sofern die Herstellung sonst nicht erforderlicher Anlagen in dem Bergwerk oder die sonst nicht erforderliche Beseitigung oder Veränderung bereits in dem Bergwerk vorhandener Anlagen notwendig wurde. Unter der Geltung der Vorschrift war umstritten, ob der Anspruch ein Tätigwerden des Unternehmers ausschließlich zur Sicherheit der Verkehrsanlage voraussetze oder ob er auch dann gegeben sei, wenn der Bergbautreibende daneben zugleich eigene Interessen verfolgte (BGHZ 50, 180, 183 m. w. N.). Dieser Rechtsstreit ist durch die Fassung des Absatz 4 erledigt. Die Maßnahmen, die zu einer Ersatzpflicht des Trägers des Verkehrsvorhabens führen, müssen nunmehr **ausschließlich der Sicherung** der Verkehrsanlage dienen. Sollen solche Maßnahmen dazu beitragen, dass Bergschäden verhindert oder gering gehalten werden, kann kein Ersatz verlangt werden. Insoweit führt Absatz 4 lediglich die bisher zu § 154 ABG ergangene Rechtsprechung (BGHZ 50, 180) fort (vgl. im Übrigen Weitnauer, Verkehrsanstalten, 70 f., 91 f.; H. Schulte, ZfB 113 (1972), 166, 179 f. und NJW 1981, 88, 93). Mit der Vorschrift sollten in erster Linie **Ersatzansprüche für das Stehenlassen von Sicherheitspfeilern** ausgeschlossen werden (WiABT-Drs 8/3965, 143 = Zydek, 465). Ein **Ersatzanspruch** ist **ausgeschlossen,** wenn die Gewinnungsberechtigung erst nach der Planoffenlegung oder den dieser gleichgestellten Bekanntgaben der Verkehrsanlage entstanden ist (Absatz 4 Satz 1, Absatz 2 Satz 3).

2. Rechtliche Bedeutung

Der Beschränkung des Schadensersatzes in Absatz 4 und der Vorrangklausel des **43** Absatz 3 entnimmt die Rechtsprechung im Falle der Kollision zwischen Bergbauberechtigung (Bewilligung, Bergwerkseigentum) und öffentlicher Verkehrsanlage eine grundsätzlich **abschließende Regelung.** Ein Geldersatz soll nur in Fällen des Absatz 4 geleistet werden müssen. Damit sind im praktischen Ergebnis nur Sachverhalte angesprochen, die den **untertägigen Bergbau** betreffen und im Zusammenhang mit der **Verhinderung von Bergschäden** stehen (vgl. BGHZ 189, 218 = NVwZ 2011, 1085 Rn 22, 33). Werden demnach Abbau- oder Vorratsflächen eines **Tagebaus** auf **bergfreie Bodenschätze** von einer öffentlichen Verkehrsanlage durch Enteignung in Anspruch genommen, werden die nicht mehr abbaubaren Bodenschätze in die Enteignungsentschädigung nicht einbezogen (im Einzelnen oben Rn 37). Absatz 4 ist auf diese Fallgestaltung nicht anwendbar, zeigt aber neben Absatz 3 die Absicht des Gesetzgebers, Entschädigungsleistungen des Trägers der Verkehrsanlage an den Bergbauberechtigten eng zu begrenzen. Bei Betrieben, die **grundeigene Bodenschätze im Tagebau** gewinnen, werden die wegen der Kollision mit der Verkehrsanlage nicht mehr abbaufähigen Bodenschätze bei der Festlegung der Enteignungsentschädigung berücksichtigt (oben Rn 41*)*. Auf diese Konstellation wird das Regelungsziel des § 124 Absatz 3 und 4 aus **verfassungsrechtlichen Gründen** (Artikel 14 und Artikel 3 Absatz 1 GG) nicht angewendet (vgl. BGHZ 189, 218 = NVwZ 2011,

1085 Rn 29 f., 32). Werden dagegen **grundeigene** Bodenschätze **untertägig** abgebaut (vgl. § 3 Absatz 4 Nr. 2), kann Absatz 4 unter den dort genannten Voraussetzungen zu Anwendung kommen. Gegen die Ergebnisse der Rechtsprechung neuerdings Kühne, DVBl 2012, 661.

3. Praktische Anwendungsfälle

44 Ein Entschädigungsanspruch besteht nur, wenn die Herstellung, Beseitigung oder Änderung von Einrichtungen im Gewinnungsbetrieb ausschließlich der Sicherung der Verkehranlage dient. Dazu rechnete nach der zu § 154 ABG vertretenen Auffassung der Abbau mit Bergversatz statt des bisherigen Bruchbaus oder die Beseitigung eines Stollens (Miesbach-Engelhardt, Artikel 212 BayBergG Anmerkung 2). Dies sind auch Anwendungsfälle für Absatz 4. Das Stehenlassen eines Sicherheitspfeilers begründet keine Ersatzpflicht. Der Ersatzanspruch ist ein Aufwendungsersatzanspruch. Ersatzberechtigter ist der Unternehmer. Im Einzelnen Boldt/Weller, § 124 Rn 85.

VIERTER ABSCHNITT   **Beobachtung der Oberfläche**

§ 125 Messungen

(1) Die beteiligten Unternehmer haben auf ihre Kosten auf Verlangen und unter Aufsicht der zuständigen Behörde die Messungen durchführen zu lassen, die zur Erleichterung der Feststellung von Art und Umfang zu erwartender und zur Beobachtung eingetretener Einwirkungen des Bergbaus auf die Oberfläche erforderlich sind. Die Ergebnisse der Messungen sind unverzüglich bei der zuständigen Behörde einzureichen. Für die Einsicht in die Ergebnisse gilt § 63 Abs. 4 entsprechend.

(2) Messungen nach Absatz 1 können nur für Gebiete verlangt werden, in denen Beeinträchtigungen der Oberfläche durch Bergbaubetriebe mit Auswirkungen auf bauliche Anlagen eingetreten oder zu erwarten sind, wenn die Messungen zur Verhütung von Gefahren für Leben, Gesundheit oder bedeutende Sachgüter von Bedeutung sein können.

(3) Die Eigentümer und sonstigen Nutzungsberechtigten haben, soweit dies zur Durchführung der Messungen nach Absatz 1 erforderlich ist, das Betreten ihrer Grundstücke und das Anbringen von Meßmarken zu dulden. § 39 Abs. 1 Satz 1 Nr. 2 und Absatz 2 Nr. 2 gilt entsprechend. Für dabei entstehende Schäden haben die beteiligten Unternehmer eine angemessene Entschädigung an Geld zu leisten.

(4) Das Bundesministerium für Wirtschaft und Technologie wird ermächtigt, durch Rechtsverordnung mit Zustimmung des Bundesrates Vorschriften zu erlassen über
1. **die nach Absatz 1 im einzelnen durchzuführenden Messungen und die Anforderungen, denen sie zur Erreichung der in Absatz 1 bezeichneten Zwecke genügen müssen,**
2. **die Überwachung der Durchführung von Messungen im Sinne des Absatzes 1,**
3. **die Anforderungen an die Voraussetzungen, die nach Absatz 2 an die Gebiete gestellt werden, für die Messungen verlangt werden können.**

In der Rechtsverordnung kann die entsprechende Anwendung des § 70 Abs. 1 bis 3 vorgeschrieben und bei der Bestimmung von Anforderungen im Sinne des Satzes 1 Nr. 1 auf Bekanntmachungen sachverständiger Stellen unter Angabe der Fundstelle verwiesen werden.

Übersicht

		Rn
I.	Zweck der Vorschrift	1
II.	Messgebiete (Absatz 2)	3
III.	Duldungspflichten Dritter (Absatz 3)	4
IV.	Rechtsverordnung (Absatz 4)	5
1.	Anforderungen an Messungen (§ 15 MarkschBergV)	6
2.	Anforderungen an Gebiete (§ 16 MarkschBergV)	7

I. Zweck der Vorschrift

Sie eröffnet den zuständigen Behörden die Befugnis, den beteiligten Unterneh- **1** men die Durchführung von Messungen aufzugeben, die zur Erleichterung der **Feststellung zu erwartender** und zur **Beobachtung eingetretener Einwirkungen** auf die Oberfläche erforderlich sind, und zwar im Hinblick auf deren **Art und Umfang.** Solche Feststellungen sind nach der amtlichen Begründung (BT-Drs 8/ 1315 = Zydek, 477) für Vorsorgemaßnahmen unerlässlich und dienen damit der Vorbeugung von Bergschäden. Messungen sind nach **Absatz 1** nur durchzuführen, wenn die zuständige Landesbehörde ein entsprechendes **Verlangen** (anfechtbarer Verwaltungsakt) ausspricht. Aus der Wortwahl *„durchführen zu lassen"* darf nicht geschlossen werden, dass die Unternehmer zwingend Dritte mit der Durchführung der Messungen zu beauftragen hätten. Vielmehr können sie auch selbst Messungen vornehmen, sofern sie hierfür ausgebildetes Personal besitzen. Die Messungen werden daher in erster Linie verantwortlich von Personen durchzuführen sein, die nach den einschlägigen Vorschriften die **Zulassung als Markscheider** erhalten haben (vgl. hierzu § 64).

Die **Aufsicht** über die Richtigkeit und Vollständigkeit der Messungen wird von **2** der zuständigen Behörde überwacht, bei der die Messungen einzureichen sind. **Einsicht in die Messergebnisse** bei der Behörde hat jeder, der glaubhaft macht, dass er von einem Bergschaden betroffen sein kann (Absatz 1 Satz 3, § 63 Absatz 4). Dazu muss er entsprechende Tatsachen vortragen und belegen. Da die Vorschrift der Vorbeugung vor Bergschäden dient, hat auch derjenige einen Anspruch auf Einsicht, der erst eine Anlage errichten will und sich über etwaige Anpassungs- und/oder Sicherungsmaßnahmen nach §§ 110 f. Gewissheit verschaffen will. Der Unternehmer hat einen Anspruch, bei der Einsichtnahme eines Dritten zugegen zu sein (§ 63 Absatz 4 Satz 2 entsprechend). Ein Verstoß gegen die in Absatz 1 festgelegten Pflichten kann als Ordnungswidrigkeit geahndet werden (§ 145 Absatz 1 Nr. 19). Die **Kosten der Messungen** sind vom Unternehmer zu tragen.

II. Messgebiete (Absatz 2)

Die Vorschrift enthält die Voraussetzungen, unter denen dem Unternehmer **3** Messungen abverlangt werden können. Es kommen nur Gebiete in Betracht, in denen Beeinträchtigungen der Erdoberfläche durch Bergbaubetriebe **mit Auswirkungen auf bauliche Anlagen** bereits eingetreten oder zu erwarten sind. Der Grundsatz der Verhältnismäßigkeit ist zu beachten. So können z. B. Messungen für großräumige Bereiche bei dünner Besiedlung ausgeschlossen sein, es sei denn, dass in dem fraglichen Gebiete öffentliche Verkehrsanlagen oder andere gegen Einwirkungen auf die Oberfläche besonders empfindliche Anlagen vorhanden sind. Messungen sind nach der einschränkenden Formulierung in Absatz 2 nur zulässig, wenn sie zur Verhütung von Gefahren für Leben, Gesundheit oder bedeutende Sachgüter **von Bedeutung** sein können, also hierfür als Beurteilungsmaßstab herangezogen werden können. Die Voraussetzungen, welche die Messgebiete hiernach im Einzelnen erfüllen müssen, kann durch Rechtsverordnung geregelt werden (§ 125 Absatz 3 Satz 1 Nr. 3). Vgl. hierzu unten Rn 5 ff.

III. Duldungspflichten Dritter (Absatz 3)

4 Bei der in Absatz 3 geregelten Duldungspflicht der Eigentümer und sonstigen Nutzungsberechtigten handelt es sich, obwohl die Messungen von Unternehmen des Privatrechts durchgeführt werden, um eine **öffentlich-rechtliche Pflicht.** Im Weigerungsfalle muss sie von der zuständigen Behörde, unter deren Aufsicht die Messungen durchgeführt werden, mit den Mitteln des öffentlichen Rechts durchgesetzt werden. Die Betroffenen müssen daher ihren Rechtsschutz vor den Verwaltungsgerichten suchen. Ein Verstoß kann als Ordnungswidrigkeit geahndet werden (§ 145 Absatz 1 Nr. 19). Der Hinweis auf § 39 soll sicherstellen, dass öffentlichen Zwecken gewidmete Grundstücke nur mit Zustimmung der zuständigen Behörde benutzt werden dürfen. Entstehen infolge des Betretens von Grundstücken und des Anbringens von Messmarken Schäden, ist hierfür eine **angemessene Entschädigung** zu leisten (Absatz 3 Satz 2).

IV. Rechtsverordnung (Absatz 4)

5 Von der in Absatz 4 enthaltenen Verordnungsermächtigung wurde vom zuständigen Bundesminister durch die **Verordnung über markscheiderische Arbeiten und Beobachtungen der Oberfläche** (Markscheider-Bergverordnung – MarkschBergV) vom 19. Dez. 1986 (BGBl I, 2631) Gebrauch gemacht (Abdruck ZfB 1987, 258 mit Amtlicher Begründung = BR-Drs 438/86). In zwei Vorschriften enthält die MarkschBergV nähere Regelungen zur Durchführung der Anforderungen an Messungen nach § 125 Absatz 1 BBergG (§ 15) und der Anforderungen an Gebiete nach § 125 Absatz 2 BBergG (§ 16).

1. Anforderungen an Messungen (§ 15 MarkschBergV)

6 Nach Absatz 1 der Vorschrift, deren Ermächtigungsgrundlage § 125 Absatz 4 Satz 1 Nr. 1 und 2 bildet, kommen als zulässige Messungen zur Erfassung von Bodenbewegungen geeignete Messungen wie Höhen-, Längen- und Winkelmessungen sowie Punktlagemessungen in Betracht. Die einzelnen Messverfahren werden in der Anlage 1 zu § 6 MarkschBergV vorgegeben. Nach § 15 Absatz 2 MarkschBergV sind die Messungen nach Art, Umfang und zeitlichem Abstand so durchzuführen und die Ergebnisse der Messungen so darzustellen, dass eine zuverlässige Vorhersage über Ausdehnung, Größe und zeitlichen Ablauf zu erwartender Einwirkungen auf die Oberfläche und eine zuverlässige Beobachtung eingetretener Einwirkungen ermöglicht werden. Vermessungen sind an sichere Festpunkte der Landesvermessung oder des Liegenschaftskatasters anzuschließen. In Gebieten, in denen ein Leitnivellement-Netz vorhanden ist, sind die Höhenmessungen an dieses Netz anzuschließen (§ 15 Absatz 2 Satz 2, § 4 Absatz 1 MarkschBergV). Von der Möglichkeit, § 70 Absatz 1 bis 3 entsprechend anzuwenden, hat die Verordnung in § 15 Absatz 2 Satz 3 Gebrauch gemacht. Die allgemeinen Aufsichtsbefugnisse im Bereich der Bergaufsicht sind damit auch auf die Beaufsichtigung der in § 125 BBergG geregelten Messungen anzuwenden.

2. Anforderungen an Gebiete (§ 16 MarkschBergV)

Die Vorschrift beruht auf der Ermächtigungsgrundlage in § 125 Absatz 4 Satz 1 **7** Nr. 3 BBergG, die tatbestandlich in enger Verbindung mit § 125 Absatz 2 steht. In § 16 werden die **baulichen Anlagen**, um deren Schutz es geht, bezeichnet als solche des öffentlichen Verkehrs, der Wasserwirtschaft einschließlich Vorfluterhaltung, des Hochwasserschutzes, der öffentlichen Versorgung und Entsorgung sowie Anlagen, die vergleichbar bedeutsam und gegen Einwirkungen auf die Oberfläche besonders empfindlich sind. Es muss sich um **vorhandene oder unmittelbar vor der Ausführung stehende Anlagen** handeln, und es muss die Sorge bestehen, dass Leben, Gesundheit oder bedeutende Sachgüter gefährdet sein können. **Beurteilungskriterien** für die Festlegung der Messgebiete sind Art, Umfang und Ablauf der Gewinnung sowie Art, Beschaffenheit und Ausdehnung der Lagerstätte sowie der diese umgebenden Gebirgsschichten; ferner die geologischen Gegebenheiten, insbesondere die tektonischen, hydrologischen, gebirgsmechanischen oder bodenmechanischen Vorgänge. Alle diese Kriterien sind bei der Frage, ob schädliche die genannten baulichen Anlagen beeinträchtigende Einwirkungen entstehen können, die zu Gefahren für Leben, Gesundheit oder bedeutende Sachgüter führen können, zu berücksichtigen.

ACHTER TEIL Sonstige Tätigkeiten und Einrichtungen

§ 126 Untergrundspeicherung

(1) Auf Untersuchungen des Untergrundes auf seine Eignung zur Errichtung von Untergrundspeichern und auf Untergrundspeicher sind die §§ 39, 40, 48, 50 bis 74, 77 bis 104, 106 und 131 entsprechend anzuwenden. Mit der Vorlage des ersten Betriebsplans hat der Unternehmer nachzuweisen, daß er eine allgemeine Beschreibung des geplanten Untergrundspeichers unter möglichst genauer Angabe der Lage und der voraussichtlich größten Ausdehnung im Untergrund durch Veröffentlichung in mindestens zwei der im Bereich des Standorts des Untergrundspeichers allgemein verbreiteten Tageszeitungen mindestens einen Monat vorher bekanntgemacht hat. Bei nachträglichen Veränderungen ist dieser Nachweis erneut zu erbringen, wenn sich die Ausdehnung des Untergrundspeichers im Untergrund wesentlich ändert.

(2) Eine Untersuchung des Untergrundes auf seine Eignung zur Errichtung von Untergrundspeichern liegt nur vor, soweit damit eine Aufsuchung nicht verbunden ist.

(3) Auf die Errichtung und den Betrieb einer Anlage zur Lagerung, Sicherstellung oder Endlagerung radioaktiver Stoffe im Sinne des Atomgesetzes in der Fassung der Bekanntmachung vom 31. Oktober 1976 (BGBl. I S. 3053), zuletzt geändert durch Artikel 14 des Gesetzes vom 28. März 1980 (BGBl. I S. 373), sind die §§ 39, 40, 48, 50 bis 74 und 77 bis 104 und 106 entsprechend anzuwenden, wenn die Anlage ihrer Art nach auch zur unterirdischen behälterlosen Speicherung geeignet ist.

1 Untergrundspeicherung: Das Untersuchen des Untergrundes auf seine Eignung, die Errichtung von Untergrundspeichern (§ 2 Absatz 2 Nr. 1) und ihr Betrieb sowie das Betreiben der dafür erforderlichen Einrichtungen (§ 2 Absatz 2 Nr. 2) sind dem Bergrecht unterworfen;
anwendbar sind allerdings nur die ausdrücklich genannten Vorschriften:
– Die §§ 39 und 40 über das Verhältnis zum betroffenen Grundeigentümer,
– die Anordnungsbefugnis nach § 48,
– das Anzeige- und Betriebsplanverfahren (§§ 50 bis 57),
– das Recht der verantwortlichen Personen (§§ 58 bis 62),
– die Vorschriften über die Bergaufsicht (§§ 69 bis 74),
– außerdem die Vorschriften über das Risswerk und seine Anfertigung durch einen anerkannten Markscheider (§§ 63 und 64),
– die Ermächtigungen zum Erlass von Bergverordnungen (§§ 65 bis 68),
– das Grundabtretungsverfahren (§§ 77 bis 104, 106) und
– die Vorschriften für die Einrichtung von Hauptstellen für das Grubenrettungswesen (§ 131).

2 Diese Vielzahl der für anwendbar erklärten Normen bedeutet, dass die in § 126 genannten Tätigkeiten und Einrichtungen denen der Haupttätigkeiten und ihrer zugehörigen Einrichtungen nahezu gleichgestellt sind. Das geschieht, obwohl die Untersuchung des Untergrundes ausdrücklich keine Aufsuchung i. S. von § 4 Absatz 1 sein soll (Absatz 2). Gleichwohl geht § 126 davon aus, dass die besonderen Sicherheitsanforderungen an Aufsuchungsvorhaben auch hier erforderlich sind.

3 Als besondere zusätzliche Pflicht neben den eigentlichen betrieblichen erlegt § 126 Absatz 1 Satz 2 dem Unternehmer eine **Bekanntmachungspflicht auf.** Sie soll über die geplanten Maßnahmen und Arbeiten ausführlich Auskunft geben. Danach hat der Unternehmer mindestens einen Monat vor Einreichung des ersten Betriebsplans eine allgemeine Beschreibung des Speicherprojektes

unter möglichst genauer Angabe der Lage und der voraussichtlich größten Ausdehnung des Speichers im Untergrund bekannt zu machen. Der Unternehmer kommt dieser Bekanntmachungspflicht dadurch nach, dass er sein Projekt in mindestens zwei Tageszeitungen, die im Bereich des geplanten Untergrundspeichers allgemein verbreitet sind, veröffentlicht. Den Nachweis über die Veröffentlichung hat der Unternehmer mit Vorlage des ersten Betriebsplans zu führen.

Zweck der Vorschrift ist es, **den Grundeigentümern,** die durch den Eingriff in   **4**
den Untergrund (§ 905 Satz 2 BGB) betroffen sind, rechtzeitig **Kenntnis von dem Vorhaben zu geben,** um ihnen die Möglichkeit zur Überprüfung ihrer Rechte und der Grenzen des § 905 Satz 2 BGB zu verschaffen. Da die Veröffentlichung letztlich zivilrechtliche Hintergründe hat, erfolgt sie durch den Unternehmer in Tageszeitungen, nicht durch die Behörde in Amtsblättern (Boldt/ Weller § 126 Rn 15).

Begründet ist die Bekanntmachungspflicht damit, dass der *„[...] Unternehmer*   **5**
eines Untergrundspeichers [...] – anders als bei der Gewinnung bergfreier Bodenschätze – keiner besonderen Berechtigung [...]" bedarf (Amtliche Begründung = Zydek, 481). Außerdem vollziehe sich der Eingriff in den Untergrund – soweit der Unternehmer keine besonderen Vereinbarungen mit den Grundeigentümern treffe – ohne Ausschlussrechte der Grundeigentümer. Dadurch kann das Speichervorhaben einem mehr oder weniger großen Kreis von Grundeigentümern unbekannt bleiben. Die Bekanntmachungspflicht soll verhindern, dass Grundeigentümer lediglich von der Geltendmachung *„[...] etwaiger sich aus dem BGB ergebender Rechte ausgeschlossen werden, weil sie über die für ihre Rechtsposition maßgebenden Tatsachen nicht oder unzureichend in Kenntnis gesetzt werden."* Aus den gleichen Gründen sind auch nachträgliche Änderungen, die einen wesentlichen Einfluss auf die Ausdehnung des Untergrundspeichers haben, bekanntmachungspflichtig (Absatz 1 Satz 3).

Das Untersuchen des Untergrundes ist der Bekanntmachungspflicht grundsätz-   **6**
lich nur dann unterworfen, wenn damit nicht gleichzeitig eine Aufsuchung im Sinne des § 4 Absatz 1 verbunden ist (Absatz 2). Für die Abgrenzung beider Fallkonstellationen ist nicht die subjektive Zielrichtung des Unternehmers, sondern eine objektive Betrachtungsweise maßgeblich. Untersuchungen des Untergrundes, die objektiv betrachtet Aufsuchungscharakter haben, fallen damit nicht unter die sonstigen Tätigkeiten und Einrichtungen des § 2 Absatz 2, sondern unter § 2 Absatz 1 und sind damit hinsichtlich der notwendigen Aufsuchungsberechtigungen anders zu beurteilen.

Die in Absatz 3 getroffene Regelung dient der Anwendbarkeit bergrechtlicher   **7**
Vorschriften auf die **Endlagerung von radioaktiven Stoffen** in Anlagen, die ihrer Art nach auch zur unterirdischen behälterlosen Speicherung (Boldt/Weller, § 126 Rn 16 ff.) geeignet sind. Diese Ergänzung des ursprünglichen RegEs geht auf einen Antrag des BR, Zydek, 462, zurück, um Vorhaben zur Lagerung, Sicherstellung und Endlagerung radioaktiver Stoffe in unterirdischen behälterlosen Speichern unbeschadet der primären Anwendbarkeit des Atomrechts (§ 9 b Absatz 1, 5 Nr. 3 AtomG) auch einer präventiven und überwachenden Kontrolle nach den Regeln des Bergrechts zu unterwerfen.

Da es sich bei der Endlagerung um eine Tiefspeicherung – wenn auch ohne die   **8**
Zielsetzung Wiederverwendung – handelt, sind für Errichtung und Betrieb derartiger Anlagen die gleichen Vorschriften anwendbar wie bei der Untergrundspeicherung (einschließlich der für die vorbereitende Aufsuchung des Bodens): Zur Überschneidung der Regelungen in Absatz 1, 3 vgl. Boldt/Weller,

§ 126 Rn 18. Ausgenommen ist lediglich § 131 (Hauptstellen für das Grubenrettungswesen).

9   Nach der Systematik des § 126 sind zu unterscheiden:
   –   **Untergrundspeicher** und dazu erforderliche **Eignungsuntersuchungen.** Was
       darunter zu verstehen ist, definiert § 4 Absatz 9. Eine Speicherung von
       Stoffen in festen Behältern fällt nicht darunter (Boldt/Weller, § 126 Rn 3),
       auch nicht ein Endlagerbergwerk für die Lagerung atomarer Abfälle (Hop-
       pe/Bunse, DVBl 1984, 1037). Der Begriff des Speichers erfasst nur die mit
       dem Zweck einer späteren Wiederverwendung verbundene Einlagerung
       (Zydek, 57). In der Praxis unterscheidet man zwischen Aquifer- (Poren-
       oder Antiklinal-)speichern und Kavernenspeichern. Die Aquiferspeicher
       werden vor allem in ausgebeuteten oder nicht abbauwürdigen Erdöl- oder
       Erdgaslagerstätten mittels Einpressen des Speichergases durch Bohrlöcher in
       poröse Gesteins- oder Sandschichten. Kavernenspeicher werden vor allem in
       Salzlagerstätten durch Aussolung mittels eingepumpten Süßwassers her-
       gestellt (Einzelheiten bei Fürer, Behälterlose Untertagespeicherung von
       Gas, Bergbau 1983, 416 und Boldt/Weller, § 126 Rn 4).
   –   **Untersuchungen des Untergrundes** auf seine Eignung zur Einrichtung von
       Untergrundspeichern, soweit damit eine Aufsuchung verbunden ist. Diese
       Fallgestaltung ergibt sich aus dem Umkehrschluss zu § 126 Absatz 2. Unter-
       suchungen, die Aufsuchungscharakter haben, fallen unter § 2 Absatz 1. Die
       Anwendung aller bergrechtlichen Vorschriften hierfür ist nicht durch den
       Zusatz „soweit dies ausdrücklich bestimmt ist" in § 2 Absatz 2 begrenzt. Sie
       bedarf auch nicht des Transmissionsriemens des § 126 Absatz 1. Bergrecht
       gilt insoweit originär.
   –   Die Errichtung und der Betrieb einer Anlage zur **Lagerung, Sicherstellung
       oder Endlagerung radioaktiver Stoffe** i. S. des AtG. Diese Maßnahmen
       werden von § 126 Absatz 3 erfasst, wenn die Anlage ihrer Art nach auch
       zur unterirdischen behälterlosen Speicherung geeignet ist. Die Vorschrift
       wurde erforderlich, weil die unterirdische Endlagerung eine gleiche berg-
       bautypische Gefahrenlage wie die Speicherung hat, der Begriff der Speiche-
       rung aber nicht die Endlagerung umfasst (Kühne, DVBl 1985, 208).

10   **Erkundungsmaßnahmen,** Untersuchungsbohrungen, Abteufen von Wetter-
     schächten, Auffahren von Strecken (VG Stade, ZfB 1992, 52 ff.), mit deren
     Hilfe die Eignung des Untergrundes für die Endlagerung untersucht werden soll,
     erfüllen **nicht den Begriff der** „**Errichtung**" einer Anlage zur Endlagerung i. S.
     von § 126 Absatz 3 (VG Lüneburg, ZfB 1994, 166; ZfB 2005, 253; VG Stade,
     ZfB 1987, 365 a. A. wohl Kühne, DVBl 1985, 209; Hoppe/Bunse, DVBl 1984,
     1038; Boldt/Weller, § 126 Rn 17). Das ergibt sich aus einer Gegenüberstellung
     vom § 126 Absatz 3 mit § 126 Absatz 1 und Absatz 2: in § 126 Absatz 1 und
     Absatz 2 sind die Untersuchungen des Untergrundes für Untergrundspeicher
     ausdrücklich genannt, in § 126 Absatz 3 fehlt diese Vorgabe (VG Lüneburg, ZfB
     2005, 253).

11   Eines Rückgriffs auf § 126 Absatz 3 oder § 126 Absatz 1 bedarf es nicht, wenn
     bergfreie oder grundeigene **Bodenschätze aufgesucht oder gewonnen** werden. Ist
     die Erkundung eines Salzstockes als Gewinnung oder Aufsuchungsbetrieb ein-
     zustufen, etwa weil zunächst Salz gefördert werden muss, kommt eine unmittel-
     bare Anwendung aller bergrechtlichen Vorschriften in Betracht. Sie beschränkt
     sich nicht auf die in § 126 Absatz 1 und Absatz 3 genannten, umfasst also auch
     die §§ 110 ff. und 6 bis 38 (Kühne, DVBl 1985, 209). Entscheidend für die
     Erfüllung des Aufsuchungsbegriffes ist die objektive Tätigkeit, ohne das mit ihr
     ein späterer Gewinnungszweck verbunden sein muss. Auch wenn die aufgesuch-
     ten Bodenschätze aufgehalden werden und nicht weiterverwendet werden sollen,

kann eine Aufsuchung i. S. von § 2 Absatz 1 vorliegen (VG Lüneburg, ZfB 1994, 178).

Auf die Phase der Errichtung und des Betriebes des Endlagers ist § 48 nach **12** ausdrücklicher Verweisung in § 126 Absatz 3 anwendbar. Die Begriffe „Aufsuchung" und „Gewinnung" in § 48 sind durch „Erkundung" und „Errichtung und Betrieb" auszuwechseln. Dies gilt für § 48 Absatz 1 Satz 1 und Satz 2 (Kühne, aaO, 210), allerdings ist vorauszusetzen, dass mit dem Erkundungsbergwerk jedenfalls auch Interessen der Rohstoffversorgung verfolgt werden (VG Lüneburg, ZfB 1994, 166).

Für Untersuchungsmaßnahmen des Untergrundes auf seine Eignung zur End- **13** lagerung radioaktiver Stoffe ist nach h. M. ein **Planfeststellungsverfahren gemäß** § 9 b AtG nicht erforderlich neben der Betriebsplanzulassung (Rengeling, RTW Band 33, S. 59 f., 122; Wagner, DVBl 1983, 574; Lukes, ET. 1984, 568 f.; Hoppe/ Bunse, DVBl 1984, 1043; BVerwG, ZfB 1990, 297; Dörpmund, ET. 1986, 739; a. A. Breuer. Die Planfeststellung für Anlagen zur Endlagerung radioaktiver Abfälle, S. 68 f.). Zwar erstreckt sich gemäß § 9 b Absatz 5 Ziff. 3 AtG die Planfeststellung nicht auf die Zulässigkeit des Vorhabens nach den Vorschriften des Berg- und Tiefspeicherrechts, während umgekehrt in einem etwa erforderlichen atomrechtlichen Planfeststellungsverfahren ohne Bindung an die Erkundung betreffende bergrechtliche Betriebsplanzulassung zu entscheiden ist (BVerwG, ZfB 1990, 298). Aber die Abteufung von Schächten und das Ausfahren von Strecken zur Erkundung der Lagerstätte sind nach h. M. nicht bereits der Beginn der planfeststellungspflichtigen Errichtung des Endlagers für radioaktive Abfälle.

Bei der **unterirdischen Ablagerung von CO$_2$** in Erdölfeldern, die bereits leer **14** gefördert worden sind, ist § 126 Absatz 1 und Absatz 2 nicht anwendbar. Denn die Untergrundspeicherung ist auf vorübergehende Lagerung im Hinblick auf saisonale Nachfrage, etwa von Erdgas oder Erdöl, begrenzt. Die CO$_2$-Einlagerung ist aber auf dauerhaften Verbleib mit dem Zweck einer Vermeidung klimaschädlichen Austritts ausgerichtet. Eine entsprechende Anwendung des § 126 Absatz 3 auf die unterirdische CO$_2$-Lagerung scheidet ebenfalls aus. Als Ausnahmevorschrift vom Grundsatz, dass gemäß § 2 Absatz 2 für die dort genannten Tätigkeiten und Einrichtungen das BBergG gilt, wenn es aus- drücklich bestimmt ist, ist sie einer Analogie nicht zugänglich (Much, ZUR 2007, 134). Ob in soweit für die dauerhafte Ablagerung von CO$_2$ unter Tage die Vorschriften des KrWG und des WHG anzuwenden sind, s. Much, aaO und § 55 Rn 107; zur Untergrundspeicherung s. auch § 2 Rn 46, § 4 Rn 40, Wieser, ZUR 2011, 240; Wasielewski, UPR 2011, 174).
Zum allgemeinen Rahmen der CO$_2$ -Speicherung: Pielow in GDMB-Schriften- reihe Heft 124, 2011, S. 9 ff. m. w. N.; zu Spezifischen Problemen der CCS- Speicherung: Franke, aaO, S. 31 ff. m. w. N.; zur Vorwirkung der CCS-Richt- linie: Frenz, aaO, S. 79; zur Einlagerung von CO$_2$ in unterirdischen geologi- schen Formationen unter besonderer Berücksichtigung des Bergrechts: Franke in Kühne/Ehricke, Bergrecht zwischen Tradition und Moderne, 2009, 8 ff.; zu Unterirdische Grundstücksnutzungen als Gegenstand des Zivil-, Berg-, Energie- und Umweltrechts, RdE 2009, 14 ff.
Näheres zur CCS-RL (Carbon Capture and Storage) 2009/31 EG (ABl L 140, S. 114): Pielow, aaO, S. 9 ff.; Doppelkammer, ZUR 2008, 250; Hellriegel, RdE 2008, 319.
Näheres zum Regierungsentwurf eines Gesetzes zur Regelung von Abscheidung, Transport und dauerhafter Speicherung von CO$_2$ vom **3.4.2009** (BR-Drs 282/ 09; BT-Drs 16/12782: Pielow, aaO, 20; Wasielewski, aaO, 48 f.; Zenke/Vollmer, IR 2009, 129.
Zum Entwurf eines „Gesetzes zur **Demonstration der dauerhaften Speicherung von Kohlendioxid – KSpG"** (BT-Drs 17/5750, 17/6264, 17/6507): Hellriegel,

NVwZ 2010, 1530; Wiekel, ZuR 2011, 115 ff.; Wasielewski, UPR 2011, 174 ff. und GDMB Heft 124, 50 ff.; Kohls/Kahle, RdE 2009, 197; Wieser, ZUR 2011, 240 ff.

15 Das Gesetz zur Demonstration und Anwendung von Technologien zur Abscheidung zum Transport und zur dauerhaften Speicherung von Kohlendioxyd (**Kohlendioxyd-Speicherungsgesetz – KSpG**) vom 17.8.2012 (BGBl, 1726) dient der Gewährleistung einer dauerhaften Speicherung von Kohlendioxyd in unterirdischen Gesteinsschichten zum Schutz des Menschen und der Umwelt. Zunächst werden (nur) die Erforschung, Erprobung und Demonstration von Technologien zur dauerhaften Speicherung geregelt (s. Überblick zum CCS-Gesetz bei Dieckmann, NVwZ 2012, 989 ff.). Nach § 3 Nr. 7 KSpG ist ein **Kohlendioxydspeicher** ein zum Zwecke der dauerhaften Speicherung räumlich abgegrenzter Bereich. Er besteht „aus einer oder mehreren Gesteinsschichten sowie den hierfür erforderlichen unter- und oberirdischen Einrichtungen ab Anlieferung des Dioxydstroms an der Injektionsanlage". **Errichtung, Betrieb und wesentliche Änderung** dieser Anlage bedarf gem. § 11 KSpG der **Planfeststellung**, ebenso Errichtung, Betrieb und wesentliche Änderung einer **Kohlendioxydleitung** gem. § 4 KSpG. Die **Untersuchung des Untergrundes** auf seine Eignung zur Errichtung von Kohlendioxydspeichern bedarf der **Genehmigung** nach § 7 Absatz 1 KSpG. Für die **Abscheidung** des Kohlendioxyds ist nach Nr. 10.2 des Anhangs zur 4. BImSchV eine BImSch-Genehmigung erforderlich.

16 Das KSpG enthält einige **Abgrenzungsregelungen zum BBergG**: Nach § 7 Absatz 1 Satz 2 Ziff. 3 KSpG besteht ein Anspruch auf eine Untersuchungsgenehmigung nur, wenn **Beeinträchtigungen von bergrechtlichen Genehmigungen** und wasserrechtlichen Zulassungen ausgeschlossen sind und auch Beeinträchtigungen von **Bodenschätzen** und vorhandenen **Nutzungsmöglichkeiten des Untergrundes**, deren Schutz im öffentlichen Interesse liegt, ausgeschlossen sind. Wird die Untersuchungsgenehmigung erteilt, ist die Untersuchung so durchzuführen, dass die Anforderungen des § 7 Absatz 1 Satz 2 Ziff. 3 KSpG erfüllt werden (§ 7 Absatz 2 KSpG), d.h. dass Beeinträchtigungen von bergrechtlichen Genehmigungen, Bodenschätzen und Nutzungsmöglichkeiten ausgeschlossen werden. Die Untersuchungsgenehmigung gibt ein ausschließliches Recht auf Untersuchung der bezeichneten Gesteinsschichten (§ 7 Absatz 5 KSpG). Nach § 8 Absatz 4 KSpG gilt der Prioritätsgrundsatz im Verhältnis der Anträge auf Untersuchungsgenehmigung und erstmaliger Erteilung einer bergrechtlichen Genehmigung.
Für die Planfeststellung des Kohlendioxydspeichers ist § 7 Absatz 1 Ziff. 3 KSpG entsprechend anwendbar (§ 13 Absatz 1 Satz 2 KSpG), d.h. sie darf nur erteilt werden, wenn Beeinträchtigungen von bergrechtlichen Genehmigungen, Bodenschätzen und Nutzungsmöglichkeiten von öffentlichem Interesse ausgeschlossen sind.
Die verschuldensunabhängige **Haftung** nach § 29 KSpG ist in § 29 Absatz 2 mit einer **Kausalitätsvermutung** verbunden, die aber bei bestimmungsmäßigem Betrieb der Speicheranlage aufgehoben wird, wenn ein in § 120 Absatz 1 Satz 2 BBergG bezeichneter Fall vorliegt.
Durch die **Übergangsvorschrift** des § 45 wird sichergestellt, dass bereits begonnene Verfahren auf Erteilung einer Erlaubnis nach § 7 BBergG nach § 7 KSpG weitergeführt werden können und dass Untersuchungsergebnisse in Verfahren nach § 7 BBergG für Untersuchungen nach § 7 KSpG verwendet werden können.

§ 127 Bohrungen

(1) Für die nicht unter § 2 fallenden Bohrungen und die dazugehörigen Betriebseinrichtungen gelten, wenn die Bohrungen mehr als hundert Meter in den Boden eindringen sollen, die §§ 50 bis 62 und 65 bis 74 mit folgender Maßangabe entsprechend:
1. **Beginn und Einstellung der Bohrarbeiten sind mindestens zwei Wochen vorher anzuzeigen. Müssen Bohrarbeiten schon in kürzerer Frist eingestellt werden, so ist die Anzeige unverzüglich zu erstatten.**
2. **§ 51 Abs. 1 gilt nur, wenn die zuständige Behörde die Einhaltung der Betriebsplanpflicht im Einzelfall mit Rücksicht auf den Schutz Beschäftigter oder Dritter oder die Bedeutung des Betriebes für erforderlich erklärt.**
3. **Als Unternehmer ist auch anzusehen, wer eine Bohrung auf fremde Rechnung ausführt.**
4. **Die Auskunftspflicht nach § 70 Abs. 1 gilt auch für die Aufschlußergebnisse.**
5. **Die Erfüllung der Pflichten durch einen Unternehmer befreit die übrigen mitverpflichteten Unternehmer.**

(2) Die Vorschriften des Wasserhaushaltsgesetzes, der Landeswassergesetze und der auf Grund dieser Gesetze erlassenen Rechtsverordnungen bleiben unberührt.

Als „sonstige Tätigkeiten und Einrichtungen" sind nach § 127 alle Bohrungen **1** und die dazugehörigen Betriebseinrichtungen den Vorschriften des Bergrechts unterstellt, sofern sie nicht der Aufsuchung oder Gewinnung dienen und mehr als hundert Meter in den Boden eindringen sollen. Anwendbar sind Vorschriften der §§ 50–62, 65–74. Sie dienen der präventiven und begleitenden Betriebsüberwachung der Bohrung selbst und der dazu gehörenden Betriebseinrichtungen (Boldt/Weller, § 127 Rn 2, berichten ausführlich zum historischen Hintergrund der Vorschrift).

Die Bergaufsicht beschränkt sich bei **Bohrungen** i. S. von § 127 auf die reine **2** Bohrtätigkeit einschließlich Abdichtung des Bohrloches und seiner etwa erforderlichen Verfüllung. Ergibt sich während des Bohrvorganges die Notwendigkeit einer Gewässerbenutzung, ist für die Erlaubnis die Bergbehörde zuständig. Soll im Anschluss an die Bohrung Grundwasser gewonnen werden, ist das nicht mehr betriebsplanpflichtig und für die Erlaubnis ist die Wasserbehörde zuständig (Boldt/Weller, § 127 Rn 8).

Für Bohrungen, die im Rahmen und zum Zwecke der Aufsuchung und Gewin- **3** nung bergfreier und grundeigener Bodenschätze, der Wiedernutzbarmachung, der Untersuchung des Untergrundes oder der Untergrundspeicherung (§ 2 Absatz 1 Nr. l, 2, Absatz 2 Nr. l, 2) dienen, gelten die Vorschriften der Tätigkeiten und Einrichtungen, denen die Bohrung dient (Boldt/Weller, § 127 Rn 1).

Als besondere Regelungen für Bohrungen legt § 127 fest: **4**
– Beginn und Einstellung der Bohrarbeiten sind anzeigepflichtig. Die Anzeigefrist beträgt zwei Wochen. Bei unmittelbar erforderlichen Einstellungen ist die Anzeige ohne schuldhaftes Zögern zu machen (Absatz 1 Nr. l),
– Die Betriebsplanpflicht gilt für Bohrbetriebe nur dann, wenn das Betriebsplanverfahren im Einzelfall nach Entscheidung der zuständigen Behörde mit Rücksicht auf den Schutz der Beschäftigten oder Dritter oder mit Rücksicht auf die Bedeutung des Betriebes erforderlich ist (Absatz 1 Nr. 2).

Weiter passt Absatz 1 Nr. 3 den **Unternehmerbegriff** (§ 4 Absatz 5) der Tatsache **5** an, dass Bohrfirmen in den wenigsten Fällen für eigene Rechnung Bohrungen durchführen werden. Sie sind deshalb auch dann als verantwortliche Unternehmer anzusehen, wenn sie Arbeiten „auf fremde Rechnung" durchführen. Allerdings kann neben dem Bohrunternehmer auch der ihn Beauftragende oder ein

Dritter die bergrechtliche Verantwortung übernehmen und insoweit den Auftragsunternehmer von der Erfüllung seiner Pflichten befreien (Nr. 5).

6 Besonderer Beachtung bedarf das Verhältnis der **Bohrtätigkeit** und der sie regelnden **Vorschriften zum Wasserrecht**, weil insbesondere Wasserbohrungen, selbst wenn sie eine Tiefe von über 100 Meter erreichen, grundsätzlich nicht vom Anwendungsbereich der Vorschrift erfasst werden. Deshalb stellt § 127 Absatz 2 klar, dass die Vorschriften des WHG, der LWG und der aufgrund dieser Gesetze erlassenen RechtsVO unberührt bleiben. Das bedeutet u. a. Folgendes:

7 Nach § 19 Absatz 2 WHG 2009 entscheidet die Bergbehörde über die Erteilung einer wasserrechtlichen Erlaubnis, wenn ein bergrechtlicher Betriebsplan die Benutzung von Gewässern vorsieht. Ob nach § 127 Absatz 1 Nr. 2 ein Betriebsplan erforderlich ist, entscheidet die Bergbehörde. Wird ein Betriebsplan für erforderlich gehalten, so ist die Bergbehörde gleichzeitig zuständige Behörde im Sinne des WHG. Dadurch wird aber die wasserrechtliche Entscheidung nicht Bestandteil des Betriebsplanverfahrens, sondern es bedarf eines besonderen Verwaltungsakts. Allerdings wird in den meisten Fällen die wasserrechtliche Erlaubnis zusammen mit der Zulassung des Betriebsplans erteilt werden. In diesem Fall ist eine „gespaltene" Rechtsmittelbelehrung erforderlich. Wird ein Betriebsplan nicht für erforderlich gehalten, hat die Wasserbehörde auch die bergrechtlichen Anforderungen, z. B. das Erfordernis einer Bewilligung für die Gewinnung von Erdwärme gem. § 3 Absatz 3 Nr. 2 i. V. mit §§ 8, 6 (s. Erlass Hessen vom 25.3.2010, Staatsanzeiger 2010, 1150) zu prüfen (VGH Kassel, ZfB 2012, 245 = NVwZ-RR 2012, 885 = ZUR 2012, 631).

8 Welche Gewässerbenutzungen einer Erlaubnis bedürfen, ergibt sich aus § 9 WHG. Für welche Benutzungen die Bergbehörde die Erlaubnis zu erteilen hat, bestimmt sich danach, ob der Betriebsplan sie vorsieht. Im Übrigen ausführlich zum Wasserrecht des Bergbaus s. Anh. zu § 56, Rn 549–736.

9 Die **Gliederung für eine Anzeige** gemäß §§ 127 Absatz 1, 50 kann einem Merkblatt des Sächs. Oberbergamts (Stand 11/2005) entnommen werden: Das Vorhaben ist zu erläutern mit Grundstücksbezeichnung, Übersichtslageplan 1:10.000, Lageplan 1:500 bis 1:1000 mit eingetragenen Bohransatzpunkten, Eigentumsverhältnissen. Angaben zur Durchführung der Bohrarbeiten müssen den voraussichtlichen Beginn, die Dauer, die Arbeitszeiten, Angaben zu den Bohrungen (Anzahl, Teufe) und zum Bohrverfahren (Spülmittel), Sicherungsmaßnahmen, hydrogeologische Verhältnisse, Schutzgebiete, Angaben zum Verfüllmaterial mit Nachweis der Grundwasserverträglichkeit, Maßnahmen beim Antreffen von Hohlräumen, Einhaltung des Arbeitsschutzes enthalten.

§ 128   Alte Halden

Für das Aufsuchen und Gewinnen mineralischer Rohstoffe in Halden gelten die §§ 39, 40, 42, 48, 50 bis 74 und 77 bis 104 und 106 entsprechend, wenn die mineralischen Rohstoffe als Bodenschätze unter § 3 Absatz 3 und 4 fallen würden und aus einer früheren Aufsuchung, Gewinnung oder Aufbereitung von Bodenschätzen stammen.

1 Das BBergG befasst sich mit alten Halden an zwei verschiedenen Stellen: ist die Gewinnungsberechtigung, aufgrund deren Bodenschätze aufgehaldet wurden, inzwischen erloschen, folgt aus § 151 Absatz 2 Nr. 1, dass das Aufsuchungs-, Gewinnungs- und Aneignungsrecht aus aufrechterhaltenem später verliehenem Bergwerkseigentum sich auf die Bodenschätze ausdehnt, die sich in den Halden des früher betriebenen Bergbaus befinden. Diese Ausdehnung der Berechtigung aus dem Bergwerkseigentum hat zur Voraussetzung, dass sich die Halde innerhalb des Bergwerksfeldes befindet und nicht dem Grundeigentümer gehört. Diese Vorschrift hat im Wesentlichen zivilrechtlichen Charakter. Sie betrifft die Rechtsstellung aus dem Bergwerkseigentum.

Demgegenüber hat der § 128 öffentlich-rechtlichen Charakter. Ohne eine beson-   **2**
dere Regelung würden diese Halden, bei denen sich die mineralischen Stoffe nicht in einer natürlichen Ablagerung oder Ansammlung (Lagerstätte) i. S. von § 3 Absatz 1 befinden, nicht vom Berggesetz gefasst. Die Übertragung des BBergG auf diese Halden ist allerdings bei Rechtsvoraussetzungen und -folgen eingeschränkt. Auf der Voraussetzungsseite befasst sich § 128 nur mit **Halden, die nicht mehr zu einem betriebenen Bergwerk gehören**. Dabei ist auf die tatsächlichen Verhältnisse abzustellen. Nicht vorausgesetzt wird, dass die Gewinnungsberechtigung des Betriebes, dem die Halde ihre Entstehung verdankt, erloschen ist (Boldt/Weller, § 128 Rn 3). Dies folgt aus dem Umkehrschluss zu § 151 Absatz 2 Nr. 1. Für Halden, die zu einem noch laufenden Aufsuchungs-, Gewinnungs- oder Aufbereitungsbetrieb gehören, ist das BBergG insgesamt gemäß § 2 unmittelbar anzuwenden. Das gilt auch für Halden, die im Abschlussbetriebsplan behandelt werden, bis zum Ende der Bergaufsicht.

Die mineralischen Stoffe in der Halde müssen ferner so beschaffen sein, dass sie   **3**
als Bodenschätze unter den § 3 Absatz 3 und 4 fallen würden. Bei den grundeigenen Bodenschätzen bedeutet das, dass obertägig aufgesuchte oder gewonnene Bodenschätze nur soweit Bestandteile von alten Halden i. S. von § 128 sein können, als sie in § 3 Absatz 4 Nr. 1 ausdrücklich erwähnt sind. Nicht erfasst werden von § 128 Bergehalden, die dem Abgrabungsgesetz NRW unterfallen (Stemplewski, ZfB 1982, 203; OVG NRW, ZfB 1980, 73 = Glückauf 1979, 73; VG Gelsenkirchen, ZfB 1978, 230 = Glückauf 1977, 1190).

Zu den Voraussetzungen des § 128 gehört auch, dass die **Abtragung** einer alten   **4**
Halde eine **Gewinnung ist**. Nach dem Zweck der Vorschrift, durch Wiedernutzbarmachung verlassener Halden zur Versorgung des Marktes mit Rohstoffen beizutragen (Begründung S. 152 = ZfB 1981, 231), wird die Auffassung vertreten, § 128 sei nur anwendbar, wenn eine Halde mit dem Ziel abgetragen wird, die darin enthaltenen Rohstoffe als Bodenschätze nutzbar zu machen (Boldt/Weller, § 128, Rn 4; Stemplewski, ZfB 1982, 202). Obwohl der Begriff „Gewinnen" in § 4 Absatz 2 rein tätigkeitsbezogen definiert ist und in § 128 wortgleich wieder auftritt, erscheint diese einschränkende Auslegung in § 128 im Hinblick auf den Bezug zum Bodenschatz vertretbar. Daraus folgt, dass das Abtragen von Halden, um Asche oder Baustoffe zu gewinnen oder um die Grundfläche für eine neue bauliche Nutzung vorzubereiten, nicht unter § 128 fällt.

Nicht genannt in § 128 ist die **Aufbereitung** der in einer Halde gewonnenen   **5**
mineralischen Rohstoffe. Sie unterliegt nicht dem Bergrecht, es sei denn, das Material wird einer Aufbereitungsanlage i. S. von § 2 Absatz 1 zugeführt (Boldt/ Weller, § 128 Rn 1). Das führt zu dem unbefriedigenden Ergebnis, dass das Abtragen der Halde zwar unter der Aufsicht der Bergbehörde, die zur weiteren Aufbereitung erforderliche Anlage jedoch unter Gewerbeaufsicht steht (Kremer/ Wever, Rn 535). Bei einem engen betrieblichen Zusammenhang wird man jedoch das Verarbeiten des Materials als (nachfolgenden) Teil der Gewinnung (§ 4 Absatz 4) ansehen und damit dem § 128 zuordnen können.

Auf der Rechtsfolgenseite gelten (nur) die in § 128 genannten Bestimmungen   **6**
entsprechend. Das sind vor allem die Vorschriften über Betriebsplanpflicht,

verantwortliche Personen, Bergaufsicht und die Vorschriften, die dem Abbauberechtigten einen Vorrang gegenüber dem Grundeigentum einräumen.

7 **Halden sind künstliche Anhäufungen** der aus einem Bergwerk gewonnenen
Gesteinsmassen, die ohne oder nach Aufbereitung als nicht mehr verwertbar
abgelagert worden sind. Halden in diesem Sinne sind nicht Aufschüttungen der
gewonnenen reinen oder aufbereiteten Bodenschätze, die z. B. wegen fehlender
Absatzmöglichkeiten angelegt sind (BT-Drs 8/1315, 152 = Zydek, 488; BGH,
ZfB 95 (1954), 445) auch nicht Bergematerial, das zu Verkippen in einer
Erdsenkung oder zum Dammbau benutzt wird (BGH, aaO).

8 Alte oder – wie der Regierungsentwurf sie bezeichnete – verlassene Halden sind
diejenigen, deren mineralische Rohstoffe aus einer früheren Aufsuchung, Gewinnung oder Aufbereitung stammen. Dabei ist nicht erforderlich, dass diese
früheren bergbaulichen Tätigkeiten vor Inkrafttreten des BBergG zur Anhäu-
fung des Haldenmaterials führten.

9 Der Wortlaut der Vorschrift kann zu der Auffassung verleiten, dass „frühere
Gewinnung" auch die des jetzigen Bergwerkseigentümers ist, d. h. dass es
lediglich darauf ankommt, dass die Gewinnungsmaßnahmen, die zur Aufhal-
dung führten, zeitlich vor denen liegt, die zur Ausbeutung der Halde führen.
Doch wird man berücksichtigen müssen, dass der Begriff der „früheren Gewin-
nung" einen Vorgänger in dem Begriff des „früheren Bergbaus" i. S. von § 54
Absatz 2 ABG hatte. Dieser Begriff wurde aber nur erfüllt, wenn Bergbau in dem
Felde vor der (jetzigen) Verleihung umgegangen war (BGH, ZfB 95 (1954), 444,
445; RB, ZfB 10 (1869), 263). So wurden durch Verzicht oder Entziehung des
Bergwerkseigentums Halden zu „alten" eines früheren Bergbaus. Hinzukom-
men muss noch, dass die Gesteinsmassen in der Nähe des Bergwerks, aus dessen
Schächten sie gefördert wurden, abgelagert werden müssen. Andernfalls ist der
Begriff der „alten Halde" nicht erfüllt (BGH, aaO). Die Begründung zum
BBergG gibt nichts dafür her, dass diese sehr ähnlichen Formulierungen etwas
Unterschiedliches ausdrücken sollen.

10 Die **Eigentumsverhältnisse** an alten Halden regelt § 128 nicht. Hier gilt Folgen-
des: Der Bergwerkseigentümer erwirbt mit der Gewinnung der Mineralien auch
Eigentum an dem nicht verwertbaren Material (§§ 9 Absatz 1, 8 Absatz 1
Nr. 1), und zwar unabhängig davon, ob diese Berge als Versatzmaterial benötigt,
auf Halde gekippt oder dem Grundeigentümer gemäß § 42 Absatz 2 herausgegeben werden müssen. Das Eigentum an dem Haldenmaterial geht durch
Aufhaldung nicht verloren, die Halde bleibt bewegliche Sache und **Zubehör zum
Bergwerkseigentum** (BGH aaO, 446), selbst wenn sie auf fremdem Grundstück
gelagert wird.
Mit der Einstellung des Bergbaus endet die Eigenschaft als Zubehör zum Bergwerkseigentum, selbst wenn die Haldenmassen noch mineralhaltig sind. Zubehör ist das Material auch nicht, wenn es von Naturereignissen abgeschwemmt
wurde (BGH, ZfB 96 (1955), 298, 304; a. A. Isay, § 54 Rn 12), wenn der
Bergwerkseigentümer das Eigentum an der Halde auf den Grundeigentümer
überträgt (OVG Münster, ZfB 96 (1955), 81) oder das Bergematerial zu einem
Damm aufgeschüttet wird (BGH, ZfB 95 (1954), 446) oder die Halde jahrzehntelang unberührt bleibt und mit Gräsern, Sträuchern und Bäumen bewachsen ist (Bayr. VGH, ZfB 122 (1981), 465, 468 = Glückauf 1981, 1572). Sofern
die Zubehöreigenschaft entfallen ist, lebt das Aneignungsrecht – abgesehen vom
Fall des § 151 Absatz 2 – nicht wieder auf. Eigentümer bleibt zunächst der
Bergwerkseigentümer, es sei denn, er verzichtet auf das Eigentum an der Halde
unter Aufgabe des Besitzes (Ebel/Weller, § 54 Rn 3) oder überträgt es nach
bürgerlich-rechtlichen Grundsätzen.

Auf die Abtragung von Halden, die – sei es aufgrund von § 2 Absatz 1 oder von   **11**
§ 128 – unter Bergaufsicht stehen, finden die landesrechtlichen Vorschriften
über Abgrabungen keine Anwendung (z. B. § 1 Absatz 3 AbgrG NRW, § 13
NAGBNatSchG). Darüber hinaus ist die **Abtragung einer Halde begrifflich
keine Abgrabung,** sodass sich darauf beziehende Vorschriften in anderen Gesetzen keine Anwendung finden, d. h. auch nicht, das Abgrabungsgesetz NRW,
soweit die Halde nicht unter Bergaufsicht steht (OVG NRW, ZfB 1980, 73;
zweifelnd Boldt/Weller, § 128 Rn 7). Soweit das BBergG nicht unmittelbar oder
über § 128 anzuwenden ist, kann sich eine Genehmigungspflicht für die Abtragung von Halden je nach Sachlage und Landesrecht aus der jeweiligen Landesbauordnung ergeben, sofern die Halde als Aufschüttung zu den baulichen
Anlagen zählt.

Bei alten Bergehalden, die **teilweise Abraum, teilweise Wegematerial** (Steine) und   **12**
teilweise Kohlenanteile enthalten, ist die Zuordnung problematisch (hierzu
Stemplewski, ZfB 1982, 200). Die Kohleanteile gehören nicht zu den Boden-
schätzen i. S. von § 1 Absatz 2 AbgrG NRW, da sie als solche durch die
Verbindung zu § 1 Absatz 1 Nr. 1 AbgrG nur angesehen werden können,
wenn sie im Verfügungsrecht des Grundeigentümers stehen (VG Gelsenkirchen,
ZfB 1978, 237). Kohle gehört jedoch gemäß § 3 Absatz 3 zu den bergfreien
Bodenschätzen. Auch das Abraummaterial dieser alten Bergehalden ist nicht als
Bodenschatz i. S. von § 1 Absatz 1 Nr. 1 AbgrG anzusehen, wie sich aus dem
begrifflichen Gegensatz von Abraum- zu Bodenschatz in § 4 Absatz 2 AbgrG
NRW ergibt.

Auch das aus Gesteinen bestehende Wegebaumaterial ist kein Bodenschatz i. S.   **13**
von § 1 Absatz 2 AbgrG (OVG NRW, Glückauf 1979, 1119 = ZfB 1980, 73
gegen VG Gelsenkirchen, aaO = Glückauf 1977, 1190). Als Bodenschatz sind
nur natürliche Ablagerungen und Ansammlungen zu verstehen, nicht jedoch die
bereits gewonnenen und auf Bergehalden angehäuften Gesteinsmassen. Sie sind
selbstständige bewegliche Sachen (BGH, ZfB 1954, 445).

Die Abtragung einer Bergehalde nach den verschiedenen Bestandteilen Kohle,   **14**
Bergegestein, Abraum bedarf **keiner Genehmigung nach dem AbgrG** (OVG
NRW, aaO, gegen VG Gelsenkirchen, aaO), zumal eine Abtragung der Halde
nicht zu einer Veränderung in ihrer natürlichen Beschaffenheit führt, sondern
eine früher ebenfalls von Menschen geschaffene Veränderung wieder rückgängig
gemacht wird.

Für endgültig eingestellte Betriebe ist § 169 Absatz 2 vorrangig vor §§ 69   **15**
Absatz 2, 128. Für sie ist die Geltung des BBergG ausgeschlossen und können
Pflichten nach § 128 nicht begründet werden (vgl. § 69 Rn 31).

Der Abtragung abgeschlossener Bergehalden können noch **weitere rechtliche**   **16**
Schranken außer denen der §§ 128, 55 BBergG entgegenstehen. Nach § 39
LFoG NRW und vergleichbaren Vorschriften anderer Bundesländer bedarf
jede Umwandlung von Wald in eine andere Nutzungsart der Genehmigung
durch die Forstbehörde. Nach § 4a Absatz 7 LG NRW und vergleichbaren
Vorschriften anderer Bundesländer darf ein Eingriff in Natur und Landschaft
nicht durchgeführt werden unter den dort beschriebenen Voraussetzungen.

§ 129   Versuchsgruben, Bergbauversuchsanstalten

(1) Für Versuchsgruben gelten die §§ 50 bis 74, für nicht unter § 2 fallende, wie ein Gewinnungsbetrieb eingerichtete bergbauliche Ausbildungsstätten sowie für Besucherbergwerke und Besucherhöhlen die §§ 50 bis 62 und 65 bis 74 entsprechend.

(2) Das Bundesministerium für Wirtschaft und Technologie wird ermächtigt, durch Rechtsverordnung mit Zustimmung des Bundesrates die in Absatz 1 genannten Vorschriften auf sonstige bergbauliche Versuchsanstalten für entsprechend anwendbar zu erklären und die zugehörigen Bußgeldvorschriften zu erstrecken, soweit dies zum Schutze der in § 55 Abs. 1 bezeichneten Rechtsgüter und Belange erforderlich ist.

1 Die in § 129 getroffene Sonderregelung für Versuchsgruben und bergbauliche Ausbildungsstätten ist wie folgt begründet: „*Es muss nicht in jedem Fall eine Gewinnung von Bodenschätzen stattfinden. Vielmehr können Versuchsgruben dann, wenn sie beispielsweise primär der Erprobung etwa von Schachtfördereinrichtungen und Sicherheitseinrichtungen dienen, auch ohne den Abbau von Bodenschätzen betrieben werden. Außerdem würde angesichts der vielfältigen Zwecke, zu denen Versuchsgruben errichtet und betrieben werden, mit der Gewinnung von Bodenschätzen ein relativ untergeordnetes Merkmal als Kriterium für eine Unterstellung unter das Bergrecht gemacht*" (Zydek, 490). Gleiches muss für bergbauliche Ausbildungsstätten gelten.

2 **Bergbauliche Ausbildungsstätten** im Sinne des Absatz 1 sind solche Einrichtungen, die zwar wie Gewinnungsbetriebe geführt werden, aber nicht primär die Aufsuchung und Gewinnung von Bodenschätzen bezwecken. Ihr Hauptaugenmerk gilt vielmehr der Aus-und Fortbildung im Bergbau beschäftigter Personen. Ausbildungsstätten sind deshalb mit den Versuchsgruben bezüglich der Anwendbarkeit bergrechtlicher Vorschriften gleichgestellt, eine Ausnahme bilden lediglich die Vorschriften der §§ 63 (Risswerk) und 64 (Markscheider).

3 Als **Besucherbergwerke** und **Besucherhöhlen** sind solche verlassenen Bergwerke oder Höhlen zu verstehen, die ausdrücklich für Besichtigungszwecke bestimmt sind. Für sie müssen ebenfalls Betriebspläne aufgestellt und verantwortliche Personen benannt werden; sie unterliegen der Anordnungsbefugnis der Bergbehörden. Zu den Besucherbergwerken s. H.W. Wild, Schau- und Besucherbergwerke in Europa, 1998. Heilstollen, d.h. unter Tage errichtete Baue, die von Personen mit Atemwegs- und Hauterkrankungen aus medizinischen Gründen aufgesucht werden, sind ebenfalls Besucherbergwerke i.S. von § 129. Es kommt nämlich auf den Zweck des Besuchs nicht an (Kremer/Wever, Rn 540).

4 Wegen der mit den genannten Einrichtungen verfolgten Zwecke hat der Gesetzgeber von einer vollständigen Unterstellung unter das Bergrecht abgesehen. Deshalb sind nur die in Absatz 1 ausdrücklich genannten Vorschriften anwendbar (§§ 50–74 für Versuchsgruben; §§ 50–62, 65–74 für Ausbildungsstätten und Besucherbergwerke).

5 Die Unterstellung **anderer bergbaulicher Versuchsanstalten** (bergbauliche Versuchsstrecken oder -anlagen) unter das Bergrecht ist nach Absatz 2 einer Rechts-VO vorbehalten. Der Bundesminister für Wirtschaft hat von seiner Ermächtigung bereits Gebrauch gemacht und § 129 auf die Bergbau-Versuchsstrecke der Westfälischen Berggewerkschaftskasse (WBK) in Dortmund-Derne ausgedehnt. Die Versuchsgrube „Tremonia" in Dortmund wurde 1996 geschlossen, sodass in Deutschland keine Versuchsgrube mehr existiert. Nach Auflösung der in der VO genannten Westfälischen Berggewerkschaftskasse wurde § 1 der Bergbau-

Versuchsstrecken-VO durch Änderungs-VO v. 10.8.2005 (BGBl, 2452) in sofern bereinigt.

§ 130   Hohlraumbauten (aufgehoben)

Die mit der **Herstellung,** wesentlicher Erweiterung oder wesentlicher Verände-   **1**
rung von **unterirdischen Hohlraumbauten** (als solche galten Hohlraumbauten
mit einem Querschnitt von mehr als acht Quadratmetern, die unter Tage in nicht
offener Bauweise errichtet wurden. Vgl. auch Voraufl., Rn 3; Boldt/Weller,
§ 130 Rn 3 ff.) zusammenhängenden Maßnahmen gewerblicher Unternehmer
waren dem BBergG durch § 130 unterworfen, anwendbar waren die §§ 50–52,
54–62, 69–74.

§ 130 wurde durch Artikel 8 Nr. 1 des Ersten RechtsbereinigungG vom   **2**
24.4.1986 (BGBl I, 560) mit Wirkung zum 1.5.1987 **aufgehoben.**

Verschiedene Bundesländer haben nach Aufhebung der Regelung des § 130 ihre   **3**
Bergbehörden als die zuständigen Behörden für die Überwachung von unterirdischen Hohlraumbauten anstelle der Gewerbeaufsichtsämter bestimmt (es
sind dies die Länder BW und Bay., w. N. bei Boldt/Weller, Erg.-Bd, § 130 Rn 3).
Sie wenden in dieser Funktion allerdings kein Bergrecht an, sondern führen die
Aufsicht nach Maßgabe der allgemein gültigen Sicherheits- und Arbeitsschutzvorschriften.

In den neuen Bundesländern galten aufgrund des vorgefundenen Rechts und der   **4**
Regelungen des Einigungsvertrags bis Ende 1995 besondere Regelungen (vgl.
Boldt/Weller, Erg.-Bd, Anh. Rn 47, 48).

§ 131   Hauptstellen für das Grubenrettungswesen

**(1) Unternehmer, die einen untertägigen Gewinnungsbetrieb oder einen Gewin-
nungsbetrieb mit brand- oder explosionsgefährdeten Anlagen oder mit Anlagen
betreiben, in denen unatembare oder giftige Gase oder Dämpfe auftreten
können, müssen zur Wahrnehmung gemeinsamer Aufgaben auf dem Gebiet
des Grubenrettungs- und Gasschutzwesens Hauptstellen für das Grubenrettungswesen bilden und unterhalten oder solchen angeschlossen sein.**

**(2) Das Bundesministerium für Wirtschaft und Technologie wird ermächtigt,
durch Rechtsverordnung, die der Zustimmung des Bundesrates bedarf, Vorschriften über Aufgaben, Anzahl, Organisation und Ausstattung der Hauptstellen zu erlassen, soweit dies zur Wahrung der Sicherheitsaufgaben und
zur Gewährleistung der Einsatzbereitschaft der Hauptstellen und ihrer Einrichtungen erforderlich ist.**

**(3) Auf Hauptstellen für das Grubenrettungswesen sind die §§ 58 bis 62 und,
soweit die Hauptstellen nicht von einem Träger der gesetzlichen Unfallversicherung unterhalten werden, für die Überwachung der Einhaltung des Absatzes 1, der §§ 58 bis 62 und der Rechtsverordnungen nach Absatz 2 die §§ 69 bis
74 entsprechend anzuwenden.**

Die Organisation des Grubenrettungswesens ist traditionell zweistufig. Zu   **1**
unterscheiden sind das innerbetriebliche Grubenrettungswesen und die überbetriebliche Kooperation.

Das **innerbetriebliche Grubenrettungswesen** hat seine bergrechtlichen Grund-   **2**
lagen in § 61 Absatz 1 Satz 2 Nr. 3, 74 Absatz 2, in zugelassenen Betriebsplänen
und in den BergVOen. Gem. § 15 Absatz 11 ABBergV sind in jedem unter-

tägigen Betrieb angemessene organisatorische Maßnahmen zur schnellen und wirksamen Einleitung und Durchführung von Rettungswerken zu treffen. Dazu muss eine ausreichende Anzahl im Grubenrettungswesen unterwiesener Personen zur Verfügung stehen. Nach § 16 BVOSt, § 26 Absatz 1 BVOESSG dürfen Brandbekämpfungs-, Rettungs- und Sicherungsarbeiten in Grubenbauen, in denen eine Gefahr durch Brand oder Brandgase besteht, nur von Grubenwehren durchgeführt werden. Einzelheiten werden in Betriebsplänen geregelt. Für die Überwachung der Maßnahme des Brandschutzes ist gemäß § 19 Absatz 1 BVOSt, § 23 Absatz 1 BVOESSE, § 16 Absatz 1 BVOBr ein **Brandschutzbeauftragter** und gemäß § 19 Absatz 2 BVOSt, § 23 Absatz 2 BVOESSE ein **Brandschutzsteiger** zu bestellen. Zum innerbetrieblichen Brand- und Gasschutz im Braunkohlenbergbau gehört die Feuerwache gemäß § 15 BVOBr. In Betrieben mit Werksfeuerwehren obliegt die Bekämpfung von Schadenfeuer oder die Hilfeleistung bei Unglücksfällen gemäß § 15 des Gesetzes über den Feuerschutz und die Hilfeleistung NRW (FSHG) und entsprechenden Ländergesetzen der Werksfeuerwehr. Sie wird dort staatlich angeordnet oder anerkannt und besteht i. d. R. aus hauptamtlichen Werksangehörigen. Besteht eine Werksfeuerwehr, werden öffentliche Feuerwehren zur Bekämpfung von Schadensfeuern und Zuhilfeleistungen nur eingesetzt, wenn sie angefordert werden.

3 Der Grubenwehr (Gasschutzwehr) muss eine **Grubenrettungsstelle** (Gasschutzstelle) mit den nötigen Einrichtungen zu Verfügung gestellt werden.

4 § 131 befasst sich nur mit der überbetrieblichen Kooperation im Grubenrettungswesen. Er greift hier die seit 1910 im Steinkohlenbergbau verwirklichte Idee der freiwilligen zentralen Regelung des Rettungswesens auf und schafft eine gesetzliche Pflicht zur Zusammenarbeit in übergeordneten Fragen des Grubenrettungswesens.

5 Die seit 1910 bestehende Hauptstelle für das Grubenrettungswesen des Ruhrbergbaus war der Trägerschaft des Steinkohlenbergbauvereins, später der Bergbau-Forschungs GmbH unterstellt. Sie hatte im Wesentlichen organisatorische und überwachende Aufgaben (Festschrift „50 Jahre Hauptstelle für das Grubenrettungswesen", Essen 1960, S. 19).

6 Das **überbetriebliche Grubenrettungswesen** ist nach derzeitigem Organisationsmodell in mehrere Gremien geteilt. Zur Förderung und Koordinierung des Grubenrettungswesen in der Bundesrepublik sowie zum Erfahrungsaustausch in europäischen und anderen bergbautreibenden Ländern der Welt wurde der **Deutsche Ausschuss für das Grubenrettungswesen** gebildet. Er gibt Empfehlungen auf allen Gebieten des Grubenrettungswesens (Grubenwehren, Gasschutzwehren, Atemschutzmannschaften, Rettungs- und Selbstrettungstechnik im Bergbau und im Tunnelbau). Er wirkt mit bei der europäischen Normung und bei der Umsetzung nationaler Regelungen, berät bei der Auswahl und Verwendung von Atemschutzgeräten. Mitglieder des Ausschusses sind: die Bundesländer mit Bergbau, vertreten durch die Bergbehörden. Hinzukommen die fünf Hauptstellen für das Grubenrettungswesen, die Bergbau-Berufsgenossenschaft, Arbeitgeberorganisationen und Gewerkschaften des Bergbaus.

7 Ferner bestehen die **Hauptstelle für das Grubenrettungswesen,** aufgeteilt in die Hauptstellen Ruhr und Saar, sowie das zentrale Grubenrettungswesen der Bergbau-Berufsgenossenschaft mit den Hauptstellen für das Grubenrettungswesen in Clausthal-Zellerfeld (für das Land Hessen und den Bezirk des niedersächsischen Landesamts für Bergbau, Energie und Geologie), Hohenpeißenberg (für den süddeutschen Raum) und Leipzig (für den Bereich aller neuen Bundesländern). Ihre Aufgabe ist: die Organisation und Überwachung des Grubenrettungs- und Gasschutzwesens in ihren Zuständigkeitsgebieten, die Mitwirkung bei Rettungs-

werken, die Betreuung von Grubenwehren, Gasschutzwehren und Atemschutzmannschaften, die Aus- und Fortbildung von Oberführern, Wehrführern,
Truppführern, Atemschutzgerätewarten, Selbstretterbeauftragten und Selbstret-
tergerätewarten. Die Hauptstelle für Grubenrettungswesen, die der Deutschen
Steinkohle AG zugeordnet ist, hat zu dem noch die Aufgabe der Untersuchung
von Unfällen, Schadensfällen und besonderen Ereignissen. Die Hauptstellen für
Grubenrettungswesen, die der Bergbau-Berufsgenossenschaft zugeordnet sind,
haben auch die Aufgabe, Betriebe und Bergbehörden in allen Fragen des
Grubenrettungs- und Gasschutzwesens zu unterstützen und zu beraten. Prüfungen von Brandschutzmaßnahmen und -einrichtungen durch Sachverständige
dürfen in NRW nur von der Hauptstelle für das Grubenrettungswesen der
DSK AG oder von durch die Bezirksregierung Arnsberg anerkannten Stellen
durchgeführt werden (§ 15 Absatz 3 BVOSt, § 23 Absatz 3 BVOESSE). Im
Braunkohlenbergbau (§ 16 Absatz 3 BVOBr) ist dagegen die Hauptstelle für
das Grubenrettungswesen nicht ausdrücklich benannt.

Zur Entwicklung der Hauptstelle für das Grubenrettungswesen des Ruhrberg-   **8**
baus: Festschrift „50 Jahre Hauptstelle für das Grubenrettungswesen", 1960,
ferner Hermülheim in Glückauf 2011, 271 mit Hinweisen auf ausgewählte
Veröffentlichungen zu Kernthemen des Grubenrettungswesens.

Die Verpflichtung des § 131 Absatz 1 trifft die dort im Einzelnen genannten   **9**
Unternehmer, d. h. vor allem von Steinkohlen- und Steinsalzbergwerken. Die
Vorschrift ergänzt die Verpflichtung des Unternehmers nach §§ 55 Absatz 1
Satz 1 Nr. 3, 61 Absatz 1 Nr. 1 Buchstabe a und Nr. 2, 66 Satz 1 Nr. 6, 74
Absatz 1 und 2, die den Schutz Beschäftigter oder Dritter und die Rettung
Verunglückter betreffen. Der Unternehmer hat die Wahl, selbst oder gemeinsam
mit anderen Unternehmen eine Hauptstelle zu bilden und zu unterhalten oder
sich der Hauptstelle eines anderen Trägers anzuschließen. Die Bergbehörde kann
diese Entscheidung weder durch VO noch durch Anordnung erzwingen, sie
kann allerdings darauf hinwirken, dass eine der Möglichkeiten durchgeführt
wird. Eine Befreiung von den Pflichten des § 131 Absatz 1 ist nicht vorgesehen.

Keine Anwendung findet § 131 Absatz 1 auf Aufbereitungsbetriebe. Sie sind   **10**
gemäß § 4 Absatz 3 nicht dem Begriff der Gewinnung zuzuordnen. Dennoch
kann der Unternehmer auf freiwilliger Basis sich an einer Hauptstelle für das
Grubenrettungswesen durch privatrechtliche Vereinbarung beteiligen. Für
Betreiber von Kokereien und Nebengewinnungsanlagen wird dann das Grubenrettungswesen um das Gasschutzwesen erweitert.

Nach § 126 ist § 131 **entsprechend anzuwenden** auf Untersuchungen des Unter- **11**
grundes **auf** seine Eignung zur **Errichtung von Untergrundspeichern** und auf
Untergrundspeicher. Die Unternehmer müssen daher einer Hauptstelle für das
Grubenrettungswesen angeschlossen sein oder eine solche bilden und unterhalten.

Rechtsverordnungen nach § 131 Absatz 2 sind nur insoweit zulässig, als sie zur **12**
Erreichung der dort genannten Ziele erforderlich sind. Das bedarf im Einzelfall
angesichts der jahrzehntelang funktionierenden Gewährleistung der Einsatzbereitschaft der Hauptstellen auf der bisherigen Basis eines besonderen Nachweises.

In Absatz 3 wird geregelt, dass für alle Hauptstellen für das Grubenrettungs-   **13**
wesen **verantwortliche Personen** zu bestellen und die Grundsätze über die
Verantwortlichkeit des Unternehmers anzuwenden sind. Insofern wird der
Unternehmerbegriff des § 4 Absatz 5 ausgedehnt, denn die Aufgaben der
Hauptstelle für das Grubenrettungswesen sind kein Gewinnen von Bodenschät-

zen i.S. von §§ 2 Absatz 1 , 4 Absatz 2. Unternehmer der Hauptstelle für das Grubenrettungswesen ist der Träger der Hauptstelle (Boldt/Weller, § 131 Rn 8), der geeignete verantwortliche Personen zu bestellen und der Behörde namhaft zu machen hat. Soweit die Bergbauberufsgenossenschaft Träger einer Hauptstelle ist, gilt diese Verpflichtung auch für sie, obwohl sie kein bergbautreibendes Unternehmen ist.

14 Außerdem unterstellt § 131 Absatz 3 die Hauptstellen für das Grubenrettungswesen der **Bergaufsicht**. Das gilt nur für die Hauptstelle des Grubenrettungswesens der Deutsche Steinkohle AG, nicht für die von der Bergbau-Berufsgenossenschaft als Träger der gesetzlichen Unfallversicherung gebildeten und unterhaltenen Hauptstellen für das Grubenrettungswesen (Levin, der Kompass, 1980, 365).

15 Die Aufgabe der Bergbehörde ist auf die in Absatz 3 genannten Zwecke der Bildung und Unterhaltung der Hauptstellen, Bestellung verantwortlicher Personen und Einhaltung etwaiger Rechtsverordnungen nach § 131 Absatz 2 beschränkt. Ihr stehen zur Erfüllung dieser Aufgabe die Befugnisse nach den §§ 70 ff. zur Verfügung. Die Vorschriften über Ordnungswidrigkeiten sind durch § 145 Absatz 2 Buchstabe e in beschränktem Umfang auf die Hauptstellen für anwendbar erklärt.

NEUNTER TEIL Besondere Vorschriften für den Festlandsockel

§ 132 Forschungshandlungen

(1) Wer in bezug auf den Festlandsockel an Ort und Stelle Forschungshandlungen vornehmen will, die ihrer Art nach zur Entdeckung oder Feststellung von Bodenschätzen offensichtlich ungeeignet sind, bedarf hinsichtlich der Ordnung der Nutzung und Benutzung der Gewässer über dem Festlandsockel und des Luftraumes über diesen Gewässern der Genehmigung des Bundesamtes für Seeschiffahrt und Hydrographie. Andere mit Bezug auf den Festlandsockel an Ort und Stelle vorgenommene Forschungshandlungen gelten auch über § 4 Abs. 1 hinaus als Aufsuchung.

(2) Die Genehmigung darf nur versagt werden, wenn
1. das Gebiet, in dem die Forschungshandlung vorgenommen werden soll, nicht in einem Lageplan genau bezeichnet ist,
2. dem Bundesamt für Seeschiffahrt und Hydrographie keine Angaben über das Forschungsprogramm und über dessen technische Durchführung gemacht werden oder
3. überwiegende öffentliche Interessen entgegenstehen, insbesondere durch die beabsichtigte Forschungshandlung
   a) der Betrieb und die Wirkung von Schiffahrtsanlagen und -zeichen,
   b) die Benutzung der Schiffahrtswege und des Luftraumes, die Schiffahrt, der Fischfang und die Pflanzen- und Tierwelt in unvertretbarer Weise,
   c) das Legen, die Unterhaltung und der Betrieb von Unterwasserkabeln und Rohrleitungen sowie ozeanographische oder sonstige wissenschaftliche Forschungen mehr als nach den Umständen unvermeidbarbeeinträchtigt würden,
   d) eine Verunreinigung des Meeres zu besorgen ist oder
   e) die Sicherheit der Bundesrepublik Deutschland gefährdet wird.

(3) Forschungshandlungen im Sinne des Absatzes 1 Satz 1 unterliegen, soweit sich aus § 134 nichts anderes ergibt, der Überwachung durch das Bundesamt für Seeschiffahrt und Hydrographie; die §§ 70 und 71 Abs. 1 und 2 sind anzuwenden. Unberührt bleibt die Flugverkehrskontrolle im Luftraum über dem Festlandsockel auf Grund internationaler Vereinbarungen.

(4) Werden Forschungshandlungen in bezug auf den Festlandsockel ohne Genehmigung vorgenommen, so hat das Bundesamt für Seeschiffahrt und Hydrographie die Fortsetzung der unerlaubten Tätigkeit zu untersagen. § 72 Abs. 1 Satz 2 gilt entsprechend. Widerspruch und Anfechtungsklage gegen Anordnungen nach den Sätzen 1 und 2 haben keine aufschiebende Wirkung.

Vorbemerkung:

Begrifflich sind im sog. Offshore-Bereich verschiedene Zonen zu unterscheiden: **1** Zunächst schließt sich nach den Regelungen des **Seerechtsübereinkommens** (SRÜ) der Vereinten Nationen von 1982/1994 (BGBl 1994 II, 1788) an das Terrain der Küste das **Küstenmeer** an (sog. 12-Seemeilen-Zone). In diesem Bereich kann der Küstenstaat umfassende Hoheitsgewalt ausüben (Artikel 2 Absatz 1 SRÜ) und ihn in den Geltungsbereich aller nationalen Gesetze einbeziehen (Karenfort/Stopp, DVBl 2007, 863, 865 m.w.N.).

Jenseits des Küstenmeeres schließt sich gemäß Artikel 55 ff. SRÜ die **Ausschließ-** **2** **liche Wirtschaftszone** (AWZ) an, die durch die Staaten bis auf eine Weite von 200 Seemeilen (1 Seemeile = 1,852 km) ausgeweitet werden kann. Die AWZ ist somit der Bereich des Meeres, der sich von 12 Seemeilen bis 200 Seemeilen von der Basislinie erstreckt (Kahle, ZUR 2004, 80, 81). Dort steht dem Küstenstaat gemäß Artikel 56 Absatz 1a SRÜ das souveräne Recht zur Erforschung und Ausbeutung der lebenden und nichtlebenden Ressourcen der Gewässer über dem Meeresboden, des Meeresbodens und seines Untergrundes zu. Hierzu zählen die mineralischen Rohstoffe des Meeresbodens (zur marinen Sand- und Kiesgewinnung in Nord- und Ostsee: Czybulka/Stredak, Baden-Baden, 2008). Der Küstenstaat hat das ausschließliche Recht zur Errichtung und Genehmigung von künstlichen Inseln, Bauwerken und Anlagen (Artikel 60 Absatz 1 SRÜ). Der Küstenstaat kann in der AWZ festlegen, dass die Anlagen an einem bestimmten Ort zu errichten sind und nach der Nutzung zu beseitigen sind (Jenisch, NUR 1997, 378 ff.). Maßgebliche Grundlage für die Aufgaben des Bundes im Bereich der AWZ ist das **Seeaufgabengesetz** i. d. F. vom 26.7.2002 (BGBl, 2876, zuletzt geändert durch Artikel 2 des Gesetzes vom 22.12.2011, BGBl, 3069) und die dazu erlassene **Seeanlagen-VO (SeeAnlV)** vom 23.1.1997 (BGBl, 57, zuletzt geändert durch Artikel 32 des Gesetzes vom 8.11.2011, BGBl, 2178) in deren § 2 SeeAnlV eine **Genehmigungspflicht durch das Bundesamt für Seeschifffahrt und Hydrografie** festgelegt ist, die der Abwehr von Gefahren für die Sicherheit und Leichtigkeit des Verkehrs und für die Meeresumwelt dient. Gem. § 3 Satz 3 SeeAnlV besteht ein Anspruch auf Erteilung der Genehmigung, sofern keine Versagungsgründe gemäß § 3 Satz 2 Nr. 1–4 SeeAnlV, die allerdings nicht abschließend aufgezählt sind, vorliegen. Die Genehmigung ersetzt nicht die nach anderen Vorschriften erforderlichen Verwaltungsakte (§ 2 Absatz 3 See-AnlV). Bei UVP-pflichtigen Anlagen besteht gemäß § 2a SeeAnlV die Notwendigkeit, ein UVP-Verfahren durchzuführen.

Nach § 1 Nr. 10a des Seeaufgabengesetzes obliegt dem Bund auf dem Gebiet der Seeschifffahrt allerdings die Prüfung, Zulassung und Überwachung der Anlagen nur, „soweit eine Zulassung nicht nach den bergrechtlichen Vorschriften vorgeschrieben ist". Daraus wurde in § 12 Absatz 2 Satz 2 der SeeAnlV die Konsequenz gezogen, dass „**Anlagen des Bergwesens**" keine „**Anlagen i. S. dieser VO**" sind. Daraus folgt, dass für die Anlagen keine Genehmigung nach der SeeAnlV erforderlich ist. Das gilt auch für die marine Kies- und Sandentnahme (Czybulka/Stredak, aaO, S. 84). Weitere Informationen § 2 Rn 53 ff.; § 55 Rn 333 ff.

3   Im Anschluss an die AWZ folgt das **Regime der Hohen See**, in dem durch das Seerechtsübereinkommen vom 10.12.1982 und durch das 1996 in Kraft getretene anschließende „Übereinkommen zur Durchführung des Teiles XI des Seerechts-Übereinkommens der Vereinten-Nationen vom 10.12.1982", die in die Bundesrepublik durch Gesetz vom 6.6.1995, das sog. **Seerechtsübereinkommen-Ausführungsgesetz** (SeeRÜbkAG) übernommen wurden (BGBl I, 778), die Grundlage für ein Tiefseebergbaurecht geschaffen wurde (Ipsen, Völkerrecht, 6. Auflage, § 54 Rn 25 ff.). In Ausführung der völkerrechtlichen Regelungen wurde in der Bundesrepublik das **Gesetz zur Regelung des Meeresbodenbergbaus** (MBergG) vom 6.6.1995 (BGBl 1995, 778, 782) als Teil des oben genannten SeeRÜbkAG erlassen. Danach führt das Landesamt für Bergbau, Energie und Rohstoffe, Hannover und Clausthal-Zellerfeld, das Gesetz im Wege der Organleihe aus. Wer im Gebiet Tätigkeiten zur Erforschung und Ausbeutung von Bodenschätzen ausüben will, bedarf gemäß § 4 Absatz 2 MBergG der **Befürwortung durch das Landesamt und** eines **Vertrages mit der Internationalen Meeresbodenbehörde**.

4   Von dem Küstenmeer und der AWZ i. S. von Artikel 56 SRÜ ist begrifflich zu unterscheiden der **Festlandsockel**. Während jene den Meeresboden, den Meeresuntergrund und die darüber befindliche Wassersäule erfassen, betrifft der Festlandsockel nur den Meeresboden und seinen Untergrund.
Der Begriff „Festlandsockel" hat eine Entwicklung durchgemacht. Während es nach dem von der 1. UN-Seerechtskonferenz erarbeiteten Festlandsockel-Übereinkommen von 1958 noch maßgeblich darauf ankam, dass die Tiefe des über

dem Meeresgrund befindlichen Wassers *„die Ausbeutung der natürlichen Reichtümer [...] gestattet"* (Ipsen, Völkerrecht, 6. Auflage § 53 Rn 29 ff.), ist diese Koppelung an die Grenze der Ausbeutbarkeit in Artikel 76 Absatz 1 SRÜ weggefallen. Die von der III. UN-Seerechtskonferenz gefundene Definition (hierzu s. § 2 Rn 56) vermeidet die vorher strittige Formulierung „ausbeutbar", sondern stellt auf die *„natürliche Verlängerung des Landgebietes"* bis zu einer Distanz von 200 Seemeilen ab. Für den deutschen Bereich der Nordsee und der Ostsee ist das Gebiet des Festlandssockels und der Ausschließlichen Wirtschaftszone in ihrer Ausdehnung identisch, soweit der Meeresboden und -untergrund betroffen sind (Czybulka/Stredak, Rechtsfragen der marinen Kies- und Sandgewinnung in Nord- und Ostsee, S. 27). Das unterschiedliche Rechtsregime bewirkt jedoch, dass die **Rechte am Festlandssockel nicht** die darüber befindlichen **Gewässer oder den Luftraum erfassen.**

Forschungshandlungen:

Nach Artikel 2 Absatz 2 der Festlandsockelkonvention darf niemand den Fest-   **5** landsockel ohne ausdrückliche Zustimmung des Küstenstaates erforschen, weil dieser ein **ausschließliches Recht zur Erforschung** hat. Daraus zieht Artikel 5 Absatz 8 folgende Konsequenz: „Alle an Ort und Stelle durchzuführenden Forschungen über den Festlandsockel bedürfen der Zustimmung des Küstenstaates. Dieser wird i. d. R. seine Zustimmung nicht versagen, wenn das Ersuchen ... ausschließlich wissenschaftliche Forschungen über die physischen und biologischen Merkmale des Festlandsockels bezweckt".

Diesen Grundgedanken hatte bereits § 2 Absatz 2 Satz 2 des FlsG von 1964   **6** (gemeint ist das **Gesetz zur vorläufigen Regelung der Rechte am Festlandsockel** vom 24.7.1964 = BGBl I, 497, das durch § 175 Nr. 5 BBergG außer Kraft gesetzt wurde) in der Weise in innerstaatliches Recht umgesetzt, dass er **Forschungshandlungen,** auch wenn sie ihrer Art nach zur Aufsuchung von Bodenschätzen offensichtlich ungeeignet waren, einem **Verbot mit Erlaubnisvorbehalt** unterstellte. Gleichzeitig hatte dieses Gesetz in § 2 Absatz 3 ausdrücklich festgelegt, dass auf die Erteilung einer Erlaubnis für Forschungshandlungen im Festlandsockel kein Rechtsanspruch bestehe. Ausführlich zu verfassungsrechtlichen Problemen um den deutschen Festlandsockel: Frowein, ZaöRV 1965, S. 1 ff.

Demgegenüber ist die in § 132 getroffene **Sonderregelung für Forschungshand-**   **7** **lungen** weniger stringent. Sie räumt nämlich dem Antragsteller einen **Rechtsanspruch** auf Erteilung einer **Genehmigung** ein, wenn keiner der in Absatz 2 genannten Versagungsgründe vorliegt.

Der besondere Charakter des § 132 innerhalb des Bergrechts ist durch den   **8** Gegenstand **Forschungshandlung,** die räumliche Zuordnung zum **Festlandsockel** und dessen **Abgrenzung** zur Aufsuchung (§ 49) oder dieser gleichgestellte sonstige Forschungshandlungen gekennzeichnet.

Die **Forschungshandlungen** im Sinne **des Absatz 1 Satz 1** müssen sich sachlich   **9** auf den Festlandsockel beziehen, indem sie der Erkenntniserlangung seiner physikalischen und biologischen Merkmale (Artikel 5 Absatz 8 Festlandsockelkonvention) dienen und an Ort und Stelle, also auf dem Festlandsockel selbst, durchgeführt werden. Gemeint sind damit also alle Tätigkeiten, die der **wissenschaftlichen Grundlagenforschung** (purely scientific research – Artikel 5 Absatz 8) zuzurechnen und deshalb zur Entdeckung oder Feststellung von Bodenschätzen offensichtlich ungeeignet sind.

10   Für derartige **Forschungshandlungen** ist deshalb auch **keine Erlaubnis** der Bergbehörde im Sinne des § 7, sondern eine **Genehmigung gemäß** § 132 erforderlich. Deren Zweck ist es, die Forschungshandlung in die Ordnung zur Nutzung und Benutzung der Gewässer und des Luftraumes über dem Festlandsockel einzufügen. Für die Erteilung dieser Genehmigung und die Überwachung ihrer Ausübung ist grundsätzlich das Bundesamt für Seeschifffahrt und Hydrografie (geändert durch Gesetz vom 6.6.1995 mit Wirkung vom 15.6.1995 = BGBl I, 778) zuständig (Absatz 1 Satz 1, Absatz 3 Satz 1).

11   Wegen der **grundsätzlichen Genehmigungs- bzw. Erlaubnispflicht** für alle Tätigkeiten **auf dem Festlandsockel** muss § 132 auch eine Regelung für solche Forschungshandlungen treffen, die weder der reinen Grundlagenforschung dienen noch Aufsuchungstätigkeiten sind. Hierzu rechnen etwa Untersuchungen des Festlandsockeluntergrundes auf seine Eignung zur Errichtung von Untergrundspeichern. Solche Forschungshandlungen, die im Bereich des Festlandes dem Bergrecht (§§ 2 Absatz 2 Nr. 1, 126) nur in ganz bestimmter Hinsicht unterworfen sind (vgl. § 126 Rn 1), stellt Absatz 1 Satz 2 im Festlandsockel der Aufsuchung gleich und macht sie damit erlaubnispflichtig.

12   Während für die Erteilung von (Aufsuchungs-)Erlaubnissen auch im Festlandsockel die Versagungsgründe des § 7 gelten, stellt § 132 Absatz 2 für die **Genehmigung** von Forschungshandlungen eigene **Versagungsgründe** auf. Danach ist die Genehmigung zu versagen, wenn
–   das **Forschungsgebiet** beim Antrag nicht kartenmäßig genau bezeichnet ist (Nr. 1) und der Genehmigungsbehörde kein **Arbeitsprogramm** für die Forschungshandlung mit Angaben über die technische Durchführung vorgelegt wird oder
–   **überwiegende öffentliche Interessen** der beabsichtigten Forschungshandlung entgegenstehen (Nr. 3).

13   Als derartige öffentliche Interessen gelten die aus § 49 bekannten Tatbestände für die Beschränkung Aufsuchung im Festlandsockel. Sie finden sich unter Absatz 2 Nr. 3 a–c (im Einzelnen dazu § 49 Rn 8 ff.) wieder. Die darin genannten Schutzgüter Schifffahrtsanlagen und -zeichen, Schifffahrt und Schifffahrtswege, Luftraum, Fischfang, Pflanzen- und Tierwelt sowie schließlich die im Zusammenhang mit Transit-Rohrleitungen und Unterwasserkabeln stehenden Tätigkeiten und Einrichtungen dürfen durch Forschungshandlungen nicht beeinträchtigt werden. Darüber hinaus können öffentliche Interessen beeinträchtigt sein, wenn die Verunreinigung des Meeres oder eine Gefährdung der Sicherheit der Bundesrepublik Deutschland zu besorgen ist. Überwiegen diese oder ggf. andere öffentliche Interessen bei der gebotenen **Abwägung** das Interesse an der Forschungshandlung, so ist die Genehmigung zu versagen.

14   Für die **Durchführungskontrolle** des Bundesamts für Seeschifffahrt und Hydrografie (Absatz 3) stehen diesem die allgemeinen Aufsichts- und Anordnungsbefugnisse im Sinne der §§ 70, 71 zur Verfügung (Absatz 3 Satz 1 zweiter Halbs.). Danach sind, weil insoweit eine völkerrechtliche Verpflichtung besteht, ungenehmigte Forschungshandlungen zu untersagen. Außerdem kann die Beseitigung der Einrichtungen, die der ungenehmigten Tätigkeit gedient haben, verlangt werden. Hierbei ist § 71 Absatz 1 Satz 2 entsprechend anzuwenden. Widerspruch und Anfechtungsklage gegen Untersagungs- und Beseitigungsanordnung haben nach Absatz 4 Satz 2 ausdrücklich **keine aufschiebende Wirkung.**

15   Absatz 3 Satz 2 stellt hinsichtlich der die Anordnungs- und Überwachungsbefugnisse (§§ 70, 71 Absatz 1, 2) des Bundesamts ausdrücklich fest, dass diese nicht für den Luftraum über dem Festlandsockel gelten; hier ist die Luftverkehrs-kontrolle aufgrund internationaler Vereinbarungen zuständig.

Weil das BBergG ausdrücklich auch für den Bereich des Festlandsockels gilt, **16** konnte der BM für Wirtschaft in § 68 Absatz 2 Nr. 2 ermächtigt werden, eine **BergVO für den Festlandsockel** (FlsBergV) mit Zustimmung der in § 68 Absatz 3 vorgesehenen Fachminister zu erlassen. Die VO ist am 1.7.1989 in Kraft getreten (BGBl I, 554; zu den Einzelheiten der VO s. Anmerkung zu § 2 Rn 60 ff.; zu §§ 65–68 Rn 83) Boldt/Weller, Erg.Bd, § 132 Rn 4).

§ 133 Unterwasserkabel und Transit-Rohrleitungen

(1) Die Errichtung und der Betrieb einer Transit-Rohrleitung in oder auf dem Festlandsockel bedarf einer Genehmigung
1. in bergbaulicher Hinsicht und
2. hinsichtlich der Ordnung der Nutzung und Benutzung der Gewässer über dem Festlandsockel und des Luftraumes über diesen Gewässern.
Für die Erteilung der Genehmigung nach Satz 1 Nr. 1 ist die gemäß § 136 bestimmte Behörde und für die Genehmigung nach Satz 1 Nr. 2 das Bundesamt für Seeschiffahrt und Hydrographie zuständig. Die Genehmigung nach Satz 1 Nr. 2 darf nur nach Vorliegen der Genehmigung nach Satz 1 Nr. 1 erteilt werden.

(2) Die Genehmigungen nach Absatz 1 dürfen nur versagt werden, wenn eine Gefährdung des Lebens oder der Gesundheit von Personen oder von Sachgü-tern oder eine Beeinträchtigung überwiegender öffentlicher Interessen zu besorgen ist, die nicht durch eine Befristung, durch Bedingungen oder Auf-lagen verhütet oder ausgeglichen werden kann. Eine Beeinträchtigung über-wiegender öffentlicher Interessen liegt insbesondere in den in § 132 Abs. 2 Nr. 3 genannten Fällen vor. Die nachträgliche Aufnahme, Änderung oder Ergänzung von Auflagen ist zulässig, wenn sie für den Unternehmer und für Rohrleitungen vergleichbarer Art wirtschaftlich vertretbar und nach den allgemein anerkann-ten Regeln der Technik erfüllbar ist.

(2 a) Für die Errichtung und den Betrieb einer Transit-Rohrleitung, die zugleich ein Vorhaben im Sinne des § 3 des Gesetzes über die Umweltverträglichkeits-prüfung ist, ist eine Prüfung der Umweltverträglichkeit im Genehmigungsver-fahren nach Absatz 1 Satz 1 Nr. 2 nach dem Gesetz über die Umweltverträglich-keitsprüfung durchzuführen. Bei der Anwendung der Vorschriften des Ver-waltungsverfahrensgesetzes nach § 9 Abs. 1 Satz 3 des Gesetzes über die Umweltverträglichkeitsprüfung tritt an die Stelle der Gemeinde die Genehmi-gungsbehörde. Auf die Auslegung der Unterlagen nach § 6 des Gesetzes über die Umweltverträglichkeitsprüfung ist durch amtliche Bekanntmachung im Verkündungsblatt der Genehmigungsbehörde und durch Veröffentlichung in zwei überregionalen Tageszeitungen hinzuweisen.

(3) Für die Errichtung und den Betrieb einer Transit-Rohrleitung gelten die §§ 58 bis 62 und 65 bis 74 mit folgender Maßgabe entsprechend:
Für die Aufsicht nach den §§ 69 bis 74 ist, soweit sich aus § 134 nichts anderes ergibt, das Bundesamt für Seeschiffahrt und Hydrographie im Rahmen des mit der Genehmigung nach Absatz 1 Satz 1 Nr. 2 verfolgten Zwecks, im übrigen die nach § 136 bestimmte Behörde zuständig.

(4) Die Absätze 1 bis 3 gelten entsprechend für die Verlegung und den Betrieb von Unterwasserkabeln.

I. Transitrohrleitungen

1 Nach der Legaldefinition des § 4 Absatz 10 sind unter Transit-Rohrleitungen Leitungen zu verstehen, die **vom** Festlandsockel oder vom Gebiet eines anderen Staates **in den** Festlandsockel führen oder diesen durchqueren. Bei dieser Begriffsbestimmung spielt der Zweck, dem diese Rohrleitung dient, keine Rolle. Für Unterwasserkabel (Unterwasserkabel ist als Oberbegriff zu verstehen und umfasst im Wasser auf dem Meeresboden verlegte Kabel für Strom und Kommunikation) gibt es eine vergleichbare Legaldefiniton nicht.

2 § 133 Absatz 1 ist nicht anwendbar auf Rohrleitungen, die **von** einer auf dem **Festlandsockel** befindlichen Bohrinsel **zum Festland** führen. Sie sind keine Transit-Rohrleitungen (Wolf, ZUR 2004, 66; Boldt/Weller, § 133 Rn 3).

3 Für die Errichtung und Verlegung sowie den Betrieb von Transit-Rohrleitungen und Unterwasserkabeln besteht ein **Verbot mit doppeltem Genehmigungsvorbehalt.**

4 Erforderlich sind als „Genehmigung" zwei selbstständige Verwaltungsakte, die zwar sachlich miteinander zu verbinden sind (Absatz 1 Satz 3), aber die jeweiligen materiellen Rechtsnormen nicht tangieren und die formalen Zuständigkeitsbereiche der verantwortlichen Behörden nicht überschreiten dürfen (Frowein, ZaöRV 1965, 18). Vorrang hat danach die **bergrechtliche Genehmigung** (§§ 2 Absatz 3, 49, 55 Absatz 1 Nr. 10–13) durch die nach § 136 zuständige Landesbehörde, z. Z. das Landesamt für Bergbau, Energie und Geologie; Hannover und Clausthal-Zellerfeld, bzw. Bergamt Stralsund. Die Genehmigung für die Nutzung und Benutzung der Gewässer über dem Festlandsockel und den Luftraum über diesen Gewässern darf erst nach Vorliegen der bergrechtlichen Genehmigung erteilt werden. Zuständig hierfür ist das Bundesamt für Seeschifffahrt und Hydrografie.

5 Auf die Erteilung jeder der Genehmigungen besteht bei Einhaltung der vorgegebenen Reihenfolge ein **Rechtsanspruch,** sofern nicht einer der in Absatz 3 genannten Versagungsgründe erfüllt ist. Als **Versagungsgründe** nennt Absatz 3: die Gefährdung des Lebens oder der Gesundheit von Personen oder von Sachgütern oder die Beeinträchtigung überwiegender öffentlicher Interessen, soweit der durch die Versagungsgründe bezweckte Schutz von Rechtsgütern und öffentlichen Interessen nicht durch Nebenbestimmungen im Sinne des § 36 VwVfG verhütet oder ausgeglichen werden kann. Als Beeinträchtigung überwiegender öffentlicher Interessen werden die in § 132 Absatz 2 genannten Fälle betrachtet (vgl. Anmerkung dort Rn 8 f.).

6 Über die bereits bei der Erteilung der Genehmigungen zulässigen Nebenbestimmungen hinaus ermächtigt Absatz 2 Satz 3 die zuständigen Behörden ausdrücklich zur **nachträglichen Aufnahme, Änderung oder Ergänzung von Auflagen.** Die Zulässigkeitsvoraussetzungen sind die gleichen wie in den §§ 16 Absatz 3, 56 Absatz 1 Satz 2 (vgl. § 56 Rn 227, 243 ff.), nämlich wirtschaftliche Vertretbarkeit für den Unternehmer und technische Erfüllbarkeit nach den allgemein anerkannten Regeln der Technik.

7 Die zeitlich und sachlich gestaffelte **Doppelgleisigkeit des Genehmigungsverfahrens** führt auch zu einer Kompetenzaufteilung der **Aufsichtsbefugnisse** bei der Errichtung und dem Betrieb der Transit-Rohrleitungen und Unterwasserkabel. Für die **Durchführungskontrolle** sind zwar grundsätzlich die Vorschriften über die verantwortlichen Personen und die Bergaufsicht anwendbar, doch dürfen die Aufsichtsbefugnisse nach den §§ 69–74 vom Bundesamt für Seeschifffahrt und

Hydrografie nur zur Gewährleistung der mit dieser Nutzungsgenehmigung verfolgten Zwecke wahrgenommen werden. Soweit die mit der bergrechtlichen Genehmigung verfolgten Zwecke betroffen sind, stehen die Aufsichts- und Anordnungsbefugnisse allein der nach § 136 zuständigen Landesbehörde zu.

Die gleichberechtigte Anwendung der Vorschriften des § 133 auf das Verlegen   **8** und den Betrieb von Unterwasserkabeln ist mit Artikel 8 des Gesetzes vom 6.6.1995 (BGBl 778 = ZfB 1995, 239) eingefügt worden. Der gesetzgeberische Hintergrund war die Ratifizierung des SRÜ der Vereinten Nationen und damit des Festlandsockelregimes durch die Bundesrepublik Deutschland im Jahre 1994. Daraus ergab sich die Notwendigkeit, diese Nutzungsform des Festlandsockels auch innerstaatlich entsprechend der Festlandsockelkonvention zu regeln.

Nach § 133 Absatz 1 sind für Errichtung und Betrieb einer Transitrohrleitung   **9** im Gebiet des Festlandsockels zwei Genehmigungen erforderlich: Für die Betriebsplanzulassung ist die jeweils für den Festlandsockel zuständige Landesbehörde, z. B. das Bergamt Stralsund entscheidend. Hinsichtlich der Ordnung der Nutzung und Benutzung der Gewässer über dem Festlandsockel ist das Bundesamt für Schifffahrt und Hydrografie zuständig. **Beide Genehmigungen** sind **rechtlich selbstständig** und stehen nebeneinander (Kim, NUR 2009, 176). Jedoch stehen sie in einem rechtlichen Zusammenhang miteinander. Die Genehmigung nach § 133 Absatz 1 Nr. 2 darf nur nach Vorliegen einer Genehmigung nach § 133 Absatz 1 Satz 1 Nr. 1 erteilt werden (§ 133 Absatz 1 Satz 3). Auf dem Gebiet des Festlandssockels ist § 133 **Sonderrecht gegenüber** den allgemeinen Regelungen der **Seeanlagen-VO** (vom 23.1.1997, BGBl, 57). Für das Gebiet des Küstenmeeres hingegen ist § 43 EnWG die maßgebliche Rechtsgrundlage (Kim, NUR 2009, 176) u. U. ist eine UVP und eine Planfeststellung erforderlich. Während Rohrleitungen und transnationale Seekabel nach § 133 genehmigt werden, handelt es sich bei Seekabeln zur Ableitung von in der AWZ erzeugten Energie um „Einrichtungen, die anderen wirtschaftlichen Zwecken dienen", welche nach § 1 Absatz 2 Nr. 2 SeeAnlV zu genehmigen sind (Raumordnungsplan für die deutsche AWZ in der Nordsee (ZfB 2010, 61, 67). Für Rohrleitungen besteht ab einer bestimmten Länge und einem bestimmten Umfang nach Ziff. 19 der Anlage 1 zum UVPG in Verbindung mit § 133 Absatz 2 a die Pflicht zur Durchführung einer UVP.

II. Unterwasserkabel

Unter § 133 Absatz 4 sind **alle Unterwasserkabel** genehmigungspflichtig gewor-   **10** den, insbesondere auch die bei Windkraftanlagen im Offhore-Bereich benötigten Betriebskabel. Dabei ist **nicht zwischen Energie zuleitenden und ableitenden Kabeln zu unterscheiden.** Im Gegensatz zu den in § 133 Absatz 1 genannten Transit-Rohrleitungen spielt bei Kabeln das Transit-Kriterium keine Rolle (Erbguth, RdE 1996, 85, 87; Jenisch, ZfB 1996, 108, 119; Wolf, ZuR 2004, 65, 66 f. m. w. N.).

§ 134 Überwachung und Vollziehung von Verwaltungsakten, Zusammenwirken

(1) Im Bereich des Festlandsockels überwachen die in § 6 Nr. 1, 2 und 4 des Gesetzes über den unmittelbaren Zwang bei Ausübung öffentlicher Gewalt durch Vollzugsbeamte des Bundes in der im Bundesgesetzblatt Teil III, Gliederungsnummer 201-5, veröffentlichten bereinigten Fassung, zuletzt geändert

durch **Artikel 326 Abs. 5 des Gesetzes vom 2. März 1974 (BGBl. I S. 469), bezeichneten Vollzugsbeamten, daß**

1. **nicht unbefugt eine Aufsuchung oder Gewinnung durchgeführt, eine Forschungshandlung vorgenommen, ein Unterwasserkabel verlegt oder betrieben oder eine Transit-Rohrleitung errichtet oder betrieben wird und**
2. **die nach § 72 Abs. 1, § 132 Abs. 4 und § 133 Abs. 3, auch in Verbindung mit Abs. 4, erlassenen Anordnungen durchgeführt werden.**

§ 70 Abs. 2 gilt entsprechend.

(2) Im Bereich des Festlandsockels werden die auf Grund dieses Gesetzes erlassenen Verwaltungsakte nach dem Verwaltungs-Vollstreckungsgesetz in der im Bundesgesetzblatt Teil III, Gliederungsnummer 201-4, veröffentlichten bereinigten Fassung, zuletzt geändert durch Artikel 40 des Gesetzes vom 14. Dezember 1976 (BGBl. I S. 3341), und dem Gesetz über den unmittelbaren Zwang bei Ausübung öffentlicher Gewalt durch Vollzugsbeamte des Bundes vollzogen. Unmittelbarer Zwang wird von den Vollzugsbeamten der Bundespolizei und der Zollverwaltung angewandt.

(3) Die Bundesministerien für Verkehr, Bau und Stadtentwicklung, des Innern und der Finanzen regeln im Einvernehmen mit dem Bundesministerium für Wirtschaft und Technologie durch Vereinbarung das Zusammenwirken der Wasser- und Schiffahrtsverwaltung, der Bundespolizei und der Zollverwaltung.

1   Die in Absatz 1 getroffene Regelung entspricht in wesentlichen Zügen dem § 4 des aufgehobenen vorläufigen Gesetzes über den Festlandsockel. Ein wichtiger Unterschied der hier getroffenen Regelung besteht darin, dass für typische bergbauliche Tätigkeiten die Überwachung durch Bundesbehörden ausgeschlossen ist (zum früheren Rechtszustand s. Frowein, ZaöRV 1965, 20), weil das Bergrecht als Bundsrecht grundsätzlich durch Landesbehörden wahrgenommen wird. Das gilt vor allem für die Überwachung der von der zuständigen Behörde festgelegten Auflagen und Bedingungen in bergbaulicher Hinsicht, die nach früherem Recht (§ 4 Absatz 1 Nr. 2 FlsG) von Vollzugsbeamten des Bundes durchgeführt wurde. Hier schafft § 136 Klarheit.

2   Für die Überwachung des Bestehens und der Einhaltung von Erlaubnis-, Bewilligungs- oder Genehmigungspflichten (Absatz 1 Nr. 1) sowie für die Überwachung der Durchführung von Anordnungen nach den §§ 72 Absatz 1, 132 Absatz 4, 133 Absatz 3 Nr. 2, Absatz 4 sind allerdings die Polizeivollzugsbeamten des Bundes, die Beamten des Zollgrenz- und Fahndungsdienstes sowie die Beamten der Wasser- und Schifffahrtsverwaltung des Bundes mit strom- und schifffahrtspolizeilichen Befugnissen zuständig (Absatz 1 Satz 1). Sie haben nach § 70 Absatz 2 in Absatz 1 Satz 2 die Befugnis, alle Geschäftsräume und Einrichtungen sowie Wasserfahrzeuge, die der Unterhaltung oder dem Betrieb von Einrichtungen im Bereich des Festlandsockels dienen oder zu dienen bestimmt sind, zu betreten. Sie haben ein Prüfungs- und Befahrungsrecht, können auf Kosten des Unternehmers Proben nehmen sowie die geschäftlichen und betrieblichen Unterlagen einsehen. Der Unternehmer bzw. die von ihm beauftragten Personen haben die Maßnahmen der Vollzugsbehörden zu dulden.
Die Zusammenarbeit der verschiedenen Vollzugsbehörden erfordert ein abgestimmtes Verhalten. Deshalb sieht Absatz 3 vor, dass eine Vereinbarung das Zusammenwirken der Wasser- und Schifffahrtsverwaltung, der Bundespolizei und der Zollverwaltung regelt. Diese Vereinbarung ist zwischen den beteiligten BM für Verkehr, des Inneren und der Finanzen im Einvernehmen mit dem BM für Wirtschaft geschlossen worden (Verwaltungsvereinbarung über die Überwachung und Vollziehung von Verwaltungsakten im Bereich des Festlandsockels vom 21.4./9.5./16.5./1.6.1983 s. Zydek-Heller, I, Ordnungsziff. 3.3).

3   Durch VO über die Zuständigkeit für die Verfolgung und Ahndung von Ordnungswidrigkeiten im Bereich des Festlandsockels vom 14.1.1982 (BGBl 6,

geändert durch VO vom 28.7.2011, BGBl, 1708) ist das Bundesamt für Seeschifffahrt und Hydrografie für die Verfolgung und Ahndung von Ordnungswidrigkeiten im Bereich des Festlandsockels im Zusammenhang mit Forschungshandlungen (§ 132 BBergG) und mit der Überwachungstätigkeit der in § 134 Absatz 1 BBergG bezeichneten Behörden des Bundes zuständig.

§ 135 Kostenermächtigung

Für Amtshandlungen, Prüfungen und Untersuchungen von Bundesbehörden auf Grund der §§ 132 bis 134 werden Kosten (Gebühren und Auslagen) erhoben. Das Bundesministerium für Verkehr- Bau und Stadtentwicklung bestimmt im Einvernehmen mit dem Bundesministerium für Wirtschaft und Technologie durch Rechtsverordnung ohne Zustimmung des Bundesrates die kostenpflichtigen Tatbestände näher und sieht dabei feste Sätze oder Rahmensätze vor. Die Gebührensätze sind so zu bemessen, daß der mit den Amtshandlungen, Prüfungen und Untersuchungen verbundene Personal- und Sachaufwand gedeckt wird; bei begünstigenden Amtshandlungen kann daneben die Bedeutung, der wirtschaftliche Wert oder der sonstige Nutzen für den Gebührenschuldner angemessen berücksichtigt werden. Der Personalaufwand kann nach der Zahl der Stunden bemessen werden, die für Prüfungen und Untersuchungen bestimmter Arten von Prüfungs- oder Untersuchungsgegenständen durchschnittlich benötigt werden.

Diese Vorschrift enthält in Satz 1 den Grundsatz, dass **Amtshandlungen, Prü-** **1** **fungen und Untersuchungen von Bundesbehörden** im Zusammenhang mit Forschungshandlungen und der Errichtung sowie dem Betrieb von Transit-Rohrleitungen und Unterwasserkabel **kostenpflichtig** sind. Zur Durchsetzung dieser grundsätzlich dem Unternehmer obliegenden **Kostentragungspflicht** wird der BM für Verkehr ermächtigt, im Einvernehmen mit dem BM für Wirtschaft durch RechtsVO, ohne Zustimmung des BR die kostenpflichtigen Tatbestände näher zu bestimmen und dabei feste **Sätze oder Rahmensätze** vorzusehen. Bei der Festsetzung der Sätze ist darauf zu achten, dass der mit den Amtshandlungen, Prüfungen und Untersuchungen verbundene **Personal- und Sachaufwand** gedeckt ist (zum Kosten- bzw. Aufwandsdeckungsprinzip: Wolff/Bachof/ Stober, Bd 1, § 42 Rn 25; Erichsen in Erichsen (Hrsg.), AllgVerwR, § 29 Rn 36). Bei begünstigenden Amtshandlungen kann daneben deren Bedeutung, wirtschaftlicher Wert oder sonstige Nutzen für den Gebührenschuldner angemessen berücksichtigt werden (Äquivalenzprinzip). Der Personalaufwand kann nach der Zahl der Stunden bemessen werden, die für bestimmte Arten von Prüfungs- oder Untersuchungsgegenständen durchschnittlich benötigt werden (Satz 4).

Die erste **RechtsVO** ist aufgrund dieser Ermächtigung für Amtshandlungen des **2** seinerzeit zuständigen Deutschen Hydrographischen Instituts im Bereich des Festlandsockels am 14.1.1982 erlassen worden (Kostenverordnung (KostO – FIS) = BGBl I, 4). Diese VO legte Gebührenrahmen für die wichtigsten Amtshandlungen im Zusammenhang mit Forschungshandlungen und Transit-Rohrleitungen fest. Sie ist in 1995 im Hinblick auf das nunmehr zuständige Bundesamt für Seeschifffahrt und Hydrografie und den neuen Tatbestand des Verlegens und Betreibens von Unterseekabeln neu gefasst worden (KostenVO für Amtshandlungen des Bundesamts für Seeschifffahrt und Hydrografie (BSH-KostenV) vom 12.12.1995 = BGBl I, 1649). Die zu regelnden Tatbestände sind in einer Anlage samt den Gebührensätzen neu geordnet.

§ 136   Zuständigkeiten für sonstige Verwaltungsaufgaben

Soweit sich aus den §§ 132 bis 134 nichts anderes ergibt, nimmt die Verwaltungsaufgaben nach diesem Gesetz und den hierzu erlassenen Bergverordnungen für den Bereich des Festlandsockels die zuständige Landesbehörde wahr.

1 Alle Verwaltungsaufgaben, die nicht in die Kompetenz des Bundesamts für Seeschifffahrt und Hydrografie, früher Deutsches Hydrographisches Institut, oder der Vollzugsbeamten des Bundes (§ 134) fallen, nimmt nach diesem Gesetz und den hierzu erlassenen BergVOen für den Bereich des Festlandsockels die **zuständige Landesbehörde** wahr. Das ist das für die Länder Niedersachsen, Schleswig-Holstein, Bremen und Hamburg zuständige Landesamt für Bergbau, Energie und Geologie, Hannover und Clausthal-Zellerfeld (BT-Drs 8/1315, 156). Die jetzige Fassung von § 136 hat es gegenüber dem RegE vermieden, eine Entscheidung darüber zu treffen, in welcher Eigenschaft das frühere Oberbergamt Clausthal-Zellerfeld tätig werden soll. Strittig war im Gesetzgebungsverfahren zwischen BReg. und BR, ob die Aufgabe im Wege der Organleihe übertragen werden könne oder ob es hierfür zunächst der Errichtung einer neuen Bundesoberbehörde nach Artikel 87 Absatz 3 Satz 1 GG oder der Übertragung auf eine bereits bestehende bedürfe (BT-Drs aaO., Anlage 2, 176, Anlage 3, 190 = Zydek, 515 ff.). Die BReg war der Ansicht, im Festlandsockel der Bundesrepublik stehen dem Bund die Hoheitsrechte zu, der BRat reklamierte die Aufgaben im Festlandsockel für die Länder.

2 An der Wahrnehmung der typisch bergbaulichen Überwachungsaufgaben durch das heutige Landesamt für Bergbau, Energie und Geologie, Hannover und Clausthal-Zellerfeld im Festlandsockel ändert die letztlich gefundene Regelung nichts. Das bereits durch VO von 25.3.1943 (RGBl 1, 163) errichtete Oberbergamt leitete seine länderübergreifende Zuständigkeit aus folgenden Regelung hier:
– für Hamburg aus dem am 1.10.1957 ergangenen ZustimmungsG (Gesetz über die Bergbehörden der Freien und Hansestadt Hamburg = Bergbehördengesetz) zum Staatsvertrag vom 23.3.1957 und 12.6.1957 (GVBl, 1969, 103).
– für Bremen aus dem Verwaltungsabkommen vom 16.12.1955/14.8.1956 und der VO über die zuständigen Behörden nach dem BBergG (BBergZVO) vom 14.12.1981 (BremGBl, 285).
– für Schleswig-Holstein aus der VO vom 18.12.1954 (GVBl, 172) i.d.F. vom 31.12.1971 (GVOBl 1971, 1892).
Weiteres s. § 142 Rn 2 f.

§ 137   Übergangsregelung

(1) Die Zuständigkeit der Länder im Bereich des Festlandsockels richtet sich nach dem Äquidistanzprinzip. Eine Feldes- oder Förderabgabe ist an das Land zu entrichten, an dessen Küstengewässer das Feld einer Erlaubnis, Bewilligung oder eines Bergwerkseigentums im Bereich des Festlandsockels angrenzt; die Zuordnung eines Feldes zum Gebiet des Landes bestimmt sich nach dem Äquidistanzprinzip.

(2) Die endgültige Regelung der Rechte am Festlandsockel einschließlich einer Regelung über die Zuweisung der Feldes- und Förderabgabe bleibt einem besonderen Gesetz vorbehalten.

1 Die als **Übergangsregelung** gekennzeichnete Vorschrift ist Ausdruck des zwischen Bund und Ländern im Gesetzgebungsverfahren nicht endgültig ausgetragenen **Kompetenzstreites** über die **Hoheitsrechte am Festlandsockel** (Zydek, 517) Absatz 2 trägt dem durch den Vorbehalt eines eigenen Gesetzes ausdrücklich Rechnung.

Im Interesse der Länder, insbesondere wegen der erwarteten Erträge aus der **2** Feldes- und Förderabgabe, wird deshalb zunächst deren allgemeine Zuständigkeit für den Festlandsockel bis zu einer endgültigen Regelung unterstellt (Absatz 1 Satz 1). Das kommt einer vorläufigen Aufteilung des Festlandsockels unter die meeresangrenzenden Bundesländer gleich und macht **seitliche Abgrenzungsregelungen** erforderlich. Außerdem müssen zur Erhebung der Feldes- und Förderabgabe die bergbaulichen Berechtigungen den durch die vorläufige Aufteilung entstehenden Festlandsockelsegmenten zugeordnet werden (Absatz 1 Satz 2 zweiter Halbs.). Beide Regelungskomplexe orientieren sich am sog. **Äquidistanzprinzip** als maßgebliche Richtschnur.

Begriff und Inhalt des Äquidistanzprinzips erläutert § 137 selbst nicht. Er **3** unterstellt insofern die völkerrechtliche Praxis als bekannt, die das **Äquidistanzprinzip** in Artikel 6 Absatz 2 der Festlandsockelkonvention so umschreibt: „Grenzt ein Festlandsockel an die Hoheitsrechte zweier benachbarter Staaten, so grenzen diese den Sockel einvernehmlich gegeneinander ab. Kommt eine Einigung nicht zustande, so wird die Grenzlinie nach dem Grundsatz der gleichen Entfernung von den nächstgelegenen Punkten der Ausgangslinien festgelegt, von denen aus die Breite des Küstenmeeres jedes dieser Staaten gemessen wird, es sei denn, daß besondere Umstände die Festlegung einer anderen Grenzlinie rechtfertigen".

Diese Aussage der Festlandsockelkonvention ist im Urteil des **Internationalen** **4** **Gerichtshofes** vom 20.2.1969 (ZaöRV 1969, 523 ff.; ICJ Reports 1969, 4/23) zum Streit Bundesrepublik Deutschland ./. Dänemark und Niederlande über den deutschen Anteil am Festlandsockel dahingehend **konkretisiert** worden, dass
– jedem Beteiligten möglichst die natürliche Fortsetzung seines Landesgebietes zukommen soll,
– überlappende Teile des Sockels gleichmäßig zu teilen sind und die Sockelanteile den Küstenlängen entsprechen müssen.
Damit ist deutlich gemacht, dass mit dem Äquidistanzprinzip keine allgemein gültige Regel für die Lösung seitlicher Abgrenzungsfragen gegeben ist, sondern lediglich ein **Verfahren**, wonach die Verhandlungen über die Abgrenzung nach „equitable principles" zu führen sind.

Das gilt auch für die **Zuordnung einzelner Bergwerksfelder** zum Gebiet eines **5** Bundeslandes. Denn soweit hier Berechtigungen erteilt worden sind, konnte naturgemäß auf die Grenzen der einzelnen Festlandsockelsegmente keine Rücksicht genommen werden. Deshalb macht § 137 Absatz 1 Satz 2 zunächst auch lediglich eine Aussage darüber, an welches Land die Förderabgabe grundsätzlich zu entrichten ist. Es soll das Land sein, an dessen Küstengewässer ein Feld angrenzt. Damit ist aber nur die landwärtige, nicht die seitliche Zuordnung erfolgt.

ZEHNTER TEIL Bundesprüfanstalt, Sachverständigenausschuss, Durchführung

ERSTES KAPITEL   Bundesprüfanstalt für den Bergbau

§ 138   Errichtung

Das Bundesministerium für Wirtschaft und Technologie wird ermächtigt, durch Rechtsverordnung mit Zustimmung des Bundesrates in seinem Geschäftsbereich eine Bundesprüfanstalt für den Bergbau (Bundesprüfanstalt) als nicht rechtsfähige Anstalt des öffentlichen Rechts zu errichten, soweit dies erforderlich ist, um sicherzustellen, daß Prüfungen oder Abnahmen im Sinne des § 65 Nr. 3 oder 4 nicht durch eine Stelle vorgenommen werden,
1. die in ihrer Ausstattung dem Stand von Wissenschaft und Technik für die Prüfungen oder Abnahmen nicht entspricht,
2. die nicht über das erforderliche fachkundige und zuverlässige Personal verfügt,
3. in der die beschäftigten Personen keine hinreichende Gewähr für ihre Unparteilichkeit bieten, insbesondere in einem Bindungs- oder Abhängigkeitsverhältnis stehen, das eine unparteiische Prüftätigkeit beeinflussen könnte,
4. deren Träger als Unternehmer tätig ist oder zu einem Unternehmer in einem Bindungs- oder Abhängigkeitsverhältnis steht, das eine unparteiische Prüftätigkeit beeinflussen könnte,
5. deren Träger nicht in der Lage oder bereit ist, die für die Unterhaltung und den ordnungsgemäßen Betrieb der Stelle erforderlichen Mittel aufzubringen oder
6. deren Träger nicht in der Lage ist, den Schaden zu ersetzen, der dem Staat wegen seiner Haftung für Amtspflichtverletzungen des Prüfstellenpersonals entstehen kann.

§ 139   Aufgaben

Die Bundesprüfanstalt hat Prüfungen und Abnahmen im Sinne des § 65 Nr. 3 und 4 durchzuführen, soweit dies in Bergverordnungen des Bundesministeriums für Wirtschaft und Technologie nach § 65 vorgesehen ist, und im Rahmen ihrer Aufgaben die nach diesem Gesetz zuständigen Behörden und die Unternehmen zu beraten.

§ 140   Inanspruchnahme, Gebühren

(1) Das Bundesministerium für Wirtschaft und Technologie wird ermächtigt, durch Rechtsverordnung, die nicht der Zustimmung des Bundesrates bedarf, Vorschriften über die vertragliche Inanspruchnahme der Bundesprüfanstalt und die Gebühren und Auslagen für ihre Nutzleistungen zu erlassen. Die Gebühren sind nach dem Personal- und Sachaufwand für die Nutzleistung unter Berücksichtigung ihres wirtschaftlichen Wertes für den Antragsteller zu bestimmen. Der Personalaufwand kann nach der Zahl der Stunden bemessen werden, die Bedienstete der Bundesprüfanstalt für Prüfungen und Untersuchungen bestimmter Arten von Prüf- oder Untersuchungsgegenständen durchschnittlich benötigen.

(2) Die Gebühr für eine Nutzleistung darf in der Regel zehntausend Deutsche Mark nicht übersteigen. Erfordert die Nutzleistung einen außergewöhnlichen Aufwand, insbesondere für die Prüfung oder Abnahme umfangreicher Anlagen,

so kann der Höchstbetrag um den entsprechenden Mehrbetrag überschritten werden.

(3) Für die Abgeltung mehrfacher gleichartiger Nutzungsleistungen für denselben Empfänger können Pauschgebühren vorgesehen werden. Bei der Bemessung der Pauschgebührensätze ist der geringere Umfang des Verwaltungsaufwandes zu berücksichtigen.

Bundesprüfanstalt für den Bergbau

Die Einrichtung der Bundesprüfanstalt für den Bergbau gehörte zu den besonders umstrittenen Neuerungen im BBergG. Die Bundesregierung hatte in ihrem Regierungs-Entwurf festgelegt, dass diese nicht rechtsfähige Anstalt des öffentlichen Rechts drei Jahre nach Inkrafttreten des BBergG errichtet werden musste (§ 139 RegE, Zydek, 526). Sie begründete das damit, dass die staatlichen Behörden in immer stärkerem Maße auf Prüfeinrichtungen angewiesen seien, die hoheitlichen Zwecken dienen und daher von unabhängigen Stellen betrieben werden mussten. Die Interessenvertretung der Bergbauunternehmer verwies demgegenüber darauf, dass die bereits tätigen Einrichtungen des Bergbaus – notfalls nach organisatorischer Neuordnung – die Aufgaben des Prüfwesens in der geforderten Objektivität wirtschaftlicher durchführen können und sich langjährig bewährt haben. Der Bundesrat (BR-Drs 260/1/77, S. 67; Zydek, 528) stellte zunächst den Antrag, die Vorschriften über die Bundesprüfanstalt zu streichen. Es erscheine aus Kostengründen nicht vertretbar, eine zusätzliche staatliche Einrichtung zu schaffen. Im Wirtschaftsausschuss des Bundestages wurde dann der Kompromiss gefunden, auf eine Errichtung der Anstalt unmittelbar durch Gesetz zu verzichten, sondern nur noch eine Ermächtigung für den Bundesminister für Wirtschaft zu formulieren, die Bundesanstalt zu errichten, wenn die private Initiative der Bergbauunternehmer zu keinem Ergebnis führt. **1**

Die Errichtung der Bundesprüfanstalt hängt vom Erlass einer entsprechenden **Rechtsverordnung** des Bundesministers für Wirtschaft ab, die der Zustimmung des Bundesrates bedarf. **2**

Die Ermächtigung zum Erlass der Rechtsverordnung ist in § 138 enthalten und von mehreren Voraussetzungen abhängig. **3**

Zunächst bedarf es der Verordnungen nach § 65 Nr. 3 oder 4, d. h. durch Bergverordnungen müssen eine Bauart- oder Eignungsprüfung für bestimmte Einrichtungen oder Stoffe, regelmäßig wiederkehrende Prüfungen oder sonstige Prüfungen und Abnahmen vor Inbetriebnahme angeordnet werden. **4**

Ferner **muss die Rechtsverordnung** zur Errichtung der Bundesprüfanstalt **erforderlich sein**, um sicherzustellen, dass die Aufgaben des Prüfwesens im Bergbau nicht von Stellen wahrgenommen werden, die den Anforderungen des § 138 Nr. 1 bis 6 nicht entsprechen. Die Kriterien für die „anderen Stellen" sind zugleich Maßstab für die Bundesprüfanstalt selbst. Sie sollen eine unparteiische, finanziell unabhängige und technisch-wissenschaftlich qualifizierte Prüfung sicherstellen. Ob die Errichtung der Bundesprüfanstalt erforderlich ist, hängt von der Erfüllung der Anforderungen des § 138 Nr. 1 bis 6 durch die „anderen Stellen" ab, wofür eine gesetzliche Frist nicht festgelegt ist. **5**

Bisher hat man den Erlass einer Berg-VO gemäß § 138 für nicht erforderlich gehalten. 1990 ist zwar der 1952 gegründete Steinkohlenbergbauverein aufgelöst worden. Auch ist 1989 die durch die Vereinigung der Essen-Werdenschen Berggewerkschaftskasse und der Märkischen Berg-Gewerkschaftskasse entstandene und durch das (Landes)-Gesetz wegen Verwaltung der Bergbauhilfskassen **6**

(Bergbauhilfskassengesetz) v. 5.6.1863 (GS., S. 365/BrGS NRW, S. 163 = Ebel/ Weller, S. 416 = ZfB 1863, 273 und ZfB 1963, 274; ZfB 1991, 180) legitimierte Westfälische Berggewerkschaftskasse (WBK) nur noch subsidiär mit den Einrichtungen zur Vornahme von Prüfungen und Abnahmen nach § 65 Nr. 3 und Nr. 4 beauftragt. In den Bereichen Forschung und Entwicklung hat die WBK nur noch zu gewährleisten, dass die Arbeit dieser Einrichtungen den Erfordernissen der Grubensicherheit entspricht (§ 2 des Bergbauhilfskassengesetzes i. d. F. v. 14.12.1989, GVBl NRW 717 = ZfB 1991, 180). Aber diese organisatorischen Änderungen haben die ordnungsmäßige Vornahme der Prüfungen und Abnahmen nicht beeinträchtigt. Insbesondere die Fachstellen der DMT, die u. a. für Gebirgsschlagverhütung, Gefahrenstoffe im Bergbau, Brandschutz, Staub und Silikosebekämpfung und als Prüfstelle für Grubenbewetterung sowie als Seilprüfstelle zuständig sind, stehen – teilweise aufgrund ausdrücklicher bergbaulicher Zulassungen – zur Verfügung und schließen die Notwendigkeit einer VO zur Errichtung einer Bundesprüfanstalt aus. Schließlich kann auch die **Bundesanstalt für Materialforschung und -prüfung (BAM)** auf Ersuchen von Verwaltungsbehörden oder aufgrund von Aufträgen des Bergbaus Materialforschung und -prüfung übernehmen (Erl. über die BAM v. 1.10.1995).

ZWEITES KAPITEL   **Sachverständigenausschuss, Durchführung**

§ 141   Sachverständigenausschuß Bergbau

Das Bundesministerium für Wirtschaft und Technologie wird ermächtigt, durch Rechtsverordnung, die nicht der Zustimmung des Bundesrates bedarf, einen Sachverständigenausschuß für den Bergbau zu errichten, der es in allen Fragen der Bergtechnik, insbesondere der Sicherheitstechnik, berät und zu den von ihm zu erlassenden Bergverordnungen Stellung nimmt. Dem Ausschuß sollen ein Vertreter des Bundesministeriums für Wirtschaft und Technologie als Vorsitzender sowie Vertreter der beteiligten Bundesministerien, der Landesregierungen, der fachlich zuständigen Landesbehörden, der Träger der gesetzlichen Unfallversicherung, der Wirtschaft und der Gewerkschaften angehören. In der Rechtsverordnung kann das Nähere über die Zusammensetzung, die Berufung der Mitglieder sowie das Verfahren des Ausschusses geregelt werden.

1   Neben den Ländern, die das BBergG als eigene Angelegenheit ausführen, sind auch dem Bund eine Reihe von Zuständigkeiten, insbesondere hinsichtlich der VO-Gebung (§ 68 Absatz 2 und 3 i. V. mit §§ 65, 66, 67) zugeordnet. Um diesen Aufgabenzuwachs angemessen zu bewältigen, wurde der BM für Wirtschaft ermächtigt, durch RechtsVO ohne Zustimmung des BR einen Sachverständigenausschuss für den Bergbau zu errichten. Von dieser Ermächtigung hatte der BM für Wirtschaft mit der VO über den Sachverständigenausschuss für den Bergbau vom 4.3.1981 (BGBl, 277; Boldt/Weller, Anh. II, 1144 ff.) Gebrauch gemacht und den „Ausschuss" (§ l) gebildet.

2   Nach dieser VO hatte der Sachverständigenausschuss die Aufgaben (§ 2), den BM für Wirtschaft in allen Fragen der Bergtechnik, insbesondere der Sicherheitstechnik, zu beraten und zu den vom BM für Wirtschaft zu erlassenden VO Stellung zu nehmen. Bei seiner Beratungstätigkeit sollte der Sachverständigenausschuss der Behandlung von neuartigen Fragen, grundsätzlichen Problemen und der Fortentwicklung sicherheitstechnischer Regeln Vorrang einräumen (§ 2 Satz 2).

Das Recht zur Stellungnahme zu BergVO war nicht auf technisch-sicherheitliche   3
Fragen beschränkt, sondern umfasste auch die Beratung und Stellungnahme in
rechtlichen und wirtschaftlichen Fragen als selbstständige Aufgabe (§ 2 Satz 1).
Der BM für Wirtschaft konnte gleichwohl hinsichtlich dieser Aufgabe Aufträge
erteilen.

Der Ausschuss setzte sich (§§ 3, 4) unter Vorsitz eines nicht stimmberechtigten   4
Vertreters des BM für Wirtschaft aus Vertretern der BM, der LReg. und Landesbehörden, des Trägers der gesetzlichen Unfallversicherung, der Wirtschaftsver-
bände und der Gewerkschaften zusammen. Er hatte eine Geschäftsordnung.

Zur vorbereitenden Klärung von Spezialproblemen konnte der Ausschuss nach   5
Bedarf Unterausschüsse bilden, deren Mitglieder, das legte § 7 Absatz 1 ausdrücklich fest, nicht dem Sachverständigenausschuss anzugehören brauchten.
Die Ausschüsse hatten ihre Empfehlungen an den Sachverständigenausschuss zu
richten; dieser gab sie aufgrund seiner eigenen Beratung und Stellungnahme als
begründete Empfehlung an den BM für Wirtschaft weiter.

Durch **VO zur Aufhebung der VO über den Sachverständigenausschuss** für den   6
Bergbau v. 17.8.1998 ist diese Wirkung zum 1.8.1999 **aufgehoben.** Damit ist die
Existenz des **Sachverständigenausschusses beendet** worden.

§ 142 Zuständige Behörden

**Die Landesregierungen oder die von ihnen bestimmten Stellen bestimmen die
für die Ausführung dieses Gesetzes zuständigen Behörden, soweit nicht Bundesbehörden zuständig sind. Unberührt bleiben Vorschriften des Landesrechts,
nach denen für ein Land Behörden eines anderen Landes zuständig sind.**

Da die Länder das BBergG als eigene Angelegenheit ausführen, sind sie auch   1
aufgrund ihrer Organisationshoheit berechtigt, die zuständigen Behörden für die
Ausführung des BBergG zu bestimmen. Deshalb kommt § 142 lediglich deklaratorische Bedeutung auch insoweit zu, als er festlegt, dass die Landesregierungen oder von ihnen bestimmte Stellen, etwa der Minister für Wirtschaft, die
Zuständigkeitsregelungen erlassen.

Die **Länder** haben zunächst folgende **Zuständigkeitsregelungen** erlassen: 2
Baden-Württemberg: VO der Landesregierung über die Bestimmung der zustän-
digen Behörden nach dem BBergG (BBergG zu VO) vom 13.1.1982, GBl BW,
41;
Bayern: VO über Zuständigkeiten zum Vollzug bergrechtlicher Vorschriften
(BergZustV) vom 7.1.1982, Bay. GVBl 11;
Berlin: VO über die Zuständigkeit nach dem BBergG vom 8.1.1982, GVBl
Berlin, 160;
Hessen: VO über die Zuständigkeiten nach dem BBergG vom 18.1.1982, GVBl
27;
Niedersachsen: Runderlass des Ministers für Wirtschaft vom 11.12.1981;
Nordrhein-Westfalen: VO über die Zuständigkeiten nach dem BBergG vom
5.1.1982, GVBl NRW, 2;
Rheinland-Pfalz: VO über die Zuständigkeiten nach dem BBergG vom
15.9.1981, GVBl 223;
Saarland: VO über die Zuständigkeiten nach dem BBergG vom 17.2.1982,
Amtsblatt des Saarlandes, 198.
Der aktuelle Stand ergibt sich aus Anhang 1.

3 Landesrechtlich festgelegte besondere Zuständigkeiten, etwa die des Oberbergamts Clausthal-Zellerfeld (vgl. § 136 Rn 2), werden durch § 142 nicht betroffen. Sie bleiben so lange in Geltung, bis die Länder etwas anderes regeln. Das ist bisher nicht geschehen, vielmehr haben die Länder Niedersachsen, Schleswig-Holstein, Hamburg und Bremen die Zuständigkeit des Oberbergamts Clausthal-Zellerfeld nach dem BBergG ausdrücklich bestätigt (vgl. Schleswig-Holstein: LandesVO über die zuständigen Behören nach dem BBergG vom 11.8.1981, GVOBl 147; Bremen: VO über die zuständigen Behörden nach dem BBergG vom 14.12.1981, Brem. GBL, 285; Hamburg: Anordnungen vom 15.12.1981, Amtl. Anzeiger, 2117). Allerdings ist das Oberbergamt Clausthal-Zellerfeld inzwischen zum Landesamt für Bergbau, Energie und Geologie mit Hauptsitz in Hannover umgewandelt.

§ 143 Verwaltungsvorschriften

(1) Das Bundesministerium für Wirtschaft und Technologie erläßt mit Zustimmung des Bundesrates zur Durchführung dieses Gesetzes und der auf Grund dieses Gesetzes erlassenen Rechtsverordnungen des Bundes allgemeine Verwaltungsvorschriften. Für Bergverordnungen, die auf Grund von § 68 Abs. 2 erlassen worden sind, gilt dies nur, soweit der Schutz der in den §§ 65 bis 67 bezeichneten Rechtsgüter und Belange durch Verwaltungsvorschriften der zuständigen Behörden nicht gleichwertig sichergestellt wird. § 68 Abs. 3 gilt entsprechend.

(2) Soweit allgemeine Verwaltungsvorschriften nach Absatz 1 an Bundesbehörden gerichtet sind, bedürfen sie nicht der Zustimmung des Bundesrates.

1 § 143 ermächtigt den **BM für Wirtschaft mit Zustimmung des BR zum Erlass von Allgemeinen Verwaltungsvorschriften (AVV)** für die Durchführung des BBergG und zur Durchführung von RechtsVO, die aufgrund des BBergG erlassen worden sind. Die Ermächtigung für den Wirtschaftsminister ist allerdings auf Verwaltungsvorschriften zu RechtsVO beschränkt, die aufgrund der Ermächtigung nach § 68 Absatz 2 erlassen werden. Und selbst für die Durchführung dieser BergVO kann er AVV nur erlassen, wenn der Schutz der in den §§ 65–67 bezeichneten Rechtsgüter und Belange durch Verwaltungsvorschriften der zuständigen Landesbehörden nicht gleichwertig sichergestellt wird.

2 Zum Erlass der AVV bedarf der BM für Wirtschaft wegen der Bedeutung der Verwaltungsvorschriften für die Länderverwaltungen der Zustimmung des BR. Die Zustimmung des BR ist lediglich dann entbehrlich, wenn die AVV an Behörden des Bundes gerichtet sind.

3 Die AVV sind „*von der Exekutive ohne besondere gesetzliche Ermächtigung erlassene abstrakte und generelle Anordnungen*"(Ossenbühl, Verwaltungsvorschrift und Grundgesetz; 1968, 32 f.; ausführlicher Boldt/Weller, § 143 Rn 4 ff.). Sie binden die mit dem Vollzug des BBergG beauftragten Verwaltungsbehörden, nicht aber die Gerichte, die über die Rechtmäßigkeit von Vollzugsakten dieser Verwaltungsbehörden zu entscheiden haben. AVV enthalten zwar Rechtssätze im rechtstechnischen Sinn, sind aber keine Rechtsquellen. Denn weder nach Inhalt und Funktion ersetzen sie sonstige Rechtsquellen mit unmittelbarer Außenwirkung – sie legen sie nur mit interner Wirkung aus – noch ordnen sie ausschließliche Kompetenzen gesetzlich zu, sondern bestimmen nur die Art der Kompetenzwahrnehmung näher. Das erlassende Organ steuert durch Verwaltungsvorschriften die Auslegung und Anwendung unbestimmter Gesetzesbegriffe und die Ermessensausübung der ausführenden Behörden (Wolff/Bachof, I, § 24 II d).

Für Gerichte haben Verwaltungsvorschriften mangels ihres Rechtsquellencha-   **4**
rakters nur die Bedeutung von Tatsachen, z. B. über die bestehende Verwaltungspraxis und ihre Gesichtspunkte. Sie sind daher nicht wie Rechtssätze, sondern
wie Willenserklärungen (§ 133 BGB) unter Berücksichtigung der Praktikabilität
auszulegen (BVerwG in DÖV 1971, 748). Das schließt nicht Ossenbühl, Verwaltungsvorschrift und Grundgesetz, 1968, 32 f.; ausführlicher Boldt/Weller,
§ 143 Rn 4 ff. aus, sondern fordert, dass die Verwaltungsgerichte die Richtigkeit
der Ermessenskonkretisierung und erst recht die Auslegung unbestimmter
Rechtsbegriffe durch eine Verwaltungsvorschrift prüfen, soweit sie zur Begründung einer Verwaltungsmaßnahme herangezogen worden sind. **Für Dritte wirken Verwaltungsvorschriften nur reflektierend**, ohne ihre Pflichten und Rechte
unmittelbar zu bestimmen.

Dadurch allerdings, dass Verwaltungsvorschriften eine **einheitliche Handhabung**   **5**
(Auslegung, Einschätzung oder Ermessensausübung) eines Gesetzes durch die
Verwaltungsbehörden herbeiführen, erhalten sie **mittelbar** über das Gebot der
Rechtsanwendungsgleichheit (Artikel 3 Absatz 1 GG) eine gesetzesähnliche, sog.
selbstbindende Bedeutung. Wenn die Behörde die Verwaltungsvorschrift befolgt,
was von vornherein anzunehmen ist, wäre eine Abweichung von ihr eine
verfassungswidrige Ungleichbehandlung, sofern nicht etwa die Verwaltungsvorschrift rechtswidrig ist oder, anders als bei Rechtsquellen, die Abweichung im
Einzelfalle durch besondere Gründe gerechtfertigt wird (Wolff/Bachof, I, § 24 II
d 2).

Eine besonders bedeutsame **erste Verwaltungsvorschrift** ist bereits bei Inkraft-   **6**
treten des BBergG zu § 149 ergangen. Sie regelt das Verfahren zur Aufrechterhaltung alter Rechte und Verträge nach dem BBergG (Erlass am 12.3.1982
und veröffentlicht im BAnz. Nr. 53 v. 18.3.1982 (AVV)).

Ministerielle Verwaltungsvorschriften ergehen regelmäßig als **Erlasse** (Rund-   **7**
erlasse). Verwaltungsvorschriften anderer Behörden an nachgeordnete Stellen
werden als **Verfügungen** (Rundverfügungen) herausgegeben. Verwaltungsvorschriften mit technischem Inhalt werden als *„Richtlinien für [...]"* oder *„technische Anforderungen an [...]"* bezeichnet (Boldt/Weller § 143 Rn 11).

ELFTER TEIL   **Rechtsweg, Bußgeld- und Strafvorschriften**

§ 144   Klage vor den ordentlichen Gerichten

(1) Für Rechtsstreitigkeiten über Entschädigungen ist der ordentliche Rechtsweg gegeben.

(2) Für die Klage sind die Landgerichte ohne Rücksicht auf den Wert des Streitgegenstandes ausschließlich zuständig. Örtlich ist das Landgericht ausschließlich zuständig, in dessen Bezirk der in Anspruch genommene Gegenstand liegt.

(3) Die Klage ist innerhalb eines Monats zu erheben. Die Frist beginnt
1. mit der Zustellung der Entscheidung der Behörde oder,
2. falls in derselben Sache ein Verwaltungsstreitverfahren eingeleitet wird, mit dem rechtskräftigen Abschluß dieses Verfahrens. Die Frist ist eine Notfrist im Sinne der Zivilprozeßordnung.

(4) Der Rechtsstreit ist zwischen dem Entschädigungsberechtigten und dem Entschädigungsverpflichteten zu führen. Dies gilt sinngemäß, wenn der Rechtsstreit eine Ausgleichszahlung betrifft.

(5) Das Gericht übersendet der nach § 92 zuständigen Behörde eine Ausfertigung der Entscheidung oder des Vergleichs.

1 Die Vorschrift befasst sich ausschließlich mit Entschädigungsansprüchen aus hoheitlichen Maßnahmen, die als Enteignungsakt zu qualifizieren sind. Absatz 1 hat lediglich klarstellende Funktion; bereits aus Artikel 14 Absatz 3 Satz 4 GG ergibt sich die Zuständigkeit der Zivilgerichte für die Entscheidung über die Höhe der Enteignungsentschädigung (BVerfGE 46, 268; BVerfG, NJW 1982, 745, 746). Die Überprüfung eines der Enteignung zugrunde liegenden Verwaltungsakts in tatsächlicher und rechtlicher Hinsicht steht nach § 40 VwGO allein den Verwaltungsgerichten zu. Für die Beibehaltung der Zweispurigkeit des Rechtsschutzes hat sich der Gesetzgeber deshalb entschieden, weil die Bestimmungen über die Zulässigkeit einer **bergrechtlichen Enteignung** mit den übrigen, überwiegend öffentlich-rechtlich geprägten Vorschriften des Gesetzes in einem engen Zusammenhang stehen (BT-Drs 8/1315, 158 = Zydek, 541). Entschädigungsansprüche aufgrund einer bergrechtlichen Enteignung werden eingeräumt bei der **Grundabtretung** (§§ 84 ff.) einschließlich der vorläufigen **Besitzeinweisung** (§§ 98, 102) sowie bei der Versagung einer Baugenehmigung wegen **Festsetzung eines Baubeschränkungsgebiets** (§ 109). Eine Enteignungsmaßnahme ist ferner nach dem Verständnis des Gesetzes (vgl. § 35 Nr. 3) die Erteilung des Rechts zum grenzüberschreitenden Abbau (**Zulegung**), die Entschädigung nach § 37 mithin Enteignungsentschädigung. Das gleiche gilt für die Entschädigung im Falle einer **Streitentscheidung** nach § 40 zur Ersetzung der Zustimmung des Grundeigentümers zu einer **Aufsuchung**. Bei dem Hilfsbaurecht (§ 44) und dem Recht zur Benutzung fremder Grubenbaue (§ 47) dürfte es sich um besondere nachbarschaftliche Institute des Bergrechts handeln, die dem Notwegrecht des § 917 BGB verwandt sind. Für die Schadensersatzansprüche nach §§ 44 Absatz 2, 47 Absatz 2 gilt die Vorschrift mithin nicht.

2 Rechtsstreitigkeiten in Entschädigungssachen sind **ausschließlich den Landgerichten** zugewiesen (Absatz 2). Auf die Höhe des Streitwertes kommt es nicht an. Die örtliche Zuständigkeit richtet sich nach der Belegenheit der Sache, für die eine Entschädigung zu leisten ist.

3 Absatz 3 dient der Beschleunigung des Verfahrens in Entschädigungsangelegenheiten. Die Klage muss innerhalb eines Monats erhoben werden. Die Klagefrist beginnt mit der Zustellung der behördlichen Entscheidung (Absatz 3 Satz 2

Nr. 1). Wird wegen der Zulässigkeit der bergrechtlichen Enteignung (oben Rn 1) ein Verwaltungsstreitverfahren eingeleitet, ist die Klagefrist bis zum rechtskräftigen Abschluss dieses Verfahrens gehemmt (Satz 2 Nr. 2). Die Klagefrist ist nur gewahrt, wenn die Klageschrift der gegnerischen Partei innerhalb des Monats zugestellt worden ist (§ 253 ZPO). Die **Klageerhebung** vollzieht sich in zwei Teilen: Zunächst ist die **Klageschrift einzureichen**, d. h. sie muss tatsächlich in die Verfügungsgewalt des Gerichtes gelangen. Anschließend ist eine beglaubigte Abschrift unverzüglich von Amts wegen gemäß § 271 Absatz 1 ZPO **zuzustellen**. Unverzügliche Zustellung setzt die Einzahlung der Verfahrensgebühr (§ 6 Absatz 1 Ziff. 1 GKG) voraus, die mit Einreichung der Klage fällig wird. Erst mit der Zustellung ist die Klage erhoben i. S. von § 144 Absatz 3. Die Kenntnis der Partei vom Inhalt der Klageschrift ersetzt nicht die rechtzeitige förmliche Zustellung; auch eine Heilung durch rügelose Verhandlung nach § 295 ZPO ist nicht möglich (BGH LM LandbeschG Nr. 19). Dies beruht darauf, dass es sich bei der Monatsfrist um eine **Notfrist** handelt. War der Kläger ohne Verschulden gehindert die Klagefrist einzuhalten, kann ihm von dem Gericht, dem die Entscheidung über die nachgeholte Prozesshandlung zusteht, Wiedereinsetzung in den vorigen Stand gewährt werden (§§ 233 ff. ZPO).

Absatz 4 legt in Anlehnung an § 60 Landesbeschaffungsgesetz (LBG) die Parteistellung fest. Entschädigungsberechtigter ist derjenige, der in seinem Recht durch eine bergrechtliche Enteignung beeinträchtigt wird und dadurch einen Vermögensnachteil erleidet. Entschädigungsverpflichteter ist in den einschlägigen Fällen der Aufsuchungsberechtigte (§ 39 Absatz 4), der Grundabtretungsbegünstigte (§ 84 Absatz 3, § 98 Absatz 1, § 102 Absatz 1), sowie der durch eine Baubeschränkung nach § 107 begünstigte Unternehmer (§ 109 Absatz 3). Der Begriff der **Ausgleichszahlung** entstammt dem LBG. Der Entschädigungsberechtigte hat eine Ausgleichszahlung zu leisten, wenn bei einer Entschädigung in Land (§ 22 LBG) das Ersatzland einen höheren Wert als das zu enteignende Grundstück hat (§ 24 Satz 2 LBG). 4

Die besondere Entschädigungsform der Gestellung von Ersatzland kennt das BBergG ebenso wenig wie die Enteignung zum Zwecke der Ersatzlandbeschaffung. Die vom Bundesrat (BT-Drs 8/1315, 184 = Zydek, 542) angeregte Übernahme des § 60 LBG ergibt insoweit keinen rechten Sinn. Als Anwendungsfall käme allenfalls die Zahlung einer etwaigen Wertdifferenz bei Rückgabe eines zur Nutzung entzogenen, aufgrund von Maßnahmen des Bergbauunternehmers aber wertvolleren Grundstücks in Betracht (§ 81 Absatz 2 Satz 3). Dass in diesen Fällen die Verpflichtung zum Wertausgleich gegenüber dem Bergwerksunternehmen abgegeben wird und von diesem im Weigerungsfalle auch gerichtlich geltend zu machen ist, folgt bereits aus dem Sinne der Vorschrift. 5

Absatz 5 ermöglicht der zuständigen Behörde die Feststellung der Unanfechtbarkeit des Grundabtretungsbeschlusses, sodass die **Ausführungsanordnung** nach § 92 Absatz 1 erlassen werden kann. Naturgemäß ist auch der Bergwerksunternehmer nach Abschluss des gerichtlichen Verfahrens imstande, der zuständigen Behörde seinerseits die Unanfechtbarkeit des Grundabtretungsbeschlusses mit dem Ziel eines Erlasses der Ausführungsanordnung nachzuweisen. 6

§ 145 Ordnungswidrigkeiten

(1) Ordnungswidrig handelt, wer vorsätzlich oder fahrlässig
1. **entgegen § 6 Satz 1 bergfreie Bodenschätze ohne Erlaubnis aufsucht oder ohne Bewilligung oder Bergwerkseigentum gewinnt,**
2. **einer vollziehbaren Auflage nach § 16 Abs. 3 zuwiderhandelt,**

3. die Grenze seiner Gewinnungsberechtigung überschreitet, ohne daß die Voraussetzungen des § 44 Abs. 1 Satz 1, auch in Verbindung mit § 47 Abs. 1 Satz 1 Nr. 1, vorliegen,

4. entgegen § 50 Abs. 1 Satz 1 oder Absatz 2 Satz 1 die Errichtung, Aufnahme oder Einstellung eines dort bezeichneten Betriebes nicht rechtzeitig anzeigt,

5. entgegen § 50 Abs. 3 Satz 1 der Anzeige nicht einen vorschriftsmäßigen Abbauplan beifügt oder entgegen § 50 Abs. 3 Satz 2 eine wesentliche Änderung nicht unverzüglich anzeigt,

6. einen nach § 51 betriebsplanpflichtigen Betrieb ohne zugelassenen Betriebsplan errichtet, führt oder, ohne daß die Voraussetzungen des § 57 Abs. 1 Satz 1 vorliegen, einstellt oder Abweichungen von einem zugelassenen Betriebsplan anordnet,

7. entgegen § 53 Abs. 2 dem Abschlußbetriebsplan nicht die vorgeschriebene Betriebschronik beifügt,

8. einer mit einer Betriebsplanzulassung nach § 55 verbundenen vollziehbaren Auflage oder einer vollziehbaren Auflage nach § 56 Abs. 1 Satz 2, auch in Verbindung mit § 56 Abs. 3, zuwiderhandelt,

9. entgegen § 57 Abs. 1 Satz 2, auch in Verbindung mit § 57 Abs. 2, eine Anordnung nicht, nicht richtig, nicht vollständig oder nicht unverzüglich anzeigt,

10. einer Vorschrift des § 59 Abs. 1 oder § 60 Abs. 1 über die Beschäftigung Bestellung oder Abberufung verantwortlicher Personen oder des § 60 Abs. 2 über die Namhaftmachung verantwortlicher Personen oder die Anzeige der Änderung ihrer Stellung oder ihres Ausscheidens zuwiderhandelt,

11. entgegen § 61 Abs. 2 Satz 1 Verwaltungsakte den verantwortlichen Personen nicht, nicht richtig, nicht vollständig oder nicht unverzüglich zur Kenntnis gibt,

12. entgegen § 61 Abs. 2 Satz 2 nicht dafür sorgt, daß Betriebspläne und deren Zulassung jederzeit eingesehen werden können,

13. entgegen § 63 Abs. 1 bis 3 Satz 1 das Rißwerk nicht vorschriftsmäßig anfertigt oder nachträgt, der zuständigen Behörde nicht einreicht oder nicht ordnungsgemäß aufbewahrt,

13 a. (weggefallen)

14. entgegen § 70 Abs. 1 eine Auskunft nicht, nicht richtig oder nicht vollständig erteilt oder Unterlagen nicht vorlegt,

15. entgegen § 70 Abs. 2 Satz 4 oder 5 das Betreten von Grundstücken, Geschäftsräumen, Einrichtungen oder Wasserfahrzeugen, die Vornahme von Prüfungen oder Befahrungen, die Entnahme von Proben oder die Einsichtnahme in geschäftliche oder betriebliche Unterlagen nicht duldet oder Beauftragte bei Befahrungen nicht begleitet,

16. entgegen einer vollziehbaren Untersagung nach § 73 Abs. 1 Satz 1 eine verantwortliche Person weiterbeschäftigt,

17. entgegen § 74 Abs. 2 Satz 1 auf Verlangen die erforderlichen Arbeitskräfte oder Hilfsmittel nicht unverzüglich zur Verfügung stellt,

18. entgegen § 74 Abs. 3 ein Betriebsereignis nicht, nicht richtig, nicht vollständig oder nicht unverzüglich anzeigt,

19. entgegen § 125 Abs. 1 oder 2 die verlangten Messungen nicht durchführt oder deren Ergebnisse nicht, nicht richtig, nicht vollständig oder nicht unverzüglich einreicht oder entgegen § 125 Abs. 3 Satz 1 das Betreten eines Grundstücks oder das Anbringen von Meßmarken nicht duldet,

20. ohne Genehmigung nach § 132 Abs. 1 Satz 1 Forschungshandlungen im Bereich des Festlandsockels vornimmt,

21. ohne die Genehmigungen nach § 133 Abs. 1 Satz 1, auch in Verbindung mit Abs. 4, ein Unterwasserkabel oder eine Transit-Rohrleitung in oder auf dem Festlandsockel verlegt, errichtet oder betreibt,

22. entgegen § 169 Abs. 1 Nr. 1 den Betrieb nicht unverzüglich anzeigt oder entgegen § 169 Abs. 1 Nr. 3 verantwortliche Personen nicht rechtzeitig bestellt oder nicht namhaft macht.

(2) Die Vorschriften des Absatzes 1
a) Nummer 4, 6 und 8 bis 18 gelten auch für Untersuchungen des Untergrundes und Untergrundspeicher nach § 126 Abs. 1, für die Errichtung
und den Betrieb von Anlagen zur Lagerung, Sicherstellung oder Endlagerung radioaktiver Stoffe nach § 126 Abs. 3 sowie für das Aufsuchen und
Gewinnen mineralischer Rohstoffe in alten Halden nach § 128,
b) Nummer 4, 6, 8 bis 12 und 14 bis 18 gelten auch für Bohrungen nach § 127
Abs. 1 und Hohlraumbauten nach § 130,
c) Nummer 4, 6, 8 bis 16 und 18 gelten auch für Versuchsgruben nach § 129
Abs. 1,
d) Nummer 4, 6, 8 bis 12, 14 bis 16 und 18 gelten auch für bergbauliche
Ausbildungsstätten sowie für Besucherbergwerke und Besucherhöhlen
nach § 129 Abs. 1,
e) Nummer 10, 11 und 14 bis 17 gelten auch für Hauptstellen für das Grubenrettungswesen nach § 131 Abs. 3,
f) Nummer 14 und 15 gelten auch für Forschungshandlungen nach § 132
Abs. 3,
g) Nummer 10, 11, 14 bis 16 und 18 gelten auch für Transit-Rohrleitungen nach
§ 133 Abs. 3 und Unterwasserkabel nach § 133 Abs. 4.
(3) Ordnungswidrig handelt auch, wer vorsätzlich oder fahrlässig einer Rechtsverordnung nach
1. § 32 Abs. 1, §§ 67, 123, § 125 Abs. 4 oder § 131 Abs. 2 oder
2. § 65 und § 66 mit Ausnahme von Satz 1 Nr. 4 Buchstabe e

zuwiderhandelt, soweit sie für einen bestimmten Tatbestand auf diese Buß-
geldvorschrift verweist.

(4) Die Ordnungswidrigkeit kann in den Fällen des Absatzes 1 Nr. 1, 2, 6, 8 bis
11, 15 bis 18, 20, 21 und des Absatzes 3 Nr. 2 mit einer Geldbuße bis zu
fünfundzwanzigtausend Euro, in den Fällen des Absatzes 1 Nr. 3 bis 5, 7, 12
bis 14, 19, 22 und des Absatzes 3 Nr. 1 mit einer Geldbuße bis zu zweitausend-
fünfhundert Euro, jeweils auch in Verbindung mit Absatz 2, geahndet werden.

(5) Verwaltungsbehörde im Sinne des § 36 Abs. 1 Nr. 1 des Gesetzes über
Ordnungswidrigkeiten ist für Ordnungswidrigkeiten im Bereich des Festland-
sockels im Zusammenhang mit Forschungshandlungen (§ 132) und mit der
Überwachungstätigkeit der in § 134 Abs. 1 bezeichneten Behörden des Bundes
die vom Bundesministerium für Verkehr, Bau und Stadtentwicklung durch
Rechtsverordnung ohne Zustimmung des Bundesrates bestimmte Behörde.

Die Vorschriften über **Ordnungswidrigkeiten** sind mehrfach seit dem 1.1.1992   **1**
geändert worden: Die meisten Änderungen betrafen die Bezeichnung des zuständigen Ministeriums i. S. von § 146 Absatz 5, eine andere die EURO-Einführung
in § 145 Absatz 4, eine zwischenzeitliche (§ 145 Absatz 1 Nr. 13a) die Beschäftigung von Frauen im Bergbau unter Tage gemäß dem inzwischen wieder
aufgehobenen § 64a Absatz 1, eine weitere die Ergänzung des § 145 Absatz 1
Ziff. 21 um das Verlegen und Betreiben von Unterwasserkabeln ohne Genehmigung.

Die **Systematik des** § 145 ist folgende: während Absatz 1 die Tatbestände für   **2**
Ordnungswidrigkeiten enumerativ auflistet, bestimmt Absatz 2, dass einzelne
Tatbestände auch für sonstige Tätigkeiten und Einrichtungen gelten. Absatz 3
ermächtigt, in Rechtsverordnungen weitere Tatbestände auszuweisen, die mit
Bußgeld bewehrt werden können. Von dieser Ermächtigung ist in verschiedenen
Verordnungen Gebrauch gemacht worden (z. B. § 47 Festlandsockel-BergV;
§ 24 ABBergV; § 17 GesBergV; § 15 KlimaBergV).

Aufgrund des § 145 Absatz 5 wurde durch VO über die Zuständigkeit für die   **3**
Verfolgung und Ahndung von Ordnungswidrigkeiten im Bereich des Festlandsockels vom 14.1.1982 (BGBl I, 6) zunächst das Deutsche Hydrographische

Institut als Verwaltungsbehörde i. S. von § 36 Absatz 1 Nr. 1 OWiG bestimmt, jetzt Bundesamt für Seeschifffahrt und Hydrografie.

4   Für die Ordnungswidrigkeiten i. S. von § 145 gelten die Bestimmungen des **Gesetzes über Ordnungswidrigkeiten** (OWiG) vom 19.2.1987 (BGBl, 602), das seither mehrfach geändert wurde. Das bedeutet u. a.: Die Ordnungswidrigkeit kann auch durch Unterlassen begangen werden (§ 8 OWiG). Das Handeln als vertretungsberechtigtes Organ oder als Mitglied eines solchen Organs oder als Beauftragter des Inhabers eines Betriebes kann gemäß § 9 OWiG ordnungswidrig sein, und zwar unabhängig von der rechtlichen Wirksamkeit des Vertretungs- oder Auftragsverhältnisses. Die Ordnungswidrigkeit kann auch fahrlässiger Weise begangen werden, weil § 145 das ausdrücklich mit Geldstrafe bedroht (§ 10 OWiG). Der Versuch kann nicht geahndet werden, weil § 145 das nicht ausdrücklich bestimmt (§ 13 Absatz 2 OWiG). Beteiligen sich mehrere an einer Ordnungswidrigkeit, gilt für sie § 14 OWiG. Die Höhe der Geldbuße richtet sich nach der Bedeutung der Ordnungswidrigkeit, dem Tatvorwurf und den wirtschaftlichen Verhältnissen des Täters, die allerdings bei geringfügigen Taten unberücksichtigt bleiben. Beim Zusammentreffen von Ordnungswidrigkeit gemäß § 145 und Straftaten gemäß § 146 wird gemäß § 21 Absatz 1 OWiG nur das Strafgesetz angewendet. Die Verfolgungsverjährung beträgt in den Fällen des § 145 Absatz 4 Halbs. 1 drei Jahre, in den Fällen des § 145 Absatz 4 Halbs. 2 zwei Jahre (§ 31 Absatz 2 Nr. 1, Nr. 2 OWiG).

§ 146   Straftaten

(1) Mit Freiheitsstrafe bis zu fünf Jahren oder mit Geldstrafe wird bestraft, wer eine in § 145 Abs. 1 Nr. 6, 8, 9, 16 und 17, auch in Verbindung mit § 145 Abs. 2, oder in § 145 Abs. 3 Nr. 2 bezeichnete Handlung begeht und dadurch das Leben oder die Gesundheit eines anderen oder fremde Sachen von bedeutendem Wert gefährdet.

(2) In besonders schweren Fällen ist die Strafe Freiheitsstrafe von sechs Monaten bis zu zehn Jahren. Ein besonders schwerer Fall liegt in der Regel vor, wenn der Täter durch die Tat das Leben oder die Gesundheit einer großen Zahl von Menschen gefährdet oder leichtfertig den Tod oder eine schwere Körperverletzung eines Menschen (§ 226 des Strafgesetzbuches) verursacht.

(3) Wer in den Fällen des Absatzes 1
1. die Gefahr fahrlässig verursacht oder
2. fahrlässig handelt und die Gefahr fahrlässig verursacht,

wird mit Freiheitsstrafe bis zu zwei Jahren oder mit Geldstrafe bestraft.

1   Die Vorschrift erhebt einige der in § 145 aufgeführten Ordnungswidrigkeiten zu Straftaten, sofern als Folge des Verstoßes gegen besonders wichtige Betreiberpflichten oder vollziehbare Auflagen oder Anordnungen das Leben oder die Gesundheit eines anderen oder Sachen von bedeutendem Wert gefährdet werden. Im Einzelnen: **Verstoß gegen die Betriebsplanpflicht** (§ 145 Absatz 1 Nr. 6), **Zuwiderhandlung gegen vollziehbare Auflagen** (aaO Nr. 8, **Unterlassung der Anzeige von Anordnungen zur Gefahrenabwehr** (aaO Nr. 9; wohl kaum praktisch), **unzulässige Weiterbeschäftigung verantwortlicher Personen** (aaO Nr. 16) sowie Verletzung der **Hilfeleistungspflicht** i. S. von § 74 (aaO Nr. 17). Angesichts der Strafbewehrung (Freiheitsstrafe bis zu 5 Jahren) handelt es sich bei diesen Straftaten um Verbrechen (§ 12 StGB).

2   § 146 ist ein **konkretes Gefährdungsdelikt:** Der Tatbestand ist erst erfüllt, wenn eine konkrete Gefährdung der genannten Rechtsgüter eingetreten ist; das ist ein Zustand, der die ernste nahe liegende Besorgnis eines Schadens in sich schließt,

während entfernte oder geringere Gefahren nicht berücksichtigt werden (RGSt 30, 179; BGH, NJW 1963, 1069). Die in § 146 Absatz 1 BBergG bezeichnete Handlung muss **kausal** für die eingetretene Gefährdung sein (Einzelheiten s. Fischer, Strafgesetzbuch, 58. Auflage 2011, vor § 13 Rn 18 ff.).

Täter im Sinne dieser Vorschrift kann stets nur eine natürliche Person sein. Als **3** Täter kommen verantwortliche Personen i. S. von § 58 BBergG in Betracht. Darüber hinaus alle die in § 14 StGB genannten Personen. Dazu zählen insbesondere solche, die als vertretungsberechtigtes Organ einer juristischen Person oder als Mitglied eines solchen Organs tätig werden. Begeht der Unternehmer eine strafbare Handlung i. S. von § 146 BBergG, oder beteiligt er sich an einer solchen Straftat, die in seinem Betrieb begangen wird, so kann er als Täter bzw. aufgrund der Vorschriften über die Teilnahme zur Verantwortung gezogen werden. Ist der Bergwerksbesitzer eine juristische Person, so ist eine Bestrafung der Mitglieder des Vorstandes möglich, soweit bei ihnen die sonstigen Voraussetzungen der Strafbarkeit vorliegen.

§ 146 BBergG verlangt stets die Gefährdung des Lebens oder der Gesundheit **4** eines anderen. Die bloße Selbstgefährdung erfüllt den Tatbestand nicht. Probleme können sich daraus ergeben, dass innerhalb einer Verantwortungskette mehrere verantwortliche Personen für den Gesetzesverstoß i. S. von § 146 BBergG verantwortlich sind. Der Tatbestand ist in diesem Falle in jeder Person selbstständig zu prüfen. Eine Gefährdung einer anderen ebenfalls verantwortlichen Person erfüllt den Tatbestand des § 146 Absatz 1 auch dann, wenn diese selbst zur Gefährdung beigetragen haben und evtl. selbst strafrechtlich verfolgt werden können.

Ist bereits ein Schaden an Leib oder Leben einer Person eingetreten, kommt eine **5** Bestrafung wegen Totschlags (§ 212 StGB) oder Körperverletzung (§§ 223 ff., 229 StGB) in Betracht. Da einem Schaden stets eine Gefährdung vorausgeht, entfällt der Tatbestand nicht, wenn ein tatsächlicher Schaden eingetreten ist. Aufgrund des unterschiedlichen Strafrahmens (Körperverletzung bis zu 3 Jahren, § 146 Absatz 1 bis zu 5 Jahren) sowie aufgrund unterschiedlicher geschützter Rechtsgüter (§ 223 ff. StGB schützen die körperliche Unversehrtheit eines Menschen, § 146 schützt die Sicherheit des unter- und übertägigen Bergbaus) scheidet Gesetzeskonkurrenz aus. Die Tatbestände stehen daher zueinander in **Tateinheit** (§ 52 StGB).

Unter fremden Sachen sind nur solche zu verstehen, die nicht im Eigentum eines **6** Tatbeteiligten stehen. Gegenstände im Eigentum des Bergwerksunternehmers, die aufgrund einer Handlung nach § 146 durch eine verantwortliche Person gefährdet wurden, sind daher für diese Person fremd.

Absatz 2 enthält eine **Strafverschärfung**, jedoch **keinen eigenen Qualifikations-** **7** **tatbestand.** Vielmehr liegt ein besonders schwerer Fall dann vor, wenn eines der dort genannten Regelbeispiele erfüllt ist. Dabei ist von einer Gesamtwürdigung des Falles auszugehen; die Aufzählung in Absatz 2 ist daher nicht abschließend.

Ist eines der Regelbeispiele erfüllt, besteht eine gesetzliche Vermutung dafür, dass **8** der Fall insgesamt als besonders schwer anzusehen ist. Diese Vermutung kann jedoch widerlegt werden. In diesem Falle ist zu prüfen, ob im Tun des Täters oder in seiner Person außergewöhnliche Umstände vorhanden sind, die Unrecht und Schuld bei einer Gesamtwertung deutlich vom Regelfall absetzen (vgl. BGHSt 20, 125). Ein besonders schwerer Fall ist unter diesen Umständen abzulehnen. Ist dagegen der Fall keinem Regelbeispiel im Sachverhalt ähnlich, entspricht aber das Gewicht von Unrecht und Schuld dem eines Regelbeispiels, liegt gleichwohl ein besonders schwerer Fall vor.

9 Für die Begehung der in Absatz 1 und Absatz 2 aufgeführten Straftaten ist grundsätzlich **Vorsatz auch hinsichtlich der Gefährdung** erforderlich. Bedingter Vorsatz genügt, sofern der Täter sich die Herbeiführung der konkreten Gefahr vorstellt und ihren Eintritt billigt. Fahrlässigkeit auch nur hinsichtlich eines Tatbestandsmerkmals lässt die Tat unter Absatz 3 fallen. Nr. 1 des Absatz 3 sieht eine vorsätzliche Handlungsweise vor, die zu einer fahrlässigen Gefährdung führt. Ein Fall der Nr. 2 liegt vor, wenn sowohl fahrlässig gehandelt, als auch die Gefahr fahrlässig verursacht wurde. Der in Absatz 3 Nr. 1 enthaltene Schuldvorwurf wird bei der Strafzumessung zu berücksichtigen sein.

§ 147 Erforschung von Straftaten

Die für die Ausführung des Gesetzes zuständigen Landesbehörden haben bei der Erforschung von Straftaten nach § 146 die Rechte und Pflichten der Behörden des Polizeidienstes.

1 Die Vorschrift enthält eine Verweisung auf § 163 StPO. Danach sind von den für die Ausführung des Gesetzes zuständigen Behörden, die durch Landesrecht bestimmt werden, Straftaten zu erforschen und alle keinen Aufschub gestattenden Anordnungen zu treffen, um die Verdunkelung der Sache zu verhüten. Die von der Bergbehörde ermittelnden Vorgänge sind danach unverzüglich an die Staatsanwaltschaft zu übersenden, damit von dort das Ermittlungsverfahren geleitet werden kann. Das Ermittlungsverfahren ist allein der Staatsanwaltschaft zugewiesen.

2 Die Staatsanwaltschaft kann sich im Rahmen des Ermittlungsverfahrens Hilfspersonen bedienen (vgl. § 152 GVG). Zu diesen gehören nach den jeweiligen landesrechtlichen Regelungen zumeist die im Bereich der Bergaufsicht oder vergleichbaren Behörden tätigen Beamten des höheren und gehobenen Dienstes (vgl. z. B. NRW: § 1 Absatz 1 Ziff. IV der Verordnung über die Hilfsbeamtinnen und Hilfsbeamten der Staatsanwaltschaft vom 30.4.1996, GVBl NRW S. 180). Zur Sonderregelung im Bereich des **Festlandsockels**: § 147 Absatz 2. Die Bestellung zu Hilfsbeamten der Staatsanwaltschaft durch die jeweilige Landesregierung hat zur Folge, dass die betreffenden Beamten den Anordnungen der Staatsanwaltschaft, soweit sie ein Ermittlungsverfahren betreffen, Folge zu leisten haben. Es gilt das **Legalitätsprinzip**. Die Staatsanwaltschaft und die Hilfsbeamten derselben sind zum Einschreiten verpflichtet, sofern zureichende tatsächliche Anhaltspunkte für eine verfolgbare Straftat vorliegen (§ 152 Absatz 2 StPO).

3 Soweit die Beamten der Bergbehörde hiernach an der Ermittlung und Strafverfolgung mitwirken, sind sie nicht als Verwaltungs- oder Polizeibehörden, sondern als Organe der Rechtspflege tätig. Bei der ersten Vernehmung eines Beschuldigten ist diesem zu eröffnen, welche Tat ihm zur Last gelegt wird (§ 163a Absatz 4 StPO). Er ist darauf hinzuweisen, dass es ihm freistehe, sich zu der Beschuldigung zu äußern oder nicht zur Sache auszusagen und jederzeit, auch schon vor seiner Vernehmung, einen von ihm zu wählenden Verteidiger zu befragen. Ferner ist er darüber zu belehren, dass er zu seiner Entlastung einzelne Beweiserhebungen beantragen kann. In geeigneten Fällen soll der Beschuldigte auch darauf hingewiesen werden, dass er sich schriftlich äußern kann. Insgesamt soll die Vernehmung dem Beschuldigten Gelegenheit geben, die gegen ihn vorliegenden Verdachtsgründe zu beseitigen und die zu seinen Gunsten sprechenden Tatsachen geltend zu machen (§ 163a Absatz 4 i. V. mit § 136 StPO). Die Freiheit der Willensentschließung und der Willensbestätigung des Beschuldigten darf nicht beeinträchtigt werden (z. B. durch Ermüdung, körperlichen Eingriff oder Zwang). Maßnahmen, die das Erinnerungsvermögen oder die

Einsichtsfähigkeit des Beschuldigten beeinträchtigen, sind nicht gestattet
(§ 136 a StPO).

Zwischen behördlicher Ermittlung (oben Rn 1) und Strafverfolgung ist stets   **4**
scharf zu trennen. Für die Abgrenzung des Aufgabenkreises der Bergbehörden
zu den allgemeinen (ordentlichen) Polizeibehörden gilt Folgendes: Der Bergbehörde unterliegt die Untersuchung aller Betriebsunfälle (mit Ausnahme der
Wegunfälle) sowie die Untersuchung strafbarer Handlungen, wenn die Straftaten Zuwiderhandlungen gegen berggesetzliche oder bergpolizeiliche Vorschriften zum Gegenstand haben oder wenn sie mit dem technischen Betrieb des
Bergbaus zusammenhängen. Die allgemeinen Polizeibehörden sind dagegen
zumeist zuständig für die Untersuchung strafbarer Handlungen politischen
Charakters sowie von Sprengstoffdelikten, die sich über den einzelnen Berg-
werksbetrieb hinaus auswirken, ferner für die Untersuchung strafbarer Handlungen, wenn die Straftaten mit dem technischen Betrieb des Bergbaus nicht im
Zusammenhang stehen, sowie für die Untersuchung von Selbstmordfällen. Die
Abgrenzung ergibt sich im Einzelnen aus den jeweiligen landesrechtlichen
Bestimmungen.

Aus den polizeilichen Funktionen ergibt sich für die Beamten der Bergbehörde   **5**
u. a. die Ermächtigung zur vorläufigen Festnahme (§ 127 StPO). Des weiteren
stehen ihnen als Hilfsbeamte der Staatsanwaltschaft die Rechte in § 81 a StPO
(Recht zur Anordnung der körperlichen Untersuchung eines Beschuldigten),
§ 81 c StPO (Recht zur Anordnung der Untersuchung anderer Personen als
des Beschuldigten), § 98 StPO (das Recht zur Anordnung der Beschlagnahme)
und § 105 StPO (das Recht zur Anordnung und Ausführung von Durchsuchun-
gen zu (vgl. auch Wilke, ZfB Bd. 109 (1968), 192).

Ein Ermittlungsverfahren ist in jedem Falle zu einem Abschluss zu bringen: Das   **6**
Verfahren ist entweder einzustellen, oder es ist Anklage zu erheben (§§ 170 ff.
StPO).

§ 148 Tatort, Gerichtsstand

**(1) Werden Taten nach § 146 nicht im Inland begangen, so gilt das deutsche
Strafrecht unabhängig vom Recht des Tatorts.**

**(2) Im Bereich des Festlandsockels haben die Beamten der in § 132 Abs. 1,
§ 134 Abs. 1 und § 136 bezeichneten Behörden Straftaten nach § 146 zu erforschen und alle keinen Aufschub gestattenden Anordnungen zu treffen, um die
Verdunkelung der Sache zu verhüten; die Beamten haben die Rechte und
Pflichten der Polizeibeamten nach den Vorschriften der Strafprozeßordnung;
sie sind insoweit Ermittlungspersonen der Staatsanwaltschaft.**

**(3) Ist für eine Straftat nach § 146 ein Gerichtsstand nach den §§ 7 bis 10, 13, 98
Abs. 2, § 128 Abs. 1, § 162 oder § 165 der Strafprozeßordnung oder § 157 des
Gerichtsverfassungsgesetzes im Geltungsbereich dieses Gesetzes nicht
begründet, so ist Hamburg Gerichtsstand; zuständiges Amtsgericht ist das
Amtsgericht Hamburg.**

Grundsätzlich sind nur Taten im **Inland** der Geltung des inländischen Strafrechts   **1**
unterworfen (§ 3 StGB). Absatz 1 dehnt das Inland im strafrechtlichen Sinne auf
den Bereich des Festlandsockels der Bundesrepublik Deutschland aus (hierzu § 2
Absatz 3).

Die **Zuständigkeitsregelung** des § 148 Absatz 2 ist durch viele Verweise unnötig   **2**
kompliziert. Bei Straftaten im Bereich der Forschungshandlungen i. S. von § 132
Absatz 1 ist das Bundesamt für Seeschifffahrt und Hydrografie zuständig. Bei

Überwachung von unbefugten Tätigkeiten i. S. von § 134 sind durch Verweis auf das Gesetz über den unmittelbaren Zwang bei Ausübung öffentlicher Gewalt durch Vollzugsbeamte des Bundes vom 10.3.1961 (BGBl, 165, zuletzt geändert BGBl 2006, 2407) die in § 6 des UZwG genannten Vollzugsbeamten des Bundes, d. h. u. a. Polizeivollzugsbeamte i. S. von § 1 Bundespolizeibeamtengesetz, Beamte des Zollgrenzdienstes, der Wasser- und Schifffahrtsdirektion, zuständig. Soweit sich aus den Vorschriften nichts anderes ergibt, nimmt gemäß §§ 148 Absatz 2 i. V. mit 136 die zuständige Landesbehörde die Erforschung von Straftaten und die Maßnahmen gegen Verdunkelungsgefahr im Bereich des Festlandsockels wahr.

3 Absatz 3 bestimmt Hamburg als subsidiären **Gerichtsstand** für Straftaten nach § 146, da der Festlandsockel Gerichtsbezirken nicht zugeordnet ist und wegen der besonderen völkerrechtlichen und staatsrechtlichen Situation auch vorhandenen Gerichtsbezirken nicht angegliedert werden kann (BT-Drs 8/1315, 159 = Zydek, 549). Ergänzend wird als zuständiges Gericht das **Amtsgericht Hamburg** bestimmt.

ZWÖLFTER TEIL   Übergangs- und Schlussbestimmungen

ERSTES KAPITEL   Alte Rechte und Verträge

§ 149 Voraussetzungen für die Aufrechterhaltung alter Rechte und Verträge

(1) Nach Maßgabe der Vorschriften dieses Gesetzes bleiben aufrechterhalten
1. Bergwerkseigentum,
2. Ermächtigungen, Erlaubnisse und Verträge über die Aufsuchung oder Gewinnung von Bodenschätzen, deren Aufsuchung und Gewinnung nach den beim Inkrafttreten dieses Gesetzes geltenden bergrechtlichen Vorschriften der Länder dem Staate vorbehalten waren, sowie Erlaubnisse im Sinne des Gesetzes zur vorläufigen Regelung der Rechte am Festlandsockel vom 24. Juli 1964 (BGBl I S. 497), zuletzt geändert durch Artikel 8 des Gesetzes vom 28. März 1980 (BGBl I S. 373), mit Ausnahme der Erlaubnisse für Transit-Rohrleitungen,
3. dingliche, selbständig im Grundbuch eingetragene Gewinnungsrechte, die ein aufrechterhaltenes Recht nach Nummer 1 belasten,
4. Bergwerke, Bergwerkskonzessionen und sonstige Berechtigungen und Sonderrechte zur Aufsuchung und Gewinnung von Bodenschätzen, die bei Inkrafttreten der bis zum Zeitpunkt des Inkrafttretens dieses Gesetzes erlassenen Berggesetze und anderen bergrechtlichen Vorschriften der Länder bereits bestanden haben,
5. besondere Rechte der Grundeigentümer und selbständige, vom Grundeigentümer bestellte dingliche Gerechtigkeiten zur Aufsuchung oder Gewinnung der in § 3 Abs. 3 Satz 1 oder 2 Nr. 2 genannten Bodenschätze mit Ausnahme der Rechte nach Nummer 7,
6. Verträge, die der Grundeigentümer oder ein sonstiger Ausbeutungsberechtigter über die Aufsuchung und Gewinnung der in § 3 Abs. 3 Satz 1 oder 2 Nr. 2 genannten Bodenschätze, auf die sich Rechte im Sinne der Nummer 5 beziehen, geschlossen hat,
7. Rechte von Grundeigentümern zur Verfügung über Bodenschätze, die einem aufrechterhaltenen Recht nach Nummer 1 unterliegen,
8. Rechte auf Grundrenten oder sonstige Abgaben, die für aufrechterhaltene Bergwerkskonzessionen nach Nummer 4 zu zahlen sind,
9. Erbstollengerechtigkeiten,
soweit diese Rechte und Verträge
a) nach den beim Inkrafttreten dieses Gesetzes geltenden bergrechtlichen Vorschriften der Länder oder der Vorschriften des Gesetzes zur vorläufigen Regelung der Rechte am Festlandsockel aufrechterhalten, eingeführt, übertragen, begründet oder nicht aufgehoben worden sind,
b) innerhalb von drei Jahren nach Inkrafttreten dieses Gesetzes unter Beifügung der zum Nachweis ihres Bestehens erforderlichen Unterlagen bei der zuständigen Behörde angezeigt werden und
c) ihre Aufrechterhaltung von der zuständigen Behörde bestätigt wird.
Zur Anzeige nach Satz 1 Buchstabe b ist nur der Inhaber des Rechts, bei Verträgen jeder Vertragspartner berechtigt. Bei Miteigentümern oder sonst gemeinsam Berechtigten genügt die Anzeige eines Mitberechtigten.

(2) Für im Grundbuch eingetragene Rechte im Sinne des Absatzes 1 Satz 1 mit Ausnahme der in Absatz 2 a bezeichneten Rechte gilt Absatz 1 mit folgender Maßgabe:
1. Die in Absatz 1 Satz 1 Buchstabe b bezeichnete Frist beginnt mit dem Tage der Bekanntmachung einer öffentlichen Aufforderung durch die zuständige Behörde nach den Sätzen 2 und 3.
2. Der Anzeige brauchen zum Nachweis des Bestehens des Rechts Unterlagen nicht beigefügt zu werden.
3. Zur Anzeige sind auch die Inhaber der im Grundbuch eingetragenen dinglichen Rechte berechtigt.

Die öffentliche Aufforderung soll innerhalb von zwei Jahren nach Inkrafttreten dieses Gesetzes von der zuständigen Behörde im Bundesanzeiger und im amtlichen Veröffentlichungsblatt der zuständigen Behörde bekanntgemacht werden. In die öffentliche Aufforderung sind insbesondere aufzunehmen
1. die sich aus dem Grundbuch ergebende Bezeichnung des Rechts im Sinne des Absatzes 1 Satz 1;
2. der im Grundbuch eingetragene Inhaber dieses Rechts;
3. der Hinweis auf die sich aus den Absätzen 4 und 5 ergebenden Rechtsfolgen.

(2a) Für Rechte im Sinne des Absatzes 1 Satz 1 Nr. 5, die auf Grund des in § 176 Abs. 1 Nr. 50 aufgehobenen Gesetzes in das Grundbuch eingetragen worden sind, gilt Absatz 1 mit der Maßgabe, daß die in Absatz 1 Satz 1 Buchstabe b bezeichnete Frist entfällt. Absatz 2 Satz 1 Nr. 2 und 3 findet entsprechende Anwendung.

(3) Unbeschadet des Absatzes 1 bleiben außerdem in den Gebieten, in denen bei Inkrafttreten dieses Gesetzes das Verfügungsrecht des Grundeigentümers über in § 3 Abs. 3 Satz 1 oder 2 Nr. 2 genannte Bodenschätze nicht entzogen war, Grundeigentümer und sonstige Ausbeutungsberechtigte, die ihr Recht vom Grundeigentum herleiten, auch noch nach Inkrafttreten dieses Gesetzes in den räumlichen Grenzen ihres Grundeigentums oder Ausbeutungsrechts zur Verfügung über einen bestimmten dieser Bodenschätze unter der Voraussetzung berechtigt, daß
1. bereits vor Inkrafttreten dieses Gesetzes
   a) mit der Nutzung dieses bestimmten Bodenschatzes begonnen worden ist oder
   b) durch diesen bestimmten Bodenschatz eine Steigerung des Verkehrswertes des Grundstückes eingetreten ist,
2. das Recht innerhalb von drei Jahren nach Inkrafttreten dieses Gesetzes bei der zuständigen Behörde angezeigt wird und
3. die Aufrechterhaltung des Rechts von der zuständigen Behörde bestätigt wird.

Mit der Anzeige ist neben dem Vorliegen der Voraussetzungen nach Satz 1 Nr. 1 bei Anzeigen sonstiger Ausbeutungsberechtigter der Inhalt des mit dem Grundeigentümer oder anderen Berechtigten geschlossenen Vertrages, insbesondere das Vertragsgebiet, nachzuweisen. Absatz 1 Satz 2 und 3 und Absatz 2 Satz 1 Nr. 3 gelten entsprechend.

(4) Die Bestätigung darf nur versagt werden, wenn im Falle der Absätze 1 und 2 die in Absatz 1 Satz 1 Buchstabe a, im Falle des Absatzes 3 die in Absatz 3 Satz 1 Nr. 1 bezeichneten Voraussetzungen nicht nachgewiesen sind.

(5) Rechte und Verträge, die nicht oder nicht fristgemäß angezeigt worden sind, erlöschen drei Jahre nach Ablauf der Anzeigefrist. Nicht unter Satz 1 fallende Rechte und Verträge, denen die Bestätigung versagt wird, erlöschen mit dem Eintritt der Unanfechtbarkeit der Versagung.

(6) Ist ein nach Absatz 5 erloschenes Recht im Grundbuch eingetragen, so ersucht die zuständige Behörde das Grundbuchamt um die Löschung des Rechts.

(7) Für die Aufsuchung und Gewinnung auf Grund eines aufrechterhaltenen Rechts oder Vertrages im Sinne des Absatzes 1 Satz 1 Nr. 1 bis 4 und 7 gilt § 6 Satz 1 nicht. Das gleiche gilt in den Fällen des Absatzes 5 bis zum Erlöschen des Rechts oder Vertrages.

Übersicht   Rn

I.   Vorbemerkung   1
1.   Alte Rechte und Verträge   1
2.   Zweck der Regelung   2

II.   Grundsätze für die Aufrechterhaltung 7
1.   Anzeige und Bestätigung 7
2.   Anzeigeberechtigte 11
3.   Form und Inhalt der Anzeige 15
4.   Öffentliche Aufforderung 20

III.   Aufrechterhaltene Rechte und Verträge 21
1.   Grundgedanke: Einordnung in das BBergG 21
2.   Die einzelnen Berechtigungen 24
3.   Öffentliche Aufforderung eingetragener Rechte 42

IV.   Rechtsfolgen der Anzeige 49
1.   Bestätigung 49
2.   Erlöschen 54
3.   Besonderheiten bei Grundeigentümerrechten 59

I. Vorbemerkung

1. Alte Rechte und Verträge

Der zwölfte Teil des BBergG enthält unter dem vergleichsweise neutralen Titel **1** „Übergangs- und Schlußbestimmungen" in seinem ersten Kapitel die maßgeblichen Regeln über Voraussetzungen und Verfahren zur Aufrechterhaltung **alter Rechte und Verträge** (§§ 149–162). Diese Vorschriften waren nicht nur für den formal reibungslosen Übergang vom Landes- zum Bundesrecht von wesentlicher Bedeutung. Sie haben auch für die Zukunft materiell festgelegt, **welche Berechtigungen, mit welchem Inhalt** und innerhalb **welchen räumlichen und zeitlichen Rahmens** aufrechterhalten bleiben und wie sie in das **Berechtsamssystem** des BBergG **zu integrieren** sind.

2. Zweck der Regelung

Ziel und Zweck der §§ 149 ff. sind deshalb **2**
– „*einerseits die Bereinigung der fast unübersehbar gewordenen* **Vielzahl und** *selbst Fachjuristen oft unbekannten* **Vielfalt** *bergbaulicher Berechtigungen mit Hilfe des* **Bestätigungsverfahrens**" nach § 149 zu erreichen und
– „*andererseits für diejenigen zur Aufsuchung oder Gewinnung berechtigenden alten Rechte und Verträge, die die Hürde des § 149 genommen haben,* **die zwingende Einordnung** *der ganzen Palette verschiedenartiger Berechtsamsformen* **in eine Rechtsfigur des BBergG**" (Amtl. Begründung = Zydek, 566 ff.; Weller = ZfB 126 (1985), 333; Anmerkung zum Urteil VGH BW vom 17.4.1985, aaO, 317; Boldt/Weller, § 149 Rn 1 ff.).
„*Die Unterordnung unter das neue Recht erfolgt in der härtesten normativen Form die es gibt, nämlich mit Hilfe einer gesetzlichen Fiktion, von der expressis verbis Abweichungen nur anerkannt werden können, wenn und soweit sie im Gesetz als derartige Abweichungen ausdrücklich normiert sind*" (Weller, aaO). Gegen die Verfassungsmäßigkeit des Bestätigungsverfahrens nach § 149 bestehen keine Bedenken (BVerwG ZfB 2000, 2995 = NUR 2000, 637).

Zentraler Ausgangspunkt für dieses stringente Aufrechterhaltungs**programm** **3** und sein geordneter Ablauf ist – der Zielsetzung des BBergG (Rechte und Verträge sollen „*ohne daß ihr Wesensgehalt tangiert wird, ipso jure in dem Maße modifiziert oder abgeändert*" werden, dass sie sich dem BBergG einfügen, ohne ihm zu widersprechen. Amtl. Begründung zu § 152 = Zydek, 580) entsprechend – die **Unterscheidung** der aufrechterhaltenen Rechte und Verträge nach **Bergbauberechtigungen** (§ 149 Absatz 1, 2) auf bergfreie Bodenschätze und nach **Grundeigentümerrechten** als vom Grundeigentum hergeleiteten Rechten (§ 149 Absatz 3) (das verdeutlicht die AVV über das Verfahren zur Aufrechterhaltung alter Rechte und Verträge nach dem BBergG vom 12.3.1982 = BAnz. Nr. 53 vom 18.3.1982; Boldt/Weller, § 149 Rn 3–17, Anh. II).

4   Nach dieser Unterscheidung werden die Voraussetzungen für die Aufrechterhaltung der Rechte und Verträge differenziert:
Die Aufrechterhaltung der **Bergbauberechtigungen** betrifft zunächst den Fortbestand von Rechten und Verträgen, die schon am 1.1.1982 aufgrund bergrechtlicher Vorschriften als individuelle (bergbauliche) Befugnisse Einzelner, vor allem zur Aufsuchung und Gewinnung von Bodenschätzen, bestanden haben und einer der aufrechterhaltenen Berechtigungsformen zugeordnet werden können (§ 149 Absatz 1 Satz 1 Nr. 1–9).

5   Bei den **Grundeigentümerrechten** steht im Vordergrund die Aufrechterhaltung von Rechten des Grundeigentümers oder von aus dem Grundeigentum hergeleiteten Rechten auf Bodenschätze, die vor dem Inkrafttreten des BBergG allein dem Verfügungsrecht des Grundeigentümers unterlagen und erst durch § 3 Absatz 3 BBergG den bergfreien Bodenschätzen zugeordnet werden (§ 149 Absatz 3) (Auflistung von Bsp. wie Thorium, Erdgas, Fluß- und Schwerspat, Salze, seltene Erden und Bodenschätze im Bereich der Küstengewässer in Nr. 3.1 AVV; Boldt/Weller, § 149 Rn 15, 16).

6   **Nicht anwendbar** ist nach diesem Grundsatz die Überleitungsregel des § 149 Absatz 3 dann, wenn für einen grundeigenen Bodenschatz eine durch besonderen, bergrechtlich zugelassenen Rechtsakt begründete oder daraus hergeleitete Berechtigung existiert, die nach den Regeln über die Bergbauberechtigung (§ 149 Absatz 1) aufrechterhalten werden kann (vgl. Nr. 1 AVV letzter Absatz).

II. Grundsätze für die Aufrechterhaltung

1. Anzeige und Bestätigung

7   Alte Rechte und Verträge bedürfen zu ihrem Fortbestand grundsätzlich der **Anzeige und** der **Bestätigung**. In welcher Form und mit welchem Inhalt Rechte und Verträge bestätigt werden müssen, sagen die §§ 151–158. Doch weder § 149 noch die §§ 151–158 geben Auskunft, wie aufrechterhaltene Rechte und Verträge in **der Zeit vom** Inkrafttreten des BBergG **bis zu** ihrer Bestätigung rechtlich zu bewerten sind (Boldt/Weller, § 149 Rn 37; derselbe, Erg.-Bd., § 149 Rn 4, sprechen von einem Schwebezustand innerhalb einer vom BBergG geschützten Rechtsposition mit Sperrwirkung für dritte Rechte und mit einer effektiven Verfügungsbeschränkung über die Rechte. Das überzeugt nicht, sodass es bei der Aussage der Voraufl. (Rn 4–6) bleibt).

8   Nach Absatz 1 Satz 1 „**bleiben**" Rechte und Verträge auf bergfreie Bodenschätze ebenso wie Grundeigentümerrechte mit dem Inkrafttreten des Gesetzes „**aufrechterhalten**" (Absatz 1 Satz 1), „**soweit**" die Aufrechterhaltung dieser Rechte und Verträge „von der **zuständigen Behörde bestätigt** wird" (Absatz 1 Satz 1 c). Die mit diesem Soweit-Satz angeordneten Rechtsfolgen beziehen sich nur auf Form und Inhalt der Aufrechterhaltung, nicht aber auf den grundsätzlichen Fortbestand der Berechtigungen.

9   Danach hat Folgendes zu gelten:
Aufrechterhaltene Berechtigungen sind schon **vor ihrer Bestätigung vollwirksame Rechte im Sinne** des BBergG. Die Vorschriften der §§ 151 ff. sind auf sie anwendbar, weil die Bestätigung lediglich mit deklaratorischer Wirkung den

gesetzlich angeordneten Inhalt und die entsprechende Form wiederholen konnte. Nur dann, **wenn die Bestätigung versagt wird,** kann die vom Gesetzgeber ausgesprochene Aufrechterhaltung ex nunc unwirksam werden. Das Recht bzw. der Vertrag gehen dann mit dem Zeitpunkt der Versagung unter. In einem solchen Fall kommt der Entscheidung der zuständigen Behörde allerdings konstitutiver Charakter zu (denkbar ist/war das stets nur bei Grundeigentümerrechten, weil deren Aufrechterhaltung eine Bewertung durch die zuständigen Behörden erforderte. Vgl. Nr. 3.2 AVV).

Die anzuzeigenden Rechte und Verträge müssen für ihre Bestätigung – soweit sie **10** nicht im Grundbuch eingetragen sind – die in § 149 Absatz 1 Satz 1 Nr. 9 a–c genannten **Voraussetzungen** erfüllen:
(a) Sie müssen rechtlich existieren und das muss nachgewiesen werden; der Nachweis muss die Festellung zulassen,
   – dass die Berechtigung wirksam aufrechterhalten, eingeführt, übertragen, begründet oder nicht aufgehoben ist und
   – dem **Anzeigenden** unmittelbar oder aufgrund ununterbrochener Rechtsnachfolge **zusteht** und
   – ihrem Inhalt nach dem dargelegten **Umfang entspricht;**
(b) sie müssen innerhalb von **drei Jahren** seit dem 1.1.1982 von einem Anzeigeberechtigten der zuständigen Behörde **angezeigt** und in ihrem **normativen Bestand nachgewiesen** werden;
(c) die Rechte und Verträge müssen zu ihrer Aufrechterhaltung von der **zuständigen Behörde bestätigt** werden.

2. Anzeigeberechtigte

Das **Bestätigungsverfahren** ist **durch Anzeige in Gang** zu setzen; berechtigt **11** hierzu ist zunächst der **Rechtsinhaber,** bei Verträgen jeder **Vertragspartner.** Bei Miteigentümern oder sonstigen gemeinsamen Inhabern einer Berechtigung kann die Anzeige von jedem Mitberechtigten eingereicht werden. Entscheidend ist die gemeinsame Inhaberschaft.

Daneben sind die **Inhaber** von im Grundbuch eingetragenen **dinglichen Rechten** **12** anzeigeberechtigt. Für die angezeigten alten **Rechte und Verträge,** die **nicht im Grundbuch** eingetragen sind, hat der Anzeigende seine Berechtigung **nachzuweisen.** Bei im Grundbuch eingetragenen Rechten (z. B. Bergwerkseigentum) ist dies nicht erforderlich, es sei denn, der im Grundbuch eingetragene Rechtsinhaber ist mit dem Anzeigenden nicht identisch. Der Anzeige durch Bevollmächtigten ist eine auf diesen lautende Vollmacht beizufügen (Vgl. Nr. 2.2, 2.3 AVV).

Eine Person dagegen, die **ohne eigene Rechtsinhaberschaft** – etwa im Rahmen **13** eines Konsortialverhältnisses – eine Berechtigung mitnutzt, ist nicht anzeigeberechtigt. Gleiches gilt für solche Personen, denen vom Rechtsinhaber die Nutzung der Berechtigung vertraglich gestattet ist (z. B. Pächter). Ausnahmen hiervon gelten nur für die Fälle des § 149 Absatz 1 Satz 1 Nr. 2, 4, 6, soweit es sich bei der angezeigten vertraglich eingeräumten Rechtsposition um eine aufrechterhaltene Berechtigung im Sinne des § 149 handelt. In solchen Fällen ist jeder Vertragspartner anzeigeberechtigt.

Nach dem Anzeigegrundsatz ist eine **Stellvertretung bei der Anzeige** nur unter **14** den vorgenannten Voraussetzungen zulässig. Zulässig ist auch die gesetzlich vorgeschriebene Vertretung, wie etwa das elterliche Sorgerecht, das Handeln juristischer Personen oder die Befugnisse von Parteien kraft Amtes, etwa des Konkursverwalters oder Testamentsvollstreckers. Ist eine Anzeige aufgrund einer **unzulässigen Vertretung** gemacht worden, so kann dies nicht zur Nichtig-

keit der Anzeige und damit ggf. zum Verlust der Berechtigung führen. Vielmehr ist in einem solchen Fall die Erstattung einer ordnungsgemäßen Anzeige von Amts wegen anzuregen.
Die Anzeige des Bergwerkseigentümers gemäß § 149 kann nicht durch die Mitteilung des Grundbuchamts an die nach dem BBergG zuständige Behörde betreffend eine erfolgte Grundbuchumschreibung ersetzt werden (BVerwG, ZfB 2000, 295 = NUR 2000, 637). Eine Bestätigung gemäß § 149 Absatz 1 ist nicht schon deshalb überflüssig, weil die Inhaberin des Bergwerkseigentums im Grundbuch eingetragen ist. Auch ist eine Bestätigung nicht schon deshalb rechtmäßig, weil das Recht im Grundbuch eingetragen ist (VG Koblenz, ZfB 1990, 66).

3. Form und Inhalt der Anzeige

15   Die Anzeigen nach § 149, mit denen die Rechtsinhaber um Aufrechterhaltung ihrer Rechte nachsuchen, bedürfen grundsätzlich der **Schriftform**, nicht jedoch eines besonderen formalisierten Antrags.

16   Für die **inhaltliche Ausgestaltung** der Anzeige hat die AVV in Ziff. 2.3 folgende Merkposten aufgestellt:
- Die **Art der Berechtigung** ist so zu kennzeichnen, dass eine Zuordnung der aufrechterhaltenen Rechte und Verträge möglich ist.
- Aus der Anzeige muss sich der **Inhaber der Berechtigung** ergeben. Bei mehreren Inhabern ist die Art der Beteiligung zu verdeutlichen (z. B. Gesamthandsgemeinschaft). Bei Berechtigungen, die mehreren Inhabern nach Bruchteilen zustehen, sollen sich die auf den Einzelnen entfallenden Bruchteile aus den Angaben ergeben.
- Beschreibung des **Inhalts der Berechtigung**; bei Rechten, die auf Aufsuchung und/oder Gewinnung gerichtet sind, zusätzlich eine Auflistung aller verliehenen oder sonst von der Beschränkung erfassten **Bodenschätze;**
- ausreichende Beschreibung **der Lage und Ausdehnung des Berechtigungsfeldes**, um eine genaue Begrenzung vornehmen zu können.

17   **Ergänzend** hierzu ist zu einzelnen Gesichtspunkten der Anzeige Folgendes zu bemerken:
Die **Festlegung des Feldes** soll aufgrund von Koordinaten erfolgen: Bei Bergwerksfeldern sollten sie nach Gaus-Krüger angegeben werden. Bei Berechtigungen die sich aus dem Grundeigentum ableiten, ist – falls Koordinaten fehlen – die katastermäßige Lagebeschreibung des Feldes erforderlich. Bei Berechtigungen auf mehrere Bodenschätze sollte ggf. die Lagebeschreibung zwischen den verschiedenen Bodenschätzen unterscheiden.

18   Zur inhaltlichen Beschreibung der Berechtigung gehören außerdem die zeitliche **Befristung** und mit ihr selbst oder mit ihrer Ausübung verbundene **Einschränkungen, Bedingungen und Auflagen.** Bei Berechtigungen, die sich auf andere Berechtigungen beziehen oder sich von ihnen ableiten, sind auch diese anzugeben. Bei anderen als Aufsuchungs- und Gewinnungsberechtigungen sind der Inhalt der sich aus ihnen ergebenden Ansprüche und Befugnisse anzugeben. Bei Ansprüchen auf bestimmte wiederkehrende Leistungen sind deren Art, Höhe und Fälligkeit und der Anspruchsgegner deutlich zu machen.

19   Die **Beschränkung einer Anzeige** auf einen Teil der einer Berechtigung zugrundeliegenden Ansprüche oder Befugnisse ist grundsätzlich möglich, wenn der Gegenstand der Berechtigung ohne besonderen bergrechtlich vorgesehenen Rechtsakt teilbar ist. Die Teilbarkeit gilt auch für Berechtigungen nach Absatz 1 Nr. 5 und 6, die sich auf mehrere Grundstücke beziehen, hinsichtlich einzelner

Grundstücke. Bei Berechtigungen auf bergfreie Bodenschätze ist eine Anzeige für einzelne Bodenschätze oder einen Teil des Berechtigungsfeldes nicht möglich.

4. Öffentliche Aufforderung

Der **Anzeigegrundsatz** wird für solche Rechte **durchbrochen**, die im **Grundbuch** **20**
eingetragen sind (Absatz 2). Der Grund hierfür liegt im öffentlichen Glauben des Grundbuches; er ermöglicht es der zuständigen Behörde, ohne weiteres den ordnungsgemäßen Bestand aufrechtzuerhaltender Rechte festzustellen. Deshalb liegt die Nachweispflicht für den ordnungsgemäßen Bestand dieser Rechte bei der zuständigen Behörde. Sie muss deshalb auch das Aufrechterhaltungs- und Bestätigungsverfahren für diese Rechte mit einer **öffentlichen Aufforderung** (ausführlich dazu vgl. Rn 42 ff.) einleiten. Die für den Nachweis der nicht eingetragenen Rechte gültige Dreijahresfrist beginnt in diesen Fällen erst mit der **Veröffentlichung** der Aufforderung zu laufen (Absatz 2 Satz 1 Nr. 1). Über diese Aufforderungspflicht hinaus hat der Gesetzgeber die zuständigen Behörden auch zeitlich gebunden, weil er ihnen eine **Zweijahresfrist** für die Veröffentlichung der Aufforderung im BAnz. nach Inkrafttreten des BBergG gesetzt hat. Außerdem ist festgelegt, welchen inhaltlichen Kriterien die Aufforderung entsprechen muss (vgl. unten Rn 43). Die öffentliche Aufforderung kann allerdings unterbleiben, wenn die Rechtsinhaber von sich aus die Anzeige ihrer Rechte betreiben.

III. Aufrechterhaltene Rechte und Verträge

1.   Grundgedanke: Einordnung in das BBergG

In Absatz 1 und 2 regelt § 149, **welche** bei Inkrafttreten des Gesetzes bestehen- **21**
den **Rechte und Verträge** aufrechterhalten bleiben, **welche Verfahren** (Anzeige oder öffentliche Aufforderung) für ihre Bestätigung einzuhalten sind und **wer** zur Anzeige berechtigt ist. Dabei gilt der Grundsatz, dass alte Rechte und Verträge nur nach Maßgabe der Vorschriften des BBergG aufrechterhalten bleiben. Dies hat zur Folge: Das BBergG bestimmt die aufrechtzuerhaltenden Rechte und Verträge, seien es Bergbauberechtigungen oder Grundeigentümerrechte, nach Form, Inhalt, zeitlicher und räumlicher Geltung und **ordnet sie** – soweit wie möglich – den neuen **Berechtigungsformen zu.**

Außerdem teilt das Gesetz zunächst den wichtigsten Komplex, die aufrecht- **22**
zuerhaltenden **Bergbauberechtigungen**, nicht jedoch die Grundeigentümerrechte nach Absatz 3 in die zwei bereits genannten Gruppen auf
– in **nichteingetragene** Bergbauberechtigungen (Absatz 1) und
– im Grundbuch **eingetragene** Rechte (Absatz 2 i.V. mit Absatz 1).

Unabhängig davon **gilt für alle** aufrechterhaltenen Bergbauberechtigungen **23**
gemeinsam **Folgendes:**
Die **Aufzählung** in § 149 Absatz 1 Satz 1 umfasst alle beim Inkrafttreten des BBergG existierenden Berechtigungsformen. Sie hat jedoch **keinen abschließenden Charakter** und führt nicht dazu, dass bestimmte Berechtigungen von der Aufrechterhaltung ausgeschlossen werden. Die **Zuordnung** der **vorgefundenen Berechtigungen** (Rechte und Verträge) zu einer der in § 149 Absatz 1 Satz 1 Nr. 1–9 aufgeführten Rechtsformen entscheidet nur über die künftige Behandlung der aufrechterhaltenen Rechte und Verträge im Kontext des BBergG.

2.   Die einzelnen Berechtigungen

24   Die **Zuordnung** aufrechterhaltener Rechte zu einer der in § 149 Absatz 1 Satz 1
Nr. 1–9 aufgezählten Rechte und Verträge erfolgt nach Nr. 2.11–2.18 AVV unter
Beachtung folgender Gesichtspunkte:

25   § 149 Absatz 1 Satz 1 **Nr. 1** fasst Berechtigungen zusammen, die als **Bergwerkseigentum** nach den bei Inkrafttreten des BBergG gültigen bergrechtlichen Vorschriften der Länder verliehen, auf andere Weise begründet oder aufrechterhalten worden sind. Auch bereits außer Kraft getretene Vorschriften können diese
Berechtigung wirksam begründet haben. Keine Rolle spielt es für die Zuordnung
einer Berechtigung, ob sie etwa durch einen konstitutiven Hoheitsakt begründet
wurde oder originär durch Gesetz entstanden ist (z. B. ein Vertragsgesetz zu
einem völkerrechtlichen Vertrag) (als Bsp. für die in Nr. 1 genannten Rechte
gelten Bergwerkseigentum nach den § 3 ABG für das Land Hessen, § 39 b des
Bad. BergG, § 5 des Preuß. Gesetzes zur Überführung der privaten Bergregale
und Regalitätsrechte an den Staat vom 29.12.1942, Artikel VI des Gesetzes zur
Änderung und Bereinigung des Bergrechts in Niedersachsen vom 10.3.1978 i. V.
mit §§ 4 ff. BergG für das Fürstentum Schaumburg-Lippe vom 28.3.1906). Das
Bergwerkseigentum wird mit dem in § 151 genannten Inhalt aufrechterhalten
(im Einzelnen vgl. dort § 151 Rn 3 ff.). Zum Verhältnis von neuem und altem
Bergwerkseigentum s. § 9 Rn 5 ff., zur Gültigkeit von Tonbelehnungen, die auf
der Grundlage der Nassauischen Bergordnung von 1857 erteilt wurden: VG
Koblenz, ZfB 1990, 64.

26   Die **Nr. 2** betrifft **Rechte** zur Aufsuchung und Gewinnung von **staatsvorbehaltenen Bodenschätzen** einschließlich der Rechte (Erlaubnisse) für diese Tätigkeiten auf dem Festlandsockel im Sinne des § 2 Absatz 3 Satz 3 FlsG (Gesetz
vom 28.3.1980 = BGBl I, 373) von 1964 i. d. F. von 1980. Erlaubnisse für
Transit-Rohrleitungen sind als nicht überleitbar ausgenommen.

27   Die **Berechtigungen auf staatsvorbehaltene Bodenschätze** (vgl. § 3 Rn 13 ff.)
beruhten darauf, dass der Staat die Ausübungsbefugnis an dem ihm kraft
Gesetzes zustehenden Rechte durch Hoheitsakt oder Vertrag auf Dritte übertragen hatte. Das waren in erster Linie Rechte, die vom früher geltenden Bergrecht begründet worden waren. Begründungsgesetze waren jedoch nicht nur die
BergG der Länder im engeren Sinne, sondern auch die bergrechtlichen Nebengesetze (z. B. das PhosphoritG oder die ErdölVO), aber auch Konzessionsver-
träge (Bsp. sind: Erlaubnisse zur Aufsuchung von Uran, Graphit und Braunkohle nach Artikel 2 Absatz 2 Bay. BergG, Verträge über die Aufsuchung und
Gewinnung von Erdöl und Erdgas nach § 2 der ErdölVO oder Erlaubnisse zur
Aufsuchung und Gewinnung von Erdöl, Erdgas, Kies und Sand nach § 2
Absatz 1 i. V. mit Absatz 2 Satz 3 FlsG).

28   Die in **Nr. 3** genannten **dinglichen**, selbstständig **im Grundbuch eingetragenen
Gewinnungsrechte**, die ein aufrechterhaltenes Bergwerkseigentum belasten,
waren z. B. die Gewinnungsrechte im Sinne des § 38 c ABG NRW, nicht aber
solche Gewinnungsrechte, die auf der Grundlage des Bürgerlichen Rechts das
Bergwerkseigentum in seiner Eigenschaft als grundstücksgleiches Recht belasteten und nicht unmittelbar aufgrund bergrechtlicher Vorschriften entstanden
waren. Dingliche Rechte dieser Art werden von der Regelung der §§ 149 ff.
nicht erfasst. Die in Nr. 3 genannten Rechte konnten nur dann aufrechterhalten
bleiben und bestätigt werden, wenn auch das zugrunde liegende Bergwerkseigentum im Sinne der Nr. 1 aufrechterhalten blieb und bestätigt wurde.

29   In **Nr. 4** sind weitere **Bergbauberechtigungen** genannt, z. B. Bergwerke (mit dem
Begriff „Bergwerke" sind die alten Belehnungen oder Verleihungen früherer

Bergrechts oder aufgrund des Bergregals gemeint, die sich nicht unter die Begriffe „Bergwerkskonzessionen" oder „sonstige Berechtigungen" einordnen lassen). Bergwerke sind insbesondere Berechtigungen (Belehnungen auf niedere Mineralien und Fossilien z. B. Graphit, Kalkstein, Marmor, Lehm, Dach- und Tafelschiefer) nach Artikel 281 Bay. BergG oder § 222 ABG i. V. mit der markgräfl. Brandenburg-Bayreuther BergVO vom 1.12.1619 bzw. der Kurköln BergVO vom 2.1.1896), Bergwerkskonzessionen (Bergwerkskonzessionen i. S. dieser Vorschrift sind etwa die aufgrund des Franz. BergG von 1810 in den linksrhein. Gebieten verliehenen Bergbauberechtigungen) und sonstige Berechtigungen. Sonstige **Berechtigungen und Sonderrechte** beziehen sich auf sog. Feldesreservationen und die Spezial- und Distriktsverleihungen (etwa nach Artikel XVI. der VO betreffend die Einführungen des ABG vom 24.6.1865 in das Gebiet des vormaligen Königreiches Hannover vom 8.5.1867; gemeines Bergrecht), die heute noch als Rechte des Landesfiskus oder als Sonderrechte einzelner Gesellschaften existieren sowie standesherrliche, nicht mit dem Grundeigentum identische Abbaurechte. Bei standesherrlichen Rechten ist entscheidend, wie weit ihre Entstehung an das Grundeigentum anknüpft. Überwiegt das Grundeigentum, dann fallen sie nicht unter Nr. 4, sondern unter Nr. 5. Angesprochen sind hierdurch Rechte von Grundeigentümern, die bereits **von** den bis zum BBergG geltenden **BergG der Länder vorgefunden** und von diesen **aufrechterhalten** worden waren. Fällt ein solches Recht unter eine der anderen Regelungen des Absatz 1 (z. B. als Bergwerkseigentum unter Nr. 1), so geht diese Vorschrift als die speziellere vor.

Die in den **Nr. 5, 6 und 7** erfassten **Rechte der Grundeigentümer** und solcher   **30**
Personen, die ihre Abbauberechtigung von dem Grundeigentümer herleiten, sind folgendermaßen zu unterscheiden:

Nr. 5 kennzeichnet Rechte, die bei der Übernahme fremden Bergrechts oder   **31**
beim Entzug des Verfügungsrechts der Grundeigentümer durch verschiedene Änderungsgesetze unter bestimmten Voraussetzungen als besondere Rechtsposition des Grundeigentümers aufrechterhalten geblieben sind.

Beispiele hierfür sind die besonderen **Rechte des Grundeigentümers** zur Auf-   **32**
suchung und Gewinnung von **Graphit** nach Artikel 2 Absatz 1 des Bay. GraphitG vom 19.11.1937 oder die besonderen Rechte des Grundeigentümers zur Gewinnung von Molybdän-, Titan-, Uran-, Wismut- und Wolframerzen nach Artikel 2 Absatz 3 des Bay. Gesetzes zur Änderung des BergG vom 29.12.1949.

Nicht zu Nr. 5 gehören dagegen Entwicklungen, bei denen BergG oder berg-   **33**
rechtliche Nebengesetze Ausnahmen von der Unterstellung der Grundeigentümerposition unter die bergfreien Bodenschätze allgemein, aber gebietsbezogen normiert haben. Die gebietsbezogene Rechtsposition des Grundeigentümers als Verfügungsberechtigter über grundeigene Bodenschätze wurde in solchen Fällen nicht tangiert. Derartige Rechtspositionen fallen unter Absatz 3, wenn die in Betracht kommenden Bodenschätze in § 3 Absatz 2 aufgezählt sind. Für die **Abgrenzung ist maßgeblich,** ob sich die betreffende Rechtsposition aufgrund der bei der jeweiligen Rechtsänderung konkret geregelten Voraussetzungen (z. B. im Zeitpunkt der Rechtsänderung durchgeführte Gewinnung) zu einem besonderen Recht verdichtet hat (so etwa Rechte zum Bergbau in den standesherrlichen Bezirken z. B. in Hessen nach dem Gesetz, die Rechtsverhältnisse der Standesherren des Großherzogtums betreffend = RegBl, 239 vom 18.7.1858 i. d. F. des Gesetzes vom 6.2.1962 = GVBl Hess., 21).

Mit den in Nr. 5 weiter erwähnten selbstständigen, vom Grundeigentümer   **34**
bestellten dinglichen Gerechtigkeiten sind vor allem die **Salzabbaugerechtigkeiten** in der ehemaligen Provinz Hannover gemeint, die wegen ihrer eigen-

ständigen Bedeutung besonderer Erwähnung bedürfen zur Rechtsnatur: Vortmann, Salzabbaugerechtigkeiten, Hannover 1989, 86 ff.). Zur bergrechtlichen Situation der Salzrechte vor Erlass des ABG, nach dem Recht des ABG und nach dem Inkrafttreten des BBergG sowie zu den verschiedenen Formen der Salzrechte: Sladek, ZfB 1990, 165 ff. Salzrechte konnten damals aufgrund des Gesetzes über die Bestellung von Salzabbaugerechtigkeiten in der Provinz Hannover von 1904 (s. § 176 Absatz 1 Nr. 50 BBergG) durch Erklärung des Grundeigentümers gegenüber dem Grundbuchamt, durch Einigung zwischen Grundstückseigentümer und Abbauberechtigten als sog. **Salzabbaugerechtigkeit** begründet werden. Dies geschah durch eine vom Eigentum des Grundstücks abgespaltene selbstständige Gerechtigkeit mit grundstücksgleichem Charakter (Sladek, aaO, 170).

Die durch Nr. 5 aufrechterhaltenen Salzabbaugerechtigkeiten beziehen sich nicht nur auf die Gewinnung, sondern umfassen auch die Aufsuchung (Sladek, aaO, 173). Die Bestätigung der Aufrechterhaltung einer Salzabbauberechtigung hat zur Folge, dass die Stein- und Kalisalze trotz Einordnung zu den bergfreien Bodenschätzen (§ 3 Absatz 2) für die Geltungsdauer dieser Gerechtigkeit grundeigene Bodenschätze bleiben (§ 150 Absatz 1), und zwar ohne nach Aufsuchung und Gewinnung zu differenzieren. Die Salzabbaugerechtigkeiten können gemäß § 903 BGB real geteilt werden. Die Teilung ist gemäß § 873 BGB erst mit der Eintragung in das Grundbuch wirksam. Die Eintragung setzt voraus, dass der abzuschreibende Teil in einem Verzeichnis dargestellt wird und mit einer besonderen Nummer versehen ist. Die Funktion des Verzeichnisses kann der von einem Markscheider angefertigte Lageriss, der gemäß § 75 für die Eintragung der Teilung in Berechtsamsbuch und -karte erforderlich ist, erfüllen (BGH, ZfB 2013, 159).

35 Wegen der Vielzahl der in diesem Bereich bestellten **Salzabbaugerechtigkeiten** sah sich die zuständige Behörde nicht in der Lage, die erforderliche **öffentliche Aufforderung** im Sinne des Absatz 2 Satz 1 Nr. 1 in der vorgeschriebenen Form mit vertretbarem Aufwand bekanntzumachen und damit die Anzeigefrist in Gang zu setzen.

36 Daraufhin hat der Gesetzgeber (Gesetz zur Änderung des BBergG vom 12.2.1990, BGBl I, 215; ausführlich hierzu Boldt/Weller, Erg.-Bd., § 149 Rn 1 ff.) durch die Einfügung von **Absatz 2 a** die dreijährige Anzeigefrist des Absatz 1 Satz 1 Buchstabe B für diese Salzabbaugerechtigkeiten aufgehoben. Damit konnte erreicht worden, dass ein **Erlöschen** dieser Abbaugerechtigkeiten **durch Fristablauf** nach Absatz 5 Satz 1 **nicht** erfolgen kann. Das entbindet von der Notwendigkeit der Anzeige und Bestätigung dieser Rechte zum Erlangen des Status einer Bergbauberechtigung nach dem BBergG. Bis zur Bestätigung angezeigter Rechte besteht ein Schwebezustand (Boldt/Weller, § 149 Rn 38; derselbe, Erg.-Bd., Rn 4), der erst durch die Bestätigung beendet wird.

37 Nr. 6 hat solche **Verträge mit dem Grundeigentümer** im Auge, deren Existenz bei einer späteren Änderung des Gesetzes **Einfluß auf die Eigenschaft** der von ihnen erfassten **Bodenschätze als staatsvorbehaltene oder grundeigene** hatte. Gemeint sind z. B. **Verträge** über die Aufsuchung und Gewinnung von **Erdöl** mit dem Grundeigentümer nach § 3 Absatz 2 der ErdölVO oder **Verträge** über die Aufsuchung und Gewinnung von **Graphit** mit dem Grundeigentümer nach Artikel 2 Absatz 2 des Bay. GraphitG. Ihnen war gemeinsam, dass mit der Übernahme fremden Bergrechts und im Zusammenhang mit dem Entzug des Verfügungsrechts des Grundeigentümers durch verschiedene Änderungsgesetze nicht nur die **Rechtsposition** des **Grundeigentümers** als solchen, sondern auch die **durch Verträge gesicherten Rechtspositionen aufrechterhalten** worden sind. Zur Aufrechterhaltung der sog. Erdölaltverträge nach §§ 149 ff. und zum

Genehmigungsvorbehalt gemäß § 156 Absatz 2 (s. Schulz, ZfB 1990, 263 ff., ferner § 156 Rn 2).

Entsprechendes gilt für Verträge eines **sonstigen Ausbeutungsberechtigten**. Das **38** sind die Inhaber von besonderen Rechten im Sinne der Nr. 5 oder von vertraglichen Berechtigungen im Sinne der Nr. 6. Die Aufrechterhaltung setzt lediglich das Fortbestehen der in Bezug genommenen Rechtspositionen, **nicht** jedoch auch deren **förmliche Aufrechterhaltung nach § 149** voraus (Bsp.: Ein Pachtvertrag über ein besonderes Grundeigentümerrecht, z. B. eine Salzabbaugerechtigkeit nach Nr. 5, oder die Überlassung zur Ausübung der einem vertraglich Berechtigten zustehenden Rechtsposition, etwa i. S. von Artikel 2 Absatz 2 Satz 3 Bay. GraphitG).

Nr. 7 betrifft das durch Artikel 1 Absatz 4 des Württemberg. BergG begründete **39** **Sonderrecht des Grundeigentümers** auf Verleihung noch bestehenden Bergwerkseigentums zur Aufsuchung und Gewinnung von Bitumen und schwefelsaurem Kalk oder auf Verleihung anderer vergleichbarer Rechte, etwa solcher nach § 5 Absatz 2 des Preuß. Gesetzes zur Überführung der privaten Regalitätsrechte an den Staat vom 29.12.1942. Für die Aufrechterhaltung und Bestätigung von Berechtigungen im Sinne der Nr. 7 ist es erforderlich, dass **auch das zugrunde liegende Bergwerkseigentum** im Sinne der Nr. 1 **aufrechterhalten und bestätigt ist.**

Der in **Nr. 8** aufrechterhaltene **Grundrentenanspruch des Grundeigentümers** **40** beruht auf Konzessionen für die linksrheinischen Gebiete nach dem Franz. BergG von 1865. Danach hatte der Grundeigentümer Anspruch auf Zahlung einer derartigen Grundrente (vgl. etwa den Grundrentenanspruch des Grundeigentümers nach § 244 ABG i. V. mit Artikel 6, 42 linksrhein. BergwerksG vom 21.4.1810). Bei den sonstigen in dieser Nr. genannten Abgaben handelt es sich um die bei der Außerkraftsetzung des Lipp. BergG bestehengebliebenen Bergwerksabgaben und Fristengelder (vgl. Artikel 3 Absatz 2 Zweites Gesetz zur Änderung berggesetzlicher Vorschriften im Lande NRW vom 25.5.1954). Die Aufrechterhaltung dieser Rechte setzt voraus, dass auch die entsprechende Berechtigung nach Nr. 4, auf die sich das Recht bezieht, aufrechterhalten und bestätigt worden ist.

Erbstollengerechtigkeiten (**Nr. 9**) sind selbstständige Berechtigungen nicht **41** abbauberechtigter Dritter, die einen Stollen zugunsten fremder Gruben, etwa zur Erschließung neuer Lagerstätten oder zur Wasser- und Wetterhaltung im freien oder nichtfreien Feld angelegt haben. Die Erbstollengerechtigkeit enthält das Recht, im freien Feld innerhalb des verliehenen Erbstollenfeldes die nach dem seinerzeit geltenden Recht verleihbaren Bodenschätze zu gewinnen und im verliehenen Grubenfeld vom Bergwerkseigentümer eine bestimmte Abgabe verlangen zu dürfen. Ein Teil dieser Gerechtigkeiten (sie hatten ihre Grundlage etwa in § 223 ABG i. V. mit Artikel 221–252, 383–471 des Allg. Landrechts für die Preuß. Staaten vom 5.2.1794 oder in Artikel 282 Bay. BergG i. V. mit Artikel 66–90 BergVO des Kurfürstl. Herzogtums Bayern und der Oberen Pfalz von 1784) wird heute noch genutzt, obgleich das ABG die Erbstollengerechtigkeit durch das Hilfsbaurecht (§§ 60–63 ABG) abgelöst hat.

3. Öffentliche Aufforderung eingetragener Rechte

Anderes gilt nach Absatz 2 für die **im Grundbuch eingetragenen Rechte.** Sie sind **42** nicht innerhalb einer Dreijahresfrist nach Inkrafttreten des BBergG, sondern spätestens innerhalb von **drei Jahren nach** Bekanntmachung einer **öffentlichen Aufforderung** anzuzeigen.

43 Doch nicht nur hinsichtlich der Anzeigefrist, sondern auch **hinsichtlich des Inhalts** werden die im Grundbuch eingetragenen Rechte **anders behandelt.** So erübrigt sich nach Absatz 2 Satz 2 der Nachweis darüber, dass die Berechtigung in der Person des eingetragenen Rechtsinhabers fortbesteht. Diese auf dem **öffentlichen Glauben des Grundbuches** beruhende Erleichterung für den Rechtsinhaber kommt nur dann nicht zur Geltung, wenn die Aufrechterhaltung des Rechts zugunsten eines anderen als des im Grundbuch eingetragenen Rechtsinhabers beantragt wird. In einem derartigen Fall, der etwa aus der Unrichtigkeit des Grundbuches nach einem Erbfall resultieren kann, muss der Antragsteller durch Vorlage der erforderlichen Unterlagen nachweisen, dass die Berechtigung ihm oder dem in der Anzeige genannten Rechtsinhaber zusteht.

44 Nicht ohne Weiteres aus dem Grundbuch ersichtlich kann u. U. der **Umfang des Rechts** im Einzelfall sein. In diesem Fall hat der Antragsteller ebenso wie bei der nicht eingetragenen Berechtigung durch Vorlage der erforderlichen Unterlagen den Umfang der Berechtigung nachzuweisen.

45 Die nach Absatz 2 Nr. 1 vorgesehene **öffentliche Aufforderung** soll **zwei Jahre nach Inkrafttreten** des Gesetzes erfolgen. Sie muss im BAnz. und im Amtl. VBl der zuständigen Behörde bekanntgemacht werden und
– die aus dem Grundbuch ersichtliche **Bezeichnung** des Rechts,
– den **oder** die **Inhaber** des Rechts und
– den Hinweis auf die **Rechtsfolgen** einer nicht, nicht rechtzeitig oder nicht ordnungsgemäß gemachten Anzeige im Sinne der Absatz 4 und 5 enthalten.

46 Der **maßgebliche Zeitpunkt** für den **Grundbuchinhalt,** der der öffentlichen Aufforderung zugrunde zu legen ist, ist das **Inkrafttreten** des BBergG. Deshalb ist für die öffentliche Aufforderung unerheblich, ob die Grundbucheintragungen tatsächlich zutreffen. Änderungen im Grundbuch, die sich zwischen Inkrafttreten des BBergG und der öffentlichen Aufforderung ergeben, bleiben unberücksichtigt.

47 Die angeordnete öffentliche Aufforderung hindert den im Grundbuch eingetragenen tatsächlichen Inhaber oder den Inhaber eines im Grundbuch eingetragenen dinglichen Rechts nicht, schon **vor der öffentlichen Aufforderung eine ordnungsgemäße Anzeige** einzureichen. In diesem Fall kann die öffentliche Aufforderung unterbleiben. Sie kann auch unterbleiben, wenn im Zeitpunkt des Inkrafttretens des BBergG im Grundbuch eingetragene Berechtigungen bereits vor diesem Zeitpunkt erloschen waren und der zuständigen Behörde auch der Grund des Erlöschens amtlich bekannt war. Die zuständige Behörde soll in diesen Fällen die Löschung der Grundbucheintragung veranlassen.

48 Ergeht die **öffentliche Aufforderung,** so hat sie **alle** im Grundbuch eingetragenen Berechtigungen zu erfassen. Der zuständigen Behörde obliegt es daher, sicherzustellen, dass das Grundbuch rechtzeitig auf eingetragenen Berechtigungen im Sinne des Absatz 1 Satz 1 überprüft wird.

IV. Rechtsfolgen der Anzeige

1. Bestätigung

49 Die vom Berechtigten angezeigten Rechte und Verträge müssen, gleichgültig ob sie im Grundbuch eingetragen waren oder nicht, von der zuständigen Behörde **bestätigt werden** (Absatz 1 Satz 1 c, Absatz 2 Satz 1). Auf diese Bestätigung besteht ein **Rechtsanspruch,** wenn die Anzeige ordnungsgemäß vom Rechtsinhaber gemacht worden ist und keine der **in Absatz 4 abschließend geregelten Versagungsgründe** vorliegen. Für die Rechte und Verträge nach Absatz 1 und 2 ist **alleiniger Versagungsgrund**, dass der objektiv rechtliche Bestand der zu bestätigenden Berechtigung nicht nachgewiesen ist.

Wird die aufrechterhaltene und angezeigte **Berechtigung bestätigt,** so muss **50** dieser Ausspruch **alle Feststellungen** enthalten, die **für die künftige Ausübung** der Berechtigung erforderlich sind. Dazu gehören Angaben über die Rechtsinhaberschaft, die Bezeichnung der Bodenschätze, eine Lagebeschreibung, inhaltliche Beschränkungen der Berechtigung, ihre Befristung und schließlich eine Einordnung der aufrechterhaltenen Berechtigung in den Katalog des § 149 Absatz 1 Satz 1 und Zuordnung zu einer der Vorschriften nach den §§ 151 ff.

Die **Bestätigung** der angezeigten Berechtigung hat **keine konstitutive,** sondern **51** lediglich eine **deklaratorische Bedeutung,** weil tatsächlich nicht bestehende Berechtigungen durch den Ausspruch der Bestätigung nicht existent werden können (Zydek, 573). Allerdings muss in den Fällen, in denen gleichwohl eine derartige Bestätigung ausgesprochen wird, die Rücknahme dieser Bestätigung unter den Voraussetzungen des § 48 Absatz 2–4 VwVfG möglich und zulässig sein.

Eine eindeutige **Rechtswirkung** hat die **Bestätigung** allerdings für die **Boden-** **52** **schätze,** auf die sich das bestätigte Recht bezieht, hinsichtlich ihrer **Einordnung** nach § 150 i. V. mit § 3. Die Bestätigung hat weiter Auswirkungen auf Rechte Dritter an den aufrechterhaltenen Rechten. Denn diese Rechte Dritter bleiben bei Bestätigung der Rechte, die sie belasten, ebenfalls aufrechterhalten (Zydek, 573), anderenfalls gehen sie unter.

Die **Bestätigung alter Berechtigungen ist ein Verwaltungsverfahren** und unter- **53** liegt demnach, sofern sich aus den §§ 149 und der AVV im Sinne des § 143 Absatz 1 Satz 1 nichts anderes ergibt, den Vorschriften der **VwVfG der Länder.** Zu berücksichtigen sind insbesondere die **Vorschriften** über die **Beteiligten,** über die **Beratung** und **Auskunft** der Behörden, über die **Anhörung** von Beteiligten, die **Wiedereinsetzung** in den vorigen Stand und die Vorschrift über die **Bekanntmachung** der Bestätigung. Die Beteiligungsvorschriften kommen insbesondere in Betracht, wenn mehrere Inhaber der Berechtigung existieren oder dinglich Berechtigte die Anzeige erstatten. Bei den Berechtigungen nach § 149 Absatz 1 Satz 1 Nr. 3, 7 und 8, die sich auf ein aufrechterhaltenes Recht im Sinne des Absatz 1 Satz 1 Nr. 1 oder 4 beziehen, kann die Bestätigung erst erteilt werden, wenn das in Bezug genommene Recht selbst bestätigt ist.

2. Erlöschen

Aufrechterhaltene Rechte, und zwar Bergbauberechtigungen ebenso wie Grund- **54** eigentümerrechte, können aus zwei unterschiedlichen Gründen **erlöschen:** durch **Versagung oder durch Zeitablauf.**

Ersteres ist der Fall, wenn die Bestätigung aus den in Absatz 4 genannten **55** Gründen versagt werden. Dabei unterscheidet Absatz 4 zwischen dem **Versagungsgrund** für **Bergbauberechtigungen** und für **Grundeigentümerrechte.** Für erstere ist alleiniger Versagungsgrund, dass der **objektiv rechtliche Bestand** der zu bestätigenden Berechtigung **nicht nachgewiesen** ist.

Für die **Grundeigentümerrechte** ist ein Versagungsgrund nur dann gegeben, **56** wenn der Beginn einer **Nutzung** des Bodenschatzes vor Inkrafttreten des BBergG oder die Erhöhung des Verkehrswertes des Grundstücks durch diesen Bodenschatz nicht nachgewiesen ist (Absatz 3 Satz 1 Nr. 1). Das sind die gleichen Gründe, die für die Aufrechterhaltung von Grundeigentümerrechten nachgewiesen sein müssen.

57   Wird die Bestätigung aus den in Absatz 4 genannten Gründen versagt, so hat die **Versagung rechtsvernichtende Wirkung.** Denn nach Absatz 5 Satz 2 erlöschen nicht bestätigte Rechte und Verträge mit Eintritt der Unanfechtbarkeit der Versagung. Das ist der Zeitpunkt, in dem hinsichtlich der Versagung nach den maßgeblichen Vorschriften, insbesondere der VwGO, keine weiteren Rechtsbehelfe mehr gegeben sind, sei es, weil alle in Betracht kommenden Rechtsbehelfe bereits ausgeschöpft sind, oder weil die Betroffenen die dafür vorgesehene Fristen nicht genutzt haben.

58   Unabhängig von einer ausdrücklichen Versagung im Sinne des Absatz 4 (vgl. oben Rn 48 f.) **erlöschen aufrechterhaltene Rechte und Verträge drei Jahre nach Ablauf der Anzeigefrist,** sofern sie **nicht oder nicht fristgemäß angezeigt** worden sind. Die Regelung des § 149 Absatz 1 lit. e, Absatz 2 Nr. 1 und Absatz 5, nach der Bergwerkseigentum erlischt, wenn der Eigentümer das Recht nicht rechtzeitig angezeigt hat, verstößt nicht gegen Artikel 14 GG (BVerfG, ZfB 2003, 58 = NUR 2003, 743). Dieses Erlöschen tritt kraft Gesetzes ein, einer besonderen Verfügung der zuständigen Behörde über das Erlöschen bedarf es nicht. Sie hat lediglich beim Erlöschen von Rechten, die im Grundbuch eingetragen waren, das Grundbuchamt um die Löschung des Rechts zu ersuchen (Absatz 6).

3.   Besonderheiten bei Grundeigentümerrechten

59   (Nr. 3 AVV) Weil mit Absatz 3 eine Ausnahme von dem durch das BBergG angeordneten Wechsel in der Zuweisung der Bodenschätze vorgesehen ist, sollen die **bestehenden Grundeigentümerrechte** nur dann **aufrechterhalten** bleiben, wenn der betreffende Bodenschatz bereits **vor Inkrafttreten des BBergG eine konkrete wirtschaftliche Bedeutung** für das Grundeigentum erlangt hatte und **dieser Zustand fortbesteht.**

60   Von einer **konkreten wirtschaftlichen Bedeutung** geht Absatz 3 Satz 1 Nr. 1 a dann aus, wenn bereits vor dem 1.1.1982 **mit der Nutzung** des betroffenen Bodenschatzes **begonnen worden** ist. Danach muss bei Inkrafttreten des BBergG ein **eingerichteter und ausgeübter Betrieb** zur Ausbeutung des Bodenschatzes bereits bestanden haben. Eine konkrete wirtschaftliche Bedeutung wird weiterhin nach Absatz 3 Satz 1 Nr. 1 b dann angenommen, wenn das **Grundstück** durch den betreffenden Bodenschatz bereits vor dem 1.1.1982 eine **Steigerung des Verkehrswerts** im Sinne des § 194 BauGB erfahren hat. Danach wird der Verkehrswert durch den Preis bestimmt, der in dem Zeitpunkt, auf den sich die Ermittlung bezieht, im gewöhnlichen Geschäftsverkehr nach den rechtlichen Gegebenheiten und den tatsächlichen Eigenschaften, der sonstigen Beschaffenheit und der Lage des Grundstücks oder des sonstigen Gegenstandes der Wertermittlung ohne Rücksicht auf ungewöhnliche oder persönliche Verhältnisse zu erzielen wäre. Hinsichtlich des Verfahrens bei der Wertermittlung von Grundstücken ist die WertermittlungsVO vom 15.8.1976 zusammen mit den Wertermittlungsrichtlinien vom 31.5.1976 zu berücksichtigen.

61   Aus diesen besonderen Gründen sowohl für Aufrechterhaltung als auch für Versagung muss die **schriftliche Anzeige** mit dem für den Rechtsbestand erforderlichen Nachweis folgende Angaben enthalten:
–   Beginn, Art und Umfang der **Nutzung** des betreffenden Bodenschatzes oder
–   Darstellung von Tatsachen, die die Feststellung zulassen, dass gerade durch den infrage kommenden Bodenschatz vor dem Inkrafttreten des BBergG eine **Steigerung des Verkehrswerts des Grundstückes** eingetreten ist.

Ein Nachweis darüber, dass das **Grundeigentum** dem im Grundbuch einge- **62** tragenen **Rechtsinhaber zusteht,** ist nicht erforderlich. Es genügt insoweit die Vorlage eines unbeglaubigten Grundbuchauszuges nach dem Stand vom 31.12.1981. Im Fall der Unrichtigkeit des Grundbuchs hinsichtlich des oder der eingetragenen Rechtsinhaber kann die Bestätigung erst vorgenommen werden, wenn das Grundbuch berichtigt worden ist. Zum **Nachweis des Nutzungsbeginnes** oder der **Verkehrswertsteigerung** hat der Anzeigende die entsprechenden **geeigneten Unterlagen** vorzulegen. Zum Nachweis der Steigerung des Verkehrswertes kann überdies die zuständige Behörde vom Antragsteller ggf. die Vorlage eines Sachverständigengutachtens verlangen, wenn der Nachweis nicht oder nicht ausreichend durch Vorlage sonstiger Unterlagen geführt werden kann.

Wird ein angezeigtes Grundeigentümerrecht im Sinne des Absatz 3 durch die **63** **zuständige Behörde versagt,** so hat das zur Folge, dass ein **Verfügungsrecht des Grundeigentümers** oder sonstigen Ausbeutungsberechtigten **nicht mehr weiterbesteht** und dieser **konkrete Bodenschatz dann bergfrei** wird, sofern die gesetzlich vorgesehene Neuzuordnung i.S. von § 150 Absatz 1 i.V. mit § 3 Absatz 3 Satz 1, 2 Nr. 2 gegeben ist. Wird dagegen die angezeigte Berechtigung **bestätigt,** so bleiben der Grundeigentümer und sonstige Ausbeutungsberechtigte in den räumlichen Grenzen des Grundeigentums und des Ausbeutungsrechts zur Verfügung über den in der Bestätigung genannten Bodenschatz berechtigt. Der zeitliche Rahmen ergibt sich aus § 150 Absatz 1, wonach aufrechterhaltene Rechte oder Verträge bis zum Erlöschen oder bis zur Aufhebung des Rechts oder des Vertrages grundeigene Bodenschätze bleiben.

§ 150   Ausnahme von der Bergfreiheit von Bodenschätzen

(1) In § 3 Abs. 3 Satz 1 oder 2 Nr. 2 aufgeführte Bodenschätze, auf die sich ein aufrechterhaltenes Recht oder aufrechterhaltener Vertrag im Sinne des § 149 Abs. 1 Satz 1 Nr. 5 oder 6 oder Abs. 3 bezieht, bleiben bis zum Erlöschen oder bis zur Aufhebung des Rechts oder Vertrages grundeigene Bodenschätze.

(2) In § 3 Abs. 3 Satz 1 nicht aufgeführte und nicht unter § 3 Abs. 3 Satz 2 Nr. 1 und 2 Buchstabe b fallende Bodenschätze, auf die sich ein aufrechterhaltenes Recht oder aufrechterhaltener Vertrag im Sinne des § 149 Abs. 1 Satz 1 Nr. 1 bis 4 oder eine nach § 172 erteilte Bewilligung bezieht, bleiben bis zum Erlöschen oder bis zur Aufhebung des Rechts, des Vertrages oder der Bewilligung bergfreie Bodenschätze.

§ 150 normiert die **Fortgeltung** einer bereits bestehenden **Zuordnung** aufrecht- **1** erhalter Rechte und Verträge für solche grundeigenen **und** bergfreien Bodenschätze, die durch § 3 eine Neuzuordnung erfahren.

Absatz 1 ordnet diesen „Bestandsschutz" zunächst für solche Rechte und Ver- **2** träge an, die sich auf **Bodenschätze** beziehen, die bis zum Inkrafttreten des BBergG dem Verfügungsrecht des **Grundeigentümers** unterlagen (§ 149 Absatz 1 Satz 1 Nr. 5 oder Nr. 6 oder Absatz 3), durch § 3 Absatz 2 aber den **bergfreien** Bodenschätzen zugeordnet werden. Für sie sollen die konkreten Lagerstätten, auf die sich eine derartige Berechtigung bezieht, ihre Qualität als grundeigene Bodenschätze für die Geltungsdauer des aufrechterhaltenen Rechts oder Vertrags behalten.

Den **entgegengesetzten Fall regelt Absatz 2.** Denn nicht alle bisher bergfreien **3** Bodenschätze sind in die Aufzählung des § 3 Absatz 2 aufgenommen (Boldt/ Weller, § 150 Rn 4, weisen auf Vitriol- und Alaunerze, Raseneisenerze, Marmor oder Dachschiefer hin, soweit diese früher einmal verleihbar waren). Bezieht sich aber ein aufrechterhaltenes Recht oder ein aufrechterhaltener Vertrag oder eine nach § 172 erteilte Bewilligung auf einen solchen Bodenschatz, so bleibt dieser für die gesamte Geltungsdauer des Rechts oder Vertrags auch weiterhin bergfrei. § 150 Absatz 2 ist dahin auszulegen, dass Umfang und Dauer der dort geregelten Bergfreiheit durch den **Inhalt** der bestehenden **Berechtigung abschließend bestimmt** werden. Ein Inhaber einer Bewilligung für den Bodenschatz „tonige Gesteine" hat demnach keinen Anspruch auf Verleihung von Bergwerkseigentum (OVG Bautzen, ZfB 2002, 58). Ebenso ist § 2 Absatz 2 Satz 1 des Bergrechtsvereinheitlichungsgesetzes 1996 auszulegen (OVG Bautzen, aaO.).

§ 151   Bergwerkseigentum

(1) Aufrechterhaltenes Bergwerkseigentum im Sinne des § 149 Abs. 1 Satz 1 Nr. 1 gewährt das nicht befristete ausschließliche Recht, nach den Vorschriften dieses Gesetzes
1. **die in der Verleihungsurkunde bezeichneten Bodenschätze in dem Bergwerksfeld aufzusuchen, zu gewinnen und Eigentum daran zu erwerben,**
2. **in dem Bergwerksfeld andere Bodenschätze mitzugewinnen und das Eigentum daran zu erwerben,**
3. **die bei Anlegung von Hilfsbauen zu lösenden oder freizusetzenden Bodenschätze zu gewinnen und das Eigentum an diesen Bodenschätzen zu erwerben,**
4. **die erforderlichen Einrichtungen im Sinne des § 2 Abs. 1 Nr. 3 zu errichten und zu betreiben,**
5. **Grundabtretung zu verlangen.**

(2) Im übrigen gilt § 9 mit folgender Maßgabe entsprechend:
1. **Das Recht nach Absatz 1 Nr. 1 erstreckt sich auch auf die in der Verleihungsurkunde bezeichneten Bodenschätze, soweit sie sich in Halden eines früheren, auf Grund einer bereits erloschenen Gewinnungsberechtigung betriebenen Bergbaus innerhalb des Bergwerksfeldes befinden, es sei denn, daß die Halden im Eigentum des Grundeigentümers stehen;**
2. **die §§ 18 und 31 sind nicht anzuwenden;**
3. **Zuschreibungen und Vereinigungen, die bei Inkrafttreten dieses Gesetzes bestehen, bleiben von § 9 Abs. 2 unberührt; die Länder können Vorschriften über ihre Aufhebung erlassen;**
4. **Vereinigung und Austausch mit nach Inkrafttreten dieses Gesetzes verliehenem Bergwerkseigentum sind nicht zulässig.**

1 § 151 normiert den **Inhalt des aufrechterhaltenen Bergwerkseigentums** im Sinne des § 149 Absatz 1 Nr. 1. Dieses „alte" Bergwerkseigentum steht wie auch das neue nach § 9 unter dem Vorbehalt „der **Vorschriften dieses Gesetzes**" (Absatz 1 Satz 1).

2 Das bedeutet zunächst, dass die mit dem Bergwerkseigentum „gewährten" Einzelrechte und Befugnisse, wie etwa das Mitgewinnungs-, Hilfsbau- oder Grundabtretungsrecht, nur nach den im BBergG vorgesehenen Zulässigkeitskriterien und mit den jeweils festgelegten Rechtsfolgen ausgeübt werden können.

3 Es gibt also keine andere inhaltliche Bestimmung des „alten" Bergwerkseigentums als die vom BBergG vorgesehene. § 151 hat demnach die Tendenz, zumal die Einzelbefugnisse identisch sind, „altes" und neues Bergwerkseigentum **gleichzustellen**, ohne die Rechtsposition des Bergwerkseigentümers durch die Umstellung zu beeinträchtigen (Zydek, 577; Boldt/Weller, § 151 Rn 2).

4 Deshalb hat § 151 trotz der Zielsetzung einer Gleichstellung **im Interesse des Bestandsschutzes** des aufrechterhaltenen Bergwerkseigentums gewisse **Ausnahmen und Abweichungen gegenüber** § 9 normiert:

– Das alte Bergwerkseigentum ist zeitlich **unbefristet** (§ 151 Absatz 1 Satz 1),
– es ist darüber hinaus **unwiderruflich** (Absatz 2 Nr. 2) und
– es ist **förderabgabefrei** (Absatz 2 Nr. 2).

Aus diesen wesentlichen Abweichungen zwischen neuem und „altem" Berg-   **5**
werkseigentum ergeben sich **weitere**, allerdings weniger gravierende **Differenzierungen**:
– Das ausschließliche Aufsuchungs-, Gewinnungs- und Aneignungsrecht
(§ 151 Absatz 1 Nr. 1) gilt auch für die verliehenen Bodenschätze in **Halden**
eines früheren, aufgrund einer bereits erloschenen Gewinnungsberechtigung
betriebenen Bergbaus im Bergwerksfeld. Während der Bergwerkseigentümer
für Halden des laufenden Betriebs ohnehin aufgrund seiner Berechtigung das
Gewinnungsrecht besitzt, muss es ihm für Halden des früheren Bergbaus
ausdrücklich eingeräumt werden (Ebel/Weller, § 54 Anmerkung 3). Diese
Einräumung eines Gewinnungs- und Aneignungsrechts findet aber nicht
statt für Halden, die im Eigentum des Grundeigentümers stehen, etwa weil
der Bergwerkseigentümer sie auf den Grundeigentümer übertragen oder das
Eigentum an ihnen ausdrücklich aufgegeben hat (OVG Münster = ZfB 69
(1928), 81);
– bestehende **Zuschreibungen und Vereinigungen** von Bergwerks- und Grundeigentum gelten fort; das Verbot des § 9 Absatz 2 gilt für sie nicht. Wegen
der damit verbundenen, noch nicht übersehbaren Nachteile für die Konzentration von Grundbüchern mehrerer Bezirke bei einem Amtsgericht werden
die Länder in Absatz 2 Nr. 3 zweiter Halbs. ermächtigt, Vorschriften über
die Aufhebung von Zuschreibungen oder Vereinigungen zu erlassen;
– „altes" und neues Bergwerkseigentum dürfen wegen ihres unterschiedlichen
Rechtscharakters **nicht vereinigt** (§§ 24 ff.) oder **ausgetauscht** (§ 29) werden.

Die in Absatz 2 über die entsprechende Anwendbarkeit des § 9 getroffenen   **6**
Aussagen sind **abschließend**. Die Anbindung des „alten" Bergwerkseigentums
an § 9 hat nicht nur formale, sondern auch materielle Bedeutung. Denn damit
wird das „alte" Bergwerkseigentum aus seinem bisherigen rechtlichen Zusammenhang herausgelöst und der Flexibilität des neu geschaffenen Konzessionssystems angepasst (Zydek, 96).

Daraus folgt: Soweit sich nicht ausdrücklich aus § 151 oder anderen Vorschrif   **7**
ten des BBergG (z. B. § 160) etwas anderes ergibt, sind alle für das **neue Bergwerkseigentum** geltenden **Vorschriften** des BBergG auch auf das „alte" Bergwerkseigentum anwendbar. Soweit darüber hinaus nach § 5 die allgemeinen
Vorschriften des VwVfG oder gleichlautender Landesgesetze anwendbar sind
(insbesondere §§ 36, 48 VwVfG), gelten diese für „altes" Bergwerkseigentum
nur mit den bei § 16 genannten Einschränkungen. Im Übrigen ist § 160 als
abschließender, spezialgesetzlich geregelter Aufhebungsgrund maßgebend.

Die **Einbindung** des bisher vorwiegend privatrechtlich qualifizierten Bergwerks   **8**
eigentums in das öffentlich-rechtliche **Konzessionssystem** ist **eigentumsrechtlich
unbedenklich**. Denn die entscheidenden Komponenten der bisherigen Rechtsposition bleiben mit dem Ausschluss der §§ 18 und 31 sowie dem Fehlen einer
Befristung unangetastet. Bedenken könnten sich allenfalls aus der Anwendbarkeit der §§ 16 Absatz 3, 23 ergeben; doch halten sich diese Beschränkungen im
Rahmen einer zulässigen Sozialbindung. Denn sie unterwerfen das Bergwerkseigentum lediglich einer Kontrolle, tasten jedoch seinen Wesensgehalt nicht an.

Auch die Umwandlung einer privatrechtlichen Rechtsposition in eine öffentlich-   **9**
rechtliche kann zu keiner anderen Beurteilung führen. Denn der verfassungsrechtliche Schutz bleibt, insbesondere bei bereits ausgeübten Rechten, materiell

gleich (zur Rechtsnatur und Bedeutung des Bergwerkseigentums im Einzelnen vgl. § 9 Rn 5 ff.; Boldt/Weller, § 151 Rn 3 ff.).

§ 152   Aufrechterhaltene Rechte und Verträge zur Aufsuchung, Forschungshandlungen

(1) Aufrechterhaltene Rechte und Verträge im Sinne des § 149 Abs. 1 Satz 1 Nr. 1, 2 und 4, die nur zur Aufsuchung von Bodenschätzen berechtigen, gelten für die Bodenschätze, die Zeit und den Bereich, für die sie aufrechterhalten bleiben, als Erlaubnisse nach § 7, soweit dieses Gesetz nichts anderes bestimmt.

(2) § 18 ist anzuwenden, wenn der Widerrufsgrund nach dem Inkrafttreten dieses Gesetzes eintritt oder fortbesteht. Eine Verlängerung ist, auch wenn sie nach dem Inhalt der Rechte oder Verträge nach den beim Inkrafttreten dieses Gesetzes geltenden bergrechtlichen Vorschriften des Bundes und der Länder vorgesehen ist, nur unter der Voraussetzung des § 16 Abs. 4 Satz 2 zulässig. Nicht befristete Rechte und Verträge erlöschen nach Ablauf von zehn Jahren nach Inkrafttreten dieses Gesetzes. Bei Neuerteilung einer Erlaubnis hat der Antrag des aus dem erloschenen Recht oder Vertrag Berechtigten den Vorrang vor allen anderen Anträgen, wenn für seinen Antrag kein Versagungsgrund nach § 11 vorliegt; § 14 ist insoweit nicht anzuwenden.

(3) Ist ein Recht im Sinne des Absatzes 1 im Grundbuch eingetragen, so ersucht die zuständige Behörde das Grundbuchamt um Löschung des Rechts.

(4) Aufrechterhaltene Rechte im Sinne des § 149 Abs. 1 Satz 1 Nr. 2, die nur zu solchen Forschungshandlungen im Bereich des Festlandsockels berechtigen, die ihrer Art nach zur Aufsuchung von Bodenschätzen offensichtlich ungeeignet sind, gelten für die Forschungshandlungen, die Zeit und den Bereich, für die sie aufrechterhalten bleiben, als Genehmigung nach § 132, soweit dieses Gesetz nichts anderes bestimmt. Der Inhalt dieser Rechte bleibt insoweit unberührt, als er diesem Gesetz nicht widerspricht. Nicht befristete Rechte erlöschen nach Ablauf von zehn Jahren nach Inkrafttreten dieses Gesetzes.

1 Die §§ 152–159 legen umfassend **Form, Inhalt und zeitlichen Rahmen** aufrechterhaltener Rechte und Verträge zur **Aufsuchung,** zu **Forschungshandlungen** und zur **Gewinnung** von **bergfreien und grundeigenen** Bodenschätzen fest. Ziel ist es, möglichst alle aufrechterhaltenen Rechte und Verträge einer der Berechtigungsformen des BBergG zuzuordnen. Das bedeutet im Einzelnen:

2 Zunächst legt § 152 die Rechtsfolgen der Aufrechterhaltung für solche Rechte fest, die **nur zur Aufsuchung** von Bodenschätzen – auch im Festlandsockel – **berechtigen.** Sie zählen zu den im Katalog des § 149 Absatz 1 Satz 1 unter Nr. 1, 2, 4 aufgeführten Rechten. Darunter fallen etwa das Bergwerkseigentum, Ermächtigungen, Erlaubnisse und Verträge; Erlaubnisse nach den §§ 1, 2 Absatz 1 des früheren FlsG sowie Bergwerke, Bergwerkskonzessionen und Sonderrechte zur Aufsuchung, die bereits vor dem Inkrafttreten des Landesbergrechts bestanden haben.

3 Diese **Aufsuchungsrechte** sollen für die Bodenschätze, die Zeit und den Bereich, für die sie aufrechterhalten bleiben, als **Erlaubnisse** nach § 7 fortgelten. Eine **Ausnahme** bilden lediglich für Erlaubnisse zu Forschungshandlungen im Festlandsockel (§ 2 Absatz 2 Satz 2 des früheren FlsG), die ihrer Art nach zur Aufsuchung offensichtlich ungeeignet sind (vgl. dazu § 132 Rn 5 ff.). Sie gelten nach der in § 132 getroffenen Sonderregelung als **Genehmigungen** für die Zeit und den Bereich ihrer Aufrechterhaltung. Der Inhalt dieser Forschungsrechte bleibt unberührt, soweit er dem BBergG nicht widerspricht. Forschungsrechte, die nicht befristet sind, erlöschen zehn Jahre nach Inkrafttreten des BBergG.

Für den **inhaltlichen und zeitlichen Fortbestand** der als Erlaubnisse aufrecht-   **4**
erhaltenen Rechte und Verträge gilt Folgendes:
Mit Ausnahme der in Absatz 2 geregelten Besonderheiten erhalten die aufrechterhaltenen Erlaubnisse und Verträge neben dem **Ausschließlichkeitscharakter**
die gleichen **Einzelrechte** und **Befugnisse** wie eine **neuerteilte Erlaubnis**. Lediglich hinsichtlich der Anwendbarkeit der Widerrufs-, Fristen- und Vorrangregelung legt Absatz 2 Besonderheiten gegenüber der Erlaubnis nach § 7 fest.

So kann das als Erlaubnis aufrechterhaltene Recht nach § 18 nur **widerrufen**   **5**
werden, wenn der Widerrufsgrund nach dem Inkrafttreten des BBergG eintritt
oder aber bereits früher eingetreten war und fortbesteht. Das Fortbestehen eines
Widerrufsgrundes hängt davon ab, dass er nach dem bisher geltenden Bergrecht
oder aufgrund allgemeiner Rechtsgrundsätze, wie sie ihren Niederschlag in § 49
VwVfG gefunden haben, wirksam entstanden war. Allerdings kann der in § 18
Absatz 2 Satz 1 genannte Widerrufsgrund bei aufrechterhaltenen Rechten und
Verträgen erst nach der Bestätigung (nicht nach der Erteilung) entstehen.

Eine **Verlängerung** aufrechterhaltener Aufsuchungsrechte ist, gleichgültig was   **6**
sich aus ihrem Inhalt oder bei dem bisherigen Recht ergibt, nur noch dann
möglich, wenn das Erlaubnisfeld trotz planmäßiger, mit der zuständigen Behörde abgestimmter Aufsuchung noch nicht ausreichend untersucht werden konnte
(§ 16 Absatz 4 Satz 2). Die zeitliche Dauer der Verlängerung liegt im pflichtgemäßen Ermessen der Behörde, sollte jedoch drei Jahre nicht unterschreiten.

Sind aufrechterhaltene Rechte oder Verträge **unbefristet**, so erlöschen sie zehn   **7**
Jahre nach Inkrafttreten des BBergG. Allerdings hat der bis dahin Berechtigte
einen Rechtsanspruch auf **Neuerteilung**, wenn kein Versagungsgrund nach § 11
vorliegt.

Mit **anderen Erlaubnisanträgen**, die für das gleiche Feld und den gleichen   **8**
Bodenschatz gestellt werden, braucht er sich nicht auseinanderzusetzen, weil
die Vorrangregelung des § 14 nicht gilt. Der bisherige Erlaubnisinhaber hat
insoweit „**Prüfungsvorrang**" vor allen anderen Anträgen.

Die in Absatz 3 getroffene Regelung über die Grundbuchberichtigung hat ihren   **9**
Grund darin, dass die Erlaubnis kein eintragungsfähiges Recht ist.

§ 153   Konzessionen, Erlaubnisse und Verträge zur Gewinnung

Aufrechterhaltene Rechte und Verträge im Sinne des § 149 Abs. 1 Satz 1 Nr. 2
und 7, die zur Gewinnung von Bodenschätzen oder zur Verfügung über Boden-
schätze berechtigen, gelten für die Bodenschätze, die Zeit und den Bereich, für
die sie aufrechterhalten bleiben, als Bewilligung nach § 8, soweit dieses Gesetz
nichts anderes bestimmt. § 152 Abs. 2 Satz 1 sowie Abs. 3 gilt entsprechend.
Auf eine Verlängerung befristeter Rechte und Verträge gilt § 16 Abs. 5 Satz 3
entsprechend.

Nach § 152, der Aufsuchungsrechte und Rechte zu Forschungshandlungen als   **1**
Erlaubnisse i. S. von § 7 fortführt, regelt § 153 solche Gewinnungsrechte, die als
Bewilligung des § 8 fortgelten. Es sind dies solche Rechte und Verträge, die nach
§ 149 Absatz 1 Satz 1 Nr. 2, 7 aufrechterhalten bleiben. Der sachliche, zeitliche
und räumliche Geltungsbereich dieser Gewinnungsberechtigungen bleibt für die
Dauer ihrer Geltung gewahrt.

Rechte und Verträge, die hiernach in der Form der Bewilligung weitergelten   **2**
sollen, sind insbesondere Ermächtigungen, Erlaubnisse und Verträge zur Gewin-

nung **von Bodenschätzen,** die unter **echtem Staatsvorbehalt** (vgl. Anmerkung zu § 3 Rn 13) standen sowie Aufsuchungs- **und** Gewinnungsberechtigungen für Erdöl, Erdgas, Kies und Sand im Bereich des **Festlandsockels.** Außerdem zählt hierzu das nach § 149 Absatz 1 Satz 1 Nr. 7 aufrechterhaltene Verfügungsrecht des Grundeigentümers (vgl. Anmerkung zu § 149 Rn 39), das einem aufrechterhaltenen Bergwerkseigentum unterliegt.

3   Die **Fortgeltung** dieser Rechte und Verträge als Bewilligung steht unter dem **Vorbehalt des Gesetzes.** Danach werden auch hier, wie schon bei den aufrechterhaltenen Aufsuchungsberechtigungen, einige der auf die Bewilligung anwendbaren Vorschriften wie Widerruf und Fristenregelung für diese Rechte modifiziert.

4   Die **Widerrufsregeln** nach § 18 gelten für diese Berechtigungen nur, wenn der **Widerrufsgrund nach** dem Inkrafttreten des **BBergG** eintritt oder aber bereits vorher eingetreten war und fortbesteht. Das entspricht den Grundsätzen des § 152 Absatz 2. Auf das dort Gesagte kann insoweit verwiesen werden.

5   Für die **zeitliche Geltung** der als Bewilligung aufrechterhaltenen Rechte und Verträge ist zu unterscheiden, ob sie befristet oder unbefristet begründet wurden. Sind sie **unbefristet begründet** worden, so unterliegen sie auch in Zukunft **keiner** zeitlichen **Begrenzung.** Waren sie dagegen **befristet** erteilt, so bleiben sie für die **Dauer** dieser **Befristung** aufrechterhalten. Nach Ablauf dieser Befristung ist eine **Verlängerung** bis zur voraussichtlichen Erschöpfung der Vorräte des Vorkommens bei ordnungs- und planmäßiger Gewinnung möglich (§ 16 Absatz 5 Satz 3).

6   Die Verweisung in Satz 2 auf § 152 Absatz 3 dient lediglich der **Ordnung des Grundbuchs,** weil die Eintragung der Bewilligung ihrer Natur nach nicht möglich ist.

§ 154 Bergwerke, Bergwerksberechtigungen und Sonderrechte

(1) Aufrechterhaltene Rechte im Sinne des § 149 Abs. 1 Satz 1 Nr. 4, die zur Aufsuchung und Gewinnung berechtigen, gelten für die Bodenschätze und den Bereich, für die sie aufrechterhalten bleiben, als Bergwerkseigentum im Sinne des § 151. Rechte, die ihrem Wortlaut nach auf alle vom Verfügungsrecht des Grundeigentümers ausgeschlossenen Bodenschätze erteilt, übertragen oder verliehen worden sind, gelten dabei für die Bodenschätze, die nach den beim Inkrafttreten dieses Gesetzes geltenden bergrechtlichen Vorschriften des Landes oder Landesteiles, in dessen Gebiet das Recht gilt, bergfrei oder dem Staate vorbehalten waren. Steht nicht fest, auf welche Bodenschätze sich ein Recht bezieht, so ist insoweit der Inhalt des Rechts durch die zuständige Behörde für den Zeitpunkt des Inkrafttretens dieses Gesetzes festzustellen. Dabei sind Art und Umfang der in den letzten dreißig Jahren vor Inkrafttreten dieses Gesetzes ausgeübten Tätigkeit angemessen zu berücksichtigen.

(2) Ist bei der Erteilung, Übertragung oder Verleihung des Rechts im Sinne des Absatzes 1 Satz 1 eine Urkunde, die der nach den beim Inkrafttreten dieses Gesetzes geltenden bergrechtlichen Vorschriften der Länder über die Entstehung von Bergwerkseigentum auf bergfreie Bodenschätze erforderlichen Verleihungsurkunde entspricht, nicht ausgefertigt worden, so hat die zuständige Behörde eine die Verleihungsurkunde ersetzende Urkunde auszustellen und auf Verlangen dem beim Inkrafttreten dieses Gesetzes Berechtigten zuzustellen. Die Urkunde muß den § 17 Abs. 2 Satz 2 entsprechen und den Inhalt der Feststellung nach Absatz 1 Satz 3 und 4 enthalten.

(3) Ist ein Recht im Sinne des Absatzes 1 Satz 1 nicht oder nicht als Bergwerkseigentum im Grundbuch eingetragen, so gilt § 17 Abs. 3 entsprechend.

An die Stelle der beglaubigten Abschrift der Berechtsamsurkunde tritt eine beglaubigte Abschrift der Verleihungsurkunde oder einer entsprechenden Urkunde.

Von Landesberggesetzen **bereits vorgefundene** und von ihnen als Bergwerkseigentum bestätigte **Aufsuchungs- und Gewinnungsrechte** im Sinne des § 149 Absatz 1 **Satz 1 Nr. 4** (im Einzelnen vgl. § 149 Rn 29) werden für die Bodenschätze und für den Bereich ihrer Geltung als **unbefristetes und unwiderrufbares Bergwerkseigentum** nach § 151 aufrechterhalten (Absatz 1 Satz 1).   1

Absatz 1 **Satz 2** enthält eine besondere Regelung für solche alten Rechte, die sich ausdrücklich auf **alle vom Verfügungsrecht des Grundeigentümers ausgenommenen Bodenschätze** erstrecken oder deren Inhalt insoweit nicht festgelegt ist. Nach der Amtl. Begründung (Zydek, 585) sollte für sie Folgendes gelten: 2

*„Diejenigen Rechte, die ausdrücklich alle dem Verfügungsrecht des Grundeigentü-mers entzogenen Bodenschätze umfassen, werden unter Abwägung der hiervon betroffenen Interessen in der Weise fest abgegrenzt, daß sie sich auf diejenigen Bodenschätze beziehen, die nach den beim Inkrafttreten dieses Gesetzes geltenden landesrechtlichen Vorschriften für das Gebiet, in dem das Recht gilt, bergfrei oder dem Staate vorbehalten waren. **Bei den Rechten, deren Inhalt** in bezug auf die ihnen unterliegenden Bodenschätze **nicht feststeht**, ist von der **zuständigen Behörde** für den Zeitpunkt des Inkrafttretens dieses Gesetzes eine **inhaltliche Feststellung vorzunehmen**. Dabei ist es – in Anlehnung an die für die Ersitzung geltenden Maßstäbe – gerechtfertigt, die innerhalb eines längeren Zeitraumes recht-mäßig ausgeübte Tätigkeit, also Art und Umfang der tatsächlichen Ausübung des Rechts, angemessen zu berücksichtigen.“*

Absatz 2 hat die Aufgabe, die aufrechterhaltenen Rechte auch **formell dem Bergwerkseigentum gleichzustellen**. Das erfordert die **Existenz einer Verlei-hungsurkunde**. Deshalb sieht Absatz 2 vor, für die alten Rechte von der zustän-digen Behörde **Ersatzurkunden** ausstellen zu lassen, wenn über die alten Rechte keine Urkunden ausgefertigt waren, die den Verleihungsurkunden für das Berg-werkseigentum vergleichbar sind.   3

Durch Bezugnahme auf § 17 Absatz 2 wird sichergestellt, dass die Ersatzurkun-de den für die Entstehung neuen Bergwerkseigentums maßgeblichen Inhalt erhält. Ist der Inhalt des Rechts durch die Behörde festgestellt, so muss auch der Inhalt dieser **Feststellung in** die **Ersatzurkunde aufgenommen** werden.   4

Die **grundbuchrechtliche Konsequenz** aus der Gleichstellung der alten Rechte mit dem Bergwerkseigentum zieht Absatz 3, indem er die zuständige Behörde verpflichtet, die Eintragung des aufrechterhaltenen Rechts im Grundbuch zu erwirken (§ 17 Absatz 3). Soweit der zuständigen Behörde eine Berechtsams-urkunde im Sinne des § 17 Absatz 2 als Unterlage für die Grundbucheintragung nicht vorliegt, kann an deren Stelle eine beglaubigte Abschrift der Verleihungs-urkunde oder eine entsprechende Urkunde treten.   5

§ 155 Dingliche Gewinnungsrechte

Aufrechterhaltene dingliche Gewinnungsrechte im Sinne des § 149 Abs. 1 Satz 1 Nr. 3 treten für die Bodenschätze, die Zeit und den Bereich, für die sie aufrechterhalten bleiben, an die Stelle des durch sie belasteten Bergwerks-eigentums. Die §§ 24 bis 29 sind nicht anzuwenden.

Dingliche Gewinnungsrechte, die nach § 149 Absatz 1 Nr. 3 (vgl. Anmerkung zu § 149 Rn 28) aufrechterhalten bleiben, sind **selbstständig** im Grundbuch **einge-tragene Gewinnungsrechte**, die ein aufrechterhaltenes Bergwerkseigentum belas-   1 ten. Diese „*Nutzungsrechte eigener Art*" (Ebel/Weller, § 38c Anmerkung 2) sind eigenständige Gewinnungsberechtigungen mit den **Einzelbefugnissen** des durch sie **belasteten Bergwerkseigentums**. Sie treten deshalb an seine Stelle und gelten für die Bodenschätze, den Bereich und die Zeit ihrer Aufrechterhaltung als dem **Bergwerkseigentum vergleichbare Rechte** fort.

2 Das durch sie **belastete Bergwerkseigentum** ist in der Zeit ihres Bestehens **nicht nutzbar**; es lebt erst nach ihrem Erlöschen wieder mit dem Inhalt des § 151 auf, sofern es nach § 149 aufrechterhalten und bestätigt worden ist.

3 Um die notwendige Einheit zwischen ursprünglich belastetem und zeitlich verselbstständigtem Bergwerkseigentum nicht zu gefährden, müssen bei Letzterem die Möglichkeiten der Vereinigung, Teilung oder des Austauschs von Bergwerksfeldern ausgeschlossen werden. Dem trägt in Absatz 2 die Verweisung auf die §§ 24–29 Rechnung.

§ 156 Aufrechterhaltene Rechte und Verträge über grundeigene Bodenschätze

(1) Der Inhalt aufrechterhaltener Rechte und Verträge im Sinne des § 149 Abs. 1 Satz 1 Nr. 5 und 6 bleibt unberührt, soweit dieses Gesetz nichts anderes bestimmt.

(2) Rechte im Sinne des Absatzes 1 können nur mit Genehmigung der zuständigen Behörde an einen anderen durch Rechtsgeschäft abgetreten oder zur Ausübung überlassen werden. Dasselbe gilt für die Änderung von Verträgen im Sinne des Absatzes 1 und des § 149 Abs. 3 Satz 2 sowie für die Überlassung der Ausübung des sich aus einem solchen Vertrag ergebenden Aufsuchungs- oder Gewinnungsrechts. Die Genehmigung darf nur versagt werden, wenn die Abtretung, Überlassung oder Änderung die sinnvolle oder planmäßige Aufsuchung oder Gewinnung der Bodenschätze beeinträchtigt oder gefährdet.

(3) Rechte und Verträge im Sinne des Absatzes 1 erlöschen nach Maßgabe der beim Inkrafttreten dieses Gesetzes geltenden bergrechtlichen Vorschriften der Länder, sofern sie nicht bereits vorher aus anderen Gründen erloschen sind. § 149 Abs. 6 gilt entsprechend.

1 Aufrechterhaltene Rechte und Verträge im Sinne des § 149 Absatz 1 Satz 1 Nr. 5 und 6 (vgl. Anmerkung zu § 149 Rn 31 ff.), vor allem **Rechte der Grundeigentümer und selbstständige**, vom Grundeigentümer bestellte **dingliche Gerechtigkeiten** sowie **Verträge**, die der Grundeigentümer oder eine Person, die ihr Recht vom Grundeigentümer ableitet, abgeschlossen haben, **bleiben** in ihrem Inhalt vom BBergG grundsätzlich **unberührt**. Der ihnen zugrunde liegende Rechts- oder Vertragsinhalt bleibt ohne Bezugnahme auf eine der Berechtigungsformen des BBergG aufrechterhalten. Für den Fortbestand der Zuordnung der Bodenschätze gilt § 150 Absatz 1.

2 Allerdings lässt das BBergG im Interesse der Einheitlichkeit auch diese Rechte und Verträge für die Zukunft **nicht gänzlich unangetastet**. So wird nach Absatz 2 die **Verfügungsbefugnis** der aus diesen Rechten oder Verträgen Berechtigten über ihre Rechtsposition weitgehend **beschränkt**. Denn sie dürfen ihre Rechte nur noch **mit Genehmigung** der zuständigen Behörde rechtsgeschäftlich abtreten, übertragen oder zur Ausübung überlassen. Gleiches gilt für die inhaltliche **Änderung** der mit dem Grundeigentümer geschlossenen **Verträge**. Auch sie ist **genehmigungspflichtig**.
Praktische Bedeutung hat § 156 bei den sog. **Erdölaltverträgen**, die insbesondere in Niedersachsen zwischen Grundeigentümern und Erdölproduzenten geschlossen wurden. Es waren in der Regel Pachtverträge, in denen die Verfügungs-

gewalt, auf Grundstücken zu bohren und unter ihnen abzubauen, geregelt wurde (OLG Celle, NJW 1957, 1331; Rötelmann, NJW 1957, 1321). Als Pachtzins wurde Nutzungsentschädigung („Wartegeld"), nach Fündigkeit Förderzins gezahlt. Sie wurden häufig schon unter Geltung der Erdöl-VO vom 13.12.1934 (GS. S 463 = ZfB 1934, 365) für 30 Jahre geschlossen und wurden, ggf. nach Verlängerung, durch § 149 aufrechterhalten. Sofern die Parteien für die aufrechterhaltenen Verträge eine Verlängerung der Vertragsdauer vereinbarten, bedurfte der Vertrag der Genehmigung gemäß § 156 Absatz 2 Satz 2 (Einzelheiten bei Schulz, ZfB 1990, 263 ff., 286). Hierzu gehörten nicht die Verträge die sich automatisch nach bestimmter Zeit verlängerten („evergreen-Verträge") sowie Verträge, die fortgelten, solange nicht gekündigt wird.

Diese Genehmigung darf allerdings nur **versagt werden,** wenn die Abtretung, **3** Überlassung oder Änderung der Rechte die sinnvolle oder planmäßige Aufsuchung oder Gewinnung der Bodenschätze beeinträchtigen oder gefährden würde. Dieser Versagungsgrund entspricht dem in vergleichbarer Form bei der Erlaubnis und der Bewilligung verwendeten (§§ 11 Nr. 8, 12 Absatz 1 Satz 1) (im Einzelnen vgl. § 11 Rn 18 ff.). Dem Genehmigungsvorbehalt unterliegt nicht die Übertragung des Eigentums an einem Grundstück.

Der **zeitliche Geltungsrahmen** der nach § 149 Absatz 1 Satz 1 Nr. 5 und 6 **4** aufrechterhaltenen Rechte und Verträge wird durch das bis zum Inkrafttreten des BBergG geltende **Landesbergrecht** bestimmt. Er ist deshalb im Einzelfall festzustellen. Führen allerdings andere Gründe außerhalb des Landesbergrechts zu einem vorherigen Erlöschen, so gilt dieser Zeitpunkt als maßgeblich für die Beendigung dieser Rechte und Verträge. Die grundbuchrechtlichen Folgen des Erlöschens regeln sich nach § 149 Absatz 6. Danach hat die zuständige Behörde das Grundbuchamt um Löschung des Rechts zu ersuchen. Bei der Prüfung im Rahmen des § 156 Absatz 2 Satz 3 kommt es nicht nur auf die Folgen der Überlassung als solche, sondern auch auf die tatsächlichen Auswirkungen der aufgrund des Rechtserwerbs geplanten Nutzungen an. Ein Beurteilungsspielraum wird der Behörde nicht eingeräumt. Die Genehmigung darf im Hinblick auf zu erwartende Auswirkungen des geplanten Vorhabens auf ein benachbartes Unternehmen nur versagt werden, wenn bereits absehbar ist, dass das hinzutretende Vorhaben den bergrechtlichen Anforderungen nicht genügt und die Zulassung eines Betriebsplans ausgeschlossen ist (OVG Lüneburg, NordÖR 2004, 123 = ZfB 2004, 12).

§ 157   Grundrenten

Aufrechterhaltene Grundrenten und sonstige Abgaben im Sinne des § 149 Abs. 1 Satz 1 Nr. 8 sind nach Maßgabe der für sie beim Inkrafttreten dieses Gesetzes geltenden Vorschriften weiterhin zu entrichten.

Grundrenten, die nach § 149 Absatz 1 Satz 1 Nr. 8 aufrechterhalten geblieben **1** sind (vgl. § 149 Rn 40), werden ihrem Inhalt und ihrer Dauer nach auch künftig durch das bis zum Inkrafttreten des BBergG geltende Landesrecht oder das von diesem aufrechterhaltene und fortgeführte Recht bestimmt und sind nach diesem Recht auch weiterhin zu entrichten (LG Koblenz = ZfB 98 (1957), 460).

Diese von § 157 akzeptierte **Weitergeltung des bisherigen Rechts** beruht auf der **2** Überlegung, dass die Grundrenten in die Berechtigungsformen des BBergG nicht eingeordnet, insbesondere nicht dem Bergwerkseigentum gleichgestellt werden können (Zydek, 589).

Aufrechterhalten bleiben diese Grundrenten und sonstigen Abgaben durch die **3** Bestätigung der Aufrechterhaltung eines Rechts nach § 149 Absatz 1 Satz 1

Nr. 4 (Bergwerkskonzessionen). Die Anzeigevoraussetzungen und -fristen ergeben sich je nachdem, ob die Grundrenten im Grundbuch eingetragen sind oder nicht, nach § 149 Absatz 1, 2.

§ 158   Erbstollengerechtigkeiten

(1) Auf aufrechterhaltene Erbstollengerechtigkeiten im Sinne des § 149 Abs. 1 Satz 1 Nr. 9 sind, soweit sich aus Absatz 2 nichts anderes ergibt, die beim Inkrafttreten dieses Gesetzes geltenden Vorschriften anzuwenden.

(2) Der aus einer Erbstollengerechtigkeit Berechtigte hat innerhalb von drei Jahren nach Inkrafttreten dieses Gesetzes die Eintragung der Erbstollengerechtigkeit im Grundbuch zu beantragen. Erbstollengerechtigkeiten, deren Eintragung im Grundbuch nicht innerhalb dieser Frist beantragt worden ist, erlöschen, soweit sie nicht bereits vor Ablauf dieser Frist aus anderen Gründen erloschen sind.

1   Erbstollen (zum Recht vor Inkrafttreten des BBergG vgl. § 223 ABG; zum Begriff *„Erbstollengerechtigkeit"* s. Ebel/Weller, § 223 Anmerkung 1) sind solche Stollen, die ein Dritter zum Besten fremder Gruben im freien oder nicht freien Feld anlegt, um neue Lagerstätten von Mineralien zu erschließen oder den fremden Gruben Wasser- oder Wetterlösung zu verschaffen. Der Inhaber der **Erbstollengerechtigkeit** (Erbstöllner) hat in seinem Feld ein wirkliches Bergwerkseigentum. Das Erbstollenrecht musste stets durch **Verleihung erworben** werden. Allerdings konnten schon nach den LBergG neue Erbstollengerechtigkeiten nicht mehr verliehen werden. Denn seit dem Inkrafttreten des ABG ist das Erbstollenrecht durch das Hilfsbaurecht (§§ 61, 62, 63 ABG) abgelöst worden.

2   Die bisher schon aufrechterhaltenen **Erbstollenrechte** gelten auch unter dem BBergG inhaltlich und zeitlich unverändert fort. Sie sind auch weiterhin **nach dem früher geltenden Recht zu behandeln,** weil sie sich in die Berechtigungsformen des BBergG nicht eingliedern lassen.

3   Aus Gründen der Rechts- und Verfahrensvereinheitlichung verlangt Absatz 2 für alle Erbstollengerechtigkeiten den **obligatorischen Antrag** des Rechtsinhabers **auf Eintragung** im Grundbuch **innerhalb von drei Jahren** nach Inkrafttreten des BBergG. Damit wird auch die Unklarheit darüber beseitigt, ob das Erbstollenrecht zu seiner Wirksamkeit der Eintragung im Grundbuch bedarf (Ebel/Weller, § 223 Anmerkung 1). Wird der Antrag in diesem Zeitraum nicht gestellt, so erlischt das Recht, wenn es bis dahin von Rechts wegen überhaupt Bestand gehabt hat.

4   **Anzeigevoraussetzungen** und -fristen hängen davon ab, ob das Recht eingetragen war oder nicht. Bei **Eintragung** gilt die Dreijahresfrist nach der öffentlichen Aufforderung (§ 149 Absatz 2 Nr. 1). Ist das Recht nicht eingetragen, beginnt die Dreijahresfrist mit dem Inkrafttreten des BBergG. Bei der Anzeige ist in diesem Fall die Vorlage der Verleihungsurkunde erforderlich (§ 149 Absatz 1 Satz 1 a und b).

§ 159   Alte Rechte und Aufsuchung zu wissenschaftlichen Zwecken

Aufrechterhaltene alte Rechte und Verträge, die allein oder neben anderen Befugnissen ein ausschließliches Recht zur Aufsuchung von Bodenschätzen zum Gegenstand haben, schließen die Erteilung einer Erlaubnis zur großräumigen Aufsuchung sowie einer oder mehrerer Erlaubnisse zur Aufsuchung zu wissenschaftlichen Zwecken nach § 7 für dasselbe Feld nicht aus.

§ 159 ist keine Aufrechterhaltungsvorschrift im engeren Sinne, sondern eher **1** eine Kollisionsnorm. Diese Vorschrift soll sicherstellen, dass **großräumige Aufsuchung und Aufsuchung zu wissenschaftlichen Zwecken** durch aufrechterhaltene Rechte und Verträge, die allein oder neben anderen Befugnissen ein ausschließliches Recht zur Aufsuchung von Bodenschätzen zum Gegenstand haben, nicht behindert werden. § 159 ist insoweit eine Entsprechung und Ergänzung der in § 7 Absatz 2 getroffenen Regelung, die eine Überschneidung von gewerblicher, wissenschaftlicher und großräumiger Aufsuchung grundsätzlich zulässt.

§ 159 stellt nach der Amtl. Begründung (Zydek, 591) keine Beeinträchtigung **2** alter Rechte und Verträge dar, sondern die **Fortschreibung** eines bereits **bestehenden Zustands**. Denn nach bisher geltendem Recht war die Aufsuchung zu wissenschaftlichen Zwecken auch im räumlichen Bereich dieser alten Rechte und Verträge möglich, weil sie nicht als Schürfen etwa im Sinne des § 3 ABG NRW anzusehen war.

§ 160 Enteignung alter Rechte und Verträge

(1) Die nach § 149 aufrechterhaltenen Rechte und Verträge können durch die zuständige Behörde gegen Entschädigung ganz oder teilweise aufgehoben werden, soweit von dem Fortbestand dieser Rechte oder der Fortsetzung ihrer Nutzung oder von der Aufrechterhaltung oder der Durchführung der Verträge eine Beeinträchtigung des Wohles der Allgemeinheit zu erwarten ist, insbesondere wenn sich das Recht oder der Vertrag auf Bodenschätze von besonderer volkswirtschaftlicher Bedeutung bezieht und diese Bodenschätze nur deshalb nicht gewonnen werden, weil der Berechtigte das Recht nicht nutzt oder den Vertrag nicht durchführt und die Nutzung oder Durchführung nach den gegebenen Umständen auch nicht in absehbarer Zeit aufnehmen wird.

(2) Die Entschädigung ist als einmalige Leistung in Geld zu entrichten; § 84 Abs. 2, 4 Satz 3 und Absatz 5 Satz 1, § 85 Abs. 1 und 2, § 86 Abs. 1 und 3, § 89 Abs. 2 und 4 und § 90 Abs. 1 Nr. 2 und 4, Absatz 2 und 4 gelten entsprechend. Wird ein Recht dinglicher Art aufgehoben, so gelten für die Entschädigung die Artikel 52 und 53 des Einführungsgesetzes zum Bürgerlichen Gesetzbuch entsprechend.

(3) Die Entschädigung ist von dem Land zu leisten, in dem die Bodenschätze belegen sind, auf die sich das ganz oder teilweise aufgehobene Recht oder der ganz oder teilweise aufgehobene Vertrag bezogen hat; sind die Bodenschätze im Bereich des Festlandsockels belegen, so ist die Entschädigung vom Bund zu leisten.

(4) Auf die Enteignung nach den Absätzen 1 bis 3 sind die Vorschriften über das förmliche Verwaltungsverfahren nach Teil V Abschnitt 1 des Verwaltungsverfahrensgesetzes anzuwenden.

(5) Ist ein nach Absatz 1 ganz oder teilweise aufgehobenes Recht im Grundbuch eingetragen und die Aufhebung unanfechtbar, so ersucht die zuständige Behörde das Grundbuchamt um die Berichtigung des Grundbuchs.

(6) Für Rechte im Sinne des § 149 Abs. 2a, die noch nicht bestätigt worden sind, gelten die Absätze 1 bis 5 entsprechend.

§ 160 räumt der zuständigen Behörde das Recht ein, **aufrechterhaltene** Rechte **1** und Verträge auch dann aufzuheben, wenn diese Rechte und Verträge nach § 149 angezeigt und bestätigt worden sind (zur Vorgeschichte, dem sog. Betriebszwang: Boldt/Weller, § 160 Rn 1 f.). Da in einem solchen Fall eine vom Gesetzgeber anerkannte vermögenswerte Rechtsposition entzogen wird, die den Schutz des Artikel 14 GG genießt, ist die Aufhebung nur in der Form und mit den Rechtsfolgen einer Enteignung möglich.

2 Eine Aufhebung nach § 160 Absatz 1 ist nur zulässig, wenn
- vom Fortbestand des Rechts bzw. der Fortsetzung seiner Nutzung oder
- von der Aufrechterhaltung bzw. der Durchführung eines Vertrags

eine **Beeinträchtigung des Wohls der Allgemeinheit** zu erwarten ist.

3 Diese Grundvoraussetzung jeder enteignenden Maßnahme (Artikel 14 Absatz 3 GG) soll dann beispielsweise erfüllt sein, wenn
- das Recht oder der Vertrag die Aufsuchung oder Gewinnung von volkswirtschaftlich besonders bedeutungsvollen Mineralien betrifft und
- diese Bodenschätze schon jetzt und auch künftig nicht gewonnen werden, weil der Berechtigte das Recht nicht nutzt oder den Vertrag nicht durchführt und das auch nicht zu erwarten ist.

4 Unter welchen konkreten Voraussetzungen allerdings eine Beeinträchtigung des Wohls der Allgemeinheit eintritt, muss in jedem Einzelfall geprüft werden (Erläuterungen zur Grundabtretung vgl. auch § 79 Rn 1 ff.; Boldt/Weller, § 160 Rn 4 f.).

5 Für die **Entschädigungsregelung** im Falle der Enteignung von aufrechterhaltenen Rechten und Verträgen verweist Absatz 2 auf die entsprechenden Bestimmungen des Grundabtretungsverfahrens (vgl. dazu §§ 84 Rn 3 ff., 85 Rn 5 ff., 86 Rn 1 ff., 89 Rn 18 ff., 21 ff., 90 Rn 3, 9; ausführlich hierzu Boldt/Weller, § 160 Rn 5). Wird ein Recht dinglicher Art aufgehoben, so gelten die Artikel 52, 53 EGBGB entsprechend. Dadurch wird sichergestellt, dass dinglich berechtigte Dritte, die durch die Aufhebung ihre Rechte verlieren, an der Entschädigung partizipieren (Boldt/Weller, §§ 160 Rn 4 a. E., 37 Rn 2 a. E.).

6 Da die **Aufhebung von alten Bergbauberechtigungen** nur im öffentlichen Interesse zulässig ist, ohne dass ein privater Dritter als Begünstigter in Betracht kommt, ist grundsätzlich das Land zur Zahlung der Entschädigung verpflichtet, in dem die Bodenschätze gelegen sind, auf die sich das aufgehobene Recht oder der aufgehobene Vertrag bezieht. Entschädigungspflichtiger für die Aufhebung von Rechten im Bereich des Festlandsockels ist der Bund, was allerdings dem in § 137 niedergelegten Grundsatz der Länderzuständigkeit widerspricht. **Anspruchsberechtigte** der Entschädigung sind die Inhaber der Bergbauberechtigungen, seien sie natürliche oder juristische Personen.

7 Für die **verfahrensrechtliche Seite** der Enteignung stellt § 160 keine eigene Lösung zur Verfügung, sondern verweist auf Teil V Abschnitt 1 (förmliches Verwaltungsverfahren) des VwVfG des Bundes (§§ 63–71) bzw. die nahezu gleichen Vorschriften im VwVfG der Länder, soweit solche von diesen erlassen worden sind (vgl. hierzu und zu Grundsätzen des förmlichen Verfahrens § 36 Satz 2, Kommentierung Rn 2 ff.).

8 Absatz 5 normiert die grundbuchrechtlichen Folgen einer Aufhebung. Sie können allerdings erst eingeleitet werden, wenn die Aufhebung unanfechtbar geworden ist.

9 **Absatz 6** ist durch die Änderung des BBergG (Artikel 1 Nr. 10 des Gesetzes zur Änderung des BBergG vom 12.2.1990 = BGBl I, 215) im Jahre **1990 angefügt** worden. Das geschah gleichzeitig mit der Änderung des § 149 und der Einfügung des Absatz 2 a (Fristverlängerung für Salzabbaugerechtigkeiten: § 149 Rn 34 ff.) in diese Vorschrift. Daraus ergibt sich auch der sachliche Zusammenhang. Durch die Ergänzung des § 149 können nämlich **Salzabbaugerechtigkeiten**, selbst wenn sie nicht innerhalb der ursprünglich vorgesehenen Frist angezeigt und bestätigt waren, als schwebend wirksame Rechte aufrechterhalten bleiben und so eine Sperrwirkung gegenüber neuen Abbaurechten entfalten (Boldt/Weller, § 149 Rn 38; derselbe, Erg.-Bd., § 160 Rn 3).

Diese Sperrwirkung kann ggf. zu Beeinträchtigungen einer sinnvollen und plan- **10** mäßigen Aufsuchung und Gewinnung von neuen Salzlagerstätten führen. Um das zu vermeiden, hat der Gesetzgeber eine rechtliche Handhabe für die behördliche Aufhebung im Einzelfall geschaffen. Durch den neu eingefügten Absatz 6 ist die Möglichkeit einer zwangsweisen Aufhebung deshalb auch für solche Salzabbaugerechtigkeiten gegeben, deren Aufrechterhaltung noch nicht von der zuständigen Behörde bestätigt worden ist.

§ 161 Ausdehnung von Bergwerkseigentum auf aufgehobene Längenfelder

(1) Wird auf Antrag eines Bergwerkseigentümers Bergwerkseigentum für ein Längenfeld nach § 151 in Verbindung mit § 20 oder durch Enteignung nach § 160 ganz oder teilweise aufgehoben, so ist Bergwerkseigentum für ein Geviertfeld, das
1. auf den gleichen Bodenschatz oder die gleichen Bodenschätze wie das Bergwerkseigentum für das Längenfeld verliehen worden ist und
2. den durch die Aufhebung betroffenen Bereich des Längenfeldes ganz umschließt,

auf Antrag des Bergwerkseigentümers des Geviertfeldes durch Entscheidung der zuständigen Behörde auf den durch die Aufhebung betroffenen Bereich des Längenfeldes auszudehnen. Wird nur ein Teil des durch die Aufhebung betrof-fenen Bergwerkseigentums für ein Längenfeld von einem auf den gleichen Bodenschatz verliehenen Bergwerkseigentum für ein Geviertfeld umschlossen, so ist hinsichtlich des umschlossenen Teils Satz 1 anzuwenden.

(2) Geviertfeld ist ein Feld, das den Voraussetzungen des § 4 Abs. 7 entspricht. Längenfeld ist ein Feld, das im Streichen und Einfallen dem Verlauf einer Lagerstätte folgt. Als Längenfeld im Sinne des Absatzes 1 gilt auch ein Feld, das, wie Breitenfelder, Vertikallagerungsfelder, Gevierte Grubenfelder, weder die Voraussetzungen des Satzes 1 noch des Satzes 2 erfüllt.

Die in den §§ 161, 162 entschiedenen Fragen hängen mit der durch Gesetz **1** (§ 160) **erzwungenen oder** vom Rechtsinhaber **angestrebten** (§ 20) **Bereinigung** von aufrechterhaltenen Bergwerksfeldern, insbesondere mit dem **Übergang** vom herkömmlichen **Längen-** (zur vorgefundenen Situation: Boldt/Weller, § 161 Rn 1 f.), zum heute üblichen **Geviertfeld** (Absatz 2) zusammen.

In der Amtl. Begründung (Zydek, 596) heißt es dazu: **2**

*„Wird [...] ein Längenfeld durch Enteignung ganz oder teilweise aufgehoben, kann dem Erfordernis eines möglichst geschlossenen und auch unter rechtlichen Gesichtspunkten einheitlichen Gebiets einer Bergbauberechtigung am besten dadurch Rechnung getragen werden, daß das **Geviertfeld** auf den **Bereich des aufgehobenen** (entweder durch Enteignung (§ 160) oder durch Aufhebung (§ 20)) **Längenfeldes** ausgedehnt wird, wenn und soweit ersteres das Längenfeld umschließt und auf die gleichen Bodenschätze wie das aufgehobene Längenfeld verliehen worden ist. Aus denselben Gründen muß die Ausdehnungsmöglichkeit auch für den Fall der Aufhebung von Längenfeldern nach § 20 i.V. mit §§ 9, 151, 154 geschaffen werden. Da eine **Ausdehnung** gegen den Willen des Geviertfeld-eigentümers rechtlich bedenklich wäre, ist sie **nur auf dessen Antrag zulässig.“***

Antragsberechtigt ist der Bergwerkseigentümer, dessen Geviertfeld den durch die **3** Aufhebung betroffenen Bereich des Längenfeldes umschließt. Zuständige Behör-de für die Entscheidung über die Ausdehnung des Geviertfeldes ist nach Län-derrecht die Bergbehörde.

4 Die **Definitionen des Geviertfeldes** und des Längenfeldes in Absatz 2 Satz 1 und 2 entsprechen dem früheren Recht (Boldt/Weller, § 161 Rn 1, 5). Die Fiktion in Satz 3 soll Feldesformen wie z. B. Breitenfelder und gevierte Grubenfelder außerhalb des Geviertfeldcharakters in die Ausdehnungsmöglichkeit nach Absatz 1 ebenfalls einbeziehen.

§ 162 Entscheidung, Rechtsänderung

(1) In der Entscheidung über die Ausdehnung des Bergwerkseigentums für ein Geviertfeld auf den Bereich eines durch Enteignung nach § 160 ganz oder teilweise aufgehobenen Bergwerkseigentums für ein Längenfeld hat die zuständige Behörde dem Antragsteller aufzuerlegen, die nach § 160 Abs. 2 Satz 1 geleistete Entschädigung dem Land bis zur Höhe des Verkehrswertes des Bereichs zu erstatten, auf den das Bergwerkseigentum für ein Geviertfeld ausgedehnt wird. Für die Bemessung des Verkehrswerts, die nach § 85 Abs. 2 vorzunehmen ist, ist der Zeitpunkt der Entscheidung maßgebend.

(2) Mit Unanfechtbarkeit der Entscheidung wird die Ausdehnung des Geviertfeldes wirksam. Die zuständige Behörde hat die erforderlichen Zusatzurkunden auszufertigen. Die zuständige Behörde ersucht das Grundbuchamt, die Rechtsänderung im Grundbuch einzutragen.

1 Wird im Wege der Enteignung nach § 160 das Bergwerkseigentum für ein Längenfeld ganz oder teilweise aufgehoben und dem Bergwerkseigentum für ein Geviertfeld zugeschlagen, so bedeutet dies in der Regel eine Ausdehnung und damit eine **Ausdehnung** und damit eine **Wertsteigerung des begünstigten Geviertfeldes**. Weil eine solche Umschichtung auf einem Antrag des Bergwerkseigentümers beruht (§ 161 Absatz 1 Satz 1), soll das entschädigungspflichtige Land (§ 160 Absatz 3) berechtigt sein, einen angemessenen Anteil der Entschädigungssumme vom Begünstigten zurückzuholen.

2 Die **Bemessungsgrundlage** hierfür ist der **Verkehrswert** (vgl. § 194 BauGB und § 85 Absatz 2 BBergG) für den Bereich, auf den das Bergwerkseigentum für ein Geviertfeld ausgedehnt worden ist (Absatz 1 Satz 1). Maßgeblicher Zeitpunkt für die Berechnung des Verkehrswertes ist der Zeitpunkt der Ausdehnungsentscheidung, sachlicher Rahmen sind die in § 85 Absatz 2 genannten Kriterien. Danach wird der Verkehrswert „durch den Preis bestimmt, der in dem Zeitpunkt, auf den sich die Ermittlung bezieht, im gewöhnlichen Geschäftsverkehr nach den rechtlichen Gegebenheiten und tatsächlichen Eigenschaften, der sonstigen Beschaffenheit und Lage des Gegenstandes der Wertermittlung ohne Rücksicht auf ungewöhnliche oder persönliche Verhältnisse zu erzielen gewesen wäre".

3 Die Ausdehnung des Geviertfeldes soll erst mit der Unanfechtbarkeit des Ausdehnungs- und Erstattungsbeschlusses (Absatz 1 Satz 1) wirksam werden (Absatz 2). Die in Absatz 2 Satz 2 der zuständigen Behörde auferlegte Verpflichtung zur Ausfertigung von Zusatzurkunden beruht darauf, dass es sich bei der erweiterten Bergbauberechtigung in jedem Fall um Bergwerkseigentum handelt. Daher müssen sowohl die für den Inhalt des Bergwerkseigentums maßgeblichen Urkunden durch entsprechende Zusatzurkunden als auch das Grundbuch (Absatz 2 Satz 3) den Rechtsänderungen angepasst werden.

ZWEITES KAPITEL   **Auflösung und Abwicklung der bergrechtlichen Gewerkschaften**

§ 163   Auflösung und Umwandlung

(1) Die bei Inkrafttreten dieses Gesetzes bestehenden Gewerkschaften mit eigener oder ohne eigene Rechtspersönlichkeit sind mit Ablauf des 1. Januar 1986 aufgelöst, wenn nicht bis zu diesem Tage

1. ein Beschluß über die Umwandlung der Gewerkschaft nach den Vorschriften des Umwandlungsgesetzes oder nach den §§ 384, 385 und 393 des Aktiengesetzes zur Eintragung in das Handelsregister angemeldet ist,
2. ein Beschluß über die Verschmelzung der Gewerkschaft mit einer Aktiengesellschaft oder einer Kommanditgesellschaft auf Aktien nach den §§ 357 oder 358 des Aktiengesetzes oder mit einer Gesellschaft mit beschränkter Haftung nach den Vorschriften des Zweiten Abschnitts des Gesetzes über die Kapitalerhöhung aus Gesellschaftsmitteln und über die Verschmelzung von Gesellschaften mit beschränkter Haftung zur Eintragung in das Handelsregister angemeldet ist oder
3. die Gewerkschaft durch Beschluß der Gewerkenversammlung oder in sonstiger Weise aufgelöst ist.

Ist der Beschluß über die Umwandlung oder die Verschmelzung angefochten worden, so tritt an die Stelle des in Satz 1 genannten Tages der sechs Monate nach dem Tag der Rechtskraft der Entscheidung liegende Tag. Die Entstehung neuer Gewerkschaften ist ausgeschlossen.

(2) Die Bezeichnung „Gewerkschaft" und der bisher von der Gewerkschaft verwendete Name können in die Firma des Unternehmens, in das die Gewerkschaft umgewandelt worden ist, aufgenommen werden. Die sonstigen firmenrechtlichen Vorschriften bleiben unberührt.

(3) Geschäfte und Verhandlungen, die in der Zeit vom 1. Januar 1982 bis zum 1. Januar 1986 oder zu dem in Absatz 1 Satz 2 genannten Zeitpunkt durchgeführt werden und einer Umwandlung oder Verschmelzung im Sinne des Absatzes 1 Satz 1 Nr. 1 oder 2 dienen, sind von Gebühren und Auslagen der Gerichte und Behörden, soweit sie nicht auf landesrechtlichen Vorschriften beruhen, befreit. Die Befreiung schließt Eintragungen und Löschungen in öffentlichen Büchern ein; sie gilt auch für Beurkundungs- und Beglaubigungsgebühren. Die Sätze 1 und 2 gelten für die Umwandlung einer Gewerkschaft ohne eigene Rechtspersönlichkeit in eine Gewerkschaft mit eigener Rechtspersönlichkeit entsprechend, soweit die Umwandlung der Vorbereitung einer unter Absatz 1 Satz 1 Nr. 1 oder 2 fallenden Umwandlung in eine Gesellschaft mit beschränkter Haftung, Verschmelzung mit einer solchen Gesellschaft oder Umwandlung oder Verschmelzung nach dem Aktiengesetz dient.

(4) Für Gewerkschaften, die am 1. Juli 1985 als Unternehmer im Sinne des § 4 Abs. 5 tätig sind, gelten die Absätze 1 bis 3 mit der Maßgabe, daß an die Stelle des 1. Januar 1986 der 1. Januar 1994 tritt.

§ 164   Abwicklung

(1) Eine aufgelöste oder als aufgelöst geltende Gewerkschaft ist abzuwickeln. Die Fortsetzung der Gewerkschaft ist ausgeschlossen.

(2) Der Repräsentant (Grubenvorstand) hat die Abwickler (Liquidatoren) dem Gericht des Sitzes der Gewerkschaft unverzüglich, spätestens drei Monate nach dem in § 163 Abs. 1 Satz 1, 2 oder Abs. 4 genannten Zeitpunkt, namhaft zu machen. Sind dem Gericht des Sitzes der Gewerkschaft bis zu diesem Zeitpunkt keine Abwickler namhaft gemacht worden, so hat es die Abwickler von Amts wegen zu bestellen. Die zuständige Behörde hat die abzuwickelnde Gewerkschaft dem Gericht des Sitzes der Gewerkschaft unter Angabe ihres

Namens und, soweit bekannt, des Namens des Repräsentanten (Grubenvorstandes) und der Namen der beteiligten Gewerken bekanntzugeben.

(3) Die Abwickler haben dafür Sorge zu tragen, daß die Abwicklung ohne Verzögerung durchgeführt wird.

§ 164 a Überleitung

Die Fortsetzung einer nach § 163 Abs. 1 aufgelösten Gewerkschaft gilt mit dem Inkrafttreten des § 163 Abs. 4 als beschlossen, wenn bei ihr noch nicht mit der Verteilung des Vermögens unter die Gewerken begonnen worden war und sie am 1. Juli 1985 als Unternehmer im Sinne des § 4 Abs. 5 tätig gewesen ist.

§ 165   Fortgeltendes Recht

Bis zu dem in § 163 Abs. 1 Satz 1 oder 2 genannten Zeitpunkt und für den Zeitraum einer Abwicklung nach § 164 sind die beim Inkrafttreten dieses Gesetzes für Gewerkschaften geltenden bergrechtlichen Vorschriften der Länder weiterhin anzuwenden, soweit sich aus § 163 Abs. 1 Satz 3 und § 164 nichts anderes ergibt.

1 Die Aufhebung der bergrechtlichen Gewerkschaft als besondere Gesellschaftsform ist wesentlicher Bestandteil der Bergrechtsreform. Sie wird begründet damit, dass die außerbergrechtlichen Gesellschaftsformen völlig ausreichend seien, um selbst den Anforderungen bei individuell gelagerten Verhältnissen in Fällen von Aufsuchung und Gewinnung von Bodenschätzen gerecht zu werden (BT-Drs 8/1315, 72 = Zydek, 602). Auch habe das Gewerkschaftsrecht den erheblichen Mangel nicht ausreichenden Gläubigerschutzes und sei in der Praxis in immer geringerem Maße von werbenden Gesellschaften mit bergbautypischen Zwecken benutzt worden (hierzu Kühne, Zeitschrift für das gesamte Genossenschaftswesen 1982, 183, 187). Die Versuche, die bergrechtliche Gewerkschaft gegen die Stimmen ihrer Kritiker (vgl. Ebel/Weller, § 94, 1) zu retten (Isay, Entwurf eines Bundesberggesetzes, München, 1954 Boldt, Überlegungen zur Neugestaltung des Rechts der bergrechtlichen Gewerkschaft in Festschrift für Westermann, 1974, 1) sind damit gescheitert.

2 Entscheidend ist nunmehr, dass es in der Praxis weder die sog. **Gewerkschaft alten Rechts** noch die Gewerkschaft **neuen Rechts** gibt. Soweit ein Unternehmen die Bezeichnung „Gewerkschaft" führt, kann das nur in Verbindung mit einer Umwandlung gemäß § 163 Absatz 1 Nr. 1 in eine Kapitalgesellschaft geschehen (§ 163 Absatz 2), z.B. Gewerkschaft Röchling GmbH. Diese Konsequenz ergibt sich aus § 163 Absatz 1. Die Vorschrift enthält drei Aussagen:
- Die Entstehung neuer Gewerkschaften ab 1.1.1982 war **ausgeschlossen**
- Die **bisherigen Gewerkschaften** wurden zum 1.1.1986 aufgelöst, hilfsweise 6 Monate nach dem Tag einer rechtskräftigen Entscheidung über die Anfechtung eines Umwandlungs- oder Verschmelzungsbeschlusses
- Die Gewerkschaft konnte sich vor dem 1.1.1986 auflösen oder die Umwandlung bzw. Verschmelzung beschließen und zur Eintragung in das Handelsregister anmelden.

3 Die Gewerkschaft musste sich also umwandeln oder verschmelzen oder sich durch Beschluss der Gewerkenversammlung auflösen. Andernfalls sollte sie mit Ablauf des 1.1.1986 kraft Gesetzes aufgelöst sein.

Hinsichtlich der **Umwandlung** gab es mehrere Fallgestaltungen: **4**
- Umwandlung einer Gewerkschaft alten Rechts in eine Gewerkschaft neuen Rechts mit dem weiteren Ziel, die Gewerkschaft anschließend in eine zulässige andere Gesellschaftsform umzuwandeln. Rechtsgrundlagen dafür waren §§ 235a bis g ABG, Artikel 221 Bay. BergG.
- Umwandlung einer Gewerkschaft neuen oder alten Rechts durch Übertragung des Vermögens auf die Gewerken gemäß § 25 UmwG. Dazu bedürfte es des Beschlusses der Gewerkenversammlung, der notariell beurkundet werden musste, und der Bestätigung der Bergbehörde. Die Bestätigung bestand in der Feststellung, dass der Beschluss der Gewerkenversammlung unter Beachtung der gesetzlichen Bestimmungen zustande gekommen war (Einzelheiten Boldt/Weller, § 163 Rn 13 bis 29). Anschließend war der Umwandlungsbeschluss beim Registergericht anzumelden und wurde dadurch wirksam. Der neue Rechtsträger trat an die Stelle der Gewerkschaft, ohne dass es weiterer förmlicher Übertragungsakte bedurfte. Neben die Aktivasukzession trat auch eine Schuldenrechtsnachfolge.
- Umwandlung einer Gewerkschaft neuen Rechts in eine **Aktiengesellschaft** gemäß §§ 384, 385 AktG. Diese formwechselnde Umwandlung änderte die Rechtsform der Gewerkschaft unter Wahrung ihrer Identität. Hierbei fand kein Vermögensübergang statt. Es war weder eine Schlussbilanz noch eine Eröffnungsbilanz zu erstellen. Allerdings sind auch in diesem Falle Beschluss der Gewerkenversammlung, notarielle Beurkundung der Niederschrift, Bestätigung durch die Bergbehörde und Eintragung der Umwandlung im Handelsregister erforderlich gewesen. Die Umwandlung war außerdem gemäß § 10 HGB im Bundesanzeiger und in einem anderen Blatt bekannt zu machen (Einzelheiten Boldt/Weller, § 163 Rn 35 bis 55).
- Umwandlung einer Gewerkschaft neuen Rechts in eine **GmbH** gemäß §§ 63 bis 65 UmwG. Nach Beschluss durch die Gewerkenversammlung, dessen notarieller Beurkundung und Bestätigung durch die Bergbehörde, nach Anmeldung der Umwandlung zum Handelsregister und den Bekanntmachungen i.S. von § 65 Absatz 3 UmwG bestand die Gewerkschaft als GmbH weiter. Die Kuxe waren zu Geschäftsanteilen geworden und die an ihnen bestehende Rechte wurden an dem Geschäftsanteil fortgesetzt.

Eine weitere Möglichkeit der Auflösung der Gewerkschaft bestand in ihrer   **5** Verschmelzung, sei es mit einer Aktiengesellschaft (§ 357 AktG), mit einer Kommanditgesellschaft auf Aktien (§ 385 AktG) oder mit einer GmbH (§ 35 Absatz 2 GmbH-VerschmG). Eine Abwicklung fand nicht statt (§ 339 AktG) (Einzelheiten Boldt/Weller, § 163 Rn 72 bis 101).

Die zunächst **vorgeschriebene Beendigungsfrist** zum 1.1.1986 ist noch zweimal   **6** **verlängert** worden.

Durch Artikel 8 des 1. Rechtsbereinigungsgesetzes v. 24.4.1986 (BGBl, 561) ist   **7** § 163 Absatz 4 neu aufgenommen worden. Unter den dort vorgeschriebenen Voraussetzungen wurde die Auslauffrist auf den 1.1.1989 bestimmt. Den noch aktiven bergrechtlichen Gewerkschaften sollte die Möglichkeit gegeben werden, innerhalb von 3 Jahren die Umwandlung durchzuführen.

Durch Artikel 2 des Gesetzes zur Änderung des Gesetzes über den Sozialplan im   **8** Konkurs- und Vergleichsverfahren des BBergG v. 20.12.1988 (BGBl, 2450) wurde die Auslauffrist nochmals um 5 Jahre verlängert, also bis zum 1.1.1994.

Die Einführung von § 163 Absatz 4 hatte auch eine Ergänzung im § 164   **9** Absatz 2 zur Folge. Außerdem wurde § 164a in das Gesetz aufgenommen, da das 1. Rechtsbereinigungsgesetz v. 24.4.1986 erst nach dem 1.1.1986, dem Ablauf der zunächst in § 163 Absatz 1 gesetzten Frist, in Kraft trat.

10 Obwohl die bergrechtliche Gewerkschaft spätestens nach dem 1.1.1994 keine praktische Bedeutung mehr hat, sollte wegen ihrer **bergrechtlich historischen Bedeutung** (s. auch die umfangreichen Literaturangaben bei Boldt/Weller, Vorbem. § 163) ein kurzer **Rückblick** angebracht sein:

11 § 163 Absatz 1 beendete eine Gesellschaftsform, die dem ältesten deutschen Bergrecht angehörte. Sie ist schon in der ersten Aufzeichnung mittelalterlichen Bergwerksgebräuchen, dem Tridentiner Bergrecht v. 1208, enthalten und wurde fortgeführt in den mittelalterlichen Bergordnungen sowie in Teil II Titel 16 ALR und als „Gewerkschaft alten Rechts" auch durch §§ 226 ff. ABG nicht aufgelöst. Diese altrechtliche Gewerkschaft war eine Gesellschaft ohne eigene Rechtspersönlichkeit, eine Gesellschaft von Eigentümern zur gesamten Hand (Seume, ZfB 1965, 144 f.; Ebel/Weller § 226, 4 b).

12 Durch §§ 94 ABG wurde die **bergrechtliche Gewerkschaft „neuen Rechts"** eingeführt. Sie war juristische Person mit unbeschränkter Rechts- und Handlungsfähigkeit. Ihr gehörten das Bergwerk und das übrige Vermögen, sie haftete allein für die Verbindlichkeiten. Den Schwankungen des Bergbaubetriebs trug das stets wandelbare Gesellschaftskapital Rechnung. Der Gewerke war bei Verlusten zur Zubuße verpflichtet, konnte sich jedoch durch Verzicht (Abandon) auf seinen Anteil (Kux) befreien, sodass der Kux im Wege der Mobiliarversteigerung veräußert wurde und der Erlös die Zubuße tilgte.

13 Der **Begriff Kux** hatte dreierlei Bedeutungen: Er war der quotenmäßige Anteil des Gewerken an dem gesamten gewerkschaftlichen Vermögen. Er war Ausdruck der Rechte und Pflichten des in das Gewerkenbuch eingetragenen Gewerken und schließlich auch die Urkunde (Kuxschein) über die Eintragung in das Gewerkenbuch. Der Kuxschein war kein Wertpapier. Seine Übertragung setzte nicht die Übergabe des Scheins voraus (Noltze/Winkelmann, Glückauf 1982, 105, 108). Der Kux als Mitgliedschaftsrecht der Gewerken hatte im Gegensatz zur Aktie keinen Nennwert, sodass aus der Anzahl der Kuxe unmittelbar der Umfang der Beteiligung hervorgeht.

14 Die Gewerkschaftsorgane waren die **Gewerkenversammlung,** die auch dem Vorstand Anweisungen zur Geschäftsführung geben konnte und in allen geschäftlichen Angelegenheiten die Kompetenz hatte (Knitterscheid, ZfB 1955, 140, 148, hiergegen Dapprich, Glückauf 1951, 927, 931 und ZfB 1955, 154), und der **Grubenvorstand (bei Einzelpersonen Repräsentant),** der zwar die Gewerkschaft gerichtlich und außergerichtlich vertrat, dessen Vertretungsmacht jedoch dahingehend beschränkt werden konnte, dass er zu wichtigen Geschäften einer besonderen Ermächtigung durch die Satzung bedurfte.

15 Die Besonderheiten der Gewerkschaft gegenüber anderen gesellschaftsrechtlichen Formen waren insbesondere
– **Finanzierungselastizität:** die Kapitalerhöhung wurde im Regelfall über Zubußeleistungen vollzogen, die die Gewerkenversammlung mit einfacher Stimmenmehrheit beschloss. Auch die Ausgabe neuer Kuxe nach vorheriger Herabsetzung der Quoten war als Finanzierungsmittel einfacher zu handhaben als bei anderen Gesellschaftsformen. Eine Kapitalerhöhung konnte ohne den Zwang der Publizität durchgeführt werden. Ein verminderter Kapitalbedarf konnte durch erhöhte Ausbeuten reibungslos ausgeglichen werden. Da kein Zwang zur gesetzlichen Rücklage bestand, war die Gewerkschaft in der Bilanzierung und Gewinnverwendung freier gestellt als die AG (Seume, aaO, 157).
– **Geringe Mobilität der Kuxe:** Durch die Gefahr der Zubuße war der Kux weniger mobil als die Aktie.

– **Gläubigerschutz:** Das Gewerkschaftsrecht kannte keine Gläubigerschutz-bestimmungen zum Zwecke der Erhaltung des Gewerkschaftsvermögens. Die Ausbeute konnte über den Jahresgewinn hinausgehen, die persönliche Haftung der Gewerken durch Zubußen war durch das Abandonrecht neu-tralisiert.

DRITTES KAPITEL   Sonstige Übergangs- und Schlussvorschriften

§ 166   Bestehende Hilfsbaue

Die bei Inkrafttreten dieses Gesetzes bestehenden, nach den vor diesem Zeit-punkt geltenden Vorschriften rechtmäßig angelegten Hilfsbaue gelten als Hilfs-baue im Sinne dieses Gesetzes.

Rechtmäßig nach dem bisher geltenden Recht angelegte **Hilfsbaue,** die bei Inkrafttreten des BBergG bestanden haben, gelten von diesem Zeitpunkt an als Hilfsbaue im Sinne dieses Gesetzes (vgl. Anmerkung zu §§ 44–46; zum Begriff „Hilfsbau" und seiner Bedeutung nach altem und neuem Recht: Boldt/Weller, § 44 Rn 1 ff.) (vgl. §§ 44, 45, 46 sowie die dort gemachten Ausführun-gen).

§ 167   Fortgeltung von Betriebsplänen und Anerkennungen

(1) Für Tätigkeiten und Einrichtungen im Sinne des § 2 und der §§ 126 bis 131, die bei Inkrafttreten dieses Gesetzes der Bergaufsicht unterliegen, gilt Folgen-des:

1. **Die im Zeitpunkt des Inkrafttretens dieses Gesetzes zugelassenen Betriebspläne gelten für die Dauer ihrer Laufzeit als im Sinne dieses Geset-zes zugelassen.**
2. **Die Personen, deren Befähigung zur Leitung und Beaufsichtigung des Betriebes anerkannt ist (Aufsichtspersonen), gelten für die Dauer der Aner-kennung, höchstens jedoch für zwei Jahre nach Inkrafttreten dieses Geset-zes, für die ihnen im Zeitpunkt des Inkrafttretens dieses Gesetzes über-tragenen Geschäftskreise als verantwortliche Personen im Sinne der §§ 58 und 59.**
3. **Die Personen, die vom Unternehmer (Bergwerksbesitzer, Bergwerksunter-nehmer) im Rahmen seiner verantwortlichen Leitung des Betriebes zur Wahrnehmung bestimmter Aufgaben und Befugnisse für die Sicherheit und Ordnung im Betrieb bestellt und der Bergbehörde namhaft gemacht worden sind (verantwortliche Personen), gelten mit Maßgabe der ihnen im Zeitpunkt des Inkrafttretens dieses Gesetzes übertragenen Aufgaben und Befugnisse als verantwortliche Personen im Sinne des §§ 58 und 59.**

(2) Absatz 1 Nr. 2 und 3 gilt von dem Zeitpunkt ab nicht, von dem ab nach einer auf Grund des § 66 Satz 1 Nr. 9 erlassenen Bergverordnung die Fachkunde der in Absatz 1 Nr. 2 und 3 genannten Personen für die ihnen übertragenen Geschäftskreise oder Aufgaben und Befugnisse wegen der in der Bergver-ordnung gestellten Anforderungen nicht ausreicht oder der Unternehmer ihre Bestellung im Sinne des § 59 ändert.

Die Vorschrift regelt das Fortgelten von zugelassenen Betriebsplänen und Bestel-   **1** lungen von Aufsichtspersonen, die nach bisherigem Recht erfolgen. Voraus-setzung ist, dass es sich um Aufsuchen, Gewinnen oder Aufbereiten von Boden-schätzen handelt oder um unter Bergaufsicht stehende alte Halden, Versuchsgruben, Hohlraumbauten oder Hauptstellen für das Grubenrettungswesen.

2 Die **Fortgeltung zugelassener Betriebspläne** betrifft zunächst vom Wortlaut der Bestimmung her die Dauer. Sie gelten so lange fort, wie ihre Laufzeit dauert. Bei unbefristeten Zulassungen bedeutet das unbefristete Fortgeltung. Die Fristen des § 52 für Haupt- und Rahmenbetriebspläne gelten insofern nicht nachträglich für diese Zulassungen.

3 Die Fortgeltung betrifft aber auch den Inhalt dieser Betriebspläne. Sie gelten so weiter, wie sie zugelassen wurden. Für sie ist beispielsweise § 52 Absatz 4, der den Inhalt neu zugelassener Betriebspläne bestimmt, nicht anzuwenden. Ein nach altem Recht zugelassener Rahmenbetriebsplan dient als Grundlage für die ihn ausfüllenden Haupt- und Sonderbetriebspläne auch dann, wenn er nicht inhaltlich den Voraussetzungen des § 52 entspricht. Eingriffe in den Rahmenbetriebsplan und seine Grundlagenwirkung sind nur nach § 56 Absatz 1 Satz 2 möglich. Zugelassen und damit fortgeltend sind auch Betriebspläne, die durch Nachtragsanträge nach dem 1.1.1982 ergänzt oder bei denen unter Fortbestand der Zulassung Änderungen aufgenommen wurden oder die zur Zeit des Inkrafttretens des BBergG verwaltungsgerichtlich angefochten oder gegen deren Auflagen Widerspruch eingelegt worden war.

4 Allerdings wird man auf diese Betriebspläne § 56 Absatz 1 Satz 2 über nachträgliche Aufnahme, Änderung oder Ergänzung von Auflagen anwenden können. Denn die Fortgeltungsgarantie geht nur dahin, dass die alten Betriebspläne „als zugelassen gelten", d.h. es bedarf nicht mehr des Verwaltungsakts der Zulassung nach den Vorschriften des BBergG. Die weitere rechtliche Behandlung des Betriebsplans nach der Zulassung erfolgt dann aber nach den Vorschriften des BBergG.

5 Die Aufrechterhaltung nach § 167 Absatz 1 Nr. 1 betrifft nur Betriebspläne, nicht Ausnahmebewilligungen oder Erlaubnisse aufgrund von Bergverordnungen. Bei diesen ergibt sich der Fortbestand aus dem Fortgelten der Verordnungen gemäß § 176 Absatz 3.

6 Bei dem **Weitergelten der Anerkennungen und Bestellungen von Personen** ist zu unterscheiden zwischen denen, die als Aufsichtsperson nach den älteren Berggesetzen von der Bergbehörde anerkannt worden sind, und denen, die nach neu gefassten Berggesetzen (ABG von Hessen, NRW, Saarland, Rheinland-Pfalz, Baden-Württemberg und bayer. BG) vom Unternehmer bestellt worden sind. Die ersteren werden in § 167 Absatz 1 Nr. 2 als Aufsichtspersonen, die letzteren in § 167 Absatz 1 Nr. 3 als verantwortliche Personen bezeichnet.

7 Anerkannte Aufsichtspersonen galten für höchstens 2 Jahre nach dem 1.1.1982 als verantwortliche Personen i.S. des BBergG. Der Grund für die Befristung war, dass der alte – mit der Konzeption des BBergG auf primärer Verantwortlichkeit des Unternehmers für die Bestellung von Personen nicht übereinstimmende – Rechtszustand möglichst bald beseitigt werden sollte. Das Vertrauen in die behördliche Anerkennung sollte eine Zeitlang, aber befristet, geschützt werden. Die Bestimmungen des § 167 Absatz 1 Nr. 2, Nr. 3 und Absatz 3 sind inzwischen durch Zeitablauf **gegenstandslos** geworden.

8 Für die Fortgeltung von Betriebsplänen und Anerkennungen, die den Bergbau der ehemaligen DDR betrafen, ist § 167 nicht unmittelbar anzuwenden. Insofern gelten die Sonderregelungen des Einigungsvertrags v. 31.8.1990 (BGBl II, 889) insbesondere Anlage I., Kapitel V, Abschnitt III (hierzu s. § 169 Rn 3ff.).

§ 168   Erlaubnisse für Transit-Rohrleitungen

Die am 1. Januar 1982 nach § 2 des Gesetzes zur vorläufigen Regelung der Rechte am Festlandsockel erteilten vorläufigen Erlaubnisse zur Errichtung oder zum Betrieb von Transit-Rohrleitungen gelten für die Dauer ihrer Laufzeit als Genehmigungen im Sinne des § 133.

Aufgrund von § 2 des früheren und zwischenzeitlich aufgehobenen Gesetzes zur   **1** vorläufigen Regelung der Rechte am Festlandsockel erteilte und noch gültige **Erlaubnisse** für die Errichtung und den Betrieb von **Transit-Rohrleitungen** in oder auf dem deutschen Festlandsockel gelten aufgrund der Fiktion des § 168 für die Dauer ihrer Laufzeit **als Genehmigungen** im Sinne des § 133 fort. Eines besonderen Anmeldeverfahrens bedarf es nicht. Eine Verlängerung ist nur nach diesem Gesetz möglich. Zum Begriff der Transitrohrleitungen s. § 4 Absatz 10, zur Errichtung und zum Betrieb einer Transitrohrleitung in oder auf dem Festlandsockel s. § 133.

Einer Textänderung bedurfte es trotz der Erweiterung des § 133 auf Unter-   **2** wasserkabel nicht. Hierfür hat § 168 b eine eigenständige Bestandsschutzregelung getroffen.

§ 168 a   Genehmigungen im Bereich der Erweiterung des Küstenmeeres

Bestehende Rechte im Bereich der Erweiterung des Küstenmeeres nach dem Beschluß der Bundesregierung vom 19. Oktober 1994 (BGBl. I S. 3428), insbesondere Genehmigungen zur Vornahme von Forschungshandlungen im Sinne des § 132 oder zur Errichtung oder zum Betrieb von Transit-Rohrleitungen im Sinne des § 133, gelten nach Maßgabe ihrer Laufzeit als Genehmigungen, Erlaubnisse, Bewilligungen oder sonstige behördliche Entscheidungen nach den seit dem 1. Januar 1995 auf sie anwendbaren Rechtsvorschriften.

§ 168 b   Vorhandene Unterwasserkabel

Soweit Unterwasserkabel bereits verlegt worden sind und betrieben werden, gelten sie als nach § 133 Abs. 4 genehmigt, wenn sie den Voraussetzungen des § 133 Abs. 2 entsprechen.

Die §§ 168 a und b sind durch das Gesetz zur Ausführung des SRÜ der   **1** Vereinten Nationen vom 10.12.1982 sowie des Übereinkommens vom 28.7.1994 zur Durchführung des XI. Teils des SRÜ (AusführungsG SRÜ 1982/1994) (BGBl I, 778; ZfB 136 (1995), 239 ff.) vom 6.6.1995 in das BBergG eingefügt worden.

In der Begründung zu Artikel 8 dieses Gesetzes, das neben den Änderungen des   **2** BBergG auch die Neuregelung des MbergG (vgl. Anmerkung zu § 2 Rn 62 ff.) enthält, heißt es:

„Die Vorschriften des SRÜ [...] (Seerechtsübereinkommens) [...] über den Festlandsockel (Artikel 76 ff.) und die ausschließliche Wirtschaftszone (Artikel 55 ff.) sowie die **Erweiterung des deutschen Küstenmeers** *und die Errichtung einer* **deutschen ausschließlichen Wirtschaftszone** *machen die Anpassung einiger Vorschriften des BBergG erforderlich. Soweit die SRÜ-Vorschriften – wie z. B. Artikel 78 und 79 – jedoch unmittelbar zur Interpretation der Gesetzesvorschriften heranziehbar sind (vgl. z. B. §§ 49, 55, 132, 133 BBergG), erscheint eine Änderung des Wortlauts nicht geboten."*

3   Konkret zu den neu eingefügten §§ 168 a und b heißt es:

*„Die Statusänderung von bisherigem Festlandsockelgebiet in Nachbarschaft des bisherigen Küstenmeeres erfordert, soweit dies ausgeweitet wird, einen Bestandsschutz für die im Erweiterungsbereich nach Festlandsockelregime erteilten Genehmigungen und Rechte. Dieser **Bestandsschutz ist der Fiktion des § 168 nachgebildet**, so daß sich eine sonstige Rechtsvereinheitlichung erübrigt (§ 168 a)."*

4   *„Bei den vor Inkrafttreten des SRÜ (16. November 1994) verlegten und betriebenen **Unterwasserkabeln**, für die mangels einer Regelung keine Genehmigungen und Rechte erteilt wurden, soll durch Einfügung des **§ 168 b ein faktischer Bestandsschutz** unter der Bedingung eingeräumt werden, daß die Unterwasserkabel den Voraussetzungen des § 133 entsprechen."*

§ 169   Übergangszeit bei Unterstellung unter die Bergaufsicht, eingestellte Betriebe

(1) Für Tätigkeiten und Einrichtungen im Sinne des § 2 und der §§ 126 bis 131 (Betriebe), die erst mit Inkrafttreten dieses Gesetzes der Bergaufsicht unterliegen, gilt folgendes:
1.   Der Unternehmer hat seinen Betrieb unverzüglich der zuständigen Behörde anzuzeigen.
2.   Die nach § 51 oder nach den §§ 126 bis 130 in Verbindung mit § 51 für die Errichtung oder Führung des Betriebes erforderlichen Betriebspläne sind innerhalb einer Frist von vier Monaten nach Inkrafttreten dieses Gesetzes der zuständigen Behörde zur Zulassung einzureichen. Ist der Betriebsplan fristgemäß eingereicht, so bedarf es für die Errichtung oder Fortführung des Betriebes bis zur Unanfechtbarkeit der Entscheidung über die Zulassung keines zugelassenen Betriebsplanes. Bei Untergrundspeichern ist der Nachweis der Veröffentlichung nach § 126 Abs. 1 Satz 2 nicht erforderlich.
3.   Verantwortliche Personen sind, soweit nach § 59 Abs. 2 oder nach den §§ 126 bis 131 in Verbindung mit § 59 Abs. 2 erforderlich, innerhalb einer Frist von vier Monaten nach Inkrafttreten dieses Gesetzes zu bestellen und der zuständigen Behörde namhaft zu machen.

(2) Auf Betriebe im Sinne des Absatzes 1, die bei Inkrafttreten dieses Gesetzes bereits endgültig eingestellt waren oder die Erdwärme gewinnen und diese Wärme zu Bade- oder Heilzwecken nutzen, ist dieses Gesetz nicht anzuwenden. Dieses Gesetz ist ferner auf Betriebe nicht anzuwenden, in denen bei Inkrafttreten dieses Gesetzes Ziegeleierzeugnisse auch aus Tonen im Sinne des § 3 Abs. 4 Nr. 1 hergestellt werden.

1   Die Vorschrift regelt den Übergang von Betrieben, die bisher nicht der Bergaufsicht unterstellt waren, in die Bergaufsicht. Da es sich bereits um „errichtete" und „aufgenommene" Betriebe handelt, reichte die Anzeigepflicht des § 50 nicht aus, um die Bergbehörde über die Existenz dieser Betriebe zu unterrichten. In § 169 Absatz 1 Nr. 1 ist daher eine Anzeigepflicht des Unternehmers festgelegt worden. Anders als in § 50 Absatz 1 entfällt die Pflicht zur Anzeige nicht, wenn ein Betriebsplan eingereicht wird. Diese Pflicht obliegt dem Unternehmer vielmehr gemäß § 169 Absatz 1 Nr. 2 zusätzlich. Der Betriebsplan tritt neben die Genehmigungen oder Erlaubnisse, die bisher für den Betrieb erteilt wurden. Ferner muss der Unternehmer innerhalb von 4 Monaten verantwortliche Personen bestellen. Bis zur Bestellung hat er jedoch schon die allgemeinen Pflichten des § 61. Zum Begriff der Transitrohrleitungen s. § 4 Absatz 10, zur Errichtung und zum Betrieb einer Transitrohrleitung in oder auf dem Festlandsockel s. § 133.

2   Die **endgültige Einstellung** i. S. von § 169 Absatz 2 Satz 1 **beginnt**, sobald die Errichtungs- und/oder Betriebsführungsphase mit der Absicht beendet wird, sie

nicht wieder aufzunehmen. Sie **endet** nach Durchführung des Abschlussbetriebsplans (Bayr. VGH, DVBl 2011, 650 = UPR 2011, 320).
Nach Beendigung der Einstellung setzt die Begründung materieller Polizei- und Ordnungspflichten einschließlich ihres Übergangs auf Dritte im Wege der Rechtsnachfolge grundsätzlich eine formalgesetzliche Grundlage voraus. Einem zivilrechtlichen Vertrag, mit dem die Verantwortlichkeit übertragen wird, kommt keine Außenwirkung für die öffentlich-rechtliche Inanspruchnahme zu (Bayr. VGH, aaO).
Durch Absatz 2 wird festgelegt, dass **Heilbäder,** die am 1.1.1982 bestanden und bei denen die Nutzung, nicht die Gewinnung der Erdwärme im Vordergrund steht, nicht dem BBergG unterliegen. Diese Vorschrift wurde erforderlich, da durch § 3 Absatz 3 Nr. 2 b Erdwärme in den Geltungsbereich des BBergG aufgenommen wurde.

Ähnliches gilt für **Ziegeleien,** die Ziegeleierzeugnisse, die als solche nicht unter   **3**
das BBergG fallen, aus Spezialtonen herstellen. Dabei ist allerdings zu unterscheiden: Betriebe die die Gewinnung von unter das BBergG fallenden Spezialtonen i. S. von § 3 Absatz 4 Nr. 1 und die Herstellung von Ziegeleierzeugnissen bei Inkrafttreten des BBergG am 1.1.1982 ausgeführt haben, fallen gemäß § 169 Absatz 2 nicht unter das BBergG. Dagegen fallen die Betriebe, die solche Tätigkeiten erst nach dem 1.1.1982 aufgenommen haben, in den Geltungsbereich des BBergG (Boldt/Weller, § 169 Rn 3). Das BBergG ist schon dann nicht anwendbar, wenn der gewonnene Ton neben der Ziegelherstellung zu anderen Zwecken, z. B. der Belieferung anderer Unternehmen, verwendet wird. Zur Abgrenzung des Begriffs Ziegeleierzeugnisse, z. B. Mauer-, Dach-, Deckenziegel-, Drainrohre, Klinkerplatten u. a. s. Boldt/Weller, § 169 Rn 4). Zur besonderen Zuständigkeit der Gewerbeaufsicht für Ziegeleibetriebe in Bayern s. Boldt/Weller, § 169 Rn 5.

Eine Renaissance hat die Vorschrift des § 169 durch den **Einigungsvertrag** und   **4**
die **Abgrenzung** zwischen BBergG und dem **Bergrecht der ehemaligen DDR**
erfahren. Dabei ist zu unterscheiden zwischen Betrieben, die nach dem Bergrecht der DDR am 3.10.1990 bereits genehmigt waren (a), den Betrieben die am 1.10.1990 bereits eingestellt waren (b) sowie den Betrieben, die erst aufgrund des Einigungsvertrags der Betriebsplanpflicht unterliegen (c).

Die vor dem 3.10.1990 **genehmigten technischen Betriebspläne** galten nach   **5**
Anlage I., Kapitel V., Sachgebiet D, Abschnitt III., Nr. 1 h des Einigungsvertrags für die Dauer ihrer Laufzeit, längstens bis zum 31.12.1991 als i. S. der §§ 50 bis 56 zugelassen. Der Einigungsvertrag knüpft damit an die Anzeigepflicht (§ 26 Absatz 3 Berggesetz DDR) und den technischen Betriebsplan (§ 32 Absatz 2 der 1. DVO zum Berggesetz DDR) aus dem Bergrecht der DDR an. Der technische Betriebsplan war nämlich das Hauptinstrument der Betriebe zur Durchführung der bergbaulichen Maßnahmen i. S. von § 9 Berggesetz DDR und gleichzeitig Grundlage für die staatliche Bergaufsicht (Mücke, Bergrecht, Berlin 1985, 179; Boldt/Weller, Ergänzungsband Anh. Rn 23).

Eine Besonderheit galt für **Betriebseinstellungen,** die am 3.10.1990 bereits liefen   **6**
oder nach diesem Zeitpunkt abgewickelt wurden, für die aber ein technischer Betriebsplan bereits vor dem 1.10.1990 genehmigt worden war. In diesen Fällen musste innerhalb einer Frist von vier Monaten nach dem 3.10.1990 der genehmigte technische Betriebsplan der Bergbehörde als Abschlussbetriebsplan eingereicht werden. War das fristgerecht geschehen, konnte die Einstellung des Betriebs durchgeführt werden, ohne dass es auf den Zeitpunkt der Zulassung des Abschlussbetriebsplans ankam. Das ergibt sich aus der entsprechenden Anwendung von § 169 Absatz 1 Nr. 2 Satz 2 gemäß Anlage I Kapitel V., Sachgebiet D, Abschnitt III Nr. 1 des Einigungsvertrags.

7 Sofern Betriebe am 1.10.1990 **endgültig eingestellt** waren, galt für sie die Pflicht zur Vorlage eines Abschlussbetriebsplans nicht, da das BBergG gemäß Anlage I Kapitel V., Sachgebiet D, Abschnitt III Nr. 1 Buchstabe b des Einigungsvertrags insoweit nicht anwendbar ist.
Der Begriff der (endgültigen) Einstellung wird weder im Einigungsvertrag noch im Berggesetz DDR definiert. In §§ 50 Absatz 2, 51 Absatz 1 Satz 2, 53 Absatz 1, 55 Absatz 2 Satz 2, 58 Absatz 2, 61 Absatz 2 wird er vielfach genannt, eine Definition findet sich aber auch im BBergG nicht. Das führt zu verschiedenen Interpretationen: Einerseits soll § 169 Absatz 2 die Anwendung des BBergG schon ausschließen, wenn die Gewinnung tatsächlich beendet ist, also die Betriebsphase abgeschlossen ist (Beckmann, Gegenwärtsprobleme des Bergrechts, 1995, S. 74 ff.; UPR 1995, 8). Eine Betriebseinstellung sei auch anzunehmen, wenn die Maßnahmen zur Wiedernutzbarmachung nicht den bergrechtlichen Anforderungen des BBergG entsprechen (Boldt/Weller, § 169 Rn 3). Nach anderer Ansicht kann von einer endgültigen Einstellung erst die Rede sein, wenn die bergrechtlichen Pflichten der Wiedernutzbarmachung erfüllt und die Maßnahmen des Abschlussbetriebsplans abgeschlossen sind (VG Regensburg, ZfB 1992, 298, OVG NRW, ZfB 1986, 377, OVG Magdeburg, ZfB 2001, 220, VGH Mannheim, NUR 2006, 107, VG Magdeburg, ZfB 2002, 206, VG Aachen, ZfB 2007, 155).
Dies rechtfertigt sich für Betriebe im Gebiet der ehemaligen DDR aus der vergleichbaren Systematik von Berggesetz DDR und BBergG. Beide sind in Phasen gegliedert: Aufsuchung (Untersuchungsarbeiten i.S. von § 1 a Berggesetz DDR), Gewinnung (Gewinnungsarbeiten), Wiedernutzbarmachung (Sanierungsarbeiten i.S. von § 1 d Berggesetz DDR). Nach § 15 Absatz 2 des Berggesetzes DDR waren Betriebe, die Bodenflächen in Ausübung ihres Untersuchungs-, Gewinnungs- und Speicherrechts genutzt haben, zur Wiederurbarmachung – einer Teilmenge der Sanierung – verpflichtet. Erst nach Durchführung der Abschlussarbeiten in einem sehr formalisierten Verfahren (§ 5 ff. Wiederurbarmachungsanordnung v. 4.11.1985, GBl DDR I., 369 = ZfB 1986, 216 ff.) war der Gewinnungsbetrieb endgültig eingestellt und konnte ein Rechtsträgerwechsel durchgeführt werden (VG Magdeburg, ZfB 2002, 209). Die Einstellung dieser Betriebe richtet sich nach den Regelungen, die zum Zeitpunkt der Durchführung der Betriebe galten (VG Cottbus, ZfB 2012, 62, 68), d.h. nach den Regelungen des Berggesetzes DDR, der Wiederurbarmachungsanordnungen vom 10.4.1970 (GBl DDR II, 279) und 4.11.1985 (GBl DDR I, 369). Danach dokumentiert ein Rechtsträgerwechsel zugleich das Ende der Wiederurbarmachung, auf die Erfüllung der materiellen Pflichten kam es nicht an (VG Cottbus, aaO, 70).

8 Für Betriebe, die erst **aufgrund des Einigungsvertrags betriebsplanpflichtig** wurden, galten gemäß Anlage I, Kapitel V, Sachgebiet D Abschnitt III Nr. 1 Buchstabe h, aa Satz 4 Einigungsvertrag die Vorschriften des § 169 Absatz 1 Nr. 1 und Nr. 2 entsprechend. Es musste also unverzüglich der Betrieb angezeigt und bis 4.2.1991 ein Betriebsplan eingereicht werden. Der Nachweis der Berechtigung i.S. von § 55 Absatz 1 Satz 1 Nr. 1 konnte zurückgestellt werden bis zur Entscheidung über die Bestätigung der Berechtsame (Anlage I, Kapitel V, Sachgebiet D, Abschnitt III Nr. 1 Buchstabe h, aa Satz 6 Einigungsvertrag).

9 Eine Verletzung der Pflichten aus § 169 Absatz 1 Nr. 1 oder Nr. 3 ist eine Ordnungswidrigkeit gemäß § 145 Absatz 1 Nr. 22.

§ 170 Haftung für verursachte Schäden

Auf Schäden im Sinne des § 114, die ausschließlich vor Inkrafttreten dieses Gesetzes verursacht worden sind, sind die für solche Schäden vor Inkrafttreten dieses Gesetzes geltenden Vorschriften anzuwenden.

Übersicht   Rn

I.   Zweck und Inhalt der Norm   1
II. Ausschließliche Verursachung   3
III. Schadensbegriff   4
IV. Anzuwendendes altes Recht   6

I. Zweck und Inhalt der Norm

Die Vorschrift ordnet die Anwendung der einschlägigen bergrechtlichen Haftungsvorschriften auch über das Datum des Inkrafttretens des BBergG – also des 1.1.1982 (vgl. § 178) – hinaus an, sofern Schäden im Sinne des § 114 ausschließlich vor diesem Zeitpunkt verursacht worden sind. Für solche Schäden gilt mithin das BBergG nicht. Die Regelung dürfte gegenwärtig, d. h. 30 Jahre nach Inkrafttreten des BBergG, nur noch in seltenen Ausnahmefällen Bedeutung haben, war aber im Zeitpunkt der Übergangs von altem zu neuem Bergrecht aus den nachstehenden Gründen sachgerecht und notwendig: Zwischen der maßgebenden Betriebshandlung oder der Summe einzelner Betriebshandlungen, dem Auftreten von Bodenbewegungen auf der Tagesoberfläche, dem Eintritt von Beschädigungen bei Grundeigentum und aufstehenden Anlagen und der Entstehung von Schäden im Rechtssinne kann ein Zeitraum bis zu mehreren Jahren, in Einzelfällen von Jahrzehnten liegen. Ohne die Übergangsregelung würde das BBergG in abgeschlossene, von dem haftenden Bergbauunternehmer nicht mehr beeinflussbare Tatbestände eingreifen und ihn der verschärften Haftung dieses Gesetzes unterwerfen. Diese besteht insbesondere in der neu eingeführten Haftung für Personenschäden und bei Schäden an beweglichen Sachen sowie in der Verbesserung der Beweissituation des Geschädigten durch Einführung der Bergschadensvermutung in § 120. **1**

Es entspricht daher dem **Grundsatz der Verhältnismäßigkeit** und dem **verfassungsrechtlichen Rückwirkungsverbot**, die Folgen derjenigen Betriebshandlungen noch nach altem Recht zu behandeln, die bis zu dessen Auslaufen abgeschlossen waren. Zur Abgrenzung verwendet das Gesetz die **ausschließliche Schadensverursachung** bis zum 31.12.1981, greift also nicht auf das Auftreten von Bodenbewegungen an der Tagesoberfläche, den Eintritt von Beschädigungen und den Eintritt von Schäden im Rechtssinne, sondern auf die maßgebende **Betriebshandlung** zurück. **2**

II. Ausschließliche Verursachung

Schäden sind dann ausschließlich vor dem 1.1.1982 verursacht, wenn die maßgebenden Betriebshandlungen vor diesem Zeitpunkt stattgefunden haben und abgeschlossen sind. **Maßgebende Betriebshandlung** ist der zeitlich und räumlich zusammenhängende Abbau in einem bestimmten Teil des Bergwerksfeldes oder Grubengebäudes (Bauabteilung, Flöz, Streb, Pfeiler). Ist der Abbau in einem solchen Bereich über den Zeitpunkt des Inkrafttretens des Gesetzes hinweg fortgesetzt worden, und stellt sich ein nach diesem Zeitpunkt entstehen- **3** der Schaden (zum Begriff nachstehend Rn 4) als Folgeerscheinung eines zeitlich und räumlich einheitlichen Abbaugeschehens dar, ist die Verursachung nicht ausschließlich vor dem 1.1.1982 verursacht worden mit der Konsequenz, dass sich die Haftung nach dem BBergG richtet.

III. Schadensbegriff

4 Die Übergangsregelung stellt ab auf die Verursachung von **Schäden i. S. von § 114**. Mit Schaden ist nicht der erste Verletzungserfolg, also die Beschädigung einer Sache, gemeint, die das Gesetz in § 114 Absatz 1 als **Bergschaden** legal definiert, sondern der zu ersetzende **Schaden im Rechtssinne**. Abzustellen ist auf die Entstehung von Ansprüchen auf Ersatz solcher Schäden. Nach allgemeinen Grundsätzen zur Zeit des Inkrafttretens des BBergG war ein Schaden, soweit er in der körperlichen Einwirkung auf ein Grundstück oder dessen Zubehörungen bestand, zu dem Zeitpunkt entstanden, in dem er erkennbar geworden war (Rechtsprechung zu § 148 ABG; vgl. Ebel/Weller, § 148 Anmerkung 6 m. w. N.). Diese für das Bergschadensrecht typische Sichtweise ist für die Auslegung der Übergangsregelung heranzuziehen.

5 Da § 170 nur von Schäden i. S. von § 114 spricht, kann davon ausgegangen werden, dass die **Anpassungsregelung der §§ 110 ff.** bei Vorliegen der entsprechenden Voraussetzungen sofort nach Inkrafttreten des Gesetzes anzuwenden war, auch wenn das nach § 110 Absatz 1 erforderliche Bergschadensrisiko ausschließlich auf Betriebshandlungen beruhte, die vor dem 1.1.1982 stattgefunden hatten (vgl. hierzu Vorauflage § 170 Rn 4). Der Frage dürfte inzwischen keine praktische Bedeutung mehr zukommen.

IV. Anzuwendendes altes Recht

6 Auf Schadensfälle, die ausschließlich vor dem Inkrafttreten des BBergG verursacht worden sind, sind die im **Katalog des § 176 Absatz 1** aufgeführten Berggesetze und sonstigen **Gesetze der Bundesländer**, soweit sie Regelungen über den Ersatz von Bergschäden enthalten, weiterhin anzuwenden. Sie bleiben insoweit mit ihren speziellen Regelungen einschließlich ihrer Auslegung durch die einschlägige Rechtsprechung in Kraft. Das Gleiche gilt für das im **Katalog zu § 175** aufgeführte **Bundesrecht**.

7 Eine § 170 vergleichbare Übergangsregelung enthält der **Einigungsvertrag** für den Bereich der **neuen Bundesländer**. Nach der einschlägigen Vorschrift des Vertrages finden die §§ 114 bis 124 BBergG mit der Maßgabe Anwendung, dass die Haftung nach diesen Vorschriften nur für die Schäden gilt, die ausschließlich ab dem Tage des Wirksamwerdens des Beitritts verursacht worden sind. Im Übrigen sind für derartige Schäden die vor dem Tage des Beitritts geltenden Vorschriften der Deutschen Demokratischen Republik anzuwenden (vgl. Einigungsvertrag vom 31. August 1990, Anlage 1 Kapitel V Sachgebiet D, Abschnitt III Nr. 1 Buchstabe k (BGBl II, 889), abgedruckt auch in ZfB 132 (1991), 1 ff.). Für die Auslegung dieser Übergangsvorschrift, die ersichtlich § 170 BBergG nachgebildet ist, können die oben (Rn 1 bis 4) entwickelten Maßstäbe herangezogen werden. Zum Schadensersatzrecht der DDR vgl. Anhang zu § 114.

§ 170 a Verjährung bei Bergschäden

Artikel 229 § 6 des Einführungsgesetzes zum Bürgerlichen Gesetzbuche findet mit der Maßgabe entsprechende Anwendung, dass § 117 Abs. 2 in der bis zum 1. Januar 2002 geltenden Fassung den Vorschriften des Bürgerlichen Gesetzbuchs über die Verjährung in der bis zum 1. Januar 2002 geltenden Fassung gleichgestellt ist.

Die Vorschrift ist durch Artikel 5 des Gesetzes zur Modernisierung des Schuld-   **1**
rechts vom 26.11.2001 (BGBl I, 3138) eingeführt worden. Sie ergänzt die Überleitungsvorschrift des Artikel 229 § 6 EGBGB zum Verjährungsrecht nach dem Gesetz zur Modernisierung des Schuldrechts vom 26.11.2001. Diese Vorschrift gilt grundsätzlich bei allen Ansprüchen im BGB oder außerhalb des BGB, wenn diese Ansprüche sich verjährungsrechtlich ganz oder teilweise nach dem Verjährungsrecht des BGB richten. Wenn aber in Gesetzen außerhalb des BGB eigenständige Verjährungsregelungen enthalten sind, die durch Bezugnahmen auf Verjährungsvorschriften des BGB ersetzt werden sollen, greift Artikel 229 § 6 EGBGB nicht ein. Es musste daher durch § 170 a eine Übergangsvorschrift geschaffen werden, wonach die bisherigen spezialgesetzlichen Verjährungs-regelungen den bisherigen BGB-Verjährungsvorschriften bei Anwendung des Artikel 229 § 6 EG BGB gleichgestellt sind (zu allem BT-Drs 14/6040, Begrün-dung zu Artikel 5, Absatz 20, 32 = ZfB 2002, 7). Der frühere § 117 Ab-satz 2 a. F. regelte die Verjährungsfrist und den Verjährungsbeginn eigenständig. Nach Artikel 229 § 6 EG BGB gelten in den dort genannten Fällen die bishe-rigen Vorschriften über Verjährung, insbesondere die über **Hemmung und Unterbrechung**, auch **nach dem 1.1.2002** fort. Um das zu sichern, bedurfte es der Einführung des § 170 a.

Die Konsequenz der Einfügung des § 170 a ist: **Grundsätzlich** finden die **BGB-**   **2**
Vorschriften in der Fassung, die **nach dem 1.1.2002** gilt, auf alle bestehenden und noch nicht verjährten Ansprüche Anwendung. Der **Beginn**, die **Hemmung**, Ablaufhemmung und der Neubeginn der Verjährung bestimmen sich **nach der alten Fassung** des § 117 Absatz 2, die bis zum 1.1.2002 galt. Danach verjährte der Bergschadensanspruch in drei Jahren von dem Zeitpunkt an, in welchem der Ersatzberechtigte von dem Schaden und der Person des Ersatzpflichtigen Kennt-nis erlangte; ohne Rücksicht auf die Kenntnis dreißig Jahre nach der Entstehung des Bergschadens (s. Voraufl. § 117 Rn 13 ff., 15).

Praktische Bedeutung hat die Anwendung des § 170 a i. V. mit Artikel 229 § 6   **3**
Absatz 1 Satz 2 EGBGB insofern, als die Verjährungsfrist weiterhin am Tag der Kenntnis und nicht gemäß § 199 Absatz 1 BGB am Schluss des Jahres nach Entstehung des Schadens und Kenntnis beginnt (OLG Düsseldorf, ZfB 2009, 296, 302). Es kommt nach § 117 Absatz 2 a. F. nicht darauf an, dass der Anspruch entstanden ist (§ 199 Absatz 1 Nr. 1 BGB), d. h. der Schaden einge-treten ist (BGH, WM 1991, 1737, 1738). Ausreichend für den Beginn der Frist ist die Kenntnis vom Schaden. Andererseits ist positive Kenntnis erforderlich, grobfahrlässige Unkenntnis (§ 199 Absatz 1 Nr. 2 BGB) reicht im Falle des § 170 a i. V. mit Artikel 229 § 6 Absatz 1 Satz 2 EGBGB, 177 Absatz 2 BBergG für den Beginn der Verjährung nicht aus.

§ 171 Eingeleitete Verfahren

(1) In eingeleiteten Grundabtretungs- oder anderen Enteignungsverfahren ist nach den bisher geltenden Vorschriften zu entscheiden. Hat die zuständige Behörde die Entschädigung noch nicht festgesetzt, so sind die Vorschriften dieses Gesetzes über die Entschädigung in gleichen oder entsprechenden Fällen anzuwenden.

(2) In sonstigen eingeleiteten Verfahren ist nach den Vorschriften dieses Gesetzes zu entscheiden.

(3) Die Anfechtung von Verwaltungsakten, die vor Inkrafttreten dieses Gesetzes auf Grund der außer Kraft getretenen Vorschriften ergangen und noch nicht unanfechtbar geworden sind, sowie das weitere Verfahren und die Entscheidung richten sich nach den Vorschriften dieses Gesetzes über die entsprechenden Verwaltungsakte. Ein nach den bisher geltenden Vorschriften zulässiger Rechtsbehelf wird als ein nach diesem Gesetz zulässiger Rechtsbehelf behandelt, auch wenn er bei einer nicht mehr zuständigen Stelle eingelegt wird.

(4) Die Anfechtung von gerichtlichen Entscheidungen, die vor dem Inkrafttreten dieses Gesetzes ergangen und noch nicht unanfechtbar geworden sind oder die in den beim Inkrafttreten dieses Gesetzes anhängigen gerichtlichen Verfahren ergehen, sowie das weitere Verfahren bis zur rechtskräftigen Entscheidung richten sich nach den bisher geltenden Vorschriften.

I. Inhalt und Zweck der Vorschrift

1 Die Vorschrift betrifft im Zeitpunkt des Inkrafttretens des BBergG noch nicht abgeschlossene Grundabtretungs- oder andere Enteignungsverfahren, z. B. Zulegung nach § 35 (Absatz 1), sonstige eingeleitete, noch nicht durch eine Abschlussentscheidung beendete Verfahren (Absatz 2) sowie die Anfechtung von im Zeitpunkt des Inkrafttretens noch nicht unanfechtbaren Verwaltungsakte (Absatz 3) oder noch nicht rechtskräftigen Gerichtsentscheidungen (Absatz 4). Für alle diese Fälle wird festgelegt, ob noch die nach den §§ 175 und 176 aufgehobenen Bundes- oder Landesgesetze oder bereits das BBergG anzuwenden sind.

II. Praktische Bedeutung

2 Eine **praktische Bedeutung** kommt der Übergangsregelung nach dem inzwischen eingetretenen Zeitablauf nicht mehr zu.

III. Nachwirkende Vorschriften alten Rechts

3 Von durchaus praktischer Bedeutung ist aber die Frage, ob die aufgehobenen Gesetze Vorschriften enthalten, die ungeachtet ihrer Aufhebung durch den Gesetzgeber bei der Gesetzesanwendung als fortbestehend zu behandeln sind.

4 Zu diesen Vorschriften rechnet das **Vorkaufsrecht nach § 141 ABG**. Die Vorschrift besagt nach der in Nordrhein-Westfalen und Hessen ehemals geltenden Fassung, dass wegen aller zu Zwecken des Bergbaubetriebs veräußerten Teile von Grundstücken ein Vorkaufsrecht stattfindet, wenn das Grundstück für Zwecke des Bergbaus entbehrlich wird, wobei das Vorkaufsrecht dem derzeitigen Eigentümer des durch die ursprüngliche Veräußerung verkleinerten Grundstücks zusteht. Das Vorkaufsrecht bedurfte keiner Eintragung im Grundbuch, war vielmehr – ebenso wie die Grundabtretung selbst – nach Artikel 22 AGBGB gegenüber Dritten wirksam (Ebel/Weller, § 141 Anmerkung 2). Weitgehend gleichlautende Vorschriften enthielten (mit Ausnahme des BayBergG) die Berggesetze der Bundesländer. Nach BVerfGE 83, 201 (NJW 1991, 1807) ist das Vorkaufsrecht trotz der Aufhebung der Berggesetze nicht erloschen, weil es sich um eine gesetzlich erworbene, durch Artikel 14 GG geschützte Rechtsposition handelt. Daher kann es im Falle des Eintritts des Vorkaufsrechtsfalls ausgeübt werden.

5 Als **fortbestehend** muss dem Sinne nach auch die Vorschrift des § 137 **Absatz 2** **ABG** betrachtet werden. Die Vorschrift gibt dem Grundeigentümer, dem das

Grundstück durch eine Grundabtretung zur Nutzung entzogen worden ist, das Recht, einen bei der Rückgabe vorhandenen Minderwert ersetzt zu verlangen, oder zu fordern, dass der Bergwerksbesitzer (heute Unternehmer), anstatt den Minderwert zu ersetzen, das Eigentum erwirbt. Eine eindeutige § 137 Absatz 2 ABG entsprechende Regelung enthält das BBergG nicht (vgl. im Einzelnen § 81 Rn 19, § 82 Rn 3).

§ 172 Mutungen

Auf Mutungen, die bei Inkrafttreten dieses Gesetzes bereits eingelegt sind und auf die nach den beim Inkrafttreten dieses Gesetzes jeweils geltenden bergrechtlichen Vorschriften der Länder über das Muten und Verleihen Bergwerkseigentum zu verleihen gewesen wäre, ist für die Bodenschätze und das Feld, für die Bergwerkseigentum zu verleihen gewesen wäre, eine Bewilligung zu erteilen, wenn der Muter nicht innerhalb von zwölf Monaten nach Inkrafttreten dieses Gesetzes auf die Erteilung verzichtet.

Mit dem Inkrafttreten des BBergG ist die Begründung von Bergwerkseigentum ohne vorherige Bewilligung ausgeschlossen. Es bedurfte daher einer ausdrücklichen Regelung, wie bei Inkrafttreten (zum Begriff und Inhalt des Mutens: §§ 12 ff. ABG NRW: Ebel/Weller, § 12 Anmerkung 1f) des Gesetzes bereits gestellte **Anträge auf Verleihung von Bergwerkseigentum** (Mutungen) zu behandeln sind. § 172 sieht als Antwort Folgendes vor (ist jedoch seit dem 31.12.1982 praktisch gegenstandslos):

Für bereits bei Inkrafttreten des Gesetzes **eingelegte Mutungen**, d. h. Gesuche um Verleihung des Bergwerkseigentums in einem gewissen Feld und für bestimmte Mineralien, die nach den bergrechtlichen Vorschriften der Länder einen Anspruch auf Verleihung von Bergwerkseigentum begründeten, war eine Bewilligung zu erteilen.

Das galt **auch** dann, wenn die in Betracht kommenden Bodenschätze nach § 3 nicht mehr zu den bergfreien, sondern zu den **grundeigenen Bodenschätzen** gehören. In diesem Fall ist jedoch § 150 Absatz 2 zu beachten. Danach bleiben diese Bodenschätze bis zum Erlöschen der Berechtigung trotz ihrer Neuzuordnung bergfrei.

§ 173 Zusammenhängende Betriebe

(1) Stehen Tätigkeiten und Einrichtungen im Sinne des § 2 (Betrieb) zur unterirdischen Aufsuchung oder Gewinnung von bergfreien oder grundeigenen Bodenschätzen mit einem Betrieb oder Betriebsteil in unmittelbarem räumlichen und betrieblichen Zusammenhang, in dem andere Bodenschätze übertage aufgesucht oder gewonnen werden, so kann die zuständige Behörde bestimmen, daß an die Tätigkeiten und Einrichtungen in diesem Betrieb oder Betriebsteil die Vorschriften dieses Gesetzes anzuwenden sind, soweit dies mit Rücksicht auf die Untrennbarkeit der Arbeits- und Betriebsvorgänge zwischen unter- und übertage geboten ist. Die Anordnung nach Satz 1 ist aufzuheben, wenn eine der Voraussetzungen für ihren Erlaß entfällt.

(2) Soweit Tätigkeiten und Einrichtungen im Sinne des § 2 zur Aufsuchung oder Gewinnung von bergfreien oder grundeigenen Bodenschätzen mit einem Kraftwerk, das zur Aufsuchung oder Gewinnung der Bodenschätze erforderlich ist, oder mit einer Schamottefabrik im unmittelbaren räumlichen und betrieblichen Zusammenhang stehen, kann, wenn das Kraftwerk oder die Schamottefabrik nach den bei Inkrafttreten dieses Gesetzes geltenden Vorschriften zum Bergwesen gehört, die zuständige Landesregierung durch Rechtsverordnung bestimmen, daß auf die Tätigkeiten und Einrichtungen in dem Kraftwerk oder der Schamottefabrik die Vorschriften dieses Gesetzes anzuwenden sind,

**soweit dies mit Rücksicht auf die Untrennbarkeit der Arbeits- und Betriebs-
vorgänge notwendig erscheint.**

1 § 173 hat zwei unterschiedliche Fälle der **Ausdehnung des sachlichen Geltungs-
bereichs** des BBergG in Fällen von unmittelbaren betrieblichen und räumlichen
Zusammenhängen von Aufsuchungs- und Gewinnungsbetrieben im Auge, deren
Arbeits- und Betriebsvorgänge eine einheitliche rechtliche Behandlung erfor-
dern, wenn die Betriebe nicht Schaden nehmen sollen (vgl. Anmerkung zu § 2
Rn 50 ff.; Boldt/Weller, § 173 Rn 1 ff.)

2 Unter diesem Blickwinkel wird in Absatz 1 das Nebeneinander von Betrieben
des über-und untertägigen Bergbaus auf bergfreie und grundeigene Bodenschätze geregelt, während Absatz 2 **regionalen Besonderheiten** Rechnung trägt,
indem er die Anwendbarkeit des BBergG auf sog. Zechenkraftwerke, insbesondere im Saarland, und auf Schamottefabriken in Rheinland-Pfalz ausdehnt (zu
den sog. **Zechenkraftwerken** gab es im Saarland die VO zur Änderung der
Verordnung über die bergaufsichtliche Überwachung der bergbaulichen Neben-
gewinnungs- und Weitenerarbeitungsanlagen durch die Bergbehörden vom
22.1.1938 i.d.F.v. 29.4.1980 = GBl. Saarland, 19; später VO v. 17.2.1982
(ABl 198), zu den Schamottefabriken: LandesVO über die Anwendung der
Bestimmungen des BBergG auf Schamottefabriken v. 24.6.1982 = GVBl Rh.-
Pf. v. 14.7.1982, S. 223).

3 Zur Notwendigkeit der Regelung nach Absatz 1 heißt es in der Amtl. Begründung (Zydek, 622): *„Die Abgrenzung des Geltungsbereiches nach Bodenschätzen in § 3 schließt [...] nicht aus, dass miteinander im Zusammenhang stehende
Betriebe teils in den Geltungsbereich dieses Gesetzes einbezogen sind, zum Teil
jedoch anderen Rechtsordnungen (u.a. Gewerbeordnung) unterliegen. Für derartige Fälle [...] (war) [...] vorgesehen, dass der zuständige Minister die Anwendbarkeit bergrechtlicher Vorschriften auch auf die nicht dem Bergrecht unterliegenden Betriebe anordnen kann, wenn diese mit bergbaulichen Betrieben
räumlich und betrieblich zusammenhängen. § 173 knüpft an diese Regelung
an. Ihr Anwendungsbereich wird allerdings auf das Zusammentreffen unter-
und übertägiger Aufsuchung oder Gewinnung beschränkt, weil nur in derartigen Fällen eine einheitliche Zuordnung unerlässlich ist. Außerdem wird die
Anordnungsbefugnis [...] noch davon abhängig gemacht, dass die Unterstellung
unter das Bergrecht mit Rücksicht auf die Untrennbarkeit der Arbeits- und
Betriebsvorgänge zwischen unter- und übertage geboten ist.“* (Dies war besonders § 3 des in einigen Ländern geltenden Gesetzes über die Beaufsichtigung von
unterirdischen Mineralgewinnungsbetrieben, Tiefspeichern und Tiefbohrungen
vom 18.12.1933; das Gesetz ist in den verschiedenen Ländern nach § 176
aufgehoben).

4 **Absatz 2** ist **erst im Gesetzgebungsverfahren** auf Drängen des Saarlandes unter
Hinweis auf den bewährten Energieverbund zwischen Bergwerk und Kraftwerk
in das Gesetz aufgenommen worden. Um seinem Wunsch Nachdruck zu verleihen, hatte das Saarland noch während des Gesetzgebungsverfahrens die
Kraftwerke ausdrücklich in die VO über die bergaufsichtliche Überwachung
der bergbaulichen Nebengewinnungs- und Weiterverarbeitungsanlagen durch
die Bergbehörden aufgenommen. Damit war die **rechtliche Zuordnung** der
Bergbaukraftwerke zum Bergwerksbetrieb unzweideutig durch den Verordnungsgeber festgelegt worden. Diese Zuordnung gilt nach dem ausdrücklichen
Willen des Absatz 2 trotz der Aufhebung der Nebengewinnungsverordnung
auch noch nach dem Inkrafttreten des BBergG fort.

§ 174 Änderungen von Bundesgesetzen

(1) Die Gewerbeordnung in der Fassung der Bekanntmachung vom 1. Januar 1978 (BGBl. I S. 97), zuletzt geändert durch Gesetz vom 17. März 1980 (BGBl. I S. 321), wird wie folgt geändert:

1. § 24 Abs. 2 erster Halbsatz erhält folgende Fassung: „Absatz 1 gilt auch für die Tagesanlagen des Bergwesens und für Anlagen, die nicht gewerblichen Zwecken dienen, sofern sie im Rahmen wirtschaftlicher Unternehmungen Verwendung finden oder soweit es der Arbeitsschutz erfordert;".

2. In § 34 Abs. 5 wird das Komma nach dem Wort „ist" durch einen Punkt ersetzt; die Worte „im gleichen, dass das Gewerbe der Markscheider nur von Personen betrieben werden darf, welche als solche geprüft und konzessioniert sind" werden gestrichen.

3. In § 120 e wird folgender Absatz 4 angefügt: „(4) Das Bundesministerium für Arbeit und Sozialordnung wird ermächtigt, durch Rechtsverordnung mit Zustimmung des Bundesrates den Geltungsbereich der Verordnung über Arbeitsstätten vom 20. März 1975 (BGBl. I S. 729) und der Verordnung über gefährliche Arbeitsstoffe in der Fassung der Bekanntmachung vom 8. September 1975 (BGBl. I S. 2493) sowie deren Änderungen auf Tagesanlagen und Tagebaue des Bergwesens auszudehnen, soweit dies zum Schutz der in den §§ 120 a und 120 b genannten Rechtsgüter erforderlich ist."

4. § 144 Abs. 1 Nr. 2 erhält folgende Fassung: „2. ohne eine nach Landesrecht erforderliche Genehmigung (§ 34 Abs. 5) den Handel mit Giften betreibt, wenn die Tat nicht in landesrechtlichen Vorschriften mit Strafe oder Geldbuße bedroht ist oder".

(2) § 717 der Reichsversicherungsordnung in der im Bundesgesetzblatt Teil III, Gliederungsnummer 820-1, veröffentlichten bereinigten Fassung, zuletzt geändert durch Artikel 1 des Gesetzes vom 15. Dezember 1979 (BGBl. I S. 2241), erhält folgende Fassung:

„§ 717

Durch allgemeine Verwaltungsvorschriften, die der Zustimmung des Bundesrates bedürfen, werden geregelt

1. das Zusammenwirken der Berufsgenossenschaften und Gewerbeaufsichtsbehörden,

2. das Zusammenwirken der Berufsgenossenschaften und der für die Bergaufsicht zuständigen Behörden.

Die Verwaltungsvorschriften nach Satz 1 Nr. 1 werden vom Bundesministerium für Arbeit und Sozialordnung, die Verwaltungsvorschriften nach Satz 1 Nr. 2 von den Bundesministerien für Arbeit und Sozialordnung und für Wirtschaft erlassen."

(3) § 1 Abs. 2 Nr. 4 des Gesetzes über technische Arbeitsmittel vom 24. Juni 1968 (BGBl. I S. 717), zuletzt geändert durch Gesetz vom 13. August 1979 (BGBl. I S. 1432), wird gestrichen.

(4) Das Rechtspflegergesetz vom 5. November 1969 (BGBl. I S. 2065), zuletzt geändert durch § 37 des Gesetzes vom 13. August 1980 (BGBl. I S. 1301), wird wie folgt geändert:

In § 3 Nr. 1 Buchstabe m wird das Wort „und" durch ein Komma ersetzt; nach dem Wort „Bundesbaugesetz" werden die Worte „und § 94 Abs. 4 des Bundesberggesetzes" eingefügt.

(5) § 4 Abs. 2 des Bundes-Immissionsschutzgesetzes vom 15. März 1974 (BGBl. I S. 721, 1193), zuletzt geändert durch Artikel 12 des Gesetzes vom 28. März 1980 (BGBl. I S. 373), erhält folgende Fassung:

„(2) Anlagen des Bergwesens oder Teile dieser Anlagen bedürfen der Genehmigung nach Absatz 1 nur, soweit sie über Tage errichtet und betrieben werden. Keiner Genehmigung nach Absatz 1 bedürfen Tagebaue und die zum

Betrieb eines Tagebaus erforderlichen sowie die zur Wetterführung unerlässlichen Anlagen."

(6) Dem § 20 der Verordnung zur Ausführung der Grundbuchordnung in der im Bundesgesetzblatt Teil III, Gliederungsnummer 315-11-2, veröffentlichten bereinigten Fassung, geändert durch Artikel 1 der Verordnung vom 21. März 1974 (BGBl. I S. 771), wird folgender Absatz angefügt:

„**(2)** Absatz 1 zweiter Halbsatz gilt auch für die grundbuchmäßige Behandlung von Bergbauberechtigungen."

Übersicht

		Rn
I.	Alte Rechtslage	1
II.	Unfallverhütungsvorschriften der Berufsgenossenschaften	7
III.	Technische Arbeitsmittel	11
IV.	Zuständigkeit des Rechtspflegers	14
V.	Bundes-Immissionsschutzgesetz	15
VI.	Grundbuchmäßige Behandlung von Bergbauberechtigungen	18

I.   Alte Rechtslage

1   Durch § 174 Absatz 1 Nr. 1–4 wurden die dort genannten §§ 24 Absatz 2, 34 Absatz 5, 120e Absatz 4 und 144 Absatz 1 Nr. 2 GewO geändert.

2   § 24 Absatz 2 GewO ermächtigte entgegen der früheren Rechtslage (§ 6 GewO a.F.) zu Rechts-VO i.S. von § 24 Absatz 1 GewO a.F. für **Tagesanlagen des Bergwesens.** Der Begriff umfasste allerdings nicht die Tagebaue. Tagesanlagen i.S. von § 24 Absatz 2 waren Waschkaue, Aufbereitungsanlagen, Rohrleitungen, nicht jedoch die dem untertägigen Bereich zuzurechnenden, aber über die Tagesoberfläche hinausreichende Anlagen, wie Fördertürme, Fördersonden, Grubenlüfter (Boldt/Weller, § 174 Rn 3).

3   §§ 174 Absatz 1 Nr. 2 BBergG i.V. mit 34 Absatz 5 GewO hob die **Ermächtigung zu sog. Markscheider-Zulassungsgesetzen der Länder** auf. Die Länder können nicht mehr eigenständig regeln, dass das Gewerbe der Markscheider nur von geprüften und konzessionierten Personen betrieben werden darf. Stattdessen gilt jetzt § 64 mit der Ermächtigung in § 64 Absatz 3, wonach die Länder die Voraussetzungen festlegen können, unter denen eine Person als Markscheider tätig werden darf.

4   § 120e GewO enthielt die Ermächtigung für den zuständigen Bundesminister, die **Verordnungen für Arbeitsstätten und über gefährliche Arbeitsstoffe auf Tagesanlagen und Tagebaue** auszudehnen, soweit das erforderlich war. Von dieser Ermächtigung wurde durch die 1. VO zur Änderung der VO über Arbeitsstätten v. 2.1.1982 (BGBl, 1) Gebrauch gemacht, wodurch der Anwendungsbereich auf Tagesanlagen und Tagebaue des Bergwesens ausgedehnt wurde mit Ausnahme der in § 56 Absatz 1 und 3 Arbeitsstätten-VO bereits am 1.1.1982 errichteten Arbeitsstätten. Inzwischen sind auch hierzu wieder Änderungen eingetreten: Gemäß § 1 Absatz 2 Arb.StättV v. 12.8.2004 (BGBl 2179), i.d.F. 20.7.2007 (BGBl, 1595) gilt die VO nicht für Arbeitsstätten in Betrieben, die dem BBergG unterliegen.

5   Aufgrund der Ermächtigung des § 120e GewO wurde auch die **VO über gefährliche Arbeitsstoffe** am 11.2.1982 (BGBl, 144) geändert. Nach § 11

Absatz 2 Nr. 1 ArbStoffV galt der 3. Abschnitt (Umgang mit gefährlichen Arbeitsstoffen) nicht für den Umgang mit Arbeitsstoffen in Betrieben, die der Bergaufsicht unterliegen, ausgenommen Tagesanlagen und Tagebaue des Bergwesens. Inzwischen ist die ArbStoffV abgelöst worden durch die **Gefahrstoff-VO** v. 23.12.2004 (BGBl, 3758). Nach dessen § 1 Absatz 5 Satz 2 gilt diese Gefahrstoff-VO nicht in Betrieben, die dem BBergG unterliegen, soweit im BBergG oder in BergVO entsprechende Rechtsvorschriften bestehen.

Inzwischen sind die in § 174 Absatz 1 Nr. 1–4 genannten Vorschriften der   **6**
GewO weggefallen oder aufgehoben, sodass die durch § 174 Absatz 1 bewirkten Änderungen nur noch von rechtshistorischem Interesse sind.

II. Unfallverhütungsvorschriften der Berufsgenossenschaften

Das Verhältnis zwischen Bergrecht und Sozialversicherungsrecht oder zwischen   **7**
Bergbehörde und Bergbau-Berufsgenossenschaft ist einem langjährigen Entwicklungsprozess unterworfen gewesen (hierzu Zydek, ZfB 118 (1977) 340).

Der Gesetzgeber des BBergG hat sich ebenfalls mit diesem Verhältnis befasst   **8**
(hierzu Boldt, RdA 1981, 1, 6). Er wollte es durch eine Änderung und Ergänzung der §§ 708, 717 RVO regeln. Nach § 708 Absatz 4 RVO sollte die Befugnis der Berufsgenossenschaften, Unfallverhütungsvorschriften zu erlassen, nicht gelten für untertägige Betriebe und Betriebsteile von Unternehmen, die der Bergaufsicht unterliegen. Damit sollte die bisherige Beschränkung der Berufsgenossenschaft im gesamten unter Bergaufsicht stehenden Bereich aufgehoben werden und die Berufsgenossenschaft erstmals für weite Bereiche des Bergbaus, nämlich für den gesamten Übertagebereich, Unfallverhütungsvorschriften erlassen können. Dieser Vorschlag der Regierungsvorlage ist nach Ablehnung durch den Bundesrat (BT-Drs 8/1315, Anlage 2, 166 = Zydek, 632) nicht in das Gesetz aufgenommen worden, weil der belegschaftsmäßige Zusammenhang des Übertage- mit dem Untertagebetrieb keine unterschiedlichen Unfallverhütungsvorschriften verträgt. Ebenso ist am Widerstand des Bundesrates der Vorschlag der Regierungsvorlage zur Ergänzung des § 708 RVO durch einen Absatz 5 gescheitert. Danach sollte durch Rechtsverordnung bestimmt werden können, dass auch für übertägige Betriebsanlagen, die mit unter Bergaufsicht stehenden Betrieben in einem räumlichen und betrieblichen Zusammenhang verbunden sind, die Bergbau-Berufsgenossenschaft Unfallverhütungsvorschriften erlassen darf.

Überstanden hat die parlamentarische Diskussion lediglich der Regierungsvor-   **9**
schlag, durch § 174 Absatz 2 den § 717 RVO zu ändern. Obwohl diese Änderung zunächst durch die vorgesehene grundsätzliche Erweiterung der Zuständigkeiten der Berufsgenossenschaften motiviert war (Zydek, 630), die dann aber unterblieb, ist die Regelung über das Zusammenwirken zwischen Bergbauberufsgenossenschaft und Bergbehörde in das Gesetz aufgenommen worden.

Durch § 174 Absatz 2 wurde § 717 RVO insofern geändert, dass die Bundes-   **10**
minister für Arbeit und Sozialordnung und für Wirtschaft **allgemeine Verwaltungsvorschriften für das Zusammenwirken der Berufsgenossenschaft und der für die Bergaufsicht zuständigen Behörden** erlassen können. Denn die Berufsgenossenschaften waren seit 1963 berechtigt, auch in den der Bergaufsicht unterstehenden Betrieben durch technische Aufsichtsbeamte die Durchführung der Unfallverhütung zu überwachen. Sie konnten – unabhängig von der Bergaufsicht – Betriebe besichtigen (§ 714 Absatz 1 Satz 1 RVO), Auskünfte über Einrichtungen, Arbeitsverfahren, Arbeitsstoffe verlangen, Proben fordern oder

nehmen (§ 714 Absatz 1 Satz 3 RVO) und sofort vollziehbare Anordnung zur Beseitigung von Unfallgefahren bei Gefahr im Verzuge treffen (§ 714 Absatz 1 Satz 5 RVO). **Unfallverhütungsvorschriften** gemäß §§ 708 ff. RVO konnten sie in Bergbaubetrieben allerdings **nicht erlassen** (Zydek, ZfB 1977, 344). Inzwischen ist aber auch § 717 RVO durch § 20 Absatz 3 SGB VII abgelöst worden. Allgemeine Verwaltungsvorschriften über das Zusammenwirken der Unfallversicherungsträger mit den für die Bergaufsicht zuständigen Behörden werden von der Bundesregierung erlassen und bedürfen der Zustimmung des Bundesrates.

III. Technische Arbeitsmittel

11 Nach § 1 Absatz 2 Nr. 4 des Gesetzes über technische Arbeitsmittel v. 24.6.1968 (BGBl, 717) i. d. F. v. 13.8.1979 (BGBl, 1432) galt das Gesetz nicht für technische Arbeitsmittel, die ihrer Bauart nach ausschließlich zur Verwendung in den der Aufsicht der Bergbehörden unterliegenden Betrieben bestimmt sind.

12 Diese Ausnahmeregelung ist durch § 174 Absatz 3 gestrichen worden, obwohl der Bundesrat sich für ihre Beibehaltung eingesetzt hatte. Er verwies darauf, dass Zweck des Maschinenschutzgesetzes die Kontrolle der Verwendung von maschinellen Einrichtungen in nicht behördlich überwachten Einsatzbereichen sei und dass die technische Beschaffenheit bergbautypischer Arbeitsmittel (Kohlenhobel, Bagger, Schrämmaschinen, Absetzer oder Bandanlagen) wegen ihrer Größenordnung sich nicht für die nach dem Maschinengesetz erlassenen Sicherheitsnormen eigne (Zydek, 633). Dennoch wurde durch § 174 Absatz 3 das Maschinenschutzgesetz einheitlich für alle technischen Arbeitsmittel im Bergbau geöffnet und nicht nur, wie bisher, für Arbeitsmittel, die sowohl im Bergbau als auch in anderen Wirtschaftszweigen Verwendung fanden.

13 Auch diese Vorschrift des § 174 Absatz 3 hat nur noch historische Bedeutung. Das Gesetz über technische Arbeitsmittel wurde durch das Gesetz über technische Arbeitsmittel und Verbraucherprodukte (Geräte- und Produktsicherheitsgesetz) v. 6.1.2004 (BGBl, 2) abgelöst. Nach § 1 Absatz 2 Nr. 3 GPSG findet es keine Anwendung auf die überwachungsbedürftigen Anlagen in Unternehmen des Bergwesens, ausgenommen in deren Tagesanlagen.

IV. Zuständigkeit des Rechtspflegers

14 Durch § 174 Absatz 4 wurde die Zuständigkeit des Rechtspflegers nach § 3 RpflG auf die Durchführung des gerichtlichen Verteilungsverfahrens gemäß § 94 Absatz 4 ausgedehnt. Der Gesetzgeber rechtfertigte diese Regelung mit Rücksicht auf die Zuständigkeit des Rechtspflegers in vergleichbaren Verfahren gemäß § 119 Absatz 3 BauGB (Enteignungsverfahren).

V. Bundes-Immissionsschutzgesetz

15 Während § 4 Absatz 2 BImSchG v. 15.3.1974 (BGBl, 721) für Anlagen des Bergwesens, die der Aufsuchung oder Gewinnung von Bodenschätzen dienen, keine Genehmigung nach diesem Gesetz verlangte, wurde durch § 174 Absatz 5 dieses die Standortgebundenheit des Bergbaus und die Prüfung des Immissionsschutzes im Betriebsplanverfahren berücksichtigende Privileg des Bergbaus weiter eingeschränkt. Die Genehmigungspflicht wurde ausgedehnt auf die über Tage errichteten und betriebenen Anlagen, vorausgesetzt allerdings, sie wurden in die VO über genehmigungsbedürftige Anlagen aufgenommen.

Ausgenommen von der Genehmigungspflicht bleiben übertägige Anlagen, die **16** zur Wetterführung unerlässlich sind, z. B. Grubenlüfter, sowie Tagebaue und die zum Betrieb eines Tagebaus erforderlichen Anlagen, z. B. Bandanlagen.

Im Übrigen s. zu Immissionsschutz und Bergbau Anh. § 56 Rn 125 ff. **17**

VI. Grundbuchmäßige Behandlung von Bergbauberechtigungen

Durch Absatz 6 wurde § 20 der VO zur Ausführung der Grundbuchordnung v. **18** 8.8.1935 durch einen Absatz 2 ergänzt. Das hatte zur Folge, dass sich die sachliche Zuständigkeit des Grundbuchbeamten bei der grundbuchmäßigen Behandlung von Bergbauberechtigungen nach der VO zur GBO richtet. Nachdem die VO von 1935 durch die neu gefasste VO zur Durchführung der Grundbuchordnung v. 24.1.1995 (BGBl, 114) abgelöst wurde, ist auch Absatz 6 nicht mehr aktuell. Im Übrigen gilt § 136 Absatz 2 i. V. mit § 136 Absatz 1 GBO für die grundbuchliche Behandlung von Bergbauberechtigungen im elektronischen Rechtsverkehr. Im Übrigen s. Anm. zu §§ 175, 176 Rn 3.

§ 175 Außerkrafttreten von Bundesrecht

Mit dem Inkrafttreten dieses Gesetzes treten außer Kraft
1. das Gesetz zur Erschließung von Bodenschätzen vom 1. Dezember 1936 in der im Bundesgesetzblatt Teil III, Gliederungsnummer 750-6, veröffentlichten bereinigten Fassung;
2. das Gesetz über den Abbau von Raseneisenerz vom 22. Juni 1937 in der im Bundesgesetzblatt Teil III, Gliederungsnummer 750-4, veröffentlichten bereinigten Fassung;
3. die Verordnung über die Zulegung von Bergwerksfeldern vom 25. März 1938 in der im Bundesgesetzblatt Teil III, Gliederungsnummer 750-6-1, veröffentlichten bereinigten Fassung, geändert durch § 56 des Gesetzes vom 28. August 1969 (BGBl. I S. 1513);
4. die Verordnung über die Aufsuchung und Gewinnung mineralischer Bodenschätze vom 31. Dezember 1942 in der im Bundesgesetzblatt Teil III, Gliederungsnummer 750-3, veröffentlichten bereinigten Fassung;
5. das Gesetz zur vorläufigen Regelung der Rechte am Festlandsockel vom 24. Juli 1964 (BGBl. I S. 497), zuletzt geändert durch Artikel 8 des Gesetzes vom 28. März 1980 (BGBl. I S. 373).

§ 176 Außerkrafttreten von Landesrecht, Verweisung

(1) Landesrechtliche Vorschriften, deren Gegenstände in diesem Gesetz geregelt sind oder die ihm widersprechen, treten, soweit in diesem Gesetz nichts anderes bestimmt ist, mit dem Inkrafttreten dieses Gesetzes außer Kraft, insbesondere:

Baden-Württemberg
1. das badische Berggesetz in der Fassung der Bekanntmachung vom 17. April 1925 (Badisches Gesetz- und Verordnungsblatt S. 103), zuletzt geändert durch Artikel 1 des Dritten Gesetzes zur Änderung bergrechtlicher Vorschriften vom 8. April 1975 (Gesetzblatt für Baden-Württemberg S. 237) und § 69 Abs. 6 des Naturschutzgesetzes vom 21. Oktober 1975 (Gesetzblatt für Baden-Württemberg S. 654; ber. 1976 S. 96);
2. das württembergische Berggesetz vom 7. Oktober 1874 (Regierungsblatt für das Königreich Württemberg S. 265), zuletzt geändert durch § 69 Abs. 5 des Naturschutzgesetzes vom 21. Oktober 1975 (Gesetzblatt für Baden-Württemberg S. 654; ber. 1976 S. 96) und § 47 Abs. 1 des Gesetzes zur Ausführung des Gerichtsverfassungsgesetzes und von Verfahrensgesetzen

der ordentlichen Gerichtsbarkeit (AGGVG) vom 16. Dezember 1975 (Gesetzblatt für Baden-Württemberg S. 868);
3. das Allgemeine Berggesetz für die Preußischen Staaten vom 24. Juni 1865 (Gesetz-Sammlung für die Königlichen Preußischen Staaten S. 705), zuletzt geändert durch Artikel 4 des Dritten Gesetzes zur Änderung bergrechtlicher Vorschriften vom 8. April 1975 (Gesetzblatt für Baden-Württemberg S. 237) und § 69 Abs. 7 des Naturschutzgesetzes vom 21. Oktober 1975 (Gesetzblatt für Baden-Württemberg S. 654; ber. 1976 S. 96);
4. das Gesetz zur Erschließung von Erdöl und anderen Bodenschätzen (Erdölgesetz) vom 12. Mai 1934 (Preußische Gesetzsammlung S. 257), zuletzt geändert durch Artikel 5 des Zweiten Gesetzes zur Änderung bergrechtlicher Vorschriften vom 18. Mai 1971 (Gesetzblatt für Baden-Württemberg S. 161);
5. das Phosphoritgesetz vom 16. Oktober 1934 (Preußische Gesetzsammlung S. 404), zuletzt geändert durch § 16 des Gesetzes zur Änderung berggesetzlicher Vorschriften vom 24. September 1937 (Preußische Gesetzsammlung S. 93);
6. die Verordnung über die Berechtigung zur Aufsuchung und Gewinnung von Erdöl und anderen Bodenschätzen (Erdölverordnung) vom 13. Dezember 1934 (Preußische Gesetzsammlung S. 463), zuletzt geändert durch § 17 des Gesetzes zur Änderung berggesetzlicher Vorschriften vom 24. September 1937 (Preußische Gesetzsammlung S. 93);
7. die Verordnung über die polizeiliche Beaufsichtigung der bergbaulichen Nebengewinnungs- und Weiterverarbeitungsanlagen durch die Bergbehörden vom 22. Januar 1938 (Preußische Gesetzsammlung S. 19);
8. das Gesetz über die behälterlose unterirdische Speicherung von Gas (Gasspeichergesetz) vom 18. Mai 1971 (Gesetzblatt für Baden-Württemberg S. 172);

Bayern
1. das Berggesetz in der Fassung der Bekanntmachung vom 10. Januar 1967 (Bayerisches Gesetz- und Verordnungsblatt S. 185), zuletzt geändert durch Artikel 52 Abs. 11 des Bayerischen Gesetzes über die entschädigungspflichtige Enteignung vom 11. November 1974 (Bayerisches Gesetz- und Verordnungsblatt S. 610);
2. das Gesetz über die Änderung des Berggesetzes vom 17. August 1918 (Bereinigte Sammlung des Bayerischen Landesrechts Band IV S. 162);
3. die Bekanntmachung zum Vollzug des Gesetzes vom 17. August 1918 über die Änderung des Berggesetzes vom 18. August 1918 (Bereinigte Sammlung des Bayerischen Landesrechts Band IV S. 163);
4. das Gesetz über die Graphitgewinnung (Graphitgesetz) vom 12. November 1937 (Bereinigte Sammlung des Bayerischen Landesrechts Band IV S. 164);
5. das Gesetz über die Änderung des Berggesetzes und des Wassergesetzes vom 23. März 1938 (Bereinigte Sammlung des Bayerischen Landesrechts Band IV S. 165);
6. die Bekanntmachung über Aufsuchung und Gewinnung von Waschgold (Goldwäscherei) vom 19. Mai 1938 (Bereinigte Sammlung des Bayerischen Landesrechts Band IV S. 165);
7. das Gesetz zur Änderung des Berggesetzes vom 29. Dezember 1949 (Bereinigte Sammlung des Bayerischen Landesrechts Band IV S. 166);
8. das Gesetz über die behälterlose unterirdische Speicherung von Gas vom 25. Oktober 1966 (Bayerisches Gesetz- und Verordnungsblatt S. 335), zuletzt geändert durch § 18 des Zweiten Gesetzes zur Bereinigung des Landesrechts und zur Anpassung von Straf- und Bußgeldvorschriften an das Bundesrecht vom 24. Juli 1974 (Bayerisches Gesetz- und Verordnungsblatt S. 354);

Berlin
1. das Allgemeine Berggesetz vom 24. Juni 1865 (Gesetz- und Verordnungsblatt für Berlin, Sonderband I 750-1), zuletzt geändert durch das Gesetz zur Änderung des Allgemeinen Berggesetzes vom 5. Februar 1980 (Gesetz- und Verordnungsblatt für Berlin S. 406);

2. das Gesetz betreffend die Abänderung des Allgemeinen Berggesetzes vom 18. Juni 1907 (Gesetz- und Verordnungsblatt für Berlin, Sonderband I 750-1-1);

Bremen

1. das Allgemeine Berggesetz für die Preußischen Staaten vom 24. Juni 1865 (Sammlung des bremischen Rechts 751-c-2), zuletzt geändert durch § 60 Nr. 53 des Beurkundungsgesetzes vom 28. August 1969 (BGBl. I S. 1513);
2. das Gesetz über die Beaufsichtigung von unterirdischen Mineralgewinnungsbetrieben, Tiefspeichern und Tiefbohrungen vom 18. Dezember 1933 (Sammlung des bremischen Rechts 751-c-3), zuletzt geändert durch das Gesetz zur Änderung des Gesetzes über die Beaufsichtigung von unterirdischen Mineralgewinnungsbetrieben und Tiefbohrungen vom 14. Oktober 1969 (Gesetzblatt der Freien Hansestadt Bremen S. 131);
3. das Gesetz zur Erschließung von Erdöl und anderen Bodenschätzen (Erdölgesetz) vom 12. Mai 1934 (Sammlung des bremischen Rechts 751-c-4);
4. das Phosphoritgesetz vom 16. Oktober 1934 (Sammlung des bremischen Rechts 751-c-5);
5. die Verordnung über die Berechtigung zur Aufsuchung und Gewinnung von Erdöl und anderen Bodenschätzen (Erdölverordnung) vom 13. Dezember 1934 (Sammlung des bremischen Rechts 751-c-6);
6. die Verordnung über die polizeiliche Beaufsichtigung der bergbaulichen Nebengewinnungs- und Weiterverarbeitungsanlagen durch die Bergbehörden vom 22. Januar 1938 (Sammlung des bremischen Rechts 751-c-7);
7. die Verordnung über das Bergrecht in Bremen vom 15. Juli 1941 (Sammlung des bremischen Rechts 751-c-1);
8. die Bekanntmachung des Oberbergamts für die Freie Hansestadt Bremen vom 20. August 1949 (Sammlung des bremischen Rechts 751-b-1);

Hamburg

1. das Allgemeine Berggesetz vom 24. Juni 1865 (Sammlung des bereinigten hamburgischen Landesrechts II 750-m), zuletzt geändert durch Artikel 37 des Gesetzes zur Anpassung des hamburgischen Landesrechts an das Zweite Gesetz zur Reform des Strafrechts und das Einführungsgesetz zum Strafgesetzbuch vom 9. Dezember 1974 (Hamburgisches Gesetz- und Verordnungsblatt I S. 381);
2. das Gesetz über die Beaufsichtigung von unterirdischen Mineralgewinnungsbetrieben, Tiefspeichern und Tiefbohrungen vom 18. Dezember 1933 (Sammlung des bereinigten hamburgischen Landesrechts II 750-o), zuletzt geändert durch Artikel 38 des Gesetzes zur Anpassung des hamburgischen Landesrechts an das Zweite Gesetz zur Reform des Strafrechts und das Einführungsgesetz zum Strafgesetzbuch vom 9. Dezember 1974 (Hamburgisches Gesetz- und Verordnungsblatt I S. 381);
3. das Gesetz zur Erschließung von Erdöl und anderen Bodenschätzen (Erdölgesetz) vom 12. Mai 1934 (Sammlung des bereinigten hamburgischen Landesrechts II 750-p);
4. das Phosphoritgesetz vom 16. Oktober 1934 (Sammlung des bereinigten hamburgischen Landesrechts II 750-q);
5. die Verordnung über die Berechtigung zur Aufsuchung und Gewinnung von Erdöl und anderen Bodenschätzen (Erdölverordnung) vom 13. Dezember 1934 (Sammlung des bereinigten hamburgischen Landesrechts II 750-q-1);
6. die Verordnung über das Bergrecht in Groß-Hamburg vom 25. März 1937 (Sammlung des bereinigten hamburgischen Landesrechts II 750-r);
7. die Dritte Verordnung über das Bergrecht in Groß-Hamburg vom 7. Dezember 1938 (Sammlung des bereinigten hamburgischen Landesrechts II 750-s);

Hessen

1. das Allgemeine Berggesetz für das Land Hessen in der Fassung der Bekanntmachung vom 10. November 1969 (Gesetz- und Verordnungsblatt für das Land Hessen I S. 223), zuletzt geändert durch Artikel 53 des Hessischen Gesetzes zur Anpassung des Landesrechts an das Einführungsgesetz zum Strafgesetzbuch (EGStGB) und das Zweite Gesetz zur Reform

des Strafrechts (2. StrRG) vom 4. September 1974 (Gesetz- und Verordnungsblatt für das Land Hessen I S. 361);

2. die Verordnung, betreffend die Einführung des Allgemeinen Berggesetzes
vom 24. Juni 1865 in das Gebiet des vormaligen Herzogtums Nassau vom
22. Februar 1867 (Gesetz-Sammlung für die Königlichen Preußischen Staaten S. 237), zuletzt geändert durch Artikel 27 Nr. 2 des Hessischen Gesetzes
zur Anpassung des Landesrechts an das Erste Gesetz zur Reform des
Strafrechts vom 18. März 1970 (Gesetz- und Verordnungsblatt für das
Land Hessen I S. 245);

3. die Verordnung, betreffend die Einführung des Allgemeinen Berggesetzes
vom 24. Juni 1865 in die mit der Preußischen Monarchie vereinigten Landesteile der Großherzoglich Hessischen Provinz Oberhessen, sowie in das
Gebiet der vormaligen Landgrafschaft Hessen-Homburg, einschließlich des
Ober-Amtsbezirks Meisenheim vom 22. Februar 1867 (Gesetz-Sammlung
für die Königlichen Preußischen Staaten S. 242), zuletzt geändert durch
Artikel 27 Nr. 3 des Hessischen Gesetzes zur Anpassung des Landesrechts
an das Erste Gesetz zur Reform des Strafrechts vom 18. März 1970 (Ge-
setz- und Verordnungsblatt für das Land Hessen I S. 245);

4. die Verordnung, betreffend die Einführung des Allgemeinen Berggesetzes
vom 24. Juni 1865 in das mit der Preußischen Monarchie vereinigte Gebiet
des vormaligen Kurfürstentums Hessen und der vormaligen freien Stadt
Frankfurt sowie der vormals Königlich Bayerischen Landesteile vom 1. Juni
1867 (Gesetz-Sammlung für die Königlichen Preußischen Staaten S. 770),
zuletzt geändert durch Artikel 27 Nr. 4 des Hessischen Gesetzes zur Anpassung des Landesrechts an das Erste Gesetz zur Reform des Strafrechts
vom 18. März 1970 (Gesetz- und Verordnungsblatt für das Land Hessen I
S. 245);

5. das Gesetz betreffend die Einführung des Preußischen Allgemeinen Berggesetzes vom 24. Juni 1865 in die Fürstentümer Waldeck und Pyrmont vom
1. Januar 1869 (Fürstlich Waldeckisches Regierungsblatt S. 3), zuletzt geändert durch § 1 des Gesetzes zur Bereinigung des Hessischen Landesrechts
vom 6. Februar 1962 (Gesetz- und Verordnungsblatt für das Land Hessen
S. 21);

6. das Gesetz über den Bergwerksbetrieb ausländischer juristischer Personen und den Geschäftsbetrieb außerpreußischer Gewerkschaften vom
23. Juni 1909 (Preußische Gesetz-Sammlung S. 619), zuletzt geändert durch
§ 1 des Gesetzes zur Bereinigung des Hessischen Landesrechts vom
6. Februar 1962 (Gesetz- und Verordnungsblatt für das Land Hessen S. 21);

7. das Gesetz über die Beaufsichtigung von unterirdischen Mineralgewinnungsbetrieben, Tiefspeichern und Tiefbohrungen in der Fassung der
Bekanntmachung vom 9. August 1968 (Gesetz- und Verordnungsblatt für
das Land Hessen I S. 251), zuletzt geändert durch Artikel 54 des Hessischen
Gesetzes zur Anpassung der Straf- und Bußgeldvorschriften an das Gesetz
über Ordnungswidrigkeiten (OWiG) und das Einführungsgesetz zum Gesetz
über Ordnungswidrigkeiten (EGOWiG) vom 5. Oktober 1970 (Gesetz- und
Verordnungsblatt für das Land Hessen I S. 598);

8. das Gesetz zur Erschließung von Erdöl und anderen Bodenschätzen (Erdöl-
gesetz) vom 12. Mai 1934 in der Fassung der Bekanntmachung vom 1. April
1953 (Gesetz- und Verordnungsblatt für das Land Hessen S. 89), zuletzt
geändert durch Artikel 55 des Hessischen Gesetzes zur Anpassung der
Straf- und Bußgeldvorschriften an das Gesetz über Ordnungswidrigkeiten
(OWiG) und das Einführungsgesetz zum Gesetz über Ordnungswidrigkeiten
(EGOWiG) vom 5. Oktober 1970 (Gesetz- und Verordnungsblatt für das Land
Hessen I S. 598);

9. das Phosphoritgesetz vom 16. Oktober 1934 in der Fassung der Bekanntmachung vom 1. April 1953 (Gesetz- und Verordnungsblatt für das Land
Hessen S. 90), zuletzt geändert durch Artikel 56 des Hessischen Gesetzes
zur Anpassung der Straf- und Bußgeldvorschriften an das Gesetz über
Ordnungswidrigkeiten (OWiG) und das Einführungsgesetz zum Gesetz
über Ordnungswidrigkeiten (EGOWiG) vom 5. Oktober 1970 (Gesetz- und
Verordnungsblatt für das Land Hessen I S. 598);

10. die Verordnung über die Berechtigung zur Aufsuchung und Gewinnung von Erdöl und anderen Bodenschätzen (Erdölverordnung) vom 13. Dezember 1934 in der Fassung der Bekanntmachung vom 1. April 1953 (Gesetz- und Verordnungsblatt für das Land Hessen S. 91), zuletzt geändert durch § 1 des Gesetzes zur Bereinigung des Hessischen Landesrechts vom 6. Februar 1962 (Gesetz- und Verordnungsblatt für das Land Hessen S. 21);

11. die Verordnung über die polizeiliche Beaufsichtigung der bergbaulichen Nebengewinnungs- und Weiterverarbeitungsanlagen durch die Bergbehörden vom 22. Januar 1938 (Preußische Gesetzsammlung S. 19), zuletzt geändert durch § 1 des Gesetzes zur Bereinigung des Hessischen Landesrechts vom 6. Februar 1962 (Gesetz- und Verordnungsblatt für das Land Hessen S. 21);

12. das Gesetz über das Bergrecht im Land Hessen vom 6. Juli 1952 (Gesetz- und Verordnungsblatt für das Land Hessen S. 130), zuletzt geändert durch § 10 Nr. 4 des Gesetzes über die Verkündung von Rechtsverordnungen, Organisationsanordnungen und Anstaltsordnungen vom 2. November 1971 (Gesetz- und Verordnungsblatt für das Land Hessen I S. 258);

Niedersachsen

1. das Gesetz zur Änderung und Bereinigung des Bergrechts im Lande Niedersachsen vom 10. März 1978 (Niedersächsisches Gesetz- und Verordnungsblatt S. 253);

2. das Allgemeine Berggesetz für das Land Niedersachsen in der Fassung der Anlage zu Artikel I des Gesetzes zur Änderung und Bereinigung des Bergrechts im Lande Niedersachsen vom 10. März 1978 (Niedersächsisches Gesetz- und Verordnungsblatt S. 253);

3. die Verordnung betreffend die Einführung des Allgemeinen Berggesetzes vom 24. Juni 1865 in das Gebiet des vormaligen Königreichs Hannover vom 8. Mai 1867 (Niedersächsisches Gesetz- und Verordnungsblatt, Sammelband III S. 307), zuletzt geändert durch Artikel IV des Gesetzes zur Änderung und Bereinigung des Bergrechts im Lande Niedersachsen vom 10. März 1978 (Niedersächsisches Gesetz- und Verordnungsblatt S. 253);

4. die Verordnung betreffend die Einführung des Allgemeinen Berggesetzes vom 24. Juni 1865 in das mit der Preußischen Monarchie vereinigte Gebiet des vormaligen Kurfürstentums Hessen und der vormaligen freien Stadt Frankfurt, sowie der vormals Königlich Bayerischen Landestheile vom 1. Juni 1867 (Niedersächsisches Gesetz- und Verordnungsblatt, Sammelband III S. 308);

5. das Gesetz über die Bestellung von Salzabbaugerechtigkeiten in der Provinz Hannover vom 4. August 1904 (Niedersächsisches Gesetz- und Verordnungsblatt, Sammelband III S. 359);

6. das Gesetz betreffend die Abänderung des Allgemeinen Berggesetzes vom 24. Juni 1865 vom 18. Juni 1907 (Niedersächsisches Gesetz- und Verordnungsblatt, Sammelband III S. 308);

7. das Gesetz über den Bergwerksbetrieb ausländischer juristischer Personen und den Geschäftsbetrieb außerpreußischer Gewerkschaften vom 23. Juni 1909 (Niedersächsisches Gesetz- und Verordnungsblatt, Sammelband III S. 309);

8. das Gesetz über die Verleihung von Braunkohlenfeldern an den Staat vom 3. Januar 1924 (Niedersächsisches Gesetz- und Verordnungsblatt, Sammelband II S. 701);

9. das Phosphoritgesetz vom 16. Oktober 1934 (Niedersächsisches Gesetz- und Verordnungsblatt, Sammelband II S. 702), zuletzt geändert durch Artikel 56 des Gesetzes zur Anpassung des Landesrechts an das Erste Gesetz zur Reform des Strafrechts, an das Gesetz über Ordnungswidrigkeiten und an das Einführungsgesetz zum Gesetz über Ordnungswidrigkeiten (Erstes Anpassungsgesetz) vom 24. Juni 1970 (Niedersächsisches Gesetz- und Verordnungsblatt S. 237);

10. die Verordnung über die Berechtigung zur Aufsuchung und Gewinnung von Erdöl und anderen Bodenschätzen (Erdölverordnung) vom 13. Dezember 1934 (Niedersächsisches Gesetz- und Verordnungsblatt, Sammelband II S. 709);

11. die Verordnung über die polizeiliche Beaufsichtigung der bergbaulichen Nebengewinnungs- und Weiterverarbeitungsanlagen durch die Bergbehörden vom 22. Januar 1938 (Niedersächsisches Gesetz- und Verordnungsblatt, Sammelband II S. 703), zuletzt geändert durch Artikel III des Gesetzes zur Änderung und Bereinigung des Bergrechts im Lande Niedersachsen vom 10. März 1978 (Niedersächsisches Gesetz- und Verordnungsblatt S. 253);

12. die Verordnung über Salze und Solquellen im Landkreis Holzminden (Regierungsbezirk Hildesheim) vom 4. Januar 1943 (Niedersächsisches Gesetz- und Verordnungsblatt, Sammelband II S. 710);

Nordrhein-Westfalen

1. das Allgemeine Berggesetz vom 24. Juni 1865 (Sammlung des in Nordrhein-Westfalen geltenden preußischen Rechts S. 164), zuletzt geändert durch Artikel XXXIII des Zweiten Gesetzes zur Anpassung landesrechtlicher Straf- und Bußgeldvorschriften an das Bundesrecht vom 3. Dezember 1974 (Gesetz- und Verordnungsblatt für das Land Nordrhein-Westfalen S. 1504);

2. das Gesetz betreffend die Abänderung des Allgemeinen Berggesetzes vom 24. Juni 1865 vom 18. Juni 1907 (Sammlung des in Nordrhein-Westfalen geltenden preußischen Rechts S. 185);

3. das Gesetz über den Bergwerksbetrieb ausländischer juristischer Personen und den Geschäftsbetrieb außerpreußischer Gewerkschaften vom 23. Juni 1909 (Sammlung des in Nordrhein-Westfalen geltenden preußischen Rechts S. 185);

4. das Gesetz über die Beaufsichtigung von unterirdischen Mineralgewinnungsbetrieben und Tiefbohrungen vom 18. Dezember 1933 (Sammlung des in Nordrhein-Westfalen geltenden preußischen Rechts S. 189), zuletzt geändert durch das Gesetz zur Änderung des Gesetzes über die Beaufsichtigung von unterirdischen Mineralgewinnungsbetrieben und Tiefbohrungen vom 15. Oktober 1974 (Gesetz- und Verordnungsblatt für das Land Nordrhein-Westfalen S. 1048);

5. das Gesetz zur Erschließung von Erdöl und anderen Bodenschätzen (Erdölgesetz) vom 12. Mai 1934 (Sammlung des in Nordrhein-Westfalen geltenden preußischen Rechts S. 189), zuletzt geändert durch Artikel III des Vierten Gesetzes zur Änderung berggesetzlicher Vorschriften im Lande Nordrhein-Westfalen vom 11. Juni 1968 (Gesetz- und Verordnungsblatt für das Land Nordrhein-Westfalen S. 201);

6. das Phosphoritgesetz vom 16. Oktober 1934 (Sammlung des in Nordrhein-Westfalen geltenden preußischen Rechts S. 190), zuletzt geändert durch Artikel II des Vierten Gesetzes zur Änderung berggesetzlicher Vorschriften im Lande Nordrhein-Westfalen vom 11. Juni 1968 (Gesetz- und Verordnungsblatt für das Land Nordrhein-Westfalen S. 201);

7. die Verordnung über die Berechtigung zur Aufsuchung und Gewinnung von Erdöl und anderen Bodenschätzen (Erdölverordnung) vom 13. Dezember 1934 (Sammlung des in Nordrhein-Westfalen geltenden preußischen Rechts S. 191);

8. die Verordnung über die bergaufsichtliche Überwachung der bergbaulichen Nebengewinnungs- und Weiterverarbeitungsanlagen durch die Bergbehörden vom 22. Januar 1938 (Sammlung des in Nordrhein-Westfalen geltenden preußischen Rechts S. 192), zuletzt geändert durch die Dritte Verordnung zur Änderung der Verordnung über die bergaufsichtliche Überwachung der bergbaulichen Nebengewinnungs- und Weiterverarbeitungsanlagen durch die Bergbehörden vom 7. September 1977 (Gesetz- und Verordnungsblatt für das Land Nordrhein-Westfalen S. 346);

9. das Zweite Gesetz zur Änderung berggesetzlicher Vorschriften im Lande Nordrhein-Westfalen vom 25. Mai 1954 (Sammlung des bereinigten Landesrechts Nordrhein-Westfalen S. 694);

10. die Verordnung über die Beaufsichtigung von Tiefbohrungen durch die Bergbehörden vom 1. April 1958 (Gesetz- und Verordnungsblatt für das Land Nordrhein-Westfalen S. 135);

Rheinland-Pfalz

1. das Allgemeine Berggesetz für das Land Rheinland-Pfalz (ABGRhPf) in der Fassung der Bekanntmachung vom 12. Februar 1974 (Gesetz- und Verordnungsblatt für das Land Rheinland-Pfalz S. 113), geändert durch Artikel 41 des Dritten Landesgesetzes zur Änderung strafrechtlicher Vorschriften (3. LStrafÄndG) vom 5. November 1974 (Gesetz- und Verordnungsblatt für das Land Rheinland-Pfalz S. 469);
2. das Gesetz über die Bestrafung unbefugter Gewinnung oder Aneignung von Mineralien vom 26. März 1856 in der Fassung der Bekanntmachung vom 27. November 1968 (Gesetz- und Verordnungsblatt für das Land Rheinland-Pfalz 1968, Sondernummer Koblenz, Trier, Montabaur S. 78), zuletzt geändert durch Artikel 67 des Dritten Landesgesetzes zur Änderung strafrechtlicher Vorschriften vom 5. November 1974 (Gesetz- und Verordnungsblatt für das Land Rheinland-Pfalz S. 469);
3. die Verordnung, betreffend die Einführung des Allgemeinen Berggesetzes vom 24. Juni 1865 in das Gebiet des vormaligen Herzogtums Nassau (für den Regierungsbezirk Montabaur) vom 22. Februar 1867 in der Fassung der Bekanntmachung vom 27. November 1968 (Gesetz- und Verordnungsblatt für das Land Rheinland-Pfalz 1968, Sondernummer Koblenz, Trier, Montabaur S. 113);
4. die Verordnung, betreffend die Einführung des Allgemeinen Berggesetzes vom 24. Juni 1865 in die mit der Preußischen Monarchie vereinigten Landesteile der Großherzoglich Hessischen Provinz Oberhessen sowie in das Gebiet der vormaligen Landgrafschaft Hessen-Homburg, einschließlich des Oberamtsbezirks Meisenheim vom 22. Februar 1867 in der Fassung der Bekanntmachung vom 27. November 1968 (Gesetz- und Verordnungsblatt für das Land Rheinland-Pfalz 1968, Sondernummer Koblenz, Trier, Montabaur S. 113);
5. das Gesetz, betreffend die Abänderung des Berggesetzes vom 24. Juni 1865 (für die Regierungsbezirke Koblenz, Trier und Montabaur) vom 18. Juni 1907 in der Fassung der Bekanntmachung vom 27. November 1968 (Gesetz- und Verordnungsblatt für das Land Rheinland-Pfalz 1968, Sondernummer Koblenz, Trier, Montabaur S. 114);
6. das Gesetz über den Bergwerksbetrieb ausländischer juristischer Personen und den Geschäftsbetrieb außerpreußischer Gewerkschaften (für die Regierungsbezirke Koblenz, Trier und Montabaur) vom 23. Juni 1909 in der Fassung der Bekanntmachung vom 27. November 1968 (Gesetz- und Verordnungsblatt für das Land Rheinland-Pfalz 1968, Sondernummer Koblenz, Trier, Montabaur S. 114);
7. das Gesetz über die Beaufsichtigung von unterirdischen Mineralgewinnungsbetrieben und Tiefbohrungen vom 18. Dezember 1933 in der Fassung der Bekanntmachung vom 27. November 1968 (Gesetz- und Verordnungsblatt für das Land Rheinland-Pfalz 1968, Sondernummer Koblenz, Trier, Montabaur S. 118), zuletzt geändert durch Artikel 2 des Landesgesetzes über das Bergrecht im Lande Rheinland-Pfalz vom 3. Januar 1974 (Gesetz- und Verordnungsblatt für das Land Rheinland-Pfalz S. 1);
8. das Gesetz zur Erschließung von Erdöl und anderen Bodenschätzen – Erdölgesetz – vom 12. Mai 1934 in der Fassung der Bekanntmachung vom 27. November 1968 (Gesetz- und Verordnungsblatt für das Land Rheinland-Pfalz 1968, Sondernummer Koblenz, Trier, Montabaur S. 119), zuletzt geändert durch Artikel 3 des Landesgesetzes über das Bergrecht im Lande Rheinland-Pfalz vom 3. Januar 1974 (Gesetz- und Verordnungsblatt für das Land Rheinland-Pfalz S. 1);
9. die Verordnung über die Berechtigung zur Aufsuchung und Gewinnung von Erdöl und anderen Bodenschätzen – Erdölverordnung – vom 13. Dezember 1934 in der Fassung der Bekanntmachung vom 27. November 1968 (Gesetz- und Verordnungsblatt für das Land Rheinland-Pfalz 1968, Sondernummer Koblenz, Trier, Montabaur S. 120), zuletzt geändert durch Artikel 5 des Landesgesetzes über das Bergrecht im Lande Rheinland-Pfalz vom 3. Januar 1974 (Gesetz- und Verordnungsblatt für das Land Rheinland-Pfalz S. 1);

10. das Phosphoritgesetz vom 16. Oktober 1934 in der Fassung der Bekanntmachung vom 27. November 1968 (Gesetz- und Verordnungsblatt für das Land Rheinland-Pfalz 1968, Sondernummer Koblenz, Trier, Montabaur S. 121), zuletzt geändert durch Artikel 4 des Landesgesetzes über das Bergrecht im Lande Rheinland-Pfalz vom 3. Januar 1974 (Gesetz- und Verordnungsblatt für das Land Rheinland-Pfalz S. 1);
11. die Verordnung über die polizeiliche Beaufsichtigung der bergbaulichen Nebengewinnungs- und Weiterverarbeitungsanlagen durch die Bergbehörden vom 22. Januar 1938 in der Fassung der Bekanntmachung vom 27. November 1968 (Gesetz- und Verordnungsblatt für das Land Rheinland-Pfalz 1968, Sondernummer Koblenz, Trier, Montabaur S. 122), zuletzt geändert durch Artikel 5 des Landesgesetzes über das Bergrecht im Lande Rheinland-Pfalz vom 3. Januar 1974 (Gesetz- und Verordnungsblatt für das Land Rheinland-Pfalz S. 1);
12. die Landesverordnung über die Beaufsichtigung von Tiefbohrungen durch die Bergbehörden vom 29. Juli 1976 (Gesetz- und Verordnungsblatt für das Land Rheinland-Pfalz S. 215);

Saarland
1. das Allgemeine Berggesetz für die Preußischen Staaten vom 24. Juni 1865 (Gesetz-Sammlung für die Königlichen Preußischen Staaten S. 705), zuletzt geändert durch Artikel 36 des Zweiten Gesetzes zur Änderung und Bereinigung von Straf- und Bußgeldvorschriften des Saarlandes vom 13. November 1974 (Amtsblatt des Saarlandes S. 1011);
2. das Gesetz über die Bestrafung unbefugter Gewinnung oder Aneignung von Mineralien vom 26. März 1856 (Gesetz-Sammlung für die Königlichen Preußischen Staaten S. 203), zuletzt geändert durch Artikel 37 des Zweiten Gesetzes zur Änderung und Bereinigung von Straf- und Bußgeldvorschriften des Saarlandes vom 13. November 1974 (Amtsblatt des Saarlandes S. 1011);
3. das Gesetz betreffend die Abänderung des Allgemeinen Berggesetzes vom 24. Juni 1865 vom 18. Juni 1907 (Preußische Gesetzsammlung S. 119), geändert durch § 8 Nr. 2 des Gesetzes zur Überführung der privaten Bergregale und Regalitätsrechte an den Staat vom 29. Dezember 1942 (Preußische Gesetzsammlung 1943 S. 1);
4. das Gesetz über den Bergwerksbetrieb ausländischer juristischer Personen und den Geschäftsbetrieb außerpreußischer Gewerkschaften vom 23. Juni 1909 (Preußische Gesetzsammlung S. 619);
5. das Gesetz über die Beaufsichtigung von unterirdischen Mineralgewinnungsbetrieben und Tiefbohrungen vom 18. Dezember 1933 (Preußische Gesetzsammlung S. 493), zuletzt geändert durch Artikel 39 des Gesetzes Nr. 907 zur Änderung und Bereinigung von Straf- und Bußgeldvorschriften sowie zur Anpassung des Rechts des Saarlandes an das Erste Gesetz zur Reform des Strafrechts vom 13. März 1970 (Amtsblatt des Saarlandes S. 267);
6. das Gesetz zur Erschließung von Erdöl und anderen Bodenschätzen (Erdölgesetz) vom 12. Mai 1934 (Preußische Gesetzsammlung S. 257), zuletzt geändert durch § 15 des Gesetzes zur Änderung berggesetzlicher Vorschriften vom 24. September 1937 (Preußische Gesetzsammlung S. 93);
7. das Phosphoritgesetz vom 16. Oktober 1934 (Preußische Gesetzsammlung S. 404), zuletzt geändert durch § 16 des Gesetzes zur Änderung berggesetzlicher Vorschriften vom 24. September 1937 (Preußische Gesetzsammlung S. 93);
8. die Verordnung über die Berechtigung zur Aufsuchung und Gewinnung von Erdöl und anderen Bodenschätzen (Erdölverordnung) vom 13. Dezember 1934 (Preußische Gesetzsammlung S. 463), zuletzt geändert durch § 17 des Gesetzes zur Änderung berggesetzlicher Vorschriften vom 24. September 1937 (Preußische Gesetzsammlung S. 93);
9. das Gesetz zur Änderung berggesetzlicher Vorschriften vom 24. September 1937 (Preußische Gesetzsammlung S. 93);
10. die Verordnung über die polizeiliche Beaufsichtigung der bergbaulichen Nebengewinnungs- und Weiterverarbeitungsanlagen durch die Bergbehör-

den vom 22. Januar 1938 (Preußische Gesetzsammlung S. 19), geändert durch Verordnung vom 29. April 1980 (Amtsblatt des Saarlandes S. 549);

11. das Gesetz über die Berechtigung zur Aufsuchung und Gewinnung von Eisen- und Manganerzen vom 10. Juli 1953 (Amtsblatt des Saarlandes S. 533), zuletzt geändert durch das Gesetz zur Änderung des Gesetzes über die Berechtigung zur Aufsuchung und Gewinnung von Eisen- und Manganerzen vom 11. Dezember 1956 (Amtsblatt des Saarlandes S. 1657);

Schleswig-Holstein

1. das Allgemeine Berggesetz für die Preußischen Staaten vom 24. Juni 1865 (Sammlung des schleswig-holsteinischen Landesrechts 1971, Gl.-Nr. 750-1), zuletzt geändert durch Artikel 45 des Gesetzes zur Anpassung des schleswig-holsteinischen Landesrechts an das Zweite Gesetz zur Reform des Strafrechts und andere straf- und bußgeldrechtliche Vorschriften des Bundes vom 9. Dezember 1974 (Gesetz- und Verordnungsblatt für Schleswig-Holstein S. 453);

2. das Gesetz über die Einführung des Allgemeinen Berggesetzes für die Preußischen Staaten vom 24. Juni 1865 in das Gebiet des Herzogtums Lauenburg vom 6. Mai 1868 (Sammlung des schleswig-holsteinischen Landesrechts 1971, Gl.-Nr. 750-2);

3. das Gesetz über die Einführung des Allgemeinen Berggesetzes vom 24. Juni 1865 in das Gebiet der Herzogtümer Schleswig und Holstein vom 12. März 1869 (Sammlung des schleswig-holsteinischen Landesrechts 1971, Gl.-Nr. 750-3);

4. das Gesetz über die Abänderung des Allgemeinen Berggesetzes vom 24. Juni 1865 vom 18. Juni 1907 (Sammlung des schleswig-holsteinischen Landesrechts 1971, Gl.-Nr. 750-4);

5. das Gesetz über die Beaufsichtigung von unterirdischen Mineralgewinnungsbetrieben, Tiefspeichern und Tiefbohrungen vom 18. Dezember 1933 (Sammlung des schleswig-holsteinischen Landesrechts 1971, Gl.-Nr. 750-5), zuletzt geändert durch Artikel 46 des Gesetzes zur Anpassung des schleswig-holsteinischen Landesrechts an das Zweite Gesetz zur Reform des Strafrechts und andere straf- und bußgeldrechtliche Vorschriften des Bundes vom 9. Dezember 1974 (Gesetz- und Verordnungsblatt für Schleswig-Holstein S. 453);

6. das Gesetz zur Erschließung von Erdöl und anderen Bodenschätzen (Erdölgesetz) vom 12. Mai 1934 (Sammlung des schleswig-holsteinischen Landesrechts 1971, Gl.-Nr. 750-6);

7. das Phosphoritgesetz vom 16. Oktober 1934 (Sammlung des schleswig-holsteinischen Landesrechts 1971, Gl.-Nr. 750-7);

8. die Verordnung über die Berechtigung zur Aufsuchung und Gewinnung von Erdöl und anderen Bodenschätzen (Erdölverordnung) vom 13. Dezember 1934; (Sammlung des schleswig-holsteinischen Landesrechts 1971, Gl.-Nr. 750-7-1);

9. die Verordnung über die polizeiliche Beaufsichtigung der bergbaulichen Nebengewinnungs- und Weiterverarbeitungsanlagen durch die Bergbehörden vom 22. Januar 1938 (Sammlung des schleswig-holsteinischen Landesrechts 1971, Gl.-Nr. 750-1-1).

(2) Die Vorschriften des Landesrechts über die grundbuchmäßige Behandlung von Bergbauberechtigungen, einschließlich der Vorschriften über die Einrichtung und Führung der Berggrundbücher, bleiben unberührt, soweit sie nicht in den in Absatz 1 aufgeführten Gesetzen und Verordnungen enthalten sind. Die Länder können in dem in Satz 1 genannten Bereich auch neue Vorschriften erlassen und die bestehenden Vorschriften des Landesrechts aufheben oder ändern.

(3) Verordnungen (Berg(polizei)verordnungen), die vor dem Inkrafttreten dieses Gesetzes ganz oder teilweise auf Grund der durch Absatz 1 aufgehobenen Vorschriften erlassen worden sind, und die zugehörigen gesetzlichen Bußgeldvorschriften, gelten bis zu ihrer Aufhebung fort, soweit nicht deren Gegenstände in diesem Gesetz geregelt sind oder soweit sie nicht mit den Vorschriften dieses Gesetzes in Widerspruch stehen. Die Landesregierungen oder die

von ihnen nach § 68 Abs. 1 bestimmten Stellen werden ermächtigt, die jeweils in ihrem Land geltenden, nach Satz 1 aufrechterhaltenen Vorschriften durch Rechtsverordnung aufzuheben, soweit von ihnen über die darin geregelten Gegenstände Bergverordnungen auf Grund des § 68 Abs. 1 erlassen werden. Das Bundesministerium für Wirtschaft und Technologie wird ermächtigt, die nach Satz 1 aufrechterhaltenen Vorschriften durch Rechtsverordnung mit Zustimmung des Bundesrates aufzuheben, soweit über die darin geregelten Gegenstände Bergverordnungen auf Grund des § 68 Abs. 2 erlassen werden.

(4) Soweit in Gesetzen und Verordnungen des Bundes auf die nach Absatz 1 oder § 175 außer Kraft getretenen Vorschriften verwiesen wird, treten an ihre Stelle die entsprechenden Vorschriften dieses Gesetzes.

1 In den §§ 175, 176 sind die **bundes- und landesrechtlichen Vorschriften aufgelistet,** die im Zuge der Vereinheitlichung des Bergrechts aufgehoben werden. Die **bundesrechtlichen Vorschriften** sind **abschließend** genannt. Die **landesrechtlichen Vorschriften** sind **beispielsweise** aufgezählt. Sie treten auch nur außer Kraft, soweit im BBergG nichts anderes bestimmt ist. Derartige andere Regelungen finden sich in § 165 (Fortgeltung des Rechts der Gewerkschaften für eine Übergangs- und Abwicklungszeit), § 170 (Fortgeltung des bisherigen Bergschadensrechts für verursachte Schäden), § 171 (Fortgeltung des Grundabtretungsrechts für eingeleitete Verfahren), aber auch in § 156 Absatz 3 (aufrechterhaltene Rechte und Verträge), § 157 (Grundrenten), § 158 (Erbstollengerechtigkeiten).

2 Bis zu ihrer ausdrücklichen Aufhebung gelten die bisherigen Verordnungen fort. Dies gilt nicht, wenn ihre Gegenstände im BBergG geregelt sind oder soweit sie nicht mit seinen Vorschriften in Widerspruch stehen. § 176 Absatz 3 Satz 2 und Satz 3 wurden im Einigungsvertrag durch Anlage II Kapitel V, Sachgebiet D, Abschnitt III Ziff. 1a, aa für die Fortgeltung von Vorschriften der DDR, die ganz oder teilweise aufgrund des Berggesetzes der DDR erlassen worden sind, nutzbar gemacht. Diese Vorschriften gelten als Verordnungen i. S. von § 176 Absatz 3 fort, allerdings nur, soweit nicht ihre Gegenstände im BBergG geregelt sind und sie dem BBergG nicht widersprechen (§ 176 Absatz 3 Satz 1). Außerdem kann die nach Landesrecht zuständige Behörde aufrecht erhaltene Verordnungen aufheben soweit über die darin geregelten Gegenstände nach § 68 Absatz 1 Bergverordnungen erlassen werden. Da nach der o. a. Regelung im Einigungsvertrag § 64 Absatz 3 neben § 68 Absatz 1 in § 176 Absatz 3 Satz 2 eingefügt wurde, gilt das Aufhebungsrecht der Länder auch für Vorschriften über die Zulassung der Markscheider.

3 Durch § 176 Absatz 1 Nr. 58 ist ein **Vorkaufsrecht** eines früheren Grundstückseigentümers, das **nach § 141 ABG** entstanden war, nicht beseitigt worden. Denn ein nach § 141 ABG entstandenes Vorkaufsrecht genießt jedenfalls vom Eintritt des Vorkaufsfalles an den Schutz des Artikel 14 Absatz 1 Satz 1 GG (BVerfG DVBl 1991, 376 ff. = NJW 1991, 1807 = ZfB 1991, 104: Zechenbahngrundstück). Nach § 97 JustG NRW, § 44 Absatz 1 JustG Sachsen finden für die **grundbuchmäßige Behandlung des Bergwerkseigentums** die sich auf Grundstücke beziehenden Vorschriften entsprechende Anwendung. In §§ 98–100 JustG NRW ist geregelt, welche Verpflichtungen die Bergbehörde gegenüber dem Grundbuchamt bei Begründung und Aufhebung von Bergwerkseigentum, bei Änderung der Verleihungsurkunde oder bei Konsolidation, Teilung von Grubenfeldern trifft.

§ 177 Berlin-Klausel

Dieses Gesetz gilt nach Maßgabe des § 13 Abs. 1 des Dritten Überleitungsgesetzes auch im Land Berlin. Rechtsverordnungen, die auf Grund dieses Gesetzes erlassen werden, gelten im Land Berlin nach § 14 des Dritten Überleitungsgesetzes.

§ 178 Inkrafttreten

Dieses Gesetz tritt am 1. Januar 1982 in Kraft. Abweichend hiervon treten die §§ 32, 65 bis 68, 122 Abs. 4, §§ 123, 125 Abs. 4, § 129 Abs. 2, § 131 Abs. 2, §§ 141 und 176 Abs. 3 Satz 2 und 3 am Tage nach der Verkündung des Gesetzes in Kraft.

Bergaufsichtsbehörden
(außer Ministerien der Bundesländer)

– Stand 1.1.2013 –

Baden-Württemberg
Regierungspräsidium Freiburg Abt. 9: Landesamt für Geologie, Rohstoffe und Bergbau
Abt. 97: Landesbergdirektion
79104 Freiburg im Breisgau, Albertstraße 5

Bayern
Regierung von Oberbayern, Bergamt Südbayern
80538 München, Maximilianstraße 139
Regierung von Oberfranken, Bergamt Nordbayern
95444 Bayreuth, Ludwigstraße 20

Berlin, Brandenburg
Landesamt für Bergbau, Geologie und Rohstoffe
Brandenburg
03046 Cottbus, Inselstraße 26

Hessen
Regierungspräsidium Darmstadt
Dezernat 44 Bergaufsicht
65189 Wiesbaden, Lessingstraße 16–18

Regierungspräsidium Gießen
Dezernat 44 Bergaufsicht
35396 Gießen, Marburger Straße 91

Regierungspräsidium Kassel
Dezernat 34 Bergaufsicht
36251 Bad Hersfeld, Konrad-Zuse-Straße 19–21

Mecklenburg-Vorpommern
Bergamt Stralsund
18439 Stralsund, Frankendamm 17

Niedersachsen, Bremen, Hamburg, Schleswig-Holstein
Landesamt für Bergbau, Energie und Geologie
Hauptsitz Hannover
30655 Hannover, Stilleweg 2

Dienstsitz Clausthal-Zellerfeld
38678 Clausthal-Zellerfeld, An der Marktkirche 9

Außenstelle Meppen
49716 Meppen, Vitusstraße 6

Nordrhein-Westfalen
Bezirksregierung Arnsberg
Abteilung 6: Bergbau und Energie
44135 Dortmund, Goebenstraße 25

Bergverwaltung Düren
52349 Düren, Josef-Schlegel-Straße 21

Rheinland-Pfalz
Landesamt für Geologie und Bergbau Rheinland-Pfalz
55129 Mainz, Erny-Roeder-Straße 5

Saarland
Oberbergamt für das Saarland
66578 Schiffweiler, Am Bergwerk Reden 10

Bergamt für das Saarland
66578 Schiffweiler, Am Bergwerk Reden 10

Sachsen
Sächsisches Oberbergamt
09599 Freiberg, Kirchgasse 11

Sachsen-Anhalt
Landesamt für Geologie und Bergwesen Sachsen-Anhalt
06118 Halle/Saale, Köthener Straße 34

Thüringen
Thüringer Landesbergamt
07545 Gera, Puschkinplatz 7

Außenstelle Bad Salzungen
36433 Bad Salzungen, Langenfelder Straße 108

Verordnung über die Umweltverträglichkeitsprüfung bergbaulicher Vorhaben (UVP-V Bergbau)

vom 13. Juli 1990 (BGBl. I S. 1420), zuletzt geändert durch Artikel 8 der Verordnung vom 3. September 2010 (BGBl. I S. 1261)

Eingangsformel

Auf Grund des § 57 c des Bundesberggesetzes vom 13. August 1980 (BGBl. I S. 1310), der durch Artikel 1 des Gesetzes vom 12. Februar 1990 (BGBl. I S. 215) eingefügt worden ist, verordnet der Bundesminister für Wirtschaft im Einvernehmen mit dem Bundesminister für Umwelt, Naturschutz und Reaktorsicherheit:

§ 1 Vorhaben

Der Umweltverträglichkeitsprüfung bedürfen die nachfolgend aufgeführten betriebsplanpflichtigen Vorhaben:
1. Gewinnung von Steinkohle, Braunkohle, bituminösen Gesteinen, Erzen und sonstigen nichtenergetischen Bodenschätzen:
    a) im Tiefbau mit
        aa) Flächenbedarf der übertägigen Betriebsanlagen und Betriebseinrichtungen, wie Schacht- und Stollenanlagen, Werkstätten, Verwaltungsgebäude, Halden (Lagerung oder Ablagerung von Bodenschätzen, Nebengestein oder sonstigen Massen), Einrichtungen zur Aufbereitung und Verladung, von 10 ha oder mehr oder unter Berücksichtigung der Auswirkungen vorangegangener betriebsplanpflichtiger, nach dem 1. August 1990 begonnener oder zu diesem Zeitpunkt laufender und nicht bereits planfestgestellter Vorhaben mit
        bb) Senkungen der Oberfläche von 3 m oder mehr oder
        cc) Senkungen der Oberfläche von 1 m bis weniger als 3 m, wenn erhebliche Beeinträchtigungen im Hinblick auf Vorflut, Grundwasser, Böden, geschützte Kulturgüter oder vergleichbare Schutzgüter zu erwarten sind;
    b) im Tagebau mit
        aa) Größe der beanspruchten Abbaufläche von 25 ha oder mehr oder in ausgewiesenen Naturschutzgebieten oder gemäß den Richtlinien 79/409/EWG oder 92/43/EWG ausgewiesenen besonderen Schutzgebieten oder
        bb) Notwendigkeit einer nicht lediglich unbedeutenden und nicht nur vorübergehenden Herstellung, Beseitigung oder wesentlichen Umgestaltung eines Gewässers oder seiner Ufer oder
        cc) Notwendigkeit einer großräumigen Grundwasserabsenkung mit Grundwasserentnahme oder künstlichen Grundwasserauffüllungssystemen mit einem jährlichen Entnahme- oder Auffüllungsvolumen von 5 Mio. Kubikmeter oder mehr oder
        dd) Größe der beanspruchten Abbaufläche von mehr als 10 ha bis weniger als 25 ha auf Grund einer allgemeinen Vorprüfung des Einzelfalls nach § 3 c des Gesetzes über die Umweltverträglichkeitsprüfung;
2. Gewinnung von Erdöl und Erdgas zu gewerblichen Zwecken mit
    a) Fördervolumen von täglich mehr als 500 Tonnen Erdöl oder von täglich mehr als 500.000 Kubikmeter Erdgas oder
    b) Errichtung und Betrieb von Förderplattformen im Bereich der Küstengewässer und des Festlandsockels;
3. Halden mit einem Flächenbedarf von 10 ha oder mehr;

4. Schlammlagerplätze und Klärteiche mit einem Flächenbedarf von 5 ha oder mehr;
4 a. Abfallentsorgungseinrichtungen der Kategorie A gemäß Anhang III der Richtlinie 2006/21/EG des Europäischen Parlaments und des Rates vom 15. März 2006 über die Bewirtschaftung von Abfällen aus der mineralgewinnenden Industrie und zur Änderung der Richtlinie 2004/35/EG (ABl. EU Nr. L 102 S. 15);
5. Bau einer Bahnstrecke für Gruben- oder Grubenanschlussbahnen mit den dazugehörigen Betriebsanlagen auf Grund einer allgemeinen Vorprüfung des Einzelfalls nach § 3 c des Gesetzes über die Umweltverträglichkeitsprüfung;
6. Wassertransportleitungen zum Fortleiten von Wässern aus der Tagebauentwässerung, die den Bereich des Betriebsgeländes überschreiten, mit einer Länge von 25 km oder mehr außerhalb des Betriebsgeländes auf Grund einer allgemeinen Vorprüfung des Einzelfalls nach § 3 c des Gesetzes über die Umweltverträglichkeitsprüfung sowie mit einer Länge von 2 km bis weniger als 25 km außerhalb des Betriebsgeländes auf Grund einer standortbezogenen Vorprüfung des Einzelfalls nach § 3 c des Gesetzes über die Umweltverträglichkeitsprüfung;
6 a. Untergrundspeicher für
  a) Erdgas mit einem Fassungsvermögen von
    aa) 1 Milliarde Kubikmeter oder mehr auf Grund einer allgemeinen Vorprüfung des Einzelfalls nach § 3 c des Gesetzes über die Umweltverträglichkeitsprüfung,
    bb) 100 Millionen Kubikmeter bis weniger als 1 Milliarde Kubikmeter auf Grund einer standortbezogenen Vorprüfung des Einzelfalls nach § 3 c des Gesetzes über die Umweltverträglichkeitsprüfung,
  b) Erdöl, petrochemische oder chemische Erzeugnisse mit einem Fassungsvermögen von
    aa) 200.000 Tonnen oder mehr,
    bb) 50.000 Tonnen bis weniger als 200.000 Tonnen auf Grund einer allgemeinen Vorprüfung des Einzelfalls nach § 3 c des Gesetzes über die Umweltverträglichkeitsprüfung,
    cc) 10.000 Tonnen bis weniger als 50.000 Tonnen auf Grund einer standortbezogenen Vorprüfung des Einzelfalls nach § 3 c des Gesetzes über die Umweltverträglichkeitsprüfung;
7. Errichtung und Betrieb einer Anlage zur Sicherstellung oder Endlagerung radioaktiver Stoffe im Sinne des § 126 Abs. 3 des Bundesberggesetzes;
8. Tiefbohrungen zur Gewinnung von Erdwärme ab 1 000 m Teufe in ausgewiesenen Naturschutzgebieten oder gemäß den Richtlinien 79/409/EWG oder 92/43/EWG ausgewiesenen besonderen Schutzgebieten;
9. sonstige betriebsplanpflichtige Vorhaben einschließlich der zur Durchführung bergbaulicher Vorhaben erforderlichen betriebsplanpflichtigen Maßnahmen, soweit diese Vorhaben oder Maßnahmen als solche nach Maßgabe der Anlage 1 (Liste „UVP-pflichtige Vorhaben") zum Gesetz über die Umweltverträglichkeitsprüfung der Umweltverträglichkeitsprüfung bedürfen und ihrer Art oder Gruppe nach nicht unter die Nummern 1 bis 8 fallen.

§ 2 Angaben

(1) Entscheidungserhebliche Angaben im Sinne des § 57 a Abs. 2 Satz 2 des Bundesberggesetzes sind insbesondere
1. eine Beschreibung von Art und Menge der zu erwartenden Emissionen und Reststoffe, vor allem der Luftverunreinigungen, der Abfälle und des Anfalls von Abwasser, sowie Angaben über alle sonstigen erheblichen Auswirkungen des Vorhabens auf Menschen, einschließlich der menschlichen Gesundheit, Tiere, Pflanzen und die biologische Vielfalt, Boden, Wasser, Luft, Klima und Landschaft, und Kultur- und sonstige Sachgüter, einschließlich der jeweiligen Wechselwirkungen
2. Angaben über den Bedarf an Grund und Boden während der Errichtung und des Betriebes des Vorhabens sowie über andere Kriterien, die für die Umweltverträglichkeitsprüfung eines Vorhabens maßgebend sind.

Anhang 2

(2) Die Angaben müssen in jedem Fall eine Übersicht über die wichtigsten vom Unternehmer geprüften Vorhabenalternativen und die Angabe der wesentlichen Auswahlgründe unter besonderer Berücksichtigung der Umweltauswirkungen enthalten. Im Falle der Durchführung eines Verfahrens nach § 52 Abs. 2 a Satz 2 des Bundesberggesetzes hat die zuständige Behörde vor Abgabe ihrer Stellungnahme zu den Angaben den Unternehmer und in ihrem Aufgabenbereich betroffene Behörden anzuhören.

§ 3   Grenzüberschreitende Beteiligung

(1) Zuständige Behörden im Sinne des § 57 a Abs. 6 Satz 1 des Bundesberggesetzes sind die von dem anderen Staat benannten Behörden. Diese Behörden sind zum gleichen Zeitpunkt und im gleichen Umfang über das Vorhaben zu unterrichten wie die am Planfeststellungsverfahren beteiligten Behörden; gleichzeitig ist darauf hinzuwirken, dass das Vorhaben in dem anderen Staat auf geeignete Weise bekannt gemacht wird und dabei angegeben wird, bei welcher Behörde im Planfeststellungsverfahren von der dort ansässigen betroffenen Öffentlichkeit Einwendungen erhoben werden können, wobei die zuständige deutsche Behörde verlangen kann, dass der Unternehmer eine Übersetzung der Zusammenfassung nach § 57 a Abs. 2 Satz 5 des Bundesberggesetzes sowie, soweit erforderlich, weiterer für die grenzüberschreitende Öffentlichkeitsbeteiligung bedeutsamer Angaben zur Verfügung stellt. Wenn der andere Staat die zuständigen Behörden nicht benannt hat, ist die oberste für Umweltangelegenheiten zuständige Behörde des anderen Staates zu unterrichten.

(2) Aufgrund der Unterrichtung nach § 57 a Abs. 6 Satz 1 des Bundesberggesetzes sind Konsultationen mit den in Absatz 1 genannten Behörden aufzunehmen. Sie haben unter anderem die potentiellen grenzüberschreitenden Auswirkungen des Vorhabens und die Maßnahmen, die der Verringerung oder Vermeidung dieser Auswirkungen dienen sollen, zum Gegenstand. Für die Dauer der Konsultationsphase wird ein angemessener Zeitrahmen vereinbart.

(3) Die zuständige deutsche Behörde übermittelt den beteiligten Behörden des anderen Staates die Zulässigkeitsentscheidung für das Vorhaben oder den ablehnenden Bescheid, jeweils einschließlich der Begründung und einer Rechtsbehelfsbelehrung, wobei sie eine Übersetzung der Zulässigkeitsentscheidung beifügen kann, sofern die Voraussetzungen der Grundsätze von Gegenseitigkeit und Gleichwertigkeit erfüllt sind. Gleichzeitig ist darauf hinzuwirken, dass die übermittelte Entscheidung über die Zulässigkeit oder Ablehnung des Vorhabens der betroffenen Öffentlichkeit in dem anderen Staat auf geeignete Weise bekannt und der Inhalt der Entscheidung mit Begründung und einer Rechtsbehelfsbelehrung zugänglich gemacht wird.

(4) Völkerrechtliche Verpflichtungen von Bund und Ländern bleiben unberührt.

§ 4   Übergangsvorschrift

(1) Die am 20. August 2005 bereits begonnenen Verfahren betreffend betriebsplanpflichtige Vorhaben im Sinne des § 1 sind nach den bisher geltenden Vorschriften zu Ende zu führen.

(2) Die am 15. Dezember 2006 bereits begonnenen Verfahren betreffend betriebsplanpflichtige Vorhaben im Sinne des § 1 sind nach den bisher geltenden Vorschriften zu Ende zu führen.

(3) Die am 1. Mai 2008 bereits begonnenen Verfahren betreffend betriebsplanpflichtige Vorhaben im Sinne des § 1 Nr. 4 a sind nach den bisher geltenden Vorschriften zu Ende zu führen.

(4) Die am 9. September 2010 bereits begonnenen Verfahren betreffend betriebsplanpflichtige Vorhaben im Sinne des § 1 Nummer 6 a sind nach den bisher geltenden Vorschriften zu Ende zu führen.

§ 5   Inkrafttreten

Diese Verordnung tritt am 1. August 1990 in Kraft.

Schlußformel

Der Bundesrat hat zugestimmt.

Stichwortverzeichnis

Die Zahlenangaben in Fettdruck beziehen sich auf die Paragraphen, die weiteren Zahlen bezeichnen die Randnummern des Buches.

A
ABBergV **55** 119, 124, **68** 71
Abdeckung **55** 187
Abfall **55** 129
– bergbauliche Abfälle **55** 101
– Mischabfälle **55** 108
Abfallbeseitigung **55** 149
Abfallbewirtschaftungsplan **55** 118, 142, 176
Abfallentsorgungseinrichtung **55** 118, 135, 143
Abfallrahmenrichtlinie **55** 114
Abfallrecht **55** 87
Abfallverwertung **55** 149
Abgrabung **56 Anhang** 701
Abgrabungsgenehmigung **56 Anhang** 421, 720
Abschlussbetriebsplan **48** 22, **52** 71, **53** 1, 88, **55** 350, **56 Anhang** 87, 324, **56** 242, **69** 43
– Abbruch übertägiger Gebäude **53** 35
– Abbruchbetriebsplan **53** 43
– Abschlussdokumentation **53** 68
– Abschlussrisswerk **53** 21
– Betriebschronik **53** 22
– Gestattungswirkung **53** 71
– Gliederung **53** 20
– Inhalt **53** 19
– Konzentrationswirkung **53** 11, 70
– Sicherheitsleistung **53** 18
– Teilabschlussbetriebsplan **53** 59
– Übertage **53** 58
– Verhältnis zu anderen Betriebsplänen **53** 5
– Zweck **53** 1
Abschlussdokumentation **53** 68
Abstanderlass NRW **56 Anhang** 526
Abtretung von Bergschadensersatzansprüchen **117** 23
– Beitrittsgebiet **114 Anhang** 18
Abwassereinleitung
– Abwasserbehandlungsanlage **56 Anhang** 659
– Abwasserbeseitigungspflichtigen **56 Anhang** 654
– Abwasserverordnung **56 Anhang** 656
– Deponieabwasser **56 Anhang** 652
– Grubenwasser **56 Anhang** 649
– Schmutzwasser **56 Anhang** 649
– Sümpfungswasser **56 Anhang** 649
Adäquanztheorie, s. Kausalzusammenhang
AK–Rechtsfragen des Länderausschusses Bergbau **48** 55, **52** 56, **56** 196
Akteneinsicht **56** 139

allgemein anerkannte Regeln der Technik **56 Anhang** 657
allgemeine Angaben **57a** 14
Allgemeine BergVO **55** 70
Allgemeine Bundesberg-VO **55** 119, 174, **68** 71
Allgemeine Verwaltungsvorschriften **143** 1
allgemeiner Vermögensschaden, Abgrenzung zum Bergschaden **114** 49
Altbergbau- und Unterirdische Hohlräume-Gesetz **69** 10
Alte Halden **4** 13, **77** 26, **114** 18, **128**, **128** 1
Alte Rechte **149** 1
Alternativen **56 Anhang** 309
– s. auch Betriebsplanverfahen
anerkannte Regeln der Technik **56** 252
Anfechtungsklage **56** 191
Anforderung **55** 154
Anforderungen an die stoffliche Verwertung von Abfällen im Bergbau Übertage **56 Anhang** 97
Anordnung **53** 51, 76, **56** 233 ff., **71** 1 ff., **72** 1 ff., **74** 1 ff.
Anpassungspflicht, s. auch Sicherungsmaßnahmen
– Abgrenzung zwischen unerheblichen und erheblichen Nachteilen/ Aufwendungen **110** 32
– Anpassungskosten **110** 29
– Anpassungsverhältnis **110** 7
– Anpassungsverlangen **110** 17
– Aufwendungen **110** 30
– Auskunft über Bauanträge **110** 41
– Bauherr **110** 22
– Bauliche Anlage **110** 14
– Bergschadensschutzgebiete **110** 4
– Bergschadensempfindlichkeit **110** 15
– Bergschadensrisiko **110** 9
– Bergschadenverzicht **110** 39
– Besorgnis von Beeinträchtigungen **110** 9
– Eigenanteil des Bauherrn **110** 34
– eingestellte Gewinnung **110** 21
– Entgegenstehendes Bauplanungsrecht **110** 28
– Entstehungsgeschichte **110** 3
– geplante Gewinnung **110** 20
– Gewinnungsbetrieb **110** 8
– Konstruktion **110** 25, 26
– Lage **110** 24, 26
– Nachteile **110** 31
– Nachträgliche Anpassung **110** 45
– Oberfläche **110** 9

Stichwortverzeichnis

- Obliegenheiten bei Anpassung 110 2, 112 2
- Rahmenbetriebsplan 110 11
- Rechtsnatur des Ersatzanspruchs 110 35
- Referentenentwürfe 110 4
- Regierungsentwurf 110 6
- Sicherungsmaßnahmen 110 23
- Speicherkavernen 110 7
- Stellung 110 24, 26
- Stufenverhältnis 110 25
- Übersicht Anpassungsmaßnahmen 110 26
- Umweltverträglichkeitsprüfung 110 13
- Unternehmer 110 20, 38
- Unverhältnismäßigkeit von Anpassungsaufwand und Risikoverminderung 110 40
- Vorliegen eines Betriebsplans 110 11
- Vorschuss 110 36
Anspruch auf ordnungsbehördliches Einschreiten 71 102
- Opportunitätsprinzip 71 103
ansteigendes Grundwasser 56 Anhang 727
Antrag 105 4
Anwendungsvoraussetzungen der Vermutung 120 11
Anzeige 50 1, 57 7, 74 5, 108 1, 127 9
AOHM 53 95
Aquifergas 3 40
Arbeitsprogramm 11 11, 35 9
Arbeitsschutzvorschriften 55 57
Arbeitssicherheitsgesetz 55 60
Art und Umfang der Bergschadensersatzleistungen 117 32
Artenschutz 56 Anhang 380
Aufbereitung 2 18, 23, 4 37, 34 11, 48 23
Aufbereitungsbetriebe 51 25
Aufgehobene Vorschriften/Fortgeltung 171 4
Auflagen, s. Nebenbestimmungen
Aufschiebende Wirkung 56 200
Aufsichtsperson, s. verantwortliche Personen
Aufsuchung 2 11, 4 11, 21 3, 34 7, 39, 152 2
Aufsuchungsbetriebe 51 24
- Betriebsplanpflichtige Betriebe 51 24
- Betriebsplanpflichtige Maßnahmen 51 33
Aufsuchungsrecht 7 7
Ausbau der Gewässer 56 Anhang 235, 705
Außenbereich 56 Anhang 57 ff.
Ausführung des Grundabtretungsbeschlusses 78 2, 81 3, 92 5
- s. auch Ausführungsanordnung
Ausschließliche Wirtschaftszone (AWZ) 2 53, 55, 132 2
Ausschluss der Bergschadenshaftung, Immissionsschäden 114 85
Ausschluss der Bergschadenshaftung, s. auch Bergschadenverzicht
- bei Planungsnachteilen 114 87
- im Bergbaubetrieb verwendete Sachen 114 82
- im Betrieb beschäftigte Personen 114 80
- Immissionsschäden 114 63
- Schäden an anderem Bergbaubetrieb 114 83

B
Baubeschränkungsgebiet 107 2, 108 3
Baugenehmigung 56 Anhang 1
- Abgrabungen 56 Anhang 21, 42
- Aufschüttungen 56 Anhang 21, 42
- Außenbereich 56 Anhang 57
- Baugenehmigung und Abgrabungen 56 Anhang 70
- Bergbehörde im Baurecht 56 Anhang 71
- Einvernehmen der Gemeinde 56 Anhang 68
- Innenbereich 56 Anhang 54
- Übertageanlagen 56 Anhang 18
- Untertageanlagen 56 Anhang 12
- Verhältnis Baugenehmigung – Betriebsplan 56 Anhang 3
Bauplanungsrecht 48 40, 56 Anhang 37
Baurechtswidrige Nutzung 120 19
Bauwarnung
- Allgemeine Berggefahr 113 2
- Bergschadensempfindliche Betriebe 113 15
- Bewertungskriterien 113 12
- Drohende Berggefahr 113 2
- Identität mit Verlauf der Schädigung 113 3, 20
- Inhalt 113 20
- Rechtsfolge bei Nichtbeachtung 113 22
- Schriftlichkeit 113 18
- Sonderinteresse als Abwägungsbelang 113 15
- Übernahmeanspruch des Bauherrn 113 27
- Unmöglichkeit von Anpassungs- und Sicherungsmaßnahmen 113 8
- Unverhältnismäßigkeit von Aufwand und Risikoverminderung 113 9
- Verjährung 113 30
- Verkehrswert des Grundstücks 113 13, 16
- Voraussetzungen der Bauwarnung 113 8
- Vorgespiegelte Bauabsicht 113 29
- Wirtschaftlicher Totalschaden 113 16
BBergV 68 1 ff.
Bebauungsplan 48 10, 13, 54 41, 55 252, 56 Anhang 515
- Flächen mit Altlasten 56 Anhang 520
- Flächen, unter denen Bergbau umgeht 56 Anhang 522

Bedingung, Befristung, s. Nebenbestim-
mungen
Befugnisnorm 48 27, 34, 51 16
Behörde 54 11
– Beteiligung 54 14
Benutzung fremder Grubenbaue 47
Benutzung fremder Grundstücke,
s. Grundabtretung
Benutzung von Grundwasser 56
Anhang 557
– Erdaufschluss 56 Anhang 566
– Erdwärmesonde 56 Anhang 566
– Niederbringen einer Bohrung 56
Anhang 571
– Sickerwasser 56 Anhang 584
– Zutagefördern von Grundwasser 56
Anhang 568
Benutzung von Oberflächengewässer 56
Anhang 587
– Begriff Oberflächengewässer 56
Anhang 588
– Mittelbare Einleitungen 56
Anhang 597
Berechtigung 55 13
Berechtsame und Naturschutz 56
Anhang 225
Berechtsamsbuch 75 2
Bergaufsicht 69 24, 169 1
Bergbau 56 Anhang 284, 69 20
Bergbau ohne Rechtsnachfolge (Beitritts-
gebiet) 115 12
Bergbauabfallrichtlinie 55 91, 99, 115
Bergbauberechtigung 6 5, 18 4, 42 17,
51 22, 52 35, 149 4, 29
– Aufhebung 18 4
– Kollisionen 42 17
– Rücknahme 18 6
– Widerruf 18 9
Berg(bau)freiheit 3 15
Bergbaufremde Abfälle im Übertageberg-
bau 55 178
Bergbauliche Abfälle 55 101
Bergbauliche Sachgesetzlichkeiten 1 5,
52 1
Bergbau-Versuchsstrecke 68 40, 129 1 ff.
Bergbehörden 51 49
Berghalde 52 49, 56 Anhang 23, 582
bergfreie Bodenschätze 3 30, 33, 77 9
Bergfreiheit 3 21
Berggesetz der DDR 3 26, 55 216
– s. auch DDR und Einigungsvertrag
bergrechtliche Anordnung 71 12
bergrechtliche Gewerkschaft 163
– Begriff Kux 165 13
– Gewerkenversammlung 165 14
bergrechtlicher Planfeststellungsbeschluss
56 Anhang 665
bergrechtliches Planfeststellungsverfahren
56 Anhang 722
Bergrechtsänderungsgesetz 52 170
Bergschäden, Übergangsregelung 170 1 ff.
Bergschäden im Beitrittsgebiet
– Abtretung von Bergschadensersatzansprüchen 114 Anhang 18

– Art und Umfang der Bergschadens-
ersatzleistungen 114 Anhang 12
– Begriff des Bergschadens 114
Anhang 5
– Bergbau vor 1945 (Altbergbau) 114
Anhang 8
– Haftungsausschluss 114 Anhang 11
– Verjährung 114 Anhang 13
Bergschadensausfallkasse
– Anlass und Entstehungsgeschichte
122 3
– Ausfallkasse der Bergbauwirtschaft
122 15
– Beiträge 123 2
– Durchführungsverordnung 123
– verfassungsrechtliche Notwendigkeit
122 18
– Verordnungsermächtigung 122 7
– Voraussetzungen einer Ausfallhaftung
122 8
Bergschadensersatz 120 25
– s. auch Umfang der Ersatzpflicht
– Abtretung von Ersatzansprüchen 114
Anhang 18, 117 23
– allgemeine Vermögensschäden 114 49
– Anpassungsmaßnahmen 114 89
– Art und Umfang der Bergschadens-
ersatzleistungen 117 32
– Aufbereitung/Aufbereiten 114 10
– Aufopferungshaftung 114 26
– Aufsuchung 114 7
– Ausschluss der Bergschadenshaftung
114 79
– Ausschluss von Planungsnachteilen
114 87
– Baugrundrisiko 114 17
– Bauwarnung 114 48
– Bergbaubetrieb 114 5
– Bergbauvorsorgemaßnahme 117 33
– bergfreie Bodenschätze 114 23
– Bergschaden/Begriff 114 28
– Betriebsvorgänge 114 12
– bewegliche Sachen 114 52
– dogmatische Einordnung der Bergscha-
denshaftung 114 19
– drohender Bergschaden 114 47
– Duldungspflichten des Grundeigentü-
mers nach BBergG 114 20, 23
– Einwirkung auf gefährliche Anlagen
114 38
– entgangener Gewinn 114 51
– Entschädigung bei Immissionsschäden
114 62
– Ersatzberechtigter 114 41
– Gefährdungshaftung 114 26, 27, 31
– Gewinnung 114 8
– Grenzen der Haftung 114 18
– grundeigene Bodenschätze 114 24
– Haftung bei Besitzwechsel 115 10
– Haftung des Inhabers der Bergbau-
berechtigung 116 1
– Haftung für dienende Einrichtungen
114 16
– Haftung für Nebentätigkeiten 114 11

Stichwortverzeichnis

- Haftung für Personenschäden 114 33, 38
- Haftungstatbestände – Übersicht 114 6
- Haftungstyp 114 1, 26
- Haupttätigkeiten 114 7
- im Betrieb beschäftigte Personen 114 80
- im Betrieb verwendete Sachen 114 82
- Immissionsschaden 114 57, 85
- Immissionsschutzrechtlich genehmigte Anlagen 114 64
- Kausalität 114 29
- Kausalzusammenhang 114 28, 30, 50, 54
- mittelbare Verursachung 114 50, 54
- mittelbarer Schaden 114 51, 117 33
- Moers-Kapellen-Entscheidung 114 25
- nachbarrechtlicher Ausgleichsanspruch 114 61
- Ortsüblichkeit 114 59, 61
- Personenschäden/Fallgruppen 114 36
- Rechtsstellung der Grundpfandgläubiger 117 43
- Regelverjährung 117 35
- Sachbeschädigung 114 43
- Sachsubstanzschaden 114 43, 46
- Schaden an anderem Bergbaubetrieb 114 83
- Schutzzweck der verletzten Norm 114 31
- Sümpfungsmaßnahmen 114 17
- Transportgegenstände 114 13
- Unmittelbarer betrieblicher Zusammenhang 114 11, 14
- Unternehmer als Ersatzpflichtiger 115 3
- Ursachenzusammenhang, s. Kausalzusammenhang
- Veräußerung eines geschädigten Grundstücks 117 24
- Verlust an Leitungsgut 114 44
- Vernässungsschäden 114 17
- Verursachung durch mehrere Bergbaubetriebe 115 5
- Wiederanstieg von Grund- und Grubenwasser 114 17
- Wiedernutzbarmachung 114 15
- Zubehörungen 114 44
- Bergschadensvermutung
- Anwendungsvoraussetzungen 120 11
- Baumangel 120 18
- Beweislast im Haftpflichtprozess 120 4
- Einsicht in die Bauunterlagen 120 24
- Einwirkungsbereich 120 12
- Erschütterung der Vermutung 120 17
- geologische oder hydrologische Gegebenheiten 120 20
- prima facie-Beweis 120 6
- Pseudobergschäden 120 3
- Bergschadenverzicht 114 65, 115 9, 10, 116 5
- Aufwendungen und Nachteile aus einer Anpassung 114 77
- Dienstbarkeit 114 70, 78
- Enteignung eines Bergschadenverzichts 114 76
- Haftung als Gesamtschuldner 116 6
- Minderwertverzicht 114 71
- Mischverzicht 114 71
- Vollverzicht 114 71
- Wohnungseigentum 114 75
- BergVO 132 16
- Bergwerkseigentum 9 5, 13 1, 16 12, 17 5, 18 13, 20 1, 46, 56 Anhang 5 29, 56 134, 151 1, 154 1, 155 1
- Aneignungsrecht 9 25
- Anwendbarkeit der Grundstücksvorschriften des BGB 9 13
- Aufhebung 20 1
- Berechtsamsurkunde 17 8
- Bestandteile 9 15
- Eintragungsersuchen 17 10
- Genehmigung der Veräußerungsvorgänge 23 1
- Hilfsbau 46
- Recht auf Grundabtretung 9 23
- schuldrechtliche Verträge 9 24
- Veräußerbarkeit 9 26
- Vererblichkeit 9 26
- Verleihung 16 12, 17 3
- Widerruf 18 13
- Wirtschaftlichkeitsnachweis 13 6
- Zubehör 9 15
- Beseitigung von Betriebsanlagen 53 34
- Bestandsschutz 7 18
- Beteiligung der Gemeinde, Wächter des Umweltschutzes 54 82
- Beteiligung der Gemeinden 15 8
- Beteiligungsrecht der Gemeinde 54 64
- Belange des Wasserhaushaltes 54 77
- Bodenschutz 54 80
- Einvernehmen 54 69
- Flächennutzungsplan 54 84
- Immissionsschutz 54 78
- kommunales Eigentum 54 95
- Landschafts- und Naturschutz 54 79
- Landwirtschaft 54 80
- Planungshoheit 54 71, 92
- Selbstverwaltungsrecht 54 97
- betriebsbedingtes Bergbaurisiko 52 75 ff., 55 292
- Betriebschronik 53 64
- Betriebsführungsgesellschaft
- Bergschadenshaftung 115 2
- Unternehmereigenschaft 4 42, 46
- Verantwortung im Betrieb 58 18, 62 13
- Betriebsplan 8 20, 56 Anhang 5 33
- s. auch Abschlussbetriebsplan, Rahmenbetriebsplan, Sonderbetriebsplan
- Abbruchbetriebsplan 53 43
- für den Tagebau 52 98
- Verhältnis Gewinnungsberechtigung – Betriebsplan 8 20
- Voranfrage 51 45

Betriebsplan und Naturschutz 56
Anhang 228
Betriebsplanpflicht 51
Betriebsplanverfahren 48 20
– Alternativenprüfung 52 138, 57a 22
– Amt 54 100
– Anerkannte (Naturschutz-)Vereine
54 107
– Besonderheiten des Bergbaubetriebs
und Betriebsplanverfahren 52 1
– Beteiligung der Gemeinde 54 29
– Beteiligung des Betriebsrates 54 115
– Beteiligung des Grundeigentümers
48 53 ff., 52 51, 55 49, 369 ff.
– Braunkohlen- und Sanierungspläne
52 158, 54 53
– Braunkohlenplan 48 47, 54 53
– Kirchengemeinde 54 101
– kommunales Grundeigentum 54 66
– Konzentrationswirkung 51 17,
52 131
– Kreis 54 99
– Oberflächeneigentümer 54 108
– Planungsabsichten der Gemeinde
54 46
– Planungsträger 54 32
– Sachbescheidungsinteresse 52 26
– Sachgüter Dritter außerhalb des Betrie-
bes 55 47
– Selbstverwaltung 54 52
– Verlangen der Bergbehörde 52 24
Betriebsplanzulassung 51 5, 56 6
– Abänderung 52 103, 54 3
– Beteiligung anderer Behörden 54 6
– Doppelnatur 51 9
– Drittwirkung 56 23
– Einsichtsrecht 56 139
– Ergänzung 52 103
– gebundene Kontrollerlaubnis 51 5
– gebundener Verwaltungsakt 56 12
– Handhabung des Betriebsplanverfah-
rens 54 2
– kein förmliches Verfahren 51 14
– kein Planfeststellungsverfahren 51 15
– keine Konzentrationswirkung 51 17
– keine Planrechtfertigung 51 16
– keine Planungsentscheidung 51 16,
56 13
– Nebenbestimmungen 56 112
– Richtl. Betriebsplangliederungen für
Braunkohlenbergbau 54 2
– Richtlinien 54 2
– Richtlinien Handhabung des Betriebs-
planverfahrens 52 120
– Richtlinien zur Zulassung von
Betriebsplänen für Tagebau 52 120
– Verhältnis Betriebsplan – Bergbaube-
rechtigung 51 20
– Verlängerung 52 103, 54 3
Bewilligung 8 1, 12 2, 16 4, 13, 22 1
– Anträge 10 4
– Arbeitsprogramm 10 4, 11 10
– Aufsuchungsrecht 8 9
– Ausschließlichkeit 8 7

– Betriebs- und Hilfsbaurecht 8 13
– Bohrloch- oder Sondenprinzip 8 10
– Entscheidungsprogramm 11 3
– Erlaubnis 10 4
– Gewinnungs- und Aneignungsrecht
8 10
– Lagerstättenprinzip 8 10
– Mitgewinnungsrecht 8 11
– nachträgliche Nebenbestimmungen
16 23
– Nebenbestimmungen 16 13
– Rechtsanspruch 12 2
– Rechtsnatur 8 5
– Übertragung 22 1
– Verhältnis zum Eigentum 8 3
– Versagungsgründe 11 6, 12 3
– wasserrechtlich 56 Anhang 679 ff.
Bewirtschaftungs-Ermessen 56
Anhang 599
Bewirtschaftungsplan 56 Anhang 611,
636
Bewirtschaftungsziel 56 Anhang 614
Biosphärenreservats-VO der DDR 56
Anhang 361
Biotop 56 Anhang 315
Biotopschutz 56 Anhang 389
Bodenschätze 3 1, 8, 26
Bodenschätze in der ehemaligen DDR
3 24, 77 12
Bodenschutz 48 50
Bodenschutzrecht
– Gefährdungsabschätzung 56
Anhang 94
– Sanierungsuntersuchung 56
Anhang 94
– Subsidiaritätsklausel 56 Anhang 79
– Untersuchungsanordnungen 56
Anhang 94
Bohrlochprinzip 31 1
Bohrung 2 48, 3 40, 50 18, 127 2
Brandschutzsteiger 131 2
Braunkohle 3 39
Braunkohlekraftwerk 55 206
Braunkohlen- und Sanierungspläne
52 158, 54 53
Braunkohlenbergbau 48 16, 52 20,
55 296, 56 Anhang 556, 69 63
Braunkohlenplan 48 47, 52 157,
55 368, 56 Anhang 279, 444 ff.
Braunkohlenplanung 56 Anhang 444
– Braunkohlen- und Sanierungsplan-
gebiete 56 Anhang 452
– Braunkohlenausschuss 56
Anhang 445, 458, 461, 486
– Braunkohlengrundlagengesetz 56
Anhang 455
– Heuersdorf-Gesetz 56 Anhang 490
– Ortsumsiedlung 56 Anhang 478
– Sanierungsrahmenplan 56
Anhang 484
– VO zur Braunkohlenplanung 56
Anhang 465
Braunkohlensanierung 2 31, 53 86,
55 220, 56 Anhang 732

Braunkohletagebau 56 Anhang 708
Brikettieren 4 27
Bundesamt für Seeschifffahrt und Hydro-
grafie 135 2
Bundesanstalt für Materialforschung und
-prüfung 140 6
Bundes-Immissionsschutzgesetz 56
Anhang 124 ff., 174 15
Bundesimmissionsschutzrecht, Verbes-
serungsgenehmigung 56 Anhang 149
Bundesprüfanstalt für den Bergbau 140 5

C
Chemikalien-Verbots-Verordnung
55 166, 201, 69 44
CO$_2$ in unterirdischen Speichern 2 46,
4 40
CO$_2$-Ablagerung 69 32, 126 14
CO$_2$-Abscheidung 55 107
CO$_2$-Speicher 7 7

D
DDR 2 45, 3 23, 52 175, 55 216,
56 108, 69 13, 57
– s. auch Einigungsvertrag
DDR-Anordnung über die Verwahrung
unterirdischer bergbaulicher Anlagen
71 85
Denkmalrecht 48 49
Denkmalschutz 56 Anhang 101
– Bodendenkmal 56 Anhang 122
– Denkmalliste 56 Anhang 102
– Untersuchungsarbeiten am Denkmal
56 Anhang 121
– Verhältnis Genehmigung – Betriebsplan
56 Anhang 111
Direktionsprinzip 58 6
Drittschutz 52 169, 54 91, 55 35, 66,
280, 336, 56 Anhang 115, 600, 56 31,
71 102
drohende Berggefahr 113 2, 114 47
Duldungspflicht des Grundeigentümers
114 20

E
ehemalige DDR, s. DDR, Einigungsvertrag
Eignungsgebiet 56 Anhang 432
Eingeleitete Verfahren 171
Eingriffe in Natur oder Landschaft
55 243
Eingriffsregelung 56 Anhang 229
– Alternative 56 Anhang 310
– Alternativenprüfung 56 Anhang 249
– Ausgleichs- und Ersatzmaßnahmen 56
Anhang 242
– Ausgleichsmaßnahmen 56
Anhang 257
– Biotop-auf-Zeit 56 Anhang 392
– Erheblichkeit 56 Anhang 300
– Ersatzgeld 56 Anhang 248, 262
– Ersatzmaßnahmen 56 Anhang 262
– FFH-Kernprüfung 56 Anhang 307
– FFH-Verträglichkeitsprüfung 56
Anhang 307

– Grundwasserentnahme 56
Anhang 240
– landschaftspflegerischer Begleitplan
56 Anhang 255, 271
– Nullvariante 56 Anhang 310
– Ökokonten 56 Anhang 260
– Sicherheitsleistung 56 Anhang 254
– Summationswirkung 56 Anhang 304
– Vermeidungsgebot 56 Anhang 249
– Verwaltungsvorschrift VV-Artenschutz
56 Anhang 386
– Vorbelastung 56 Anhang 302
– Wiedernutzbarmachung und Kompen-
sation 56 Anhang 265
– zwingende Gründe des überwiegenden
öffentlichen Interesses 56 Anhang 313
Einigung im Grundabtretungsverfahren
105 21
Einigung im Verfahren 105 21
Einigungsvertrag 3 30, 31 1, 52 175, 56
Anhang 497, 69 57, 71 115, 108 6, 114
Anhang 18, 169 4, 170 7, 176 2
Einrichtungen 2 50
Einsichtrecht 76 3
Einstellung 50 12, 53 3, 55 354, 69 55,
169 2
Einstellung der Wasserhaltung 53 73
– Braunkohlentagebau 53 73
Einstweiliger Rechtsschutz 56 205 ff.
Einvernehmen 56 Anhang 15, 69, 672
EinwirkungsBergV 56 215, 68 21
Einzelbetriebsplan 52 92
Emschergenossenschaft 20 10, 55 294,
56 Anhang 593, 734
Ende der Bergaufsicht 69 33
Endlagerung radioaktiver Stoffe 57b 17
Energieversorgung 48 16, 17, 18, 65
– Sicherstellung 48 16, 65
enteignungsrechtliche Vorwirkung 56 15
Entlassung aus der Bergaufsicht 69 53,
65
Entschädigung
– bei Grundabtretung: s. Grund-
abtretungsentschädigung 39 9
– bei Zulegung 39 9
Erblastenvertrag 53 85, 55 68
Erbstollen 158 1
Erbstollengerechtigkeit 149 41
Erdgas 3 37, 57c 11
Erdöl 3 37, 57c 11
Erdölaltverträge 156 2
Erdwärme 3 47, 50, 4 20, 35, 51 31, 56
Anhang 575
Erdwärmesonde 56 Anhang 695
Erftverband 20 10, 55 296, 56
Anhang 734
Erlaubnis 7 2, 10 4, 16 4, 13, 35, 22 1,
56 Anhang 602
– Anträge 10 4
– Arbeitsprogramm 10 4, 11 10, 12 10
– Bewilligung 10 4
– Entscheidungsprogramm 11 3
– Geltungsdauer 16 35

– nachträgliche Nebenbestimmungen
  16 23
– Nebenbestimmungen 16 13
– Rechtsanspruch auf die Erlaubnis
  11 1
– Übertragung 22 1
– Vergaberechtliche Pflicht 16 39
– Versagungsgründe 11 6
– wasserrechtliche 56 Anhang 669
Ermessen 56 Anhang 599, 71 99, 103
Ersatz der Verkehrswertminderung bei
  Bauwarnung 113 26
Ersatzansprüche bei Bergschäden, s. Berg-
  schadensersatz, Bergschadenverzicht
Ersatzbaustoff-VO 55 182, 198
Ersatzland 144 5
Erscheinungsbild eines Bergschadens
  120 16
Erze 3 35

F
Fachkunde 73 3
Faktische Vogelschutzgebiete 56
  Anhang 342
fakultativer Rahmenbetriebsplan 52 20,
  89, 107, 56 Anhang 47, 238, 320
Feld 12 7
Feldesabgabe 30 3, 5
Feldesbegriff 4 38
Feldspat 3 60
Fernmeldeanlage 55 80
Festlandsockel 2 53, 56, 3 45, 4 13,
  9 28, 30 8, 31 14, 49, 50 17, 55 333,
  132 4, 16, 133 2, 9, 147 2
Festlandsockel-Bergverordnung 2 60,
  68 83
FFH-RL 56 Anhang 282, 284
FFH-RL und Bergbau 56 Anhang 284
Finanzausgleichsgesetz 31 2
Findervorrecht 14 3
Flächennutzungsplan 54 42, 55 253, 56
  Anhang 505
Flözgas 3 40
Flussspat 3 35, 43
Flutung von Tagebaurestlöchern 56
  Anhang 731
Folgemaßnahmen 56 Anhang 665,
  57b 19
Förderabgabe 3 30, 31 1, 32
– Erhebung 32
– Feststellung 32
– Marktlagengewinn 32 5
– Marktwert 31 9
– windfall-profit 32 5
Fortgeltung aufgehobener Vorschriften
  171 4
Fracking 56 Anhang 572

G
Gasabsauge-Richtlinien 55 54
Gaslagerung in Kavernen 56
  Anhang 141
Gasleitung 56 Anhang 31
Gasspeicher, s. Untergrundspeicher

Gastransportfernleitung 56 Anhang 30
Gasversorgungsleitung 56 Anhang 29,
  686
Gefährdungshaftung 114 26, 27, 31
Gefahren für bedeutende Sachgüter 57 5
Gefahren für Gesundheit oder Leben
  57 4
Gefahrstoff-VO 55 156
Geltungsbereich 2 2, 6
Gemeinde 8 21
– Beteiligung 54 29
– gegen Erteilung einer Bewilligung 8 21
Gemeiner Wert bei Schäden an beweg-
  lichen Sachen 117 30
Gemeinschaden 55 274
– Begriff 55 302
– Begriff gemeinschädliche Einwirkungen
  55 284
– bei öffentlichen Sachen 55 321
– Beschädigungen von öffentlichen
  Sachen 55 293
– Beschädigungen von privaten Sachen
  55 289
– Einschreiten gegen gemeinschädliche
  Einwirkungen 55 329
gemeinschaftlicher Betriebsplan 52 93
Geothermie 2 46, 3 47
Geräte- und Produktsicherheitsgesetz
  55 60
Gesamtschuld
– Bergschadenverzicht 115 9, 116 5,
  119 4
– Ersatzpflicht des Unternehmers und
  Bergbauberechtigten 116 1
– Haftung im Innenverhältnis 116 6
– Haftung mehrerer Unternehmer 115 5
– Mitwirkung eines Dritten 119 1
– Rechtsnachfolge im Betrieb 115 4
Gesetz zur Vereinheitlichung der Rechts-
  verhältnisse bei Bodenschätzen 3 31
Gesundheit 55 30, 36
Gesundheitsschutz-BergV 55 202, 68 61
Geviertfeld 4 9, 161 4
Gewässer 56 Anhang 588 ff.
Gewässerausbau 53 89
Gewässerunterhaltung 56 Anhang 731
Gewässerverunreinigung 55 318
Gewerkschaft, bergrechtliche 163, 164,
  165
Gewinnen 2 15, 4 16
Gewinnung 2 23, 4 37, 34 7, 42
– Mitgewinnung von Bodenschätzen 42
Gewinnungsabfallverordnung 55 174
Gewinnungsbetrieb 4 9, 39, 51 25
Grubenanschlussbahn 51 26
Grubenbau
– Richtlinien 53 48
– Richtlinien über das explosionsfeste
  Abdämmen von aufgegebenen Gruben-
  bauen 53 48
– Verfüllen und Abdecken von Tages-
  schächten 53 48
Grubenbaue 47, 53 47, 55 76
Grubenbild 52 95, 97, 63 2

Stichwortverzeichnis

Grubengas 3 40, 31 12
Grubengasgewinnungsanlagen 55 54
Grubengasgewinnungs-Richtlinien 55 54
Grubenrettungsstelle 131 3
Grubenrettungswesen 131 2
Grubenwasser 56 Anhang 560, 595,
649, 657
– Wiederanstieg als Bergschaden 114 17
Grubenwehr 131 3
Grundabtretung 8 15, 79 12
– alte Halden 77 26
– andere Enteigungsvorschriften 77 39
– Antrag 77 31
– Antragsunterlagen 77 32
– Anwendungsbeispiele 77 15
– Aufbereitungsbetriebe 77 21
– Aufhebung 96 1
– Aufsuchung 77 23
– Ausdehnung auf Restbesitz 82 6
– Ausdehnung auf Zubehör 82 9
– Ausdehnung der Grundabtretung 81 8
– Ausdehnung/Anwendungsfälle 82 1
– Ausführungsanordnung 78 2, 81 3
– Ausführungsanordnung bei Einigung im
Verfahren 92 10
– Ausführungsanordnung bei Vorabent-
scheidung 92 9
– Ausführungsanordnung/Rechtswirkun-
gen 92 12
– bebaute Grundstücke 81 5, 82 2
– Beendigung des Grundabtretungs-
zwecks 81 9
– Belastung des Eigentums 78 12
– Benutzung eines Grundstücks 77 14
– Bereitstellung eigener Grundstücke
77 30
– bergfreie Bodenschätze 77 9
– Besitz 78 5, 10
– Besitzeinweisung/Aufhebung 102
– Besitzeinweisungsentschädigung 98
– Besitzeinweisung/Zustandsfeststellung
99
– Bodenschätze im Beitrittsgebiet 77 12
– dogmatische Einordnung 79 4
– Eigentum 78 3, 9
– Eigentumsentziehung bei Unbilligkeit
82 3
– Eingriffsarten 78 9
– Entschädigung bei Rückgabe 81 14
– Entziehung des Eigentums 77 7, 81 4,
82 10
– Entziehung des Eigentums bei Minder-
wert 82 17
– Entziehung des Eigentums/Verfahren
82 16
– Entziehung des Eigentums/Wertfestset-
zung 82 18
– Entziehung des Eigentums/Zeitpunkt
des Verlangens 82 12, 14
– Entziehung eines Rechts 82 8
– Entziehungsverlangen 82 18
– Entziehungsverlangen des Eigentümers
81 8
– Ergänzungsentschädigung 81 16

– Erkundungsmaßnahmen 77 16
– freihändiger Erwerb 81 18
– Gegenstand der Grundabtretung 78 1
– Grundabtretungsbeschluss 78 2
– Grundabtretungsrecht 8 15
– grundeigene Bodenschätze 77 10
– Inhalt des Antrags 77 32
– kurzfristige Benutzungen 77 17
– Minderwert bei Rückgabe 81 14
– Notwendigkeit 77 27
– Notwendigkeit eines zugelassenen
Betriebsplans 77 29
– Nutzungsrecht 77 7
– Pflicht zur Wiederherstellung 81 12
– planmäßiges Zubruchbauen 77 20
– Prüfungsgegenstände 79 5
– Rechtsnatur 79 2
– Rückenteignung 81 11
– Rückgabepflicht 81 10
– sachgemäße Betriebsplanung 77 28
– Übernahmeverlangen des Eigentümers
bei Minderwert 81 19
– Untergrundspeicher 77 25
– Verfahren 77 31
– Verfahrensrecht 77 8
– Verwendungsfrist 81 3, 95 1
– Vorzeitige Besitzeinweisung 97 1
– Wertminderung bei Rückgabe 82 13
– Wertsteigerung des Grundstücks 81 6
– Wohl der Allgemeinheit 79 1
– Zubehör und Scheinbestandteile 82 9
Grundabtretungsbeschluss
– Begründung eines Nutzungsrechts
105 8
– Eigentumsentziehung 105 12
– Inhalt 105 5
Grundabtretungsentschädigung
– Anpassung der festgesetzten Entschädi-
gung 89 16
– Art der Entschädigung 84 7
– Billigkeitsentschädigung 90 7
– einmaliger Geldbetrag 84 8
– Entschädigung des Nebenberechtigten
87
– Entschädigung des Pächters oder Mie-
ters 89 9
– Entschädigung in wiederkehrenden
Leistungen 84 8, 89 1
– Entschädigungsberechtigter 84 6
– Entschädigungsgrundsätze 89 3
– Entschädigungspositionen 84 4
– Entschädigungsverpflichteter 84 6
– Erbbauberechtigte 87
– Ergänzungsentschädigung 89 13
– Ermittlung der Entschädigung 89 5
– Grundsatz der Geldentschädigung
84 7
– Inhaber von Dienstbarkeiten 87
– Mitwirkendes Verschulden 86 8
– Rechtsverlust 85 1
– Sicherheitsleistung 89 17
– Steigerungsrechtsprechung 85 5
– Veränderung ohne Zustimmung 90 10

– Veränderungen ohne Genehmigung
90 6
– Verbot der Doppelentschädigung
84 5, 86 2
– Verkehrswert 85 7
– Verkehrswert des Gegenstandes 85 1
– Vermögensnachteile 86 3
– Vermögensnachteile bei Eigentumsent-
ziehung 86 6
– Vermögensnachteile bei Einräumung
eines Nutzungsrechts 86 7
– Verzinsung von Einmalbeträgen 84 9
– Vorteilsausgleichung 86 9
– Vorwirkung der Enteignung 84 13
– Werterhöhungen 90 2, 4
– Wertveränderungen 90 1
– wesentliche Änderung der Verhältnisse
und Anpassung der Entschädigung
89 16
– wiederkehrende Leistungen 89 3
– Zeitpunkt der Bewertung 84 12, 85 4
Grundabtretungsgrundsätze, Sonstige Ver-
mögensnachteile 89 6
Grundabtretungsverfahren 42 15, 56
Anhang 121, 475, 79 7, 105 1
– angemessenes Angebot 79 13
– bebaute Grundstücke 79 22
– Begründung oder Aufhebung von Nut-
zungsrechten 105 26
– Bindungswirkung eines Betriebsplans
79 9
– Einigung im Verfahren 105 21
– Einigungsversuche 79 14
– enteignungsrechtliche Vorwirkung
79 9
– Entziehung des Eigentums 105 12
– Erwerb des Grundstücks 79 14
– förmliches Verfahren 79 7
– förmliches Verwaltungsverfahren
105 1
– freihändiger Erwerb 79 20
– Glaubhaftmachung 79 21
– Grundabtretung zur Nutzung 105 8
– Grundabtretungsbeschluss 105 5
– Grundbuchamt 106
– Nebenberechtigte 105 14
– Untersuchungsmaßnahmen 79 12
– Verfahren bei Folge- und Ergänzungs-
entscheidungen 105 28
– Verwaltungsverfahrensgesetze der Bun-
desländer 105 1
– Verwendungsfrist 79 21
Grundbuchberichtigung 92 17
Grundbuchmäßige Behandlung von Berg-
bauberechtigungen 174 18
grundeigene Bodenschätze 3 54 f., 34,
43, 77 10
– Aneignungsrecht 43 1
– Erlaubnisverfahren 7 15
– Mitgewinnungsrecht 43 1
Grundeigentümer 48 53
Grundeigentümerbodenschätze 3 70
Grundpfandgläubiger bei Bergschaden
117 43

Grundsätze der Raumordnung 48 46, 56
Anhang 417
Grundwasser 56 Anhang 574
Grundwasserabsenkung 54 114
Grundwasseranstieg 52 70, 75, 55 319,
56 Anhang 574
Grundwasserschutzgebiet 56
Anhang 689
Grundwasser-VO
– chemischer Zustand 56 Anhang 632
– EU-Richtlinie zum Schutz des Grund-
wassers 56 Anhang 633
Grundwasser-VO 2010 56 Anhang 623,
625
Grundwasserwiederanstieg 55 308
– Sonderbetriebsplan „Folgen des
Grundwasserwiederanstiegs" 53 32

H
Haftung des Deponiebetreibers 55 207
Haftung für verursachte Schäden 170
Haftungsausschluss, s. Bergschadenver-
zicht
Halden 57c 12
– s. auch alte Halden
Haldenanordnung 53 95
Hauptbetriebsplan 52 8, 56
Anhang 320, 56 48
– s. auch alte Halden
Hauptbetriebspläne
– Gestattungswirkung 52 15
– im Steinkohlenbergbau 52 13
Heilwasser 3 9
Hemmnisbeseitigungsgesetz 71 117
Herrichtung 55 217
Hilfsbaurecht 42 1, 17, 44
Hinterlegung bei Grundabtretung
– Geltendmachung der Rechte 94
– Obligatorische Hinterlegung 93 1
Hinweise des Länderausschusses Berg-
bau – Arbeitskreis Rechtsfragen
56 221
– s. auch AK-Rechtsfragen
Hochwasser 56 Anhang 667, 57b 22
Hohe See 2 38
Hohlräume 69 10
Hypothekengläubiger 117 43

I
Immissionsschäden, Haftung 114 57
Immissionsschutzrecht 48 39, 56
Anhang 124
– Abstanderlass 56 Anhang 175
– Änderungen der Anlage 56
Anhang 204
– Anlagen des Bergwesens 56
Anhang 212
– Anlagenänderung 56 Anhang 149
– Bestandsschutz 56 Anhang 200
– förmliches Genehmigungsverfahren
56 Anhang 137
– Genehmigungsvoraussetzung 56
Anhang 148

Stichwortverzeichnis

- Konzentrationswirkung 56
  Anhang 187
- Legalisierungswirkung 56
  Anhang 202
- Nachsorgepflicht 56 Anhang 183
- nicht genehmigungspflichtige Anlagen
  56 Anhang 207
- nicht genehmigungsbedürftige Anlagen
  im Betriebsplanverfahren 56
  Anhang 213
- TA-Lärm 56 Anhang 161
- TA-Luft 56 Anhang 168
- vereinfachtes Genehmigungsverfahren
  56 Anhang 139
Informationsfreiheitsgesetz 56 160
Innenbereich 56 Anhang 54
Inspektionsprinzip 58 8

K
Kalihalden 55 187, 56 Anhang 23
Kali-Haldenrichtlinie 53 59, 55 105
Kalisalz 31 12
Kausalzusammenhang
- bei Bergschäden 114 28, 44, 54
- bei Nichtbeachtung einer Anpassungs-
  oder Sicherungspflicht 112 6
Kies 3 30, 78, 7 1, 31 12
Kiesabbau in den neuen Bundesländern
  3 26
Kiessand 3 30, 7 1
Klima-Bergverordnung 68 41
Klimaschutz 48 17
Kohärenzsicherung 56 Anhang 317
Kohlekraftwerk 56 Anhang 138
Kohlenhalden 56 Anhang 212
Kohleverflüssigung 4 29
Kokereien 4 34
Koks 4 28
Kompensation 56 Anhang 257, 264,
  265 ff.
Konsolidation 24 1
- Genehmigung der Vereinigung 26
- Wirkung der Vereinigung 27
Konzentrationsfläche 56 Anhang 510
Konzentrationswirkung 51 17, 53 70
Konzessionssystem 3 20, 6 1
Kraftwerk 2 51, 56 Anhang 62, 138,
  143, 526
Kreislaufwirtschafts- und Abfallgesetz
  55 91
Kreislaufwirtschaftsgesetz 55 94
Kriterienkatalog 56 196
Kriterienkatalog des Arbeitskreises
  Rechtsfragen im Länderausschuss Berg-
  bau 48 55
- s. auch AK-Rechtsfragen und Hinweise
  des Länderausschusses Bergbau
Kupfer 3 35
Küstengewässer 3 46, 49, 55 333
Küstenmeer 2 53, 54, 9 28, 132 1

L
LAB-Papier 2004 Anforderungen an die
  Verwertung von bergbaufremden
  Abfällen Übertage 55 196
LAGA-Papier Anforderung an die stoff-
  liche Verwertung von mineralischen
  Reststoffen/Abfällen 55 190
LAGA-Richtlinie Anforderungen an die
  stoffliche Verwertung von mineralischen
  Reststoffen/Abfällen 56 Anhang 96
Lagerstättenschutz 11 20
Länderausschuss Bergbau 55 154, 185,
  56 Anhang 96
landschaftspflegerischer Begleitplan 56
  Anhang 272, 56 73
Landschaftsplan 56 Anhang 277
Landschaftsprogramm 56 Anhang 275
Landschaftsrahmenplan 56 Anhang 276
Landschaftsschutzgebiet 56 Anhang 338,
  352
Landschaftsschutz-VO 48 8
Längenfeld 161 2
Längenfelderbereinigungsgesetz 71 65
LAWA Geringfügigkeitsschwellen 56
  Anhang 625
Legalisierungswirkung 56 Anhang 202,
  600, 56 95
Leitfaden für das Verwahren von Tages-
  schächten 55 76
Leitungen der öffentlichen Versorgung und
  Entsorgung 113 6
Lippeverband 20 10, 55 294, 56
  Anhang 734

M
Markscheider 64 2, 69 70, 125 1
Markscheider-Bergverordnung 68 52,
  125 5
Markscheider-Erklärung 55 43
Markscheiderordnungen 64 12
Maßnahmenprogramm 56 Anhang 611,
  637
Meeresbodenbergbaugesetz 2 62
mengenmäßiger Zustand 56
  Anhang 616, 634
Messungen
- Anforderungen an Gebiete 125 7
- Duldungspflichten Dritter 125 4
- Durchführung 125 1
- Einsicht in die Messergebnisse 125 2
- Kosten 125 2
- Landesvermessung 125 6
- Leitnivellement-Netz 125 6
- Markscheider-Bergverordnung 125 5
- Messgebiete 125 3
- Verlangen der Behörde 125 1
Minderwert bei Grundabtretung nach
  ABG 171 5
Minderwert bei Rückgabe 171 5
Minderwertersatz bei Grundabtretung
  nach ABG 171 5
Mineral 3 3
- s. auch Bodenschatz
mineralische Rohstoffe 3 5

Mischabfälle 55 108
Mitgewinnung 45
Mitgewinnungsrecht 42 3
Mitwirkendes Verschulden
– Abwägung um Verursachungsbeiträge 118 13
– Anwendungsfälle unter ABG 118 4
– Grad des Verschuldens 118 3
– Mitwirkende Sach- oder Betriebsgefahr 118 12
– Mitwirkendes Verschulden Dritter 118 9
– Pflicht zur Schadensminderung 118 7
– Rechtsnachfolger 118 4
– Schadensabwendungs- und Schadensminderungspflicht 118 10
Mitwirkung eines Dritten bei Entstehung des Bergschadens
– Ausgleichsanspruch unter den Gesamtschuldnern 119 3
– Bergschadenverzicht 119 4
– Gesamtschuld 119 1
– Haftungshöchstbeträge 119 5
Mutungen 172
Mutungsvorrecht 14 4

N
Nachbarschaftsverhältnis 110 1
nachbarschützend 48 55
Nachsorge 55 221
nachträgliche Anordnung 56 Anhang 222, 56 270
nachträgliche Auflagen 56 227, 57a 9, 71 36
nachträgliche Sicherungen 111 23
nachwirkende Vorschriften alten Rechts 171 3
Nassabgrabung 56 Anhang 698
Nassauskiesung 52 155, 56 Anhang 707
Nassbaggerung 3 78
Nasskiesgewinnung 56 Anhang 573
Natur auf Zeit 56 Anhang 269
Natur- und Landschaftsschutzgebiete 48 7
Natura 2000 56 Anhang 282
Naturschutz 48 51
Naturschutzgebiet 48 52, 56 Anhang 338, 352
Naturschutzrecht 56 Anhang 225 ff.
– s. auch Eingriffsregelung
– Ausnahmen 56 Anhang 363
– Befreiungen 56 Anhang 363
Naturschutzverband 56 Anhang 189
Naturschutzverein 56 Anhang 394
– Beteiligungsrecht 56 Anhang 394
– Klagerecht 56 Anhang 396
– Präklusionsregelung 56 Anhang 405
– Rechtsbehelfe nach dem Umwelt-Rechtsbehelfsgesetz 56 Anhang 408
Naturschutz-VO 11 21
Nebenbestimmung 16 13, 56 112, 229
Nebenprodukt 55 102, 132
Nebentätigkeiten 2 32
– Abladen 2 32

– Ablagern 2 32, 33
– Befördern 2 32, 33
– Lagern 2 32, 33
– Verladen 2 32, 33
Nicht genehmigungspflichtige Anlagen 56 Anhang 207
Nichtbergbauliche Abfälle 55 106
Nutzung fremder Grundstücke 39 3

O
Oberflächengewässer 56 Anhang 587, 632
Oberflächengewässer-VO 56 Anhang 632
Oberflächenschutz 55 71
Obliegenheitsverletzung von Hilfspersonen 112 12
obligatorischer Bergschadenverzicht 114 69
obligatorischer Rahmenbetriebsplan 51 19, 52 32, 52, 88, 128, 54 33, 56 Anhang 48, 320
– Abschnittsbildung 52 154
– allgemeine Angaben 52 148
– Alternativenprüfung 52 33, 138
– Bergsenkungen 52 33
– Beteiligung der Öffentlichkeit 52 34
– Bindungswirkung für das Grundabtretungsverfahren 52 142
– enteignungsrechtliche Vorwirkung 52 141
– gebundene Erlaubnis 52 137
– gebundene Kontrollerlaubnis 52 134
– Gesamtvorhaben 52 37
– Gestaltungswirkung 52 140
– Gestattungswirkung 52 130, 137
– Konzentrationswirkung 52 131
– Plangenehmigungsverfahren 52 143
– Planrechtfertigung 52 42, 137
– Scoping-Termin 52 151
– Unterschiede fakultativer – obligatorischer Rahmenbetriebsplan 52 145
– Verlangen 52 150
– vertikale Konzentrationswirkung 52 132
– wesentliche Änderungen 52 160
öffentliche Belange 56 Anhang 65
öffentliche Interessen 1 10, 7 16, 11 18, 15 3, 20 2, 40 2
– s. auch öffentliches Interesse
öffentliche Straße 55 378, 56 197
öffentliche Verkehrsanlage und Bergschaden 55 84, 113 5
– alter Abbau 124 27
– Anpassungsmaßnahmen der Verkehrsanlage 124 19
– Anpassungsverhältnis 124 17
– Ausgleichs- und Ersatzmaßnahmen 124 32
– bauliche Vorkehrungen 124 20
– Bauwarnung 124 22
– Begriff 124 6
– Betriebsplan 124 21, 28

Stichwortverzeichnis

- betriebsplanmäßig zugelassener Abbau
  124 27
- Enteignung grundeigener Bodenschätze
  124 41
- Entschädigungsanspruch **124** 41
- Entschädigungsanspruch des Gewin-
  nungsbetriebs 124 35
- Ersatz von Nachteilen 124 26
- Ersatzansprüche des Unternehmers
  124 42
- Gewinnungsbetrieb **124** 8
- kommunale Verkehrsanlagen 124 31
- Langsam-Fahrstrecken 124 15, 16
- materielle Präklusion 124 13
- Messungen 124 20
- Mitwirkungspflichten im Planungsver-
  fahren 124 13, 23
- Nebenanlage 124 7
- neuer Abbau 124 27, 29
- Nichtbeachtung eines Verlangens
  124 23
- Optimierungsgebot 124 12, 14, 16, 23
- planerische Abwägung 124 12
- Planfeststellungsverfahren 124 13, 33
- Rahmenbetriebsplan 124 21, 28, 29
- Rücksichtnahme als Optimierungsgebot
  124 10
- Rücksichtnahmepflicht der Verkehrs-
  anlage **124** 11
- Rücksichtnahmepflicht des Gewin-
  nungsbetriebs **124** 16
- Sicherheitspfeiler **124** 42
- Sicherungsmaßnahmen der Verkehrsanlage **124** 20
- Verhältnismäßigkeit der Maßnahme
  124 22
- verkehrslenkende Maßnahmen **124** 20
- Verlangen auf Anpassung und Siche-
  rung **124** 23
- Verlust bergfreier Bodenschätze
  124 37
- Verteilung der Aufwendungen **124** 25
- Verteilungsschlüssel **124** 27
- Vorrang der Verkehrsanlage **124** 32
- Vorrangklausel **124** 32
öffentlicher Verkehr 2 35, 54 78, 55 79,
  378
öffentliches Interesse 11 21, 23 4, 48 18,
  33, 37, 60, 63, 53 26, 55 4, 242, 358,
  366, 56 226, 57a 53
- s. auch öffentliche Belange, öffentliche
  Interessen
- Arbeitsplätze **48** 64
Öffentlichkeitsbeteiligung **52** 171
öffentlich-rechtliches Interesse **55** 326,
  358
Öffnungsklausel **56 Anhang** 425
ökologisches Potenzial **56 Anhang** 632
ordnungsgemäß **55** 140
Ordnungsrecht **56 Anhang** 221, **71** 18
- Handlungsstörer **71** 53
- Rechtsnachfolger **71** 79
- Störerhaftung **71** 86
- Verhaltensverantwortlichkeit **71** 81

- Verjährung **71** 86
- Zustandshaftung **71** 80
- Zustandsverantwortlicher **71** 57
Ordnungswidrigkeiten **145** 1
ortsgebundener Betrieb **56 Anhang** 59

P
pactum de non petendo **114** 69
Personenschaden **55** 78, **114** 33
Planrechtfertigung **56** 14
Planungserfordernis für Großvorhaben
  56 Anhang 67
Planungserlass, s. Abstandserlass
Planungshoheit **48** 60
Planungshoheit der Gemeinde **11** 21
Potenzielle FFH-Gebiete **56 Anhang** 328
Präklusionswirkung **48** 71, **52** 53, **53** 29,
  57a 53
- Sonderbetriebsplan „Folgen des Grund-
  wasseranstiegs" **53** 29
Produkt **55** 136
Prüfungsgegenstände im Grundabtre-
  tungsverfahren **79** 5

Q
Quarz **3** 31, 64

R
Rahmenabschlussbetriebsplan **52** 27
Rahmenbetriebsplan **52** 17, **55** 16
- allgemeine Angaben **52** 28
- Muster-Rahmenbetriebsplan **52** 29
- obligatorischer **52** 21
Rahmenbetriebs-Planfeststellung **52** 91
Rahmenbetriebsplanverfahren **48** 56
räumlicher Zusammenhang **4** 32
Raumordnungsrecht **55** 249
Raumordnungsverfahren **56**
  Anhang 495
reale Feldesteilung **28** 1
Rechtsnachfolger **113** 25
Rechtsnachfolger des Bauherrn **112** 10
Rechtsschutz bei Betriebsplanzulassung
  56 172
Rechtsstellung der Grundpfandgläubiger
  117 43
Regeln der Sicherheitstechnik **55** 53
Regeln der Technik **55** 53
Regionalplan **56 Anhang** 437
Rekultivierung **2** 24, **55** 215
Reststoff **55** 137
Richtlinie Abdämmen von Grubenbauen
  53 48
Richtlinie Ende der Bergaufsicht **69** 62
Richtlinie für die Untersuchung der
  Standsicherheit von Böschungen der im
  Tagebau betriebenen Braunkohlenberg-
  werke **55** 54
Richtlinie für Kalihalden **55** 187, **56
  Anhang** 23
Richtlinie Geotechnik **69** 63
Richtlinie Immissionsschutz in Braunkoh-
  lentagebauen **55** 54
Richtlinie Schachtverfüllung **53** 48

Richtlinien für die Zulassung von Kohlen- und Kokshalden 56 Anhang 24
Richtlinien zur Handhabung des Betriebsplanverfahrens 52 95
Risswerk 12 8, 63 1, 68 53
– Versagungungsgründe 12 11
Rohrfernleitungsverordnung 56 110
Rohrleitung 2 41, 49 9, 56 Anhang 27
Rohstoffklausel 56 Anhang 413
Rohstoffsicherungsklausel 1 14, 11 21, 48 3, 12, 14, 15, 16, 56 Anhang 355, 369, 694, 56 222
Rücknahme
– von Bergwerkseigentum 18 6
– von Erlaubnis, Bewilligung 18 6
– von wasserrechtlicher Erlaubnis 56 Anhang 605
– von Zulassung des Betriebsplans 56 89
Rücksichtnahme
– im Verhältnis Bergbau–Grundeigentum 110 1
– im Verhältnis Bergbau–öffentliche Verkehrsanlagen 124 5, 10, 16
Rücksichtnahmegebot 55 367, 56 Anhang 55, 67
Rücksichtnahmeverpflichtung 55 367

S
Sachbescheidungsinteresse 55 365
Sachgüter 55 30, 46, 57a 19
Sachverständigenausschuss 68 51
Salzabbaugerechtigkeit 149 34, 160 9
Salze 3 42
Sand 3 78, 4 22
Sandabbau in den neuen Bundesländern 3 26
Sanierung 55 218
Sanierungsbergbau 2 29, 53 86
– Braunkohlensanierung 2 31
Sanierungsmaßnahmen Uranbergbau 53 90
Sanierungsplan 53 86, 55 219
Sanierungsrahmenplan 53 86, 55 219
Schacht 9 15, 53 55, 57, 71 93
Schächte 53 47, 71 58
– Richtlinien 53 48
– Richtlinien über das explosionsfeste Abdämmen von aufgegebenen Grubenbauen 53 48
– Verfüllen und Abdecken von Tagesschächten 53 48
Schadensersatz, s. Bergschadensersatz, Umfang der Ersatzpflicht
Schutzgebietsverordnungen 48 13
Schwerspat 3 35, 43
SDAG Wismut 53 91
Seenlagen-VO 55 345, 132 2
Seeaufgabengesetz 132 2
Seerechtsübereinkommen 2 53, 132 1
seismische Erschütterung 55 41, 43
Sekundärbiotop 56 Anhang 267
Selbstverwaltungsrecht der Kommunen 48 60

seltene Erden 3 35
Sicherheit anderer Betriebe 55 266
Sicherheitsleistung 55 118, 121, 144, 174, 56 114, 230, 258, 57a 10
Sicherung der Energieversorgung 56 226
Sicherungsmaßnahmen, s. Anpassungspflicht
– Abgrenzungsprobleme 111 13
– Bergschadenverzicht 111 19
– Drohende Gefahr bergbaulicher Einwirkungen 111 3
– Eigenanteil des Bauherrn 111 17
– Entstehungsgeschichte 111 1
– Ersatz von Vorsorgeaufwendungen 111 28
– Erstattung von Aufwendungen ohne Verlangen des Unternehmers 111 26
– Grad und Art 111 9
– Kostentragung 111 14
– Maßnahmen an bestehenden Anlagen 111 23
– nachträgliche Sicherungen 111 24
– öffentliche Verkehrsanlagen 111 15
– Praktische Anwendungsfälle 111 13
– Rechtsnatur des Ersatzanspruchs 111 16
– Sicherungsmaßnahmen nach ABG 111 3
– Sicherungsverlangen 111 7, 8, 27
– Überwachungsmaßnahmen 111 11
– Unternehmer 111 7, 14
– Verhältnis zur Anpassung 111 6
– Voraussetzungen 111 5
– Vorschussleistung 111 21
Sicherungsmaßnahmen nach ABG 111 3
Silvesterverordnung 3 54, 77 6
Sole 3 9, 42, 31 12
Sonderbetriebsplan 52 45, 49, 56 Anhang 323, 57a 55, 69 43
– Abbau 52 66
– Abbau-Einwirkungen 52 55, 57a 55
– Abbaueinwirkungen auf das Oberflächeneigentum 52 51, 57a 55
– Anhörung 52 64
– Anhörung der Oberflächeneigentümer 52 51, 55 43, 57a 55
– Bergehalden 52 49
– Beteiligung des Oberflächeneigentümers 52 56
– Einwirkungen auf das Oberflächeneigentum 52 62
– Folgen des Grundwasseranstiegs 52 70, 75, 53 29, 88
– Folgen des Grundwasserwiederanstiegs 53 32
– Handhabung des Betriebsplanverfahrens 52 48
– Hinweise des Länderausschusses Bergbau 52 56
– Richtlinien 52 48
– Sonderbetriebsplan Abbau unter dem Rhein 52 45
– Sonderbetriebspläne zur Einstellung der Wasserhaltung 52 81

– Sonderbetriebsplanverfahren Abbauein-
  wirkungen auf Einrichtungen der
  Gemeinde und Gemeindeverbände
  54 105
Sonderbetriebsplan Folgen des Grundwas-
  seranstiegs 52 70
Sonderbetriebsplan Sicherheit 68 75
Sonderbetriebspläne Abbaueinwirkungen
  auf das Oberflächeneigentum 52 33
Speicherrechte 2 45
Sprengstoffgesetz 55 60
Staatsvorbehalt 3 13
Standortgebundenheit 1 6, 48 19
– s. auch ortsgebundener Betrieb
Standsicherheit 55 54
Steinbrüche 56 Anhang 140
Steinkohle 3 39, 48 16, 56 Anhang 556
Steinkohlekraftwerk 56 Anhang 62, 138,
  526
Stilllegung, s. Einstellung
stoffliche Verwertung von mineralischen
  Abfällen als Versatz Untertage 55 154
strahlenschutzrechtliche Genehmigung
  53 95

T
Tagebaue 55 263, 56 Anhang 131, 142,
  57c 3, 10
Tagebausee 56 Anhang 727
Tagesbruch 71 30, 63, 94
TA-Lärm 56 Anhang 154, 161
TA-Luft 56 Anhang 154, 168
technische Betriebspläne 56 108, 169 5
technische Regeln für den Einsatz von
  bergbaufremden Abfällen im Bergbau
  Übertage 55 185
Teilgenehmigung 57b 11
Teilung 28 1 ff.
Tiefbohr-Verordnungen 3 40, 55 54,
  68 85
Tiefspeicher, s. Untergrundspeicher
Ton 3 31, 66
TR Bergbau 56 Anhang 96
Transit-Rohrleitung 4 9, 41, 56
  Anhang 686
Treuhandanstalt 3 27, 71 84
Treuhandgesetz 3 28
Trockenabgrabung 56 Anhang 573
Trockenbaggerung 3 78

U
Übergangsregelung für Bergschäden 170
Übernahmeverlangen bei Grundabtretung
  nach ABG 171 5
Umfang der Ersatzpflicht, s. Bergscha-
  densersatz
– Abkommen VBHG/Bergbau 117 14
– Abtretung von Bergschadensersatz-
  ansprüchen 117 23
– bergbaubedingte Schieflage 117 14
– Beschädigung von Grundstücken
  117 31
– Bestandteile und Zubehör 117 31
– entgangener Gewinn 117 27, 30

– fiktive Schadensabrechnung 117 20
– gemeiner Wert 117 30
– Haftungsbeschränkungen 117 29
– Haftungshöchstbeträge bei Personen-
  schäden 117 29
– Immaterieller Schaden 117 28
– Merkantiler Minderwert 117 18
– Rechtsanwaltskosten 117 16
– Sachverständigengutachten 117 16
– Schadensabwicklungskosten 117 16
– Schadensbegriff 117 6
– Schadensersatz in Geld ohne Fristset-
  zung 117 12
– Schadenspositionen/Folgekosten
  117 15
– schieflagenbezogener Minderwert
  117 14
– Schmerzensgeld 117 21, 28
– Umsatzsteuer 117 20
– Unverhältnismäßigkeit der Wiederher-
  stellungskosten 117 13
– Veräußerung eines geschädigten Haus-
  grundstückes und Bergschadensersatz
  117 23
– Verzinsung der Ersatzforderung 117 4
– Wiederherstellung durch Geldersatz
  117 11
– Wiederherstellung in Natur 117 10
– Zubehöreigenschaft 117 31
Umweltinformationsgesetz 56 149
Umweltrahmengesetz der DDR 71 117
Unberührtheitsklausel 48 4
Unfallverhütungsvorschriften 55 63
Unfallversicherungs-Anzeigen-VO 74 5
Unkonventionelle Lagerstätten 3 40
Untergrundspeicher 2 42, 4 9, 40
– Bergschadenshaftung 114 18
– DDR-Recht 2 45
– Druckluftspeicherwerke 2 46
– Endlagerung radioaktiver Stoffe 126 9
– Erkundungsmaßnahmen 126 10
– Grundabtretung 77 25
– Kavernenspeicher 2 44, 46
Untergrundspeicherung 7 7, 126 1
unterirdische Raumordnung 56
  Anhang 504
UnterlagenBergV 68 16
Unternehmer 4 42, 50 6, 51 39, 58 17,
  115 3
Untertagedeponie 55 150, 167
Untertageversatz 55 150
Unterwasserkabel 49 9
Uranbergbau 53 90, 56 Anhang 556
UVP-Rahmenbetriebsplan 57a 11
– Angaben für eingeschlossene Verfahren
  57a 20
– Angaben zu Bergschäden 57a 28
– Angaben zu geprüften Vorhabenalter-
  nativen 57a 2
– besondere Angaben für die UVP
  57a 17
– Einwendungen Betroffener 57a 32
– Erörterungstermin 57a 37
– Folgemaßnahmen 57b 19

– Konkurrenz zu anderen Planfeststel-
lungsverfahren   **57b** 14
– materielle Präklusion   **57a** 45
– notwendige Folgemaßnahmen   **57b** 23
– Planauslegung   **57a** 24
– Planfeststellungsbeschluss   **57a** 38
– Präklusionswirkung   **57a** 53
– Scoping-Termin   **57a** 12
– Teilgenehmigung   **57b** 11
– Vorbescheid   **57b** 11
– vorzeitiger Beginn   **57b** 1
UVP-V Bergbau   **52** 126, 127, 161, **57c** 2
– Abfallentsorgungseinrichtung   **57c** 6
– Bohrarbeiten   **57c** 11
– Erdgasgewinnung   **57c** 3
– Erdölgewinnung   **57c** 3
– Tagebaue   **57c** 3
– Untergrundspeicher   **57c** 7

V
Verantwortliche Personen
– Abberufung   **60** 6
– Anerkannte Personen nach ABG
58 10
– Anzahl der verantwortlichen Personen
59 16
– Anzeigepflicht   **59** 1
– arbeitsrechtliche Kündigung   **59** 9
– Arbeitsvertrag   **60** 5
– Aufsichtspersonen   **58** 12
– Aufsichtspflicht   **58** 5
– Beaufsichtigung   **58** 20
– bestellte Personen   **58** 19
– Bestellung in Gefahrenlagen   **60** 7
– Bestellungsschreiben   **60** 2
– Betriebsbeauftragte   **58** 22
– Delegation   **58** 18, **59** 18, **62** 17
– Delegation von Pflichten   **60** 1
– Delegationsbefugnis   **59** 2
– Delegationspflicht   **59** 16
– Direktionsprinzip   **58** 8
– Einsatz von Unternehmerfirmen   **59** 20
– Einstellung des Betriebs   **58** 24
– Erlöschen der Bergbauberechtigung
58 25
– Fachkunde   **59** 5
– Formen der Betriebsorganisation
59 11
– Garantenstellung des Unternehmers
61 1
– Geldbuße gegen juristische Personen
62 14
– Geschäftskreis   **60** 2
– Gesetzesverstöße nach Straf- und Ord-
nungswidrigkeitenrecht   **62** 8
– Gewinnungsberechtigung   **58** 25
– Hauptpflichten   **59** 1
– Hauptpflichten des Unternehmers
61 1
– Informationspflicht   **59** 1
– Inhalt der Bestellung   **60** 8
– Inspektionsprinzip   **58** 7
– Kontroll- und Koordinationspflichten
62 2

– Koordinierungspflicht   **59** 1
– körperliche Eignung   **59** 8
– Leiter eines Betriebs oder Betriebsteils
58 19
– mündliche Bestellung   **60** 7
– nachbarliche Hilfeleistung   **61** 12
– Namhaftmachung   **60** 10
– nicht leitende Personen   **58** 21
– ordnungsgemäße Errichtung des
Betriebs   **61** 6
– ordnungsgemäßer Betriebsablauf
61 13
– Ordnungswidrigkeiten und Straftaten
62 8
– Organisationspflicht   **59** 11
– Organisatorische Pflichten   **59** 1
– persönliche Voraussetzungen   **59** 4
– Pflicht zur Information   **61** 13
– Pflicht zur ordnungsgemäßen Leitung
61 3
– planmäßige und sichere Führung des
Betriebs   **59** 16
– Qualitätspflicht   **59** 1
– Quantitätspflicht   **59** 1
– Schriftform der Bestellung   **60** 2
– Sorge für die Sicherheit   **61** 5
– Stab-/Linien-Organisation   **59** 12
– Stabstellen   **59** 13
– Straf- und Ordnungswidrigkeitenrecht
58 5
– strafrechtliche Verantwortung   **62** 15
– übertragbare Pflichten   **62** 2
– Übertragbarkeit von Befugnissen   **62** 5
– Übertragung von außerbergrechtlichen
Pflichten   **62** 6
– Unternehmer   **58** 17
– Untersagung der Beschäftigung   **59** 10
– Verantwortung bei Insolvenz   **58** 23
– Verantwortung sonstiger Personen
62 11
– Verantwortung von Betriebs- und Teil-
betriebsleitern   **62** 10
– Verantwortungskette   **58** 11, 13, 14
– Verletzung der Aufsichtspflicht   **62** 12
– verwaltungsrechtliche Verantwortung
58 1, 16, **62** 8
– Wirkung der Delegation   **62** 19
– Zuverlässigkeit   **59** 4, **61** 14
Verantwortung
– bergrechtliche   **58** 16
– nach Ordnungswidrigkeitenrecht
58 5, **62** 8
– strafrechtliche   **58** 5, **62** 15
– verwaltungsrechtliche   **58** 1, 16
Verbote und Beschränkungen   **48** 1 ff.,
49 1 ff.
Vereinigung   **24** 1
– Genehmigung der Vereinigung   **26**
– Wirkung der Vereinigung   **27**
Verfahren   **5** 1, **81** 17, **105** 1
Verhaltenshaftung   **53** 77
Verjährung der Störerhaftung   **71** 86
Verjährung von Bergschadensersatz-
ansprüchen   **117** 34

Stichwortverzeichnis

– alte Bundesländer 117 41
– einheitlicher Schaden 117 37
– Entstehung des Anspruchs 117 36
– Grundsatz der Schadenseinheit 117 36
– Hemmung 117 38
– Neue Bundesländer 117 42
– Verzicht auf die Einrede der Verjährung 117 40
Verkehrssicherungspflicht 53 56
Verlangen, s. Anpassungsverlangen und Sicherungsmaßnahmen
Verleihungsriss 12 8
Verleihungs-VO 3 30
Verlust des Ersatzanspruchs
– Abwägung der Verursachungsbeiträge bei Verstoß gegen Anpassungspflicht 112 9
– Feststellungsklage 112 11
– Nichtbeachtung eines Sicherungsverlangens 112 8
– Obliegenheiten des Unternehmers 112 13
– Personenschäden 112 8
– Rechtsfolge eines Verstoßes 112 8
– Rechtsnachfolger 112 10
– Ursachenzusammenhang 112 6
– Vermögensschäden 112 8
– Verschuldensformen 112 5
– Verstoß 112 4, 5
– Voraussetzungen 112 4
Vernässungsschaden 55 291
Verordnung über den Versatz von Abfällen untertage 55 161
Verschuldensformen 112 3
Versorgungsleitung 56 Anhang 528
Versuchsgrube 129 1
Verwaltung 5 1 ff.
Verwaltungsverfahren 5 1
Verwertung 55 187
Verzichtsarten 114 66
VO über den Sachverständigenausschuss 141 1
VO über die Gewährleistung von Atomsicherheit und Strahlenschutz (VOAS) der DDR 53 95
VO über Gashochdruckleitungen 56 Anhang 31, 56 110
VO zum Schutz der Oberflächengewässer 56 Anhang 632
Vogelschutz-Richtlinie 56 Anhang 332
volkseigene Bodenschätze 3 30
Volkseigentum 3 16, 24
Vollzugshinweise zu § 22 a ABBergV 55 123
Vorabentscheidung
– Antrag eines Beteiligten 91 1
– Ausführung 91 4
– Inhalt des Beschlusses 91 2
– Verfahren 91 5
– Vorauszahlung 91 3
Vorbescheid 57b 11
Vorhaben 52 173
Vorhaben im Außenbereich 56 Anhang 510

Vorkaufsrecht nach ABG 171 4
Vorprüfung des Einzelfalles 52 161
Vorranggebiet 56 Anhang 430

W
Wald- und Forstrecht 56 Anhang 538
– Waldumwandlungsgenehmigung 56 Anhang 538
Wasser 3 9
Wasserentnahmeentgelt 56 Anhang 736
Wasserrecht 56 Anhang 549
– Begriff Grundwasser 56 Anhang 560
– Einleiten von Stoffen in das Grundwasser 56 Anhang 564
wasserrechtliche Erlaubnis 56 Anhang 669
– Einvernehmen der Wasserbehörde 56 Anhang 672
– Zuständigkeit der Bergbehörde 56 Anhang 670
Wasserrechtliche Zulassung
– Bergbauausnahmeregelung des Artikel 11 WRRL 56 Anhang 639
– Bewilligung 56 Anhang 679
– Bewirtschaftungsziele 56 Anhang 645
– Bewirtschaftungsziele für das Grundwasser 56 Anhang 615
– chemischer Zustand 56 Anhang 644
– Erlaubnis 56 Anhang 602
– erlaubnisfreie Benutzungen 56 Anhang 681
– Hintergrundwert 56 Anhang 630
– Künstliche Gewässer 56 Anhang 646
– ökologischer Zustand 56 Anhang 644
– ökologisches Potenzial 56 Anhang 632, 646
– Positionspapier 56 Anhang 621
– Schwellenwert 56 Anhang 630
– Verschlechterungsverbot 56 Anhang 616
– von den Wasserdirektoren 56 Anhang 621
– vorübergehende Verschlechterung 56 Anhang 619
– weniger strenge Bewirtschaftungsziele 56 Anhang 620
wasserrechtliches Planfeststellungsverfahren 52 72
Wasserschutzgebiet 48 9, 56 Anhang 690
Wasserverband 55 294, 56 Anhang 734
Wasserverbandsrecht 20 10
Wasserrechtliche Zulassung, ökologisches Potenzial 56 Anhang 632
Wertsteigerungssperre 79 19
Westfälische Berggewerkschaftskasse 140 6
Widerruf
– bergrechtliche Erlaubnis, Bewilligung 18 9
– Bergwerkseigentum 18 9
– Betriebsplanzulassung 56 89
– wasserrechtliche Erlaubnis 56 Anhang 602

Wiederanstieg des Grundwassers 69 43,
114 17
Wiederherstellung 55 211
Wiedernutzbarmachung 2 24, 4 36,
55 209, 235, 56 **Anhang** 265
– landwirtschaftliche Wiedernutzbarma-
chung von Braunkohletagebauen
55 264
– Oberfläche 55 236
– Wiedernutzbarmachung im Tagebau
55 263
– Wiedernutzbarmachung von Bergehal-
den 55 262
Wiedernutzbarmachung der Oberfläche
55 195
Wirtschaftliche Vertretbarkeit 56 245
Wirtschaftsgut 55 136
Wismut 53 90
Wohl der Allgemeinheit 79 1

Z
Zechenkraftwerk 69 31
Zielabweichungsverfahren 56
Anhang 494
Ziele der Raumordnung 48 44, 56
Anhang 414
– Wirkung der Ziele der Raumordnung
56 **Anhang** 419
Zulässigkeit der Grundabtretung 79 1
Zulassung
– Anfechtung von Nebenbestimmungen
56 127
– Aufschiebende Wirkung 56 200
– Bindungswirkung für die Behörde
56 60
– Eingriffswirkung gemäß BNatSchG
56 70
– einstweiliger Rechtsschutz 56 205
– Fachplan 56 73

– Gestattungswirkung 56 69
– Legalisierungswirkung 56 95
– Nebenbestimmungen 56 112
– Rechtsnatur 56 6
– Rechtsschutz des Unternehmers
56 172
– Rechtsschutz Dritter 56 188
– Rücknahme 56 89, 130
– Verhältnis Betriebsplan – Grundabtre-
tung 56 77
– Widerruf 56 89
– Wirkung 56 43
– Wirkung der Zulassung des Abschluss-
betriebsplans 56 76
– Wirkung der Zulassung des obligatori-
schen Rahmenbetriebsplans 56 74
– Wirkung der Zulassung des Sonder-
betriebsplans 56 75
– Wirkung der Zulassung eines fakultati-
ven Rahmenbetriebsplans 56 52
Zulassung des Betriebsplans 55 11
– Gesundheitsschutz 55 23
– Lagerstättenschutz 55 64
– Nachweis der Berechtigung 55 11
– Sachgüterschutz 55 23
– Schutz der Oberfläche 55 71
Zulegung 35
– Entschädigung 37
– Inhalt der Zulegung 38
– Verfahren 36
Zuordnungswerte 55 188
Zuständigkeit der Bergbehörde 69 35
Zuständigkeitsregelung 142 2
Zustandshaftung 53 78, 71 71
Zustandsstörer 53 52
Zuverlässigkeit 55 21, 73 2
Zwei-Naturen-Theorie im Wasserrecht
56 **Anhang** 588

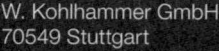

2. Auflage 2011
XXXVIII, 1.044 Seiten
Fester Einband. € 129,-
ISBN 978-3-17-021257-2

Schumacher/Fischer-Hüftle
Bundesnaturschutzgesetz
Kommentar

Die 2. Auflage des zu einem Standardkommentar gewordenen Werkes enthält eine vollständige Überarbeitung, die durch die neue Gesetzeslage erforderlich geworden ist. Mit dem BNatSchG 2009 ist das Naturschutzrecht erstmals Gegenstand der konkurrierenden Gesetzgebung des Bundes. Aufgrund der neuen Kompetenzverteilung durch die Föderalismusreform gilt das Bundesrecht nunmehr unmittelbar, seine Bedeutung für die Rechtsanwendung ist dadurch gestiegen.

Der Kommentar erläutert das neue Recht umfassend und praxisbezogen. Die Möglichkeiten und Grenzen des Abweichungsrechts der Länder werden erörtert einschließlich einiger inzwischen in Kraft getretener Landesvorschriften. Die landesrechtlichen Regelungen sind bis Ende 2010 berücksichtigt. Die Tragweite des Europarechts und die Entscheidungen des EuGH werden eingehend dargestellt. Das gilt nicht zuletzt für das Artenschutzrecht, das in bewährter Weise von Dr. Kratsch erläutert wird. Für die Kommentierung des Meeresnaturschutzes ist mit Prof. Dr. Czybulka ein anerkannter Experte zum Autorenteam gestoßen. Der interdisziplinäre Ansatz des Werks wird beibehalten, indem Anke Schumacher wiederum die fachlichen Aspekte der Rechtsvorschriften behandelt.

Leseproben und weitere Informationen unter www.kohlhammer.de

W. Kohlhammer GmbH
70549 Stuttgart

3., überarbeitete Auflage 2013
688 Seiten. Fester Einband.
€ 59,90
ISBN 978-3-17-022567-1
Kommentar

Jan Ziekow

Verwaltungsverfahrensgesetz

Die Verwaltungsverfahrensgesetze von Bund und Ländern steuern das Verwaltungshandeln nahezu aller Behörden. Vorbildwirkung kommt dabei dem Verwaltungsverfahrensgesetz des Bundes zu. Die Gesetzgebung der jüngsten Zeit durch das Planungsvereinheitlichungsgesetz und das E-Government-Gesetz hat die Rolle des Verwaltungsverfahrensgesetzes als „Grundgesetz" des allgemeinen Verwaltungsrechts deutlich gestärkt.

Die Neuauflage systematisiert und kommentiert diese Rechtsänderungen sowie die Entwicklung von Rechtsprechung und Literatur. Dem Bedürfnis von Behörden, Gerichten und der Rechtsanwaltschaft sowie von Studierenden und Referendaren, eine handhabbare, verständliche und schnell erschließbare Kommentierung zur Verfügung zu haben, trägt der Kommentar Rechnung. Durch Konzentration auf die Grundstrukturen, den systematischen Zusammenhang, den Zweck der jeweiligen Vorschrift und deren wesentliche Anwendungsprobleme ist ein leicht lesbares Werk auf wissenschaftlichem Niveau und mit überzeugenden Begründungen entstanden. Die Position der Rechtsprechung steht im Vordergrund, wird aber nicht kritiklos referiert.

Der Autor **Univ.-Prof. Dr. Jan Ziekow** lehrt Öffentliches Recht, insbesondere Verwaltungsrecht, an der Deutschen Universität für Verwaltungswissenschaften Speyer und ist Direktor des Deutschen Forschungsinstituts für öffentliche Verwaltung.

Leseproben und weitere Informationen unter www.kohlhammer.de

W. Kohlhammer GmbH
70549 Stuttgart